中华人民共和国审计署主办
《中国审计年鉴》编委会编

2015
中国审计年鉴

中国时代经济出版社

图书在版编目(CIP)数据

中国审计年鉴. 2015 / 《中国审计年鉴》编委会编著.
—北京 ：中国时代经济出版社，2016.12
ISBN 978-7-5119-2631-9

Ⅰ. ①中… Ⅱ. ①中… Ⅲ. ①审计－中国－2015－年鉴
Ⅳ. ①F239.22-54

中国版本图书馆CIP数据核字(2016)第252619号

书　　名：中国审计年鉴2015
作　　者：《中国审计年鉴》编委会

出版发行：中国时代经济出版社
社　　址：北京市丰台区玉林里25号楼
邮政编码：100069
发行热线：（010）63508271 63508273
传　　真：（010）63508274
网　　址：www.icnao.cn
电子邮箱：shenjinianjian@163.com
经　　销：各地新华书店
印　　刷：北京画中画印刷有限公司
开　　本：787×1092 1/16
字　　数：1837千字
印　　张：正文65.75印张 彩插2印张
版　　次：2016年12月第1版
印　　次：2016年12月第1次印刷
书　　号：ISBN 978-7-5119-2631-9
定　　价：280.00元

12月25日，中共中央政治局常委、国务院总理李克强在北京接见全国审计机关先进集体和先进工作者代表

6月24日，审计长刘家义受国务院委托，在第十二届全国人民代表大会常务委员会第九次会议上做《国务院关于2013年度中央预算执行和其他财政收支的审计工作报告》

7月，联合国审计工作圆满结束，审计长刘家义（右）在纽约接受中央电视台采访

2月14日，审计署召开全国审计机关党风廉政建设工作视频会议

5月4日，在审计署举办的纪念"五四"运动95周年主题活动中，审计长刘家义（左三）与青年干部代表共同启动审计署"根在基层"调研暨青年才艺展示活动

7月28日，全国经济责任审计工作电视电话会议在北京召开

7月29日，审计机关落实党风廉政建设“两个责任”座谈会在北京召开，纪检组长陈蔷主持会议

10月31日，审计署召开全国审计机关贯彻落实十八届四中全会精神和《国务院关于加强审计工作的意见》电视电话会议

12月25日至26日，全国审计工作会议在北京召开。图为审计长刘家义（右一）在分组讨论现场听取代表发言

4月29日，省（市）长经济责任审计进点会在重庆市人民政府举行。时任总审计师陈尘肇（主席台左三）做工作部署讲话，重庆市市长黄奇帆（主席台左四）、常务副市长翁杰明（主席台左五）出席

5月13日至14日，中国审计学会在山东省泰安市举办2014海峡两岸暨港澳地区审计理论与实务研讨会，副审计长石爱中（左）做专题报告

5月29日，四川省人民政府组织召开《四川省政府投资建设项目审计条例》实施新闻发布会

9月3日，大连市人民政府审议由大连市审计局代拟的《关于进一步加强审计整改工作的意见》

1月28日，中共上海市委副书记、市长杨雄（右）一行到审计署驻上海特派员办事处慰问干部职工

2月8日，青海省省长郝鹏（右二）到省审计厅进行工作调研

4月30日，宁夏回族自治区政府主席刘慧（右二）到自治区审计厅调研

5月7日，副审计长余效明（右）到云南省审计厅调研指导

9月，副审计长孙宝厚（前排右一）视察国土联网审计现场

11月，新疆维吾尔自治区审计厅的课题获得第十届哲学社会科学奖二等奖和优秀奖。图为自治区党委常委、宣传部长李学军（左一）为审计厅颁奖

6月8日至12日，时任总审计师陈尘肇（左四）率中国审计代表团赴莫斯科出席俄中审计研讨会

6月21日，利比里亚审计长一行到南京审计学院交流访问

10月14日，总审计师李晓钟向南太平洋地区最高审计机关高级审计研讨班介绍中国审计署在国家审计准则构建方面的做法和经验

10月26日至27日，为期两天的中美金融监管政策绩效审计与评估联合研讨会在审计署审计干部教育学院开幕，审计长刘家义出席并发表《后金融危机时代的国家金融审计》的主旨演讲

10月26日至27日，副审计长袁野（左一）出席中美金融监管政策绩效审计与评估联合研讨会

12月22日，商务印书馆、中国时代经济出版社与美国约翰·威立国际出版有限公司，共同签署《中国特色社会主义审计理论研究》（修订版）版权输出协议

5月，中国审计署对联合国日内瓦总部进行最后一个轮次审计

7月，中国审计署与印度审计署进行联合国审计委员会委员工作交接

1月29日，深圳市审计局召开党的群众路线教育实践活动总结大会

2月11日，审计署驻武汉特派员办事处组织消防安全知识培训

4月2日，审计文献史料搜集专家会议在江苏省南通市中国审计博物馆召开。图为副审计长石爱中（前排中）与专家学者合影

4月29日，中央国家机关五一劳动奖状奖章颁奖仪式在北京举行，审计署金融审计司和社会保障审计司吴星（中）分别获得先进集体和先进个人表彰

5月13日，江苏省审计厅获得第八届中华宝钢环境优秀奖

5月15日，甘肃省审计科学研究基地暨西部审计干部培训基地揭牌仪式在平凉市举行

6月11日至13日，审计署办公厅与金融审计司共同组织第四届特约审计员前往国家开发银行和交通银行等审计现场开展金融审计实地调研

6月13日，云南省首家乡镇街道审计机构——宜良县审计局匡远街道办事处审计中心举行挂牌仪式

8月29日，中央国家机关工委召开“创建文明机关　争做人民满意公务员”活动先进集体表彰大会，审计署财政审计司、企业审计司一处获得表彰

8月，审计署驻西安特派员办事处利用业余时间举办第一届“大力审杯”足球赛

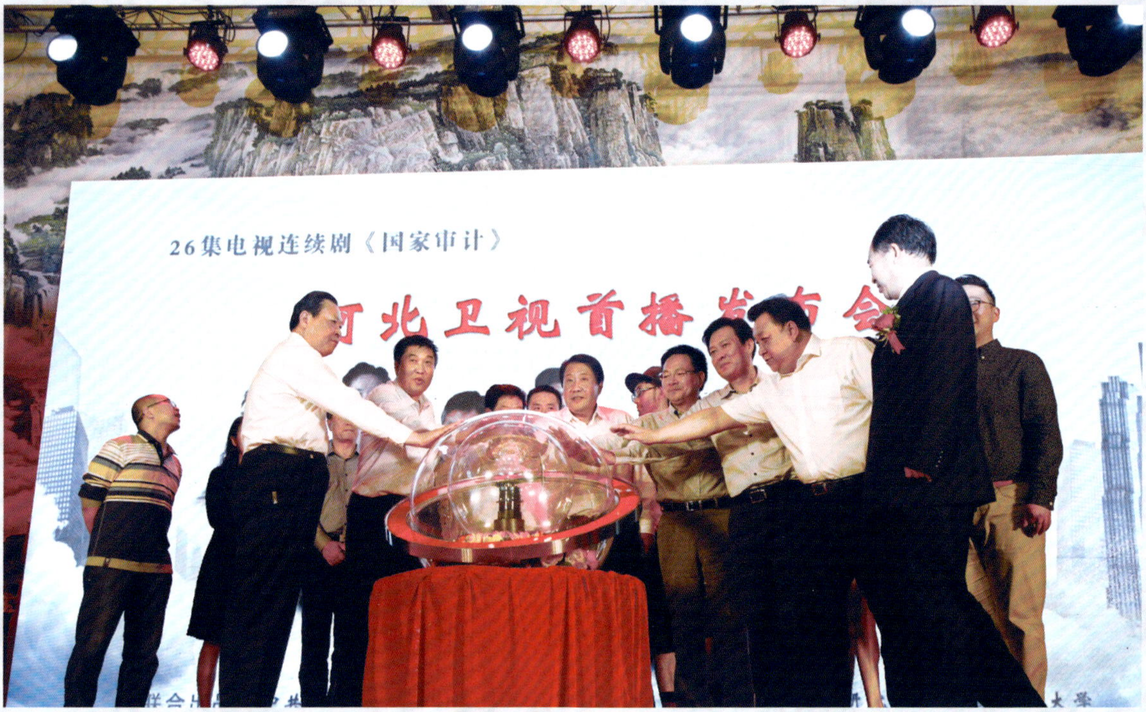

9月28日，由河北省委宣传部、河北省审计厅、河北省审计文化研究会联合制作，以审计反腐为题材的电视连续剧《国家审计》举行首播发布会

10月10日，内蒙古自治区审计厅干部职工参加自治区直属机关第四届职工运动会

11月23日，江苏省南京市审计局举办“审计公众开放日”活动

12月，审计署教科文卫审计司在四川省审计之余开展支部活动

8月3日，云南鲁甸地震发生后，云南省审计人员及时开展抗震救灾款物审计

12月，审计署民族宗教审计局在审计期间，探望山西省运城市平陆县老人日间照料中心的孤寡老人

审计署京津冀特派员办事处审计人员在审计现场查看林场管理情况

安徽省审计厅派员赴潜山县水口镇调研指导包村帮扶工作

审计署驻成都特派员办事处审计人员在矿产资源审计中查看安全监控系统运行情况

审计署驻哈尔滨特派员办事处审计人员深入田间实地了解喷灌设备的相关情况

审计署驻广州特派员办事处、京津冀特派员办事处、深圳特派员办事处联合审计组在审计现场讨论审计实施方案

江苏省常州市审计局对援建新疆乌恰县的乡镇医院进行竣工决算审计

湖南省高校领导干部经济责任审计重点关注科研经费，对高校实验室教学科研仪器设备的管理使用情况进行检查

青海省审计人员实地检查农村希望小学改造工程

《中国审计年鉴 2015》编辑委员会

鲍国明（中国内部审计协会秘书长）
王家新（南京审计大学党委书记）
马学斌（审计署外交外事审计局副局长）
李　捷（审计署发展统计审计局正局级审计员）
罗　键（审计署教育审计局副局长）
韩大川（审计署科学技术审计局局长）
丁仁立（审计署工业审计局局长）
车列武（审计署民族宗教审计局局长）
李秀才（审计署政法审计局局长）
贾有长（审计署民政社保审计局局长）
茅东萍（审计署资源环保审计局副局长）
李树廷（审计署建设审计局局长）
矫　强（审计署交通运输审计局副局长）
娄　仲（审计署农林水利审计局局长）
徐　露（审计署贸易审计局局长）
虞伟萍（审计署文化体育审计局局长）
李珊珊（审计署卫生药品审计局局长）
朱登云（审计署国资监管审计局局长）
刘　丹（审计署经济执法审计局局长）
廖金梅（审计署广电通讯审计局局长）
张广春（审计署旅游侨务审计局副局长）
李志民（审计署地震气象审计局副局长）
胥连碧（审计署京津冀特派员办事处副特派员）
庄　军（审计署驻太原特派员办事处特派员）
章　轲（审计署驻沈阳特派员办事处特派员）
尹树伟（审计署驻哈尔滨特派员办事处特派员）
胡家俊（审计署驻上海特派员办事处特派员）
周敦祥（审计署驻南京特派员办事处特派员）
程　光（审计署驻武汉特派员办事处特派员）
孙成余（审计署驻广州特派员办事处特派员）
赵继旺（审计署驻郑州特派员办事处特派员）
王志伟（审计署驻济南特派员办事处副特派员）
洪承旭（审计署驻西安特派员办事处特派员）
马晓方（审计署驻兰州特派员办事处特派员）
杨宁生（审计署驻昆明特派员办事处特派员）
吴兆军（审计署驻成都特派员办事处副特派员）
赵保林（审计署驻长沙特派员办事处特派员）
王淡浓（审计署驻深圳特派员办事处特派员）
马文辉（审计署驻长春特派员办事处特派员）
吕劲松（审计署驻重庆特派员办事处特派员）
吴素芳（北京市审计局局长）
刘　健（天津市审计局局长）
葛梦彬（河北省审计厅厅长）
王　亚（山西省审计厅厅长）
王月胜（内蒙古自治区审计厅厅长）
付中伟（辽宁省审计厅厅长）

《中国审计年鉴2015》编辑部

《中国审计年鉴2015》特邀编辑

编辑说明

一、《中国审计年鉴 2015》是由中华人民共和国审计署主办并组织编纂的第十九部年鉴，具有较强的权威性、资料性、实用性、前瞻性和馆藏价值。

二、本卷年鉴全面、系统、集中地反映了我国 2014 年审计工作发展的总体概况，起讫时间为 2014 年 1 月 1 日至 2014 年 12 月 31 日。

三、本卷年鉴基本保持了以往的编纂体例和风格。文字部分由“特载”“依法审计专栏”“审计署工作概况”“地方审计机关”“科研、培训、出版、学术团体”“审计理论与科研”“重要财经审计法规文件”“审计结果公告”“审计署领导重要活动大事记”“审计工作统计”“附录”共十一部分组成。

四、图片部分有“特载”“会议回放”“领导调研”“国际交往”“境外审计”“基础建设”“一线风采”等七部分，形象直观地反映了审计工作风貌。

本卷年鉴没有收录解放军审计署的内容。

五、本卷年鉴采用栏目、条目、统计表等体例分类排列，栏目下设类目和条目。各类目和条目在字号、字体及编排上有所区别，以便读者阅读。

六、本卷年鉴采用的稿件均由审计系统和相关部门提供。在编辑过程中得到各级审计机关的大力支持和协助，在此深表谢意。

由于编辑人员水平有限，缺点和遗漏在所难免，敬请广大读者批评指正。

《中国审计年鉴》编辑部

2015 年 12 月

目　录

特　载

依法审计专栏

审计署工作概况

地方审计机关

科研、培训、出版、学术团体

审计理论与科研

重要财经审计法规文件

审计结果公告

审计署领导重要活动大事记

审计工作统计

附　录

Table of Contents

Special Issues

Auditing by Law

Opinions of State Council on Strengthening Auditing Work

Overview on the Work of CNAO

Local Audit Institutions

Scientific Research, Training, Publication and AcademicInstitutions

Audit Theories and Researches

Major Laws and Regulations for Financial and Economic Audit

Audit Findings Announcements

Chronicle of Events

Audit Statistics

Appendix

特　载

关于2013年度中央预算执行和其他财政收支的审计工作报告

——第十二届全国人民代表大会常务委员会第九次会议上（2014年6月24日）

刘家义

全国人民代表大会常务委员会：

我受国务院委托，向全国人大常委会报告2013年度中央预算执行和其他财政收支的审计情况，请予审议。

2013年，各部门各地区在党中央、国务院的领导下，认真落实十二届全国人大一次会议批准的财政预算，较好完成了年度预算收支任务。

——财政经济实现平稳运行。面对国内经济下行的压力，明确经济运行的合理区间，继续实施积极的财政政策和稳健的货币政策，推动经济提质增效升级，将财政赤字占GDP的比重控制在2.1%。依法加强税收征管，全国财政收入比上年增长10.2%，中央财政收入完成预算的100.2%。

——财政保障能力不断提高。着力改善民生，中央财政用于医疗卫生、社会保障和就业、文化体育与传媒方面的支出比上年分别增长26.4%、14.2%、7.5%。加强结构调整和基础设施建设，用于科技、交通运输方面的支出分别增长7.4%、4.3%。厉行节约，中央部门一般性支出压减5%；执行中，公共财政预算支出调减2391.39亿元、调增1340.78亿元。

——财税改革逐步推进。国务院机构改革有序实施，分批取消和下放416项行政审批，取消和免征行政事业性收费348项。扩大“营改增”试点，实施资源税从价计征改革试点，重新修订政府核准的投资项目目录，减轻企业负担1500多亿元。

——财政金融风险得到有效防范和化解。加强财政管理，清理财政存量资金，制定结余结转资金统筹使用办法，摸清全国政府性债务底数，开展地方财政专户和借款检查。着力引导货币信贷和社会融资适度增长，强化风险预警和流动性管理，保持金融稳健运行。

对《国务院关于2012年度中央预算执行和其他财政收支的审计工作报告》指出的问题，国务院召开专门会议部署整改。各部门各地区认真落实国务院要求，整改后促进增收节支和挽回损失等3900多亿元，纠正违规征地用地50多万亩，制定完善制度1900多项；审计署发现的175起涉嫌违法违纪案件移送有关部门查处后，已有1200多人被依法依纪处理。具体整改情况，国务院已向全国人大常委会专题报告，审计署已向社会公告。

一、中央财政预算收支执行及决算草案审计

情况

主要审计了中央财政预算执行和决算草案总体情况，并与库款收缴、资金拨付情况进行了核对。财政部编制的中央决算草案显示，2013 年，中央公共财政预算收入总量 61198.48 亿元，支出总量 69698.48 亿元，收支相抵，赤字 8500 亿元，与预算持平；中央政府性基金预算收入总量 5086.59 亿元，支出 4179.46 亿元，结转下年 907.13 亿元；中央国有资本经营预算收入总量 1130.38 亿元，支出 978.19 亿元，结转下年 152.19 亿元。预决算收支情况详见下表：

2013 年中央财政收支预决算情况表

单位:亿元

	公共财政预算			政府性基金预算			国有资本经营预算		
	年初预算	决算草案	完成率	年初预算	决算草案	完成率	年初预算	决算草案	完成率
收入	60060	60198.48	100.23%	3619.13	4251.86	117.48%	1011	1058.43	104.69%
上年结转收入	0	0	—	781.02	834.73	106.88%	72.11	71.95	99.78%
预算稳定调节基金调入	1000	1000	100.00%	—	—	—	—	—	—
收入总量	61060	61198.48	100.23%	4400.15	5086.59	115.60%	1083.11	1130.38	104.36%
支出	69560	68491.68	98.46%	4400.15	4179.46	94.98%	1083.11	978.19	90.31%
补充预算稳定调节基金	—	1206.8	—	—	—	—	—	—	—
支出总量	69560	69698.48	100.20%	4400.15	4179.46	94.98%	1083.11	978.19	90.31%
结余或赤字	-8500	-8500	100.00%	—	907.13	—	—	152.19	—

审计结果表明，中央财政预算执行总体情况较好，决算草案编制较为规范，但各类预算收支划分还不够清晰，预决算的完整性和准确性有待进一步提高。

（一）决算草案编报内容不够清晰。决算草案反映的支出功能分类科目中，有些科目又是按资金来源或分配使用单位设置的，导致同类工作或支出事项分散在不同科目列报，同一科目又列报了不同类工作或支出事项。如公共财政用于公路建设的相关支出分散在“21401 公路水路运输”和“2140601 车辆购置税用于公路等基础设施建设支出”科目列报；在“213 农林水事务”科目列报的个别单位基本支出和项目支出中，实际包含教育、社会保障等非农林水事务支出。此外，决算草案目前仅按功能分类科目情况列报，财政部应进一步研究同时按经济性质分类编制中央决算。

（二）公共财政预算、政府性基金预算和国有资本经营预算界定不清晰。一是收入归属不够明确，如将有公共财政预算性质的船舶港务费纳入政府性基金预算管理，2013 年收入 44.36 亿元、支出 43.92 亿元。二是对同一项目或企业通过不同渠道交叉安排支出，如对“全国第十二届运动会办赛经费”“大中型水库移民后期扶持”等 4 个项目，公共财政预算和政府性基金预算分别安排专项资金 44.89 亿元、114.22 亿元；对 13 户中央企业，公共财政预算安排产业技术研究与开发资金 1.32 亿元，国有资本经营预算又安排同类的产业升级与发展支出 34.55 亿元。

（三）国有资本经营预算范围不完整。至 2012 年底，中央部门和单位全资或控股企业尚未全部纳入国有资本经营预算，但 2013 年国有资本经营预算实施范围并未扩大。同时，对财政部持股的中央金融企业国有资本经营收益收缴缺乏统一规定，执行中标准不一。

（四）各类预算中有专项用途的收入不能统筹安排使用，不利于及时发挥资金效益。2013年，公共财政预算收入中具有专项用途的收入有3002.73亿元（占4.99%），如车辆购置税2013年结转133.31亿元，占当年收入的5.13%；实行专款专用的政府性基金收入至年底结存907.13亿元，占当年收入的21.34%。同时，政府性基金清理工作进展较慢，至2013年底，2012年征收的政府性基金一项都未减少，价格调节基金等未按规定程序设立的基金也未取消。

二、中央财政管理审计情况

从审计中央财政的预算管理、资金分配和使用效益情况看，2013年，财政部和发展改革委等部门严格财政预算执行，加大对民生等重点领域的投入，预算的规范化和公开程度不断提高。但预算资金分配权责关系尚未完全理顺，财政资金管理使用中还存在一些违规问题。

（一）资金收缴和预算批复不规范。

1. 未收缴入库资金91.4亿元，包括：发展改革委委托所属企业管理的20年前已取消的国家轿车零部件横向配套基金本金和清收款（含资产）10.26亿元；财政部参股的创业投资基金收益1.38亿元；财政部同意农业银行从受托处置资产收入中留用的委托手续费和超收奖励79.52亿元，电网经营企业从农网还贷资金收入中留用的手续费2400万元，未实行“收支两条线”管理。

2. 批复的部门预算中个别事项不够准确和细化。一是批复的56个部门年初预算少编报已确认的2011年底结余资金18.33亿元。二是批复的教育部年初预算列入了未细化到具体项目的“高校发展长效机制补助经费”等预算43亿元，执行中由财政部再次批复。

3. 批复的部门预算中个别事项不合规。一是批复的农业部、林业局部门预算中，安排“病虫害控制”等补助地方支出8.97亿元。二是批复安全监管总局等4个部门在未实行定员定额管理的下属单位预算中编列机动经费预算4493.18万元、银监会等11个部门超范围动用机动经费2.03亿元，不符合机动经费预算编列和动用有关规定。三是批复的证监会、保监会、社保基金会部门预算中，按职工工资总额的14%安排职工福利费，超过中央在京部门标准。

4. 预算下达不及时。公共财政专项转移支付预算中，有4950.46亿元（占26.60%）未按要求于6月15日前下达，其中6.77亿元是12月31日才下达的。政府性基金转移支付预算中，有1011.76亿元（占71.24%）未按要求于6月15日前下达，其中21.01亿元是12月25日才下达的。公共财政本级支出预算中，有920.53亿元（占4.5%）未按要求于9月30日前下达，其中66.85亿元是12月31日才下达的。国有资本经营预算中，有420.70亿元（占43.01%）12月才下达。

5. 财政专户清理不到位。至2013年底，中央财政在商业银行开设41个专户，其中：存放资金的性质和用途相近的专户未按规定精简归并，涉及13个专户；超过一年未发生业务的5个专户未按规定撤销。

（二）财权与事权未理顺，专项转移支付清理整合不到位。

1. 专项转移支付项目清理力度不够大。经审计核实，具有专项性质的转移支付明细项目有363项，其中“中央基建投资”1个明细专项又包含110个子项。有的专项设置交叉重复，如财政部管理的“国家水土保持重点建设工程补助”等6个专项与发展改革委管理的“水土保持专项资金”等6个专项之间，财政部管理的“农业科技推广示范”“名优经济林”等21个专项之间，发展改革委管理的“物流业调整和振兴”“农产品冷链物流”等13个专项之间，在资金投向、补贴对象等方面存在交叉现象。

2. 有的政策目标不够协调。如农业部管理的“海洋捕捞渔民转产转业补助”主要用于海洋渔船的报废补助等，而财政部和农业部共同管理的“渔业成品油价格补助”主要用于补助因成品油价格调整增加的渔业成本，由于保留渔船领取的成品油价格补助高于报废渔船获得的转产转业补助，渔民更倾向于保留渔船，造成减船转产工作陷于停顿。个别专项分配办法与政策目标衔接不够紧密，如发展改革委管理的“重点节能工程”项目，不是按节能量而是按项目总投资的一定比例安排补助，未充分考虑项目的节能效果和不同行业的节能成本。

3. 分配管理权责有待理顺。以“农林水事务”类专项为例，其中 66 个专项在中央本级由 9 个主管部门的 50 个司局、114 个处室参与分配管理；下达到地方后仅省一级就涉及近 20 个主管部门，省以下也需层层审批，如广东省 2013 年分配的“晚造水稻种植保险保费补贴”1.16 亿元，经县、市、省逐级审核，最长的历时 213 天才到位。同时，专项资金整合不到位，至 2013 年底，财政部已将“农林水事务”类中的 23 个专项整合为 10 个，但整合后的 6 个专项在实际安排资金时，仍按原 16 个专项管理，分配依据、审批程序无实质性改变，资金也不能调剂使用。

（三）部分财政资金分配不规范，有的使用中存在违法违规问题。

1. 分配中存在超范围、超标准问题。一是财政部分配的“成品油价格补助”“小额担保贷款财政贴息”“全科医生规范化培养基地能力建设”等 3 个专项中，有 128.32 亿元超出规定的补助范围，其中由于交通运输部扩大成品油价格补助范围，多拨付 116.61 亿元。二是财政部在清算成品油价格补助时，未按实际油品分类结算，多支付地方 12.62 亿元。三是发展改革委在“重点节能工程”专项中超范围安排地方发展改革等部门车辆购置补助 2.18 亿元，向“防灾减灾能力建设”专项的 7 个项目超出标准或申请额多安排投资 940 万元。

2. 申报中存在虚报冒领问题。由于财政专项资金种类多、项目杂，参与分配部门多，由基层逐级审核上报，信息沟通不畅，加之审核监管不到位，弄虚作假问题比较严重。重点抽查的“林业贷款贴息”“成品油价格补助”“农机具购置补贴”“中央基建投资”“县域金融机构涉农贷款增量奖励”和“农村金融机构定向费用补贴”6 个专项的可疑项目中，有 18.59 亿元专项资金（占抽查金额的 37.59%）被骗取套取。主要是：

一是项目单位和个人采取虚构项目、伪造申报材料等方式骗取财政资金。如南充鑫泓建材有限责任公司和四川安格儿建材有限责任公司 2012 年以来，虚构项目、私刻印章、伪造公文、虚开发票，骗取中央基建投资补助 1240 万元；黑龙江百禾食品有限公司在未向银行贷款的情况下，伪造银行公章、银行法定代表人名章、贷款合同、保证合同等，申报 2013 年林业贷款贴息 104.1 万元，审计指出后当地财政局未向企业拨付。

二是一些主管部门和工作人员出于地方或部门利益，审核把关不严，有的甚至默许弄虚作假行为。如滨州、新泰、宁阳的交通运输局默许当地 3 家公共汽车公司虚报车辆和运营里程，2010 年至 2013 年骗取成品油价格补助 1.06 亿元，其中 340.67 万元被当地交通运输局占用。

三是有的公职人员与企业或个人内外勾结骗取财政资金，从中牟取不当利益。如山西信联机械制造股份有限公司采取将同一机具修改发动机号、重复计算等方式，虚报销售量骗取农机具购置补贴 5000 多万元，山西省 41 个县区农机系统多名工作人员协助造假，并从中收受好处。

3. 使用中存在挤占挪用问题。审计 9 个省发现，8 个省及所属 12 个县挤占挪用专项资金 31.33 亿元，主要用于日常运转、工业园区建设、发放工资津补贴等。如四川省简阳市 2010 年至 2013 年，将上级财政拨付的民生类专项资金共计 14.19 亿元挪用于市重大项目、工业园区建设等，影响相关政策目标的实现。

（四）各级财政均有一些资金沉淀，资金使用效益未能充分发挥。

1. 中央本级财政存量资金较多。如为满足科技经费增幅应高于财政经常性收入增幅的规定，中央财政将当年无具体使用项目的科学技术支出按权责发生制结转，至 2013 年底累计结转 384.12 亿元，有 217.24 亿元结转 5 年以上。

2. 重点审计的 32 个中央部门结存资金半数闲置超过一年。至 2013 年底，这些部门结存资金 974.20 亿元中，有 493.80 亿元（占 50.69%）是 2012 年底前形成的，结转超过 5 年的有 8.36 亿元。审计还发现，卫生计生委、文化部、人民银行等 7 个部门本级和 36 个所属单位 2013 年采取虚列支出、以拨作支等方式人为减少存量资金 6.11 亿元，海洋局本级和中科院大气物理研究所等 16 个所属单位未及时上缴或未经批准动用结余资金 1.29 亿元。

3. 重点审计的 9 个省本级和 9 个市本级财政存量资金近三成已无法按原用途使用。至 2014 年 3 月底，这些地方财政存量资金共计 7673 亿元，其中有指定用途的 4802 亿元（占 62.58%），主要集中在城乡社区事务、农林水和环境保护等政府投入不足领域；有2051.39亿元（占26.74%）由于原定项目完成或取消、不具备实施条件等已无法按原用途使用。

4. 中央财政对创业投资基金的投入闲置较多。批准设立的141个基金中，39个未按时成立，加之部分已成立基金参股方未足额出资，导致财政投入23.22亿元滞留在托管账户；由于业务开展慢，已成立基金筹集的资金中，有127.75亿元结存未用。此外，还有2个中央财政直接投资项目取消，财政投入4000万元闲置。

（五）对地方财政的管理不到位，一些地方财政管理中存在违规问题。

1. 一些地方人为调节财政收支指标。审计9个省本级、9个市本级和18个县发现，通过将财政收入滞留在财政专户或过渡户等少反映收入823.31亿元；通过以财政借款缴税等方式虚增财政收入58.07亿元；通过以拨作支等方式虚列支出329.62亿元。如2011年至2013年，辽宁省岫岩县将财政借款以税费名义缴入国库，虚增财政收入8.47亿元，占其公共财政收入的22.6%。

2. 一些地方政府自行出台招商引资财税优惠政策，部分财政资金投向不符合相关规定。审计9个省本级、9个市本级和18个县发现，这些地方2013年正在执行的自定优惠政策有202项，包括返还税费、低价供地、无偿建设配套设施等，当年以各种名义向引资企业安排财政补贴1261.64亿元，其中超过70%投入了竞争性领域。既不能有效发挥财政投入的引导和支持作用，还影响市场公平。如辽宁省和大连市向大连海昌集团有限公司和锐阳（大连）投资管理有限公司拨付的支持并购海外科技型企业补贴2.68亿元，实际用于收购法国的14个葡萄酒庄园。

3. 机构运行经费管理不严格。重点审计的36个县2012年机构运行经费仅有76.3%是由预算保障的，其余主要通过挤占其他经费、截留坐支非税收入或事业收入等解决，其中21个县机构运行经费超过其自身实现的公共财政收入。审计9个省发现，3个省级部门和8个县存在转嫁因公出国（境）费用、违规使用公务用车、在公务接待中购买高档礼品等问题，如山西省柳林县接待办在中央八项规定出台后，在公务接待费中列支购买礼品、土特产等支出1124.48万元。

此外，还对社保基金会投资管理情况进行了审计。据社保基金会报表反映，至2013年底，社保基金总资产12415.64亿元、负债488.19亿元、权益11927.45亿元，其中财政性净拨入累计6000.26亿元（占权益的60.54%）；2013年基金投资收益685.87亿元，收益率6.20%。审计发现，社保基金自营指数化投资出现亏损，信托贷款和协议存款业务中存在中间人借机牟利问题。同时，2009年以来，社保基金会未按规定对所持6只股票计提减值准备，致使当期收益虚增103.02亿元。

对审计指出的问题，相关方面正在积极整改。

三、中央部门预算执行和决算草案审计情况

主要审计了38个中央部门，延伸审计这些部门的389个所属单位；审计预算支出1542.38亿元，占这些部门年度预算总额的33.38%。审计结果表明，这些部门2013年度预算执行情况总体较好，年初预算到位率平均96.95%，“三公”经费和会议费财政拨款支出比上年下降22.93%。但至2013年底，仍有14.14%的部门预算未执行，还有一些部门及所属单位未严格落实中央八项规定精神和“约法三章”要求，有的违反财经制度规定。

（一）“三公”经费和会议费管理使用不严格。具体情况：

1. 因公出国（境）方面。一是科技部、中科院生态环境研究中心、中国土木工程学会、中国建筑文化中心违规组织“双跨”（跨地区、跨部门）出国考察或营利性团组7个。如中科院生态环境研究中心在其2012年和2013年未经批准的“双跨”团组中，邀请自然科学基金会主管项目的1名工作人员持因私护照分别出访美国、加拿大，承担其费用4.12万元。二是7个部门本级和9个所属单位的149个团组存在擅自更改行程、延长境外停留时间问题，其中民航局及所属单位有113个团组、食品药品监管总局有9个团组。如中国地质调查局“美国和加拿大开展页岩气技术考察团”2013年1月改变在美行程，前往拉斯维加斯停留3天，回国后还报称当时在加拿大考察；海洋局2012年组织的跨部门“赴南极长城站考察慰问司长团”，批复11天、实际行程13天，其中6天在法国和智利（含2天转机时间）。三是14个部门本级和54个所属单位超标准、超预算或超范围列支出国（境）费用3229.53万元，其中国资委及其30个所属单位918.66万元、中科院的4个所属单位891.05万元、海洋局及其2个所属单位377.26万元。四是9个部门本级和14个所属单位由企事业单位承担出国（境）费用1568.75万元，其中卫生计生委的3个所属单位756.39万元、发展改革委157.03万元。如国资委2013年组织的19个出国（境）培训团组中，中央企业等承担国资委机关人员费用434.02万元。

2. 公务用车方面。一是14个部门本级和13个所属单位公务用车配备超编制289辆、超标准123辆，其中新闻出版广电总局及所属单位超编53辆、超标18辆，税务总局超编20辆、超标30辆，发展改革委、农业部分别超编21辆、33辆。二是8个部门本级和32个所属单位长期占用下属单位和其他单位车辆145辆，还通过租赁等方式变相配备公务用车62辆，其中民航局及所属单位占用52辆、林业局的2个所属单位占用24辆、国土资源部的14个所属单位租赁44辆。三是6个部门本级和63个所属单位无预算、超预算列支公务用车费用1094.15万元，其中国资委及其57个所属单位619.34万元。此外，还发现转嫁或摊派公车运行费用66.72万元。

3. 公务接待方面。主要是：新闻出版广电总局、人民银行等4个部门本级和中国林业科学研究院、湖南证监局等6个所属单位转嫁或摊派、自行调剂项目或其他支出用于公务接待266.85万元，其中人民银行及其2个所属单位69.11万元、林业局的2个所属单位62.71万元。

4. 会议费方面。一是交通运输部、民政部等22个部门在非定点饭店召开会议384个（87个在五星级酒店），其中交通运输部在非定点饭店召开会议114个（43个在五星级酒店）、民政部在非定点饭店召开会议15个（1个在五星级酒店）、海洋局的2个所属单位在非定点饭店召开会议48个（20个在五星级酒店）。二是发展改革委、文化部、卫生计生委等23个部门超标准、超范围或虚列会议费支出1355.85万元，其中发展改革委168.03万元、文化部和4个所属单位216.27万元。三是卫生计生委、海洋局、国土资源部等14个部门向所属单位等转嫁摊派会议费555.95万元，如卫生计生委有关司局2012年和2013年有3次工作会议由其所属卫生部医院管理研究所具体承办，会议费99.85万元均由医药企业赞助。

（二）违规建设楼堂馆所或超标准占用办公用房。一是2013年4月，林业局所属大兴安岭林业集团公司投资1.45亿元建设三亚接待处项目，还曾挪用5000万元棚户区改造相关资金用于购置土地。二是2013年5月，民航局四川监管局违规开工建设办公用房3250平方米，涉及投资1563万元。三是2013年8月，民航局违规批复哈尔滨太平国际机场空管工程6250平方米的综合业务楼初步设计，涉及投资3094万元，其中5111平方米是“搭车”建设的办公楼。四是中科院所属物理研究所、生态环境研究中心主要负责人办公用房实际使用面积共计242平方米，但向中科院上报为49平方米。

（三）预算申报和执行中存在违反财经制度规定问题。主要是：

1. 社保基金会、人民银行本级和中科院国家纳米科学中心、中国科学技术信息研究所等24个所属单位通过虚报人数、重复申报项目等方式多申领财政资金3553.15万元，主要用于房屋修缮和弥补人员经费等。如中国科学技术信息研究所虚报188人，多申领基本支出预算711.69万元用于弥补人员经费。

2. 文化部本级和中国水利水电科学研究院、发展改革委能源研究所等2个所属单位挪用或套取财政资金等1.04亿元，其中3433万元用于违规购买购物卡、礼品或发放劳务费等。如新闻出版广电总局广播电影电视设计研究院2012年至2013年以假发票套取3034.04万元，用于发放奖金、购买预付卡等，其中2013年1662.9万元。

3. 卫生计生委本级和中国建筑文化中心、中国地质科学院矿产资源研究所等34个所属单位采取转移收入或虚列支出等方式，账外设立“小金库”1.94亿元。如林业局调查规划设计院等3个单位2012年至2013年，套取资金1984.55万元设立“小金库”，主要用于发放奖金、招待等支出；海洋局预报中心2011年至2013年，将510.61万元广告收入存放所属公司，其中392.19万元用于发放职工津补贴。

（四）一些中央部门主管的社会组织和所属单

位依托行政资源不当牟利。至2013年底，卫生计生委、国土资源部、住房城乡建设部等13个部门主管的35个社会组织和61个所属事业单位利用所在部门影响，采取违规收费、未经批准开展评比达标、有偿提供信息等方式取得收入共计29.75亿元，部分单位违规发放津补贴1.49亿元。如中华医学会在2012年至2013年召开的160个学术会议中，用广告展位、医生通讯录和注册信息等作为回报，以20万至100万元价格公开标注不同等级的赞助商资格，收取医药企业赞助8.2亿元；未经批准违规收取资格考试复训费1965.04万元，将618个继续教育培训项目收入1.14亿元存放账外。卫生部医院管理研究所将受卫生计生委委托收集的医院用药数据，出售给医药市场调研公司，2011年至2013年违规取得收入3527.1万元。中国城市科学研究会2013年在受住房城乡建设部委托进行绿色建筑标识评价过程中，未经批准违规收取参评单位评审费1418.55万元。

（五）部门决算草案编报和部分会计核算不准确。审计38个部门决算草案发现，商务部、教育部、中科院等23个部门账务处理不规范或报表填列错误，涉及金额23.69亿元，占审计资金总量的1.53%。此外，审计还发现预算编报不规范、政府采购规定执行不严格、资产管理及会计核算不规范等问题金额57.66亿元。

对审计指出的问题，相关部门在审计过程中已采取130项措施，正在积极落实整改。

四、政府性债务审计情况

按照国务院要求，审计署2013年组织对全国政府性债务情况进行了全面审计。审计结果表明，至2013年6月底，全国各级政府负有偿还责任的债务206988.65亿元、负有担保责任的债务29256.49亿元、可能承担一定救助责任的债务66504.56亿元，债务风险总体可控。审计结果已上报国务院和全国人大常委会，并向社会公告。

2014年，结合中央预算执行审计和地方财政收支审计，跟踪审计了中央政府性债务制度建设情况，以及2013年6月底以来地方政府性债务的变化情况。从审计情况看，财政部等部门和相关地方加强了债务统计、对账及风险分析预警等工作，地方政府性债务增长有所放缓。2013年6月底至2014年3月底，审计的9个省本级和9个市本级政府性债务余额增长3.79%，比2013年前6个月平均增速下降7个百分点。此次审计发现的主要问题：

（一）政府性债务管理制度尚不健全。目前，各类政府性债务管理分别由财政部不同业务司局负责，尚未归口统一管理，境外发行人民币债券等制度也不够健全。审计的9个省本级和9个市本级中，2个未制定政府性债务综合管理制度，9个未制定政府性债务风险预警制度。

（二）省本级债务借新还旧数额较大。2013年6月底至2014年3月底，9个省本级为偿还到期债务举借新债579.31亿元，但仍有8.21亿元逾期未还。相对而言，9个市本级由于2013年土地出让收入增长，债务负担有所减轻。

（三）个别地方债务举借和使用不规范。审计发现，2013年6月底以来，4个市本级违规由政府担保或不合规抵押融资157亿元，违反合同约定将108.62亿元债务资金用于房地产开发、项目资本金或其他项目建设等。此外，4个省市本级还通过非公开定向融资工具、私募债等新方式举债69亿元。

对审计指出的问题，相关部门和地方正在整改。

五、重点民生工程及矿产资源审计情况

（一）全国城镇保障性安居工程跟踪审计情况。2013年，各级财政安排保障性安居工程资金4722.92亿元，通过贷款、发行债券等筹资5646.86亿元，当年保障3158.1万人，但审计发现资金管理和住房分配中还存在一些问题。资金管理方面，有38个单位骗取套取棚户区改造资金15.41亿元，有237个项目或单位将78.29亿元挪用于市政设施、园区开发等。如河南新乡投资集团有限公司通过编造虚假棚户区改造规划、虚估投资额等，以城市棚户区改造名义发行债券9亿元，其中7.77亿元实际用于旅游开发、对外出借和投资等。住房或补贴分配方面，一些地区由于资格审核把关、纠错清退等基础工作薄弱，有4.75万户不符合条件的家庭享受了住房或货币补贴，有2.65万套住房被挪作他用或违规销售。对审计指出的问题，相关地方已追回资金41.84亿元，取消2.9万户家庭的保障资格，收回或清理住房 1.65 万套，完善制度 724 项。

（二）扶贫资金审计情况。从审计 19 个国家扶贫开发工作重点县情况看，2010 年至 2012 年，各级财政扶贫投入共计 39.27 亿元，有效改善了当地贫困人口的生产生活条件，但扶贫资金使用管理还不够规范。此次审计发现违法违规问题金额 2.34 亿元，占抽查资金额的 18.4%。其中：1595.71 万元扶贫资金被个人侵占，涉及公职人员 28 人；1.73 亿元扶贫资金被虚报冒领或挤占挪用，主要用于办公用房建设、对外出借及日常支出等；4432.68 万元扶贫资金形成损失浪费，有的被用于修建形象工程，如宁夏同心县投入 391 万元建设了 17 座移民新村标志牌楼，其中动用扶贫资金 114 万元；有 5 个县的扶贫工作主管部门在中央八项规定出台后，在扶贫管理费等经费中违规列支吃喝、旅游费用 53.36 万元。此外，还有 2.27 亿元扶贫资金闲置 1 年以上。

为加强扶贫资金管理，中央下发了《关于创新机制扎实推进农村扶贫开发工作的意见》，国务院扶贫办及相关地方根据审计结果，出台或修订规范性文件 40 多项，归还和发放扶贫资金 1.38 亿元，清理消化闲置资金 1.45 亿元，查处 171 名责任人员。

（三）重要物资储备审计调查情况。结合国有企业审计，重点调查了煤炭、棉花、玉米等重要物资储备情况，发现一些战略物资储备不足，有的经营性储备挤占政策性仓容，有的进口储备物资质量控制不到位。抽查 12 个应急煤炭储备点发现，考虑煤炭储备成本及市场价格波动因素，2011 年、2012 年月均库存量分别比当期储备任务少 29.84%和 18.15%。调查中国储备棉管理总公司发现，至 2013 年 6 月底，286 个库存点有 243 万吨（占 27%）储备棉露天存放，同时部分库房却用于出租获取收入，以完成年度利润考核指标，其中 2 家储备库 2013 年发生火灾，造成储备棉损失约 2.3 万吨、经济损失约 4.5 亿元。抽查中国储备粮管理总公司进口的 4 批次 616 万吨玉米发现，有 417 万吨的杂质和破碎粒率超过合同约定 3%的上限，其中 36.12 万吨杂质和破碎粒率超过 10%。对上述问题，有关方面正在采取措施整改。

（四）矿产资源开发利用及相关资金征管审计情况。从审计 8 个省矿产资源开发利用情况看，这些地方近年逐步强化矿产资源管理，建立矿业权交易市场，取得一定成效，但一些地方矿业权出（转）让中违法违规问题仍较突出。审计 8 个省共发现应征未征和挤占挪用探（采）矿权使用费、矿产资源补偿费、资源税等资金 284.18 亿元，占抽查资金额的 10.96%；抽查的 3724 宗矿业权中，国土资源部门越权审批或违规审批不符合条件的矿业权 636 宗，有 114 宗存在低价出（转）让和溢价收购从中牟取不当利益的问题，还有 13 宗在国有企业改制时被无偿转让。如在陕西省靖边县 3 宗探矿权出让中，国土资源部门有关工作人员违规审批，民营企业 5 年间通过转让部分股权方式将探矿权转手倒卖获取暴利。审计指出问题后，有关地方采取追缴、没收违法所得等措施整改违规问题金额 136.18 亿元，制定完善制度 40 项。

六、国有金融机构审计情况

对工商银行等 8 家银行和中国投资有限责任公司等 3 家金融机构的审计结果表明，这些金融机构不断加强内部管理和风险防控，综合金融服务能力有所提升，但信贷投放和业务创新等方面还存在一些问题。

（一）金融创新业务不规范，有的规避信贷调控和监管。跟踪审计 8 家银行贷款投放情况发现，有 3749.88 亿元贷款通过同业合作、基金理财等类信贷业务投向国家限制的地方政府融资平台公司及房地产企业；有的企业通过贷款“空转”套利，抽查 25 家黄金加工企业 2012 年以来虚构贸易背景，进行跨境、跨币种循环滚动贷款累计 944 亿元，套取汇差和利差 9 亿多元。

（二）违规经营问题仍较突出。对 3 家金融机构的审计发现，违规放贷或办理票据业务、掩盖不良贷款等问题 183.34 亿元；虚增中间业务收入、账外存放资金等财务违规问题 34.98 亿元；12 个形成损失或面临损失风险的境外投资项目存在管理人员失察、投后管理不到位等问题。

此外，审计还发现，由于对互联网等新型金融业务的管控滞后，一些不法分子涉嫌利用互联网金融等进行非法集资、网络诈骗案件 11 起，涉及金额 800 多亿元。

审计指出问题后，相关监管部门和金融机构

制定完善制度及工作流程211项，整改违规问题金额200.89亿元，处理844人次。

七、国有企业审计情况

据审计的中国烟草总公司、中国核工业建设集团公司、中国石油天然气集团公司、华润（集团）有限公司等11户中央企业合并财务报表反映，2009年至2012年，企业资产总额和净利润分别增长50.25%、35.02%，总体经营业绩逐步提高，但一些企业监督制约机制还不完善，违法违纪问题时有发生。

（一）重大事项决策不规范，造成大量国有资产损失。抽查11户企业的791项重大决策事项中，有230项（占29%）存在违反“三重一大”决策程序、缺乏可行性研究论证以及决策内容不符合规定等问题，造成损失或潜在损失134.68亿元。如在中国石油天然气集团公司的油气开发、并购重组、国有资产处置等过程中，一些企业管理人员滥用职权、违规决策，甚至与民营企业或个人串通牟取私利，严重损害国有权益。

（二）有的企业会计核算不准确，薪酬管理不到位。审计发现，11户企业2012年收入、利润和资产不实金额分别为73.37亿元、56.67亿元和88.44亿元；2460项大宗物资采购和781个工程建设项目没有公开招标，涉及金额1120亿元；7户企业违规超提或超发工资、住房公积金和福利费等11.61亿元。

审计指出问题后，相关企业建立健全规章制度1194项，补缴税款和挽回损失34.74亿元，并处理了190名责任人员。

八、审计查出的涉嫌重大违法违规案件情况

在上述各项审计中，发现并移送涉嫌重大违法违纪案件314起，涉及1100多人。这些案件主要发生在行政管理权或审批权集中、掌握重要国有资产资源的部门和单位，有三个突出特点：

（一）群体性腐败问题严重。上述案件中，有112起（占35.7%）是“串案”“窝案”，涉及760多人，其中31起案件有主犯的近亲属参与。这类案件大多以一名或几名公职人员为核心，以其掌握的公共权力或公共资源为支撑，案件链条往往牵扯十几人或数十人，有的涉案人员之间形成了利益共同体。

（二）违法犯罪方式更加隐蔽。审计发现，一些不法分子通过有意培植利益关联方“代理”作案，有的将原本可以按正常程序开展的行政审批等事项，指定中介方介入协助，并最终从中介方获得利益回流。在股权转让、招投标、资格申请、投融资等业务中，这一问题尤为突出。审计发现此类案件80多起，涉及200多人。

（三）权钱交易收益远期化。审计发现此类案件109起。这些案件中权钱交易趋向索取投资入股、业务垄断、矿产开采等隐性利益，有的在位时只“帮忙”不收礼，待离职后再兑现；有的将部分违法所得投入公益事业树立“道德”形象，或谋求政治地位。

对本报告反映的具体审计情况，除财政预决算和财政管理审计情况外，已公告项目的详细情况以附件形式印送各位委员，其余将陆续向社会公告。下一步，审计署将按国务院要求，认真督促整改。整改的全面情况，国务院将在年底前向全国人大常委会专题报告。

九、加强财政管理的意见

根据审计情况，提出以下意见：

（一）严肃财经纪律，切实做到依法行政、依法理财。从审计情况看，有令不行、有禁不止的问题仍然突出，反映出一些单位和个人法纪意识淡薄，责任追究和处罚也不到位。为此，应严格落实预算单位和负责人员遵守财经法纪的主体责任，严格责任追究，进一步建立健全财政资金分配、使用和监督相分离的监督制约机制，依法规范财政收支行为。对违规列支“三公”经费和会议费、违规建设楼堂馆所，以及层层滞留、虚报冒领、骗取套取财政资金等问题实行一案多查，坚决遏制失职渎职和腐败问题，推动各级领导干部和公职人员增强依法行政意识，切实做到有法必依、执法必严、违法必究。

（二）加快转变政府职能和简政放权，深入推进财税体制改革。财政管理和预算执行中很多问题多年未得到解决，根本在于行政体制改革尚不到位，政府各部门之间职能界定不够清晰，有的交叉重叠；各级政府事权和财权尚未理顺，权责不匹配；责任主体也不够明确，问责无对象、追责无主体的现象较为严重。为此，应结合深化行政体制改革，进一步理顺中央主管部门在财政资金分配中的权责关系，尽快启动中央部门层面专项资金清理整合，切断财政管理中的利益链条。在明确划分中央和地方事权的基础上，将属于中央的事权上收，将适合地方管理的事项连同资金分配权、项目确定权交由地方。加快健全统一规范的预算管理体系，建立完善政府财务报告制度，规范预算收支的分类、统计和公开口径。

（三）盘活存量、优化结构，提高财政资金使用效益。当前，一些地方财政存量资金较多，举债规模也较大，同时民生等重点领域的投入不足，有的还将财政资金投入竞争性领域，反映出财政支出结构不尽合理，资金使用效益未得到有效发挥。为此，应健全并严格落实财政收入征缴、退库制度，清理地方财税优惠政策，严控对竞争性领域的财政支出。抓紧研究出台财政存量资金管理办法，对确属没有指定用途或因政策变化无须继续执行的存量资金，应尽快清理，统筹安排使用。加强政府性债务管理，严格限定债务资金投向，适度加大棚户区改造、保障房建设、城市地下管网建设改造等方面的政府性债务资金投入。

（本报告涉及的省、自治区、直辖市统称为省；地级行政辖区统称为市；县级行政辖区统称为县。）

以改革创新精神做好新时期审计工作

——在全国审计工作会议上的讲话

（2014年12月25日）

刘家义

同志们：

这次会议的主要任务是，学习贯彻党的十八大、十八届三中和四中全会和中央经济工作会议精神，贯彻落实《国务院关于加强审计工作的意见》和李克强总理的重要指示，总结2014年审计工作，表彰全国审计系统先进集体、先进工作者和优秀审计项目，部署下一步审计工作。下面，我讲5个问题。

一、关于2014年工作

2014年，我们紧紧围绕党和国家工作中心，依法履行审计监督职责，扎实推进各项基础建设，取得了较好成绩。一年来，我们主要抓了以下工作：

（一）围绕党和国家的新要求，谋划审计工作长远发展。党中央、国务院高度重视审计工作，党的十八届三中、四中全会从全面深化改革、全面推进依法治国的高度，对新形势下加强审计监督、完善审计制度、保障依法独立行使审计监督权提出了明确要求；《国务院关于加强审计工作的意见》对强化审计的保障和监督作用、健全审计工作的保障机制做出了具体规定。我们认真学习贯彻中央精神，深入研究审计的定位和职能，努力转化为工作目标和思路。我们进一步明确审计工作的总体要求，提出围绕“反腐、改革、法治、发展”，始终坚持“两手抓”，加大审计力度，积极发挥国家利益捍卫者、公共资金守护者、权力运行“紧箍咒”、反腐败“利剑”和深化改革“催化剂”的作用。我们积极探索审计监督全覆盖的措施和途径，明确要实现“有深度、有重点、有步骤、有成效”的全覆盖，改进审计方式，不断提高审计质量和水平。我们积极探索完善审计工作管理机制，强化上级审计机关对下级审计机关的领导，组织对地方各级审计机关队伍建设情况进行调研，研究省以下地方审计机关人财物统一管理和审计职业化建设，努力推进全国审计“一盘棋”。

（二）依法履职尽责，积极有效发挥审计作用。初步统计，今年1至12月，全国审计近13万个单位，提交审计报告和信息25万多篇，促进增收节支和挽回损失4000多亿元，移送违法违纪案件线索7000多件，同时还协助有关部门查处了一批重特大腐败案件；推动将审计发现问题纳入相关部门和地方教育实践活动整改内容，促进建立健全制度4800多项。一是对中央重大决策部署贯彻落实情况进行跟踪审计，促进政令畅通。围绕促进经济平稳健康运行，制定《关于切实发挥审计监督作用促进经济平稳健康运行的若干意见》，组织对稳增长促改革调结构惠民生防风险政策贯彻落实情况的跟踪审计。二是加强对财政管理和预算执行情况的审计，推动财政提质增效。深化预算执行和决算（草案）审计，持续关注政府预算体系和结构、专项转移支付清理整合、存量资金盘活、财政管理绩效等问题，推动完善相关制度机制。围绕贯彻中央八项规定精神和国务院“约法三章”要求，制定加强公务支出和公款消费审计、加强对奢华浪费建设审计、加强公务用车制度改革审计等意见，加大专项审计力度。三是加大对经济社会运行中风险隐患的揭示力度，维护国家经济安全。在财政、金融、企业、资源环境和民生等审计中，注重揭示苗头性、倾向性问题，及时提出防范和化解风险的建议，并对政府性债务和重点商业银行信贷投放情况进行跟踪审计。四是加强对重点民生资金和民生项目的审计，切实维护人民群众根本利益。对保障性安居工程、农林水事务、彩票、教育、医疗等资金和项目进行审计，我们高度关注“小官贪腐”等发生在群众身边的违法违纪问题，及时纠正侵害群众利益问题。五是加强资源环境审计，促进生态文明建设。按照国务院部署，组织全国审计机关对土地出让收支和耕地保护情况进行审计。对矿产资源、草原、林地、水资源等进行专项审计，积极探索领导干部自然资源资产离任审计。六是加强经济责任审计，促进领导干部更好履职尽责。颁布实施《党政主要领导干部和国有企业领导人员经济责任审计实施细则》，全国共审计领导干部3万多人，查出相关领导干部负有直接责任的问题金额2100多亿元，有400多人被移送司法、纪检监察机关处理，促进健全责任追究和问责机制。

（三）坚持创新驱动，努力提高审计工作效率。我们立足实践需要，与时俱进创新审计方式方法。一是创新组织方式。全国土地出让收支和耕地保护情况审计中，在总结以往大项目审计多兵种、大兵团作战经验的基础上，探索统筹调配人员、统一编组、扁平化管理的新型组织方式；在一些行业性或区域性项目审计中，积极整合各专业、各层级审计资源，大大增强了审计的整体性和宏观性。二是创新技术方法。加大数据集中和分析力度，积极探索审计运用大数据技术的途径，构建国家审计数据中心，推广“总体分析、系统研究、发现疑点、分散核实”的数字化审计方式，精确定位、精准发力，有效提高了审计质量和效率。三是创新审计理论。加强对审计发展规律的总结和提炼，深入开展对中国特色社会主义审计发展历程、审计理论、审计制度等方面研究，对审计本质、功能定位和职能作用的认识不断深化。

（四）从严管理审计队伍，坚定不移打造审计铁军。坚持以品德为核心、作风为基础、能力为重点、业绩为导向，加强干部队伍建设。一是深入开展党的群众路线教育实践活动。坚持上下结合，市县审计机关扎实开展第二批教育实践活动；审计署和各省级审计机关在抓好第一批活动整改及成果巩固的基础上，结合对市县审计机关教育实践活动的指导，积极听取意见和建议，进一步完善相关措施。二是坚决落实党风廉政建设主体责任。各级审计机关党组制定了落实党风廉政建设主体责任的具体措施，严肃政治纪律、组织纪律、廉政纪律、保密纪律、财经纪律、工作纪律，加强了管理、健全了制度。三是加强审计机关领导班子建设。根据形势变化和发展要求，对审计机关领导班子建设进行专题研究，提出加强审计署领导班子思想、组织、纪律、作风、能力建设要求，改进选拔任用和考核激励机制。积极与地方党委、政府沟通，研究共同做好干部推荐和考察等工作，地方审计机关领导班子结构不断优化。四是加强干部教育培训。审计署举办培训班57期、培训4300多人次，注重运用案例教学、模拟实验室、送教上门等方式，不断提高培训的针对性和实效性。采取不同层级审计机关干部交流挂职、全国性审计项目混合编组等方式，加强对干部的实战培训。各地也都加大了培训力度。

二、关于当前形势和审计工作的总体思路

做好新时期的审计工作，必须明确我们处在一个什么样的时代，我们的中心任务是什么，应该发挥什么样的作用，还有哪些需要改进的地方，进而明确我们的思路、目标，有针对性地开展审计工作，更好地发挥审计作用。

（一）*要认清形势，增强审计工作服务大局的自觉性和主动性*。习近平总书记在深刻分析国际国内形势的基础上，做出我国经济发展进入新常态的科学论断。经济发展新常态是对我国当前所处历史方位的新认识，是基于“两个没有改变”和“两个改变”做出的重要判断，即没有改变我国发展仍处于可以大有作为的重要战略机遇期，改变的是重要战略机遇期的内涵和条件；没有改变我国经济发展总体向好的基本面，改变的是经济发展方式和经济结构。经济发展新常态是对发展规律的新把握，持续30多年高速增长后，我国经济正在向形态更高级、分工更复杂、结构更合理的阶段演化，增长速度正从高速转向中高速，发展方式正从规模速度型粗放增长转向质量效率型集约增长，经济结构正从增量扩能为主转向调整存量、做优增量并存的深度调整，发展动力正从传统增长点转向新的增长点。经济发展新常态是对发展路径的新探索，要以提高经济发展质量和效益为中心，大力推动经济结构战略性调整，更加注重满足人民群众需要，更加注重市场和消费心理分析，更加注重引导社会预期，更加注重加强产权和知识产权保护，更加注重发挥企业家才能，更加注重加强教育和提升人力资本素质，更加注重建设生态文明，更加注重科技进步和全面创新。

做好新时期的审计工作，就要切实把思想和行动统一到中央的认识和判断上来，认识新常态、适应新常态，不断增强审计工作的主动性和适应性。要充分认识依法履行审计职责，推动中央宏观政策措施落实、促进提高经济发展质量和效益的任务更加艰巨；推动全面创新、促进转方式调结构的任务更加艰巨；维护人民群众根本利益、促进社会和谐稳定的任务更加艰巨；维护国家经济安全、促进防范和化解风险的任务更加艰巨；推动环境保护和资源能源节约利用、促进生态文明建设的任务更加艰巨；推动完善体制机制、促进全面深化改革的任务更加艰巨；推动反腐倡廉建设、促进依法治国的任务更加艰巨。我们要增强紧迫感和使命感，顺应经济发展大势，勇于开拓创新，与时俱进抓好审计工作。

（二）*要明确定位，深刻理解审计的基石和重要保障作用*。党的十八届四中全会进一步明确了审计监督是党和国家监督体系的组成部分，强调要加强党内监督、人大监督、民主监督、行政监督、司法监督、审计监督、社会监督、舆论监督制度建设，增强监督合力和实效。《国务院关于加强审计工作的意见》指出，要发挥审计促进国家重大决策部署落实的保障作用，强化审计的监督作用。对于中央精神和要求，我们要认真学习，深入领会，准确把握，关键是要进一步明确审计的定位和职能作用。要深刻认识到，国家审计作为党和国家监督体系的组成部分，具有预防、揭示和抵御的“免疫系统”功能，通过对公共资金、国有资产、国有资源、领导干部履行经济责任情况的审计监督，摸清真实情况、揭示风险隐患、反映突出问题和体制机制性障碍，并推动及时有效解决，是提升国家治理能力的重要力量，是实现国家治理现代化的基石和重要保障。这是我们不断探索审计发展规律，对国家审计的制度属性、法律地位和职能作用认识的深化。这一认识，有助于我们正确把握国家审计的定位，更好地落实十八届四中全会精神和国务院要求，适应全面深化改革和依法治国的需要，依法履职尽责。

（三）*要破解难题，进一步明确审计工作发展方向*。面对新形势和新要求，我们还存在着不少差距和不足，主要是：思想观念不适应，如有的同志对审计本质的认识不深刻，仍停留在单纯的事后“查账”层面，站位不高，视野不宽；能力素质不适应，特别是国家政策措施落实跟踪审计、经济责任审计、自然资源资产离任审计等涉及方方面面，我们的知识结构和业务能力还有较大差距；审计管理不适应，面对审计监督全覆盖的要求，审计任务重与力量不足的矛盾更为突出，上级审计机关对下级审计机关的领导方式还有待改进，审计计划、资源整合、组织实施、内部管理等都需要完善；制度保障不适应，一些审计法规制度滞后，亟待建立完善；技术方法不适应，审

计信息化建设和数字化审计方法的推广应用力度还需进一步加大；干部作风不适应，依法审计、文明审计、廉洁审计还存在差距。这些问题是制约审计更好发挥作用的症结所在，既是差距，也是潜力。破解这些难题，既是我们今后工作的重点，也是努力的目标，各级审计机关要紧紧围绕党和国家工作中心，依法积极主动作为，推动审计工作迈上新台阶。

当前，审计工作的指导思想是，以邓小平理论、“三个代表”重要思想、科学发展观为指导，深入学习贯彻习近平总书记系列重要讲话精神，按照党的十八大，十八届三中、四中全会，中央经济工作会议精神和《国务院关于加强审计工作的意见》要求，加大改革创新力度，进一步完善审计制度，依法独立行使审计监督权，大力推进对公共资金、国有资产、国有资源、领导干部履行经济责任情况的审计监督全覆盖，促进全面深化改革和依法治国，充分发挥国家审计的基石和重要保障作用。

总体要求是，严格按照法律规定和党中央、国务院要求，从审计财政财务收支的真实性、合法性、效益性入手，紧紧围绕“反腐、改革、法治、发展”，坚持一手抓重大违法违纪、重大损失浪费、重大风险隐患、重大履职尽责不到位等问题的查处，一手抓促进深化改革、推进法治、提高绩效，用“反腐”“改革”的双引擎，驱动“发展”这艘巨轮在“法治”的航道上行稳致远。

总体原则是，适应经济发展新常态，适应改革发展新要求，坚持依法审计、实事求是。当前尤其要在“促发展、促反腐”上积极主动发挥作用。审计中，要历史地、辩证地、客观地看待经济运行中的一些问题，既不能以现在的制度规定去衡量以前的老问题，也不能用过时的制度规定来衡量当前的创新事项。对重大违法违纪、重大损失浪费以及乱作为、假作为、不作为等重大履职尽责不到位问题，要坚决查处，绝不姑息；对突破原有制度和规定的创新举措或应变措施，只要符合改革方向，有利于科学发展、扩大就业、改善民生，有利于调结构、转方式、利长远，有利于整合资源、提高绩效、集中力量办大事，有利于生态建设、环境保护，有利于科技创新、增强发展后劲，有利于化解矛盾、防范风险，就要予以支持，并促进总结完善，推动形成新的制度规定；对深化改革、探索创新中出现的一般性不规范行为和工作失误，要从促进提高规范的角度，及时予以提示提醒，促进改进完善；对审计中发现不适应甚至阻碍稳增长促改革调结构惠民生防风险的制度规章、体制机制，要主动揭示反映，提出改进完善的建议。

三、关于2015年的审计工作

按照中央经济工作会议部署和李克强总理的指示精神，2015年的审计工作要围绕稳中求进的总基调，突出审计重点，加大审计力度，提高审计实效，切实做到“六个贯穿始终”：

——把维护人民群众根本利益贯穿始终。审计中要牢牢把握维护人民群众根本利益这个根本目标，始终关注群众利益维护、社会事业发展、公共制度建设等情况，更加注重保障基本民生，更加关注低收入群众生活，促进公共资源、公共资产、公共服务公平合理配置，推动实现社会公平正义。

——把推动依法治国贯穿始终。审计中要紧紧围绕十八届四中全会关于全面推进依法治国的重大部署，始终关注法律法规的执行情况，揭示有法不依、执法不严等问题，促进依法行政；反映法律法规不适应、不衔接、不配套等问题，提出加强法治建设的意见建议。

——把促进深化改革贯穿始终。审计中要紧紧围绕十八届三中全会关于全面深化改革的重大部署，始终关注改革措施的实施进度和协调配合情况，关注体制性机制性问题，积极提出解决突出问题和推进长远发展的建议，发挥深化改革“催化剂”作用。

——把推动政策落实贯穿始终。审计中要把监督检查国家重大政策措施和宏观调控部署落实作为重要内容，始终关注重大项目落地、重点资金保障、重大政策落实情况，及时反映新情况新问题，发挥政策落实督查员作用。

——把维护国家经济安全贯穿始终。审计中要充分发挥经济发展的安全员作用，始终关注财政、政府性债务、金融等方面存在的薄弱环节和风险隐患，关注风险发生发展的趋势，防范风险交叉传导，防范系统性和区域性风险。

——把推进反腐倡廉建设贯穿始终。对重大

违法违纪问题，要重拳出击，一查到底。要查源头、查原因、查责任、查后果，深入研究分析腐败案件发生的规律，推动建立完善不敢腐、不能腐的制度机制，发挥反腐败“利剑”作用。

2015年要着力抓好以下重点工作：

一是加大对中央重大政策措施落实情况的跟踪审计力度。要持续组织对稳增长促改革调结构惠民生防风险政策措施落实情况的跟踪审计，切实发挥经济发展的“助推器”作用。审计中要避免面面俱到，重点检查稳增长政策措施落实情况，对涉及面广、资金量大、落实难度大的水利、铁路、城市基础设施、棚户区改造等方面要进行全过程跟踪审计，保障政策落地生根。同时，要关注行政审批、简政放权、放管结合等改革推进情况，促进建立有利于大众创业、万众创新的良好环境。

二是深化财政审计。要把财政审计的着力点放到促进提高公共资金绩效上。要促进盘活存量，重点关注各级财政资金该投未投、该用未用、使用绩效低下等问题，关注存量资金的成因和结构，促进存量资金尽快落实到项目和发挥效益。要促进优化增量，不仅关注财政收入的真实性，更要关注财政支出的合规性和绩效，严肃查处虚报冒领、骗取套取、截留侵占等问题，促进资金安全规范高效使用。要促进提高行政运行绩效，持续关注中央八项规定精神和国务院“约法三章”要求落实情况，特别是对清理办公用房中出现的大量空置、停止新建政府性楼堂馆所后出现的“烂尾楼”等新情况新问题，要积极提出对策建议，防止出现损失浪费。

三是加强民生审计。保障和改善民生，既关系人民群众的切身利益，也是增强内需对经济增长拉动力的需要。民生审计要坚持纵向到底，循着资金流向走，从政策要求、预算安排、资金拨付一直追踪到项目、追踪到个人，确保群众真正从中受益。审计署将统一组织全国审计机关对基本养老保险基金进行全面审计，摸清基金筹集、管理、使用和保值增值等情况，揭示存在的困难、问题和风险，提出对策建议，为完善相关政策制度提供参考和依据，各地要做好思想、工作和人力上的充分准备；继续开展全国保障性安居工程跟踪审计和农林水专项资金审计。各地也要结合实际，加大对最低生活保障、“三农”、教育、医疗、扶贫、救灾、就业等民生资金和项目的审计力度。

四是强化经济责任审计。要贯彻落实两办规定及其实施细则，努力提高经济责任审计的质量和规范化水平。要根据不同类别领导干部的职责权限，突出审计重点。对党政领导干部，重点监督检查其承担的贯彻中央政策措施责任、经济发展责任、结构调整责任、防范化解风险责任、环境保护责任、民生改善责任、廉政建设责任等。对国有企业和金融机构领导人员，重点监督检查其承担的贯彻中央政策措施责任、经营管理责任、创新和转型升级责任、风险管控责任、可持续发展责任、廉政建设责任等。要切实做好经济责任审计与专项审计的统筹结合，全面推行党政领导干部经济责任同步审计，提高审计效率。

五是抓好投资审计。在投资审计中，一方面要围绕优化经济发展空间格局、加快投资领域改革，关注政府投资的规划布局和投向结构、计划下达和资金使用、建设管理和投资效益，促进发挥政府投资对结构调整和经济发展的引导作用；另一方面要加大对重大政府投资项目的审计力度，着力关注招投标、物资采购、投资控制、土地征用、环境保护、工程质量等方面存在的突出问题，切实审深审透，推动及时完善制度、加强管理和堵塞漏洞。审计署将组织对部分高速公路进行审计，各地要坚持量力而行、尽力而为的原则，做出合理安排。

六是深入推进资源环境审计。围绕中央关于源头严防、过程严管、后果严惩的要求，加强对资源管理、污染治理和环境保护等情况的审计。审计署将继续对矿产资源开发利用保护情况进行审计，关注相关政策落实、矿业权管理、资金征管等情况，重点揭示违法违纪、破坏环境等问题，维护国有权益和保护生态环境。要落实十八届三中全会要求，开展领导干部自然资源资产离任审计试点，深入研究审计内容、重点、方法和评价指标体系等。各地要在总结经验的基础上，不断深化资源环境审计，力争取得更好成效。

关于审计署统一组织的审计项目计划和对地方审计工作的指导意见，已提交会议讨论，请大家认真研究，提出修改意见，正式文件下发后要认真遵照执行。

四、关于健全完善审计制度机制

在新的时代承担新的使命，必须健全完善审计制度机制，以改革创新的精神推动各项工作，始终保持审计工作活力，激发审计工作创造力，着力提高审计效率，全面提升审计能力。

（一）坚持统筹谋划，完善审计制度法规体系。要立足当前、放眼未来，在管根本、管长远上下功夫。一是强化顶层设计。要深入落实十八届四中全会精神和国务院要求，紧紧围绕完善审计制度、保障依法独立行使审计监督权、推进审计监督全覆盖等各项部署，“审大小而图之，酌缓急而布之，连上下而通之，衡内外而施之”，统筹考虑当前与长远、内部与外部、全局与细节，推进审计法及其实施条例等法律法规的修订工作，着手制定审计工作发展“十三五”规划、审计监督全覆盖实施办法，切实搞好顶层设计，保障审计事业稳步发展。二是明确实施路径。要切实加强调查研究，进一步解放思想，以自我革命的勇气和胸怀，扎实推进制度建设。要加快构建国家审计指南体系，促进审计规范化建设；研究制定推进审计职业化建设的相关办法，提升审计能力和素质；研究制定电子数据归集、管理、运用的系列办法，不断适应大数据环境下审计工作需要；按照完善审计制度的要求，深入研究强化上级审计机关对下级审计机关领导的措施办法。三是秉持法治精神。要强化法治思维，坚持法治原则，始终把牢审计质量这条“生命线”，严格依法规范审计行为。要坚持审计职责权限法定，严格在法定范围内开展审计工作，既不能丧失职守不作为，也不能超越权限乱作为，做到履职到位不缺位、尽责依法不越界。要坚持审计程序法定，严格执行法定的审计程序，并适应审计实践发展需要，不断完善相关制度和操作规程，使审计工作有章可循、有规可依。要坚持审计方式法定，从审计财政财务收支的真实、合法、效益入手，严格规范审计取证、审计查询审批、审计底稿编写、审计项目审理等行为，严格规范审计报告出具、审计决定下达、案件线索移送、审计结果公告和审计发现问题整改等事项。要坚持审计标准法定，法定审计事项必须审深审透、如实报告，严格依照法定标准进行处理处罚，否则就会在客观上充当违法违纪违规者的“保护伞”。要坚决纠正应付式、走过场，形式化、花架子式的审计。据反映，现在有个别县审计局，十几名业务人员一年审计几百个甚至近千个项目和单位，有的要求县审计局在一个月甚至一周内，完成对几十名乡镇长、科局长的经济责任审计！这种看似热热闹闹的“审计”实则毫无意义，有的甚至是借审计之名“掩护”过关，这是对党的事业、对法律、对历史、对干部极不负责任的表现！这种情况在有的基层审计机关经济责任审计和固定资产投资审计中较为突出，希望各地高度重视、坚决纠正！对一些审计事项，如果确实超出了审计机关的承受能力，要如实向当地政府报告，务必做到尽力而为、量力而行、确保质量、确保效果，千万不能贪大嚼不烂。要坚持审计保障法定。凡使用、管理公共资金、国有资产、国有资源的单位和个人，履行经济责任的领导干部都必须依法接受、配合、支持审计，为审计机关依法履职尽责提供保障。

（二）改进技术方法，推进审计信息化建设。要适应信息化快速发展的需要，加快以“大数据”为核心的审计信息化建设。一是数据归集要“全”。加大相关制度规定的推进落实力度，推动有关方面依法定期报送电子数据，加大多行业、多部门数据的分类归集，在审计署和省级审计机关逐步建立审计数据中心。二是数据分析要“深”。要依托大数据分析平台，加大业务数据与财务数据、单位数据与行业数据以及跨行业、跨领域数据的综合比对和分析，切实提高“总体分析、系统研究、发现疑点、分散核实”的数字化审计水平，努力实现国家审计从单点审计向多点审计过渡、从离散审计向连续审计过渡、从局部审计向整体审计过渡、从微观审计向宏观审计过渡、从部分审计向全覆盖审计过渡。三是技术应用要“新”。要创新电子审计技术，探索应用“云计算”、数据挖掘、模拟仿真、智能分析等新兴技术，不断完善审计综合作业平台、审计指挥中心和分中心、审计模拟仿真实验室等，努力实现审计指挥一体化、审计数据一体化、审计业务一体化、审计模式一体化和审计保障一体化。

（三）推动资源整合，实现审计管理创新。创新审计管理，核心是优化审计资源配置，加大资源整合力度，提升整体工作效能。一是要优化内部组织机构，提高规划和指导能力。审计署对内设机构进行了调整优化，要在此基础上，着力构建高效规范的运行机制，尽快发挥应有作用。各级审计机关也要根据本地经济社会发展的实际情况，合理调整优化工作机构，切实提升运转效能。二是要科学配置审计力量，组建富有战斗力的审计团队。加强不同专业间的融合，打破分工界限，注重审计组人员能力和结构的优势互补，着力打造具备查核问题、分析研究、计算机应用、审计管理等方面能力的审计一线团队。三是要统筹安排审计项目，发挥整体合力。各级审计机关要在计划安排上统筹协调，在审计内容上相互呼应，在实施时间上前后衔接。对涉及全局的重大审计项目，在坚持统一审计方案、统一组织领导、统一标准口径、统一审计报告、统一审计公告的基础上，灵活运用“上审下”“交叉审”、统一编组、扁平化管理等行之有效的组织方式，既保障审计的独立性，又提高工作效率。四是要推动审计管理机制创新，切实强化上级审计机关对下级审计机关的领导。深入研究强化领导的内容、方式和路径，积极推进省以下审计机关人财物统一管理试点工作，积累经验，探索符合实际、增强实效的路子。

（四）强化审计理论的指导地位，扎实推进审计理论创新。审计理论既是对审计实践经验的总结和提炼，又是审计实践发展的指引。从当前情况看，审计理论在一定程度上滞后实践、脱离实践，甚至误导实践，必须花大气力加以改进和加强。一是要坚持正确方向，突出中国特色。审计理论研究必须以中国特色社会主义理论体系为指导，立足于中国经济社会发展的历史和现状，立足于中国审计产生发展的历史和现状，深化认识、深度研究、把握规律，加强总结、提炼和升华。二是要贴近实践，服务实践。审计工作是实践性很强的工作，审计理论研究要把着眼点放在解决实际问题上，善于从实践中发现问题，到实践中去寻找解决问题的办法；善于开拓创新，用理论研究的新理念、新成果引领和推动审计实践不断向前发展。三是要强化领导，全员参与。搞好审计理论研究，需要全体审计人员共同参与、共同努力，绝不能仅看作是审计科研单位、科研人员、科研院校的事。审计机关各级领导干部要率先垂范，精心组织，带头研究，营造良好的研究氛围。各级审计科研单位、审计学会和相关院校要搭建平台，切实发挥好理论研究的桥梁、纽带和骨干作用，做好理论研究规划、组织实施和队伍建设，要凝聚一大批在国内外有影响的知名审计理论专家，形成一大批贴实际、接地气的理论研究骨干，培养一大批科研教学兼备、熟悉审计工作实践的学科带头人。

五、关于加强审计队伍建设

依法履行审计监督职责，推动体制机制创新，关键在人。各级审计机关特别是领导同志要从事业发展出发，把干部的培养放在全部工作的首位，关心、爱护审计干部，使广大审计人员不断增强责任意识，提高综合素质，积累实践经验，完善知识结构，提升能力素质，更好地适应新时期审计工作的需要。怎么关心审计干部？如何培养审计干部？当前应当重点抓好以下几个方面：

（一）要锻造优良的政治品质。审计监督是党和国家监督体系的组成部分，从事审计工作必须胸怀全局、登高望远，审计干部必须置身于党和国家事业发展大局中思考问题、处理问题，这就要求我们必须具有优良的政治品质，切实承担起责任使命，为党和国家事业发展贡献智慧和力量。一是要坚定理想信念。这是每一名党员干部的精神支柱，是精神上的“钙”。坚定理想信念，就要有强烈的精神追求，绝对忠诚于党、忠诚于人民。具体到审计机关，就是要一切听党指挥、听党召唤，按党的要求，依法独立履行审计监督职责，不受任何干扰、排除一切干扰，以揭示问题、查处案件、善于谏言为人生追求，以攻坚、奉献、担当为人生价值，做一名无愧于党、无愧于时代、无愧于人生的审计干部。二是要有强烈的大局意识。审计监督不是一项部门工作。审计人员要始终坚持服务大局，立足于推动完善国家治理和服务经济社会发展，想问题、做决策、抓工作，切实履职尽责，当好党委、政府的参谋；绝不能一叶障目，陷于一时一事，孤立、片面地看问题。要始终坚持服从大局，从整体和全局利益出发，认真贯彻落实上级审计机关的安排部署，做到统一步调、服从指挥，上下呼应、协调配合，真正使全国审计成为“一盘棋”；绝不能各打“小算盘”，有“地盘”意识、搞局部利益，那样会满盘皆输！三是要弘扬奉献精神。奉献是一种纯洁高尚的境界和无私无我的热爱，也是一种巨大的精神收获、人格升华和灵魂净化！当然也是一个人走向成功的阶梯。在新的形势下，我们要更加勤勉敬业，更加恪尽职守，更加激情投入，在奉献中体现人生价值。要注重宣传审计战线的好人好事，弘扬审计精神，传播正能量，鼓励审计人员奋发有为、积极向上。

（二）要锤炼精湛的业务本领。审计工作责任重大，任务艰巨，要求审计人员具备过硬的基本功。不仅要会查账，更要能透过现象看本质；不仅要会审数据，更要通过数据找规律；不仅要精通财务，更要熟悉政策；不仅要善于发现问题，更要善于推动解决问题；不仅要“一专”，更要“多能”。一是要严把入口关。研究制定审计机关招录人员加试办法，确保新招录人员具备相应的专业知识和技能，并探索在专业性强的职位实行聘任制。提任和转任审计机关领导干部，原则上应具备经济、法律、管理等工作背景。在这方面，上级审计机关要帮助下级审计机关把好关。二是要强化培训提高素质。完善审计职业教育培训体系，加大案例教学、审计模拟实验室及网络培训学习平台的应用和推广力度，不断提升审计人员的实战技能。加大对党纪国法、中央方针政策、经济社会发展形势、有关行业法律法规和最新动态等方面知识的培训力度，拓展思路、开阔视野。三是要多岗位锻炼和培养审计人员。要加大干部交流轮岗力度，优化干部考核、选拔任用和激励机制，逐步形成优势互补、梯次合理的人才队伍。四是要推动提升综合分析能力。审计人员既要敢于和善于发现问题，更要能够深挖产生问题的深层次原因，研究形成的客观后果，积极推动加强制度建设，从根本上解决问题，切实提高审计成果利用的层次和水平。

（三）要打造过硬的纪律作风。总体上看，审计队伍纪律严明、作风过硬，但也有个别单位领导班子和领导干部履行党风廉政建设主体责任意识不强、办法不多、力度较弱；有的违反审计工作纪律，有的执行廉政纪律、财经纪律、保密纪律、组织人事纪律不严格；有的违反中央八项规定精神，有的履职尽责不到位，等等。为打造过硬纪律作风，审计署决定，把2015年作为深化纪律执行年，集中抓好“三严三实”主题教育，切实巩固教育实践活动成果。一是要严肃党内生活。要从严肃党内生活做起，加强各级审计机关领导班子建设和基层党组织建设，坚决反对庸俗化、娱乐化、形式化、表象化的党内生活倾向，实现党内生活制度化、科学化、规范化，切实发挥基层党组织在学习贯彻中央精神、深化干部教育、保障审计实施等方面的作用。二是要加强执纪问责。审计人员要严守法纪不逾矩，严格遵守并模范履行党章和宪法的要求，坚守党纪国法和道德品质“两条底线”，严格遵守政治纪律、政治规矩，严格遵守组织纪律、保密纪律、财经纪律和工作纪律；始终牢记廉政纪律是审计工作的“高压线”，严格遵守“八不准”审计纪律等廉政规定，真正做到清白做人、干净做事。对违反纪律的，要严肃查处，严格追究责任。三是要坚持作风建设永远在路上。审计人员要勇于担当，无私无畏，进一步树立“实、高、新、严、细”的工作作风，力戒“庸懒散”“娇骄暮”，做到以责立志、以德立身、以能立业、以行立信。

同志们，新的时代赋予审计机关新的使命，我们一定要在以习近平同志为总书记的党中央领导下，切实增强责任意识、使命意识，锐意进取，改革创新，以奋发有为的精神状态，肩负起时代赋予我们的光荣使命，在全面深化改革和全面推进依法治国的伟大实践中，做出我们应有的贡献！

在第三届南太平洋地区最高审计机关高级审计研讨班上的演讲

（2014 年 10 月 12 日）

刘家义

尊敬的各位来宾、各位同仁、各位朋友：

下午好！在这个金秋送爽、丹桂飘香的日子，很高兴能够与大家相聚在中国美丽的六朝古都南京，就审计理论和实践中的一些问题进行研究探讨。

“志合者，不以山海为远；道乖者，不以咫尺为近。”尽管中国与南太平洋相隔万里，但是我们在政治、经济、文化等多个领域开展了广泛而深入的合作，在很多问题上也形成了高度共识，结下了深厚友谊。南太平洋地区最高审计机关高级审计研讨班也是这种友谊的见证和缩影。十年来，我们以中南最高审计机关的合作与研讨为切入点，交流经验心得，推动务实合作，巩固传统友谊，促进共同发展。南太研讨班已经成为中国和南太平洋地区审计界相互学习的重要平台和沟通交流的纽带桥梁，对于推进我们双边及多边审计事业共同繁荣发展起到了积极重要的作用。

本期研讨的议题——国家审计和国家治理，也是中国审计署目前重点研究的课题。去年在北京举办的第 21 届世界审计组织大会发布的《北京宣言》，已将其作为主议题。国家治理，从一定意义上讲，就是对国家和社会的控制、管理和服务。国家审计作为治理国家的一项制度安排，是国家治理的一个重要组成部分，是依法用权力监督制约权力的重要方式，是国家治理的基石和重要保障。促进国家良治，实现社会、经济和环境的可持续发展，增进人民的福祉、健康，是世界各个国家和地区的共同追求。世界各国不断完善国家治理的实践经验证明，作为国家治理的重要组成部分，国家审计在促进国家良治和善治、推动和完善国家治理方面发挥着越来越重要的作用。我注意到，太平洋地区审计组织在前不久召开的大会期间，就审计在有效治理与问责中的作用开展了热烈的研讨。我们今天就国家审计如何更好服务国家治理这一问题进行探讨，在当前形势下，具有非常特殊的意义。

发挥审计作用，更好服务国家治理，符合历史发展的客观规律。国家审计是为满足国家治理的客观需要而产生和发展的，始终与国家治理紧密关联。通过审计监督，促进权力制衡，实现对治理过程的良好监控、对治理绩效的实时跟踪、对治理中存在的问题及时揭示反馈，从而推动治理机制制度的改革和完善。历史上，中国任何一个王朝兴衰与国家监督制度包括审计制度的存废总体呈现趋势是，在王朝鼎盛时期，整个国家的决策权、执行权、监督权三者相互制衡，法律制度相对完善，监督作用发挥得非常充分，审计制度也比较健全和完善，国家治理良好。相反，所有由盛而衰的朝代，大多是从监督职能遭到弱化甚至废止开始的，其中也包括审计监督作用不能得到有效发挥，法制和秩序遭到破坏、国家治理体系松散和治理能力弱化，最终导致政权衰亡。

发挥审计作用，更好服务国家治理，符合全球治理的形势需要。促进国家良治，实现共同发展，是世界各国的永恒追求。当前，全球经济格局深度调整，国际竞争更趋激烈，复苏进程存在很多不确定性，贫困、疾病、动乱、自然灾害、环境污染、粮食短缺等问题也使发展中面临诸多困扰，经济运行起伏跌宕。因此，各国政府不仅面临着改善财政管理、提高自身效率、维护经济社会安全的现实挑战，也承担着促进经济发展、改善人民生活水平、应对全球性问题的重要任务。这些现实挑战的成功应对，要靠各国政府富有成效的治理，靠全社会公共资金资源的公平配置和有效使用。各国宪法和法律规定，最高审计机关享有较高法律地位，是依法用权力监督制约权力的制度安排，其监督不仅具有独立性、专业性和经常性，而且涉及经济社会发展的方方面面，能够对所有的公共资金、国有资产、国有资源、公共权力、公职人员实施适时、有效的监督，可以有效推动完善国家治理。

发挥审计作用，更好服务国家治理，符合中国的现实国情。当前，中国正在全面深化改革，完善和发展中国特色社会主义制度，实现国家治理体系和治理能力现代化。反腐、改革、发展的新形势，全面推进依法治国的要求，给审计工作带来新的挑战，提出新的目标。中国审计机关正在研究如何进一步加大对宏观调控政策措施落实情况的跟踪审计力度，如何进一步加强绩效审计，如何强化对政府性债务的审计，防范经济风险，促进经济发展；研究如何揭示和反映体制机制性问题，如何做好领导干部经济责任审计和自然资源资产离任审计，如何推动审计方式变革、实现审计监督全覆盖，完善体制机制，推动深化改革；研究如何因势利导、顺势而为，进一步履行好职能，强化对权力的监督制约，加大对违法违纪问题的揭示力度，促进反腐败斗争和民主法治建设。

各位来宾、各位同仁、各位朋友：

历史和现实告诉我们，国家审计作为国家政治制度的重要组成部分，核心是推动实现国家的良好治理，推进民主法治，保障国家经济社会健康运行和科学发展，从而更好地保障人民的根本利益。国家治理的需求决定了国家审计的产生，国家治理的目标决定了国家审计的方向，国家治理的模式决定了国家审计的制度形态。随着国家治理的目标、任务、重点和方式的转变，国家审计的目标、任务、重点和方式也在转变。中国国家主席习近平指出，审计工作既要敢于和善于发现问题，更要积极推动解决问题；国务院总理李克强强调，审计要做国家利益的捍卫者、公共资金的守护者、反腐败的利剑、权力运行的“紧箍咒”和深化改革的“催化剂”，这不仅体现出对审计工作的高度重视，更体现出在国家治理体系中对国家审计的崭新功能定位。第21届世界审计组织大会形成的《北京宣言》以国家审计与国家治理为主题，做了详细论述。通过近年来的一系列审计实践，我们更加深刻地认识到，国家审计是国家治理体系中一项基础性制度，是国家治理体系和治理能力现代化的基石和重要保障。从中国当前审计实践来看，这一职能主要通过以下方面体现出来。

——国家审计通过监督检查法律法规执行情况，推进民主法治。中国有句古语，“法者，治之端也”。民主与法治是国家治理在政治制度上的优化选择。国家审计必须适应民主法治要求，通过严肃查处违法违规问题，遏制滥权，保障民主，维护法治，促进有法可依、有法必依、执法必严、违法必究，促进现行法律法规遵循到位；通过深入分析现行法律法规中存在的漏洞和问题，提出健全和完善的建议，做法律秩序的建言者，为增强法治观念、加强法治建设、提高法治化水平做出贡献；通过依法公开审计结果，为社会公众了解政府部门履行职责情况、参与国家治理提供重要渠道，也推动国家治理的公开和透明。近年来，中国审计机关在向中国最高权力机关——全国人大常委会所做的审计工作报告中，分别提出了尽快修订预算法、切实推进预算公开及健全责任追究和问责机制等建议，推动了加强预算管理和深化财政体制改革；中国审计机关在揭露和查处问题的基础上，2008年以来向社会发布审计结果公告3.5万多篇，有力推动了透明政府建设。

——国家审计通过监督制约权力运行，推动规范权力的配置和运行。防止权力滥用，必须要确保权力受到制约。国家审计作为国家以宪法或者法律形式明确的权力制度安排，通过履行法定职责，促进规范权力的配置和运行。依照中华人民共和国宪法、审计法和其他相关法律的规定，国家审计机关对所有管理和使用国有资金的单位和个人、项目和事项进行审计监督。中共中央办公厅、国务院办公厅2010年12月颁布的《党政主要领导干部和国有企业领导人员经济责任审计规定》，明确要求审计机关对地方各级党委、政府、审判机关、检察机关，中央和地方各级党政工作部门、事业单位和人民团体等单位的主要领导干部，以及国有和国有控股企业的法定代表人进行经济责任审计。通过经济责任审计，促进政府机构和官员依法行使权力，使权力与责任相匹配，有效发挥了规范、制约和监督的作用。

——国家审计通过揭示案件线索、查处大案要案，促进打击和预防腐败。腐败实质是运用公共权力牟取私人利益的行为，是对国家治理最严重的威胁之一，是国家肌体的腐蚀剂。国家审计本身具备独立性，又能够监督覆盖所有公共资金和机构，在防范和揭露腐败方面具有制度优势和义不容辞的责任。中国审计机关在审计过程中高度关注重大违法违规问题，每年都查出和移送大量案件线索，成为反腐败的一支重要力量。一些重大案件的查处和公开曝光，为国家挽回了经济损失，发挥了震慑作用。

——国家审计通过揭示和反映经济社会运行中的薄弱环节和风险，维护国家安全。维护国家安全，始终是国家治理的首要任务，也是国家治理体系中几乎所有部门的共同职责。国家审计作为国家治理的重要组成部分，能够为国家治理提供及时、客观和可靠的信息，为评估国家实力、维护国家安全提供科学的决策参考；能够从更高的层面、更广的范围，密切关注经济社会运行中存在的薄弱环节和潜在风险，及时提出针对性建议，切实维护国家安全。近年来，中国审计机关一直将维护国家安全作为一项重大任务，重点关注了土地能源和环境保护、财政金融运行、金融机构内部治理和监管、国有资产安全等领域，为维护国家安全提供了可靠的信息。

——国家审计重点关注民生问题，维护广大人民群众根本利益。民生问题能否妥善解决，既是国家治理水平的体现，又在相当程度上决定了国家治理的政治方向，也关系到国家治理的公信力。中国的国家审计，把维护人民群众利益作为根本目标，通过加强对涉及民生政策措施贯彻落实情况的审计监督，关注涉及“三农”以及教育、医疗、住房、扶贫等民生工程和资金的管理，纠正严重影响和损害人民利益的问题，在保障和改善民生、促进经济社会和谐可持续发展等方面发挥了重要作用。连续开展了汶川、玉树、舟曲灾后恢复重建项目跟踪审计，提出审计意见和建议4000多条，节约重建资金或挽回损失11亿多元。2012年，组织全国4万多名审计人员，对省、市、县管理的18项社会保障资金进行了全面审计，客观评价了社会保障事业取得的显著成效，揭示了问题，提出了建议，推动了政策落实、制度完善和社保资金管理水平的提高。

——国家审计通过在体制、机制、制度层面反映问题和提出改进建议，推动深化改革。改革是国家治理与时俱进的自我完善和发展。只有通过改革，不断改变生产关系和上层建筑中不适应生产力发展的方面和环节，才能逐步健全完善经济社会科学发展的机制、更加有效地配置和利用资源，从而实现国家良治。国家审计具有独立性强、接触领域广、熟悉政策法规、掌握情况翔实等特点，从宏观和全局的角度，分析和反映审计发现的问题，从体制、机制和制度上提出解决问题的建议，从而持续推动国家各领域的改革。这既是法律赋予国家审计的责任，也是国家审计在国家治理中发挥作用的重要途径。在推进中国特色社会主义制度不断发展完善的过程中，中国国家审计以责任履行和责任追究为重点，将常规审计和绩效审计紧密结合，注重揭示和反映政策、制度和管理中的问题、漏洞，从体制机制制度层面提出解决现实中存在问题的办法和措施，近5年来，共提交报告和信息1.7万多篇，提出审计建议8300多条，推动建立健全规章制度3800多项，有力地保障了各项改革的顺利进行，在建立有利于科学发展的体制机制制度等方面发挥了积极作用。

各位来宾、各位同仁、各位朋友！

中国有句俗话：“一分部署，九分落实”。去年召开的第21届世界审计组织大会，明确了推动各国最高审计机关促进有效治理的目标，关键在于落实。世界审计组织将在尊重各国国情和最高审计机关不同体制特点的基础上，以《世界审计组织战略规划（2011—2016年）》为蓝图，全面推动落实《北京宣言》，积极推动发挥各国最高审计机关在促进有效治理和问责中的作用。

一是持续完善审计理念和技术方法，做促进

国家良治的践行者。世界审计组织将保持所关注议题的前瞻性和针对性，对全球人口、环境、技术和财政发展状况及时做出研判，对重大自然灾害或重大事件及时做出反馈。不断完善战略规划机制，在全面了解当今社会的新兴事态和审计发展的基础上开展研究，组织交流。进一步完善、培训、宣传和推广《最高审计机关国际准则》《世界审计组织良治指南》等，帮助各国最高审计机关实现促进良治的目标。

二是积极参与多边事务和全球治理，做完善全球治理的推动者。“不谋全局者，不足谋一域。”在应对全球化进程挑战方面，世界审计组织在积极鼓励各国最高审计机关参与国际合作审计和国际组织审计的同时，积极组织并深度参与高层次的全球治理。我们将在保留现行组织框架的基础上，采取多种措施完善工作运行机制，重点加强对发展中国家的能力建设支持，鼓励各国审计机关面对关乎全球治理的重大问题，能够承担共同的责任、抵御共同的风险、采取共同的行动、发出共同的声音。

三是加强对地区性审计组织工作的指导，做推进区域良治的参与者。深度参与七个地区性审计组织的大会、各战略目标指导委员会会议，指导有关工作。引导地区性审计组织参与到该地区的事务和治理中去，发出审计组织和审计机关在促进完善区域治理方面的声音。积极搭建平台，强化各个地区性审计组织在推动完善区域性治理方面的合作交流，形成彼此借鉴的沟通机制，厚植互利双赢的共同利益。

各位来宾、各位同仁、各位朋友！

参加本次研讨的各个国家和地区基本都是太平洋审计组织的主要成员，在太平洋审计组织中发挥着重要作用。太平洋审计组织是全球七大区域性审计组织之一，是世界审计组织价值理念的坚定拥护者和践行者。太平洋审计组织在推动地区最高审计机关促进有效治理方面，已经付出了辛勤的努力并收获了丰硕成果。在《太平洋审计组织战略规划（2014—2024）》中，将促进有效治理作为五大战略目标之一，开展了太平洋地区合作审计，并发布了合作绩效审计报告。同时，我们也要深刻认识到形势的复杂性和艰巨性，始终保持“一篙松劲”的危机感和紧迫感，始终保持“咬定青山不放松”的精神状态，发挥好太平洋地区审计组织在促进有效治理方面的作用。对此，我提出以下三点建议：

一是积极参与和宣传世界审计组织各项工作。建议太平洋审计组织进一步密切与世界审计组织的沟通和交流，积极主动地融入和支持世界审计组织各项工作。以这次研讨为契机，向地区性组织和专业机构宣传推广《北京宣言》《联合国大会关于加强最高审计机关独立性的 A/66/209 号决议》以及《最高审计机关国际准则》，鼓励本地区最高审计机关积极宣传和落实世界审计组织发布的各项主旨文件。

二是有效指引并帮助本地区最高审计机关加强能力建设。建议太平洋审计组织在《世界审计组织战略规划》的指引下，完善自身战略规划，指导和鼓励本地区最高审计机关，制定和完善其战略规划和年度绩效计划，进一步明确促进良治的目标。发布和宣传最高审计机关促进有效治理和问责的良好实务，组织开展审计工作方式和方法专题培训，帮助成员创新审计方式方法，鼓励开展计算机“数据式审计”和信息系统审计。

三是积极参与区域治理。建议太平洋审计组织能够积极融入区域治理的各项事务当中，代表各成员对太平洋地区重要议题，发出协调统一的声音。深化与太平洋地区其他区域性组织的沟通、协商和对话，主动融入区域治理之中，进一步提升审计机关在区域治理中的话语权和影响力。

各位来宾、各位同仁、各位朋友！

中国古语云：“志之所趋，无远弗届”。当前，全球经济发展不确定性因素很大，给各国完善国家治理提出了新的问题，也为各国最高审计机关提出了新的挑战。只要我们同心协力、集思广益、携手共进，就能够克服各种困难，在推动各国最高审计机关促进有效治理方面不断登上新的台阶。

最后，预祝本次研讨班取得圆满成功！祝远道而来的各位嘉宾和各位朋友工作顺利、生活愉快、身体健康！

谢谢大家！

保障依法独立行使审计监督权

——刊登于《中共中央关于全面推进依法治国若干重大问题的决定》辅导读本

刘家义

依法治国是我们党领导人民治理国家的基本方略，是实现国家治理体系和治理能力现代化的法治保障。国家审计是党和国家监督体系的重要组成部分，是推进依法治国的重要手段。党的十八届四中全会《决定》提出，要完善审计制度，保障依法独立行使审计监督权，对公共资金、国有资产、国有资源和领导干部履行经济责任情况实行审计全覆盖。我们要深刻领会、认真贯彻全会精神，依法履行审计职责，充分发挥审计作用，全面推进依法治国，更好服务于推进国家治理体系和治理能力现代化。

一、充分认识保障依法独立行使审计监督权的重要性

国家审计作为国家政治制度的重要组成部分，是为满足国家治理的客观需要而产生和发展的，发挥着国家治理的基石和保障作用。从历史上看，国家治理的需求决定了国家审计的产生，国家治理的目标决定了国家审计的方向，国家治理的模式决定了国家审计的制度形态。从职能作用看，在国家治理的决策系统、执行系统和监督控制系统中，国家审计属于监督控制系统，服务于决策系统，承担着对执行系统实施监督和约束的职责，是依法监督和制约权力的一项制度安排。为保障国家审计的独立性和权威性，世界绝大多数国家在宪法中确立了国家审计的职责和权限。

我国现行审计制度是1982年宪法确立的。我国宪法规定，国务院设立审计机关，对国务院各部门和地方各级政府的财政收支，对国家的财政金融机构和企业事业组织的财务收支，进行审计监督；审计机关在国务院总理领导下，依照法律规定独立行使审计监督权，不受其他行政机关、社会团体和个人的干涉；地方各级审计机关依照法律规定独立行使审计监督权，对本级人民政府和上一级审计机关负责。之后又颁布了审计法、审计法实施条例、党政主要领导干部和国有企业领导人员经济责任审计规定等法律法规，明确了审计机关的职责和权限，进一步强调要从组织、人员、工作和经费等方面保障审计的独立性。这些法律法规为审计工作提供了法律基础和保障，也为审计工作提供了基本遵循。在全面推进依法治国、实现国家治理体系和治理能力现代化的进程中，进一步完善审计制度，保障依法独立履行审计监督权，具有重要意义。

（一）保障依法独立行使审计监督权是贯彻依法治国方略的内在要求

审计制度是中国特色社会主义法治体系的组成部分，审计监督权是宪法确立的，审计的依据、程序和标准都是法定的，这就要求审计机关牢固树立法治理念和法治思维，严格依照法定权限、程序行使权力，做到依法审计、客观公正。同时，审计监督也要为维护和促进法治发挥应有作用，通过审计各项法律法规的贯彻执行情况，依法严肃查处各种违法违纪问题，促进有法必依、执法必严、违法必究，维护法律的权威和尊严；通过深入分析和反映现行法律法规中存在的漏洞和问题，提出健全和完善的审计建议，促进加强法治建设。因此，严格执行宪法和法律相关规定，完善审计制度，确保审计机关依法独立行使审计监督权，是完善社会主义法治体系的重要内容，也是有效发挥审计作用、推进依法治国的内在要求。

（二）保障依法独立行使审计监督权是落实党和国家要求的迫切需要

按照规定，审计监督的对象既涉及各级各部门党政领导干部和国有企业主要负责人，也涉及各级政府财政收支、国有金融机构和企业事业组织的财务收支、国有资产和资源。通过对公共资金使用、公共权力行使和公职人员履职情况的审计监督，能够推动国家重大政策措施和决策部署贯彻落实，促进理好财、用好权、尽好责，并服务于人大预算监督的需要。同时，审计结果公告也为实施有效的社会监督提供了重要途径。在新形势下，党对审计工作提出了新的要求。党的十八大提出，要健全质询、问责、经济责任审计、引咎辞职、罢免等制度。十八届三中全会强调，加强和改进对主要领导干部行使权力的制约和监督，加强行政监察和审计监督。四中全会《决定》要求，要完善审计制度。习近平总书记指出，要强化对权力运行的制约和监督，加强行政监察、审计监督、巡视监督。李克强总理强调，要努力实现对公共资金、国有资产、国有资源的审计监督全覆盖，当好公共资金守护者、国家利益捍卫者。贯彻落实这些要求，需要进一步完善审计制度，为依法独立履行审计监督权提供坚实保障；要求审计机关进一步增强责任感和使命感，坚持原则，勇于担当，依法独立履行好审计监督职责，不辜负党和国家的殷切希望。

（三）保障依法独立行使审计监督权是实现改革发展目标的重要举措

全面深化改革的总目标是完善和发展中国特色社会主义制度，推进国家治理体系和治理能力现代化。审计机关应当深刻认识推进国家治理体系和治理能力现代化的新形势和新要求，把握国家审计服务于国家治理的方向。当前，我国正处于增长速度换挡期、结构调整阵痛期、前期刺激政策消化期三重叠加阶段，改革发展面临不少矛盾和困难，必须突破利益固化的藩篱，破解体制机制障碍，统筹推进各领域改革。国家审计地位超然独立，没有部门利益的羁绊，具有专业性、制度性、涉及经济社会各方面的优势，在审计查出各类问题的基础上，能够对产生这些问题的原因，从个别到一般、从局部到全局、从苗头到趋势、从微观到宏观进行深层次分析，提出改革体制、健全法制、完善制度、规范机制、强化管理、防范风险的建议，促进提高国家治理绩效。在这一过程中，只有保障审计监督依法独立，审计才能排除各种因素的干扰和掣肘，实事求是地揭示问题，客观公正地提出建议，切实成为改革发展、完善国家治理的推动力量。

二、依法履行好审计监督职责

按照四中全会《决定》要求，今后一个时期，要进一步加大审计力度，对所有公共资金、国有资产、国有资源管理使用以及有关经济活动的真实、合法、效益情况，党政主要领导干部和国有企业领导人员经济责任履行情况进行全面审计，努力实现审计监督全覆盖。对政府预算执行情况和决算草案以及重点部门、单位预算执行情况和决算草案每年进行审计，对重点地区（部门、单位）、关键岗位的领导干部任期内至少进行一次经济责任审计，对其他审计对象每5年至少进行一次审计。在审计中，要始终坚持“两手抓”，一手抓重大违法违纪问题，一手抓体制机制制度性问题，更加有效地发挥审计在推进法治、推动改革、促进发展、维护安全等方面的作用。要切实加大以下几方面工作力度：

（一）加大对法律法规执行情况的审计力度

通过审计，揭示和查处有法不依、执法不严等问题，揭示和查处经济运行中徇私枉法、以权压法、以言代法等问题，揭示和查处严重损害群众利益、妨害公平竞争等问题，积极提出加强法制建设的建议，严肃财经法纪，推动规范经济社会秩序，促进依法行政、依法治国。

（二）加大对中央重大政策措施贯彻落实情况的跟踪审计力度

审计监督要始终把促进政策措施贯彻落实作为工作重点，持续跟踪审计各地区、各部门贯彻落实中央重大政策措施情况，及时发现和纠正有令不行、有禁不止行为，及时揭示和反映政策执行中出现的新情况新问题，促进政令畅通。

（三）加大绩效审计力度

把绩效理念贯穿审计工作始终。加强预算执行和其他财政收支审计，持续关注财政资金的存量和增量，推动财政资金合理配置、高效使用，促进财政提质增效。围绕中央八项规定精神和国务院“约法三章”要求，加强“三公”经费、会议费使用和楼堂馆所建设等方面审计，促进厉行节约和规范管理。

（四）加大对权力运行的监督和制约力度

深化领导干部经济责任审计，着力监督检查领导干部守法守纪守规尽责情况，促进各级领导干部主动作为、有效作为，切实履职尽责。对乱作为、不作为、慢作为、假作为的领导干部，依法依纪揭示和反映，促进健全责任追究和问责机制。

（五）加大对经济运行中风险隐患的揭示力度

密切关注财政、金融、民生、国有资产、能源和资源环境等方面存在的薄弱环节和潜在风险，密切关注经济问题可能引发社会不稳定因素，特别是地方政府性债务、区域性金融稳定、房地产市场等情况，揭露和反映苗头性、倾向性问题，积极提出对策建议，维护国家经济安全。

（六）加大对民生和资源环保项目的审计力度

加强对“三农”、社会保障、教育、文化、医疗、扶贫、救灾、保障性安居工程等民生资金和项目的审计，加强对土地、矿产、水等自然资源，以及重点流域、区域、行业污染治理和环境保护情况的审计，探索自然资源资产离任审计，深入分析财政投入与项目进展、事业发展等情况，推动民生改善和生态文明建设。

（七）加大对重大违法违纪问题的揭露和查处力度

对审计发现的重大违法违纪问题，要查深查透查实。要重点关注财政资金分配、重大投资决策和项目审批、重大物资采购和招标投标、贷款发放和内幕交易、国有资产和股权转让、土地和矿产资源交易等关键环节，严肃揭露和查处以权谋私、失职渎职、贪污受贿等问题，推动党风廉政建设和反腐败。

（八）加大从体制机制制度层面揭示问题、分析原因和提出建议的力度

注重发挥审计的宏观性和建设性作用，促进深化改革和制度创新。要正确把握改革和发展中出现的新情况，对不合时宜、制约发展、阻碍改革的制度规定，及时予以反映，推动改进和完善。要密切关注各项改革措施的协调配合情况，促进增强改革的系统性、整体性和协同性。

三、切实保障依法独立行使审计监督权

深入落实四中全会《决定》精神，依法独立行使审计监督权，必须努力适应形势和环境的变化，大力推动理念创新、体制创新和方式方法创新，不断提升审计能力和水平。

（一）切实加强党的领导

四中全会对审计工作的要求，是党中央着眼全局，立足于全面推进依法治国、完善和发展中国特色社会主义制度，对加强审计监督做出的重大部署。审计机关要紧紧依靠党的领导，把中国特色社会主义理论作为前进指南，始终把握正确的政治方向，从推动完善国家治理、促进经济社会科学发展的全局来谋划和思考审计工作，切实贯彻落实党中央关于加强审计监督的一系列决策部署。要坚持围绕中心、服务大局，在各级党委、政府的领导下开展工作，及时汇报审计工作情况，不断加强审计队伍和能力建设，努力解决工作中遇到的困难和问题，排除审计中的阻力和干扰，如实报告审计发现的问题，从完善决策、创新机制等方面提出建议。

（二）始终坚持依法审计

依法独立行使审计监督权核心是依法审计。审计机关要切实增强法治观念和依法办事能力，在法律授权的范围内运用法定的手段维护法律的尊严，以事实为依据，以法律为准绳，做到审计事项合法、审计程序合法、问题定性处理合法，确保审计质量。同时，加快推进审计法制化、规范化建设，健全完善国家审计法律法规、准则体系、专业审计指南体系，细化工作流程，使各项工作有依据、按程序、讲证据、可检查。

（三）有效整合审计监督资源

四中全会《决定》提出，强化上级审计机关对下级审计机关的领导，探索省以下地方审计机关人财物统一管理。总体上讲，就是在现行地方审计机关双重管理体制下，进一步强化上级审计机关的组织领导和业务领导，在审计计划、组织实施、结果报告、队伍建设、经费保障等方面实行统一管理，切实整合审计监督资源，形成全国审计“一盘棋”。目前，全国9万多名审计人员中，有7万多名分布在2000多个县市。实行统一管理，有利于保证审计的独立性，有利于整合审计力量，发挥监督合力，更好实现审计监督全覆盖。同时，实行统一管理，与经济社会发展形势要求也是相适应的。中央政策措施的落实和财政各类专项资金的使用通常在基层，管理链条长、

层级多，需要监督及时跟进。实行统一管理，一方面能够形成完整的审计监督网络，防止出现监督盲区，切实保障中央政令畅通；另一方面便于上级审计机关把握全面情况，及时发现和反映各环节各领域的风险隐患，有利于维护国家经济安全。贯彻落实四中全会要求，要积极探索省以下地方审计机关人财物统一管理的措施和办法，进一步加大对下级审计机关的领导力度，创新管理方式，强化审计计划统筹协调，健全管理、检查和考核机制，落实工作报告、述职等制度，切实保障依法独立行使审计监督权，发挥审计监督合力。

（四）大力推进审计职业化建设

审计监督是一项政策性、专业性很强的工作，对审计人员的专业知识水平和实践技能要求较高。按照《决定》要求，推进审计职业化建设，就是要完善符合审计工作职业特点的审计人员管理制度，建立审计人员任职资格管理和职业保障制度，完善审计职业教育培训体系等，有计划提高审计人员的专业化素质和职业胜任能力。从专业素质要求看，审计机关负责人原则上应有经济、法律、管理等工作背景，招录审计人员应加试审计工作必需的相关专业知识和技能，在专业性强的岗位可实行聘任制。此外，根据审计项目实施的实际需要，可以探索向社会购买审计服务。

（五）不断创新审计技术方法

信息化是现代化的重要内容，随着国民经济信息化程度的不断提高和政府管理信息化的全面推进，审计机关也需要不断研究应用新方法、新技术，不断调整和改进信息技术在审计实施中的应用。近几年，随着金审工程建设的加快推进，审计工作效率和质量都有了很大提高。今后，要加快审计信息化建设，推进行政机关、金融机构、国有企业事业等单位与审计机关实现信息共享，加大数据集中力度，建立国家审计数据中心。探索在审计实践中运用大数据技术的途径，加大数据综合利用力度，提高运用信息化技术查核问题、评价判断、宏观分析的能力。创新电子审计技术，积极推进对各部门、单位计算机信息系统安全性、可靠性和经济性的审计，提高审计工作能力、质量和效率。

新时代　新使命

——在中国社科院财经战略研究院举行的2014财经战略年会上的主旨演讲（2014年12月28日）

刘家义

尊敬的各位嘉宾：

大家好！审计署与中国社会科学院启动的中国社会科学院财经战略研究院共建项目已近三年。三年来，我们以学科建设、课题研究、决策咨询和人才培养等为依托，在“联合建设财政审计研究室、联合开展科学研究、联合举办学术活动、联合进行人才培养”等领域开展了一系列合作，取得了丰硕的成果。在此，衷心地感谢大家对审计工作的关心和支持，感谢大家在推动国家审计实务发展与提升审计理论研究成果方面所贡献的智慧和力量！

新的实践催生新的时代。党的十八大以来，

在以习近平同志为总书记的党中央领导下，我们党采取了一系列重大举措，我国进入全面开启实现中华民族伟大复兴的新时代。归纳起来，我体会，这些新的实践主要标志有 6 个方面：一是用伟大复兴的“中国梦”构筑中华民族凝心聚力的精神家园，反映了中华民族的共同心声和内心情感，展现了中华民族不屈不挠的意志，凝聚了全体中国人民的心，汇聚了中华民族众志成城的精神力量。二是奠定中华民族奋斗的思想基础，进一步丰富、完善和发展了中国特色社会主义理论体系，确立了社会主义核心价值观，形成了中华民族和衷共济、共同奋斗的思想引领和理论基石。三是确立中华民族共同奋斗的伟大目标，就是十八大确立的全面建成小康社会的，三中全会提出的完善和发展中国特色社会主义制度，推进国家治理体系和治理能力现代化。四是规划实现目标的有效路径和根本动力，三中全会确定全面深化改革，为实现十八大宏伟蓝图绘就了具体路径和行动指南。五是铸就治国理政的制度保障，四中全会提出全面推进依法治国，为实现中华民族伟大复兴的“中国梦”提供了法治和制度保障。六是确定“五位一体”的战略布局，明确了经济建设、政治建设、文化建设、社会建设和生态文明建设“五位一体”的中国特色社会主义事业总体布局，我们党对中国特色社会主义建设规律从认识到实践都达到了一个新的水平和高度。

新的实践创造新的成效。党的十八大以来，我们党取得了一系列举世瞩目的新成就。我体会最深的，一是坚持理论创新，中国特色社会主义理论体系进一步丰富、完善和发展。以扬弃的精神，积极传承中华文明和中国优秀传统文化，增强了文化自信的根基，提升了文明发展的高度；以吸纳的精神，广泛吸收人类一切优秀文明成果，拓宽了开放包容的广度；以求是的精神，深入发展了马列主义、毛泽东思想、邓小平理论、“三个代表”重要思想和科学发展观，习近平总书记系列讲话做了深刻的阐述，增强了思想凝练的厚度；以创新的精神，积极探索实践，形成了一系列宝贵的新鲜经验，增强了思想指引的深度。二是坚持制度创新，依法治国、依法执政、依法行政共同推进。坚持把权力关进制度的笼子里，构建决策科学、执行坚决、监督有力的权力运行体系，巡视、审计、问责、引咎辞职、罢免等制度进一步健全，有法不依、执法不严以及上有政策、下有对策等问题得到大力整治。三是坚持机制创新，全面深化改革迈出新的步伐。完善社会主义市场经济体制，创新宏观调控思路和方式，加快政府职能转变，深入推动简政放权，市场活力逐步激发，内生动力不断释放，结构调整取得积极成效，经济发展进入新常态。政治、文化、社会、生态文明体制等各领域改革全面深化。四是坚持党的建设创新，党的优良传统和作风得到恢复发扬。坚持党要管党、从严治党，坚持“老虎”“苍蝇”一起打。深入开展党的群众路线教育实践活动，“四风”问题得到有效整治，制度执行力和约束力得到增强，影响群众切身利益的症结难点得到突破，全党范围内形成了风清气正的良好氛围。

新的实践孕育新的认识。习近平总书记在深刻分析国际国内形势的基础上，做出我国经济发展进入新常态的科学论断。经济发展新常态是对我国当前所处历史方位的新认识，是基于对“三期叠加”的深刻分析，基于“两个没有改变”和“两个改变”做出的重要判断，即没有改变我国发展仍处于可以大有作为的重要战略机遇期，改变的是重要战略机遇期的内涵和条件；没有改变我国经济发展总体向好的基本面，改变的是经济发展方式和经济结构。经济发展新常态是对发展规律的新把握，持续 30 多年高速增长后，我国经济正在向形态更高级、分工更复杂、结构更合理的阶段演化，增长速度正从高速转向中高速，发展方式正从规模速度型粗放增长转向质量效率型集约增长，经济结构正从增量扩能为主转向调整存量、做优增量并存的深度调整，发展动力正从传统增长点转向新的增长点。经济发展新常态是对发展路径的新探索，即要以提高经济发展质量和效益为中心，大力推动经济结构战略性调整，更加注重满足人民群众需要，更加注重市场和消费心理分析，更加注重引导社会预期，更加注重加强产权和知识产权保护，更加注重发挥企业家才能，更加注重加强教育和提升人力资本素质，更加注重建设生态文明，更加注重科技进步和全面创新。

新时代赋予审计机关新的职责和使命。党的十八届四中全会进一步明确了审计监督是党和国家监督体系的组成部分，强调要加强党内监督、人大监督、民主监督、行政监督、司法监督、审计监督、社会监督、舆论监督制度建设，增强监督合力和实效。《国务院关于加强审计工作的意见》进一步明确了审计的职能作用、制度保障和运行机制。李克强总理要求，充分发挥政策落实的督查员、经济运行的安全员、国家利益捍卫者、公共资金守护者、权力运行“紧箍咒”、反腐败利剑和深化改革“催化剂”的作用。审计工作要切实把思想和行动统一到中央的认识和判断上来，认识新常态，适应新常态，增强主动性和适应性。

同时，我们也充分认识到，在新的时期，依法履行审计职责，推动中央宏观政策措施落实、促进提高经济发展质量和效益的任务更加艰巨；推动全面创新、促进转方式调结构的任务更加艰巨；维护人民群众根本利益、促进社会和谐稳定的任务更加艰巨；维护国家经济安全、促进防范和化解风险的任务更加艰巨；推动环境保护和资源能源节约利用、促进生态文明建设的任务更加艰巨；推动完善体制机制、促进全面深化改革的任务更加艰巨；推动反腐倡廉建设、促进依法治国的任务更加艰巨。我们也深刻认识到，国家审计作为党和国家监督体系的组成部分，具有预防、揭示和抵御的“免疫系统”功能，通过对公共资金、国有资产、国有资源、领导干部履行经济责任情况的审计监督，摸清真实情况、揭示风险隐患、反映突出问题和体制机制性障碍，并推动及时有效解决，是促进提升国家治理能力的重要力量，是推动国家治理现代化的基石和重要保障。

面对新时代新使命，我们必须以改革创新的精神推动审计工作，始终保持审计工作活力，激发审计工作创造力，着力提高审计效率，全面提升审计能力。要紧紧围绕“反腐、改革、法治、发展”，坚持一手抓重大违法违纪、重大损失浪费、重大风险隐患、重大履职尽责不到位等问题的查处，一手抓促进深化改革、推进法治、提高绩效，用“反腐”“改革”的双引擎，驱动“发展”这艘巨轮在“法治”的航道上行稳致远，促进全面深化改革和依法治国，充分发挥好国家审计的基石和重要保障作用。

我们必须坚持依法审计、实事求是，在“保发展、促反腐”上积极主动发挥作用，历史地、辩证地、客观地看待经济运行中的一些问题，既不能以现在的制度规定去衡量以前的老问题，也不能用过时的制度规定来衡量当前的创新事项。对重大违法违纪、重大损失浪费以及乱作为、假作为、不作为等重大履职尽责不到位问题，要坚决查处，绝不姑息；对突破原有制度和规定的创新举措或应变措施，只要符合改革方向，有利于科学发展、扩大就业、改善民生，有利于调结构、转方式、利长远，有利于整合资源、提高绩效、集中力量办大事，有利于生态建设、环境保护，有利于科技创新、增强发展后劲，有利于化解矛盾、防范风险，就要予以支持，并促进总结完善，推动形成新的制度规定；对深化改革、探索创新中出现的一般性不规范行为和工作失误，要从促进提高规范的角度，及时予以提示提醒，促进改进完善；对审计中发现不适应甚至阻碍稳增长、促改革、调结构、惠民生、防风险的制度规章、体制机制，要主动揭示反映，提出改进完善的建议。

在审计工作中，我们要切实做到“六个贯穿始终”：

——把维护人民群众根本利益贯穿始终。审计中要牢牢把握维护人民群众根本利益这个根本目标，始终关注群众利益维护、社会事业发展、公共制度建设等情况，更加注重保障基本民生，更加关注低收入群众生活，促进公共资源、公共资产、公共服务公平合理配置，推动实现社会公平正义。

——把推动依法治国贯穿始终。审计中要紧紧围绕四中全会关于全面推进依法治国的重大部署，始终关注法律法规的执行情况，揭示有法不依、执法不严等问题，促进依法行政；反映法律法规不适应、不衔接、不配套等问题，提出加强法治建设的意见建议。

——把促进深化改革贯穿始终。审计中要紧紧围绕三中全会关于全面深化改革的重大部署，始终关注改革措施的实施进度和协调配合情况，关注体制性机制性问题，积极提出解决突出问题和推进长远发展的建议，发挥深化改革“催化剂”作用。

——把推动政策落实贯穿始终。审计中要把监督检查国家重大政策措施和宏观调控部署落实作为重要内容，始终关注重大项目落地、重点资金保障、重大政策落实情况，及时反映新情况新问题，发挥政策落实“督查员”作用。

——把维护国家经济安全贯穿始终。审计中要充分发挥经济发展的“安全员”作用，始终关注财政、政府性债务、金融等方面存在的薄弱环节和风险隐患，关注风险发生发展的趋势，防止风险交叉传导，防范系统性和区域性风险。

——把推进反腐倡廉建设贯穿始终。对重大违法违纪问题，要重拳出击，一查到底。要查源头、查原因、查责任、查后果，深入研究分析腐败案件发生的规律，推动建立完善不敢腐、不能腐的制度机制，发挥反腐败“利剑”作用。

当前，我们要重点抓好以下工作：一是加大对中央重大政策措施落实情况的跟踪审计力度，持续组织对稳增长、促改革、调结构、惠民生、防风险政策措施落实情况的跟踪审计，切实发挥经济发展的“助推器”作用。二是深化财政审计，促进盘活存量、优化增量，提高公共资金使用绩效。三是加强民生审计，坚持纵向到底，循着资金流向走，从政策要求、预算安排、资金拨付一直追踪到项目、追踪到个人，确保群众真正从中受益。四是强化经济责任审计，重点监督检查领导干部承担的贯彻中央政策措施责任、经济发展责任、结构调整责任、防范化解风险责任、环境保护责任、民生改善责任、廉政建设责任等，全面推行党政领导干部经济责任同步审计，努力提高经济责任审计的质量和规范化水平。五是抓好投资审计，关注政府投资的规划布局和投向结构、计划下达和资金使用、建设管理和投资效益，关注招投标、物资采购、投资控制、土地征用、环境保护、工程质量等方面存在的突出问题，促进发挥政府投资对结构调整和经济发展的引导作用。六是深入推进资源环境审计，开展领导干部自然资源资产离任审计试点，推进中央关于源头严防、过程严管、后果严惩要求落实到位，推动生态文明建设。

各位领导、各位嘉宾、各位朋友！

树无静树，川无停流。实践没有尽头，创新也不会停顿。履行好审计机关在新时代的新使命，必须适应时代和实践的需要，不断创新发展，推动审计工作与时俱进。

以上是我的一些学习体会，不妥之处，敬请各位领导和专家学者多提宝贵意见。

谢谢大家！

突出重点　保证质量

——在外资审计师资培训班上的讲话

（2014 年 3 月 23 日）

孙宝厚

同志们，上午好！

举办这次外资审计师资培训班，目的是要通过培训，促进接受培训者进而带动更多外资审计人员转变观念、提升技能，并在工作中继续加大审计监督力度、提高审计质量和防范审计风险。借此机会，围绕“突出重点、保证质量”这一主题，我讲六个方面内容，供大家参考。

一、增强问题意识，突出查证问题线索

审计的问题意识，在审计学教科书中也被称为合理怀疑或谨慎性原则。正是假定被审计事项中可能存在问题，才需要进行审计；从出发点上就假设被审计事项不存在问题，审计自然就没有必要了。这就是我理解的合理怀疑。如果审计人员问题意识不强，不注重查证问题线索，即使有问题也很难发现，特别是那些隐藏较深的涉嫌违法犯罪问题。对于复杂的被审计事项，尤其是在审计时间、资源有限的情况下，毕其功于一役，通过一次审计就能把全部问题都查出来，也是不现实的。但是，如果长期跟踪审计，就应该而且也可能把审计职责和权限范围内的问题查出来。否则，难免有失职之嫌。

从这些年实践情况看，外资审计与其他审计有很大不同。其他审计一般是隔几年对一个单位审计一次，而外资审计属于跟踪审计，从项目开始到结束，年年都要持续审计。在连年持续跟踪审计的情况下，在审计职责权限范围内被审计事项确有问题而没有被查出，将如何解释？实际上有没有这样的情况呢？应当充分肯定，外资审计总体质量较高，是可靠可信的，审计中查出了不少问题。但是，审计署特派办在一些专项资金审计中延伸发现，少数已审计过的外资项目中有问题但以往审计时却没有被查出来。这并不是说审计人员故意为之，但至少表明该查出的问题没有被查出来的现象是存在的。有句话叫“守土有责”，对国外贷援款项目审计是外资审计的主要职责所在，年年都需要审计，必须切实负起责任。这块“土地”上的问题，该查出来的一定要查出来。这两年外资审计工作中，已经在注意转变工作思路，注重查处违法违规问题，事实上也查出了不少重要问题线索。这正好说明，外资审计人员还是有能力、能查出问题，外资项目中也不是没有问题。

近些年来，审计发挥的作用越来越大，各方面对审计的期望值也越来越高。不知道大家有没有这种感受，如果突然听说有的地方、单位或项目暴露出来了大的违法违规问题，我们可能马上会想到，这个地方、单位或项目我们有没有审计过？如果审计过，我们怎么没发现问题呢？所暴露问题是否属于我们正常审计应当发现的问题？如果正常审计应当发现，那我们自己有没有责任？如果是审计应该查出来的问题而没有查出来，那就有责任。

外资项目审计，既要公证又要监督。公证与监督相辅相成，并不矛盾。发现存在的问题，既是发挥监督职能，也是进行公证所必需的。审计中随时要有问题意识，随时提醒自己，随时保持合理怀疑，突出查证涉嫌违法犯罪问题的线索，确保该查出来的问题一定要查出来。一旦发现问题线索，绝对不能轻易放过，绝对不能浅尝辄止，绝对不能不了了之，必须一查到底，并依据法定职责权限做出相应处理。否则，发现线索而不一查到底，或者相应处理不到位，就是失职渎职。这是我今天要讲的重中之重。

二、增强重点意识，突出查证重点事项

先说一个大家熟知的年度体检的例子。比如一个单位有 500 人，每年一度安排给职工体检。其中重点关注的应当是 50 岁以上的人群，因为年龄大者容易生病。这是自然规律，是客观事实。50 岁以上的人群中，进一步关注的重点，应当是其中平时身体不好的，或上次体检时就发现有病的。这就是在兼顾一般的基础上，突出重点，以及进一步突出重点。

前边讲的增强问题意识、突出查证问题线索，与体检相类似，特别是突出查处重大问题线索，相当于关注重点人群，相当于初步查出病症后进一步重点诊治。现在还要进一步谈一下突出重点的问题。

外资审计，如果没有重点，平均使用力气，什么都查，既不科学，也没有必要。在所有要审计的外资项目中，首先要区分出重点项目与非重点项目；同一项目，在不同年份中，还应明确是否为重点；在年度重点项目中，必须区分重点与非重点环节、事项；在重点环节、事项中，进一步区分重点与非重点问题。所谓增强重点意识、突出查证重点事项，就是要始终抓住重点项目、重点环节、重点事项及重点问题进行审计。当然，这种区分及重点不是一成不变的。要根据实际情况，特别是审计进展及过程中发现的具体问题，随时作动态调整。

增强重点意识，与增强问题意识密切相关。突出重点，始终应当是突出问题的重点。从问题的角度说，不同项目间有一定共性，有规律可循。不论什么项目，在项目初始阶段，可能会报假账、套取项目资金；项目执行过程中，可能会挪用项目资金；项目临近结束时，可能存在虚报工程量和多结工程款项等问题。这是一个项目不同阶段的不同重点，同时也是不同项目存在问题的共性。希望大家要很好地发现和总结这些共性，进而结合项目实际情况，把握每个项目进程中具体事项的特殊性。

关于查证重点事项，还要谈一个问题，就是以往已经发现初步线索尚未来得及深查的问题。外资项目年年审计，审计过程中可能会发现一些问题线索，但来不及深查，或者问题暴露并不明显，只是存在一种可能性，而这恰好就应当是随后年度审计的重点。年度间工作紧密衔接，要持续跟踪那些重点事项和重点问题，真正使重点落到实处，问题线索一查到底。

三、增强程序意识，突出遵循程序办事

审计工作的二十字方针中，第一句话是依法审计。依法审计，包含内容广泛，仅从审计自身要求方面讲，就是要按照法定的职责、权限和程序办事。所有审计，包括外资审计，都应当这样。这些年，外资运用审计司下功夫研究和制定了不少审计规范，并多次进行更新和完善。这些规范，依据法律法规制定，贴近外资审计实际，主要涉及业务操作程序。

增强程序意识、突出遵循程序办事，就是强调要按照包括这些规范在内的一系列程序性要求开展各项审计业务操作。这里主要谈两点。

其一，要认真编制和实施审计方案。审计工作方案、审计实施方案，对审计什么、由谁审计、何时审计、怎样审计、审计完了怎么报告和处理等都应当有明确要求。首先，审计工作中必须编制符合项目实际、切实可行的审计方案。有的不重视这一环节，甚至忽略这道程序，所谓审计方案徒具形式，本身就脱离项目审计实际，不具有约束力和操作性。这种情况，必须改变。良好的审计方案及其可行性，是得以实施的前提。其次，要真正实施审计方案。审计方案的生命也正在于实施。有的随意选择性实施，有的以突出重点为由放弃方案部分内容的实施，有的擅自调整、不按程序报经批准，有的干脆将审计方案弃置一旁、另行其事。所有这些，都是程序意识淡漠的表现，以后的工作中，必须加以改变。

其二，要严格依照法定职责、权限和程序办事。在这方面，希望特别注意：一是延伸审计、审计调查和访谈问题。审计过程中，遇到一些事项可能需要到被审计单位以外的单位如银行、公安、房产、工商行政管理等单位调查或查询，或者约请有关人员访谈，要认真对照法律规定，被审计的单位、涉及的人员、拟调查的事项，是否属于审计调查、查询或访谈的法定职责、权限范围之内，是否符合法定的程序。二是自由裁量权问题。对一些审计事项的取舍、审计发现问题判断尺度的掌握，有的按照规定审计机关有一定的自由裁量权。审计机关的自由裁量权，在审计过程中，需要由审计组及其审计人员具体实施。审计组及其审计人员，必须依照审计机关的规定，慎用这项权力，切忌随意性，更不得以自由裁量权为借口不正确行使审计权力。三是内部工作过程中报告、审核、批准职责权限履行问题。在审计组内部，有不同的职权配置，有的主要负责审核查证并编制审计工作底稿，有的对审计工作底稿进行复核或审核，有的主要负责人员统筹和工作协调；对发现的问题如何准确定性和处理、是否和如何纳入审计报告等审计结果类文书，还要视具体情况根据审计机关的规定逐一研究确定。在实际工作中，不按规定程序办事的问题不是没有，这种情况以后也必须加以改变。

四、增强质量意识，突出操作环节质量

审计质量是审计工作的“生命线”。我们一定要有质量意识，要随时思考质量是否过关。这里所说的“质量”主要是审计业务成果的质量，而审计业务成果质量主要取决于审计业务操作的质量。不仅要考虑最终审计结果是不是靠得住、能不能拿得出手，更要在最终审计结果出来之前，突出各操作环节的工作质量。各操作环节既彼此分离更相互关联和制约，每个环节的操作，自身都必须保证质量，不能把问题留给后面环节处理。

另外，也要注意质量与效率的关系问题。目前很多同志工作很辛苦，经常加班加点，精神压力也很大。首先要肯定，这是大家工作努力、勤奋敬业的表现，是为了保证质量、出好成果的表现。但从另外一个角度讲，至少是有的同志，工作中是否存在效率不高、水平低下的情况呢？如果每个人工作能力、工作效率和工作水平提高了，是否就会提升总体效率及工作质量呢？对于每一个操作环节，一开始就要安排好，过程中切实操作实施好，以保证各环节都以高质量的过程产品输送到下一环节，直到最终环节。如果安排不当，实施不好，某项或某几项操作环节质量不高，不仅是最终质量不行，总体效率也不会高。所以，要增强质量意识，切实保证审计结果、审计过程以及审计人员每项具体操作的质量。

五、增强责任意识，突出落实责任到人

审计工作就是要监督他人责任履行情况。在监督他人责任履行的同时，审计工作自身及每位审计人员承担什么责任呢？每位审计人员都要有责任意识，要敢于担当，要把事情做好，要真正负起责任。

我们有审计准则，有审计机关的其他一系列规定，具体到每个项目审计方案中，也都有对审计人员应承担责任的要求。现在的关键是每位审计人员都要切实增强责任观念，时时、处处、事事都要意识到自己肩负的责任，并以实际行动落实到位。

在强调每位审计人员承担责任的同时，还必须强调，要真正落实责任追究制度。这方面的制度我们也是有的，如果不够细化和完善的，要进一步细化和完善。更重要的是真正实施责任追究，对履责不到位的，追究其相应的责任。只有这样，才能把前面所说的四点落到实处。

六、增强钻研意识，突出工作总结和创新

“干一行必须要钻一行”。知识和能力是相通的，通过钻研提高了能力，各方面水平都会提高。只有钻研才能使素质得到提高，使工作得到改进，使工作质量得到保证。

外资审计履行对外公证审计职责一般集中在上半年，每年突击审计几个月，6月底之前出具各项目的审计报告。时间一长，外界甚至是外资审计人员自身，就会形成一种不好的思维定式。觉得外资审计仅仅是完成对外公证审计任务，每年6月底出具审计报告就没事了。这种错误思想，不仅导致没有人持续地做事，而且没有人持续地思考如何把事情做好。外资审计如何做到“守土有责”？如何保证该发现的问题都能被发现？如何抓住重点和发现问题线索？审计查证中面对困难如何突破？这些问题都需要大家持续不断地思考、探索和总结。

外资审计部门和人员一定要注意始终保持钻研意识，认真地学习、努力地实践、不停地思考。要不断学习新知识、拓展新视野和了解新情况，要不断总结已经取得的成绩、提升积累的经验，要不断找出存在的不足、分析形成的原因并提出解决的办法，要不断根据新情况探索创新工作思路和工作举措，要不断发现问题、思考问题、研究问题和解决问题。

总而言之，今天讲话的中心思想，是希望大家在外资审计工作中，必须突出重点、保证质量。拓展开来，无论做什么事，甚至无论工作内外，都要突出重点、保证质量。质量是多方面的，除了强调工作成果及其质量，还包括人的内在质量和素质、生活水准，甚至是精神状态等等，这些方面不仅是相通的，更是相互依存和相互促进的。

这些年，特别是去年，外资审计工作做得比较好，注意突出了对重大问题的查处，得到了各方面的认可。在此，对大家所做的工作成果予以充分肯定，也对大家付出的辛劳表示衷心感谢！希望大家在培训期间认真学习和研讨，在将来的工作中更加突出重点，注重提高质量。

在结束这次发言之际，还要再次强调，在今后的工作中，我们必须一如既往地高度重视依法审计、廉洁审计和文明审计，必须高度重视保密工作，要常抓不懈，确保万无一失。也只有这些都切实不出问题，才谈得上是真正高质量的审计。

谢谢大家！

落实党风廉政建设两个责任 做严于律己的表率

——与2014年度新任职司局级干部廉政谈话（节选）

（2014年11月25日）

陈　蕾

在座62位同志的职务提升和岗位转换，体现了署党组和同志们对大家的充分信任和高度肯定。这次干部选拔也体现了署党组对审计事业的高度负责，对审计干部的高度负责。职务的晋升，对各位意味着什么？意味着权力大了，责任也大了；意味着职位高了，要求也高了；意味着任务重了，压力也重了。署党组对大家充满期待，寄予厚望，全体同志也在拭目以待。根据2012年出台的《审计署司、处级干部任职廉政谈话暂行办法》，受刘家义审计长委托，我就落实两个责任、严守各项纪律谈几点想法，与大家共勉。

一、要高度重视党风廉政建设工作

十八大以来，党中央对推进党风廉政建设和反腐败斗争旗帜鲜明、立场坚定、领导有力，取得的新成效极大地提振了全党的信心，增强了党的威信，赢得了人民群众的信任和拥护。总书记在教育实践活动总结大会上指出，从严治党是我们做好一切工作的重要保障，提出落实从严治党责任、坚持从严管理干部、持续深入改进作风、严明党的纪律等8个方面要求。在四中全会上，他用大量篇幅讲了党风廉政建设和反腐败工作，表明党中央从严治党的鲜明态度。《关于全面推进依法治国若干重大问题的决定》也明确提出，要深入开展党风廉政建设和反腐败斗争，对任何腐败行为和腐败分子，必须依纪依法予以坚决惩处，决不手软。

近年来，应当说审计署党组对党风廉政建设是高度重视的，党风廉政建设在围绕审计中心工作、发挥服务保障作用方面是成效显著的，审计队伍素质是过硬的，工作作风也是扎实的，对此，各级党委、政府给予充分肯定，广大人民群众和社会各界也给予高度评价。但面对这些成绩，我们是否就可以高枕无忧了？是否可以一劳永逸了？答案是否定的。对当前审计机关党风廉政建设所面临的大环境和潜在风险，我们必须有三个清醒认识：

一是清醒认识反腐败新的变化。十八大以后，中央对党员干部的纪律要求和执纪政策都有了新变化。如果用一个字来概括，就是“严”！不仅打“老虎”，也抓“苍蝇”，在查处省部级及以上干部诸如周永康、蒋洁敏等人同时，也严处一般干部，包括村干部；不仅抓贪污受贿等严重腐败案件，也抓作风问题，如收送月饼、贺卡这类事儿；不仅查顶风违纪的在职干部，也查离开领导岗位数年的退休干部。我体会，现在是抓大不放小、有张没有弛、要严不要松。如果在这些认识上麻木、迟钝、无知，就可能付出沉重代价。

二是清醒认识审计队伍面临的廉政风险。对当前审计机关廉政建设面临的形势，我觉得可以有以下几个基本判断：一是审计队伍廉政建设、工作作风总体上是比较好的，个别人的个别问题难以避免，但出现大面积问题的可能性不大，廉政风险总体可控。二是党中央、国务院、人民群众对审计工作期待越高，关注度越高，对廉政上出问题容忍度就越低，负面影响也越大，会出现“放大效应”。三是审计覆盖面越广、工作越深入、发现问题越多，社会上腐蚀、拉拢、收买、威胁、恐吓审计干部的可能性越大。四是社会环境越复杂，党风廉政建设工作任务越重，如稍有松懈，干部就可能发生违法违纪问题。现在，拉拢腐蚀威胁审计干部的手段可谓层出不穷。有的被审计单位企图通过社会关系收买审计干部，有的利用节庆送礼送钱，有的利用地方审计机关请吃请喝。甚至有人扬言花三千万搞定一个特派员和一个审计厅长，在土地审计中，还有人给审计人员邮寄菜刀，问审计人员留哪条胳膊。这是一种严峻复杂的斗争，也是正义和邪恶的较量。

今年以来，驻署纪检组、监察局收到反映署机关、直属单位和派出机构司局级单位及干部有关问题的信访举报后，对部分线索通过约谈、函询、组成核查组直接核查等方式进行了初步核实。从核实情况看，绝大多数举报反映的情况与事实不符，没有发现明显违纪违规的情况，但也有极个别情况反映出，个别单位和干部自我要求还不够严格，执行中央八项规定和审计纪律还没有真正做到不折不扣。

三是清醒认识署党组对从严管理干部的要求。从严治理审计队伍是署党组一直以来坚持不变的方针。刘家义审计长在加强审计署领导班子建设会议上的讲话中，阐明要加强思想建设、组织建设、纪律建设、作风建设、能力建设。班子只要坚强有力，就能够团结带领全体审计人员无往不胜。如果这个班子作风不硬，能力不强，就会成为一个懒班子、软班子、散班子，就不会带出一支好的队伍。今年有2名司局级干部违反了“八不准”审计纪律，受到了严肃处理。在干部管理上，今后不会时紧时松、有张有弛，只会越来越严。从严管理势在必行，一刻也不会放松。

大家都知道，四中全会决定用了相当篇幅来部署和强调审计工作，国务院专门印发了《关于加强审计工作的意见》，这都是前所未有的，可以说，在刘家义审计长的带领下，审计工作正在实现新跨越。面对新的形势和任务，抓好审计机关党风廉政建设的意义比以往任何时候都更加重大。

一是抓好党风廉政建设，关系到审计事业的成败。李克强总理在廉政工作会议上指出，廉洁是政府公信力的基石。刘家义审计长也多次提出“必须坚持从严治理审计队伍，认真解决突出问题，切实维护和增强审计机关的公信力”。作为履行经济监督职能的监督者，审计机关在执行廉政纪律、财经纪律、规范公务接待等方面，绝不能满足于与其他政府部门同等的自我要求。可以说，审计队伍没有公信力，审计结果就没有公信力。目前审计机关在党中央、国务院和人民群众中的良好形象，是几代审计人通过不懈努力积累起来的。建设一个良好的根基需要很长时间，但是毁掉可能就在顷刻之间。

二是抓好党风廉政建设，关系到审计队伍的形象。刘家义审计长在多个场合指出，“凡是要求别人不做的自己首先不做，凡是要求别人办到的自己首先办到。”“用铁的纪律来打造审计铁军。”作为监督部门，审计机关如果在遵守纪律上出了问题，就不能理直气壮地对违法违纪行为“亮剑”，审计结果就无法令被审计单位和公众信服。实际上，我们在监督别人的同时，更多的人也在监督我们，甚至是拿着放大镜找我们的毛病。

三是抓好党风廉政建设，关系到个人进步和家庭幸福。在从严治党的形势下，出了问题，哪怕是“四风”方面的问题，也可能被打板子，甚至可能被摘帽子。只有清清白白做人，干干净净做事，才能实现个人的进步，维系家庭的幸福。前段时间，检察机关在侦办一起案件时，涉案人反映曾经找署里一位处级干部拉关系，送了两条烟还有十万块钱，后来这位干部找到他把烟和钱都退了。检察机关随即来署里找这位处级干部核实情况，和涉案人交代的基本一致，检察机关对这名干部拒贿的行为还给予了肯定。干部一念之差，可能毁掉的不仅是自己的前途，还有家庭的幸福。

署党组历来高度重视党风廉政建设和反腐败工作，始终把审计质量作为“生命线”，把廉政纪律和保密纪律作为“高压线”，把文明审计作为“保障线”。刘家义审计长在多个场合强调指出，“审计机关监督别人，首先必须管好自己……行使好审计监督权力，做到用权搞审计、以权建队伍、有权强监管、无权办私事。”对审计干部而言，履行审计监督职责本身就是一种权力，这种权力不仅审计机关的领导干部有，每个审计人员都有。作为一个普通的审计干部，并不是说不审批、也不决定事情就没有权力，其实对一些问题查不查、查到什么程度、报不报、怎么报、报到什么程度，这些都是权力。从这个意义上讲，每个审计干部的自由裁量权都很大，所以，这个权力必须受到约束，特别是约束各单位领导班子和“一把手”。

二、要带头落实“两个责任”

党的十八届三中全会决定第36条开宗明义：落实党风廉政建设责任制，党委负主体责任、纪委负监督责任。总书记在十八届中央纪委三次全会上指出，要落实党委的主体责任和纪委的监督责任，党委、纪委或其他相关职能部门都要对承担的党风廉政建设责任做到“守土有责”。主体责任是党章赋予的重要职责，是深入推进党风廉政建设和反腐败斗争的“牛鼻子”。主体责任、监督责任不是并列关系，主体责任是前提，监督责任是保障，两者相互作用、浑然一体。

强化落实主体责任，是党中央根据反腐败斗争形势提出的重大政治任务。十八大以来，党中央把党风廉政建设和反腐败斗争提升到了一个新的高度。深入推进党风廉政建设，必须适应形势和任务的发展变化，有针对性地加强反腐败体制机制改革和制度创新。可以说，落实主体责任，是中央根据反腐败斗争形势提出的重大政治任务，是坚持党要管党、从严治党的必然要求和重要举措。是各级党组织和纪检监察机构责无旁贷的政治任务，也是对各级党员领导干部政治立场、领导水平和作风状况的重要检验。对在座各位司局级干部来说，落实主体责任既是讲政治的表现，也是对审计事业高度负责的体现。

强化落实主体责任，是深入推进党风廉政建设和反腐败斗争的迫切需要。通过对审计项目中发现的诸多线索进行分析，可以看出，这些问题的背后，很多都是两个责任落实不到位的问题。

主动抓好党风廉政建设，把主体责任落实到位，是执行党章规定、落实中央部署的实际行动，也是努力打造审计铁军、有效履行审计监督职责的重要保证。大家务必要从思想上深刻认识落实主体责任的极端重要性，切实强化党要管党、从严治党的政治责任意识，强化敢于担当、勇于担责的历史使命意识，牢固树立不抓党风廉政建设就是失职的意识，把主体责任牢牢记在心上、扛在肩上、抓在手上，牵住“牛鼻子”，守好“责任田”。

在落实主体责任方面，我认为审计署是做得比较好的，或者说先行一步。其中，最重要的一条经验就是署党组始终把党风廉政建设摆在突出位置来抓。刘家义审计长多次对党风廉政建设事项做出批示，有的批示非常具体和严肃，如在组局报送的某季度信访处理情况报告上，刘家义审计长批示，“感谢纪检组、监察局的辛勤工作。对来信反映的事项，凡反映审计系统特别是审计署自身的，无论什么方面、涉及谁，即使反映我本人，务请你们严查严处，绝不允许有丝毫的迁就。审计机关依法履行监督职责，己不正焉能正人?”在署办公厅对一名举报人的复函上，刘家义审计长批示，“廉洁、纪律，是审计工作的‘高压线’，任何人、任何时候都摸不得、碰不得，这既是党和人民的要求，也是法律纪律的规定，更是一个审计工作者的职业底线。每个党员、每个审计人员，不仅要自觉遵守，而且要始终牢记：如果我们做不到廉洁自律，就不配做一名共产党员，一名公务员，就没有资格当一名审计人员，就失去了审计资格!”可以说，字里行间都体现出刘家义审计长对廉政建设的重视和队伍管理的严格。6月9日，审计署党组印发了《关于落实党风廉政建设主体责任的意见》，一共16条，从制度层面明确主体责任内容，重申了落实“一岗双责”要求以及责任追究的相关规定。

总书记多次指出，纪检监察机关要转职能、转方式、转作风，聚焦党风廉政建设和反腐败斗争这个中心任务。王岐山同志强调“三转”要回归主业主责，把不该管的工作交还给主责部门，强调纪检工作是“检查的再检查，监督的再监督”，要求纪检组长不得分管其他工作。按照“三转”要求，中央纪委对中管干部的案件线索进行了大起底，还要建立线索库。署党组认真贯彻中央精神，清理了议事协调机构，决定署党风廉政建设领导小组办公室不再设在监察局。

搞清楚为什么要落实好两个责任，下一个就是要怎么落实的问题。实际上，落实两个责任并非什么新的要求，而是对党章规定的重申，是向党风廉政建设责任制的回归。

新任职的司局长和特派员，要时刻认识到自己是本单位党风廉政建设的第一责任人。具体要抓好八个方面工作：一是认真贯彻落实署党组有关党风廉政建设的部署和要求，结合实际研究制订工作计划并组织实施；二是积极开展党性党风党纪教育，组织学习党风廉政建设理论和法规制度；三是推进改革和制度创新，制定和完善有关党风廉政建设的制度规定，并推动严格执行；四是加强监督、检查和考核，对本单位出现的违纪违法问题要及时报告，并根据署领导和有关部门要求进行调查处理或配合调查处理；五是严格按照规定选拔任用干部；六是加强作风建设，从严管理干部队伍；七是率先垂范，模范遵守有关党风廉政建设的各项规定；八是支持纪检监察工作。

新任职的副司局长和副特派员，要从今天开始时刻意识到自己要对分管范围内的党风廉政建设负主要领导责任，具体要抓好七个方面工作：一是协助本单位主要负责人抓好本单位的党风廉政建设工作；二是贯彻落实署党组和本单位有关党风廉政建设的部署和要求；三是抓好职责范围内的党风廉政建设工作；四是对党风廉政建设方面出现的问题及时提出意见和建议；五是提出制定和完善有关党风廉政建设制度规定的意见和建议；六是模范遵守有关党风廉政建设的各项规定；七是完成好领导交办的各项相关工作。

新任职的纪检组长，要意识到自己对特派办的党风廉政建设工作负有重要责任。要认真贯彻落实署党组有关党风廉政建设的部署和要求，协助特派员组织协调好党风廉政建设工作，认真监督检查办领导班子及其成员贯彻落实党风廉政建设情况，对发现的问题要及时提醒办党组和领导班子成员加以解决，重大问题应报告署党组并提出相应建议。提高纪检组长的履职能力要做到三个抓紧：第一，要抓紧学习。4 位新任纪检组长有的从事业单位调任特派办，有的刚刚开始做纪检监察工作，要学习党中央、国务院和署里关于党风廉政建设的重要部署的相关文件，学习有关纪检监察工作的业务知识、法律法规。第二，要抓紧了解情况。所在单位班子的情况、处级干部的情况、其他同志的情况、党风廉政建设工作的进展情况、存在的突出问题等，要做到心中有数。第三，要抓紧进入角色。把主要精力放到纪检工作上，根据所在单位实际，完成好今年的重点任务，安排好明年的工作。

进入新的岗位后，每一位领导干部都要坚持“一岗双责”，既对所在岗位应当承担的具体业务工作负责，又要对职责范围内党风廉政建设工作负责，要坚持“两手抓”“两手硬”，决不能出现“重业务、轻廉政”思想，对任何“一手”的偏废都意味着没有很好的履职尽责；要坚持原则，敢抓敢管，不能“两层皮”；要将反腐倡廉工作融入审计业务大局。如果在任期内，由于廉政建设工作不力，本单位出现违法违纪问题，那就意味着失职渎职，署党组要追究你们的责任。

三、要认真落实反腐倡廉重点任务

从近年来查处的审计干部违纪违法案件来看，发生在审计机关的违法违纪违规问题主要有以下八个方面：一是接受请托、说情或贿赂，徇私舞弊、失职渎职。二是利用职务便利或影响力为他人办事，接受他人贿赂。三是违反“八不准”审计纪律，少数审计机关尚未执行“八不准”审计纪律。四是违法取证、查询账户、房产、证券等信息。五是违反财经纪律、保密纪律、组织人事纪律。六是利用职务便利，帮助中介机构介绍业务，从中牟利。七是违反党员领导干部廉洁自律有关规定。八是领导干部作风方面的问题。

通过对 2008 年以来查处的 100 个违纪违法案件进行分析，我们认为抓好审计机关党风廉政建设应重点把握以下六个关键点：一是审计组和审计现场审计监督权的行使。审计监督权主要通过审计组实施，审计组人员占审计队伍的比重很大，审计实施和问题查处主要在审计现场完成，只有把这个关口把住，才能有效降低审计机关的廉政风险。二是审计人员的自由裁量权。在审计过程中，发现问题查不查，查到什么程度，延伸审计哪个单位，审计人员的自由裁量空间很大，有的单位对民营企业延伸审计比较随意，个别审计人员甚至有影响民营企业业务活动的行为，存在法律风险和廉政风险，且难以做到实时监督，容易发生徇私、放水等问题。三是违规审计手段。个别审计人员利用职务便利，违法违规取证或查询账户、房产、证券等信息，问题一旦发生将对审计机关的公信力构成严重侵害，必须予以高度关注。四是投资审计领域的审计风险。在上述 100 起违法违纪案件中，28 件发生于固定资产投资审计领域，均为受贿和违反廉洁自律规定案件，且一般涉案数额较大、情节较重。投资审计专业性强，被审计项目资金量巨大，审计人员与项目承包方接触频繁，对外聘专家和人员依赖性强，容易引致权力寻租。五是干部选任、经费使用、物资采购等“三重一大”事项。在少数地方审计机关，人、财、物管理权运行不够公开透明，民主集中制原则落实也不到位，容易发生问题。六是要关注领导干部作风问题。个别审计机关领导干部对自己要求不严，诸如公车私用、超标准公务接待、公费旅游等问题，有的影响恶劣，对审计机关形象造成损害，必须加以解决。

结合十八届四中全会关于加强党风廉政建设和反腐败工作的重大部署和近段时间以来中央纪委提出的要求，针对审计机关廉政风险相对集中的部位和环节，当前和今后一个时期，审计机关党风廉政建设应突出以下几项重点任务：

第一，坚持不懈落实八项规定精神，纠正“四风”。总书记讲，作风建设永远在路上。要从小事抓起，月饼、贺卡看似小事，实则是关系党的形象的大问题；“八不准”看似小事，却关系到审计队伍形象和审计工作成效。十八大以来，全国纪检监察机关因违反八项规定精神处理了 8 万多名干部，有的就是因为吃一顿饭，有的就是因为给单位每人发了一盒月饼，但相关责任人都受到了党政纪处理。按照王岐山同志近期讲话要求，落实八项规定精神，坚决反对“四风”要一个节点一个节点地抓，一年一年抓下去，要拿放大镜去找问题。重点查处十八大以后、中央八项规定出台后、教育实践活动之后顶风违纪问题。中央纪委领导要求我们对中央国家机关司局长讲清作风问题，要更加从严要求。出了问题不能不痛不痒，只警告一下，今后会更严，该撤职要撤职。大家要继续发扬“钉钉子”精神，保持力度，保持韧劲，善始善终，善做善成。一是要坚持做细、做实。天下之事，必作于细。作风建设，就是要从细处入手，求得实效。要继续针对中秋、国庆包括集中休假等节假日，一个时间节点一个时间节点地抓，从月饼、贺卡、烟花爆竹等小事入手，一个细节一个细节地抓。要严格预算执行，严守财经制度，严控各种庆典纪念活动、从简办文办会。二是要突出“常、长”二字。作风问题具有顽固性，既要在一段时间内集中力量打好攻坚战，更要持之以恒打好持久战，在坚持中深化、在深化中坚持。教育实践活动以来，审计署出台了《关于加强公务支出和公款消费审计的若干意见》《审计署机关会议费管理办法》《关于进一步加强管理厉行节约的通知》等 22 项与作风建设相关的制度规定，各单位要严格落实，确保作风建设常态化、制度化。要继续推进教育实践活动，巩固活动成果，特别是要抓好整改工作。对已经整改的问题，要坚持举一反三、巩固提升，确保不反弹；对尚未整改完毕的问题，坚持严明责任、盯住不放，不达目的不罢休；对新发现的问题，坚持及时跟进、随查随改。三是要做到抓早、抓小。作风问题是滋生腐败的前奏，如果不及早解决，就有可能由小变大，逐渐演变成违纪违法问题。

第二，严明党的纪律，确保铁的纪律落实到位。“道私者乱，道法者治”，纪律不严，从严治党就无从谈起。要把维护党的政治纪律放在首位。政治纪律是我们党最重要、最根本、最关键的纪律，是各级党组织和全体党员在政治方向、政治立场、政治言论和政治行为方面必须遵守的基本准则，是维护党的性质、宗旨、指导思想的根本规定。遵守党的政治纪律是遵守党的全部纪律的基础。一个政党如果政治纪律松弛，其他各方面纪律都会失去政治基础，党就会变成一盘散沙。一个党员如果不遵守政治纪律，必然导致在政治方向、政治立场上出偏差，在政治言论、政治行为上出问题，甚至走向党和人民的对立面。要严明党的政治纪律，不断增强政治敏锐性和政治鉴别力，加强对党员、干部遵守政治纪律的教育，做到在思想上、行动上自觉与以习近平同志为总书记的党中央保持高度一致，坚决反对自由主义，决不能把政治纪律和政治规矩当儿戏。要严格遵守组织纪律。牢固树立组织观念，切实遵守组织制度，进一步加强组织管理，严格执行民主集中制、党内组织生活制度等党的组织制度；引导党员、干部正确对待组织的问题，言行一致、表里如一，讲真话，讲实话，讲心里话，接受党组织教育和监督。使审计机关的党员干部时刻牢记自己的第一身份是共产党员，第一职责是为党工作，时刻不忘应尽的义务和责任。要严格遵守廉政纪律。为政须以廉为先，做官当以勤为本。廉洁是审计人员的基本职业道德，要严格执行“八不准”审计纪律和各项廉政规定，严禁收受礼金礼品、公款相互宴请、赠送节礼、违规消费等行为。作为领导干部，必须严格按照廉政准则中提出的52个“不准”规范自身言行，为其他同志做出表率。要严格遵守保密纪律。保密工作无小事。作为审计干部，必须时刻绷紧保密这根弦。前段时间，署里印发了《审计现场保密管理试行办法》等4个文件，署办公厅下发了《关于做好土地审计保密工作的通知》。这些文件规定大家都应该找来认真学习一下，要严格遵守保密纪律，严格执行保密制度，落实保密责任，真正做到重保密、会保密、懂保密。要严格遵守财经纪律。总书记强调，公款姓公，一分一厘都不能乱花。对审计机关而言，我们监督别人的财经纪律执行情况，自身更要把执行好财经纪律摆在一个非常突出的位置，坚持用高于别人的标准要求自己，用严于别人的标准监督自己，确保审计机关财务收支情况更加真实、合法、有效益，带头做执行财经纪律的表率。要厉行勤俭节约，严控“三公”经费，加强绩效管理，推进财务公开，接受群众监督。要严格遵守工作纪律。坚持“实、高、新、严、细”的工作作风，克服“庸懒散”“娇骄暮”，把依法履职和审计质量作为审计工作的“生命线”，严格执行审计现场管理办法，从维护法律尊严的高度，把自由裁量权降到最低、工作随意性减到最小。要坚持文明审计，把文明审计和职业操守作为审计工作的“保障线”，恪守审计署工作人员文明守则，切实维护审计队伍的良好社会形象。

第三，强化对审计权力的监督制约，把权力关进制度的笼子。习近平总书记指出，权力不论大小，只要不受制约和监督，都可能被滥用。要把权力关进制度的笼子里，形成不敢腐的惩戒机制、不能腐的防范机制、不易腐的保障机制。各级审计机关要把推进“权力入笼”视为审计机关党风廉政建设工作的治本之策，切实加强对权力的监督制约，确保权力规范运行。一是要健全制度体系并严格执行。审计署的制度是比较完善的，形成了一套有效管用的措施，防范了很多问题的发生。随着形势的变化，还会不断出现一些新问题，需要不断出台新的制度规范。制度一旦出台，必须保证贯彻执行，严防成为一纸空文。二是加强对重点领域和关键环节的监督制约。强化对审计现场的监督管理，严格落实审计回访、审计项目廉政检查、审计组兼职廉政监督员等制度。三是要加大公开力度，让权力在阳光下运行。大力推进党内民主和党务政务公开，加强审计事项和审计权力运行公开。

第四，进一步加大纪律审查力度，对腐败问题和不正之风零容忍。要认真受理信访举报，引导干部群众实事求是、依法、负责任地反映问题。要按照中央纪委新近提出的要求，对反映审计干部的问题线索分类处置、规范受理、及时核实。对反映失实的举报，及时做出澄清；对诬告陷害的，一经查实要严肃追究责任，保护审计干部干事创业的积极性。要坚持对违纪违法行为零容忍，严厉惩治害群之马。要严肃查处利用审计监督权以权谋私、权钱交易、权权交易的问题，发现一起，查处一起，绝不手软。

第五，深化廉政教育，筑牢审计人员的思想防线。一是提醒。坚持和完善廉政谈话制度和领导干部廉政承诺践诺制度，经常对审计人员进行有针对性的提醒，使廉洁从政成为领导干部的自觉行为。二是岗位廉政教育。将廉政法规、典型案例作为新录用公务员初任培训、领导干部在职培训、集中学习的重要内容，通过在线学习、远程教育、网上测评等方式开展经常性的符合审计组特点的廉政宣传教育。三是警示教育。充分利用身边人身边事进行案例教育，组织学习组局编发的《警示录2》，组织收看警示教育专题片。四是示范教育。树立和宣传勤政廉政典型，在报纸杂志开设反腐倡廉宣教专栏，介绍反腐倡廉建设经验做法和先进典型。五是加强廉政文化建设。充分发挥互联网、手机等新兴媒体的作用，积极开展读书交流、知识竞赛、主题演讲、征文等多种形式的廉政文化主题活动，使廉洁价值理念更加深入人心，推动形成风清气正的廉政文化氛围。

第六，要强化责任追究，形成完整的问责链条。王岐山同志强调指出，要制定切实可行的责任追究办法，加大问责工作力度，健全责任分解、检查监督、倒查追究的完整链条，有错必究，有责必问。对发生重大腐败案件和不正之风长期滋生蔓延的地方、部门和单位，实行“一案双查”，既要追究当事人责任，又要追究相关领导责任。出现大面积、系统性问题，既要追究“一把手”的责任，也要追究纪检部门负责人的责任。

四、要做严于律己的模范

过去有一句老话叫“火车跑得快，全凭车头带”，就是说领导干部特别是“一把手”的作用非常重要，非常关键。一个部门风气怎么样，党风廉政建设工作怎么样，干部队伍怎么样，和领导干部密切相关。所谓“其身正不令而行，其身不正虽令不从”，在座的各位要以身作则，带头遵守廉洁从政的各项规定，做严于律己的模范。

第一，要做到“三个进一步”：进一步坚定理想信念，进一步严格遵纪守法，进一步改进作风。

有些领导干部走上违法犯罪道路，沦为阶下囚，一个很重要的共性问题就是理想信念发生了动摇。作为审计“铁军”中的领导干部，要进一步坚定理想信念，以更高的标准、更严的纪律要求自己，认认真真做事、干干净净做人，保证理想信念总开关不出问题。

审计署已经建立了一套比较完备的制度体系，基本做到了对权力运行全程规范，用制度管权、管事、管人。大家进入新岗位后，务必要在短时间内再次学习和熟练掌握这些制度规定，进一步增强遵章守纪意识，认真学习制度，严格执行制度，自觉维护制度，只有学法、懂法，才能守法、用法。

要进一步改进作风。不折不扣贯彻落实“八项规定”实施意见，带头密切联系群众，反对形式主义、官僚主义，切实改进调查研究和会风文风。厉行勤俭节约，制止奢侈浪费，严禁公款大吃大喝、公款旅游。公务出差，不许超标准食宿，不许上高档菜肴，不许收送礼品，不许公款安排游览和娱乐健身活动。从严控制“三公”经费支出，反对和克服特权思想、特权现象。弘扬“实、高、新、严、细”的优良作风。

第二，要避免“三种心理”：侥幸、攀比、从众。

一是不可心存侥幸。许多案件表明，心存侥幸是不少党员干部知法犯法、违法乱纪的一个重要原因。有的人可能一次、两次以身试法、铤而走险，没有被发现，就自认为手段高明，可以瞒天过海；但是天网恢恢疏而不漏，任何违反廉政纪律的行为终有水落石出的那天，所以，切不可存任何侥幸心理，从某种意义上说，侥幸就是不幸。

二是不可盲目攀比。作为审计干部，要跟人比什么，跟什么人比，又该怎么比？这是我们人生中必须解决好的重大问题，归根结底，是树立什么样的人生观的问题。审计干部手中掌握一定权力，随着交往人群和接触范围的扩大，面临的金钱、酒色等诱惑与日俱增，个别干部存在着不同程度的心理失衡。他们认为自己的能力、水平不比别人差，但与别人相比，在收入上、物质享受上、职级待遇上、社会地位上却不占优势，甚至差距很大，不平衡心理便随之产生，进而改变了自己原有的人生价值取向、工作态度和生活方式，不比进取比索取、不比奉献比薪酬，有的甚至走上歧途。对这些审计干部，我们要说，除了物质享受、权力地位，人生还有更重要、更有意义的东西可以比。工作上，我们离党和人民的期望、宪法和法律的要求、自己所肩负的使命还有多大差距？我们比别人多做了多少贡献、多获得了多少荣誉？生活上，我们已经比对我们抱以无限信任的人民群众尤其是困难群众好了多少？我们所做是否对得起自己的职位和所享有的待遇？大家在这个问题上一定要有正确的价值取向，切不可盲目攀比，让自己原本健康阳光的心态被欲望侵蚀。

三是不可跟风从众。正如罗马城不是一日建成的，任何社会风气都不是一朝一夕形成的，也很难一下子被彻底摒弃。面对“礼尚往来，礼贿不分”“江湖义气，不免人情”“吃点喝点不算什么”这些歪风邪气，要保持清醒头脑，切不可认为“别人干的，我也能干”。觉得“别人做了没受到处罚，我做了也没什么关系”。要严格遵循“私事不能公办，公权不能私用”的职业道德，处理好“公与私”“国与家”“群与己”的关系。每当开始一个审计项目尤其是在发现重大违纪违法问题线索的关键时刻，各种各样的“说情”就可能纷至沓来，每一次对我们来说都是一个考验。在“人情关”面前，切不可徇私情而忘公义，走向违反原则的歧途，甚至陷入违法犯罪的泥淖。作为领导干部，既要重感情，更要保持清醒；既要讲人情，更要讲原则；既要通情理，更要通民意、重法纪。只有这样，才能真正用得好手中权力！

第三，要做到“五慎”：慎微、慎独、慎好、慎友、慎初。

——慎微。刘安在《淮南子》中说，“积羽沉舟，群轻折轴，故君子禁于微”。廉洁自律不能不重视细节，不能不看重小事。一个在小节、小事上过不了关的人，也很难在大节上过得硬。在八项规定出台以前，用公款吃一点喝一点，拿一点土特产在很多人看来都不是问题；但八项规定出台以后这些都是问题，一经发现都要受到处理和曝光。大家要时刻警醒自己，从小事做起，守得住自己的“小节”，才保得住自己的“大节”。

——慎独。林则徐在自己的居所悬挂两个字，就是“慎独”。曾国藩在他遗嘱中第一条说到的也是慎独。他说，“慎独则心安。自修之道，莫难于养心，养心之难，又在慎独。能慎独则内省不疚，可以对天地质鬼神。”大家在工作和生活中，不管有人无人在场，不管有无监督，都要言行一致，表里如一，自觉抵御各种诱惑。时时提醒自己，越是“独”的时候，越应当“慎”。

——慎好。每个人都有自己的兴趣爱好，爱好的高雅与低俗，并没有必然的不可逾越的屏障。对于机关干部来说，个人爱好不是小事，也不是私事，只有培养积极健康的兴趣爱好，注重自我约束，才能怡心养性。那怎么才算“慎”呢？掌握所好的“度”是最重要的，即便是健康的情趣爱好，一旦失“度”，一旦沉迷其中，不但会影响工作，还会给腐败分子以可乘之机，投你所好，最终把你拉下水。正如古人所言，“好船者溺，好骑者堕，君子各以所好为祸。”

——慎友。《论语》中讲道：“益者三友，损者三友。友直，友谅，友多闻，益矣；友便辟，友柔善，友便佞，损矣。”所以，交友要慎重，要交益友，不要交损友。要学会分辨，那种出于某种目的接近你的、功利性或是交易性的朋友是我们要远离的。要做到谨慎交友，冷静交友，从善交友，净化自己的“社交圈”“生活圈”，避免因交友不慎而贻害自身。

——慎初。唐代政治家陆贽在《兴元论解姜公辅状》中写道，“夫小者大之渐，微者著之萌，故君子慎初，圣人存戒。”能不能把住第一次，守住第一关，是一个严峻的考验。面对他人赠送的第一条香烟、第一个红包、第一张购物卡、第一次吃请，大家要果断拒绝，切不可在“天知地知你知我知”的心理暗示下搞“下不为例”，欲望的闸门一旦敞开，就很难再关上。只有做到慎初，才能永葆廉洁。

长期以来，审计署党风廉政建设工作富有成效，审计机关风清气正，这个良好局面，与每一位同志的努力密不可分。希望大家在新的起点上继续努力，成为审计“铁军”的优秀带头人。最后预祝你们今后在工作和廉政上取得双丰收。

在稳增长促改革调结构惠民生防风险政策措施落实情况跟踪审计培训班上的讲话

（2014年8月26日）

陈尘肇

同志们：

对稳增长促改革调结构惠民生政策措施落实情况的跟踪审计，是国务院交办的一项重要任务，署党组高度重视。刘家义审计长在全国土地出让收支和耕地保护培训班开始时和结束时的讲话中都提出了明确要求。董大胜副审计长做了动员讲话，深刻阐述了开展此项跟踪审计的重要意义，明确了审计的目标、思路、重点和要求。党组成员袁野同志对审计工作方案和实施方案做了系统、全面地讲解。署领导的讲话和讲解，为我们统一了思想，提高了认识，增强了信心，明确了方向。大家要学习、领会、贯彻好。下面，我再强调3点，即认识要到位，才能执行到位；思路要清晰，才能效果明显；协调要顺畅，才能发挥合力。

一、认识要到位，才能执行到位

这项任务是国务院部署，由全国审计机关具体实施的一项长期工作。对这次审计而言，现在是第一阶段，万事开头难，如何开好头、起好步，对完成好这项任务至关重要。大家一定要以对审计事业高度负责的精神开展工作，积极主动，勇于探索，大胆实践，不仅要完成好第一阶段的审计任务，也要为今后的跟踪审计积累经验，做出样板。

二、思路要清晰，才能效果明显

俗话说思路决定出路，就这次审计而言，思路清晰主要包括三个方面的要求，即目标明确、重点突出和方法多样。

一是目标要明确，才能方向正确。署里强调了摸清情况、揭示问题、督促整改这个审计的基本思路，要通过审计摸清政策措施落实情况，揭示政策措施未落实到位的问题，并督促相关部门和地方政府整改，最终起到稳增长促改革调结构惠民生的作用。所以目标一定要明确。我们经常讲，财政审计，就是有财必有政。大家要通过学习文件，领会这19个方面63项的政策目标，审计中首先要关注稳增长促改革调结构惠民生防风险政策目标的实现情况。每一项政策措施都是体现了某个特定的政策目标，所以审计过程中，一定要紧紧围绕这些政策目标的落地生根情况。比如，简政放权中涉及企业登记注册的内容很多，目标是拉动经济发展，核心是通过简化流程，提高效率，所以重点关注该下放的下放没有，该取消的取消没有，该接住的接住没有，前置审批变为后置审批没有等核心内容，这些核心内容与政策目标密切相关，而其他的如公示制度、异常名单制度等与政策目标的直接关联度弱一些，相对而言则是次要内容。因此，我们只有领会了这些政策目标，审计才能突出重点、有的放矢，效果明显。对国务院相关部门的审计主要是打通“最先一公里”；对国务院相关部门和省区市审计的上下衔接主要是解决“中梗阻”；对地方特别是市县的审计，主要是打通“最后一公里”。总之，我们要紧紧围绕政策目标来开展审计工作。

二是重点要突出，才能事半功倍。国务院的相关政策措施内容很多，涉及19个方面63项政策。在时间紧、任务重、人员少的情况下，第一阶段的工作要想面面俱到，是很难完成好这项审计任务的。因此，审计中一定要在总体把握的基础上突出重点。第一个是突出重点地区。对全国来讲，东中西三个地区分量是不一样的，各省的各个地市县的分量也不一样，块头不一样，对拉动经济、稳增长的作用是不一样的，所以要根据具体情况来确定审计重点地区。第二个是突出重点部门。审计的这些部委中，对稳增长促改革调结构惠民生防风险影响最大的是哪几个，如发展改革委、工商总局、工业和信息化部等要作为重点部门。第三个是突出重点政策。19个方面63项里面哪些是重点政策，事关项目是否落地、资金是否到位、权力是否下放、措施是否落实这四类的就是重点政策。第四个是突出重点内容，重点政策中还要抓重点内容。如前面讲到的简政放权政策中的该取消的取消了没有、该下放的下放了没有、前置审批变后置审批没有等。在确定重点的过程中，要做到“两结合”：一个是结合地区经济发展情况，一个是结合部门职责；关注“三重点”：影响政策措施落实的重点环节、重点项目、重点内容。着力检查各地区、各部门按照职责范围制定的具体措施、时间表、路线图和执行进度，以及取得的实际效果，揭示和反映影响经济发展的重大问题。

三是方法要多样，才能提高效率。就是除了查账、看文件外，还要根据审计工作需要，召开座谈会、走访、发调查表等多种方法并用。需要强调的是，不要陷入某个具体项目中出不来。比如查项目时，如发现有其他违法违规问题可以留案备查，等项目告一段落再研究深查，审计期间还是要把主要精力放在检查政策措施落实上。

三、协调要顺畅，才能发挥合力

审计过程中，一定要严格遵守廉政纪律、保密纪律和审计纪律，包括文明审计，要特别强调的是，未经允许任何人不得向外披露审计情况。同时，要注意沟通协调，处理好“五个关系”，发挥整体合力。

一是处理好此项跟踪审计与全国土地出让收支和耕地保护情况审计之间的关系。这两项具体工作同时进行，实际上就是一个大审计组，署里的协调机构也放在一起，统一由全国土地审计和稳增长等政策落实跟踪审计领导小组来领导，并由其下设的协调办公室来统一协调组织，分工不分家。土地审计要将有关稳增长促改革调结构惠民生政策措施落实情况作为重要内容，特别是要关注闲置资金和闲置土地这两项“闲置”的内容。

二是处理好部委审计组和各省审计组的关系。“最先一公里”和“最后一公里”实际是相连的，部委未下放权力会影响地方；部委下放了权力，地方未承接好也影响政策落实。这就需要相关审计组加强沟通，上下联动。

三是处理好特派办与地方审计机关之间的关系。根据国务院部署，审计署和地方审计机关都要开展稳增长促改革调结构惠民生政策措施落实情况的跟踪审计。第一阶段跟踪审计，我们选择了18个省区市，特派办要处理好与地方审计机关的关系，要主动与地方审计机关联系，在审计范围、审计重点上做好沟通，既要避免重复审计，也不能影响各自完成任务。这次对18个省区市本级的落实情况由特派办负责审计，这并不是说地方审计机关就不能检查了。地方审计机关如需要去省级相关部门了解情况，在对市县的审计中发现省级相关部门的问题，也需要到省级部门去核实。但不能同一个部门同样的事情，不同的审计组三番五次地去，关键是特派办和地方审计机关要做好衔接，统筹利用好审计资源和审计成果。

四是处理好揭示问题与督促整改的关系。跟踪审计的突出特点之一就是要体现及时性。各审计组发现问题，特别是重大的典型的问题后，在深入分析原因，落实各环节责任主体的基础上，提出具体可行的整改建议。一方面要抓紧上报署里，研究上报国务院；另一方面要督促被审计单位及时进行整改，促进各项政策措施落实和完善，更好地发挥跟踪审计促进经济健康平稳发展的作用。千万不能像一般审计项目一样，等到两三个月审计结束后才来出具审计报告，下达审计决定。否则的话，“黄花菜都凉了”。

五是处理好第一阶段跟踪审计与今后其他审计项目之间的关系。第一阶段审计结束后，在审计署下一步安排的各审计项目中，都要纳入“稳增长促改革调结构惠民生防风险”的内容。大家一定要通过第一阶段的审计，积累经验、厘清思路、摸索方法。

同志们，此项跟踪审计意义重大、责任重大。会后请各审计组抓紧开展工作，署全国土地审计和稳增长等政策落实跟踪审计工作协调办要及时掌握情况、了解审计工作进展情况，及时解决审计中遇到的问题。我相信，在署党组的领导下，通过大家的共同努力，我们一定能够完成好这项任务。

在辽宁等九省区经济责任审计工作座谈会上的讲话

（2014年12月3日）

张　通

今天，我们在辽宁省沈阳市召开辽宁、湖北、四川等九个省区经济责任审计工作座谈会，主要目的是研究经济责任审计工作当前存在的问题，为进一步深化经济责任审计工作提出建议。下面，我讲几点意见和建议：

一是要进一步增强经济责任审计工作的责任感。党中央、国务院对经济责任审计工作高度重视。十八届四中全会提出了“对公共资金、国有资产、国有资源和领导干部履行经济责任情况实行审计监督全覆盖”的要求，国务院出台了《关于加强审计工作的意见》，中央七部委颁布施行了《党政主要领导干部和国有企业领导人员经济责任审计规定实施细则》，这些方针政策、制度规定为经济责任审计工作深化发展指明了方向，提供了前所未有的机遇。各级审计机关要提高对经济责任审计工作的认识，增强责任感，把握机遇，不等不靠，主动作为；要多宣传，多汇报，积极争取各级党委、政府以及相关部门对经济责任审计工作的重视和支持，推动解决审计工作中遇到的突出问题和困难，努力营造良好的工作环境。

二是要充分发挥经济责任审计的作用。发挥经济责任审计作用的关键在于审计机关的作为。要紧紧围绕党中央、国务院的中心工作，依法依规履行审计监督职责，加大任中审计的比重，加强对重点地区（部门、单位）、关键岗位领导干部的审计；要扩大和深化审计内容，改进审计报告和结果报告，促进审计结果的运用，真正发挥好审计是国家利益的捍卫者、公共资金的守护者、经济发展的“安全员”、权力运行的“紧箍咒”、反腐败的“利剑”和深化改革的“催化剂”的作用。

三是要在发展中解决当前存在的问题。当下，各地经济责任审计工作还存在审计力量不足、审计内容单一、计划管理不规范、评价体系不健全、结果运用不充分等较为普遍的问题。这些问题都是随着经济社会的发展、经济责任审计的发展而出现的，必须依靠发展来解决。各级审计机关要有战胜困难的信心和决心，要以“深钻探油”的勇气和智慧面对挑战；要充分发挥各地领导小组和联席会议成员单位的整体合力，通力协作和配合，主动作为，加强研究、完善制度，在发展中有针对性地研究和逐步解决当前存在的问题。

四是要加强经济责任审计队伍建设。经济责任审计与其他审计相比，具有更强的政策性和综合性；对审计人员的法律意识、政策理论水平、综合分析能力和专业素质都提出了更高的要求。各级审计机关要适应经济责任审计工作的发展需要，进一步加强审计队伍和机构建设，加大现有人员的培训、交流和人才培养力度，努力提高经济责任审计人员的政策理论水平和业务素质，着力培养一大批具有创新思维、业务素质过硬、适应在大数据环境下开展经济责任审计的复合型人才。

五是要加大改革创新力度。改革创新是永恒的主题。唯改革者进，唯创新者强，唯改革创新者胜。要研究经济责任审计的规律，推动实践发展。要创新经济责任审计的内容和评价体系，更加关注国家战略和经济安全；要创新经济责任审计的组织模式和技术方法，及时总结经验，认真研究普遍存在的问题；要创新经济责任审计的报告格式，提高针对性和实用性，切实满足干部监督管理的需要；要创新经济责任审计的相关制度，从体制机制层面解决“屡审屡犯”问题，最大限度地发挥审计监督的作用。

关于稳增长促改革调结构惠民生政策措施落实情况跟踪审计方案的讲解

（2014年8月26日）

袁　野

同志们：

按照国务院办公厅印发的《关于稳增长促改革调结构惠民生政策措施落实情况的跟踪审计工作方案》，我们要按照明确一个审计目标、抓好两方面工作、突出三项内容、围绕“四个抓手”、处理好“五个关系”的要求，切实开展好此次跟踪审计。

一、明确一个审计目标

通过审计，促进国务院出台的稳增长促改革调结构惠民生政策措施落实到位，促进经济平稳运行、健康发展和转型升级。审计过程中，要围绕重点项目和资金，推动经济增长；围绕简政放权，推进深化改革；围绕转型升级，促进结构调整；围绕群众受益，促进惠民生工作和政策措施的落实。

二、抓好两方面工作

此次审计范围包括两个方面：一是对地方各级人民政府贯彻落实稳增长促改革调结构惠民生政策措施的情况进行审计，必要时延伸相关的企业和项目；二是对国务院相关部门贯彻落实政策的情况开展审计。本项审计是一项跟踪审计，要在未来一段时间持续实施。为完成好审计目标，一定要抓好上述两方面工作的衔接，推动审计顺利实施。

对部门审计要重点关注三方面内容，一是关注部门职责和分工范围内相关政策措施的落地，如制定和出台实施意见或指导意见、编制相关规划、确定目标任务及分解下达等情况，即按照“三定”方案、各项政策措施中明确的各部门任务和职责，检查部门任务的贯彻落实情况。二是关注部门制定的实施意见或规划与地方的衔接和分解下达情况，是否存在政策措施尚未落地的问题。三是关注部门之间的横向协作情况，中央出台的各项政策措施有很多是需要多部门协同运作的，有的体现在政策制定过程中，有的体现在贯彻落实中。因此，在审计中要关注各部门横向协作事项的贯彻落实情况。

对地方政府的审计也要重点关注三方面内容：一是地方各级政府贯彻落实国务院各项政策措施情况，重点关注各级政府负有直接责任的政策措施落实情况，因为这次是政策落实情况的审计，责任主体主要在政府，除了国务院相关部门外，地方省市县各级政府在确保政策落地过程中的实施情况及承担责任情况是审计关注的重点。二是关注地方对接国务院各部门下达的各项政策目标、任务情况，以及对接任务的具体贯彻落实情况。三是各项政策措施在地方重点项目、重点资金、重点环节上的落实情况，很多政策措施的落地需要通过具体的实施效果来体现，需要我们进一步延伸具体项目、单位和企业，一些惠民生的项目甚至还需要延伸到农户、家庭，通过纵向链条加以反映。

上述两个方面的审计要加强联动，即在中央部门这个层面关注本部门政策情况、与地方的联系情况以及部门横向情况，在地方层面关注承接中央部门下达的各项任务、纵向向下对市县贯彻落实情况的指导、具体项目企业单位的实施效果情况，最终打通政策落实的全通道，实现突破

“中梗阻”，解决“最先一公里”和“最后一公里”，促进政策措施落地的目标。中央部门审计组和地方审计组一定要加强协调配合，中央部门审计组既要加强横向协调配合也要加强与特派办的联动；特派办同时也要加强同中央各部门审计组的对接。中央部门审计组重点看具体政策落下去的情况怎么样；地方审计组重点看这些政策到没到位、落没落地，如果没有到位、没有落地，除了政府自身的责任外，还涉及哪些体制机制、部门衔接的问题，需要向中央部门组加以反馈。所以加强横向联动、纵向联动，中央部门审计组发挥好龙头作用、特派办审计组发挥好“尖兵”作用，这是确保审计取得成效的关键。

三、突出三项审计内容

按照国务院办公厅印发的审计工作方案，这次审计重点是要反映三个方面内容：一是掌握总体情况；二是反映存在的主要问题和出现的新情况；三是揭示问题产生的原因并提出建议。

（一）总体情况。主要包括：

一是各中央部门按照职责范围和分工制定具体落实措施、任务分解、工作进展和完善制度保障等情况。中央各部门审计组要认真把握相关政策，从总体上把握情况，具体包括党中央、国务院推动重大政策措施落地情况，以及前一阶段督查组提出督查问题后，国务院要求各部门整改事项等。

二是各地区因地制宜制定具体措施、承接并制订目标任务细化方案、明确责任主体、建立健全保障机制等情况，以及各项目标任务分解到市县后的推进情况。

三是各地区、各部门相关落实措施的具体内容、时间表、路线图和执行进度，以及取得的实际效果。这里既包括各部门制定的时间表、路线图及具体内容，也包括地方在纵向落实的过程中制定的时间表、路线图和实际效果。

（二）政策推进落地过程中存在的主要问题和出现的新情况。主要包括：

一是各类规划制订和修订工作是否按期完成，相关规划内容是否符合国务院要求。

二是列入规划的各类项目建设进度是否符合时间要求，重点建设项目在落地过程中遇到的主要困难和问题。

三是与稳增长促改革调结构惠民生直接相关的各类财政资金、信贷资金是否保障到位并及时投入使用，有无资金大量沉淀，要关注各类信贷资金在投放过程中遇到的政策障碍和制度约束，使得资金未能发挥作用和效果的问题。

四是简政放权、对企业减负、“营改增”、减税等相关改革措施是否落地，重点关注相关改革措施落地过程中遇到的制度瓶颈。

五是国家产业政策和调整经济结构相关措施是否执行到位，财政资金、信贷资金和土地等要素是否投向国家限制类的产业和项目，淘汰落后产能工作任务是否按期完成，对产能过剩行业是否审批新的项目，产能等量和减量置换政策是否执行到位。

在揭示和反映政策措施贯彻落实过程中各类问题的同时，要研究揭示可能出现的一些新情况，如财政、金融、产业、外贸等方面出现的新情况、新的风险隐患，对这些新情况和新的风险隐患予以揭示和关注。

（三）揭示问题产生的主要原因和提出建议。主要从两个方面来反映：

一是针对跟踪审计发现的问题，要深入解剖问题所涉及的各个环节并分析原因，落实各环节的责任主体。

二是针对审计发现的问题，我们要按照审慎的原则，提出整改意见。

四、审计中一定要围绕“四个抓手”

此次审计涉及面广，按照国务院办公厅印发的审计工作方案，包括 19 个方面 63 项政策措施，涉及转变政府职能、推进基础设施建设、产业转型升级、节能环保与生态环境保护、“三农”民生等经济社会发展的方方面面，也包括财税、金融、产业等多项宏观调控政策。根据方案要求，我们既要把握这些政策措施贯彻落实的总体情况，又要突出重点。在本阶段审计中，要将项目落地、资金保障、简政放权、措施落实作为审计的重要抓手。

（一）抓项目落地。不管是稳增长、调结构还是惠民生，都与具体项目密切相关。要保持经济稳定、推动结构调整到位、确保中央各项惠民政策措施到位，相关项目建设必须要按计划推进。因此，这次审计中要把中央重大投资项目、地方重点项目纳入审计范围。横向要包含在19个方面63项政策措施内容中；纵向要从规划、立项、审批、建设、竣工验收、运营等多个环节来进行检查。由于涉及的项目非常多，现阶段建议重点抓棚户区改造项目、铁路建设项目、城市基础设施建设项目、节能环保领域的重点投资项目、重大水利工程及农村饮水安全工程项目等方面。

（二）抓资金保障。这次审计所涉及的19个方面的工作，绝大多数领域都需要资金保障。因此审计要检查落实政策所需资金能否及时到位，并对资金未能及时到位的原因进行分析，提出改进的意见和建议。对资金保障的审计工作，要同时关注财政资金、银行信贷资金两个方面。

1. 财政资金。一是关注财政资金当年的预算执行进度，部门审计组要对财政部、发展改革委，以及有专项资金分配权的部门预算执行进度进行审计，我们将向各部门审计组及地方审计组下发截至2014年6月底，财政部已向各地下达转移支付资金的明细表。资金预算进度慢、资金拨付不到位，直接影响到稳增长、调结构、惠民生政策措施的贯彻落实。所以我们首先要推动加快预算执行进度。二是关注以前年度结转结余的资金。从近期跟踪审计情况看，一些部门、地方对中央提出的加大存量资金盘活力度的要求执行不够到位。为此，我们一方面要进一步推进各地区、各部门加大财政存量资金盘活力度；另一方面也要抓典型案例，尤其是对项目已结束、预算不需要再执行，或结转结余多年的资金，要进一步查清情况，提出进一步盘活资金的具体意见，要确保财政资金按照预算要求和安排的方向尽快投放出去，发挥资金效益，为稳增长的政策目标服务。

2. 信贷资金投放情况。结合19个方面63项政策，对信贷资金投放情况的检查要重点关注以下三个方面：一是这63项政策里明确需要信贷资金支持的，信贷资金投放情况怎么样，是否投放，以及投放总量能否为政策任务的落实提供有效保障；二是要关注信贷资金投向结构，是否优化；三是要关注融资难、融资贵问题。对于融资难，主要是看在这次精准调控方式下，定向降准、定向降息政策是否落实到位，明确重点支持的小微企业、“三农”行业、节能环保以及战略性新兴产业等领域信贷增长情况；对于融资贵，主要是检查融资成本。

（三）抓简政放权。简政放权是当前党中央、国务院十分关注的一项工作，也是贯彻落实党的十八届三中全会决议一个非常重要的突破口。对权力下放这项工作，审计中也涉及中央部门、地方两级。

从中央部门层级看，要关注中央部门的行政审批事项取消了哪些、是不是真正取消；下放了哪些，是不是真正下放；保留了哪些，保留的这些在执行过程中存在哪些情况和问题。从地方这个层级来看，要关注两个方面：一是地方政府承接中央部门下放权力的情况、承接后的管理情况；二是地方政府按照中央要求取消和下放自身权力情况。权力下放涉及行政许可、非行政许可审批事项，政府核准备案事项等，审计时首先要掌握权力下放的总体情况。同时，还要关注这些权力取消和下放之后，相关部门如何加强事中、事后监管和服务，即后续管理制度、管理办法的建设，后续管理措施的采取，审查部门职责是否履行到位。由于取消和下放行政权力涉及事项比较多，审计中要找准工商注册登记情况、房地产行业健康发展情况和国家重点项目建设情况，做抓手中的抓手。对权力下放事项的审查可能需要延伸具体项目和单位，审计中要抓住重点、解剖典型。

（四）抓措施落地。这次审计涉及19个方面63项具体政策，而且随着国务院新的政策文件陆续出台，数量还会增加。按照这些政策和国务院要求的任务分工，我们要关注政策措施实际落地情况，各部门、各地方是否存在以文件落实文件、以会议落实文件等象征性落实的情况。各审计组要重点检查以下两个方面：

1. 目标任务制定及分解情况。19个方面的政策，很多都有定量的目标任务，如棚户区改造的目标任务，要依据国务院确定的棚户区改造目标任务层层加以复核；涉及节能减排的目标任务数据，环保部门都层层分解下达，请大家注意核实；大气污染防治方面，对国务院确定的淘汰燃煤小锅炉、推进燃煤厂脱硫脱硝除尘改造、淘汰黄标车和老旧车等数量指标，要在审计中加以关注；化解产能过剩方面，要核实钢铁、水泥、平板玻璃等21个重点行业的落后产能淘汰任务的落实情况；要关注2014年减少农村贫困人口目标落实情况、土地节约集约利用情况等。从这几年审计情况看，批而未供、供而未用的土地数量较大，这里面有各种因素，其中也有恶意圈地的行为。借助此次土地审计的平台，大家可以把土地闲置的情况摸清楚。能够定量的目标任务，我们要对照国务院文件，对定量指标的完成情况加以检查，落实效果。

2. 规划编制及衔接情况。规划是龙头，审计中要注意检查规划的制定落实情况、各相关专业规划的有效衔接情况。在检查措施落地情况时，涉及的政策比较多，大家一定按照董大胜副审计长提出的要求，结合各部门、各地区实际情况，抓重点、抓典型性问题。比如：企业减负问题。在已出台的各项政策中，有很多涉及要为企业创造公平竞争的环境、给企业减负、纠正各种乱收费行为。如“营改增”政策措施落实情况；对小微企业暂免营业税、增值税、所得税，以及免征管理类、等级类、证照类行政事业性收费的情况；对不合理、不合法的涉企收费进行清理，查处违规、无依据向企业收费情况等。又比如，检查与经济转型产业升级相关的措施的落实，促进转方式、调结构各项措施的落实到位，推动创新发展。

在做好上述工作的同时，要改进审计方法，要跳出传统审计方法的束缚，除了查阅账表、核实数据之外，灵活运用座谈、走访、调查、分析等方法也非常重要。同时，既要揭示和反映一些地方和部门不作为、慢作为、怠政、惰政等方面的问题，也要多方面听取部门和地方好的意见和建议，保证跟踪审计的协调开展。

五、处理好“五个关系”

（一）处理好全面审计和突出重点的关系。这次审计涉及面广，包括19个方面63项政策措施，而且随着党中央、国务院陆续出台新的重大政策，这个数量还会继续增加。对中央部门审计来说，无论是牵头部门还是配合部门，对地方各级政府审计来说，无论是省级、市级还是县级，对相关内容都要有个总体把握，但同时必须突出重点，就是要突出查重点资金、重点环节、重点领域和重大政策；突出抓资金到位、项目推进、简政放权和措施落地情况。

（二）处理好规定动作和自选动作的关系。所谓规定动作，就是国务院印发的审计工作方案要求，全面反映情况，重点揭示问题和反映新出现的情况，深入研究原因、进行体制机制分析并提出建议。在完成上述规定动作的基础上，各部门、地方审计组一定还要有自选动作，突出各部门、各地方特色，反映本部门、本地区的典型事例。

（三）处理好查处重大违法违规问题和做好体制机制研究的关系。要坚持“两手抓，两手都要硬”。要注意查处重大违法违规问题，尤其是具有典型意义的事例和案件线索。要加强体制机制研究，我们要把这次审计放在贯彻落实党的十八届三中全会精神、全面推进深化改革这样大的时代背景下来开展，要注意揭示体制机制问题，揭示规章制度和法律法规需要进一步完善的问题。对审计中发现的突出问题、典型案例，或重大的需要研究解决的体制机制制度问题，请各部门、地方审计组加快审计进度，加大情况上报的力度，署里会及时编发审计信息加以反映。

（四）处理好持续跟踪审计和阶段性任务的关系。这次对政策落实情况的跟踪审计是一项长期的、持续性的任务，也代表着审计发展的一个新阶段，在未来一段时间内，会与署里其他各项审计衔接开展，即对这项持续性的任务我们要阶段性地完成。当前是跟踪审计的开局阶段，把开局工作做好，下一步工作就会有一个良好的开端。

（五）处理好审计署统一组织和地方审计机关自行安排的关系。按照方案要求，我们此次组织派出审计局、金融司和社保司审计27个中央部门和中国铁路总公司，组织18个特派办审计18个省；地方审计机关按照国务院办公厅印发的审计工作方案自行开展工作。有特派办审计的省，相关特派办要做好与当地审计机关的衔接配合，避免在省本级或重点城市、重点项目上重复进点、重复工作的问题，发挥审计合力。

以上是关于审计方案的讲解，不妥之处请批评指正。谢谢大家。

认真学习贯彻十八届四中全会精神 充分发挥审计监督在建设法治中国进程中的职能作用

——在审计署党组2014年第三季度中心组学习（扩大）会上的发言

（2014年10月30日）

李晓钟

刚刚闭幕的党的十八届四中全会审议通过的《关于全面推进依法治国若干重大问题的决定》（以下简称《决定》）为我们绘制了建设法治中国的蓝图，署党组对学习贯彻十八届四中全会精神高度重视，在繁忙的工作中，专门安排了这次中心组集中学习。结合这两天的学习，我对进一步做好审计法制工作进行了初步思考，现向同志们简要汇报如下：

一、依法治国对审计机关依法审计提出了新要求

依法行政是建设法治国家的必然要求，《决定》指出，各级政府必须坚持在党的领导下、在法制轨道上开展工作，加快建设职能科学、权责法定、执法严明、公开公正、廉洁高效、守法诚信的法治政府。审计机关作为政府组成部门，承担着国家治理的重要职责，审计队伍作为行政执法队伍的重要组成部分，工作触角深入到经济社会的各个领域，与社会民众发生着经常普遍的联系。要全面履行好《决定》和《国务院关于加强审计工作的意见》赋予审计监督的新职责、新任务，必须切实做到依法审计，依法执纪。新形势、新要求下的依法审计，我理解起码应包含三个要点：一是审计权力的取得必须由法律设定，即一般所讲的"法无授权不可为"，审计机关的职责权限是由宪法和审计法等规定的，审计机关没有超越法律法规授权的其他权限；二是行使审计权力必须符合法律法规的有关规定，审计人员在履职中要严格依照法定的审计职责、权限和程序开展工作，要规范审计行为，既不能丧失职守不作为或选择性执法，也不能以任何理由和借口超越法律规定开展工作；三是违法审计必须承担法律责任。行政权力必须严格置于法律约束之下，违反了就要受到处罚，这是依法行政的真谛所在。从目前情况下，各级审计机关和广大审计人员依法审计、依法执纪的总体情况是好的，但也存在一些问题，既包括有些领域审计法规制度还不够健全，有些法律规定的职责还没有完全履行到位，也包括个别审计部门有法不依、执法不严和极个别人徇私枉法等，有的县级审计机关一年审计200多个项目，经济责任审计两天一个，甚至一天一个，将这项严肃的工作形式化，这是在砸审计的牌子，危害极大，风险极大。这些问题需要我们有针对性地采取措施加以防患，严肃法纪，从严治理审计队伍，将依法审计的要求落到实处。

二、进一步加强审计立法工作

《决定》指出：建设中国特色社会主义法制体系，必须坚持立法先行，发挥立法的引领和推动作用，抓住提高立法质量这个关键。这个要求对审计工作同样具有现实而重大的意义。健全完善的审计法制体系是做好审计工作的前提，高效严密的审计法制体系是做好审计工作的锐利武器。我理解，要进一步做好审计立法工作，需要坚持以下原则：一是审计立法要符合经济社会发展的规律，符合党和国家事业发展的需要，符合审计工作的职能定位，并充分考虑历史、文化因素和现实客观条件的可能性。二是审计立法要符合社会主义核心价值观，符合依法治国要求，体现追求社会公平正义、和谐发展的理念，尊重、保障人和社会主体的正当权利。三是审计立法工作要符合规范要求，包括立法程序科学公开，体系完整、逻辑严密、表述准确等。经过 30 多年的努力，审计法律法规已经基本形成体系，但是否已能够满足形势发展对审计工作提出的新要求呢?仔细思考可能还存在一些问题。既有审计体制机制职能定位等宏观层面的问题，也有全面履行审计监督职责等执行层面的问题；既包括审计法规实体建设的问题，也包括审计立法程序等技术方面的问题；既包括内容是否科学严密的问题，也包括操作性是否强及效率高不高的问题。根据十八届四中全会精神，审计法律法规建设还面临一些新的任务，比如《决定》提出的健全行政机关依法决策机制，建立重大决策终身责任追究制度及责任倒查机制，建立健全行政裁量权基准制度，全面落实行政执法责任制，全面推进政务公开，等等。在依法行政过程中必须牢记“法定职能必须为”，通过建立责任清单，明晰法定职责；牢记“法无授权不可为”，通过建立权力清单，规范审计权力运用范围。进一步加强审计立法工作，最根本的是要放眼审计工作全局，立足创新进取，按照科学立法、民主立法的原则，不断改进立法技术，提高立法质量，为审计事业发展提供法制保障。四是继续做好立法协调工作，促进建立健全社会主义法制体系建设。一直以来，审计机关在与各部门立法协调工作中，高度重视相关法律法规是否与宪法相抵触，是否与宪法规定的原则和精神相悖，自觉维护宪法的权威和社会主义法制的统一。随着审计监督内容不断深化，审计力度不断加大，审计监督发挥的作用越来越大，审计机关的意见也越来越受到重视。相关部门在起草有关法律、行政法规时，也都重视、尊重审计机关提出的意见和建议。在建设法治中国进程中，审计部门承担的立法协调任务会愈加繁重，特别是《决定》对现有立法机制进行了重大调整，审计部门必须贯彻落实好《决定》要求，以高度的责任意识，防止部门利益和地方保护主义法律化，为确保在法制轨道上推进各项改革做贡献。

三、进一步提高审计干部队伍的法治观念和依法审计能力

好的蓝图已经绘就，必须脚踏实地抓落实，而落实的关键在于人。审计要在推进依法治国的伟大事业中发挥作用，必须有一支懂法、守法、严格执法的审计队伍。多年来，署党组从严治理审计队伍，付出了很多心血，打造审计铁军的工作目标取得了显著的成效。在建设法治中国的新形势下，还必须进一步采取措施，大力提高审计队伍的法治理念、法治素养和依法审计能力，着力建设忠诚于党和国家、忠诚于人民、忠诚于宪法和法律、忠诚于审计事业的审计队伍。一是要重点提高审计系统各级领导干部运用法治思维和法治方式做好审计工作的能力。各级领导干部要带领审计机关和审计人员模范遵守法律、实践法律，牢固树立法律权限不能突破、法律底线不能逾越的法治观念，始终对宪法、法律心存敬畏，与违反法律、侵害国家和人民利益的行为做坚决斗争。二是各级审计机关要把法治思维水平和依法办事能力作为衡量干部德才素质的重要标准，把能不能依法办事、能不能自觉遵守法律作为考察识别干部的重要条件，引导和培养干部自觉运用法治思维和法治方式解决审计工作中遇到的各种矛盾和新情况、新问题，推动审计工作不断深化。三是要着力培养和提高审计队伍的法治文化意识。培养法治文化意识是建设社会主义法治中国的基础性工作。审计干部不仅要自觉树立学法、守法、执法、用法的意识，还要培育基于审计职责的法治权力观，将法治意识和观念上升为指导和推动审计实践的思维和理念，上升为内心认同和尊崇法治的价值观和生活方式，并通过全面履行审计监督职责，投身于建设法治中国的伟大事业。

依法审计专栏

党政主要领导干部和国有企业领导人员经济责任审计规定实施细则

中央纪委机关　中央组织部　中央编办　监察部　人力资源和社会保障部　审计署　国资委关于印发《党政主要领导干部和国有企业领导人员经济责任审计规定实施细则》的通知

审经责发〔2014〕102号

各省、自治区、直辖市纪委、党委组织部、编办、监察厅（局）、人力资源社会保障厅（局）、审计厅（局）、国资委（局），中央和国家机关各部委纪检机构、人事（干部）部门、监察机构、审计部门：

《党政主要领导干部和国有企业领导人员经济责任审计规定实施细则》已经中央经济责任审计工作部际联席会议审议通过，现印发给你们，请遵照执行。

中央纪委机关　中央组织部
中央编办　监察部
人力资源和社会保障部
审计署　国资委
2014年7月27日

党政主要领导干部和国有企业领导人员经济责任审计规定实施细则

第一章　总　　则

第一条　为健全和完善经济责任审计制度，规范经济责任审计行为，根据《中华人民共和国审计法》《中华人民共和国审计法实施条例》《党政主要领导干部和国有企业领导人员经济责任审计规定》（中办发〔2010〕32号，以下简称两办《规定》）和有关法律法规，以及干部管理监督的有关规定，制定本细则。

第二条　本细则所称经济责任审计，是指审计机关依法依规对党政主要领导干部和国有企业领导人员经济责任履行情况进行监督、评价和鉴证的行为。

第三条　经济责任审计应当以促进领导干部推动本地区、本部门（系统）、本单位科学发展为目标，以领导干部任职期间本地区、本部门（系统）、本单位财政收支、财务收支以及有关经济活动的真实、合法和效益为基础，重点检查领导干部守法守纪守规尽责情况，加强对领导干部行使权力的制约和监督，推进党风廉政建设和反腐败工作，推进国家治理体系和治理能力现代化。

第四条　领导干部履行经济责任的情况，应当依法依规接受审计监督。经济责任审计应当坚持任中审计与离任审计相结合，对重点地区（部门、单位）、关键岗位的领导干部任期内至少审计一次。

第二章　审计对象

第五条　两办《规定》第二条所称党政主要

领导干部，是指地方各级党委、政府、审判机关、检察机关，中央和地方各级党政工作部门、事业单位和人民团体等单位的党委（含党组、党工委，以下统称党委）正职领导干部和行政正职领导干部，包括主持工作一年以上的副职领导干部。

第六条 两办《规定》第二条所称地方各级党委和政府主要领导干部经济责任审计的对象包括：

（一）省、自治区、直辖市和新疆生产建设兵团，自治州、设区的市，县、自治县、不设区的市、市辖区，以及乡、民族乡、镇的主要领导干部；

（二）行政公署、街道办事处、区公所等履行政府职能的政府派出机关的主要领导干部；

（三）政府设立的开发区、新区等的主要领导干部。

第七条 两办《规定》第二条所称地方各级审判机关、检察机关主要领导干部经济责任审计的对象包括地方各级人民法院、人民检察院的党政主要领导干部。

第八条 两办《规定》第二条所称党政工作部门、事业单位和人民团体等单位党政主要领导干部经济责任审计的对象包括：

（一）中央党政工作部门、事业单位和人民团体等单位的主要领导干部；

（二）地方各级党委和政府的工作部门、事业单位和人民团体等单位的主要领导干部；

（三）履行政府职能的政府派出机关的工作部门、事业单位、人民团体等单位的主要领导干部；

（四）政府设立的开发区、新区等的工作部门、事业单位、人民团体等单位的主要领导干部；

（五）上级领导干部兼任有关部门、单位的正职领导干部，且不实际履行经济责任时，实际负责本部门、本单位常务工作的副职领导干部；

（六）党委、政府设立的超过一年以上有独立经济活动的临时机构的主要领导干部。

第九条 两办《规定》第三条所称国有企业领导人员经济责任审计的对象包括国有和国有资本占控股地位或者主导地位的企业（含金融企业，下同）的法定代表人。

根据党委和政府、干部管理监督部门的要求，审计机关可以对上述企业中不担任法定代表人但实际行使相应职权的董事长、总经理、党委书记等企业主要领导人员进行经济责任审计。

第十条 领导干部经济责任审计的对象范围依照干部管理权限确定。遇有干部管理权限与财政财务隶属关系、国有资产监督管理关系不一致时，由对领导干部具有干部管理权限的组织部门与同级审计机关共同确定实施审计的审计机关。

第十一条 部门、单位（含垂直管理系统）内部管理领导干部的经济责任审计，由部门、单位负责组织实施。

第三章 审计内容

第十二条 审计机关应当根据领导干部职责权限和履行经济责任的情况，结合地区、部门（系统）、单位的实际，依法依规确定审计内容。

审计机关在实施审计时，应当充分考虑审计目标、干部管理监督需要、审计资源与审计效果等因素，准确把握审计重点。

第十三条 地方各级党委主要领导干部经济责任审计的主要内容：

（一）贯彻执行党和国家、上级党委和政府重大经济方针政策及决策部署情况；

（二）遵守有关法律法规和财经纪律情况；

（三）领导本地区经济工作，统筹本地区经济社会发展战略和规划，以及政策措施制定情况及效果；

（四）重大经济决策情况；

（五）本地区财政收支总量和结构、预算安排和重大调整等情况；

（六）地方政府性债务的举借、用途和风险管控等情况；

（七）自然资源资产的开发利用和保护、生态环境保护以及民生改善等情况；

（八）政府投资和以政府投资为主的重大项目的研究决策情况；

（九）对党委有关工作部门管理和使用的重大专项资金的监管情况，以及厉行节约反对浪费情况；

（十）履行有关党风廉政建设第一责任人职责情况，以及本人遵守有关廉洁从政规定情况；

（十一）对以往审计中发现问题的督促整改情况；

（十二）其他需要审计的内容。

第十四条 地方各级政府主要领导干部经济责任审计的主要内容：

（一）贯彻执行党和国家、上级党委和政府、本级党委重大经济方针政策及决策部署情况；

（二）遵守有关法律法规和财经纪律情况；

（三）本地区经济社会发展战略、规划的执行情况，以及重大经济和社会发展事项的推动和管理情况及其效果；

（四）有关目标责任制完成情况；

（五）重大经济决策情况；

（六）本地区财政管理，以及财政收支的真实、合法、效益情况；

（七）地方政府性债务的举借、管理、使用、偿还和风险管控情况；

（八）国有资产的管理和使用情况；

（九）自然资源资产的开发利用和保护、生态环境保护以及民生改善等情况；

（十）政府投资和以政府投资为主的重大项目的研究、决策及建设管理等情况；

（十一）对直接分管部门预算执行和其他财政收支、财务收支及有关经济活动的管理和监督情况，厉行节约反对浪费情况，以及依照宪法、审计法规定分管审计工作情况；

（十二）机构设置、编制使用以及有关规定的执行情况；

（十三）履行有关党风廉政建设第一责任人职责情况，以及本人遵守有关廉洁从政规定情况；

（十四）对以往审计中发现问题的整改情况；

（十五）其他需要审计的内容。

第十五条 党政工作部门、审判机关、检察机关、事业单位和人民团体等单位主要领导干部经济责任审计的主要内容：

（一）贯彻执行党和国家有关经济方针政策和决策部署，履行本部门（系统）、单位有关职责，推动本部门（系统）、单位事业科学发展情况；

（二）遵守有关法律法规和财经纪律情况；

（三）有关目标责任制完成情况；

（四）重大经济决策情况；

（五）本部门（系统）、单位预算执行和其他财政收支、财务收支的真实、合法和效益情况；

（六）国有资产的采购、管理、使用和处置情况；

（七）重要项目的投资、建设和管理情况；

（八）有关财务管理、业务管理、内部审计等内部管理制度的制定和执行情况，以及厉行节约反对浪费情况；

（九）机构设置、编制使用以及有关规定的执行情况；

（十）对下属单位有关经济活动的管理和监督情况；

（十一）履行有关党风廉政建设第一责任人职责情况，以及本人遵守有关廉洁从政规定情况；

（十二）对以往审计中发现问题的整改情况；

（十三）其他需要审计的内容。

第十六条 国有企业领导人员经济责任审计的主要内容：

（一）贯彻执行党和国家有关经济方针政策和决策部署，推动企业可持续发展情况；

（二）遵守有关法律法规和财经纪律情况；

（三）企业发展战略的制定和执行情况及其效果；

（四）有关目标责任制完成情况；

（五）重大经济决策情况；

（六）企业财务收支的真实、合法和效益情况，以及资产负债损益情况；

（七）国有资本保值增值和收益上缴情况；

（八）重要项目的投资、建设、管理及效益情况；

（九）企业法人治理结构的健全和运转情况，以及财务管理、业务管理、风险管理、内部审计等内部管理制度的制定和执行情况，厉行节约反对浪费和职务消费等情况，对所属单位的监管情况；

（十）履行有关党风廉政建设第一责任人职责情况，以及本人遵守有关廉洁从业规定情况；

（十一）对以往审计中发现问题的整改情况；

（十二）其他需要审计的内容。

第四章　审计评价

第十七条 审计机关应当依照法律法规、国家有关政策以及干部考核评价等规定，结合地区、部门（系统）、单位的实际情况，根据审计查证或者认定的事实，客观公正、实事求是地进行审计评价。

审计评价应当有充分的审计证据支持，对审计中未涉及、审计证据不适当或者不充分的事项不做评价。

第十八条 审计评价应当与审计内容相统一。一般包括领导干部任职期间履行经济责任的业绩、主要问题以及应当承担的责任。

第十九条 审计评价应当重点关注经济、社会、事业发展的质量、效益和可持续性，关注与领导干部履行经济责任有关的管理和决策等活动的经济效益、社会效益和环境效益，关注任期内举借债务、自然资源资产管理、环境保护、民生改善、科技创新等重要事项，关注领导干部应承担直接责任的问题。

第二十条 审计评价可以综合运用多种方法，包括进行纵向和横向的业绩比较、运用与领导干部履行经济责任有关的指标量化分析、将领导干部履行经济责任的行为或事项置于相关经济社会环境中加以分析等。

第二十一条 审计评价的依据一般包括：

（一）法律、法规、规章和规范性文件，中国共产党党内法规和规范性文件；

（二）各级人民代表大会审议通过的政府工作报告、年度国民经济和社会发展计划报告、年度财政预算报告等；

（三）中央和地方党委、政府有关经济方针政策和决策部署；

（四）有关发展规划、年度计划和责任制考核目标；

（五）领导干部所在单位的“三定”规定和有关领导的职责分工文件，有关会议记录、纪要、决议和决定，有关预算、决算和合同，有关内部管理制度和绩效目标；

（六）国家统一的财政财务管理制度；

（七）国家和行业的有关标准；

（八）有关职能部门、主管部门发布或者认可的统计数据、考核结果和评价意见；

（九）专业机构的意见；

（十）公认的业务惯例或者良好实务；

（十一）其他依据。

第二十二条 审计机关可以根据审计内容和审计评价的需要，选择设定评价指标，将定性评价与定量指标相结合。评价指标应当简明实用、易于操作。

第二十三条 审计机关可以根据本细则第二十一条所列审计评价依据，结合实际情况，选择确定评价标准，衡量领导干部履行经济责任的程度。对同一类别、同一层级领导干部履行经济责任情况的评价标准，应当具有一致性和可比性。

第二十四条 对领导干部履行经济责任过程中存在的问题，审计机关应当按照权责一致原则，根据领导干部的职责分工，充分考虑相关事项的历史背景、决策程序等要求和实际决策过程，以及是否签批文件、是否分管、是否参与特定事项的管理等情况，依法依规认定其应当承担的直接责任、主管责任和领导责任。

对领导干部应当承担责任的问题或者事项，可以提出责任追究建议。

第二十五条 被审计领导干部对审计发现的问题应当承担直接责任的，具体包括以下情形：

（一）本人或者与他人共同违反有关法律法规、国家有关规定、单位内部管理规定的；

（二）授意、指使、强令、纵容、包庇下属人员违反有关法律法规、国家有关规定和单位内部管理规定的；

（三）未经民主决策、相关会议讨论或者文件传签等规定的程序，直接决定、批准、组织实施重大经济事项，并造成国家利益重大损失、公共资金或国有资产（资源）严重损失浪费、生态环境严重破坏以及严重损害公共利益等后果的；

（四）主持相关会议讨论或者以文件传签等其他方式研究，在多数人不同意的情况下，直接决定、批准、组织实施重大经济事项，由于决策不当或者决策失误造成国家利益重大损失、公共资金或国有资产（资源）严重损失浪费、生态环境严重破坏以及严重损害公共利益等后果的；

（五）对有关法律法规和文件制度规定的被审计领导干部作为第一责任人（负总责）的事项、签订的有关目标责任事项或者应当履行的其他重要职责，由于授权（委托）其他领导干部决策且决策不当或者决策失误造成国家利益重大损失、公共资金或国有资产（资源）严重损失浪费、生态环境严重破坏以及严重损害公共利益等后果的；

（六）其他失职、渎职或者应当承担直接责

任的。

第二十六条 被审计领导干部对审计发现的问题应当承担主管责任的，具体包括以下情形：

（一）除直接责任外，领导干部对其直接分管或者主管的工作，不履行或者不正确履行经济责任的；

（二）除直接责任外，主持相关会议讨论或者以文件传签等其他方式研究，并且在多数人同意的情况下，决定、批准、组织实施重大经济事项，由于决策不当或者决策失误造成国家利益损失、公共资金或国有资产（资源）损失浪费、生态环境破坏以及损害公共利益等后果的；

（三）疏于监管，致使所管辖地区、分管部门和单位发生重大违纪违法问题或者造成重大损失浪费等后果的；

（四）其他应当承担主管责任的情形。

第二十七条 两办《规定》第三十七条所称领导责任，是指除直接责任和主管责任外，被审计领导干部对其职责范围内不履行或者不正确履行经济责任的其他行为应当承担的责任。

第二十八条 被审计领导干部以外的其他人员对有关问题应当承担的责任，审计机关可以以适当方式向干部管理监督部门等提供相关情况。

第五章 审计报告

第二十九条 审计机关实施经济责任审计项目后，应当按照相关规定，出具经济责任审计报告和审计结果报告。

第三十条 两办《规定》第二十七条所称审计组的审计报告，是指审计组具体实施经济责任审计后，向派出审计组的审计机关提交的审计报告。

第三十一条 审计组的审计报告按照规定程序审批后，应当以审计机关的名义书面征求被审计领导干部及其所在单位的意见。根据工作需要可以征求本级党委、政府有关领导同志，以及本级经济责任审计工作领导小组（以下简称领导小组）或者经济责任审计工作联席会议（以下简称联席会议）有关成员单位的意见。

审计报告中涉及的重大经济案件调查等特殊事项，经审计机关主要负责人批准，可以不征求被审计领导干部及其所在单位的意见。

第三十二条 审计组应当针对被审计领导干部及其所在单位提出的书面意见，进一步核实情况，对审计组的审计报告做出必要的修改，连同被审计领导干部及其所在单位的书面意见一并报送审计机关。

第三十三条 审计机关按照规定程序对审计组的审计报告进行审定，经审计机关负责人签发后，向被审计领导干部及其所在单位出具审计机关的经济责任审计报告。

第三十四条 经济责任审计报告的内容主要包括：

（一）基本情况，包括审计依据、实施审计的基本情况、被审计领导干部所任职地区（部门或者单位）的基本情况、被审计领导干部的任职及分工情况等；

（二）被审计领导干部履行经济责任的主要情况，其中包括以往审计决定执行情况和审计建议采纳情况等；

（三）审计发现的主要问题和责任认定，其中包括审计发现问题的事实、定性、被审计领导干部应当承担的责任以及有关依据，审计期间被审计领导干部、被审计单位对审计发现问题已经整改的，可以包括有关整改情况；

（四）审计处理意见和建议；

（五）其他必要的内容。

审计发现的有关重大事项，可以直接报送本级党委、政府或者相关部门，不在审计报告中反映。

第三十五条 两办《规定》第二十八条所称审计结果报告，是指审计机关在经济责任审计报告的基础上，精简提炼形成的提交干部管理监督部门的反映审计结果的报告。审计结果报告重点反映被审计领导干部履行经济责任的主要情况、审计发现的主要问题和责任认定、审计处理方式和建议。

审计机关可以根据实际情况，参照本细则第三十四条规定，确定审计结果报告的主要内容。

第三十六条 审计机关应当将审计结果报告等经济责任审计结论性文书报送本级党委、政府主要负责同志；提交委托审计的组织部门；抄送领导小组（联席会议）有关成员单位；必要时，可以将涉及其他有关主管部门的情况抄送该部门。

第六章　审计结果运用

第三十七条　经济责任审计结果应当作为干部考核、任免和奖惩的重要依据。

各级领导小组（联席会议）和相关部门应当逐步健全经济责任审计情况通报、责任追究、整改落实、结果公告等制度。

第三十八条　纪检监察机关在审计结果运用中的主要职责：

（一）依纪依法受理审计移送的案件线索；

（二）依纪依法查处经济责任审计中发现的违纪违法行为；

（三）对审计结果反映的典型性、普遍性、倾向性问题适时进行研究；

（四）以适当方式将审计结果运用情况反馈审计机关。

第三十九条　组织部门在审计结果运用中的主要职责：

（一）根据干部管理工作的有关要求，将经济责任审计纳入干部管理监督体系；

（二）根据审计结果和有关规定对被审计领导干部及其他有关人员做出处理；

（三）将经济责任审计结果报告存入被审计领导干部本人档案，作为考核、任免、奖惩被审计领导干部的重要依据；

（四）要求被审计领导干部将经济责任履行情况和审计发现问题的整改情况，作为所在单位领导班子民主生活会和述职述廉的重要内容；

（五）对审计结果反映的典型性、普遍性、倾向性问题及时进行研究，并将其作为采取有关措施、完善有关制度规定的参考依据；

（六）以适当方式及时将审计结果运用情况反馈审计机关。

第四十条　审计机关在审计结果运用中的主要职责：

（一）对审计中发现的相关单位违反国家规定的财政收支、财务收支行为，依法依规做出处理处罚；对审计中发现的需要移送处理的事项，应当区分情况依法依规移送有关部门处理处罚；

（二）根据干部管理监督部门、巡视机构等的要求，以适当方式向其提供审计结果以及与审计项目有关的其他情况；

（三）协助和配合干部管理监督等部门落实、查处与审计项目有关的问题和事项；

（四）按照有关规定，在一定范围内通报审计结果，或者以适当方式向社会公告审计结果；

（五）对审计发现问题的整改情况进行监督检查；

（六）对审计发现的典型性、普遍性、倾向性问题和有关建议，以综合报告、专题报告等形式报送本级党委、政府和上级审计机关，提交有关部门。

第四十一条　人力资源社会保障部门在审计结果运用中的主要职责：

（一）根据有关规定，在职责范围内办理对被审计领导干部和有关人员的考核、任免、奖惩等相关事宜；

（二）对审计结果反映的典型性、普遍性、倾向性问题及时进行研究，并将其作为采取有关措施、完善有关制度规定的参考依据；

（三）以适当方式及时将审计结果运用情况反馈审计机关。

第四十二条　国有资产监督管理部门在审计结果运用中的主要职责：

（一）根据国有企业领导人员管理的有关要求，将经济责任审计纳入国有企业领导人员管理监督体系；

（二）将审计结果作为企业经营业绩考评和被审计领导人员考核、奖惩、任免的重要依据；

（三）在对国有企业管理监督、国有企业改革和国有资产处置过程中，有效运用审计结果；

（四）督促有关企业落实审计决定和整改要求；

（五）对审计发现的典型性、普遍性、倾向性问题及时进行研究，并将其作为采取有关措施、完善有关制度规定的参考依据；

（六）以适当方式及时将审计结果运用情况反馈审计机关。

第四十三条　有关主管部门在审计结果运用中的主要职责：

（一）对审计移送的违法违规问题，在职责范围内依法依规做出处理处罚；

（二）督促有关部门、单位落实审计决定和整改要求，在对相关行业、单位管理和监督中有效运用审计结果；

（三）对审计结果反映的典型性、普遍性、倾向性问题及时进行研究，并将其作为采取有关措施、完善有关制度规定的参考依据；

（四）以适当方式及时将审计结果运用情况反馈审计机关。

第四十四条 被审计领导干部及其所在单位根据审计结果，应当采取以下整改措施：

（一）在党政领导班子或者董事会内部通报审计结果和整改要求，及时制订整改方案，认真进行整改，及时将整改结果书面报告审计机关和有关干部管理监督部门；

（二）按照有关要求公告整改结果；

（三）对审计处理、处罚决定，应当在法定期限内执行完毕，并将执行情况书面报告审计机关；

（四）根据审计结果反映出的问题，落实有关责任人员的责任，采取相应的处理措施；

（五）根据审计建议，采取措施，健全制度，加强管理。

第七章 组织领导和审计实施

第四十五条 各地应当建立健全领导小组或者联席会议制度，领导本地区经济责任审计工作。领导小组组长可以由同级党委或者政府的主要负责同志担任。

第四十六条 领导小组或者联席会议应当设立办公室。同时设立领导小组和联席会议的地方，应当合并成立一个办公室。办公室与同级审计机关内设的经济责任审计机构合署办公，负责日常工作。办公室主任应当由同级审计机关的副职领导或者同职级领导担任。

第四十七条 领导小组或者联席会议应当建立健全议事规则和工作规则，各成员单位应当加强协作配合，形成制度健全、管理规范、运转有序、工作高效的运行机制。

第四十八条 各地可以根据干部管理监督的需要和审计机关的实际情况，按照领导干部工作岗位性质、经济责任的重要程度等因素，对审计对象实行分类管理，科学合理地制订经济责任审计年度计划和中长期计划。

第四十九条 审计机关应当向组织部门等提出下一年度经济责任审计计划的初步建议。组织部门等根据审计机关的初步建议，提出下一年度的委托审计建议。

第五十条 领导小组（联席会议）办公室对委托审计建议进行研究讨论，共同议定并提出经济责任审计计划草案，由审计机关报本级政府行政首长批准后，纳入审计机关年度审计工作计划并组织实施。

第五十一条 经济责任审计计划一经本级政府行政首长批准不得随意变更。确需调整的，应当按照本细则第四十九条、第五十条规定的程序进行调整。

第五十二条 对地方党委与政府的主要领导干部，党政工作部门、高等院校等单位的党委与行政主要领导干部，企业法定代表人与不担任法定代表人的董事长、总经理、党委书记等企业主要负责人的经济责任审计，可以同步组织实施，分别认定责任，分别出具审计报告和审计结果报告。

各地可以根据实际情况，研究制定同步实施经济责任审计的操作办法。

第五十三条 审计机关应当探索和推行经济责任审计与其他专业审计相结合的组织方式，统筹安排审计力量，逐步实现对审计计划、审计项目实施、审计文书报送、审计结果利用等的统一管理。

审计机关组织实施经济责任审计时，应当有效利用以往审计成果和有关部门的监督检查结果。

第五十四条 审计机关实施经济责任审计时，可以提请有关部门和单位协助，有关部门和单位应当予以支持，并及时提供有关资料和信息。

审计机关提请领导小组（联席会议）成员单位协助时，应当由领导小组（联席会议）办公室统一负责联系和协调。

第五十五条 在经济责任审计项目实施过程中，遇有被审计领导干部被有关部门依法依规采取强制措施、立案调查或者死亡等特殊情况，以及不宜再继续进行经济责任审计的其他情形的，审计机关报本级政府行政首长批准，或者根据党委、政府、干部管理监督部门的要求，可以中止或者终止审计项目。

第八章 附 则

第五十六条 根据地方党委、政府的要求，审计机关可以对村党组织和村民委员会、社区党组织和社区居民委员会的主要负责人进行经济责任审计。

村党组织和村民委员会主要负责人经济责任审计的内容，应当依照《中华人民共和国村民委员会组织法》第三十五条的规定，结合当地实际情况确定。

社区党组织和社区居民委员会主要负责人经济责任审计的内容，可以参照本细则的相关规定确定。

第五十七条 对本细则未涉及的审计机关和审计人员、被审计领导干部及其所在单位，以及其他有关单位和个人在经济责任审计中的职责、权限、法律责任等，依照《中华人民共和国审计法》《中华人民共和国审计法实施条例》、两办《规定》和其他法律法规的有关规定执行。

第五十八条 部门和单位可以根据两办《规定》和本细则的规定，制定本部门和单位内部管理领导干部经济责任审计的规定。

第五十九条 本细则由审计署负责解释。

第六十条 本细则自印发之日起施行。审计署 2000 年 12 月印发的《县级以下党政领导干部任期经济责任审计暂行规定实施细则》和《国有企业及国有控股企业领导人员任期经济责任审计暂行规定实施细则》（审办发〔2000〕121 号）同时废止。

深化领导干部经济责任审计
加强对权力运行的制约和监督

党的十八大指出，要建立健全权力运行监督和制约体系，健全质询、问责、经济责任审计、引咎辞职、罢免等制度。党的十八届三中全会提出，要加强和改进对主要领导干部行使权力的制约和监督，加强行政监察和审计监督。习近平总书记多次强调，要把权力关进制度的笼子里，坚持“老虎”“苍蝇”一起打，加强审计工作特别是对重大领域、重大项目、重要资金的审计监督。李克强总理多次要求，要对公共资金、国有资产、国有资源和领导干部经济责任履行情况实现审计全覆盖，发挥审计权力运行“紧箍咒”、反腐败“利剑”和深化改革“催化剂”作用。做好经济责任审计工作，是深入贯彻党的十八大和十八届三中全会精神、加强权力监督制约的重要举措。多年来，在党中央、国务院和地方各级党委、政府的正确领导下，经济责任审计快速发展，在加强干部管理监督、推动党风廉政建设、促进科学发展和服务国家治理等方面发挥了积极作用。

经济责任审计是监督和制约权力、促进领导干部守法守纪守规尽责的重要手段

经济责任审计是伴随着我国民主法治建设的推进、干部管理监督制度的完善和对权力制约监督的强化，逐步建立和发展起来的。在这一过程中，按照党中央、国务院和地方各级党委、政府的要求，各级纪检、组织、编制、监察、人力资源和社会保障、审计、国资监管等部门创新探索、密切配合，逐步推开对各级各类领导干部的经济责任审计，推动明确责任，进而落实责任，从而在制度设计上实现了对主要领导干部有关经济权力监督的全覆盖，成为把权力关进制度笼子里的一个重要环节。各相关部门以经济责任审计为平台，发挥各自职能优势，形成纪检监督、组织人事监督、机构编制监督、国资监管和审计监督的合力，使权力制约和监督体系更加完善，制约和监督手段更加有效，也为落实有权必有责、用权受监督、失职要问责、违法要追究的问责机制提供了重要依据。一是着力防止权力失控。近年来，重点加强掌握重要经济决策权、执行权、管理权和监督权的部门、单位及岗位领导干部的经济责任审计，重点关注领导干部是否有效履行职责，是否正确行使权力，通过前移审计关口、推行任中审计和对重点监督对象实行任期内轮审制度等，对领导干部权力行使形成有效的制约和监督。2008 年以来，全国审计机关共审计各级领导干部 22 多万人次，其中：省部级 160 多人次、地厅级 4600 多人次、县处级 5 万多人次、乡科级 17 万多人次。二是着力避免决策失误。通过审计，发现领导干部任职期间经济决策中存在的问题，分析产生问题的体制机制和管理上的原因，提出改进制度和完善管理的意见、建议，推动了领导干部守法守纪守规尽责和科学决策、民主决策。2008 年以来，通过经济责任审计，查出被审计领导负有直接责任的问题金额1000多亿元。这些问题的揭露和处理，推动了领导干部遵纪守法意识和自我约束能力的提高。三是着力查处行为失范。通过审计，查处被审计领导干部及其所在地区和单位的违纪违规行为、揭露重大违法犯罪案件线索，充分发挥了反腐败尖兵和利剑的作用。2008年以来，各级审计机关通过经济责任审计，查出领导干部涉嫌以权谋私、失职渎职、贪污受贿、侵吞国有资产等问题，被审计领导干部及其他人员有2580多人被移送纪检监察和司法机关处理。

经济责任审计为干部考核、任免、问责、管理监督提供了重要参考和依据

“为政之要，莫先于用人”。党的十八届三中全会提出，要改革和完善干部考核评价制度。多年来，经济责任审计适应干部管理监督的需求，对领导干部履行经济责任情况、在工作中是否存在失职行为、是否应当承担责任以及责任的大小，做出明确的评判和评价，为党委、政府和干部管理部门了解和掌握领导干部的工作“实绩”，为选拔任用领导干部提供重要参考，促进了权力与责任相匹配。一是对干部经济责任做出明确判断，使离任者“走得清楚”。通过经济责任审计，对领导干部在履职过程中是否存在失职行为、是否应当承担责任以及责任的大小，做出明确的评判和评价，帮助领导干部纠正错误，有效履职，提高管理水平和效果。二是对干部履职情况做出准确评价，使组织人事部门“看得明白”。通过经济责任审计，为组织人事部门提供了可信、可用、可靠的审计结果，为考核、任免和奖惩领导干部提供依据。2008年以来，各级党委和组织人事等部门根据审计结果，对履行经济责任中存在问题、应当承担责任的890多名领导干部，给予免职、降职等组织处理以及撤职等其他处分，也为一些领导干部澄清了有关问题。三是对领导干部进行有效考核，使在任干部干得有动力、行为有约束。通过反馈审计结果、提出整改要求和建议等措施，促进领导干部切实有效地履行经济责任，增强了领导干部依法履职和接受监督的意识。四是对同一类别或同一行业领导干部履行经济职责过程中的共性问题，及时反映和推动完善干部管理监督制度。通过发挥经济责任审计政策性强、涉及面广及专业优势，对干部履行经济职责中的普遍性、倾向性问题进行深入分析，查找原因，积极提出完善体制、机制、制度的审计建议，推动不断完善干部管理和监督制度。很多地方还把经济责任审计作为经济决策、人事任免、案件处理的重要环节，健全了经济责任审计与干部考核任用相结合的机制，进一步促进领导干部依法用权。

经济责任审计是促进中央政令畅通、推动科学发展的重要途径

习近平总书记指出，要正确处理保证中央政令畅通和立足实际创造性开展工作的关系，任何具有地方特点的工作部署都必须以贯彻中央精神为前提，决不允许“上有政策、下有对策”，决不允许有令不行、有禁不止，决不允许在贯彻执行中央决策部署上打折扣、做选择、搞变通。经济责任审计最为重要的审计内容，就是监督党和国家重要经济政策及决策部署的贯彻落实情况。一方面，通过经济责任审计，打开“最先一公里”，推动制定和实施科学的政策措施。在经济责任审计中，监督检查领导干部是否严格执行党和国家的经济方针政策及决策部署，是否科学决策和规范决策，特别是对重点地区、重点部门和关键岗位主要领导干部的经济行为进行监督，及时揭示和反映政策执行中出现的新情况新问题，提出完善制度和政策的建议。2008年以来，通过经济责任审计，向各级党委、政府提交报告和信息32万多篇，提出审计建议51万多条，促进健全完善制度2万多项。另一方面，通过经济责任审计，打通“最后一公里”，确保党中央、国务院各项经济方针政策和决策部署的贯彻落实。近年来，围绕中央关于稳增长、调结构、促改革、惠民生的政策目标，经济责任审计中重点监督检查财政、金融、产业、投资、惠民等政策措施执行和完成情况，及时查处上有政策、下有对策，有令不行、有禁不止行为，督促领导干部切实履行经济责任，确保国家政令畅通，使党和政府的各项政策真正落地。

当前，我国发展已站在新的历史起点上。党的十八届三中全会对全面深化改革做出重大部署，提出了很多新思想、新论断、新举措。经济正处于增长速度换挡期、结构调整阵痛期、前期刺激政策消化期三重叠加阶段，发展面临不少矛盾和困难，反腐败斗争形势依然严峻。在这一特殊历史时期，保持发展这架“马车”平稳快速前行，必须靠改革、反腐“双轮”驱动，共同发力，实现整体推进。所有这些都对经济责任审计工作提出了新要求和新任务。审计机关和审计人员要切实增强责任感和使命感，紧紧围绕党中央、国务院的要求部署，将经济责任审计融入我国经济社会发展的大局中去，以改革和创新的精神推动经济责任审计深化发展，发挥好经济责任审计在强化权力运行制约和监督、加强党风廉政建设、推动经济社会科学发展等方面的积极作用，助力打造“编得牢、扎得紧、关得住”的制度笼子，为实现国家治理体系和治理能力现代化、实现中华民族伟大复兴的“中国梦”做出新的更大贡献。

（撰稿人：中央经济责任审计工作联席会议办公室）

《实施细则》为推行权力清单再加一把劲

近日，《党政主要领导干部和国有企业领导人员经济责任审计规定实施细则》（以下简称《实施细则》）正式印发，进一步细化了领导干部经济责任审计的重点和结果运用等内容。此举对推动各级政府和有关工作部门建立权力清单制度，也将产生强有力的促进作用。

《实施细则》明确，经济责任审计重点检查领导干部守法守纪守规尽责情况，是审计机关依法依规对领导干部经济责任履行情况进行监督、评价和鉴证的行为。审计机关应当根据领导干部职责权限和履行经济责任的情况，结合地区、部门（系统）、单位的实际，依法依规确定审计内容。《实施细则》还分别提出了地方各级党委、政府、国有企业、党政工作部门 4 类领导干部的 52 项审计内容。这 52 项审计内容，紧密围绕领导干部职责权限，突出对领导干部经济政策执行权、经济决策权、经济管理权、经济监督权和个人廉洁自律情况的审计，密切关注权力运行的轨迹和关键节点，不仅关注权力运行过程，还关注权力运行结果；不仅关注什么该做，还关注什么不该做。

一个可期许的未来是，通过经济责任审计，让各级党委、政府树立起权力的边界意识，明确经济职责权限，实现党委与政府之间、各级政府上下层级之间、各个部门之间的事、权、责的明确划分。这要求各级各部门领导干部首先弄清楚自己究竟有多大的权力，到底能做什么，不能做什么，能做的应当通过什么样的程序去做，从而避免权力缺位、越位和错位现象。

根据《实施细则》，审计结果应当作为干部考核、任免和奖惩的重要依据，“应当”“重要”等词语充分显示了审计结果的“分量”。《实施细则》分别规定了纪检监察机关、组织部门、审计机关、人力资源社会保障部门、国有资产监督管理部门等在结果运用中的主要职责，强调了各部门与审计机关的互动协调。书面检查、通报批评、诫勉谈话、停职检查直至免职，这些都是结果运用的主要形式，审计结果只有用了才能见实效，才能更好地发挥经济责任审计预防、揭示和抵御功能。审计结果运用力度与经济责任审计成效成正比，运用力度越大，经济责任审计的威慑力就越强，领导干部就越会主动审视自身权力，自觉公开权力，正确行使权力。随着经济责任审计结果运用力度和深度的不断增强，权力清单“表”与运行规则“图”终将在更大范围内浮出水面。

《实施细则》明确，对领导干部履行经济责任过程中存在的问题，审计机关应当按照权责一致的原则，依法依规认定其应当承担的直接责任、主管责任和领导责任。有权必有责，权力和责任义务是对等的。一个人只有承担权力所赋予的责任时，才能确保正确行使权力。经济责任审计关注权力行使与责任落实，强调权力与责任对等，促进健全有权必有责、用权受监督、失职要问责、违法要追究的监督机制。

当前，摸清“权力家底”，是明晰职责所在，准确划分责任的一个重要手段。应分级细化责任归属、确定具体责任承担者，完善权力运行问责机制，做到责罚措施具体化，使权力清单成为责任清单，进一步推动责任政府的建立。只有将责任义务跟手中的权力有机结合起来，权力清单才能真正体现其价值，才能实现政府“法无授权不可为”的目标。

“法令行则国治，法令弛则国乱”。依法治国是国家良治的重要基础和内在要求。实行经济责任审计，有利于约束和规范权力运行，促进依法行政，从而推动政府自身的改革和进步。《实施细则》正是顺应时代发展需求的产物。相信随着经济责任审计的深入发展，必将进一步推动权力监督体系的完善和权力制约机制的建立，使领导干部履职行权形成一道“屏障”，从而推动权力清单制度尽快建立。（撰稿人：经济责任审计司）

《实施细则》的亮点

2010年两办《规定》颁布以来，我国的经济责任审计工作得到全面深化与发展。浙江省委、省政府高度重视，出台了《浙江省经济责任审计办法》，并召开全省电视电话会议部署落实，经济责任审计工作迈入了制度化、规范化的新阶段。

两办《规定》实施以来，在审计实践中也遇到一些具体困难，部分是由制度不够细化、不够明确造成的。这次两办《实施细则》从规范操作层面进行了进一步深化和明确，并将党的十八大、十八届三中全会有关精神贯彻其中，可以说十分必要及时，必将对推动经济责任审计这项具有鲜明中国特色审计制度的深化落实产生深远影响。

一是《实施细则》对审计对象做了适当的拓展，更加符合实际工作需求。如两办《规定》对国有企业领导人员仅限于对法定代表人进行审计，《实施细则》明确将不担任法定代表人但实际行使相应职权的董事长、总经理和党委书记也作为审计对象，与法定代表人同步审计，符合国有企业治理结构的现状，也易于审计中对问题责任的界定。此外，《实施细则》首次规定，根据地方党委、政府要求，审计机关可以对“村官”进行经济责任审计，解决了村级组织负责人经济责任审计依据问题，拉近了经济责任审计制度和农村、农民的距离。

二是《实施细则》对各类领导干部经济责任审计的内容做了细化和明确，尤其是将地方各级党委和政府主要领导的审计内容分别予以界定，并提出同步审计。党委和政府主要领导的职责有明确分工，在审计内容上不能混同；同时，在履行经济责任时决策和执行紧密联系在一起，同步审计有利于分清责任和保持公正。浙江省对党政领导同步审计的探索较早，2006年就提出乡镇党政领导干部经济责任同步审计的要求，2009年开展县委书记、县长经济责任同步审计试点，探索形成了同步审计模式，弥补了过去市、县长经济责任审计中存在的权责不对等、责任难落实和审计资源浪费等突出问题。

三是《实施细则》进一步规范了经济责任审计评价。提出一些重要的评价原则、评价体系建设和评价指标设置原则，对今后深化经济责任审计工作，提高审计结果的可信度和可用性，必将产生重要和积极的影响。

四是《实施细则》对审计结果运用做出细化规定，明确了纪检监察部门、组织部门和审计机关等在审计结果运用中的职责。审计结果运用是经济责任审计制度发挥作用的核心和价值所在，这一点我们深有体会而且已经进行了实践探索。2011年，浙江省出台了《经济责任审计问效问责办法》，建立审计评判、整改、问责等结果运用制度，规定了联席会议各成员单位在各自职权范围内运用经济责任审计结果进行问责，分别采取批评教育、诫勉谈话、组织处理或移送处理等方法，把纪检监察监督、组织监督和审计监督有机结合。2013年，浙江省委出台了《浙江省调整不适宜担任现职领导干部办法（试行）》，明确将经济责任审计结果纳入领导干部失职受到问责、需要调整职务的情形，使经济责任审计工作的价值得到充分体现。（撰稿人：浙江省审计厅厅长　徐宇宁）

推动经济责任审计质量迈上新台阶

《实施细则》的出台，具有很强的操作性和指导性。《实施细则》既合理界定了审计对象，细化了审计内容，规范了审计评价，又进一步完善了审计报告体例，强化了组织领导和结果运用，内容贯穿于经济责任审计的全过程。

面对新形势、新任务、新要求，安徽省审计厅党组坚定“十二五”上水平、“十三五”大发展的战略目标，继续以深化转型升级为主线，以“提面、提质、提效、提能”为主抓手，大力推进经济责任审计工作。

一是提高审计覆盖面。要认真落实李克强总

理关于审计全覆盖的要求，贯彻省两办《关于进一步加强经济责任审计工作的意见》，力争经济责任审计对象五年任期内轮审一遍，省本级力争五年内对316名审计对象实现审计全覆盖。省审计厅2014年计划安排44名领导干部（人员）的经济责任审计，比2013年实际实施项目增加30个。同时要积极探索领导干部自然资源资产离任审计，加强对市县政府开展节约集约用地，耕地、林地保护情况审计，推进对部门单位内部管理干部的经济责任审计。

二是提高审计质量。要规范党政主要领导、部门单位主要负责人、国有企业领导人员等不同类别审计对象的审计内容，统筹把握审计重点，科学进行评价，依法界定责任。要坚持定性与定量相结合，分类别形成比较完善的审计评价指标体系，在审计扩面的新形势下，应努力做到同一类别、同一层级领导干部履行经济责任情况的评价标准具有一致性和可比性。要规范审计结果报送形式，加强部门间的协作配合，推进经济责任审计结果在有关经济决策、干部考核任免奖惩和案件查处过程中的有效运用。

三是提高审计效率。要创新审计方式，强化任中审计，推广不同类型项目的结合型审计，积极探索经济责任审计与巡视等工作相结合的有效途径和方式，节约审计资源。要科学组织审计，优化资源配置，改进审计现场管理，倡导现场清理资料，明确各关键环节时限，提高工作效率。要稳妥推进授权审计，积极探索通过政府购买服务、竞争择优方式，公开委托社会审计组织具体实施省属国有企业、高等院校等事业单位主要负责人经济责任审计。

四是提高审计能力。要大力实施“环境优化工程”，坚持德才兼备、以德为先和好干部标准，加强评优与用优相结合，优化审计干部成长环境。实行重大审计成果激励制度，完善审计领军人才、审计能手、优秀主审考评办法，建立健全工作实绩量化考核机制。推广审计实务导师制，激励审计干部加强审计业务技能学习，加大审计专业人才、“四手”人才和青年人才培养，提高“会查、会讲、会写”能力。加大干部轮岗交流和双向选择，积极拓展审计干部成长成才空间。

（撰稿人：安徽省审计厅厅长　戴克柱）

国务院关于加强审计工作的意见

国务院关于加强审计工作的意见

国发〔2014〕48号

各省、自治区、直辖市人民政府，国务院各部委、各直属机构：

为切实加强审计工作，推动国家重大决策部署和有关政策措施的贯彻落实，更好地服务改革发展，维护经济秩序，促进经济社会持续健康发展，现提出以下意见：

一、总体要求

（一）指导思想。坚持以邓小平理论、“三个代表”重要思想、科学发展观为指导，深入贯彻落实党的十八大和十八届二中、三中全会精神，依法履行审计职责，加大审计力度，创新审计方式，提高审计效率，对稳增长促改革调结构惠民生防风险等政策措施落实情况，以及公共资金、国有资产、国有资源、领导干部经济责任履行情况进行审计，实现审计监督全覆盖，促进国家治理现代化和国民经济健康发展。

（二）基本原则。

——围绕中心，服务大局。紧紧围绕国家中心工作，服务改革发展，服务改善民生，促进社会公正，为建设廉洁政府、俭朴政府、法治政府提供有力支持。

——发现问题，完善机制。发现国家政策措施执行中存在的主要问题和重大违法违纪案件线索，维护财经法纪，促进廉政建设；发现经济社会运行中的突出矛盾和风险隐患，维护国家经济安全；发现经济运行中好的做法、经验和问题，注重从体制机制制度层面分析原因和提出建议，促进深化改革和创新体制机制。

——依法审计，秉公用权。依法履行宪法和法律赋予的职责，敢于碰硬，勇于担当，严格遵守审计工作纪律和各项廉政、保密规定，注意工作方法，切实做到依法审计、文明审计、廉洁审计。

二、发挥审计促进国家重大决策部署落实的保障作用

（三）推动政策措施贯彻落实。持续组织对国家重大政策措施和宏观调控部署落实情况的跟踪审计，着力监督检查各地区、各部门落实稳增长促改革调结构惠民生防风险等政策措施的具体部署、执行进度、实际效果等情况，特别是重大项目落地、重点资金保障，以及简政放权推进情况，及时发现和纠正有令不行、有禁不止行为，反映好的做法、经验和新情况、新问题，促进政策落地生根和不断完善。

（四）促进公共资金安全高效使用。要看好公共资金，严防贪污、浪费等违法违规行为，确保公共资金安全。把绩效理念贯穿审计工作始终，加强预算执行和其他财政收支审计，密切关注财政资金的存量和增量，促进减少财政资金沉淀，盘活存量资金，推动财政资金合理配置、高效使用，把钱用在刀刃上。围绕中央八项规定精神和国务院“约法三章”要求，加强“三公”经费、会议费使用和楼堂馆所建设等方面审计，促进厉行节约和规范管理，推动俭朴政府建设。

（五）维护国家经济安全。要加大对经济运行中风险隐患的审计力度，密切关注财政、金融、民生、国有资产、能源、资源和环境保护等方面存在的薄弱环节和风险隐患，以及可能引发的社会不稳定因素，特别是地方政府性债务、区域性金融稳定等情况，注意发现和反映苗头性、倾向性问题，积极提出解决问题和化解风险的建议。

（六）促进改善民生和生态文明建设。加强对“三农”、社会保障、教育、文化、医疗、扶贫、救灾、保障性安居工程等重点民生资金和项目的审计，加强对土地、矿产等自然资源，以及大气、水、固体废物等污染治理和环境保护情况的审计，探索实行自然资源资产离任审计，深入分析财政投入与项目进展、事业发展等情况，推动惠民和资源、环保政策落实到位。

（七）推动深化改革。密切关注各项改革措施的协调配合情况，促进增强改革的系统性、整体性和协调性。正确把握改革和发展中出现的新情况，对不合时宜、制约发展、阻碍改革的制度规定，及时予以反映，推动改进和完善。

三、强化审计的监督作用

（八）促进依法行政、依法办事。要加大对依法行政情况的审计力度，注意发现有法不依、执法不严等问题，促进法治政府建设，切实维护法律尊严。要着力反映严重损害群众利益、妨害公平竞争等问题，维护市场经济秩序和社会公平正义。

（九）推进廉政建设。对审计发现的重大违法违纪问题，要查深查透查实。重点关注财政资金分配、重大投资决策和项目审批、重大物资采购和招标投标、贷款发放和证券交易、国有资产和股权转让、土地和矿产资源交易等重点领域和关键环节，揭露以权谋私、失职渎职、贪污受贿、内幕交易等问题，促进廉洁政府建设。

（十）推动履职尽责。深化领导干部经济责任审计，着力检查领导干部守法守纪守规尽责情况，促进各级领导干部主动作为、有效作为，切实履职尽责。依法依纪反映不作为、慢作为、乱作为问题，促进健全责任追究和问责机制。

四、完善审计工作机制

（十一）依法接受审计监督。凡是涉及管理、分配、使用公共资金、国有资产、国有资源的部门、单位和个人，都要自觉接受审计、配合审计，不得设置障碍。有关部门和单位要依法、及时、全面提供审计所需的财务会计、业务和管理等资料，不得制定限制向审计机关提供资料和开放计算机信息系统查询权限的规定，已经制定的应予修订或废止。对获取的资料，审计机关要严格保密。

（十二）提供完整准确真实的电子数据。有关部门、金融机构和国有企事业单位应根据审计工作需要，依法向审计机关提供与本单位、本系统履行职责相关的电子数据信息和必要的技术文档；在确保数据信息安全的前提下，协助审计机关开展联网审计。在现场审计阶段，被审计单位要为审计机关进行电子数据分析提供必要的工作环境。

（十三）积极协助审计工作。审计机关履行职责需要协助时，有关部门、单位要积极予以协助和支持，并对有关审计情况严格保密。要建立健全审计与纪检监察、公安、检察以及其他有关主管单位的工作协调机制，对审计移送的违法违纪问题线索，有关部门要认真查处，及时向审计机关反馈查处结果。审计机关要跟踪审计移送事项的查处结果，适时向社会公告。

五、狠抓审计发现问题的整改落实

（十四）健全整改责任制。被审计单位的主要负责人作为整改第一责任人，要切实抓好审计发现问题的整改工作，对重大问题要亲自管、亲自抓。对审计发现的问题和提出的审计建议，被审计单位要及时整改和认真研究，整改结果在书面告知审计机关的同时，要向同级政府或主管部门报告，并向社会公告。

（十五）加强整改督促检查。各级政府每年要专题研究国家重大决策部署和有关政策措施落实情况审计，以及本级预算执行和其他财政收支审计查出问题的整改工作，将整改纳入督查督办事项。对审计反映的问题，被审计单位主管部门要及时督促整改。审计机关要建立整改检查跟踪机制，必要时可提请有关部门协助落实整改意见。

（十六）严肃整改问责。各地区、各部门要把审计结果及其整改情况作为考核、奖惩的重要依据。对审计发现的重大问题，要依法依纪做出处理，严肃追究有关人员责任。对审计反映的典型性、普遍性、倾向性问题，要及时研究，完善制度规定。对整改不到位的，要与被审计单位主要负责人进行约谈。对整改不力、屡审屡犯的，要严格追责问责。

六、提升审计能力

（十七）强化审计队伍建设。着力提高审计队伍的专业化水平，推进审计职业化建设，建立审计人员职业保障制度，实行审计专业技术资格制度，完善审计职业教育培训体系，努力建设一支具有较高政治素质和业务素质、作风过硬的审计队伍。审计机关负责人原则上应具备经济、法律、管理等工作背景。招录审计人员可加试审计工作必需的专业知识和技能，部分专业性强的职位可实行聘任制。

（十八）推动审计方式创新。加强审计机关审计计划的统筹协调，优化审计资源配置，开展好涉及全局的重大项目审计，探索预算执行项目分阶段组织实施审计的办法，对重大政策措施、重大投资项目、重点专项资金和重大突发事件等可以开展全过程跟踪审计。根据审计项目实施需要，探索向社会购买审计服务。加强上级审计机关对下级审计机关的领导，建立健全工作报告等制度，地方各级审计机关将审计结果和重大案件线索向同级政府报告的同时，必须向上一级审计机关报告。

（十九）加快推进审计信息化。推进有关部门、金融机构和国有企事业单位等与审计机关实现信息共享，加大数据集中力度，构建国家审计数据系统。探索在审计实践中运用大数据技术的途径，加大数据综合利用力度，提高运用信息化技术查核问题、评价判断、宏观分析的能力。创新电子审计技术，提高审计工作能力、质量和效率。推进对各部门、单位计算机信息系统安全性、可靠性和经济性的审计。

（二十）保证履行审计职责必需的力量和经费。根据审计任务日益增加的实际，合理配置审计力量。按照科学核算、确保必需的原则，在年度财政预算中切实保障本级审计机关履行职责所需经费，为审计机关提供相应的工作条件。加强内部审计工作，充分发挥内部审计作用。

七、加强组织领导

（二十一）健全审计工作领导机制。地方各级政府主要负责人要依法直接领导本级审计机关，支持审计机关工作，定期听取审计工作汇报，及时研究解决审计工作中遇到的突出问题，把审计结果作为相关决策的重要依据。要加强政府监督检查机关间的沟通交流，充分利用已有的检查结果等信息，避免重复检查。

（二十二）维护审计的独立性。地方各级政府要保障审计机关依法审计、依法查处问题、依法向社会公告审计结果，不受其他行政机关、社会团体和个人的干涉，定期组织开展对审计法律法规执行情况的监督检查。对拒不接受审计监督，阻挠、干扰和不配合审计工作，或威胁、恐吓、报复审计人员的，要依法依纪查处。

国务院

2014 年 10 月 9 日

审计署组织召开全国审计机关电视电话会议 贯彻落实十八届四中全会精神和《国务院关于加强审计工作的意见》

2014年10月31日，审计署组织召开全国审计机关贯彻落实十八届四中全会精神和《国务院关于加强审计工作的意见》电视电话会议。会议结合两天来审计署党组中心组学习研究的成果，对全国审计机关深入学习贯彻《关于全面推进依法治国若干重大问题的决定》（以下简称《决定》）和《国务院关于加强审计工作的意见》（以下简称《意见》）精神做出部署，并就当前和今后一个时期具体贯彻落实措施进行了安排。

会议认为，党的十八大以来，我们党采取了一系列重大举措，理论指导有新发展，治国理政有新方略，党的建设把握新规律，使中国梦不断变为现实，比历史上任何时期都更加接近中华民族伟大复兴这个目标。我国已经进入全面开启中华民族伟大复兴的新时代，进行了一系列新的实践和探索，用伟大复兴的“中国梦”构筑中华民族凝心聚力的精神家园，奠定中华民族奋斗的思想基础，确立中华民族共同奋斗的伟大目标，规划实现目标的有效路径和根本动力，确定“五位一体”的战略布局，我们党对中国特色社会主义建设规律从认识到实践都达到了新的水平和高度，政治经济社会、治党治国治军、内政外交国防等各个方面都取得了举世瞩目的新成就。

会议认为，四中全会揭开了全面推进依法治国的新篇章，旗帜鲜明地就依法治国的重大理论和实践问题做出了回答，提出了富有改革创新精神的新观点、新部署、新举措，《决定》是指导和推动新形势下全面推进依法治国、加快建设社会主义法治国家，具有划时代意义的纲领性文件。四中全会对审计工作提出了新要求，明确了审计监督的定位，强调了审计监督要严格依法，强化了审计机关的独立性，充分体现了党中央对审计工作的高度重视，也为进一步做好审计工作指明了前进方向、提供了根本遵循。国务院《意见》对审计工作赋予了新使命，明确了审计机关要发挥审计的保障作用和监督作用，完善审计监督机制，强化审计工作制度保障，努力实现审计监督全覆盖，极大提升了审计工作的层次和水平。

会议强调，落实党中央、国务院要求要着眼全覆盖，依法履行好审计监督职责。要紧紧围绕“反腐、改革、法治、发展”，坚持一手抓重大违法违纪、重大损失浪费、重大风险隐患、履职尽责不到位等问题的查处，一手抓促进深化改革、推进法治、提高绩效，使“反腐”“改革”这两个轮子，拉着“发展”这驾马车在法治的轨道上健康平稳运行。要加大对政策措施贯彻落实情况的跟踪审计力度，促进政令畅通；加大对经济社会运行中风险隐患的揭示和反映力度，维护国家经济安全；加大对重大违法违纪问题的揭露和查处力度，促进廉政建设；加大对法律法规执行情况的审计力度，促进民主法治建设；加大对权力运行的监督和制约力度，促进健全完善责任追究和问责机制；加大绩效审计力度，促进公共资金安全高效使用；加大对以民生为重点的社会建设情况的审计力度，维护人民群众根本利益；加大从体制机制制度层面揭示问题、分析原因和提出建议的力度，促进深化改革。

会议强调，落实党中央、国务院要求关键在人，要从严管理审计队伍，努力打造审计铁军。要加强思想建设，始终坚定理想信念，切实增强党性修养，牢固树立宗旨意识，坚持正确的政治观念。要加强组织建设，强化领导班子建设，严格组织生活制度，坚持五湖四海的选人用人观念。要加强纪律建设，严守政治纪律、廉政纪律、工作纪律、财经纪律和保密纪律。要加强作风建设，做到联系实际、面向实际、深入实际，自觉践行“三严三实”。要加强能力建设，切实提升学习能力、鉴别能力和工作能力。

会议要求，各级审计机关要从现在做起，立足当前、谋划长远。一要深入学习宣传和贯彻中央精神，把学习《决定》和《意见》同学习党的十八大报告，学习十八届二中、三中全会精神，学习习近平总书记重要讲话结合起来，通过学习切实把思想统一到中央精神上来，把行动统一到中央的部署上来，把力量凝聚到实现中央确定的各项任务上来，依法履职尽责，切实把党中央、国务院总体部署和各项要求落到实处。二要结合实际研究制定贯彻落实措施，要从各地经济社会发展实际出发，把《决定》精神和《意见》要求转化为实际措施、实际行动和实际效果。三要抓好教育实践活动查出问题的整改落实。突出“常”“长”二字，坚持统筹兼顾，逐一整改落实，以扎实的整改巩固活动成果，以活动成果推动下一步审计工作，做到善始善终、善做善成。四要抓好当前几项重点工作，重点做好土地审计及后续工作，持续开展好政策措施落实跟踪审计，开展好2014年的财政存量资金摸底工作。五要加强经验总结和理论研究，做到紧扣时代，贴近实践，注重实际，不断形成新的研究成果，培养一批理论和实践人才，推动审计理论实现新发展。六要积极谋划好明年工作。加强审计计划的调查研究和总体把握，抓好财政审计项目的前期准备工作，切实提升审计工作的成效。

会议号召，全国各级审计机关一定要增强责任意识、使命意识、机遇意识，锐意进取，改革创新，乘势而上，以奋发有为的精神状态，肩负起时代赋予的光荣使命，在推进国家治理体系和治理能力现代化的伟大实践中做出应有的贡献。

（撰稿人：《中国审计》记者）

加强审计　促进国家治理现代化

国务院日前发布了《关于加强审计工作的意见》（以下简称《意见》），对于审计工作的指导思想和基本原则给予明确要求和清晰表述，并就发挥审计促进国家重大决策部署落实的保障作用，强化审计的监督作用，完善审计工作机制，狠抓审计发现问题的整改落实，提升审计能力和加强组织领导等，形成了一系列重要方针和具体要求。

国务院下发的这一《意见》，首先体现了党和国家在全面改革新时期推进国家治理现代化进程中，对于审计这一重要领域的高度重视。“国家治理体系和治理能力现代化”作为新一代领导集体治国施政的核心理念，内在的逻辑导向是使整个制度安排和机制联结具有法治、公正、制衡、高效、可持续的特征，以充分激发社会多元主体的潜力、活力，实现经济社会“五位一体”的升级发展，其制度安排必然迫切要求加强审计的功能作用。因为国家审计，正是“依法审计，秉公用权”，对公共资金、国有资产、国有资源、领导干部经济责任履行情况，要实现审计监督全覆盖，追求和力保公共利益最大化和公共资源配置绩效最优化。由于审计这种职业特性，党中央、国务院高度重视审计工作。习近平总书记强调，要加强审计工作特别是对重大领域、重大项目、重要资金的审计监督，防止贪污、挪用、截留等问题的发生。李克强总理多次听取审计工作汇报并做出重要指示、批示，要求审计工作要做到全覆盖，不能留死角、留盲区，通过强化审计监督，推动各项宏观调控政策和各项部署的落实。审计要当好国家利益的捍卫者，公共资金的守护者，权力运行的“紧箍咒”，反腐败的“利剑”，深化改革的“催化剂”。《意见》的发布，是贯彻落实党中央、国务院指示精神的具体举措。

《意见》重点鲜明地指导部署了以审计促进国家治理现代化的工作任务。一是要发挥审计促进国家重大决策部署落实的保障作用。全面改革新时期，国家一系列重大部署密集出台，为贯彻稳增长促改革调结构惠民生防风险的多项政策措施，实现公共资金安全高效使用、维护国家经济安全、搞好与民生息息相关的经济社会多方面的建设和推动攻坚克难的配套改革，无不需要审计的促进与保障。二是要强化审计对依法行政、廉政建设、领导干部履职尽责的监督作用。在建设法治国家和反腐倡廉的推进之中，积极运用审计功能及时发现问题，进而促成解决问题和实施问责。三是完善审计工作机制，凡涉及管理、分配、使用公共资金、国有资产、国有资源的部门、单位和个人，都要自觉接受和配合审计工作，提供完整准确真实的相关信息和积极协助审计工作。四是狠抓审计发现问题的整改落实，以责任制、督促检查和问责考核奖惩，对审计中发现的问题予以最有效的解决。这些对于以审计服务全局、推进国家现代化进程，具有十分重大的现实意义。

《意见》还对提高我国审计能力和加强相关组织领导提出了明确的要求。这方面包括强化审计队伍建设，推动审计方式创新，加快推进审计信息化，保障审计工作条件与经费，健全审计工作领导机制和维护审计的独立性等。这些要点，将成为更好发挥审计功能作用，促进国家治理现代化的有力依据与工作指南。

我国在贯彻党的十八届三中、四中全会精神实施“五位一体”全面改革的新阶段，冲破利益固化的藩篱而“攻坚克难”已成为实质性的要求。国家审计自身没有部门利益的羁绊，具有独立、客观、公正的职业定位和特性，将以专业化的督查与制衡优势，促进法治昌明、政令畅通、兴利除弊、和谐创新，使经济社会的“升级版”能够如愿在“新常态”中对接2020年全面小康和使全面改革取得决定性成果的战略目标。因此，《意见》的发布，适应了我国经济社会实现平稳健康发展的客观需要，由此而打造的审计工作新局面，将是贡献于中国梦现代化宏伟事业的十分宝贵的正能量。

（撰稿人：中国财政学会副会长、财政部财政科学研究所原所长　贾康）

落实推进审计监督
夯实国家科学治理机制

《国务院关于加强审计工作的意见》（以下简称《意见》）日前公布，国家审计监督通过权力制约机制、揭示、抵御、改进和预防等“免疫系统”功能和威慑力为依法治国和全面深化改革保驾护航，成为维护财经纪律的重要工具，是国家治理的基石和保障，对国家治理现代化意义重大。《意见》的公布实施，将有力落实推进审计监督，夯实国家科学治理机制。

切实提高认识，高度重视审计工作的重要作用

我国的审计工作开展，和发达国家相比起步较晚，在1983年才正式成立审计署，并随后出台了审计法和审计法实施条例等法律文件，为依法审计打下坚实的基础，对不断深化财政、金融、国有企业、经济责任、资源环境和涉外审计，以及推动完善国家治理、维护国家经济安全、促进反腐倡廉和改革发展、推动民主法制建设等方面发挥了积极作用。但在依法治国和全面深化改革的新时期，审计工作也进入了“深水区”，面临前所未有的挑战，正如习近平总书记所言：“容易的、皆大欢喜的改革已经完成了，好吃的肉都吃掉了，剩下的都是难啃的硬骨头。”改革步入“深水区”后，往往出现“议而难决、决而难行、行而难破”等政策“肠梗阻”问题。

不重视问题，不可能解决问题。党中央、国务院审时度势，出台《意见》，将审计工作提到一个新的高度。

完善审计工作机制，有力保障审计工作的开展

审计监督难在我国还是一个比较突出的问题，一些被审计对象依法接受审计意识欠缺，拒绝提供审计必需的资料，甚至恶意销毁证据或提供伪证，有的协查单位保密意识不足，将审计调查事项泄露给有关单位和个人，甚至存在威胁恐吓审计人员的情况等。

国家审计作为国家治理的重要组成部分，是权力监督与制约机制中的重要工具，这一性质决定了其在政府治理中的重要地位。如果国家审计不能顺利开展，将对国家和人民财产造成重大损失。《意见》针对这些问题，进一步明确了有关地方、部门和单位支持配合审计工作的责任。提出凡是涉及管理、分配、使用公共资金、国有资产、国有资源的部门、单位和个人，都要自觉接受审计、配合审计；有关部门、金融机构和国有企事业单位应根据审计工作的需要，依法向审计机关提供完整准确真实的电子数据；有关部门对审计机关提请协助和移送的事项，要积极予以协助和支持，并及时反馈。

这些规定将大力促进完善审计工作机制，有力保障审计工作的开展。

强化审计监督作用，推动国家科学治理

2008年7月14日举行的联合国经济与社会理事会的圆桌会议上，最高审计机关国际组织秘书长Moser指出，国家审计是良好国家治理的关键要素，国家审计是通过公正和客观地评价政府是否负责和有效地管理公共资源并实现既定目标，从而帮助政府组织实现责任、改善管理，以增强公民和利益相关者对政府的信心。刘家义审计长在中国审计学会第三次理事会论坛上指出，国家审计的产生和发展源于国家治理的需要，其本质是国家治理这个大系统中的一个内生的具有预防、揭示和抵御功能的“免疫系统”，是国家治理的重要组成部分。

国家审计是国民经济运行的安全卫士，是政府和人民群众的眼睛。审计作为国家以宪法和法律形式明确的制度安排，通过履行法定职责，促进规范权力的配置和运行，发挥权力运行“紧箍咒”的作用。习近平总书记多次强调，把权力关进制度的笼子里，加强审计工作特别是对重要领域、重大项目、重点资金的审计监督尤为重要。

依照我国宪法、审计法和其他相关法律的规定，第一，国家审计机关对所有管理和使用国有资金、资产和资源的单位、项目和事项进行审计，着力监督检查会计信息的真实性、合法性和完整性，确保以财政财务收支和相关经济活动为主要载体的权力运行受到监督和控制，符合国家的法律和规范，切实维护财经秩序；第二，通过对地方各级党委、政府、审判机关、检察机关，中央和地方各级党政部门、事业单位和人民团体等单位的主要领导干部，以及国有和国有控股企业的法定代表人进行经济责任审计，规范权力的配置和运行，确保有权必有责、用权受监督，促进领导干部守法守纪守规尽责、依法行政、依法办事；第三，国家审计监督覆盖所有公共资金和机构，能够及时和有效地揭露违法犯罪案件线索，监督领域涉及经济社会运转的各个环节，最有条件发现国家资金、资产或资源被侵害。

《意见》的出台，将进一步强化审计监督作用，对推动国家科学治理做出重要贡献。

狠抓审计问题的整改落实，创人民满意政府

根据审计法、政府信息公开条例、国家审计准则和相关规定，依法实施审计和公告审计结果是审计机关的责任，对审计发现的问题进行整改和依法公告整改结果是被审计单位的责任。另外，国家相关主管部门负有协助落实相关审计建议和意见并将落实情况报告审计机关的责任和义务。但是，一些地方和单位对审计披露的问题整改工作不重视，问题整改不彻底或者干脆不落实，错误不纠正甚至继续犯错误，特别是涉及改善民生和生态文明建设等人民群众切身利益的项目和资金，若不能整改彻底，将对国家执政威信造成重大破坏，人民满意度和信任度将被降低，这将对我党的执政基础造成重大影响。

《意见》的出台，进一步明确了有关单位整改审计查出的问题和运用审计成果的责任，将有利促进党委政府的执政威信和执政能力的提升。

建立审计铁军，夯实审计基础

在审计署党组领导下，审计系统基本形成了一支作风正、业务精的审计铁军，但面临深化改革和制度反腐的艰巨复杂任务，审计的力量开始略显单薄。建立一支审计铁军，对夯实审计基础意义重大。《意见》的出台，对于审计队伍的专业化建设和增强审计力量将会发挥极大的推动作用。

总之，《意见》的出台，对我国审计机关长年积累的不利于审计工作开展的障碍将给予有力清除。责任大、任务重，审计部门应以此为契机，将审计工作推向更高一层楼，为创建科学化国家治理机制做好守护者。

（撰稿人：全国工商联办公厅副巡视员、副研究员　姜建静）

审计署工作概况

审计署党组成员·署领导

党组书记：刘家义
党组副书记：董大胜（—8月）
党组成员：余效明（—8月）
孙宝厚
陈　蕾
李勇库（—3月）
陈尘肇
张　通（3月—）
袁　野（3月—）
李晓钟（8月—）
刘正均（12月—）

审计长：刘家义
副审计长：董大胜（—9月）
余效明（—9月）
石爱中
孙宝厚（3月—）
陈尘肇（9月—）
袁　野（9月—）
总审计师：孙宝厚（—3月）
陈尘肇（3月—9月）
李晓钟（9月—）
中央纪委驻审计署纪检组组长：陈　蕾
中央经济责任审计工作联席会议办公室主任：
李勇库（—3月）
张　通（3月—）

审计署机关

【审计工作简述】　2014年，全国审计机关紧紧围绕党和国家工作中心，依法履行审计监督职责，扎实推进各项基础建设，取得了较好成绩。一年来，主要完成了以下工作：

围绕党和国家的新要求，谋划审计工作长远发展　党中央、国务院高度重视审计工作，党的十八届三中、四中全会从全面深化改革、全面推进依法治国的高度，对新形势下加强审计监督、完善审计制度、保障依法独立行使审计监督权提出了明确要求；《国务院关于加强审计工作的意见》对强化审计的保障和监督作用、健全审计工作的保障机制做出了具体规定。全国审计机关认真学习贯彻中央精神，深入研究审计的定位和职能，努力转化为工作目标和思路。进一步明确审计工作的总体要求，提出围绕“反腐、改革、法治、发展”，始终坚持两手抓，加大审计力度，积极发挥国家利益捍卫者、公共资金守护者、权力运行“紧箍咒”、反腐败“利剑”和深化改革“催化剂”的作用。积极探索审计监督全覆盖的措施和途径，明确要实现“有深度、有重点、有步骤、有成效”的全覆盖，改进审计方式，不断提高审计质量和水平。积极探索完善审计工作管理机制，强化上级审计机关对下级审计机关的领导，组织对地方各级审计机关队伍建设情况进行调研，研究省以下地方审计机关人财物统一管理和审计职业化建设，努力推进全国审计“一盘棋”。

依法履职尽责，积极有效发挥审计作用　2014年，全国共审计13万多个单位，提交审计报告和信息25万多篇，促进增收节支和挽回损失4000多亿元，移送违法违纪案件线索3800多件，同时还协助有关部门查处了一批重特大腐败案件；推动将审计发现问题纳入相关部门和地方教育实践活动整改内容，促进建立健全制度3400多项。一是对中央重大决策部署贯彻落实情况进行跟踪审计，促进政令畅通。围绕促进经济平稳健康运行，制定《关于切实发挥审计监督作用促进经济平稳健康运行的若干意见》，组织对稳增长促改革调结构惠民生防风险政策贯彻落实情况的跟踪审计。二是加强对财政管理和预算执行情况的审计，推动财政提质增效。深化预算执行和决算（草案）审计，持续关注政府预算体系和结构、专项转移支付清理整合、存量资金盘活、财政管理绩效等问题，推动完善相关制度机制。围绕贯彻中央八项规定精神和国务院“约法三章”要求，制定加强公务支出和公款消费审计、加强对奢华浪费建设审计、加强公务用车制度改革审计等意见，加大专项审计力度。三是加大对经济社会运行中风险隐患的揭示力度，维护国家经济安全。在财政、金融、企业、资源环境和民生等审计中，注重揭示苗头性、倾向性问题，及时提出防范和化解风险的建议，并对政府性债务和重点商业银行信贷投放情况进行跟踪审计。四是加强对重点民生资金和民生项目的审计，切实维护人民群众根本利益。对保障性安居工程、农林水事务、彩票、教育、医疗等资金和项目进行审计，高度关注“小官贪腐”等发生在群众身边的违法违纪问题，及时纠正侵害群众利益问题。五是加强资源环境审计，促进生态文明建设。按照国务院部署，组织全国审计机关对土地出让收支和耕地保护情况进行审计。对矿产资源、草原、林地、水资源等进行专项审计，积极探索领导干部自然资源资产离任审计。六是加强经济责任审计，促进领导干部更好履职尽责。颁布实施《党政主要领导干部和国有企业领导人员经济责任审计实施细则》，全国共审计领导干部 3.1 万多人，查出相关领导干部负有直接责任的问题金额 2100 多亿元，有 400 多人被移送司法、纪检监察机关处理，促进健全责任追究和问责机制。

坚持创新驱动，努力提高审计工作效率 全国审计机关立足实践需要，与时俱进创新审计方式方法。一是创新组织方式。全国土地出让收支和耕地保护情况审计中，在总结以往大项目审计多兵种、大兵团作战经验的基础上，探索统筹调配人员、统一编组、扁平化管理的新型组织方式；在一些行业性或区域性项目审计中，积极整合各专业、各层级审计资源，大大增强审计的整体性和宏观性。二是创新技术方法。加大数据集中和分析力度，积极探索审计运用大数据技术的途径，构建国家审计数据中心，推广“总体分析、系统研究、发现疑点、分散核实”的数字化审计方式，精确定位、精准发力，有效提高了审计质量和效率。三是创新审计理论。加强对审计发展规律的总结和提炼，深入开展对中国特色社会主义审计发展历程、审计理论、审计制度等方面研究，对审计本质、功能定位和职能作用的认识不断深化。

从严管理审计队伍，坚定不移打造审计铁军 坚持以品德为核心、作风为基础、能力为重点、业绩为导向，加强干部队伍建设。一是深入开展党的群众路线教育实践活动。坚持上下结合，市县审计机关扎实开展第二批教育实践活动；审计署和各省级审计机关在抓好第一批活动整改及成果巩固的基础上，结合对市县审计机关教育实践活动的指导，积极听取意见和建议，进一步完善相关措施。二是坚决落实党风廉政建设主体责任。各级审计机关党组制定了落实党风廉政建设主体责任的具体措施，严肃政治纪律、组织纪律、廉政纪律、保密纪律、财经纪律、工作纪律，加强管理、健全制度。三是加强审计机关领导班子建设。根据形势变化和发展要求，对审计机关领导班子建设进行专题研究，提出加强审计署领导班子思想、组织、纪律、作风、能力建设要求，改进选拔任用和考核激励机制。积极与地方党委、政府沟通，研究共同做好干部推荐和考察等工作，地方审计机关领导班子结构不断优化。四是加强干部教育培训。审计署共举办培训班 57 期、培训 4300 多人次，注重运用案例教学、模拟实验室、送教上门等方式，不断提高培训的针对性和实效性。采取不同层级审计机关干部交流挂职、全国性审计项目混合编组等方式，加强对干部的实战培训。各地也都加大了培训力度。

（撰稿人：高 瞻）

【办公厅】 2014 年，办公厅人员编制 65 人，在编 57 人。设有办公室、审计长办公室、督查处、计划统计处、财务一处、财务二处、秘书处、保密办公室、新闻处、档案处、举报中心办公室。

领导成员

主 任：陈尘肇（—3 月，兼）
李晓钟（5 月—9 月）
徐吉明（9 月—）

副 主 任：郭彩云（—9月，兼）
　　　　　丁德明（—9月）
　　　　　和　杰（9月—）
　　　　　文华宜（4月—）
副巡视员：许荣荣（9月—）

工作综述　办公厅在署党组的正确领导下，按照审计长刘家义关于“三高、二严、一规范”“养成好习惯，促进提升工作质量和效率”的指示和副审计长陈尘肇“讲认真、强管理、守纪律”“抓落实”的要求，切实贯彻中央八项规定，认真抓好教育实践活动整改工作，努力提升工作质量和效率，较好地完成了各项工作任务。

抓好理论学习，保障政治思想统一　传达学习党的十八大以来重要会议精神及习近平总书记一系列重要讲话精神，采用多种形式学习贯彻《国务院关于加强审计工作的意见》和全国审计工作会议精神。其中组织撰写的学习论文获中央国家机关工委“习近平总书记系列重要讲话精神学习成果展示活动”一等奖。

抓好统筹谋划，保障工作部署到位　为贯彻落实党中央、国务院重大决策部署，办公厅针对审计署30多个重点专题，开展谋划调研，积极与中央部门及相关媒体沟通协调，研究宣传引导的方案，组织署内外媒体及时发布和解读审计相关工作，提高了贯彻落实的自觉性、主动性和时效性。

切实增强建言献策科学性。一是加强审计立项研究，分专题撰写立项研究报告。向全国人大办公厅、全国政协办公厅、国务院发展研究中心、国家发展改革委、财政部、国务院法制办等16个部门征求审计项目计划意见，得到各部门充分肯定。二是优化2015年度审计项目计划，对审计项目计划执行实行全跟踪，共编发计划、统计简报24期，加强《工作要报》编发和统计分析工作，增强工作的科学性和真实性。三是加大文稿复核分析总结力度，及时提出意见建议。对全署2700多份文稿复核情况进行分析归纳并予以通报，提出改进建议；分析中央部门预算执行和其他财政收支情况以及决算（草案）审计项目的审计报告、审计决定等业务文书并向有关司局反馈情况；组织全国审计机关对OA（审计管理系统）系统电子文件管理情况进行调查研究。

对逾期未办结的重要事项、无明确完成时限重要事项、督查审计结果类文书反映问题整改落实情况、督查阶段性工作等调研中发现的问题未雨绸缪，研究分析并提出意见建议，供署领导决策参考。

抓好大事要事，保障重点工作落实　扎实完成各项重大任务保障工作，牵头承担李克强总理接见全国审计机关先进集体代表和先进工作者活动、全国审计工作会议、新中国成立65周年庆祝活动等重大会议和活动的筹备与服务保障工作，全年共组织承办署党组会议、审计长会议、审计业务会议等会议80次。

切实完成各项重要督办事项。向中办、国办督查室汇总上报中央八项规定贯彻落实情况，督促做好中央领导批示件办理工作及政府工作报告具体任务进展情况；做好2013年党中央、国务院批办、交办事项，署党组会议、审计长会议等重要会议议定事项，及署领导批办、交办事项和全署工作要点、党建工作要点、“查找不足、整改提高”专项活动整改措施及责任分工以及群众路线教育实践活动整改方案等793项重要工作任务梳理登记、核实、办理、报告等工作，督促相关业务司报送108份审计决定和决算草案审签意见书反映问题的整改落实情况。

支持审计署重大审计项目的组织实施。抽调人员参加全国土地审计项目、附表编制、全国培训项目、全国审计报告汇总、各省审计报告审核等工作；同时配合相关业务司，做好财政存量资金、稳增长及福利彩票资金等项目的政策跟踪审计、人力调配、经费申请和审计计划等工作。

筑牢审计保密根基。保密工作实现保密教育人员、保密制度、保密检查、保密责任四个全覆盖。积极推动保密教育进党组中心组以及领导干部讲保密党课活动；将保密知识列为各项培训必学内容，并举办保密专题培训班；制定16项保密制度和措施，对署机关各单位、各派出审计局的1435台计算机进行全面检查，组织开展10多次专项检查，及时发现问题，狠抓整改；完善保密工作责任追究机制，把保密责任贯彻到位、落实到人，并将履行保密工作责任制的情况纳入单位和个人考核评价体系。

抓好效率效能，保障工作运转顺畅　优化升级计划统计软件，组织完成督查信息系统的研制与开发工作，增加督查工作信息化处理功能，实现对重要事项督查全过程跟踪管理；研发审计项目成本管理系统；建立自媒体新闻发布平台，完成门户网的升级改版工作，开通审计政务微信。

加强“三公”经费和会费的使用管理，积极推进署系统预算绩效管理，将“审计外勤经费”“审计干部业务培训”等多个项目纳入绩效考评，调整完善绩效评价指标，编制并发布审计署2013年度绩效报告。

全年共检查接收审计档案7851卷，文书档案4074件，党中央、国务院文件资料689件；接收审计内网电子文件2329件，审计专网电子文件7876件；组织开展档案数字化工作，共扫描审计档案2510卷、文书档案5555件，共计327348页；调整绝密级文件管理权限、范围和流程，安排专人负责绝密级文件的收发、流转、呈送和保管。全年共处理各类文件、信函7.5万多件；收发署领导文件2.4万余份；整理党中央、国务院领导同志对审计工作的重要批示复印件198份。

组织自主新闻发布会和吹风会22次，接受署外媒体采访68次，发布审计结果公告23期，通过门户网发稿近1万条，中国政府网、人民网等微信发稿120条，开展网络直播活动10次，录制广播电视专题节目30多期，共组织在线访谈、专家解读62次，刊发宣传稿件3千多篇（次），编发舆情与宣传动态47期、舆情要报150余期。全年共受理依申请公开事项82例，较2013年增长近70%。全年共处理群众来信3000余封、审计长电子信箱举报信件1500余封，办理信访举报件8507件。

抓好制度建设，保障工作有序开展 不断健全完善协作机制。与中央纪委共同构建中央巡视工作和案件查办工作协调配合机制；完善人大代表建议和政协委员提案办理机制；完善舆论引导和舆情处置应急机制，对重大新闻发布进行舆情风险评估，制订并实施信息发布、解读回应、舆论引导、应急处置整体方案；建立定期排查化解矛盾纠纷和信访积案的长效机制，与署内有关职能部门各负其责，在春节和“两会”、国庆、十八届四中全会、APCE会议期间，组织18个特派办进行矛盾排查化解工作。

制定《审计署督查工作规定》《审计署督查工作流程》《审计署关于进一步加强和改进审计项目计划管理的意见》《审计署办公厅关于进一步规范审计专项补助经费管理使用的通知》；研究起草署机关会议费管理办法、公务接待管理办法、公务卡强制结算等制度规定；起草《审计署机关群众来访应急管理办法》《审计署信访举报工作规则》；修订《审计机关行政公文处理办法》《审计署机关档案资料借阅管理办法》《审计署声像档案管理暂行办法》、审计署政府信息公开管理规定和信息公开操作指南等规章制度。

（撰稿人：吴正恩　罗鑫鑫）

【政策研究室】 2014年10月，经中编办批复同意，政策研究室由办公厅内设处室变更为独立司局。政策研究室（以下简称政研室）人员编制19人，在编13人。设有一处、二处、三处、四处。负责组织对审计工作相关重要问题进行调查研究，提出对策建议；组织对审计工作全局性、战略性、前瞻性问题进行理论研究；承担署党组、审计署重要政策措施、全局性工作部署等重要文稿的起草；牵头起草审计结果报告、审计工作报告，参与重要审计报告的起草；承担审计信息、审计结果公告的审核工作；组织对审计成果进行整理研究和综合利用；承办审计署交办的其他事项。

领导成员

主　　任：郭彩云

副 主 任：尚　锐

工作综述 加强政治理论和专业知识学习。积极参加审计署集中学习，把支部集中学习与个人自学相结合，认真学习中国共产党章程、党的十八大以及十八届三中、四中全会和习近平总书记系列重要讲话精神，学习中央方针政策和署党组重大决策部署，深刻领会党的路线、方针、政策，自觉把思想和行动统一到党中央的决策部署上来。全年有7人次参加中青年领导干部、部门预算、计算机中级等在职培训和专门业务培训。集中购买政治理论和经济等专业书籍，供学习研读，努力提高思想政治水平和业务理论素质。

加强党组织建设。在办公厅党总支的领导下，全室党员干部积极参加党内生活和各项活动，较好地完成了各项工作。12月30日，新的政研室党支部成立，选举产生支部委员，健全党支部活动制度，初步建立运行机制。在党员评议过程中，全室党员干部认为新的党支部组织健全、选举的委员认真负责，有了良好的开端，希望按照机关党委的要求，加强党组织建设，严格党内生活，更好地发挥党支部的战斗堡垒作用。

加强党风廉政建设。严格遵守党的政治纪律和政治规矩、组织纪律、廉政纪律和保密纪律，认真贯彻落实署党组《关于贯彻中央政治局改进工作作风密切联系群众八项规定的实施意见》。按照署党风廉政建设领导小组要求，以加强机关内部管理为重点，在涉及信息、办文办会等权力运行的各个节点及所涉及岗位，认真查找权力行使、业务流程、制度机制和思想道德等方面存在的廉政风险，严格落实党风廉政建设主体责任。

巩固党的群众路线教育实践活动成果。在党的群众路线教育实践活动中，广泛听取各方面意见，在深入查找问题、分析原因的基础上，研究制定了14条整改措施，均已整改完毕。研究制定《审计署办公厅关于进一步精简文件简报的通知》《审计署若干审计信息管理办法》等，进一步理顺信息工作流程，明确责任，推动审计信息综合管理的制度化、规范化。3月，推行岗位责任制，制定每月工作任务落实情况表并严格执行。

承担的各项任务　全年共起草、修改和整理重要文稿400多篇，编发各类信息400多篇。

加强理论研究，努力深化对重大规律的认识。按照署党组的部署和领导要求，切实加强理论研究和理念创新，强化理论对实践的引领作用。一是贯彻领导意图，深入挖掘精髓。在重大文稿的起草中，更加注重贯彻党中央、国务院各项精神，更加注重落实领导指示要求，更加注重反映真实客观情形。研究起草全国审计工作会议、党风廉政工作会、署党组民主生活会、审计学会换届、南太平洋审计长研讨会、海峡两岸理论交流会等一系列重大会议的相关材料，着重对如何在审计领域更好地贯彻落实十八届三中、四中全会精神和《国务院关于加强审计工作的意见》的要求，努力实现审计全覆盖等一系列重大问题进行深入挖掘研究，为领导决策提供参考。二是紧扣时代主题，追踪发展热点。针对经济增速放缓的情形，按照领导要求，研究促进经济平稳运行的12条建议，起草《关于切实发挥审计监督作用促进经济平稳健康运行的若干意见》。根据领导指示，对十八大以来审计机关所处的新时代、面临的新挑战、肩负的新使命进行深入系统研究，形成相应的理论研究文稿。针对加强审计宣传工作的要求，在“两个报告”、全国审计工作会议等重大事项中，组织撰写多篇系列评论员文章，积极回应社会关切。三是领会精神实质，总结发展规律。按照领导要求，对国家审计在国家治理中的定位和作用进行深入研究，重点研究国家审计如何在国家治理中发挥基石和重要保障作用，为领导提供重要参考。同时，加强审计理论研究，完成《中国特色社会主义审计理论研究》的修订工作，积极参与《中国特色社会主义审计制度研究》书稿撰写等相关工作。

加强系统谋划，努力推动重大工作部署的落实。围绕审计中心工作，紧扣署党组重大决策部署，着力加强谋划，注重引领，推动落实。按照署党组要求，在认真学习党的十八届四中全会精神和《国务院关于加强审计工作的意见》要求的基础上，牵头制定贯彻落实的33条具体意见；组织制定审计署年度工作要点，对署上报党中央和国务院的重要审计报告和其他材料做好审核把关，确保署党组各项工作部署落到实处。按照署领导要求，结合学习党的十八届四中全会、中央经济工作会议、中央纪委三次全会及习近平总书记系列重要讲话精神，及时向中央报送审计相关贯彻措施。结合中央关于履行主体责任、推进公车改革等要求，起草完成相关汇报材料、落实意见等文稿。同时，加强对全国审计机关调研工作的统筹组织，下发调研通知、提纲，汇编调研报告等。深挖各单位上报材料的亮点和创新点，保质保量完成《审计工作通讯》的编辑工作，全年共编辑《审计工作通讯》14期。

加强信息综合，努力提高审计成果利用水平。在审计信息编发方面，始终坚持反映重大违法违纪问题与反映重大体制机制漏洞并重，全年共编发审计要情107篇、重要信息要目64篇、审计长信函和批转函98篇、信息转送函102篇、专报简报等6篇，撰写专题报告和综合报告10余篇，公告审计结果23期。加大审计成果综合分析力度，在反映审计发现重大违法违纪问题的基础上，配合有关业务司，对近几年审计成果加强梳理和分析，深入揭示重点领域违法犯罪案件的典型特征、主要操作手法、权力监督制约薄弱环节、制度及管理上的漏洞等，为扎紧反腐败的制度笼子提供决策参考信息。针对审计发现的典型性、倾向性问题，从建立健全国有企业现代企业制度，加强债券市场及其衍生的结构化理财产品管理和规范，强化财政专项资金管理和政府性债务管控，完善中央部门社团组织管理等方面，提出深化改革、完善制度的建议。加大制度建设力度，研究制定《审计署若干审计信息管理办法》，对各类审计信息反映内容、编发标准、办理流程、质量要求等做出详细清晰的规范。制定《审计发现案件线索处置方式》，推动审计发现重大违法违规问题的有序办理，初步建立案件移交、情况交流、资料借阅、人员配合以及案情反馈等方面协作机制。

加强组织协调，注重周密安排，全力以赴，确保重点任务完成及效果。按时保质完成“两个报告”相关工作。在材料收集过程中，由专人负责对各类审计情况进行归纳、总结和整理，提高工作效率，确保保密要求；在撰写过程中，按照财政审计大格局的架构，改进报告写法，提高报告总体的条理性和系统性；报告完成后，加强与相关部门和单位的沟通协调，及时了解各方意见和建议，加强相关解读和引导工作；审计工作报告公布后，督促各业务司局跟踪相关单位整改情况，及时汇总上报。做好专题事项服务，对土地审计、中央预算执行审计、群众路线教育实践活动等重要事项，抽调精干力量，在组织协调、报告审核修改和经验总结等方面提供服务。及时回复相关来函。认真筹备中央改革办、中央编办、中办法规局、解放军审计署、社科院廉政中心等单位来署调研事项，及时起草相关调研材料；紧密结合审计工作实际，按时保质回复中央重大事项及其他部门征求意见的来函。

队伍建设　以实战锻炼队伍。一方面，鼓励“新人”参与重大文稿的起草，并由始至终个人负责到底，促使他们在实战中了解政研工作、提升综合能力；另一方面，严格审核把关，做好“传帮带”，言传与身教并举，让有素质有能力的年轻干部能够尽快成长，脱颖而出。同时，鼓励非业务型干部积极参与审计项目，尽快熟悉业务工作，增强对政研工作的适应性。

以制度塑造队伍。完善文稿讨论机制，重大文稿起草前参与起草人员分别拿出提纲，共同讨论完善，集思广益形成初步意见，既达到锻炼队伍的目的，又能发挥个人的主观能动性。实行文稿起草项目管理制，将文稿作为一个项目，明确时限，责任到人，负责到底。坚持不定期召开政研室业务会议、工作讨论会等，对各项工作进行阶段性总结与交流，对重大问题进行民主讨论、集体研究，充分激发干部积极性和创造性。

以感情凝聚队伍。加强思想政治工作，开展谈心谈话，及时了解干部思想状况，并给予针对性的疏导和帮助。鼓励积极参与署机关组织的各项活动，增进沟通和理解，努力提升队伍凝聚力。

保密工作　政研室工作中接触涉密信息多，保密要求高，始终将保密工作作为重中之重，时刻绷紧保密这根弦。

采取多种方式开展保密教育，逢会必讲保密，积极营造“时时有保密提醒、事事有保密要求”和“人人讲保密、处处防泄密”的良好氛围，要求做到不能看的坚决不看、不该打听的坚决不打听、不该说的坚决不说。日常工作中，结合当下出现的各种失泄密案例，随时提醒，在每个办公室都张贴《审计人员保密守则》《互联网计算机安全保密提示》，确保保密规则入眼、保密意识入心。

各办公室增加配置保密柜，严格按要求存放保密文件。指定专职保密员，负责本部门日常保密宣传、管理和自查等工作；定期、不定期开展保密制度执行情况检查，加强对互联网、审计专网和涉密网管理使用监督，严防违规处理、存储涉密信息；加强审计信息日常保密管理，认真做好涉密文件签收、登记、保管、销毁的全过程管控；改进和优化审计信息办理流程，主动承担审计信息制发、分送等工作，在提高效率的同时，进一步缩减涉密信息接触范围，提高保密成效。

信息化建设　积极推动无纸化办公，政研室内部文件流转、工作任务交办、组织实施、成果上交和内部管理等方面基本实现信息化和无纸化。大力推进审计信息办理OA（审计管理系统）模块开发工作，4月按期组织开发完成基于OA办公系统的审计信息管理模块，待模块运行稳定成熟后向各单位推广。进一步完善信息管理桌面办公软件，推进审计信息印制自动化，简化信息办理流程。筹备政研室网页设计和上线运行工作。

（撰稿人：闫　严）

【法规司】　2014年，法规司人员编制28人，在编28人。设有法规准则处、审理一处、审理二处、审理三处、检查指导处、法律事务处。

领导成员

司　　长：胡家俊（—3月）
　　　　　刘正均（4月—）
副 司 长：孙秀春　季怀银（12月—）
　　　　　丁　峰（3月—）
正司级审计员：张曼曼（—4月）
　　　　　　　白冰冰（9月—）
副司级审计员：白冰冰（—9月）
　　　　　　　庞淑芬（10月—）
　　　　　　　程　军（12月—）

工作综述　法规司在署党组和分管署领导的正确领导下，在全体同志的共同努力下，以科学审计理念为指导，紧紧围绕审计中心工作，切实转变作风，积极开拓创新，进一步加强审计立法工作，强化审计质量控制，深入开展普法依法治理工作，较好地完成了各项任务，为推进依法审计、提高审计质量、促进发挥审计在国家治理中的基石和重要保障作用提供了法治支撑。

审计立法　加强审计规章制度制定工作，为审计工作科学发展提供制度保障。2014年，法规司聚焦审计实践需求，统筹建章立制计划，相继出台《审计组若干重要事项操作指引（试行）》《审计署审计现场保密管理试行办法》《审计署审计现场突发事件处置办法》等办法。组织对有关部门制定的限制向审计机关提供资料和开放计算机信息系统查询权限的规定进行梳理。对梳理出的包含有限制性规定的文件，以审计署办公厅的名义向其制定机关发函，请其修订或废止有关规定，依法配合审计机关做好查询及相关工作。积极参与国家重要立法工作。法规司在业务司局配合下，积极参与国家重要立法工作，根据审计发现的问题提出合理、有效、可操作的立法意见和建议，促进提高相关法律、行政法规的立法质量，为健全中国特色社会主义法律体系做出了应有的贡献。2014年共完成《政府投资条例（草案）》《社会救助暂行办法（征求意见稿）》《不动产登记暂行条例（征求意见稿）》等重要立法协调事项40多件次。此外，还办理人大议案1件、人大建议3件和政协提案1件。

项目复核审理及案件线索会商　加强审理工作制度建设，制定《法规司审理审核工作流程和岗位职责》和《法规司审理审核工作保密办法》等制度规范，提高审理工作规范化水平。注重实质性问题的审理审核，重点关注被审计单位有异议的问题和业务司提起关注的问题，严格区分法规司、业务司和审计组质量控制责任，推动建立责任明确、分工负责的审计质量控制机制。关注同类问题处理处罚的一致性，确保同类问题定性处理处罚一致。关注重大风险环节，重点关注以审计报告征求意见稿为基础形成审计报告代拟稿的环节、以审计报告代拟稿为基础形成审计决定的环节、以审计报告代拟稿为基础形成审计结果公告的环节等三个重点环节，确保该反映的事项得到反映、该处理处罚的事项得到依法处理处罚和该公告的事项得到公告。探索创新大项目审理方式，采取审理环节前置、复核审理同步开展的做法，与相关司局密切协作，充分整合资源，大大缩短质量控制链条。2014年，法规司共审理审计报告、审计决定书194份，审核审计要情、审计长批转函、审计移送处理书514份，会商案件线索125件，出具审理审核意见书638份，起草《案件会商纪要》18期。

质量管理　法规司对4个省级审计机关、8个市级审计机关和10个县级审计机关开展审计业务质量检查，重点检查投资审计和审计执法情况。通过深化检查内容、创新检查方式和严格检查要求，发现地方审计机关在审计业务质量方面存在的一系列突出问题，深入分析原因，研究提出改进意见和建议。在此基础上，草拟审计项目业务质量检查情况通报，印发各省、自治区、直辖市和计划单列市、新疆生产建设兵团审计厅（局）。审计项目业务质量检查工作在提高地方审计机关审计项目质量，促进其依法行政方面的作用更加突出，得到署领导的充分肯定。

优秀项目评选 加强改进优秀审计项目评选工作。修改完善地方优秀审计项目评分标准。根据2013年评选情况，结合地方审计工作特点，对地方审计机关优秀审计项目评分标准进行修订，确定省、市、县三级分别评选的方式，从促进增收节支、揭露案件线索等6个方面进行评分，充分发挥评选的导向作用。做好上年度优秀审计项目点评总结工作。组织撰写对11个2013年审计署优秀审计项目的点评，并以审计情况通报的形式在署内网上发布，充分发挥项目点评的宣传示范作用。开展2014年优秀审计项目评选工作。通过创新组织管理、细化操作流程、提高工作效率、增强评审独立性和保密性等方式，对署机关业务司、派出机构和地方审计机关选送的130个审计项目进行评选。评选出署机关业务司、派出机构实施的10个优秀审计项目和20个表彰审计项目，地方审计机关实施的15个优秀审计项目和30个表彰审计项目。

普法宣传 起草《2014年审计机关普法工作要点》《2014年审计署普法工作细化责任分工方案》《2014年法制宣传教育工作要点》，转发《全国“六五”普法规划实施情况中期总结》等文件，组织开展“12·4”国家宪法日主题宣传活动，向全国普法办报送“六五”普法典型经验材料。邀请刑法学知名专家为署机关、派出局有关同志进行刑法知识培训，并向参加培训同志赠送教材。编发3期《审计法治工作动态》，宣传推介各地各单位审计法治工作和审计质量控制工作的好经验好做法。

相关工作 加快审计法规向导和案件线索查处技巧的开发进度。在总结审理审核和移送案件线索经验的基础上，认真编纂《审计常用定性表述及适用法规向导》和《案件线索查处技巧》，促进提高审计人员依法审计的能力。法规司完成财政和资源环境专业领域审计法规向导的编印工作，并对预算执行法规向导的有关内容进行修订。组织编写《案件线索查处技巧》案例篇和实务篇。持续推进审计指南体系构建工作。法规司及时跟踪各审计指南开发进度，严格对牵头单位提交的审计指南进行合规性审核，精心组织国家审计指南专家委员会会议对审计指南进行审议，积极推进审计指南的开发工作。法规司完成对《财政部门具体组织本级预算执行情况审计指南》和《政府投资项目跟踪审计指南》的合规性审核。组织召开国家审计指南专家委员会会议，对《财政部门具体组织本级预算执行情况审计指南》进行审议。配合做好社会审计机构审计报告核查相关工作。法规司参与研究2013年社会审计机构审计报告核查结果公告的事宜，并协助修改完善《关于2014年社会审计机构审计报告质量核查的指导意见》。完成行政复议、应诉、政府信息公开答复审核、信访等工作。办理行政复议案件8件、政府信息公开答复审核74件次，直接或配合办理信访事项10件。完成专项协调工作。起草《审计署办公厅关于打击发票违法犯罪活动工作开展情况的函》以及第六次会议参会材料、《审计署办公厅关于报送2013年度整顿和规范市场经济秩序工作总结及下一步工作计划的函》。参与完成对派出局和特派办的年度考核评分等工作。

（撰稿人：赵军卫）

【电子数据审计司】 2014年8月，依据中央编办有关批复，审计署成立电子数据审计司。电子数据审计司人员编制25人，在编9人。设有一处、二处、三处、四处、五处。其主要职责是：负责审计业务电子数据的归口管理；组织开展审计业务电子数据的采集、验收和整理工作；组织开展跨行业、跨部门、跨地区的数据分析工作，对电子数据进行综合分析和利用；协助各单位开展相关数据分析工作；组织审计政府和国有企业电子政务工程和信息化项目以及信息系统；开展相关专项审计调查；督促被审计单位整改；承担审计署信息化建设工作；对计算机技术中心进行业务指导；指导地方审计机关电子数据审计业务；承办审计署交办的其他事项。

领导成员

司　长：刘　星

（撰稿人：欧阳菁菁）

【财政审计司】 2014年1月至9月，财政审计司（以下简称财政司）人员编制24人，在编21人。设有一处、二处、三处、四处。10月，根据中央编办批复，审计署机关机构设置调整，财政司人员编制26人，在编23人。设有一处、二处、三处、四处、五处。

领导成员

司　　长：袁　野（—9月）
　　　　　郝书辰（9月—）
副 司 长：马晓方（—9月）　胥连碧
　　　　　常　利（9月—）
　　　　　竺向东（—1月）
副司级审计员：路秀丽

审计成果　财政司共组织完成9个审计项目，分别是：财政部具体组织2013年中央预算执行情况和编制决算草案情况审计、发展改革委组织分配2013年中央预算内投资审计、9个省地方财政收支审计、9个省及所属18个县农林水事务专项资金审计、政府性债务跟踪审计、3个省（市）长经济责任审计、部分中央部门和地方财政存量资金审计、稳增长促改革调结构惠民生防风险政策措施落实情况跟踪审计、中央专项转移支付清理整合情况专项审计调查。工作中，紧紧围绕“反腐、改革、发展”履行职责，将中央预算执行和重大政策措施贯彻落实情况作为重点审计内容，站在国家治理的高度谋划工作，改进审计组织方式，加强审计过程管理，努力提升审计效果，完成各项工作任务，积极推动完善国家治理。

预算执行审计　主要审计中央财政预算执行和决算草案总体情况，并与库款收缴、资金拨付情况进行核对，重点揭示7个方面的问题：

决算草案编报内容不够清晰。决算草案反映的支出功能分类科目中，有些科目又是按资金来源或分配使用单位设置的，导致同类工作或支出事项分散在不同科目列报，同一科目又列报不同类工作或支出事项。如公共财政用于公路建设的相关支出分散在“21401公路水路运输”和“2140601车辆购置税用于公路等基础设施建设支出”科目列报；在“213农林水事务”科目列报的个别单位基本支出和项目支出中，实际包含教育、社会保障等非农林水事务支出。此外，决算草案目前仅按功能分类科目情况列报，财政部应进一步研究同时按经济性质分类编制中央决算。

公共财政预算、政府性基金预算和国有资本经营预算界定不清晰。一是收入归属不够明确，如将有公共财政预算性质的船舶港务费纳入政府性基金预算管理，2013年收入44.36亿元、支出43.92亿元。二是对同一项目或企业通过不同渠道交叉安排支出，如对全国第十二届运动会办赛经费、大中型水库移民后期扶持等4个项目，公共财政预算和政府性基金预算分别安排专项资金44.89亿元、114.22亿元；对13户中央企业，公共财政预算安排产业技术研究与开发资金1.32亿元，国有资本经营预算又安排同类的产业升级与发展支出34.55亿元。

国有资本经营预算范围不完整。至2012年底，中央部门和单位全资或控股企业尚未全部纳入国有资本经营预算，但2013年国有资本经营预算实施范围并未扩大。同时，对财政部持股的中央金融企业国有资本经营收益收缴缺乏统一规定，执行中标准不一。

各类预算中有专项用途的收入不能统筹安排使用，不利于及时发挥资金效益。2013年公共财政预算收入中具有专项用途的收入有3002.73亿元（占4.99%），如车辆购置税2013年结转133.31亿元，占当年收入的5.13%；实行专款专用的政府性基金收入至年底结存907.13亿元，占当年收入的21.34%。同时，政府性基金清理工作进展较慢，至2013年底，2012年征收的政府性基金一项都未减少，价格调节基金等未按规定程序设立的基金也未取消。

资金收缴和预算批复不规范。一是未收缴入库资金91.4亿元，包括：发展改革委委托所属企业管理的20年前已取消的国家轿车零部件横向配套基金本金和清收款（含资产）10.26亿元；财政部参股的创业投资基金收益1.38亿元；财政部同意农业银行从受托处置资产收入中留用的委托手续费和超收奖励79.52亿元，电网经营企业从农网还贷资金收入中留用的手续费2400万元，未实行“收支两条线”管理。二是批复的部门预算中个别事项不够准确和细化。批复的56个部门年初预算少编报已确认的2011年底结余资金18.33亿元；批复的教育部年初预算列入未细化到具体项目的“高校发展长效机制补助经费”等预算43亿元，执行中由财政部再次批复。三是批复的部门预算中个别事项不合规。批复的农业部、林业局部门预算中，安排“病虫害控制”等补助地方支出8.97亿元。批复安全监管总局等4个部门在未实行定员定额管理的下属单位预算中编列机动经费预算4493.18万元、银监会等11个部门超范围动用机动经费 2.03 亿元，不符合机动经费预算编列和动用有关规定。批复的证监会、保监会、社保基金会部门预算中，按职工工资总额的 14% 安排职工福利费，超过中央在京部门标准。四是预算下达不及时。公共财政专项转移支付预算中，有 4950.46 亿元（占 26.60%）未按要求于 6 月 15 日前下达，其中 6.77 亿元是 12 月 31 日才下达的。政府性基金转移支付预算中，有 1011.76 亿元（占 71.24%）未按要求于 6 月 15 日前下达，其中 21.01 亿元是 12 月 25 日才下达的。公共财政本级支出预算中，有 920.53 亿元（占 4.5%）未按要求于 9 月 30 日前下达，其中 66.85 亿元是 12 月 31 日才下达的。国有资本经营预算中，有 420.70 亿元（占 43.01%）12 月才下达。五是财政专户清理不到位。至 2013 年底，中央财政在商业银行开设 41 个专户，其中：存放资金的性质和用途相近的专户未按规定精简归并，涉及 13 个专户；超过一年未发生业务的 5 个专户未按规定撤销。

财权与事权未理顺，专项转移支付清理整合不到位。一是专项转移支付项目清理力度不够大。经审计核实，具有专项性质的转移支付明细项目有 363 项，其中“中央基建投资”1 个明细专项又包含 110 个子项。有的专项设置交叉重复，如财政部管理的“国家水土保持重点建设工程补助”等 6 个专项与发展改革委管理的“水土保持专项资金”等 6 个专项之间，财政部管理的“农业科技推广示范”“名优经济林”等 21 个专项之间，发展改革委管理的“物流业调整和振兴”“农产品冷链物流”等 13 个专项之间，在资金投向、补贴对象等方面存在交叉现象。二是有的政策目标不够协调。如农业部管理的“海洋捕捞渔民转产转业补助”主要用于海洋渔船的报废补助等，而财政部和农业部共同管理的“渔业成品油价格补助”主要用于补助因成品油价格调整增加的渔业成本，由于保留渔船领取的成品油价格补助高于报废渔船获得的转产转业补助，渔民更倾向于保留渔船，造成减船转产工作陷于停顿。个别专项分配办法与政策目标衔接不够紧密，如发展改革委管理的“重点节能工程”项目，不是按节能量而是按项目总投资的一定比例安排补助，未充分考虑项目的节能效果和不同行业的节能成本。三是分配管理权责有待理顺。以“农林水事务”类专项为例，其中 66 个专项在中央本级由 9 个主管部门的 50 个司局、114 个处室参与分配管理；下达到地方后仅省一级就涉及近 20 个主管部门，省以下也需层层审批，如广东省 2013 年分配的“晚造水稻种植保险保费补贴”1.16 亿元，经县、市、省逐级审核，最长的历时 213 天才到位。同时，专项资金整合不到位。至 2013 年底，财政部已将“农林水事务”类中的 23 个专项整合为 10 个，但整合后的 6 个专项在实际安排资金时，仍按原 16 个专项管理，分配依据、审批程序无实质性改变，资金也不能调剂使用。

部分财政资金分配不规范，有的使用中存在违法违规问题。一是分配中存在超范围、超标准问题。例如，财政部分配的“成品油价格补助”“小额担保贷款财政贴息”“全科医生规范化培养基地能力建设”等 3 个专项中，有 128.32 亿元超出规定的补助范围，其中由于交通运输部扩大成品油价格补助范围，多拨付 116.61 亿元。再如，财政部在清算成品油价格补助时，未按实际油品分类结算，多支付地方 12.62 亿元。又如，发展改革委在“重点节能工程”专项中超范围安排地方发展改革等部门车辆购置补助 2.18 亿元，向“防灾减灾能力建设”专项的 7 个项目超出标准或申请额多安排投资 940 万元。二是申报中存在虚报冒领问题。由于财政专项资金种类多、项目杂，参与分配部门多，由基层逐级审核上报，信息沟通不畅，加之审核监管不到位，弄虚作假问题比较严重。重点抽查的“林业贷款贴息”“成品油价格补助”“农机具购置补贴”“中央基建投资”“县域金融机构涉农贷款增量奖励”和“农村金融机构定向费用补贴”6 个专项的可疑项目中，有 18.59 亿元专项资金（占抽查金额的 37.59%）被骗取套取。

财政存量资金审计 组织对 32 个中央部门和 9 个省本级、9 个市本级财政存量资金进行重点审计，发现各级财政均有一些资金沉淀，资金使用效益未能充分发挥，主要揭示四个方面的问题：一是中央本级财政存量资金较多。如为满足科技经费增幅应高于财政经常性收入增幅的规定，中央财政将当年无具体使用项目的科学技术支出按权责发生制结转，至 2013 年底累计结转 384.12

亿元，有217.24亿元结转5年以上。二是重点审计的32个中央部门结存资金半数闲置超过一年。至2013年底，这些部门结存资金974.20亿元中，有493.80亿元（占50.69%）是2012年底前形成的，结转超过5年的有8.36亿元。审计还发现，卫生计生委、文化部、人民银行等7个部门本级和36个所属单位2013年采取虚列支出、以拨作支等方式人为减少存量资金6.11亿元，海洋局本级和中科院大气物理研究所等16个所属单位未及时上缴或未经批准动用结余资金1.29亿元。三是重点审计的9个省本级和9个市本级财政存量资金近三成已无法按原用途使用。至2014年3月底，这些地方财政存量资金共计7673亿元，其中有指定用途的4802亿元（占62.58%），主要集中在城乡社区事务、农林水和环境保护等政府投入不足领域；有2051.39亿元（占26.74%）由于原定项目完成或取消、不具备实施条件等已无法按原用途使用。四是中央财政对创业投资基金的投入闲置较多。批准设立的141个基金中，39个未按时成立，加之部分已成立基金参股方未足额出资，导致财政投入23.22亿元滞留在托管账户；由于业务开展慢，已成立基金筹集的资金中，有127.75亿元结存未用。此外，还有2个中央财政直接投资项目取消，财政投入4000万元闲置。

地方财政收支审计　组织对9个省本级、9个市本级和18个县地方财政收支情况进行审计，重点揭示四类问题：一是一些地方人为调节财政收支指标。审计9个省本级、9个市本级和18个县发现，通过将财政收入滞留在财政专户或过渡户等少反映收入823.31亿元；通过以财政借款缴税等方式虚增财政收入58.07亿元；通过以拨作支等方式虚列支出329.62亿元。如2011年至2013年，辽宁省岫岩县将财政借款以税费名义缴入国库，虚增财政收入8.47亿元、占其公共财政收入的22.6%。二是一些地方政府自行出台招商引资财税优惠政策，部分财政资金投向不符合相关规定。审计9个省本级、9个市本级和18个县发现，这些地方2013年正在执行的自定优惠政策有202项，包括返还税费、低价供地、无偿建设配套设施等，当年以各种名义向引资企业安排财政补贴1261.64亿元，其中超过70%投入竞争性领域，不仅不能有效发挥财政投入的引导和支持作用，还影响市场公平。如辽宁省和大连市向大连海昌集团有限公司和锐阳（大连）投资管理有限公司拨付的支持并购海外科技型企业补贴2.68亿元，实际用于收购法国的14个葡萄酒庄园。三是机构运行经费管理不严格。重点审计的36个县2012年机构运行经费仅有76.3%是由预算保障的，其余主要通过挤占其他经费、截留坐支非税收入或事业收入等解决，其中21个县机构运行经费超过其自身实现的公共财政收入。审计9个省发现，3个省级部门和8个县存在转嫁因公出国（境）费用、违规使用公务用车、在公务接待中购买高档礼品等问题。如山西省柳林县接待办在中央八项规定出台后，在公务接待费中列支购买礼品、土特产等支出1124.48万元。四是部分财政资金使用中存在挤占挪用问题。审计9个省发现，8个省及所属12个县挤占挪用专项资金31.33亿元，主要用于日常运转、工业园区建设、发放工资津补贴等。如四川省简阳市2010年至2013年，将上级财政拨付的民生类专项资金共计14.19亿元挪用于市重大项目、工业园区建设等，影响相关政策目标的实现。对地方财政的管理不到位，一些地方财政管理中存在违规问题。

政府性债务审计　结合中央预算执行审计和地方财政收支审计，跟踪审计中央政府性债务制度建设情况，以及2013年6月底以来地方政府性债务的变化情况。从审计情况看，2013年6月底至2014年3月底，审计的9个省本级和9个市本级政府性债务余额增长3.79%，比2013年前6个月平均增速下降7个百分点。通过审计，重点揭示3个方面的主要问题：一是政府性债务管理制度尚不健全。目前，各类政府性债务管理分别由财政部不同业务司局负责，尚未归口统一管理，境外发行人民币债券等制度也不够健全。审计的9个省本级和9个市本级中，2个未制定政府性债务综合管理制度，9个未制定政府性债务风险预警制度。二是省本级债务借新还旧数额较大。2013年6月底至2014年3月底，9个省本级为偿还到期债务举借新债579.31亿元，但仍有8.21亿元逾期未还。相对而言，9个市本级由于2013年土地出让收入增长，债务负担有所减轻。三是个别地方债务举借和使用不规范。审计发现，2013年6月底以来，4个市本级违规由政府担保或不合规抵押融资157亿元，违反合同约定将108.62亿元债务资金用于房地产开发、项目资本金或其他项目建设等。此外，4个省市本级还通过非公开定向融资工具、私募债等新方式举债69亿元。

稳增长等政策措施落实情况跟踪审计 8月起，按照国务院部署，对国务院27个部门、中国铁路总公司和18个省（自治区、直辖市、计划单列市）贯彻落实国务院关于稳增长促改革调结构惠民生防风险政策措施落实情况进行跟踪审计，并指导36个省（自治区、直辖市、计划单列市）和新疆生产建设兵团审计机关同步开展审计。审计揭示重大建设项目进展缓慢，相关政策措施未完全落实到位、未达到预期效果等问题，提出切实可行的审计建议。国务院领导高度重视，要求相关部门和地区及时采取整改措施，推动各项措施的贯彻落实和各项宏观调控政策目标的实现。

工作思路和方法 工作中注重加强沟通协调，坚持谋划先行，提前介入与相关单位多次协调审计项目计划，研究审计内容和重点，紧紧围绕十八届三中全会精神和全国经济工作会议的部署，确定促进规范财政管理、提高财政资金使用效益、优化支出结构、反腐倡廉建设和财政可持续发展五大总体目标。项目安排更加精炼，进一步巩固以财政部审计和发展改革委审计为引领，以中央部门预算执行审计和地方财政收支审计为基础的“一体两翼”的项目组织方式，更加注重横向配合和纵向联动，力求集中审计力量查深查透。

（撰稿人：肖振东）

【税收征管审计司】 2014年11月，根据《审计署办公厅关于印发署机关各单位主要职责内设处室和人员编制规定的通知》，设立税收征管审计司。税收征管审计司（以下简称税收司）人员编制20人，在编12人。设有一处（综合处）、二处（税务审计处）、三处（海关审计处）、四处（数据审计处）。

领导成员

司　　长：马晓方

副 司 长：王爱梅　丁德明

审计成果 在署党组的正确领导和署相关单位的大力支持下，税收司边组建、边工作，既立足当前抓好业务又谋划长远打好基础，顺利完成各项工作任务。

扎实开展审计业务工作。税收司在组建初期人员少、任务重的情况下，克服困难，全力以赴，完成国家税务总局财政存量资金的审计和国家税务总局、海关总署两个部门2014年第四季度稳增长促改革调结构惠民生防风险政策措施落实情况的跟踪审计。按照2014年财政审计总体方案的统一安排，组织开展国家税务总局、海关总署2014年预算执行和决算（草案）审计，研究制订国税系统税收征管情况审计工作方案。参加审计署土地出让收支审计项目办公室的工作。

队伍建设 开展“学习型组织”建设，加强干部队伍政治理论和业务学习。组织全司同志学习十八届三中、四中全会精神，习近平总书记系列重要讲话，《国务院关于加强审计工作的意见》和全国审计工作会议文件。系统梳理近年来审计署积累的国税、海关审计相关资料、法规、调研报告等，领会新时期、新形势下审计工作面临的新任务、新要求，深入学习十八届三中全会决定关于财税体制改革的要求，找准税收征管审计工作的定位和努力方向。举办税收审计研讨会，邀请财政、税务、海关等部门的有关专家，介绍国家税制改革情况和海关业务情况，开拓审计思路。广泛了解各特派办税收审计骨干人员情况，建立特派办税收审计业务人才库。

信息化建设 为强化数据审计工作，税收司专门设立数据审计处，由司主要领导主抓，与电子数据审计司共同组建数据分析团队。通过调查研究和召开座谈会，摸清国家税务总局、海关总署的信息系统开发应用、数据采集和分析利用等方面的基本情况。协调国家税务总局和海关总署搭建审计现场联网数据分析信息平台，构建联网审计工作环境，建立数据定期采集报送机制。

（撰稿人：雷　达）

【行政事业审计司】 2014年1月至9月，行政事业审计司人员编制23人，在编20人。设有一处、二处、三处、四处。2014年10月，根据中央编办批复，署机关机构设置进行调整，撤销行政事业审计司，其相关职能转由财政司和新设立的行政政法审计司、教科文卫审计司承担。

领导成员

司　　长：刘正均（—3月）
　　　　　徐吉明（4月—9月）
副 司 长：杨　明（—9月）
　　　　　常　利（—9月）
　　　　　卢　伟（—1月）

审计成果　行政事业审计司（以下简称行事司）组织完成32个中央部门2013年度预算执行和其他财政收支情况以及决算（草案）审计、32个部门“三公”经费和会议费管理使用情况审计；组织开展7位部长经济责任审计、17个中央部门机构改革期间资产财务管理及职能转变情况跟踪审计；参与组织开展贯彻落实国务院稳增长促改革调结构惠民生政策措施情况跟踪审计；参与完成河南省2008年至2013年土地出让收支和建设用地审批、征收、供应、使用以及耕地保护等情况审计。组织开展派出局2013年度审计业务考核、8项审计课题研究；完成中央六部委规范津贴补贴等9项部际联席会议日常工作。其中参加推进使用正版软件工作部际联席会议工作，配合完成中央国家机关和地方政府机关软件正版化两期培训会，并抽调人员参加政府机关软件正版化工作检查；参与机构和人员编制审计及查处“吃空饷”等问题工作联系机制，配合完成《地方机构和人员编制核查工作检查验收标准》《地方核查信息报送和审核方案》《中央和国家机关核查信息报送和验收方案》等文件，参与完成机关事业单位“吃空饷”问题集中治理工作督查；参加六部委规范津贴补贴专项工作，审核有关地区报送的方案；参加中央“小金库”治理工作领导小组工作，配合财政部完成《深入开展贯彻执行中央八项规定严肃财经纪律和“小金库”专项治理工作方案》，并将中央部门2013年度预算执行审计中发现的私设“小金库”、“三公”经费、会议费、楼堂馆所建设方面的问题纳入专项治理汇总报告。抽调人员配合相关单位完成中央八项规定精神执行情况专项督查等工作。1月至9月向国务院上报综合报告和专题报告4份，编发审计要情9篇、重要信息要目14篇，办理审计长信函5件、审计长批转函19件、信息转送函18件，向纪检监察部门、司法机关和主管部门移送案件线索26起。

工作思路和方法　改进审计方式，深化审计内容，进一步提升部门预算执行审计质量和水平。在审计方式上，积极整合资源，积极推进预算执行审计全覆盖。中央部门预算执行审计适当压缩审计部门数量，紧紧围绕中央关心、百姓关注的医疗卫生等重点民生领域、重要民生资金和重大民生项目，积极整合审计资源，统筹调配审计力量，组织25个派出审计局并抽调特派办部分力量对新闻出版广电总局和卫生计生委进行全面审计，对其在京所属单位和主管社会组织实现审计全覆盖，全面摸清两部门所属单位的总体情况，深入揭示存在的突出问题。在审计内容上，坚持突出重点，着力促进中央八项规定精神落到实处。进一步突出对部门“三公”经费和会议费管理使用情况以及楼堂馆所建设管理等情况的审计，重点关注中央部门规范预算编制，压缩经费开支，精简出国、公务接待、会议等活动情况，着力查处中央八项规定出台后部门单位存在的公款旅游、滥发钱物、高档消费以及执行“约法三章”不严格，个别部门有禁不止，隐瞒办公用房面积，规避楼堂馆所清理检查，违规建设楼堂馆所等突出问题和典型案例。

结合部门职能，融合预算执行，有效开展部长经济责任审计。2014年经济责任审计，积极推进经济责任审计与预算执行审计的深度融合，综合设定实施步骤和完成阶段，统筹谋划审计的着力点，推动对预算执行审计成果的充分利用。同时，注重围绕部门贯彻国家经济工作方针政策和决策部署，将行政审批制度改革等内容作为审计重点，反映的问题在深度和层次上有较大提升，成果更为丰富，揭示的部门所属单位违规指定招标代理使相关人员获取巨额不当利益等问题，移送有关部门进行查处后，对相关部门产生较大震动和影响，充分发挥审计作为权力运行的“紧箍咒”作用；揭示的未按规定取消和合并行政审批事项、部分淘汰落后产能任务未完成、国际传播能力建设项目执行缓慢等国家政策措施落实不到位问题，有效推动宏观政策的贯彻落实。

加大审计力度，发挥“利剑”作用，严肃揭露和查处重大违法违规问题。一方面注重统筹分析、精心谋划，深入分析现阶段中央部门及其所属单位腐败案件发生的特点和规律，全面排查部门资金管理使用、权力行使和内部管理控制的薄弱环节和风险隐患，不断探索和创新审计查处重大违法违规问题的方式方法；另一方面加强现场紧跟、集中突破，采取定期召开碰头会、深入审计现场解决问题等方式，加强对重大问题的分析研究，适时调配审计力量，集中突击重点线索，确保查深查透查实，揭露多起重大违法违规问题和腐败案件线索。

推动完善制度，促进深化改革，着力揭示体制机制制度性问题。审计中坚持“两手抓”“两手硬”，在坚决揭露和查处重大违法违规问题的同时，围绕建立健全现代财政制度、深化部门预算改革、促进中央政策措施落实，积极提出完善制度和深化改革的政策建议，着力揭示和反映国务院机构改革和职能转变进展缓慢、中央财政补助地方专项转移支付资金交叉重复亟待清理整合、土地增值税征管机制不完善等突出的体制机制制度性问题，推动相关领域管理的规范、政策的完善和改革的深化。

加大信息公开，结合教育实践，促进推动审计整改见实效。为推动审计发现问题整改落到实处，切实发挥审计在促进完善国家治理中的积极作用，中央部门2013年度预算执行审计报告，除涉密事项外，均纳入审计结果对外公告；审计工作报告问题更细化，“点名”更直接。对于审计发现的问题，各部门高度重视，结合中央党的群众路线教育实践活动，严格落实国务院常务会议关于严肃整改审计发现问题的工作部署，认真整改、严格规范、举一反三，整改情况是近年来力度最大、效果最好的，切实发挥审计作为国家利益捍卫者和公共资金守护者的积极作用。

锤炼扎实作风，打造审计铁军，确保各项审计工作高质高效完成。行事司以强化党的群众路线教育实践活动整改为契机，坚持队伍建设和业务工作“两手抓”，着力通过审计实践打造具有较高的政治素质和业务素质、作风过硬的审计铁军，保证各项工作圆满完成。一方面司领导在工作中处处以高标准严要求约束自己，履职尽责，勇于担当，在新闻出版广电总局、卫生计生委两个全覆盖审计项目中，深入现场解难题、亲自带队查线索，极大地激发了青年干部的积极性和自觉性；另一方面，勉励全司同志特别是青年干部做有修养、有境界、有责任、有办法、有原则的党员、公务员和审计人员，给青年干部压担子、加任务，青年干部不等、不靠，展现朝气蓬勃的精神状态，锤炼扎实的工作作风。（撰稿人：孙亚男）

【行政政法审计司】 2014年11月，根据中央编办批复，成立行政政法审计司。行政政法审计司（以下简称行政司）人员编制20人，在编14人。设有一处、二处、三处、四处。

领导成员

司　　长：鲍朔望

副 司 长：丁伏圣　陈　峰

审计成果　作为署机构调整中新成立的单位，行政政法审计司在署党组的正确领导下，全面贯彻落实署党组各项决策部署，紧紧围绕“反腐、改革、法治、发展”，扎实开展项目审计，着力加强队伍建设，各项工作取得良好开局。

彩票资金审计　彩票资金审计是行政司成立后的首个审计项目，领导班子精心组织，认真学习审计工作方案和彩票管理相关法规制度，深入分析研究相关领域违法违规案例，明确审计的重点领域和环节。审计过程中，坚持以问题为导向，密切跟踪资金流向，突出重点、精准打击、抓住要害、查深查透。查出彩票资金管理使用中存在的挤占挪用、铺张浪费、乱发补贴等突出问题。

队伍建设　领导班子统一思想、提高认识、凝聚力量，对业务、行政、党建工作全面统筹谋划，打好基础，促进全面发展。积极创建“学习型党组织”，认真学习贯彻党的十八大中央文件和习近平总书记系列重要讲话精神，引导全司同志不断增强政治理论素养以及履职尽责的责任感、使命感，加强思想交流，增强凝聚力和战斗力，夯实思想基础。项目实施中优化力量调配，充分发挥每一位审计人员的长处，使年轻同志的活跃思维、创新能力与老同志的丰富阅历、审计经验形成优势互补，互相砥砺，共同提高；给年轻同志压担子，优化知识结构，培养大局意识和宏观思维，使每人都参与到重大问题查处、审计信息和报告撰写等工作中来，在实战中不断提升综合能力。从做表率、抓“常”“长”、搞预防三个方面切实履行党风廉政建设主体责任，把党风廉政建设作为审计工作的“生命线”和“高压线”，使廉政工作贯穿于审计工作各环节。

规范化管理 落实岗位责任制，结合处室人员安排和职责分工情况，做到责任到人、明确分工，保障公文流转、资产管理等各项日常行政事务工作有序开展。结合工作对象特点组织保密法规知识学习，注重开展经常性保密教育，坚持不懈抓教育，逢会必讲，反复提醒，经常检查，时刻绷紧保密这根弦。全力抓好审计现场管理，把审计工作与保密和廉政工作一起研究布置、一起督促落实，严格保密和廉政工作的教育和管理，确保各项工作全面发展。 （撰稿人：李光辉）

【教科文卫审计司】 2014 年 11 月，根据《审计署办公厅关于印发署机关各单位主要职责内设处室和人员编制规定的通知》，设立教科文卫审计司。教科文卫审计司人员编制 20 人，在编 13 人。设有一处（教育专项资金审计）、二处（科技专项资金审计）、三处（文化专项资金审计）、四处（卫生专项资金审计）。

领导成员

司　　长：洪承旭

副 司 长：周　晖　张　琦

审计成果 具体实施福利彩票发行管理中心 2012 年至 2014 年彩票资金筹集、分配、管理和使用情况审计，派出审计组赴四川省参加彩票资金审计，派员参加科技部稳增长政策落实情况跟踪审计以及署财政存量资金审计办公室的工作，查处未及时收缴彩票发行费、违规减免发行费、挤占挪用彩票公益金、基建审批购置程序不合规、科技政策落实不到位等问题，涉及金额 27 亿多元，向司法机关、纪检监察部门等移送案件线索 2 起，报送《审计要情》1 篇。

彩票资金审计 根据署统一安排，11 月至 12 月，对福利彩票发行管理中心 2012 年至 2014 年彩票资金进行审计。审计组紧紧围绕“反腐、改革、发展”和法治主线，以财政部、民政部和中福彩中心三者之间权力分配和运行为切入点，从“三位一体”多角度入手识别关键控制和主要风险点。按照“立体式审计”的思路，在明确审计方向后，“大胆假设、小心求证”，多角度锁定利益相关人，锁定重点事项，拨开表面显现背后的获利人和利益输送途径，审计成果较为显著。11 月下旬至 12 月，赴四川省参加 2012 年至 2014 年彩票资金审计，重点抽查 3 个市（州）的财政、民政、体育等彩票主管部门和彩票销售机构，并延伸审计 114 个彩票公益金项目，抽审彩票公益金 9710.9 万元。通过审计，发现一些单位挤占挪用彩票公益金，用彩票资金滥发津补贴，购建楼堂馆所，进行高档公务接待、宴请等问题，涉及金额 4809 万元。

内部管理 作为新成立的业务司，梳理业务工作流程，结合岗位职责建章立制，研究制定《司内工作规则》等规章管理制度。规范会议管理、公文办理、请示报告、办公设备管理、保密规定、公务交通补贴统筹资金管理等各项工作程序，明确各处室职责分工，实现以制度管人、按制度办事的良好局面。

队伍建设 认真学习贯彻党的十八大精神各项活动，着重领会精神实质，深刻理解中国特色社会主义制度内涵，不断加深对中国特色社会主义审计制度的背景和基础的认识，提高全司同志政策理论水平。全面加强业务学习，实行全司审计人员跟随审计项目动态管理和所在处室静态分工的双轨制管理方式，让青年干部既能参与组织协调各审计组开展审计工作，又能在审计一线独立查证、发现案件线索和体制机制问题，提高其组织实施审计、综合分析、成果利用和查揭重大问题的能力。 （撰稿人：刘　铮　廖　丰）

【农业审计司】 2014 年 11 月，根据《审计署办公厅关于印发署机关各单位主要职责内设处室和人员编制规定的通知》，正式成立农业审计司。农业审计司人员编制 20 人，在编 11 人。设有一处、二处、三处、四处。负责组织审计国务院相关部门和省级人民政府管理的农业、林业、水利专项资金；开展相关专项审计调查；督促被审计单位整改；指导地方审计机关农业审计业务；承办审计署交办的其他事项。

领导成员

司　　长：徐爱生

副 司 长：张新芳　李贞祥

副司级审计员：胡安明

审计成果 农业审计司根据署统一要求，按照职责分工，迅速进入角色，找准定位，完成各项组建事项，开展调研，实施审计。有序推进新司组建的各项工作。与人教司沟通，配备人员并明确任务分工；召开全司大会，统一思想，明确要求；按照署机关党委的要求，完成司党支部的组建工作，为各项工作有序开展打下良好的基础。

开展审计业务工作。开展农林水事务专项资金审计的前期调研和工作方案的制订。组织人员到财政部、农业部、水利部、林业局以及浙江省审计厅、大连市审计局等单位进行调研，向署提交2015年农林水事务专项资金审计工作方案；选派7人参加辽宁省大连市彩票资金审计，并派人参加署统一组织的财政存量资金审计。

（撰稿人：肖　菲）

【固定资产投资审计司】　2014年，固定资产投资审计司人员编制24人，在编19人。设有一处、二处、三处、四处、五处。

领导成员

司　　长：徐爱生（—11月）
　　　　　许　亚（11月—）
副 司 长：姜江华（—5月）
　　　　　卢华胜（5月—）
　　　　　庞淑芬（—11月）
　　　　　潘述功（11月—）
副司级审计员：余宁琪

审计成果　固定资产投资审计司共参加7个审计项目，查出各类违法违规和管理不到位问题金额1200多亿元。完成西电东送工程审计的公告工作，取得较好的社会反响。完成指导地方投资审计，派员参加中央纪委专案组和中央巡视组。组织实施的西电东送工程（国家电网）审计项目荣获2014年审计署优秀审计项目，西电东送工程（南方电网）审计项目荣获2014年审计署表彰审计项目。

参与审计项目　1月至3月，固定资产投资审计司派出15人，参加中央财政2013年度列入“农林水事务”科目的中央财政水利专项转移支付资金预算执行情况审计。1月至3月，派出2人参加新疆生产建设兵团的财务收支审计和稳增长政策措施的贯彻落实情况跟踪审计。4月至7月，派出14人，参加国家电网、南方电网、神华集团、中粮集团、三峡集团和中电投6家中央企业领导人经济责任审计。8月至11月，派出17人，参加江西省九江、赣州、吉安、抚州4个市、18个县的土地出让收支和耕地保护审计；杨晋山因在抚州土地审计中表现出色，被审计署评为土地审计先进个人。11月至12月，派出12人赴江苏徐州参加彩票资金审计。11月至12月，组织3人对国学中心项目建设情况进行第二次跟踪审计，同时派出1人参加中国铁路总公司贯彻落实稳增长促改革调结构惠民生防风险政策措施情况跟踪审计项目。

西电东送21个输变电项目审计结果公告　6月16日，审计署公告西电东送21个输变电项目审计结果。舆论对此次审计在促进健全项目建设管理体制、深化改革等方面的作用给予积极评价。此次审计是审计署于2013年4月至7月组织12个特派办近400名审计人员开展实施的。审计重点关注项目建设管理、工程招投标和物资设备采购、项目建设运营管理和投资效益发挥、与西电东送工程相关的煤炭资源开发和水能资源利用等情况。审计主要发现项目投资控制管理薄弱、招投标管理不规范、向关联企业输送利益等问题，涉及的违法违纪案件线索，依法移送有关部门查处。有关单位和部门按照审计要求积极整改，通过核减工程不实支出、收回多结算工程款、清理假发票等方式，收回违规资金9.39亿元，制定（修订）相关管理制度300多项等。

指导地方审计　组织云南、四川等地方审计机关加强鲁甸、芦山地震灾后恢复重建的跟踪审计。加强对19个省市支持新疆发展资金和项目跟踪审计的指导。召开全国对口援疆审计工作会议，积极推进援疆项目建设审计。

参加专案组和中央巡视组工作　1月至3月，选派5人配合中央纪委和中央国家机关纪工委，参加国家信访局某副局长的专案查处工作，得到中央国家机关纪工委的书面表扬。8月中下旬，派出3人参加中央纪委第十巡视组对中科院的专项巡视工作，工作成果得到巡视组组长令狐安的好评和中央巡视组的书面表扬。

调查研究　加强投资审计工作总结和理论研究，提出进一步促进政府投资审计科学发展的指导意见，总结固定资产投资审计重大违法违规问题查处经验。截至年底，《政府投资项目跟踪审计指南》已按法规司的审查意见修改完善，并提交专家委员会审查。《政府投资项目绩效审计评价指标体系》《重点建设项目联网审计指南》《政府投资项目竣工决算审计指南》《投资审计知识读本》《投资审计案例》的编写工作正按计划有序推进。参与《跟踪审计报告撰写技巧》《查账技巧》的研究工作。组织调研。2月至3月，开展投资审计领域廉政风险及防治对策调研工作；7月，开展投资审计如何在党政领导干部经济责任审计中发挥更大作用和投资审计干部队伍现状等调研。

队伍建设 狠抓干部队伍建设，加强教育、严明纪律，加强对年轻干部、交流干部的关心和培养，重视培训工作，注重通过工作实践培养干部。史小明因近几年在汶川、玉树灾后恢复重建和支持新疆发展资金和项目跟踪审计，以及在汶川地震灾区挂职中的贡献，被国务院授予“全国民族团结进步模范个人”荣誉称号。11月，新一任司领导班子到位后，提出抓好班子建设、作风建设、能力建设、支部建设和廉政建设等五大建设，要求班子成员求真务实、转变作风；党支部工作不搞形式、不走过场。与署培训中心和审计干部教育学院一道，组织对100多位投资审计干部的工程造价培训工作；完善工程投资管理与审计培训班相应课程，加强投资审计培训课题体系建设。

规范化管理 健全会议制度，规范司内会议研究决策流程，对每项决策的督查、问责，都能做到考之有据，实行规范化管理。建立明确的岗位责任制，做好各处职责和司领导成员及处室同志的分工，划分防区，明确责任，做到“守土有责，守土尽责”。加强业务制度建设，规范审计业务办理流程，除不宜公开的保密事项外，审计业务都在司内公开，促进相互监督。加强文稿、保密、报销、文件流转、专网建设等综合性工作的严谨细致和规范化管理，严格把关，确保不出错误，不留死角。（撰稿人：张　明　夏胜权）

【社会保障审计司】 2014年，社会保障审计司（以下简称社保司）人员编制19人，在编16人。设有一处、二处、三处、四处。

领导成员

司　　长：陈太辉

副 司 长：余　林

正司级审计员：曾　黎　杨　明

审计成果 社保司组织实施2013年城镇保障性安居工程审计、全国社会保障基金理事会基金管理运营暨2013年预算执行审计、2014年度彩票资金审计等3个项目。参与民政部等3个部委稳增长政策措施落实情况跟踪审计、山东省土地出让收支和耕地保护情况审计等项目。全年编发审计要情5篇，重要信息要目5篇，审计长批转函2篇。

城镇保障性安居工程跟踪审计 自2013年12月至2014年3月，审计署组织全国各级审计机关近2万名审计人员，对31个省（自治区、直辖市）、5个计划单列市和新疆生产建设兵团2013年城镇保障性安居工程（包括廉租住房、公共租赁住房、经济适用住房、限价商品住房和各类棚户区改造等）的投资、建设、分配、后续管理及相关政策执行情况进行审计，延伸调查3.35万个相关单位和企业，以及27.25万户家庭。本次审计围绕“稳增长、调结构、促改革、惠民生”的政策要求，以“有利于规范保障性安居工程建设管理，有利于保障和改善民生，有利于促进社会公平公正”为工作目标，在把握城镇保障性安居工程总体情况的基础上，抓住资金筹集、管理和使用情况这条主线，着力揭示棚户区改造安置和保障性住房分配、管理中的突出问题和普遍性问题。在审计中，不仅关注财政投入资金的使用和安全情况，还重点关注以保障性安居工程名义筹集的银行贷款、住房公积金贷款、信托贷款、企业债券等社会融资资金的使用和安全情况，并延伸资金募集单位进行调查核实，确保审计监督不留死角。为了促进规范管理和分配公平，本次审计加大对保障性住房分配使用情况的监督力度，重点审查和揭示不符合条件人员违规享受住房保障待遇、保障性住房被挪用或违规销售等问题。

保障性安居工程跟踪审计报告用翔实的审计数据反映安居工程建设管理总体情况和工作成效，揭示保障性住房建设管理中存在的主要问题。从审计总体情况看，地方各级党委、政府认真贯彻落实党中央、国务院的各项部署要求，采取有效措施，加快推进棚户区改造等各类保障性安居工程建设，取得明显成效，扩大住房保障覆盖范围，增加保障性住房有效供应，改善困难群众住房条件，促进了扩大内需和经济增长。但由于我国住房保障体系仍处于初步建立和探索完善阶段，住房保障制度尚不完善，资金筹集使用监管机制不够健全，保障对象资格审核审批、纠错清退、保障性住房后续管理等基础工作薄弱，部分建设项目前期准备工作不够充分，导致部分地方和单位在资金管理和保障分配等方面还存在一些问题，主要表现在五个方面：一是部分项目或单位挪用保障性安居工程资金；二是一些单位和个人套取骗取棚户区改造专项资金和安置住房；三是部分家庭违规享受住房保障待遇；四是一些保障性住房被违规销售或挪作他用；五是一些项目或单位存在未经审批占用农用地、违规获取或处置保障性安居工程用地的问题。对这些问题，住房城乡建设部和地方政府积极部署整改工作，截至 2014 年 5 月底，有关地方和单位已追回被骗取、挪用资金 41.67 亿元，取消不符合条件保障对象资格 2.9 万户，追回违规领取补贴 1712.81 万元，收回或清理被违规分配使用的保障性住房 1.65 万套，补办 22 个项目 482 亩用地批准等手续，完善相关管理制度和规范 724 项。

全国社会保障基金理事会审计　社保司按照“保障安全、完善制度、规范管理、提高绩效”的审计目标，坚持问题导向，以基金筹集运营为主线，以信息化技术为手段，注重揭示影响全国社会保障基金安全和效益的重大违法违规问题。把“保障安全、提高绩效”确定为审计总目标，着力揭示社保基金会投资决策管理以及主要投资品种管理运营中存在的，影响社保基金安全和效益的突出问题和潜在风险，促进维护社保基金安全，提高社保基金投资效益。以“内查管理，外审投资”为工作思路，坚持做到“两手抓”，一手抓全国社会保障基金理事会内部在资源分配、投资决策、内部控制中管理方面的薄弱环节，一手抓投资以后影响全国社会保障基金安全和效益的突出问题，注重发现案件线索。以“信息共享，关联分析”为手段，集中优势力量，围绕重点领域、重点业务和重点项目，创新内外关联、对比分析的审计方法，取得比较好的效果。本次审计反映了基金管理方面存在信托贷款项目的用款单位未按指定用途使用信托资金、部分协议存款办理不够规范等问题，预算执行方面存在多申领人员经费和绩效奖金、违规发放实物津贴补贴等问题，其中 3 个问题纳入审计工作报告。

彩票资金审计　根据审计署的统一布置，自 11 月至 12 月底，审计署对财政部、民政部及所属中国福利彩票发行管理中心、体育总局及所属体育彩票管理中心，北京等 18 个省（市）的省级财政、民政、体育行政等部门及 228 个省市级彩票销售机构、4965 个彩票公益金资助项目 2012 年至 2014 年的彩票发行费和彩票公益金进行审计，现场审计已于 12 月底结束。

制度建设　坚持加强审计管理创新，努力提高审计工作效能。健全完善党务政务业务三位一体的立体化工作框架。在工作中推行“党建为基础、业务为柱梁、政务为墙体”的立体工作框架。坚持把抓好党支部建设、构建惩防体系、健全廉政风险防控机制作为做好各项工作的前提条件，把审计业务作为工作核心，政务工作作为工作保障，统筹推进党务、业务和政务工作，实现良性互动。实践“忧患工作法”，持续推动改进工作作风。审计中着力围绕群众诉求最集中的领域谋划审计项目，最大限度地集中民智，集中力量查处骗取社会保障待遇、贪污挪用社会保障资金等与群众利益密切相关的问题。建立以审计工作文书为载体的工作责任机制。以审计文书为载体，从制度层面提高工作质量。制定实施《社保司审计文书审核工作规定（试行）》等内部管理制度，规范审计文书的办文程序和人员职责，针对不同审计文书类型，提出简易和正常两类审核程序，对复杂或者重要的审计文书，抽调人员成立审核小组负责专门复核。

相关工作　扎实推进各项基础性工作取得新进展。一是推进社会保险基金审计指南编写工作。城乡居民基本养老保险基金、企业职工基本养老保险基金、新型农村合作医疗基金 3 项审计指南已征求有关省审计厅（局）和特派办的意见，并进行修改；重大突发公共事件跟踪审计指南已完成初稿，正在汇总审核中。二是积极推进社会保障电子数据采集和利用工作。按照审计署的统一布置，对有关部委管理的信息系统及相应数据进行调查摸底，提出审计数据采集需求，明确审计署和相关部门间电子数据定期提供的方式、时间要求、质量要求等。采取多种措施加强审计队伍建设。打破处室界限，做到全司人力安排一盘棋，给干部提供多岗位学习锻炼的平台。派出审计干部到审计一线直接参加审计。落实“审计实务导师制”的各项要求，通过审计实践提高青年干部的能力。（撰稿人：吴　星）

【资源环境审计司】　按照《审计署办公厅关于印发署机关各单位主要职责内设处室和人员编制规定的通知》要求，于2014年10月31日成立资源环境审计司。资源环境审计司承担原农业与资源环保审计司职责。1月1日至10月31日，农业与资源环保审计司人员编制20人，在编20人。设有一处、二处、三处、四处。11月1日至12月31日，资源环境审计司人员编制20人，在编15人。设有一处、二处、三处、四处。

领导成员

农业与资源环保审计司

司　　长：王淡浓（—3月）

郑新举（3月—9月）

副 司 长：丁　雁（—9月）

资源环境审计司

司　　长：郑新举（9月—）

副 司 长：丁　雁（9月—）

周　晖（—9月）

刘　峰（9月—）

副司级审计员：胡安明（6月—9月）

审计成果　资源环境审计司组织实施审计项目2个，完成上年审计项目1个，直接实施审计项目1个，派员参加审计项目4个。移送中央纪委、高检、公安部案件线索9件，共报出审计信息88篇，其中：审计要情39篇，重要信息要目3篇，审计长批转函24篇，转送部委和地方政府信息13篇。审计要情、重要信息要目均得到国办、中办采用。

全国土地出让收支和耕地保护情况审计　在署国土办牵头组织实施全国土地出让收支和耕地保护情况审计（以下简称土地审计），共有2.4万余名审计人员参加，实行统一编组和统一分工，共组成986个审计组（小组），涉及全国31个省（区、市）、新疆生产建设兵团以及抽审200多个地市、700多个县（市、区）。编发审计要情7篇、重要信息要目2篇，移送中央纪委查办案件线索1件。12月17日，综合审计报告上报国务院。

矿产资源开发利用保护及相关资金审计　组织18个特派办对山西、内蒙古、黑龙江、安徽、河北、河南6省（区）进行矿产资源开发利用保护及相关资金审计（以下简称矿产资源审计），取得较为突出成果，得到审计署领导的充分肯定。编发审计要情23篇、审计长批转函21篇，移送中央纪委、高检院、公安部查办案件线索8篇，转送部委和地方政府信息5篇，特派办自行移送15篇；向国务院上报了综合审计报告，公告稿已征求国土资源部意见。组织完成2013年矿产资源审计后续工作，继续编发审计要情8篇、审计长批转函3篇，转送部委和地方政府信息7篇；出具8个省的分报告和审计决定。

参与审计项目　实施对辽宁省铁岭市的土地审计，向署国土办上报重要审计情况5篇。参加对农业部专项转移支付资金的审计，向署财政司报送草原生态保护补助奖励资金计算机审计方法1篇。参加对国土资源部稳增长促改革调结构惠民生政策措施落实情况跟踪审计，发现和整理3条问题线索，已转特派办审计组查实；编发审计要情1篇。派出4人次参加中央纪委专案。负责对涉案人员10余个涉案事项的审计，对案件事实、涉案金额和违法获利进行认定。派人参加山东省彩票资金审计。

国际交流合作　除完成亚洲审计组织环境审计委员会秘书处的网站维护、信息沟通等日常工作外，参加多个国际会议，进一步加强国际交流。

派员赴印度尼西亚参加世界审计组织环境审计工作组指导委员会第13次会议，起草委员会及秘书处工作报告和参会报告，对会议审议的10多个研究项目（指南）提纲提出意见。

参与筹备并参加由中国审计署主办、越南审计署承办的亚洲审计组织环境审计委员会第5次研讨会暨第4次工作会议，完成会议论文审核，起草工作报告、3篇论文、参会报告等工作。

派员参加世界审计组织环境审计工作组第16次大会并担任代表团团长，完成起草委员会工作报告、能源节约审计论文、参会报告等工作，参与大会研讨。

编撰出版《亚洲环境审计案例汇编》，收集并编辑 9 个最高审计机关近年来开展的 11 个环境审计案例。

理论研究和其他 探索开展对领导干部实行自然资源资产离任审计工作。按照署领导“不等不靠、积极探索”的要求，根据署上报的中长期改革实施规划的具体部署，主要开展研究、调研、座谈工作，对审计对象和内容等有了初步认识，建立相关部委的沟通联系机制，为下一步工作打下基础。派员参加署科研所《对领导干部实行自然资源资产离任审计》等课题组，承担部分研究工作。派员赴水利部、国家统计局调研相关前置性改革的现状和未来设想。召开国土资源部等 9 个部委参加的自然资源资产离任审计部委协调工作会议。召集 13 个开展试点审计的地方审计机关进行座谈，邀请国务院发展研究中心、北京大学等单位专家参加研讨交流。

完成审计署 2013—2014 年度重点科研课题定向委托立项课题“资源环境审计理论研究”工作，顺利通过评审。完成《资源环境审计法规向导》15 万余字的编印工作。完成《资源环境审计案例》编辑出版，收录案例 55 篇。协调指导地方审计机关开展草原生态资金、农村环境综合整治审计工作，编发 1 篇重要信息要目。编发 5 期《环境审计工作动态》，分别对江苏、浙江等地方审计机关开展资源环境审计的好经验、好做法进行总结和推广。完成对 22 项外单位征求意见文稿的提意见等工作，对《水污染防治行动计划》《节约用水条例》《林业改革方案》《中华人民共和国大气污染防治法》等提出修改意见。组织撰写 6 篇土地审计案例，派员在 3 期培训班上进行讲解。

参加实行最严格水资源管理制度考核工作，对 2013 年度考核方案提出意见，派员赴湖北省参加现场检查等工作。多次向中央纪委、高检、公安部介绍和协调相关审计要情，协助准备相关资料和办理审批手续等。 （撰稿人：陈基湘）

【金融审计司】 2014 年，金融审计司人员编制 26 人，在编 21 人。设有一处（中央银行和中国投资有限公司审计）、二处（商业银行审计）、三处（信托证券审计）、四处（保险和金融资产管理公司审计）、五处（政策性银行和全国社会保障基金理事会审计）。

领导成员

司　　长：吕劲松

副 司 长：刘　丹（—4 月）
　　　　　文华宜（—4 月）
　　　　　王志成（4 月—）
　　　　　胡尊锴（12 月—）

审计成果 金融审计司全年共组织实施审计（调查）项目 21 个，包括人民银行财务收支情况审计和中国银行业监督管理委员会（以下简称银监会）、中国证券监督管理委员会（以下简称证监会）、中国保险监督管理委员会（以下简称保监会）预算执行情况审计；国家开发银行股份有限公司资产负债损益审计和交通银行股份有限公司、中国出口信用保险公司领导人员经济责任审计；按照审计署统一部署对人民银行、银监会、证监会、保监会开展稳增长促改革调结构惠民生政策措施贯彻落实情况跟踪审计，对银监会、证监会开展财政存量资金审计。此外，还对 8 家重点商业银行开展经常性审计。在审计中，以维护金融安全为中心，以促进深化改革为主线，紧紧围绕“反腐、改革、法治、发展”，从政府治理、金融市场治理、金融机构公司治理三个层面切入，探索践行推动完善国家治理的金融审计工作新思路，不断深化创新金融审计工作，在促进落实宏观调控政策，防范化解金融风险，推进建立安全高效稳健的金融运行机制等方面发挥积极作用。

全年查出各类违法违规问题金额 369 亿元，共上报审计要情 41 篇，重要信息要目 26 篇。在 2014 年审计署优秀审计项目评选中，获得优秀项目 1 个、表彰项目 6 个；金融审计司在署机关综合考核中再次被评为优秀司局，并获得中央国家机关五一劳动奖状、审计署文明司局、先进基层党组织等表彰，一处被评为全国审计机关先进集体。

金融企业审计 在国家开发银行、交通银行、中国出口信用保险公司审计中，注重在审计思路、审计内容和审计成果利用等方面进行深化创新，切实提升审计成效。一是注重“一横一纵”审计思路的深耕与拓展，横向上，进一步拓展审计领域，不断加大金融审计与财政、企业等业务领域的协同配合；纵向上，进一步关注金融领域新业务、新市场，关注整个业务链条和市场流程，向上下游延伸，确保审计深度。二是继续牢牢把握权力运行和责任落实两个重点，并将金融机构领导人员执行中央八项规定要求和工作作风转变情况作为经济责任审计的重要内容。三是进一步加强经济责任审计与各类型审计的有机结合，注重审计成果的综合利用，发挥金融审计整体效能。6月中旬，审计署7名特约审计员亲临金融审计现场视察指导，对金融审计组织方式、审计方法和创新手段给予高度评价，也对审计成果促进金融改革的作用表示充分肯定。

重点商业银行经常性审计　继续对8家重点商业银行年度信贷投放和经营管理情况进行跟踪审计调查，保障宏观政策落实。跟踪审计调查以信贷投放为抓手，促进货币信贷政策落实到位，有效维护政令畅通；促进金融机构更好地支持实体经济，服务中小企业，积极反映、努力缓解融资难融资贵问题；促进银行信贷结构调整，密切关注信贷资产质量风险，提高防范和抵御经济波动风险的能力。每季度向国务院报送信贷投放的一些新特点新动向等若干重要信息要目，重点揭示商业银行在服务实体经济发展、促进经济发展方式转变，以及落实国家宏观调控政策等方面存在的突出问题。年终向国务院报送重点商业银行跟踪审计调查等金融审计情况的综合报告，得到国务院领导的肯定和重视。

“一行三会”审计　将人民银行财务收支和银监会、证监会、保监会预算执行情况审计，与稳增长促改革调结构惠民生政策措施贯彻落实情况跟踪审计、财政存量资金审计工作有效衔接、紧密融合，确保不同审计项目能围绕目标、各有侧重，做到有机统一、资源共享。审计一方面加大“一行三会”财务收支和预算执行审计力度，揭露其财务收支及预算管理中存在的突出问题，有效发挥审计在促进建立科学规范透明的预算管理体制、规范财务工作等方面的重要作用；另一方面关注金融监管部门在科学制定政策、细化落实措施，以及提高监管绩效等方面存在的薄弱环节，探索实践金融审计进入关注绩效、注重落实的政策跟踪审计新常态。

查处金融大要案　全年共查办金融领域案件线索46件，其中大要案线索34件，涉案金额1500多亿元。新华社、《中国青年报》等主流媒体曾对部分情况进行深度报道，发挥了震慑作用。以揭示金融机构内部人员参与作案为着力点，大力打击职务犯罪。全年共发现金融机构内部人员采取各种手段侵占挪用国有资产、输送巨额利益等案件线索14起，涉及银行内部人员88人，有效推进反腐倡廉；以关注经济波动时期银行信贷资金安全状况为落脚点，查处民营企业虚构销售业务骗贷、利用关联企业担保骗贷等多起重大案件线索，积极维护金融安全；以维护社会安定和谐为出发点，查处非法集资、网络赌博和侵害股民利益等案件线索，有力地打击涉众等违法犯罪活动，维护社会安定和谐。

发现和反映体制机制问题　关注金融领域创新中产生的问题，促进有关部门加强有效监管，如审计揭示互联网平台基金销售业务、地方政府利用创新金融工具举债等金融领域创新的新情况新问题，为有关部门加强监管提供政策参考。关注金融领域改革，促进改革深化和制度完善，如关注股票发行注册制改革过渡期内有关情况，对促进债券市场健康发展和进一步加快新股发行市场化改革提出一系列政策建议等。关注系统性、区域性金融风险，促进提高风险防范能力，如审计反映商业银行借道委托贷款规避监管、县域企业贷款循环担保普遍等情况，揭示金融领域的突出风险，为有关部门改进机制、防控风险提出建议。根据近年来金融审计情况，提出当前金融领域需要关注的问题及建议，国务院领导予以充分肯定并在有关会议上进行通报，起到促进其加强内部管理和外部监管，遏制违规经营和违法犯罪的作用。

信息化建设　金融审计数据分析平台在借鉴工商银行、建设银行成功建设经验的基础上，在其他重点商业银行进行全面推广，金融审计信息化建设步伐进一步加快。密切跟踪国内外大数据分析技术的新进展、新动态，探索以“审计信息综合利用”为技术路径的数字化审计方式；不断完善“总体分析、发现疑点、分散核查、系统研究”的审计组织方式，形成上下有序联动、信息充分共享、分工各有侧重、资源有效整合的局面。信息化建设与组织方式创新的紧密结合，提升了金融审计服务国家治理的效能。

理论研究和审计规范化建设 强化理论研究工作，为金融审计科学发展提供理论支撑和智力支持。审计署重点课题《审计机关在防范系统性区域性金融风险方面发挥作用的机制研究》通过专家评审，顺利结项；《基于云架构的商业银行审计大数据标准体系构建研究》获得国家自然科学基金会立项批准；金融审计模拟实验室开发进程加快，已征集20多篇审计案例；《商业银行审计指南》《人身保险公司审计指南》已出版并推广应用，《财产保险公司审计指南》《商业银行审计知识读本》等规范化指引正按期开展有关编写、审定工作。

国际交流合作 注重加强与国际金融审计界的交流与合作，充分发挥中国金融审计先发优势，树立中国金融审计品牌地位。5月，司领导参加世界审计组织“金融现代化与监管改革工作组”会议，作为工作组第一小组组长，牵头组织各国参会代表就本国最高审计机关在金融监管和金融市场等领域的审计实践进行深入探讨；同月，参加海峡两岸暨港澳地区审计理论与实务研讨会，司长就大数据环境下的金融审计做交流发言，介绍当前金融审计的技术方法，得到与会代表的好评与肯定。10月，成功组织召开首届中美金融监管政策绩效审计与评估研讨会，提交和宣读相关论文，并同与会代表进行研讨、达成共识。12月，司领导赴华盛顿参加世界银行第三届国际反腐败猎手联盟会议，宣传我国金融审计在反腐败中的做法和经验，引起与会代表热烈响应；同月，派员赴伊朗参加亚洲审计组织第10次科研项目会议，在统筹协调和相关报告研究汇总方面做了大量工作。通过一系列对外交流活动，充分展示出中国金融审计在审计领域的话语权，讲好中国金融审计故事。

指导地方审计 提出指导地方审计机关开展金融机构审计的具体意见；组织地方审计机关金融审计人员全程参加署里项目，通过实战锻炼、参加金融审计培训班等共同交流提高；派员到山东、河北等地方审计机关指导金融审计工作，指导和支持福建、北京等地方审计机关积极构建地方商业银行审计数据平台，开展大规模专题数据分析工作，努力提升地方审计机关信息化审计能力和水平。

（撰稿人：韩晓东）

【企业审计司】 2014年，企业审计司人员编制26人，在编25人，挂职1人。设有一处、二处、三处、四处、五处。

领导成员

司　　长：魏　强

副 司 长：周树大　罗良辰（—9月）

张锦林（3月—）

赵喜林（12月—）

正司级审计员：刘小丽

审计成果 企业审计司坚持一手抓重大违法违纪问题、重大损失浪费问题、重大影响真实性问题、重大违反国家产业政策问题、重大资源利用和环境保护问题等重大问题；一手抓揭示重大体制性障碍、制度性缺陷，统筹谋划、攻坚克难，取得了一批有深度、有影响的审计成果。全年共上报审计要情、重要信息要目46篇，综合报告和专题报告3篇，审计长批转函9篇，信息转送函6篇，移送案件线索34件。党中央、国务院主要领导先后两次在审计署报送的企业审计相关材料上做出批示。企业审计司分别荣获全国“六五”普法中期先进单位、2012—2014年度审计署司局级文明单位等荣誉称号，在2013年度审计署各部门考核中被评为优秀等次第一名；企业审计司党支部荣获审计署2011年至2014年度先进基层党组织；在2014年度优秀审计项目评比中，8个企业审计项目分获优秀和表彰，其中中石油集团经济责任审计等5个审计项目被评为优秀，企业审计司实施的53户中央企业利润分配和投资情况专项审计调查获得表彰；一处、四处分别被评选为中央国家机关“创建文明机关　争做人民满意公务员”活动先进集体、中央国家机关青年文明号。

经济责任审计 参与对国家电网公司等14户中央企业领导人员的经济责任审计，突出对重大违法违规问题的查处力度，报送或移送多起涉及中高管人员的违法违纪案件线索；突出对中央重大决策部署的审计力度，发现部分企业执行国家宏观政策、电力改革、粮食安全及土地环保等政策不到位等问题；突出对中央企业科学发展的重大风险和普遍性问题的揭示力度。在署领导直接指导下，会同政研室遵照中央领导关于“总结规律，加强监管，从体制机制上研究对策措施及早纠正解决”的要求，对2008年以来中央企业审计情况进行全面梳理，从完善国家治理和巩固基本经济制度高度，分析影响中央企业健康可持续发展的五类问题，历时2个多月，先后修改30余稿，形成《中央企业审计情况综合分析》专题报告，得到中央领导重要批示。

配合中央纪委开展专案工作 以企业审计司为主配合中央纪委专案5项，先后参与审计人员逾百人次，分赴四川、北京、宜昌、成都、天津、太原、河南、黑龙江等多地长期开展专项工作，其中企业审计司直接抽调骨干人员10多人，是近年参与专项工作最多的一年。被中央纪委领导评价为“审计工作细致准确，审计结论和依据充分可靠，超出了预期”。

参与审计项目 组织司内15人对农业部农林水事务213科目资金进行审计，发现农业部、发改委等相关部门专项转移支付或调整不到位、财政支持农业的制度设计不够完善等23项问题；组织司内10人和地方审计机关共78人，负责山东德州市一市四县土地审计，发现少征土地出让金收入、变相返还出让金、违规抵押融资三个方面9个环节的20多个问题，涉及金额200亿元，以及个人涉嫌违法犯罪线索若干件；组织4人参加彩票资金审计，发现新乡市民政等部门虚报套取彩票公益金、挤占挪用彩票资金，违规高息集资及公职人员违反规定开设站点销售彩票等问题，涉及金额数千万元。

新疆生产建设兵团财务收支审计 2月，派出以司长带队的25人审计组，对新疆生产建设兵团管理体制和财政财务收支进行一次全面摸底。审计后，针对兵团财政财务管理不规范等问题从体制机制方面提出多项审计建议，并向国务院上报专题报告。

参与各领域深化改革工作 根据中央经济体制和生态文明体制改革专项小组统一部署，派出2名司、处长对中石化等8户企业进行调研；作为国务院减轻企业负担部际联席会议办公室成员多次参加专项督查工作，起草印发《审计署关于加强涉企收费管理减轻企业负担的实施意见》，1位副司长还带队赴贵州等地进行督查；作为国有企业工资内外收入监督检查领导小组成员，配合人力资源和社会保障部对中央企业薪酬改革进行调研及现场检查；按照中央领导重要批示，研究如何堵塞中储粮总公司及类似体制单位监管漏洞并专报中央纪委；配合中央赴中粮集团、三峡集团等巡视工作。

相关工作 坚持统一部署指挥，有效提升企业审计工作的质量和层次。审计署党组高度重视企业经济责任审计工作，创新项目组织方式，专门成立企业经济责任审计领导小组，统领14户企业经济责任审计。审计长担任领导小组组长，3位副审计长担任副组长。协调领导小组办公室（即协调办）由企业审计司、固定资产投资审计司、境外审计司、经济责任审计司、计算机中心组成。在企业经济责任领导小组指挥部署下，协调办承上启下，组织各审计组指导对接14个项目：编制《2014年14户中央企业经济责任暨财务收支审计工作方案》；深入分析违法违纪问题发生的规律和特点，梳理总结出中央企业审计应重点关注问题、电网等4大行业重大问题易发多发领域等18篇专题研究动态；规范账户查询审批流程、审计文书审核流程、审计报告重点事项统一处理原则，下发工作通知近100余期，办理216批次1195个单位或个人账户查询，为重大案件线索查核方向、查处重点和查询范围进行逐级把关并指导审计重点。从成果来看，审计项目整体进度比往年有所提前，重大问题查深查透及审计质量等方面有较大提升。

2014年的审计工作点多面广、参与度深，企业审计司突破处室界限，坚持人员配置“一盘棋”。9月后，司内留守仅6人，高质量完成全司开展的14户经济责任审计项目业务文书的审核、修改、报送工作。企业审计司全体同志在不同工作岗位上锻炼出独当一面的实战能力。高度重视保密工作，做到教育、预防、监督三位一体，严控保密风险点，不断提高和强化全体同志的保密意识，严把审计质量关，没有发生任何泄密和违纪违规问题。

推动审计署与国家电网公司等12户企业实施联网和数据采集工作。在企业搭建起数据采集环境和分析平台，设置前置服务器，定时、持续获取各类数据。在两家电网公司审计中以企业领导人员决策和执行为主线，锁定核心权力、主要风险领域和关键责任人，对决策、审批、财务、业务、人事等数据进行深度关联分析，排查10余起重大违法违规问题线索。将中国远洋集团公司等5家单位作为结合式信息系统审计和联网审计试点，开展企业结合式信息系统审计和联网审计，并将其作为审计前期基础性工作。继续深入应用中央企业分析和预警系统进行报表分析，按照"总体分析、分散核查"的思路，全面推进数据分析应用工作。 （撰稿人：蒋　磊）

【外资运用审计司】 2014年，外资运用审计司人员编制15人，在编12人。设有3个职能处：一处负责外国政府贷援款项目、儿童基金会援助项目和蒙特利尔基金赠款项目的审计组织及业务管理；负责全国外资审计项目的授权（或安排）、计划和统计；信息收集、规章制定、工作协调等；负责外资运用审计司文秘、行政和后勤、保密、工会等综合性工作；负责与审计署国外贷援款项目审计服务中心的业务联系和协调。二处负责世界银行贷援（赠）款项目的审计组织及归口业务管理；负责政府外债的预算执行审计。三处负责亚洲开发银行贷援项目、农发基金/联合国粮食计划署贷援款项目、欧洲投资银行贷援款项目的审计组织和归口业务管理；牵头负责外资审计数据规划和信息化建设。

领导成员

司　　长：徐吉明（—5月）
　　　　　李凤维（5月—）
副 司 长：李长梅
　　　　　王　成（9月—）
正司级审计员：薛新华

审计成果 外资运用审计司在组织全国审计机关做好国外贷援款项目年度履约审计的同时，重点组织开展世亚行贷款铁路项目审计，参加全国土地出让收支和耕地保护情况审计、彩票资金审计、稳增长政策落实情况跟踪审计等署统一组织项目。全年移送问题与案件线索近20起。共编发各类审计信息31篇，其中审计要情5篇，重要审计信息要目2篇，审计长批转函5篇，审计署值班信息1篇，审计转送函18篇。

国外贷援款项目年度履约审计 组织署外资中心、地方审计机关及相关特派办审计国外贷援款项目318个，出具审计报告318份，其中地方省级审计机关出具审计报告267份。审计中，各级审计机关认真执行外资审计规范，在做好财务报表审计的基础上加大监督力度，着力揭露项目执行中存在的各类突出问题，取得较好效果。如在32个中央层级执行项目审计中，发现隐瞒转移截留资金、违规改变项目计划和资金用途、资金滞留闲置等问题27个，涉及金额1.95亿元；发现项目进度缓慢、招投标不合规、内部控制有重大缺陷等非金额计量问题17个。

世亚行贷款铁路项目审计 在12个世亚行贷款铁路项目审计中，外资运用审计司紧紧围绕"反腐、改革、发展"中心目标，把揭露和查处重大违法违纪问题、重大损失浪费问题、弄虚作假问题、违背国家宏观调控政策问题、资源利用和环境保护问题、损害群众利益问题等六个方面作为审计重点，保障铁路项目顺利实施，促进铁路行业改革发展。审计共揭露5类57个问题，包括招投标不合规、验工计价不实、征地拆迁资金管理不到位、部分工程存在质量安全隐患等突出问题，涉及金额74.80亿元。

参与审计项目 根据署统一部署，外资运用审计司承担内蒙古巴彦淖尔市土地审计任务和广东省肇庆市彩票资金审计任务。内蒙古巴彦淖尔市土地审计共发现149个问题，涉及问题金额116.22亿元，向特派办移交违法违规问题线索11起，其中重大案件线索3起。广东省肇庆市彩票资金审计共发现22项问题，涉及问题金额1.78亿元，发现重大案件线索1起。

国外贷援款项目审计管理 派人参与项目现场审计工作，全面掌握实际情况。先后派出两组人员分别参加江西、贵州两省外资项目的审计工作，与审计组一起检查项目会计资料、与被审计单位座谈、实地走访施工现场等，对项目执行情况和审计过程有更全面的了解，增强指导的针对性。按照"基础工作与实质问题整体关注"的思路，改进对地方审计机关审计报告的审核方式。实现审计报告专网交换，对审计工作底稿等材料的检查采取重点抽查的方式，不低于项目总数的三分之一，切实提高审核效率。全年共审核地方审计厅（局）审计报告60份，提出修改意见、提请关注或进一步核实事项等共872条。开展审计报告规范化研究。根据世界银行等国外贷援款方要求，在组织部分地方审计机关开展项目采购试点审计工作的基础上，依据国外贷援款方有关文件对审计报告模板进行修改完善，进一步规范审计报告的格式和内容。举办外资审计师资培训班，重点讲授国外贷援款项目审计思路、财务报表审计重点环节和内容、外资绩效审计等内容，为进一步深化外资审计工作提供人才与师资储备。

信息化建设 根据《外资审计数据规划》有关内容，开发外资项目信息和审计成果资源共享平台，完善外资审计项目数据库，实现项目信息的资源共享和深度开发，推进与国外贷援款方以及国内主管部门的联网。构建与财政部等国外贷援款项目主管部门以及世界银行、亚洲开发银行等国际金融组织的信息交互机制，构建审计成果资源共享平台，保障数据资源有效交互应用，实现有限度的资源共享，为审计应用、业务协同提供信息资源支持。根据新制定的《世界银行亚洲开发银行贷款项目审计指南》，继续推广应用AO（现场审计实施系统）外资版和开发数字化控制模块，进一步规范审计程序，加强外资项目审计过程中的质量控制。通过这些模块，可以对一些必须完成的步骤和内容进行设定，实现外资项目审计操作全过程的数字化质量控制。

对外交流 组织开展绩效审计实务研究、世亚行贷款铁路项目审计指引、赠款项目审计指南、外商直接投资研究等课题，促进理论与实践的有机结合。加强对外交流和培训，提高干部队伍的国际交往能力。前往马来西亚参加世界审计组织发展培训委员会（IDI）公共债务审计全球培训项目启动会，并做主题发言；为蒙古国审计人员讲授债务管理、外资项目审计等内容；参加IDI公共债务审计在线理论培训，并考核通过。

（撰稿人：范厚胜）

【境外审计司】 2014年，境外审计司人员编制12人，在编11人。设有一处、二处、三处（兼联合国审计委员驻纽约办公室）。

领导成员

司　　长：章　轲（—9月）

陈达时（9月—）

副 司 长：胡学文　张新芳（—9月）

审计成果 全年组织实施两家国有金融机构境外机构审计、驻6个国家非经营性机构审计，完成联合国审计相关工作，参与完成土地出让收支和耕地保护情况审计、彩票资金审计等统一组织的大型审计项目。总结六年联合国审计工作经验，形成《联合国审计工作总结》和《国际公共部门会计与预算改革对我国的启示研究——来自联合国的改革经验和审计实践》等成果，参与编写《中国特色社会主义审计制度研究》。

境外机构审计 组织实施对两家银行境外机构领导人员的经济责任审计。审计立足于摸清底数、促进管理、防范风险，重点关注境外机构财务管理、重大筹资投资决策、发展战略制定与执行、风险管理、失职渎职、涉嫌利益输送等方面的问题。通过审计，维护境外国有资产安全，促进提高运营绩效，为全面客观评价相关领导人员经济责任提供依据。

组织实施驻6国使领馆等非经营性机构预算执行和财务收支审计。审计坚持“保障安全，揭示问题，规范管理，提高效益”的总体目标，围绕贯彻落实中央八项规定精神和国务院“约法三章”要求，关注“三公”经费开支和存量资金管理情况，检查使领馆等驻外非经营性机构公务接待方面内容，揭示和反映驻外非经营性机构预算和财务管理中存在的薄弱环节和突出问题，促进提高预算管理水平和资金使用效益。

联合国审计 境外审计司继续按照审计长提出的审计促进完善联合国治理的总体目标，做好联合国审计收官工作，组织实施任期内最后一轮次对联合国日内瓦办事处、联合国儿童基金会、联合国养恤基金等11个项目的审计，向联合国大会提交7份审计报告，并顺利通过联合国有关机构对审计报告的答辩质询。

7月23日至24日，联合国审计委员会在纽约联合国总部召开会议，审计长刘家义率团出席，并与印度审计长进行工作交接。至此，中国审计署六年联合国审计工作圆满结束。自2008年7月起，审计署先后对联合国维持和平行动、儿童基金会、日内瓦办事处、人权事务高级专员办事处等20多个机构和项目实施了近200次审计，足迹遍及50多个国家和地区，向联合国提交审计报告和审计建议书163份。提出审计建议720条，95%得到整改，直接为联合国增收节支超过5亿美元，促使核减人员编制1500多人、核减飞机部署16架，推动建立和修订完善制度500多项，在推动联合国更加廉洁高效、公开透明、强化问责、提高绩效等方面取得显著成效。联合国大会和多位联合国大会主席高度赞赏中国审计师为完善联合国治理做出的积极贡献。联合国秘书长潘基文积极评价中国审计师围绕治理看问题、针对治理提建议，为推动联合国一系列重大改革所发挥的建设性作用。

此外，应联合国审计委员会委员印度和坦桑尼亚审计署邀请，境外审计司派员赴两国对联合国审计人员实施业务培训，取得良好效果。为强化联合国审计的成果利用和总结宣传，境外审计司撰写上报多篇总结报告，参与完成联合国审计内外宣传片的摄制，为宣传中国审计走向世界提供鲜活的记录。

交办任务 境外审计司服从全国审计“一盘棋”安排，积极参与土地出让收支审计和彩票资金审计，克服人员少、时间紧、任务重等困难，圆满完成各项任务。参与《中国特色社会主义审计制度研究》、世界审计组织改革、《北京宣言》措施落实等具体事项的研究工作。

基础建设 严格落实党风廉政建设责任制，加强对党员干部的教育、管理和监督。不断完善廉政风险防控工作机制，将廉政风险防控融入境内、境外各审计项目管理流程，切实强化制度建设；加强对廉政纪律、外事纪律、财经纪律、“八不准”审计纪律执行情况的监督检查，强化四级审核把关制度。

加强领导班子和干部队伍建设，应对境外审计业务工作全面转型变化。不断提高全司干部政治素质和业务能力，从“一专”和“多能”两方面锻炼年轻同志的能力。一年来，境外审计司选派多人参加党校学习、业务专项培训、基层挂职锻炼和境外中长期培训，1人作为国际职员储备人才被借调到联合国秘书处交流，1人被授予“全国审计机关先进工作者”荣誉称号。

强化保密管理，将保密教育作为各审计组行前教育的重要内容，通过《境外审计保密承诺书》明确个人保密责任和义务，有效落实责任；加强保密规章制度建设，进一步细化要求；抓好专用计算机配置管理和使用、联合国审计网站信息发布、电子邮箱系统管理和电子邮件使用、智能手机和通信工具使用等重点环节，做到重点防控。

（撰稿人：陈　哲）

【经济责任审计司】 2014年，经济责任审计司人员编制19人，在编16人。设有一处、二处、三处、四处。

领导成员

司　　长：郭彩云（—11月）
　　　　　孙晓岩（11月—）
副 司 长：班东启（—11月）　张广春
　　　　　吴旭东（11月—）

审计成果 经济责任审计司主要围绕制定印发《党政主要领导干部和国有企业领导人员经济责任审计规定实施细则》（以下简称《实施细则》）、组织召开全国经济责任审计工作电视电话会议、深入开展调查研究等内容开展工作，加强对全国经济责任审计工作的规范、总结、指导和研究，进一步推动经济责任审计工作深化和发展。

制定印发《实施细则》 在2013年初稿的基础上进一步进行修改完善，先后组织专家座谈研讨近10次，并广泛征求中央有关部门、被审计单位和领导干部以及审计系统的意见。7月27日，以中央经济责任审计工作联席会议成员单位名义印发《实施细则》。《实施细则》是对两办规定的细化、补充和完善，是经济责任审计制度建设的又一重要里程碑。

学习宣传《实施细则》 《实施细则》出台后，采取撰文、访谈、培训等方式，开展一系列宣传活动。制订印发宣传工作方案和宣传提纲，对各地贯彻落实《实施细则》工作做出部署；《光明日报》《中国审计》和《中国审计报》刊登评论员文章；在《中国审计》和《中国审计报》开设“审计厅长谈经济责任审计”系列专栏；配合北京青年报、新华社、中国经济周刊、人民网等媒体进行宣传；通报各地贯彻落实全国电视电话会议精神和学习《实施细则》情况；编发《实施细则》解读材料；与培训中心联合举办《实施细则》学习培训班和提升审计查办案件能力研讨班等。

根据《实施细则》，修改完善并印发《审计署内部管理领导干部经济责任审计规定》；与法规司、企业司研究起草2014年中央企业领导人员经济责任审计报告框架；组织撰写《地方党委和政府主要领导干部经济责任审计指南》初稿，拟于2015年底前修改完善后正式出台；启动《党政工作部门主要领导干部经济责任审计指南》的编写，研究制订编写方案和指南提纲，召开专家研讨会，起草初稿。

全国经济责任审计工作电视电话会议 研究制定会议方案，起草审核会议材料，协调成员单位做好会议安排，组织完成视频转播等会务工作。7月28日，全国经济责任审计工作电视电话会议召开，联席会议召集人审计署审计长刘家义、中央纪委副书记张军、中央组织部副部长王尔乘等分别做重要讲话。会议在北京设立主会场，在各省、市、县设立分会场。主会场参加人员包括联席会议成员和成员单位相关领导，部分中央部门和中央企业内审机构负责人，以及署机关各单位和各派出审计局负责人等。会议进一步统一思想，明确思路，对新时期推进经济责任审计工作深化发展具有重要意义。

调研指导 编发《经济责任审计工作通讯》16期，交流总结各地和中央各部门、各单位好的经验做法。先后赴中国建筑工程总公司以及山东、海南、吉林等10多个地方进行调研，在辽宁省组织召开9省（区）经济责任审计工作座谈会，调阅6个省20份经济责任审计报告，对各地贯彻落实《党政主要领导干部和国有企业领导人员经济责任审计规定》及其《实施细则》、自然资源资产离任审计试点开展情况，以及经济责任审计项目质量等进行调查研究，剖析存在的问题及原因，提出对策建议，起草《全国经济责任审计工作开展情况存在的问题及下一步工作建议》等研究报告报送署领导。

联席会议办公室日常工作 组织召开中央经济责任审计工作联席会议第4次全体会议及其办公室会议；推动增补中央编办为联席会议成员单位，主要配合中办、国办等相关部门完成相关事项；研究确定2015年经济责任审计计划建议；走访联席会议成员单位，强化协作配合工作机制；筹备召开2015年联席会议办公室会议，起草《2015年经济责任审计工作指导意见》等会议材料。

审计系统领导干部的经济责任审计 共对8名审计系统领导干部开展经济责任审计，包括江西、湖南、浙江3个省审计厅长和郑州、上海、长沙3个特派办特派员，以及中国时代经济出版社社长、中国审计报社社长2名事业单位负责人。对署领导关心的有关问题进行重点检查和专题汇报，配合审计署干部调整按时保质完成审计任务。

参与审计项目 派出7人参加对国家电网公司法定代表人的经济责任审计，报送1篇审计要情。派出3人参加农林水事务（213科目资金）审计，8人参加湖南省土地出让收支和耕地保护情况审计，7人参加彩票资金审计，共报送2篇审计要情、1篇重要信息要目。参与复核2014年省长、部长、企业（含金融机构）法定代表人经济责任审计项目的有关业务文书，提出书面复核意见30多份。2013年参与的沈阳市委书记和市长同步经济责任审计、中石油原法定代表人的经济责任审计两个项目被评为2014年审计署优秀审计项目。

（撰稿人：刘　艳）

【国际合作司（港澳台办公室）】 2014年，国际合作司（港澳台办公室）（以下简称国际司）人员编制19人，在编16人。设有一处（主要负责外事计划、统计、档案、文秘综合及外事工作质量的管理与监督，负责因公出国人员的证照办理和管理，负责礼宾接待、行政后勤以及其他综合管理工作等）；二处（主要负责组织实施与各国最高审计机关的双边交流活动，负责署领导出访以及重要外国团组的接待工作，管理和组织实施双边合作项目等）；三处（主要负责与地区、国际审计组织的交流活动，负责多边合作项目和多边会议的执行和管理，负责审计外事资料的译编出版）；四处（主要负责亚洲审计组织组织事务、港澳台事务、承担对外宣传，以及署英文网站和外事专用网络的管理和维护工作）。

领导成员

司　　长：周维培

副 司 长：周文华　姜海鹰

副司级巡视员：赵　兵（9月—）

工作综述 国际司以邓小平理论和“三个代表”重要思想为指导，以科学发展观为统领，认真贯彻习近平总书记系列讲话精神，积极探索审计领域对外交流的理论与实践创新，积极参与全球治理进程，积极开展与世界各主要国家最高审计机关友好往来，积极为国内发展和国家外交战略服务并创造良好环境。审计外事工作取得一系列新的重大进展。

国际交流合作　全年审批因公出国（境）团组 82 个，因公出国人数 310 人次（其中使用联合国审计经费参加联合国审计项目以及境外审计项目共 21 批，总计 106 人次）。一年来，署领导参加多场重大审计外事活动，涵盖大国、周边、发展中国家和多边等各个战略方向，进一步开创了同各国最高审计机关合作共赢关系新局面。

6 月 30 日，审计长刘家义圆满结束联合国审计委员会委员任期。六年来，审计署派出审计人员 1270 人次，对联合国总部、维和部队等 20 多个机构进行审计，遍及 50 多个国家与地区，涉及资金 900 多亿元，推动联合国在多个领域建立和修订完善制度 500 多项，得到联合国和社会舆论的高度评价。国际司作为主要的外事服务部门和重要活动的主持、参与单位，发挥了积极而重要的作用。

2014 年是中国审计署担任世界审计组织（以下简称世审组织）理事会主席国的第一年。在审计长刘家义领导下，世审组织积极参与全球治理，深度参与联合国 2015 年后发展议程制定工作，致力于新战略规划的谋划，扩大与外部捐助机构的联系，密切关注新兴和紧急事项对审计工作的影响，进一步提高世审组织的影响力。11 月，刘家义出席世审组织第 66 次理事会，作为世审组织主席主持了本次理事会；同月，拉美及加勒比海地区审计组织第 24 届大会授予刘家义“美洲监督荣誉勋章”，对他担任世审组织主席、联合国审计委员会主席、亚洲审计组织（以下简称亚审组织）主席、亚审组织环境审计委员会主席等重要职务期间为国际审计事业所做出的杰出贡献给予高度褒奖。作为世审组织主席，刘家义还派出特别代表，分别出席欧洲审计组织、拉美及加勒比海地区审计组织、太平洋审计组织等地区组织大会。

中国审计署继续积极推进双边交流，以大国为重点完善多层次交流机制，与欧洲、亚洲、非洲等各国最高审计机关和相关机构的交往日趋紧密。10 月 27 日至 29 日，作为中美最高审计机关合作谅解备忘录的重要举措，由两国审计长共同倡议的中美“金融监管政策绩效审计与评估”研讨会在审计干部教育学院召开。刘家义出席开幕式并发表题为《后金融危机时代国家金融审计发展展望》的主旨演讲，副审计长袁野率团参加研讨会活动。来自中、美、英、德、韩、澳等六国的高级官员和专家经过热烈研讨与交流，最终形成《中美金融监管政策绩效审计与评估研讨会共识》。

中国审计署积极倡导和践行审计领域的多边外交，高度重视亚审组织、世审组织等国际组织的重要作用。副审计长董大胜赴越南出席亚审组织环境审计委员会第五次环境审计研讨会暨第四次工作会议；副审计长孙宝厚率团赴俄罗斯出席亚审组织第 47 次理事会暨亚洲审计组织和欧洲审计组织第二届联合会议；总审计师陈尘肇率团赴俄罗斯联邦参加俄中审计研讨会；中央经济责任审计工作联席会议办公室主任、审计署党组成员张通应邀访问美国审计署、加拿大审计署。副审计长袁野率团出席在印度举行的第 21 届中印审计研讨会。就审计领域重大问题与其他国家加强沟通，达成共识，为审计领域的国际交流与合作注入鲜明的中国元素。

稳定与周边国家最高审计机关友好关系。派员参加第十届中日韩三国最高审计机关工作层会议，三国审计人员之间的经验交流和友好合作进一步深化。在山东举办第五届中印青年审计论坛，在北京为蒙古审计人员举办专业培训班，进一步增进与周边国家最高审计机关友谊与合作。

大力加强对欠发达地区审计机关的援助。利用国家外援资金和自有外事经费，在审计干部教育学院举办第三届南太平洋地区最高审计机关高级审计研讨班。刘家义出席并发表主旨演讲《国家审计与国家治理》。孙宝厚、袁野，总审计师李晓钟分别授课并参与讨论。来自南太平洋地区九国审计长或其代表参加此次研讨班。至此，对该地区的审计援助的覆盖已超过 80%。

世审组织活动　审计署围绕落实《北京宣言》、促进世审组织可持续发展的总目标，积极履行世审组织主席职责。与秘书处及理事会成员共同推动联合国大会批准《通过加强最高审计机关促进和提高公共管理部门的效率、问责、效果和透明度》的新决议；推动在《联合国 2015 年后发展议程》中阐述《北京宣言》关于促进良治的核心原则；联系联合国秘书长潘基文、减灾事务特别代表、国际援助透明行动计划等组织，推广世审组织起草的多项关于救灾援助的《最高审计机关国际准则》；参与和影响世审组织新的战略规划制订进程，呼吁平稳推动世审组织的良好治理和改革。

积极组织协商机制，履行世审组织突发事宜监督委员会主席的新晋职责。刘家义于2013年10月22日就任世审组织理事会主席及世审组织突发事宜监督委员会主席，任期至2016年12月，这是中国审计署首次担任世审组织常设机构领导人。2014年，国际司主持草拟委员会的职权范围和工作流程，并通过召开电话会议、信函沟通等方式，协调组织委员会全体成员，批准通过有关工作机制，为下一步的工作奠定基础。

亚审组织活动　中国审计署是亚审组织第10次研究项目的主席国，牵头负责对“腐败与舞弊审计：关于打击腐败和洗钱行动的评估”项目研究，自2012年6月项目启动以来，成立课题研究小组，协调各参与国，对反腐败工作开展情况、审计机关在反腐败和反洗钱中的作用、最佳审计实践等主要内容进行系统研究，提交几十万字的国别研究报告和阶段汇总研究报告，成果将提交2015年2月召开的亚审组织第13届大会审议批准。

6月9日至20日，承办的亚审组织“IT环境下的财务审计”培训班在南京审计学院举行。来自亚洲33个国家最高审计机关的42名代表参加此次培训。另外，审计署选派的10名最高审计机关国际准则推广人员，顺利通过世审职业发展培训委员会的培训、考试，成为推广专家，成为研究、借鉴最高审计机关国际准则的后备力量。

港澳台事务　国际司积极履行港澳台事务办公室职能，继续做好对港交流、对澳培训等既有项目，积极推动在一个中国原则下的对台审计交往。接待澳门审计长何永安一行来京拜会；组织澳门审计署3位审计人员参加审计署的计算机审计培训和青年干部培训班；接待香港华人会计师公会访京团。协助中国审计学会在山东举办2014年海峡两岸及港澳地区审计理论与实务研讨会。

外事宣传与国外审计理论译介　注重审计署外文网站的更新和维护，对重要政策信息、重大审计事项、重要审计成果及时翻译上网，增强信息的针对性和实效性。在世审组织杂志、网站，亚审组织杂志、网站，世审组织环境审计绿色在线网站的投稿20余篇。在欧洲审计组织杂志上，发表刘家义的署名文章《以创新有效的方式传递审计信息》。编辑出版《十国审计长谈国家审计》一书，为广大审计干部、科研工作人员研究国家审计，提供第一手的素材，受到广大读者的欢迎和好评。编辑出版《21届世界审计组织大会文集》，收录这个具有历史意义大会的重要讲话和文献。根据世审组织规则，翻译整理英文版的《21届世界审计组织实录》，供德、法、阿、西等其他4种官方语种翻译使用。突击译校刘家义主编的《中国特色社会主义审计理论研究》一书的英文稿，为中国时代经济出版社、商务印书馆与美国约翰·威利出版公司的版权输出合作贡献力量。

外事管理　国际司切实从讲政治的高度模范遵守和执行中央关于外事管理的各项规定和要求。按照中央文件要求，迅速行动，在结合外事工作实际的基础上，调整本年度外事计划，削减高级访问团组1个，削减短期培训团组4个，全年较2013年度减少审计署系统人员因公临时出国64人次。严格根据工作需要安排因公临时出国活动，实行因公临时出国信息公开与成果共享，严格行前公示和经费开支多重审核制度。全年办理护照138份、签证276份，在处理突发事件、特件、急件方面妥善应对，无一例拒签发生，为审计对外交往提供坚实的保障。　（撰稿人：高天宇）

【人事教育司】　2014年，人事教育司人员编制29人，在编28人。设有办公室、机关干部处、地方干部处、工资调配处、教育职称处和综合处（巡视监督办公室）。

领导成员

司　　长：胡利民（—4月）

　　　　　王鸿津（4月—）

副 司 长：俞国庆

正司级巡视员：邓　壮

副司级巡视员：王雅静

审计署党组驻中国审计报社纪检组长：

　　　　　黄　峥（—9月）

武晓晨（9月—）

审计署党组驻中国时代经济出版社纪检组长：

陈遥征（—9月）

郑云龙（9月—）

工作综述 人事教育司在审计署党组的领导下，牢固树立科学审计理念，以加强领导班子和干部队伍建设为主线，全面落实人才发展规划，提高干部队伍综合素质，为进一步发挥审计作为国家治理的基石和保障作用，更好地服务改革发展，促进国家治理现代化和国民经济健康发展提供坚强的人才支持和组织保证。

机构编制管理 为适应审计事业发展的新要求，根据中央编办批复，对署机关、特派办和派出局机构设置和人员编制进行大幅度调整。撤销监察人事审计局等5个派出审计局，新设立电子数据审计司等3个内设单位，将原有的农业与资源环保审计司、行事司2个审计业务司分设为4个审计业务司，从特派办划转70名行政编制。调整后，审计署共设置21个部门（含机关党委和离退休干部办公室），20个派出审计局。

按照规定组织完成2013年度审计署机构编制统计年报工作。根据中央编办统一部署，组织开展审计署机构和人员编制核查，完成培训动员、审核检查、信息汇总等基础准备工作，以及相关材料的上报。

干部选拔任用 全面总结干部选拔任用工作，推进人事工作规范化、科学化。根据《党政领导干部选拔任用工作条例》和中央组织部《关于完善竞争性选拔干部方式的指导意见》，印发《审计署司处级干部选拔任用暂行办法》。全年共对39个单位的主要负责同志及105名其他司（局）级干部的职务进行调整，处级干部轮岗交流227人次。根据任职试用期的相关规定，对2014年任职试用期满的54名干部进行考核，办理正式任职手续。统一组织实施司（局）级领导职务和非领导职务干部选拔任用工作，共提拔使用正司（局）级领导职务10名，正司（局）级非领导职务8名，副司（局）级领导职务29名，副司（局）级非领导职务10名，直属单位副职4名。组织实施署机关、派出局处级领导职务和非领导职务干部选拔任用工作，共选拔任用98名处级干部，其中正处级领导职务31名，副处级领导职务45名，正处级非领导职务14名，副处级非领导职务8名。

公务员选调招录 严把入口关，优化队伍结构。组织完成录用公务员工作，全年共录用公务员249人，其中署机关38人，特派办211人；组织完成公务员选调工作，从地方审计机关和特派办选调干部20人；面向全国公务员队伍公开遴选6人；接收安置军转干部8人。在招录工作中，强化考察环节，从严审核人事档案，关注考察对象的德行修养和工作实绩。

干部交流锻炼 选派干部到基层艰苦地区、复杂环境、关键岗位培养锻炼，丰富基层工作经验。加强对新录用公务员的培养，安排署机关、派出局新录用公务员去特派办参加审计实践。全年署机关、派出局到特派办或外单位交流，地方审计机关人员到署交流，与新疆、西藏审计机关双向交流等各项交流共246人。从内蒙古、四川、甘肃、青海、宁夏等5个中西部地区审计机关和南京审计学院选派29名干部和教师到特派办和业务司进行为期1年的审计实践锻炼。

指导地方工作 履行地方审计机关领导班子协管职能，加大调研力度。办理17个省（区、直辖市）审计厅（局）36人次的职务任免协管审批手续。组织调研组赴部分地区进行调研，提出进一步加强党委政府对审计工作的领导、全面加强审计机关领导班子建设的意见。组织省级审计机关对本区域内审计机关领导班子和干部队伍建设情况进行调研，为推动地方审计机关班子队伍建设打下良好基础。初步研究对地方省级审计机关的考核办法。

推动省以下审计机关人财物统一管理试点工作。研究起草改革方案，明确基本要求和工作纪律，针对改革试点工作涉及的重要的、原则性的问题提出意见。

干部教育培训 以能力建设为核心，增强培训的统筹性、针对性和实效性。完成中央党校、行政学院、三所干部学院等培训单位的调训和中央国家机关司局级干部选学工作。拓展审计专业技术人员继续教育途径，举办全国高级审计师研修班，培养审计专业技术人才61人。会同审计干部培训中心、审计干部教育学院大力推进模拟实验室建设、网络培训和案例教学等培训方式的创新。按照中央组织部要求，组织完成审计署领导干部参加社会化培训的清理整顿工作。

组织开展学习贯彻习近平总书记系列讲话精神的集中培训。署机关各单位、各派出机构全体同志参加集中培训，21家省级审计机关和部分地市级审计机关通过视频直播参加集中培训。

提高国（境）外培训质量，组织完成各类境外奖学金项目的推荐选拔工作，以及外专局、行政学院赴美培训和赴澳大利亚联邦政府决算审计中长期培训。规范境外培训工作，制定《审计署人事教育司关于进一步规范审计干部境外培训工作的意见》。

全面推进人才工程，加快审计队伍专业化建设。组建课题组开展审计职业化建设研究，向12个国家最高审计机关发出调研问卷，起草审计职业化建设方案和研究报告。选派2人参加博士服务团。完成推荐国家百千万人才工程人选、审计署2014年享受政府特殊津贴专家人选、全国会计领军人才人选等工作。调研修订审计业务骨干人才和审计专业领军人才培养办法。做好审计长奖学金管理相关工作，研究制定审计扶贫助学金管理办法。履行全国审计专业学位研究生教育指导委员会秘书处职责；受国务院学位办委托，组织制定《审计硕士专业学位基本要求》。

组织2014年度全国审计专业技术资格考试（评）工作。全国共有43874人报名，24220人参考，其中8127人达到合格标准。组织完成高级审计师评审工作，55人获得高级审计师资格。

干部监督巡视 认真落实《关于审计署进一步从严管理干部的实施意见》。组织署机关各单位、各派出机构处级及以上职务的领导干部报告个人有关事项，共收到报告1528份；形成汇总分析综合报告，并组织实施随机抽查核实工作。

按照署党组要求，组织成立6个巡视组分别对上海、武汉、广州、兰州、长春、重庆等6个特派办开展巡视。

按照中央组织部要求，组织完成审计署干部在企业兼职（任职）和退（离）休干部在社团兼职情况的清理规范工作；组织开展全署“裸官”清理工作。

在全署范围内对按职数配备干部的情况进行自查，并报送中央组织部接受检查。

做好信访查证和干部处理工作。全年收到群众来信26件，对来信反映的问题进行查证。严格依法依规处理违纪干部，全年共处理3起违纪事件、2起违反廉政纪律和审计工作纪律事件；2名副司级干部受到行政记过处分并免职。

直属单位管理 根据中央编办批复，调整署事业单位人员编制、内设机构和领导职数，制订署事业单位岗位设置方案。指导机关服务局等5个直属单位开展中层管理岗位人员的选拔聘任工作。与相关部门共同完成中央党政机关和国有企事业单位培训疗养机构的调查统计工作。

全国先进表彰 经人力资源和社会保障部、公务员局批准，开展全国审计机关先进集体和先进工作者评选表彰工作。经过三轮公示，最终确定78个全国审计机关先进集体，32名先进工作者的正式表彰名单。12月25日，召开全国审计机关先进集体和先进工作者表彰大会，对先进代表进行表彰。国务院总理李克强接见“双先”代表，并发表重要讲话。

干部人事档案专项审核 根据中央组织部要求，全年共对署机关、派出局、特派办及直属单位共70个单位全体在编（在职）人员的3339卷干部人事档案进行专项审核。同步集中维护公务员管理信息系统，完善干部人事档案相关管理制度。

其他工作 认真做好工资福利工作。全年共完成署内323人次的工资调整工作，发放年终一次性奖金577人次，级别工资晋级晋档482人次。协助完成公务用车改革相关工作，分职级、分类别对署机关、派出局的编制和现有人员情况进行统计、核实，确保数据翔实准确。

配合中央组织部做好相关干部推荐、考察、任命等工作；配合中央编办对机构职能编制情况进行调研；协调各单位选派5批共39人参加中央巡视工作。 （撰稿人：王　雷）

【中共审计署机关委员会】 2014年，中共审计署机关委员会（以下简称机关党委）编制在职人员11人，聘用人员1人。设有办公室、组织部、宣传部、机关纪委办公室、直属机关工会、团委、妇工委和图书馆。

领导成员

党委书记：余效明（—10月，兼）

李晓钟（10月—，兼）
常务副书记：鲍朔望（—10月）
彭华彰（10月—）
副书记兼机关纪委书记：王　刚

工作综述　在署党组和中央国家机关工委的正确领导下，机关党委深入贯彻署党组书记、审计长刘家义关于当好“党员之家”的指示精神，结合审计机关实际，以“强化整改、严明纪律”为主题，突出抓好责任履行和规范管理，强化基层党组织建设，不断深化党的群众路线教育实践，为努力实现审计监督全覆盖，促进审计推动完善国家治理和实现可持续发展提供重要的思想和组织保障。

学习教育活动　认真组织学习习近平总书记系列重要讲话精神。先后发放《习近平总书记系列重要讲话读本》《学习习近平同志关于机关党建重要论述》等一批理论学习书籍，并向中央国家机关工委推选16篇学习体会参加征文活动。深入学习贯彻党的十八届四中全会精神。通过展览展示、发放学习资料、组织党组中心组学习会、开展支部主题联学、制作网上视频资料等多种形式，教育引导党员干部不断加深对四中全会精神的认识和理解，进一步增强依法审计能力，促进全面推进依法治国。起草印发《中共审计署党组关于进一步加强学习型审计机关建设的意见》。结合新形势下加强思想理论建设的新要求，进一步明确学习型审计机关建设的具体学习内容和相关要求。继续做好署党组中心组学习服务工作。分别以加强干部队伍建设等为主题，组织4次中心组学习，配合中央国家机关工委完成对审计署党组中心组学习的相关调研，得到中央国家机关工委领导的充分肯定。

典型引领　加大对审计一线先进典型的挖掘和宣传力度。开展“随手一拍”“我身边的先进典型”宣讲会等活动，营造积极向上的机关氛围。采取多种方式加强对青年干部的思想引导，举办“优秀青年干部面对面”座谈、“建功立业展才华、青春铸就中国梦”系列活动、“中国梦”主题演讲等活动。推荐张新芳参加中央国家机关践行社会主义核心价值观先进事迹宣讲活动，收到良好效果。积极开展评先评优和党建品牌创建活动。组织开展“两优一先”及文明单位评选表彰活动，共评选出先进基层党组织20个、优秀共产党员71名、优秀党务工作者39名、司局级文明单位17个。组织开展中央国家机关“创建文明机关、争做人民满意公务员”先进集体的推荐工作，财政司和企业审计司一处荣获中央国家机关第二届“创建文明机关、争做人民满意公务员”活动先进集体称号。

党风廉政建设　做好署教育实践活动后续工作，先后起草《审计署关于做好教育实践活动下一步的工作安排》《审计署关于进一步深化教育实践活动的通知》、学习习近平总书记兰考讲话和新华社长篇通讯的通知等一系列文件，对教育实践活动和相关学习贯彻工作进行部署。选派调研组深入各单位和审计一线开展现场调研，面向全署干部职工进行思想政治状况问卷调查，形成《审计署思想政治工作情况调研报告》。该报告被全国机关党建研究会机关专委会评为二等奖，被中央国家机关党建研究会评为一等奖。根据署党组的要求，在调研报告基础上起草印发《中共审计署党组关于进一步加强和改进思想政治工作的意见》。组织开展全国土地出让收支和耕地保护情况审计巡回检查，以检查依法履职情况、遵守纪律情况、文明审计和工作作风情况为重点，组织8个检查组深入各一线审计点开展为期近3个月的巡回检查，有效防范廉政风险。推动落实党风廉政建设主体责任，组织起草《中共审计署党组关于落实党风廉政建设主体责任的意见》，并对86名基层党组织书记开展落实主体责任专题培训。探索各基层党组织建立处级干部廉政档案，从年度述职述廉报告，接受廉政谈话、诫勉谈话的记录和回复组织函询的材料等八个方面对党员干部的廉政纪律执行情况进行收集整理。对政府采购、新办公楼建设的关键环节和工作程序的合规性、合法性进行全程跟踪监督。

党组织建设　积极推进临时党组织建设。对每个临时党组织结合实际采取切实措施落实好审计一线的主体责任提出明确要求，并以“勇挑重担展风采、攻坚克难出成果”为主题，开展以“比思想看行动，比能力看业绩，比作风看表现”为主要内容的“三比三看”活动。认真开展基层组织工作条例落实情况检查，制定《条例贯彻落实情况检查要点分解表》，对检查的各项指标进一步细化，组织各基层党组织针对条例要求开展自查，并形成检查报告报送中央国家机关工委。严格党员管理和教育培训，严格执行中央新颁发的《中国共产党发展党员工作细则》，坚持成熟一个发展一个，认真做好党员发展工作，全年确定、培养入党积极分子 8 名，接收新党员 4 名，预备党员转正 8 名，举办一期党员发展对象培训班。认真做好基层党组织换届选举、党员组织关系接转及党费收缴等工作，共指导、督促 13 个基层党支部进行换届选举，完成近 300 人次党员组织关系接转工作。

群团工作 切实解决干部职工实际困难，组织开展向职工送温暖工作，为 48 位生活困难的职工送去补助，安排 7 名全国劳模参加京外疗养。

创新开展青年工作，组织青年干部参加“根在基层·情系民生”调研实践、中央国家机关篮球联赛、足球联赛和单身青年联谊等活动，充分展示审计青年干部良好的精神面貌。深入开展青年志愿者服务活动，与江西省会昌县团委结对帮扶，向基层养老院、福利院和贫困学校捐赠物资和书籍价值近 5 万元。与中国建设银行机关团委联合开展“积分圆梦·微公益”活动，共捐赠 2300 多万积分，为西部贫困小学筹建音乐教室。联合国家质检总局直属机关团委、会昌县团委、北京顺丰速运有限公司团委，开展“携手同心·温暖传递”冬衣捐赠活动，向会昌县贫困群众捐献冬衣、冬被 500 多件。直属机关团委被中央国家机关团工委评为 2011—2013 年度中央国家机关五四红旗团委，并被授予 2014 年度中央国家机关“共青团工作奖”。中国时代经济出版社团支部被中央国家机关团工委授予 2014 年度中央国家机关“最具活力团支部”荣誉称号。法规司李霞、外交外事审计局王蕊被分别评为 2011—2013 年度中央国家机关优秀共青团干部和优秀共青团员。办公厅政策研究室和企业审计司四处被命名为 2013—2014 年度中央国家机关青年文明号，财政司籍吉生被授予第三届“中央国家机关青年五四奖章标兵”称号（中央国家机关仅 10 人被授予该称号）。审计署青年志愿者服务队被共青团中央、中国青年志愿者协会评为“第十届中国青年志愿者优秀组织奖”，是中央国家机关唯一获奖单位。

当好女职工的“娘家人”，组织开展“爱心微行动”，共有 320 多人参与 105 项活动，涉及孝敬老人、教育子女、关心同事、热心公益等诸多方面。在“三八”国际妇女节期间召开全署妇女大会，对 45 位分别获得“署巾帼建功先进个人”“署五好文明家庭”以及“署妇女之友”荣誉称号的先进个人进行表彰。组织参加“中央国家机关干部职工家庭建设好经验”评选活动，有 3 个家庭建设经验被评为“最佳经验奖”，审计署妇工委被评为优秀组织奖，相关经验材料被中央国家机关妇工委推广，并刊登在《中国妇女报》上。

对口支援和扶贫 全力推进对口支援会昌县振兴发展工作，研究制订《审计署、质检总局对口支援江西省会昌县振兴发展工作方案》，确定 2014 年拟启动的重点工作。牵头组织会昌县委县政府主要负责同志和相关职能部门负责人赴国家卫生和计划生育委员会、教育部、农业部和水利部对接对口支援工作，并委派专人进行跟踪协调。认真做好对河北省顺平县的定点扶贫工作，组织编制完成《2014 年至 2017 年顺平县扶贫攻坚规划》，为安阳乡中学新建供水设施投资 13 万元，解决师生用水难的问题；向腰山镇中学等 3 所学校捐赠华审宾馆客房设施；帮助顺平县审计局加大审计培训和宣传力度，提升审计人员业务能力，扩大审计工作影响，推动其依法独立履行审计监督职责。与北京市门头沟区法城村开展“城乡统筹、文明先行”共建活动，为该村村委会购置一批办公桌椅、沙发、文件柜、衣架以及复印纸、签字笔、文件夹等办公用品，有效帮助其改善办公条件。（撰稿人：曲　炜）

【离退休干部办公室】 2014 年，离退休干部办公室人员编制 15 人，在编 14 人。设有综合处、服务一处、服务二处。

领导成员

主　　任：郑　济（—8 月）

　　　　　陈　音（8 月—）

副 主 任：陈　音（—8 月）

　　　　　宫雁军（9 月—）

副司级巡视员：刘建础（—1 月）

工作综述 离退休干部工作以中国特色社会主义理论为指导，深入学习贯彻党的十八大和十八届三中、四中全会及习近平总书记系列重要讲话精神，认真贯彻落实全国老干部局长会议精神和署党组的指示要求，在署党组的正确领导下，机关职能部门的通力合作下，依靠全体老同志的积极支持，以服务审计为中心任务，认真执行《审计署机关离退休干部工作细则》，积极做好离退休干部思想政治工作，加强离退休干部党组织建设，落实政治和生活待遇。进一步强化自身建设，提振队伍士气，提高工作水平，较好地实现了老干部队伍的和谐与稳定。

思想政治建设 根据中央统一部署和署党组具体安排，离退休干部办公室（以下简称离退休办）组织离退休干部深入学习习近平总书记系列重要讲话，特别是在党的十八届三中、四中全会和中央经济工作会议、十八届中央纪委三次全会上的讲话精神。学习党和国家大政方针以及关系老同志切身利益的有关政策法规。组织学习《世界社会主义 500 年》、习近平总书记《在纪念毛泽东同志诞辰 120 周年座谈会上的讲话》。组织召开离休干部纪念新中国成立 65 周年座谈会，组织 200 多名离退休干部参加由全国老龄办、中央国家机关工委老龄办等多部门组织的“庆祝中华人民共和国成立 65 周年知识竞赛”活动。在《离退休干部园地》开设学习专栏，鼓励引导老同志撰写心得体会，增强学习效果，全年共有 53 人次投稿，刊登稿件 141 篇。

党建工作 为贯彻《关于加强中央国家机关基层服务型党组织建设的意见》和署党组第二季度中心组学习扩大会的精神，离退休办召开以“加强思想政治工作，创建服务型离退休干部党支部”为主题的党建研讨会，会议传达学习中央国家机关工委《关于加强中央国家机关基层服务型党组织建设的意见》，学习副书记陈存根在中央国家机关离退休干部基层党组织建设经验交流会上的讲话及审计长刘家义在署党组中心组第二季度学习会和加强审计署领导班子建设党组会议上的讲话。加强党支部联系人制度，进一步明确联系人的工作内容和要求，要求联系人配合党支部联系、了解、掌握重点人员的基本情况，对存在问题隐患的个别党员，及时与党总支沟通，从思想上、政治上给予关心，并向上级党组织报告，将问题控制、解决在萌芽状态。开通“情暖桑榆”网站，开设“学习专区”“支部工作”“霞光漫天”“为您服务”“生活服务”等 10 个栏目，为离退休干部搭建一个网上学习党的路线方针政策、现代科学技术和健康生活新知识以及沟通交流离退休干部工作信息的信息交流平台。继续在《离退休干部园地》开设“身边感动”专栏，专门报道各党支部挖掘出的感人事例，营造学先进、赶先进、当先进的良好氛围。2014 年“七一”前夕，离退休干部第二、第五、第六党支部被审计署评为“先进基层党组织”，有 23 名离退休干部党员被评为“优秀共产党员”，受到审计署的表彰。离退休干部第二党支部被中组部评为“全国离退休干部先进集体”。

落实离退休干部政治待遇 组织 40 名老干部代表参加中宣部副部长王世明所做的“关于培育和践行社会主义核心价值观”报告会和国务院法制办副主任袁曙宏学习贯彻党的十八届四中全会精神辅导报告，组织部级老领导观看形势报告、辅导讲座的视频。新中国成立 65 周年之际，署领导对新中国成立前参加革命工作的 33 位离休同志进行走访慰问。春季组织 110 位离退休干部参观首批北京市新农村建设 13 个试点村之一的平谷区挂甲峪新农村，秋季组织 137 位离退休干部参观 201 所兵器展。为离退休干部购发《世界社会主义 500 年》《改革热点面对面》等理论书籍，帮助党员干部更好地理解中国特色社会主义的来龙去脉，了解全面深化改革面临的热点问题，更好地理解党中央的改革举措。为贯彻落实中央关于转变作风的八项规定，结合离休干部普遍进入“双高期”的实际问题，经征求绝大多数离休干部的同意，请示署领导批准，离退休办妥善改变离休干部健康休养的方式和部级老领导外出调研的方式，得到老领导和多数离休干部的理解和支持。

落实离退休干部生活待遇 协助医疗保健处为 300 多位离退休干部进行健康体检，年内巡诊离休干部 104 人次，探视慰问住院病人 200 多人次。协助家属为 7 位病逝的离退休干部办理丧葬工作，使逝者有尊严，生者得宽慰。为 7 位有需求的老同志申请国管局康复护理服务，为 1 位患癌症自费药较多的老同志申请“夕阳红”救助资金，为 31 名 70 岁以上的老同志祝寿。全力办好老年大学，开设书画、摄影、计算机、舞蹈、声乐、手工 6 个课程班，年内有 2000 多人次参加学习。提供条件展示学习成果，声乐班演唱的《太行山上》《遵义会议放光芒》两首歌曲，在中央国家机关第六片组演唱曲目遴选活动中获得“最佳精神风貌奖”；13名书画班学员的28幅作品参加由中央国家机关职工联合会举办的扇面书画展活动，其中有14幅作品获得入选作品荣誉证书；有53位党员的书画、摄影、手工作品被《离退休干部园地》刊用。

队伍建设 深入学习习近平总书记系列重要讲话，学习讨论《科学发展观学习纲要》《马克思主义哲学十讲》和中国特色社会主义理论，不断提高干部的理论水平和政策执行力。结合岗位实际组织学习老干部工作政策法规，普及审计知识，离退休办主任亲自给大家讲解审计的基本入门知识和审计技巧，使大家能在很快的时间内熟悉审计业务。积极开展谈心活动，有针对性地解决思想上的矛盾，教育干部要克服“娇骄暮”和“等靠要”的思想，面对困难要主动应对，不躲不怕，要树立尽职尽责、勇于担当的精神，还要正确处理“大”和“小”的关系，克服“以我为中心”的思想，一切要从大局和集体利益出发考虑问题。成立由综合处处长和3名年轻干部组成的调研小组，对6个特派办和机关2个离退休干部党支部开展审计署离退休干部的思想政治工作现状和对策调研，完成的调研报告获得署机关公文写作技能比赛调研报告类优秀奖。党支部加强支部班子建设，严格落实“三会一课”制度，支部书记带头讲党课，提倡“诚实做人、坦荡做事”，教育党员干部实实在在做人，踏踏实实做事。结合老干部工作实际，进一步建立健全党风廉政建设责任制。干部被抽调参加其他部门的干部考核、审计业务等工作出发前，室领导或支部书记都要与干部谈心，对其提出廉政等方面的要求，使干部时刻绷紧廉政的弦。（撰稿人：姜千辉）

【机关服务局】 2014年，机关服务局人员编制82人，在编57人。设有办公室、基建办公室、保卫处、机关事务管理处、财务处、医疗保健处、服务一部、服务二部、文印室。

领导成员

局　　长：张　力

副 局 长：姜跃山　许新琦

工作综述 在署党组和分管署领导的正确领导下，机关服务局紧紧围绕审计中心工作，认真学习贯彻党的十八大和十八届二中、三中、四中全会精神以及习近平总书记系列重要讲话精神，切实抓好党的群众路线教育实践活动整改措施的落实，贯彻执行中央八项规定，进一步转变作风，忠实履行“服务、保障、管理、监督”职责，圆满完成各项工作任务。

安全管理 加强消防安防设备检查维护，组织对机关办公区及自管宿舍灭火器进行年检更换，组织驻署武警和物业管理公司进行消防演练，确保消防安防设备安全有效运行，切实防范设备安全事故。加强全署安全检查，每逢节日及重大活动前组织对办公楼、自管宿舍、建筑工地等重要场所和部位进行检查，不留死角，有效杜绝安全隐患。认真做好防汛工作，转发防汛通知并提出要求，及时充实防汛物资储备，安排人员汛期24小时值班，确保全署安全度汛。加强人员身份核查，会同人事教育司对署机关要害岗位人员进行政审，对临时用工人员身份核查，清退不合格人员。加强交通安全管理，规范机关大院停车场秩序，每月组织驾驶员学习交通法规，通报交通违法情况，加强车辆日常检修维护，有效预防重特大交通事故发生。与信访部门相互配合，进一步加强信访接访工作。耐心说服并引导来访人员通过合理渠道反映诉求，全年共接待处置来署上访人员1130人次。确保职工舌尖上的安全，时刻绷紧食品卫生安全“生命线”，落实安全责任制，严把采购制作关，严格操作流程，保障干部职工用餐安全。抓好爱国卫生工作，每月组织一次办公室卫生大检查，积极开展卫生及医疗保健常识宣传，搞好疾病预防工作。加强涉密网络、涉密文件、涉密载体和涉密人员的管理，印发《审计署文印室保密管理办法》，进一步规范涉密文件流转程序，落实涉密人员岗位责任，加强计算机网络和文件保密检查，定期组织开展保密自查，通过署保密办历次重点抽查，没有发生失泄密事件。

资产管理 认真做好华审宾馆关停并转和烟台培训基地整体划转工作。按照审计署党组的决定，4月18日启动华审宾馆关停工作，在充分做好各项准备工作的基础上，5月份依法稳妥办理了华审宾馆聘用人员的解除劳动合同手续，依法办理华审宾馆清算审计和注销工作；5 月 20 日正式启动烟台基地整体划转山东省审计厅管理工作，截至 12 月 31 日，已完成烟台基地资产清算工作，划转工作正在稳步推进。配合北京市危改小区整治，依法依规办理完成审计署东富藏 13 号平房置换周转房工作。加强对特派办资产处置的审批管理，完成长沙等特派办资产置换报批工作；审核批复成都特派办购置周转住房申请；为长沙和哈尔滨特派办申报中央预算内投资计划；按程序办理济南等 12 个特派办车辆报废、更新采购，消除安全隐患，部分缓解用车紧张情况。组织开展特派办宾馆酒店清理工作。指导昆明特派办关停所办酒店，妥善安置酒店聘用员工。

基建监管 做好审计署新建业务办公用房建设管理工作。监管中始终遵照“朴素、实用、安全、节能”原则，严格执行办公用房建设标准，严格控制工程造价，最大限度节约投资，确保施工进度，保质保量完成年度建设任务。做好怀柔培训基地整治改造工作。按照中央和北京 APEC 会议要求，采取得力措施狠抓落实，按期完成改造任务，较好完成服务 APEC 会议的任务。做好审计署老旧小区综合整治工作，完成知春东里 10 号楼节能改造初步设计和概算工作以及大羊宜宾 2 号楼节能改造内外装修工作；完成署机关交流干部宿舍装修改造任务，改善居住条件。

信息化建设 对机关服务局网页进行全面改版，及时增加信息内容，增强可读性，将后勤服务热线公布上网，畅通与服务对象的交流渠道。完成国有资产管理信息系统建设，实现固定资产电子化管理。建设署机关职工看病网上挂号系统和化验查询系统，方便职工就医。署机关安全保卫武警执勤管理系统建成并投入使用，提高机关安全保卫水平。在物业监管中充分发挥计算机技术应用，署机关办公楼空调系统加装集中控制器，对署机关办公楼整个空调系统的温度设置、开停时间、制冷制热功能转换进行有效的集中控制，避免因审计人员加班多、出差在外空调不能及时关闭和个别人员随意调置空调温控器现象的发生，为节能降耗发挥保障作用。

后勤保障 机关食堂严格执行食品卫生法，克服物价上涨因素，精打细算，合理安排职工饮食，抓营养配餐、荤素搭配，保障职工健康。积极取得各司局理解，做好会议室调配，加强会务人员管理，保障各类会议服务不出现差错，确保会议服务高效。做好署机关一般性医疗保健门诊服务，主动到审计一线提供医疗服务，积极开展职工健康教育，有效地做好各种疾病防治工作。更新文印设备，补充文印工作人员，保质保量完成机关文件资料的录入、扫描和印制工作，保障署公文运转。确保物业服务畅通，开展便民服务，为交流干部提供搬家、采购物品等服务，为出差审计干部接送小孩、陪老人上医院等，切实解决审计干部后顾之忧。努力做好机关公务用车保障服务工作，圆满完成全国审计工作会议等会议、重大活动和涉密审计工作的用车保障。

教育实践活动整改 抓好教育实践活动整改，转变工作作风。机关服务局深化“四风”整治、狠抓教育实践活动整改，教育实践活动中制定的 7 个方面 20 条整改措施全部落实到位，6 项专项整治任务全部整改完毕。规范署机关固定资产管理，完善实物资产出入库制度，规范资产处置程序，优化资产结构。加强职工住房管理，圆满完成职工住房产权证更正工作，开展职工住房调查，摸清底数，建立健全职工住房档案。扎实做好署机关公务用车改革工作，认真制订车改实施方案，在报经中央公车改革领导小组批复后抓好改革具体措施的实施，顺利完成署机关公务车改革工作。继续推进后勤服务社会化改革。机关服务局会同办公厅、人教司按照政府采购法选定审计署机关新办公楼物业管理、餐饮服务和公务车驾驶员服务承包商；指导驻地方 18 个特派办完成后勤服务社会化改革工作。

队伍建设 加强干部教育培训，提高队伍综合素质。始终将局领导班子思想政治建设放在首位，严格执行领导干部报告个人有关事项、述职述廉等制度，紧扣教育实践活动主线，严格自我查找问题，局领导带头以整风精神开展批评与自我批评，在各项工作开展中狠抓整改措施的落实，做到立行立改，切实改进作风。机关服务局分别通过公开招聘、接收军转干部等途径录用补充 12 名工作人员，干部队伍年龄和结构得到优化。加强干部职工的能力建设，通过选派处级干部参加党校学习和选送员工参加各种专业技术培训来提高服务技能；选派 1 名处级干部参加党校学习，选派20多人参加国务院机关事务管理局等部门组织的资产管理、政府采购、公文写作等培训班学习。通过压担子、重要部门关键岗位轮岗等措施，着力提高干部综合素质，培养干事创业的作风，进一步提高队伍的战斗力。加强廉政风险教育，筑牢拒腐防变思想防线，坚持每季度处以上干部岗位廉政风险自查述职制度，加大对重点处室、重点项目、重点环节的监督管理，严格落实党风廉政建设主体责任制，落实“一岗双责”，确保队伍廉洁从政。（撰稿人：余永平）

审计署派出审计局

【审计署外交外事审计局】 2014年1月至11月，审计署外交外事审计局人员编制12人，在编10人，设有一处、二处。11月起，人员编制15人，在编14人，设有一处、二处、三处。

领导成员

局　　长：马晓方（—9月）

主要负责人：马学斌（9月—）

副 局 长：郝云松

审计成果 审计署外交外事审计局（以下简称外交局）完成审计项目4个，查出主要问题金额279463.94万元；审计发现非金额计量问题40个；移送司法机关、纪检监察机关和有关部门处理事项3件；提交审计报告和专项审计调查报告6篇，向社会公告审计结果1篇；提出审计建议17条。提交重要审计信息7篇，其中审计要情1篇，审计长信函3篇，重要信息要目2篇，交办事项专报1篇，中办采用4篇，国办采用5篇，领导批示5篇，提交审计长批转函1篇，信息转送函2篇。外交局被评为2011—2013年度文明司局，局党支部被评为2011—2013年度署机关先进基层党组织。

预算执行审计 坚持“守土有责”，突出关注财政拨款结转结余资金情况，关注部门贯彻落实中央八项规定精神，加强“三公”经费、会议费管理和楼堂馆所建设等情况，关注扩大支出范围列支、在不同科目间调剂使用预算资金、未按规定执行政府采购等屡查屡犯问题，注重从体制机制层面研究原因，提出完善制度、加强管理的建议，促进提高部门预算管理水平，推动部门贯彻落实中央关于转变作风的各项部署要求。

全国土地出让收支和耕地保护情况审计 在吉林省土地出让收支和耕地保护情况审计中，重点查处违规返还土地出让收入等10个土地出让收支方面问题和违规多占土地等18个建设用地审批、征收、供应、使用方面存在的问题以及土地整治地块弃耕撂荒等11个耕地保护方面存在的问题。

彩票资金审计 在吉林省松原市彩票资金审计中，重点查处挤占挪用彩票资金、彩票公益金损失浪费、违规采购等问题。

经济责任审计 在中国残疾人联合会（以下简称中国残联）经济责任审计中，审计组紧紧围绕中国残联的业务特点和单位特点，坚持把握总体、突出重点，在较短时间内完成现场审计，揭示中国残联预算、财务管理中存在的突出问题。中国残联高度重视审计发现问题，及时研究部署整改工作，中国残联主席要求“要按审计署要求，切实抓好发现问题的整改”，党组书记、理事长多次主持专门会议，研究部署审计整改工作。审计促进中国残联进一步建章立制和规范决策执行程序，新制定修订规范与办法近50项，加强资金管理、资产管理和所属经济实体监管。

队伍建设 采取以老带新、搭建梯队等多种方式盘活现有审计资源。对年轻同志逐步压担子，促使其不断提高发现重大问题线索和一查到底的能力，在学习和实践中经受锻炼，增长才干，不断丰富和完善自己。通过交流、参加重点审计项目、参与重要工作等方式，开阔眼界、丰富经验、增长才干，不断拓宽干部队伍培养渠道。审计业务骨干1人次被抽调参加世界审计组织第二十一届大会组织工作，6人次被抽调参加重大项目的审计或审理。采取多种方式，建立和完善审计干部知识更新和提高的培训、教育机制。在局内定期开展案例教学，坚持审前培训、审中研讨、审后总结，将业务培训与审计实践相结合。2014年度，1人被评为审计署优秀共产党员，1人被评为优秀党务工作者。（撰稿人：王　琛）

【审计署发展统计审计局】 2014 年，审计署发展统计审计局人员编制 15 人，在编 14 人。设有一处、二处和三处。

领导成员

局　　长：刘　丹（—11 月）

　　　　　李　捷（11 月—）

副 局 长：丛　娜

审计成果 发展统计审计局独立完成发展改革委 2013 年度预算执行情况审计和决算（草案）审签，发展改革委和国家信息中心联网审计以及国家统计局局长经济责任审计收尾工作；牵头组织发展改革委、国家能源局、交通运输部和中国铁路总公司 2014 年稳增长促改革调结构惠民生政策措施贯彻落实情况跟踪审计；参加发展改革委组织分配 2013 年度中央财政投资情况审计和财政部组织 2013 年度中央预算执行情况审计，卫生计生委 2013 年度预算执行情况审计，民政部部长任期经济责任审计，江西、海南、重庆三省（市）长任期经济责任审计，浙江省土地出让收支和耕地保护审计以及云南省彩票资金审计等共 17 个项目。

在发展统计审计局统计的审计项目 3 个，查出主要问题金额 157279.84 万元，其中违规及损失浪费金额 120830.95 万元、管理不规范金额 36448.89 万元；审计处理处罚金额 117130.52 万元，其中应上缴财政 110889 万元、应归还原渠道资金 157.03 万元、应调账处理金额 6084.49 万元；审计发现非金额计量问题 19 个；审计促进整改落实有关问题资金 6080.35 万元，其中增收节支 160.07 万元、已调账处理金额 5920.28 万元。出具审计报告 3 篇，提出审计建议 9 条，提交审计信息 5 篇，被批示、采用信息 18 篇次。向社会公告审计结果 1 篇。

预算执行审计 发展统计审计局独立完成的发展改革委 2013 年度预算执行情况审计和决算（草案）审签，查出预算编报、未严格执行支出预算、决算支出不实、违规收费、项目建设和处置不合规、资产购置不合规、银行账户管理不规范以及会计核算等方面问题，涉及金额 130794.84 万元，其中违规及损失浪费金额 120830.95 万元、管理不规范金额 9963.89 万元；审计处理处罚金额 117130.52 万元，其中应上缴财政 110889 万元、应归还原渠道资金 157.03 万元、应调账处理金额 6084.49 万元；审计发现非金额计量问题 11 个；审计促进整改落实有关问题资金 6080.35 万元，其中增收节支 160.07 万元、已调账处理金额 5920.28 万元。（撰稿人：周伽骐）

【审计署教育审计局】 2014 年，教育审计局人员编制 12 人，在编 11 人。设有审计一处、审计二处，主要负责对教育部、中共中央党校和国家行政学院及其在京所属单位的审计监督。

领导成员

局　　长：刘　星

副 局 长：张跃挺

审计成果 教育审计局完成审计项目 6 个，提交审计（调查）报告 10 份，查出违法违规和管理不规范金额 65.23 亿元，其中违法违规金额 58.91 亿元，管理不规范金额 6.32 亿元。上报审计报告、专项审计报告 10 篇。编发的审计信息，被审计要情采用 2 篇，重要信息要目采用 3 篇，审计长信函 3 篇，交办事项专报 1 篇，审计长批转函 2 篇，信息转送函 2 篇。

预算执行审计 对教育部部门预算的分配、批复、执行、调整和决算编制进行全环节覆盖和全流程监控，揭示出教育部所属某事业单位虚报编制人数套取财政资金、某高校个别教师以假合同、使用假发票套取纵向财政科研项目资金、部分高校挤占挪用项目经费向职工发放加班费、津贴补贴。关注中央八项规定执行情况，通过对比分析 2014 年与 2013 年“三公”经费和会议费预算及实际支出规模和结构变化情况，揭示出教育部所属单位存在未编报因公出国（境）计划、擅自更改行程、扩大出国（境）费开支范围、超标准列支出国（境）费；教育部及所属单位长期占用下属单位车辆；在非定点饭店、超规模开会。通过对教育部部分直属事业单位和所属高校的审计，继续探索审计全覆盖，着力查处重大违法违纪案件，揭示出部分高校个别部门和人员通过虚列会议费支出等方式，套取资金私设“小金库”等问题，维护国家财政及经济安全。

对卫生计生委所属统计信息中心、项目资金监管服务中心、中国解剖学会、中国医药卫生事业发展基金会和中国生殖健康产业协会等 5 家单位2013年度预算执行和其他财政收支情况以及决算（草案）进行审计，发现的主要问题有预算编制不完整，应纳入预算管理的收入未纳入预算管理；使用项目资金发放津贴补贴；违规从项目经费中提取管理费；会议费收支不入账等问题。

稳增长等政策措施落实情况跟踪审计 为推动国务院出台的稳增长促改革调结构惠民生防风险政策措施落实到位，促进经济平稳运行、健康发展，对教育部截至12月底贯彻落实政策措施情况进行审计。通过摸清教育部落实各项措施的具体内容、时间表、路线图和执行进度，以及取得的实际效果，揭示出教育部未全面落实国务院关于高校毕业生到中西部地区和艰苦边远地区县以下基层单位就业的学费补偿和助学贷款代偿政策，引导和鼓励高校毕业生面向中西部地区和艰苦边远地区基层单位就业的政策还需要进一步完善；未及时建成实名制学生信息管理系统；依托院校和养老机构建立养老服务实训基地工作进展缓慢；学校体育场馆开放任务未按时完成等。

全国土地出让收支和耕地保护情况审计 对浙江省台州市本级2008年至2013年土地出让收支和耕地保护情况进行审计，延伸调查国土、财政、城建等32个部门和单位，抽查12件批地文件、6个征地项目、81宗土地、72个用地项目和2个土地整治项目。揭示出该市在土地出让收支方面存在变相返还、少征、超范围支出土地出让收入；在建设用地审批、征收、供应、使用方面存在违规审批土地，被征地农民利益未得到充分保障，土地储备两年以上未供应，虚假招拍挂出让土地；在耕地保护方面存在责任未落实等问题。

彩票资金审计 对湖南省湘潭市2012年至2014年10月彩票资金（彩票公益金和彩票发行费）的筹集、分配、管理和使用情况进行审计，重点抽查市本级和湘潭县、韶山市等2个县市的财政、民政、体育等彩票主管部门和彩票销售机构，并延伸审计128个彩票公益金项目。发现的主要问题有编制虚假申报材料骗取中央彩票公益金；挤占挪用彩票资金；违规购建楼堂馆所；违规发放津贴补贴；“三公”经费超支等铺张浪费问题。

经济责任审计 开展中央人民广播电台台长经济责任审计，对中央人民广播电台央广传媒发展总公司及所属央广视讯传媒（北京）有限公司、音乐之声（北京）传媒有限公司、央广幸福购物（北京）有限公司、央广诚品购物（北京）有限公司等进行审计，注重查处利用职权、徇私枉法方面的问题。揭示某领导违规决策导致国有资产严重流失、某主任涉嫌受贿、某记者站私设“小金库”等严重违法违纪问题。 （撰稿人：吴　松）

【审计署科学技术审计局】 2014年，审计署科学技术审计局人员编制15人，在编12人。设有一处、二处、三处。

领导成员

局　　长：郝书辰（—11月）

　　　　　韩大川（11月—）

副局级审计员：彭碧莲

审计成果 科学技术审计局完成审计项目6个，查出主要问题金额36953万元，其中违规金额677万元、损失浪费金额12万元、管理不规范金额36263万元；损益（收支）不实金额6万元；审计处理处罚金额2892万元，其中应减少财政拨款或补贴1562万元、应归还原渠道资金677万元、应调账处理金额652万元；审计发现非金额计量问题16个；审计促进整改落实有关问题资金36953万元，其中增收节支36万元、已调账处理金额543万元。移送司法机关、纪检监察机关和有关部门处理事项4件。出具审计报告和专项审计调查报告7篇，被采用7篇。提出审计建议18条，提交审计信息6篇，被采用6篇。向社会公告审计结果1篇。

预算执行审计 组织实施科技部2013年度预算执行及决算（草案）审计，发现科技部在预算编制、财政资金结转、“三公”经费管理以及对所属单位的财务监督管理等方面存在一些问题，审计结果公告反映当年问题金额25049.83万元；揭示该部存在违规组织双跨团组、个别出境团组超过规定时间、超标准列支出国费用、会议费超预算、超编制或违规配置公务车辆等问题。科技部高度重视，多次开会强调“三公”经费、会议费管理要求，增强职工遵纪守法意识。科技部预算执行审计报告反映的问题被审计结果报告单独案例采用1项、汇总采用17项。完成卫生计生委4个所属二级单位的预算执行审计，发现的问题被审计长信函采用 1 项、转送主管部门处理 3 项、审计结果报告汇总采用 15 项。

经济责任及其他审计 参加工业和信息化部部长任期经济责任审计项目，发现该部某直属事业单位 2005 年至 2011 年采用编造虚假劳务费、专家咨询费、设备购置费等手段，套取国家重大科技专项等项目资金 2500 多万元，私设“小金库”，并将其中 1800 万元用于个人买房、买车和发放奖金等支出，该问题已移送司法机关处理。参加财政部具体组织 2013 年中央预算执行与编制中央决算草案情况审计、四川省土地出让收支和耕地保护情况审计、北京市彩票资金审计、科技部等 3 个中央部门稳增长等政策落实情况跟踪审计项目，审计发现的多个问题被审计署报送国务院的专题报告采用。4 月，审计署对 2013 年度政府性债务审计先进集体进行表彰，科学技术审计局与上海特派办一起荣立集体三等功。

队伍与作风建设 围绕建设学习型党支部、学习型机关的要求，切实把学习作为提升能力的重要基础。支持鼓励审计人员积极参加审计署举办的各种形式的培训学习和交流，派员参加中央国家机关会计领军人才培训、最高审计机关国际准则推广专家认证项目考试，努力培育“四手”人才、领军人才和骨干人才，初步形成优势互补、梯次合理的人才队伍。以工作事项电子台账管理为抓手，进一步强化局内工作的跟踪督办。通过制定工作事项督办管理办法，建立涵盖审计业务、综合行政管理事项的工作事项电子台账，对工作任务来源、交办时间、要求完成期限、实际完成时间、承办人、督办人等要素进行登记，对各事项进行动态跟踪管理，强化责任意识，确保领导交办事项落实到位。始终坚持以品格为核心、作风为基础、能力为重点、业绩为导向，发挥好领导干部表率作用，注重运用信息化、大数据等现代科技手段提高审计效率，确保全体干部的能力、状态及工作水平能够跟上审计工作新形势。2014 年度，科学技术审计局翁红雅被授予全国“三八红旗手”荣誉称号，另有 3 人被评为审计署优秀共产党员、优秀党务工作者、巾帼建功先进个人。

（撰稿人：何其智）

【审计署工业审计局】 2014 年，审计署工业审计局人员编制 15 人，在编 12 人。设有一处、二处、三处。

领导成员

局　　长：丁仁立

副局级审计员：孔繁杰（—10 月）

傅少军（10 月—）

审计成果 工业审计局完成审计项目 7 个，查出主要问题金额 6.73 亿元，全部为违规金额及管理不规范金额；损益（收支）不实金额 3342 万元；审计处理处罚金额 4430 万元，其中应调账处理金额 3397 万元；审计发现非金额计量问题 4 个；审计促进整改落实有关问题资金 4087 万元，其中已调账处理金额 3397 万元。移送司法机关、纪检监察机关和有关部门处理事项 2 件。出具审计报告和专项审计调查报告 3 篇。提出审计建议 9 条，提交审计信息 6 篇，被批示、采用 6 篇。向社会公告审计结果 1 篇。

预算执行审计 2013 年 11 月至 2014 年 3 月，完成对工业和信息化部 2013 年度预算执行、其他财政收支和决算（草案）以及参与分配中央财政专项转移支付资金情况的审计。审计查出预算执行中不符合财经制度规定的问题金额 58606.57 万元，其他财政收支不符合财经制度规定的问题金额 7945.15 万元。揭示“三公”经费和会议费管理中的突出问题，审计发现部本级因公出国（境）计划编制不够完整，超标准列支出国（境）住宿费，部本级及所属单位超标准列支会议费、未在定点饭店召开会议等问题，有关案例被纳入专题报告。揭示预算编报不完整、未经批准自行调整预算、自行改变项目支出内容、未按规定编制政府采购预算等预算执行中的问题。对部门参与中央财政资金分配情况的审计，提出清理、整合专项转移支付项目并逐步取消竞争性领域专项的审计建议。

2013 年 11 月至 2014 年 3 月，完成对卫生计生委所属医院管理研究所、中国医学装备协会、中国保健协会、中国卫生思想政治工作促进会、吴阶平医学基金会等单位 2013 年度预算执行、其他财政财务收支和决算（草案）的审计。分析单位经费规模和来源情况，将所属单位依托部门资源、利用部门权力影响牟取不当利益，以及在业务开展、收费、财务和资产管理等方面存在的突出问题作为审计重点，对单位的机构、职能、人员、收入、支出、结余和资产等方面开展全面调查；对照各单位法定职能和开展业务范围，从是否存在违规开展中介活动、通过组织出国或会议等活动为医药企业搭建平台、利用占有的行政资产和行业数据等资源违规牟利等方面进行全面调查。审计结果报告、审计工作报告采用两起案例。查处的违法犯罪案件线索移送最高人民检察院。

经济责任审计 3月至7月，牵头与财税海关审计局、国资监管审计局、科学技术审计局组成联合审计组共同完成对工业和信息化部部长2010年12月任职以来经济责任履行情况的审计。

稳增长等政策措施落实情况跟踪审计 8月至12月，完成对工业和信息化部2014年度第三季度和第四季度贯彻落实国务院稳增长促改革调结构惠民生政策措施情况的跟踪审计。审计工作紧紧围绕“抓项目落地、抓资金保障、抓简政放权、抓措施落地”，注重在“推动”和“促进”政策落实两方面下功夫。

财政存量资金审计 11月，完成对工业和信息化部截至2014年10月底的财政存量资金情况的审计。接到审计任务后，工业审计局第一时间召集全局审计人员进行审前动员，明确任务分工，迅速展开审计。审计人员准确理解报表填报要求，严谨细致、深入核查，报表数据经审计小组、项目主审、审计组长层层把关，确保数据真实准确。在全面掌握存量资金规模、性质、形成时间基础上，分析存量资金成因，围绕“盘活存量、优化增量、着力提高财政资金使用效益”的目标，就清理沉淀资金、细化部门预算、加强项目资金管理等提出审计建议，促进部门规范管理，提高财政资金使用效益。

全国土地出让收支和耕地保护情况审计 8月至11月，工业审计局牵头负责，与湖北省及有关市审计机关组成审计组完成对湖北省黄石市2008年至2013年土地出让收支和耕地保护等情况的审计。统筹协调，精心谋划，将工作方案的各项内容和要求分解落实到各审计组和审计人员，突出审计实施方案的针对性、可操作性。定期召开碰头会，适时调配审计力量，集中突击重点，各单位参审人员密切协作、“肩并肩”作战，切实做到“分工不分家”。细致梳理审计疑点，进行内查外调，大胆尝试采用新的审计方法、手段，获取关键证据，查实案件线索。

彩票资金审计 11月至12月，完成对辽宁省铁岭市2012年至2014年彩票资金的筹集、分配、管理和使用情况的审计。发现铁岭市存在通过互联网销售彩票、挤占挪用彩票资金、使用彩票资金违规购建楼堂馆所等问题。

（撰稿人：李　颖）

【审计署民族宗教审计局】 2014年，审计署民族宗教审计局人员编制15人，在编13人。设有一处、二处、三处。

领导成员

副 局 长：车列武

副司级审计员：黄树平

审计成果 民族宗教审计局完成审计项目5个，查出主要问题金额422356.59万元，其中违规金额17229.03万元、管理不规范金额404798.66万元；审计处理处罚金额3646.34万元；审计发现非金额计量问题39个；审计促进整改落实有关问题资金9194.90万元，其中增收节支455.41万元、已调账处理金额7508.93万元。移送司法机关、纪检监察机关和有关部门处理事项6件。出具审计报告和专项审计调查报告5篇，被批示、采用5篇。提出审计建议10条，提交审计信息6篇，已被批示、采用5篇。

预算执行审计 完成国家新闻出版广电总局所属中央人民广播电台（以下简称中央台）、无线电台管理局、中国广播电视协会2013年度预算执行审计和其他财务收支情况及决算（草案）审计。这是民族宗教审计局首次涉及广电领域，所属单位类型复杂、数量多、资金量大、审计事项时间跨度长，部分单位从未接受过全覆盖审计。面对全新的审计对象，民族宗教局迅速抽调精干力量扎实开展审前调查，摸清被审计单位基本情况，加强对被审计部门单位具体职能和业务特点的把握及相关政策制度的学习和理解。通过政策研究、实地调查，划分选定审计范围，找准审计重点，确定审计方法和步骤，编制针对性、操作性较强的审计实施方案，为开展项目审计打下坚实基础。

在项目审计实施过程中，抓住审计工作关键点，加强过程控制，确保审计工作质量。及时沟通项目进展情况、发现的主要问题线索和做法等，把握好审计工作的主要着力方向；及时总结经验方法，推广应用，迅速突破同类问题，提高审计工作效率；上下联动，内外协同，确保查深查透，取得丰富的审计成果。审计查出中央台部分广告收入未纳入预算管理、政府采购预算不细化、部分项目论证不充分、导致财政资金长期闲置，通过签订不实合同或扩大开支范围、虚列支出账外存放、用于餐饮等其他消费，向所属企业转嫁摊派费用，接受或变相接受企事业单位资助，超预算、超标准列支公务接待费、公车运行费和会议费，部分频率广告经营权未进行公开招投标，外购版权未进行存货管理；无线电台管理局预算执行不严格，自行改变项目支出内容，人员经费挤占日常公用经费，挪用项目经费，滥用单一来源方式采购备件，所属企业无偿使用局资产，向所属单位企业转嫁费用；中国广播电视协会未经充分论证申领项目经费，导致资金闲置，财务核算不完整等问题。本次预算执行审计，移送公安部门查处案件1起；发现1件经济犯罪案件线索和3件严重违法违规问题线索。

经济责任审计 中央台2013年度预算执行审计后，民族宗教审计局牵头实施中央台台长经济责任审计。本次审计层次高，涉及事项多，时间跨度长。民族宗教审计局在前期预算执行审计掌握情况的基础上，结合经济责任审计工作特点，紧扣方案落实责任，在任务分工、组织实施方面及时调整整合审计资源，切实加强统筹协调，提升审计成果利用质量，适应经济责任审计工作目标要求。审计中重点关注重大经济决策及部门和所属单位推动事业发展的职责履行情况，为全面评价台长经济责任履行情况提供依据。审计对贯彻执行党和国家有关经济工作方针政策和决策部署情况、部门内部管理和对所属单位监管情况以及单位个人廉政情况进行全面、客观的审计评价。审计移送经济犯罪案件线索1件，移送主管部门处理的严重违法违规问题3件。

彩票资金审计 彩票资金审计涵盖资金筹集、分配、管理和使用等多个环节，涉及主管部门多、管理链条长、项目小而散，审计任务非常繁重。民族宗教审计局在前期项目完成收尾后迅速调整状态投入彩票资金审计项目，认真分析研究、精心组织分工，迅速摸清某市彩票资金的规模结构和分配使用基本情况。查出某市挤占挪用彩票资金、使用彩票资金建设“形象工程”、资金闲置等违纪违规问题，涉及金额10271.66万元。审计查出的某县原副县长等人弄虚作假失职渎职骗取抚恤补助资金1121万元、造成国有资产损失273万元的问题，已移送某省纪检部门查处。审计推动该市全面落实整改工作，有针对性地制定多项制度和办法，追究相关责任人和单位的责任。

参与审计项目 按照审计署统一部署，民族宗教审计局参加了全国土地出让收支和耕地保护情况审计、贯彻落实稳增长促改革调结构惠民生防风险政策措施情况跟踪审计和财政存量资金审计。抽调2人参加财政部具体组织中央预算执行情况审计和对审计署下属单位综合考核检查。

（撰稿人：王　姝）

【审计署政法审计局】 2014年，审计署政法审计局人员编制15人，在编13人。设有一处、二处、三处。

领导成员

局　　长：钱啸森

副 局 长：涂　莹（—10月）

　　　　　赵京琳（10月—）

副局级审计员：张立宪（—8月）

审计成果 政法审计局共完成7项审计任务，其中牵头组织实施了南京大学校长经济责任审计，完成公安部财政存量资金审计、公安部2013年度预算执行和其他财政收支及决算（草案）审计和公安部边防管理局机构改革期间部门资产及财务管理情况的跟踪审计，参与完成江苏省政府性债务审计项目及公安部、司法部政府性债务审计，卫生计生委2013年度预算执行审计和中国残联原理事长经济责任审计。派员参加中央纪委重大项目专案组、中央八项规定精神贯彻落实情况监督检查、党政机关停建楼堂馆所和清理办公用房监督检查等工作。审计查出问题金额217106万元，其中违规金额40257万元，管理不规范金额176849万元。本年度共提交审计报告和信息简报15篇，审计查出的26个问题被审计结果报告采用，其中1个问题作为单独案例反映；16个问题被报国务院专题报告采用。经署领导批准被两办约稿采用1篇，审计长信函1篇，审计长批转函1篇，被新华社动态清样采用单独案例1篇，移送主管部门查处违法案件线索1件。

预算执行审计 在公安部2013年度预算执行和其他财政收支及决算（草案）审计中，摸清部门财政存量资金规模和结构，突出重点，促进提高资金使用效绩；加大“三公”经费审计力度，促进部门贯彻落实中央八项规定精神，严格执行“三公”经费使用管理新规定；注重发现和揭露基建项目违规操作背后的违法违纪问题，努力发挥审计在预防和惩治腐败中的作用，审计结果公告内容呈现量大、面广、具体化的新特点，审计监督力度明显加大。在卫生计生委2013年度预算执行和其他财政收支及决算（草案）审计中，查出该委主管的某协会委托承办外资医药企业资助医学项目的6家公司大量使用虚假发票，套取资金6000余万元，涉嫌偷逃税款，已移送国家税务总局查处。

经济责任审计 在南京大学校长经济责任审计中，发现和报告该校在执行高校招生政策、教育收费政策、捐赠资金管理和财政配比资金政策方面存在的违规问题，被中办国办约稿采用，为规范高校管理发挥了作用。 （撰稿人：郭艳丽）

【审计署民政社保审计局】 2014年，审计署民政社保审计局人员编制15人，在编14人。设有审计一处、审计二处、审计三处。主要负责对人力资源和社会保障部、民政部、中国残疾人联合会、中国红十字会总会、中国宋庆龄基金会、外国专家局及所属单位的审计监督。

领导成员

局　　长：徐　露（—11月）

　　　　　贾有长（11月—）

副 局 长：李　伟

审计成果 民政社保审计局完成审计项目5个，包括：民政部2013年度预算执行审计、民政部部长任期经济责任履行情况审计、民政部参与分配中央专项转移支付资金审计调查、宁夏回族自治区土地出让收支和耕地保护情况审计、重庆市彩票资金审计等。查出违法违规和管理不规范金额23.74亿元，单独上报审计报告及专项审计调查报告3篇。编发审计信息3篇，被署重要信息要目采用3篇。审计发现的问题受到被审计单位的高度重视，发挥审计保障国家经济社会健康运行的“免疫系统”功能，有效促进中央部门和其他被审计单位依法行政和依法理财。

预算执行审计 注重总体把握。在民政部2013年度预算执行审计中，对民政部7类31项支出科目的预算执行差异情况进行深入分析，全面审查财政拨款结转结余资金情况，切实摸清部门家底，对部门决算（草案）编报的真实、准确和完整情况发表总体意见。在把握总体的基础上深化审计内容。对部门预算改革主要内容和配套政策进行全面审计，查出问题金额1.82亿元。加大对民政部所属单位和主管社会组织的审计覆盖面，重点揭示相关单位依托部门资源、利用部门权力影响牟取不当利益等重大违法违规问题，以及预算执行、收费和资产管理等方面存在的突出问题，审计查出中国康复器具协会在未取得收费许可证的情况下向考生收取假肢与矫形器制作师执业资格考试费等问题。将民政部所属中国福利彩票发行管理中心锁定为重点单位，审计发现该中心预算执行问题多、金额大、涉及面广，比如扩大项目支出范围、自行改变项目支出内容，为民政部本级和其他部门承担出国费用，未经公开招标购买服务，未按规定办理竣工财务决算等。审计发现的问题引起民政部高度重视，加大了对所属单位的监管力度，提高预算管理水平。全面检查民政部贯彻落实中央八项规定精神，加强“三公”经费和会议费管理等情况的审计，切实加大对“吃空饷”、私设“小金库”以及其他重大违法违规问题的查处力度。审计发现的民政部所属事业单位私设“小金库”问题引起民政部党组高度重视，审计期间民政部追回账外资金，并对相关人员给予处分，推进反腐倡廉建设。

计算机审计 在民政部2013年度预算执行审计中，使用现场审计实施系统中的高级查询功能，将该部当年发生的所有会议费支出进行统计，并将查询结果按照不同问题类型进行分类汇总，在短时间内发现部本级超标准列支会议费26万元、未在定点饭店召开会议涉及金额86.71万元等问题线索，从而快速落实审计线索，揭示审计问题，有效节省现场审计时间，提高工作效率。在民政部2013年度预算执行审计中，发现该部所属康复协会收支规模与实际业务开展情况不匹配，审计人员通过编写 SQL 语句等方式，对协会近年收入数据的完整性、真实性进行检查校验，最终发现康复器具协会将两届中国国际康复器具博览会收入 420.26 万元未纳入法定账册核算的违规问题。加大联网审计工作力度，在民政部和中国红十字会总会审计现场运用联网审计数据平台和署计算中心开发的《中央部门预算执行联网审计系统》，探索信息化环境下的联网审计模式，为推动审计工作发展提供技术保障。

经济责任审计 全力做好牵头组织工作。负责牵头对民政部部长任期经济责任履行情况进行审计。审计过程中，以历年审计和审计调查发现的问题为基础，对重大经济事项从决策、执行到效果进行全过程检查，全面掌握部门的经济工作目标、工作任务以及主要业务工作的完成情况。审计过程中发现的问题得到部长和部党组的高度重视，有些问题已在审计过程中予以整改，有的问题上报后得到中央领导批示，有两个案件线索移送高检进一步查处。

全国土地出让收支和耕地保护情况审计 在宁夏回族自治区某市进行土地出让收支和耕地保护情况审计中，紧紧围绕土地出让收支管理、土地规划、审批、供应、使用及耕地保护环节，先后调查国土、财政、城建等 10 个部门和单位，抽查 149 件批地文件、191 个征地项目、241 宗土地、573 个用地项目和 11 个土地整治项目，共计查出违法违规问题金额 21.59 亿元，其中违规挪用土地出让金 5510 万元、变相返还土地出让金 54021.64 万元、某市 12 家用地单位欠缴土地出让金共计 2091.48 万元、挪用土地储备贷款资金 24457 万元。提出规范土地出让收支管理、加强土地集约节约利用、严格落实耕地保护制度、加强完善土地监管和执法的建议。

彩票资金审计 在对重庆市彩票资金审计中，对某区及 6 县 2012 年至 2014 年 10 月彩票资金（彩票公益金和彩票发行费）的筹集、分配、管理和使用情况进行审计，重点抽查财政、民政、体育等彩票资金主管部门和某分中心，抽审彩票公益金 0.8993 亿元和彩票发行费 0.2042 亿元，并延伸审计 32 个彩票公益金项目，共计查出违法违规金额 3326.73 万元。其中，挤占挪用改变资金规定用途 399.85 万元，公益金闲置超过两年未安排使用 593.46 万元，某分中心公款私存 302.82 万元，5 个区县民政局私分彩票资金 99.54 万元，某分中心假发票入账套取资金 24.35 万元，虚列支出、套取、私分业务经费 11.01 万元。针对审计发现的问题，提出审计建议。

相关工作 实行审计实务导师制，通过“以老带新”的管理模式，加强对年轻干部的培养。以审计项目为依托，注意发挥老同志经验丰富的特点，对年轻同志做好传、帮、带。中层干部担任主审导师，发挥承上启下的桥梁纽带作用。年轻干部成长为能独当一面的审计业务主力军。

坚持审计文书分级复核与集中讨论相结合，局领导最后把关的举措。按时完成审计项目档案的整理立卷归档工作、审计项目电子数据以及联网审计数据的上传工作，完成审计台账、审计统计报表等报表的填报工作。加强保密意识，以涉密计算机、网络、移动存储介质管理为重点，强化涉密信息和载体的管理和检查，防止失泄密事件的发生。在近年开展的审计项目中，全局人员严格遵守保密纪律，未发生一起泄密事件。

（撰稿人：曹　盾）

【审计署资源环保审计局】 2014 年，审计署资源环保审计局人员编制 15 人，在编 14 人。设有一处、二处、三处。负责审计国土资源部、环境保护部、国家海洋局、国家测绘地理信息局及上述部门在京下属单位预算执行、决算和其他财政财务收支以及国务院重大政策落实情况，开展相关专项审计调查，承办审计署交办的其他事项。

领导成员

局　　长：许　亚（—10 月）

副 局 长：茅东萍（11 月—，主持工作）

副局级审计员：马受仁

审计成果 资源环保审计局完成和参与中央部门预算执行审计、稳增长等政策落实情况审计、中央部门部长经济责任审计和省长经济责任审计等 9 个项目，查出违法违规、损失浪费及管理不规范金额 58299 万元，其中应归还原渠道资金 1499 万元、应调账处理金额 282 万元；向司法机关、纪检监察机关办理审计移送处理案件线索 2

件；提出加强和改进管理的审计建议16条。提交审计专题报告、信息简报19篇，被审计署审计要情、重要信息要目、信息转送函等采用15篇次。向社会公告审计结果2件。提交的两部门预算执行报告中6个问题被审计结果报告单独案例采用。资源环保审计局在审计署派出审计局2014年度综合考核中获得第一名。

预算执行审计 完成对国土资源部和国家海洋局2013年度预算执行情况审计及决算（草案）审签。审计工作围绕“反腐、改革、发展”，在以往审计的基础上进一步深化拓展，在实现对京内单位全覆盖的基础上，对重点单位、重点项目、重点资金、重大决策查深查透，把查处重大违法违规案件线索和违反中央八项规定行为作为重点任务和重要抓手。审计查出领导干部滥用职权造成国有资产巨额损失并涉嫌行贿受贿的重大案件线索；揭示有关单位私设“小金库”和有关领导干部以权谋私为子女经营活动谋取利益等问题，反映有关单位公款出国旅游、滥发福利，弄虚作假套取会议费用于娱乐消费等一批违反中央八项规定精神的典型案件。审计结果引起国土资源部和国家海洋局领导的高度重视，积极处理问责，共计追回违纪资金550余万元，包括5名司局级、7名处级干部在内的16名责任人受到党内警告、党内严重警告、行政警告、行政记过等党政纪处分。部分案例公告后受到社会高度关注，被中央电视台《焦点访谈》栏目和其他新闻媒体点名曝光。

稳增长等政策措施落实情况跟踪审计 具体实施国土资源部和环境保护部稳增长促改革调结构惠民生防风险政策措施贯彻落实跟踪审计项目(以下简称稳增长审计项目)，牵头负责国资委和卫生计生委的稳增长审计。审计中重点反映简政放权、重大项目开展、重点资金保障和重大政策任务落实等4个方面的41个问题。其中国土资源部利用行政审批权违规收费、环保部淘汰燃煤小锅炉任务分解滞后等8个问题被汇总报告采用；土地整治重大工程进展缓慢、京津冀大气污染防治问题和县级公立医院改革试点中的问题被审计要目采用3篇。

其他审计 先后参加质检总局局长经济责任审计、重庆市、江西省和海南省省（市）长经济责任审计、吉林通化市土地出让收支和耕地保护情况审计和扬州市彩票资金专项审计。

联网审计 创新思路，充分利用联网审计条件，探索“审计监督全覆盖”思路。在国土资源部预算执行审计中，针对部分在京单位存在的典型问题，举一反三，利用联网数据，对京外8个土地督察局和中国地质调查局17个京外单位的财务数据进行集中检索分析，并在此基础上设计审计调查表格，由点及面地摸清相关问题的普遍性。注重做好年度预算执行审计与日常联网审计的衔接和配合，对过去未能查透的京外重点单位，通过联网审计方式予以深化。先后对国土资源部所属广州海洋地质调查局、沈阳地质调查中心发出联网审计疑点询问函和问题纠正函4份，查出的设备损失保险理赔收入未按规定实行“收支两条线”管理、挪用财政项目零余额账户资金用于横向项目支出、违规政府采购、在庆典活动中收受礼金等多个问题已责成国土资源部整改。联网审计还发现有关单位将大量公款取现存入个人账户，经进一步审计后发现部分人员涉嫌挪用公款理财、购房等，该问题已通过审计长批转函形式转送有关部门查处。

相关工作 坚持以人为本和能力业绩导向，加强作风建设和队伍建设，为持续发展打下坚实基础。一方面坚持事项到人、责任到人的严格管理，另一方面高度重视培养锻炼青年干部，积极为干部成长成才提供广阔的平台，把合适的同志摆到合适的岗位上，建设以青年干部为骨干的审计铁军。2014年，被审计署评为司局级文明单位，支部被评为优秀党支部。

（撰稿人：王中杰）

【审计署建设审计局】 2014年，审计署建设审计局人员编制15人，在编12人。设有审计一处、审计二处、审计三处。主要负责对住房和城乡建设部、中华全国总工会、中华全国妇女联合会、中国共产主义青年团中央委员会和中央国家机关工作委员会的审计监督，以及审计署交办的其他审计事项。

领导成员

局　　长：陈达时（—10月）
　　　　　李树廷（11月—）

审计成果 建设审计局共完成、参与审计项目5个，查出主要问题金额18952万元，其中违规金额376万元、管理不规范金额18575万元；审计处理处罚金额1478万元，其中应归还原渠道资金344万元、应缴纳其他资金75万元、应调账处理金额1059万元；审计促进整改落实有关问题资金848万元，其中增收节支40万元、已缴纳其他资金74万元、已调账处理金额733万元。移送司法和纪检监察机关处理事项3件。提交审计报告10篇、重要审计情况转送部委3篇。

预算执行审计 紧紧围绕“反腐、改革、发展”的目标要求，认真贯彻“严格查处、立足整改、规范提高、促进发展”的总体工作原则，提高预算执行和决算（草案）审计的实效，审计报告反映的28个问题被审计结果报告汇总采用，3个问题被署会议费、出国费专题报告汇总反映。

在住房和城乡建设部2013年度预算执行和决算草案审计中，注重揭示财政财务收支方面存在的主要问题，积极探索审计监督全覆盖，重点审计的二级单位由上年的4个增加到9个，并由二级单位延伸至近20个三级、四级所属企事业单位。审计发现该部所属科技发展促进中心等单位利用代行政府职能之便利，违规收费2168万元。该部信息中心在政府采购中违规直接发包，部机关服务中心等3个所属事业单位1569万元收入未在单位法定账簿核算，中国建筑文化中心等7个单位账外投资、违规出租及对外投资、虚列成本等问题，涉及金额1.4亿元，引起住房城乡建设部党组的高度重视，专门下发文件，通报审计发现各单位存在的问题，认真部署整改工作。针对利用部门行政职责、违规收取赞助费的问题，以及部分党员领导干部违规持股分红和兼职取酬等问题，以重要审计情况报请署领导批准后，审计署以审计长批转函方式转送该部研究整改。针对该部业务信息系统分散、建设和管理滞后的问题，报送有关审计信息，审计署以部委批转函方式转送该部研究整改。针对中国建筑文化中心员工涉嫌挪用公款的问题，移送北京市检察院处理。

在卫生计生委2013年度预算执行审计中，建设审计局负责对该委所属5个单位进行审计。重点关注利用行业管理便利及公共资源优势等违规牟利等问题。审计发现某些单位以协助调查名义向医生发放报酬、接受药企协助医生出国、违规借贷资金、课题结余经费长期滞留承担单位等问题，提出完善管理制度、加强项目管理的审计建议，引起被审计单位的高度重视。审计还将中国肝炎防治基金会和正大天晴药业集团有限公司有关人员涉嫌侵占挪用项目资金的问题，移送北京市公安局处理。

经济责任审计 4月至7月，建设审计局与广电通讯审计局、教育审计局合作，完成中央人民广播电台台长任期经济责任审计。在重大经济决策制度制定执行和效果情况、预算执行和其他财政财务收支情况、资产管理情况和对所属单位监管情况等方面，查出未经报批实施工程建设项目、违反政府采购规定、“三公”及人员经费超预算、房地产未入账且管理不规范等问题。查出的重庆记者站账外资产存在流失风险问题，转送中央人民广播电台研究处理。

全国土地出让收支和耕地保护情况审计 8月至10月，根据审计署统一部署，建设审计局组织江苏省审计厅、盐城市审计局，对连云港市2008年至2013年全国土地出让收支和耕地保护情况进行审计。通过延伸调查国土、财政、城建等93家部门和单位，抽查153件批地文件、97个征地项目、558宗土地、216个用地项目，查出土地出让收支不合规300多亿元，虚假供地用于融资平台抵押融资18亿元，实际建设用地超规划5000多公顷，违规征收、审批、供应土地，违规建设高尔夫球场、休闲庄园、度假村，违规设立开发区、非法转让、倒卖国有土地使用权造成国有资产流失等问题，并向审计署驻南京特派员办事处移交一批案件线索。

彩票资金审计 11月至12月，在审计署驻重庆特派员办事处统一组织下，建设审计局完成对重庆市黔江区和秀山县2012年至2014年福利和体育彩票资金的审计。审计发现两区县体育部门协助民营企业非法销售彩票、骗取财政性资金近亿元，挤占挪用彩票公益金，虚列彩票公益金支出，彩票公益金闲置或违规使用造成损失浪费等问题。

相关工作 在队伍建设上，建设审计局以深入开展群众路线教育实践活动为契机，着力改进工作作风，提高工作水平。通过查摆问题、建章立制和整改落实，倡导“实、高、新、严、细”的工作作风，将依法审计、文明审计内化为自觉行动，在全局范围内学典型、树正气、讲奉献，切实加强审计干部队伍建设。一年来，全局人员积极参加过各类培训班。先后选派1人赴广西壮族自治区地税局挂职锻炼，5人参加特派办综合检查，3人参加省长经济责任审计，1人参加驻法国、瑞士两国非经营性机构审计。

在党风廉政建设和支部建设上，建设审计局积极推进学习型党支部建设，加强理论学习和思想教育，促使全体人员提高政治理论素质，统一思想、凝聚力量。加强廉政教育，深化风险防控，切实提高反腐倡廉意识。组织开展丰富多彩的支部活动，增强党支部的凝聚力和战斗力。在连云港审计期间，组织参观赣榆抗日山烈士陵园和邓小平雕塑公园，进行爱国主义和革命传统教育，引导全体党员干部坚定理想信念，增强立足本职、做好工作的决心和信心。（撰稿人：黄　丰）

【审计署交通运输审计局】 2014年，审计署交通运输审计局人员编制15人，在编14人。设有一处、二处和三处。

领导成员

局　　长：李树廷（—11月）

　　　　　矫　强（11月—）

副 局 长：张　进（—11月）

　　　　　周子祥（11月—）

副局级审计员：余其汉

审计成果 交通运输审计局转变审计工作思路，将审计工作分解为深化预算执行审计、挖掘宏观层面症结和查找深层次原因三个层面，全面解剖被审计单位的职责，探索审计全覆盖路子，独立完成交通运输部2013年度预算执行情况审计和决算（草案）审签，参加卫生计生委2013年度预算执行情况审计，国家质量检验检疫总局局长任期经济责任审计，广东省土地出让收支和耕地保护审计以及山东省彩票资金审计，交通运输部和中国铁路总公司2014年稳增长促改革调结构惠民生政策措施跟踪审计，共7个项目。

在交通运输审计局统计的审计项目1个，查出主要问题金额44888万元，其中管理不规范金额44888万元；审计处理处罚金额624万元，其中应上缴财政215万元、应归还原渠道资金103万元、应调账处理金额305万元；审计发现非金额计量问题13个；审计促进整改落实有关问题资金103万元，其中增收节支103万元。出具审计报告1篇。提交重要审计情况、审计简报等审计信息8篇。

预算执行审计 交通运输审计局积极拓宽审计工作思路，将预算执行审计的工作重点放在深入剖析部门职能职责、摸清在京二级单位家底上，结合部门特点，加大审计延伸力度，探索审计全覆盖的路子。独立完成的交通运输部2013年度预算执行情况审计和决算（草案）审签，查出交通运输部及部分所属单位超范围支出财政资金、虚报理由申请财政预算资金，所属事业单位违规收费，交通运输部及所属单位建设项目未及时办理竣工验收或财务决算、科研项目未按期结题，部分所属单位未经批准出租处置国有资产等突出问题。结合预算执行审计，完成“三公”经费、会议费和部门主管社会组织等专项审计调查。针对社团组织在组织、运营和管理中存在的借助行政手段或行政职能收取各项费用、行政机关在职及退休干部大量在其主管社团担任领导职务并高额取酬、行政机关向其主管协会转嫁费用支出、违规设立“小金库”、部分协会营利性明显等问题，形成专项审计调查报告上报审计署。

相关工作 交通运输审计局保持团结一心、奋发向上的精神状态，认真贯彻落实署党组决策部署，积极践行科学审计理念。局领导班子成员自觉加强作风建设，不断完善领导班子决策和议事制度。加强完善规章制度，提高内部管理精细化水平，强化审计业务管理，不断提高工作质量，着力培养审计人员综合素质，不断提高干部队伍科学审计能力。局党支部在署机关党委的领导下，认真贯彻执行署党组和机关党委的各项部署和要求，坚持党建工作和审计工作“两手抓、两促进”，深入学习贯彻党的十八大、十八届三中全会精神和中央八项规定，加强党支部和党风廉政建设，增强队伍凝聚力，充分发挥基层党组织的战斗堡垒作用和共产党员的先锋模范作用。

（撰稿人：商　昆）

【审计署农林水利审计局】 2014年，审计署农林水利审计局人员编制15人，在编14人。设有审计一处、审计二处和审计三处。

领导成员

局　　长：娄　仲

副 局 长：梁丽军（—10月）

　　　　　涂　莹（10月—）

副局级审计员：杨　岗

审计成果　农林水利审计局完成农业部、国家林业局2013年度预算执行和其他财政收支及决算（草案）审计、南通市土地出让收支和耕地保护情况审计、农业部财政存量资金审计、水利部等4个部门稳增长等重大政策跟踪审计等8个审计项目，查出主要问题金额2042774万元，其中违规金额226683万元、管理不规范金额1816090万元；损益（收支）不实金额6289万元；审计处理处罚金额224775万元，其中应归还原渠道资金224775万元。移送司法机关、纪检监察机关和有关部门处理事项3件。出具审计报告和专项审计调查报告11篇。提出审计建议22条，提交审计信息12篇，被批示、采用9篇。向社会公告审计结果2篇。

预算执行审计　在国家林业局预算执行审计中尝试开展全覆盖，审计了国家林业局京内全部二级单位及京外重点二级单位和全部社团共84个单位，审计资金总额达63亿元，审计报告反映了27项253个问题，违规金额30.55亿元。其中查出国家林业局14个单位设立73个“小金库”，金额3600多万元。大兴安岭林业集团公司违规建设三亚接待处等两个典型事例被国务院向全国人大常委会的审计工作报告采用。审计过程中注重“五个强化”，强化项目顶层设计，围绕“反腐、改革、发展”的目标，严格执行工作方案，细化时间表和路线图，明确时间节点和任务安排；强化审计重点，在完成好审计工作方案统一要求的基础上，根据林业特点，突出专项转移支付资金、科研经费和个人兼职取酬违规违纪等审计重点，强化联网审计，建立与国家林业局京内单位财务NC系统的联网，统一采集分析财务数据，确定重点单位和疑点事项，起到事半功倍的效果；强化审计现场管理，采用重点单位就地审计与其他单位送达审计结合，根据审计发现问题线索情况，动态调整任务和人员分工，建立业务例会、项目限时、信息共享等工作制度，确保项目有条不紊地开展；强化资源整合，预算执行审计坚持以本局力量为主，辅以国家林业局以外的内部审计人员，专项资金和京外重点单位审计与审计署业务司、特派办共同实施，确保组内沟通协调，形成整体合力，提高审计效率。

在对农业部2013年度预算执行审计中，结合项目资金量大、京外单位占部门预算资金比重高的特点，加强宏观数据分析，关注总体，全面把握部门预算管理、资产管理、项目安排、执行效果等整体情况。不仅关注资金，还深入到业务和项目中；把握预算执行情况，关注部门权力行使和职责履行情况。审计发现农业部在预算执行、“三公”经费使用中存在11类问题，违规金额7200万元。

稳增长等政策措施落实情况跟踪审计　根据中央一号文件、政府工作报告及重点工作分工等相关文件，结合部门职责，梳理出各部门贯彻落实稳增长促改革调结构惠民生的措施61项；并按牵头事项和配合事项进行分类，分析重要程度，排出重点审计次序，确定简政放权、4亿亩旱涝保收高标准农田、土地确权、精准扶贫、农村饮水安全、重大水利工程等13项第一阶段重点跟踪事项，按季度反映重大政策落实中的各类问题。对重要事项及反映的主要问题采取列表法，用数字和事实说话，如对部分县上报饮水安全工作量和解决人口数不实的问题，用表格的方式将上报数和审计核实数进行对比，问题一目了然，说服力强，也便于被审计单位采取整改措施。采取数据分析方式反映税收政策的执行效果，如在减轻小微企业税负方面，根据税收政策的目标和群体范围，利用税务总局集中的全国税收数据，分析出小微企业增值税和营业税方面税收优惠政策在全国各省区市的执行情况，以此反映政策是否达到目标效果。开展上下联动审计，打破“中梗阻”，解决“最后一公里”，对重要事项、重大项目，在研究政策、分析数据的基础上，编制联动审计要点，下发地方审计组，将地方审计发现的情况和案例与部门掌握的情况对比分析，相互印证，提炼审计成果，如促进创业就业税收优惠政策执行效果、农村饮水安全实施效果这两项重要事项，采取这种方式都取得良好的效果。编发审计要目上报国务院，国务院领导做重要批示，被审计单位也高度重视，积极整改。注重时效性，有些重大政策具有明确的时间节点和量化指标，因此注重审计的时效性，发现问题线索，立即形成要点报署项目办公室，及时组织延伸核查，如饮水安全项目从发现问题线索到形成成果都在年内完成。

全国土地出让收支和耕地保护情况审计 8月至10月间根据审计署统一部署，开展南通市土地出让收支和耕地保护情况审计。对南通市本级及所辖海门等6市（县、区）2008年至2013年土地出让收支和耕地保护情况进行审计，延伸调查国土、财政、城建等218个部门和单位，抽查288件批地文件、103个征地项目、1066宗土地、429个用地项目和139个土地整治项目。摸清底数，揭示土地出让收支不实、截留挪用，违规审批征收供用土地，耕地保护不严格等各类问题94大项。上报重要审计情况3篇，移送司法机关1件。

（撰稿人：汪　伟）

【审计署贸易审计局】 2014年，审计署贸易审计局人员编制15人，在编15人。设有一处、二处、三处。

领导成员

局　　长：虞伟萍（—11月）

　　　　　徐　露（11月—）

副 局 长：王　磊（5月—）

副局级审计员：张东华

审计成果 贸易审计局独立完成和参加审计署统一组织的审计项目共5个，包括中国国际贸易促进委员会（以下简称贸促会）2014年度预算执行和其他财政收支情况及决算（草案）审计、商务部稳增长等政策措施落实情况跟踪审计、四川省内江市土地出让收支和耕地保护情况审计、教育部部长任期经济责任审计、广东省东莞市彩票公益金专项审计等。查出违规和管理不规范问题金额198亿元；被审计单位整改落实有关问题资金17634.66万元，其中已归还原渠道资金15284.6万元、已调账处理金额2350.5万元；提交审计报告、专题报告11篇，编发审计业务信息8篇，被署审计要情采用2篇，被署重要信息要目采用6篇，转送中央部委处理2篇，审计长批转函2份，被国务院专题报告单独案例采用2篇；移送有关部门处理事项2件，提出审计建议30多条；被采纳审计建议建立健全规章制度1项。完成配合审计和专项检查项目7个：派出1人参加中央纪委专案组、卫生计生委下属单位的延伸审计和法规司审理工作；1人参加中央巡视组、国土审计巡检组的专项巡视工作及全署预算执行审计报告审核汇总工作；1人参与审计署对署驻长春、成都特派办2014年度综合检查、专项审计工作；1人参加中办、国办的中央八项规定精神落实情况的专项检查工作。

预算执行审计 完成贸促会2014年度预算执行和其他财政收支情况以及决算（草案）审计，查出违法违纪及管理不规范问题金额12.99亿元。通过对展览会审批系统数据分析和60多个展览会项目的重点审计，查出贸促会展会项目管理不规范、超范围申报财政补贴展览会项目预算，所属单位多收取展会摊位费等问题，揭示财政展会补贴资金未惠及参展企业的问题。贸促会建立了40多个多双边合作交流机制，为摸清贸促会多双边机制的运作方式及资金核算方式，审计延伸20多家单位，发现其将职责范围内的事项委托部分民营企业运作，民营企业从中乱收费、部分资金转入个人账户等问题，涉及资金1249.10万元，审计后贸促会全面清理并规范多双边机制及运作方式，追究有关人员责任。贸促会作为我国保护知识产权单位之一，有国际贸易仲裁委员会、专利商标事务所、专利代理公司等所属单位，且收入规模都比较大，本次审计将上述单位列为重点单位。审计发现专利商标事务所截至2014年底净积累为13.17亿元，香港专利代理公司应上缴贸促会的利润8.18亿元长期滞留香港，共计20多亿元资金长期闲置，未能发挥效益。为此编发审计信息并转送有关部门。贸促会作为原产地证签发机构之一，因有关法规不明确等原因致无权签发出口东盟自贸区的优惠原产地证，致使我国大量出口东盟的货物未能享受《中国—东盟全面经济合作框架协议货物贸易协议》最惠国关税，2010年至2014年，应享受而未享受优惠关税达62.9亿美元，严重影响我国出口货物的竞争力。对此贸易审计局编发重要审计情况，被署专项报告以单独案例采用。

稳增长等政策措施落实情况跟踪审计 开展商务部稳增长促改革调结构惠民生防风险政策措施落实情况跟踪审计。全面梳理商务部制定的稳增长等各项政策措施。根据商务部“三定”方案确定的部门职责和国务院相关政策措施文件的工作分工，分析梳理商务部贯彻落实相关政策过程中的职责和任务，尤其2013年以来为落实国务院相关政策措施而出台的制度措施以及相关专项资金安排使用情况。涉及政策措施90多项，资金610亿元，专项50多项。以商务部牵头事项为重点审计内容，充分揭示因牵头部门履职不到位出现的问题。审计组重点关注商务诚信体系建设工作协调推进落实力度不强、推动泛北务实合作方面积极主动作为不够等13项工作，推动商务部加大政策落实力度，已有10项工作得到落实。关注取消和下放行政审批事项的落实情况。商务部现有审批事项26项，取消下放11项，对取消行政审批后应出台的相关法规和管理办法进行跟踪，发现机电产品国际招标机构资格审批取消后未及时出台管理办法。关注重点资金落实和使用情况以及以前阶段发现问题的整改情况。2012年至2014年，商务部参与分配的中央财政服务业及中小企业发展专项资金共计302亿元，经延伸调查北京市财政局、北京市商委发现，同期收到中央财政专项资金32亿元，实际执行仅11亿元，执行率较低，政策效益发挥不明显，由此推动商务部开展专项资金的绩效考评。关注体制机制制度方面不协调、不配套问题。通过与商务部业务司及进出口商会、企业座谈，并通过商会向其管理的企业发放问卷调查，了解到财政部在分配养老服务产业试点专项资金过程中存在不符合相关办法的做法以及企业在“营改增”过程中碰到的实际困难，及时反馈给财政部、税务总局审计组。加强与财政司的沟通联系和其他审计组的协作，与海关、质检、商务三个审计组共同完成《外贸进出口环节对企业经营性收费的项目多金额大》的重要审计情况，以重要信息要目上报国务院。

经济责任审计 配合做好教育部部长任期经济责任审计。按照署统一安排，贸易审计局12人参加此项审计，完成对教育部本级涉外教育部分及所属孔子学院、天津大学等相关单位的审计任务，重点揭示教育部涉外教育、985工程等重大专项、孔子学院等建设目标完成及专项资金使用情况中与部长履职相关事项中存在的问题，共计涉及问题金额75.5亿元。

全国土地出让收支和耕地保护情况审计 配合成都特派办，组织完成四川省内江市2008年至2013年土地出让收支和耕地保护情况审计。审计组按照土地审计的内容，分成5个审计小组，贸易审计局5人分别担任5个小组负责人，紧紧围绕“钱”和“地”两条主线开展审计，查出违规及管理不规范问题50多个，涉及金额107.76亿元，报送重要审计情况3份，其中被署审计要情采用1份，移送处理事项1件。

彩票资金审计 在广东省彩票资金专项审计中，配合广州特派办完成东莞市2012年至2014年10月彩票资金（彩票公益金和彩票发行费）的筹集、分配、管理和使用情况的审计，重点检查福利彩票、体育彩票发行费及公益金使用等情况，共计查出违规问题金额1.95亿元。

（撰稿人：曾贤善）

【审计署文化体育审计局】 2014年，审计署文化体育审计局（以下简称文体局）人员编制15人，在编14人。设有审计一处、审计二处和审计三处。主要负责审计文化部、国家文物局、国家体育总局、中国对外文化集团公司、全国哲学社会科学规划办公室、中国文学艺术界联合会、中国作家协会及上述部门（单位）下属单位预算执行、决算（草案）和其他财政财务收支，开展相关专项审计调查，承办审计署交办的其他事项。

领导成员

局　　长：贾有长（—11月）

　　　　　虞伟萍（11月—）

副 局 长：宋　波（11月—）

副局级审计员：孙宏慧

审计成果 文体局共完成审计项目9个，其中预算执行和决算（草案）审计4个、部长经济责任审计1个、专项审计（调查）3个、政策跟踪审计1个。查出违法违规、损失浪费及管理不规范问题金额648583.53万元，其中应上缴财政34730.17万元，应归还原渠道和调账处理金额109782.6万元。向有关部门办理审计移送处理案件线索2件，涉案金额283.33万元。提出加强和改进管理的审计建议27条；出具审计报告和专项审计调查报告16篇；提交信息简报1篇；署领导批转函采用1篇、信息转送函采用1篇。

预算执行审计 完成文化部2013年度预算执行和决算（草案）审计，查出问题金额12848.71万元，主要是文化部本级违规购买购物卡，所属机关服务中心未经批准将部本级房产出租且收入未按规定上缴中央财政，所属中国国家话剧院未将部分联合办学收支纳入单位统一核算等。完成卫生计生委2013年度预算执行审计中5个所属单位的延伸审计，查出问题金额7270.61万元，主要是卫生计生委机关长期占用卫生部卫生监督中心人员编制；中国卫生监督协会接受外资医药企业赞助组织国家工作人员和医生出国，为其进行商务公关搭建平台，将财政资金沉淀在项目单位等。

财政存量资金审计 完成文化部、国家体育总局财政存量资金审计，分别摸清两个部门截至2013年10月底、12月底的财政存量资金规模，发现预算编制未统筹考虑上年累计结转结余情况，项目库建设不够完善，预算执行进度管理不够科学等问题。

经济责任审计 与外交外事审计局、政法审计局组成联合审计组，完成对中国残疾人联合会原理事长的经济责任审计，查出问题金额4261.67万元，主要是中国残疾人体育运动管理中心游泳馆维修改造项目未按规定进行公开招标，所属机关服务中心扩大开支范围，中国盲文出版社未在定点印刷厂印制教材等问题。

全国土地出让收支和耕地保护情况审计 完成对河南省鹤壁市2008年至2013年土地出让收支和耕地保护情况的审计，查出问题金额620035.28万元、问题土地面积11546.69公顷、问题涉及被征地农民或拆迁安置人数40995人，主要是河南省鹤壁市违规返还土地出让收入，拖欠征地和拆迁补偿款，违规用土地出让收入建设楼堂馆所、购买公务用车、发放津补贴，虚假招拍挂土地，违规改变土地用途等。

彩票资金审计 完成对吉林省通化市和梅河口市2012年至2014年彩票资金的筹集、分配、管理和使用情况的审计，查出问题金额4167.26万元，主要是挤占挪用彩票资金，改变公益金项目规定用途，改变发行费规定用途，彩票资金长期结存未使用等。向有关部门办理审计移送处理案件线索2件。

中央财政专项转移支付资金情况审计 完成对文化部2013年和2014年参与分配中央财政专项转移支付资金情况的专项审计调查。

稳增长等政策措施落实情况跟踪审计 完成文化部2014年三、四季度稳增长促改革调结构惠民生防风险政策措施落实情况跟踪审计，重点检查取消和下放行政审批事项、推进简政放权、推进文化创意和设计服务与相关产业融合发展政策措施落实情况，主要发现推动动漫游戏等产业发展的部门间工作机制不够稳定、参与配合的任务推进较慢、未出台专项规划或行动计划等问题。

相关工作 加强学习型机关建设，进一步提高全局干部理论水平和审计业务水平。采取集中学习与自学相结合的方式，加强理论知识学习和审计案例交流；结合审计项目的开展组织专业学习和培训，学以致用，学用结合，提高审计人员实战能力；为全局同志提供更多参加学习和培训的机会，拓展视野，更新知识结构。

以加强沟通为平台，努力促进被审计单位整改提高。文体局与文化部、国家体育总局、国家文物局等单位建立了审计联席会议制度，不定期与被审计单位召开座谈会，从体制机制制度等方面分析审计发现问题的深层次原因，从全面深化改革的要求提出改进工作的政策性建议，促进文化、体育、文物等各项事业的健康发展。

以夯实内部管理为基础，不断提高审计工作质量和管理水平。做好局内行政管理和文件管理，完成审计档案立卷29卷，行政公文立卷归档8件，销毁各类文件57份；加强保密教育，做好各项保密工作，防止失泄密事件的发生。

（撰稿人：王　崴）

【审计署国资监管审计局】 2014年，审计署国资监管审计局人员编制12人，在编11人。设有一处、二处。

领导成员

局　　长：翟挨才

副 局 长：周子祥

审计成果 国资监管审计局组织或参与完成

审计项目6个，包括国资委贯彻落实稳增长促改革调结构惠民生防风险政策措施情况跟踪审计、山东省泰安市土地出让收支和耕地保护情况审计、湖北省黄石市彩票资金审计、司法部2014年度预算执行和其他财政收支情况以及决算（草案）审计和国家海洋局、民航总局财政存量资金审计。

在国资监管审计局统计的审计项目2个，查出主要问题金额41860万元，其中违规金额1852.75万元、管理不规范金额40007.73万元；审计处理处罚金额1559.75万元，其中应上缴财政175万元、应缴纳其他资金1301.75万元、应调账处理金额83万元；审计发现非金额计量问题6个；审计期间整改资金120.68万元。出具审计报告2篇，提出审计建议9条。

预算执行审计 国资监管审计局独立完成的司法部2014年度预算执行情况审计和决算（草案）审计，查出司法部部门预算编报不完整，未经批准在项目经费中列支与项目无关的支出，未公开招标，“三公”经费管理和会议费支出违规，代编预算以及其他财政收支违规等问题，涉及金额41484.48万元，其中违规金额1476.75万元、管理不规范金额40007.73万元；审计处理处罚金额1559.75万元，其中应上缴财政175万元、应调账处理金额83万元，应缴纳的其他资金1301.75万元；审计发现非金额计量问题6个。

（撰稿人：孙　静）

【审计署卫生药品审计局】 2014年，审计署卫生药品审计局人员编制15人，在编13人。设有一处、二处、三处。主要负责国家卫生和计划生育委员会（以下简称卫生计生委）、国家食品和药品监督管理总局（以下简称食品药品监管总局）、国家中医药管理局及其在京所属单位的审计监督。

领导成员

局　　长：李珊珊

副局级审计员：胡　华

审计成果 完成食品药品监管总局2013年度预算执行和其他财政收支情况以及决算（草案）审计、卫生计生委财政存量资金审计、卫生计生委机构改革期间资产和财务管理审计、食品药品监管总局机构改革期间资产和财务管理审计、卫生计生委贯彻落实稳增长促改革调结构惠民生政策措施情况跟踪审计。配合行政事业司完成卫生计生委2013年度预算执行和其他财政收支情况以及决算（草案）审计。参与南京大学校长任期经济责任审计、民政部部长任期经济责任审计、安徽省土地出让收支和耕地保护情况审计、上海市彩票公益金审计和中央部门参与分配中央专项转移支付资金有关情况调查等11个审计项目。查出违规金额11560万元，管理不规范金额78514万元，审计决定处理处罚金额12940万元。上述审计项目的审计报告中，有42个问题被汇总审计报告采用；有1个问题作为单独案例采用；提交审计报告、审计决定、决算审签意见书等审计业务文书11份；向被审计单位提出审计建议19条；上报审计信息3篇。抽调6人次参与了重庆市市长经济责任审计、海南省省长经济责任审计和其他重大专项审计。

预算执行审计 按照审计署工作安排和财政审计总体方案要求，在署行政事业司统一组织下，探索部门预算全覆盖审计的路子。组织实施食品药品监管总局2013年度预算执行和其他财政收支情况以及决算（草案）审计，参与卫生计生委2013年度预算执行和其他财政收支情况以及决算（草案）审计。揭示因预算编制不规范和预算执行不严格导致的挤占挪用财政资金的问题，包括挤占项目经费、未经批准自行调剂使用项目资金、扩大项目开支范围列支在编人员工资奖金补贴、资产管理不规范、未严格执行政府采购制度、违反“收支两条线”规定等；揭示违反中央八项规定以及“三公”经费和会议费管理中存在的问题，包括未经批准和计划外召开会议、节俭办会措施实施不到位、支出控制不严格；出国计划管理不严格、出国（境）团组的出国天数超过规定时间，超预算及超标准列支出国经费，未经批准调剂使用公务用车运行维护费、超编制配备公务用车等；反映卫生计生委所属单位和社团背离公益属性，依托部门资源、利用部门权力影响牟取不当利益等影响卫生计生事业健康发展的问题。

经济责任审计 参加南京大学校长任期经济责任审计和民政部部长任期经济责任审计。审计查出南京大学未按税法规定足额扣缴科研酬金个人所得税、违反规定在国家自然科学基金项目经费中列支科研酬金、餐费和礼品费等问题；民政部所属社会管理职业学院自行改变资金用途、虚列支出、未经批准对外出租房产、租金收入未纳入预算管理等问题。审计发现南京大学 2 名教师弄虚作假套取资金，分别涉嫌贪污公款和为私人谋利的案件线索，已移送相关部门处理。针对民政部社会管理职业学院主办的杂志管理不规范所撰写的审计信息经署领导批示后转送民政部处理。

信息化建设 开展联网审计数据分析，探索大数据环境下的审计方法。成立审计数据分析小组，在审计工作中，以审计署审计数据规划为数据分类标准，以现场审计实施系统为数据分析平台，以多维分析和查询分析为主要数据分析方法，辅之以 Excel 分类汇总功能，并以图表方式展示数据分析结果和编写审计数据分析报告，确定审计重点，提出审计关注的重点事项，充分利用数据环境和信息化手段。坚持联网审计及计算机审计方法研究，承担行政事业司组织的课题研究，对公立医院计算机审计内容、审计程序等进行研究，撰写《公立医院计算机审计的内容程序及评价指标编制研究报告》。

队伍建设 加强领导班子和干部队伍建设。注重提高审计人员的政治、理论素养，坚定共产主义理想信念，做到“讲政治、顾大局、守纪律”；注重组织学习公务员法、国家审计准则等，提高职业道德，保证审计工作质量和水平；注重学习先进典型及其先进事迹，提升敬业精神和团队精神。注重加强责任意识和责任心培养，按照“实、高、新、严、细”的要求，以一流的态度、一流的作风、一流的工作，创造一流的业绩。注重审计业务能力培养，通过交任务、压担子，努力将青年同志培养成为“一专多能”的复合型人才，年内有 4 名青年干部先后被审计署抽调参加预算执行审计汇总、重大专案查处和省（市）长经济责任审计工作，在审计类杂志上发表审计理论和实务文章 2 篇。参与行政事业司《中央部门预算执行审计指南》一书的编写。组织开展卫生计生委全覆盖审计调研，形成的调研报告《加强审计能力建设推进审计监督全覆盖》被审计署审计工作通讯采用。 （撰稿人：黎　夏）

【审计署经济执法审计局】 2014 年 1 月至 10 月，审计署经济执法审计局人员编制 12 人，在编 11 人。设有一处、二处。11 月起，人员编制 15 人，在编 14 人。设有一处、二处、三处。主要负责对国家质量监督检验检疫总局（以下简称质检总局）、国家工商行政管理总局（以下简称工商总局）、国务院法制办公室（以下简称法制办）、中国法学会、中华全国工商业联合会等单位及其在京所属单位的审计监督。

领导成员

局　　长：刘文杰（—7 月）

　　　　　刘　丹（11 月—）

主要负责人：丁　玎（8 月—10 月）

副 局 长：梁丽军（11 月—）

审计成果 经济执法审计局完成审计项目 7 个，查出主要问题金额 5248.57 万元，其中违规金额 5215.11 万元、管理不规范金额 36.46 万元；审计处理处罚金额 884.16 万元，其中应归还原渠道资金 72.75 万元、应调账处理金额 884.16 万元；审计促进整改落实有关问题金额 655 万元，其中已调账处理金额 583 万元、审计后挽回（避免）损失 655 万元。移送纪检监察机关和有关部门处理事项 2 件。出具审计报告和专项审计调查报告 4 篇。提出审计建议 7 条，提交审计信息 1 篇，被批示、采用 1 篇。向社会公告审计结果 1 篇。

预算执行审计 在质检总局 2013 年度预算执行审计项目中，最大限度地结合被审计单位资金和管理体制，充分调动审计资源，采取重点单位重点审计，有针对性地选取中国检验检疫科学研究院（以下简称检科院）和中国标准化研究院两个所属单位重点延伸审计，查出检科院综合科研楼超标准、超概算 15142 万元，检科院所属检测中心采取虚开发票等手段套取资金 386.97 万元等重大违规问题。

经济责任审计 牵头与 6 个派出审计局和 4 个特派员办事处组成审计组实施对质检总局局长 2010 年 8 月任职以来经济责任审计履行情况审计。在副审计长石爱中以及行政事业司的指导下，充分发挥牵头局的中坚作用，克服项目组织规模大、时间紧迫、工作量大等困难，注重从宏观机制体制层面分析，加大对重大违法违规问题的查处力度，共计上报审计信息 11 篇，全部被采用。

财政存量资金审计 根据国务院关于摸清全国财政存量资金规模和结构等通知的要求，经济执法审计局派出审计组对质检总局进行审计，审计人员指导质检总局的980多家单位进行填报数据，并电话催问对口联系部门工作进度，加班加点15天时间完计任务。

稳增长等政策措施落实情况跟踪审计 8月至12月底，按照审计署统一安排，经济执法审计局分别开展对工商总局、质检总局第三季度和第四季度稳增长促改革调结构惠民生防风险政策措施落实情况的跟踪审计。审计重点对国务院部署的专项工作、工商总局和质检总局参与或配合的多项任务的分解落实情况进行跟踪检查。指出其在政策措施落实方面存在的12个问题，其中多个问题被报送国务院的政策措施落实情况报告或审计要目采用。质检总局对审计发现的问题高度重视，局领导分别做出指示，专门召开党组会进行研究，要求相关部门积极整改。此外，按照审计署的统一部署，经济执法审计局还分别报送关于简政放权、职业资格等专题材料。

全国土地出让收支和耕地保护情况审计 8月至11月，经济执法审计局审计组对福建省三明市开展土地出让收支和耕地保护情况开展审计，延伸调查国土、财政、城建、规划等28个部门和单位，抽查7件批地文件、5个征地项目、199宗土地、154个用地项目和5个土地整治项目。

彩票资金审计 12月，经济执法审计局派出审计组对2012年至2014年10月浙江省台州市福利、体育彩票资金进行审计，重点延伸台州市本级（含椒江区、路桥区）、温岭市、仙居县等福利彩票公益金使用单位和彩票销售机构以及台州本级、椒江区、黄岩区、路桥区、温岭市、仙居县等6个体育彩票主管部门和彩票销售机构，抽查其中部分项目。 （撰稿人：梁雁玲）

【审计署广电通讯审计局】 2014年，审计署广电通讯审计局人员编制15人，在编14人，交流干部1人。设有审计一处、审计二处、审计三处。负责审计国家新闻出版广电总局、新华通讯社、中国外文出版发行事业局、中华全国新闻工作者协会、中国日报社、人民日报社、求是杂志社、光明日报社、经济日报社及上述部门（单位）下属单位的预算执行、决算（草案）和其他财政财务收支，开展相关专项审计调查，承办审计署交办的其他事项。

领导成员

局　　长：廖金梅

副 局 长：秦　洁

副局级审计员：厉从斌

审计成果 广电通讯审计局完成国家新闻出版广电总局2013年度预算执行和其他财政收支情况及决算（草案）审计和机构改革期间财务资产及职能转变情况跟踪审计、人民日报社社长经济责任审计、中央部门政府性债务审计、中央部门财政存量资金审计等5个审计项目。查出问题金额56.96亿元，非金额计量问题65个，审计处理处罚问题金额27.90亿元；向纪检监察机关和主管部门等移送处理事项2件；提交审计报告和专项审计报告15份，提出审计建议16条，审计署各种综合报告采用41条，报告被重要信息要目采用5份，专题报告单独案例采用4个；编发审计简报等各类审计信息8篇，被采用7篇。

预算执行审计 在审计署行事司的指导下，广电通讯审计局作为牵头单位，与民族宗教审计局、地震气象审计局、原监察人事审计局以及部分特派办人员，对国家新闻出版广电总局本级及所属中央电视台、中央人民广播电台、中国国际广播电台等11个单位进行审计。查出问题总金额55.39亿元。对电视台等单位节目制作和购买、广告经营管理、政府采购、所属企业经营情况的审计，揭露从业人员个人违法、违纪、违规问题，揭示挪用和套取资金、违规收费、“三公”经费和会议费违规、基建投资失控、违规设立账外资金、部分工程招投标违规操作、国有资产损失浪费等各类问题189个，对中央电视台等单位管理体制、财务管理方式、权力运作结构等体制问题等进行分析，提出审计建议。审计结果在新闻出版广电总局引起巨大反响，总局5位局领导先后6次对审计整改落实情况做出批示，要求举一反三，找漏洞、建制度、抓整改，积极组织整改工作。

专项资金审计 完成新闻出版广电总局机构改革期间财务资产及职能转变情况跟踪审计。完成中国传媒大学和中国公安大学等5所高校、中国科学院微电子所等8个科研院所、国土资源部等4个部委及所属单位政府债务审计。广电通讯审计局审计组被评为全国债务审计先进单位。完成新闻出版广电总局本级及所属无线电台管理局等11家二级单位的财政存量资金审计，全面准确地反映出部门的财政存量资金总额，分析资金形成的五项主要原因，提出盘活存量资金的四条建议，其中无线电台管理局结存资金情况作为案例被审计署采用。参加人民日报社社长经济责任审计，查出个别从业人员私分国有资产、为亲友谋利、违规持股获利问题。定期开展联网审计，参加对我国驻外非经营机构预算执行审计、联合国儿童基金会总部的审计等。

相关工作 强化全局信息化和基础工作建设，持续推动OA（审计管理系统）、AO（现场审计实施系统）两大系统在审计和日常工作中的广泛应用，实现对原所辖的四个一级预算单位联网审计全覆盖。组织修订《审计署广电通讯审计局保密工作规定》等一批内部管理制度，并通过检查加以落实；加强对审计过程质量的控制，并将三网融合问题作为研究课题，分析我国三网融合推进缓慢的原因，从审计视角提出加快三网融合的法律法规建设、防止重复投资等建议。

（撰稿人：廖　辉）

【审计署旅游侨务审计局】 2014年，审计署旅游侨务审计局人员编制15人，在编12人。设有审计一处、审计二处、审计三处。

领导成员

局　　长：李秀才

副 局 长：黄致敏

审计成果 旅游侨务审计局全年完成审计项目6个，查出主要问题金额3034662万元，其中违规金额31922万元、管理不规范金额3002739万元；损益（收支）不实金额12万元；审计处理处罚金额34609万元，其中应上缴财政33131万元、应归还原渠道资金22万元、应调账处理金额867万元；移送司法机关、纪检监察机关和有关部门处理事项2件。出具审计报告和专项审计调查报告2篇，被批示、采用4篇。提出审计建议6条，提交审计信息5篇，被批示、采用5篇。向社会公告审计结果1篇。

预算执行审计 旅游侨务审计局承担对中国民用航空局（以下简称民航局）的部门预算执行和决算（草案）审计。根据民航局公共预算和政府性基金预算收支规模大、所属事业单位类型多样、审计对象复杂、专业性强等情况，旅游侨务审计局在开展充分审前调查的基础上，按照把握总体、抓住特点、突出重点的总体思路，对民航局本级及所属8个二级预算单位进行重点审计。共查处违纪违规及管理不规范金额12.65亿元，其中审计报告反映的多个问题被署报国务院的审计结果报告和审计专题报告采用。报送审计信息2篇，被审计署重要信息要目采用。报送审计案件线索2起，分别被审计署移交最高人民检察院和民政部查处。

经济责任审计 由民政社保审计局牵头、旅游侨务审计局等4家单位共同参与完成对民政部部长任职期间经济责任审计，旅游侨务审计局具体负责福利彩票印制和中福在线彩票发行销售审计。结合经济责任审计特点和彩票资金业务特性，采用风险导向审计方法，加强对彩票印制、发行、销售、资金管理使用等各业务环节内部控制流程的分析，从内部控制管理薄弱环节入手，以资金和相关利益流向为重点，点面结合，通过对重点业务环节全覆盖审计，揭示福利彩票印制相关业务未按规定履行政府采购程序、巨额福利彩票发行费未实行“收支两条线”管理以及福利彩票发行费和公益金比例不合规等问题。据此编发审计信息2篇，分别被署采用转送财政部处理。

专项资金审计 旅游侨务审计局组织实施和参与组织实施民航局财政存量资金审计、河南省安阳市土地出让和耕地保护情况审计、河南省新乡市彩票资金审计等3个专项资金审计调查项目，针对3个项目的不同特点和关注重点，旅游侨务审计局精心组织，紧密协调，保质保量按时完成审计任务。在对民航局财政存量资金审计中，面临人手少、数据量大、时间紧的情况，旅游侨务审计局注重加强与行事司和被审计单位的沟通协调，在摸清民航局财政存量资金规模基础上，对结存资金期限结构和项目构成进行分析，结合单位业务特点提出盘活存量资金的建议。在对河南省安阳市土地出让和耕地保护情况审计中，作为牵头单位，旅游侨务审计局积极协调来自省审计厅和市、县审计局的同志，组成多个审计小组协同作战，在全面摸清全市土地出让收支和耕地保护情况的基础上，通过延伸调查国土、财政、城建等部门和单位，抽查上百份批地文件、实地查看征地项目、土地和土地整治项目，共发现该市在土地出让收支，建设用地审批、征收、供应、使用和耕地保护以及其他方面存在的违法违规问题56个，涉及金额687500.13万元，取得较好审计成果。在对新乡市彩票资金审计中，旅游侨务审计局作为参与单位，主要负责对新乡市体育局和体育彩票中心的审计，审计查处挤占挪用体育彩票资金、虚报套取体彩公益金、公职人员违反规定开设站点销售彩票等问题，其中公职人员开办投注站的问题被移送相关部门处理。

联网审计 通过中央部门联网审计系统将国家旅游局各类数据收集回传至国家审计数据中心，为开展审计数据分析提供便利。10月，旅游侨务审计局组织开展对国家旅游局本级1月至9月预算执行情况联网审计，发现国家旅游局部分项目预算执行进度较为缓慢，无预算动用以前年度项目结转资金支出等问题，国家旅游局高度重视审计查出的问题，及时对以上问题进行整改。

（撰稿人：林丽华）

【审计署地震气象审计局】 2014年，地震气象审计局人员编制15人，在编14人。设有一处、二处、三处。

领导成员

副 局 长：哈耀卿（—6月）

李志民（9月—）

张　进（9月—）

副局级审计员：乔红兵

审计成果 地震气象审计局完成审计项目5个，查出主要问题金额594833.02万元，其中违规金额589558.91万元、损失浪费金额271.19万元、管理不规范金额5002.92万元；审计处理处罚金额3411.15万元，其中应归还原渠道资金2248.91万元、应调账处理金额1162.24万元；审计发现非金额计量问题31个；审计促进整改落实有关问题资金2342.57万元，其中已调账处理金额1745.98万元、审计后挽回（避免）损失596.59万元。移送司法机关、纪检监察机关和有关部门处理事项2件，审计长信函1件。出具审计报告和专项审计调查报告6篇，被批示、采用1篇。提出审计建议18条，提交审计信息3篇，被批示、采用3篇。向社会公告审计结果1篇。

预算执行审计 2013年12月至2014年3月，地震气象审计局参加对新闻出版广电总局2013年度预算执行和其他财政收支情况以及决算（草案）的审计，完成对新闻出版广电总局下属单位中国国际广播电台与中广电广播电影电视设计研究院的审计。对中国国际广播电台审计查出未经批准调剂使用预算资金、扩大开支范围使用财政资金、未按规定实施政府采购、无预算列支出国（境）经费等问题。对中广电广播电影电视设计研究院审计查出使用虚假发票报销发放职工奖金、支付职工休息疗养与购物卡等费用、虚列支出等形成账外资金、部分财政专项经费开支不符合规定用途等问题，其中使用虚假发票报销发放职工奖金等问题被2013年度中央预算执行和其他财政收支的审计工作报告采纳。根据国家法律、法规的规定，分别对上述问题做出处理，提出审计建议，中国国际广播电台、中广电广播电影电视设计研究院均采纳审计建议，并将上述问题落实整改。

经济责任审计 根据审计署统一部署，4月至7月，地震气象审计局牵头与农林水利审计局、新闻报刊审计局组成审计组，开展中国国际广播电台台长任职期间经济责任审计。

全国土地出让收支和耕地保护情况审计 8月至10月，地震气象审计局参与全国土地出让收支和耕地保护情况审计，组织贵州省审计厅、贵州省黔南州审计局及所辖县区审计局有关人员，对毕节市本级及3个区县进行审计。

专项资金审计 11月，地震气象审计局开展中国气象局财政存量资金审计，摸清中国气象局财政存量资金规模、结构和可统筹安排使用的财政存量资金情况，并发现部分项目支出连续三年形成的剩余资金未按规定进行清理而是按结余资金管理等问题，据此提出审计建议。11月至12月，地震气象审计局对黑龙江省齐齐哈尔市2012年至2014年彩票资金的筹集、分配、管理和使用情况进行审计。

信息化建设 积极推动被审计单位财务联网，中国气象局在已经实现本级和各省气象局所属各预算单位财务账簿数据库联网的基础上，涵盖资产、资金和项目管理等为一体的“计财业务系统”（一期）升级版在四省市上线运行，计划于2015年年初在全国上线运行。中国地震局财务管理信息系统已推广到全系统所有二级单位，2014年预算和账务均在系统内录入和管理。大力应用计算机辅助审计技术，通过充分利用联网信息资源，不断扩展数据分析手段，审计效率和效果得到明显提升。注重审计信息化人才培养，通过多途径、多渠道培养方式，鼓励全局同志参加审计署内相关培训，通过审计业务锤炼审计人员信息化应用能力。（撰稿人：杜良平）

审计署驻地方特派员办事处

【审计署京津冀特派员办事处】 2014年，审计署京津冀特派员办事处人员编制175人，在编172人。设有办公室、法规处、财政审计一处、财政审计二处、行政事业审计处、资源环保审计处、固定资产投资审计处、金融审计一处、金融审计二处、企业审计一处、企业审计二处、社会保障审计处、外资运用审计处、计算机审计处、人事教育处、机关党委。

领导成员

特 派 员：胡利民

副特派员：李占维　蔡　峰　苑宝良

李伟光　梁璐璐

纪检组长：赵　萍

副司级审计员：王俊升　孙志明

审计成果 审计署京津冀特派员办事处共完成审计署下达的16个审计项目，投入审计工作量35525人·天。查出违规问题金额79.16亿元，管理不规范金额1639.84亿元。向有关部门移送案件线索17起，涉及司局级1人，处级3人，处级以下12人，涉案金额6.60亿元。审计信息累计被采用238篇次，其中：审计要情35篇，重要信息要目25篇，审计长信函5篇，重要信息被中央办公厅、国务院办公厅采用90篇次，国务院领导批示64篇次。1个项目被评为审计署优秀项目，2个项目被评为审计署表彰项目。

财政审计 在财政大格局审计中，将“揭示问题、分析原因、推动改革、提高绩效”作为总体思路，查出的骗取林业贷款贴息问题被审计要情汇总采用，对完善林业贷款贴息政策、加强林业贷款贴息管理发挥了重要作用；反映的政府性债务风险管控仍需加强和农业保险补贴实施效果不佳问题被重要信息要目采用，为加强政府性债务管理和改进农业保险实施提供了重要参考。

在天津、河北土地出让收支和耕地保护情况审计中，来自不同单位、不同结构、不同背景的逾千人的审计组按照“摸底数、揭问题、促发展”的工作思路，创造性开展工作，充分依托数据分析团队的作用，发现多个案件线索。如利用多种数据进行多维度对比分析，筛选出党政领导干部及其亲属入股企业的案件线索。

在河北矿产资源审计中，按照“揭露问题、维护秩序、保障权益”的总体工作思路，查出多项重大违法违纪案件线索，编发的信息被审计要情汇总采用。

金融审计 注重将宏观制度环境和微观制度运行各环节相结合，发现并查处重大违法违规问题。如在某公司审计中，从查找招投标环节漏洞入手，发现某部门负责人涉嫌利用职权收受贿赂的问题线索，并移送有关司法部门。通过认真分析被审计单位业务数据特征确定审计重点。如在某银行审计中，通过运用审计分析模型和方法体系进行系统研究和分类比对分析，发现非法集资案件线索2个，据此编发的信息被审计要情采用。

企业审计 企业审计重点关注管理薄弱、权力集中、重点领域和自由裁量权大的管理环节。全面做实“三个抓手”：一是提前介入，专题调研，迅速厘清行业发展脉络。审计前期成立专题研究小组，建立“三目一会”制度，编制法规目录、案例目录、行业热点目录，下发所有参审人员进行讨论交流，并与企业主管部门建立信息沟通平台，通过专题座谈会等方式了解行业发展现状。二是深抓典型，查找共性，准确锁定行业漏洞。三是严格把关，提升质量，确保审计建议切实可行。（撰稿人：谷　婧）

【审计署驻太原特派员办事处】 2014年，审计署驻太原特派员办事处人员编制150人，在编138人。设有办公室、法规处、财政审计处、行政事业审计处、资源环保审计处、农业审计处、固定资产投资审计处、金融审计处、企业审计处、社会保障审计处、外资运用审计处、计算机审计处、人事教育处和机关党委。

领导成员

特 派 员：朱登云

副特派员：卢华胜（—4月）

王爱梅（—9月）

张晓霞（4月—）　杨卫东

朱伟定（9月—）

安志蓉（9月—）

纪检组长：王　华

正司级审计员：刘文杰（6月—）

副司级审计员：康俊廷

审计成果　审计署共下达审计项目17个，均已按规定时间完成并上报审计报告。审计（调查）查出主要问题金额2528.60亿元，其中违规金额32亿元、管理不规范金额2489.97亿元、损失浪费金额6.63亿元；损益（收支）不实金额24.64亿元；审计查出非金额计量问题178个；审计促进整改落实有关问题资金4826万元，直接促进国家财政增收节支3248万元，促进完善制度7项。移送司法、纪检监察机关处理案件10起；移送其他部门处理案件1起，涉及金额8793万元。全年编发重要审计情况55期、审计简报31期、工作动态33期，共计119期。被审计署审计要情采用17篇；重要信息要目采用22篇，审计长信函采用4篇，专题报告采用2篇，重要审计信息采用共计45篇。被署领导批转函采用9篇，信息转送函采用17篇，审计工作通讯采用5篇。

财政审计　组织实施山西省财政收支审计、存量资金审计等项目。审计发现的主要问题有：公职人员参股经营企业，民营企业弄虚作假骗取财政资金，个别部门长期设立收入过渡户未予以清理审计等。

金融审计　组织实施中国人民银行太原市中心支行财务收支情况审计、中国证券监督管理委员会山西监管局预算执行审计和国家开发银行总行本级资产负债损益情况审计等项目。审计查出违规建设楼堂馆所，违规列支职工薪酬，违规发放贷款，低价向贷款企业购置商品房，经营管理不规范及信息建设不完善等问题。

农业与资源环保审计　组织实施山西省的矿产资源审计，山西、内蒙古两省（区）土地出让收支和耕地保护情况审计等项目。审计发现的典型问题有：领导干部渎职违规批矿造成国有资产流失，违规返还土地出让收入，违规出让土地，骗取拆迁补偿款等。在山西、内蒙古两省（区）土地出让收支和耕地保护情况审计中查出违规金额1368.73亿元。

经济责任审计　组织实施原中国第二重型机械集团公司原法定代表人任期经济责任审计，审计发现因生产经营决策不当、产品长期积压给企业造成潜在损失5.3亿元等50余项具体问题。在国家电网公司法定代表人任中经济责任审计项目中，负责对国家电网山东电力公司和山东电工电气集团公司实施审计。

队伍建设　以抓领导班子建设为核心，充分发挥表率作用。贯彻民主集中制原则，进一步完善党组领导下的分工协作机制。注重抓好中层干部特别是处室负责人的培训管理，选送年轻处长参加脱产培训，提高中层干部的能力素质。制定《业务培训实施办法》；坚持开展实战培训，完善审计实务导师制；选派有发展潜力的青年干部参加审计署的审计项目或到其他单位进行交流。组织开展干部职工思想状况调研和加强特派办建设主题调研，办党组对调研结果认真研究分析，针对特派办建设中存在的突出矛盾和问题，围绕领导班子建设、干部队伍建设、制度建设、廉政建设等影响特派办长远发展的重点工作，研究制定《关于进一步加强特派办建设的意见》。为提高党员干部综合素质，在全办组织开展“读懂一本书、明白一个理、干好一件事”的“三个一”活动。为保证活动的有效开展，专门制订活动方案，提出具体的活动计划，组织开展读书沙龙活动，成立“同读一本书”读书联络组等，通过丰富的活动内容，引导和激励全体党员干部立足本职，尽职守责，树立“我强办强、办兴我荣、办衰我耻”的观念，在全办形成加强学习、提升能力、凝心聚力、共推发展的良好风气。落实重要事项报告和督办制度，制定干部因私出境、干部离职等管理办法，对干部兼职、参加社会化培训情况进行清理和自查，制定干部谈话制度并认真落实，对一些不良现象及时开展批评。

党的群众路线教育实践活动 组织安排做好教育活动各项后续工作，学习习近平总书记系列重要讲话，并在工作中贯彻落实，使作风建设不收尾、不止步，形成常态化。对整改方案列出的事项，定期听取进展情况汇报；对审计署确定的10个专项整治工作，逐一对照检查，对考核办法、清理办公用房、清退军车警车牌照等工作，进行专项整治，加强对整改成效的检查和对重要事项的督办工作，整改成果得到进一步巩固。整改工作实施以来，先后建立完善30余项制度规定，初步形成防止“四风”、转变作风、促进工作发展的长效机制。

党风廉政建设 认真落实主体责任，研究制定《太原特派办党组落实党风廉政建设主体责任的实施办法》，将29项主要工作任务分解到各职能部门，确保责任落实。专门制定度年党风廉政建设实施意见，将反腐倡廉工作任务分解到领导班子成员和各处室，建立和完善办党组统一领导、部门各司其职的工作体系。积极开展教育预防，重视日常教育、抓住关键时点开展教育、突出审前教育。通过全办大会集中动员、领导干部进点动员、处室针对项目深入动员，把教育预防真正落到实处。切实完善防控和监督机制，在审计监督权和机关人财物管理权运行的各个节点及所涉岗位上查找存在的廉政风险点，采取措施加以防范。同时创新监督方式，坚持深入审计现场开展“五位一体”综合检查，重点检查审计组和审计人员落实中央八项规定情况、执行“八不准”审计纪律情况及托请说情情况，并加强对审计项目的廉政回访。

（撰稿人：郎少萍）

【审计署驻沈阳特派员办事处】 2014年，审计署驻沈阳特派员办事处（以下简称沈阳办）人员编制150人，在编143人。设有办公室、法规处、财政审计处、行政事业审计处、农业审计处、资源环保审计处、固定资产投资审计处、金融审计处、企业审计处、社会保障审计处、外资运用审计处、计算机审计处、人事教育处、机关党委。

领导成员

特 派 员：张炳功（—7月）
　　　　　章　轲（7月—）
副特派员：冷奎英　李志民（—9月）
　　　　　刘　仲　孙玉花（9月—）
　　　　　王晓东（9月—）
纪检组长：汪春贵
正司级审计员：王　地（—5月）
副司级审计员：常　力　李正辰（9月—）

审计成果 沈阳办完成审计项目10个，查出主要问题金额1445.31亿元，其中违规金额51.88亿元、损失浪费金额6.75亿元、管理不规范金额1386.67亿元；损益（收支）不实金额4.80亿元；审计处理处罚金额42.54亿元，其中应上缴财政1.13亿元、应归还原渠道资金7.69亿元、应调账处理金额15.60亿元；审计发现非金额计量问题170个；审计促进整改落实有关问题资金2172万元。移送司法机关、纪检监察机关和有关部门处理事项26件。出具审计报告和专项审计调查报告10篇，提出审计建议30条，提交审计信息70篇，被审计署采用115篇次。2个审计项目被评为优秀审计项目，1个审计项目被评为表彰审计项目。沈阳办获评全国社会扶贫工作先进单位、辽宁省保密工作先进集体和辽宁省级文明单位，连续7年获评省直机关扶贫先进单位和省直工会工委“模范之家”称号，1人荣获省直机关“五一劳动奖章”。

专项审计 完成某省土地审计和某省稳增长等政策措施贯彻落实情况跟踪审计工作。在某省土地审计中，沈阳办提出“明目标、管好人、干好事、筑底线”的工作思路，与1400余名地方审计干部一起摸清该省土地基本情况，查出1000多个问题，揭露土地出让收支违规问题资金上千亿元，促进该省进一步规范土地管理。在稳增长等政策措施贯彻落实情况跟踪审计中，查出问题60余个。从加快棚户区改造、推进生态环保、加大对小微企业支持力度、规范涉农资金管理使用等方面提出审计建议，促进政策贯彻落实。

财政审计 沈阳办完成某省的财政收支审计、政府性债务审计以及财政存量资金审计。在财政收支审计中，揭示某县农村环境污染问题严重的信息，被重要信息要目采用。在政府性债务审计中，揭示违规使用债务资金等风险隐患问题，促进政府性债务的科学管理和风险防范。在财政存量资金审计中，摸清财政存量资金的规模和结构，揭示无预算拨款、预算资金长期结转未及时清理等风险隐患问题，促进地方政府盘活存量资金。

企业审计 沈阳办以检查企业财务收支活动的真实合法效益为基础，以查处大要案为抓手，查处一批重大违法违规问题线索，增进审计对违法犯罪的威慑力，维护国有资产的安全。在某企业集团审计中，揭示该集团未经评估实施重大股权收购、违反中央八项规定精神对外赠送礼品、可行性研究不充分造成巨额亏损等一系列重大违法违纪问题。

社会保障审计 沈阳办在某省彩票资金审计中，摸清该省彩票资金基本情况，查出违规出借公益金等问题。追踪审计医药企业，查出案件线索2件，被审计要情采用。在企业经济责任审计中，揭露企业销售过期食品，维护人民群众食品安全。在某省财政收支审计中，促进地方政府发放农作物良种补贴，惠及农民46819户。通过查找问题背后的原因，分析体制、制度缺陷，推动完善体制机制。针对审计发现的问题和建议，相关政府陆续整合完善保障房管理机构、出台低收入居民家庭经济状况核对办法。

资源环境审计 从生态文明建设促进经济可持续发展的角度，大力开展矿产等资源利用情况的审计，完成某省矿产资源开发利用保护及相关资金征管情况审计。该省根据审计结果，出台《关于探矿权抵押备案和完善采矿权抵押备案有关事宜的通知》等13项制度，强化对矿业权取得及转让、抵押，矿山整合关闭及环境治理等方面的管理。

规范化管理 从数据和定性两个环节加强质量控制力度，确保数据之间的钩稽关系准确无误，问题定性准确恰当；编发审计移送案件线索审理指引，出台进一步规范延伸审计工作和审计移送工作的通知等制度，完善与公安厅、纪委的协调机制；强化法制宣传教育，增强审计人员的法治意识。

理论研究及其他 以开展研究式审计为抓手，推进审计理论研究工作。与中国审计学会合作开展“审计组织方式创新”课题研究；组织开展“大数据环境下的审计监督”大讨论活动，形成理论文章近20篇，被采用近10篇；撰写的征文获评审计署“审计与法治”优秀论文；征集公共资金绩效审计研讨会论文并向中国审计学会报送论文2篇；组织学习贯彻十八届四中全会精神等征稿活动3次，向审计署报送稿件30余篇，被采用近20篇。

队伍建设 坚持重大决策集体研究、集体决议，打造团结、高效的办处两级领导班子；将会议情况及时通报全办，保障群众的知情权、参与权、监督权；坚持分层次的培训工作，推行实务导师制，强化青年干部特训，加强专业人才培养。有3人获评高级审计师，评选出25名“四手”人才、13名创新能手、2名复合型人才和1个审计铁军团队。

信息化建设 适应大数据时代的新要求，注重归集与应用各类审计数据。发挥数据分析团队作用，积极开展矿产资源审计数据规划和计算机审计方法体系研究；有效应用新软件工具采集各类财务与业务数据并完成信息化专题报告；灵活运用地理信息系统等软件进行土地审计并报送经验方法8篇。

内部管理 沈阳办围绕服务一线、提高效能，连续6年公文质量检查零通报；档案数字化工作进展顺利，作为代表在辽宁省（中）直机关档案数字化建设现场会介绍；提升计划统计工作的信息化水平的经验做法被《审计工作通讯》采用推广；加强财务管理，2013年度决算编制工作得到办公厅通报表扬，并在2014年度财务培训班上做经验交流；后勤服务保障水平不断提高，职工对各季度服务工作满意度均在99%以上，完成办公用房改造调整和资产管理软件升级等工作，出台公务接待管理办法，把中央规定落到实处。

党风廉政建设 坚持推进机关党建，夯实组织基础，将支部建在审计组上，某省土地审计各级审计组成立临时党总支和临时党支部，发挥党支部的战斗堡垒作用。强化理论学习，坚持将政治理论纳入党组中心组学习、党员干部理论学习和干部教育培训。创新党建形式，开展学习雷锋和郭明义等多项活动，引导审计干部爱岗敬业；积极参加审计署和辽宁省直机关工委组织的各项活动，多人获奖。坚持深化群众路线教育实践活动成果，召开群众路线教育实践活动专题民主生活会；针对查找的32个问题，出台整改方案、专项整治实施方案、制度建设计划，将问题整改作为督办事项逐一落实，取得“群众路线教育实践活动、审计工作和打造过硬队伍”三项重要成果。坚持廉政监督高压态势，制定兼职廉政监督员管理办法、审计现场廉政工作指南等制度，为高效开展廉政监督提供保障。在土地审计中，出台党建廉政工作实施细则，创新实行问题清单及销号制度，设立廉政报告单和廉政工作档案等，实现廉政措施的刚性约束。办党组书记为全办干部上廉政教育党课；纪检组长带队深入一线对全部审计项目开展廉政检查，包括审中廉政检查和审后廉政回访，发挥廉政宣传、警示和防控作用。

保密工作 高度重视保密工作，以“谋全局、抓管理、重防范、保安全、促发展”为指导思想，以预防为重点，以岗位职责为主线，以保密检查覆盖全面，以制度保障巩固保密安全。保密工作经验在审计署保密培训班上得到交流和推广。

（撰稿人：袁宇鹏）

【审计署驻哈尔滨特派员办事处】 2014年，审计署驻哈尔滨特派员办事处（以下简称哈尔滨办）人员编制150人，在编142人。设有办公室、法规处、财政审计处、行政事业审计处、农业审计处、资源环保审计处、固定资产投资审计处、金融审计处、企业审计处、社会保障审计处、外资运用审计处、计算机审计处、人事教育处和机关党委。

领导成员

特 派 员：张　军

副特派员：罗　键（—9月）　范东军

董耀文（9月—）　姚洪敏

纪检组长：李雪斌

副司级审计员：连鸿裕　朱志义（9月—）

审计成果 哈尔滨办共开展审计署统一组织的审计项目16个。审计查出违规问题金额165.33亿元、损失浪费金额42.17亿元、管理不规范金额1771.05亿元。向司法、纪检监察和被审计单位主管部门等移送案件和事项22起。上报的审计信息被审计要情采用46篇、重要信息要目采用23篇、审计长信函采用3篇、审计长批转函采用6篇。

稳增长等政策措施落实情况跟踪审计 哈尔滨办加大对中央重大政策措施贯彻执行情况的跟踪审计力度，揭示的黑龙江省扶贫资金长期滞留、当年扶贫任务未能有效完成的问题作为典型，由总理在中央经济工作会议的总结讲话中举例批评，黑龙江省省长要求相关部门迅速整改。

财政审计 在黑龙江省地方财政收支审计项目中，哈尔滨办加强对财政管理和预算执行情况的审计力度，揭示黑龙江省本级向竞争性领域企业投入大量补贴资金且没有具体政策目标，资金使用效益不高的问题。黑龙江省政府高度重视，将扶持企业的方式由“点对点”支持企业项目的直接方式转变为扶持企业服务机构和改善发展环境的间接方式，更好地发挥财政资金的导向和放大作用，促进财政提质增效，当好公共资金的“守护神”。

民生资金（项目）审计 在对民生资金和民生项目的审计中，坚持纵向到底，循着资金流向走，着力揭示在彩票资金、保障性安居工程、农林水资金等资金使用及相关政策的落实情况中存在的挤占挪用、损失浪费、管理不善、效益不佳等问题。反映的某公司虚假申报林业贷款贴息和“两大平原”涉农资金整合不到位等两个问题分别被国务院审计工作报告和审计结果报告采用。

资源环境审计 在矿产资源审计过程中，发现某省地质管理机关通过造假等方式获得采矿许可证，并故意隐瞒矿产资源储量逃避补缴采矿权价款，致使巨额采矿权价款流失，该机关两名负责人违规转让股权，导致职工持股的私营企业获取大量国有应得权益，涉及多名领导干部；发现某领导干部涉嫌滥用职权，以虚假征收土地方式违规向民营企业支付征收补偿款，造成重大国有资产流失等重大问题线索。

经济责任审计 开展国有企业领导干部经济责任审计，反映某集团公司副总经理违规纵容亲属从下属企业承揽业务，违反国有企业领导人员廉洁从业相关规定；下属二级公司某领导、建设分公司原领导涉嫌收受工程施工单位贿赂；某省交行利用各种金融创新业务规模外融资190.87亿元等问题。

队伍建设 加强领导班子自身建设，办领导班子带头加强自身能力建设，执行办党组中心组学习、办党组集体研究、分管领导一线指挥等制度，在贯彻落实署党组各项决策部署过程中提升能力水平。提升处级干部驾驭工作能力，通过召开党组中心组学习扩大会、专题研讨会和安排处室负责人为全办员工上公开课等方式，督促处级干部加强学习和思考，提高全局观念和带队伍、抓管理的能力，在科学管理、沟通协调、业务突破等方面发挥示范引领作用。加大青年干部培养力度，以落实哈尔滨办人才发展规划为抓手，全面落实“一个都不能少”和“不误人子弟”的育人理念，先后组织 56 人次参加审计署组织的培训。实行审计项目“双主审”制，2014 年所有审计项目的主审均为青年干部。落实《审计实务导师制实施细则》，将实务导师分配和培训内容编入审计项目实施方案，由业务骨干结合审计工作实际随时对青年审计人员给予指导，并在项目结束后对指导和学习效果进行总结和评估。

质量管理 落实审计现场管理办法和大型审计项目组织管理办法，加强审计组和审计人员自主管理，明确“干什么”“怎么干”“谁来干”等问题。完善审计成果管理，界定现场审核的重点成果范围，明确区分审计组、审理机构、办公室对信息、移送等审计成果的质量责任。完善质量考核管理，采取通报批评、个人考核等方式加大质量责任追究力度。通过实施分级管理，审计人员的法治意识明显提高，成效凸显。年内共有 4 个项目被评为优秀或表彰审计项目，查处并办结的 6 起违法违纪案件和事项被审计署公告采用。

信息化建设 为提升审计业务的效率和精度，哈尔滨办坚持“数据分析先行”的工作思路和理念，相继在财政大格局、企业经济责任、土地出让收支等审计项目中成立数据分析组，通过编制计算机审计方法将审计经验和审计思路数字化，形成数据组分析锁定疑点，延伸组分散核实、反馈，数据组根据反馈结果进一步挖掘数据特征，扩大审计成果的审计模式，有效提升审计效率。如，在某央企审计中，数据分析组将决策、财务、业务、人事等数据与工商数据进行深入的多维度关联综合分析，筛选出一批问题线索，最终核实该公司某领导滥用职权造成国有资产流失，个人涉嫌贪污等重大问题。坚持开展央企审计分析和预警系统研究，成功将央企审计分析和预警系统嵌入到审计署联网审计系统中，并启动对央企整体和分行业的分析预警研究。

党风廉政建设 加强学习型机关建设，深入开展习近平总书记系列重要讲话和十八大及十八届三中、四中全会精神的学习，组织全办干部职工全程收看署领导的专题辅导视频讲座。强化思想政治工作，开展以“弘扬井冈山精神，铸就理想信念家园”为题的党课教育，举办从审感怀与廉政寄语征集评选活动，激发大家的事业心和荣誉感。加强人文关怀，初步完成职工家庭困难情况的摸底调查工作，将 6 名有困难的业务处室干部调整到综合处室；为解决单身职工择偶难题，多次与外单位组织联谊活动；鼓励各审计组因地制宜地开展有教育意义的支部活动。2014 年，哈尔滨办 2 个集体、15 人获得黑龙江省直机关工委“五四红旗团委”“黑龙江省五四青年奖章”、省直机关“十佳优秀公仆”等荣誉称号。哈尔滨办扎实推进党的群众路线教育实践活动整改工作，坚决落实党风廉政建设主体责任，进一步明确特派办党组、各支部的主体责任和纪委监督责任。通过教育、责任、警示、活动、检查提醒的“五提醒”方式，促进审计干部进一步严格遵守政治纪律、组织纪律、廉政纪律、保密纪律、财经纪律、工作纪律。

内部管理 全年制定制度 4 项、修订 6 项，强化制度执行和监督检查，办公室每月对办领导和各处室完成办党组交办的事项情况进行例行通报，有效督促制度落实到位，提高执行力和绩效水平。研发《机关管理平台》软件，实现对督办事项、财务报销及后勤管理服务等 11 个环节的信息化管理，并成功挂接 OA（审计管理系统），进一步规范相关办公事务流程，提高机关管理水平。严格执行中央八项规定。落实预算和财务管理各项规定，对人员、资产、经费等数据实时动态管理；厉行勤俭节约，“三公”经费支出较上年下降 36.56%，其中公务接待支出下降 75.48%；对办公用房情况开展全面清理，重新进行分类核定；定期开展安全大检查，强化社会管理综合治理；本着安全节俭实用的原则，完成办公楼外立面改造。加大保密宣传教育力度，认真组织保密知识学习，并按照“项目到哪里，保密检查就跟踪到哪里”的保密检查方式，对审计项目开展现场保密检查，为全办每个人建立保密检查、抽查情况档案，及时通报检查、抽查结果并纳入年终考核。全年未发生失泄密事件。

理论研究及其他 为进一步提升审计研究成果，引领和推动审计实践不断向前发展，哈尔滨办创新审计研究会管理方式，完善会员考核机制，全年紧扣审计署和办党组重点研究方向，参与并完成审计学会、国际合作司和法规司组织的3项联合课题。参与企业审计司2篇专题报告的撰写；结合审计项目撰写的《关于促进长安汽车发展自主汽车品牌的专题报告》由审计署转送至国资委；开展特派办审计文化专题研究，系统总结哈尔滨办审计文化的影响因素和优势与不足，促进提升文化软实力。全年审计研究会会员共发表理论文章30篇；编撰业务培训教材《审计案例集》2册和专题报告汇编；参加中国审计学会组织的征文和培训活动，3篇文章入选。（撰稿人：朱 晶）

【审计署驻上海特派员办事处】 2014年，审计署驻上海特派员办事处（以下简称上海办）人员编制150人，在编137人。设有办公室、法规处、计算机审计处、财政审计处、资源环保审计处、金融审计一处、金融审计二处、行政事业审计处、企业审计处、固定资产投资审计处、外资运用审计处、社会保障审计处、人事教育处、机关党委和机关后勤服务中心。

领导成员

特 派 员：李晓钟（—3月）
　　　　　胡家俊（3月—）
副特派员：王俊豪（4月—）　倪志伟
　　　　　张燕飞　黄建宇（—9月）
纪检组长：张全廉
副司级审计员：夏明东（—9月）
　　　　　　　王小霞（9月—）

审计成果 上海办共开展审计和审计调查项目8个，查出主要问题金额5948.97亿元，发现非金额计量问题92个，审计处理处罚3617.34亿元。移送处理事项4件。提出审计建议8条，被采纳5条。提交的审计信息全年被审计要情采用56篇，重要信息要目采用26篇，审计长信函采用4篇，审计长批转函采用3篇，信息转送函采用7篇，中办、国办分别采用27篇次和53篇次，党和国家领导人批示53篇次。共有1个独立项目、2个联合项目获审计署优秀审计项目，1个项目获审计署表彰审计项目。

土地审计 上海办与上海、宁波和嘉兴三地审计机关分别成立土地审计组，结合长三角地区转型发展的实际情况，摸清相关区域的特点，着力查处土地征储供管用中存在的重大违法违规问题和案件线索，同时注意揭示背后的体制机制问题，促进贯彻落实国家关于土地管理与调控的相关政策法规，维护土地资源的安全完整和有效利用。在项目实施过程中，注意合理调配不同机关审计人员，全面掌握审计进度和重要情况，加强现场审计质量管控和保密教育。发现三地虚列、欠缴、违规返还土地出让金，违规拆分审批土地、批而未征，违规抵押融资，擅自变更土地用途等多项典型问题，问题总金额近1000亿元。三地审计组深入挖掘违法违规问题线索和疑点，共上报案件线索24份。深入研究当前土地领域存在的制度漏洞和体制缺陷，提出确保国有土地资源合理有序开发的政策建议。

稳增长等政策措施落实情况跟踪审计 上海办抽调部分审计骨干组成上海市政策措施落实情况跟踪审计组，把这项任务作为创新审计思路、拓展审计范围的重要契机，牢牢把握政策落实、简政放权、项目落地、资金保障四大重点环节，一手抓各类问题的揭示和查处，防范风险隐患，一手抓提高效益，促进完善体制机制。审计中发现并提出上海在简政放权中存在薄弱环节、部分重大基础设施项目推进缓慢、上海城市绿化和防洪排涝设施建设与上海的国际化都市定位不相适应等突出问题，推动上海市相关部门积极行动、整改落实。立足上海区位特点，分析研究地方政策执行与中央政策目标的差异，在促进中央政令畅通的同时着力推动上海先行先试、转型升级；并就中国上海自由贸易试验区的创新实践等开展专题调研。

专项资金审计 结合2014年开展的财政大格局和彩票公益金等重点审计项目，着力加强对“三农”、社会保障、体育、保障性安居工程等民生资金和项目的审计，推动相关资金真正及时惠及民生。其中在上海市彩票资金审计中，发现部分行政事业单位挤占挪用彩票公益金和发行费逾2000万元用于自身办公支出、组织旅游等背离彩票资金特定用途的突出问题，要求相关部门在利用彩票资金进行重大物资和服务采购中严格执行规定。针对大量长期结存未使用的彩票资金，建议地方政府尽快完善彩票资金使用和绩效管理的相关规定，让彩票资金早日“取之于民、用之于民”。

把推动盘活用好财政资金尤其是存量资金作为贯穿全年始终的一项重要工作。在年初的山东省财政存量资金和济南市本级财政收支审计中，不仅在财政预算分配管理环节发现济南市财政部门虚列财政支出、部分财政资金在应清未清财政专户结存等问题，还揭示财政资金使用环节部分企业弄虚作假骗取套取中央财政专项资金的重大违法违规问题，其中包括济南一公司在节能产品推广中造假并骗取高效节能产品推广中央财政补助资金 1849 万元的典型案例。在年末的上海市财政存量资金审计中，结合以往存量资金审计中发现的问题点，对市本级 2276 亿元财政存量资金进行结构分析和重点抽查，严格对照财政部最新规定督促相关部门将结余资金收回地方财政统筹管理。

在山东省财政大格局审计中，系统把握财政收支、政府性债务、农林水科目专项资金等不同类型项目的审计特点，抓住“提质增效”的核心整合问题，提出建议。在地方政府性债务管理情况调查中，突出反映济南市本级部分融资平台公司违规向房地产企业出借资金逾 20 亿元等执行房地产宏观调控政策不力的问题。在济南市本级农林水四款科目专项资金审计中，发现部分中央专项转移支付用于地方事权项目、部分专项转移支付政策缺乏稳定性和连续性等绩效问题。在济南市保障性安居工程审计中，锁定土地熟化及拆迁补偿过程中极易出现人为干扰的环节深挖案件线索，最终 2 个案件线索移送当地纪检及公安部门，2 篇简报被采用。

金融审计 积极打造跨行业、多领域、全方位的金融审计综合平台，查处领域囊括贷款诈骗、非法集资、商业贿赂、债券市场利益输送、股票市场内幕交易、非标资产权力寻租等多种类型，有效揭示当前金融领域存在的风险隐患，有力打击部分金融系统公职高管权钱交易的违法乱纪势头。特别是在交通银行原法定代表人经济责任审计中，上海办深刻剖析表外业务、非标资产迅猛增长的现象，在多个创新型金融审计领域取得重大突破。其中运用大数据平台，对个人账户和基金账户“同买同卖”的趋同交易进行汇总分析，查实多起基金经理涉嫌利用内幕信息非法牟利的案件线索，已移交证监会进行后续查处。关注非标资产融资过程中部分金融从业人员以提供“财务咨询”“中介服务”为名向融资企业寻租并进行商业贿赂的新型经济犯罪问题，先后查实并移交 2 起相关案件线索。继续深挖债券市场利益输送和第三方支付行业问题，发现的武汉等地区不法团伙通过第三方支付机构跨境支付渠道进行信用卡诈骗的手法，为公安部后续案件侦破提供新的突破口。

经济责任审计 上海办负责牵头组成审计组开展国家电网公司法定代表人任期经济责任审计。按照“业务板块＋区域”进行审计分工，采取“总体分析、分散核查”的审计模式，紧扣行业特点分析权力配置运转流程和高管履行职责情况，广泛开展信息系统审计，重点查处股权转让、资产收购、工程建设、金融业务、物资设备采购等领域以权谋私、贪污受贿、国有资产流失等重大违法违规问题。审计发现 29 名局级干部直系亲属经商办企业或个人直接出资参股企业与国家电网公司下属单位发生经济业务往来、国家电网公司下属公司前高管滥用职权违规审批造成国有资产流失、电力工程建设招投标领域贪腐等一批典型案件。

矿产资源审计 在上海办和长春办、哈尔滨办共同实施的黑龙江省矿产资源审计中，针对矿产资源领域腐败问题易发多发的严峻形势，紧扣矿产资源监管体制和管理职责，着力查处矿权勘探、开发、流转和利用全流程中各类跨越法制边界的违法乱纪行为，维护国有资源安全。审计中抓住违规决策环节和获利资金流向，先后突破多处矿权交易过程中长期难以查实的重大违规案件。

全国社会保障基金理事会审计 在审计署统一组织的全国社保基金理事会审计中，上海办主抓重大案件线索的落实，实现城投公司融资咨询费、基金公司管理人员“老鼠仓”等重大问题多点开花。其中，运用数据式审计方法，从上海、深圳两交易所海量股票交易记录中筛选出与社保组合交易趋同的股票账户，查实多名社保组合基金经理及其关系人利用非公开信息牟取巨额利益的案件。

信访核查 根据审计署统一安排，上海办派员参加中央纪委和中央国家机关纪工委联合组织的专案组，完成相关调查取证任务，受到中央国家机关纪工委和审计署纪委的书面表扬。派员参加中央第十二巡视组对复旦大学进行的专项巡视，发现某部门科研经费腐败窝案等案件线索，有关科研经费管理使用混乱的问题在中央纪委、监察部网站公布。全年安排专门人手处理举报信，仅国家电网项目就办理160份举报信，从中查实并上报某省下属公司高管以权谋私等重大案件线索；完成上海医药工业研究院等单位人民来信核查工作，相关问题已移送上海市人民检察院进一步处理。

计算机审计 创新组织方式，在土地审计大项目中应对中央和地方审计部门协同作战的组织方式变革，运用内网腾讯通、公网微信等信息化平台，搭建上下联动的审计事项督办机制和审计信息沟通机制，对探索完善信息化条件下的大项目组织体系做出有效尝试。在国家电网、交通银行等审计项目中，积极探索总部牵头、多项目同步实施的审计现场信息化管理模式，提高协作效率。创新审计领域，在政策措施落实情况跟踪审计中，学习借鉴国外政策评估的思路，努力拓展以往未曾涉足的审计领域；在金融审计中，坚持在快速发展的新型业务领域探索创新，借助大数据平台分析各类表外新型金融业务，与金融创新同步。创新审计方法，以大数据技术手段运用为核心，在金融、社保、企业、土地等审计领域全面推行数字化审计方式，复制“老鼠仓”、内幕交易、土地规划领域权力寻租等案件线索挖掘技巧，提升审计成效。2014年报送的《利用多个大数据平台的关联分析查处股票市场“老鼠仓”》项目获上海市金融创新奖。

队伍与作风建设 坚持党建引领，贯彻署党组关于“加强思想政治工作”的部署，组织召开以“加强队伍建设和思想政治工作”为主题的党组中心组扩大学习会。对全办120余名党员干部开展思想状况问卷调查，针对薄弱环节制定加强和改进思想政治工作的实施意见，着重提高领导干部的沟通能力和学习能力，让思想政治工作“讲得下去、听得进去”。突出理想信念教育，以临时党支部为堡垒，因地制宜地在审计现场教育引导党员干部树立正确的人生观、价值观，着力培养攻坚克难和严谨细致的作风和敢于碰硬、善于突破的意志品质。

注重班子建设，形成整体合力，用实际行动打造坚强领导集体。办党组成员深刻领会审计长刘家义10月10日视察时的讲话精神，讲政治、顾大局、守纪律，模范执行各项规章制度和工作规则，立足本职抓落实、求实效、促发展；强化分工督办，发挥每名班子成员的主观能动性和工作经验，总结规律、优势互补形成整体合力。班子成员深入一线、靠前指挥，全年人均在一线工作时间超过120天。

面对全办平均年龄35岁，大学本科及以上学历的人数占干部总数的98%，而处级干部在岗人数仅为署核定职数一半的基本情况，办党组以修订处室和审计人员考核办法为抓手，充分发挥指挥棒的引导作用，相应出台人才队伍建设实施办法，着力培养审计铁军。明确提出人才三级发展计划，制定出不同层级和岗位的人才培养数量和质量目标，推行“一帮一”“以能带优”的人才梯队培养“青蓝工程”，加快人才培养步伐。全年有1名青年干部荣获全国审计机关先进工作者，1名青年干部被评为上海市市级机关青年岗位能手。

制度建设 新一任办党组上任后，强调在法制轨道上加强基层审计组织自身建设。重点修订工作规则、公文管理流程等，出台创建一流特派办规划和人才队伍建设等实施办法，进一步完善年度考核实施办法和相关内部管理制度。狠抓贯彻执行，形成讲效率、讲质量、雷厉风行、严谨求实的良好作风。着重把保密制度的贯彻执行作为不可逾越的底线，以强化审计现场保密管理为核心，细化落实审计署制定的定密管理、涉密文件管理、计算机安全防护等制度规定，把好泄密风险防范关口。通过全办大会失泄密案例警示教育、办保密委员会主任讲保密专题党课、发放保密知识读本并组织学习讨论等多种形式加强保密教育，全面开展保密和密码安全抽查检查工作，确保保密责任制落实到位。

党风廉政建设 认真落实廉政建设主体责任，

召开办党组会专门研究部署新形势下的党风廉政建设工作，进一步明确班子成员在廉政体系建设中的职责，出台《上海办党组落实党风廉政建设主体责任的实施办法》，从加强理论学习、落实制度、履行一岗双责、风险防控等 9 个方面具体抓落实，实现党风廉政建设与党建工作、审计业务工作同部署、同检查、同考核。办领导班子逢会必讲廉政工作，到一线指导工作必问廉政事项落实情况，现场召开进点会、业务会时必强调廉政纪律和财经纪律的执行与监督。各处室党支部和临时党支部通过签订廉洁从审承诺书、开展支部学习讨论、传达廉政警示等方式细化落实各项廉政要求。办纪检组长多次带队深入被审计单位进行廉政巡视和廉政回访，听取对方的反馈意见。根据审计署的安排，特派员胡家俊专门在署机关党委组织的支部书记培训会上就落实党风廉政建设主体责任、促进中心工作发展的经验进行交流。

理论研究 全年完成署办公厅交办的《关于统一组织大项目实施经验问题与对策的调研报告》、审计科研所《审计调查技巧》手册编撰以及《英国政府审计》等调研报告和科研课题。在正式出版《审计债市——债券市场审计监管理论与实务》一书的基础上，开始《股票市场审计监管理论与实务》一书的编撰工作。参加中央部门预算执行数据规划编制工作，成果以计算机审计实务公告的形式印发全国审计系统。

内部管理 坚定不移地推行内部管理科学化战略，重点抓处室内部管理和现场组织协调。坚持以处级干部为枢纽和中坚，按照规范的管理流程开展日常工作，科学分配抓业务、带队伍和强管理上的精力。在审计信息量激增的形势下，坚持严把审计质量"生命线"，突出程序合规意识，增强全年重大项目的一线实质性审理力度，对取证存在瑕疵、程序不符标准、要素未达要求的报告和信息一律无条件重新补正直至达标，不放过任何可能的质量隐患。全面梳理全办 2011 年以来的审计移送处理情况，对未办结且移送时间超过 1 年的发出询问函了解移送事项的立案情况及查处结果。组织开展形式多样的普法宣传活动，法规处就审计人员在工作中遇到的法律适用方面的问题与各业务处室共同研究判例和司法解释，提高活学活用的实践技能，使依法审计的理念深入人心并转化为实际行动。

坚持以后勤为保障，始终把维护好、实现好全体干部职工的利益作为大事来抓，构建以人为本的和谐特派办。在政策允许的范围内，为大家多办实事，全年解决职工看病难、住院难等问题超过 120 人次，看望生育、生病职工及家属 22 人次。坚持以文化为支撑，用共同的价值理念凝聚人心。领导干部带头厉行节约，清理并搬迁办公用房。发挥党工团妇的积极作用，组织"三八节"妇女干部座谈和"六一节"亲子活动，促进和谐家庭建设；开展"根在基层"主题摄影比赛，陶冶审计干部情操；与中国人民银行上海总部等单位共同举办青年联谊活动。各项目组在现场审计之余利用周末休息时间开展爱心捐赠、参观红色教育基地、体育健身等特色支部活动。

（撰稿人：杨建荣）

【审计署驻南京特派员办事处】 2014 年，审计署驻南京特派员办事处（以下简称南京办）人员编制 150 人，在编 139 人。设有办公室、法规处、财政审计处、行政事业审计处、农业审计处、金融审计处、资源环保审计处、企业审计处、固定资产投资审计处、社会保障审计处、外资运用审计处、计算机审计处、人事教育处、机关党委。

领导成员

特 派 员：李　玲（—7 月）
　　　　　周敦祥（7 月—）
副特派员：刘　利（—9 月）
　　　　　马学斌（—9 月）
　　　　　徐　勇　刘　军（9 月—）
　　　　　张文莉（9 月—）
纪检组长：周敦祥（—7 月）
　　　　　刘　利（9 月—）
副司级审计员：王小霞（—9 月）
　　　　　　　王平凡（4 月—）

审计成果 南京办共开展审计和审计调查项目 15 个，查出违规问题金额逾 70 亿元，由审计署移送中央纪律检查委员会、最高人民检察院案件线索共 8 件，自行移送案件线索 9 件；截至年底已逮捕 13 人、党纪政纪处分 19 人、立案调查 14 人。南京办牵头实施的两省土地审计项目发现违法违规线索50余件。编发各类审计信息和报告88篇，被审计署批示、采用信息共计253篇次，其中要情32篇，要目27篇，审计长信函8篇，专题报告2篇，审计长批转函14篇，信息转送函12篇，中办国办采用和中央领导批示158篇次。参与实施的西电东送工程建设运营管理情况审计项目被评为审计署优秀审计项目。

财政审计 组织实施2013年度安徽省地方财政收支审计项目、江苏省财政存量资金审计、稳增长促改革调结构惠民生防风险政策落实情况跟踪审计等审计项目。

在审计中，南京办不仅关注财政运行中的一般性问题和多发性问题，同时更注重挖掘和揭示当前财政运行的风险性、苗头性问题，深入挖掘问题线索，不断扩展关注范围。例如发现某省财政以稳定发展资金名义定期向某集团提供流动资金扶持的同时，企业所在的地方政府以及金融机构也持续对该企业进行补贴的问题线索，审计人员并没有止步于此，而是更加关注在光伏产业产能过剩难以扭转、该集团连续3年巨额亏损已经资不抵债的情况下，各级政府和金融机构提供的无偿财政信贷扶持并未改变公司经营状况的下滑局面，其背后隐藏着很大的财政风险和金融风险。围绕该集团问题开展多维度的挖掘，最终形成重要信息上报审计署。

经济责任审计 组织实施省长经济责任审计项目，以落实领导干部的经济责任为主线梳理审计工作的切入点，明确领导干部任职区间，根据实质重于形式的原则明晰责任界定。紧扣科学发展主题和加快转变经济发展方式的主线，关注中央各项宏观经济政策和部署的落实，发现和揭示地方发展中存在的风险隐患，防止苗头性问题转化为趋势性问题。同时分析原因，推动完善体制机制，发挥经济责任审计在推动政府治理中的重要作用，提升审计工作的层次和水平。

金融审计 组织实施中国人民银行南京分行2013年度财务收支审计、中国保险监督管理委员会江苏监管局2013年度预算执行和其他财政收支情况以及决算（草案）审计、八行新增贷款投向跟踪审计调查（江苏工行）等审计项目。在商业银行跟踪审计中，增强敏锐性，聚焦新业务，突破项目界限打巧仗。针对近年来一些地方政府融资平台为解决资金困难，通过支付中介公司或中间人高额融资顾问费从信托公司获取信托贷款，利益输送犯罪案件频发的情况，对多家信托公司开展专项审计调查。重点关注信托业务开展过程中给第三方支付大额融资顾问费的项目，发现某国有商业银行下属投资公司总经理通过利用职务便利获取的商业秘密和客户渠道，私下主动协助其他银行及信托公司经营与其所任职公司同类的融资业务，收取巨额财务顾问费近亿元的重大违法问题，被审计署移送最高检进一步查处。

农业与资源环保审计 组织实施土地出让收支和耕地保护情况审计、某省2014年矿产资源开发利用保护及相关资金征管情况审计等审计项目。在土地审计项目中，发现某县发展改革委主任挪用土地出让金及其投资收益4000余万元给民营企业长达1年，使巨额财政资金面临损失，涉嫌犯罪，移送该省纪检监察部门后，已逮捕2人；查处某镇弄虚作假、用已完工项目套取中央土地整治专项资金1.57亿元并挪作他用的问题，引起地方政府高度重视，现已对所在市国土资源局分管领导等7人予以党纪政纪处分。

外资运用审计 组织实施淮河水利委员会（以下简称淮委）世界银行贷款淮河流域重点平原洼地治理项目审计。该项目审计已跟踪实施三年，南京办始终以《世界银行贷款项目审计操作指南》为指引，坚持规范和质量。在审计过程中加强“现场审计实施系统2011外资版”的应用和实践，创新外资项目的审计方法。随着世界银行贷款资金的使用，该项目子项将陆续进入竣工决算阶段，2014年度南京办将审计重点放在项目的实际投资额的确定上，要求淮委外资办在项目决算中要严格按照实际工程量或实际建筑面积对投资额进行合理分割，以便其下一年度的财务报表能够公允反映项目的财务状况及财务收支和项目执行情况。通过连续三年的审计，淮委外资办在世界银行贷款项目管理和财务核算上逐步规范，水利部国际经济技术合作交流中心对专用账户的管理也逐渐完善。

专项资金审计 组织实施某社保专项资金审计、某省存量资金审计等专项资金审计项目。有针对性地抓重点资金、抓重点项目、抓打假治乱，发现违规互联网售彩、发行费套取资金、公益金项目公益性不强等问题，其中某市体彩中心主任违规审批互联网彩票销售业务并涉嫌受贿300多万元，已上报审计署并移送最高人民检察院。

信息化建设 创新信息化审计方式，南京办以大数据为依托，构造特征识别模型，提升审计实施的深度和广度，为审计业务提供有力支持。通过数据分析，发现金融机构工作人员利用职务便利收受贿赂、某汽车生产企业为获得生产牌照而支付亿元公关费、医药企业向民营公司支付高额咨询费等一系列问题线索，部分问题线索经查实后已被审计署移送最高人民检察院进一步查处。

质量管理 强化全体参审人员的质量风险意识，人手一本审计业务记录簿记录核查事项以备查追责，促使其从项目伊始就树立责任意识，确保项目结束时人人交出一本“明白账”。深化项目全过程质量控制，推进落实审计组组内审核和业务处室复核，进一步创新审理工作方式方法，细化项目审理中的关键环节。要求审理人员强化复核不走过场，按精品要求重点从问题查处、准确定性、大要案线索、揭示风险隐患等方面严格把关，扎牢风险防控的篱笆。

队伍建设 加强思想政治工作，深入开展教育实践活动“回头看”。围绕加强思想政治工作召开党组中心组（扩大）学习会，就推进全办的思想政治工作做总体部署，并坚持以党组中心组学习带动全办理论学习的深入开展，同时多措并举，深化群众路线教育实践活动。加强干部的选拔任用和人员调配工作，组织司局级和处级两次干部选拔任用工作，结合工作需要、干部任期等情况，在全办范围内进行一次大规模换岗交流。通过干部选拔任用和人员调配，优化干部队伍结构，畅通青年干部的快速成长通道。规范机关管理，完善督办机制，对现行制度进行系统梳理，陆续修订南京办工作规则、签报制度、离宁和离开审计组驻地报告审批制度等，力求用制度管人管事。将审计信息、信访举报、会议决定落实等综合管理工作全部作为督办事项，建立台账实时跟踪，提升机关管理成效。强化预算执行，编制年度绩效报告，探索特派办绩效管理的新路子。创新方式方法，强化廉政监督。探索运用审计信息化平台防控廉政风险的方式和途径，所有审计项目的来往文稿和数据均通过AO（现场审计实施系统）进行管理，坚持将廉政检查（回访）与审计现场督导有机结合。要求审计人员严格做到管住嘴，不得脱离审计组单独外出赴宴，未经批准不得擅自接受新闻媒体采访，谈论涉密信息和未经批准公布的审计工作信息；管住腿，不得出入娱乐场所，严格做到文明审计；管住手，不得接受被审计单位的礼品、礼金，不得在微信、微博、QQ群等公共网络通信工具发布涉密信息和未经批准公布的审计工作信息以及可能对审计工作产生不良影响的言论和观点。切实守住廉政保密“高压线”、审计质量“生命线”、文明审计“保障线”。

（撰稿人：江　江）

【审计署驻济南特派员办事处】 2014年，审计署驻济南特派员办事处（以下简称济南办）人员编制150人，在编144人。设有办公室、法规处、财政审计处、行政事业审计处、农业审计处、资源环保审计处、固定资产投资审计处、金融审计处、企业审计处、社会保障审计处、外资运用审计处、计算机审计处、人事教育处和机关党委。

领导成员

特 派 员：杨宁生（—6月）
　　　　　孙成余（6月—）
副特派员：矫　强（—9月）
　　　　　吴兆军（—4月）
　　　　　许永利　崔　明（9月—）
　　　　　李　菁（9月—）
纪检组长：王志伟
副司级审计员：宋伟民（—4月）　李进良

审计成果 济南办完成审计（调查）项目13个，查出违规问题金额138.16亿元、损失浪费金额6.53亿元、管理不规范金额1535.15亿元。制发审计移送处理书21份（不含审计署制发的7份），涉案金额11.61亿元。上报的审计信息被审计署采用97篇，其中审计要情49篇，重要信息要目25篇，审计长信函5篇，信息转送函等18篇，上述信息被中办、国办分别采用26篇、78篇，被党和国家领导人批示77篇。牵头实施的某自治区矿产资源审计项目、参与实施的国家电网公司西电东送工程审计项目被评为全国优秀审计项目；独立实施的某集团公司领导人经济责任审计项目，被评为全国表彰审计项目；继续保持全省文明机关荣誉称号。

财政审计 完成某省财政收支和农林水事务科目资金审计、某省稳增长等政策措施落实情况跟踪审计、某省政府性债务和存量资金跟踪审计等项目。探索稳增长等政策措施落实情况跟踪审计，揭示涉煤行业税费种类繁多、企业负担沉重等120多个问题。在农林水事务科目资金审计中，揭示林业贷款项目骗取财政贴息资金等问题。关注政府性债务等领域的突出矛盾和重大风险隐患，反映某市向企事业单位和社会公众违规集资137亿元、某县虚增政府性债务38.3亿元等典型问题。

金融审计 完成中国人民银行某分行和某证监局预算执行审计、交通银行原董事长经济责任审计（某分行）和国家开发银行某分行2013年度资产负债损益审计。揭示某上市公司原董事长滥用职权租用境外游轮，损失2.63亿元的问题。加强奢华建设项目审计，揭露某开发银行以建设软件开发中心名义投资9亿元建设高档宾馆、某市政府通过市属国有企业投资3.69亿元购建驻北京联络处等问题。

社会保障审计 完成某省2013年保障性安居工程跟踪审计和某省2012年至2014年彩票资金审计。在保障性安居工程项目中，揭示问题金额27亿元，移送案件线索5件，其中某市住建局下属企业挪用保障房资金6亿多元问题，被审计署作为典型案例对外公告，对促进保障性住房的建设管理发挥积极作用。在彩票资金项目中，快速获取彩票销售数据，锁定利用互联网违规销售彩票的案件线索，这一审计方法得到署领导批示肯定，被署彩票办工作动态全文转发。

资源环境审计 完成某自治区2011年至2013年矿产资源开发利用保护及相关资金征管情况审计和某省国有土地使用权出让收入审计。完善审计组织模式，加大对违法违纪问题的查处力度。按照统一调配人力资源、统一确定审计重点、统一控制审计质量标准、统一执行廉洁和保密纪律等要求，推动土地审计等大项目向纵深发展，把综合审计组打造成整个审计项目“服务器”，统筹谋划，抢先抓早，制定8项制度加强管理。

企业审计 完成某运输（集团）总公司原法定代表人任期经济责任审计。重点关注船舶租入、集装箱揽货代理、物流仓储监管等业务中存在的内外勾结、权钱交易、利益输送等违法违纪问题，揭示某物流公司原副总经理等2人在钢贸物流业务中失职渎职损失3.62亿元，船队经理在租船业务中涉嫌收取经纪人贿赂等突出问题。关注企业重大经营风险，上报集团巨额亏损的专题报告反映下属公司投资44.29亿元建造的海洋钻井船未能按期交船，已闲置近一年面临重大损失风险等问题。

信息化建设 新建数据分析室，搭建数据分析专用平台，实施数据分析取得初步成效。加大数据采集力度，已归集行业数据近30TB，记录约50亿条。接入山东省公安厅信息共享平台，满足查询户籍信息的审计需求。把数据分析经验固化为制度，制定数据综合利用管理办法等两项制度，明确信息化发展方向，规范数据分析工作。

机关管理 坚持依法审计，按照法定审计职权和审计程序组织实施审计，按照法律法规做出定性评价和出具处理处罚意见，增强审计执法的统一性和公正性。加强审计质量管理，修订审计业务质量检查办法等3项制度。推行前置审理，在重大事项查证中法规处提前介入，为改进审计举证和定性评价出具审理意见。与山东省公安厅、审计厅签订《打击和防范经济犯罪合作备忘录》，建立起联席会议和会商机制。健全制度体系，完善工作机制。下发济南办《深入贯彻落实十八届四中全会、国务院〈加强审计工作的意见〉的意见》，对改进审计工作做出全面部署。完成制度清理和修订，构建与审计署制度相互衔接配合的制度体系，各项重要工作做到职责清晰、程序明确、标准严格，夯实依法审计和按章办事的基础。狠抓保密管理，加强保密宣传教育。全年未发生失泄密事件，第9次被评为省直机关密码使用管理工作先进单位。

队伍建设 5月，审计长刘家义到济南办就“特派办的科学发展问题”进行调研并做出重要指示。济南办新一届领导班子以此为契机，厘清工作思路，推动作风和能力建设，努力夯实济南办快速发展的根基。切实增强领导班子“国家利益至上，审计事业至上”的责任意识，强力推行“负责任，重执行，敢担当”的履职理念。加强调查研究，厘清发展思路，办党组明确提出“以审计业务进位升级为核心，以打造优秀审计团队为基础，凝心聚力，提速发展，争创先进特派办”的发展目标，形成“一手抓作风建设提振精气神，一手抓能力建设促进出成果”的发展思路。办领导坚持“一线工作法”，把审计组作为第一工作现场，加强对审计工作的直接把控。按照业绩优先和群众公认的用人导向，顺利实施司局级干部推荐和处级干部选拔任用，选人用人的公信力得到提升。按照“考核到组、分解到人、还原到处”的考核原则，修订年度考核办法，形成创先争优的考核奖励机制。

用审计铁军的标准锤炼审计执行力。以办党组严守政治纪律为龙头，带动整个审计队伍严守六项纪律。领导班子及时修订并严格执行办党组工作规则和党组中心组学习制度，每次安排部署重大审计工作事项，做到理解到位和执行到位，要求审计人员查深查透，如实上报，依法处理。着眼于重大审计任务，打造审计创新能力。组织实施9个办内研究课题和4个审计署研究课题，注重总结提炼审计现场管理和审计技术方法，为审计创新提供理论和技术支撑。邀请审计署干部培训中心来办开展案例教学，选送19名审计业务骨干参加审计署统一组织实施的大型审计项目，提升“临门一脚”的审计突破能力。

党风廉政建设 一是抓住一个核心，集体行使审计裁量权。实行审计线索清单和问题清单制度，问题线索清单由审计组业务会集体做出初定，法规处组织有主审参加的集体复核提出审理意见，办业务会根据问题清单和法规审理意见集体讨论审定报告。二是落实两个责任，找准审计组廉政建设的支撑点。审计组长、小组长和现场负责人承担党风廉政建设主体责任，一岗双责。在大项目审计中设立廉政检查组，与兼职廉政监督员一起承担监督责任，办纪检组开展巡回检查，负责两个责任落实情况检查。三是守住三条防线，严格约束审计执法权、机关人财物管理权和审计人员非职务影响力。在司局级和处级干部选拔任用中，纪检组、机关纪委和群众代表全过程参与，全过程监督，选拔过程公开透明，选拔结果得到高度认可。

抓住“四风”问题持续整改不放松。办领导密切联系群众，落实谈心谈话制度，通过思想动态分析会和青年干部问卷调查等，做深入细致的思想政治工作；借助齐鲁文化对干部职工进行传统文化教育；持续深入为职工办实事，设立24小时应急服务热线；召开9次退休干部座谈会，及时传达上级精神，通报办内工作，听取意见建议，探望慰问70人次，建立退休老干部家庭急救档案；改进文风会风，减少党组和特派员会议8次，减少行政文件34%；落实中央八项规定，完成办公用房清理和腾退，办领导主动拼车上下班，全办水电费、公务接待费明显下降。

（撰稿人：李　锐）

【审计署驻郑州特派员办事处】 2014年，审计署驻郑州特派员办事处（以下简称郑州办）人员编制150人，在编140人。设有办公室、法规处、财政审计处、行政事业审计处、农业审计处、资源环保审计处、固定资产投资审计处、金融审计处、企业审计处、社会保障审计处、外资运用审计处、计算机审计处、人事教育处、机关党委。

领导成员

特 派 员：赵继旺（3月—）
郑新举（—3月）
副特派员：王彦斌　张世雯（10月—）
刘士华（10月—）
王俊豪（—5月）
茅东萍（—10月）
邓海仪（5月—10月）
纪检组长：张晓青（—5月）
邓海仪（10月—）
副司级审计员：夏明东（10月—）
杨任杰　郑维民（—7月）

审计成果 郑州办完成审计项目16个，查出各类问题金额1928.36亿元，其中违规金额102.51亿元；办理移送案件线索11件；编发的各类审计信息和报告，被专项信息采用69篇，分别被中办采用30篇次、国办采用47篇次、党和国家领导人批示47篇次。参与实施的西电东送、内蒙古矿产资源审计等2个审计项目被评为审计署优秀审计项目，固定资产投资审计处被评为全国审计机关先进集体。

财政审计 完成地方政府性债务审计，反映部分地区债务余额不断增长，尤其是国有独资、控股企业及融资平台公司债务余额增长较快，部分单位挪用新增债务资金 34.78 亿元等问题，督促地方政府严控新增债务规模、规范债务资金管理；完成存量资金跟踪审计，反映存量资金的规模结构及增减变化情况，揭示少反映存量资金、违规使用存量资金等问题，促进盘活存量、优化增量；完成稳增长等政策落实情况跟踪审计，发现 4 个审批项目未实际取消，反映铁路、环保、市政等多个建设项目进展缓慢问题，查处部分地区违规出台招商引资政策、以各种名义向企业安排奖补资金等问题；完成地方财政收支和农林水四款科目资金审计，反映 39 个农林水项目未按期开工、完工，部分农村饮水工程建成后闲置浪费，发现多家民营企业骗取财政贴息资金、公职人员违规办企业、个别部门挤占专项资金用于“三公”经费支出等问题。

农业与资源环保审计 完成土地出让收支和耕地保护情况审计，发现部分地方政府化整为零、越权审批、违规供地、企业非法用地，以及土地出让收入不真实、违规减免和返还、挤占挪用土地出让资金等问题，反映高尔夫球场违法占地、部分地区耕地质量下降、占补平衡政策落实效果不佳等问题，揭示多个政府部门超规模、以建设技术业务用房名义或以下属单位名义建设楼堂馆所等典型性问题，查处多起领导干部滥用职权违规低价出让土地、擅自调整土地容积率造成巨额财政资金损失、公职人员骗取拆迁补偿资金等重大违法违纪问题；完成矿产资源审计，查处国有企业改制过程中有关领导隐匿侵占国有资产、违规操作造成巨额国有资产流失、个人股东不当获利数千万元，领导干部玩忽职守将多宗国有企业矿业权未经评估转让造成国有企业权益流失等问题。

金融审计 完成国家开发银行和交通银行资产负债损益审计，揭示违规发放贷款、巨额信贷资金面临损失风险，信贷资产质量不实掩盖金融风险，商业银行利用黄金租赁业务变相融资、借道委托贷款提供融资规避监管等影响金融安全的问题，通过揭隐患，进一步防风险、促安全，发挥审计“免疫系统”功能，推动经济健康持续发展；完成人民银行财务收支审计，查处利用下属单位购置豪华轿车、变相扩充机构人员等问题，反映纪念币发行流通体制存在漏洞、黄金交易体制及运行机制制约黄金市场服务职能发挥等问题。促进理顺体制、完善制度，营造公平、有序、顺畅的金融环境。

社会保障审计 完成保障性安居工程审计，发现部分保障房和保障房专项资金长期闲置，保障房项目建设管理不规范、工程质量存在安全隐患，部分保障房内部定向配售、被占用挪用、被不符合条件的对象享受等问题，促进加快项目建设进度、提高民生工程质量，确保群众真正受益；完成彩票资金审计，发现虚报套取彩票资金、挤占挪用彩票资金，部分彩票公益金未发挥预期效益，以及违规代理销售彩票等问题，促进彩票资金合法、合规、有效管理和使用。

经济责任审计 在央企经济责任审计项目中，始终按照“盯住权、看好钱、问好责”的工作思路，重点关注重大决策、重大工程建设领域、重大工程物资和设备采购等利益输送重点环节和大案要案高发领域，查处某领导擅自决策造成国有资金巨额损失、随意变更工程设计和装修方案造成损失浪费问题，反映未依法进行公开招标，未经内部决策和国资委备案对外捐赠，下属企业以协调、会议和招待名义虚构经济事项报账等问题；重点关注贯彻执行党和国家重大政策方针情况，反映以建设业务用房名义规划建设办公用房，中央八项规定出台之后人均办公用房面积严重超标、高管人员多占住房、消费高档烟酒等问题。

外资运用审计 完成世界银行贷款铁路客运专线项目跟踪审计，发现项目资本金未及时到位、被其他客运专线项目工程占用项目资金 34532 万元；原铁道部制定的评标办法不合理，造成部分工程中标价大大高于同标段符合条件的最低报价；设计单位将施工图未设计且实际也未施工的 16.1 公里长途电缆列入投资检算，造成投资检算虚列投资 100 万元；项目施工中部分设计变更未履行合规手续，中标监理单位未按合同承诺配置监理人员；部分已复垦的临时用地复垦效果不佳，有关部门未按规定及时拨付征地拆迁资金，征地拆迁补偿工作进展缓慢；个别企业在高铁压覆区禁采范围内违规采矿影响高铁安全等问题。

队伍建设 充分发挥办、处两级领导班子榜样和表率作用，强化落实办党组中心组学习制度，将学习对象扩大到处长；办领导深入一线靠前指挥，及时理清审计思路和方向、帮助解决困难和问题；优化处级班子配备、结合大项目审计特点开展轮岗，使处级班子配备更加合理、均衡。开展公务员录用和干部选拔任用，上报的司级干部选拔推荐人员中有1名经署党组决定任企业司副司长，通过办内处级干部选拔任用1名处长、5名副处长和4名非领导职务，同意3名副处长自愿转为同级非领导职务，新招录5名公务员并全部分配到业务处室工作，进一步优化干部结构、激发队伍活力。构建多主体、多形式、分层次的大培训格局，选送46人次参加审计署培训，自行组织培训526人次，选派1名干部到地方审计机关挂职锻炼，推荐17人到审计署参加审计项目或专项专案调查，安排16名综合部门人员参加审计项目，鼓励业务骨干进行多岗位实战锻炼。推进党风廉政建设，制发廉政卡片、发送廉政短信，坚持廉政谈话，出台审计业务重要事项督办办法，进一步加强审计业务与廉政建设的融合；对审计现场开展廉政检查和回访，对公务员招录、干部选拔等重大事项进行全程跟踪监督；健全个人重大事项报告制度，开展收送红包礼金、兼职情况等专项治理。

审计业务管理 在大项目多兵种大兵团作战模式下，以审计工作方案为指引，坚持问题导向，深入查找重大违法违纪问题线索，强化与审计署业务部门的上下联动、与其他参审单位的左右沟通，将来自不同单位不同专业人员混合编队，不断创新大项目组织模式。围绕审计中心工作，修订考核办法，强化业绩导向，建立“三位一体”良性考核激励机制，将全年重要业务成果目标进行量化分解，每月对重要目标完成情况进行通报，对重大问题线索进行重点督办。推进审计项目全过程跟踪审理，建立覆盖各级审计、审理、复核岗位和人员的立体式全方位审计质量控制体系，开展质量检查和办内优秀审计项目评选，不断规范审计行为。加强审计信息化建设，首次开展并顺利完成企业联网和数据采集项目，加大数据集中、更新力度，累计归集50多亿条、总量达5.9T的电子数据，并配套建设数据分析室；转变计算机审计视角，从公司治理角度评价国有企业信息化建设，推动企业完善治理结构，不断探索创新大数据环境下的审计监督新模式、新技术、新方法。

内部管理 以教育实践活动整改为契机，出台审计业务、行政管理、党务工作等方面18项制度；借助第三方开发网上考核系统，积极使用统计、成本管理等系统，严格公车和公务接待管理，精简压缩会议和文件，推进机关内部管理制度化、规范化、信息化。加强思想建设、组织建设、作风建设，组织学习贯彻党的十八届三中、四中全会、习近平总书记系列讲话等重要会议、讲话精神，开展知识竞赛、“三比三看”“随手一拍”活动，切实锤炼党性、改进作风，有2个审计组和3人的先进事迹入选审计署先进事迹册，1个处室和1人分别获得河南省“工人先锋号”“五一劳动奖章”。加强保密教育，将保密工作作为办党组会议重要内容进行研究部署，建立专职保密员和各处室兼职保密员联动机制，在各处室日常自查、保密办每月抽查和每季度重点检查基础上，开展三次全面保密检查，对4个审计项目进行现场突击检查，保密办获得河南省“保密工作先进集体”荣誉称号。加强人文关怀，成立离退休干部工作领导小组，增加离退休工作专干，切实落实老干部政治、生活待遇，丰富精神文化生活，将老干部参加办内重要会议、建立联席会议制度和信息平台等措施进一步制度化、规范化；通过谈心谈话等方式，及时了解干部职工存在的困难，在政策范围内帮助解决，对办公楼和职工周转房进行维护修缮，对职工结婚、生育等情况及时送温暖32人次，不断改善职工工作和生活环境。

（撰稿人：冯　果）

【审计署驻武汉特派员办事处】 2014年，审计署驻武汉特派员办事处（以下简称武汉办）人员编制150人，在编137人。设有办公室、法规处、财政审计处、行政事业审计处、农业审计处、资源环保审计处、固定资产投资审计处、金融审计处、企业审计处、社会保障审计处、外资运用审计处、计算机审计处、人事教育处、机关党委。

领导成员

特派员：程　光

副特派员：车列武（—9月）　夏循福

余远华　俞　立（9月—）

纪检组长：凌玉祥

副司级审计员：罗旭光　曹　山（9月—）

审计成果　武汉办全年组织实施审计或审计调查项目（含跨年度项目）17个，审计查出违法违纪金额344.52亿元、管理不规范金额1134.77亿元、损失浪费金额13.47亿元。向司法、纪检、监察机关移送案件线索和事项9件，涉案金额8.94亿元，涉案人员17人。全年各类审计信息被审计署采用87篇，其中审计要情采用29篇，重要信息要目采用27篇，审计长信函采用5篇，专题报告采用1篇，审计长批转函采用7篇，信息转送函采用14篇，审计工作通讯采用4篇。参与联合实施的中国石油天然气集团公司原法定代表人任期经济责任审计、西电东送工程建设运营管理情况审计（国家电网公司）2个项目被审计署评为优秀审计项目；实施的湖北省2011年至2012年资源能源节约利用类支出科目资金审计被审计署评为表彰审计项目。

财政审计　实施山西省财政收支审计、山西省财政存量资金审计、浙江省稳增长促改革调结构惠民生政策措施落实情况跟踪审计等审计项目。在山西省财政收支审计中，关注行政运行成本和管理绩效，揭露和查处严重铺张浪费、资源毁损及效益低下等问题，促进建设俭朴政府；上报的柳林县违规使用公务接待费的问题，作为典型案例写入审计署上报国务院的专项审计报告以及审计工作报告。在山西省财政存量资金审计中，着重分析财政资金结存结构和原因，促进地方财政积极消化存量资金，推动财政资金合理配置、高效使用。在浙江省稳增长促改革调结构惠民生政策措施落实情况跟踪审计中，关注财政、货币、产业、投资、税收等政策措施的执行情况，检查行政审批权清理下放、机构改革推进、政府监管职责履行等情况，关注影响宏观调控的体制机制问题，揭示浙江省高校毕业生自主创业财税支持政策执行效果不佳、铁路水利土地整治等项目推进力度亟待加强、房地产市场调控政策和开发项目审批办法有待完善、商品房与棚户区改造之间供需结构矛盾比较突出等问题。

经济责任审计　实施中国国电集团公司原法定代表人经济责任审计、国家电网公司法定代表人经济责任审计等审计项目。在中国国电集团公司原法定代表人经济责任审计中，揭示集团所属二级单位个别负责人违反廉洁从业规定的问题；反映由于事前可行性研究论证不充分，导致收购的若干水电项目被迫停工缓建，部分煤矿收购项目收购后矿区采矿权难以取得的情况，对国电集团投资的多晶硅项目产生巨亏以及部分火电项目由于未获国家核准，项目无法投产并网发电造成设备闲置浪费等问题进行揭示。在国家电网公司法定代表人经济责任审计中，关注企业主辅业关联交易，揭示其越权为控股企业提供贷款担保而面临巨额偿债风险的情况；盯紧电网企业调度、物资采购等权力集中环节，深查企业领导利用职务和职权影响为其本人及亲友谋取利益输送链条；关注工程建设领域招投标和工程结算环节，揭露重大工程项目建设中存在的权钱交易行为；关注企业经营风险隐患揭示，关注企业重大投资决策，促进企业规范经营，维护国有资产权益。

金融审计　实施人民银行武汉分行2013年度财务收支情况审计、保监会湖北分局2013年度预算执行和其他财政收支情况以及决算（草案）审计、中国出口信用保险公司审计（浙江及上海分公司）等审计项目。在人民银行武汉分行2013年度财务收支情况审计中，揭示人员经费挤占公用经费和项目经费、地方财政拨款和上级垂直下达的经费未计收支等问题。在保监会湖北分局2013年度预算执行和其他财政收支情况以及决算（草案）审计中，揭示湖北省保险行业协会自律职能与湖北保监局的行政职能之间存在交叉，行政作为与行业自律行为界限不清；部分社会团体协会依托行政职能获得服务收入，或超范围收费等问题。在中国出口信用保险公司审计中，紧抓政策性保险业务特点，采取多角度查核往来账的方式，反映地下钱庄涉嫌非法买卖外汇及实现境外资金非法流入，并牟取暴利的问题；揭示私营石化企业通过虚构贸易背景、提供虚假资料等手段，骗取多家银行贸易融资贷款和国有企业资金数亿元的案件线索。

农业与资源环保审计　实施山西省2012年至2013年矿产资源开发利用保护及相关资金征管情

况审计、浙江湖北2省2008年至2013年土地出让收支和耕地保护情况审计等审计项目。在山西省2012年至2013年矿产资源开发利用保护及相关资金征管情况审计中，着重关注矿业权出让审批和转让环节中的违规问题，对地区以及重要央企、省属企业集团进行摸排并选取重点进行延伸，从总体上把握集团整合主体的矿业权流转情况。以“定责、定损、定利益输送”为主线，加大对政府相关单位和民营企业内外勾结、弄虚作假、利益输送等重大违法违规案件的查处力度，揭示矿业权出让、变更审批环节国有资产流失问题；转让和兼并重组环节政府和企业领导人滥用职权、弄虚作假，为民营企业牟利，造成国有资产流失的问题等。在浙江、湖北2省2008年至2013年土地出让收支和耕地保护情况审计中，共对2个省本级、17个市本级和67个县（区）进行抽审，共抽查729个征地项目、15032宗土地和1108个土地整治项目，揭示地方政府土地出让收入不真实、违规减免和返还土地出让收入、挤占挪用土地出让资金、土地存量资金结余较大、存量建设用地规模较大等问题。此外，跟踪惠农专项资金执行情况和实施效果，审计揭示涉农专项资金多头管理、企业多头申报、种粮补贴政策实施不到位、部分中央财政补贴资金使用不规范等问题。

社会保障审计 实施山西省吕梁市2013年度保障性安居工程审计、湖北省彩票资金审计等审计项目。在山西省吕梁市2013年度保障性安居工程审计中，对吕梁市本级及13个县区的保障性安居工程相关资金筹集、管理和使用以及保障性住房的建设、分配和使用管理等方面的问题进行查核，揭示部分保障房项目前期工程咨询管理不规范、项目建设进度缓慢，部分已建成的经济适用住房面向特定群体定向分配且大量分配对象不符合申请条件，对未配建保障房的商品住房项目未征收配建资金，虚报任务完成量等问题。审计还移送伪造公章、偷逃税款以及私设“小金库”等案件线索3件。在湖北省彩票资金审计中，揭示湖北省福利彩票发行中心和体育彩票管理中心互联网彩票销售不规范、彩票资金使用“跑、冒、漏”现象严重、挤占挪用彩票资金、违规购建楼堂馆所、违规发放津贴补贴、“三公”经费超支以及彩票公益金长期结存未发挥效益等问题，促进公益事业资金规范高效使用。

质量管理 切实做好审计质量全过程控制。落实审计项目“2＋1”审理模式。统筹协调审理工作进度，第一时间介入案件线索，提高审理的深度。抓住现场质量检查、交换意见会、审计业务会等关键环节，全面落实一线审理，及时提出意见建议，配合完善取证，做到取证充分、定性准确。注重加强与审计署相关业务司的沟通联系，与相关职能部门在执法衔接上的协作配合，确保移送案件线索的有效落实。全年组织12个项目的现场质量检查，审理复核各类业务文书150多份，提出审理意见1000余条，有效地保证审计质量。

信息化建设 扎实推进信息化应用和基础建设，在所有审计项目中均成立数据分析小组开展计算机审计，并在中国国电集团公司和中国出口信用保险公司经济责任审计项目中实施信息系统审计，在国家电网公司经济责任审计中进行联网审计。与地方政府部门和大型国企建立了信息化交流机制，全年采集、转换、归集21亿条数据，数据中心数据量累计达到167亿条。加大数据分析力度，通过地理信息系统图斑分析、工商税务数据对比分析等手段发现诸多重要问题和案件线索。完成审计署重点课题《审计操作技巧丛书》中《结构化数据分析技巧》和《审计取证技巧》两个分册的撰写任务。

机关管理 全面落实财务工作岗位责任制，完成新旧行政单位会计制度的账务衔接和核算工作，全面推行使用审计项目成本管理系统。认真落实保密规定，购置39台保密柜（保险柜），安装湖北省公文接收系统，并在机关办公室张贴保密宣传单，在全办137台接入审计专网计算机设备和59台接入因特网计算机设备张贴警示标签。改变档案工作组织方式，变事后检查为事前指导协助和积极配合。全年整理接收文书档案273件、审计档案299卷、会计档案86卷。计划统计工作得到扎实推进，制定《审计计划统计工作若干事项操作指南（试行）》，计划统计工作受到审计署通报表扬，其经验做法被《审计工作通讯》第41期全文转发。

党风廉政建设 扎实做好党风廉政工作，落实党组纪检“两个责任”。办党组主要通过加强教育引导、领导支持纪检组开展工作，履行廉政建设的主体责任；纪检组主要通过对审计项目现场进行廉政检查、监督廉政制度的落实，履行廉政建设的监督责任。全年进行4次共40多天的审计现场跟踪检查，涉及太原、北京、杭州等地13个审计组或审计小组，与审计人员谈话覆盖面达到80%以上；与被审计单位有关人员谈话，占接待或配合审计组工作的有关人员95%以上。

（撰稿人：熊　莹）

【审计署驻长沙特派员办事处】 2014年，审计署驻长沙特派员办事处（以下简称长沙办）人员编制150人，在编148人。设有办公室、法规处、财政审计处、行政事业审计处、农业审计处、资源环保审计处、固定资产投资审计处、金融审计处、企业审计处、社会保障审计处、外资运用审计处、计算机审计处、人事教育处、机关党委。

领导成员

特 派 员：彭华彰（—9月）
　　　　　赵保林（9月—）
副特派员：李　锋　谢岳山
　　　　　董耀文（—9月）
　　　　　黄建宇（9月—）
纪检组长：张在银
副司级审计员：曹　山（—9月）
　　　　　　　周　娇（9月—）

审计成果 长沙办共承担14个审计（调查）项目，查出问题金额5062939万元，应上缴财政229277万元、应归还原渠道资金472515万元、应调账处理金额102591万元；已上缴财政6449万元，已归还原渠道资金144924万元，已调账处理金额26291万元。移送司法机关、纪检监察等部门处理事项8件，涉及人员26人，涉及金额6997万元，其中移送处理事项4件，移送12人。提交审计信息42篇，被审计署重要信息（含专题报告）采用50篇次，其中审计要情采用19篇次，重要信息要目采用26篇次，审计长信函4篇次，专题报告采用1篇次。此外，以署领导批转函转送5篇次，信息转送函转送10篇次，审计工作通讯采用4篇次。长沙办实施的中国银行股份有限公司原法定代表人任职期间经济责任履行情况审计项目、湖南省2011年至2012年矿产资源开发利用保护及相关资金征管情况审计项目荣获审计署2014年表彰审计项目；参与的华润（集团）有限公司法定代表人任期经济责任审计项目获得审计署优秀项目。长沙办金融审计处获得全国审计机关先进集体称号。

财政审计 全年组织实施市本级财政收支审计、省长经济责任审计、稳增长等政策措施落实情况跟踪审计、财政存量资金审计等8个审计项目。

经济责任审计 开展省长经济责任审计项目。在审计中，以领导干部个人的职责为龙头，通过抽查重点项目来核查地方领导同志应负直接责任或主管责任的情况，揭露查处低价供应土地、被征地农民养老保险政策执行不到位、海洋渔业与南海维权方面存在的问题，并从政策与经济运行机制角度提出意见建议。

金融审计 关注违法票据贴现案、涉嫌受贿案、非法集资案等多个方面的问题。在中国证券监督管理委员会湖南监管局2013年度预算执行和其他财政收支情况以及决算（草案）审计项目中，查处的1个案例被审计长刘家义在向全国人大的报告中采用。

农业与资源环保审计 开展土地出让收支和耕地保护情况审计项目、矿产资源开发保护利用和相关资金征管情况审计项目。在矿产资源审计中，通过将采矿权分布图和自然保护区图进行叠加分析，将行政区划底图、采矿权分布图和探矿权分布图进行叠加分析，提高审计工作效率和准确率。上年度实施的湖南省矿产资源审计项目中，中央纪委对中国铝业集团公司总经理（原中国黄金集团公司董事长）孙兆学、最高检对中国黄金集团公司总工程师杨志刚立案调查。

社会保障审计 开展2013年城镇保障性安居工程跟踪审计项目。开展彩票资金审计项目，发现彩票资金筹集、分配、管理和使用中存在违规审批、违规经营、虚报套取、挤占挪用、铺张浪费、资金绩效不佳、采购不合规、财务管理不规范等问题。

外资运用审计 开展世界银行贷款南广铁路公证审计，查出工程变更多报验工计价、收据白条入账、挪用安全生产费等问题。促进审计发现问题整改，中铁港航局集团公司已就审计报告及移送处理书中提出的问题进行整改，处理28名责任人，对集团公司2个负有监管责任的单位进行通报批评；中铁港航局集团公司修订和出台规章制度23项。

队伍建设 做好领导干部的选拔任用工作，2名领导干部被选任为正副司级干部，6名新任处级干部任职试用期满转正；新录用10名公务员。全年对9个处室10名干部进行轮岗，进一步优化干部队伍结构。加强干部培养和职业化教育，组织开展“如何当好处长”的专题培训，全年共安排63人次参加审计署组织的各类培训班22个，有2人被评为高级审计师，8人通过中高级审计师专业资格考试，9人通过计算机中级考试。夯实干部管理基础，新建处级领导干部报告个人有关事项信息管理系统，对67名处级干部的个人报告有关事项进行数据录入和确认；对全办142名干部职工的个人电子信息进行核对更新，新建出国人员指纹录入系统。

相关工作 提升财务管理水平，推行公务卡报销制度；通过统筹资源、控制标准、周密安排等措施，大幅压缩“三公”经费支出，各项费用比预算节约近47万元，对重点工作、重点项目的财力保障进一步加强。

改进审理工作方式。试点电子审理方式，开展审理专项课题研究，摸索建立审理责任追究制度以及审理台账制度，试行审理工作项目化管理，开展跟踪审理和现场风险防控检查。共开展各项审理127篇次，其中审理审计报告、审计信息等各类审计文书109篇。

落实审计整改跟踪。科目资金审计整改跟踪得到被审计单位的高度重视，湖南省省长做专项指示，湖南省发展改革委、住房和城乡建设厅等部门通过制定专门办法、开展专项检查等推动整改工作，促使审计报告反映的164个问题得到整改125个，审计整改率为75%，比2013年同比提高5个百分点，相关做法与经验被《中国审计》宣传报道。

深入推进普法工作。制定2014年普法工作要点，开展“普法征文”等系列活动，对长沙办原有的108项规章制度和规范性文件进行清理，出台《审计署长沙特派办规章制度管理办法》，切实推动“依法治办”进程。

加强机关文化建设。开展机关志愿者活动，共有132人成为湖南省直机关志愿者网站的注册会员；组织参与公益募捐活动，审计现场两次募捐金额达3万多元；团总支、3名团干部分别被评为湖南省直“五四”红旗团总支、优秀团干部。2014年，长沙办再获“湖南省直机关文明标兵单位”称号。

加强新闻宣传和理论研究工作。着力打造一批有影响力的“高端产品”，《中国审计》和《中国审计报》全年采用长沙办稿件54篇次，其中头版和重要文章12篇次。长沙办承担的审计署重点课题顺利结题，并作为主要单位参与1项审计署课题工作，1篇论文获中国审计学会优秀审计论文一等奖。长沙办8个重点科研课题均顺利通过验收，第四届审计论坛征文活动共收到投稿42篇，评选出优秀论文14篇，多数研究成果都是基于审计实务研究而取得的，具有较高的实用价值。创新工作取得丰硕成果，全年共有15个重点创新事项被审计署或相关司局采用并在全系统推广。

信息化建设 继续推动“数字长沙办”建设，做好大数据采集分析，服务审计一线。创新大数据在线查询方式。长沙办创新性地为审计人员开发基于OA（审计管理系统）系统CA认证进行权限控制的社保、工商数据在线查询系统，确保数据安全、程序规范，改变查询不及时、审计效率低的局面，为一线审计人员排查线索、快速锁定目标提供有力支撑。推进审计信息化研究与应用。长沙办设计开发的“审计署长沙特派办数字管控平台”也在人民银行审计和南广铁路审计项目中得以应用，审计项目数字化管理取得新的进展。

思想政治及党风廉政建设 加强思想政治建设，组织开展党的十八届三中、四中全会精神和习近平总书记一系列重要讲话的学习教育活动，办党组中心组带头学习，指导和带动各党支部开展学习，把学习贯彻活动不断引向深入。加强党风廉政建设，严格落实廉政主体责任，办领导和处室主要负责人均签订廉政责任书；切实防范审计现场廉政风险，对10个审计项目进行廉政检查、回访、巡查；积极推广应用审计项目廉政风险科技防控系统。切实加强作风建设，狠抓群众路线教育实践活动整改落实，强化“四风”问题整改；在土地审计中组织开展“勇挑重担展风采、

攻坚克难出成果”主题活动，长沙办谢岳山、彭成元、朱君等人的典型事迹被审计署机关党委典型事迹材料采用。（撰稿人：宁 芳）

【审计署驻广州特派员办事处】 2014 年，审计署驻广州特派员办事处（以下简称广州办）人员编制 150 人，在编 136 人。设有办公室、法规处、财政审计处、农业审计处、行政事业审计处、资源环保审计处、固定资产投资审计处、金融审计处、企业审计处、社会保障审计处、外资运用审计处、计算机审计处、人事教育处、机关党委。

领导成员

特 派 员：王本强

副特派员：朱惠红 刘 丹（4 月—）

漆江梅（9 月—）

刘 宇

纪检组长：陈遥征（9 月—）

副司级审计员：李钢锋 刘步龙

审计成果 广州办完成审计项目 15 个，查出主要问题金额 1068.30 亿元，其中违规金额 6863 万元、管理不规范金额 1067.62 亿元；损益（收支）不实金额 87.66 亿元；审计处理处罚金额 78.48 亿元，其中应上缴财政 8.51 亿元、应归还原渠道资金 1.65 亿元、应调账处理金额 1.58 亿元；审计发现非金额计量问题 278 个；审计促进整改落实有关问题资金 3.16 亿元，其中增收节支 3.16 亿元。提交的审计信息有 62 篇被审计署重要信息采用，其中审计要情、重要信息要目、审计长信函分别采用 29 篇、25 篇、7 篇；被中办、国办分别采用 26 篇次、56 篇次，得到中央领导批示 56 篇次。

财政审计 广州办紧紧围绕深化财政体制改革，加大对财政资金的审计力度，对某省的财政收支审中，掌握财政资金总体支出规模、分析重点支出结构，检查专项转移支付等资金的拨付使用情况，促进提高财政资金使用效益。财政存量资金审计，对资金规模和结构变化、审计发现问题整改等情况进行跟踪审计调查，促进地方政府加快预算执行，建立消化控制财政存量资金的长效机制，全面用好用活财政存量资金。政府性债务审计发现，政府性债务管理制度不够完善，全国政府性债务审计发现的部分问题尚未得到整改等问题，起到防范和化解地方政府性债务风险，维护财政和金融安全的作用。在稳增长等政策落实情况跟踪审计中，针对有关政策落实不到位的问题，提出审批时间长、环节多以及施工外部环境变化，以及有的优惠政策的减免标准、优惠力度不够等原因分析，起到促进国家稳增长促改革调结构惠民生政策措施落实，促进经济平稳运行、健康发展和转型升级的作用。

经济责任审计 针对职工持股企业长期存在且数量多、管理不规范的特点，关注职工持股企业关联交易及利益输送问题。针对集团公司管控权逐步集中的情况，关注重大经济决策事项，特别是集中采购中的违法违纪问题。针对固定资产持续高投入的情况，关注工程建设和小型基建等方面的相关问题。

金融审计 广州办围绕“严格查处、立足整改、规范提高、促进发展”的总体思路开展某银行某分行财务收支审计、某监管局预算执行审计，以收入完整性、支出合规性为切入点，揭示两单位预决算编制和财务核算不完整、人员经费挤占公用经费、未按规定方式实施政府采购等问题；关注“三公”经费、会议费管理使用情况，在摸清有关费用管理及支出规模的基础上，重点揭示在超范围列支费用，年末突击列支费用等方面的突出问题；以两单位职责履行为着眼点，以研究解决制度性缺陷，促进规范管理、完善制度为落脚点，深入剖析违规问题并提出审计建议

农业和资源环保审计 开展农林水事务科目资金审计，在生态林财政补助资金审计过程中，引入新的审计技术和方法，将地理信息技术应用于对耕地和生态林相关资金的审计中，做到对审计对象的全覆盖，通过图斑比对结果，揭露生态林划定和补偿资金方面的违规问题。在渔船补贴资金审计过程中，以深入港口、修拆船厂现场查看等多种方式追踪财政补助资金真实去向，发现严重的骗补问题。在矿产资源审计中，掌握某省矿产资源储量情况和矿业权情况、矿产资源相关资金收支情况，并针对违规问题提出审计建议，在推动加强矿产资源制度建设、促进矿业权合理配置、规范矿业权交易市场以及提高矿产资源相关资金征收管理等方面发挥重要作用。

社会保障审计 在城镇保障性安居工程跟踪审计中，掌握了某省和某市城镇保障性安居工程保障情况、目标任务完成情况和资金筹集使用情况，重点关注旧城改造安置、保障性住房分配和管理情况。在认真分析历年审计发现问题的基础上，梳理某市保障性住房准入、分配、管理等关键环节的风险点，同时与计算机审计处联合对保障性住房数据进行深度挖掘，关联已掌握的相关部门数据，发现某省和某市保障性住房房源底数不清，存在虚假上报、直管公房权力寻租等问题。审计起到督促地方政府强化住房保障责任，纠正其为完成保障性住房建设任务进行的不当做法，切实发挥保障性住房保民生的作用。

信息化建设 在经济责任审计中，积极探索与企业工商等部门数据相关联、与经济责任审计内容相一致的联网审计模式，围绕企业核心业务和权力运行搭建数据分析平台，采集数据量逾3.5TB，上报重要审计情况8篇。在国土审计中，充分利用地理信息数据构建“国土审计一张图”分析模型，全覆盖搜索疑点线索，跟踪核实分析结果，提升精确打击能力，经验做法被审计署工作动态和国土办工作交流采用。在财政收支审计和保障性住房跟踪审计等项目中，通过强化数据挖掘和关联分析，在探索数据式审计模式上取得较好成效。

队伍建设 一是加强办处两级领导班子建设，打造坚强领导核心。办处两级班子通过党组中心组集中学习等方式加强政治理论学习；办领导班子成员通过深入审计一线靠前指挥，发挥核心领导作用；处室领导围绕“权力”与“责任”，严格执行“六项纪律”和请示汇报制度，强化责任和表率作用。二是完善干部培养和激励机制，提升队伍综合素质和实战能力。积极推荐各专业审计骨干参加署及各业务司组织的培训和重点攻关项目，全年安排58人次参加署组织的各类中短期培训。修订完善处室和公务员考核办法，积极开展司级干部推荐和处级干部选拔任用工作，为各层级干部成长开拓空间。三是着力抓好队伍作风建设，努力提升干部“精气神”。制定贯彻落实“三严三实”和党风廉政建设主体责任的实施办法，力抓防治“庸懒散”“娇骄暮”等不良风气，以能力提升治“庸”、督办追责治“懒”、严格管理治“散”、困境磨炼治“娇”、教育引导治“骄”和改进作风治“暮”。

内部管理 以制度执行为切入点，提高机关管理规范化水平。查漏补缺，出台24项制度，建立健全机关管理制度体系。强化督办，确保令行禁止。每月通报署、办领导交办事项、重要议定事项和审计项目计划等落实情况，全年共完成《工作督办通报》12期、《值班简报》11期。扎实开展保密工作，为审计工作提供保障。强化全员保密意识，加强对涉密的“人、物、事”和“重点岗位、重点区域、重点项目”的管理。加强预算和成本管理，推进节约型机关建设。强化全口径预算管理、严格公务接待审批。在物业服务、机关食堂、物资采购等后勤工作中精打细算，开展节电、节水、节纸、节油活动，降低机关运行成本。

（撰稿人：邢　莹）

【审计署驻深圳特派员办事处】 2014年，审计署驻深圳特派员办事处（以下简称深圳办）人员编制120人，在编113人。设有办公室、法规处、财政审计处、固定资产投资审计处、金融审计处、企业审计处、社会保障审计处、外资运用审计处、境外审计处、计算机审计处、人事教育处、机关党委。

领导成员

特 派 员：王秀明（—3月）
　　　　　王淡浓（3月—）
副特派员：段大波　赖汉雄
　　　　　郝士坤（9月—）
纪检组长：张　俊（9月—）
副局级审计员：董　方　陈彦钊

审计成果 深圳办共完成审计和审计调查项目14个，查出违规和管理不规范金额800多亿元。审计发现的违法违规案件线索经审计署移送的有3起，特派办移送的有6起。全年共编发各类信息43篇次，其中重要审计情况12篇，审计简报27篇，工作动态4篇；被审计署审计要情、重要信息要目等采用86篇次，被中办、国办采用73篇次，获得国务院领导批示49篇次。深圳办牵头实施的1个项目被评为审计署优秀审计项目，参与实施的2个项目被评为审计署表彰审计项目，3个审计组获得先进公务员集体，3人获得先进公务员表彰。

财政审计 完成深圳市稳增长促改革调结构惠民生防风险政策措施落实情况跟踪审计、深圳市财政存量资金审计、广东省2013年财政收支审计（广州市和博罗县财政收支部分）等，审计发现某事业单位侵占财政专项资金、某地在职公务人员违规经商办企业等问题。

经济责任审计 组织实施中国航空集团原法定代表人经济责任审计，参与实施交通银行经济责任审计和国家开发银行经济责任审计。深圳办密切关注重大违法违纪、重大损失浪费、重大失职渎职等问题，审计查处发现某机票代理人虚开普通发票逃避缴纳税款、某公司编造虚假资料骗取银行贷款等问题。

农业与资源环保审计 完成全国土地出让收支和耕地保护情况审计、河北省矿产资源审计、广东省博罗县农林水科目资金审计等。在土地出让收支和耕地保护情况审计中，坚持问题导向、综合分析聚焦、集中力量突破，在摸清底数的基础上，揭露和查处国土领域出现的一些违法违规问题。在矿产资源审计中，重点关注矿产资源产权交易等关键环节，查处私营企业主涉嫌骗取财政资金等问题。在博罗县农林水科目资金审计中，发现某水利所挪用财政专项资金等问题。

社会保障审计 完成广东省东莞市保障性安居工程审计，审计查处发现保障性住房资源配置不平衡、某保障性住房项目工程管理不规范等问题。完成浙江省彩票资金审计。在彩票资金审计中，揭露彩票公益金和发行费使用及管理方面存在的问题。

信息化建设 在中国航空集团原法定代表人经济责任审计、土地出让收支和耕地保护情况审计等大型项目中，组建数据综合分析团队，搭建分析平台；加强对电子数据的归集、整理和应用。归集多地区的工商税收等数据，在确保安全性的基础上，加强对数据的综合查询分析和利用；在经济责任审计、土地出让收支和耕地保护情况审计、彩票资金审计等项目中开展信息系统审计。

质量管理 深化审理工作，实行审计项目全过程质量控制，累计审理业务文书93份，提出各类审理意见450多条。优化网上审理，运用信息化手段提升审计法治工作水平的做法被审计署审计工作通讯采用。探索法制宣传新模式，自主开发土地政策法规要点展示等法制宣传平台。探索理论研究新方式，完成审计署科研所和中国审计学会合作课题等，编写审计操作技巧和行业审计读本丛书分册。

队伍建设 加强制度建设，修订完善深圳办部门暨公务员考核暂行办法和科级干部职务晋升管理办法。加强教育培训，先后安排19人次参加署案例教学等培训班，2人获优秀学员表扬，1人通过计算机中级考试，6人通过AO（现场审计实施系统）考试。通过公务员招录和二次补录，招录10名年轻干部。开展司处级干部选拔工作，1名处长走上副司级领导岗位，8人走上正副处长（级）的岗位。

保密工作 加强审计保密宣传教育，通过组织集中培训、专题讲座等方式，将集中学习和日常教育有机结合。定期开展保密检查，加大突击抽查力度，组织人员赴经济责任审计、土地出让收支和耕地保护情况审计等审计现场突击开展保密检查。完善保密制度和措施，对多项保密制度进行修订和完善，并将保密知识学习、保密纪律执行、保密责任履行等纳入年度考核，实行一票否决制。全年未发生失泄密事件。

党风廉政建设 持续开展党的群众路线教育实践整改提高活动，研究制定10个方面51条整改措施，已全部整改到位。加强思想建设，组织学习十八届四中全会、习近平总书记重要系列讲话精神。积极开展主题党课活动。加强组织建设，完成机关党委、纪委的换届选举。加强支部建设，组织开展建设学习型党支部活动。加强廉政纪律建设，开展“审计干部子女廉政寄语”征集活动，强化审计现场监督，先后与20多家被审计单位召开廉政座谈会。加强审计文化建设，在审计一线开展多项文体活动，丰富职工文化生活，组织参观深圳市博物馆，开展“随手一拍”活动，大力弘扬审计精神。

内部管理 完善管理体系，对规章制度进行全面清理，保留制度50项，废止制度18项，新增制度13项，修订制度20项。严守财经纪律，认真落实八项规定，严控“三公”经费，强化预算执行。做好后勤服务保障，完成办公用房清理、车辆保障、食堂修缮、周转房调整等各项工作。

（撰稿人：黄 娟）

【审计署驻成都特派员办事处】 2014 年，审计署驻成都特派员办事处（以下简称成都办）在职人员 136 人。设有办公室、法规处、财政审计处、行政事业审计处、资源环保审计处、固定资产投资审计一处、固定资产投资审计二处、金融审计处、企业审计处、社会保障审计处、外资运用审计处、计算机审计处、人事教育处、机关党委、机关后勤服务中心。

领导成员

特 派 员：张瑞民

副特派员：吴兆军（4 月—）

庄 军（—4 月）

王 斌（—9 月） 吕建伟

纪检组长：陈顺华（9 月—）

武晓晨（—9 月）

正司级审计员：王永红

副司级审计员：程一平（—9 月）

审计成果 成都办共实施审计（调查）项目 16 个，查出问题金额 737.70 亿元，其中违规问题金额 62.78 亿元、管理不规范及损失浪费问题金额 674.92 亿元。向司法及纪检监察机关等办理审计移送事项 12 件。报送综合报告、审计报告、专题报告、审计信息等 219 份，被审计署采用 70 篇次，其中审计要情 19 篇、审计长信函 4 篇、重要信息要目 23 篇、专题报告 2 篇，被中办、国办采用和中央领导同志批示 112 篇次。参与实施的国家烟草专卖局局长经济责任审计项目被评为审计署优秀审计项目，四川省 2012 年财政收支审计项目等 3 个审计项目被评为审计署表彰审计项目。2 个审计组分获全国政府性债务审计公务员集体三等功和集体嘉奖，4 人分获全国政府性债务审计公务员二等功、三等功和个人嘉奖。

财政审计 完成四川省 2013 年财政收支情况审计。发现在财政预决算管理方面预算编制不细化；部分财政部门人为调整收支科目，影响财政总决算真实性；省本级结转不真实；应征未征部分非税收入；部分非税收入未及时缴入国库；西昌市虚增公共财政收入；部分财政部门虚列支出，预备费支出不合规；省本级公共财政项目多年结转；成都市城乡建设用地增减挂钩指标价款收支未纳入预算管理。在财政资金分配方面，查出简阳市 3 家企业通过虚构申报资料获取中央新农村现代流通服务网络工程资金；西昌市公路运输管理所多申报成品油价格改革补贴资金。在财政资金拨付和使用方面发现 2013 年简阳市部分预算单位将公共财政预算资金提现，存入个人名义开设的银行账户，脱离财政监管；西昌市财政局将财政专项资金拨付至西昌国资公司，由该公司将资金拨付相关单位；成都市出借财政资金给企业。在政府性债务管理方面发现财政部门《地方政府性债务管理系统》债务数据不够准确；成都市城乡建设委员会违规举借政府性债务；全国政府性债务审计中发现的部分问题尚未得到整改。在其他方面查出部分市县违规供地；成都市禁止用地类项目违规占用土地；部分市县违规办理国有土地使用证；四川省政务中心用于核算各厅局暂收费用的其他专用存款账户长期未清理；工程建设程序违规；部分宗地出让价格偏低。

完成四川省 2013 年农林水四款科目资金管理使用情况审计。发现部分专项资金未进行清理规范；部分制度设计不够完善；部分中央专项转移支付资金管理不到位；资金管理使用存在问题。

完成四川省贯彻落实国务院关于稳增长促改革调结构惠民生政策措施情况审计。发现四川省、成都市对下放的部分行政许可审批事项尚在衔接落实之中；工商登记改革进度有待加快，全省 21 个市（州）仅 4 个出台相关规定；乐山市政府将 3 个行政审批项目子项取消合并，项目数量虽减少，但部门和单位仍保留行政审批权限；成都市青羊区文庙前街棚户区改造项目的国家开发银行贷款放款进度不符合实际用款需求，导致贷款资金闲置；截至 10 月底，乐山市有 7 个区（县）未编制完成 2013 年至 2017 年棚户区改造规划；四川省制定的《贯彻落实国务院加快推进铁路建设的工作方案》部分内容未执行到位；四川境内的成兰铁路、西成铁路、成贵铁路等 3 个铁路项目征地拆迁资金存在较大缺口，制约工程建设的顺利推进；计划 2014 年底建成的成都市中心城区餐厨垃圾无害化处理项目（二期）至审计时尚未实施；成都市、乐山市部分“十二五”规划的重大项目期准备不充分，未按期完工；新能源汽车推广工作进展缓慢；四川省、成都市未按照民政部《关于推进养老服务评估工作的指导意见》要求制订实施方案，开展相关工作；成都市、乐山市县级公立医院综合改革部分内容尚未推进；四川省大部分地区未将宽带发展纳入地区经济社会和城镇化发展规划；四川省省级战略性新兴发展产业专项贷款贴息资金管理不严，贴息资金存在被闲置、贷款未到位即拨付的情况；小微企业贷款利率相对偏高；四川省已建成的高标准农田无法按照规定的标准验收；乐山市未开展深化种业体制改革提高创新能力的相关工作；四川省部分中型水库工程建设进度缓慢；成都市重要支流治理项目未按计划时间开工和完工；乐山市青衣江灌区续建配套与节水改造工程未按时完工；乐山市夹江县、犍为县等8个县区的项目未按期完工；四川省扶贫项目实施进展滞后，报账进度偏慢，资金沉淀较多；彝家新寨建设上报完成数据不实；四川省多报农村减贫人口17.74万人；四川省、成都市大气污染防治目标完成不容乐观；四川省制定的大气污染防治实施细则未纳入加快推进低速汽车升级换代内容；乐山市部分重点流域水污染防治工业污染防治项目未按期完成；四川省小微企业税收减免政策效果不明显；未明确相关指标导致鼓励录用高校毕业生的政策措施难以落地，支持高校毕业生就业创业税收政策力度不够。

完成四川省截至2014年底贯彻落实稳增长促改革调结构惠民生防风险政策措施情况跟踪审计。发现四川省部分调整为“服务事项”的原行政审批事项审批程序无变化，仍具有强制性；成都市未编制2014年度棚户区改造配套基础设施建设计划，棚户区改造项目贷款转贷平台收取管理费，增加建设成本；川藏铁路成都至雅安段未按期开工；成都枢纽成都车站扩能改造工程项目进展缓慢；四川省部分铁路建设资金未到位；部分在建项目进度缓慢，部分城市基础设施项目未能按期开工，导致项目资金闲置在项目单位；个别中央节能产品惠民政策未落实；将已注销的企业列入2014年工业行业淘汰落后和过剩产能企业名单上报；部分国家目标责任书重点减排项目进展缓慢；四川省未出台淘汰黄标车、老旧车方面的相关政策；部分重点流域水污染防治规划项目进展缓慢；项目储备不足导致重金属污染防治中央专项资金未能按时细化分解到项目上；个别公办养老机构未充分发挥托底作用，民办养老机构存在融资难的问题；价格调整补偿收入无法弥补取消药品加成后医院减少的收入，财政补偿公立医院取消药品加成的补助资金未及时足额到位；小额贷款保证保险的作用发挥有限；四川省鼓励企业吸纳科技成果出资入股的相关办法未按期出台实施；截至12月底，应完工的27个全国新增1000亿斤粮食生产能力规划田间工程部分项目有21个未完工，应开工的28个项目均未开工；四川省应配套全国新增1000亿斤粮食生产能力规划田间工程项目资金尚有12211万元未到位，占应配套资金的78.78%；3个重大水利工程进展缓慢；2014年四川省部分农村饮水安全工程未按期开工的工程有2652处，占全年计划的15.5%，未按期完工的工程3684处，占全年计划的21.5%；部分扶贫项目执行进度较慢，部分扶贫项目资金未落实；部分四川省科技计划财政专项资金下达较晚，当年无法及时发挥效益。

完成四川省本级截至10月底的财政存量资金审计。发现汶川地震抗震救灾和灾后重建项目资金长期结转；四川省交通运输厅公路建设资金长期结转；四川省卫生厅设备采购资金大量闲置。

完成成都市本级截至10月底的财政存量资金审计。发现预算单位收入过渡户未收回财政统一管理；土地出让收入安排的教育资金和农田水利建设资金等政府性基金结余较大，且逐年增加，难以发挥资金效益。

完成乐山市本级截至10月底的财政存量资金审计。发现市财政局收到的上级专项转移支付资金仍有部分没有落实到地区、单位和项目。

完成四川省井研县截至10月底的财政存量资金审计。发现县财政无预算拨款的情况较为突出；收入挂暂存3803.68万元；部分项目待结算尾款长期未结算；虚列支出2235.37万元。

金融审计 完成中国证券监督管理委员会四川监管局2013年度预算执行和其他财政收支情况及决算审计。发现在预算编制和执行方面存在公用经费预算编制不细化，编制会议费预算无具体内容信息，培训费预算无培训对象、内容和目标，维修费的预算缺乏具体的维修项目，办公设备购置无明确的需求部门等；在主管的协会报销交通费；未按规定参加职工基本医疗保险；部分事项以事先备案方式变相进行审批；主管协会存在收支大量结余，培训费标准过高，费用报销不规范等问题。

完成国家开发银行深圳市分行2013年度资产负债损益情况审计。发现在支持“走出去”战略的外汇贷款方面，塔吉克斯坦塔中移动有限公司项目贷款贷前调查不充分，设定的质押和抵押条件未落实；向印度尼西亚某公司发放的贷款，因项目亏损，该项目的风险分类未按规定调整至次级类；国银金融租赁有限公司子公司的项目贷款风险分类调整不及时。在民生贷款方面发现保障性住房项目超过国家规定标准；保障性住房项目贷后监管条件未落实。在经营管理方面发现贷前审查不严，项目评审依据不充分；贷后监管不严，贷款资金被挪用；合同约定的贷后监管条件未落实。审计期间，国开行深圳分行对其中4个问题进行整改。

完成对交通银行原党委书记、董事长胡怀邦2008年9月至2013年4月任职期间及2013年度交通银行股份有限公司深圳分行资产、负债和损益情况的审计。审计发现在贯彻执行国家经济金融政策和决策部署方面，存在发放不符合国家政策规定贷款情况；在公司法人治理及内控管理方面，全面风险管理存在薄弱环节，对贷款监控不力导致信贷资金被挪用，集中采购在招投标管理等方面存在薄弱环节；在资产负债损益的真实、合法和效益方面，费用列支不规范，营业费用超计划。

完成中国人民银行成都分行2013年度财务收支审计。对该行及下属单位的预算执行、财务管理、“三公”经费等情况进行审计，并延伸调查该分行本级、成都营业管理部、绵阳市中心支行等单位，发现该行在预算执行中挤占串用科目、违规采购大屏幕电视等进口产品、少计地方政府补助等收入的问题。同时根据审计署统一安排，对人民银行总行下属企业成都印钞公司进行资产负债损益审计，揭示该单位财务管理不规范等问题。

矿产资源审计 与审计署昆明特派办和重庆特派办合作完成对安徽省2011年至2013年矿产资源的开发利用保护及相关资金（探矿权采矿权使用费及价款、矿产资源补偿费）征管情况的审计。其中，成都特派办负责重点审计安徽省地矿局、淮南矿业集团、铜陵有色集团、皖北煤电集团等大型地勘单位和涉矿企业。审计延伸至铜陵、淮南、宿州、郑州、鄂尔多斯、北京等多地。成都特派办报送的审计要情3篇、移送2篇、批转函1篇被审计署采用。

发现在矿业权审批、出让方面，安徽省国土资源厅违规批准转让矿业权5宗，违规为2宗矿业权办理审批手续；矿业权收购和转让等方面，2家国有单位和2家地勘单位违规转让16宗矿业权，3家国有企业违规收购4家涉矿企业股权；在矿产资源勘查开采方面，违规核定界沟煤矿生产能力，9个探矿权多年“圈而不探”，违规开采；矿产资源管理相关政策执行方面，部分矿业权有偿处置进展缓慢，个别冶炼企业排放不达标；在矿产资源相关资金征收、管理、使用方面，欠征矿业权价款及资金占用费，矿业权价款未按规定缴入省级国库和违规少缴中央分成收入，矿业权价款滞留非税收入专户未及时缴库，违规批准7家公司12宗探矿权延期缴纳探矿权价款，企业未及时缴纳矿产资源补偿费；在其他方面，国有矿山企业高管违规参股下属公司，职工持股企业通过与集团的关联交易获利，闲置中央财政政策性关闭破产补助资金和未经审核承担企业年金损失，未经批准收购股权、对外担保存在损失风险，探矿权权益转让收入管理不规范、违规出借资质，挪用地勘贷款用于房地产开发。

企业审计 完成中国兵器工业集团公司原法定代表人任职期间经济责任审计。审计共发现各类问题41个，重大违法违纪问题线索7件。在财务收支方面，存在收入多计、少计和成本费用多计、少计等问题；在执行国家宏观经济政策方面，下属企业违规对外转让进口原油，违规投资建设工程项目；在内部管理方面，下属公司经营管理不善，资不抵债进入破产清算，违规销售废污油，违规为3家集团成员外单位提供委托贷款及办理委托投资业务；未经批准自行开工建设项目2个；“十一五”建设项目的897项合同未按规定招标；楼房建设项目超概算投资；污水处理及回用工程初步设计概算超出可行性研究概算；在发展潜力方面，下属公司扩产项目投资闲置，其产能利用率仅为13.9%。

全国土地出让收支及耕地保护情况审计 完成对贵州省本级，贵阳市、遵义市等4个市本级以及黔西县、独山县等14个县2008年至2013年土地出让收支和建设用地审批、征收、供应、使用以及耕地保护等情况的审计。审计中重点抽查2263宗土地、面积1.49万公顷，分别占这些地区同期土地供应宗数、面积的31.43%和64.33%；同时抽查农村土地整治项目818个，涉及土地面积2.19万公顷。发现在土地出让收入方面，土地出让收入在地方财政收入中占比较高；在土地抵押融资方面，土地抵押融资规模大、增长快；在建设用地管理方面，土地审批、征收、供应制度执行不严；在土地利用方面，部分城市中心城区城市规划突破土地规划，建设不符合规划，违规设立开发区，工业企业土地开发强度不够，建设用地量规模较大；在耕地保护方面，部分地区耕地面积有所减少，耕地质量有所下降，土地整治项目补充耕地不实，征地拆迁政策未完全落实。

完成对四川省本级、成都市、绵阳市等11个市本级以及双流县、郫县等40个县2008年至2013年土地出让收支和耕地保护情况的审计。审计中重点抽查5736宗土地、面积2.62万公顷；同时抽查338个农村土地整治项目，涉及土地面积18.9万公顷。发现在土地出让收入方面，土地出让收入在地方财政收入中占比较高，土地出让收支管理违规问题比较突出；在土地抵押融资方面，土地抵押融资规模大、增长快，土地违规抵押融资金额占比高；在建设用地管理方面，部分地区建设用地“寅吃卯粮”，土地审批、征收、供应制度执行不严，用地单位违规使用土地；在土地利用方面，部分城市中心城区城市规划突破土地规划，新区建设不符合规划，部分地区违规设立开发区，工业企业土地开发强度不够，建设用地存量规模较大；在耕地保护方面，部分地区耕地面积有所减少，耕地质量有所下降，土地整治项目补充耕地不实。

外资运用审计 完成世界银行贷款贵昆铁路六盘水至沾益段增建第二线工程项目审计。发现六盘水站房改造工程工期滞后，影响运行效益；部分车辆采购未招标。

完成世界银行贷款贵阳至广州铁路项目审计。发现违规收取施工单位食堂补助；违规购车，形成账外资产；在工程施工管理和征地拆迁方面均存在一些问题。

社会保障审计 完成四川省保障性安居工程项目审计。发现在保障性安居工程资金使用和筹集方面，挪用保障性安居工程资金，套取财政补助保障性安居工程资金，虚报发行企业债券资金、取得公积金贷款，以城市棚户区改造名义取得银行贷款和信托贷款，骗取拆迁补偿资金，违规收取应减免的政府性基金，少计提保障性安居工程资金，住房公积金增值收益未及时安排使用，部分保障性安居工程资金闲置；在保障性住房分配和使用管理方面，有些不符合条件的家庭违规享受住房保障待遇，存在未经资格审核分配保障性住房，未及时发放廉租住房补贴，有的保障性住房长期闲置；在棚户区改造安置和土地管理使用方面，两个单位拆迁补偿不规范，多支付拆迁补偿款，8个项目地块出让不规范，21个项目基本建设手续不全即开工建设，12个项目未履行招投标程序或招标不规范，个别单位违法转包保障性住房项目，个别单位违规出借资质承揽保障性住房项目，未按合同约定收取履约保证金，个别项目电梯设备未按规定设计规范足额配备；在保障性安居工程目标任务完成和下达方面，虚报开工任务1688套，虚报完成基本建成任务1925套，虚报完成廉租住房租赁补贴任务3816户；保障性审核制度不完善，新居工程闲置浪费，招商引资不规范，土地整理等资金管理不规范等。

（撰稿人：杨志永）

【审计署驻昆明特派员办事处】 2014年，审计署驻昆明特派员办事处（以下简称昆明办）人员编制150人，在编135人。设有办公室、法规处、财政审计处、行政事业审计处、农业审计处、固定资产投资审计处、金融审计处、企业审计处、社会保障审计处、外资运用审计处、资源环保审计处、计算机审计处、人事教育处、机关党委。

领导成员

特 派 员：杨宁生（7月—）

副特派员：孙成余（—7月，主持工作）

　　　　　姜江华（4月—）

哈耀卿（6月—9月）
周应良　杨恒田（—9月）
王志成（—6月）
纪检组长：郑云龙（—9月）
哈耀卿（9月—）
副司级审计员：宋昆芳　程一平（9月—）

审计成果　昆明办全年实施完成署统一组织的审计项目13个。按照审计统计口径，查出主要问题金额240.38亿元、非金额计量问题102个；上报审计信息被审计署采用101期，其中被审计要情等重要审计信息采用85篇。昆明办牵头实施的中国石油天然气集团公司原法定代表人任期经济责任审计项目被评为审计署优秀审计项目，昆明办和成都办联合实施的云南省2011年至2012年矿产资源开发利用保护及相关资金征管情况审计等2个审计项目被评为审计署表彰审计项目。昆明办企业审计处被评为全国审计机关先进集体。

财政审计　单独或与其他特派办联合实施四川省财政收支审计（跨年度）、云南省财政存量资金审计、广西壮族自治区稳增长促改革调结构惠民生防风险政策落实情况审计等项目，派出审计人员参加审计署业务司组织实施的广电总局、水利部、发展改革委、社保理事会等中央部门审计。揭示地方政府融资平台公司和国有企业代行财政资金分配功能、违规向外商企业提供财政补贴资金数亿元、高尔夫球场项目违规占用农用地4000余亩、超标准组织在华国际会议等问题；揭露某县原县委书记擅自决策违规低价出让土地和提高容积率，造成国有资产损失2亿多元等重大违法违规问题；参与查出央视某频道原总监利用职权为亲友持股的公司牟利7000多万元等重大违法违规问题。

金融审计　完成负责实施中国人民银行昆明中心支行2013年度财务收支审计和云南保监局2013年度预算执行审计，查出中介机构垄断全省政策性农业保险经纪业务违规获利、行业协会兼职取酬和超期任职问题亟待规范、县域金融服务和风险状况应引起重视、非公开定向债务融资工具潜在风险、某企业涉嫌向多人输送利益等问题。

资源环保审计　完成安徽矿产资源开发利用保护及相关资金征管情况审计，以揭露和查处领导干部滥用职权、贪污受贿、骗取侵占等问题为重点，揭露安徽某公司高管人员借国有企业改制导致国有资产流失10多亿元等问题。

全国土地出让收支和耕地保护情况审计　完成云南省土地出让收支和耕地保护情况审计、广西壮族自治区土地出让收支和耕地保护情况审计，突出土地违规面积大、涉案领导级别高，精准发力，揭露和反映一批领导干部重大违法违纪问题和案件线索，上报信息简报76篇，其中重要审计情况31篇，被审计要情采用1篇，向解放军审计署和地方纪检司法机关移送7篇。

社会保障审计　实施成都市保障性安居工程、云南省彩票资金等审计项目，揭露某市某保障性住房建设项目安装使用27部假冒伪劣电梯危及几千户即将入住居民的生命安全；某市保障性安居工程财政资金大量结存，财政资金被用于向民营企业发放委托贷款或直接出借给民营企业；多支付棚户区改造资金2800余万元；某民营医院出具虚假医疗收据骗取彩票公益金在内的公共资金126.3万元等影响中央惠民政策落实问题，维护人民群众利益。

经济责任审计　与重庆办共同实施重庆市市长经济责任审计，坚持问题导向，紧紧盯住财政资金管理、土地出让转让、国有资产处置等重点环节，围绕重庆市市长应承担的贯彻中央政策措施责任、经济发展责任、结构调整责任、防范化解风险责任、环境保护责任、民生改善责任、廉政建设责任等展开审计工作，突出“地方债务、地方金融、地方企业、地票管理”等带有重庆市近几年经济社会发展特点的重大事项，揭示和反映与重庆市市长履行经济责任有关的一些突出问题，揭示地方经济社会发展中存在的风险隐患，客观评价重庆市市长任职以来的履职情况，准确界定直接责任、领导责任和分管责任，提出针对性强的审计建议。

外资运用审计　完成世界银行贷款六盘水至沾益增建第二线工程2013年度执行情况审计，发现多申领征地拆迁资金等问题。

信息化建设　加强大数据综合分析利用，在审计现场搭建数据分析平台，帮助迅速核查和锁定案件线索，如在成都市财政收支审计中，借助“审计领域非结构化数据分析平台”和采集的多部门数据进行关联分析。积极推动课题研究成果在审计实践中的应用，把融合聚类分析方法、非结构化数据分析研究课题开发的软件，广泛运用到实施的审计项目中，揭示一批重大问题，并进一步深化理论研究。“基于业务流程内部控制审计”课题成果被推荐参加江苏省科学技术奖评选，并被评为审计署年度优秀审计论文；完成的《保障性住房舞弊挖掘审计风险评价模型》论文，经审计署同意后报送给南非审计署。

队伍建设 为优化人力资源配置，年初组织开展办内岗位调整交流工作，优化处级干部队伍结构，调整部分特殊困难人员工作岗位，进一步激发队伍活力。组织开展司（局）级干部民主推荐和处级干部选拔任用工作，有1名处级干部走上司级领导岗位，有11人按干部任免权限和程序提拔任用，选人用人的公信力不断增强。严明干部人事纪律，加强规范化建设，组织开展审计干部离职兼职（任职）清理和干部人事档案专项审核工作，执行个人重大事项报告制度。加大培训力度，办内组织开展2次案例培训，举办第一届昆明办论坛，全年共派出110人次参加各类培训，各处室还结合审计工作和各自实际组织处内针对性培训和项目总结培训，干部队伍的综合素质和审计能力得到提升。以审计理论研究会为依托，积极组织中国审计学会及审计署相关单位课题申报和论文征集活动，和中国审计学会等单位联合开展审计组织方式创新等5个课题研究，在核心期刊发表论文23篇，编发会刊《审计·探索》2期，进一步推动研究型审计的发展。

内部管理 组织开展法治宣传教育活动，深化大项目跟踪审理，强化审计现场质量控制，提高审计质量，积极防范质量风险。加强制度建设，新制定修订重要情况报告制度等23项制度，严格落实责任制，加强制度执行的监督检查，提高机关执行力，促进机关管理规范化、制度化建设。加强艰苦奋斗、勤俭节约的宣传教育，严格执行公务接待管理规定等制度，组织开展节能减排主题教育，推动节电、节水、节能等各项措施的落实。全面推进机关后勤服务社会化改革，依法依规关停金审大酒店。贯彻落实中央和审计署保密工作部署，通过开展保密纪律教育、加强保密检查、完善定密管理等多项措施，狠抓各项保密工作任务落实，努力提升保密工作水平。

思想政治及党风廉政建设 加强机关党的思想组织建设，深入开展学习中国特色社会主义理论和习近平总书记系列重要讲话精神、“三严三实”和党性党纪教育活动，弘扬社会主义核心价值观，引导党员干部坚定理想信念、提升党性修养。严格按照规定程序，完成机关党委、纪委和机关工会换届选举工作，改选支部。加强和改进思想政治工作，研究制定《关于加强和改进思想政治工作的意见》，健全思想政治工作责任制。全面启动争创全国文明单位工作，加强对身边人、身边事和“最美审计干部”先进事迹的宣传，发挥榜样示范作用。推进党风廉政建设，以落实基层党组织党建工作责任、党风廉政建设主体责任为抓手，办党组制定落实党风廉政建设主体责任的17条具体措施，加强对党支部书记的教育培训，提高“一岗双责”意识。健全审计权力运行全过程监督制约体系，制订贯彻落实建立健全惩治和预防腐败体系2013年至2017年工作规划的实施意见。

（撰稿人：文卫国）

【审计署驻西安特派员办事处】 2014年，审计署驻西安特派员办事处（以下简称西安办）人员编制150人，在编138人。设有办公室、法规处、财政审计处、行政事业审计处、农业审计处、资源环境审计处、固定资产投资审计处、金融审计处、企业审计处、社会保障审计处、外资运用审计处、计算机审计处、人事教育处和机关党委。

领导成员

特 派 员：董维明（7月—）

副特派员：董维明（—7月，主持工作）
张晓青（5—10月）
郝士坤（—10月）
黄润中（—11月）
刘险峰　纪　兵（10月—）
刘占波（10月—）

纪检组长：纪　兵（—10月）
张晓青（10月—）

副局级审计员：董汉生（—2月）
罗湘萍（10月—）

审计成果 西安办共实施完成14个审计项目，查出主要问题金额15845223万元，其中违规金额5643820万元、损失浪费金额497057万元、管理不规范金额9704345万元；损益（收支）不实金额853625万元；审计处理处罚金额507675万元，其中应上缴财政574万元、应归还原渠道资金218572万元、应调账处理金额236710万元；审计发现非金额计量问题1230个；审计促进整改落实有关问题资金2084005万元，其中增收节支275207万元。移送司法机关、纪检监察机关和有关部门处理事项10件。出具审计报告和专项审计调查报告14篇。提出审计建议45条，提交审计信息81篇，被署各类信息采用81篇，被批示62篇。西安办与重庆办、成都办联合实施的国家烟草专卖局（中国烟草总公司）局长任期经济责任审计项目获得审计署优秀审计项目，西安办独立实施的中国银行河北分行审计项目获得审计署表彰审计项目。成功创建全国文明单位。

财政审计 在安徽省财政大格局审计中，密切关注财政资金、公共资金的分配、管理、使用情况，综合分析经济效益、社会效益和环境效益。揭露某市原党政主要领导盲目招商引资、违规批准提供财政性资金支持造成巨额损失，某市融资平台公司违规开展高风险金融衍生品交易形成财政性资金损失以及某市挪用中央及省级滁河治理资金用于城市综合治理拆迁补偿而影响防洪安全等一批重大违法违规问题。在陕西省财政存量资金审计中，在准确反映存量资金规模结构的基础上，深入分析形成原因，揭示存量资金管理中存在的突出问题，提出清理盘活财政存量资金、提高财政绩效的审计建议。在陕西省彩票资金审计中，重点加强对公共资金闲置浪费、违规使用、建设楼堂馆所等方面问题的审计，促进厉行节约、规范管理、提高效益。

稳增长等政策措施落实情况跟踪审计 在安徽省落实稳增长促改革调结构惠民生防风险政策措施落实情况跟踪审计中，紧盯安徽省承接中央22个方面60余项政策措施的具体部署、执行进度和实际效果，着力推动重大投资项目建设、资金落实、推进简政放权以及财税、金融、企业、外贸等稳增长政策落地生根。审计揭示和查处财政资金下达不及时、配套资金不到位，部分项目审批环节较多、进展较慢、工程完工率低等问题，分析原因并提出建议，切实推动中央重大决策部署的有效落实。坚持边审计边督促整改，推动各级政府和被审计单位整改问题20余个。

土地审计 在陕西省、安徽省土地出让收支和耕地保护情况审计中，按照“摸家底、揭问题、促发展”的总体思路，坚持“以问题案件线索为导向”，一手抓揭露和查处重大违法违纪问题和案件线索，一手抓体制机制制度问题，提高土地资金资源使用绩效，促进经济发展，维护粮食安全，取得明显成效。两个省累计共查出各类违法违规问题4700个，涉及土地出让资金、违法违规批地、征地等方面问题。

经济责任审计 在华电集团公司原法定代表人经济责任审计中，积极探索和实践扁平化审计项目组织方式，成立以办领导为核心的指挥部，直接指挥调控各审计小组。审计揭示违规批准下属企业逆程序收购民营企业多支付巨额资金、企业相关人员失职导致民营企业涉嫌骗取国有资产、国土部门违规操作致使民营企业非法获利等一批重大案件线索。在国家开发银行广东省分行资产负债损益和交通银行广东省分行经济责任审计中，充分发挥计算机审计的优势，通过大数据检索挖掘技术获取异常资金流动线索，多点深入查证，延伸北京、深圳等多地，揭示和发现某大型地下钱庄境内外联动非法洗钱的案件线索。

金融审计 在人民银行财务收支审计中，将人民银行财务收支、货币发行和印钞企业损益情况深度关联分析，加大对金融领域经济犯罪打击力度，赴上海等多地延伸调查，揭示某邮币市场27家空壳公司涉嫌洗钱和虚开巨额发票等重大违法问题线索。中央领导同志做出重要批示，有效地震慑和稳定了当地的金融市场秩序。从体制机制制度层面分析和反映县域经济连环担保、金融租赁业务风险、银行不良资产处置和担保公司违规经营等风险隐患，上报反映的地方政府发行非公开定向债务融资工具变相融资、增大偿债风险和公众投资风险的信息，对规范地方债券市场管理和地方政府融资活动发挥了积极作用。

农业与资源环保审计 在河南省矿产资源审计中，紧紧抓住矿产资源交易、重大投资决策和项目审批、国有资产和股权转让等关键环节，严查深挖违法违规问题线索，审计先后查出某勘探单位隐匿地质工作成果造成国有矿业权转让收益流失、某市级政府违规审批企业改制涉嫌造成巨额国有资产损失、某集团涉嫌利用内幕信息牟利和操纵股票等重大违法违规问题线索。

社会保障审计 在安徽省保障性安居工程审计中，查处某城建局私设“小金库”挪用财政资金理财创收用于福利性支出，移送安徽省监察厅查处。审计反映某市以招商引资为由，在土地管理中滥用职权，一方面行政不作为，对违法建设问题不制止、不查处，且存在重大火灾隐患，引发多起聚众上访事件；另一方面乱作为，在项目违法占地、超容积率建设等问题尚未处理的情况下即为开发商办理用地审批手续，导致少缴土地出让金、未完成保障房开工建设任务、非法销售保障性住房涉嫌合同诈骗，挪用拆迁补偿资金以及违规销售公租房等问题。

信息化建设 一是加大审计数据归集力度，推进西安办数据分中心建设，提升信息化建设的能力和水平。先后获取陕西、宁夏两省区多家单位的电子数据，为西安办数据资源建设和审计项目的大数据分析提供重要支撑和保障。二是执行计算机主审竞争机制，充分发挥数据分析团队的作用。积极开展计算机主审竞争工作，组建四人以上的数据分析团队，在审计项目中充分保障计算机审计力量，使计算机审计真正成为提高审计效率、扩大审计覆盖面，实现精确打击的审计手段。三是运用大数据分析技术，精准高效筛查问题线索。在土地审计中，充分利用计算机软件对所取得的地理空间数据、涉地项目数据进行多部门、多维度的比对分析，快速锁定重点延伸单位。在企业审计中搭建双操作系统平台服务器，建立关系型数据库与文档型数据库多维数学分析模型，实现跨平台大数据分析，为查处重大案件线索提供有力支撑。

队伍建设 以提高素质、优化结构、改进作风和增强团结为重点，强化领导班子思想、组织、纪律、作风和能力建设，提高领导班子的向心力和凝聚力。认真开展“作风改进年”和“能力提升年”活动，改作风、提能力，增强审计队伍的执行力和战斗力。根据工作和干部成长需要，适时开展处级干部选拔任用和轮岗交流工作，14名品格好、业绩优的中青年干部走上处级领导和非领导岗位，41名干部进行轮岗交流，强化能力作风与岗位责任科学匹配。积极推行实务导师制、实务专题培训以及制定科级以下干部晋升办法等措施，加大青年干部培养力度。狠抓党建和党风廉政建设，巩固提升群众路线教育实践活动成果，认真开展“回头看”活动，推动整改措施有效落实，建立健全长效机制。 （撰稿人：侯青杨）

【审计署驻兰州特派员办事处】 2014年，审计署驻兰州特派员办事处（以下简称兰州办）人员编制150人，在编133人。设有办公室、法规处、财政审计处、行政事业审计处、农业审计处、资源环保审计处、固定资产投资审计处、金融审计处、企业审计处、社会保障审计处、外资运用审计处、计算机审计处、人事教育处、机关党委。

领导成员

特 派 员：胡大华

副特派员：景东华　李伟光（—9月）

　　　　　钱夫中　赵旭东（9月—）

纪检组长：宋　民

副司级审计员：张新勇　王平凡（—4月）

　　　　　　　赵祥顺

审计成果 兰州办完成审计项目16个，查出问题金额2406.62亿元，其中违规金额183.56亿元、损失浪费金额28.26亿元、管理不规范金额2194.8亿元；审计处理处罚金额104.04亿元，其中应上缴财政21.23亿元、应归还原渠道资金9.41亿元、应调账处理金额72.88亿元、应缴纳其他资金0.52亿元；审计发现非金额计量问题477个；审计促进整改落实有关问题金额25.34亿元，其中增收节支0.42亿元、已调账处理金额24.92亿元；审计促进拨付资金到位1.75亿元。移送司法部门及相关单位案件线索18起。提出审计建议31条，提交审计信息73篇，被审计署采用71篇，被中办、国办采用及国家领导人批示137篇次。参与实施的中国石油天然气集团公司原法定代表人任期经济责任审计、西电东送工程建设运营管理情况审计（国家电网公司）、中国投资有限责任公司原法定代表人任期经济责任审计等3个审计项目被评为审计署优秀审计项目。

财政审计 通过开展某市财政收支审计和财政存量资金审计，查处和揭示地方政府性债务增长过快，县乡财政管理混乱、财力亏空严重，商业银行借道委托贷款提供融资蕴含较高风险等财政、金融领域存在的苗头性、倾向性问题，加强分析研究，提出对策建议，堵塞漏洞。某县2011年至2013年虚增财政收入8.47亿元的问题，被作为典型案例列入审计署2013年度审计工作报告。在某县农林水事务专项资金审计项目中共向公安机关移送违法案件线索3起，其中2起已被立案查处。密切关注财政、金融、投资等领域政策措施执行情况，深入分析研究，揭示农业保险保费补贴、保障性安居工程、工商登记制度改革、房地产市场调控等政策措施贯彻落实中存在的不适应、不衔接、不配套的问题，促进被审计单位建立健全规章制度27项，促进拨付资金到位1.75亿元。

金融审计 实施某政策性银行下属3家子公司的审计和国有商业银行新增贷款跟踪审计。在某政策性银行审计项目中，针对该行"投资、贷款、债券、租赁、证券化"协同融资业务超常规发展特点，重点揭示其绕开信贷监管变相为违规项目提供过渡性资金等问题。审计发现某行下属公司与某市新区共同成立的城市发展基金，将26.24亿元取得的国有建设用地，通过转让项目公司股权方式，以53.63亿元变相倒卖给民营房地产企业，基金管理团队通过跟投和收取管理费获取1.91亿元，部分领导干部涉嫌利益输送的问题线索；某证券公司高管利用职务之便操纵本公司在银行间市场的债券交易，非法获得巨额利益，涉嫌职务犯罪的问题线索。

资源环境审计 在某自治区矿产资源审计中，发现3家企业在未取得采矿许可证的情况下，累计非法开采煤炭，获取巨额非法收入；某地相关单位和企业违规征收、管理、使用巨额矿产资源相关资金；某市政府违规无偿将煤田转让给民营企业，造成巨额国有资产流失等问题。

社会保障审计 实施某计划单列市保障性安居工程审计。发现该市9名党员干部违规享受住房保障待遇、某市政府将本应用于保障性安居工程的企业债券用于财政支出等问题。审计报告出具后，审计组与该市相关部门保持沟通联系，及时督促有关部门落实审计发现问题的整改，截至10月底，审计已督促该市对纳入审计工作报告、审计结果报告和审计公告的问题整改91%以上，涉及项目35个、金额48252.70万元、住房5471套、土地67.64亩。主动协调该市纪委、公安局等部门，跟踪了解移送案件线索的立案查处情况和结果，截至12月5日，两起移送的案件线索均有了处理结果。

外资运用审计 在某铁路亚洲开发银行贷款项目审计中，重点关注各类超标准建设、超标准支出问题，查处重大项目建设过程中存在的安全和质量问题，注重从资金管理、财经纪律执行入手，查处项目建设中存在的损失浪费和违法犯罪问题，发现某弃碴场存在不按设计要求施工和管理、从而对周边环境和安全造成较大隐患，某施工单位无发票支出和假发票支出造成国家税收损失，某施工单位违法向不具备资质的个人和单位分包工程劳务，某市违规用铁路项目征地拆迁资金给财政供养人员和领导干部发放奖金补助等问题。

经济责任审计 在中国储备粮管理总公司和国家电网公司企业领导人经济责任审计中，将企业贯彻落实国家重大决策部署、健全现代企业制度、执行"三重一大"制度等作为审计重点，重点关注重大投资决策、重大物资采购和招标投标、证券交易、国有资产和股权转让、土地和矿产资源交易等关键环节，集中优势力量突破以权谋私、失职渎职、贪污受贿、内幕交易等重大案件线索，查出某公司因项目投资决策可行性研究不充分，造成巨额亏损等问题；发现某研究所所长等人私分国有资金和受贿等案件线索10起。查出的某公司总经理滥用职权低价处置国有资产等重大违法违纪案件线索以审计要情上报后，被国家领导人批示，有关部门立案查处。

土地审计 将来自兰州办及北京、甘肃两地审计机关的760余名审计人员混合编组、深度整合，紧紧围绕区域特点，集中分析研究，科学确定审计重点，灵活动态地调整人力资源布局，适时抽调业务骨干对重大问题攻坚突破。审计共查出领导干部滥用职权、玩忽职守、贪污受贿导致巨额国有权益损失的重大案件线索40起，涉及厅局级干部9人，处级干部24人。

信息化建设 以审计署统一组织的全国财政审计数据采集工作为契机，依托审计项目，加大多行业、多部门数据的归集整理。搭建审计数据综合管理平台，实现数据快速查询分析和数据集中管理。深化和创新计算机审计技术方法，提高精准打击能力，通过开展多行业、多部门数据综合比对分析，发现一批公职人员办企业、不符合条件人员骗取保障房、领导干部低价购房涉嫌贪污、违规协议出让和低价倒卖土地等重大案件线索。首次运用空间矢量数据分析、地理图斑对比等方法，发现非法占用耕地、虚报新增耕地面积等24个方面的疑点线索。

审计现场管理 在大型审计项目中，推行周例会和动态报送制度，及时掌握各组工作动态，适时调整工作重点，提高审计现场工作效率。抽调业务骨干成立分析研究小组，集思广益。针对重点单位和重点事项，集中力量，攻坚突破，精准打击，着力扩大审计成果。在审计项目资源整合中，积极探索审计组织管理新模式，坚持及早谋划、“因事择人”、动态调整的原则，全年实施办内资源整合5次，共计480人次。办领导在审计一线全程督导，异地审计天数平均达195天。采取矩阵式模式组织管理审计组，实现扁平化管理。

队伍建设 扎实开展干部人事档案专项审核工作，对全办干部的人事档案逐一审核，共完善各类材料203份，修改人力资源信息系统信息1066条。坚持全面、历史、客观地评价干部，防止简单唯票、唯分、唯年龄取人，在注重一贯表现的基础上，坚持业绩导向，推荐1名干部走上司局级岗位，公开选拔了10名处级干部。探寻实战中培养锻炼干部的新路径，全年共有30余名青年干部担任主审，10名青年干部获得审计师等专业资格，对21名青年干部开展审计实务导师指导。联合审计署培训中心开展为期3天半的案例教学“送教上门”活动，派出35人参加审计署举办的各类培训班，6人到署机关等单位交流或挂职锻炼，输送1人到审计署科研所博士后流动站深造学习，推荐1名业务骨干赴澳大利亚参加中长期业务培训。

党风廉政建设 对照教育实践活动整改实施方案抓好整改落实，巩固活动成果。完成整改任务27项；机关会风、文风明显改进，全年编发的行政公文比上年减少33%，特派员会议和党组会议比上年减少41%；干部作风进一步转变，责任意识和担当意识显著增强，全年审计业务工作强度平均达102.82%，最高达132.26%。全办干部涌现出一批先进典型，有2个审计组、4名审计人员的先进事迹入选审计署国土审计先进事迹汇编，1个党支部、1人分别获得甘肃省直机关工委先进党组织、优秀共产党员荣誉称号。加强组织建设，结合实际制定8个学习主题，深入学习习近平总书记系列重要讲话精神，切实做到学以致用；从严格执行和落实党的组织生活制度等7个方面，提出机关党建重点工作；在审计现场成立临时党支部35个，开展集体活动40余次；推荐1个党支部开展甘肃省省直机关规范化党支部建设活动。制定落实党风廉政建设主体责任实施办法等4项廉政管理制度，组织开展审计项目廉政检查和专项调研，将廉政学习纳入审前培训必学内容。开展“强化廉政风险意识，严格执行审计纪律”大讨论大排查活动，组织全办干部系统学习各项廉政规定，查找廉政风险点，提出整改措施。纪检组长和机关纪委认真履行职责，对重大事项全程监督，切实防范廉政风险。

（撰稿人：吴建卓）

【审计署驻长春特派员办事处】 2014年，审计署驻长春特派员办事处（以下简称长春办）编制110人，在编93人。设有办公室、法规处、财政审计处、行政事业与资源环保审计处、固定资产投资审计处、金融审计处、企业审计处、社会保障审计处、外资运用审计处、计算机审计处、人事教育处（机关党委）和机关后勤服务中心。

领导成员

特 派 员：马文辉（6月—）

副特派员：马文辉（—6月，主持工作）

张宣波

邓海仪（—4月）

王　波（4月—）

戴华虎（9月—）

纪检组长：赵　萍

正司级审计员：张炳功（7月—）

副司级审计员：周　矫（—9月）

王玉芳（9月—）

审计成果 长春办完成审计项目17个，查出主要问题金额12496332.35万元，其中违规金额

2322095.64万元、损失浪费金额679481.39万元、管理不规范金额9494755.32万元；损益（收支）不实451710.53万元；审计处理处罚金额500948.06万元，其中应上缴财政25906.08万元、应归还原渠道资金71690.15万元、应调账处理金额403351.83万元；审计发现非金额计量问题95个；审计促进整改落实有关问题资金134532.95万元，其中增收节支102002.43万元、已调账处理金额5530.52万元、审计促进拨付资金到位138000万元、审计后挽回（避免）损失3520.49万元。移送司法机关、纪检监察机关和有关部门处理事项32件。出具审计报告和专项审计调查报告17篇。提出审计建议33条，报送审计信息104篇，被批示、采用106篇（其中2篇为上年报送本年采用）。获得第四届“全国文明单位”荣誉称号；牵头实施的中国冶金科工集团有限公司原法定代表人经济责任审计被评为审计署优秀审计项目，独立实施的吉林省2012年安居工程跟踪审计、吉林省2012年财政收支审计被评为审计署表彰审计项目；长春市本级政府性债务审计组和吉林省本级政府性债务审计组获审计署公务员集体三等功和嘉奖，3人分获公务员个人三等功或嘉奖；长春办及部分同志先后被吉林省相关单位授予“吉林省机关档案示范级单位”“2013年‘建功十二五’主题实践活动突出业绩奖”“吉林省直机关2013年度党的工作目标管理责任制先进单位”“服务型机关建设成效显著单位”“吉林省社会主义新农村建设先进个人”“2013年吉林省共青团工作基层先进个人”等荣誉称号。

稳增长等政策措施落实情况跟踪审计 在某省稳增长促改革调结构惠民生防风险政策措施落实情况跟踪审计中，查出铁路、城建等重大建设项目进展缓慢等20个方面90个问题，得到该省省长的高度重视，责成省政府一名副秘书长专题协调督办整改工作，并将审计发现问题的整改列入省政府重点督办事项；该省常务副省长也批示要求以“提高认识、摸清情况、明确责任、限期整改”为原则，逐项整改审计发现的问题，陆续出台多项制度，发挥审计保障作用，促进政令畅通。

财政审计 在某省财政存量资金审计中，在摸清省本级及抽审市县财政存量资金规模结构的基础上，提出分类盘活存量资金、完善制度规定等审计建议，促进提高财政资金使用绩效；在某市本级政府性债务审计中注重对债务负担状况的汇总分析，发现风险管控仍需加强等一系列问题，得到中办、国办和中央领导的重要批示；审计反映有关问题得到该市人民政府的高度重视，相关部门依据审计建议研究制定政府性债务管理办法。在某市财政收支和“农林水事务”科目资金审计中，关注企业申请中央财政贴息资金真实性和农业保险保费补贴政策实施效果，发现的相关问题被审计署审计要情等采用，审计中共移送案件线索7件，涉案2人被追究刑事责任，12人受到党纪政纪处理，2人退还违规所得。

经济责任审计 在国有企业原法定代表人经济责任审计中，审计组抓住领导干部权力运行和责任落实两项重点内容，客观评价领导干部的经济责任和履职情况，审计发现的8件案件线索被移送相关部门处理。在某金融机构原法定代表人经济责任审计中，突出对重点部门、重点资金、重点环节和重点项目的审计，发现的案件线索被移送相关部门处理。

金融审计 在某金融类公司财务收支审计项目中，审计组紧紧围绕公司特许经营特点，关注热点敏感问题，加大对重大违法违规问题查处力度。在某银行省分行2013年资产负债损益审计中，审计组积极关注金融机构资产质量、中小企业融资门槛和融资成本、新增棚户区改造贷款等内容。

农业与资源环保审计 注重通过揭示违规审批、溢价收购、低价出让转让、国有权益受损或个人不当获利问题，打击国有资源领域存在的以权谋私、失职渎职、内幕交易腐败等违法行为，促进规范管理，维护国有权益。在土地出让收支和耕地保护情况审计中，审计组坚持“摸底数，揭问题，促发展”的工作思路，重点发现和揭露被审计省市土地领域重大违法违纪问题和案件线索；在某省矿产资源审计中，紧盯矿业权出让、转让及矿产资源整合等问题多发环节，查出某厅领导滥用职权等问题。

社会保障审计 在医药经销行业涉税审计中，审计人员利用信息化技术，研究形成“利用计算机筛查线索、到税务部门外围取证、在企业内部重点突破”的一套行之有效、成熟的技术方法，最终发现5个医药经销企业大量偷逃税款问题，得到署领导高度关注，已有3个问题被审计署以审计要情形式报出，公安部、国家税务总局等部门据此成立2个专案组，逮捕、刑拘涉案人员26人，其中山东某公司涉嫌虚开用于抵扣税款发票案被通报为山东省打击发票违法犯罪活动的十大典型案例之一。在某地区2013年城镇保障性安居工程跟踪审计中，积极关注保障性安居工程财政补助资金使用效益等情况。

外资运用审计 在某鉴证项目审计中，审计组以中国法律和国际惯例为审计标准，严格按照国家审计制度和国际审计准则开展审计，在对被审计单位财务报表进行审计的抽调工程技术专业人员对项目执行、工程质量、土地征用等重点事项进行审计，揭示反映项目建设中部分质量安全问题控制不力等问题或案件线索。

信息化建设 研究开发“国税行业信息系统——审计数据规划接口程序”，提高被审计单位信息系统与符合审计数据规划的行业数据库接口转换效率。建立数据资源利用网站，加强审计数据资源管理。利用财政供养人口数据、粮食补贴信息系统数据等进行横向加纵向的多维分析，开展地理信息系统数据分析工作，发现农业保险骗保和虚增耕地问题线索，相关经验总结材料在审计署转发。

质量管理 研究制定审计取证工作指引、贯彻审计组若干重要事项操作指引实施意见，明确审计证据取证要求，规范审计人员工作行为；研究制定规范审计移送工作意见、加强审计整改落实工作意见，保障审计工作切实发挥效果；研究制定审理会议暂行办法，建立“大案要案线索突破”和“机制体制研究”专家组成员讨论机制，有效解决业务处室与法规部门意见分歧，确保审计工作质量。

队伍建设 强化办领导班子理论学习和政治教育，坚持重大问题事项共同决策、集体讨论，着力打造团结和谐、富有战斗力的领导班子。修订完善处室年度工作考核办法和公务员量化考核办法，研究制定公务员季度表扬办法，进一步完善干部队伍培养考核机制。加大干部选拔、轮岗力度，优化处室人员结构，提升各处室整体战斗水平。加强教育培训，并积极选派青年干部到署机关等交流学习和挂职锻炼，促进提升业务能力。

内部管理 严格规范管理，修订完善审计业务、机关管理、人事教育等方面规章制度，增强制度的操作性和实用性，通过督查督办等，严格制度执行。创新“大兵团”作战环境下审计管理模式，制定多处室联合参审项目考核办法，明确考核打破处室界限，以审计项目为基础所有参审处室共享项目成果。研究制定办保密管理工作操作规程，将“审计项目保密管理”内容纳入规范性制度，并严格规范保密管理，强化督促检查，推进保密风险防控全覆盖。加强档案工作管理，将办内原17项档案制度清理整合为1项档案工作管理制度，实现以一份制度指导各类档案工作。

党风廉政建设 严格贯彻落实中央八项规定和国务院“约法三章”要求，深入开展“骄娇”二气、懈怠情绪和不健康竞争意识“三项治理”。采取“班子成员带头整改、整体推进分类整改、强化督导动态整改”的立体式做法狠抓群众路线教育实践活动整改落实，全面巩固活动成果。加强惩防体系建设，注重发挥驻办纪检组长作用，强化审计项目廉政检查（回访），实现廉政检查全覆盖，全年未发生违反廉政纪律和失泄密问题。强化人文关怀，帮助干部职工解决实际困难，切实做到严暖结合。（撰稿人：张艳杰）

【审计署驻重庆特派员办事处】 2014年，审计署驻重庆特派员办事处（以下简称重庆办）人员编制110人，在编86人。设有办公室、法规处、财政审计处、行政事业与资源环保审计处、固定资产投资审计处、金融审计处、企业审计处、社会保障审计处、外资运用审计处、计算机审计处、人事教育处（机关党委）。

领导成员

特 派 员：尹树伟
副特派员：漆江梅（—9月）
　　　　　王端述（—9月）
　　　　　王　斌（9月—）
　　　　　籍吉生（9月—）
纪检组长：陈顺华（—9月）
　　　　　杨恒田（9月—）
副司级审计员：代　斌（挂职新疆）

赵田录（9月—）

审计成果 重庆办共实施完成12个项目（含跨年度项目），审计查出主要问题金额830324万元，其中违规金额204069万元、管理不规范金额626255万元；应归还原渠道资金178436万元，应调账处理金额1558万元，已归还原渠道资金328216万元，已调账处理金额1685675万元；审计促进拨付资金到位7739万元。审计发现并上报重大违法违纪案件线索50件。提交审计信息等材料被审计署采用95篇，其中重要信息73篇，相关工作经验做法被审计工作通讯采用6篇。烟草企业经济责任审计、西电东送工程审计被评为审计署优秀项目。

财政审计 在地方财政收支审计中，着眼于财政体制运行、经济运行风险、资金使用、民生政策制定与执行等重点内容，创新采取"方案切块、交叉互补"的组织方式，重点揭示虚列农业等法定支出、给予竞争型企业财政补贴、违规向招商引资企业返还税收等财政支出结构方面存在的突出问题，积极推动审计整改。

在财政存量资金审计中，全面掌握地方政府的存量资金规模、结构，揭示相关单位将非税收入滞留在财政专户未及时缴入国库等问题；利用财政预算指标和部门决算数据，清理市财政结转超过一年的公共预算资金、未及时分配下达的年初代编预算及预算单位结转超过两年的资金，提出完善财政管理、建立长效机制、盘活存量资金、提高财政资金使用效益的建议。

在稳增长等政策措施落实跟踪审计中，将"突出重点、揭示问题、分析原因、督促整改"作为目标任务，通过一线座谈、发放调查表、提出审计需求要点提纲、抽查上报总结材料等方式了解情况，创新方法，提高效率。对中央重大经济政策措施落实情况，取消和下放行政审批权限等工作中存在的11个方面、28类主要问题进行关注，督促有关单位及时整改。

金融审计 "一行三会"审计中，关注财务收支和预算执行等常规问题的同时，充分利用取得的资源，加强分析研究，重点对有关地区钢贸行业风险、融资咨询费等当地金融领域出现的新情况、新问题进行审计调查。审计中积极关注政府融资平台举债方式的新变化，反映的"地方政府融资平台利用非公开定向融资工具融资偿还贷款应予关注的几个问题"被审计署重要信息采用。

资源环境审计 在矿产资源审计中，积极探索业务覆盖、平台搭建、数据分析、系统审计相结合的"四位一体"矿产资源审计信息化新模式，加大计算机审计力度，全面了解矿产资源管理核心业务，突出矿产资源审计重点，对矿产资源管理信息系统存在的风险进行揭示。结合地勘单位经济效益好及多元化投资涉及行业多的主要特点，重点检查地勘单位及金融机构违反国家有关房地产宏观调控政策的情况，揭示数起涉及领导干部贪污受贿、失职渎职等重大违法违纪案件线索，移送有关纪检监察和公安部门立案查处。

在土地审计中，与地方审计机关密切协作，打破行政界限，整合各类资源，根据专业特长混合编组，针对土地管理体制，采取"1+5+1"组织模式，取得良好效果。多次召开工作协调会，完善信息沟通、资料共享渠道。根据土地管理特点，审计组采取按业务板块统一组织实施的模式，突出问题导向，有效发挥板块业务指导功能，确保选取审计区县内容全覆盖，有效提升工作效率。将填报责任落实到每张表、每列次，严把数据质量关，制定表格数据取证要求，使数据有来源、可核实。采取板块与条线相结合、数据利用与文件资料分析相结合，摸清底数，把握总体；将查处重大问题作为主要目标和关键，将查处违法违纪案件线索作为工作重心。成立地理信息数据分析组，构建电子数据综合查询平台，多维度开展数据综合利用和分析，及时将分析出的疑点线索下发核查，并根据反馈修正分析模型，力求精确打击，提升审计深度和效率。审计揭示土地出让收支不真实等主要问题，并提出有针对性的审计建议。

社会保障审计 在城镇保障安居工程审计项目中，以保障性住房资金筹集、管理和使用情况为主线，以目标任务分解完成、工程质量管理、保障性住房分配运行为重点，通过充分采集分析廉租、公租、产权、公积金、工商、财政供养人员等电子数据，对地产企业非法销售、项目非法占地、手续不齐即开工建设等问题进行揭示，并提出针对性审计建议，督促地方政府及部门单位积极整改。

在彩票资金审计中，围绕“查问题、抓案件”，紧盯权力，“查项目、追资金”，确定审计重点，坚持上下联动，加强横向沟通，及时捕捉具有普遍性、典型性的问题，加大对中央公益金支持项目等重点事项的审计力度，共发现各类违规问题34个。

外资运用审计 在亚洲开发银行贷款新建大型工程审计中，坚持采取“内部、点面、上下”的“三个结合”的现场管理模式，重点加强对外资利用的绩效审计，结合工程建设款和外资采购设备的情况，从设备采购招投标和施工建设等多环节入手，发现施工企业少交履约保证金、为地方政府垫付工程款以及设备采购概算过于粗放的问题，并从体制、机制和制度层面分析原因，提出进一步提升外资利用水平和管理质量的审计建议。

经济责任审计 在党政领导干部经济责任审计中，采取“综合＋业务＋数据”的“1＋7＋1”模式，人员调配高度融合，上下联动提升效率；从梳理领导干部任期内重大决策事项入手，抓住源头、围绕权力、紧扣责任；组建数据分析团队，多角度多方式、跨领域跨行业开展交叉比对、综合分析；建立多层次沟通平台，统一要求、提示重点、协同步调。该项目得到副审计长陈尘肇的重要批示，在思路、成果和计算机审计等方面获得副审计长袁野的充分肯定。审计揭示有关领导干部贯彻执行中央方针政策和决策部署不到位等10个方面36类问题，督促其依法履职尽责。

大要案查处 办领导深入一线跟进蹲点，与审计组共同分析线索、锁定目标；引导审计人员学习掌握对审计证据的获取研判技巧，快速发现疑点、明确思路、把握方向、实现突破；法制审理部门驻点在审计现场，从严把关移送线索质量、从严掌控移送口径；依托会商协作机制，优势互补、密切配合，确保案件移送后能立案、被查处，并及时跟进和掌握案件查处情况，先后上报案件线索50余起。移送已办结的某镇原党委书记、镇长受贿案等6起违法违纪案件被审计署公告。

审计整改 坚持对审计发现问题处理和审计建议采纳情况进行跟踪反馈，不断健全和完善整改督办机制，全方位推动审计整改落实。进一步完善审计结果跟踪情况管理办法，有效发挥《审计整改情况台账》《审计建议采纳情况台账》和《审计移交事项处理情况台账》作用，全年共提出审计建议77条，被省级政府、国务院部委和有关部门采纳74条，促进被审计单位建立健全规章制度10项。

信息化建设 探索创新，在矿产资源审计中试行的“四位一体”信息化审计新模式取得较好成效，报送的烟草行业信息系统审计案例被审计署提升查办案件能力研讨班采用并做案例教学。搭建平台，采集和分析多方电子数据，在经济责任审计等项目中积极探索以数据集中分析为龙头的审计模式，向审计署上报计算机审计专题报告，得到署领导肯定。在土地审计项目中积极探索异构图像数据的转换和标准化处理，深入开展图像叠加对比分析，锁定重点，提升效率。推进理论研究，初步完成社会保险审计知识和资源库建设课题研究任务，对审计项目质量控制及其信息化实现路径研究课题进行总结并向审计署提交课题验收申请。

质量管理 坚持把“六五”普法与审计实践相结合，引导审计人员严格执行审计法、审计法实施条例、国家审计准则等法律法规，自觉按照法定的审计职责、程序、方式、标准开展审计。通过“五结合”（“一线、交叉、分级、跟踪、集中”）审理方式，采取以清单形式确定审理意见、案件线索进度管理、健全案件线索台账等办法，确保报告标准统一、信息质量过硬。突出质量标准化控制，采取完善制度、更新模版、举办讲座、定期通报等方式，努力实现质量控制标准化、规范化。细化审计结果跟踪管理，梳理犯罪要件、立案标准，形成审理要点，严把案件移送质量关；加强与纪检、检察等部门协作，定期跟进，力求“有查处、有反馈”；充分利用问题整改、建议采纳“两个台账”，细化跟踪问效。

队伍建设 修订完善《关于进一步加强青年工作的实施意见》等制度，勾画蓝图，明确方向；全年安排36人次参加计算机中级等各类培训，安排8名干部到署机关、国有企业及地方政府部门交流，开阔视野，邀请审计署培训中心专家学者做专题辅导讲座；深度推进案例教学，由特派办领导亲自设计和主持全特派办性案例教学活动，全部审计项目都开展案例教学，加强全特派办案例教学库建设；提供平台，加压驱动，安排不同层次的青年干部担任项目负责人、主审、小组长，对年轻干部和业务骨干采取针对性的培养措施；严格落实“四会”制度，办处领导“手把手”地给青年干部讲思路、教方法、传技巧；出台具体措施，开展定期跟踪调查和双向成效评价，将“双实务导师制”抓地落实。申报高级审计师的3名干部全部通过评审，10名优秀青年干部通过竞争上岗走上司、处级领导岗位，2人通过审计署计算机审计中级考试，8个处室创建或保持重庆市“青年文明号”，企业审计处被人力资源和社会保障部、审计署评为2014年全国审计机关先进集体。

相关工作 深入开展思想政治工作，开展专题调研，依托“结对子”“办领导接待日”等形式，办领导经常与干部职工谈心交心，全面分析掌握其思想动态，有针对性地帮助其纾解心理压力。坚持开展“送温暖”活动。不断改进后勤保障工作，切实解决职工困难。全年办领导共看望、慰问职工及其家属30人次。热心支持公益事业。开展社区市民学校共建、关爱农村留守儿童和社区贫困居民献爱心捐助活动，组织参与审计署机关团委“积分圆梦·微公益”捐助活动。积极开展工会文体活动，以兴趣小组活动为依托，组织开展“丽人节”健康知识讲座、中秋节单身职工座谈会等6次集体文体活动，推动和谐特派办建设。

（撰稿人：赵 拓）

地方审计机关

北京市

【北京市审计局】　2014年，北京市审计局共有干部职工595人。设有办公室、行财处、综合处、研究室、法制处、人事处、机关党委、离退休干部处、机关工会、监察处（派驻）、审理处、内部审计指导处、经济责任审计办公室（分局）、经济责任审计一处、经济责任审计二处、财政审计处（分局）、行政事业审计处（分局）、农业与资源环保审计处（分局）、固定资产投资审计一处（分局）、固定资产投资审计二处（分局）、经贸审计处（分局）、社会保障审计处（分局）、金融审计处、第一派出局、第二派出局、第三派出局、第四派出局、第五派出局、第六派出局、第七派出局、第八派出局、第九派出局、第十派出局、宣传教育中心、审计项目绩效考评中心、计算机中心、机关服务中心、审计干部培训中心。

领导成员

局　　长：吴素芳

副 局 长：张祝华　徐　涓　李拥军

　　　　　闫福跃　郭　彤

总审计师：张　秋

纪检组长：徐纪铭

巡 视 员：张海坤（—4月）

副巡视员：马连生（—4月）

　　　　　郑善民　石　铝

审计成果　北京市审计机关共审计单位784个，查出违规金额13.03亿元，为国家增收节支20.05亿元，提出审计建议2691条，提交审计报告和信息1379篇，在服务改革、服务发展、服务民生等方面发挥积极作用。

审计视野延伸至政策落实、国有资产及自然资源利用领域。审计项目数量不断增加，市级部门预算执行审计数保持在40家以上，达到五年轮查一遍的要求，区县预算执行审计覆盖面首次超过20%。审计监督向纵深发展，更加注重从体制机制层面提出建议，促进被审计单位完善制度77项。首次将“四本预算”全部纳入审计监督范围，对市区两级财政存量进行摸底，促进预算管理和政府绩效管理。

稳增长等政策措施落实情况跟踪审计　落实国务院统一部署，配合审计署，对全市稳增长促改革调结构惠民生防风险政策措施的落实情况进行跟踪审计，涉及棚户区改造、基础设施建设、文化创意、生态保护等19个方面重点任务。组织审计14个区县的政策措施落实情况，协助审计署兰州特派办完成市本级和朝阳、海淀2个区县的政策措施跟踪审计。落实全市重大战略部署，加强对财政、税收、投资、产业等领域重大改革政策落实情况的跟踪审计，重点关注政府性债务风险控制、科技文化体制改革、政府职能转变等重点任务的落实情况；重点关注重大项目、简政放权、资金保障及优惠政策落实等方面的困难和问题；在各项审计中关注中央八项规定、国务院“约法三章”和北京市实施意见的落实，加强对“三公”经费、楼堂馆所清理情况的专项检查，促进厉行节约和规范管理。

财政审计　加强全口径预算监督，首次将一般公共预算、国有资本经营预算、政府性基金预算和社保基金预算的编制和执行纳入审计，全面审计各项预算收支情况，揭示预算收入、支出的问题金额分别为73.8亿元和79.5亿元；对盘活存量资金、政府性债务、非经营性资产管理等情况进行审计，推动完善相关制度，促进资金规范高效使用。

经济责任审计　全市审计机关对268名处级以上领导干部进行经济责任审计，以规范化为重点，推动经济责任审计制度建设、审计方式和领域拓展三方面工作。加强制度体系建设，推动市委、市政府两办出台区县局级领导干部离任经济事项交接办法，推动出台加强经济责任审计指导意见、局级干部经济责任审计项目计划管理、审计整改监督等制度。创新审计模式，加强经济责任审计与部门预算执行和决算草案审计的结合，首次开展区委书记、区长、区法院院长和检察院检察长任期经济责任“1拖4”同步审计。在领域拓展上取得新突破，探索推进领导干部自然资源资产离任审计，理论研究与试点审计同步推进，研究建立工作制度、协调机制，在丰台、延庆2个区县开展试点审计，积累经验。

专项资金审计 加大对保障性安居工程、养老专项资金，教育医疗等重点民生资金和项目的审计力度，完成对2批共计30个交钥匙援疆项目工程结算审计，对商品住宅价格、文化创新资金、微循环改造、轨道交通建设等进行审计，开展平原造林、节能减排、城市污水管网管理等专项审计，重点关注惠民实事、结构调整、“城市病”治理等落实情况。积极配合审计署兰州特派办，抽调全市市区两级审计机关350名审计骨干，参与北京市土地出让收支和耕地保护情况审计项目，对北京2008年至2013年的土地管理情况进行审计。通过审计，系统分析全面深化改革背景下北京市土地资源领域改革发展情况、问题和建议，将审计的触角延伸至国有资源管理利用的领域。联合津冀开展空气治理政策执行审计研究，探索京津冀审计联动机制。实施亚太经合组织会议中心建设情况跟踪审计，为重大服务保障任务顺利开展保驾护航。

相关工作 研究制定全市落实十八届四中全会精神和国务院加强审计工作意见的具体制度，加强对内部审计工作的指导，研究经济责任审计轮审制度等，建立完善各业务领域审计专家库。依托政府依法行政、绩效管理等平台，以考核促进各部门、区县政府自觉接受审计监督，依法规范履职。

结合全国审计项目，统筹市区审计力量；搭建审计数据分析平台，加快财政、社保基金、住房公积金等专业审计数据库建设；开展审计法制宣传，探索新闻发言人微博等审计信息公开方式，发布信息千余篇、审计结果公告200余篇；落实教育实践活动整改措施，落实党风廉政建设主体责任，加强审计队伍能力建设。

深入贯彻落实《中华人民共和国政府信息公开条例》《北京市政府信息公开规定》精神和市委市政府关于政务公开工作的有关要求，按照《2014年北京市政务公开工作要点》，结合当前审计工作特点，树立正确的政务公开观念，不断提升政务公开和政务服务水平。2014年全局公开部门预决算、“三公”经费、部门审计结果等信息1000余篇，发布审计结果公告43篇。收到依申请公开信息3件，已全部按规定流程按时做出书面答复。

加强重点工作的督办力度，督促办理市政府折子工程5件、八项规定任务4件、市政府群众路线具体整改任务1件、中长期整改任务1件。全年办理领导批示专项督办任务41件，完成目标责任制的编制工作，并进行督办。以绩效管理考评作为载体，把督查工作的着力点放在绩效管理考评及对各项任务目标的全程跟踪督查上，全年多次召开专题会议研究落实市政府绩效管理工作，共办理市政府绩效平台文件35件，上报绩效管理材料14件；办理市政府督办事项17项。

（撰稿人：李旭东）

【东城区审计局】 2014年，东城区审计局人员编制79人，在编76人。局长许健（4月—），副局长刘伟贤、侯万军、曹路军（—12月）、刘立新，纪检组长李辉良。设有办公室、人事科、监察科、综合科、复核法制科、信息管理办公室、内部审计指导科、固定资产投资审计科、经贸审计科、行政事业审计科、财政审计科、街道财政审计科、社保环保审计科、经济责任审计科和一个全额拨款事业单位。

审计成果 东城区审计局全年共计完成审计项目31个，查出问题金额735451万元，其中违规金额646万元、管理不规范金额734805万元。应上缴财政221万元，审计发现非金额计量问题52个，移送处理事项4件，涉及424万元。出具审计报告和专项审计调查报告34篇，被采纳审计建议70条，被审计单位制定整改措施55项，促进建立健全规章制度7项；提交审计信息123条，被采用审计信息54条。向社会公告审计结果15

篇。参与审计署和北京市审计局组织的全国土地出让收支和耕地保护情况、城镇保障性安居工程、稳增长促改革调结构惠民生防风险政策落实情况等相关审计工作。由信息管理办公室和业务人员共同撰写的计算机审计案例在北京市审计局2014年度计算机审计评审中获得应用奖。

预算执行审计 完成预算执行审计项目16个，审计查出问题金额723292万元。在审查部门预算编制的科学性、完整性、合理性和预算执行的真实性、合规性与有效性的同时，重点关注中央八项规定和《党政机关厉行节约反对浪费条例》等规定的贯彻落实情况。组织66个区级部门单位开展自查自纠，并对自查情况进行督导，实现不留盲区、死角的目标。制定出台《关于加强2013年度预算执行审计结果整改落实工作的意见》，使审计结果整改工作进一步规范。

经济责任审计 接受区委组织部的委托完成4名处级领导干部和1名国有企业领导人的经济责任审计，审计查出问题金额4996万元。成立由区长任组长的东城区经济责任审计工作领导小组，在全区形成“领导小组领导决策、联席会议组织协调、成员单位配合工作、专职部门督查落实”的工作格局，以授课的形式加强对经济责任审计工作的宣传。

固定资产投资审计 完成政府投资项目审计4个。其中包括对钟鼓楼广场恢复整治项目征收补偿资金、东城区2012年至2013年煤改电项目、东城区老旧小区综合整治工程跟踪项目进行审计，对北京天街集团有限公司承担的东城区前门大街及东片保护整治项目土地开发成本进行补充审计，审计查出问题金额2937万元。参与《东城区环境建设政府投资非基本建设项目管理暂行规定》的制定工作；对地铁6、8号线拆迁结算，14号线居民拆迁资金等重点工程开展审计监督；参与陈独秀故居等多个征收、腾退工程项目政策制定和工程资金的审计监督。

专项资金审计 完成专项审计调查6个。其中包括对东城区17个街道办事处债权债务情况、东城区财政局2010年12月至2013年6月金财工程相关资金管理使用情况、东城区2011—2012年文化创意产业发展专项资金绩效情况、东城区教育系统办学设备升级更新购置经费管理和使用情况、东城区2012年度体育生活化社区工作经费分配使用和管理情况、东城区社区卫生服务机构管理运行情况等专项审计调查。审计查出问题金额4226万元。通过开展专项资金审计，揭示政策落实、资金分配、管理和使用效益等方面存在的问题，为区委区政府推动社会事业发展提供决策参考。

信息化建设 开展了京OA（审计管理系统区县版）升级改造后的应用工作，制定系统应用的管理制度和操作指南，实现京OA与署AO（现场审计实施系统）现场系统的数据交互功能，全局所有审计项目全部应用京OA系统开展审计。争取区财政局的配合和支持，稳步推进“智慧东城”数字化审计平台建设。

内部审计 对全区内部审计单位贯彻落实《进一步加强内部审计工作的意见》的情况进行摸底调查，为内部审计工作的有序开展提供制度保障。强化内部审计工作指导，搭建交流沟通平台。分两期对全区260多名内部审计人员开展后续教育和岗位培训，促进内部审计工作质量和工作水平的提升。（撰稿人：肖雅莉）

【西城区审计局】 2014年，西城区审计局人员编制71人，在编69人。局长佟丽萍，副局长耿兵、周春青（6月—）、张博威、朱岩，纪检组长李玉萍。设有人事科、监察科、离退干部科、内审指导科、行政事业审计科、社保经贸审计科、办公室、财政金融审计科、法制审理科、综合科、固定资产投资审计科、城市建设管理审计科、科教文体审计科、功能街区审计科、经济责任审计科。

审计成果 西城区审计局完成审计项目25个，查处违规金额5866.79万元、管理不规范金额433734.80万元，应上缴财政、核减工程造价6729.07万元。提出建议70条，被审计单位采纳70条。提交审计信息3篇，被采用3篇次。

财政审计 按照审计工作计划，完成14个预算执行审计项目。加强对重点部门、重点资金和重点项目的延伸审计，特别是对重点民生项目的资金使用情况和实施效果进行审计评价，从政策和制度层面查找原因提出建议，促进政府相关政策的有效实施和民生项目的有效落实。6月，在向区人大常委会提交的2013年度预算执行和其他财政收支情况的审计工作报告中首次对存在问题单位进行点名。代表们认为审计部门依法加大审计力度，不断拓展审计范围，突出审计重点，注重从体制、机制和制度上查找问题，在规范管理、促进改革、防范财政风险等方面发挥了重要作用。

固定资产投资审计 围绕政府关注、百姓关心的道路建设、校舍加固、保障性住房建设、土地一级开发成本的审核等重点投资建设领域，加大监管力度，发挥审计监督和服务作用，确保项目规范管理、成本真实可靠，切实发挥政府投资的最大效益。在保障性住房工程建设项目中注重全程动态跟踪，重点关注保障性安置房的项目规划、工程质量、安置过程、配套设施等方面的绩效情况。严控项目投资程序，重在预防，坚持建设项目造价审计与建设程序履行审计相结合、跟踪调查与决算审计相结合的工作方法，抓住重点项目、重要环节、重点内容。

经济责任审计 受区委组织部委托，开展15个经济责任审计项目，查出违规和管理不规范金额28610.2万元，处罚10万元。建立联合进点、审中沟通、审计情况反馈、跟踪督查等一条龙的工作方式，确保经济责任审计的严肃性。对发现的违纪违规问题，及时通报区委组织部，并按照法律程序移交区纪委；对审计中发现的普遍性、典型性问题，及时向区财政局、区国资委、区人力社保局等相关部门进行通报，强化经济责任审计的结果运用。根据《北京市关于进一步加强本市经济责任审计工作指导意见》的要求，2014年末成立西城区经济责任审计工作领导小组，由区长任组长，区纪委书记、区委组织部部长和常务副区长担任副组长，成员单位由区纪委、区委组织部、区监察局等10个单位组成。经济责任审计工作领导小组的成立标志着西城区将经济责任审计工作融入区域经济发展大局，进一步推动经济责任审计在完善全区各项治理中发挥积极的作用。

内部审计 依靠全区内部审计机构和内部审计人员，转变工作理念，增强审计免疫功能，坚持“管理、服务、宣传、培训、交流、咨询”工作目标要求，尝试促进内部审计工作转型和创新的新路，不断提升审计工作水平，有效促进和加强全区的内部审计工作。积极推行以制度为基础，以创新为手段，以效率为目标的财务内部审计保障体系，在科学决策、健全机制、防范风险，为保障全区经济社会又好又快发展方面取得效果。全区内部审计机构全年共完成审计项目515个，审计资金总额21986388万元。通过审计，查出损失浪费金额44万元；发现大案要案线索1件；增加效益89万元；审计建议被采纳664条；财务决算审签36个。组织开展八次审计业务培训，内容涵盖审计理论和实际操作，结合新形势下审计工作的特点，有针对性地学习内部风险控制等方面的内容。

（撰稿人：宋　楠）

【朝阳区审计局】 2014年，朝阳区审计局人员编制67人，在编67人。局长刘野，副局长苗洪、文晓辉、杜云超、付秀莲，总审计师孙颖，纪检组长张福祥（2月—）。设有办公室（监察科）、综合科（法制科）、信息化办公室、财政金融审计科、行政事业审计科、经济责任审计科、固定资产投资审计一科、固定资产投资审计二科、经贸审计科；下设审计指导中心。

审计成果 朝阳区审计局完成审计项目47个，查出主要问题金额213387万元，其中违规金额13965万元、管理不规范金额199422万元；损益（收支）不实金额202万元；审计处理处罚金额14056万元，其中应上缴财政13965万元、应调账处理金额91万元；审计发现非金额计量问题137个；审计促进整改落实有关问题资金48255万元，其中增收节支41724万元、已调账处理金额91万元；审计后挽回（避免）损失6440万元。出具审计报告和专项审计调查报告102篇，被批示、采用49篇。提出审计建议157条，提交审计信息185篇，被批示、采用191篇。向社会公告审计结果27篇。

预算执行审计 在对区财政局组织2013年度本级预算执行和其他财政收支情况审计的基础上，对区教委、CBD管委会、工商联等16个单位进行部门预算执行审计，将中央八项规定及市区实施意见的贯彻执行情况纳入审计内容，查找“三公”经费、会议活动费支出方面存在的问题。6月26日，朝阳区第十五届人大常委会第十八次会议听取并审议通过朝阳区2013年度预算执行和其他财政收支审计工作报告，肯定审计部门在强化预算约束、提高资金使用效益和促进政策落实等方面发挥的作用。

经济责任审计 完成对13个单位19名领导干部的经济责任审计，重点强化领导干部履行经济职责促进地区经济或部门事业科学发展、重大经济事项决策执行、廉洁从政等方面内容。突出任中审计，加大党政同审、项目联审，其中任中审计比例达到45%，党政领导同步审计项目占到43%，预算执行审计同步实施项目占到57%；扩大对重要部门、重点岗位的监督覆盖面，全年共安排审计7个单位、10名主要领导干部，占年度计划的50%。研究被审计对象应负经济责任的界定范围和界定标准，出台《朝阳区领导干部经济责任审计责任界定的工作意见》。

固定资产投资审计 完成2010年农村雨洪利用、2010年道路和公园节水改造等12个项目的决算审计，促进建设单位规范项目建设和资金使用；对垂杨柳医院改扩建、东坝乡三岔河村拆迁等4个项目实施全过程跟踪审计；此外，对金盏金融服务园区、豆各庄乡、东坝边缘集团南区土地储备等5个项目开展土地一级开发成本审计。

绩效审计 完成对朝阳区养老服务机构运行情况的绩效审计调查，为朝阳区养老事业政策性引导、发挥社会力量参与解决养老问题提出可行性建议；完成对朝阳区北部水系水质改善工程的绩效审计，通过审计反映项目实施整体效果。

信息化建设 改进完善京OA系统7项功能，优化审计流程；推广运用研发的部门预算执行审计数据分析平台，并开发投资审计方法模型，提高一线工作效率；研究开发聘用社会中介机构管理的实用软件，对社会中介机构的管、用分离提供数据支持和服务，促进加强审计项目管理。

内部审计 走访重点单位23家，主动听取关于内部规范管理、审计问题整改等方面的意见建议，研究解决方案，发挥内部审计指导服务作用；召开由27家单位主管内部审计的领导和内部审计负责人共计51人参加的内部审计重点工作恳谈会；组织部分行政和企事业单位的278名内部审计人员参加北京市2014年内部审计岗位培训和考试，提升内部审计人员业务素质。

（撰稿人：贾晓博）

【丰台区审计局】 2014年，北京市丰台区审计局人员编制60人，在编56人。局长段德珍，副局长刘树东、刘月梅，总审计师郭凤芝。设有办公室、人事监察科、综合科、行政事业审计科、财政金融审计科、固定资产投资审计科、经济责任审计一科、经济责任审计二科、内部审计指导科、经贸社保审计科、农林环保审计科，下设园区审计办事处。

审计成果 丰台区审计机关完成审计项目30个，查出主要问题金额117015万元，其中管理不规范金额62790.04万元；审计处理处罚金额7941万元，其中应上缴财政2479万元、应归还原渠道资金183万元、应缴纳其他资金88万元、应调账处理金额5191万元；审计发现非金额计量问题68个；审计促进整改落实有关问题资金46283.96万元，其中增收节支36479.22万元、已调账处理金额5191万元；审计促进拨付资金到位3964.67万元；审计后挽回（避免）损失649.07万元。出具审计报告和专项审计调查报告61篇，被批示、采用6篇。提出审计建议111条，提交审计信息6篇。向社会公告审计结果7篇。丰台区民政局2012年度预算执行及决算草案审计项目获得审计署全国优秀审计项目地方表彰奖。

财政审计 加强对预算执行编制全口径、全过程的监督，完成区财政本级预算执行及其他财政收支审计以及区教委、区残联等7个部门的预算执行和决算草案情况审计。审计资金量涉及277.88亿元，查出管理不规范等问题金额10708.7万元。7月31日，丰台区第十五届人民代表大会常务委员会第十六次会议审议通过《丰台区2013年度本级预算执行和其他财政收支情况的审计工作报告》。

固定资产投资审计 围绕政府和群众关心的热点、焦点等重大政府投资项目，加大对南苑棚户区回迁房建设等重点项目审计监督力度。开展对南苑棚户区回迁房建设、区人防工程、校安工程等结算审计5个，审计资金量涉及6.9亿元。为进一步完善政府投资建设项目管理、规范中介机构对工程结算审计及跟踪审计内容，修订完善《丰台区审计局聘用审计中介机构暂行管理办法》，制定出台《丰台区审计监督计划协调机制》。

经济责任审计 围绕反腐倡廉建设和领导干

部“权力运行”中的“权力清单”使用情况，开展对14名领导干部经济责任审计。审计资金量涉及13.38亿元，查出管理不规范金额9346万元。审计突出监督权力运行和落实中央八项规定精神；创新经济责任审计方式，实行“开放互动式”审计谈话制度。促进政府出台《丰台区经济责任审计工作领导小组、联席会议议事规则》和《丰台区经济责任审计工作领导小组、联席会议办公室工作规则》。形成“领导小组集体决策、联席会议组织协调、成员单位配合工作、专职机构督查落实”的组织领导工作格局。

专项资金审计 完成对区教委、区人力资源和社会保障局等5个部门中涉及民生、具有社会影响的重点专项资金审计（调查）项目。审计资金量涉及5.46亿元，查出管理不规范金额8213万元。完成河西再生水厂和南苑棚户区改造征收等重点专项审计（调查）项目，审计资金量涉及5亿元，查出管理不规范金额34522.34万元。在专项资金审计（调查）中，紧紧围绕部门所承担的职能职责，重点从专项资金的使用效益性、效果性等方面评价项目执行效果，促进专项资金提质增效。

内部审计 结合依法行政打分和绩效考核工作，加大对全区内部审计单位的考核与培训。举办内部审计继续教育培训班2期，参训人员468人；采取“以会代培”的形式，组织全区内部审计单位召开网络组长会2期，参训人员123人；抓好内部审计工作理论研究和探讨，整理并上报内审信息45篇。编辑并向全区发行《丰台内审》刊物12期。

（撰稿人：刘　勇）

【石景山区审计局】 2014年，石景山区审计局人员编制公务员34人，事业人员10人，在编公务员30人，事业人员7人。局长王亚兰，副局长庞晨潮、王岚（—9月）、孙元林，纪检组长庞晨潮（兼）。设有办公室、审计综合科、行政事业审计科、财政金融审计科、经济贸易审计科、固定资产投资审计科、经济责任审计科、纪检监察科、石景山区审计指导中心、石景山区审计局经济责任审计中心。

审计成果 石景山区审计局共完成各类审计项目26个，审计查出主要问题金额56525万元；应调账处理金额1848万元；提出审计建议115条，被采纳95条。监督重点建设项目52个，阶段性审减工程造价3.75亿元；被市、区信息主管部门采用信息95篇次，18篇审计结果被区领导批示，1篇信息被审计署审计工作通讯采用，1篇信息被市政府《昨日市情》采用。先后抽调19人次，参加审计署、北京市审计局以及其他财经纪律检查，累计601个工作日。

预算执行审计 完成区级财政预算执行审计和12个部门的预算执行审计工作；完成市、区联动财政存量资金和转移支付资金审计调查工作。7月24日，代区政府做《石景山区2013年度预算执行和其他财政收支审计工作报告》，得到区人大高度评价。首次向社会公开12家区级部门预算执行审计结果。

固定资产投资审计 全年审计监督政府重点建设项目52个，投资概算总计约29.02亿元，其中当年审结9项，工程报审金额9.55亿元，审减金额1.67亿元，审减率17.5%；年末在审工程43个，工程报审金额19.5亿元，年内阶段性审减金额2.08亿元，审减率10.6%。

经济责任审计 根据组织部门委托和领导干部任用情况，共对4名处级领导进行任中和离任审计，为干部选拔任用提供评价依据。

专项资金审计 对石景山区9个街道的便民工程资金使用绩效情况进行调查，重点调查项目组织实施情况、项目资金使用及管理情况、项目的效益性，促使区委、区政府为民、惠民、便民的工作部署得到落实。

党的群众路线教育实践活动 将精力聚焦在“四风”问题的整改上。制订《石景山区审计局党的群众路线教育实践活动整改方案》。截至12月30日，列入整改方案的4项立行立改任务、6项近期整改任务已经全部完成；对3项中长期工作进行长远规划，明确工作目标和方向，采取相应措施。制定《审计局党组改进工作作风实施办法》《审计局公务员平时考勤实施办法》《审计局公车管理规定》《审计局安全管理规定》等制度。

（撰稿人：王　鹏）

【海淀区审计局】 2014年，海淀区审计局行政编制58人，在编56人；事业编制9人，在编9人。局长王传敏，副局长常印怀、段敬德、薛为民、邬斌锋，纪检组长曹建平。设有办公室、人事科（监察科）、行政科、财政金融审计科、行政事业审计科、经济贸易审计科、经济责任审计科、固定资产投资审计一科、固定资产投资审计二科、审计项目复核科、审计督察科和海淀审计信息中心。

审计成果 海淀区审计局完成审计项目30个，查出主要问题金额527087万元，其中应调账处理金额732万元；移送纪检监察机关处理事项1件。出具审计报告和审计调查报告60篇，被区委、区政府领导批示35次，听取工作汇报5次；提出审计建议71条；提交审计信息162篇；向社会公布11家单位部门预算执行审计结果。

预算执行审计 顺应公共财政改革新要求，积极探索财政审计新思路，加强对财政存量资金规模与构成和转移支付资金的预算管理、分配和使用情况的审计，集中开展区农委、区园林局等11个部门2013年度预算执行审计。审查发现财政资金管理中仍存在部门预算审核不够严格、批复部分项目支出预算不够细化、部分代分资金执行进度慢或使用范围不明确等值得关注和改进的问题，促进规范财政管理。

经济责任审计 推动成立海淀区经济责任审计工作领导小组，加强对全区经济责任审计工作领导、指导和协调；推动经济责任审计结果报告区领导阅示机制，提升海淀区经济责任审计工作规格和力度。把贯彻落实中央八项规定精神、厉行节约反对浪费、廉洁从政等相关要求作为审计重要内容，严肃查处损失浪费和管理漏洞；贯彻落实中央七部委《党政领导干部和国有企业领导人员经济责任审计规定实施细则》，积极探索经济责任审计标准化、规范化作业规程。完成对12名领导干部的经济责任审计，共查出管理不规范金额3068万元。

固定资产投资审计 做好老旧小区综合治理及抗震加固、平原地区造林、中小河道治理等政府投资重大项目的跟踪审计，审查工程立项、招标等项目管理，以及资金的投入和使用情况。根据审计情况梳理上报相关专报、签报，得到区领导高度重视。海淀区委书记对《关于落实政府投资项目管理工作的情况汇报》进行批示，要求各投资实施主责单位负管理主体责任，进一步完善主体责任落实方面的相关制度与制约。

专项资金审计 加大民生领域重点资金和项目的专项审计调查。教育方面，对海淀区学前教育发展及资金管理使用情况开展专项审计调查，审查全区“学前教育三年行动计划”落实完成、“入园难、入园贵”缓解改善、学前教育资源分配合理性、专项资金管理使用、各类幼儿园收支资产等情况，为科学制定二期学前教育三年行动计划提供有力参考。医疗方面，开展社区卫生医疗机构建设及运营情况专项审计调查，摸清相关机构管理现状、布局覆盖、经费投入等情况，重点审查标准化建设、内控管理制度建设及执行、运营效果，以及财务核算的真实性等四方面内容，分析存在的问题和制约因素，促进优化布局，规范财务管理，助推全区基本医疗和公共卫生服务的健康发展。

信息化建设 开发联网审计三期系统，在落实即办制的提示、预警、考核模块等方面加强开发设计，减少基础数据汇总、统计、分析等工作，依托该系统开展审前调查和审中分析工作，提高工作效率。继续探索联网审计，不断探索利用联网审计技术开展部门预算执行审计“全覆盖”。

（撰稿人：乔　捷）

【门头沟区审计局】 2014年，门头沟区审计局人员编制36人，在编35人。局长苗建军，副局长吴海臣、张丽娜（—6月）、邢世悦、张胜、王青（7月—）。设有经济责任审计科、行政事业审计科、固定资产投资审计科、经贸审计科、财政金融审计科、人事教育监察科、综合法制科、办公室和门头沟区审计指导服务中心。

审计成果 完成审计和审计调查项目26个，指明纠正金额共201899万元，其中管理不规范金额201899万元。提出审计建议53条。

预算执行审计 完成5个单位的部门预算执行和其他财政收支审计，指明纠正金额183376万元，提出审计建议10条。

经济责任审计 完成对19个单位和领导干部的审计，指明纠正金额18523万元，提出审计建议43条。

（撰稿人：刘皓楠）

【房山区审计局】 2014年，房山区审计局人员编制55人，在编53人。局长马俊怀，副局长李亮、范江梅、刘志勇、隗永强（12月—），总审计师许春成，纪检组长张健（—12月）。设有办公室、综合科、人事教育科、行政财政审计科、工商基建审计科、干部经济责任审计科、农业环保审计科和内部审计指导中心。

审计成果 房山区审计局完成审计项目56个，查出主要问题金额115154万元；审计处理处罚金额90789万元，其中应上缴财政26万元、应减少财政拨款或补贴90187万元、应归还原渠道资金409万元、应调账处理金额167万元。出具审计报告和专项审计调查报告90篇，提出审计建议200余条，提交审计信息23篇。

财政审计 把落实中央八项规定、国务院“约法三章”和厉行节约等规定作为审计的重点内容，重点对财政预算执行情况和税收征管情况实施审计，完成10个单位的部门预算执行情况审计工作，开展“三公”经费和楼堂馆所清理情况的专项检查，推动简朴政府的建设。对存在问题较多或整改不到位部门的7名主要领导会同纪检监察部门进行警示约谈。

固定资产投资审计 以“揭露问题、规范管理、提高绩效、维护安全”为目标，加强对政府重大投资项目的审计监督，完成保障性住房、中小学抗震加固等领导关注和群众关心的27个审计任务，审计资金量57.84亿元。其中工程审计项目24个，财务资金审计项目3个，核减工程款9.1亿元。揭示工程招投标不规范、超计划投资、施工单位申报工程结算高估冒算等问题，有效地提高财政投资绩效，进一步规范政府投资管理行为。

农业与资源环保审计 对全区平原地区造林工程建设专项资金管理及使用情况进行审计，审计的内容包括项目资金的到位、拨付、使用、管理情况以及项目招投标和工程项目的进展情况等。审计中对区配套资金未及时到位、建设项目程序管理不规范等问题，提出有针对性的审计意见和建议。开展食用菌产业化科技示范区项目绩效审计，提出审计建议4条。

经济责任审计 落实《党政主要领导干部和国有企业领导人员经济责任审计规定》及实施细则，不断深化经济责任审计工作，全面推进乡（镇）党委书记和乡（镇）长经济责任的同步审计，突出反映领导干部在经济决策、经济管理、经济监督、经济运行等方面问题。全年共对15名领导干部实施经济责任审计。

内部审计 房山区内部审计指导中心贯彻落实《北京市关于进一步加强内部审计工作的意见》文件精神，组织490多名基层内部审计人员参加专题培训，并制定下发《房山区内部审计工作要点》，强化对全区内部审计工作的指导，促进内部审计工作的开展。区旅游委建立《房山区旅游委内部审计制度》，区教委成立房山区教育财务审计服务中心，为进一步推进全区内部审计工作打下良好的基础。

（撰稿人：李晓鹏）

【房山区燕山审计分局】 2014年，房山区燕山审计分局人员编制21人，在编19人。局长夏辉，副局长王冬卉、黄国威。设有财政金融审计科、行政事业审计科、经济贸易审计科、综合法制指导科、办公室、经济责任审计所、行政事业经贸审计所。

审计成果 房山区燕山审计分局开展审计项目58个，其中预算执行审计项目1个、财务收支审计项目2个、经济责任审计项目13个、政府投资建设立项审计项目6个、交办配合项目32个、市局联动审计项目4个。审计查出主要问题金额11371.18万元，其中核减工程造价款4410.5万元（其中交办工程824.42万元）。提出审计建议64条，提交审计信息11篇。

财政审计 以规范预算管理、保障财政资金安全、提高财政资金绩效水平为目标，重点审计政府采购、国库集中支付、重大建设项目改造、“三公”经费支出等情况。通过审计，本局对燕山地区2013年度财政预算收支的科学性、规范性做出客观评价。针对近年新成立的燕山文化活动中心和燕山垃圾综合处理场开展财务收支审计。通过审计，发现被审计单位在财务基础工作、现金管理、内部控制制度、会计核算等方面还存在一定问题。

经济责任审计 起草出台《燕山经济责任审计工作领导小组、联席会议议事规则》，全面推进经济责任审计工作。全年开展13个经济责任审计项目，其中5个离任审计项目，8个任中审计项目。重点关注领导干部执行政策、履行职责、防范风险、管理成效、廉洁从政等情况。

固定资产投资审计 围绕燕山办事处中心工作，以核减工程造价和治理建筑工程领域突出问题为重点，加强对工程招投标、工程质量管理、资金管理使用等环节的监督，着力审核工程超预算、决算高估冒算等问题。实现工程造价计价基础从定额计价模式到工程量清单计价模式全面切换，提高工程造价的科学性与规范性；提高工程项目建设过程中的审计参与度，从注重事后结算审计，到事前（工程标底审核、工程合同审核）、事中（隐蔽工程的及时跟进）并重，实现工程项目的全系统审计。

交办任务 根据市审计局统一安排，抽调专人进审计组，协助市审计局开展城镇保障性安居工程跟踪审计、全国土地出让收支和耕地保护情况审计、稳增长促改革调结构惠民生政策措施落实情况跟踪审计。完成财政存量资金审计项目，摸清地区财政部门和各预算单位的存量资金结构、规模、使用情况，推进政府发挥存量资金和资产使用效益。

（撰稿人：许　安）

【通州区审计局】 2014年，通州区审计局人员编制55人，在编54人。局长盛亚荣，副局长曹温华、赵静、黄海青、周丰，纪检组长王文选。设有综合指导科、办公室、人事教育科、监察科、内审指导科、行政事业审计科、经济责任审计科、财政金融审计科、经贸投资审计科、专项审计中心。

审计成果 通州区审计局完成审计项目45个，查出违规和不规范金额3.87亿元；开展政府投资审计项目78个，揭示违规及管理不规范金额7.5亿元，结算审计直接审减2.32亿元。提交审计信息86篇，被采用信息71篇。提出审计建议87条；向社会公告审计结果14篇。

财政审计 共审计一级预算单位14个，延伸审计二、三级预算单位37个，查处违规和管理不规范金额8411万元，揭示预算部门存在的收入未纳入预算管理、项目资金管理使用不规范，财政性存量资金较大、资金使用效率不高，会议费、培训费管理使用不规范，固定资产管理不规范等问题，并从机制、制度和管理层面分析问题产生的原因，提出加强财政资金绩效管理、推进区级项目库建设、加强对项目资金的监管力度、强化预算全过程监控、积极消化存量资金等意见和建议。审计工作报告得到区委、区人大、区政府的高度认可。

经济责任审计 围绕领导干部任期内经济决策权、管理权、执行权和个人廉政情况开展经济责任审计项目24个，审计中突出对经济决策、管理和财经政策执行情况的审计。重点关注重大经济事项集体议事规则的建立和执行情况、内部控制制度的完善和执行情况，以及中央八项规定、“约法三章”、厉行节约反对浪费等财经纪律落实情况，围绕部门职能特点，加强对权力运行和责任落实的审计。

专项资金审计 围绕保障和改善民生，开展公共卫生服务资金、福利彩票和体育彩票公益金等3个专项资金审计，开展4个乡镇、2所学校和2所医院的财务收支审计，突出对民生资金的审计，要求涉农资金审计项目加大延伸力度，延伸项目数不少于3个。

固定资产投资审计 重点围绕基本建设程序履行、资金管理使用、概（预）算执行、项目单位投资控制等管理职责履行情况以及工程价款结算（决算）等内容，组织开展包括一级开发、安置房建设、征地拆迁、房屋征收和其他建设项目在内的78个政府投资项目审计，全年审计总金额195.2亿元。揭示未按规定履行基本建设程序，财务管理不到位、成本核算不规范，概算执行不严格等违规及管理不规范问题7.5亿元，结算审计直接审减2.32亿元。

内部审计 全年完成内部审计项目1368个，查出损失浪费金额286万元，增加效益385万元，提出审计意见和建议716条，切实起到完善单位财务管理，规范经济运行活动，提高资金使用效益的作用。

（撰稿人：付立志）

【顺义区审计局】 2014年，顺义区审计局人员编制54人，在编49人。局长刘福海，副局长西连仲、绳桂华、任立强。设有办公室、财政金融审计科、行政事业审计科、经济责任审计科、经济贸易审计科、社会保障审计科、固定资产投资审计科、综合业务科、内部审计指导所、计算机中心、监察科。

审计成果　顺义区审计局完成审计项目37个，查出管理不规范金额339180万元，已调账处理金额832万元，应上缴财政1.83万元，审计发现非金额计量问题6个；出具审计报告和专项审计调查报告53篇。提出审计建议33条，审计建议被采纳15条，制定整改措施26条。提交审计信息58篇，被批示、采用6篇。向社会公告审计结果17篇。

财政审计　组织开展2013年度本级预算执行和其他财政收支情况审计。先后对区财政局2013年度预算执行情况、18家单位部门预算、新农合专项资金管理及使用情况、平原地区造林工程资金的管理及使用情况绩效审计调查等，审计查出应拨未拨农发资金、将预算内资金转入预算外账户等7个问题，审计发现管理不规范金额332340万元。

经济责任审计　围绕加强对权力的制约，开展经济责任审计16个，重点审查领导干部任期内工作目标的实现程度以及遵守国家财经法规和有关廉政规定等情况，对领导干部任期内贯彻落实相关政策及资金使用、资产管理绩效情况以及决策、投资等经济活动的效果做出审计评价。审计查出违规金额1.83万元，管理不规范金额6840.39万元，问题主要集中在发票使用不规范、固定资产账务核算不及时、未在政府采购定点单位购买车辆保险、在基本账户存储救助资金等方面。

专项资金审计　组织开展区本级财政存量资金审计、市级转移支付资金审计。

内部审计　研究制定并下发《顺义区内部审计工作考核办法》。对法定监督对象的一级预算单位和区国资委管理的国有大中型企业，共计100家单位贯彻落实《关于进一步加强内部审计工作的意见》情况进行摸底调查；审计协会于6月25日至27日联合举办一期内部审计人员岗位资格证书培训班，共有107个单位208名内部审计人员参加了培训。　（撰稿人：肖　钢）

【昌平区审计局】　2014年，昌平区审计局人员编制55人，在编52人。局长陈玉起，副局长张爱平、刘会春、王立军、田希玲，纪检组长孙仲国。设有办公室、综合法制科、经济责任审计科、财政金融审计科、农林行政文教审计科、固定资产投资审计科、经贸审计科，下设重点工程审计中心、内部审计指导所。

审计成果　昌平区审计局共完成审计项目122个，其中预算执行审计13个、政府投资工程结算审计91个、经济责任审计14个、定期审计2个、绩效审计2个（其中一个合并为工程结算审计）、专项审计调查1个，查出管理不规范金额14000万元。向相关部门、单位提出审计建议800条。对全区73个政府投（融）资项目进行跟踪审计。参与市审计局及区政府安排的临时性工作9项。提交审计信息113篇，被采用28篇次。

预算执行审计　完成2013年度区级预算执行和其他财政收支情况审计。全面审计2013年区级预算收支规模和结构，重点检查区级教育、农业等重点领域的支出情况；对2011年至2013年市级转移支付资金和2013年末财政存量资金进行审计。代政府向区人大常委会报告2013年度区级预算执行和其他财政收支的审计工作情况。完成对区卫生局等12个单位的部门预算执行和决算草案审计，并对所属13个单位进行延伸审计，审计共发现77个问题及不规范现象。以审计结果报告形式向区政府报告汇总情况，首次将12个部门预算执行审计结果进行公开。

固定资产投资审计　围绕全区市政基础设施建设、城市环境整治、为民办实事等项目，共开展政府投资工程结算审计项目91个，送审金额152600万元，审减金额14000万元。审计发现部分项目存在多计工程造价、未按规定履行程序、未委托有资质的施工单位等问题。指导和监督中介审计机构对平原造林、未来科技城建设、河道治理等73个政府投（融）资开展跟踪审计，送审金额289100万元。其中，送审拆迁补偿协议金额89200万元，核减1105万元；送审结算金额199900万元，核减17000万元。

定期审计　完成对铭嘉房地产开发有限责任公司和振邦承基开发建设有限公司开发资金来源及使用情况的定期审计。

经济责任审计　完成14个单位领导干部任期经济责任审计，其中行政单位13个，镇（街道）

1个。尝试开展镇（街道）党政领导干部同步审计试点。昌平区经济责任审计工作领导小组调整为由区长任组长，区委组织部部长、区纪委书记担任副组长。

专项资金审计　完成昌平区设施农业补助资金使用情况及设施现有状况专项审计调查。重点对区财政局及相关的镇（街道）补助资金拨付使用情况及设施现状进行调查，并对有关事项进行必要的追溯。

绩效审计　完成对区商务委社区蔬菜网点连锁直营店绩效审计；完成农民住宅节能保温改造工程绩效审计，反映群众对政策的满意度，核减工程费用300余万元。

交办任务　落实审计署和北京市审计局统一部署，抽调大量人员参加全国土地出让收支和耕地保护情况审计工作；参与市审计局2013年城镇保障性安居工程跟踪审计、养老机构建设与运行情况审计和稳增长调结构促改革惠民生防风险政策贯彻落实情况跟踪审计。配合区发改委进行产业政策检查；配合区委办公室、区政府办公室等相关部门组成检查小组开展全区办公用房清理等5项专项工作。

内部审计　组织16家理事单位负责人召开第三届内审协会常务理事会；完成2014年度年检工作；出台《北京市昌平区审计局关于内部审计工作的指导意见》，要求区属各部门、企事业单位要进一步建立健全内部审计工作制度和机制，强化审计质量控制，防范审计风险。

（撰稿人：樊明茹）

【大兴区审计局】　2014年，大兴区审计局人员编制61人，在编53人。局长李建国，副局长张强、于洁，总审计师王亚男，纪检组长刘刚。设有人事教育科、财政金融审计科、行政事业审计科、企业经济审计科、经济责任审计科、投资审计科、内部审计指导科、审计综合科、监察科、办公室、内部审计指导所和审计事务管理中心。

审计成果　大兴区审计局全年完成审计（调查）项目43个。审计（调查）查出主要问题金额为415240万元，其中应上缴财政21万元、已上缴财政21万元，管理不规范金额415219万元；核减工程造价41754万元。出具审计报告和专项审计调查报告48篇。提出审计建议69条，提交审计信息47篇，被采用26篇。向社会公告审计结果13篇。

预算执行审计　积极创新审计思路，扩大审计范围。审计部门预算单位13个，审计覆盖面达到区属一级预算单位的20%，通过政府信息公开网站和区审计局网站向社会公告13个一级预算部门2013年度预算执行和其他财政收支的审计结果。通过对财政部门具体组织本级预算执行和其他财政收支情况审计、对教委等13个单位的部门预算执行情况审计及对“三起来”涉农专项资金、“以奖促管”专项资金管理使用情况进行审计调查，共计查出管理不规范金额42639万元。

固定资产投资审计　以规范政府投资管理、提高投资效益、促进宏观投资政策的落实为目标，重点关注投资项目征地拆迁、工程招投标、物资设备采购、建设资金管理等环节，注重揭示体制机制层面存在的问题，促进深化投资体制改革。全年完成政府投资项目审计17个（2013年计划内项目5个），核减投资额41754万元。

经济责任审计　以加强权力运行和制约为落脚点，贯彻执行中央两办规定及北京市实施两办规定的办法，紧紧围绕“权力”与“责任”，以领导干部履职情况为主线，把贯彻执行中央八项规定、《党政机关厉行节约反对浪费条例》等情况作为审计重点。全年完成经济责任审计项目9个（2013年度计划内项目8个），涉及12名领导干部，共计查出违规金额21万元，管理不规范金额24011万元。

专项资金审计　对全区2005年至2012年14个镇462宗建设用地的征地补偿资金的管理使用情况进行专项审计调查，查出管理不规范金额348569万元。

（撰稿人：高旱雨）

【怀柔区审计局】　2014年，怀柔区审计局人员编制63人，在编62人。局长王京红，副局长张文龙、宋卫东、李建华，纪检组长张俊峰。设有办公室、监察科、综合科、财金审计科、行政事业审计科、固定资产审计科、农林审计科、社会保障审计科；内审业务指导所、经济责任审计事务所、固定资产投资中心改为计算机中心（11月5日更名）、怀柔区审计局审理中心（11月

5日成立）。

审计成果 怀柔区审计局开展审计（调查）项目85个。查出违规及管理不规范金额共计58224.89万元，其中管理不规范金额58145.89万元；违规金额79万元，应缴已缴财政79万元。延伸审计45个，提出审计建议193条，被审计单位采纳61条，提交审计报告和专项审计调查报告39篇，提交审计信息、分析35篇，被采用24篇；向社会公告审计结果报告6篇。2014年度区政府委托41项重点工程建设项目同步跟踪审计，送审金额306257.84万元，审减金额5630.17万元。

财政审计 完成14个预算执行审计（调查）项目，即怀柔区2013年度预算执行及其他财政收支审计、12个部门单位2013年度部门预算执行和决算草案审计、怀柔区2013年度地方税务局税收征管审计，延伸审计36个。查出违规及管理不规范金额38074.59万元，其中管理不规范金额37995.46万元，违规金额79.12万元，应缴已缴财政79.12万元。提出审计建议35条，被审计单位采纳28条。怀柔区审计局针对一级预算单位预决算编制不实、应缴未缴税金、会计基础工作不规范，部门单位挤占、滞留专项资金、扩大项目资金使用范围和改变资金用途等提出整改建议。

固定资产投资审计 开展41个政府委托重点建设项目同步跟踪审计。怀柔区审计局派出1名主管副局长和3名审计人员，负责怀柔区重点建设项目同步跟踪审计，并聘请3个事务所对怀柔区雁栖生态示范区供水、排水，兴怀大街东延线，会都110KV站址，会都北环路，红楼梦二期，111国道和华北物资市场商户腾退，08A和安置地块等41项重点建设项目实施同步跟踪审计。

经济责任审计 完成经济责任审计项目27个，延伸审计单位9个，共查出违规及管理不规范金额20137.68万元，其中管理不规范金额19799.95万元，违规金额337.73万元，应缴已缴财政金额337.73万元。提出合理化审计建议48条，被采纳33条。被审计单位对以前年度存在的问题进行整改的有15个单位，个别问题尚未整改的有6个单位。审计结果显示，21个单位的24位经济责任人认真履行岗位职责，遵守廉政纪律和财务制度，向群众宣传党的富民政策，带领农民发家致富，为本地区经济发展出谋划策，为本部门、本单位困难群众排忧解难。但在审计中发现有3个单位滞留、挤占专项资金；9个单位财务管理不规范、不合规发票入账；8个单位购置固定资产不及时入账、违规处置国有资产；9个单位内控制度不健全；8个单位未按规定使用专项资金和违反政府采购规定；5个单位编制预算和决算草案不实；7个单位未按规定缴纳税费；3个单位违规收费和违规拨款；2个单位违反借款规定等问题，提出审计建议，并对经济责任人给予正确的评价。

专项资金审计 完成对1户新型农村合作医疗办公室2013年度新型农村合作医疗基金管理使用情况进行审计。查出管理不规范金额12.62万元，延伸审计4个单位，提出审计建议1条。审计结果显示，在新农合基金管理使用工作中，存在定点医疗机构住院床位变动未及时进行变更登记等问题。

交办任务 配合审计署、北京市审计局完成审计项目3个，即全国土地出让收支和耕地保护情况审计项目；稳增长促改革调结构惠民生政策措施贯彻落实情况跟踪审计项目；2013年度城镇保障性安居工程和养老机构建设与运行情况审计调查项目。怀柔区审计局按照上级要求，抽调21人配合审计和后勤保障服务工作。

内部审计 怀柔区内部审计协会共有内部审计会员单位62个，专职兼职内部审计人员150人。完成内部审计（调查）项目60个，其中财务收支审计20个、效益审计2个、经济责任审计16个、专项审计4个、基本建设审计13个、其他审计5个。查出违规及管理不规范金额9900万元，损失浪费金额300万元，增加效益300万元，提出合理化意见25条，被采纳25条。

（撰稿人：于江明）

【平谷区审计局】 2014年，平谷区审计局人员编制55人，在编44人。局长陈亮，副局长秦东英、于长松、王海顺，总审计师陈静梅，纪检组长梁爱臣。设有政办室、综合科、行政事业审计科、经贸投资审计科、财政金融审计科、经济责任审计科及北京市平谷区经济责任审计所和北京市平谷区项目投资审计中心。

审计成果 平谷区审计局共完成审计项目36

个，延伸审计60个相关单位。查出管理不规范金额173100.21万元；审计处理处罚金额6323.06万元，其中应上缴财政11.11万元、应调账处理金额6022.92万元、应减少财政拨款或补贴289.02万元；审计发现非金额计量问题89个；审计期间整改金额2439.78万元；审计促进整改落实有关问题资金15864.64万元，其中增收节支944.51万元、已调账处理金额14920.12万元。出具审计报告和专项审计调查报告36篇。提出审计建议107条。提交审计信息153篇，被批示、采用48篇。市、区两级刊物、网站采纳宣传作品20篇。向社会公告审计结果15篇。被审计单位制定整改措施84项，建立健全规章制度3项。

财务收支审计　以促进提高财务管理水平和资金使用效益为目标，对北京通用航空产业基地管理委员会及平谷区商务委（平谷区粮食局）进行财务收支审计。重点审查收支的真实性、合法性，资产管理的规范性，各项专款的管理及使用情况。

预算执行审计　重点审计预算单位的预算收支情况、部门预算批复情况、政府采购情况，揭示政府采购信息管理有待完善、资产管理方面未执行行政事业单位出租、出借国有资产审批备案制度以及对银农合作专户资金使用效益及风险管理尚需加强等问题，并对区人力资源和社会保障局、区发展和改革委、区卫生局、区科协等14个部门预算单位进行审计。重点审计部门预算编制情况、部门基本支出、重点项目支出预算执行情况以及“三公”经费情况，纠正个别单位决算报表与明细账不符、非税收入上缴不及时、往来款长期挂账等问题。

对区地税局税收完成情况、土地增值税政策执行情况、税务稽查工作情况、纳税评估工作情况等进行重点审计，并对10家企业税费申报缴纳情况进行延伸审计。审计中发现土地增值税清算审核工作需要进一步完善及部分企业存在少缴税费67万元的问题，审计期间已经整改。

固定资产投资审计　加大固定资产投资审计力度，对全区政府投资项目审计视野全覆盖，审计项目扩展到8个。完成平谷区看守所、拘留所挡土墙和雨污水排放工程及装备项目和智能安防系统建设的其他工程费用审计、平谷区中小学校安工程竣工决算审计。审计纠正多计工程造价、未严格履行审批和招投标程序以及管理不规范等问题。

专项审计　完成了2011—2012年度农业综合开发项目实施情况审计和平信投资担保中心运营情况专项审计。对项目的基本情况、运行情况、资金管理情况进行审查，纠正财务收支核算不实、未按进度支付工程款、擅自调整项目建设内容等问题。

经济责任审计　对21名处级领导干部任期经济责任情况进行审计，查出原始票据使用不规范、购置资产未履行政府采购程序、往来款长期挂账等问题，缴纳应缴未缴税金11万元。在审计方法上有所突破，首次聘请中介组织对国有企业领导干部开展经济责任审计。　（撰稿人：刘兰兰）

【密云县审计局】　2014年，密云县审计局人员编制64人，在编62人。局长孙绍志，副局长王明如、任双喜、谢卫东、黄达，纪检组长王铁军。设有办公室、综合科、经济责任审计科、财政金融审计科、行政事业审计科、农业与资源环保审计科、经贸审计科、固定资产投资审计科、社会保障资金审计科、经济责任审计中心、政府投资审计中心。

审计成果　密云县审计局完成审计项目25个，涉及被审计单位25个，被审计领导干部18人。查出主要问题金额18589万元，其中管理不规范金额18589万元。审计发现非金额计量问题17个。出具审计报告和审计调查报告39篇，提出审计建议49条，被采用28条。提交审计信息44篇，被采用22篇。向社会公告审计结果13篇。

预算执行审计　对财政局具体组织预算执行、财政转移支付、财政存量资金及13个部门预算执行和决算草案情况进行审计。审计结果表明，财政部门严格执行财政预算，加大对民生等重点领域的投入，财政资金使用效益明显提高；加强管理控制，财政财务管理水平不断提升。审计揭示出政府预算体系有待进一步完善和预算编制有待细化、个别项目预算支出不够细化的问题，在一定程度上影响预算执行速度，形成年度资金的沉淀和结余；个别项目未完成检查验收工作，未全额支付项目资金等问题；审计发现，各部门各单位加强制度建设，财务管理工作不断规范，依法依规意识进一步增强，资金使用总体情况较好，但部分单位预算编制及执行不严格、一些部门和单位财务管理不规范、个别部门违反财经制度规定。

经济责任审计 以加强监督权力运行，促进反腐倡廉建设，促进领导干部正确履行职责为目标，积极稳妥开展领导干部任期经济责任审计工作，涉及被审计领导干部18人。审计结果表明，领导干部经济责任意识进一步增强，财政财务管理水平进一步提高，经济责任审计结果在服务干部监督管理方面进一步发挥作用。

固定资产投资审计 坚持“尊重历史、实事求是、依法依规、合情合理”的原则，开展密云县檀营乡回迁房工程竣工结算审计、西统路拆迁工程、西统路道路工程等3个政府重大投资建设项目跟踪审计和密云县上好家园、城后街住宅、商服土地等8个历史遗留土地一级开发成本审计。审计揭示出在原始资料提供和招投标方面存在的问题，对规范政府投资项目管理、提高政府投资项目效益提出建议，为领导决策提供准确依据，推动县重点工程顺利实施和土地项目尽快上市。

专项审计 组织密云县一级预算单位和镇、街对“三公”经费、会议经费和国务院“约法三章”落实情况开展自查，结合部门预算执行审计对13个部门进行重点检查。自查显示，各部门各单位2013年公费接待、公费出国、会议活动费均比2012年明显下降。抽查发现，部分单位未在定点会议场所召开会议，签到表等基础资料不全的现象普遍存在；个别单位存在以下属单位名义购车等问题。

交办任务 围绕审计一盘棋的安排，抽调审计骨干参与全国土地出让收支和耕地保护情况审计、城镇保障性安居工程跟踪审计、2013年度平原造林绩效审计、养老机构建设与运行情况审计调查等4个署、市、县联合审计项目；配合密云县纪律检查委员会和财政局开展密云县2014年整治财经纪律及会计监督检查；履行密云县廉政监督小组职责，对第一批开展廉政检查工作的密云县经济和信息化委员会、密云县市政市容管理委员会2个单位实施领导干部任中经济责任审计。

（撰稿人：时兴芬）

【延庆县审计局】 2014年，延庆县审计局人员编制62人，在编56人。局长张景军，副局长焦万宏、马海林、鲁亚军，纪检组长许继红。设有办公室、综合科、企业审计科、行政事业审计科、财政金融审计科、经济责任审计科、基建审计科、信息中心、内审指导中心和委托审计管理中心。

审计结果 延庆县审计局完成审计和审计调查项目29个，查出主要问题金额119630万元，其中违规金额6055万元、管理不规范金额113575万元；审计发现非金额计量问题20个；审计促进整改落实有关问题资金6058万元，其中增收节支6058万元。提交审计报告和专项审计调查报告37篇；提出审计建议81条，提交审计信息7篇，被批示、采用73篇。向社会公告审计结果1篇。

预算执行审计 1月至5月，对县财政局、地税局、国库延庆支库本级预算执行情况进行审计，重点审计县级预算管理、预算收入完成、财政资金分配、财政专户管理、税收征管、预算资金收纳划解情况和财政存量资金、财政转移支付资金管理使用情况；审计县教委等11个一级预算单位和八达岭、井庄等5个乡镇预算执行情况，并结合相关部门2013年预算支出情况，对重点项目支出的合规及效益等情况开展延伸审计。通过审计，对部分单位滞留预算收入、公用经费超预算等问题进行纠正和处理，并提出规范管理的审计意见和建议。7月28日，受县政府委托，向县十五届人大常委会第十八次会议报告本级预算执行审计工作。7月31日，通过延庆政府网向社会公开预算执行审计结果。

经济责任审计 根据县组织部委托，对县计生委、县卫生局、八达岭镇、张山营镇、康庄镇、旧县镇、井庄镇、沈家营镇、珍珠泉乡、香营乡和延庆经济开发区、康西草原管理处共12个单位20名党政领导干部开展经济责任审计。通过审计，对部分单位存在的内控制度不健全和执行不严格、公用经费超预算等问题，提出完善会议记录内容、压缩公用经费支出、加强会计基础工作等审计建议和改进意见32条。

领导干部自然资源资产离任审计试点 按照市审计局安排，9月下旬至11月中旬，对旧县镇

2010年至2013年森林资源资产的管理、开发、利用情况进行责任审计试点工作。通过审计试点，摸清森林资源的范围、森林资源数量变化，对于森林资源数据取得具有不确定性、价值量化难度大等提出建设性建议，为出台全市自然资源资产离任审计指导意见提供有益借鉴。

专项资金审计 开展专项资金审计8个，包括审计署统一组织的全国土地出让收支和耕地保护审计、保障性安居工程审计。延庆县组织实施的2014年第十一届世界葡萄大会专项资金审计、京津风沙源治理工程资金绩效审计、平原地区造林工程资金审计、稳增长促改革调结构惠民生防风险政策措施贯彻落实情况跟踪审计、北京延庆世界地质公园创建专项资金审计和国家水土保持重点建设工程专项审计调查。通过审计，对平原造林工程设计变更未严格履行报批程序、京津风沙源治理工程水利项目缺乏后期管护等问题，提出审计整改建议和意见。

固定资产投资审计 组织对新城滨河森林公园建设工程、县医院改扩建一期工程和延庆葡萄酒会展工程等3项政府投资项目开展竣工决算审计。重点审计项目管理、建设资金使用和招投标等程序履行、工程结算决算等环节的合规性、规范性和真实性。3项审计属跨年度审计项目，在年内未审结，将在2015年度继续实施审计。

交办任务 协助市审计局对延庆县2014年1—3季度稳增长促改革调结构惠民生政策措施贯彻落实进行督查、对延庆县养老机构建设和运行情况进行审计调查、对延庆县2013年平原造林工程实施跟踪审计；配合县财政局、县教委等部门开展“小金库”和秋季教育收费情况专项检查，完成市政府对延庆县贯彻教育法律法规情况督导迎检工作，组织延庆县15个乡镇开展乡镇政府无偿占用乡集体企业房产情况自查工作，对北京夏都信达国有资产经营管理中心2013年度资产负债损益情况开展审计。

（撰稿人：刘宝生）

2014年北京市本级及所辖区、县级审计工作统计表

金额单位：万元

审计机关	完成审计项目（个）	审计查出主要问题金额	审计处理情况					出具审计报告和审计调查报告（篇）	提出审计建议（条）	提交审计信息（篇）
			审计处理处罚				移送处理事项（件）			
			应上缴财政	应减少财政拨款或补贴	应归还原渠道资金	应调账处理金额				
北京市本级	114	35253803	62307	69	4347	24188	7	141	358	245
东城区审计局	31	735451	221				4	34	73	123
西城区审计局	25								70	3
朝阳区审计局	47	213387	13965			91		102	157	185
丰台区审计局	30	117015	2479		183	5191		61	111	6
石景山区审计局	26	56525	2013		22	1848		32	115	100
海淀区审计局	30	527087				732	1	60	71	162
门头沟区审计局	26	201899						26	53	
房山区审计局	56	115454	26	90187	409	167		90	200	23
房山区燕山分局	54	11371		4411		2		54	64	10
通州区审计局	45	38658	257					93	87	86
顺义区审计局	37	339180	2					37	33	58

续表

审计机关	完成审计项目（个）	审计查出主要问题金额	审计处理情况					出具审计报告和审计调查报告(篇)	提出审计建议(条)	提交审计信息(篇)
			审计处理处罚				移送处理事项（件）			
			应上缴财政	应减少财政拨款或补贴	应归还原渠道资金	应调账处理金额				
昌平区审计局	122	14038						122	800	113
大兴区审计局	43	415240	2					48	69	47
怀柔区审计局	39	58224	79					39	193	35
平谷区审计局	36	173100	11	289		6023		36	107	153
密云县审计局	25	18589						39	49	44
延庆县审计局	29	119630						37	81	7

天津市

【天津市审计局】 2014年，天津市审计局人员编制379人，在编272人。设有办公室、行政财务处、法规处、综合处、财政审计处、金融与外资运用审计处、行政事业审计处、工交审计处、商贸审计处、社会保障审计处、固定资产投资审计处、联网审计处、经济责任审计处、农业与资源环保审计分局、发展审计分局、机关审计分局、政法审计分局、滨海新区审计分局、信息化处、人事教育处、老干部处、机关党委、纪检监察室，下设审计科研培训中心。

领导成员

局　　长：刘　健

副 局 长：张永革（—9月）

王润生（—4月）

项文卫　卢　博

总审计师：谢津秋

纪检组长：白　山

审计成果 天津市审计局全年实施审计项目421个，查出问题金额109亿元，促进增收节支17.24亿元。向上级机关提交报告、信息1012篇，审计意见建议被采纳469条。市领导同志对审计工作批示86次。

预算执行审计 市级预算执行审计重点关注预算编制、调整、执行、项目评审、账户管理、政府采购、部门职责履行、财政存量资金规模和结构，以及落实中央八项规定、厉行节约反对浪费、“约法三章”和市委实施办法等情况。对市财政局2013年总预算执行和其他财政收支情况进行审计，对市国资委、市人力资源和社会保障局、市公安局、市交通和港口管理局、市质量和技术监督局系统、市知识产权局、市残联等部门进行部门预算执行审计。审计内容主要包括六个方面：组织和实施预算执行情况、财政专项资金管理使用情况、公共资金和项目管理使用情况、部分重点基础设施建设项目运作情况、已联网单位的联网实时审计情况、部分国有企业国有资产运营情况。市级预算执行和其他财政收支审计共涉及部门、单位629个，审计各类财政资金、公共资金和重点建设项目资金869亿元。有关部门和单位认真整改，纠正违规和使用管理不规范金额53.1亿元，落实审计意见和建议209条。

联网实时审计 运用“制度加科技”的办法，积极构建审计监督“一张网”，开展联网实时审计，一手抓联网扩面，一手抓使用管理，努力实现审计监督的全覆盖、常态化和关口前移。扩大联网实时审计覆盖面及采集内容，市审计局在与50家主要市级单位联网的基础上，对具备条件的单位实施联网，涵盖市级预算单位、国有企业、金融机构和部分项目建设单位，联网数据涉及国库集中支付、预算核销、非税收入、银行账户管理、税务、政府采购、产权交易、行政审批、低保、卫生、残疾人、社保、工商、户籍、车辆等业务管理系统数据信息；16个区县审计局已全部实现与财政部门的联网，其中11个区县的审计网络覆盖所有一级预算单位。联网实时审计制度实现规范化、流程化，市审计局先后研究制定电子数据管理办法、联网实时审计操作规程、无项目审计实施办法等相关配套制度。市审计局实施联网实时审计，共出具审计疑点核查函28份、无项目审计报告8份、整改建议函5份，涉及162个相关单位，核查纠正65个单位的违规行为。

社会保障审计 对社会保险基金收支和管理情况进行审计，重点关注五项保险基金的管理模式、财务管理和财务状况、账户管理情况、支撑能力和结余形态，以及基本养老保险个人账户情况等基本情况，建议有关部门进一步提高失业保险资金使用效益，进一步完善相关政策，促进职业介绍补贴支付的合理性、合规性，进一步关注从业人员社会保险费的缴纳情况，确保社会保险费的应缴尽缴。对城镇保障性安居工程和资金进行跟踪审计，重点关注城镇保障性安居工程保障情况、城镇保障性安居工程目标任务完成情况、城镇保障性安居工程资金筹集使用情况，建议有关部门加强对享受住房保障家庭的人口、收入、财产等情况动态监管；加强对保障性住房租金的管理，提高资金使用效益；加强对重要环节的管理力度，促进保障房工程管理不断规范。对2013年以来国务院出台的一系列稳增长促改革调结构惠民生的政策落实情况进行跟踪审计，涉及市城乡建设委员会、市环保局、市国土房屋管局，延伸审计部分项目承担单位。审计结果表明，市委、市政府高度重视，坚决贯彻国务院决策部署，明确任务分工，制定配套政策，狠抓工作落实，各项工作取得明显进展和成效，有力推动了全市经济社会平稳较快发展。但同时也发现了个别市重点建设项目进展不顺利等问题，提出进一步完善项目管理联动机制和完善保障性住房管理机制等审计建议。对天津市住房公积金管理中心负责管理的全市2013年住房公积金的归集、管理和使用情况审计，重点关注住房公积金归集、提取、个人住房公积金贷款发放及回收、项目贷款的发放及使用情况，补充住房公积金和按月住房补贴资金管理等情况，查出市公积金中心在公积金贷款逾期管理等方面还存在需要改进和完善的问题。

固定资产投资审计 对地下铁道集团有限公司地铁5号线工程资金使用和项目管理情况进行审计，重点关注项目征地拆迁、工程招投标、物资设备采购、工程质量管理、建设资金管理等重点环节，查出部分项目资本金负担的利息及财务顾问费计入项目成本、扩拆地块支出计入项目成本、服务费结算不及时、多支付拆迁服务费、建设过程中腾迁房产未及时计入固定资产管理以及未取得部分建设工程规划许可证和施工许可证、部分合同招投标程序不完善等问题，提出不断完善建设项目的管理工作、坚持规范化操作、严格履行项目基本建设程序，确保项目建设合法合规，对房屋征收资金进行严格监管、确保资金专款专用等建议。对天津市对口支援新疆和田地区东三县资金和项目情况进行审计，重点关注援疆项目和资金基本情况、重点建设项目竣工决算情况，发现违规出借项目资金存在资金安全隐患、竣工决算超工程投资以及部分交支票项目拨付援疆资金超出竣工决算金额等问题。

外资运用审计 对全球环境基金赠款“中国—新加坡天津生态城”和亚洲开发银行贷款海河河口地区污染控制与生态恢复项目执行情况进行公证审计，重点检查赠款资金到位和使用、项目采购、提款报账、执行协议、内部控制、资金效益等情况，促进项目单位严格执行规定和协议，规范财务管理和会计核算，提高利用外资的质量和水平。

经济责任审计 天津市人民政府第40次常务会审议加强经济责任审计工作有关文件，经中共天津市委常委会审议通过，10月31日发布了《中共天津市委、天津市人民政府关于进一步加强经济责任审计工作的意见》（津党发〔2014〕19号）和《中共天津市委办公厅、天津市人民政府办公厅关于印发〈天津市党政主要领导干部和国有企业领导人员经济责任审计实施办法〉的通知》（津党厅〔2014〕21号）。市审计局研究制订综合施策保障审计全覆盖工作方案。全市审计机关共对139名领导干部实施经济责任审计。市审计局在试点基础上，扩大范围开展区县党委、政府主要领导经济责任同步审计。

企业审计调查 对天津市铁路集团有限公司2013年国有资产使用（运营）管理情况进行审计

调查，重点关注工程项目情况、资产管理情况、财务收支情况等重大经济事项，发现工程公司部分工程项目存在转包、房屋资产被其他单位无偿使用、对滨海新区和原大港区政府投入建设资金未主张权益和明确资金权属等问题。对天津铁路建设投资控股（集团）有限公司2013年国有资产使用（运营）管理情况的审计调查，重点关注内部控制制度制定情况、建设项目组织实施情况等，发现应缴未缴房产税、多计工程造价、收入结转不及时、注册资本金拨付不到位等问题。对天津市粮油集团有限公司2013年国有资产使用（运营）管理情况的审计调查，发现未经市国资委核准或备案自行核销债权债务金额，小型维修工程合同签订及执行不规范，固定资产管理方面存在部分项目决策程序不规范、项目改变用途、超概算未进行重新备案和核准，对外出租闲置资产未报市国资委备案等问题。对天津渤海国有资产经营管理有限公司资产负债损益的审计调查，发现使用贷款资金对外股权投资、管理费用中列支其他部门费用、虚假发票列支费用支出、未按规定列支管理费用等问题。

相关工作 天津市审计局与市纪委、市监察局、市公安局、市检察院、市委巡视机构分别建立移送案件线索加强协作配合工作机制，加强审前、审中、审后多环节合作，形成信息共享、职能互补的工作格局和反腐倡廉、打击犯罪的合力。向纪检部门和公安、检察机关移送案件线索20件。深入组织开展调查研究，围绕联网实时审计、队伍建设等迫切需要解决的理论和实践问题，完成调研课题39个，其中《大数据倒逼审计方式创新——关于天津市审计机关开展联网实时审计情况的调查报告》上报审计署。加强审计规范化建设，修订审计项目审理工作办法，制定审计现场管理办法，开展优秀审计项目评选，对16个区县审计局的30个审计项目进行审计执法质量检查，组织开展"法治思维"专题视频讲座。加强审计队伍建设，对审计队伍思想状况开展调查研究，选派业务骨干到审计署挂职、参加业务培训，选派11人到帮扶村和社区锻炼，定期举办青年干部大讲堂。研究制定落实党风廉政建设主体责任的意见，实行审计组廉政承诺和廉政小结制度。

内部审计 天津市共有内部审计机构1038家，其中专职机构328家；内部审计人员3808人，其中专职人员1496人。开展财务收支审计、经济效益审计、经济责任审计、基本建设审计等各类审计12845项，审计总金额4713.11亿元，提出审计意见被采纳6496条，促进增收节支45696.8万元。天津师范大学等5个内部审计机构和王敏等5名内部审计人员获得2011—2013年全国内部审计先进集体和先进工作者称号。举办"新修订的内部审计准则"与"现代内部审计理论创新与实务规范"专题培训班6期，参训人员达1571人次。天津地区489人报考国际注册内部审计师（CIA）资格考试，60人取得CIA资格证书。

（撰稿人：张雁森）

【河西区审计局】 2014年，河西区审计局人员编制44人，在编34人。局长白洪魁，副局长王国学、赵艳、张钟。设有办公室、法规科、社会保障审计科、财政审计科、行政事业审计科、经济责任审计科、固定资产投资审计科、资源环保审计科、企业审计科，并设有河西区审计咨询服务中心。

审计成果 河西区审计局完成审计项目71个，涉及全区43个部门、单位，延伸74个基层单位。查出各类违规及管理不规范金额92005万元；审计处理处罚金额11.64万元，其中应归还原渠道资金9.44万元、应上缴财政0.2万元。移送公安机关涉嫌诈骗线索1件，移送区纪检委事项1件。出具审计报告和审计调查报告58篇。提出审计意见和建议12条，提交审计信息7篇。

预算执行审计 对区财政部门2013年区级预算执行及6个单位部门预算执行审计。

联网实时审计 实现与区财政的国库集中支付系统、财政总预算会计系统的网络联通，接收区财政国库集中支付系统网络传输的电子数据，开通财政国库集中支付系统客户端，实现实时浏览财政资金拨付情况。设计研发财政资金跟踪审计预警模型，实现对财政资金纵向到底审计，成功运用到预算执行审计项目。

经济责任审计 受区委组织部门委托，对22名处级领导干部和国有企业领导人员任期经济责任情况进行审计。拟定《关于贯彻落实市委、市政府〈关于进一步加强经济责任审计工作的意见〉

的实施意见》。

固定资产投资审计　把监督检查区政府重点建设项目工程造价作为审计重点内容。完成30个工程造价审计项目，报审额13323.92万元，审减额1458.12万元，审减率11%，有效提升财政资金使用效益。

企业审计　对陈塘科技商务区建设专项资金、市容环境综合整治专项资金和旧楼区居住功能提升专项资金进行跟踪审计。《关于2008—2013年度陈塘科技商务区建设资金跟踪审计情况的统计分析报告》和《2011—2012年度河西区环境卫生管理局扫保人员经费情况专项审计调查报告》得到区领导高度重视。

专项资金审计　针对群众关心和社会关注的社会保障、科技、教育等民生资金，开展促进科技型中小企业发展政策落实情况审计调查、残疾人就业保障金管理使用情况专项审计、城镇保障性安居工程跟踪审计、学校现代化标准建设资金管理使用情况审计、美丽天津建设·一号工程重点项目跟踪审计、既有建筑节能改造专项资金审计等审计项目。开展稳增长促改革调结构惠民生政策措施贯彻落实情况跟踪审计，涉及18个部门单位。按照审计署、市审计局工作部署，赴静海县进行土地出让收支和耕地保护情况审计。

（撰稿人：郎　玲）

【和平区审计局】　2014年，和平区审计局人员编制43人，在编37人。局长郑国强，副局长杨士军、马洪新。设有办公室、人事教育科、法制科、财政审计科、行政事业审计科、固定资产投资审计科、企业审计科、经济责任审计科、联网审计科、内部审计指导科。

审计成果　和平区审计局完成审计项目19个，查出主要问题金额23626.36万元，其中违规金额6.21万元、管理不规范金额23620.15万元；审计处理处罚金额200.82万元，其中应上缴财政6.21万元、应调账处理金额194.61万元。移送纪检监察机关和有关部门处理事项1件。出具审计报告和专项审计调查报告19篇，被批示、采用3篇。提出审计建议43条。提交审计信息96篇，被批示、采用70篇。

预算执行审计　以促进规范预算管理、提高财政资金使用效益为目标，以涉及民生的专项资金和重点项目投资为审计重点，对本级预算执行和其他财政收支情况实施审计，对教育、卫生、文化等22个单位管理和使用的专项资金进行延伸，审计金额达171061万元。审计结果表明，2013年和平区财政预算执行情况总体较好，但部分单位仍然存在政府采购管理不够规范、暂存款长期挂账和超范围使用现金结算等问题。提出审计意见和建议，得到区领导的高度重视。

联网实时审计　健全工作制度，研究制定联网实时审计操作规程；加大数据集中和分析力度，探索审计运用数据技术的途径；实现经济分类加功能分类的“二维”定位模式；利用联网实时审计系统平台，对全区“三公”经费和暂存款多年挂账问题进行重点核查，下达核查函191件，整改总金额达755.60万元。

经济责任审计　受区纪检委、区委组织部的委托，统一安排部署，统筹审计资源，把领导干部职能履行、政策执行、民主决策、内控管理及廉洁自律等情况作为审计重点，将“三公”经费作为必审内容，对15个单位17名领导干部实施任期经济责任审计，查处违规及管理不规范金额8581.11万元，提出审计意见和建议34条，下达审计决定书8份。

固定资产投资审计　开展惠民工程项目、市容环境提升项目审计和保障性安居工程审计，力求最大限度地节约投资建设成本，提高财政资金的使用效益。全年完成重点建设项目投资审计21个，审核投资总额61054.22万元，核减工程款6769.28万元，核减率达11.09%，有效控制工程建设中的高估冒算、偷工减料、损失浪费等现象，节约政府投资，促进建设单位在规定职能范围内管理和使用资金。（撰稿人：吕晓雯）

【河东区审计局】　2014年，河东区审计局人员编制42人，在编36人。局长李存芳，副局长刘晶、张大勇，纪检组长杨城。设有办公室、财政审计科、行政事业审计科、社会保障审计科、固定资产投资审计科、经济责任审计科、内部审计指导科、法制科、人事教育科、纪检监察科。

审计成果　河东区审计局完成审计项目25个，查出主要问题金额100086万元，其中违规金额 144 万元、管理不规范金额 99942 万元、损益（收支）不实金额 5178 万元；审计处理处罚金额 1760 万元，其中应减少财政拨款或补贴 486 万元、应归还原渠道资金 14 万元、应缴纳其他资金 139 万元、应调账处理金额 1120 万元；审计发现非金额计量问题 19 个；审计促进整改落实有关问题金额 412 万元，其中已调账金额 412 万元；审计后挽回（避免）损失 139 万元。出具审计报告和专项审计调查报告 23 篇。提出审计建议 52 条。提交审计信息 41 篇，被批示、采用 28 篇。

预算执行审计 按照构建财政审计大格局的总体要求，2014 年预算执行审计以财政财务收支的真实合法效益为基础，以预算执行为主线，以财政专项资金为重点，在掌握预算执行总体情况的基础上，对教育、科技、劳动等单位的部门预算执行以及相关民生专项资金管理使用情况进行审计。重点关注账户管理、非税收入管理、专项资金管理使用、政府采购、部门职责履行，以及落实中央八项规定、厉行节约反对浪费等方面内容。

联网实时审计 通过专网与区财政局实现国库集中支付系统专线联通。实现与全区 56 家一级预算单位、28 家二级预算单位的线路联通工作。区编办批复机构设置，区审计局组建联网审计科。研究制定《河东区联网实时审计工作方案》《机房巡检管理制度》，设计《非现场沟通记录单》《联网实时审计监督疑点核查函》《联网实时审计监督整改意见函》；与区财政局签订《财务信息系统数据上传时间表》，建设联网中心机房，组织业务骨干，尝试开展联网实时审计，对已联通数据的整理、比对、核查工作，对各单位财务记账的及时性、内容的明晰性、大额现金使用、政府采购、国库集中支付系统账户资金划转等情况实施监督。针对发现的问题，及时要求单位纠正，避免小问题酿成大隐患，努力发挥联网审计的预警作用。

经济责任审计 受区委组织部委托，完成对 10 名领导干部经济责任审计。

固定资产投资审计 研究制定《强化工程造价审核业务质量及风险控制的规定》。完成造价审核项目 202 个，超额完成全年 120 个项目的目标任务，审核资金 1.2 亿元，直接为政府节约建设投资 4959 万元。固定资产投资审计科被评为河东区人民满意公务员示范单位。造价审计工作在节约政府资金、防止高估低算、促进廉政建设等方面，发挥重要的作用。

制度建设 出台《审计实施方案质量管理暂行办法》《预算执行审计工作规程》《关于工程造价审核质量及风险控制的规定》《行政事业单位常规审计项目必审内容的指导意见》等制度和《部门预算执行及其他财政收支的审计实施方案》《经济责任审计实施方案》，修订《审计实施方案质量管理暂行办法》和《审计业务流程》。

内部审计 研究制定《河东区基层预算单位开展内部定期审计工作的暂行办法》。组织全区内部审计机构对全区行政事业单位 2013 年“厉行节约反对浪费”开展专项调查。吸纳并审核通过 22 个一级预算单位和 49 个基层预算单位加入区内部审计协会，壮大内部审计协会的队伍。与区委组织部和区人社局进行协调沟通，推动全区财政财务资金较大、下属基层单位较多的重点单位设立“审计科”，配备专职内部审计人员。

（撰稿人：王敬军）

【南开区审计局】 2014 年，南开区审计局人员编制 48 人，在编 43 人。局长黑学刚，副局长王允昌、张慧、张同强。设有办公室、人事教育科、法制科、内部审计指导科、行政事业审计科、经济责任审计科、企业审计科、财政金融审计科、固定资产投资审计科、联网审计科。

审计成果 南开区审计局完成审计项目 19 个，延伸审计 20 个单位，查出主要问题金额 143159 万元，其中，违规金额 74 万元、管理不规范金额 143085 万元；损益（收支）不实金额 115 万元；审计处理处罚金额 74 万元，其中应上缴财政 12 万元、应调账处理金额 62 万元。出具审计报告和审计调查报告 19 篇。提交审计信息 69 篇。

预算执行审计 对 2013 年度本级预算执行情况及其他财政财务收支情况进行审计，涉及 6 个一级预算单位，延伸审计 6 个二级预算部门或单位的国债转贷资金、民政低保资金、部分财政拨付专项等重点专项资金。审计结果显示，个别单位或部门存在预算执行未完全到位，财政资金滞留或闲置；预算资金支付手续欠完备；未严格执行政府采购制度和固定资产登记制度及违规收费情况等问题，审计提出整改意见和建议。

联网实时审计 完成国库集中支付系统的连接，共涉及全区171个一、二级预算单位。实现与区财政局的网络连接，与区教育局财务数据联网。在2014年同级财政审计工作进行过程中，发挥联网实时审计的数据优势，对南开区2013年度国库集中支付系统数据进行分析，扩大同级财政审计的延伸覆盖面。通过对17个预算单位（包括一、二级）近40个问题疑点进行核查，出具审计核查报告17份，分别对区财政局、民政局下达联网审计整改意见函。

经济责任审计 对14名处级领导干部任期经济责任履行情况进行审计。审计发现，个别单位领导对财务管理工作重视程度不高，内控制度不健全，执行制度不严格。审计部门向相关部门或单位提出整改意见和建议。召开两次经济责任审计联席会议，通报被审计单位领导干部履行经济责任的审计情况。

专项资金审计 对南开区2012年旧楼区综合提升改造专项资金进行审计，涉及59个小区，审计结果显示，专项资金基本做到专户核算、专款专用，但存在建设资金拨付缓慢、工程已完工未办理竣工决算等问题。对南开区2012年投入的1020万元科技资金进行调查审计，审计结果显示，科技创新，科技经费扶持项目的立项审批手续基本健全，管理使用基本规范，但存在科技经费拨付时间滞后、个别企业对扶持资金的会计核算欠规范的问题。

内部审计 制订《南开区开展联审互查工作实施方案》，开展联审互查216户次，实现对全区54个一级预算单位工资及日常办公费支出进行每月一轮的全程审计，为审计监督全覆盖、常态化奠定基础。（撰稿人：马少波）

【河北区审计局】 2014年，河北区审计局人员编制49人，在编41人。局长张麟，副局长景建、张凤荣、刘金贵。设有办公室、财政审计科、行政事业审计科、企业审计科、固定资产投资审计科、人事教育科、法制科、经济责任审计科、联网审计科、内部审计指导科。

审计成果 河北区审计局完成审计项目21个，查处违规及管理不规范金额4205万元，其中违规金额769万元、管理不规范金额3436万元。出具审计报告、审计结果报告和专项审计调查报告38篇，被区领导批示3篇。提出审计意见建议59条。提交审计信息及宣传稿件27篇。第二医院院长任期经济责任审计项目被评为天津市审计系统优秀项目（2013年项目）。分别获得优秀纪检监察组织、依法考核优秀单位、内部审计“百题”知识竞赛及理论研讨“优秀组织奖”、第三次荣获天津市精神文明单位等荣誉称号。

预算执行审计 加强对重点领域、重点部门、重点资金、重大政策执行的审计监督。结合教育实践活动，将整治“三公”经费开支过大、开展“小金库”专项治理、查处私设“账外账”、公款私用、随意花钱等各种违纪问题、整治各种名义乱收费、乱罚款、乱摊派问题等三项内容纳入审计重点；围绕政策措施制度贯彻执行，开展“三公”经费支出及公务卡制度执行审计；结合十八届三中全会及八项规定要求，重点关注“三公”经费、会议费等行政成本支出和厉行节约情况；围绕民生项目开展城镇保障性安居工程及基本公共卫生服务项目审计；围绕专项资金的管理使用开展楼宇发展专项资金审计。

联网实时审计 实现审计与财政部门的联网，为进一步加强对政府财政资金的有效监督打下基础。与区财政部门联合制发《关于进一步加强会计电算化管理落实联网实时审计工作的通知》，摸清全区预算账户数据库种类和类型及一、二级预算单位底数。设立联网审计科，健全组织机构，选派年轻干部参与市审计局联网实时审计。为适应和达到联网审计对数据传输安全、完整、快捷和保密的高标准要求，更新计算机软、硬件。

经济责任审计 受区委组织委托，完成对17名领导干部的经济责任审计。

专项资金审计 对2013年河北区城镇保障性安居工程进行跟踪审计，着力解决好群众关心、社会关注的住房保障热点问题，客观评价旧楼区提升改造以及改善居住条件和环境等方面发挥的成效，对存在的问题提出进一步完善旧楼区管理长效措施及发挥财政资金应有效益的审计意见及建议。参加全国土地出让收支和耕地保护情况审计。开展稳增长促改革调结构惠民生政策措施贯彻落实的专项审计。

内部审计 指导内部审计单位开展审计项目151个，审计总金额96072万元，提出建议意见被采纳65条。组织全区市内部审计人员开展业务培训，参加市内部审计协会“审计法及内部审计准则百题知识”竞赛活动，2个集体和1名个人分别获得天津市2011—2013年度内部审计先进集体和先进工作者荣誉称号。（撰稿人：李桂英）

【红桥区审计局】 2014年，红桥区审计局人员编制38人，在编34人。局长张树起，副局长纪耀章、王凤英。设有办公室、财政审计科、行政事业审计科、企业审计科、基建金融审计科、经济责任审计科、内审指导科、法制科、人事科。

审计成果 红桥区审计局完成审计项目26个，查出主要问题金额11387万元，其中违规金额1224万元、管理不规范金额10163万元；审计处理处罚金额5469万元，其中应上缴财政2343万元、应调账处理金额3126万元；审计发现非金额计量问题9个。出具审计报告和专项审计调查报告27篇。提出审计建议17条。提交审计信息21篇。

预算执行审计 完成2013年区财政预算执行和其他财政收支审计，关注财政资金总量，关注预算分配依据和标准、财政支出结构和投向、政府性债务管理等情况。部门预算执行审计，重点关注预算编制、调整、执行和政府采购以及落实中央八项规定等情况。对区教育局、区建委、区市容园林委、区档案局4个单位部门预算执行情况进行审计。

联网实时审计 启动联网实时审计工作，与财政专线搭建并联通，实现与区财政及50个主管预算单位的联网，实现与区财政总预算、国库集中支付等系统数据联通。

经济责任审计 围绕领导干部经济责任的履行情况，重点关注“三公”经费的使用情况，督促八项规定的落实。完成对团区委、双环邨街道办事处等单位7名主要领导的离任经济责任审计；完成对区房管局、区财政局、区市容园林委、区安全监管局4名主要领导的任中经济责任审计。

专项资金审计 完成红桥区2013年城镇保障性安居工程跟踪审计。对区环保局、区行政许可中心稳增长促改革调结构惠民生政策措施贯彻落实情况进行跟踪审计。开展对美丽天津建设·一号工程重点项目实施效果和资金管理使用情况审计、区街道系统税收奖励政策落实情况审计调查。抽调10人参加市审计局对宝坻区土地出让收支和耕地保护情况审计。

固定资产投资审计 完成对区文化中心项目跟踪审计、区中医医院装修改造工程决算等4个项目审计，重点关注项目招投标、合同执行、建设资金筹集使用等环节，审核工程决算，防范和化解项目管理风险。

内部审计 红桥区59个内部审计机构，完成审计项目94个，总金额27.3亿元，提出建议被采纳199条。区政府对2012—2013年度内部审计工作4个先进集体和8名先进工作者进行表彰。红桥区内部审计协会加强对内部审计机构工作的指导和考核，开展《内部审计增加组织价值》理论研讨，组织《中国内部审计准则》培训和竞赛，宣传内部审计工作，搭建交流平台，被评为2011—2013年度天津市内部审计工作先进集体。

（撰稿人：李　妍）

【东丽区审计局】 2014年，东丽区审计局人员编制35人，在编31人。局长宁培建（—12月），副局长时卷林（12月—，主持工作）、魏金凤。设有办公室、法制科、财政审计科、行政事业审计科、固定资产投资审计科、经济责任审计科、国有企业审计科、内部审计指导科、信息化科、联网审计科。

审计成果 东丽区审计局完成审计项目17个，延伸审计52个单位，查出主要问题金额6935.99万元；上缴财政1035.27万元。出具审计报告17篇，区领导批示审计报告8篇。提出审计建议17条。提交审计信息36篇。

预算执行审计 对2013年度全区公共财政预算、政府性基金预算和社会保障预算等全口径预算实施情况进行审计。重点关注资金运行的真实、合法和效益情况，“三公”经费和会议费管理使用情况，教育、文化、医疗卫生、扶贫、最低生活保障、就业等重点民生资金管理使情况。延伸审计10个单位，审计总金额84.61亿元，发现利息未缴国库、未按预算列报支出等问题，查出违规金额1101.8万元，提出审计建议3条。对卫生计生委、安监局等4个部门预算执行情况开展审计，延伸审计2个单位，发现未计固定资产、票据管理不规范、固定资产未经审批出售等问题，查出管理不规范金额8.38万元，提出审计建议4条。

街道财政决算审计 完成军粮城街道办事处、新立街道办事处等2个辖属街道审计，延伸审计18个单位，发现漏缴税金、不合规票据入账等问题，查出管理不规范金额4357.49万元，补交税收入库0.52万元，提出审计建议1条。

经济责任审计 受区委组织部委托完成对科委、工业经委等部门4名处级领导干部的经济责任审计，查出管理不规范金额1460万元，提出审计建议4条。

固定资产投资审计 完成张贵庄街便民服务中心改造工程竣工决算审计项目，延伸审计12个单位，发现代建管理费提取不符合规定、部分项目未履行招投标程序、部分项目建设管理不规范等问题，查处管理不规范金额8.32万元。

交办任务 按照审计署、市审计局及区政府的要求，完成对2013年保障房和滨丽、城投、财信等3家政府融资平台项目的审计；对泰达西区、金鑫园、空客一期、华明示范镇等还迁项目政策性收费及剩余房源情况的审计；对农发办5项涉农资金项目、东丽区养老中心2013年度财务收支情况的审计，审计总金额323.37亿元。

内部审计 对区建委、区教育局、区水利局等36个单位内部审计进行业务指导，检查内部审计准则落实情况。 （撰稿人：王　凯）

【西青区审计局】 2014年，西青区审计局人员编制31人，在编28人。局长王凤清，副局长魏奎成、魏津元。设有办公室、法制科、行政事业审计科、财政金融审计科、经济责任审计科、固定资产投资审计科、内部审计指导科、联网实时审计科。

审计成果 西青区审计局完成审计项目7个，查出主要问题金额57175.42万元，其中违规金额6602.99万元，管理不规范金额50572.43万元。出具审计报告和专项审计调查报告7篇。提出审计意见建议30条。提交审计信息77篇，被采用68篇次。

预算执行审计 以构建财政审计大格局为目标，深化创新区级财政预算执行审计，在加强财政收支真实性、合法性的基础上，以预算编制、执行、管理为重点，以提高财政绩效水平为目标，做到总体把握与细部环节相结合、宏观分析与微观审计相结合、预算执行审计与职能审计相结合、财政审计与部门审计相结合。

联网实时审计 制定《西青区联网实时审计监督暂行办法》《西青区审计局无项目审计实施办法》《西青区审计局联网实时审计操作规程（试行）》《西青区审计局联网实时审计科室职责规定（试行）》等4个制度。绘制《西青区联网审计操作流程图》，完成与一级预算管理单位的联网工作，成功采集财务数据。

经济责任审计 完成对西青区科学技术委员会、西青区发展和改革委员会、天津南站地区综合管理工作委员会等3名处级领导干部的任期经济责任审计。审计中紧紧抓住审计重点、突出领导干部职能审计，客观公正地评价领导干部任职期间的经济责任履行情况，注重分析产生问题的原因，并从制度和管理层面深刻分析，查找原因，提出建议，进一步规范被审计单位财务核算和管理水平。

专项资金审计 对西青区农民专业合作社发展情况、西青区新建及提升改造12所街镇中心幼儿园专项资金管理和使用情况开展审计调查，着重对资金的管理和使用、项目实施的进度和效益情况等方面进行审计，对发现的问题进行深入研究，分析其产生的原因，从体制机制制度层面提出审计意见和建议，为区经济发展服务。

固定资产投资审计 对西青郊野公园建设工程进行审计，重点关注工程建设程序、资金管理和使用的合规性，对审计问题进行深入剖析，提出解决问题的建议。

内部审计 制定《西青区2014年内部审计工作指导意见》，指导全区9个街镇及西青开发区管委会内部审计部门开展工作；开展辅导审计4项，根据被辅导单位的要求，出具相关的审计情况汇报材料；组织开展全区内部审计培训，深入基层单位进行辅导讲座，不断提高全区内部审计人员工作水平。 （撰稿人：王洪梅）

【津南区审计局】 2014 年，津南区审计局人员编制 35 人，在编 28 人。局长魏瑞荣，副局长王会芬、莒和通（—12 月）、王玉爱（12 月—）。设有办公室、财政金融审计科、经济责任审计科、行政事业审计科、法规科、工业商业审计科、固定资产投资审计科、内部审计指导科。

审计成果 津南区审计局完成审计项目 20 个，查出主要问题金额 155083 万元；损益（收支）不实金额 1943 万元；发现非金额计量问题 51 个。提交审计报告和专项审计调查报告 20 篇，被批示、采用 21 篇次。提出审计建议 79 条，被采用 79 条。荣获中国审计报社审计宣传先进单位称号和中国时代经济出版社审计宣传先进单位称号。

预算执行审计 审计单位 5 个，延伸审计单位 2 个，查出主要问题金额 12490 万元，未按规定纳入预算管理金额 8568 万元，隐瞒转移截留金额 40 万元，违规使用发票金额 20 万元。

经济责任审计 完成对 9 名审计领导干部的经济责任审计，其中县处级领导干部 8 人，乡科级领导干部 1 人。查出主要问题金额 142090 万元。

行政事业审计 审计单位 3 个，查出主要问题金额 307 万元（其中管理不规范金额 307 万元），应上缴财政 6 万元。

固定资产投资审计 审计单位 3 个，延伸审计单位 24 个，审计项目投资额 7931 万元。出具审计报告 3 篇，区主要领导做了批示 5 篇次。提交审计信息、审计论文 13 篇，其中 8 篇被天津市审计局和区政府采用，1 篇被《中国审计报》采用。

内部审计 全区有内部审计机构 87 个，其中专职内部审计机构 14 个；内部审计人员 216 人，其中专职内部审计人员 45 人。完成审计项目 315 个，审计总金额 504991 万元，促进增收节支 369 万元。被采纳建议、意见 331 条，培训内部审计财会人员 256 人次。 （撰稿人：解　锦）

【北辰区审计局】 2014 年，北辰区审计局人员编制 44 人，在编 37 人。局长祁惠红（—11 月）、吴佩立（11 月—），副局长刘妍、李军。设有办公室、法制综合科、行政事业审计科、财政审计科、固定资产投资审计科、经济责任审计科、工商企业审计科、内部审计指导科、联网审计科、农村集体经济组织审计中心。

审计成果 北辰区审计局完成审计项目 32 个，查出主要问题金额 975467.62 万元，其中违规金额 54396.61 万元、管理不规范金额 921071.22 万元；损益（收支）不实金额 1029 万元；审计处理处罚金额 2025 万元，其中应上缴财政 525 万元、应归还原渠道资金 1500 万元；审计发现非金额计量问题 35 个。出具审计报告和专项审计调查报告 47 篇，被批示、采用 3 篇。提出审计建议 91 条。提交审计信息 138 篇，被批示、采用 72 篇。

预算执行审计 关注财政预算编制、执行和非税收入的实现情况以及行政运行成本和管理绩效。延伸审计 11 个重点资金使用单位，加大对非税收入、“三公”经费、重点资金、零余额账户使用等方面情况的审计力度。涉及延伸审计重点资金 9.4 亿元。

联网实时审计 完成审计“一张网”建设硬件配套工作，实现区审计局与区财政、一级预算单位的网络连接，为联网审计工作的开展奠定基础。

固定资产投资审计 开展对 2013 年双街、大张庄、青光、北仓示范镇建设、城中村改造丁赵 B 地块项目以及 2013 年区保障房安居工程项目审计。

经济责任审计 受区委组织部委托，完成对 16 名领导干部的经济责任审计。帮助指导各镇对 109 个村的 186 名村干部实施任中经济责任审计。通过制定下发《农村审计操作指南》和组织开展优秀项目评选等活动，提升各镇农审工作质量和水平。

专项资金审计 开展对城中村改造资金、农业综合开发资金、燃煤锅炉改造、工业企业污染源和入河排污口门治理、稳增长促改革调结构惠民生防风险政策措施落实情况等 5 个项目审计，审计资金 125528.35 万元。

内部审计 制定下发内部审计考核办法，组织开展各内部审计单位的交流、培训、考核等活动。北辰区天穆镇审计办、天士力控股集团公司审计中心获得 2011—2013 年全国内部审计先进集体。在天津市 2013 年至 2014 年审计科研论文评选中，李洋撰写的《对农村集体经济组织审计推行联网实时审计的构想》论文获得二等奖，区农审中心《农村审计工作的现状与发展》论文获得三等奖。（撰稿人：卢丽娜）

【武清区审计局】 2014年，武清区审计局行政人员编制35人，在编35人。局长雷永良，副局长张亚东、谢万俊、顾韵洁。设有办公室、综合法制科、行政事业审计科、财政金融审计科、经济责任审计科、固定资产投资审计科、企业审计科、建设工程审计科。

审计成果 武清区审计局完成审计项目21个，查出管理不规范金额220947万元。出具审计报告和专项审计调查报告21篇。提出审计建议9条，提交审计信息13篇，被批示、采用10篇。被武清区纪委、区监察局评为2013年度警示教育活动优秀组织单位。

预算执行审计 对区财政局组织实施的区级预算情况，部分政府部门执行预算情况，财政局往来账款的真实性、合法性，专项资金支出的真实性、合法性等方面进行审计。查出个别单位收取的手续费未纳入预算管理、应缴未缴预算收入、占用专项收入、预算内转预算外等问题，并提出相应的整改意见和建议，向区人大提交审计工作报告。

联网实时审计 进行联网审计设备的采购和安装。完成与区财政的联通和数据传送。制定下发《武清区审计局联网实时审计工作方案》。选派业务骨干到市审计局进行学习和培训。

经济责任审计 受区委组织部委托，对5名处级领导干部进行经济责任审计，促进有关单位制定完善相关的内控制度。政府运用经济责任审计结果，进一步规范领导干部经济行为。

企业审计 完成天津武清粮食购销有限公司、天津市武清区新华书店等12个国资委重点监管企业的财务收支审计，提出合理化建议，促进企业加强制度建设和内部管理。

专项资金审计 对城镇保障性安居工程、稳增长促改革调结构惠民生防风险政策措施贯彻落实开展审计与审计调查，推动政策措施落实到位，促进经济平稳运行、健康发展。

（撰稿人：付立新）

【宝坻区审计局】 2014年，宝坻区审计局人员编制39人，在编39人。局长杨有生，副局长郭杰、陈建波、王洗强。设有办公室、法制综合科、财政金融审计科、经济责任审计科、行政事业审计科、企业审计科、固定资产投资审计科、农业与资源环保审计科。

审计成果 宝坻区审计局完成审计项目8个，查出主要问题金额30458万元，其中违规金额8048万元、管理不规范金额22409万元；损益（收支）不实金额19496万元；审计处理处罚金额30458万元，其中应上缴财政7940万元、应减少财政拨款或补贴109万元、应缴纳其他资金49万元、应调账处理金额22409万元；审计发现非金额计量问题21个；审计促进整改落实有关问题资金153万元，其中增收节支109万元、审计后挽回（避免）损失44万元。出具审计报告和专项审计调查报告17篇，被批示、采用10篇。提出审计建议1条。提交审计信息39篇，被批示、采用19篇。

预算执行审计 查出主要问题金额7891万元，其中违规金额7891万元；应上缴财政7891万元；审计发现非金额计量问题3个。

联网实时审计 建设联网实时审计机房，实现对财政数据的联网采集。

经济责任审计 受区委组织委托完成对9名领导干部的经济责任审计，查出主要问题金额22567万元。

信息化建设 购置办公笔记本电脑11台，实现一线审计人员人手一本；OA（审计管理系统）由2008版升级到2011版。（撰稿人：芮振川）

【滨海新区审计局】 2014年，滨海新区审计局在编92人。局长李向前，副局长王克勤、窦效良。设有办公室（法规处）、财政审计处、行政事业审计处、企业审计处、固定资产投资审计处、资源环保审计处、综合业务处、经济责任审计处。滨海新区第二次改革完成，将塘沽、汉沽、大港原审计人员76人重新划回新区审计局相关处室。

审计成果 滨海新区审计局完成审计项目18个，提交审计工作报告16个，其中2个报告得到区委区政府领导批示。提出审计建议71条，其中

28条被采纳。提交各类审计信息4篇，被采用4篇。完成区政府临时交办的单项审计事项106件，解决塘沽、汉沽、大港历史遗留问题154个。滨海新区审计局被国家人力资源社会保障部和审计署授予全国审计机关先进集体称号。

预算执行审计 对2013年度区本级及区财务中心、各委办局，以及原塘沽、汉沽、大港管委会和开发区管委会的预算执行和其他财政财务收支进行审计，审计新区本级部门10个，延伸审计62个单位，抽查资金使用单位，突出财政专项资金、涉及民生的公共资金审计，着力促进依法行政和规范管理，维护经济安全。

固定资产投资审计 对滨海新区菜市场提升改造工程进行审计。滨海新区菜市场提升改造工程共立项审批塘沽、汉沽、大港44个菜市场，建筑安装费合同金额5104.15万元。经审计大幅核减工程款，节约了财政资金。对港城大道项目、东金路项目、新区文化商务中心项目、新区公安局刑侦特警营地项目、新区区委党校项目、2012年滨海新区市容环境综合整治项目进行审计。

专项资金审计 按照计划开展保障房安居工程、养老基金等惠民项目的落实情况审计，重点关注财政资金投入大、群众关注度高、关系国计民生的重点项目、重点资金，促进完善制度，落实政策，规范管理，防范风险，确保资金安全运作。对审计中发现的截留、挤占、挪用及虚报冒领专项资金等问题进行严肃查处，促进各项惠民政策的贯彻落实，维护人民群众的根本利益。

经济责任审计 成立经济责任审计工作领导小组，结合滨海新区改革，增设经济责任审计处。研究制定全区经济责任审计实施细则，在经济责任审计中推广应用，初步形成以经济责任审计为龙头，各项审计工作有机结合的工作格局。

（撰稿人：李兰英）

【宁河县审计局】 2014年，宁河县审计局人员编制28人，在编28人。局长吴凤友，副局长周春芬、刘玉恒、张维众。设有办公室、财务人事科、综合法制科、行政事业审计科、经济责任审计科、金融基建审计科、财政审计科、农业资源环保审计科、内部审计指导科。

审计成果 宁河县审计局完成审计项目38个，查出管理不规范金额81645万元。出具审计（调查）报告28篇。提交审计信息、宣传、简报42篇，被天津市审计局采用17篇次。

预算执行审计 对县财政局执行的2013年本级预算审计，对县教育局、县科委、县交通局、县人保局、县残联、县建委、县综合执法局、县市容委等8个部门2013年度预算执行情况和其他财政收支情况进行审计，审计中查出管理不规范金额47166万元。对原种猪场、县医院、县贸易开发区管委会、县新闻中心、县供销合作社、县慈善协会等6个部门2013年度财务收支情况的审计，查出管理不规范金额22469万元。

乡镇决算审计 对大北镇2013年度财政决算情况的审计，查出管理不规范金额16万元。

经济责任审计 对板桥镇、造甲镇的3名领导干部离任经济责任履行情况开展审计，对农业局、规划局、综合执法局、经济开发区管委会、粮食局等5名领导干部任中经济责任履行情况开展审计，查出管理不规范金额8466万元。

固定资产投资审计 对芦台镇朝阳楼节能改造工程竣工决算进行审计，查出管理不规范金额3528万元。

专项审计 对部分行政事业单位2013年度单位职工住房公积金扣缴情况开展审计调查。实施对美丽天津·一号工程重点项目建设实施效果和资金管理使用情况的跟踪审计调查。

交办任务 完成宁河县纪检委组织的县重点工程投资项目检查、宁河县粮油公司金芦米业专项资金审计、天津市田禾土地开发整理有限公司2010年至2013年财务收支审计、宁河县“小金库”检查审计。完成县长交办的殡葬所财务收支审计、粮食购销公司2013年资产负债损益审计。参与县乱收费情况检查、天津津沽粮食工业有限公司财务收支审计、津芦公路管理办公室财务收支审计、宁河县商品市场建设服务中心财务收支审计。

（撰稿人：李宏秋）

【静海县审计局】 2014年，静海县审计局人员编制30人，在编29人。局长刘印新（—2月）、周俊明（2月—），副局长陈军、刘树发，纪检组长魏立军。设有办公室、财政审计科、行政事业审计科、固定资产投资审计科、经济责任审计科、农业与资源环保审计科、企业审计科、综合法制科。

审计成果 静海县审计局完成审计项目41个，查出主要问题金额171131万元，其中违规金额48513万元、管理不规范金额122618万元；审计处理处罚金额165503万元，其中应上缴财政47809万元、应归还原渠道资金5万元、应调账处理金额117119万元；审计发现非金额计量问题28个；审计促进整改落实有关问题资金165475万元，其中增收节支47787万元、已调账处理金额117119万元、已缴纳其他资金569万元。出具审计报告和专项审计调查报告41篇，被批示、采用3篇。提出审计建议93条，提交审计信息36篇，被批示、采用22篇。

预算执行审计 对本级财政预算执行及其他财政收支情况、9个主管部门预算执行情况、2个乡镇财政收支情况进行审计，查出违规金额46223.62万元，管理不规范金额119154.87万元。县政府高度重视审计结果，要求相关部门严格按照审计意见进行整改。县人大常委会对审计工作给予充分肯定。

经济责任审计 受县委组织部委托，对23个单位33名领导干部任期经济责任进行审计，查出违规金额2289.65万元，管理不规范金额3461.4万元。提出审计建议47条，并向县领导及有关部门进行情况汇报和通报。

固定资产投资审计 对2个工程项目进行竣工决算审计，审减建设资金4.79万元。规范建设程序，控制高估冒算工程资金问题。

专项资金审计 对天津美丽一号工程涉及的2项工程及生态村建设资金开展专项审计及调查，对排污标准不达标、治理资金缺口较大等问题提出针对性审计建议15条。

交办任务 选派8名审计干部，参加对北辰区耕地保护及土地出让资金的专项审计；配合市审计局对城镇保障性安居工程棚户区改造项目进行跟踪审计。按照县领导安排，对清理“小金库”“乱收费”及县域部分民营企业生产经营和企业债权及债务情况、7个上访村财务收支、拟提拔村干部任期经济责任进行审查；配合相关部门对全县12家废酸处理企业进行核查，对党员服务中心等8个单位提供审计服务。

内部审计 继续引导内部审计部门围绕加强部门单位财务基础管理确定审计重点，完成审计项目201个，提出审计建议109条。组织理论研讨，定期走访内部审计机构，进行现场业务指导。县内部审计协会被评为天津市内部审计先进集体。

（撰稿人：李俊香）

【蓟县审计局】 2014年，蓟县审计局人员编制33人，在编30人。局长夏景泽，副局长张士海、邹双谊、张维东。设有办公室、法制综合科、行政事业审计科、财政金融审计科、农业资金审计科、基建审计科、经济责任审计科、企业审计科。

审计成果 蓟县审计局完成审计项目39个，查出主要问题金额26693万元，其中违规金额21204万元、管理不规范金额5489万元；审计处理处罚金额9027万元，其中应上缴财政8121万元、应归还原渠道资金80万元、应调账处理金额825万元。出具审计报告40篇。提出审计建议124条。

财政审计 完成蓟县2013年度预算执行和其他财政收支情况审计，向县政府和县人大常委会分别提交审计结果报告和审计工作报告。完成3个主管预算单位2013年度预算执行审计，为提高财政预算管理水平服务。完成5个镇乡财政收支审计，规范镇乡财政预算管理，关注“三农”资金使用效益。

行政事业审计 完成19个行政事业单位财务收支审计，严肃财经纪律，规范收支行为。

经济责任审计 完成县委组织部委托5个单位6名主要领导干部经济责任审计，增强领导干部履责意识。

企业审计 完成对5个企业的审计，促进企业提高经营管理水平。

固定资产投资审计 完成对蓟县州河公园、城区大街市容综合整治等重点基建工程预算情况的审核。其中，州河公园工程预算30项，上报金额12430.29万元，审定金额5445.44万元，核减金额6984.85万元，核减率56.19%。

专项资金审计 完成对蓟县2013年度献血资金管理使用情况的审计，提出进一步严格规范使用的意见。

交办任务 按照审计署和市审计局的部署，选派8人参加市审计局对滨海新区土地出让收支和耕地保护资金审计。按照市审计局的安排，开展保障房建设情况、工业污染源防治情况审计和审计调查，对稳增长促改革调结构惠民生政策措施贯彻落实情况进行跟踪审计，按时上报工作报告。按照县政府的安排，开展蓟县经济开发区运营情况、“小金库”治理情况、“三公”经费支出、企业减负情况等检查工作，摸清情况，提出做好整改规范的建议。 （撰稿人：马玉培）

2014年天津市所辖区、县级审计工作统计表

金额单位：万元

审计机关	完成审计项目（个）	审计查出主要问题金额	审计处理情况					出具审计报告和审计调查报告（篇）	提出审计建议（条）	提交审计信息（篇）
			审计处理处罚				移送处理事项（件）			
			应上缴财政	应减少财政拨款或补贴	应归还原渠道资金	应调账处理金额				
河西区审计局	71	92005			9		2	58	12	7
和平区审计局	19	23626	6			195	1	19	43	96
河东区审计局	25	100086		486	14	1120		23	52	41
南开区审计局	19	143159	12			62		19		69
河北区审计局	21	4205						38	59	27
红桥区审计局	26	11387	2343			3126		27	17	21
东丽区审计局	17	6936	1035			5892		17	17	36
西青区审计局	7	57175	6603					7	30	77
津南区审计局	20	155083	311		1	1311	1	20	79	63
北辰区审计局	32	975468	525		1500			47	91	138
武清区审计局	21	220947						21	9	13
宝坻区审计局	8	30458	7940	109		22409		17	1	39
滨海新区审计局	18							16	71	4
宁河县审计局	38	81645						28		42
静海县审计局	41	171131	47809		5	117119		41	93	36
蓟县审计局	39	26693	8121		80	825		40	124	39

河北省

【河北省审计厅】 2014年，河北省审计厅人员编制144人，在编137人。设有经济责任审计局、办公室、法规处、财政审计处、金融审计处、行政事业审计处、企业审计处、农业与资源环保审计处、社会保障审计处、固定资产投资审计处、外资运用审计处、人事教育处、机关党委、监察室、离退休干部处、内部审计管理处、经济执法派出审计处、农林水派出审计处、科教派出审计处、文体卫派出审计处、发展建设派出审计处、贸易交通派出审计处、河北省审计系统教育中心、计算机信息审计中心、财政审计中心、审计事务中心。

领导成员

厅　　长：葛梦彬

副 厅 长：李树森　马建平　杨晓和

总审计师：段　宁

纪检组长（监察专员）：赵　颖

经济责任审计局局长：赵建护

巡 视 员：吴兵冲　王　克

副巡视员：陈彦丰

审计成果　河北省各级审计机关科学安排审计项目，依法履行职责，审计效果显著。全省共完成2775个审计（调查）项目。已上缴财政、减少财政拨款或补贴40多亿元；查出违规和管理不规范金额2360多亿元；向司法、纪检监察以及其他部门移送处理事项185件；推动建立健全制度和整改措施150多项。审计成效得到省委、省政府的高度评价，省领导在上报的审计综合报告和专报上的批示高达55次。在这些批示中，既有对审计结果的高度重视，又有督促相关部门单位加强审计问题整改的具体要求，充分表明河北省委、省政府对审计工作的大力支持。

财政审计　全省共审计预算执行和财政决算项目1500多个，延伸审计2000多个单位。开展全省稳增长等政策措施落实情况跟踪审计，探索重大政策措施贯彻落实情况审计的路子。全省阶段性审计综合报告上报省政府后，省领导高度重视，省长做出重要批示，责成政府办公厅梳理问题清单，并召开省政府常务会议研究了整改事宜。加大对“三公”经费、会议费审计力度，通过对13个省直部门“三公”经费审计发现，比预算下降11.68％，“三公”经费增长势头得到遏制，节约财政资金。加大对基层财政的审计监督，已连续五年开展对省财政直管县的审计，审计覆盖面已达70％左右，促进基层财政的规范管理。

经济责任审计　全省共审计党政领导干部和企事业单位领导人员629人，其中任中审计265人，离任审计364人；地（厅）级8人，县（处）级156人，乡（科）级450人，地方企业及金融机构9人，其他干部7人。审计查出主要问题金额187亿元，其中负直接责任问题金额13亿元。河北省审计厅组织开展的市长经济责任审计，实行“以经济责任审计为抓手，综合实施审计项目”的审计组织方式，把与经济责任审计内容相关的审计项目，统一纳入项目计划，综合实施审计，做到统一组织、同步开展、相互衔接、成果共享。拓展审计内容，首次将土地、矿产、森林、水等自然资源、城市规划、编制管理等内容纳入经济责任审计范畴。河北省审计厅首次开展法院院长和两个市级审计局长的任期经济责任审计，对促进执法部门依法行政、加强自身建设等起到促进作用。省委、省政府对经济责任审计工作高度重视，省领导共批示经济责任审计报告20次。

民生资金（项目）审计　全省派出128个审计组、860多名审计人员，连续第二年对全省城镇保障性安居工程进行跟踪审计，从完善住房保障制度、健全工作运行机制、规范城镇保障性安居工程管理等方面提出建议。

固定资产投资审计　全省对309个重大投资项目进行审计，核减投资（结算）额15亿元，为国家节约建设资金，提高资金使用效益。

资源环境审计　配合审计署圆满完成全省土地出让收支和耕地保护情况审计任务。全省各级审计机关抽调1260名审计人员，自8月至11月，由审计署京津冀特派办牵头，与审计署共同组成44个审计小组，对河北省2008年至2013年土地出让收支，建设用地审批、征收、供应、使用，以及耕地保护等情况进行全面审计。省市县三级审计机关以高度的政治责任感积极配合审计署开展工作，参审人员在审计中求真务实，坚持原则，加班加点，得到审计署的充分肯定。开展对全省环保资金的审计调查，审计（调查）的范围包括部分设区市的37个环保项目，涉及财政局、环保局、项目建设单位及施工单位等与环保专项资金管理使用相关的部门和单位，并对有关事项进行延伸审计，查出环保专项资金建设项目未实施、套取挪用专项资金及公职人员涉嫌受贿等十方面问题，规范资金管理。

金融审计　连续五年对省农村信用联社及分支机构进行审计，促进增收节支1.8亿元；审计移交案件线索6起，800多人次责任人受到处理处罚。对13家金融单位进行审计，延伸审计83个单位，查出违规经营、资产不实等问题金额229亿元。

企业审计　全省对39个大中型国有企业进行审计。审计围绕国家法律法规政策执行情况、重大经济决策、财务收支及经营管理展开。

外资运用审计 全省审计 8 个国外贷援款项目，抽审子项目单位 85 个，涉及林业、水利、教育和环境治理等行业，出具中英文审计报告 6 份。

队伍建设 省审计厅组织开展以“颂党恩”为主题的系列活动。举办厅党组书记讲党课报告会，11 个设区市、173 个区县审计局设立分会场，5000 多名审计干部同步收看视频直播。开展“中国梦·铸自强不息审计魂 ”系列学习教育活动，在河北省审计厅官网增设“时政要闻”和“廉政园地”板块，开设“党的群众路线教育实践活动”“3·23 赶考日”“中国梦·铸自强不息审计魂”“看《国家审计》谈感受”等专栏，在河北省审计厅官方网站和审计专网陆续刊发厅领导推荐的学习资料。健全完善党风廉政建设领导机制，修订完善省审计厅党风廉政建设责任制实施意见，明确责任分工。健全完善审计权力监督机制，制定《审计机关工作人员违反党风廉政纪律和工作纪律问责暂行办法》，加大责任追究力度。注重把廉政工作与审计业务紧密结合起来，对厅机关所有审计项目实行跟踪廉政监督，加强对审计权力的监督制约，确保廉政监督贯穿于审计权力的运行全过程，省审计厅连续四年实行工作日中午禁酒令，实行举报线索必查制，凡是群众举报的违反审计工作纪律和廉政纪律线索，都及时进行查证。

制度建设 制定《外单位查阅审计档案登记管理办法》，与河北省纪委联合制定《关于加强纪检监察机关与审计机关协作配合的实施意见》，与河北省委巡视组联合制定《关于加强巡视机构和审计机关协作的意见》；制定《加强公务支出和公款消费审计的指导意见》；制定《行政执法公开制度》和《行政权力运行流程图》，为依法审计奠定基础。

审计文化建设 10 月 4 日至 12 日，由河北省审计厅策划拍摄的反腐力作——26 集电视连续剧《国家审计》在河北卫视黄金时间播出。这部电视剧不回避矛盾，不丑化政府，以积极阳光的叙述审计工作，处处带有深刻的反思，播出期间及播出后，好评如潮。河北省审计厅组织创作的长篇报告文学《红脸》获得河北省第十一届精神文明奖“五个一工程”奖。

信息化建设 建立完善移动办公系统，提高审计工作效率；搭建数字化审计数据分析平台，定制开发、部署财政、地税、金融数字化审计数据分析平台，并建立全省地税、工商、财政本级、省组织机构代码管理信息定期报送机制；建设电子数据集中管理系统和数据实验室系统，归集整理 207 家单位，2222 套财务、业务数据。

内部审计 制定《河北省审计厅关于加强和改进内部审计工作的意见》；对全省省直有关部门和单位、省属企业和高校进行摸底调查，建立高级审计人才库；举办 7 期培训班，加大内部审计人员培训力度，并对部分省属企业和高校内部审计工作进行指导和检查。 （撰稿人：刘 颖）

【石家庄市审计局】 2014 年，石家庄市审计局人员编制 139 人，在编 153 人。局长刘桂江，副局长张建国、赵英然，总审计师钱国伟，纪检组长牛胜辰，高新技术开发区分局局长李国辉，经济责任审计分局局长李强平，调研员李景海、郭平均（—11 月）。设有办公室、人事处、法规处、机关党委、监察室、财政审计处、金融审计处、固定资产投资审计处、社会保障审计处、企业审计处、农业与资源环保审计处、企业审计处、行政事业审计处、外资运用审计处、内部审计管理处、计算机信息中心、高新技术产业开发区分局、经济责任审计分局、驻建设局特派办、驻市国资委特派办、驻市商务局特派办、培训中心。

审计成果 石家庄市审计机关完成审计项目 244 个，查出违规金额 35.85 亿元、管理不规范金额 381.45 亿元；应上缴财政 10.82 亿元、已上缴财政 3.45 亿元；应归还原渠道 7.3 亿元、应调账处理 197.23 亿元。移送纪检、司法机关或其他部门处理事项 26 件，涉及 4 人。石家庄市审计局本级共完成审计单位 57 个，经济责任审计 17 人；查出违规金额 18.11 亿元、管理不规范金额 288.23 亿元；应上缴财政 4.62 亿元、已上缴财政 2.72 亿元；应归还原渠道 6.6 亿元、应调账处理 154.25 亿元。移送纪检、司法机关或其他部门违纪事项 26 件，涉及 4 人。市审计局及财政处、正定县审计局和元氏县审计局被评为河北省审计机关先进单位，3 人被评为河北省审计机关先进工作者，市审计局先后被评为全市依法行政先进单位和普法先进单位，对涞源县的财政决算审计项目和新华区的科技专项资金审计项目被评为河北省优秀审计项目，石家庄市审计信息宣传工作连续十年位居全省首位。

交办任务 从8月至11月，石家庄市审计部门按照上级审计机关的统一部署，集中市县两级审计力量157人，组织开展对唐山市、邢台市及有关县（市）区的土地出让收支和耕地保护情况审计，并协调做好上级审计机关对全市的审计工作，确保这项全国性任务圆满完成。开展全市稳增长促改革调结构惠民生政策措施贯彻落实情况跟踪审计；配合审计署对市本级稳增长等政策措施落实情况进行跟踪审计，并组织21个县（市）区审计局对本辖区稳增长等政策措施落实情况开展跟踪审计，最后校验、汇总上报至省审计厅和审计署，市审计局编写的《跟踪审计报告撰写指导意见》在全省得到推广。市审计局圆满完成省审计厅交办的5个亚洲开发银行贷款审计项目和省巡视组交办的“两区一局”（西柏坡管理局、循环化工园区、高新技术开发区）的审计任务，移送审计问题事项2件。配合市发改委、财政局和国资委迎接中央巡视组的整改落实检查，以及市委交办的格力空调专项资金审计和市政府交办的垃圾处理厂、碳素企业审计调查；配合纪委开展“三公”经费审计、对医保基金和新农合基金的检查；市审计局两名人员被审计署抽调到审计署京津冀特派员办事处在内蒙古协助办案，受到书面表扬。

财政审计 全市共完成103个单位的预算执行审计、29个单位的财政决算审计，查出主要问题金额277.36亿元；其中市审计局完成13个单位预算执行审计、2个单位财政决算。查出主要问题金额169.19亿元，移交审计问题事项9件，移送4人。对7类专项资金的管理使用情况和9个政府投资项目的建设情况进行重点审计。代政府向当地人大做的预算执行审计工作报告和审计整改报告，得到当地人大委员们的高度评价。

经济责任审计 全市审计部门共对56名领导干部进行经济责任审计，查出主要问题金额17.34亿元；其中市审计局开展17名领导干部的经济责任审计，查出问题金额16.83亿元，移送审计问题事项3件。28名领导干部经济责任审计的结果报告分别得到市领导的批示。为适应新形势的需要，石家庄市充实了新的经济责任审计领导小组、联席会议和联席会议办公室，增加市委廉洁自律办公室主任为经济责任审计领导小组成员，增加市编办为联席会议成员单位；健全充实各县（市）区经济责任审计领导小组和联席会议协调机构，加强对经济责任审计工作的指导。

固定资产投资审计 全市共完成16个政府投资建设工程的审计，审计总投资额184亿元，核减工程款6723万元，移送审计问题事项12件。市审计局完成对轨道交通建设资金、裕华路拓宽改造项目、滹沱河整治、石环公路等10个重点工程的审计。

专项资金审计 全市共完成12个专项资金的审计项目，延伸审计35个单位，审计专项资金总额184.44亿元，查出主要问题金额99.02亿元；其中市审计局对廉租住房项目、老年公寓、校安工程、流浪乞讨人员救助经费、石家庄市红十字会2013年度捐赠款物等5个项目进行审计，延伸审计35个单位，查出主要问题金额98.08亿元。

质量管理 全市审计机关实行对审计项目工作进度考核通报制度，对21个县（市）区进行审计业务质量检查，对抽查案卷进行一对一点评，并将检查结果在网上予以通报。通过审理工作和审计项目业务会，规范审计程序，强化审计重点，推动审计质量的提升。市审计局全力推行机关标准化管理，形成7本标准化体系文件，共计64项具体流程和74项规章制度和规范性文件，涵盖所有审计业务和行政工作，总计约28万字，并顺利通过中国质量中心河北评审中心的外部审核。

信息化建设 为配合上级审计机关的金审工程三期对接，市审计局规划了全市的金审工程三期；对互联网网站进行改版，开辟政府信息公开专栏，公开预算执行审计情况和局机关“三公”经费内容；及时向社会发布征求2015年审计项目意见或建议公示，使更多的社会公众能参与到审计监督中来，提高审计工作透明度。对全市审计机关89个审计项目的238套账务，进行AO（现场审计实施系统）数据采集、转换或整理、分析；多次利用统一项目管理平台开展大项目审计，提高工作质量和效率。（撰稿人：周雨秀）

【唐山市审计局】 2014年，唐山市审计局人员编制130人，在编119人。局长王洪江，副局长李桐、葛庆学、易敏、李富，纪检组长刘树元。设有办公室、法制处、财政审计处、金融审计处、行政事业审计处、社会保障审计处、固定资产投资审计处、农业与资源环保审计处、经贸外资审计处、经济责任审计一室、经济责任审计二室、内部审计管理处、机关党委、监察室和高新技术产业开发区审计局、海港开发区审计局，另设有教育培训中心、政府投资审计中心和计算机审计中心。

审计成果 唐山市审计机关共完成审计项目392个，查出主要问题金额4647586万元，其中违规金额142967万元、损失浪费金额161万元、管理不规范金额4504456万元；损益（收支）不实金额210970万元；审计处理处罚金额926692万元，其中应上缴财政78706万元、应减少财政拨款或补贴69746万元、应归还原渠道资金315586万元、应调账处理金额459732万元；审计发现非金额计量问题448个；审计促进整改落实有关问题金额748465万元，其中增收节支319643万元、已调账处理金额426447万元；审计促进拨付资金到位194万元；审计后挽回（避免）损失69746万元。移送司法机关、纪检监察机关和有关部门处理事项16件。出具审计报告和专项审计调查报告396篇，被批示、采用1篇。提出审计建议903条，提交审计信息28篇，被批示、采用12篇。向社会公告审计结果23篇。

财政审计 共审计预算执行单位125个，延伸审计单位389个，查出主要问题金额1810045万元；审计财政决算单位42个，查出主要问题金额302157万元。通过对市本级12个预算单位、3个国有企业、65个重点建设项目和291个二、三级预算单位审计，审计资金总额3990000万元，共发现8个方面38个问题，查出问题金额310000万元。市审计局对4个单位进行财政决算审计，延伸审计70个单位，查出主要问题金额279100万元。

经济责任审计 对120名领导干部和国有企业领导人员进行任期经济责任审计，查出违规金额18838万元，纠正管理不规范金额428879万元，促进增收节支3888万元。市审计局通过对28名县级领导干部和国企领导人员的经济责任审计，查出涉及领导责任违规金额16888万元，纠正管理不规范金额406918万元，促进增收节支1288万元。

固定资产投资审计 共审计和调查项目91个，涉及项目投资额1245969万元，核减投资额（工程款）70336万元。市审计局通过对52个重点项目1181217万元建设资金的审计，核减投资额（工程款）57185万元。

企业审计 共审计企业6家，查出主要问题金额64154万元；多计资产1982万元，多计所有者权益1517万元，少计所有者权益1912万元。市审计局对3家企业进行审计，延伸审计单位38个，查出主要问题金额46352万元。

金融审计 市审计局对1家农村金融机构资产负债损益情况进行审计，查出主要问题金额536425万元，其中银行信贷业务违规61900万元，财务收支核算不实6076万元。

行政事业审计 共对100个行政事业单位进行财务收支审计，查出主要问题金额803985万元。市审计局对25个行政事业单位进行审计，延伸审计单位30个，查出主要问题金额497859万元。

专项资金审计 共审计和调查单位27个，审计专项资金总额238387万元，查出主要问题金额133464万元。市审计局对25个单位进行审计（调查），延伸审计单位248个，审计专项资金总额238377万元，查出主要问题金额133464万元。按照“五统一”原则，采取“上审下”方式，全市对2013年城镇保障性安居工程项目进行跟踪审计，共发现5个方面19类27个问题，查出主要问题金额65857万元。市审计局完成对河北小城镇发展示范项目、节能减排促进项目和白洋淀生态建设与环境综合治理项目等专项审计，摸清资金和项目建设管理的基本情况，揭示存在的主要问题。对市本级行政机关、事业单位2013年“三公”经费、会议费、培训费和楼堂馆所设施情况进行专项审计调查，揭示在落实中央八项规定和规范“三公”经费、会议费、培训费使用方面存在的突出问题，提出切实可行的审计建议，为领导决策提供第一手资料。

交办任务 按照审计署统一部署，完成对张家口市本级和3个县土地出让收支和耕地保护情况审计任务。根据省审计厅授权安排，完成对玉田县决算审计和对承德市4个金融系统专项审计调查；抽调审计人员配合省审计厅实施对唐钢公司和河北矿业集团的审计。按照省审计厅安排，组织开展全市14个县（市）区稳增长促改革调结构惠民生防风险政策措施落实情况跟踪审计，通过审计初步摸清各县（市）区执行政策措施的基本情况，揭示存在的主要问题。按照市委、市政府的要求，配合市直有关部门，开展清理奢华建设楼堂馆所、吃空饷、办公用房等专项活动。

内部审计 全市内部审计机构全年完成审计项目2492个，审计资金总额45248万元，通过审计促进增收节支2万元，提出建议意见被采纳759条。（撰稿人：孙亚东）

【秦皇岛市审计局】 2014年，秦皇岛市审计局人员编制61人，在编61人。局长焦鹏利，副局长王海堂、唐继华、殷建兵，总审计师刘勇，纪检组长张桂琴。设有办公室、党总支、监察室、法制科、金融审计科、外资审计科、投资审计科、经贸审计科、行政事业审计科、农业与资源环保审计科、财政审计科、经济责任审计科、社保资金审计科，另设有基本建设审计中心。

审计成果 秦皇岛市审计机关完成审计项目113个，查出主要问题金额739828万元，其中违规金额26557万元、管理不规范金额713270万元；损益（收支）不实金额80492万元；审计处理处罚金额24024万元，其中应上缴财政17147万元、应减少财政拨款或补贴1084万元、应归还原渠道资金152万元、应调账处理金额5639万元；审计发现非金额计量问题111个；审计促进整改落实有关问题金额24007万元，其中增收节支18367万元、已调账处理金额5639万元。移送司法机关和有关部门处理事项3件。出具审计报告和专项审计调查报告113篇，被批示、采用28篇。提出审计建议186条，提交审计信息151篇，被批示、采用89篇。秦皇岛市审计局先后获得省级文明单位、市级精神文明标兵单位等荣誉称号。

财政审计 全年审计一、二级预算单位40个，延伸其他单位50个，查出违规违纪金额8754万元，欠缴各种税款467万元，管理不规范金额121406万元。对发现的违纪违规问题，市审计局依法进行处理处罚，并提出审计建议。

经济责任审计 对14名市管的领导干部进行任中或离任经济责任审计。对被审计领导干部任职以来的重大经济决策、重要投资项目、下属单位经济活动等情况进行全面审查，查出超限额发放奖励绩效工资等违规违纪金额3406万元。促进领导干部提高经济决策能力，为组织、纪检部门管理和监督干部提供依据。

金融审计 完成对昌黎县农村信用合作联社2013年度资产、负债、损益情况的审计，对违规放贷、违规核销贷款等问题提出完善企业内部控制制度等审计建议。

固定资产投资审计 先后完成城市区污水（污泥）处理建设工程、西港搬迁、北戴河机场建设工程等项目的跟踪审计，完成六河水系综合治理工程、市一中迁建工程、大汤河景观步行桥工程等6个项目的竣工结算情况审计，审计工程价款共2亿元，审减结算价款1000余万元。

社会保障审计 完成2013年度城镇保障性安居工程审计，查出土地出让收入中少计提保障性安居工程建设资金等违规违纪金额7125万元，提出健全保障性住房准入退出机制等建议。

企业审计 完成公交公司回购、耀华集团改制、首创水务公司经营状况等项目的审计工作，为政府节省回购及补偿资金3780万元，审减企业净资产16544万元。

专项审计调查 检查市本级公共资源管理和垄断行业的30余个部门和单位，查出违规违纪金额36665万元，对发现的违法违规线索移送纪检监察部门。（撰稿人：李　卓）

【邯郸市审计局】 2014年，邯郸市审计局人员编制95人，在编89人。局长白清长，副局长郭兴元、张文玲、李文灿，纪检组长张许生，调研员冯伟力，副调研员王金全、刘九思、戴笑丛。设有办公室、人事处、法规处、财政审计处、行政事业审计处、农业与环保审计处、固定资产投资审计处、金融审计处、企业审计处、社会保障审计处、外资运用审计处、审计信息处、机关党委、监察室、经济责任审计办公室综合处、经济责任审计办公室审计一处、经济责任审计办公室审计二处、政府投资审计中心和内部审计协会。

审计成果 邯郸市审计机关共完成重点审计项目 224 个，查出主要问题金额 271.73 亿元，其中违规金额 28.94 亿元，损失浪费及管理不规范金额 242.79 亿元；促进财政增收节支 5.4 亿元；移送司法机关、纪检监察机关以及其他部门处理事项 9 件；推动建立健全制度和整改措施 70 多项。

财政审计 密切关注新增债务的举借和使用情况，发现并揭示债务资金闲置、部分融资平台公司违规操作等问题。将“三公”经费等列为部门预算执行审计的一项重要内容，及时纠正存在的问题，督促有关部门认真落实中央八项规定和国务院“约法三章”要求。

经济责任审计 共实施经济责任审计项目 42 个，查出违规违纪和管理不规范金额近 20 亿元。出台《邯郸市党政主要领导干部和国有企业领导人员经济责任轮审审计办法》，对经济责任轮审审计对象实行分类管理，提升经济责任审计工作水平。

固定资产投资审计 共完成投资审计项目 327 个，审计金额 54.03 亿元，查出有问题金额 9.8 亿元，累计审减投资 6.78 亿元。在审计组织管理模式上取得较大改进，实行“跟踪、结算、决算”一体化审计，寓结算审计于跟踪审计过程之中。

专项资金审计 组织实施保障性安居工程跟踪审计、农业综合开发资金审计等，查出不符合条件享受廉租房实物配租和补贴 318 户，清退廉租住房 28 户。揭示残疾人就业培训学校违规套取残保金等问题，移送案件线索 1 起，免职处理 1 人。

金融审计 注重运用计算机辅助审计丰富金融审计手段，对具备条件的被审计单位，全部采用 AO（现场审计实施系统）审计，实现资料交互传输，智能化分析对比数据。

企业审计 将企业审计工作重点放在检查国有权益流失等重大潜在损失和风险隐患上，相继完成农村公路建设和养护资金审计调查等，做到逢审必减。

外资运用审计 实施世界银行贷款林业综合开发等项目公证审计，督促相关单位提高外资项目管理和财务管理水平。 （撰稿人：郭运强）

【邢台市审计局】 2014 年，邢台市审计局人员编制 79 人，在编 79 人。局长关峰，副局长颜住山、刘金锋、李永泽，总审计师宋万达，纪检组长刘兴泉。设有办公室、人事教育科、法规科、机关党委、监察室、金融审计科、财政审计科、行政审计科、事业审计科、企业审计科、经济责任审计一科、经济责任审计二科、外资运用审计科、固定资产投资审计科、农业与资源环保审计科、社会保障审计科、开发区审计特派员办事处、政府投资项目审计中心。

审计成果 邢台市审计机关完成审计项目 290 个，查出主要问题金额 3725989 万元，其中违规金额 217125 万元、损失浪费金额 142 万元、管理不规范金额 3508721 万元；损益（收支）不实金额 145461 万元；审计处理处罚金额 466883 万元，其中应上缴财政 38940 万元、应减少财政拨款或补贴 3167 万元、应归还原渠道资金 155581 万元、应调账处理金额 268830 万元；审计发现非金额计量问题 193 个；审计促进整改落实有关问题金额 246150 万元，其中增收节支 50855 万元、已调账处理金额 194920 万元；审计促进拨付资金到位 27628 万元；审计后挽回（避免）损失 411 万元。移送司法机关、监察机关和有关部门处理事项 8 件。出具审计报告和专项审计调查报告 311 篇，被批示、采用 40 篇。提出审计建议 479 条，提交审计信息 42 篇，被批示、采用 34 篇。

财政审计 完成 2013 年度市本级预算执行及其他财政收支审计，延伸审计市发改委、司法局、城管局等 10 个单位的部门预算执行，发现预算编制不科学、违规出借财政资金、“三公”经费管理使用不规范等问题，并提出合理化整改建议，使财政资金分配使用管理更加合理，财务收支制度更加完善。在对广宗县 2012 年至 2013 年财政收支决算审计及县委书记任中、县长离任、县法院院长离任、县公安局局长离任经济责任审计和柏乡县 2012 年至 2013 年财政收支决算审计中，发现广宗县 3 个延伸单位涉嫌骗取财政专项资金、柏乡县违法占地等问题，移送相关单位处理。

经济责任审计 完成桥东区、巨鹿县、市交通局、市商务局、市卫生局等 26 个单位负责人的任期经济责任审计，发现决策程序违规、国有资产流失等问题，移交市交通局未实施招投标、巨鹿县吉辰担保公司抽逃资本金、临城县矿产品办公室公款私存、祝村镇计生办挪用社会抚养费购置车辆、临西县13个单位违规发放奖金补助等案件线索9起，有关部门对其中12名责任人员给予相应处理处分。经济责任审计评价指标体系进一步规范和完善，为上级党委和政府考核、任免、奖惩被审计领导干部提供重要依据。

金融审计 完成邢台农村商业银行、清河农村商业银行2013年度资产负债损益审计，以及邢台银行负责人的任中经济责任审计。审计中采用计算机审计，查出违规、管理不规范金额120亿元，财务违规金额2290万元。

农业与资源环保审计 抽调99人组成邢台审计组，在审计署的领导下对保定市进行土地出让收支和耕地保护情况审计，共查出违法违纪问题308个，涉及金额207亿元，移交案件4起。

固定资产投资审计 开展邢台职业技术学院新校区扩建、邢台技师学院实训楼竣工决算、中兴东大街旧区改造等项目的审计，审计核减资金2600万元。

社会保障审计 完成21个县市区社会抚养费征收情况审计，开展邢台市仲裁委、邢台宾馆的委托审计，参加市纪委“小金库”清查行动、协助市检察院进行案件追踪，为部门间进一步加强合作奠定基础。对邢台地区19个县市区2013年城镇保障性安居工程进行审计，延伸调查相关单位和企业130多个、乡镇村57个、家庭1944户，并对194个项目的工程建设和质量管理等情况进行检查，发现资金使用和筹集管理不严格、住房分配和使用管理不优化、项目建设管理不规范等问题，提出整改建议。

外资运用审计 完成省审计厅统一组织实施的河北省利用亚洲开发银行贷款节能减排促进（效能电厂）项目审计，涉及资金2900万美元；完成市林业局、广宗县、威县、临西县利用世界银行贷款林业综合发展项目审计。

信息化建设 省市县三级高速审计专网广域网络建设完成并投入使用，全市审计机关视频会议系统实现全覆盖。AO（现场审计实施系统）应用已经普及，计算机审计方法和AO应用实例制作水平逐步提高。加快审计数据分析处理中心建设，与地税部门沟通并部署审计署开发的联网审计系统，尝试进行联网审计。不断加强信息安全，实施非涉密审计专网的等级保护和涉密审计内网的分级保护。

内部管理 认真贯彻落实省审计厅机关标准化建设要求，结合邢台市实际情况，大力加强机关建设，做到“四个突出”，机关标准化管理体系通过评审验收，档案管理获评3A级，机关建设再上新台阶。 （撰稿人：贾杨博）

【保定市审计局】 2014年，保定市审计局人员编制70人，在编70人。局长方砚烽，副局长温丽娜、范国庆、张建波、陈仕强，总审计师温丽娜（兼），纪检组长朱春友，副调研员苏海彬、安清林。设有办公室、法制处、人事处、财政审计处、金融审计处、行政事业审计处、经贸审计处、农业与资源环保审计处、社会保障审计处、固定资产投资审计处、外资运用审计处、经济责任审计处、内部审计处、开发区派出审计处、计算机信息审计处、业务审理处。设总经济师、机关党委专职副书记、妇委会专职主任、工会专职主席、纪检监察专职干部。

审计成果 保定市审计机关共审计项目单位310个，查出违规金额147603万元，管理不规范金额805175万元，上缴财政14150万元，促进资金拨付到位393万元，调账处理金额34378万元，挽回经济损失1188万元。移送违法违纪案件线索6个。提出审计建议333条，被采纳198条。局领导班子被市委评为优秀班子，纪检组被市纪委评为案件检查工作实绩突出单位。

财政审计 对市财政局组织市本级预算执行情况、市地税局税收征管情况、市发改委组织分配财政投资情况和市水利局、市农业局、市科技局等19个部门预算执行情况进行审计，并延伸审计部分所属单位，对“三公”经费和会议费管理使用情况、大额采购情况、党政机关楼堂馆所建设情况进行重点关注。审计发现财政总预算结转下年支出资金规模偏大、部门预算未完全执行以及部分预算部门应缴未缴预算资金、滞留经费和专款、不合规收费、乱发补贴等问题。提出加强预算管理，进一步细化预算，加强专项资金监管、完善制度建设、加强财务管理的意见和建议。8

月，市审计局代政府向人大做《关于2013年度市本级预算执行和其他财政收支情况的审计工作报告》，市人大充分肯定审计工作并提出整改意见和建议，市政府主要领导做出专门的批示。

财政存量资金审计 根据市政府的安排部署，对教育、卫生、财政、公安、住建、城管等224个部门和单位截至2013年末的财政存量资金进行专项审计调查，其中涉及26个一级财政预算部门，198个二级预算单位。经审计，截至2013年底，224个部门和单位中存在财政存量资金的部门和单位177个，占调查总数的67.41%，实际财政存量资金共计11.50亿元。审计调查初步摸清市本级存量资金的家底，针对全市财政资金在预算管理、专户结存资金使用等方面存在的不足提出改进建议。审计建议得到市政府及省审计厅的高度肯定和认可。

稳增长等政策措施落实情况跟踪审计 根据审计署、省审计厅的统一安排部署，市审计局组织市县两级审计机关对市本级及县（市、区）三、四季度贯彻落实国务院稳增长促改革调结构惠民生防风险政策措施情况进行跟踪审计。审计结果表明，全市各级政府高度重视国务院有关稳增长促改革调结构惠民生政策的落实，采取一系列有效措施推进工作进展，制定和完善相关制度，明确责任主体，建立健全保障机制，已取得实际效果。审计也发现在取消和下放行政审批事项、加大保障性安居工程建设力度、加快城市基础设施建设政策措施等方面存在的一些问题，并提出审计意见和建议。

全国土地出让收支和耕地保护情况审计 根据审计署的统一部署，市审计局抽调全市审计机关140余名审计人员分赴沧州、石家庄开展审计工作。在市委、市政府统一领导下，市审计局与市财政局、市国土局一起积极参与保定市迎接全国土地审计工作，充分发挥审计的协调、配合作用，取得较好效果，受到市政府的通报表扬。

经济责任审计 全市审计机关审计领导干部56人，其中任中审计6人，离任审计50人。在审计内容上，根据领导干部的职责权限，突出审计重点，强化责任追究；在审计方式上，由逢离必审向任中审计与离任审计相结合的方式转变，强化对权力的约束；在制度规范上，编制下发《保定市领导干部经济责任审计对象分类及计划管理办法》以及《经济责任审计常见违纪违规问题类型简称及实例》等制度，努力提高审计质量和规范化水平。中央经济责任审计工作联席会议办公室主任张通到保定市调研时，对保定市的经验做法给予充分肯定。

固定资产投资审计 全市审计机关认真贯彻落实《河北省国家建设项目审计条例》和《保定市政府投资项目管理办法》，加强对政府投资项目的审计，把住竣工决算的关口，开展东风路改造项目竣工决算、市第一中心医院东院综合楼、京港澳高速公路改扩建保定段互通连接线、市交警支队技术用房和南水北调保沧干渠、廊涿干渠以及全市四个水网建设单元等一大批领导关注、群众关心的政府投资项目跟踪审计和审计调查，提高建设资金的使用效益，为财政节省资金。

金融审计 在省审计厅统一组织下，分别对河北省农村信用社涞水联社、雄县联社2013年度资产负债损益情况进行就地审计。审计中充分运用计算机辅助手段，发现信贷资产质量分类不真实、贷款主体不合规、用途不合规、程序不合规以及一些财务违规现象，提出防范信贷风险、防止资产损失、确保规范经营的意见和建议，被审计单位对审计结果十分重视，开展专项整改行动。

（撰稿人：张　皓）

【张家口市审计局】 2014年，张家口市审计局人员编制56人，在编61人。局长李洪波，副局长李家富、胡学渊、孟贤君，总审计师孙维跃，纪检组长林平，副处级领导王凤山，调研员宁存英，副调研员贺培峰。设有张家口市经济责任审计局、办公室、党委办公室、人事科、监察室、法规科、离退休干部科、财政审计科、行政事业审计科、固定资产投资审计科、企业审计科、农业和资源环保审计科、金融审计科、社会保障审计科、经济责任审计一科、经济责任审计二科、审计干部培训中心（计算机信息中心）。

审计成果 张家口市审计机关共审计和审计调查305个单位，查出违纪违规金额12403万元，纠正管理不规范金额371386万元，应上缴财政856万元。出具审计报告305篇，提交审计信息358篇，被采用116篇。

交办任务　完成审计署组织的对承德市土地出让收支及耕地保护情况审计；对市辖17个县区的保障性住房工程进行跟踪审计；实施2014年度全市稳增长促改革调结构惠民生政策措施贯彻落实情况跟踪审计。完成对市冬季奥运会申奥资金的内部审计及市区建国路改造工程、人防改造工程、洋河新区中央景观大道拆迁补偿资金管理使用、市公共资源转让中心大楼装修工程等一批市委、市政府临时交付的任务。

财政审计　完成市本级及县（区）预算执行审计，完成市政府交办的2个企业的地税延伸审计，为市本级财政增收2000多万元；完成市委交办的全市“三公”经费抽查审计和债务资金管控审计任务；完成省审计厅统一安排的对张北扩权县财政决算交叉审计。

经济责任审计　完成市民政局、人社局、教育局、环保局、商务局、统计局、食品药品监督管理局、园林管理局、城管执法局、沙岭子医院原任主要领导离任经济责任审计；对市建设发展集团原主要负责人实施经济责任审计。

固定资产投资审计　完成张石高速公路二期主线21个标段中14个标段的审核，核减投资金额4477.78万元；京新高速一期、二期工程跟踪审计工作正在进行；完成二秦高速财务审计，云州水库除险加固工程审计接近尾声；教育大厦财务收支部分和项目前期审计已结束；完成城投商业中心4个标段的审核工作，核减投资金额2333.66万元。

外资运用审计　配合省审计厅对涿鹿县、怀安县5个亚洲开发银行贷款小城镇发展示范项目进行审计。

金融审计　完成对沽源县农村信用合作联社2013年度资产负债损益情况的现场审计工作。

（撰稿人：刘　广）

【承德市审计局】　2014年，承德市审计局人员编制74人，在编70人。局长王允昌，副局长周晓燕、陈宝春、马君慧，总审计师谷锦川，纪检组长房宝轩，副处级调研员魏景林。设有办公室、人事科、法规科、经济责任审计一科、经济责任审计二科、经济责任审计三科、财政审计科、金融审计科、行政事业审计科、农业与资源环保审计科、固定资产投资审计科、企业审计科、社会保障审计科、外资运用审计科、政府投资项目审计科、机关党委、离退休干部科、计算机审计办公室、承德市政府投资项目审计中心。

审计成果　承德市审计机关完成审计项目246个，查出主要问题金额1436445万元，其中违规金额157189万元、损失浪费金额60万元、管理不规范金额1279195万元；损益（收支）不实金额378850万元；审计处理处罚金额547472万元，其中应上缴财政69355万元、应减少财政拨款或补贴1344万元、应归还原渠道资金21163万元、应调账处理金额455566万元；审计发现非金额计量问题223个；审计促进整改落实有关问题金额487214万元，其中增收节支91522万元、已调账处理金额395662万元；审计促进拨付资金到位49829万元；审计后挽回（避免）损失96483万元；移送司法机关、纪检监察机关和有关部门处理事项7件。出具审计报告和专项审计调查报告300篇，被批示、采用2篇。提出审计建议762条，提交审计信息358篇，被批示、采用250篇。

财政审计　全市审计机关共对242个单位的预算执行情况进行审计，审计查出主要问题金额142324万元。在对市财政局具体组织市本级预算执行和市地税局税收征管情况审计的同时，重点延伸审计18户企业，查出各类违规金额10.23亿元。对市委办等13个预算执行部门（单位）进行审计，查出违规及管理不规范金额2737万元。完成省审计厅授权的涞水县政府2011年至2012年财政决算审计，查出8类重大违纪违规问题，违纪违规金额29亿元，收缴罚没款196.8万元。移送案件7件，9人受到相应的纪律处分。

经济责任审计　对市国土资源局原局长等102个单位领导干部任期经济责任进行审计。涉及总金额111.54亿元，查出各类违规金额共14.27亿元，移送审计案件6起。

金融审计　完成省审计厅授权的隆化县农信社2013年度资产负债损益审计。查出各类违规金额33488.10万元，除业务违规问题统一由省审计厅进行移交处理外，被审计单位处理相关责任人21人。

农业与资源环保审计　组织各县区审计局对农村环境综合整治资金和畜禽养殖水污染防治资

金进行审计，审计资金总额 4141.79 万元。

固定资产投资审计 开展双峰寺水库、承德民用机场、天主教承德主教府、承秦高速公路等 9 项跟踪审计。完成对承德市交通运输局热河温泉度假中心等 21 项建设工程的竣工决算审计，审计资金总额 23.20 亿元，审减 1.12 亿元。

社会保障审计 对全市 2013 年城镇保障性安居工程的投资、建设、分配、运营等情况进行审计，审计收缴违纪金额 14 万元。对第十六中学扩建工程、实验幼儿园装修改造工程、竹林寺小学校舍加固工程进行竣工决算审计，审计资金总额 10244 万元。

外资运用审计 参与省审计厅外资运用审计处组织的亚洲开发银行贷款、GEF 赠款白洋淀生态建设项目、亚洲开发银行贷款水融资伙伴基金计划赠款河北小城镇发展示范项目 2013 年度财务收支和项目执行情况审计，查出地方配套未到位、亚洲开发银行贷款材料管理不规范等问题。

信息化建设 完成 OA（审计管理系统）信息系统建设，实现局机关无纸化办公。争取财政资金 90 万元，进行机房升级改造和专线改造工作。配备 SSL VPN 设备，实现审计人员随时随地访问专网。 （撰稿人：李志荣）

【沧州市审计局】 2014 年，沧州市审计局人员编制 49 人，在编 47 人。局长田永利，副局长郑瑞强、张欣、李红松，总审计师刘根常，纪检组长王利民，调研员郭锦侠，副调研员李振义。设有办公室、人事教育科、法规科、监察室、机关党委、投资审计科、经贸审计科、财政审计科、金融社保审计科、行政事业科、经济责任审计科、农业外资科、政府投资审计中心和教育培训中心。

审计成果 沧州市审计机关完成审计项目 223 个，查出主要问题金额 535394 万元，其中违规金额 82136 万元、管理不规范金额 453258 万元；损益（收支）不实金额 59661 万元；审计处理处罚金额 75274 万元，其中应上缴财政 2513 万元、应减少财政拨款或补贴 22502 万元、应归还原渠道资金 12301 万元、应调账处理金额 37869 万元；审计发现非金额计量问题 90 个；审计促进整改落实有关问题金额 75395 万元，其中增收节支 37227 万元、已调账处理金额 35503 万元；审计促进拨付资金到位 12356 万元。移送司法机关、纪检监察机关和有关部门处理事项 6 件。出具审计报告和专项审计调查报告 234 篇。提出审计建议 502 条，提交审计信息 546 篇，被批示、采用 355 篇。

财政审计 全市审计机关开展财政预算执行审计项目和财政决算审计项目 123 个，延伸审计单位 126 个，查出主要问题金额 360693 万元，其中未按规定征收缴纳收入 7322 万元，未按规定纳入预算管理 19667 万元，违规改变项目计划和资金用途 9035 万元，资金滞留闲置 126083 万元，虚列支出 52707 万元。

行政事业审计 全市审计机关完成行政事业审计项目 56 个，查出主要问题金额 13172 万元，其中会计核算不实金额 6468 万元，资金滞留闲置 2351 万元，乱收费乱摊派乱罚款 981 万元，扩大开支范围或提高开支标准列支 801 万元。

经济责任审计 全市审计机关完成经济责任审计项目 35 个，查出主要问题金额 11426 万元，其中违规金额 2268 万元，管理不规范金额 9158 万元。经济责任审计为开展干部问责制、责任追究制提供重要依据，为干部考核、评价、选拔、任用发挥积极作用。

固定资产投资审计 全市审计机关完成政府投资建设项目 21 个，审计项目投资额 92469 万元，核减投资额（工程款）24110 万元，查出主要问题金额 61537 万元，其中工程结算款不实 23626 万元。

社会保障审计 按照审计署和河北省审计厅统一部署，沧州市审计局组织开展对市本级和 16 个县（市、区）保障性安居工程的审计调查，延伸调查 130 个相关单位和企业、18 个街道办（乡镇）、43 个居（村）委会、1711 户家庭，并对 89 个保障性安居工程项目的开工情况、82 个项目的基本建成情况、74 个项目的工程建设和质量管理情况进行检查。查出主要问题金额 99841 万元，其中违规金额 1238 万元，管理不规范金额 98603 万元。 （撰稿人：吴 姣）

【廊坊市审计局】 2014 年，廊坊市审计局人员编制 72 人，在编 52 人。局长韩少奇，副局长万茂才、赵志生、薛冬，总审计师施文河，纪检组长马立东（3月—）。设有办公室、人教科、法制科、财政审计科、金融审计科、行政事业审计科、社会保障审计科、经贸审计科、固定资产投资审计科、经济责任审计科、政府投资审计中心、纪委、监察派驻机构。

审计成果 廊坊市审计机关完成审计项目171个，查出主要问题金额472715万元，其中违规金额44630万元、损失浪费金额9万元、管理不规范金额395150万元；损益（收支）不实金额37194万元；审计处理处罚金额58308万元，其中应上缴财政29791万元、应减少财政拨款或补贴82万元、应归还原渠道资金1079万元、应调账处理金额39030万元；审计发现非金额计量问题147个；审计促进整改落实有关问题金额42983万元，其中增收节支15716万元、已调账处理金额27259万元。移送司法机关、纪检监察机关和有关部门处理事项1件。出具审计报告和专项审计调查报告187篇，被批示、采用10篇。提出审计建议186条，提交审计信息783篇，被批示、采用292篇。

财政审计 财政审计增加“三公”经费支出、楼堂管所建设支出、财政供养人员增减情况和会议费支出4项内容，查出超预算支出1137万元。廊坊市、县人大常委会对审计报告给予充分肯定，市报告在廊坊政府门户网站公告。固安县审计局在财政审计中，打破股室界限，整合审计资源，提高审计绩效。

经济责任审计 进一步明确县（市、区）长评价体系，以考核指标、统计数据、招商引资项目、依法行政、重大项目为重点，以政令畅通、科学民主决策、工作执行、资产负债、财政财务收支和守法廉洁情况为主要内容。开发区审计局梳理近三年的经济责任审计工作，撰写审计结果分析报告提交管委会，得到领导肯定。

金融审计 文安县农村商业银行审计查处违规金额3.42亿元。参加黄金佳专案组进行资产清查，在账目不全、证据缺失的情况下，充分发挥审计职业判断能力，基本廓清底数，受到市领导的充分肯定。

固定资产投资审计 廊坊市艺术中心主题园区项目跟踪审计，前期工作报审金额审减近9亿元，发现代建单位违规占用资金4亿元。香河县审计局落实《河北省国家建设项目审计条例》，将重点建设项目全部纳入审计监督范围，基本实现全覆盖。

社会保障审计 保障性安居工程跟踪审计，全市共审计39个竣工项目、51个项目的开工情况、61个项目的工程建设和质量管理情况，涉及政府部门和经办机构59个，相关单位和企业228个。摸清情况，整改问题，促进党和政府惠民政策的进一步落实。配合廊坊市纪委完成医保清理检查专项行动，全市共立案调查32人，移送纪检监察机关11人，其中医保中心相关负责人被撤销职务，相关主管局长被移送司法机关继续调查处理，1名处级干部、3名科级干部受到党纪政纪处分，保险公司的相关人员也因违法问题被检察院立案侦查，依法批捕。

企业审计 横向上向二、三级核算单位延伸，纵向上顺着资金流向到底，加大对违规违纪问题的督促整改力度，警示被审计单位，实现审计在深度和广度上的重大突破。

专项资金审计 积极参加省审计厅组织的对廊坊市4个县林业综合五期的外资专项资金审计工作。

全国土地出让收支和耕地保护情况审计 廊坊市派出104名审计干部赴唐山开展土地出让收支和耕地保护情况审计。在廊坊市、县主要领导的重视支持下，全市审计机关较好完成审计署对廊坊市土地审计的协调联络服务工作。

稳增长等政策措施落实情况跟踪审计 廊坊市涉及19个方面、31个部门单位、63项政策，从第三季度开始，按要求每季开展跟踪审计并上报结果。

信息化建设 加强硬件设施建设及维护，选派4人参加审计署计算机审计中级应用能力培训班；组织81人参加AO（现场审计实施系统）认证资格考试；对符合条件的审计项目开展计算机审计，提高应用水平。

队伍建设 选派优秀科（股）长“走出去”，参加审计署京津冀特派办开展的审计项目，跟班作业，现场学习最高审计机关的审计技术与方法、好的思路和作风；把河北省审计厅处长“请进来”，以视频会的形式传授审计经验做法和审计办案技巧；实施“青蓝工程”，搞好传帮带；推行

“四学一评”机制，提升审计人员职业水平；坚持“周五学习日”活动；支持审计人员提升学历、专业技术资格层次，培养复合型人才。

（撰稿人：程　石）

【衡水市审计局】 2014年，衡水市审计局行政编制定编42人，在编有40人；事业编制定编26人，在编有25人。局长葛殿朋，副局长赵春峰、许世红、骆卫华（1月—）、潘振兴（1月—）、刘毓韬（1月—），纪检组长赵志强，调研员高振华。设有办公室、法制科、财政审计科、经贸审计科、行政事业审计科、农业外资与资源环保审计科、固定资产投资审计科、经济责任审计办公室、市经济技术开发区审计特派员办公室、社保金融审计科、监察教育室、计算机辅助审计中心、重点项目建设审计监督中心。

审计成果 衡水市审计局共审计单位44个，查出主要问题金额323395万元，其中应上缴财政64893万元、应归还原渠道资金1441万元、应调账处理103954万元。通过审计促进增收节支66333万元，核减投资额2953万元。向有关部门移送案件线索6件，18人受到处理。实施的平乡县人民政府2011—2012年度财政决算审计，被省审计厅评为“2014年度全省优秀审计项目”；驻武强县北代村工作队被评为“全省优秀驻村工作组”；党组成员、调研员高振华被评为“河北省社会扶贫先进个人”。

稳增长等政策措施落实情况跟踪审计 在国务院交办的稳增长促改革调结构惠民生政策措施落实情况跟踪审计中，统筹审计力量，成立以主管领导为组长的6个审计组，按照“摸清底数、揭示问题、督促整改”和“抓项目落地、抓资金保障、抓简政放权、抓措施落地”的要求，突出工作重点，明确责任分工，创新审计方式，攻坚克难，圆满完成阶段性审计任务。

财政审计 完成20个单位的预算执行审计，查出主要问题金额29555万元。为确保审计效果，加大对预算执行审计跟踪整改的力度，集中一个月的时间督促相关单位完成预算执行审计整改工作，健全抓整改落实的长效机制。在重点审计财政、地税部门的同时，对非税收入、建设项目及土地、省级收入解缴、乡镇财政管理、参加新农合及报销等五个方面进行延伸审计。对查出的应缴未缴上级收入、虚列支出、挤占挪用、乱收费、公款私存、抽逃注册资金等方面的问题依法进行处理。特别是对保险公司虚报保险标的、涉嫌套取财政补贴资金问题依法进行移送处理，追回冒领财政补贴资金94.5万元，相关单位及人员受到通报批评。

固定资产投资审计 完成衡水北高速口绿化改造提升、市政府院落工程的审计，两个项目报审结算金额2279.18万元，审定工程造价1747.39万元，审减531.79万元，审减率达23%。在连续五年对大广高速公路（北段）建设项目进行跟踪审计的基础上，2014年对其进行竣工财务决算审计，仅路基、路面工程就核减造价4000余万元。

经济责任审计 修订《衡水市党政主要领导干部和国有企业领导人员经济责任审计实施办法》，完成市委组织部委托的6个经济责任审计项目，查出主要问题金额13751万元，促进增收节支88万元，移送案件线索1件，提出审计建议24条，均得到采纳。

城镇保障性安居工程跟踪审计 统一组织市县两级审计机关（市级）采取“上审下”、（县级）“交叉审”的方式对2013年城镇保障性安居工程的投资、建设、分配、运营等情况进行跟踪审计，揭示保障性安居工程资金被挤占挪用、资金闲置或建成后长期空置、违规分配等方面的问题。通过审计，促使有关部门出台完善保障性安居工程和住房保障方面的制度、文件9个；促进规范资金管理699.81万元；取消190户不符合条件家庭的保障对象资格，追回住房租赁补贴资金9.21万元；腾退保障性住房2套；促进闲置的保障性住房投入使用25套。

（撰稿人：田　磊）

【定州市审计局】 2014年，定州市审计局人员编制20人，在编34人。局长张大为，副局长张建峰、丁五民、李国民，总审计师刘彦杰。设有办公室、行政事业审计股、财政审计股、金融与社保审计股、固定资产投资审计股、经济责任审计股、综合法制股、农业与资源环保审计股、定州市基本建设审计服务中心、定州市内审协会。

审计成果 定州市审计局全年安排审计项目41个，审计共查出违纪金额600余万元、问题金额1056万元。提交审计信息40篇，被采用10篇。完成部门财政财务收支审计计划12个项目，共发现问题金额300余万元。在对部门财政财务收支审计过程中，重点对各项预算资金的筹集、管理、使用和效果进行审计和监督，核查预算执行过程中是否存在挤占、挪用、损失浪费、管理混乱和违法违规等问题。

预算执行审计 对定州市本级2013年度财政预算执行和税收征管情进行审计。重点对扩大内需新增投资、预算收支平衡情况、部门预算制度完善情况、财政转移支付情况，以及财政出台的各种新政策执行与效果情况进行审计评价。

社会保障审计 完成城镇保障性安居工程跟踪审计，重点对城镇保障性安居工程（包括廉租住房、公共租赁住房、经济适用住房、限价商品住房和各类棚户区改造等）的投资、建设、分配、后续管理及相关政策执行情况进行跟踪审计，延伸调查8个相关单位和企业、3个街道办事处和10个居民委员会以及100户家庭。

经济责任审计 定州市审计局共对12个乡镇办和3个行政事业单位党政领导干部开展任期经济责任审计工作。在审计过程中，除抓好被审单位的财政财务收支审计外，还特别注重对领导干部在科学依法行政、廉洁自律等方面进行审计，做出客观评价，为党委、政府正确使用干部提供可靠依据。 （撰稿人：陈　鹏）

【辛集市审计局】 2014年，辛集市审计局人员编制30人，在编30人。局长温荣波，副局长王荣俊、李树中、赵燕。设有办公室、法制科、财金审计科、行政事业审计科、经贸审计科、基建审计科、农业与资源环保审计科和经济责任审计分局。

审计成果 辛集市审计机关完成审计项目33个，查出主要问题金额1583.2万元，增加财政收入124万元，为财政节约建设资金2716万元，为被审计单位增收节支160万元。提交审计报告和专项审计调查报告35篇，提交审计信息45篇，被批示、采用38篇。

财政审计 对辛集市2013年财政预算执行和其他财政财务收支情况进行审计，共查出预算编制未细化、虚列财政支出、违规设置预备费、少缴财政收入等五个方面的问题。在对辛集市地税局2013年预算执行情况及税收征管情况审计中，发现预算编制不完整、预算执行不到位、税款征收不到位等问题，涉及违规金额268万元，督促有关企业入库税费99.55万元。市人大常委会于8月27日审议预算执行审计工作报告，给予充分肯定和高度评价。

行政事业审计 共对8个行政事业单位进行审计，查出违规行为金额687万元。查出账外资产、挤占挪用、乱收费等问题。

固定资产投资审计 完成对辛集市第一医院新建病房楼工程、2013年危桥改造工程、教育路至石黄高速互通立交工程、市府街东段道路拓宽工程、2011年幼儿园改建工程等10个项目的竣工决算审计，审减金额2716.1万元，审减率10.3%。

经济责任审计 完成对残联、检察院、交通局、行政服务中心、社保局、前营乡政府等6个单位主要领导的任期经济责任审计，客观公正地评价其工作实绩。查出各类违规违纪金额620.6万元，提出审计建议24条。

专项资金审计 完成对辛集市2013年城镇保障性安居工程的投资、建设、分配、运营等情况的专项审计。发现上级补助资金闲置金额1146.57万元、部分住房保障对象不符合条件、廉租住房管理不善、部分项目土地使用不合规、经济适用房建设面积超标等问题，提出整改建议。有关部门针对上述问题已进行整改。

（撰稿人：陈玉茂）

2014年河北省所辖区、县(市)级审计工作统计表

金额单位:万元

审计机关	完成审计项目(个)	审计查出主要问题金额	审计处理情况					出具审计报告和审计调查报告(篇)	提出审计建议(条)	提交审计信息(篇)
			审计处理处罚				移送处理事项(件)			
			应上缴财政	应减少财政拨款或补贴	应归还原渠道资金	应调账处理金额				
石家庄市										
石家庄市本级	57	3063632	46239	781	66017	1542462	26	74	159	
长安区审计局	9	11852	6320		17	131		11		3
桥东区审计局	3	136	84			51		6	4	
桥西区审计局	9	54444	5643		3596	3782		11	17	4
新华区审计局	7	61842	5					10	11	9
井陉矿区审计局	6	8925	14					8	17	4
裕华区审计局	7	16848	1241			11643		11	22	3
藁城区审计局	9	24964	4681			20255		9		3
晋州市审计局	8	54141	177					9	27	7
新乐市审计局	17	32946	630		668	30470		19		3
鹿泉区审计局	7	7903						7	44	6
井陉县审计局	7	7091	706		7	4564		8		14
正定县审计局	9	11510	485			6762		11	11	5
栾城区审计局	8	2997	614			341		11	24	1
行唐县审计局	8	149296	8					11	16	
灵寿县审计局	8	464	20					8	7	2
高邑县审计局	9	30199	61		1819	12		11	31	13
深泽县审计局	10	22039	8			21930		12		1
赞皇县审计局	7	19109	306		4	494		7	32	4
无极县审计局	8	2219	12			1533		8	6	3
平山县审计局	11	323870	3771		632	317966		12	23	5
元氏县审计局	7	139049	33107		275	9738		8	22	11
赵县审计局	13	127741	48		6	181		18	31	3
唐山市										
唐山市本级	124	3220985	40898	57185	119375	79073	16	124	274	
路北区审计局	22	40194	24	376		26906		22		
路南区审计局	14	15483	1592	4838	5331	2025		14	34	
古冶区审计局	15	158755	18247		65978	150		15	62	
开平区审计局	15	90423	4699	5	31801	21245		15	37	

续表

审计机关	完成审计项目（个）	审计查出主要问题金额	审计处理情况					出具审计报告和审计调查报告（篇）	提出审计建议（条）	提交审计信息（篇）
			审计处理处罚				移送处理事项（件）			
			应上缴财政	应减少财政拨款或补贴	应归还原渠道资金	应调账处理金额				
丰南区审计局	28	98272	684	1820	63271	26788		28	36	
丰润区审计局	23	167602	3120	217	108	40		23	46	
曹妃甸区审计局	13	168247	81	5274		35		13	38	
遵化市审计局	12	131752	46		28011	32532		16	62	
迁安市审计局	19	974		29		9		19		
滦县审计局	14	99525		1				14	38	
滦南县审计局	15	127349	4085			13596		15	36	
乐亭县审计局	50	298724	2356		1430	247368		50	78	
迁西县审计局	15	3866	2869					15	30	28
玉田县审计局	13	25434	6		281	9965		13	132	
秦皇岛市										
秦皇岛市本级	30	509009	263	1084	22	2548	1	30	54	127
海港区审计局	4	26789				17		4	10	10
山海关区审计局	6							6		
北戴河区审计局	11	19321						11		
北戴河新区审计局	3	75115	243					3	15	
开发区审计局	10	4359						9		
昌黎县审计局	10	74108	127		37			10	36	14
抚宁县审计局	13	19118	12248		88	343		13	48	
卢龙县审计局	9	8044	4262		1	518		9	23	
青龙满族自治县审计局	17	3959	2		2	2212		17		
邯郸市										
邯郸市本级	71	1848597	166809	45	233259	218102	7	90	244	27
丛台区审计局	7	7434	18					9	33	
邯山区审计局	6	2844	1					8	19	
复兴区审计局	7	2058	118					9	16	
峰峰矿区审计局	9	32751	12					13	25	
武安市审计局	10	263982	295					13	25	
邯郸县审计局	11	157986	13		14	10813		14	15	1
临漳县审计局	7	112500	19202			92833		8	12	
成安县审计局	9	5395	12					11	4	

续表

审计机关	完成审计项目（个）	审计查出主要问题金额	审计处理情况					出具审计报告和审计调查报告（篇）	提出审计建议（条）	提交审计信息（篇）
			审计处理处罚				移送处理事项（件）			
			应上缴财政	应减少财政拨款或补贴	应归还原渠道资金	应调账处理金额				
大名县审计局	9	441	1					10	19	
涉县审计局	11	9896	12					11	168	
磁县审计局	6	93258	6					6	16	
肥乡县审计局	4	5						5	8	
永年县审计局	10	107337	99					12	18	
邱县审计局	5	6951	7					7		
鸡泽县审计局	14	51082	23					16	48	
广平县审计局	6	34958	3					6	12	
馆陶县审计局	7	824	8					7	9	
魏县审计局	6	5670	3			2051		6	16	
曲周县审计局	8	10713	12			306		8	10	
邢台市										
邢台市本级	53	2958851	27619		87852	165086	8	53		
桥东区审计局	13	234	2					14	36	
桥西区审计局	13	1667	5					13		
南宫市审计局	9	5943	45		4949	692		9		
沙河市审计局	21	52443	48		1015	50357		29	65	
邢台县审计局	19	31105	21	151	5218	22226		22	2	
临城县审计局	5	34109			1250	22615		5	14	
内丘县审计局	7	80643	51		55117	1058		7		
柏乡县审计局	10	94812	53			281		10	106	
隆尧县审计局	15	40854	8					15	4	2
任县审计局	15	67436	4309	2832		2		16	18	
南和县审计局	13	14167	5936		66	6479		13	25	
宁晋县审计局	13	69096	7					15	29	
巨鹿县审计局	11	44148	162		90	29		11		
新河县审计局	10	9800	1					10	29	
广宗县审计局	5	21683	2	183				5	3	
平乡县审计局	12	4805						14	16	3
威县审计局	20	178014	327					23	42	24
清河县审计局	14	4059	6					15	34	13
临西县审计局	12	12110	338		20			12	56	

续表

审计机关	完成审计项目（个）	审计查出主要问题金额	审计处理情况					出具审计报告和审计调查报告（篇）	提出审计建议（条）	提交审计信息（篇）
			审计处理处罚				移送处理事项（件）			
			应上缴财政	应减少财政拨款或补贴	应归还原渠道资金	应调账处理金额				
保定市										
保定市本级	63	351641	27760		1730	97879	6	103	103	
新市区审计局	7	3047	11			1201		7		
北市区审计局	8	6632	9			164		8	10	
南市区审计局	9	663			11	6		10	2	
涿州市审计局	8	114117	131			4		8	17	
安国市审计局	5	4463	11					5	8	
高碑店市审计局	16	17287	20					16	54	
满城县审计局	13	26683	56			11905		13	5	
清苑县审计局	15	26922	5		4000	19244		22		
涞水县审计局	8	5034	99			33		8		
阜平县审计局	9	33023	92					10	8	2
徐水县审计局	17	34038	28015			3353		17		
定兴县审计局	5	10171	11					5	11	
唐县审计局	8	16435	11					8	12	
高阳县审计局	14	56709	121			54098		17		
容城县审计局	12	15080	29			14922		12		5
涞源县审计局	21	1749	24					21	69	
望都县审计局	8	9475	10			9260		8	14	
安新县审计局	11	24076	201					11	2	
易县审计局	8	50419	15			41142		9		
曲阳县审计局	8	4401	6					8		
蠡县审计局	6	19081	4					6		
顺平县审计局	9	95667	216		237	200		9	19	
博野县审计局	11	145	6			2				
雄县审计局	11	25937	32		2			11		
张家口市										
张家口市本级	43	86386	185	247		303		43	94	35
桥西区审计局	6	574						6	4	11
桥东区审计局	4	10221	4		3	710		4	11	13
宣化区审计局	9	20520						9	9	17
下花园区审计局	6	1966				209		6	9	11

续表

审计机关	完成审计项目（个）	审计查出主要问题金额	审计处理情况					出具审计报告和审计调查报告（篇）	提出审计建议（条）	提交审计信息（篇）
			审计处理处罚				移送处理事项（件）			
			应上缴财政	应减少财政拨款或补贴	应归还原渠道资金	应调账处理金额				
察北区审计局	3							3		13
塞北区审计局	1							1		11
高新区审计局	4	1791	28					4	16	13
宣化县审计局	11	47146	19					11		18
张北县审计局	17	1092	46		1	2		17	60	20
康保县审计局	16	710	4	4				16	25	25
沽源县审计局	15	2102						15	26	17
尚义县审计局	11	6386	189			5982		11	29	19
蔚县审计局	17	314	14					17	8	15
阳原县审计局	6	2692				2692		6	3	16
怀安县审计局	2	5						2		17
万全县审计局	76	101813	31			285		76	24	15
怀来县审计局	10	9704	7		25	9417		10	2	21
涿鹿县审计局	15	13205	4					15		16
赤城县审计局	15	64808	188					15		15
崇礼县审计局	15	12368	23		768	621		15	52	20
承德市										
承德市本级	69	675699	17558	49	19589	39729	14	81	444	198
双桥区审计局	34	35564	67	229	10	11466	1	49	104	
双滦区审计局	9	22885	2449			20435		12	11	33
鹰手营子矿区审计局	8	19692	982	1260	1260	17449		9	15	
承德县审计局	15	72545	6			50		16	27	
兴隆县审计局	25	99008	5			141		31		
平泉县审计局	15	140307	5			124787		16	36	35
滦平县审计局	13	15262	492		156	73930		17	50	69
隆化县审计局	11	43841	42	10		43532		15	48	23
丰宁满族自治县审计局	20	96732	46839	1054	101	48215		21		
宽城满族自治县审计局	21	77435	1347		45	12144		25	9	
围场满族蒙古族自治县审计局	6	106	7					8	18	

续表

审计机关	完成审计项目(个)	审计查出主要问题金额	审计处理情况					出具审计报告和审计调查报告(篇)	提出审计建议(条)	提交审计信息(篇)
			审计处理处罚				移送处理事项(件)			
			应上缴财政	应减少财政拨款或补贴	应归还原渠道资金	应调账处理金额				
沧州市										
沧州市本级	40	281737	1258	21949	1565	537	6	47	165	183
运河区审计局	12	5252		26		5198		12	26	
新华区审计局	12	15417	8					12	31	
泊头市审计局	11	24510	24					12	22	37
任丘市审计局	25	26169	417		9063	14764		28	25	15
黄骅市审计局	13	15668	28			95		16	31	
河间市审计局	16	10792	554	450	1255	56		21	35	82
沧县审计局	26	41252	62					24		
青县审计局	9	7891	5	30		87		9	50	40
东光县审计局	10	11648	3					10	43	1
海兴县审计局	5	25972	4	46				4	14	13
盐山县审计局	8	34156	2		2			8	15	40
肃宁县审计局	6	7628	6		1	4561		6	19	28
南皮县审计局	5	415			415			5		
吴桥县审计局	8	13789	1					8	16	
献县审计局	7	5776	2			5405		7		85
孟村回族自治县审计局	5	7322	141			7165		5	10	22
廊坊市										
廊坊市本级	73	227199	15179			36604	1	90	71	70
广阳区审计局	11	5621	7					10	28	14
安次区审计局	5	98						4	9	166
开发区审计局	3	1391	436			954		3	3	
霸州市审计局	7	3155				15		7		271
三河市审计局	8	21857						6	20	12
固安县审计局	10	34053	33					10	26	
永清县审计局	9	6491	17					9		3
香河县审计局	10	5787	5317			437		10	18	9
大城县审计局	10	22314	8194			79		12		
文安县审计局	12	10623	608	82	1079	941		13		4
大厂回族自治县审计局	13	134126						13	11	234

续表

审计机关	完成审计项目（个）	审计查出主要问题金额	审计处理情况					出具审计报告和审计调查报告（篇）	提出审计建议（条）	提交审计信息（篇）
			审计处理处罚				移送处理事项（件）			
			应上缴财政	应减少财政拨款或补贴	应归还原渠道资金	应调账处理金额				
衡水市										
衡水市本级	44	323395	64893		1441	103954	6	44	147	110
桃城区审计局	16	75741	29		67			16	53	49
冀州市审计局	22	22670	642	911	2913	9348		22	4	6
深州市审计局	19	4069	21			61		19	64	4
枣强县审计局	15	14232	8361		546	5124		15	25	
武邑县审计局	19	6446	39			40		19	46	
武强县审计局	17	40874	491		6055	11784		17	79	24
饶阳县审计局	20	25701	21					20	68	7
安平县审计局	14	13244	16			12776		14	51	
故城县审计局	10	1169	20		3	9	3	10	54	12
景县审计局	19	14397	35					19	50	2
阜城县审计局	12	4991	1514		2725	519		12	17	5

山西省

【山西省审计厅】 2014 年，山西省审计厅人员编制 368 人，在编 335 人。设有办公室（政策研究室）、人事教育处（派出机构管理处）、法规处（审计复核处）、财政审计处（政府采购审计处）、行政事业审计处、农业与资源环保审计处、固定资产投资审计处、金融审计处、企业审计处、社会保障审计处、外资运用审计处、党政领导干部经济责任审计处、事业单位领导人员经济责任审计处、国有企业领导人员经济责任审计处、计划管理处、督查处、机关党委、离退休人员工作处、内部审计监督指导处、发展计划审计处、经济贸易审计处、政法审计处、经济执法审计处、农林水审计处、科技文化审计处、建设交通审计处、人劳民政审计处、旅游外事审计处、党群审计处、资源环保审计处、教育卫生审计处、税费征管审计处、机关后勤服务中心、计算机技术中心、审计科学研究所、审计干部培训中心、审计人力资源中心、审计业务指导中心、政府投资项目审计中心。

领导成员

厅　　长：王　亚

副 厅 长：郝素珍（—12 月）

　　　　　高爱平　姚宪华（—6 月）

总审计师：杨光照

纪检组长：任建平（—2 月）

　　　　　闫建科（5 月—）

巡 视 员：任建平（3 月—）

副巡视员：孙权孝　张　涵

审计成果　全省各级审计机关共审计和审计调查单位 4584 个，查出违规金额 1295 亿元，促进增收节支和挽回损失 214 亿元。促进建立健全制度措施 402 项。移送案件线索 702 件、937 人，涉及金额 24.2 亿元。配合和协助纪检监察和司法机关查处一批腐败案件。提交审计报告和信息 7213 篇，提出审计建议 9282 条。

稳增长等政策措施落实情况跟踪审计　按照

国务院要求和审计署统一部署，对全省贯彻落实中央稳增长促改革调结构惠民生防风险政策措施情况进行跟踪审计，揭示政策落实中存在的不作为、乱作为以及权力寻租、贪污腐败等问题，推动政策落实，确保政令畅通。

财政审计 加强对财政管理和预算执行情况的审计，关注政府预算体系和结构、财政管理绩效，查出未按规定纳入预算管理资金205亿元，隐瞒转移截留资金269亿元，滞留闲置资金148亿元。跟踪检查中央八项规定的落实情况，加强对“三公”经费、会议费使用情况和楼堂馆所建设等方面的审计，揭示查处无预算、超预算列支“三公”经费，超标准配备公务用车，虚报冒领会议费等问题，推进俭朴政府建设。

经济责任审计 贯彻两办规定和实施细则，推动出台《党政主要领导干部和国有企业领导人员经济责任审计实施意见》，印发《省管领导干部经济责任审计操作规程》。全省审计领导干部737人，查出相关领导干部负有直接责任问题金额5.4亿元。

固定资产投资审计 省审计厅开展对326个省级政府投资项目审批、计划执行情况的审计，揭示投资计划管理执行不到位、部分政府投资项目未实现投产达效目标等问题。开展对高校新校区、对口援疆等建设项目的跟踪审计，对灵丘至山阴等5条高速公路、山西省图书馆、山西大剧院等重点建设项目的竣工决算审计，查处部分项目投资超概算、损失浪费、违规招投标等工程建设领域的突出问题，核减投资额43亿元。开展对城镇保障性安居工程的跟踪审计，促进归还原渠道资金1.15亿元。

专项资金审计 采取“交叉审”方式，对58个贫困县2013年度扶贫专项资金使用情况进行审计，揭示部分扶贫项目建设不规范、部分扶贫资金管理不严格、未发挥应有效益等问题。对全省131个县级以上医疗卫生主管部门、200所公立医院和全省131个县级以上教育主管部门、722所大中小学2012—2013年度财务收支情况进行审计，严肃查处虚报冒领、骗取套取、截留侵占资金等行为。审计着力查处发生在群众身边的腐败问题，查出侵害群众利益金额2.02亿元。

资源环境审计 贯彻审计全覆盖要求，在全国土地出让收支和耕地保护情况审计结束后，立即组织对剩余的5市93个县（区）土地出让收支和耕地保护情况进行全面审计，查处违法违规批地、征地、供地和用地2万多公顷，移送有关部门处理事项80多件，涉及20多人，促进土地资源依法有序、节约利用。 （撰稿人：宁红伟）

【太原市审计局】 2014年，太原市审计局人员编制133人，在编121人。局长连金会，副局长苗五保、李德明、杨玲，总审计师何茜，纪检组长马晋达。设有办公室、人事教育处、法规处、财政审计处、金融审计处、行政事业审计处、企业审计处、农业与资源环保审计处、社会保障审计处、外资运用审计处、机关党委、离退休人员管理处、纪检监察室、经济责任审计分局、政府投资项目审计分局、开发区审计分局、园区审计分局、党群审计处、社会和经济发展审计处、政法审计处、文教科卫审计处、城建审计处、经贸审计处、后勤服务中心、计算机技术中心。

审计成果 太原市审计局共审计及延伸审计单位890个，查出违规、损失浪费和管理不规范金额142.55亿元，非金额计量问题481个；收缴原渠道资金20.48亿元（含审计期间整改金额），移送案件线索204件。提出审计建议630条，其中被采纳346条。被省、市有关领导批示报告、信息52件。

财政审计 突出税收征管、资金效益和民生部门三个重点，加大对财政资金的审计力度。开展对市财政局、市地税局等11个部门（单位）的预算执行审计，共延伸审计单位155个、纳税户30个，查出主要问题金额26亿元，已上缴财政近15亿元，移送案件线索26件。开展对娄烦县等5个县（市、区）的财政决算审计，共延伸审计单位71个，查出主要问题金额47亿元，移送案件线索31件。

农业与资源环保审计 完成吕梁市所属7个县区扶贫资金专项审计。重点抽查57个乡镇、346个村、27个企业、407个项目。查出主要问题金额3.6亿元，移送案件线索49件，涉及357人，提出整改建议16条，全部得到采纳，整改率达100%。完成全市乡村垫交税费债务审计。完成审计署统一组织的全国土地出让收支和耕地保护情况审计。

固定资产投资审计 开展晋祠环境综合整治二期工程项目，太原革命解放纪念馆项目，太原市人民检察院业务用房、办案用房，老年大学建设项目，鼓楼二期土地置换等项目的审计和审计调查。查出主要问题金额 65694 万元，审计决定收缴 2203 万元，移送有关部门案件 10 件。

社会保障审计 对所属县、市 2013 年城镇保障性安居工程进行跟踪审计，发现工程资金拨付管理不规范等 4 大类 15 个问题，并提出继续加大对保障性安居工程的监督和管理力度等建议。

企业审计 开展太重集团高速列车关键零部件国产化及煤机成套装备制造基地审计调查项目，审计揭示问题 6 大类 17 个问题，查出违法违规、损失浪费和管理不规范金额 1.7 亿元，移送案件线索 4 件，提出审计建议 5 条。配合省审计厅完成西山煤电集团公司审计。

行政事业审计 组织 10 个县（市、区）审计局实施全市教育系统财务收支审计，审计涉及 80 个部门和学校，查出主要问题金额 2.8 亿元，移送案件线索 2 件，提出建议 272 条。组织 10 个县（市、区）审计局实施全市卫生系统财务收支审计，查出主要问题金额 1.5 亿元，移送案件线索 15 件，提出建议 83 条。开展全市公安系统财务收支审计，审计及延伸审计单位 131 个，查出主要问题金额 4 亿元，移送案件线索 69 件，涉及 503 人，提出意见建议 58 条。

经济责任审计 完成山西财贸职业技术学院原院长任期经济责任审计，查出负主管责任问题 20 个，金额 879 万元。配合省审计厅完成山西焦煤集团原董事长任期经济责任审计。

（撰稿人：韩翠峰　张恒昌）

【大同市审计局】 2014 年，大同市审计局人员编制 110 人。局长康巨文（—11 月），副局长曹锦、王勇、李毓智、李江涛，纪检组长石文泽。设有办公室、政策法规科、财政审计科、金融审计科、行政事业审计科、企业审计科、经济责任审计科、社会保障审计科、固定资产投资审计科、农业环保审计科、外资运用审计科、编制人事教育科、离退休人员工作科、机关党委办公室、监察室、政法审计科、经济执法审计科、发展经济贸易审计科、农林水审计科、科教文卫审计科、城建交通审计科、党政群审计科。

审计成果 大同市审计局对 127 个项目（单位）进行审计和审计调查，查出主要问题金额 68.01 亿元，其中违规金额 43.39 亿元、损失浪费金额 0.11 亿元、管理不规范金额 24.51 亿元；处理处罚金额 45.60 亿元，其中应上缴财政 0.25 亿元、应减少财政拨款或补贴 24.44 亿元、应归还原渠道资金 12.72 亿元、应缴纳其他资金 6.29 亿元、应调账处理金额 1.90 亿元；核减投资金额 25 亿元。

财政审计 对 15 个市直主管部门及其所属单位的预算执行情况进行审计，累计查出违规金额 5 亿元，管理不规范金额 0.59 亿元，审计结果报告上报市政府后，市长做出重要批示。对南郊区、开发区、大同县、浑源县、广灵县和灵丘县 6 个县（区）财政决算进行审计，提出审计建议 26 条，市长对综合报告做出重要批示。

固定资产投资审计 对 58 个政府投资工程项目进行审计，报审金额 100.18 亿元，核减金额 24.44 亿元；高速公路建设项目（平定至阳曲）项目总投资 147.08 亿元，审计核减 0.84 亿元，审计指出 28 个问题，提出 6 条建议。

经济责任审计 完成经济责任审计 77 个，涉及 78 人，其中市级完成审计项目 48 个，12 个县（区）完成审计项目 29 个，查出管理不规范金额 2.02 亿元。违规金额 1.71 亿元，其中负领导责任 1.67 亿元金额，负直接责任金额 401.77 万元。

专项资金审计 根据省审计厅统一安排，对忻州市、朔州市 7 个县 2013 年度财政扶贫资金使用、管理和效益情况进行审计，重点抽查 62 个乡镇、315 个村、26 个企业、23 个合作社、1331 个农户，抽查项目 286 个，涉及财政扶贫资金 4.07 亿元，查出违法违规、管理不规范金额 1.13 亿元。对天镇县、大同县、浑源县等 6 个县 2008 年至 2013 年土地出让收支和耕地保护情况进行审计，查出违规金额 7.54 亿元，违法违规批地、征地、供地和用地等 2259.83 公顷，违规占用耕地（基本农田）210.38 公顷，移送有关行政执法部门处理问题案件 20 件。对 2013 年城镇保障性安居工程进行跟踪审计，延伸调查 17 个保障性安居工程项目，审计总金额 108 亿元，查出违纪违规金额0.24亿元。

行政事业审计 完成市、县（区）公安局及所属分局、交警、消防、警卫等52个单位2012年和2013年财务收支情况审计，发现违法违规金额1.87亿元，管理不规范金额0.17亿元，督促各级公安机关上缴财政资金105.68万元，应归还原渠道资金505万元，应调账处理金额1.2亿元，提出完善财务管理制度和加强财务管理工作的意见及建议31条，移送有关行政执法部门处理案件线索22件，涉及金额6577万元。根据省审计厅安排，完成11所中学校、5所中心学校、41所小学校、11所高中学校、11个教育局2012年、2013年财务收支情况审计，查出固定资产账实不符金额3.5亿元，往来清理不及时金额2200万元，校安工程8个项目超计划建设面积10907.92平方米、8个项目超计划投资金额2738.32万元，配套资金未落实到位金额1636万元，应提未提教育资金3.9亿元等问题。（撰稿人：白建生）

【阳泉市审计局】 2014年，阳泉市审计局人员编制50人，在编46人。局长李润萍，副局长张东明、刘文军、彭乃良、陈锋，总审计师李军，纪检组长李燕飞。设有办公室、人事教育科、计划管理科、纪检组（监察室）、法制科、财政审计科、行政事业科、农业与资源环保审计科、固定资产投资审计科、金融审计科、企业审计科、社会保障审计科、外资运用审计科、经济责任审计科、政策研究室。

审计成果 阳泉市审计局完成审计项目76个，查出主要问题金额267599万元，其中违规金额123996万元、管理不规范金额143602万元；损益（收支）不实金额38036万元；审计处理处罚金额69379万元，其中应上缴财政28175万元、应归还原渠道资金5683万元、应调账处理金额35519万元；审计发现非金额计量问题277个；审计促进整改落实有关问题金额15554万元，其中增收节支15002万元、已缴纳其他资金10万元、已调账处理金额528万元；移送司法机关、纪检监察机关和有关部门处理事项60件。出具审计报告和专项审计调查报告76篇，被批示、采用1篇。提出审计建议118条，被采纳26条；提交审计信息47篇，被批示、采用10篇；向社会公告审计结果2篇。

预算执行审计 延伸审计和调查单位76个，查出违纪违规和管理不规范金额2.77亿元，下达审计决定9个，移送相关部门案件线索及建议6个。

经济责任审计 完成6名领导干部的经济责任审计，查出违规金额1307万元，管理不规范金额2253万元，查处领导干部应负直接责任金额80万元，应负主管责任金额1446万元，应付领导责任金额2034万元。

财政审计 开展公安系统、卫生系统、教育系统等3个行业的财务收支审计，查出违法违纪金额2738.31万元，管理不规范金额13084.07万元，提出审计建议48条，移交案件线索及问题30件。

固定资产投资审计 完成政府投资审计（调查）项目41个，核减投资45356万元，向社会公告审计结果2篇。

行政事业审计 完成19个单位审计，查出违规资金2821.95万元，管理不规范金额13231.77万元，移送案件线索和处理事项12件。

专项审计 对市、县（区）两级2013年城镇保障性安居工程的投资、建设、分配、运营等情况进行审计。重点调查市、县（区）政府所属住房保障、发展改革、财政、国土资源、规划、民政等34个部门，延伸审计50个单位，查处管理不规范金额12904万元。对全市2008年至2013年土地出让收支和耕地保护情况进行审计，延伸审计或调查41个部门和单位，共查处违法违规金额175627.61万元，占审计总金额的17.54%；违法违规批地、征地、供地和用地等852.64公顷，占抽审数的13.14%。审计移送政府有关部门处理事项8件，涉及金额1749.57万元。

（撰稿人：张大鹏）

【长治市审计局】 2014年，长治市审计局人员编制120人，在编108人。局长段秀平，副局长赵治兴、张国庆、江宏凌、车建科，总审计师苏庆吉，纪检组长赵建文。设有财政审计科、金融审计科、行政事业审计科、固定资产投资审计科、经济责任审计科、企业审计科、农业与资源环保审计科、外资运用审计科、社会保障审计科、办公室、计划管理科、人事教育科、老干部管理科、法制科、纪检监察室、督查科、党总支，另设有经济责任审计分局、固定资产投资审计中心、计算机信息管理中心、后勤服务中心、业务指导中心。

审计成果 长治市审计局完成审计项目 87 个，查出主要问题金额 1683317 万元，其中违规金额 50837 万元、损失浪费金额 1331 万元、管理不规范金额 1631148 万元；损益（收支）不实金额 13035 万元；审计处理处罚金额 260216 万元，其中应上缴财政 198763 万元、应归还原渠道资金 11761 万元、应调账处理金额 49475 万元；审计发现非金额计量问题 202 个；审计促进整改落实有关问题金额 13575 万元，其中增收节支 1861 万元、已调账处理金额 11565 万元；审计促进拨付资金到位 6157 万元。移送司法机关、纪检监察机关和有关部门处理事项 163 件。出具审计报告和专项审计调查报告 87 篇。提出审计建议 228 条，提交审计信息 65 篇。

稳增长等政策措施落实情况跟踪审计 对长治市稳增长促改革调结构惠民生防风险各项政策措施贯彻落实情况进行跟踪审计。重点关注简政放权、棚户区改造、节能环保、农村饮水安全、城市基础设施等 19 项相关政策及资金落实情况。

财政审计 对长治市本级 18 个一级预算单位开展 2013 年度预算执行和财政收支审计，对城区、长子县等 7 个县区开展财政决算审计。审计揭示各部门存在的违规收费、挪用专项资金、超范围分配财政资金，以及“五件实事”民生资金使用中存在的问题。对长治市卫生部门和 16 所公立医院，全市公安系统 44 个市、县公安局及分局、交警、消防、警卫单位，教育部门及 68 所中小学、13 所普通高中 2012 年至 2013 年财务收支情况，以及长治市土地出让收支和耕地保护情况进行审计。在山西省审计厅授权下，对太行中学、长治学院、长治医学院 2012 年至 2013 年财务收支情况进行审计。揭示违规收费、挤占挪用、乱发补助，以及违法违规批地、征地、供地和用地，违规占用耕地等问题。

固定资产投资审计 对晋城富士康科技工业园 A 区项目建设进行审计调查，对长治市污水处理及回用工程、流浪未成年人救助保护设施工程、2008 年至 2010 年市政道路、公交总公司停车场等 16 个投资项目进行审计，核减率达 18.68%。

经济责任审计 对长治市 30 名党政领导干部进行经济责任审计，准确划分领导干部应承担的直接责任、主管责任和领导责任，客观公正评价领导干部履职尽责情况，为制约和监督权力运行，推进反腐倡廉建设，加强干部任用和管理提供客观准确的信息和依据。

专项资金审计 对长治市 2013 年城镇保障性安居工程进行跟踪审计，揭示滞留上级补助资金、长期空置保障性住房及手续不全擅自开工建设等问题。赴临汾市安泽县、古县、汾西县、隰县、永和县、大宁县、吉县、浮山县 8 个县开展财政扶贫专项资金审计，整改资金 2015.67 万元。

企业审计 对长治市煤气化总公司和金港企业总部园区项目进行审计。揭示其在会计核算、土地占用、上缴收入、内部管理等方面存在的问题。

（撰稿人：李建玲）

【晋城市审计局】 2014 年，晋城市审计局人员编制 79 人，在编 70 人。局长郭彦明，副局长刘化珠（—1 月）、王瑞祥、王建芳（1 月—）、程晋鹏，总审计师王建芳（—1 月）、曹和生（1 月—），纪检组长尚海根。设有办公室、人事教育科、法规审理科、财政预决算审计科、金融外资审计科、国有资产及企业审计科、民生及社会保障审计科、固定资产审计管理科、行政事业审计科、农林水审计科、经济责任审计科、资源环境审计科、内部审计管理科、重点项目审计科、计划数据信息科、晋城经济开发区审计科和审计稽查一所、二所、三所、四所、五所及审计信息中心。

审计成果 晋城市审计局完成审计项目 87 个，查出主要问题金额 90.61 亿元，其中违规金额 20.51 亿元、损失浪费金额 1.06 亿元、管理不规范金额 69.04 亿元；损益（收支）不实金额 0.61 亿元；审计处理处罚金额 30.69 亿元，其中应上缴财政 17.23 亿元、应减少财政拨款或补贴 0.31 亿元、应归还原渠道资金 8.02 亿元、应调账处理金额 4.74 亿元；审计发现非金额计量问题 294 个；审计促进整改落实有关问题金额 3.41 亿元，其中增收节支 3.06 亿元。移送纪检监察机关和有关部门处理事项15件。提出审计建议219条，提交审计信息32篇，被批示、采用18篇。

财政审计 不断完善"一基三落实"审计方法，以财政财务收支为基础，重点从贯彻落实国家宏观经济政策、依法履行经济管理职能和财政资金使用绩效三个方面，对市本级18个部门和单位2013年度预算执行情况进行审计，对所属3个县（区）2012年和2013年财政决算进行审计。审计揭示出各级财政收入预算管理不严格、支出预算编制不严谨、盘活财政存量资金力度不大、执行政府采购和财政投资评审等政策制度不尽严格、国有资产管理不规范以及一些部门执行国家宏观经济政策不到位、未全面完成经济工作目标等问题，建议市政府印发《关于加强财政支出管理硬化预算约束的意见》，努力推动深化财税体制改革和财政资金提质增效。

稳增长等政策措施落实情况跟踪审计 组织全市审计机关对国务院稳增长促改革调结构惠民生防风险的22个方面、63项政策措施的贯彻落实情况进行两轮跟踪审计，为推动转型综改试验区建设，促进全市经济平稳健康运行保驾护航。根据审计署统一安排，对落实国务院"约法三章"情况进行审计。贯彻落实中央八项规定精神，加强公务支出、公款消费审计和奢华浪费建设审计，并对市本级265个预算单位厉行节约反对浪费情况进行专项检查，促进廉洁俭朴政府建设。

社会保障审计 对全市新型农村合作医疗基金、农村最低生活保障资金、落实全省"五件实事"情况等12项民生资金及相关政策落实情况进行审计或审计调查，促进落实惠民富民政策，维护人民群众根本利益。

企业审计 按照市政府安排，历时半年对市属各级共310户企业的国有资产及国有资本收益情况进行审计调查，指出企业运营、管理中存在的突出问题，提出相应的对策建议，为进一步深化国资国企改革提供思路，得到市政府的充分肯定。根据省审计厅授权，对晋城煤业集团100亿立方米煤层气抽采利用项目进行专项审计调查，客观反映项目进展状况，向上级提出科学配置资源、建立市场价格政策引导机制等八项建议，得到省审计厅领导肯定并上报省委、省政府。

（撰稿人：史晋雷）

【朔州市审计局】 2014年，朔州市审计局人员编制64人，在编71人。局长王勇，副局长张富新、谷如发、李华，总审计师韩杰，纪检组长雷占虎。设有办公室、财政审计科、金融审计科、企业审计科、行政事业审计科、社会保障审计科、农业与外资审计科、经济责任审计分局、固定资产投资审计科、资源环保审计科、法规科、督查科、审计信息中心、审计听证中心、建设项目审计监督中心。

审计成果 朔州市审计局共完成审计项目108个，查出主要问题金额26.21亿元，其中违规金额14.52亿元、损失浪费金额2.05亿元、管理不规范金额7.52亿元；损益（收支）不实金额2.12亿元；审计处理处罚应上缴财政3000万元，应减少财政拨款或补贴17.68万元、应归还原渠道资金1.08亿元、应调账处理金额7.57亿元；审计发现非金额计量问题107个；审计促进整改落实有关问题金额6.58亿元，其中增收节支11.3万元、已调账处理金额5.92亿元；审计促进拨付资金到位3346.07万元。移送有关部门处理事项17件。出具审计报告和专项审计调查报告135篇，被批示、采用31篇。提出审计建议369条，提交审计信息83篇，被批示、采用23篇。

财政审计 对市财政及26个部门2013年度预算执行情况、3个县区2012年度、2013年度的财政决算进行审计。审计查出违纪违规金额12.58亿元。

社会保障审计 对2013年度市本级和经济技术开发区保障房进行跟踪审计。审计查出违规及管理不规范金额2.63亿元。

固定资产投资审计 完成朔州高等师范专科学校工程、朔州市0906工程等46个审计项目，送审金额19.71亿元，核减工程价款4.15亿元，平均核减率为21.07%。

经济责任审计 完成经济责任审计13个，其中完成受省审计厅委托的1名省管干部的经济责任审计。审计共查出负直接责任问题金额3685.11万元、负主管责任问题金额2136.9万元、负领导责任问题金额8608.32万元。

金融审计 对朔州市资产管理有限公司和朔州市自来水公司资产负债损益情况、大同市商业银行朔州分行、招商银行朔州分行经营情况进行审计和审计调查。审计查出问题金额 1.15 亿元。

行政事业审计 对全市公安系统、教育系统、卫生医疗系统 2012 年度、2013 年度财务收支和全市乡村垫交税费债务情况进行审计。审计查出违规及管理不规范金额 2.72 亿元。

农业与资源环保审计 完成对大同市阳高县的土地出让收入和耕地保护情况的审计，开展对右玉县、山阴县土地出让收入和耕地保护情况的审计，揭示被审计对象在土地管理使用中存在的突出问题，并在深入分析的基础上提出审计意见和建议。

企业审计 对大同煤矿集团朔州煤电有限公司、山西中煤平朔宇辰有限公司税费基金缴纳情况进行审计。通过审计查出企业欠缴政府的税费基金 1.54 亿元，为全市加强税费基金征缴管理，堵塞征管漏洞，促进财政增收发挥积极作用。

专项资金审计 对市县两级 27 个单位贯彻落实稳增长促改革调结构惠民生情况进行跟踪审计，开展对朔城区、平鲁区人民政府实施的“五件实事”民生工程审计。针对审计查出的问题，提出审计意见和建议。 （撰稿人：刘云宝）

【晋中市审计局】 2014 年，晋中市审计局人员编制 74 人，在编 75 人。局长荣贵，副局长冯思义（—12 月）、张海涛、石红红，总审计师吕建萍，纪检组长张殿富。设有办公室、法制科、人事教育科、信息管理科、财政审计科、金融外资审计科、行政事业审计科、社会保障审计科、经贸审计科、农业审计科、固定资产投资审计科、经济责任审计科、监察室、后勤服务中心、经济责任审计中心、投资审计中心、金审中心。

审计成果 晋中市审计局完成审计项目 102 个，查出主要问题金额 1783039 万元，其中违规金额 2781 万元、管理不规范金额 1780257 万元；损益（收支）不实金额 148604 万元；审计处理处罚 257356 万元，其中应上缴财政 255383.94 万元、应归还原渠道资金 1973 万元、应调账处理金额 8 万元；审计发现非金额计量问题 99 个；审计促进整改落实有关问题金额 298025.24 万元，盘活存量资金 29942.05 万元，清理往来款项 593.47 万元，收缴罚没款 2183.5 万元；审计促进拨付资金到位 34156.45 万元。移送司法机关、纪检监察机关和有关部门处理事项 32 件，其中纪检部门 5 件、司法机关 2 件、上级政府及主管部门 25 件。出具审计报告和专项审计调查报告 102 篇，被批示、采用 6 篇。提出审计建议 413 条，提交审计信息 33 篇，被批示、采用 12 篇。审计建议促进政府或部门建章立制 7 次。

财政审计 对市财政局、住建局等 18 个市直部门（单位）2013 年度预算执行情况进行审计。向财税部门追缴未入库资金 255383.94 万元，追缴专项资金 1973.93 万元，进一步细化预算编制和政府采购管理，规范市级预算单位银行账户管理，清查撤销多头、过期和重复延期的账户。对太谷县、祁县等 6 个县（市）财政决算审计，累计查出主要问题金额 110773 万元。

经济责任审计 完成 16 名领导干部及 2 名省审计厅授权领导干部经济责任审计。查出管理不规范金额 254406 万元，其中负直接责任金额 137 万元，负主管责任金额 101492 万元，负领导责任金额 152777 万元。

农业与资源环保审计 对晋中市 9 个县市国有土地出让收入进行审计，查处违法违规金额 43736.47 万元，违法违规批地、征地、供地和用地等 2149.3 公顷，移送司法、纪检、政府有关部门案件 15 起，涉案人数 8 人，涉案金额 749.33 万元。

固定资产投资审计 完成 5 项竣工决算审计：太佳高速黄河大桥、职业技术学院基建工程、第二幼儿园综合楼、晋中宾馆维修改造工程、榆次一中整体改造工程，核减工程款 6230.23 万元。

社会保障审计 完成社会保险基金、住房公积金及城镇保障性安居工程跟踪审计。查出资金筹集管理、分配使用等方面的问题。

企业审计 完成公投公司等 14 家国有独资企业专项审计，18 家国有参股企业审计调查，对企业经营状况及利润分配情况、未来经营中存在的亏损风险、财政拨款投放及使用情况、政府对企业的管理现状进行摸底调查，查出拖欠税费、账务处理不合规等问题。完成山西新能源汽车项目专项调查，发现进度缓慢、手续不全、未批先建等问题，提出完善项目管理的建议。

专项资金审计 完成全市扶贫资金及公安、

卫生、教育系统财务收支审计。在对蒲县等7个县扶贫专项资金审计中，查出违法违规和管理不规范金额28990万元，对繁峙县、乡宁县查出的案件线索，移送当地人民政府处理。在对公安、卫生、教育系统财务收支审计中，共查出违规违纪金额195089万元。（撰稿人：董桂伶　钱　鑫）

【运城市审计局】2014年，运城市审计局人员编制57人，在编61人。局长任永吉，副局长李乃胜、马丽娟（1月—）、王凌（—12月），总审计师任兴龙，纪检组长杨平。设有办公室、法制科、监察室、财政科、经济责任审计科、农业科、行事科、社保科、投资科、外资科、企业科、综合科、运城市固定资产投资审计中心、运城市审计信息中心、运城市经济责任审计中心、运城市计算机审计中心。

审计成果　运城市审计局完成审计项目55个，查出主要问题金额1014961万元，其中违规金额159677万元、损失浪费金额132万元、管理不规范金额855155万元；损益（收支）不实金额116792万元；审计处理处罚金额69714万元，其中应上缴财政5243万元、应减少财政拨款或补贴1728万元、应归还原渠道资金2277万元、应调账处理金额55779万元；审计发现非金额计量问题401个；审计促进整改落实有关问题金额49349万元，其中增收节支5783万元、已调账处理金额43312万元；审计后挽回（避免）损失299万元。移送司法机关、纪检监察机关和有关部门处理事项58件。出具审计报告和专项审计调查报告92篇，被批示、采用2篇。提出审计建议242条，提交审计信息44篇，被批示、采用31篇。

预算执行审计　重点审计市直15个部门，共出具审计报告16份。审计查出主要问题金额505968万元，其中预算编报不真实不完整32317万元，未按规定纳入预算管理264188万元，未按规定征收缴纳收入29100万元，未落实“收支两条线”和专户管理规定1506万元，违规改变项目计划和资金用途2199万元，乱收费乱摊派乱罚款161万元，资金滞留闲置6395万元，违规使用发票金额45万元，扩大开支范围或提高开支标准列支金额27318万元，会计核算不实金额15558万元。

经济责任审计　完成经济责任审计项目17个，审计查出问题金额37878万元，属违纪违规金额14474万元，审计界定被审计领导干部应承担的直接责任金额115万元，负主管责任金额2887万元，负领导责任金额11472万元；属管理不规范金额23292万元，审计界定被审计领导干部应承担的直接责任金额487万元，负主管责任金额17779万元，负领导责任金额5025万元。对审计发现的问题，要求相关单位积极整改，提出审计建议35条。

固定资产投资审计　跟踪重点工程项目，实现投资审计全覆盖。根据市委、市政府“八区联动”的城市建设战略，审计部门安排对市政道路工程和重点建设项目的审计调查，通过对项目建设全方位、全过程的有效监管，核减工程投资，挽回和避免损失2941万元。

企业审计　完成企业金融类审计项目5个，查出主要问题金额6043万元，其中违规经营5100万元，违规使用财政资金400万元，少计少缴税费543万元。（撰稿人：贾碧榕）

【忻州市审计局】　2014年，忻州市审计局人员编制75人，在编73人。局长魏广才，副局长顾连宽、李进明、李月文、陈建忠，总审计师韩建柱，纪检组长郭海英。设有办公室、人事教育科、财政审计科等14个职能科（室），4个派驻审计科，3个下属事业单位。

审计成果　忻州市审计机关完成审计项目580个，查出主要问题金额955475万元，其中违规金额134796万元、损失浪费金额46万元、管理不规范金额820632万元；损益（收支）不实金额73234万元；审计处理处罚金额180382万元，其中应上缴财政17621万元、应减少财政拨款或补贴10016万元、应归还原渠道资金26704万元、应调账处理金额98303万元；审计发现非金额计量问题459个；审计促进整改落实有关问题金额51182万元。移送司法机关、纪检监察机关和有关部门处理事项13件。出具审计报告和专项审计调查报告580篇，被批示、采用55篇。提出审计建议1473条，提交审计信息644篇，被批示、采用280篇。

预算执行审计　组织实施市本级2013年度预

算执行情况和其他财政收支审计，发现和查处部分市直单位挤占挪用、滞留专项资金，扩大开支范围，未按规定上缴财政收入等问题。对会议费和“三公”经费及各种庆典活动等资金安排使用情况进行审计，摸清市级部门及所属单位2013年“三公”经费及会议费预算及实际支出规模和结构，对比分析2013年与2012年“三公”经费预算和实际支出变化情况。对忻府区、河曲、保德、代县等6个县（区）2012年至2013年财政决算情况进行审计，发现和查处截留应缴上级财政收入、滞留税款等问题。

经济责任审计 安排并实施7名县（处）级党政主要领导干部任期经济责任审计。召开忻州市经济责任领导小组会议，规范完善经济责任审计联席会议制度，在市直单位中按行业类别，选择资金量大，民众重点关注的一些部门安排任中经济责任审计。深入开展县委书记、县长同步审计。建立领导干部经济责任审计数据库。

固定资产投资审计 对2014年忻州城区基础设施（道路）建设工程跟踪审计，处理处罚施工、监理单位37次，罚款金额共计101.5万元。对“忻州市大干城建年”所涉及的征地拆迁资金进行专项审计，净核减多报的征迁补偿款833.28万元。开展忻州市“五馆一院”BT项目阶段审计等政府投资项目审计。

社会保障审计 对忻州市本级及14个县（市、区）2013年城镇保障性安居工程进行审计。审计发现部分县（市、区）未按规定及时足额发放住房补贴，存在不符合保障对象家庭享受保障性住房行为，6个项目1028套保障性住房未按工程设计图纸进行施工，9个项目超标准建设保障性住房918套。对审计查出的问题，有关县（市、区）已取消1176户不符合条件家庭的保障对象资格，追回住房租赁补贴资金137.29万元，腾退保障性住房49套，促进闲置的保障性住房投入使用83套。

专项资金审计 开展对太原市娄烦县、大同市阳高县、灵丘县等7个贫困县2013年度财政扶贫专项资金管理、使用及效益情况审计，重点抽查54个乡镇、284个村、16个企业、37个合作社、1452个农户，抽查扶贫项目330个，财政扶贫资金37713万元。审计发现擅自改变扶贫项目建设内容、截留挪用扶贫资金、部分项目管理不到位造成损失浪费或未达预期效益等问题。

（撰稿人：康　晓）

【临汾市审计局】 2014年，临汾市审计局人员编制47人，在编47人。局长华志刚（—12月），副局长陈焕成（12月—）、祁全保、郭安平（—12月），总审计师张百管，纪检组长周宁康。设有办公室、人事教育科、监察室、法制科、综合科、财政审计科、经济责任审计科、金融审计科、农业环保审计科、社会保障审计科、固定资产投资审计科、外资审计科、行政事业审计科、工商企业审计科、经济责任审计和固定资产投资审计中心、审计信息中心、审计职教培训中心。

审计成果 临汾市审计局完成审计项目81个，查出主要问题金额1438049万元，其中违规金额218114万元、管理不规范金额1219935万元；损益（收支）不实金额5851万元；审计处理处罚金额167803万元，其中应上缴财政152527万元、应减少财政拨款或补贴9637万元、应归还原渠道资金3601万元、应调账处理金额2038万元；审计发现非金额计量问题468个；审计促进整改落实有关问题金额107643万元，其中增收节支104387万元、已调账处理金额804万元；审计促进资金拨付到位2452万元。移送司法机关、纪检监察机关和有关部门处理事项56件。出具审计报告和专项审计调查报告87篇。提出审计建议346条，提交审计信息112篇。

财政审计 在加大重点单位审计监督的基础上，把5年以上未审计的单位纳入预算执行审计范围，共审计一级预算单位32个，二、三级预算单位62个，查出主要问题金额23.42亿元。组织市县两级审计力量实施县乡两级财政决算同步审计，完成襄汾、大宁、霍州、曲沃、浮山、安泽、吉县7个县市的财政决算审计工作。

经济责任审计 完成市管领导干部经济责任审计项目27个，所有审计任务均为任中审计项目，实现离任审计向任中审计的转移。审计查出主要问题金额3.37亿元，提出审计建议62条，为促进各级政府依法行政和各级党委正确使用干部提供参考依据。

行政事业审计 根据省审计厅安排，完成公安、卫生、教育系统审计，查出“三公”经费管理及使用、内控制度建立健全及执行、财政财务等预算资金管理及分配使用、乱收费、挤占挪用专项资金、资产管理不规范等方面的81个问题。

固定资产投资审计　在政府投资审计上着力建设“四库一流程”，即：政府投资审计市县两级项目库、购买社会服务备选库、竣工决算审计数据库、审计法律法规库和项目审计流程。已录入政府投资建设项目1299个、审计法律法规261部、面向全国招标的中介机构55家。全年审计总金额6.2亿元，核减工程金额5249万元，核减率8.5%。

专项资金审计　按照省审计厅安排，完成晋中市和吕梁市6个县的财政扶贫专项资金审计，开展山西焦煤集团飞虹化工股份有限公司年产60万吨甲醇制烯烃项目的专项审计调查，完成5个地市26个县的亚洲开发银行贷款山西省河川流域农业综合开发项目审计任务。配合特派办开展国土使用权出让收入、财政存量资金的审计项目，有效服务全省转型发展大局。

（撰稿人：郭迎建　张小强）

【吕梁市审计局】　2014年，吕梁市审计局人员编制65人，在编57人。局长卫成印，副局长贾桥、高博、张林生、赵晓岗（4月—），总审计师高树泽，纪检组长秦华敏。设有办公室、人事科、法制科、财政审计科、金融经贸审计科、行政事业审计科、社会保障审计科、固定资产投资审计科、经济责任审计科、农业与资源环保审计科、外资运用审计科、督查科，下设审计复核审理中心、网络管理中心、财政审计中心、投资审计中心。

审计成果　吕梁市审计局完成审计项目113个，查出主要问题金额1622147万元，其中违规金额540751万元、损失浪费金额1617万元、管理不规范金额1079778万元；损益（收支）不实金额29253万元；审计处理处罚金额67531万元，其中应上缴财政55403万元、应归还原渠道资金3740万元、应调账处理金额2615万元；审计发现非金额计量问题410个；审计促进整改落实有关问题金额61937万元，其中增收节支60982万元、已调账处理金额955万元；审计促进拨付资金到位27802万元。移送司法机关、纪检监察机关和有关部门处理事项167件。出具审计报告和专项审计调查报告113篇，被批示、采用57篇。提出审计建议1451条，提交审计信息72篇，被批示、采用12篇。向社会公告审计结果18篇。

财政审计　完成预算执行审计项目20个，延伸审计单位38个，查出各类问题金额469334万元；完成财政决算审计项目7个，延伸审计单位112个，查出各类问题金额327733万元。

经济责任审计　完成领导干部经济责任审计项目27个，其中地厅级领导干部1个，县处级领导干部26个；查出违规金额311391万元，管理不规范金额418981万元。

行政事业审计　完成行政事业审计项目38个，延伸审计单位106个，查出问题金额692048万元。

固定资产投资审计　完成固定资产投资审计项目32个，延伸审计单位26个，核减工程投资额2178.16万元，查出各类问题金额70453万元。

企业审计　完成企业类审计项目2个，查出问题金额4533万元。

专项资金审计　完成专项资金审计和审计调查项目8个，查出各类问题金额58043万元。

（撰稿人：王维蓉）

2014年山西省所辖区、县(市)级审计工作统计表

金额单位:万元

审计机关	完成审计项目(个)	审计查出主要问题金额	审计处理情况					出具审计报告和审计调查报告(篇)	提出审计建议(条)	提交审计信息(篇)
			审计处理处罚				移送处理事项(件)			
			应上缴财政	应减少财政拨款或补贴	应归还原渠道资金	应调账处理金额				
太原市										
太原市本级	38	990728	54207		6995	22388	171	38	111	144
杏花岭区审计局	35	9323	203		259	28	5	35	116	10
小店区审计局	17	56165	11				6	17	39	14
迎泽区审计局	12	42259	428				9	12	38	
尖草坪区审计局	15	4020	7					15	5	
万柏林区审计局	18	54553	99		2339	718	4	18	11	95
晋源区审计局	14	2347	11		12	21		14	134	
古交市审计局	17	35448	5		812	1390	4	17	58	32
清徐县审计局	29	177093	52			21117	2	29	78	9
阳曲县审计局	14	46953	80		2	262	3	14	27	
娄烦县审计局	16	6679	4		18	4223		16	21	4
大同市										
大同市本级	127	680145	2499	244300	127250	19017	20	127	120	6
城区审计局	13	19250	9		1965	16947		13	35	3
矿区审计局	7	195						7		
南郊区审计局	15	86912	15	3159	172	310		23	25	
新荣区审计局	18	1586	15	3159	172	310		17	25	
阳高县审计局	20	4314	96	1200	140	1661		22	17	4
天镇县审计局	4	1729	731	1200	3	14		4	9	4
广灵县审计局	16	2066		30	231	169		17	34	1
灵丘县审计局	65	1983		123		85		65	34	1
浑源县审计局	15	2939		72	176	784		15	10	3
左云县审计局	53	41390		1734	231	59		53	79	
大同县审计局	24	1390	731	1287	3	14		24	25	
阳泉市										
阳泉市本级	76	267599	28175		5683	35519	60	77	118	84
城区审计局	29	7188	92		14	4185		29	47	18
矿区审计局	55	11399	21		4	4		55	23	23

续表

审计机关	完成审计项目（个）	审计查出主要问题金额	审计处理情况					出具审计报告和审计调查报告（篇）	提出审计建议（条）	提交审计信息（篇）
			审计处理处罚				移送处理事项（件）			
			应上缴财政	应减少财政拨款或补贴	应归还原渠道资金	应调账处理金额				
郊区审计局	63	36658	6797					63	106	
平定县审计局	54	28768	6733		730	3816		54	106	7
孟县审计局	34	180657	6947	616	6910	107283		34	100	17
长治市										
长治市本级	87	1683317	198763		11761	49475	163	87	228	65
城区审计局	25	4173	22			804		25	64	20
郊区审计局	42	21585	39					42	126	21
潞城市审计局	34	61925	15		77	58378	6	34	73	30
长治县审计局	64	116622	103		261			64	4	13
襄垣县审计局	70	43484	45		824	7723	9	70		18
屯留县审计局	24	26289	28					24	143	73
平顺县审计局	25	22084	5			196		25	50	82
黎城县审计局	26	11081	538		4			26	49	15
壶关县审计局	20	50364	114		2290	9709		20	61	22
长子县审计局	31	87382	79				10	31	92	34
武乡县审计局	30	43695	3210		30	2	12	30	22	9
沁县审计局	34	10608	22		9	463	5	34	91	6
沁源县审计局	30	38390	2519		36	349		30	89	12
晋城市										
晋城市本级	87	906119	172272	3128	80185	47431	15	87	219	32
城区审计局	58	73183	8		18320	4236	1	58	123	6
高平市审计局	85	327860	53233	1701	2231	11688		98	214	22
沁水县审计局	66	186755	3050	5584	493	4558		66	137	20
阳城县审计局	37	291899	151		6	13917	1	37	85	10
陵川县审计局	84	42750	20		35			84	119	28
泽州县审计局	103	189406	423		882	12250		103	147	33
朔州市										
朔州市本级	108	262100	3000	18	10862	75700	17	135	369	83
朔城区审计局	57	12922	20					71	83	65
平鲁区审计局	125	2896	4				2892	15	45	71
山阴县审计局	69	26343	4307		2863	19173	3	84	200	24
应县审计局	118	13057	15		142		2	118	84	31

续表

审计机关	完成审计项目（个）	审计查出主要问题金额	审计处理情况					出具审计报告和审计调查报告（篇）	提出审计建议（条）	提交审计信息（篇）
			审计处理处罚				移送处理事项（件）			
			应上缴财政	应减少财政拨款或补贴	应归还原渠道资金	应调账处理金额				
右玉县审计局	17	8753	86	1269	1284	266	13	17	34	20
怀仁县审计局	109	7391						109	285	45
晋中市										
晋中市本级	123	1783039	255384		1974	8	32	123	370	33
榆次区审计局	79	11645	797				1	70	62	23
介休市审计局	43	170518	539					43	56	46
榆社县审计局	48	43481	138				11	52	78	10
左权县审计局	86	15760	33		1		7	112	261	31
和顺县审计局	39	31157	265				12	51	96	18
昔阳县审计局	47	61429	1847		325		3	47	124	22
寿阳县审计局	71	9776	17					71	166	19
太谷县审计局	45	61674	10855		7	61		50	72	17
祁县审计局	77	102414	45	185	2	481	2	84	159	24
平遥县审计局	55	75839	274					55	96	12
灵石县审计局	46	146588	252				9	46	132	20
运城市										
运城市本级	82	1014961	5243	1728	2277	55779	58	92	242	44
盐湖区审计局	65	32704	67		3	890	7	66	67	52
永济市审计局	85	9074	3769			123	5	85	87	81
河津市审计局	21	45114	363				63	21	81	59
临猗县审计局	26	97083	10955			15978		38	66	28
万荣县审计局	28	55530	1230		1147	1726	1	34	51	35
闻喜县审计局	37	49841	49	2460	1404			40	25	23
稷山县审计局	8	17635	141			5		28	65	42
新绛县审计局	84	3212	32				6	84	54	20
绛县审计局	41	8424	25		1300		6	41	55	134
垣曲县审计局	41	7309	11					41	84	32
夏县审计局	43	39064			510	300		49	78	4
平陆县审计局	44	10671	21		1	123	1	44	111	13
芮城县审计局	51	5484	52		3	90	4	63	104	49
忻州市										
忻州市本级	76	311684	1513		4924	40107	9	76	174	221

续表

审计机关	完成审计项目(个)	审计查出主要问题金额	审计处理情况						出具审计报告和审计调查报告(篇)	提出审计建议(条)	提交审计信息(篇)
			审计处理处罚				移送处理事项(件)				
			应上缴财政	应减少财政拨款或补贴	应归还原渠道资金	应调账处理金额					
忻府区审计局	53	29978	7785	69	17068	32			53	101	32
原平市审计局	65	227656	291	4881		480			65	52	35
定襄县审计局	70	24057	16			69			70	370	83
五台县审计局	26	4639	122		342				26	74	35
代县审计局	15	61172	316		239	7682			15	34	6
繁峙县审计局	21	4575	43		1311	240			21	69	
宁武县审计局	31	4625	24		284	13			31	69	48
静乐县审计局	13	31528	19		1		1		13	95	16
神池县审计局	10	9919	6511		587	2619			10	34	
五寨县审计局	62	7919	133	1054	246	1736	3		62	85	18
岢岚县审计局	45	9991	74		15	109			45	123	57
河曲县审计局	70	146405	20	4012	1191	35516			70	140	48
保德县审计局	15	39464	16		129	135			15	46	45
偏关县审计局	8	41863	738		367	9565			8	7	
临汾市											
临汾市本级	87	1438049	152528	9637	3601	2038	56		87	346	112
尧都区审计局	82	46490	19784				1		82	142	17
侯马市审计局	56	112889	3588			2079	14		40	143	14
霍州市审计局	27	70210	5417	3	3	16159	2		29	48	33
曲沃县审计局	49	15486	3042		13	30	2		49	174	28
翼城县审计局	42	8935	809	1253		5378	2		89	73	38
襄汾县审计局	54	70642	92	2221	40		1		126	305	86
洪洞县审计局	56	105571	231	643			2		56	218	56
古县审计局	40	24321	5				2		49	107	18
安泽县审计局	12	8000	1050			801	9		12	35	28
浮山县审计局	38	11989	4920	1573	760	3225			38	37	20
吉县审计局	29	28505	137		1118	173	5		29	59	6
大宁县审计局	26	7988	1802	2		5826	1		29	56	30
乡宁县审计局	79	48595	19034		1218	1242	2		79	118	18
隰县审计局	74	10440	5720		220		18		65	152	35
永和县审计局	31	1692	28		93	36	1		31	73	33
蒲县审计局	39	8084	16		441	31	1		39	13	47
汾西县审计局	49	6758	1950			1757	2		49	72	30
吕梁市											
吕梁市本级	113	1622147	55403		3740	2615	91		113	220	72

续表

审计机关	完成审计项目（个）	审计查出主要问题金额	审计处理情况					出具审计报告和审计调查报告（篇）	提出审计建议（条）	提交审计信息（篇）
			审计处理处罚				移送处理事项（件）			
			应上缴财政	应减少财政拨款或补贴	应归还原渠道资金	应调账处理金额				
离石区审计局	104	89083	15		9		23	75	241	72
孝义市审计局	82	112461					2	70	102	49
汾阳市审计局	32	15054	36		3750	2218	1	25	61	11
文水县审计局	56	33599	36				1	35	94	20
交城县审计局	38	52125	29				5	37	80	6
兴县审计局	25	851	11			97	1	25	10	4
临县审计局	76	32798	75	212	16	286	11	66	118	48
柳林县审计局	295	21845	133				7	255	76	27
石楼县审计局	26	17381	19		2	16	2	26	25	6
岚县审计局	55	41962	20				7	47	207	48
方山县审计局	39	15277	19		1	102	1	37	99	18
中阳县审计局	40	115098	31	1	91	23	2	29	86	6
交口县审计局	104	40005	15				13	104	32	8

内蒙古自治区

【内蒙古自治区审计厅】 2014年，内蒙古自治区审计厅及所属机构人员编制共203人，在编184人。设有办公室、人事处、机关党委、监察室、调研室、法规处、离退休人员工作处、财政审计处、行政事业审计处、金融审计处、农业与资源环保审计处、经贸审计处、固定资产投资审计处、政府投资审计处、外资审计处、社会保障审计处、党政领导干部经济责任审计处、企事业单位领导经济责任审计处、派出审计一处、派出审计二处、审理处，下设内蒙古自治区经济责任审计局、内蒙古自治区审计厅驻海拉尔审计处、内蒙古自治区审计厅驻赤峰审计处、内蒙古审计科研宣教中心、内蒙古计算机审计管理中心、审计厅机关事务服务中心、内蒙古内部审计管理中心。

领导成员

厅　　长：王月胜

副 厅 长：吕靖原　靳素平（10月—）

　　　　　郭少华（10月—）　千梅海

总审计师：郭少华（—10月）

　　　　　刘文磊（10月—）

纪检组长：贾苏平

内蒙古自治区经济责任审计局局长：

　　　　　靳素平（兼）

巡 视 员：王玉璋（—10月）　孙德志

副巡视员：刘文磊（—10月）

审计成果 内蒙古自治区审计机关完成审计项目3694个，查出主要问题金额875亿元，其中违规金额198亿元、损失浪费金额12亿元、管理不规范金额665亿元；损益（收支）不实金额金额21亿元；审计处理处罚金额218亿元，其中应上缴财政35亿元、应减少财政拨款或补贴17亿元、应归还原渠道资金76亿元、应调账处理金额77亿元；审计发现非金额计量问题1750个；审计促进整改落实有关问题金额157亿元，其中增收节支99亿元、已调账处理金额53亿元；审计促进拨付资金到位1亿元；审计后挽回（避免）损失7亿元。移送司法机关、纪检监察机关和有关部门处理事项263件。出具审计报告和专项审计调查报告3712篇，被批示、采用62篇。提出审计建议3897条，提交审计信息3765篇，被批示、采用2504篇。向社会公告审计结果35篇。

财政审计 重点关注有关项目执行进度和资金的使用效果，促进重大政策措施的贯彻落实。以预算编制、执行和财政财务收支的真实、合法、效益为重点，围绕贯彻中央八项规定和自治区28项配套规定，突出加强“三公”经费、会议费、津补贴发放和楼堂馆所建设情况的审计。

全自治区财政预算执行审计429个单位，延伸审计61个单位，审计查出主要问题金额330亿元，提交审计报告和专项审计调查报告4篇。财政决算审计41个单位，延伸审计50个单位；行政事业审计622个单位，延伸审计175个单位。当年对13个部门及所属123个二级单位的预算编制和执行情况审计时发现，9个厅局及其部分所属单位无预算、超预算列支“三公”经费3956万元，6个部门及其所属单位违规发放奖金补贴3296万元。对此，审计厅依据有关法律法规做出处理处罚决定，并提出整改意见和建议。

审计厅还对鄂尔多斯市、赤峰市、通辽市和阿拉善盟4个盟市2011年至2013年财政决算进行审计。审计发现的主要问题是：

自行出台政策收费28.01亿元。如鄂尔多斯市违规出台文件，按煤炭产量或吨煤标准收取造林费和矿业人员人力资源培养费18.37亿元，收取水权转让费7.28亿元；通辽市部分单位2010年至2014年8月违规收费1.48亿元；赤峰市松山区中小学教育发展基金办公室等单位2011年至2014年违规收费0.85亿元。

应征未征、应缴未缴、截留坐支财政收入130.77亿元。如鄂尔多斯市财政局、水务局、矿业人力资源协会等单位2011年至2013年应缴未缴、坐支挪用煤炭安全费、水权转让费等非税收入76.5亿元；2011年至2013年，赤峰市墙体材料革新办公室、防空办公室、城市建设综合开发中心等单位应收未收新型墙体材料基金、水资源费等行政事业性收费收入4.26亿元。

截留上级收入2.85亿元。2011年至2013年，鄂尔多斯市应缴未缴中央和自治区财政农田水利建设基金、教育资金以及水土流失防治费等1.94亿元，其中截留自治区收入1.84亿元；赤峰市应缴未缴自治区水资源费等0.51亿元；2012年至2013年，阿拉善盟本级和经济开发区应缴未缴自治区财政农田水利建设基金、教育资金0.18亿元；通辽市和霍林郭勒市等截留应缴自治区和中央级收入0.22亿元。

挤占挪用、滞留专项资金178.75亿元。如通辽市、霍林郭勒市、科尔沁左翼后旗财政和部分市直单位2010年至2014年8月挪用财政专项资金19.51亿元；鄂尔多斯市财政局2011年至2013年超过规定期限拨付上级下达专项资金68.63亿元。

违规出借财政资金168.45亿元。如鄂尔多斯市财政局、国库支付管理局、非税收入管理局等单位2011年至2014年累计违规向旗（区）财政非税管理局等单位出借财政资金122.17亿元，其中出借给内蒙古水域山饮品有限公司等7家私营企业资金4.52亿元。

此外，还存在预算管理制度落实不到位的问题。审计的4个盟市除公共财政预算外，政府性基金预算、国有资本经营预算、社会保险基金预算均未编制或编制不规范；部分公共预算和政府性基金预算未细化到具体项目和单位。

7月29日，受自治区政府委托，自治区审计厅党组书记、厅长王月胜在自治区第十二届人民代表大会常务委员会第十一次会议上做《关于2013年自治区本级预算执行和其他财政收支情况的审计工作报告》。会议对预算执行审计工作给予充分肯定，自治区党委书记在审计工作报告上做出重要批示，报告在《内蒙古日报》和有关媒体网站予以公告。

经济责任审计 以领导干部守法守纪守规尽责为重点，改进和创新经济责任审计方法，提高任中审计比例，扩大党政主要领导同步审计覆盖面，促进和规范领导干部的权力运行。加大对审计系统内部领导干部的经济责任审计力度。三级审计机关全年对992名科级以上干部进行经济责任审计。审计厅对14名厅级领导干部和2名盟市审计局局长进行经济责任审计。

自治区审计厅成立以厅长王月胜为组长的领导小组和课题组，首次开展对领导干部自然资源资产责任审计的课题研究。下半年，分别对鄂尔多斯市市长草原资源、赤峰市市长森林资源、牙克石市市委书记和市长水资源、乌拉特后旗旗委书记以及旗长矿产资源资产责任进行试点审计，制订出自治区 2014 年至 2020 年领导干部自然资源资产责任审计工作规划。自治区审计厅代自治区人民政府向国务院起草内蒙古自治区领导干部自然资源资产责任审计工作总体方案，受到审计署和自治区党委、政府充分肯定，中央改革领导小组办公室通过自治区改革办专门要求审计厅报送做法材料。此项工作成为内蒙古自治区 2014 年生态文明体系改革的亮点之一。

重大政策跟踪审计 对自治区 39 个厅局落实国务院和自治区党委、政府重大政策措施的情况进行跟踪审计调查，掌握工作进度，定期收集各厅局自查材料。审计厅组成 4 个审计组分赴自治区发改委等 10 个厅局并延伸到有关盟市旗县，对 27 项国家重大政策的落实情况进行跟踪审计。审计发现自治区在落实国家重大政策方面总体情况良好，但存在地方资金配套不到位等问题，形成的跟踪审计报告上报自治区政府和审计署，被自治区政府主席批转全区。

农业与资源环保审计 审计厅组织全区三级审计机关对全区 2012—2013 年度生态保护与建设资金（以下简称生态资金）的投入、管理及使用情况进行专项审计和审计调查，成立由厅长任组长的全区生态资金审计领导小组，在全区审计机关抽调 27 名审计人员和林业专业技术人员，组成 3 个审计组，对鄂尔多斯市、锡林郭勒盟、乌兰察布市三个盟市本级及所属 7 个旗县生态项目资金进行直接审计。共审计主管部门和用款单位 474 家，涉及 879 个建设项目，走访农牧民 3588 户。查出滞留挤占挪用生态建设资金用于项目管理部门弥补行政经费、公款私存、招投标不规范等违纪违规金额共计 84.3 亿元，移送司法和纪检部门案件 4 起，提出进一步完善生态专项资金绩效考核机制、强化生态资金财务管理和规范招投标管理的审计建议。审计厅向自治区政府提交《关于全区 2012 至 2013 年度生态保护与建设资金审计和审计调查的报告》，自治区两位副主席分别做出批示，自治区主席批示《审计报告》转发全区。

固定资产投资审计 自治区审计厅组织固定资产投资审计处、政府投资审计处以及包头市审计局等 6 个盟市审计机关和工程技术人员共计 120 人，组成 22 个审计组，采取“五统一”的审计方法，对省道 216 线一级公路等 8 条重点公路项目概算执行、竣工决算和公路项目所在地有关盟、市、旗、县、区人民政府建设用地管理情况进行审计。查出项目拆迁征地、工程造价等方面违规金额 55 亿元。向纪检监察、公安和检察院移送案件线索 19 件，移送处理人员 20 人；向有关主管部门移送处理事项 31 件。

社会保障审计 加强民生项目和资金审计。自治区审计厅按照审计署的统一部署，组织全区三级审计机关并抽调 548 名审计人员，对全区 12 个盟市本级 101 个旗县区 2013 年城镇保障性安居工程的投资、建设、分配、运营等情况进行专项审计。查出保障性安居工程资金被挤占挪用或闲置 2.3 亿元、保障性安居工程资金筹集管理不到位 5.9 亿元。对 5 个盟市实施基本养老保险基金联网审计，查出违纪违规金额 3.64 亿元，增加养老保险金收入 2.55 亿元，挽回养老保险基金流失 1.07 亿元，移送公安部门线索 4 件，自治区政府向全区转发上述两个综合报告。

外资运用审计 完成外资审计项目 9 个，其中审计署授权审计国外贷款项目 8 个（包括世界银行贷款项目 1 个、日本协力银行贷款项目 4 个、亚洲开发银行贷款项目 2 个、国际农发基金贷款项目 1 个），自行组织开展自治区外债专户资金及相关费用收支审计项目 1 个。查出各类违规金额 1.13 亿元，管理不规范金额 2.49 亿元，提出审计建议 14 条，移送有关部门处理事项 1 件。上报各类信息、简报、专题报告和理论文章 13 篇。

全国土地出让收支和耕地保护情况审计 根据审计署开展土地出让收支和耕地保护情况全面审计的部署，针对国土资源领域、主要聚焦在土地出让金、耕地保护和矿产资源 3 个方面，全区共选派审计人员 683 人，与审计署太原特派办联合编组，对 7 个盟市、18 个旗县区开展土地出让收支和耕地保护情况审计，揭露违法违纪征地、占地、土地长期闲置、利用率低等问题，推动土地资源的监管体制进一步完善，确保耕地保护红线和粮食安全，促进土地节约集约利用。

高等职业技术学院财务收支审计 对9所高等职业技术学院2013年财务收支、收费以及专项资金使用的管理、举债等情况进行审计。重点揭示在财务管理方面存在的问题，促进规范化管理。

党的群众路线教育实践活动 自治区审计厅按照中央、自治区党委的统一部署，围绕“为民务实清廉”、纠正“四风”、努力践行“三严三实”教育主题，贯彻“照镜子、正衣冠、洗洗澡、治治病”的总要求，紧密结合审计工作实际，查找领导班子和班子成员在“四风”等方面存在的突出问题。厅党组专题组织8次集中学习讨论会，召开12场征求意见座谈会，26次个别访谈，对收集到63条意见建议，逐一提出整改措施，收到良好效果。自治区第二督查组对审计厅教育实践活动的整改落实工作进行督查，整改落实总体评价、整改方案执行情况、制度建设计划落实情况群众满意度达到99%，专项整治群众满意度达到97.5%。

队伍建设 在班子建设上下功夫，把领导班子建设放在首位，在作风建设上下功夫，进一步巩固党的群众路线教育实践活动成果，抓好“三严三实”主题教育活动，树立“实、高、新、严、细”的工作作风。为审计干部队伍职业化建设打基础，对全区干部队伍现状进行摸底调查。采取有效措施，加强干部教育培训。全年共培训1560人次，加强对基层审计人员教育培训，提高使用新政策、新规定和新知识指导审计实践的能力。在加大教育培训力度的基础上，采取交流轮岗、任职考核等方式，解决知识结构不合理、实践经验不足、专业单一等问题，培养一批善于发现问题、分析问题和解决问题的“行家里手”。2014年，包头市审计局、兴安盟审计局被人力资源和社会保障部、审计署评为全国审计机关先进集体；张洪甫被评为全国审计机关先进工作者，受到国家人力资源和社会保障部、审计署表彰。自治区审计厅组织的内蒙古银行主要领导干部经济责任审计项目被审计署评为全国优秀审计项目；全区11个审计项目被审计厅评为全自治区优秀审计项目，另有10个审计项目被评为全区表彰审计项目。在审计机关成立31周年之际，审计厅会同自治区人力资源和社会保障厅评选表彰了31个全自治区审计机关先进集体和28名先进个人。

信息化建设 深入研究计算机技术与审计业务的融合，探索数字化审计综合平台建设，大力推进金审工程的建设与应用，积极推进和指导全自治区三级审计机关金审工程三期建设，重点完善AO（现场审计实施系统）和OA（审计管理系统），提高审计信息资源共享、业务协同和信息安全保障能力。6月6日，审计会商系统已覆盖全自治区三级审计机关（审计厅、12个盟市和2个计划单列市、105个旗县区审计局）。截至12月20日，自治区审计厅在门户网站设置的政府信息公开专栏，访问量累计155万人次。

（撰稿人：王锐军）

【内蒙古自治区审计厅驻海拉尔审计处】 2014年，内蒙古自治区审计厅驻海拉尔审计处人员编制19人，在编15人。处长赵国军，副处长赵福春、宝玉，调研员高英玲。设有办公室、财税社保审计科、行政事业审计科、经贸审计科、固定资产投资审计科、经济责任审计科。

审计成果 内蒙古自治区审计厅驻海拉尔审计处完成审计项目7个，查出主要问题金额53亿元，其中违规金额8.4亿元、损失浪费1051万元、管理不规范金额4.4亿元；审计处理处罚金额21亿元，其中应上缴财政8.3亿元、应归还原渠道资金12亿元、应调账处理金额3609万元；审计发现非金额计量问题47个；审计促进整改落实有关问题金额16亿元，其中增收节支15亿元、已调账处理金额2972万元。移送司法机关、纪检监察机关处理事项5件。提出审计建议6条，提交审计信息5篇。2014年被评为全区审计机关先进集体。

财政决算审计 对赤峰市市长任职期间经济责任履行情况审计是结合赤峰市本级2011年至2013年财政决算及其他财政收支审计进行的，并首次探索领导干部任期森林资源资产责任履行情况审计。按照审计方案确定的范围和目标，对重要事项进行必要的延伸和追溯。在重点查清财政收支真实性、合法性的基础上，突出经济责任审计力度，对领导干部任期经济责任履行情况进行实事求是的评价。揭露预算执行中存在的不真实、不合法、不规范等问题。查出应缴未缴自治区级收入5148万元，应缴未缴及截留坐支预算收入14亿元，应收未收及坐支同级财政收入5亿元，挪用滞留不及时拨付专项资金等问题。针对查出的问题提出切实可行的审计建议。

专项资金审计 对呼伦贝尔市本级及鄂温克旗、新巴尔虎右旗以及内蒙古森林工业集团有限责任公司2012年至2013年生态保护与建设资金进行审计和审计调查。此项工作是推进自治区生态建设目标完成和贯彻落实自治区“8337”发展思路、推动惠民政策落实到位的具体举措。审计组以资金为导向，确定审计目标、内容和审计重点，延伸到各林业局和乡镇苏木、嘎查，深入牧户调查。本次审计资金总额57亿元。查出滞留生态资金8642万元，虚列支出3236万元，配套资金不到位3937万元，以及挪用挤占生态资金，虚报冒领、重复发放，未按规定招投标等管理方面存在的问题，审计发现生态项目损失浪费金额1051万元。移送检察机关案件1件，涉案金额173万元；移送纪检部门1件；移送有关部门2件。提交审计信息2篇。

保障性安居工程跟踪审计 对内蒙古大兴安岭森林工业集团2013年棚户区改造安居工程进行跟踪审计，重点审计棚户区改造安置、住房分配和管理情况。审计组深入项目工程现场，对安居工程项目的开工、工程建设和质量情况进行审计，资金覆盖面达到90%以上。审计查出棚户区改造工程配套资金不到位3.4亿元，不及时拨付项目资金6.2亿元，项目贷款未专户存储专款专用2.5亿元，征地拆迁工作滞后导致工程不能按期开工，以及部分建设项目未履行基本建设程序等问题。提交审计信息1篇，被采用1篇。

（撰稿人：张慧芝）

【内蒙古审计厅驻赤峰审计处】 2014年，内蒙古审计厅驻赤峰审计处共有干部职工13人。处长马爱杰，副处长乌建杰、刘志刚，调研员于震华。设有办公室、经贸固定资产投资审计科、财政行政事业审计科、经济责任审计科。

审计成果 内蒙古审计厅驻赤峰审计处完成审计项目4个，其中事业单位审计1个，企业审计1个，生态资金专项审计1个，财政决算审计1个。查出主要问题金额9.8亿元（不包括财政审计），审计处理处罚6亿元，其中应上缴财政335万元，罚款48万元，应减少财政拨款或补贴4289万元，应归还原渠道资金4.1亿元，应调账处理金额1.5亿元。移送纪检监察机关处理事项1件，移送有关部门处理事项7件。撰写审计信息简报4期（篇），其中被自治区审计厅专网刊登2期（篇）。

行政事业审计 对内蒙古赤峰地质矿产勘查开发院2012—2013年度财务收支进行审计。查出的主要问题是固定资产管理不规范，购入固定资产直接列生产成本支出、固定资产和无形资产挂账未处理、报表与总账不符、新办公楼已交付使用但未计入固定资产等。

企业审计 3月至4月，对内蒙古黄岗矿业有限责任公司2013年度的财务收支情况进行就地审计。查出处置固定资产未履行审批手续、少计少缴税费、违规使用发票、少计2013年度利润总额、应补缴企业所得税、应提未提工会经费、未扣未缴个人所得税、未付应付股利、未办理已完成投资的固定资产相关手续等问题。

资源环境审计 根据审计厅的统一安排，自7月上旬至9月底，对赤峰市本级及所属阿鲁科尔沁旗、巴林左旗、松山区2012、2013年度生态保护与建设资金进行审计和审计调查。查出滞留专项资金，截留、挪用专项资金，虚列专项资金支出，多发放各项补贴资金，挪用公益林护林员工资，截留退耕还林政策补助资金等。移送纪检监察机关处理1件，移送有关部门处理7件。

财政决算审计 10月初至12月中旬对通辽市2010年至2013年财政决算和其他财政收支进行审计，查出虚增财政收入，列收列支财政收支；预算收入缴库不及时，影响财政收入真实性；人为调节财政支出、违反国库集中支付制度，直接拨付财政资金、人为调节财政暂付款余额，虚假消化暂付款，违规出借财政资金等财政运行管理中存在的问题以及预征税款、变更税种，混淆税收入库级次、延缓征收税款，应征未征滞纳金等税收征收管理方面存在的问题，还有违规担保融资、违规向融资平台公司注资、挪用贷款等地方政府性债务方面存在的问题。（撰稿人：付雪峰）

【呼和浩特市审计局】 2014年，呼和浩特市审计局共有干部职工96人。局长郭瑞成，副局长戎志军、王丽萍，总审计师郭厚成。设有办公室、人事科、法规科、督查执行科、固定资产投资审计科等18个职能科室，下设信息中心、机关事务服务中心、内部审计管理中心和经济责任审计办公室。

审计成果 呼和浩特市审计局共完成审计项目157个，查出主要问题金额533126万元，应归还原渠道资金1.5亿元，应上缴财政1.1亿元，应调账处理金额3.2亿元，核减工程投资（结算）9640万元。移送司法机关、纪检监察机关和有关部门处理事项50件。出具审计报告和专项审计调查报告255篇，被批示、采用43篇。提交审计信息278篇，被批示、采用34篇。向社会公告审计结果1篇。呼和浩特市审计局被内蒙古自治区人力资源和社会保障厅、内蒙古自治区审计厅评为全自治区审计机关先进集体。

预算执行审计 对分配和使用财政资金较多的5个部门（市财政局、市地税局、市林业局、市人力资源和社会保障局、市司法局）财政预算执行情况进行审计，延伸审计21个单位。代政府向市人大常委会做2013年本级财政预算执行审计工作报告，受到与会代表好评并高票通过，原文在《呼和浩特日报》予以刊登。

经济责任审计 受组织部门委托，结合预算执行审计，全市两级审计机关共完成73名科级以上人员的经济责任审计，移送违法违纪事项线索2起。

固定资产投资审计 重点完成概算投资13.8亿元的国道110线海勃湾至麻黄沟公路改扩建工程和估算投资4.3亿元的乌海市海勃湾至乌达至海南城际间快速通道公路建设项目竣工决算审计。审计核减项目单位多报工程竣工决算、超付工程款和施工单位多计多结工程价款等合计2.2亿元，核减率为12.9%。

农业与资源环保审计 对全市2012—2013年度生态保护与建设资金进行审计和审计调查，向有关主管部门移送案件线索7件。

社会保障审计 重点完成审计署统审项目城镇保障性安居工程的跟踪审计，促进土地出让收益中补充安排保障性安居工程资金824万元，加强工程建设和质量管理2个项目，补办基本建设手续8个项目，修改规划设计1个项目，促使闲置保障性住房投入分配使用222套。

企业审计 以促进国有资产的保值增值为目标，促进企业效益和质量相统一为重点，完成春华水务、城发公司等2家企业的审计调查。

交办任务 主要完成全市农村“三资”审计调查任务。审计查出违规金额8亿元，移送纪检委等执法执纪部门案件线索40件，有51人受到处理处分。

信息化建设 通过政府采购审计管理系统基础平台（1拖N版）、多媒体中心设备等5包设备和服务信息化项目。4人通过审计署计算机中级考试，8人通过审计厅中级考试。

（撰稿人：陈振华）

【包头市审计局】 2014年，包头市审计局人员编制103人。局长李平，副局长段玉成、高文德、崔虎虎，总审计师王成虎，纪检组长张日元，副调研员任长武。设有10个业务科室，6个行政科室和包头市政府投资审计中心（审计培训中心）、计算机审计管理中心。

审计成果 包头市审计机关共完成审计或审计调查项目单位338个，查出主要问题金额81亿元，其中违规金额26亿元、管理不规范金额55亿元；损益（收支）不实金额5729万元；审计决定处理处罚金额41亿元，其中应上缴财政17亿元、应减少财政拨款或补贴1.7亿元、应归还原渠道资金8.9亿元、应调账处理金额10亿元；审计发现非金额计量问题83个；审计促进整改落实有关问题金额27亿元，其中增收节支24亿元、已调账处理金额2.5亿元；审计促进拨付资金到位1787万元；审计后挽回（避免）损失1.5亿元。移送司法机关、纪检监察机关和有关部门处理事项8件。出具审计报告338篇，被批示、采用4篇。提出审计建议356条，被采纳156条。提交审计信息261篇，被批示、采用信息89篇次。向社会公告审计结果1篇。包头市审计局被人力资源和社会保障部、审计署评为全国审计机关先进集体，被自治区人力资源和社会保障厅、审计厅评为全自治区审计机关先进集体，“同级审”项目获审计署表彰。

财政审计 对包头市本级预算执行审计，市人力资源和社会保障局、市统计局、市林业局、市民族宗教事务委员会等四个部门进行预算执行审计，对达茂旗、白云区、东河区政府2013年度财政决算审计进行审计。通过审计，发现四个部门的预算执行情况存在收入编制不完整、支出不细化，“三公”经费预算与实际执行结果差距大，非税收入及收费管理不规范，专项资金结余结转金额大造成部分财政资金闲置等问题；地税部门存在应征未征税费、挤占挪用税务事业费、扩大税务经费开支范围、未按规定支付代征代扣手续费等问题；市财政局部分项目年初预算不够细化，财政决算少反映公共预算收入，预算支出进度总体不均衡，部分项目支出与预算差距大等问题。

牵头成立包头市领导干部自然资源资产责任审计课题组，围绕土地资源、矿产资源、水资源、森林资源及草原资源进行深入调研。学习借鉴上级审计机关的研究成果和做法，为制定领导干部自然资源资产责任审计实施办法做好前期准备工作。

经济责任审计 对23名县处级领导干部进行经济责任审计，任中审计的比例达到96%，实现从事后监督向事中监督的转变。协调包头市委、市政府召开全市经济责任审计领导小组会议，对全市经济责任审计领导小组成员进行重新调整，由市政府主要领导担任全市经济责任审计领导小组组长。小组会通过并印发《包头市经济责任审计工作联席会议议事规则》和《包头市经济责任审计领导小组议事规则》。全市各旗县区对分管审计的领导全部进行调整，成立经济责任审计领导小组，全市实现由地方行政“一把手”直接分管审计工作的良好局面。

农业与资源环保审计 包头市两级审计机关对全市2012年至2013年度生态保护与建设资金的管理使用及项目建设情况进行审计和审计调查。

固定资产投资审计 围绕全市重点项目，组织实施北梁棚户区改造项目、新都市区建设和包头机场航站区改扩建项目的跟踪审计，先后出具3份北梁棚改跟踪审计报告；开展省道211线固阳至百灵庙段一级公路改建工程竣工决算审计，配合市国土局审核土地开发成本项目16宗。

社会保障审计 组织全市审计机关开展2013年度全市保障性安居工程跟踪审计。通过审计发现资金拨付使用管理不规范、部分保障性住房未及时分配、部分项目未严格履行基本建设程序、建设手续不完善等问题。根据审计建议，相关部门出台和完善保障性安居工程和住房保障有关制度、政策文件4项；促进闲置一年以上的财政补助资金4152万元投入分配使用，未及时发放的廉租住房补贴235.79万元已及时发放；未按规定提取的保障性安居工程建设资金104万元已全部补提；规范和补办基本建设程序20个，为4个项目180套保障房办理施工图设计审查合格书。

交办任务 全市审计机关抽调38人参与审计署统一组织的对全国土地出让收支和耕地保护情况进行的全面审计。（撰稿人：朱丽丽）

【乌海市审计局】 2014年，乌海市审计局人员编制50人，在编49人。局长冯文彬，副局长韩文生、王卫东、薛峰，纪检组长王丽琴。设有办公室、法规科、经济贸易审计科、固定资产投资审计科、行政事业审计科、农业资源审计科、财政金融外资审计科、社会保障审计科、经济责任审计局、机关事务中心等部门。

审计成果 乌海市审计局完成审计项目28个，查出主要问题金额7.9亿元，其中违规金额2.3亿元、管理不规范金额5.6亿元；损益（收支）不实金额1.8亿元；审计处理处罚金额2.3亿元，其中应上缴财政1.5亿元、核减工程投资额1123万元、应减少财政拨款或补贴1123万元、应归还原渠道资金5087万元、应调账处理金额288万元；审计发现非金额计量问题10个；审计促进整改落实有关问题金额6794万元，其中增收节支6739万元、已调账处理金额55万元；审计后挽回（避免）损失1146万元。移送司法机关、纪检监察机关和有关部门处理事项1件。出具审计报告和专项审计调查报告29篇。提出审计建议56条，被采纳38条。提交审计信息146篇，被批示、采用220篇。

财政审计 对2013年市本级预算执行审计，查出违规金额4594.88万元，管理不规范金额2.27亿元，主要是应缴未缴预算收入、利息收入和未按规定使用预备费、银行存款核算不实等问题。对市地税局2013年度税收政策执行和经费管理使用情况的审计，查出违规金额2367.31万元，主要是企业未按规定期限申报、缴纳地方各税的问题。

对海勃湾区人民政府2011—2012年度财政决算审计，查出违规金额9387.51万元，管理不规范金额1.67亿元，主要是财政部门预算收入和其他单位非税收入应缴未缴等问题。

行政事业审计 对市传染病医院、市水务局和市住房公积金管理中心财务收支情况进行审计，查出违规金额4979万元，管理不规范金额455.65万元，针对审计发现的住房公积金管理信息系统亟待更新的问题上报市委、市政府，得到市领导的高度重视并做出批示。

固定资产投资审计 完成投资审计项目5个，审计资金总额3.49亿元，核减工程结算值1123万元。其中，对乌海市甘德尔河（纳仁河）一期工程竣工决算审计中存在的工程未招投标的问题，已移送乌海市住房和城乡建设管理委员会处理。按照自治区审计厅统一部署，完成对省道104线呼和浩特至武川段一级公路工程竣工决算审计，核减工程结算值2217万元，查出关于建设程序及工程招标投标中存在的问题，已移送自治区交通厅处理。

专项资金审计 对全市城镇保障性安居工程、残疾人就业保障金等4项专项资金进行审计，共查出主要问题金额5122万元。对审计署统一安排的2013年保障性安居工程进行跟踪审计，发现部分保障性住房建成后长期空置，市本级空置超过1年的有427套。

经济责任审计 完成经济责任审计项目12个，其中任中审计项目8个。查出违规金额1836万元，管理不规范金额1.32亿元。随着经济责任审计力度加大，部门违规问题逐年减少，被审计单位都能认真对待审计查出的问题，按审计建议进行整改。

信息化建设 乌海市审计局始终把“加快信息化建设步伐，推行计算机辅助审计”作为当前和今后的一项重要工作任务，从加强人才队伍培养和软件硬件建设入手，不断加强信息化工作创新，进一步促进机关的规范化、高效能，有效推动审计事业健康快速发展。 （撰稿人：徐晓园）

【赤峰市审计局】 2014年，赤峰市审计局人员编制54人，在编54人。局长牛喜明（—12月）、曹熙（12月—），副局长寇国安、于宝珠、程秀明、杨树友，总审计师曹立新，纪检组长李志杰（—12月），经济责任审计工作联席会议办公室主任吕俊杰。设有财政审计科、外资审计科、固定资产投资审计科、社会保障审计科、经贸审计科、金融审计科、行政事业审计科、农业与资源环保审计科、经济责任审计科、法制科、监察室、办公室。

审计成果 赤峰市审计机关完成661个单位和项目的审计，其中调查项目6个。查出并纠正各项违纪违规金额1.4亿元，管理不规范资金3.5亿元。通过审计核减基建工程资金2.1亿元，上缴财政1亿元，归还原渠道资金3073万元，累计促进增收节支3.1亿元。移送司法机关、纪检监察机关和有关部门处理事项8件。提交审计专题、综合性报告和信息简报451篇。8月，市审计局被自治区人力资源和社会保障厅、自治区审计厅评选为全自治区审计工作先进集体。

财政审计 开展市本级和12个部门2013年度预算执行和5个旗县区财政决算审计。围绕维护财政运行安全、规范财政管理、促进深化财政体制改革、提高财政资金使用效益进行。发现存在预算收入应缴未缴国库、未按规定解缴上级资金、违规返还税款、往来款清理不及时、部门预算执行不严格、国有资产管理有待加强等问题。

外资运用审计 根据审计厅安排，市审计局对赤峰市2012年至2013年国外贷款项目管理费620万元资金的申请、拨付和管理使用情况进行审计，有效地保障各部门各地方世界银行贷款项目的顺利实施，进一步促进和提高各部门和各地方的项目管理水平。

行政事业审计 对市直和红山区、松山区2012年秋季至2013年秋季中等职业学校国家助学金和免学费补助等专项资金进行审计，查出多得上级补助的助学金和“两免”资金6493万元，已经做出审计决定予以收缴。

固定资产投资审计 以促进政府投资项目管理的规范和节约财政建设资金为目的，加强政府投资审计。全市共审计129个项目，通过审计核减基本建设资金 3 亿元。市审计局共完成固定资产投资审计项目 16 个，核减基本建设投资 1.1 亿元。

社会保障审计 组织两级审计机关对全市 2013 年城镇保障性安居工程的投资、建设、分配、运营等情况进行审计。发现全市有 6616 万元保障性安居工程资金筹集管理不到位、部分地区保障性住房补贴未及时足额发放或错发、部分保障性住房资金租金未收或未实行“收支两条线”、部分保障性住房建成后闲置、退出管理机制不完善、部分项目建设管理不规范等问题。

经济责任审计 全市开展经济责任审计项目 153 个，审计经济责任人员 153 人，审计查出并纠正违纪违规金额 5709 万元。受市委组织部的委托，市审计局对市直 15 个单位 15 名主要领导实施经济责任审计，查出并纠正违纪违规金额 3259 万元。从审计结果看，大部分被审计领导干部依法履行经济管理职责，财政财务管理日趋规范，违纪违规问题不断减少。

企业审计 全市两级审计机关共完成对 8 家国有企业的审计和审计调查，查出主要问题金额 3110 万元。市审计局完成对赤峰富龙路桥投资经营有限公司和赤峰市能源开发经理部的资产负债损益情况的审计，发现两公司存在未提未缴国有资本收益、固定资产账目不实、违规拆借资金等问题，针对发现的问题，提出有针对性的整改意见，促进了问题的整改落实。

专项资金审计 市审计局完成对敖汉旗、克什克腾旗两个旗县生态建设资金的审计。自 8 月 19 日起，全市抽调 79 名审计业务人员分别参加审计署统一组织的对呼和浩特市本级、通辽市本级和科尔沁区、鄂尔多斯市准格尔旗和伊金霍洛旗的 2008 年至 2013 年土地出让收支和耕地保护情况的审计工作。

信息化建设 市审计局积极部署建设全市审计管理系统（1 拖 N 版），通过市财政投资评审。注重人员培训，组织审计人员参加审计署和自治区审计厅组织的计算机中级培训及考试，共有 4 人通过审计署中级考试、4 人通过自治区审计厅计算机中级考试。 （撰稿人：刘金超）

【通辽市审计局】 2014 年，通辽市审计局人员编制 56 人，在编 61 人。局长张青，副局长王志刚、马砚春、刘庆林，纪检组长杜金山。设有办公室、监察室、金融外资审计科、审理法制科、农业与资源环保审计科、社会保障审计科、经贸审计科、计算机审计科、行政事业审计科、固定资产投资审计科、政府投资审计科、财政税务审计科、经济责任审计科、派出审计一科、开发区审计分局和机关事务服务中心、固定资产投资审计中心。

审计成果 通辽市审计机关完成审计项目 136 个，查出主要问题金额 13 亿元，其中违规金额 7521 万元、管理不规范金额 12 亿元；审计处理处罚金额 12 亿元，其中应上缴财政 683 万元、应减少财政拨款或补贴 374 万元、应归还原渠道资金 9 亿元、应调账处理金额 3 亿元；审计促进整改落实问题金额 8922 万元，其中增收节支 2947 万元、已上缴财政 238 万元、已减少财政拨款或补贴 182 万元、已归还原渠道资金 2525 万元、已调账处理金额 2717 万元；审计后挽回（避免）损失 1704 万元，核减投资额 7900 万元。向纪检监察机关移送案件线索 11 件。提交报告和专项审计调查报告 138 篇。审计提出建议被采纳 159 条。审计报告和审计专报被市主要领导批示 11 次。

财政审计 全市财政“同级审”着重关注预算收支的真实性、预算执行的严肃性、资金使用的合法性，进一步提高财政管理的科学化和精细化水平。按照财政预算执行审计工作方案安排，市审计局 6 个科室参加，对市财政、地税具体编制、组织和执行 2013 年市本级财政预算情况进行审计，重点对市交通局、农牧局、土地局等 13 个部门 2013 年部门预算编制、执行情况进行审计。9 月 25 日，在市第四届人大常委会第十一次会议上，局长张青受市人民政府委托做通辽市人民政府关于 2013 年度市本级预算执行和其他财政收支审计工作报告，得到与会代表的高度评价。市人大常委会提出审议意见后，市政府专门召开常务会议进行研究落实，并于年末将整改情况报市人大常委会。

经济责任审计 在市县两级党委政府和组织部门的重视、支持与有关部门的密切配合下，全市审计机关积极探索领导干部经济责任审计的路子，强化对公共权力运行情况的审计监督，按照

“提高任中审计比重，合理安排审计项目计划”要求，重点对任职时间较长且掌握大量资金、资产、资源的27名处级领导干部进行任期经济责任审计，其中任中审计占总量的70%。旗县审计机关全年对94名科级干部进行经济责任审计，促进领导干部更好履职尽责。

固定资产投资审计 全市以规范重点建设项目管理、促进提高投资效益为目标，对通辽市新世纪大桥项目招投标控制价、科尔沁左翼后旗僧格林沁王府修缮复建工程项目、省道201线海拉尔至阿木古郎一级公路项目竣工决算、省道308线小河西至上都段一级公路项目竣工决算、开鲁至库伦二级公路项目竣工决算、奈曼旗大沁他拉至阜新大三家子二级公路项目竣工决算和通辽市境内国道养护工程项目竣工决算进行审计，查出工程项目建设程序、法人责任制、招投标制、合同制、监理制、环境保护等问题22个，共核减工程资金7900万元。

全国土地出让收支和耕地保护审计 按照审计署统一部署，抽调50名审计人员历时两个半月，赴赤峰市对国有土地使用权出让收入的征收管理使用、土地储备管理、耕地保护及占补平衡、土地投向结构、城乡规划调整等情况进行全面审计和审计调查。配合审计署驻太原特派员办事处对通辽市本级、科尔沁区和开发区土地项目审计工作，做好各项服务保障、联络协调工作。

专项资金审计 按照审计署统一部署，对全市城镇保障性安居工程投资、建设、分配、运营等情况进行跟踪审计，揭示挪用专项资金等问题，促进保障性安居工程顺利进行。按照市委、市政府要求，对2013年全市农口专项资金进行全覆盖审计，共审计176个单位，调查建设项目332个，走访农牧户650户，审计资金总额48.19亿元，查出各类违纪违规金额11.6亿元，占审计金额的24%，移送纪检监察部门案件线索8件，综合报告被市政府转发。按照自治区审计厅统一部署，对全市2012—2013年生态保护与建设资金进行审计。审计资金总额19.7亿元，发现违纪违规金额4.5亿元，占审计资金总额的22.9%，移送案件线索3件。

信息化建设 把审计信息化建设作为工作重点，投入资金完成全市审计机关审计AO（现场审计实施系统）、OA（审计管理系统）管理系统建设；制定审计管理系统操作流程规范，建立信息安全和保密制度；加大审计干部计算机知识培训，组织150多名审计干部参加AO认证考试培训，并全部通过审计署考试。组织70多名审计干部参加审计管理系统OA培训，选派3名审计业务骨干到审计署参加计算机审计中级培训，全部通过考试，实现全市审计机关“零的突破”。加强“通辽审计”网站建设，对原有网站进行改版升级，充实新的内容，使网站更好地为审计机关开展对外服务。

（撰稿人：王　宽）

【鄂尔多斯市审计局】 2014年，鄂尔多斯市审计局人员编制82人，在编66人。局长王苏和，副局长蔺海英、武占才、布和，总审计师董政华，纪检组长王玉成。设有办公室、法规科、财政审计科、行政事业审计科、农业与资源环保审计科、固定资产投资审计科、金融外资审计科、经贸审计科、社会保障审计科、经济责任审计办公室、政府投资项目审计中心、审计信息网络中心、审计干部教育培训中心。

审计成果 鄂尔多斯市审计局完成审计项目35个，查出主要问题金额56亿元，其中违规金额13.4亿元、管理不规范金额43亿元；损益（收支）不实金额2029万元；审计处理处罚金额6亿元，其中应上缴财政1.5亿元、应减少财政拨款或补贴1.7亿元、应归还原渠道资金2.5亿元、应调账处理金额4397万元；审计发现非金额计量问题104个；审计促进整改落实有关问题金额5亿元，其中增收节支5亿元、已调账处理金额2634万元；移送司法机关、纪检监察机关和有关部门处理事项23件；出具审计报告和专项审计调查报告35篇；提出审计建议147条，提交审计信息35篇。

财政审计 对市财政局、市地税局2013年市本级财政预算具体编制、组织和执行情况以及市旅游局、市人防办等6个市政府相关部门单位预算执行情况进行审计，查出违规和管理不规范金额23亿元。市财政局等被审计单位采纳建议，对审计查出的问题进行认真整改，进一步规范财政资金的管理使用，促进提高资金使用效益。

经济责任审计 对达拉特旗、杭锦旗和市直6个政府部门主要领导的任期经济责任进行审计。查出违规和管理不规范金额19.36亿元，其中负有直接责任金额2.76亿元，负有主管责任金额7.67亿元，负有领导责任金额8.93亿元；发现的专项资金平衡预算、挤占专项资金、公款私存等问题，移送市、旗区纪委（监察局）等有关部门处理6件。通过审计，进一步规范权力运行，促进领导干部守法守纪守规尽责。

农业与资源环保审计 对全市2012年至2014年3月底乌审旗等6个旗区及康巴什新区生态保护与建设资金进行审计（调查）。审计资金23.91亿元，查出主要问题金额8.93亿元，发现部分旗区项目资金平衡预算，挤占、挪用专项资金，套取并私存私放资金等问题，移送市、旗区纪委（监察局）等有关部门处理10件，移送旗区司法机关处理1人。通过审计，及时纠正侵害群众利益问题，促进专项资金的安全规范使用，促进惠民政策落到实处。

固定资产投资审计 对机场航站楼改扩建等10项工程开展竣工决算审计，报审投资额50.80亿元，审定投资额49.05亿元，为政府投资节约资金1.75亿元；针对应招标而未招标等问题，移送住房和城乡建设委等部门处理7件。通过审计，督促建设单位加强内控管理、强化责任意识，进一步遏制建设工程实施中的一些乱签证、随意变更等现象，从源头上堵塞损失浪费和管理漏洞。市、旗区审计局会同同级发改委、财政局对2006年至2013年底本级政府投资项目超概算情况进行调查，摸清全市政府投资项目超概算情况，为政府解决拖欠工程款问题提供参考依据。

社会保障审计 对全市2013年城镇保障性安居工程的投资、建设、分配、运营等情况进行审计。发现挤占挪用、滞留城镇保障性安居工程资金，违规享受城镇保障性安居住房待遇等问题，并跟踪督促检查整改落实情况。提出建立科学有效的申请、公示、退出等制度和加强保障性住房的分配管理等建议，进一步规范保障性住房资金的管理使用和保障性住房的分配管理。

信息化建设 通过招聘选配3名专业人员，信息化建设工作稳步推开。在工程审计中，运用神机妙算、广联达等软件开展工程项目竣工决算审计；在财政财务收支审计工作中，运用AO（现场审计实施系统），通过采集数据的方式开展数据查询、对比分析等工作。在生态保护与建设资金审计中，市审计局租用无人机对86000多亩典型项目区航拍影像数据，利用国土卫星遥感影像数据、林业部门航拍影像数据，探索开展地理信息技术（GIS）应用。通过叠加项目区位置图和查看、对比、筛选遥感、航拍影像数据，实现全覆盖审计，提高审计效率和质量。

（撰稿人：王栓忠）

【呼伦贝尔市审计局】 2014年，呼伦贝尔市审计局人员编制67人，在编52人。局长刘建国，副局长胡长珍、秦远飞、成若、常雅君，总审计师秦远飞（兼），纪检组长王瑞杰。设有办公室、法制科、审理科、财政审计科、行政事业审计科、农业与资源环保审计科、固定资产投资审计科、金融审计科、经贸审计科、社会保障审计科、外资审计科、经济责任审计一科、经济责任审计二科、机关党总支、离退休人员管理科、固定资产投资审计中心暨审计信息中心。

审计成果 呼伦贝尔市审计机关完成审计项目240个，查出违规金额1.7亿元、应上缴财政4822万元、应归还原渠道资金1350万元。向有关部门移送案件线索1件。提出审计建议332条，被有关部门采纳168条。提交审计报告、信息371篇，被有关部门批示、采用232篇。

财政审计 开展对市委、人大、政府、政协四大班子办公室审计；受市政府委托，向市人大常委会提交了《关于2013年度市本级预算执行和其他财政收支的审计工作报告》《关于2013年市本级部门预算执行情况的审计报告》；实施对牙克石市、鄂温克旗、新巴尔虎左旗2013年财政决算审计。

固定资产投资审计 完成固定资产投资审计项目21个。主要项目有：赤朝高速路、海拉尔火车站广场改造、海拉尔火车站新建站房、呼伦贝尔市民族文化园、市教育局幼儿园、海拉尔北连接线、经济开发区经二路、呼伦贝尔市贷款养护公路等建设工程和新区2012年财务收支及市政基础设施建设管理情况的审计实施工作。

专项资金审计 在全市城镇保障性安居工程

跟踪审计中查出保障性安居工程资金使用和筹集管理不严格2855万元、保障性住房分配和使用管理有待优化、建设管理不规范项目31个、未按规定完成保障性安居工程计划任务等问题。在对全市2012年至2013年企业职工基本养老保险基金的筹集、管理、分配及使用等情况的联网审计中，查出参保人员基本信息不完整、基本养老保险单位累计欠费、欠缴基本养老保险金数据不准确、一人同时领取多份养老金、计算机系统功能不完善等问题。按照国务院的部署，审计署抽调56名审计人员历时75天对赤峰市土地出让收支和耕地保护情况进行审计。对内蒙古呼伦贝尔呼伦湖渔业有限公司2011—2013年度资产负债损益情况进行审计。组织全市审计机关对全市2012—2013年度生态保护与建设资金进行审计和审计调查，共审计项目主管部门和用款单位50个，调查农牧户634户，审计生态建设资金总额为16亿元。审计发现滞留生态建设资金、生态建设资金用于平衡预算、招投标不合规、多支付工程款等问题。完成对呼伦贝尔学院2010年至2012年财务收支情况的审计，查出违规集资、违规收费、无依据发放津补贴、基本建设项目未进行竣工决算审计等问题。完成对市接待联络办公室2013年度财务收支的审计，重点审计接待费管理和使用情况。按照自治区审计厅的部署，对通辽职业学院近两年财务收支情况进行审计。

经济责任审计　开展经济责任审计项目100个，查处违规金额6717万元，管理不规范金额6720万元。纠正违反国家有关政策的行为，促进廉政建设，为组织、人事部门考查、考核、任用、奖惩干部提供重要依据。（撰稿人：王莹莹）

【巴彦淖尔市审计局】　2014年，巴彦淖尔市审计局人员编制70人。局长杜振荣，副局长任宏、常泉亮、王秉璋，总审计师聂玉梅，纪检组长杨胜，经济责任审计联席会议办公室主任苍智勇。设有办公室、政策法规科、财政审计科、金融外资审计科、行政事业审计科、社会保障审计科、农业与资源环保审计科、经贸审计科、固定资产投资审计科、政府投资审计科、经济责任审计分局，下设计算机审计中心。

审计成果　巴彦淖尔市两级审计机关完成审计项目339个，查处主要问题金额58.6亿元，其中违规金额14亿元、损失浪费金额38万元、管理不规范资金44亿元；损益（收支）不实金额510万元；审计处理处罚金额8.7亿元，其中应上缴财政1386万元、应减少财政拨款或补贴5224万元、应归还原渠道资金6.2亿元、应调账处理金额1.8亿元；审计发现非金额计量问题123个；审计促进整改落实有关问题金额8.7亿元，其中增收节支7亿元、已调账处理金额1.7亿元；审计后挽回（避免）损失7122万元。移送司法机关、纪检监察机关和有关部门处理事项13件。出具审计报告和专项审计调查报告339篇，被批示、采用13篇。提出审计建议530条。提交审计信息850篇，被批示、采用937篇次。向社会公告审计结果34篇。有2个审计项目分别获得自治区级优秀项目和表彰项目；配合全国土地出让收支和耕地保护情况审计，受到市委、市政府的高度赞扬；在党的群众教育实践活动期间，被市委评为全市先进学习典型、市直机关领导班子专题民主生活会标杆单位，多次代表市直机关接受自治区和市委督导组检查；审计局起草、市政府出台《关于加强审计整改工作意见》，进一步加大审计整改问责力度。

财政审计　组织实施市本级2013年度预算执行和其他财政财务收支审计，并对市财政局、发改委等7个市直部门及所属33个二级单位的预算执行情况和相关企业进行审计及审计调查。审计发现，市本级收支预算编制不科学等27类问题；部门预算执行存在“三公”经费管理使用不严格等问题。市人大常委会对审计工作报告给予充分肯定，将市本级预算执行和其他财政收支审计工作报告在《巴彦淖尔日报》和市政府网全文公告。结合杭锦后旗旗委书记、旗长任职期间经济责任审计完成杭锦后旗本级2011—2012年度财政决算及其他财政收支审计，查出应缴未缴自治区级和市级收入等问题，收缴市财政467万元，收缴旗财政65万元。

经济责任审计　完成79名领导干部经济责任审计，发现主要问题金额5.5亿元，其中违规金额7891万元、管理不规范金额4.8亿元，领导干部负直接责任的违规金额1868万元、负主管责任的违规金额2763万元、负领导责任的违规金额

3260万元。市审计局完成市教育局、民政局、交警支队等单位15名领导干部经济责任审计。在对乌拉特后旗旗委书记、旗长经济责任一并审计中，探索矿产资源资产离任审计。

固定资产投资审计 完成投资审计项目157个，核减项目投资额2.5亿元。市审计局完成临河区政务服务中心建设项目、国道110线北京至银川公路三盛公至大陆盖段旧路改建工程和金川大道非机动车道及人行道工程等19个项目的竣工决算审计，核减工程结算1.2亿元；审核原林业局、产业办等26宗拟处置国有资产，核增资产价值1737万元；组织旗县区审计局完成全市2012年度农村电网改造工程审计，审计督促电力公司向2333户农牧民退还多收资金81万元；开展投资15.4亿元的和林格尔至清水河高速公路审计。

专项资金审计 完成2013年市本级保障性住房跟踪审计，查出旗县区套取林场棚户区改造资金8万元等问题。完成全市危房改造资金审计，督促旗县区政府拨付滞留危房改造资金6197万元，促进配套资金到位4932万元，追回被侵占危房改造资金860万元，对4名涉嫌贪污、骗取危房改造资金的责任人移送检察机关处理。完成市本级养老保险联网审计，发现企业职工、城乡居民668人重复领取待遇188万元等9个方面的问题。完成全市生态建设资金审计，查出套取生态资金2978万元、挤占挪用生态资金9854万元等15类违规问题，移送案件线索3起，涉案37人，涉案资金414万元，该项目受到自治区审计厅通报表扬。组织两级审计机关完成7个旗县区房屋维修专项资金审计。

信息化建设 始终做到硬件配备到位、人才培养到位和机制保障到位。投资建设市拖7个旗县区的审计管理系统，实现审计机关内部与市审计局、各旗县审计局之间的信息资源共享。积极应用财政联网审计系统开展预算执行审计，推进社保联保审计，拓展OA（审计管理系统）管理应用的深度和广度。全市6名审计人员参加计算机审计中级培训，其中2人考取中级资格证。

（撰稿人：王　宇）

【乌兰察布市审计局】 2014年，乌兰察布市审计局共有干部职工61人。局长陈明，副局长朱闰魁、王高奎、董鹏飞、林永清、张建宾（11月—）、周济生，总审计师严立新，纪检组长朱玉，副调研员兰志军。设有办公室、法规科、固定资产投资审计科、财政金融审计科、行政事业审计科、社会保障审计科、经贸审计科、农业与资源环保审计科、经济责任审计科、外资审计科、机关事务服务中心、固定资产投资审计中心。

审计成果 全市审计机关共审计单位379个，查出主要问题金额11.4亿元，归还原渠道资金6998万元，调账处理金额8488万元，核减工程款15.3亿元。提交审计报告和审计调查报告376篇，被批示、采用27篇。提出审计建议492条。提交审计信息232篇，被批示、采用96篇。

全国土地出让收支和耕地保护情况审计 按照审计署开展土地审计的统一部署和安排，全市两级审计机关抽调61名审计骨干，参与呼和浩特市、包头市、鄂尔多斯市三地国有土地出让收支和耕地保护情况审计。在此之前，按照市委、市政府的要求，对11个旗县市区及察哈尔开发区，开展土地出让收入自查自纠工作，对近10年来土地出让收入及耕地使用情况进行全面摸底检查，分门别类梳理问题，分析原因，落实责任，限期整改。

财政审计 对市住建委等17个部门2013年度预算编制、执行情况进行审计，开展对化德县人民政府2012年和2013年度财政决算审计。发现的主要问题有：未按规定征收缴纳、隐瞒转移截留预算收入，财政收支核算不实，违规改变资金用途，未落实“收支两条线”和专户管理规定。针对问题，从完善制度、规范各类财政资金管理方面提出审计建议。有的问题在审计过程中进行整改，其中移送县纪检委处理的2起，移送有关部门处理事项2起。

专项资金审计 按照年度计划，开展农业总体投入、保障性住房和新农合保险资金专项审计调查等重点项目、重点资金的审计。在对全市保障性安居工程进行跟踪审计中，既检查上年审计查出问题的整改情况，又对新出现的问题提出整改意见；对集宁区农业总体投入资金和商都县、察哈尔右翼后旗城镇职工居民医疗保险基金和新农合专项资金进行审计，发现违规改变项目计划和资金用途、应缴未缴、虚报冒领、滞留专项资金等问题，责成被审计单位认真落实审计决定，保证专项资金的使用效益。协助市纪检委查处涉农资金等违法违纪干部20人，分别受到党纪处分，其中1人被追究刑事责任。

固定资产投资审计 对综合产业园区运煤专线工程、新时代家园工程、集宁区商务及科技文化中心工程、机关事务中心工程、境内2011年至2013年公路养护工程、查布至扎布哈朗特三级公路工程、国道110线兴和至呼和浩特段旧路改扩建（二期）工程、集宁东西绕城高速公路工程、人民公园绿化工程、霸王河改造项目工程进行决算审计。通过审计，揭露和纠正管理不善、高估冒算等问题，为政府把关，工程造价核减率15%。同时对工程质量和效益做出客观评价，并提出完善投资计划、规范建设管理、提高投资效益的建议。

行政事业审计 按照自治区审计厅安排对包头职业技术学院2012年和2013年度财务收支及专项资金进行审计。

经济责任审计 对市中心医院原院长，卫生局局长，药监局局长，经信委书记、主任、体育局局长，项目办主任，党政机关事务管理局局长，市长助理察哈尔经济技术开发区主任进行离任审计。对发改委主任，化德县委书记、县长进行任中审计。通过审计，加强对领导干部权力运行的监督管理，促进依法行政和党风廉政建设，为组织、人事部门考核任用干部提供参考依据。

（撰稿人：刘　烨）

【兴安盟审计局】 2014年，兴安盟审计局人员编制45人，在编39人。局长孙静波，副局长梁喜发、高明喜，总审计师包书明，纪检组长朱晓咏。设有办公室、经济责任审计办公室、财政税务审计科、经济贸易审计科、社会保障审计科、农业与资源环保审计科、行政事业审计科、固定资产投资审计科、金融外资审计科、法制科、审理科、监察室，下设兴安盟内部审计管理中心。

审计成果 兴安盟审计机关完成审计项目174个。查出主要问题金额60亿元，其中违规金额17亿元、损失浪费金额21万元、管理不规范金额43亿元；审计处理处罚金额11亿元，其中应上缴财政989万元、应减少财政拨款或补贴924万元、应归还原渠道资金9亿元、应调账处理金额2亿元；审计发现非金额计量问题63个；审计促进整改落实有关问题金额4亿元，其中增收节支4亿元、已调账处理金额1141万元；审计后挽回（避免）损失919万元。移送司法机关、纪检监察机关和有关部门处理事项12件。提交审计报告和专项审计调查报告212篇。提出审计建议274条，提交审计信息111篇，被批示、采用54篇。向社会公告审计结果8篇。

财政审计 开展对6个旗县市2012年和2013年度财政组织分配收入及财力状况的审计和审计调查，关注财政存量资金规模和结构、政府资产负债、财政转移支付情况等，揭示部分预算当年未执行、批复用款计划年内一直未发生支出等问题。兴安盟人大工委和兴安盟行政公署对盟本级预算执行和其他财政收支的审计结果报告、工作报告给予高度评价，称报告是历年工作报告中最好的，账算得明白，问题揭示反映重点突出、整改到位。

社会保障审计 通过组织盟旗两级审计机关采取“上审下”的方式，开展保障房安居工程跟踪审计，查出保障性安居工程资金使用和筹集管理不严格、保障性住房分配和使用管理有待优化、违规将保障性安居工程建设用地用于非保障性安居工程项目、分项目未严格执行基本建设程序建设管理失控等问题。审计查出重大违法案件1件，移送公安机关1人。自治区审计厅对兴安盟审计局关于保障性安居工程跟踪审计方法、组织形式、审计质量控制等好的做法给予充分肯定，并专题上报到审计署。

专项资金审计 生态建设资金审计中，揭示滞留专项资金、虚列支出、尚未使用、多报人数获取补贴、报账不实、私存私放、未进行招投标等问题。提出进一步完善报账制度和规范职能部门职责，堵塞管理漏洞等建议。对违反规定的责任人员给予处罚，并建议对违反规定事项详查后，对严重违纪的要追究有关人员的责任。

社会保障审计 对兴安盟本级企业基本养老基金联网审计，查出部分参保单位欠缴企业职工基本养老保险费、离退休人员死亡后被冒领养老金、退休职工同时领取两份养老金、同姓名同身份证号同一费款所属期重复缴费等问题。查出重大涉嫌骗取养老保险金线索2件2人，移送兴安盟公安局进行处理。本次利用计算机联网审计，取得重大成果，实现计算机审计重大突破。

经济责任审计 积极探索领导干部自然资源资产离任审计，在阿尔山市原市委书记、突泉县原县委书记离任审计中首次列入自然资源资产保护利用的审计内容。研究制定《兴安盟经济责任审计项目操作规程（讨论稿）》，进一步提升经济责任审计质量和效率。（撰稿人：刘继连）

【锡林郭勒盟审计局】 2014年，锡林郭勒盟审计局人员编制43人，实有44人。局长包海山，副局长钱文会、托雅、刘兴友、陈金旺，总审计师韩淑华，纪检组长张淑琴，经济责任审计办公室主任陈金旺（兼）。设有办公室、法制审理科、财政审计科、金融外资审计科、农牧业资源与环保审计科、固定资产投资审计科、行政事业审计科、经贸审计科、社会保障审计科、经济责任审计办公室、内部审计管理办公室。

审计成果 锡林郭勒盟审计机关共审计和审计调查285个单位（项目），其中盟审计局审计和审计调查25个单位（项目）。查出违规金额18.2亿元、管理不规范金额45.7亿元、归还原渠道资金21.2亿元、促进增收节支5.2亿元、上缴财政0.43亿元。提交审计专题报告、综合性报告和信息简报400篇，被批示、采用216篇。向被审计单位或有关单位提出审计建议141条，被采纳65条。

全国土地出让收支和耕地保护情况审计 完成乌兰察布市本级及所属集宁区2008年至2013年土地出让收支及耕地保护情况审计，全盟两级审计机关抽调业务骨干38人，历时75天，参审人员克服时间长、任务重、异地情况不熟悉、工作枯燥等实际困难，按时保质地完成任务，锻炼队伍，积累打破地域界限、异地大编组审计的经验。

财政审计 完成盟本级2013年预算执行及其他财政收支情况的审计，对上一年度审计查出问题的整改落实情况进行检查。盟人大工委十二届六次会议专题审议审计工作报告，对审计监督在维护全盟经济发展中发挥的作用给予充分肯定，建议把专项资金欠拨作为经济工作中的一个重要议题，切实解决挤占挪用、拨付不及时等问题，就进一步做好今后的审计工作提出加大审计监督工作力度、加强民生资金审计、增强审计监督工作实效等建议。

财政决算审计 完成苏尼特左旗、西乌珠穆沁旗、乌拉盖管理区财政决算审计，查出欠拨和挤占上级专项资金，地方违规制定先征后返土地出让金、税费政策，项目未按要求实施等问题。

社会保障审计 按照审计署统一部署，完成全盟2013年度城镇保障性安居工程投资、建设、分配、运营等情况审计，重点审计棚户区改造安置、保障性住房分配和管理情况。根据自治区审计厅的统一安排，开展盟本级2014年企业职工基本养老保险基金联网审计，查出全盟共有63名退休人员重复享受养老待遇。

专项资金审计 完成东乌珠穆沁旗、正镶白旗2012年至2013年草原生态保护工程、退耕还林项目、森林植被恢复和生态效益补偿项目、京津风沙源治理工程、水土保持重点建设工程等专项资金的审计和审计调查。完成全盟住房公积金管理机构2013年住房公积金管理、使用情况及机关经费的收支、结余情况审计。

外资运用审计 完成财政部门管理的外债项目专户资金及相关费用收支情况的审计，对促进合理有效利用外资和加强项目管理起到积极作用。

经济责任审计 全盟审计机关完成对143人的经济责任审计，查出违规金额2亿元，其中负直接责任金额767万元、负主管责任金额3829万元、负领导责任金额1.5亿元。盟审计局完成苏尼特左旗旗委，西乌珠穆沁旗委、政府，乌拉盖党工委、管委会“一把手”及盟发改委、国土局、编办、扶贫办、驻呼办、史志办、工会、盟医院、兴富投资公司、太仆寺旗公安局、正蓝旗公安局主要领导任期经济责任审计。

固定资产投资审计 全盟审计机关完成32个政府投资项目审计，盟审计局完成全盟农网和城网升级改造工程和新能源工程、锡张高速桑根达来至宝昌段二期公路工程、边防公路哈拉图庙至巴彦温都尔段公路工程、省道307线巴拉嘎尔高勒至白音华一级公路工程竣工决算审计，核减工程价款总计1.45亿元。审计中，始终把维护地方经济安全作为首要任务，重点关注和及时反映政府投资和专项资金领域的苗头性和倾向性问题，及时预警，提出建议，推动建立完善措施和办法。根据自治区审计厅的统一部署，分管局领导亲自任组长，抽调旗县审计局和聘用交通部门专业人员组成审计组，完成赤峰至茅荆坝公路用地管理情况和公路建设项目竣工决算审计。

内部审计 全盟内部审计机构完成审计项目38个，增效节支138万元。在全自治区内部审计协会“双先”表彰暨理论研讨会上，盟交通局内部审计机构被评为先进单位，盟医院1名内部审计人员被评为先进个人；全自治区内部审计协会理论研讨暨经验交流会上，全盟内部审计协会选送的2篇论文获三等奖、2篇论文获优秀奖。

（撰稿人：刘国宾）

【阿拉善盟审计局】 2014年，阿拉善盟审计局人员编制33人，在编32人。局长李东亮，副局长王继平、杨信华，经济责任审计联席会议办公室主任黄庭国，调研员何凤莲，副调研员韩燕。设有办公室、法制审理科、财政审计科、行政事业审计科、金融外资审计科、社会保障审计科、农牧业与资源环保审计科、经贸审计科、固定资产投资审计科、经济责任审计科。

审计成果 全盟审计机关共审计和审计调查单位125个，审计查出主要问题金额49.3亿元，其中违规金额5.7亿元、管理不规范金额43.6亿元、损失浪费金额384万元；核减工程款4.6亿元。提出审计建议136条。提交审计专题、综合性报告34篇，提交信息323篇，被批示、采用审计报告6篇、审计信息88篇次。

财政审计 开展盟本级2013年度预算执行情况、额济纳旗2013年度财政决算情况审计。通过审计，对盟直某单位私设“小金库”96.35万元、乱收费484万元，某中心滞留坐支行政性收费306万元等问题，依法进行处理，已上缴财政351万元，对私设“小金库”的问题移送纪检监察机关处理。

经济责任审计 加大对重点领域和重点部门领导干部经济责任审计力度，全盟完成经济责任审计项目44个（46人），共查出主要问题金额3.7亿元，其中负直接责任金额580万元，负主管责任金额2.9亿元，负领导责任金额6702万元；经联席会议讨论，报盟委印发《阿拉善盟党政主要领导干部和国有企业领导人员经济责任审计实施办法》《阿盟领导干部经济责任审计结果运用办法》《中共阿拉善盟委员会管理领导干部离任经济事项交接暂行办法》3项经济责任审计制度，进一步推动经济责任审计工作的制度化、规范化进程。

农业与资源环保审计 开展全盟2012年至2013年生态保护与建设资金审计和审计调查，审计查出生态保护与建设资金被挪用132万元，审计收缴财政75万元，限期退还被挪用的款项57.16万元；及时通报2010—2011年度生态建设资金审计决定落实整改情况，盟领导对审计查出生态资金问题整改落实情况高度重视，并对审计决定整改情况跟踪审计结果做出3次批示。

固定资产投资审计 全盟完成55个政府投资审计项目，审计查出主要问题金额7.3亿元，核减工程款4.6亿元。盟领导对盟中心医院等工程项目审计结果报告做出3次批示。

社会保障审计 根据自治区审计厅统一部署，开展2013年度城镇保障性安居工程跟踪审计、住房公积金管理中心2013年度住房公积金管理及机关经费财务收支情况审计、2013年度全盟医院和基本公共卫生经费审计的整改落实项目督查。

全国土地出让收支和耕地保护情况审计 根据审计署的统一部署，全盟审计机关共抽调20人参加全国土地出让收支和耕地保护情况审计。

信息化建设 经阿拉善盟机构编制委员会研究，批准成立正科级事业单位“阿拉善盟审计信息化科研中心”，核定事业编制6人。旗（区）审计局向当地政府汇报相关情况，拟成立计算机中心。

（撰稿人：胡　杰）

【满洲里市审计局】 2014年，满洲里市审计局人员编制22人，在编21人。局长程义峰，副局长李惠忠、周晓玲，总审计师李艳。设有办公室、法制科、行政事业金融审计科、农业环保和社会保障审计科、经济责任审计科、经贸审计科、固定资产投资审计科和政府投资项目审计中心（计算机信息中心）。

审计成果 满洲里市审计局完成审计项目12个，查出主要问题金额2.5亿元，其中违规金额

162 万元；审计处理处罚金额 133 万元，其中应上缴财政 9 万元。移送司法机关、纪检监察机关和有关部门处理事项 2 件。出具审计报告和专项审计调查报告 13 篇，被批示、采用 1 篇。提出审计建议 12 条，提交审计信息 14 篇，被批示、采用 8 篇。

预算执行审计 开展 2013 年本级预算执行和其他财政收支情况审计，开展市接待办 2012 年至 2014 年 4 月财务收支情况的审计。

经济责任审计 开展满洲里报社、民政局、接待办、发改委、工商联、保税区、原文化局、原广电局领导干部离任经济责任审计。

社会保障审计 对保障性安居工程进行跟踪审计。

专项资金审计 对 2012—2013 年度生态保护与建设资金进行审计调查。 （撰稿人：朝鲁门）

【二连浩特市审计局】 2014 年，二连浩特市审计局人员编制 14 人，在编 15 人。局长白耀武，副局长刘桂荣、布和。设有办公室、经济责任审计科、财税行政事业审计科、审计内审管理中心。

审计成果 二连浩特市审计局完成审计和审计调查项目 52 个，查出主要问题金额 2.5 亿元，其中管理不规范金额 2.5 亿元。核减工程价款 1885 万元。提交审计工作报告及信息 86 篇，被采用 12 篇。

预算执行审计 二连浩特市审计局以推动健全政府预算体系、促进规范预决算编报和管理、落实预算管理制度尤其是部门综合预算管理制度、规范财政资金分配管理、盘活财政存量资金、提高财政资金使用效益和揭露重大违法违纪问题、促进科学管理和依法理财为主要目标，重点关注本级预算和部门预算编制执行情况，检查预算编制的完整性、准确性和精细化程度，评价预算对财政收支的规范和约束作用。通过审计查出管理不规范金额 2.4 亿元。

经济责任审计 完成经济责任审计项目 5 个，审计查出管理不规范金额 628 万元。通过经济责任审计明确领导干部的主管责任和直接责任，进一步促进廉政建设，同时为干部考核、使用和提任提供客观依据。

农业与资源环保审计 根据自治区审计厅统一安排，对 2012 年至 2013 年生态保护与建设资金进行审计和审计调查，审计专项资金总额 4665 万元。通过对生态项目管理部门履行生态建设职责情况、生态资金管理使用和生态工程建设情况、有关惠农惠牧补贴资金的兑付到位等情况的审计，提出进一步加强管理、完善制度的建议，促进生态资金分配拨付合理及时，资金管理使用合规有效。

固定资产投资审计 开展固定资产投资审计项目 42 个，项目投资总额 1.5 亿元，核减工程价款 1885 万元，固定资产投资审计工作取得显著成效。

社会保障审计 根据自治区审计厅统一安排，对二连浩特市 2013 年城镇保障性安居工程的投资、建设、分配、运营等情况进行审计，审计查出管理不规范金额 184 万元。（撰稿人：全 晶）

2014年内蒙古自治区所辖区、县(市)级审计工作统计表

金额单位:万元

审计机关	完成审计项目(个)	审计查出主要问题金额	审计处理情况					出具审计报告和审计调查报告(篇)	提出审计建议(条)	提交审计信息(篇)
			审计处理处罚				移送处理事项(件)			
			应上缴财政	应减少财政拨款或补贴	应归还原渠道资金	应调账处理金额				
呼和浩特市										
呼和浩特市本级	12	487888	8508		14008	350061	50	45	22	66
新城区审计局	22	7090						23		58
回民区审计局	14	1231	9			42		16	26	7
玉泉区审计局	17	2139	25		38	104		19	36	59
赛罕区审计局	9	1824	66		8	96		21	29	14
托克托县审计局	36	7867	2688			1188		28	38	38
和林格尔县审计局	5	2112						25	17	12
清水河县审计局	12	456	29		50			21	29	12
武川县审计局	3	8208			204	6		23		8
土默特左旗审计局	27	14307			544	13762		34	17	4
包头市										
包头市本级	39	684922	16079	4490	72410	82149	7	39	45	262
昆都仑区审计局	30	4314	37	1523		365		30	8	8
东河区审计局	79	24633	90		13007	565		79	22	9
青山区审计局	36	23443	53	9474	45	13869		36	36	11
石拐区审计局	23	11807	6		14	22		23	45	2
白云区审计局	20	1591	5	170				20	100	
九原区审计局	28	151	3		10	138		28	38	4
稀土高新技术开发区审计局	5							5	12	3
固阳县审计局	12	3859	1878					12	5	56
土默特右旗审计局	26	49310	6590		1593	4595	1	26		
达尔罕茂明安联合旗审计局	40	7221	1083	1006	1166			40	45	29
乌海市										
乌海市本级	28	79593	15235	1123	5087	288	1	29	56	146
海勃湾区审计局	31	11879	23	8208				31	20	20
海南区审计局	60	19272	29	843	485	631		60	108	176
乌达区审计局	27	8452	32					52		117

续表

审计机关	完成审计项目（个）	审计查出主要问题金额	审计处理情况					出具审计报告和审计调查报告（篇）	提出审计建议（条）	提交审计信息（篇）
			审计处理处罚				移送处理事项（件）			
			应上缴财政	应减少财政拨款或补贴	应归还原渠道资金	应调账处理金额				
赤峰市										
赤峰市本级	51	10841	115	7965	571	2243		51	88	99
红山区审计局	134	11566	9	9859	677			134	150	15
元宝山区审计局	32	6562		4110		2452		32	23	24
松山区审计局	89	1577	64	218	539	756		89	106	16
林西县审计局	17	231	17				2	17	28	128
宁城县审计局	55	1687	30		635	150		55	53	13
阿鲁科尔沁旗审计局	42	3111	1747			1359		42	79	2
巴林左旗审计局	42	1826	120	1201	105		1	42	87	
巴林右旗审计局	52	2691	2	2689			1	52	81	10
克什克腾旗审计局	27	2726	194		13	258	4	30	54	26
翁牛特旗审计局	19	2643	29		915	1521		19	55	
喀喇沁旗审计局	40	1038	74		302	28		40	17	43
敖汉旗审计局	61	489	79			366		61	69	75
通辽市										
通辽市本级	13	112594	352	191	84072	28065	3	138	15	43
科尔沁区审计局	8							8		
霍林郭勒市审计局	9	632			164			9	11	
开鲁县审计局	20	4781	33			603		23	59	10
科尔沁左翼中旗审计局	28	5825	103	182				28	35	16
科尔沁左翼后旗审计局	9	158	1					9	10	10
库伦旗审计局	23	4695	125		2361	1914		23		9
奈曼旗审计局	9	713	43					9	26	
扎鲁特旗审计局	17	124	23					17	3	
鄂尔多斯市										
鄂尔多斯市本级	35	563491	14496	17511	24583	4397	23	35	147	35
东胜区审计局	40	384644	162	13412	12289	6	2	46	104	
达拉特旗审计局	234	57166	3513	11718		3781	2	233	54	
准格尔旗审计局	47	342070	2692		8000			46	2	
鄂托克前旗审计局	79	73250	3859	18730			6	91	198	159

续表

审计机关	完成审计项目（个）	审计查出主要问题金额	审计处理情况					出具审计报告和审计调查报告（篇）	提出审计建议（条）	提交审计信息（篇）
			审计处理处罚				移送处理事项（件）			
			应上缴财政	应减少财政拨款或补贴	应归还原渠道资金	应调账处理金额				
鄂托克旗审计局	16	30881	535		19176	806			17	2
杭锦旗审计局	25	12252	34		118			25	3	
乌审旗审计局	35	17590	56	2450	160	1000		35	64	22
伊金霍洛旗审计局	119	197378	6130	61820	195	88	9	127	336	62
呼伦贝尔市										
呼伦贝尔市本级	29	77044	2940			1954		29	78	232
海拉尔区审计局	18	12810	52			3684		18	42	92
牙克石市审计局	32	2092	70	168	1356	12		32	9	51
扎兰屯市审计局	50	4980	222		179	1139	1	50	108	160
额尔古纳市审计局	24	7661	10		8	429		24	7	64
根河市审计局	16	4601	5			70		16	27	18
阿荣旗审计局	24	533	46			20		24		30
陈巴尔虎旗审计局	18	14388						18	13	4
新巴尔虎左旗审计局	17	110143	21					17	32	13
新巴尔虎右旗审计局	10	21132	17			2030	1	10	17	29
莫力达瓦达斡尔族自治旗审计局	24	4813	1442		15	131		24	25	2
鄂伦春自治旗审计局	36	5165	14	443	306	1014		36	66	49
鄂温克族自治旗审计局	28	16318	411		61	3468		28	46	
巴彦淖尔市										
巴彦淖尔市本级	43	242787	576		61205	17606	10	43	120	196
临河区审计局	52	46393	78		257			52	79	78
磴口县审计局	39	12965	81		230			39	73	182
乌拉特前旗审计局	15	49858	138		889			15	42	5
乌拉特中旗审计局	24	9154	27	79	105	8		24	42	37
乌拉特后旗审计局	33	35195	149	4791			3	33	28	20
杭锦后旗审计局	37	31593	200					37	44	307
乌兰察布市										
乌兰察布市本级	36	15993	103	307	638	6808	4	36	72	68
集宁区审计局	24	56737	33				6	24	72	72
丰镇市审计局	81	794	28		178			81	25	1

续表

审计机关	完成审计项目（个）	审计查出主要问题金额	审计处理情况					出具审计报告和审计调查报告（篇）	提出审计建议（条）	提交审计信息（篇）
			审计处理处罚				移送处理事项（件）			
			应上缴财政	应减少财政拨款或补贴	应归还原渠道资金	应调账处理金额				
卓资县审计局	30	190	26			68		30	40	
化德县审计局	29	3904	21	1345	2317	242		28	40	17
商都县审计局	57	4600	1000		3000	550		57	60	30
兴和县审计局	2	710						2	13	
凉城县审计局	29	1040	12			29		29	22	
察哈尔右翼前旗审计局	12	21352	55	16	153	395		12	12	6
察哈尔右翼中旗审计局	22	168	4					22	14	
察哈尔右翼后旗审计局	22	3135	249	361	712	396		22	38	12
四子王旗审计局	35	5896	43					33	84	26
兴安盟										
兴安盟本级	28	127298	92		757	4263	12	31	94	57
乌兰浩特市审计局	31	306822	411			561		39	44	31
阿尔山市审计局	15	24357	89	919				20	19	46
突泉县审计局	15	81626	53	5	45302	3414		27	26	15
科尔沁右翼前旗审计局	23	54196	120		37770	12141		25	18	9
科尔沁右翼中旗审计局	26	2302	61		115	345		27	29	15
扎赉特旗审计局	36	8592	158		3475			43	44	
锡林郭勒盟										
锡林郭勒盟审计局	25	327521	145968		135586	6183	6	27	69	116
锡林浩特市审计局	58	116751	38			33502		56	18	
多伦县审计局	5	149	112					5		51
阿巴嘎旗审计局	24	38537						24		
苏尼特左旗审计局	8	10	2			8				3
苏尼特右旗审计局	33	21023	239		8072	12663		33		33
东乌珠穆沁旗审计局	12	29971	16		26756			12		75
西乌珠穆沁旗审计局	17	77293	2592		37107	37593		17		25
太仆寺旗审计局	23	724	7					23		
镶黄旗审计局	16	6391	12		4173			16	41	7

续表

审计机关	完成审计项目（个）	审计查出主要问题金额	审计处理情况					出具审计报告和审计调查报告（篇）	提出审计建议（条）	提交审计信息（篇）
			审计处理处罚				移送处理事项（件）			
			应上缴财政	应减少财政拨款或补贴	应归还原渠道资金	应调账处理金额				
正镶白旗审计局	15	16859	1					8	45	
正蓝旗审计局	41	4540	1364			154		38		115
乌拉盖审计局	6							6	9	25
阿拉善盟										
阿拉善盟本级	29	258686	8044		98408	55115	16	34	46	159
阿拉善左旗审计局	34	5215			191		8	31	3	4
阿拉善右旗审计局	12	39974			16		12	12	23	70
额济纳旗审计局	37	106726	11		3785	9515	1	36	43	90
阿拉善经济开发区审计局	13	2106	67			527		12	21	
阿拉善盟腾格里经济技术开发区监察审计局	7	2410	2		33	25	1	10	24	3
满洲里市审计局	12	24775	9				2	13	12	14
二连浩特市审计局	52	24567						60		26

辽宁省

【辽宁省审计厅】 2014年，辽宁省审计厅人员编制205人，在编186人。设有办公室、法制处、经济责任审计一处、经济责任审计二处、财政审计处、金融审计处、行政政法审计处、教科文卫审计处、人事教育处、经贸审计处、农业与资源环保审计处、社会保障审计处、固定资产投资审计一处、固定资产投资审计二处、外资运用审计处、联网审计处、老干部处、机关党委、监察室和审计科研所、信息中心、审计干部培训中心。

领导成员

厅　　长：崔枫林

副 厅 长：付忠伟　孙东克　段君明
　　　　　邵　林　周　强
　　　　　于俊东（—11月）

总审计师：陆小平

纪检组长：姜长全

经济责任办公室主任：王明仁

审计成果　辽宁省审计机关完成审计项目3935个，查出主要问题金额2667.69亿元，其中违规金额391.64亿元、损失浪费金额26.61亿元、管理不规范金额2249.44亿元；损益（收支）不实金额184.01亿元；审计处理处罚金额318.14亿元，其中应上缴财政101.20亿元、应减少财政拨款或补贴11.25亿元、应归还原渠道资金55.17亿元、应调账处理金额122.08亿元；审计发现非金额计量问题3326个；审计促进整改落实有关问题资金149.64亿元，其中增收节支90.13亿元、已调账处理金额44.33亿元；审计促进拨付资金到位2.00亿元；审计后挽回（避免）损失4.96亿元。移送司法机关、纪检监察机关和有关部门处理事项158件。出具审计报告和专项审计调查报告4652篇，被批示、采用377篇。提出审计建议6320条，提交审计信息2493篇，被批示、采用 1225 篇；向社会公告审计结果 31 篇。

财政审计 开展省本级 2013 年度预算管理审计，以促进用好增量资金、盘活国有资金存量、规范结余结转资金管理为切入点，发现部分财政资金管理不规范，预算编制不细，财政存量资金清理力度不大，预算结转、部门节余、专户结存、专项结存资金高等问题。开展全省地税系统 2013 年度税收征管情况审计，以审查人为调节财政收入、无税源虚增财政收入、“空转”财政收入、“寅吃卯粮”预征预缴等违纪违规行为作为重点，发现征收无源税款、预征税款、应征未征税款，以及使用财政性资金缴税等问题，有效地促进加强税源监控，提高征税质量和财政资金使用效益。开展 19 户省直部门、66 个所属单位的预算执行审计，以政府采购、部门结余以及“三公”经费为关注点，审计预算支出 67.30 亿元，揭示政府预算编制不完整，部分单位无预算支出或挤占挪用专项经费，未严格执行“三公”经费规定，个别单位未严格执行国库集中支付制度等违法违规问题，并有针对性地提出审计建议。预算执行审计工作得到省人大常委会的充分肯定。

经济责任审计 辽宁省审计机关深入学习贯彻两办《党政主要领导干部和国有企业领导人员经济责任审计规定实施细则》，进一步明确和规范经济责任审计内容、审计程序，有效地提升审计工作的成效和水平。全省共对 1427 名领导干部进行经济责任审计，查出主要问题金额 326.90 亿元，其中负有直接责任的违规金额近 9.93 亿元，管理不规范金额 313.19 亿元。经济责任审计重点关注重要经济事项管理制度、控制制度的建立和执行情况，注重发现大案要案线索，先后查出重大违规违纪案件线索，已移交纪检监察和公检法等司法部门追究当事人责任；注重拓展审计监督范围，扩大任中审计比重，全面探索市、县以及部门、高校和企业党政领导干部同步审计，收到很好效果。

固定资产投资审计 全省共审计 1029 个投资项目，涉及投资总额 1140.75 亿元，查出主要问题金额 48.30 亿元，核减投资额 13.61 亿元。开展对第十二届全国运动会（以下简称“十二运”）、交通基础设施和基本建设等重点项目的审计，组织开展体育场馆建设、文化设施建设、抚顺生命之环等市政建设、丹东至通化等十三条高速公路和相关桥梁建设、京沈铁路客运专线辽宁段征地拆迁及国有企业重大投资项目审计和审计调查，发现违反建设程序、配套资金不到位、滞留挪用项目资金等问题，揭示制度上的缺陷和管理上的漏洞，促进有关单位积极整改、完善制度，为推动辽宁省经济稳步发展发挥积极作用。

专项资金审计 省审计厅组织 12 个市审计机关开展保障性安居工程跟踪审计，省领导做出批示，召开专题会议部署问题整改工作，保证中央部署和要求落实到位，此项审计被评为 3 季度省直机关最佳实事。开展对 15 所省属高校审计，发现部分高校私存私放资金、违规收费等财务问题，以及基本建设、经费管理和国家政策落实不到位等问题，省领导先后做出批示，省教育厅和相关高校积极整改，有效地推动高校规范管理及国家教育资金的合规利用。开展对省级社会组织管理和运行等情况的审计调查，发现政社不分问题比较突出，协会财务收支不规范、内部控制薄弱，协会设立的公司管理存在严重漏洞和安全隐患。

全国土地出让收支和耕地保护情况审计 按照审计署的统一部署，自 8 月 14 日开始，省审计厅及全省 12 个市、县、区审计机关共 1300 余人参加土地出让收支和耕地保护情况审计。全体参审人员认真学习有关政策文件，配合沈阳特派办开展工作，服从工作安排，遵守工作纪律，工作尽职尽责，展现良好的工作作风和敬业精神。

其他审计 对国外贷援款项目、辽宁对口援疆建设项目、水利专项资金、部分沿海城市海域征占情况等进行审计或调查，及时揭示存在的问题和薄弱环节，提出堵塞漏洞和避免损失的建议，促进有关单位建立和完善相关制度和财务管理规范，促进稳增长、调结构以及自主创新、节能减排等政策措施的落实。

审计科研 完成审计科研成果三项。围绕分析公共资金绩效审计撰写的《审计监督全覆盖导向下的公共资金绩效审计约束条件及破解之道》，在中国审计学会举办的专题研讨论文评选活动中被评为优秀审计论文三等奖。该文论对现阶段开展公共资金绩效审计中，如何确定审计目标，突出哪些审计重点，如何做到全覆盖，如何提高绩效审计结果的利用效果等方面进行了深入探讨。

由省审计厅、审计学会参与撰写的《全面深化改革背景下的审计策略研究》一书在中国时代经济出版社正式出版。省审计厅承担“审计法制与审计管理机制的创新与发展”和“审计职业化建设”两章的研究、撰写工作，课题提出的以“公共性”定位审计职责，推进形成审计监督全覆盖的工作新机制、推动审计整改的制度化，以及提出的审计职业制度体系的整体框架和职业化建设的基本路径，具有一定的理论和实践应用价值。完成审计署科研所协作课题《信息化条件下的审计质量管理研究》，登载在署科研所报署领导参阅的《审计研究报告》上。该项课题研究通过分析影响和制约信息化条件下审计质量管理水平的主要因素，着重探索信息化条件下改善审计质量管理的主要路径和发展方向，以期促进审计质量和水平的综合提升。

信息化建设 大力推进联网审计工作，经过与省编办沟通，成立联网审计处，并确定“总体规划、分步实施、先横后纵”的联网审计工作实施推进总体原则。完成数字化审计基础平台、财政审计子系统、公积金审计子系统、审计业务基础资料库等四个主要系统的部署。出台《辽宁省审计厅数据分析团队管理办法》《辽宁省审计厅电子数据采集与分析管理办法》等5项管理、考核办法。开展全省住房公积金归集管理使用情况审计调查，取得积极效果，为进一步推动全省审计信息化建设奠定基础。

相关工作 组织开展党的群众路线教育实践活动“回头看”，对照问题认真整改，不断提高；省审计厅被省委、省政府命名为文明单位，被省直机关工委评为目标绩效考评先进单位，全省多数审计机关获得省、市“文明机关（标兵）”称号，其中在省委、省政府表彰的全省25名人民满意公务员中，有审计系统2人，10个人民满意的公务员集体中，有审计系统1个，百名记一等功公务员中有审计系统3人。提高审计工作效能，规范和简化工作流程，精简内设机构和工作流程，出台《辽宁省审计厅财务管理办法》《辽宁省审计厅政府采购管理办法》等10余项内设机构管理办法。落实党组书记“第一责任人”和处室主要领导“一岗双责”要求，对全省审计机关党风廉政建设风险点进行排查，加强对审计移送案件线索的回访工作和审计人员执行“八不准”工作纪律的监督检查。 （撰稿人：王 佳）

【沈阳市审计局】 2014年，辽宁省沈阳市审计局公务员编制187人，在编172人。局长韩力，副局长陈玉涛、高洪光、刘宝石、周成铀，总审计师康健，纪检组长张秋艳，经济责任审计联席会议办公室主任石静华。设有办公室、法规审理处、人事教育处、审计信息化管理处、经济责任审计处、财政审计处、行政政法审计处、教科文审计处、金融审计处、农业与资源环保审计处、经贸审计处、外资运用审计处、固定资产投资审计一处、固定资产投资审计二处、社会保障审计处、案件审计处、监察处、离退休干部管理处、机关党委、驻沈阳地铁建设项目指挥部审计处、经济责任审计联席会议办公室秘书处。

审计成果 沈阳市审计局完成审计项目60个，查出主要问题金额752567万元，其中违规金额17233万元、管理不规范金额735333万元；审计处理处罚金额13950万元，其中应上缴财政11433万元、应归还原渠道资金1579万元、应调账处理金额937万元；审计发现非金额计量问题341个；审计促进整改落实有关问题金额13950万元，其中增收节支13013万元、已调账处理金额937万元；审计促进拨付资金到位13251万元。移送司法机关、纪检监察机关和有关部门处理事项5件。出具审计报告和专项审计调查报告64篇，被批示、采用5篇，提交审计信息77篇，被批示、采用84篇（次）。向社会公告审计结果2篇。

预算执行审计 对市财政和24个部门预算执行情况及城镇保障性安居工程等6项专项资金进行审计。首次在门户网站上公开市本级预算执行和其他财政收支情况审计结果和发现问题的整改结果。

经济责任审计 起草《沈阳市市管领导干部经济责任审计对象分类管理办法》，并初步搭建市管领导干部经济责任审计数据库。对27个单位36名市管党政领导干部进行审计。

专项资金审计 沈阳市审计局开展的农村“一事一议”道路改造和“玉米螟”防治专项资金等涉农审计，覆盖全市9个区县，涉及财政资金近10亿元。对社会关注的商品住宅维修资金管理使用情况进行审计调查，沈阳市房产局依据审计建议，重新修订完善相关制度。对42个新建和改扩建及维修改造的敬老院、119个原有敬老院资产处置情况开展审计，揭示超额接收社会养员等问题。

交办任务 完成上级部门交办的全国土地出让收支和耕地保护情况审计、财政存量资金审计、稳增长等政策措施落实情况跟踪审计、执行中央八项规定严肃财经纪律和“小金库”专项治理工作等24项审计事项。配合有关部门查办案件和审计调查15起。（撰稿人：余 宏）

【大连市审计局】 2014年，大连市审计局人员编制151人，在编145人。局长李尔恭，副局长付强、包广平、宫本胜、张学贵、刘文辉，纪检组长黄忠河（12月—）。设有办公室、法制处、财政审计处、经济责任审计一处、经济责任审计二处、行政政法审计处、教科文卫审计处、农业与资源环保审计处、固定资产投资审计一处、固定资产投资审计二处、企业审计处、社会保障审计处、金融审计处、外资运用审计处、人事处（机关党委）、纪检组（监察室）。

审计成果 大连市审计机关共开展审计和审计调查项目358个，延伸审计单位1440个。查出违规金额44.18亿元，损失浪费金额2429万元；促进增收节支18.21亿元（其中已上缴财政16.58亿元，已归还原渠道资金1.63亿元）；审减工程造价4.36亿元。向有关部门移送处理事项48件。促进被审计单位制定整改措施785项，健全完善规章制度47项。向上级机关和有关部门提交综合性及专项审计报告、信息、审计要情被批示和采用572篇次。大连市局机关先后荣获市依法行政优秀单位、市绩效考核优胜单位等荣誉称号；1项工作成果被评为大连市惩治和预防腐败体系建设工作最佳工作创新奖；2项审计成果被评为大连市直机关最佳服务成果；审计经验做法先后21次被审计署审计要闻和《中国审计报》采用；2014年，共有44人次获得市级以上先进个人、记功或嘉奖。

财政审计 紧紧围绕提高财政管理绩效，着力监督检查预算的完整性、执行的规范性和财政体制改革相关措施落实等情况，加大对“三公一会”经费的审计力度，组织开展年度财政预算执行情况审计、大连市地税局税收征管审计、8个市直单位部门预算执行审计等项目。查出违规违纪金额27.74亿元，管理不规范金额34.7亿元，促进增收节支15.36亿元，向相关部门移送处理事项1件。有效地促进财税部门和相关单位完善财政管理体制、规范预算管理和厉行勤俭节约。

固定资产投资审计 先后开展“十二运”大连赛区场馆建设项目竣工决算、大连市全域城市化城镇基础设施推进情况、大连市发改委分配管理2011—2013年度政府性投资情况、大连港太平湾建设项目动迁资金等72项审计和审计调查，查出违规金额1224万元，提出审计建议77条，在促进提升工程建设质量、防范财政资金风险、提高政府投资绩效等方面取得积极的成果。

经济责任审计 大连市审计机关共对45名领导干部进行任中审计，107名领导干部进行离任审计，从源头上促进领导干部增强法制观念和责任意识，提高履行职责的能力和水平，促进被审计单位规范管理。

专项资金审计 开展大连市2011—2013年度种粮农民直接补贴资金等部分涉农资金管理使用情况、2013年度市计划生育委员会专项资金绩效情况、大连市残疾人就业保障金征集管理和使用情况等28项审计和审计调查，并延伸审计175个单位，全面掌握资金运行和管理现状，揭示资金使用管理中存在的问题，促进提高资金使用效益，推进相关政策的落实和完善。完成省内三地市的土地出让收支和耕地保护情况审计、城镇保障性安居工程跟踪审计、庄盖高速公路建设项目竣工结算审计、援疆审计以及稳增长促改革调结构惠民生政策措施落实情况跟踪审计、奢华浪费建设审计、政府机关软件正版化和公务用车制度改革审计等任务，有效地发挥审计的“经济卫士”作用，为政府决策和管理提供重要依据。

（撰稿人：蔡丹丹）

【鞍山市审计局】 2014年，鞍山市审计局人员编制164人，在编159人。局长刘依榛，副局长刘文晓（—11月）、付德成（11月—）、原丹，总审计师李岩，纪检组长吕世涛，党组成员赵广策。设有办公室、法规处、领导干部经济责任审计处、财政审计处、行政政法审计处、教科文卫审计处、农业与资源环保审计处、固定资产投资审计处、金融审计处、经贸审计处、社会保障审计处、外资运用审计处、审计督查与经济案件审计处、审计指导科研处、计算机审计处、人事处及机关党委。

审计成果 鞍山市审计机关完成审计项目385个，查出主要问题金额588248万元，其中违规金额149466万元、损失浪费金额271万元、管理不规范金额438510万元；损益（收支）不实金额70748万元；审计处理处罚金额87537万元，其中应上缴财政16026万元、应减少财政拨款或补贴40455万元、应归还原渠道资金6678万元、应调账处理金额24214万元、应缴纳其他资金163万元；审计发现非金额计量问题178个；审计促进整改落实有关问题资金14921万元，其中增收节支14740万元、已调账处理金额180万元；审计后挽回（避免）损失2525万元。出具审计报告、专项审计调查报告373篇。提出审计建议544条，提交审计信息90篇，其中重要审计信息12篇。

财政审计 鞍山市审计机关完成审计项目92个，查出主要问题金额411324万元，其中违规金额130807万元、管理不规范金额109322万元；其他问题金额171195万元；审计发现非金额计量问题23个。

行政事业审计 全市审计机关完成审计项目141个，查出主要问题金额105125万元，其中违规金额9813万元、管理不规范金额49133万元、其他问题金额46170万元。

固定资产投资审计 全市审计机关完成审计项目130个，查出主要问题金额9495万元，其中违规改变项目计划和资金用途金额9万元、资金滞留闲置2833万元、资金不到位不落实金额1709万元、工程结算款不实金额3023万元、其他问题金额1919万元。

社会保障审计 全市审计机关完成审计项目1个，查出主要问题金额1576万元。

企业审计 鞍山市审计机关完成审计项目3个，查出主要问题金额508万元，其中财务收支核算不实金额496万元；其他问题金额8万元。

经济责任审计 全市审计机关完成156名领导干部经济责任审计。对领导干部任职期间财政收支、财务收支的真实性、合法性、效益性和重要经济指标的完成情况以及重大经济事项的决策情况进行审计，查出主要问题金额106877万元，其中违规金额12893万元、损失浪费金额231万元、管理不规范金额93752万元；审计促进整改落实有关问题资金11456万元，其中应上缴财政10066万元、应归还原渠道资金1389万元。

专项资金审计 鞍山市审计机关完成审计项目18个，审计专项资金总额4941万元，查出主要问题金额60125万元，其中违规出借财政资金719万元、资金不到位不落实金额1802万元；其他问题金额57603万元。 （撰稿人：李依峰）

【抚顺市审计局】 2014年，抚顺市审计局人员编制110人，在编104人。局长胡乃涛，副局长陈亚文、房文冬、张弘毅、邓国臣，纪检组长于国田。设有办公室、综合处、人事处、法制处、计算机审计处、经济案件审计处、经济责任审计一处、经济责任审计二处、财政审计处、行政政法审计处、教科文卫审计处、经贸审计处、农业与资源环保审计处、社会保障审计处、固定资产投资审计处、外资金融审计处。

审计成果 抚顺市审计局共开展审计项目82个，查出主要问题金额23.59亿元，应上缴财政504万元，已上缴财政378万元，审减政府投资工程款1亿元。被辽宁省人力资源和社会保障厅、审计厅联合评为全省审计机关先进集体；被辽宁省审计厅评为全省审计项目质量表彰单位；有1个项目被省审计厅评为全省优秀审计项目；被辽宁省委、省政府评为全省文明单位标兵。

交办任务 完成审计署和省审计厅统审项目9个。开展土地出让收支和耕地保护情况审计，抚顺市委书记在审计署沈阳特派办致抚顺市政府的感谢信上批示："市审计局的同志们代表的是抚顺干部的形象，你们用实际行动为抚顺争了光彩，抚顺市委谢谢大家！"

预算执行审计 贯彻"财政资金运行到哪里，审计就跟进到哪里"的要求，加大审计力度，在审计范围和深度以及揭示问题整改上取得新拓展。所做预算执行审计工作报告及其揭示问题整改报告，分别得到市人大和市政府高度评价。

经济责任审计 开展经济责任审计项目 33 个，查出违规和管理不规范金额 7 亿元，促进领导干部守法守纪守规尽责。

固定资产投资审计 开展高中中职学校改造、全市招标代理等情况的 12 个专项审计或审计调查，揭示其中存在的问题，提出审计建议。还在政府投资项目工程结算的审减上下功夫，审减工程款 1 亿元。受省审计厅委托开展辽宁省援疆资金建设项目审计，审减工程款 1240 万元。

专项资金审计 开展社会抚养费征收管理、大病补充医疗保险、国有企业改制后续安置、低保、水利、林业等专项资金审计，揭示和纠正存在的问题，保障全市经济和社会健康发展。

（撰稿人：唐东宏）

【本溪市审计局】 2014 年，本溪市审计局人员编制 80 人，在编 73 人。局长王佳才（—8 月）、魏增嘉（8 月—），副局长富国义、李明远，总审计师田伟，纪检组长杨占伟，经责办专职副主任丁吉忠。设有办公室、机关党委、综合处、法规处、经济责任审计处、财政金融审计处、行政政法审计处、科教文卫审计处、农业与资源环保审计处、固定资产投资审计处、经贸审计处、社会保障审计处、外资运用审计处、经济案件审计处、计算机审计处、离退休干部处、监察室，下设政府投资审计中心（审计干部培训中心）。

审计成果 本溪市审计局完成审计项目 23 个。审计查出主要问题金额 74964 万元，其中违规金额 613 万元、损失浪费金额 46 万元、管理不规范金额 74304 万元；损益（收支）不实金额 1332 万元；审计处理处罚 25148 万元，其中应上缴财政 1180 万元、应减少财政拨款或补贴 7049 万元、应归还原渠道资金 92 万元、应调账处理金额 16822 万元；审计发现非金额计量问题 50 个；审计促进整改落实有关问题资金 23216 万元，其中增收节支 6996 万元、已调账处理金额 16211 万元；审计后挽回（避免）损失 106 万元。移送司法机关、纪检监察机关和有关部门处理事项 1 件。出具审计报告和专项审计调查报告 23 篇。提出审计建议 60 条，提交审计信息 42 篇。获得中央精神文明建设指导委员会授予的第四届全国文明单位称号，人力资源和社会保障部、审计署授予的全国审计机关先进集体荣誉称号，辽宁省人力资源和社会保障厅、辽宁省审计厅和辽宁省公务员局授予的全省审计机关先进集体荣誉称号，辽宁省审计厅授予的 2013 年度审计项目质量考核先进单位称号；辽宁省文明委授予的辽宁省“文明单位”称号；辽宁省委保密委、辽宁省保密局授予的 2014 年度全省保密工作先进集体，本溪市委、市政府授予的 2013 年度市信访稳定目标管理先进单位，本溪市政府授予的 2013 年度环境保护工作先进单位，本溪市综治委授予的 2013 年度社会管理综合治理优胜单位，本溪市文明办授予的市城乡共建先进单位，本溪市市直机关工委授予的市直机关党建目标考核先进单位、先进党委。

财政审计 审计或审计调查被审计单位 300 多个，揭露结余资金未纳入财政统筹 2.4 亿元、欠缴税费 5494 万元等问题。督促补缴各项税金 4310 万元，盘活存量资金 7899 万元，建立健全相关规章制度 11 项。

专项资金审计 组织完成全市性“三公”经费和会议费支出审计调查、全市住宅专项维修资金管理情况审计、市本级政府经营性资产运营情况审计调查、全市信访资金管理使用情况审计。开展审计署、省审计厅组织的土地出让收支及耕地保护审计等 4 个项目。

审计科研 《让审计成果得到升华 开创审计结果运用新局面》《推动完善国家治理目标下的审计监督全覆盖》获得辽宁省优秀审计科研课题；《基于国家治理下的地方国家审计和治理能力建设研究》获辽宁省优秀审计论文一等奖，另有 3 篇论文获得三等奖。

（撰稿人：唐荣海）

【丹东市审计局】 2014 年，丹东市审计局人员编制 70 人，在编 64 人。局党组书记张东贵（—9 月），局长康冰，副局长李圣稙、曹瑞洲、张作群，纪检组长徐激扬。设有 13 个处（室）和 1 个直属机构。

审计成果 丹东市审计机关共完成审计项目 221 个。审计查出主要问题金额 244229 万元，其中违规金额 60715 万元、损失浪费金额 6 万元、管理不规范金额 183507 万元；损益（收支）不实金额 29101 万元；审计处理处罚金额 157137 万元，其中应上缴财政30911万元、应减少财政拨款或补贴35458万元、应归还原渠道资金29447万元、应缴纳其他资金10748万元、应调账处理金额50572万元；审计发现非金额计量问题40个；审计促进整改落实有关问题资金45073万元，其中增收节支12758万元、已上缴财政8816万元、已减少财政拨款或补贴1132万元、已归还原渠道资金2809万元、已缴纳其他资金2185万元、已调账处理金额29979万元；审计促进拨付资金到位546万元；审计后挽回（避免）损失272万元。出具审计报告和专项审计调查报告225篇，被批示、采用7篇。提出审计建议259条，被采纳189条，被审计单位制定整改措施7项。提交审计信息131篇，审计专题、综合性报告39篇，信息简报92篇，被批示、采用71篇。参加全国土地出让收支与耕地保护专项审计，受到审计署驻沈阳特派办表扬；凤城市审计局被辽宁省人力资源和社会保障厅、审计厅评为全省审计机关先进集体，振安区审计局田福莲、东港市审计局邹彩霞被评为全省审计机关先进工作者并记二等功。

财政审计 预算执行审计单位58个，延伸审计单位144个，审计查出主要问题金额149487万元。财政决算审计单位17个，查出主要问题金额2305万元。

经济责任审计 涉及审计单位81个，被审计领导干部76人，其中任中审计20人，离任审计56人。审计查出违规金额59732万元；审计促进增收节支561万元。

行政事业审计 审计单位79个；延伸审计单位35个，查出主要问题金额54329万元。

固定资产投资审计 审计单位59个，核减投资额（工程款）37705万元。

社会保障审计 审计单位2个，延伸审计单位31个，审计查出主要问题金额944万元，其中住房公积金审计查出主要问题金额835万元，其他问题金额108万元。

专项资金审计 审计单位5个，延伸审计单位9个，审计专项资金总额8970万元，审计查出主要问题金额1757万元。

信息化建设 邀请审计署驻沈阳特派办、辽宁省审计厅等有关单位专家开展信息化审计知识培训；发挥青年审计人才优势，成立计算机审计数据分析团队，积极开展计算机审计，提高审计效率。

（撰稿人：崔锦波　张开元）

【锦州市审计局】 2014年，锦州市审计局人员编制91人，在编101人。局长冯晓华，副局长何广华、马志军、李犁，总审计师牛继强，锦州市经济责任审计办公室主任李春利，调研员吕家广。设有办公室、机关党委、人事处、法制处、信息审计处、审计督察处、内部审计指导处、行政管理处、财政审计处、社会保障审计处、金融审计处、行政政法审计处、教科文审计处、农业与资源环保审计处、经贸审计处、经济责任审计办公室、经济责任审计一处、经济责任审计二处、经济责任审计三处、投资审计一处、投资审计二处、滨海新区分局。

审计成果 锦州市审计局完成审计项目107个，查出主要问题金额1158096万元，其中违规金额79103万元、管理不规范金额1078993万元；损益（收支）不实金额1637万元；审计处理处罚金额20648万元，其中应上缴财政881万元、应归还原渠道资金3218万元、应调账处理金额16549万元；审计发现非金额计量问题76个；审计整改促进增收节支62456.45万元；审计促进拨付资金到位1794万元。移送司法机关、纪检监察机关和有关部门处理事项23件，涉及42人。出具审计报告和专项审计调查报告107篇，被批示、采用3篇。提出审计建议351条，提交审计信息60篇，被批示、采用22篇。向社会公告审计结果1篇。

财政审计 在市本级预算执行审计中，查出预算编制不细化等10个问题，查出47个预算单位固定资产不实等15个问题，查出3个经济区管委会预算编制不完整、不细化等四类20个问题；在市本级及3个经济区债务审计中，查出市本级政府债务管理不够规范等三类8个问题。财政预算执行审计受到市人大充分肯定，称赞“审计工作卓有成效，保证了经济安全。”

经济责任审计 协调召开锦州市经济责任审计工作领导小组会议；以市委、市政府文件出台《锦州市党政主要领导干部和国有企业领导人员经济责任审计实施细则》；编撰《领导干部经济责任审计知识读本》；全年完成31名党政领导干部经济责任审计，促进领导干部依法行政和党风廉政建设。

固定资产投资审计 开展锦凌水库工程、锦州市城市水生态环境综合治理工程、“十二运”拳击赛场馆改建工程、龙栖湾新区基础设施建设项目、锦州湾机场建设项目以及援疆建设项目等16项跟踪审计和竣工决算审计，审减工程款和节约投资9657万元，确保“项目安全、资金安全、干部安全”。锦凌水库工程跟踪审计工作成果受到国家水利部稽查组的称赞。

专项资金审计 派出100人历时100多天完成审计署布置的土地出让收支和耕地保护情况异地审计项目，按时向审计署沈阳特派办上报审计结果，沈阳特派办在感谢信和表扬信中称赞锦州市审计局“表现出了良好的职业精神、扎实的工作作风和精湛的业务水平”。开展保障性住房、住房公积金归集管理使用和村镇银行资产负债损益情况专项审计调查，揭示存在的问题，提出合理化审计建议，维护百姓利益，较好地促进专项资金的科学规范管理，提高专项资金的使用效益。

信息化建设 在全局开展信息化建设年活动，采取10项措施全面提高信息化建设水平，审计计划编制、审计项目实施、法制审理实现全程数字化管理；自主研发的“审计成果综合运用数字化分析平台”“审计绩效考核系统”分别获得国家专利；审计成果综合运用数字化分析平台被评为锦州市科技进步一等奖。（撰稿人：宋子辉）

【营口市审计局】 2014年，营口市审计局人员编制54人，在编52人。局长迟成君，副局长王文良、张丽杰、许林，总审计师徐仁彪，纪检组长王建伟，经济责任审计办公室主任李鑫。设有办公室、经济责任审计工作办公室、财政审计科、金融与外资运用审计科、行政政法审计科、法制科、教科文审计科、社会保障审计科、固定资产投资审计一科、固定资产投资审计二科、农业与资源环保审计科、经贸审计科（年薪制审计办公室）、信息化科。

审计成果 营口审计机关完成审计项目131个，查出主要问题金额930094万元，其中违规金额129万元、管理不规范金额929965万元；损益（收支）不实金额28380万元；审计处理处罚金额1989万元，其中应上缴财政1967万元；审计发现非金额计量问题134个。提交审计报告和专项审计调查报告161篇，被批示、采用20篇。提出审计建议87条，提交审计信息15篇，被批示、采用8篇。

财政审计 对营口市本级2013年度的预算执行审计，主要围绕四个方面进行揭示、分析和评价：一是围绕强化财政精细化管理；二是围绕有效防范财政风险；三是围绕促进惠民政策措施贯彻落实；四是围绕规范权力运行。客观、准确地反映预算执行和财政收支中存在的问题。对营口市站前区和大石桥市的财政决算审计，重点关注全口径财力构成占比等数据、财政往来规模、民生资金和重点专项的拨付和使用情况，发现存在财政收入不实、滞拨专项、超支挂账、挤占挪用专项资金等问题。

经济责任审计 受组织部门和国有资产监督管理部门委托的经济责任审计项目15个，提出审计建议13条。审计重点关注行业政策执行、内控制度建立及执行等内容，注重分析问题产生的原因，提出审计意见和建议，督促相关单位及时整改。

专项资金审计 开展营口市通客运站资产管理运营现状、市城建资金管理和使用情况、市农委系统涉农资金、市本级担保公司运营状况、市医疗保险基金、市法院系统执行款管理使用情况、市城市公用事业系统城建资金以及教育系统资产、负债、教育费附加专项审计调查，审计中注重提出解决问题的对策和建议。

政府性债务审计 完成对2013年债务审计数据增减变化情况的核查，逐一认定市本级及各市（县）、区新增和漏报的政府性债务。提出建立政府债务风险预警机制、实行政府债务统一归口管理等审计建议，为县（区）政府加强债务管理，防范财政金融风险提供重要依据。

（撰稿人：栾洪勋）

【阜新市审计局】 2014年，阜新市审计局人员编制66人，在编64人。局长朱海泉，副局长张百平、金长起、张文，总审计师马丽娟，纪检组长刘勇。设有经济责任审计办公室、办公室、财政金融审计科、固定资产投资审计一科、固定资产投资审计二科、行政政法审计科、教育科学文化审计科、经贸审计科、农业与资源环保审计科、社会保障审计科、计算机审计指导管理科、法制科、综合科、人事科、老干部科、机关党委和审计信息中心。

审计成果 阜新市审计局共审计（调查）党政机关、企事业单位（项目）42个，查出违规和管理不规范金额37.18亿元。出具审计（专项审计调查）报告70篇，被批示10篇次；提出审计建议103条，提交审计信息29篇，被采用48篇次。3项审计科研课题分获辽宁省优秀和表彰审计科研课题。2篇青年审计论坛论文分别被辽宁省审计厅评为二等奖和三等奖。被评为辽宁省省级文明单位标兵、辽宁省审计系统先进集体、辽宁省计算机审计应用成果征集活动优秀组织单位、阜新市政府绩效考评先进单位、市先进党组织。先后有11人次被授予辽宁省人民满意的公务员、辽宁省审计系统先进个人、辽宁省社科联先进工作者、阜新市十佳公仆等荣誉称号。

预算执行审计 2013年度阜新市本级财政预算执行和其他财政收支情况审计项目，重点关注预算编报情况、预算批复和执行情况、财政管理情况。从加强财政预算管理、规范财政核算行为、深化财政体制改革等三个方面提出审计建议。以促进全市财政收入增加为目标，把税费和基金作为所有审计项目的重点审计内容，加大对应提不提、应缴不缴、少提少缴或不及时上缴等违纪违规问题的处理处罚力度，使财政贡献水平得到明显提高。

经济责任审计 开展领导干部经济责任审计项目19个。经济责任审计工作得到市委、市政府的高度重视，制定出台《阜新市党政主要领导干部离任经济事项交接办法（试行）》（阜委办发〔2014〕39号），对于规范经济责任管理行为、增强领导干部责任意识和自律意识起到制度保障作用。

固定资产投资审计 开展7个政府投资项目审计，审减工程价款1662.8万元，是上年同期的285%。对京沈客专阜新段建设项目征地拆迁补偿资金进行两次跟踪审计，被阜新市政府评为征拆工作先进单位。其中，海州区政府周边地块土地出让金及征收补偿资金情况审计报告得到市长的批示。

专项资金审计 重点对医疗保险基金、机关事业养老保险基金、职业教育资金、医院、学校、城镇保障性安居工程等与群众生活息息相关的单位和部门开展审计，从维护群众利益角度，重点关注收费标准执行情况和资金申报使用管理等情况。其中，城镇保障性安居工程跟踪审计报告得到市长的批示。

外资运用审计 对世界银行贷款林业综合开发项目进行审计，重点关注国外贷款和国内建设资金到位和使用、项目设备采购和使用、提款报账情况，项目内部控制建立健全情况，项目效益情况以及信息化建设等情况。

信息化建设 深化“审计信息化跃升工程”。强化计算机审计科研课题的研究，“联网审计应用研究”成功中标辽宁省首次公开招标重点科研课题，并被评为优秀等次。深入开展信息系统审计工作，大力探索联网审计、数据分析审计，加大审计管理软件开发力度，加强审计数据中心、审计官网建设。（撰稿人：王　丹）

【辽阳市审计局】 2014年，辽阳市审计局人员编制70人，在编72人。局长栗荣庆，副局长张迎胜、于兆东、王永华，总审计师姜铁男，纪检组长戴有胜。设有办公室、法制科、财政审计科、行政事业审计科、农业审计科、投资绩效审计科、财政收入与金融审计科、经贸审计科、社会保障审计科、经济责任审计办公室、城市建设审计科、综合科、河东分局、信息中心。

审计成果 辽阳市审计机关共完成审计（审计调查）项目469个，查出管理不规范金额172962万元，违规金额2326万元，核减政府投资33533万元，提出审计建议134条。其中，市本级完成审计项目54个，查出管理不规范金额135920万元，违规金额1787万元，核减政府投资15531万元，提出审计建议74条。市审计局被评为辽宁省精神文明机关，1人被评为审计署先进工作者。

财政审计 完成2013年度市本级财政预算执行和其他财政财务收支情况审计，以促进用好增量、盘活存量、规范管理、提高绩效为切入点，重点关注中央八项规定和国务院“约法三章”落实情况，加强对“三公”经费等相关资金项目的审计，本级预算执行审计及问题整改工作普遍得到本级政府和人大的充分肯定。

经济责任审计 受市委组织部委托，全年对32名县级领导干部进行经济责任审计，其中任中审计14个。在审计中，重点关注领导干部履行法定职责情况，贯彻执行稳增长促改革调结构惠民生防风险等重大政策情况，财政资金使用绩效和行政效能情况，以及是否依法科学决策、有无越权和滥用权力造成损失浪费行为。经审计，共查处问题金额8232万元，移送有关部门处理1人。

固定资产投资审计 加强重点工程和重点资金的审计力度，完成河东新城起步区道路绿化工程结算、河东新城路新运大街宏伟路绿化工程结算、“十二运”场馆建设决算、沈阳绕城高速公路跟踪等多项审计工作，共审减政府投资15531万元，为节约财政建设资金发挥重要作用。

其他审计 深入开展农业审计与社保审计，组织开展市中医院审计、市自来水公司审计、市住房公积金审计、市供暖办审计等多个审计项目，为辽阳新一轮振兴保驾护航。（撰稿人：姜　龙）

【盘锦市审计局】 2014年，盘锦市审计局人员编制42人。局长王贺广，副局长闫志刚、王钧、郭克敏。设有办公室、法制综合科、经济责任审计办公室、经济责任审计科、财政金融审计科、文教行政审计科、农业与社保审计科、固定资产投资审计一科、固定资产投资审计二科。

审计成果 盘锦市审计机关共完成审计项目204个，查出违规及管理不规范金额210327.67万元，通过上缴财政、减少财政拨款、归还原渠道资金及核减工程造价等促进增收节支126143.27万元。提交审计专题、综合性报告和信息279篇次，被批示、采用188篇次。向被审计单位或有关单位提出审计建议381条，被采纳348条。

预算执行审计 重点审计市财政部门具体组织的2013年度本级预算执行情况；20个市直部门2013年度“三公”经费及会议费支出与2012年支出增减变化情况等。审计查出违规及管理不规范金额36084万元。通过整改，有关单位已建立健全规章制度20余项，规范财政资金3432.6万元；按要求下达、拨付资金7022.76万元，纳入专项管理的资金14000万元；取消低保资格452人，减少发放低保金208万元；取消16户不符合保障条件的保障对象所享受的廉租房、廉租补贴待遇。

固定资产投资审计 完成对大连理工大学盘锦校区建设项目、辽东湾新区基础设施建设项目、辽河干流整治工程项目、大伙房输水工程项目、市中心医院和市老干部活动中心工程项目以及对口援疆资金和项目的审计。共计审减建设资金101216.27万元。

经济责任审计 受市委组织部委托，共完成对市劳动就业局、市统计局、市供销社等20个部门（单位）领导干部的经济责任审计。从审计结果看，被审计单位存在固定资产管理不规范、债权债务清理不及时、不严格执行政府集中采购、不合理处置资产等问题，查出违规和管理不规范金额3840万元。

全国土地出让收支和耕地保护情况审计 8月中旬至10月末，全市审计机关抽调41名骨干分别赴铁岭、辽阳、锦州，参加由审计署统一组织的全国土地出让收支和耕地保护情况审计，受到审计署沈阳特派办的高度赞扬。

专项资金审计 开展农村环境综合治理暨乡村绿化资金跟踪审计、重大公共卫生项目补助资金审计、住房公积金归集管理使用情况审计调查、城镇保障性安居工程跟踪审计、城市居民最低生活保障资金审计、社会保障基金审计、职业教育专项资金审计等项目，查出违规及管理不规范金额6470万元。

辽河口生态经济区审计 7月上旬至8月上旬，市审计局根据市委、市政府主要领导的指示，对辽河口生态经济区及其所属的东郭镇、羊圈子镇、石新镇的财政财务收支，东郭苇场、羊圈子苇场、石山种畜场的资产负债损益情况进行全面审计。通过审计，基本摸清辽河口生态经济区的家底，揭示辽河口生态经济区及其所属镇、场在经营、管理中存在的问题。市委、市政府主要领导对审计结果给予充分肯定。（撰稿人：赵庆举）

【铁岭市审计局】 2014年，铁岭市审计局人员编制63人，在编58人。局长王长生，副局长张波、杨占荣、李化山、邵荣，总审计师王晓光，纪检组长赵玉杰，经济责任审计办公室主任马可。设有办公室、人事监察教育科、机关党委、法制科、综合科、金融审计科、农业资源与环保审计科、固定资产投资审计一科、固定资产投资审计二科、财政审计科、教科文卫审计科、行政政法审计科、经济责任审计办公室、外资运用与社会保障审计科、计算机审计科、信息中心、培训中心、铁岭市政府投资审计中心。

审计成果 铁岭市审计局共完成审计（调查）项目54个，其中计划项目37个、市领导交办项目7个、配合审计署项目4个，省审计厅项目14个。查出违规金额3.3亿元、管理不规范金额26.86亿元、应上缴财政1.44亿元。提出审计建议72条，被采纳69条。编发信息简报、综合性报告39篇，被批示、采用28篇次。被省委、省政府授予第五届全省人民满意的公务员集体，被省国家保密局授予保密工作先进集体，被省文明委授予2012—2014年度精神文明创建工作先进单位。

土地出让收支和耕地保护情况审计 按照审计署和省审计厅统一部署，市县两级审计机关共派出130多名审计人员赴锦州、丹东、葫芦岛三市，配合审计署异地开展土地出让收支和耕地保护情况审计。两级审计干部共10人受到审计署书面表扬，锦州组向审计署移送案件线索1件，锦州组、丹东组、葫芦岛组向审计署出具审计要情共9份。

预算执行审计 重点审计市级财政管理及8个部门预算执行情况。部门预算执行审计揭示应缴未缴非税收入、招待费超支、财务管理不规范等问题。向市人大报告的审计工作报告，得到充分肯定，获全票通过。本次报告对问题单位实名披露，并在《铁岭日报》全文刊登，增强监督效果。

专项审计调查 主要完成涉农涉企财政补贴资金拨付情况专项审计、11个部门“三公”经费使用情况专项审计、市本级软件正版化专项审计、天水公司经营状况审计调查、全市水利专项资金管理使用情况专项审计、星悦南岸建设项目征地拆迁补偿情况审计调查、金峰公司经营状况审计调查、市本级慈善资金专项审计、全市基本公共卫生服务项目补助资金专项审计调查、全市再就业资金管理使用情况专项审计调查等项目，提出可操作、有针对性的审计建议，成为领导决策的重要参考。

“三公”经费专项审计 为促进中央、省、市有关规定落实，推进“三公”经费管理规范化和制度化，对市国土局、人社局、住建委等11个部门2013年度“三公”经费使用情况进行专项审计。审计结果表明，“三公”经费普遍呈下降趋势，同2012年相比，公务接待费、公务用车、因公出国三项费用分别下降27%、3.2%和80%，审计结果引起市领导高度重视并做出重要批示。

固定资产投资审计 完成城镇保障性住房、铁岭“十二运”2个场馆、省属“十二运”26个场馆竣工决算审计，共核减政府投资2062万元。通过审计，有效遏制高估冒算现象，为政府节约资金。

经济责任审计 围绕当前形势和任务，突出对领导干部重大决策、遵守各项规定、廉洁自律、厉行节约等情况的监督，共对21名领导干部进行经济责任审计。审计发现的问题，引起市政府主要领导高度重视，促进领导干部树立科学、务实的执政理念，推动反腐倡廉建设。

（撰稿人：杜剑一　王　喆）

【朝阳市审计局】 2014年，朝阳市审计局人员编制73人，在编73人。局长郭天玺，副局长李文华、郭永杰、徐俊，总审计师佟宝钧，纪检组长姚文卿，经济责任审计室主任周军昌。设有办公室、法制综合科、经济责任审计室、财政审计科、行政事业审计科、经贸审计科、农业与资源环保审计科、社会保障审计科、固定资产投资审计一科、固定资产投资审计二科、信息化管理与应用科和朝阳市固定资产投资审计中心。

审计成果 朝阳市审计局完成审计项目81个，审计和审计调查300多家单位，出具审计报告173份。查出违规金额18.4亿元，责令上缴财政、减少财政拨款、归还原渠道资金17.9亿元，审减政府投资工程造价1.3亿元。提交综合报告16份，被批示11份。

财政审计 以财政政策落实情况、财政收支的真实程度、财政资金使用效益和安全性等内容为重点，开展市本级预算执行、县级政府财政决算和税收征管等审计。完成物价、林业等16家单位的财政财务收支审计，为规范部门财务管理发挥促进作用。以非税收入的合法性、真实性、完整性为出发点，对市本级210个非税收入项目的征管及使用情况进行审计，摸清非税收入的规模和结构，促进非税收入上缴财政7390万元。以贯彻落实中央八项规定情况为着眼点，审计市本级42个系统228家单位的“三公”经费及会议费支出情况，分析行政经费支出增减变化。审计结果表明“三公”经费及会议费支出明显下降，特别是公务接待费同比下降50.57%。依法处理超标准支出等问题，促进节俭政府建设。

专项资金审计 围绕服务和改善民生，以民生资金的安全高效使用为重点，组织开展保障性住房、重大公共卫生项目、林业专项资金等民生审计项目，揭示民生专项资金管理使用中存在的挤占挪用等突出问题，促进各项惠民政策落到实处。

固定资产投资审计 继续推进应用“异地封闭”和“分段跟踪”审计方式，完成国土城建综合楼、珠江大桥、凌钢技改、京沈客专改造等25个政府投资审计项目，连续多年审减额突破亿元，促进政府投资项目规范运行。

经济责任审计 以权力运行和责任落实为重点，完成组织部门委托的11名领导干部经济责任审计，指导11名领导干部及所在单位进行自查自纠工作。

交办任务 围绕党政中心工作，完成市领导交办的粮食储备库、地质公园、凤凰山、牛河梁等审计工作任务，为市领导决策提供数据资料。完成上级审计机关组织的“十二运”、盘锦和铁岭土地及援疆等8项审计任务，各项审计工作均得到上级审计机关的肯定。 （撰稿人：刘津含）

【葫芦岛市审计局】 2014年，葫芦岛市审计局行政人员编制43人，在编39人。局长梁成栋，副局长董伟健、陈道发、赵素芝、蒋晓东，总审计师王丽君，纪检组长段宇征。设有办公室、人事监察科、综合法规科、经济责任审计办公室、经济责任审计科、财政金融审计科、行政事业审计科、社会保障审计科、经济贸易审计科、农业资源环保审计科、固定资产投资审计科、教科文审计科和国家建设项目审计中心、计算机审计中心。

审计成果 葫芦岛市审计机关共查出违规及管理不规范资金39亿元，上缴财政720万元，核减工程投资和造价1.5亿元。移送纪检机关案件线索6件。提出审计建议398条，编发审计信息17篇，编发党的群众路线教育实践活动工作简报17期，上报省审计厅审计科研课题及论文6篇。兴城市审计局、建昌县审计局局长戴洪才被辽宁省人力资源和社会保障厅和辽宁省审计厅评为全省审计机关先进集体和先进个人，被辽宁省审计厅记二等功一次。

全国土地出让收支和耕地保护情况审计 8月至10月，按照审计署和省审计厅的统一部署，全市审计机关抽调53名审计业务骨干，参加对本溪、锦州、丹东三市的土地出让收支和耕地保护情况审计。王新忠等5人受到审计署驻沈阳特派办的表扬。

财政审计 预算执行审计客观评价年度预算执行成效，揭示公共财政预算收支、预算管理、资金管理、政府性基金管理中存在的突出问题，提出切实可行的审计建议，全市共查出违规及管理不规范金额22.2亿元。审计工作报告及审计结果报告得到各级人大和政府的充分肯定。市审计局对预算执行审计中发现的问题及整改情况向社会进行审计结果公告。建昌县审计局加大审计力度，在预算执行审计中查出违规及管理不规范金额5.5亿元。按照市第四届人大常委会第二十三次会议要求，市审计局开展部门决算（草案）审签工作。在学习、借鉴各地决算审签工作经验的基础上，结合实际，对部门决算审签的时间、范围、内容、程序等方面进行积极探索，初步形成一套由审签通知、现场审签、征求意见、内部审理、出具审签意见书等环节组成的工作流程，并对市金融办进行试审，迈出部门决算审签工作的第一步，为今后部门决算审签工作的开展进行尝试。

税收征管审计 按照省审计厅统一部署，市审计局对南票区、兴城市2013年度地方税收征收管理情况进行审计。通过审计，查处人为调节税收、税收征管质量和税务登记管理中存在的突出问题，查出违规及管理不规范资金总额3800万元，促进增加财政收入 220 万元，纠正未依法办理税务登记工商企业 129 户。

经济责任审计 全市审计机关学习贯彻新下发的《党政主要领导干部和国有企业领导人员经济责任审计规定实施细则》，对审计内容、审计程序及审计结果运用进一步进行规范，取得良好效果。全年共对 79 名领导干部进行经济责任审计，查出违规及管理不规范金额 13.6 亿元。市审计局加强对市管党政主要领导干部经济责任审计监督，积极探索“联审制”审计模式，有效地促进党风廉政建设和领导干部依法行政。兴城市查出领导干部负直接责任问题金额 2692 万元，对 5 名领导干部涉嫌违法违纪行为向纪检部门进行移送，3 人被免职，1 人被降职，1 人被留党察看。

固定资产投资审计 全市审计机关共核减政府投资和造价 1.5 亿元，为政府宏观决策服务、规范政府投资项目造价管理、防止国有资产流失以及纠正基本建设投资管理过程中的违规违纪行为等方面发挥作用。市审计局开展城镇保障性住房工程、打渔山南票新区、龙湾中央商务区、北港工业园区、青山水库等建设项目的跟踪审计，共核减工程造价和投资 5287 万元，防控政府建设资金的流失风险，实现政府性投资效益最大化。

专项资金审计 市审计局对人民群众比较关心的 4 个专项资金项目进行审计或审计调查。结合目标责任制考核，对市直 75 个部门和 57 个所属单位 2013 年度房租费、食堂伙食补助费、体检费及房租收入情况进行审计调查，形成专项审计调查报告，审计结果得到市领导和有关部门的高度重视，机关食堂伙食费、职工体检费全部纳入年度预算；财会人员资格问题、往来款项长期挂账问题得到有效解决。对市就业局 2013 年度再就业资金以及市医保中心 2013 年度医疗、工伤、生育三项社会保险基金管理及使用情况进行专项审计，揭示现行制度存在的问题，提出合理化建议，促进专项资金管理和使用进一步规范。按照省审计厅的统一部署，对全市住房公积金归集管理使用情况进行专项审计调查，发现应作未作收入、违规开户存储、违规发放公积金贷款等问题 11.7 亿元，提出 4 条审计建议，对有些历史遗留问题以审计要情的形式，向市领导做了汇报。受省审计厅委托，对贯彻落实稳增长促改革调结构惠民生防风险政策措施贯彻落实情况开展跟踪审计，基本掌握政府及有关部门的责任落实和政策落实情况。

信息化建设 市审计局不断摸索计算机管理、网络管理、计算机辅助审计工作的新方法、新思路，在保证审计局内部 OA（审计管理系统）实施正常运行的基础上，加快计算机 AO（现场审计实施系统）开展和推广，不断提高审计工作的质量和效率。在对城填保障性安居工程跟踪审计中，巧用游标查询“违规享受保障性住房待遇人员”并进行计算机审计分析，此方法得到省审计厅的充分肯定。为有效地控制审计风险，投资 86 万元对审计管理系统设备进行更新，以满足系统正常运转的硬件要求。（撰稿人：郭树元）

2014 年辽宁省所辖区、县(市)级审计工作统计表

金额单位:万元

审计机关	完成审计项目(个)	审计查出主要问题金额	审计处理情况					出具审计报告和审计调查报告(篇)	提出审计建议(条)	提交审计信息(篇)
			审计处理处罚				移送处理事项(件)			
			应上缴财政	应减少财政拨款或补贴	应归还原渠道资金	应调账处理金额				
沈阳市										
沈阳市本级	60	752567	17233		1579	937	5	64	101	77
沈河区审计局	19	162172	25		2111	176		31	95	48
和平区审计局	26	58431	937			10		25	10	15
大东区审计局	11	69282						15	28	15
皇姑区审计局	27	23974	31		334	4874		27	26	175
铁西区审计局	18							28	11	34
苏家屯区审计局	39	275713	1					41		4
浑南区审计局	49	1998781						48	50	4
沈北新区审计局	48	87325	558		101			52	59	83
于洪区审计局	21	1473	97		2			21	12	25
新民市审计局	53	386	41	2	626	17		56	58	77
辽中县审计局	55	574232	4088		144	76		87	35	124
康平县审计局	28	2631	99					21	48	21
法库县审计局	18	402219	124		163	41725		36	89	29
大连市										
大连市本级	38	1353466	155841		16220	11743	42	55	194	247
西岗区审计局	14	12586						23	43	3
中山区审计局	20	578	33					38	38	32
沙河口区审计局	10	21802						17	28	5
甘井子区审计局	82	742043	4645				1	128	276	129
旅顺口区审计局	21	239829	288		13	58238		33	40	24
金州新区审计局	16	983307	3933		27			19	60	118
瓦房店市审计局	20	37049	1049					36	73	51
普兰店市审计局	61	416342	8					72	77	74
庄河市审计局	50	8244	24					63	49	12
长海县审计局	26	27461	103		103	130	5	37	72	84

续表

审计机关	完成审计项目(个)	审计查出主要问题金额	审计处理情况					出具审计报告和审计调查报告(篇)	提出审计建议(条)	提交审计信息(篇)
			审计处理处罚				移送处理事项(件)			
			应上缴财政	应减少财政拨款或补贴	应归还原渠道资金	应调账处理金额				
鞍山市										
鞍山市本级	66	151059	11659	95	1287	13968		83	135	1
铁东区审计局	44	6889	3982		108	646		15	63	
铁西区审计局	31							31	37	
立山区审计局	11	69443		37813		9418		11	21	
千山区审计局	26	322	15					26	47	
海城市审计局	50	150904	7	348	3182	28		50	96	89
台安县审计局	42	133553						42	141	
岫岩满族自治县审计局	115	76326	362	2198	2100	152		115		
抚顺市										
抚顺市本级	82	235870	504	7511	726	4214	2	82	143	31
顺城区审计局	18	50036	2417					28	38	
新抚区审计局	29	3400	5			85		57	28	
东洲区审计局	5	9961	7877	1	1551	480		2	5	
望花区审计局	21	20558	59			9837		36	101	51
经济开发区审计局	3	4817						5	18	9
抚顺县审计局	46	4374	41		22			45	115	24
新宾满族自治县审计局	45	5761	2	97				45	35	
清原满族自治县审计局	29	21986	24		2015			39	48	
本溪市										
本溪市本级	23	74964	1180	7049	92	16822	1	23	60	42
平山区审计局	31	5				5		35	12	
溪湖区审计局	6	112		112				6	9	
明山区审计局	81	14265	4	1026		1115		79	162	
南芬区审计局	11	1664		489				14	26	
本溪满族自治县审计局	19	608	4					23	25	
桓仁满族自治县审计局	22	7544	56		20	3818		21		
丹东市										
丹东市本级	34	123319	22320		26637	15638	1	52	44	8
振兴区审计局	8	8844						7	16	1

续表

审计机关	完成审计项目（个）	审计查出主要问题金额	审计处理情况					出具审计报告和审计调查报告（篇）	提出审计建议（条）	提交审计信息（篇）
			审计处理处罚				移送处理事项（件）			
			应上缴财政	应减少财政拨款或补贴	应归还原渠道资金	应调账处理金额				
元宝区审计局	15	377						14	20	18
振安区审计局	18	1386	40			859		18	10	
边境经济合作区审计局	38	34325		34325				28		
东港市审计局	21	36525	6265			30260		25	61	29
凤城市审计局	47	31719	907		224	3063		41	79	61
宽甸满族自治县审计局	40	7734	1379	1133	2586	752		40	29	14
锦州市										
锦州市本级	107	1158096	881		3218	16549	23	107	351	60
太和区审计局	18	52124		23				18	57	
古塔区审计局	20	10965						20	21	
凌河区审计局	13	315						23	39	31
松山新区审计局	25	774		774				25	4	
凌海市审计局	42	180197	45		87755	56362		49	136	4
北镇市审计局	24	4941	87					24	52	
黑山县审计局	12	34658	5406		17	2143		15	27	1
义县审计局	28	2051	27	621	1242	67		48	49	36
营口市										
营口市本级	50	894447	1961					65	56	15
站前区审计局	9	14332						18	3	
西市区审计局	15	512						17	14	
经济技术开发区审计局	5	14901						5	4	
老边区审计局	3	28						3		
辽宁（营口）沿海产业基地审计局	3	249	5					3		
盖州市审计局	34	5266	1					39		
大石桥市审计局	12	356						11	10	
阜新市										
阜新市本级	42	371806	67	2	6	14718		70	103	29
细河区审计局	13	11918	11					13	30	3
海州区审计局	13	11335	13		26			23	6	23
新邱区审计局	9	2114						9	11	
太平区审计局	25	3118	2					43	49	

续表

审计机关	完成审计项目（个）	审计查出主要问题金额	审计处理情况					出具审计报告和审计调查报告（篇）	提出审计建议（条）	提交审计信息（篇）
			审计处理处罚				移送处理事项（件）			
			应上缴财政	应减少财政拨款或补贴	应归还原渠道资金	应调账处理金额				
清河门区审计局	9	10140	1		613			11	17	
彰武县审计局	58	27264	12			3847		100	94	
阜新蒙古族自治县审计局	25	45899	36		44	85		37	114	1
辽阳市										
辽阳市本级	54	137708	211			20		62	74	
白塔区审计局	26	15167						26		
文圣区审计局	10							10		
宏伟区审计局	95							95	12	
弓长岭区审计局	85	988	719					85		
太子河区审计局	52	18041						57	27	
灯塔市审计局	128	3106						112	17	
辽阳县审计局	19	276	12		10			19	4	
盘锦市										
盘锦市本级	65	181293		101423	14000	65869		65	115	38
兴隆台区审计局	13	2919				2919		13	21	13
双台子区审计局	45	3194	458	730		2006		45	85	5
大洼县审计局	35	6622				6622		35	75	10
盘山县审计局	46	16300		9376	156	6768		46	85	9
铁岭市										
铁岭市本级	37	301552	14425	1031	1056	20267		49	72	41
银州区审计局	9	31943	16			46		11	20	44
清河区审计局	13	41537						20	32	
铁岭经济技术开发区审计局	8	69				69		14	8	
调兵山市审计局	36	17679	71		39			53	69	23
开原市审计局	7	30044	51		24800	1149		12	30	
铁岭县审计局	20	4042	233		209	21		25	22	45
西丰县审计局	4	523	1		43			3		26
昌图县审计局	30	4324	31		675	1173		37	160	58
朝阳市										
朝阳市本级	140	551549	4957	3174	4673	246628		126	222	38
双塔区审计局	8	1071	480			8		8	9	

续表

审计机关	完成审计项目（个）	审计查出主要问题金额	审计处理情况					出具审计报告和审计调查报告（篇）	提出审计建议（条）	提交审计信息（篇）
			审计处理处罚				移送处理事项（件）			
			应上缴财政	应减少财政拨款或补贴	应归还原渠道资金	应调账处理金额				
龙城区审计局	34	20206	18					32	133	32
北票市审计局	64	20236	2271	766	2135	14202		83	176	3
凌源市审计局	45	22548	102		1239	336		58	106	
朝阳县审计局	27	15216	739	1885	3103	3993		27	76	
建平县审计局	54	19159	146		951	1660		86	49	
喀喇沁左翼蒙古族自治县审计局	42	55700	59					45	194	112
葫芦岛市										
葫芦岛市本级	68	154500	619		15889	137991	1	68	176	14
龙港区审计局	43	42867			5139	37728		43	6	
连山区审计局	53	43679				43679		53	20	
南票区审计局	24	25989				25989		24	51	1
兴城市审计局	21	68648	36		290	68322	5	21	67	
建昌县审计局	39	60164	65		2145	57954		39	78	2

吉林省

【吉林省审计厅】 2014 年，吉林省审计厅人员编制 120 人，在编 118 人。设有 15 个职能处(室)，6 个派出审计机构，3 个直属事业单位。吉林省纪检委监察厅派驻省审计厅纪检监察室。全省有县级以上审计机关 71 个，干部职工 2037 人。

领导成员

厅党组书记：阎宝泰（—11 月）

　　　　　　刘庆恒（11 月—）

厅　　长：刘庆恒

副 厅 长：徐彦夫　赵振民

总审计师：邹积新

纪检组长（监察专员）：张清华（—11 月）

经济责任审计联席会议办公室主任：刘胜学

审计成果 2014 年安排审计计划项目 95 个，审计署、省政府和省委组织部追加任务 96 个，实际完成 191 个，完成绩效评估项目计划的 201%。审计查出违规金额 64.54 亿元、管理不规范金额 51.47 亿元。通过审计促进增收节支 1.08 亿元，核减投资 1.76 亿元。向司法机关、纪检监察机关和有关部门移送案件线索和处理事项 43 件。全年共提交审计综合报告信息 94 篇，被批示、采用 42 篇，其中省领导批示 26 篇，提出审计建议 278 条，被审计单位根据审计建议制定完善制度 20 项。

财政审计 开展省财政厅具体组织省本级预算执行情况审计，发现预算管理中存在部门项目预算编报到位率低、对下转移支付未及时告知市县、预算安排项目执行不均衡影响资金效益、政府性基金预算执行率低等问题；财政支出中存在违规出借财政资金 5.5 亿元、滞留中央专项资金 2.2 亿元等问题。

省发展改革委 2013 年度组织分配省级财政投资情况审计。发现在省发改委 2013 年分批下达投资计划 7.2 亿元中，存在资金分配过于倾向本级及所属单位、投资分散影响发挥引导作用、向非预算单位安排预算内基本建设资金365万元、挪用预算内投资归还担保债务本息3007万元等问题。

全省地税系统2013年度税收征管及财政收支审计。组织全省审计机关对全省地税系统进行审计，省审计厅直接审计省地税局和长春市地税局驻一汽税务局。对省地税局审计发现超预算支出、超越时限减免税款、延缓征收税款等问题金额2.98亿元；对一汽税务局审计发现违规获取经费补助、超编制配备公务用车、未按规定申报解缴税款等问题金额8796万元。

省直部门2013年度预算执行审计。对省财政厅、省编委办公室、省法制办等14个部门2013年度预算执行实施审计，发现上年结余较大且未编入本年预算、固定资产账实不符、非税收入未上缴财政、往来清理不及时、专项资金闲置等问题金额12.86亿元。根据审计建议，省编办制定差旅费管理制度，修订经费管理办法、公务卡使用管理办法；省管局制定会计结算管理办法和财会人员任职备案管理规定。

部分省直事业单位及省属高校财务收支审计。对省供销社和长春工业大学、长春中医药大学、吉林建筑大学、吉林医药学院、通化师范学院5所省属高校2013年度财务收支进行审计，发现应计未计固定资产、挪用项目资金和科研资金、违规收取转专业费、违规点招、未按规定提取特困生助学基金等问题金额5.76亿元。对照问题和审计建议，长春中医药大学制定《长春中医药大学财务管理制度》和《长春中医药大学科研专项经费管理实施细则》。

财政决算审计。对长春市、永吉县、和龙市、集安市政府2013年度财政决算进行审计，发现预算编制不细化、未建立偿债准备金账户、违规制定招商引资政策、政策性税收流失、支出挂账等问题金额25.6亿元。

稳增长促改革调结构惠民生政策措施落实情况跟踪审计。根据《国务院办公厅关于印发稳增长促改革调结构惠民生政策措施落实情况跟踪审计工作方案的通知》（国办发明电〔2014〕16号）的规定和审计署的要求，组织全省各级审计机关，对全省7个市（州）、长白山管理委员会，57个县（市、区）人民政府稳增长促改革调结构惠民生政策措施落实情况进行跟踪审计，发现自定招商引资政策清理不到位、项目资金闲置、政策措施落实不力等问题。

经济责任审计　开展省财政厅、省农村信用联社、长春市审计局等单位党政领导干部、企业领导人员和审计机关负责人经济责任审计86人，发现领导负主管责任的问题金额1.96亿元，负直接责任的问题金额12.75亿元，提出审计建议49条。

10月27日，常务副省长主持召开省经济责任审计工作联席会议，通过《关于加强全省经济责任审计工作的意见》《吉林省经济责任审计工作联席会议工作制度》。

农业与资源环保审计　对德惠市、通化县、抚松县和公主岭市污水处理工程建设及运营情况的专项审计调查，共查出未按规定收取污水处理费、达不到预期经济效益等问题金额1.57亿元。

对扶余市、磐石市、敦化市、白山市江源区、通化县、农安县的164个乡镇774个村环境综合整治资金调查，发现未足额配套项目资金、违规招投标、未办理用地手续等问题金额1939.43万元。

对松花江流域水污染防治资金管理使用情况开展审计调查。审计发现项目建设进度滞缓，部分完工项目未能发挥水污染治理的作用、设计未履行招投标程序等问题。

开展部分县市生活垃圾无害化处理工程资金管理使用和项目运行情况审计调查，发现在项目招投标管理、资金管理使用、项目用地等环节存在问题金额1.36亿元。

固定资产投资审计　对嫩丹高速、长平高速改扩建项目、伊开高速、哈达山水利枢纽项目、长深高速长春至双辽段、集双高速通化至梅河口段、西部土地整理项目、中部城市引松工程跟踪审计，发现未履行招投程序、违规分包、超拨工程款、多付征地补偿费、重复申报项目套取资金等问题金额11.76亿元。审计期间，督促被审计单位伊开高速整改问题金额670万元；促进被审计单位哈达山水利枢纽项目整改问题金额965.24万元。

开展通新高速、国道京哈公路德惠段、松双

高速、长春科技文化综合中心综合馆决算审计，发现未按批准概算采购设备、超预算多计多付工程费、挪用项目资金等问题金额 10.68 亿元。

社会保障审计 开展全省保障性住房跟踪审计，发现在资金管理上存在未按规定使用、滞拨、筹集管理不到位等问题金额 8.46 亿元；保障住房管理上存在管理不善、改变住房用途、空置等问题；保障制度上存在不符合条件的家庭获得住房保障、保障退出管理机制不完善、基础工作薄弱等问题；项目管理上存在土地供应和使用不合规、部分项目未严格执行基本建设程序、部分项目质量管理不到位等问题。审计清理收回被违规使用保障性住房 119 套，腾退保障性住房 8 套，通过归还原资金渠道等方式整改挪用资金 2989.39 万元，清理不符合保障对象资格或停止享受保障待遇户数 3718 户，取消保障对象资格或停止享受保障待遇 464 户。

实施四市县就业专项资金管理使用情况审计调查，发现长春、吉林、辉南和伊通四市县 2012 年至 2013 年支出就业资金 18.65 亿元，存在政策落实力度不够、部门监管失控，培训补贴被套取和转付民营企业等问题金额 7.48 亿元。

实施八县市扶贫资金审计调查，在 8 个县(市)投入的 12.71 亿元扶贫资金中，审计发现资金管理不到位、项目效益未达标金额 1.26 亿元，项目管理不规范金额 1551 万元。案件线索移送有关部门查实后，1 人被党内严重警告、1 人被开除党籍，立案调查 2 人。

外资运用审计 开展世界银行贷款项目吉林农产品质量安全项目、亚洲开发银行贷款项目吉林城市基础设施项目、日元贷款项目松花江林业生态项目公证审计，发现聘请社会中介机构进行项目咨询未出具咨询报告、延吉市污水深度处理项目超概算、长春市水务集团第五净水厂库存材料出库管理不规范、松花江流域水污染防治部分项目配套资金不到位以及挪用项目建设物资、监理工作总结和竣工资料不真实等问题金额 1.27 亿元。

企业审计 开展省农村信用联社、省粮食集团、省开发区信用担保公司 2013 年度资产负债损益审计，发现违规发放存款绩效工资、养老保险基金少计应付利息、抵债资产账实不符形成潜亏等问题金额 411.38 万元。

专项资金审计 组织全省审计机关开展审计调查，直接审计省直住房公积金管理分中心、电力分中心和油田分中心。发现省直分中心存在超额缴存公积金、电力分中心存在多提管理费、油田分中心增值收益未转作城市廉租住房建设补充资金等问题金额 1.26 亿元。

省旅游专项资金审计调查长春、吉林等 8 个地区 120 个项目，审计涉及专项资金分配、管理、使用和效益等方面，发现存在问题金额 6548 万元。

开展对吉林建筑大学等 10 所高校科技专项资金管理使用情况审计调查的专项调查，发现挪用科技专项资金、项目负责人用不合规原始发票报销等问题金额 152.16 万元。

双阳、珲春、乾安三县市经济开发区实施审计调查，发现经济发展任务指标超出开发区实际发展水平、虚报考核任务实际完成数、违规制定优惠政策等问题，涉及金额 3.72 亿元。

组织全省审计机关开展对全省（不含省本级和长春市本级）68 个市（州）、县（市、区）进行财政资金存量审计调查，延伸审计 2040 个一、二级预算单位，发现全省各级政府财政资金存量 832.95 亿元，其中预算结转资金 564.07 亿元、财政专户结存 230.82 亿元、其他财政资金存量 38.06 亿元。

开展 2013 年全省政府性债务审计整改情况跟踪检查。将中央和省有关政府性债务的政策落实情况、审计发现的主要问题整改情况、审计建议采纳情况等作为检查的重点，并按照已整改的问题、暂未整改已做整改计划的问题、无法整改的问题进行分类。吉林、四平、辽源等部分市县清理债务、整改违规使用债务资金 5.46 亿元。向省政府报送《吉林省审计厅关于 2013 年全省政府性债务审计整改情况和进一步加强政府性债务管理建议的报告》，向全省审计机关印发《关于在党委政府主要领导干部经济责任审计中进一步加强政府性债务审计的意见》。

组织全省审计机关对各级公安、检察、法院、交通管理、工商等部门的罚没款、涉案款物管理情况进行审计调查，共派出 121 个审计组、273 名审计人员，延伸调查 399 个公安派出所、基层检察院和法院、公路检查站等机构，抽查 10145 个刑事处罚案件和 25596 个行政处罚案件，抽查罚没资金 11.76 亿元。审计共发现八大类 16 个问题，总结分析六方面的主要原因，提出审计建议 5 条，被审计单位对审计提出的问题出台加强罚没款物管理措施等办法和规定。

对省直 19 个部门（单位）、98 个所属单位 2013 年度预算执行和其他财政财务收支情况进行审计检查，审计结果显示，省直 19 家预算部门（单位）2013 年公务接待经费和因公出国（境）经费较 2012 年相比降幅较大，其中公务接待经费预算压减 34.6%，实际支出压减 58.8%；因公出国（境）经费预算压减 28.2%，实际支出压减 26.8%；2014 年“两公”经费预算安排进一步压缩。审计也发现个别单位在公务接待、因公出国（境）方面存在无预算、超预算支出等问题，需要纠正整改。

党风廉政建设 为全面贯彻落实《吉林省建立健全惩治和预防腐败体系 2013—2017 年实施办法》提出的各项任务，制定出台《吉林省审计厅党组贯彻落实〈建立健全惩治和预防腐败体系 2013—2017 年工作规划〉的实施细则》，建立健全《审计工作规则》和《审计人员文明守则》等内部管理制度。

严格落实中央八项规定和省委具体规定精神，坚决纠正“四风”和不落实等情况。认真执行党风廉政建设责任制，层层签订党风廉政建设责任书，严格检查考核。严格落实党政“一把手”“五个不直接分管”制度，建立健全监督制度、述责述廉制度、主体责任报告制度等。组织召开厅领导班子民主生活会，查找并解决存在的突出问题，省长专程参加民主生活会。 （撰稿人：徐仰辉）

【长春市审计局】 2014 年，长春市审计局人员编制 106 人，在编 103 人。局长李志刚，副局长吴焕军、贾士武、孔维进、赵力彦、孙忠林，总审计师李贵军。设有办公室、机关党委、法制处、人事监察处、财政金融审计处、教科文卫审计处、行政政法审计处、社会保障审计处、经贸外资审计处、农业与资源环保审计处、固定资产投资审计处、经济责任审计处、派出审计一处、派出审计二处、派出审计三处，下设审计学会和机关服务中心。

审计成果 长春市审计局对 68 个项目开展审计及审计调查，查出主要问题金额 56.24 亿元，其中违规金额 40.19 亿元、损失浪费金额 4300 万元、管理不规范金额 15.62 亿元；审计处理处罚金额 28 亿元，其中应上缴财政 7.8 亿元、应减少财政拨款或补贴 1243 万元、应归还原渠道资金 14.47 亿元、应调账处理金额 5511 万元；审计促进整改落实有关问题资金 1.38 亿元，其中增收节支 1.22 亿元；审计后挽回（避免）损失 1641 万元。移送司法机关、纪检监察机关和有关部门处理事项 13 件。提交审计报告和专项审计调查报告 68 篇，被批示、采用 1 篇。提出审计建议 216 条，提交审计信息 44 篇，被批示、采用 38 篇。

财政审计 以政策为导向、以预算为中心、以资金为主线、以支出为重点、以项目为基础、以效益为目标，组织对市财政预算编制管理情况、市地税系统税收征管情况以及 13 个重点部门、1 个开发区预算执行及其他财政收支情况、2 个下级政府财政决算情况开展审计，查出主要问题金额 18.91 亿元。

固定资产投资审计 主要对廉租住房保障工程建设项目、市政基础设施工程项目、防洪工程、4 个开发区市政、房建工程项目开展决算审计和跟踪审计，涉及工程项目 150 多个，审计项目投资额 21.74 亿元，查出主要问题金额 15.1 亿元，审减多计多结工程价款 8900 万元。

企业审计 以促进国有企业加强管理，提高国有资产使用效益为目标，组织对 2 个国有企业开展审计，查出主要问题金额 2187 万元。

经济责任审计 按照中央关于深化经济责任审计的有关要求，不断加大经济责任审计力度，通过对 10 名领导干部开展任期经济责任审计，对 18 名领导干部开展任前经济责任审计，查出主要问题金额 2.36 亿元，其中应负领导责任的问题金额 2.35 亿元，应负主管责任的问题金额 123 万元。

专项资金审计 按照守住底线、突出重点、完善制度的要求，重点对保障性住房、涉农、医保、住房公积金等重点民生项目资金开展审计，查出违规金额 10.35 亿元，管理不规范金额 7.1 亿元。积极推动惠民富民强民政策落实到位，让改革发展成果更多更公平惠及百姓。

（撰稿人：杨冬玲）

【吉林市审计局】 2014年，吉林市审计局人员编制86人，在编81人。局长姜亚男，副局长赵世海、李英华、尹永全，总审计师孙江旭，纪检组长尹绍群。设有办公室、法规处、财政审计处、金融审计处、行政事业审计处、经贸审计处、农业与资源环保审计处、社会保障审计处、固定资产投资审计处、外资运用审计处、经济责任审计处、派出审计工作处、人事处、机关党委。

审计成果 吉林市审计局完成审计项目125个，查出主要问题金额17.15亿元，其中违规金额2.43亿元、管理不规范金额14.72亿元；审计处理处罚金额1.4亿元，其中应上缴财政1.24亿元、应归还原渠道资金1017万元、应调账处理金额605万元；审计促进整改落实有关问题资金7657.72万元，其中增收节支金额7052.72万元、已调账处理金额605万元；审计后挽回（避免）损失725万元。移送司法机关、纪检监察机关和有关部门处理事项13件。提出审计建议217条，提交审计信息389篇，被采用101篇。吉林市审计局被审计署、国家公务员局授予全国审计机关先进集体称号。被中国审计报社评为宣传工作先进单位，桦甸市地税局税收征管审计项目被省审计厅评为地方优秀审计项目；被吉林市委授予精神文明建设先进单位、吉林市政府部门绩效考核先进单位、吉林市政府部门政务公开工作先进单位、吉林市委市政府信息宣传工作先进单位，被吉林市政府评为“六五”中期普法先进单位和法制宣传先进单位。

财政审计 完成对永吉等5个县（市）2013年度税收政策法规执行情况、税收计划完成情况和预算执行情况审计，发现应缴未缴税款、提前征收税款、少征滞纳金等两大类18个违纪违规问题，发现违纪违规问题金额7.52亿元。全地区查补应征未征税收收入1.2亿元。完成对21个市直部门（单位）预算执行及其他财政收支情况审计。

行政事业审计 完成对65户行政事业单位财务收支审计。其中，审计收缴应缴未缴非税收入252万元；清退多交公积金65.41万元；审计直接罚没金额10万元；收缴“小金库”65.48万元；收缴其他违规问题金额290.11万元。

固定资产投资审计 完成6项固定资产投资审计，共计审减6849万元。其中，某宾馆维修改造工程审减6300万元；某运动员公寓工程审减504万元；教育公租房审减45万元。

企业审计 实施6户企业效益、融资和净利润确认审计。对吉林市某投资有限公司多缴企业所得税进行收缴，挽回财政损失3305万元。

经济责任审计 完成16户领导干部经济责任审计。

专项审计 配合完成审计署稳增长促改革调结构惠民生政策措施落实情况跟踪审计、土地出让收支和耕地保护情况审计、财政存量资金审计调查和某高铁建设项目审计。

专项资金审计 完成省审计厅临时组织的政府机关软件正版化情况审计调查及奢华浪费问题专项审计，省发改委组织的政府投资项目专项稽查，以及7个省统一组织项目。其中保障性住房查补缴税款1130万元，公安等五系统审计整改，共上缴财政罚没款4606.6万元。

内部审计 2014年，吉林市共注册登记内部审计机构203个，其中专职机构91个，内部审计人员627人，完成审计项目和审计调查项目共5505个。查出违纪违规金额103万元，促进增收节支1.14亿元。提出建议意见被采纳816条。

（撰稿人：董景玉）

【四平市审计局】 2014年，四平市审计局人员编制69人，在编65人。局长郭玉文，副局长孟宪国、郑斯忠、董柏成，总审计师马冀，纪检组长张崇。设有办公室、综合科、人事科、法制科、财政审计科、金融审计科、行政事业审计科、经贸审计科、农业与资源环保审计科、社会保障审计科、固定资产投资审计科、经济责任审计科、外资运用审计科、政法审计科、科教文卫审计科、商粮审计和审计中心，另设机关党委。

审计成果 四平市审计局全年完成审计项目44个，查出主要问题金额13.11亿元，其中违规金额8819万元、管理不规范金额12.23亿元；损益（收支）不实金额3153万元；审计处理处罚4.75亿元，其中应上缴财政1906万元、应归还原渠道资金4805万元、应调账处理金额4.07亿元；审计发现非金额计量问题16个；审计促进增收节支2353万元；向有关部门移送案件线索3件；审计提出审计整改建议67条，提交审计信息33篇，被采用22篇。

财政审计 通过对财政、地税等预算管理部门和教育、农业、水利等重点资金以及35家预算执行单位的审计，及时纠正不规范问题，促进预算管理工作的规范化、科学化。在四平市第七届人大常委会第十二次会议上，代政府所做的本级预算执行审计工作报告，得到人大常委们的一致好评并全票通过。

经济责任审计 通过对18名领导干部的任期经济责任审计，查出违纪违规问题金额97万元（负领导责任），管理不规范金额808万元（负直接责任金额18万元，负领导责任金额790万元），推动干部依法行政。

固定资产投资审计 对紫气大路立交桥项目（含附属工程——照明、亮化、交通标志、绿化工程）、城市规划馆工程项目及布展工程项目、东南新城回迁楼项目开展跟踪审计，并对勤业水上公园、紫昕广场项目收尾工程、新华大街建设工程项目进行结算审计。同时对铁西区东风路及师院西街、东南新城进行拆迁复核。共审核资金4.45亿元，核减建设资金2274万元。

稳增长等政策措施落实情况跟踪审计 组织四平市财政局、四平市发展和改革委员会、四平市住房和城乡建设局等13家牵头机关，对全市涉及保证经济稳定增长、促进政府职能转变、合理优化经济结构、保障改善民生问题等17个方面政策措施落实情况及保障性住房开展跟踪审计，发现各相关部门能够结合实际情况因地制宜制定目标任务、细化工作方案、明确责任主体和建立健全保障机制，促进国家各项政策的执行进度。

（撰稿人：李　林）

【辽源市审计局】 2014年，辽源市审计局人员编制34人，在编34人。局长王少宏，副局长姜元东、王彦明、吴海燕，纪检组长吴宝华。设有办公室、法制科、执法监督科、财政审计科、金融审计科、经贸审计科、经济责任审计科、行政事业审计科、农林环保审计科、固定资产投资审计科、社会保障审计科，下辖辽源市审计中心、辽源市政府投资审计中心。

审计成果 辽源市审计局完成审计项目130个，查出主要问题金额23.56亿元，其中违规金额61万元、管理不规范金额23.55亿元；损益（收支）不实金额4108万元；审计处理处罚金额64万元，其中应归还原渠道资金15万元、应调账处理金额49万元；审计发现非金额计量问题7个。移送司法机关、纪检监察机关和有关部门处理事项1件。出具审计报告和专项审计调查报告60篇，被批示、采用16篇。提出审计建议236条，提交审计信息192篇，被批示、采用174篇。

财政审计 重点开展市本级财政预算执行审计，延伸审计9个预算部门，揭示预算执行中在资金拨付、管理、支出、效益中存在的突出问题。牵头负责专项督查整改，整改报告在辽源市七届人大常委会第十三次会议上获得全票通过。对17个部门和单位进行财政财务收支审计，提出审计建议21条，促进部门单位加强财务管理。对龙山区财政决算进行全面审计，发现收入不实、虚列支出、应缴未缴财政收入、违规退税、挪用专项资金等13个问题。

经济责任审计 重点对交通局、文化广电新闻出版局、经济技术合作局、东丰县人民法院等12个部门（单位）领导干部进行任中经济责任审计，完成组织部临时安排的干部离任和任前审计。

农业与资源环保审计 开展环保项目资金审计调查，查出资金管理、工程建设等29个方面52个问题，查出主要问题金额1.6亿元，盘活资产5000万元，促进提高资金使用效益1亿元。

固定资产投资审计 重点对保障性住房项目进行跟踪审计，发现在棚户区改造建设、住房分配、资金管理和使用等方面存在的问题，查出问题金额7016万元，1076份违规补贴被清退，14人受到党政纪处分，7人被移交检察机关，辽源市人民政府根据建议出台《辽源市廉租住房实物配租分配办法》。对北部城区供水系统改造工程项目、辽源市8万吨/日污水治理工程升级改造项目、南部新城基础设计建设等3个项目进行跟踪审计，发现项目在财务资金管理、项目建设等方面存在问题。市审计局保障性住房跟踪审计项目被省审计厅评为优秀项目。

社会保障审计 对低保资金、社会捐赠和救助资金、扶贫资金、住房公积金、抗洪抗震及灾后重建项目和资金等进行审计和调查，查处挤占挪用、体制漏洞、管理不善及资金配套不到位等问题，提出审计建议，维护群众利益。

企业审计 对市地税局税收征管情况进行全面审计，延伸麦达斯铝业、巨峰生化、大唐辽源发电厂等6户企业，查出延压税款、应征未征滞纳金、水利建设基金、价调基金、提前征收税款、对纳税人监管不到位等问题，促进税收征管、增加财政收入。对市热力集团经营亏损情况进行审计，反映热力集团亏损情况，找准企业亏损主因，提出通过争取上级资金、财政补贴逐年解决，加强企业内部管理增效的建议，促进企业减少亏损。对水务系统资产负债损益审计中，由资金、资产到资源，由生产经营、成本核算到盈亏损失全面实施效益审计，促进企业增加收入700万元，减少损失浪费1000万元。

专项资金审计 完成罚没调查、财政存量资金、政府性债务、低保资金等20个调查项目，共16篇审计调查报告上报市政府，先后被市主要领导和分管领导批转23人次，为政府加强宏观管理发挥参谋助手作用。对全市公安、检察、法院、交通、工商等部门罚没收入征缴管理情况进行审计调查，查出罚没和涉案财物管理、政策执行、执罚程序运行体系等方面8个方面20个问题，市公安局、市中级人民法院等积极进行整改，滞留的1100万元罚没款及时上缴财政。

（撰稿人：李昊徽）

【通化市审计局】 2014年，通化市审计局人员编制41人，在编33人。局长杨希文，副局长陈卿、蒋辉，纪检组长董德恩。设有办公室（含纪检监察室）、人事教育科、法制科、财政审计科、行政事业审计科、政法审计科、经贸金融审计科、农业与资源环保审计科、固定资产投资审计科、社会保障审计科、执行科、经济责任审计科、审计中心、审计信息中心。

审计成果 通化市审计局完成审计项目65个，查出主要问题金额38.77亿元，其中违法违规金额15.32亿元、管理不规范金额23.44亿元、归还原渠道资金6.02亿元。提出审计整改建议83条，提交各类审计或专项审计调查报告和信息105篇，信息被各级机关、媒体采用31篇。

财政审计 对全市170余个部门（单位）的12.74亿元财政存量资金情况进行审计，分析形成的原因，从优化收支结构、规范财政资金分配等方面提出审计建议。审计3个地税部门应征未征税款1144万元、无依据发放补贴等问题，促进被审单位及时整改。对通化市3个单位财务收支及管理情况审计，共查出违规违纪金额1296万元。对民主党派、工商联财政收支情况进行审计，查出违纪金额77万元。对市内6家融资平台的财务收支、资金投向及债务情况进行全面检查，为政府挽回近2000万元的资金损失。

行政事业审计 对通化市公安局（含交警、森林公安）、检察院、法院、交通局、工商局等执法执罚部门的罚没款和涉案财物管理情况进行审计调查，共查出违纪金额4100万元。

农业资源审计 对某国家级自然保护区管理局进行审计、违规金额55.4万元。

专项资金审计 对市住房公积金筹集管理使用进行审计，查出管理不规范金额2.4亿元。对市保障性安居工程跟踪审计，查出管理不规范金额3449万元，未按规定征提基金839万元。对通化市区租赁补贴发放数据23208条信息进行核查，642条信息不符合保障条件。

经济责任审计 共审计经济责任人16人（16个单位），任中审计占56%，查出问题金额1.64亿元，违规金额14.74亿元，管理不规范金额1.7亿元。

固定资产投资审计 对市检察院的办案用房和专业技术用房建设项目、办案技术用房智能化系统工程项目进行审计，发现未提取质保金84.6万元、工程项目未按计划期完工等问题。对市给排水管网（环网）改造工程进行跟踪审计，对已完工的给排水改造工程进行抽查，查出管理不规范金额20万元，促进建设单位进一步规范管理。

（撰稿人：姜　博）

【白山市审计局】 白山市审计局人员编制66人，在编60人。局长钟铁鹏，副局长纪秉华、李本志、杨志刚，总审计师田成鹏，纪检组长迟云兰。设有办公室、综合科、人教科、法制科、固定资产投资审计科、财政审计科、经贸审计科、行政事业审计科、文教审计科、农业与资源环保审计科、政法审计科、外资金融审计科、监察室、白山市审计中心、白山市审计信息中心。

审计成果 白山市审计机关完成审计项目177个，查出主要问题金额25.71亿元。其中，市本级审计65个，查出主要问题金额4.77亿元。

财政审计 完成对市财政局等15个单位的预算执行审计、市地税局和临江市地税局的税收征管审计。按计划完成对临江市人民政府的财政决算审计。10月9日在市七届人大常委会第十四次会议上，做《白山市2013年市直预算执行及其他财政收支的审计工作报告》，报告重点揭示市财政局、市地税局及有关预算单位2013年预算执行审计中存在的问题和各部门的整改情况，提出审计建议。对白山市直财政存量资金情况进行审计调查，共计对82个预算单位填写存量资金调查表(其中有存量资金的单位78个，无存量资金的预算单位4个)，组织审计市财政部门，延伸审计18个一级预算单位。

固定资产投资审计 完成全市2013年度保障性住房项目审计和市水务局浑江大堤加固工程项目审计。完成市检察院办公用房、市纪委双规楼、江堤亮化工程、城市棚户区改造、煤炭棚户区改造等临时交办的审计工作30项，核减工程造价130多万元。起草《白山市人民政府关于进一步加强政府性投资项目审计监督的实施意见》，并经政府审批后实施。

经济责任审计 受市委组织部委托，对46个相关单位和部门领导干部进行经济责任审计。根据市委组织部的要求，制定《白山市领导干部经济责任审计申诉制度》。

法制建设 制定并下发《白山市审计局审理登记制度》《白山市审计局审计定性和处理、处罚引用法规制度》《白山市审计局审计证据资料取证制度》，转发《吉林省审计厅审计项目执行审计程序的实施办法（试行)》等5个办法，为进一步提高审计质量和效率奠定基础。下发《白山市审计局关于加强审计反馈建议的通知》。审计项目结束后，及时对现行法规政策存在问题的反馈、对现行审计管理存在问题的反馈和对被审计单位管理存在问题的反馈进行总结。 （撰稿人：董立夫）

【松原市审计局】 2014年，松原市审计局人员实有43人。局长王凤文，副局长吕龙、夏先飞、吕俊忠，总审计师宋国范，纪检组长吴国权。设有办公室、法制科、科教文卫审计科、财政金融审计科、经济责任审计科、经贸审计科、行政事业审计科、农业与社会保障审计科、审计学会、内审协会、党办和松原市审计中心。

审计成果 松原市审计局全年完成审计项目82个，查出主要问题金额13.5亿元，其中违规金额2064万元、管理不规范金额13.29亿元；审计处理处罚金额4258万元，其中应上缴财政93万元，应归还渠道资金3866万元、应调账处理金额284万元；审计发现非金额计量问题20个。出具审计报告和专项审计调查报告84篇。

预算执行审计 预算执行审计反映财政部门年初基金预算与实际收支差距较大、财政支出压力大、上级补助的专项资金结余过大、本级专项资金使用分散、再就业资金使用不合理、按收支挂钩返还非税收入和“三公”经费等方面的问题。松原市政府召开30多个相关单位主要领导参加的审计情况通报会，各部门单位对问题进行逐一认领和责任确认，分管市长对各部门提出严格的整改意见要求，市政府下发专题会议纪要。同级预算执行审计工作报告得到松原市人大常委会的一致好评。

经济责任审计 全年完成经济责任审计项目20个，其中13个离任审计、4个任中审计、任前经济责任审计项目3个。在经济责任审计中注重与财政财务收支审计相结合、与审计调查相结合、与专项审计相结合。

财税审计 对市本级财政存量资金进行审计，延伸审计78个一级预算单位。对市地税局本级及直属单位和前郭县等4个县级地方税务局2013年度税收征管和财务收支情况进行审计，审计发现存在延解税款233万元、违规使用税收通用完税证收取税款2364万元、欠税未纳入征管系统核算3738万元等问题。

固定资产投资审计 完成固定资产投资审计项目50个，审减投资额近1.8亿元，综合审减率达到9%。

社会保障审计 对松原市本级2013年城镇保障性安居工程的投资、建设、分配、运营等情况进行审计，重点调查松原市政府所属建设、发改、财政、国土、民政等相关部门，延伸调查13个保障性安居工程相关单位和企业、17个街道办、58个居（村）委会、933户家庭，并对12个保障性安居工程项目的开工建设和质量管理情况进行检查，按要求时限向省审计厅提交审计报告。

专项资金审计 对市本级罚没收入部门及宁江区进行审计调查，延伸调查10家基层派出所、5家公路超限检查站等执法办案机构。对查出的问题提出明确的处理意见，向省审计厅提交报告。完成住房公积金、铁路护路联防办公室、世界银行贷款等其他项目的审计。（撰稿人：闫 旭）

【白城市审计局】 2014年，白城市审计局人员编制47人，在编42人。局长沈雪松，副局长陈桂侠、于长水、刘志新，总审计师郑国华，纪检组长杨威（8月—）。设有办公室、法规科、财政审计科、行政政法科、科教文审计科、农业与资源环保审计科、固定资产投资审计科、金融审计科、经贸外资运用审计科、社会保障审计科、经济责任审计科、机关党总支，下属白城市审计中心。

审计成果 白城市审计局完成审计项目58个，查出主要问题金额25.7亿元，其中违规金额9.35亿元、损失浪费金额4175万元、管理不规范金额15.92亿元；损益（收支）不实金额2.21亿元；审计处理处罚金额16.53亿元，其中应上缴财政8.39亿元、应归还原渠道资金1271万元、应调账处理金额7.78亿元；审计发现非金额计量问题83个。移送司法机关、纪检监察机关和有关部门处理事项2件。出具审计报告和专项审计调查报告99篇。提出审计建议75条，提交审计信息123篇，被采用32篇。

财政审计 以推动健全政府预算体系、盘活存量资金、提高资金使用效率为目标，对市本级财政、地税、环保等9个部门预算执行情况进行审计，审计发现主要问题金额9.32亿元。

经济责任审计 对市、县两级49名领导干部进行经济责任审计，审计发现主要问题金额9.38亿元。

固定资产投资审计 对白城市中心医院工程决算、市老城区改造项目决算、市新城区建设项目、全市农村居安工程等实施审计，审计发现主要问题金额4297.2万元。

外资运用审计 协助省审计厅完成世界银行贷款吉林省农产品质量安全项目、日本国际协力银行贷款松花江林业生态项目审计。审计发现世界银行贷款吉林省农产品质量安全项目主要问题金额1677.7万元。日本国际协力银行贷款松花江林业生态项目现场查看各地块的地理坐标、施工面积、地类、林种和树种、成活率等情况，促进外资利用率提升。

企业审计 对白城市热力总公司、白城市中兴热力有限公司2012年度和2013年度资产、负债、损益、经营管理、财务管理、企业亏损原因等情况进行专项审计调查，对重要事项进行必要的延伸和追溯。审计发现主要问题金额9207.35万元。市政府采纳整合重组白城市热力总公司和中兴热力有限公司两家供热企业的审计建议，实现市区规模式集中供热，使4.8万户群众受益。

专项资金审计 对全市财政资金存量情况，城市基础设施配套费的征收管理和使用情况，全市公安、检察、法院、交通、工商等部门罚没收入征缴管理情况，全市医疗保险基金筹集、管理和使用情况实施审计调查，审计发现主要问题金额6.34亿元。

信息化建设 以金审工程建设为依托，加强审计专网建设，实现网上传送文件、信息共享、视频会议、专网零收费通话等功能，促进审计工作开展。（撰稿人：蒋玉民）

【延边朝鲜族自治州审计局】 2014年，延边朝鲜族自治州审计局人员编制52人，在编48人。局长赵渭济，副局长朴红花、曲立军，总审计师玄龙男。设有办公室、法制处、财政金融审计处、经济贸易审计处、农业与环境保护审计处、行政事业审计处、固定资产投资审计处、社会保障审计处、政法审计处和经济责任审计处，下设经济责任审计中心。

审计成果 延边朝鲜族自治州审计局完成审计和审计调查项目共79个，审计总金额31.11亿元，查处管理不规范金额9.05亿元，违规金额21.79亿元，损失浪费金额2654万元；提出审计建议33条；提交并被州委、州政府领导批示审计要情5件；共编发《延边审计信息》3期，涵盖各类审计信息40余篇，被省及省以上报纸杂志及网站采用21篇。

财政审计 重点完成州本级财政存量资金情况审计和2013年度州本级预算执行及其他财政收支情况审计。就州本级财政存量资金存在问题，向州委、州政府提交审计要情，州委、州政府主要领导做出批示，责成州财政局进行整改。为规范预算管理，提高财政资金的使用效益，促进财政体系的进一步完善，在同级审计中，不断创新财政审计理念，注重集中反映本级预算和财政专项资金的整体情况；关注涉及人民群众切身利益的项目和资金，关注教育、文化、卫生、安全等领域资金投入及运作情况；注重从体制、机制和制度出发，提出严格控制一般性支出、从严从紧编制预算等合理化建议，达到规范资金管理的目的。

税收征管审计 完成2013年度州地税局税收征管审计及全州地税系统2013年度税收征管审计及汇总工作，查出应征未征文化事业建设费54万元；无依据获取地方财政经费补助500万元；公务招待费超支12.72万元等问题。提出审计意见和建议3条。加大税收征管审计成果的转化利用，从制度上提出规范管理、堵塞漏洞的建议，得到地税部门的认可。

经济责任审计 全年完成经济责任审计57项，审计总金额8.56亿元，查处损失浪费金额2588万元，查处管理不规范金额1319万元，提出意见及建议28条。在开展经济责任审计工作过程中，注重将审计实施与执行相关制度有效衔接，有的放矢、突出重点。突出对各单位落实中央八项规定相关要求的审计，把领导干部所在单位“三公”经费、会议费和培训费等支出的情况纳入审计监督范围；加大对领导干部贯彻落实州委、州政府重要部署、重大经济决策情况的审计力度，关注领导干部履行经济责任的过程和效果；加强综合分析，加强对被审计单位内部制度建设的关注和财务管理规范化的监督，查找、反映存在的漏洞和薄弱环节，帮助被审计单位及时改进管理，堵塞漏洞，完善制度。

固定资产投资审计 全年完成政府投资建设项目审计6个，审计总金额3.54亿元，查出各类违纪、违规金额4635万元，其中管理不规范金额3218万元、损失浪费金额66万元、核减施工单位工程款1189万元、被审计单位自行上缴未缴税款162万元。

社会保障审计 完成保障性住房跟踪审计和全州住房公积金审计任务，为州政协提供的《关于公积金管理的几点建议》，通过州政协提交到全国政协，得到住房和城乡建设部的文件答复。

质量管理 全年对县（市）审计局抽查的80个审计项目进行全面检查考核。完成本级2013年的81个审计（调查）项目案卷的质量检查工作和年度考核工作。为了把好审计项目质量关，对州本级2014年度70个审计项目进行初审、审理，对大多数审计组提交的审计决定、审计报告出现的问题及时提出纠正、整改意见，得到很好的落实。（撰稿人：石兴策）

【长白山管委会审计局】 2014年，长白山管委会审计局人员编制21人，在编13人。局长姜万生，纪检组副组长都志强。设有综合科、业务一科、业务二科、经济责任审计科、经济责任审计中心、政府投资项目评估审计中心。

审计成果 长白山管委会审计局共完成审计（调查）27项，政府投资评审项目8项，查出主要问题金额50.61亿元，其中违规金额25.19亿元、管理不规范金额25.28亿元、损失浪费金额1334万元；损益（收支）不实金额5.9亿元；审计处理处罚12.56亿元，其中应上缴财政1745万元、应归还原渠道资金3.55亿元、应缴纳其他资金971万元、应调账处理金额8.73亿元；评审资金1.7亿元，审减1871万元。提出审计建议54条，被采纳44条。

财政审计 完成长白山管委会2012年预算执行及财政局财政收支审计；完成财政存量资金审计调查项目，涉及36个预算单位；完成长白山地税局税收征管及财务收支情况的审计，长白山管委会住房和城乡建设局2013年度财务收支审计、长春办事处财务收支情况审计，池北区、池西区农村基层财务状况审计。与纪委公安联合检查全区各部门“三公”经费使用情况，与财政局联合开展贯彻执行中央八项规定严肃财经纪律和“小金库”专项治理工作检查。

政府投资项目审计 完成池西政务大厅及附属用房土建工程结算审计和白溪污水处理厂工程结算审计、财政委托工程招标控制价项目 6 个，以及竣工结算项目 2 个（丽湖馨居项目包括 18 个分项）。

民生项目审计 完成对长白山管委会 2013 年城镇保障性安居工程跟踪审计，查出违规享受廉租住房实物配租与租赁补贴的人员共 68 户，将发现的问题移送给长白山管委会纪工委监察局处理，纪工委监察局已立案。完成对池北区管委会 2011 至 2012 年度房屋征收和拆迁安置资金使用情况的专项审计、对长白山管委会稳增长促改革调结构惠民生政策措施落实情况跟踪审计、对 2014 年度抗洪抗震及灾后重建项目资金跟踪审计。

专项资金审计 完成公安、检察、法院、交通、工商等部门罚没收入征缴管理使用情况专项审计调查，长白山保护开发区铁路护路联防工作办公室 2013 年至 2014 年 3 月铁路护路专项资金的管理使用情况的审计，宝马项目融资资金使用情况的审计，全国老年人健步走活动资金使用情况的专项审计调查，长白山管委会“长征杯”户外越野挑战赛资金使用情况进行的专项审计调查，长白山管委会“端午诗会”资金使用情况的专项审计调查，全国竞走锦标赛资金使用情况的专项审计调查。

经济责任审计 组织对长白山管委会直属单位 6 名领导干部进行经济责任审计，重点审计领导干部履行“三权一廉”情况，审计报告为干部管理和监督部门提拔、任免领导干部提供依据。

企业审计 完成长白山开发建设（集团）总公司及长白山景区管理有限公司、长白山基础设施建设有限公司等十余家子公司 2013 年度资产、负债、损益的审计。 （撰稿人：孙志坚）

【梅河口市审计局】 2014 年，梅河口市审计局人员编制 34 人，在编 34 人。局长孟庆库，副局长赵晓东、刘佩琴、陈树梁。设有综合科、法制科、行政科、人事财务科、经济责任审计科、财政与经贸审计科、固定资产投资审计科、农业资源与环保审计科、行政事业审计科、社会保障政法审计科、投资审计中心和信息中心。

审计成果 梅河口市审计局完成审计项目 69 个，完成政府临时交办任务 28 个。查出主要问题金额 4003 万元，其中管理不规范金额 4003 万元；审计处理处罚金额 2812 万元，其中应上缴财政 50 万元、应调账处理金额 2762 万元。提交审计报告和专项审计调查报告 42 篇。提出审计建议 66 条，在《中国审计报》等新闻媒体发表信息稿件 46 篇。

财政审计 对市本级财政预算执行情况及 6 个预算单位进行审计，重点审计“三公”经费的编制和预算执行，揭示“三公”经费管理使用中存在的问题，从厉行节约完善制度方面提出审计意见及建议 11 条。向政府及人大常委会提交审计结果报告和审计工作报告，受到人大代表的充分肯定和好评。

重点项目审计 围绕全市重点八大民生工程，对全市政府投资项目进行预决算审计。主要完成福民桥改建工程、市广场街路景观及绿化工程、辉发河堤防应急抢险加固工程等 69 个项目进行审计，核减金额 4762 万元。

经济责任审计 对 27 名领导干部进行经济责任审计，其中任中 21 个、离任 6 个。发现国有资产收益未上缴财政、固定资产未入账等违规问题，针对问题提出整改建议，及时向组织部门提交审计结果报告，为考核领导干部，促进廉政建设发挥积极作用。

交办任务 完成全市自收自支事业单位审计调查、房地产开发企业税收征缴情况清理检查、上河湾公益事业收支情况审计、天润房地产税收情况审计调查、物资局所属 5 个单位企业改制成本确认审定、友谊医院和中医院资产负债审计、粮食商业企业改制成本测算等项目。配合纪检委、检察院、财政、发改、农业等部门开展省级专项资金检查、全市机关事业单位“三公”经费检查等 6 项工作。按照市政府工作部署，对全市 21 户房地产开发企业的 48 个开发项目和 10 户施工企业各项税费的征缴情况进行清理检查，查出房地产开发企业和施工企业欠缴各项税费 7185 万元。

（撰稿人：马宏飞）

【公主岭市审计局】 2014 年，公主岭市审计局人员编制 42 人，在编 41 人。局长孙延平，副局长田凤彩、李梅，纪检组长郑士仁。设有人秘科、综合法制科、经责办、财政金融科、行政司法审计科、经贸科、投资科、乡镇科、农林水审计科、专项资金审计科、文教卫审计科。

审计成果 公主岭市审计机关完成审计项目26个，查出主要问题金额14.08亿元，其中违规金额17万元、管理不规范金额14.07亿元；损益（收支）不实金额4.11亿元；审计处理处罚金额14.08亿元，其中应上缴财政223万元、应减少财政拨款或补贴7792万元、应归还原渠道资金3209万元、应缴纳其他资金15万元、应调账处理金额12.95亿元。提交审计报告和专项审计调查报告29篇。提出审计建议51条，提交审计信息28篇。

财政审计 审计单位26个，包括预算执行单位6个，行政事业单位19个，专项资金1个。审计查出主要问题金额14.08亿元，其中未按规定征收缴纳收入203万元、隐瞒转移截留资金494万元、违规改变项目计划和资金用途2.01亿元、乱收费乱摊派乱罚款13万元、违规使用发票4863万元、虚列支出3.86亿元、扩大开支范围或提高开支标准列支1.46亿元、决算草案编制不真实不完整5.55亿元、资金来源不合规3715万元、会计核算不实2496万元、其他147万元、违规收取费用15万元、账外资产2万元。

经济责任审计 审计领导干部15人，其中任中审计6人，离任审计9人；任中的乡镇党委书记1人，政府部门局长5人。审计查出主要问题金额3395万元。其中，违规金额217万元，内含负主管责任金额17万元，负领导责任金额200万元；管理不规范金额3178万元，内含负主管责任金额52万元，负领导责任金额3125万元。审计提出建议25条，被采纳的审计建议7条。

专项资金审计 开展城镇保障性安居工程项目的跟踪审计、稳增长促改革调结构惠民生政策措施落实情况的跟踪审计，参与全国土地出让收支和耕地保护情况审计；开展省审计厅统一组织的地税系统审计、存量资金审计调查、公检法等部门罚没款涉案财物管理情况审计调查，参与公主岭市污水处理项目的部分审计工作。

（撰稿人：李树和）

2014年吉林省所辖区、县(市)级审计工作统计表

金额单位:万元

审计机关	完成审计项目(个)	审计查出主要问题金额	审计处理情况					出具审计报告和审计调查报告(篇)	提出审计建议(条)	提交审计信息(篇)
			审计处理处罚				移送处理事项(件)			
			应上缴财政	应减少财政拨款或补贴	应归还原渠道资金	应调账处理金额				
长春市										
长春市本级	68	562480	77828	1243	144766	55111	13	68	216	44
南关区审计局	19	17176	3226					19	35	59
宽城区审计局	10	92970	3080		28367	61521		10	17	
朝阳区审计局	13	27812		71				13	50	16
二道区审计局	6	36922	2					6	13	
绿园区审计局	39	12858	271					39	66	
双阳区审计局	22	7955	1274	2999		286	2	22	34	38
九台市审计局	26	22170	7337		678			26	51	
榆树市审计局	26	107202	466		63809	15619		26	18	

续表

审计机关	完成审计项目(个)	审计查出主要问题金额	审计处理情况					出具审计报告和审计调查报告(篇)	提出审计建议(条)	提交审计信息(篇)
			审计处理处罚				移送处理事项(件)			
			应上缴财政	应减少财政拨款或补贴	应归还原渠道资金	应调账处理金额				
德惠市审计局	31	12327	1012					31	141	
农安县审计局	15	5627	725		221	1960		15	46	
吉林市										
吉林市本级	125	171546	12375		1017	605	13	135	217	389
船营区审计局	3	42474						3	5	1
昌邑区审计局	16	13319	3					16	62	11
龙潭区审计局	10	299						16	6	3
丰满区审计局	25	21460	15		433	13417		25	31	3
蛟河市审计局	28	54039	11	430	1700	58	6	36	68	102
桦甸市审计局	53	17594	10832		1723	4969		42	84	42
舒兰市审计局	24	108360	320		6501	98		20	80	12
磐石市审计局	17	2180	32					17	38	5
永吉县审计局	18	11227	108		1647	7246		12		3
四平市										
四平市本级	44	8819	1906		4805	40744	3	44	67	22
铁西区审计局	18	392	97					13	15	1
铁东区审计局	10	1853	115		1751	4335		10	22	2
公主岭市审计局	26	141	223	7792	3209	13		29	51	28
双辽市审计局	43	58665	59		1333	590		43	40	3
梨树县审计局	33	2742	47		115	285		33	65	22
伊通满族自治县审计局	21	2655	613		2138	536		21	11	2
辽源市										
辽源市本级	130	235641			15	48	1	60	236	133
龙山区审计局	22	1572	340		163	1069		27	60	4
西安区审计局	17	1356	15			21		18	32	2
东丰县审计局	40	149257	1462		13411	102	1	58	40	29
东辽县审计局	25	6359			436	5923		33	28	6
通化市										
通化市本级	65	387741	3631		60243	89426			83	31
东昌区审计局	23	7721			10			23	56	8
二道江区审计局	21	11452	55		510	39		30	17	8
梅河口市审计局	69	4003	50			2762		42	66	46
集安市审计局	23	33048	1248	26	624	20136		22	4	9

续表

审计机关	完成审计项目（个）	审计查出主要问题金额	审计处理情况					出具审计报告和审计调查报告（篇）	提出审计建议（条）	提交审计信息（篇）
			审计处理处罚				移送处理事项（件）			
			应上缴财政	应减少财政拨款或补贴	应归还原渠道资金	应调账处理金额				
通化县审计局	16	8564	476	22	696	7357		16		10
辉南县审计局	30	69973	358					30	23	2
柳河县审计局	36	6914	2889	8	2378	1357		35	95	50
白山市										
白山市本级	65	47761	815		105	1329		104	86	
浑江区审计局	24	8939	15		62	2937		38	68	
江源区审计局	23	384	245		14391	6835		27	45	
临江市审计局	13	88439			1220	82205		13	28	
抚松县审计局	21	37439						35		
靖宇县审计局	11	10928	10		67	3255		13	43	
长白朝鲜族自治县审计局	20	35224	107		92	2978		21	46	
松原市										
松原市本级	82	135005	93		3866	13		84		
宁江区审计局	15	15538	22			388		15		
扶余市审计局	48	45236				29		48	40	
长岭县审计局	18	477	240	61		17		18		
乾安县审计局	65	2489	300	2189				65	135	12
前郭尔罗斯蒙古族自治县审计局	61	25181	2250		2116	3736		61	83	
白城市										
白城市本级	58	257069	83992		1271	77878	2	99	75	123
洮北区审计局	55	28308	86		27411	36		55	4	
洮南市审计局	41	16624	158	1350	6309	8807	1	41	155	57
大安市审计局	36	29183	764		3102			42	85	
镇赉县审计局	51	47180	316				1	51	100	50
通榆县审计局	91	38052	76		221	3299		69	4	21
延边朝鲜族自治州										
延边朝鲜族自治州本级	79	311121	4882	245	1047	4683	11	151	33	173
延吉市审计局	47	62857	4744	9081	3565	39382		1	6	4
图们市审计局	31	5994	498	3981	206	925			18	30
敦化市审计局	43	32280	1118		94	1685			50	
珲春市审计局	52	129935	787		23423		1			12

续表

审计机关	完成审计项目（个）	审计查出主要问题金额	审计处理情况					出具审计报告和审计调查报告（篇）	提出审计建议（条）	提交审计信息（篇）
			审计处理处罚				移送处理事项（件）			
			应上缴财政	应减少财政拨款或补贴	应归还原渠道资金	应调账处理金额				
龙井市审计局	41	4358	973	1308	470	77			60	92
和龙市审计局	37	2896	1369	1308		218	1		118	142
汪清县审计局	57	26491	64			21130		40	12	75
安图县审计局	31	94062	630	196	12436	2089	3		15	29
长白山管委会审计局	27	506166	1745		35558	87391	1	27	54	9
梅河口市审计局	69	4003	50			2762		42	66	46
公主岭市审计局	26	141	223	7792	3209	13		29	51	28

黑龙江省

【黑龙江省审计厅】 2014 年，黑龙江省审计厅人员编制 219 人，在编 210 人。设有办公室、法规与审理处、财政审计一处、财政审计二处、金融审计处、行政事业审计处、企业审计处、农业与资源环保审计一处、农业与资源环保审计二处、社会保障审计处、固定资产投资审计局一处、固定资产投资审计局二处、外资境外审计处、经济责任审计局一处、经济责任审计局二处、绩效审计处、人事教育处、离退休干部工作处、审计督察处、机关党委、监察室；另设有派驻的经济管理审计处、农林水审计处、交通运输审计处、社保审计处、公检法司审计处、教育审计处、卫生医疗审计处、资源环保审计处、经济执法审计处、科技文化审计处、社会管理审计处、综合行政审计处；还设有厅机关服务中心、审计信息计算机技术中心、审计科学研究所、内部审计服务中心。

领导成员

厅　　长：史青衿

副 厅 长：伞宏晶　王学文　张翠萍

纪检组长：董　秀

副巡视员：赵文强

审计成果　全省审计机关共审计 6676 个单位，查出违规问题金额 54.02 亿元、管理不规范问题金额 647.85 亿元、损失浪费问题金额 3252 万元；促进增收节支 33.92 亿元；向纪检、司法及有关部门移送处理事项 73 件；省委、省政府领导对审计工作做出重要批示 68 件。

社会保障审计　组织完成全省保障性安居工程审计、部分市县（区）就业资金审计、全省稳增长促改革调结构惠民生防风险等政策落实情况审计、全省企业工商税务社保登记信息核查对比工作、社会保险基金预算管理及预算执行审计情况调研等工作任务，审计资金总额 219.53 亿元，查出违规、管理不规范、损失浪费等问题金额 52.25 亿元。上报审计署综合调研报告 1 个，上报省政府综合汇总审计报告 1 篇，上报省政府主要领导工作情况汇报 3 篇，下达审计报告和决定 11 篇，下达检查方案 1 个，整理编发 11 篇全省城镇保障性安居工程跟踪审计简报，省长在开展企业单位工商税务登记信息比对工作阶段性汇报上批示 2 次，副省长在省住建厅落实全省保障性住房审计报告上做出批示。

行政事业审计　全省各级审计机关共审计（调查）行政事业单位 1595 个，查出违规、管理不规范、损失浪费等问题金额 154.6 亿元。组织开展省直 20 个部门贯彻执行中央八项规定、省委省政府九项规定严肃财经纪律和“小金库”、奢华浪费、“吃空饷”等专项审计；参加全省产业项目核查、省直公车清理、公费外事出国出访情况专项检查、行政审批清理专项检查、党政机关使用正版软件检查等项工作。

预算执行审计 全省各级审计机关在预算执行审计中，着力监督检查各项宏观经济政策的落实情况，促进政府预算的统一完整，推动财政管理的科学规范。通过预算执行审计，全省共查出预算编报不真实、不完整等问题金额 399.53 亿元；通过税收征管审计，全省共查出各类违法违规问题金额 9.28 亿元。

省本级 2013 年度预算执行情况审计，将财政收支总体情况、预算编制情况、转移支付资金分配情况等方面内容确定为审计重点，制订审计实施方案，使重点更加突出、目标更加明确；加大延伸审计力度，选准延伸审计对象，深入查找各专项资金在筹集、管理和使用过程中存在的问题，确保各项政策的贯彻落实和专项资金的安全使用；加强财政数据的分析整理，连接省财政厅预算执行管理系统、政府采购执行系统、部门预算管理系统、部门决算管理系统、办公系统、账务系统、国库集中支付系统等多个财政核心业务系统，利用计算机审计辅助软件对数据进行采集转换和整理分析，有效缓解财政部门数据量大和审计人员少、审计时间紧任务重之间的矛盾。审计揭示财政预算及政府性基金预算管理、政府采购管理等方面存在的问题，涉及金额 108.75 亿元。

外资运用审计 统一组织市县审计人员和聘请专家，对全省执行的 9 个国外贷援款项目 2013 年度财务收支和项目执行情况进行公证审计，涉及 1 个世界银行贷款项目、5 个亚洲开发银行贷款项目、1 个日本国际协力银行贷款项目、1 个国际组织赠款项目和 1 个德国复兴信贷银行贷款项目。项目计划投资总额 122 亿元，其中利用外资 5.58 亿美元。按时出具无保留意见中英文审计报告 7 份、中文审计报告 2 份。审计查出违规金额 6777.55 万元，其中特许经营权使用费未按规定及时上缴财政 5572.30 万元、应缴未缴税金 718.51 万元、会计核算错误 417.34 万元、超限额提现 32.4 万元、未取得发票列支咨询服务费 12.74 万元、开具发票供应商与项目办付款单位不一致 9.29 万元、已列支未支付现金 6.8 万元、报账发票不规范 4.17 万元、挤占资金 4 万元，另外还揭示项目未实现完全运行有待中期调整、未按规定完成竣工财务决算、部分项目未严格执行基本建设程序、可行性研究报告缺乏可行性与时效性、部分项目未按期开工、执行相关财务规定不到位等非金额问题。产生问题主要原因是项目单位对非税收入管理不规范，预算管理意识淡薄；公路建设项目纳税方式改变导致拖欠税金；项目前期立项评估不足，可行性研究不够深入；项目单位财务审核和把关不够严谨、细致，规范意识不强。审计对上述问题依法做出处理，并按照“内外合一，如实披露”原则，如实在审计报告中进行披露。

企业审计 开展国有资本经营预算审计。为贯彻落实《黑龙江省人民政府关于实行国有资本经营预算的意见》精神，进一步完善黑龙江省财政预算制度和国有资产管理体制，对 2013 年度省级国有资本经营预算进行审计，审计省水利厅等 11 个主管部门管理的 40 户企业。审计揭示预算范围不完整，未拨付国有资本经营预算支出；财政部门拨款时间较晚，造成龙涤集团等 5 户企业职工安置性费用等国有资本经营预算支出未执行；项目单位财务处理不规范等问题，提出完善国有资本经营预算收入预算、提高国有资本经营预算支出效率的审计建议。开展省直企业经营状况专项审计，对省直部门（单位）出资和监管企业进行审计调查。截至 2013 年末，审计调查的 118 个省直部门（单位）有 58 个部门（单位）出资或监管企业 950 户（其中国有独资企业 724 户、国有控股企业 226 户），资产总额 2665.33 亿元，负债总额 1602 亿元，所有者权益 1063.33 亿元。2013 年度实现营业收入 825.81 亿元，亏损总额 6.64 亿元（其中盈利企业 211 户，利润总额 28.55 亿元；亏损企业 248 户，亏损总额 35.19 亿元）。通过对调查数据的深入分析，发现多数企业存在未纳入国有资本经营预算管理、半停业和已停业企业未及时清理、对外投资效益不佳、会计核算不规范等问题，提出对省直部门（单位）监管的企业进行一次清理、审计部门及时建立审计对象信息库、健全完善国有资本经营预算管理制度的审计建议。配合省发改委、省统计局等部门，对全省 2013 年产业项目投资完成情况进行核查。抽查的400个产业项目，2013年1至11月上报完成投资额546.69亿元，审计确认完成额298.46亿元，审减率45.41%。（撰稿人：孙洪波）

【哈尔滨市审计局】 2014年，哈尔滨市审计局人员编制157人，在编145人。局长王晓春，副局长吕刚、金瑞生、王耀发（1月—），总审计师周守民（8月—），纪检组长李庆。设有办公室、法制处、财政审计处、金融审计处、行政事业审计处、经贸审计处、固定资产投资审计处、外资运用审计处、农业与资源环保审计处、社会保障审计处、经济责任审计处、计算机信息审计处、机关党委、人事处、离退休干部工作处、派出经开区审计分局、派出高新区审计分局、派出群力新区审计分局、哈尔滨市纪检委驻市审计局纪检组、审计培训中心。

审计成果 哈尔滨市审计机关共审计单位580个，查出违规问题金额13.62亿元、损失浪费金额572万元、管理不规范金额90.69亿元，促进整改落实有关问题金额21.49亿元；向有关部门移送处理事项8件；出具审计和专项审计调查报告748篇，被批示、采用50篇次；提交审计信息简报和审计专题、综合性报告161篇，被批示、采用28篇次；提出审计建议942条，被采纳827条。哈尔滨市审计局审计单位69个，查出违规问题金额9.6亿元、管理不规范金额38.2亿元，促进整改落实有关问题金额10.64亿元；向有关部门移送处理事项6件；出具审计和专项审计调查报告95篇，被批示、采用7篇次；提交审计信息简报和审计专题、综合性报告21篇，被批示、采用4篇次；提出审计建议99条，被采纳79条。

预算执行审计 在哈尔滨市本级财政预算执行审计中，揭示预算编制不完整不细化、应缴未缴非税收入、违规调整财政支出、违规建设楼堂馆所等问题，提出相应的审计整改建议。将10个县（市）税收征管审计工作纳入统一组织的范围，采取交叉、联动审计等方式，对全市地税系统实行全覆盖审计，进一步提高审计工作效率和质量，审计揭示市级税收混入部分区县（市）、应征未征税款、土地增值税征收方式不规范、部分县（市）查封扣押资产未及时处置、市级重点税源企业划分不明确、车船使用税划转比例不够科学合理等问题，针对属于市级税收1808万元混入部分区县（市）问题，责成由市财政局在年终结算时扣回；对应征未征税款及滞纳金5294.29万元责令全额补征，同时提出进一步规范土地增值税征收管理、依照法定权限和程序履行税收强制执行措施、进一步规范完善车船税分配体制等合理化建议。

固定资产投资审计 对哈尔滨市粪便无害化处理厂、哈尔滨市第一专科医院门诊病房综合楼等工程项目进行超概算审计，对哈西客站、地铁一号线建设项目实施跟踪审计，共核减工程投资1.29亿元。

经济责任审计 全年完成任中经济责任审计项目6个、离任经济责任审计项目24个，查出违规金额87万元、管理不规范金额2.95亿元，其中领导干部负主管责任金额2.45亿元、负领导责任金额5096万元。对涉及未经批准使用公款、违规收取职业技能鉴定费、未按规定招投标、未履行政府采购程序等问题的部门和个人，分别移送市纪检委及相关主管部门处理。（撰稿人：倪晓光）

【齐齐哈尔市审计局】 2014年，齐齐哈尔市审计局人员编制99人，在编86人。局长孙炜航，副局长宋阳、段芃、赵焕成，总审计师张蕊，调研员刘力杰，副调研员郝胜哲、黄丽杰。设有办公室、财政审计处、行政事业审计处、固定资产投资审计处、经济责任审计处、社会保障审计科、农业与资源环保审计科、经贸审计科、金融审计科、外资运用审计科、派出文教卫生审计科、派出林业与水利审计科、法制科、审计督察科、计算机审计科、人事教育科、机关党委、审计学会、老干部科和固定资产投资审计中心。

审计成果 齐齐哈尔市审计机关共审计598个项目，查出各类违纪违规金额67.8亿元；向司法机关、纪检监察机关和有关主管部门移送各类案件线索15件；提出审计建议430条；出具审计报告和审计调查报告849篇；提交审计信息89篇。齐齐哈尔市审计局审计120个项目，查出各类违纪违规金额45.3亿元；向司法机关、纪检监察机关和有关主管部门移送各类案件线索14件；提出审计建议88条；出具审计报告和审计调查报告175篇；提交审计信息35篇。

固定资产投资审计 围绕市委、市政府对城乡建设的决策安排，重点对城镇建设重点工程项目、利民惠民工程项目和社会公益性建设项目开展投资评审和跟踪审计，审计资金总额20.25亿元，审减各种不合理资金为政府节约投资1.67亿元。

财政审计 围绕促进政府职能转变和依法行政，组织开展市公安局及所属9个单位的财政收支审计，共查处违规收取办案费、行政处罚执行不到位等违纪违规资金8178万元。结合部门预算执行审计，从促进中央八项规定及厉行节约反对浪费条例等新规的贯彻落实出发，重点加强对“三公”经费的审计监督，严肃查处铺张浪费和奢侈享乐行为，在向人大的报告中予以揭露和反映。

资源环保审计 围绕市委做出的“加快建设生态强市，积极开展保护蓝天行动”等重大任务部署，组织开展市本级环保治理资金筹集、管理、使用及效益情况审计和审计调查。审计中，从排污费征缴环节、征收执法程序、排污单位监管、环境治理项目管理、资金管理使用等方面入手，延伸审计调查供热、工业、食品加工类企业、服务业、学校等70个排污单位、23个环境治理项目，并对治理项目效益情况进行调查分析，全面揭示和反映排污费征收不到位、未按规定程序征收排污费以及环境治理资金管理使用中存在的违规拨付、被挪用占用、未发挥效益等问题。

（撰稿人：沈小鹏）

【鸡西市审计局】 2014年，鸡西市审计局人员编制54人，在编47人。局长董玉玲，副局长孙永宏、邴荣利、杨阵，总审计师李俊峰，纪检组长王有良，调研员高晶，副调研员凌宗风。设有办公室、综合科、法制科、财政审计科、行政事业审计科、农业与资源环保审计科、金融审计科、经贸审计科、社会保障审计科、外资运用审计科、审计督察科、固定资产投资审计办公室、经济责任审计办公室、监察室和审计培训中心。

审计成果 鸡西市审计机关共审计和审计调查116个单位，查出违法违规、管理不规范、损失浪费等问题金额4.7亿元；向市委、市政府和上级审计机关提交审计报告和信息130篇，被市委、市政府领导批示5篇次。鸡西市审计局审计和审计调查32个单位，查出违法违规、管理不规范、损失浪费等问题金额1.6亿元；向市委、市政府和上级审计机关提交审计报告和信息45篇。

预算执行审计 在本级预算执行审计中，重点延伸审计部门预算执行情况，查处财务核算不规范、固定资产管理不到位等问题。在地税局税收征管审计中，揭示应征未征滞纳金、税款入库不及时等问题，并针对问题提出相应的审计建议。

城镇保障性安居工程跟踪审计 先后对鸡东县、密山市、虎林市保障性安居工程进行跟踪审计，揭示没有按责任状的要求完成保障性住房竣工任务、廉租住房补贴发放不合理等问题，向当地政府提出相应的审计建议。

经济责任审计 全年完成领导干部经济责任审计项目38个，建立经济责任审计项目电子档案数据库，实现基础工作数据化、规范化管理。

固定资产投资审计 开展穆棱河公园综合改造治理部分建设项目竣工决算审计，审计金额8365万元，审计核减工程造价640万元。对鸡冠区人民法院办公楼建设项目竣工决算进行审计，审计金额6292万元。

质量管理 实施质量创优战略，将2014年确定为“审计质量提升年”。进一步完善《审计质量关键控制点》等制度，对《优秀项目评选办法》进行修订，增加对审计卷宗订卷前检查把关环节。实行对重要项目现场审理、对一般项目实施动态实时审理。为促进审计查出问题整改，采取一个月提示、两个月打招呼、三个月实地督察的形式，对执行审计决定情况、采纳审计意见及建议情况进行跟踪督促检查，建立督察档案，促进问题整改到位。

（撰稿人：王国宾）

【鹤岗市审计局】 2014年，鹤岗市审计局人员编制45人，在编42人。局长王喜，副局长于长生、武春荣（12月—），调研员韩义、杨晓光。设有办公室、法制审理科、人事教育及金融审计科、固定资产投资审计科、经济责任审计办公室、财政审计科、行政事业与社会保障审计科、经贸审计科、农业与资源环保审计科、国家建设项目评审中心、计算机审计科、区级审计办公室、监察督察室，派出科教文审计科、派出公检法审计科、派出公共事业审计科。

审计成果 鹤岗市审计机关共完成审计和审

计调查项目 116 个，查出主要问题金额 3.02 亿元，归还原渠道资金 9592 万元，提交审计报告和信息 272 篇，提出审计建议 179 条。鹤岗市审计局完成审计和审计调查项目 45 个，查出主要问题金额 1.02 亿元，归还原渠道资金 3074 万元，提交审计报告和信息 166 篇，提出审计建议 109 条。

税收征管审计 对市地税部门 2013 年度税收计划完成及税收征管情况进行审计，查出应缴未缴滞纳金 148.7 万元、企业偷税 26.3 万元，并依法进行处理处罚。

城镇保障性安居工程跟踪审计 按照“上审下”要求和部署，分别对绥滨、萝北两县保障性安居工程进行跟踪审计，揭示两县保障性安居工程在投资、建设、分配、运营中存在的资金筹集管理不到位、不规范以及部分建设单位与施工单位未严格履行基本建设程序、项目竣工验收不规范、漏缴税金等问题，责令相关部门和单位进行整改。

经济责任审计 全年完成党政领导干部经济责任审计项目 17 个，查出问题金额 6043 万元（主要是超期贷款尚未收回、超支长期挂账、应提未提折旧、存货不实、无依据收费、扩大财政支出、不合规票据列支等问题），其中负直接责任金额 421 万元、负主管责任金额 2093 万元、负领导责任金额 3528 万元。审计成果成为评价和提拔任用领导干部的重要参考依据。

交办任务 对鹏程科技有限责任公司政府投资管理使用情况进行审计，审计核减工程款 312 万元；对松鹤生态新城建设项目进行审计，揭示财务管理不规范、账簿资料等基础材料不齐全等问题，审计核减工程款 1000 万元。

（撰稿人：高永强）

【双鸭山市审计局】 2014 年，双鸭山市审计局人员编制 58 人，在编 57 人。局长于涛，副局长周绍东、汝兴华，总审计师赵雅莉，调研员邸栋梁，副调研员梁望秋，经济责任审计办公室主任杨瑞红。设有经济责任审计办公室，固定资产投资审计中心、财政税务审计科、金融审计科、农业与资源环保审计科、企业审计科、行政事业审计科、社会保障审计科、外资运用审计科、计算机审计科、办公室、人事科、法制科、督查科、监察室。

审计成果 双鸭山市审计机关共完成审计项目 188 个，查出主要问题金额 3.46 亿元，其中应上缴财政 701 万元；出具审计及审计调查报告 120 篇；提出审计建议 202 条；提交审计信息 71 篇。双鸭山市审计局完成审计项目 55 个，查出违规金额 1229 万元、管理不规范金额 3.82 亿元，促进增收节支 632 万元，上缴财政金额 608 万元，归还原渠道资金 23 万元，调账处理金额 1 万元；提出审计建议 17 条，被采纳 16 条。

固定资产投资审计 把政府投资建设项目审计作为完善体制、创新机制的试验项目进行“顶层设计”，构建政府主导、审计牵引、相关执法执纪部门分责共管的联动监督体系和长效工作机制。成立双鸭山市政府投资项目审计工作领导小组，对发改、住建、财政、国土、规划、房产等成员单位分别明确监督管理责任，并按照行业管理及监督职能职责制定工作任务；申请成立双鸭山市固定资产投资审计中心，工作机构已经开始运转；印制规范的转送被审单位的《问题整改通告单》、转送行业管理监督部门的《监督问题整改工作责任通知函》和《问题整改结果反馈报告单》，对审计中发现的问题实行开单转送、通告问题整改结果的运行机制；每年召开一次领导小组工作会议，不定期组织召开领导小组办公室联席会议，以例会制度形式推动工作运转。全年审计政府投资建设工程项目 21 个，涉及资金 3.98 亿元，查出违规和管理不规范金额 2.9 亿元，核减项目资金 2988 万元。

经济责任审计 建立“三位一体”跟踪审计机制。监察部门负责组织驻各部门、单位行政监察机构开展对本部门领导干部重大经济决策和决策实施运行过程的执纪监察，财政局负责对政府资金使用单位的财务管理工作和审计问题整改工作的行业监管，审计部门开展审计监督，形成监察、监管、监督“三位一体”的长效监督评价工作机制。进一步规范审计监督行为。重点规范经济管理、经济决策、财务绩效等履职指标，增加落实国家和省市政府经济政策、经济决策、经济工作任务的政府工作指标。开展创新审计试点工作。相继开展党政领导干部同步审计试点和村委会负责人试点审计，全年查处违纪违规金额 1796 万元、管理不规范金额 892 万元、损失浪费金额

531万元。（撰稿人：赵　政）

【大庆市审计局】　2014年，大庆市审计局人员编制51人，在编46人。局长卢志刚，副局长徐丽艳、梁家祥、阮之光，总审计师王文忠，纪检组长赵明日，副调研员陶秀杰、孙继春。设有办公室、综合计划科、法制督察室、计算机审计科、财政审计科、金融与企业审计科、行政事业审计科、农业与资源环保审计科、社会保障审计科、外资运用审计科、固定资产投资审计科、国家建设项目审计中心、经济责任审计处、市经济责任审计工作联席会议办公室（与经济责任审计处合署办公）、监察室。

审计成果　大庆市审计机关共完成审计项目487个，查出违规金额8.62亿元、管理不规范金额42.69亿元，促进增收节支6.55亿元，核减投资额3.21亿元；有5个项目分别被评为全省优秀审计项目一等奖和三等奖。大庆市审计局完成审计项目75个，查出违规金额7.07亿元、管理不规范金额15.27亿元，促进增收节支4.39亿元，核减投资额1.98亿元；移送有关部门处理事项11件；有3个项目分别被评为全省优秀审计项目一等奖和三等奖。

预算执行审计　全年完成预算执行审计项目14个，延伸审计单位21个，查出问题金额12.63亿元。在审计过程中，重点关注预算执行全貌，从部门预算编制入手，对年初预算分配过程进行全面审核，对预算调整情况进行全程跟踪，对预算资金的拨付方式、拨付过程等进行全面筛查，揭示预算管理过程中存在的支出预算编制深度不够、个别预算未完全执行、预算支出控制不够严格等问题，并督促相关部门及时进行整改。对市地方税务局及所属4个分局的税收征管情况进行审计，抽查20户纳税企业，查处应缴未缴税费2976万元、延压税费1853万元。

固定资产投资审计　全年完成政府投资审计项目19个，审计资金总额22.57亿元，核减多计工程款1.98亿元；组织社会中介机构完成政府投资审计项目82个，审计资金总额18.88亿元，核减多计工程款9185万元。起草并试行《大庆市旧城区改造土地收购储备评估及补偿监督管理办法》，做好土地收储项目审核工作。全年共完成13项土地收储项目审核工作，审计资金7292万元，核减收储成本406万元。

经济责任审计　全年对38名党政领导干部和国有企业领导人员进行离任和任期经济责任审计，查出违规金额3.37亿元、管理不规范金额2.51亿元。结合《大庆市经济责任审计工作五年规划》，坚持“全面审计、突出重点、讲求效率”的原则，根据领导干部所在单位的性质和资金规模，实行统筹安排和分类管理，增强审计监督的时效性；严格执行《党政主要领导干部和国有企业领导人员经济责任审计规定》及其实施细则等制度规范，突出对重大经济决策的制定执行、财务收支的真实合法效益、国有资产的管理使用、重大投资项目的建设和管理、内控制度的建立和执行、全部政府性资金的管理和使用等情况的审计监督，督促有关领导干部严格依法行政和加强财务管理。

（撰稿人：陈福林）

【伊春市审计局】　2014年，伊春市审计局人员编制56人，在编45人。局长宫林，副局长陈玉林、李玉玲，总审计师赵瑞林，纪检组长商立明，调研员马庆，副调研员崔卓军。设有经济责任审计科、办公室、法制科、审理科、行政事业审计科、固定资产投资审计科、农业与资源环保审计科、社会保障审计科、经贸审计科、财政金融审计科、林业审计科、计算机审计科、监察室、党总支、督察科。

审计成果　伊春市审计机关共完成审计及审计调查项目95个，查出主要问题金额32.34亿元；提交审计报告及信息190篇，被采用和领导批示80篇次。伊春市审计局完成审计及审计调查项目47个，查出违规金额2817万元、管理不规范金额27.83亿元，促进整改落实有关问题金额5241万元，其中增收节支1921万元、调账处理金额3320万元。

预算执行审计　对财政部门及12个预算执行单位进行审计，对地税部门2013年度税收征管情况进行审计，揭示未编制全口径预算、截留挪用滞拨专项资金、借出预算外资金、无支出计划列支预算外资金，部分预算执行单位超标准加价，地税部门征收欠缴税款未收取滞纳金、纳税企业少提缴各项税金及附加等问题，追缴入库税款

1771 万元。

固定资产投资审计　对保障性安居工程、城市防洪工程、城市污水和排水工程及林业局棚户区改造竣工决算等项目进行审计，查出违纪违规和管理不规范金额2652万元，审减工程价款1000万元。对审计中发现的问题，从体制机制制度层面提出具有针对性、可操作的建议，相关部门高度重视审计建议，并召开专题会议专项推进，审计建议为项目建设的规范管理提供重要的参考。

社会保障审计　联合市民政局对全市民政低保专项资金管理使用情况进行审计，查出违规和管理不规范金额2390万元，取消不符合低保待遇155人。

经济责任审计　全年对32名领导干部进行任期和离任经济责任审计，查出擅自处置国有资产、固定资产不入账等违纪违规及管理不规范金额5.12亿元，明确划分领导干部应当承担的责任并客观公正地进行评价，针对问题提出审计意见及建议。

信息化建设　推广应用各类计算机审计软件，利用数据库开展审计，对具有财务电子数据或业务电子数据的项目全部应用计算机开展审计。2014年采集纳入审计报送管理的已实行电算化被审单位电子数据194家。　（撰稿人：吴玉文）

【佳木斯市审计局】　2014年，佳木斯市审计局人员编制68人，在编81人。局长周亚，副局长关胜超、李纲，总审计师安宝昌，纪检书记辛艳春。设有办公室、法制审理科、机关党委、纪检监察室、财政审计科、行政事业审计科、社会保障审计科、经济责任审计办公室、农业与资源环保审计科、固定资产投资审计科、金融审计科、外资运用审计科、企业审计科、派驻公检法司审计科、派驻文教卫生审计科、计算机技术管理科、固定资产投资审计局、内审协会。

审计成果　佳木斯市审计机关共审计和审计调查行政事业单位193个，查出主要问题金额8.27亿元，损益（收支）不实金额847万元，决定处理处罚金额3.93亿元；提交审计报告、信息342篇，被各级党委、政府领导批示、上级审计机关及新闻媒体采用52篇。佳木斯市审计局审计和审计调查行政事业单位48个，查出主要问题金额4.14亿元，损益（收支）不实金额81万元，决定处理处罚金额2185万元；移送案件线索4件，移送相关涉案人员76人；受理、参与处理举报案件7件；提交审计报告、信息68篇，被市委、市政府领导批示及上级审计机关及新闻媒体采用22篇。

城镇保障性安居工程跟踪审计　按照审计署和省审计厅统一安排，先后对5个县（市）城镇保障性安居工程的投资、建设、分配、运营等情况进行审计，共查出资金筹集管理不到位、向不符合条件家庭发放和重复发放补贴、经办管理机构未及时足额发放住房补贴等问题金额1361.45万元。移送处理相关责任人73人，其中28名相关责任人受到党政纪处分和公开通报批评处理。

预算执行审计　组织开展市本级财政预算执行和其他财政收支的审计工作和司法局、住房保障局、工信委、计生委4个系统部门预算执行情况审计；开展地税局税收征管审计。在市本级预算执行审计中，揭示财政收入结构不合理、预算支出不均衡、专项资金闲置、专项资金匹配不到位、公务卡结算比率低等问题；在部门预算执行审计中，揭示部门预算编制不完整、决算编制不真实、挤占挪用专项资金、经费支出超范围超标准、滞拨专项资金等问题；在税收征管审计中，揭示下甩税款等问题。分析问题产生的原因，提出加强预决算管理、加大专项资金监管力度、加强对领导干部财经法纪宣传教育等审计建议。

固定资产投资审计　按照市委、市政府工作安排，对城投公司承办的棚户区改造项目资金筹集、投资完成、征地拆迁及回迁安置、房屋销售、库存产品、优惠政策执行、工程造价和损益情况进行全面审计，揭示违规改变资金用途、部分项目不具备条件招标、无效证件享受拆迁安置优惠政策、房产管理不到位及收入清缴不及时等问题。开展对鹤大高速佳木斯市区段路灯建设项目审计调查及天眼工程、四丰小镇、五一村教堂、广电大厦、泉林项目配套道路、西区污水处理厂运营等项目造价审计和跟踪审计。年度累计审计工程结算款20.32亿元，核减工程造价3.4亿元。

（撰稿人：王进兴）

【七台河市审计局】　2014年，七台河市审计局人员编制34人，在编32人。局长崔玉平，副局长王宝山、张玉星，总审计师陈兆静，纪检组长高英，调研员陶佩珩，副调研员吕利、迟宗祥。设有法制科、办公室、财政审计科、金融审计科、行政事业审计科、企业审计科、固定资产投资审计科、农业与资源环保审计科、经济责任审计科、社会保障审计科、外资运用审计科、国家建设项目审计中心。

审计成果 七台河市审计机关共完成审计及审计调查项目94个，查出主要问题金额16.07亿元，其中应上缴财政6932万元；出具审计和审计调查报告107篇；提出审计建议161条；提交审计信息77篇。七台河市审计局完成审计及审计调查项目51个，查出主要问题金额13.54亿元，其中应上缴财政6908万元；移送处理事项2件；出具审计和审计调查报告51篇；提出审计建议75条；提交审计信息49篇。

预算执行审计 组织实施2013年市本级财政预算执行审计和市煤管局、物价局、水务局、司法局、体育局等部门预算执行情况审计，着力揭示预算编制、预算执行、财政资金管理、政府债务和“三公”经费支出等方面存在的突出问题，提出提高预算编制水平、合理使用财政预算资金、增强部门预算编制合理性与规范性、完善资金管理机制、严格执行预算法、细化预算支出等审计建议，有效促进政府预算统一完整和财政管理科学规范。在税收征管审计中，以促进税务部门依法治税、提高税收征管质量为目标，重点审计税收政策执行情况、税收征管制度执行情况、税收计划、税务稽查情况和社会保险费征缴情况，揭示税务征收不到位、下甩税费、无依据征收滞纳金等问题，提出加强税法学习和宣传、健全制度规范日常税收管理等建议，促进税务部门依法征税、有效管理。

固定资产投资审计 开展哈肇公路汤原界至鹤岗段竣工、再生园区基础设施建设工程、市第三小学与市第十中学教学楼、城市热网改造工程、市第六中学宿舍楼、万宝换热站至英伦小镇供热管线工程竣工决算审计和开发区基础设施工程结算审计，对工程招投标、建设管理、资金使用、竣工决算等方面存在的问题依法进行处理，提出严格按照招标文件订立合同、及时办理竣工决算等审计建议，促进建设项目加强管理和财政资金节约高效使用。

财务收支审计 对再生资源产业园区、市汽车公司、市第四中学、市第七中学、市第八中学、市第十中学财务收支情况进行审计，揭示财务制度建立执行、资产损益、大额资金使用、票据管理、“三公”经费支出、采购政策执行等方面存在的问题，提出严格执行会计法、健全财务管理制度、规范“一费制”收费、加强专项资金管理等审计建议，促进厉行节约和财务规范管理。

（撰稿人：金　成）

【牡丹江市审计局】 2014年，牡丹江市审计局人员编制87人，在编77人。局长金秀兰，副局长刘佳祥、杨国安、田方、姜涛，总审计师李淑莲，纪检组长尹明霞，经济责任审计办公室主任郭占英（—3月）。设有办公室、法制审理科、计算机审计科、人事教育科、党委办公室、监察室、总务科、财政审计科、固定资产投资审计办公室、项目跟踪审计办公室、行政事业审计科、农业审计科、社保审计科、经贸审计科、金融审计科、外资审计科、经济责任审计一科、经济责任审计二科、经济责任审计三科、综合科。

审计成果 牡丹江市审计机关共完成审计项目190个，查出主要问题金额27.5亿元；向有关部门移交处理事项25件；提出审计建议506条；提交审计信息307篇。牡丹江市审计局完成审计项目63个，查出主要问题金额13.87亿元；向有关部门移交处理事项25件；提出审计建议244条；提交审计信息154篇。

预算执行审计 开展市本级预算执行和其他财政收支审计、市地税局税收计划执行和税收征管情况审计。关注市本级预算编制执行情况，促进建立全面规范和公开透明的预算制度。关注收支的完整性和合规合法性，所有的政府性收入是否全部纳入部门预算，部门单位基本支出是否满足日常运转所需，项目支出是否细化与合规。关注部门预算调整的合规性，申请财政追加的项目与实际支出的内容是否一致以及预算调整是否严格履行审批程序。关注审计预算执行的绩效，提高财政资金的使用效益，通过对部门预算资金的下达、拨付情况进行审查，重点关注预算批复效率、预算执行进度中存在的问题，分析问题产生的环节和原因，提出审计意见和建议。关注各类专项资金的筹集、分配、拨付和使用情况，确保专项资金专款专用，选择就业专项资金、各类社保专项资金、环保专项资金、科研经费和农村中小学教育专项资金等开展全程监督。关注部门单位各项非税收入的收缴情况，促进财政增收节支，重点关注部门单位非税项目总数和各项非税收入组织的科学性、合理性，看是否存在应缴未缴、坐支留用或结余等问题。关注行业税收征管情况，促进税收挖潜，对市房地产开发、物流、房屋装饰装修行业的税收征管情况进行调查，重点揭示房地产业以房抵债和不开销售不动产发票、装饰业税收流失、货物运输业管理秩序混乱及税收流失问题，对调查发现的问题进行分析，提出加强税收征管增加财政收入的意见和建议。

制度建设 起草《牡丹江市审计整改跟踪督办管理办法（试行）》，由市委办、政府办联合下发。政府牵头，建立由纪检、组织、人社、财政、发改、市委督办室、市政府督办室、市建设局、市审计局等多个部门组成的审计工作领导小组，明确审计整改责任，建立审计整改监督协作机制，审计整改落实率得到进一步提高。

（撰稿人：张春艳）

【黑河市审计局】 2014 年，黑河市审计局人员编制 45 人，在编 38 人。局长白树生，副局长王鹏锐、仲建彬、姚富利，纪检组长韩萍，副调研员张士杰，经济责任审计联席会议办公室主任胡铁军。设有经济责任审计科、财政金融审计科、经贸审计科、农业与资源环保审计科、固定资产投资审计科、政府项目资金管理监督审计科、社会保障审计科、行政事业审计科、计算机审计科、法制审理科、人事教育科、办公室、固定资产投资审计中心、派出边境经济合作区审计分局、派出五大连池风景名胜区与自然保护区审计分局。

审计成果 黑河市共完成审计项目 145 个，查出主要问题金额 21.43 亿元，其中应上缴财政 1936.9 万元；出具审计报告和审计调查报告 193 篇，提出审计建议 340 条，提交审计信息 76 篇。黑河市审计局完成审计项目 46 个，查出主要问题金额 15.73 亿元，其中应上缴财政 950 万元；出具审计报告和审计调查报告 72 篇，提出审计建议 98 条，提交审计信息 17 篇。

城镇保障性安居工程跟踪审计 为提高跟踪审计效果，围绕建设资金管理使用、规划实施与拆迁安置、城镇保障性安居工程目标任务完成、政策执行、住房分配等重点开展审计工作，揭示滞拨保障性安居工程专项资金、地方匹配资金未到位、未完成廉租住房开工建设任务、廉租住房未及时分配入住等问题，并要求被审计单位认真进行整改落实，保证国家利民惠民政策真正落实到位。

预算执行审计 以促进建立科学的预算定额和支出标准、规范财政资金管理为目标，在审计重点部门的同时，向二、三级单位和专项资金延伸，跟踪资金走向，注重从体制机制制度层面揭示问题、分析问题、提出建议，促进财政体制改革进一步深化。审计揭示预算编制不细致、编制内容不完整、应缴未缴预算收入、往来资金占款较大、滞拨专项资金、延压税款、应征未征税款等问题，促进财税部门进一步加强管理、有效组织财政收入、合理安排预算支出。

经济责任审计 按照“全面推进、突出重点、健全制度、规范管理、提高质量、深化发展”的总体思路，进一步深化经济责任审计内容，在财政财务收支审计的基础上，注重审查领导干部贯彻执行经济法律法规、党和国家方针政策与决策部署以及“三公”经费与会议费使用等情况，揭示固定资产账实不符、应计未计收入、坐收坐支、不合规发票列支等问题，有效发挥经济责任审计工作在强化对主要领导干部行使权力的制约和监督、健全惩治和预防腐败体系、推进国家治理等方面的作用。

固定资产投资审计 主要开展省道虎林至饶河公路五林洞至饶河段建设项目竣工决算审计、省道黑嫩公路建设项目竣工决算审计、黑河市 2012 年度本级“节水增粮行动”工程项目竣工决算审计和黑河四岛国土防护工程项目前期跟踪审计等项工作，揭示应缴未缴税金及附加、多计工程款、配套资金未到位等问题。（撰稿人：胡铁军）

【绥化市审计局】 2014 年，绥化市审计局人员编制 48 人，在编 44 人。局长吴云峰，副局长田学斌、赵德河、李永志，总审计师杨旭，纪检组长李中然，经济责任审计局局长张立君，副调研员刘平录、贾广灵、周则朴。设有办公室、法规与审计督察科、财政审计科、行政事业审计科、农业与资源环保审计科、固定资产投资审计科、金融审计科、经贸审计科、社会保障审计科、信息化科、人事教育科、经济责任审计一科、经济责任审计二科、经济责任审计三科、开发区分局。

审计成果 绥化市审计机关共完成审计及审计调查项目 203 个，查出主要问题金额 3.03 亿元，决定处理处罚金额 1.8 亿元，其中应上缴财政金额 3959.86 万元、应减少财政拨款或补贴 4218.5 万元、应归还原渠道资金 3523 万元、应调账处理资金 6315 万元；出具审计和审计调查报告 242 篇；提出审计建议 272 条；提交审计信息 139 篇。绥化市审计局全年完成审计及审计调查项目 90 个，查出主要问题金额 1.83 亿元，决定处理处罚金额 1.15 亿元，其中应上缴财政 3800 万元、应减少财政拨款或补贴 2704 万元、应归还原渠道资金 3403 万元、应调账处理金额 1603 万元。出具审计和审计调查报告 114 篇；提出审计建议 59 条；提交审计信息 50 篇。

财政审计 全市完成财政类审计及审计调查项目 128 个，共查出主要问题金额 1.56 亿元，其中未按规定征收缴纳收入 5283 万元、未按规定征提基金 107 万元、资金滞留闲置 1186 万元、资金不到位不落实 6583 万元，账外资产 2 万元，其他问题金额 2517 万元；出具审计报告 44 篇。

对绥化市本级和所辖 8 个县（市、区）2013 年度政府性资金开展全面审计。审计内容包括财政收支总体情况、财政管理情况、税收计划执行及税收征管情况等 17 项内容，涵盖财政预算执行、税收征管、部门预算、社保资金、“三公”经费、政府投资、领导干部经济责任审计等项目，查出主要问题金额 17.47 亿元。针对审计发现的问题，帮助被审计单位查找问题成因，提出审计建议，被审计单位依据审计建议整改问题 128 个、涉及资金 4.9 亿元，建立保障政府性资金安全合法有效运行长效机制。市县两级政府对审计结果高度重视，市本级和 8 个县（市、区）相继出台问题整改方案，对审计发现的问题分门别类进行整改落实。

经济责任审计 市本级全年共对 8 个单位的 8 位主要领导干部进行经济责任审计，其中任中经济责任审计 7 人、离任经济责任审计 1 人。查出主要问题金额 121 万元，出具审计报告和审计结果报告 16 篇，提出审计建议 4 条，均被采纳。审计结果为党和政府提拔使用干部提供参考依据。

（撰稿人：李　勋）

【大兴安岭地区行政公署审计局】 2014 年，大兴安岭地区行政公署审计局人员编制 42 人，在编 37 人。局长解学民，副局长孙庆俊、戴新竹、朱立成、郭银杉，副调研员马树声、王玉红。设有办公室、法制审理科、经济责任审计科、财政审计科、农林资源环保外资审计科、行政事业与社会保障审计科、固定资产投资审计科、金融与企业审计科、审计督察科、重点投资项目监督科。

审计成果 大兴安岭地区审计机关共完成审计和审计调查项目 83 个，查出违规金额 7852 万元、管理不规范金额 8.16 亿元、损益（收支）不实金额 1.14 亿元，决定处理处罚金额 4375 万元，移送纪检监察机关处理事项 2 件；出具审计和审计调查报告 119 篇；提出审计建议 196 条；提交审计信息 142 篇。大兴安岭地区行署审计局完成审计和审计调查项目 23 个，查出违规金额 2965 万元、管理不规范金额 3.34 亿元，决定处理处罚金额 2965 万元，其中应上缴财政 2898 万元、应归还原渠道资金 67 万元；出具审计和审计调查报告 37 篇；提出审计建议 51 条；提交审计信息 53 篇。

预算执行审计 以促进提高预算执行效果和预算资金使用效益为目标，突出对预算编制、预算执行等关键环节和内容的审计，揭示应缴未缴财政收入、虚列财政支出、滞拨财政资金等问题。在 2013 年度税收计划完成及税收征管情况审计中，查出下甩税款 269 万元。

经济责任审计 揭示不合理票据列支、大额支现、预算收入解缴不及时、专项资金未进行单独核算、挤占专项资金、现金账外循环、固定资产账实不符、往来清理不及时等问题。

专项资金审计 在对塔河县、漠河县、呼玛县中央和省政府稳增长促改革调结构惠民生有关政策措施落实情况跟踪审计中，揭示个别项目未按计划开工、棚户区改造项目资金未落实到位、部分改造项目和公租房续建进度缓慢、部分项目资金未及时下拨等问题。在对地区价格调节基金中心 2011 年至 2014 年价格调节基金征收、使用及管理情况的审计中，揭示违规使用调节基金、未及时上缴和应返还县区未返还等问题。在对地区民政局 2011 年至 2013 年的财务收支审计中，揭示往来款项长期挂账、对下拨社区建设专项资金未及时进行跟踪监管等问题。

（撰稿人：孙春云）

2014 年黑龙江省所辖区、县(市)级审计工作统计表

金额单位:万元

审计机关	完成审计项目(个)	审计查出主要问题金额	审计处理情况					出具审计报告和审计调查报告(篇)	提出审计建议(条)	提交审计信息(篇)
			审计处理处罚				移送处理事项(件)			
			应上缴财政	应减少财政拨款或补贴	应归还原渠道资金	应调账处理金额				
哈尔滨市										
哈尔滨市本级	69	95931	81260	14760	37416	43616	6	95	99	21
道里区审计局	23	3195	33			18671		27	40	4
南岗区审计局	38	14503	72		1	43014		59	17	
道外区审计局	24	249	3					35	33	
平房区审计局	7	1257	5			45		12		
香坊区审计局	27	5655	42	98	46	72184	1	37	72	8
呼兰区审计局	67	2162	7	448	880	38		87	12	29
阿城区审计局	51	2182	139		2738	2125	1	72	63	2
双城市审计局	12	75	1					14	12	
尚志市审计局	38	81	50					38	62	
五常市审计局	26	1867	277		275			26	18	55
依兰县审计局	19	2686	18					27	23	1
方正县审计局	12				9632	36		16	16	
宾县审计局	56	3984	190	854	1	2670		81	240	
巴彦县审计局	33	1241	83	1445	8138	26		39	143	45
木兰县审计局	21	496	5					21		
通河县审计局	37	1140	930	134	70			42	48	
延寿县审计局	20	715	47			230		20	23	1
齐齐哈尔市										
齐齐哈尔市本级	120	452753	2456		1671	30826	14	175	88	35
建华区审计局	10	126						14	5	10
龙沙区审计局	15	4490						22	22	5
铁锋区审计局	5	63	10		53			7	13	2

续表

审计机关	完成审计项目（个）	审计查出主要问题金额	审计处理情况					出具审计报告和审计调查报告（篇）	提出审计建议（条）	提交审计信息（篇）
			审计处理处罚				移送处理事项（件）			
			应上缴财政	应减少财政拨款或补贴	应归还原渠道资金	应调账处理金额				
昂昂溪区审计局	7	1404			37	38		9	20	1
富拉尔基区审计局	18	1329				179		32	25	2
碾子山区审计局	13	1257	5			45		22	32	4
梅里斯达斡尔族区审计局	26	6026	1					42	34	3
讷河市审计局	41	24963	1627		2014	9287		64	77	9
龙江县审计局	58	103078	245		2952	6986		73		
依安县审计局	41	5607	653		180	42		44		4
泰来县审计局	77	20112	22		2871	111		99	29	1
甘南县审计局	29	3318	561				1	54	3	4
富裕县审计局	32	23833	1693		183	709		44	7	2
克山县审计局	30	1678	64		86	1011		30		1
克东县审计局	44	3402	6					83	55	2
拜泉县审计局	32	24597	16		8138	12168		35	20	3
鸡西市										
鸡西市本级	32	15828	1882		420	4329		50	87	1
鸡冠区审计局	5	711	2					7	8	
恒山区审计局	5	1534						9	10	
滴道区审计局	1	727						1	2	1
梨树区审计局	3	117			97	20		5	6	
城子河区审计局	3	2382	1	5	418	63		4	14	
麻山区审计局	1	320			64			1	6	
虎林市审计局	41	15373	684				1	69	12	3
密山市审计局	9	8258	42		11	8204		16	33	9
鸡东县审计局	16	1750	4		15			30		
鹤岗市										
鹤岗市本级	45	10181	295		3074	4940		45	109	121
萝北县审计局	45	13300	32			711		52	57	22
绥滨县审计局	26	6734	5		6518	216		26	13	6
双鸭山市										
双鸭山市本级	28	1229	608	23		1			17	
尖山区审计局	10	267						8	16	
岭东区审计局	11							11	35	
四方台区审计局	7	245						7	16	24

续表

审计机关	完成审计项目（个）	审计查出主要问题金额	审计处理情况					出具审计报告和审计调查报告（篇）	提出审计建议（条）	提交审计信息（篇）
			审计处理处罚				移送处理事项（件）			
			应上缴财政	应减少财政拨款或补贴	应归还原渠道资金	应调账处理金额				
宝山区审计局	17	417				417		17	35	
集贤县审计局	28	6011	53					26		
友谊县审计局	24	2199						24	41	16
宝清县审计局	36	7300	40							21
饶河县审计局	27	28273						27	42	10
大庆市										
大庆市本级	75	223342	49072	19800	20513	2782	11	118	352	20
萨尔图区审计局	18	51111	778	86		4144		28	108	14
龙凤区审计局	115	9555	138	1235		7876		137	42	19
让胡路区审计局	89	39861	176	3845	43	35518		98	105	30
红岗区审计局	31	109745	273		104	108819		25	47	
大同区审计局	22	300	51			68		40	38	
肇州县审计局	50	31297	116	4727	34	919		63	136	13
肇源县审计局	73	11191	848	616	8	1698		73	121	19
林甸县审计局	40	21708	1007	6245		940		48	76	
杜尔伯特蒙古族自治县审计局	34	19851	349			1595		57	21	2
伊春市										
伊春市本级	47	281132	1839	81		3320		68	87	106
伊春区审计局	26	23949	3				6	47	11	16
西林区审计局	6	1						12	16	30
铁力市审计局	6	7544	39		6298	1142		8	14	27
嘉荫县审计局	10	2446	34			648		15	13	14
佳木斯市										
佳木斯市本级	48	41400	1881		59	245	11	31	126	37
前进区审计局	12	252			80	172		20	23	2
向阳区审计局	5	30				2		7	13	
东风区审计局	11	277	61		1	215		11	19	2
郊区审计局	13	136	18			3		13	53	4
同江市审计局	22	1639	311		116	532		22	25	41
富锦市审计局	32	21426	33		385	17717		32	13	9
桦南县审计局	22	3896	10		2984	902		22	49	
桦川县审计局	24	10457	104		3979	6319		24	38	14
汤原县审计局	4	3205	325			2880		13	19	38

续表

审计机关	完成审计项目(个)	审计查出主要问题金额	审计处理情况					出具审计报告和审计调查报告(篇)	提出审计建议(条)	提交审计信息(篇)
			审计处理处罚				移送处理事项(件)			
			应上缴财政	应减少财政拨款或补贴	应归还原渠道资金	应调账处理金额				
抚远县审计局	26	3415	89		292			20	60	20
七台河市										
七台河市本级	51	135409	6908		439	1057	2	51	75	49
桃山区审计局	2	1669						2	7	
新兴区审计局	4	7705	1		6180			4	16	4
茄子河区审计局	6	2188						6	8	
勃利县审计局	31	13751	23		324	536		44	55	24
牡丹江市										
牡丹江市本级	63	138733	54876	290	4209	18661	25	78	244	154
东安区审计局	7	684	228					7	26	6
阳明区审计局	4	541	11		472			4	7	1
爱民区审计局	13	1085	143		66	114		15	41	18
西安区审计局	3	311	79			1		3	5	
绥芬河市审计局	16	71643	1363		554	62		26	32	
海林市审计局	56	2400	152		106	324		34	11	5
宁安市审计局	25	55391	538		2049	5864		34	49	
穆棱市审计局	17	352	97		43			17	7	94
东宁县审计局	22	8939	435		103	1408		36	24	61
林口县审计局	31	1308	83					78		40
黑河市										
黑河市本级	46	157332	950			19		72	98	17
爱辉区审计局	17	17290	9			163		17	31	37
北安市审计局	7	2330	230		97	13		10	17	
五大连池市审计局	31	7954	9			522		35	83	15
嫩江县审计局	18	6597	572			137		18	48	
逊克县审计局	6	193	149			18		11	6	
孙吴县审计局	20	22687	18			5204		30	57	7
绥化市										
绥化市本级	90	18367	3800	2704	3403	1603		114	59	50
北林区审计局	7	1500						7	10	
安达市审计局	18	1515	10	1515				31	18	
肇东市审计局	10	195	30		120	45		10	20	

续表

审计机关	完成审计项目（个）	审计查出主要问题金额	审计处理情况					出具审计报告和审计调查报告（篇）	提出审计建议（条）	提交审计信息（篇）
			审计处理处罚				移送处理事项（件）			
			应上缴财政	应减少财政拨款或补贴	应归还原渠道资金	应调账处理金额				
海伦市审计局										
望奎县审计局	19	1254	36			43		19	41	
兰西县审计局	25	2220	30			2190		25	55	20
青冈县审计局	9	2877	52			224		9	11	28
庆安县审计局	1	31	2			10		3	4	2
明水县审计局	12	546						12	18	4
绥棱县审计局	12	1800				2200		12	36	35
大兴安岭地区行署										
大兴安岭地区行署本级	23	36007	2898		67			37	51	53
加格达奇区审计局	5	475	444		4	2		6	15	15
新林区审计局	3	6						5		12
松岭区审计局	2							2		10
呼中区审计局	2	8						2	3	10
呼玛县审计局	35	32686	38				2	53	96	22
塔河县审计局	7	836	30					9	8	10
漠河县审计局	6	19483	558					6	23	10

上海市

【上海市审计局】 2014 年，上海市审计局公务员实有 379 人。设有 17 个内设机构，并按有关规定设置纪检监察机构和机关党委，下设审计科学研究所、审计培训中心、审计信息中心。

领导成员

局　　长：田春华

副 局 长：江小民（—6 月）　吴茵蝶

　　　　　范少军　于万云　孙　琪

总审计师：林忠华

纪检组长：沈荣华

巡 视 员：江小民（6 月—）

审计成果　上海市审计机关共开展审计和审计调查项目 813 个，促进财政增收节支、避免和挽回损失 44.3 亿元，核减不实投资 18.6 亿元。向司法、纪检监察机关和相关主管部门移送处理事项 23 件。推动建立健全制度 310 项。

财政审计　全市审计机关对市、区县两级 2013 年度本级预算执行、预算单位预算执行、地方税收征管等情况进行审计。将全口径预算纳入审计范围，促进建立健全统一完整、功能定位清晰的政府预算体系。加大对“三公”经费和会议费的审计力度，反映全市厉行勤俭节约、反对铺张浪费要求落实情况。重点关注财政资金使用绩效情况，关注资金结余和专项资金分配使用情况，推动盘活存量资金、优化增量资金。注重揭示相关领域、行业和系统存在的普遍性问题，进一步提升审计工作的整体性、宏观性。市审计局对 25 个预算单位 2013 年度部门预算执行和其他财政收支情况审计，并对下属41户预算单位进行抽查，审计各类资金资产共计361亿元。经审计，查出违规金额2.39亿元，管理不规范金额14.66亿元。

固定资产投资审计 全市审计机关开展竣工决算审计273个、跟踪审计35个，审计内容涵盖学校、医院、道路、轨道交通、公共设施、社区、园区等政府投资领域。通过完善政府投资项目分类管理办法、拓展政府投资项目审计领域、扩大购买社会中介机构审计服务范围等方式，进一步扩大审计覆盖面。市审计局对67个政府投资和以政府投资为主的建设项目竣工决算审计，审计资金总额共计580.7亿元，查出管理不规范金额30.89亿元，共核减投资7.7亿元，提出审计建议230条。

资源环境审计 全市审计机关聚焦生态文明建设，围绕土地资源、水利资源、公共建筑节能、大气污染防治、垃圾分类、河道整治等，开展独立型资源环境审计项目33个、结合型项目209个，揭露和查处资源环境政策法规落实、资金分配管理使用、工程项目建设运营等方面的问题。

专项资金审计 全市审计机关组织开展住宅修缮项目、大居外围配套项目、社会抚养费、养老扶持资金、残疾人保障资金等63项审计和审计调查，揭露和查处一些损害群众利益、政策落实不到位、资金分配不合理、管理不严格等问题。

审计公开 市审计局公开75个单项审计结果；首次公开25个国外贷援款项目公证审计结果；按照审计署部署公开政府性债务审计结果。17个区县审计局公开188项单项审计结果，基本实现部门预算执行审计结果、专项审计调查结果公开的常态化。9个区县审计局公开投资项目竣工决算审计结果，4个区县审计局公开重点项目跟踪审计结果。

相关工作 在审计整改方面，市审计局提请市政府办公厅印发建立健全审计整改工作制度的实施意见，积极推进审计整改与主管部门工作联动、加强对审计项目整改工作的跟踪检查，推动被审计单位完善制度。在加强内部审计方面，市审计局提请市政府办公厅印发加强和改进内部审计工作的意见，与市教委联合印发《加强市教育系统内部审计工作的指导意见》。在审计信息化建设方面，市审计局注重推进建立本市社会保险基金收支余网上监管长效机制，对11项社会保险基金和5项公共资金收支余进行实时跟踪；组织对19个信息系统进行审计，探索运用可视化、多维分析等大数据技术开展审计。区县审计局加大财政联网审计、信息系统审计力度，审计信息化建设取得新的进展。在业务管理方面，市审计局制定《审计现场管理办法》，印发规范审计行为加强审计质量控制的通知；组织开展21项政策研究，承担和组织开展34项审计科研课题研究。全年培训2500多人次。（撰稿人：汪其水）

【黄浦区审计局】 2014年，黄浦区审计局在编61人。局长徐其彬，副局长朱润杰、虞海琴、张志伟。设有办公室、人事教育监察科、综合计划科、审理法规科、财政金融审计科、行政事业审计科、固定资产投资审计科、党政领导干部经济责任审计科、企业领导人员经济责任审计科、经济贸易审计科、资源环保审计科、计算机审计科。

审计成果 黄浦区审计局完成审计和审计调查项目24个，查出主要问题金额5.73亿元，应上缴财政0.22亿元，应减少财政拨款或补贴0.99亿元，应调账处理金额1.77亿元。提出审计建议64条。出具审计报告和专项审计调查报告39篇。提交信息104篇，被采用68篇。

财政审计 开展区本级2013年度预算执行和其他财政收支情况审计，关注区政府预算编制和执行、国有资产收益、政府性基金、政府性债务、“三公”经费预算执行等情况。

固定资产投资审计 开展政府投资建设项目16个。对制造局路（斜土路—中山南一路）道路整修、区工人体育馆迁建工程项目进行竣工决算审计，核减不实投资。对2013年城镇保障性安居工程进行跟踪审计，促进区保障性安居工程有效推进。

经济责任审计 开展经济责任审计项目16个，涉及13名党政领导干部和3名企业集团领导人员。

资源环境审计 结合2013年度本级预算执行情况审计，关注区相关推进和保障节能减排和环境保护制度、措施落实的情况。结合党政领导干部经济责任审计，关注被审计部门（单位）完成节能减排重点工作和环保三年行动计划情况。结合固定资产投资审计，关注建设项目环境保护设计规定执行情况，环境影响评价制度执行情况，节能制度执行情况，以及项目建设期间的扬尘、噪声、污水等污染物控制是否达到标准，项目建成后对资源环境的综合影响和整治效果等。

（撰稿人：曹　群）

【徐汇区审计局】 2014 年，徐汇区审计局在编 32 人。局长翁国雷，副局长魏敏、赵洪英，纪检组长魏敏。设办公室、法规科、财政审计科、经济责任审计科（内设内部审计指导科）、绩效审计科、固定资产投资审计科、企业审计科。

审计成果 徐汇区审计局完成审计项目和审计调查项目 37 个，查出违规金额 0.04 亿元、管理不规范金额 4.26 亿元，应上缴财政 0.04 亿元。提出审计建议 60 条。出具审计报告和专项审计调查报告 56 篇，被批示、采用 13 篇。提交审计信息 123 篇，被批示、采用 75 篇。

财政审计 完成 2013 年本级预算执行情况和其他财政收支情况的审计，涵盖公共财政、政府性基金、国资经营预算。重点关注“三公”经费支出情况，财政资金管理、政府购买服务合理合规性情况，以及民生投入绩效情况。通过对徐汇区国资委、商城集团、城开集团等 15 家部门和企业审计，围绕国资收益归集资金的使用效率、有效性和及时性提出审计意见和建议。

固定资产投资审计 完成上海市第八人民医院急诊大楼等项目竣工决算审计，对徐汇区卫生局南部医疗中心新建项目（地下工程）进行跟踪审计。

经济责任审计 完成 27 名领导干部经济责任审计，提出审计意见 43 条、审计建议 32 条。建立“五年轮审计划库”，完善任期审计工作机制。

专项资金审计 组织开展公房和售后房小区物业服务规范化补贴、河道整治与养护经费、公共建筑节能情况的审计调查，全面了解物业服务规范化补贴经费和河道整治与养护经费的使用情况，以及徐汇区建筑节能技改示范项目及分项计量装置的建设及运行现状，提出加强管理和完善制度的审计建议。

（撰稿人：曹　娴）

【长宁区审计局】 2014 年，长宁区审计局在编 31 人。局长邱军祺，副局长王智华、陆霓。设有办公室、法规科、固定资产投资审计科、经贸审计科、财政金融审计科、行政事业审计科、经济责任审计科。

审计成果 长宁区审计局完成审计和审计调查项目 28 个，查出管理不规范金额 17.23 亿元，促进增收节支 0.86 亿元，审计后挽回（避免）损失 0.10 亿元。移送司法机关、纪检监察机关和有关部门处理事项 3 件。提出审计建议 58 条。出具审计报告和专项审计调查报告 46 篇，被批示、采用 3 篇。提交审计信息 136 篇，被批示、采用 76 篇。

财政审计 对 2013 年度区级财政预算执行及区发改委、江苏路街道等 6 个部门预算执行情况进行审计。对近 300 家预算单位公务卡制度执行情况、区部分重点单位贯彻执行国库单一账户改革情况进行专项审计。

固定资产投资审计 完成 3 个政府投资项目竣工决算审计，对区 63 个预算单位 2008 年至 2012 年 50 万元以上政府投资预安排项目开展专项审计调查。

经济责任审计 组织开展经济责任审计项目 11 个。

专项资金审计 组织开展城镇保障性安居工程、住宅小区（售后公房）一体化管理激励资金、消除老旧住宅电梯安全隐患专项资金、“四医联动”专项经费、促进就业专项资金等审计和审计调查，揭示和查处损害群众利益、政策落实不到位、资金分配不合理、管理不严格等问题。聚焦生态文明建设，围绕市政养护、机关办公用房等，开展独立型资源环境审计项目 2 个。

内部审计 对 42 家单位（35 家行政机关和 7 家国有及国有控股企业）内部审计工作开展调研，出台《关于进一步加强长宁区内部审计工作的意见》。全年内部审计机构完成审计项目 930 个，审计金额 184.94 亿元，提出建议意见被采纳 601 条，促进增收节支 1309.67 万元。

（撰稿人：高洁楠）

【静安区审计局】 2014 年，静安区审计局在编31人。局长任从青（—1月）、刘芸（1月—），副局长魏勇、郝成城（—12月），纪检组长魏勇（兼）。设有办公室、人事监察科、综合业务科、经济责任审计科、基建环保审计科、财政财务审计科、绩效审计科、法纪审计科。

审计成果 静安区审计局完成审计和审计调查项目37个，审计资金总额149亿元，查出违规金额0.16亿元，管理不规范金额3.23亿元。提出审计建议40条。完成工程类项目委托审计48个，审核资金总额1.69亿元，核减资金0.23亿元。

财政审计 对2013年区本级预算执行和其他财政收支情况进行审计，注重将财政资金、资产、资源纳入审计范围，突出对本级财政预算资金与部门职责履行、政府实事工程建设与区域经济发展、财政资金使用合规与使用效益、本级财政预算管理与部门预算执行以及内控制度执行情况等进行审计评价。组织对全区222户预算单位贯彻执行中央八项规定、严肃财经纪律和“小金库”专项治理自查自纠，对18家单位进行现场重点检查。对173家预算单位的政府采购工作开展检查。

固定资产投资审计 开展旧区改造项目动迁审计，把资金、房源、政策落实情况纳入审计范围，揭示部分责任单位落实住房保障工作未达目标、廉租实物配租房源闲置、建设部门监理不到位、合同管理不规范、部分费用超标准等问题。

经济责任审计 开展经济责任审计项目3个，关注部门履职、遵守国家法律法规、重大经济决策、内部管理、财务收支和遵守廉政规定等内容，客观评价领导干部履职情况。

专项资金审计 对促进就业专项资金进行绩效审计，重点关注托底保障、鼓励创业、职业培训和青年见习等专项资金投入使用情况，以及全区部门完成就业目标、加强援助保障就业、鼓励创业带动就业等成效。对2013年度财政节能减排专项资金使用情况开展专项审计调查，揭示专项资金实际使用率较低、个别项目进度滞后、能耗信息管理平台功能单一等问题。

（撰稿人：王志明）

【普陀区审计局】 2014年，普陀区审计局在编29人。局长周勤毅，副局长顾薇玲、王廉之，纪检组长王廉之（兼）。设有办公室、综合业务指导科、财政审计科、经济责任审计科、行政事业审计科、经济贸易审计科、固定资产投资审计科。

审计成果 普陀区审计局共完成审计和审计调查项目33个，查出管理不规范金额10.68亿元、违规金额1.70亿元。移送处理事项1件。提出审计建议65条，采纳55条。提交审计报告58篇，被批示6篇。

财政审计 对2013年度区本级财政预算执行和其他财政收支情况，以及长征镇、桃浦镇财政决算和其他财政收支情况进行审计，关注财政资金使用绩效情况，关注资金结余和专项资金分配使用情况，推动盘活存量资金、优化增量资金。

固定资产投资审计 对宜川中学大修、梅陇中学大修、新杨中学加固、华师大第四附属中学异地扩建等13个项目开展审价及竣工决算审计，核减不实费用，促进政府投资项目规范管理。

经济责任审计 组织开展对17个部门党政领导干部和1个区属企业领导人员的任期经济责任审计，对《普陀区经济责任审计实施办法》《普陀区区管领导干部（人员）经济责任审计分类管理办法》《普陀区经济责任审计工作联席会议工作办法》3个文件进行修订。

专项资金审计 对全区公共建筑节能情况、区教育经费管理使用情况和建设项目管理情况、区河道整治专项资金管理使用情况等开展审计和审计调查。

（撰稿人：顾建琪）

【闸北区审计局】 2014年，闸北区审计局在编26人。局长郑志勇（—8月）、陈士林（8月—），副局长马国荣、陈一，纪检组长郑志勇（—8月）、马国荣（10月—，兼）。设有办公室、法规科、财政审计科、国有企业审计科、经济责任审计科、固定资产投资审计科、内部审计指导科。

审计成果 闸北区审计局完成审计和审计调查项目13个，查出违规金额1亿元、管理不规范金额66.62亿元，核减项目投资34万元，应上缴财政0.18亿元。提出审计建议48条。

财政审计 对2013年度区本级预算执行和其他财政收支情况进行审计，揭示国资经营预算管理、财政体制改革推进、财政资金管理使用及部门预算管理等问题，提出完善国资监管、健全制度等意见。

固定资产投资审计 完成区中环线交通枢纽配套道路建设项目、保德路小学抗震加固工程、区第二中学校舍修缮工程、海上文化中心配套工程、银邦基地建设（一期）等项目竣工决算审计。对晋元南北块、星火电影院等旧区改造房屋征收项目开展跟踪审计。（撰稿人：陆香婷）

【虹口区审计局】 2014 年，虹口区审计局在编 29 人。局长高庆迁（—9 月）、欧阳小平（10 月—），副局长周辉权、韩颖，纪检组长周辉权（兼）。设有办公室、法规科、财政审计科、企业审计科、经济责任审计科、投资审计科。

审计成果 虹口区审计局完成审计和审计调查项目 20 个，查出违规金额 0.12 亿元、管理不规范金额 1.19 亿元，应上缴财政 0.12 亿元。移送纪检监察部门处理事件 1 件，建议有关部门处理事项 1 件。出具审计报告 32 篇。提交审计信息 31 篇。

财政审计 对 2013 年度区本级预算执行情况和其他财政收支情况进行审计，发现个别单位存在收入未上缴国库或未纳入预算管理等问题。

固定资产投资审计 开展 3 项政府投资项目审计，适时跟踪项目建设进度，及时提出建议。

经济责任审计 对 12 名领导干部开展经济责任审计，探索以经济责任审计为主体，绩效审计调查或预算执行审计为辅的“1+1”审计模式，促进领导干部守法守纪守规尽责。

专项资金审计 对全区 2011 年至 2013 年垃圾分类专项资金使用情况等进行审计调查，从制度层面提出意见和建议。

内部审计 全区内部审计机构完成审计项目 274 个，提出建议、意见被采纳 130 条。

（撰稿人：苗鑫佳）

【杨浦区审计局】 2014 年，杨浦区审计局在编 33 人。局长朱萍，副局长周兰萍、贺东明，纪检组长周兰萍（兼）。设有办公室、法规科、财政审计科、行政事业审计科、经济责任审计科、固定资产投资审计科、经贸审计科、鉴证审计科。

审计成果 杨浦区审计局完成审计和审计调查项目 34 个，查出管理不规范金额 1.29 亿元，应上缴财政 72 万元、应减少财政拨款或补贴 137 万元、应归还原渠道资金 1040 万元、应调账处理金额 629 万元。提出审计建议 99 条。出具审计报告 43 篇，被区领导批示 6 篇。提交审计信息 11 篇，被采用 17 篇。

财政审计 对 2013 年度区本级预算执行和其他财政收支情况进行审计，重点关注预算的完整性、规范性和效益性，关注各项财政政策的落实情况。

固定资产投资审计 对 7 个学校校舍加固及修复工程、市东教育小区整体改建工程、杨浦区中心医院开鲁分院新建项目开展竣工决算审计，规范政府投资项目建设管理。

经济责任审计 对区绿化和市容局、控江街道等 14 个单位 28 名领导干部开展经济责任审计。同时把公务支出预算管理、会议和培训管理、公务接待管理、国有企业领导人员职务消费等纳入审计范围。

专项资金审计 开展城镇保障性安居工程跟踪审计，保障政策落实、分配公平，维护群众利益；对社会抚养费征收管理情况进行审计，助推规范运行。（撰稿人：傅 强）

【闵行区审计局】 2014 年，闵行区审计局在编 34 人。党组书记陈相斌，局长王敏，副局长马建国、陈志强、任筱华，纪检组长马建国（兼）。设有办公室、综合法规科、财政审计科、经贸审计科、经济责任审计科、固定资产投资审计科。

审计成果 闵行区审计局完成审计和审计调查项目 24 个，查出违规金额 0.03 亿元、管理不规范金额 4.18 亿元，应调账处理 0.40 亿元，应减少财政拨款或补贴 41 万元，应上缴财政 0.03 亿元。提出审计意见建议 64 条，6 篇审计报告被区领导批示。

财政审计 对 2013 年度区本级预算执行和其他财政收支情况进行审计，重点关注区本级财政在国有资本经营预算实施、财政专户存量资金盘活管理、专项资金分配及管理、“三公”经费预算安排控制、国有资产管理、创业投资引导基金政策执行及运行、信息化平台建设等内容，从财政管理层面揭示问题、分析问题、提出建议。

固定资产投资审计 对2013年城镇保障性安居工程进行跟踪审计，通过审计摸清情况、反映成效、揭示问题。对新建上海紫竹新兴产业技术研究院（一期）和文化公园项目进行跟踪审计，揭示项目投资控制、资金管理等方面存在的问题。对澄江路（莲花南路—龙吴路）道路新建工程、上师大附中和七宝中学工程修缮项目进行竣工决算审计，发现招投标和项目开工流程、造价计算和劳务费列支、合同签订和资料审核签发等方面存在的问题。对13个限额以下建设项目实施委托竣工决算审计。

经济责任审计 对江川路街道、区农委、区资产管理公司等8个单位10名领导干部（人员）进行经济责任审计，重点关注法律法规执行、各项政策贯彻落实、内控制度建立完善、中央八项规定执行、农村集体“三资”管理、上轮审计整改落实等情况。9月，区委、区政府办公室印发《闵行区领导干部离任经济事项交接工作办法（试行）》。

企业审计 对区资产管理公司2013年度资产负债及损益情况进行审计，揭示在资产负债及损益核实、办公用房装修改造、薪酬管理、公车管理等方面存在的问题，提出加强对所属企业历史遗留问题的处理、加强工程项目的管理、薪酬管理和资产负债损益核算的意见和建议。

专项资金审计 对区公共排水设施养护资金管理情况、区村庄改造长效管理补贴资金使用情况、区生活垃圾分类推进项目财政资金管理使用情况进行审计，从提高管理、运营绩效方面提出建议。 （撰稿人：曹晓冬）

【宝山区审计局】 2014年，宝山区审计局在编35人。局长张晓宁，副局长周坤明、邱大德、王新民。设有办公室（人事科）、法规科、财政审计科、行政事业审计科、固定资产投资审计科、经贸审计科、经济责任审计科。

审计成果 宝山区审计局完成审计和审计调查项目39个，查出违规金额0.80亿元、管理不规范金额14.37亿元，应上缴财政0.81亿元、应减少财政拨款或补贴0.10亿元、应归还原渠道资金0.09亿元、应调账处理金额5.31亿元。出具审计报告和专项审计调查报告48篇。提出审计建议97条，提交审计信息93篇，被批示、采用39篇。

财政审计 对12个单位开展部门预算执行情况审计，重点关注部门预算、“收支两条线”管理、国库集中支付、政府集中采购、招投标制度、公务卡使用、公车改革、“三公”经费支出管理等财政改革措施执行和落实情况，促进规范部门预算管理。

固定资产投资审计 对区实施生态专项建设、华山医院北院、月浦社区卫生服务中心、城镇保障性安居工程等6个项目进行跟踪审计和竣工决算审计，核减投资2亿多元。修订完善《宝山区政府投资审计监督办法》。

经济责任审计 对15个单位29名党政主要领导干部开展经济责任审计，重点关注重大经济决策、重大建设项目、重点专项资金、债权债务、土地出让、资源利用、节能降耗、财政管理、行业监管、廉政建设等内容，提出意见和建议55条，促进被审计单位建立完善制度27项，推动区农委等单位清理整顿所属31家三产公司并推进事企分离。修订完善《宝山区处级党政主要领导干部和区管国有企业领导人员经济责任审计办法》，出台《宝山区内部审计工作意见》。

专项资金审计 对卫生医疗设备、农业规模经营、残疾人保障资金、科技创新等专项资金使用管理和效果情况开展专项审计或审计调查，提出对策建议23条，促使相关部门修订和完善政策制度6项，协调相关部门完善工作机制7项。促进清理上缴各类沉淀资金557.6万元，宕存资金纳入预算管理643.74万元。 （撰稿人：张秀敏）

【嘉定区审计局】 2014年，嘉定区审计局在编54人。局长柏永明，副局长谭思翔、徐青、苑鼎宏，纪检组组长吉峻岭。设有办公室、综合法规科、纪检监察室（人事监察科）、财政金融行政审计科、经贸审计科（外资运用审计科）、经济责任审计科、农业与资源环保审计科、固定资产投资审计一科、固定资产投资审计二科、固定资产投资审计三科（社会保障审计科）、计算机审计与信息技术科、审计信息中心。

审计成果 嘉定区审计局共完成审计和审计

调查项目 29 个，查出管理不规范金额 10.01 亿元，促进增收节支 0.74 亿元，已上缴财政 0.29 亿元、已减少财政拨款或补贴 17 万元、已归还原渠道资金 0.45 亿元、已调账处理金额 1.90 亿元。提出审计建议 54 条。出具审计报告和专项审计调查报告 38 篇。提交审计信息 33 篇，被采用 33 篇。

财政审计 对 2013 年度区本级预算执行情况和其他财政财务收支情况进行审计，揭示国有资本经营预算、转移支付资金、政府采购、区管企业经营管理等 8 方面 24 个问题。

固定资产投资审计 对 9 个区重大工程建设项目进行跟踪审计、竣工决算审计，审计核减金额 0.69 亿元。制定《投资建设项目跟踪审计操作规范》，细化 12 项跟踪审计内容，建立跟踪审计项目台账登记制度。区政府转发《嘉定区财政性资金建设项目委托社会中介机构审计管理办法》。委托中介机构完成审价项目 1324 个，核减造价 3.6 亿元。对社会中介机构实施的 55 个 500 万元以上审价项目进行复核。

经济责任审计 对 1 个街镇、6 个委办局和 3 个区管企业 16 名处级领导干部（人员）进行任期经济责任审计，发现非金额计量问题 46 个，提出审计建议 19 条。

专项资金审计 对区民办随迁子女小学补贴资金使用管理情况、区污水管网建设养护情况、镇级政府采购管理情况及区道路养护专项资金使用管理与绩效情况开展审计调查，从制度体制机制层面分析原因，提出促进完善制度及管理机制的意见和建议。 （撰稿人：朱艳笛）

【浦东新区审计局】 2014 年，浦东新区审计局在编 53 人。局长徐国平（—8 月）、康晴华（8 月—），副局长朱长勇（—12 月）、段际凯、虞刚杰、朱云，纪检组长朱长勇（—12 月，兼）、段际凯（12 月—，兼）。设有办公室（组织人事处、综合法规处）、财政审计处（行政事业审计处）、经济责任审计处（内部审计工作指导处）、综合经济审计处、投资建设审计处（资源环保审计处）、绩效审计处（审计稽查处）。10 月，依据浦东新区机构编制委员会批复，下设审计事务中心更名为浦东新区审计管理与信息中心。

审计成果 浦东新区审计局完成审计和审计调查项目 106 个，查出管理不规范金额 577.90 亿元，促进增收节支 7.59 亿元。移送司法机关、纪检监察机关和有关部门处理事项 1 件。提出审计建议 161 条。出具审计报告 113 篇。

财政审计 关注财政预算执行情况，对区财政局组织的 2013 年度本级预算执行情况、区教育局等 6 个部门 2013 年度预算执行情况等进行审计和审计调查，揭示结余资金统筹力度不够、委托监管企业未纳入国有资本经营预算等问题。关注“三公”经费执行情况，对区政府 19 个部门的“三公”经费进行审计，加大对公务接待、因公出国、公务用车购置及运行经费的审计力度，督促相关部门压缩开支规模。关注民生资金使用情况，对养老服务扶持资金、公共停车场规划建设资金、文物建筑保护管理资金等开展绩效审计，督促有关部门“用对钱”和“用好钱”。

固定资产投资审计 开展村庄改造、两港公路工程等大型基础性建设项目竣工决算审计 139 个，揭示工程建设中高估冒算和管理不规范等问题。对中环线浦东段、滨江森林公园二期、保障房建设等 22 个项目进行跟踪审计，促进提高重大项目建设质量和效益。开展节能降耗、生活垃圾分类管理情况等审计。

经济责任审计 开展经济责任审计项目 14 个，涉及被审计领导干部（人员）30 人。联合有关部门对 16 个委办局、街镇，开展“贯彻落实中央八项规定精神，严肃执行财经纪律”专项检查。建立健全与区纪委监察局的监督协作机制，通过完善审计与纪检监察的项目沟通机制、监督过程协助机制、问题线索移送机制和成果共同运用机制，深化与区纪委监察局、区委组织部等职能部门的工作对接，推动审计结果在区委巡察、党风廉政建设责任制、干部考核中的运用。

企业审计 对南汇发展集团、公共交通公司、国际医学园区等 7 个项目进行审计，重点关注企业重大决策、战略规划、科学发展、经营管理、内控制度、资产质量等内容，对产业园区等单位的运营绩效、环境绩效进行审计分析和评价，督促企业落实整改事项 65 项。 （撰稿人：姜学诗）

【金山区审计局】 2014 年，金山区审计局在编34人。局长张娣芳，副局长李永革、潘浩、胡炎培，纪检组长潘浩（兼）。设有办公室、法规审理科、财政审计科、行政事业审计科、经济责任审计科、固定资产投资审计科、国有资产鉴证审计科、内审指导科、绩效审计科、审计中心。

审计成果 金山区审计局完成审计和审计调查项目49个，查出损失浪费金额0.01亿元、管理不规范金额5.75亿元，应上缴财政1万元、应减少财政拨款或补贴76万元、应归还原渠道资金203万元、应调账处理金额4.97亿元。出具审计报告和专项审计调查报告63篇。提交审计信息63篇，被批示3篇、采用27篇。

财政审计 对2013年度区本级预算执行情况及其他财政财务收支情况进行审计，促进相关单位完善管理制度11项。

固定资产投资审计 对13个项目进行竣工决算审计，对3个项目进行跟踪审计。送审金额8.31亿元，审定金额7.72亿元，核减投资0.58亿元。

经济责任审计 完成16个单位20名领导干部（人员）经济责任审计，2次组织召开区经济责任审计工作联席会议，通报经济责任审计工作。

专项资金审计 对区2010—2012年度农村村庄改造资金使用管理及绩效情况、区2011—2013年度新型农村合作医疗基金使用管理情况、政府采购管理实施情况、区社会抚养费征收使用和管理情况开展专项审计调查。对上海精细化工产业园、上海金山化工物流产业园、上海精细化工火炬创新创业园开展专项审计。对金山粮油购销公司及其投资企业不实资产核销开展专项审计。

（撰稿人：何玉凤）

【松江区审计局】 2014年，松江区审计局在编41人。局长沈日新，副局长吴慰民、吴玲，纪检组长许方勇。设有办公室、综合业务科、财政金融审计科、行政事业审计科、社保资源审计科、经济责任审计科、国资经贸审计科、基本建设审计科、信息技术科、审计中心。

审计成果 松江区审计局完成审计和审计调查项目21个，查出损失浪费金额2033万元、管理不规范金额12.95亿元。向司法、纪检监察机关及有关部门出具移送处理书10份。出具审计报告和专项审计调查报告36篇，被批示7篇。提出审计建议35条。提交审计情况专报5篇，被批示2篇。

财政审计 对2013年度区本级预算执行和其他财政财务收支情况进行审计，发现存在虚列预算支出、对预算单位的预算执行情况监管不到位、企业国有资本经营收益收缴覆盖率不高、专项资金使用不合规、国有资产监管缺失、消费性支出控制不严、会计核算不够规范等问题。

固定资产投资审计 对通波塘河道整治（三期）、松蒸公路（姚河泾桥—辰塔路）拓宽、新效路、新效支路道路中修等工程项目开展竣工决算审计。对2013年城镇保障性安居工程、全区2013年度政府投资项目实施情况、松卫公路建设项目开展跟踪审计。对区教育局2013年度工程项目实施情况开展审计调查。

经济责任审计 对4个街镇、4个区级部门（单位）的党政领导干部和1名企业领导人员开展经济责任审计，揭示重大经济决策的科学性合法性有效性有待进一步提高、对下属单位监管不到位等问题。

（撰稿人：张　皓）

【青浦区审计局】 2014年，青浦区审计局在编30人。局长王健，副局长瞿坚春、朱民、赖伟春，纪检组长朱民。设有财政金融审计科、行政事业审计科、经济责任审计科、经贸审计科、综合法规科、固定资产投资审计科、办公室。

审计成果 青浦区审计局完成审计和审计调查项目99个，组织委托中介机构实施500万元以下竣工决算审计项目154个，审计资金763.48亿元，促进增收节支4.31亿元。提出审计意见和建议90条，促进建立健全制度13项。

财政审计 对2013年度区本级预算执行情况和其他财政财务收支情况进行审计，突出管理效果，关注政策执行、国库集中支付、乡财区管、资产管理等方面改革举措，提高资金效益。

固定资产投资审计 对6个项目开展跟踪审计，对24个区重大实事项目、53个500万元以上其他政府性投资项目和154个500万元以下政府性投资项目开展竣工决算审计，审计涵盖新城大型居住区、轨道交通、医院、道路、公共设施、农村设施等政府投资领域。

经济责任审计 对5个单位5名领导干部开展经济责任审计。修订完善《经济责任审计工作联席会议组织办法》《经济责任审计工作联席会议办公室工作规则》。

专项资金审计 对全区2013年城镇保障性安居工程开展跟踪审计，对青浦太浦河原水厂扩建（三期）工程进行竣工决算审计，对全区2012年至2013年政府采购管理实施绩效情况、区2013年产业扶持资金使用管理绩效情况、饮用水源安全开展审计调查。（撰稿人：董　博）

【奉贤区审计局】 2014年，奉贤区审计局在编44人。局长苏徐平，副局长徐秋官、钟荣华（—12月）、王斌。设有办公室、法规科、固定资产投资审计科、财政审计科、经济责任审计科、行政事业审计科、经贸内审科、审计中心。

审计成果 奉贤区审计局完成审计和审计调查项目31个，查出管理不规范金额14.51亿元、损益（收支）不实金额5195万元；完成计划外固定资产投资审计（审价）项目121个，累计核减额3.8亿元。出具审计移送书1件。提出审计建议51条。上报审计情况专报1篇。

财政审计 对2013年度区本级预算执行情况和其他财政财务收支情况进行审计，关注中央八项规定执行情况、“三公”经费使用等情况。对2个镇级政府实施预算执行审计，延伸和抽查22个镇级基层单位。

固定资产投资审计 对2013年城镇保障性安居工程、格致中学新建工程进行跟踪审计，对奉城医院项目进行竣工决算审计，为区政府实现“惠民生、解民忧”的目标提供建议。

经济责任审计 开展经济责任审计项目15个，涉及19名党政领导干部和国有企业领导人员。制定《关于建立和推行奉贤区区管单位领导干部（人员）任期内轮审制度的实施意见》《奉贤区区管领导干部（人员）任期经济责任审计整改工作实施办法（试行）》。

专项资金审计 对淘汰劣势企业专项资金使用绩效情况、区建设项目招投标情况、社会抚养费征收管理情况等开展审计调查，促进建立长效管理机制。（撰稿人：邬燕璐）

【崇明县审计局】 2014年，崇明县审计局在编32人。局长施蕾，党组书记张华，副局长李雷鸣、祖红耘，纪检组长李雷鸣（12月—，兼）。设有办公室、综合法规科、财政审计科、行政事业审计科、经贸审计科、经济责任审计科和固定资产投资审计科。

审计成果 崇明县审计局完成审计和审计调查项目89个，查出违规和管理不规范金额20.43亿元，其中应减少财政拨款或补贴0.91亿元。移送有关部门处理事项2件。出具审计报告和专项审计调查报告95篇。提交审计信息22篇。

财政审计 对2013年度县本级预算执行情况和其他财政收支情况进行审计，发现存在结转和结余资金管理有待进一步加强、部分项目预算编制不合理、部分单位公务卡管理未严格按规定执行等问题。

固定资产投资审计 对2013年崇明县既有公共建筑节能改造工程、上海工程技术管理学校本部改造校园基础设施工程、上海崇明南门港客运码头待渡停车场及引桥设施扩建工程、崇明大道广场改造工程等77个项目进行竣工决算审计，核减投资1.13亿元。

经济责任审计 对17个单位26名县管领导干部实施任期经济责任审计，发现预决算编制不完整、专项资金管理不规范和资产管理不到位等问题。

专项资金审计 对2013年创建标准化老年活动室项目专项资金使用情况、崇明界河水闸至庙港北闸段海塘达标前期清障工程专项资金使用情况、县区域卫生信息化平台项目资金使用情况、全县2013年农村村庄改造工程专项资金使用情况、江口副业场外侧小圩海塘达标前期清障工程专项资金使用情况、崇启通道红线外两侧各50米绿化带腾地专项资金使用情况等进行专项审计。对崇明县2012年1月至2014年6月社会抚养费征收情况实施专项审计调查。对崇明县2013年城镇保障性安居工程投资、建设、分配和运营情况实施跟踪审计。（撰稿人：孙文渊）

2014年上海市本级及所辖区、县级审计工作统计表

金额单位：万元

审计机关	完成审计项目（个）	审计查出主要问题金额	审计处理情况					出具审计报告和审计调查报告（篇）	提出审计建议（条）	提交审计信息（篇）
			审计处理处罚				移送处理事项（件）			
			应上缴财政	应减少财政拨款或补贴	应归还原渠道资金	应调账处理金额				
上海市本级	100	4740700	69335	18000	2630	158733	3	131	612	211
黄浦区审计局	24	57355	2218	9986		17736		39	64	104
徐汇区审计局	37	42990	416	402		2300		56	60	123
长宁区审计局	28	172271		713	8398	145778	3	46	58	136
静安区审计局	37	34006	1164	5339	1	815		38	40	1
普陀区审计局	33	123929	17059				1	58	65	18
闸北区审计局	13	666210	1840	416	10000	50		20	48	
虹口区审计局	20	13191	1254		48	1256	2	32	46	31
杨浦区审计局	34	12986	72	137	1040	629		43	99	11
闵行区审计局	24	42200	313	41		4012		31	64	4
宝山区审计局	39	132145	8195	1022	966	53166		48	97	93
嘉定区审计局	29	100176	408			14978		38	54	33
浦东新区审计局	106	5829400		44186		704	1	113	161	9
金山区审计局	49	57696	1	76	203	49762		63	5	63
松江区审计局	21	131642	17				10	36	35	27
青浦区审计局	99	2760916	42832		11	1808		103	90	165
奉贤区审计局	31	145303	54		190	2317	1	35	51	4
崇明县审计局	89	204330		9110	6	4949	2	95	124	22

江苏省

【江苏省审计厅】 2014年，江苏省审计厅人员编制223人，在编178人。厅机关设有办公室、法规处（审计督察处）、财政处、行事处、农环处、投资处、金融处、企业处、社保处、外资处、经审局、计算机处、人教处和机关党委，以及3个直属局、省审计科研所、厅机关服务中心。另有省纪委派驻纪检组、省监察厅派驻监察室。

领导成员

厅　　长：顾树生

副 厅 长：金海江　葛笑天（5月—）
　　　　　褚宗明　黄武秋

总审计师：葛笑天（—5月）
　　　　　葛红民（12月—）

纪检组长：沈自力

巡 视 员：李荣荣（—12月）

审计成果　全省审计机关共审计（调查）4416个项目单位，查出各类违规问题金额118.66亿元，促进增收节支260.58亿元。向司法、纪检

监察机关和有关部门移送处理事项 302 件。提交审计报告和信息 3755 篇；促进被审计单位建立健全制度 246 项。3 个审计项目被审计署分别评为全国地方优秀审计项目和表彰项目；3 个市审计局和 1 名审计干部分别被评为全国审计系统先进集体和先进个人；27 个市、县审计局和 14 名审计干部分别被评为全省审计系统先进集体和先进个人。

稳增长等政策措施落实情况跟踪审计　围绕促进稳增长促改革调结构惠民生防风险政策落实，着力监督检查财税、惠民等相关政策措施的执行情况，提出审计建议，促进制度健全，强化管理，推动政策落地生根和不断完善。围绕贯彻落实中央八项规定和省委十项规定，加强对部门单位执行厉行节约反对浪费规定有关情况的专项审计，重点检查“三公”经费和会议费使用管理情况，促进提高财政资金使用效益和加强廉政建设。围绕保障中央和援建政策措施的落实到位，派出 19 个审计组两次赴新疆开展对口支援新疆资金及建设项目跟踪审计，重点检查前三年援疆项目完成及后续管理情况、新一届援疆指挥部（组）管理制度建设情况，并对本年度援建项目实施、管理等情况进行全面审计，直接核减虚报工程结算价款 8260 万元，纠正管理不规范金额 9187 万元，提出审计建议 38 条，被采纳 31 条。

全国土地出让收支和耕地保护情况审计　根据审计署统一部署，全省集中 1500 名审计人员参加国土审计，精心组织、科学安排，按照“摸底数、揭问题、促改革”的审计总目标，组织实施审计，按时保质完成审计任务，有效促进耕地保护和土地管理政策落实。

财政审计　围绕健全政府预算体系、盘活存量资金、提高资金绩效，深入开展财政审计、预算执行审计和税收审计，注重从体制机制层面分析问题，从完善政策制度方面提出建议，推动深化财税体制改革和财政资金提质增效。财政审计中，着重对本级公共财政预算、政府性基金预算、国有资本经营预算和社会保障基金预算等“四本预算”执行情况进行“全口径”审计。积极构建省级数字化审计分析平台，搭建部门预算审计子系统开展数字化审计。首次取得 122 个省级一级预算部门的全部财务电子数据，全面掌握省级部门预算执行总体情况，审计监督全覆盖迈出实质性步伐。依托江苏地税省级大集中税收管理信息系统，积极探索信息化审计方式，推进数字化税收审计平台建设，创新财政收入征管审计，着力从政策执行、系统应用、纳税评估和风险管理等方面开展审计，进一步提升税收审计的效率和效果。

经济责任审计　贯彻落实《党政主要领导干部和国有企业领导人员经济责任审计规定实施细则》和《江苏省党政主要领导干部经济责任审计规定》，继续推进“三责联审”，积极推行“同步审计”，不断提高任中审计比例。全省审计机关对 1342 名党政领导干部和国有企业领导人员进行经济责任审计。按照党政领导干部考核办法的新要求，把环境治理等指标和实绩作为重要的审计内容，开展领导干部自然资源资产离任审计试点。加强对内部审计工作的指导，积极推动部门和单位内部管理领导干部经济责任审计。

企业和金融审计　围绕推动经济发展方式转变、促进经济结构调整，深入开展企业审计和金融审计，注重揭示存在的薄弱环节和风险隐患，以及可能引发社会不稳定因素的苗头性、倾向性问题，积极提出解决问题和化解风险的建议。重点对省苏豪控股集团、省惠隆资产管理有限公司、省文化产业集团、南京金陵饭店集团等国有企业进行审计。审计过程中，创新审计思路、拓展审计内容，着重检查国有企业财政财务收支的真实合法效益、内控制度的建立健全、领导人员遵纪守法和廉政纪律等情况，维护国有企业资产安全、促进企业科学发展和企业领导人员廉洁自律。开展江苏金融租赁有限责任公司审计，着力检查在政策执行、经营管理、风险防控等方面存在的问题，促进企业深化改革和健康发展。继续做好全省农信社法人机构第三轮审计工作，重点检查农信社信贷规模、投向和资产质量状况，及时反映农信社内部管理的薄弱环节和制度缺陷，促进规范经营、深化改革，切实防范系统性、区域性金融风险。

农业与资源环保审计　加大资源环境审计力度，推进资源节约型和环境友好型社会建设。联合省太湖办对苏州、无锡、常州三市太湖治理项目的目标完成、职责履行、资金使用和建设效果等开展专项审计调查，收缴违规套取的省补资金，与省太湖办联合发出通报，对相关人员进行责任追究。省政府办公厅印发相关专项资金管理办法。因太湖治理跟踪审计成绩突出，省审计厅荣获第八届中华宝钢环境优秀奖。根据审计署授权，开展世界银行贷款江苏省供水及环境综合治理、亚洲开发银行贷款盐城湿地保护等国外贷援款审计项目审计，促进完善项目管理，实现外资运用规范高效。

专项资金审计 全省审计机关派出122个审计组、631名审计人员，对2014年城镇保障性安居工程的投资、建设、分配、运营等情况进行审计，重点对棚户区改造安置、保障性住房分配和管理情况进行审计，推动完善住房保障制度，促进惠民政策落实。加大教育、医疗、文化、社保、就业等资金项目审计力度，及时纠正损害群众利益问题，推进惠民政策落实。（撰稿人：吴蓓蓓）

【南京市审计局】 2014年，南京市审计局人员编制192人，在编166人。局长施卫国，副局长徐卫平、徐卫华（—1月）王国钧（1月—）、林林、周奇（1月—）、万晓义，总审计师朱益强，纪检组长赵镭裕。设有办公室、法规处（审计督察处）、财政审计处、行政事业审计处、农业与环境保护审计处、固定资产投资审计处、企业审计处（金融审计处）、社会保障审计处、外资运用审计处、任期经济责任审计与内部审计指导处、计算机审计处、人事教育处、机关党委、监察室、直属审计一局、直属审计二局。

审计成果 南京市审计机关全年完成审计项目128个，其中计划内审计项目55个、投资跟踪审计项目53个、政府交办事项20件。查出主要问题金额635.24亿元，其中违规金额1.08亿元、损失浪费金额5.01亿元、管理不规范金额629.15亿万元；损益（收支）不实金额27.88亿元；审计处理处罚金额154.48亿元，其中应上缴财政0.9亿元、应归还原渠道资金24.44亿元、应调账处理金额129.17亿元；审计发现非金额计量问题401个；审计促进整改落实有关问题资金133.36亿元，其中增收节支21.87亿元、已调账处理金额111.5亿元；审计促进拨付资金到位1.3亿元。移送司法机关、纪检监察机关和有关部门处理事项17件。出具审计报告和专项审计调查报告64篇，被批示、采用28篇。提出审计建议203条，提交审计信息249篇，被批示、采用337篇。向社会公告审计结果7篇。

亚洲青年奥林匹克运动会（亚青会）审计 对亚洲青年运动会建设项目及资金进行跟踪审计，对青年奥林匹克运动会运行经费收支开展全面审计。对青奥村、龙江体育馆等青奥场馆改造项目，以及青奥临时设施项目开展跟踪审计或竣工结算审计，保障项目和资金安全。

财政审计 首次对公共财政预算等“四本预算”进行全面审计，实现对市本级100家一级预算单位预算执行审计全覆盖；首次实现对市财政预算安排的专项资金进行审计，资金量达30%以上。市政府常务会审议通过《关于加强财政专项资金审计监督的实施办法》。

经济责任审计 全年实施经济责任审计项目12个，任中审计比例达40%。市政府常务会审议通过《关于新形势下进一步深化全市经济责任审计工作的意见》，以及《部门和单位党政主要领导干部任职经济责任审计告知暂行办法》等4个配套办法。

固定资产投资审计 先后对南京长江四桥、纬三路过江隧道、地铁10号线等重点工程开展审计。推动出台《南京市政府投资建设项目审计监督条例》。市政府首次召开全市政府投资项目审计暨经济责任审计工作通报会。

金融审计 对江苏紫金农村商业银行2012年资产负债损益情况进行审计，重点关注信贷政策投向、信贷业务质量以及各项业务风险管理等情况，提出进一步加强信贷管理工作，提高风险控制水平等审计建议。

农业与资源环保审计 开展高标准粮田、工业废气污染治理情况专项审计调查，提出切实可行的审计建议，做到边审边促边整改。

企业审计 开展市属国有房地产企业退出一般性竞争领域等审计调查，提出审计建议，促进增强企业竞争力和推进国有资产保值增值。

专项资金审计 对南京市城镇保障性安居工程专项资金等8个财政专项资金管理使用情况进行专项审计调查，涉及资金86.51亿元，占市级专项资金年初预算安排的30%以上。对8个镇街财政运行情况专项审计调查项目被审计署评为全国优秀审计项目。

信息化建设 深化数字化审计平台的应用，全面完成涵盖财政、地税、社保、公积金等行业部署，将全市一级预算单位电子数据纳入平台。成立专兼职相结合的数据分析团队，建设专门的数据分析室，为数据分析工作提供保障。

（撰稿人：靳 乐）

【无锡市审计局】 2014 年，无锡市审计局人员编制 99 人，在编 91 人。局长刘燕萍，副局长唐家梁、李晔、徐波、李家虎，纪检组长金进。设有办公室（信息处）、法制综合处（审计督察处）、财政审计处、金融审计处、行政事业审计处、社会保障审计处、企业审计处、农业与资源环保审计处、固定资产投资审计处、外资运用审计处、经济责任审计与内部审计指导处、计算机审计处、人事教育处、机关党委。

审计成果 无锡市审计机关共完成审计项目 220 个，查出主要问题金额 4648260 万元，其中违规金额 61750 万元、损失浪费金额 64993 万元、管理不规范金额 4521520 万元；损益（收支）不实金额 447614 万元；审计处理处罚金额 126595 万元，其中应上缴财政 46385 万元、应减少财政拨款或补贴 36457 万元、应归还原渠道资金 9082 万元、应调账处理金额 34605 万元；审计发现非金额计量问题 642 个；审计促进整改落实有关问题资金 125143 万元，其中增收节支 90789 万元、已调账处理金额 34282 万元；审计促进拨付资金到位 2111 万元；审计后挽回（避免）损失 86409 万元。移送司法、纪检监察机关和有关部门处理事项 23 件。提交审计报告和专项审计调查报告 331 篇，被批示、采用 24 篇。提出审计建议 611 条，提交审计信息 453 篇，被批示、采用 377 篇。向社会公告审计结果 19 篇。

政策落实情况审计 对城镇保障性安居工程、耕地保护和土地管理政策落实情况进行审计，对教育、科技金融、环境保护等相关政策执行情况以及中央八项规定和省委十项规定落实情况进行审计。其中，耕地保护和土地管理政策落实情况审计，派出 123 名审计人员赴扬州，历时两个半月圆满完成现场审计任务。

财政审计 市本级首次将一般公共预算、政府性基金预算、国有资本经营预算、社会保险基金预算同时纳入审计范围。全市审计机关重点检查 30 个市级部门、88 个市（县）区级部门预算执行情况，促进有关部门提高预算执行的真实性、合规性，改善预算执行质量和效率。

经济责任审计 开展经济责任审计项目 106 个，被审计责任人中地方党政领导干部 80 人、行政事业单位领导干部 15 人、人民团体领导人员 3 人、国有企业领导人员 8 人；任中审计 41 个、离任审计 65 个，查处违规及损失浪费金额 4.89 亿元。

企业、金融审计 完成 13 个企业、金融单位审计，延伸审计单位 32 个，查出主要问题金额 469464 万元。

固定资产投资审计 完成竣工决算审计项目 36 个，决算审计投资总额 48.02 亿元，核减工程款 5.87 亿元。

内部审计 全市 378 个内部审计机构共完成审计项目 12465 个，审计总金额 7965036 万元，增收节支 129460 万元，提出的审计建议意见被采纳 2205 条。

（撰稿人：伏小军）

【徐州市审计局】 2014 年，徐州市审计局人员编制 88 人，在编 86 人。局长董明灿，副局长卢海良、冯志强、马绪明、屈哲、王锐英，纪检组长刘江明。设有办公室、人事处、监察室、法规处、计算机处、财金处、行事处、社保处、企业处、农环处、投资处、外资处、经审处、国土处。

审计成果 徐州市审计局完成审计项目 113 个，查出主要问题金额 1341307 万元，其中违规金额 206667 万元、损失浪费金额 1067 万元、管理不规范金额 1133572 万元；损益（收支）不实金额 1036298 万元；审计处理处罚金额 221662 万元，其中应上缴财政 165059 万元、应减少财政拨款或补贴 25173 万元、应归还原渠道资金 42581 万元、应调账处理金额 253 万元；审计发现非金额计量问题 69 个；审计促进整改落实有关问题资金 88280 万元，其中增收节支 11411 万元；审计后挽回（避免）损失 2640 万元。移送司法机关、纪检监察机关和有关部门处理事项 4 件。提交审计报告和专项审计调查报告126篇，被批示、采用28篇。提交审计建议265条，提交审计信息686篇，被批示、采用437篇。向社会公告审计结果9篇。

财政审计 实施市本级预算执行等18个财政审计项目，查出主要问题金额26.10亿元。

经济责任审计 完成13名领导干部的经济责任审计，查出主要问题金额3.50亿元，其中违规金额4758万元，管理不规范金额3.02亿元。

金融审计 开展江苏邳州农村商业银行股份有限公司资产负债损益审计，查出主要问题金额1.62亿元。

固定资产投资审计 对亿吨大港、城市轨道交通等51项工程开展跟踪审计和工程决算、征地拆迁、资产评估审计，送审金额19.99亿元，核减工程投资3.7亿元。

社会保障审计 组织完成城镇保障性安居工程、城乡困难群众医疗救助、残疾人就业保障金等项目审计，查出主要问题金额2.16亿元。

企业审计 对徐州市观音机场有限公司、地方政府投融资平台公司等国有资产经营有限公司进行审计，查出主要问题金额102.8亿元。

专项资金审计 开展教育附加费、散装水泥专项资金、土地出让金等9个专项资金审计和审计调查，查出主要问题金额8389万元。

信息化建设 市审计局完成财政、税务、住房公积金、社保资金4个行业数字化平台建设任务，数据已全部部署到服务器，各县区局也全部完成数字化审计平台建设，并通过专线方式与市审计局进行数据交换。 （撰稿人：范 恺）

【常州市审计局】 2014年，常州市审计局人员编制79人，在编80人。局长陈荣平，副局长吕全斌、崔业富、罗志敏、朱亦萍，总审计师王祥君，纪检组长徐江，专职委员邹启堂。设有办公室、法制综合处、财政和金融审计处、行政事业处、经贸审计处、社会保障审计处、固定资产投资审计处、农业与水利环保审计处、外资审计处、经审指导处、计算机审计处、审计业务监督处、人教处、党总支和监察室。

审计成果 常州市审计机关完成审计项目126个，查出主要问题金额1810622万元，其中违规金额54889万元、损失浪费金额725万元、管理不规范金额1755008万元；损益（收支）不实金额75071万元；审计处理处罚金额197948万元，其中应上缴财政44331万元、应减少财政拨款或补贴28060万元、应归还原渠道资金848万元、应调账处理金额122410万元；审计发现非金额计量问题259个；审计促进整改落实有关问题资金189600万元，其中增收节支67599万元、已调账处理金额119842万元；审计后挽回（避免）损失1120万元。移送司法机关、纪检监察机关和有关部门处理事项16件。出具审计报告和专项审计调查报告187篇，被批示、采用62篇。提出审计建议425条，提交审计信息43篇，被批示、采用26篇。向社会公告审计结果12篇。

财政审计 通过对11个资金账套审计，反映年度预算执行和其他财政收支情况，揭示部分预算收入、国有资产收益当年未入库、预算列支账中有3年以上结转资金挂账等问题。税收审计发现75户企业税收和资金申报不实；对8家社会教育培训机构进行尝试性的延伸调查。

经济责任审计 对13个单位的17名（8人是任中审计）领导干部开展经济责任审计；对上一年度经审项目整改情况回访梳理，汇总报送市委、市政府。

农业与资源环保审计 对涉及16家企业、154个项目的农业专项资金进行延伸检查；保障性安居工程审计推动相关部门出台和完善制度、文件6个；对江边污水处理三期工程开展阶段性跟踪审计，抽查复审资金1.23亿元。

固定资产投资审计 对现代传媒中心、龙城大道地道、青果巷历史文化街区改造、机场改扩建等10个项目进行跟踪审计。先后两次派人赴新疆乌恰县开展援疆审计。对常州建设史上单体最大工程——地铁交通工程启动审计。

社会保障审计 开展“120”运行情况、“百千万”帮扶工程实施情况等审计调查，有关审计建议得到全面落实；面向市区7所中小学，组织开展2013年度学校财务收支审计项目。

外资运用审计 配合开展中国农村卫生发展项目（常州）2013年度财务收支和项目执行情况审计，发现一批设备采购无验收和未及时发放使用等问题。

企业审计 通过监审合作开展创意产业发展情况专项审计调查，审计专报被市委书记、市长和常务副市长分别批示，市政府出台专门扶持意见，开展对常州广电置业有限公司及广电系统证券投资的专项审计和对民防建设投资有限公司的专项审计。

专项资金审计 赴南京交叉开展土地出让收支和耕地保护情况审计；面向264家市本级党政机关及事业单位，组织开展“三公”经费和会议费专项审计调查，报告得到市长批示并转发财政、监察等部门研究落实。

信息化建设 在“三公”经费专项审计中，开发网上申报系统；在排污费、地税审计等项目中，强化数据采集分析；全面启动建设投资审计管理系统的研发，完成13个审计及系统管理功能模块；在国土审计中引入国土遥感和GPS复合定位技术。 （撰稿人：陆华东）

【苏州市审计局】 2014年，苏州市审计局人员编制110人，在编94人。局长孙和，副局长周雨晨、陆旭东、徐敏华，总审计师吉宁，纪检组长叶帆。设有办公室、法制综合处（审计督察处）、财政金融审计处、行政事业审计处、农业与资源环保审计处、固定资产投资审计处、经贸审计处、社会保障审计处、外资运用审计处、任期经济责任审计与内部审计指导处、计算机审计处、信息处、组织人事处、监察室、苏州市经济责任审计中心。

审计成果 苏州市审计机关完成审计项目360个，查出主要问题金额10110992万元，其中违规金额14920万元、损失浪费金额38870万元、管理不规范金额10057201万元；损益不实1234252万元；审计处理处罚金额1013885万元，其中应上缴财政14920万元、应减少财政拨款或补贴42913万元、应归还原渠道资金67259万元、应调账处理金额888792万元；审计发现非金额计量问题929个；审计促进整改落实有关问题资金679208万元，其中增收节支109504万元、已调账处理金额569704万元；审计后挽回损失42913万元。移送司法机关、纪检监察机关和有关部门处理事项18件。提交审计报告和专项审计调查报告469篇，被批示、采用80篇。提出审计建议1123条，提交审计信息108篇，被批示、采用66篇。向社会公告审计结果8项。

政策落实情况审计 全市审计机关抽调165名业务骨干，赴南通开展审计署组织的土地出让收支和耕地保护情况审计。根据市委、市政府交办，组织全市审计机关会同财政部门，对市、县区、乡镇2014年10月底地方债务情况进行审计调查，达到“摸清底数、分析结构、揭示风险、提出建议”的目标。

财政审计 开展预算执行审计42个，财政决算审计45个。探索全口径预算执行审计，对市级、园区财政部门及324家全额拨款单位的财政存量资金进行审计。运用审计数据分析平台，对市本级90家行政和参公事业单位进行数据分析，首次实现部门预算执行审计全覆盖。

经济责任审计 对114名领导干部实施审计。制定出台《经济责任审计对象分类管理办法》，提高经济责任审计计划管理水平。联合苏州市委组织部、编制办出台《苏州市党政领导干部“三责告知”办法》，进一步完善“三责联审”制度。加强内管领导干部经济责任审计计划管理，市本级26家主管部门对95名内管领导干部实施经济责任审计。

固定资产投资审计 完成政府公共工程投资审计98项，核减投资额4.29亿元。严把重大工程项目结算审计关，第三监狱工程结算审计项目核减7500万元，轨道一号线竣工决算审计在一审核减基础上再次核减1221万元。加强对设计、监理、勘察等履约责任的审计，在轨道交通工程跟踪审计中，建设单位根据审计处理意见，对失职监理单位进行扣减5%共62.99万元监理基本服务费的经济处罚。

专项资金审计 实施各类专项审计39个。重点关注城乡一体、民生保障等重点领域政策执行情况。连续两年组织开展城镇保障性安居工程跟踪审计，重点反映资金筹集安排不及时等问题，得到市政府主要领导批示，促进住建、财政等部门加强管理。市住房公积金管理中心根据审计建议出台《关于调整住房公积金提取有关政策的规定》，适度调整异地转移提取公积金的条件。组织对吴中等四区生态补偿政策执行情况进行审计调查，争取市人大出台《生态补偿条例》。

（撰稿人：阚洪敬）

【南通市审计局】 2014年，南通市审计局人员编制100人，在编98人。局长顾宗瑜，副局长张林（—11月）、陈铭鑫、张亚萍、施宏伟，总审计师陆海燕，纪检组长丁旭东。设有财政金融审计处、行政事业审计处、农业与资源环保审计处、固定资产投资审计处、固定资产投资审计二处、经贸审计处、社会保障审计处、外资运用审计处、开发区审计处、经济责任审计处（内部审计指导处）、计算机审计处、办公室、法规综合处（审计督察处）、人事教育处、监察室和机关党委。

审计成果 南通全市审计机关完成审计项目710个，查出主要问题金额5886636万元，其中违规金额13996万元、损失浪费金额15422万元、管理不规范金额5857218万元；损益（收支）不实金额640624万元；审计处理处罚金额1868726万元，其中应上缴财政45122万元、应减少财政拨款或补贴261867万元、应归还原渠道资金8940万元、应缴纳其他资金5811万元、应调账处理金额1546986万元；审计发现非金额计量问题2512个；审计促进整改落实有关问题资金807097万元，其中增收节支300265万元、已调账处理金额505455万元、已缴纳其他资金1222万元；审计促进拨付资金到位43万元；审计后挽回（避免）损失254842万元。移送司法机关、纪检监察机关和有关部门处理事项83件。出具审计报告和专项审计调查报告930篇，被批示、采用66篇。提出审计建议1119条，提交审计信息613篇，被批示、采用524篇。向社会公告审计结果71篇。被人力资源和社会保障部、审计署联合表彰为全国审计机关先进集体。

财政审计 实施2014年度市本级预算执行及其他财政收支情况审计，以及海安县、崇川区2011—2013年度财政决算及其他财政收支情况审计。强化税收征管审计，开展行业管理数据分析，促进契税增收入库2167万元，促进地税部门完善征管制度。

经济责任审计 实施经济责任审计项目123个，查出违纪违规金额2602万元，查处损失浪费金额20万元。南通市政府出台《关于开展地方党政主要领导干部资源环境责任审计工作的实施意见（试行）》。南通市被审计署列为全国试点地区之一，在海安县率先开展地方党政主要领导干部自然资源资产离任审计。

金融审计 对海安、海门、如东、启东4县（市）农商行进行审计，重点关注信贷资金投向、结构及宏观调控政策落实情况，揭示经营管理薄弱环节和风险隐患，揭露重大违法违规问题，移送案件线索1件。

农业与资源环保审计 开展市区（不含通州区）污水处理厂运营绩效、市区高污染排放车辆管理、淘汰情况专项审计调查。对市级高效设施农业项目建设情况专项审计调查中，查出违纪违规及管理不规范金额3394万元，移交案件线索3件，4人被立案处理。

固定资产投资审计 竣工决算总审计金额223.22亿元，核减22.08亿元；标底审计总金额121.77亿元，核减5.31亿元；拆迁审计总金额6.37亿元，核减0.33亿元。争取市政府出台《南通市政府投资建设项目审计监督办法》。

社会保障审计 保障性安居工程跟踪审计促进保障性安居工程资金1514.08万元补充安排到位，促进中央及省补资金1870.22万元下拨，促进相关县（市）的6个保障性安居工程项目补办基本建设程序，促进市政府颁布《南通市市区申请救助家庭经济状况核对办法（试行）》；开展残疾人就业保障金、就业再就业资金使用管理情况审计调查，促进市人力资源社会保障局、财政局联合出台《关于规范市区家庭服务机构用工和补贴资金申报管理的意见》。

企业审计 开展本级国有经营公司2013年度政府性债务专项审计调查，提出加强企业经营风险、建立健全债务管理和偿还机制等建议。对国有置业集团下属3家单位开展审计，指出存在部分工程未按照规定进行公开招投标等问题。

专项资金审计 开展市本级储备粮财政补贴资金、社会养老行业现状、征地拆迁资金以及村级集体资产及财务收支情况专项审计调查，促进提高资金效益。

信息化建设 市审计局开发审计数字化综合平台，财政、地税、国税、住房公积金、房管、民政等数据采集到位。优化办公自动化系统，开发县区审计信息报送、审核、发布管理功能，完善“内部会议”模块，新增工程审计项目管理、经审项目管理、人员考评管理模块，有效解决工程审计管理难题。（撰稿人：祝晓敏）

【连云港市审计局】 2014年，连云港市审计局人员编制93人，在编88人。局长秦洁，副局长王洪欣、杨成功、刘林、李海英、郑厚明，纪检组长赵洁，市经责局局长郑厚明（1月—，兼）。设有办公室、法规处（审计督察处）、财政金融审计处、行政事业审计处、农业与资源环保审计处、固定资产投资审计处、企业审计处、社会保障审计处、外资运用审计处、任期经济责任审计和内部审计指导处、计算机审计处、人事教育处、机关党委、监察室、连云港市经济责任审计局、连云港市政府投资建设资金审核中心。

审计成果 连云港市审计机关共完成审计和审计调查项目309个，查出违规金额9.51亿元，促进增收节支1.51亿元，移送处理事项9件，审计建议被采纳566条，促进建立健全制度11项。提交审计报告和专项审计调查报告385篇。连云港市审计局获得省级依法行政示范点、全市目标考核二等奖、重大事项重点工程优秀服务单位等荣誉称号。

稳增长等政策措施落实情况跟踪审计 对城镇保障性安居工程及资金、对口援疆资金及建设工程进行审计。赴徐州对国有土地使用权出让收入和耕地保护情况进行审计。

财政审计 对连云港市财政局、市地税局、市开发区等市本级预算执行情况，市国土局、发改委、卫生局等部门（单位）预算执行情况进行审计，重点检查贯彻中央八项规定、省委十项规定和公议费、“三公”经费管理使用情况，关注治理“小金库”和吃空饷情况，促进加强管理和填塞漏洞，不断提高财政资金使用绩效。

经济责任审计 对10名领导干部实施任中审计，对9名领导干部实施离任审计。重点对海洋、国土、农林、水利等自然资源资产状况进行调查，对自然资源资产法律法规遵守情况、决策制度制定执行情况、生态环境保护及相关专项资金使用等情况进行审计。

固定资产投资审计 对30万吨级航道、锦屏磷矿棚户区改造建设工程等44个政府重点工程进行审计。开展旧城区改造、新机场建设等重点投资项目审计监督，促进规范项目管理，提高资金使用绩效。进一步规范政府投资审计监督行为，促进市政府出台《连云港市政府投资项目审计监督办法》。

专项资金审计 对住房公积金、福利彩票资金等专项资金进行审计，积极提出审计建议，对查出问题进行准确定性，提出处理意见和建议，督促被审计单位依法依规进行整改落实，促进惠民政策落到实处。（撰稿人：刘　明）

【淮安市审计局】 2014年，淮安市审计局人员编制83人，在编69人。局长梁三元，副局长徐增道、冯长尧、蒋启波、狄运中，总审计师刘孝武，纪检组长贾洪军。设有财政金融审计处、行政审计处、事业与社会保障审计处、固定资产投资审计处、外资与经贸审计处、办公室、法规处、任期经济责任与内部审计指导处、计算机审计处、人事教育处、纪检监察室、固定资产投资审计中心。

审计成果 淮安市审计机关完成审计项目586个，查出主要问题金额4143996万元，其中违规金额7063万元、损失浪费金额112万元、管理不规范金额4136825万元；损益（收支）不实金额39614万元；审计处理处罚金额1190570万元，其中应上缴财政46652万元、应减少财政拨款或补贴50165万元、应归还原渠道资金13598万元、应调账处理金额1080155万元；审计发现非金额计量问题609个；审计促进整改落实有关问题资金1965756万元，其中增收节支103751万元、已调账处理金额1068331万元；审计促进拨付资金到位205万元；审计后挽回（避免）损失56079万元。移送司法机关、纪检监察机关和有关部门处理事项3件。出具审计报告和专项审计调查报告623篇，被批示、采用156篇。提出审计建议1031条，提交审计信息783篇，被批示、采用639篇。向社会公告审计结果108篇。淮安市审计局获全省审计系统先进集体、淮安市服务科学跨越发展先进单位，连续九年获淮安市软环境与效能建设十佳单位、中心城市建设优秀服务单位、服务工业经济工作先进单位，被确定为依法行政工作示范点，创新创优项目获一等奖。

财政审计 对收支规模逐年增大的工业园区、生态新城的预算执行情况进行审计，四个功能片区预算执行审计达到全覆盖；对市本级政府性债务进行摸底审查，本着实事求是原则区分三类债务，审计范围进一步扩展。“同级审”报告经市人大常委会测评，获得全票通过，满意率名列第一。

经济责任审计 共对178名领导干部进行经济责任审计，其中任中审计18项，“三责联审”17项。创新经济责任审计方法，对11名副处级领导干部经济责任异地交叉审计。

固定资产投资审计 对有轨电车、里运河文化长廊等87个重点工程项目实施跟踪审计监督，不断加大建设项目审计监督力度，促进工程建设领域突出问题专项治理，共核减工程款4.4亿元，核减率17.13%。

社会保障审计 组织实施保障性安居工程审计，按“见账、见人、见房”的要求，围绕资金、保障房二条主线，将全市各地保障房目标任务完成情况、项目建设情况、保障房资金筹集管理和使用情况、保障房分配情况和棚户区改造拆迁安置情况作为审计重点，摸清全市保障性安居工程取得的成效和存在的问题，分析问题产生的原因，提出审计建议，促进保障性安居工程的规范运行。

企业审计 对淮安城市资产经营有限公司、淮安交通控股有限公司、淮安水利资产经营公司2013年底资产负债状况实施审计调查，摸清3个公司的资产负债损益情况及资金筹措、偿还能力，为领导决策提供参考。

专项资金审计 对企业上市引导资金、污染防治资金等10项共计2.91亿元专项资金进行专项审计调查。对专项资金的立项、申报、审批、使用过程进行监督，揭示7个方面15个问题，在促进资金安全、严把项目准入、强化跟踪管理、建立长效机制方面提出建议。（撰稿人：瞿静波）

【盐城市审计局】 2014年，盐城市审计局人员编制82人，在编77人。局长吴先国，副局长陈献东、孙红青、刘秋凤、荣乃顺，总审计师李树峰，纪检组长郑琳。设有办公室、机关党委、监察室、组织人事处、计算机审计处、法制处、督查执行处、固定资产投资审计一处、固定资产投资审计二处、财政金融审计处、任期经济责任审计办公室、经贸审计处、行政事业与社会保障审计处、农业与资源环保审计处，下设盐城市政府公共工程审计中心隶属于盐城市审计局管理。

审计成果 盐城市审计机关累计查出违规金额2.8亿元、管理不规范金额501.1亿元；向纪检、检察、公安等部门移送案件线索55件；提出审计建议1066条，被采纳894条。累计向市级以上党委、政府报送审计情况汇报、信息材料等198篇次。盐城市审计局连续第三年获得国家级表彰，被表彰为全国政府性债务审计公务员集体三等功，当选五年评选一度的全省审计系统先进集体，荣获全市目标任务综合考核先进单位；建湖县审计局连续第四次荣获全国审计机关先进集体荣誉称号。

政策落实情况审计 抽调134名审计人员历时3个多月，赴连云港市开展国土出让与耕地保护情况审计。

财政审计 起草《盐城市预算执行情况审计监督办法》。在对盐城市财政局、地税局、市开发区和城南新区进行例行审计的基础上，对长期未审的15个规模较小、行政权力较少的一级预算单位实施审计调查，重点关注“三公”经费及会议费、培训费、奖金福利等管理使用情况。同时，对政府性债务化解和风险控制、重点民生工程、财政转移支付资金、职业教育办学、残疾人就业保障金等8个专题进行审计调查。

经济责任审计 对20名县（市、区）及市直部门主要负责人实施经济责任审计，将中央八项规定执行情况、单位财政财务收支、工程建设管理、专项资金使用效益、政府性债务风险管控等作为经济责任审计重点，审计结果在经济责任审计联席会议上通报。

固定资产投资审计 完成政府投资审计项目753个，累计核减政府投资项目造价21.65亿元，平均核减率13.8%，重点揭示决策和设计变更造成损失浪费、招投标政策执行不到位、工程决算高估冒算等问题。

专项资金审计 完成城镇保障性住房、社保资金、职业教育办学、市区饮用水源工程、环保投入及环境执法、残疾人就业保障金筹集使用、重点征地拆迁项目等多个民生审计项目。提请市政府出台《关于加强民生资金审计的意见》。

（撰稿人：郭 红 陶振华）

【扬州市审计局】 2014年，扬州市审计局人员编制67人，在编59人。局长吴淼新，副局长蔡先建、袁竹青、李福祥（—4月）、李永高，总审计师周春山，纪检组长彭如桂。设有办公室、法规处、财政金融审计处、行政事业审计处、农业与资源环保审计处、固定资产投资审计处、企业审计处、社会保障审计处、外资运用审计处、任期经济责任审计与内部审计指导办公室、计算机审计处、人事教育处、监察室、扬州市固定资产投资审核中心。

审计成果 扬州市审计局共完成审计项目58个、交办事项12件，查处主要问题金额44.65亿元；核减投资额8598万元；审计促进整改、落实有关问题资金1008万元。移送纪检监察机关处理事项1件。提出的审计建议被采纳116条。向社会公告审计结果14篇。

财政审计 实施以市级财政预算执行和地税征管情况审计为基础的5大类17个审计项目，开展市本级非税收入征管情况专项审计调查，并纳入同级财政审计的内容。扬州市领导对报告做出批示，要求市财政部门会同审计、国资委等相关部门提出意见，从制度层面加强和改进财政资金管理水平，从根本上避免年年审、问题年年犯的困境。市人大常委会和市政府分别召开主任会议和政府常务会议专门听取审计工作汇报，部署审计整改工作。审计反映的问题推动市政府出台《关于进一步加强市级行政事业单位国有资产管理的意见》等制度，为加强国有资产管理提供依据。扬州市财政局采纳审计建议出台《市级非税收入管理环节操作规范实施细则》等多项制度，扬州市粮食局等单位针对审计发现的问题进行及时深入的梳理、排查和整改，促进规范管理。

经济责任审计 对16名领导干部（人员）经济责任履行情况进行审计，其中包含5名省管高校主要领导干部，实现高校领导干部经济责任审计全覆盖。联合市委组织部、市编办建立“通报质询、整改督查、综合运用、统筹协调”四项机制，明确将联审结果作为干部任选考评、机构编制调整、年度预算编制的重要依据，经济责任审计结果作为市级机关年度目标考核依据之一，以不断强化“三责联审”结果运用的成效。按照市委、市政府主要领导的批示要求，组织召开全市开发园区专项“三责联审”结果通报会议，提出明确的整改意见和要求并对其整改情况进行现场督查，有力地促进问题的整改和落实。

农业与资源环保审计 按照审计署统一安排和部署，统筹全市审计资源和力量，抽调90余人，对盐城市及其部分县（市、区）土地出让收支及耕地保护情况进行专项审计。

专项资金审计 对城镇保障性安居工程进行跟踪审计，揭示2.33亿元专项资金未按规定用途使用等问题，促进保障房专项资金的规范使用。组织邗江区审计局、江都区审计局对其本级社保资金及信息系统进行专项审计，审计反映的问题得到市领导高度肯定和批示，要求市人力资源和社会保障局会同相关区政府按“三同五统一”的原则，切实加强整改，以促进社保资金的安全运行。对旅游业专项资金和科技创新专项资金进行专项审计调查，揭示预算安排及资金拨付、使用、管理等方面8项问题，促进专项资金的规范使用和管理。

固定资产投资审计 扬州市审计机关共完成政府投资审计项目154个，审计项目投资额65.02亿元，核减投资额（工程款）11.68亿元。扬州市审计局对头桥水厂扩建工程、援疆资金和项目等进行跟踪审计，对古运河东片区水系沟通工程、润扬河水利工程等7个项目实施工程决（结）算审计，当年核减工程款2800多万元。根据市长批示要求，对文昌路公交快线项目绩效情况进行专项审计调查，审计结果得到市长的肯定和批示。

企业审计 结合扬州教育投资集团公司原主要负责人、市建工控股公司主要责任人经济责任审计，对教投集团及其下属或控股的扬州宙辉教育置业有限公司、扬州教育置业有限公司以及江苏省华建建设股份公司等4个企业2011—2013年度财务收支情况进行审计，进一步增强企业的管

理意识、责任意识和效益意识。（撰稿人：沈燕兵）

【镇江市审计局】 2014年，镇江市审计局人员编制76人，在编75人。局长刘晓东，副局长许向阳、蒋建军、孙浩琦、乔文兵，总审计师吴小红，纪检组长魏春林。设有办公室、纪检监察室、人事教育处、法制综合处、计算机审计处、财政金融审计处、行政事业审计处、固定资产投资审计处、经济责任和内部审计指导处、农业与环境资源审计处、企业审计处、外资利用审计处、社会保障审计处。

审计成果 镇江市审计机关共审计或审计调查295个项目单位，查出主要问题金额3016669万元，其中违规金额158450万元、管理不规范金额2858219万元；损益（收支）不实金额92946万元；审计处理处罚金额939179万元，其中应上缴财政159035万元、应减少财政拨款或补贴69303万元、应归还原渠道资金632447万元、应调账处理金额78394万元；审计发现非金额计量问题456个，审计促进整改落实有关问题资金998502万元，其中增收节支860510万元、已调账处理金额71904万元；审计后挽回（避免）损失66088万元。移送司法机关、纪检监察机关和有关部门处理事项9件。出具审计报告和专项审计调查报告339篇，被批示、采用11篇。提出审计建议513条，被采纳432条，帮助被审计单位建立健全规章制度33项；提交审计信息434篇，被批示、采用312篇。向社会公告审计结果45篇。镇江市审计局不断提高审计专业化和规范化水平，推出审计业务导师制，近3年招入的11名青年审计干部与局内11名业务骨干结成对子培养；在全市审计系统开展“审计质量年”活动，集中力量打造12个重点审计项目。

财政审计 组织对市直、新区预算执行情况进行审计，重点关注存量资金、转移支付、政府性专项资金、政府债务管理等事项，针对存在的症结报送审计要情1份、审计专报2份，促进市政府出台《关于进一步规范市级财政预算追加的意见》等文件。组织对市住建局等6家重点预算单位2013年度预算执行和其他财务收支进行审计。

固定资产投资审计 组织实施官塘新城路网工程、五凤口高架建设工程、312国道城区改线段工程等重点建设项目跟踪审计，重点检查项目概算控制、工程建设管理、建设资金使用、招投标程序执行、项目质量效益等事项，制定《镇江市市级政府投资基建项目审计咨询业务考核指导意见表》，加密跟踪审计协调会召开频率，不断规范跟踪审计质量监督。

企业审计 对镇江市8家市属投融资平台公司2013年底资产负债损益开展审计，摸清融资平台公司的资产状况、负债结构及规模，揭示举债风险和管理薄弱环节，为全市投融资平台整合过程中的资产确认与调整提供依据。对镇江市最大化工企业——江苏索普集团母公司及其17家下属单位2011—2013年度资产负债损益开展审计。

外资运用审计 根据江苏省审计厅部署，镇江市审计局当年抽调人员参与世界银行贷款江苏省供水及环境综合治理项目、世界银行贷款英国赠款丹阳农村卫生发展项目、世界银行贷款淮河流域洼地治理等项目审计。审计全面考察项目进展、资金使用、生态环境保护等事项，加大延伸审计力度，通过审计建议促进丹阳自来水公司更新设备，降低水污染风险。

信息化建设 扩大金审工程已有成果，完善公积金联网审计平台“1拖N”功能，通过创建区县数据集的方式，使60多项数据统计和问题预警模块得以部署于区县节点，区县审计人员可以通过内网登陆联网审计平台完成公积金审计。完成地方税务局等信息系统审计项目。

（撰稿人：陈林瑞）

【泰州市审计局】 2014年，泰州市审计局人员编制52人，在编51人。局长钱忠，副局长陆啸峰（—12月）、朱建和（12月—）、刘汉秋、叶兵，总审计师张连璋，纪检组长刘卫国。设有办公室、法规处、审计督察处、财政金融审计处、行政事业审计处、社会保障审计处、农业与资源环保审计处、固定资产投资审计处、经贸审计处、外资运用审计处、经济责任审计办公室、计算机审计处、人事教育处、内部审计指导处，另有市纪委、监察局派驻纪检组、监察室、泰州市城市土地经营审计处。

审计成果 泰州审计机关完成审计项目295个，查出主要问题金额2303886万元，其中违规金额50766万元、损失浪费金额1699万元、管理不规范金额2251421万元；损益（收支）不实金额108873万元；审计处理处罚金额150791万元，其中应上缴财政70559万元、应减少财政拨款或补贴18655万元、应归还原渠道资金1556万元、应调账处理金额49606万元；审计发现非金额计量问题288个；审计促进整改落实有关问题资金26767万元，其中增收节支19677万元、已调账处理金额6042万元；审计后挽回（避免）损失23460万元。移送司法机关、纪检监察机关和有关部门处理事项18件。出具审计报告和专项审计调查报告372篇，被批示、采用12篇。提出审计建议987条，提交审计信息166篇，被批示、采用108篇。向社会公告审计结果31篇。

财政审计 财政预算执行审计中，将财政收入的真实性、财政支持落实转型升级政策专项资金、民生资金支出、财政资金使用效益以及上年审计发现问题的整改情况列为财政审计重点，将“三公”经费情况和部门专项预算编制及执行情况列为部门预算审计重点，并首次在《泰州日报》上公告市本级和各市（区）财政“同级审”结果。

经济责任审计 泰州市审计机关完成对60名领导干部经济责任审计，查出主要问题金额51704万元，促进领导干部全面贯彻落实各项财经法律法规和管理措施，提高管理能力和管理水平。加强对内部审计工作的指导，推动部门和单位加强内部管理领导干部经济责任审计。

固定资产投资审计 泰州市审计机关完成审计（调查）项目109个，核减工程款（投资额）37711万元。根据市政府要求，泰州市审计局组织市、区审计机关对青年路西侧ABE地块房屋拆迁补偿等6个拆迁项目补偿情况开展专项审计调查，着力揭示拆迁工作中存在的问题，降低拆迁成本，促进公平拆迁、阳光拆迁。有关线索移送处理后，已有2人被判刑，1人被司法调查。在援疆审计中揭示施工方借用资质招投标、监理不到位等问题，受到市政府领导的肯定。通过考试择优录取的方式，更新中介机构备选库，加强对中介机构的管理，建立日常考核制度，外聘人员实行集中办公，促使外聘人员认真履职，降低审计风险。

专项资金审计 积极加大教育、医疗、文化、社保、就业等资金项目审计力度，及时纠正损害群众利益问题。泰州市审计局开展市直医疗服务收费、公交优先发展“三年行动计划”执行情况、主城区生活垃圾清运及处理情况、全市区域供水运行情况等专项审计调查，及时向泰州市委、市政府报送审计结果，为领导掌握实情和科学决策发挥参谋作用。（撰稿人：游　弋）

【宿迁市审计局】 2014年，宿迁市审计局共有干部职工54人。局长郑路，副局长张建华、王新明、潘宏江，总审计师李中平，纪检组长赵文邦。设有办公室（人事教育处）、法规综合处（审计督察处）、经济责任审计室、计算机审计处、财政金融审计处、行政事业审计处、农业与资源环保审计处、固定资产投资审计处、企业审计处（外资运用审计处）、社会保障审计处以及市经济责任审计中心、固定资产投资审计评审中心。

审计成果 宿迁市审计机关共完成审计项目277个（不包括评审项目），查出管理不规范金额74.25亿元、违规金额5179万元、损失浪费资金1137万元，促进增收节支3630万元。移送司法机关、纪检监察机关和有关部门处理事项43件，移送处理人员52人，移送处理金额4088万元。提出审计建议765条，被审计单位采纳650条；出具审计报告和专项审计调查报告356篇，被批示、采用249篇。提交审计报告和信息1847篇，被各级领导批示和市以上新闻单位及内部信息刊物采用1738篇。

全国土地出让收支和耕地保护情况审计 抽调75名审计人员，参加审计署长春特派办领导的无锡审计组，对无锡市滨湖区、锡山区、江阴市开展全国土地出让收支和耕地保护情况审计，共发现三方面19类问题，得到长春特派办领导的肯定。结合审计发现的问题，向市委、市政府提出加强土地管理、提高集约利用的建议，得到市主要领导肯定和批示。

财政审计 开展财政预算执行和税收征管审计，报送的《建议适时调整完善市区财政管理体制》等4篇直报信息，得到市主要领导批示。审计结果报告、审计工作报告得到了市政府和市人大的肯定，市人大常委会对6个部门的审计整改情况进行专题询问。

经济责任审计 完成133名领导干部经济责任审计，查出违规金额3090万元、损失浪费资金574万元、管理不规范金额3.27亿元。市审计局对2013年度16个经济责任审计项目发现问题的整改情况进行督查，市委书记对报送的督查结果做出批示，要求跟踪督查，确保问题全部整改到位。根据审计报告，市纪委对6个部门进行驻点巡查。

固定资产投资审计 开展投资审计项目888个，送审金额80.35亿元，核减工程款12.91亿元。宿迁市审计局对市第一人民医院、三台山森林公园扩面提质工程等11个重大项目开展跟踪审计，出具跟踪审计意见单80份。

企业审计 对泗洪农商行资产负债损益情况进行审计，共查出违纪违规金额3.87亿元，补缴税款313.98万元，提出合理化建议5条。对《建议加强对金融企业纳税情况的检查》直报信息，市委、市政府主要领导做出批示，专题部署开展全市金融业检查工作。 （撰稿人：吴 昌）

2014年江苏省所辖区、县(市)级审计工作统计表

金额单位：万元

审计机关	完成审计项目(个)	审计查出主要问题金额	审计处理情况					出具审计报告和审计调查报告(篇)	提出审计建议(条)	提交审计信息(篇)
			审计处理处罚				移送处理事项(件)			
			应上缴财政	应减少财政拨款或补贴	应归还原渠道资金	应调账处理金额				
南京市										
南京市本级	52	6352425	8719		244425	1291670	17	64	203	249
玄武区审计局	15	59135			69	18901	1	24	31	39
秦淮区审计局	24	116671	15				6	42	47	84
建邺区审计局	19	2013			124			27	47	117
鼓楼区审计局	55	32617	1459	828	2985	8361	5	87	112	5
浦口区审计局	23	227641					4	30	65	14
栖霞区审计局	16	41339	20	13315		26743		28	25	74
雨花台区审计局	8	27578	7					15	29	1
江宁区审计局	13	123556	869		43	37513		16	41	33
六合区审计局	18	1025610		1	258	1	1	34	41	
溧水区审计局	19	668784			136211			29	66	1
高淳区审计局	17	270920	73		28690	627		29	67	
化工园区审计局	3							8	16	
无锡市										
无锡市本级	39	3142148	44999	22754	6267	8311	9	55	138	301
崇安区审计局	8	194				194		12	22	
南长区审计局	18	8527		3337				24	28	
北塘区审计局	10	5387						19	31	8
锡山区审计局	33	1025047	482	2670		12686	4	42	86	7

续表

审计机关	完成审计项目（个）	审计查出主要问题金额	审计处理情况					出具审计报告和审计调查报告（篇）	提出审计建议（条）	提交审计信息（篇）
			审计处理处罚				移送处理事项（件）			
			应上缴财政	应减少财政拨款或补贴	应归还原渠道资金	应调账处理金额				
惠山区审计局	19	216525	88	7682	1250	194		31	39	4
滨湖区审计局	14	26361			6	716		25	45	19
新区审计局	16	54341					2	27	50	
江阴市审计局	29	138977	363			326	2	48	99	14
宜兴市审计局	34	30753	453	14	1559	12178	6	48	73	100
徐州市										
徐州市本级	113	1341307	165059	25173	42581	253	4	126	265	686
云龙区审计局	6	1709	256	3				6	10	78
鼓楼区审计局	22	47835						29	44	29
贾汪区审计局	25	631352	13					28	62	157
泉山区审计局	8	1609	478					16	23	48
铜山区审计局	26	240763	218237	76	2622	9455		46	59	165
新沂市审计局	25	83882	42		8	28176		48	73	82
邳州市审计局	29	30523	11					48	44	176
丰县审计局	19	210588	71285		3887	391		22	91	36
沛县审计局	43	168560	8070		452	2035	20	43	120	332
睢宁县审计局	13	110679	5		3463	5648		13	31	45
常州市										
常州市本级	26	464066	43182		846	95923	7	33	63	18
新北区审计局	11	785852	148					24	29	
天宁区审计局	6	26124				26124		9	16	4
钟楼区审计局	3	2378						3	4	
戚墅堰区审计局	7	8186		1117				11	15	1
武进区审计局	20	179108	41			7		33	46	
溧阳区审计局	25	208098				39		35	76	
金坛市审计局	28	136807	958	26942	1	315	9	39	176	20
苏州市										
苏州市本级	42	8819074	2210	9097	29501	353272	2	55	152	31
姑苏区审计局	15	14	14					22	57	4
高新区审计局	24	51929		7674	56	43563		32	65	2
吴中区审计局	35	136568	3	138			1	48	90	2
相城区审计局	21	110	110					29	66	19
吴江区审计局	33	22757	769				8	48	120	4

续表

审计机关	完成审计项目（个）	审计查出主要问题金额	审计处理情况						出具审计报告和审计调查报告（篇）	提出审计建议（条）	提交审计信息（篇）
			审计处理处罚				移送处理事项（件）				
			应上缴财政	应减少财政拨款或补贴	应归还原渠道资金	应调账处理金额					
常熟市审计局	29	224064	6106	2	28622	11043			41	142	9
张家港市审计局	27	127086	1058	6989	1200	8617			39	79	4
昆山市审计局	101	215857	1209	19011	7857	69597			110	255	29
太仓市审计局	33	513528	3437		21	402697	7		45	97	4
南通市											
南通市本级	85	1045952	4104	18114	234	393931	52		102	106	13
崇川区审计局	18	130679	25770	3831		5157			33	42	76
港闸区审计局	76	8521	55	4188		1998			95	167	3
通州区审计局	32	120808		69581	295	4106	2		65	45	357
启东市审计局	100	188920	436	10650	2476	128591	7		112	44	23
如皋市审计局	22	1803819	2349	101275	423	6288	4		34	42	
海门市审计局	44	441583	8588	19601	348	386700	1		74	125	3
海安县审计局	288	1563040	1043	20244	4181	560815	14		348	470	23
如东县审计局	45	583314	2777	14383	983	59400	3		67	78	115
连云港市											
连云港市本级	29	49634	348		286	105	2		40	100	11
连云区审计局	10	798	9		48		1		15	33	10
海州区审计局	17	5	5						26	50	14
赣榆区审计局	130	11308	439	13725		7386	4		151	262	22
东海县审计局	35	8841	510		14	6460			44	53	2
灌云县审计局	47	9774	360		79	54	1		68	91	3
灌南县审计局	41	14781	40	7	121	84	1		41	146	
淮安市											
淮安市本级	82	3682798	46491	10122	8619	1077670	3		89	212	422
清河区审计局	68	111673							77	103	18
淮安区审计局	23	250657	67		2216	49			36		90
淮阴区审计局	93	14825	5	12232	1937	566			92	189	56
清浦区审计局	55	15019							55	46	26
涟水县审计局	24	607		31	103	270			35	48	26
洪泽县审计局	126	9931	2	6206	723	1577			132		35
盱眙县审计局	102	45055	67	21574					107	405	103
金湖县审计局	13	13431	20			23				28	7

续表

审计机关	完成审计项目(个)	审计查出主要问题金额	审计处理情况					出具审计报告和审计调查报告(篇)	提出审计建议(条)	提交审计信息(篇)
			审计处理处罚				移送处理事项(件)			
			应上缴财政	应减少财政拨款或补贴	应归还原渠道资金	应调账处理金额				
盐城市										
盐城市本级	73	3561263	2543	3538	16516	802669	10	78	219	198
亭湖区审计局	6	6166						7	8	8
盐都区审计局	12	134730				31182	2	13	34	128
东台市审计局	22	87446	108		28	2929	6	25	71	35
大丰市审计局	19	206433	4970		538	57189	9	20	77	48
响水县审计局	9	149357		3341		16668	3	10	127	15
滨海县审计局	22	305752	191	6598		4023	2	24	66	30
阜宁县审计局	6	21325	39		28	35	6	6	12	65
射阳县审计局	116	273557	131	4039	34	10451	14	125	310	159
建湖县审计局	54	264971	7463	2748		6	3	56	142	137
扬州市										
扬州市本级	58	446472			64	426	1	58	160	45
邗江区审计局	109	261464		25455			3	109	116	25
广陵区审计局	20	100934						20	219	29
江都区审计局	71	418233	30		30		3	75	181	121
仪征市审计局	73	162500					1	48	268	206
高邮市审计局	35	80551	197	2330		5256		35	60	127
宝应县审计局	46	3148	33			3115	1	48	123	6
镇江市										
镇江市本级	23	183815	153728	5249	632365	5198	4	25	78	26
京口区审计局	6	11136	4041			2176		6	17	21
润州区审计局	12	64839	218			55521	1	12	20	8
丹徒区审计局	71	27928	957	8709	17	15446	1	71	174	99
镇江新区审计局	4	68586						4	19	4
丹阳市审计局	120	563255	22	12205	65		2	143	103	140
扬中市审计局	16	355830	67	3218			1	23	33	15
句容市审计局	43	41277		39919				55	69	142
泰州市										
泰州市本级	36	1658991	107		48	14422	11	38	572	
海陵区审计局	14	30062				21359		21	40	16
高港区审计局	19	16885						18	34	49

续表

审计机关	完成审计项目（个）	审计查出主要问题金额	审计处理情况					出具审计报告和审计调查报告（篇）	提出审计建议（条）	提交审计信息（篇）
			审计处理处罚				移送处理事项（件）			
			应上缴财政	应减少财政拨款或补贴	应归还原渠道资金	应调账处理金额				
姜堰区审计局	56	171831	69466	7964	176	2		64	50	43
医药高新区审计局	3	3937		143				4	18	4
兴化市审计局	52	102988	880		11		1	51	141	4
靖江市审计局	37	28813						51	113	
泰兴市审计局	78	290377	104	10546	1319	13822	6	125	19	50
宿迁市										
宿迁市本级	74	389018	50	19	19	10835	6	74	207	382
宿城区审计局	32	60552	94				1	49	83	150
宿豫区审计局	78	77870	11384	5302	9786	25994		78	213	142
沭阳县审计局	46	286245	27399		28436	11935		46	124	320
泗阳县审计局	19	12808	1400	2	80	507	34	33	62	293
泗洪县审计局	28	3778	270		348	3000	2	50	76	230

浙江省

【浙江省审计厅】 2014年，浙江省审计厅人员编制197人，在编199人。厅机关设有办公室、法规处、整改督查处、财政审计处、行政事业审计处、文化教育审计处、金融审计处、经贸审计处、外资运用审计处、农业审计处、环境资源审计处、社会保障审计处、投资审计一处、投资审计二处、经济责任审计一处、经济责任审计二处、经济责任审计三处、人事处、机关党委、监察室；下设计算机审计中心、省审计科研所、省审计干部培训中心。

领导成员

厅　　长：徐宇宁（1月—）

副 厅 长：王小龙　陈棉权　康跃西

　　　　　陈焕昌　谢永刚

总审计师：金建培

纪检组长：季　鸣

浙江省经济责任审计联席会议办公室主任：

高占江

审计成果 浙江省各级审计机关共审计单位2861个，促进增收节支和挽回损失113.3亿元，核减投资额35.68亿元。全省审计机关共向纪检、检察、公安机关移送案件线索278件，涉案人员349人，涉案金额4.84亿元。其中省审计厅移送纪检、检察、公安机关案件线索43件，涉案人员56人，涉案金额1.41亿元。审计提出建议被采纳5738条。向社会公告审计结果663篇。省审计厅审计报告、审计要情、专报信息获省领导批示103件，同比增长68.8%。在审计署表彰的优秀项目中，浙江省获得2个优秀项目、1个表彰项目。省审计厅申报的《市县长经济责任审计研究》中标审计署重点课题。省审计厅开展“审计质量提升年”活动的做法及成效，得到审计署领导肯定。

公务支出公款消费审计 根据省委办公厅、省政府办公厅《关于建立健全公务支出公款消费审计制度的意见》，在各单位全面自查的基础上，省、市、县审计机关重点抽查6545家单位，查出各类违纪违规问题金额3.09亿元，根据相关政策，区分不同性质问题做出处理，推动边审边改、建章立制。省委、省政府主要领导多次做出批示予以肯定。

农业与资源环保审计 根据省人大对全省涉农资金开展评议的要求开展，由省、市、县审计机关同步实施。全省各级审计机关共向纪检、检察、公安机关移送案件线索203件，立案178件，涉案人员316人。其中台州市审计局移送55件、丽水市审计局移送58件。对于推动涉农资金的整合，推动各单位各部门管好用好涉农资金发挥积极的作用。涉农资金专项审计报告得到省委、省人大、省政府领导肯定，引起审计署关注。

全国土地出让收支和耕地保护情况审计 根据审计署的统一部署，全省各级审计机关抽调1191名业务骨干参与审计，得到审计署领导的好评，省政府主要领导做出批示予以肯定。

财政审计 将全部政府性资金纳入审计监督视野，组织开展预算执行、政府债务、财政存量资金、“大集中”地税审计。省审计厅“两个报告”直面问题，提出22个市县、33家省直部门单位存在的70多个问题，省人大领导肯定审计机关敢审敢说敢担当。

经济责任审计 全省共完成919个单位1140名领导干部经济责任审计。省审计厅建立向干部管理部门口头汇报制度，把经济责任审计中一些写不进报告或在报告中难以充分表达的关键性信息，以口头方式向省委组织部汇报。这一有利于审计成果转化运用的做法，得到省委组织部领导的肯定。

其他审计 开展全省“五水共治”、财政存量资金、城镇保障性安居工程、杭州湾海域环境保护等审计项目的审计报告、审计专报，得到省委省政府领导的批示。开展融资性担保行业经营风险和境外审计试点。

质量管理 省审计厅制定下发《开展审计工作“质量提升年”活动实施意见》《进一步加强审计项目计划管理的实施办法》《进一步加强审计现场重点环节管理的实施办法》《进一步优化审计报告的意见》《审计整改督查工作实施细则》，加强对项目计划、现场管理、审计报告、审计整改等各个环节的质量控制，防范审计风险。

信息化建设 安排专项资金用于“1+7”审计信息化工程建设，即启动建设1个浙江省数字化审计指挥中心，建设行政事业单位、地方金融、政府投资项目，以及审计项目审理、整改督查、廉政风险防控预警、档案管理等7个业务管理系统，为科学审计奠定基础。

队伍建设 省审计厅举办3期审计查核问题能力培训班，邀请审计署、省公检法系统13名专家以案施教，取得良好培训效果。举办审计局长、审计业务骨干、新进审计人员等16期培训班。在全省审计系统选聘67名业务骨干兼任培训教师，组织编写培训大纲，为提高培训质量提供师资和教材保障。各地也根据干部需求加大培训力度。

法制建设 配合省政府法制办和省人大财经委、法工委参加立法调研、论证等工作，《浙江省审计条例条例（草案）》相继通过省政府常务会议审议、省人大财经委初审、省人大常委会“一审”。

相关工作 按照省政府“四张清单一张网”的要求，在浙江政务服务网公布14项审计权力清单、11类审计责任清单。省审计厅被评为2013年度全省法治政府建设先进单位。创办《审计要情》，把审计发现的重大问题和案件线索直报省委、省政府主要领导。优化整改工作流程，经济责任审计项目整改期限由3个月压缩到1个月，提高整改的时效性。召开各市审计局长例会，一个会议一个专题，研讨抓好审计质量、撰写审计报告、深化经济责任审计工作，努力破解审计业务难题。

通过中心组学习会、微型党课、专题讲座、全员集训等形式，联系干部工作和思想实际，有的放矢开展理论学习、思想引导、政治教育。专题研讨习近平总书记在浙江工作时提出的“以审计精神立身、以创新规范立业、以自身建设立信”要求，用“三个立”精神指导工作、激励干部。学习贯彻审计署、省纪委落实“两个责任”座谈会精神，省审计厅党组切实负起党风廉政建设主体责任，班子成员切实履行一岗双责，做到业务党务一起抓，专业建设和思想建设双提高。联系审计工作实际提炼“审计工作十法”“审计实施十法”，印发全系统学习践行。围绕“审计责任与中国梦”主题，省审计厅领导和审计人员同台交流学习心得，激励全厅党员干部增强党员意识、努力为党工作。

省审计厅党组要求各级审计机关、审计干部牢固确立起靠业务吃饭、质量至上、团结出干部“三个理念”，并要求全省审计人员按照“三项标准”（即获得党委政府主要领导有分量的批示、获得署优省优项目、发现和移送大要案线索）做深做透审计项目。省审计厅领导班子成员真抓实干、靠前指挥，全省审计干部知行统一、见诸行动，“三个理念”“三项标准”在全系统深入人心。

省审计厅修订《省审计厅部门和人员年度考核办法》，实行“分类量化均分”的考核方法，使考核结果更具可比性、公平性。修订《省审计厅对市级审计局年度工作考核办法》，删减原来难以公平量化的指标，赋予审计质量、审计成果更大分值。

全省审计机关认真践行“三严三实”，市、县（市、区）审计机关深入开展第二批群众路线教育实践活动，省审计厅扎实抓好“四风”突出问题整改，对照教育实践活动96项整改清单，已兑现整改事项92项。对省委第四巡视组向省审计厅反馈的问题，逐条逐项抓好整改。树立彭雪君、金利江两个基层审计干部先进典型，用身边人身边事，引导和激励广大审计干部学有榜样、干有目标。（撰稿人：林　图）

【杭州市审计局】　2014年，杭州市审计局人员编制112人，在编94人。局长骆寅，副局长吴志明、张志文，总审计师王坚，纪检组长楼宏基，市经济责任审计联席会议办公室主任李行健。设有办公室、组织人事处、监察室、法规处、综合处、财政审计处、行政事业审计处、经贸审计处、农业与资源环保（社会保障）审计处、外资运用（开发区）审计处、固定资产投资审计处、经济责任审计处、计算机审计处、文教审计处、机关党委。

审计成果　杭州市审计机关完成审计项目396个，查出主要问题金额3192459万元；损益（收支）不实金额19656万元；审计处理处罚金额496798万元；审计发现非金额计量问题1039个；审计促进整改落实有关问题资金544540万元。移送司法机关、纪检监察机关和有关部门处理事项58件。出具审计报告和专项审计调查报告520篇，被批示、采用43篇。提出审计建议1092条，提交审计信息610篇，被批示、采用328篇。向社会公告审计结果50篇。

财政审计　围绕杭州市委、市政府中心工作，从5个方面反映21类问题，提出20条审计建议。审计结果报告得到杭州市委、市政府、市人大领导的批示和肯定。

经济责任审计　对137个单位175名领导干部和国企领导人员实施经济责任审计，查出违规金额2549万元。同步开展14名区、县（市）检察长经济责任审计；部署开展全市内管干部经济责任同步审计。

农业与资源环保和社会保障审计　共完成97个民生审计和专项审计调查项目。

固定资产投资审计　审计投资额792.20亿元，核减投资额24.49亿元，移送案件6起，连续五年获得杭州市政府重点项目推进优秀服务单位。探索政府投资综合问责机制，逐步完善审计项目分配管理制度。

企业审计　与杭州市国资委共同实施市属国有企业股权投资、负责人薪酬和职务消费的审计调查；起草《杭州市国有企业领导人员经济责任审计操作规范》，从“五个能力”入手评价领导干部经济责任。

专项资金审计　赴绍兴、舟山等地参加历时近3个月的土地出让收支和耕地保护情况审计。开展2013年度公务支出公款消费情况专项审计。开展旅游专项资金使用情况专项审计调查。开展文创产业发展情况专项审计调查，审计报告得到市委宣传部的充分肯定。

信息化建设　完成地税审计数据分析系统的版本升级、政府投资项目全过程跟踪审计联网监管系统。（撰稿人：戴鹏飞）

【宁波市审计局】　2014年，宁波市审计局人员编制96人，在编96人。局长张爱琴，副局长董国君、张列群、姚尧岳（4月—）、李杰（9月—），总审计师何小宝，纪检组长张菊琴（—5月）、聂咸俊（9月—），经济责任审计联席会议办公室主任金万贯，巡视员王安华（—11月）、王勤学。设有办公室、监察室、法规处、财政审计处、金融外资审计处、行政事业审计处、固定资产投资审计处、经济责任审计处、经贸审计处、审计整改督查处、农业与环境资源审计处和经济责任审计服务中心、政府投资审计中心。

审计成果 宁波市审计局完成审计项目48个，查出主要问题金额1279085万元，其中违规金额6248万元、损失浪费金额130万元、管理不规范金额1272706万元；损益（收支）不实金额11248万元；审计处理处罚金额10613万元，其中应上缴财政5694万元、应减少财政拨款或补贴568万元、应归还原渠道资金440万元、应调账处理金额3825万元；审计发现非金额计量问题244个；审计促进整改落实有关问题资金2718万元，其中增收节支299万元、已调账处理金额2255万元；审计后挽回（避免）损失39539万元。移送司法机关、纪检监察机关和有关部门处理事项8件。出具审计报告和专项审计调查报告53篇，被批示、采用1篇。提出审计建议148条，提交审计信息154篇，被批示、采用112篇。向社会公告审计结果26篇。

财政审计 宁波市审计局组织市本级98家一级预算单位及下属253家单位的“三公”经费及会议费、培训费管理使用情况的自查工作，对32家一级预算单位本级及5家下属单位进行重点审计。实施对保税区、东钱湖管委会财政预算执行审计，促进开发园区科学理财、依法理财，维护财经秩序。“同级审”报告对45个部门、单位存在的62个问题在市人大常委会上进行点名，并在市审计局网站对全文进行公开。

经济责任审计 宁波市审计局共完成14名领导干部的经济责任审计，查出被审计领导人员所在部门（单位）问题金额1.82亿元。推动建立领导干部和经济责任告知办法和任期经济责任年度报告办法等制度。

固定资产投资审计 对轨道交通等33个涉及投资总额约1135亿元的重大政府投资项目开展跟踪审计，对和丰创意广场等9个总投资94亿元的重点政府投资项目开展竣工决算审计。通过审计，共核减投资额12.84亿元。

资源环境审计 全市审计机关对全市2008年至2013年的土地出让收支、耕地保护、土地整理项目、土地规划计划执行情况进行全面审计。

专项资金审计 对全市31家单位稳增长促改革调结构惠民生政策措施落实情况进行跟踪审计，保障国家各项宏观调控政策的落地。

（撰稿人：陈　耘）

【温州市审计局】 2014年，温州市审计局人员编制81人，在编76人。局长雷文东，副局长吴娜丽、陈健、尤业先、谢立，总审计师李秀峰，纪检组长潘建国。设有办公室、人事处、法制处、财政审计处、金融与外资审计处、行政事业审计处、经贸审计处、农业与资源环保审计处、固定资产投资审计处、温州市经济责任审计局、开发区审计处、计算机审计处。

审计成果 温州市审计机关完成审计项目278个，查出违规金额62548万元、损失浪费金额709万元、管理不规范金额656601万元，非金额计量问题1226个。审计促进整改落实有关问题资金156997万元。移送司法机关、纪检监察机关和有关部门处理事项57件，涉及38人。出具审计报告304篇，被批示17篇。提出审计建议848条，被采纳603条。提交审计信息389篇，被采用492篇。向社会公告审计结果135篇。

财政审计 重点关注政府预算、政府性债务、存量资金、税收征管等情况，并对全市591家单位公务支出公款消费进行审计，促成市本级入库土地增值税款108668万元。市政府及有关部门出台加强市级财政专项资金、“三公”经费等一系列管理制度。

经济责任审计 对105家单位125名领导干部进行经济责任审计，查处决策不科学造成损失、违规发放奖金福利、国有资产管理不善等问题，促进干部依法履职。

农业与资源环保审计 开展涉农资金、“五水共治”等资金和项目审计，查处多头申报重复获取涉农补助、污水排入江河等问题，促进全市修订或出台10个管理制度。赴台州和嘉兴2地开展土地出让收支和耕地保护审计。

固定资产投资审计 完成投资类审计项目37个，核减工程价款8118万元。

企业、金融审计 实施企业、金融类审计项目21个。对12家小额贷款公司经营风险情况专项审计调查中发现的问题向市地方金融管理局进行移送。

质量管理 开展审计工作“质量提升年”活动，市审计局制定《温州市审计局审计业务操作规程》，开展全市优秀审计项目评选，对审计管理系统进行改造升级，促进办事办文提速提效。初步建成经济责任审计和部门预算执行审计对象数据库。 （撰稿人：刘海泉）

【嘉兴市审计局】 2014年，嘉兴市审计局人员编制48人，在编45人。局长许农（—7月）、张永红（11月—），党组书记江强（9月—），副局长陈关华、王海荣、蒋朝晖，总审计师叶常青，纪检组长潘光志。设有办公室、法规处、财政金融审计处、行政与社会保障审计处、经贸审计处、农业与资源环境审计处、固定资产投资审计处、经济责任审计处、直属分局、计算机审计中心、派驻纪检组和监察室。

审计成果 嘉兴市审计机关完成审计项目174个，查出违规金额666024万元，应上缴财政8821万元，应减少财政拨款或补贴323万元，应归还原渠道资金11892万元，应调账处理金额533706万元；已上缴财政4849万元，已减少财政拨款或补贴323万元，已归还原渠道资金93万元，已调账处理金额509506万元；核减投资额1.55亿元。移交纪检监察部门、有关部门处理事项17件。提交审计报告、信息574篇，被批示、采用116篇次。

公务支出公款消费审计 建立健全公务支出公款消费审计制度，组织1288家单位开展内审自查，自查资金8.40亿元；审计机关抽查503家单位，审计资金2.81亿元。

财政审计 组织实施本级财政预算执行和其他财政收支情况审计项目23个，对300多家部门（单位）进行专项审计调查，通过计算机联网审计对230家预算单位进行审计，推动相关部门修订完善制度6项，收回项目结余资金1.7亿元。实施嘉兴港区财政管理情况、嘉兴港区国资营运管理情况、嘉兴经济技术开发区国资公司营运管理情况等项目审计。

金融审计 开展全市部分小额贷款公司审计调查和禾城农村商业银行股份有限公司资产负债损益审计，审计提出防范金融风险、改进经营管理等建议，被审计单位及时采纳并进行整改。

农业与资源环境审计 全市审计机关抽调87人赴湖州参加全国土地出让和耕地保护情况审计。组织开展涉农资金专项审计调查，移送案件线索8件，13名涉案人员受到刑事处罚；组织开展“五水共治”“三改一拆”等专项审计调查。

固定资产投资审计 开展政府投资项目管理和监督情况专项审计；会同财政部门组织中介机构完成1058个政府投资项目工程造价审计，核减造价5.16亿元；组织中介机构完成33个政府投资项目工程造价审计，核减造价1.04亿元。

经济责任审计 对89个单位的121名领导干部进行经济责任审计，首次开展市管镇党委书记任期经济责任审计；市委办、市府办出台《内管干部经济责任审计办法》，联席会议制定《内管干部经济责任审计操作指南》等办法。

计算机审计 开发的公务支出公款消费联网审计系统在全省推广，进一步完善联网审计应用；市审计局专网网站进行改版。 （撰稿人：吴国宗）

【湖州市审计局】 2014年，湖州市审计局人员编制40人，在编39人。局长童建华，副局长费林海、丁颂辉、汤晓龙，总审计师施瑜，纪检组长高援平（—7月）、钱艳萍（12月—），经济责任审计联席会议办公室主任何斌。设有办公室、组织宣传人事处、法规处、财政金融审计处、行政事业与社会保障审计处、农业与资源环保审计处、经济贸易审计处、固定资产投资审计处、经济责任审计处。

审计成果 湖州市审计局完成审计项目71个，查出主要问题金额201670万元，其中违规金额8076万元、管理不规范金额193593万元；损益（收支）不实金额53761万元；审计处理处罚金额136620万元，其中应上缴财政8076万元、应减少财政拨款或补贴25531万元、应归还原渠道资金45243万元、应调账处理金额57727万元；审计发现非金额计量问题83个；审计促进整改落实有关问题资金284210万元，其中增收节支246412万元、已调账处理金额3780万元；审计后挽回（避免）损失32993万元。移送司法机关、纪检监察机关和有关部门处理事项24件。出具审计报告和专项审计调查报告84篇，被批示、采用

2篇。提出审计建议107条，提交审计信息93篇，被批示、采用104篇次。向社会公告审计结果18篇。

财政审计 完成审计（调查）项目17个，查出主要问题金额136351万元，其中未按规定纳人预算管理49416万元、未按规定征收缴纳收入8537万元。依法对2013年市本级财政预算执行和德清县财政决算进行审计；根据市人大要求，开展市司法局等五部门预算执行审计。

经济责任审计 完成18名党政领导干部经济责任审计，查出违规金额38万元，其中负主管责任金额37万元、负领导责任金额1万元。完成市管18名领导干部离任交接工作。

金融审计 连续三年对市本级小额贷款公司经营风险和资产质量进行审计。

固定资产投资审计 完成审计项目38个，涉及项目投资总额93.52亿元，核减工程款27216万元。对奥体公园等6个政府重点投资项目进行跟踪审计。完成2013年保障性安居工程跟踪审计。赴新疆对柯坪县援疆项目、资金进行跟踪审计。

社会保障审计 完成审计项目1个，对住房公积金进行跟踪审计。

企业审计 完成审计项目1个。

专项资金审计 完成审计（调查）项目6个，涉及专项资金总额45.81亿元，查出主要问题金额1546万元。组织全市开展“涉农资金”审计，移送案件线索被司法、纪检、监察机关立案16件，涉案人员25人。

信息化建设 部署完成部门预算执行联网审计系统、财政非税收入审计分析系统和国家投资建设项目审计管理系统。 （撰稿人：仇 捷）

【绍兴市审计局】 2014年，绍兴市审计局人员编制43人，在编41人。局长王建新，副局长郭春敖、施彪、王文伟，纪检组长陈庆鲁，党组成员章朔风，市经济责任审计工作联席会议办公室主任陈富根。设有办公室、监察室（内审指导处）、法规（综合、审理、整改督查）处、经济责任审计处、财政审计处、金融经贸审计处、行政事业与外资运用审计处、投资审计处、开发区审计处、农业环资审计处、社保审计处、机关党总支，下设绍兴市政府投资项目审计中心、绍兴市计算机审计中心、绍兴市审计干部培训中心。

审计成果 绍兴市审计机关完成审计项目172个，查出主要问题金额384457.77万元（其中违规金额3904.52万元）；损益（收支）不实金额778.17万元；审计处理处罚金额65574.47万元；审计促进整改落实有关问题资金65521.75万元；审计后挽回（避免）损失9232.02万元。移送司法机关、纪检监察机关和有关部门处理事项38件。出具审计报告和专项审计调查报告267篇。提出审计建议594条，提交审计信息381篇，被批示、采用296篇。向社会公告审计结果5篇。

经济责任审计 完成宁波市江东区书记、区长经济责任审计，开展对16名市管领导干部经济责任审计。开展履责联审试点和领导干部自然资源资产责任审计试点。

财政审计 完成市本级财政预算执行和其他财政收支情况审计及2013年末财政存量资金审计，审计工作报告为推动政府建立完善“全口径”预算体系提供决策参考。

金融审计 重点开展市本级2013年度第二产业发展专项资金审计调查。完成部分小额贷款公司2013年度经营风险审计、新昌农村商业银行2013年度经营风险专项审计调查。

行政事业审计 组织公务支出公款消费审计，对37家一级预算单位及下属31家单位进行重点审计。完成市科技局、经信委2013年度部门预算执行情况审计、绍兴市第一中学2012—2013年度财务收支审计。

固定资产投资审计 开展市本级城镇保障性安居工程跟踪审计和政府投资项目招投标管理专项审计调查，完成绍兴市支持新疆发展资金和项目审计。市本级完成政府投资项目审计（标段）28个，审计金额12.09亿元，核减金额1.30亿元。

农业与资源环保审计 开展市本级农业产业化经营组织、“五水共治”等专项审计调查，起草《关于进一步加强财政支农资金管理的若干意见》等制度草案。

社会保障审计 实施绍兴市妇幼保健院财务收支审计、市本级2012—2013年度殡葬事业专项审计调查。绍兴市红十字会2012—2013年度捐赠款物专项审计结果通过《绍兴日报》向社会全文公告。

内部审计 推动市政府出台《进一步加强内部审计工作的意见》，将审计整改和内部审计工作列入市委、市政府对市级各部门工作目标责任制考核，年内共举办6期内部审计培训班，参训人员2100余人。（撰稿人：陆森锋）

【金华市审计局】 2014年，金华市审计局人员编制35人，在编34人。局长方卫民（—2月）、董巧娟（4月—），党组书记方卫民（—1月）、卢文浩（3月—），副局长楼初阳（8月—）、任川、留义华（10月—），纪检组长陈敏（—7月）。设有办公室、法规处、财政金融审计处、行政事业与社会保障审计处、经贸与外资审计处、农业与资源环保审计处、固定资产投资审计处、经济责任审计处（经济责任审计联席会议办公室与其合署），下设金华市经济责任和投资审计中心。

审计成果 金华市审计局完成审计项目45个，查出主要问题金额58029万元，其中违规金额1852万元、管理不规范金额56176万元；损益（收支）不实金额53万元；审计处理处罚金额6116万元，其中应上缴财政1204万元、应减少财政拨款或补贴4751万元、应归还原渠道资金160万元；审计发现非金额计量问题120个；审计促进整改落实有关问题资金5468万元，其中增收节支5468万元；审计后挽回（避免）损失4868万元。移送司法机关、纪检监察机关和有关部门处理事项4件。出具审计报告和专项审计调查报告9篇，被批示、采用9篇。提出审计建议122条，提交审计信息31篇，被批示、采用31篇。向社会公告审计结果2篇。

财政审计 加强预算执行和其他财政收支审计，密切关注经济运行中的风险隐患，清理清收各类沉淀的财政资金3亿多元。

经济责任审计 对市教育局等12名市直单位领导干部、10个县（市、区）公安局局长进行经济责任审计，重点关注重大事项决策、重要项目安排、大额度资金的使用和依法行政情况，从体制机制层面提出建议，促进市直部门出台《关于调整市区基本医疗保险有关政策的通知》等5项制度，推动6个公安局出台修订7项制度。

金融审计 开展1个小额贷款公司经营风险情况专项审计调查，推动市金融办督促小额贷款公司整改，并完善对小额贷款公司考核。

农业与资源环保审计 完成4个农业综合开发项目审计，开展市本级及金东区“五水共治”专项资金审计调查，提出相关的审计意见和建议。对19项政府性权益类资源情况进行审计调查，报送的审计调查报告被市领导批示，相关问题市政府作专题研究，推动下发《关于进一步规范单独制砂经营权出让工作的紧急通知》等文件，加强政府性资源项目监管。

固定资产投资审计 组织完成投资审计项目14个，送审金额142386万元，核减造价4751万元。

社会保障审计 关注住房公积金，推动加大归集力度，维护职工合法权益。关注慈善资金，推动完善救助工作流程和救助对象公示。跟踪审计保障性安居工程，揭示项目内部及周边配套工程建设不到位、生活污水直排、未开工建设等问题，推动项目进度加快和质量保障。

企业审计 对金华市城建发展控股有限公司运营管理情况进行专项审计调查，推动历史遗留问题解决、资产盘活和欠款收回。

专项资金审计 完成2个专项资金绩效审计调查，促进节约财政资金，提高专项资金使用效率。

信息化建设 构建金华市领导干部履行经济责任年度报告填报系统，实现经济责任审计所需数据在线填报、与OA（审计管理系统）审计项目自动交互、审计对象信息跟踪采集。

（撰稿人：黄　登）

【衢州市审计局】 2014年，衢州市审计局人员编制56人，在编47人。局长汪亚莉，副局长毛金有、周波，总审计师王国榕，纪检组长张志清。设有办公室、监察室、法规处（审理处）、财政审计处、经贸社保审计处、外资金融审计处、行政事业审计处、环境资源与农业审计处、投资审计处、整改督查处，下设经济责任审计局、计算机审计中心和内审指导中心。

审计成果 衢州市审计机关完成审计项目172个，查出主要问题金额285020万元，其中违规金额6466万元、损失浪费金额387万元、管理不规范金额278167万元；损益（收支）不实金额1377万元；审计处理处罚金额49379万元；审计发现非金额计量问题543个；审计促进整改落实有关问题资金12892万元。移送司法机关、纪检监察机关和有关部门处理事项23件。提交审计报告和专项审计调查报告224篇，被批示、采用26篇。提出审计建议345条，提交审计信息332篇，被批示、采用193篇。向社会公告审计结果25篇。

财政审计 将全部政府性资金纳入审计监督视野，组织开展预算执行情况、财政存量资金以及财政专项资金审计。借力人大监督开展审计整改，将每年7月听取审计工作报告和12月听取整改报告形成工作制度。

固定资产投资审计 完成政府投资审计项目112个，送审金额59285万元，通过审计核减工程价款4150万元，核减率7%。市政府出台《加强政府投资项目跟踪审计的实施意见》。

经济责任审计 实施经济责任审计项目10个，完成13个单位领导干部离任经济责任交接事项。

企业审计 组织对东方集团、交通集团、水业集团3家国企进行专项审计；市政府出台《衢州市级国有企业整合重组及管理体制机制改革实施方案》等制度。

专项资金审计 对市区养老服务体系建设和运营情况开展审计，提出审计建议，推动市政府出台《关于加快养老服务业的实施意见》。开展市本级服务业专项资金审计调查，向市人大常委会做专题汇报，市人大专题讨论审计意见。

内部审计 经市政府同意，市编办下文，在市经信委、农业、教育、住建、交通等21家下属独立核算单位3个（含）以上，或管理使用政府性资金规模大的单位，增设内部审计机构，配备专职内部审计人员。（撰稿人：柳学铭）

【舟山市审计局】 2014年，舟山市审计局人员编制53人，在编55人。局长乐海华（—3月）、陆沧波（3月—），副局长严雅萍、刘晓国，总审计师钱宁，纪检组长王水波，舟山市经济责任审计联席会议办公室主任翁维波。设有办公室、监察室、法规处（整改督察处）、财政金融审计处、经贸审计处、固定资产投资审计处、行政事业审计处、社保文教审计处、经济责任审计处、舟山市计算机审计中心、舟山市政府投资项目审计中心。

审计成果 舟山市审计机关完成审计项目152个，查出主要问题金额36.25亿元，其中违规金额1.16亿元、损失浪费金额940万元、管理不规范金额34.99亿元；发现非金额计量问题577个；向司法机关和纪检监察部门移送案件线索17件，涉及人员10人；净核减工程项目投资额4.96亿元。提交审计综合工作报告、信息781篇，被上级批示、采用452篇。向社会公告审计结果7项。舟山市审计局被审计署评为全国政府性债务审计先进公务员集体。

财政审计 深入开展财政预算执行及其他财政资金收支、全部政府性资金、财政存量资金等审计和调查，审计促进《关于进一步加强市级财政专项资金管理工作》等相关政策规定出台。

经济责任审计 建立政府领导牵头负责、联席会议成员单位齐抓共管、现任领导干部为审计整改第一责任人整改机制，实施领导干部履行经济责任年度报告制度，推动全市领导干部经济责任审计全覆盖。共完成63个单位72名领导干部经济责任审计。

固定资产投资审计 全面运行政府投资项目网上监管平台，对50万元以上市本级全部政府投资项目进行全程动态监管。全年舟山市审计机关完成工程结算审计项目724个，净核减投资额4.96亿元。

行政事业审计 组织舟山市491家单位自查2013年度公务支出公款消费情况，组织审计机关、内部审计等对192家一、二级预算单位进行专项审计；审计促进舟山市县（区）两级出台《关于建立健全公务支出公款消费审计制度的意见》。

企业审计 开展普陀山、朱家尖风景区国有宾馆服务业资产专项审计调查和舟山港股份有限公司下属三家与航运直接关联的企业审计，审计报告得到舟山市长批示。

社会保障审计 开展定点医保政策执行情况专项审计，重点组织开展保障性安居工程、农业经营组织运营发展情况、市本级政府拆迁安置房政策执行情况审计和调查，审计促进舟山市政府出台相关政策措施。（撰稿人：娄国坤）

【台州市审计局】 2014年，台州市审计局人员编制48人，在编46人。局长吴一林，副局长汪毅华、郑必灼、彭雪君，总审计师王掌兴，纪检组长包荣足，市经济责任审计工作联席会议办公室主任杨野群。设有办公室、法规处、经济责任审计处、财政审计处、行政事业与社会保障审计处、农业与资源环保审计处、经贸金融外资审计处、固定资产投资审计处、监察室，下设直属分局和审计信息中心。

审计成果 台州市审计机关共完成审计（调查）项目265个，查出违规行为金额1.2亿元，应上缴财政3098万元，应归还原渠道资金2.8亿元，已上缴财政2668万元，已归还原渠道资金2.8亿元。移送司法、纪检监察机关案件105件，涉案人员102人。共提交综合报告、审计信息、专报701篇，被各级采用、批示365篇。向社会公告审计结果222篇。

财政审计 全市财政存量资金审计促进市本级积极盘活财政存量资金1.43亿元。对市区两级地方税收征收管理情况进行审计，促进市本级追缴欠税入库5070万元。财政审计促使财政局等单位建立管理制度27项。

经济责任审计 全市完成71个单位的领导干部经济责任审计，查出违规金额7452万元。台州市本级首次对84位市级单位、国有企业主要领导开展领导干部经济责任年度报告工作。

金融审计 对台州市椒江方远、温岭市金汇等6家小额贷款公司2013年度经营风险情况进行专项审计调查，涉及资金31.99亿元。

农业与资源环保审计 涉农资金审计促进市政府制定出台《关于加强涉农项目管理工作的意见》等系列制度；向纪检监察、检察、公安机关移送违纪违法案件线索70件，涉案人员72人。完成对金华土地出让收支和耕地保护情况审计。

固定资产投资审计 全市投资审计完成项目审计141个，核减投资额2.39亿元。重点完成保障性安居工程审计、黄岩永宁江治理二期工程审计、市区内环路工程和援疆项目的跟踪审计。

社会保障审计 基层卫生院体制改革后运行情况的审计专报得到总理和副省长的批示。对全市“五水共治”资金进行专项审计调查，推动出台《台州市市级“五水共治”财政资金管理暂行办法》。

行政事业审计 对公务支出公款消费情况进行审计，推动市政府出台《台州市市级严控“三公”支出实施方案》。

信息化建设 全市重点推进财政、部门预算审计数据分析系统项目建设，完成项目文本编写、评审和建设项目的招投标等工作。完成市本级的计算机房改造工程。（撰稿人：李军锋）

【丽水市审计局】 2014年，丽水市审计局人员编制56人，在编51人。局长翁争鸣（—12月）、潘建青（12月—），副局长陈锡星、傅代兴、阎家骥、颜登亮，总审计师刘松文，纪检组长傅绍林。设有办公室、监察室、法制处、财政审计处、计算机审计处、行政事业审计处、农业审计处、经济责任审计处、文教卫审计处、直属分局（内审指导中心）和审计培训服务中心。

审计成果 丽水市审计机关完成审计项目195个，查出主要问题金额505652万元，审计处理处罚金额33552万元。移送司法机关、纪检监察机关和有关部门处理事项15件。出具审计报告和专项审计调查报告262篇，被批示、采用14篇。向社会公告审计结果96篇。获得审计署优秀项目1个；获得全国政府性债务审计先进公务员集体嘉奖。

财政审计 在本级财政“同级审”中，根据发现的问题，撰写一批审计专报向市委、市政府反映，获得领导批示。市第三届人大常委会第二十次会议审议通过市审计局受市政府委托做的《2013年度财政预算执行和其他财政收支情况的审计工作报告》。在本级公务支出公款消费专项审计中，发现部分单位违反中央八项规定精神等问题。上报专报得到市长批示，市政府出台《丽水市公务支出公款消费审计意见》。

经济责任审计 完成市委组织部委托的11个经济责任审计项目，提交《国有资产管理职责不清引发的问题及建议》得到市长批示，促成起草《市直国有企业对外投资管理暂行办法》。

金融审计 在庆元县中小企业融资性担保有限公司审计中，促进该县政府召开常务会议对《庆元县中小企业贷款资金临时置换操作管理办法》进行修订，促进收回大量少收的财政资金。

农业与资源环保审计 在本级粮食补贴资金分配使用情况审计调查中发现，政策、机制存在缺陷，资金管理存在漏洞等等问题。莲都区政府出台《关于在财政专项资金管理领域实行信用负面清单制度的通知》。

固定资产投资审计 全市共完成投资审计项目 1410 个，核减金额 2.91 亿元。全市在保障安居工程建设项目跟踪审计中，促成市县两级政府出台和完善制度、政策文件 12 个。

专项资金审计 在财政扶持村级发展资金使用情况同步审计调查中，全市查出利用工程项目套取上级补助资金，侵占村集体公益林补助资金、冒领工程款侵吞集体资金等案件线索 37 件、涉案人员 73 人，34 件已移送公安、纪检、检察部门查处，涉案金额 1976 万元。 （撰稿人：叶伟平）

2014 年浙江省所辖区、县（市）级审计工作统计表

金额单位：万元

审计机关	完成审计项目（个）	审计查出主要问题金额	审计处理情况					出具审计报告和审计调查报告（篇）	提出审计建议（条）	提交审计信息（篇）
			审计处理处罚				移送处理事项（件）			
			应上缴财政	应减少财政拨款或补贴	应归还原渠道资金	应调账处理金额				
杭州市										
杭州市本级	45	2011131	7059		327431	9701	13	56	114	66
拱墅区审计局	22	52050				58	2	25	68	37
上城区审计局	21	34879		2509			2	27	30	64
下城区审计局	24	74978	345	397				27	56	11
江干区审计局	17	14623	123					23	58	50
西湖区审计局	21	45794	400	3281	15	3796	3	26	58	43
滨江区审计局	14	73883						14	37	17
萧山区审计局	63	150142	12958	4985	34389	22324		90	183	52
余杭区审计局	21	506993	14705		47	45736	6	28	60	17
建德市审计局	32	57857	549	1248	10		4	46	101	67
富阳市审计局	31	35285	1059	665	62		16	41	123	52
临安市审计局	14	17019	4				4	18	37	74
桐庐县审计局	39	97893	244	2327			2	50	114	34
淳安县审计局	32	19925	204		21	127	6	49	53	26
宁波市										
宁波市本级	48	1279086	5694	569	441	3825	8	53	148	154
海曙区审计局	13	69271	1608		4758	9630		14	30	6

续表

审计机关	完成审计项目（个）	审计查出主要问题金额	审计处理情况					出具审计报告和审计调查报告（篇）	提出审计建议（条）	提交审计信息（篇）
			审计处理处罚				移送处理事项（件）			
			应上缴财政	应减少财政拨款或补贴	应归还原渠道资金	应调账处理金额				
江东区审计局	10	6442	498	2637		3201		12	16	49
江北区审计局	44	253308	73	2871	26	1696		44	61	4
北仑区审计局	27	126258	360	555	374	424		30	34	94
镇海区审计局	14	12475	851	2959	17	6225	3	15	36	98
鄞州区审计局	22	235288	10187		5058	11203	3	37	76	177
余姚市审计局	82	96460			1	5446	1	82	107	89
慈溪市审计局	18	136465				1	1	18	53	199
奉化市审计局	41	174594	2		34	370	4	41	318	57
象山县审计局	40	121097			7			46	108	53
宁海县审计局	28	14849		2447	733	9175		28	55	7
温州市										
温州市本级	37	231256	1891	515	51078	45306	14	53	126	152
鹿城区审计局	16	40027	37	15	12			18	38	15
龙湾区审计局	14	88631	6384	129	1071	16291	1	14	51	19
瓯海区审计局	14	21514			3343	45	3	16	37	23
瑞安市审计局	37	81446	1939	4621	761		7	37	105	25
乐清市审计局	22	63024	17409			115		22	94	23
洞头县审计局	30	7832	638	448	244	20	4	30	72	13
永嘉县审计局	19	48031	2753	64	196	23068	6	22	78	41
平阳县审计局	29	59107	12724	12725	14188	14605	13	29	72	19
苍南县审计局	31	37034	103		690	582	3	31	78	5
文成县审计局	14	22322	514		111		3	14	38	13
泰顺县审计局	15	19635				78	3	18	59	41
嘉兴市										
嘉兴市本级	19	19712				17844		27	61	155
南湖区审计局	19	33770	78		6	33683		27	88	10
秀洲区审计局	37	207193	1115		8435	129232	12	48	255	2
海宁市审计局	36	196853	4763	323	3354	180427	2	47	124	48
平湖市审计局	18	35656	158			34600		22	31	37
桐乡市审计局	9	20628	2705		27	7930	2	9	12	22
嘉善县审计局	18	41076			66	26491	1	27	64	49
海盐县审计局	18	111132				103497		21	63	23

续表

审计机关	完成审计项目（个）	审计查出主要问题金额	审计处理情况					出具审计报告和审计调查报告（篇）	提出审计建议（条）	提交审计信息（篇）
			审计处理处罚				移送处理事项（件）			
			应上缴财政	应减少财政拨款或补贴	应归还原渠道资金	应调账处理金额				
湖州市										
湖州市本级	71	201670	8076	25531	45243	57727	24	84	107	93
吴兴区审计局	39	70681	472	6273			3	49	96	40
南浔区审计局	45	103392	448	5946			1	53	92	4
德清县审计局	45	108152	5	5421	43	2883	6	59	122	59
长兴县审计局	90	95226	1351	17952		1181	1	94	68	55
安吉县审计局	28	74637		11543	34846	17761	10	38	68	70
绍兴市										
绍兴市本级	31	71958	84	266		50286	17	42	101	177
越城区审计局	20	1449	3					29	60	42
柯桥区审计局	35	68176	458	3001			15	60	121	94
上虞区审计局	17	15202	2069					34	51	56
诸暨市审计局	19	140807		5102				26	74	
嵊州市审计局	32	26840	90	769	119	2317	5	48	128	12
新昌县审计局	18	60026	31				1	28	59	
金华市										
金华市本级	45	58029	1204	4751	160		4	9	122	31
婺城区审计局	42	36899			46			3	99	4
金东区审计局	16	17318				5			15	1
兰溪市审计局	23	111570	10130		13	413			83	6
义乌市审计局	28	12155	8448		16	44		1	78	20
东阳市审计局	74	32397	199	5508		29	1	3	101	
永康市审计局	29	3403	1174		202	2025	3	5	97	10
武义县审计局	27	47735	115		7	112	2		65	23
浦江县审计局	24	2248	9					1	20	3
磐安县审计局	23	30931	71		414	50			53	5
衢州市										
衢州市本级	48	131942	782		7	1401	6	33	86	20
柯城区审计局	15	294		1			2	16	32	56
衢江区审计局	16	30876		1778			3	9	25	40
江山市审计局	26	66833	862	50	76			43	68	95
常山县审计局	17	3099		1521			3	16	43	39
开化县审计局	31	879			315	561	1	26	57	42
龙游县审计局	19	51097	5	476		41523	1	26	37	40

续表

审计机关	完成审计项目（个）	审计查出主要问题金额	审计处理情况					出具审计报告和审计调查报告（篇）	提出审计建议（条）	提交审计信息（篇）
			审计处理处罚				移送处理事项（件）			
			应上缴财政	应减少财政拨款或补贴	应归还原渠道资金	应调账处理金额				
舟山市										
舟山市本级	42	288420	8879		662		11	53	135	391
定海区审计局	38	33090	10	2008	40	273	1	44	64	117
普陀区审计局	30	4260		133			3	37	106	118
岱山县审计局	20	30975	15				1	20	20	47
嵊泗县审计局	22	5775	318	2076	117	120	1	34	54	108
台州市										
台州市本级	25	258530	543		1098	281	19	30	64	126
椒江区审计局	23	12827	1145		261	691	6	25	65	98
黄岩区审计局	30	269728	38	30	154	8422		32	85	51
路桥区审计局	14	21238	72		2	51	6	21	34	65
临海市审计局	21	30222	583	301	26604	2734	6	21	63	49
温岭市审计局	18	116154	151	1092	163		32	23	33	59
玉环县审计局	47	83512		9860			4	55	77	50
天台县审计局	24	76693	102	236	10	92	4	24	89	56
仙居县审计局	17	20274	43	189		369	13	31	55	85
三门县审计局	46	25905	417	7842	56		15	56	111	106
丽水市										
丽水市本级	25	45930	2708		68	786	7	29	74	153
莲都区审计局	18	11092	7		60	72	4	18	74	57
龙泉市审计局	19	12207	48	55	145	220	8	26	72	193
青田县审计局	25	41319	342		104	25	10	35	90	74
缙云县审计局	16	53739	482				7	22	55	17
遂昌县审计局	26	280317	2259			8852	7	39	60	202
松阳县审计局	24	20951	189		553	11346	2	33	34	107
云和县审计局	15	4144	660		176	664		22	59	155
庆元县审计局	23	27681	176		2932	34		35	65	252
景宁畲族自治县审计局	15	17254	37	108			6	19	53	7

安徽省

【安徽省审计厅】 2014年，安徽省审计厅人员编制204人，在编188人。设有办公室（审计信息技术应用处）、综合法规处、审理处、财政审计处、行政事业审计处、农业与资源环保审计处、固定资产投资审计处、金融审计处、企业审计处、社会保障审计处、外资运用审计处、人事教育处、机关党委、纪检监察室、计划统计审计室、经济审计室、科技教育审计室、农业审计室、交通建设审计室、文化卫生审计室、新闻广电审计室。下辖省经济责任审计局、省固定资产投资审计中心、省审计厅机关服务中心、省审计科研所、安徽审计职业学院、省审计学会、内部审计师协会。

领导成员

厅　　长：戴克柱

副 厅 长：姜爱民　胡海波（—11月）

　　　　　杨寿桃　何结华（5月—）

总审计师：方　正（9月—）

纪检组长：孟庆超

省经济责任审计局局长：刘春华（—12月）

副巡视员：程家楷

审计成果 全省审计机关共审计和专项审计调查5736个单位，查出违规问题金额154.76亿元、损失浪费金额15.15亿元、管理不规范金额1794.79亿元。提交审计专题报告、综合性报告和信息简报5803篇，其中被党政领导和有关部门批示、采用3226篇次。向被审计单位或有关单位提出审计建议12570条，被采纳10333条。

宏观政策审计 坚持把中央和本省的重大政策措施执行情况作为审计监督的重要内容，揭示问题，提出建议，促进政策落实，保障政令畅通。2014年省审计厅组织实施全省稳增长促改革调结构惠民生防风险政策措施落实情况跟踪审计，开展外资运用、高校财务收支等专项审计；结合预算执行审计和经济责任审计，关注中央八项规定、国务院“约法三章”、省委省政府“三十条”以及财税、金融、投资、民生、资源环保等政策贯彻执行情况；会同有关部门开展公务支出公款消费专项监督检查，配合有关单位开展相关专项清理，保障各项政策落实到位。

财政审计 全省审计机关积极构建财政审计大格局，持续加强对全部政府性资金的监督，推动健全政府预算体系，促进财政体制改革。省审计厅对“四大预算”执行、省级政府投资分配及执行、省直18个部门预算执行和决算（草案）进行审计，扩大审计覆盖，深化审计内容，反映普遍性、倾向性、苗头性问题和经济运行风险隐患，从体制机制层面提出建议，督促有关部门落实审计整改，推动完善公共财政体系。审计结果受到省人大、省政府的充分肯定，审计工作报告全文公开，受到广泛关注和好评。

固定资产投资审计 围绕党委、政府中心工作和重大工程建设项目，开展工程造价、竣工决算、投资绩效和全过程跟踪审计。统筹国家审计、内部审计和社会审计资源，着力推进对政府性投资建设项目的审计全覆盖。组织实施公路、桥梁、航道、机场、综合楼、业务用房等26个重点工程项目的跟踪审计或竣工决算审计。全省审计机关审计核减固定资产投资或结算额54.28亿元。继续抓好工程建设领域突出问题专项治理工作，促进规范建设领域市场秩序。

金融与企业审计 安徽省进一步加大对金融与国有重点企业审计工作力度，以维护国有资产安全，促进企业领导人员守法守纪守规尽责，推动企业深化改革和科学发展为目标，对江淮汽车集团有限公司、省民航机场集团有限公司、徽商银行股份有限公司、省信用担保集团有限公司、皖北煤电集团有限责任公司、煤炭工业合肥设计研究院等6个企业进行审计。

经济责任审计 认真贯彻落实中央两办经济责任审计规定及其实施细则、省两办《关于进一步加强经济责任审计工作的意见》，加强对重点地区、重点部门、重点单位和关键岗位主要领导干部经济责任审计，努力推进轮审制度。省审计厅组织实施5个省辖市、18个省直单位、6家省属企业主要负责人经济责任审计，授权市级审计机关统一开展16个省辖市公安局长经济责任审计。全省审计机关审计领导干部852人，查出领导干部对违规行为负有直接责任、主管责任和领导责任的问题金额分别为9.02亿元、118.81亿元和

1005.08 亿元。

专项资金审计 按照审计署的统一安排，组织全省审计机关抽调 1260 名审计人员参加全国土地出让收支和耕地保护情况审计。组织开展全省保障性住房跟踪审计，揭示侵害群众利益问题，促进完善分配、管理制度。组织实施全省财政扶贫资金专项审计调查，摸清底数，掌握情况，提出建议，为党委、政府决策、完善政策制度提供参考依据。各市县继续加强对“三农”、社保、教育、文化、医疗等重点民生资金和项目的审计，切实维护群众利益，促进社会公平正义。全省审计查出侵害群众利益问题金额 7295 万元。

基础建设 深入实施“环境优化工程”，着力在六个方面进一步优化审计工作环境。大力推进审计结果公告，深化审计机关政务公开，提升审计权威性，扩大审计影响力，优化审计社会环境。加强与新闻媒体的联系，广泛宣传审计工作动态、成果和政策法规，推进审计机关与省直部门单位建立经常性工作联系机制，优化审计舆论环境。健全审计整改工作机制，推进审计行政问责，加强审计结果利用，优化审计成果转化环境。提请省政府出台《安徽省审计机关审计结果公开暂行办法》，会同有关部门出台省级审计外勤经费管理、高级审计师资格评审等规范性文件，制定 10 余项审计管理的制度办法，加大普法宣传力度，优化审计法治环境。切实改进工作作风，弘扬安徽审计精神，加强审计理论研究和文化建设，加大文明创建力度，优化审计文化环境。

审计整改 进一步加大审计整改，推动建立健全审计整改责任机制、报告机制、联动机制和跟踪检查机制，督促审计发现问题整改落实。全省审计促进整改落实有关问题资金 208.20 亿元，审计促进拨付资金到位 22.94 亿元，审计后挽回或避免损失 26.52 亿元。进一步加大结果利用，加强对普遍性、倾向性、苗头性问题的综合分析，努力反映体制障碍、机制扭曲、制度缺陷和管理漏洞，提升审计成果层次，促进审计成果转化。先后有 40 多篇审计报告、信息得到省领导的批示，被审计单位根据审计建议制定整改措施 1183 项、建立健全规章制度 194 项。

审计移送 各级审计机关积极发挥反腐败“利剑”作用，突出重点，重拳出击，抓住疑点，对审计中发现的违法违纪问题，坚决查深查透查实，提高案件发现和查处能力。全省审计移送处理涉嫌贪污受贿、渎职侵权、侵蚀国有资产、套取财政资金、违法土地出让和征地补偿、违规发放补贴、违规发包工程等方面案件线索 97 件，省审计厅移送 22 件，并积极协助纪检监察和司法机关查处一批腐败案件，有力推进党风廉政建设和反腐败工作。 （撰稿人：张劲东）

【合肥市审计局】 2014 年，合肥市审计局人员编制 133 人，在编 106 人。局长程林，副局长昂朝晖、郭洪群，总审计师王保智，纪检组长钱昌雨。设有办公室、综合处、法规审理处、监察室、机关党委、审计信息技术应用处、财政审计处、金融审计处、行政事业审计处、经贸审计处、农业与资源环保审计处、社会保障审计处、固定资产投资审计处、外资运用审计处、经济责任审计局、直属分局、建设审计室、科教文卫审计室、农业审计室和投资审计中心。

审计成果 合肥市审计机关共审计和专项审计调查 160 个项目，涉及 809 个单位，查处主要问题金额 1043784 万元，其中违规金额 11093 万元、损失浪费金额 433 万元、管理不规范金额 1032257 万元；损益（收支）不实金额 210718 万元；审计处理处罚金额 383877 万元，其中应上缴财政 109971 万元、应减少财政拨款或补贴 1194 万元、应归还原渠道资金 3757 万元、应调账处理金额 148360 万元；审计发现非金额计量问题 311 个；审计促进整改落实有关问题资金 321800 万元，其中增收节支 113225 万元、已调账处理金额 127757 万元；审计促进拨付资金到位 70246 万元；审计后挽回（避免）损失 285 万元。移送司法机关、纪检监察机关和有关部门处理事项 6 件，移送处理人员 7 人。审结单项工程 3882 个，审计政府投资建设项目资金 1321344 万元，核减投资额 137189 万元。出具审计报告和专项审计调查报告 258 篇，被批示、采用 14 篇。提出审计建议 752 条，促进被审计单位建立健全规章制度 35 项。提交审计信息 1043 篇，被批示、采用 793 篇次。向社会公告审计结果 62 篇。

财政审计 本级财政预算执行审计涵盖财政、地税、四大开发区等 11 个部门，开展五部门及其所属的17个二级单位决算草案审签，开展稳增长促改革调结构惠民生防风险政策措施落实情况的跟踪审计。

经济责任审计 开展瑶海区等10个单位12名领导干部经济责任审计。提请市委、市政府办公厅印发《合肥市市级部门（单位）内部管理领导干部经济责任审计暂行办法》《合肥市任期经济责任审计结果运用办法（试行）》，修订《合肥市经济责任审计评价暂行办法》。授权县（市）区审计机关开展9名法院院长、3名市管干部任期经济责任履行情况审计。

金融和企业审计 开展市级国有控股企业对外投资情况审计调查，加强小额贷款公司、融资性担保公司审计监督。开展合肥农村科技商业银行原董事长和原行长、合肥热电集团有限公司法定代表人任期经济责任履行情况审计。

固定资产投资审计 开展环巢湖生态文明建设示范区项目跟踪审计、10项资源环保类项目资金预算执行及绩效情况专项审计调查以及巢湖流域水环境综合治理等项目的审计工作。组织开展轨道交通1号线等15个重点工程全过程跟踪审计。跟踪审计美好乡村建设，开展生态家园富民工程等审计。

专项资金审计 组织开展滁州市土地出让收支和耕地保护情况审计、合肥市2011至2013年土地出让金及土地整治项目专项审计调查。开展扶贫资金、贫困残疾人康复等民生类资金项目的审计调查。开展市级扶持经济发展政策措施绩效、合肥市基本建设项目收费征收管理情况等专项审计调查。

审计整改 制定《合肥市审计局审计整改操作规程》，建立审计计划、实施、审理、整改的“四分离”机制，提出整改建议专题报告得到市政府领导批示。采用发出书面《督促审计整改函》的形式加强整改督促。会同市人大预算工委、市财政局开展联合督促检查。

审计科研 审计学会被授予“全省审计学会先进团体会员”荣誉称号。推荐论文获全省优秀审计科研论文评选二、三等奖，入选市社科界第四届学会学术年会论文汇编。完成97篇科研论文评审。上报中标省审计厅重点科研课题《新形势下审计环境对审计工作影响研究》。开展“审计论坛——青年论坛”，组织全市青年审计人讲审计、谋发展、谈体会、话人生，促进思考，共享经验。

内部审计 组织开展全省内部审计“防风险、强管理、促发展五年提升行动——质量评估年”活动。市审计局和市总工会联合表彰内部审计先进集体、能手、标兵、领军人物，向10名内部审计标兵颁发市五一劳动奖章。举办近300名内部审计人员参加为期3天的内部审计培训班。以市审计局名义出台《关于加强内部审计信息化建设指导意见的通知》，成立内部审计信息化建设领导小组，组织开展课题研究。组稿支持《安徽内部审计》创刊首发，围绕省内部审计协会确定的4个重点课题开展研究，优选5篇论文向《安徽内部审计》投稿。 （撰稿人：朱　岩）

【芜湖市审计局】 2014年，芜湖市审计局人员编制60人，在编58人。局长徐茂环，副局长韩小平、张自道、杨凛、王钢、陈军（—1月），总审计师张文清，纪检组长戴鸣（5月—），经济责任审计局局长吴勇（5月—）。设有办公室、人事教育科、监察室、经济责任审计局、综合法规科、内部审计指导监督科、行政事业审计科、社会保障审计科、农业与资源环保审计科、财政审计科、金融审计科、固定资产投资审计科、经贸审计科、外资运用审计科、固定资产投资审计中心。

审计成果 芜湖市审计机关完成审计项目255个，查出主要问题金额486950万元，其中违规金额39659万元、损失浪费金额60万元、管理不规范金额447232万元；损益（收支）不实金额24476万元；审计处理处罚金额366856万元，其中应上缴财政111758万元、应减少财政拨款或补贴11322万元、应归还原渠道资金86477万元、应调账处理金额149611万元；审计发现非金额计量问题131个；审计促进整改落实有关问题资金336142万元，其中增收节支194353万元、已调账处理金额132774万元；审计促进拨付资金到位1041万元；审计后挽回（避免）损失31534万元。移送司法机关、纪检监察机关和有关部门处理事项11件。出具审计报告和专项审计调查报告299篇，被批示、采用39篇。提出审计建议1174条，提交审计信息92篇，被批示、采用54篇。

向社会公告审计结果47篇。

财政审计 全面完成21个市本级部门和县区2013年度财政预算执行情况和其他收支执行情况审计或决算审计工作。重点关注“四大预算”执行情况，对市本级机关财务服务中心核算的84家机关事业单位的“三公一会”经费进行统计分析，对部门往来款长期挂账情况进行专项审计调查，促进财政管理和制度化建设，增强预算的科学性和约束力。

经济责任审计 芜湖市审计机关对104名领导干部实施经济责任审计，其中副厅级领导3人，县处级领导22人，科级领导65人，企业领导1人，其他13人。

固定资产投资审计 全市审核工程造价项目2671个，审计覆盖率达100%，审计工程投资额123.23亿元，核减工程投资8.01亿元，核减率6.50%。强化工程项目事中审计，把工程造价变更作为重点审计监督事项，尤其是坚持“重大变更审计到场”；强化社会审计管理，重点把好择优入选关、作业质量关、考核奖惩关，制定《芜湖市审计系统公共资源交易诚信评价系统细则》和评价指标，组织对全市审计系统培训、测试。

专项资金审计 按照审计署对全国土地出让收支和耕地保护情况审计的部署要求，芜湖市共组织一线审计人员108人历时近3个月，完成对宣城市的审计工作。采取就地、现场检查和座谈相结合的方式组织开展美好乡村建设资金专项审计，揭示建设过程中的矛盾和问题，规范金额的筹措、管理和使用，防范损失浪费。完成2011—2013年度无为县扶贫资金专项审计调查，从体制、机制和制度层面深入分析原因。对15宗土地评估项目进行审计确认，有效防止国土资源流失。对64个国有资产评估项目进行审计确认，确认评估值总值51.8亿元，增加国有资产收益316.8万元。组织实施征地和房屋征收审计，深挖案件线索。全面完成政府性存量债务的审计甄别工作。完成城镇保障性安居工程跟踪审计工作。

（撰稿人：邱　威）

【蚌埠市审计局】 2014年，蚌埠市审计局人员编制72人，在编69人。局长杨继顺，副局长周勤（4月—）、戚大庆（4月—），总审计师汤瑶泉，纪检组长余建军，经济责任审计局局长韩继文。设有办公室、综合法规科、财政审计科、金融审计科、行政事业审计科、企业审计科、农业与资源环保审计科、社会保障审计科、固定资产投资审计科、外资运用审计科、计算机审计科、派出审计一室、派出审计二室、人事教育科、机关党委、监察室、市经济责任审计局、市政府投融资审计中心。

审计成果 蚌埠市审计局完成审计（审计调查）、跟踪审计项目76个，查出主要问题金额253747万元，其中违规金额21434万元、损失浪费金额3295万元、管理不规范金额229018万元；损益（收支）不实金额45320万元；审计处理处罚金额33269万元，其中应上缴财政5663万元、应减少财政拨款或补贴397万元、应调账处理金额27209万元；审计发现非金额计量问题76个；审计促进整改落实有关问题资金3371万元，其中增收节支3158万元。移送司法机关、纪检监察机关和有关部门处理事项19件。出具审计报告和专项审计调查报告91篇，被批示、采用13篇。提出审计建议140条，提交审计信息394篇，被批示、采用80篇。向社会公告审计结果15篇。

财政审计 加强民生工程（资金）、“三公”经费使用和非税收入管理等情况监督，完成预算执行审计（调查）项目8个。查出主要问题金额171980万元，其中资金滞留闲置156061万元。

经济责任审计 审计领导干部17人，其中任中审计2人、离任审计15人。审计查出主要问题金额13161万元，其中负直接责任金额115万元、负主管责任金额1493万元，负领导责任金额11553万元。

固定资产投资审计 完成固定资产投资审计项目12个、建设项目跟踪审计32个，审计项目投资总额269381万元，核减工程进度款及价款71900万元。为确保审计质量，开展建设项目审计实施方案评审制度，根据评选结果择优选取中介机构参加招标抽签。

企业审计 完成企业审计项目2个，审计查出问题金额53635万元，其中违规经营8400万元、违规使用财政资金544万元、财务收支核算不实金额30687万元、账外资产882万元、其他问题金额13120万元。审计移送司法机关4人，纪检监察机关 3 人。

专项资金审计 完成专项资金审计和审计调查项目 5 个，审计专项资金总额 37244 万元，审计查出主要问题金额 15741 万元。美好乡村公共服务体系建设奖补资金管理、使用和绩效情况审计调查报告得到市委书记、副书记和常务副市长等市领导批示。

信息化建设 市审计局将机房由原来不足 20 平方米扩大到近 50 平方米，更换性能优良的电池组，并将普通空调升级为机房空调。全市审计机关共选送 6 人参加省审计厅组织的计算机中级培训。完成门户网站迁移至市政府网站群工作，开通政务微博、微信平台。2014 年共发布各类信息 1200 多条，浏览量达 10 万多次。

（撰稿人：朱　杰）

【淮南市审计局】 2014 年，淮南市审计局人员编制 75 人，在编 66 人。局长陈寅，副局长王林、宋道河、王宜君，总审计师李宗林，纪检组长刘昌银，市经济责任审计局局长陶保华，副调研员丁常宝、杨庆国、范淮涛。设有办公室、人事教育科、监察室、党总支、综合法规科、审理科、计算机审计科、财政金融审计科、经贸审计科、社保审计科、行政事业审计科、农业与资源环保审计科、外资运用审计科、固定资产投资审计科、科教文审计科及经济技术开发区、山南新区 2 个直属分局，下设市经济责任审计局、固定资产投资审计中心、审计干部培训中心。

审计成果 淮南市审计机关共审计（调查）637 个单位，查出违规金额 21859 万元，管理不规范及损失浪费金额 229398 万元，促进增收节支 45660 万元。审计建议被采纳 941 条，审计报告、信息被市领导批示 22 篇（次）。市审计局蝉联四届省级文明单位，获得全市文明行业，连续八年获全市目标考核优秀单位，首次被审计署授予公务员集体三等功（全国政府性债务审计）。

财政审计 开展市本级财政预算执行审计及市发改委、市民政局、市人力资源和社会保障局、市商务局、市司法局、市体育局、市市容管理局等 7 个部门 2013 年度预算执行情况审计，基本实现对政府性资金“全口径、全过程、全方位”的审计监督。市政府常务会议专题听取财政审计情况汇报，市领导针对审计查出问题，做出重要批示。市第十五届人大常委会全票通过 2013 年度财政同级审计工作报告和审计整改报告，称赞该报告“内容丰富、数据翔实，敢于直面问题，意见客观公正”。

固定资产投资审计 将政府重点投资项目全部纳入审计视野，及时跟进、全程监督，不留“盲区”和“死角”，着力构建以投资绩效审计为核心，竣工决算审计、跟踪审计、工程拦标价审计等多种形式并举的投资审计大格局。先后对采煤沉陷区综合治理项目、东部工业区路网一期工程、截留污水管网一标段、孔李淮河大桥建设项目、淮上淮河大桥建设项目等 222 个政府投资项目实施竣工决算、招投标和跟踪审计，全面、真实、客观地反映项目建设情况。

经济责任审计 组织实施 28 名县级领导干部和 30 多名乡科级领导干部的任期经济责任审计，查出违规金额 16397.78 万元、管理不规范金额 10929.71 万元。对 2013 年市本级经济责任审计情况进行通报，与市委组织部一起出台《淮南市领导干部履行经济责任任前告知办法》和《淮南市市管领导干部经济责任审计整改回访暂行办法》。

专项资金审计 针对“三公”经费使用情况，首次在全市预算单位开展全面专项审计调查；扎实开展稳增长促改革调结构惠民生防风险政策措施落实情况跟踪审计，对市经济技术开发区、山南新区、高新技术产业开发区、现代煤化工产业园区四大园区进行专项审计调查。对“三农”、教育、卫生、文化、社会保障等重点民生项目和资金进行全过程、全方位、常态化审计，组织实施保障性住房、全市财政扶贫资金、2013 年度全市住房公积金归集管理使用情况和体彩、福彩公益金、农村危桥加固改造等多项专项审计调查。组织实施全市燃煤发电企业大气污染治理情况专项审计调查。针对体制机制制度层面问题提出意见建议，22 篇审计报告得到市领导重要批示，为市委、市政府重大决策的制定、落实和推进提供重要依据。

（撰稿人：崔　燕　徐小龙）

【马鞍山市审计局】 2014 年，马鞍山市审计局人员编制 56 人，在编 53 人。局长潘淑琴，副局长王明营、王斌、金桂兰，总审计师何祥俊，纪检组长吴春，经济责任审计局局长尹晓菊，副调研员王新。设有办公室、综合调研科、党总支、法规审理科、监察室、计算机审计中心、经济责任审计局、开发区审计分局、财政审计科、固定资产投资审计科、经济社会建设审计科、企业审计科，下设市工程价款结算审计中心。

审计成果 马鞍山市审计局完成审计项目136个，查出主要问题金额129188.99万元，其中管理不规范金额127567.79万元；损益（收支）不实金额55495.70万元；审计处理处罚金额4034.64万元，其中应减少财政拨款或补贴3983.35万元、应归还原渠道资金51.29万元；审计发现非金额计量问题2个；审计促进整改落实有关问题资金4034.64万元，其中增收节支4034.64万元；审计后挽回（避免）损失20537.47万元。移送司法机关、纪检监察机关和有关部门处理事项1件。出具审计报告、专项审计调查报告141篇，被批示、采用2篇。提出审计建议13条，提交审计信息316篇，被批示、采用301篇。向社会公告审计结果9篇。

财政审计 全年完成市财政局具体组织2013年度市本级预算执行和其他财政收支情况审计和市广播电台、市日报社部门预算执行等审计项目8个，查出管理不规范金额107030.32万元；对财政资金管理中的一些深层次问题进行重点分析，形成《财政资金闲置严重亟待盘活》等3篇审计直报，得到市委、市政府主要领导批示和市人大常委会的充分肯定。

经济责任审计 以监督制约领导干部经济决策权为主线，突出关注重要经济事项、重大决策和专项资金，提出规范管理的建议和措施，并对审计查出的问题，严格按照标准界定责任。全年共完成5名领导干部经济责任审计，查出管理不规范金额431.74万元，促进行政权力规范运行和领导干部勤政廉政。

固定资产投资审计 注重源头治理和过程管控，推动市政府出台工程变更管理全覆盖管理办法，创新建立政府投资项目审计疑点报告制度，将取芯检测纳入市政道路工程审计的必备取证程序，加大对22个重点工程项目全程跟踪审计，及时揭示违法违规问题并提出审计建议，充分发挥审计监督在规范政府投资项目管理、提高建设资金使用效益等方面的积极作用。全年共完成政府投资审计项目128个，查出管理不规范金额20537.47万元，经审计核减投资额17576.12万元。

专项资金审计 围绕政府中心工作和上级审计机关要求，针对党委、政府、社会关注的热点，加强对关系人民群众切身利益的专项资金的审计和审计调查，力争当好人民利益的守护者。全年完成全市保障性安居工程跟踪审计调查、异地土地审计、税收征管情况、全市部分单位2012年和2013年“三公”经费及会议费使用情况、市经开区资金运作情况、市本级住房公积金管理使用情况等专项资金审计（调查）项目。

（撰稿人：芮绍文　周香和　葛　辉　张　浩）

【淮北市审计局】 2014年，淮北市审计局人员编制64人，在编64人。局长李令安，副局长徐君、陈玉健，总审计师周玉贞，纪检组长孟祥龙，经济责任审计局局长朱金亮。设有办公室、人事教育科、综合法规科、财政金融审计科、固定资产投资审计科、行政事业审计科、农业与资源环保审计科、社会保障审计科、企业审计科、审计监督科、经济责任审计局，下设市计算机审计中心、市投资审计中心；经济责任审计局下设计划管理科、党政领导干部经济责任审计科、企业领导人员经济责任审计科。

审计成果 淮北市审计局全年完成审计和专项审计调查项目397个（含跟踪审计、设计变更审计、结算审计、拆迁补偿费用审计等政府投资建设项目审计352个）。查出违规问题金额4.82亿元，损失浪费金额118万元；促进增收节支10.67亿元（其中核减工程款5.88亿元）；避免和挽回经济损失1.18亿元。移送纪检、监察部门处理3件。提出审计意见建议143条，被采纳131条。40余篇审计报告被市领导批示，要求相关部门和被审计单位高度重视审计发现问题，督促落实整改。

财政审计 着力加强对政府全口径预决算的审查和监督，促进建立健全统一完整、功能定位清晰的政府预算体系；密切跟踪预算编制、执行、调整和财政决算，增强预算的科学性和约束力，促进财政管理水平提升；重点关注财政资金存量，分析存量资金过大的原因，促进减少财政资金沉淀，推动财政资金合理配置、高效使用；注重检查“三公”经费、会议费使用情况，促进中央和省市改进工作作风的要求落实到位。预算执行审计工作报告得到市人大的充分肯定，认为审计局敢于直面问题，较好地发挥了审计监督的建设性作用。市长亲自布置整改工作，要求各部门单位切实进行整改，倒逼财政财务管理、决策机制方面的改革创新。预算执行审计整改情况报告获得人大满意度测评的高分。

固定资产投资审计 全年完成结算审计 86 个，核减工程款 1.08 亿元，核减率 14%；完成设计变更审计 100 个，核减工程款 826.08 万元，核减率 35.59%；对 163 个建设项目实施跟踪审计，核减工程款 3.48 亿元，核减率 26.38%；完成西山路安置房成本测算审计，核减工程款 0.84 亿元，核减率 6.47%；实施省道 S202 朔里高岳段和滨湖怡景拆迁补偿费审计，审计拆迁补偿费 1.44 亿元，核减 0.4 亿元，其中滨湖怡景审计拆迁补偿费 0.37 亿元，核减 0.3 亿元，核减率 81.08%，相关线索移送市纪委进一步核查。向市政府提交的梅苑路、董庄路、环山东路市政工程跟踪审计报告等，市领导均做出重要批示。

经济责任审计 科学制订经济责任审计计划，突出对经济活动复杂、资金资产量大的重点部门和重点单位以及掌握重要经济事项决策权、执行权、管理权和监督权等关键岗位的领导干部经济责任审计，重点关注政府投资项目、专项资金分配、国有资产管理、保障改善民生、行政审批等重大经济决策事项，进一步强化领导干部法治思维和依法依规办事意识。组织实施市本级经济责任审计 15 个，其中，任中审计 8 个、离任审计 7 个，任中审计较上年增长近 40 个百分点，查出违规问题金额 4995 万元，其中领导干部负有直接责任金额 2208 万元。

专项资金审计 组织开展 16 个重点专项资金审计调查，着力加强对义务教育、养老服务体系、农饮水安全等民生工程的监督，从资金来源、规模结构、管理绩效等方面进行综合分析，揭示问题，提出建议，完善管理，切实发挥审计关注和服务民生的作用，相关审计结果已陆续通过《淮北日报》向社会进行公告。连续 3 年实施城镇保障性安居工程跟踪审计，揭示在制度设计运行、资金管理使用、工程招投标等方面存在的突出问题。市长对提交的审计情况报告做出重要批示，要求召开专门会议抓整改，建立调度机制，切实整改到位。荣获全市民生工程考核先进单位称号。联合市纪委、财政、编制等部门开展整治奢华浪费建设、“三公”经费、“小金库”及机构编制管理情况的审计调查，牵头开展稳增长促改革调结构惠民生政策措施落实跟踪审计，促进各项政策落实和政令畅通。抽调全市审计机关业务骨干 60 余人，赴阜阳开展土地出让收支和耕地保护情况审计。

（撰稿人：刘　畅）

【铜陵市审计局】 2014 年，铜陵市审计局人员编制 44 人，在编 52 人。局长姚刘杰，副局长王华、王世清、叶明胜，总审计师何素珍，纪检组长李应刚。设有办公室、综合法规科、财政金融审计科、投资（外资）审计科、行政事业审计科、社会保障审计科、企业审计科、农业和资源环保科、农村集体经济审计科、计算机审计科、监察室、经济责任审计局。

审计成果 铜陵市审计局完成审计项目 37 个，查出主要问题金额 133986 万元，应归还原渠道资金 36 万元、应调账处理金额 120 万元。提出审计建议 120 条。

财政审计 按照加强全口径预决算监督的要求，在开展市财政、地税部门组织预算执行审计的基础上，向政府性基金、政府性负债、国有资本经营情况横向拓展，向专项资金的使用绩效和部门二、三级单位纵向延伸，通过审计和专项审计调查相结合，反映预算编制、执行和管理中存在的问题，提出改进意见。受市政府委托，分别向市人大常委会、市政协主席会议报告或通报审计工作。

固定资产投资审计 组织对投资额 100 万元以上的政府性投资建设项目工程造价全部进行审计，完成项目审计 218 个，送审金额 18.48 亿元，通过核减工程造价节省投资 2.75 亿元，核减比例达 14.89%。对 42 个重点项目进行跟踪审计。根据省审计厅安排，对合肥市望塘污水处理厂亚洲开发银行贷款项目和中德财政合作皖南生态造林扶贫项目进行审计。

经济责任审计 铜陵市出台《关于加强经济责任审计工作的实施意见》，对审计内容、审计方式、审计整改等工作提出新的要求，按照“先审后提、先审后离”的目标，强化任中审计和离任交接，实现五年轮审一遍，对重点部门和岗位、拟提拔领导干部优先安排审计。受市委组织部委托，完成10个经济责任审计项目，其中任中审计8个、离任审计2个。

专项资金审计 对城镇保障性安居工程、残疾人保障金、农业综合开发资金、排污费、城市维护配套费、住房维修基金等6项涉及民生及资源环境项目重点资金进行审计，审计资金额10.61亿元，查出部分资金未专款专用、项目管理不规范、部分资金使用效益不高等问题，通过审计追缴资金，防止财政资金流失。

土地审计 根据上级审计机关统一部署，铜陵市抽调37名审计人员到芜湖市、芜湖县、繁昌县开展土地出让和耕地保护情况审计。市审计局继续加大涉及土地方面审计力度，对市国土部门2002年至2013年办理的土地收储、出让项目进行全面审计调查，发现执行制度和规定程序不严格，土地业务管理和财务核算不规范，欠缴出让金等问题。对义安路中心城区一综合体项目征迁进行审计，发现存在审核把关不严、无依据给予拆迁补偿等导致增加拆迁安置成本等问题。受市纪委委托，对铜官山区城建部门进行专项审计。

交办任务 根据市委、市政府交办，对市区户外广告资源的经营管理情况进行专项审计，揭示和反映主管部门未编制规划、广告资源出让缺乏管理、自行设立广告牌现象较为普遍、产权单位管理不到位等问题，向市政府常务会议专题报告审计结果。对市保障性住房投资公司进行全面审计，摸清企业经营及管理情况。

（撰稿人：何　翠）

【安庆市审计局】 2014年，安庆市审计局人员编制71人，在编64人。局长朱菊云（3月—），党组书记朱训道（1月—），副局长唐东风、何炜、汪定节（1月—），纪检组长邱银台。设有市经济责任审计局、办公室、人事教育科、综合法规科、财政审计科、金融和社会保障审计科、行政事业审计科、企业审计科、农业与资源环保审计科、固定资产投资审计科、外资运用审计科、审计信息管理科、机关党总支、投资审计中心、安庆市审计局经济技术开发区分局。

审计成果 安庆市审计机关共完成审计（调查）单位348个（其中市本级35个），查出主要问题金额360783万元，其中违规金额20050万元、损失浪费金额41万元、管理不规范金额340690万元；损益（收支）不实金额55744万元；审计处理处罚金额11609万元，其中应上缴财政1020万元、应减少财政拨款或补贴3399万元、应归还原渠道资金2422万元、应调账处理金额4690万元；审计发现非金额计量问题314个；审计促进整改落实有关问题资金5827万元，其中增收节支4975万元、已调账处理金额747万元。移送公安机关和有关主管部门处理事项各1件，4人被判刑，1人受到政纪处理。提出审计建议907条，提交审计信息488篇，被批示、采用215篇。向社会公告审计结果15篇。安庆市审计局被人力资源和社会保障部、审计署联合表彰为全国审计机关先进集体；被审计署表彰为2013年度全国政府性债务审计先进公务员集体；被安徽省精神文明建设指导委员会授予安徽省文明单位荣誉称号；被省审计厅评为全省审计机关实施质量提升工程先进集体、全省审计系统精神文明先进单位。

财政审计 完成审计单位65个（其中预算执行审计58个，财政决算审计7个），审计查出主要问题金额288645万元。

固定资产投资审计 对165个单位（工程项目）进行审计或审计调查，项目投资完成额196296万元，核减工程投资额（工程款）33393万元。

经济责任审计 全市对68个单位73名领导干部（县处级领导15人，县处级以下领导58人）进行任期经济责任审计，共查出违规金额5002万元，为财政增收节支1003万元。

行政事业审计 完成行政事业单位审计（调查）93个，查出违规及管理不规范等金额共计21664万元。

专项资金审计 全市完成14类专项资金的审计（调查），审计专项资金总额为55151万元，查出主要问题金额20426万元。

企业、金融审计 开展企业金融类专项审计调查11项，审计查出主要问题金额618万元。

（撰稿人：储 君）

【黄山市审计局】 2014年，黄山市审计局人员编制26人，在编22人。局长徐东海，副局长夏明东、程浩良，总审计师余根长，纪检组长黄峰（9月—），经济责任审计局局长汪利兵。设有办公室（审计信息技术应用科）、综合法规科、财政金融审计科、行政事业审计科（农业资源环保审计科）、社保外资审计科（民生工程审计科）、固定资产投资审计科、经贸审计科、经济责任审计局。

审计成果 黄山市审计机关完成审计项目629个，查出违规金额142146万元，其中应上缴财政37585万元、应减少财政拨款或补贴35901万元、应归还原渠道资金1029万元、应调账处理金额6746万元。移送司法机关、纪检监察部门处理事项5件。提交审计工作报告638份、信息280篇，提出审计建议515条。

财政审计 进一步扩大审计覆盖面，深化审计内容，加强对落实中央八项规定精神、厉行节约反对浪费以及有关"三公"经费等情况进行监督，注重从体制机制制度层面提出建议，促进改进管理、完善制度。

专项资金审计 开展保障性安居工程跟踪审计，组织开展财政扶贫资金专项审计调查、世界银行贷款生态家园富民工程黟县子项目审计和德国贷款中德财政合作安徽森林可持续经营黄山区子项目的公证审计，参加审计署统一部署的土地出让收支和耕地保护情况审计。

固定资产投资审计 加快对政府投入大、社会关注度高的重点建设项目的审结进度，开展对政府投资项目招标工程量清单和控制价审核，将事前预防、事中控制和事后监督有机结合起来，实现审计监督与服务质量的不断提高，进一步强化审计监督力度。通过审计，节约大量的政府性资金，提高政府投资效益。

经济责任审计 由黄山市委办、市政府办制定下发加强经济责任审计工作实施意见。重点关注行政审批和行政许可、行政执法情况、重大工程建设项目、重要专项资金的使用和管理、政府职能转换等内容，突出加强对权力的监督，实现领导干部履行经济责任审计全覆盖。

（撰稿人：柯家华）

【滁州市审计局】 2014年，滁州市审计局人员编制67人，在编61人。局长徐保月（—12月）、杜永珍（12月—），副局长杨庆毅、朱哲、宋洪波，总审计师高中伟，纪检组长李庆彬。设有办公室、综合调研科、财政金融审计科、农业与资源环保审计科、投资外资审计科、经贸审计科、社会保障审计科、法规审理科、经济责任审计局、固定资产投资审计中心。

审计成果 滁州市审计机关完成审计项目463个，查出主要问题金额21.46亿元，其中违规金额4.07亿元、损失浪费金额175万元、管理不规范金额17.37亿元；损益（收支）不实金额4524万元；审计处理处罚金额7.4亿元，其中应上缴财政3.25亿元、应减少财政拨款或补贴2.92万元、应归还原渠道资金5970万元、应调账处理金额4916万元；审计发现非金额计量问题219个；审计促进整改落实有关问题资金6.59亿元，其中增收节支6.22亿元、已调账处理金额2836万元；审计促进拨付资金到位32万元；审计后挽回（避免）损失2.97万元。出具审计报告和专项审计调查报告519篇，被批示、采用8篇。提出审计建议918条，提交审计信息212篇，被批示、采用62篇。向社会公告审计结果50篇。

财政审计 首次将公共预算、基金预算、国有资本经营预算和社保基金预算全部纳入审计范围。对市直9个部门2013年度预算执行情况实施审计。审计清理收回结余结转资金1.08亿元，调整收回节能专项等4个执行率偏低的专项资金预算指标金额共计3130万元，审计结果及问题整改全部发布结果公告，促进项目预算资金提高使用效益，为维护财政经济秩序发挥积极作用。

经济责任审计 依托与组织部门建立的被审计对象信息系统为基础，对被审计对象实现分类管理和动态管理，不断加大任中审计比例。全年市本级实施领导干部经济责任审计项目18个，其中任中审计8个，离任审计10个，审计查出违规金额3167万元。为强化审计结果应用，提请滁州市政府出台《滁州市人民政府办公室关于进一步加强审计查出问题整改工作的通知》、与中共滁州市委组织部共同制定《关于进一步加强经济责任审计工作的意见》和《滁州市市管干部经济责任审计问题整改回访暂行办法》。

固定资产投资审计 滁州市审计局完成（委托）跟踪审计项目30个，结算审计项目102个，清单控制价审核项目47个，其中工程竣工决算审计项目报审价11.14亿元，审定价9.26亿元，核减额2.11亿元，审减率18.93%；工程清单控制价编制与审核，原编控制价16.24亿元，审定价15.45亿元，修正金额8710万元。滁马高速5处立交桥控制价审核项目，调减控制价610万元。引入第三方监督机制，加强廉政风险防控。滁州市审计局对投资审计工作质量实行“第三方”再监督机制，即由社会中介机构对已完成的审计项目随机抽取，进行再复核，并独立出具复核报告，项目主审人员对照复核报告进行逐项比对，找出差距和不足，分析原因，提出反馈意见，以此促进审计人员进一步提升业务水平。

专项资金审计 市审计局重点对教育专项资金、工伤保险和生育保险基金、住房公积金、拆迁资金、扶贫专项资金以及保障房建设资金等重大财政专项资金安排实施审计或审计调查，开展稳增长促改革调结构惠民生政策措施落实情况跟踪审计工作，从体制和制度层面提出审计建议，有力促进各项惠民政策落到实处，保障民生资金发挥效益。在保障性安居工程审计项目实施中，促使全市滞拨的2600余万元专项资金全部拨付到位，多收的126余万元行政事业性收费全部返还建设单位，代收的近300万元保障房租金收入全额上缴财政，收回欠缴的廉租房租金29万元，取消40余户不符合条件家庭的保障资格，安排闲置的保障性住房600余套投入使用。审计建议促使市政府制定出台《公租房管理办法》，推动公租房保障管理规范化。

信息化建设 建成“省市互联、市县互通”的审计视频会商系统。定期完善被审计单位数据资料库的更新，年度项目计划100%运用OA（审计管理系统）软件管理，全面实现AO（现场审计实施系统）与OA交互使用，利用数据交互和现场查看功能，加强对审计现场作业的监督和控制，加快实现审计档案电子化进程。充分提高OA办公系统使用，全面实现网上公文办理、流转，提高工作效率。

审计公开 11月27日，滁州市审计局首次召开新闻发布会，向社会通报2014年审计工作情况。安徽日报、安徽经济报、安徽法制报、滁州日报、滁州广播电视台等省市十几家主流新闻媒体参加新闻发布会，进一步拓宽政务公开渠道。同时进一步加大在主流媒体宣传力度，先后在《中国审计报》整版和《滁州日报》连续两期专版专题报道滁州市审计工作成效。

（撰稿人：吕　钢）

【阜阳市审计局】 2014年，阜阳市审计局人员编制60人，在编55人。局长武杰，副局长马晓峰、方向阳，总审计师胡玲玲，调研员李援朝。设有办公室、财政金融审计科、农业资源环保与外资运用审计科、经贸审计科、行政事业与社会保障审计科、监察室、综合法规科、人事教育科、机关党委、审理科、信息技术科、经济责任审计局、固定资产投资审计中心和经济技术开发区审计分局。

审计成果 阜阳市审计机关共审计项目749个。审计查出违规金额31116万元，管理不规范金额518559万元；审计促进整改落实金额15142.79万元，其中减少财政拨款或补贴11237.04万元；核减投资额5.15亿元；审计后挽回（避免）损失21899.09万元。审计提出建议1483条，被采纳1344条。提交审计信息87篇，其中信息简报64篇。

预算执行审计 围绕维护财政安全、防范财政风险、规范财政管理等方面，实施市本级7个部门（单位）的预算执行审计和市城投公司、市交投公司、市城南新区建投公司3个单位城市建设投资审计。组织全市审计机关对101家党政机关、事业单位开展以贯彻执行中央八项规定、提倡厉行节约、反对铺张浪费、严格控制“三公”经费支出管理等为主要内容的专项审计调查。

经济责任审计 推动出台《阜阳市县（处）级党政正职领导干部任期经济责任审计实施办法》。全市对56名党政企事业领导干部进行经济责任审计，审计共查出违规金额9103万元，其中领导干部负直接责任金额1021万元、负主管责任金额 6436 万元、负领导责任金额 1645 万元，管理不规范金额 94487 万元。

固定资产投资审计 围绕建设区域性中心城市，推进阜阳城市大建设、大发展，加大对重大项目特别是政府投资项目审计监督的力度，节约政府投资建设成本，提高政府投资建设资金使用效益。出台《阜阳市审计局政府投资建设项目审计档案立卷归档作业规程》《阜阳市审计局政府投资工程竣工结算审计资料送审及接收管理规定》《贯彻落实〈安徽省审计厅关于进一步加强政府投资审计的若干意见〉实施细则》等 3 项投资审计管理制度。10 月，阜阳市审计局政府投资审计中介机构协审库正式建成，有效提高阜阳市政府投资审计工作的整体水平和效率。

专项资金审计 完成审计署统一组织实施的保障性安居工程跟踪审计工作；组织全市审计机关对扶贫资金审计；参与审计署统一组织的全国土地出让收支和耕地保护情况审计；组织实施全市民生工程审计工作。 （撰稿人：王志龙）

【宿州市审计局】 2014 年，宿州市审计局人员编制 58 人，在编 50 人。局长郭贤生，副局长孙勇、黄莉、华颖涛，总审计师张钰生，纪检组长陈立新。设有办公室、人事教育与内部审计指导科、综合法规科、财政金融审计科、行政事业审计科、企业与外资运用审计科、农业与资源环保审计科、社会保障审计科，信息化管理科、监察室、机关党总支，下设经济责任审计局、固定资产投资审计局。

审计成果 宿州市审计局完成审计项目 222 个（含政府投资审计项目 173 个），查出主要问题金额 55900 万元，其中违规金额 15600 万元、管理不规范金额 40300 万元；审计处理处罚金额 820.86 万元，应上缴财政 4500 万元；审计发现非金额计量问题 63 个；审计促进整改落实有关问题资金 762.49 万元，其中增收节支 762.49 万元。移送司法机关、纪检监察机关和有关部门处理事项 2 件。出具审计报告和专项审计调查报告 232 篇，被批示、采用 22 篇。提出审计建议 63 条，提交审计信息 567 篇，被批示、采用 70 篇。向社会公告审计结果 9 篇。

预算执行审计 开展市财政局、市地方税务局具体组织 2013 年度市本级预算执行及其他财政收支审计、税收征管情况审计和市民政局等 5 个部门 2013 年度预算执行审计。审计查出违纪违规金额 45749.15 万元，管理不规范金额 653.69 万元。

经济责任审计 组织实施对 17 个单位、17 名领导干部的经济责任审计。查出问题金额 2997.01 万元，其中违规金额 894.99 万元，管理不规范金额 2102.02 万元。移送处理案件 2 起。提出审计意见建议 30 条，被审计单位均已采纳。对区委书记、县区长实行交叉审计，对县区市管领导干部实行授权审计，探索通过政府购买服务的方式开展审计；提高审计结果运用的层次，经济责任审计结果报告除报送市委组织部外，同时报送市委书记、市长、常务副市长、市纪委并存入领导干部个人廉政档案，审计结果作为组织部门提拔任用干部的依据。

固定资产投资审计 市本级审结工程项目 173 个，送审总金额为 335057.66 万元，审减金额为 35156.94 万元，平均审减率 10.49%。创新审计模式，实施招标控制价审计；开发政府投资项目联网审计管理系统；建立协审库，引进社会力量参与审计；坚持每周调度会制度，实行项目限时审结制；规范审计业务流程，实行五级复核（审理），确保审计时效与质量。

社会保障审计 根据审计署统一安排，全市审计机关共抽调 50 名审计人员由省审计厅统一组织，成立 6 个审计组，对宿州市 2013 年城镇保障性安居工程的投资、建设、分配、运营等情况进行跟踪审计。

外资运用审计 省审计厅授权实施世界银行贷款宿州市淮河流域重点平原洼地治理项目审计。审计发现问题 8 个，涉及金额 2924.73 万元，提出审计建议 5 条。

专项资金审计 开展扶贫资金审计，全市抽调审计人员 20 人，组成 4 个审计组，采取异地交叉审计方式，在全市范围开展对 2012 年至 2013 年扶贫专项资金进行审计（埇桥区由省审计厅直接审计）。开展土地出让收支和耕地保护专项审计，按照审计署统一部署，8 月至 11 月中旬，全市审计机关抽调 92 人组成 4 个审计组赴蚌埠市及怀远县、五河县、阜阳市参加土地出让收支和耕地保护专项审计。

信息化建设 深入推进县区财政联网审计应用，实现县区财政各项业务数据的全覆盖。设计开发中长期审计项目库、审计管理系统服务器监控平台、网站定时备份保护工具。

（撰稿人：俞劲松）

【六安市审计局】 2014年，六安市审计局人员编制48人，在编42人。局长孙学龙（—3月），党组书记周仁孟，副局长涂成富（6月—，主持工作）、王家保、朱维清，总审计师胡正才，纪检组长唐锐（9月—）。设有办公室、综合法规科、财政金融审计科、行政事业与外资运用审计科、社会保障审计科、经贸审计科、农业与资源环保审计科、审计信息技术应用审计科、监察室，下设六安市经济责任审计局、六安市投资审计局、六安市审计局直属分局。

审计成果 六安市审计机关完成审计项目1357个，查出主要问题金额985982.35万元，其中违规金额23102万元、管理不规范金额962876.35万元；损益（收支）不实金额33305万元；审计处理处罚金额116682.85万元，其中应上缴财政4444.35万元、应减少财政拨款或补贴34480.50万元、应归还原渠道资金9481万元、应调账处理金额64367万元；审计发现非金额计量问题197个；审计促进整改落实有关问题资金700288.35万元。移送司法机关、纪检监察机关和有关部门处理事项6件。出具审计报告和专项审计调查报告1146篇，被批示、采用46篇。提出审计建议751条，提交审计信息239篇，被批示、采用118篇；向社会公告审计结果265篇。

财政审计 市县两级审计机关组织开展2013年度预算执行情况审计，推动各项财政改革政策的贯彻落实。市本级对市财政局、市地税局具体组织2013年度预算执行情况进行审计，对市发改委、市水利局等4个部门和开发区2013年度预算执行和其他财政收支情况进行审计。

经济责任审计 修订《六安市党政主要领导干部和国有企业领导人员经济责任审计实施办法》。全市共对1名副厅级、16名县处级和91名乡科级领导干部进行任期经济责任审计。

农业与资源环保审计 根据审计署的统一部署，组织开展对安庆市市本级土地出让收支情况的审计。

固定资产投资审计 全市完成1314个政府投资建设审计项目，节约资金14.67亿元。市本级完成124个政府投资建设项目价款结算审计和131个项目预算审计，对7个重点项目进行跟踪审计，出具跟踪审计建议单73份，完成2010年以前竣工财务决算审计52个，着力解决历史遗留问题。

社会保障审计 根据审计署的统一部署，开展对保障性安居工程跟踪审计。

专项资金审计 组织市、县（区）审计机关对全市2011年至2013年财政扶贫专项资金筹集、分配、使用、管理以及核算情况进行审计。

信息化建设 对六安市审计机关管理系统进行国产化改造升级，对机房进行改造及装修，对系统硬件设备及软件系统进行更新。

内部审计 全市各县区内部审计协会及市直有关内部审计机构共完成审计项目464个，审计总金额550430.48万元，增收节支4220.58万元，建议给予行政处分11人，实际给予行政处分9人。

（撰稿人：罗 萌）

【亳州市审计局】 2014年，亳州市审计局人员编制56人，在编47人。局长李迎春，副局长梁海波、吴海波、宋保众。设有办公室、综合法规科、财政审计科、行政事业和社会保障审计科、农业与外资审计科、经贸与金融审计科、经济责任审计局，下设固定资产投资审计中心（计算机审计中心）。

审计成果 亳州市审计机关完成审计项目523个，查出主要问题金额322088万元。提交审计报告466篇，审计信息858篇，审计建议677条。

财政审计 市本级重点突出政府性资金的预算管理、非税收入的征管、地方政府性债务管理和风险控制、财政资金绩效管理等审计。市级预算执行审计涉及25个部门，查出管理不规范金额52026.5万元，违规金额40.2万元。

固定资产投资审计 亳州市审计局出台《亳州市审计局关于进一步加强政府投资建设项目审计廉政风险防控的意见》。严格控制风险，严把政府的“钱袋子”，市本级共完成投资审计项目69

个，累计送审金额66302万元，审减工程价款5282万元，平均审减率为7.97%。

经济责任审计 亳州市本级全年实施经济责任审计项目13个，其中离任审计项目4个、任中审计5个、交接审计项目4个。揭露领导干部任职期间单位的财政财务收支活动存在的违规违纪、重大损失浪费问题以及领导干部违反廉政规定等问题。

社会保障审计 市本级先后组织实施全市城乡养老服务体系建设情况专项审计及城镇保障性安居工程跟踪审计。其中全市城乡养老服务体系建设情况（2012—2013年）专项审计延伸审计五保供养机构54所，查出管理不规范金额250.7万元。

专项资金审计 市本级重点开展全市财政扶贫资金使用管理情况、土地出让收支和耕地保护情况、市经济开发区征地拆迁安置资金等7项专项资金审计（调查），向纪检监察机关移交案件线索2件。（撰稿人：孙 博 郭建国）

【池州市审计局】 2014年，池州市审计局人员编制29人，在编29人。局长徐树生，副局长吴熙祥、胡以民、桂良友，总审计师杨正发，纪检组长吴熙祥（兼），调研员吴明楣。设有办公室、综合法规科、财政审计科、行政事业审计科、经贸审计科、农业与资源环保审计科、审计信息技术应用科、经济责任局、市政府投资审计中心。

审计成果 池州市审计局完成审计项目37个，查出主要问题金额309986万元，其中违规金额5148万元、管理不规范金额304837万元；审计处理处罚金额55170万元，其中应上缴财政70万元、应减少财政拨款或补贴2719万元、应归还原渠道资金2759万元、应调账处理金额456万元；审计发现非金额计量问题46个；审计促进整改落实有关问题资金3713万元，其中增收节支2719万元；审计后挽回（避免）损失2719万元。出具审计报告和专项审计调查报告37篇，被批示、采用14篇。提出审计建议67条，提交审计信息88篇，被批示、采用49篇。向社会公告审计结果10篇。

财政审计 全年完成预算执行审计调查7个单位，延伸审计单位1个，出具审计报告7篇。审计查出主要问题金额94245万元，其中未按规定纳入预算管理15700万元，未按规定征收缴纳收入64391万元，违规改变项目计划和资金用途63万元，乱收费乱摊派乱罚款24万元。全年完成财政决算审计调查1个单位，出具审计报告1篇。审计查出主要问题金额31466万元，其中未按规定征收缴纳收入1032万元。

行政事业审计 全年完成审计调查7个单位，延伸审计单位1个，出具审计报告7篇。审计查出主要问题金额120193万元，其中未按规定征收缴纳收入15628万元（其中少计少缴税费2202万元），未落实“收支两条线”和专户管理规定26万元，违规改变项目计划和资金用途101万元，违规出借财政资金391万元，违规决策1项。

专项资金审计 完成审计调查9个单位，延伸审计单位13个，审计专项资金总额364384万元，出具审计报告1篇，专项审计调查报告8篇。审计查出主要问题金额31149万元，其中未按规定征收缴纳收入2035万元（其中少计少缴税费1979万元、违规批准减免税55万元），未落实“收支两条线”和专户管理规定2077万元，违规改变项目计划和资金用途2万元，资金滞留闲置26294万元，扩大开支范围或提高开支标准列支167万元。

固定资产投资审计 完成审计调查12个单位，审计项目投资额9242万元（其中完成投资额7327万元），核减投资额（工程款）2719万元，出具审计报告12篇。审计查出主要问题金额2719万元，其中工程结算款不实（多记）2719万元。

企业、金融审计 完成审计1个单位，审计查出主要问题金额30211万元。

经济责任审计 完成5名县处级领导干部（人员）任中经济责任审计，1名县处级领导干部离任经济责任审计，审计查出主要问题金额140036万元，其中违规金额3184万元（负有主管责任金额3119万元、负有领导责任金额64万元），管理不规范金额136852万元（负有主管责任金额136825万元、负有领导责任金额27万元）。出具审计报告和审计结果报告6篇，被批示、采用2篇，提出审计建议12条，被采纳4条。

（撰稿人：周 杰）

【宣城市审计局】 2014年，宣城市审计局人员编制42人，在编39人。局长蔡修定，副局长章捷、丁宏林，总审计师肖远会，纪检组长张贤才。设有办公室、综合法规科、经济责任审计局、财政与农业资源环保审计科、金融与外资审计科、企业与社会保障审计科、审计信息技术应用科、市政府投资项目审计中心。

审计成果 宣城市审计机关共审计查出违规金额15亿元，管理不规范金额35.6亿元，损失浪费金额404万元，损害人民群众利益金额365万元，审计上缴财政1274万元，为政府节约资金4.6亿元。提出审计建议1669条，被审计单位采纳1549条；提交审计信息394篇，被采用222篇次。市本级共审计（调查）项目36个，查出违规金额4.7亿元，管理不规范金额19.1亿元；审计上缴财政859万元，通过审计为政府节约资金10090万元；提出审计建议89条，被审计单位采纳80条；提交审计信息40篇，被采用32篇次。

财政审计 市本级先后对市财政局、市地税局、市经济技术开发区、市国库2013年度市级预算执行情况实施审计，对市统计局、市粮食局、市文化广电新闻出版局、市招商局、市招投标中心、市文联、市档案局、市政务服务中心、市机关事务管理局、市农村公路管理局等11个一级预算单位2013年度预算执行情况进行审计。将“三公”经费、会议费及规范性津补贴等开支情况纳入审计重点内容，加大审计力度，加强对厉行节约、反对浪费等相关配套制度执行情况的审计监督，从制度执行和机制完善上揭示问题、提出建议。对城镇保障性安居工程、招投标管理和文化发展等项目开展专项审计调查，并受市政府委托，向市三届人大常委会第二十三次会议报告预算执行审计工作情况。

经济责任审计 按照“全面推进、突出重点、健全制度、规范管理、提高质量、深化发展”的要求，全市审计机关共安排对88名领导干部开展经济责任审计，审计查出领导干部应负直接责任金额2342万元，负主管责任金额6.9亿元，负领导责任金额3930万元。市本级安排对12名领导干部的经济责任审计。在对领导干部的经济责任审计中，以促进科学发展为目标，以财政收支、财务收支以及有关领导干部任职期间经济活动的真实、合法、效益为基础，重点关注领导干部守法守纪守规尽责情况，注重揭示和反映存在的问题，从政策、制度和体制机制层面上提出意见或建议。完善审计方法，拓展审计深度，进一步促使领导干部主动作为、有效作为。

固定资产投资审计 全市审计机关对736个政府投资项目预算审核和决算审计，共节约政府投资4.5亿元。市本级完成鳌峰路景观亮化工程Ⅰ标Ⅱ标、环城大道四标段“BT”工程、响山路延伸段道路工程、市人民医院综合楼、政务服务中心综合楼、青莲路—弘愿寺道路工程等政府投资项目完成结算审计，涉审资金总额8亿元，核减工程价款9292万元，核减率11.6%。为进一步加强审计监督，规范投资行为，促进政府廉政建设，提请市政府办研究出台《关于市本级政府投资建设项目审计全覆盖的实施意见》《关于进一步加强政府投资建设项目竣工决算审计工作的通知》。为改进和完善政府投资项目工程建设机制，规范政府投资项目招投标程序，加强内控制度建设、规范工程变更程序管理，相关部门根据审计建议提请市政府出台《宣城市政府投资建设项目标后监督管理暂行办法》《宣城市政府投资建设项目工程变更管理暂行办法》《关于进一步加强政府投资工程招投标管理工作的意见》等文件。

（撰稿人：邵　灿）

2014 年安徽省所辖区、县(市)级审计工作统计表

金额单位:万元

审计机关	完成审计项目(个)	审计查出主要问题金额	审计处理情况					出具审计报告和审计调查报告(篇)	提出审计建议(条)	提交审计信息(篇)
			审计处理处罚				移送处理事项(件)			
			应上缴财政	应减少财政拨款或补贴	应归还原渠道资金	应调账处理金额				
合肥市										
合肥市本级	32	668251	108917	1194	730	134987	2	49	103	813
蜀山区审计局	15	33899	2			361		17	27	50
瑶海区审计局	6	5591	4			2		6	7	58
庐阳区审计局	12	22007						17	40	3
包河区审计局	2	95559						2	9	42
巢湖市审计局	18	58821	320				3	18	279	25
长丰县审计局	19	10076	122			135	1	19	26	33
肥东县审计局	6	86002	3					7	18	1
肥西县审计局	29	10344	82		2160			29	31	6
庐江县审计局	21	53234	521		867	12875		94	212	12
芜湖市										
芜湖市本级	33	324547	105035	114	73	118994	1	51	125	16
鸠江区审计局	22	3101				7		22	94	2
镜湖区审计局	14	11						14	61	
弋江区审计局	10	16720	54			9470		14	32	8
三山区审计局	15	251				7		15	39	40
芜湖县审计局	69	102717	216	11166	76231	6397	4	81	232	24
繁昌县审计局	24	3857	1737		261	1596	2	29	120	1
南陵县审计局	24	11380	1	32		8994	4	25	250	1
无为县审计局	44	24365	4715	10	9912	4146		48	221	
蚌埠市										
蚌埠市本级	76	253747	5663	397		27209	19	91	140	394
蚌山区审计局	4	13		13				3	4	
龙子湖区审计局	5	859						9	14	43
禹会区审计局	25	656		292				27	19	76
淮上区审计局	2	397	382		4			1	12	7
怀远县审计局	29	102566	2528	2941	561	8141	5	28	111	3

续表

审计机关	完成审计项目（个）	审计查出主要问题金额	审计处理情况					出具审计报告和审计调查报告（篇）	提出审计建议（条）	提交审计信息（篇）
			审计处理处罚				移送处理事项（件）			
			应上缴财政	应减少财政拨款或补贴	应归还原渠道资金	应调账处理金额				
五河县审计局	141	95049						144	20	
固镇县审计局	65	38232	18	3576	2	148		64	75	59
淮南市										
淮南市本级	56	201098	2538	298	17567	83715		56	181	586
田家庵区审计局	50	498		476				50	44	1
大通区审计局	49	1061	15	1030	12			49	93	9
谢家集区审计局	30	1505	252	81		367		30	79	14
八公山区审计局	77	5455		5130	37	76	4	77	199	29
潘集区审计局	6	14863							17	10
毛集实验区审计局	92	5486	260	4876				92	212	20
凤台县审计局	68	21291	6511	6213	7498	839		68	164	38
马鞍山市										
马鞍山市本级	136	129188		3983	51		1	141	13	316
雨山区审计局	22	3438						26	46	2
花山区审计局	31	2657		2637	5	15		37	117	10
博望区审计局	81	6174		6169		5		83	25	6
当涂县审计局	431	107984	59	21580	147	1226		449	537	103
含山县审计局	14	33960	141		22	68	1	19	41	45
和县审计局	34	41324	122				1	31	113	4
淮北市										
淮北市本级	45	613566	47723		1190	11822	1	70	143	83
相山区审计局	2	44804		8894	8229	20098		2	3	
杜集区审计局	3	2098	335		1350			4	10	
烈山区审计局	8	1070						13	23	
濉溪县审计局	12	133825	452			81		14	28	13
铜陵市										
铜陵市本级	37	133986	8446	70	36	120		43	120	37
铜官山区审计局	1	1460						1	5	
狮子山区审计局	13	35512						15	25	3
郊区审计局	5	51351	134		2619	48413		5	14	2
铜陵县审计局	66	214186	26		53			75	45	10
安庆市										
安庆市本级	35	179280	242			954	3	41	242	488
大观区审计局	3							3	9	

续表

审计机关	完成审计项目（个）	审计查出主要问题金额	审计处理情况					出具审计报告和审计调查报告（篇）	提出审计建议（条）	提交审计信息（篇）
			审计处理处罚				移送处理事项（件）			
			应上缴财政	应减少财政拨款或补贴	应归还原渠道资金	应调账处理金额				
迎江区审计局	42	9163	23		711	3605		42	47	
宜秀区审计局	6	20497			24			7	18	
桐城市审计局	32	829	33	8	478	105		30		
怀宁县审计局	27	22345	59		145	20		28	101	1
枞阳县审计局	32	44857	138		589			33	120	
潜山县审计局	113	8501	513					125		
太湖县审计局	21	37203	8		358	4		21	20	
宿松县审计局	114	15315	154	47				114	360	33
望江县审计局	21	38036		3390	102			21	86	
岳西县审计局	16	69			12			16	35	16
黄山市										
黄山市本级	51	42718	35291	5147	14	9		55	26	23
屯溪区审计局	69	1634		1475		158		69	11	18
黄山区审计局	72	8552	46	5871	179		3	72	64	99
徽州区审计局	161	31894	1226	7991		1193		165	163	19
歙县审计局	21	8404	75	4121		1728		21	48	52
休宁县审计局	69	8389	126	7979	46	4	2	70	26	46
黟县审计局	80	18402	821	3317	752	3654		80	111	11
祁门县审计局	106	22153			38			106	66	12
滁州市										
滁州市本级	37	110686	6622		1466			43	73	161
琅琊区审计局	43	5548	279	1811	561	2030		52	73	
南谯区审计局	67	3904	17	1864	1086	802		67	45	51
天长市审计局	102	13700	2956	6614	34			119	224	
明光市审计局	41	12038	50	229	40	94		67	116	
来安县审计局	54	6525	192	2097	1697	1847		53	156	8
全椒县审计局	56	35449	13853	16639				56	24	3
定远县审计局	37	19395	8515	9	1083			36	123	34
凤阳县审计局	26	7391	22			141		26	84	
阜阳市										
阜阳市本级	85	492663	59	6486	10839	1265		90	248	1
颍州区审计局	58	5481	98	4787	273	212		54	163	38

续表

审计机关	完成审计项目（个）	审计查出主要问题金额	审计处理情况					出具审计报告和审计调查报告（篇）	提出审计建议（条）	提交审计信息（篇）
			审计处理处罚				移送处理事项（件）			
			应上缴财政	应减少财政拨款或补贴	应归还原渠道资金	应调账处理金额				
颍东区审计局	142	1794	2		12		1	142	163	
颍泉区审计局	31	1410	52		115			37	39	
界首市审计局	100	4591	96					100	369	
临泉县审计局	64	21230	160			2174		65	55	47
太和县审计局	24	3345	1086		631	1227		24	57	1
阜南县审计局	117	6789	242			419		117	95	
颍上县审计局	128	12503						128	294	
宿州市										
宿州市本级	222	55900	4500				2	232	63	567
埇桥区审计局	18	59571	932				2	32	81	174
砀山县审计局	13	180429	750					27	39	80
萧县审计局	14	130500	5541		2415	16353	1	19	37	78
灵璧县审计局	13	107763	1195			88		21	118	39
泗县审计局	4	96551	10773		52978		1	5	18	55
六安市										
六安市本级	320	723623	973	15603	4800	6048	4	320	71	32
金安区审计局	361	53138	84		522	42888		361	200	2
裕安区审计局	289	12567	61	9570	2413	5111		155	24	6
叶集试验区审计局	34	1672	10					34	46	8
寿县审计局	25	151662	43	2675	744		1	25	43	10
霍邱县审计局	66	2590	8	2000	518	63		72	76	5
舒城县审计局	86	22886	5	4633	394	9254		86	190	96
金寨县审计局	28	6692	1373		90	1003	1	28	63	31
霍山县审计局	148	11153	1887					65	38	46
亳州市										
亳州市本级	90	112106	121		2596	9340		102	152	85
谯城区审计局	141	113541	2		76963	33407		146	229	217
涡阳县审计局	245	68460	21					185	151	127
蒙城县审计局	30	3065	51	62	733	126		33	83	353
利辛县审计局	17	24916						17	62	86
池州市										
池州市本级	37	309986	70	2719	2759	456		37	67	88
贵池区审计局	14	6290	93			4812	2	20	136	24

续表

审计机关	完成审计项目（个）	审计查出主要问题金额	审计处理情况					出具审计报告和审计调查报告（篇）	提出审计建议（条）	提交审计信息（篇）
			审计处理处罚				移送处理事项（件）			
			应上缴财政	应减少财政拨款或补贴	应归还原渠道资金	应调账处理金额				
东至县审计局	14	4529			327			14		7
石台县审计局	22	12423		1876		102		22	46	12
青阳县审计局	50	23382	13	518		394		50	35	6
宣城市										
宣城市本级	36	46699	798	9292	71141	18951		37	89	40
宣州区审计局	124	18356	297	3991	6057	7696	2	137	243	66
宁国市审计局	182	77515			260	11		182	393	49
郎溪县审计局	126	121087	40				5	131	61	87
泾县审计局	202	61493						202	385	378
绩溪县审计局	131	2124	52	2072			2	143	398	66
旌德县审计局	144	5324	27					144	309	9

福建省

【福建省审计厅】 2014 年，福建省审计厅人员编制 251 人，在编 234 人。厅机关设有办公室、法规处、综合处、经济责任审计处（福建省经济责任审计工作联席会议办公室与其合署办公）、计算机审计处、财政审计处、金融审计处、行政事业审计处、经贸审计处（中央属单位审计处）、农业与资源环保审计处、社会保障审计处、固定资产投资审计处、外经贸审计处、人事处、机关党委和驻厅监察室、驻平潭综合实验区办事处、经济执法审计处、教育审计处、卫生社保审计处、政法审计处、机关事务审计处、建设审计处、农林水审计处、科文体审计处；厅属事业单位有福建省审计厅审计举报中心、福建省审计科研所（加挂福建省政府投资项目和国外贷援款项目审计服务中心）、福建省审计干部培训中心、福建省审计厅计算机应用中心。

领导成员

厅　　长：姜榕兴

副 厅 长：林秋美（—10 月）

杨　红　王成章

总审计师：林建苍

纪检组长：谢　宝

审计成果　福建省各级审计机关完成审计项目 2693 个，审计处理处罚金额 2362157 万元，其中应上缴财政 262459 万元、应减少财政拨款或补贴 43098 万元、应归还原渠道资金 328232 万元、应调账处理金额 1688676 万元；审计发现非金额计量问题 7809 个；审计促进整改落实有关问题资金 1659051 万元，其中增收节支 301243 万元、已调账处理金额 1335079 万元；审计促进拨付资金到位 8690 万元；审计后挽回（避免）损失 86869 万元。移送司法机关、纪检监察机关和有关部门处理事项 131 件。出具审计报告和专项审计调查报告 3445 篇，被批示、采用 125 篇次。提出审计建议 6827 条，提交审计信息 4756 篇，被批示、采用 3609 篇次；向社会公告审计结果 25 篇。厦门市审计局实施的厦门市海沧投资集团有限公司原党委书记、董事长任期经济责任审计项目获得 2013 年度全国地方表彰审计项目。宁德市霞浦县审计局、三明市沙县审计局被人力资源和社会保障部、审计署授予全国审计机关先进集体荣誉称号，福州市审计局党组书记、局长林良云被授予全国审计机关先进工作者荣誉称号。福建省审计厅政府性债务审计工作领导小组办公室等3个集体被审计署记全国政府性债务审计公务员集体三等功，福州市审计局等8个集体被记全国政府性债务审计公务员集体嘉奖，诏安县审计局叶德明等3人被记全国政府性债务审计个人三等功，龙岩市审计局官尔洋等5人被记全国政府性债务审计个人嘉奖。福州市审计局实施的福州物资回收利用公司资产经营管理情况专项审计等10个审计项目被评为2013年度全省优秀审计项目，三明市审计局实施的三明市区行政划拨地形成商业资产处置情况专项审计调查等5个审计项目被评为全省表彰审计项目，平和县审计局实施的平和县城乡规划建设局2011年至2012年财务收支审计等23个审计项目被评为全省县级审计机关优秀审计项目。

财政审计　全年对588个部门、单位预算执行情况开展审计，延伸审计1297个下属单位。围绕深化财税体制改革的总体要求，增强财政审计的系统性，持续关注财政资金安全、专项转移支付清理、存量资金盘活和财政支出绩效等问题，有效发挥审计在维护财经秩序、规范财政财务管理方面的作用；围绕中央八项规定精神和厉行节约反对浪费等规定，加大对“三公”经费、“小金库”、奢华浪费建设的审计力度，推动厉行节约反对浪费；采用“组合式”“组团式”审计方式，扩大审计影响，提高审计工作效率。2013年度省级预算执行审计涉及8个部门及平潭综合实验区管委会，并安排省国资委等20个部门单位的内部审计机构按统一制订的工作方案开展本部门单位预算执行审计，对省林业专项资金预算执行情况开展专项审计。福建省十二届人大常委会第十次会议听取审计工作报告，审议认为审计监督反映预算管理、公共财政支出均等化、生态补偿机制等方面存在的问题，提出的建议具有较强的针对性；福建省人民政府重视审计发现问题的整改落实，相关部门单位和市县政府积极采取措施进行整改。

经济责任审计　全年审计776个单位860名领导干部和领导人员，出具审计报告和审计结果报告1513篇，提出审计建议2262条，被采纳1162条。稳步推进经济责任审计工作，结合开展自然资源资产责任审计试点。健全联席会议制度，福建省经济责任审计工作联席会议调整为由省长任召集人、分管副省长任副召集人，省纪委等9个部门领导为联席会议成员单位。经省政府同意，省纪委等9个部门联合印发福建省贯彻落实《党政主要领导干部和国有企业领导人员经济责任审计实施细则》意见，要求进一步完善全省经济责任审计工作的组织领导机构、进一步加大《实施细则》的宣传培训力度、进一步加强经济责任审计成果的运用。省审计厅与省纪委、省委组织部进一步加大审计整改督查力度，继续开展联合督查，较好地推动了审计问题的整改落实。

固定资产投资审计　全年开展838个重点投资项目审计，涉及概算投资总额666.75亿元，共核减投资9.68亿元。完成城镇保障性安居工程、支持新疆发展资金和项目的跟踪审计，开展9个高速公路建设项目和7个省重大水利建设项目建设管理情况的审计和审计调查，推进重大投资项目建设，规范建设项目管理，促进提高财政资金使用效益。加强对授权投资项目审计的业务指导和督办，进一步推动社会审计中介机构规范高速公路项目审计业务管理。加强政府投资领域审计质量管理与廉政风险防控，福建省审计厅制定《关于进一步加强全省投资审计队伍建设的实施意见》，切实加强市县审计机关投资审计中心队伍建设，防控投资审计风险，推动全省投资审计事业健康发展。

企业审计　全年开展企业及金融审计81家，延伸审计149家，围绕转变经济发展方式主线，以企业经济责任审计为载体，从产业发展、提高产业集中度、优化企业治理结构与内控制度等问题入手，总结、提炼行业产业中存在的共性问题、体制机制问题，提出有利于企业发展的合理化建议。在对福建省机电（控股）有限责任公司审计中，重视收集全省民爆行业生产经营情况相关数据，对行业发展现状及存在问题开展专项审计分析，提出加快整合民爆企业、提高产业集中度的审计建议。省国资委采纳审计建议，进一步加快对省属民爆企业的整合工作，审计成果得到较好的运用。金融审计积极向证券业和信托业等方面拓展，促进地方金融机构进一步加强管理，防范金融风险。

专项资金审计 全年开展专项资金审计或审计调查215个单位。围绕省委、省政府中心工作，组织开展省级公共财政支出均等化、生态补偿机制、现代农业发展政策、公立医院改革、城乡居民最低生活保障政策、中小学教育收费等专项审计调查，促进相关政策落实，为进一步完善政策、推进改革提出审计建议，取得良好效果。省长对多个专项审计调查报告做出重要批示，要求有关部门对审计发现的问题组织专题研究，抓好审计整改工作；福建省人民政府办公厅印发《关于开展生态公益林布局优化调整工作的通知》《关于严禁直接将任何群体或个人纳入最低生活保障范围的通知》等文件，对全省生态公益林布局进行优化调整、对低保资金加强管理。《福建日报》和《中国审计报》对福建省开展宏观管理服务型政策审计、生态补偿机制审计情况进行专题报道。按照审计署的统一部署，全省审计机关组织300多名审计干部开展稳增长促改革调结构惠民生防风险政策措施落实情况的跟踪审计，提出加大对企业信贷、小微企业的政策支持力度以及加快重大基础设施、民生项目建设等审计建议。全省审计机关共抽调850名审计人员，历时两个多月，参加审计署统一组织对福建省的土地出让收支和耕地保护情况审计。

信息化建设 福建省审计厅完成多行业联网审计总平台建设，初步建成平潭综合实验区管委会财政、省地方税收征管、省直住房公积金行业数据库，进一步完善地方商业银行审计数据分析平台，并组织开展医院信息系统审计试点工作。

内部审计 全省内部审计机构3962个，配备内部审计人员5965人，全年共完成审计项目17480个，审计总金额702005万元。注重抓好《内部审计准则》和《福建省内部审计工作规定》的贯彻落实，促进内部审计职业化建设；坚持分类指导，积极开展行业交流、理论研讨，引导内部审计机构做好内部审计质量自我评估工作，防范内部审计工作风险，增强内部审计的有效性；完善内部审计人才库建设，为审计机关与内审机构推行“资源共享、成果互用、信息互通”新机制提供保障。福建省公安厅审计室等6个集体被中国内部审计协会授予全国内部审计先进集体荣誉称号，福建医科大学附属协和医院监审科严爱琳等4人被授予全国内部审计先进工作者荣誉称号。

（撰稿人：王康力）

【福州市审计局】 2014年，福州市审计局人员编制96人，在编88人。局长林良云，副局长郑子平（—6月）、郑生明、刘小红、林光明（6月—），总审计师翁国荣，纪检组长史丹青。设有办公室、综合业务处、法规处、财政金融审计处、行政事业审计处、固定资产投资审计处、经贸审计处、社会保障审计处、农业与资源环保审计处、经济责任审计处、计算机审计处、人事处、机关党委会、驻局监察室。

审计成果 福州市审计机关共完成审计和审计调查项目（单位）322个，查出主要问题金额1000000万元，其中违规金额33108万元、损失浪费金额390万元、管理不规范金额966502万元；损益（收支）不实金额22914万元；审计处理处罚金额131383万元，其中应上缴财政27105万元、应减少财政拨款或补贴3969万元、应归还原渠道资金65105万元、应调账处理金额30007万元；审计发现非金额计量问题1146个；审计促进整改落实有关问题资金77951万元，其中增收节支65301万元、已调账处理金额11040万元；审计后挽回（避免）损失3908万元。移送司法机关、纪检监察机关和有关部门处理事项9件。出具审计报告和专项审计调查报告430篇，被批示、采用21篇。提出审计建议960条，提交审计信息777篇，被批示、采用364篇。加大审计整改力度，实行审计结果通报制度，组织对近三年审计和审计调查的239个项目（单位）审计整改情况进行跟踪检查。

财政审计 推进“以全部政府性资金为主线、绩效审计和计算机审计为两翼”的审计模式，组建计算机数据分析团队，实行财政审计和计算机审计“双主审”制，着力实现审计监督全覆盖。对123个部门（单位）开展预算执行与决算审计，查出主要问题金额71.61亿元，对预算编报不真实不完整、未按规定征收缴纳收入、资金滞留闲置等问题进行处理和纠正，促进完善公共财政管理体制，提高财政资金使用效益。结合预算执行审计，对20个市直部门的公务接待费、因公出国出境经费、车辆购置和运行费、会议费等公用经费开展专项审计，对支出审批手续不完整、超标准报销和扩大范围列支等问题进行处理和纠正。

经济责任审计 对113个部门124名党政领导干部和国有企业领导人员开展经济责任审计，其中离任审计67人，任中审计57人。审计查出主要问题金额19.99亿元，其中应负直接责任2.01亿元、应负主管责任金额9.41亿元、应负领导责任金额8.57亿元。移送有关部门处理事项9件3人，涉及金额6902.41万元。

固定资产投资审计 对40个重点建设项目（单位）进行审计（调查），审计完成投资额25.78亿元。查出主要问题金额0.90亿元，核减投资额（工程款）0.39亿元，处理和纠正工程超概（预）算、招投标弄虚作假、挤占挪用和损失浪费等行为。福清、长乐、鼓楼等9个县（市、区）政府投资审计中心，对2492个工程项目进行造价审计，送审资金116.79亿元，净核减11.3亿元。

专项资金审计 对市本级及7个县（市）城镇保障性安居工程、城区内河综合整治、保洁经费和垃圾处理费、机关事业养老保险基金管理使用情况等22个重点民生资金和资源环境项目进行审计和审计调查。查出主要问题金额9.80亿元，对贯彻落实惠民利民政策措施不到位，项目实施和资金管理使用不规范、配套不到位，工程手续不完整等问题，提出完善制度和机制的建议，促进整改落实。整改城镇保障性安居工程问题金额1.31亿元，调整清退49套保障性住房，投入闲置房使用127套，出台和完善管理制度41项。

企业审计 对福州市农工商（集团）总公司、三坊七巷保护开发有限公司等9个单位（项目）进行审计和审计调查。查出主要问题金额8.00亿元，促进整改落实问题金额3.24亿元。

（撰稿人：方韶玲）

【厦门市审计局】 2014年，厦门市审计局人员编制89人，在编83人。局长庄志杰，副局长陈爱忠、花育明、陈培新，总审计师洪再福，纪检组长贾兆营。设有办公室、审理处、人事处、经济责任审计处（市经济责任审计工作联席会议办公室）、财政审计处、行政事业审计处、农业与资源环保审计处、社会保障审计处、固定资产投资审计处、金融与外资审计处（计算机审计处）、企业审计处、机关党委、驻局监察室。

审计成果 厦门市审计机关共完成审计和审计调查项目171个，查出违规金额40475万元、损失浪费金额4238万元；损益（收支）不实金额116132万元；审计处理应上缴财政37449万元、应减少财政拨款或补贴5954万元、应归还原渠道资金80719万元、应调账处理金额57636万元；审计后挽回（避免）损失5895万元。移送司法机关、纪检监察机关和有关部门处理事项29件。提交审计报告和专项审计调查报告242篇，被批示、采用1篇。提出审计建议668条，提交审计信息714篇，被批示、采用183篇。

财政审计 对157个单位开展预算执行或决算审计，审计结果报告和审计工作报告分别得到市、区两级政府和人大常委会高度肯定。

行政事业审计 对83个行政事业单位开展审计或调查，延伸审计101个单位，查出未按规定纳入预算管理金额2684万元、未按规定征收缴纳收入2189万元、扩大开支范围或提高开支标准列支17989万元、违规采购1813万元。违规金额2485万元，处理应上缴财政2243万元，应调账处理金额14081万元。移送处理事项9项。

经济责任审计 对76名领导干部开展经济责任审计，查出违规金额4687万元，其中应负主管责任金额4587万元、应负领导责任金额67万元。查出损失浪费金额136万元，审计促进增收节支2306万元。移送纪检监察机关1人。提出审计建议272条，被采纳208条。

固定资产投资审计 对城镇保障性安居工程等10个项目开展跟踪审计或审计调查，延伸审计4个单位，审计项目投资总额7312万元，查出损失浪费金额1314万元。

企业审计 对13个企业单位开展审计或审计调查，延伸审计8个单位，查出损失浪费金额963万元。

专项资金审计 对29个单位开展专项资金审计或审计调查，延伸审计322个单位，审计专项资金总额506677万元，查出违规金额1002万元，处理应上缴财政989万元。开展城市生活垃圾处理费收支情况审计调查，发现垃圾处理费的征收和管理使用存在应收未收、截留滞留或坐支垃圾处理费等问题，促使主管部门和代征单位强化征收责任，完善征收模式，加强票据管理，杜绝截留滞留和坐支等行为。（撰稿人：林　君）

【莆田市审计局】 2014年，莆田市审计局人员编制46人，在编42人。局长余志生，副局长张文庆、蔡振华，总审计师邓超庸，纪检组长曾志明。设有办公室、法制科、财政金融审计科、社会保障审计科、经济责任审计室、经济责任审计联席会议办公室、行政事业审计科、农业与资源环保审计科、经贸审计科、固定资产投资审计科、特派审计室、驻局监察室及计算机应用中心、政府投资审计中心。

审计成果 莆田市审计机关完成审计单位335个，审计查出违规金额8189万元，管理不规范金额148721万元，损失浪费金额5850万元；审计处理处罚金额合计21081万元，其中应上缴财政1410万元（罚没45.44万元），应减少财政拨款或补贴1905万元，应归还原渠道资金127万元，应调账处理金额17638万元；审计促进整改落实有关问题资金2445万元；挽回（避免）损失1804万元，核减投资额3686万元。移送纪检监察机关处理事项2个。出具审计报告和审计调查报告351篇。提出审计建议467条，被采纳341条。提交审计信息137篇。

财政审计 审计发现问题166个，查出问题金额138091万元，提出建议45条，促进被审计单位制定整改措施、建章立制17项。如市财政局就提高存量资金使用效益出台《关于进一步深化市本级财政资金管理提高使用效益若干意见》等制度，市粮食局就加强储备粮食管理出台《关于进一步加强应急储备成品粮油管理的通知》《关于规范粮食出入库台账管理的通知》等制度。联合市纪委对44家单位开展“三公”等经费管理使用情况审计调查；联合市财政局开展贯彻执行中央八项规定严肃财经纪律和“小金库”专项治理工作；为促进建立监督长效机制，代拟的《关于加强公务支出和公款消费审计的意见》和《关于加强“三公”经费审计监督的意见》于11月14日以市府办名义印发实施。

经济责任审计 全市对27个单位28名领导干部开展经济责任审计，查出违规金额6889.4万元，管理不规范金额97569.81万元，损失浪费金额1802.43万元。

固定资产投资审计 全市投资审计单位235个，审核投资额501240万元，核减投资额（工程款）3685.79万元，其中概预算1882.52万元，决（结）算1803.26万元，出具审计报告234篇，查出主要问题金额7241.05万元，其中多计工程款1894.08万元，投资概预算编报不规范5279.25万元。制定《莆田市市级政府投资项目对外委托审计及付费管理试行办法》，促进对外委托审计及付费管理的制度化和规范化；召开地质勘查专题论证会，规范地质勘查价款评审规则。

（撰稿人：黄金双）

【三明市审计局】 2014年，三明市审计局人员编制46人，在编43人。局长邓永辉，副局长林寿佰、郑长秋（—2月）、郭澍锡、周永东（2月—），总审计师罗发淦（2月—），纪检组长林明芳。设有办公室、人事教育科、法规科、财政金融科、任期经济责任科、固定资产投资科、行政事业科、农业与资源环保科、社会保障科、经贸科、网络审计工作站。

审计成果 三明市审计机关完成审计项目268个，查出主要问题金额403350万元，其中违规金额8234万元、损失浪费金额49万元、管理不规范金额395067万元；损益（收支）不实金额75767万元；审计处理处罚金额111646万元，其中应上缴财政5269万元、应减少财政拨款或补贴2161万元、应归还原渠道资金9440万元、应调账处理金额94776万元；审计发现非金额计量问题720个；审计促进整改落实有关问题资金25793万元，其中增收节支11671万元、已调账处理金额13625万元；审计促进拨付资金到位19万元；审计后挽回（避免）损失8648万元。移送司法机关、纪检监察机关和有关部门处理事项2件。出具审计报告和专项审计调查报告350篇，被批示、采用1篇。提出审计建议469条，提交审计信息403篇，被批示、采用235篇。向社会公告审计结果1篇。

财政审计 全市完成预算执行审计项目82个，查出问题金额50612万元。市本级重点对市、县共享园区和国有企业受益上缴情况进行审计或审计调查56个单位项目，审计资金总量32亿元，增加市级财政收入5000多万元；加大对税收征管环节审计力度，发现市税务部门税款入库级次管理不正确，促进市本级财政增加税收2700多万元。沙县审计局延伸审计房地产开发公司，追缴税款1041万元。

经济责任审计　对99个单位102名领导干部开展经济责任审计，查出主要问题金额80107万元，其中管理不规范金额77265万元，违规金额2842万元；促进增收节支1204万元。

固定资产投资审计　对697个工程或项目进行审计，审核金额101.53亿元，核减金额4.21亿元，核减率4.15%。

专项资金审计　集中全市审计力量，组织42名审计人员，投入1200个工作日，开展全市22家公立医院改革情况审计调查。通过对全市22家公立医院2012年至2013年的“医药、医疗、医保”综合改革运行情况的审计调查，评价综合改革中所采取的“百姓可接受、财政可承受、基金可运行、医院发展可持续”各项重要措施的成效，以及存在的新情况、新问题，从完善机制、堵浪费等方面提出建设性意见，为市政府完善各项改革措施提供决策依据。完成市城市投资公司、三明台商投资区、永安汽车园、市林业房地产公司、市县两级汽车检测站等项目的审计工作，为市委、市政府调整园区发展定位、调整投资结构、落实各项政策提供重要决策依据。（撰稿人：庄剑雄）

【泉州市审计局】　2014年，泉州市审计局人员编制58人，在编54人。局长蔡思红，副局长骆振军、徐情根，总审计师李锦忠，纪检组长蔡正确。设有办公室、综合科、法制科、经济责任审计科、财政金融审计科、行政事业审计科、企业审计科、固定资产投资审计科、计算机审计科、机关党总支、驻局监察室。

审计成果　泉州市审计机关完成审计（调查）项目374个，查出违规金额71845万元、损失浪费金额1509万元、管理不规范金额816084万元、非金额计量问题金额1412个；处理应上缴财政54734万元、应减少财政拨款或补贴3746万元、应归还原渠道资金45481万元；审计促进整改落实有关问题资金14150万元；审计后挽回（避免）损失12061万元。移送处理事项7件5人。出具审计报告和专项审计调查报告469篇，被批示、采用112篇次。提出审计建议1184条，提交审计信息868篇，被批示、采用1155篇次。

财政审计　全市完成预算执行审计（调查）单位70个，延伸审计单位279个，查出主要问题金额411346万元，其中未按规定纳入预算管理40819万元、未按规定征收缴纳收入170504万元、未落实“收支两条线”和专户管理规定23861万元、资金滞留闲置18936万元。市本级开展对市国土局等4个部门预算执行情况审计和安溪县政府2012年至2013年财政决算审计，重点关注对公共资金使用效益。

经济责任审计　全市对109名领导干部进行任期经济责任审计，查出主要问题金额477290万元，其中负直接责任金额1754万元、负主管责任金额261760万元、负领导责任金额213776万元。提交审计报告和审计结果报告197篇。提出审计建议333条，被采纳199条。晋江市尝试对党委及党委工作部门的领导开展经济责任审计，实现经济责任审计领域的新突破。

固定资产投资审计　全市对123个政府投资项目开展审计，延伸审计单位130个，完成投资额688940万元。审计核减投资额（工程款）15448万元，查出多计工程结算款10440万元。市本级通过购买社会服务聘请社会专业人员参与国家审计的方式，对市人民防空办公室“991”工程等5个单项工程项目财务结算、石狮市引水二期工程项目、晋石高速公路工程进行审计，促进资源整合与专业水平的优化提升。

专项资金审计　加大对民生资金和项目的审计，全市审计专项资金总额499065万元，查出主要问题金额16285万元。市本级结合“同级审”对部分卫生、农村饮水安全工程和排污费支出等专项资金管理使用情况进行抽查，先后开展全市粮食补贴资金管理使用情况审计调查、全市扶持企业发展专项资金使用效益审计调查等。南安市开展农村危房改造补助专项资金、扶持中小企业发展资金审计调查；晋江市开展村级公益事业建设“一事一议”财政奖补项目和水资源费征收使用管理情况审计调查。（撰稿人：张志文）

【漳州市审计局】 2014年，漳州市审计局人员编制52人、在编48人。局长郭进福，副局长张孔亮、陈少凡、卢宗金、郑清松，总审计师曾妙玲（3月—），市经济责任审计工作联席会议办公室主任高振强（3月—）。设有办公室、法制科、经济责任审计科、财政金融审计科、行政事业审计科、经贸外经审计科、农业与资源环保审计科、社会保障审计科、固定资产投资审计科、开发区审计科、机关党委及计算机应用技术中心、固定资产投资审计中心。

审计成果 漳州市审计机关共完成审计项目330个，查出主要问题金额102.71亿元，其中违规金额2.26亿元、损失浪费金额148万元、管理不规范金额100.44亿元；损益（收支）不实金额51529万元；审计处理处罚金额67705万元，其中应上缴财政12201万元、应减少财政拨款或补贴2902万元、应归还原渠道资金6196万元、应调账处理金额46047万元；审计发现非金额计量问题1034个；审计促进整改落实有关问题资金36427万元，其中增收节支27434万元、已调账处理金额8819万元；审计促进拨付资金到位92万元；审计后挽回（避免）损失5775万元。移送司法机关、纪检监察机关和有关部门处理事项10件。出具审计报告和专项审计调查报告435篇。提出审计建议861条，提交审计信息181篇，被批示、采用152篇。

财政审计 组织实施96个财政部门、预算执行单位及其他相关单位的预算执行情况审计，对财政存量资金以及涉及民生工程、政府投资、生态环境等重点专项资金的管理和使用情况进行审计或审计调查，查出主要问题金额49.67亿元。其中，漳州市审计局对市本级财政存量资金进行专项审计调查，清理财政专户结余资金和预算单位结余资金，查出部门非税收入未上缴国库，促进相关部门加强财政资金管理，提高财政资金使用效益。

经济责任审计 对94个单位108名领导干部进行经济责任审计，查出违规金额10843万元，其中应负直接责任金额139万元、负主管责任金额6932万元、负领导责任金额3772万元。

固定资产投资审计 对城镇保障性安居工程、援疆资金和项目、高速公路漳州南联络线工程等49个政府重点投资项目进行审计和跟踪审计，查出主要问题金额16704万元，核减工程价款8764万元，确保项目建设的顺利实施和资金的安全、有效。

社会保障审计 对2个部门和单位的社会保障资金进行审计，查出主要问题金额507万元。

企业审计 完成14个审计项目，查出主要问题金额4340万元，其中少计或虚列成本费用115万元。

专项资金审计 审计（调查）专项资金管理使用单位38个，审计专项资金总额20.40亿元，查出主要问题金额35079万元，其中资金滞留闲置8004万元。

信息化建设 充分利用金审工程二期各项成果，全面推进全市审计机关OA（审计管理系统）运用。组织全市计算机培训2次，征集AO（现场审计实施系统）应用实例和计算机审计方法；完成漳州市审计局办公楼综合布线改造升级工程。

（撰稿人：李伟光）

【南平市审计局】 2014年，南平市审计局人员编制60人，在编53人。局长陈建新，副局长陈祥安、刘剑锋、陈卷宝，总审计师上官登川。设有办公室、法规科、经济责任审计科、财政金融审计科、行政事业审计科、经贸审计科、固定资产投资审计科、社会保障审计科、武夷新区审计分局，驻局监察室及固定资产投资审计中心、计算机审计中心。

审计成果 南平市审计机关共完成审计项目359个，查出主要问题金额190230万元，其中违规金额15755万元、管理不规范金额174474万元；损益（收支）不实金额32277万元；审计处理处罚金额50904万元，其中应上缴财政7877万元、应减少财政拨款或补贴4385万元、应归还原渠道资金19778万元、应调账处理金额16464万元；审计发现非金额计量问题533个；审计促进整改落实有关问题资金30678万元，其中增收节支25069万元、已调账处理金额4670万元；审计促进拨付资金到位195万元；审计后挽回（避免）损失12315万元。移送司法机关、纪检监察机关和有关部门处理事项59件。出具审计报告和专项审计调查报告409篇。提出审计建议837条，提交审计信息363篇，被批示、采用349篇。

财政审计 全市完成91个部门单位预算执行情况或财政财务收支审计，延伸审计单位57个，重点关注政策性强、资金量大的财政专项资金分配和使用情况，审计查出主要问题金额190132万元。结合群众路线教育实践活动和“四风”专项整治工作，联合纪检、财政等部门，开展“三公”经费和中央八项规定落实情况专项检查。

经济责任审计 对106个单位117名领导干部开展经济责任审计。查出违规金额1493万元、管理不规范金额28223万元，移送纪检机关处理6人；市本级联合市纪委、组织部对上年度经济责任审计结果执行和落实情况进行督查，落实率达100%。

固定资产投资审计 全市共完成预（结）算审计项目122个，送审金额40.724亿元，核减金额2.46亿元；市本级送审金额21.72亿元，核减金额13806万元。

专项资金审计 结合“同级审”开展大额财政专项资金使用情况专项审计调查，对全市工业、科技、旅游等大额财政专项资金的预算、拨付、使用情况进行审计调查，延伸审计部门单位50余家。组织全市审计机关对全市公立医院实施行业审计，查处违规金额784万元，管理不规范金额13392万元，审计处理处罚1707万元，移送纪检及主管部门案件线索和事项16件，同时探索开展医疗行业信息系统审计。 （撰稿人：林洪德）

【龙岩市审计局】 2014年，龙岩市审计局人员编制52人，在编51人。局长邱河清，副局长段渭景（—11月）、黄文安、王思水、钟江泓、陈振书、程建茂（7月—），总审计师赖日章，纪检组长傅闽。设有办公室、综合计划与法规科、财政金融审计科、经贸外资审计科、行政事业审计科、农业与资源环保审计科、固定资产投资审计科、经济责任审计科、社会保障审计科、经济责任审计联席办、驻局监察室，计算机辅助审计中心与审计举报中心、固定资产投资审计中心。

审计成果 龙岩市审计机关完成审计项目220个，查出主要问题金额1271902万元，其中违规金额22206万元、损失浪费金额1020万元、管理不规范金额1248678万元；审计处理处罚金额122539万元，其中应上缴财政19627万元、应减少财政拨款或补贴5571万元、应归还原渠道资金7281万元、应缴纳其他资金903万元、应调账处理金额89152万元；审计发现非金额计量问题880个；审计促进整改落实有关问题资金39984万元，其中增收节支21085万元、已调账处理金额18397万元、已缴纳其他资金501万元；审计后挽回（避免）损失5576万元。移送司法机关、纪检监察机关和有关部门处理事项8件。出具审计报告和专项审计调查报告291篇。提出审计建议514条，提交审计信息679篇，被批示、采用482篇。向社会公告审计结果1篇。

财政审计 完成预算执行和财政决算审计单位57个，审计调查单位3个，查出主要问题金额1083656万元。市本级开展全市政府性债务情况、市直全额拨款部门单位编外人员财政负担等情况专项审计和审计调查。

经济责任审计 对80名领导干部开展经济责任审计。审计查出违规金额18202万元，其中负直接责任金额69万元、负主管责任金额9759万元、负领导责任金额8373万元；管理不规范金额273850万元，其中负直接责任金额1368万元、负主管责任金额245332万元、负领导责任金额27150万元。

固定资产投资审计 完成投资审计项目1378个，对龙岩第一医院门诊综合楼等13个项目开展跟踪审计，组织对行政中心等1056个项目开展造价审计，送审工程金额543192万元，核减工程金额65497万元。其中送审工程结算295241万元，核减工程结算30211万元；送审预算控制价247951万元，核减预算造价35286万元。

专项资金审计 对保障性安居工程、社会抚养费、市本级商品住宅专项维修资金等民生项目和资金开展审计；对21个接受各级财政资金较多的行政村2011—2013年度财政资金收入、支出、管理等方面情况专项审计；市本级开展2011—2013年度市委、市政府出台帮扶政策落实情况审计调查。 （撰稿人：杨姝萍）

【宁德市审计局】 2014年，宁德市审计局人员编制43人，在编38人。局长吴敏，副局长黄颖倩（—1月）、陈端浦、谢坚，总审计师林挺仲，纪检组长汤万冰。设有办公室、法规科、财政金融审计科、行政事业审计科、经贸审计科、农业与资源环保审计科、固定资产投资审计科、社会保障审计科、经济责任审计科、固定资产投资审计中心、网络审计工作站及驻局监察室。

审计成果 宁德市审计机关共完成审计项目273个，查出主要问题金额696154万元，其中违规金额7436万元、损失浪费金额50万元、管理不规范金额688667万元；损益（收支）不实金额87624万元；审计处理处罚金额116380万元，其中应上缴财政5799万元、应减少财政拨款或补贴12393万元、应归还原渠道资金90819万元、应缴纳其他资金4123万元、应调账处理金额3244万元；审计发现非金额计量问题494个；审计促进整改落实有关问题资金10398万元，其中增收节支9964万元、已调账处理金额1万元；审计促进拨付资金到位83万元；审计后挽回（避免）损失16401万元。移送司法机关、纪检监察机关和有关部门处理事项5件。出具审计报告和专项审计调查报告359篇，被批示、采用73篇。提交审计建议644条，提交审计信息277篇，被采纳、采用311篇（次）。

财政审计 对45个部门单位开展审计和审计调查，延伸审计49个单位，查出主要问题金额300458万元。针对存在的违规变更调整预算、隐瞒转移截留资金等问题，从体制和机制上分析原因，提出审计意见建议。

经济责任审计 对85个单位96名领导干部开展经济责任审计，查出主要问题金额381162万元，其中违规金额253003万元、管理不规范金额128159万元。与市纪委、市委组织部组成联合督查组，对全市2013年度经济责任审计结果执行及整改落实情况开展督查。

固定资产投资审计 对保障性安居工程等118个政府投资项目开展跟踪审计和竣工结算审计，项目投资额120020万元，查出主要问题金额113187万元，核减投资额（工程款）12815万元。

专项资金审计 开展17个涉及群众切身利益的资金和项目专项审计，审计专项资金总额3.15亿元，审计发现问题金额1.08亿元。针对城市基础设施配套费、残疾人保障金、污水处理费等资金筹集和管理不够规范、机制体制不够健全等问题，督促有关部门及时整改，促进惠民利民资金和相关政策的落实。 （撰稿人：徐海萍）

【福建省审计厅驻平潭综合实验区办事处】 2014年，福建省审计厅驻平潭综合实验区办事处（以下简称驻平潭办）在编7人。主任吴克昌（—1月）、朱少洪（1月—）。

审计成果 驻平潭办和平潭县审计局共完成审计项目9个，查出违规金额2392万元，其中应上缴财政46万元、应减少财政补贴2037万元、应归还原渠道资金24万元、应调账处理金额286万元。移送有关部门案件线索2件。出具审计报告和审计调查报告10篇；提出审计建议29条；提交审计信息6篇。

财政审计 开展平潭综合实验区管委会2013年度预算执行审计，与平潭县审计局上下联动，以财政资金为主线，专项调查征地拆迁补偿款等存量资金；平潭县审计局以预算执行为主线，着重围绕预算执行、准确与管理等方面内容进行审计，并对预算结余结转与财政性资金结存做分类与核对，延伸检查一些乡镇、村级资金结存情况。

固定资产投资审计 驻平潭办创新采用服务外包模式，对平潭县东澳中心渔港工程项目等6个投资项目开展竣工决算审计或跟踪审计，净核减工程价款2037万元，调账金额286万元。

专项资金审计 驻平潭办对平潭综合实验区2013—2014年度城镇保障性安居工程开展跟踪审计。 （撰稿人：仲鑫恺）

2014年福建省所辖区、县(市)级审计工作统计表

金额单位:万元

审计机关	完成审计项目(个)	审计查出主要问题金额	审计处理情况					出具审计报告和审计调查报告(篇)	提出审计建议(条)	提交审计信息(篇)
			审计处理处罚				移送处理事项(件)			
			应上缴财政	应减少财政拨款或补贴	应归还原渠道资金	应调账处理金额				
福州市										
福州市本级	74	361886	13042	1627	3791	19653	6	105	249	404
鼓楼区审计局	19	43826	691	1223		15		26	38	44
台江区审计局	16	4958	3					21	31	23
仓山区审计局	9	39309	734		27			10	16	45
马尾区审计局	15	13639	1566		6	19	1	22	40	32
晋安区审计局	10	13522						11	37	18
福清市审计局	46	60674		1119			2	63	172	9
长乐市审计局	34	306356			41277			47	92	91
闽侯县审计局	20	30235	2050		17	247		21	63	15
连江县审计局	21	44902	80		19482	10013		25	58	39
罗源县审计局	17	44737	31		15			15	49	8
闽清县审计局	19	21996	1657		483	60		29	67	38
永泰县审计局	22	13960	7251		7			35	48	11
厦门市										
厦门市本级	68	593811	33750	4602	75615	46821	25	80	283	490
思明区审计局	17	4651	383		863	538		20	70	41
海沧区审计局	13	33700	1125		1211	9905	1	27	50	20
湖里区审计局	22	89649			19			40	104	30
集美区审计局	12	3883	910		2833	137		18	48	40
同安区审计局	12	484	103		37			17	26	8
翔安区审计局	27	24341	1178	1352	141	235	3	40	87	85
莆田市										
莆田市本级	33	134825	478		60	17238	2	35	60	137
城厢区审计局	14	6968	47	102	5	400		16	62	
涵江区审计局	11	635	59		44			15	76	
荔城区审计局	14	4038	6					17	61	
秀屿区审计局	243	9503	749	1803	18			243	142	
仙游县审计局	20	6791	71					25	66	

续表

审计机关	完成审计项目（个）	审计查出主要问题金额	审计处理情况					出具审计报告和审计调查报告（篇）	提出审计建议（条）	提交审计信息（篇）
			审计处理处罚				移送处理事项（件）			
			应上缴财政	应减少财政拨款或补贴	应归还原渠道资金	应调账处理金额				
三明市										
三明市本级	25	95773	3078	86	2669	87665	2	29	62	190
梅列区审计局	11	24153						12	43	
三元区审计局	5	11017						10	14	20
永安市审计局	14	60539						23	48	34
明溪县审计局	25	3184	32	657	52	159		35	96	
清流县审计局	22	25942	666		1381	832		22	80	
宁化县审计局	73	57332	852	1362	274	3441		79	65	40
大田县审计局	18	77073	561		790	1939		22	34	7
尤溪县审计局	34	8364	67	56	4274	734		57	5	1
沙县审计局	18	24290						29		54
将乐县审计局	8	5162	12					12	1	6
泰宁县审计局	9	1536						14	3	11
建宁县审计局	6	8985	1			6		6	18	40
泉州市										
泉州市本级	27	466695	47455	3415	45446	17035	3	33	156	32
丰泽区审计局	11	9123	1			7	1	13	42	103
鲤城区审计局	75	7688		207		8		83	175	171
洛江区审计局	47	17290						47	85	42
泉港区审计局	28	58406	3					49	97	
石狮市审计局	25	57991	268			4		38	82	2
晋江市审计局	32	141631	6712		1		1	42	93	161
南安市审计局	39	57147		15			1	52	172	199
惠安县审计局	17	17968	10		7	4764		17	57	3
安溪县审计局	31	11771	211	31		2846		42	107	4
永春县审计局	24	25738	74	35		86	1	31	78	115
德化县审计局	18	17990		43	27	146		22	40	36
漳州市										
漳州市本级	34	537685	5241		2316	7661	1	42	110	25
龙文区审计局	24	112047	59		9	1112	1	25	71	
芗城区审计局	20	5144	419	1226	7	30		28	25	
龙海市审计局	26	48423	178		4	3		34	86	

续表

审计机关	完成审计项目（个）	审计查出主要问题金额	审计处理情况					出具审计报告和审计调查报告（篇）	提出审计建议（条）	提交审计信息（篇）
			审计处理处罚				移送处理事项（件）			
			应上缴财政	应减少财政拨款或补贴	应归还原渠道资金	应调账处理金额				
云霄县审计局	27	41955	2114		217	336		54	76	16
漳浦县审计局	39	141729	6			36211	1	47	77	28
诏安县审计局	43	21038	359		42		1	56	101	
长泰县审计局	20	5087	2731	94	1814	449	2	31	75	
东山县审计局	23	3294	191	1129	927	32		29	47	8
南靖县审计局	20	8687	426					28	47	22
平和县审计局	37	13166	139					42	70	60
华安县审计局	17	88818	338	453	860	213	4	19	76	22
南平市										
南平市本级	104	54007	2211	1895	469	10057	20	110	301	110
延平区审计局	25	4091	382			50	3	28	66	27
邵武市审计局	41	5444	63		132	60	3	66	124	28
武夷山市审计局	12	10212	1282		10	3	1	15	31	6
建瓯市审计局	35	10812	2412		36	10	7	35	93	40
建阳市审计局	31	65465	779	657	270	6	7	31	42	35
顺昌县审计局	34	4948	398	271	833	1337	11	29	17	34
浦城县审计局	11	6814	42			3098	5	22	63	35
光泽县审计局	19	5498	108		105	404		27	11	29
松溪县审计局	11	20465	152		17082	1431	2	11	31	6
政和县审计局	36	2474	48	1562	841	8		35	58	13
龙岩市										
龙岩市本级	31	950868	8581	665	2	69761	2	39	69	109
新罗区审计局	57	6209	28	3869	2	89	1	70	52	119
漳平市审计局	11	29452	4		69	19	1	16	43	228
长汀县审计局	35	57274	9986	327	386	382		43	75	3
永定县审计局	24	23360	787	126	6780	15014	1	34	54	29
上杭县审计局	23	12446	45	514	40	3216	1	34	69	45
武平县审计局	30	187422	146			45	2	41	112	138
连城县审计局	9	4871	50	67		624		14	40	8
宁德市										
宁德市本级	45	413493	4771	4602	251	9	2	49	75	143
蕉城区审计局	20	2219	91		16			40	72	12

续表

审计机关	完成审计项目（个）	审计查出主要问题金额	审计处理情况					出具审计报告和审计调查报告（篇）	提出审计建议（条）	提交审计信息（篇）
			审计处理处罚				移送处理事项（件）			
			应上缴财政	应减少财政拨款或补贴	应归还原渠道资金	应调账处理金额				
福安市审计局	56	172770	497	1694	72402			71	60	21
福鼎市审计局	17	9630	57	4016	1551	2821		17	78	2
霞浦县审计局	27	15188	130		1146	275	3	27	124	60
古田县审计局	24	25014	25	324				41	73	
屏南县审计局	38	17562	141	1757	23	139		52	56	9
寿宁县审计局	8	21276	11					9	23	
周宁县审计局	16	1378	4					26	43	18
柘荣县审计局	22	17624	72		15430			27	40	12
平潭综合实验区										
平潭综合实验区本级	8	1172947	46	2037	24	286	2	8	26	1
平潭县审计局	1	8479						2	3	5

江西省

【江西省审计厅】 2014年，江西省审计厅人员编制219人，在编189人。厅机关设有办公室、综合处、法规审理处、财政与金融审计处、行政事业审计一处、行政事业审计二处、行政事业审计三处、农业审计处、资源环保审计处、固定资产投资审计一处、固定资产投资审计二处、经贸审计一处、经贸审计二处、社会保障审计处、外资运用审计处、经济责任审计处、政法审计处、教育审计处、人事处、机关党委、监察室，还设有厅机关后勤服务中心、审计科研所、审计信息中心、审计干部培训中心和庐山培训基地。

领导成员

厅　　长：王殿军

副 厅 长：何萍高　王卫亚（—7月）

刘　达　胡志勇（2月—）

章丁万

总审计师：刘斌良（10月—）

纪检组长：邹水成

巡 视 员：何干成（—11月）

何萍高（1月—）

审计成果　江西省审计机关共审计（调查）6847个项目，查出主要问题金额8929348万元，其中违规金额448002万元、损失浪费金额3857万元、管理不规范金额8477487万元；审计处理处罚金额1112027万元，其中应上缴财政101171万元、应减少财政拨款或补贴54586万元、应归还原渠道资金280565万元、应调账处理金额385151万元；审计发现非金额计量问题6776个；审计促进整改落实有关问题资金820324万元，其中增收节支209059万元、已调账处理金额158425万元；审计促进拨付资金到位69341万元；审计后挽回（避免）损失134075万元。移送司法机关、纪检监察机关和有关部门处理事项42件。出具审计报告和专项审计调查报告168篇，被批示、采用99篇。提交审计信息2388篇，被批示、采用1217篇。向社会公告审计结果4篇。提出审计建议1.17万条，被审计单位采纳7450条。被审计单位制定整改措施251项、建立健全规章制度24项。审计工作在推进法治、维护民生、推动改革、促进发展等方面发挥积极作用，保障江西经济平稳健康较快发展。

财政审计 全年对986个单位开展审计或审计调查，其中预算执行审计或审计调查640个单位，查出主要问题金额4596465万元；财政决算审计346个单位，查出主要问题金额1813400万元。全省审计机关在预算执行审计中，继续加大对重大政策执行、重点领域、重点部门和重点资金的审计力度，注重从体制机制层面分析问题、从完善政策制度方面提出提议，在推动深化财政改革等方面发挥出建设性作用。省审计厅对省教育厅等13个省级部门及83个下属预算单位预算执行情况进行审计，并延伸审计13个省级部门主管的68个协会、学会等社会组织，涉及资金总额54.06亿元。省级预算执行审计工作报告围绕省级财税管理、省级部门预算执行、政府性债务审计、重点民生资金及其他专项审计、政府投资项目、农村土地整治示范建设项目、企业审计、审计查出问题处理情况等8个方面披露审计查出的主要问题和初步整改情况；围绕积极盘活财政存量资金、着力提高财政资金使用效益、进一步加强财政监督、深入推进财税体制改革4个方面提出加强财政管理的审计意见。报告得到省人大和政府的充分肯定和高度评价。各地预算执行审计工作也得到各级人大和政府的充分肯定。按照审计署统一要求部署，组织完成《全省政府性债务审计结果》公告发布和舆论宣传引导、舆情监测工作。由于统筹谋划有方、组织协调到位、方法措施得当，整个发布过程井然有序，发布后的社会舆情平稳。

经济责任审计 全省共对1179名党政领导干部和企业领导人员进行经济责任审计，查出领导干部和领导人员违规问题金额10.21亿元。省审计厅对抚州市市长张和平、省外侨办主任张学军、景德镇国家高新技术产业开发区管委会主任张良华等20名党政领导干部进行经济责任审计。其中对张良华任中经济责任审计是省审计厅首次审计国家级高新区管委会主任，填补审计空白，也为今后开展国家级高新区（经开区）管委会领导干部经济责任审计积累宝贵经验；开展的抚州市市长任中经济责任审计中首次对机构编制、城市规划、自然资源资产进行系统审计，对审计内容和重点进行深化。全省积极推行领导干部任中经济责任审计，全年实施任中审计项目263个，占全部经济责任审计项目的22.3%。省审计厅上报的《我省市厅级领导干部经济责任审计发现问题及建议的审计专报》引起省委书记和省长的高度重视并批示。

固定资产投资审计 全省审计固定资产投资项目3738个，审计的项目投资总额171.7亿元，审计核减工程款，为国家和有关单位节约建设资金26.18亿元。省审计厅组织对峡江水利枢纽、鹰瑞高速公路、瑶湖国际水上运动中心等重点工程项目进行决算审计，揭示部分项目工程超概算、个别标段违法转分包、挪用征地拆迁款等问题，并提出有针对性的审计建议，得到省领导和有关部门的高度重视。为促进提高投资效益，全省各级审计机关加强建设项目跟踪审计。省审计厅继续对城镇保障性安居工程及对口支援新疆阿克陶县发展资金和项目进行跟踪审计，揭示违纪违规问题，提高建设资金使用效益。

外资运用审计 根据《中华人民共和国审计法》和相关国外贷援款协议规定以及审计署授权，省审计厅组织开展对世界银行贷款石虎塘航电枢纽、亚洲开发银行贷款农村能源生态建设二期、日本政府贷款江西高等教育人才培养、亚行贷款江西省林业发展、江西全球环境基金赠款省级能源效率推广、抚州城市基础设施综合改善、景德镇浯溪口水利枢纽工程建设、鄱阳湖生态经济区及流域城镇发展示范、南昌轨道交通2号线一期工程、上饶三清山机场建设等10个国外贷援款项目公证审计。揭示部分项目单位在贷款资金管理、项目执行管理、工程建设管理和财务管理等方面存在一些问题，促进相关单位加强项目管理，并向国外贷援款机构出具审计报告。

企业审计 全省审计机关按照“揭示隐患、促进规范、维护安全、推动发展”的思路，围绕促进国有资产安全完整和保值增值，实施对71家国有企业的审计和审计调查，查出主要问题金额5.29亿元。省审计厅组织对新余钢铁集团有限公司、江西煤炭集团公司2013年度财务收支情况以及省建工集团有限责任公司（本部）2013年度资产负债损益情况进行审计，揭示关联交易核算不够准确、财务管理不规范等问题，并有针对性地提出了加强经营管理及化解风险的对策建议。

专项资金审计 全省审计专项资金总额125.92亿元，查出未按规定征收缴纳收入金额11.66亿元，违规改变项目计划和资金用途金额6.68亿元，资金滞留闲置11.57亿元，损失浪费0.15亿元。省审计厅围绕涉及群众切身利益问题，开展住宅专项维修资金归集管理使用情况、农村土地整治资金管理使用情况、医疗求助、财政扶贫、农村义务教育学生营养改善计划专项资金审计和审计调查，在促进资金及时高效使用方面发挥积极作用。

全国土地出让收支和耕地保护情况审计 根据国务院的安排部署，审计署派出审计组，自8月中旬至10月，对江西省本级，南昌市、赣州市等9个市本级以及九江县、瑞金市等38个县2008年至2013年土地出让收支和耕地保护情况进行审计。根据审计署要求，全省审计机关共抽调1150名审计人员参与该项目审计任务。

稳增长等政策措施落实情况跟踪审计 按照国务院及审计署要求，省审计厅组织11个设区市审计局于8月至9月，采取“统一审计实施方案、统一调配审计力量、统一召开审计进点会”和“自查、审查、调查”相结合的方式，对省本级31个省直相关部门及部分中央驻赣单位和11个设区市政府相关部门截至9月底稳增长促改革调结构惠民生政策措施落实情况进行跟踪审计，揭示存在问题，提出审计建议，推动中央和省委、省政府政策措施落实到位。

审计方式方法创新 一是科学统筹重大审计项目实施。在审计署和全省重大审计项目中，坚持全省审计工作“一盘棋”，上下联动，协调配合，按时高效完成审计任务，展现全省审计机关的凝聚力和战斗力。二是探索创新审计方式。省审计厅对南昌市区范围内的21个预算执行审计项目和部分经济责任审计项目实行送达审计，并专门出台送达审计管理办法，建设完成功能齐全、先进的送达审计室，既提高工作效率，又减轻被审计单位的负担，受到被审计单位好评。全省各级审计机关积极探索以经济责任审计为平台、综合实施相关审计项目的审计方式，提高审计效率。三是规范审计业务管理。省审计厅出台聘请外部专业人员参与审计工作操作规程和送达审计管理办法，对外部专业人员聘请程序、监督管理、审计纪律等做出具体规定，进一步规范审计行为。景德镇市政府以市长令的方式出台《景德镇市政府投资项目审计监督实施办法》；吉安市纪委、组织部和市政府分别下发《关于加强对领导干部审计监督的通知》和《关于进一步加强政府审计工作的意见》；新余、宜春市审计局制定经济责任审计和政府投资审计操作规程；鹰潭、抚州市审计局加强对政府公开招标入选协审单位的质量监督，防范审计风险。四是加强审计信息化建设。省审计厅完成7个设区市OA（审计管理系统）国产化改造，实现全省OA互联互通；全面推行审计项目网上计划管理和网上审理，积极开展医院阳光医药数据化审计，并实施地税系统联网审计，信息化条件下审计能力和水平不断提高。

机关建设 全省各级审计机关着眼事业科学长远发展，不断加强机关自身建设，按照上级部署，开展党的群众路线教育实践活动及“回头看”，补精神之“钙”、除“四风”之害、立为民之制，审计机关为民务实清廉的良好形象进一步树立，作风建设的长效机制进一步完善。坚持把审计队伍建设作为根本性任务来抓，加大教育培训力度，加大干部实践锻炼力度，深化干部人事制度改革，不断增强审计队伍活力。与南京审计学院签订战略合作协议，举办1期北京大学领导干部能力建设与素质提升高级研修班，组织23名审计专业领军人才赴加拿大培训，举办春季全员集中培训，市、县（区）审计局长培训，计算机审计中级培训，固定资产投资审计培训，经济责任审计培训等。强化党风廉政建设，召开全省审计机关党风廉政建设工作视频会和落实“两个责任”座谈会，对党风廉政建设和落实党风廉政建设“两个责任”工作做出部署，并出台落实党风廉政建设党组主体责任和纪检组监督责任的意见，推动党风廉政建设和反腐败工作深入开展。审计文化建设持续深入。吉安县审计局和宜春市审计局刘星分别被人力资源和社会保障部与审计署联合授予全国审计机关先进集体和先进工作者荣誉称号。抚州市审计局首次被授予全省人民满意的公务员集体和江西省五一劳动奖状。江西省审计厅先后获得省直机关第十届文明单位、2013年度推进省直和中央驻赣单位绩效管理优秀单位、全省社会管理综合治理目标管理先进单位等荣誉称

号。（撰稿人：周　波）

【南昌市审计局】 2014年，南昌市审计局人员编制93人，在编91人。局长万仁如，副局长詹善平、陈国广、彭艳云（9月—），总审计师郑克里，纪检组长刘承万，调研员赵波，副调研员廖金红、肖林，市经济责任审计工作领导小组办公室主任徐宝华。设有办公室、人事教育处、综合处、法规处、审计信息处、财政与金融审计处、行政事业审计处、经贸审计处、农业与资源环保审计处、固定资产投资审计处、社会保障审计处、综合审计一处、综合审计二处、经济责任审计室（市经济责任审计工作领导小组办公室），机关党委、监察室。

审计成果 南昌市审计机关完成审计项目353个，查出主要问题金额1324117万元，其中违规金额15717万元、损失浪费金额50万元、管理不规范金额1308349万元；损益（收支）不实金额46896万元；审计处理处罚金额52019万元，其中应上缴财政23124万元、应减少财政拨款或补贴4591万元、应归还原渠道资金3949万元、应缴纳其他资金1520万元、应调账处理金额18832万元；审计发现非金额计量问题1164个；审计促进整改落实有关问题资金212674万元，其中增收节支30152万元、已调账处理金额7195万元；审计促进拨付资金到位25731万元；审计后挽回（避免）损失10103万元。移送司法机关、纪检监察机关和有关部门处理事项4件。出具审计报告和专项审计调查报告356篇，提出审计建议962条，提交审计信息532篇，被批示、采用356篇。

财政审计 围绕财税管理审计、部门预算执行审计、政府重大重点投资项目审计、民生资金审计四个部分开展审计，审计查出管理不规范金额70.02亿元。根据审计意见和建议，市政府制定《南昌市旅游产业发展专项资金使用管理办法》，下发《关于进一步加强基本建设项目财务管理的通知》，以促进财政资金的规范管理。

经济责任审计 全市对126名行政、企事业单位领导经济责任进行审计，查出主要问题金额55.94亿元；提出审计建议341条，被采纳248条；在一定范围内通报审计结果2篇次。

“三公”经费审计 重点审计全市71个一级预算部门，对21个重点部门进行实地检查。针对审计中发现的车辆购置和运行费用比上年增长5.5%的问题和审计提出的意见和建议，市政府制定《南昌市公务支出和公款消费审计监督办法》，印发全市执行。

固定资产投资审计 全年完成149个工程项目的竣工结算审计，平均核减率18%，促进政府投资项目资金的有效使用；市本级完成工程项目竣工结算5个，审核结算资金8.66亿元，核减金额1.2亿元，查出违规金额6926万元，上缴财政6926万元，减少财政资金支出。

专项资金审计 完成专项资金审计（调查）19个。保障性安居工程跟踪审计查出管理不规范金额1.74亿元，取消797户不符合条件家庭的保障对象资格，促进保障性住房公平分配和有效使用。首次对“平价沙石进社区”活动配送服务费用进行专项调查审计，对沙石进社区各环节的成本进行全面核算，将原报价384.68元/方的成本核实为145.17元/方，取得良好社会效益。

信息化建设 南昌市审计管理系统国产化升级改造项目建设已完成硬件设备及设施建设，系统软件进入最后试运行阶段；组织56名审计业务人员参加审计署AO（现场审计实施系统）认证资格考试，选派6名计算机审计骨干参加全省计算机审计中级培训，4人通过审计署计算机审计中级考试；组织开展AO软件操作应用现场视频讲座等。（撰稿人：范梅生）

【景德镇市审计局】 2014年，景德镇市审计局人员编制40人，在编38人。局长王国华，副局长陈志坚、王桦、汪晓敏（1月—），总审计师占玉芳，纪检组长詹镕文，市经济责任领导小组办公室专职副主任吴新国，调研员王丽琴（1月—），副调研员王民森、章琍（3月—）。设有办公室、综合科、法规审理科、财政与金融审计科、固定资产投资审计科、经贸审计科、农业与资源环保审计科、行政事业审计科、经济责任审计科、外资与园区审计科、社会保障资金审计科、监察室、信息中心、工程投资决算审计中心。

审计成果 景德镇市审计局共完成审计项目65个，查出主要问题金额195867万元，其中应上缴财政545万元、应减少财政拨款或补贴5819万元、应归还原渠道资金3895万元。审计移送纪检监察机关4起。促进市政府出台相关文件3份。出具审计报告和专项审计调查报告43篇，提出审计意见建议并被采纳97条，提交审计信息38篇。获得景德镇市人口和计划生育工作先进单位、社会治安综合治理先进单位、十四届文明单位、全市文明机关；1人获得景德镇市劳动模范荣誉称号。

财政审计 对本级财政和10个部门的预算执行情况进行审计监督。组织对市本级房地产税费征管情况开展专项审计调查，引起景德镇市委、市政府高度重视，景德镇市政府专门召开全市整顿和规范房地产项目建设和管理秩序动员大会，部署审计整改工作。

固定资产投资审计 对近三年来370个政府重点投资项目进行审计调查；景德镇市政府以市长令的方式出台市审计局代拟的《景德镇市政府投资项目审计监督实施办法》。

经济责任审计 对23个部门单位主要负责人进行经济责任审计，审计移送纪检监察机关4起，2名县处级干部被立案、1名县处级干部被批捕、2名县处级干部调整职务。

专项资金审计 对乐平、浮梁房屋维修基金、住房公积金等专项资金进行审计或审计调查，推动市政府及相关部门根据审计建议出台房屋维修基金、住房公积金等方面制度性文件；对部分房屋征收补偿资金进行审计，促进相关部门出台关于房屋征收补偿资金的改革性文件。

其他审计 开展元旦春节期间公务支出、公款消费情况专项审计调查；对近三年来审计发现需督促整改的12类共30个重点问题进行梳理汇总并报市委、市政府；初步完成青山湾收费站资产负债损益审计工作；开展德宇集团资产负债损益审计。

（撰稿人：江志群）

【萍乡市审计局】 2014年，萍乡市审计局人员编制43人，在编39人。局长朱广仁，副局长胡芳、张增良、彭青兰，总审计师蔡常萍，纪检组长杨生元（—8月）、胡磊（12月—），经济责任审计工作联席会议办公室主任汤晓伟，调研员邓克坚、肖放萍、罗铭权（—3月），副调研员杨生元（9月—）、钟杰兰。设有办公室、综合法规科、经贸与财政金融审计科、行政事业审计科、农业与资源环保审计科、固定资产投资审计科、社会保障审计科、经济责任审计科、机关党总支、监察室（萍乡市监察局派驻机构）和政府投资项目审计中心。

审计成果 萍乡市审计局完成审计项目100个，查出主要问题金额98755.46万元，其中违规金额86635.06万元、管理不规范金额12120.4万元；审计处理处罚金额9858.92万元，其中应上缴财政495.32万元、应归还原渠道资金7459.2万元、应调账处理金额1904.4万元；审计发现非金额计量问题47个；审计促进整改落实有关问题资金14853万元，其中增收节支11181万元、已调账处理3142万元。移送司法机关、纪检监察机关和有关部门处理事项3件。出具审计报告和专项审计调查报告105篇。提出审计建议162条，提交审计信息4篇，被批示、采用2篇。萍乡市审计局被审计署评为先进公务员集体；被中共江西省委、省人民政府评为省级文明单位；被萍乡市社会治安综合治理委员会评为市社会管理综合治理先进单位。

财政审计 萍乡市审计局加大财政“同级审”的审计力度，再次将萍乡市经济技术开发区纳入市级预算执行审计范围。重点对公共财政预算、基金预算、财政专户资金情况进行审计，涉及问题金额3647.13万元。揭示市级财政在预算管理、预算执行、税费征管等3个方面存在的8个问题，客观评价市级财政在促进萍乡经济建设等方面取得的成效，并针对发现的问题从体制机制制度和政策层面分析原因，提出建议。

经济责任审计 萍乡市审计局共完成经济责任审计项目17个。其中任中经济责任审计项目5个，占比29.41%，比2013年提高10个百分点。同时在经济责任审计过程中重点突出对“三公”经费、会议费、培训费的审计监督，对萍乡市党政机关落实中央八项规定，推进依法行政发挥促进作用。

固定资产投资审计 萍乡市审计局完成固定资产投资审计项目70个，送审金额18510万元，审减金额3562万元，审减率19.24%。在审计中将审计监督关口前移，将工程结算审计和项目的财务收支、资金管理使用等情况相结合，揭示萍乡市建设领域存在的问题，维护建设领域经济秩序，促进节约资金。

专项资金审计 完成4个县（区）人防易地建设费征收管理使用情况审计、3个县（区）住宅专项维修资金审计、市本级污水处理费征收及使用管理情况审计、湘东区医疗救助资金专项审计、全市就业和促进再就业资金审计、全市城镇保障性安居工作跟踪审计等6个涉及民生的审计项目。发现专项资金管理使用中存在的问题，督促有关部门单位加强专项资金管理，做到专款专用，提高专项资金管理水平和使用效益。

（撰稿人：罗云凡）

【九江市审计局】 2014年，九江市审计局人员编制79人，在编84人。局长胡伟华，副局长何斌、汪建荣、李建国、钱炎如，总审计师杨利发，助理调研员陈义远，副处级领导干部湛新民、曹素芳。设有办公室、综合科、法规科、人事科、政工部、经济责任审计处、财政金融审计科、行政事业审计科、社会保障审计科、经贸审计科、外资运用与园区审计科、固定资产投资审计一科、固定资产投资审计二科、农业与资源环保审计科，下辖信息中心、培训中心及九江经济技术开发区审计分局。

审计成果 九江市审计机关共完成审计项目1595个，查出主要问题金额915513万元，其中违规金额120249万元、损失浪费金额336万元、管理不规范金额794927万元；损益（收支）不实金额254499万元；审计处理处罚金额324821万元，其中应上缴财政2558万元、应减少财政拨款或补贴26834万元、应归还原渠道资金67214万元、应调账处理金额225806万元；审计发现非金额计量问题526个；审计促进整改落实有关问题资金182747万元，其中增收节支42306万元、已调账处理金额136582万元；审计促进拨付资金到位2034万元；审计后挽回（避免）损失104378万元。移送司法机关、纪检监察机关和有关部门处理事项11件。出具审计报告和专项审计调查报告1640篇，被批示、采用83篇。提出审计建议2181条，提交审计信息154篇，被批示、采用77篇。

财政审计 审计145个部门单位，延伸审计56个单位，出具174份报告，查出主要问题金额661223万元。

经济责任审计 审计领导干部151人，发现违规问题金额21797万元。

农业与资源环保审计 抽调140人，配合审计署南京特派办对上饶市土地出让收支及耕地保护情况进行审计。

固定资产投资审计 审计1171个建设项目，核减投资额74125万元。

社会保障审计 全市开展3个社会保障资金审计项目，查出问题金额15121万元。

外资运用审计 开展1个外资运用项目审计，查出违规金额1万元。

企业审计 全市共对15个企业进行审计，查出主要问题金额8483万元。

专项资金审计 对59个单位161288万元专项资金进行审计或审计调查，出具38份报告，查出主要问题金额33439万元。

信息化建设 全市2014年累计取得计算机中级资格6人，AO（现场审计实施系统）审计覆盖率93%，OA（审计管理系统）办公覆盖率99%，已开展4个联网审计项目。（撰稿人：刘朝兴）

【新余市审计局】 2014年，新余市审计局人员编制49人，在编48人。局长夏文成，副局长彭多林、周永平，曾长生，总审计师稂小毛，调研员李志坚、张梅保，副调研员周建辉、刘永华。设有人秘科、综合法规科、财政金融审计科、行政事业审计科、农业资源环保审计科、固定资产投资审计科、经济贸易审计科、经济责任审计科、审计信息中心、政府投资项目审计中心。

审计成果 新余市审计局完成审计项目66个，查出主要问题金额219490万元，其中违规金额330万元，管理不规范金额219160万元；损益（收支）不实金额10892万元；审计处理处罚金额226万元，其中应上缴财政226万元；审计发现非金额计量问题231个。移送司法机关、纪检监察机关和有关部门处理事项1件。出具审计报告和专项审计调查报告99篇，被批示、采用9篇。提出审计建议222条，提交审计信息165篇，被批示、采用151篇。

财政审计 重点关注"民生工程"、承接产业转移专项资金和农业、水利等方面专项资金的分配管理使用情况。注重从体制、机制和制度上揭露问题，分析原因，提出建议，促进提高财政政策实施效果、推进深化财政体制改革、推动预算的统一和完整、提高财政资金使用绩效和财政管理的规范性。对全市房地产业、建筑业、物流业税收征管情况开展审计调查，审计发现建筑安装业存在税收征管不严、大部分企业未建立财务账目、未及时缴纳税款、物流业引税情况普遍、返还比例较大、税收成本较高等问题，累计清理"两业"企业和项目 422 个，清理补征漏税和欠税 5.2 亿元，已入库税款 3.2 亿元。

经济责任审计 对新余市发改委、财政局、工信委、民政局、市政府驻北京联络处、分宜县、渝水公安分局等 27 个单位主要领导开展经济责任审计。注重深化审计内容，突出对领导干部重大经济事项决策权、经济管理权、经济政策执行权、经济监督权和个人廉政情况的审计。坚持审用结合、惩防并重、标本兼治，实现组织监督、纪检监督和审计监督的有机结合，形成监督工作合力。

农业与资源环保审计 开展土地出让金征收管理使用情况审计、重点小型病险水库除险加固工程专项资金审计。审计揭示一些地方政府土地出让金返还的问题，在市政府出台的《新余市促进经济发展办法》中，完全清理土地出让金挂钩返还的情况，避免与国家政策不符。

固定资产投资审计 全年完成政府投资审计项目 36 个，共为政府节约资金 13093.24 万元，二审项目在财政部门审核的基础上审减 1852.17 万元，揭示部分工程建设中存在的建设管理机构不健全、工程签证手续不严、合同不规范、工程项目没有严格执行招投标制度等问题，规范建设单位对工程的管理，节约政府资金。

社会保障审计 围绕切实维护老百姓的根本利益，维护社会公平正义，对保障性住房资金、住宅维修资金、全市社会抚养费等民生资金进行审计。

行政事业审计 对新余市人民医院、市信息化中心、市看守所、市中小企业管理局、机关事务管理局等 8 个单位进行部门预算执行情况审计，发现挤占专项资金、报销手续不全、财务处理不规范等方面的问题，提出进一步提高资金使用效益、改进财务管理等方面的审计建议。

专项资金审计 对全市节能减排财政政策综合示范城市专项资金、全市城市矿产基地专项资金、科技专项资金、医疗救助专项资金等专项资金进行审计调查。了解专项资金管理的现状，揭示资金筹集、管理和使用中存在的问题，进一步加强资金管理，提高资金效益。

信息化建设 按照审计署要求完善 OA（审计管理系统）和 AO（现场审计实施系统），实现省、市和县区电子网络互通、市局全部文件网上办理和全部审计项目电子化管理信息共享；全局人员 95%以上通过 AO 认证考试，3 人通过审计署计算机审计中级考试。（撰稿人：刘小勇）

【鹰潭市审计局】 2014 年，鹰潭市审计局人员编制 21 人，在编 21 人。局长吴建辉，副局长王国军，总审计师阮春玲，纪检组长叶国琼，调研员王惠斌、祝木水，副调研员姚美娟，副县级纪检监察员沈美英。设有办公室、综合法制科、财政与金融审计科、文教与政法审计科、农业与资源环保审计科、投资建设与社会保障审计科、经贸审计科、经济责任审计科、监察室、机关党支部，下设市政府基本建设审计中心（鹰潭市审计信息中心，人员编制 13 人，在编 11 人）。

审计成果 鹰潭市审计局全年组织完成审计项目 42 个，其中审计署、省审计厅统一组织项目 7 个，审计及审计调查单位 126 个，提出审计建议并被采纳 163 条。市审计局荣获 2012—2014 全市文明单位、2014 年度全市落实党风廉政建设责任制和推进惩防体系建设优秀单位、2014 年度全市新农村建设优秀帮扶单位、2014 年度人口和计划生育工作市直部门先进单位。

财政审计 开展 2013 年度市本级预算执行及其他财政收支审计（含龙虎山风景名胜区、鹰潭高新区、信江新区），市地税局 2013 年度税收征收管理审计，市人力资源和社会保障局、鹰潭日报社、市城乡规划局、市交通运输局、市水利局、市卫生局、市城市管理综合执法支队等 7 个部门 2013 年度部门预算执行审计，余江县 2012—2013 年财政决算审计等项目，并对 2012 年度市本级预算执行中审计查出的问题逐一进行跟踪检查和督促整改。重点关注财政预算批复、调整，预算编制的完整性和预算执行的规范性，检查预算执行、决算编制、财政账户设置及预算分配、预算收支、财政资金管理使用等情况；重点关注税收政策执行和税收征收管理，促进依法治税；重点关注部门财政收支合法、合规和绩效情况，促进深化部门预算改革、推动部门预算、决算公开透明、提高财政资金使用效益。

经济责任审计 制定《鹰潭市审计局经济责任审计项目组织实施工作规范》，创新细化审计流程和审计内容，经济责任审计的质量不断提升。以领导干部履行经济责任为主线，重点关注领导干部贯彻执行方针政策和决策部署情况，贯彻落实机构调整、职能转变、行政审批和中央八项规定精神、厉行节约反对浪费情况以及领导干部遵守廉洁从政有关规定情况。组织实施市计生委、市妇联、市国资公司、市委党校、市科协等5个单位原主要领导的经济责任审计，促进领导干部遵纪守法，履职尽责。

固定资产投资审计 跟进市委、市政府加大投入推进项目建设的步伐，不断创新完善政府投资审计工作制度和机制，以规范建设行为、节约政府投资、提高项目质量为目标，扩大竣工决算审计，加大跟踪审计力度，积极探索造价审计，严把基建程序、现场签证、图纸审查、实地复核、造价决算等环节。采取公开招标的方式，建立由21家协审单位组成的工程造价咨询库，制定《鹰潭市政府投资建设项目结算审计协审机构考核暂行办法》，强化对协审单位的工作指导和检查考核，切实提高政府投资项目审计质量和审计效率。开展市人民医院门诊医技大楼工程、信江新区路网二期等政府投资项目审计，加强对建设资金的管理，提升政府投资绩效。

专项资金审计 组织开展全市住宅专项维修资金审计调查、全市医疗救助专项资金审计、住房公积金收支审计、全市城镇保障性安居工程跟踪审计等关系群众利益和民生改善的专项资金审计。重点检查民生资金管理、使用情况和政策措施落实情况，注重发现政策落实不到位、政策目标未实现以及影响和损害群众利益的突出问题，提出调整政策及完善制度的意见和建议，促进发挥专项资金应有的效益。

信息化建设 发挥“联网审计”平台的优势功能，在税务等信息化程度较高的部门大力推进业务联网审计模式，取得初步成效。应用OA（审计管理系统）进行审计项目管理，不断提升审计项目AO（现场审计实施系统）应用的广度和深度，对部分审计项目实施网上跟踪审理，总结提炼计算机审计方法和应用实例，积极运用计算机辅助审计方法拓展审计成果，提高审计工作效率，实现对相关审计数据的全覆盖，揭示发现存在问题。

（撰稿人：黄晓华）

【赣州市审计局】 2014年，赣州市审计局人员编制56人，在编49人。局长马晓聪（—3月）、曾鸣华（3月—），副局长王业有（—10月）、郭德明、谢忠祥（7月—），总审计师谢忠祥（—7月）、罗淑芳（7月—），纪检组长王斌（12月—），经济责任审计工作领导小组办公室专职主任彭洪德（7月—）。设有办公室、法规科、总支办、监察室、财政金融审计科、经贸审计科、行政事业审计科、固定资产投资审计科、农业资源环保审计科、社会保障审计科、外资运用审计科、经济责任审计科、信息科、审计干部培训中心。

审计成果 赣州市审计局共审计（调查）125个项目。审计查出主要问题金额42.82亿元，其中违规金额1.64亿元、管理不规范金额41.18亿元；审计处理处罚金额1.56亿元，其中应上缴财政820万元、应归还原渠道资金1.35亿元、应调账处理金额1290万元。向纪检监察、司法机关和有关部门移送问题线索47件。出具审计报告和审计调查报告157篇，提出审计建议337条，提交审计信息50篇。向市委、市政府提交审计专题、综合性报告17篇，被批示、采用3篇次。

财政审计 完成审计项目9个，其中市本级财政“同级审”项目1个；部门预算执行审计项目1个；稳增长促改革调结构惠民生政策措施落实情况跟踪审计项目1个；参与吉安市土地出让收支和耕地保护情况的审计，收缴入库违规金额318万元。

经济责任审计 完成经济责任审计项目29个，收缴财政3.18万元。完成全市经济责任审计工作基本情况调查摸底，全省经济责任审计工作专项检查。向市委、市政府提交16个离任经济责任审计整改情况专报。市委常委会会议专门听取全市经济责任审计工作情况专题汇报，要求相关职能部门为市、县两级审计机关配备经济责任审计联席会议办公室专职主任，加强对经济责任审计工作的组织领导。

农业与资源环保审计 完成审计项目 9 个，查出违规违纪金额 10388 万元。其中组织的全市农村危旧土坯房改造资金审计，被市政府主要领导批转综合报告 1 篇，移送市纪委问题线索 47 条，截至 2014 年底，市纪委及县纪委对有关人员立案 23 人、给予纪律处分 21 人、移送检察机关处理 2 人（已追究刑事责任 1 人）。

固定资产投资审计 完成审计项目 40 个，其中保障性住房审计 20 个，住宅专项维修资金审计 16 个，投资项目 2 个。查处违纪违规金额 278 万元，管理不规范金额 50968 万元，应上缴市财政 219 万元，已上缴市财政 219 万元，审计核减工程投资 4285 万元。

社会保障审计 完成审计项目 18 个，查出违规金额 40664.31 万元、收缴违纪款 159.91 万元、查处“三乱”51.28 万元、“小金库”2.11 万元、账外资产——土地 11 宗约 347.55 亩，向个人追缴违规发放资金 38 万元。

外资运用审计 完成审计项目 5 个，上缴财政 14.42 万元。

企业审计 完成审计项目 8 个，查出问题资金 12669.06 万元，其中违规金额 346 万元，上缴财政 63.44 万元，归还原渠道资金 2796.08 万元。重点加强对全市公路系统专项审计，促进公路部门加强管理，提高行业财务管理水平。对赣州市公共交通总公司开展绩效审计，为优先发展赣州中心城区城市公交提出审计建议。

信息化建设 完成审计局门户网站升级改版并按要求定期更新内容，严格按程序做好计算机设备采购工作，协助审计组做好审计技术支持保障。通过审计会商系统远程参与审计署及省厅的数十次培训与会议。公开政务信息 95 条，推进政务公开工作。（撰稿人：王礼强）

【吉安市审计局】 2014 年，吉安市审计局人员编制 37 人，在岗 39 人。局长鲍建军，副局长黄廉传、周共和、邓志华，总审计师肖军，纪检组长徐锐。设有办公室、综合审理科、财政金融审计科、经贸审计科、行政事业审计科、农业资源环保审计科、固定资产投资审计科、经济责任审计科、社会保障外资运用审计科、机关党总支、经济责任审计工作联席会议办公室、监察室、计算机审计中心。

审计成果 吉安市审计机关共审计（调查）1132 个项目单位，查出违规问题金额 6836 万元，管理不规范金额 71.18 亿元；审计处理金额 3.86 亿元，核减投资（结算）额 8.19 亿元；向司法、纪检监察机关和有关部门移送处理事项 3 件。

财政审计 进一步加大对重大政策执行、重点领域、重点部门和重点资金的审计力度，突出以财政性资金审计为主线，注重分析反映财政运行状况、趋势及问题存在和产生的根本原因。财政“同级审”工作得到市政府和市人大的高度重视和充分肯定。市人大常委会首次专门形成《审计工作报告》审议意见，时任市长亲自主持召开审计整改工作会，以市政府办公室名义下发审计整改工作方案，市人大常委会首次专题组织对整改结果进行满意度测评。审计工作报告在《井冈山报》和市政府门户网站进行公告，取得良好的社会反响。对预算执行审计中一些社会关注度较高的审计事项，如市本级“三公”经费支出情况等，通过政府门户网站等渠道向社会予以公开。

交办任务 抽调精干力量，圆满完成土地出让收支和耕地保护情况审计任务，获得审计署的好评。开展稳增长促改革调结构惠民生防风险政策措施落实情况的跟踪审计，提出审计建议，促进制度健全，强化管理，推动政策落地生根和不断完善。

经济责任审计 做好对领导干部的离任审计，积极推行同步审计，不断提高任中审计比例。落实两办《规定》及实施细则，调整审计重点。市审计局部分经济责任审计结果报告得到市委的批示，多条审计建议被市纪委、市委组织部采纳，下发《关于加强对领导干部审计监督的通知》。安福县村居两委换届经济责任审计获得中央、省、市领导的肯定，并作为经验在全省推广。

固定资产投资审计 全市完成审计和跟踪审计项目 806 个，完成审计投资额 28.64 亿元，审减投资额 8.19 亿元，揭示和反映新情况新问题，为推动经济发展发挥积极作用。

审计创新 创新审计力量调配方式，打破科室界限，全局统一调度和全市“一盘棋”，上下联动，协调配合，按时高效完成审计任务。通过内部审计协会平台向内部审计协会会员单位“借力”，抽调相关行业主管部门内部审计人员参与审计工作，取得良好的效果。调整审计机关内设机构和人员配置，派出常驻井冈山经济技术开发区审计组，服务经济增长的改革和发展，向改革一线延伸和拓展。增加局机关一线审计人员的比例，实行非业务科室人员定期参与一线审计，从而使一线审计人员的比例上升到70%。针对原委托中介机构参与投资审计存在的管理机制的问题实行改革，成立专题领导小组，制定出台吉安市审计局聘请社会中介机构参与政府投资项目审计管理机制改革办法。（撰稿人：段学思　罗　萍）

【宜春市审计局】　2014年，宜春市审计局人员编制60人，在编60人。局长孙国琴，副局长邓余平、陈琪、樊秀江，总审计师王孝军，纪检组长程小军，调研员陈国新、彭泽荣，副调研员肖平。设有秘书科、综合法规科、财金审计科、行政文教审计科、政法社保审计科、经贸审计科、农业与资源环保审计科、固定资产投资审计科、工程决算审计中心、经济责任审计一科、经济责任审计二科、信息科、机关党总支和监察室。

审计成果　宜春市审计机关完成审计项目969个，查出主要问题金额845530.29万元，其中违规金额7074.63万元、损失浪费金额14.35万元、管理不规范金额838441.3万元；损益（收支）不实金额86649.82万元；审计处理处罚金额7074.63万元，其中应上缴财政6063.03万元、应归还原渠道资金645.61万元、应调账处理金额316万元；审计发现非金额计量问题1879个；审计促进整改落实有关问题资金6379.84万元，其中增收节支6014.58万元、已调账处理金额316万元；审计促进拨付资金到位831.6万元；审计后挽回（避免）损失3043.93万元。移送司法机关、纪检监察机关和有关部门处理事项30件。出具审计报告和专项审计调查报告1014篇，提出审计建议1750条，提交审计信息432篇，被批示、采用审计报告、专项审计调查报告和审计信息310篇。向社会公告审计结果1篇。

财政审计　市县两级审计机关分别对本级预算执行情况和90个部门（单位）预算执行情况进行审计，查出主要问题金额517497.79万元；分别对樟树市、上高县以及明月山温泉风景名胜区3个县（市、区）和42个乡镇进行财政决算审计，查出主要问题金额119387.96万元。

经济责任审计　对110名领导干部任期经济责任进行审计，其中任中审计33人，离任审计77人。审计查出主要问题金额96143.69万元，提交审计报告和审计结果报告154篇，提出审计建议329条，被采纳304条。积极探索党政主要领导干部经济责任同步审计，对上高县县委书记、县长以及明月山温泉风景名胜区党工委书记、主任经济责任审计进行同步审计。

固定资产投资审计　对全市2014年城镇保障性安居工程进行跟踪审计；对523个政府投资项目（含单项）进行工程竣工结算审计。审计工程投资总额350380.89万元，核减工程造价48457.82万元，核减率13.83%。

社会保障审计　开展奉新、上高和万载三县2012—2013年度医疗救助专项资金审计调查，查出问题金额103.77万元，移送纪检监察机关处理事项1件，涉及1人。

专项资金审计　组织全市审计机关开展全市住宅专项维修资金归集管理使用情况审计和袁州、高安、上高、宜丰、奉新、樟树、万载七县（市、区）2011—2013年粮食直补及农资综合补贴资金专项审计；按照审计署的统一部署，全市派出122名审计人员赴赣州开展为期两个半月的土地出让收支和耕地保护情况审计。各县（市、区）审计局根据自身实际情况开展专项资金审计，如高安市审计局开展2013年度教育专项资金审计，樟树市审计局开展2013年度民政专项资金审计。

信息化建设　投入47.3万元对电脑、设备等进行更新；依托OA（审计管理系统）建立被审计单位资料库；制定《宜春市审计局内部网络计算机安全使用管理规范》等相关制度，加强网络信息安全管理；加强计算机培训，选送6人到省厅参加计算机审计中级培训，3人获得审计署计算机审计中级合格证书。（撰稿人：钟亚玲）

【抚州市审计局】　2014年，抚州市审计局人员编制49人，在编43人。局长魏建平，党组书记刘冰冰，副局长吴晓兰、李兆龙、万高峰、杨心灵，总审计师陈国华，调研员黄德泉，副调研员邹贵章、曾希国。设有人事秘书科、综合法规科、财政金融审计科、行政事业审计科、经贸审计科、固定资产投资审计科、经济责任审计科、农业资源环境审计科，下设培训中心、信息中心、审核中心。

审计成果 抚州市审计机关共审计（调查）569个审计项目，查出各类违规金额18亿元，为政府重点项目投资节约资金28280.8万元，其中市本级节约资金3066.31万元。提出审计建议744条，提交审计专题（综合性）报告534篇，各类审计信息、调研文章被各级党委、政府领导和上级审计机关采用817篇。抚州市审计局在全国政府性债务审计工作中获审计署集体嘉奖，被江西省授予全省人民满意公务员集体称号和全省五一劳动奖状，连续13届26年被评为全省文明单位，连续两年在绩效管理年度考核工作中被评为优秀单位，被市委、市政府授予招商引资工作先进单位、市直挂点帮扶新农村建设先进单位、定点扶贫工作先进单位、社会管理综合治理目标管理先进单位、全市公共机构节能先进单位等荣誉称号。

交办任务 根据审计署和省审计厅的统一组织和部署，全市审计机关参与土地出让收支和耕地保护情况审计、稳增长促改革调结构惠民生专项审计，对全市2013年城镇保障性安居工程进行跟踪审计；市审计局完成广昌、南丰、乐安三县医疗救助专项资金审计调查及东乡、崇仁、南城等10个县住宅专项维修资金审计调查。市审计局根据审计署、省审计厅的统一部署，把落实中央八项规定相关要求情况作为审计重要内容，配合市纪委开展党风廉政建设巡查及一些重大案件的查处，配合市财政局开展公务消费一体化工作。为推动全市厉行节约反对浪费，重点加强对公务支出和公款消费、对楼堂馆所奢华浪费建设以及对公务用车改革的审计，得到市委、市政府、市纪委的高度评价。

财政审计 审计查出未按预算级次缴交上级资金、未按规定用途拨款、税收没有及时入库等违纪违规问题，并就审计查出问题的整改情况向市人大进行报告。常委会组成人员对市本级2013年度财政预算执行审计和其他财政收支的审计工作给予充分肯定。

固定资产投资审计 全市重点工程的审计全部按照市政府文件精神的要求，在市财政评审结束后进行决（结）算审计。为有效缓解投资审计专业人员紧缺、技术力量不足的困难，市审计局采取公开招标的方式，对工程造价咨询服务机构入库项目进行政府采购，确定协审单位人选备选库，并与协审单位签订《政府采购合同》，进一步防范审计风险。市本级完成市政府交办的市重点工程结算审核项目20个，在财政评审的基础上核减金额3066.31万元。

经济责任审计 市审计局对市工业和信息化委员会主任、市实验学校校长等4名领导干部进行任中审计，按照市委组织部的要求做好拟提拔人员、离任人员的经济责任审计工作。审计部门提供的经济责任审计结果报告，成为党委、政府和组织部门考察领导干部重要的参考依据。市审计局下发《抚州市审计局经济责任审计项目操作规程》《抚州市县（区）委书记、县（区）长经济责任审计工作方案》《抚州市市直单位党政领导经济责任审计工作方案》3个经济责任审计规范性制度，为促进全市经济责任审计工作规范运行提供保障。

（撰稿人：杨志波）

【上饶市审计局】 2014年，上饶市审计局人员编制56人，在编55人。局长何丰（—4月）、刘书宗（8月—），副局长董岚、周锋、卢兴、郑明军（10月—），总审计师郑明军（—10月）、李长水（12月—），纪检组长陈建农，经济责任审计工作领导小组办公室主任王正华。设有办公室、监察室、法规科、财政金融审计科、行政事业和社会保障审计科、经贸审计科、固定资产投资审计科、农业资源环保审计科、经济责任审计科、信息中心、基本建设审计中心、经济责任审计中心、经济技术开发区审计中心。

审计成果 上饶市审计机关完成审计项目553个，查出主要问题金额1619630万元，其中违规金额1947万元、损失浪费金额1409万元、管理不规范金额1616272万元；损益（收支）不实金额229171万元；审计处理处罚金额125858万元，其中应上缴财政1699万元、应减少财政拨款或补贴 10209 万元、应归还原渠道资金 48947 万元、应调账处理金额 65002 万元；审计发现非金额计量问题 93 个；审计促进整改落实有关问题资金 3990 万元，其中增收节支 1718 万元、已上缴财政 1699 万元、已调账处理金额 106 万元；审计后挽回（避免）损失 10209 万元。移送司法机关、纪检监察机关和有关部门处理事项 4 件。出具审计报告和专项审计调查报告 670 篇，被批示、采用 1 篇。提出审计建议 1143 条，被采纳审计建议 402 条。提交审计信息 367 篇，被批示、采用 172 篇。

财政审计 对上饶市 79 个单位或部门进行预算执行或财政决算审计，审计查出主要问题金额 1458650 万元，主要是预算编制批复不规范 35499 万元，未按规定纳入预算管理 17329 万元，未按规定征收缴纳收入 252859 万元，未落实“收支两条线”和专户管理规定 160 万元，违规改变项目计划和资金用途 8874 万元，未按规定征提基金 2826 万元，乱收费乱摊派乱罚款 3986 万元，资金滞留闲置 21608 万元，虚列支出 228450 万元，扩大开支范围或提高开支标准 12701 万元，违规出借财政资金 23515 万元，资金不到位不落实 2325 万元。

经济责任审计 对上饶市 117 个党政机关领导干部和国有企业领导人进行经济责任审计，其中任中经济责任审计 14 人。审计查出主要问题金额 271104 万元，已上缴财政 208 万元。其中违规金额 221 万元（其中负领导责任金额 212 万元），损失浪费金额 105 万元，管理不规范金额 270777 万元（其中负直接责任金额 1902 万元，负主管责任金额 2968 万元，负领导责任金额 265906 万元），促进增收节支 227 万元。

固定资产投资审计 对上饶市 276 个政府投资项目开展审计，项目投资额 138873 万元，完成投资额 138873 万元，核减工程款 10209 万元，审计查出主要问题金额 11383 万元，其中工程价款不实 10209 万元。

企业审计 对上饶市 8 个中央、省、市重点企业进行审计或审计调查，审计查出主要问题金额 3924 万元。主要问题是财务收支核算不实金额 715 万元、少计少缴税费 715 万元、其他问题金额 3209 万元。

专项资金审计 对上饶市 43 个单位（项目）开展专项资金审计和审计调查，审计查出主要问题金额 115744 万元。主要是未按规定纳入预算管理 121 万元，未按规定征收缴纳收入 22465 万元，未落实“收支两条线”和专户管理规定 175 万元，违规改变项目计划和资金用途 546 万元，未按规定征提基金 6018 万元，资金滞留闲置 23975 万元，虚报冒领 640 万元，资金不到位不落实 9862 万元，未按进度支付工程款 2616 万元，违规分包非法转包 535 万元。

信息化建设 上饶市审计机关共有 20 名（市本级有 9 名）审计人员通过审计署计算机中级认证考试，AO（现场审计实施系统）、OA（审计管理系统）顺利运行与交互，所有审计行政业务公文均通过网上流转。 （撰稿人：胡跃明）

2014 年江西省所辖区、县(市)级审计工作统计表

金额单位:万元

审计机关	完成审计项目(个)	审计查出主要问题金额	审计处理情况					出具审计报告和审计调查报告(篇)	提出审计建议(条)	提交审计信息(篇)
			审计处理处罚				移送处理事项(件)			
			应上缴财政	应减少财政拨款或补贴	应归还原渠道资金	应调账处理金额				
南昌市										
南昌市本级	49	7059	6926				3	58	165	287
东湖区审计局	80		11307	52	618	7178		80	83	34

续表

审计机关	完成审计项目（个）	审计查出主要问题金额	审计处理情况					出具审计报告和审计调查报告（篇）	提出审计建议（条）	提交审计信息（篇）
			审计处理处罚				移送处理事项（件）			
			应上缴财政	应减少财政拨款或补贴	应归还原渠道资金	应调账处理金额				
西湖区审计局	24	5538	4318		3312	15		24	90	26
青云谱区审计局	14	2771	10					24	57	21
湾里区审计局	29	3	517		4	11629	1	26	62	15
青山湖区审计局	98			4470				98	219	30
南昌县审计局	11	5	5		11	8		10	106	37
新建县审计局	28	296	4		1			16	116	16
安义县审计局	10	41	35					10	33	27
进贤县审计局	10			69				10	31	39
景德镇市										
景德镇市本级	65	195867	545	5819	3895		4	43	97	38
昌江区审计局	35	890	65		280	120		35	115	30
珠山区审计局	13	591	4					13	40	106
乐平市审计局	220	1100	220					220	200	5
浮梁县审计局	163	6746	112		899	1190		47	210	
萍乡市										
萍乡市本级	100	98755	495		7459	1904	3	105	162	4
安源区审计局	617	4366	118		1936	2312		24	43	37
湘东区审计局	63	879				879		63	48	32
莲花县审计局	159	1830	978				2	15	42	13
上栗县审计局	73	7772	560		743	2336		98	186	
芦溪县审计局	54	180747	309		3233	289		55	78	30
九江市										
九江市本级	78	145145	746	813	52821	75625	1	78	234	14
浔阳区审计局	83	3097	163					83	88	34
庐山区审计局	142	58990		6937				142		
庐山审计处	128	84203	69	6046	1			153	196	25
开发区分局	11	15151	30			15120		14	17	11
瑞昌市审计局	76	51670	742			50945		76	151	
共青城市审计局	62	3219	3	1414		8		58		
九江县审计局	36	340810	70		43	27551	1	40	30	58
武宁县审计局	122	54429	78	5404	1547	377		122	144	10
修水县审计局	198	31620	285	1590				209	75	

续表

审计机关	完成审计项目（个）	审计查出主要问题金额	审计处理情况					出具审计报告和审计调查报告（篇）	提出审计建议（条）	提交审计信息（篇）
			审计处理处罚				移送处理事项（件）			
			应上缴财政	应减少财政拨款或补贴	应归还原渠道资金	应调账处理金额				
永修县审计局	70	16872	61	21777	1419	2625	2	86	137	
德安县审计局	153	15610	141	1704	288	5386		151	124	1
星子县审计局	118	749	40	647				112	153	
都昌县审计局	57	44841	40	98	142	22370		57	156	
湖口县审计局	62	15577	46		72	3		60	124	1
彭泽县审计局	214	37667	168		10878	25793	7	214	579	
新余市										
新余市本级	66	219490	226				2	99	222	165
渝水区审计局	21	57460	60					27	62	5
分宜县审计局	26	1668	16					35	162	6
鹰潭市										
鹰潭市本级	42	34184	256		4274	1536	2	42	163	48
月湖区审计局	29	3442	82		147	3213		29	62	
贵溪市审计局	105	24573	158	1019	386			105	123	2
余江县审计局	35	7260	102			580		35	86	
赣州市										
赣州市本级	125	428239	820		13525	1290	47	157	337	50
章贡区审计局	15	1484	144			1		15	41	140
南康区审计局	31	69502	81					45	49	19
瑞金市审计局	579	63984	50	9097				579	691	6
赣县审计局	21	623	9		84	109		21	16	30
信丰县审计局	35	5744	90					35	90	61
大余县审计局	32	916	181				1	36	57	12
上犹县审计局	67	2534	138					67	159	132
崇义县审计局	60	1124	43	738		4		61	12	5
安远县审计局	112	6843	223		819	311		112	655	87
龙南县审计局	31	74578	384		4	424		31	1	4
定南县审计局	45	6637	377		122			45	95	24
全南县审计局	34	2320	180					34	30	8
宁都县审计局	66	3940	254				22	67	70	135
于都县审计局	29	2627	64					29	85	76
兴国县审计局	66	12980	62					66	284	4
会昌县审计局	108	10905	174					108	11	136

续表

审计机关	完成审计项目（个）	审计查出主要问题金额	审计处理情况					出具审计报告和审计调查报告（篇）	提出审计建议（条）	提交审计信息（篇）
			审计处理处罚				移送处理事项（件）			
			应上缴财政	应减少财政拨款或补贴	应归还原渠道资金	应调账处理金额				
寻乌县审计局	36	13283	69	367				36	50	3
石城县审计局	43	2688	289		1141	1213		43	49	18
吉安市										
吉安市本级	53	572882	197		1729	271		68	142	14
吉州区审计局	202	3642	34					201	441	
青原区审计局	80	66579	29					85	25	3
井冈山市审计局	55	636	82	197	315	14		72	75	25
吉安县审计局	110	3689	3689		485			124	64	75
吉水县审计局	99	6775	494	6280			2	105	179	
峡江县审计局	14	20190	54	244	12	6		13	3	
新干县审计局	108	2989	153		480	2		108	218	
永丰县审计局	74	10396	88		9100	1181	1	74	6	5
泰和县审计局	33	465	465					33	3	
遂川县审计局	29	25278	473					32	54	
万安县审计局	73	2327	921					74	31	
安福县审计局	144	1578	52			1488		140	47	
永新县审计局	58	2896	97		2299	493		58	165	
宜春市										
宜春市本级	146	180805	1446				5	188	354	114
袁州区审计局	57	68951	264		377		4	57	97	30
丰城市审计局	59	39277	1745				9	59	85	12
樟树市审计局	100	199416	642		200		3	100	141	5
高安市审计局	60	22723	937				4	61	195	121
奉新县审计局	35	151707	59					36	88	24
万载县审计局	119	47353	483		68	316	3	119	163	4
上高县审计局	73	61009	236					73	223	15
宜丰县审计局	135	7392	120				2	135	159	17
靖安县审计局	84	64544	45					84	104	35
铜鼓县审计局	101	2348	82					102	141	55
抚州市										
抚州市本级	50	66876	15963	158	4000	1333		40	102	81
临川区审计局	72	3897	321		222	3353		72	35	68
金巢经济开发区审计局	42	120	15	440		56		37	12	3

续表

审计机关	完成审计项目(个)	审计查出主要问题金额	审计处理情况					出具审计报告和审计调查报告(篇)	提出审计建议(条)	提交审计信息(篇)
			审计处理处罚				移送处理事项(件)			
			应上缴财政	应减少财政拨款或补贴	应归还原渠道资金	应调账处理金额				
南城县审计局	48	3349	480		597			48	100	126
黎川县审计局	25	2786	86	750	1160	690		25	40	26
南丰县审计局	38	19430	23		1455	481		38	26	30
崇仁县审计局	42	2300	121	1481	60	1300		41	50	153
乐安县审计局	51	387	16		80	189		35	75	30
宜黄县审计局	17	1669	123	546	373	627		17	12	26
金溪县审计局	15	67274	241					12	27	20
资溪县审计局	29	8369	37		664	7668		29	20	16
东乡县审计局	73	3923	122		2513	1289		73	93	218
广昌县审计局	67	166	92	1276	46	28		67	152	20
上饶市										
上饶市本级	80	1317272	752	1298	29065	44307	3	109	290	36
信州区审计局	18	6257	13					23	47	8
德兴市审计局	49	501	37	461	1	2		53	43	60
上饶县审计局	18	49597	14					25	32	30
广丰县审计局	102	26635	443	1257	19			110	121	29
玉山县审计局	72	75816	5	2998				77	193	26
铅山县审计局	28	11934	69					44	72	6
横峰县审计局	14	4665	29	168	4410			14	48	
弋阳县审计局	9	14507	99	2	2626			12	26	14
余干县审计局	21	5308	77		589	9107		25	57	50
鄱阳县审计局	29	12242	51		11985	206		44	30	
万年县审计局	45	8898	83	1506	248	6063		49	87	56
婺源县审计局	68	37434	26	2519	4	5317		85	97	52

山东省

【山东省审计厅】 2014 年，山东省审计厅人员编制 319 人，在编 272 人。设有办公室、法规处、人事处、财政审计处、行政事业审计综合处、农业与资源环保审计处、固定资产投资审计处、金融审计处、企业审计一处、社会保障审计处、外资运用审计处、行政事业审计一处、行政事业审计二处、企业审计二处、行政事业审计四处、行政事业审计五处、行政事业审计六处、经济责任审计办公室、执行处、离退休干部处、机关党委。

领导成员

厅　　长：马青山

副 厅 长：黄利明　魏惠育　王修歧
杨统海　姜　芳
总审计师：孙承明（1月—）
纪检组长：崔良桐
经济责任审计办公室主任：刘立交
巡 视 员：刘均刚（—7月）
副巡视员：鲁玉芹　孙明禄

审计成果　全省审计机关共审计单位9837个，查出主要问题金额9048.8亿元，其中违规金额1441.37亿元、损失浪费金额101.42亿元、管理不规范金额7506.02亿元；损益（收支）不实金额1369.25亿元；审计处理处罚金额1238.45亿元，其中应上缴财政500.48亿元、应减少财政拨款或补贴90.38亿元、应归还原渠道资金167.28亿元、应调账处理金额447.78亿元；审计发现非金额计量问题11106个；审计促进整改落实有关问题资金816.73亿元，其中增收节支429.67亿元、已调账处理金额115.54亿元；审计促进拨付资金到位19.63亿元；审计后挽回（避免）损失89.9亿元。移送司法机关、纪检监察机关和有关部门处理事项640件。出具审计报告和专项审计调查报告12642篇，被批示、采用382篇。提交审计信息8873篇，被批示、采用4083篇，提出审计建议被采纳11834条。其中，省审计厅审计单位156个，查出违规金额128.43亿元，损失浪费金额95.53亿元，管理不规范金额2727.01亿元。应上缴财政55.88亿元、应归还原渠道资金46.4亿元、应调账处理金额133.2亿元。移送司法机关、纪检监察机关和有关部门处理事项146件。提交审计报告和信息被批示、采用97篇次，提出的审计建议被采纳65条。

重大项目审计　落实审计署和省委、省政府决策部署，统筹力量，组织开展省管领导干部经济责任审计、土地出让收支和耕地保护审计、潍坊三河工程项目审计、三联彩石山庄审计等重大项目，启动稳增长促改革调结构惠民生政策措施落实情况跟踪审计，积极配合中央巡视组、省纪委等完成大量临时交办任务，审计工作多次受到省领导批示肯定。

财政审计　落实省政府关于公共资金审计全覆盖要求，将预算执行与专题审计相结合，省级一级预算单位覆盖率达到86%。重点关注全口径预算管理、存量资金盘活、专项资金管理、政府性债务等内容，查处利用虚假发票偷逃税款、违规引税等问题。根据省审计厅移送案件线索破获的“3·27”特大虚开运输发票案，作为典型案例在全省打击发票违法犯罪活动新闻发布会上通报，并被公安部列为督办案件。开展“三公”经费、津补贴发放、资源节约等5项专题审计和奢华浪费建设审计，持续推动中央八项规定落实。审计工作报告和审计结果报告得到各级人大、政府充分肯定。省政府主要领导对省级预算执行和其他财政财务收支审计工作报告做出重要批示。全省共审计财政资金管理使用单位1432个，查出违规金额472.6亿元，上缴财政231.5亿元，全省核减工程款105.09亿元。

专项资金和资源环境审计　紧扣惠民和资源政策落实，组织开展城镇保障性安居工程、农村土地综合整治、扶贫资金、福利彩票资金、百个示范镇建设、援疆资金项目等审计。全省共发现侵害群众利益金额25.31亿元，及时予以查处和纠正。城镇保障性安居工程跟踪审计，查处保障房分配不公平、工程建设不合规等问题；18个农村土地综合整治项目审计，反映涉农土地开发管理、生态保护、项目论证等方面存在的风险隐患；财政扶贫专项资金审计，揭示扶贫对象识别、资金管理使用等方面存在的突出问题；福利彩票资金审计，揭露资金违规使用、结余较大、资助项目推进不力等问题。积极探索海洋自然资源资产离任审计试审，初步构建起该项审计基本框架和评价指标体系。

企业、金融、外资运用审计　围绕转变经济发展方式，大力推进企业、金融和外资运用审计，密切关注企业、金融和外资管理薄弱环节和潜在风险，防范区域性金融和经济风险。全省农信社信贷资产风险管控情况审计调查，揭示宏观信贷政策执行、信贷业务风险管控、农信社改制等方面的突出问题，移送案件线索87件，提出的体制改革和风险防控建议被有关部门单位采纳；企业审计重点关注产能过剩化解、矿产资源利用、重大投资决策、经营风险防范等情况，促进企业提高发展质量和效益，全省企业审计发现因决策失误导致损失浪费76.25亿元、违规担保54.27亿元。开展山东生态造林、孔孟文化遗产地保护、淮河流域海域污染防治等18个国外贷援款项目审计，查出各类问题金额1.09亿元。

经济责任审计 贯彻《党政主要领导干部和国有企业领导人员经济责任审计规定实施细则》，以落实中央巡视组反馈意见为契机，组织对2011年以来离任的222名（次）省管领导干部进行经济责任审计，开创一条省委、省政府领导，省纪委和省委组织部、省审计厅等相关部门通力协作，全社会审计力量合力攻坚的经济责任审计新路子。截至2014年底，已完成前两批138名（次）领导干部的审计，界定为直接责任的问题占到10%。建立健全审计对象分类管理、离任经济责任事项交接、地方党政主要领导干部依法履行经济责任等制度，完善经济责任审计制度体系。积极探索村（居）干部经济责任审计，创造多种模式和经验，为促进农村治理发挥重要作用。全省共审计领导干部3420人（次），查出负有直接责任的问题金额180.64亿元。

信息化建设 推进审计数据中心建设，数据中心管理平台和金审工程联网分析平台已具雏形，构建起连续积累、规范存储、安全使用、分析高效的数据管理应用工作机制。推广应用“集中分析、分散核查”审计方式，引入非结构化数据分析技术和自然语言分析技术，开展跨系统跨行业数据关联分析，实现问题精准定位和快速核查。研发升级审计应用软件，财政数字化审计平台、地理信息技术专业辅助审计系统、大项目审计管理系统在实践中得到有效运用。

机关建设 开展全省审计机关领导班子和干部队伍建设情况调研，摸清干部队伍现状。强化项目管理、经济责任审计、投资审计、电子数据审计等职能，增设机构，增加行政编制和领导职数。建立全省审计骨干人才库，以大项目为平台加强业务骨干培养、遴选和管理。探索双向挂职，拓宽干部培养渠道，省审计厅选派4人到基层及相关单位挂职锻炼，推荐4人交流到外单位工作。与省委组织部联合举办3期省管领导干部经济责任审计培训班，培训近1100人次，培训经验在全省干部教育培训研讨会上作为典型经验推广。

完善工作协作机制，与审计署驻济南特派办、省公安厅签署《打击和防范经济犯罪合作备忘录》，建立查处经济犯罪案件线索协作机制；与省人大预工委联合开展《山东省审计监督条例》执法调研和行业性问题整改调研，形成推动执法和行业整改合力。制发《致省直部门单位的一封信》，通报典型问题，推动自查自纠，扩大省级预算执行审计整改成果。健全审计项目质量检查和评优机制，实施的省财政厅具体组织2012年度省级预算执行及其他财政收支审计项目获审计署地方表彰审计项目。

深化教育实践活动整改落实，建立改进作风长效机制，厅党组16项整改任务、班子成员90项整改事项全部落实。完成涵盖党建、行政、业务、廉政等领域106项规章制度的废改立工作，确保各项工作有章可循。严格落实中央八项规定，厅机关“三公”经费实现只减不增。全面梳理审计机关行政权力，制定权力运行流程图，公开权力清单，主动接受社会监督。坚持重大业务培训思想教育先行，组织审计人员到临沂群众路线教育基地，接受革命传统教育和群众观念洗礼，坚定审计人员党性原则和理想信念。

从严推进党风廉政建设主体责任落实，加强党风党纪和廉洁从政培训、警示教育、廉政文化创建，落实审计现场管理、廉政约谈、责任追究等制度，对重大项目实现廉政纪律、审计纪律巡访“全覆盖”。坚持党建工作和业务工作同谋划、同部署、同考核，落实理论中心组学习制度，发挥审计一线临时党支部战斗堡垒作用，开展“弘扬人民公仆精神，做国家利益的守护者”座谈、“诵中华经典”“五好文明家庭”评选等主题活动，弘扬和践行社会主义核心价值观。省审计厅继续保持全国文明机关称号，并被省直机关工委授予全省理论教育大众化示范点。

内部审计 制发《关于内部审计人员参与审计项目的意见》，累计抽调内部审计人员230余人次参与审计，国家审计与内部审计空前融合。开展主营业务收入过亿元的民营企业调研，帮助建立内部审计机构183家。扎实开展内部审计质量评估，推进内部审计分类指导。截至2014年底，全省已建内部审计机构8186个，配备内部审计人员21350人，完成审计项目90917个，促进增收节支33.55亿元，建议给予行政处分652人，向司法机关移送案件线索32件，涉及17人。

（撰稿人：冉　瑾）

【济南市审计局】 2014年，济南市审计局人员编制168人，在编162人。局长孙竹兮，副局长唐军、吕思修、刘继强、丁小玲、张传堂、于洋，总审计师仪红军，经济责任审计办公室主任张振江，巡视员毕永晔，副巡视员吴冬梅、杨光星、张峻峰。设有办公室、法规处、组织人事处、财政金融审计处、行政事业审计一处、行政事业审计二处、行政事业审计三处、农业与资源环保审计处、固定资产投资审计处、融资建设项目审计处、投资建设项目审计处、工业交通审计处、商贸审计处、社会保障审计处、外资运用审计处、计算机审计技术处（信息处）和机关党委、工会，市经济责任审计办公室下设综合处、行政事业经济责任审计处和企业经济责任审计处。

审计成果 济南市审计机关共完成审计和审计调查项目1090个，查出问题金额701.57亿元，其中违规金额458.93亿元、损失浪费金额3.71亿元、管理不规范金额238.93亿元；损益（收支）不实金额828.35亿元；审计处理处罚金额33.34亿元，其中应上缴财政13.10亿元、应减少财政拨款或补贴3.96亿元、应归还原渠道资金4.13亿元、应调账处理金额6.65亿元；审计发现非金额计量问题1284个；审计促进整改落实有关问题资金26.41亿元，其中增收节支19.99亿元、已调账处理金额5.41亿元；审计促进拨付资金到位114万元；审计后挽回（避免）损失5.17亿元。移送案件线索31起。提交审计报告和专项审计调查报告1210篇，被批示、采用496篇。提出审计建议1527条。提交报告信息2086篇次，被各级批示、采用1249篇次。向社会公告审计结果122篇。

财政审计 为推动中央关于稳增长促改革调结构惠民生政策措施落实到位，促进经济平稳运行、健康发展和转型升级，对全市9个县区稳增长促改革调结构惠民生防风险19个方面63项政策措施落实情况开展跟踪审计。重点关注项目落地、资金保障、简政放权、措施落实四个方面，推动相关政策措施落实到位。全市共开展预算执行审计项目99个，查出违规金额16.71亿元，管理不规范金额125.28亿元，应上缴财政3.75亿元。

固定资产投资审计 开展重点道路工程、非物质文化遗产博览园、城区污水全收集、园博园竣工决算、华山片区开发建设等政府重大投资项目的审计监督。在审计过程中，加大对工程招投标、设备材料采购、资金管理使用等重点环节的监督力度，揭露和查处重大违法违纪问题，确保项目建设顺利实施，全市共核减投资额8.47亿元。

经济责任审计 全市开展经济责任审计项目196个，查出问题金额507.14亿元。市审计局开展市法制办、市国资委等32个市直部门主要负责人经济责任审计。重点关注领导干部任职期间的经济社会发展、执行国家财政经济政策、重大经济事项决策、国有资产管理以及领导干部廉洁自律等情况，有力地促进领导干部自觉守法、严格执法，为党风廉政建设和有效惩治腐败发挥积极作用。出台《关于进一步加强内管干部经济责任审计工作意见》，促进内管干部经济责任审计动态管理，推动经济责任审计工作深化发展。完善经济责任审计对象数据库，努力提升审计对象信息化管理水平。

专项资金审计 全年审计各类专项资金122.22亿元，查出主要问题金额56.23亿元。着重突出保障民生、改善民生、发展民生主题，把国家各项惠民政策的贯彻落实情况纳入审计目标，着力揭示和反映国家政策落实不到位、政策目标未实现以及严重影响和损害群众利益的问题。市审计局重点开展扶贫资金、肉菜店、早餐便民工程、基本药物制度运行情况、污染减排情况、住房维修基金等审计调查。注重规范民生资金管理和运行，推动提高财政资金的使用效率，以审计倒逼各项制度的完善，推进民生改善，促进和谐社会建设。（撰稿人：于　超　闫晓军）

【青岛市审计局】 2014年，青岛市审计局人员编制187人，在编201人。局长侯杰（11月—），副局长商建波、史祖平（—6月）、栾心勇、王健，总审计师管卫东。设有办公室、法规处、人事处、财政审计处、行政事业审计综合处、行政事业审计一处、行政事业审计二处、农业与资源环保审计处、金融审计处、企业审计综合处、企业审计一处、企业审计二处、社会保障审计处、外资运用审计处、经济责任审计办公室、政府投资审计专业局（内设投资审计综合处，投资审计一处、投资审计二处、投资审计三处）、机关党委，下设青岛市审计局计算机信息中心、青岛审计干部培训基地。

审计成果 青岛市审计局完成审计项目102个，查出主要问题金额6680926万元，其中违规金额184838万元、损失浪费金额389万元、管理不规范金额6495699万元；损益（收支）不实金额15528万元；审计处理处罚金额304891万元，其中应上缴财政75857万元、应减少财政拨款或补贴121863万元、应归还原渠道资金2232万元、应调账处理金额104383万元；审计发现非金额计量问题136个；审计促进整改落实有关问题资金206311万元，其中增收节支151324万元、已调账处理金额12217万元；审计后挽回（避免）损失121863万元。移送司法机关、纪检监察机关和有关部门处理事项63件。出具审计报告和专项审计调查报告133篇，被批示、采用4篇。提出审计建议283条，提交审计信息294篇，被批示、采用156篇。向社会公告审计结果3篇。

财政审计 完成审计项目16个，查出主要问题金额3268390万元，其中未按规定纳入预算管理24927万元、未按规定征收缴纳收入147326万元、未落实“收支两条线”和专户管理规定4419万元、违规改变项目计划和资金用途1662万元、会计核算不实9032万元、违规采购8382万元、违规担保910000万元、其他问题金额2085458万元。

经济责任审计 完成审计项目21个，查出主要问题金额1939987万元，其中未按规定征收缴纳收入496万元、违规改变项目计划和资金用途80245万元、违规担保115380万元、违规收取费用751万元、会计核算不实6495万元、其他问题金额1734655万元。

金融审计 完成审计项目1个，查出主要问题金额894688万元，其中违规经营894681万元。

固定资产投资审计 完成审计项目30个，项目投资额13834051万元，核减投资额24687万元，查出主要问题金额143556万元，其中未按规定征收缴纳收入2703万元、违规改变项目计划和资金用途16835万元、违规使用发票4221万元、违规分包非法转包21063万元、违规征地占地17036万元、未足额支付征地拆迁款50541万元、工程结算款不实24245万元、其他问题金额22033万元。

社会保障审计 完成审计项目4个，查出主要问题金额55094万元，其中未按规定征收、缴存社保费和公积金2186万元，自行制定征缴优惠政策导致多收、少收社保费10809万元，未按规定范围支出1776万元，其他问题金额40322万元。

外资运用审计 完成审计项目1个，项目投资额73174万元，查出主要问题金额12789万元。

企业审计 完成审计项目8个，查出主要问题金额133565万元，其中财务收支核算不实3148万元、账外资产2661万元、其他问题金额127629万元。

专项资金审计 完成审计项目21个，审计专项资金总额549828万元，查出主要问题金额232857万元，其中未按规定纳入预算管理37万元、未落实“收支两条线”和专户管理规定8998万元、资金不到位不落实12494万元、未按进度支付工程款1489万元、其他问题金额209764万元。

信息化建设 建成“两个中心、一个平台”，实现财政资金审计全覆盖，有关做法被审计署纳入计算机审计知识与方法资源库课题。承担审计署部门预算执行和决算草案审计知识与方法资源库子课题研究。（撰稿人：潘铎印）

【淄博市审计局】 2014年，淄博市审计局人员编制104人，在编111人。局长侯全明，副局长杜贞耐、梅立凯、房虹，总审计师荆开学。设有办公室、综合科、人事科、机关党委和工会、法规科、财政审计科、金融和社会保障审计科、行政事业审计科、经贸审计科、农业与资源环保审计科、外资运用审计科、政法审计科、科教文卫审计科、计算机审计管理科、培训中心、内审协会、经济责任审计办公室、政府投资审计专业局。

审计成果 淄博市审计机关完成审计项目649个，查出主要问题金额4278324万元，其中违规金额1631483万元、损失浪费金额14059万元、管理不规范金额 2632782 万元；审计处理处罚金额 1298650 万元，其中应上缴财政 854197 万元、应减少财政拨款或补贴 50971 万元、应归还原渠道资金 242625 万元、应调账处理金额 150839 万元；审计发现非金额计量问题 584 个；审计促进整改落实有关问题资金 848217 万元，其中增收节支 768773 万元；审计后挽回（避免）损失 52250 万元。移送司法机关、纪检监察机关和有关部门处理事项 16 件。提交审计报告和专项审计调查报告 930 篇，被批示、采用 42 篇。提出审计建议 875 条，提交审计信息 411 篇，被批示、采用 123 篇。

预算执行审计 组织实施 91 个部门、单位的预算执行审计，108 个部门、单位的财政决算审计。查出违规问题金额 2092984 万元，促进增收节支 153295 万元。推进“大数据”环境下的数字化审计，创新运用“三个团队”组织模式，深化跨行业、多部门数据综合分析，突出预算执行全过程监督，加大行政成本、财政资金绩效审计力度。

经济责任审计 开展 226 名领导干部经济责任审计，查处违规金额 40634 万元，其中负直接责任的问题金额 6143 万元。推动市政府制定出台《关于进一步加强审计整改的意见》，将审计整改纳入政府督查事项，并与政府年终考核紧密结合，形成政府督导、部门负责、审计跟踪检查的联动整改格局。

金融审计 完成金融审计项目 2 个，在农村信用社风险管控调查中，共查处问题金额 418620 万元，移送事项 9 项 33 类，移送金额 268726 万元，先后有 76 人受到责任追究。

固定资产投资审计 完成投资审计项目 165 个，核减投资额 51536 万元。出台《政府投资项目跟踪审计操作规程》，强化要点、风险点控制；加强投资项目数据库、专家人才库、协审机构库“三库”建设，促进投资审计事业健康发展的长效机制。

行政事业审计 完成对 234 个行政事业单位的审计，查出主要问题金额 442204 万元。根据市委、市政府安排，对 17 个市直部门（单位）以及各区县 2010 年至 2012 年审计和审计整改情况进行专项调查，查出 8 大类 46 项 503 个问题。市委、市政府专门召开全市审计整改工作大会。

企业审计 完成企业审计项目 29 个，查出主要问题金额 1355735 万元。组织 12 个审计组、共 40 余人，开展国有资产绩效情况专项审计，查处资产闲置、账实不符、欠缴国有资产收益等 10 类问题，促使上缴国有资本收益及其他应缴财政资金 8612 万元，移送案件线索 3 起，提报的审计建议得到市政府领导批示。健全完善市属企业审计项目库，为企业审计全覆盖奠定基础。

专项资金审计 开展专项资金审计项目 19 个，延伸审计单位 162 个，审计专项资金总额 64305 万元。在省审计厅统一组织下，对扶贫、危房改造资金等 8 类 142 个项目，58123 万元涉农专项资金进行审计，查出违规金额 8000 万元，移交案件线索 16 件。组织实施 2014 年稳增长促改革调结构惠民生政策措施落实情况跟踪审计，有效加强对中央政策措施贯彻情况的审计监督。

村居审计 开展村居审计项目 78 个，查出违规问题金额 6605 万元。按照全市深化推进村居审计工作部署，把“巡回审计庭”打造成为审计机关开展群众路线教育实践活动的有机载体。村居审计科研成果获市社科优秀社科成果评选“决策咨询奖”，村居审计的经验做法在《大众日报》头版头条刊发报道。

信息化建设 着眼打造数字化审计机关，深入拓展审计管理系统应用，在全省率先完成新版 OA（审计管理系统）部署实施工作；完成淄博审计数据中心建设项目；投资 71 万元，率先建成全市视频会商系统，实现署、省、市、县四级视频会商系统联通；完成财政、地税、公积金联网平台建设；加强信息化人才队伍建设，将信息系统审计纳入信息化年度考核。 （撰稿人：翟慎军）

【枣庄市审计局】 2014 年，枣庄市审计局人员编制 66 人，在编 65 人。局长杨家国，副局长于晨、曹昭普、韩荣昌，调研员李黎，副调研员张鲁平、张本良。设有办公室、法规科、人事科、财政审计科、行政事业审计科、农业与资源环保审计科、固定资产投资审计科、金融与外资审计科、企业审计科、社会保障审计科、计算机审计管理科、枣庄市经济责任审计办公室、枣庄市政府投资审计办公室。

审计成果 枣庄市审计机关完成审计项目297个，查出主要问题金额1093046万元，其中违规金额257851万元、管理不规范金额835150万元；损益（收支）不实金额102940万元；审计处理处罚金额565283万元，其中应上缴财政151264万元、应归还原渠道资金65355万元、应调账处理金额339515万元；审计发现非金额计量问题398个；审计促进整改落实有关问题金额249996万元，其中增收节支69318万元、已调账处理金额32284万元；审计促进拨付资金到位39630万元；审计后挽回（避免）损失1024万元；提交审计报告和专项审计调查报告84篇，被批示、采用20篇。提出审计建议1085条，提交审计信息355篇，被批示、采用87篇。

财政审计 审计预算执行单位55个，延伸审计单位40个，查出主要问题金额420360万元。注重查处问题与完善制度相结合，从强化预算管理、健全财政政策、加强预算执行监督等方面提出建议，增强审计工作的建设性。“两个报告”得到各级人大、政府的好评。市领导对市级预算执行审计结果报告及审计整改工作做出批示。

金融审计 开展金融审计1个，查出主要问题金额89580万元。对山东枣庄恒泰农村合作银行信贷业务风险管控情况的审计调查，抽查261个贷款项目，查出违规经营18990万元，对贷款程序的审查提出建议。

固定资产投资审计 审计单位16个，查出主要问题金额256万元，核减投资额329万元。对全市第一批5个省级示范镇西岗镇、陶庄镇、桑村镇、古邵镇、涧头集镇建设情况开展专项审计调查，发现工程项目管理存在的问题20个。加强对建设程序、土地供应、信贷支持、税收分成等方面的研究分析，积极推进示范镇建设。开展岩马水库除险加固工程审计，对规范基本建设程序、强化质量管理提出建议。

社会保障审计 审计单位5个，查出主要问题金额5471万元。对福彩资金的审计，查出区（市）财政部门滞拨专项福彩公益金2399.81万元，审计建议重点加强福彩资金的监管和提高资金使用效益。

企业审计 审计单位21个，查出主要问题金额164878万元。对某能源集团有限公司审计，重点揭示投资手续不完备、投资决策不充分、后期监管不到位等重大投资情况存在的问题，为企业加强对外投资的可行性研究提出建议。

经济责任审计 完成经济责任审计项目109个，查出违规金额22798万元。注重经济责任审计联席会议成员单位之间的联系和沟通，召开经济责任审计专题会议2次。注重健全经济责任审计制度，推动出台《枣庄市正职领导干部离任交接工作暂行办法》，对执行离任审计制度做出制度规定。加大对经济责任审计情况的研究分析。

专项资金审计 审计单位46个，查出主要问题金额59801万元。对城镇保障性安居工程的跟踪审计，发现资金筹集管理不到位、建设管理不严格、保障性住房分配不规范等问题，提出审计建议28条，审计结果进入领导决策，推动出台《枣庄市城镇住房保障管理办法》。对山亭区财政扶贫资金的审计，发现问题金额644.4万元，对扶贫资金监管、项目申报、论证、建设、验收、后续管理等工作提出建议和对策。

（撰稿人：江庆玉）

【东营市审计局】 2014年，东营市审计局人员编制76人，在编64人。局长曲同德，副局长杨忠起、冯培勤、成志强，总审计师张冬梅，调研员李玉平、张树芹，副调研员王国军、李建华、任德海，东营市政府投资审计办公室主任李志山，东营市经济责任审计办公室主任王利民。设有经济责任审计办公室、政府投资审计办公室、东营港经济开发区审计科、东营经济开发区审计科、办公室、人事教育科、财政审计科、金融审计科、行政事业审计科、农业与资源环保审计科、社会保障审计科、法规科、审计执行科、东营市计算机审计中心、东营市内审协会。

审计成果 东营市审计局完成审计单位53个，审计查出主要问题金额1080248万元，其中违规金额108399万元、管理不规范金额971848万元；审计发现非金额计量问题171个；损益（收支）不实金额59869万元；审计发现侵害人民群众利益16232万元；审计期间整改金额166555万元。审计处理处罚金额121542万元，其中应上缴财政107848万元、应归还原渠道资金681万元、应缴纳其他资金14万元、应调账处理金额

12997万元。审计促进整改落实有关问题资金35952万元，其中增收节支22854万元（已上缴财政22854万元）、已调账处理金额13019万元。审计促进拨付资金到位金额1111万元；核减投资额11万元。出具审计报告和专项审计调查报告62篇；审计提出建议96条。提交审计信息4篇，信息简报4篇。被审计领导干部21人。

财政审计 预算执行审计以公共资金管理使用绩效为重点，在关注一般预算的基础上，关注行政运行成本和管理绩效，监督检查中央八项规定和厉行节约反对浪费等规定的贯彻落实情况，加强对公务出国、公务用车、公务接待“三公”经费的专项审计，客观、真实地反映财政资金管理的总体情况。《审计情况报表》显示，2014年共对市财政局、市地税局、东营职业学院等18个单位进行审计。审计查出主要问题金额289191万元，其中预算编报不真实不完整2857万元、违规变更调整预算12221万元、未按规定征收缴纳收入140861万元、违规改变项目计划和资金用途40905万元、扩大开支范围或提高开支标准列支822万元、违规采购11610万元、高风险对外投资422万元、会计核算不实1417万元。

对垦利县2012年财政决算和结合2013年广饶县、垦利县原任县长、现任县长经济责任审计及财政决算进行审计，查出主要问题金额329541万元，其中预算编报不真实不完整74246万元、预算编制批复不规范147964万元、未按规定征收缴纳收入28816万元、擅自动用支配国库库款6615万元、违规改变项目计划和资金用途1692万元、虚列支出54499万元。

行政事业审计 共审计行政事业单位9个，审计查出主要问题金额184986万元，其中预算编报不真实不完整14582万元、未按规定征收缴纳收入88132万元、违规改变项目计划和资金用途208万元、资金滞留闲置28782万元、违规使用发票238万元、虚列支出545万元、违规采购261万元、资金不到位不落实698万元。

专项资金审计 对城镇保障性安居工程、福利彩票资金、农村土地综合整治等14个单位进行专项资金审计，查出主要问题金额89418万元，其中未按规定征收缴纳收入8600万元、违规改变项目计划和资金用途8030万元、乱收费乱摊派乱罚款741万元、虚列支出2138万元、扩大开支范围或提高开支标准列支818万元、资金不到位不落实184万元、会计核算不实796万元。

固定资产投资审计 政府投资审计以政府重大投资项目东城污水治理、金湖银河、水城之窗等13个以前年度未完工工程项目和2014年新增的园博园、胜利一中二期2个工程实施跟踪审计，对工程款拨付、隐蔽工程、变更签证、材料价格等关键环节进行审查把关，共出具跟踪审计意见单24份，节约政府投资8114.23万元，纠正建设程序不完善等多类问题，对21个项目标段出具结算审计报告，审减3036万元。对个别政府投资项目超出合同期未完工问题，督促相关部门加大施工力度。持续跟进市援疆项目和资金审计，总计开展跟踪审计17个，出具跟踪审计意见单3份，完成7个标段的工程结算审计。共完成投资额4952万元，核减投资额11万元。审计查出主要问题金额3962万元，其中未按规定征收缴纳收入111万元，资金滞留闲置2046万元，资金不到位不落实1792万元。

金融审计 以防范和化解金融风险为重点，开展对胜利农村合作银行2012至2013年信贷业务风险管控情况进行专项审计调查，重点检查该金融机构贯彻落实宏观调控政策、贷款投向、风险管控和公司管理中存在的突出问题，防范系统性、区域性金融风险，查处虚减不良资产、落实国家宏观信贷政策不实等各类违规和管理不规范问题。查出主要问题金额183147万元，其中违规经营61774万元（违规出借资金61774万元），资产质量不实49768万元。

经济责任审计 以领导干部“问责、问效”为重点，强化经济责任审计监督制约力度。严格依法规范审计内容和审计评价，把贯彻落实中央八项规定、厉行节约、债务管理、民生改善、环境治理等指标和实绩作为重要评价内容。查出主要问题金额1368107万元，其中违规金额87673万元，管理不规范金额1280433万元，其中负主管责任金额245207万元，负领导责任金额1035226万元。提交审计报告和审计结果报告40篇。

（撰稿人：蔡　玲）

【烟台市审计局】 2014年，烟台市审计局人员编制85人，在编81人。局长王清东，副局长张邦业（—12月）、董瑞锋、钟方新、翟宇翔，总审计师常宗杰。设有办公室、法规科、财政审计科、经贸审计科、社会保障审计科、农业与资源环保审计科、外资运用审计科、金融审计科、人事教育科、信息管理科、内审指导科，另设有行政事业审计一科（行政事业）、行政事业审计二科（重点建设项目）、行政事业审计三科（公检法司）、行政事业审计四科（科教文卫），烟台市经济责任审计办公室及审计执行科和烟台市政府投资审计服务中心。

审计成果 烟台市审计机关完成审计项目636个，查出主要问题金额334.36亿元，其中违规金额64亿元、管理不规范金额270亿元；损益（收支）不实金额14.8亿元；审计处理处罚金额87.5亿元，其中应上缴财政59.8亿元、应减少财政拨款或补贴1.6亿元、应归还原渠道资金4.9亿元、应调账处理金额21.15亿元；审计发现非金额计量问题352个；审计促进整改落实有关问题资金36.15亿元，其中增收节支34.4亿元、已调账处理金额1.7亿元；审计促进拨付资金到位828万元；审计后挽回（避免）损失2.13亿元。移送司法机关、纪检监察机关和有关部门处理事项7件。提交审计报告和专项审计调查报告1040篇，被批示、采用7篇。提出审计建议967条，提交审计信息722篇，被批示、采用299篇。向社会公告审计结果2篇。烟台市审计局继续保持省级文明单位、市级机关先进集体等荣誉称号，被审计署评为全国审计机关先进集体。

财政审计 对市直17个部门单位进行预算执行审计，同步实施财政存量资金、市级财政资金扶持产业发展情况、全市养老服务体系建设和运行情况、城市供排水行业运营情况等8个专项审计调查项目，对6个重点县市区2013年度财政收入质量进行专项调查，对2个县市区实行财政决算审计，对全市检察院系统近三年财务收支情况进行全面审计，并根据管理模式变化，实施全市工商系统审计。

固定资产投资审计 完成首批8个示范镇建设情况审计调查、万华集团华力热电公司供热成本审计调查、桂山路建设情况审计等审计任务，累计审减工程造价2800多万元。不断强化审计工作机制建设，制定出台《烟台市政府投资项目审计监督办法》。

企业审计 完成对北极星控股的审计，完成烟台农商银行信贷业务风险管控专项审计调查工作，牵头组织实施恒丰银行原主要负责人离任审计工作，启动烟台港集团审计。

经济责任审计 受组织部门委托，实施35名党政领导干部和企业领导人员的经济责任审计，建立领导干部经济责任审计结果书面提醒制度，实行经济责任审计对象ABC分类管理办法，研究起草《领导干部离任经济责任审计事项交接办法》，率先完成海洋自然资源资产经济责任审计课题研究和试点审计。

专项资金审计 完成土地出让收支和耕地保护情况审计、城镇保障性安居工程审计、稳增长促改革调结构惠民生政策落实情况跟踪审计、省管干部经济责任审计、彩票资金专项审计以及“公立医院改革”专题试审工作。

信息化建设 编制《烟台市“智慧审计”建设规划》，以数据采集转换、研究分析为工作重点，继续大力推进审计信息化、数字化建设，对全局人员进行金审工程三期建设规划的讲解培训和B/S数据采集系统再培训，全市审计系统获得计算机审计中级资格人数累计达到92人。

内部审计 研究制定《加强和改进内部审计指导工作的意见》，初步构建起国家审计与内部审计协调联动、资源互济、成果共享的长效协作机制，在全省内部审计工作2014年度工作表彰中，开发区、龙口市内部审计协会等7个单位被表彰为全省先进内部审计机构。 （撰稿人：朱荣华）

【潍坊市审计局】 2014年，潍坊市审计局人员编制91人，在编76人。局长宫智，副局长刘树龙、李宏德、陶德义，总审计师郑栋强，调研员高敬禄。设有办公室、人事科、研究室、法制科、财政科、行事科、农业审计科、资源环保科、金融社保科、经贸外资科、计算机科、经责办、执行科、潍坊市审计局派出审计处、潍坊市政府性投资审计中心。

审计成果 潍坊审计机关完成审计项目671个，查出主要问题金额6676005万元，其中违规金额1980529万元、损失浪费金额1078万元、管理不规范金额 4694398 万元；损益（收支）不实金额 849394 万元；审计处理处罚金额 783364 万元，其中应上缴财政 294575 万元、应减少财政拨款或补贴 112960 万元、应归还原渠道资金 96949 万元、应调账处理金额 277767 万元；审计发现非金额计量问题 1552 个；审计促进整改落实有关问题资金 420796 万元，其中增收节支 335243 万元、已调账处理金额 21090 万元；审计促进拨付资金到位 39 万元；审计后挽回损失 45371 万元。移送司法机关、纪检监察机关和有关部门处理事项 34 件。出具审计报告和专项审计调查报告 798 篇，被批示、采用 41 篇。提出审计建议 1087 条，提交审计信息 1481 篇，被采用 769 篇。向社会公告审计结果 3 篇。

财政审计 开展 2013 年度市级预算执行审计，对 25 个部门单位预算执行和其他财政收支情况进行审计，在全面掌控全部财政性资金状况的基础上，注重向二、三级单位延伸，力求审深审透，努力实现财政性资金全覆盖。税收征管审计重点对 19 户重点纳税单位 2013 年度的纳税情况进行延伸，对部分市直部门单位贯彻中央八项规定精神，“三公”经费及会议费管理使用情况进行审计，延伸调查相关所属单位。全市审计（调查）单位 643 个，审计查出主要问题金额 6494128 万元。

经济责任审计 经济责任审计工作规范化和运行机制建设有了新进展，审计对象分类管理进一步健全，经济责任审计联席会议成员单位间协调与联系更加紧密。制订《潍坊市领导干部自然资源资产离任审计 2014 年工作方案》。进一步健全经济责任审计对象分类管理办法，突出重点，点线控制，加大对财政资金量大、经济管理职责复杂、下属管理单位多的行政事业单位领导干部和重点国有企业法定代表人的经济责任审计力度。总结推广坊子区开展镇（街）村居审计工作的经验，积极推进全市镇街和村居审计工作。全市审计领导干部 199 人，其中党委政府 21 人、党政部门 67 人、事业单位 102 人、人民团体 4 人、其他单位 5 人，查出负直接责任的违规金额 88 万元，负主管责任的违规金额 567373 万元。

固定资产投资审计 围绕促进城乡建设发展，加强政府投资项目审计。完成对鲁台会展中心的审计工作，审定工程结算值 18.47 亿元，审减工程造价 5.99 亿元，审减率 24.5%。组织开展示范镇建设情况专项审计调查，对互通式立交桥进行竣工决算审计，对东风街、虞河路玉清街三条道路进行跟踪审计。全市完成政府投资审计调查项目 225 个，核减投资 109003 万元。

社会保障审计 组织完成审计署安排的保障性住房审计工作，基本摸清城镇保障性安居工程目标任务完成和资金筹集使用情况，针对保障性安居工程资金使用和筹集管理不严格、部分项目未严格执行基本建设程序等问题提出审计建议。完成临朐县 2011 年至 2013 年财政扶贫资金分配和使用管理情况审计调查工作，确保国家扶贫资金的落实到位。组织开展住房公积金资产清查结果审计，确保全市住房公积金管理体制调整工作顺利完成。

金融审计 对 8 家市级政府投融资公司改制组建及运营情况展开审计。重点对公司改革组建及运营情况进行摸底评估，揭示公司在“事改企”、内部管理控制、重大投融资决策和公司规范运作等方面的问题，提出有针对性和建设性的意见和建议，促进企业持续健康发展。全市完成审计（调查）单位 19 个，审计查出主要问题金额 163487 万元。

信息化建设 加快审计信息化建设，市委办公室、市政府办公室联合下发《关于做好信息化条件下审计工作有关事宜的通知》。推动潍坊审计数据管理分析平台项目建设，开发完成潍坊审计数据管理平台软件，实现对财政、社保、地税、公积金、经济责任等行业原始数据、标准数据的综合管理，具备数据交换和法规查询功能。

（撰稿人：宿铭远）

【济宁市审计局】 2014 年，济宁市审计局人员编制 73 人，在岗 74 人。局长胡良民，副局长王岱峰、孙进、苏桂双，总审计师王忠东。设有办公室、人事科、法制审理科、财政审计科、企业审计科、农业与资源环保审计科、社会保障审计科、信息科、行政事业审计一科、行政事业审计二科、行政事业审计三科、行政事业审计四科、行政事业审计五科、行政事业审计六科、审计结果执行科、市经济责任审计办公室，下设济宁市政府投资审计处、济宁市审计局高新区审计工作处。

审计成果 济宁市审计局完成审计项目160个，查出主要问题金额1420589万元，其中违规金额179142万元、损失浪费金额93万元、管理不规范金额1241353万元；损益不实金额72174万元；审计处理处罚金额271131万元，其中应上缴财政176896万元、应减少财政拨款或补贴21934万元、应归还原渠道资金201万元、应调账处理71982万元；审计发现非金额计量问题83个；审计促进整改落实有关问题金额130004万元，其中增收节支129739万元、已调账处理265万元；审计后挽回（避免）损失21934万元。移送司法机关、纪检监察机关和有关部门处理事项13件。出具审计报告和专项审计调查报告218篇，被批示、采用21篇。提出审计建议200条，提交审计信息349篇，被批示、采用280篇。向社会公告审计结果10篇。

稳增长等政策措施落实情况跟踪审计 在全市范围内组织开展稳增长促改革调结构惠民生防风险政策措施落实情况、市属国有及国有控股企业资产运营情况、国有资产出租出借情况等审计项目，促进中央、省、市重大决策部署的贯彻落实。

财政审计 组织2013年度市本级及各县（市、区）级预算执行审计和税收征管审计，同时开展财政收支真实性审计调查和残疾人就业保障金使用管理情况审计调查。对区划调整所涉及的石桥镇、接庄街道办事处2013年度财政收支及债权债务情况进行审计。

固定资产投资审计 组织开展48个财政性资金和公共性资金投入建设项目的审计，特别对23届省运会场馆项目、创建绿化模范城市重点工程、南水北调污水处理工程、民生保障工程的全程跟踪审计效果明显。进一步加强政府投资审计规范化建设，相继出台《政府投资建设项目跟踪审计操作规程》《政府投资审计处工作规则》等文件，政府投资审计制度日趋完善。

社会保障审计 组织开展保障性安居工程、福利彩票资金、社会抚养费、曲阜市农村土地综合整治绩效情况等民生项目审计，揭露政策执行不到位、被挤占挪用、套取冒领民生资金等侵害人民权益的违法违规问题，切实维护人民群众的利益。

经济责任审计 组织开展61个领导干部（领导人员）经济责任审计，其中任中经济责任审计10个，把各级各部门贯彻落实中央八项规定和《党政机关厉行节约反对浪费条例》情况作为重要任务，把公务支出和公款消费作为主要内容，促进权力规范透明运行。

专项资金审计 组织对中小微企业专项资金、都市区城际公交营运费用、城市基础设施配套费、如意集团重组樱花集团遗留问题等进行专项审计，推动政策的完善和全面执行。

（撰稿人：刘春雨　苏　迪）

【泰安市审计局】 2014年，泰安市审计局人员编制81人，在编69人。局长马纯勇，副局长张仁安、刘安、程波、王燕华，总审计师靳印龙。设有办公室、人事科、法制科、财政审计科、金融审计科、行政事业审计科、社会保障审计科、农业与资源环保审计科、经贸审计科、派出审计科、经济责任审计办公室、政府投资审计专业局、计算机审计技术中心。

审计成果 泰安市审计机关完成审计项目319个，查出违规金额73110.99万元，应归还原渠道资金23731.94万元；审计促进整改落实有关问题金额30796.44万元，其中增收节支28059.83万元；审计后挽回（避免）损失7869.83万元。移送司法机关、纪检监察机关和有关部门处理事项2件，移送有关部门处理85人。提交综合报告和信息专报280篇，被市委、市政府和上级审计机关批示、采用162篇次。提出审计建议被采纳276条，促进制定整改措施52项，建立健全规章制度16项。

政策部署落实情况和民生项目审计 对全市贯彻落实稳增长促改革调结构惠民生政策措施情况进行跟踪审计；对肥城农村信用联社、东平农村合作银行信贷业务风险管控情况进行审计调查；对城乡居民医疗保险基金、保障性安居工程、福彩资金进行专项审计，揭示和纠正侵害群众利益问题，促进各项惠民政策落实。

重大项目审计 投入审计力量43人，历时两个多月组织全市审计机关配合审计署开展土地出让收支和耕地保护情况审计。抽调3人参加审计署组织的财政存量资金审计。抽调18名业务骨干，历时4个多月，先后进驻聊城、烟台、德州、济宁等地，参加省审计厅组织实施的省管干部经济责任审计。

财政审计 审计47个预算执行部门，延伸审计62个相关单位。重点关注各项财政改革措施的落实情况，关注财政资金的安全和使用效益，着力揭示财政资金在管理、分配、使用等方面存在的突出问题，提出改进建议。按照市人大常委会要求跟踪督促审计查出问题的整改，通过召开部门会议、实施审计回访、帮助完善制度等措施，督促审计整改落实。

经济责任审计 出台《市本级经济责任审计对象分类管理暂行办法》《市管领导干部离任经济责任事项交接办法》等制度。审计领导干部194人，查出各类违规问题金额5.81亿元。组织市、县两级审计机关对6个县（市、区）的25名市管干部实施经济责任审计，对16个乡镇的党政主要领导干部实施同步审计。

固定资产投资审计 审计120个重点项目，审计投资额14.67亿元，审减3.12亿元。市审计局对泰山社会福利中心、市文化艺术中心、财源街西段改造等16个新建、续建项目进行跟踪审计，审计投资金额4.36亿元，审减7634万元，审减率为17.5%。连续四年对援疆项目资金进行跟踪审计，促进援建项目资金规范管理。

专项资金审计 对全省百个示范镇建设情况、新泰农村土地综合整治项目和东平扶贫资金进行专项审计和审计调查，摸清项目完成情况以及相关政策的制定、落实、执行效果，关注财政资金管理和使用情况，提高财政资金投资绩效，从体制、机制层面深入分析原因，提出审计建议。

内部审计 全市有内部审计机构225个，内部审计人员644人，完成审计项目2810个，提出意见、建议被采纳1915条，促进增收节支4.15亿元，移送案件线索23件，18人受到行政处分。

（撰稿人：杨　宁）

【威海市审计局】 2014年，威海市审计局人员编制52人，在编42人。局长王子明，副局长李峰、孙思深、张永孝、王以威，总审计师秦之泰。设有办公室、法制科、财政金融审计科、行政事业审计科、经贸审计科、农业环保审计科、外资运用审计科、信息科、内部审计师协会，另设政府投资审计中心、经济责任审计办公室，政府投资审计中心下设投资审计一科、投资审计二科，经济责任审计办公室下设经济责任审计一科、经济责任审计二科、经济责任审计三科。

审计成果 威海市审计机关共完成审计项目272个，查出违规和管理不规范金额423亿元，促进增收节支26.3亿元，促进被审计单位制定整改措施79项，建立健全规章制度28项。市审计局被评为全国文明单位，文登区审计局获得全省审计机关先进集体称号，荣成市审计局刘金阳、乳山市审计局姜华、市审计局侯志勇获得全省审计机关先进工作者称号。审计成果开发实现突破，全年共有75篇审计报告和信息专报被各级市委市政府主要领导批示，信息工作在全省考核中名列第一。

财政审计 全市审计机关对2013年度同级财政预算管理及执行情况进行审计，以摸清财政家底为主攻方向，在审计财政管理和地税征管情况的基础上，共审计部门及所属二级单位66个，审计专项资金10种，查处违规和管理不规范金额169亿元，促进增收节支5.3亿元。市审计局通过全面采集财政、地税业务系统数据，依托财政审计数字化平台，摸清市级财政和预算单位结余结转资金的总体规模及结构，掌握地税部门税收征收质效情况，共查补欠征、漏缴税费1.84亿元，盘活财政存量资金2.4亿元。6月26日，市人大常委会听取并审议审计工作报告。市政府主要领导和市人大常委会相关负责同志都对审计局的工作提出表扬，市政府责成报告涉及的7个部门单位，提出整改措施，尽快整改到位。各相关部门单位全部在规定时间内整改完毕，市审计局于9月份将整改结果汇总上报市政府，并在报请市政府批准后，对外公告审计结果和整改结果。

经济责任审计 全市完成经济责任审计项目202个，查处违规和管理不规范金额230亿元，提出并被采纳审计建议226条，促进增收节支19亿元。市委组织部、市审计局联合下发《关于进一步加强领导干部经济责任审计结果运用工作的通知》，进一步强化经济责任审计整改督查，推进全市经济责任审计又好又快发展。通过审计，客观评价领导干部执政业绩和经济责任，为党委管理干部提供重要参考依据。对于审计查出问题较多的单位，由市委组织部门主导，与离任和履行审计整改责任领导干部进行审计结果谈话。

专项资金审计 按照全国统一部署，全市审计机关抽调力量参加对青岛市下属2个区县土地出让收支及耕地保护情况的审计，组织开展稳增长促改革调结构惠民生政策措施落实情况跟踪审计，对2013年度城镇保障性安居工程进行审计。按照省审计厅统一部署，对威海农商银行信贷业务风险管控情况、农村土地综合整治项目绩效情况进行审计调查，对民政资金、福利彩票资金进行审计。组织对威海热电集团、威海第二热电集团运营情况进行专项审计调查，通过开展专项审计，保证相关政策措施的贯彻落实，有效服务市委、市政府宏观决策。

固定资产投资审计 全市审计机关对184个政府重点投资项目进行结算审计或跟踪审计，审减结算及招标控制价5.6亿元。其中，市审计局完成决算审计项目4个，对威海客运中心南北两站工程等7个项目进行同步跟踪审计，共审减决算及招标控制价2.1亿元。针对工程结算审计中出现的争议问题，专业技术人员与法制审理机构共同讨论分析研究，降低审计风险，在工程结算审计定案之前，由审理机构对审计提报的工程结算审计定案结算书进行抽查复审，取得良好效果。

信息化建设 审计数据分析平台和数据中心建设进展顺利，财政行业数据平台已初步建成，地税、社保及住房公积金等三个行业平台建设推进顺利，住房公积金联网审计已于2014年底展开，“威海市审计系统投资审计信息网”建成并在全市审计系统内进行推广使用。

内部审计 市审计局抓住市政府出台《关于进一步加强行政事业单位内部审计工作的意见》的契机，对全市内部审计工作进行全方位规范与指导，全市各内部审计机构共完成内审项目17900多个，促进增收节支8.6亿元，威海市内部审计协会、文登区内部审计协会、荣成市内部审计协会被评为全省优秀内部审计协会，华能电厂内部审计机构负责人被评为全国内部审计先进个人，全市内部审计工作在全省考核中取得第二名。

（撰稿人：宋宝军）

【日照市审计局】 2014年，日照市审计局人员编制52人，在岗54人。局长刘树东（2月—），副局长阚士梅、李兆勇、王茂森，市经济责任审计办公室主任李兆勇（兼），调研员韩华之，副调研员高振强、张传相。设有办公室、法规科、财政金融审计科、行政事业审计科、农业与资源环保审计科、固定资产投资审计科、企业外资审计科、社会保障审计科、内部审计指导科、审计执行科；另设经济责任审计办公室（加挂固定资产投资审计办公室的牌子，下设综合科、党群政法审计科、行政执法审计科、企事业审计科、政府投资审计科）和审计干部培训中心。

审计成果 日照市审计机关完成审计项目327个，查出主要问题金额657615万元，其中违规金额39865万元、损失浪费金额251万元、管理不规范金额617499万元；损益（收支）不实金额30592万元；审计处理处罚金额63632万元，其中应上缴财政7433万元、应减少财政拨款或补贴42609万元、应归还原渠道资金6841万元、应调账处理金额6749万元；审计发现非金额计量问题893个；审计促进整改落实有关问题金额113288万元，其中增收节支56640万元、已调账处理金额6749万元；审计后挽回（避免）损失50221万元。移送司法机关、纪检监察机关和有关部门处理事项3件。出具审计报告和专项审计调查报告459篇，被批示、采用13篇。提出审计建议730条，提交审计信息190篇，被批示、采用73篇。

财政审计 对日照市财政局组织预算执行、山海天旅游度假区财政决算及2013年激光雷迪尔级帆船世界锦标赛财务收支，日照市地税局税收征管及岚山区、五莲县农村信用社信贷业务风险管控情况等进行审计，揭示信贷业务经营管理中存在的问题金额12.5亿元，促进收缴税金1.17亿元。

经济责任审计 全市审计党政领导干部和企业负责人125人，查处经济决策、政策制定及执行、国有资产监管等方面存在的问题370余个，涉及金额9000余万元。研究制定《日照市市管领导干部离任经济责任事项交接办法（试行）》，建立起“任前告知、任中审计、离任交接、离任审计”四位一体的审计机制。7月，中央经济责任审计联席会议办公室到日照市进行专题调研。

专项资金审计 组织对城镇保障性安居工程、福利彩票资金、扶贫资金、农村土地综合整治、百个示范镇建设等19项民生和环保资金项目进行审计，审计发现侵害人民群众利益金额860多万元，对挤占挪用、损失浪费及损害群众利益等问题已督促归还原资金渠道或移送有关部门处理。

固定资产投资审计 组织对日照飞机场、沭水东调、中心商务区安置区、图书馆、供热站、污水处理厂、香店河、植物园等26个重大政府投资项目进行审计，共审计工程报审额12.26亿元，审减工程造价2.16亿元，帮助规避质量管控风险、健全规章制度112项。

稳增长等政策措施落实情况跟踪审计 组织对稳增长促改革调结构惠民生防风险政策措施落实情况进行跟踪审计，全面检查22个方面68项政策措施落实情况；关注中央八项规定精神落实情况，对21家预算单位“三公”经费及差旅费、会议费、培训费等使用情况进行审计调查，针对发现的问题及时提出加强管理的审计建议。

（撰稿人：滕仲明）

【莱芜市审计局】 2014年，莱芜市审计局人员编制51人，在编44人。局长吕振宝，副局长杨文安、王聚圣，总审计师韩秀君，副调研员田晶。设有办公室、法规科、财政审计科、农业与资源环保审计科、企业审计科、社会保障审计科，下设经济责任审计办公室、政府投资审计办公室、审计信息中心和审计咨询中心。

审计成果 莱芜市审计机关完成审计项目62个，查出主要问题金额737789万元，其中违规金额65860万元、损失浪费金额1110万元、管理不规范金额670818万元；损益（收支）不实金额45278万元；审计处理处罚金额69968万元，其中应上缴财政64908万元、应减少财政拨款或补贴501万元、应归还原渠道资金4326万元、应调账处理金额26万元；审计发现非金额计量问题208个；审计促进整改落实有关问题金额28757万元，其中增收节支26493万元、已调账处理金额2263万元；审计促进拨付资金到位200万元；审计后挽回（避免）损失1202万元。移送司法机关、纪检监察机关和有关部门处理事项6件。出具审计报告和专项审计调查报告95篇。提出审计建议190条，提交审计信息68篇。

财政审计 对综合预算管理及21个部门（单位）预算执行情况进行审计，延伸审计单位83个，查出违规金额5.2亿元、管理不规范金额25.4亿元，促进整改落实有关问题金额18.7亿元，督促上缴财政资金6.4亿元。

经济责任审计 对40名领导干部进行经济责任审计，查出违规金额0.09亿元、管理不规范金额3.05亿元，促进领导干部经济决策和管理行为的进一步规范。

金融审计 对农村信用社信贷业务风险管控情况进行专项审计调查，查出问题金额27.08亿元，向相关单位移送案件线索6起，公安部门立案2起，追回已核销的信贷资金1000多万元。

固定资产投资审计 对12个完工项目实施结算审计，对23个投资项目进行全过程跟踪审计，抓好对工程建设关键事项的监督，审减各类工程投资1.04亿元。

专项资金审计 对保障性安居工程、财政扶贫资金、福利彩票资金、畜牧专项资金、农业综合开发资金等18项重点资金的审计和审计调查，揭示侵害群众利益的突出问题173个，查出管理不规范金额13.2亿元。

信息化建设 全面推进数据分析平台建设，重视计算机审计成果的提炼，强化人员培训，全市45岁以下审计人员全部接受省级计算机中级培训。

（撰稿人：孔德勤）

【临沂市审计局】 2014年，临沂市审计局人员编制86人，在编88人。局长李枝叶，副局长王宏祥、张金堂（—8月）、殷宗建（—7月）、陆光平（—11月）、杨忠森、谢国光（7月—）、朱海英（11月—），调研员陆光平（11月—），副调研员陈德法、谢国光（—7月）、吴清军（11月—）、李进（11月—），市经责办主任张金堂（8月—），市重点办主任张现东。设有办公室、综合科、法制科、人事科（机关党委）、财政审计科、行政事业审计科、农业与资源环保审计科、企业审计科、社会保障审计科、金融审计科、经济责任审计科、重点建设项目审计办公室和计算机中心。

审计成果 临沂市审计机关共完成审计项目791个，查出问题金额243亿元，其中违规金额33亿元、损失浪费金额2881万元、管理不规范金额210亿元；损益（收入）不实金额7.67亿元；审计处理处罚金额39.77亿元，其中应上缴财政15亿元、应减少财政拨款或补贴302万元、应归还原渠道资金3亿元、应调账处理金额18亿元；审计发现非金额计量问题444个；审计促进整改落实有关问题金额5.96亿元，其中增收节支3.97亿元、已调账处理1.98亿元；审计挽回损失2907万元。提出审计建议2324条，提交审计信息827篇，被批示、采用445篇。

财政审计 共审计137个一级预算执行部门，对税收征管等4个项目进行专项审计调查，查出问题金额123亿元；结合预算执行审计，对市直20个部门单位的“三公”经费支出情况、会议培训费支出情况和津贴补贴发放情况进行审计；对市本级及12个县区贯彻落实稳增长促改革调结构惠民生政策措施情况进行审计；对92个县区、乡镇财政决算进行审计，查出问题金额67.8亿元。

经济责任审计 共对406个部门单位主要负责人进行任期经济责任审计，对77名市管领导干部实行离任交接。全面开展村居干部经济责任审计工作，全市共审计2608个村居的干部3195人，审计资金总额达179.8亿元，查出各类问题金额41.5亿元，依法依纪处理村居干部465人，成功化解信访案件227件。

固定资产投资审计 对784个政府投资项目进行决算审计，审减工程造价3.4亿元。对临沂大学等7个政府重点投资建设项目实施派驻审计，对临沂大剧院等3个工程项目实施跟踪审计，对56个单体工程造价进行结算审计。

专项资金审计 对保障性住房安居工程、福利彩票资金、扶贫专项资金、农村土地综合整治项目绩效情况、全市城镇居民医疗保险基金和新型农村合作医疗基金整合划转、世界银行贷款农民工培训与就业项目等9个民生建设项目和资金进行专项审计和审计调查，涉及单位467个，查出问题金额37.8亿元。 （撰稿人：纪 政）

【德州市审计局】 2014年，德州市审计局人员编制94人，在编62人。局长刘清云，副局长刘国芹（12月—）、戴希祥（—12月）、张秀国（1月—）、梁富修（1月—）、王力同（—12月）。设有办公室、人事科、法规科、财政金融审计科、行政事业审计科、企业与外资运用审计科、农业与资源环保审计科、固定资产投资审计科、社会保障审计科、电子数据审计科、派出机构运河经济开发区分局，经济技术开发区分局、德州市经济责任审计办公室、机关服务中心、德州市政府投资审计中心。

审计成果 德州市审计机关共审计（调查）项目286个，查出违规和管理不规范问题金额77.73亿元；财政处理处罚金额20.38亿元，其中应上缴财政9.82亿元、应减少财政拨款或补贴3.75亿元、应归还原渠道资金1.14亿元、应调账处理金额5.67亿元。移送案件线索19件，落实处理25人。提交信息和专题报告等504篇，提出审计建议773条。完成市委、市政府交办的重点工作10余项，推动市委、市政府两办出台《关于进一步加强审计工作的意见》。

财政审计 德州市审计机关共完成87个重点部门的财政预算执行审计和财政决算审计，延伸审计有关单位109个，审计专项资金总额14亿元。开展5个部门及县市区的地方税收征管审计，查出偷税漏税等违规问题金额1.1亿元，查补税款6024万元。对运河经济开发区、经济技术开发区开展财政决算审计，摸清现行财政体制状况。

经济责任审计 根据市委组织部委托，全市审计机关对127名部门单位领导干部进行经济责任审计，查出违规和管理不规范问题金额11亿元。推行计划管理、对象分类、结果运用等7项工作制度，建立“任前告知、任中轮审、离任监督、交接盘点”的闭合审计监督模式，得到中央经济责任审计工作部际联席会议办公室及山东省审计厅的肯定和推广。以经济责任审计领导小组名义出台《德州市部门、单位内管干部经济责任审计工作指导意见》，与市编办联合出台《关于开展机构编制管理和执行情况审计工作的实施意见》。根据省委组织部和省审计厅统一部署，抽调全市审计人员65人次，分3批历时5个半月，完成当年全省省管领导干部任期经济责任审计项目。

选择德城区、齐河县作为试点，根据“顶层设计，先行试点，全面推开”的总体思路，探索开展村两委领导干部经济责任审计。坚持项目实施、排查摸底、机构建设、制度建设同步推进，在直接审计大型村镇的同时，系统搭建乡镇情况数据库，督促建立乡镇专职审计站，健全内管干部审计制度。全年完成审计项目13个，推动市委出台《关于加强农村党组织书记规范化管理的实施意见》，对全面推行农村党组织书记经济责任审计制度提出明确要求。

固定资产投资审计 全市审计机关重点开展德州站前路及大外环西北绕城项目工程审计，审减1.23亿元，审减率达17.8%。在省审计厅统一组织下，对全市涉及的5个镇开展百个示范镇建设情况专项审计调查。

社会保障审计 全市重点开展医疗保险、扶贫专项资金、土地综合整治项目、城镇保障性安居工程、福利彩票等审计项目，对全市城乡居民基本医疗保险整合交接工作进行审计。根据审计署统一安排，抽调全市79名审计人员、历时两个半月，完成全国土地出让收支和耕地保护情况审计。

内部审计 促进全市377个单位建立内部审计机构，完成内部审计项目4500个，审计总金额537亿元，促进增收节支5.2亿元，培训内部审计人员600人次，推动内部审计监督指导常态化。承办全省内部审计论文评审研讨会和全省民营企业内部审计现场会。（撰稿人：雷　玥）

【聊城市审计局】 2014年，聊城市审计局人员编制82人，在编79人。局长王连申，副局长张斌、周玉明，总审计师孙洪俊。设有办公室、人事科、法规科（加挂内部审计指导科）、财政金融审计科、社会保障审计科、企业审计科（加挂外资运用审计科）、农业与资源环保审计科、行政事业审计科、聊城经济开发区审计分局、机关党总支、审计执行科、固定资产投资审计科，另设有经济责任审计办公室、政府投资审计专业局、审计科研所、审计培训中心、审计信息化中心。

审计成果 聊城市审计机关完成审计项目445个，查出主要问题金额3278616.87万元，其中违规金额832657.41万元、损失浪费金额736.39万元、管理不规范金额2445223.06万元；损益（收支）不实金额31612.6万元；审计处理处罚金额597521.32万元，其中应上缴财政347878.78万元、应减少财政拨款或补贴35208.5万元、应归还原渠道资金131531.17万元、应调账处理金额74990.9万元；审计发现非金额计量问题621个；审计促进整改落实有关问题资金470611.66万元，其中增收节支454813.54万元、已调账处理金额13567.98万元；审计促进拨付资金到位22488.55万元；审计后挽回（避免）损失35208.5万元。移送司法机关、纪检监察机关和有关部门处理事项55件。出具审计报告和专项审计调查报告528篇，被批示、采用103篇。提出审计建议1884条，提交审计信息351篇，被批示、采用219篇。

财政审计 创新开展预算执行审计，改“审部门”为“审资金”，选取高标准农田、价格调节基金、服务业资金等13项专项资金进行审计，查处违规及管理不规范金额43亿元，上缴财政1.6亿元，市政府根据审计建议修改出台《价格调节基金征收使用办法》《地方水利建设基金筹集和使用管理办法》《市级预备费动支办法》等制度办法。

固定资产投资审计 对五环工程、望湖小区、329省道、济聊一级路、体育公园、省级示范镇等重点项目进行审计，审减2.14亿元。加大工程建设领域问题的查处力度，移送施工和监理单位61家、58人次。市政府根据审计意见出台《关于进一步改进政府投资项目管理体制的意见》。

经济责任审计 审计领导干部78人，查出违规金额6亿元。加大对“三公”经费、“小金库”等公务行为的审计力度，将编制情况、履行党风廉政建设主体责任情况纳入审计监督范围。

金融审计 开展临清及茌平农信社信贷业务风险管控专项审计调查，加大对假证件贷款、基层税务人员藏匿税款等问题的查处力度，移交公安机关案件线索10件，立案5件，已行政拘留5人。

专项资金审计 开展城镇保障性安居工程、扶贫资金、福彩资金、计生两费、示范镇建设等重点民生资金和项目的专项审计，审计资金13亿

元，严肃查处一批侵占挪用资金问题，维护群众利益。（撰稿人：杨　辉）

【滨州市审计局】　2015年，滨州市审计局人员编制94人，在编86人。局长丁希安，副局长申立新、孙宝臣、孙玉芬，总审计师王爱云。设有办公室、审计法规科、审计执行科（与审计法规科合署办公）、人事教育科、财政金融审计科、行政事业审计科、经贸审计科、农业与资源环保审计科、外资审计科、社会保障审计科、机关党委和经济开发区审计分局、高新技术产业开发区审计分局、北海经济开发区审计分局，下辖经济责任审计办公室、政府投资项目审计办公室、计算机信息管理中心、内部审计指导中心、审计举报服务中心、经济开发区政府投资项目审计评估中心、高新技术产业开发区政府投资项目审计评估中心、北海经济开发区政府投资项目审计评估中心。

审计成果　滨州市审计局完成审计项目158个，查出主要问题金额1730464万元，其中违规金额273780万元，损失浪费金额47万元，管理不规范金额1456635万元；损益不实金额43443万元；审计处理处罚金额730101万元，其中应上缴财政91820万元，应减少财政拨款或补贴25048万元，应归还原渠道资金96300万元，应调账处理金额514380万元；审计发现非金额计量问题245个；审计促进整改落实有关问题金额643797万元，其中增收节支130188万元、已调账处理金额509787万元；审计促进拨付资金到位23751万元；审计后挽回（避免）损失25059万元。移送有关部门处理事项25件。出具审计报告和专项审计调查报告201篇，被批示、采用5篇。提出审计建议241条，提交审计信息522篇，被批示、采用56篇。

财政审计　完成20个部门单位的预算执行审计和6个县、乡级人民政府财政决算审计（调查），查出资金滞留闲置，未按规定征收、缴纳预算收入，违规改变资金用途等违规违纪金额811720万元。

行政事业审计　完成行政事业审计（调查）单位52个，查出未落实“收支两条线”和专户管理规定、账外资产、会计核算不实等违规违纪金额696867万元，出具审计报告（调查）95篇。

固定资产投资审计　通过对提报值120447万元的61个重点工程建设项目的竣工决算和跟踪审计，核减工程造价25048万元。

社会保障审计　开展城镇保障性安居工程资金审计项目2个、医保政策运行情况审计调查项目6个、福利彩票资金审计项目1个，延伸审计单位29个，审计查出主要问题金额29914万元。

企业审计　完成滨州市自来水公司和滨州市四环五海城市建设经营有限公司及下属单位的企业审计和惠民县、阳信县农村信用社信贷业务风险管控专项审计调查，查出财务收支核算不实、漏缴税金和银行信贷业务违规等违规违纪金额102209万元。

经济责任审计　完成46名市直党政机关和企事业单位主要负责人离任和任中审计，查出主要问题金额647191万元，其中领导干部负主管责任金额48839万元，负领导责任金额43205万元；审计发现侵害人民群众利益金额21449万元，整改落实后促进增收节支11658万元，1人被移送纪检监察机关。

专项资金审计　完成扶贫资金、全市教育经费投入资金等9项民生项目的审计（调查），延伸审计单位80个，审计专项资金总额267360万元，查出违规违纪金额44742万元。通过积极督促有关单位整改，最大限度地维护群众利益。

内部审计　指导内部审计机构完成审计项目2860个，审计总金额141164万元，促进增收节支金额16083万元，提出意见建议被采纳2040条。推动市政府出台《滨州市内部审计工作规定》。（撰稿人：吕增祥　赵萌萌）

【菏泽市审计局】　2014年，菏泽市审计局人员编制80人，在编73人。局长杨晓玲，副局长李永垠、毛宝军、房福胜、樊廷卷，总审计师袁文增。设有办公室、法规科、人事科、财政审计科、行政事业审计科、农业与资源环保审计科、固定资产投资审计科、金融审计科、企业审计科、社会保障审计科、外资运用审计科、政法审计科、经济责任审计办公室、投资审计中心、审计信息中心。

审计成果　菏泽市审计机关共完成各类审计

项目701个，查出主要问题金额3130752万元，其中违规金额421690万元、损失浪费金额1584万元、管理不规范金额2707440万元；损益（收支）不实金额2880万元；审计处理处罚金额408114万元，其中应上缴财政228658万元、应减少财政拨款或补贴79070万元、应归还原渠道资金81388万元、应调账处理金额16090万元；审计发现非金额计量问题350个；审计促进整改落实有关问题金额354117万元，其中增加收节支334751万元、已调账处理金额14785万元；审计促进拨付资金到位78758万元；审计后挽回损失71439万元。移送司法机关、纪检监察机关和有关部门处理事项28件。出具审计报告和专项审计调查报告60篇，被批示、采用51篇。提出审计建议1668条，提交审计信息558篇，被批示、采用276篇。向社会公告审计结果1篇。

财政审计 加大预算执行审计力度，持续关注全口径预算体系和结构、专项资金管理、政府性债务、资金绩效等问题，促进盘活存量资金，用好增量资金，推动完善相关制度机制。共完成审计项目205个，审计查出主要问题金额2491512万元。

经济责任审计 审计领导干部141人，查出违规金额13495万元。在加强干部监督管理、严肃财经法纪、促进党风廉政建设中发挥重要作用。

企业、金融审计 开展市供电公司三产企业2013年度税收缴纳情况、菏建集团资产负债及财务收支情况、市科技创新公司资产负债情况等专项审计；组织开展对单县、东明、郓城三个县农信社信贷业务风险管控情况专项审计调查。共完成审计项目18个，查出违规金额10578万元。

农业与资源环保审计 围绕资源环境政策落实，开展农村土地整治项目审计、城市污水处理绩效情况审计调查，揭示资源开发利用、保护修复、污染防治等方面存在的突出问题，促进生态文明建设。

专项资金审计 围绕保障和改善民生，重点实施城镇保障性安居工程、扶贫资金、福利彩票公益金、就业资金、油用牡丹发展资金等专项资金审计，发现侵害群众利益金额7587万元，追还被挤占挪用专项资金1063万元，促进各项惠民政策的落实，维护群众的根本利益。

固定资产投资审计 以核实项目造价为核心，以加强投资管理、提高投资效益为重点，加大对政府投资项目的预决算审计，对重点建设项目实行跟踪审计。完成审计项目222个，核减工程造价86663万元。

行政事业审计 完成审计项目235个，查出主要问题金额220990万元。围绕贯彻中央八项规定和省市委实施办法，深入开展部门单位"三费一发放"情况专项审计调查。（撰稿人：张　琰）

2014年山东省所辖区、县(市)级审计工作统计表

金额单位：万元

审计机关	完成审计项目(个)	审计查出主要问题金额	审计处理情况					出具审计报告和审计调查报告(篇)	提出审计建议(条)	提交审计信息(篇)
			审计处理处罚				移送处理事项(件)			
			应上缴财政	应减少财政拨款或补贴	应归还原渠道资金	应调账处理金额				
济南市										
济南市本级	62	5284446	88423	2274	2846	3525	29	72	204	332
市中区审计局	33	88458	1493		34878			47	75	126
历下区审计局	639	129252	25773		23	1520		672	145	9
槐荫区审计局	25	82544						32	125	104
天桥区审计局	33	60354	5414			938	1	47	98	36
历城区审计局	54	675031	4068	30997	1104	93	1	75	53	128

续表

审计机关	完成审计项目（个）	审计查出主要问题金额	审计处理情况					出具审计报告和审计调查报告（篇）	提出审计建议（条）	提交审计信息（篇）
			审计处理处罚				移送处理事项（件）			
			应上缴财政	应减少财政拨款或补贴	应归还原渠道资金	应调账处理金额				
长清区审计局	56	206007	18		798	4855		56	125	
章丘市审计局	29	90964	1343		266	20636		29	49	
平阴县审计局	48	257521	58		151	8908		48	153	2
济阳县审计局	31	40282	803	2217	154	41		31	95	30
商河县审计局	80	100885	3633	4131	1070	26028		101	405	109
青岛市										
青岛市本级	102	6680926	75857	121863	2232	104383	63	133	283	294
市南区审计局	82	445859	16498	7182	3839			99	147	82
市北区审计局	174	1069678	9678	29700				223	305	80
黄岛区审计局	248	2227045	239743	49573	67069	160680	2	266	167	32
崂山区审计局	237	258623	194613	7643	50	1027		261	125	19
李沧区审计局	48	343408	2637	22172				48	88	60
城阳区审计局	182	1054362	61832	44800			2	203	133	126
胶州市审计局	113	1597880	146380	22421				113	230	76
即墨市审计局	51	1114576	133766	4311	1584	79401	2	81	83	12
平度市审计局	154	98184	4134	8883	2227	80554		168	114	140
莱西市审计局	44	26555	223	2215	15746	6783		69	42	28
淄博市										
淄博市本级	91	2484327	640309	23179	71266	23508	16	109	363	82
张店区审计局	57	295197	1779	5501	852	31692	4	85	59	90
淄川区审计局	155	107170	23368	5859	459	150	6	272	81	51
博山区审计局	75	260815	11	2660			3	81	13	15
周村区审计局	39	4713	41	3160	1	1003		62	57	50
临淄区审计局	73	583528	37827	7837	168067	22404	12	80	33	23
桓台县审计局	37	82574	8		397	145		59	58	25
高青县审计局	60	35087	20	540	1575	9964		114	68	43
沂源县审计局	39	226364	150809			61496	4	42	79	22
高新区审计局	23	175565	25	2235	8	477	1	26	64	10
枣庄市										
枣庄市本级	55	489538	112963		21888	94836	4	75	160	74
薛城区审计局	39	38381	737		15711	832		67	107	76
市中区审计局	35	70898	1622		3754	54651		35	250	21

续表

审计机关	完成审计项目（个）	审计查出主要问题金额	审计处理情况					出具审计报告和审计调查报告（篇）	提出审计建议（条）	提交审计信息（篇）
			审计处理处罚				移送处理事项（件）			
			应上缴财政	应减少财政拨款或补贴	应归还原渠道资金	应调账处理金额				
峄城区审计局	20	105918	23729		18459	62679		20	50	14
台儿庄区审计局	42	87295	625			269		46	116	30
山亭区审计局	65	204906	5185		1493	104652		65	250	4
滕州市审计局	41	96107	6401		4048	21593		66	152	136
东营市										
东营市本级	53	1080248	107848		681	14		62	95	4
东营区审计局	17	21523	2944	10309	7	10845		16	44	9
河口区审计局	18	13271	273		38			33	40	
垦利县审计局	95	65438	17758	9484	454	49		114	132	1
利津县审计局	26	3373	11	1223		132		32	34	88
广饶县审计局	32	190848	1712	503	22853	1080		44	22	95
烟台市										
烟台市本级	66	1277187	127001		5393	148941	2	108	114	129
莱山区审计局	25	19407	623					44	58	21
芝罘区审计局	38	27875	757	8	10	4200	1	61	10	90
福山区审计局	43	351327	19710	229	2	8788		71	25	113
牟平区审计局	59	1201496	345954	6143	26964	27500	1	86	41	64
开发区审计局	20	48780	332					29	38	
龙口市审计局	31	41361	35160			737		48	4	35
莱阳市审计局	62	175050	10339			12095		106	509	28
莱州市审计局	43	11977	4262	5832		976	1	69	31	167
蓬莱市审计局	63	13070	7693	3975		403		108	6	16
招远市审计局	60	70592	42011		16602	6276	1	88	45	
栖霞市审计局	28	29314	17				1	48	11	
海阳市审计局	69	66482	3966			1248		123	16	
长岛县审计局	27	9700	76			358		49	48	59
潍坊市										
潍坊市本级	54	1522442	117932	60673	21732	37885	7	76	107	3
奎文区审计局	12	57139	8590	3523				12	26	22
潍城区审计局	18	3228	214		20	18		19	31	19
寒亭区审计局	19	50317						16	32	4
坊子区审计局	42	14515		3774				44	106	436

续表

审计机关	完成审计项目（个）	审计查出主要问题金额	审计处理情况					出具审计报告和审计调查报告（篇）	提出审计建议（条）	提交审计信息（篇）
			审计处理处罚				移送处理事项（件）			
			应上缴财政	应减少财政拨款或补贴	应归还原渠道资金	应调账处理金额				
高新区审计局	94	6440		6440				103	12	8
滨海区审计局	14	244						14	31	
青州市审计局	53	158415	5878		886		1	72	103	26
诸城市审计局	44	630826	73143		5	653	17	68	77	177
寿光市审计局	48	1819160	14843	10002	65044	11	3	57	112	30
安丘市审计局	64	428251	27956	2988	9157	189800	3	102	176	278
高密市审计局	44	1071715	3034	1035	92	80	2	45	95	158
昌邑市审计局	92	196977	326	15547				93	96	27
临朐县审计局	44	248499	4369	5014		18923		44	23	154
昌乐县审计局	29	467829	38285	3959	10	30395	1	33	60	139
济宁市										
济宁市本级	160	1420589	176896	21934	201	71982	13	218	200	349
任城区审计局	151	34760	58	5091		118		210	33	35
兖州区审计局	58	355870	63	1301				113	140	16
太白湖新区审计局	41	88197		2123				42		20
曲阜市审计局	104	174834	19	10452	1		41	104	274	46
邹城市审计局	148	329098	1811	10003	8626	653	1	203	382	274
微山县审计局	70	25789	5477	7168			1	93	167	
鱼台县审计局	26	26643	19	71	22391	1762		45	105	66
金乡县审计局	113	14329	130	11368		3		131	75	30
嘉祥县审计局	87	146920	37	9820	251	11489		108	148	11
汶上县审计局	91	40792	72	8583		4834	4	108	164	60
泗水县审计局	44	216185	79	677				56		72
梁山县审计局	88	102984	157	7798		25	2	101	171	40
泰安市										
泰安市本级	79	1494815	38113	7662	21858	366034	21	26	107	98
泰山区审计局	23	3018	200		476	1656		32	7	4
岱岳区审计局	42	154760	31		167	15672		79	80	108
新泰市审计局	47	110840	59		7	53		76	24	46
肥城市审计局	60	38455	33		1192			57	19	11
宁阳县审计局	18	23524	32					60	25	13
东平县审计局	50	7000	26		31	49		74	176	20

续表

审计机关	完成审计项目（个）	审计查出主要问题金额	审计处理情况					出具审计报告和审计调查报告(篇)	提出审计建议(条)	提交审计信息(篇)
			审计处理处罚				移送处理事项(件)			
			应上缴财政	应减少财政拨款或补贴	应归还原渠道资金	应调账处理金额				
威海市										
威海市本级	45	2967002	124085	1474	3179	79060	6	78	117	67
环翠区审计局	14	118731	3803			14	2	21	39	35
文登区审计局	58	126731	10194		5756	39914	1	109	85	42
高技区审计局	22	8530	2964	390	92	1748		34	47	30
经技区审计局	29	45847	415	300		408		50	15	11
荣成市审计局	57	62648	1136	1076		30153	4	97	146	78
乳山市审计局	32	900463	204675		159559	19350	9	58	24	54
日照市										
日照市本级	57	422556	5201	22930	382	2526	3	112	393	40
东港区审计局	130	91628	617	7158	4644	3770		174	144	36
岚山区审计局	60	53881		2528				60	88	
五莲县审计局	48	71267	623	9032	307			62	39	37
莒县审计局	32	18283	992	961	1508	453		51	66	77
莱芜市										
莱芜市本级	30	631268	64327	4	4326	26	6	39	106	39
莱城区审计局	22	41468	51	497				32	38	15
钢城区审计局	10	65052	530					24	46	14
临沂市										
临沂市本级	45	813172	115755		29226	163925	5	82	151	123
兰山区审计局	49	205790	33002		1880	1153		77	146	44
罗庄区审计局	58	108290	1323					87	241	64
河东区审计局	29	367529	63					28	96	
沂南县审计局	119	70896	176	302	2187	4125		185	236	87
郯城县审计局	52	83772	55					77	170	82
沂水县审计局	70	16568	1667		379	5987		98	191	163
兰陵县审计局	46	118179	107					90	157	
费县审计局	42	68306	93					66	126	85
平邑县审计局	105	221406	506					149	390	2
莒南县审计局	36	76487						44	86	
蒙阴县审计局	86	64444	85					113	173	24
临沭县审计局	54	217071	392			2543		73	161	153

续表

审计机关	完成审计项目（个）	审计查出主要问题金额	审计处理情况					出具审计报告和审计调查报告（篇）	提出审计建议（条）	提交审计信息（篇）
			审计处理处罚				移送处理事项（件）			
			应上缴财政	应减少财政拨款或补贴	应归还原渠道资金	应调账处理金额				
德州市										
德州市本级	54	564895	68642	19246	7470	11805	25	68	268	160
德城区审计局	21	51452	849			33966		27	28	122
陵城区审计局	11	2623	493			214		11		17
乐陵市审计局	28	35956	3539	418	44	45		31	63	25
禹城市审计局	25	33047	3037	15721	224	21		36	49	43
宁津县审计局	12	16544	11768		539	111		14	44	21
庆云县审计局	16	492	275		5	195		30	22	12
临邑县审计局	25	4263	442	1299	27	9		22	37	15
齐河县审计局	20	5656	641	302	1961	10		20	87	20
平原县审计局	14	14081	4656	103	59	608		24	23	16
夏津县审计局	48	34491	2292	373	1090	8968		67	98	27
武城县审计局	24	13798	1570		12	791		47	54	26
聊城市										
聊城市本级	42	1742131	84384	21794	63854	5622	38	63	133	88
东昌府区审计局	41	274075	92090	534	10	418	3	49	329	49
临清市审计局	24	40095	156		24	103		27	82	18
阳谷县审计局	92	129660	30366	2614	30350	383	1	93	206	36
莘县审计局	48	54184	18625		1901		2	53	136	5
茌平县审计局	54	456895	30061	4582	1461	1451	4	70	122	44
东阿县审计局	39	373949	7992		279	58452	1	50	127	31
冠县审计局	87	118445	3335	5684	33635	1892	6	99	705	58
高唐县审计局	18	89182	80870		18	6671		24	44	22
滨州市										
滨州市本级	158	1730464	91820	25048	96300	514380	25	201	241	522
滨城区审计局	13	122771	14		20	27434		21	32	4
惠民县审计局	26	113630	360	2644		3028	3	32	65	40
阳信县审计局	45	34068	45	9479	1195	750		52	51	112
无棣县审计局	32	130538	1297	297		669	1	49	74	
沾化县审计局	67	173113	558	20462		6007		83	85	52
博兴县审计局	74	139035	22314	6576	2397	34260	1	90	165	
邹平县审计局	57	334251	30405	13036	111	5990	13	100	50	20

续表

审计机关	完成审计项目（个）	审计查出主要问题金额	审计处理情况					出具审计报告和审计调查报告（篇）	提出审计建议（条）	提交审计信息（篇）
			审计处理处罚				移送处理事项（件）			
			应上缴财政	应减少财政拨款或补贴	应归还原渠道资金	应调账处理金额				
菏泽市										
菏泽市本级	86	1524758	2236	30788	2271	1256	11	88	278	3
牡丹区审计局	34	35487	61					34	226	69
曹县审计局	83	143242	64209	20351	1700	387	10	84	186	138
单县审计局	44	720616	156018	6276	26	1486		44	140	165
成武县审计局	85	76269	1575	10232	730		4	86	205	43
巨野县审计局	36	102294	3756	3488	22379	123		41	101	10
郓城县审计局	132	110553	196		3485	12749		149	130	78
鄄城县审计局	99	114185	77		8			94	238	15
定陶县审计局	70	40538	476	7935			29	52	156	48
东明县审计局	32	262810	54		50789	89		26	56	19

河南省

【河南省审计厅】 2014 年，河南省审计厅人员编制 175 人，在编 172 人。设有办公室、法规处、财政审计一处、财政审计二处、行政事业审计一处、行政事业审计二处、行政事业审计三处、农业与资源环保审计处、投资审计一处、投资审计二处、金融审计处、企业审计处、社会保障审计处、经贸和外资审计处、经济责任审计一处、经济责任审计二处、人事教育处、机关党委、离退休干部工作处，另设有派驻纪检（监察）室，下设有审计科研所（政研室）、审计干部培训中心、机关服务中心、计算机审计中心。

厅　　长：刘　荃

副 厅 长：万明云（—1 月）　陈　静

赵建军（4 月—）　李笃明

张　昕（—4 月）　孙　志

总审计师：郭日宪

纪检组长：李振明

经济责任审计局局长：吴晓春

副巡视员：金建泽

审计成果　全省审计机关共审计（审计调查）单位 6174 个，审计后促进增收节支 84.6 亿元，核减投资或结算额 19.3 亿元。向纪检监察、司法机关和有关部门移送案件线索（事项）515 件，涉及 2555 人。提交的审计报告和信息被各级领导批示或有关部门采用 1814 篇次。

财政审计　组织实施预算执行和财政收支审计，主要揭示预算安排不合理、项目设置不科学、专项资金管理不规范等问题，推动相关制度的建立和完善。组织对 12 个省辖市本级财政存量资金进行审计，摸清财政存量资金情况，促进盘活存量。把会议费和“三公”经费审计作为一项长期任务，持续跟进，严肃查处公款吃喝、公款旅游、公款购买礼品等顶风违纪行为。同时对培训机构、行业协会、公车管理使用、奢华建设项目等进行监督检查，较好发挥审计促进转变作风的职能作用。

经济责任审计　全省审计机关共对 1465 名领导干部实施经济责任审计，查出领导干部负有直接责任的违规问题金额 2.2 亿元。其中省审计厅对 30 名省管领导干部进行经济责任审计，对审计中发现的重大违纪违法问题，已移送有关部门处理。

金融和企事业单位审计 组织对部分县级农信社进行审计，主要揭示违规发放贷款、内部职工利用职权侵占客户归还的贷款和以他人名义贷款、虚假置换不良贷款等问题，对审计发现的案件线索移送司法机关进一步处理，促进农信社进一步强化内部治理和风险管控。组织实施部分国有企业资产负债损益审计，有效促进企业提高资产管理水平。组织对部分企事业单位和大专院校财务收支进行审计，从体制机制层面提出意见建议，促进单位加强内部管理。

固定资产投资审计 组织对城镇保障性安居工程、重点建设项目、国有企业投资项目、高速公路、国外贷援款项目、援疆建设项目、郑州新郑国际机场二期扩建工程等进行审计，主要揭示招投标管理不规范、多计工程款、挤占项目资金、项目进展缓慢等问题，促进加快项目建设进度，有效防范资金损失浪费。

社会保障审计 组织对7个项目进行审计，共查出各类违规金额260043.20万元，其中预算编制不完整问题金额13679万元，预算执行率较低问题金额21337万元，挤占挪用专项资金2499.44万元，无预算支出问题金额3007.78万元；政府采购不规范问题金额4230.27万元；工程项目建设和管理方面存在项目建设超概算、违规出借建设项目资金等问题金额3569.64万元；长期闲置资金2805.54万元；滞留资金1454.91万元；移送处理书5份。

外资运用审计 根据审计署授权，组织对13项国外贷援款项目进行审计，审计资金634598万元，涉及交通、农业、林业、畜牧、卫生、环保等多个行业。在审计中注重把对外公证与对内监督有机结合，把财务审计与效益审计有机结合，在审查国外贷援款项目资金管理和项目执行情况的同时揭露查处违法违纪与损失浪费等问题。

专项资金审计 专项资金审计（调查）项目409个，审计专项资金总额6505133万元，审计查出主要问题金额1584699万元。组织对土地出让收支和耕地保护情况进行审计。组织实施涉企财政补助资金审计，重点揭示涉企财政补助资金管理混乱等问题，对违规发放的资金积极予以追回。组织实施涉农补贴、医疗卫生、养老保险等重点民生资金审计，对骗取种植业保险财政补贴的人员移送有关部门查处，11人被判处有期徒刑，另有25人被追究刑事责任。组织实施福利彩票和体育彩票公益金审计，为相关部门更好管理使用彩票公益金提供依据。组织对26个国家试点县农村义务教育学生营养改善计划进行审计调查，促进民生政策落实。

信息化建设 提出“六个一”（即一个专职机构、一个标准化机房、一套运行设备、一套办公网络、人均一台办公电脑、一套保障制度）和“三个提升”（提升审计管理、审计实施和综合审计分析水平）推进审计信息化工作。配合业务处完成审计项目40余个，采集、分析、归集财政、地税、土地和郑州、开封、固始财政决算等各类审计数据885套，其中财务数据853套，业务数据32套，数据量约1.2TB，数据中心数据得到丰富和充实，为审计分析提供必备的数据支撑。收到各地报送的应用实例390篇、计算机审计方法415篇。经省审计厅评审，有46篇实例、15篇方法获优秀奖，93篇实例获得应用奖，167篇方法入选省级方法库。拓展OA（审计管理系统）功能，建设移动办公系统，省审计厅实现公文办理、项目管理的全流程信息化；完善大项目审计管理系统建设，升级后的系统支持多项目并行管理、一次Ukey认证同时应用多个项目、审计信息可分项目灵活管理，权限管理、邮件通知、信息采集等功能更加易用。组织厅机关OA办公系统应用水平达标培训班、审计中级人员后续提高培训班、计算机审计中级培训班、信息系统审计培训班、县区审计机关计算机应用培训班等7期培训班，共培训460人次，110人参加审计署计算机审计中级水平考试，39人通过。

（撰稿人：韩清华）

【郑州市审计局】 2014年，郑州市审计局人员编制160人，在编148人。局长冯明杰，副局长徐平、桑富强、于士营、乔德宁、李忠仁（—4月），总审计师骆杉。设有办公室、政策法规处、财政审计处、行政事业审计一处、行政事业审计二处、农业与资源环保审计处、投资审计处、金融审计处、企业审计处、社会保障审计处、外资运用审计处、经济责任审计处、组织人事处、机关党委、离退休干部工作处、纪检（监察）室。

审计成果 郑州市审计局完成审计项目75个，查出主要问题金额488773万元，其中违规金额65531万元、损失浪费金额131万元、管理不规范金额423110万元；损益（收支）不实金额17466万元；审计处理处罚金额78307万元，其中应上缴财政4308万元、应减少财政拨款或补贴15802万元、应归还原渠道资金5790万元、应调账处理金额44751万元；审计发现非金额计量问题216个；审计促进整改落实有关问题金额41093万元，其中增收节支2601万元、已调账处理金额28262万元；审计促进拨付资金到位17665万元；审计后挽回（避免）损失8969万元。移送司法机关、纪检监察机关和有关部门处理事项10件。出具审计报告和专项审计调查报告68篇。提出审计建议121条，提交信息30篇，被批示、采用16篇。向社会公告审计结果6篇。

财政审计 组织对财政和地税以及63个预算单位、3个民生保障项目、22个政府投资建设项目等进行审计或审计调查。

经济责任审计 组织对127名党政领导干部进行经济责任审计，查出违纪违规金额3.8亿元，管理不规范金额7.8亿元。

农业与资源环保审计 按照审计署统一安排，抽调郑州市136名审计人员，对商丘市本级和永城、虞城、民权、睢县土地出让收支和耕地保护情况进行审计。

固定资产投资审计 组织对郑州市178个政府投资工程项目实施审计，核减工程投资造价4.98亿元。其中，郑州市审计局开展投资审计项目32个，核减资金2.14亿元。

社会保障审计 组织开展社会养老、公立幼儿园建设、城市垃圾处置、社区卫生服务、失业保险等审计项目。

外资运用审计 组织对亚洲开发银行贷款农村能源生态建设等4个国外贷援款项目进行审计。

企业审计 组织对郑州市及所属五县六区实施专项审计调查，涉及项目1547个，企业5416家，资金126.3亿元，查出违规金额9.63亿元。

专项资金审计 抽调65名业务骨干力量，组成26个审计组，对全市72个预算单位2013年至2014年的会议活动费和“三公”经费进行审计。

信息化建设 郑州市审计系统共有52人通过审计署或审计厅的计算机中级考试。郑州市审计局在建立审计专业人才库的同时，建立包含55家工程造价咨询公司和会计师事务所的中介机构备选库。

（撰稿人：周小玺）

【开封市审计局】 2014年，开封市审计局人员编制72人，在编61人。局长翟放，副局长孙黎、赵守红、王珂、宋平均、湛静、张泽宣（—3月），总审计师倪金宝，纪检组长赵伟，调研员张同安，经责办主任刘齐心。设有办公室、法制科、财政金融审计科、行政事业审计科、经贸审计科、农业与资源环保审计科、固定资产投资审计科、外资运用审计科、社会保障审计科、经济责任审计科、人事教育科、纪检监察室，下设审计科研所和审计服务中心。

审计成果 开封市审计机关共审计和调查单位252个，审计查出违规金额1.11亿元、损失浪费金额450万元、管理不规范金额54.78亿元；经审计处理，促进整改落实资金4.95亿元，其中已上缴财政2847万元、已减少财政拨款或补贴2353万元、已归还原渠道资金1646万元、已缴纳其他资金6782万元、已调账处理金额3.55亿元。审计移送处理事项16件。审计提出建议367条，被审计单位采纳审计建议265条、制定整改措施1项。审计信息被上级领导批示和有关部门采用37篇，宣传稿件在市级以上新闻媒体发表199篇。市审计局先后获得全市目标管理优秀单位等22项荣誉，连续21年保持省级文明单位、省级卫生先进单位荣誉称号。

财政审计 审计预算执行单位67个，查出违规问题金额35.89亿元；审计财政决算单位21个，查出违规问题金额11.01亿元。通过边审边改、集中整改和落实审计决定，促进有关部门严格按照法定权限和程序行使权力、履行职责，促进有关县区政府严格执行财经法规，规范财政资金管理。

行政事业及外资运用审计 组织对117个行政事业单位和大专院校财务收支进行审计，查出违规问题金额5.41亿元，从体制机制层面提出意见建议。按照省审计厅统一部署，对中小城市供水项目、生态畜牧项目等5个外资项目进行审计，提出加强管理和完善制度的建议。

专项资金审计 组织对9个县区农村义务教育薄弱学校改造资金、3个县小农水项目专项资金、5个区创卫资金、1个区新农保资金等民生资金开展审计和调查。审计专项资金10.32亿元，查出违规问题金额3.16亿元。

固定资产投资审计 组织对城镇保障性安居工程进行跟踪审计，主要揭示挤占项目资金、项目进展缓慢等问题，促进加快项目建设进度。组织对黄河大桥加固维修工程、黄河大街北延工程等63个重点建设项目竣工决算进行跟踪审计，审减工程款1.37亿元，主要揭示招投标管理不规范、多计工程款等问题，有效防范资金损失浪费，为政府节约建设资金。

经济责任审计 完成83名领导干部经济责任审计，审计查出违规金额3.87亿元、管理不规范金额21.07亿元，为加强领导干部监督管理提供依据。

（撰稿人：刘江航）

【洛阳市审计局】 2014年，洛阳市审计局人员编制79人，在编73人。局长马灿书，副局长李修新、李雅红、温志明（—8月），总审计师程军，纪检组长刘广勇。设有办公室、法制科、财政审计科、金融审计科、行政事业审计科、经贸审计科、农业与资源环保审计科、社会保障审计科、固定资产投资审计科、外资运用审计科、经济责任审计办公室、派出审计科、人事科、机关党委、监察室、机关服务中心、神都大厦。

审计成果 洛阳市审计机关共审计（调查）693个单位，查出违规问题金额8.49亿元、管理不规范金额134.47亿元。通过审计，为国家增收节支1.61亿元，核减政府投资建设项目结算额13.97亿元，向纪检监察、司法机关和有关部门移送案件线索23件，涉及金额7.91亿元。

财政审计 围绕健全政府预算体系、盘活存量资金、提高资金绩效，深入开展预算执行、财政收支、税费征收和部分专项资金审计，推动深化财税体制改革和财政资金提质增效。

经济责任审计 全市审计机关完成114名领导干部的经济责任审计，查出违规问题金额4191万元，对不作为、乱作为的领导干部，依法依纪揭示和反映，强化对权力运行的监督和制约。

金融审计 组织开展洛宁县农信社、栾川县农信社、洛阳新区建设投资有限公司等金融企业资产负债损益审计，促进强化管理、防范风险。实施对市道路运输管理局的财务收支审计，促进国有资产安全完整和保值增值。

行政事业审计 组织开展市文物局预算执行及国家重点文物保护补助资金审计、全市农村义务教育学生营养改善计划审计调查。通过对嵩县、汝阳县、洛宁县、栾川县农村义务教育学生营养改善计划的审计调查，发现和纠正挤占、挪用、套取、滞留专项资金和损失浪费等问题。

企业审计 组织开展洛阳公交集团资产负债损益审计、小额担保贷款财政补助资金审计、涉企财政资金专项审计调查等项目。在涉企财政资金专项审计调查中，查出违规问题金额1.69亿元，发现关于涉企财政资金方面的6大类13个问题，移送案件线索2起。

社会保障审计 开展就业补助资金审计、市民政系统优抚及福利资金专项审计调查等。促进相关惠民政策的落实，推动社会救助体系建设和社会福利事业、慈善事业的发展。

固定资产投资审计 组织对洛阳市310国道改造工程、洛阳市道北三路工程实施竣工决算审计，对引黄入洛工程、洛河东西段治理工程等在建项目实施跟踪审计，对教育系统基础设施实施审计调查。全市审计机关全年核减投资金额13.97亿元。

农业与资源环保审计 根据审计署的统一安排，组织实施土地出让收支和耕地保护情况审计，全市审计机关抽调90人，对信阳市4个县进行审计，受到审计署好评，被表彰为全国审计先进集体。

外资运用审计 根据省审计厅统一安排，主要开展世界银行生态畜牧项目、世界银行交通项目、第五期扶贫项目、世界银行沙漠化控制项目、河南中心城市供水项目、中国农村卫生发展项目、旱作可持续农业项目、供水项目等项目的审计，促进国外贷援款项目规范管理，提高资金使用效益。

（撰稿人：王锦志）

【平顶山市审计局】 2014年，平顶山市审计局人员编制 91 人，在编 86 人。局长张中俊，副局长邵小红、高惠珍、王家民，总审计师虎继宗，纪检组长张绍周。设有办公室、人事科、法制科、财政审计科、金融审计科、行政事业审计科、经贸审计科、农业与资源环保审计科、社会保障审计科、投资审计一科、投资审计二科、外资运用审计科、经济责任审计局、计算机信息科、离退休干部工作科、监察室、机关党委，另设有市审计科研所。

审计成果 平顶山市审计机关共完成审计（审计调查）项目 480 个，查出违规金额 87235 万元、管理不规范金额 870369 万元，通过上缴财政、减少财政拨款或补贴、归还原渠道资金等，促进增收节支 44193 万元，已上缴财政金额 21248 万元。向有关部门移交案件 11 起。提交的审计信息被领导批示或被媒体采用 367 篇次，提出审计建议 573 条，被相关单位采纳 412 条。

政策贯彻落实情况审计 组织对稳增长促改革调结构惠民生防风险政策贯彻落实情况进行跟踪审计，重点关注国家重大政策措施和宏观调控部署落实情况，发现和反映新情况新问题，推动经济平稳健康运行。

财政审计 围绕财政预算资金的收缴、分配、拨付及使用环节，对市级财政预算执行、县级财政决算、行政事业单位财务收支等情况进行审计。围绕贯彻中央八项规定精神和国务院“约法三章”要求，对“三公”经费和会议费管理使用情况进行专项审计，较好地发挥审计促进转变作风的作用。向市人大常委会所做的《2013 年度市级预算执行和其他财政收支的审计工作报告》，受到市人大常委会的肯定。

行政事业审计 组织开展贫困地区中小学营养改善计划专项审计调查、全市教育投入使用情况专项审计调查等项目。在开展全市教育投入审计调查中，对发现的问题上报市政府，市长、常务副市长分别做出重要批示，要求有关单位认真进行整改。

农业与资源环保审计 整合全市审计资源，合理调配，参与并圆满完成对周口市和漯河市土地出让收支和耕地保护情况的审计，为各级政府加强土地管理提供重要参考。重点组织对全市新型农村社区建设专项资金、全市农村集体经济组织征地补偿费等涉及“三农”方面相关惠民政策落实情况进行审计，严肃查处损害群众利益问题。

固定资产投资审计 重点组织对医疗卫生机构基础设施建设项目、市政重点建设项目、国外贷援款项目等进行审计，促进规范投资行为，有效避免资金损失浪费。

社会保障审计 完成住房公积金筹集管理使用情况审计调查、体彩公益金专项资金审计、市医保中心审计等涉及民生热点项目，共查处违规金额 1136.49 万元，管理不规范金额 1886.14 万元。

企业审计 组织对平顶山市涉企财政资金审计调查、市客运管理处、平顶山市公交公司等单位进行审计，督促企业及时整改违规经营等问题，围绕落实减轻企业负担政策措施，认真开展企业服务年活动，切实纠正乱收费等导致企业负担过重等问题。

经济责任审计 全年对 69 名党政领导干部进行经济责任审计，查出主要问题金额 184038 万元，对发现的重大违法违规问题，依法进行处理，进一步健全责任追究和问责机制。

专项资金审计 重点开展城镇保障性安居工程、涉企财政资金、新型农村社区建设、住房公积金、农村义务教育学生营养改善计划等项目的审计调查。揭示存在的问题，提出整改的审计建议，促进民生政策落实。2013 年城镇保障性安居工程审计项目，共查出违规违纪金额 6.39 亿元，341 名住房分配不符合条件人员违规享受保障房待遇，出具移送处理书 6 份。（撰稿人：黑相伟）

【安阳市审计局】 2014 年，安阳市审计局人员编制 97 人，在编 97 人。局长李庆祥（—4 月）、郭河山（5 月—），副局长李著亮、郝保旺，总审计师陈永太，纪检组长郭虎山。设有办公室、法规科、财政审计科、金融审计科、行政事业审计科、经贸审计科、农业与资源环保审计科、社会保障审计科、外资运用审计科、信息技术科、人事科、经济责任审计中心、政府投资审计中心、离退休干部工作科，下辖安阳市经济责任审计中心（设综合科、县区审计科、行政事业单位审计科、企业审计科）和安阳市政府投资审计中心（设综合科、审计一科、审计二科、审计三科、审计四科）。

审计成果 安阳市审计局完成审计项目51个，查出各类问题金额369195万元，上缴财政6898万元，审减工程造价924.88万元，为政府增收节支20000万元，挽回损失7693万元，归还原渠道资金1832万元，调账处理金额12405万元。审计经济责任人23人；向有关部门移送审计线索或事项44起，处理责任人46名。向社会公告审计结果12个。审计报告、审计信息被上级批示采纳85篇。

财政审计 完成审计项目7个，查出违规金额104544万元，其中应上缴财政63056万元、应归还原渠道资金1832万元、应调账处理金额12405万元；已上缴财政63389万元、已归还原渠道资金44642万元、已调账处理金额12371万元。出具综合性报告8篇。撰写审计工作信息（专报）14篇，提出审计建议18条，被采纳14条。

金融审计 完成审计项目3个，查出违规金额118000万元；应上缴财政27500万元，已上缴财政10000万元。

行政事业审计 完成审计项目7个，查出违规金额26528.4万元。提交审计报告、决定10篇，审计信息4篇。

经贸审计 完成审计项目6个，查出违规金额28100万元。

农业与资源环保审计 完成审计项目6个，查出违规金额8万元，应归还原渠道资金2万元，应调账处理金额4万元，应自行纠正金额2万元；已归还原渠道资金2万元，已调账处理金额4万元，已自行纠正金额2万元，审减工程造价2.9万元。建议有关部门处理事项1件。

社会保障审计 完成审计项目4个，查出违规金额1150.14万元，上缴财政收入8.9万元。

外资运用审计 完成审计项目5个，其中署定外资审计项目2个、经济责任审计项目3个。查出违规问题金额872万元，提出审计建议18条，被采纳18条。

固定资产投资审计 完成审计项目13个，查出违规金额89993.05万元；已上缴财政1786.27万元，审减工程造价924.88万元。移送纪检监察部门处理事项4件，建议有关部门处理事项16件，提出审计建议45条。

（撰稿人：龚　琳　邓全香）

【鹤壁市审计局】 2014年，鹤壁市审计局人员编制69人，在编66人。局长王志贤（—3月）、李习和（3月—），副局长李路平、高国防、曹崇华，总审计师吴超，纪检组长张华民，享受正县级待遇张保成、蔺玉堂，副调研员储秋宝、杨存旗，享受副县级待遇唐根全。设有办公室、法规科、财政审计科、社会保障审计科、经贸审计科、农业资源审计科、外资审计科、行政事业审计科、固定资产投资审计科、机关党委，还设有计算机审计中心、经济责任审计中心、审计评价中心，市纪委派有纪检监察组。

审计成果 鹤壁市审计机关共完成审计项目（审计调查）123个，查出主要问题金额327281万元，其中违规金额9286万元、管理不规范金额317994万元；损益（收支）不实金额2106万元；审计处理处罚金额6816万元，其中应上缴财政864万元、应归还原渠道资金312万元、应缴纳其他资金31万元、应调账处理金额5607万元；审计发现非金额计量问题113个；审计促进整改落实有关问题金额5242万元，其中增收节支1016万元、已调账处理金额815万元。移送司法机关、纪检监察机关和有关部门处理事项6件。提出审计建议421条，提交审计信息430篇，被批示、采用207篇。实现全市审计机关文明单位全覆盖，鹤壁市审计局连续四届获得全国文明单位称号。

经济责任审计 结合市政府换届实际，强化领导干部经济责任审计，出台《鹤壁市经济责任审计对象分类及项目计划管理办法》。突出领导干部"四权一廉"的同时，持续关注"三公"经费情况、津补贴发放情况、民生资金使用情况、楼堂馆所建设情况。全市审计机关对41名领导干部实施经济责任审计。

固定资产投资审计 全市开展固定资产投资审计和审计调查单位16个，核减工程款1.22亿元。组织实施对市艺术中心、国家镁及镁合金产品质量监督检验中心、S222大海线淇县形盆至上曹段大修工程、市示范性综合实践基地AB区项目等大型工程的竣工决算和拦标价审计。

全国土地出让收支和耕地保护情况审计 抽

调40余名审计人员，组成两个审计组分别赶赴商丘市夏邑和柘城两县开展审计；安排专门人员，负责驻本市审计组的各项协调服务工作，较好地完成任务。

质量管理 深入开展“审计质量提升年”活动，修订完善《审计现场管理办法》《审计整改和审计结论落实督办制度》《审计项目审核复核审理办法》《审计移送处理事项管理办法》等制度，加大审计质量检查，组织优秀审计项目评选，实现省级优秀审计项目零的突破。（撰稿人：李金明）

【新乡市审计局】 2014年，新乡市审计局人员编制69人，在编69人。局长邓京平，副局长牟振斌、周彦斌、李瑞霞（—3月）、孟宪光、贺成运（12月—），总审计师熊睿浩，纪检组长张俊涛，助理调研员赵文中，经济责任审计办公室主任赵晓阳。设有办公室、法制科、财政审计科、金融审计科、行政事业审计科、农业与资源环保审计科、固定资产投资审计科、企业审计科、社会保障审计科、外资运用审计科、经济责任审计办公室、人事科和离退休干部工作科，下设3个派出审计科。

审计成果 新乡市审计机关完成审计项目311个，查出主要问题金额246620万元，其中违规金额58133万元、管理不规范金额188486万元；损益（收支）不实金额11068万元；审计处理处罚金额26893万元，其中应上缴财政11649万元、应减少财政拨款或补贴3478万元、应归还原渠道资金3916万元、应调账处理金额7615万元；审计发现非金额计量问题138个；审计促进整改落实有关问题金额11279万元，其中增收节支5050万元、已调账处理金额6054万元；审计后挽回（避免）损失2697万元。移送司法机关、纪检监察机关和有关部门处理事项2件。出具审计报告和专项审计调查报告305篇，被批示、采用3篇。提出审计建议780条，提交审计信息8篇，被批示、采用4篇。

财政审计 审计查出违规金额18100万元，管理不规范金额47460万元，上缴财政3865万元，推动财政资金合理配置、高效使用，保障积极财政政策贯彻实施，促进规范预算管理，提高财政资金运作的绩效水平。

经济责任审计 全市审计系统完成113名领导干部经济责任审计，其中任中审计62人、离任审计51人，审计查出主要问题金额2.67亿元。市审计局受市委组织部委托，对18名处级领导干部进行经济责任审计。

固定资产投资审计 全市完成政府投资项目竣工结算（决算）审计项目270个，核减工程造价2.14亿元。其中，市审计局先后开展政府重大投资项目竣工结算（决算）审计10个。立足审计中发现的倾向性问题，上报市委、市政府审计要情4篇。

企业审计 组织开展对新乡白鹭化纤集团有限责任公司、新乡投资集团有限公司、新乡文化产业投资有限公司、新乡市中小企业信用担保有限公司等企业进行审计。对企业盈利能力、偿债能力、发展能力三个方面进行测试，进行定量考核，深入剖析重点环节与问题，充分揭示影响企业经济效益的深层次问题和原因，全面评估企业可持续发展的能力，立足宏观视角，对发现的问题进行仔细剖析，为促进国有企业可持续性发展，从体制、机制上提出加强管理的建议，同时为市委、市政府指导国有企业发展提供充分可靠的决策依据。

全国土地出让收支和耕地保护情况审计 组织对全市2011—2013年度土地出让金征收管理使用情况进行审计。通过审计，摸清全市土地出让金底数，发现部分土地出让项目违反程序调整控制规划；违反规定调整容积率、建筑密度、绿化率；违规协议出让土地；违规减免出让金等诸多问题。8月，按照审计署统一部署，市审计局从全市抽调70余人的审计队伍，赴开封市实施土地出让收支和耕地保护情况审计。

信息化建设 推进全市金审工程建设任务，编制新乡市审计局信息化升级建设规划方案，逐步实施省审计厅提出的“136”工程，充分发挥信息化在审计工作中的重要作用。完善硬件环境，完成审计管理系统的国产化升级改造项目及全省视频会商系统。大力应用OA（审计管理系统）和AO（现场审计实施系统）两个系统，在项目中创新计算机审计方法，在实践中锻炼人员的素质。

（撰稿人：李旭日）

【焦作市审计局】 2014年，焦作市审计局人员编制67人，在编62人。局长闫万国，副局长尹柯玲、申文燕、王庆宝、范景致，纪检组长王天富。设有办公室、监督审理科、财政审计科、农业与资源环保审计科、固定资产投资审计科、经贸审计科、社会保障审计科、外资运用审计科、经济责任审计一科、经济责任审计二科、行政事业审计一科、行政事业审计二科、人事科、离退休干部工作科和纪委监察局派驻室（纪检监察室），下设市基本建设工程预决算审计中心。

审计成果 焦作市审计机关共完成审计项目327个，查出违规金额72.29亿元，其中应上缴财政3156万元、应归还原渠道资金1.34亿元、应调账处理金额3.9亿元；已上缴财政637万元、已归还原渠道资金110万元、已调账处理金额1664万元。移送司法机关、纪检监察部门处理事项8件，建议有关部门处理事项10件。提交审计工作报告、信息442篇，被采用57篇。

财政审计 以达到审计全覆盖为目标，在全面审计预算编制和预算执行情况的同时，重点审计政府性基金、政府采购、政府债务、国有资本经营等专项预算执行情况，重点单位的部门预算执行情况，以及会计委派中心政策执行情况、市直预算单位“三公”经费和会议费开支情况等，促进财政规范管理，堵塞财税征管漏洞。

固定资产投资审计 以“十大建设”为重点，以促进项目规范管理和节约政府投资为目标，对新体育中心建设工程进行阶段性跟踪审计，对市口岸物流服务设施项目、市海关监管场所、焦大科研实训楼、市引沁灌区续建配套与节水改造工程、市职业教育中心等7个重大投资建设项目进行竣工决算审计。按照市政府要求对焦作龙源电厂进行审计调查，配合市财政局对林邓线进行评审，共审计建设资金43.45亿元，审减1.16亿元，促进项目的规范管理和顺利实施。

经济责任审计 全市审计机关审计领导干部95人，其中县级36人。查出领导干部负有直接责任的违规问题金额183万元，负主管责任的违规问题金额3.07亿元。焦作市审计局对13名县处级领导干部实施任中经济责任审计。

专项资金审计 对涉及民生的土地整理及土地整治资金、南水北调城区段绿化带建设资金、林业生态市建设资金、科技资金等专项资金，以及新型农村合作医疗资金、就业创业培训资金、住房公积金、食品安全专项经费等民生项目资金开展审计，涉及资金总额34.76亿元。通过审计，发现虚报冒领资金341万元、滞留闲置资金1.87亿元等问题，促进民生政策的贯彻落实和专项资金的安全有效使用。 （撰稿人：喻新军）

【濮阳市审计局】 2014年，濮阳市审计局人员编制94人，在编94人。局长樊相奇（—3月）、李保国（4月—），副局长张正选、鲁付民、林松，总审计师徐中领，纪检组长王万东。设有办公室、人事科、法制科、财政金融审计一科、财政金融审计二科、行政事业审计一科、行政事业审计二科、经贸审计科、农业资源与环保审计科、社会保障审计科、固定资产投资审计一科、固定资产投资审计二科、外资运用审计科、离退休干部工作科、机关党总支、监察室，下辖经济责任审计中心、计算机审计中心、机关后勤服务中心。

审计成果 濮阳市审计机关共完成审计项目400个，查出各类违规金额9.22亿元，通过上缴财政、归还原渠道资金等促进增收节支3.76亿元，促进整改落实有关问题金额5.21亿元。向纪检监察机关和有关部门移交案件线索100件，移送处理165人。提出审计建议1596条，被审计单位采纳1418条，制定整改措施798项。市委、市政府和省审计厅领导先后25次对市审计局工作做出批示，10篇审计专报得到市委书记、市长等主要领导批示。市审计局被审计署授予全国政府性债务审计公务员集体嘉奖；5月，被共青团中央授予全国五四红旗团支部称号；8月，被中国审计报社表彰为全国审计宣传工作先进单位；12月，被人力资源和社会保障部、审计署联合表彰为全国审计机关先进集体。在1月23日召开的全省审计工作会议上，市审计局获得全省2014年度审计工作综合考核第一名，受到省审计厅通报表彰。

财政审计 市本级财政存量资金审计，摸清财政存量资金底数，提出审计整改建议，促进市级财政盘活存量资金1.2亿元。制定加强“三公”经费审计的意见，把会议费和“三公”经费审计作为一项长期任务，持续跟进，严肃查处公款吃喝、公款旅游、公款购买礼品等顶风违纪行为。推动中央重大政策措施落实，开展稳增长促改革调结构惠民生政策措施落实情况跟踪审计。

经济责任审计 全市对38名领导干部开展经济责任审计，查出领导干部负有主管责任金额396万元、负有领导责任金额1.23亿元。

固定资产投资审计 市审计局开展市迎宾馆改建扩建工程等8个项目的竣工决算审计，查出各类违规和管理不规范金额1.12亿元；完成保障性安居工程等3个跟踪审计项目。开展保障性安居工程审计项目，向省监察厅等单位移送案件线索12项，纪检监察机关已对4人给予司法或党纪政纪处分，有关单位归还原渠道资金295余万元，取消保障对象资格或停止享受住房保障待遇121户。

专项资金审计 濮阳市审计局对濮阳县、范县、台前县三县扶贫资金，全市住房公积金，学前教育三年行动计划资金，涉企财政补助资金等7项重点资金进行审计或审计调查，揭示政策落实不到位、资金分配不合理、管理不严格、制度不完善等问题，查出问题金额6.38亿元，及时提出整改建议，有效维护群众利益。

信息化建设 濮阳市计算机审计方法在省审计厅评选中获奖29篇，AO（现场审计实施系统）应用实例在省审计厅评选中获奖45篇。均居全省第一名。濮阳市审计局获得河南省审计系统AO应用实例和计算机方法征集活动优秀组织奖。信息化工作考核取得全省第一名。（撰稿人：吴春耀）

【许昌市审计局】 2014年，许昌市审计局人员编制43人，在岗46人。局长唐群喜，副局长唐学亭（—3月）、孟国强、申宝、朱臣峰（3月—）、方炽、胡宝梅，纪检组长高留彬。设有办公室、法规科、人事科、财政审计科、金融审计科、行政事业审计科、经贸审计科、农业与资源环保审计科、社会保障审计科、固定资产投资审计科、外资应用审计科、经济责任审计办公室，下设许昌市政府投资建设项目审计中心。

审计成果 许昌市审计机关完成审计项目214个，查出主要问题金额1156234万元，其中违规金额144811万元、管理不规范金额1011422万元；损益（收支）不实金额179860万元；审计处理处罚金额479202万元，其中应上缴财政12233万元、应减少财政拨款或补贴11668万元、应归还原渠道资金91416万元、应调账处理金额344800万元；审计发现非金额计量问题384个；审计促进整改落实有关问题金额435917万元，其中增收节支96359万元、已调账处理金额316084万元；审计促进拨付资金到位3816万元；审计后挽回（避免）损失2721万元。移送司法机关、纪检监察机关和有关部门处理事项12件。出具审计报告和专项审计调查报告215篇，被批示、采用3篇。提出审计建议685条，提交审计信息310篇，被批示、采用198篇。向社会公告审计结果13篇。许昌市审计局获得三届全国文明单位，实现全市县级审计机关省级文明单位全覆盖。

财政审计 市本级预算执行情况审计，重点审计财政在民生方面的投入效益等情况，把发现的问题列入台账，进行跟踪督查。审计结果得到市委、市政府主要领导和市人大常委会的重视，批示有关部门和单位整改落实。

专项资金审计 组织全市民生问题和社会热点、难点开展审计项目25个，审计资金33.52亿元。组织全市审计机关开展"四风"突出问题专项审计治理工作，从完善制度、纪律约束、规范程序等方面提出意见建议。

固定资产投资审计 参与制定《许昌市财政投资项目和资金管理办法》，提请许昌市政府出台《进一步加强政府投资建设项目审计监督工作意见》，推动实现审计全覆盖。

经济责任审计 全市审计机关共对70名领导干部实施经济责任审计。联合中共许昌市纪律检查委员会、中共许昌市委组织部等7个局委出台《贯彻落实〈党政主要领导干部和国有企业领导人员经济责任审计规定实施细则〉的意见》。

（撰稿人：焦文秀）

【漯河市审计局】 2014年，漯河市审计局人员编制78人，在编78人。局长陈会伟，副局长刘冠东、史秋学、崔凤罗、李军（兼总审计师），纪检组长蒋伟，调研员李东升、陈银坤，经责办主任屈耀伟，副调研员屈钦宇、张万友。设有办公室、法规科、财政金融审计科、行政事业审计科、经贸审计科、农业与资源环保审计科、社会保障审计科、固定资产投资审计科、外资运用审计科、政府派出机构审计科、经济责任审计办公室、监察室，下设漯河市审计信息中心、漯河市审计服务中心、漯河市政府投资建设项目审计服务中心。

审计成果 漯河市审计机关完成审计及审计调查项目 217 个，查出各类违规违纪金额 80321 万元，其中违规金额 32464 万元、管理不规范金额 47835 万元；审计处理处罚金额 36975 万元，其中应上缴财政 11169 万元、应减少财政拨款或补贴 17341 万元、应归还原渠道资金 7865 万元、应调账处理金额 473 万元；审计发现非金额计量问题 166 个；审计促进整改落实有关问题金额 28342 万元。向纪检监察及有关单位移送案件线索 39 件。出具审计报告和专项审计调查报告 217 篇，被市领导批示 29 篇。审计信息或宣传文章被各级采用 310 多篇，审计建议被有关单位采纳 200 多条。

财政审计 组织对经济技术开发区、市财政局等 11 个市直单位开展预算执行审计。开展舞阳县财政决算审计；临颍县财政决算审计与原县长经济责任审计同步实施。

经济责任审计 全市审计机关共对 88 名领导干部进行经济责任审计。市纪委、市委组织部、市审计局等七部门联合印发《漯河市党政主要领导干部和国有企业领导人员经济责任审计评价及结果运用办法（试行）》。

行政事业审计 完成漯河医专、漯河日报社及市直 9 个初级中学等 15 个单位的财务收支审计。

农业与资源环保审计 完成土地出让收支和耕地保护情况审计。

固定资产投资审计 对沙澧河开发一期工程进行跟踪审计，开展 2014 年城镇保障性安居工程跟踪审计。

社会保障审计 完成养老、失业、医疗等社会保障资金的联网审计。

外资运用审计 配合省审计厅完成河南省利用亚洲开发银行贷款实施的北方旱作农业项目审计、农村能源生态建设项目二期审计。

企业审计 完成市发投公司、市经投公司资产负债损益审计。

专项资金审计 实施财政存量资金、涉企财政补助资金、新增千亿斤粮食生产能力规划项目、就业资金等审计调查。

信息化建设 运用 OA（审计管理系统）进行公文流传，审计项目全部使用 AO（现场审计实施系统）管理。征集和上报计算机审计方法 17 篇，AO 实例 24 篇。（撰稿人：李富宗）

【三门峡市审计局】 2014 年，三门峡市审计局人员编制 58 人，在编 55 人。局长范社民，副局长刘树军、侯功亮、白提高、张楠，调研员尚秀丽。设有办公室、经济责任审计办公室、财政金融审计科、行政事业审计科、社会保障审计科、经贸审计科、农业与资源环保审计科、外资运用审计科、法制科，下设固定资产投资审计中心和审计信息中心。

审计成果 三门峡市审计机关完成审计项目 222 个，查出主要问题金额 845416 万元，其中违规金额 226986 万元、损失浪费金额 100 万元、管理不规范金额 618330 万元；损益（收支）不实金额 47404 万元；审计处理处罚金额 97360 万元，其中应上缴财政 14546 万元、应减少财政拨款或补贴 5647 万元、应归还原渠道资金 7487 万元、应调账处理金额 67004 万元；审计发现非金额计量问题 254 个；审计促进整改落实有关问题金额 130119 万元，其中增收节支 11779 万元、已调账处理金额 43900 万元；审计促进拨付资金到位 1198 万元；审计后挽回（避免）损失 5366 万元。移送司法机关、纪检监察机关和有关部门处理事项 18 件。审计报告和专项审计调查报告被批示、采用 15 篇。提出审计建议 424 条，提交审计信息 429 篇。向社会公告审计结果 39 篇。

财政审计 组织对 27 个财税部门及行政事业单位预算执行情况审计和 26 个县、乡政府决算审计，审计查出违规变更调整预算 71317 万元、未按规定纳入预算管理 8551 万元、未按规定征收缴纳收入 10485 万元、资金滞留闲置 34498 万元、虚列支出 27763 万元、扩大开支范围或提高开支标准列支 58019 万元。

经济责任审计 组织对 63 名领导干部实施审计，查出领导干部负有直接责任问题金额 3615 万元，负主管责任问题金额 401 万元，负领导责任问题金额 66976 万元。

金融审计 对卢氏农村商业银行股份有限公司 2013 年度资产负债损益情况进行审计，查出违规经营 24017 万元、违规出借资金 2703 万元、银行信贷业务违规 21274 万元、财务收支核算不实 566 万元。

农业与资源环保审计 审计署抽调三门峡市审计系统 43 人，对荥阳市、巩义市、新郑市、中牟县和郑东新区土地出让收支和耕地保护情况进行审计。

固定资产投资审计 组织对 54 个投资项目进行审计。对三门峡市 2013 年度城镇保障性安居工程进行跟踪审计，配合省审计厅完成对河南对口支援新疆哈密地区巴里坤县新建二中项目的竣工决算审计。通过审计核减政府投资项目投资额 2.58 亿元。

社会保障审计 对三门峡市 2013 年最低生活保障资金进行审计调查，审计查出将城市低保用于农村低保 50 万元，向不符合条件的人员发放低保 79.33 万元。

外资运用审计 组织对亚洲开发银行贷款河南省高效农业、旱作可持续农业和农村能源生态建设沼气等项目进行审计，及时向省审计厅提交审计报告。

企业审计 组织对三门峡市 2011 年至 2013 年涉企财政补助资金情况进行专项审计调查，审计查出问题金额 2.3 亿元。审计揭示的问题引起三门峡市政府高度重视，市长办公会专题研究部署整改工作。针对发现的问题，三门峡市财政局、市发改委等五部门联合出台《三门峡市财政企业系统涉企专项资金管理办法》。

专项资金审计 组织对卢氏县 2012 年和 2013 年农村义务教育学生营养改善计划进行审计调查，审计查出资金不到位 1427 万元，调查发现存在财务管理不规范、营养餐食谱落实情况缺乏有效监督等问题。

信息化建设 成立三门峡市审计机关第一届数据分析团队。卢氏县审计局和陕县审计局通过省审计厅信息化推进县达标验收。

（撰稿人：武云景）

【南阳市审计局】 2014 年，南阳市审计局人员编制 52 人，在编 52 人。局长杨鸣哲（—5 月）、黄乐（5 月—），副局长方向、余耀伟、鲁德岑、孔雪飞、李冬晓（—6 月）、王匡（6 月—），纪检组长辛琳，副调研员田青、舒建立、胡宏伟、王刚、张清怀。设有办公室、法规科、人事教育科、信息管理科、财政审计科、金融审计科、行政事业审计一科、行政事业审计二科、投资审计一科、投资审计二科、经贸和外资运用审计科、农业与资源环保审计科、社会保障审计科，下辖南阳市经济责任审计局。

审计成果 南阳市审计机关完成审计项目 385 个，查出主要问题金额 1102099 万元，其中违规金额 360406 万元、损失浪费金额 23 万元、管理不规范金额 634086 万元；损益（收支）不实金额 20897 万元；审计处理处罚金额 545995 万元，其中应上缴财政 52154 万元、应减少财政拨款或补贴 9696 万元、应归还原渠道资金 29835 万元、应调账处理金额 454310 万元；审计发现非金额计量问题 396 个；审计促进整改落实有关问题金额 460956 万元，其中增收节支 57316 万元、已调账处理金额 337502 万元；审计后挽回（避免）损失 411 万元。移送司法机关、纪检监察机关和有关部门处理事项 21 件。出具审计报告和专项审计调查报告 383 篇，被批示、采用 12 篇。提出审计建议 1236 条，提交审计信息 357 篇，被批示、采用 28 篇。向社会公告审计结果 47 篇。

财政审计 审计单位 230 个，查出主要问题金额 842152 万元

经济责任审计 审计领导干部 46 人，查出主要问题金额 36132 万元。

社会保障审计 审计单位 1 个，查出主要问题金额 305 万元。

企业审计 审计单位 11 个，查出主要问题金额 149651 万元。（撰稿人：谢 健）

【商丘市审计局】 2014 年，商丘市审计局人员编制 64 人，在岗 67 人。局长姚文生，副局长吕义军、刘艳芳、朱彦强、陈广银，总审计师朱彦强，纪检组长谢颖，经济责任审计局局长刘振营，调研员李思义、陈国立、冯永刚、张永建，副调研员张建新、葛春河、焦海生。设有财政审计科、经贸审计科、固定资产投资审计科、行政

事业审计一科、行政事业审计二科、社会保障审计科、农业与资源环保审计科、金融与外资审计科、经济责任审计局（内设审计一科、审计二科、审计三科）、办公室、法规科、人事科、计算机审计科、监察室，下设商丘市政府投资建设项目审计中心。

审计成果 商丘市审计局共完成审计项目52个，审计促进归还原渠道资金0.4亿元，为市财政增收节支0.6亿元。市本级审计移送案件线索34件，其中1名县处级正职领导干部被行政撤职和党内严重警告处分，3名副县级干部受纪律处分，5名乡科级干部被免职，19人受到刑事和其他人。提出审计建议219条，促进被审计单位完善制度17项。《审计要情专报》15篇被市委、市政府和上级审计机关领导批示。

全国土地出让收支和耕地保护情况审计 按照审计署统一部署，抽调全市审计系统120余人，开展对平顶山市市本级土地出让收支和耕地保护情况的审计工作。审计资金87亿元，查处违规金额18亿元，土地违规面积4000余公顷，上报审计署案件线索2件。

财政审计 市本级开展预算执行审计项目10个，企业资产负债损益审计项目1个，查出预算未足额批复3.6亿元，入库各种税费0.6亿元，增加财政收入1.6亿元，促进制度完善8项。完成对梁园区和睢县财政决算审计，审计增加县（区）级财政收入1352万元，促使财政资金规范管理1.88亿元。

专项审计调查 开展对2011—2013年度全市涉企财政资金的审计调查。审计涉及资金量达12.6亿元，共抽查申领财政资金的企业118个，占总数的20%，为财政增收节支0.6亿元。配合河南省审计厅完成财政存量资金情况的专项审计调查。清查全市财政存量资金，促进存量盘活和结构优化，提高财政资金的使用效益。完成5个河南省审计厅统一组织外资审计项目，5份审计报告全部被省审计厅采用。开展稳增长促改革调结构惠民生政策措施落实情况跟踪审计，审查结果得到省审计厅高度评价。对宁陵县、民权县、柘城县农村义务教育阶段学生营养改善计划实施情况开展审计调查，审计涉及资金6.2亿元。开展对柘城县财政支农资金的审计，针对农田水利建设项目存在的问题，提出3条合理化建议。完成睢县农信社2013年资产、负债、损益审计，共审计资金89.2亿元，其中查出违纪违规金额1.4亿元，提出合理性建议20多条。

固定资产投资审计 对商丘市2013年城镇保障性安居工程进行跟踪审计。根据审计结果，取消143户家庭的保障房资格，促进规范资金管理7135万元，完善制度7项。组织对商丘市中医院综合病房楼工程建设项目竣工决算情况进行审计，审计涉及资金总量为3755万元，审减工程造价409万元。

经济责任审计 完成10个经济责任审计项目，审计发现违规违纪金额约1060万元、管理不规范金额1900万元、损失浪费金额700万元。

（撰稿人：薛　源）

【信阳市审计局】 2014年，信阳市审计局人员编制79人，在编69人。局长杨淑萍，副局长马彦忠、唐阳志、贾作平、万展武，总审计师卢世银，纪检组长孙晓莉，经济责任审计办公室主任赵树高。设有办公室、法规科、人事科、监察室、机关党委、财政金融审计科、行政事业审计科、农业与资源环保审计科、固定资产投资审计科、工商企业审计科、社会保障审计科、外资运用审计科、经济责任审计办公室、派出机构审计办公室，下设审计科研培训中心、投资建设项目审计中心。

审计成果 信阳市审计机关完成审计项目548个，查出主要问题金额71.6亿元，移送案件线索67件，提交审计工作报告、信息892篇。市审计局被人力资源和社会保障部、审计署表彰为全国审计机关先进集体；再次成功创建全国文明单位；被信阳市人民政府记集体二等功；杨淑萍获得河南省劳动模范和先进工作者荣誉称号。

财政审计 组织对市委办、市政府办等17个单位开展本级部门预算执行审计，对平桥区、商城县、罗山县等县区开展财政决算审计，将落实中央八项规定、机构编制管理、存量资金结余、“三公”经费等作为必审内容。向市人大常委会做《2013年度市级预算执行和其他财政收支审计工作报告》，市人大在会议决议中全部采纳审计报告提出的审计建议。

经济责任审计 组织对70多名领导干部实施经济责任审计，查出领导干部负有直接责任的违规问题金额562万元。市审计局对18名县处级主要领导干部开展任期经济责任审计，其中对2名县区委书记和2名县区长开展同步审计。

固定资产投资审计 组织对全市2013年城镇保障性安居工程进行审计，提出加大投资力度、做好保障对象审核基础工作等审计建议。市审计局对信阳职业技术学院新校区、信阳市春晓路新建工程等项目开展竣工决算审计，审计金额2.78亿元，审减金额4175万元。对信阳海关、市污水处理二期等建设项目开展跟踪审计。

专项审计 组织对稳增长调结构促改革惠民生防风险等政策措施落实情况跟踪审计。对周口市土地出让收支和耕地保护情况、全市农村义务教育学生营养改善计划国家试点县实施情况、信阳职业技术学院等30所中等职业学校的助学金和免学费补助资金、2011—2013年度涉企财政资金、财政存量资金等开展专项审计调查，查处存在的问题，提出审计建议，促进规范管理。（撰稿人：王　猛）

【周口市审计局】 2014年，周口市审计局人员编制60人，在岗70人。局长武仲坦，副局长张贵成、翟建伟、马培新、张建伟（12月—），总审计师魏学忠，纪检组长李耀杰。设有办公室、法制科、人事（老干部）科、财政金融审计科、行政事业审计一科、行政事业审计二科、经贸审计科、农林水审计科、固定资产投资审计科、外资运用审计科、社会保障审计科、纪检监察室、经济责任审计办公室和机关党委办公室。

审计成果 周口市审计局完成审计（调查）单位71个，查出主要问题金额28.99亿元，其中应上缴财政1481万元、应归还原渠道资金602万元、应调账处理金额7132万元。提交的审计信息被批示、采用20篇，提出审计建议82条。

财政审计 组织对市本级及15个市直部门的预算执行情况进行审计，市本级公共财政预算收入完成17.98亿元，为年初预算的101%，同比增长13.3%；市本级公共财政预算支出完成40.18亿元，为调整预算的84.6%，同比增长7.2%。市本级政府性基金收入完成13.3亿元，为年初预算的103%，同比下降8%；市本级政府性基金支出完成9.55亿元，为调整预算的67%，同比下降25.2%，存在预算编制不细化、未开展国有资本经营预算、专项资金安排重点不突出、分配不规范、挤占挪用财政专项资金、乱收费等问题，涉及金额10.9亿元，其中违规金额4.97亿元、管理不规范金额5.93亿元。通过审计处理，已上缴财政0.99亿元，已归还原渠道资金1.06亿元。配合省审计厅对全市本级及12家预算单位和1个县本级财政及相关10家预算单位2013年度财政存量资金情况进行专项审计调查，市审计局组织全市审计机关结合2013年度预算执行和其他财政收支审计，对9个县（市、区）同时开展财政存量资金审计调查工作，保证审计监督的全覆盖。

全国土地出让收支和耕地保护情况审计 组织9个县（市、区）审计机关并抽调100名审计人员到许昌市参加审计署组织的土地出让收支和耕地保护情况审计工作。

固定资产投资审计 完成市中心医院新建门诊楼工程等6个重点投资项目审计。6个竣工决算项目共报审资金总额3.82亿元，审减资金总额7480万元，审减率近20%。其中市中心医院新建门诊楼工程共审计工程造价1.66亿元，审减1405万元，审减率8.5%；市博物馆历史文物陈列布展工程送审工程造价1420万元，审减420万元，审减率29.6%；市人民防空指挥工程报审工程造价1.1亿元，审减工程造价3367万元，审减率30.65%。

经济责任审计 全市审计机关根据组织部门委托，组织对66名领导干部实行经济责任审计，查出违纪违规金额12639万元，审计中发现的问题主要是超支招待费、使用不合规票据列支、超标准发放补贴奖金、应计未计固定资产等。修订完善规章制度，制订下发全市经济责任审计工作审计方案。

（撰稿人：周孟教）

【驻马店市审计局】 2014年，驻马店市审计局人员编制48人，在编46人。局长黄庆伟，副局长罗宇威、刘晓东、宋超燕、汪永华、林丽娜，总审计师王文通，纪检组长李焕军，经责局局长黎文春。设有办公室、法制综合科、财税金融审计科、经贸审计科、行政事业审计科、农业与资源环保审计科、固定资产投资审计科、社会保障资金审计科、外资运用审计科、纪检监察室、机关党委、经济责任审计局、审计科研所和计算机审计中心。

审计成果 驻马店市审计局完成审计项目39个，查出主要问题金额1315114万元，其中违规金额91234万元、管理不规范金额1223880万元；损益（收支）不实金额21846万元；审计处理处罚金额128184万元，其中应上缴财政56290万元、应归还原渠道资金28877万元、应调账处理金额42443万元；审计发现非金额计量问题84个；审计促进整改落实有关问题金额122618万元，其中增收节支79601万元、已调账处理金额42443万元。移送司法机关、纪检监察机关和有关部门处理事项4件。出具审计报告和专项审计调查报告35篇，被批示、采用2篇。提出审计建议128条，提交审计信息44篇，被批示、采用110篇。向社会公告审计结果2篇。

财政审计 审计单位37个，延伸审计单位21个，审计查出主要问题金额1214316万元。

经济责任审计 审计领导干部20人，其中任中审计6人，离任审计14人。审计查出主要问题金额388629万元，增收节支10352万元。

金融审计 审计单位2个，审计查出主要问题金额100798万元。

农业与资源环保审计 对市农科院2012年至2013年预算执行财务收支进行审计，查出主要问题金额873.31万元。对2013年市国土资源局预算执行及其他财政收支情况进行审计，查出主要问题金额211508.38万元。

固定资产投资审计 审计发现案件线索12件。

专项资金审计 开展对全市2011年至2013年涉企财政资金管理使用情况的审计调查，涉及企业专项资金2.63亿元。对驿城区、西平县2012年教育费附加征收管理使用情况进行专项审计，查出违规金额3464.70万元。对市本级2012年至2013年农村集体经济组织征地补偿费的拨付、管理和使用情况进行专项审计调查，查出违规违纪和管理不规范金额15.34亿元。

（撰稿人：叶向阳　刘建伟）

【济源市审计局】 2014年，济源市审计局人员编制81人，在编73人。局长卢多璋，副局长王陆平、李建成、樊其程、许梦玲，纪检组长孙恒文。设有办公室、法规科、财政金融审计科、行政事业审计科、农业与资源环保审计科、社会保障审计科、经贸与外资运用审计科、投资审计科，下设经济责任审计局、基本建设审计中心。

审计成果 济源市审计局共开展和完成审计和审计调查项目175个，其中财政财务类项目29个，专项审计类项目17个，经济责任项目2个，政府投资项目127个。审计资金89.5亿元，查出违规和管理不规范金额12.19亿元，通过上缴财政、减少财政拨款或补贴、归还原渠道资金、核减投资额等促进财政增收节支2.18亿元。完成招商引资5000万元。出具移送处理书11份，对29人进行责任追究。出具审计报告、调查报告、专题报告230篇，审计决定书48份。促进相关单位建立健全制度80余项。提交审计要情、审计建议、整改通知书43篇，其中被市领导批示17篇，有关部门采纳20篇。在媒体上刊发各类审计信息160余篇。获得河南省审计机关文明单位创建工作先进单位、河南省审计厅2014年度审计业务工作考核先进单位、中国审计报审计宣传通联工作先进单位、济源市创建全国文明城市工作先进集体、济源市2014年度反腐倡廉先进单位、济源市2014年度干部作风建设评议先进单位等荣誉。

财政审计 查出违规问题金额65791.5万元。市十三届人大十九次会议听取审议并全票通过《关于2013年度市本级预算执行和其他财政收支的审计工作报告》，对报告给予高度评价。

固定资产投资审计 组织对中医院搬迁工程、市公安局办公大楼等竣工决算审计项目18个，小浪底北岸灌区、富士康公租房、职教园区等跟踪审计项目109个。为政府节约投资14876.35万元，其中跟踪审计核减9452.73万元、决算审计核减5423.62万元。针对存在的问题，提出审计建议、要情、整改通知书23份，监督相关部门整改落实，节约财政资金的同时有效防范工程领域违规违纪现象的发生。

经济责任审计 重点关注领导干部按照法定职责和程序行使经济决策权、经济政策执行权、经济管理和监督权以及遵守廉政规定等情况；关注与领导干部履行经济责任有关的管理、决策等活动的经济效益、社会效益和环境效益。受市纪委、市委组织部委托，对陈学军、冯正道2人进行经济责任审计。

专项审计 根据审计署和省审计厅的安排，统筹组织协调，实施对土地出让收支和耕地保护情况、2013年度企业职工基本养老保险基金、城镇保障性安居工程、社会福利彩票基金、农民专业合作社建立投入及效益情况等15项重大民生项目的审计和审计调查。针对审计查出的问题，注重从体制、机制层面分析原因，提出具有可操作性的审计建议，督促整改落实，确保民生资金的规范合理使用，切实维护群众利益。

专项资金审计 组织对全市党政机关奢华浪费建设情况进行专项审计调查；组织开展稳增长促改革调结构惠民生防风险政策贯彻落实情况跟踪审计；对市财政局等5个单位2013年度“三公”经费和会议费支出情况进行专项审计调查。

信息化建设 修订完善《信息化考核管理办法》，将机关公文、审计项目计划、AO（现场审计实施系统）与OA（审计管理系统）交互、AO实例和计算机审计方法的撰写纳入业务科室目标责任书和年终百分考核，完成省审计厅要求的AO实例和计算机审计方法征集、上报工作。加大资金投入，提高审计信息化装备水平，投资完成移动办公系统建设，更新电脑、基建审计软件，向审计人员发放Ukey，提高审计人员在外公出、参加会议、异地审计期间的办公效率。加大审计信息化人才培养力度，先后邀请省审计厅计算机审计中心、中审公司专家开展财政、地税、社保、政府投资联网审计培训工作，选送2人参加省审计厅计算机中级培训。 （撰稿人：李雁河）

2014年河南省所辖区、县（市）级审计工作统计表

金额单位：万元

审计机关	完成审计项目（个）	审计查出主要问题金额	审计处理情况					出具审计报告和审计调查报告（篇）	提出审计建议（条）	提交审计信息（篇）
			审计处理处罚				移送处理事项（件）			
			应上缴财政	应减少财政拨款或补贴	应归还原渠道资金	应调账处理金额				
郑州市										
郑州市本级	75	488773	4308	15802	5790	7654	10	68	121	30
中原区审计局	26	31931	11					27	80	
二七区审计局	58	31078		948				57	156	
管城区审计局	57	47150	2571		49	40788		56	194	
金水区审计局	23	289087	945		1506	33		46	88	
上街区审计局	27	94027	57					26	75	
惠济区审计局	26	104986	161		3265	109		29	93	
巩义市审计局	73	128946	39			1340		73	68	101
荥阳市审计局	39	313067	100		13		1	36	22	
新密市审计局	53	99643	303					64	162	
新郑市审计局	134	116379					7	146	118	
登封市审计局	48	60772	32	8609			2	60	140	
中牟县审计局	55	123431	1425		84735	12207		57	141	

续表

审计机关	完成审计项目(个)	审计查出主要问题金额	审计处理情况					出具审计报告和审计调查报告(篇)	提出审计建议(条)	提交审计信息(篇)
			审计处理处罚				移送处理事项(件)			
			应上缴财政	应减少财政拨款或补贴	应归还原渠道资金	应调账处理金额				
开封市										
开封市本级	75	42404	4158	7278	59655	41912	1	75	99	26
鼓楼区审计局	8	77	18					8	51	18
龙亭区审计局	4	398	2			8		4		
顺河回族区审计局	15	1151	6					15	13	7
禹王台区审计局	18	291	1					18	42	28
金明区审计局	31	6523	53					31	47	
杞县审计局	38	2783	243		94			38		
通许县审计局	47	2179	119	516	23825	5532		47	134	
尉氏县审计局	83	4591	1345		2613	14411	2	83	93	68
开封县审计局	28	174	66		28	273		28		84
兰考县审计局	69	43292	95			158	6	69	130	20
洛阳市										
洛阳市本级	48	785207	3205	1	4178	7166	12	45	140	14
西工区审计局	30	7157	10					30	8	
老城区审计局	9	2716	2711		1	3		9	16	9
瀍河回族区审计局	66	4831						66	12	2
涧西区审计局	20	1361	10	690				18	30	20
吉利区审计局	9	581						8	17	
洛龙区审计局	18	6598						18	38	
高新区审计局										
偃师市审计局	77	67199	621	1490	591	100			122	126
孟津县审计局	63	18605	133					63	221	
新安县审计局	48	20968	167	1335	15	106		45	97	
栾川县审计局	25	36433	37		110			23	36	1
嵩县审计局	29	10855	479	402	217	6154		28	51	
汝阳县审计局	34	25751	7757		2	6895		30	182	
宜阳县审计局	69	53561	36				8	69	16	18
洛宁县审计局	93	15625	154	8	33	172		92	70	1
伊川县审计局	55	372176	111	99	7147	180707	3	55	59	113
平顶山市										
平顶山市本级	64	270357	18149	1270	26581	64900	11	64	186	62

续表

审计机关	完成审计项目（个）	审计查出主要问题金额	审计处理情况					出具审计报告和审计调查报告（篇）	提出审计建议（条）	提交审计信息（篇）
			审计处理处罚				移送处理事项（件）			
			应上缴财政	应减少财政拨款或补贴	应归还原渠道资金	应调账处理金额				
新华区审计局	15	23513	25		155		2	19	40	10
卫东区审计局	18	28392	77			4738		18	36	13
石龙区审计局	15	54803			116			15	45	46
湛河区审计局	43	19662	1819	60		715		32	34	36
舞钢市审计局	71	469651	186		155	56	1	71	129	74
汝州市审计局	72	143168	15255		21	4162	6	80	322	3
宝丰县审计局	168	223492	21				1	168	362	42
叶县审计局	104	27026	148	178		328		104	128	
鲁山县审计局	59	43922	98	127	22325	13349	3	59	56	56
郏县审计局	98	40500	125	630	360	850	6	98	110	90
安阳市										
安阳市本级	51	369195	6898	7693	1832	12405	44	85	150	56
北关区审计局	12	59	1					12	33	2
文峰区审计局	23	2363	8					23	53	2
殷都区审计局	10	6370	1					10	27	10
龙安区审计局	5	1355	4	19	34	678	630		5	14
林州市审计局	106	762	56	17	300	14	4	106	112	64
安阳县审计局	24	1012	181		377	3199	1	24	43	28
汤阴县审计局	31	703	3	18	3075	77		317	102	2
滑县审计局	38	131271						49	102	
内黄县审计局	15	181	5			47		15	42	68
鹤壁市										
鹤壁市本级	37	47861	812		312	5607	10	37	146	194
淇滨区审计局	13	23435	2					13	21	30
鹤山区审计局	7	9428	2					7	32	66
山城区审计局	20	6396	9					20	109	43
浚县审计局	21	103140	20				4	21	72	47
淇县审计局	25	137082	18					25	45	50
新乡市										
新乡市本级	16	42168	1082	793	2174			15	45	4
卫滨区审计局	15	7972	600		216	6908		15	34	
红旗区审计局	22	19445	8					32	80	

续表

审计机关	完成审计项目（个）	审计查出主要问题金额	审计处理情况					出具审计报告和审计调查报告（篇）	提出审计建议（条）	提交审计信息（篇）
			审计处理处罚				移送处理事项（件）			
			应上缴财政	应减少财政拨款或补贴	应归还原渠道资金	应调账处理金额				
凤泉区审计局	50	7072	403	133	750	19		57	38	
牧野区审计局	10	7800	2					9	30	
卫辉市审计局	15	1384	14					13	40	
辉县市审计局	26	43724	111		169	145	2	27	75	
新乡县审计局	20	18100	34					20	69	
获嘉县审计局	48	57246	46			25		27	99	4
原阳县审计局	33	18958	9294	2552	605	515		35	100	
延津县审计局	26	19750	32					25	77	
封丘县审计局	30	2994	17					30	93	
长垣县审计局	88	82400	1162				4			110
焦作市										
焦作市本级	59	897198	2472		73	13115	8	65	147	63
解放区审计局	25	5537	7				1	25	95	
中站区审计局	11	51914	5		13084			11	11	
马村区审计局	10	15622	15			899	4	10	83	22
山阳区审计局	12	19818	11		1	17003	1	12	58	
沁阳市审计局	36	18027	195		53	1411		36	88	
孟州市审计局	35	55046	33			241		35	111	
修武县审计局	56	95175	131					56	137	
博爱县审计局	15	22944	28					15	54	
武陟县审计局	47	104064	137					47	125	24
温县审计局	21	57225	117		219	6301	4	21	61	
濮阳市										
濮阳市本级	60	977871	35036		2125	2686	40	73	211	24
华龙区审计局	51	168842	41				11	52	168	1
清丰县审计局	49	43407	52		20			49	207	
南乐县审计局	53	41012	159		86	2345	10	59	113	1
范县审计局	42	154818	77		1		24	42	132	
台前县审计局	34	60554	63		2	12	10	34	139	
濮阳县审计局	110	147076	186			9136	5	110	623	80
许昌市										
许昌市本级	42	404900	573	9272	7088	25407	8	43	149	24

续表

审计机关	完成审计项目（个）	审计查出主要问题金额	审计处理情况					出具审计报告和审计调查报告（篇）	提出审计建议（条）	提交审计信息（篇）
			审计处理处罚				移送处理事项（件）			
			应上缴财政	应减少财政拨款或补贴	应归还原渠道资金	应调账处理金额				
魏都区审计局	18	19722	5				4	18	56	
禹州市审计局	28	99274						28	18	
长葛市审计局	42	549706	11510	2065	80465	275384		42	174	285
许昌县审计局	17	4213	64		200	37		17	51	1
鄢陵县审计局	36	56265	61	331	3663	34687		36	161	14
襄城县审计局	31	22154	20			9285		31	76	
漯河市										
漯河市本级	79	48790	10926	17341	7850	47	13	79	76	171
郾城区审计局	33	10372	177			241		33	90	75
源汇区审计局	23	1274	21					23		200
召陵区审计局	21	2052	17		14			21	48	23
舞阳县审计局	23	7408	19			15	8	23		26
临颍县审计局	38	10504	9			168		38	107	70
三门峡市										
三门峡市本级	91	486428	4996	5051	335	655	17	91	96	150
湖滨区审计局	16	70226	257	127	6166	63360		16	48	30
义马市审计局	12	381		381				12	34	42
灵宝市审计局	16	71089	3626	43	230	2890	1	16	51	56
渑池县审计局	48	41909	59	175	741	96		48	95	61
陕县审计局	25	34715	1404	26				25	78	68
卢氏县审计局	14	139059	4201		13			14	17	22
南阳市										
南阳市本级	41	417617	28931	27	3976	227831	8	41	66	11
卧龙区审计局	6	350						6	11	31
宛城区审计局	16	45369	175		522	1031	1	16	131	50
邓州市审计局	19	22743	11123	939	9176	58	165	43	86	89
南召县审计局	29	197665	5429		40	8069	1	29	94	8
方城县审计局	60	88135	100		196	7512	2	60	170	23
西峡县审计局	13	16039	59		2	7022		13	4	
镇平县审计局	57	124297	1318	4917	19541	81863	5	57	198	
内乡县审计局	17	16841	357		362	655		17	33	3
淅川县审计局	18	5477						18	66	

续表

审计机关	完成审计项目(个)	审计查出主要问题金额	审计处理情况					出具审计报告和审计调查报告(篇)	提出审计建议(条)	提交审计信息(篇)
			审计处理处罚				移送处理事项(件)			
			应上缴财政	应减少财政拨款或补贴	应归还原渠道资金	应调账处理金额				
社旗县审计局	16	31184	9593		3582	16460		14	35	23
唐河县审计局	52	39135	1582	4635	67	613	2	52	262	73
新野县审计局	37	25821	30		949	14442	1	37	116	93
桐柏县审计局	23	94169	4580	117	598	88812	1	23	50	42
商丘市										
商丘市本级	52	600907	161				34	52	219	176
梁园区审计局	39	55000	62				2	39	124	33
睢阳区审计局	37	107502	48					38	125	80
永城市审计局	47	107509	113				17	55	204	
民权县审计局	47	12785	365	3330	1720	1355		116	142	138
睢县审计局	9	50179	18881		2127	5866		9	25	12
宁陵县审计局	21	13735	767	409		8605			66	20
柘城县审计局	72	9749	169			162		72	225	100
虞城县审计局	19	49154	52		82	39180		19	43	41
夏邑县审计局	27	15421	3752			6796	6	27	85	172
信阳市										
信阳市本级	29	133398	2591	37	11550	681	21	29	54	116
浉河区审计局	41	27969	29		719	364		41	107	70
平桥区审计局	41	23875	179		128			41	134	65
罗山县审计局	32	16649	37		904	403		32	96	88
光山县审计局	51	2363	112	106	603	1254		51	56	80
新县审计局	31	29106	79		13965	136		31	76	56
商城县审计局	31	80625	35		353	38667		31	27	46
固始县审计局	53	49413	5426	9737	3348	4843	2	53	189	8
潢川县审计局	53	7476	88		66			53	163	76
淮滨县审计局	13	5786	19		564	88		13	30	40
息县审计局	16	10963	11				2		32	65
周口市										
周口市本级	71	289857	1481		602	7132	1	71	82	12
川汇区审计局	24	49849	2					24	24	
项城市审计局	28	225709	62					28	75	
扶沟县审计局	19	134603	7		14364			19		

续表

审计机关	完成审计项目(个)	审计查出主要问题金额	审计处理情况					出具审计报告和审计调查报告(篇)	提出审计建议(条)	提交审计信息(篇)
			审计处理处罚				移送处理事项(件)			
			应上缴财政	应减少财政拨款或补贴	应归还原渠道资金	应调账处理金额				
西华县审计局	7	92537	20	29530	62858	36		7	21	
商水县审计局	10	13945	12					10	20	
沈丘县审计局	82	171685	119		22	113		82	57	
郸城县审计局	50	84687	58					50	117	
淮阳县审计局	102	203349	331			3		102	256	
太康县审计局	82	12788	133		85	673	1	82	212	
鹿邑县审计局	67	10445	89		849	385		67	146	
驻马店市										
驻马店市本级	39	1315114	56290		28877	42443	4	39	128	44
驿城区审计局	62	11077	71		220			62	148	17
开发区审计局	18	38770	17					21	59	21
西平县审计局	146	55591	136		2			146	371	
上蔡县审计局	132	51126	267				5	132	498	39
平舆县审计局	41	134774	115	60	64			41	172	18
正阳县审计局	50	42071	101		260	117	3	50	420	21
确山县审计局	39	34175	133		20	6432		39	145	
泌阳县审计局	36	890	96		88	123		36	96	14
汝南县审计局	77	61787	81				2	77	292	5
遂平县审计局	34	126079	61		1575			34	118	

湖北省

【湖北省审计厅】 2014年，湖北省审计厅人员编制161人，在编158人。设有办公室、人事处、综合处、法规处、财政审计处、金融审计处、行政事业审计处、经贸审计处、农业与资源环保审计处、社会保障审计处、固定资产投资审计处、外资运用审计处、机关党委、监察室、离退休干部处、经济责任审计局，另设有派出发展计划及投资审计处、派出经贸审计一处、派出经贸审计二处、派出科教卫审计处、派出政法审计处、派出农林水审计处、派出经济执法审计处、派出新闻出版及文化审计处、派出综合审计一处、派出综合审计二处，还设有厅机关后勤服务中心、计算机审计中心、审计科研所、企事业单位内部审计指导中心、审计干部培训中心。

领导成员

厅　　长：张永祥

副 厅 长：周德刚　杨保平　刘彩霞

　　　　　蔡　伟　焦跃华

总审计师：汤汉琴

纪检组长：冯兴国

经济责任审计局局长：刘永庆

副巡视员：汤昌平（—6月）

　　　　　尹新才　余念祖（8月—）

审计成果　湖北省审计机关完成审计项目5156个，查出主要问题金额2959.35亿元，其中违规金额362.63亿元、损失浪费金额12.41亿元、管理不规范金额2584.32亿元；损益（收支）不实金额228.29亿元；审计处理处罚金额718.02亿元，其中应上缴财政183.06亿元、应减少财政拨款或补贴17.7亿元、应归还原渠道资金182.06亿元、应调账处理金额282.13亿元；审计发现非金额计量问题777891个；审计促进整改落实有关问题金额544.08亿元，其中增收节支264.94亿元、已调账处理金额210.95亿元；审计促进拨付资金到位50亿元；审计后挽回（避免）损失34亿元。移送司法机关、纪检监察机关和有关部门处理事项662件。出具审计报告和专项审计调查报告5174篇，被批示、采用533篇。提出审计建议14062条，提交审计信息9812篇，被批示、采用5417篇。向社会公告审计结果268篇。省审计厅、十堰市、荆门市、鄂州市、孝感市、恩施州、潜江市、麻城市、神农架林区等9个审计机关被评为国家级文明单位；孝感市、崇阳县、恩施市审计局被省委、省政府表彰为湖北省第二届“人民满意的公务员集体”；省审计厅机关共获得全国文明单位、省级最佳文明单位、全省精神文明创建工作先进行业（系统）、全省档案工作先进单位、全省社会管理综合治理优胜单位等各种荣誉27项。

财政审计 组织完成省财政厅及40个省直部门2013年度预算执行审计，以及所属58个二级预算单位“三公”经费和会议费、18个市县2012年至2013年政府性收支管理情况及所属144个部门162个单位2012年至2014年3月的“三公”经费和会议费审计。部门预算执行审计结果表明，省直各部门和单位依法理财意识不断增强，预算管理更加科学，财务收支进一步规范，违纪违规问题明显减少，预算执行情况总体较好。审计揭示预算收入与预算执行结果差异较大、预算编制不够规范、部门预算执行和财务收支违纪违规等问题。政府性收支管理审计结果表明，各地全面落实宏观调控政策，大力推进改革发展，积极加强财源建设，健全持续增长机制，调整优化支出结构，不断加大民生投入，市县财政管理制度逐步完善，财政科学化精细化管理水平不断提升，但仍存在土地及房产相关税收结构不够理想、财政资金存量较大、财政资金出借管理不够严格、国库集中支付改革制度执行不到位等问题。“三公”经费和会议费审计结果表明，各地、各部门认真落实中央八项规定、省委“六条意见”，及时修订完善制度办法，规范“四费”的开支范围标准、审批流程和报销程序，从严控制经费支出，支出明显下降。2013年，各地、各部门四项经费支出6.02亿元，其中“三公”经费4.47亿元、会议费1.55亿元，与2012年相比分别下降19.54%、36.19%。其中省直部门的降幅高于县市区，并首次实现实际支出控制在年度预算范围之内，节约预算资金0.41亿元，占预算总额的18.68%。审计发现仍存在经费支出管理不够严格、公务用车管理不够规范、财务核算不够真实等一些亟待纠正的问题。

稳增长等政策措施落实情况跟踪审计 根据国务院、审计署和省政府的统一部署和要求，组织全省审计机关，对省本级、市、州、县（市、区）各级政府贯彻稳增长促改革调结构惠民生防风险政策措施落实情况的跟踪审计。在跟踪审计过程中，始终抓住政策落实、资金到位、项目实施等重点，突出影响湖北改革发展全局的重大政策事项开展审计，选择铁路建设、农村安全饮水、城市基础设施、高标准农田建设、棚户区改造等项目和财政存量资金、简政放权等政策措施落实情况开展跟踪调查。审计情况表明，全省各地各部门积极贯彻国务院、省委、省政府的决策部署，明确目标任务，把握工作要求，逐项分解任务，强化落实责任，全省落实稳增长促改革调结构惠民生防风险政策措施总体情况较好，但也发现部分项目进展较缓慢、部分资金拨付使用不及时、部分项目地方配套资金未到位等问题。如2014年第三季度，审计75个市县的棚户区改造建设情况，截至2014年9月底，这些市县实际建成的住房仅占当年任务的25%；实际已分配的住房仅占目标任务的50.5%。审计54个市县农村饮水安全工程实施情况，截至2014年9月底，这些市县已解决饮水安全的人口仅占当年任务的46.74%。审计38个市县高标准基本农田新建项目的进展情况，截至2014年9月底，这些市县已建成高标准农田仅占目标任务的43.49%

金融审计 组织完成湖北银行股份有限公司2012年度资产负债损益情况审计，延伸审计3个独立核算的二级单位。在对2011年和2012年信贷数据进行分析的基础上，抽查部分贷款业务，审计查出不良贷款 2.32 亿元、违规放贷 12.06 亿元、贷款风险分类不准确、少反映不良贷款 0.65 亿元等问题金额。

农业与资源环保审计 组织对全省 29 个重点贫困县市 2012 年至 2013 年扶贫资金管理使用情况进行审计，延伸审计和调查 214 个乡镇、405 个村组、1994 家农户及 435 个用款单位和企业。查出各类主要问题金额 1.96 亿元。督促相关部门强化措施、限时整改、严格追责问责，已归还被截留挪用的扶贫资金 1016.77 万元，追回虚报骗取的扶贫资金 1703.58 万元，清退违规收取的各项费用 606.61 万元，有 20 名相关人员被问责。

社会保障审计 组织开展对 30 个市、县 2013 年城乡最低生活保障和医疗救助资金审计。审计揭示部分市县存在挪用低保和医疗救助资金，违规办理低保、少数单位和个人骗取低保资金，政府配套资金不到位、资金结余过大使用效率不高等问题。查出挪用资金主要用于地方政府平衡财政预算、拆迁补偿、发放困难家庭生活补助、福利院维修改造等方面。针对审计发现的问题，依法依规进行处理，并向纪检监察和司法机关移送经济案件线索 10 起，涉案 32 人。组织完成省本级，13 个市、州和 89 个县（市、区）2013 年城镇保障性安居工程投资、建设、分配、运营等情况审计。查出各类违纪违规问题金额 10.72 亿元，督促已追还被挤占挪用资金 0.1 亿元，下拨闲置财政补助资金 7.82 亿元。审计督促主管部门完善保障房监管制度及相关政策规定，经省政府同意，先后出台《湖北省棚户区改造省级融资平台贷款实施办法》和《湖北省棚户区改造项目省级融资平台贷款实施细则》，以规范运用省级融资平台项目贷款和资金使用，防范融资风险，推进全省棚户区改造项目建设。

固定资产投资审计 组织完成恩来高速、保宜高速、谷竹高速、江南高速、陨十高速、黄咸高速、九江连接线、湖北大道和武汉地铁 4 号线二期工程等 9 个交通项目审计。审计金额 281.4 亿元，查出部分项目在工程承发包、投资控制及项目征迁资金管理等方面存在问题，涉及问题金额 45.55 亿元。向纪检监察和司法机关移送经济案件线索 15 件，涉案人员 33 人。完成 6 个政府投资项目审计，审计核减投资额 1.2 亿元，审计揭露出 3 个项目存在基建程序不规范，有的项目招投标程序不合规、非法转分包工程、多计多列工程价款、未执行合同相关条款等突出问题，涉及问题金额 4.61 亿元。完成湖北省支持新疆发展资金和项目跟踪审计及已竣工项目决算审计。查出各类违纪违规问题金额 3664.73 万元；2 个竣工项目决算审计，其中项目报审总投资 3653.82 万元，审减金额 667.85 万元。审计揭示个别工程项目设计未公开招标而采取邀请招标方式，2 个施工单位多计工程价款，建设单位与中标单位违背招投标文件签订建设工程施工合同，已投入使用建设工程未办理工程竣工财务决算等问题。

外资运用审计 组织完成 13 个国外贷援款项目的审计，抽查子项目 81 个，抽查覆盖面达到 94%，审计项目资金总额 361.95 亿元人民币，其中利用外资金额 10.64 亿美元，查出各类违纪违规问题金额 7.9 亿元。审计揭示部分项目依法规按程序办事不够严格，项目主管部门疏于管理，内控制度不够完善；对资金使用跟踪监管缺失，报账审核流于形式，监理验收监管不到位，挤占挪用、滞留截留、虚报冒领现象屡禁不止，资金使用效益难以有效发挥等问题。向检察机关移送案件 1 起。

专项资金审计 组织对利川、麻城等 20 个贫困县（市）2012 年至 2013 年农村义务教育学生营养改善计划（以下称营养餐）专项资金管理使用情况进行审计。重点审计的 20 个县（市）1392 所中小学校营养餐专项资金收入 5.23 亿元，占营养餐补助总额的 69.5%，2013 年秋享受营养餐在校学生 50.22 万人，占实行营养餐学生总数 69.37 万人的 72.4%。从审计情况看，自 2012 年 4 月以来，各地认真贯彻落实国务院办公厅的意见精神，学生营养改善计划顺利实施，逐步改善农村中小学学生营养状况，提高贫困地区农村学生健康水平，受到农村中小学生和家长的普遍欢迎，全省农村义务教育学生营养餐工作取得较好成效。但也发现各地在实施营养餐中还存在配套资金不到位、虚报套取、挤占挪用营养餐资金及管理不规范等问题，涉及金额 0.95 亿元。

专项审计调查 组织对 14 个省直部门及所属的 89 家二级单位使用财政性资金购买中介服务及

其他相关情况进行专项审计调查，延伸抽查66家中介机构（含具有中介职能或性质的事业单位）。审计调查发现，少数部门及单位未制定中介服务选聘管理制度和办法，未经公开招标或执行政府采购程序，以直接指定等方式购买中介服务1.05亿元；少数中介组织未严格执行行业规定，存在出具虚假评估报告、出借资质、转包业务等行为；部分中介机构或社会组织与原行政机关、事业单位及其下属单位脱钩不够彻底。少数中介机构无依据收费、收入不入账、偷漏税款、使用不合规票据列支等方面存在违纪违规问题，涉及问题金额2105.91万元。在空降兵郝店综合训练场住户搬迁安置工作情况专项审计调查中，发现多征与项目建设无关用地56.88亩，增加支出246.74万元，提高建房标准增加投资1576.04万元，配套设施超规划支出206.73万元，未列入规划配套设施新增投资317.94万元，挪用项目资金49.74万元等违纪违规问题。完成省国资委2011至2013年国有资本经营预算（以下简称资本预算）编制和执行情况专项审计调查。审计抽查湖北省宏泰国有资产经营有限责任公司、湖北省交通投资有限公司、湖北能源集团股份有限公司和省直机关脱钩企业托管中心部分托管企业国有收益上交和预算资金使用情况。审计调查情况表明，近年来，省国资委围绕资本预算，在制度建设、收益征缴和资金安排等方面做了大量工作，增强政府对国有经济的调控能力，强化出资企业对国有收益的预算管理意识，为逐步推进和规范资本预算工作发挥积极作用。审计发现省国资委资本预算还存在预算编制不完整不准确、部分企业预算收入未按规定征收到位，涉及金额1.19亿元，部分单位预算支出执行不力及资金使用效益有待提高等情况和问题。

经济责任审计　组织完成全省896名党政领导干部和企事业单位领导人员经济责任审计。查出违纪违规、管理不规范和损失浪费问题金额246亿元，处理上缴财政21.3亿元，追回被挤占挪用和违规借用资金31.8亿元，督促拨付资金29亿元，调账纠正等其他处理资金137亿元；移送经济案件线索72件，涉及被审计领导干部27人、其他人员130人；上报的审计情况被各级党委、政府及相关部门采用和领导批示1320多份（次）；促进建立健全规章制度1270多项。上报的审计情况其中被省委、省政府及相关部门采用和领导批示27份（次）；中央纪委和中央经济责任审计工作部际联席会议办公室向全国分别转发本省强化经济责任审计成果运用工作经验和本省经济责任审计领导机构建设、法制化建设、计划管理、组织实施、结果运用等方面工作经验。提交的《关于我省经济责任审计情况的调研分析报告》被省委办公厅表彰为湖北省优秀调研成果一等奖。

信息化建设　加大联网审计推广力度，扩大审计覆盖面，初步实现动态监测，截至2014年底，全省审计机关共有15个市、州、37个县（市、区）建成财政联网审计系统，2个市、州建成社保联网审计系统；完成湖北省指挥中心的硬件建设，为审计指挥提供基础环境；启动审计云计算平台的建设工作，提升数据处理和存储能力；《审计结果分析系统》正式上线试运行，为快速服务领导决策提供系统支撑。在财政部门预算审计中，采取集中分析方式，初步实现数字化审计；在企事业单位审计中，注重对被审计单位的业务信息系统审计；在保障房、低保及医疗救助金、扶贫资金、全国土地出让收支及耕地保护情况等专项资金审计中，采用大数据审计思维方式，利用第三方数据配比分析审计。为更好地指导和规范审计人员数字化审计操作，先后制定发布《部门预算执行数字化审计操作指南》《财政联网收费系统审计操作指南》《地税征管数字化审计操作指南》《医院收费系统审计操作指南》等4个操作指南，从数据采集、数据整理、数据分析等方面提供具体的操作规范和方法指引。举办计算机审计中级培训班3期，培训人数130人，参加考试225人（含补考人数），通过94人次，截至年底，全省共有350人获得审计署计算机审计中级证书，其中省审计厅通过43人；组织开展1期中级后续培训班，有2人取得高级数据分析师证书；在普及培训和专业培训方面，分别举办2期AO（现场审计实施系统）及OA（审计管理系统）操作的视频培训班和市州、县市2期联网审计培训班。

内部审计　全省内部审计机构4385个，其中专职机构2132个；内部审计人员11882人，其中专职人员5546人。据不完全统计，全省内部审计机构共完成各类审计项目44763个，促进增收节支27.42亿元，提出建议性意见被采纳16146条，建议行政处分562人，实际给予行政处分525人，向司法机关移送案件17件3人。中铁大桥局审计部等10家集体和湖北省邮政公司审计部曾靖宇等9人，被中国内部审计协会分别表彰为2011至2013年全国内部审计先进集体和内部审计先进工作者。（撰稿人：张　俊　吴建中）

【武汉市审计局】　2014年，武汉市审计局人员编制180人，在编167人。局长王清华，副局长易晓、刘东喜、陈华林、田书勤，总审计师蔡松，纪检组长王劲松，巡视员吴学民、田晓讯（—8月），副巡视员杨晓洲。设有办公室、综合处、法制处、财政审计处、金融审计处、行政事业审计处、经贸审计处、农业与资源环保审计处、社会保障审计处、固定资产投资审计处、重点建设项目审计处、外资运用审计处、经济责任审计处、计算机审计处、政治处、机关党委、纪检监察室、派出发展计划及投资审计处、派出经贸审计处、派出科教卫审计处、派出开发区审计处、派出农林水审计处、派出经济执法审计处、派出综合审计处和政府投资项目审计中心。

审计成果　武汉市审计机关共完成审计项目463个，查出主要问题金额681.23亿元。向司法机关、纪检监察和主管部门移送案件线索57件。向各级党委、政府和上级审计机关提交的审计情况和重要信息材料被批示、采用671篇，促进被审计单位建立健全规章制度82项。武汉市审计局连续第三年获得湖北省审计工作量化考核市州第一名和省级最佳文明单位称号，同时获得全省首批法治单位创建活动先进集体。江夏区审计局跻身湖北省审计工作量化考核区级第四名，并被人力资源和社会保障部、审计署授予全国审计机关先进集体称号。武汉市水务局2012年度预算执行和其他财政收支情况审计项目获审计署表彰，全市共有3个项目获湖北省审计厅优秀审计项目一等奖。

财政审计　实现财政审计和部门预算执行审计全覆盖。在对市级财税部门年度必审的同时，将区级财政管理审计周期由5年缩短为3年，确保审计结果的及时性、可比性和连续性。部门预算审计项目由每年20个左右扩大到31个，扫除审计盲区。在项目安排上和审计实施中，加强对各项专项资金的使用与管理以及会议费、“三公”经费、津补贴和民生资金的审计，着重从体制、机制层面揭示预算编制不科学、预算执行不严格等问题产生的原因。审计署、湖北省审计厅以及武汉市领导充分肯定武汉市审计局有关财政审计的积极探索。

经济责任审计　全市审计机关对148名党政领导干部、国有企业领导人员进行审计。查出相关领导干部负有直接责任的问题金额0.13亿元，负有主管责任和领导责任的问题金额2.9亿元。对江夏区原区长经济责任审计中，在湖北省首次实施领导干部自然资源资产离任审计，取得阶段性成果，受到湖北省审计厅领导的肯定。

农业与资源环保审计　围绕“三农”与“两型社会”建设，探索大都市农业审计和环保绩效审计调查路子，促进生态文明建设和强农惠农政策落实。在红安县、团风县2012年至2013年扶贫资金管理使用及项目实施情况审计中，查处违纪违规问题金额1409万元，移送案件线索24件，促使当地政府出台相关制度文件10项，有效规范扶贫资金管理使用。武汉市城市生活垃圾处理情况（绩效）审计调查从生活垃圾分类、处理规划、系统布局实施、项目建设投入、项目运营、垃圾处理费征收管理使用等方面反映武汉市生活垃圾处理总体情况，对项目经济、社会和环境效益进行分析，揭示存在的问题，引起市领导和被审计单位的高度重视，市领导专门做出批示。

固定资产投资审计　探索“以政府审计为主导、内部审计为辅助、社会审计为基础”的重大政府投资项目“三位一体”审计模式，初步实现政府投资审计有重点的全覆盖。组织对武嘉高速和轨道交通三号线、三环线南北段和徐东大街竣工决算等23个政府投资项目审计，跟踪审计机场二通道、园博园、阳逻港区三作业区一期等45个政府投资重点建设项目，审计资金达730亿元。摸清市级政府投资项目基本情况，提出实现政府投资审计全覆盖的总体目标和工作思路，实现路径和资源配置模式，受到武汉市政府、湖北省审计厅的充分肯定。

企业审计　围绕加快产业转型升级，推进工业倍增计划，加强对工业园区和国有企业审计。审计中以“三重一大”决策程序为重点，注重揭示企业经营管理中存在的突出问题和风险。组织开展工业倍增发展园区建设运营及管理专项审计调查、市属10户国有出资企业2012年至2013年专项审计调查、武汉市地产集团2013年资产负债损益等项目的审计。审计和调查结果反映园区建设和企业经营管理中，存在土地供应紧张的同时部分已供地闲置，以及部分企业对外投资监管不到位，资产处置未严格执行国家有关规定，致使国有权益面临损失等问题。

开发区审计 围绕体制机制创新，根据开发区和功能区的定位特点，转变审计方式方法，取得明显实效。审计侧重于东湖高新区对高新企业和小微企业发放的财政专项资金管理使用、武汉经济技术开发区财政运行机制和招商引资、东湖风景区环境保护、中央商务区基本建设程序和资金等方面，着眼于招商引资政策的合理性和规范性，以及国有资本在产业引导中的资金安全和保值增值情况，揭示专项资金分配和使用、土地利用和基础设施建设中存在的问题。合理界定开发区先行先试与违纪违规的界线，向纪检监察、司法机关移送案件线索3件。

社会保障审计 重视社会保障作为经济社会发展"安全网"和"稳定器"的重要作用，扎实开展社会保障审计工作。组织实施2013年城镇保障性安居工程跟踪审计、市就业专项资金审计管理和绩效审计调查、市公办中小学2013年度教育收费情况、市社会福利院综合大楼、市妇女儿童医疗保健中心综合业务楼和后湖公租房等审计项目。其中，城镇保障性安居工程采取市、区审计机关上下联动、同步实施的审计方式，对保障性住房项目建设情况、资金筹集和使用管理情况、住房分配和后期运营情况等关键环节进行连续系统的跟踪检查，查出管理不规范金额10232万元。促成市政府出台《武汉市人民政府关于进一步加强公共租赁住房管理的通知》等规范性文件。

绩效审计 利用"绩效审计深化年"契机，关注资金投向、权责履行、目标实现情况和效益，加强财政资金的绩效审计和评估，促进政府职能转变，改善政府服务质量，提升政府管理绩效。组织实施12个独立型绩效审计项目，涉及市级基本建设资金、人防异地建设费、市属大专院校科研经费等多项财政资金，以及国有企业经营、政府重点投资项目、城市生活垃圾处理等多个领域，并首次提交《武汉市审计局2014年度绩效审计工作报告》。审计结果反映部分项目运行效能偏低，部分财政专项资金监管不到位，重申报、轻管理，重使用、轻效益，个别项目重复申报、虚假申报等问题，引起市领导高度重视，多次做出重要批示。

信息化建设 加强顶层设计，大力推进数据中心、联网审计系统、审计管理系统建设。构建审计数据的分布式并行存储系统，逐步集成重点行业动态审计监测系统和审计应用程序，推进具有不同行业类型数据智能查询、挖掘分析和高效共享功能的数字化审计工程建设。地税联网审计系统已投入运行；财政联网审计系统平台和部门预算执行审计数据库系统正在调试，通过推进财政、投资、社保等行业审计的数据规范化和数据积累，力争实现跨类别、跨行业、跨部门的数据关联分析，创新审计方法，向数字化审计方式转变。《业务大数据采集处理的"取"与"还"》等十多篇研究文章获湖北省审计机关优秀调研成果奖项或被国家核心刊物采用。

（撰稿人：孙 昊 安 昌）

【黄石市审计局】 2014年，黄石市审计局人员编制52人，在编52人。局长刘文水（—2月）、周志祥（2月—），副局长吴有祥、潘宪章、夏明省、徐锦坤、翁世成，总审计师毛鹏程，纪检组长李沈。设有办公室、政工科、综合科、法制科、监察室、财政金融审计科、行政事业审计科、经贸审计科、农业与资源环保审计科、外资运用审计科、社会保障审计科、信息化审计科、市经济责任审计局、政府投资审计中心、经济技术开发区审计分局。

审计成果 黄石市审计机关完成审计项目287个，查出主要问题金额69.42亿元，其中违规金额0.49亿元、管理不规范金额68.93亿元；损益（收支）不实金额14.25亿元；审计处理处罚金额3.61亿元，其中应上缴财政749万元、应减少财政拨款或补贴2.87亿元、应归还原渠道资金0.67亿元、应调账处理金额37万元；审计发现非金额计量问题259个；审计促进整改落实有关问题金额2.95亿元，其中增收节支2.9亿元、已调账处理金额 63 万元；审计促进拨付资金到位 0.77 亿元；挽回（避免）损失 1.31 亿元。移送司法机关、纪检监察机关和有关部门处理事项 41 件。出具审计报告和专项审计调查报告 287 篇，被批示、采用 34 篇。提出审计建议 732 条，提交审计信息 635 篇，被批示、采用 536 篇。向社会公告审计结果 7 篇。

财政审计 围绕提高预算执行审计工作质量，把涉及地方经济社会发展、群众关注、领导关心的重点资金、重点领域和重点部门全部纳入审计视野，加强对财政存量资金、政府性债务、20 家行政事业单位资产出租、部分村级财务管理等方面的审计和分析，更加注重从机制体制发现问题，助推完善政府治理。2014 年市本级预算执行审计工作报告在人大获全票通过，得到委员们的充分肯定。市委书记、市人大常委会主任做出重要的批示。

经济责任审计 共对 26 名党政领导干部经济责任进行审计，查出各种决策违纪违规、管理不规范问题金额 12.58 亿元，按承担责任划分：领导干部应负直接责任金额 1.57 亿元，应负主管责任金额 6.04 亿元，应负领导责任金额 4.97 亿元。依据《湖北省领导干部经济责任问责暂行办法》，首次启动问责程序，共对经济责任审计中涉及的 37 名履职不力干部，进行严肃问责。《黄石掀起审计风暴 37 名干部履职不力被问责》分别被人民网、新华网、湖北日报、省政府网等多种载体采用，发挥经济责任审计的警示作用。

农业与资源环保审计 开展麻城和罗田扶贫专项资金、荆州土地出让收支和耕地保护情况审计等土地资金和项目审计。审计查处违纪问题金额 4467 万元，其中收缴资金 508 万元，追回资金 576 万元；检察机关移送案件线索 12 件，立案查处 1 人。

固定资产投资审计 对全市投资建设项目实行全备案和审计全覆盖。全年审计政府投资额 14.83 亿元，审减工程造价 2.02 亿元。如黄金山高中建设工程项目报审投资额 4.84 亿元，经审计，工程实际投资额为 3.83 亿元，审减 1.01 亿元，审减率 20.85%；移送案件线索 2 件，2 名县级干部被查处；纠正项目建设中存在的合同管理不规范、现场管理不到位、材料价格签证不及时、不明确及财务管理不规范等问题。

社会保障审计 对黄石市保障性安居工程、新港物流园区拆迁补偿资金、黄石二中等 6 所学校财务收支情况、部分医院财务收支情况审计，直接回应群众对征地补偿、教育医疗方面的关切。其中保障性安居工程审计成果被省审计厅汇总采用 4 次，并在审计署审计结果公告采用 2 例；新港物流园区审计，对少数村干部和拆迁工作人员涉嫌以权谋私，侵占国家和集体资产的问题，按规定移送纪检、检察机关立案 3 人；在 6 所学校审计中发现违规收费、滥补乱发、违规招生、无依据减免等违规资金 2000 万元。市教育局高度重视审计报告和审计建议，出台《加强全市教育系统资金管理的办法》，对规范办学行为和资金管理起到促进作用。

外资运用审计 开展黄石市亚洲开发银行水污染治理专项审计，在审计中发现存在项目建设实施前期论证不充分、建设管理滞后、进展缓慢等问题，督促市利用亚洲开发银行贷款项目管理办公室实施组织咨询机构进一步论证，协调沟通项目调整，更新采购计划等整改措施，进一步理顺管理流程，保障水污染治理工作顺利进行。

企业审计 完成三环锻压公司退城入园、公交集团通运旅行社资产负债情况审计与调查，审计揭示矛盾，关注企业规范化管理，进一步保障企业健康稳步发展。

专项资金审计 围绕省、市委及政府工作部署与要求，完成交办的万达广场地块征收成本核定、开发区“两镇一区”托管资产清理、城市绿化项目、稳增长促改革调结构惠民生政策落实情况等事关黄石改革发展稳定的重点审计和调查项目。通过审计摸清“底数”，揭示矛盾，提出建议，先后被市委、市政府和市纪委领导批示审计情况 34 次，为市委、市政府科学决策，促进“生态立市、产业强市”建设提供真实可信的依据。

（撰稿人：纪俊锋）

【十堰市审计局】 2014 年，十堰市审计局人员编制 117 人，在编 87 人。局长陈勇，副局长金华、祁国凯、陆高明、叶大余，总审计师李坚，纪检组长何仁权，经济责任审计局局长王祖秀（1 月—）。设有办公室、人事科、综合科、纪检监察室、法规科、财务科、机关党委办公室、财政审计科、行政事业审计科、农业与资源环保审计科、金融审计科、外资运用审计科、经贸审计科、社会保障和固定资产投资审计科、离退休干部科、经济开发区审计分局、经贸审计办事处、科技教育审计办事处、综合审计办事处、文化卫生审计办事处、经济执法审计办事处、政法审计办事处、计划投资审计办事处、农林水审计办事处，另设有市经济责任审计局、市固定资产投资审计局、市社会保障审计局、市审计计算机中心、市审计培训中心、市企事业单位内部审计指导。

审计成果 十堰市审计机关完成审计项目331个，查出主要问题金额87.61亿元，其中违规金额5.76亿元、管理不规范金额64.45亿元；损益（收支）不实金额13.95亿元；审计处理处罚金额31.62亿元，其中应上缴财政5.76亿元、应减少财政拨款或补贴0.49亿元、应归还原渠道资金5.57亿元、应调账处理金额19.81亿元；审计发现非金额计量问题5526个；审计促进整改落实有关问题金额31.44亿元，其中增收节支9.97亿元、已调账处理金额15.32亿元；审计促进拨付资金到位5400万元；审计后挽回（避免）损失1.5亿元。移送司法机关、纪检监察机关和有关部门处理事项132件。出具审计报告和专项审计调查报告331篇，被批示、采用294篇。提出审计建议801条，提交审计信息379篇，被批示、采用294篇。向社会公告审计结果29篇。市审计局先后荣获全国审计机关先进集体、全省最佳文明单位、湖北省首批法治创建先进单位等市级以上荣誉23项，通过全国文明单位国家级层面复核。

财政审计 组织对市县本级财政和213家单位预算执行及财务收支情况进行审计，完成荆门市财政管理资金、房县土地出让收支和耕地保护情况审计。通过审计发现财政资金存量大、盘活力度不够、专项资金项目分配零散，以及部分地方、单位存在楼堂馆所超标准建设、“三公”经费使用不规范等问题。财政预算执行及其他财务收支审计工作报告得到人大委员的充分肯定。

农业与资源环保审计 完成农村义务教育学生营养改善计划专项资金审计、土地出让收支与耕地保护情况交叉审计、全市水污染防治项目审计，在对十堰市竹山县、房县、竹溪县、郧西县、郧县、丹江口市的2012年至2013年农村义务教育学生营养改善计划专项资金审计中，查出挤占专项资金、虚列成本、地方财政配套不到位等问题。参加全国土地出让收支与耕地保护审计，对咸宁市2008年至2013年的土地征收、储备、供应和整治情况，土地出让金的征收、管理和使用情况，耕地保护和土地执法情况等进行审计，审计结果情况获得上级审计机关好评。

固定资产投资审计 完成发展大道、工业新区B园二期、第三水厂、林荫大道2号线、火车站北广场及延长线等80个市政重点项目进行跟踪或决算审计，涉及投资金额101.41亿元，为政府节约建设资金2.9亿元。

社会保障审计 组织完成市直保障性安居工程，咸丰、宣恩两县扶贫资金，红安农村学生营养餐专项资金，张湾区、茅箭区低保救助资金和中介机构清理调查等8个涉及民生资金和项目审计。通过对保障性安居工程跟踪审计，发现低价享受实物配租或领取廉租补贴、部分拥有轿车和多台营运性车辆的人获得购买经济适用房资格等问题；对张湾区、茅箭区低保和救助资金审计，查出虚假办保和重复保、人情保等问题，引起市领导高度关注，市政府专门召开会议对相关问题进行督促整改。

经济责任审计 共组织对19名领导干部经济责任审计，配合市纪委对2013年度接受县市委书记、县市长同步经济责任审计的丹江口市、竹溪县查出问题进行严肃问责，38名党员领导干部被追责。

信息化建设 进一步加大计算机审计力度，针对不同专业特点，巧用查询分析、趋势分析、关联分析、数据挖掘等技术方法进行突破，通过跨行业、跨部门数据对比分析，挖掘隐藏的深层次问题，实现了审计效率大幅提升。在对17个项目的数据分析中，提交疑点线索51个，涉及问题金额3 000多万元。制定了《审计组提交电子数据格式规范》，建成了数据积累数据中心，为大数据审计分析奠定了基础。

内部审计 全市内部审计机构共完成审计项目823个，审计总金额19.73亿元，移送案件线索7件，提出审计建议被采纳1356条。

（撰稿人：龚　勇）

【宜昌市审计局】 2014年，宜昌市审计局人员编制79人，在编78人。局长杜伟，副局长方正国、李德信、潘兴华、金勇，总审计师张宜平，纪检组长刘玉清，市经济责任审计局局长宋银教。设有办公室、人事科（机关党委与其合署办公）、综合审理科、纪检监察室、审计执行督查科、财政审计科、金融外资运用审计科、行政事业审计科、社会保障审计科、经贸审计科、农业与资源环保审计科、固定资产投资审计科（加挂市政府投资审计局）、市经济责任审计局（内设办公室、审计一科、审计二科、审计三科）。

审计成果 宜昌市审计机关共完成审计项目614个，审计查出主要问题金额201.99亿元，其中应上缴财政33.71亿元、应减少财政拨款或补贴0.84亿元、应归还原渠道资金35.86亿元、应调账处理60.43亿元；已上缴财政26.51亿元、已减少财政拨款或补贴0.83亿元、已归还原渠道资金23.30亿元、已调账处理金额46.4亿元。全市审计机关移送司法机关、纪检监察部门处理事项31件。出具审计报告614篇、被批示、采用145篇。提出审计建议1811条，提交审计信息855篇，被批示、采用479篇。向社会公告审计结果53篇。

财政审计 依托审计数据分析平台，充分利用信息化手段，全面跟踪预算编制、执行、调整、决算各个环节，加强对财政支出和税收结构的解剖分析，摸清结余结转等财政存量资金规模以及专项资金分配、使用情况。完成市商务局等10个市直部门预算执行审计，并对78个预算安排项目执行情况进行延伸审计。审计分析了项目资金结余结转的主要原因及资金使用绩效。

固定资产投资审计 完成新区建设项目跟踪审计30个，项目总投资额221.19亿元，审计查出各类问题191个，主要问题金额1.62亿元，审计处理处罚调账金额0.61亿元。提出建议77条，被采纳43条。制定《宜昌市审计局投资建设项目跟踪审计办法》，进一步加强投资审计制度建设。

经济责任审计 全市对85名领导干部进行经济责任审计，查出各类违纪违规问题金额5.48亿元。移送纪检检察机关案件线索6件，12人被移送司法、纪检监察机关处理。

专项资金审计 完成来凤县、鹤峰县扶贫资金，利川市政府性收支管理，建始县农村义务教育学生营养改善计划专项资金，2010年以来全市使用财政性、国有资金支付中介业务费用情况，援疆项目及资金，利用外资公证，十堰市及下属丹江口、郧县土地出让收支和耕地保护，宜昌市稳增长促改革调结构惠民生政策措施落实情况跟踪审计等15项审计任务。审计情况表明，土地出让收支和耕地保护审计，充分发挥交叉审计独立性，审计结果得到省审计厅领导的高度评价；扶贫资金审计查出少数民营企业和培训机构弄虚作假套取侵占农业补贴和培训资金，私设“小金库”等重大经济案件线索，向检察机关和纪检监察机关移送案件线索22件；利川市政府性收支管理审计充分利用信息化手段开展工作，查出虚增财政收入、支出结构不够合理、国库集中支付制度执行不到位，以及少数预算单位、培训机构、企业，挤占挪用、虚报套取财政专项资金等方面的问题，向省审计厅上报案件线索10件。

质量管理 强化网上审计审理，加强实质性节点控制，实现审计一线和审理制约的有机对接，为促进审计规范化建设提供有力保障。完善审计移送协作机制，对近三年9起审计移送事项进行清理统计，向省审计厅报送审计移送情况分析报告。推动审计争先创优，组织开展全市优秀审计项目评比、审计案例编报评选、审计法制征文等一系列活动，切实把审计业务建设抓到实处抓出成效。

信息化建设 狠抓人才技术储备，以审计署计算机中级培训为抓手，带动提升审计人员计算机应用能力和水平。建立审计数据资料存储管理中心，集中全局技术力量，采集全市75个一级预算部门、246个二级预算单位近3年财务及业务数据，初步建立起审计数据资料存储管理中心。市级财政联网审计系统正式启动，已完成财政联网前置服务器和审计数据转换服务器的安装，建立数据传输通道和机制，为全面实施市级财政联网审计奠定基础。

（撰稿人：章　卉）

【襄阳市审计局】 2014年，襄阳市审计局人员编制110人，在编101人。局长尚显强，副局长孙全华（7月—）、胡国志、汪家刚、王洪波

(7月—)，总审计师潘武森（7月—)、孙全华(—7月)。设有办公室、综合科、法规执行科、审理科、信息化建设科、财政金融审计科、行政事业审计科、经贸审计科、农业和资源环保审计科、社会保障审计科、外资运用审计科、人事监察科，另设有市经济责任审计局、市政府投资审计局。

审计成果　襄阳市审计机关完成审计项目377个，查出主要问题金额148.51亿元，其中违规金额46.56亿元、损失浪费金额1.22亿元、管理不规范金额100.73亿元；损益（收支）不实金额8.68亿元；审计处理处罚金额62.46亿元，其中应上缴财政5.79亿元、应减少财政拨款或补贴9187万元、应归还原渠道资金28.99亿元、应调账处理金额24.48亿元；审计发现非金额计量问题159个；审计促进整改落实有关问题金额62.33亿元，其中增收节支35.27亿元、已调账处理金额23.88亿元；审计促进拨付资金到位914万元；审计后挽回（避免）损失4456万元。移送司法机关、纪检监察机关和有关部门处理事项38件。出具审计报告和专项审计调查报告377篇，被批示、采用81篇。提出审计建议665条，提交审计信息882篇，被批示、采用502篇。向社会公告审计结果3篇。

财政审计　在对市本级财政预算执行审计中，查出近6亿元财政收支事项列报不规范、11.9亿元专项资金分配拨付不及时、往来资金清理不到位等4个方面的问题。对市直19个部门及其所属83个二级单位预算执行情况进行全覆盖审计，查出62个单位超预算收支、15个单位收支核算不真实、会议费支出管理不规范、滥发钱物和公款旅游等问题。

经济责任审计　组织完成99名党政领导干部经济责任审计，查出各类违纪违规问题金额2.13亿元，向纪检机关移送案件线索5起，已有4人被追究刑事、行政责任。

企业审计　组织完成中房集团襄阳房地产开发有限公司等重点企业的资产负债损益审计，查出中房集团襄阳公司潜在亏损约1.3亿元，原主要负责人已经被调查处理。

专项资金审计　在实施房县扶贫专项资金审计中，发现各类违纪违规问题金额0.27亿元，向纪检监察机关移交案件6起，7人受到党纪政纪处分。完成保障性安居工程跟踪审计，发现项目建设程序和管理手续不够完备、设计未公开招标等问题，涉及问题金额0.18亿元；项目征迁补偿户数不实、高估补偿金额0.17亿元；违规享受廉租住房补贴、违规享受实物配租涉及金额105.39万元。完成住房公积金审计，发现违规发放贷款0.65亿元，贷款逾期未全部还清金额29.34万元，管理费及廉租住房补充资金未及时上缴财政金额1.07亿元。在实施全市城乡低保资金和医疗救助资金审计中，发现不符合条件6280人领取城乡低保金1587万元，不符合政策的五保供养对象5234人享受城乡低保1332万元等方面的问题。经各级政府部门积极整改，停保和取消资格9028人，对涉嫌违规立案审查2人。

固定资产投资审计　落实政府投资项目“全过程、全覆盖”审计。审减各类工程造价、节约政府投资47.52亿元，其中市本级完成政府投资审计项目2054个，报审180.63亿元，审计认定144.25亿元，审减35.18亿元，审减率19.47%。

外资运用审计　组织完成日元贷款襄樊学院人才培养和教育项目经费使用情况、枣阳市2013年新增日元贷款植树造林项目、世界银行贷款汉江流域水污染防治项目2013年财务收支及项目执行情况、世界银行贷款襄阳城市交通建设项目等审计项目。

行政事业审计　组织对郧县2012年至2013年农村义务教育学生营养改善计划专项资金审计。审计发现县级配套资金不能到位、多领报营养餐补助资金、挤占挪用食堂营养餐资金等问题，涉及资金461.98万元。

信息化建设　全市18人通过审计署计算机中级考试；住房公积金联网审计系统投入运行，实现住房公积金业务的联网跟踪、实时监控；完成财政、地税、社保、公积金四大行业数据库建设，初步建立数据分析平台；计算机审计理论研究工作成绩显著，2篇论文在审计署获奖或被收录，3个AO（现场审计实施系统）实例被审计署采用。

（撰稿人：张　俊）

【鄂州市审计局】　2014年，鄂州市审计局共有干部职工53人。局长肖运香，副局长李向平、何贤江，总审计师柯金龙，纪检组长李志鹏，经济责任审计局局长周锦文。设有办公室、监察室、综合信息科、法规科、财政金融审计科、行政事业审计科、农业与资源环保审计科、经贸审计科、社会保障审计科，另设有经济责任审计局、政府投资审计局和派出审计一科、二科、三科、四科，其中经济责任审计局设有党政领导干部经济责任审计科和企业领导人员经济责任审计科。

审计成果 鄂州市审计机关完成审计项目136个，查处违规问题金额29.16亿元，其中应上缴财政2.18亿元、应减少财政拨款或补贴1.04亿元、应归还原渠道资金3.8亿元、应调账处理金额17.27亿元；已上缴财政2.18亿元、已减少财政拨款或补贴1.04亿元、已归还原渠道资金3.8亿元、已调账处理金额17.27亿元。移送司法机关、纪检监察部门处理事项9件。提交审计工作报告、信息252篇，被采用212篇次。连续三届蝉联全国文明单位，获得全省最佳文明单位、全省“三万”先进工作组、全市最佳文明单位、全市目标考核绩效评估先进单位、全市社会综合治理优胜单位和全市综合实绩考核优秀领导班子等10余项荣誉表彰。

财政审计 组织对2013年度市本级财政预算执行和其他财政收支审计，促进纠正和规范违纪违规问题金额10.06亿元，其中促进财政增收节支3.33亿元、上缴财政0.19亿元、归还原渠道资金2.39亿元，相关单位采纳审计建议制定整改措施16项。市财政局、市审计局针对市直预算单位中存在执行现金管理制度严格的问题，联合印发《关于加大财政直接支付力度及加强单位备用金监管的通知》，切实强化对财政直接支付和单位备用金的监管。

固定资产投资审计 完成政府投资审计项目360个，审计资金总额18.26亿元，为政府节省投资2.58亿元。其中预算审计项目211个，送审金额11.33亿元，审减预算投资总额0.96亿元；决（结）算审计项目117个，送审金额4.9亿元，审减结算资金0.95亿元；专项审计调查项目13个，审计调查金额1.45亿元，审减投资0.56亿元；征收补偿项目19个，核减0.11亿元。

经济责任审计 完成市统计局、市旅游局等22家单位的28名领导干部任期经济责任审计，查处问题金额1.81亿元。对上年度实施的17个单位21名领导干部经济责任审计查出的问题进行定责，从严追责，对其中19名领导干部给予通报批评和责令书面检查，对14名领导干部实行诫勉谈话；对2例问题予以立案调查，2例共性问题向上追究相关主管部门领导责任。市经济责任审计工作领导小组办公室制定出台《鄂州市党政领导干部离任经济事项交接办法》《鄂州市本级经济责任审计对象分类及项目计划管理办法》《鄂州市经济责任审计评价办法》和《鄂州市本级经济责任审计结果整改和督查办法》。

专项资金审计 完成市委、市政府临时交办的审计调查项目10个。其中，通过连续三年对全市城乡最低生活保障资金进行专项审计，促进完善全市社会救助信息系统，使城镇低保、农村低保、五保供养三库数据互通，实现及时、在线比对，杜绝了重复享受低保，促使累计核销不符合条件的低保对象2102人；对市直4家公立医院自取消药品加成后的财务收支情况、医保基金补偿情况等开展审计调查的专题报告，受到市主要领导和相关部门的充分肯定，并做出重要批示。市卫计委等主管部门完善加强公立医院财务管理长效机制，4家医院分别制定相应的考核办法和激励制度，市医保和财政部门确立医保基金补偿机制，保证公立医院正常运营；对市直31家部门（单位）“三公”经费和会议费的跟踪审计调查表明，2014年上半年“三公”经费和会议费较上年同期呈明显下降态势，各项费用支出得到有效控制，中央八项规定和《党政机关厉行节约反对浪费条例》得到贯彻落实。 （撰稿人：周红兵）

【荆门市审计局】 2014年，荆门市审计局人员编制66人，在编66人。局长丁岱（—1月）、陈芝凤（1月—），副局长祝军（—11月）、刘海泉、张汉城、刘洪斌，总审计师周军，纪检组长吴玉金，调研员肖正兰、祝军（11月—），副调研员吴波鄰。设有办公室、综合科、信息化建设科、法规审理科、财政审计科、行政事业审计科、社保审计科、金融外资审计科、经贸审计科、农业与资源环保审计科、人事科、监察室、内部审计指导科、机关总支，另设经济责任审计局和固定资产投资审计分局、后勤服务中心。

审计成果 荆门市审计机关完成审计项目447个，查出主要问题金额101.09亿元，其中违规金额21.85亿元、损失浪费金额757万元、管理不规范金额88.16亿元；损益（收支）不实金额2.12亿元；审计处理处罚金额6.26亿元，其中应上缴财政1.26亿元、应减少财政拨款或补贴0.3亿元、应归还原渠道资金2.75亿元、应调账处理金额1.95亿元；审计发现非金额计量问题379个；审计促进整改落实有关问题金额2.8亿元，其中增收节支1.32亿元、已调账处理金额1.47亿元；审计促进拨付资金到位51万元；审计后挽回（避免）损失1.26亿元。移送司法机关、纪检监察机关和有关部门处理事项51件。出具审计报告和专项审计调查报告447篇，被批示、采用1篇。提出审计建议717条，提交审计信息597篇，被批示、采用111篇。向社会公告审计结果2篇。荆门市审计局被审计署和人力资源社会保障部表彰为全国审计机关先进集体，屈家岭管理区管委会主任梁实任中经济责任审计项目被评为全国优秀审计项目。

财政审计 把绩效评价贯穿审计全过程，重点加强对部门预算单位行政审批收费、“三公”经费、会议费、津补贴和民生资金的审计，促进部门节约行政成本，不断提高财政资金使用绩效。

经济责任审计 组织完成12名党政领导干部经济责任审计，首次尝试开展扩权乡镇钟祥市胡集镇党政正职同步经济责任审计，为荆门市委、市政府进一步推进乡镇扩权改革提供决策参考。

金融审计 对荆门市使用财政性资金、国有资金支付中介业务费进行审计。查出违规招投标项目277个，查处违规支付中介费、非正当竞争手段获取高额利润等问题，审计案件移送7起，促使荆门市政府出台《关于推进从事中介服务业务事业单位脱钩改制工作的实施方案》，专项清理中介服务领域。

农业与资源环保审计 按照湖北省审计厅统一部署，抽调审计力量赴咸宁市开展土地出让及耕地保护审计。根据荆门市领导要求，按国检标准，开展荆门市2008年至2013年土地出让收支及耕地保护情况自审。

固定资产投资审计 对政务中心、天鹅小区、301工程等8个项目进行跟踪审计。核减工程进度款1.5亿元，节约银行贷款利息1208万元。组织对56个项目进行工程造价审计，审计金额6亿元，审减4118万元。制定出台《荆门市市级政府投资项目审计监督办法》，进一步强化政府投资审计监管。

社会保障审计 在实施保障性安居工程跟踪审计中，查出保障性住房被改变用途或闲置785套，违规享受保障性住房待遇63套，违规享受城市低保待遇14户。

外资运用审计 在世界银行贷款汉江流域水污染防治项目审计中，查处征地拆迁补偿被干部私分、白条支出、挤占挪用等问题金额628万元。

企业审计 荆门市审计局与荆门市国资委组建专班，进驻市金牛化工有限公司，摸清该改制企业资产处置、对外投资、财务收支等情况，查处部分人员涉嫌转移国有资产、私分国有资产收益等违法违纪行为，并向有关部门移送案件1起。

专项资金审计 组织对恩施市、利川市、房县扶贫资金、农村义务教育学生营养改善计划专项资金大交叉审计，查处骗取国家补贴资金、侵害人民群众利益等严重违纪违规问题。

信息化建设 加大联网审计力度，组织开展财政和社保联网审计。运用大联网审计平台，配合财政审计科做好财政联网审计工作，为财政联网审计整理分析数据；部署社保联网审计，为社保联网审计搭建网络平台，设计分析模型90个，为社保联网审计打下坚实基础。

（撰稿人：贺婷婷）

【孝感市审计局】 2014年，孝感市审计局人员编制58人，在编58人。局长阳明军，副局长田卫民、金正谋、梁和平、陈鸿杰，总审计师褚艺红，纪检组长李保权，市政府投资审计局局长陈国庆，市经济责任审计局局长彭斌，调研员钟淮山、彭俊，副调研员杨爱国、谭中想（—1月）。设有党群工作（人事）科、综合科、法制科、财政审计科、金融外资审计科、行政事业审计科、经贸审计科、农业与资源环保审计科、监察室、孝感市经济责任审计局综合科、审计一科、审计二科、审计三科，另设有孝感市政府投资审计局。

审计成果 孝感市审计机关完成审计项目

910个，查出主要问题金额107.63亿元，其中违规金额26.58亿元、损失浪费金额570万元、管理不规范金额80.99亿元；损益（收支）不实金额3.62亿元；审计处理处罚金额76.23亿元，其中应上缴财政4.66亿元、应减少财政拨款或补贴3.22亿元、应归还原渠道资金15.79亿元、应调账处理金额48.76亿元；审计发现非金额计量问题226个；审计促进整改落实有关问题金额58.55亿元，其中增收节支8.04亿元、已调账处理金额45.47亿元；审计促进拨付资金到位1.98亿元；审计后挽回（避免）损失9.92亿元。移送司法机关、纪检监察机关和有关部门处理事项28件。出具审计报告和专项审计调查报告910篇，被批示、采用41篇。提出审计建议2059条，提交审计信息1729篇，被批示、采用738篇。向社会公告审计结果53篇。

财政审计 完成2013年度孝感市本级财政预算执行和其他财政收支情况以及11个市直部门2013年度预算执行审计，审计发现无预算或超预算拨款、虚增和虚减预算收支、政府性资金滞留以及部门预算管理不完整、“三公”经费管理使用不严格等各类问题20余个。

农业与资源环保审计 完成宜城、枣阳两市的土地出让收支和耕地保护情况审计，审计发现土地出让金在征收和使用过程中存在违规征收和返还、土地项目资金违规使用以及耕地保护工作存在的各类问题。审计结果有效规范农业土地项目和专项资金的管理，提高土地项目资金使用效益。

固定资产投资审计 完成政府投资审计项目219个。审计投资总额24.56亿元，审减2.74亿元。通过审计为政府节约建设资金，关注政府投资管理水平和资金使用效益的提高以及投资稳定增长和结构的优化。

社会保障审计 完成2013年度市城镇保障性安居工程跟踪审计，审计督促2012年审计发现问题的整改落实，关注中央城镇保障性安居工程部署要求的全面落实以及住房保障制度的完善，制定出台《关于调整理顺县（市）区住房公积金管理体制的实施意见》。

专项资金审计 完成建始、巴东两县扶贫资金审计，秭归县农村义务教育学生营养改善计划专项资金审计，审计揭示和查处各种损害人民群众、企业单位利益的问题，关注党和政府惠民政策的落实和经济发展环境的改善。

经济责任审计 对17名党政领导干部进行经济责任审计，审计查出主要问题金额7.02亿元，移送违纪违规案件线索6件。（撰稿人：汪田务）

【荆州市审计局】 2014年，荆州市审计局人员编制83人，在编80人。局长周昌俊，副局长李俊平、杨光忠、吴方俊、李翠峰，总审计师汤从华，纪检组长罗文斌（—11月）、周祖兵（11月—），工会主席王诗银。设有办公室、人事科、综合科、法规科、监察室、机关党委、财政金融审计科、行政事业审计科、经贸审计科、农业与资源环保审计科、社会保障审计科、固定资产投资审计科、外资运用审计科、计算机审计科、派出审计一科、派出审计二科、派出审计三科、派出审计四科、派出审计五科、荆州市经济责任和政府投资审计局。

审计成果 荆州市审计机关完成审计项目297个，查出主要问题金额149.64亿元，其中违规金额5.94亿元、管理不规范金额143.7亿元；损益（收支）不实金额5.47亿元；审计处理处罚金额28.06亿元，其中应上缴财政1.24亿元、应减少财政拨款或补贴0.12亿元、应归还原渠道资金15.54亿元、应调账处理金额10.52亿元；审计发现非金额计量问题200个；审计促进整改落实有关问题金额5.19亿元，其中增收节支0.46亿元、已调账处理金额4.53亿元；审计后挽回（避免）损失695万元。移送司法机关、纪检监察机关和有关部门处理事项6件。出具审计报告和专项审计调查报告57篇，被批示、采用12篇。提出审计建议838条，提交审计信息389篇，被批示、采用365篇。向社会公告审计结果11篇。

财政审计 贯彻落实中央八项规定、省委“六条意见”、市委“七条意见”以及审计部门每年要对各地区各部门会议活动等经费使用情况进行审查的要求，确定将公务用车经费、公务接待费、公务出国费、差旅费和会议费等五项费用作为审计关注重点，通过收支预算执行审计，分析预算追加调整对预算执行影响；通过专项资金延伸审计，关注财政转移支付资金分配和政策落实情况。在市本级部门预算执行审计中，审计普遍扩展到业务层面，将审查账面收支与查阅业务台账、案件卷宗相结合，审查账面收支与票据收费相结合，审查账面收支与资产管理相结合。市国土资源局预算执行审计，对土地出让收入、土地专项资金收支及管理进行延伸，涉及金额8.5亿元，审计的广度、深度明显加强。洪湖、石首、松滋等地在突出预算执行目标审计上，围绕推进提升预算目标管理绩效，对审计预算安排资金的合理性和预算绩效目标管理的可行性，年度绩效目标管理的项目支出预算资金占本级财政支出预算资金的比例等进行重点评价。市、县两级预算执行审计工作报告在各级人大常委会会议上获得全票或高票通过，广受好评。

经济责任审计　全市共对98名领导干部进行经济责任审计，其中任中审计43人。

固定资产投资审计　在开发区工程建设项目审计中，完成评审项目9个，送审预算总额9837万元，审减1189万元，审减率12.09%；完成结算审计项目2个，送审结算总额627万元，审减49万元，审减率7.81%。协助开发区管委会出台《荆州开发区政府投资建设项目监督管理办法》，将审计工作纳入开发区政府投资建设项目监督管理体系。各县市区审计机关围绕地方政府经济工作中心的转变，服务大局，不断调整投资审计工作思路：荆州区的工程决算审核，石首市对投资项目招标控制价的拦标审计，洪湖市、松滋市对土地整理项目、中小河流重点建设项目以及工业园道路、校安工程等的跟踪审计，监利县对实验高中易地建设项目等7个政府重点建设工程的竣工决算审计，严把政府投资“关口”，及时纠正项目建设中存在的问题，为政府节约建设资金，保障重点建设项目的顺利实施。

信息化建设　根据审计署金审工程三期建设规划，筹备建设荆州审计数据交换中心，逐步积累地税、公积金、社保、公安、民政等部门的行业电子数据库，由被审计单位的单一数据审计转向综合利用其他单位的外部关联数据，为审计查深、查透丰富技术手段。本着“依法规范、各司其职、便捷高效、安全保密”的原则，通过安装前置服务器、专线联网、专人联络的方式与荆州市人民检察院建立信息共享平台，畅通两部门之间信息查询、反馈与共享的渠道，提升审计、检察协作配合的质量、效率和效果。

（撰稿人：肖　舟）

【黄冈市审计局】　2014年，黄冈市审计局人员编制56人，在编48人。局长叶俊甫，副局长吴长林、郭教育、郭茂兰（4—12月）、张立平、曹安洲（—2月），纪检组长舒迎进，经济责任审计局局长周少勤。设有财政审计科、金融审计科、行政事业审计科、社会保障审计科、固定资产投资审计科、农业与资源环保审计科、经贸审计科、外资审计科、办公室、政工科、综合法规科、监察室，另设有市经济责任审计局。

审计成果　黄冈市审计机关完成审计项目554个，查出主要问题金额129.10亿元，其中违规金额15.27亿元、损失浪费金额0.54亿元、管理不规范金额113.29亿元；损益（收支）不实金额5.65亿元；审计处理处罚金额8亿元，其中应上缴财政1.4亿元、应减少财政拨款或补贴0.54亿元、应归还原渠道资金3.98亿元、应调账处理金额2.08亿元；审计发现非金额计量问题270个；审计促进整改落实有关问题金额8.81亿元，其中增收节支5.13亿元、已调账处理金额2.04亿元；审计促进拨付资金到位195万元；审计后挽回（避免）损失0.56亿元。移送司法机关、纪检监察机关和有关部门处理事项41件。出具审计报告和专项审计调查报告554篇，被批示、采用139篇。提出审计建议1530条，提交审计信息2870篇，被批示、采用1654篇。向社会公告审计结果29篇。

财政审计　组织对326个财税部门及行政事业单位预算执行、财务收支进行审计。查出各类违规及管理不规范问题金额87.9亿元。开展广水市政府性收支管理审计，查出有问题金额4亿多元。

经济责任审计　组织共对148名领导干部进行经济责任审计，查出主要问题金额17.5亿元，其中领导干部负直接责任金额0.1亿元，负主管责任金额1.05亿元，负领导责任金额16.3亿元。

固定资产投资审计　组织对城东新区建设、市政园林绿化、工业园区建设项目、全市中小型水库整险加固工程等210个项目进行决算审计，为政府节约投资 6750 万元。组织全市审计机关开展 2013 年度保障性安居工程跟踪审计。

专项资金审计 根据上级审计机关安排，参与全国土地出让收支及耕地保护情况审计，大悟、孝昌两县扶贫资金审计，红安、麻城、团风、罗田、蕲春等 5 县市中德财政合作小农户造林项目公证审计，十堰市竹山县农村义务教育学生营养改善计划专项资金审计等统一组织审计项目。

金融审计 组织对黄州、团风、浠水、红安、麻城、罗田、英山、黄梅等 8 县（市、区）2012 至 2013 年政策性农业保险资金进行审计。查出政策性农业保险经营管理比较混乱，虚假投保、虚假理赔、惜赔等问题金额 4696 万元，向上级主管部门移送案件线索 1 件，涉案 3 人。

（撰稿人：付后裕）

【咸宁市审计局】 2014 年，咸宁市审计局人员编制 67 人，在编 61 人。局长陈礼高，副局长张旺宝、王三国、熊振兴、付冬，总审计师李真丽，党组成员李德春，经济责任审计局局长陈卫军，政府投资审计局局长潘和。设有办公室、人事科、综合科、法规科、财政审计科、金融外资审计科、行政事业审计科、农业与资源环保审计科、固定资产投资审计科、社会保障审计科、经贸审计科、监察室、离退休干部科、工会、计算机中心，另设经济责任审计局、政府投资审计局、内部审计协会、审计学会。

审计成果 咸宁市审计机关完成审计项目 293 个，查出主要问题金额 45.3 亿元，其中违规金额 12.48 亿元、管理不规范金额 32.83 亿元；损益（收支）不实金额 0.24 亿元；审计处理处罚金额 12.8 亿元，其中应上缴财政 6.88 亿元、应归还原渠道资金 2.94 亿元、应调账处理金额 2.98 亿元；审计发现非金额计量问题 86 个；审计促进整改落实有关问题金额 14.64 亿元，其中增收节支 9.7 亿元、已调账处理金额 2.93 亿元；审计促进拨付资金到位 1.9 亿元；审计后挽回（避免）损失 1.31 亿元。移送司法机关、纪检监察机关和有关部门处理事项 30 件。出具审计报告和专项审计调查报告 293 篇，被批示、采用 38 篇。提出审计建议 482 条，提交审计信息 571 篇，被批示、采用 161 篇。向社会公告审计结果 8 篇。

财政审计 组织对财政局、地税局等 14 个单位 2013 年度预算执行及其他财政财务收支情况进行审计。通过审计，掌握 2013 年度全市财政预算执行总体情况，揭示存在的问题，并对查出的问题依法做出严肃处理；综合分析问题存在的原因，有针对性地提出深化财政管理制度改革的意见和建议；关注部门自查自纠，提高自身管理水平，提高财政资金的使用效益。咸宁市人大常委会听取市审计局关于 2013 年度市本级预算执行及其他财政收支审计工作的报告后，对审计工作给予充分的肯定和高度评价。

经济责任审计 对 18 名党政领导干部进行经济责任审计，查出主要问题金额 3.88 亿元，其中违规金额 1.16 亿元，管理不规范金额 2.73 亿元。界定领导干部应负直接责任金额 0.18 亿元，应负主管责任金额 1.48 亿元、应负领导责任金额 2.22 亿元。

专项资金审计 全年完成土地出让金、扶贫资金、政府性资金管理、政府购买中介服务资金、日元贷款造林资金、义务教育营养餐专项资金、城镇保障性安居工程跟踪及市直 6 家融资平台审计。在开展 2013 年城镇保障性安居工程跟踪审计中，查出保障性住房分配和使用管理不规范；部分项目建设管理不规范，影响工程质量；未完成保障性安居工程目标任务等问题。咸安区审计局在政府购买中介服务资金审计中，查出超经营范围承揽业务、构造虚假交易事项、虚列支出套取国家资金、服务项目取费标准不明确、“账外账” 23.9 万元等问题，督促相关单位进行整改。组织开展武深高速征地拆迁补偿资金审计，市区自来水价格审计调查，咸宁市见义勇为基金、司法救助基金 2012 年至 2014 年度收支情况审计，咸宁市警察协会、咸宁市道路交通安全设施建设促进会 2012 年至 2014 年度收支情况审计。审计掌握征地拆迁资金、自来水价格、政法四项基金的情况，查处审计发现的问题，及时向咸宁市委、市政府上报审计情况，为促进加强管理，服务宏观决策发挥作用。

固定资产投资审计 在审计范围上实行全覆盖，对涉及政府投资项目的所有单位进行审计。在审计节点上实行关口前移，将工程项目的招投标、施工图预算的审核、工程承包合同的签订、施工过程中隐蔽工程签证，以及变更项目的确认全部纳入审计的视野。在项目建设过程中，实行全程跟踪监督。全市完成审计项目210个，送审总金额34.22亿元，审减金额3.37亿元。通城县审计局在12个项目审计中，审减金额2355万元，审减率高达20%。

信息化建设 派员参加省审计厅统一组织的信息化知识培训，培养计算机审计人才。市审计局联通财政等单位数据平台，建成数据分析室，实行计划上网，网上上传审计资料，网上审理。

（撰稿人：金显威）

【随州市审计局】 2014年，随州市审计局共有干部职工42人。局长王洪江，副局长廖朝宏、敖殷、梁随朝、齐新月，总审计师刘大江，副调研员黄旭洪、曾庆枝（1月—）、郭芸（1月—），政府投资审计局局长沈勇（3月—），经济责任审计局局长敖宏伟。设有办公室、综合科、政工人事科、财政审计科、投资审计科、社会保障资金审计科、行政事业审计科、经贸审计科、农业资源环保审计科、金融外资审计科、法规科，另设有随州市政府投资审计局、随州市经济责任审计局。

审计成果 随州市审计机关完成审计项目102个，查出违规金额46.6亿元，应上缴财政1.77亿元，已减少财政拨款或补贴0.17亿元，已归还原渠道资金9亿元，已调账处理金额24.14亿元。移送司法机关、纪检监察部门处理事项13件。提交审计工作报告、信息586篇，被采用410篇。

财政审计 完成21个单位的财政预算执行或领导干部经济责任审计。审计查出预算控制管理不严格、挤占挪用专项资金、违规收费和摊派、少缴漏缴各类财政资金、内部控制及财务管理不规范等7个方面的突出问题，涉及资金8210万元。提出建议36条，被采纳22条。

行政事业审计 完成随州市城区房地产企业2011—2013年度税费征管政策执行情况的专项审计调查，清理出欠缴各类税款和行政事业性收费6亿元，促进各个房地产企业补缴相关土地税费3亿元。

固定资产投资审计 完成136个政府投资项目审计，送审总造价8.24亿元，审减近0.85亿元，平均审减率达10%。审计揭露少数建设项目存在不按规定招投标、违规转包、超概算或其他变更控制不严格、损失浪费、财务管理不规范等问题。

专项资金审计 组织开展随州市保障性安居工程、神农架林区扶贫专项资金、随县和曾都区城乡低保及医疗救助专项资金、巴东县农村义务教育学生营养改善计划专项资金、崇阳县土地出让收支和耕地保护情况审计等相关民生资金和项目的审计。审计揭露部分保障性安居工程资金筹集管理和使用不规范、少数棚户区改造项目不真实、重复冒领扶贫资金、挤占挪用城乡低保和医疗救助资金、非保得保、土地出让金征管违法违规等问题。在随州市保障性安居工程审计中，移送案件线索1起，追究刑事责任2人。在城乡低保和医疗救助资金审计中，查出各类非保得保3900余人，违规领取低保金额700余万元，并移送案件线索1起。

经济责任审计 对9名党政领导干部进行经济责任审计。查出负有领导责任的问题金额2580万元，负有直接责任的问题金额565万元。配合市纪委对广水市、曾都区及市高新技术开发区的24个单位贯彻执行中央八项规定，厉行勤俭节约、反对铺张浪费和违规发放津补贴情况进行暗访调查，并对少数部分单位违反中央和省的规定等问题进行揭露和查处。 （撰稿人：任德平）

【恩施土家族苗族自治州审计局】 2014年，恩施土家族苗族自治州审计局人员编制43人，在编35人。局长张安俊，副局长李东平、杨清利、徐青安、魏长甲（兼经济责任审计局局长），纪检组长杨峻，调研员程华、何家祥，副调研员向东红。设有办公室、综合与法规科、行政事业审计科、社会保障审计科、农业与资源环保审计科、经贸审计科、财政金融审计科、固定资产投资与外资审计科、国家建设项目审计科、计算机信息与服务科，另设有经济责任审计局。

审计成果 恩施州审计机关完成审计项目126个（不含投资审计项目），完成本级审计项目13个，查出主要问题金额97.22亿元，其中违规金额4.69亿元、损失浪费金额0.11亿元、管理不规范金额 92.42 亿元；损益（收支）不实金额 1.25 亿元；审计处理处罚金额 52.26 亿元，其中应上缴财政 8.07 亿元、应减少财政拨款或补贴 0.66 亿元、应归还原渠道资金 18.68 亿元、应调账处理金额 11.45 亿元；审计发现非金额计量问题 108 个；审计促进整改落实有关问题金额 14.82 亿元，其中增收节支 4.5 亿元、已调账处理金额 8.16 亿元；审计促进拨付资金到位 1.35 亿元；审计后挽回（避免）损失 0.48 亿元。移送司法机关、纪检监察机关和有关部门处理事项 41 件。出具审计报告和专项审计调查报告 126 篇，被批示、采用 14 篇。提出审计建议 289 条，提交审计信息 235 篇，被批示、采用 76 篇。向社会公告审计结果 27 篇。

财政审计　组织完成 2013 年度州本级财政预算执行和其他财政收支审计，通过财政联网审计系统，延伸审计 239 个单位的预算执行审计。对州本级 156 个预算单位的“三公”经费进行审计调查。查出无预算或超预算拨款、虚增和虚减预算收支、政府采购管理不规范、“三公”经费等问题金额 89.59 亿元。

经济责任审计　对 56 名县处级和科级领导干部进行经济责任审计。审计查出主要问题金额 2.83 亿元，移交司法和纪检监察机关案件线索 26 件，涉案 29 人。

企业审计　组织完成恩施市城市建设投资公司、鹤峰县丰源供水公司、鹤峰县自来水公司等 6 家企业绩效审计。审计查出主要问题金额 1990 万元，其中少计或虚列成本费用 84 万元，少计少缴税费 145 万元。

固定资产投资审计　完成政府投资审计项目，送审金额 67.67 亿元，审减 6.25 亿元。实施州文化中心、经济适用住房等 13 个项目竣工决算审计，核减投资额 3483 万元，审计查出问题金额 2449 万元。

社会保障审计　完成咸丰县新型农村合作医疗基金审计，促进该项资金的规范管理，确保国家惠民政策落到实处。

专项资金审计　组织完成恩施市云龙河三级水电站移民资金、2010 年以来使用财政资金支付中介服务费、2013 年度市城镇保障性安居工程跟踪审计等 30 个专项资金审计项目。审计专项资金总额 49.07 亿元，审计查出主要问题金额 3.63 亿元。

内部审计　共有内部审计机构 265 个，内部审计人员 533 人，完成项目 2162 个，审计总金额 74.23 亿元，增收节支 7508 万元。提出建议意见被采纳 1598 条。

（撰稿人：何美娜）

【仙桃市审计局】　2014 年，仙桃市审计局人员编制 44 人，在编 44 人。局长丁俊林，副局长彭国黎、张文杰、杨新华、杨成红、邓飞（兼总审计师），工会主席李红艳。设有办公室、综合科、法规审理科、计算机中心、财政金融外资审计科、行政事业审计科、经贸和社会保障审计科、农业与资源环保审计科、经济责任审计科、固定资产投资审计科，另设有经济责任审计局、投资审计中心。

审计成果　仙桃市审计局完成审计项目 32 个，查出主要问题金额 18 亿元，其中违规金额 0.95 亿元、管理不规范金额 17.05 亿元；损益（收支）不实金额 0.11 亿元；审计处理处罚金额 0.18 亿元，其中应上缴财政 139 万元、应减少财政拨款或补贴 123 万元、应归还原渠道资金 0.14 亿元、应调账处理金额 144 万元；审计促进整改落实有关问题金额 0.28 亿元，其中增收节支 0.26 亿元、已调账处理金额 144 万元；审计促进拨付资金到位 262 万元；审计后挽回（避免）损失 0.14 亿元。移送司法机关、纪检监察机关和有关部门处理事项 10 件。出具审计报告和专项审计调查报告 32 篇。提出审计建议 95 条，提交审计信息 14 篇，被批示、采用 8 篇。向社会公告审计结果 5 篇。新洲区公共卫生专项资金审计项目被省审计厅评为湖北省优秀审计项目二等奖；全省农村义务教育学生营养改善计划专项资金审计赴恩施市审计组被省审计厅予以通报表彰；仙桃市审计局被评为 2013 年至 2014 年省级最佳文明单位。

财政审计　积极推动财政审计全覆盖，加大对政府全口径预算决算的审计监督，关注预算编制的严谨性、预算收入的完整性、预算管理的规范性以及预算资金拨付的及时性等，促进建立覆盖财政收入、支出、管理、改革等全过程的预算执行监督管理机制。加强对楼堂馆所建设、内部接待场所等情况审计，促进降低行政成本和改进机关作风。通过审计指出城镇保障性住房资金、民政专项资金、环境连片整治资金、水产专项资金等财政资金被闲置、被挪用、欠拨和违规支付等问题，查出部分地方和单位违规收取或摊派费用、违规集资、公务接待超预算、违规采购、违规出租国有资产等违纪违规问题金额0.93亿元。市人大常委会对仙桃市审计局代表市政府做的审计工作报告予以高度评价。

经济责任审计 对10名党政领导干部进行经济责任审计，查出各类违纪违规问题金额15.4亿元。纪检监察部门根据审计查出的问题对10名责任人进行问责。

农业与资源环保审计 开展土地出让收支及耕地保护审计，查处虚假招拍挂土地、违规返还土地出让金、挪用滞拨征地补偿费等问题，指出违规改变土地用途、土地闲置、土地集约节约利用水平低等情况，为领导决策提供参考。开展小型农田水利重点县建设专项资金审计，查出部分乡镇套取农村小型水利设施维护管护补助资金，切实督促整改，确保农业资金各项政策落到实处。

固定资产投资审计 在实施市中医院住院楼工程、市泽口灌区工程、市汉南河水质自动监测站工程、西流河水厂蓄水池工程等项目的竣工决算审计中，关注投资的经济性，对项目建设的效率和工程运行效果进行综合评价，为领导决策提供有益参考。探索政府雇员弥补审计力量不足和利用社会中介机构审计力量开展审计的模式，确保对政府投资项目实现全覆盖监督。全年对29个政府重点投资项目工程进行审计，送审金额4.8亿元，审计核减金额1.03亿元，最大限度发挥政府资金的效益。

专项资金审计 对涉农、住房、医疗、教育等群众关注的专项资金和行业部门进行审计。查出挤占挪用、套取专项资金，违规收费等违纪违规问题，纠正违规问题金额3774万元。向市委、市政府主要领导报送7篇审计情况专报，使一些带普遍、倾向性的问题得到及时的纠正和处理，确保政府的惠民政策落到实处。

信息化建设 做好各行业数据归集，对每年审计项目中关联比对性较强的社保、地税、住房公积金的业务数据进行批量分析处理。部署专网专线专机接入，建立小型数据中心，数据总量达40G，为大数据审计奠定良好的基础。深入开展计算机辅助审计，总结经验，形成《数据分析在医院收费政策执行审计中的应用》案例。全年有8人参加审计署计算机中级考试，考试通过5人。

（撰稿人：吕　盛）

【潜江市审计局】 2014年，潜江市审计局人员编制77人，在编58人。局长黄振林（—4月）、陈庆忠（4月—），副局长周进、李先祥，党委副书记张绪新，工会主任雷春林。设有办公室、综合科、人事教育科、财政金融审计科、经济责任审计分局（行政事业审计科）、审计一分局（社会保障与外资审计科）、审计二分局（农业与资源环保审计科）、审计三分局（经贸审计科）、投资审计分局（固定资产投资审计科）。

审计成果 潜江市审计局完成审计项目51个，查出违纪违规、损失浪费及管理不规范问题金额28.06亿元。向被审计单位提出审计建议255条，审计促进整改落实有关问题金额2.14亿元。完成249个项目投资决算审计，审减各类工程造价、节约政府投资1.1亿元。报送审计综合工作报告和信息等299篇，被市级及以上批示采用90篇。向湖北省审计厅上报涉嫌经济案件线索3件，向市纪委移送经济案件线索8件，受到纪律处分6人。

财政审计 在掌握预算总规模的基础上，对经费开支的真实性、合规性、合法性进行审计。在本级预算执行审计中查出虚收虚支公共财政收入、在专项资金中列支科学技术支出返还税款以及部分项目支出编制不够精细、预算批复不及时、超预算支出、决算草案反映不够准确等问题；在政府性基金方面发现财政部门未按照规定计提相关基金以及部分单位少征和随意暂缓征收、征收率低、管理不规范等问题；在国有土地出让方面发现土地出让金征缴不及时、以协议方式供地并返还土地出让金、未严格执行招投标程序而采取企业预缴土地款的方式处置土地、土地出让支出不合规等问题。经对26个部门2013年预算执行审计，全年“三公”经费0.22亿元，其中公务接待费0.15亿元、公务用车619.41万元、出国出境经费共37.41万元，审计发现部分单位存在挤占挪用、截留和滞拨专项资金，违规收费等问题。上报的《潜江市审计局关于加强“三公”经费审计监督的意见》被市人民政府批转。

固定资产投资审计 完成城区建设和部门投资工程预决算审计项目249个，送审资金总额7.71亿元，审减金额1.1亿元，审减率14.22%。招投标预算标底审核项目10个，审定金额6.16亿元。政府投资建设项目跟踪审计15个，跟踪审计623人次。新城区审核产值0.27亿元，审减产值0.17亿元。起草的《潜江市政府投资建设项目审计全覆盖审计工作方案》报市人民政府并被批转。

经济责任审计 组织对24名党政领导干部进行经济责任审计。审计查出违纪违规资金0.24亿元，管理不规范金额0.55亿元，针对被审计单位财政财务收支及资产管理方面存在的问题和薄弱环节提出整改意见和提出建议。

专项资金审计 组织对城镇保障性安居工程跟踪，2010年以来使用财政性、国有资金支付中介业务费用情况，援疆资金及项目，稳增长促改革调结构惠民生政策措施落实情况，阳新县扶贫资金，咸丰县农村义务教育学生营养改善计划专项资金，随州市土地出让收支和耕地保护等7个项目和资金进行审计和审计调查，及时发现和解决苗头性的问题，提出整改和加强管理的建议，进一步规范项目、资金管理，关注各项惠民政策措施落实到位。

企业审计 组织对市城市建设投资开发有限公司、市汇桥投资担保有限公司、潜阳商贸资产经营有限责任公司、湖北创悦工程有限公司等11个公司财务收支情况审计。审计发现有4个公司积极稳妥地推进改制工作，较好地化解国有企业的各种改制矛盾，有7个公司存在对外投资无收益、未收少收利息和违约金、未进行招投标、注册资本不实、主管部门在公司报销费用、支出不实、国有资本运营收入未纳入专户、银行账户开设过多等问题。通过审计，关注国有企业运作规范。

（撰稿人：汪海滨）

【天门市审计局】 2014年，天门市审计局人员编制41人，在编36人。局长刘水平，副局长张昌宏、郑国宏、郭坤、陈爱红、段茂顺，总审计师方福祥。设有办公室、金融外资审计科、财政审计科、投资审计科、农业审计科、行政事业审计科、企业审计科、社会保障审计科、法规科、经济责任审计局，另设有政府投资审计中心。

审计成果 天门市审计局完成审计项目36个，查出主要问题金额7.11亿元，其中违规金额1.48亿元、管理不规范金额5.63亿元；损益（收支）不实金额0.42亿元；审计处理处罚金额0.42亿元，其中应上缴财政229万元、应归还原渠道资金0.27亿元、应调账处理金额0.11亿元；审计发现非金额计量问题13个；审计促进整改落实有关问题金额0.26亿元，其中已调账处理金额0.11亿元。移送司法机关、纪检监察机关和有关部门处理事项2件。出具审计报告和专项审计调查报告2篇，被批示、采用13篇次。提出审计建议97条，提交审计信息98篇，被批示、采用73篇次。向社会公告审计结果6篇。

财政审计 对20个单位执行部门预算情况进行审计，查出主要问题金额4.2亿元，其中预算编报不真实不完整507万元、未按规定纳入预算管理816万元、未按规定征收缴纳收入1.8亿元、违规改变项目计划和资金用途0.17亿元、乱收费乱摊派乱罚款738万元、资金滞留闲置152万元、违规使用发票0.22亿元、扩大开支范围或提高开支标准列支0.33亿元、违规出借财政资金0.19亿元、会计核算不实0.39亿元。

经济责任审计 对14名党政领导干部任期履行经济责任情况进行审计，查出主要问题金额1.89亿元，其中违规资金0.44亿元、管理不规范金额1.44亿元、侵害人民群众利益51万元。出具审计报告和审计结果报告12篇，提出审计建议被采纳26条，促进增收节支93万元。

金融审计 完成市兴天投资担保有限公司审计，查出主要问题金额0.7亿元，其中违规经营0.24亿元、其他违纪违规资金0.45亿元。

固定资产投资审计 对2个重点政府投资建设项目进行审计，查出主要问题金额0.95亿元，其中违规采购0.35亿元、工程结算款不实127万元、超规模超标准项目236万元、挤占建设成本0.57亿元。

专项资金审计 完成专项资金审计项目3个，并对42个单位进行延伸审计。审计专项资金总额0.67亿元，出具审计报告3篇。查出主要问题金额435万元，其中未落实“收支两条线”和专户管理规定59万元、违规采购176万元、配套资金不落实200万元。

信息化建设 成立天门市财政联网审计工作领导小组，正式启动财政联网审计工作，将100万元联网费用列入2015年市级财政预算，为尽快实施联网审计提供资金保障；全面实行无纸化办公，所有公文全部在OA（审计管理系统）下完成，审计计划项目全部纳入OA管理，审计项目全部实行网上审理，对34个审计项目全部利用现场审计实施系统开展审计，其中采集到数据的项目24个，并进行数据分析；有6人通过审计署计算机中级考试。 （撰稿人：李 勇）

【神农架林区审计局】 2014年，神农架林区审计局共有干部职工29人。局长刘忠君，副局长许贵国（—3月）、刘运生（3月—）、王栋梁（3月—），总审计师祝正罡（3月—）。设有办公室、法规科、财政金融审计科、经贸审计科（与法规科合署办公）、行政事业与外资运用审计科、农业与资源环保审计科、固定资产投资审计科（与政府投资项目拦标价审计局合署办公），另设有经济责任审计局、政府投资项目审计局、政府投资项目拦标价审计局和直属审计分局。

审计成果 神农架林区审计局全年完成审计项目155个，查出违纪违规和管理不规范金额9.25亿元，审减政府投资额0.53亿元。移交案件线索2起。提出审计建议300多条，提交审计报告、信息、审计情况专报及调研文章203篇，其中被主要领导批示和各级媒体采用67篇。

财政审计 组织开展2013年度地税局税收政策执行和发改委、住建委等15个部门的预算执行及财务收支审计，共查出各类违纪违规问题金额7.96亿元。

固定资产投资审计 组织实施社会福利中心附属工程及设备投资建设、机场外部供水工程建设、政府后院绿化工程、宣教中心工程等25个项目的工程决算审计，及大九湖湿地保护区林业棚户区改造项目、无主尾矿库隐患综合治理工程、松柏中心学校幼儿园附属工程、阳日镇供水工程及管道工程等89个工程项目的拦标价审计，审减工程造价0.53亿元。开展重大项目跟踪审计，提出合理化建议，查出各类违纪违规问题金额0.11亿元。

经济责任审计 对松柏镇、文体局等10个单位主要领导进行离任经济责任审计。审计查出各类违纪违规问题金额1.15亿元，移送案件线索1起。

专项资金审计 组织实施2013年林区城镇保障性安居工程、稳增长促改革调结构惠民生政策落实情况跟踪审计、地方存量债务清理甄别项目等4个项目专项审计，查出各类违纪违规问题金额310万元。

内部审计 林区内部审计协会共有32个会员单位，个人会员65人，32个会员单位均独立设置内部审计机构，并配备专职内部审计人员。出台《林区指导监督内部审计工作暂行办法》。组织22人参加省内部审计师协会的内部审计培训和继续教育培训，1人通过CIA考试。

（撰稿人：汪三媛）

2014年湖北省所辖区、县(市)级审计工作统计表

金额单位：万元

审计机关	完成审计项目（个）	审计查出主要问题金额	审计处理情况					出具审计报告和审计调查报告（篇）	提出审计建议（条）	提交审计信息（篇）
			审计处理处罚				移送处理事项（件）			
			应上缴财政	应减少财政拨款或补贴	应归还原渠道资金	应调账处理金额				
武汉市										
武汉市本级	89	3535763	291969	540	124681	237577	20	89	365	315
江岸区审计局	34	13471	5283		63	6898	6	34	109	5

续表

审计机关	完成审计项目（个）	审计查出主要问题金额	审计处理情况					出具审计报告和审计调查报告（篇）	提出审计建议（条）	提交审计信息（篇）
			审计处理处罚				移送处理事项（件）			
			应上缴财政	应减少财政拨款或补贴	应归还原渠道资金	应调账处理金额				
江汉区审计局	27	82223	533	60	37	1696	3	31	84	86
硚口区审计局	33	90852				2		33	92	17
汉阳区审计局	17	164055	7955			61773		17	57	96
武昌区审计局	26	33465	1		23	446	3	26	75	16
青山区审计局	34	440303	3156		706	3097	5	34	94	6
洪山区审计局	22	63858	708		748	17184	1	22	118	
东西湖区审计局	42	646467	1003	5354	1894	20001	6	42	151	32
汉南区审计局	22	181968	19		1654	917	1	22	65	13
蔡甸区审计局	25	279134	26335		1334	1133	5	25	89	36
江夏区审计局	26	746519	19		212		4	26	94	265
黄陂区审计局	31	342662	5217	161	100	1142	2	31	93	88
新洲区审计局	35	191593	21		531	529	1	35	84	10
黄石市										
黄石市本级	69	226892	291	24369	603		23	69	152	368
下陆区审计局	29	4320	148	2608	551	37	3	29	190	54
黄石港区审计局	29	1501	4					29	12	
西塞山区审计局	57	6226	7	1676			7	57	171	33
铁山区审计局	8	12788			361			8	12	
大冶市审计局	39	414146	49				5	39	105	86
阳新县审计局	56	28372	250		5183		3	56	90	94
十堰市										
十堰市本级	100	263337	910		8328	2343	43	100	171	50
茅箭区审计局	9	10007	7490		193			9		
张湾区审计局	12	14085	78		272	520	2	12	63	
武当山特区审计局	6	705	3			452		6	12	
丹江口市审计局	21	135831	3714	564	2191	1822	15	21	73	1
郧县审计局	45	86283	30625	3834	10588	3474	16	45	92	270
郧西县审计局	38	14059	5529		2184	3001	22	38	120	20
竹山县审计局	43	247318	5952		20337	139408	8	43	151	30
竹溪县审计局	27	66493	989	519	7243	44677	11	27	53	
房县审计局	30	38008	2273		4314	2378	15	30	66	8
宜昌市										
宜昌市本级	63	611308	190945	184	43369	16440	2	63	189	71

续表

审计机关	完成审计项目（个）	审计查出主要问题金额	审计处理情况					出具审计报告和审计调查报告（篇）	提出审计建议（条）	提交审计信息（篇）
			审计处理处罚				移送处理事项（件）			
			应上缴财政	应减少财政拨款或补贴	应归还原渠道资金	应调账处理金额				
西陵区审计局	10	20415					1	10	209	1
伍家岗区审计局	12	48910			2637	46194	1	12	36	2
点军区审计局	26	13627		417	9419	2671	1	26	45	83
猇亭区审计局	38	155446	25078	2082	58761	333	1	38	57	4
夷陵区审计局	113	193717	19003			171724	4	113	220	40
宜都市审计局	26	449759	71950	662	157298	218336		26	62	6
当阳市审计局	96	8700	106	2174	509	188		96	513	254
枝江市审计局	71	101385	23118	1953	162	65533	7	71	43	33
远安县审计局	25	32967	95	382	5668	23313		25	133	40
兴山县审计局	24	118313	562		5167	54645	1	24	49	13
秭归县审计局	35	73068	414	420	988	1364		35	110	237
长阳土家族自治县审计局	51	88379	1573	19	56280	2185	12	51	79	2
五峰县土家族自治县审计局	24	103906	4287	70	18298	1380	1	24	66	69
襄阳市										
襄阳市本级	77	832107	26696	54	241624	69628	22	77	181	56
襄城区审计局	47	62883	3		4083			47	37	16
樊城区审计局	20	51206	22		16			20	41	19
襄州区审计局	73	149048	24218	3637	34810	18445	5	73	73	11
老河口市审计局	23	10118	922		1089	7803	2	23	72	146
枣阳市审计局	19	26967	1722	3156	3358	6627	1	19		3
宜城市审计局	34	196301	1069		65	129	2	34	79	17
南漳县审计局	33	94772	50	2338	1221	88621	1	33	71	543
谷城县审计局	19	2738			2434	304	1	19	36	44
保康县审计局	32	58726	3205		1227	53099	4	32	75	27
鄂州市										
鄂州市本级	50	112266	15387	1666	17657	36192	6	50	122	165
鄂城区审计局	22	80358	1542	1431	2083	75301	2	22	70	35
梁子湖区审计局	28	8671	1172	22	598	1019	1	28	143	41
华容区审计局	36	90299	3729	7262	17630	60237		36	123	11
荆门市										
荆门市本级	77	719740	7084	2981	1145	5093	11	77	194	143

续表

审计机关	完成审计项目（个）	审计查出主要问题金额	审计处理情况					出具审计报告和审计调查报告（篇）	提出审计建议（条）	提交审计信息（篇）
			审计处理处罚				移送处理事项（件）			
			应上缴财政	应减少财政拨款或补贴	应归还原渠道资金	应调账处理金额				
东宝区审计局	61	17808	49		466	19	19	61	87	49
掇刀区审计局	36	32208	4959		24551	2088	7	36	22	48
屈家岭管理区审计局	58	8052	4			92	2	58	33	
钟祥市审计局	94	167552	423		987	11966	9	94	37	17
京山县审计局	62	6835	51		348	192	1	62	179	258
沙洋县审计局	59	58742	30		43	55	2	59	165	82
孝感市										
孝感市本级	252	368302	117	27401	12026	291763	24	252	394	176
孝南区审计局	79	190491	9031	2370	115962	46045		79	337	350
应城市审计局	118	101327	37121	501	197	5638	2	118	232	72
安陆市审计局	163	154953	44		26249	103921	3	163	254	45
汉川市审计局	59	127744	2	2	3	606	3	59	169	496
孝昌县审计局	138	23749	187	1955	414	13137	3	138	380	484
大悟县审计局	55	31691	44		390	10455		55	154	45
云梦县审计局	46	78041	56		2652	16024	1	46	139	61
荆州市										
荆州市本级	32	180361	9709		228	1368	8	32	113	57
沙市区审计局	13	23175	7		6525	16158		13	86	10
荆州区审计局	31	41819	34	272	980	675	4	31	77	20
石首市审计局	31	280284	73	338	139289	84088	1	31	104	142
洪湖市审计局	31	48073	689	502	7415	154	7	31	39	78
松滋市审计局	55	267516	67		46			56	154	14
公安县审计局	32	19630	69		399	28	6	42	71	58
监利县审计局	49	558497	181				3	49	133	7
江陵县审计局	23	77049	1524	56	478	2727		29	61	3
黄冈市										
黄冈市本级	48	123897	64	49	4583	582	3	48	162	170
黄州区审计局	122	16309	501		6071	5975	9	122	139	607
麻城市审计局	22	122264	224		260		6	22	70	265
武穴市审计局	26	35622	43		67	956		26	94	310
团风县审计局	31	166677	171		252	177	4	31	73	335
红安县审计局	39	314300	116		2303	5179	8	39	107	71

续表

审计机关	完成审计项目（个）	审计查出主要问题金额	审计处理情况					出具审计报告和审计调查报告（篇）	提出审计建议（条）	提交审计信息（篇）
			审计处理处罚				移送处理事项（件）			
			应上缴财政	应减少财政拨款或补贴	应归还原渠道资金	应调账处理金额				
罗田县审计局	40	45900	264		3180			40	39	101
英山县审计局	32	34655	116		18496	7278	4	32	91	116
浠水县审计局	111	89109	104	5256	24		4	111	352	282
蕲春县审计局	27	18549	12138	78	4576	685	1	27	218	285
黄梅县审计局	56	323699	222				2	56	185	328
咸宁市										
咸宁市本级	119	305502	34975		3964	6267	10	119	68	12
咸安区审计局	15	3470	47		886			15	10	318
赤壁市审计局	59	28734	78			1964	1	59	199	18
嘉鱼县审计局	17	46121	4825		16507	3841	14	17	41	6
通城县审计局	21	14086	1091		4625	4080	3	21	12	4
崇阳县审计局	16	42831	27668		3351	11066	2	16	54	213
通山县审计局	46	12262	71		104	2608		46	98	
随州市										
随州市本级	160	100000	430	1100	3100	550	8	160	236	218
曾都区审计局	80	16717	123	60	2877	13717		80	287	205
广水市审计局	207	88349	11427			23552	2	29	108	78
随县审计局	94	169856	616	1353	142790	25714	8	94	247	145
恩施土家族苗族自治州										
恩施土家族苗族自治州本级	13	48691	12420		8276	15154		13	37	20
恩施市审计局	17	199654	31339	4512	149800	5101	11	17	58	13
利川市审计局	9	67505	196	180	1340	2035	10	9	36	1
建始县审计局	15	76595	110		882	8894	5	15		
巴东县审计局	17	32520	8163		20205	978		17		124
宣恩县审计局	19	115990	8342		123	76	3	19		11
咸丰县审计局	9	90516	48		6154	79622	7	9	38	18
来凤县审计局	14	249141	14578		22	2680	3	14	76	48
鹤峰县审计局	13	91585	5502	1867	22		2	13	44	

湖南省

【湖南省审计厅】2014年，湖南省审计厅人员编制287人，在编267人。设有办公室、法规处、审理处、财政审计一处、财政审计二处、财政审计三处、社会保障审计处、金融审计处、行政事业审计一处、行政事业审计二处、行政事业审计三处、经贸审计一处、经贸审计二处、经贸审计三处、资源环保审计处、农业审计处、固定资产投资审计一处、固定资产投资审计二处、外资运用与境外审计处、省经济责任审计工作领导小组办公室综合调研处、经济责任审计一处、经济责任审计二处、经济责任审计三处、综合计划处、审计执行处、审计技术处、人事处、机关党委（工会）、离退休人员管理服务处、纪检组监察室；同时还设有厅机关后勤服务中心、内部审计指导中心、国外贷援款项目审计服务中心、审计科研培训所。

领导成员

厅　　长：唐会忠

副 厅 长：罗良葆（—9月）　胡章胜

张晓菊　王小华（7月—）

方再启　陈博彰（10月—）

总审计师：陈庆林

纪检组长：王小华（—7月）

张双春（7月—）

经济责任审计工作领导小组办公室专职副主任：陈博彰（—10月）

傅向明（10月—）

巡 视 员：罗良葆（9月—）

副巡视员：姚赤平（—7月）

审计成果　湖南省审计机关共审计单位6137个，查出违规问题金额392.6亿元，促进上缴财政和减少财政拨款116.2亿元，审减投资额112亿元。移送经济案件线索234件。向各级党委、政府报送的审计报告和重要信息被批示采用6037篇次，促进被审计单位建立健全规章制度和完善整改措施1032项。

政策部署落实情况审计　湖南省审计机关根据国务院要求和审计署统一部署，围绕城镇保障性安居工程、财政扶贫资金和稳增长促改革调结构惠民生政策措施落实情况等项目开展审计，并配合审计署驻长沙特派办开展土地出让收支和耕地保护情况以及财政存量资金摸底情况的审计。重点关注政策制度执行、配套措施衔接、政策目标实现等问题，促进发挥政策的正确导向和积极效应，围绕贯彻中央八项规定、省委九项规定和有关作风建设的要求，在日常审计工作中加强对职务消费、会议费、培训费支出和楼堂馆所建设等情况的监督检查，并重点对“三公”经费、奢华建设、“小金库”等开展专项治理。

财政审计　湖南省财政预算执行审计围绕提高财政资金绩效这条主线，加大对重点资金、重点部门、重点领域的审计监督，注重把握、提升审计报告的总体性、宏观性和建设性，集中反映和揭示财政资金运行中体制、机制和管理上存在的问题，有效发挥审计在维护财经秩序、深化财政管理中的积极作用。省级预算执行和其他财政收支审计工作报告、省级预算执行和其他财政收支审计查出问题的整改结果报告，在湖南省审计厅门户网站和湖南省政府门户网站全文公告，并先后在《湖南日报》、湖南卫视、《长沙晚报》、红网等十多家媒体进行重点报道，社会反响良好。

经济责任审计　全省审计领导干部1903人，其中地厅级23人、县处级229人、乡科级1556人、其他人员95人，查出违规问题金额60.5亿元，其中领导干部负直接责任问题金额19.1亿元。重新修订出台不同类型领导干部的经济责任审计纲要，重点关注领导干部所在单位的资金资源资产、政策执行、经济决策、内部管理以及领导干部作风建设、廉洁自律等方面的情况，着重探索领导干部自然资源资产离任审计，把债务管理、民生改善、环境治理、生态效益、节能减排等指标和实绩作为重要评价内容，强化审计结果问责追责，促进各级领导干部更好地履职尽责。

固定资产投资审计　湖南省审计机关坚持以“揭露问题、规范管理、提高绩效、维护安全”为目标，加强政府重大投资项目审计监督，推进工程建设领域突出问题专项治理。全省审计机关核减投资额112亿元。对省政府投融资建设的在建高速公路、对口支援新疆建设资金等项目实施跟踪审计，关注工程质量和项目管理、征地资金使用等情况，对发现的问题及时进行督促整改。

专项资金和外资运用审计 湖南省审计机关牢固树立民本审计观，加强民生资金审计，坚持把保障和改善民生作为审计监督的着力点，组织开展涉农、教育、医疗、住房和环境保护等民生资金审计。重点对保障性安居工程、就业专项资金、生猪生产资金、财政扶贫资金等民生项目和资金开展审计，关注民生资金的分配、管理和使用等情况，关注强民惠民政策的实施效果，促进维护人民群众根本利益。加强国外贷援款项目的审计，对中德合作湖南小农户造林项目等8个国外贷援款项目实施公证审计，重点关注国外贷援资金和国内建设资金使用、项目设备采购和使用、项目效益情况等，促进提高外资利用的质量和水平。

重大违法违纪问题和经济案件线索查处 湖南省审计机关加强与纪检监察、组织人事、巡视、司法等部门的合作，先后抽调近50人次参与省纪委办案，参与省委、省政府一系列专项督查。坚持把查处重大违法违纪问题和经济案件线索作为审计机关的重要职责，对审计发现的重大疑点问题和案件线索，力求查深查透。全省审计机关向有关部门移送经济案件线索234件，移送处理261人，涉及金额15.4亿元。这些案件线索集中发生在专项资金管理、公共工程建设、土地和矿产资源出让转让、国有资产处置等重点领域和环节，主要涉及滥用职权、贪污受贿、骗取侵占、奢侈浪费等问题。

审计成果运用 湖南省审计机关注重创新审计组织方式，在计划安排、审计重点、力量调配等方面，把财政、企业、经济责任、专项资金等专业审计相互衔接，探索一次进点、成果共享、分别报告等组织方式；注重创新审计审理方式，对所有审计项目通过业务会议集中审定，全年湖南省审计厅共召开审计业务会议19次，集中审理审计项目68个，通过集中审理，既提高了审计质量，又增强了审计工作透明度；注重创新审计技术方法，以金审工程为依托，搭建全省审计技术交流平台，加大数据集中和分析力度，探索开展社保资金联网审计；注重拓宽审计成果运用渠道，在原有《审计要情》《审计情况专报》《审计督促整改通知书》《审计督促整改函》四种审计文书的基础上，又新增《审计建议约谈函》《审计建议问责函》两种审计文书，拓宽信息报送渠道，规范信息报送程序；注重抓好审计成果开发，全省审计机关提交报告和重要信息7943篇次，有76%被批示或采用，提出的审计建议被相关单位采纳11350条，促进被审计单位建立健全制度236项。

相关工作 湖南省审计厅注重以提升审计人员依法审计的能力和素质为核心，着力加强审计机关自身建设，坚持狠抓政治纪律建设，坚持把守政治纪律、讲政治规矩摆在重要位置，通过学习和教育、管理和监督、完善民主生活会、党性定期分析等多种方法，增强全省审计机关守纪律讲规矩的氛围，党内生活的政治性、原则性和战斗性进一步增强；坚持狠抓作风建设，围绕贯彻落实中央八项规定和省委九项规定精神，出台公务活动接待、公务用车，以及“三公”经费管理办法等十多项规章制度，形成用制度管人、管事、管财的工作格局。狠抓党的群众路线教育实践活动整改落实工作，与上年同比，全省审计机关“三公”经费明显降低，厅机关各类会议减少20.5%，厅本级会议经费减少68%，文电数量减少23.6%，公务接待经费减少65%；坚持狠抓党风廉政建设，认真履行主体责任，在搞好教育，严肃廉政纪律、财经纪律的同时健全廉政风险防控体系，完善审前承诺制、审后回访制等一系列廉政规定，重新修订审计外勤经费管理办法，强化现场审计全程监督，进一步促进审计干部廉洁从审。湖南省审计厅驻厅纪检组、监察室多次深入审计现场督查“八不准”审计纪律执行情况；坚持狠抓能力建设，加强业务培训，改进培训方式，建立送教上门等培训机制，全省以计算机审计中级考试、工程造价培训为重点，举办各类培训班，培训干部1500多人（次）；坚持狠抓文明创建工作，实施上下联动，以厅机关带动系统，省厅保持全国文明单位称号，长沙市、娄底市通过全国文明单位考核验收，全省有118个审计机关被评为县级以上文明单位，占审计机关总数的84%，其中省级以上文明单位33个。

（撰稿人：张景珣）

【长沙市审计局】 2014年，长沙市审计局人员编制117人，在编108人。局长陈芳辉，副局长段安娜、邓国浩、黄永健、彭保刚、曹旨，总审计师关士麟，纪检组长赵志强，工会主席钟宏杰。设有办公室、法规处、审理处、审计执行处、财政审计处、金融与社会保障审计处、行政事业审计处、国有资产审计局、农业与资源环保审计处、外资运用审计处、经济责任审计局、内部审计指导处、审计技术处、人事处、机关党委、监察室、政府投资审计专业局。

审计成果 长沙市审计机关完成审计项目3334个，查出违规金额50.28亿元，促进增收节支19.83亿元（其中上缴财政6.02亿元），核减投资额41.59亿元。移送违法违纪案件线索30起。审计要情、报告、信息被市级以上领导批示和省级以上媒体采用100余篇。长沙市审计局获得全省审计系统先进集体荣誉，连续四年蝉联全省市州审计机关工作目标管理考核第一名、连续五年获得全市领导班子绩效考核一等班子；成功创建全国文明单位；4个审计项目被湖南省审计厅评为优秀审计项目，其中《长沙经济技术开发集团有限公司2012年度资产负债损益审计》被审计署评为2014年地方优秀审计项目。

政策措施落实情况审计 1月至3月，长沙市审计机关对全市城镇保障性安居工程进行专项审计，揭示保障性住房改变用途等问题，确保惠民政策落实。8月至10月，根据国务院和审计署的安排，长沙市审计机关抽调39名审计业务骨干赴株洲参与土地出让收支和耕地保护情况审计。

预算执行审计 2月至6月，长沙市审计局对市本级财政预算执行、3个市直部门预算执行、20个单位“三公”经费支出等进行审计，揭示收入征管存在漏洞、预算结余结转资金较大、部分水利项目未招标和“低中高结”等突出问题，督促收回拖欠的国有股分红6125万元、国有产权处置收入1.15亿元，清缴2007年以来沉淀在市本级非税收入汇缴结算账户的专项资金1.59亿元。

经济责任审计 创新经济责任审计制度，实行离任交接制度，探索“履职联审”“量化划等”等新型审计方式，积极推进“两型”审计。10月，湖南省经责办全文转发长沙市审计局制定的《关于乡镇（街道）领导干部经济责任审计结果量化划等的指导意见（试行）》《关于在地方党政主要领导干部经济责任审计中实施履职联审的意见》等两个文件。

固定资产投资审计 长沙市审计机关完成政府投资审计项目2971个，核减投资额41.59亿元。其中长沙市审计局完成政府投资审计项目880个，送审金额166.89亿元，核减投资额29.97亿元，综合核减率17.96%，为市政府节约资金，有效提高政府投资绩效。

审计成果运用 7月，长沙市政府召开政府常务会就审计整改工作进行专题部署；11月，长沙市委办、市政府办出台《长沙市审计结果运用办法（试行）》，审计整改制度化、规范化。长沙市审计机关向纪检、检察、公安等机关移送重大案件线索30起，移送处理人员23人，涉及金额1.64亿元，发挥反腐“尖兵”作用。

（撰稿人：夏海军）

【株洲市审计局】 2014年，株洲市审计局人员编制83人，在编71人。局长周南洋，副局长傅依全、戴勇、颜梦香、邓海林、王小琴，总审计师王小琴，经责处长刘运华，总会计师龚军军，工会主席王翔，副调研员沈大毛，国家投资审计处处长李荣贵。设有办公室、人事教育科、审计技术科、法制审理科、财政审计科、金融与社会保障审计科、行政事业审计科、固定资产投资审计科、外资运用审计科、农业与环保审计科、经贸审计科、经济责任审计室、投资集团审计科、内部审计管理科、机关党委、纪检监察室；下设株洲市国家投资审计处。

审计成果 株洲市审计机关共完成审计及调查项目288个，查处违规金额10.78亿元、管理不规范金额111.28亿元；处理上缴财政1526万元，责成归还原渠道资金12.26亿元，调账处理金额15.35亿元。向纪检监察、司法机关、主管部门等移送有关事项11件。共出具审计报告及专项调查报告322篇。提出审计建议592条，被采纳470条。

预算执行审计 2013年度株洲市本级预算执行和其他财务收支情况审计涵盖市财政局、市民政局、市农业局等11个部门，审计结果和整改情况得到市人大和市政府的充分肯定。市长在税收征管审计报告上做出“审计报告很有价值，请有关部门高度重视出现的问题，切实加以整改”的批示；并于7月15日主持召开政府常务会议专题布置审计整改工作。市审计局在《株洲日报》、市政府门户网站全文公布《关于2013年度市级预算执行及其他财政收支的审计工作报告》及其整改工作报告，引起社会广泛关注。

经济责任审计 市审计局组织开展对市城管局、市民政局、市林业局、市公路管理局、市人防办等24个单位领导干部的任期经济责任情况的审计。注重审计成果运用，市委书记在市城管局审计调研信息《株洲市公共自行车租赁系统营运管理存在六大问题》上做出“请政府相关部门及国投集团高度重视这些问题，认真加以整改，严格规范管理”的批示；市政府两次召开专题会议研究部署整改工作，拟出台《株洲市城市公共自行车租赁系统管理办法》。注重完善制度体系，12月4日，《株洲市党政主要领导干部和国有企业领导人员离任经济事项交接办法》出台。

固定资产投资审计 株洲市本级定案项目325个，送审金额11.22亿元，审定金额10.63亿元，审减金额6079.68万元，核减率5.42%。推进政府投资体制改革，按照市政府要求，草拟《株洲市本级政府投资建设项目工程造价咨询委托管理办法》《株洲市本级政府投资项目工程造价咨询机构管理办法》等制度。

专项资金审计 根据审计署的统一安排和部署，抽调32人参与衡阳地区的土地出让收支和耕地保护情况审计；根据省审计厅的统一安排，对全市城镇保障性安居工程开展跟踪审计；对茶陵县、醴陵市、株洲县人民政府2011年至2013年生猪生产专项资金的筹集、分配、管理、使用和项目的实施情况开展审计。根据市政府的交办，市审计局组织开展全市各县市区2011年至2014年5月社会抚养费征收、管理、使用情况的审计调查。

（撰稿人：冯　立）

【湘潭市审计局】 2014年，湘潭市审计局人员编制73人，在编71人。局长张伯文，副局长何爱莲、刘凤舞、罗百慧，总审计师康海湘，纪检组长周云。设有办公室、综合计划科、法制审理科、人事科、监察室、财金社保审计查证科、经济责任审计查证科、行政事业审计查证科、经贸审计查证科、农业与资源环保审计查证科、高新区审计查证科（分局）、示范区审计查证科（分局）、审计执行科、计算机技术管理科和内部审计管理科；下辖湘潭市国家建设项目审计监督中心。

审计成果 湘潭市审计机关共完成审计项目307个，查出主要问题金额121.46亿元，其中违规金额21.02亿元、损失浪费金额0.24亿元、管理不规范金额100.19亿元；损益（收支）不实金额37.12亿元；审计处理处罚金额49.36亿元，其中应上缴财政8298万元、应减少财政拨款或补贴9.68亿元、应归还原渠道资金110.55亿元、应调账处理金额277.89亿元；审计发现非金额计量问题163个；审计促进落实有关问题资金20.50亿元，其中增收节支4.87亿元、已调账处理金额15.57亿元；审计促进拨付资金到位4375万元；审计后挽回（避免）损失1.82亿元。移送司法机关、纪检监察机关和有关部门处理事项15件。出具审计报告和专项审计调查报告400篇，被批示、采用8篇。提出审计建议370条，提交审计信息361篇，被批示、采用214篇。向社会公告审计结果2篇。

财政审计 全市完成财政审计项目120个，查出预算超预算安排支出、虚列一般公共预算收支、部分专项资金使用不合规等问题。“两个报告”得到市人大、市政府充分肯定，各级政府召开专门会议对“同级审”问题进行限期整改，各项整改任务基本落实。湘潭市人民政府根据审计结果及审计建议先后出台《湘潭市本级财政专项资金分配审批管理试行办法》等5个文件，对财政专项资金分配审批、政府偿债准备金管理等工作进行规范。

经济责任审计 全市审计党政领导干部和企事业单位领导人员93人，其中县处级8人、乡科级85人，查出违规问题金额1.84亿元、管理不规范金额11.68亿元。经济责任审计规范化建设取得新进展，形成了各部门“审前共商、审中协作、审后运用”的协调配合机制，起草并促成《湘潭市经济责任审计工作领导小组工作制度》的出台。加大延伸问责追责力度，移送涉嫌违法违纪事项3件。

固定资产投资审计 全市完成固定资产投资审计项目159个，送审项目投资金额15.36亿元，核减投资额3.89亿元，核减率25.33%。对市公安局技术用房5个建设项目进行跟踪审计，促进项目管理、工程招投标、资金筹集使用等的规范。起草并促成出台《湘潭市房屋土地征收补偿安置资金审计监督管理办法》，据此全面介入征拆资金审计，审计金额2.47亿元，审减1097.2万元。针对工程结算中存在的多计工程量、高套定额等高估冒算行为，向市住建部门移送处理事项1件。

专项资金审计 对住房公积金、农业综合开发专项资金、就业专项资金、生猪生产专项资金等系列专项资金和民生项目开展审计和审计调查，共审计专项资金12.02亿元，查出问题金额1.97亿元，促进保障和改善民生。（撰稿人：王海文）

【衡阳市审计局】 2014年，衡阳市审计局人员编制90人，在编88人。局长李艳丽，副局长李鹏飞、廖义伟、邱文，总审计师李焕勇，纪检组长许常礼，工会主席周紫娟，领导干部经济责任审计中心主任段小军，固定资产投资审计中心主任彭云生。设有办公室、人事教育科、老干科、法规科、财政金融审计科、行政事业审计科、经贸审计科、农业与国土资源环保审计科、外资审计科、内部审计管理科、计算机审计管理科、行政科、监察室、经济责任审计中心（下设经济责任审计一、二、三、四科）、固定资产投资审计中心（下设综合科、固定资产投资审计一、二科）。

审计成果 衡阳市审计局共完成审计项目115个，查出主要问题金额696450万元。移送案件线索8起。审计提出意见建议126条，向各级党委、政府报送的审计报告和重要信息被批示采用62篇次，促进被审计单位建立健全规章制度和完善整改措施31项。被评为全省审计工作目标管理考核先进单位、全省依法行政先进单位、省级文明单位、市目标管理考核先进单位、市党风廉政建设先进单位、市优秀领导班子。

财政审计 积极探索审计方法，扫除审计盲区，对财政、税务等11个单位进行预算执行、税收征管、专项资金的审计和审计调查，审计促进财政入库2.6亿元，移送案件线索4件。审计查出的问题都全面整改到位。“两个报告”受到市人大常委会的肯定，并在媒体进行公告。

经济责任审计 对23名党政领导干部和企事业单位负责人实施经济责任审计，提出审计建设53条，全部被采纳，审计移送纪检监察机关案件线索2件。

固定资产投资审计 完成工程结算审计项目37个，其中市财政投资评审中心初审后移送的项目31个，核减金额4164.7万元。对22个重点建设项目跟踪审计，审计规范资金24172万元，督促下拨滞留资金21339万元，追回被挤占、挪用征拆安置资金1368.3万元，收回违规发放补助资金83.4万元，核减项目责任单位虚报征拆资金13674万元。

专项资金审计 对教育、医疗、社保、民政、环保等民生资金审计监督常态化。生猪生产资金审计，查出挤占挪用、违规套取专项资金391万元等问题。有关线索已移送纪检、公安部门处理。衡南县畜牧水产局原局长因涉嫌贪污被县纪委立案调查，衡东县人财保险公司员工伙同畜牧站工作人员骗取理赔款，有5人被刑拘。

金融审计 对白沙洲工业园管委会、松木经济开发区管委会、市城市建设投资有限公司、市交通建设投资有限公司等8家投融资机构财政财务收支进行例行审计。为摸清家底、核实资产、防范金融风险和加强投融资机构规范管理发挥重要作用

质量管理 组织全市审计系统召开“提高审计质量，防范审计风险”专题研讨会，演示优秀审计案例，点评审计项目，对审计质量进行大讨论、大排查、大整改、大提高。创新审计方法，建立被审计单位数据库，实施年报抽审轮审制度。

信息化建设 在全省第一批建成审计署、审计厅、市、县（区）4级互联的审计视频会商系统，对机关网络进行全面改造，为审计业务人员配备高配置电脑，全年信息化建设累计投入近300万元，为联网审计创造条件。

（撰稿人：邹东亮）

【邵阳市审计局】 2014年，邵阳市审计局人员编制86人，在编86人。局长申建伟，副局长谭友明、胡正桥（—10月）、阳海贵（兼纪检

组长)、李伯升、刘喆、袁连文、宇向东，总审计师朱良华。设有办公室、财政审计科、金融外资与社会保障审计科、行政事业审计科、农业和资源环保审计科、经贸审计科、固定资产投资审计一科、固定资产投资审计二科、政工科、法制审理科、计划执行科、纪检监察室，下辖邵阳市领导干部经济责任审计处、内部审计管理办公室、邵阳市基本建设投资审计中心。

审计成果　邵阳市审计机关完成审计项目411个，查出主要问题金额997556万元，其中违规金额128081万元、损失浪费金额982万元、管理不规范金额868492万元；损益（收支）不实金额175787万元；审计处理处罚金额576870万元，其中应上缴财政44172万元、应减少财政拨款或补贴8027万元、应归还原渠道资金174536万元、应调账处理金额347604万元；审计发现非金额计量问题1291个；审计促进整改落实有关问题资金329190万元，其中增收节支140346万元、已调账处理金额162996万元；审计后挽回（避免）损失32134万元。移送司法机关、纪检监察机关和有关部门处理事项11件。提交报告和专项审计调查报告472篇。提出审计建议881条，提交审计信息803篇，被批示、采用510篇。向社会公告审计结果31篇。

财政审计　完成预算执行、财政决算审计190个，查出主要问题金额884204万元，其中违规变更调整预算54569万元，未按规定纳入预算管理13816万元，未按规定征收缴纳111455万元，违规改变项目计划和资金用途54860万元，资金滞留闲置40893万元。

行政事业审计　完成对99个单位的审计和审计调查，查出主要问题金额42186万元，其中违规改变项目计划和资金用途5568万元，乱收费乱摊派乱罚款1749万元，扩大开支范围或提高开支标准列支5619万元。

固定资产投资审计　完成71个国家建设项目工程造价审计，核减投资额16969万元。查出主要问题金额24762万元，其中违规改变项目计划和资金用途69万元，多计工程结算款13452万元，超规模超标准项目64万元。

社会保障审计　完成3个单位的审计和审计调查，查出主要问题金额1307万元。

企业审计　完成对16个单位的审计和审计调查，查出主要问题金额1402万元，虚报或隐瞒转移收入13万元。

经济责任审计　完成对108个单位的118名领导干部的经济责任审计，查出主要问题金额41054万元，其中违规金额17243万元，管理不规范金额23563万元。

专项资金审计　完成对32个单位的审计和审计调查，查出主要问题金额43692万元，其中资金滞留闲置2517万元。　（撰稿人：王佑梅）

【岳阳市审计局】　2014年，岳阳市审计局人员编制82人，在编82人。局长谌亚忠，副局长邓春初、杨如松、李星吾、陈超、丁湘平，总审计师干忠叶，纪检组长曾建国，党组成员万春霞。设有办公室、法规和审理科、人事科、综合计划科、审计技术科、内审指导科、监察室、机关党委、机关工会、财政金融审计科、经贸外资审计科、行政事业与社会保障审计一科、行政事业与社会保障审计二科、农业与资源环保审计科、经济责任审计科，下辖开发区审计分局、直属分局、市政府投资审计专业局。

审计成果　岳阳市审计机关共实施审计项目475个，查出违规问题金额31.5亿元，上缴财政和减少财政拨款4.36亿元，审减投资额1.67亿元。移送经济案件线索33件。向各级党委、政府报送的审计报告和重要信息被批示采用114篇。促进被审计单位建立健全规章制度和完善整改措施189项。市审计局朱国芬荣获全国审计机关先进工作者称号。

财政审计　财政预算执行审计紧紧围绕提高财政资金绩效这条主线，加大对重点资金、重点部门、重点领域的审计监督，审计全面反映2013年度市本级预算执行的整体状况，如实揭露违规问题，为政府加强预算管理、人大加强预算监督发挥积极作用。审计工作报告得到市人大、市政府的充分肯定。强化对预算执行审计查出问题的整改监督，初步形成由市政府督查室、市监察局、市财政局、市审计局、市地税局联合督办的工作机制。对照审计工作报告反映的多个单位的多个问题，制定整改清单，采取“挂号销号”方式，开展跟踪督查。截至10月底，通过审计整改上缴国库资金 13.18 亿元，归还原渠道资金 4.61 亿元，制定完善制度 26 项；启动问责程序 1 起，追究违纪责任 7 起，经济处罚 4 人，诫勉谈话 2 人，责成 4 个单位和 2 名责任人写出书面检讨。

经济责任审计 全市审计领导干部 161 人，其中县处级 11 人、乡科级 142 人、其他人员 8 人；查出违规问题金额 8.92 亿元，其中领导干部负直接责任问题金额 1.35 亿元。出台《岳阳市经济责任审计成果运用办法》，更加关注领导干部所在单位的资金资源资产、政策执行、经济决策、内部管理以及领导干部作风建设、廉洁自律等方面的情况，促进各级领导干部更好地履行经济责任。

固定资产投资审计 加强政府重大投资项目审计监督，对岳阳市王家河流域综合治理工程、岳阳市临湖公路建设工程、岳阳市奥体中心建设工程、岳阳市洞庭新城建设工程实施跟踪审计，对工程施工过程中的关键阶段、关键部位跟踪监督，严格控制工程变更，有效解决施工单位低价中标、通过变更达到高价结算这一现象。将征地拆迁个案补偿评估纳入审计监督范围，规范投资管理，遏制损失浪费。对政府投资建设项目进行工程竣工结算审计，全市审计机关全年审计核减工程造价 1.67 亿元，为国家节约建设资金，提高资金使用效益。

专项资金审计 根据审计署和审计厅的统一安排，组织完成全市保障性安居工程跟踪审计和生猪生产专项资金审计，查出保障性住房资金使用和筹集管理不严格、分配和使用有待优化、部分项目建设管理不规范影响工程质量等问题，涉及管理不规范金额近 4 亿元；查出生猪生产专项资金分配不当、挤占挪用财政补贴资金，保险经办机构违规理赔等问题，涉及金额 1240 多万元。专项资金审计重点关注资金的分配、管理和使用情况，促进保障和改善民生。

交办任务 全年完成省审计厅和市委、市政府临时交办的各项工作任务 17 件。8 月份全市抽调 35 名业务骨干、历时 2 个多月，完成审计署、省审计厅交办的娄底市土地出让收支和耕地保护情况专项审计。配合省审计厅完成 3 个外资审计项目和惠民生、转方式、调结构专项审计调查。配合完成市（县）委、市（县）政府交办的各项中心工作。全年完成岳阳市直五区社会救助专项资金检查、清理规范社会中介组织和行业协会收费行为、“小金库”专项治理、良种补贴和农机购置补贴政策落实情况专项整治、低价出让国有建设用地使用权和矿产权专项清理整治、22 家市直单位专项资金备案登记检查、市直政法系统基础设施建设债务情况清理核实、湖南科伦制药有限公司岳阳分公司“退二进三”搬迁损失评估、长炼公司医保移交地方专项审计、省八届少数民族运动会筹委办财务收支情况审计、市中心城区被征地农民养老保险金征缴情况审计、经开区连接线等六项提质改造工程审计、市小港粮库信访事项调查等交办事项。代市政府草拟出台《关于加强“三公”经费审计监督的意见》。交办事项及时提交审计报告，为上级部门正确决策，化解矛盾提供可靠依据。（撰稿人：何军霆）

【常德市审计局】 2014 年，常德市审计局人员编制 67 人，在编 67 人。局长张克武，副局长廖华春、李新辉、李卫、谷素君、陈位明、张峰、周罗生，工会主席聂国骏，经责审计局局长苏以政。设有办公室、人事科、综合科、审理科、执行科、查证一科、查证二科、查证三科、查证四、查证五科、内部审计指导科、审计技术科、经责审计局、投资审计专业处。

审计成果 常德市审计机关完成审计项目 502 个，查出主要问题金额 102.65 亿元，其中违规金额 14.30 亿元；审计处理处罚金额 18.23 亿元，促进增收节支 10.50 亿元；审计促进拨付到位资金 7.60 亿元；审计后挽回损失 2.70 亿元。移送司法机关等处理事项 38 件。提出审计建议 1407 条，提交审计信息 472 篇，被批示、采用 176 篇。向社会公告审计结果 152 篇。

财政审计 重点关注财政预算管理、关注支出结构与效益、关注收入征管力度，着力促进提升预算管理水平，增强绩效意识与财经纪律意识。结合“四风”突出问题整治，结合财政资金存量盘活与增量优化，结合“新常德新创业”工作推进，揭示建设项目长期拖欠规费，有关部门失职渎职造成非税收入流失等问题，推动市政府出台系列文件加以规范。

经济责任审计 对 224 名领导干部开展审计，

查出违纪违规问题金额5000万元，移送案件线索4件。常德市本级及时调整经济责任领导小组成员，全面修订领导小组议事和工作规则，推动建立“三责联审”制度，强化全市经济责任审计规范化管理。

专项资金审计 完成湖南省统一组织的就业资金、保障房建设资金、生猪生产资金审计，选取“三农”、社保、教育、文化、医疗等方面专项资金进行审计，查处和揭露损害群众利益行为，通过结果公开、问责追责等方式，促进被审计单位完善管理制度机制，提高资金绩效。

固定资产投资审计 开展政府投资项目跟踪审计、征地拆迁审计和工程预决算、结算审计，全年审减工程投资额5.7亿元，查纠工程建设管理中存在的典型问题，促进净化建设环境，提升项目绩效。特别是“三改四化”审计，及时揭示突出问题，提出改进建议，服务“城市提质改造”工作。

信息化建设 建成全市审计视频会商系统，推进审计管理与审计实施两大系统交互应用，将金审工程三期纳入市云计算中心统筹建设，常德市审计局的一项计算机审计经验，已被审计署列入案例教材。

（撰稿人：田功海）

【张家界市审计局】 2014年，张家界市审计局人员编制35人，在编35人。局长向洁，副局长彭瑛、李文化（—4月）、汤敬丁、申迎香（11月—）、刘阳（4月—），总审计师高智，纪检组长覃业成（—11月）、田胜勇（11月—）。设有办公室、法制科、综合计划科、审计技术科、监察室、财政审计科、行政事业审计科、农业与资源环保审计科、企业外资审计科、建设资金审计科、经济责任审计处，下设张家界市建设项目审计中心。

审计成果 张家界市审计机关完成审计项目145个，查出主要问题金额517769万元，其中违规金额110209万元、损失浪费金额50万元、管理不规范金额407503万元；损益（收支）不实金额16686万元；审计处理处罚金额124745万元，其中应上缴财政25304万元、应减少财政拨款或补贴2044万元、应归还原渠道资金20635万元、应调账处理金额14778万元；审计发现非金额计量问题432个；审计促进整改落实有关问题资金83160万元，其中增收节支62926万元、已调账处理金额7680万元；审计促进拨付资金到位1130万元；审计后挽回（避免）损失13981万元。移送司法机关、纪检监察机关和有关部门处理事项11件。出具审计报告和专项审计调查报告160篇，被批示、采用4篇。提出审计建议501条，提交审计信息94篇，被批示、采用18篇。向社会公告审计结果4篇。张家界市审计局及4个区县审计局均被评为市级以上文明单位，其中，张家界市审计局、慈利县审计局通过省级文明单位复查验收。

财政审计 张家界市及区县本级预算执行及其他财政收支情况审计，注重从全口径预算管理的角度揭示问题，重点关注预算收入的完整性和支出的合理性、专项资金分配以及国库集中支付管理方面存在的突出问题。6月26日，张家界市人大常委会第11次会议全票通过《关于2013年度市本级预算执行和其他财政收支情况的审计工作报告》。7月至10月，张家界市审计局派出多个督查组，深入被审计单位和相关区县督促落实整改工作。截至11月底，审计工作报告涉及的绝大部分问题已得到有效整改。在日常审计工作中加强对“三公”经费开支情况的审计监督，张家界市共压缩“三公”经费1.43亿元。

经济责任审计 全市审计机关共审计领导干部40人，其中县处级9人、乡科级31人，查出违规问题金额1685万元，管理不规范问题金额5353万元，其中领导干部负直接责任问题金额314万元、负主管责任金额550万元、负领导责任金额4488万元。根据工作需要，张家界市委办、张家界市政府办联合下发《张家界市关于进一步加强领导干部经济责任审计的意见》，张家界市委组织部与张家界市审计局联合印发《张家界市领导干部经济责任分类管理办法》，张家界市审计局印发《张家界市领导干部离任经济事项交接管理办法》。

固定资产投资审计 全市审计机关共核减政府投资项目投资额1.82亿元。张家界市审计局对21个建设项目工程结算进行审计，全年送审金额6.014亿元，审减工程造价8824万元，审减率达14.67%。

专项资金审计 全市审计机关组织开展保障性安居工程、就业专项资金、生猪生产资金、财政扶贫资金审计。针对生猪生产专项资金项目申报管理不严格、部分保障性住房建成后未及时入住造成空置、挤占挪用就业专项资金、虚开发票套取扶贫资金等问题提出审计建议，要求被审计单位迅速整改。对于涉嫌违纪违法的，将有关案件线索按程序报相关部门进一步调查处理。

信息化建设 1月，完成审计署、湖南省审计厅、张家界市审计局及4个区县审计局视频会议系统四级互联互通。 （撰稿人：李美林）

【益阳市审计局】 2014年，益阳市审计局人员编制55个，在编55人。局长刘凌云，副局长谭超美、张松斌、刘俊科、吴常青、杨茜，纪检组长张松斌（兼）。设有办公室、法规科（审理科）、财政金融审计科、行政事业审计科、农业与资源环保审计科、经贸外资审计科、市领导干部经济责任审计局、市建设项目审计办公室、审计执行科、审计技术科、人事科、内审指导科，下设益阳市审计局高新区分局、益阳市审计局大通湖区分局。

审计成果 益阳市审计机关共完成审计（调查）项目349个，审计和调查296个单位，查出主要问题金额6.62亿元，应上缴财政1.55亿元，归还原渠道资金7.2亿元，核减政府投资工程造价5.39亿元。移送违法违纪案件线索10件。出具审计（调查）报告共349篇，提出审计建议623条，提交审计信息226篇，其中领导批示或被有关媒体采用119篇。益阳市审计局本级完成审计项目121个，查出主要问题金额1.58亿元，应上缴财政1.29亿元，归还原渠道资金1.9亿元，审减政府投资额1.41亿元。移送违法违规问题线索6件。出具审计报告和专项审计调查报告121篇，被批示、采用15篇。提出审计建议142条，提交审计信息96篇，被批示、采用35篇。向社会公告审计结果49篇。市审计局继续保持湖南省文明单位荣誉，在年度目标管理绩效考核中被省审计厅授予进步奖。

财政审计 加大对重点资金、重点部门、重点领域的审计监督。市本级预算执行审计，对财政预算编制欠完整、未编国有资本经营预算、部分预算支出未到位、部分资金管理不规范、部分资金使用绩效欠佳等问题提出审计建议，引起市人大、市政府的高度重视，市财政局、市国资委、市房管局等有关部门积极采纳审计建议，在市本级政府性债务管理、国有资本经营预算、市属国有企业改制资金管理等方面出台规范性文件，为完善预算管理机制、提高财政资金使用效益、防范财政风险发挥积极作用。市审计局通过市政府门户网站，首次向社会发布市本级财政预算执行审计结果公告，促进社会各界关注、监督财政预算执行和其他财政收支情况。

经济责任审计 对127名领导干部进行经济责任审计。其中，市审计局对11名市管领导干部和国有企业领导人员开展任中审计；高新区审计分局首次对村级组织主要负责人进行任期经济责任审计。审计成果运用进一步加强，市委书记对市审计局报送的审计结果报告做出重要批示，纪检监察机关和组织、财政等部门加强对审计发现问题整改工作的督促检查。市委、市政府印发《关于进一步深化经济责任审计工作的实施意见》，要求加大对下级党政主要领导干部和本级公权力大、经济性强、公众关注度高的党政机关事业单位主要领导干部的经济责任审计力度，进一步规范经济责任审计的内容和评价体系。

固定资产投资审计 全市审计机关坚持监督与服务并重，将城市棚户区改造、基础设施、城市防洪工程、经济开发园区建设等重点工程进行跟踪审计，对部分交通、水利、土地整理项目和政府投资数额较大的建设项目开展决算审计，纠正工程监管不到位、不按设计施工、挪用建设资金、违规招投标、损失浪费等违法违规问题，提高工程质量和投资效益。

专项资金审计 全市围绕中央和省、市重大惠民政策的落实，加强对政府保障性住房、生猪生产专项资金、水利建设专项基金、住房维修资金、扶贫开发资金等民生项目审计；配合省审计厅开展稳增长促改革调结构惠民生等政策措施落实情况的跟踪审计。通过一系列民生项目和资金审计，督促归还专项资金和减少财政拨款1.19亿元，纠正部分专项资金管理不规范、发放不及时、使用不合规等问题，维护人民群众的利益。

信息化建设 金审工程二期建设取得显著成

效，加快金审工程三期实施准备。实现市县审计专网互联互通，全面建成审计署、省审计厅、市审计局、区（县）审计局的四级互联的审计视频会商系统，节约审计机关行政成本，提高工作效率，实现资源共享。市政府出台《益阳市审计电子数据采集办法》，明确审计数据采集内容、方式和程序，现代信息技术在审计管理和审计分析中的作用进一步体现。（撰稿人：胡　铎）

【郴州市审计局】 2014年，郴州市审计局人员编制55人，在编55人。局长段小卿，副局长韩湘萍、张进（—4月）、黄卿、周柏桐、罗发旺、雷飞飞（4月—）、曹世香，总审计师匡少兵，纪检组长肖敦武，经济责任审计处主任谭南燕，工会主席罗湘粤。设有办公室、法规审理科、财政金融审计科、行政事业审计科、农业外资审计科、经贸审计科、固定资产投资审计科、经济责任审计处、审计技术科、开发园区审计科、政工科、监察室、审计执行科。

审计成果 郴州市审计机关共审计（调查）单位1218个，查出主要问题金额110.25亿元，审计处理处罚金额38.59亿元，审计发现非金额计量问题421个，审计促进整改落实有关问题资金24.9亿元。移送司法机关、纪检监察和主管部门处理事项8件。出具审计报告和专项审计调查报告1431篇，向社会公告审计结果34篇。市审计局实施的郴州市乡镇企业局局长任期经济责任审计、北湖区审计局实施的郴州市肉食水产公司财务收支情况专项审计调查荣获湖南省优秀审计项目。

政策落实情况审计 贯彻中央八项规定，湖南省委、郴州市委“九项规定”和有关作风建设的要求，对郴州市直22个单位“三公”经费、境外招商引资，以及落实公务接待制度的情况进行专项检查。在日常审计中把职务消费、会议费、培训费支出、“小金库”作为审计监督重点。郴州市纪委书记就检查出的问题与相关单位主要负责人进行集体约谈，督促整改。市审计局针对“三公”经费管理中存在的普遍性、倾向性问题，分析问题原因，提出建议，助推郴州市政府办出台《郴州市关于加强“三公”经费审计监督的意见》，使“三公”经费审计监督形成常态，构建起“三公”经费规范管理的长效机制。

财政审计 加大对政府全口径预算、预算执行的审计监督，促进做到收入一个“笼子”，预算一个“盘子”，支出一个“口子”。通过审计促进盘活存量，用好增量，增强理财能力，提高资金使用效益。关注财政专项资金使用情况，促进专项资金设立规范，资金安排和分配程序合规，资金使用增效。关注行政运行成本，促进节约财政资金。审计机关所提交的年度审计工作报告客观评价财政预算执行的总体情况，反映和揭示预算执行中存在的问题，提出加强和改进的意见和建议，得到市人大和市政府的肯定。郴州市财政局采纳专项资金审计建议，修订《郴州市本级财政专项资金管理暂行办法》，进一步完善财政专项资金监管制度。

经济责任审计 全年对209个单位285名领导干部进行经济责任审计，提交审计报告和审计结果报告426篇，提出建议443条，被采纳389条。查出主要问题金额5.79亿元，其中领导干部负直接责任问题金额1821万元，负主管责任问题金额1570万元，负领导责任问题金额5.45亿元。坚持把查处重大违法违纪问题和经济案件线索作为审计机关的重要职责，依法依纪处理责任人。审计查出挪用专项资金、违规购买理财产品、开具假发票、虚列补助套取资金等违法违纪行为，处理收缴单位违纪金额549万元、个人违纪金额263万元，5名严重违反财经纪律的人员被移送司法机关处理。

固定资产投资审计 坚持以“揭露问题、规范管理、核准造价、提高绩效”为目标，加强政府重大投资项目审计监督。进一步调整跟踪审计思路，整合审计力量，重点加强与工程造价有关重要事项的跟进监督。进一步强化协审和监理责任，严把隐蔽工程签证关。坚持边审计边整改，及时指出和督促纠正项目建设中的质量管理、合同管理、造价控制等方面的问题，及时移送发现的案件线索，对有关责任人追责问责。按照郴州市委、市政府的要求，市审计局向郴州市城投集团、郴州出口加工区派驻6名审计专员对重大项目实施现场监管。完成投资审计项目858个，送审金额68.03亿元，审定金额57.97亿元，核减投资额10.6亿元，为政府节约投资，提高财政资金使用效益。

专项资金审计 坚持把保障和改善民生作为审计监督的着力点，进一步加强重点民生资金的审计，着力揭示和反映政策落实不到位、目标未实现、资金分配不合规、管理不严格、制度不完善等问题。组织开展城镇保障性安居工程、生猪生产资金、水利建设资金、农业综合开发资金、创建国家森林城市资金、住房维修基金等项目和资金的审计。在对生猪生产资金审计时，查出骗取财政补贴资金 154.74 万元，挤占挪用资金 215.09 万元等问题。通过整改，收回骗取的财政补贴 154.74 万元，收回挤占挪用的资金 185.3 万元，切实维护人民群众的根本利益。

（撰稿人：曹永兵）

【永州市审计局】 2014 年，永州市审计局人员编制 46 人，在编 44 人。局长龚跃林，副局长何先旺、柏玉、雷玖夏、王平波、曾庆廉，总审计师蒋跃军，纪检组长胡剑平。设有办公室、综合计划科、政工科、法规审理科、经济责任审计室、财政金融审计科、行政事业与社会保障审计科、固定资产投资审计科、经贸审计科、农业资源环保外资审计科、内审指导科、审计技术科、监察室。

审计成果 永州市审计机关共审计（调查）项目 590 个，查出违规问题金额 25.3 亿元，促进增收节支 13.3 亿元，避免和挽回损失 4.6 亿元，核减投资额 0.9 亿元。发现非金额计量问题 252 个。移送违法违纪案件线索 2 件。提交审计报告和信息 590 篇，提出审计建议 1493 条。

财政审计 全市审计机关注重拓展财政审计的广度和深度，将所有政府性资金纳入审计监督视野，从全口径预算管理的角度揭示问题，从体制机制制度层面分析审计发现的问题并有针对性地提出审计建议，有效发挥公共财政“卫士”作用。市级预算执行和其他财政收支审计提出的 6 条建议全部被市政府和有关部门采纳，并制定相关制度和措施。审计结果和整改情况得到市人大和市政府的充分肯定。

专项资金审计 按照上级审计机关的统一安排，市审计局组织全市审计机关对市本级和 13 个县（区、管理区）2013 年城镇保障性安居工程的投资、建设、分配、运营等情况进行跟踪审计，在严肃查处突出问题的同时，督促相关县区和部门及时进行整改，做到“边审计、边整改、边规范、边提高”，确保中央城镇保障性安居工程的决策部署真正贯彻落实到位。对 8 个县（区）2011 年至 2013 年生猪生产专项资金的筹集、分配、管理、使用和项目的实施情况进行审计，将套取和挤占挪用的资金全额收缴县区本级财政，专项用于生猪生产，缓解养猪农户在生猪行业持续低迷中资金紧缺之急。按照上级审计机关的统一安排，抽调 35 人赴娄底市参加土地出让收支和耕地保护情况审计。

固定资产投资审计 全市审计机关以促进提高投资效益为目标，选择投资规模大、党委政府关注和群众关心的民生项目优先审计，以重大项目、热点项目、民生项目审计带动其他政府投资项目审计，积极探索投资审计同步跟进。全市共对 106 个投资项目进行审计，查出主要问题金额 2.16 亿元，核减投资额 0.9 亿元。市审计局对湘江东路（城南大道—巴洲路）、巴洲安置小区等重大政府投资项目实施跟踪审计，有效发挥审计在规范投资管理和遏制损失浪费上的重要作用。

经济责任审计 全市审计机关注重深化经济责任审计内容，将部门行业政策法律执行，落实作风建设新的规章制度，资源、资金、资产分配管理使用，项目建设绩效，制度建设、运行机制及部门行业监管，服务经济社会发展以及廉政建设等方面情况列为审计重点，严肃查处重大违法违纪问题，及时向纪检、检察机关移送案件线索。全市对 137 名领导干部开展经济责任审计，查出领导干部负有主管责任、领导责任的问题金额 13.34 亿元；审计移送案件线索后，8 名相关责任人被查处，分别受到刑事处罚和党纪政纪处分。

（撰稿人：唐　薇）

【怀化市审计局】 2014 年，怀化市审计局人员编制 64 人，在编 54 人。局长梁明珍，副局长刘序国、刘圣平、杨承连、姜小祥，总审计师杨春洪，纪检组长谭庆津。设有办公室、法制科、人事科、综合计划科、财政金融审计科、行政事业审计科、经贸与外资运用审计科、固定资产投资审计科、农业与资源环保审计科、审计技术科、经济责任审计室、纪检监察室，下设怀化市建设项目审计中心。

审计成果 怀化市审计机关完成审计项目426个，查出主要问题金额805350万元，其中违规金额97195万元、损失浪费金额11906万元、管理不规范金额696248万元；损益（收支）不实金额40441万元；审计处理处罚金额244448万元，其中应上缴财政23150万元、应减少财政拨款或补贴33734万元、应归还原渠道资金26459万元、应调账处理金额161105万元；审计发现非金额计量问题387个；审计促进整改落实有关问题资金228259万元，其中增收节支69692万元、已调账处理金额148555万元；审计促进拨付资金到位39436万元；审计后挽回（避免）损失87328万元。移送司法机关、纪检监察机关和有关部门处理事项20件。出具审计报告和专项审计调查报告600篇，被批示、采用62篇。提出审计建议902条，提交审计信息215篇，被批示、采用947篇。向社会公告审计结果14篇。

（撰稿人：邹永红）

【娄底市审计局】 2014年，娄底市审计局人员编制58人，在编61人。党组书记王洪江，局长彭淑媛，副局长曾志伟、周海良、王志彪，总审计师刘峰，纪检组长许湘华，经责处主任邹国民。设有办公室、综合管理科、人事科、法规科、财政审计科、金融与社会保障审计科、行政事业审计科、经贸审计科、农业与资源环境审计科、投资外资审计科、计算机审计科、工程审计科、监察室、机关党委、工会、领导干部经济责任审计处、监督中心。

审计成果 娄底市审计机关完成审计项目247个，查出主要问题金额1289544万元，其中违规金额316958万元、损失浪费金额13991万元、管理不规范金额958594万元；损益（收支）不实金额25347万元；审计处理处罚金额406938万元，其中应上缴财政7265万元、应减少财政拨款或补贴215万元、应归还原渠道资金131598万元、应调账处理金额72396万元；审计发现非金额计量问题391个；审计促进整改落实有关问题资金247453万元，其中增收节支104104万元、已调账处理金额62501万元；审计促进拨付资金到位39968万元；审计后挽回（避免）损失4038万元。移送司法机关、纪检监察机关和有关部门处理事项14件。出具审计报告和专项审计调查报告394篇，被批示、采用6篇；提交审计信息481篇，被批示、采用370篇。

财政审计 深化预算执行审计，持续关注政府债务、专项资金、税费成本以及非税收入征管、预算管理等重点领域和关键环节，如实披露审计发现问题，提出切实可行的意见建议，推动完善相关制度机制。创新审计整改，建立“政府牵头，审计为主，部门联动，标本兼治”的审计整改机制，充分发挥审计成效。加大审计结果公告力度，市本级和部分县（市、区）财政预算执行审计工作报告和整改报告，分别向社会进行公告。

固定资产投资审计 市本级完成固定资产投资项目结算审计296个，送审金额12.63亿元，审定金额11.59亿元，累计核减1.73亿元，核减率12.98%。以市政府名义下发《娄底市政府投资项目审计监督办法》《娄底市政府投资项目跟踪审计操作（规程）》和《娄底市政府投资项目审计购买社会中介服务管理办法》等，推动政府投资项目审计制度化建设。

经济责任审计 全市对126个单位148名领导干部实施经济责任审计，查出违规违纪金额80148万元，为财政增收节支16750万元。出台《关于进一步加强领导干部任期审查审计工作的意见》《娄底市党政领导干部离任交接办法》《娄底市经济责任审计对象分类管理办法》和《娄底市经济责任审计工作联席会议制度》等文件，推动经济责任审计步入法制化轨道。《创新经济责任审计取得良好成效》一文，被审计署推荐。

专项资金审计 市本级共完成国有土地出让金、保障性安居工程、生猪生产补贴资金、环保、医疗等专项审计（调查）项目9个，查出主要问题金额6.2亿元。重点查处冷水江渣渡镇保障性住房违纪违法窝案，移送或处理干部15人。在对社保资金、环保专项资金等民生资金进行审计时，移送检察院、纪检监察部门案件线索5件。

（撰稿人：陈 萍）

【湘西土家族苗族自治州审计局】 2014年，湘西土家族苗族自治州审计局人员编制48人，在编45人。党组书记向能武，局长印钊，副局长肖远湘、金利蓉、吴东升，总审计师李嘉琳，纪检组长高光忠。设有办公室，法制科，财政审计科，行政事业与外资运用审计科，经贸、金融、社保审计科，农业与资源环保审计科，固定资产投资审计科，经济责任审计室，人事科，审计技术科和湘西自治州政府投资审计中心，按有关规定设置纪检（监察）机构。

审计成果 湘西土家族苗族自治州审计局完成审计项目70个（含政府投资审计项目），查出主要问题金额717774万元，其中违规金额121146万元、管理不规范金额596627万元；损益（收支）不实金额7989万元；审计处理处罚金额162826万元，其中应上缴财政3084万元、应减少财政拨款或补贴7341万元、应归还原渠道资金147071万元、应调账处理金额5329万元；审计发现非金额计量问题1876个；审计促进整改落实有关问题资金80446万元，其中增收节支75117万元、已调账处理金额5329万元；审计促进拨付资金到位74397万元；审计后挽回（避免）损失7761万元。移送司法机关、纪检监察机关和有关部门处理事项3件。出具审计报告和专项审计调查报告53篇，被批示、采用7篇。提出审计建议155条，提交审计信息286篇，被批示、采用217篇。向社会公告审计结果2篇。

财政审计 对州直11个部门单位的预算执行和4个县市的财政决算以及4项政府性基金进行审计。州、县（市）预算执行审计工作报告和查出问题的整改报告，向社会进行公告。

经济责任审计 全州对65名领导干部进行经济责任审计，其中地厅级1人、县处级5人、乡科级59人。查出各类问题金额162300万元，被审计领导干部负直接责任金额135万元、负主管责任金额43200万元、负领导责任金额118900万元。

固定资产投资审计 重点对湘西职院教学楼，大门及教学楼附属工程，湘西广州工业园产业中心工程第一、二标段，吉凤投资服务中心桩基工程，吉凤工业大道A4标和州政府迁建等项目进行审计。

专项资金审计 对全州城镇保障性安居工程、政策性农业保险、住房公积金、吉首市财政扶贫资金等开展专项审计。

信息化建设 加大无纸化办公力度，实现审计公文内网审批100%、行政公文内网办理100%、文件传阅内网浏览100%；将州直150个一级预算单位全部纳入审计监督对象数据库。

（撰稿人：李畅舞）

2014年湖南省所辖区、县(市)级审计工作统计表

金额单位:万元

审计机关	完成审计项目(个)	审计查出主要问题金额	审计处理情况					出具审计报告和审计调查报告(篇)	提出审计建议(条)	提交审计信息(篇)
			审计处理处罚				移送处理事项(件)			
			应上缴财政	应减少财政拨款或补贴	应归还原渠道资金	应调账处理金额				
长沙市										
长沙市本级	938	6072520	49683	108165	322595	70302	10	949	202	150
岳麓区审计局	43	217288	4630		24	1144	5	50	56	31
芙蓉区审计局	255	50044	290			8244		271	131	35
天心区审计局	255	57531	118		11	1138	2	263	42	28
开福区审计局	410	98893	136	9456	176	7157	2	417	78	27
雨花区审计局	88	163459	82	3059			1	98	30	27

续表

审计机关	完成审计项目（个）	审计查出主要问题金额	审计处理情况					出具审计报告和审计调查报告（篇）	提出审计建议（条）	提交审计信息（篇）
			审计处理处罚				移送处理事项（件）			
			应上缴财政	应减少财政拨款或补贴	应归还原渠道资金	应调账处理金额				
望城区审计局	44	848838	4140			59		59	218	11
浏阳市审计局	454	112084	416	8969	1		4	475	111	55
长沙县审计局	322	67446	1615	6713	13	19494	3	344	80	41
宁乡县审计局	525	346074	93		135	42	3	532	125	10
株洲市										
株洲市本级	58	656319	628		9426	130015		77	150	11
天元区审计局	41	102661	21		3000	6		21	33	1
荷塘区审计局	14	37493	13		581	7547		14	41	
芦淞区审计局	13	959	86			431	1	13	30	9
石峰区审计局	21	3275	7		43	192	1	19	67	
醴陵市审计局	28	26664	93		302	146	3	28	18	
株洲县审计局	12	119615	27		98687	7756	1	20	52	
攸县审计局	33	142481	490		3515	157	1	58	72	6
茶陵县审计局	37	112923	132	250	7059	2249	3	39	94	10
炎陵县审计局	31	12951	24			5	1	33	35	20
湘潭市										
湘潭市本级	55	464158	1713		43422	28799	2	65	160	283
岳塘区审计局	22	21158	246		2	18407	1	36	32	15
雨湖区审计局	11	2428	76		300	1476		22	21	22
湘乡市审计局	60	20379	246	81	2571	8964		91	18	14
韶山市审计局	69	59132	54	419	16391	11378	2	81	68	14
湘潭县审计局	90	647334	5961	96269	47864	208869	10	105	71	13
衡阳市										
衡阳市本级	115	696450	33848		429915	93961	27	121	126	84
蒸湘区审计局	20	7056	47		1972	8	1	20	24	4
珠晖区审计局	16	4591	3329	91	275	896	2	16	84	9
雁峰区审计局	11	2617	45		1124	182		10	34	6
石鼓区审计局	47	33291	11	16	5	482	1	47	20	96
南岳区审计局	48	2856	123	160	60	95		52	32	6
耒阳市审计局	49	404239	1680	1399	61	17516	6	79	78	39
常宁市审计局	33	52159	1908		2028	4799	3	33	89	5
衡阳县审计局	26	3293	743		435	2155	3	26	68	21
衡南县审计局	84	21200	161	1031	8240	11768		84	91	18

续表

审计机关	完成审计项目（个）	审计查出主要问题金额	审计处理情况					出具审计报告和审计调查报告（篇）	提出审计建议（条）	提交审计信息（篇）
			审计处理处罚				移送处理事项（件）			
			应上缴财政	应减少财政拨款或补贴	应归还原渠道资金	应调账处理金额				
衡山县审计局	28	45568	3491		597	17788		26	35	4
衡东县审计局	73	148775	194	3377	2844	20706	4	96	318	87
祁东县审计局	63	27552	156	2314	1192	521		63	38	18
邵阳市										
邵阳市本级	70	504795	23099	646	53571	64239	4	79	231	151
大祥区审计局	11	5481	1238			1007		11	19	8
双清区审计局	9	27796	80		14	2491		10	22	8
北塔区审计局	8	19697	191		490	18710		8	46	8
武冈市审计局	57	21088	365	9	295	416		57	70	26
邵东县审计局	42	32436	643	3700	294	145544		42	73	58
新邵县审计局	35	43787	5765		130	329		48	45	14
邵阳县审计局	25	31597	3001		2543	7057	4	42	53	46
隆回县审计局	40	23979	4434		10777	3471		48	120	46
洞口县审计局	53	26239	4570		5001	16463		53	48	4
绥宁县审计局	24	84935	278	2240	882	19923	3	29	63	10
新宁县审计局	23	114537	341	1412	100230	7281		31	69	376
城步苗族自治县审计局	14	61184	160	18	303	60667		14	22	48
岳阳市										
岳阳市本级	67	162027	42806	2308	21988	28731	2	72	182	85
岳阳楼区审计局	33	4763	136		2013	1924		35	70	5
云溪区审计局	35	28111	327	458	196	26277	1	43	97	10
君山区审计局	20	7694	292	291	12348	13558		32	48	3
屈原管理区审计局	13	29089	434		497	26030		15	42	3
汨罗市审计局	40	8674	243	238	18	15824		66	191	21
临湘市审计局	50	6323	1387	561	12283	22224		70	80	9
岳阳县审计局	43	7917	2364	1392	760	577		49	63	1
华容县审计局	69	47052	4856	1799	7256	6		78	103	4
湘阴县审计局	39	43130	1336	1392	1413	38735	6	42	130	31
平江县审计局	66	7625	2270	2045	1927	492	1	66	101	26
常德市										
常德市本级	72	673489	35247	67	9438	2826	6	95	227	144
武陵区审计局	37	9589	45	1076	2962	2906	2	43	92	12

续表

审计机关	完成审计项目(个)	审计查出主要问题金额	审计处理情况					出具审计报告和审计调查报告(篇)	提出审计建议(条)	提交审计信息(篇)
			审计处理处罚				移送处理事项(件)			
			应上缴财政	应减少财政拨款或补贴	应归还原渠道资金	应调账处理金额				
鼎城区审计局	49	39986	1126		9735	11418	4	58	145	39
津市市审计局	45	29502	301	1308	19210	1620	4	77	124	31
安乡县审计局	53	53641	116	27	1818	9136	4	84	142	47
汉寿县审计局	54	37864	666		1061	12587	3	69	145	105
澧县审计局	39	46030	88	500	3293	11653	2	52	199	62
临澧县审计局	46	337788	65	908	8319	10163	2	46	108	
桃源县审计局	56	25219	372		5352	4550	2	75	112	
石门县审计局	51	77417	244	366	5973	4023	10	91	113	32
张家界市										
张家界市本级	46	292678	3077		18057	3716	8	46		
永定区审计局	28	61233	52		284	756	2	28		
武陵源区审计局	17	33747	21978		6	6520	1	17		
慈利县审计局	26	92551	37		1797	227		26		
桑植县审计局	28	37560	160		491	3559		28		
益阳市										
益阳市本级	121	15752	12916	1632	19078	82000	6	121	142	96
赫山区审计局	58	6124	111	510	1572	2322	1	58	96	60
资阳区审计局	14	4062	29	491	103	2105		14	48	39
大通湖区审计分局	6	5076	10	476	584	1035		6	14	2
高新区审计分局	6	6724	44		7932	4588	1	6	14	10
沅江市审计局	26	7580	1715		10626	9358		26	88	20
南县审计局	27	7671	73	123	14965	15307		27	78	3
桃江县审计局	44	5665	303		3176	14626	1	44	117	52
安化县审计局	47	7546	351		13934	3168	1	47	26	4
郴州市										
郴州市本级	182	156592	1835	35344	1450	12112	7	148	252	69
北湖区审计局	98	147709	882	13329	612	992		131	157	39
苏仙区审计局	94	134636	484	1674	2	8299		64	74	36
资兴市审计局	219	26124	4425	5353	224	14973		225	39	50
桂阳县审计局	125	159493	5374	20615	80203	43602		168	84	26
宜章县审计局	118	86320	342	1924	35	1505		111	80	17
永兴县审计局	84	151336	345	6299	41	4654		97	67	
嘉禾县审计局	55	54478	475	5961	5886	41211	1	82	147	51

续表

审计机关	完成审计项目（个）	审计查出主要问题金额	审计处理情况					出具审计报告和审计调查报告（篇）	提出审计建议（条）	提交审计信息（篇）
			审计处理处罚				移送处理事项（件）			
			应上缴财政	应减少财政拨款或补贴	应归还原渠道资金	应调账处理金额				
临武县审计局	70	95520	155	3156				74	40	30
汝城县审计局	99	43958	1370	5332	4429	29887		97	56	18
桂东县审计局	96	11440	365	1582	4558	172		126	117	23
安仁县审计局	92	94839	582	5767	621	6624		108	53	20
永州市										
永州市本级	49	308375	21002	516	30171	55743		49	155	29
冷水滩区审计局	38	74665	212		11033	1530		38	103	12
零陵区审计局	46	80247	320	851	5212	26		46	147	63
祁阳县审计局	120	652708	226	138	4384	26878		120	314	88
东安县审计局	35	41180	3536	2529	665	16055		35	170	29
双牌县审计局	31	29588	3703	705	645	9255		31	70	9
道县审计局	45	33686	7689		376	913		45	101	20
江永县审计局	54	25386	672		11056	9389	1	54	71	9
宁远县审计局	55	69119	350		11950	1884		55	101	13
蓝山县审计局	42	19157	721		4793	7340	1	42	67	139
新田县审计局	27	13702	958	78	5278	5832		27	114	26
江华瑶族自治县审计局	48	190408	456	223	53171	101963		48	80	104
怀化市										
怀化市本级	45	29222	6416	11698	5157	18132	3	70	144	33
鹤城区审计局	59	10998	380	5407	6648	3978		89	10	
洪江市审计局	17	1323	9582	1573	661	20839		23	37	28
洪江区审计局	21	1491	32	515				26	39	2
中方县审计局	31	16960	1912	5856	458	1572	3	59	101	25
沅陵县审计局	29	1811	717		806	14737	4	49	91	5
辰溪县审计局	26	23258	244	2191	2111	10459		37	94	4
溆浦县审计局	37	1595	173	2276	7	53392	2	50	43	48
会同县审计局	13	1347	224	1380	988	30265		31	57	35
麻阳苗族自治县审计局	24	3616	50	535	740	9	3	39	82	9
新晃侗族自治县审计局	51	665	72	406		46	1	51	58	3
芷江侗族自治县审计局	42	7020	231	154	381	2820	3	32	57	3

续表

审计机关	完成审计项目（个）	审计查出主要问题金额	审计处理情况					出具审计报告和审计调查报告（篇）	提出审计建议（条）	提交审计信息（篇）
			审计处理处罚				移送处理事项（件）			
			应上缴财政	应减少财政拨款或补贴	应归还原渠道资金	应调账处理金额				
靖州苗族侗族自治县审计局	20	739	39	1663	286	263		24	56	10
通道侗族自治县审计局	11	9056	3078	80	8216	4593	1	20	33	10
娄底市										
娄底市本级	52	969194	3245	65	63444	5554	13	66	195	114
娄星区审计局	39	79895	1113		8093	5786	1	99	127	128
冷水江市审计局	55	80568	1058	150	8480	19737		77	135	24
涟源市审计局	40	19767	299		9516	1520		66	106	79
双峰县审计局	36	80364	1239		41313	34660		61	108	86
新化县审计局	25	59756	311		752	5139		25	79	50
湘西土家族苗族自治州										
湘西土家族苗族自治州本级	70	717774	3084	7341	147071	5329	3	53	155	286
吉首市审计局	40	13834	81			5546		40	46	68
泸溪县审计局	25	17072	207	1198	1751	7387		25	48	89
凤凰县审计局	37	119020	444		142	57019		21	36	53
花垣县审计局	9	23818	87	2985	301		4	54	113	51
保靖县审计局	16	89018	116	14	1972	1395		21	61	64
古丈县审计局	23	10952	11	528	3933	218		21	25	47
永顺县审计局	70	77082	15	3079	8938	42651		78	44	42
龙山县审计局	22	9296	164	2003		4986		37	52	67

广东省

【广东省审计厅】 2014 年，广东省审计厅人员编制 357 人。设办公室、综合计划处、法规审理处、经济责任审计处、财政金融审计处、税务审计处、行政政法审计处、教科文审计处、农业与资源环保审计处、固定资产投资审计处、企业审计处（境外审计处）、社会保障审计处、外资运用审计处、整改监督处、人事处（与机关党委办公室合署）、绩效审计分局；并设广东省计算机审计中心、广东省内部审计指导中心和经济责任审计中心。

领导成员

厅　　长：蓝佛安

副 厅 长：李　心（—5 月）

范先军（5 月—）

何丽娟　卢荣春

骆贵全

总审计师：陈　剑

纪检组长：陈钟鹏（4 月—）

省经济责任审计联席会议办公室主任：
李业章（7月—）
副巡视员：杨国光　颜展鸿
骆国泰（—5月）
吴鸿驹（11月—）
副厅级干部：黄　菁

审计成果　广东省各级审计机关开展审计和专项审计调查项目4273个，查出违规问题金额81.29亿元、侵害群众利益问题金额2.12亿元、损失浪费金额2.93亿元、管理不规范金额2605.62亿元；为国家增收节支71.54亿元，其中已上缴财政28.70亿元、已减少财政拨款或补贴36.64亿元、归还原渠道资金6.2亿元；审计后挽回或避免损失37.92亿元。向司法、纪检监察机关和有关部门移送处理事项141件，涉及金额366.21亿元。出具审计报告9346份，提交综合性报告、专题报告、信息简报等1843篇，其中，重要审计信息133篇，审计信息被党政领导和有关部门批示采用671篇次。向被审计单位或有关单位提出审计建议12906条。向社会发布审计结果公告972篇。推动被审计单位建立健全规章制度62项。

稳增长等政策措施落实情况跟踪审计　广东省审计厅组织150多名审计人员组成审计组分两个阶段，对珠海、汕头、惠州、中山、湛江、揭阳、梅州、东莞、江门、阳江、肇庆、清远等12个市贯彻落实稳增长等政策措施情况进行跟踪审计，加上审计署驻广州特派办、驻深圳特派办负责审计的省本级和广州、深圳、佛山等3个市，广东省所抽查地区2013年GDP合计总量约占全省GDP的91%。审计涉及国务院确定19个方面63项政策措施总体落实情况，关注保持广东发展后劲以及民生改善的重大建设项目推进、行政审批制度改革、房地产市场运行、支持企业发展和稳定外贸增长等5个方面，对推进广东重大建设项目、支持外贸增长、简政放权、加大企业扶持力度、促进房地产市场平稳健康发展等起到良好促进作用。

全国土地出让收支和耕地保护情况审计　广东省审计厅组织全省21个地级市审计机关1002名审计人员，对广州、佛山、江门等13个市，从化、南海、恩平等33个县（市、区）2008年至2013年土地出让收支和建设用地审批、征收、供应、使用以及耕地保护等情况进行审计。省审计厅及各地级市审计机关部分审计人员参加延伸审计调查工作。

财政审计　围绕提高财政管理绩效，深化财政决算、预算执行审计，促进公共资金国有资产、国有资源规范管理，首次将所有政府性收支纳入审计监督范围，实现对以公共财政、政府性基金、社会保障基金等为主的全口径财政资金的审计监督。审计情况表明，省财政厅和有关部门认真贯彻省委、省政府决策部署，加强全口径预算管理，深化财政体制机制改革，财政宏观调控作用不断增强，预算管理水平逐步提高，但仍存在需要进一步加强管理和规范的问题。

组织对省财政厅2013年省级财政预算执行情况和其他财政收支审计，发现在省人大通过的预算中，部分项目预算未列入部门预算而采取追加方式，2013年省级部门预算在执行中追加比例为29%，其中项目支出追加是年初部门预算安排的1.96倍，审计重点抽查的30个省级部门预算单位，预算执行中追加比例达58%，其中最高的部门达到84%。公共财政年初预算中安排的扶贫、节能环保和交通运输支出共8.36亿元，以及2013年度新增财力安排的推进“双转移”专项资金、欠发达地区贫困村离任村干部生活困难补助资金共13.67亿元，截至2013年底仍未拨付使用。部分转移支付项目未及时制定有关管理制度，审计抽查发现，成品油价格和税费改革转移支付补助等2项一般性转移支付资金，已超过5年仍未按照财政部的要求制定具体的项目资金监管办法。省财政未及时清收借给2个市已到期的预算周转借款7.1亿元；有13.64亿元专项借款至2013年底未及时清收。省财政2013年取得的资产处置、土地补偿等收入25.44亿元未按规定直接缴交国库列入当年的预算收入，影响当年预算收入的准确性。

组织对省财政厅2013年政府性基金年初预算审计，发现政府性基金年初预算安排的部分项目资金未拨付使用，结余结转规模较大，2013年政府性基金年初预算安排的新增建设用地有偿使用费支出30亿元和文化事业建设费支出2.1亿元，全部未拨付使用；省级政府性基金2013年底结余结转额达283.25亿元，是年初省级政府性基金预算收入的2倍左右。部分政府性基金支出偏离方向，2013年省财政从彩票公益金等政府性基金收入中安排相关部门单位的基建维修和日常经费等支出共2.38亿元。部分省级分成的政府性基金收入未及时清缴，截至2013年底，省财政厅未清理收缴深圳等16个市、县累计欠缴的从土地出让收益中计提农田水利建设资金等省级分成收入12.6亿元。

组织对全省地方税务系统2013年的财税征管审计。审计发现，农贸市场、农产品批发市场税收优惠政策执行不到位，4个市没有执行农贸市场、农产品批发市场税收优惠政策；17个市本级符合条件的农贸市场有769个，享受税收优惠的比例仅为28%，其中有4个市本级的比例低于10%。3个市的4个县（区）多征收税款8190.2万元。4个县（区）应征未征税款2.03亿元。部分企业和项目单位少缴、缓缴税款，16个市的61户企业少申报缴纳税款6395.5万元，4户企业未按时申报缴纳税款1718.3万元，9个市的17个BT建设项目单位少申报缴纳营业税8102.5万元。税源管理存在漏洞，5个市本级的4272户企业没有房产税征管记录，占房产部门登记拥有房产企业户数的21%；10个市本级177个农贸市场经营单位没有税收征管记录，占工商部门登记农贸市场经营单位户数的41%。

组织对省级社会保险基金预算执行审计。审计发现，应补助各市基本养老保险的调剂金18.32亿元列入省本级"上级补助收入"，虚大省本级基本养老保险预算收入。未将省直机关、事业单位养老保险费收支纳入省本级社保基金预算范围，影响省本级社保基金预算的完整性，截至2013年12月31日，省直机关、事业单位养老保险费余额为32.6亿元。调剂金管理不规范，未及时将调剂金49.56亿元下拨各市、未按规定分险种设明细账核算省统筹调剂金。省本级执行工伤保险和生育保险待遇政策不到位，社会保险法规定的工伤保险先行支付和参加生育保险职工未就业配偶享受生育医疗费政策，省本级由于未制定实施细则，至审计时尚未执行。基础数据核对工作落实不到位，有关部门虽建立了信息沟通机制，但未及时核对省本级各险种参保人数、实际缴费人数等基础数据，各部门掌握的基础数据差异较大。

组织对省国资委、省属国有企业、省财政厅的省级国有资本经营预算执行情况审计及23家省属国有企业利润分配和资本性支出情况专项审计调查。审计发现，部分省属企业计提法定公积金不规范，其中8家省属企业中有52个下属单位存在多计或少计公积金问题，影响国有资本经营收益计缴基础。国资监管专项经费支出率低，2013年省级国有资本经营预算安排国资监管专项经费2822万元，支出1120.8万元，支出率仅为39.7%。省属企业改革与发展专项资金申报审批工作推进缓慢，2013年省级国有资本经营预算安排省属企业改革与发展专项资金1.5亿元，其中采取竞争性评审的9000万元迟至2013年11月19日才开始组织申报，至审计时还未确定评审分配结果。

预算执行审计 广东省各级审计机关共完成预算执行审计项目（含财政决算审计，下同）1138个，延伸审计单位2986个。全省查出主要问题金额1542.45亿元，其中预算编制批复不规范金额11.66亿元、损失浪费金额1174万元。

省审计厅组织对省检察院、省直机关工委、省编办、省发展改革委、省经济和信息化委、省教育厅、省公安厅、省财政厅等30个部门单位进行审计，延伸审计60个所属单位，涉及资金总额80.6亿元（含延伸以前年度资金）。审计结果表明，相关部门单位预算执行和其他财务收支总体情况良好，"三公"经费和会议费财政拨款支出比上年下降21%。审计发现，25个部门单位预算编制不够细化、完整，12个部门单位无预算支出或虚列支出，28个部门单位存在项目执行率低现象，23个部门单位项目经费未按规定使用，10个部门单位未按规定实行政府采购，9个部门单位未严格执行"收支两条线"规定，4个部门单位违反规定从零余额账户向本单位实有资金账户划拨资金，17个部门单位的往来款长期未清理，19个部门单位国有资产管理薄弱，15个部门单位会计核算不规范。

广东省审计厅对汕头、汕尾、潮州、揭阳4个市2012年度财政决算进行审计。审计结果表明，4个市认真贯彻落实省委、省政府重大战略决策部署，推进财政管理改革，积极组织增收，加强预算管理，为保障和改善民生，推动重点项目建设，促进地方经济社会持续发展发挥了积极作用。审计发现，2个市未编制国有资本经营预算和政府采购预算；2个市未按规定于2012年底前将国库集中支付覆盖至市级全部预算单位，2012年分别有50%和42%的预算资金未实行国库集中支付；4个市1个县少列预算收入20.43亿元；1个市少列预算支出3.41亿元；3个市虚列预算支出8.89亿元；2个市少列预算净结余6.8亿元，影响当年预算收支和结余的真实性和完整性；4个市12个部门单位未将收取的3.14亿元非税收入及时上缴本级财政；3个市欠缴省级财政应分成的非税收入1624万元；3个市存在非税收入征收与经费安排相挂钩的现象，对收缴的非税收入财政返拨比例最高的部门达100%；4个市、4个县（市、区）截至2012年底历年累计68.31亿元上级财政专项资金滞留本级财政，其中有13.94亿元用于弥补本级财力缺口；2个市、2个县（区）的财政部门将2.75亿元财政资金借给5家企业用于偿还债务、缴税等。

经济责任审计 全省审计机关对1819个单位、1950名领导干部开展经济责任审计，查出违规金额15.11亿元、损失浪费金额1.24亿元、管理不规范金额769.22亿元。根据审计结果，经济责任人被移送纪检监察机关2人。通过审计，促进领导干部正确履行经济责任，加强对领导干部的监督，完善权力运行制约和监督机制。以异地交叉审计方式开展对3个县的县委书记、县长经济责任同步审计。

专项资金审计 “广东扶贫济困日”活动捐赠款物审计。组织对2013年度“广东扶贫济困日”活动全省捐赠款物募集、使用和管理情况进行审计。2012年9月1日至2013年8月31日全省新增认捐19.48亿元，到账22.09亿元（含以前年度认捐未到账数），受赠人已拨付24.23亿元（含以前年度结余未拨付数），使用18.82亿元。捐赠款物募集和管理使用情况总体良好。本次审计未发现贪污私分捐赠款物等重大违法问题。审计发现，部分受赠人对捐赠款物拨付、核算管理不够规范，部分使用人对捐赠款物管理不够规范，管理监督和信息公开不到位。部分县区存在违规将扶贫济困捐赠款纳入本级财政收支核算、对不具备生产生活条件贫困村庄搬迁项目后续管理不到位、未按规定公布或公示捐赠款物使用情况等问题。对审计指出的问题，各级管理部门和扶贫部门积极组织相关单位整改，督促相关受赠人建立健全捐赠资金物资使用人执行情况报告制度，督促相关使用人纠正资金使用和财务核算不规范等问题。

保障性安居工程跟踪审计。组织对18个市本级及89个县（市、区，以下统称县）2013年各类城镇保障性安居工程进行跟踪审计（省本级和广州、深圳、东莞市由审计署审计）。2013年，分解下达18个市城镇保障性安居工程开工任务4.64万套，基本建成任务5.1万套，新增发放廉租住房租赁补贴任务0.35万户。审计结果表明，18个市共筹集和安排保障性安居工程财政性资金56.04亿元，实际完成开工任务5.03万套、基本建成任务5.89万套、新增发放廉租住房租赁补贴任务0.45万户，完成率分别为106.12%、115.04%、125%，超额完成城镇保障性安居工程目标任务。审计发现保障性安居工程资金筹集和管理使用不规范、保障性住房分配和使用管理存在违规问题、基础工作管理不规范、工程建设管理不到位、用地未落实等问题。审计指出问题后，各地政府和相关部门认真组织整改，截至2014年2月底，已根据审计建议出台和完善保障性安居工程和住房保障有关制度4项，促进规范资金管理5646.3万元，取消66户不符合条件家庭的保障对象资格，腾退保障性住房3套。

城乡居民基本医疗保险财政补助资金审计。对省人力资源和社会保障厅及汕头、河源、汕尾、江门、潮州、揭阳等6个市2012年和2013年1月至6月城乡居民基本医疗保险财政补助资金的管理使用情况进行审计。审计结果表明，各级财政补助全额到位，补助标准不断提高，参保人数不断增加。2012年全省共下达城乡医保财政补助资金（含合并前的“新农合”、城镇居民基本医疗保险资金）104.94亿元，2013年1月至6月共下达96.69亿元。2012年、2013年城乡医保财政补助标准分别为240元/人、280元/人。截至2013年6月底，全省参加城乡医保5664万人，比2012年底增长12.2%。审计发现部分市城乡医保改革进度缓慢；有3个市的社保经办机构违反规定为96万没有提供居民身份证明的人员办理城乡医保；有3个市共19656人重复参加城乡医保；有2个市虚报参保人数43408人，涉嫌骗取上级财政补助资金729.5万元；有4个市未按规定及时把上级拨入的城乡医保财政补助资金12.8亿元纳入基金专户管理；部分市城乡医保基金结存量过大等问题。

省级教育专项资金管理使用情况审计。对汕头、汕尾、潮州、揭阳4个市2012年至2013年上半年义务教育公用经费、义务教育规范化学校建设补助资金管理使用情况进行专项审计。审计涉及中央及省级义务教育公用经费补助资金27.99亿元、义务教育规范化学校建设补助资金9204.2万元；抽查9个县73所中小学校的公用经费和62所中小学校规范化建设项目情况，涉及资金19.39亿元。审计发现义务教育公用经费2.96亿元滞留中间环节；15所中小学校白条报账230.7万元；4个县义务教育规范化建设补助资金未按规定实行国库直接支付，涉及资金3542.6万元；省义务教育资金管理细则对义务教育公用经费使用范围、内容、比例规定不够细化、量化，操作性不强，罚则不够明确；有关主管部门监督、检查不到位，对违规违纪问题未能及时纠正；部分地方教育部门和学校内控不健全、管理不完善等问题，已要求有关单位认真整改。

社会抚养费征收管理审计调查。组织21个市264名审计人员，对全省22个县2012—2013年度社会抚养费征收管理情况进行专项审计调查。重点抽查67个乡镇和21个街道，核对档案9421份，并对1373人进行入户调查。审计调查结果表明，22个县2012—2013年度共征收社会抚养费24.52亿元（含以前年度政策外生育）。审计调查发现部分地方政府部门未细化和完善征收管理规定，2个县未根据经济发展水平和本地居民生育情况制定、细化符合当地实际的社会抚养费征收标准等规定，5个县出台规定的部分条款与中央和省的规定不符；14个县未按规定基数和倍数等标准，少征社会抚养费2793.9万元，9个县未严格执行省政府关于第一年应缴纳比例的规定；7个县对逾期仍未足额缴纳社会抚养费事项，未向法院申请强制执行，6个县申请法院强制执行社会抚养费案件，执行率仅12.7%；4个县直接在县财政专户列支6439.5万元，4个县用借款和其他资金垫付社会抚养费729.4万元；1个县4个征收单位没有建立规范的社会抚养费现金和银行存款日记账，2个县9个单位用工作人员个人账户管理社会抚养费1653.4万元。

农村环境综合整治资金审计调查。组织对珠海、汕头、汕尾、江门、湛江、茂名、揭阳等7个市2011年至2013年农村环境综合整治资金进行审计调查。重点抽查201个农村饮水安全工程项目、11个垃圾处理项目、27个垃圾转运站、132家规模化畜禽养殖场、7家污水处理厂，涉及资金17.57亿元。审计调查发现2个市未及时编制本市行动计划，1个市的行动计划未对生活污水处理提出具体工作目标及措施，也未建设农村生活污水处理设施；2个市未严格管理已划定的水源保护区，其中1个市49个建制镇水源保护区中，36个未设立地理界标、警示标志和隔离防护设施；4个市的垃圾处理设施项目建设进度缓慢，3个市6个项目建设程序不规范，存在未经立项、环评等程序先开工等问题；2个市未按计划搬迁、关闭生活饮用水水源保护区内的畜禽养殖场；6个市未按规定对112家新开工矿山收取环境治理恢复保证金，涉及金额1.43亿元等。

省属高等院校合作办学和大学生奖助学金审计调查。对20所省属高校2011年至2013年7月合作办学和大学生奖助学金管理情况进行审计调查。20所高校合作办学共1795项，招生634375人，合作办学收入18.33亿元。2011年至2012年20所高校从事业收入中提取的奖助学经费3.96亿元，支出3.72亿元，截至2012年底，累计余额为2.62亿元。审计调查发现16所高校的249个成教校外教学点未经批准备案，占比63%；11所高校校外教学点实际数量超过规定的备案数；11所高校的172个成教教学点合作方分成收入9762万元未按照“收支两条线”规定上缴省财政；4所高校未及时催缴合作方欠费1783.5万元，其中1年以上的欠费有630.1万元，存在财务风险；13所高校少计提学校奖助学经费6155.6万元；7所高校的1906.8万元奖助学经费超范围用于学生活动、学生处办公经费等方面。

体育彩票公益金管理使用审计调查。对全省

21个市及佛山市顺德区2012年至2013年体育彩票公益金管理使用情况开展专项审计调查。2012至2013年体彩公益金收入合计19.81亿元，实际支出14.4亿元，截至2013年底，累计结余13.88亿元。重点调查体彩公益金转移支付专款以及返还各市公益金的收入、支出、效益等情况。审计调查发现18个市体彩公益金结存财政部门未安排使用，其中7个市体彩公益金918.3万元闲置在项目使用单位1年以上，11个市财政部门未及时拨付体彩公益金1893.8万元；17个市将体彩公益金2773.6万元用于日常经费及人员工资等支出；4个市、5个县（区）体彩公益金用于全民健身支出比例低于规定的60%，最低仅为9.75%；12个市购买体育设备未执行政府采购规定；12个市购买健身器材未按规定纳入固定资产管理，12个市全民健身配套设施不同程度存在毁损、维护不到位现象；10个市未按规定编制体彩公益金年度收支计划及决算报表，4个市未按规定将体彩公益金纳入部门预算管理，6个市项目执行存在超预算、无预算、有预算无支出等问题，15个市体彩公益金未按规定进行专项核算。

省级普通公路专户建设和养护资金审计调查。对省交通运输厅2012年至2013年6月省级普通公路建设和养护资金进行审计调查，涉及资金46.09亿元。重点抽查梅州和韶关2个市，抽查项目56个，涉及省级财政资金3.64亿元，分别占2市已下达资金的49.59%和32%。审计调查发现1个市1.99亿元资金滞留时间超过6个月；1个市15个工程项目未按规定进行公开招投标，涉及资金1.43亿元；1个市14个项目存在虚大项目投资规模、改变项目建设内容等问题，涉及资金2.84亿元；1个市2个工程项目建设进展缓慢，涉及资金2650万元；1个市1380.3万元未按规定实行国库集中支付，由市、县交通局和公路局拨付给建设单位；1个县级市财政局违规为地方公路管理站担保，借贷农村公路路面硬化改造建设资金990万元。

对口援疆发展资金和项目跟踪审计。省审计厅组织广州、佛山、东莞等3个对口援建市审计局，派出4个审计组，23名审计人员，对2013年10月至2014年9月广东省对口支援新疆发展资金的筹集、分配、管理、使用情况及项目建设管理情况进行跟踪审计。审计结果表明，广东省援疆资金的管理、使用和项目建设管理总体情况良好，未发现重大违法违规问题。对审计发现个别新增工程未经招投标直接委托施工单位实施，个别项目设计变更多计造价，部分援疆项目超计划投资，个别项目提前支付工程进度款，个别工程调整建设规模未按规定办理相关审批手续，部分建设项目未及时办理竣工财务决算及资产移交等问题，省援疆前方指挥部、各对口援建市前方工作队及时组织相关单位按照审计意见和建议进行整改。

固定资产投资审计 省审计厅组织对阳江至阳春段（以下简称阳阳高速公路）、广东广珠西线高速公路有限公司（以下简称广珠西线公司）负责建设的广珠西线高速公路二期工程建设项目（简称西线二期项目）竣工决算进行审计，并延伸审计调查部分施工、征地拆迁等有关单位。阳阳高速公路全长56.3公里，竣工决算送审金额36.03亿元，广珠西线（二期）高速公路全长45.5公里，竣工决算送审金额71.23亿元。审计发现多计工程建设成本1.29亿元；34个施工、服务、采购等超过规定限额的单项合同未进行招标，涉及金额1.11亿元；30个服务项目违规采用邀请招标方式选择实施单位，涉及合同金额2.31亿元；4个单位截留、挪用征地拆迁资金5261.6万元；1个市高速公路工程建设指挥部违规多收取征地拆迁工作经费2539.9万元，超过省政府规定标准的4.83倍；1个区国土局虚列征地拆迁工作经费支出72万元，私设“小金库”，并以油卡（票）形式从中发放汽油补贴12.7万元等问题。

企业审计 省审计厅组织对建工集团、联合电子、物资集团、航运集团、南粤集团等5户省属国有企业开展审计，涉及资产总额731亿元。审计查出管理不规范、损失浪费等问题金额303亿元，审计处理处罚金额6亿元，向国资委等部门移送事项7件。审计注重揭示企业会计信息质量、重大经济决策程序和成效、内部控制制度制定和执行等环节存在的问题。

外资运用审计 广东省审计厅对审计署授权的10个国外贷援款项目实施公证审计，项目概算投资总额27.01亿元，其中利用外资13.73亿元，项目已完成总投资13.28亿元。审计情况表明，

10个国外贷援款项目总体执行情况良好，在促进珠三角环境改善、城市节能减排、农村经济建设、职业教育发展、交通运输升级等方面取得较好效果。但审计也发现部分项目在实施过程中存在违反国家法规、内部控制和项目管理不规范、项目绩效及上年度审计建议整改落实情况不理想等问题，查出违法违规和管理不规范金额3亿元，提出审计建议37条。

审计整改 省审计厅审计查出需整改问题1274条，涉及需整改的问题金额333.24亿元，其中1258条审计发现问题已完成和正在执行整改；督促被审计单位上缴各级财政资金7.86亿元，督促各部门拨付滞留资金3.82亿元，调整会计账目涉及金额41.97亿元，其他已整改金额79亿元；根据审计项目，建议、督促被审计单位和主管部门完善各项制度67项，处理相关责任人员14人。

审计结果公告 全省各级审计机关向社会发布审计结果公告972篇。向社会公告全国政府性债务、2012年9月至2013年8月“广东扶贫济困日”活动捐赠款物募集使用和管理情况、广东省对口援疆发展资金和项目、国外贷援款项目等重要审计事项。

内部审计 广东省内部审计机构开展内部审计项目7.24万个，审计总金额为2.20万亿元，增收节支23.10亿元，提出并被采纳的意见5.23万条，建议给予行政处分277人，实际给予行政处分256人，向司法机关移交案件18件、人员76人。

（撰稿人：陈健平）

【广州市审计局】 2014年，广州市审计局人员编制150人，在编139人。局长张杰明（—10月），副局长陈宝雄、黎子良（—6月）、冯慧光、严健蓓、刘南群，纪检组长李雪蘋。设有办公室、法规审理处、财政税务审计处、行政事业审计处、固定资产投资审计处、企业审计处、社会保障审计处、外资与农业资源审计处、经济责任审计管理处、整改执法监督处、绩效审计处、计算机审计处、人事处。

审计成果 广州市审计机关完成审计项目299个，查出主要问题金额2731679万元，其中违规金额12928万元、损失浪费金额25万元、管理不规范金额2718726万元；损益（收支）不实金额237232万元；审计处理处罚金额1041184万元，其中应上缴财政10399万元、应减少财政拨款或补贴2846万元、应归还原渠道资金854万元、应调账处理金额1027085万元；审计发现非金额计量问题681个；审计促进整改落实有关问题资金111311万元；审计后挽回（避免）损失3487万元。移送司法机关、纪检监察机关和有关部门处理事项30件。出具审计报告和专项审计调查报告431篇，被批示、采用4篇。提出审计建议698条，提交审计信息179篇，被批示、采用74篇。向社会公告审计结果33篇。

财政审计 广州市审计局开展市本级预算执行和其他财政收支审计，开展市科技和信息化局、民政局、国土资源和房管管理局等8个部门的预算执行情况审计。着重关注政府预算体系建设、预算编制及执行情况，揭示预算管理、执行中存在的问题，着力维护财政资金安全，促进优化财政支出结构，发挥财政资金使用效益。

经济责任审计 广州市审计局对广州市黄埔区委原书记、广州越秀集团原董事长等13名领导干部进行经济责任审计，并在广东省审计厅组织下，对广东省江门市恩平市委书记、市长进行经济责任审计。广州市审计局推动制定《广州市经济责任审计结果运用办法（试行）》等5项经济责任审计方面的制度，明确经济责任审计结果应当作为干部考核、任免和奖惩的重要依据，建立健全经济责任审计情况通报、审计整改、责任追究等制度。

信息化建设 广州市审计局不断加大信息化建设力度，广州市数字化审计平台项目一期建设将于2015年完成，投资概算为353万元，建成集审计管理、审计作业、审计分析功能于一体的、全面支撑审计业务开展的信息化平台，奠定数字化审计的基础。试行数据共享和综合利用，2014年共归集36个项目的审计电子数据，涉及114个部门和单位，其中部分数据具有较高的共享利用能力。推进财政联网审计，建设财政联网审计系统，采集近几年财政数据，探索财政联网审计方式和方法。

统一组织项目审计 广州市审计局派出审计人员参与全国土地出让收支和耕地保护情况、财政存量资金、社会抚养费等审计署、广东省审计厅统一组织实施项目的审计，特别是全国土地出让收支和耕地保护情况审计，广州市审计局派出65名业务骨干，在审计署驻广州特派办的组织下，分别赴韶关、清远、阳江等6个市开展审计。

专项审计 广州市审计局组成检查组对市环保局、编办、残联等6个单位2013年至2014年6月贯彻执行中央八项规定严肃财经纪律和“小金库”专项治理情况进行专项检查。将“三公”经费作为审计监督的重点内容，在预算执行、经济责任等审计项目中重点关注“三公”经费、会议费、培训费、楼堂馆所建设以及公务卡制度执行情况，揭露和查处严重铺张浪费等违法违规问题。

（撰稿人：张竹林）

【韶关市审计局】 2014年，韶关市审计局人员编制47人，在编45人。局长凌振伟，副局长李贵堂（—7月）、李秋月、陈大川、毛考清（9月—），总审计师钟定鸿，纪检组长徐进平。设有办公室（计算机审计室）、法规审理科、经济责任审计办公室、财税金融审计科、行政事业审计科、农业与资源环保审计科、经贸外资审计科、固定资产投资审计科。

审计成果 韶关市审计机关完成审计项目263个，查出主要问题金额364285万元，其中违规金额697万元、管理不规范金额363587万元；损益（收支）不实金额15531万元；审计处理处罚金额6141万元，其中应上缴财政613万元、应归还原渠道资金3137万元、应调账处理金额2390万元；审计发现非金额计量问题462个；审计促进整改落实有关问题资金5537万元，其中增收节支3146万元、已调账处理金额2390万元。移送司法机关、纪检监察机关和有关部门处理事项7件。出具审计报告和专项审计调查报告386篇，被批示、采用30篇。提出审计建议630条，提交审计信息131篇，被批示、采用49篇。向社会公告审计结果1篇。

财政审计 韶关市审计局围绕市委、市政府工作中心和人大关注的工作重点，重点开展财政预算执行审计及其他财政收支情况审计，林业、计生、卫生、交通及教育等5个部门的预算执行情况及项目经费的绩效审计，市本级截至2013年末的财政存量资金管理情况审计调查，翁源县2013年财政决算审计，浈江水果产业专项资金审计，韶关市地方税务系统2013年度的税收征管情况审计，韶关市地方税务局2013年度市本级契税征管情况审计调查以及7家企业纳税情况审计调查，查补税款共计6170万元，抽调韶关市审计机关43名审计业务骨干参加全国土地出让收支及耕地保护情况审计。

经济责任审计 完成经济责任审计项目127个，审计单位125个，审计查出主要问题金额35869万元，其中违规金额649万元、管理不规范金额35219万元。开展对翁源县、从化市书记、县长（市长）经济责任同步审计，从化市书记、市长经济责任同步审采取异地“交叉审”的方式。建立与纪检部门的协作机制，对审计中发现的重要案件线索及时移交纪委事项7件，市纪委已经立案2起，处理4人。

企业审计 完成审计项目5个，延伸审计单位4个，审计查出主要问题金额2507万元。

专项资金审计 开展韶关市2013年城镇保障性安居工程的投资、建设、分配、运营等情况审计，韶关市本级2014年“广东扶贫济困日”活动捐赠资金募集、拨付和管理情况的审计，韶关市本级2013年就业专项资金使用管理情况专项审计调查，2012年至2013年韶关市本级体育彩票公益金管理使用情况审计，确保党委和政府惠民政策的真正落到实处。

其他审计 韶关市审计机关完成交办44项任务，延伸审计单位103个。其中韶关市审计局围绕政府投资项目管理，开展对韶阳楼、人防办工程、市社会福利院老人综合服务大楼、市中心业余体校综合楼等基建工程项目审计，对黄岗至十里亭道路（北出口）扩（改）建工程实施审计，以及赣韶铁路韶关段、广乐高速公路等征地拆迁资金审计，核实莞韶产业园甘棠片区移交资产及投入情况，广东韶关明星学校项目用地征收情况、东环线东郊建材厂征收补偿问题等审计或审计调查。围绕政府机构改革，开展对市港务局、港务货运管理中心移交前清产核资专项审计，口岸管理服务中心财政财务收支审计。围绕社会和谐稳定，开展对浈江环卫资金审计。从为党委政府加强管理和科学决策提供有力的依据的高度提出审

计意见和建议。 （撰稿人：徐望雄）

【深圳市审计局】 2014年，深圳市审计局人员编制199人，在编181人。局长陈倩雯，党组书记何锐军，副局长沈安利、张美秀、赵忠良，总审计师陈华（—6月），机关党委书记刘菊里，副巡视员张志忠（6月—）。设有办公室、综合处、审理处、财政审计处、金融审计处、行政审计处、资金审计处、企业审计处和资源环境审计处，直属深圳市审计局经济责任审计专业局、深圳市审计局政府投资审计专业局。

审计成果 深圳市审计机关共审计（调查）4079个单位，向社会公告审计结果873份，查出违规金额7.07亿元、损失浪费金额3469万元，核减投资额33.48亿元，促进增收节支41.69亿元。其中，市审计局审计（调查）819个单位，向社会公告审计结果104份，查出违规金额6.94亿元、损失浪费金额1540万元，核减投资额22.49亿元，促进增收节支29.87亿元，审计单位、审计资金均比上一年增加，审计处理处罚问责力度明显增强。

财政审计 深圳市审计局以政府全口径预决算审计监督为突破口，积极推进审计监督全覆盖，首次统一安排对2013年度全口径预算执行包括公共财政、政府性基金、国有资本经营、社会保险基金等进行全面审计。光明、坪山两个新区和前海合作区的预算执行情况审计，共审计单位127个、涉及资金2630亿元，跟踪审计政府投资项目557个、核减投资额28亿元。移送违法违规问题和经济犯罪案件线索38起，问责处理15人。首份全口径预算执行审计工作报告获市人大常委会充分肯定。各区审计局预算执行“同级审”紧密结合绩效审计、经济责任审计等其他审计类型，将非税收入、政府性基金、国有资本运营收益等纳入财政审计范围，加大政府全口径资金的审计监督力度。

绩效审计 深圳市审计局选择政府投资建设民生项目开展专题绩效审计。审计工作以政策落实、资金执行、工程管理为主线，涵盖轨道交通、水资源环境治理、医疗卫生、中小学教育、前海合作区建设等五类领域，全面汇总2010年至2014年五类领域政府投资情况及相关的跟踪审计情况，选取重点项目进行审计分析和绩效评价，揭示政策措施落实、绩效管理中存在的突出问题，促进规范政府投资项目管理，提高财政资金使用效益，推动国家稳增长促改革调结构惠民生政策的贯彻落实到位，维护人民群众的切身利益。审计涉及的五类领域政府投资项目，五年来市本级政府投资额累计418.31亿元，已审计金额435.12亿元（含以前年度投资），审计核减11.96亿元，核减2.75%。审计分类反映政府投资建设民生项目的绩效情况，各有关项目按计划积极推进，政府投资项目基本能遵循基本建设程序，项目投资概算基本能满足项目建设需要，建设规模和工程造价基本能控制在投资计划确定的建设目标内，建设资金的管理和使用基本规范，为有关方面改进工作提供重要参考。

固定资产投资审计 深圳市审计局不断深化政府投资项目审计，共对764个政府投资建设项目进行审计（调查）。继续就保障性安居工程等项目开展跟踪审计，披露政府投资项目中的质量问题，审计核减22.49亿元。向前海管理区派驻审计专责小组，开展前海建设项目跟踪审计监督。依法推动政府投资审计范围和审计方式调整，新修订的《深圳经济特区审计监督条例》确定对限额以上项目实行全过程跟踪审计，限额以下实行竣工决算审计，促进提高审计效率。光明新区审计局将政府投资项目预算审核和工程变更备案等职能剥离至新区城建局。全年完成192个市区重大项目审计，核减造价1.25亿元，核减率为8.21%。

经济责任审计 深圳市共审计领导干部108人，查出违规问题金额8575万元，其中任中经济责任审计项目数占比超40%。市审计局配合市委组织部推进“五责联审”巡查新模式，联合市委组织部、市人居环境委等单位探索推进领导干部自然资源资产离任审计，开展相关课题研究，完成4个试点审计项目。大鹏新区出台《大鹏新区区管党政领导干部任期生态审计制度（试行）》，在全国率先开展领导干部任期生态审计。

专项审计 完成市领导批示交办的重大审计任务和市政府临时交办事项20余项，配合人大开展重大建设项目跟踪监督，选派业务骨干配合市纪委查办案件，配合省委巡视组开展工作，促进解决问题、化解矛盾、防范风险、反腐倡廉。完成2014年度援疆审计工作任务，开展对前方指挥部负责的4个交钥匙项目、喀什市的11个交支票项目和塔什库尔干县的7个交支票项目实施审计，出具审计报告3份，跟踪审计建议函1份，综合报告1份，促进援疆项目规范建设。

审计创新 深圳市审计局坚持创新驱动、提升审计管理水平取得新成效。制定《深圳市审计局关于进一步推进审计工作全面深化改革的工作方案》和深圳市审计局政府职能转变工作规划（2014—2017年），启动深圳市审计工作“十三五”规划编制工作。推行“一次进点，协同审计”，实施部门预算执行审计与经济责任审计同步审计，实现审计资源集约利用。完成《深圳经济特区审计监督条例》修订，设立审计机关派出机构等条款获得审议通过；《深圳经济特区政府绩效审计条例》立法工作积极推进；开展清理行政职权和编制职权清单工作，定期公开接受社会监督，不断规范审计工作。市本级建立由三级核查构成的日常整改监督检查机制，对所有审计报告发现问题开展审计整改检查。宝安区审计局强化政府投资项目审计收文窗口管理，将项目审计受理与审计整改挂钩，对未提交前次整改报告的单位，暂缓受理新项目的审计申请。龙岗区审计局首次实现与区委督查室联合督查，由区委督查室向审计整改责任单位发送督查件，整改成效明显。市、区审计机关配合组织部门开展领导干部经济责任审计结果评议和通报，其中市本级评议领导干部31人，盐田区和龙岗区分别评议领导干部12人和13人。发挥审计机关官方网站、微博、微信等公开平台作用，举办“审计开放日”“审计进社区”“送审上门”等活动，向社会公告审计结果873份，其中市审计局104份，审计影响力不断扩大。

信息化建设 启动深圳金审工程项目建设，全面获取财政、社保、金融机构信息系统数据，利用三维算量软件对国家级重大科技基础设施项目开展工程造价审计，审计信息化水平稳居全国审计系统前列。

审计科研 市、区审计机关开展绩效审计评价标准构建、绩效审计选项机制、政府投资项目审计监督标准化、审计监督全覆盖、社区股份合作公司审计监督等课题研究并取得较好成果，其中南山区审计局对专项资金类绩效审计评价标准课题成果进行验证式审计，龙华新区审计局的论文成果《国家审计——法制建设的利器》获得评全省审计系统“审计与法治”征文评选活动一等奖。

内部审计 深圳市内部审计工作积极推进转型与发展，强化“完善组织治理、防范组织风险、增加组织价值”的科学内部审计理念，大力宣传和贯彻新颁的《中国内部审计准则》，加强内部审计培训工作，促进深圳市内部审计事业健康发展。全市各内部审计机构完成审计项目8153个，审计总金额4144.89亿元，增收节支9298.41万元，提出建议意见被采纳4983条，建议给予行政处分79人，实际给予处分72人，向司法机关移送案件3件3人。

（撰稿人：凌春杰）

【珠海市审计局】 2014年，珠海市审计局人员编制48人，在编43人。局长戴伟辉，副局长郭圣勇（—8月）、胡艳华、张跃进、苏牧（11月—），总审计师苏牧（—10月）。设有办公室、政策法规科、财政金融审计科、行政事业审计科、经济责任审计科、经贸审计科、固定资产投资审计科、资源环保与绩效审计科、基层审计工作办公室、国有企业经济责任审计办公室。

审计成果 珠海市审计机关完成审计项目113个，查出主要问题金额280734万元，其中违规金额37386万元、损失浪费金额39万元、管理不规范金额243307万元；损益（收支）不实金额15254万元；审计处理处罚金额111849万元，其中应上缴财政22815万元、应减少财政拨款或补贴6202万元、应归还原渠道资金35517万元、应调账处理金额47313万元；审计发现非金额计量问题379个；审计促进整改落实有关问题资金32707万元，其中增收节支5779万元、已调账处理金额26928万元；审计后挽回（避免）损失6202万元。移送纪检监察机关和有关部门处理事项3件。出具审计报告和专项审计调查报告175篇，被批示、采用13篇。提出审计建议373条，提交审计信息144篇，被批示、被采用23篇。向社会公告审计结果2篇。

财政审计 围绕政府职能转变和深化财政体

制改革，重点揭示当前预算管理中国有资本经营预算和管理不完善、大量存量资金结转财政专户、政府采购预算编制不完整等深层次问题。查出主要问题金额247462万元。

经济责任审计 探索对经济责任人履职评价和审计内容的精细化管理；探索开展区级党政"一把手"的同步审计；探索市内实行异地交叉审计的工作方法；探索领导干部权力运行监督的全覆盖；创新基层经济责任方式方法。建立"审计、财政、农业和各镇人民政府"四位一体的内部审计管理平台。全年完成党政部门和国有及国有控股企业领导干部经济责任审计项目60个，查出违规金额21212万元、损失浪费金额39万元、管理不规范金额67772万元。

固定资产投资审计 珠海市政府投资审计，以"政府审计人员＋聘请专职骨干＋中介机构"的模式，构建政府投资审计"联防队"。全年政府投资审计工作量同比增长59.14%，查处各类违规问题金额同比增长101.17%，查处和核减多计预算或工程款约1亿元，查出各类主要问题金额6394万元。

社会保障审计 全市审计机关开展社会保险基金监督预算执行和决算情况的审计，查出主要问题金额14万元。

企业审计 全市审计机关对10个单位开展审计，充分借助内部审计、社会审计力量提升审计效率，查出主要问题金额20895万元，移送案件线索3件。

专项资金审计 珠海市审计局专项资金审计广泛征求人大、政协、政府等意见，选择与老百姓利益紧密相关的水源地保护、幸福村居、公路养护、扶贫资金、保障房建设等专项审计，查出各类政府投资项目主要问题金额5966万元，移送查处涉嫌严重违规违纪3件。

信息化建设 珠海市审计局向市政府申报《珠海市审计平台建设方案》，包括审计业务、审计管理两方面的工作平台，把审计机关后台与审计现场连接起来，计划于2015年度基本完成建设。

内部审计 珠海市内部审计共审计项目2850个，审计总金额8605981万元，增收节支7574万元；建议给予行政处分11人，实际给予行政处分11人；向司法机关移送案件1件，移送1人；提出建议意见被采纳1567条。 （撰稿人：夏素芳）

【汕头市审计局】 2014年，汕头市审计局人员编制73人，在编72人。局长谷元新，副局长郭旭、吴少青、谢叙淦、吴小琦，总审计师杨光胜（10月—），纪检组长林炎光，副调研员谢炎燕、陈艾龙（11月—）。设有办公室（与机关党委办公室合署）、综合法规科（整改监督科）、财政金融审计科、行政政法审计科、企业审计科、固定资产投资审计科、教科文审计科、农业与资源环保审计科、社会保障审计科和经济责任和绩效审计分局、计算机审计中心。

审计成果 汕头市审计机关完成审计项目198个，查出主要问题金额2083983万元，其中违规金额5401万元、管理不规范金额2074833万元；损益（收支）不实金额167995万元；审计处理处罚金额28592万元，其中应上缴财政3946万元、应减少财政拨款或补贴2172万元、应归还原渠道资金9583万元、应调账处理金额12888万元；审计发现非金额计量问题508个；审计促进整改落实有关问题资金19451万元，其中增收节支7161万元、已调账处理金额12290万元；审计促进拨付资金到位2837万元；审计后挽回（避免）损失2267万元。移送司法机关、纪检监察机关和有关部门处理事项1件。出具审计报告和专项审计调查报告259篇。提出审计建议294条，提交审计信息16篇，被批示、采用7篇。向社会公告审计结果5篇。

财政审计 汕头市审计机关首次将公共财政预算、政府性基金预算、国有资本经营预算、社保基金预算、政府性债务"五大板块"纳入审计监督范畴，实现财政审计内容从公共资金到国有资产、从资产到负债的横向拓展；对2013年市试编的国有资本经营预算及执行情况，推行"全程式预算跟踪"，首次将审计贯穿完整的国有资本经营预算周期，实现国有资本经营预算编制、执行、调整与绩效评价的全过程监督；调整审计视角，关注财政存量、增量资金，拓展财政审计全覆盖内容，全方位促进提高财政资金的使用效益。

经济责任审计 将绩效审计理念融入经济责任审计，促进领导干部履责用权；履行经济责任审计工作领导小组成员职责，加强对全市经济责任审计工作的组织指导，强化经济责任审计规范化建设，确保审计质量，防范审计风险；根据省审计厅授权，市审计局突破原有的审计方式，加大经济责任同步审计。市党政“一把手”经济责任同步审计的先进做法，在全省县委书记、县长经济责任同步审计培训班上做经验介绍。

税收政策审计 汕头市审计机关在披露地税部门在税收政策执行、税款征收入库、税源管理等税收征收管理中存在问题的同时，重点关注农产品批发市场、农贸市场税收优惠政策执行情况和BT模式建设项目营业税纳税管理情况，建议针对项目建设税款入库周期长的特点，设置税收管理台账，加强BT项目持续一致管理，确保税款及时入库。

农业与资源环保审计 以调结构为着力点，加强对生态环境保护政策措施落实情况的审计。通过数据向水务部门提出个别饮水安全水质指标超标应引起重视的建议；向国土部门提出采矿许可证过期关闭矿山企业尽快进行矿山地质环境治理恢复等关系环境安全的审计意见，建议有关部门应充分发挥农村综合整治工作联席会议制度的作用，进一步促进各部门的沟通与合作，实现区域间的联防联治，解决污染问题；针对采石场水土保持情况监督检查不力问题，要求有关部门督促企业限期补办水土保持审批手续，并按水土保持补偿费征收标准依法补征。

固定资产投资审计 加强对政府投资项目审计和重大项目实行全过程跟踪审计，积极参与市政府组织的政府投资项目相关问题工作会议，对市重点工程、十大民心工程的基建程序、资金及工程造价等进行研究讨论。审计人员深入施工现场，对工程质量核实监督，并为项目投资的效益性、建设程序的规范化提出建议，建设单位和施工单位主动要求审计部门提早介入跟踪审计，促进工程项目规范管理。

社会保障审计 以惠民生为目标，加大对群众关注的卫生、医疗资金投向和保障性安居工程建设力度政策措施落实情况的审计力度，开展城镇保障性安居工程资金和卫生专项资金审计，指出部分廉租房空置、个别廉租房工程建设缓慢、全市尚未建立住房保障对象经济状况审查多部门数据信息共享机制，5个区滞留基本公共卫生服务项目资金和其他卫生专项资金未拨付用款单位等问题，并从避免资金闲置、促进规范管理、提高资金使用效益方面提出审计意见和建议。

企业审计 以促改革为抓手，加强对国有企业产业结构优化升级政策措施的审计。市公交总公司2013年度运营情况审计中，从公交企业成本费用角度入手，通过数据分析，剖析公交公司经营亏损的原因，披露财政部门对公交公司承担社会资金补偿不到位、燃油价格补贴未能及时全额到位等问题。以防风险为保障，加大对防范化解地方债务风险政策贯彻落实情况的审计。路桥收费还贷专项资金审计中，重点关注2013年来市年票制收支情况、路桥费收支计划编报、纳入年票制还贷基数确认、项目单位资金还贷情况，通过审计，促进项目单位及时归还银行贷款，并按原渠道上缴财政已完工项目结余资金和利息，提出加强年票征收管理，及时科学编报路桥收费还债专项资金收支计划等审计建议，确保收费路桥还债专项资金管理风险可控、使用高效、偿还及时。

（撰稿人：张卫红）

【佛山市审计局】 2014年，佛山市审计局人员编制44人，在编45人。局长杨耀松，副局长温美球、杜惠萍、金娥，总审计师谢慧茹，市纪委派驻纪检组长何内，市经济责任审计联席会议办公室主任蓝杰。设有办公室、法规审理科、经济责任审计科、财税审计科、行政事业审计科、固定资产投资审计科、企业审计科、社会保障审计科、绩效审计科。

审计成果 佛山市审计机关（不含顺德区，下同）完成审计项目100个，查出主要问题金额304502万元，其中违规金额1091万元、损失浪费金额772万元、管理不规范金额302638万元；审计处理处罚金额3206万元，其中应上缴财政113万元、应减少财政拨款或补贴188万元、应归还原渠道资金817万元、应调账处理金额1947万元；审计发现非金额计量问题478个；审计促进整改落实有关问题资金3134万元，其中增收节支274万元；审计后挽回（避免）损失5万元。移送司法机关、纪检监察机关和有关部门处理事项1件。出具审计报告和专项审计调查报告113

篇，被批示、采用19篇。提出审计建议361条，提交审计信息105篇，被批示、采用50篇。

财政审计 全市审计机关审计（调查）单位81个，查出主要问题金额286258万元。围绕预算管理、资金安全、政府性债务、落实屡审屡犯问题整改以及引领镇街财政审计步入正轨等五方面开展财政审计。向市人大提交《关于近几年镇(街)财政审计中发现主要问题的汇报》，助力提升镇街财政审计水平。实行精细化部门预算执行审计，促成出台《关于进一步规范我市评比达标表彰、考核、奖励等工作的通知》。

经济责任审计 对17名领导干部进行经济责任审计，查出主要问题金额16146万元。根据领导干部职责权限，重点检查承担贯彻政策措施、经济发展、环境保护、民生改善等责任。向纪检监察部门移送涉嫌违纪违法问题线索1件，经调查核实后行政处分10人。

固定资产投资审计 完成审计项目8个，查出管理不规范金额7567万元，核减投资额188万元。综合分析工程项目招投标存在问题，撰写专题报告《政府工程招投标存在的突出问题及建议》，得到省委、市委领导批示，促使相关职能部门研究修订招投标管理的有关规定。对道路工程、环境治理、征地拆迁等项目探索实施跟踪审计，提出审计建议，督促整改工程质量管理等问题。

社会保障审计 佛山市审计机关加强社保资金、城镇保障性安居工程、体育彩票公益金、社会抚养费等民生资金审计。重点跟踪审计佛山市2013年保障性安居工程的投资、建设、分配、运营等情况，站在更宏观的角度审视问题和分析原因，促进各项惠民政策落到实处。

专项资金审计 佛山市审计机关关注政策落实和中央八项规定贯彻执行情况，加强对污水处理费的征收管理和“三旧”改造返还资金使用情况延伸审计。召开专题会议，部署督促检查中央八项规定系列文件贯彻落实情况，通报部门预算单位近年来审计查出的普遍性问题，发挥审计预防预警作用。（撰稿人：陈嘉文）

【江门市审计局】 2014年，江门市审计局人员编制42人，在编40人。局长郭建红，副局长陈伟文、梁小玲、林文宇，总审计师梁兆政，纪检组长林伟雄。设有办公室、法规审理科、经济责任审计科、财政审计科、行政事业审计科、固定资产投资审计科、企业审计科、社会保障审计科和绩效审计科。

审计成果 江门市审计机关完成审计项目222个，查出主要问题金额66.62亿元，其中违规金额1.64亿元、损失浪费金额54万元、管理不规范金额64.97亿元；损益（收支）不实金额9.43亿元；审计处理处罚金额1.81亿元，其中应上缴财政8050万元、应归还原渠道资金8104万元、应调账处理金额1966万元；审计发现非金额计量问题180个；审计促进整改落实有关问题资金4116万元，其中增收节支3365万元、已调账处理金额749万元。移送司法机关、纪检监察机关和有关部门处理事项3件。出具审计报告和专项审计调查报告341篇，被批示、采用14篇。提出审计建议504条，提交审计信息87篇，被批示、采用5篇。向社会公告审计结果14篇。

财政审计 江门市审计局对本级财政及9个部门的预算执行情况实施审计，将财政存量资金、地方政府性债务、“三公”经费等纳入审计重点，查出少列公共财政预算收入、预算支出进度不均衡、部门预决算编制不够完整等问题。开展税收征管情况审计，重点关注房产税、契税、企业所得税、土地增值税的缴纳情况，抽查企业65个，查出逾期未缴税费6785.19万元，违规自行代收契税277.70万元。按照审计署统一部署，抽调全市45名审计人员分赴广州市、佛山市开展土地出让收支和耕地保护情况审计。

固定资产投资审计 江门市审计局完成西环路隧道BT工程回购价款阶段性审计，揭示基建财务管理、建设项目管理、拆迁补偿资金评估等方面的问题；对荷塘镇生活污水处理厂、大洞虎坑路桥、南门路桥项目实施审计，重点核查项目建设、运行成本及债务情况。与江门市纪律检查委员会等单位联合探索重大工程项目廉政风险防控，对滨江新区体育东路等4个政府投资重大项目开展风险评估。

经济责任审计 江门市审计局对14名领导干部实施离任审计，重点完成南雄市、新会区党政主要领导干部的经济责任同步审计，把贯彻落实中央八项规定、国务院“约法三章”等相关要求，以及中央、省各项经济工作方针政策和决策部署情况，政府性债务举借、管理、使用和财政金融风险防范等作为审计重点，促进履职尽责和廉政建设。全市审计机关审计领导干部117人，查出主要问题金额34.24亿元，审计发现侵害人民群众利益金额3791万元，出具审计报告和审计结果报告234篇，提出审计建议288条，被采纳166条。

专项资金审计　对社保、“三农”、教育、扶贫、环保等资金和项目进行监督，审计专项资金34项9.11亿元，查出主要问题金额8334万元。江门市审计局主要完成体育彩票公益金、农村环境综合整治、住宅专项维修资金、住房公积金、保障性安居工程等审计项目，揭露存在部分资金被挤占、增值收益不高、滞留闲置等问题；按照广东省审计厅统一部署，抽调全市10名审计人员赴东莞市参加社会抚养费专项审计。

（撰稿人：温志芳）

【湛江市审计局】　2014年，湛江市审计局人员编制56人，在编52人。局长符强，副局长高敬元、宋进耀、喻树武、王忠（3月—），纪检组长陈苏平。设有办公室、法规审理科、经济责任审计科、财税金融审计科、行政事业审计科、经贸审计科、固定资产投资审计科、社会保障审计科、绩效审计科和直属分局。

审计成果　湛江市审计机关完成审计项目161个，查出主要问题金额361624万元，其中违规金额9993万元、管理不规范金额351630万元；损益（收支）不实金额68066万元；审计处理处罚金额74590万元，其中应上缴财政8862万元、应减少财政拨款或补贴591万元、应归还原渠道资金6443万元、应调账处理金额58693万元；审计发现非金额计量问题156个；审计促进整改落实有关问题资金115万元，其中增收节支73万元；审计促进拨付资金到位100万元；审计后挽回（避免）损失640万元。移送司法机关、纪检监察机关和有关部门处理事项4件。出具审计报告和专项审计调查报告252篇，被批示、采用23篇。提出审计建议387条，提交审计信息17篇，被批示、采用1篇。向社会公告审计结果3篇。

财政审计　完成财政类审计项目154个，延伸审计单位66个，其中预算执行17个，财政决算4个，行政事业92个，专项资金31个，固定资产投资10个。提交审计报告228篇。审计专项资金总额98199万元，涉及项目投资额166765万元，查出主要问题金额359968万元。通过审计，促进公共资金、国有资产、国有资源逐步实现审计全覆盖。在上级审计机关的统一安排部署下，组成57名审计人员到中山、江门、阳江等地开展土地出让收支和耕地保护情况异地交叉审计，用时3个月。佛山、东莞、珠海、阳江市审计局派出57人进驻湛江开展审计。

企业金融类审计　完成企业金融类审计7个，审计查出主要问题金额1656万元。

经济责任审计　贯彻落实《党政主要领导干部和国有企业领导人员经济责任审计规定实施细则》，加大县委书记、县长和镇委书记、镇长同步审计力度，增加自然资源资产作为领导干部经济责任审计评价内容，探索地方党委政府主要领导干部经济责任异地同步审计办法，促进领导干部经济责任审计工作发展。全市完成经济责任审计单位89个，涉及经济责任人90人，其中党委、政府13人，党政部门36人，检察机关1人，事业单位24人，人民团体5人，国有及国有控股企业6人，其他5人，查出主要问题金额40855万元。

审计整改　成立以湛江市政府分管领导牵头，中共湛江市委组织部、市检察院、市监察局、市财政局、市国资委、市审计局为成员单位的审计整改工作联席会议，形成由政府主导、人大监督、审计参与、被审计单位和主管部门落实的整改工作机制。

内部审计　湛江市共有内部审计机构45个，完成审计项目2565个，其中财务收支审计259个，绩效审计41个，经济责任审计193个，内部控制评审159个，基本建设审计1079个，其他审计834个。审计总金额12712万元，增收节支3619万元，提出建议意见被采纳2061条。

（撰稿人：关南全）

【茂名市审计局】　2014年，茂名市审计局人员编制41人，在编40人。局长黄晓文，副局长陈凡晓、李家胜、梁文超，总审计师冯广周。

设有办公室、综合审计科、财税金融社保审计科、行政事业审计科、经贸审计科、农业与资源环保审计科、固定资产投资审计科、经济责任审计科。

审计成果 茂名市审计机关完成审计项目198个，查出主要问题金额967062万元，其中违规金额108313万元、管理不规范金额858749万元；损益（收支）不实金额81955万元；审计处理处罚金额111461万元，其中应上缴财政99364万元、应归还原渠道资金10659万元、应缴纳其他资金99万元、应调账处理金额1339万元；审计发现非金额计量问题179个；审计期间整改金额9492万元；审计促进整改落实有关问题资金34821万元，其中增收节支34821万元；审计促进拨付资金到位336万元；审计后挽回（避免）损失460万元；核减投资额18993万元。移送司法机关、纪检监察机关和有关部门处理事项3件。提交审计报告和专项审计调查报告323篇，被批示、采用42篇。提出审计建议792条，提交审计信息43篇，被批示、采用19篇。

财政审计 抓好预算执行情况、地方税收征管和县级财政决算等方面的审计监督，重点延伸审计房地产、建筑行业税收缴纳情况。茂名市审计局审计单位26个，延伸审计单位145个，查出主要问题金额647609万元。

行政事业审计 将审计资金集中、影响面广和多年未审等部门单位列入重点审计对象。茂名市审计局审计单位131个，延伸审计单位166个，查出主要问题金额269501万元。

固定资产投资审计 茂名市审计局开展保障性住房安居工程跟踪审计和工程竣工决算审计。完成审计项目7个，核减工程投资737万元，查出主要问题金额3179万元。

社会保障审计 茂名市审计局开展住房公积金收支审计调查，审计查出主要问题金额1092万元。

企业审计 茂名市审计局完成审计项目10个，查出财务收支核算不实等主要问题金额23770万元。

专项资金审计 茂名市审计局完成审计（调查）项目23个，延伸审计单位66个，审计专项资金总额达239063万元，核减工程投资额18255万元，查出主要问题金额21911万元。

经济责任审计 茂名市审计局共审计领导干部126人，其中任中审计19人，离任审计107人。查出主要问题金额156930万元，其中违规金额18103万元、管理不规范金额138827万元；应负直接责任金额973万元、应负主管责任金额26292万元、应负领导责任金额129665万元；移送处理纪检监察机关1人。参考审计结果得到肯定或使用的被审计领导干部122人。

（撰稿人：林红专）

【肇庆市审计局】 2014年，肇庆市审计局人员编制43人，在编42人。局长何炼生，副局长周敏华、苏汉中（兼局纪检组组长）、谢秋萍，总审计师闲建中。设有办公室（与纪检组、监察室合署）、综合法规科、财税金融审计科、行政政法事业审计科、农业与资源及社会保障审计科、企业与外资运用审计科、固定资产投资审计科、经济责任审计科和审计中心。

审计成果 肇庆市审计局完成审计（调查）项目25个，查出主要问题金额128914万元，其中违规金额56836万元、管理不规范金额72078万元；损益（收支）不实金额金额5700万元；审计处理处罚金额94440万元，其中应上缴财政47936万元、应归还原渠道资金3121万元、应调账处理金额43383万元；审计发现非金额计量问题54个；审计促进整改落实有关问题资金51031万元，其中增收节支27026万元（含以前年度审计处理落实金额）、已调账处理金额24005万元（含以前年度审计处理落实金额）；审计促进拨付资金到位7036万元。出具审计报告和专项审计调查报告31篇，被批示、采用5篇。提出审计建议59条，提交审计信息22篇，被批示、采用19篇。

财政审计 对15个预算执行、税收征管和1个财政决算项目进行审计，突出对组织执行财政预算（决算）的重点部门和重点资金的审计监督，重点关注行政运行成本和管理绩效、“全口径”预算体系建设、预算编制和执行情况等方面，揭露在预算编制、执行及资金管理方面存在的突出问题，涉及问题金额72495万元，提出完善机制和制度的意见建议，推进政府全口径预算管理和财政改革。

经济责任审计 完成6名党政领导干部经济

责任审计，其中县（区）长2人，党政部门领导2人，事业单位领导1人，国有企业法定代表人1人；属任中审计1人、离任审计5人。查出违规金额34618万元，管理不规范金额21458万元，发现侵害人民群众利益问题金额2334万元，提出审计建议15条，被采纳15条。

专项资金审计 完成专项资金审计（调查）项目2个。开展全市城镇保障性安居工程以及2012年至2013年体育彩票公益金等项目审计（调查）。通过审计，揭示不再符合条件的住房保障对象未及时退出、个别保障性安居工程项目建设程序不规范、部分捐赠款会计核算和管理不规范等问题，查出违规及管理不规范金额36万元，促进民生政策落实到位，规范专项资金管理。

交办任务 配合完成审计署、省审计厅统一部署的土地出让收支和耕地保护情况审计、社会抚养费审计任务。通过审计，揭示土地出让金和社会抚养费在征收、使用等过程中的问题，促进规范土地出让收入和社会抚养费的征收管理使用、土地储备管理和耕地保护，揭示土地领域的重大违法违纪问题和重大案件线索。参与当地党委和政府重大项目、重要资金安排和重大经济改革等决策事项，发挥专业优势，在决策事前或事中阶段提出科学决策依据或问题解决方案。

审计整改 采取审计结果跟踪落实责任制、审计整改联动制及审计整改结果报告制等措施，及时向市政府和人大常委会报告审计整改情况。通过整改共督促各被审计单位上缴财政26623万元、归还原渠道资金403万元、调账处理资金24005万元、促进资金拨付到位7036万元。同时，促进有关单位制定完善各项规章制度。

（撰稿人：严颖璐）

【惠州市审计局】 2014年，惠州市审计局人员编制49人，在编46人。局长冯起忠，副局长骆英华、赖巨龙、叶肖彬、李思，纪检组长黄咏。设有办公室、综合信息科、法规审理科、经济责任审计科、财政税务审计科、专项资金审计科、固定资产投资审计科、企业审计科、审计督察科。

审计成果 惠州市审计机关共完成审计（调查）项目283个，查出违规金额29823万元，应上缴财政25861万元，应减少财政拨款或补贴金额10222万元，应归还原渠道资金10280万元。移送纪检监察机关及其他部门处理事项9件。提出审计建议689条，出具专题审计报告、提交专题信息483篇。惠州市审计局获得人力资源和社会保障部、审计署联合授予的全国审计机关先进集体荣誉称号。

财政审计 对23个市直部门的预算执行实施审计，审计数量较往年增长4倍，重点监督“三公”经费、会议费、培训费管理使用情况，“三公”经费支出比上年减少519万元，下降33.6%。

固定资产投资审计 完成政府投资审计项目41个，核减投资额6230万元。其中，惠州市审计局共完成政府投资审计项目20个，核减投资额5429万元，提出审计意见建议38条。

专项资金审计 完成对城镇保障性安居工程、住房公积金、住宅维修资金、支持产业发展财政扶持资金、扶贫济困日活动捐赠款物、体育彩票公益金、水库移民专项资金等141个重点民生项目和资金的审计监督。

经济责任审计 完成党政领导干部经济责任审计项目111个，审计党政领导干部111人。

企业审计 开展企业审计（调查）项目7个，查出主要问题金额10197万元。

土地出让评估审核 惠州市审计机关审核土地出让评估报告134份，国土部门根据审计意见整改，增加土地出让底价5973.37万元，增加财政土地收益3530.77万元，增加集体资产价值696.39万元，核减应置换国有土地面积1485.02平方米。

交办任务 惠州市审计机关抽调52名审计业务骨干参加审计署统一部署和安排的土地出让收支和耕地保护情况审计；市审计局派出审计组赴河源市龙川县完成省审计厅统一组织实施的社会抚养费审计调查。

内部审计 中国内部审计学会授予惠州市TCL集团股份有限公司审计中心全国内部审计先进集体荣誉称号；授予惠州市仲恺高新技术产业开发区惠环街道办事处纪检与审计办公室郑丽君全国内部审计先进工作者荣誉称号。

（撰稿人：张司政）

【梅州市审计局】 2014年，梅州市审计局人员编制46人，在编46人。局长刘耿灵，副局长刘鸿涛、丘加悦、杨伟南、温爱生，总审计师练清万。设有办公室、综合与法规审理科、财政金融审计科、行政事业审计科、经济责任审计科、固定资产投资审计科、经贸审计科、农业与资源环保审计科；梅州市经济责任审计联席会议办公室设在梅州市审计局，在经济责任审计科挂牌；下设梅州市审计局绩效审计室、计算机审计中心。

审计成果 梅州市审计机关完成审计项目317个，查出主要问题金额551516万元，其中违规金额7627万元、管理不规范金额543888万元；损益（收支）不实金额28425万元；审计处理处罚金额58499万元，其中应上缴财政7156万元、应减少财政拨款或补贴88万元、应归还原渠道资金516万元、应调账处理金额50738万元；审计发现非金额计量问题301个；审计促进整改落实有关问题资金52618万元，其中增收节支6706万元、已调账处理金额45854万元；审计促进拨付资金到位9647万元；审计后挽回（避免）损失345万元。移送司法机关、纪检监察机关和有关部门处理事项8件。出具审计报告和专项审计调查报告487篇，被批示、采用44篇。提出审计建议513条，提交审计信息62篇，被批示、采用37篇。报送审计专报10篇，均得到市委或市政府主要领导的重要批示。

财政审计 梅州市审计机关开展本级预算管理、地方税收征管、部门预算执行审计；实施梅江区、兴宁市的2013年度财政决算审计。

经济责任审计 坚持离任必审，加大任中审计，对18名处级、161名科级领导干部进行经济责任审计，查出违纪违规金额5511万元、管理不规范金额20015万元。

专项资金审计 对全市城镇保障性安居工程、农村低收入住房困难户住房改造、体育彩票公益金、福利彩票公益金以及市本级住房公积金、职工医疗保险基金等进行审计，较好地规范资金管理，防范资金风险，提高使用效益。

政策落实情况审计 梅州市审计机关贯彻落实中央八项规定，加强对“三公”经费及会议费、培训费的审计，重点关注预算安排、经费使用、经费核算、报销规范等。2014年实施预算执行审计的5个部门中，除1个单位“三公”经费不减反增外，其余4个部门“三公”经费及会议费、培训费支出分别比上年下降29.64%、46.34%、23.45%。

交办任务 梅州市审计机关按照上级审计机关的部署，派出51名审计人员，历时近3个月，分赴韶关、清远参加审计署组织的土地出让收支和耕地保护异地审计。派出审计组赴惠州开展计生社会抚养费征收管理情况交叉审计。配合省审计厅对污染减排、促进就业、政策性农业补贴、公共文化服务设施建设、中小河流治理5项财政专项资金开展审计，以及稳增长促改革调结构惠民生政策措施落实情况的跟踪审计。

信息化建设 梅州市审计机关投入80多万元完成OA（审计管理系统），建成省、市、县三级互联互通的审计专网和审计会商系统。

（撰稿人：张世钦）

【汕尾市审计局】 2014年，汕尾市审计局人员编制39人，在编36人。局长李林顺，副局长赵国华（11月—）、李明训、纪永坤，总审计师陈丽青（—5月）。设有办公室、法规审理科、财税金融审计科、行政事业审计科、农业与资源环保审计科、经济贸易审计科、固定资产投资审计科、整改监督科和经济责任审计办公室。

审计成果 汕尾市审计机关完成审计项目157个，查出主要问题金额29965万元，其中违规金额4251万元、管理不规范金额25713万元；损益（收支）不实金额858万元；审计处理处罚金额5327万元，其中应上缴财政3701万元、应减少财政拨款或补贴414万元、应归还原渠道资金640万元、应调账处理金额570万元；审计发现非金额计量问题226个；审计促进整改落实有关资金783万元，其中增收节支651万元、已调账处理金额131万元；审计后挽回（避免）损失261万元。出具审计报告和专项审计调查报告216篇，被批示、采用29篇。提出审计建议561条，提交审计信息150篇，被批示、采用61篇。向社会公告审计结果5篇。

财政审计 汕尾市审计局对市本级和市公安局、市体育局、市卫生局等11个市直部门的预算执行情况进行审计，重点揭示和查处市级预算部门单位在预算执行中实际支出普遍大于年度预算、财务处理不够规范等问题，提出整改意见和建议，促进市级预算部门单位进一步规范财务管理和节约行政成本。汕尾市审计机关开展2013年度税收征管情况审计和2013年度全市契税征管情况审计调查，审计查出部分企业少计少缴税费732万元，督促税务部门追回欠缴税款。通过审计，促进地税系统提高政策执行力，加大征管力度，规范征收管理，促进税负公平，不断提高征管水平和质量，推动地税部门依法治税、深化税收征管体制改革和管理创新。汕尾市审计局开展对市直53个部门的“三公”经费和会议活动费的审计调查，从审计调查的情况看，53个预算单位2014年“三公”经费和会议费支出均比2013年同期有较大幅度下降。

经济责任审计 汕尾市审计机关组织对63名领导干部实施经济责任审计，其中处级干部14人，审计查出违规金额877万元，管理不规范金额10775万元。

专项资金审计 汕尾市审计局开展社会保险基金审计、城镇保障性安居工程跟踪审计、成品油价格补贴专项资金审计调查等多个民生审计工作，查出违规重复领取养老待遇、违规同时领取养老待遇和失业保险待遇、参保人员身份信息和编号不规范等问题。

固定资产投资审计 汕尾市审计局开展市区防洪潮续建工程项目结算、省道S242线西闸至埔边段改建工程结算等审计项目。全市审计机关共核减投资额413万元，有效节约政府财政资金，进一步发挥审计监督在推进和规范固定资产投资市场秩序、提高资金使用效益等方面的积极作用。

（撰稿人：王伟展）

【河源市审计局】 2014年，河源市审计局人员编制40人，在编37人。局长黄敏，副局长王超良、何国平，总审计师谢统鹏，纪检组长黄炳忠。设有办公室、财税审计科、行政事业审计科、经济贸易审计科、农业与资源环保科、基建外资审计科、政策法规科、经济责任审计科、社会保障资金审计科、纪检监察室、绩效审计分局、市经济责任审计中心。

审计成果 河源市全市审计机关共审计226个项目，查出主要违规问题金额871445万元，其中违规金额16243万元、管理不规范金额855202万元；损益（收支）不实金额346923万元；审计处理处罚金额16222万元，其中应上缴财政16155万元、应调账处理金额66万元；审计发现非金额计量问题353个；审计促进整改落实有关问题资金12017万元，其中增收节支12016万元。移送司法机关、纪检监察机关和有关部门处理事项2件。出具审计报告和专项审计调查报告258篇。提出审计建议581条，提交审计信息46篇。

财政审计 河源市审计局完成市本级财政预算执行和龙川县、和平县财政决算审计，以及市直10个单位和部门预算审计。围绕提升财政资金使用效益和中央八项规定、国务院“约法三章”等政策措施落实，深化预算执行、财政决算及部门预算执行审计，重点关注“三公”经费、会议费等公用经费及公务卡制度执行、楼堂馆所建设等情况，坚决纠正和查处各种财经违法违纪行为。

经济责任审计 完成经济责任审计项目127个，审计领导干部137人，其中县委书记2人，县长2人；镇委书记23人，镇长24人；党委工作部门领导干部6人，政府工作部门领导干部42人；事业单位领导干部28人，人民团体负责人2人，国有企业负责人8人。查出管理不规范金额23.39亿元、违规金额482万元。提交审计专题报告36篇。

社会保障审计 河源市审计机关对河源市2013年城镇保障性安居工程（包括廉租住房、公共租赁住房、经济适用住房和各类棚户区改造）的投资、建设、分配、运营等情况进行审计。重点调查市本级和6个县区政府所属建设（住房保障）、发展改革、财政、国土资源、民政、住房公积金中心等部门，延伸调查20个保障性安居工程项目融资、建设、勘察、设计、施工、监理等相关单位和企业、3个街道办（乡镇）、8个居（村）委会、56户家庭，并对10个保障性安居工程项目的开工情况、13个项目的基本建成情况、4个项目的工程建设和质量管理情况进行检查。审计披露河源市在城镇保障性安居资金筹集管理和使用、保障性住房分配和使用管理、工程建设管理、目标任务完成等方面存在的问题17个，查出管理不规范金额860.05万元。向当地政府和相关部门提出6条整改意见和建议，并向省审计厅提交3篇信息报告。

专项资金审计 组织开展全市体育彩票公益金专项审计，披露河源市体育彩票公益金管理中存在资金使用不及时、计划管理不够规范等问题，并提出审计建议；开展2013年救灾复产重建资金物资募集和使用管理情况跟踪审计，查处侵害人民群众切身利益的行为，确保民生资金和财政专项资金管理使用规范高效，确保民生项目真正发挥作用，保障国家惠民政策落实，维护人民群众的切身利益。

企业审计 河源市审计局完成市直22家国有或国有控股企业清产核资及市交通局和市公路局下属的经营性企事业单位资产、负债情况的审计。基本摸清市直国有企业“家底”，披露企业经营管理中存在的损益不实、债权债务不真实、资产管理不规范、欠缴税费等问题和经营风险，提出加强管理、提高效益、防止资产流失的建议，为政府加快推进国有企业体制改革提供参考依据。

（撰稿人：袁雅君）

【阳江市审计局】 2014年，阳江市审计局人员编制45人，在编44人。局长关泳芬，副局长陈红、陈小敏（10月—）、明康颂、林志远、林国兰（10月—），总审计师茅卫华。设有和办公室、法规审理整改科、经济责任审计科、财税金融审计科、行政事业审计科、农业与资源环保审计科、固定资产投资审计科、绩效审计科、计算机审计技术中心和基建审计中心。

审计成果 阳江市审计局完成审计项目33个，查出主要问题金额226951万元，其中违规金额1944万元、管理不规范金额225006万元；损益（收支）不实金额51390万元；审计处理处罚金额2899万元，其中应上缴财政1898万元、应减少财政拨款或补贴484万元、应归还原渠道资金45万元、应调账处理金额470万元；审计发现非金额计量问题45个；审计促进整改落实有关问题资金1094万元，其中增收节支624万元、已调账处理金额470万元；审计后挽回（避免）损失484万元。向市纪检监察机关移送案件线索2件。出具审计报告和专项审计调查报告46篇。提出审计建议83条，提交审计信息33篇，被批示、采用7篇。

财政审计 阳江市审计局完成审计项目3个，查出违规金额67万元，应上缴财政67万元，已上缴财政67万元。

经济责任审计 审计单位16个，审计经济责任人16人，查出违规金额1658万元、管理不规范金额134660万元。

固定资产投资审计 完成审计项目10个，查出违规金额197万元、管理不规范金额484万元，核减工程款681万元。

专项资金审计 完成审计项目4个，查出管理不规范金额514万元。

行政事业审计 完成审计项目16个，查出违规金额1658万元、管理不规范金额134660万元、应上缴财政1633万元，应归还原渠道资金24万元。

信息化建设 推进审计信息化建设进程，深入研究实践财政数字化审计，掌握现场数字化审计的核心技术，实现财政底层数据审计全覆盖。完成《运用数字化审计促进公共财政审计全覆盖》课题研究，总结市县两级审计机关开展财政数字化审计的经验、成效和启示，并就如何发挥数字化审计优势促进审计全覆盖提出思考和建议。组织和参与计算机审计培训，不断提高计算机应用技能，提高审计效率和审计质量。

（撰稿人：杜方杰）

【清远市审计局】 2014年，清远市审计局人员编制28人，在职26人。局长冯小华，副局长杨志辉、陈小菊、练贤聪（12月—），总审计师招文锋（—10月），纪检组长成秋军（—8月）。设有办公室、财政金融审计科、行政事业审计科（农业与资源环保审计科）、企业审计科、固定资产投资审计科、经济责任审计科、政策法规科。

审计成果 清远市审计机关完成审计项目175个，查出主要问题金额1204418万元，其中违规金额81567万元、损失浪费金额12万元、管理不规范金额1122839万元；损益（收支）不实金额207315万元；审计处理处罚金额341296万元，其中应上缴财政52435万元、应减少财政拨款或补贴453万元、应归还原渠道资金2676万元、应调账处理金额285730万元；审计发现非金额计量问题196个；审计促进整改落实有关问题资金111936万元，其中增收节支8801万元、已调账处理金额101942万元；审计后挽回（避免）损失1409万元。移送司法机关、纪检监察和有关部门处理事项6件。出具审计报告和专项审计调查报告265篇，被批示、采用1篇。提出审计建议372条，提交审计信息55篇，被批示、采用20篇。向社会公告审计结果1篇。

财政审计 完成预算执行和决算审计单位共65个（其中预算执行审计单位37个、财政决算审计单位28个），审计查出主要问题金额739258万元、未按规定纳入预算管理320213万元，未按规定征收缴纳收入17889万元，未落实“收支两条线”和专户管理规定28438万元等问题。

经济责任审计 完成审计责任人86人，审计单位75个，审计查出违规金额17084万元，负直接责任金额128万元、负主管责任金额84万元、负领导责任金额16870万元，管理不规范金额145739万元。

行政事业审计 清远市审计机关审计单位67个，审计查出主要问题金额85272万元，其中未落实“收支两条线”和专户管理规定1235万元。

固定资产投资审计 审计（或调查）项目15个，项目投资金额276316万元，完成投资金额26187万元，核减投资额1409万元。

企业审计 全年审计（或调查）单位13个，查出主要问题金额47774万元、财务收支核算不实1127万元、少计少缴税费54万元、其他问题金额3030万元。

专项资金审计 清远市审计机关开展专项资金审计（调查）单位22个，审计专项资金总额35142万元，审计查出主要问题金额7153万元，其中资金不到位不落实2681万元。在5月、8月分别从全市审计机关选派10名和35名审计人员参加上级审计机关组织的社会抚养费项目以及土地出让收支和耕地保护情况的审计。

（撰稿人：李　坚）

【东莞市审计局】 2014年，东莞市审计局人员编制60人，在编55人。局长杜沛游，副局长王汝铭、卢炳辉、何志宇、赵志丹，总审计师何建东，经济责任审计工作联席会议办公室主任萧锦雄。设有办公室、综合法规科、财政金融审计科、固定资产投资审计科、行政事业审计科、经贸审计科、内部审计指导科和基层审计分局、经济责任审计分局。

审计成果 东莞市审计局完成审计项目52个，分别查出和纠正违规及管理不规范问题，促进财政增收节支1.5亿元，对有关问题依法做出处理。

财政审计 东莞市审计局对市财政局组织预算执行、地税局税收征管以及“科技东莞”等重大专项资金的2013年度预算执行情况进行审计，共完成审计项目13个，审计部门单位超过50个。对资金使用管理不规范、使用绩效不高等问题进行揭示反映，将有关审计结果向社会公告，促使相关部门完善制度，堵塞漏洞，提高预算约束力和资金使用效果。密切关注基层经济运行风险，在镇街财政决算审计中切实加强对镇街政府性债务、土地出让金等资金的审查，促进消除隐患，防范经济运行风险。

经济责任审计 东莞市审计局完成对28名领导干部开展任期经济责任审计，促进上缴财政和归还原渠道资金共6883万元，提出审计结果报告54篇，对审计发现的突出问题进行深入剖析，提出审计意见和建议。

专项资金审计 东莞市审计局对学前教育经费等4个专项资金（项目）开展审计，揭示资金申领制度执行不到位、截留补助资金等问题，促进相关主管部门及时完善专项资金管理制度，加强资金使用监管。

固定资产投资审计 东莞市审计局对轨道交通、水库污染整治等7项重点投资项目进行审计，深入审查工程建设进程和资金使用管理等情况，对建设手续不完善、管理不到位影响投资绩效等问题进行揭示反映，督促相关部门对有关问题及时做出整改，促进规范政府投资工程管理，提高投资绩效。

内部审计 东莞市镇街和部门内部审计工作有序发展，完成基层内部审计与纪检合署办公改革工作。全市内部审计机构293个，内部审计人员1386人，其中专职机构115个，专职人员693人；共开展审计项目1676项，查出违规及管理不规范金额，促进增收节支8385万元，提交审计报

告996篇。（撰稿人：朱清荣）

【中山市审计局】 2014年，中山市审计局人员编制63人，在编60人。局长林东，副局长陈福成、杨伟文、冯欣荣、林文正，总审计师梁广凡，纪检组长巫颖洁。设有办公室、综合计划和法规审理科、经济责任审计办公室、财政税务审计科、行政事业审计科、社会保障审计科、农业与资源环保审计科、固定资产投资审计科、企业审计科、人事科、绩效审计与整改监督科、内部审计指导中心。

审计成果 中山市审计局完成审计项目43个，查出主要问题金额277804.54万元，其中违规金额6262.86万元、损失浪费金额303.31万元、管理不规范金额271238.36万元；损益（收支）不实金额170600.22万元；审计处理处罚金额6262.86万元，其中应上缴财政3022.92万元、应减少财政拨款或补贴773.38万元、应归还原渠道资金2466.55万元；审计发现非金额计量问题186个；审计促进整改落实有关问题金额6190.88万元，其中增收节支6190.88万元。出具审计报告和专项审计调查报告71篇，被批示、采用34篇。提出审计建议177条，提交审计信息102篇，被批示、采用26篇。向社会公告审计结果2篇。

财政审计 将公共财政预算、政府性基金预算、国有资本经营预算等重要事项纳入预算执行审计监督的范围，扩大审计覆盖面。"同级审"涉及111个市级预算单位、24个镇区以及4家市属国有企业。加强对预算编制、调整、执行和决算等总体情况的审计监督，加大对公务用车管理、专项资金使用、政府购买服务等方面问题的揭示力度，共查出7类25个问题。审计发现一些部门虚列当年预算支出、部分资金管理使用不严格等问题，揭示在公车管理上存在违规借用、占用下属单位车辆、执法用车用于一般公务活动等问题。通过审计，促进各有关单位上缴财政3123万元、归还原渠道资金2258万元、减少财政拨款578万元、追缴税金208万元，制定和完善制度规范45项，处理有关责任人员1人。审计工作报告向社会全文公布。

经济责任审计 推进党政机关、国有企业、镇区等重点部门和关键岗位领导干部轮审制度，研究出台《中山市处级党政主要领导干部和国有企业领导人员经济责任审计实施意见》和《中山市经济责任审计对象分类管理办法》，进一步规范经济责任审计的组织协调、审计内容、审计实施、审计评价与结果运用等，提高经济责任审计的法制化、科学化和规范化水平。完成对31名领导干部（包括4个市属国有企业集团主要负责人）的经济责任审计，查出违规金额3229.46万元、损失浪费金额303.31万元。审计披露部分国企亏损严重、对下属企业和部门的监督管理存在不足、政府资金管理使用的绩效意识有待提高等问题，提出整改建议，促进依法行政、廉洁从政。

固定资产投资审计 政府投资审计涉及工程97个（含子工程），项目投资额57.70亿元，主要对市级交通公路建设、公共设施建设等政府投资项目以及镇区投资建设项目进行审计（调查），重点对中心城区雨污分流工程进行全过程跟踪审计，披露部分政府工程项目未严格履行基建程序、违反建设管理制度、投资控制比较薄弱等问题，提出审计建议30多条，节约资金逾4000万元，有效查处和纠正违规问题，规范建设资金高效管理和合理使用。市领导做出重要批示，相关部门认真开展整改。

专项资金审计 围绕政府关注、群众关心的问题，突出加强对重点领域、重点资金的专项审计和调查，包括城镇保障性安居工程、体育彩票公益金、交通建设资金、防空地下室易地建设费和市扶困助学专项资金。关注投入资金的使用和绩效情况，注重从体制、机制、制度层面和政策执行方面揭示和反映问题，披露专项资金主管部门对补贴、贴息资助资金监管不严、体彩公益金超范围使用等问题，并从切实履行职责、完善制度法规、严格执行管理制度等方面提出合理化建议。

政策落实情况审计 中山市审计局按照审计署和省审计厅的统一部署，共派出43人次的业务骨干赴外市参加土地出让收支和耕地保护情况、社会抚养费、稳增长促改革调结构惠民生政策措施落实情况、财政存量资金等4个审计项目，促进政策有效执行。围绕市委、市政府"率先加快转型升级、建设幸福和美中山"的重大决策部署，加强对市健康医疗产业发展、企业科技创新、服务业发展和新能源汽车等专项资金的审计监督，促进产业结构转型升级和可持续发展。重点关注中央八项规定等系列政策贯彻落实情况，在部门预算执行情况审计和经济责任审计中加大对“三公”经费、会议费和培训费支出情况的核查力度，发现部分部门仍存在会议期间发放现金、虚列培训费和会议费支出、违反公务卡结算制度等问题，有力促进转变作风、厉行勤俭节约。

信息化建设 部署实施财政、社保等行业联网审计系统，通过信息化手段，将事后审计与事中审计、静态审计与动态审计有机结合。在2014年开展的市本级财政预算执行情况审计中，数字化审计发挥系统性、数据多样性、财务数据与业务数据关联性、海量数据处理能力等优势，有效解决对非税系统、财务集中监管系统的技术难题，大力推进财政数字化审计全覆盖进程。

审计整改 中山市政府组织召开2013年度预算执行审计查出问题整改工作会议。督促审计发现问题的整改落实，促进完善制度、规范管理。印发《中山市审计局审计整改督查工作办法（试行）》，加强对整改情况的跟踪问效，对带有体制机制制度性缺陷和普遍性、苗头性问题，以《审计要情》和《中山审计专报》等形式及时反馈党政领导及有关部门。

内部审计 中山市审计局配合做好第六届村居换届审计的业务指导和市“三资”监管联席会议工作，建立健全常态的分片挂钩联系机制，督促落实镇区纪检监察和审计合署办公工作机制。认真审核和整理汇总各镇区、市直部门和企事业单位提交的“年审制”报告，及时发现和解决经济管理工作中出现的问题，进一步提升“年审制”成果运用水平。制定出台镇区、行政事业单位和市属国有企业年度审计制度及相关操作指引，不断加快推进内部审计工作指南体系建设，规范不同行业、不同部门内部审计的内容、程序和方法，统一“年审制”报告格式和要求，指导各单位实现内部审计工作标准化和规范化，促进提高内部审计作为日常监督机构在内部监督中的作用。

（撰稿人：郭文芳）

【潮州市审计局】 2014年，潮州市审计局人员编制44人，在编39人。局长邱怀球，副局长蔡舜娜、杨桂生、刘建春、王铿，总审计师曾锐松。设有办公室、政策法规科、财税金融审计科、固定资产投资审计科、行政事业审计科、工交商贸审计科、经济责任审计一科和经济责任审计二科。

审计成果 潮州市审计机关共完成审计和审计调查项目112个，查出违规金额16076万元、管理不规范金额302301万元，审计整改促进增收节支共8613万元，审计发现非金额计量问题158个，审计促进整改落实有关问题金额18191万元。提出审计建议145条，被采纳建议意见95条，促进问题得到有效整改。向纪委检察等部门移送（报送）案件线索9件，协助纪委有关案件的调查2件，完成领导交办的专项审计任务和派员参与配合的事项共10件。

财政审计 潮州市审计局开展2013年度本级财政预算执行审计，首次介入财政预算编制的审计，从源头上加强对预算执行情况监督，强化预算约束力。加强对预算编制和执行情况、公共财政预算管理情况、基金预算管理情况的监督，并加强对财政专项经费使用效益性监督，推动所有政府性收支纳入预算管理；在关注市本级160个部门预算单位“三公”经费使用情况基础上，重点关注9个市直部门“三公”经费使用情况，纠正违反规定和管理不规范的问题。对市直160个预算执行单位2013年末财政存量资金管理使用情况进行专项审计调查，清理反映财政存量资金规模、结构和内容，重点检查专项资金管理情况。针对存在问题，提出盘活财政存量资金的意见和建议，发挥财政资金对经济增长的拉动和促进作用。开展2013年全市地方税收征管情况审计、2013年全市契税征管情况审计调查，在防止税源流失上取得较好成效。在审计期间，部分房地产开发企业补预缴企业所得税282.89万元，补缴率为83%；部分纳税户补缴税费102.21万元。针对房地产开发项目土地增值税清算不到位、契税优惠政策执行把关不够严格、商品房契税征收不规范等问题，从体制机制方面提出审计建议，地税部门采取措施，落实整改。

专项资金审计 潮州市审计局开展2013年度潮州市城镇保障性安居工程跟踪审计、2012和2013年体育彩票公益金筹集管理使用情况审计项目、市城区市政设施养护维修和园林绿化管养情况的跟踪审计。审计发现侵害人民群众利益289万元。通过审计监督检查民生相关政策落实情况，特别是低收入群众基本生活保障情况，及时揭露挤占挪用、损失浪费等影响资金管理和使用效益的问题，确保资金安全完整。通过保障房安居工程审计，查处并纠正个别不符合条件的家庭获得住房保障、未及时清收房租、少数保障性住房长期闲置等问题。通过对体育彩票公益金筹集管理使用的情况审计，揭示部分项目预算计划与实际执行情况存在差异、个别资金没有专款专用等问题，促进加强资金规范管理。

经济责任审计 潮州市审计机关共审计71个单位、77名领导干部，查出违规金额495万元、管理不规范金额26625万元。审计关注“三公”经费、会议费和专项资金的使用管理、机构编制执行情况，揭示个别单位没有严格执行“收支两条线”，财务管理、会计核算不规范，国有资产管理不规范，会议费使用管理不规范等问题，提出加强财务管理、确保财政资金安全，加强资产管理、确保国有资产安全完整，加强会议费预算编制及会议费用管理工作、严格控制会议费开支范围等建议，促进被审计单位建章立制。制定出台《潮州市经济责任审计结果运用办法》，建立健全更具可操作性的审计结果运用机制。

固定资产投资审计 开展政府投资建设项目审计，注重项目建设的管理情况和建设资金的效益性。开展桥东污水处理厂工程、凤凰水库达标加固工程等政府投资建设项目的竣工决算审计，开展市直2009—2013年度政府投资建设项目审计调查。重点审计设计、施工及招投标管理情况，关注投资项目损失浪费形成国有资产流失、建设程序不规范的问题。（撰稿人：张锐洁）

【揭阳市审计局】 2014年，揭阳市审计局人员编制38人（7月，经市机构编制委员会批准，增设社会保障审计科、农业资源和环保审计科，撤销直属行政单位驻蓝城办事处，增加编制2人），在岗42人（不含驻局纪检组长、纪检监察员3人）。局长唐莉（—2月）、郑旭亮（2月—），副局长丁有民、钟少贞（1月—）、洪泽坤（6月—），总审计师郭少斌，纪检组长黄跃，经济责任审计办公室主任林树宏（11月—）。设有办公室、综合科、财税金融审计科（加挂外资运用审计科）、行政事业审计科、经济责任审计办公室（与揭阳市经济责任审计工作领导小组办公室合署办公）、固定资产投资审计科、经贸审计科、社会保障审计科、农业资源和环保审计科、直属分局，下设揭阳市审计信息管理办公室和揭阳市审计局经济责任审计中心。

审计成果 揭阳市审计机关完成审计（调查）项目203个，查出主要问题金额167006万元，其中违规金额5164万元、损失浪费金额42万元、管理不规范金额161800万元；损益不实7915万元；审计处理处罚金额7390万元，其中应上缴财政2595万元、应归还原渠道资金1465万元、应调账处理金额3330万元；审计发现非金额计量问题70个；审计促进整改落实有关问题资金6576万元，其中增收节支3395万元、已调账处理金额3181万元。移送司法机关、纪检监察机关和有关部门处理事项14件。出具审计报告和专项审计调查报告255篇。提出审计建议404条，提交审计信息79篇，被批示、采用12篇。向社会公告审计结果43篇。

财政审计 关注财政资金绩效，加强部门预算执行审计，审计发现未按规定实行国库集中支付制度、年末累计结余财政资金额大影响资金使用绩效的问题，要求将结存市级预算资金收回财政总预算管理。关注税收政策执行，加强税收征管审计，审计发现市区一家房地产公司2012年、2013年共少缴纳企业所得税1640万元，促使该公司全额补缴税款；普宁市审计局审计处理上缴税费85万多元，审计发现疑点移交税务部门处理补缴税款600多万元。关注中央八项规定的贯彻落实，加强部门经费收支监督，市审计局专门印发指导意见，切实加强对“三公”经费等公务支出的审计。

经济责任审计 揭阳市审计机关把重大经济事项决策的程序、内容、执行、效果等方面内容列为经济责任审计的必审内容，促进领导干部依法行政，规范权力运行。全市完成125个单位139名领导干部的经济责任审计，查出主要问题金额46595万元，其中市审计局完成19个单位20名领导干部的经济责任审计，查出主要问题金额

23599万元。对普宁市、惠来县、揭西县的县（市）委书记、县（市）长进行同步审计，揭示土地管理、工程建设管理、财政资金管理等方面的一些重大违规问题。

专项资金审计 揭阳市审计局对2013年城镇保障性安居工程进行跟踪审计，发现一些住房困难家庭应保未保、保障住房产权未登记、保障性住房空置超过一年、1个工程项目“三通一平”工程未依法履行招标程序等问题，分别提出审计建议，促进惠民政策落到实处。对2012年和2013年体育彩票公益金管理使用情况开展审计，查处公益金预算管理、使用中存在的问题，提出改进建议，促进加强管理。配合广东省审计厅对惠来县2012年至2013年社会抚养费征管情况开展审计；抽调10人参与实施对汕尾市海丰县社会抚养费的异地交叉审计；抽调44人参加审计署统一组织的全国土地出让收支和耕地保护情况审计。

（撰稿人：陈钦丰）

【云浮市审计局】 2014年，云浮市审计局人员编制29人，在岗32人。局长曾树荣，副局长伍金明、莫剑平，总审计师李菊，纪检组长叶伟强。设有办公室、政策法规科、财税审计科、金融与社会保障审计科、行政事业审计科、企业审计科、农业与资源环保审计科、固定资产投资与外资运用审计科、经济责任审计科、绩效审计科、纪检监察室。

审计成果 云浮市审计机关共完成审计和审计调查单位203个，查出主要问题金额258340万元；审计期间整改金额197万元；审计处理处罚2199万元，其中应上缴财政217万元、应减少财政拨款或补贴1508万元、应调账处理金额227万元；审计促进整改落实有关问题资金14868万元，其中已上缴财政193万元、已减少财政拨款或补贴1508万元、已归还原渠道资金49万元、已调账处理金额120万元。提交审计报告和专项审计调查报告246篇，提交信息61篇，被批示、采用8篇次。提出审计建议457条，被采纳389条。

财政审计 开展预算执行审计和审计调查项目43个，查出主要问题金额180567万元，其中预算编报不真实不完整4124万元、未按规定纳入预算管理1415万元、未按规定征收缴纳收入2828万元、违规改变项目计划和资金用途30925万元、资金滞留闲置11869万元。开展财政决算审计项目3个，查出主要问题金额42655万元，其中预算编制批复不规范253万元、未按规定征收缴纳收入159万元、资金滞留闲置353万元。

专项资金审计 审计专项资金总额27857万元，完成城乡居民基本医疗保险审计、体育彩票公益金审计、2013年度“广东扶贫济困日”活动捐赠款物募集和使用管理情况审计等关系人民群众切身利益的专项资金审计和审计调查，审计查出主要问题金额3211万元，其中资金滞留闲置243万元。参与全国土地出让收支和耕地保护情况审计，赴清远英德市开展社会抚养费交叉审计。

行政事业审计 开展行政事业审计和审计调查项目51个，查出主要问题金额27596万元，其中未按规定征收缴纳收入1379万元、未落实“收支两条线”和专户管理规定1028万元、未按规定纳入预算管理1379万元。

固定资产投资审计 云浮市审计机关审计单位76个，完成项目投资额7958万元，核减投资额1508万元。

企业审计 云浮市审计局开展企业审计调查6个，查出主要问题金额792万元。

经济责任审计 云浮市审计机关完成领导干部任期经济责任审计项目53个，其中任中审计13个、离任审计40个；审计县处级9人、乡科级44人；查出主要问题金额28886万元，其中违规金额245万元、损失浪费金额760万元、管理不规范金额27880万元；审计提出建议128条，被采纳100条。

（撰稿人：梁美红）

2014年广东省所辖区、县(市)级审计工作统计表

金额单位:万元

审计机关	完成审计项目(个)	审计查出主要问题金额	审计处理情况					出具审计报告和审计调查报告(篇)	提出审计建议(条)	提交审计信息(篇)
			审计处理处罚				移送处理事项(件)			
			应上缴财政	应减少财政拨款或补贴	应归还原渠道资金	应调账处理金额				
广州市										
广州市本级	53	1704751	3768		207	841120	17	65	128	13
越秀区审计局	25	1013	190			156	1	39	104	15
荔湾区审计局	23	7050	295			3629		31	78	25
海珠区审计局	18	29621	527		9	2081		28	44	2
天河区审计局	23	130323	386			519	1	43	27	14
白云区审计局	23	251746	3285		101			33	86	
黄埔区审计局	9	23821	271		164	19673	2	14	9	8
番禺区审计局	30	147037	64			139542		47	40	34
花都区审计局	23	25793	334		332	11265		34	30	23
南沙区审计局	15	9421			41	4534	4	15	36	
开发区审计局	12	323081	65	195				18	23	
萝岗区审计局	6	2471	158				1	8	17	1
从化区审计局	19	39022	795			172	3	29	40	22
增城市审计局	20	36530	259	2651	1	4394	1	27	36	22
韶关市										
韶关市本级	60	176093	3		3137	2363	7	68	161	71
浈江区审计局	6	29	3			26		9	19	
武江区审计局	13	364						21	57	1
曲江区审计局	24	12284	12					34	41	
乐昌市审计局	22	70785	37					32	88	9
南雄市审计局	24	2018						38	34	51
始兴县审计局	21	1245						33	36	
仁化县审计局	36	3886	555					59	101	
翁源县审计局	28	4492	1					42	11	
新丰县审计局	17	37053						25	37	8
乳源瑶族自治县审计局	20	56049						25	45	
深圳市										
深圳市本级	819	1228587	41976	248297	153898	96480	13	851	208	43
福田区审计局	525	57585	37	35904		12398		530	578	1

续表

审计机关	完成审计项目（个）	审计查出主要问题金额	审计处理情况					出具审计报告和审计调查报告（篇）	提出审计建议（条）	提交审计信息（篇）
			审计处理处罚				移送处理事项（件）			
			应上缴财政	应减少财政拨款或补贴	应归还原渠道资金	应调账处理金额				
罗湖区审计局	985	84912	7259	13111		26187	1	993	31	18
南山区审计局	185	35423	54	13181	343	5341		191	32	3
宝安区审计局	191	477075	50	2310	872	45		195	352	
龙岗区审计局	356	411773	1139	17305	1083	7826	14	373	960	3
盐田区审计局	436	23612		4598	17962			445	892	4
光明新区审计局	172	26110	960	11831				172	47	
坪山新区审计局	267	26606	10	7468	11411	23		270	215	
大鹏新区审计局	130	6290	66	4233			2	134	75	
龙华新区审计局	13	325593		59				13	22	9
珠海市										
珠海市本级	46	226963	18584	6202	35330	35255	3	66	156	66
香洲区审计局	19	5257	1332					33	29	35
斗门区审计局	25	33953	2896		187	11511		39	76	20
金湾区审计局	22	12282	3			547		36	108	23
横琴新区廉政办	1	2279						1	4	
汕头市										
汕头市审计局	41	1723077	2736	1936	300	594		60	40	4
金平区审计局	12	59062	23					19	64	
龙湖区审计局	15	101931	441	13	8895	512		25	42	
濠江区审计局	9	2674	224	164				13	13	
潮阳区审计局	57	48448	186				1	57		4
潮南区审计局	31	12242	50	22	388	11782		48	27	1
澄海区审计局	20	127988	27					20	63	
南澳县审计局	13	8561	259	37				17	45	7
佛山市										
佛山市本级	35	147931	46		12			40	76	44
禅城区审计局	14	64871			763	1947		16	15	1
南海区审计局	24	43746						27	125	
顺德区审计局	39	106163	1935	283	2082	1899		47	85	11
三水区审计局	15	45456	38		42			18	57	15
高明区审计局	12	2496	29	188				12	88	45
江门市										
江门市本级	58	348266	3954		7885	548	3	74	102	28

续表

审计机关	完成审计项目(个)	审计查出主要问题金额	审计处理情况					出具审计报告和审计调查报告(篇)	提出审计建议(条)	提交审计信息(篇)
			审计处理处罚				移送处理事项(件)			
			应上缴财政	应减少财政拨款或补贴	应归还原渠道资金	应调账处理金额				
蓬江区监察和审计局	8	1287			142	1144		14	14	
江海区监察和审计局	19	12119						29	33	
新会区审计局	36	168402	4					59	54	
台山市审计局	26	55320	198					43	77	
开平市审计局	32	5086	60			55		51	55	18
鹤山市审计局	23	42584	3738		76	219		40	87	
恩平市审计局	20	33110	96		1			31	82	41
湛江市										
湛江市本级	32	29429	3286	591	6263	9603	3	42	109	17
赤坎区审计局	15	69773	67					28	39	
霞山区审计局	26	2085	105					50	30	
坡头区审计局	8	73154	17		21			14	9	
麻章区审计局	2	22399	18			22209		2		
开发区审计局	2							2	3	
廉江市审计局	5	36324	25					5	12	
雷州市审计局	13	3861	357			42		22	24	
吴川市审计局	31	84695	3018		41		1	49	125	
遂溪县审计局	13	24737	130		5	22633		16	7	
徐闻县审计局	14	15167	1839		113	4206		22	29	
茂名市										
茂名市本级	51	93798	87627		6343	451		77	178	18
茂南区审计局	24	152	23		12		1	44	32	25
茂港区审计局	1							1	3	
高州市审计局	23	1186	1186					37	77	
化州市审计局	27	899	452					40	235	
信宜市审计局	24	180	110					40	63	
电白县审计局	48	12098	9966		4304	888		84	204	
肇庆市										
肇庆市本级	25	128914	47936		3121	43383		31	59	22
端州区审计局	15	21638	23					26	36	13
鼎湖区审计局	17	23969	12062		42	9169		29	33	16

续表

审计机关	完成审计项目（个）	审计查出主要问题金额	审计处理情况					出具审计报告和审计调查报告（篇）	提出审计建议（条）	提交审计信息（篇）
			审计处理处罚				移送处理事项（件）			
			应上缴财政	应减少财政拨款或补贴	应归还原渠道资金	应调账处理金额				
高要市审计局	14	59061	685		19	2		18	35	
四会市审计局	25	108995	600		150			40	70	8
广宁县审计局	14	54495	138		6			21	36	
怀集县审计局	17	5127	1377		40			28	29	17
封开县审计局	17	174876	120		27			23	12	28
德庆县审计局	17	10647	53			9295		27	23	8
惠州市										
惠州市本级	96	712315	8938	9290	8330	6383	4	118	229	53
惠城区审计局	26	74879	526	128	514	2813		26	20	2
惠阳区审计局	29	12582	37			2		46	56	1
博罗县监察和审计局	40	130058	6579	324	1095			41	96	18
惠东县审计局	19	19748	3513		283	7902	3	29	51	39
龙门县审计局	23	129005	133	85	58	6563	1	24	48	
梅州市										
梅州市本级	49	237920	1088	38	12	17442	6	65	148	30
梅江区审计局	16	902	233					29	30	4
梅县区审计局	26	218933	245			1		36	17	2
兴宁市审计局	27	24378	1238		179	1390		41	84	
大埔县审计局	32	35491	2156	50	8	13820	1	43	38	4
丰顺县审计局	44	4789	15		11	601	1	72	100	4
五华县审计局	44	5879	189		30	958		69	82	18
平远县审计局	31	12436	22		273	12106		56	37	
蕉岭县审计局	48	10785	1966			4415		76	162	
汕尾市										
汕尾市本级	32	7878	766	68	173	250		40	108	115
城区审计局	17	2348	3					23	124	22
陆丰市审计局	36	5575	2547		223	5		45	138	
海丰县审计局	27	6687	170	46	59	213		54	74	7
陆河县审计局	45	7475	213	299	184	102		54	117	6
河源市										
河源市本级	41	652485	12465			66		46	127	15

续表

审计机关	完成审计项目（个）	审计查出主要问题金额	审计处理情况					出具审计报告和审计调查报告（篇）	提出审计建议（条）	提交审计信息（篇）
			审计处理处罚				移送处理事项（件）			
			应上缴财政	应减少财政拨款或补贴	应归还原渠道资金	应调账处理金额				
源城区审计局	33	43961	1632					33	24	18
紫金县审计局	34	59882	395					37	150	13
龙川县审计局	28	23047	1651					28	58	
连平县审计局	24	55519						24	58	
和平县审计局	34	19589	10					34	85	
东源县审计局	32	16959						56	79	
阳江市										
阳江市本级	33	226951	1898	484	45	470		46	83	33
江城区审计局	22	8690	34					22	79	
阳春市审计局	21	9187	89			286		21	43	
阳东区审计局	16	33876	459					22	43	8
海陵区审计局	9	1203						9	14	
阳西县审计局	23	2805	1439					30	42	13
清远市										
清远市本级	29	598152	49175	181	1791	228630		37	83	22
清城区审计局	11	22430					1	19	25	15
清新区审计局	16	290660						30	44	1
英德市审计局	22	20088	1292		115	13014	1	22	42	2
连州市审计局	26	8144	1435		47	127	4	47	58	
佛冈县审计局	31	205188	60	272		4		45	64	2
阳山县审计局	11	1457	17		32			13	28	4
连山壮族瑶族自治县审计局	12	16539	78			14064		17	13	8
连南瑶族自治县审计局	17	41756	375		690	29889		26	15	
东莞市										
东莞市本级	52	518819	4774		11303	2252		52	169	43
中山市										
中山市本级	43	277805	3012	773	2467			71	177	102
潮州市										
潮州市本级	31	259575	20117		127	7601	2	31	60	11
湘桥区审计局	11	95						11	26	
潮安区审计局	28	10623	590		25	5905	1	28	38	
枫溪区审计局	9	129						9	2	
饶平县审计局	33	48955	41					33	19	

续表

审计机关	完成审计项目（个）	审计查出主要问题金额	审计处理情况					出具审计报告和审计调查报告（篇）	提出审计建议（条）	提交审计信息（篇）
			审计处理处罚				移送处理事项（件）			
			应上缴财政	应减少财政拨款或补贴	应归还原渠道资金	应调账处理金额				
揭阳市										
揭阳市本级	42	98324	1382		580	2322	13	63	132	49
榕城区审计局	23	19983	5					27	32	
揭东区审计局	34	5883	98			311		34	63	7
普宁市审计局	28	5876	86			5		28	115	12
揭西县审计局	39	13836	666		212	692	1	64	41	
惠来县审计局	37	23104	358		673			39	21	11
云浮市										
云浮市本级	27	124840	159		42			27	92	21
云城区审计局	85	4914	34	823	7	160		85	141	12
云安区审计局	20	51889	3	685				20	53	17
罗定市审计局	16	57627			193			16	33	9
新兴县审计局	23	17735						23	54	
郁南县审计局	32	1335	21		4	67		32	84	2

广西壮族自治区

【广西壮族自治区审计厅】 2014 年，广西壮族自治区审计厅人员行政编制 160 人，在编 153 人；事业编制 56 人，在编 51 人。设有办公室、法规处、财政审计处、行政事业审计处、农业与资源环保审计处、固定资产投资审计处、金融审计处、企业审计处、社会保障审计处、外资运用审计处、经济责任审计局、人事处、机关党委、离退休人员工作处，另有派出发展计划审计处、派出经济贸易审计处、派出教育科学审计处、派出政法审计处、派出资源环保审计处、派出民政社保审计处、派出交通建设审计处、派出农业水利林业审计处、派出文化体育新闻审计处、派出卫生计划生育审计处、派出工商质监审计处、派出旅游民族事务审计处，还设有机关服务中心、内部审计指导中心、科学研究所、审计培训中心等事业单位。自治区纪委、监察厅在自治区审计厅派驻纪检组、监察室。

领导成员

厅　　长：何小聪

副 厅 长：吴　云　陆　斌　陈勇新

总审计师：刘一原

纪检组长：张永如

经济责任审计局局长：周国彪

副巡视员：王天广

审计成果　广西壮族自治区各级审计机关共审计（调查）单位 5103 个，查出主要问题金额 16254329 万元，应上缴财政 196391 万元，应减少财政拨款或补贴 167596 万元，应归还原渠道资金 413403 万元，应缴纳其他资金 579550 万元，应调账处理金额 991268 万元；核减投资额 428285 万元；审计后挽回（避免）损失 135686 万元。移送处理事项 64 件，涉及人员 57 人，涉及金额 29156 万元。出具审计报告和专项审计调查报告 6300 篇，被批示、采用 614 篇。提出审计建议 7757 条，提交审计信息 473 篇，被批示、采用 173 篇。向社会公布审计报告 26 篇。审计厅荣获全国“六五”普法中期先进单位，被评为自治区第三批依法行政示范点。在全国审计机关先进集体和先进工作者的评选中，全区审计机关有2个先进集体、1名先进个人获得人力资源社会保障部和审计署表彰。在审计署统一组织的全国政府性债务审计工作中，全区审计机关有2个先进集体、1名先进个人获得审计署表彰，有6个先进集体、4名先进个人获得审计署嘉奖。

财政审计　全区审计（调查）336个单位的预算执行情况，查出主要问题金额10049639万元。审计（调查）65个单位的财政决算情况，查出主要问题金额591071万元。审计厅实施的自治区本级2013年预算执行和其他财政收支情况审计项目，查明自治区本级财政收支平衡并略有结余，但存在预算编制及执行不到位，国库集中支付不规范，非税收入、税收征管不完善，“三公”经费管理不规范和国有资产监管不力等问题。提出进一步完善财政预算体系，提高财政预算管理水平；深化国库集中支付改革，堵塞财政管理漏洞；规范非税收入管理，杜绝人为调节税收收入的行为；完善接待制度，严格控制公务接待费支出；加强国有资产管理，实现国有资产管理逐步推进的目标等审计建议。有关部门按照自治区人民政府常务会议的要求和审计建议进行整改，建立健全相关管理制度。

行政事业审计　全区审计（调查）单位712个，查出主要问题金额3101489万元。审计厅实施某管理局2013年度预算执行及其他财政收支情况审计项目，查出主要问题金额21008.45万元。发现该局未上缴非税收入、未经批准调剂使用预算项目资金、往来款项长期挂账、所属幼儿园未按规定收费等问题。

专项资金审计　全区审计（调查）单位370个，查出主要问题金额294000万元。审计厅实施自治区民族事务委员会2012—2013年度自治区及中央少数民族发展资金民族工作经费和马山县人民政府、宁明县人民政府2012—2013年度财政扶贫资金收支专项审计调查，发现部分地方骗取财政扶贫贴息、部分项目支出预算不够细化、民族工作专项经费超预算或支出无预算等问题；对2014年“美丽广西·清洁乡村”活动专项资金实施审计调查，查明上述专项资金在改善农村环境方面发挥出积极作用，但部分专项资金会计核算不规范，被挤占挪用或使用不及时等问题。

固定资产投资审计　全区审计（调查）单位3534个，查出问题金额676639万元。审计厅共对六寨至河池高速公路等22条公路、6个民用建筑、2个水务建设、3个水库除险加固、6个内河航道整治等39个建设项目实施全过程跟踪审计。针对存在问题下达审计整改函或审计整改意见书督促整改，以“审计要情”向自治区人民政府报告项目建设中存在的问题。

外资运用审计　全区审计（调查）单位11个，查出主要问题金额48694万元。审计厅对世界银行贷款广西生态家园项目、世界银行贷款广西城乡环境综合整治项目、世界银行贷款广西南宁城乡环境综合整治项目中内河生态环境整治子项目、世界银行贷款广西柳州环境治理二期项目个别子项目、亚洲开发银行贷款梧州城市发展项目、亚洲开发银行贷款广西北部湾城市发展项目、亚洲开发银行贷款广西公路发展三期项目、亚洲开发银行贷款广西南宁城市环境改善项目、亚洲开发银行贷款西南边境城市发展项目、国际农发基金贷款广西农业综合开发与利用项目部分子项目的2013年度财务收支和执行情况进行审计，发现部分项目配套资金未足额到位、工程招投标管理不严格、实施进度慢等问题。

社会保障审计　全区审计（调查）单位11个，查出主要问题金额389万元。审计厅实施的柳江县、北流市、都安瑶族自治县2011—2013年度农村危房改造财政补助资金，自治区本级2013年度陆地边境0～3公里农村居民生活补助资金审计调查项目，南宁市、柳州市、桂林市、玉林市、北海市、贺州市、贺州市八步区、龙州县、天等县等审计局实施的2013年城镇保障性安居工程跟踪审计项目，查明上述社保资金在改善农民生活条件方面发挥出积极作用，但出现个别基层干部骗取农村危房改造财政补助资金，部分地区未按标准发放补助资金，部分项目存在质量问题等问题。

企业审计　全区审计（调查）单位61个，查出主要问题金额1480938万元。审计厅实施的广西某汽车有限责任公司2010—2014年度财务收支情况审计项目，查出主要问题金额510115万元，发现该公司总部转让股权和商标所得未缴企业所得税，违规向所属企业置换、背书银行承兑汇票及提供汇票质押担保，所属个别企业未经核准擅自收购股权，公司总部及所属部分企业用公款为职工购买商业保险等问题。

经济责任审计 全区审计单位 666 个，审计领导干部 680 人，查出主要问题金额 6846429 万元。审计厅对南宁市市长、自治区测绘地理信息局党组书记、广西水利电力职业技术学院党委书记、柳州市市长、中共柳江县委员会书记、自治区人民政府参事室原主任实施的领导干部经济责任审计项目，发现一些单位未经批准调整采购预算、违规调剂使用预算资金、未及时拨付各项专款、违规将公益性资产注入融资平台公司、虚列支出、虚增收入等问题。

审计质量管理 审计厅出台《广西壮族自治区审计厅关于进一步提高审计质量的意见》和《广西壮族自治区审计机关审计现场管理暂行办法》，实行审计报告两次审理制度。全年审理复核审计报告 120 个，提出审理意见和建议 180 条。审计厅实施的广西有色金属集团有限公司原董事长任期经济责任审计和广西壮族自治区钦州市审计局实施的钦州市开发投资集团有限公司 2010 年 1 月至 2012 年 12 月财务收支情况审计被审计署评为 2013 年度全国地方优秀（表彰）审计项目。

信息化建设 审计厅着手启动金审工程三期项目的建设，利用审计管理系统加快公文流转速度，基本实现无纸化办公。开设现场审计实施系统认证考前培训班、审计管理系统和现场审计实施系统应用培训班、四期数据库基础培训班、中级后续人员培训班，培训一千多人次；与桂林电子科技大学联合举办广西审计系统计算机审计骨干精修班，与南京审计学院联合举办广西审计系统信息系统培训班，提高审计人员的计算机审计应用技能。推动现场审计实施系统与审计管理系统的紧密交互，进一步拓展联网审计，90%以上的审计项目开展计算机审计。举办 2014 年度广西审计机关计算机审计成果交流演示会。

队伍建设 审计厅全年举办各类培训班 30 期，培训人员 2279 人次，其中运用审计会商系统举办 3 期干部视频培训班，将干部培训的范围覆盖至广西所有市、县审计局。全区审计机关有 5 人获会计专业硕士学位，28 人获审计专业大学本科学历；262 人获审计署颁发的全国现场审计实施系统认证证书；6 人、57 人分别获审计署、审计厅颁发的计算机审计中级水平证书。从厅本级选派 51 名审计人员参加审计署业务培训，选派 5 名厅机关干部到来宾市武宣县挂职锻炼，从广西基层审计机关接收 14 名机关干部到厅本级挂职锻炼，接收 3 名选调生到厅本级跟班学习。

精神文明建设 审计厅推进学习型党组织建设，把党的十八届三中、四中全会精神和习近平总书记一系列重要讲话精神，分专题纳入厅党组中心组和党员干部年度理论学习计划，采取举办学习论坛、开展学习培训、邀请专家授课、个人自学等多种形式开展学习。通过厅网站、宣传橱窗、手机党校、板报墙报、演讲比赛等方式，推动厅机关党员干部践行社会主义核心价值观。推动、指导广西基层审计机关争创各级文明单位、和谐单位，10 个市、县审计局分获自治区文明单位、和谐单位的称号；组织开展“党的群众路线教育实践活动”“践行社会主义核心价值观读书活动”“我为审计献青春演讲比赛”“在职党员进社区”“美丽广西清洁乡村”“定点扶贫”等主题教育实践活动。组织开展 2 次道德讲堂活动，举办第五届“读书年”活动。

审计科研 审计厅会同广西审计学会组织完成“广西审计工作质量研究”“生态环保专项资金审计研究”等 24 个广西审计重点课题的研究任务。出版个人审计专著 1 部，1 篇论文获广西第十三届社会科学优秀成果二等奖。7 月 25 日，会同广西审计学会在南宁联合举办广西经济责任审计专题研讨会，60 人与会，会前组织专家对收到的 113 篇论文进行评选，评出一等奖 3 篇、二等奖 7 篇、三等奖 12 篇、优秀奖 15 篇，对 4 个市审计学会授予优秀组织奖。11 月 24 日至 26 日，会同广西审计学会在南宁举办广西审计理论研究骨干人才培训班，103 人参加培训。

审计宣传 审计厅在《广西日报》开辟专版，介绍广西贯彻落实《党政领导干部和国有企业领导人员经济责任审计规定实施细则》情况和取得的成效。向自治区党委、自治区人民政府上报《审计要情》9 期；向自治区党委办公厅、自治区人民政府办公厅报送信息稿件 165 篇，被采用 82

篇；编辑出版《广西审计》6期。通过广西审计学会与广西财经学院合作，在《广西财经学院学报》“审计专栏”上选择登载广西审计研究成果10篇。

内部审计 全区有内部审计机构782个，内部审计人员3604人。自治区本级有内部审计机构747个，内部审计人员3524人。共完成审计项目34233个，审计总金额62710014万元，提出建议意见被采纳12090条。在全国内部审计理论研讨会优秀论文评选中，全区有3篇论文获三等奖。在北京召开全国内部审计“双先”表彰大会上，自治区公安厅、柳州银行、南宁东亚糖业集团等3个单位获得2011—2013年度全国内部审计先进集体，自治区交通厅张孟、广西科技大学莫广周、广西民族医院糜燕等3人获2011—2013年度全国内部审计先进工作者。

（撰稿人：雷俊生　彭斯慧　黄　梅）

【南宁市审计局】 2014年，南宁市审计局人员编制62人，实有61人。局长边作新，副局长卢绍宁、杨连业，纪检组长杜彦玢，经济责任审计办公室主任李栋沛。设有办公室、人事科、法规科、固定资产投资审计科、行政事业审计科、社会保障审计科、企业审计科、财政金融审计科、外资运用审计科、农业与环境资源保护审计科、经济责任审计办公室、局机关党总支、纪检监察室，还设有南宁市公共投资审计中心。

审计成果 南宁市审计机关共审计（调查）单位174个，查出主要问题金额249760万元；应上缴财政11742万元、应归还原渠道资金4138万元、应缴纳其他资金37055万元、应调账处理金额71090万元；核减投资额128813万元。移送处理事项2件。出具审计报告和专项审计调查报告703篇，被批示、采用6篇。提出审计建议533条，提交审计信息64篇，被批示、采用36篇。

财政审计 全市审计（调查）60个单位的预算执行情况，查出主要问题金额169136万元。南宁市审计局实施的市财政局2012年度市本级预算执行和其他财政收支情况审计，查出主要问题金额5379.87万元，发现部分非税收入未及时上缴国库、收回已列支出的款项未冲减当年预算支出、未及时清理资金结余等问题。

行政事业审计 全市审计（调查）单位49个，查出主要问题金额25775万元。南宁市审计局实施的隆安县人民政府2011年至2013年学前教育建设及学前资助资金审计项目，查出主要问题金额26.36万元，发现某小学附属幼儿园私设“小金库”，未按规定使用财政部门统一印制的票据，无依据收取课本费，民办幼儿园财务、会计、资产管理制度未能得到有效执行等问题。

专项资金审计 全市审计（调查）单位40个，查出主要问题金额5533万元。青秀区审计局实施的南宁市青秀区2011年至2013年科学技术经费专项审计，查出主要问题金额113.25万元，发现往来款项不及时清理等问题。

固定资产投资审计 全市审计（调查）单位14个，项目投资额32592万元。横县审计局实施的南宁六景工业园区景江大道辅道工程（含排水）结算审计，送审金额1336万元，核减金额291.86万元，核减率21.85%，发现该工程虚报工程量、高报材料单价等问题。青秀区南阳镇中心卫生院职工周转房工程项目审计，发现该工程变更增加投资未办理审批手续、无工程竣工验收资料、无住宅工程分户验收资料等问题。

社会保障审计 南宁市审计局实施的南宁市2013—2014年度城镇保障性安居工程跟踪审计项目，查出问题金额976.43万元，发现工程资金筹集和使用不严格、部分工程土地供应和使用不规范、质量管理不到位等问题。

企业审计 全市审计（调查）单位8个，查出主要问题金额47347万元。南宁市审计局实施的南宁振宁资产经营有限责任公司2013年资产负债和损益情况审计，查出问题金额41035.3万元，发现该公司固定资产管理不规范、未按规定调增国有资本金、以土地作价对外投资未经资产评估程序、取得资产所有权未记入固定资产、对外投资出现潜在亏损等问题。

经济责任审计 全市审计单位54个，审计领导干部54人，查出主要问题金额11508万元。南宁市审计局对南宁市邕宁区人民法院院长、隆安县审计局对隆安县水库移民工作管理局原局长、邕宁区审计局对邕宁区民政局原局长、良庆区审计局对良庆区人力资源和社会保障局原局长开展任期经济责任审计，发现违规处置固定资产、自行采购应当集中采购的办公用物资、“三公”经费和会议经费超预算、非税收入未及时上缴财政、未及时清理往来款项、往来账长期挂账不及时清理等问题。（撰稿人：吴丽霞）

【柳州市审计局】 2014 年，柳州市审计局人员编制 105 人，在编 96 人。局长罗品文，副局长戴卫平、陈钧、刘秋文，总审计师李怡，纪检组长覃柳青，经济责任审计局局长廖凤英。设有办公室、人事科、法规科、财政金融审计科、行政事业审计科、经贸审计科、农业与资源环保审计科、社会保障审计科、固定资产投资审计科、经济责任审计科，还设有柳州市政府投资项目审计中心。

审计成果 柳州市审计机关共审计（调查）单位 653 个，查出主要问题金额 529708 万元；应上缴财政 33279 万元、应减少财政拨款或补贴 54395 万元、应归还原渠道资金 13573 万元、应缴纳其他资金 77109 万元、应调账处理金额 208577 万元；核减投资额 54023 万元；审计后挽回（避免）损失 44877 万元。移送处理事项 6 件。出具审计报告和专项审计调查报告 701 篇，被批示、采用 14 篇。提出审计建议 790 条，提交审计信息 22 篇，被批示、采用 3 篇。向社会公布审计报告 5 篇。

财政审计 全市审计（调查）27 个单位的预算执行情况，查出问题金额 158902 万元；共审计（调查）2 个单位的财政决算情况，查出主要问题金额 30809 万元。柳州市审计局实施的柳州市本级 2013 年度财政预算执行和其他财政收支情况审计，查出违规金额 20900 万元、管理不规范金额 72200 万元，发现该市政府性基金预算编制不够细化、待安排项目比重较大以及部分基金支出预算安排不够合理、部分非税收入未及时上缴国库等问题。

专项资金审计 全市审计（调查）单位 27 个，查出主要问题金额 14139 万元。柳州市审计局实施的市本级和柳北区、城中区、柳南区、鱼峰区、柳东新区、阳和新区 2011—2013 年度学前教育建设项目和资助资金管理使用情况专项审计调查，发现该工程建设项目进度推进缓慢、建设资金使用效率低、个别城区未能按要求安排建设项目配套资金、在园家庭经济困难幼儿资助面低、资金结余大等问题。柳州市审计局实施的“美丽柳州·清洁乡村”建设专项资金筹集使用及效果情况专项审计调查，查出违规金额 4143.30 万元，发现部分项目后期管护不到位、垃圾清运费支出财务管理不规范等问题。

固定资产投资审计 全市审计（调查）单位 505 个，查出主要问题金额 54490 万元。柳州市审计局实施的柳州市某工程项目跟踪审计，发现某电器公司通过虚假材料谋取中标；电器公司不按中标合同供货擅自变更合同，并冒充电力设计公司设计人员在设计单位意见栏签署意见及签名盖章，试图通过上述伪造资料证明该公司更换设备品牌的合理性；已经安装的设备被安装单位认定存在质量缺陷，影响设备送电运行等问题。

企业审计 全市审计（调查）单位 15 个，查出主要问题金额 64026 万元。柳州市审计局实施的柳州银行股份有限公司财务收支信息系统审计项目，发现该公司小微贷管理系统未开展信息安全等级保护工作、信息系统的账号管理不到位、信息系统流程控制存在缺陷、系统部分功能有待完善等问题。

经济责任审计 全市审计单位 68 个，审计领导干部 69 人，查出主要问题金额 233353 万元。柳州市审计局对柳州市食品药品监督管理局原局长、柳州市柳东卫生院原院长实施的领导干部任期经济责任审计项目，发现部分项目支出未按规定分项目核算、已完工并投入使用固定资产未暂估入账、重大经济决策管理制度不健全、将非税收入直接列作收入或挂往来账、未执行“收支两条线”管理等问题。（撰稿人：杨靖云）

【桂林市审计局】 2014 年，桂林市审计局人员编制 92 人，在编 88 人。局长江建和（10 月—），副局长唐正柱、赵素云、全宏星，总审计师张志文（11 月—），党组成员许孔泉、唐观宇、蒙忠宁，经济责任审计办公室主任欧亿娥。设有办公室、法规科、财政金融审计科、行政事业审计科、经贸审计科、农业与资源环保审计科、社会保障审计科、固定资产投资审计一科、固定资产投资审计二科、旅游外资审计科、经济责任审计办公室、人事教育科、综合信息科、纪检监察室，还设有桂林市公共投资项目审计中心、桂林市审计干部培训中心。

审计成果 全市审计（调查）单位 183 个，查出主要问题金额 324337 万元；应上缴财政 39658 万元、应减少财政拨款或补贴 4957 万元、应归还原渠道资金 4782 万元、应缴纳其他资金 748 万元、应调账处理金额 77273 万元；核减投资额 25764 万元；审计后挽回（避免）损失 126 万元。移送处理事项 2 件，涉及人员 1 人，涉及金额 2550 万元。出具审计报告和专项审计调查报告 238 篇，被批示、采用 4 篇。提出审计建议 438 条，提交审计信息 22 篇，被批示、采用 20 篇。

财政审计 全市审计（调查）64 个单位的预算执行情况，查出主要问题金额 297790 万元。审计（调查）18 个单位的财政决算情况，查出主要问题金额 6098 万元。

行政事业审计 全市审计（调查）单位 41 个，查出主要问题金额 2307 万元。桂林市审计局对桂林市机电工程学校、农业机械化技术学校等 9 所学校 2013 年末资产负债及 2013 年度财务收支情况进行审计，查出违规金额 53.52 万元、管理不规范金额 6601.13 万元，发现存在未及时足额上缴非税收入、少记固定资产、账实不符、未办理固定资产报废手续、已投入使用的综合教学楼未经验收、往来账上列收列支等问题。

专项资金审计 全市审计（调查）单位 46 个，审计专项资金总额 52415 万元，查出主要问题金额 8696 万元。桂林市审计局实施的雁山区 2012 年至 2013 年石漠化综合治理工程专项资金审计项目，审计专项资金总额 1300 万元，共查出主要问题金额 242.99 万元，发现工程结算未按照规定取得发票、未按工程设计要求施工建设、违规多付工程款、截留护林员工资、未按规定实行专账核算、工程实施未按规定与中标人订立合同、未严格按照批复的建设规模实施项目建设等问题。

固定资产投资审计 全市审计（调查）单位 10 个，查出主要问题金额 9366 万元，核减投资额 25764 万元。桂林市审计局实施的桂林大剧院、广西桂林图书馆、桂林博物馆和配套附属设施文化广场项目竣工决算审计项目，发现存在多计工程款、建设单位管理费超支等问题，审计核减金额 4957.47 万元。

经济责任审计 全市审计单位 55 个，审计经济责任人 61 人，查出主要问题金额 11436 万元、管理不规范金额 9995 万元，领导干部应负直接责任的违规金额 128 万元。 （撰稿人：梁 林）

【梧州市审计局】 2014 年，梧州市审计局人员编制 53 人，在编 49 人。局长覃宏岩，副局长蒙泽江、彭雪梅、卢秋诚，总审计师麦庆，纪检组长姚启文，经济责任审计分局局长吴素鸣。设有办公室、法规科、财政金融审计科、行政事业审计科、社会保障审计科、农业与资源环保审计科、固定资产投资审计科、外资运用审计科、经济责任审计分局、监察室，还设有政府投资审计中心。

审计成果 梧州市审计机关共审计（调查）单位 202 个，查出主要问题金额 591533 万元；应上缴财政 7516 万元、应减少财政拨款或补贴 1136 万元、应归还原渠道资金 4700 万元、应缴纳其他资金 421 万元、应调账处理金额 39015 万元；核减投资额 84196 万元；审计后挽回（避免）损失 1188 万元。移送处理事项 4 件，涉及人员 4 人。出具审计报告和专项审计调查报告 881 篇，被批示、采用 283 篇。提出审计建议 617 条，提交审计信息 6 篇，被批示、采用 1 篇。

财政审计 全市审计（调查）13 个单位的预算执行情况，查出主要问题金额 476136 万元。共审计（调查）4 个单位的财政决算情况，查出主要问题金额 591 万元。梧州市审计局实施的梧州市本级 2013 年度预算执行审计和其他财政收支审计，发现市本级存在预算收入未及时上缴国库 5182 万元，本级预算编制不完整，部门预算编制不合理、不准确，扩大支出范围和违规拨付财政资金等问题。

专项资金审计 全市审计（调查）单位 43 个，审计专项资金总额 286975 万元，查出主要问题金额 53938 万元。梧州市审计局在对梧州市本级 2011 年至 2013 年市政建设配套费专项资金审计调查中，发现部分市政建设配套费的拨付用途超出使用范围，部分建设项目欠缴市政建设配套费等问题。

固定资产投资审计 全市审计（调查）单位 45 个，查出主要问题金额 32985 万元，核减投资额21312万元。梧州市审计局在市本级"三百项目"竣工决算审计项目中，出具审计确认通知书46份，确认项目概算总投资12.51亿元，送审金额13.07亿元，审定投资额10.05亿元，审计核减工程成本3.02亿元，促使建设单位将项目结余资金415.97万元上缴财政。

经济责任审计 全市审计单位73个，审计经济责任人69人，查出主要问题金额23916万元，管理不规范金额22699万元，领导干部应负直接责任的违规金额424万元。梧州市审计局对梧州市某局局长实施的经济责任审计，发现该局及下属单位在公务接待上连年超预算支出、固定资产账实不符、违规发放职工公休假未休补贴、车辆修理未按规定实行定点维修等问题。

（撰稿人：潘镭丹）

【北海市审计局】 2014年，北海市审计局人员编制57人，在编49人。局长曹文，副局长葛庆新、刘文惠，总审计师黄廷中，纪检组长沈志平。设有办公室、监察室、法规科、财政金融审计科、行政事业审计科、经贸审计科、固定资产投资审计科、外资运用审计科、农业环保审计科、社保审计科、交通建设审计科、电子政务管理科，下属经济责任审计办公室、政府投资审计中心。

审计成果 北海市审计机关审计（调查）单位225个，查出主要问题金额178618万元；应上缴财政4752万元、应减少财政拨款或补贴9969万元、应归还原渠道资金2604万元、应缴纳其他资金196万元、应调账处理金额48897万元；核减投资额10181万元；审计后挽回（避免）损失354万元。移送处理事项3件，涉及金额3437万元。出具审计报告和专项审计调查报告230篇，被批示、采用10篇。提出审计建议936条，提交审计信息50篇，被批示、采用19篇。

财政审计 全市审计（调查）6个单位的预算执行情况，查出主要问题金额45303万元。审计（调查）3个单位的财政决算情况，查出主要问题金额60万元。

专项资金审计 全市审计（调查）单位25个，查出主要问题金额44065万元。北海市审计局实施的北海市本级及一县三区截至11月底"美丽广西·清洁乡村"活动专项资金专项审计调查，查出主要问题金额1322万元，发现该项目年初预算未细化、未能完成年度预算计划、部分专项资金核算不规范等问题。

固定资产投资审计 全市审计（调查）单位149个，查出主要问题金额33708万元。北海市审计局实施的第四届广西（北海）园林园艺博览会园区项目跟踪审计，查出问题金额2229万元，发现项目建设及审批手续不完备、不规范、部分工程造价控制审核不够严格、合同签订及执行不符合要求、质量管理不到位等问题。

社会保障审计 全市审计（调查）单位1个，查出主要问题金额278万元。北海市审计局实施的北海市2013年城镇保障性安居工程跟踪审计，发现保障性安居工程资金使用管理不够规范、部分项目建设管理不规范、保障性住房分配和管理不够完善等问题。

经济责任审计 全市审计单位36个，审计领导干部44人，查出主要问题金额51813万元。北海市审计局实施的市残疾人联合会理事长、党组书记任期经济责任审计，查出主要问题金额488.9万元，发现利息收入、资产出租未上缴财政，违规发放奖金，在下属单位报销出国费、交通费、办公费及接待费，专项资金核算不规范等问题。

（撰稿人：陈东方）

【防城港市审计局】 2014年，防城港市审计局人员编制32人，在编30人。局长林保聪，副局长李毓森、周铁军、凌荣，总审计师陈有良，纪检组长黄慧萍，经济责任审计分局局长李忆文。设有办公室、法规科、财政和社保审计科、行政事业审计科、农业环保和企业审计科、固定资产投资审计科、监察室，还设有经济责任审计中心、政府投资审计中心。

审计成果 防城港市审计机关共审计（调查）单位552个，查出主要问题金额292111万元；应上缴财政242万元、应减少财政拨款或补贴29413万元、应归还原渠道资金135397万元、应缴纳其他资金109万元、应调账处理金额46645万元；核减投资额16410万元；审计后挽回（避免）损失57420万元。出具审计报告和专项审计调查报告549篇，被批示、采用104篇。提出审计建议

936条，提交审计信息13篇，被批示、采用1篇。

财政审计 全市审计（调查）7个单位的预算执行情况，查出主要问题金额167689万元。港口区审计局实施的港口区财政局2013年度港口区本级财政预算执行审计，查出主要问题金额45180.26万元，发现该部门专项资金结余过大、预算执行中财务管理不够规范、部分宣传资料印制未实行政府采购等问题。

行政事业审计 全市审计（调查）单位38个，查出主要问题金额85960万元。防城港市审计局实施的上思县2011年至2013年学前教育建设项目及学前资助资金审计，查出问题金额138万元，发现部分工程项目进度缓慢、固定资产未登记入账、个别民办幼儿园未按规定设置完善的会计账进行核算、未按规定建立学费减免制度等问题。

专项资金审计 全市审计（调查）单位10个，审计专项资金总额9057万元，查出主要问题金额5519万元。

固定资产投资审计 全市审计（调查）单位497个，查出主要问题金额31258万元。东兴市审计局实施的东兴市口岸改造工程道路及市政管线工程审计，查出主要问题金额528万元，发现该项目签证资料混乱、理由及依据不够充分，签证把关不严，竣工图未能如实反映工程实际情况，部分项目虚报、重复计算工程量等问题。

经济责任审计 全市审计单位29个，审计领导干部22人，查出主要问题金额62392万元，管理不规范金额60325万元。防城港市审计局实施的防城港市住房公积金管理中心原主任党组书记任期经济责任审计，查出主要问题金额22901万元，发现发放不符合条件的住房公积金贷款、超借款期限发放住房公积金贷款、超缴存上限缴纳住房公积金、内部控制制度不健全等问题。

（撰稿人：邓英俊）

【钦州市审计局】 2014年，钦州市审计局人员编制30人，在编28人。局长钟翔，副局长谭灵坚、陈洪珊、郑康，总审计师刘海伟，纪检组长陈成辉（—7月），经济责任审计分局局长滕基雄。设有办公室、监察室、法规综合科、行政事业审计科、财税审计科、社会保障审计科、金融外资审计科、农业与资源环境审计科、企业审计科、固定资产投资审计科、经济责任审计分局，还设有钦州市公共投资审计中心、钦州市经济责任审计办公室。

审计成果 钦州市审计机关共审计（调查）单位240个，查出主要问题金额525796万元；应上缴财政13886万元、应归还原渠道资金11903万元、应缴纳其他资金26904万元、应调账处理金额119856万元；核减投资额10328万元；审计后挽回（避免）损失492万元。移送处理事项19件，涉及金额5248万元。出具审计报告和专项审计调查报告252篇，被批示、采用158篇。提出审计建议192条。向社会公布审计报告4篇。提交审计信息71篇，被批示、采用14篇。

财政审计 全市审计（调查）12个单位的预算执行情况，查出主要问题金额166125万元；审计（调查）3个单位的财政决算情况，查出主要问题金额86137万元。钦州市审计局实施的钦州市本级2013年度预算执行和其他财政收支情况审计，查出主要问题金额14723万元，发现存在应缴未缴财政收入、多缴海域使用金、部分预算安排资金不够细化、国库集中支付管理未完全执行到位等问题。

行政事业审计 全市审计（调查）单位41个，查出主要问题金额94847万元。

专项资金审计 全市审计（调查）单位18个，查出主要问题金额57425万元。钦州市审计局实施的对灵山县人民政府2011年至2014年学前教育建设项目及学前资助资金审计，查出主要问题违规金额合计4259.34万元，发现未按规定及时使用专项资金、变更建设项目未经批准、未按规定提取补助资金、未按规定进行会计核算、未按规定核算固定资产等问题。

固定资产投资审计 全市审计（调查）单位160个，查出主要问题金额119970万元。钦州市审计局实施的由钦州市滨海新城置业集团有限公司建设的钦州学院新校区建设项目跟踪审计，发现扩大项目变更未按规定取得批复、开工项目未取得施工许可证、设计文件未经审查合格就施工等问题。

社会保障审计 全市审计（调查）单位1个，

查出主要问题金额 35 万元。钦州市审计局实施的市本级 2013 年城镇保障性安居工程审计，查出主要问题金额 46.35 万元，发现部分项目不按建设程序实施、没有取得施工许可证就实施建设，棚户区管理工作松懈，建设进度缓慢，改造经适房项目的户型超面积，部分廉租房项目已分配入住但仍未取得土地使用证等问题。

企业审计 全市审计（调查）单位 5 个，查出主要问题金额 1254 万元。

经济责任审计 全市共审计单位 38 个，审计领导干部 41 人，查出主要问题金额 86740 万元。钦州市审计局实施的钦州市第一人民医院原院长 1995 年 6 月至 2014 年 6 月任期经济责任审计项目，查出主要问题金额 10257 万元，发现医疗服务项目多收费，违规多收卫生材料费用，违规多收药品费用，钦州市卫贸发展公司收取药品和材料销售折扣，工程建设未执行基本建设程序，工程投资严重超概算，部分工程设计、施工、监理未进行公开招投标，会计核算不规范，未按规定用途使用财政专项经费等问题。违规违纪问题已移送给中共钦州市纪律检查委员会。

（撰稿人：罗杰青）

【贵港市审计局】 2014 年，贵港市审计局人员编制 48 人，在编 41 人。局长张立文，副局长伍勤、甘德富、彭毅云，总审计师黄影，纪检组长黄开泽，经济责任审计局局长潘家秩。设有办公室、财政金融审计科、行政事业审计科、社保与资源环境审计科、经济责任审计局、固定资产投资审计科、法规科和贵港市审计局港北区审计办事处、港南区审计办事处、覃塘区审计办事处等 3 个派出机构（2014 年 12 月 27 日撤销），下设贵港市公共投资审计中心。

审计成果 贵港市审计机关共审计（调查）单位 799 个，查出主要问题金额 320454 万元；应上缴财政 216 万元、应减少财政拨款或补贴 16803 万元、应归还原渠道资金 70723 万元、应缴纳其他资金 74225 万元、应调账处理金额 94224 万元；核减投资额 21157 万元；审计后挽回（避免）损失 21245 万元。移送处理事项 2 件，涉及金额 56 万元。出具审计报告和专项审计调查报告 827 篇，提出审计建议 328 条。向社会公布审计报告 2 篇。

财政审计 全市审计（调查）13 个单位的预算执行情况，查出主要问题金额 197336 万元。审计（调查）1 个单位的财政决算情况。贵港市审计局实施的市本级 2013 年度预算执行情况和其他财政收支情况审计，查出主要问题金额 69709 万元，发现未及时上缴预算款、没有及时清理结余结转资金、下属单位虚列支出、下属单位未推行公务卡结算等问题。

行政事业审计 全市审计（调查）单位 30 个，查出主要问题金额 97676 万元。

专项资金审计 全市审计（调查）单位 12 个，查出主要问题金额 884 万元。贵港市审计局实施的贵港市水利局市城区防洪工程郁江北堤和江南大堤征地拆迁补偿情况专项审计调查，查出主要问题金额 34.89 万元，发现该单位收取安置房差价款直接冲减费用、购买房屋未入固定资产账、部分土地补偿标准未按规定执行、超概算支出未见批复等问题。

固定资产投资审计 全市审计（调查）单位 741 个，查出主要问题金额 22538 万元。贵港市审计局实施的贵港市天河花园 1～6＃楼主体工程结算审计，审减工程造价 3586.48 万元，审减率 19.92％。

社会保障审计 全市审计（调查）单位 1 个。贵港市审计局对城镇保障性安居工程进行跟踪审计，发现保障性安居工程资金使用和筹集管理欠规范、保障性住房分配和使用管理不够优化、未及时缴纳项目土地出让价款等问题。

企业审计 全市审计（调查）单位 1 个，查出主要问题金额 1882 万元。

经济责任审计 全市审计单位 29 个，审计领导干部 35 人，查出主要问题金额 96948 万元。贵港市审计局实施的贵港市残疾人联合会理事长任职期间经济责任审计，查出主要问题金额 232.65 万元，发现未经同意减免就业保证金、下属单位不按规定代扣代缴社会保险费、超标准重复发放残疾人创业补助等问题。（撰稿人：王育红）

【玉林市审计局】 2014 年，玉林市审计局人员编制 46 人，在编 42 人。局长李克，副局长王熙、胡剑彪（7 月—）、劳林灵，总审计师梁武波，纪检组长吕智能，经济责任审计分局局长曾敏。设有秘书科、经济责任审计分局、法规科、财政税务审计科、行政事业审计科、综合经济审计科、社会保障审计科、固定资产投资审计科、园区审计科、监察室，还设有市政府投资审计办公室。

审计成果 玉林市审计机关共审计（调查）单位167个，查出主要问题金额1039143万元；应上缴财政1311万元、应减少财政拨款或补贴1614万元、应归还原渠道资金72738万元、应缴纳其他资金41431万元、应调账处理金额93613万元；核减投资额5784万元；审计后挽回（避免）损失4395万元。出具审计报告和专项审计调查报告183篇，被批示、采用26篇。提出审计建议268条，提交审计信息25篇，被批示、采用10篇次。

财政审计 全市审计（调查）18个单位的预算执行情况，查出主要问题金额745218万元；共审计（调查）4个单位的财政决算情况，查出主要问题金额188495万元。玉州区审计局实施的玉州区财政局2013年度玉州区本级财政预算执行情况及其他财政收支审计，查出主要问题金额100240万元，发现该局预算编制不够科学，2013年基金、政府采购年初未编制预算，结转指标金额较大，预算执行率不高，公务卡结算率低，部分单位未按规定实行公务卡结算等问题。

行政事业审计 全市审计（调查）单位65个，查出主要问题金额46324万元。玉州区审计局实施的玉州区某小学2013年财务收支审计项目，查出主要问题金额954万元，发现该项目无预算支出工程项目资金、以前年度未实施项目闲置项目资金221万元、编制收支预算计划不科学等问题。

专项资金审计 全市审计（调查）单位21个，查出主要问题金额1918万元。玉林市审计局实施的玉州区和容县2011年至2013年学前教育建设项目及学前资助资金的审计，查出主要问题金额128万元，发现部分单位未按规定提取困难补助资金、幼儿园建设项目超投资等问题。

固定资产投资审计 全市审计（调查）单位56个，查出主要问题金额6716万元。玉州区审计局实施的玉州区某初级中学建设项目2014年度阶段性跟踪审计，查出主要问题金额126万元，发现已完工并交付使用的基建项目未及时办理竣工结算、施工单位多计工程造价等问题。

社会保障审计 全市审计（调查）单位1个。玉林市审计局实施的玉林市本级和玉东新区、福绵区2013年城镇保障性安居工程跟踪审计，发现部分项目未严格执行基本建设程序、项目建设管理不规范、保障性住房分配和使用管理不够优化、空置时间长等问题。

企业审计 全市审计（调查）单位2个，查出主要问题金额49747万元。

经济责任审计 全市审计单位55个，审计领导干部54人，查出主要问题金额93175万元。玉林市审计局实施的玉林市开发投资有限责任公司原董事长、总经理的任期经济责任审计，查出主要问题金额45564万元，发现该公司重大经济决策无集体讨论记录、市政工程项目未按规定招投标、虚增收入、少计提各种税费、未按规定核算成本等问题。（撰稿人：陈悟秋）

【百色市审计局】 2014年，百色市审计局人员编制49人，在编46人。局长黄武能，党组书记张良，副局长谭荣先、潘秋玲、黄彧，总审计师黄受飞，纪检组长张祥俭，经济责任审计分局局长谭荣先（兼）。设有办公室、财政金融审计科、法规科、行政事业审计科、农业与资源环保审计科、社会保障审计科、经贸审计科、固定资产投资审计科、经济责任审计科、监察室和百色市政府投资审计办公室、百色市经济责任审计分局。

审计成果 百色市审计机关共审计（调查）单位149个，查出主要问题金额412436万元；应上缴财政14621万元、应减少财政拨款或补贴2106万元、应归还原渠道资金11260万元、应调账处理金额862万元；核减投资额1720万元；审计后挽回（避免）损失2万元。移送处理事项6件。出具审计报告和专项审计调查报告164篇，被批示、采用2篇次。提出审计建议566条，提交审计信息11篇，被批示、采用3篇。

财政审计 全市审计（调查）15个单位的预算执行情况，查出主要问题金额234708万元；审计（调查）3个单位的财政决算情况，查出主要问题金额23892万元。靖西县审计局实施的靖西县本级2013年度财政预算执行情况审计，查出主要问题金额34497万元，发现虚增基金收入、虚增“普通教育支出”、超预算拨付、年末应缴未缴国库财政收入、县拆迁办会计员涉嫌虚报冒领拆迁经费、购买发票或假发票报账、应缴未缴财政非税收入，新甲乡人民政府多发农户征地补偿款等问题。移送案件线索1件。

行政事业审计　全市对46个单位进行专项审计（调查），查出主要问题金额30079万元。

专项资金审计　全市审计（调查）行政事业单位46个，查出主要问题金额19231万元。平果县审计局实施的平果县城镇保障性安居工程跟踪审计项目，查出主要问题金额329万元，发现少部分保障对象违规享受住房保障、未建立住房保障诚信记录档案等问题。

固定资产投资审计　全市审计政府投资审计33个，查出主要问题金额1490万元，核减工程造价964万元。百色市审计局实施的百色市东环大道竣工决算审计，查出主要问题金额6982.17万元，发现多计工程造价、建设单位管理费超概算、部分工程变更手续不完善、不规范等问题。

企业审计　全市审计（调查）企业类单位6个，查出主要问题金额94518万元。百色市审计局实施的百色福地金融投资有限公司2012—2013年度财务收支审计，查出主要问题金额40115.81万元，发现该公司内部控制制度不完善、贷款本息逾期未收回等问题。

经济责任审计　全市审计单位40个，审计领导干部39人，查出主要问题金额91602万元。百色市审计局实施的百色市人民医院原党委书记、院长任期经济责任审计，查出主要问题金额12671万元，发现该单位存在医疗器械账实不符，药品管理不规范，应缴未缴非税收入，多支付门诊大楼工程款，市人民医院将对公账号给承包商使用，未及时处理往来账，未经批准出租、出借国有资产等问题。针对百色市人民医院出具假发票问题，移送南宁市国家税务局立案处理。

（撰稿人：陆青松）

【贺州市审计局】　2014年，贺州市审计局人员编制43人，在编42人。局长谢庆丰（1月—），副局长甘仕森、何贞树（—1月）、何应继（—3月）、谢义（3月—），总审计师黄自珍，纪检组长刘文忠（1月—），经济责任审计分局局长董大星。设有办公室（监察室）、法规科、企业审计科、财政金融审计科、行政事业单位审计科、固定资产投资科、经济责任审计分局，下设政府投资审计中心、审计信息管理中心。

审计成果　贺州市审计机关共审计（调查）单位161个，查出主要问题金额527993万元；应上缴财政27727万元、应归还原渠道资金1837万元、应缴纳其他资金28204万元、应调账处理金额1781万元；核减投资额1891万元。出具审计报告和专项审计调查报告137篇，被批示、采用2篇。提出审计建议323条，提交审计信息70篇，被批示、采用18篇。

财政审计　全市审计（调查）11个单位的预算执行情况，查出主要问题金额153407万元；审计（调查）16个单位的财政决算情况，查出主要问题金额17647万元。贺州市审计局实施的贺州市本级2013年度预算执行和其他财政财务收支审计，查出主要问题金额20245.79万元，发现没有编制国有资本经营预算和政府采购预算、部分预算收入未及时组织入库、预算收入调整不合规等问题。

行政事业审计　全市审计（调查）单位59个，查出主要问题金额327505万元。八步区审计局实施的八步区乡镇建设局2013年度单位财务收支情况审计，查出主要问题金额15万元，发现该区违规发放各种补助的问题。

专项资金审计　全市审计（调查）单位7个，查出主要问题金额2355万元。八步区审计局实施的八步区2013年各类城镇保障性安居工程审计，查出主要问题金额2374万元，发现保障性住房分配和使用管理不到位，应拨专项工程款不到位，土地出让金、住房公积金增值收益金不到位，工程进度慢等问题。

固定资产投资审计　全市审计（调查）单位66个，查出主要问题金额19316万元。八步区审计局实施的八步区2011年基层农技推广服务体系建设项目工程审计，查出主要问题金额18.44万元，发现虚报工程量、高套单价、重复计量等问题。

经济责任审计　全市审计领导干部56人，查出主要问题金额331546万元。贺州市审计局实施的贺州市某局原局长经济责任审计，查出主要问题金额524.34万元，发现工程项目招投标程序不完善、项目竣工长期未进行竣工结算审计、项目BOT装修招标决策内容和合同条款不够完善、无收费许可收取费用、固定资产管理和处置不规范、未与所办企业完全脱钩等问题。

（撰稿人：陈修同）

【河池市审计局】 2014年，河池市审计局人员编制41人，在编37人。局长乔彩荣，副局长黄汉龙、尹治山，总审计师覃慧琴（8月—），纪检组长梁彩艳。设有办公室、法规科、财政金融审计科、行政事业审计科、社会保障审计科、企业与外资运用审计科、农业与资源环保审计科、固定资产投资审计科、经济责任审计分局（3月—）、计算机审计与信息管理办公室，还设有河池市政府投资审计中心。

审计成果 河池市审计机关共审计（调查）单位747个，查出主要问题金额347058万元；应上缴财政7958万元、应减少财政拨款或补贴4469万元、应归还原渠道资金45600万元、应缴纳其他资金35008万元、应调账处理金额32671万元；核减投资额18184万元；审计后挽回（避免）损失1596万元。移送处理事项8件，涉及人员4人，涉及金额654万元。出具审计报告和专项审计调查报告553篇，被批示、采用1篇次。提出审计建议422条，提交审计信息32篇，被批示、采用3篇。向社会公布审计报告3篇。河池市审计局获得审计署全国政府性债务审计先进公务员集体嘉奖，被自治区爱卫办授予自治区卫生先进单位。

财政审计 全市审计（调查）37个单位的预算执行情况，查出主要问题金额263064万元；共审计2个单位的财政决算情况，查出主要问题金额47028万元。宜州市审计局实施的宜州市财政局2013年本级预算执行和其他财政收支情况审计，查出主要问题金额58690万元，发现预算编制不够细化、预算编制不完整、历年结余未编入年初预算方案、超范围使用国有土地使用权出让收入等问题。

行政事业审计 全市审计（调查）单位47个，查出主要问题金额10597万元。河池市审计局实施的河池市广播电视台财政财务收支情况审计，查出主要问题金额557万元，发现虚列人员工资套取财政资金、违规购买购物卡、虚构业务合同、开具虚假内容发票、违规提取业务提成向个人发放劳务费、部分国有资产出租收入未纳入单位财务账核算等问题。

专项资金审计 全市审计（调查）单位41个，查出主要问题金额6681万元。河池市审计局实施的河池市住房和城乡建设局2013年城镇保障性安居工程跟踪审计，查出主要问题金额4678万元，发现该项目未按规定及时拨付财政补助资金、少安排和不按规定分配保障性安居工程资金、部分不符合保障条件的人员仍安排享受住房保障、部分棚户区改造项目上级补助资金不到位等问题。

固定资产投资审计 全市审计（调查）单位612个，查出主要问题金额10265万元。河池市审计局实施的河池市文体中心工程竣工结算审计，查出主要问题金额8021万元，发现投资超概算、提高装修标准、多计工程造价等问题。

企业审计 全市审计（调查）单位5个，查出主要问题金额9348万元。河池市审计局实施的某有限责任公司2010年9月至2014年4月资产、负债、损益情况审计，查出主要问题金额6567.93万元，发现该公司截留部分应上缴的国有资本收益、无依据列支费用、虚列经济事项等问题。

经济责任审计 全市审计单位37个，审计领导干部40人，查出主要问题金额10675万元。河池市审计局实施的某高级中学校长任期经济责任审计，发现该校未及时清收职工个人长期借款，私设“小金库”，应收未收租金及经营承包金，违规发放各种津补贴、奖金等问题。

（撰稿人：韦海秀）

【来宾市审计局】 2014年，来宾市审计局人员编制25人，在编25人。局长韦祖乾，副局长朱双明、吴运生、刘羽，总审计师覃锦平，纪检组长钟世权。设有办公室、法规科（增挂“纪检监察室”牌子）、财政金融审计科、行政事业审计科、经济责任审计分局、固定资产投资审计科、农业与资源环保审计科、经贸审计科，下设来宾市经济责任审计中心、来宾市政府投资审计中心。

审计成果 来宾市审计机关共审计（调查）单位 619 个，查出主要问题金额 216388 万元；应上缴财政 6768 万元、应减少财政拨款或补贴 42730 万元、应归还原渠道资金 7114 万元、应缴纳其他资金 590 万元、应调账处理金额 16109 万元；核减投资额 41992 万元；审计后挽回（避免）损失 1 万元。出具审计报告和专项审计调查报告 613 篇。

财政审计 全市审计（调查）8 个单位的预算执行情况，查出主要问题金额 6116 万元；共审计（调查）2 个单位的财政决算情况，查出主要问题金额 139736 万元。来宾市审计局实施的 2013 年来宾市本级预算执行及其他财政收支情况审计中，发现该市存在预算执行制度不完全到位、使用公务卡结算面小的问题。

行政事业审计 全市审计（调查）单位 26 个，查出主要问题金额 11002 万元。

专项资金审计 全市审计（调查）单位 12 个，查出主要问题金额 14786 万元。来宾市审计局实施的来宾市兴宾区 2011 年至 2013 年学前教育建设项目及学前资助资金审计，发现部分未按照要求安排学前教育建设项目地方配套资金、未按照要求安排入园补助金地方配套资金、未按照要求完成学前教育建设进度等问题。

固定资产投资审计 全市审计（调查）单位 564 个，查出主要问题金额 42531 万元。

企业审计 全市审计（调查）单位 7 个，查出主要问题金额 2215 万元。

经济责任审计 全市审计单位 26 个，审计领导干部 27 人，查出主要问题金额 11633 万元。来宾市审计局实施的来宾市市政管理局原局长、残联主席理事长、市人社局局长等 9 名领导干部任期经济责任审计，发现存在单位公款私存、违反收支两条线管理规定、违规收费、挤占城市维护费、职工个人借款长期挂账等问题。

（撰稿人：陈盛福）

【崇左市审计局】 2014 年，崇左市审计局人员编制 40 人，在编 33 人。局长裴希明，副局长黄财政、伍春、冯艺刚，总审计师黄国铸（12 月—），纪检组长许扬鹏，政府性投资审计办公室主任韦青培，经济责任审计分局局长黄一航。设有办公室、法规科、财政金融审计科、行政事业审计科、社会保障审计科、企业审计科、固定资产投资审计科、经济责任审计分局，还设有崇左市政府性投资审计办公室。

审计成果 崇左市审计机关共审计（调查）单位 121 个，查出主要问题金额 188269 万元；应上缴财政 7570 万元、应归还原渠道资金 11993 万元、应缴纳其他资金 3356 万元、应调账处理金额 45543 万元；核减投资额 1374 万元。移送处理事项 1 件。出具审计报告和专项审计调查报告 129 篇，提出审计建议 308 条。提交审计信息 49 篇，被批示、采用 16 篇。

财政审计 全市审计（调查）18 个单位的预算执行情况，查出主要问题金额 112132 万元；共审计（调查）3 个单位的财政决算情况，查出主要问题金额 62 万元。崇左市审计局实施的崇左市 2013 年度本级财政预算执行情况审计，查出管理不规范金额 7222.85 万元，发现未按规定提取水利建设基金、部分政府性基金预算执行不到位、部分预算收入不及时上缴国库等问题。龙州县审计局实施的 2013 年度龙州县本级财政预算执行情况审计，查出主要问题金额 7027.18 万元，发现该县部分非税收入未按规定及时缴交国库、年终结余数额过大、部分行政事业单位“三公”经费不减反增、“廉政食堂”管理不规范等问题。

行政事业审计 全市审计（调查）单位 49 个，查出主要问题金额 74000 万元。天等县审计局某局 2012—2013 年度财政财务收支审计，查出管理不规范金额 7607.64 万元，发现未经审计结算项目工程款、虚列支出、长期挂账等问题。

专项资金审计 全市审计（调查）单位 11 个，查出主要问题金额 995 万元。崇左市审计局组织实施的江州区人民政府 2011—2013 年度学前教育建设项目及学前资助资金审计，发现未及时足额下拨学前教育奖补资金、学前教育建设工程项目整体滞后等问题。

固定资产投资审计 全市审计（调查）单位 39 个，查出主要问题金额 1077 万元。崇左市审计局实施的某建设项目跟踪审计，发现未按规定取得施工许可证、未及时办理竣工手续等问题。

经济责任审计 全市审计单位39个，审计领导干部39人，查出主要问题金额63108万元。崇左市审计局实施的崇左市教育局局长任期经济责任审计，查出主要问题金额2922.86万元，发现该局存在重大专项资金支付手续不完善、欠缴部分建筑安装工程劳动保险费、部分建设项目未按规定办理施工许可、未及时办理工程结算审计、专项资金结余较大、部分会议费报支手续不完善等问题。

（撰稿人：王素云）

2014年广西壮族自治区所辖区、县(市)级审计工作统计表

金额单位:万元

审计机关	完成审计项目(个)	审计查出主要问题金额	审计处理情况					出具审计报告和审计调查报告(篇)	提出审计建议(条)	提交审计信息(篇)
			审计处理处罚				移送处理事项(件)			
			应上缴财政	应减少财政拨款或补贴	应归还原渠道资金	应调账处理金额				
南宁市										
南宁市本级	17	59803	2439		196	33912		9	158	42
青秀区审计局	11	23241			43	24	1	11	30	
兴宁区审计局	7	658						6	13	
江南区审计局	14	23590	2		28	23251		19	29	18
西乡塘区审计局	22	12898	3					37	35	
良庆区审计局	10	40761			3806	688		16	27	3
邕宁区审计局	10	2263	1965			257		7	31	
华侨投资区审计局										
武鸣县审计局	20	19868				7609		18	36	
隆安县审计局	11	12015						532	27	
马山县审计局	9	9997	16				1	12	37	1
上林县审计局	13	9460	12		61	10		11	32	
宾阳县审计局	20	22493	17			5332		25	49	
横县审计局	10	12708	7285			3			29	
柳州市										
柳州市本级	79	423503	27159	29332	8114	165303	1	89	130	6
柳北区审计局	10	3611		1038	150	2306		9	44	
城中区审计局	91	2257	794	722		723		101	41	
鱼峰区审计局	25	6225	17	160		3904		27	56	13
柳南区审计局	157	6429	112	2807	2	2364	1	183		
柳江县审计局	30	19017	2304	2084	152	5037		29	58	
柳城县审计局	17	12402	8	4438	697		2	15	22	
鹿寨县审计局	106	16656		3164	4239	7922		111	225	
融安县审计局	22	3957	1613	2144		28		20	37	

续表

审计机关	完成审计项目（个）	审计查出主要问题金额	审计处理情况					出具审计报告和审计调查报告（篇）	提出审计建议（条）	提交审计信息（篇）
			审计处理处罚				移送处理事项（件）			
			应上缴财政	应减少财政拨款或补贴	应归还原渠道资金	应调账处理金额				
融水苗族自治县审计局	89	29504	1105	3452	207	20095	1	88	176	
三江侗族自治县审计局	27	6141	163	5051	9	890	1	29	1	3
桂林市										
桂林市本级	32	27035	15574	4957	338	5753	1	37	80	1
临桂区审计局	8	23211	573		54	20348		11	20	
秀峰区审计局	1							1	4	
叠彩区审计局	4	87	3					4	16	
象山区审计局	4								11	
七星区审计局	3	1						3	7	
雁山区审计局	2	3565			3565			2	2	1
阳朔县审计局	4	24115						4	9	
灵川县审计局	14	1351	25			925		19	74	
全州县审计局	27	16091	6467			4189		37	28	15
兴安县审计局	13	6395			1	73		18	43	
永福县审计局	7	79804	1		121	9570	1	8	16	
灌阳县审计局	10	55317	685		44	116		12	28	2
资源县审计局	9	23029	16131			6780		12	30	
平乐县审计局	4	24259	19					4	20	3
荔浦县审计局	16	28803	22			28716		26		
龙胜各族自治县审计局	6	11052			612	704		10		
恭城瑶族自治县审计局	19	216	154		45	11		30	50	
梧州市										
梧州市本级	39	190199	5412		1262	36167	1	219	128	6
长洲区审计局	6	858						6	20	
万秀区审计局	4	2562				2301		5	11	
蝶山区审计局	3							3		
岑溪市审计局	63	1021	519	70		376	1	122	16	
苍梧县审计局	20	95453		1065	76	122		79		
藤县审计局	50	58441	1584		3361	46	2	52	87	
蒙山县审计局	17	242995						395	355	

续表

审计机关	完成审计项目(个)	审计查出主要问题金额	审计处理情况							
			审计处理处罚				移送处理事项(件)	出具审计报告和审计调查报告(篇)	提出审计建议(条)	提交审计信息(篇)
			应上缴财政	应减少财政拨款或补贴	应归还原渠道资金	应调账处理金额				
北海市										
北海市本级	76	143800	2249	8221	446	29114	3	75	520	38
海城区审计局	22	8102	506	722		5199		24	75	
银海区审计局	75	8542	1499	265				83	90	
铁山港区审计局	35	1856	471	760		178		35	204	9
合浦县审计局	19	16585	26		2157	14404		15	53	3
防城港市										
防城港市本级	84	76769		18904	48076	1309		84	92	
港口区审计局	59	50415	36	2091	139	37960		63	149	
防城区审计局	102	94929	3	1418	87133	6291		102	16	
东兴市审计局	135	66021		4456				129	77	1
上思县审计局	172	3975	202	2542	47	1084		171	602	12
钦州市										
钦州市本级	62	360308	9521		11754	26065	13	62	101	65
钦南区审计局	131	30895	4238		50	2141		140	43	5
钦北区审计局	8	84741	22		88	72035	2	11	29	
灵山县审计局	13	2927	11			67		13	17	1
浦北县审计局	26	46923	93		10	19546		26	2	
贵港市										
贵港市本级	82	217548	88	8587	70646	34454	1	87	88	
港北区审计办事处	131	2691						132	87	
港南区审计办事处	178	3530		135				178		
覃塘区审计办事处	65	934	41	820	72			60		
桂平市审计局	211	15847	13	4157				218	10	
平南县审计局	132	79901	73	3103	5	59769	1	152	143	
玉林市										
玉林市本级	33	639547	308	286	36959			34	64	8
玉州区审计局	27	119593	288	482	35719	83090		32	72	15
福绵区审计局	17	2653	23	312	24			19	30	
北流市审计局	21	79669	3	532		3		34	18	
容县审计局	28	42498	114		3			24	23	
陆川县审计局	15	73810	499			2387		15	43	

续表

审计机关	完成审计项目（个）	审计查出主要问题金额	审计处理情况					出具审计报告和审计调查报告（篇）	提出审计建议（条）	提交审计信息（篇）
			审计处理处罚				移送处理事项（件）			
			应上缴财政	应减少财政拨款或补贴	应归还原渠道资金	应调账处理金额				
博白县审计局	14	54146	65		31	8090		18	16	
兴业县审计局	12	27225	8			40		7	2	2
百色市										
百色市本级	39	187970	5882	854	1149	11191	1	44	120	1
右江区审计局	13	8690						17	21	
田阳县审计局	12	16210	173					18	201	
田东县审计局	9	5170	343	30	4000	654		8		
平果县审计局	12	23298			10	133	2	13	57	7
德保县审计局	4	38177						4	14	
靖西县审计局	13	541	144	339	3	11	2	19	39	
那坡县审计局	7	19706	29	841	3798			7	10	
凌云县审计局	6							4	2	
乐业县审计局	5	3534	13			3109	1	7	14	1
田林县审计局	16	2119	1304			815		10	43	
西林县审计局	8	3075	2314	38	509	214		8	30	
隆林各族自治县审计局	5	103938	4415	2	1790	1145		5	15	2
贺州市										
贺州市本级	43	375354	27375		1641	199	2	41	138	
八步区审计局	22	8695	204		68			21	94	70
平桂管理区审计局	42	6704						39	19	
昭平县审计局	14	29924	127			1582			29	
钟山县审计局	15	87050	20		2			13		
富川瑶族自治县审计局	25	20263			124			23	43	
河池市										
河池市本级	56	136544	5354	4	19476	728	5	54	76	6
金城江区审计局	53	11627	200	865	7811	1820	1	51	11	10
宜州市审计局	109	59893	352		44	319	1	25	48	
南丹县审计局	68	9299	30					69	2	
天峨县审计局	45	7223				6667		68	131	16
凤山县审计局	11	804	154	189	1	459		11	26	
东兰县审计局	42	3723		1122	18	2340		41	48	

续表

审计机关	完成审计项目（个）	审计查出主要问题金额	审计处理情况					出具审计报告和审计调查报告（篇）	提出审计建议（条）	提交审计信息（篇）
			审计处理处罚				移送处理事项（件）			
			应上缴财政	应减少财政拨款或补贴	应归还原渠道资金	应调账处理金额				
罗城仫佬族自治县审计局	16	21	17		4			16	3	
环江毛南族自治县审计局	52	35819	301		17476	5396		52	34	
巴马瑶族自治县审计局	163	9908	1367		768	2083		33	33	
都安瑶族自治县审计局	17	65339	179	938		12855	1	18		
大化瑶族自治县审计局	115	6852						115	10	
来宾市										
来宾市本级	157	171388	1458	25457	854	2089		152	26	
兴宾区审计局	115	15667	263	6750	6225	565		115	143	
合山市审计局	212	20319	10	6581	34	13455		212	13	
忻城县审计局	47	2638		2638				46	240	
象州县审计局	88	6375	5036	1302				88	178	
武宣县审计局	130	5451	32	5361		58		130	33	
金秀瑶族自治县审计局	97	1333		1333				97		
崇左市										
崇左市本级	30	60005	4463		5836	5561		38	80	
江州区审计局	9	5724	2402			1436		9	23	
凭祥市审计局	11	490	30		4			11	31	14
扶绥县审计局	20	26812			5845	732		19	50	
宁明县审计局	14	44270						11	35	
龙州县审计局	11	10467	111			1538		16	28	
大新县审计局	12	1351	403			127	1	12	34	35
天等县审计局	14	39146	158		305	36146		13	27	

海南省

【海南省审计厅】 2014 年，海南省审计厅人员编制 115 人，在编 118 人。设有办公室（含老干部工作处）、组织人事处（含机关党委、工会、机关团委）、政策法规处（内部审计监督指导处）、财政审计处、金融审计处、行政政法审计处、农业审计处（农垦审计处）、资源环境审计处、教科文卫审计处、社会保障审计处、政府投资审计处、企业审计处、经济责任审计处，下辖海南省审计科研所。

领导成员

厅　　长：陈如军

副 厅 长：何琼妹（—9月）

林长彬　刘劲松　邓伟强

总审计师：贺庆华

省经济责任审计联席会议办公室主任：

王生辉（11月—）

副巡视员：王旭平　周　云（10月—）

审计成果　全省审计机关完成审计（调查）项目925个，查出主要问题金额3070627万元，其中违规金额300546万元、损失浪费金额11126万元、管理不规范金额2758954万元；损益（收支）不实金额248577万元；审计处理处罚金额977150万元，其中应上缴财政255156万元、应减少财政拨款或补贴70889万元、应归还原渠道资金31171万元、应缴纳其他资金3760万元、应调账处理金额616172万元；审计发现非金额计量问题1553个；审计促进整改落实有关问题资金290775万元，其中增收节支254371万元、已调账处理金额34902万元；审计促进拨付资金到位795万元；审计后挽回（避免）损失12032万元。移送司法机关、纪检监察机关和有关部门处理事项46件。出具审计报告和专项审计调查报告1064篇，被批示、采用16篇。提出审计建议2145条，提交审计信息165篇，被批示、采用54篇。向社会公告审计结果1篇。

财政审计　围绕海南省人大审议通过的2013年度省本级政府预算开展执行情况审计，突出审计省财政厅代编预算和需二次分配资金的分配管理和使用情况、市县应上缴省级非税收入管理情况以及财政支出重点资金投向绩效情况。审计显示，2013年，财政支出结构不断优化，民生投入加大，扎实开展“为民办实事十大事项”“我为农民增收办实事”等惠民活动，社会保障、教育事业、城乡医疗等得到保障和改善，省本级民生支出185亿元，占公共财政支出的68%。但审计发现存在公共财政预算支出进度较慢，均衡性和效率有待进一步提高；财政存量资金巨大等问题。省财政厅采纳审计建议，从进一步提高年初预算到位率、加快待分指标分配、建立预算安排与预算执行挂钩机制、建立资金分配动态监控系统、加快文件流转和提高审核效率等方面落实整改，并向省审计厅报送整改落实情况报告。

对省本级96个预算单位部门决算报表和“三公”经费、会议费开展审计。审计结果表明，2013年，96个部门预算单位预算执行总体较好，决算（草案）编制合规、完整、真实，96个部门“三公”经费开支比年初预算4.2亿元减少21.4%，比上年支出减少15.4%；会议费方面，省本级2013年会议费支出9711.4万元，比上年压缩一半。但仍存在部门决算报表账表数据不一致、应缴未缴财政收入及“三公”经费超预算、无预算支出和超范围支出等问题。两起严重违纪问题移送纪检监察部门立案查处。通过审计，有效促进有关部门认真整改，并加强对下属二、三级单位的管控，严格预算管理和财经纪律，狠刹铺张浪费之风，有力推动中央政策规定落到实处。

地税联网审计　省审计厅组织全省审计机关利用地税联网审计系统开展全省税收征管情况审计，涉及金额40.39亿元。审计通过对2万多条可疑数据的分析，延伸调查1011户纳税人，发现由于协税护税及涉税信息共享机制不顺畅，地税部门对税源信息掌握不及时、不全面，征管力度不够，漏征漏缴税款3.94亿元，已追缴入库1.03亿元。地税部门根据审计成果对104人次进行批评教育、诫勉谈话。

经济责任审计　全省对137名领导干部开展经济责任审计，揭露各类问题621个，移送案件线索6件15人，其中4名省管干部。审计促进各单位建立健全规章制度22项，制定整改措施117项，制定《海南省省管领导干部任期经济责任审计项目轮审计划管理办法（试行）》，实行常态报告制度；实行以权定责、以责定审、以审定评，对党政领导干部、部门主要领导和企业领导人员分别制定经济责任审计操作指南，锁定高发易发腐败重点领域，抓主要问题、抓直接责任的方法运用成效明显；中央巡视组整改反馈意见的审计核查结果，被纳入省委巡视整改成果；与纪检、监察、检察、巡视组强强联手，派员参与多项专案或巡视工作，揪出一批侵吞国有资产、贪污受贿的“蛀虫”，发挥反腐“利剑”作用。召开专题研讨会探索自然资源资产离任审计。

金融审计　省审计厅组织力量对省农信社本部及19个市县农信社2013年的资产负债损益实

施审计。重点关注新增贷款管理情况，涉农贷款真实性和涉农贷款产品的实际效果，2013年度审计发现问题整改情况和贷款安全性，揭示农信社经营管理中存在的突出问题。审计发现有的农信社违规发放贷款、贷款被挪用、贷款集中度较高、部分大额贷款风险显现、违反内部控制要求放贷、多付财政小额贷款贴息、违规贴息、少列收入等问题，提出加强贷款风险控制的审计建议。

土地出让收支和耕地保护情况审计 全省抽派203名审计人员，历时两个月，分组配合审计署开展国有土地出让收支和耕地保护情况审计项目，对2008年以来海南省土地出让收支和耕地保护情况进行全面审计。省审计厅通过创建全省国土审计信息交流平台，及时上传审计情况、下达上级工作指示，保证工作信息畅通。利用现有的视频指挥系统，每周组织工作视频汇报，进行面对面的交流和指挥，使省级审计组及时掌握全省工作进展情况。审计查处违规减免、少征土地出让收入、违规返还土地出让收入、违规拆分审批、低价出让土地等多方面重大违法违规问题。

固定资产投资审计 全省审计机关创新投资项目监督方式方法，有效整合社会中介力量，严肃查处政府投资项目中的弄虚作假行为，全省审计3122个项目，减少政府投资20亿元，移送涉案企业和单位10家，确保财政投资效益和项目规范管理，实现省级重点投资项目审计全覆盖。省本级共开展116个项目审计，较上年增幅73%，涉及金额153亿元。审计查出虚报工程造价2.05亿元、损失浪费0.63亿元、违规金额24.8亿元、管理不规范金额12.51亿元。投资领域存在没有严格执行批准的项目概算；工程结算弄虚作假，涉嫌骗取财政资金；勘察设计失误导致增加投资；招投标弄虚作假；合同签订和管理不合规等问题。

专项资金审计 省审计厅于6月、11月分两个阶段对省委、省政府2014年为民办实事十大事项开展情况进行专项审计调查，主要调查住建、扶贫、卫生、教育、水务等17个牵头部门单位，延伸调查部分市县和项目单位，及时报告十大民生事项进展情况，为督促民生项目落实到位起到推动作用。审计结果表明，省委、省政府为民办实事十大事项年初安排预算资金86.44亿元，其中中央及省财政59.4亿元，截至年底全面完成目标任务。但审计也发现有的市县贫困村整村推进部分基础设施建设项目施工进度、城镇保障性住房建成率、农村危房改造竣工率有待加快，部分“膜法”饮水示范项目进度较慢，管网入户率和自来水使用率较低，便民服务窗口规范化建设有待完善等问题。通过审计，确保政府兑现对群众的承诺，推动实事办实办好。

涉农资金审计 集中审计力量对全省18个市县（除三沙市）扶贫资金、大棚建设资金、农业综合开发资金、农民专业合作社财政扶持资金（以下简称涉农四项资金）等开展绩效审计，项目审计涉及资金21.55亿元，查出各类违规金额5.03亿元，占审计金额25%。揭露扶贫物资采购价格平均高于当期市场价格的30%，只有30%的扶贫物资发放给扶贫对象，70%的扶贫物资被侵占；大棚建设偷工减料占到整个资金的22%，虚假业主套取财政资金占到10%以上；农民合作社补贴资金损失浪费金额高达29%等严重侵害国家和群众利益的突出问题，已整改涉及金额6936.16万元，1600余万元财政资金已被追回。向纪检监察等部门移送违法违纪案件线索32件，责任追究和处理111人次。审计成果引起省委、省人大、省政府的高度重视，省政府采纳审计建议，出台《海南省人民政府办公厅关于加强涉农专项资金监督管理的意见》，从制度层面促进涉农四项资金规范管理。省级农业、财政、扶贫等各主管部门坚决做好审计整改，约谈市县部门领导，出台和修订完善扶贫、大棚建设、农综开发资金管理等规章制度共98项。各市县政府采取积极措施，建章立制，落实整改。

城镇保障性安居工程跟踪审计 全省各级审计机关实施海南省2013年城镇保障性安居工程审计。审计显示，2013年超额完成国家下达的保障性安居工程目标任务，实际开工5.6万套，竣工5.23万套，分别完成任务的160%和124%。当年筹建建设资金33.53亿元，共8.19万户中低收入家庭和24.59万人受益，保障性安居工程成果显著。审计发现，保障资金未有效发挥效益、违规侵占应保障对象利益、日常跟踪管理机制不完善、棚户区改造安置和土地使用不规范、部分工程建设质量存在问题。审计提出建议近60条，全省各级政府和相关部门高度重视审计整改工作，出台完善相关规章制度10个，督促资金筹集到位1224万元，取消保障对象资格或停止享受保障待遇210户，腾退收回违规享受住房19套，追回违规领取住房货币补贴金额7.59万元，促进闲置的保障性住房投入使用220套，整改工作成效显著。

应急救灾资金物资审计 2013年12月和2014年8月，强台风“海燕”和“威马逊”先后袭击海南，全省大部分地区居民房屋及农作物毁损严重，救灾资金物资关系到灾区人民生活的改善及灾后重建。省审计厅组织力量分别对18个市县“海燕”“威马逊”台风应急救灾资金管理使用情况开展审计。审计以各项资金的拨付、分配、管理和使用为主线，重点关注是否专款专用、发放及时、足额拨付；有无弄虚作假、多报多领、挤占挪用、私分救灾补助资金；有无造成资金闲置或重大损失浪费等突出问题。审计发现应急救灾资金管理、使用中问题突出，如在分配、拨付、使用中存在救灾资金滞留或闲置、虚报冒领、涉嫌侵占、违规收费、挤占挪用，以及部分救灾资金支出缓慢，救灾资金分配、拨付环节管理不到位等问题，提出规范管理意见。

职业培训补贴资金情况核查 为核实2010年度省本级职业培训超预算的真实性、合规性，揭露和纠正职业培训中存在的突出问题，分析原因，提出意见和建议，省审计厅组织对2010年度省本级职业培训补贴资金超预算情况进行审计调查，审计查出不符合政策规定申请补贴、计划培训课时达不到规定标准、计划培训课时不合理实际难以完成、职业培训资料归档不完整、个别授课老师任教专业资格与培训专业不符等问题。

专项资金绩效审计 省审计厅组织审计力量开展为民办实事启动城乡低收入群体补贴与物价上涨挂钩联动机制项目完成情况、海南现代农业展示示范园有限公司使用财政专项资金绩效情况、2013年度海南省产业园区发展专项资金管理使用绩效情况等8个专项资金绩效审计调查。对海南农垦中南投资集团有限公司地产处置和重大投资等经济活动专项审计，查出未依法履行农用地转用审批手续、未按规定履行“招拍挂”转让程序、未履行国有企业产权转让决策程序等问题，涉及金额76123万元。中南投资集团有限公司法定代表人、董事长黄某某涉嫌严重违纪违法问题被立案查处。对2013年度海南省产业园区发展专项资金管理使用绩效情况进行审计，发现园区实际融资及投资数据与省工信厅、省发改委、省财政厅三部门绩效评价报告数据差异较大；三部门未按规定对贷款贴息和投资补助进行决算；三部门对各园区贷款贴息和投资补助情况进行放大考核没有依据；各园区未按规定要求报送数据。针对存在问题，审计提出继续加大产业园区资金投入力度、适时对园区资金使用效果进行考核、加大招商引资力度促进转变经济增长方式、从实际出发完善管理制度等4条建议。

信息化建设 省审计厅致力推进审计信息化由基础型向实战型转变，助力审计管理。逐步完善海南省财政、地税和社保审计数据库建设，在条件成熟的税收征管审计中采用“大数据分析”的审计作业模式，查补税款增长较前几年翻了几倍甚至10倍以上，省级审计数据中心已搭建起金融、公积金、企业、投资、资源环保、农业等7类行业审计的数据库。开展金审工程三期，充分运用3G移动局域网，搭建功能完整、全省联动的审计综合管理平台，强化远程审计现场管理，实现在线指导、答疑、交流、审理等多功能，实现审计管理智能化、内部控制网络化、管理绩效高效化，更好地助力审计工作科学管理。

队伍建设 继续抓好群众路线教育实践活动后续整改，结合“庸懒散奢贪”专项整治活动，严肃整治“不干事、不担事”行为。聘请9名民主党派和无党派人士为第五届特约审计员，加强审计监督。开展多种形式的党建活动，提倡“敢”字当头，打造出一支敢于审计、敢于碰硬、敢讲真话、敢得罪人、敢为人先、敢于奉献的审计铁军，队伍作风建设成效显著。领导干部坚持带头学习，党组理论中心组每季度开展一次集中学习，举办各类培训班18期，培训人数1800人次，鼓励审计干部参加各类专业技术资格考试和高层次人才考评，审计干部队伍不断优化；通过青年论坛、文体活动、审计书屋等多种形式，用审计文化凝聚干部，充分利用新闻媒体发稿35篇，宣传审计先进人物和审计工作成果，增加审计人员的荣誉感、自豪感和归属感，一批优秀审计人员脱颖而出。省审计厅30名干部被提拔，其中2人被提拔到厅级干部岗位，全省8个集体和6

人受到审计署表彰。2014年，省审计厅在省委党风政风行风评议中位列第二；在配合审计署开展的审计中，工作作风和审计能力多次被署领导和特派办认可。（撰稿人：高　原）

【海口市审计局】 2014年，海口市审计局人员编制41人，在编40人。局长孙芬，副局长杨华、曹德静，总审计师刘桂云，副调研员周勇、李经民。设有财政审计处、政府投资审计处、经济责任审计处、行政事业审计处、社会保障审计处、农业资源环保审计处、企业审计处、政策法规处、办公室，下设海口市工程项目审计中心。

审计成果 海口市审计机关全年完成审计项目41个，完成各类交办项目218个。审计查出违规金额24.67亿元、管理不规范金额61.88亿元。

财政审计 重点对市本级预算执行情况进行审计，披露预算编制不够细化、预算编制与执行偏差较大、专项资金管理不规范等问题，共查出违规金额23.94亿元、管理不规范金额48.02亿元；依法处理非税收入和预算外资金结余等应上缴国库资金23.94亿元。提出细化预算、加快预算执行进度、提高资金使用绩效等审计建议。

固定资产投资审计 海口市审计局主动跟进市委、市政府对投资审计的需求，进一步加强对政府投资项目的竣工决（结）算审计，加大跟踪审计和专项审计力度，全力保障海口市民生民心工程、重点工程建设，保障市政道路贯通工程、南渡江流域土地整治重大工程、美安科技新城建设工程等重点建设项目的顺利实施，促进工程建设的规范管理，确保政府投资资金的安全与效益。完成工程项目竣工决（结）算审计223个，审计总金额31.63亿元，核减工程造价4.36亿元，平均核减率13.78%，有效控制工程结算造价。关注成本核算、计划投资、建设程序等方面问题，综合分析，提出加强工程项目建设管理、质量管理、资金管理的意见和建议，发挥审计建设性作用。

经济责任审计 着重关注被审计对象的政策执行、权力运行、经济决策、责任落实等环节，突出领导干部本人及其单位在贯彻落实中央、省市“三个规定”，群众路线和履行职务期间的经济行为的监督检查，完成6个经济责任审计项目，查出违规金额1509.63万元、管理不规范金额14218.69万元，其中应负直接责任金额895.73万元，应负主管责任金额14181.43万元，应负领导责任金额651.16万元。

专项资金审计 组织审计力量重点对海口市城镇养老保险基金、教育费附加、台风救灾资金、涉农四项资金以及保障性安居工程资金等进行专项审计和审计调查。在审计中强化群众观念，突出为民服务意识，坚持以各项惠民政策的执行落实情况作为重点，注意查处各种侵害群众合法利益的行为，揭示和反映落实政策不到位，政策目标未实现以及资金管理、制度运营等方面的问题，深刻分析存在问题的原因并提出针对性意见和建议，促进整改，推动各项惠民政策的落实和社会保障制度的完善。（撰稿人：黎鹏霄）

【三亚市审计局】 2014年，三亚市审计局人员编制43人，在编40人。局长王瑜（—6月）、吴海峰（6月—），副局长麦军、廖沙、陈积明，总审计师汪祥山。设有办公室、行政事业审计科、财政审计科、企业审计科、农业与资源环保审计科、经济责任审计室、法规科、固定资产投资审计科、派出审计室，另设三亚市政府投资审计中心，编制18人，在编12人。

审计成果 三亚市审计局完成审计项目339个，查出违规金额20.49亿元、管理不规范金额20.51亿元，其中应上缴财政20.31亿元，已上缴17.58亿元；完成市政府投资项目送审投资额25.46亿元（竣工结算审计），比上年增长27%，核减投资额5.06亿元，核减率20%；审计增收节支22.64亿元。提出审计建议249条，被采纳243条。提交审计（调查）报告、信息385篇，其中信息被采用3篇。

财政审计 对三亚市本级预算执行情况，市地方税收征管，市民政局、市国土环境资源局、市交通运输局、市海洋与渔业局、市教育局和市住房和城乡建设局部门预算执行情况进行审计。审计查出主要问题金额32.82亿元。发现预算执行和预算管理中还存在应征未征预算收入、用地单位欠缴土地出让金、未实行“收支两条线”管理、预算项目资金滞留闲置等问题，促进相关职能部门纠正和改进，进一步完善部门管理制度。

固定资产投资审计 加大对政府投资项目的审计力度。全年完成市政府投资审计项目308个，完成送审投资额25.46亿元，竣工结算审计核减投资额5.06亿元，核减率20%。在做好工程造价结算审计的同时，调整投资审计工作思路，改变以往对投资决算审计只就工程造价进行审核的做法，重点加强对政府投资项目工程管理情况的审计调查，尤其是在政府投资项目的审批推进、招投标、合同管理、工程建设、代建管理等方面的审计监督，重点查处重大违法违规和严重损失浪费问题，促进加强政府投资管理，提高资金使用效益，规范政府投资行为。

经济责任审计 受市委组织部的委托，三亚市审计局对河东区、河西区、海棠湾镇、育才镇、吉阳镇的主要领导进行经济责任审计，全面掌握两区六镇的财政财务收支整体状况、进一步探索区镇财政资金管理新路。对市林业局、市农业局、市地震局等单位领导人进行审计，达到全面监督的目的。在审计过程中，除抓好被审计单位的财政财务收支审计外，还特别注重对领导干部在科学依法行政、廉洁自律等方面进行审计，并做出客观评价，为组织部门正确任用干部提供可靠依据。通过审计，查出违规金额5859万元、管理不规范金额28607万元。针对存在的问题，提出74条审计建议，被采纳68条。

专项资金审计 加强对“三农”、救灾、保障性安居工程等民生资金和项目的审计，重点关注民生资金使用效益情况、民生项目建设管理情况、民生政策执行和落实到位情况，着力揭示和反映挤占挪用、损失浪费、管理不善、效益不佳等问题，督促相关部门规范资金管理，完善制度，推动惠民富民强民政策落实到位。先后完成三亚市2013年度为农民增收办实事涉及三项（扶贫、农综、蔬菜大棚）专项资金绩效审计和农村合作社审计调查、三亚市2013年度“海燕”台风应急救灾资金跟踪审计、2013年度城镇保障性安置工程跟踪审计等审计项目，通过审计查出主要问题金额2742万元，其中在财政扶贫专项资金审计中发现存在指定采购物资的品牌涉及资金454.94万元、163.98万元扶贫物资未实行政府采购、上报的贫困人口的收入与实际收入情况不符、个别村委会将扶贫物资平均分给包括非贫困户在内的全村村民等问题。针对审计查明的问题，提出审计建议，促进被审计单位规范管理和使用专项资金，确保专款专用。

（撰稿人：羊建权）

2014年海南省所辖区、县(市)级审计工作统计表

金额单位:万元

审计机关	完成审计项目(个)	审计查出主要问题金额	审计处理情况					出具审计报告和审计调查报告(篇)	提出审计建议(条)	提交审计信息(篇)
			审计处理处罚				移送处理事项(件)			
			应上缴财政	应减少财政拨款或补贴	应归还原渠道资金	应调账处理金额				
海口市										
海口市本级	16	914042			1460	470641		18	53	
龙华区审计局	5	21253			61	1		5	16	
秀英区审计局	7	7629	7			407		9	19	8
琼山区审计局	6	4352	930		2183	1238		9	28	26
美兰区审计局	7	149		149				7	25	
三亚市										
三亚市本级	295	391429	203054	31952	690	1090		319	249	

续表

审计机关	完成审计项目（个）	审计查出主要问题金额	审计处理情况					出具审计报告和审计调查报告（篇）	提出审计建议（条）	提交审计信息（篇）
			审计处理处罚				移送处理事项（件）			
			应上缴财政	应减少财政拨款或补贴	应归还原渠道资金	应调账处理金额				
省直辖行政单位										
五指山市审计局	21	27103	3319	3244		15		36	103	
琼海市审计局	21	88727	2047		150			28	58	4
儋州市审计局	23	21838	2531	1511	2518	6398	2	35	34	40
文昌市审计局	10	109975		1702				12	78	23
万宁市审计局	19	53786	493	1979	89	3		26	105	3
东方市审计局	74	9364	916	6846	6	32		74	115	1
定安县审计局	51	18084	3926	2999	1	5158	2	51	124	
屯昌县审计局	29	130404	682	498	66	13		31	123	13
澄迈县审计局	68	35518	1157	10657	186		1	75	157	1
临高县审计局	11	13729	136					11	38	
白沙黎族自治县审计局	9	5557	537	1710		18		11	138	3
昌江黎族自治县审计局	12	17821	216		14			12	33	
乐东黎族自治县审计局	8	171238	1919		10		3	10	25	
陵水黎族自治县审计局	6	99356	1646			86983		6	18	
保亭黎族苗族自治县审计局	9	15591	4115		4	1091		13	47	9
琼中黎族苗族自治县审计局	13	3020	876		77	1881		14	41	

重庆市

【重庆市审计局】 2014年，重庆市审计局人员编制312人，在编281人。设有办公室、综合处、法规处、经济责任审计处、财政审计处、金融审计处、固定资产投资审计处、行政事业审计处、经贸审计处、农业审计处、社会保障审计处、外资运用审计处、工业审计处、市政建设审计处、教科文审计处、商贸审计处、资源环保审计处、交通审计处、移民审计处、内部审计管理处、计算机应用管理处、人事处、机关党委（与机关工会、机关团委合署办公）、离退休人员工作处，另有市监察局派驻市审计局监察室、重庆市审计中心。重庆市经济责任审计工作联席会议办公室设在重庆市审计局。

领导成员

局　　长：袁天长

副 局 长：邓开伟　丁时勇　李新建
　　　　　戴　希　黄家登

总审计师：朋　薇

纪检组长：张海坤

审计成果　重庆市审计机关共完成审计项目

3212个，查出主要问题金额32864827万元，其中违规金额2142911万元、损失浪费金额654490万元、管理不规范金额30067425万元；损益（收支）不实金额994031万元；审计处理处罚金额5188512万元，其中应上缴财政1346172万元、应减少财政拨款或补贴145611万元、应归还原渠道资金956579万元、应缴纳其他资金455573万元、应调账处理金额2284575万元；审计发现非金额计量问题3844个；审计促进整改落实有关问题金额4175871万元，其中增收节支1953912万元、已调账处理金额1772728万元；审计促进拨付资金到位88418万元；审计后挽回（避免）损失769576万元。移送司法机关、纪检监察机关和有关部门处理事项383件。出具审计报告和专项审计调查报告3668篇，被批示、采用773篇。提出审计建议8908条，提交审计信息2267篇，被批示、采用894篇。

重庆市审计局完成审计项目86个，查出主要问题金额14790624万元，其中违规金额397787万元、损失浪费金额642865万元、管理不规范金额13749972万元；审计处理处罚金额825524万元，其中应上缴财政289464万元、应减少财政拨款或补贴161万元、应归还原渠道资金207594万元、应调账处理金额328305万元；审计促进整改落实有关问题金额333932万元，其中已上缴财政131627万元、已归还原渠道资金20272万元、已调账处理金额182033万元。移送司法机关、纪检监察机关和有关部门处理事项38件。出具审计报告和专项审计调查报告149篇，被批示、采用35篇。提交审计信息32篇，被批示、采用26篇。

财政审计　审计结果表明，市级预算执行和其他财政收支情况总体良好，预算收支完成较好，重点投入得到保障，财力安排倾斜基层，债务管控得到加强。市级财政税收预算执行重点审计市级预算编制、资金分配、转移支付和税收征管等情况，延伸审计21个预算管理单位、各区县（自治县）专项转移支付情况和3个区县的地方税征收情况。审计发现存在财政预算编制不够准确、分配下达不够合理、使用绩效有待提高和税务机关税收征管不够严格、部分代征单位未按规定履行代征责任等问题。对9个市级部门（单位）及市城乡建委所属部分二级单位预算执行情况和26个市级部门（单位）2013年“三公”经费管理使用情况进行审计（调查），发现存在基本支出挤占项目支出、超预算支出，收入、支出反映不实；应收款项未及时清收，资产核算、处置及管理不合规，出国经费超审批额度报销，未履行审批手续列支接待费，超编用车等问题。对3个区财政决算情况进行审计，发现存在未及时征收土地出让收入、社会抚养费、房产税、耕地占用税，以先征后返等形式违规减免企业土地出让收入、城市建设配套费，虚列财政收入、支出，挤占挪用专项资金等问题。

专项资金审计　城镇保障性安居工程跟踪审计情况审计结果表明，各级财政及时筹集、安排保障性安居工程资金，有效保障中低收入住房困难家庭，完成中央下达的目标任务，但审计中也发现存在部分区县配套资金未到位、未及时或超进度拨付资金、工程项目招投标不规范、保障性住房分配管理不够规范等问题。总量减排资金审计调查重点抽查市市政委、9个区县、万盛经开区及19户企业，发现存在采取多头重复申报、虚报工程量等方式多获取补助资金，损失浪费或挤占、滞留补助资金等问题。小型农田水利重点县建设项目资金审计调查重点抽查市水利局和20个区县，发现存在部分区县项目配套整合资金不到位，滞留、扩大范围使用资金，套取补助资金，挤占挪用补助资金等问题。基层医疗卫生机构债务审计调查重点抽查399个乡镇卫生院及社区卫生服务中心（占机构总数的41%），发现存在部分基层医疗卫生机构违规向单位内外人员集资，区县卫生局挤占专项资金，医疗机构有涉嫌贪污、受贿、收取药品回扣等问题。市级医疗机构收支审计，对15家市级医院进行审计调查，发现存在财政对医院人员经费、基建项目和医疗设备购置补助缺乏规范的分类补助标准，部分医院仍存在通过医疗检查增加收入，部分医院设备采购、处置未报批等问题。

固定资产投资审计　对4个市级重点建设项目进行竣工决算审计，项目投资送审总额216.3亿元，审减投资9.9亿元，审减率4.6%。审计发现存在多计工程量价款、多计项目成本、部分项目工程未公开招标或指定分包、部分项目工程被施工单位违规转分包等问题。跟踪审计的成渝高速公路复线、西永综合保税区监管大楼2个项目，存在多计结算、变更价款等问题。

企业审计 对6个市级国有企业资产负债损益情况进行审计。审计结果表明，企业经营状况总体良好，实现资产保值增值，完成上缴收入任务。但也发现2个企业资金支付不合规，3个企业未及时上缴应缴的财政性资金，3个企业对外投资、经营决策不当，资产管理核算不合规，2个企业所有者权益核算不合规，2个企业股权投资、转让未报批；2个企业少计少缴税金等问题。

审计整改 对审计发现的问题，重庆市审计局已依法出具审计报告、做出审计决定。对审计中发现的涉及宏观层面的普遍性、倾向性问题和经济运行中的新情况、新问题，市委、市政府已责成有关职能部门落实整改措施。有关区县（自治县）、市级部门、国有重点企业正根据审计建议制定整改措施，健全完善相关规章制度。市政府已责成市审计局与有关监督部门加强对审计整改情况的跟踪督查。

内部审计 全市各部门、各企事业单位（含中央在渝单位）设内部审计机构2777个，其中专职机构942个；配备内部审计人员8851人，其中专职审计人员2655人。全市各级内部审计机构共完成审计项目3.69万个，促进增收节支77.33亿元，提出的建议和意见被采纳2.5万余条，移送纪检监察机关和有关主管部门建议给予党纪政纪处分95人。（撰稿人：胡杰权）

【渝中区审计局】 2014年，渝中区审计局人员编制24人，在编20人。局长李成跃，副局长胡曦、胡蓉、刘川。设有综合科、综合审计科、行政事业审计科、财政金融审计科、投资审计科、经济责任审计科。

审计成果 渝中区审计局完成审计项目87个，查出主要问题金额278749万元，其中违规金额553万元、管理不规范金额278196万元；审计处理处罚金额15164万元，其中应上缴财政94万元、应减少财政拨款或补贴981万元、应归还原渠道资金1265万元、应缴纳其他资金125万元、应调账处理金额13698万元；审计促进整改落实有关问题金额16164万元，其中增收节支2341万元、已缴纳其他资金125万元、已调账处理金额13698万元；审计后挽回（避免）损失6940万元。移送司法机关、纪检监察机关和有关部门处理事项3件。出具审计报告和专项审计调查报告86篇，被批示、采用48篇。提出审计建议39条，提交审计信息25篇，被采用3篇。

预算执行审计 审计单位4个。审计工作紧紧围绕本区转型升级，创新发展的大局，注重加强对重点部门、重点项目、重点资金的审计监督，把握整体性，关注宏观性，突出建设性，坚持边审计、边整改、边规范的原则，进一步统筹协调财政审计，努力发挥审计保障经济社会健康发展的“免疫系统”功能。审计结果表明，2013年区级预算执行和其他财政收支总体情况良好，认真落实全区经济社会发展的重大决策，有效发挥财政宏观调控作用。向渝中区人大常委会做审计工作报告，推动财政体制改善的不断深化，提升财政预算管理水平。

固定资产投资审计 完成68项基本建设项目审计，核减工程造价14052万元，应减少财政拨款981万元。在审计中按照审计工作“围绕中心，服务大局”的要求，以及审计署提出“构建财政审计大格局”的工作思路，抓住工作重点，坚持国家审计为主，整合审计资源，国有投资审计覆盖面达到100%。

经济责任审计 根据渝中区委组织部委托，完成5名党政领导干部任期经济责任审计，查出管理不规范金额243万元。通过审计揭示少数单位集体决策和财务监督机制不完善、暂存款清理不及时、会计核算不规范、固定资产管理不规范等问题，提出审计建议17条，被采纳16条，1条在整改落实中。

专项资金审计 开展专项资金审计（调查）项目9个，审计专项资金总额260228万元，审计查出主要问题金额3149万元。

内部审计 全区各部门、各事业单位设内部审计机构2个，其中专职机构2个；配备内部审计人员11人，其中专职审计人员5人。2014年，全区内部审计机构共完成审计项目10个，其中经济责任审计10个，审计总金额11215万元。

（撰稿人：唐　红）

【万州区审计局】 2014年，万州区审计局人员编制 54 人，在编 54 人。局长蔡淼川，副局长陈建云、吴明忠，纪检组长张忠玲。设有办公室、后勤科、纪检组、综合法制科、经济责任审计科、财政审计科、固定资产投资审计科、行政事业审计科、经贸审计科、农业审计科、三峡移民资金审计科、社会保障审计科、乡镇审计科，下设万州区审计中心。

审计成果 万州区审计局完成审计项目 72 个，查出主要问题金额 538493 万元，其中违规金额 254417 万元、管理不规范金额 283943 万元；审计处理处罚金额 282964 万元，其中应上缴财政 248846 万元、应减少财政拨款或补贴 1336 万元、应归还原渠道资金 2769 万元、应调账处理金额 30012 万元；审计发现非金额计量问题 167 个；审计促进整改落实有关问题金额 168552 万元，其中增收节支 152925 万元；审计后挽回（避免）损失 340 万元。移送司法机关、纪检监察机关和有关部门处理事项 34 件。提交审计报告和专项审计调查报告 72 篇，被批示、采用 22 篇。提出审计建议 168 条，提交审计信息 112 篇，被批示、采用 74 篇次。

财政审计 完成对财政、地税预算管理以及 13 个部门及单位预算执行、21 个单位的财政财务收支情况、3 个镇乡的财政决算情况的审计，审计查出问题金额 435070 万元。

固定资产投资审计 对 29 个重大项目开展竣工决算（结算）审计和跟踪审计，审计投资总额 181396 万元，核减投资额 12117 万元。

专项资金审计 完成对 2013 年城市建设维护资金、农村危旧房改造资金、三峡后续工作资金、市级中心建制镇专项补助资金、2013 年度基础教育经费、2012—2013 年解决移民遗留问题等专项资金的审计或审计调查，审计查出主要问题金额 68975 万元。

经济责任审计 对 18 个部门（单位）、镇乡（街道）、区级国有企业的 28 名主要领导干部进行经济责任审计，共查出管理不规范金额 62076 万元、违纪违规金额 5416 万元，审计提出建议 38 条。

内部审计 全区各部门、各企事业单位设内部审计机构 97 个，配备专兼职内部审计人员 245 人。2014 年，全区内部审计机构共完成审计项目 2744 个，促进增收节支 9148 万元，提出的建议意见被采纳 918 条。 （撰稿人：付　勇）

【涪陵区审计局】 2014 年，涪陵区审计局人员编制 55 人，在编 46 人。局长向文豪（—8 月）、王平（8 月—），副局长周德勇、陈仁勇、蒋青峰，纪检组长王六一。设有办公室、组织人事教育科、法制科、财政审计科、固定资产投资审计科、经济责任审计科、行政事业审计科、金融外资审计科、经贸审计科、农业与生态环保审计科、社会保障审计科和涪陵区审计中心。

审计成果 涪陵区审计局完成审计项目 67 个，查出主要问题金额 166455 万元，其中违规金额 51538 万元、管理不规范金额 114917 万元；审计处理处罚金额 56901 万元，其中应上缴财政 10671 万元、应减少财政拨款或补贴 17895 万元、应归还原渠道资金 11163 万元、应调账处理金额 17172 万元；审计发现非金额计量问题 46 个；审计促进整改落实有关问题金额 56891 万元，其中增收节支 39719 万元、已调账处理金额 17172 万元；审计促进拨付资金到位 10646 万元；审计后挽回（避免）损失 29462 万元。移送司法机关、纪检监察机关和有关部门处理事项 10 件。提交审计报告和专项审计调查报告 67 篇，被批示 67 篇次。提出审计建议 298 条，提交审计信息 152 篇，被批示、采用 67 篇。

财政审计 完成对区本级 2013 年财政预算执行情况和区交委等 5 个部门、单位预算执行情况的审计。重点关注区财政落实中央、市委市政府、区委区政府重大决策部署和宏观调控措施，关注公共财政预算、政府基金预算、政府债务管控、财政支出结构和民生领域投入，存量资金形成原因、盘活和使用，突出对党政机关的“三公”经费以及厉行节约反对浪费情况的重点审计。

固定资产投资审计 完成拆迁安置房、道路建设、污水处理等方面的 20 个重大工程项目竣工决（结）算审计，实施涪陵大剧院等 12 个在建工程项目的跟踪审计，审核 2 个政府投资项目审计备案。重点关注征地拆迁、工程招投标、设备材料采购、资金管理使用等环节以及工程建设质量和运营效益等情况，揭示建设领域违法违规和损失浪费等问题，促进提高项目建设管理水平和政府投资效益。

经济责任审计 完成崇义街道、焦石镇、人口计生委、供销社等11个单位17名党政主要领导干部的经济责任审计。重点围绕“权力运行”和“责任落实”，突出加强权力运行监督、内控管理监督和任期绩效监督，特别关注政策执行、经济决策、债务管控、财政财务收支、内部管理和廉洁自律等方面的情况，尤其是注意检查中央八项规定、“三公”经费和厉行节约反对浪费等执行情况。

专项资金审计 完成土地整治工程、农村危旧房改造、农业综合开发项目、中等职业学校学生资助资金、退耕还林专项资金、基础教育经费等10个方面的专项审计。重点揭露和查处严重损害群众利益的行为，揭示和反映政策落实不到位、管理不严格、制度不健全、资金使用绩效差等问题，科学合理提出审计意见和建议，促进专项资金管理使用程序合规、机制健全。

内部审计 涪陵区各部门、各企事业单位设内部审计机构70个，其中专职机构14个；配备内部审计人员311人，其中专职审计人员29人。2014年，涪陵区各级内部审计机构完成审计项目1202个，其中财务收支审计210个、经济效益审计92个、经济责任审计42个、内部控制审计18个、信息系统审计1个、基本建设审计247个、其他项目审计592个，审计总金额980991万元，促进增收节支20550万元，提出建议被采纳483条。

（撰稿人：胡　俊）

【大渡口区审计局】 2014年，大渡口区审计局人员编制22人，在编17人。局长龙子武，副局长刘厚成、吴蔚翔、单珺，纪检组长吴蔚翔（兼）。设有办公室、综合法制科、财政国资审计科、行政事业审计科、经济责任审计联席会议办公室、审计中心。

审计成果 大渡口区审计局完成审计项目29个，查出主要问题金额309960万元，其中违规金额20750万元、管理不规范金额289210万元；损益（收支）不实金额11867万元；审计处理处罚金额23704万元，其中应上缴财政27万元、应减少财政拨款或补贴21661万元、应归还原渠道资金354万元、应调账处理金额1383万元；审计发现非金额计量问题56个；审计促进整改落实有关问题金额25680万元，其中增收节支24019万元、已调账处理金额1383万元；审计后挽回（避免）损失22399万元。移送司法机关、纪检监察机关和有关部门处理事项6件。出具审计报告和专项审计调查报告29篇，被批示、采用5篇。提出审计建议94条，提交审计信息66篇，被批示、采用21篇。

财政审计 开展财政及区级部门预算执行审计，延伸审计预算单位14个。审计查出个别单位在预算中存在经费支出管理混乱和财务内控制度缺失的严重问题，移送纪检监察机关处理事项2件，移送主管部门处理事项2件。联合区财政局出台《关于进一步加强行政事业单位财务管理的通知》及制度汇编。

经济责任审计 全年对7名领导干部开展任期经济责任审计，完善经济责任审计对象动态数据库，提出经济责任审计对象分类管理的意见和离任经济责任事项交接制度。进一步健全区经济责任联席会议制度，增设区经济责任审计联席会议办公室，配备主任领导职数1名（副处级）。

固定资产投资审计 采用竣工结算审计和重点项目跟踪审计相结合的方式，加强对建设工程领域的审计监督，节约政府投资。全年共完成竣工结算审计19个、跟踪审计6个，核减工程造价22393万元，综合审减率23.13%。针对审计中发现的投资超概算现象，提出意见和建议，得到区委、区政府的高度重视，出台《大渡口区政府投资项目工程变更管理办法（试行）》等制度。

专项资金审计 对退耕还林专项资金的使用、拨付等情况进行审计，实地走访退耕农户，涉及资金432万元。对大渡口区2013年度基础教育经费开展专项审计调查，延伸调查大渡口区10所中小学校，涉及资金27000万元，移送主管部门处理事项2件。

内部审计 全区各部门、各企事业单位设内部审计机构9个，配备内部审计人员50人。2014年，全区各级内部审计机构共完成审计项目76个，提出的建议和意见被采纳73条。

（撰稿人：梁　爽）

【江北区审计局】 2014年，江北区审计局人员编制 33 人，在编 26 人。局长祝晖（—9 月）、魏成发（12 月—），副局长陈捷、盛建波，纪检组长罗翠渝。设有办公室、财政审计科、企业审计科、经济责任审计科、行政事业审计科、固定资产投资审计科、法制科、审计中心。

审计成果 江北区审计局完成审计项目 82 个，查出主要问题金额 3452541 万元，其中违规金额 48824 万元、损失浪费金额 561 万元、管理不规范金额 3403154 万元；损益（收支）不实金额 81085 万元；审计处理处罚金额 905332 万元，其中应上缴财政 1458 万元、应归还原渠道资金 9966 万元、应调账处理金额 813907 万元；审计发现非金额计量问题 17 个；审计促进整改落实有关问题金额 905332 万元，其中增收节支 91425 万元、已调账处理金额 813907 万元；审计后挽回（避免）损失 14592 万元。移送司法机关、纪检监察机关和有关部门处理事项 1 件。出具审计报告和专项审计调查报告 3 篇，被批示、采用 3 篇。提出审计建议 167 条，提交审计信息 74 篇，被批示、采用 47 篇。

财政审计 围绕经济结构转型升级这条主线，抓好对重点领域、重点部门、重点资金的审计，完成预算单位预决算审计项目 5 个，共计查出违规金额 37542 万元、管理不规范金额 936815 万元。

经济责任审计 履行经济责任审计联席会议办公室职责，通过建立健全相关制度、理顺各种工作机制，促进江北区的经济责任审计工作规范化、制度化、长效化。密切协作配合，指导国资、人社等部门开展好管理权限范围内的经济责任审计工作。围绕监督和制约权力运行，加强对领导干部经济政策执行、决策管理和责任落实情况进行有效监督。全年完成经济责任审计项目 6 个，查出违规金额 467.33 万元、损失浪费金额 561.55 万元、管理不规范金额 8161 万元。

固定资产投资审计 落实责任，明确区审计局投资审计科审计项目主审、科长、分管及主要领导的职责，强化过程服务和监督。规范程序和报告披露内容，将工程项目审计方案和报告纳入“审计四会”集体审议，审计报告增加审减金额及其产生原因的披露内容。实施中介机构审计质量的交叉复核，并针对交叉复核中发现的项目管理问题建言献策，建立健全政府投资项目监督机制。对江北区的九大工程试行跟踪审计，对建设项目全过程开展动态监督。全年完成政府投资审计报告 61 个（含 130 个建设项目），为政府节省财政资金 14592 万元。

企业审计 帮助企业加强整改，完善内部控制和经营管理制度，防止国有资产流失。全年完成企业审计项目 6 个，查出违规金额 10046 万元、管理不规范金额 2401929 万元。

专项资金审计 按照区级部门党风廉政建设和反腐败工作任务责任的分工，江北区审计局作为“加强惠民资金监管”牵头单位，牢固树立“民生审计”理念，把社会关注、群众关心的社会热点领域和资金作为审计监督的重点，推动各项惠民利民政策落实到位，严肃查处侵占挪用惠民资金的行为，切实维护人民群众的利益。全年开展残疾人就业保障金审计调查、农村危旧房改造专项资金审计调查，并对渔业船舶财政补贴资金发放情况进行审计，共计查出违规金额 357 万元、管理不规范金额 8096 万元。

内部审计 全区各部门、各企事业单位设内部审计机构 26 个，其中专职机构 2 个；配备内部审计人员 40 人，其中专职审计人员 7 人。2014 年，全区各级内部审计机构共完成审计项目 78 个，促进增收节支 74 万元，提出的建议和意见被采纳 91 条。

（撰稿人：陈　诗）

【沙坪坝区审计局】 2014 年，沙坪坝区审计局人员编制 31 人，在编 29 人。局长赵卫红（12 月—），副局长许兵、林国勇、廖承东。设有办公室、财政审计科、行政事业审计科、经济责任审计科、固定资产投资审计科、沙坪坝区审计中心。

审计成果 沙坪坝区审计局全年开展审计项目 30 个，其中政府交办项目 2 个，审计署及市局行业审计 4 个，查出主要问题金额 152858 万元，促进整改落实有关问题金额 127893 万元。移送司法机关、纪检监察机关和有关部门处理事项 10 件。出具审计报告和专项审计调查报告 27 篇，被批示、采用 8 篇。提出审计建议 109 条，提交审计信息 47 篇，被批示、采用 32 篇。

财政审计 审计单位 7 个，查出问题金额

19007万元。重点关注财政收支的“末梢神经”，重视线索挖掘和案件查处，共查出挤占挪用、私设“小金库”、虚增经济业务等问题，移送案件线索5件，其中移送纪检监察机关2件、司法机关1件、有关部门2件，涉及金额478.44万元、涉及人员4人，促使主管部门出台实施意见2个，被审计单位制定并完善9项规章制度，变“延伸”审计为“审下促上”，发挥审计在预防和惩治腐败中的作用。其中，区救助站财务收支审计信息《一张假发票，挖出一窝鼠》被市审计局局长、区委书记和区纪委书记签批。

经济责任审计 开展经济责任审计项目6个。审计揭示漏缴税金、工会经费比例计提不规范、超范围使用现金等出现的问题，查出问题金额1718万元。

固定资产投资审计 完成10个基本建设项目和征地拆迁审计，核减工程造价和土地成本22214万元。在开展的4个地块的征地拆迁成本审计项目中，通过内查外调，积极走访，审减成本22191万元，审减率达到37.8%。

企业审计 开展2个企业的资产、负债、损益真实性审计和清产核资。克服数据体量庞大、历史渊源复杂等困难，厘清事实，核准数据，为下一步企业改制和区、区委政府决策提供参考。

专项资金审计 开展专项资金审计和审计调查项目5个，审计专项资金总额111230万元。

内部审计 全区各部门、各企事业单位设内部审计机构15个，其中专职机构8个；配备内部审计人员127人，其中专职机构人员51人。2014年，全区各级内部审计机构完成审计项目818个，审计总金额260769万元，促进增收节支5714万元，提出的建议和意见被采纳194条，移送纪检监察机关和有关主管部门建议给予党纪政纪处分19人。

（撰稿人：李　缇）

【九龙坡区审计局】 2014年，九龙坡区审计局人员编制31人，在编28人。局长刘波，副局长李霞、兰华、姜道云、杨颖（挂职，5月—），纪检组长刘昆，调研员余学川。设有办公室、监察室、综合法制科、内部审计管理科、行政事业审计科、经济责任审计科、财政金融审计科、固定资产投资审计科、审计中心。

审计成果 九龙坡区审计局完成审计项目106个，查出主要问题金额106978万元，其中违规金额9810万元、管理不规范金额97168万元；损益（收支）不实金额50249万元；审计处理处罚金额83734万元，其中应上缴财政21735万元、应减少财政拨款或补贴17212万元、应归还原渠道资金3637万元、应调账处理金额41144万元；审计发现非金额计量问题109个；审计促进整改落实有关问题金额83362万元，其中增收节支42586万元、已调账处理金额40776万元；审计后挽回（避免）损失17212万元。移送司法机关、纪检监察机关和有关部门处理事项11件。出具审计报告和专项审计调查报告106篇，被批示、采用90篇。提出审计建议254条，提交审计信息184篇，被批示、采用47篇。向社会公告审计结果1篇。

财政审计 审计单位6个，查出违规金额7173万元，查出管理不规范金额89190万元。审计中加强财政体制和债务的审计分析，提出加强预算管理监督力度、提高税收征管质量、规范部门财政财务收支行为、强化债务管理、完善各项财政政策、提升专项资金使用效益的意见和建议，审计查出问题整改率100%，审计工作报告获区人大常委会全票表决通过。

经济责任审计 组织开展对5个单位（部门）7名处级领导干部的经济责任审计，查出违规金额1万元，查出管理不规范金额7978万元。

固定资产投资审计 完成90个基本建设项目审计，审核工程资金244602万元，核减工程造价17212万元，对44个重点建设项目实施跟踪审计。

专项资金审计 完成基础教育、退耕还林、农村危旧改造3个专项资金审计（调查），查出违规金额2636万元。

内部审计 全区各部门、各企事业单位设内部审计机构52个，其中专职机构4个；配备内部审计人员63人，其中专职审计人员7人。2014年，全区各级内部审计机构共完成审计项目68个，提出的建议和意见被采纳136条。

（撰稿人：张　鱼）

【南岸区审计局】 2014年，南岸区审计局行政事业编制 21 人，在编 18 人。局长张林，副局长赵勇、赵开颜、杨柳，纪检组长张治国（—9月）。设有办公室、财政审计科（固定资产投资审计科）、经济责任审计工作联席会议办公室（经济责任审计科）、行政事业审计科、企财社保审计科。

审计成果　南岸区审计局完成审计项目 44 个，查出主要问题金额 227474 万元，其中违规金额 45280 万元、损失浪费金额 107 万元、管理不规范金额 182087 万元；增收节支金额 37703 万元，其中已上缴财政 32842 万元、已减少财政拨款或补贴金额 2880 万元、已归还原渠道资金金额 1981 万元；核减投资额 22608 万元。向区委、区政府提报审计要情、信息 28 篇，被批示、采用 13 篇。提出审计建议 161 条，被采纳 107 条。

财政审计　审计项目 13 个，发现和纠正涉及部门预算执行中管理不规范金额 148001 万元。

经济责任审计　完成 11 名区管主要领导干部的经济责任审计，审计查出问题金额 12591 万元，其中违规金额 4719 万元、管理不规范金额 7872 万元；增收节支 3457 万元。对违反财政财务制度规定的行为，依法依规做出审计决定，进行审计处理。

固定资产投资审计　审计项目 18 个，审计项目投资额 458270 万元，完成投资额 435661 万元，核减投资额 22608 万元。审计发现和纠正管理不规范金额 15777 万元。实施按工程“合同段”竣工结算审计方式，进一步加大对政府性投资建设项目资金使用管理的审计监督力度。

内部审计　全区各部门、各企事业单位设内部审计机构 16 个，配备内部审计人员 49 人，其中专职审计人员 8 人。2014 年，全区各级内部审计机构完成审计项目 285 个，提出建议意见 118 条，审计总金额 389395 万元，促进增收节支 1168 万元。

（撰稿人：沈　扬）

【北碚区审计局】　2014 年，北碚区审计局人员编制 33 人，在编 29 人。局长李厚杰，副局长唐小勤、黄晓阳。设有办公室、财政审计科、行政事业审计科、经济责任审计科（内设经济责任审计中心）、法规科、投资审计科（内设投资审计中心）、内审协会。

审计成果　北碚区审计局完成审计项目 74 个，占全年计划的 125%，查出主要问题金额 537602 万元；发现非金额计量问题 57 个；审计处理处罚金额 11699 万元，其中应上缴财政 5095 万元。移送司法机关、纪检监察机关和有关部门处理事项 6 件。出具审计报告和专项审计调查报告 74 篇，提出审计建议 199 条，提交审计信息 54 篇，被批示、采用 26 篇。实施的亚洲开发银行贷款重庆市统筹城乡基础设施建设示范项目 2013 年度财务收支和项目执行情况审计、北碚区 2012—2013 年农村危旧房改造审计调查、北碚区 2013 年基础教育经费审计调查获得市审计局行业审计优秀项目。参与土地出让收支和耕地保护情况审计的 6 人，受到通报表扬。北碚区审计局被市妇联授予“2014 年重庆市巾帼文明岗”称号。另有 10 人获得各级各类表彰。

制度建设　推动区委区政府出台《关于进一步加强审计工作的实施意见》、推动出台《区政府办公室关于加强全区征地拆迁审计监督工作的通知》，明确区政府主要负责人主管审计工作。区委常委会、区政府常务会在 2014 年度内分别召开两次会议，专门听取和研究审计工作。落实经济责任审计联席会议制度，区编委在北碚区审计局增设经济责任审计联席会议办公室，并增加副处级领导 1 名和参公事业编制人员 2 名，审计整改情况和建议落实情况纳入区政府政务督查内容。进一步明确经济责任审计联席会议成员作用，组织部门将领导干部经济责任审计结果作为干部考核、任免、奖惩的重要依据。纪检监察、检察、公安、税务、发改、建设、人社、经信等单位与审计机关的协作机制正在完善。

财政审计　推动区财政局出台 6 项规章制度及措施，较好地促进区域经济规范化建设。区人大对北碚区审计局出具的《2013 年度区级预算执行和其他财政收支的审计工作报告》给予高度评价。在本级预算执行和其他财政收支审计中，通过信息化手段，查实 29 个一级预算单位在国库集中支付中存在违规行为；查实多个单位 413 个事项的预算执行率低于 70%，涉及预算指标金额 1.73 亿元。

经济责任审计　全年实施经济责任审计项目 5 个，提出审计意见及建议 23 条，移送案件 5 件，查出管理不规范金额 7192.65 万元，收缴罚没收入 9 万元左右。被审计单位根据审计建议建立规章制度文件 6 个。

固定资产投资审计 完成审计项目 58 个，送审金额 74513 万元，审定金额 68542 万元，审减 5971 万元，审减率 8.01%。出台《北碚区审计局委托审计项目中介考评表（试行）》，明确合同金额 200 万元以上的投资项目实行必审制，对 200 万元以下的工程项目实行抽审制。

社会保障审计 突出对各单位各部门落实中央八项规定相关要求的审计，对教育、医疗、征地拆迁等“民生热点”领域，优先安排项目审计。共实施 7 项涉及民生的审计项目，查出主要问题金额 5851 万元，违规金额 1072 万元，查处管理不规范金额 4776 万元，针对被审计单位存在的问题提出建议 25 条。

内部审计 完成内审项目 385 个，其中财务审计 31 个、经济责任审计 23 个、基本建设审计 261 个、专项审计 11 个、内控评审 5 个、其他 54 个。审计总金额 10281.63 万元，增收节支 2474.35 万元，提出建议意见 158 条，被采纳 158 条。举办两期内部审计人员后续教育培训班，各镇街、机关事业单位专兼职内部审计人员 180 余人参加培训。

（撰稿人：马洪涛）

【綦江区审计局】 2014 年，綦江区审计局人员编制 39 人，在编 36 人。局长郑平，党组书记陈正好，副局长陈建（—12 月）、尹政权（12 月—）、唐启平（12 月—），纪检组长杨云德。设有办公室、法制内审科、行政审计科、财政审计科、企业事业审计科、投资审计科、经济责任审计科，下属綦江区审计中心。

审计成果 綦江区审计局完成审计项目 211 个，查出各种违纪违规金额 2.2 亿元，促进增收节支 6564 万元，审减政府投资 2.66 亿元，审减率 12.59%。移送司法机关、纪检监察机关和有关部门处理事项 19 件。提出审计建议 216 条，被采纳 149 条；出具审计报告和专项审计调查报告、备案函 211 篇；提交审计信息、要情、简报 97 篇，被市公众信息网、上级审计机关和区级采用 30 篇，上级领导签批 47 篇。

财政审计 对綦江区 2013 年预算执行及其他财政收支情况等 16 个项目进行审计，发现区 2013 年预算执行中存在应收未收土地出让金、配套费，财政专用账户管理不规范等问题；区教委存在虚开发票、违规超标发放津补贴、公款私存、违规列支、财务管理不规范等问题；区地税局存在适用税率失当导致少征税款，且对机动车驾驶学校及 7 户企业的税收征管不到位，导致上述企业存在偷漏税、未如实申报税金等问题。

经济责任审计 对区管领导干部和区属事业单位负责人经济责任审计项目 17 个，涉及领导干部 24 人。审计主要发现存在账务管理不规范、违规使用票据、隐瞒截留收入，违规集资、公款出游、白条或大额现金支付款项、购置资产未转为固定资产、个别采购项目未进行政府集中采购、乱收费等问题。

固定资产投资审计 完成投资审计项目 171 个，送审金额 21.16 亿元，审减额达 2.66 亿元，审减率 12.59%，主要发现存在建设工程高估冒算、合同管理不规范、虚列支出、施工内容多变、工程管理不善造成损失浪费、违规扩大提高工程预算、个别工程项目未执行公开招投标等问题。

专项资金审计 对綦江区 2013 年度农业综合开发等 7 个项目进行专项审计调查，主要发现相关专项资金工程建设缓慢、资金闲置滞留、部分专项资金使用单位存在挪用专项资金的情况；相关配套资金不足，学校存在乱收费、隐瞒收入、违规超标准发放津补贴、固定资产管理混乱，造成账实不符、账账不符等问题。

（撰稿人：曾小灵）

【大足区审计局】 2014 年，大足区审计局人员编制 33 人，在编 33 人。局长黄珍扬，党组书记唐生彬，副局长李连友、刘朝树、欧洋，纪检组长陈清伦。设有办公室、综合法制科、财政审计科、行政事业审计科、社会保障审计科、资源环保审计科、经济责任审计科、固定资产投资审计科、审计中心。

审计成果 大足区审计局完成审计项目 107 个，查出主要问题金额 51782 万元，其中违规金额 6637 万元、损失浪费金额 3 万元、管理不规范金额 45142 万元；损益（收支）不实金额 59 万元；审计处理处罚金额 26983 万元，其中应上缴财政910万元、应归还原渠道资金5372万元、应调账处理金额20701万元；审计发现非金额计量问题31个；审计促进整改落实有关问题金额47660万元，其中增收节支6275万元、已调账处理金额20701万元；审计后挽回损失20684万元。移送司法机关、纪检监察机关和有关部门处理事项4件。出具审计报告和专项审计调查报告107篇，被批示、采用2篇。提出审计建议197条，提交审计信息6篇，被批示、采用6篇。向社会公告审计结果1篇。

财政审计 以本级财政预算执行审计为重点，延伸审查区卫生局等10个部门预算执行情况，促使出台制度2个；开展2013年税收预算执行审计；对高坪镇等6个镇街财政决算和其他财政收支情况进行审计。

固定资产投资审计 完成87个投资项目决算审计，项目送审额259023万元，审定额238960万元，审减额20063万元，审减率为7.75%。

经济责任审计 坚持经济责任审计与财政收支审计结合、坚持权责结合、坚持工作落实与中央八项规定及厉行节约相关要求结合，对4个区级部门、4个镇街及2个事业单位的14名主要领导干部全部实行任中审计。

专项资金审计 在重点关注农业、水利、社会保障、社会救助等专项资金的基础上，逐步细化拓展到大农业、市政、教育、卫生、土地、保障房等涉及民生较多的各个领域，全年完成农村危旧房改造资金等6个专项审计调查项目，农村危旧房改造项目等结果性文书和有关要情得到区主要领导肯定性批示5次。

内部审计 全区各部门、各企事业单位设内部审计机构39个，其中专职机构2个；配备内部审计人员93人，其中专职审计人员15人。2014年，全区各级内部审计机构共完成审计项目86个，审计总金额235473万元，促进增收节支15686万元，提出的建议和意见被采纳132条。

（撰稿人：彭吉丽）

【渝北区审计局】 2014年，渝北区审计局人员编制33人，在编29人。局长常涛，副局长刘晓东，纪检组长肖远忠，党组成员张彬。设有办公室、监察室、综合审计科、行政事业审计科、经贸社保审计科、经济责任审计科、渝北区审计中心。

审计成果 渝北区审计局完成审计项目355个，查出主要问题金额38585万元，其中违规金额1244万元、管理不规范金额37341万元；损益（收支）不实金额235万元；审计处理处罚金额60021万元，其中应上缴财政13024万元、应减少财政拨款或补贴19468万元、应归还原渠道资金1102万元、应调账处理金额26427万元；审计发现非金额计量问题12个；审计促进整改落实有关问题金额19468万元，其中增收节支19468万元；审计促进拨付资金到位772万元；审计后挽回（避免）损失19468万元。移送司法机关、纪检监察机关和有关部门处理事项3件。出具审计报告和专项审计调查报告355篇，被批示、采用12篇。提出审计建议658条，被采纳645条。提交审计信息44篇，被批示、采用26篇。

财政审计 对渝北区2013年度区级财政预算执行情况、税收征管情况和其他财政收支情况进行审计。代表渝北区政府向区人大常委会做区级预算执行和其他财政收支的审计工作报告和审计整改情况报告。渝北区委、区政府出台《关于进一步加强审计工作的实施意见》，将审计整改落实情况纳入区政府政务督查内容和作为被审计单位年度综合绩效考核内容，进一步强化审计整改和结果运用。

行政事业审计 对渝北区人口计生委、渝北区空港工业园区管委会等3个单位2013年度财政财务收支情况进行审计，针对预算执行、税费征管、专项资金使用和“三公”经费等方面存在的问题提出审计建议。

固定资产投资审计 完成政府投资审计项目343个，送审金额为35.62亿元，审定金额为33.67亿元，审减金额1.95亿元，平均审减率为6%。

经济责任审计 对渝北区安全生产监督管理局、渝北区经济信息委员会等6个部门单位的主要领导进行任期、离任经济责任审计，审计查出主要问题金额4167万元，提出审计建议被采纳23条。

企业审计 对重庆市建龙城市建设工程有限公司2013年度资产、负债和损益进行审计。

专项资金审计　对渝北区2010—2013年度退耕还林专项资金、2012—2013年度农村危旧房改造专项资金管理使用情况开展审计调查，完成渝北区2010—2013年水利普查经费专项资金、2013年度水土保持项目专项资金审计。参加万州区、黔江区等6个区县土地出让收入和耕地保护情况专项审计。

内部审计　全区各部门、各企事业单位设内部审计机构52个，其中专职机构1个；配备内部审计人员180人，其中专职审计人员2人。2014年，全区各级内部审计机构共完成审计项目81个，促进增收节支9864万元，提出建议意见被采纳67条。　（撰稿人：谢文全）

【巴南区审计局】　2014年，巴南区审计局人员编制35人，在编30人。局长罗今成，副局长徐仁伟（—3月）、王进、刘方宇，纪检组长曹际宏。设有办公室、财政审计科、行政事业审计科、经济责任审计科、投资审计科、综合法制科、审计中心。

审计成果　巴南区审计局完成审计项目82个，查出主要问题金额336229万元，其中违规金额31840万元、管理不规范金额304389万元；损益（收支）不实金额1674万元；审计处理处罚金额167426万元，其中应上缴财政712万元、应归还原渠道资金107272万元、应调账处理金额59442万元；审计发现非金额计量问题46个；审计促进整改落实有关问题金额166608万元，其中增收节支107415万元、已调账处理金额59192万元；审计后避免损失52040万元。移送司法机关、纪检监察机关和有关部门处理事项6件。出具审计报告和专项审计调查报告82篇。提出审计建议234条，提交审计信息53篇，被批示、采用34篇。获得全国审计机关先进集体、市巾帼文明岗、全市审计工作年度综合目标考核一等奖、巴南区目标考核一等奖等荣誉。

财政审计　完成审计项目6个，查出管理不规范金额260558万元、违规金额30140万元。重点审计预算编制是否科学合理、预算执行结果是否真实合法以及税收征管是否到位，对“三公”经费、退耕还林资金、教育资金进行专项审计，促进建立公共财政管理体制。受区政府委托向区人大常委会做审计工作报告，获得人大代表的一致好评。

行政事业审计　对8个行政事业单位财政财务收支情况进行审计。查出管理不规范金额3797万元、违规金额280万元。揭示内控制度执行不到位和个人重大违纪违规等问题，向区纪委（监察）、司法机关、主管部门等移送违纪线索6件。

固定资产投资审计　完成项目61个，送审金额39.96亿元，审减金额6.5亿元，审减率达16%，揭示建设项目成本不实、不按规定招投标等问题，促进加强项目管理，提高投资质量和效益。

经济责任审计　对8个单位10名领导干部实施任期经济责任审计。查出管理不规范金额3676万元、违规金额287万元，上缴罚没收入235万元。向区纪检监察部门移送违法违纪线索2件。根据审计结果，区委组织部诫勉谈话1人，区纪委约谈2人。

专项资金审计　以保障和改善民生为目标，主要开展城镇保障性安居工程跟踪审计、农村危旧房改造专项资金审计、退耕还林资金审计以及基础教育经费审计等项目，查出管理不规范金额15168万元，揭示和反映挤占挪用专项资金、降低补偿标准等问题，促进资金专款专用，各项惠民政策得到落实。

内部审计　全区各部门、各企事业单位设有内部审计机构104个，其中专职机构19个；配备内部审计人员104人，其中专职审计人员19人。2014年，全区各级内部审计机构共完成审计项目31个，促进增收节支10万元，提出的建议和意见被采纳35条。　（撰稿人：徐景昌）

【黔江区审计局】　2014年，黔江区审计局人员编制39人，在编39人。局长秦建川，副局长任国林、王明昌、王海军、施方林，纪检组长何进。设有办公室、法制科、财政审计科、行政事业审计科、农业与资源环保审计科、经济责任审计科、固定资产投资审计科、企业审计科、政府债务及金融外资审计科、内部审计管理科、审计中心。

审计成果　黔江区审计局完成审计项目66个，查出主要问题金额486434万元，其中违规金额 25076 万元、管理不规范金额 461358 万元；审计处理处罚金额 32011 万元，其中应上缴财政 19648 万元、应归还原渠道资金 338 万元、应调账处理金额 12008 万元；审计发现非金额计量问题 68 个；审计促进整改落实有关问题金额 32011 万元，其中增收节支 19648 万元、已调账处理金额 12008 万元；审计促进拨付资金到位 6 万元；审计后挽回（避免）损失 12783 万元。移送司法机关、纪检监察机关和有关部门处理事项 8 件。出具审计报告和专项审计调查报告 47 篇，被批示、采用 6 篇。提出审计建议 166 条，提交审计信息 34 篇，被批示、采用 28 篇。向社会公告审计结果 2 篇。

财政审计 全年实施区本级财政预算执行审计、5 个区级部门预算执行审计、4 个乡镇财政决算审计。着力加强各级各部门贯彻执行预算方案的情况，以财政资金为主线，自上而下关注预算编制的合理性、合规性。

经济责任审计 实施 10 个单位 15 名领导干部任期经济责任审计，其中任中经济责任审计 5 个单位 7 名领导干部。

固定资产投资审计 对 34 个政府投资建设项目竣工结算（概预算执行）进行审计（跟踪审计），累计核减投资额 11123 万元，审减率 11.98%。与 2013 年比较，送审金额增加 15%，审减金额增加 26%，审减率提高 1.05%。制定完善《1000 万以下投资审计项目工作流程》《中介机构复核情况表》，对投资审计项目每个环节每个时间点进行控制，落实责任。

企业审计 结合政府性债务审计，对两大投融资平台公司进行资产负债损益审计。

专项资金审计 完成土地出让收支和耕地保护情况审计、酉阳县世界银行五期扶贫项目审计等审计项目，其中土地出让收支和耕地保护情况审计抽调 14 名审计人员赴永川、涪陵等地。开展 2013 年 7 月至 2014 年 6 月区级地方政府性债务清理甄别工作。

内部审计 全区各部门、各企事业单位设内部审计机构 26 个，其中专职机构 19 个；配备内部审计人员 55 人，其中专职审计人员 26 人。2014 年，全区各级内部审计机构完成审计项目 446 个，审计总金额 1628381 万元，促进增收节支 112661 万元，提出的建议和意见被采纳 255 条。

（撰稿人：李志华）

【长寿区审计局】 2014 年，长寿区审计局人员编制 44 人，在编 34 人。局长聂华甫，副局长黄忠勇（3 月—）、李敏、陈小钢，纪检组长陈湧健。设有办公室、法制综合科、财政审计科、企业审计科、行政事业审计科、固定资产投资审计科、经济责任审计及内部审计管理科、审计中心和区经济责任审计部门联席会议办公室。

审计成果 长寿区审计局完成审计项目 120 个，查出主要问题金额 455500 万元，其中违规金额 100558 万元、损失浪费金额 4196 万元、管理不规范金额 350745 万元；损益（收支）不实金额 28740 万元；审计处理处罚金额 197036 万元，其中应上缴财政 883 万元、应减少财政拨款或补贴 3709 万元、应归还原渠道资金 2347 万元、应缴纳其他资金 95518 万元、应调账处理金额 94577 万元；审计发现非金额计量问题 271 个；审计促进整改落实有关问题金额 197036 万元，其中增收节支 6941 万元、已调账处理金额 94577 万元；审计后挽回（避免）损失 30702 万元。移送司法机关、纪检监察机关和有关部门处理事项 3 件。出具审计报告和专项审计调查报告 120 篇；提出审计建议 179 条，提交审计信息 39 篇。

财政审计 以区本级预算执行总体情况和区地税局税收征收管理情况，区财政局、区规划局、区供销社和区计生委 4 个部门 2013 年度预算执行情况审计为基础，揭示问题，剖析原因，评价绩效，提出建议，促进规范财政管理，助力全区在重庆市五大功能区建设的良好开局。审计查出主要问题金额 132445 万元，其中预算编报不真实不完整 300 万元、未按规定纳入预算管理 889 万元、未按规定征收缴纳收入 95846 万元、违规使用发票 796 万元、虚列支出 24639 万元、违规采购 9692 万元。

经济责任审计 按照区委组织部的委托，审计区计生委、万顺镇等 18 个部门和镇（街）20 名处级领导干部经济责任情况。审计查出主要问题金额 53560 万元，移送司法机关 2 人，涉嫌个人经济问题金额 33 万元。

固定资产投资审计 对 78 个政府性投资项目

进行审计。审计投资额49519万元，核减投资2514万元，综合审减率达5.08%。

企业审计 对全区11个区属国有投（融）资平台公司自成立以来至2013年5月31日的资产负债损益情况和农业“三园”财政财务收支情况进行审计。审计查出主要问题金额213850万元，其中违规经营20360万元、未按规定报批建设项目106个、违规使用财政资金2475万元、财务收支核算不实14495万元、损失浪费金额2226万元。

专项资金审计 参与审计署统一组织的全国土地使用权出让收支和耕地保护情况审计，完成长寿区2010—2013年度退耕还林资金管理使用情况审计调查等4个项目专项审计调查。审计专项资金总额120341万元，审计查出主要问题金额53482万元，其中未落实“收支两条线”和专户管理规定9386万元、违规改变项目计划和资金用途1383万元、资金滞留闲置10949万元。

内部审计 全区各部门、各企事业单位设内部审计机构68个，其中专职机构4个；配备内部审计人员78人，其中专职审计人员5人。2014年，全区各级内部审计机构共完成审计项目94个，促进增收节支258万元，提出的建议和意见被采纳136条。 （撰稿人：邹　琳）

【江津区审计局】 2014年，江津区审计局人员编制47人，在编47人。局长邓齐，副局长张进洪、曹树容、廖胤，纪检组长刘德福，副调研员陈家富。设有办公室、综合科、监察室、财政审计科、社会保障审计科、经济责任审计科、政府投资审计科、区经济责任审计工作联席会议办公室、区审计中心。

审计成果 江津区审计局完成审计项目108个，查出主要问题金额358565万元，其中违规金额160423万元、管理不规范金额198142万元；审计处理处罚资金180719万元，其中应上缴财政157638万元、应减少财政拨款或补贴15282万元，应归还原渠道资金790万元、应缴纳其他资金216万元、应调账处理金额6793万元；审计发现非金额计量问题52个；审计促进整改落实有关问题金额180719万元，其中增收节支173738万元、已缴纳其他资金170万元、已调账处理金额6765万元；审计后挽回（避免）损失174199万元。移送司法机关、纪检监察机关和有关部门处理事项3件。出具审计报告和专项审计调查报告108篇。提出审计建议315条；提交审计信息45篇，被批示、采用42篇。

财政审计 审计单位6个，发现和纠正9类问题，查出主要问题金额318811万元，提出审计意见和建议。向区人大常委会做审计工作报告，推动财政体制改革的不断深化，提升财政预算管理水平。

行政事业审计 审计7个行政事业单位的财政、财务收支情况。发现财政、财务核算不规范，固定资产不入账，往来账项清理不及时，内控制度执行不到位等问题，查出主要问题金额9345万元。

固定资产投资审计 完成政府投资审计项目89个，核减工程造价15297万元。加大对当年投资建设项目资金使用情况的审计，确保后续资金使用的合理和高效；坚持对建设项目全过程的跟踪审计，使建设过程中资金的使用管理问题及时得到纠正，避免建设资金的损失和浪费。

企业审计 对2个企业的资产、负债、损益真实性进行审计，发现被审计单位存在会计信息失真、财务管理薄弱、投资效益差、资产损益不实等问题，查出主要问题金额1204万元。

经济责任审计 完成对14名主要领导干部的经济责任审计，其中包括党政领导9人、事业单位领导5人。审计查出资产不实、管理不善、违规操作等问题，查出违规金额947万元、管理不规范金额7257万元。

内部审计 全区各部门、各企事业单位设内部审计机构52个，其中专职机构21个；配备内部审计人员349人，其中专职审计人员62人。全区各级内部审计机构共完成审计项目311个，审计总金额278983万元，促进增收节支2751万元。

（撰稿人：彭　翔）

【合川区审计局】 2014年，合川区审计局人员编制54人，在编42人。局长屈直，副局长李关海（—11月）、伍振华、易再兴，纪检组长李建忠。设有办公室、法制科、监察室、财政金融审计科、行政事业审计科、专项资金审计科、经济责任审计科、基本建设投资审计科、信息化建设科，下属合川区审计中心。

审计成果　合川区审计局完成审计（调查）项目 117 个，查出问题金额 44.07 亿元，其中管理不规范金额 37.4 亿元、违规金额 5.9 亿元；审计促进整改落实问题金额 3.42 亿元，其中增收节支 2.28 亿元、调账处理 1.14 亿元；审计后挽回或避免损失 1.2 亿元。移送纪检、司法机关案件线索 3 件，涉及金额 165 万元，移送有关单位处理事项 23 件。出具审计报告和专项审计调查报告 119 篇。提出审计建议 144 条，被采纳 105 条。提交信息 140 篇，被批示采用 90 篇。

财政审计　强化对本级预算执行、镇街财政决算、税收征管情况的审计，2014 年对合川区财政预算执行和其他财政收支情况进行全面审计，并对区水务局及所属单位、区市政园林管理局等 24 个预算单位开展预算执行及其他财政财务收支审计或延伸审计调查。预算执行审计结果报告得到区人大常委会的充分肯定。

固定资产投资审计　深化投资预（决）算审计。对政府投资项目实行必审制，建设项目财务审计、管理审计、结算审计、效益审计“四审并举”，全年完成审计项目 99 个，审计总投资 26.5 亿元，核减投资 11413 万元。深化重大投资项目跟踪审计，开展跟踪审计项目 10 个，涉及项目投资额 19.8 亿元。

经济责任审计　进一步完善了“1＋N”同步审计模式，实行镇街党（工）委书记、镇长（主任）同步审计，对 10 个镇（街）、部门、企（事）业单位 18 名党政主要负责人开展经济责任审计，查出问题金额 125552 万元，其中负主管责任金额 14382 万元、负领导责任金额 111170 万元。

专项资金审计　全年完成合川区 2010—2013 年度退耕还林资金管理使用情况审计、2012—2013 年度农村危旧房改造专项资金审计、2013 年度基础教育经费审计等三个专项资金项目审计，查出违规金额 41 万元、管理不规范金额 17244 万元。

交办任务　圆满完成审计署对合川区土地出让收支和耕地保护情况审计的协调配合工作；完成慈善会 2013 年慈善资金及工作经费收支审计、小安溪生态产业园 1∶500 地形测绘结算审计等 16 项交办事项。

内部审计　全区各部门、各企事业单位设内部审计机构 26 个，其中专职机构 13 个；配备内部审计人员 125 人，其中专职审计人员 14 人。2014 年，全区各级内部审计机构完成审计项目 450 个，其中财务收支审计 82 个、经济效益审计 7 个，经济责任审计 82 个、内部控制审计 70 个、信息系统审计 7 个、基本建设审计 102 个、其他审计项目 100 个，审计总金额 143 万元。

（撰稿人：李化来）

【永川区审计局】　2014 年，永川区审计局人员编制 38 人，在编 33 人。局长雷科，副局长龙晓燕、刘荣，纪检组长杨泽露。设有办公室、法制综合科、行政事业审计科、经济责任审计科、社保与农业审计科、财政审计科和审计中心。

审计成果　永川区审计局完成审计项目 94 个，查出主要问题金额 17.78 亿元，其中违规金额 7.74 亿元，管理不规范金额 10.04 亿元；损益（收支）不实金额 1.40 亿元；审计处理处罚金额 9.08 亿元，其中应上缴财政 3.51 亿元；审计发现非金额计量问题 41 个；审计促进整改落实有关问题金额 8.72 亿元，其中增收节支 7.42 亿元、已调账处理金额 1.25 亿元；审计后挽回（避免）损失 1.22 亿元。移送司法机关、纪检监察机关和有关部门处理事项 14 件。出具审计报告和专项审计调查报告 94 篇，被批示、采用 49 篇。提出审计建议 615 条，提交审计信息 54 篇，被批示、采用 22 篇。

财政审计　探索开展部门预算执行数据集中采集分析。上缴财政资金 3.51 亿元，归还原渠道资金 3.91 万元，调账处理 1.25 亿元，督促相关预算部门及时完善内控制度，强化预算执行和专项资金管理。

经济责任审计　完成区安监局、区旅游局、区外经委、区公共资源综合交易管理办公室、何埂镇、区萱花小学校等 6 个单位 8 名领导干部的任期经济责任审计，其中离任 3 人、任中 5 人。审计查出违纪违规金额 591 万元、管理不规范金额 600 万元。实行党政领导同步审，区纪委和区委组织部将领导干部经济责任审计报告装入个人廉政档案和个人档案。

固定资产投资审计 全年完成政府投资结算审计项目（送审金额200万元以上）78个，送审金额12.40亿元，审减1.22亿元；对高铁站前枢纽工程、服务外包B区等66个跟踪审计项目开展审计，合同金额81亿元（其中2014年新增项目11个，合同金额17.50亿元），审计过程中出具意见单或建议函128份，过程审减9500万元。建立中介机构备选库，实行总量控制、落后淘汰，依次轮流邀请招标、抽签决定，开展同步录音录像存档备查，实行固定费率法。

企业审计 委托中介机构对渝西设计院、惠永水务、房地产测量队、政鑫公司、检测中心、保安公司、政源公司、草木人公司、担保公司等9个国有经营企业财务状况进行审计；对惠通公司资产负债损益进行审计，抽查惠通、兴永、豪江、北鼎、畅恒5个投融资平台公司债务情况。

专项资金审计 全年实施审计项目6个，查出违规金额1513万元、管理不规范金额6859万元，增收节支1507万元，非金额计量问题17个。

内部审计 全区各部门、各企事业单位设内部审计机构53个，其中专职机构8个；配备内部审计人员196人，其中专职审计人员14人。2014年全区各级内部审计机构共完成审计项目57个，促进增收节支59万元，提出的建议和意见被采纳175条。

（撰稿人：夏劲草）

【南川区审计局】 2014年，南川区审计局人员编制37人，在编33人。局长王连禄，党组书记陈纯秀，副局长刘虹、金华，党组成员陈娟，纪检组长娄忠敏。设有办公室、法规科、财政审计科、行政事业审计科、经济责任审计和内审指导科、固定资产投资审计科、经贸审计科以及审计中心。

审计成果 南川区审计局完成审计项目108个，查出主要问题金额120201万元，其中违规金额10809万元、管理不规范金额109391万元；损益（收支）不实金额17901万元；审计处理处罚金额35956万元，其中应上缴财政4893万元、应减少财政拨款或补贴3526万元、应归还原渠道资金9015万元、应调账处理金额18521万元；审计发现非金额计量问题63个；审计促进整改落实有关问题金额35052万元，其中增收节支16530万元、已调账处理金额18521万元；审计后挽回（避免）损失3628万元。移送司法机关、纪检监察机关和有关部门处理事项4件。出具审计报告和专项审计调查报告108篇，被批示、采用6篇。提出审计建议228条，提交审计信息55篇，被批示、采用63篇次。

财政审计 审计单位3个，发现和纠正预算编制批复不规范、未按规定征收缴纳收入等问题，查出问题金额72713万元，提出审计意见和建议。

财政决算审计 审计6个单位的财政决算，发现和纠正涉及部门的违规改变项目计划和资金用途、资金滞留闲置、虚报冒领等问题，查出主要问题金额331万元。

经济责任审计 完成10个乡镇、部门和事业单位11名领导干部经济责任审计，其中乡镇党政负责人6人、区级部门负责人3人、事业单位负责人2人，查出各类违纪违规金额848万元、管理不规范金额2212万元。

行政事业审计 审计单位12个，发现少计少缴税费、人为调节收入进度、隐瞒转移截留资金、违规使用发票、违规采购等问题，查出主要问题金额3220万元。

固定资产投资审计 完成79个投资审计项目，发现资金滞留闲置、虚假冒领、违规采购、超规模超标准、擅自调整项目建设内容等问题，查出主要问题金额4112万元，其中核减工程造价3628万元。

交办任务 8月至11月，在审计署重庆特派办和重庆市审计局的统一调配和组织下，南川区审计局选派14人，分赴沙坪坝区、北碚区、南岸区、大渡口区、两江新区5个土地使用量较大的主城区，分别参加市级征地和耕地保护板块审计小组、市级财政板块审计小组、市级土地供应和使用板块审计小组、法制审理小组等审计工作。

企业审计 审计国有企业2个，查出主要问题金额293万元，其中违规经营267万元、财务收支核算不实22万元、其他问题金额4万元。

专项资金审计 审计单位6个，发现违规改变项目计划和资金用途、资金滞留闲置、扩大开支范围或提高开支标准列支等问题，查出主要问题金额39529万元。

内部审计 全区各部门、各企事业单位设内部审计机构 18 个，其中专职机构 1 个；配备内部审计人员 64 人，其中专职审计人员 10 人。2014 年，全区各级内部审计机构共完成审计项目 86 个，促进增收节支 112.38 万元，提出的建议和意见被采纳 155 条。（撰稿人：王华娟）

【璧山区审计局】 2014 年，璧山区审计局人员编制 24 人，在编 24 人。局长舒朝勇，副局长杨用明、李小红、龚建烈（9 月—），纪检组长周波。设有办公室、财政金融审计科、经济责任审计科、行政事业审计科、法规科、投资审计科、下设审计中心。

审计成果 璧山区审计局完成审计项目 180 个，查出主要问题金额 924049 万元，其中违规金额 10493 万元、管理不规范金额 913555 万元；审计处理处罚金额 22282 万元，其中应上缴财政 10210 万元、应减少财政拨款或补贴 85 万元、应归还原渠道资金 42 万元、应缴纳其他资金 154 万元、应调账处理金额 11788 万元；审计发现非金额计量问题 20 个；审计促进整改落实有关问题金额 22282 万元，其中增收节支 10338 万元、已缴纳其他资金 154 万元、已调账处理金额 11788 万元；审计后挽回（避免）损失 17977 万元。移送司法机关案件线索 1 件，移送处理 2 人，有关机关立案审查 2 人；移送有关部门处理事项 7 件。出具审计报告和专项审计调查报告 180 篇。提出审计建议 221 条，提交审计信息 180 篇。

财政审计 依法开展区本级财政预算执行情况审计和区卫生局、区人口和计划生育委员会预算执行情况审计，重点审计区级预算执行、税收征管、政府融资债务等情况。通过审计，对区本级财政预算执行情况做较为客观的评价，揭示预算执行中存在的主要问题，提出合理化的建议。

经济责任审计 受区委组织部委托，组织开展 10 个（实际完成 9 个）单位 13 名党政领导干部任期经济责任审计工作，其中离任审计 6 人、任中审计 7 人。审计共查出主要问题金额 10951 万元，其中违规金额 59.76 万元、管理不规范金额 10891 万元，收缴财政资 59.76 万元。发出审计决定 2 份，提出审计建议意见 27 条。移送司法机关案件线索 1 件，移送处理 2 人，有关机关立案审查 2 人。

固定资产投资审计 全年完成政府投资审计项目 161 个，送审金额 151922 万元，审定投资额 144454 万元，审减金额 7468 万元，综合审减率 4.9%。审计发现工程管理不规范、现场监管缺位、工程变更未按规定报批、管理制度缺陷、送审竣工结算价款不实、个别项目审减率偏高。

专项资金审计 全年开展专项资金审计 7 个，分别为：璧山县疾病预防控制中心中央补助地方卫生事业专项资金结核病防治项目、重庆市 2010—2013 年度退耕还林资金管理使用情况审计调查、重庆市 2013 年度基础教育经费审计调查、重庆市 2012—2013 年度农村危旧房改造专项资金审计调查、璧山县农业委员会 2013 年度阳光工程培训补助资金审计、璧山县农业综合开发办公室 2013 年度农业综合开发项目资金审计、城镇保障性安居工程跟踪审计调查。检查相关专项资金 193369.21 万元，查出违规金额 282.84 万元、管理不规范金额 9968.32 万元。移送有关部门处理 7 件，移送处理金额 252.64 万元。

内部审计 全区各部门、各企事业单位设内部审计机构 7 个，其中专职机构 1 个；配备内部审计人员 20 人，其中专职审计人员 7 人。2014 年，全区（县）各级内部审计机构共完成审计项目 13 个，促进增收节支 48 万元，提出的建议和意见被采纳 36 条。（撰稿人：何泽兴）

【铜梁区审计局】 2014 年，铜梁区审计局人员编制 28 人，在编 26 人。局长刘志，副局长刘黎、向红，纪检组长骆辉（—8 月）、徐德富（8 月—）。设有办公室（法制科）、财金和企业审计科、经济责任审计科、行政事业审计科、固定资产投资审计科及审计中心。

审计成果 铜梁区审计局完成审计项目 134 个，查出主要问题金额 372279 万元，其中违规金额 928 万元、损失浪费金额 16 万元、管理不规范金额 371334 万元；损益（收支）不实金额 103 万元；审计处理处罚 337343 万元；审计促进整改落实有关问题金额 291466 万元，其中增收节支 1939 万元、已调账处理金额 3760 万元；审计后挽回（避免）损失 3835 万元。出具审计报告和专项审计调查报告 134 篇，被批示、采用 3 篇。提出审计建议 246 条，提交审计信息 51 篇，被批示、采用37篇。出台《贯彻落实〈重庆市委、重庆市人民政府关于进一步加强审计工作的意见〉的实施意见》《铜梁区政府投资项目跟踪审计实施办法》和《铜梁区审计工作制度》3项规章制度。组织审计专题培训8场次，培训人员1900余人。

财政审计　注重从体制、机制和制度层面揭示问题、分析原因、提出建议，促进规范预算管理，提高财政资金使用效益。全年完成财政预算执行审计项目17个，查出问题金额353291万元，追收土地款及税收等285766万元。

固定资产投资审计　深入推进竣工决算审计和跟踪审计，及时纠正项目执行建设程序、招标投标、质量管理等方面存在的问题。全年开展政府投资审计项目111个，核减投资额3761万元。

经济责任审计　建立铜梁区经济责任审计联席会，结合不同类型领导干部履职特点，把握审计重点，促进干部守法守规守纪尽责。全年开展12名党政领导干部的经济责任审计，查出违规金额162万元、管理不规范金额8493万元。

专项资金审计　围绕重民生、保稳定、促和谐等目标，深入开展专项资金审计。全年完成专项资金审计（调查）项目6个，审计专项资金总额135777万元，查出主要问题金额15204万元。

内部审计　全区各部门、各企事业单位设内部审计机构33个，其中专职机构4个；配备内部审计人员36人，其中专职审计人员7人。2014年，全区各级内部审计机构共完成审计项目211个，促进增收节支155万元，提出的建议和意见被采纳127条。（撰稿人：刘　琳）

【万盛经开区审计局】　2014年，万盛经开区审计局人员编制20人，在岗22人。局长胡小成，副局长朱启学、唐勇。设有办公室、法制科、投资审计科、财政财务审计科、经济责任审计科、审计中心。

审计成果　万盛经开区审计局完成审计项目33个，查出主要问题金额8268万元，其中违规金额127万元、管理不规范金额8141万元；审减工程投资3394万元；审计处理处罚金额127万元，其中应上缴财政122万元、应调账处理金额5万元；审计发现非金额计量问题20个；审计促进整改落实有关问题金额436万元，其中已调账处理金额5万元；审计促进拨付资金到位436万元；审计后挽回（避免）损失3409万元。移送司法机关、纪检监察机关和有关部门处理事项2件。出具审计报告和专项审计调查报告33篇，被批示、采用3篇。提出审计建议74条，提交审计信息30篇，被批示、采用3篇。

专项资金审计　完成万盛经开区2013年城镇保障性安居工程跟踪审计、2010—2013年退耕还林资金管理使用情况审计调查、2012—2013年农村危旧房改造专项资金审计调查、2013年度基础教育经费审计调查、区农林局2013年阳光培训资金审计、区福利公益金等6个项目的审计，查出主要问题金额8268万元，其中违规金额127万元、管理不规范金额8141万元。通过审计，摸清万盛经开区各项专项资金的投入使用及管理情况，揭露和查处在专项资金使用及管理中的违纪违规问题。

固定资产投资审计　完成年初制定的固定资产投资审计项目27个，固定资产投资项目送审资金38777万元，审减投资额3394万元。在审计中主要发现存在建设工程高估冒算、合同管理不规范、虚列支出、施工项目随意变更、工程质量有重大缺陷、个别工程项目未执行公开招投标等问题。在审计手段上，坚持对工程建设项目全过程跟踪审计，使工程建设过程中资金使用管理问题及时得到纠正，避免建设资金的损失浪费。

（撰稿人：杨武权）

【潼南县审计局】　2014年，潼南县审计局人员编制35人，在编32人。局长杨德海，党组书记梁燕保，副局长李晓兰、陈建明（12月—）。设有办公室、财政金融审计科、专项资金审计科、经济责任审计联席会议办公室、投资审计科、法规科，下设审计中心。

审计成果　潼南县审计局完成审计项目64个，查出主要问题金额416535万元，其中违规金额80167万元、管理不规范金额336367万元；损益（收支）不实金额123034万元；审计处理处罚金额325928万元，其中应上缴财政78231万元、应归还原渠道资金215262万元、应调账处理金额31541万元；审计发现非金额计量问题99个；审计促进整改落实有关问题金额324634万元，其中增收节支 292331 万元、已调账处理金额 31541 万元；审计促进拨付资金到位 14370 万元；审计后挽回（避免）损失 11813 万元。移送司法机关、纪检监察机关和有关部门处理事项 1 件。出具审计报告和专项审计调查报告 64 篇，被批示、采用 11 篇。提出审计建议 174 条，提交审计信息 48 篇，被批示、采用 39 篇。向社会公告审计结果 2 篇。

财政审计 审计单位 11 个，查出违规金额 78210.58 万元、管理不规范金额 230768.51 万元，其中应上缴财政 78164.29 万元、应归还原渠道资金 212132 万元、应调账处理金额 8773.85 万元；已上缴财政 78164.29 万元、已归还原渠道资金 212132 万元、已调账处理金额 8773.85 万元。潼南县审计局代县政府向县人大常委会做的审计情况报告和审计整改情况报告得到了人大代表的广泛好评和高度肯定。

经济责任审计 完成对 13 名党政主要领导干部的经济责任审计，审计查出资产不实、管理不善、违规操作等问题，违规金额 48.16 万元、管理不规范金额 23089.67 万元。

固定资产投资审计 完成 39 个基本建设项目审计，核减工程造价 10004 万元。在项目安排上，加大对当年投资建设项目资金使用情况的审计，确保后续资金使用的合理和高效；审计手段上，坚持对建设项目全过程的跟踪审计，使建设过程中资金的使用管理问题及时得到纠正，避免建设资金的损失和浪费。

专项资金审计 开展专项资金审计项目 6 个，审计后挽回（避免）资金损失 246.83 万元。

内部审计 全县各部门、各企事业单位设内部审计机构 22 个，其中专职机构 5 个；配备内部审计人员 40 人，其中专职审计人员 4 人。2014 年，全县内部审计机构共完成审计项目 252 个，促进增收节支 24339 万元，提出的建议和意见被采纳 21 条。

（撰稿人：胡妮娜）

【荣昌县审计局】 2014 年，荣昌县审计局人员编制 32 人，在编 30 人。局长梁堂林（—9 月）、刘定朝（9 月—），副局长廖立新、杜冬梅、杨勇，纪检组长黄昌顺。设有办公室、综合科、行政事业科、财政金融科、经济责任审计科、审计中心、经济责任审计联席会议办公室。

审计成果 荣昌县审计局完成审计项目 45 个，查出违规金额 11998 万元、管理不规范金额 11718 万元；审计促进整改落实有关问题金额 15686 万元，其中增收节支 8005 万元；投资审计核减投资额 7621 万元。移送司法机关、纪检监察机关和有关部门处理事项 9 件。提出审计建议 106 条，被采纳 106 条。提交审计信息 76 篇，被批示、采用 5 篇。

财政审计 在预算执行审计过程中重点关注预算编制情况、预算收入征收情况、预算支出管理情况、国库集中支付改革和财政资金安全等内容，完成 2013 年度县级预算执行及其他财政收支审计，县交易中心 2013 年度预算执行及其他财政收支审计，县经济信息委、县地震局 2013 年度预算执行审计，荣隆镇 2013 年度财政决算及其他财政收支审计。

固定资产投资审计 对荣昌县黄金大道景观绿化工程、荣昌县行政中心景观工程、荣昌县工人村廉租住房小区建设工程等 32 个政府投资项目进行审计。工程送审金额 102557 万元，审减金额 7621 万元，审减率 7.4%；提出审计意见建议 60 余条，使发现的问题得到有效整改，进一步规范政府投资项目建设管理，节约建设资金。

经济责任审计 以领导干部执行党和国家方针政策、重大经济决策、重大投资项目、举借债务管控、管理制度实施和遵守财经法规、落实中央八项规定及厉行节约相关要求等情况为重点，稳步推进领导干部经济责任审计工作，完成龙集镇、广顺街道、县统计局、县合作经济联合社等领导干部任期经济责任审计。

专项资金审计 完成荣昌县 2010—2013 年度退耕还林专项资金管理使用情况和荣昌县 2013 年度基础教育经费专项审计调查、荣昌县稳增长促改革调结构惠民生政策措施落实情况跟踪审计。按照审计署和市审计局的统一部署，抽调 11 名业务骨干，分赴北碚、大足、铜梁等区县，参与全国土地出让收支和耕地保护审计。

内部审计 全县各部门、各企事业单位共设内部审计机构 28 个，其中专职机构 1 个；配备内部审计人员 29 人，其中专职审计人员 1 人。2014 年，全县各级内部审计机构共完成审计项目 10

个，其中经济责任审计2个、基本建设审计2个、其他项目6个。审计总金额2996万元，促进增收节支32.41万元，提出的建议和意见被采纳13条。

（撰稿人：胡乃元）

【梁平县审计局】 2014年，梁平县审计局人员编制31人，在编26人。局长涂善俊，党组书记程伟，副局长高保勇、刘坚，纪检组长廖忠文（8月—）。设有办公室、法制科、财政金融审计科、行政事业审计科、建设项目审计科、经济责任审计科、计算机应用审计科、审计中心。

审计成果 梁平县审计局完成审计项目88个，查出主要问题金额239470万元，其中违规金额75967万元、管理不规范金额163503；审计处理处罚金额204293万元，其中应上缴财政37230万元、应归还原渠道资金105704万元、应调账处理金额61357万元；审计发现非金额计量问题6个；审计促进整改落实有关问题金额88437万元，其中增收节支75997万元、已调账处理金额12439万元；审计后挽回（避免）损失4143万元。移送司法机关、纪检监察机关和有关部门处理事项5件。出具审计报告和专项审计调查报告88篇，被批示、采用52篇。提出审计建议109条，提交审计信息67篇，被批示、采用6篇。

财政审计 完成财政审计项目8个，审计查出主要问题金额150666万元，发现未按规定征收缴纳收入、违规改变项目计划和资金用途、虚列支出等问题。

行政事业审计 完成行政事业审计14个，审计查出主要问题金额7085万元，发现未按规定纳入预算管理、未按规定征收缴纳收入、虚列支出等问题。

固定资产投资审计 完成固定资产投资审计项目51个，审计项目投资额52249万元，审减金额4143万元。

经济责任审计 对9名党政主要领导干部开展任期经济责任审计，审计查出主要问题金额1281万元，发现会计核算不实、虚列支出等问题。

专项资金审计 完成2013年度城镇保障性安居工程跟踪审计，2010—2013年度退耕还林资金管理使用情况审计调查，梁平县2012—2013年度农村危旧房改造专项资金审计，2013年度学生资助资金使用、管理情况审计，2013年度残疾人保障资金征收、使用管理情况审计等专项资金审计项目，审计查处主要问题金额41343万元，其中未按规定征收缴纳预算管理2271万元、隐瞒转移截留资金283万元、违规改变项目计划和资金用途8223万元、资金滞留闲置476万元、资金不到位不落实13742万元、未按进度支付工程款14764万元。

内部审计 全县各部门、各企事业单位设内部审计机构23个，其中专职机构7个；配备内部审计人员88人，其中专职审计人员13人。2014年，全县各级内部审计机构共完成审计项目125个，提出的建议和意见被采纳181条。

（撰稿人：蒋德平）

【城口县审计局】 2014年，城口县审计局人员编制22人，在编22人。局长王克云，副局长田忠培（—6月）、汪元媛、袁其飞，纪检组长熊学东。设有办公室、法制监督科、财政审计科、经济责任审计科、固定资产投资审计科、审计中心。

审计成果 城口县审计局完成审计项目52个，查出主要问题金额240100万元，其中违规金额949万元、损失浪费金额40万元、管理不规范金额239111万元；损益（收支）不实金额101万元；审计处理处罚金额9406万元，其中应上缴财政108万元、应归还原渠道资金6680万元、应缴纳其他资金28万元、应调账处理金额2589万元；审计发现非金额计量问题93个；审计促进整改落实有关问题金额840万元，其中增收节支4480万元、已调账处理金额474万元。移送司法机关、纪检监察机关和有关部门处理事项2件。出具审计报告和专项审计调查报告52篇，被批示、采用3篇。提出审计建议166条，提交审计信息20篇，被批示、采用6篇。

财政审计 以持续关注政府预算公开和细化、存量资金盘活等问题为重点，开展县本级预算执行审计，并对15个部门和乡镇的预决算进行审计，查出主要问题金额215441万元。通过审计，促使部分单位在审计期间及时上缴应缴未缴财政专户282万元，对1个部门的偷逃税问题及时向税务部门进行移送，税务机关已按相关法规进行处理。

经济责任审计 完成3个县属部门和3个乡镇共9个党政领导和部门负责人的经济责任审计，查出问题金额3495万元。对1个部门负责人审计中存在的“小金库”、乱收费等行为，移交到纪委立案处理，纪委已对该负责人进行问责，并给予党内严重警告处分，收缴“小金库”余款13.57万元。

固定资产投资审计 实施审计项目29个，送审金额36530万元，审减2164万元，审减率5.9%。制定《城口县审计局政府投资项目管理办法》和《建设项目审计取证重点内容》，规范社会审计质量管理，完善管理制度，规避审计风险。

专项资金审计 围绕服务民生、保障民生、改善民生这一主题，城口县共实施退耕还林、小微企业、基础教育经费、保障性住房等6个专项资金审计项目，审计金额55298万元，查出挤占挪用专项资金、违规收取费用等主要问题金额16468万元，提出完善制度、规范流程、强化管理的审计建议，得到项目主管部门的采纳，提高资金的使用效益。

内部审计 全县各部门、各企事业单位设内部审计机构2个，配备内部审计人员4人。12月26日，城口县正式出台《城口县人民政府办公室关于进一步加强内部审计工作的通知》，从充分认识内部审计工作的重要性，加快内部审计制度建设，明确内部审计工作任务、重点、方式和加强内部审计工作的领导等四个方面做出规定。

（撰稿人：冉　茂）

【丰都县审计局】 2014年，丰都县审计局人员编制39人，在编34人。局长秦宗成，副局长吴小平、熊伟，纪检组长陈丽莉。设有办公室、综合法制科、财政金融审计科、行政事业审计科、企业审计科、经济责任审计科、固定资产投资审计科、移民资金审计科、丰都县审计中心、丰都县固定资产投资审计中心。

审计成果 丰都县审计局完成审计项目233个，查出主要问题金额609178万元，其中违规金额99272万元、管理不规范金额509906万元；损益（收支）不实金额18833万元；审计处理处罚金额65081万元，其中应上缴财政37098万元、应减少财政拨款或补贴16万元、应归还原渠道资金14238万元、应调账处理金额13729万元；审计发现非金额计量问题42个；审计促进整改落实有关问题金额65081万元，其中增收节支51352万元、已调账处理金额13729万元；审计后挽回（避免）损失7422万元。移送司法机关、纪检监察机关和有关部门处理事项5件。出具审计报告和专项审计调查报告233篇，被批示、采用8篇。提出审计建议161条，提交审计信息109篇，被批示、采用107篇。向社会公告审计结果1篇。

财政审计 完成财政审计项目32个，查出主要问题金额211087万元。在完成市审计局统一组织的审计（调查）项目的同时，安排13人全力参加审计署统一组织的土地出让收支和耕地保护情况审计，实施稳增长促改革调结构惠民生政策措施情况的跟踪审计，促进国家重大决策部署落实。

经济责任审计 完成全县18名镇乡街、部门党政主要领导及19名国有企业主要领导经济责任审计，查出违规金额13752万元、管理不规范金额3872万元，促进领导干部主动作为、有效作为，切实履职尽责水平。

固定资产投资审计 完成114个固定资产投资建设项目审计，送审金额70400万元，审减工程款6160万元，综合审减率8.75%。

企业审计 完成56家国有企业资产、负债、损益真实性的审计，发现被审计单位存在违规经营、资产闲置、违规使用财政资金、财务收支核算不实等问题，查出主要问题金额172746万元，推动企业可持续发展。

专项资金审计 完成专项审计（调查）项目19个，其中重庆市审计局统一组织审计（调查）项目4个，丰都县审计局自定审计（调查）项目15个，审计专项资金总额296263万元，查出主要问题金额219163万元。

内部审计 全县各部门、各企事业单位设内部审计机构37个，其中专职机构11个；配备内部审计人员63人，其中专职审计人员19人。2014年，全县各级内部审计机构共完成审计项目55个，提出的建议和意见被采纳50条。

（撰稿人：冉城莉　李　勤）

【垫江县审计局】 2014年，垫江县审计局人员编制36人，在编34人。局长曾庆超，副局长朱华章、周兴福、白云，纪检组长罗志陶（—9月）。设有办公室、法制科、财政金融审计科、行政事业审计科、固定资产投资审计科、经贸审计科、经济责任审计科，下属垫江县审计中心。

审计成果 垫江县审计局完成审计项目43个，查出主要问题金额299493万元，其中违规金额81624万元、管理不规范金额217869万元；审计处理处罚金额84400万元，其中应上缴财政79368万元、应归还原渠道资金4992万元、应调账处理金额39万元。移送司法机关、纪检监察机关和有关部门处理事项2件。提交审计工作报告和专项审计调查报告43篇。提出审计建议166条，提交审计信息68篇，被批示、采用50篇。

财政审计 完成2013年度县本级预算执行及其他财政财务收支审计、垫江县地方税务局2013年度预算执行审计和县林业局、商务局等5个部门财政预算执行审计。

固定资产投资审计 按照《重庆市国家建设项目审计办法》和《垫江县政府投资项目审计办法》的要求，完成检察院技侦用房A栋楼装饰工程竣工决算、沙坪镇市政改造建设项目一期工程竣工决算、太平镇公共卫生管理中心综合楼工程竣工决算等28个基本建设项目审计，查出的在资金和项目建设管理上存在的问题引起县政府领导、主管部门和业主单位的高度重视。

经济责任审计 完成县规划局局长、县安监局局长、垫江县第一职业中学校校长等5个单位6名领导干部的经济责任审计。对乡镇党委书记、镇长任期内的经济社会发展业绩进行科学评价，对经济责任进行合理的界定。

专项资金审计 配合审计署做好土地出让收支和耕地保护情况审计，开展市局统一组织的稳增长促改革调结构惠民生防风险政策落实审计调查，开展垫江县2013年度农业综合开发资金、太平牡丹分株繁殖技术示范推广项目资金等审计项目，审计专项资金总额101631万元。

内部审计 全县各部门、各企事业单位设内部审计机构15个，其中专职机构8个；配备内部审计人员21人，其中专职人员15人。全县各级内部审计机构共完成审计项目197个，审计资金总额25995万元。

（撰稿人：李一奎）

【武隆县审计局】 2014年，武隆县审计局人员编制26人，在编22人。局长龚文，副局长刘太友（1月—）、谭建梅、谢成甫（5月—），纪检组长苏永国，副调研员谭明波。设有办公室、政策法规科、财政金融审计科、行政事业和社会保障审计科、农业和资源环保审计科、经济责任审计和内部审计管理科、固定资产投资和外资审计科、审计中心。

审计成果 武隆县审计局完成审计项目41个，查出主要问题金额108175万元，其中违规金额25162万元、管理不规范金额83013万元；损益（收支）不实金额20243万元；审计处理处罚金额26262万元，其中应上缴财政8425万元、应减少财政拨款或补贴1472万元、应归还原渠道资金16058万元、应缴纳其他资金246万元、应调账处理金额61万元；审计发现非金额计量问题139个；审计促进整改落实有关问题金额13169万元，其中增收节支13169万元；审计后挽回（避免）损失1451万元。移送有关部门处理事项4件。出具审计报告和专项审计调查报告41篇，被批示18篇。提出审计建议167条，被采纳149条。提交审计信息32篇，被采用13篇。

财政审计 关注重点部门财政资金的使用情况，对县公安局、仙女山旅游度假区管理委员会等7个单位开展预算执行情况审计，查出问题金额33008万元。

经济责任审计 完成5个乡镇、7个政府工作部门、1个事业单位、9个国有企业共22个单位36名主要领导干部的经济责任审计，查出违规金额21586万元、管理不规范金额36084万元。

固定资产投资审计 加大对全县城乡基础建设工程、旅游基础设施建设工程等重点建设项目的审计，全年完成9个基本建设项目竣工决算审计，审计投资额23074万元，核减工程投资金额1784万元。

专项资金审计 关注惠民政策和惠民资金的落实情况，开展农村危旧房改造专项资金审计调查等专项审计调查项目3个，查出问题金额25124万元，对截留、挪用、滞留专项资金等现象进行纠正，切实维护人民群众的根本利益。

内部审计　全县各部门、各企事业单位设内部审计机构 42 个，其中专职机构 8 个；配备内部审计人员 70 人，其中专职审计人员 15 人。2014 年，全县各级内部审计机构共完成审计项目 70 个，审计资金 9679 万元，促进增收节支 101 万元，提出的建议和意见被采纳 27 条。

（撰稿人：苏永胜）

【忠县审计局】　2014 年，忠县审计局人员编制 29 人，在编 28 人。局长成耕耘，副局长肖晓明、沈仁平，纪检组长王洪春。设有办公室、综合法规科、经济责任审计科、财政金融审计科、外资移民投资审计科、行政事业审计科，下设政府投资审计中心、经济责任审计中心。

审计成果　忠县审计局完成审计项目 110 个，查出主要问题金额 513391 万元，其中违规金额 82002 万元、损失浪费金额 262 万元、管理不规范金额 431126 万元；损益（收支）不实金额 2226 万元；审计处理处罚金额 128884 万元，其中应上缴财政 7417 万元、应减少财政拨款或补贴 562 万元、应归还原渠道资金 105007 万元、应调账处理金额 15197 万元；审计发现非金额计量问题 279 个；审计促进整改落实有关问题金额 123628 万元，其中增收节支 107457 万元、已调账处理金额 15675 万元；审计促进拨付资金到位 9148 万元；审计后挽回（避免）损失 13062 万元。移送司法机关、纪检监察机关和有关部门处理事项 3 件。出具审计报告和专项审计调查报告 110 篇，被批示、采用 52 篇。提出审计建议 304 条，提交审计信息 100 篇，被批示、采用 64 篇。

财政审计　对县本级、税收征管及县农委、供销社等单位预算执行情况开展审计，对金鸡镇开展决算审计。完成稳增长促改革调结构惠民生政策措施落实情况跟踪审计，以及“三公”经费的审计，重点关注行政运行成本和管理绩效，监督检查中央八项规定等的贯彻落实情况。审计查出 19 类问题，查出主要问题金额 396751 万元。

经济责任审计　编制 4 年轮审规划，坚持离任必审，重点开展任中审计，探索开展任前审计。2 月召开经济责任联席会，3 月召开年度审计对象集体见面会。完成县委组织部委托的 25 个经济责任审计项目，指导完成县人力资源和社会保障局委托 13 个事业单位负责人经济责任交叉审计。查出违规金额 23437 万元，管理不规范金额 6947 万元，增收节支金额 230 万元。

固定资产投资审计　实现政府投资审计全覆盖，实施竣工决（结）算投资审计项目 215 个，送审投资额合计 108372 万元，审减金额 10930 万元。将审计监督关口前移，提前介入项目合同条款约定及合同签订、现场和资金管理等关键环节。对县人民医院迁扩建、沿江综合整治、三国实景演出等 34 个重点项目开展跟踪审计，减少损失 7056 万元。

企业审计　根据县政府主要领导交办和年度项目计划，对忠县 4 个国有企业资产负债情况和损益情况进行全面审计。审计揭示忠县投融资公司资产质量不高、现金流量短缺、偿债能力不足以及在管理、核算和内部控制等方面存在的问题，提出整改建议，企业认真研究整改，取得良好效果。

专项资金审计　完成市审计局统一组织的审计项目，完成全县 2013 年度基础教育经费、农业综合开发、农村危旧房改造专项资金等项目的审计及审计调查。高度关注发生在群众身边的违法违纪问题，及时纠正侵害群众利益问题，在遏制违纪行为、促进增收节支的同时，提出加强专项资金管理的建议，被县政府领导批示。

内部审计　全县各部门、各企事业单位设内部审计机构 99 个，其中专职机构 21 个；配备内部审计人员 246 人，其中专职审计人员 45 人。2014 年，全县各级内部审计机构共完成审计项目 282 个，促进增收节支 1430 万元，提出的建议和意见被采纳 133 条，移送纪检监察机关和有关主管部门建议给予党纪政纪处分 13 人。

（撰稿人：张　瑶）

【开县审计局】　2014 年，开县审计局人员编制 34 人，在编 28 人。局长宋定学，副局长林应才、姜平、王忠芬，审计中心主任王学武。设有党政办公室、法规科、财政金融审计科、行政事业审计科、固定资产投资审计科、经济责任审计科、社保资金审计科、内部审计管理科、审计中心。

审计成果　开县审计局完成审计项目 72 个，

查出主要问题金额367703万元，其中违规金额62590万元、损失浪费金额186万元、管理不规范金额304927万元；审计处理处罚金额62622万元，其中应上缴财政53166万元、减少财政拨款或补贴2267万元、应归还原渠道资金6574万元、应调账处理金额604万元；审计发现非金额计量问题29个；审计促进整改落实有关问题金额58474万元，其中增收节支57876万元、已调账处理金额589万元；审计促进拨付资金到位9万元；审计后挽回（避免）损失3343万元。移送主管部门处理事项19件。提交审计报告72篇，被批示、采用72篇（次）。提出审计建议事项302条，提交审计信息49篇，被批示、采用55篇（次）。获市级行业审计优秀项目2个，市级审计质量优良项目1个，重庆市审计局综合目标考核一等奖。

财政审计 审计预算执行单位15个，主要发现预算批复不规范、未按规定征收缴纳收入等问题，查出违规金额335677万元，提出审计意见和建议，拓展审计监督覆盖面。审计财政决算单位4个，发现未按规定征收缴纳财政收入、资金滞留、虚列支出等问题，查出违规金额1767万元。

行政事业审计 审计3个行政事业单位的财政、财务收支情况，发现未按规定纳入预算管理、隐瞒财政收入、违规收费、违规采购、财务核算不规范等问题，查出违规金额9815万元。

固定资产投资审计 完成43个基本建设项目审计，核减工程造价2360万元。加强对社会中介机构固定投资项目的再审计监督，促使财政资金的效益性和安全性不断提高。

经济责任审计 完成9个单位12名领导干部任期经济责任审计，查出违规金额5122万元、管理不规范金额9726万元。审计查出资产不实、管理不善、违规操作等问题。

专项资金审计 开展专项资金审计项目3个，审计专项资金总额206874万元，查出主要问题金额11813万元。

企业审计 开展国有企业资产负债损益审计项目1个，查出违规金额5380万元。

内部审计 全县各部门、各企事业单位设内部审计机构31个，其中专职机构4个；配备内部审计人员101人，其中专职审计人员13人。2014年，全县内审机构完成各类审计项目361个，审计总金额81209万元，促进增收节支531万元，提出建议意见被采纳633条。（撰稿人：廖益山）

【云阳县审计局】 2014年，云阳县审计局人员编制29人，在编26人。局长杨兵，副局长姜翠平、刘小文（—5月）、韩家骧（5月—）、陈明勇，纪检组长孙毅。设有办公室、财政金融审计科、行政事业审计科、农业外资审计科、经济责任审计科、固定资产投资与经贸审计科、审计中心。

审计成果 云阳县审计局完成审计项目55个，查出主要问题金额124830万元，其中违规金额1872万元、管理不规范金额122958万元；损益（收支）不实金额32万元；审计处理处罚金额16044万元，其中应上缴财政317万元、应减少财政拨款或补贴213万元、应归还原渠道资金4334万元、应调账处理金额8321万元；审计发现非金额计量问题107个；审计促进整改落实有关问题金额15995万元，其中增收节支7672万元、已调账处理金额109万元；审计促进拨付资金到位12504万元；审计后挽回（避免）损失70万元。移送司法机关、纪检监察机关和有关部门处理事项7件。出具审计报告和专项审计调查报告55篇。提出审计建议217条，提交审计信息55篇。

财政审计 坚持以预算执行审计为工作导向，以民生、项目审计为重点，以财政收支审计为主线，以促进规范管理和提高资金绩效为审计目标，不断深化财政审计。全年完成37个单位财政财务收支（决算）审计，查出主要问题金额14962万元。

经济责任审计 实行“统一领导、统一方案、统一步骤”的组织方式，完成16个项目，涉及3个部门、11个乡镇、1个学校、1个县政府派出机构的36名党政领导干部。审计查出违规金额26841.3万元。

固定资产投资审计 坚持政府投资项目必审机制，主要完成土地复垦结算审查项目10个，送审金额2352万元，核减投资70万元。

企业审计 注重对公司章程及内控制度的执行情况审计、廉政风险点审计、投融资项目建设程序及承发包项目管理实施情况审计。完成2个国有公司审计，查出主要问题金额1302万元。

专项资金审计 坚持专项资金审计注重项目资金监督与项目绩效监督并重，探索专项资金使用绩效审计。完成退耕还林资金等6个专项资金审计（调查）项目。审计专项资金总额271974万元，查出主要问题金额102887万元。

内部审计 全县各部门、各企事业单位设内部审计机构78个，其中专职机构25个；配备内部审计人员186人，其中专职审计人员57人。2014年，全县各级内部审计机构共完成审计项目375个，促进增收节支1545万元，提出的建议和意见被采纳1125条。（撰稿人：张 甜）

【奉节县审计局】 2014年，奉节县审计局人员编制30人，在编28人。局长刘廷权，副局长刘刚、周斌、肖斌，纪检组长杨建平。设有办公室、财政投资审计科、农业及城乡建设审计科、行政社保审计科、经济责任审计科、政策法规科、投资审计中心。

审计成果 奉节县审计局完成审计项目83个，查出主要问题金额868825万元，其中违规金额16811万元、损失浪费金额511万元、管理不规范金额851502万元；损益（收支）不实金额147655万元；审计处理处罚金额50134万元，其中应上缴财政13111万元、应减少财政拨款或补贴309万元、应归还原渠道资金12459万元；审计发现非金额计量问题52个；审计促进整改落实有关问题金额40124万元，其中增收节支19319万元、已调账处理金额20804万元；审计后挽回（避免）损失7159万元。移送司法机关、纪检监察机关和有关部门处理事项13件。出具审计报告和专项审计调查报告81篇，被批示、采用2篇。提出审计建议206条，提交审计信息2篇。

财政审计 审计单位9个，发现和纠正未按规定征收缴纳收入、虚列支出等20类问题，查出主要问题金额707206万元，提出加大专项资金监管力度、加强对历年积存财政往来账款进行分类清理等审计意见和建议，进一步加强预算管理，规范预算执行，促进财政平稳、健康、有序发展。

经济责任审计 完成对9名主要领导干部的经济责任审计，其中包括党政领导6人、政府工作部门领导3人。审计查出违规金额593万元、管理不规范金额1239万元。对审计中发现的工作经费挤占专项经费、部分乡镇专项资金以领作支现象突出、支付手续不够完善、“三公”费用开支不规范等问题，从完善体制机制入手，进行归纳汇报，得到县委、县政府主要领导的高度重视，并督促相关部门及时修订制度。

企业审计 对34个国有企业的经营情况进行审计。审计查出违规经营、资产质量不实等问题8个，查出主要问题金额140962万元。促进国有企业资金支出的经济效益和社会效益提高，对确保县域经济持续稳定健康的发展具有十分重要的意义。

行政事业审计 审计11个行政事业单位的财政、财务收支情况，发现未按规定征收缴纳收入、违规改变项目计划和资金用途、虚列支出等问题，查出主要问题金额3154万元。

固定资产投资审计 完成25个基本建设项目审计，核减工程款4242万元。在项目安排上，加大对当年投资建设项目资金使用情况的审计，确保后续资金使用的合理和高效，避免建设资金的损失和浪费。

专项资金审计 开展专项资金审计（调查）项目4个，审计专项资金总额174564万元，查出主要问题金额11856万元。

内部审计 全县各部门、各企事业单位设内部审计机构55个，其中专职机构10个；配备内部审计人员74人，其中专职审计人员10人。2014年，全县各级内部审计机构完成审计项目154个，其中财务收支审计128个，经济责任审计26个，提出的建议和意见被采纳366条，移送纪检监察机关和有关主管部门建议给予党纪政纪处分1人。（撰稿人：朱星光）

【巫山县审计局】 2014年，巫山县审计局人员编制28人，在编21人。局长熊跃权，党组书记兼纪检组长刘大伟，副局长谭艳、冯军。设有办公室、综合科、财政金融审计科、行政事业审计科、经济责任审计科（挂经贸审计科牌子）、固定资产投资审计科、经济责任和投资审计中心。

审计成果 巫山县审计局完成审计项目39个，查出主要问题金额40977万元，其中违规金额5109万元、管理不规范金额35638万元、损失浪费金额230万元；审计处理处罚金额6467万元，其中应上缴财政1261万元、应减少财政拨款或补贴1748万元、应归还原渠道资金3458万元；审计发现非金额计量问题86个；审计促进整改落实有关问题金额3507万元，其中增收节支3507万元；审计后挽回（避免）损失602万元。移送司法机关、纪检监察机关和有关部门处理事项10件。出具审计报告和专项审计调查报告39篇，被批示、采用30篇。提出审计建议112条，提交审计信息13篇，审计调研1篇，审计要情专报11篇，被县主要领导批示15次。在重庆市审计系统2014年度综合目标考核中获二等奖，县教委2013年度预算执行和其他财政收支审计被评为2014年度优良审计项目，2011—2012年度三峡后续工作专项资金审计调查和2013年基础教育经费审计调查被市审计局评为行业审计优秀项目。在巫山县委县政府年度综合考核中，获综合考核、党建工作考核、经济社会实绩考核三项先进集体。

财政审计 开展2013年度财政本级预算执行审计，揭示不符合条件的单位享受民营经济补助资金、多头享受财政补助资金、县财政局对2012年度金融考核奖支付不规范、新山公司收取的国有资产出租收入未及时上缴县财政等问题。开展6个部门预算执行审计、3个乡镇财政决算审计，揭示挤占挪用专项资金、未严格执行专项资金补助政策、工程建设管理不规范等问题，促进部门、乡镇规范财务收支行为，提高资金使用效益。在全国土地审计中，8人分别参与对万州区和忠县的审计，1人参加特派办跟踪审理，得到重庆市审计局的高度肯定。

经济责任审计 开展经济责任审计项目10个，揭示领导干部应负直接责任的问题金额56万元、负主管责任金额3647万元、负领导责任金额1053万元，没收违规购买的公车1辆。对乡镇领导干部和乡镇财政决算、部门领导干部和部门预算执行同步审计项目分别出具审计报告，出具经济责任审计结果报告，进一步规范报告格式。

固定资产投资审计 开展19个政府投资建设项目竣工结算或决算审计，揭示施工单位多计多报工程款，工程超概算、超合同价未履行申报审批程序，资金结算不规范，未履行基本建设程序等问题。项目送审投资额28443万元，核减投资额1745万元，平均审减率6.1%。

专项资金审计 完成三峡后续工作专项资金扶贫资金、特色效益农业专项资金、城镇保障性安居工程、农村危旧房改造专项资金、退耕还林资金、基础教育经费审计，开展稳增长促改革调结构惠民生政策措施落实情况跟踪审计，积极关注惠民资金的管理使用和惠民政策执行方面的情况，揭示水利工程项目进度滞后等问题，及时纠正侵害群众利益问题，促进专项资金规范管理，惠民政策落实，维护群众切身利益。

内部审计 全县各部门、各企事业单位设内部审计机构32个，其中专职机构2个；配备内部审计人员121人，其中专职审计人员15人。2014年，全县各级内部审计机构共完成审计项目150个，促进增收节支20万元，提出的建议和意见被采纳230条。（撰稿人：向天泉）

【巫溪县审计局】 2014年，巫溪县审计局人员编制26人，在编17人。局长冉立新，副局长许建川、谭清泉、童清沛。设有办公室、财政金融审计科、行政事业审计科、固定资产投资审计科、经济责任审计科、审计中心。

审计成果 巫溪县审计局完成审计项目47个，查出主要问题金额117682万元，其中违规金额45625万元、管理不规范金额72057万元；应上缴财政17357万元、应归还原渠道资金36041万元、应调账处理金额38660万元；审计发现非金额计量问题113个；审计促进整改落实有关问题金额86631万元，其中增收节支47073万元、已调账处理金额39557万元。移送司法机关、纪检监察机关和有关部门处理事项26件。提交审计报告和专项审计调查报告47篇，被批示4篇。提出审计建议187条，提交审计信息76篇，被采用30篇。

财政审计 完成2013年度县本级财政预算执行和其他财政收支情况审计、远大协调办财政财务收支审计，揭露收入未及时入库、少列预算收入12471万元，借出款项未及时收回6650万元等问题。

行政事业审计 完成城投公司财政财务收支审计，揭露违规发放补贴、应收未收土地综合价金等问题。

固定资产投资审计 完成固定资产投资审计项目24个，送审金额44876万元，审定金额40995万元，核减投资3880万元，移送地税部门追缴施工单位应缴未缴税款434万元。

经济责任审计 完成县环保局、县商务局、县文体广电新闻出版局等8个部门11名领导干部经济责任审计，其中任中审计11人，揭露挤占挪用专项资金、一般预算支出转暂存款、发票不合规和报销费用手续不完善等问题，划分责任，责成被审计对象整改，对领导干部履行任期内经济责任进行客观评价。

专项资金审计 完成城镇保障性安居工程跟踪审计、重庆市2013年度基础教育经费专项资金、重庆市2010—2013年度退耕还林资金管理使用情况审计调查等12个专项资金审计项目，揭露费用支出要素不全、15所学校违规收费、套取退耕还林补助资金等问题。

内部审计 全县各部门、各企事业单位设内部审计机构5个，其中专职机构3个；配备内部审计人员41人，其中专职审计人员1人。2014年，全县各级内部审计机构共完成审计项目45个，提出的建议和意见被采纳66条，移送纪检监察机关和有关主管部门建议给予党纪政纪处分5人。

（撰稿人：廖泽伟）

【石柱土家族自治县审计局】 2014年，石柱土家族自治县审计局人员编制27人，在编24人。局党组书记、局长张平，副局长田晟（—12月）、向前，改非领导胥志雄。设有办公室、政策法规科、财政金融审计科、行政事业审计科、经贸基建外资审计科、经济责任审计科、审计中心、纪检组（监察室）。

审计成果 石柱土家族自治县审计局完成审计项目140个，查出主要问题金额110073万元，其中违规金额3812万元、损失浪费金额38万元、管理不规范金额106223万元；损益（收支）不实金额1365万元；审计处理处罚32876万元，其中应上缴财政318万元、应减少财政拨款或补贴1万元、应归还原渠道资金13425万元、应调账处理金额19051万元；审计发现非计量问题41个；审计促进整改落实有关问题金额32876万元，其中增收节支13729万元、已调账处理金额19051万元；审计促进拨付资金到位136万元；审计后挽回（避免）损失16168万元。移送司法机关、纪检监察部门和有关部门处理事项13件。出具审计报告和专项审计调查报告149篇，被批示、采用66篇。提出审计建议413条，提交信息264篇，被批示、采用125篇。向社会公告审计结果3篇。

财政审计 审计6个政府部门和4个县级部门的二级预算单位，查出主要问题金额72796万元，其中预算编报不真实不完整20432万元、违规变更调整预算1900万元、未按规定征收缴纳收入10670万元、未落实未按规定征收缴纳收入10670万元、违规改变项目计划和资金用途13181万元、扩大开支范围或提高开支标准列支746万元、违规办理结算或批复决算1132万元、未按进度支付工程款22618万元。

行政事业审计 审计行政事业单位13个，查出主要问题金额11425万元，其中违规改变项目计划和资金用途452万元、扩大开支范围或提高开支标准列支1409万元、违规采购891万元、违规办理结算或批复决算1270万元、未按进度支付工程款1449万元、违规收取费用1042万元、会计核算不实1341万元。

企业审计 对2家县级国有企业2013年资产负债损益进行审计，查出主要问题金额2021万元，其中违规经营14万元、违规使用资金39万元、财务收支核算不实金额1967万元。

经济责任审计 完成7个县级部门4个乡镇20名党政领导干部的任期经济责任审计，查出违规金额9626万元，其中违规金额828万元、损失浪费金额1万元 、管理不规范金额8796万元。

专项资金审计 对全县基本医疗保险基金筹集管理、保障性住房建设情况、基础教育经费、退耕还林资金管理和农村危旧房改造专项资金使用情况进行审计调查或跟踪审计，审计专项资金总额20913万元，查出主要问题金额7366万元，其中隐瞒转移截留资金136万元、违规改变项目计划和资金用途199万元、资金滞留闲置2430万元、违规采购4157万元、违规办理结算或批复决算201万元。

固定资产投资审计 全年共对111个项目工程96499万元的投资额进行审计，核减工程造价

15236万元，审减率达16%。

内部审计 全县各部门、各企事业单位设内部审计机构87个，其中专职机构2个；配备内部审计人员346人，其中专职审计人员2人。完成审计项目124个，其中财务收支审计76个、效益审计5个、经济责任审计4个、基本建设审计39个。审计资金总额70935.26万元，增收节支209.7万元，提出的建议和意见被采纳81条。

（撰稿人：龙文德）

【秀山土家族苗族自治县审计局】 2014年，秀山土家族苗族自治县审计局人员编制25人，在编24人。局长雷天军，副局长余秀祥、刘军、张玉芬，纪检组长杨诚。设有办公室、法规科、行政事业审计科、财政金融审计科、经贸外资审计科、经济责任审计科、固定资产投资审计科、审计中心、固定资产投资审计中心。

审计成果 秀山土家族苗族自治县审计局完成审计（调查）项目58个，查出违规金额81286万元、损失浪费金额723万元、管理不规范金额50135万元、归还原渠道资金48324万元、应上缴财政34153万元，已全额入库。向纪检监察机关移送处理事项2件。针对审计发现的问题，提出审计建议156条。提交审计专题报告、综合性报告和信息85篇，被批示采用44篇。保持市级“文明单位”和“市级卫生单位”称号。

财政审计 审计单位5个，查出主要问题金额92633万元；针对存在的问题提出审计意见和建议18条。向县人大常委会做审计工作报告，推动财政体制改革不断深化，提升财政预算管理水平。

行政事业审计 审计7个行政事业单位的财政、财务收支情况，审计发现挪用专项资金、业务招待费突破规定限额、财务核算不规范等问题，查出主要问题金额1095万元。

固定资产投资审计 完成基本建设项目审计40个，审计政府投资121736万元，核减工程价款3253万元，对促进政府投资项目规范管理，保证建设资金的安全、合理、有效使用发挥积极作用。

经济责任审计 完成对6名主要领导干部任期经济责任审计，审计查出主要问题金额688万元，违规金额76万元。通过审计，强化对领导干部执行财经纪律的监督，促进党风廉政建设，为干部监督管理部门提供考核、评价、监督和使用干部的参考依据。

专项资金审计 开展专项资金审计项目5个，查出挤占挪用、损失浪费等问题，提出强化资金管理、提高资金使用效益等审计建议，确保各项惠民政策的落实，切实维护人民群众的利益。

审计调查 开展审计调查项目5个，及时反映情况，针对存在的问题分析原因，提出有针对性的审计建议16条，引起县委、县政府领导高度重视，为县委、县政府决策提供翔实可靠的依据。

内部审计 全县各部门、各单位设有内部审计机构40个，其中专职机构5个；配备内部审计人员52人，其中专职审计人员7人。2014年，内部审计机构共审计单位58个，提出加强管理的建议和意见141条，内审工作越来越受到部门领导的重视。

（撰稿人：侯少宏）

【酉阳土家族苗族自治县审计局】 2014年，酉阳土家族苗族自治县审计局人员编制32人，在编29人。局长张鹰，党组书记田维君，副局长杨再萍，纪检组长梁胜举。设有办公室、经济责任审计科、财政金融审计科、行政事业审计科、法规科、投资审计科、审计中心。

审计成果 酉阳土家族苗族自治县审计局完成审计项目47个，查出主要问题金额324773万元，其中违规金额673万元、管理不规范金额324100万元；审计处理处罚金额56810万元，其中应上缴财政1311万元、应减少财政拨款或补贴56万元、应归还原渠道资金2206万元、应调账处理金额53237万元；审计发现非金额计量问题19个；审计促进整改落实有关问题金额56515万元，其中增收节支3277万元、已调账处理金额53237万元；审计促进拨付资金到位27496万元；审计后挽回（避免）损失4921万元。出具审计报告和专项审计调查报告47篇。提出审计建议250条，提交审计信息157篇，被批示、采用3篇。

财政审计 对酉阳县2013财政预算执行和其他财政收支情况进行全面审计，延伸审计县地税局、县卫生局、县教委、县文广新局、县环保局等5个单位的预算执行情况。重点围绕预算安排、预算执行、有关财政政策的制定、预算编制批复及变动和收入支出预算执行以及其他财政收支等情况进行审计，查出违规金额673万元、管理不规范金额296717万元。

经济责任审计 把加强经济责任审计作为规范领导干部从政行为、强化对权力的监督制约、预防和惩治腐败的重要手段，按照县委的安排部署和县委组织部的委托，开展对人口与计划生育委员会原主任等9名党政领导干部的离任经济责任审计。

固定资产投资审计 把政府投资项目作为审计重点之一，继续加大监督力度，共实施84个重点项目的投资审计，已出具审计报告35个。出具审计报告的项目送审投资总额56060万元，审减投资3835万元，综合审减率6.8%。同时积极探索建设项目跟踪审计，对重大建设项目及时跟进，对建设重点环节、重要事项进行同步监督，做到及时堵塞管理漏洞，规范建设行为，推动工程建设顺利进行。

专项资金审计 主要开展2013年城镇保障性安居工程、2012—2013年度农村危旧房改造专项资金、2010—2012年度微型企业发展工作情况、2013年基础教育经费等4个项目的专项审计和审计调查。审计查出主要问题金额19577万元，其中改变资金用途1068万元、滞留闲置资金13410万元、配套资金不到位3950万元、其他资金1149万元，从管理体制、运行机制、政策措施等方面提出建立健全长效管理机制的各种建议，有效地促进各项政策的落实。在审计署组织的全国性土地出让收支及耕地保护专项资金审计中，抽派10名业务骨干分别到南川区、黔江区和忠县参与审计。

内部审计 全县各部门、各企事业单位设内部审计机构6个，其中专职机构6个；配备内部审计人员16人，其中专职审计人员16人。2014年，全县各级内部审计机构完成审计项目47个，促进增收节支3277万元，提出的建议和意见被采纳250条。 （撰稿人：何双庆）

【彭水苗族土家族自治县审计局】 2014年，彭水苗族土家族自治县审计局人员编制25人，在编19人。局长张和奎，副局长丁慧（—12月）、廖建华，纪检组长陈敬容。设有办公室、财政金融审计科、行政事业审计科、固定资产投资审计科、经济责任审计科、政策法规科。

审计成果 彭水苗族土家族自治县审计局完成审计项目88个，查出主要问题金额312768万元，其中违规金额109877万元、损失浪费金额1690万元、管理不规范金额632099万元；损益（收支）不实金额39363万元；审计处理处罚金额85959万元，其中应上缴财政20944万元、应归还原渠道资金41321万元、应调账处理金额8469万元；审计促进整改落实有关问题金额56267万元，其中增收节支47800万元、已调账处理金额8467万元；审计促进拨付资金到位4168万元；审计后挽回（避免）损失25177万元。移送司法机关、纪检监察机关和有关部门处理事项51件。出具审计报告和专项审计调查报告88篇，被批示、采用79篇。提出审计建议209条，提交审计信息82篇，被批示、采用63篇。

财政审计 开展预算执行审计6个，决算审计2个。对县财政局、县发改委、县地税局2013年度本级预算执行情况，县公安局、县农委、县林业局预算执行情况开展审计。对普子镇、走马乡人民政府等2个乡镇的财政决算情况进行审计。

经济责任审计 受县委组织部委托，对全县8个单位的13名主要领导干部开展经济责任审计，查出主要问题金额226059万元，其中违规金额1886万元、损失浪费金额1461万元、管理不规范金额222711万元，移送处理事项6件。针对审计查出的问题，依法做出审计处理，实行审计整改情况反馈制、审计决定落实跟踪检查制，确保审计成果落到实处。

固定资产投资审计 积极探索“双审制”方式方法，提高审计成效，降低投资审计风险。完成投资审计项目38个，送审计总额超18亿元，审减工程结算价款1.97亿元，审减率为10.78%，审计工作量及审计成果均创历史新高。

企业审计 对全县41个县属国有企业的资产、负债、损益情况进行审计（或调查），审计查出主要问题金额510191万元。审计结果为企业改革、企业重组以及财务报表合并及资产划转等方面提供真实可靠的依据。

专项资金审计 对7个行政事业单位开展专

项审计，对9个专项资金项目开展审计（或调查），审计查出问题金额19.69亿元。本次审计，进一步揭露财政资金收支管用中存在的突出问题，对审计中存在的问题，提出整改建议。

内部审计 全县各部门、各企事业单位设内部审计机构6个，其中独立办公1个，合署办公3个，履行职能2个；配备专职人员7人，兼职人员18人。全县各级内部审计机构共完成审计项目179个，审计总金额达42393万元，增收节支2284万元，提出审计建议38条。

（撰稿人：夏　红）

2014年重庆市本级及所辖区、县级审计工作统计表

金额单位：万元

审计机关	完成审计项目（个）	审计查出主要问题金额	审计处理情况					出具审计报告和审计调查报告（篇）	提出审计建议（条）	提交审计信息（篇）
			审计处理处罚				移送处理事项（件）			
			应上缴财政	应减少财政拨款或补贴	应归还原渠道资金	应调账处理金额				
重庆市本级	86	14790624	289464	161	207594	328305	38	149	369	32
渝中区审计局	87	278749	94	981	1265	13698	3	86	39	25
万州区审计局	72	538493	248846	1336	2769	30012	34	72	168	112
涪陵区审计局	67	166455	10671	17895	11163	17172	10	67	298	152
大渡口区审计局	29	309960	27	21661	354	1383	6	29	94	66
江北区审计局	82	3452541	1458		9966	813907	1	3	167	74
沙坪坝区审计局	30	152858		20767	32	132057	10	27	109	47
九龙坡区审计局	106	106978	21735	17212	3637	41144	11	106	254	184
南岸区审计局	44	227474	32842	2880	1981		1	42	161	28
北碚区审计局	74	537602	5095		5645	951	6	74	199	54
綦江区审计局	211	22000	17977		1299	163394	19	211	216	97
大足区审计局	107	51782	910		5372	20701	4	107	197	6
渝北区审计局	355	38585	13024	19468	1102	26427	3	355	658	44
巴南区审计局	82	336229	712		107272	59442	6	82	234	53
黔江区审计局	66	486434	19648		338	12008	8	47	166	34
长寿区审计局	120	455500	883	3709	2347	94577	3	120	179	39
江津区审计局	108	358565	157638	15282	790	6793	3	108	315	45
合川区审计局	117	440660	59459		41	13212	26	119	144	140
永川区审计局	94	177789	35111		41772	13947	14	94	615	54
南川区审计局	108	120201	4893	3526	9015	18521	4	108	228	55
璧山区审计局	180	924049	10210	85	42	11788	8	180	221	180
铜梁区审计局	134	372279	550		1843	3761		134	246	51

续表

审计机关	完成审计项目（个）	审计查出主要问题金额	审计处理情况					出具审计报告和审计调查报告（篇）	提出审计建议（条）	提交审计信息（篇）
			审计处理处罚				移送处理事项（件）			
			应上缴财政	应减少财政拨款或补贴	应归还原渠道资金	应调账处理金额				
万盛经开区审计局	33	8268	122			5	2	33	74	30
潼南县审计局	64	416535	78231		215262	31541	1	64	174	48
荣昌县审计局	45	23716	9242		118	7823	9	45	106	76
梁平县审计局	88	239470	37230		105704	61357	5	88	109	67
城口县审计局	52	240100	108		6680	2589	2	52	166	20
丰都县审计局	233	609178	37098	16	14238	13729	5	233	161	109
垫江县审计局	43	299493	79368		4992	39	2	43	166	68
武隆县审计局	41	108175	8425	1472	16058	61	4	41	167	32
忠县审计局	110	513391	7417	562	105007	15197	3	110	304	100
开县审计局	72	367703	53166	2267	6574	604	19	72	302	49
云阳县审计局	55	124830	317	213	4334	8321	7	55	217	55
奉节县审计局	83	868825	13111	309	12459	24253	13	81	206	2
巫山县审计局	39	40977	1261	1748	3458		10	39	112	13
巫溪县审计局	47	117682	17357		36041	38660	26	47	187	76
石柱土家族自治县审计局	140	110073	318	1	13425	19051	13	149	413	264
秀山土家族苗族自治县审计局	58	132145	34153		48324	22953	2	58	156	27
酉阳土家族苗族自治县审计局	47	324773	1311	56	2206	53237		47	250	157
彭水苗族土家族自治县审计局	88	312768	20944	15224	41321	8469	51	88	209	82

四川省

【四川省审计厅】 2014 年，四川省审计厅人员编制 245 人，在编 211 人。设有办公室、法规处、内部审计监督指导处（审计执行督查处）、财政审计一处、财政审计二处、行政事业审计处、农业与资源环保审计处、固定资产投资审计处、金融审计处、企业审计处、社会保障审计处、外资运用审计处、人事处、离退休人员工作处 14 个内设机构，并按省委有关规定，设有机关党办、驻厅纪检监察室，下设经济责任审计分局、四川省审计科研所、机关服务中心（审计干部培训中心）、计算机技术中心、四川省审计厅政府投资审计中心（挂靠四川省审计科研所）。

领导成员

厅　　长：黄　河

副 厅 长：杨书军　蔡文强　唐　萍
　　　　　陶志伟　廖代永

总审计师：王克怀

纪检组长：曹晓雪

机关党委书记：陈代勇

审计成果 四川省审计机关共完成审计项目

9491个，查出主要问题金额29268955万元，其中违规金额2103614万元、损失浪费金额20912万元、管理不规范金额27144427万元；损益（收支）不实金额1670035万元；审计处理处罚金额5923526万元，其中应上缴财政1222146万元、应减少财政拨款或补贴445651万元、应归还原渠道资金1348636万元、应调账处理金额2264100万元；审计发现非金额计量问题4165个；审计促进整改落实有关问题金额4814278万元，其中增收节支2414833万元、已调账处理金额1832959万元；审计促进拨付资金到位14374万元；审计后挽回（避免）损失1001811万元。移送司法机关、纪检监察机关和有关部门处理事项244件。出具审计报告和专项审计调查报告9793篇，被批示、采用302篇。提出审计建议20646条，提交审计信息5061篇，被批示、采用2596篇。向社会公告审计结果879篇。四川省审计厅全年共审计83个单位，审计领导干部15人，移送违法违纪案件线索31件，向党委、政府提交审计专题和综合报告21篇，审计处理后收缴财政32.46亿元，核减政府项目投资（结算）额861万元，推动建立健全制度7项。

稳增长等政策措施落实情况跟踪审计 按照审计署和省政府的工作部署，组织全省各市（州）、县（市、区）政府围绕稳增长促改革调结构惠民生防风险等政策措施落实情况开展自查清理，在此基础上，省、市（州）、县（市、区）三级审计机关对19个市（州）进行跟踪审计。坚持以项目落地、资金保障、简政放权、措施落实为抓手，针对审计发现的问题从机制制度层面分析原因、提出建议、促进整改，推动中央和省委、省政府重大决策部署落地见效。完成的对10个市级政府管理产业园区的审计，充分揭示园区经济发展中政策落实不到位、经济运行质量不高、管理不规范等问题，引起省委、省政府主要领导高度重视，省级相关部门完善一系列制度办法，相关部门已处理责任人35人（其中县处级干部9人）。

全国土地出让收支和耕地保护情况审计 按照审计署的统一安排部署，全省审计机关千方百计克服人手少、任务重等各种困难，抽调政治素质好、业务能力强的业务骨干1230人参与土地审计。省审计厅除按要求参与由成都特派办牵头的协调办以外，专门成立由厅主要领导任组长、三位分管厅领导任副组长的协调小组，主动加强与成都特派办的衔接协调，组织各相关市（州）、县（市、区）审计机关搞好协调配合工作，加强抽调人员管理和审计纪律执行情况的督促检查，协助解决审计过程中的重大事项，保障四川土地审计的圆满完成。

财政审计 对财政厅、省地税局和7个省级部门进行重点审计，围绕政府部门购买社会服务、简政放权及行政收费、“三公”经费管理使用情况等7项重点资金进行审计调查，切实发挥促进改革深化和作风转变的积极作用。组织104个省级部门开展审计自查，同步实现对省一级预算单位的审计全覆盖。结合同级预算执行审计，组织21个市（州）和183个县（市、区）审计机关开展财政存量资金专项审计调查，促进盘活存量资金。税收征管审计中首次运用联网审计方式，对信息系统的海量数据进行分析、核查，揭示部分企业税收征管不及时、不严格，劳务公司违规开票、导致税收流失等问题。特别是劳务公司虚假开具发票问题引起省政府高度重视，责成公安厅、省地税局等部门开展为期5个月的全省发票专项整治。审计移送的6家劳务公司被立案侦查，数名涉案人员被公安机关控制，9人被采取强制措施，预算执行审计范围和深度均得到有效拓展。

金融审计 对全省12个市（州）和扩权试点县农村信用社的2013年涉农贷款、乐山商业银行2013年度资产负债损益等项目进行审计，共查出违规金额1115.92亿元。督促省农村信用社联合社进一步完善法人治理机制，强化内部监督体制，促使省农村信用社联合社更好地履行服务于全省农村信用社的法定职能；完成农村信用社联网审计分析平台建设，为实施“集中分析，发现疑点，分散核实，重点追踪”的联网审计奠定技术基础。

行政事业审计 完成审计（调查）项目31个，查处违纪违规金额1亿多元，已整改金额7700余万元。行政事业审计处在藏传佛教寺庙财务监督工作中成效显著，被省委藏区工作领导小组评为省寺庙群众工作先进集体，1人被评为寺庙群众工作先进个人。

农业与资源环保审计 对15个国定和17个省定贫困县财政专项扶贫资金进行专项审计，重点关注中央和地方财政安排的财政扶贫资金、以工代赈资金以及其他财政性扶贫资金管理使用和绩效情况，切实推动扶贫政策贯彻落实、重点民生项目顺利实施。对11个市、45个县的整顿关闭煤矿补助奖励资金和环境保护资金进行省、市(州)、县(市、区)三级联动的专项调查，保障省委、省政府整顿关闭煤矿工作的有序推进，为推动淘汰落后产能、改善生态环境发挥积极作用。

固定资产投资审计 整合省审计厅及相关市(州)、县(市、区)审计力量，抓好对芦山地震灾后恢复重建项目资金的审计监督，促进重建规划和政策措施贯彻执行，保障灾后恢复重建资金规范管理和项目建设顺利进行。积极推动《四川省政府投资建设项目审计条例》出台，进一步强化对政府投资建设项目的审计监督，在督促建设单位全面履行政府投资监管主体责任的同时，全省核减固定资产投资额48.37亿元。

社会保障审计 对省本级城镇医保基金、德阳市保障性住房建设进行审计调查，审计发现，省本级医保基金1178.87万元未作基金收入反映、扩大范围使用医疗保险基金1372.73万元、部分单位欠缴医保基金1844.07万元等问题；德阳市将已经竣工的搬迁房1944套抵顶2014年棚户区改造开工任务、棚户区改造贷款资金27207万元闲置、未严格执行棚户区改造税收优惠政策等问题。

企业审计 完成对攀枝花、乐山等5市2013年省级预算执行中涉及整顿关闭煤矿补助(奖励)专项资金的审计调查、对新津县支持民营经济政策落实情况进行审计调查；完成对国有企业薪酬执行情况的检查等相关工作，向审计署报送重要案件线索2件。

外资运用审计 完成审计署授权的国外贷援款公证审计项目13个，审计发现并披露违反国家法规或贷款协定、项目管理等问题，涉及问题金额1.24亿元。基本完成港澳援助汶川地震灾后恢复重建项目竣工决算审计，截至2014年底，累计完成审计项目290个，审减投资14.05亿元。各级审计部门对审计发现的项目资金管理、工程建设管理和财务管理方面的问题依法处理，对严重违法违规和涉嫌犯罪线索依法移送处理。

经济责任审计 进一步扩大和深化经济责任审计，加强与省经济责任审计联席会议成员单位沟通研究，坚持把经济责任审计与财政、金融、企业、资源环境等专项审计相结合，积极推进党政主要领导干部同步审计，全省共审计领导干部1012人，审计查出主要问题金额共计34.03亿元，分别依法对违法违规问题和责任人进行处理，促进各级领导干部理好财、用好权、尽好责。

信息化建设 把审计信息化作为全面提升审计效率和能力的重要抓手，着力加强现代技术运用与传统审计方法的结合。制订省级单位联网审计推进方案，不断总结和深化联网审计试点，在大数据分析、重大疑点筛查等方面取得一批应用成果，形成示范和带动效应。不少市县审计机关也在强化基础、培养骨干、扩大运用等方面狠下功夫，全省审计信息化建设取得新的进展。

机关建设 持续深化作风建设，以巩固第一批群众路线教育实践活动成果为抓手，以指导市(州)、县(市、区)审计机关开展好第二批教育实践活动为契机，以落实“两个责任”形成强大推力，严肃处理个别地方存在的违法违纪问题，坚持正风肃纪，坚决狠刹“四风”，在抓作风、抓纪律、抓廉政上形成常态化、制度化工作机制。着力加强审计制度建设，提升依法审计水平，促进省人大颁布《四川省政府投资建设项目审计条例》，促进出台《四川省人民政府贯彻落实国务院关于加强审计工作意见的实施意见》。抓好审计能力建设，制订2014—2018年度干部教育培训规划，充分利用远程视频会商系统，先后面向全省审计机关举办6期“审计大讲堂”专题讲座，促进审计干部提升业务能力和综合素质。着力推进审计质量建设，深入开展“质量与责任”专项活动，细化各环节的质量管理分工，推行层级质量管理责任和实时动态监管制度，加强现场审计质量控制，切实解决审计计划制订、审计报告编写、审计成果运用等十个方面的质量问题，推行审计现场“五个一”工作制度，探索实行重大违法违纪案件线索集中掌握、集体研究、专项督促办法，有效提升攻坚突破能力。全厅审计业务的规范化与质量水平提升到一个新的台阶。

内部审计 为进一步加大对内部审计工作的监督和指导力度，广泛调研、深入分析全省内部审计工作存在的薄弱环节，在省委、省政府领导及相关部门的支持下，推动农业厅、商务厅、教育厅设立内部审计机构，包括信息产业厅在内的4个系统建立内部审计行业分会；对全省4349个单位的内部审计基本情况进行摸底调查；为加大对全省内部审计协会的行政监督指导力度，组织4000多人次进行后续教育培训；经省编办批复同意，“内部审计监督指导处”增挂“审计执行督查处”牌子，履行审计决定执行监督职能，对草原生态建设资金专项审计调查项目的执行和整改事项进行督查，促进审计反映的问题得到有效整改。为促进审计执行督查工作制度化、规范化，制定《四川省审计厅审计执行督查办法》。

（撰稿人：董　华　胡　令）

【成都市审计局】 2014年，成都市审计局人员编制137人，在编131人。局长戴志勇，副局长何敏、葛云伦、曾京，总审计师邓勉，纪检组长夏邦林，机关党委书记蒲元和，经济责任审计局局长张树权。设有办公室、法规处、财政审计处、行政事业审计处、农业与资源环保审计处、固定资产投资审计处、金融审计处、企业审计处、社会保障审计处、外资运用审计处、信息处、人事处；下辖成都市经济责任审计局，内设区（市）县党政领导干部审计处、市级部门及国有企业领导干部审计处、经济责任审计综合处。

审计成果 成都市审计机关完成审计项目2294个，查出主要问题金额4197065.01万元，其中违规金额444883.46万元、损失浪费金额17633.55万元、管理不规范金额3734547.99万元；损益（收支）不实金额176257.64万元；审计处理处罚金额693300.41万元，其中应上缴财政246514.19万元、应减少财政拨款或补贴34299.1万元、应归还原渠道资金186181.75万元、应缴纳其他资金6665.48万元、应调账处理金额219639.86万元；审计发现非金额计量问题380个；审计促进整改落实有关问题金额666317.74万元，其中增收节支437864.69万元、已缴纳其他资金8814.78万元、已调账处理金额219488.76万元；审计促进拨付资金到位9886万元；审计后挽回（避免）损失519223.03万元；核减投资额229880.83万元。移送司法机关、纪检监察机关和有关部门处理事项34件。出具审计报告和专项审计调查报告2294篇，被批示、采用4篇。提出审计建议1276条，提交审计信息540篇，被批示、采用236篇。向社会公告审计结果21篇。

财政审计 完成预算执行审计项目8个，延伸审计15个单位，审计查出主要问题金额4.2亿元，其中未按规定征收缴纳收入金额3169万元、配套资金不落实金额3.88亿元、其他问题金额33万元。

经济责任审计 制定《成都市审计机关经济责任审计报告编写规范（试行）》，规范经济责任审计文书的编写；共完成经济责任审计项目10个，查出管理不规范金额212万元。

固定资产投资审计 完成固定资产投资审计项目33个，项目投资额65.07亿元，核减投资额6.05亿元。

社会保障审计 完成社会保障审计项目1个，延伸审计单位6个，审计查出主要问题金额2796万元，审计中积极应用金审工程二期平台和医院的HIS系统编制计算机辅助审计方法，发现个别民营医院弄虚作假、骗取城乡医保金以及公立医院让渡国有收益等违法违纪行为。

企业审计 完成企业审计项目1个，审计查出主要问题金额14.68亿元，其中违规经营金额4.17亿元，其他问题金额10.51亿元。

专项资金审计 完成专项资金审计项目6个，涉及金额25.87亿元，审计查出主要问题金额1.18亿元，其中未按规定征收缴纳收入金额316万元、违规使用发票金额573万元、扩大开支范围或提高开支标准列支金额3万元、配套资金不落实金额8401万元、会计核算不实金额12万元、其他问题金额2508万元。

制度建设 建立健全运行机制，出台《关于进一步加强审计工作的通知》《关于党政主要领导干部和国有企业领导人员任期经济责任实行轮审制度的通知》，出台《关于进一步规范政府投资项目审计的意见》《政府平台公司审计重点》等制度，建立纪检监察、审计联动机制。

（撰稿人：周晓慧）

【自贡市审计局】 2014年，自贡市审计局人员编制52人，在编44人。局长何忠（4月—），副局长江鸿、张碧辉、赵嗣利，总审计师罗宏（9月—），纪检组长孙红（—10月）、卢敏（10月—）。设有办公室、监察室、财政审计科、农业与资源环保（外资）审计科、经济责任审计科、企业审计科、基本建设投资审计科、行政事业审计科、法制科、组织人事科、机关党总支，下设自贡市政府投资审计中心。

审计成果 自贡市审计机关完成审计项目465个，查出主要问题金额429417万元，其中违规金额96557万元、管理不规范金额332860万元；损益（收支）不实金额72663万元；审计处理处罚金额267746万元，其中应上缴财政28861万元、应减少财政拨款或补贴16663万元、应归还原渠道资金70483万元、应调账处理金额108309万元；审计发现非金额计量问题108个；审计促进整改落实有关问题金额159075万元，其中增收节支106983万元、已调账处理金额33543万元；审计后挽回（避免）损失16587万元。出具审计报告和专项审计调查报告464篇，被批示、采用2篇。提出审计建议592条，提交审计信息223篇，被批示、采用71篇。向社会公告审计结果18篇。

财政审计 抓好稳增长等政策措施落实情况跟踪审计，促进国家各项政策的落实；在预算执行审计中关注预算的完整性和执行的规范性，并对财政专项转移支付等进行重点监督检查。

经济责任审计 重点关注经济责任审计对象依法理财、依法行政和落实重大政策措施的情况，督促领导干部依法履职、恪尽职守。

金融审计 以推动农村金融体制改革为目标，加大对地方金融机构涉农贷款的审计力度。

农业与资源环保审计 重点关注农业与环保专项资金的分配、管理和使用等情况以及强民惠民政策的实施效果，维护人民群众的根本利益。

固定资产投资审计 积极探索和改进投资审计方式方法，逐步扩大投资审计的覆盖面。

社会保障审计 坚持把保障和改善民生作为审计监督的着力点，重点开展城镇保障性安居工程跟踪审计等民生项目的审计工作。

企业审计 以推动国有企业改革发展为目标，加大对国有企业改制资金管理使用的审计力度，较好地维护企业职工的合法权益。

专项资金审计 开展残保基金等三大类重点专项资金的绩效审计，审计结果得到市委、市政府高度重视，市政府讨论通过多个规范性文件。

信息化建设 推进审计信息化推广应用和金审二期建设。（撰稿人：杨晓东）

【攀枝花市审计局】 2014年，攀枝花市审计局人员编制57人，在编53人。局长张雷，副局长程兴国、曾妍妍、汪沛川，总审计师顾民，纪检组长万启树（—8月）、杨兆雄（8月—），总支书记杨兴华。设有办公室、人事教育处、监察室、法规处、内部审计监督指导处、经贸审计处、行政事业审计处、固定资产投资审计处、财政金融审计处、经济责任审计分局、农业与资源环保审计处、社会保障与外资审计处。

审计成果 攀枝花市审计机关完成审计项目198个，查出主要问题金额232740.92万元，其中违规金额4359.45万元、管理不规范金额228381.47万元；损益（收支）不实金额44278万元；审计处理处罚金额169175万元，其中应上缴财政2717.93万元、应减少财政拨款或补贴1870.81万元、应归还原渠道资金568.58万元、应调账处理金额130939.43万元；审计发现非金额计量问题60个；审计促进整改落实有关问题金额60077万元，其中增收节支1165万元、已调账处理金额35282万元；审计促进拨付资金到位415万元；审计后挽回（避免）损失1185万元。移送司法机关、纪检监察机关和有关部门处理事项3件。出具审计报告和专项审计调查报告198篇，被批示、采用20篇。提出审计建议679条，提交审计信息238篇，被批示、采用42篇。向社会公告审计结果2篇。

财政审计 全年开展34个预算执行情况审计，查出违规和管理不规范金额87901.41万元。

经济责任审计 完成经济责任审计项目25个，查出违规金额492万元，管理不规范金额898万元，充分发挥经济责任审计在加强干部监督管理和党风廉政建设方面的作用。

固定资产投资审计 加强对政府重视，群众关心，社会关注的重大政府投资项目的审计，实现对重大项目建设过程中的决策、规划、设计、招标、施工、监理等环节的全覆盖、全跟踪；完善政府投资审计工作和复核审批流程，提高政府投资项目审计质量和审计效率，力求最大限度地节约投资建设成本，提高财政资金的使用效益。全市固定资产投资审计项目共核减工程投资18920万元。

专项资金审计 加大对党委、政府重视，社会关注，群众关心的热点、难点资金的审计监督力度，按照上级审计机关的统一部署，对攀枝花市2013年城镇保障性安居工程、新型农村合作医疗基金进行审计；对攀枝花市2013年住房公积金贷款支持保障性住房建设情况、攀枝花市2011年至2013年省级环保专项资金进行专项审计调查；对全市稳增长促改革调结构惠民生的19个方面、63项政策措施落实情况开展跟踪审计工作，重点围绕“项目落地、资金保障、简政放权、措施落地”四个方面实施，取得较好的效果。

（撰稿人：蔡　华）

【泸州市审计局】2014年，泸州市审计局人员编制70人，在编61人。局长喻志强，副局长殷廷彪、叶青、宋革会、温水源，总审计师毛能均，纪检组长李发扬，机关党委书记古刚，经济责任审计分局局长周习兵。设有办公室、法规科、内部审计监督指导科、财政审计科、行政事业审计科、农业外资审计科、固定资产投资审计科、金融审计科、企业审计科、社会保障审计科、人事科、监察室、经济责任审计分局、计算机技术中心、泸州市政府投资审计服务中心。

审计成果 泸州市审计机关完成审计项目165个，查出主要问题金额1126181.64万元，其中违规金额169175.04万元、管理不规范金额957006.60万元；损益（收支）不实金额52785.08万元；审计处理处罚金额175380.04万元，其中应上缴财政163312.68万元、应减少财政拨款或补贴765.77万元、应归还原渠道资金587.44万元、应调账处理金额10714.15万元；审计发现非金额计量问题183个；审计促进整改落实有关问题金额173240.71万元，其中增收节支161882.4万元、已调账处理金额10355.15万元；审计后挽回（避免）损失1003.16万元。移送司法机关、纪检监察机关和有关部门处理事项27件。出具审计报告和专项审计调查报告179篇，被批示、采用48篇。提出审计建议611条，提交审计信息395篇，被批示、采用262篇。向社会公告审计结果78篇。泸州市审计局和纳溪区、合江县、古蔺县审计局被四川省人力资源和社会保障厅、审计厅联合表彰为全省审计系统先进集体，泸州市审计局实施的泸州市人民医院院长任期经济责任审计项目被评为全国表彰审计项目和全省优秀审计项目，龙马潭区审计局实施的龙马潭区民政局2012年城乡医疗救助资金专项审计调查项目被评为全省优秀审计项目。

财政审计 完成审计和调查项目62个，查出主要问题金额1051366.50万元。

经济责任审计 对54名党政领导干部和国有企事业单位领导人员开展经济责任审计，查出主要问题金额39300.88万元，审计处理其他人员4人。泸州市审计局2013年实施的某医院院长任期经济责任审计，查出病理检验科长期私分检验费等涉嫌违法犯罪线索移送泸州市人民检察院，8月，2名医务人员分别被依法判处有期徒刑一年六个月缓刑两年和十个月缓刑两年。

农业与资源环保审计 完成审计和调查项目3个，查出主要问题金额443万元。

固定资产投资审计 完成投资审计项目24个，查出主要问题金额7293.92万元，核减投资额1514.13万元。

社会保障审计 完成审计和调查项目5个，查出主要问题金额684.23万元。

专项资金审计 完成审计和调查项目20个，查出主要问题金额50128.41万元，核减投资额143万元。

全国土地出让收支和耕地保护情况审计 全市抽调76名审计人员，完成对攀枝花市、绵阳市、江油市、安县2008年至2013年土地出让收支和耕地保护情况审计。

信息化建设 组织人员分别赴省审计厅和成都市、宜宾市审计局学习联网审计；完成全市高清审计会商系统升级改造和审计管理系统OA（审计管理系统）由党政网向政务外网迁移；征集报送计算机审计实例和方法 21 篇。

（撰稿人：刘明春）

【德阳市审计局】 2014 年，德阳市审计局人员编制 70 人，在编 68 人。局长向庆田，副局长张泽琴、李晖、杨龙虎，总审计师唐绍银，纪检组长段存林，机关党委书记余锡贵（11 月—），经济责任审计分局局长刘昌用。设有办公室、政工人事科、监察室、政策法规科、财政审计科、行政事业和社保审计科、农业和外资审计科、金融和企业审计科、投资审计科、经济责任审计分局、政府投资审计中心、审计信息管理中心。

审计成果 德阳市审计机关共完成审计项目 404 个，查出主要问题金额 1309534 万元，其中违规金额 107715 万元、损失浪费金额 897 万元、管理不规范金额 1200922 万元；损益（收支）不实金额 214348 万元；审计处理处罚金额 218086 万元，其中应上缴财政 58923 万元、应减少财政拨款或补贴 2804 万元、应归还原渠道资金 2294 万元、应调账处理金额 61333 万元；审计发现非金额计量问题 408 个；审计促进整改落实有关问题金额 217654 万元，其中增收节支 63750 万元、已调账处理金额 61173 万元；审计后挽回（避免）损失 9261 万元。移送司法机关、纪检监察机关和有关部门处理事项 2 件。出具审计报告和专项审计调查报告 211 篇，被批示、采用 15 篇。提出审计建议 543 条，提交审计信息 335 篇，被批示、采用 180 篇。向社会公告审计结果 10 篇。

财政审计 全市实施财政预算执行审计项目 7 个，财政决算审计项目 12 个，对 30 个部门预算执行情况和 23 项专项资金进行审计 。全年审计收缴财政 8555 万元。被审计单位采纳审计建议 170 条，建立健全规章制度 16 项，促进政府出台规范性文件 13 件。

经济责任审计 全市共对 37 名领导干部实施经济责任审计。审计共查出违规金额 2024 万元、损失浪费金额 890 万元、管理不规范金额 38733 万元。审计移送处理 3 件。建立新的市经济责任审计联席会议制度，开展什邡市和中江县审计局局长的经济责任审计，在全省开创对县级审计局局长进行经济责任审计的先例。

固定资产投资审计 完成投资审计项目 29 个，送审金额 67830.13 万元，审减金额 5273.89 万元，审减率达 7.78%。重新建立工程造价审核中介库，入库中介机构 15 家；完善建立中介机构的使用与管理分离制度、中介机构与被审单位隔离制度、中介机构审核结果全面复核制度和中介机构末位淘汰制度，从机制上防范审计风险。

专项资金审计 完成德阳市本级 2013 年度城镇保障性安居工程跟踪审计、财政存量资金专项审计调查、市本级新农村示范片建设资金专项审计调查、稳增长促改革调结构惠民生政策措施落实情况跟踪审计。

（撰稿人：谢海英）

【绵阳市审计局】 2014 年，绵阳市审计局人员编制 92 人，在编 79 人。局长陈敏（2 月—），副局长郭兴林、唐巨龙、潘晓东，总审计师张勇，纪检组长杜桢荣，机关党委书记曹蓉，园区经济审计局局长何渝（10 月—）。设有办公室、法规科、内部审计监督指导科、财政审计科、行政事业审计科、农业与资源环保审计科、固定资产投资与外资运用审计科、金融与社会保障审计科、企业审计科、人事科，下设市园区经济审计局、市经济责任审计局、市审计信息中心。

审计成果 绵阳市审计机关完成审计项目 773 个，查出主要问题金额 1837137 万元，其中违规金额 30235 万元、损失浪费金额 70 万元、管理不规范金额 1806832 万元；审计发现非金额计量问题 315 个；核减投资额 134553 万元；审计促进增收节支 437581 万元、已上缴财政 19712 万元、已减少财政拨款或补贴 134627 万元、已归还原渠道资金 283240 万元、已调账处理金额 66520 万元、已缴纳其他资金 689 万元；挽回（避免）损失 134553 万元。移送司法、纪检监察机关和有关部门处理事件 18 件。

财政审计 全市完成预算执行审计项目 23 个，审计处理收缴财政 7802.02 万元，归还原渠道资金 1889.84 万元，责令冲转、调整和其他纠正处理资金 12329 万元；市、县预算执行和其他财政收支的审计工作报告得到同级人大常委会高度好评。加强对中央八项规定、《党政机关厉行节约反对浪费条例》等制度贯彻执行情况监督，对全市 193 个部门（单位）的 2013 年度“三公”经费进行审计；派出 100 余人次配合纪检监察部门对“三公”经费支出开展专项检查。

保障性住房跟踪审计 对全市2013年城镇保障性安居工程情况进行审计，共审计资金16亿元，调查51个项目、40个乡镇、55个居（村）委会、312户家庭，对审计发现问题已督促进行整改。

专项资金审计 对全市2010年至2013年各项财政专项扶贫资金进行全面审计，针对存在的问题提出建议。党委、政府和相关部门高度重视，积极整改，出台加强扶贫资金管理的制度4个，移送司法机关1人，被纪委立案调查8人、党纪政纪处理30人。

固定资产投资审计 贯彻落实《四川省政府投资建设项目审计条例》，进一步推进政府性重大投资项目审计。完成557个政府投资审计项目和11个外资运用项目审计。

经济责任审计 审计领导干部23人，查出违规金额21423.35万元、管理不规范金额3968.23万元，发现各类问题110个，提出审计建议63条。开展党政主要负责人离任生态环境审计，在三台县进行试点。 （撰稿人：黄江洪）

【广元市审计局】 2014年，广元市审计局人员编制70人，在编66人。局长苟英明，副局长梁义兮、张焕良、昝鹏程，总审计师韩和林，纪检组长张华潼，经责办主任王晓蓉，机关党委书记高明。设有办公室、法规科、内部审计监督指导科、经济责任审计科、财政审计科、行政事业审计科、农业与资源环保审计科、固定资产投资审计科、金融外资运用审计科、企业审计科、社会保障审计科、人事科、监察室、机关党委、直属审计分局、审计信息中心、投资审计中心。

审计成果 广元市审计机关完成审计项目880个，查出主要问题金额114552万元，其中违规金额6984万元、管理不规范金额107568万元；损益（收支）不实金额917万元；审计处理处罚金额76918万元，其中应上缴财政14925万元、应减少财政拨款或补贴51144万元、应归还原渠道资金5671万元、应调账处理金额2108万元；审计发现非金额计量问题241个；审计促进整改落实有关问题金额68129万元，其中增收节支67097万元、已调账处理金额856万元；审计促进拨付资金到位274万元；审计后挽回（避免）损失52932万元（投资结决算项目审减额）。移送司法机关、纪检监察机关和有关部门处理事项38件。出具审计报告和专项审计调查报告912篇，被批示、采用32篇。提出审计建议1997条，提交审计信息277篇，被批示、采用127篇。向社会公告审计结果28篇。

财政审计 开展市级财政预算管理审计和地税收入征管审计，完成市委办等20个部门的预算执行审计，审计面增加82%。

经济责任审计 对3名市级部门主要领导、2名国有企业主要负责人进行经济责任审计。

农业与资源环保审计 开展秦巴山区财政专项扶贫资金审计，审计和审计调查单位136个，审计查出问题金额1.07亿元，移交纪检调查事项10件。

固定资产投资审计 完成政府投资项目133个，审减金额2.13亿元，移送案件线索2件。

社会保障审计 开展全市（除苍溪县）2013年度城镇职工、城镇居民和新型农村合作医疗保险基金审计，对54家公立医院和29家定点民营医院进行延伸抽查。移送案件线索57件，其中，移送公安机关55件，移送纪检监察部门2件。现已移送起诉个人26人，立案侦查单位1个，涉案金额1000多万元，追缴违法所得340余万元。

外资运用审计 全面完成38个港澳援建项目竣工决算审计，审减金额2.49亿元，审减率9.04%。加强全市36个国外紧急贷（赠）款项目审计，审减金额0.12亿元。 （撰稿人：王银贤）

【遂宁市审计局】 2014年，遂宁市审计局人员编制43人，在编43人。局长青小平（—5月）、蔡立春（5月—），副局长邓兵、敬杰秀（11月—），总审计师杨晓春，纪检组长冉启秀。设有办公室、监察室、人事教育科、法规科、财政审计科、行政事业审计科、内部审计监督与外资审计科、农业与资源环保审计科、投资审计科、企业金融审计科、社会保障审计科、综合信息化建设科、经济责任审计科、政府投资审计中心。

审计成果 遂宁市审计机关完成审计（调查）项目109个，查出主要问题金额383673万元，其中违规金额704万元、管理不规范金额382968万元；损益（收支）不实金额7039万元；审计处理处罚金额158660万元，其中应上缴财政3964万元、应减少财政拨款或补贴15334万元、应归还原渠道资金2119万元、应调账处理金额125063万元；审计促进整改落实有关问题金额158549万元，其中增收节支21381万元、已调账处理金额124982万元；审计后挽回（避免）损失15243万元。移送司法机关、纪检监察机关和有关部门处理事项5件。出具审计报告和专项审计调查报告109篇，被批示、采用19篇。提出审计建议241条，提交审计信息18篇，被批示、采用70多篇。向社会公告审计结果23篇。

财政审计 采取全面自查与重点抽查等方式，对85个部门2013年预算执行、“三公”经费等情况进行审计调查，对市财政局等18个部门进行重点抽查；对市公安局及其附属单位2013年的预算执行情况进行审计，对各县（区）进行指导、检查和汇总。

经济责任审计 对原安居区委书记、区长同步进行“三责联审”；市县（区）同步对全市文广系统主要领导进行行业性经济责任审计。

农业与资源环保审计 配合审计署对简阳市、安岳县开展全国土地出让收支和耕地保护审计；完成蓬溪县3个土地整理项目审计，查出施工单位多计工程造价等问题，查出管理不规范金额207.35万元，核减工程造价187万元。

固定资产投资审计 市本级共完成政府投资建设项目竣工决（结）算审计59个，项目送审总额12.56亿元，审减金额2.35亿元，审减率18.71%。

社会保障审计 对市城区住宅维修专项资金缴存、管理使用情况进行跟踪审计，该项资金从审计前的400万元，累计缴存至17900万元；完成2013年城镇保障性安居工程跟踪审计，查出违纪违规金额8500余万元。

企业审计 完成5个国有企业审计，重点对资产、债权债务、利润等逐一进行核实，为政府决策提供真实可靠的资料。

专项资金审计 对市本级和5个县（区）的稳增长促改革调结构惠民生防风险政策措施落实到位情况进行分季度跟踪审计，发现问题，督促整改；对2011—2013年度环境保护专项资金的筹集、管理、使用等情况进行延伸审计调查，查出管理不规范金额2531.77万元。

（撰稿人：赵　楷）

【内江市审计局】 2014年，内江市审计局人员编制48人，在编45人。局长刘洪伟，副局长蔡涤、葛明、王应全，总审计师马燕，纪检组长黄京力。设有办公室、法规科、监察室、财政审计科、行政事业审计科、农业与资源环保审计科、固定资产投资审计科、金融审计科、企业审计科、社会保障与外资运用审计科、人事（政工）科、经济责任审计分局，下设固定资产投资审计分局、审计信息中心。

审计成果 内江市审计机关完成审计项目239个，查出主要问题金额733877万元，其中违规金额34181万元、管理不规范金额699696万元；损益（收支）不实金额65053万元；审计处理处罚金额264958万元，其中应上缴财政25038万元、应归还原渠道资金691万元、应调账处理金额225479万元；审计发现非金额计量问题73个；审计促进整改落实有关问题金额264958万元，其中增收节支25729万元、已调账处理金额225479万元；审计后挽回（避免）损失312万元。移送司法机关、纪检监察机关和有关部门处理事项10件。提交审计报告和专项审计调查报告239篇。提出审计建议933条，提交审计信息409篇，被批示、采用237篇。

预算执行审计 全市审计机关开展预算执行审计项目50个，查出问题金额375877万元。市审计局完成对市财政局、市地税局等11个部门的预算执行审计，查处问题金额87069万元，促进市财政增收20708.8万元。

固定资产投资审计 全市完成政府投资工程决（结）算审计项目537个，送审工程决（结）算金额357432.08万元，审减30259.81万元，审减率8.47%。市审计局完成蟠龙冲经济适用住房、城西工业园区污水处理厂、松山南路道路改造工程等竣工决算审计项目60个，在督促业主扣减工程造价4518.85万元的基础上，审计再次审减10249.45万元，审减率9.55%。

经济责任审计 全市审计机关开展经济责任审计项目37个，查出问题金额40845万元，其中领导干部负有直接责任的问题金额2465万元。市审计局完成对市安监局、市水务局等6个部门主要领导的经济责任审计，查出问题金额28841万元。

专项资金审计 开展全市保障性住房建设及资金管理使用情况的跟踪审计，查出问题金额115407.13万元。实施扶贫专项资金审计调查，促进民生工程的顺利推进。开展稳增长促改革调结构惠民生防风险政策措施落实情况跟踪审计，促进各项政策措施的贯彻落实。参加审计署对乐山市土地出让收支和耕地保护情况专项审计。

（撰稿人：赖常禄）

【乐山市审计局】 2014年，乐山市审计局人员编制51人，在编47人。局长吴小怡，副局长宋红玢、陈学焦、邱浥洋，总审计师何棱，纪检组长雷邦军，经济责任审计分局局长张强。设有办公室、法规科、财政审计科、行政事业审计科、外资基建审计科、农业与资源环保审计科、金融审计科、企业审计科、监察室和乐山市经济责任审计分局；经济责任审计分局下设经济责任审计一科和二科。

审计成果 乐山市审计机关完成审计项目398个，查出主要问题金额481664万元，其中违规金额31217万元、管理不规范金额450446万元；损益（收支）不实金额10439万元；审计处理处罚金额95720万元，其中应上缴财政20844万元、应减少财政拨款或补贴7420万元、应归还原渠道资金12564万元、应调账处理金额52804万元；审计发现非金额计量问题130个；审计促进整改落实有关问题金额57970万元，其中增收节支27756万元、已调账处理金额26164万元；审计后挽回（避免）损失17277万元。移送司法机关、纪检监察机关和有关部门处理事项4件。出具审计报告和专项审计调查报告432篇，被批示、采用35篇。提出审计建议917条，提交审计信息158篇，被批示、采用28篇。向社会公告审计结果74篇。

财政审计 完成财政、地税和4个部门的预算执行审计。组织对市级66个主管部门及其下属一级预算单位预算执行情况进行自查，对部分重点单位进行抽查。市审计局赴峨眉山市债务审计组被审计署评为全国政府性债务审计先进公务员集体。

经济责任审计 完成领导干部任期经济责任审计5个，基本形成以经济责任审计联席会议为领导，各部门分工负责、通力合作的工作机制。

固定资产投资审计 完成竣工决算审计项目9个。出台《关于委托社会中介机构和聘请专业技术人员参与政府投资项目审计管理暂行办法》和《关于对中介机构竣工结算审计项目质量综合考核实施办法（试行）》。

行政事业审计 对市直属中小学校军训费及学校食堂（小卖部）管理情况进行专项审计调查，发现学生伙食费财务管理方面存在的问题，提出审计建议，促进市政府出台相关政策解决学校食堂管理中存在的问题。

企业审计 对市交投公司进行审计，发现存在项目资金沉淀、超范围列支津补贴及奖金、违规使用项目资金购买理财产品以及“三重一大”决策程序不规范等问题，提出规范和完善财务管理制度，加强国有资产管理等审计建议。

专项资金审计 组织区县审计机关教育、扶贫等专项资金的审计。审计发现部分农业资源环境项目在实施过程中变更、调整较多，后续管理制度不完善，工程项目存在肢解、财务核算不规范、工程项目管理不规范、部分项目结余资金过大等问题。

（撰稿人：郑　伟）

【南充市审计局】 2014年，南充市审计局人员编制68人，在编62人。局长廖大春（—3月）、陈勇（3月—），副局长周生安（—11月）、张彦、王天配，总审计师岳友普，纪检组长周莉，经责办主任陈长清。设有办公室、人事科、监察室、法规科、内部审计监督指导科、财政审计科、农业与资源环保审计科、行政事业审计科、社会保障审计科、金融外资审计科、企业审计科、固定资产投资审计科、经济责任审计办公室、政府投资审计中心、审计信息技术服务中心。

审计成果 南充市审计局完成审计（调查）项目127个，查出主要问题金额322257万元，其中违规金额35472万元、管理不规范金额286784万元。审计处理处罚金额52693万元，其中应上缴财政17738万元、应减少财政拨款或补贴8189

万元、应归还原渠道资金254万元、应调账处理金额26424万元；审计促进整改落实有关问题金额52684万元，其中增收节支26172万元、已调账处理金额26424万元；审计挽回（避免）损失8189万元。移送案件线索6件，涉及金额15000万元。出具审计报告和专项审计调查报告134篇。提出审计建议176条，提交审计信息16篇，被批示、采用7篇。向社会公告审计结果11篇。

财政审计 完成市本级财政预算执行、地税收入征管审计和13个部门预算执行审计项目，对嘉陵区财务决算和其他财政收支进行审计。

经济责任审计 对市城乡规划局、市道路运输管理局、市产权交易中心等单位的8名领导干部进行经济责任审计。

金融审计 完成四川省农村信用联社南充办事处财务收支情况审计、南部县农村信用合作联社2012年度资产负债损益审计。

农业与资源环保审计 开展秦巴山区集中连片扶贫开发财政专项扶贫资金审计。

固定资产投资审计 完成跟踪审计项目38个，投资项目决（结）算审计45个，项目送审金额91900万元，审减金额7955万元，审减率8.66%。

社会保障审计 对住房公积金贷款支持保障性住房建设工作进行跟踪审计。

外资运用审计 全面完成南充市港澳援助灾后恢复重建项目审计任务，五年累计提出审计建议26条，审减金额12700万元，审减率13.39%。

企业审计 完成东风南充汽车有限公司资产核实，对南充城市生活垃圾处理厂经营情况进行专项审计调查。

专项资金审计 开展稳增长促改革调结构惠民生政策措施情况跟踪审计。对市本级重大政府投资项目管理及绩效情况、市县两级2013年末财政存量资金情况进行专项审计调查。南充市审计系统抽调71人，异地交叉开展为期3个多月的全国土地出让收支和耕地保护情况审计。完成2013年末南充市政府性债务审计核实工作。

（撰稿人：刘　杨）

【眉山市审计局】 2014年，眉山市审计局人员编制48人，在编47人。局长彭惠琴，副局长张征、魏聂、刘志勇、兰可，总审计师张亚平，经责分局局长辜青霞。设有办公室、固定资产投资分局、经济责任审计一科、经济责任审计二科、财政审计科、金融审计科、行政事业审计科、企业审计科、农业与资源环保审计科、社会保障审计科、法制科、人事监察科，下属眉山市审计局直属分局。

审计成果 眉山市审计机关完成审计项目891个，查出主要问题金额639698万元，其中违规金额39230万元、管理不规范金额600467万元；损益（收支）不实金额51063万元；审计处理处罚金额610687万元，其中应上缴财政33446万元、应减少财政拨款或补贴5332万元、应归还原渠道资金152345万元、应调账处理金额293117万元；审计发现非金额计量问题34个；审计促进整改落实有关问题金额382259万元，其中增收节支164956万元、已调账处理金额195018万元；审计促进拨付资金到位453万元；审计后挽回（避免）损失22万元。移送司法机关、纪检监察机关和有关部门处理事项31件。出具审计报告和专项审计调查报告186篇。提出审计建议303条，提交审计信息129篇，被批示、采用42篇。向社会公告审计结果10篇。

眉山市审计局获全国政府性债务审计公务员集体三等功，获省人力资源和社会保障厅、审计厅表彰的4年一度的全省审计先进集体；1个项目获全省十大优秀审计项目，1个项目获全省表彰项目；在审计业务绩效考核中名列全省第三。在市委、市政府2014年上半年“主动作为创一流”目标考核中获先进，排经济类单位第四名。在第二批党的群众路线教育实践活动中，市委第六督导组给予市审计局“有一个好班长，有一个好班子，有一个好的决策机制，有一支好队伍，有一个好的工作成效，实现主动作为创一流目标”的高度评价，被市委表彰为第二批党的群众路线教育实践活动先进集体。

财政审计 完成预算执行审计项目28个，延伸审计单位14个，审计查出问题金额474790万元；完成财政决算审计项目20个，延伸审计单位6个，审计查出问题金额117514万元。

经济责任审计 完成审计项目58个，审计查出问题金额31320万元。

固定资产投资审计 完成审计项目760个，送审投资27.44亿元，核减投资1.94亿元；提出并被采纳审计建议258条，促进建立健全规章制度10项；移送案件线索1件。

企业审计 完成审计项目1个，查出问题金额75万元。

专项资金审计 完成审计项目3个，延伸审计单位2个，审计专项资金总额42144万元，查出问题金额13064万元。

信息化建设 建设完成全市审计会商系统，向省审计厅上报计算机审计方法和案例9个，通过计算机审计中级培训考试1人。

（撰稿人：万秋池）

【宜宾市审计局】 2014年，宜宾市审计局人员编制72人，在编62人。局长李勤，副局长尹昌文、肖军、许波，总审计师邓维莲，纪检组长何钦元，经责分局局长魏伟。设有办公室、人事科、政策法规科、财政审计科、行政事业社保审计科、农业与资源环保外资审计科、固定资产投资审计科、金融审计科、企业审计科、经济责任审计分局和宜宾市投资审计中心。

审计成果 宜宾市审计机关共完成审计（调查）项目473个，查出主要问题金额1555311万元，其中违规金额51551万元、管理不规范金额1503759万元；审计处理处罚金额131919万元，其中应上缴财政32459万元、应减少财政拨款或补贴20128万元、应归还原渠道资金58791万元、应缴纳其他资金3904万元、应调账处理金额16635万元；审计促进整改落实有关问题金额132773，其中增收节支67814万元、核减投资27923万元；挽回（避免）损失6261万元。移送纪检监察和其他部门处理事项27件，14人被追究刑事责任或给予党纪政纪处分。出具审计工作报告和提交审计信息537篇，被批示、采用369篇。提出审计建议965条，被采纳633条。向社会公告审计结果242篇。市审计局被人力资源和社会保障部、审计署授予全国审计机关先进集体称号，获审计署全国政府性债务审计公务员集体嘉奖。

财政审计 完成预算执行审计项目63个，延伸审计单位124个，查出主要问题金额733293万元；完成财政决算审计项目23个，延伸审计单位4个，查出主要问题金额9266万元，为维护地方财政安全发挥积极作用。

金融审计 完成审计项目1个。

行政事业审计 完成审计项目62个，延伸审计单位24个，查出主要问题金额72762万元。

固定资产投资审计 完成审计和专项审计调查项目266个，延伸审计单位8个，查出主要问题金额55489万元，核减投资额（工程款）25372万元。

社会保障审计 完成审计项目1个。

企业审计 完成审计和专项审计调查项目6个，查出主要问题金额679392万元，进一步维护国有资产、国有资金安全。

经济责任审计 审计领导干部和村（社区）两委负责人74人，其中任中审计64人，离任审计10人，查出主要问题金额363292万元，公告和通报审计结果27篇。

专项资金审计 完成审计和专项审计调查项目51个，延伸审计单位23个，查出主要问题金额5106万元。

内部审计 全市有内部审计机构59个，其中专职机构30个；内部审计人员391人，其中专职人员156人。

（撰稿人：钟　红）

【广安市审计局】 2014年，广安市审计局人员编制42人，在编37人。局长周成忠，副局长唐素珍、黎毅翔、吕玲，总审计师黎柯，纪检组长唐思平，经济责任审计分局局长蒋锡德。设有办公室、人事科、法规科、财政金融审计科、行政事业审计科、农业与资源环保审计科、固定资产投资与外资运用审计科、经贸审计科、社会保障审计科、经济责任审计分局、政府投资审计中心。

审计成果 广安市审计机关完成审计项目604个，查出主要问题金额1177363万元，其中违规金额109109万元、管理不规范金额1068251万元；损益（收支）不实金额122862万元；审计处理处罚金额273351万元，其中应上缴财政41825万元、应减少财政拨款或补贴18262万元、应归还原渠道资金5343万元、应调账处理金额201543万元；审计发现非金额计量问题206个；

审计促进整改落实有关问题金额 238560 万元，其中增收节支 24122 万元、已调账处理金额 193972 万元；审计后挽回（避免）损失 32516 万元。移送司法机关、纪检监察机关和有关部门处理事项 20 件。出具审计报告和专项审计调查报告 611 篇，被批示、采用 327 篇。提出审计建议 1096 条，提交审计信息 256 篇，被批示、采用 216 篇（条）。向社会公告审计结果 83 篇。

财政审计 组织开展 2013 年度同级财政预算执行情况审计、税收征管及税收政策执行情况审计；对 39 个部门及乡镇预算执行情况，对一级预算单位预算执行情况和财政存量资金开展专项审计调查，并对同级政府存量债务情况进行清理甄别。

经济责任审计 采取与其他项目审计相结合、“交叉审计”和“同步审计”等方式，对全市 72 名党政领导干部进行任期经济责任审计，审计查出问题金额 325277 万元。

农业与资源环保审计 组织开展保障性住房、秦巴山区扶贫资金专项审计，对广安区农村信用联社涉农信贷资金、财政教育资金和精准扶贫政策落实情况进行专项审计（调查）。

固定资产投资审计 加大政府投资建设项目工程造价和竣工决算审计力度，对政府重大投资建设项目进行跟踪审计。全市完成投资审计项目 454 个，审计金额 236069 万元，审减工程造价 28586 万元，审减率达 12.11%。

专项审计 组织对稳增长等宏观政策措施落实情况进行持续跟踪审计，对《党政机关厉行节约反对浪费条例》等改进工作作风相关规定贯彻落实情况以及“三公”经费、公车治理、乱发钱物和政府性楼堂馆所建设管理情况开展专项审计监督。选派人员参加全国土地审计。

信息化建设 市县审计机关标准化机房全部建成，网络系统操作平台、高清视频会商系统已建成全面投入使用，并各自建成互联网门户网站。在信用社审计项目中总结提炼出“核查贷款五级分类”方法。 （撰稿人：符家果 邵 彬）

【达州市审计局】 2014 年，达州市审计局人员编制 42 人，在编 40 人。局长徐云川，副局长李刚（4 月—）、王隆琼、张国煌、屈戈林，总审计师蒋普辉，纪检组长何川（4 月—），机关党委书记刘登奎。设有办公室、人事科、法制科、内部审计监督指导科、财政审计科、金融审计科、行政事业审计科、农业与资源环保审计科、社会保障审计科、外资运用审计科、固定资产投资审计科、企业审计科、监察室，下属达州市经济责任审计分局、达州市计算机信息审计中心。

审计成果 达州市审计机关共完成审计项目 638 个，查出主要问题金额 771559 万元，其中违规金额 124741 万元、管理不规范金额 646817 万元；损益（收支）不实金额 40541 万元；审计处理处罚金额 359525 万元，其中应上缴财政 101986 万元、应减少财政拨款或补贴 12218 万元、应归还原渠道资金 105475 万元、应调账处理金额 98418 万元；审计发现非金额计量问题 105 个；审计促进整改落实有关问题金额 260614 万元，其中增收节支 121983 万元、已调账处理金额 94102 万元；审计后挽回（避免）损失 4408 万元。移送司法机关、纪检监察机关和有关部门处理事项 4 件。提交审计报告和专项审计调查报告 125 篇，获得肯定性批示 49 篇。提出审计建议被采用 811 条，提交审计信息 57 篇。向社会公告审计结果 20 篇。

财政审计 完成市级预算执行、税收征管情况和 5 个市级部门预算执行情况审计，财政存量资金等 3 个专项调查。

金融审计 完成达州市商业银行资产负债损益情况审计和万源市农村信用社涉农信贷资金专项审计调查。

行政事业审计 完成达州职业技术学院财务收支等审计 3 个，开展正版软件管理使用情况、政府性楼堂馆所建设情况等 7 个专项审计调查。

农业与资源环保审计 完成 6 个县（区）秦巴山区财政专项扶贫资金审计，开展达川区等 3 个县（市、区）中央彩票公益金支持革命老区发展项目专项审计，提出审计建议被采用 24 条。

固定资产投资审计 完成城市基础设施建设、国省干道部分路段路基改造和土地整理项目竣工决算等审计项目 26 个，审减政府投资 14600 万元。

社会保障审计 完成 2013 年度市本级住房公积金管理使用情况审计，开展 2013 年度全市保障性安居工程跟踪审计。

企业审计 完成市南城给排水公司资产负债损益审计，开展市中药材站、市保安服务总公司财务收支等3个专项调查。

外资运用审计 完成澳门特区政府援助渠县人民医院灾后重建项目跟踪审计、公证审计。

经济责任审计 完成市环保局、市水务局等单位主要负责人经济责任审计12个，约谈被审计单位主要负责人及相关人员12人次。

专项资金审计 抽调53名业务骨干参加土地审计，开展2轮宏观政策措施落实情况跟踪审计，协助市纪委对全市“三公”经费管理情况进行4次专项检查。

审计信息化 完成审计会商系统、门户网站和专网迁移三大建设任务，审计信息化逐步从建设向应用过渡。 （撰稿人：罗 意）

【雅安市审计局】 2014年，雅安市审计局人员编制40人，在编33人。局长刘平（—10月）、王锐（10月—），副局长郑文翔、陈浮、江洪（—12月）、李春（12月—），总审计师张晓东，纪检组长岑进，机关党总支书记白彬。设有办公室、固定资产投资审计分局、经济责任审计分局、人事法规科（监察室）、企业金融科、财政审计科、行政事业审计科、社会保障审计科、农业外资环保审计科。

审计成果 雅安市审计机关完成审计（调查）项目721个，查出违纪违规金额3819万元，管理不规范金额20.91亿元，应归还原渠道资金4666万元，为财政增收4988万元。向司法、纪检监察机关及有关部门移送经济案件（事项）线索19件。

财政审计 完成对市财政、市地税的预算执行情况审计，以及市交通运输局、市文新广局等及其下属预算单位2013年的部门预算执行情况审计。组织对市本级和8个县（区）财政存量资金、地税机关经费保障机制和经费存量情况、安全专项资金等开展专项审计调查以及稳增长促改革调结构惠民生政策措施落实情况跟踪审计。依法代市政府向市人大常委会做《关于雅安市2013年度市级预算执行和其他财政收支的审计工作报告》，并向社会公开。

固定资产投资审计 完成投资建设项目竣工决（结）算审计627个（其中计划内项目25个），送审总金额26.32亿元，审减总金额1.93亿元，平均审减率7.32%。

经济责任审计 审计党政领导干部和企业领导人员28人，其中县级领导干部6人，科级干部21人，国有企业领导人员1人。审计查出有问题金额1.42亿元，其中负直接责任的违规金额1219.91万元、管理不规范金额8370.50万元、损失浪费金额170.66万元。查出涉嫌个人经济问题干部4人。

外资运用审计 组织宝兴、芦山、石棉县对“5·12”汶川地震法国开发署农村沼气项目，世界银行城镇基础设施、卫生项目，亚洲开发银行农村公路项目等国外紧急贷款项目开展年度公证审计，对完工项目开展竣工决（结）算审计。

灾后重建跟踪审计 组织审计人员1506人次，组成187个审计组，累计跟踪检查机关单位342个，乡镇、街道办事处127个，村社343个，农房重建新村聚居点201个，跟踪审计和审计调查项目568个，纠正违法违纪资金1.26亿元，节约资金或挽回损失3852.08万元，其中核减工程不合理资金663.49万元。累计制定审计制度、办法和方案48个，提交审计报告、情况通报和信息简报381份，提出审计建议497条，促进相关部门和单位建立健全规章制度34项。

（撰稿人：刘霆威）

【巴中市审计局】 2014年，巴中市审计局人员编制42人，在编39人。局长康远奎，副局长苟中珏、李水清、李三荣，总审计师易旭东，纪检组长刘朝文。设有办公室、法制科、人事教育科、财政审计科、金融审计科、行政事业审计科、社会保障审计科、外资运用审计科、经贸审计科、农业审计科、经济责任审计分局、固定资产投资审计分局和审计信息中心。

审计成果 巴中市审计机关完成审计项目138个，查出主要问题金额532697万元，归还原渠道资金23984万元，调账处理金额234693万元。提出审计建议被采纳667条，提交各类审计信息648篇。

财政金融审计 完成市财政局财政预算管理

和市委办、市发改委等6个市级部门预算执行审计，延伸审计11个所属单位。加强税收征管审计力度，为财政增收和全市经济社会发展提供基础保障，促成入库各类税费5792万元，督促企业开具税务发票2.99亿元。

经济责任审计 根据市委组织部的委托，对7名领导干部经济责任进行审计，查出被审计领导干部所在单位管理不规范资金50万元，向被审计单位提出严肃财经法纪、规范财务管理、健全内控制度等方面的建议12条。

固定资产投资审计 对教育文化等社会事业、交通城建等基础设施、农业水利等产业项目、BT等融资模式的招商引资项目等进行审计，全年完成市流浪未成年人救助中心、市科学技术和知识产权局灾后重建办公楼等46个政府投资建设项目竣工决（结）算审计，送审投资总额4.46亿元，通过审计核减工程造价为政府节约建设资金5772万元。

行政事业审计 组织县（区）审计机关对全市扶贫专项资金、农村义务教育学生营养改善计划专项资金、保障性住房建设及资金管理使用情况、就业再就业资金、住房公积金、医疗保险基金等民生专项资金进行审计，严肃查处挤占挪用、造假套取、损失浪费等违纪违规行为。

专项资金审计 重点对国家重大政策措施和宏观调控部署落实情况进行跟踪审计，着力监督检查各县区、市级各部门落实稳增长促改革调结构惠民生防风险等政策措施的具体部署、执行进度、实际效果等情况，促进政策落地生根和不断完善。

信息化建设 加大OA（审计管理系统）应用、审计会商系统应用和信息化专业人员培训力度。实施计算机审计，提交《市地税局房地产业税收征管情况审计实例》《住院护理收费计算机审计经验》《医疗保险基金审计实例》《国土资源局计算机审计实例》《巴州区税收征管审计实例》《通江县法院财务收支审计实例》共6项计算机审计应用成果。 （撰稿人：李怡玲）

【资阳市审计局】 2014年，资阳市审计局人员编制56人，在编49人。局长文富洲，副局长廖念俊、王志友、段有阔、刘小军，总审计师田碧清，纪检组长王忠。设有办公室、人事科、政策法规科、财政审计科、行政事业审计科、经济责任审计科、农业和资源环保审计科、企业和金融审计科、社会保障审计科、内部审计监督指导科（挂监察室牌子），下属遂宁市投资审计中心。

审计成果 资阳市审计机关共完成审计（调查）项目518个（含工程结算项目），查出主要问题金额573777万元，审计核减投资额55683.43万元（含工程结算项目）。提出审计建议382条，被采纳338条。

财政审计 完成71个预算执行、财政决算和行政事业审计或审计调查项目，查出预算编报不真实、未按规定纳入预算管理等主要问题金额451619万元。

经济责任审计 审计领导干部23人，查出主要问题金额3361万元，其中负领导责任金额852万元，负主管责任金额93万元，负直接责任金额80万元。

企业与金融审计 审计6个单位，查出违规投资、银行存款业务违规、虚报或隐瞒转移收入等主要问题金额22268万元。

固定资产投资审计 完成415个审计项目（含工程结算项目），送审金额420383.70万元，审计核减政府工程投资额55683.43万元。

专项资金审计 审计或审计调查专项资金项目24个，金额54350万元，查出违规变更调整预算、未按规定纳入预算管理、资金滞留闲置、资金不到位不落实、虚列支出等主要问题金额20051万元。对相关社会保险基金进行审计。

信息化建设 审计视频会商系统完全建成并投入运用，改版后的门户网站正式上线并试运行。积极推动OA（审计管理系统）系统升级、国产化改造、硬件更新等工作。 （撰稿人：周卫国）

【阿坝藏族羌族自治州审计局】 2014年，阿坝藏族羌族自治州审计局人员编制42人，在编34人。局长张建，副局长杨国彬、张泽宇，总审计师欧亚州（2月—），纪检组长罗秀英。设有办公室、法规科、财政金融审计科、行政事业审计科、企业审计科、固定资产投资审计科、经济责任审计科、审计信息科、监察室、固定资产投资审计中心。

审计成果 阿坝藏族羌族自治州审计机关共完成审计（调查）项目228个，审计查出主要问题金额63257万元，其中违规金额7046万元、管理不规范金额56211万元；审计期间整改金额2154万元；审计处理处罚53312万元，其中应上缴财政6437万元、应减少财政拨款或补贴16868万元、应归还原渠道资金1904万元、应调账处理14636万元；促进整改落实有关问题金额51878万元，其中增收节支23771万元、已调账处理金额14556万元。完成政府性投资项目竣工决算（结算）审计739个项目，送审投资额29.20亿元，审减工程投资2.7亿元，审减率9%。其中州本级完成竣工决算审计项目13个，送审金额13.23亿元，审减1.36亿元，审减率10%。跟踪审计项目2个。出具审计报告和专项审计调查报告258篇。审计提出建议851条，被采纳审计建议711条。提交审计信息258篇。

稳增长等政策措施落实情况跟踪审计 按照中央及省州要求，对贯彻落实国务院稳增长促改革调结构惠民生防风险政策措施落实情况开展跟踪审计。

财政审计 对4个州级部门2013年度预算执行情况开展审计，对州人民医院2012年、2013年度财务收支进行审计；开展州本级及相关预算单位、县本级及相关预算单位截至2013年底的财政存量资金审计；检查2013年度税收征管的规范性，并对州地税局2012、2013年度经费保障体制机制和经费存量情况进行专项调查；开展州本级“三公”经费审计自查141家，实地抽查20家，向被审计单位提出审计建议28条。

经济责任审计 开展州本级经济责任审计项目5个，切实加强权力及职责监督。

固定资产投资审计 开展阿坝红原机场建设项目建设程序、资金筹集等情况的跟踪审计；做好汶川地震灾区恢复重建竣工决算审计扫尾工作，完成灾后恢复重建子项目151个；开展保障性住房建设及资金管理使用情况跟踪审计。

专项资金审计 开展全州13县2013年度草原生态保护补助奖励审计、全州7个县2012年度退牧还草工程项目资金审计；开展除茂县外12个县39座藏传佛教寺庙的财务审计。参加全州正风肃纪拉网式检查及州级单位“小金库”检查等工作。

信息化建设 对全州会商视频系统进行更新改造，建立部门门户网站，组织全州34名审计人员参加审计署AO（现场审计实施系统）认证考试。

（撰稿人：王　宏）

【甘孜藏族自治州审计局】 2014年，甘孜藏族自治州审计局人员编制41人，在编39人。局长辛勤，副局长陈军、吴建刚、汪孝竹（9月—），总审计师何琼英，纪检组长梁红。设有办公室、法规科、财政金融审计科、行政事业审计科、固定资产投资审计科、企业审计科、农业资源环保审计科、社会保障审计科、经济责任审计分局。

审计成果 甘孜藏族自治州审计机关完成审计项目713个，查出主要问题金额259079万元，其中违规金额3644万元、管理不规范金额222663万元；损益（收支）不实金额2057万元；审计处理处罚金额71885万元，其中应上缴财政23337万元、应减少财政拨款或补贴13570万元、应归还原渠道资金25899万元、应调账处理金额7737万元；审计发现非金额计量问题218个；审计促进整改落实有关问题金额46311万元，其中增收节支38286万元、已调账处理金额7707万元；审计促进拨付资金到位78万元；审计后挽回（避免）损失16979万元。移送司法机关、纪检监察机关和有关部门处理事项11件。出具审计报告和专项审计调查报告713篇，被批示、采用11篇。提出审计建议1674条，提交审计信息70篇，被批示、采用38篇。

财政审计 完成财政审计项目166个，共查出预算编报不真实、不完整28126万元，预算编制批复不规范1740万元，未按规定纳入预算管理29412万元，未按规定征收、缴纳预算收入2275万元，违规改变资金用途1089万元，资金滞留闲置706万元，虚列支出1670万元。

行政事业审计 完成行政事业单位审计项目24个，查出未落实“收支两条线”和专户管理规定19万元，资金滞留闲置2万元，扩大开支范围或提高开支标准列支36万元，违规采购48万元，套取项目资金42万元，会计核算不实金额38万元。

经济责任审计 完成经济责任审计项目30个，审计县级主要领导干部3人、区科级领导干部25人、国有企业领导干部2人；审计查出违规金额8138万元、管理不规范金额7258万元。

金融审计 完成金融审计项目1个，查出非涉农贷款纳入涉农贷款17144万元，改变贷款资金用途22万元，违规发放小额贷款340万元，跨县域发放涉农贷款2080万元，贷款类别划分不准确587万元。

固定资产投资审计 完成固定资产投资审计项目347个，送审金额316436万元，核减金额15990万元，其他问题金额2020万元。

社会保障审计 完成社会保险审计项目4个，查出未按规定征收、缴存社保费166万元，其他问题金额689万元。

企业审计 完成企业审计项目1个，查出主要问题金额1009万元。

专项资金审计 完成专项资金审计及审计调查项目143个，审计金额305393万元，查出扩大开支范围或提高开支标准列支253万元，资金不到位、不落实2139万元，工程结算款不实43万元，超标准项目2820万元，资金滞留闲置163万元。

信息化建设 信息化建设项目总投资339万元，截至2014年9月已通过州内相关专家的验收并投入使用。

（撰稿人：童红英　赵　静　刘玉瑶）

【凉山彝族自治州审计局】 2014年，凉山彝族自治州审计局人员编制70人，在编70人。局长刘斌，副局长邢琦（—4月）、李伟玲、伍皎辉、李红（—9月），纪检组长龙建平，机关党委书记胡国亮。设有办公室、人事科、法规科、财政审计科、外资与金融审计科、固定资产投资审计科、行政事业审计科、农业与资源环保审计科、企业审计科、内部审计指导科、社会保障事业审计科、经济责任直属分局、监察室、信息中心。

审计成果 凉山彝族自治州审计机关完成审计（调查）项目614个，查出主要问题金额227852万元，其中违规金额31796万元、管理不规范金额195981万元；审计处理处罚92735万元，其中应上缴财政12010万元、应减少财政拨款或补贴13587万元、应归还原渠道资金992万元、应调账处理金额62562万元；审计促进节支增收26590万元；审计促进整改落实有关问题金额2029万元。移送纪检监察机关和有关部门处理事项3件。出具审计报告和专项审计调查报告614篇，被批示、采用328篇。提出审计建议1981条，提交审计信息511篇，被批示、采用227篇。向社会公告审计结果36篇。

财政审计 开展预算执行和其他财政收支情况审计、地税系统税收征管情况审计、财政存量资金审计调查、部门预算执行情况审计、县级财政决算审计，并对相关单位和企业进行延伸审计，共查出主要问题金额152317万元，并依法做出相应的处理处罚。

经济责任审计 受州委组织部委托，组织实施101名领导干部的经济责任审计，其中任中审计38人，离任审计63人。审计共查出主要问题金额21908万元，其中违规金额2872万元、管理不规范金额19036万元。

固定资产投资审计 以竣工结算和决算审计为主要形式，以工程造价审计为重点，对重点政府投资建设项目进行审计。全年审计项目263个，项目总投资272236万元，查处主要问题金额26501万元，审计核减为政府节约投资22983万元。

专项资金审计 加强对涉及群众切身利益专项资金的审计和调查，确保各项资金配套到位和合理有效使用。全年审计民生项目40个，涉及民生专项资金总额209688万元，查出主要问题金额14522万元。

企业审计 依法进行企业审计，为贯彻执行国家宏观经济政策、强化国有资产监督管理职责、厘清企业运营中的体制性障碍等方面发挥重要作用。全年审计6家企业，审计查出主要问题金额641万元。

（撰稿人：张保权）

2014年四川省所辖区、县(市)级审计工作统计表

金额单位:万元

审计机关	完成审计项目(个)	审计查出主要问题金额	审计处理情况					出具审计报告和审计调查报告(篇)	提出审计建议(条)	提交审计信息(篇)
			审计处理处罚				移送处理事项(件)			
			应上缴财政	应减少财政拨款或补贴	应归还原渠道资金	应调账处理金额				
成都市										
成都市本级	61	280335	547			207	1	61	31	34
武侯区审计局	177	69796	3871		39	1569	1	177	90	
锦江区审计局	13	35041	32664				2	13	47	
青羊区审计局	107	87993	4398			20		107	103	
金牛区审计局	175	7908	96					175	8	
成华区审计局	37	16340	1499		796	57		37	50	5
龙泉驿区审计局	13	159125			128909			13	30	31
青白江区审计局	20	57046	9176		6			20	55	84
新都区审计局	21	96729	20				1	21	50	6
温江区审计局	293	1968930	39578	34299	55746	80033	13	293	123	79
高新区审计局	517	10200						517	18	7
都江堰市审计局	43	54943			20		4	43	68	25
彭州市审计局	260	69580	1			11	4	260	66	14
邛崃市审计局	180	199818	55246		304	137742		180	188	
崇州市审计局	18	206909	1		1		1	18	51	11
金堂县审计局	94	18859	203		347		7	94	34	137
双流县审计局	70	355771						70	35	3
郫县审计局	67	181950	94891		11			67	39	59
大邑县审计局	31	30825	4322		2			31	87	
蒲江县审计局	84	71459						84	75	
新津县审计局	13	217507						13	28	45
自贡市										
自贡市本级	34	96962	5308	6264	4	50855		34	99	160
自流井区审计局	119	4813	67	1577	1598	1470		119	132	35
贡井区审计局	79	22151	1	1393	4	20748		79	42	
大安区审计局	30	47832	13784	582		418		31	54	
沿滩区审计局	22	53167	1491		634	8686		24	58	

续表

审计机关	完成审计项目（个）	审计查出主要问题金额	审计处理情况					出具审计报告和审计调查报告（篇）	提出审计建议（条）	提交审计信息（篇）
			审计处理处罚				移送处理事项（件）			
			应上缴财政	应减少财政拨款或补贴	应归还原渠道资金	应调账处理金额				
荣县审计局	119	107018	48	1107	272	10918		118	74	3
富顺县审计局	62	97471	8159	5739	67969	15212		59	133	25
攀枝花市										
攀枝花市本级	55	89740	495		210	48116	2	55	212	69
东区审计局	28	33061	145		213	32703	1	28	105	46
西区审计局	17	30327	601	415		29311		17	38	15
仁和区审计局	32	337	84		3	215		32	97	43
米易县审计局	35	45071	34	275	63	6791		35	116	45
盐边县审计局	31	34205	1359	1181	80	13803		31	111	20
泸州市										
泸州市本级	32	324430	152415	2		400	4	40	64	23
江阳区审计局	12	35438	13				1	14	36	86
纳溪区审计局	26	18052	80	185	53	2712		26	41	9
龙马潭区审计局	17	35370	1422		235	1601	2	18	42	169
泸县审计局	24	127993	182	436	149		6	24	41	36
合江县审计局	17	136237	6476			4886	11	17	41	12
叙永县审计局	15	218007	2653	143	4		2	18	283	30
古蔺县审计局	22	230655	71		146	1115	1	22	63	30
德阳市										
德阳市本级	56	115623	569		122	1826	3	65	158	128
旌阳区审计局	24	167216	6813	2	566	911		24	54	1
广汉市审计局	20	9278	7820	773		8		21	24	42
什邡市审计局	22	292813	1515	2024	106	17729		27	56	3
绵竹市审计局	16	309597	1526		456	40529		16	63	55
罗江县审计局	16	202267	64	3	1037	28		20	66	90
中江县审计局	31	206067	40612		5	298	2	38	122	16
绵阳市										
绵阳市本级	110	485005	36	19462	231	12878	10	110	214	14
涪城区审计局	85	146406	949	18275		46596	2	85	32	117
游仙区审计局	43	134554	37	5218	55	33		43	84	31
江油市审计局	40	341580	3081	10233	7181		1	40	53	47
三台县审计局	114	74570	488	18152	1805	464	1	114	386	6

续表

审计机关	完成审计项目(个)	审计查出主要问题金额	审计处理情况					出具审计报告和审计调查报告(篇)	提出审计建议(条)	提交审计信息(篇)
			审计处理处罚				移送处理事项(件)			
			应上缴财政	应减少财政拨款或补贴	应归还原渠道资金	应调账处理金额				
盐亭县审计局	25	42151	27	8813	8	69		25	203	3
安县审计局	90	13225	96	10765		136	1	90	9	
梓潼县审计局	65	265522	167	6241	138	191		65	93	16
平武县审计局	154	9990	263	8864		89	3	154	343	43
北川羌族自治县审计局	47	324128	15094	28617	273930	6486		47	280	1
广元市										
广元市本级	161	46123	13726	22178	600	864	12	179	129	87
利州区审计局	137	21307	815	3720	642	451	2	144	207	92
昭化区审计局	94	8679	1208	3584	591	3294	5	94	267	45
朝天区审计局	68	9153	115	4607	1300	49	2	68	37	3
旺苍县审计局	39	12188	101	2151	242	147	3	39	145	54
青川县审计局	250	10410	4	9986	202	216		250	896	5
剑阁县审计局	140	10548	92	620	698	95	16	142	339	14
苍溪县审计局	150	2835	1	2656	58	120	5	150	136	85
遂宁市										
遂宁市本级	29	169947		9867	35	1015	4	29	78	8
船山区审计局	8	174091				109741		8	23	3
安居区审计局	13	11883	3	4755	774	6327		13	27	
蓬溪县审计局	22	2269				17	1	22	26	
射洪县审计局	27	19832	3809	682	1278	5902		27	66	3
大英县审计局	10	5649	151	29	30	2056		10	21	4
内江市										
内江市本级	37	318237	4346		390	60455	2	37	104	108
市中区审计局	23	68072	19140		28	31619		23	83	27
东兴区审计局	30	62143			5	1483		30	88	
威远县审计局	59	54766	186		267	8495	7	59	124	107
资中县审计局	63	66991	894			1682	1	63	376	72
隆昌县审计局	27	163666	470			121742		27	158	95
乐山市										
乐山市本级	19	346674	8437	1961	817	22835	2	24	68	47
市中区审计局	12	16843		94	48	13257		16	23	44

续表

审计机关	完成审计项目（个）	审计查出主要问题金额	审计处理情况					出具审计报告和审计调查报告（篇）	提出审计建议（条）	提交审计信息（篇）
			审计处理处罚				移送处理事项（件）			
			应上缴财政	应减少财政拨款或补贴	应归还原渠道资金	应调账处理金额				
沙湾区审计局	31	11039	6	1199	9660	39		35	72	32
五通桥区审计局	20	25387	10781	563	2	12484	2	22	38	
金口河区审计局	22	311	1	310				25	86	
峨眉山市审计局	28	22187	211	823				33	89	19
犍为县审计局	16	27716	939	296				16	20	
井研县审计局	33	314		314				37	76	
夹江县审计局	11	15030			133	1146		11	34	
沐川县审计局	99	1543		1487				99	293	1
峨边彝族自治县审计局	19	5047	468	373	1893	1844		21	78	15
马边彝族自治县审计局	88	9573	1		11	1199		93	40	
南充市										
南充市本级	127	322257	17738	8189	254	26424	6	134	176	16
顺庆区审计局	26	70442	15	4709	4581	91		26	28	
高坪区审计局	134	169963	36618	5776	1			149	216	
嘉陵区审计局	33	23324	5	1829				37	102	
阆中市审计局	41	161844	192	9946	360	6480		47	393	99
南部县审计局	110	243480	114	11708	52804			114	58	26
营山县审计局	150	10773	13	4327		4	1	164	256	19
蓬安县审计局	144	9863	150	3392	8	92		158	221	
仪陇县审计局	97	334374	17848	1914	154560	10974		105	312	1
西充县审计局	137	40117	126	7529	14		3	144	144	3
眉山市										
眉山市本级	67	139259	21409	1327	4502	95100	1	39	43	46
东坡区审计局	186	7048	24	272	642	4481	6	44	68	24
彭山区审计局	278	38071		2346	20598	342	7	33	65	39
仁寿县审计局	111	125767	7629	693	102530	6874	12	21	26	20
洪雅县审计局	57	159449		31	24067	135350		19	28	
丹棱县审计局	93	60844	4380	628	5	49639		11	21	
青神县审计局	99	109257	2	32		1328	5	19	52	
宜宾市										
宜宾市本级	34	1274054	660	1167	1305	5250	7	40	31	101
翠屏区审计局	64	28623	17862	6757	199	2979		66	56	6

续表

审计机关	完成审计项目（个）	审计查出主要问题金额	审计处理情况					出具审计报告和审计调查报告（篇）	提出审计建议（条）	提交审计信息（篇）
			审计处理处罚				移送处理事项（件）			
			应上缴财政	应减少财政拨款或补贴	应归还原渠道资金	应调账处理金额				
南溪区审计局	46	29953	2	3548	275	670	8	48	100	116
宜宾县审计局	50	26203	2175	1100	41	3		57	90	16
江安县审计局	47	85680	3241	5950	31	635	1	47	73	30
长宁县审计局	29	9469	52		4666	2434		29		4
高县审计局	45	2066	1301	409	2	225		45	11	
珙县审计局	54	9258	2019		376	700	2	64	191	125
筠连县审计局	30	29376	4956		6	190	2	32	38	59
兴文县审计局	57	4617	11	1193	9	1378	4	60	129	74
屏山县审计局	17	56006	176		51875	2166	3	17	52	6
广安市										
广安市本级	57	529726	33610	5427	523	7798	9	62	82	3
广安区审计局	67	179886	2549	6763	616	35462	2	67	129	32
前锋区审计局	55	84787	2629	1396	4085	71413		57	73	2
华蓥市审计局	105	46906	2294			36033	1	106	310	113
岳池县审计局	146	74359	544		90	45435	2	146	242	95
武胜县审计局	108	187330	144	3996	29	5402	4	108	85	
邻水县审计局	66	74369	55	680			2	65	175	11
达州市										
达州市本级	78	384604	100025	1218	148	5109	3	78	189	36
通川区审计局	125	3658	27	1497	83	1142	4	22	113	3
达川区审计局	135	9516	1302	4525	119	1849	1	135	42	
万源市审计局	27	273975	369		571	4899		27	74	32
宣汉县审计局	97	53363	102	6397		8909	2	110	349	22
开江县审计局	13	116008	416	34496	5633	74084		13	32	15
大竹县审计局	132	180764	3512	181	1	3642	3	132	240	46
渠县审计局	362	6594	233	140	82	344406	2	26	88	76
雅安市										
雅安市本级	102	15034	511	1	17	2891	12	81	273	128
雨城区审计局	148	6244	249		145	708		67	114	45
名山区审计局	129	27575	2992	69	20	839		9	31	5
荥经县审计局	36	2140	9			20	3	36	37	29
汉源县审计局	129	9290	958		2169	7120		20	490	54

续表

审计机关	完成审计项目（个）	审计查出主要问题金额	审计处理情况					出具审计报告和审计调查报告（篇）	提出审计建议（条）	提交审计信息（篇）
			审计处理处罚				移送处理事项（件）			
			应上缴财政	应减少财政拨款或补贴	应归还原渠道资金	应调账处理金额				
石棉县审计局	118	1583	958	167		77		118	66	42
天全县审计局	65	5165	285		5	4662	2	65	30	68
芦山县审计局	58	46056			1927	703	2	69	285	48
宝兴县审计局	70	98856		1482		97374		67	131	45
巴中市										
巴中市本级	16	146046	8897		5070	88197		16	183	121
巴州区审计局	24	38712	707	1278	6024	27897	2	24	98	86
恩阳区审计局	16	100735	9		2			16	83	89
通江县审计局	24	100897	16				1	24	92	107
南江县审计局	41	41366	1176	35	673	36979		41	112	132
平昌县审计局	17	104941	1		12215	81620		17	99	113
资阳市										
资阳市本级	76	106799	2737		28674	68188		25	40	91
雁江区审计局	74	108619	40	7049	600	15725		28	59	24
简阳市审计局	113	312284	444	12763	1	87		80	196	51
乐至县审计局	201	4766	428	3245	239	13		40	34	34
安岳县审计局	54	41309	303		1778	16674		54	53	25
阿坝藏族羌族自治州										
阿坝藏族羌族自治州本级	24	16198	1368	12351	1569	165		28	66	63
马尔康县审计局	22	17172	314	775		16056		23	60	17
汶川县审计局	14	10540	1	2123	249	8041		14	54	20
理县审计局	10	975						11	74	30
茂县审计局	5	302	302					5	15	21
松潘县审计局	10	786	673		23	11		13	29	15
九寨沟县审计局	32	2278	1929			129		38	174	17
金川县审计局	47	1137		900		236		52	130	15
小金县审计局	15	1966	1293	519	36	79	1	18	40	23
黑水县审计局	14	870	230			136		16	32	19
壤塘县审计局	6	8300	265		19	42		7	44	22
阿坝县审计局	12							14	6	12
若尔盖县审计局	7	63	60		3			7	30	12

续表

审计机关	完成审计项目（个）	审计查出主要问题金额	审计处理情况					出具审计报告和审计调查报告（篇）	提出审计建议（条）	提交审计信息（篇）
			审计处理处罚				移送处理事项（件）			
			应上缴财政	应减少财政拨款或补贴	应归还原渠道资金	应调账处理金额				
红原县审计局	10	2665			3	2647		10	44	21
甘孜藏族自治州										
甘孜藏族自治州本级	39	118010	18725	7628	7895	541	9	39	113	70
康定县审计局	28	2271		325	757	88		28	76	
泸定县审计局	40	17069	4		8022	72		40	93	
丹巴县审计局	22	3561	38	137	57	256		22	36	
九龙县审计局	47	14103	117	905	6733	373	1	47	157	
雅江县审计局	39	15002	3459	730		203		39	125	
道孚县审计局	27	4926	1	384				27	74	
炉霍县审计局	22	7150						22	56	
甘孜县审计局	62	2453	27	809	3	33		62	180	
新龙县审计局	31	18253	580	40	769	2265		31	75	
德格县审计局	24	5461	22	541	3	2730		24	57	
白玉县审计局	32	5901		136	1002	10		32	82	
石渠县审计局	36	1991		99				36	78	
色达县审计局	43	255	149					43	34	
理塘县审计局	27	2445		72	15	20		27	40	
巴塘县审计局	66	13204	77	97	538	665	1	66	101	
乡城县审计局	27	20498	204	274	9	423		27	65	
稻城县审计局	58	5743	75	440	89	49		58	157	
得荣县审计局	43	773	2	756	1	1		43	75	
凉山彝族自治州										
凉山彝族自治州本级	29	89178	2319	743	100	7915		29	100	68
西昌市审计局	90	14907	11	1725	133	9258		90	196	243
盐源县审计局	27	24287	45	65	75	18408		27	62	8
德昌县审计局	58	13473	7924	1351		174		58	95	
会理县审计局	16	6640	8	57	43	196		16	48	73
会东县审计局	34	3245	702	1255				34	66	17
宁南县审计局	33	6957		3089	8			33	70	16
普格县审计局	19	10540		115	25	9701		19	67	
布拖县审计局	17	5781	1		14	676		17	55	25

续表

审计机关	完成审计项目（个）	审计查出主要问题金额	审计处理情况					出具审计报告和审计调查报告（篇）	提出审计建议（条）	提交审计信息（篇）
			审计处理处罚				移送处理事项（件）			
			应上缴财政	应减少财政拨款或补贴	应归还原渠道资金	应调账处理金额				
金阳县审计局	20	1915	3	67		624		20	36	
昭觉县审计局	21	1837	600	127		989		21	51	
喜德县审计局	27	10863	3	1305	10	2738	1	27	81	
冕宁县审计局	22	3610	14	397		21		22	72	45
越西县审计局	64	11803	53	1323	287	9232	1	64	137	1
甘洛县审计局	29	2494	103	163	341	1754	1	29	48	13
美姑县审计局	30	2509	7	1428		426		30	108	
雷波县审计局	33	1201	179	322	26	116		33	121	
木里藏族自治县审计局	45	16604	48	168	29	1636		45	568	2

贵州省

【贵州省审计厅】 2014 年，贵州省审计厅人员编制 217 人，在编 167 人。设有办公室、法规处、财政审计处、行政事业审计处、农业与资源环保审计处、金融审计处、企业审计处、社会保障审计处、外资运用审计处、人事处、机关党委、离退休干部处；下辖贵州省经济责任审计局和固定资产投资审计局，其中经济责任审计局设 3 个处，固定资产投资审计局设 2 个处；另设有发展统计审计处、国资及经济和信息审计处、教育审计处、科技审计处、政法民（族）宗（教）审计处、国土环保审计处、人力资源民政审计处、建设审计处、交通审计处、农林水审计处、文体卫新闻审计处、经济执法及外事旅游审计处；设有政府投资审计中心、审计培训中心、审计信息中心、服务中心。

领导成员

厅　长：张如飞

副厅长：游明进　卢　伟　孙福强

总审计师：李　凌

专职纪检监察员：张　杰

机关党委书记：严贵林

省领导干部经济责任审计联席办公室主任：胡立平

审计成果　贵州省全省审计机关审计或审计调查单位 3271 个，查出主要问题金额 1032.23 亿元，移送处理事项 314 件，移送处理人员 218 人，涉及金额 24.67 亿元，通过审计促进增收节支 49.18 亿元。

稳增长等政策措施落实情况跟踪审计　按照审计署的统一部署，组织开展稳增长促改革调结构惠民生防风险政策措施落实情况跟踪审计工作，督促全省 2557 个机关事业单位和相关企业进行稳增长促改革调结构惠民生政策措施落实情况自查，抽查其中 746 个单位，对 204 个重点项目实施情况进行检查。审计查出全省在政策措施落实方面存在部分地方部门行政审批事项清理进展缓慢、部分保障性安居工程建设项目进度缓慢等 19 个方面的问题，针对存在的问题提出相关的审计建议。

自然资源资产责任审计　省审计厅组织完成赤水市、荔波县自然资源资产责任审计试点工作。通过审计，揭露在自然资源资产开发利用、出让转让和自然资源专项资金收支管理等方面的重大违法违规问题。审计共查出主要问题金额8.83亿元，向有关部门移送14项破坏资源和对环境造成危害的违法事项。总结审计成果，制定《赤水河流域（贵州境域）自然资源资产责任审计工作指导意见》，初步构建自然资源资产责任审计评价指标体系，为全省审计机关开展自然资源资产责任审计提供指导。《中国审计报》以《将自然资源资产审计结果作为考察领导干部的重要参考依据——访贵州省委副书记、省生态文明建设领导小组组长李军》和《贵州：试水自然资源资产责任审计》为题，报道贵州省加强生态文明建设、推进制度创新、开展自然资源资产审计相关情况。先行探索成效被审计署列为教学培训课件，为全国各地工作开展此项工作提供有益借鉴。

财政审计　全省完成预算执行审计524个，财政决算审计124个，查出主要问题金额484.29亿元。通过审计，促进全省各级政府对中央八项规定和省委十项规定的落实。省审计厅审计的13个省级部门2013年“三公”经费和会议活动费比上年同期下降49.12%，全省各地“三公”经费和会议经费也不同程度持续下降。同时根据省政府的要求，推行政府绩效审计，省审计厅制订专门方案，在省级部门预算执行审计中推行绩效审计。贵阳市政府根据审计意见和建议，出台推进预算绩效管理和财政性结余资金管理的制度文件。厅长张如飞受省政府委托，向省十二届人大常委会做出审计工作报告及审计整改情况报告，得到省人大常委会的充分肯定，审计工作受到社会各界的广泛关注。

专项资金审计　全省审计机关完成专项资金审计项目521个，查出主要问题金额123.53亿元。特别是2011—2013年度扶贫资金和2012—2013年度扶贫生态移民资金审计成果较为突出。省审计厅直接审计20个县，贵阳、遵义、毕节、铜仁、黔东南等8个市（州）审计局也组织开展此项审计。全省对69个县的扶贫资金和63个县的扶贫生态移民资金进行审计，共查出主要问题金额34.09亿元，移送处理事项80件。根据审计查出问题和审计意见建议，各地进行整改。省审计厅审计的20个县共查出主要问题金额13.91亿元，已整改主要问题金额8.54亿元，并对违规分配的3763套移民生态住房进行整改。此项工作得到省政府高度重视，省长批示：审计发现的问题值得高度重视，请刘远坤副省长牵头与相关部门研究如何有效防范这些问题再现，并在农村工作会和扶贫工作会上部署。常务副省长对扶贫资金审计综合报告做出批示：对审计发现的违规违纪问题要严肃处理，对扶贫资金的管理要建立健全体制机制。

经济责任审计　全省审计党政领导干部和企事业单位领导人员378人，查出主要问题金额302.28亿元。其中省审计厅在对开磷控股公司及瓮福集团公司领导人员任期经济责任审计中，将绩效审计、自然资源环境保护审计作为重点内容，关注企业负担的问题，查出虚增收入及利润、虚列支出及隐瞒利润、私设“小金库”、违规发放贷款等问题。各地进一步完善经济责任审计制度和工作机制建设。贵阳市由市委发文，提出加强领导干部经济责任审计工作措施；安顺市针对经济责任审计中发现的重要问题线索，由纪委监察、审计、公安、检察院等组成的联合调查组深入开展调查；黔南州完善经济责任审计工作机制，有3个县设立经济责任审计分局、4个县设置专职经济责任审计联席会议办公室主任。

固定资产投资审计　全省完成竣工决算、工程结算、概（预）算审计审核等事项13757个，核减投资148.13亿元。针对近年来基础设施建设BT融资模式问题较多的情况，省审计厅组织部分市（州）、县审计局开展36个BT项目审计调查，调查项目计划总投资131.14亿元，查出BT项目管理在投资决策、项目建设监管、成本控制等方面存在的较为突出问题，并针对存在的问题提出审计建议。省长在此项目整改报告上批示：从对部分BT建设项目专项审计问题的整改效果来看是比较好的，说明抓与不抓不一样。此事要结合地方政府债务管理办法提出规范要求，有必要也可单独出一个管理办法。安顺市、毕节市、铜仁市等地积极推动地方政府分别出台市级层面的投资审计管理办法，进一步加大对政府投资的审计监督。

全国土地出让收支和耕地保护情况审计　根据国务院要求和审计署统一部署，成都特派办牵头对贵州省本级、4个市（州）本级、14个县（市、区）的土地出让收支和耕地保护情况进行审计，全省审计机关共抽调400多名审计人员参加审计。

外资运用审计 根据审计署安排，组织完成6个外资项目审计，查出违规金额1.88亿元。审计重点揭示国外贷援款项目资金整体概况和效益情况，如实披露项目执行中存在的违反国家法规和国外贷援款项目协定，以及内部控制存在重大缺陷等问题，促进外资项目经济社会效益不断提高，保障国外贷援款提款报账工作的顺利进行。贵州省审计厅对2014年实施的4个国外贷援款项目审计结果在审计厅门户网站上进行公告。

队伍建设 完成21名处级领导干部选拔任用工作；通过公开招考完成5名同志的干部录用工作；通过公开招聘完成13名同志的录用工作；举办全省审计系统MBA硕士研究生班；选调6名基层审计机关人员到省审计厅挂职锻炼，进一步推进审计队伍的专业化建设。省审计厅在贵安新区设立派出审计局，黔南州有5个县在乡镇设立审计分局，增加人员编制42人。省审计厅进一步强化上级审计机关对下级审计机关的领导，积极探索省以下地方审计机关人财物统一管理工作。

质量管理 组织省直管县（市）、市（州）审计局法制工作负责人，以及省审计厅审计业务骨干共40余人对全省9个市（州）36个项目的审计质量进行检查。通过对各市（州）审计局2014年度实施的本级财政预算执行情况审计项目、经济责任审计项目、投资审计项目、专项资金审计或审计调查项目、审计成果进行检查考评，总结取得的经验和成效，推动各级审计机关严格执行审计法律法规和审计准则，进一步规范审计行为，促进依法审计、文明审计。组织开展全省优秀审计项目评选活动，共评选出优秀审计项目和表彰项目10个，其中省审计厅2个，各市（州）审计机关8个。

制度建设 省审计厅开展《贵州省政府投资建设项目审计监督条例》起草调研等工作，该条例已纳入2015年立法计划。完善审计制度，出台《审计现场管理办法（试行）》，该办法对规范审计组和审计人员的审计现场行为，进一步提高效率，保证质量，防范风险，落实责任发挥重要作用。

信息化建设 推进审计信息化建设，确保信息网络系统的安全运行；加大审计信息化培训，开展全省审计系统AO（现场审计实施系统）培训及计算机审计中级培训，其中参加AO培训人数达396人，共359人通过审计署统一认证考试，通过率90.66%；参加计算机审计中级培训人数106人，共有80人通过考试并获得计算机审计中级资格，合格率75.47%。 （撰稿人：陈迎春）

【贵阳市审计局】 2014年，贵阳市审计局人员编制109人，在编93人。局长刘晓萍，副局长罗继荣、王雄伟，总审计师朱云进，纪检组长向静，机关党委书记李晓林。设有办公室、法规处、财政审计处、固定资产投资审计一处、固定资产投资审计二处、经济责任审计处、行政事业审计处、外资与农业与资源审计处、社会保障审计处、绩效审计处、企业审计处、人事处、计算机审计处、离退休干部处、机关党委办公室。

审计成果 贵阳市审计机关完成审计项目184个，查出主要问题金额454931万元，其中违规金额5690万元、管理不规范金额449240万元；损益（收支）不实金额11891万元；审计处理处罚金额24995万元，其中应上缴财政3001万元、应减少财政拨款或补贴1220万元、应归还原渠道资金1722万元、应调账处理金额18847万元；审计促进整改落实有关问题金额23038万元，其中增收节支4451万元、已调账处理金额13157万元；审计促进拨付资金到位255万元；审计后挽回（避免）损失657万元。移送司法机关、纪检监察机关和有关部门处理事项3件。提交审计报告和专项审计调查报告190篇，被批示、采用5篇。提出审计建议586条，提交审计信息866篇，被批示、采用313篇。

财政审计 全市审计机关审计预算执行单位66个，延伸审计有关单位111个，共查出主要问题金额306968万元。贵阳市审计局开展对贵阳市2013年度20家公开部门预算信息单位“三公”经费管理使用情况的专项审计调查。贵阳市各部门、各单位针对审计报告和审计决定中提出的问题、意见和建议以及处理处罚决定，从制度、机制和管理等方面深入分析，制订整改方案，抓整改促落实，成效明显。

经济责任审计 全市审计机关完成经济责任审计33个，查出问题金额18213万元。受市委组织部委托，贵阳市审计局开展对市水利水电工程移民局、市安监局、市民宗委、市第六中学、贵阳广播电视台、贵阳铁路建设投资公司、市水交集团等7个部门和单位领导干部任期经济责任的审计。

农业与资源环保审计 全市审计机关完成农业与资源环保类审计项目24个，审计查出问题金额2361万元，移送相关部门处理事项1件，涉嫌违法违规金额27.8万元。

固定资产投资审计 全市审计机关完成政府投资项目审计1799个，审计总金额833435万元，核减投资、减少财政资金支出142715万元。市审计评审中心共完成审计评审项目546个，核减160900万元，核减率为6.18%。

社会保障审计 贵阳市审计机关共完成社会保险类审计项9个，共查出各类问题金额2177万元，通过审计促进被审计单位不断完善内部财务管理。

企业审计 按照贵阳市政府要求，贵阳市审计局对贵州燃气（集团）有限责任公司和贵阳煤气气源厂2013年至2014年冬季供气期间因增加燃气供应量产生的亏损情况开展专项审计及审计调查，促进企业加强和规范管理，提高资金的使用效益。

专项资金审计 贵阳市审计局组织开展对扶贫资金、扶贫生态移民工程资金、保障性安居工程资金、“四在农家·美丽乡村”建设工程资金、城市最低生活保障资金和农村最低生活保障资金、贵阳市2013年元旦春节送温暖资金、贵阳市2013年度应用技术研究与开发专项资金等项目和资金的专项审计及审计调查。

信息化建设 贵阳市审计局制订《贵阳市审计信息化建设方案（2015—2017）》，并以此作为开展信息化建设工作的指导依据。在继续推进AO（现场审计实施系统）和OA（审计管理系统）的运用的同时，有效利用贵阳市社保联网审计系统及其他应用软件开展审计工作，进行财政联网审计系统研发工作。（撰稿人：张旭丽）

【六盘水市审计局】 2014年，六盘水市审计局人员编制69人，在编54人。局长代云盘，副局长卢德正（9月—）、李成培、董巍娜，副局长兼经审办主任张立敏（9月—），纪检组长邵建梅，调研员张勤荣、赵敏（—11月），正县级干部张传义（—10月）。设有办公室、政策法规科、财政审计科、行政事业审计一科、行政事业审计二科、农业与资源环保审计科、固定资产投资审计一科、固定资产投资审计二科、金融与外资审计科、经济责任审计一科、经济责任审计二科、企业审计科、社会保障审计科和六盘水市政府投资审计中心。

审计成果 六盘水市审计机关完成审计项目316个，查出主要问题金额1028987万元，其中违规金额22620万元、管理不规范金额1006367万元；损益（收支）不实金额6448万元；审计处理处罚金额56057万元，其中应上缴财政15433万元、应归还原渠道资金4536万元、应调账处理金额36068万元；审计发现非金额计量问题177个；审计促进整改落实有关问题金额48991万元，其中增收节支17677万元、已调账处理金额31300万元；审计后挽回（避免）损失15329万元。移送司法机关、纪检监察机关和有关部门处理事项1件。出具审计报告和专项审计调查报告320篇，被批示、采用56篇。提出审计建议391条，提交审计信息279篇，被批示、采用164篇。向社会公告审计结果1篇。12月29日，由六盘水市审计局牵头制定《市审计局、市中级人民法院、市人民检察院、市委组织部、市监察局、市公安局、市财政局、市人力资源和社会保障局联合印发〈六盘水市审计工作部门联动机制实施办法（试行）〉的通知》，确保审计工作的顺利实施，促进审计查出问题的整改落实，推动党风廉政建设和反腐败工作。

财政审计 完成25个部门预算执行和6个部门财政决算情况审计，揭示预算编报不真实不完整21900万元、未按规定征收缴纳收入151300万元、违规改变项目计划和资金用途84400万元、资金滞留闲置25400万元等问题，提出完善预算编制、强化财政结转结余资金管理，规范债务举借等方面意见建议。

经济责任审计 全年完成15名领导干部经济责任审计，查出违规金额1875万元、管理不规范金额26000万元。涉嫌个人经济问题1人，移送纪检监察机关12人。建立领导干部经济责任审计数据库，对领导干部经济责任审计分轻重缓急，科学排序，有效拓展审计覆盖面；健全科学的审计评价体系，建立领导干部经济责任审计评价量化打分表，客观公正地评价领导干部在重大经济政策的贯彻落实、重大经济决策部署、重大项目推进、大额度资金使用、执行财经纪律等方面的履职尽责情况；推进审计结果利用，将审计结果及审计发现问题的整改，纳入领导干部廉政档案和干部考核档案，并将其作为被审计对象任免、奖惩的重要依据。

固定资产投资审计 全年完成政府性投资审计项目 367 个，核减投资 122300 万元。报市人民政府出台《六盘水市政府投资项目审计办法》，进一步明确审计监督范围、内容、方式、职责和项目参建单位责任。《市审计局关于政府投资审计中多计工程预结算的情况分析和建议的报告》得到市政府领导高度重视。完成全市 BT 项目审计调查，促进出台《市政府办关于加强 BT 建设项目后续管理的通知》，进一步规范全市 BT 建设项目的管理。

专项资金审计 全年完成 2013 年城镇保障性安居工程跟踪审计、财政扶贫资金、扶贫生态移民工程资金等 33 项民生专项资金审计，审计资金总额 305000 万元，查出主要问题金额 145700 万元。全市扶贫生态移民工程资金专项审计发现并督促有关单位整改工程资金筹集不到位 4240.27 万元、擅自调整变更移民搬迁对象 543 户等问题。城镇保障性安居工程跟踪审计查实盘县坡上牧场负责人伙同出纳涉嫌挪用公款 179 万元等问题，移送司法部门处理。由于六盘水市保障性住房跟踪审计工作成效明显，中央电视台等 11 家中央主流媒体于 4 月进行专题采访。（撰稿人：舒运绍）

【遵义市审计局】 2014 年，遵义市审计局人员编制 35 人，在编 33 人。局长翁永厚，副局长雷以怀、李镇薇，总审计师张辉。设有办公室、固定资产投资审计科、财政金融审计科、经贸审计科、经济责任审计科、农业与资源环保审计科、行政事业审计科、法制科。

审计成果 遵义市审计机关完成审计项目 672 个，查出主要问题金额 1036327 万元，其中违规金额 67014 万元、损失浪费金额 244 万元、管理不规范金额 969068 万元；损益（收支）不实金额 42749 万元；审计处理处罚金额 139588 万元，其中应上缴财政 18782 万元、应减少财政拨款或补贴 57595 万元、应归还原渠道资金 31430 万元、应调账处理金额 20903 万元、应缴纳其他资金 10875 万元；审计促进整改落实有关问题金额 127209 万元，其中增收节支 94483 万元、已缴纳其他资金 4479 万元、已调账处理金额 19347 万元；审计促进拨付资金到位 581 万元；审计后挽回损失 44602 万元；审计核减工程投资额 86675 万元。移送纪检监察机关处理事件 9 件，移送处理人员 10 人，涉及金额 1605 万元。出具专题审计调查报告 4 篇。提出审计建议 2062 条，提交审计信息 416 篇，被批示、采用 292 篇。向社会公告审计结果 17 篇。

财政审计 遵义市审计机关完成预算执行情况和决算审计项目共计 122 个，其中预算执行 72 个，财政决算 50 个。审计查出主要问题金额 861954 万元，其中预算编报不真实不完整 17318 万元、未按规定纳入预算管理 15767 万元、未按规定征收缴纳收入 20853 万元、隐瞒转移截留资金 371 万元、未落实"收支两条线"和专户管理规定 811 万元、违规改变项目计划和资金用途 11639 万元、未按规定征提基金 4565 万元、乱收费乱摊派乱罚款 432 万元、资金滞留闲置 91761 万元、虚列支出 20378 万元、扩大开支范围或提高开支标准列支 1459 万元、违规出借财政资金 177570 万元、违规采购 410 万元、会计核算不实 22007 万元等。

经济责任审计 遵义市审计机关对 58 名领导干部开展经济责任审计，其中党委领导干部 17 人，政府领导干部 24 人，政府工作部门领导干部 15 人，事业单位领导干部 2 人。审计查出主要问题金额 44370 万元，其中违规金额 18088 万元、管理不规范金额 26282 万元、增收节支 1465 万元等。按照贵州省委、省政府和遵义市委、市政府的安排，与省审计厅联合开展赤水市政府自然资源资产责任审计试点工作。

固定资产投资审计 全市审计机关完成政府投资审计项目 423 个，审减金额 8.7 亿元，审减率为 9.57%，为政府节约大量投资成本。余庆县审减率在 10%以上的审计项目有 36 个，审减率最高达50.69%；红花岗区审计局审减金额10167.17万元（含委托审计），审减率为15.86%，其中审减率超过30%的项目达11个，最高审减率达63.13%，审减额超过500万元以上的项目有3个；正安县审计局审减金额5638（含委托审计）万元，审减率为17%，其中最高审减金额达2100万元，审减率为30.8%；湄潭县审计局审减金额11841.99万元（含委托审计），审减率为10.99%；绥阳县审计局对绥阳县永山坎隧道等15个BT项目加强跟踪审计力度，杜绝施工方多计工程量、高估冒算等问题，为政府节约资金6600万元。

专项资金审计 遵义市审计机关共完成专项资金审计项目85个。审计查出主要问题金额67886万元，其中违规变更调整预算136万元、未落实“收支两条线”和专户管理规定501万元、违规改变项目计划和资金用途2496万元、资金滞留闲置16660万元、虚报冒领550万元、违规采购7947万元、违规办理结算或批复决算293万元、资金不到位不落实3604万元、工程结算款不实7380万元、超规模超标准项目7705万元、违规招投标签订合同金额2806万元、损失浪费金额244万元等。在市级部门审计中开展绩效审计调查。

交办任务 遵义市审计机关共完成交办、配合事项1066件，其中党委、政府交办事项907个，配合事项159个。审计查出主要问题金额40626万元，其中违规金额206万元、管理不规范金额40420万元；审计处理处罚金额30568万元；已上缴财政28万元、已减少财政拨款或补贴30503万元、已归还原渠道资金10万元；审计后挽回（避免）损失11441万元；核减投资额49164万元。

信息化建设 遵义市审计机关高度重视审计信息化基础设施建设，加大投入，配齐设备，实现一线审计人员人手一台审计专用电脑；加大OA（审计管理系统）应用力度，所有审计业务文件实现无纸化传输；加大计算机审计软件AO（现场审计实施系统）的推广、应用，注重总结计算机审计方法和经验；加强计算机审计及应用技术的培训，全市11名审计干部通过AO计算机审计运用中级资格考试。

内部审计 遵义市内部审计机构共计935个，其中专职机构106个；内部审计人员1682人，其中专职人员263人。完成审计项目1191个，其中财务收支审计251个、效益审计27个、经济责任审计169个、内部控制评审104个、信息系统审计8个、基本建设审计363个、其他269个。审计总金额20466万元，增收节支319万元，提出建议意见被采纳1087条。 （撰稿人：李 励）

【安顺市审计局】 2014年，安顺市审计局人员编制34人，在编30人；安顺市投资审计中心人员编制14人，在编10人。局长陈天一（—1月），副局长甘宗祥、徐晓艳、汪泽荣，总审计师陈敏，纪检组长徐家猛，市投资审计中心主任陈华，经济责任办主任张俊晖。设有办公室、综合科、财政金融审计科、农业与资源环保审计科、固定资产投资审计科、经贸审计科、社保外资审计科、经济责任审计一科、经济责任审计二科、经济责任审计三科、中心综合科、工程一科、工程二科。

审计成果 安顺市审计机关完成126个单位（项目）审计或审计调查，查出问题金额290621万元，其中违规金额14638万元、损失浪费金额14万元、管理不规范金额275968万元；损益（收支）不实金额459万元；审计处理处罚金额13950万元，其中应上缴财政9131万元、应归还原渠道资金4290万元、应缴纳其他金额42万元、应调账处理金额485万元；审计发现非金额计量问题88个；审计促进整改落实有关问题金额10438万元，其中增收节支10290万元、已调账处理金额147万元、已上缴财政资金6464万元、已归还渠道资金3826万元；审计后挽回（避免）损失52万元。移送公安及纪检监察机关进一步查处事项4件。出具审计报告和专项审计调查报告126篇，被批示、采用4篇。提出审计建议338条，提交审计信息303篇，被批示、采用53篇。

财政审计 全市审计机关开展财政预算执行情况和财政决算审计共41个，查出问题金额260415万元。

经济责任审计 全市审计机关共对21名领导干部进行经济责任审计，其中县（处）级领导干部5人，乡（科）级领导干部16人，查出问题金额 12785 万元。提出审计建议 58 条，被采纳 56 条。

行政事业审计　全市审计机关开展行政事业审计 14 个，查出问题金额 14310 万元。

固定资产投资审计　全市审计机关共对 60 个政府性投资项目进行审计，核减工程款 8291 万元。起草《安顺市政府投资项目审计办法（试行）》，经市政府第十九次常务会议审议通过，由市政府办印发全市实施。

企业审计　安顺市审计机关开展企业（调查）审计 3 个，延伸审计单位 13 个，查出问题金额 721 万元。

专项资金审计　全市审计机关根据审计署和贵州省审计厅的统一安排，对镇宁、平坝、关岭、紫云、普定 2012 年各类保障性安居工程专项审计；派出 9 个审计组开展直播卫星“户户通”项目建设审计，延伸调查 1416 个农户；开展普定县 2011 年至 2013 年扶贫资金和生态移民资金审计，查出滞留扶贫资金 1234 万元；抽调 25 名审计干部赴遵义配合审计署开展土地出让收支和耕地保护审计。（撰稿人：刘学知）

【毕节市审计局】　2014 年，毕节市审计局人员编制 72 人，在编 59 人。局长朱平，副局长陈志勇、李明祥，总审计师项学新，纪检组长李华。设有财政农业审计科、经济责任审计科、企业审计科、行政事业审计科、法制科、固定资产投资审计科、信息科、办公室、市政府投资审计中心、市经济责任审计办公室。

审计成果　毕节市审计机关共完成审计项目 121 个，查出主要问题金额 794667 万元，其中违规金额 147823 万元、管理不规范金额 493202 万元、损失浪费金额 373 万元；应上缴财政 48586 万元；已上缴财政 937 万元；应归还原渠道资金 52692 万元，已归还原渠道资金 52692 万元；应调账处理 253896 万元，已调账处理 9684 万元；为国家节约建设资金 115424.84 万元。移送纪检监察机关案件线索 17 件，涉案金额 3383 万元。提交审计信息 244 篇，被批示、采用 87 篇次。提出审计建议 368 条，被采纳 189 条。

财政审计　全市审计机关完成同级预算执行审计 24 件，延伸审计一、二级预算单位 29 个，共查出存在问题金额 496381 万元，存在部分非税收入未缴入国库、暂付款未清理完毕、廉租住房专项补助资金未纳入政府性基金收入管理等问题。

经济责任审计　全市审计机关对 42 名党政主要领导干部开展经济责任审计，其中县级干部 6 人，乡科级领导干部 36 人。共查出违规金额 33255.5 万元、管理不规范金额 148801 万元。

固定资产投资审计　全市审计机关完成政府投资项目 1909 个，审减金额 115424.84 万元，提出审计建议 65 条，建设单位采纳 48 条。为提高审计质量，规范工作程序，制定《毕节市审计局聘请社会中介机构参与政府投资建设项目审计业务操作规程》《毕节市审计局政府性投资建设项目受托社会中介机构考核管理办法》。

社会保障审计　通过城镇保障性安居工程跟踪审计发现保障性安居工程任务目标未按规定分解完成、住房分配和使用管理不规范、部分保障性住房长期闲置等问题。扶贫资金和生态移民资金审计发现配套资金不到位、滞留项目资金、擅自调整项目、违规贴息、重复申报、弄虚作假套取资金、挤占挪用等问题。

专项资金审计　针对 2014 年毕节市城乡居民医疗保险基金专项审计在体制机制上存在的问题及资金运行存在的风险，毕节市政府制订《毕节市城乡居民医疗保险基金专项整治方案》，组织专项行动，上缴违纪违规金额 713.55 万元。采用“双规”措施 1 人，纪检监察机关、检察机关立案查处 43 人。

信息化建设　毕节市审计局共举办 AO（现场审计实施系统）培训班等专项审计培训 12 次；毕节市审计系统审计人员在参加审计署统一组织的 AO 软件应用考试中合格率达 97.7%。

（撰稿人：胡　灵）

【铜仁市审计局】　2014 年，铜仁市审计局人员编制 63 人，在编 58 人。局长田应银（—6 月）、任廷跃（6 月—），副局长刘榕生（—6 月）、田仁华（6 月—）、文玉宏、姚茂海，总审计师唐平（—9 月）、陈静（10 月—），纪检组长田峰，经济责任审计联席会议办公室主任游正茂。设有办公室、审计质量监督科、监察室、财政金融审计科、农业外资审计科、固定资产投资审计科、经贸审计科、行政事业审计科、经济责任审计一科、经济责任审计二科，下设铜仁市投资审计评审中心、审计信息中心。

审计成果 铜仁市审计机关完成审计项目753个，查出主要问题金额885295万元，其中违规金额99482万元、管理不规范金额785654万元；审计处理处罚金额133848万元，其中应上缴财政45139万元、应归还原渠道资金85277万元、应调账处理金额3040万元；审计促进整改落实有关问题金额98506万元，其中增收节支73531万元、已调账处理金额1806万元。移送司法机关、纪检监察机关和有关部门处理事项43件。提交审计信息445篇，被批示、采用322篇。铜仁市审计局获得人力资源和社会保障部、审计署表彰全国审计机关先进集体，获得审计署表彰全国政府性债务审计公务员集体三等功。

财政审计 完成审计项目62个，查出未按规定征收缴纳收入20863万元、违规改变项目计划和资金用途107139万元、虚列支出10718万元。财政预算执行情况审计查出德江县财政局应缴未缴非税收入664.41万元，江口县政务服务中心土地出让金收入应缴未缴财政专户1964万元，审计依法做出全额上缴财政国库和财政专户的处理。查出沿河土家族自治县民政局2013年超预算列支公务接待费87.86万元，其中购烟酒茶支出53.14万元，依法移送县纪委、监察局处理。

专项资金审计 完成审计项目87个，查出隐瞒转移截留资金3019万元、违规改变项目计划和资金用途2294万元、资金滞留闲置11627万元。城镇保障性安居工程跟踪审计查出思南县廉租住房销售收入801.81万元未纳入财政专户管理；对2011年至2013年扶贫资金分配、管理和使用情况的审计，查出玉屏侗族自治县有关部门挤占挪用扶贫项目发展资金30.06万元、碧江区财政局2011年至2012年滞留扶贫专项资金1534.19万元，审计依法做出上缴财政专户、归还原渠道资金和限期拨付扶贫项目资金的处理。

固定资产投资审计 完成审计项目556个，审计项目投资总额1218704万元，查出投资预算编报不规范103231万元、工程结算款不实多计65801万元，审计做出核减工程预算投资额和结决算工程款的处理。核减投资额169033万元，总核减率为13.87%。对铜仁学院新校区公租房土建及安装工程预算的审计，核减860.90万元，核减率为14.20%；对铜仁市灯塔大道BT项目工程竣工结算的审计，送审结算投资额39891.38万元，核减12775.26万元，核减率为32.03%；对石阡县医院住院综合楼工程竣工结算的审计，送审结算投资额7032.91万元，核减1162.22万元，核减率为16.53%。

经济责任审计 完成审计项目41个，审计经济责任人60人，其中县处级8人、乡科级51人、国有企业1人，查出违规金额中负直接责任金额264万元、负主管责任金额1137万元、负领导责任金额43219万元；管理不规范金额中负直接责任金额133万元、负主管责任金额10618万元、负领导责任金额84472万元。对万山区委书记、区长任期经济责任的审计，查出区国土局截至2013年9月应收未收土地出让金3050万元，审计依法做出责成区政府督促相关部门限期全额清收的处理。

（撰稿人：朱亚明）

【黔西南布依族苗族自治州审计局】 2014年，黔西南布依族苗族自治州审计局人员编制52人，在编41人。局长雷宪春，副局长沈浩廷、龙敏，总审计师张亚非，纪检组长吕剑平，经济责任办主任张时龙（12月—）。设有办公室、人事教育科、法规科、财政金融审计科、行政事业外资审计科、农林水资源环保社保审计科、企业审计科、固定资产投资审计科、经济责任审计一科、经济责任审计二科、监察室，下设州政府性投资建设项目前置审计中心、政府性投资决算审核中心、审计信息技术服务中心。

审计成果 黔西南布依族苗族自治州审计审计机关完成审计项目142个，查出主要问题金额171597万元，其中违规金额55689万元、损失浪费金额3万元、管理不规范金额115904万元；审计处理处罚资金88239万元，其中应上缴财政7847万元、应减少财政拨款或补贴910万元、应归还原渠道资金44039万元、应调账处理金额28718万元。移送司法机关、纪检监察机关和有关部门处理事项7件。出具审计报告142篇，向被审单位提出审计建议338条，提交审计信息31篇。与宁波市审计局对口合作机制启动；与云南红河州、文山州和广西百色市的滇桂黔业务合作机制正式运行。成为州人大开展工作评议对象中唯一获“满意”评价州直机关；被省委党建工作领导小组表彰为省级五好基层党组织；被省委、省政府表彰为2012—2014年度省级文明单位；被中央文明委表彰为全国文明单位。

财政审计 审计预算执行单位35个，审计调查单位9个，查出问题45个，涉及违规金额34543万元、管理不规范107919万元，提出审计建议82条。

经济责任审计 州委办、州政府办印发《黔西南州党政主要领导干部和国有企业领导人员离任经济事项交接办法》；正式设立州经济责任办主任一职，负责牵头开展经济责任审计。全年完成经济责任项目22个，查出违规金额1948万元、管理不规范金额9394万元，移交案件1件。

农业与资源环保审计 在册亨县试点开展自然资源资产责任审计，摸底自然资源资产和生态环境制度建设、数量、质量、价值形态等，探索编制自然资源资产负债表。

固定资产投资审计 政府性投资前置审计和竣工决（结）算审计节约支出26.25亿元，超前三年审减总额。其中，完成前置审计756个，净核减24.28亿元；完成竣工结算审计892个，净核减（节约支出）1.97亿元。

外资运用审计 完成印江县日本国际协力银行贷款省环境发展与教育项目2013年财务收支和项目执行情况审计工作，发现套取、滞留资金，虚列支出、挪用等问题。

专项资金审计 根据省审计厅实施方案，对州本级2013年城镇保障性安居工程投资、建设、分配、运营等情况进行审计。根据省审计厅《望谟县灾后重建跟踪审计工作方案》，完成2014年望谟县灾后重建跟踪审计。参与审计署统一组织实施的土地出让收支和耕地保护情况审计。配合省审计厅完成赤水市自然资源资产和生态环境建设责任审计工作。配合省审计厅完成习水县2011—2013年度财政扶贫资金审计和生态移民资金的审计工作。完成17个村（街道、社区）的财务收支审计任务，除审计财务收支，还对村级财务管理制度，土地、村级工程项目，集体资产管理、使用、处置情况等进行审计。

稳增长等政策措施落实情况跟踪审计 根据审计署和省审计厅部署，从9月起，全面启动州县两级稳增长促改革调结构惠民生防风险政策措施落实情况跟踪审计工作，促进政策落地生根。

（撰稿人：刘崇方）

【黔东南苗族侗族自治州审计局】 2014年，黔东南苗族侗族自治州审计局人员编制61人，在编48人。局长黄瑜，副局长欧勤远、刘才泉、周小燕，总审计师李志军，纪检组长李胜儒，经济责任办主任朱珠，审计中心主任龙家茂。设有办公室、法制科、财政金融审计科、行政事业审计科、固定资产投资审计局、企业与外资运用审计科、农业与资源环保审计科、监察室，下设经济责任审计办公室（下设经济责任审计一科、审计二科、审计三科）、黔东南州政府投资前置审计中心（下设投资审计一科、审计二科）。

审计成果 黔东南苗族侗族自治州审计机关共完成各类审计项目449个，查出主要问题金额907636万元；审计处理处罚金额125824万元；审计促进整改落实有关问题金额110232万元；移送司法机关、纪检监察机关和有关部门处理事项38件，移送人员6人。提出审计建议876条，被采纳602条；提交审计信息674篇，被批示、采用403篇次。

财政审计 全州完成财政预算执行情况审计项目17个，完成延伸相关预算执行部门审计56个，查出主要问题金额556137万元。完成财政决算审计单位7个，其中州审计局审计单位2个，查出主要问题金额13501万元。

行政事业审计 全州审计机关完成行政事业单位财务收支审计88个，查出主要问题金额193232万元。

企业审计 全州各级审计机关完成国有及国有控股企业资产、负债、损益审计项目7个，查出主要问题金额15001万元。

经济责任审计 全州审计机关完成领导干部经济责任审计项目61个（经济责任人71人），查出主要问题金额30594万元。

专项资金审计 全州审计机关完成专项资金审计（调查）项目86个，延伸审计单位55个，审计专项资金总额317898万元，查出主要问题金额123409万元。

固定资产投资审计 完成政府投资项目概（预）算审查1523个，审查金额127.1亿元，核减金额19.68亿元；完成政府投资项目竣工决算审计1577个，审计金额39.46亿元，核减金额3.52亿元，全年累计为政府投资节约资金23.22亿元。

跟踪审计 开展保障性安居工程的跟踪审计、直播卫星“户户通”工程建设跟踪审计，组织开展稳增长促改革调结构惠民生政策措施落实情况跟踪审计，通过自查、抽查和重点跟踪审计的方式有序开展工作。（撰稿人：田洪波）

【黔南布依族苗族自治州审计局】 2014年，黔南布依族苗族自治州审计局人员编制49人，在编37人。局长管跃敏，副局长宋淑琴（—8月）、罗宪平、杨宁（—11月）、林雪洪（10月—），总审计师冯丽芳（10月—），纪检组长司文丽，州领导干部经济责任审计联席会议办公室主任杨爱民。设有办公室、政策法规科、财政金融审计科、社保与行政事业审计科、农业与资源环保审计科、固定资产投资审计科、经济责任审计科、经贸外资审计科、固定资产投资审计中心。

审计成果 黔南布依族苗族自治州审计机关完成审计（调查）项目535个，查出主要问题金额51.08亿元，其中违规金额2.97亿元、管理不规范金额48.09亿元；损益（收支）不实金额4.88亿元；审计处理处罚金额17.31亿元，其中应上缴财政0.97亿元、应减少财政拨款或补贴10.77亿元、应归还原渠道资金3.29亿元、应缴纳其他金额0.95亿元、应调账处理金额1.31亿元；审计发现非金额计量问题152个；审计促进整改落实有关问题金额15.08亿元，其中增收节支14.17亿元、已调账处理金额0.62亿元；审计后挽回（避免）损失10.33亿元。移送司法机关、纪检监察部门处理事项46件，涉及人员8人。出具审计报告和专项审计调查报告535篇，被批示、采用29篇。提出审计建议1175条，提交审计信息1088篇次，被批示、采用774篇次。

财政审计 全州完成财政审计项目60个，查出主要问题金额26.54亿元。向州人大常委会报告的《2013年州本级财政预算执行和其他财政收支情况的审计工作报告》得到州领导班子的肯定和批示，并印发《关于切实抓好2013年州本级财政预算执行和其他财政收支情况审计反映问题整改工作的专题会议纪要》。实施的政府性债务审计项目获国家人力资源社会保障部和审计署嘉奖表彰。

行政事业审计 全州完成行政事业审计项目41个，查出主要问题金额3.03亿元。

专项资金审计 全州完成涉及民生专项资金审计项目49个，查出主要问题金额0.85亿元。

固定资产投资审计 全州完成投资审计项目382个，审计投资额20.74亿元，审减投资额3.09亿元；完成政府交办配合审计事项1047个，核减投资额13.67亿元。

经济责任审计 全年审计领导干部44人，其中县级6人。查出违规金额2.22亿元，移送案件线索22件。对三都县县长经济责任审计项目分别获审计署表彰项目和省审计厅优秀项目。在对州某局局长开展经济责任审计过程中，揭示该局违反中央八项规定等问题，州委书记批示“请纪委派员提前介入”。（撰稿人：黄　杰）

【仁怀市审计局】 2014年，仁怀市审计局人员编制27人，在编25人。局长王体强，副局长黄树、蔡晔，审计审核中心主任黄永林。设有办公室、政策法规股、财政金融审计股、行政事业审计股、经济贸易审计股、农业与资源环保审计股、固定资产投资审计股、经济责任审计股和审计审核中心。

审计成果 仁怀市审计局共计完成计划项目20个、交办项目23个，查出主要问题金额446145万元，其中违规金额6019万元、管理不规范金额434790万元；应上缴财政5336万元。审计提出建议62条，被采纳62条。抽调4名审计人员参与由审计署组织的国有土地使用权出让收支审计，开展稳增长促改革调结构惠民生落实情况跟踪审计。撰写各类信息简报53篇，酒都审计网刊发信息36篇，酒都信息网采用25篇，省审计厅采用2篇。

财政审计 通过同级财政预算审计发现，仁怀市的财政预算执行情况总体较好，但存在政府债务风险等问题。同时对沙滩乡等3个乡镇进行

2013年度财政决算审计。

经济责任审计 开展4个乡科级单位6名正科级领导干部经济责任审计，共查出违规金额186.53万元、管理不规范金额1197.97万元。对查出的业务招待费超过标准、内部控制制度不健全、执行不够有效等问题，审计提出建议23条。

农业与资源环保审计 重点对涉农资金、水利资金等专项资金进行审计，完成2011年度整合实施高标准农田建设示范项目竣工决算审计等5个涉农利民项目的审计工作。

固定资产投资审计 完成仁怀市环城北路北段道路12个重点投资项目审计，核减不实工程造价10203万元；完成工程预算审计（拦标价）审计任务129个，有效揭示工程建设管理中存在的各种违规违纪以及损失浪费等问题。市审计局委托社会中介机构完成审计项目138个，其中固定资产投资类工程竣工结算审计项目43个，送审金额67858.86万元，审定金额60120.7万元，核减7738.16万元，核减率11.4%。

专项资金审计 开展直播卫星"户户通"工程资金等5个专项资金审计。（撰稿人：陈 尕）

【威宁彝族回族苗族自治县审计局】 2014年，威宁彝族回族苗族自治县审计局人员编制32人，在编31人。局长洪梅，副局长管彦富、金钰兰。设有办公室、行政事业审计股、财政农业审计股、法制股、经济责任审计股、固定资产投资审计股、固定资产投资审计中心。

审计成果 威宁自治县审计局开展审计项目127个，其中计划审计项目23个，固定资产投资审计项目104个，查出主要问题金额52718万元，其中违规金额21万元、管理不规范金额52697万元；损益（收支）不实金额8500万元；审计处理处罚金额29895万元，其中应上缴财政241万元、应减少财政拨款或补贴30136万元、应归还原渠道资金18287万元、应调账处理金额11366万元；审计促进整改落实有关问题金额29534万元，其中增收节支已上缴财政241万元、已归还原渠道资金18265万元、已调账处理金额11028万元。移送处理事项2件。提交审计工作报告103篇。审计提出建议62条，被采纳29条，提交审计信息27篇。获得2014年度贵州省全省审计系统省直管县绩效目标考核三等奖。

财政审计 完成财政审计项目6个，查出问题金额18208.70万元。

专项资金审计 完成乡级财政决算、农业环保审计及专项资金审计7个，查出问题金额15200.07万元；开展2013年以来全县稳增长促改革调结构惠民生政策措施落实情况跟踪审计；对政府存量债务清理甄别进行认定；抽调人员参与贵州省审计厅对2011—2013年度扶贫资金和扶贫生态移民资金审计。

经济责任审计 完成任期经济责任审计项目6个，其中乡镇主要领导4人，县内科局主要领导2人，查出问题金额17251.03万元。

社会保障审计 完成社会保障审计3个，查出问题金额2000.20万元。

外资运用审计 完成外资审计1个，查出问题金额58万元。

固定资产投资审计 开展固定资产投资审计项目104个，项目送审金额159203.30万元；已完成项目80个，跟踪审计项目24个，项目审定金额141505.92万元，项目审减金额17697.38万元，审减率为11.12%。（撰稿人：李 军）

2014年贵州省所辖区、县(市)级审计工作统计表

金额单位:万元

审计机关	完成审计项目(个)	审计查出主要问题金额	审计处理情况					出具审计报告和审计调查报告(篇)	提出审计建议(条)	提交审计信息(篇)
			审计处理处罚				移送处理事项(件)			
			应上缴财政	应减少财政拨款或补贴	应归还原渠道资金	应调账处理金额				
贵阳市										
贵阳市本级	37	35951	1565		1435	15072	2	38	164	127
乌当区审计局	14	8599	7			3518		14	35	96
南明区审计局	14	2001	298		15			14	34	130
云岩区审计局	23	18800						23		133
花溪区审计局	15	4006			81			14	43	89
白云区审计局	17	229341	161		6	127		26	70	119
清镇市审计局	9	54046	49		5			9	111	34
开阳县审计局	17	3037	67	307	67	162		17	32	34
息烽县审计局	14	57439	136		111			14	52	79
修文县审计局	17	40807						17	45	25
六盘水市										
六盘水市本级	88	568705	1622		455	19129	8	88	192	152
钟山区审计局	27	20838	10281		2470	2766	2	27	57	25
水城县审计局	46	129930	41	7009		9222	1	46	53	47
盘县审计局	183	294274	461		511	4107		183	10	43
六枝特区审计局	30	9907	3026	4	1099	842	2	30	66	15
遵义市										
遵义市本级	16	122927	591		7875	452	1	18	72	2
汇川区审计局	19	3093	569	66	17	863	1	19	58	99
红花岗区审计局	113	9735	3	9003	26	574		113	45	
新蒲新区审计局	7	24158	7	2	6756	5		7	24	20
赤水市审计局	13	30364	5129	19074	661	4744		13	392	27
遵义县审计局	68	32209	106	11191	1635	8701		68	66	33
桐梓县审计局	28	31161	2063		183	421		28	83	44
绥阳县审计局	15	12185	251		30	6	2	16	53	42
正安县审计局	22	104698	1961	1242	5553	85		22	68	1
凤冈县审计局	41	18462	952		20			41	8	29

续表

审计机关	完成审计项目（个）	审计查出主要问题金额	审计处理情况					出具审计报告和审计调查报告（篇）	提出审计建议（条）	提交审计信息（篇）
			审计处理处罚				移送处理事项（件）			
			应上缴财政	应减少财政拨款或补贴	应归还原渠道资金	应调账处理金额				
湄潭县审计局	12	8709	1093		356	552	1	13	38	24
余庆县审计局	29	27396	105	923	5260	167	2	29	102	18
习水县审计局	213	66718	290	16094	215	2443	1	215	673	29
道真仡佬族苗族自治县审计局	26	10848	325			812		26	41	12
务川仡佬族苗族自治县审计局	30	92855	1		2813	1074	1	30	277	35
安顺市										
安顺市本级	25	41378	5345		163	289	2	25	80	54
西秀区审计局	31	7137	3485		3652			31	67	68
平坝区审计局	12	1095						9	23	6
开发区审计局	7	225				167		7	18	11
黄果树审计局	8	32078	52		1			8	33	33
普定县审计局	18	178991	2	609	243		1	18	50	31
镇宁布依族苗族自治县审计局	10	12990	246		67	29	1	10	46	25
关岭布依族苗族自治县审计局	8	8619		100				8	12	24
紫云苗族布依族自治县审计局	7	8108			164			7	9	51
毕节市										
毕节市本级	27	69625	18458	10036	7202	121	6	31	67	87
七星关区审计局	10	36832	6177		14130	16118	3	12	25	6
大方县审计局	13	199879	2895		29397	360		18	47	15
黔西县审计局	12	53501	16561	32	87	222	7	24	86	33
金沙县审计局	15	139737	3953	54	173	124547	1	15	42	50
织金县审计局	15	181972	8	20	1306	1372		15	38	
纳雍县审计局	16	83084	370		372	81910		15	43	5
赫章县审计局	13	30037	164	38	25	29246		11	20	48
铜仁市										
铜仁市本级	86	281502	5921		66510	73	22	86	298	72
碧江区审计局	42	38177	11893		4134	9	1	42	61	10
万山区审计局	48	17890	250		5	457	2	48	121	36
江口县审计局	64	18283	2198		118		2	64	249	25

续表

审计机关	完成审计项目（个）	审计查出主要问题金额	审计处理情况					出具审计报告和审计调查报告（篇）	提出审计建议（条）	提交审计信息（篇）
			审计处理处罚				移送处理事项（件）			
			应上缴财政	应减少财政拨款或补贴	应归还原渠道资金	应调账处理金额				
石阡县审计局	58	191172	39		809	899		58	159	7
思南县审计局	56	29125	1328		457	20	6	56	145	53
德江县审计局	156	77302	861		531	1000	1	156	376	46
玉屏侗族自治县审计局	50	68295	19744		12	59	3	50	141	41
印江土家族苗族自治县审计局	48	15001	2155		1492	394	2	48	91	50
沿河土家族自治县审计局	44	120489	535	2	11135	88	3	44	134	32
松桃苗族自治县审计局	101	28054	210		69	38	1	101	251	73
黔西南布依族苗族自治州										
黔西南布依族苗族自治州本级	12	4054	297		10862	6726	2	12	41	3
兴义市审计局	12	7598	7319		167	6387		12	44	4
兴仁县审计局	37	4645	48	910	186	96		37	82	5
普安县审计局	15	34018			32781	15506		15	22	3
晴隆县审计局	11	124	124				5	11	38	3
贞丰县审计局	7	13	13					7	23	2
望谟县审计局	18	111	40			6		18	14	4
册亨县审计局	14	1						14	33	5
安龙县审计局	16	5121	3		42	2		16	41	2
黔东南苗族侗族自治州										
黔东南苗族侗族自治州本级	31	222871	846		10043	4649	30	31	151	100
凯里市审计局	21	18756	722		1016	3956	1	21	28	32
黄平县审计局	27	26729	43	48	449	894	3	27	60	32
施秉县审计局	13	40528	161			2526		13	13	23
三穗县审计局	22	8447	1534	477	15	300		22	94	67
镇远县审计局	16	79308	34		346	159	1	16	25	25
岑巩县审计局	23	35660	596		1697	534		23	126	50
天柱县审计局	16	8768	521	1085	2503	4210	1	16	34	35
锦屏县审计局	14	2656	13			145		14	39	40
剑河县审计局	14	2291	37					14	25	50

续表

审计机关	完成审计项目（个）	审计查出主要问题金额	审计处理情况					出具审计报告和审计调查报告（篇）	提出审计建议（条）	提交审计信息（篇）
			审计处理处罚				移送处理事项（件）			
			应上缴财政	应减少财政拨款或补贴	应归还原渠道资金	应调账处理金额				
台江县审计局	12	5862	50			5856		12	42	16
黎平县审计局	20	284827	51		132	10490		20	67	24
榕江县审计局	14	2868	449		32	504	1	14	33	38
从江县审计局	12	12042	69		16	11		12	24	25
雷山县审计局	27	123600	96		4	3	1	27	47	39
麻江县审计局	13	408	217			93		13	34	90
丹寨县审计局	20	32008	10		10696	17775		20	90	11
黔南布依族苗族自治州										
黔南布依族苗族自治州本级	11	147942	1020	56466	109	2	19	11	31	489
都匀市审计局	14	85313	2		87	345	10	14	47	61
福泉市审计局	8	2258	463	1703		75		8	14	32
荔波县审计局	73	12042	373	1986	1312	178		73	17	78
贵定县审计局	17	40351	107			4138		17	51	31
瓮安县审计局	12	6831	1356	378	435	3249		12	36	9
独山县审计局	42	106218		2176	25261			42	43	73
平塘县审计局	55	901	144		458	5		55	56	41
罗甸县审计局	103	18020	1562	555	12	16	2	103	362	35
长顺县审计局	20	31895	1219			4215	1	20	285	42
龙里县审计局	143	17115	2839	12371	46	622	11	143	115	96
惠水县审计局	7	37034	2	30954	4816	306		7	124	101
三都水族自治县审计局	30	4851	598	1157	401	16	3	30	30	41
省直管县										
仁怀市审计局	23	446145	5336		683	6019	2	36	48	36
威宁彝族回族苗族自治县审计局	127	52718	241	30136	18287	11366	2	103	62	27

云南省

【云南省审计厅】 2014年，云南省审计厅行政编制269人，在编261人。设有云南省经济责任审计局（辖经济责任审计一处、经济责任审计二处、经济责任审计三处）、云南省政府投资审计局（辖政府投资审计一处、政府投资审计二处）、办公室、人事处、法规处、财政审计处、金融审计处、行政事业审计处、社会保障审计处、企业审计处、农业与资源环保审计处、涉外审计处、派出审计一处、派出审计二处、派出审计三处、派出审计四处、派出审计五处、派出审计六处、派出审计七处、派出审计八处、派出审计九处、派出审计十处、派出审计十一处和机关党委、离退休人员办公室，下设机关服务中心、审计科研培训中心、计算机技术中心、内部审计指导中心，省纪委、省监察厅派驻厅纪检组、监察室。

领导成员

厅　　长：刘　明

副 厅 长：吴绍吉　苏　黎　任晓珍

　　　　　谢　健　苏　莉

总审计师：史　峰

纪检组长：罗廷才

审计成果　全省审计机关全年审计1.08万个单位，查出违规金额171亿元、损失浪费金额5249万元，促进增收节支和挽回损失141亿元。提交审计报告和信息1.8万篇，发布审计结果公告4988篇，审计报告和信息被各级党委、政府领导批示1821篇次，促进相关部门单位制定整改措施1039项，促进建立健全制度257项，审计监督在推进完善国家治理中发挥重要作用。

政策措施落实情况审计　全省审计机关围绕中央重大政策措施和宏观调控部署落实情况，开展稳增长调结构促改革惠民生防风险等政策措施落实情况跟踪审计，重点关注22个方面的内容，揭示全省在重大建设项目、简政放权、财税、金融、产业、外贸等方面存在的问题，提出针对性建议。各地各部门单位针对审计查出的问题，积极采取有效措施认真整改和纠正，切实发挥经济发展的“助推器”作用。组织583名审计人员参与审计署组织的全国土地出让收支和耕地保护情况的审计工作，对审计发现的突出问题注重从体制机制制度上分析原因，提出进一步完善土地管理制度、加强权力运行监督、强化耕地保护和土地整治项目管理等对策建议。

财政审计　省审计厅将推进财政体制改革、优化财政资源配置、强化部门预算约束等作为审计重点，持续关注贯彻落实中央八项规定和省委十项规定情况，采用“六统一”审计方式，加大计算机数据分析运用力度，对21个省级部门及其115个下属单位开展预算执行审计，并首次将国有资本经营预算纳入审计范围。专项实施省级财政沉淀资金审计调查，会同省财政厅根据沉淀资金性质和结余情况，向省政府提出处理建议。省政府第46次常务会议专题研究部署审计整改工作，要求各地各单位对涉及问题认真梳理、列出清单，逐个“对账销号”，不折不扣、坚决严肃全面整改到位。审计厅联合省政府督查室、监察厅，邀请省人大常委会预工委、省政协经济委，专门对24个单位的审计整改情况进行跟踪检查。

固定资产投资审计　落实云南省重大投资项目必审要求，政府投资审计已对全省高速公路、中型以上水库、12个支线机场实现全覆盖。省审计厅全年完成投资审计项目31个，审计投资额379.30亿元，查出主要问题金额87.78亿元，审计核减投资4.82亿元。审计揭示工程造价不实、违规出借项目资金、工程未公开招投标、管理核算不规范、项目资金不到位、应缴未缴税金、建设工期滞后等问题，并督促相关单位认真整改。探索开展水利建设项目同步一体化审计模式，跟踪审计红河州元阳县丫多河水库等6个项目，揭示水库建设中招投标制度执行不合规、合同管理执行不严格、建设资金未按计划拨付到位等问题，促进水库建设管理体制的进一步健全完善。按照省政府和审计署的要求，全面开展奢华浪费建设审计，揭示部分建设项目超概算、单位综合造价超标准以及个别项目未获得立项批复即开工建设等问题，向省政府和审计署上报了专题报告。

专项资金审计　全省审计机关进一步强化涉及“三农”、社保、教育、救灾、生态环保等重点民生资金和项目的审计监督，把生态文明建设纳入审计内容，共对1484个重点民生资金和项目进行审计。首次探索开展昆明地区大气污染减排情况审计调查，揭示昆明市在大气污染防治方面还存在政策制度不完善、污染源管理薄弱、正常经费保障不足、部分减排项目进度缓慢等问题。组织697名审计人员，对全省2013年城镇保障性安居工程的投资、建设、分配、运营等情况进行审计，并对上年度审计查出问题的整改情况进行检查。积极应对鲁甸“8·03”、景谷“10·07”地震等自然灾害，迅速启动应急审计预案对抗震救灾款物接收、分配、拨付和管理使用情况进行跟踪审计，并及时向社会公告审计结果和整改情况。根据审计署授权，省审计厅对国际农业发展基金贷款云南农村综合发展项目、世界银行贷款云南职业教育发展项目等10个国外贷援款项目的财务收支及项目执行情况进行审计，揭示配套资金不到位、项目进展缓慢、未严格执行招投标、违规出借项目资金等8个方面的问题，引起各级政府的高度重视，审计发现问题及时得到整改。

经济责任审计 全省审计机关全面推广运用经济责任审计6个评价办法，共审计领导干部992人，围绕领导干部“为民务实清廉”，把债务管理、资源消耗、环境损害、生态效益、产能过剩、社会保障等情况，以及领导干部贯彻落实中央八项规定、国务院“约法三章”、《厉行节约反对浪费条例》、省委省政府各项决策措施等情况作为监督重点，督促党员干部谨慎用权、认真履职。按照省委深化改革领导小组的部署，省审计厅牵头承担领导干部自然资源资产离任审计研究课题，在对楚雄州、丽江市、保山市等政府主要领导的经济责任审计中，把自然资源资产作为重点审计内容，探索研究领导干部自然资源资产离任审计的内容、方式、评价体系。

企业审计 对云南物流产业集团有限公司等65户国有企业进行审计，重点关注国有企业内部权力运行的制约监督情况、改革发展中存在的体制机制性障碍以及经营管理中存在的重大风险和隐患，促进企业进一步转变经济发展方式和调整产业结构升级。省审计厅在对11户省属投资公司的审计调查中，揭示产业结构调整慢、融资结构失衡、缺乏核心竞争力等问题。提出建立适合于投资类企业的运营管理和发展机制、将业务板块相近的省属投资公司进行整合等建议，促进省属投资公司持续健康发展。

服务廉洁政府建设 全省审计机关把查处腐败问题作为一项重要工作职责，积极参与和协助纪检监察及司法机关查处一批重特大腐败案件，为揪出“蛀虫”和“硕鼠”提供有力证据，发挥审计的反腐败“尖兵”和“利剑”作用。全省审计机关共移交涉嫌违法违规案件线索321件，涉及人员257人、金额24亿元。全省各级审计机关配合财政部门开展贯彻执行中央八项规定、严肃财经纪律、治理“小金库”工作，共抽查3778个部门单位，发现存在问题单位638个，查出违规金额4亿多元。省审计厅共抽调41人次协助有关部门查办一批重特大腐败案件。

打造审计铁军 全省审计机关以党的群众路线教育实践活动为统领，全面加强审计机关党的建设、作风建设、廉政建设、精神文明建设。各级审计机关党委（党组）认真履行党建主体责任，践行党建新标准，严格党内政治生活制度，实现党建工作全覆盖。认真贯彻落实“三严三实”要求，进一步深化干部直接联系和服务群众工作，省审计厅帮助施甸县协调项目26个、落实资金2022万元。注重创新审计管理方式，在全省财政扶贫、城镇保障性住房、禁毒防艾、土地出让收支等审计中，建立大项目审计协调机制，整合全省审计资源跨专业进行“大兵团”作战，形成全省“一盘棋”的工作格局，实行由省到县、到审计组的扁平化管理新模式。运用大数据多维分析、联网审计等技术，积极推行“集中分析、锁定重点，分散核查、精准发力，重点突破、精确定位”的数字化审计新方式，有效地提高审计效能。

（撰稿人：褚文勋）

【昆明市审计局】 2014年，昆明市审计局人员编制118人，在编116人。局长李冰晶，党组书记郭增敏，副局长舒永恒（—4月）、林英、后文杰、王雷、易迎霞，总审计师陈林，机关党委书记李坤云，昆明市领导干部任期经济责任审计领导小组办公室主任杜建宝。设有办公室、法规处、财政审计处、金融审计处、行政事业审计处、企业审计处、农业与资源环保审计处、社会保障审计处、固定资产投资审计处、涉外审计处、信息处、审计执行检查处、昆明市内部审计管理办公室、经济责任审计一处、经济责任审计二处、经济责任审计三处、人事教育处及机关党委。

审计成果 昆明市审计机关完成审计项目684个，查出主要问题金额1137691万元，其中违规金额53827万元、损失浪费金额227万元、管理不规范金额1083637万元；损益（收支）不实金额50508万元；审计处理处罚金额261062万元，其中应上缴财政47651万元、应减少财政拨款或补贴27210万元、应归还原渠道资金24249万元、应调账处理金额161952万元；审计发现非金额计量问题180个；审计促进整改落实有关问题金额253545万元；核减投资额68970万元。移送司法机关、纪检监察机关和有关部门处理事项7件。出具审计报告和专项审计调查报告767篇，被批示、采用2篇。提出审计建议1863条，提交审计信息1162篇，被批示、采用237篇。向社会公告审计结果505篇。

财政审计 组织开展市级财政预算执行、税收征收管理审计，发现部分单位预算收入57.57亿元未能及时足额上缴国库，11户房地产企业未按规定清算土地增值税。19个市级部门预算执行审计，发现部分单位未及时上缴财政款项5186.4万元。

固定资产投资审计 重点关注滇池生态、文化、旅游圈建设，“3015行动计划”项目建设，轨道交通项目建设等市政重点建设项目。对昆明铁路枢纽改扩建工程、新建铁路长昆线、云桂线工程及昆玉四条铁路等48个重点建设项目实施竣工决（结）算审计或跟踪审计。

经济责任审计 完成14名领导干部任期经济责任审计，查出管理不规范金额5574万元，查出违规金额18020万元。

乡镇街道审计机构 6月13日，昆明市首家乡镇街道审计机构——宜良县审计局匡远街道办事处审计中心成立。8月18日，晋宁县审计局昆阳、晋城审计站成立。

审计职能调整 10月15日，昆明市审计局同滇中产业聚集区（新区）审计局签订托管移交协议，将安宁市和嵩明县、官渡区辖区范围内原属于昆明市审计局行使的全部审计职能职责和审计事务，整体移交滇中产业聚集区（新区）审计局。 （撰稿人：牟显福）

【曲靖市审计局】 2014年，曲靖市审计局人员编制57人，在编57人。局长郭建春，副局长张乔明、王清林、陈健、徐安民，经济责任审计局局长李启功，调研员宁伯浩，副调研员缪仑、陈守忠。设有办公室、法制科、财政审计科、行政事业审计科、前置审计科、固定资产投资审计科，经济责任审计一科、经济责任审计二科、社会保障审计科、农业与资源环保审计科、金融与外资运用审计科、经贸审计科、科技信息科。

审计成果 曲靖市审计机关完成审计项目932个，查出主要问题金额570809万元，其中违规金额29000万元、管理不规范金额541758万元、损失浪费金额51万元；损益（收支）不实金额26079万元；审计处理处罚金额35870万元，其中应上缴财政10230万元、应归还原渠道资金4467万元、应减少财政拨款或补贴145万元、应调账处理20973万元；审计发现非金额计量问题122个；审计促进整改落实有关问题金额35432万元，其中增收节支14696万元、已调账处理20681万元；审计促进拨付资金到位30349万元；审计后挽回（避免）损失85万元。移送司法机关处理案件5件6人，涉及金额760万元；移送纪检监察机关处理案件2件，涉及金额252万元；移送有关部门处理案件3件，涉及金额1099万元。提出审计建议1876条，被采用1856条；提交审计信息509篇，被批示、采用289篇。向社会公告审计结果807篇。曲靖市审计局被表彰为全国审计机关先进集体、被云南省审计厅表彰为计算机运用先进一等奖。

财政审计 全市完成预算执行审计91个，延伸审计单位93个，查出主要问题金额332767万元。完成财政决算审计77个，延伸审计单位60个，查出主要问题金额72625万元。对4个县财政决算进行审计。

固定资产投资审计 完成政府性投资项目前置审计项目1195个，报审价81.44亿元，前置审计价72.60亿元，审计核减工程造价8.84亿元。开展对重点建设项目招标文件、施工合同、重大设计变更事项、计量计价办法实行审计监督。完成建设项目竣工决算审计项目525个，审计核减投资额18440万元。

专项资金审计 完成专项资金审计141个，审计资金总额561468万元，查出主要问题金额7619万元。对鲁甸“8·03”地震会泽县抗震救灾款物和恢复重建项目资金管理使用情况进行全过程跟踪审计。

经济责任审计 探索制订《曲靖市实施领导干部自然资源资产离任审计试点工作方案（试行）》；全市完成经济责任审计92个，查出违规金额3499万元，查出管理不规范金额13295万元，促进增收节支3189万元。

行政事业审计 完成88个党政部门和行政事业单位的审计，延伸审计单位10个，查出主要问

题金额 37051 万元。（撰稿人：陈守忠）

【玉溪市审计局】 2014 年，玉溪市审计局人员编制 69 人，在编 66 人。局长陈元剑，副局长杨海明、黄太武、李国录，正处级调研员杨锦春，副处级调研员王宇、郭剑平、刘家伟。设有办公室、法规科、财政金融审计科、经济责任审计一科、经济责任审计二科、固定资产投资前置审计科、固定资产投资决算审计科、农业与资源环保审计科、经贸与社会保障审计科、行政与科教文卫审计科、信息科。

审计成果 玉溪市审计机关完成审计项目 966 个，查出主要问题金额 103.68 亿元，其中违规金额 4.08 亿元、损失浪费金额 178 万元、管理不规范金额 99.58 亿元；审计处理处罚金额 3.36 亿元，其中应上缴财政 1.94 亿元、应归还原渠道资金 3337 万元、应调账处理金额 1.09 亿元；审计发现非金额计量问题 135 个；审计促进整改落实有关问题金额 3.43 亿元，其中增收节支 1.61 亿元、已调账处理金额 1.82 亿元（当年 9933 万元、以前年度 8272 万元）；固定资产投资审计核减工程投资 6.51 亿元。移送司法机关、纪检监察机关和有关部门处理事项 44 件。出具审计报告和专项审计调查报告 1025 篇，被批示、采用 4 篇。提出审计建议 1653 条，提交审计信息 274 篇，被批示、采用 129 篇。向社会公告审计结果 739 篇。

财政审计 完成预算执行审计 90 个、财政决算审计 16 个，持续关注政府预算体系、存量资金盘活、财政管理绩效等问题，督促各单位认真落实中央厉行节约政策要求。首次向市人大报告《关于 2013 年度玉溪市市级地方预算执行和其他财政收支审计查出问题整改情况的报告》，并在《玉溪日报》上全文刊载。

经济责任审计 共完成 64 名领导干部经济责任审计，首次对部门党政领导经济责任同步实施审计；在全省审计机关率先出台经济责任审计评价补充办法指导工作；全年先后向云南省审计厅、玉溪市委组织部回复 12 人次领导干部的廉政意见。

金融审计 首次对玉溪市商业银行资产、负债、损益情况进行审计。探索银行法人治理结构及内控制度的建立和执行效果，推动建立健全高效安全的现代金融体系和系统性风险防范机制。

固定资产投资审计 及时跟进党委、政府安排的重点工作和项目，全年完成政府投资审计项目 782 个，其中前置审计 333 个、结算审计 449 个，审计投资总额 95.52 亿元，核减投资金额 6.51 亿元。

制度建设 制定完善健全公务支出、公款消费方面的审计制度和主要领导干部经济责任审计的轮审制度，代政府起草《审计结果运用办法》和《玉溪市公务支出和公款消费审计办法》。

（撰稿人：段旭晖）

【保山市审计局】 2014 年，保山市审计局人员编制 40 人，在编 38 人。局长李东伟，副局长李红霞、胡艳顺、杨国寿（11 月—），总审计师杨浩波。设有办公室、人事科、法规科、计算机信息科、财政金融审计科、行政事业审计科、农业与资源环保审计科、社会保障审计科、经济责任审计科、经贸审计科、固定资产投资审计一科、固定资产投资审计二科。

审计成果 保山市审计机关共完成审计（调查）项目 653 个，查出主要问题金额 720473 万元，其中违规金额 61207 万元、管理不规范金额 659266 万元；审计处理处罚金额 104167 万元，其中应上缴财政（含其他资金）51377 万元、应减少财政拨款或补贴 29940 万元、应归还原渠道资金 4223 万元、应调账处理 18626 万元；通过审计促进增收节支 40307 万元；挽回损失 29367 万元；核减工程投资 35535 万元。移送纪检监察、司法及有关部门处理案件 17 件 65 人，涉案金额 593 万元。提出审计建议 1623 条，被审计单位采纳 1566 条，采纳率 96.49%，促进被审计单位建立健全规章制度 2 项。提交专项报告、信息等 287（篇）条，被采用 146 条，采用率 50.87%。向社会公告审计结果 338 篇。保山市审计局成功创建为全国文明单位，全市审计机关继续保持市级、省级文明行业称号。

财政审计 全年完成预算执行审计 29 个，延伸审计单位 37 个，查出问题金额 343155 万元。

专项资金审计 全年完成专项资金审计和审计调查 133 个，查出问题金额 317595 万元。组织全市审计机关对保山市2011年至2013年创建国家公共文化服务体系示范区专项经费开展审计，审计结果促使市委、市政府联合印发《保山市国家公共文化服务体系示范区后续建设规划（2014—2016）》。昌宁县对13个乡镇56个村（社区）156个村民小组的村级财务收支情况开展专项审计调查，查出问题金额1803万元，对8个乡镇60人移送县纪委查处，涉及金额256万元，促使出台《昌宁县农村集体资金资产资源管理和监督制度》《昌宁县进一步加强村民小组财务乡镇代管工作实施方案》。

经济责任审计 全年对55名领导干部进行经济责任审计，查出主要问题金额5717万元。隆阳区在开展经济责任审计中，将清理财政存量资金和国有资产清理作为审计的一项重点内容。

固定资产投资审计 全年完成投资审计420个（包括前期审计竣工决算审计、跟踪审计），审计投资额530057万元，查出问题金额37140万元，核减投资35535万元。在深入调研、反复论证的基础上，对2012年出台的《保山市政府投资建设项目审计实施办法》进行修订，经市政府常务会议审议通过于9月1日起实施。

（撰稿人：王绍婷）

【昭通市审计局】 2014年，昭通市审计局人员编制52人，在编50人。局长李绍军，党组专职副书记赵萍，副局长王兴宝、郑成才、丁昌勇、李文胜，昭通市领导干部任期经济责任审计工作领导小组办公室主任秦绍平，副调研员曹廷义。设有办公室、法制科、财政审计科、固定资产投资审计科、固定资产投资前置审计科、外资金融审计科、行政事业审计科、社会保障审计科、农业与资源环保审计科、领导干部经济责任审计一科、领导干部经济责任审计二科和计算机技术中心、投资审计中心。

审计成果 昭通市审计机关共完成审计项目575个，审计查出违规金额87237万元、管理不规范金额188191万元，促进整改有关问题金额8009万元；审计处理处罚应上缴财政40993万元，已上缴财政3878万元；应归还原渠道资金28794万元；应调账处理金额40078万元；审减投资金额39681万元。移送或移交违法违规问题和经济问题76件。提出审计建议934条，被采纳529条。出具审计报告和专项审计调查报告540篇，向党委政府提交审计专题、综合性报告32篇，被批示、采用27篇。提交审计信息及信息简报152篇，被各级党委、政府批示、采用29篇。

财政审计 全市完成审计项目149个，查出违规金额23526万元、管理不规范金额66865万元。其中市级对12个一级预算单位2013年度预算执行及其他财政财务收支情况进行审计，对市本级2013年度税收征管及计划执行情况进行审计，对永善、水富2个县人民政府2013年度财政决算情况进行审计。

经济责任审计 全市完成审计项目96个，其中市审计局对19名市管领导干部任职期间经济责任履行情况进行审计。

固定资产投资审计 全市开展政府投资审计项目210个，其中竣工决算审计64个、跟踪审计项目14个、前置审计132个。市审计局开展政府投资审计项目85个，其中竣工决算审计29个、跟踪审计项目6个、前置审计50个。政府投资项目竣工决算审计完成17个，送审投资金额82162.34万元，审定投资金额73896.78万元，审减投资金额8265.56万元，审减率为10.06%。政府投资项目前置审计完成38个，送审金额227223.46万元，审定金额201869.99万元，审减金额25353.47万元，审减率为11.16%。

专项资金审计 组织开展涉农、教育、医疗、住房和环境保护等民生资金审计。重点对城镇保障性安居工程建设、农村义务教育专项资金、鲁甸“8·03”地震救灾款物等重点民生工程和资金开展审计。全市完成民生工程和专项资金审计项目120个，审计专项资金总额644355万元。

（撰稿人：杜永富）

【丽江市审计局】 2014年，丽江市审计局人员编制34人，在编31人。局长赵怀（2月—），副局长陈秀英、冷德华，经济责任领导办公室主任周启彬，副调研员木少志。设有办公室、法规科、财金审计科、农业与资源环保审计科、经贸投资审计科、行政事业审计科、内部审计指导科、经济责任审计办公室、电子数据审计科和固定资产投资审计中心。

审计成果 丽江市审计机关共完成审计（调查）项目 282 个，查出问题金额 331390 万元，其中违规金额 152003 万元、管理不规范金额 179387 万元；促进上缴财政和减少财政拨款 10217 万元，审减投资额 13253 万元。移送经济案件线索 2 件。向各级党委、政府报送审计报告和信息 322 篇，被批示、采用 20 篇次。向社会公告审计结果 95 篇。提出审计建议 803 条。

财政审计 预算执行审计紧紧围绕提高财政资金绩效这条主线，加大对重点资金、重点部门、重点领域的审计监督，注重把握、提升审计报告的总体性、宏观性和建设性，集中反映和揭示财政资金运行中体制、机制和管理上存在的问题。全市完成财政审计项目 24 个，查出主要问题金额 219452 万元。

经济责任审计 全市审计机关完成 16 名领导干部的经济责任审计，查出主要问题金额 3004 万元；积极探索实施以经济责任审计为统领，涵盖财政决算审计、预算执行审计、重点建设项目、专项资金等审计内容的综合审计。

固定资产投资审计 紧紧围绕全市经济建设中心，不断强化对政府投资建设项目的审计监督，以大项目、重要民生项目、前置拦标价审计为突破口，积极开展政府投资项目的竣工决算审计和在建项目的跟踪审计，全市完成投资审计项目 145 个，审计项目完成投资额 150011 万元，核减投资额 13252 万元。

专项资金审计 组织开展涉农、教育、医疗、住房和环境保护等民生资金审计，关注民生资金的分配、管理和使用等情况，关注强民惠民政策的实施效果。重点对保障性安居工程、财政扶贫资金、移民资金、医疗卫生等民生项目和资金开展审计。全市完成专项资金审计项目 67 个，查出主要问题金额 73591 万元。 （撰稿人：张　峻）

【普洱市审计局】 2014 年，普洱市审计局人员编制 42 人，在编 38 人。局长段萍，副局长罗恒林、李海鹰、宋春，总审计师刘永一。设有办公室、法规科、财政金融审计科、行政事业审计科、农业与资源环保审计科、社会保障与外资审计科、固定资产投资审计科、经济责任审计一科、经济责任审计二科、计算机审计科、内部审计指导科 11 个科室，下属政府投资审计中心。

审计成果 普洱市审计机关完成审计项目 419 个，查出主要问题金额 101472 万元，其中违规金额 32784 万元、管理不规范金额 68687 万元；损益（收支）不实金额 9787 万元；审计处理处罚金额 57132 万元，其中应上缴财政 4879 万元、应减少财政拨款或补贴 6692 万元、应归还原渠道资金 8981 万元、应调账处理金额 36264 万元；审计发现非金额计量问题 113 个；审计促进整改落实有关问题金额 47724 万元，其中增收节支 17833 万元、已调账处理金额 28210 万元；审计促进拨付资金到位 23 万元；审计后挽回（避免）损失 4311 万元。移送司法机关、纪检监察机关和有关部门处理事项 5 件。提交审计报告和专项审计调查报告 24 篇。提出审计建议 1226 条，提交审计信息 208 篇，被批示、采用 14 篇。向社会公告审计结果 366 篇。全市 11 个审计机关全部建成各级文明单位，其中省级文明单位 2 个、市级文明单位 8 个、县级文明单位 1 个。普洱市审计局连续五年被市委、市政府考核评定为推进惩防体系建设暨落实党风廉政建设责任制优秀单位。

财政审计 审计部门预算执行单位 52 个、财政决算 6 个，查出主要问题金额 54474 万元。审计从体制机制层面分析原因，提出加强管理、健全制度的意见和建议，促进财政存量资金的提质增效和厉行节约，推动部门预决算公开，促进和加强财政预算管理。

固定资产投资审计 完成投资审计项目 202 个，审计项目投资额 119181 万元，核减投资额 9138 万元。加强项目管理，规范投资行为，确保工程质量和投资效益。

经济责任审计 审计领导干部 39 人，查出主要问题金额 9119 万元，推动建立健全责任追究和问责机制，促进依法行政。

专项资金审计 完成专项资金审计项目 101 个，审计专项资金总额 372810 万元，查出主要问题金额 24464 万元，推动各项惠民政策措施的贯彻落实。

内部审计 完成内部审计项目 101 个，审计总金额 69875 万元，增收节支 833.9 万元，提出

建议意见被采纳178条。（撰稿人：陶　军）

【临沧市审计局】 2014年，临沧市审计局人员编制45人，在编44人。局长杨世吉，副局长邓绍华、字绍和、郑国琼。设有办公室、法制科、财政审计科、行政事业审计科、农业资金审计科、经贸审计科、基础设施投资审计科、工业与民用建筑投资审计科、固定资产投资前置审计科、领导干部任期经济责任审计办公室、内部审计指导科、信息化科、社会保障审计科。

审计成果 临沧市审计局共完成审计项目47个，查出主要问题金额40810万元，其中违规金额5954万元、管理不规范金额34855万元；审计处理处罚金额5067万元，其中应上缴财政1379万元、应归还原渠道资金3266万元、应缴纳其他资金21万元、应调账处理金额399万元；审计促进整改落实有关问题金额6420万元，其中增收节支4837万元、已缴纳其他资金1183万元、已调账处理金额399万元；审计促进拨付资金到位1770万元；审计后挽回（避免）损失1132万元；核减投资额8056万元。移送司法机关、纪检监察机关和有关部门处理事项14件。提出审计建议118条，被采纳117条。提交审计信息68篇，被批示、采用65篇。

财政审计 临沧市审计局共完成预算执行审计项目11个，查出主要问题金额25403万元。以开展预算执行审计为切入点，深入贯彻落实中央八项规定，严格控制“三公”经费等一般性支出，“三公”经费明显下降。2013年市本级“三公”经费支出6690.26万元，较2012年下降24.08%。通过审计，提出改进、完善政策的建设性意见，为本级政府规范预算管理、提高财政资金使用效益、健全完善管理制度等起到积极的推进作用。

固定资产投资审计 对保障性安居工程、校安工程、水利工程，市民中心建设项目、民族中学和南屏小学搬迁项目等民生工程优先安排审计力量，实施跟踪、竣工决算审计，确保建设资金落实到位、惠民政策落到实处，促进资金发挥最大效益。共审计单位21个，完成投资额85066万元，核减工程投资额8056万元。

经济责任审计 临沧市审计局完成4名县处级领导经济责任离任审计，查出主要问题金额236万元，其中违规金额69万元、管理不规范金额167万元。

专项资金审计 临沧市审计局把民生资金审计和重大民生工程审计作为工作重点，先后对财政扶贫资金、2013年城镇保障性安居工程、“10·07”地震救灾款物等项目进行审计，审计专项资金总额412388万元。审计意见和建议引起市委、市政府的高度重视，得到有关部门和领导的采纳。

（撰稿人：陈丽娴）

【楚雄彝族自治州审计局】 2014年，楚雄彝族自治州审计局人员编制38人，实有51人。党组书记阿明仙，局长刘平，副局长徐永金、胡晓雯、李秋洪、陈绍能、陶光明、顾姝倩。设有办公室、人事培训科、局党总支办公室、信息科、法规科、财政审计科、行政事业审计科、农业与资源环保审计科、社会保障审计科、经贸审计科、固定资产投资审计一科、固定资产投资审计二科、金融与外资运用审计科、经济责任审计一科、经济责任审计二科、派出审计一科、派出审计二科、派出审计三科、派出审计四科、派出审计五科、派出审计六科。

审计成果 楚雄州审计机关共完成审计项目655个，查出违规金额96916万元、管理不规范金额160891万元；应上缴财政金额30774万元、应减少财政拨款或补贴9948万元、应归还原渠道资金6057万元、应调账处理金额26792万元；审计核减投资额11639万元。移送违法违纪案件线索11件，涉及36人。出具审计报告和审计调查报告767篇、审计公告387篇。提出审计建议1638条，被采纳1276条，促进被审计单位制定整改措施及建立健全规章制度101项。

财政审计 组织州县审计机关持续开展稳增长促改革调结构惠民生防风险等政策措施落实情况跟踪审计。开展州县两级2013年度财政预算执行、地税系统2013年度税收征收管理情况审计，牟定县2013年度财政决算情况和税收政策执行情况审计，全州2013年度综合绩效考核奖励资金管理使用情况审计调查，部分州级单位2013年度预算执行情况审计。

专项资金审计 组织开展全州2013年城镇保障性安居工程、农村安居工程“特色村庄”示范村建设项目跟踪审计，全州2012年至2013年“爱心水窖”工程建设情况审计调查。在州商务局负责实施的“万村千乡市场工程”项目专项审计调查中，发现挪用、套取、骗取专项资金以及相关部门监管缺失等问题，揭开一起严重的腐败窝案，审计结果引起了州委、州政府和州纪委主要领导高度重视。通过移送及案件查办，挽回经济损失1600余万元。

固定资产投资审计 组织开展州职教园区、州文化中心、州人民医院新区等重点建设项目竣工决算审计，楚南一级公路建设项目跟踪审计，昆广铁路复线建设项目、广大铁路建设项目征地拆迁资金审计。全州完成投资审计项目376个，送审金额383047万元，审计核减投资额11639万元。

经济责任审计 全州完成经济责任审计项目112个，查出违规金额3538万元、管理不规范金额34589万元，审计处理处罚已上缴财政1530万元、已归还原渠道资金4074万元，向被审计单位和主管部门提出审计建议323条。对10名州管领导干部开展离任经济责任事项交接工作。

（撰稿人：杨崇昱）

【红河哈尼族彝族自治州审计局】 2014年，红河哈尼族彝族自治州审计局人员编制53人，在岗54人。局长吴自云（—12月）、李朝晖（12月—），副局长解友发、龚宁华、何仕华、陈红欣（3月—）。设有办公室、人事科、法规科、经济责任审计一科、经济责任审计二科、事业企业审计科、固定资产投资审计科、行政政法审计科、财政金融审计科、农业与环保审计科、社会保障审计科，下设计算机技术中心、投资审计中心。

审计成果 红河州审计机关完成审计项目659个，审计查处违规金额63399万元、管理不规范金额329770万元、应上缴财政51116万元、应减少财政拨款或补贴10577万元、应归还原渠道资金166043万元、应调账处理金额18053万元；已上缴财政金额46971万元、已减少财政拨款或补贴9805万元、已归还原渠道资金116397万元、已调账处理金额17589万元；核减投资额12588万元。移送处理事项4件8人，涉及金额1695万元。出具审计报告816篇；提交审计信息270篇，被采用129篇。向被审计单位或有关单位提出审计建议1574条，被采纳1426条。向社会公告审计结果206篇。

财政审计 开展预算执行审计项目54个，查出未按规定纳入预算管理1574万元、未按规定征收缴纳收入40927万元、违规改变项目计划和资金用途145万元、未落实“收支两条线”和专户管理规定3909万元、其他问题金额187633万元。开展决算审计项目4个，查出主要问题金额66330万元。

行政事业审计 审计项目165个，查出未按规定纳入预算管理1390万元、未按规定征收缴纳收入1250万元（其中少计少缴税费258万元）、未落实“收支两条线”和专户管理规定690万元、违规改变项目计划和资金用途2976万元、乱收费乱摊派乱罚款994万元、虚列支出552万元、扩大开支范围或提高开支标准列支264万元、账外资产1342万元、会计核算不实金额462万元、其他问题金额38775万元。

固定资产投资审计 审计项目292个，项目投资额223757万元，完成投资额211169万元，核减投资额（工程款）12588万元，查出多计工程款12588万元、其他问题金额2051万元。

其他审计 审计企业、金融项目2个，社会保险基金审计项目4个，查出财务收支核算不实金额22万元。

经济责任审计 对147个单位153名领导干部实施经济责任审计，查出领导干部对违规金额中负有直接责任金额1430万元、负主管责任金额4663万元、负领导责任金额3242万元；查出领导干部对管理不规范金额中负有主管责任金额78928万元、负领导责任金额45148万元；促进增收节支2031万元。

专项资金审计 审计项目138个，审计专项资金总额582965万元，查出违规改变项目计划和资金用途408万元、资金不到位不落实17275万元、资金滞留闲置1316万元、其他问题金额1499万元。

（撰稿人：杨建明）

【文山壮族苗族自治州审计局】 2014年，文山壮族苗族自治州审计局人员编制48人，在编43人。局长何淑清，副局长陆明会、李云山、李洪光、朱丽琼，总审计师甘志林。设有办公室、综合法规科、人事教育科、领导干部经济责任审计局、财政审计科、行政事业审计科、农业审计科、社会保障审计科、企业金融审计科、固定资产投资审计科，下设政府投资审计中心、计算机技术中心。

审计成果 文山州审计机关共完成审计及审计调查项目1031个，查出主要问题金额302365.92万元，其中违规金额103742.28万元；损失浪费金额175.49万元、管理不规范金额198448.15万元；损益（收支）不实金额18189.49万元；审计处理处罚金额81970.3万元，其中应上缴财政49895.97万元、应减少财政拨款或补贴587.51万元、应归还原渠道资金10762.97万元、应调账处理金额19222.15万元；审计发现非金额计量问题119个；审计促进整改落实有关问题金额50606.56万元，其中增收节支24722.08万元、已调账处理金额13003.25万元，审计挽回损失14308.23万元。移送司法机关、纪检监察机关和有关部门处理事项8件。出具审计报告和专项审计调查报告1065篇，被批示、采用3篇。提出审计建议1950条，被采纳1802条。提交审计信息448篇，被批示、采用128篇。向社会公告审计结果615篇。

财政审计 完成审计项目46个，查出主要问题金额112012.37万元，其中收入未按规定纳入预算管理37402.14万元、未按规定征收缴纳收入3654.86万元、其他问题金额70955.37万元。

行政事业审计 完成审计项目56个，查出主要问题金额38114.23万元，其中未按规定纳入预算管理8346.84万元、未按规定征收缴纳收入1093.38万元、未落实“收支两条线”和专户管理规定1346.97万元、虚列支出1505.97万元、其他问题金额25821.07万元。

固定资产投资审计 完成审计项目800个，查出主要问题金额73947.23万元，其中预算编报不真实不完整17317.91万元、工程结算不实金额14165.97万元、投资概预算编报不规范33577.78万元，其他问题金额8885.57万元；核减投资额63985.65万元。

经济责任审计 完成审计项目42个，查出主要问题金额38410.2万元、违规金额15014.16万元，其中领导干部负主管责任金额11122.08万元、负领导责任金额3867.07万元、负直接责任金额25万元。

企业审计 完成审计项目9个，查出主要问题金额25926.91万元，其中违规经营10716.01万元、违规出借资金9957.01万元、违规融资700万元、其他问题金额4553.89万元。

专项资金审计 完成审计及调查项目113项，查出主要问题金额48810.85万元，主要是违规改变项目计划和资金用途4788.23万元、资金滞留闲置20483.01万元、资金不到位不落实13666.01万元，其他问题金额9873.6万元。

（撰稿人：梁大刚）

【西双版纳傣族自治州审计局】 2014年，西双版纳傣族自治州审计局人员编制26人，在编25人。局长吴江玲，副局长安永祥、蒋凌云。设有办公室、法规科、财政审计科、经贸审计科、经济责任审计科、固定资产投资审计科，下设西双版纳傣族自治州内部审计指导中心。

审计成果 西双版纳州审计机关共完成审计项目452个，查出主要问题金额137667万元，其中违规金额54169万元、损失浪费金额1723万元、管理不规范金额81775万元；损益（收支）不实金额396万元；审计处理处罚金额53446万元，其中应上缴财政19144万元、应减少财政拨款或补贴22815万元、应归还原渠道资金543万元、应调账处理金额10745万元；审计发现非金额计量问题58个；审计促进整改落实有关问题金额33989万元，其中增收节支23565万元、已调账处理金额10192万元；审计促进拨付资金到位388万元；审计后挽回（避免）损失14381万元。移送司法机关、纪检监察机关和有关部门处理事项9件。出具审计报告和专项审计调查报告463篇。提出审计建议1077条，提交审计信息75篇，被批示、采用20篇。向社会公告审计结果78篇。保持省级文明单位、省级文明行业、州级文明单位等荣誉称号。

财政审计 完成预算执行审计项目17个，查出预算编制批复不规范177万元、未按规定征收缴纳收入15487万元、未落实“收支两条线”和专户管理规定282万元、违规改变项目计划和资金用途9965万元、违规担保2000万元。

固定资产投资审计 对381个政府投资建设项目进行审计，审计投资额372191万元，通过审计核减投资额25400万元。

专项资金审计 对40项专项资金进行审计，审计资金总额为116345万元，查出资金滞留闲置1200万元、资金未落实19683万元。

经济责任审计 对14名领导干部开展经济责任审计，查出违规金额831万元、管理不规范金额1835万元。

信息化建设 西双版纳州审计局信息化建设工作在全省综合考评中被评为二等奖和进步奖。3个审计方法被省审计厅评为优秀，10个方法入选云南省审计机关计算机审计方法库。

内部审计 设立内部审计机构68个，建立内部审计人员信息资源库，内部审计人员275人。完成审计项目31个，审计金额78409万元。

（撰稿人：李蔚兰）

【大理白族自治州审计局】 2014年，大理白族自治州审计局人员编制63人，在编60人。局长李劲松，副局长施黄（兼经济责任审计局局长）、梁育鸿、沈万炳，总审计师柴建荣。设有14个科（室）、2个派出分局。

审计成果 大理州审计机关共审计（调查）项目2572个，查出违规问题金额5.8亿元、管理不规范金额15.5亿元、损失浪费金额0.07亿元；损益（收支）不实金额1.1亿元；通过审计，为国家增收节支2.8亿元，审计后核减固定资产投资额6.6亿元，为被审计单位挽回或避免经济损失1054万元。出具审计报告2551篇，向社会发布审计结果公告238篇；提交审计专题、综合性报告和信息简报共183篇，向被审计单位或有关单位提出审计建议7005条，被采纳6394条；被审计单位根据建议制定整改措施40项，建立健全规章制度20项。大理州审计局被人力资源和社会保障部、审计署表彰为全国审计机关先进集体，被州委、州政府表彰为大理州2014年度党风廉政建设责任制考核优秀单位、州级机关工作目标责任考核优秀等次、2014年度综治维稳工作优秀单位、"四五"依法治州优秀单位；1个县级审计机关被表彰为全省审计机关先进集体，2名审计人员被表彰为全省审计机关先进工作者。

财政审计 以财政收入的合法性和支出的合理性为审计重点，以公共资金、国有资产、国有资源为主线，加强对部门承担的重大投资项目和重点专项资金管理、分配、使用及效益情况的审计监督。共对91个部门2013年部门预算执行和其他财政财务收支情况实施审计。

经济责任审计 强化审查资金、资产、资源管理制度建立健全和管理情况，完成经济责任审计项目55个，涉及领导干部60人，审计共查出违规金额38548万元、管理不规范金额28789万元。

固定资产投资审计 结合州政府确定的重要工作和重大建设项目，加大对政府投资项目的前置审计、跟踪审计和竣工决算审计力度，共完成固定资产审计项目2299个，送审金额119亿元，审计核减投资金额6.6亿元。

专项资金审计 组织开展2013年保障性安居工程跟踪审计；组织洱源、漾濞、永平、云龙、剑川5个县审计局，对洱源"3·03"地震受损民房恢复重建资金进行专项审计；探索开展对宏观政策贯彻落实情况的跟踪审计；按照审计署计划安排，组织全州审计机关43名审计人员参与审计署组织开展的土地出让收支和耕地保护情况审计。

资源环境审计 围绕洱海保护，以洱源县、大理市上关镇和银桥镇为试点，探索开展领导干部自然资源资产离任审计，研究领导干部自然资源资产离任审计的内容、方式和评价体系，边试点边总结边拓展。

（撰稿人：张　强）

【德宏傣族景颇族自治州审计局】 2014年，德宏傣族景颇族自治州审计局人员编制28人，在编28人。党组书记郝豫昆，局长雪琳（—9月）、杨善武（9月—），副局长杨常纪。设有办公室、法制科、行政事业审计科、农业与资源环保审计科、财政金融审计科、社会保障审计科、固定资产投资审计科、领导干部任期经济责任审计一科、领导干部任期经济责任审计二科。

审计成果 德宏州审计机关共完成审计项目242项，审计查出应上缴财政2670万元、应减少财政拨款或补贴257万元、应归还原渠道资金24760万元、应调账处理6105万元。审计移送处理事项17件，涉及人员8人，涉及金额1308万元。出具审计报告和审计调查报告262篇。提出审计建议676条，提交审计信息简报280篇。向社会公告审计结果63篇。

财政审计 德宏州审计局对州本级预算执行情况和地方税收征管情况进行审计，对德宏州林业局等20个州直单位的2013年度部门预算执行和决算情况进行审计和审签。全州查出预算编报不真实不完整4091万元、违规变更调整预算861万元、未按规定征收缴纳收入20648万元、隐瞒转移截留资金5238万元、未落实“收支两条线”和专户管理规定15097万元、违规改变项目计划和资金用途966万元、资金滞留闲置180977万元、虚列支出21837万元、扩大开支范围258万元、违规出借财政资金281000万元、资金不到位不落实34811万元等问题。

专项资金审计 重点关注“三农”、教育、医疗、住房等民生资金管理和使用情况，统一组织全州生物特色产业发展扶持资金、盈江“5·24”和“5·30”抗震救灾及恢复重建资金、农业综合开发资金、水产大水面生态养殖技术示范推广项目资金、少生快富专项资金、优质水稻示范推广项目资金等重要惠民专项资金审计，共完成审计专项资金总额73022万元。

固定资产投资审计 加大对政府投资建设项目的审计监督力度，分别对德宏州中医医院业务楼工程、德宏州幸福家园社区一期改造装修工程、芒市丙午路改造工程、芒市老年活动中心综合楼工程进行竣工决算审计。全州审计项目投资总额34361万元，核减投资额1874万元。

经济责任审计 根据组织部门的委托，采取“一拖二”的方式，把领导干部经济责任审计和部门预算执行审计及财务收支审计、专项审计相结合同时开展。对州林业局、州国土资源局等4名领导干部开展任期经济责任审计。全州经济责任审计共查出主要问题金额3899万元，促进增收节支461万元。 （撰稿人：李志远）

【怒江傈僳族自治州审计局】 2014年，怒江傈僳族自治州审计局人员编制35人，在编34人。局长罗晓亮，副局长陈坤良、杨世周（—5月）、赵书云（10月—）。设有办公室、法制综合科、经济责任审计科、企业与外资审计科、农业与资源环保审计科、行政事业审计科、财政金融审计科、社会保障审计科、计算机审计应用科、怒江州固定资产投资审计中心。

审计成果 怒江州审计机关完成审计项目92个，查出主要问题金额170053万元，其中违规金额13142万元、损失浪费金额142万元、管理不规范金额156769万元；损益（收支）不实金额2498万元；审计处理处罚金额103020万元，其中应上缴财政3786万元、应减少财政拨款或补贴101万元、应归还原渠道资金9512万元、应缴纳其他资金598万元、应调账处理金额89023万元；审计发现非金额计量问题102个；审计促进整改落实有关问题金额9378万元，其中增收节支3488万元、已调账处理金额5838万元；审计促进拨付资金到位55万元；审计后挽回（避免）损失462万元。移送司法机关、纪检监察机关和有关部门处理事项2件。出具审计报告和专项审计调查报告92篇。提出审计建议248条，提交审计信息57篇，被批示、采用1篇。向社会公告审计结果29篇。

财政审计 完成审计项目35个，查出主要问题金额143361万元。持续关注“三公”经费、会议和培训费、“吃空饷”问题、楼堂馆所建设、“小金库”治理等情况，推进部门预算改革和预算公开，提高政府管理效能。

专项资金审计 完成审计项目20个，审计专项资金总额67418万元，查出主要问题金额13063万元。按照统一部署，开展怒江州四县城镇保障性安居工程跟踪审计、怒江州四县财政扶贫资金专项审计，服务政府宏观决策，提高公共资金使用效益。

固定资产投资审计 完成审计项目17个，审计金额25992万元，查出主要问题金额3330万元，核减工程投资1463万元。推进竣工决算和重大项目跟踪审计相结合、自身力量与利用社会审计力量相结合、发现问题与深化审计成果利用相结合的“三结合”投资审计模式，完善审计程序和办法，有效规范项目管理，节约政府投资。

经济责任审计 完成审计项目19个，查出主要问题金额5874万元，其中违规金额20万元。将经济责任审计与财务收支审计、预算执行审计和专项资金审计相结合，通过财务、业务看绩效，丰富经济责任审计内容，为客观公正地评价领导干部提供全面素材。

企业审计 开展怒江州城市投资开发有限公司财务收支和资产管理情况专项审计，查出主要问题金额 4425 万元。通过审计，揭示怒江州投融资企业存在融资资源不足、自身造血功能低、融资方式单一等共性问题。 （撰稿人：刘 婕）

【迪庆藏族自治州审计局】 2014 年，迪庆藏族自治州审计局人员编制 23 人，在编 21 人。局长浦永兴，副局长张柱能、和集义，总审计师赵玉红。设有办公室、行政事业审计科、财政金融审计科、综合法规科、投资经贸审计科和经济责任审计科。

审计成果 迪庆州审计机关共完成审计和审计调查项目 146 个，审计查出主要问题金额 191467 万元，其中违规金额 16957 万元、损失浪费金额 118 万元、管理不规范金额 174393 万元；损益（收支）不实金额 1750 万元；审计期间整改金额 11595 万元；审计处理处罚金额 20941 万元，其中应上缴财政 352 万元、已上缴财政 45 万元，应归还原渠道资金 62 万元，应调账处理 16724 万元、已调账处理 1607 万元；审计专项资金总额 97831 万元；审计固定资产投资额 136877 万元，审计核减工程投资 1847 万元。移送纪检监察机关处理案件 2 件，移送处理 2 人，涉及金额 39 万元。出具审计报告和审计调查报告 140 篇，出具审计专题、综合性报告 6 篇。提出审计建议 281 条，被采纳 159 条。报送审计信息简报 73 篇。向社会公告审计结果 6 篇。

财政审计 完成迪庆州本级稳增长促改革调结构惠民生政策措施落实跟踪审计；开展 2013 年度州本级预算执行情况审计；根据省审计厅统一安排，开展 2013 年税收征收管理审计工作；对 2013 年州本级 46 个预算执行单位的“三公”经费、会议费进行专项审计。

经济责任审计 完成 26 名领导干部的经济责任审计，查出违规违纪金额 10216 万元、管理不规范金额 3945 万元，其中损失浪费金额 118.6 万元、私设“小金库”37.65 万元。对审计发现的违规违纪问题依法做出处理，对管理不规范的问题提出审计意见和建议，对私设“小金库”的问题移送纪检监察处理。

固定资产投资审计 完成投资审计项目 79 个，审计总金额 136877 万元，审计核减金额 1847 万元。审计查出工程结算多计工程投资的问题，督促建设单位按审计决定进行账务调整。

专项资金审计 完成对香格里拉县独克宗古城“1·11”火灾救灾资金及物资应急期的筹集、管理和拨付使用情况审计；完成香格里拉县第三期，维西县第三、第四期游牧民定居项目工程资金审计。

（撰稿人：郑永平）

2014 年云南省所辖区、县(市)级审计工作统计表

金额单位:万元

审计机关	完成审计项目(个)	审计查出主要问题金额	审计处理情况					出具审计报告和审计调查报告(篇)	提出审计建议(条)	提交审计信息(篇)
			审计处理处罚				移送处理事项(件)			
			应上缴财政	应减少财政拨款或补贴	应归还原渠道资金	应调账处理金额				
昆明市										
昆明市本级	81	847172	18482	3072	2595	32547	5	79	250	375
呈贡区审计局	24	262	3			259		25	63	77
五华区审计局	31	98645	3224		8484	84489		46	223	117

续表

审计机关	完成审计项目（个）	审计查出主要问题金额	审计处理情况					出具审计报告和审计调查报告（篇）	提出审计建议（条）	提交审计信息（篇）
			审计处理处罚				移送处理事项（件）			
			应上缴财政	应减少财政拨款或补贴	应归还原渠道资金	应调账处理金额				
盘龙区审计局	67	45067	7874		4567	32613		74	175	
官渡区审计局	19	32391		4851	432	193		21	56	34
西山区审计局	69	16308	1199	1694	3807	8897		88	169	76
东川区审计局	47	18480	191	1493			1	52	127	
晋宁县审计局	25	16651	10490	136	4109	1915		22	170	6
富民县审计局	64	18979	535				1	68	63	228
宜良县审计局	38	231	231					44	94	114
石林彝族自治县审计局	118	7197		6254		532		137	225	85
禄劝彝族苗族自治县审计局	49	11446	442	9710	211	507		49	112	
寻甸回族彝族自治县审计局	52	24858	4980		44			62	136	50
曲靖市										
曲靖市本级	122	285170	3946		540	9688	9	136	259	62
麒麟区审计局	117	17566	9		57	11	1	128	310	50
宣威市审计局	72	29814	1367					79	112	44
马龙县审计局	104	135072	3426		74	370		103	51	81
陆良县审计局	113	11555	136	145				130	272	60
师宗县审计局	82	55280	437		3697	8474		89	133	22
罗平县审计局	65	11315	121		55	141		71	329	48
富源县审计局	99	12102	619		13	660		103	259	16
会泽县审计局	108	2395	9		28			117	18	56
沾益县审计局	50	10536	157			1625		55	133	70
玉溪市										
玉溪市本级	177	642750	1699		91	648	17	195	206	81
红塔区审计局	64	150830	2055		1036	87		69	176	4
江川县审计局	88	19585	324		218	7814	3	93	122	
通海县审计局	119	52788	123		2	1077	6	126	182	17
华宁县审计局	61	34164	4934	9		19	5	64	60	9
澄江县审计局	93	10936	787		101	379	2	93	309	32
易门县审计局	55	31621	2283		1508		1	58	57	13
峨山彝族自治县审计局	99	38627	663		18	47	2	103	113	

续表

审计机关	完成审计项目(个)	审计查出主要问题金额	审计处理情况					出具审计报告和审计调查报告(篇)	提出审计建议(条)	提交审计信息(篇)
			审计处理处罚				移送处理事项(件)			
			应上缴财政	应减少财政拨款或补贴	应归还原渠道资金	应调账处理金额				
新平彝族傣族自治县审计局	106	28582	508		1		4	111	115	45
元江哈尼族彝族傣族自治县审计局	104	26883	5997		359	780	4	113	313	73
保山市										
保山市本级	71	338752	304	23816	787	2088		80	122	98
隆阳区审计局	64	180742	41554		3357	7468		71	190	22
施甸县审计局	224	13468	7878	3669	23	679	1	232	442	43
腾冲县审计局	71	172722	514			6067		78	198	31
龙陵县审计局	80	2205	251		18	1613		87	123	35
昌宁县审计局	143	12583	799	2455	39	711	16	157	548	58
昭通市										
昭通市本级	131	246039	31330		29315	34300	74	109	345	29
昭阳区审计局	182	7789			3			182	99	13
鲁甸县审计局	35	331						35	65	
巧家县审计局	20	3317	5					19	24	
盐津县审计局	26	2641	64			38		26	81	
大关县审计局	37	2446	2244		21	114		45	82	3
永善县审计局	11	585	533		7	39		10	19	
绥江县审计局	17	3246	22		94	2390	1	17	39	
镇雄县审计局	56	10872	606	39	1183	5714		55	79	
彝良县审计局	19	8927	5299		50			19	50	
威信县审计局	18	2213	164	8	79	1948	1	18	32	
水富县审计局	23	8219	774	1	1861			23	66	
丽江市										
丽江市本级	52	148559	230		34690	31536		52	133	
古城区审计局	59	143712	113		132887	2009		59	162	3
永胜县审计局	35	11368	1208		1171	7041		35	103	1
华坪县审计局	19	4127	3044	490	142	58		18	162	
玉龙纳西族自治县审计局	108	9945	7395	1089	293	976	1	108	183	
宁蒗彝族自治县审计局	18	13524	330		10480	2573		16	68	17
普洱市										
普洱市本级	37	27097	270	495	2382	7106	4	41	108	42

续表

审计机关	完成审计项目（个）	审计查出主要问题金额	审计处理情况					出具审计报告和审计调查报告（篇）	提出审计建议（条）	提交审计信息（篇）
			审计处理处罚				移送处理事项（件）			
			应上缴财政	应减少财政拨款或补贴	应归还原渠道资金	应调账处理金额				
思茅区审计局	22	750			439	132		24	64	58
宁洱哈尼族彝族自治县审计局	17	24835	1294	1168	3406	18968	1	18	42	3
墨江哈尼族自治县审计局	54	10558	993	1514	1658	1021		57	244	11
景东彝族自治县审计局	115	5363	482	657	156	207		129	229	57
景谷傣族彝族自治县审计局	29	11995	128		184	1877		31	116	2
镇沅彝族哈尼族拉祜族自治县审计局	23	2691	1250	738	695	8		23	57	2
江城哈尼族彝族自治县审计局	42	929		911		14		43	110	3
孟连傣族拉祜族佤族自治县审计局	36	5144	26	441	23	592		41	118	20
澜沧拉祜族自治县审计局	32	7453	396	620	38	6339		38	140	2
西盟佤族自治县审计局	12	4657	40	148				13	38	8
临沧市										
临沧市本级	47	40810	1379		3266	399	14	47	118	68
临翔区审计局	47	61818	442		10767	1139		47	88	25
凤庆县审计局	24	16103	2952		58	671		24	70	36
云县审计局	39	5027	534		138	900		39	102	12
永德县审计局	26	5845	23	202	164	681		26	63	7
镇康县审计局	26	31323	1518		28	29777	1	26	86	46
双江拉祜族佤族布朗族傣族自治县审计局	21	1524	178					21	44	
耿马傣族佤族自治县审计局	30	67121	188		86	10149		35	96	1
沧源佤族自治县审计局	19	47028	378	32	2770	4304	8	23	57	116
楚雄彝族自治州										
楚雄彝族自治州本级	62	68439	11246	891	698	6067	11	85	156	34
楚雄市审计局	86	76175	3358	3111	185	685		97	259	14
双柏县审计局	80	14018	3838	970	40			85	231	
牟定县审计局	46	17183	1279	416	37	342		54	78	83

续表

审计机关	完成审计项目（个）	审计查出主要问题金额	审计处理情况					出具审计报告和审计调查报告（篇）	提出审计建议（条）	提交审计信息（篇）
			审计处理处罚				移送处理事项（件）			
			应上缴财政	应减少财政拨款或补贴	应归还原渠道资金	应调账处理金额				
南华县审计局	40	8247	585	594	468	3		50	103	79
姚安县审计局	41	1591	38			596		49	57	
大姚县审计局	38	16066	10	770	348	432		46	108	29
永仁县审计局	79	21596	7481	474	25	30		88	290	1
元谋县审计局	60	5712	157	1035	33	109		70	50	129
武定县审计局	33	4445	2177	358	63	288		42	19	72
禄丰县审计局	90	24335	605	1329	4160	18240		101	287	140
红河哈尼族彝族自治州										
红河哈尼族彝族自治州本级	66	299567	3895	1274	159986	4893	3	99	205	3
蒙自市审计局	49	5704	690	665	857	3199		55	101	
个旧市审计局	35	1411	20	561	102			42	65	46
开远市审计局	30	5049	203	3613	998	235		39	107	52
弥勒市审计局	93	12972	2887	1534	132	4471		114	111	40
建水县审计局	48	1294	56	278		71		57	137	25
石屏县审计局	55	1062	43	361	199			63	87	26
泸西县审计局	34	46775	40639	602	811	1514		40	113	9
元阳县审计局	37	1260	317	176	171	60		49	104	
红河县审计局	53	4747	330	322	125	2723		71	132	20
绿春县审计局	44	4289	480	247	2441	362		49	107	
屏边苗族自治县审计局	34	1805	12	667	43	242	1	39	77	14
金平苗族瑶族傣族自治县审计局	48	4085	92	276	58	254		60	142	4
河口瑶族自治县审计局	33	3155	1452		119	29		39	86	31
文山壮族苗族自治州										
文山壮族苗族自治州本级	246	160313	14179		9502	5499	7	250	414	36
文山市审计局	96	47981	25926		90	3		99	175	51
砚山县审计局	74	16706	102		2			75	82	32
西畴县审计局	113	3920	1202			820		115	159	62
麻栗坡县审计局	100	10544	3267		52	1678		102	248	36

续表

审计机关	完成审计项目（个）	审计查出主要问题金额	审计处理情况						出具审计报告和审计调查报告（篇）	提出审计建议（条）	提交审计信息（篇）
			审计处理处罚				移送处理事项（件）				
			应上缴财政	应减少财政拨款或补贴	应归还原渠道资金	应调账处理金额					
马关县审计局	103	20660	86		106	80			108	210	48
丘北县审计局	98	7148	3603	587	31	2130	1		101	261	65
广南县审计局	93	14624	679		456	1330			102	144	36
富宁县审计局	108	20470	851	1	525	7683			113	257	82
西双版纳傣族自治州											
西双版纳傣族自治州本级	84	65854	5790	7358	298	8666	5		85	235	24
景洪市审计局	170	44332	13118	12470	43	1595	3		170	413	39
勐海县审计局	145	25900	143	1848	127	481	1		154	255	11
勐腊县审计局	53	1581	93	1139	75	3			54	174	1
大理白族自治州											
大理白族自治州本级	309	30704	19532	652	1768	8752	10		308	138	8
大理市审计局	266	11341	1410	5910	973	3048			266	2	17
祥云县审计局	114	543	278		199	66			109	126	13
宾川县审计局	613	981	82		236	663			619	2027	43
弥渡县审计局	140	3704	2169	467	678	390			140	167	19
永平县审计局	163	5259	250	1020	892	3097	1		163	335	37
云龙县审计局	73	189	115		74				72	115	21
洱源县审计局	152	1375	465		417	493			149	1389	1
剑川县审计局	72	38	5			33			72	149	14
鹤庆县审计局	258	1451			115	1336			236	2404	1
漾濞彝族自治县审计局	149	48	5		3	40			155	35	
南涧彝族自治县审计局	204	878	85		40	753			204	80	
巍山彝族回族自治县审计局	59	1819	428		1058	333	1		58	38	13
德宏傣族景颇族自治州											
德宏傣族景颇族自治州本级	52	463370	2146		84	216	5		53	141	70
芒市审计局	49	285083	5		24032	413	8		53	153	78
瑞丽市审计局	42	38524	330		161	5344	2		43	143	42
梁河县审计局	26	75920	4		1	31	1		29	74	44

续表

审计机关	完成审计项目（个）	审计查出主要问题金额	审计处理情况					出具审计报告和审计调查报告（篇）	提出审计建议（条）	提交审计信息（篇）
			审计处理处罚				移送处理事项（件）			
			应上缴财政	应减少财政拨款或补贴	应归还原渠道资金	应调账处理金额				
盈江县审计局	42	58909	127	257	482			50	97	23
陇川县审计局	31	2015	58			101	1	34	68	23
怒江傈僳族自治州										
怒江傈僳族自治州本级	29	52169	3073		9117	17966		29	91	19
泸水县审计局	12	56010	36			55618		12	14	12
福贡县审计局	26	15381	159	101	143	15148		26	86	6
贡山独龙族怒族自治县审计局	10	494			182	105		10	17	20
兰坪白族普米族自治县审计局	15	45999	518		70	186	2	15	40	
迪庆藏族自治州										
迪庆藏族自治州本级	36	49624	25		30	10557	1	36	79	41
香格里拉县审计局	24	116076	20			2137	1	24	76	25
德钦县审计局	28	19848	99		28			28	59	
维西傈僳族自治县审计局	58	5919	208		4	4030		58	67	7

西藏自治区

【西藏自治区审计厅】 2014 年，西藏自治区审计厅人员编制 120 人，在编 101 人（含援藏干部 3 人）。设有办公室、政工人事处、纪检监察室、法规处、财政金融审计处、固定资产投资审计处、经济责任审计处、行政事业审计处、社会保障审计处、经贸外资审计处、农业与资源环保审计处，下设政府投资审计中心、计算机信息中心、后勤服务中心。

领导成员

党组书记：张　岩

厅　　长：拉　巴

副 厅 长：次　多

总审计师：周忠祥

纪检组长：张福山

审计成果 全区审计机关共审计单位（项目）298 个，审计处理应上缴财政 4.2 亿元，移送案件线索 4 件，提交审计报告和信息 396 篇，发布审计结果公告 11 个，推动建立健全制度 139 项。

稳增长等政策措施落实情况跟踪审计 按照国务院和审计署的部署，对全区 685 笔政府性债务进行审计，反映实情、揭示问题、分析原因、提出建议，得到自治区领导的充分肯定，为各级政府强化债务管理、防范化解风险、健全管控机制提供重要参考。对自治区本级财政管理、区高法等预算执行部门、发展和改革委政府性投资计划执行、拉萨至贡嘎机场公路等重点投资项目进行审计或审计调查。审计中既关注财政资金使用效益、效率和效果，又关注社会效益和生态效益，揭示和反映违法违规、损失浪费等问题，为促进中央和自治区宏观调控政策措施的贯彻落实发挥积极作用。

专项资金审计 对城镇保障性安居工程建设情况进行跟踪审计，重点关注任务分解完成、资金筹集管理使用、工程建设管理、保障性住房的分配运行情况和各项配套政策执行情况；对自治区本级住房公积金筹集、管理情况进行审计，提出促进住房公积金管理制度不断完善的意见与建议；对自治区2005年至2010年整乡推进扶贫专项资金进行审计，揭露挪用资金、多报预算等问题，查出违规问题金额1亿余元。对“三农”、教育、科技、卫生等专项资金进行审计，促进规范财政资金更好地用于改善民生和社会事业发展，发挥惠民政策保基本、兜底线的重要作用，维护人民群众利益，促进社会和谐稳定。

企业审计 对金珠集团等11户商贸企业、西藏香港藏通贸易有限公司、西藏盐业总公司进行审计；对154家中小企业发展资金、产业与企业改革发展资金及有关政策落实情况进行审计调查，揭露损益不实、资金使用效益不高、项目和资金审批程序不规范、部分受扶持企业或享受补贴对象虚报冒领、个别企业长期对外高额投资无效益等问题。查出违法违规金额4.5亿元，移送案件线索1件，涉及资金2168万元，促进有关部门修订完善中小企业管理办法和品牌资金管理条例2项。通过揭露查处问题、提出意见建议，对维护财经秩序、加强企业管理、防控重大风险、创新机制制度、确保国有资产安全，发挥积极作用。

经济责任审计 受组织部门委托，对全区67名党政领导干部进行审计，查出领导干部负有直接责任、主管责任和领导责任的违法违规问题金额37.8亿元。审计中重点关注贯彻执行国家宏观经济政策、落实上级重大决策部署、政府性资金收支管理、重大经济事项决策与执行、经济管理制度建立健全等方面的情况；着眼于经济责任审计规范化建设，积极探索与创新经济责任审计工作的方式和方法，针对领导干部在履行经济责任中存在的突出问题，提出审计意见建议，为组织人事部门加强干部监督管理提供重要依据，促进领导干部守法守纪、守规尽责。

资源环保审计 对地质矿产、环境保护监管部门，中央森林生态效益补偿基金、个别地区土地出让金和土地开发整理资金进行重点审计，揭露和查处多领、截留、滞留森林生态补偿基金，坐收坐支、违规减免土地出让金等违法违规问题金额20.3亿元，及时追缴国家资金5000多万元；专题反映近5年来生态环境保护项目和资金审计情况，自治区领导做出重要批示，有关部门积极整改，推进环境保护政策和制度不断改进完善。重点关注道路、桥梁、水电等工程建设项目对生态环境的影响，全力维护环境安全，努力推进生态建设，切实保护碧水蓝天。

相关工作 以班子队伍建设为基础，以作风建设为保障，以质量成果为根本，以廉政纪律为制约，不断推动审计事业科学发展。加强审计机关领导班子和干部队伍建设，提高领导干部把握大局和审计队伍依法从审、依法行政的能力；把维护社会和谐稳定作为审计机关的重要政治责任，实现“三不出”工作目标；认真开展审计项目审理、质量检查和审计结果整改落实检查等工作，扎实推进审计理论研究，提升审计信息化建设水平，保障能力明显增强。严格执行审计纪律“八不准”和有关廉政规定，完善审计业务和机关行政管理制度，形成按制度办事、用制度管人的良好风气。

（撰稿人：杜一鹭）

【拉萨市审计局】 2014年，拉萨市审计局人员编制52人，在编49人。局长次旦，副局长史勇、彭多、格桑平措、黄益强（江苏援藏干部）、扎西拉姆。设有办公室、法规科、财政金融审计科、基本建设投资审计科、行政事业审计科、经济责任审计处、经贸企业审计科、农业与资源环保审计科、信息中心。

审计成果 拉萨市审计局共完成审计项目23个，审计72个单位，审计总金额2851106.47万元；查出违规、管理不规范金额16366.32万元，其中上缴财政资金8391.29万元、调账处理资金48495.34万元、归还原渠道资金1481.88万元、自行纠正资金28357.69万元，项目资金缺口1022.93万元，限期整改金额75365万元，应招标未招标设计费、监理费352.19万元；核减工程款344.73万元，应上缴罚款50.93万元。市本级财政资金7064.32万元（已上缴761万元）、县级财政资金1326.97万元。提出审计建议72条，被审计单位采纳72条。

财政审计 拉萨市审计局开展对城关区政府2005—2013年度财政预算执行和其他财政收支情况审计，并对相关单位进行延伸审计，完成对拉萨市本级预算执行和其他财政收支情况审计、拉萨市公安系统财政预算执行情况审计。审计金额1970729.54万元，查处违规、管理不规范金额97453.42万元，其中应上缴财政5435.03万元（市本级4550.37万元，县级884.66万元）、应归还原渠道资金782.77万元、加强管理自行纠正金额15870.62万元、限期整改金额75365万元。提出审计建议16条，被审计单位采纳16条。

行政事业审计 拉萨市审计局完成对拉萨市城镇保障性住房建设资金使用、管理、效益的跟踪审计，拉萨市质监站财政收支审计，拉萨市食品药品监督局2012—2013年度财务收支情况审计和拉萨市中级人民法院2013年度财政收支情况审计，审计总金额101992.26万元，查出违规、管理不规范金额599.75万元，应上缴财政82.14万元，应调账处理金额88.29万元，应归还原渠道资金71.58万元，自行纠正金额5.55万元，其他问题金额352.19万元，罚款金额1.75万元。提出审计建议12条，被审计单位采纳12条。

农业与资源环保审计 拉萨市审计局完成2011年达孜县农业综合开发土地治理项目专项资金审计、拉萨市2010年周边防护林工程项目资金审计、市2013年财政扶贫开发产业化项目资金收支审计、土地出让收支和耕地保护情况审计。审计总金额12097万元，查出违规、管理不规范金额1156.71万元，应上缴财政52.69万元，归还原渠道资金627.53万元，加强管理自行纠正金额476.49万元，罚款金额13.81万元，审减金额107.25万元。提出审计建议10条，被审计单位采纳10条。

固定资产投资审计 拉萨市审计局完成对拉萨市环卫局公园（格桑公园）建设项目竣工决算审计、拉萨市人居环境整治工程2011年项目竣工决算审计项目（包括拉萨市8县区已完工的40个行政村环境整治项目资金管理使用效益情况）、市民族宗教局（佛协）综合业务楼建设项目竣工决算审计、市政协综合服务楼用房竣工决算审计、市10条便民路专项审计调查，审计金额16224.69万元，查出违规金额3112.27万元、应上缴财政1988.5万元、应调账处理金额19.52万元、加强管理自行纠正金额81.32万元、项目资金缺口1022.93万元、罚款金额34.37万元、审减金额237.48万元。提出审计建议16条，被审计单位采纳16条。

企业审计 拉萨市审计局完成对西藏圣城建设集团有限公司原董事长任职期间资产、负债、所有者权益及有关经济活动情况的审计，拉萨市自来水公司2010年至2013年度财务收支及有关经济活动情况审计项目，市置地投资开发有限公司财务收支情况审计。审计总金额698435.96万元，查出违规、管理不规范金额59348.39万元，应调账处理金额48387.53万元，加强管理自行纠正金额10960.86万元，罚款金额1万元。提出审计建议9条，被审计单位采纳9条。

经济责任审计 拉萨市审计局完成市广播电影电视局局长离任经济责任审计、市布达拉旅游文化集团有限公司总经理离任经济责任审计、市住房和城乡建设局局长任中经济责任审计、市卫生局局长任中经济责任审计。审计总金额51627.02万元，查出违规、管理不规范金额1795.78万元，应上缴财政832.93万元（已上缴761万元），加强管理自行纠正金额962.85万元。提出审计建议9条，被审计单位采纳9条。

（撰稿人：杨立涛）

【昌都市审计局】 2014年，昌都市审计局人员编制57人。局长益西群培，副局长张高林、措巴、吴波、李保奎，副调研员任邦珍。设有办公室、法规监督科、财政金融审计科、行政事业审计、社会保障审计科、经贸农业与资源环保审计科、固定资产投资审计科、经济责任审计处（经济责任审计一、二、三科）、审计事务服务中心、信息中心。

审计成果 昌都市审计局共完成审计项目11个，审计查出各类问题金额62222.62万元，其中应减少财政拨款120.62万元、应归还原渠道资金17549.15万元、应调账处理金额23417万元、应上缴财政资金2166.13万元，上缴率达100%。提出审计建议31条，被采纳31条。向上级单位报送审计报告和审计调查报告12个。

财政审计 投入11人次，组成审计组，对芒康、丁青两县实施2011年至2013年财政决算及其他财政收支情况审计，审计共查出滞留闲置资金33358.03万元、虚报冒领441万元、虚列支出22405万元、扩大开支范围5万元、账外资产24万元。揭示财政管理不规范等方面的问题，注重从源头上推动整合政府各项收支，实现“收入一个笼子、预算一个盘子、支出一个口子”，推动建立完整、统一的政府财政。

固定资产投资审计 投入6人次，组成审计组，对原地区碘配送中心及农畜产品批发市场综合楼项目、原昌都镇城区道路整治和改造工程项目实施审计。以工程管理和建设资金管理及使用情况为重点，充分发挥审计“免疫系统”功能，共查出多计工程结算价款324万元，综合审减率4.86%。其中原地区碘配送中心及农畜产品批发市场综合楼项目审减工程结算价款121万元，审减率5.55%；原昌都镇城区道路整治和改造工程项目审减工程结算价款203万元，审减率4.53%。提出审计建议4条，被采纳4条。

专项资金审计 左贡县民生资金审计调查，涉及民生资金82项，金额46984.26万元；涉及县直部门（单位）11个，覆盖10个乡（镇），调查36个行政村。查处违纪违规金额8393.23万元，其中滞留专项资金5851.34万元，挪用专项资金333.98万元，无原始单据、资金去向不明422.47万元，截留民生资金781.26万元，现金短款5.97万元，虚报冒领骗取退耕补贴资金4.03万元，涉嫌贪污13.1万元，涉嫌个人挪用公款7.2万元，资金损失5.7万元。移交案件线索3件，提出审计建议5条。

江达县民政资金管理使用情况审计调查，涉及民生资金73项，金额42613.69万元；涉及县直部门（单位）11个，覆盖13个乡（镇），调查45个行政村。查处违纪违规金额10896.19万元，其中滞留专项资金8378.02万元，挪用专项资金1387.65万元，无原始单据、资金去向不明591.84万元，截留民生资金83.63万元，公款私存97.33万元，现金短款87.78万元，虚报冒领骗取财政资金32.96万元，涉嫌贪污64.92万元，涉嫌个人挪用公款22.6万元；挽回资金损失876.71万元。移交案件线索6件。提出审计建议5条，被采纳5条。

创先争优强基惠民活动“短、平、快”项目和为民办实事经费管理使用情况专项审计调查，查出存在自行调整“短、平、快”项目建设项目87个；39个“短、平、快”项目未实施，未实施金额1108.86万元；2012年第一批和2013年第二批驻村工作队尚有2480.84万元的为民办实事经费未报账结算或未兑付使用。提出审计建议3条。

经济责任审计 受市组织部和审计厅委托，对昌都新区管理委员会原主任、左贡县县委书记、左贡县县长3人分别进行离任和任中经济责任审计。审计反映出虚列支出7536.57万元、虚增本级一般预算收入900.87万元、滞留专项资金534.04万元、往来未项长期挂账7602.57万元。提出审计建议4条。通过审计，对被审计人履职期间所存在问题应承担的责任进行划分，发挥经济责任审计的预防和制约作用。

（撰稿人：罗时兵）

【山南地区审计局】 2014年，山南地区审计局人员编制44人，在编43人。局长巴桑次仁，副局长张洪林、夏朝红、次仁群培、旺庆，总审计师王显琼。设有办公室、法规科、财政金融审计科、行政事业审计科、社会保障审计科、经济责任审计处、固定资产投资审计科、经贸外资审计科、农业与资源环保审计科，下设审计信息中心。

审计成果 山南地区审计局共实施29个审计项目，完结25个项目的审计和审计调查，完成年度计划的109%，查出主要问题金额5847.71万元，其中违规金额626.65万元、上缴地区财政专户资金2.06万元、管理不规范金额5219万元。移送处理案件1件。提出审计建议42条。上报审计信息97篇，被领导批示、采用10余篇。浪卡子县预算执行及其他财政收支情况审计被评为全区表彰审计项目，审计信息被自治区审计厅评为一等奖。

财政审计 重点对乃东县人民政府2013年度财政预算执行及其他财政收支情况进行审计，查出违规金额236.4万元、管理不规范金额3648.31万元。针对存在的问题提出审计建议4条。

社会保障审计 开展职业技术学校国家中职示范校建设项目资金审计、桑日县全民建设活动中心项目资金及工程审计，查出管理不规范金额67.53万元、违规金额0.3万元。针对存在的问题提出审计建议7条。

经济责任审计 根据区审计厅及地委组织部的委托，有效整合审计资源，开展地区统计局、地区安监局等7个单位领导干部的经济责任审计工作。完结对5个单位的审计，共查出违规金额28.34万元、上缴地区财政专户资金2.06万元、管理不规范金额1283.82万元。针对加强部门预算管理和制度建设等方面提出审计建议9条。

专项资金审计 切实加强城镇保障性安居工程、2012年就业再就业专项资金、2013年扶贫项目专项资金等项目的审计及稳增长促改革调结构惠民生政策措施落实情况的跟踪审计。共实施审计项目19个，完结17个项目。通过审计，共查出违规金额361.61万元、管理不规范金额219.34万元，发现涉农资金管理不规范，挤占挪用扶贫、就业再就业专项资金，未及时发放租赁补助等问题。针对存在的问题，提出22条意见和建议。

（撰稿人：次仁德吉）

【日喀则市审计局】 2014年，日喀则市审计局人员编制59人，在编54人。局长次仁，副局长陈元森、边巴次仁、多吉、郝信斌、黄俊（援藏干部），经济责任审计处处长次仁旺拉。设有办公室（政工人事科）、法规科、财政金融审计科、行政事业审计科、社会保障审计科、市直经济责任审计科、县区经济责任审计科、固定资产投资审计科、经贸农业与资源环保审计科，下设机关后勤服务中心、信息网络中心。

审计成果 日喀则市审计局共完成37个单位的审计及审计调查，审计查出主要问题金额12504万元，其中违规金额12383万元、管理不规范金额121.06万元；审计发现非金额计量问题2个；审计处理处罚应上缴财政4687.07万元、应归还原渠道资金4142万元、应缴纳其他资金401万元、应调账处理金额4685万元。出具审计报告46篇、经济责任审计结果报告18篇。向有关部门和被审计单位提出审计建议77条。

经济责任审计 根据地委组织部委托，完成12名县级领导的任期经济责任审计，查出主要问题金额10710万元，其中违规金额10589万元、管理不规范金额121.07万元。领导干部应负主管责任金额4394万元、应负领导责任金额6195万元。审计围绕“经济”和“责任”，重点加强对行使经济决策权，以及重大建设项目、重点资金管理情况和领导干部廉洁守纪情况的审计监督，促进领导干部按照法定权限和程序行使权力、履行职责。

专项资金审计 围绕贯彻落实上级惠民利民政策措施，以保障和改善民生为目标，突出对民生政策、民生资金的审计监督，共完成江孜县、南木林县2013年度农业推广示范项目资金审计，白朗县、拉孜县2013年藏青—2000新品种示范推广项目资金的审计调查和昂仁县2011年度桑桑湿地保护建设等项目资金审计，审计专项资金总额2089万元，审计查出问题金额22万元，非金额计量问题1个；对桑珠孜区、江孜、白朗、拉孜、萨迦、南木林和定日7个县区2013年度农业综合开发项目进行送达审计，项目总数达到21个，审计资金达15187万元；配合市财政局、强基办完成对市直相关部门“三公”经费的使用管理情况审计调查以及强基惠民专项资金和医疗医保资金专项审计调查。各项专项审计和审计调查的开展，促进惠民利民政策的落实，保障民生专项资金落实到位。

固定资产投资审计 坚持“量力而行、突出重点”原则，组织实施对本级政府投资重点建设项目的跟踪审计。完成白朗县卫生服务中心项目的审计工作和康马县涅如堆灌区的投资审计工作。

（撰稿人：陈鸿娣）

【那曲地区审计局】 2014年，那曲地区审计局人员编制41人。局长徐春林，副局长达尔地、万里（援藏干部）、王红艳、次仁罗布、索朗、宗吉，经济责任审计处处长桑嘎扎西，副调研员达尔陪。设有办公室、政策法规科、财政金融审计科、行政事业审计科、社会保障审计科、固定资产投资审计科、经济责任审计处。

审计成果 那曲地区审计局共开展审计项目23个，其中包括财政审计、行政事业审计、社会保障审计、经济责任审计、固定资产投资审计、专项资金审计七大类，共查处各类问题金额159452.4万元，其中违规金额7153.28万元、管理不规范金额152299.1万元；经审计处理，应上缴地区财政（国库）7873.25万元、应上缴县财政（国库）802.56万元。向地区城建局移送案件1起。提出审计建议50多条。

财政审计 对地区本级2013年度预算执行及其他财政财务收支情况，对索县财政2013年度预算执行和其他财政财务收支情况，地区人力资源和社会保障局、地区疾病预防控制中心、自治区人民检察院那曲分院和地区电视台等4个部门预算单位预算执行情况开展审计。重点关注预算编制和执行情况，关注“三公”经费和会议费、培训费管理使用情况，关注财政存量资金规模等，审计查出各类问题金额112342.4万元、应上缴地区财政（国库）7705.61万元、应上缴县财政（国库）511.68万元。

经济责任审计 受自治区审计厅、地委组织部和地区纪检委委托，对地区财政局原局长，巴青县县委书记、县长等10名领导干部经济责任履行情况进行审计。审计中注意审查领导干部贯彻执行经济法律法规、党和国家方针政策和决策部署情况，落实中央八项规定等相关要求情况，查出违规和管理不规范金额46466.96万元，应上缴地区财政103.29万元，及时上缴县财政（国库）290.88万元，并且首次对乡镇主要领导干部经济责任履行情况进行同步审计，查出挪用专项资金、擅自处置国有资产、乡镇财政所内控制度不健全等问题。

专项资金审计 自治区审计厅统一组织对十一县及地区本级2013年保障性安居工程资金进行跟踪审计，对聂荣县当江乡溜索改吊桥项目等部分扶贫专项资金进行审计。在预算执行审计和经济责任审计中关注民生资金的落实和沉淀情况，对查出的问题进行审计处理，提出审计建议，逐步加强对乡镇主要领导经济责任履行情况的监督检查。

固定资产投资审计 结合年度工作计划，充分利用援藏的优势，开展基础设施建设项目审计。对那曲县卫生服务中心改扩建项目进行审计，查出违规或管理不规范金额643万元，其中多计工程量40万元、超概算432.12万元、挪用专项资金110.35万元、核减增量工程36.18万元、管理费不规范24.35万元。 （撰稿人：喻蔓滨）

【阿里地区审计局】 2014年，阿里地区审计局人员编制36人，在编25人。局长王建礼，副局长阿旺央加、罗杰、罗尚友，调研员桑杰多吉。设有行政办公室、法规科、经济责任审计处、行政事业和社会保障审计科（财政金融审计科）、固定资产投资审计科、农业与资源环保审计科和政府投资审计中心。

审计成果 阿里地区审计局共完成审计项目41个，其中经济责任审计18个，扶贫、林业、农牧、科技、公安专项审计12个，县级财政财务收支审计2个，企业财务收支审计2个，固定资产投资审计5个，七县强基惠民资金审计1个，保障房跟踪审计1个。通过审计，查出问题金额4.9亿元，其中违规金额1.9亿元、管理不规范金额3亿元；审计处理处罚3222万元，其中应调账处理金额2170万元、罚没金额336万元、应归还原渠道资金870万元。提出意见建议93条，被采纳93条。

政策落实跟踪审计 根据行署《关于对稳增长促改革调结构惠民生政策措施落实情况进行跟踪审计的通知》，对全地区政策落实情况进行跟踪审计，对审计中发现的问题及时向行署和有关部门进行汇报，并提出可行性整改意见，责令相关部门进行整改。

财政审计 完成日土县和噶尔县财政审计，审计查出问题金额3.4亿元，其中违规金额1.3亿元、管理不规范金额2.1亿元；审计处理处罚金额712.73万元，其中应上缴财政资金467.33万元、应归还原渠道资金245.3万元。严重违纪违规4人移送纪检监察部门。

经济责任审计 受地委组织部委托，完成17名领导经济责任审计工作，配合审计厅开展革吉县委书记、县长任期经济责任审计工作。通过审计，查出主要问题金额1.1亿元，其中违规金额4530万元（负直接责任金额1254万元，负主管责任金额2609万元，负领导责任金额666万元）、管理不规范金额7002万元（负直接责任金额3972万元，负主管责任金额2153万元，负领导责任金额877万元）。严重违纪违规的1人移送地区纪检委进行处理。

专项资金审计 完成以科技、公安、扶贫、林业、农牧等专项资金审计项目 12 个，审计查出问题金额 2264.5 万元，其中违规金额 1511.1 万元、管理不规范金额 816.2 万元；审计处理处罚 347.9 万元，其中应上缴财政资金 19.8 万元、应归还原渠道资金 328.1 万元。

固定资产投资审计 成立阿里地区政府投资审计中心，聘请具有工程决算审计资质的专业人员。在对政府投资审计的过程中，坚持事前预防、事中控制和事后监督的工作机制，及时发现问题、及时堵塞漏洞，减少损失浪费。完成日土县教育路等基本建设项目竣工决算审计 5 个，审计查出问题金额 273.7 万元，其中违规金额 146.6 万元、管理不规范金额 127 万元；审计处理处罚金额 272.63 万元，其中应上缴财政 141.93 万元、应归还原渠道资金 130.6 万元。

根据自治区强基办要求，对阿里地区 2011—2013 年强基惠民资金（短平快项目、办实事资金）进行审计，发现未按合同要求支付工程款、未按规定签订项目合同书等问题，审计查出问题金额 1326.5 万元，其中违规金额 328.9 万元、管理不规范金额 997.6 万元。在落实强基惠民项目中存在严重违纪违规的驻村工作队移交地区纪检委进行处理。

相关工作 对 2 家国有企业财政收支情况进行审计，查出问题金额 64.1 万元，其中违规金额 17.6 万元、管理不规范金额 46.5 万元。按照行署要求，对地区 3 个屠宰场进行审计调查。配合纪检委对“三公”经费进行专项检查。配合组织部进行机构编制核实督查。配合财政局进行“小金库”清查等工作。 （撰稿人：许昌平）

【林芝地区审计局】 2014 年，林芝地区审计局人员编制 41 人，在编 36 人。局长夏世红，副局长玉珍、刘应萍、尼玛仓决、李友金，经济责任审计处处长李萍，副调研员路文玲。设有办公室，政工人事科，经济责任审计处，法规科，行政事业社会保障审计科，财政金融审计科，固定资产投资审计科，经贸、农业与资源环保审计科。

审计成果 林芝地区审计局组织实施审计项目 16 个，查出违规金额合计 203024.33 万元，其中滞留（隐瞒）应缴预算资金 2003.89 万元、违规支付资金 2126.89 万元、挪用挤占资金 1549.21 万元、虚列支出 42456.07 万元、滞留应下拨资金 9437.52 万元、账外资产 1013.42 万元、未到位资金 1058.31 万元、多计工程资金 44.53 万元、往来长期挂账 41059.18 万元、变更项目内容 57 万元、预算编制 38060.10 万元、企业内部管理方面违规 6074.9 万元、其他问题金额 58083.71 万元。审计决定处理处罚 175782.90 万元，其中上缴国库 3879.16 万元、按原资金渠道使用 24727.49 万元、归还原渠道资金 1670.5 万元、调账处理 53508.34 万元、要求自行纠正 84868.04 万元、其他金额 7129.37 万元。向被审计单位提出审计建议 55 条，向地委、行署和上级业务部门提交审计信息、综合审计报告 110 余篇。

财政审计 为进一步加强本级财政管理，增强预算约束力、执行力和财政保障功能，促进提高财政资金使用效益和运行质量，对地区财政 2013 年预算执行和其他财政收支的真实性、合规性、合法性进行审计。审计发现存在滞留应缴资金、滞留应下拨资金、往来长期挂账等违规问题，涉及违规金额 98251.13 万元。对查出的问题，依照有关法律法规进行处理处罚，并提出相关的建议，其中上缴国库 1847.33 万元、调账处理金额 11522.68 万元、其他金额 84881.12 万元。

开展对米林县人民政府和察隅县人民政府 2013 年财政决算及其他财政收支审计，重点对财政决算的规范性和执行结果的真实性、合规性进行全面审计，共查出管理不规范金额 65976.04 万元，依照有关法律法规处理处罚 45781.37 万元，其中归还原渠道资金 1324.86 万元、上缴国库 1485.09 万元、按原资金渠道使用 15664.14 万元、调账处理 25906.02 万元、加强管理自行纠正 1362.27 万元、其他金额 38.99 万元。提出整改意见和建议。

行政事业审计 开展地区教育局、地区农牧局 2012 年至 2013 年财政收支审计和米林县教育局、察隅县教育局 2013 年财政收支审计等 4 个审计项目，查出虚列支出、挤占挪用专项资金、滞留应缴未缴预算资金、滞留应下拨资金等违规问题，共发现违规金额 14997.19 万元。依照有关法律法规处理处罚 13360.31 万元，其中上缴国库 3.71 万元、按原资金渠道使用 8894.32 万元、归还原渠道资金 56.12 万元、调账处理金额 664.63 万元、其他金额 3741.53 万元。针对发现的问题分类提出整改意见，有效堵塞行政企事业单位在财务收支管理上的漏洞。

经济责任审计 对地区司法处原处长、地区环保局原局长、地区国资委原主任和地区林业局原局长开展离任经济责任审计，下达 4 个审计报告、4 个审计决定。共查出违规金额 4001.99 万元，依照有关法律法规处理处罚 4001.99 万元，其中应归还原渠道资金 127.14 万元、应上缴国库 525.12 万元、按原资金渠道使用 146.11 万元、调账处理金额 2990.97 万元、其他金额 212.65 万元。

固定资产投资审计 开展对林芝地区 2013 年城镇保障性安居工程、米林县 2010 年干部职工周转房、波密县 2010 年干部职工周转房等 3 个工程项目审计。审计紧紧抓住资金流向这条主线，从工程立项、资金拨付、管理使用等环节进行逐阶段跟踪审计。发现存在挪用挤占资金、滞留应下拨资金、未到位资金、多计工程款等违规问题，涉及违规金额 81.76 万元，依照有关法律法规进行处理处罚，其中应上缴国库 17.9 万元、按原渠道资金使用 1.22 万元、应归还原渠道资金 39.18 万元、应调账处理金额 23.46 万元。

企业审计 完成对地区林升森工有限责任公司 2012－2013 年度财务收支审计。从地区林升森工有限责任公司资产、负债、损益等方面人手开展审计工作，查出违规金额 17369.52 万元，根据国家和自治区相关制度规定处理处罚 11959.65 万元，其中应归还原渠道资金 103.37 万元、应调账处理金额 11569.63 万元、其他金额 286.65 万元。

专项资金审计 受地区强基惠民领导小组办公室委托，完成对地区强基惠民短平快项目及为民办实事经费审计，发现违规支付资金、滞留应下拨资金，变更项目内容等问题，违规金额 2346.7 万元，依照有关法律法规进行处理处罚，其中按原资金渠道使用 21.7 万元、归还原渠道资金 19.82 万元、调账处理金额 830.97 万元、其他金额 1474.21 万元。 （撰稿人：陆 洋）

陕西省

【陕西省审计厅】 2014 年，陕西省审计厅人员编制 271 人，在编 59 人。设有办公室、法规审理处、财政审计处、派出市县财政审计处、金融审计处、派出经济执法审计处、行政事业审计处、派出教育科技审计处、企业审计处、派出经济贸易审计处、农业与资源环保审计处、派出农林水利审计处、社会保障审计处、派出民政社保审计处、固定资产投资审计处、派出交通建设审计处、外资运用审计处、派出外事外贸审计处、派出发展统计处、经济责任审计一处、经济责任审计二处、人事处、机关党委、监察室、老干部管理处、派出国资监管审计处，下设研究所、报送审计中心、后勤服务中心、计算机技术信息中心。

领导成员

厅　　长：李　健

副 厅 长：徐宗一　张海成　马玉红
　　　　　赵宝田　汪迎杰

总审计师：王志高

纪检组长：尤　磊

审计成果 全省审计机关全年审计（调查）单位和项目 8444 个，促进增收节支和挽回损失 73 亿元，核减投资额 58 亿元。移送处理事项 173 件，涉及人员 48 人、金额 3.47 亿元。提交审计专题、综合性报告和信息 2284 篇，被批转、批示和采用 1406 篇次，促进建立健全制度 62 项。发布审计结果公告 945 篇。全省内部审计机构共审计项目 3.7 万个，促进增收节支 2 亿元。与上年同期相比，提出和被采纳审计建议条数均增长 5%，被审计单位制定整改措施项数增长 64%；提交和被批示、采用的审计专题、综合性报告篇次数分别增长 66%和 51%，重要审计信息篇次数分别增长 4%和 33%。在完成年度审计项目计划之外，各级审计机关还完成上级审计机关和当地党委政府、纪委和巡视组交办的任务，完成的专项审计调查项目达 317 个，同比增长 7%。

财政审计 全省审计机关共对 2193 个单位进行预算执行、财政决算和行政事业审计，查出主要问题金额 750.79 亿元。贯彻落实省政府审计整改暂行办法，受省政府委托向省人大常委会做省级预算执行整改工作情况报告。首次召开起草省级预算执行审计工作报告的专家座谈会，向省政府上报 2013 年度省级预算执行和其他财政收支情况审计报告，受省政府委托向省十二届人大常委会第 11 次会议做预算执行审计工作报告，受到省委、省政府领导和省人大常委会委员们的充分肯定。向社会公开审计工作报告内容，引起舆论较大反响。西安市审计局首次对民主党派预算执行、开发区财政收支和领导干部经济责任履行情况实施审计。

城镇保障性安居工程跟踪审计 按照审计署统一部署，组织全省审计机关，对省本级、10 个设区市、杨凌示范区及所属 107 个县（市、区）2013 年全省城镇保障性安居工程进行跟踪审计。审计结束后，向审计署上报审计报告及审计报表，向省委、省政府上报审计要情。按照省政府专题会议精神督促被审计单位认真进行整改，及时向审计署、省委省政府上报专题报告。

全国土地出让收支和耕地保护情况审计 按照审计署统一部署，自 8 月 15 日起，抽调省、市、县三级审计机关 510 名审计人员，会同审计署驻西安特派员办事处、审计署外资中心，对省本级、6 个设区市本级、15 个县（区）2008 年至 2013 年的土地出让收支和耕地保护情况进行审计。在常规审计现场实施结束后，组织部分审计人员对前期审计发现的重大问题、案件线索进行深挖、核实。

稳增长等政策措施落实情况跟踪审计 按照审计署统一部署，自 9 月中旬起，组织省、市、县三级审计机关，对省级 29 个部门和单位、10 个设区市和杨凌示范区、西咸新区、韩城市 2013 年以来国务院出台的稳增长促改革调结构惠民生 19 个方面、63 项政策措施的落实情况进行跟踪审计，及时向省政府、审计署上报专题报告。

行业和专项资金审计 组织全省审计机关开展政府性楼堂馆所建设情况审计调查，全省 EPC、BT、BOT 等建设模式项目审计调查，全省奢华浪费建设项目审计，陕南陕北移民搬迁专项资金审计，大气污染防治和雾霾治理审计调查，渭河流域综合治理专项审计等行业和专项资金审计项目 334 个，查出主要问题金额 45.07 亿元。向省政府提交行业和专项审计综合报告。

企业和金融审计 组织全省审计机关对省地质矿产勘查开发总公司等 59 个国有及国有控股企业进行审计，查出主要问题金额 41.61 亿元。开展对陕西省国际信托股份有限公司、永安财产保险股份有限公司等地方金融机构的审计和审计调查，揭示体制机制、内部控制和风险管控等方面有待完善以及存贷款结构不合理、流动性风险较大、贷款不实等问题。韩城市审计局探索实施地方融资担保公司资产负债损益审计。

固定资产投资和外资运用审计 组织全省审计机关对十天高速安康至汉中段、青兰高速陕西段、省委 3 号楼、省政府机关综合服务楼改造项目、省公安厅过渡办公楼、靖边至西安天然气输气管道工程、渭北煤化工业园区等重点建设项目和公共基础设施进行跟踪审计和竣工决算审计。全省完成对 2145 个建设项目和项目施工单位的审计和审计调查，查出主要问题金额 110.83 亿元，核减投资额 15.66 亿元。审计和审计调查世、亚行及外国政府贷援款项目 10 个，对外出具中英文审计报告 7 份。安康市审计局对预算执行单位和政府投资项目分类实施审计，基本实现全覆盖。杨凌示范区审计局推行拦标价、设计变更、工程结算审计相结合的政府投资审计模式。西咸新区审计局组织进行建设项目招投标情况专项审计调查。

经济责任审计 按照省编办批复，选配干部，制定规章，组建运行省经济责任审计局。全省审计机关对 919 名领导干部实施经济责任审计，其中地厅级 5 人、县处级 102 人、乡科级 735 人、国企领导人员 11 人、其他 66 人；任中审计 216 人、离任审计 703 人。查出主要问题金额 236.51 亿元，其中属领导干部直接责任金额 1.37 亿元、主管责任金额 151.48 亿元、领导责任金额 83.66 亿元。铜川等市审计局将地方政府性债务、自然资源资产开发利用和生态环境保护、机构编制等纳入领导干部经济责任审计内容。

审计整改 审计整改监督检查力度不断加大，省人大常委会连续两年听取审计整改情况报告，就审计发现问题进行专题询问。省政府组织开展审计查出问题自查自纠整改落实情况专项检查。

各级审计机关完善整改检查跟踪机制，对整改情况开展审计调查；推动建立协作配合机制，将审计整改情况予以通报，纳入督办考核内容。宝鸡市把审计整改纳入重大督办事项督促落实，并将整改情况在全市通报。审计整改处理问责力度不断加大。各地出台审计整改的问责办法，并且对整改不力的相关责任人进行问责。全省审计处理处罚金额同比增长13%，移送处理事项和给予党纪政纪处分人员数量分别增长2.8倍和3.9倍。渭南市推行党政领导干部经济责任审计后谈话制度。审计发现问题整改率逐年提高，其中审计促进整改落实有关问题金额、促进拨付资金到位金额分别同比增长44%、35%。审计政务公开力度不断加大，全省发布审计结果公告的篇数同比增长19%。咸阳市审计局制定《审计结果公告办法》，公告139项审计结果。延安市审计局将28个部门预算执行审计结果在《延安日报》上进行公告。

信息化建设 完成全省审计专网向电子政务外网的链路迁移工作，实现审计专网省、市、县三级互联。编制陕西煤业化工集团经济责任审计和全省稳增长促改革调结构惠民生政策措施落实情况跟踪审计的信息共享与报表上报系统，大项目管理平台不断完善。加强计算机审计和管理系统建设，应用地方税务和农信社审计分析系统，推进信息系统审计，研发全省审计对象数据库信息管理系统、审计质量控制系统。计算机审计方法和AO（现场审计实施系统）应用实例水平不断提升，全省审计人员的计算机审计能力和成效稳步提高。网上会议、教育培训等远程视频会商系统的应用领域不断拓展。金审工程应用系统运行维护管理工作在审计信息化建设中的保障作用日益增强。（撰稿人：黄　松）

【西安市审计局】 2014年，西安市审计局人员编制87人，在编95人。局长李永奇，副局长马少民、王建军、阎金平，总审计师贺成志，纪检组长白丽萍。设有办公室、组织人事处、政策法规处、财政金融审计处、行政事业审计处、农业与资源环保审计处、固定资产投资审计一处、固定资产投资审计二处、企业审计处、社会保障与外资运用审计处、经济责任审计一处、经济责任审计二处、审理稽核处、机关党委、监察室，下设有西安市计算机审计信息中心。

审计成果 西安市审计机关完成审计和审计调查项目543个，查出违规金额100.1亿元、管理不规范金额175.9亿元，促进财政增收节支58.8亿元。移送违法违纪案件线索29起。提交审计报告和信息982篇，提出审计建议1272条，促进被审计单位制定整改措施295项、建立健全规章制度24项。

稳增长等政策措施落实情况跟踪审计 组织对22个方面、69项稳增长促改革调结构惠民生防风险政策落实情况开展跟踪审计，促进政令畅通和有关政策、资金、项目落实，推动西安经济社会健康发展。

财政审计 对166个部门单位的预算执行情况开展审计，延伸审计86个单位，延伸调查38个专项资金项目，查出违规变更调整预算14.6亿元、未按规定上缴财政收入55.5亿元、滞留闲置资金4.5亿元、虚列支出4.7亿元等问题，移送违规违纪案件线索13件。西安市审计局制定市级部门单位预算执行审计五年滚动计划，首次对民主党派预算执行情况和开发区财政收支情况实施审计，开展市本级财政存量资金调查，对16个市级部门单位2013年度“三公”经费及会议费管理使用情况进行专项审计调查。

社会保障审计 组织开展全市城镇保障性安居工程跟踪审计，针对资金筹集管理、住房分配和使用管理、建设项目程序等方面的突出问题，向市政府上报《关于加强和改进保障房建设分配管理的意见》，被批示批转有关部门、开发区、区县整改落实。对4个区县2012—2013年度财政扶贫专项资金开展审计调查，发现资金管理使用、项目实施、政策执行等方面的57个问题，查出违纪违规金额1.47亿元，移交案件线索和处理事项3起，8名相关责任人受到党纪政纪处分。对4个区县新型农村合作医疗保险资金、李家河水库枢纽工程移民安置迁建资金等项目进行审计。

固定资产投资审计 对全市截至2013年底205个采用BT、BOT、EPC等模式建设项目开展专项审计调查，涉及资金52.1亿元，针对发现的问题提出审计建议。对全市党政机关楼堂馆所项目建设和停建情况开展专项审计调查，检查项目

13 个，督促有关单位及时变更设计。对市级 2013 年政府投资类重点建设项目管理及资金使用情况进行专项审计调查，调查项目 47 个，投资总额达 1000 多亿元。通过购买社会审计服务，组织对市广电世纪园工程、漕运明渠北客站改线排泄工程、渭河西安城市段南岸绿化二期工程、第三届天津国际生态城市博览会西安展团施工、108 国道和 107 省道改建工程等项目进行审计，控制项目建设成本，规范项目管理。全市核减工程投资额 2.82 亿元。

经济责任审计 对 101 名领导干部和国企负责人进行经济责任审计，其中任中审计 39 人，占比 39%。查出直接责任违规金额 5400 万元、主管责任违规金额 1276 万元；提交审计建议 221 条，被采纳 197 条。西安市审计局首次对开发区领导干部实施经济责任审计，进一步扩大经济责任审计覆盖面。

资源环境审计 根据审计署统一部署，西安市两级审计机关 51 人赴延安市开展土地出让收支和耕地保护情况审计。西安市审计局开展全市灰霾治理专项资金审计和大气污染物排放重点企业治理情况审计调查，抽查 70 家企业，对进一步完善制度措施、加强资金管理等方面提出意见建议。对西安市重点区域绿化工程（大绿三期）开展专项审计调查，延伸调查 4 个区县绿化工程管理及资金使用情况，涉及资金 14 亿元，移送案件线索 1 起。

专项审计 开展汉长安城遗址内 9 个村征地拆迁资金审计、西安火车站改扩建工程前期投资跟踪审计、皂河人工湿地项目工程决算审计、2013 欧亚经济论坛专项资金收支情况审计、周至县仙游寺迁建工程前期投资审计等多个专项审计（调查）。对 3 个试点区县 2013 年度校车运营费管理使用情况进行审计，核减校车运营费用 394.36 万元。开展西安市 2011—2012 年度科技研发资金绩效审计调查，抽查 39 个（类）项目、资金额 13224 万元，延伸 6 个区县的主管部门及项目实施或承担单位，针对发现的问题，提出审计意见和建议。

（撰稿人：吴　恒）

【铜川市审计局】 2014 年，铜川市审计局人员编制 62 人，在编 53 人。局长路秦洲，副局长季铜章、付俊楼，纪检组长李建民。设有办公室、法规科、审理稽核科、行政事业审计科、财政金融审计科、经贸审计科、农业与资源环保审计科、社会保障审计科和经济责任审计局，下设固定资产投资审计局、内审管理中心、计算机信息中心。

审计成果 铜川市审计机关完成审计（调查）单位和项目 204 个，查出主要问题金额 659921.33 万元，其中违规金额 46045.42 万元、管理不规范金额 613875.91 万元；审计处理处罚金额 16274.59 万元，其中应上缴财政 338.33 万元、应减少财政拨款或补贴 909.43 万元、应归还原渠道资金 203.70 万元、应调账处理金额 14823.13 万元。提交审计报告和专项审计调查报告 204 篇，被批示、采用 42 篇。提出审计建议 201 条，提交审计信息 220 篇，被批示、采用 124 篇。铜川市审计局被市政府评为 2013 年全市保障性住房建设先进单位，被省审计厅、省内部审计协会评为内部审计先进集体。

财政审计 开展市本级 2013 年度预算执行审计，受市政府委托，向市人大做 2013 年度预算执行审计报告。完成市司法局、市残联等 7 个单位预算执行审计。组织 25 个市级部门（单位）对其预算执行情况、财务管理等内控制度及执行情况，各项收支真实性、合法性和有效性，以及执行中央八项规定和厉行节约反对浪费条例等方面进行自查。对宜君县、王益区人民政府 2013 年度财政收支情况进行审计。开展全市稳增长促改革调结构惠民生政策措施落实情况跟踪审计。

“三公”经费审计 在全市开展会议经费及“三公”经费审计调查、全市政府性楼堂馆所建设和办公用房清理情况审计调查。

全国土地出让收支和耕地保护情况审计 抽调全市审计机关 30 名业务骨干跨地域参与延安市本级和洛川县的土地出让收支和耕地保护情况审计。此项审计工作从 8 月 15 日开始，10 月 30 日现场审计实施阶段结束，为期两个半月。

专项资金审计 开展全市 2011－2013 年度学前教育推进工程建设项目管理及资金使用情况审计调查，全市大气污染防治、雾霾治理审计调查，市本级 2013 年度就业再就业专项资金审计，全市 2013 年度福利彩票公益金审计。

固定资产投资审计 完成市聋哑学校新区校区等6个重点建设项目决算审计，审计投资总额29100万元，审计核减工程价款5623万元，查出超概算3745万元。开展照金红色旅游名镇一期建设项目审计调查和黄堡重点示范镇审计调查整改情况检查。开展耀州区、王益区210国道治污降霾环境综合整治情况审计调查。对全市城镇保障性安居工程、锦绣园廉租房建设项目和北市区生活垃圾处理厂项目进行跟踪审计。

经济责任审计 完成13名县级领导干部经济责任审计，首次开展“绿色责任审计”。重点关注被审计领导干部贯彻执行法律法规情况，加大对落实中央八项规定、厉行节约反对浪费、“约法三章”相关要求，以及遵守廉洁从政有关规定情况的审计力度。（撰稿人：王书胜）

【宝鸡市审计局】 2014年，宝鸡市审计局人员编制67人，在编67人。局长景东成，副局长陈金仓、王兴英、汪彩玲、刘红霞，总审计师谭鸿彬，纪检组长陈科林。设有办公室、法规审计科、内审管理科、财政金融审计科、行政事业审计科、农业和资源环保审计科、固定资产投资审计一科、固定资产投资审计二科、企业审计科、社会保障审计科、经济责任审计局、省审计厅宝鸡审计处和监察室、机关党委，下设宝鸡市计算机审计信息中心。

审计成果 宝鸡市审计局共完成审计项目53个，查出管理不规范金额18.29亿元、违规金额44644万元、收缴违纪金额532万元、核减投资额3.36亿元。公告审计结果10篇。提出审计建议132条，被审计单位采纳86条。宝鸡市审计局被审计署授予公务员集体三等功，被人力资源和社会保障部及审计署表彰为全国审计机关先进集体。

财政审计 完成市财政局等10个市级部门预算执行审计，完成扶风、凤翔、麟游三县财政决算审计，对全市20个单位预算执行情况进行自查，对市本级10个单位预算执行结果进行公告。

专项资金审计 围绕“美丽宝鸡”建设，开展大气污染防治、雾霾天气治理、渭河流域综合整治等专项审计及调查，审计报告得到政府主要领导的充分肯定。不断加大城镇保障性安居工程跟踪审计力度，追缴滞留专项资金126万元，督促退回违规享受廉租房2套，追回重复发放租赁补贴8万元，促进完善长效管理机制。

固定资产投资审计 完成政府投资建设项目16个，送审金额31亿元，核减工程投资3.55亿元，督促缴纳漏缴的各种税费201万元，罚款207万元。

经济责任审计 开展经济责任审计工作，做到离任审计与任中审计相结合，经济责任审计与其他审计相结合，县区党委、政府“一把手”审计同步开展。经济责任审计局完成经济责任审计项目14个，审计县区党政领导干部8人、部门领导干部7人、企事业单位领导干部3人。

信息化建设 成立计算机审计信息中心，完成市、县两级国库数据采集分析系统的开发应用，全面实施计算机审计，3篇AO（现场审计实施系统）应用实例和计算机审计方法在全省评比中获奖。（撰稿人：景　科）

【咸阳市审计局】 2014年，咸阳市审计局人员编制79人，在编72人。局长刘爱侠，副局长郭建军、张建伟，总审计师樊延平，纪检组长刘毓。设有秘书科、法规科、财税审计科、金融外资审计科、农业与环保资源审计科、固定资产投资审计科、行政事业审计科、经贸企业审计科、社会保障审计科、经济责任党政审计科、经济责任企事业审计科及陕西省审计厅咸阳审计处一科、二科，纪检监察室，咸阳市内部审计管理中心，咸阳市审计局计算机审计中心。

审计成果 咸阳市审计机关完成审计项目1071个，查出主要问题金额1285828万元，其中应上缴财政18028万元、应减少财政拨款或补贴10338万元、应归还原渠道资金14974万元、应调账处理金额96321万元；审计发现非金额计量问题396个；审计促进整改落实有关问题金额101529万元，其中增收节支20579万元、已调账处理金额3889万元；审计后挽回（避免）损失3641万元。提交审计报告或专项审计调查报告1244篇，提出审计建议2466条，提交审计信息252篇，被批示、采用59篇。向社会公告审计结果137篇。

财政审计 完成2014年度本级预算执行情况

和其他财政收支审计任务186个，财政决算61个。组织市人力资源和社会保障局、盐务局等58个单位开展内部审计自查和抽查，揭示和反映当前市及市以下财政管理中存在的突出问题。按照法定程序向同级人大常务委员会做审计工作报告。对预算执行单位“三公”经费和会议费及2013年度同级预算执行审计工作报告所列问题整改情况开展审计调查，促进整改落实有关问题金额2.2亿元，将整改综合情况上报人大并接受询问。

行政事业审计 以揭示行政事业单位财务收支和财务管理中存在的薄弱环节和突出问题为目标，对404个行政事业单位进行审计或审计调查，从管理制度入手，提出操作性强的审计建议和意见，规范被审计单位的财务管理，有效遏制损失浪费行为。

固定资产投资审计 对渭河城区河堤道路硬化绿化、滨河西路、咸兴大道、文林西路、市建设工程质检站办公楼等329个重点工程项目开展拦标、工程概算、竣工决算审计，核减工程造价2.5亿元，基本实现竣工决算全覆盖。

企业审计 咸阳市审计局和礼泉县、长武县、彬县、乾县审计局对19个国有企业进行资产负债损益审计，查出少计少缴税费133万元、财务收支核算不实金额2.7亿元，全面审查企业资产负债损益的真实性、合法性，规范企业经营管理行为。

经济责任审计 完成211个单位、238名领导干部任期经济责任审计，其中任中审计74人、离任审计164人，审计查出主要问题金额65866万元。礼泉县、淳化县、长武县、彬县审计局开展镇长、书记任期经济责任同步审计。

专项资金审计 开展农村扶贫专项资金、渭河流域综合治理等审计或审计调查，涉及金额17.7亿元。通过对62个单位的审计和审计调查，查出违规改变项目计划和资金用途1301万元，滞留闲置资金4578万元，违规采购171万元，违规收取费用73万元。开展政府性楼堂馆所建设、EPC/BT/BOT建设模式项目、“三公”经费、公务用车等专项整治工作，对国有资产、集体资产进行清理清查，促进相关单位执行中央八项规定及“约法三章”落实到位。 （撰稿人：王　峰）

【渭南市审计局】 2014年，渭南市审计局人员编制73人，在编73人。局长王建军，副局长马德民、王忠义、朱福秦、胡振江，总审计师李美娟，纪检组长袁崇义。设有办公室、监察室、法制科、财政金融审计科、行政事业审计科、经济责任审计处、农业与资源审计科、经贸与社保审计科、固定资产投资审计科、驻渭单位审计科、计算机信息中心、内审管理中心、报送审计科。

审计成果 渭南市审计机关完成审计项目864个，审计查出主要问题金额303708万元，违规金额163574万元，管理不规范金额145547万元，损失浪费金额69万元。通过审计促进增收节支5274万元，核减投资金额8259万元，帮助被审计单位挽回或避免损失393万元。向党委、政府和上级部门提交报告、信息798篇，被批转、批示和采用478篇。向社会公告审计结果291篇。

财政审计 全市审计单位558个，查出主要问题金额251449万元。市审计局完成对市财政局、地税局等31个预算执行单位的审计。完成澄城县、大荔县2013年度财政决算审计。

专项资金审计 全市统一开展稳增长促改革调结构惠民生防风险政策落实情况、城镇保障性安居工程跟踪审计、大气污染防治雾霾治理、政府性楼堂馆所建设和办公用房清理情况、市级预算执行单位“三公”经费及会议费审计调查等6个行业和专项资金审计，查出主要问题金额2883万元。

经济责任审计 审计领导干部126人，查出主要问题金额18932万元。市审计局完成华县党政主要领导同步审计，市卫生局局长、东雷抽黄工程管理局原局长、华管委主任经济责任审计。对2013年审计的6名县处级党政主要领导干部进行审计后谈话。市政府出台《渭南市党政主要领导干部和国有企业领导人员经济责任审计实施办法》。

固定资产投资审计 审计重点建设项目109个，查出主要问题金额29461万元，核减投资金额8259万元。全市统一开展EPC/BT/BOT等建设模式项目、2011年至2013年投资项目、奢华浪费建设等审计调查。市审计局开展市中心医院、文化艺术中心建设项目跟踪审计，完成乐天大街东段改造工程、渭河城区右岸堤防加宽工程、渭蒲高速引道建设项目竣工结算审计，核减工程造价910.64万元。

企业审计 以保障国有资产安全、增值，促进国有企业完善内控制度、提高企业经济效益为目标，共审计国有企业2个，查出主要问题金额983万元。

内部审计 全市现有内部审计机构134个（专职机构45个），内部审计人员323人（专职人员100人）。全年完成审计项目546个，促进增收节支1221万元，提出建议被采纳476条。

（撰稿人：马笃祥）

【延安市审计局】 2014年，延安市审计局人员编制84人，在编83人。局长呼延鹏，副局长张建朝（12月—）、屈宏、郑春阳、朱晓冬（—12月）、刘欢明（—12月），总审计师刘宏伟，纪检组长齐统贤。设有政秘科、法制科、行政事业审计科、财政金融审计科、农业与资源环保审计科、派出新区审计室、监察室、市直企业审计处、内部审计管理中心、审计信息中心、机关总支；经济责任审计局设党政事业审计科、企业审计科；陕西省审计厅延安审计处（延安市固定资产投资审计处）设有行政事业审计科，固定资产投资审计处一科、二科、三科，概算审计科。

审计成果 延安市审计机关完成审计项目（调查）1680个，审计查出有问题金额182.99亿元，其中违规金额36.78亿元、管理不规范金额146.19亿元；应上缴财政26.13亿元、应归还原渠道资金7.45亿元、应调账处理1.4亿元；核减工程投资额7.5亿元；提出审计建议2103条，被采纳1640条。其中延安市审计局完成审计（调查）项目109个，审计查出有问题金额139.38亿元，其中违规金额31.42亿元、管理不规范金额107.94亿元；应上缴财政24.33亿元、应归还原渠道资金6.97亿元；核减工程投资额2.62亿元；向纪检机关移送案件线索2件。

财政审计 对403个部门单位进行预算执行和财政收支审计，查出问题金额47.14亿元。围绕中央八项规定、《党政机关厉行节约反对浪费条例》，对市直57个部门单位预算执行情况进行审计与单位自查，重点对“三公”经费和会议费管理使用情况进行审计调查，审计发现，57个单位“三公”经费和会议费较上年度大幅度下降，其中业务招待费下降67%，会议费下降64%。对30个县乡政府进行财政决算审计，查出有问题金额97.57亿元。其中，延安市审计局对黄陵县、安塞县、甘泉县、富县、延长县五县财政决算情况进行审计，揭示未按规定征收缴纳专项资金、非税收入未纳入预算管理、乱收费乱摊派乱罚款等突出问题。

专项资金审计 对防洪救灾及灾后重建、保障性安居工程、党政机关楼堂馆所建设和清理、陕北白于山区移民搬迁等民生资金进行审计，审计查出问题金额6.34亿元。

固定资产投资审计 对925个政府投资项目进行审计，审计项目投资额153.93亿元，核减工程投资额7.5亿元。其中延安市审计局对43个政府投资项目进行审计，审计项目投资额131.41亿元，核减工程价款2.62亿元。

经济责任审计 对383名领导干部进行经济责任审计，其中任中审计78人、离任审计305人，查出有问题金额75.53亿元，其中违规金额负主管责任金额0.44亿元，负领导责任金额20.44亿元；管理不规范金额负领导责任金额52.67亿元，负主管责任金额1.81亿元。制定出台《延安市审计局经济责任审计指导意见》，明确审计的重点和内容。延安市审计局共对5个县区党政主要领导、市本级两部门、2所学校和1名县审计局局长共16名领导干部进行经济责任审计，查出有问题金额71.42亿元，其中违规金额20.23亿元，违规金额负主管责任0.29金额亿元，负领导责任金额19.94亿元；管理不规范金额金额51.19亿元，管理不规范金额负主管责任金额1.45亿元，负领导责任金额49.75亿元。

（撰稿人：刘建国）

【汉中市审计局】 2014年，汉中市审计局人员编制49人，在编49人。局长庄长宁，副局长吴加录、赵明华，总审计师陈文红，纪检组长曹华。设有经济责任审计处、办公室、监察室、综合法制科、经贸审计科、中央省属企事业审计科、财政审计科、行政事业审计科、农业与资源环保审计科、固定资产投资审计科、社会保障资金审计科、外资运用审计科、机关事务所。

审计成果 汉中市审计局完成审计（调查）项目122个，查出违规金额91693万元、管理不规范金额555617万元，审计后收缴财政2789万元，核减投资额4.25亿元。移交案件线索15件，提出审计建议288条。

财政审计 开展市级财政预算执行情况审计和市地方税务局2013年度市级税收预算执行情况审计；对宁强、镇巴、西乡、洋县四县人民政府2013年度财政决算进行审计；对上年预算执行和其他财政财务收支审计查出问题的整改情况进行督促检查。

行政事业审计 开展市住房和城市管理局以及下属单位市城市管理综合执法局等11个单位财务收支审计；开展市滨江新区管委会等11单位财政财务收支进行审计；开展市发改委、物价局、粮食局、工信委、司法局、科技局、市妇联财政预算执行及其他财务收支审计和“三公”经费审计；开展2014年度稳增长促改革调结构惠民生政策措施落实情况跟踪审计。

农业与资源环保审计 开展汉台区、城固县、镇巴县、留坝县、略阳县、宁强县、西乡县、佛坪县、勉县、洋县陕南移民搬迁资金管理使用情况审计；开展市国土资源局、市扶贫办财政财务收支审计和“三公”经费调查。

固定资产投资审计 开展市民乐花苑廉租房二期工程等13项工程竣工决算进行审计；开展汉台区、城固县、镇巴县、留坝县、略阳县、宁强县、西乡县、佛坪县、勉县、洋县移民搬迁项目工程竣工决算审计。

社会保障审计 开展市工商局、洋县新型农村合作医疗管理委员会办公室、勉县新合疗基金财务收支和信息系统审计；对汉中疗养院、民政局、卫生局、洋县人民医院、西乡人民医院、南郑县人民医院6个单位财务收支进行审计；对市财政局、市住建局、市林业局市本级保障性安居工程进行跟踪审计。

企业审计 开展市交通局以及下属单位市道路运输管理处、市公路局一级收费站、市公路局超限运输管理局、市道路运输协会等5个单位财务收支审计；开展西北有色地质勘查局七一一总队财务收支审计；开展陕飞一小操场改建项目财务决算审计。

经济责任审计 开展汉台区区长、勉县县长、南郑县县长、城固县县长等4个党政机关领导经济责任审计；开展市刨花板厂、市粮油总公司、市燃料总公司、市工业供销公司、市木材总公司、市乡镇企业物质总公司等6个厂长经理经济责任审计。

（撰稿人：杨　政）

【榆林市审计局】 2014年，榆林市审计局人员编制79人，在编79人。局长张宇，副局长强少炜、冯占廷、张随平、刘丽荣，总审计师曹炯，纪检组组长任耀东。榆林市审计局与陕西省审计厅榆林审计处（榆林市固定资产投资审计处）、榆林市经济责任审计办公室、榆林市审计局开发区审计处在一个党组领导下开展工作。

审计成果 榆林市审计机关共完成审计项目2029个，查出主要问题金额4038414万元，其中违规金额128227万元、损失浪费金额60万元、管理不规范金额3910127万元；处理处罚金额60844万元，其中应上缴财政4800万元、应减少财政拨款或补贴39077万元、应归还原渠道资金3128万元、应调账处理金额13692万元。移送司法机关、纪检监察机关和有关部门处理事项14件。提交审计报告和专项审计调查报告2163篇，被批示、采用2777篇。提出审计建议3572条，提交审计信息73篇，被批示、采用48篇。

财政审计 以盘活财政资金存量、优化财政资金增量、调整财政支出结构、促进提高资金使用绩效、揭露重大违法违纪问题、防范财政风险为目标，重点关注县区财政收支管理情况、财政资金存量规模和结构情况、财政支出结构和效益情况。全市完成财政决算审计项目65个，查出主要问题金额1099623万元。检查市、县区政府部门和单位“三公”经费和会议费管理使用情况和治理吃空饷、“小金库”等情况。全市共完成231个审计项目，查出主要问题金额2681545万元。

企业审计 在对重点国有企业的审计中，以增强国有经济活力、控制力、影响力为目的，重点检查国有企业贯彻落实国家重大宏观经济政策和改革措施、提升核心竞争力、增强自主创新能力、实施节能减排和淘汰落后产能等情况。全市共完成19个审计项目，查出主要问题金额25543万元。

固定资产投资审计 在审计中主要关注政府投资结构情况，揭示和查处违背国家产业、土地和环保政策，乱上项目、乱铺摊子，投向“两高一资”、产能过剩行业以及竞争性行业等问题。共完成审计项目1492个，查出问题金额84921万元。

经济责任审计 全市审计党政领导干部和国有企业领导人员260人，查出主要问题金额总计4366445万元，其中负直接责任问题金额1983万元、负主管责任问题金额2135144万元、负领导责任问题金额2229316万元。

专项资金审计 以保障专项资金真实、合法、有效地使用，维护专项资金涉及群众的合法利益为目标，在审计中重点掌握具体项目总体情况、工作规划和实施办法的执行情况，揭示项目建设和资金使用过程中存在的突出问题，提出审计整改和加强管理的建议，确保项目的顺利实施。全市开展53个专项资金审计项目，查出主要问题金额总计83071万元。（撰稿人：温翊伶）

【安康市审计局】 2014年，安康市审计局人员编制51人，在编51人。局长李均，副局长陈国进、陈建国，总审计师刘际和，纪检组长兰天安。设有省属企事业审计处（下设事业审计科与企业审计科）、经济责任审计处（下设党政领导审计科与事业领导审计科）两个审计处，以及政办科、监察室、法制科、财政金融审计科、行政事业审计科、经贸与社保审计科、农业与资源环保审计科、固定资产投资审计一科、固定资产投资审计二科、计算机审计中心。

审计成果 安康市审计机关共完成审计和审计调查项目450个，查出主要问题金额1069797万元。实现对市本级236个一级、二级预算单位和100万元以上政府投资项目的全覆盖审计。市本级完成审计项目144个，查出主要问题金额828744万元，上缴财政3791万元，核减政府投资10353万元，审计促进整改落实有关问题金额27.3亿元，向纪检监察机关移送案件线索40件，向有关部门移送违规处理事项64件，向被审计单位提出审计建议382条，向市委、市政府报送审计要情15期。

财政审计 配合省审计厅完成对市财政预决算“上审下”审计。组织实施财政“同级审”，对财政系统9个部门12个单位开展审计；完成市发改委2013年度财政财务审计。与经济责任审计项目统筹结合，完成汉滨区、旬阳县、紫阳县财政决算审计。实施高新区2012年度财政财务收支审计。完成市地税预算执行情况及绩效审计。全市政府性债务审计获得审计署嘉奖；2012年市本级财政预算执行及其他资金审计项目，被评为省级优秀审计项目。

全国土地出让收支和耕地保护情况审计 8月中旬抽调45人赴渭南参加审计署统一组织的土地出让收支和耕地保护情况审计，经过3个月的审计完成规定任务，按期上报审计报告，审计质量得到审计署西安特派办和省审计厅的肯定。按照统一部署，自9月起在全市开展稳增长促改革调结构惠民生政策措施落实情况跟踪审计。

经济责任审计 完成市委组织部委托的旬阳县委书记县长、安康职业技术学院院长、市妇幼保健院院长、市国土统征中心主任等10个经济责任审计项目。全年经济责任类审计共查出主要问题金额259282万元，提出审计建议48条，对被审计对象给予客观全面的评价。

固定资产投资审计 对市本级100万元以上的政府投资项目实行全覆盖审计，对1000万元以上的政府投资项目实行重点跟踪审计。全年审计资金总额16亿元，审计核减工程造价10353万元。对全市采用BT、BOT等模式的7个建设项目进行审计调查。

农业与资源环保审计 重点实施市国土资源局及4个下属单位审计、市统征中心2011年至2013年财务收支审计、市政府交办的安康瀛湖旅游公司财务运行情况审计、紫阳县陕南移民搬迁专项审计、安康城区大气雾霾审计调查等6个审计项目。审计查出主要问题及管理不规范金额84282万元，处理处罚金额38013万元。查出违规征地4286亩，违规批准调整规划涉及建筑面积2万平方米；审计促进整改落实问题金额529万元，增收节支109万元，已上缴市级财政49万元，县级财政15万元。

行政事业审计 完成汉滨公安分局、汉滨区交警大队、恒口示范区公安局整体上划财务收支审计10个审计项目。完成市卫生局、安康广播电台、安康市文化产业发展中心、安康市财政监督检查局、安康市政府采购中心、安康市公共资产管理局、安康市财政征收管理局2013年度财政财务收支审计，查出主要问题金额10756.5万元，其中违规金额106万元、管理不规范金额10675万元；审计处理金额8196万元，其中应上缴财政42万元、应归还原渠道资金724万元、应调账处理金额7225万元。

社会保障审计 完成2013年城镇保障型安居工程审计、市住建局及19户下属单位审计、10个县（区）新型农村合作医疗审计、市福彩中心财务收支和市红十字会2013年度财务收支等审计项目，共查处主要问题金额18420.92万元，收缴财政资金192.03万元，向市纪委移送案件线索10条，向有关部门移送事项12个。在新农合审计中，发现违规金额2806万元，管理不规范金额5485万元，非金额量化问题6个。

（撰稿人：于祖军）

【商洛市审计局】 2014年，商洛市审计局人员编制54人，在编44人。局长卫星，副局长赵晓伟、徐丹红，总审计师郭正，纪检组长于天翔。设有办公室、财政金融审计科、行政事业审计科、农业与资源保护审计科、固定资产投资审计科、经贸审计科、社会保障审计科、经济责任审计办公室、法规科、监察室。陕西省审计厅商洛审计处设有审计处办公室、审计处一科、审计处二科，下设商洛市内部审计管理中心、商洛市审计信息中心。

审计成果 商洛市审计机关完成审计项目338个，查出主要问题金额849228万元，其中违规金额105175万元、损失浪费金额12万元、管理不规范金额744040万元；损益（收支）不实金额23395万元；审计处理处罚金额133788万元，其中应上缴财政2084万元、应减少财政拨款或补贴946万元、应归还原渠道资金20311万元、应调账处理金额105133万元；审计发现非金额计量问题269个；审计促进整改落实有关问题金额30110万元，其中增收节支3721万元、已调账处理金额19857万元；审计促进拨付到位资金2180万元；审计后挽回（避免）损失45万元。移送司法机关、纪检监察机关和有关部门处理事项18件，移送处理4人。提交审计报告和专项审计调查报告394篇，被批示、采用4篇。提出审计建议422条，提交审计信息11篇，被批示、采用10篇。向社会公告审计结果57篇。

财政审计 完成市本级2013年度财政预算执行及其他财政收支审计，向市政府提交审计结果报告，按照程序向市人大做“同级审”审计工作报告。对商州区和丹凤县2013年度财政决算进行审计，提出加强财政预决算管理、规范财政收支行为的建议。

农业与资源环保审计 对全市2013年度陕南移民搬迁安置房项目资金和2011—2013年度集中安置点基础和公共服务设施项目资金的投入、使用、管理和效益情况进行审计。

固定资产投资审计 完成商州区西街片区旧城改造项目资金收支审计任务，掌握西街拆迁项目的总体情况及资金流向。组织实施全市党政机关楼堂馆所项目在建及停建情况和BT、BOT、EPC项目审计调查。

社会保障审计 完成2013年保障性安居工程跟踪审计任务，促进安居工程项目进一步规范管理。

经济责任审计 全市审计机关开展124个经济责任审计项目，其中任中审计60人，通过经济责任审计增收节支879万元。

审计整改 市政府下发《关于进一步加强审计整改工作的意见》。市审计局连续多次向相关单位发文督促审计整改，市政府召开2次常务会议，专题研究审计整改工作，并要求督查室督办审计整改，未按期整改到位的，要追究相关人员责任。

（撰稿人：李怡斌）

2014年陕西省所辖区、县(市)级审计工作统计表

金额单位:万元

审计机关	完成审计项目(个)	审计查出主要问题金额	审计处理情况					出具审计报告和审计调查报告(篇)	提出审计建议(条)	提交审计信息(篇)
			审计处理处罚				移送处理事项(件)			
			应上缴财政	应减少财政拨款或补贴	应归还原渠道资金	应调账处理金额				
西安市										
西安市本级	63	2175072	503231		18799	73021	26	54	163	265
未央区审计局	30	8293	117		81	128		35	84	78
新城区审计局	48	390	72		118	2534		43	76	22
碑林区审计局	42	35340			959			152	65	7
莲湖区审计局	21	9951	613		2760	5154	1	21	66	27
灞桥区审计局	36	8509	176		6363	6	2	36	92	36
雁塔区审计局	41	19789	1240		1122	850		41	138	44
阎良区审计局	63	45447	115		270	16728		63	63	8
临潼区审计局	31	79973	15124		2794	11759		31	44	5
长安区审计局	41	47363	61					57	58	
蓝田县审计局	49	2790	420		86	955		49	109	30
周至县审计局	31	6915						31	37	
户县审计局	57	27744	52		29252	50306		57	129	71
高陵区审计局	54	14854	92					54	135	10
铜川市										
铜川市本级	43	607052	93		195	790		43	44	177
耀州区审计局	84	15612	213					84	27	18
王益区审计局	9	11705						9		12
印台区审计局	45	25002	16	578				45	102	6
宜君县审计局	23	548	14	330	8	15		23	28	7
宝鸡市										
宝鸡市本级	53	227587	532		6012	12231	1	49	132	
金台区审计局	28	12136	431					14	43	19
渭滨区审计局	23	5152		168	43			23	24	
陈仓区审计局	33	12321	11		1000	1179		33	42	8
凤翔县审计局	62	16889	6196		5000	5693		62	140	30
岐山县审计局	43	7502	16		24			43	61	

续表

审计机关	完成审计项目（个）	审计查出主要问题金额	审计处理情况					出具审计报告和审计调查报告（篇）	提出审计建议（条）	提交审计信息（篇）
			审计处理处罚				移送处理事项（件）			
			应上缴财政	应减少财政拨款或补贴	应归还原渠道资金	应调账处理金额				
扶风县审计局	48	67501	412	1367	719	5590		48	85	5
眉县审计局	58	7725	41	21		21		59	106	26
陇县审计局	42	9155	14		2097	7044		49	62	7
千阳县审计局	31	31295	10		7278	10296		31	107	1
麟游县审计局	33	35649	2104		2	3172		33	76	28
凤县审计局	32	24238	60		182	2556		39	99	25
太白县审计局	24	14140	39		14101			24	15	22
咸阳市										
咸阳市本级	35	940079	17423	1814	10980	56477		49	135	50
秦都区审计局	52	25040	29					54	28	
渭城区审计局	77	33574	29	38	124	31550		77	47	1
兴平市审计局	99	48721	44		27	5314		129	205	
三原县审计局	40	3125	36		29			40	26	2
泾阳县审计局	72	17672	37					78	482	4
乾县审计局	56	82542	65					96	142	38
礼泉县审计局	81	8064	57	478	1006	68		81	120	
永寿县审计局	42	4140	35					56	98	30
彬县审计局	146	30347	138	7326	2598	2198		146	254	9
长武县审计局	126	28185	64					140	487	26
旬邑县审计局	86	2307	37		35	8		103	147	20
淳化县审计局	100	2817	18	315	5	603		101	117	60
武功县审计局	69	59215	16	367	170	103		94	178	12
渭南市										
渭南市本级	40	198837	18980	2521	36913	30003	3	40	126	146
临渭区审计局	62	17134	915			106	2	62	226	47
韩城市审计局	87	12970	2842		3192	1001		87	141	50
华阴市审计局	43	2885	35					43	102	28
华县审计局	113	8307	2652					113	125	74
潼关县审计局	137	3954	58	1384	136	2376	1	137	480	30
大荔县审计局	49	10324	42		896	1760	4	49	131	68
合阳县审计局	125	14445	1179			5280		125	221	94
澄城县审计局	31	2014	45		1063			31	113	38

续表

审计机关	完成审计项目（个）	审计查出主要问题金额	审计处理情况					出具审计报告和审计调查报告（篇）	提出审计建议（条）	提交审计信息（篇）
			审计处理处罚				移送处理事项（件）			
			应上缴财政	应减少财政拨款或补贴	应归还原渠道资金	应调账处理金额				
蒲城县审计局	55	14969	56		333			55	189	121
白水县审计局	65	7712	177		947	877	1	65	168	54
富平县审计局	57	10157	924		1025	687		57	176	33
延安市										
延安市本级	109	1393784	243256	2340	69718	7328	2	109	208	9
宝塔区审计局	89	43560	2	3232	109	1372		89	199	
延长县审计局	225	27357	252	1537				195	475	2
延川县审计局	195	34570	15	157				195	410	6
子长县审计局	118	182800	7268			5668		118	605	118
安塞县审计局	405	20556	56					405	32	16
志丹县审计局	181	10137	16		862	2879		181	172	17
吴起县审计局	200	4544	18	14780				200	70	
甘泉县审计局	119	12411	16		923			119	172	3
富县审计局	113	3134	32		170	265		113	113	113
洛川县审计局	72	123260			142			72	220	3
宜川县审计局	133	15018	2506	5010	138	290		117	167	3
黄龙县审计局	60	21438		1827				60	128	
黄陵县审计局	166	68889	15		3587	9		164	333	2
汉中市										
汉中市本级	122	91693	2789				15	122	288	170
汉台区审计局	128	313	52					128	110	66
南郑县审计局	107	3188	111					107	192	53
城固县审计局	164	7180	100				1	164	189	164
洋县审计局	127	2339	187					127	261	44
西乡县审计局	47	59649	122	2313	574			47	98	102
勉县审计局	36	527	126		211			36	169	50
宁强县审计局	139	2961			14562	37		139	161	
略阳县审计局	88	3161	43					90	84	
镇巴县审计局	54	5003	122		5		2	60	54	
留坝县审计局	20	4839	85		1298		1	21	47	
佛坪县审计局	66	401	14					66	105	43
榆林市										
榆林市本级	170	3333170	695		2924	15	14	193	480	44

续表

审计机关	完成审计项目（个）	审计查出主要问题金额	审计处理情况					出具审计报告和审计调查报告（篇）	提出审计建议（条）	提交审计信息（篇）
			审计处理处罚				移送处理事项（件）			
			应上缴财政	应减少财政拨款或补贴	应归还原渠道资金	应调账处理金额				
榆阳区审计局	248	17505	724		66	7033		248	814	1
神木县审计局	124	15110	195	1049	7			124	11	
府谷县审计局	262	115794						261	406	
横山县审计局	117	227033	309	1935	56			117	274	
靖边县审计局	242	11148						242	608	13
定边县审计局	175	195592	2441	30019	18	487		175	54	
绥德县审计局	45	7899	130	1059	30	5669		45		
米脂县审计局	89	4369	9					89	86	
佳县审计局	120	12433	145	4995		485	3	120	290	
吴堡县审计局	70	25599	39					70	86	
清涧县审计局	175	41096	82	18	25	1		195	119	9
子洲县审计局	192	31660	27					224	344	6
安康市										
安康市本级	77	828749	3796	1396	84830	216518	35	83	182	8
汉滨区审计局	52	13384	188		2085	2187	4	53		8
汉阴县审计局	30	3317	17		372	1326	2	43	53	
石泉县审计局	28	23756	3	3			1	28	36	
宁陕县审计局	26	19572	4					25	162	3
紫阳县审计局	46	82964	2345	1054	3348	1067		46	94	
岚皋县审计局	18	13901	14		172	12454		22	42	
平利县审计局	62	64945	3545	100	54521	5340		62	174	28
镇坪县审计局	28	11605	3		1871	2046		31	70	6
旬阳县审计局	49	4638	221	39	2941	528	1	49	113	22
白河县审计局	36	2966	776	19	103	1981		36	83	3
商洛市										
商洛市本级	27	163905	152	19	5537	77728	1	33	15	1
商州区审计局	40	3147	26	26	25	82		40		
洛南县审计局	46	221291	31		23	25	1	53	138	
丹凤县审计局	34	35929	141		13279	448	3	45	52	
商南县审计局	33	190066	829	667	599	4811		36	93	6
山阳县审计局	68	207906	859	233	454	14674	12	95	47	3
镇安县审计局	41	16328	33		358	336	1	41	34	1
柞水县审计局	49	10654	10		32	7026		51	43	

甘肃省

【甘肃省审计厅】 2014年，甘肃省审计厅人员编制240人，在编221人。设有办公室、法规处、内部审计监督处、社会审计核查处、经济责任审计办公室、经济责任审计一处、经济责任审计二处、经济责任审计三处、财政审计处、行政事业审计处、农业与资源环保审计处、固定资产投资审计一处、固定资产投资审计二处、金融审计处、企业审计处、社会保障审计处、外资与运用审计处、人事处、老干处、机关党委、监察室和服务中心、科培中心、信息中心。

领导成员

厅　　长：武　毅

副 厅 长：边　恺　成荣生　张　冰

总审计师：李洁丽

纪检组长：王建设

经济责任审计办公室主任：苏　琦

副巡视员：李　虹

审计成果 甘肃省审计机关共审计和审计调查项目6869个，查出违规金额159.66亿元、损失浪费金额1.13亿元，核减工程投资13.57亿元；通过审计处理，已上缴财政25.38亿元，促进增收节支81.62亿元。向司法和纪检监察等部门移送案件线索41件，涉案人员19人；向有关部门移送事项85件。向各级党委、政府和上级审计机关提交综合报告、专题审计报告、调研、信息4569篇次，被采用和批示2269篇次。向被审计单位提出审计建议10520条。

稳增长等政策措施落实情况跟踪审计 按照审计署和省委、省政府的安排部署，省审计厅整合审计资源，由厅主要领导牵头、分管领导具体负责，成立全省稳增长促改革调结构惠民生政策措施落实情况跟踪审计工作领导小组，抽调省直相关部门业务人员和有关市州审计人员组成9个审计组，对省本级和酒泉等9个市州本级及所属12县区进行跟踪审计。截至12月底，共审查部门、单位512个，审核项目资金102.06亿元，实地检查重点项目和企业529个。第三季度审计查出问题222个，已整改193个；项目审批环节多时限长等21个涉及行政体制改革的问题正在逐步整改落实，对项目未开工建设、未招投标等8个问题正在督办问责。

财政审计 深化预算执行和决算审计，持续关注政府预算体系和结构、专项转移支付清理整合、存量资金盘活、财政管理绩效等问题；围绕贯彻中央八项规定、省委双十条规定精神，加大“三公”经费、奢华浪费建设等方面的审核检查，助推廉洁政府建设。全省共对1126个部门和单位的预算执行情况进行审计，省审计厅重点对华亭等6个省直管县财政收支及转移支付情况、兰州等三市六县区的交警等4个部门罚没收入情况、省地税局税收征管和省财政厅组织的省级预算执行情况、大中型水库库区基金征缴及提灌电费补助资金使用情况、惠农贷款贴息及其他财政贴息资金落实情况等进行审计，代表省政府向省人大常委会提交《2014年度省级预算执行和其他财政收支情况的审计工作报告》及审计整改情况的报告，并对社会进行公告。审计报告和公告引起被审计单位的高度重视和社会各界的广泛关注。

专项审计 全省审计机关普遍开展对社保、教育、医疗、住房等民生项目以及交通、能源、资源、环境等基础设施建设项目的审计和审计调查。把扶贫专项资金审计作为全省审计机关年度必审项目，下发《关于进一步加强财政专项扶贫资金监督管理的通知》，加大审计监督力度，提高资金使用效益。经省政府同意，在静宁县先行试点设立城关、界石铺两家乡镇审计办事机构，推动各项惠民富民强民政策落到实处。完成三合乡等4个乡镇2013度财政财务收支全面审计，审计资金总额12333万元，查出违规违纪金额257万元、管理不规范金额1764万元，收缴财政27万元、罚款1.5万元，提出审计建议29条。乡镇审计机构的设立，延伸审计覆盖面，有效推动各项惠民富民政策的落实。根据审计署统一部署，加强城镇保障性安居工程持续监督，针对审计发现的问题，提出建议并跟踪督促整改落实。

经济责任审计 研究制定《甘肃省党政机关主要领导干部离任经济责任审计交接办法》和《关于贯彻落实党政主要领导干部和国有企业领导

人员经济责任审计规定实施细则的意见》。按计划推进市州、县区党政主要领导干部履行经济责任和管理机构编制情况“双审”工作，审计厅对白银等三市和会宁等20个县进行审计。全省共对1810个党政部门、事业单位和国有企业的1942名领导干部进行经济责任审计，查出违规金额105.52亿元、损失浪费金额1769万元。为促进审计整改、深化审计成果，与省纪委、省委组织部、监察厅建立经济责任审计联合约谈问责机制，对2013年实施审计的23个县区46名领导干部进行约谈，推动审计整改落实。

固定资产投资审计 运用专项审计和审计调查手段，加大对交通、能源、资源、环境、灾后重建等重大项目的审计力度，全省共对2476个项目进行审计，项目投资额271.03亿元，核减投资额13.15亿元，查出问题金额41.19亿元。省审计厅对省引洮供水一期工程项目概算情况进行审计，对石羊河流域重点治理项目建设及绩效情况审计调查，对东乡县地质灾害灾后恢复重建、岷县“5·10”特大冰雹泥石流灾害灾后恢复重建及岷县漳县“7·22”地震灾后恢复重建等项目进行跟踪审计，对康临高速公路、金昌机场、引大入秦工程、两当起义纪念馆及旧址改造建设项目、甘肃省妇幼保健院保健医疗综合楼工程、甘肃省肿瘤医院门诊住院综合楼工程、甘肃会展中心建筑群项目能源中心及市民广场工程、甘肃黄河剧院拆除重建项目等重大项目进行竣工决算审计，并对全省铁路建设配套资金管理使用情况进行专项调查。通过审计，规范项目管理，促进投资效益的提升。

其他审计 加强企业、金融等审计，维护区域经济安全，重点对酒泉钢铁（集团）有限责任公司等6个省属国有控股企业2012—2013年度有关经营情况的专项审计调查，针对存在的问题，提出完善重大事项的决策程序及后续监督，进一步加强内部管理，建立现代企业制度等建议。以“摸清情况、揭示问题、规范管理、提高效益”为目标，完成对省工信委2012—2013年度专项资金管理使用和效益情况的审计调查，并对白银、天水等市县200多个中小企业进行伸延审计调查，促进主管部门规范和完善管理，提高资金使用效益。根据审计署授权和省政府交办，审计国外贷援款项目17个，共审计项目单位60个，延伸审计单位14个，出具无保留意见的审计报告15份。认真履行统领社会审计的职能，对甘肃天一永信会计师事务所等10家社会中介审计机构出具的26份审计报告质量进行调查和核查，向省政府报送《2013年社会审计报告质量核查综合报告》；加强内部审计业务指导，推进政府审计、内部审计和社会审计协调发展。

交办任务 配合省纪委、省政府办公厅、省政府法制办、省政府督查室等开展案件调查、执法检查、专项整治和重点工作督查，完成省委、省政府和有关部门交办、委托的省委组织部党员干部培训基地、省政府驻天津办事处等20多个项目审计。审计厅会同省机关事务管理局，开展省住建厅等30多个省直部门及所属单位经营性房产管理和经营收支情况的审计调查。

党风廉政建设 省审计厅党组认真履行主体责任，健全完善工作机制，精心研究安排部署，细化分解工作任务，扎实开展廉政教育、风险防控、内部监督、专项整治等各项活动，狠抓反腐倡廉任务落实。加强对市、县第二批教育实践活动开展情况的指导，深入基层调查研究，抓好党的群众路线教育实践活动中发现问题的整改，征求到的240条40类意见和问题，已经全部整改。巩固教育实践活动成果，结合需要长期整改的问题，建立完善相关规章制度，健全落实改进作风长效机制，进一步规范党务、政务、财务管理，严防“四风”问题反弹回潮。严格厅机关财务、办公用房、车辆等后勤管理，加强对厅机关办公用房、车辆配置进行全面自查、清理和规范，确保用房不超标、车辆不超配。2014年，省审计厅公务车运行费下降23.71%，公务接待费下降55.65%。厅班子成员严格贯彻执行中央八项规定、省委“双十条”和审计纪律“八不准”等规定，厉行勤俭节约，改进工作作风，以文明、务实、清廉作风保障各项审计工作任务的顺利完成。

相关工作 开展争创“五好领导班子”，“争创文明审计组、争当文明审计人”，争当“审计四手”“五好文明家庭”等活动，着力提升审计人员的文明素养和工作能力。以加强社会公德、职业道德、家庭美德、个人品德为主题，通过建设规范的道德讲堂，定期开展道德经典诵读，加强职业道德教育，推动知行合一的道德实践。在全厅组建190多人的党员志愿者服务大队和以处室为单位的小分队，发起开展“文明在审计志愿在行动”“学雷锋事迹做时代新人”“扶贫帮困献爱心”等多项志愿服务活动。制订文明风尚传播实施方案，在办公场所悬挂引人崇德修身的道德宣传牌80多块，张贴温馨提示语20多条，节假日向干部职工发送文明道德和党风廉政短信，营造浓厚的道德文化和文明风尚传播氛围。加强对贯彻落实中央和省委省政府一系列厉行节约、反对浪费规定情况的监督检查，健全机关各项内部管理制度，切实纠正违规行为，将勤俭节约的要求落实到机关日常管理工作的各方面。建立完善干部职工家庭档案，坚持困难职工帮扶救助制度、干部职工体检和住院慰问制度、婚丧嫁娶机关工会协助办理制度，投入20余万元，建立厅荣誉室和党员活动室，完善机关文体兴趣小组、职工书屋、文体活动室、老干部活动中心，组织干部职工开展一系列健康向上、丰富多彩的主题实践和文体活动，丰富机关文化生活，增强机关凝聚力和向心力。

双联行动 省审计厅党组贯彻省委、省政府有关“联村联户、为民富民”行动的决策部署，推动双联行动向纵深发展。多渠道争取资金931.785多万元，实施村社道路硬化、梯田改造、田间道路、危房改造等项目8个，推进双联村基础设施建设。立足当地实际，筹措资金227万元，为联系村社群众赠送地膜种子、优质种羊、新疆核桃大枣树苗，引进山东济宁百草中药材有限公司实施中药材试验种植，推广种植药用芍药、桔梗、金银花、党参等药材，帮扶引导群众积极发展增收致富产业。2014年联系村人均收入达到3506.8元，比上年增长了25%。积极帮助群众解决生产生活困难，两次请省肿瘤医院的27名专家到联系村开展义诊活动，协助村“两委”排查调处各类矛盾纠纷，组织开展“星级文明户评选”等活动，开展劳动力技能培训，完善乡村文化活动设施，着力促进联系村经济社会协调发展。履行组长单位职责，加强协调联系、督促检查和评比激励，推动各成员单位发挥部门优势做好帮扶工作，切实推进静宁县双联行动向纵深发展。 （撰稿人：梁馨予）

【兰州市审计局】 2014年，兰州市审计局人员编制118人，在编115人。局长刘军，副局长柴建民、靳芳（12月—）、张永花（12月—），纪检组长张红桢（3月—）。设有办公室、人事处、法规处、内部审计监督处、社会审计核查处、审计执法监督处、财政金融审计处、行政事业审计处、农业与资源环保审计处、社会保障审计处、企业审计处、计算机审计处、园区审计处，兰州市经济责任审计分局及所属经济责任审计一处、二处、三处，兰州市政府投资建设项目审计办公室、兰州新区审计分局和机关党委、监察室。

审计成果 兰州市审计局完成审计和审计调查项目118个、重点工程跟踪项目34个、决（结）算项目132个、专项审计调查项目6个，查出违规金额58543万元、管理不规范金额256102万元、损失浪费金额4451万元，应上缴财政89399万元。审计发现案件线索27件，其中移送纪检监察机关案件线索10件，移送省市有关部门案件线索17件。提交审计报告和专项审计调查报告128篇。提出审计建议348条。

财政审计 对兰州市财政局2013年度市级预算执行情况和市地税局2013年度税收征管情况进行审计；对西固区、永登县人民政府财政决算情况进行审计。

行政事业审计 对市委办公厅、市园林绿化局、市公安局、市人社局等10个单位2013年预算执行情况进行审计；完成兰州市广电总台经营收入审计调查项目。

农业与资源环保审计 完成对2013年度全市扶贫专项资金管理使用情况审计；兰州市2012至2013年环保专项资金管理使用绩效情况审计。

固定资产投资审计 对南山路项目、西热东输管网建设项目、污水雨水全收集全处理管网建设项目、重离子项目、深安大桥、北环路项目、轨道交通一号线一期工程、轨道交通试验段、城市规划展示馆、公共自行车项目、中铺子垃圾处理场道路、新区东南片区土地整理等34个重点工程项目进行跟踪审计，送审金额316574.09万元，审定金额253667.14万元，审（核）减金额62906.95万元。

社会保障审计 对兰州市民政局2013年度财

政预算执行及其他财务收支情况进行审计；对兰州市殡仪馆2011—2013年度绩效情况进行审计。

企业审计 对兰州经济区城市建设投融资发展公司2013年度财务收支情况和兰州高新区高科投资发展集团公司2013年度财务收支情况进行审计。

经济责任审计 对市发改委、市园林局、市妇联、市食药局、市公房管理中心、市文广局、市人口委等7个单位现任领导干部进行任中审计。对市医保局、市法制办、市红十字会、市工信委、原市招投标局、市就业局、市旅游局、市工商联、市科协、市统计局、市经合局等11个单位原任领导进行离任审计。

专项资金审计 对2013年度林业财政专项资金管理使用情况、2013年兰洽会专项资金管理使用情况进行审计。完成对兰州市大成综合经营部上访积案、兰州公交集团有限公司2013年运营情况、兰州热力有限公司自成立至2013年4月末资产负债损益情况、打击非法客运车辆罚没收入资金管理使用、兰州佛慈制药股份有限公司2009年至2013年12月经营情况、兰州威立雅水务集团经营情况、兰州市体育局“两校一队”建设项目划拨土地成本核算情况等项目的审计和审计调查。

信息化建设 按照审计署金审工程建设的总体要求和部署，在抓好硬件建设配置的基础上，狠抓AO（现场审计实施系统）和OA（审计管理系统）两大系统使用，所有公文处理均实现无纸化办公；开展计算机审计项目占全年审计项目80%以上；规范正版软件的使用，制定完善相关的规章制度，正版软件使用率达到100%。

（撰稿人：汪业文）

【嘉峪关市审计局】 2014年，嘉峪关市审计局人员编制30人，在编26人。局长赵大鹏，副局长芦勇、王继红，总审计师赵明，纪检组长鱼辉。设有办公室、经济责任审计科、行政事业审计科、法制科、固定资产投资审计科、社保金融审计科、社会审计核查科、经贸审计科、基建审核中心。

审计成果 嘉峪关市审计局共完成审计及审计调查项目27个，审计和延伸审计单位19个，审计资金30.42亿元，查出违规违纪和管理不规范金额74813.52万元，上缴财政63838.47万元，核减工程造价4273.32万元。移送违法违规案件线索2件，处理相关责任人4人。向市委、市政府和上级审计机关、市属有关部门提交综合报告、专题报告、工作调研29篇次。提出合理化意见和审计建议37条，均被采纳。根据审计建议市政府出台5项管理制度，审计整改工作落到实处。被嘉峪关市委、市政府命名为市级文明单位标兵，局党支部被嘉峪关市委授予雄关先锋号荣誉称号，局团支部被团市委评为五四红旗团支部，1个科室被市直机关工委命名为勤政廉政模范科室。3人先后获得全市依法行政先进个人。

财政审计 财政预算执行审计工作以加强预算管理为目标，对市财政局组织的市级预算执行、市地税局地方税收征管情况等进行审计。对市级部门预算执行中发现的问题，依法做出审计处理决定，并提出有针对性的审计意见和建议。根据审计建议，市政府出台《切实加强综合治税工作的实施方案》，印发《预决算公开工作的通知》。通过审计使预算执行的真实性、合规性和预算管理的完整性、规范性进一步得到提升。

行政事业审计 嘉峪关市审计局重点对市教育局、市财政局、市房管局和市文化广播影视新闻出版局4个部门2013年度部门预算执行情况（涉及二级预算单位9个，延伸所属单位6个）进行审计。从加强预算管理、提高财政资金使用效益等方面提出审计建议17条，向市纪委移送经济案件线索2件，处理相关责任人4人。

固定资产投资审计 嘉峪关市审计局开展对嘉峪关市第一人民医院建设项目、第二人民医院综合楼工程和嘉峪关市酒钢三中新校区项目进行全过程跟踪审计。为更好地对政府重点投资项目全程跟踪审计监督，起草并经市政府印发出台《嘉峪关市政府重点投资项目全程跟踪审计监督办法（试行）》。着重对嘉峪关市图书馆建设项目、嘉峪关市第六中学综合教学楼建设项目进行竣工决算审计，对嘉峪关市文化馆改扩建项目进行阶段性审计。共审计建设资金18751.98万元，核减工程造价4273.32万元。

经济责任审计 嘉峪关市审计局共开展10个经济责任审计项目。《甘肃省党政机关主要领导干部离任经济责任事项交接办法（试行）》《党政主要领导干部和国有企业领导人员经济责任审计规定实施细则》等制度出台后，组织全局干部职工认真学习，贯彻执行。

专项资金审计 嘉峪关市审计局完成对2013年度嘉峪关市城镇保障性安居工程的投资、建设、分配、运营等情况的跟踪审计，2011年至2013年财政扶贫资金管理使用情况审计及2013年度住房公积金筹集管理使用情况审计。审计民生项目各类资金52964.67万元，查出违规违纪和管理不规范金额153.21万元，提出审计建议7条。按照省审计厅的统一安排部署，完成金昌市、金川区稳增长促改革调结构惠民生政策措施落实情况跟踪审计，并按照市政府的安排积极配合省审计厅审计组完成对嘉峪关市稳增长政策措施落实情况的审计；与市财政局共同完成市属各单位深入开展贯彻执行中央八项规定、严肃财经纪律和“小金库”专项治理清查工作；派出4人参与完成审计署组织开展的土地出让收支和耕地保护情况审计；完成市农业开发（集团）有限公司财务收支情况审计；配合完成中盛非法集资诈骗案件的前期调查侦破工作和市纪委组织的经济案件举报核查工作及惠农资金专项检查工作。

（撰稿人：王南林）

【金昌市审计局】 2014年，金昌市审计局人员编制31人，在编27人。局长张正平，副局长侯永林、梁福山，总审计师魏登喜（—9月）、彭淑瑞（9月—），纪检组长彭淑瑞（—9月），市经济责任审计联席会议办公室主任谢淑霞（9月—）。设有办公室、法制科、经济责任审计办公室、财政审计科、行政事业审计科、企业和社会保障审计科、农业和资源环境审计科、固定资产投资审核中心。

审计成果 金昌市审计局完成审计和审计调查项目42个，查出违规金额2530.31万元、管理不规范金额6331.52万元，核减投资额4200万元；移交案件1起。提出审计建议96条。发表各类审计信息33篇、理论文章3篇。

预算执行审计 完成2013年度市级财政预算执行和其他财政收支情况审计，查出违规金额1703.68万元、管理不规范金额3167.21万元。完成市公安局、市公安局金川分局、市水务局、市委农办、市政府办公室等部门预算执行情况审计，查出管理不规范金额524.12万元。

固定资产投资审计 完成市公安局消防特勤中队执勤楼、市实验小学楼及市循环经济展馆等工程的竣工决算审计11个，送审值2.03亿元，审定值1.61亿元，核减投资额4200万元，核减率21%。

经济责任审计 完成经济责任审计13个（其中任中审计6个、离任审计7个），查出违规金额411.29万元、管理不规范金额390.31万元，违规购置车辆2辆，移交市财政局对车辆进行没收处理。

专项资金审计 完成教育、农业、旅游、城乡社区事务、住房公积金、正版软件采购经费、担保基金、政府性债务等专项资金审计和审计调查，查出违规金额56.04万元、管理不规范金额1964.28万元。对金昌电大将学费存入个人银行卡的严重违规问题，经市政府主要领导批示移送纪检监察部门进行处理，处理相关工作人员6人。

其他审计 完成省审计厅统一组织的扶贫资金审计，查出违规金额8.7万元、管理不规范金额5.6万元。完成省审计厅授权委托的对嘉峪关市人民政府稳增长促改革调结构惠民生政策措施落实情况跟踪审计。抽调人员参加审计署组织的对兰州市国有土地出让收支和耕地保护情况的审计。完成市级和林区、垦区2013年城镇保障性安居工程投资、建设、分配、运营等情况的跟踪审计，共查出违规金额350.6万元、管理不规范金额280万元，并对以前年度审计整改情况进行督查。

信息化建设 加大计算机辅助审计力度，所有审计项目全部实施AO（现场审计实施系统）审计或管理。根据省审计厅统一安排部署，完成全市审计管理系统建设。（撰稿人：辛光伟）

【白银市审计局】 2014年，白银市审计局人员编制42人，在编41人。局长张文玲，副局长王世勇（兼经责办主任）、马志武、李文辉，总审计师杨玉杰，纪检组长颜子杰。设有办公室、法规科、财政金融审计科、农业与资源环保审计科、社会保障审计科、固定资产投资审计科、行政事业审计科、计算机信息审计科、经济责任审计一科、经济责任审计二科、经济责任审计三科、白银市基本建设审计中心。

审计成果 白银市审计局完成审计项目72个，查出主要问题金额78901.78万元，其中违规金额349.45万元、损失浪费金额15.2万元、管理不规范金额78537.13万元；审计处理处罚金额12391.81万元，其中应上缴财政349.45万元、应减少财政拨款或补贴1332.95万元、应归还原渠道资金3877.65万元、应调账处理金额6831.76万元；审计发现非金额计量问题45个；审计促进整改落实有关问题资金10520.69万元，其中已收缴财政105.51万元、已减少财政拨款或补贴1332.95万元、已归还原渠道资金3857.64万元、已调账处理金额5224.59万元。出具审计报告和专项审计调查报告61篇。提出审计建议130条，提交审计信息90篇，被批示、采用82篇。向社会公告审计结果1篇。向中央、省、市等媒体和门户网站报送审计信息、理论研讨、审计工作动态等94篇次，被采用60篇次，14篇《审计要情》和《综合报告》得到市政府领导高度重视，做出重要批示。

财政审计 审计财税部门和一、二级预算单位12个，查出违规金额203.59万元、管理不规范金额49497.62万元，其中应上缴财政203.59万元、应归还原渠道资金3813.64万元、应调账处理金额5972.68万元；已上缴财政21.29万元、已归还原渠道资金3813.64万元、已调账处理金额4364万元；审计发现非金额计量问题15个。

经济责任审计 审计单位23个，查出违规金额113.68万元、管理不规范金额1852.3万元，其中应上缴财政113.68万元、应归还原渠道资金48万元、应调账处理金额332.76万元；已上缴财政52.05万元、已归还原渠道资金28万元、已调账处理金额332.76万元；审计发现非金额计量问题5个。

固定资产投资审计 审计竣工决算项目19个，查出管理不规范金额19137万元、损失浪费金额15.2万元；核减工程投资1332.7万元，已减少财政拨款或补贴1332.7万元；审计发现非金额计量问题3个。

社会保障审计 审计单位6个，查出违规金额32.17万元、管理不规范金额5311.78万元，其中应上缴财政32.17万元、应归还原渠道资金16万元、应调账处理金额526.3万元；已上缴财政32.17万元、已归还原渠道资金16万元、已调账处理金额526.3万元；发现非金额计量问题22个。

专项资金审计 重点对全市2012—2013年度财政扶贫专项资金管理使用情况进行审计，提交审计报告1份，向纪检等部门移送案件线索77件。

交办任务 审计单位11个，查出管理不规范金额2738.43万元。 （撰稿人：王 婷）

【天水市审计局】 2014年，天水市审计局人员编制79人，在编79人。局长唐宏伟，副局长胡敬东、付新顺、焦继军，总审计师马群，纪检组长葛南翔。设有12个业务科室和天水市经济责任办公室（内设经责一科、经责二科），下属天水审计培训中心（内设综合管理科、培训业务科）。

审计成果 天水市审计局完成审计项目93项，查出主要问题金额31167万元，其中违规金额8481万元、管理不规范金额22686万元；损益（收支）不实金额223万元；审计处理处罚金额25757万元，其中应上缴财政3463万元、应减少财政拨款或补贴4449万元、应归还原渠道资金2862万元、应调账处理金额13924万元；审计发现非金额计量问题17个；审计促进整改落实有关问题资金25348万元，其中增收节支21619万元、已调账处理金额13117万元；审计后挽回（避免）损失5796万元。移送司法机关、纪检监察机关和有关部门处理事项9件。提交审计报告和专项审计调查报告93篇，被批示、采用50篇。提出审计建议219条，提交审计信息356篇，被批示、采用310篇。

财政审计 完成预算执行审计项目16个，查出主要问题金额9703万元，其中违规金额2058万元、管理不规范金额7645万元；损益（收支）不实金额206万元；审计发现非金额计量问题4个；应上缴财政1231万元、应归还原渠道资金633万元、应调账处理金额7012万元；已上缴财政1231万元、已归还原渠道资金633万元、已调账处理金额6605万元；移送有关部门处理事项3

件，提出审计建议 51 条。完成决算审计项目 1 个，查出主要问题金额 9392 万元，其中违规金额 5078 万元、管理不规范金额 4315 万元；审计发现非金额计量问题 1 个；应上缴财政 2177 万元、应调账处理金额 4315 万元；已上缴财政 2177 万元、已调账处理金额 4315 万元；移送有关部门处理事项 3 件，提出审计建议 6 条。完成财务收支审计项目 1 个，提出审计建议 4 条。

经济责任审计 完成审计项目 19 个，查出主要问题金额 439 万元，其中违规金额 39 万元、管理不规范金额 400 万元；损益（收支）不实金额 9 万元；审计发现非金额计量问题 4 个；应上缴财政 39 万元、应调账处理金额 400 万元；已上缴财政 39 万元、已调账处理金额 400 万元；移送有关部门处理事项 2 件，提出审计建议 54 条。

固定资产投资审计 完成审计项目 46 个，查出主要问题金额 7086 万元，其中违规金额 1289 万元、管理不规范金额 5797 万元；审计发现非金额计量问题 1 个；应上缴财政 3 万元、应减少财政拨款或补贴 4449 万元、应归还原渠道资金 1 万元；已上缴财政 3 万元、已减少财政拨款或补贴 4449 万元、已归还原渠道资金 1 万元；移送有关部门处理事项 1 件，提出审计建议 77 条。

社会保障审计 完成审计项目 8 个，查出主要问题金额 4527 万元，其中违规金额 5 万元、管理不规范金额 4521 万元；审计发现非金额计量问题 5 个；应上缴财政 1 万元、应归还原渠道资金 2220 万元、应调账处理金额 2197 万元；已上缴财政 1 万元、已归还原渠道资金 2220 万元、已调账处理金额 2197 万元；提出审计建议 24 条。

专项资金审计 完成审计项目 2 个，查出主要问题金额 20 万元，其中违规金额 12 万元、管理不规范金额 8 万元；损益（收支）不实金额 8 万元；审计发现非金额计量问题 2 个；应上缴财政 12 万元、应归还原渠道资金 8 万元；已上缴财政 11 万元、已归还原渠道资金 8 万元；提出审计建议 3 条。

（撰稿人：县光明）

【武威市审计局】 2014 年，武威市审计局人员编制 35 人，在编 30 人。局长赵新辉，副局长马忠民、祁贵，总审计师李天忠，纪检组长李镜，市经济责任审计局局长刘立新。设有办公室、法规科、社会审计核查科、财政金融审计科、农业和资源环保审计科、社会保障审计科、行政事业审计科、固定资产投资审计科、党政领导干部经济责任审计一科、党政领导干部经济责任审计二科和武威市审计局投资审计中心。

审计成果 武威市审计局全年完成审计项目 72 个，查出主要问题金额 3.88 亿元，其中违规金额 2789 万元、管理不规范金额 3.6 亿元；审计处理处罚金额 4723 万元，其中应上缴财政 2501 万元、应归还原渠道资金 183 万元、应调账处理金额 2069 万元；审计发现非金额计量问题 38 个；审计促进整改落实有关问题资金 2227 万元，其中增收节支 137 万元、已调账处理金额 2069 万元；审计促进拨付资金到位 73 万元；审计后挽回（避免）损失 5 万元。移送纪检监察机关处理事项 1 件。出具审计报告和专项审计调查报告 72 篇。提出审计建议 145 条。向社会公告审计结果 1 篇。武威市审计局实施的古浪县 15 个乡镇 2011 年至 2012 年扶贫资金管理使用情况审计项目被审计署评为 2014 年度全国地方优秀审计项目。

财政审计 完成 11 个预算执行审计项目，揭示预算管理、转移支付分配、财税政策执行等方面的问题；按照中央八项规定和省委、市委“双十条”规定要求，对“三公”经费、会议费管理情况进行审计，查出主要问题金额 1983 万元，其中未按规定纳入预算管理 668 万元，促进财政管理的法制化、规范化。

经济责任审计 完成 28 名领导干部经济责任审计，审计查出主要问题金额 4349 万元、会计核算不实金额 3810 万元、违规采购 255 万元。在做好离任审计的同时加大任中审计力度，为党委、政府管理使用干部提供参考依据。

固定资产投资审计 完成固定资产审计项目 28 个，审计项目投资额 125626 万元，核减工程投资 1616 万元。

社会保障审计 在全面审前调查的基础上，组成 7 个审计小组，开展武威市凉州区 2012 年至 2013 年农村危旧房改造项目专项审计调查，运用计算机审计技术分析贫困人员信息和危旧房改造农户档案，对重点对象入户调查核实，促进政策落实，提高资金绩效。

信息化建设 加大审计信息化技术推广应用

力度，成立绩效审计、计算机审计、信息宣传3个推进小组。金审工程建成投入使用，广泛运用现场审计实施系统和审计管理系统进行项目管理或审计分析，运用绩效审计方法对资金和项目效益进行分析评价，逐步推进常规审计向绩效审计方向发展，60%的审计项目涉及绩效审计内容，80%的审计项目利用计算机辅助审计。

（撰稿人：蔡　峰）

【张掖市审计局】　2014年，张掖市审计局人员编制41人，实有41人。局长陈华，副局长赵光源、王天荣、龙建国、罗兵（挂职），总审计师姬忠，纪检组长李鸿寿，经济责任审计工作联席会议办公室专职副主任刘煜。设有办公室、综合法制科、财政金融审计科、行政事业审计科、经济责任审计一科、经济责任审计二科、固定资产投资审计科、外资经贸审计科、农业与资源环保审计科、社会保障审计科、信息化管理科、经济责任审计综合科、审计核查整改办公室。

审计成果　张掖市审计机关共完成审计项目249个，审计查出问题金额245487万元，管理不规范金额224277万元，上缴财政5323万元，促进增收节支16881万元。其中，张掖市审计局完成审计项目42个，审计查出问题金额68305万元，管理不规范金额66749万元，上缴财政1171万元，促进增收节支9566万元。依法向纪检监察部门移送案件线索13件，53名干部被处理和追责。向党委、政府及有关部门、单位提出审计建议995条，被采纳931条，上报的24篇《审计要情》《审计快报》等被市领导批示44篇次。根据审计建议，市委、市政府相继出台重大项目决策、预算管理等方面的16项规章制度。被市政府表彰为2014年度政府目标责任考核优胜奖；在全省14个市州审计工作目标责任管理考核中获得第一名，2个项目分别被省审计厅表彰为优秀审计项目和表彰审计项目；在创建为省级精神文明先进单位的基础上，通过省级文明单位考核验收；被人力资源和社会保障部、审计署表彰为全国审计机关先进集体。

财政审计　以部门预算、国库集中收付、政府采购、国有资本经营预算等财政政策和法规的贯彻执行为突破口，对财政资金投放效益、拨付时效和部门预算执行绩效等情况开展审计。对资金流量大、涉及项目多的财政、发改、农业等17个部门预算执行情况进行审计，就进一步加强市级预算管理提出意见建议。代表市政府向市人大常委会做的《市级财政预算执行和其他财政财务收支情况的审计工作报告》受到与会委员的高度评价，委员通过投票表决100%通过审议。

经济责任审计　对市编办、民政局等12个单位领导干部的经济责任及绩效情况进行审计。把因公出国（境）经费及机构编制作为审计监督的重要内容的同时，进一步对领导干部任期行政绩效进行审计，科学评价领导干部经济责任履行效果。按照市委《县处级领导干部离任经济责任事项交接办法》，完成对市农业局、畜牧局等14个部门、单位主要领导的离任交接。做好省审计厅对张掖市及高台、民乐县党政主要领导干部经济责任履行和机构编制情况审计的沟通协调和落实工作，抽调市审计局6名业务骨干协助开展工作。审计结束后，与市委督查室、市政府督查室协调，下发《整改督办通知》，就审计提出的问题细化整改责任，要求各部门严格按照审计组的要求进行彻底整改。

固定资产投资审计　对张掖黑河引水口门远程监控系统建设项目、市幼儿园教学楼建设项目、市中小企业服务中心综合楼项目、张掖大剧院等7个项目进行审计，共发现项目建设中的违规和管理不规范金额4838.32万元以及建设管理中的一些突出问题，提出切实可行的审计建议，督促被审计单位进行整改落实。

企业审计　根据市政府第27次常务会议精神和市长安排，从1月份开始，抽调市、县区审计局17人组成6个审计组，历时3个月，对市城投集团公司及下属企业截至2013年12月经营管理和资产负债损益情况进行全面审计，共审计15个独立核算部门单位的17套账务，出具15份审计报告和审计决定。通过审计，摸清城投公司及其下属企业家底和资产负债及经营管理情况，揭示企业在财务核算、管理体制、经营管理等方面存在的问题，分别对各企业经营绩效、亏损原因及发展潜力进行客观公正的分析，为企业发展提出合理化建议，为市委、市政府理顺管理体制，解决企业遗留问题提供了决策参考。

专项资金审计 按照省审计厅统一安排部署，从全市审计机关抽调10人组成审计组，两次赴白银市开展稳增长促改革调结构惠民生防风险政策措施落实情况跟踪审计工作，查出相关政策贯彻落实、重点项目建设实施等5个方面的21个问题，提出审计建议。配合做好白银市审计组对张掖市的审计，保障审计工作的有序开展。

按照审计署和省审计厅统一安排部署，从全市审计机关抽调20人，赴武威市参加全国土地出让收支和耕地保护情况审计，发现违规减免、变相返还土地出让金、挤占挪用土地出让收入等违规问题，相关违纪违规线索移交当地纪委处理。

按照审计署、省审计厅统一安排部署，抽调37人组成7个审计组，完成2013年城镇保障性安居工程跟踪审计。按照省审计厅要求，持续跟踪督促整改落实，审计发现的问题得到切实整改。审计发现的案件线索移送纪检监察机关，14名干部被处理和追责。各县区政府根据审计建议进一步修订完善《廉租住房保障实施办法》《经济适用住房管理实施办法》等17项制度和办法。市政府将保障性安居工程审计发现问题整改落实情况列为保障性住房建设考核指标，赋予市审计局10%的考核打分权，有效地提升审计工作的话语权和整改落实的严肃性。

根据市政府安排，抽调18人组成3个审计组对市运管局及六县区运管所2011年至2013年公交、出租车行业监管和有关政策执行情况进行审计调查，全面了解掌握全市运管系统管理运行情况，依法提示和纠正运管部门内部管理、职能履行、政策执行等方面的问题，提出改进管理的意见和建议，促使市政府及有关部门进一步加强运政监督管理，进一步规范客运市场。

按照省审计厅统一安排部署，抽调15人组成4个审计组，对甘州区和临泽、山丹、肃南县2012年至2013年财政扶贫专项资金管理、使用情况进行审计，查出套取、骗取扶贫资金82.1万元，滞留、截留、闲置资金175.45万元，违规使用资金129.18万元等问题。向市纪委移送案件线索5件，对9名责任人进行处理和追责。

信息化建设 市审计局购置更新计算机12台，其他信息化设备33台（件）；民乐县审计局负责实施的全县财政预算执行单位财务信息系统初步建成，为联网审计奠定基础。全市所有审计项目均利用计算机技术实施审计，利用计算机查询、检索、分析、判断功能发现问题的项目达70%以上。全市审计机关充分运用OA（审计管理系统）管理系统，对审计项目从项目建立、现场审计到资料归档以及机关公文流转进行全程管理，提高工作效率，审计信息化建设得到跨越式发展。（撰稿人：高飞贤　郭　亮）

【平凉市审计局】 2014年，平凉市审计局人员编制46人，在编46人。局长车兴安，副局长刘继荣、朱江、席瑞林，总审计师杨尚辉，纪检组长韩建华。设有办公室、法制科、财金科、经责科、行政事业科、经贸科、投资科、农业科、社会审计核查科、计算机审计中心。

审计成果 平凉市审计机关完成审计项目383个，查出主要问题金额347486.28万元，其中违规金额64800.75万元、管理不规范金额282685.53万元；损益（收支）不实金额4419.71万元；审计处理处罚金额73070.26万元，其中应上缴财政12078.68万元、应归还原渠道资金17906.71万元、应调账处理金额43084.86万元；审计发现非金额计量问题113个；审计促进整改落实有关问题资金73069.96万元，其中增收节支26953.43万元、已调账处理金额43084.86万元。提交审计报告和专项审计调查报告468篇。提出审计建议689条，被批示、采用审计信息128篇。

财政审计 围绕优化财政支出结构、规范转移支付资金管理和提高财政资金的使用效益，开展本级财政预算执行审计。审计项目95个，查出主要问题金额249179.57万元。促进完善财政预算管理体系，提升财政资金使用效益，发挥审计监督的促进作用。

固定资产投资审计 以规范政府重大投资项目管理、促进国家宏观政策落实为目标，对50个政府投资项目的资金使用、建设管理、土地环保和投资效益情况进行审计，查出主要问题金额32396.34万元，核减工程投资291.88万元。

行政事业审计 审计项目30个，查出主要问题金额5800.34万元。帮促各行政事业单位加强财务管理，规范经济活动。

专项资金审计 加大对“三农”、教育、住房等重点民生项目和资金的审计力度，完成审计项目41个，审计资金总额243391.10万元，查出主要问题金额20512.52万元。分析、揭示和反映体制机制制度方面存在的问题，从加强资金管理、落实项目配套资金、健全完善制度等方面提出整改建议。

农业与资源环保审计 审计项目9个，审计资金总额23750.24万元，查出主要问题金额1880.27万元。在促进国家农业与资源环保政策的贯彻落实、维护国家财经法纪、提高资金使用效益和效果、督促地方政府积极履行职责、加大环境保护力度等方面发挥积极作用。

社会保障审计 审计项目1个，审计资金总额232782.13万元，查出主要问题金额613.74万元。发挥审计保障人民群众基本生活权益、维护社会的稳定和促进社会和谐的作用。

企业审计 审计项目2个，查出主要问题金额2261.68万元。本着“审帮促”相结合的原则，对企业的盈利能力、资产质量、债务风险、经营状况进行综合对比分析，提出加强管理，规范核算，提高效益的意见建议。

经济责任审计 对155名领导干部进行经济责任审计，查出领导干部负领导责任主要问题金额34841.34万元。客观评价领导干部的经济责任履行情况，真实反映存在的问题，为党委、政府加强领导班子和党风廉政建设发挥积极作用。

城镇保障性安居工程跟踪审计 根据审计署和全省统一安排部署，在全市范围内整合力量，对全市2013年度保障性安居工程进行跟踪审计。完成省审计厅交办的陇南市2014年度稳增长促改革调结构惠民生防风险政策措施落实情况跟踪审计，得到甘肃省审计厅和平凉市政府的充分肯定。

内部审计 平凉市各内部审计机构2013年完成内审项目289个，审计资金总额115197.88万元，通过审计增收节支855.16万元，有效规范单位内部财务管理行为。平凉市审计局2012年、2013和2014年连续三年被评为全省内部审计理论研讨优秀组织单位，所推荐的理论文章也有多篇获奖。

（撰稿人：王其红）

【酒泉市审计局】 2014年，酒泉市审计局人员编制49人，在编44人。局长张贵虎，副局长刘红艺、张东平、李际平，总审计师李建华，纪检组长马生忠，经责办专职副主任白嘉念，副调研员李发宏、程军。设有办公室、综合法制科、经济责任审计一科（酒泉市经济责任审计联席会议办公室）、经济责任审计二科、财政金融审计科、行政事业审计科、经贸审计科、农业与资源环境审计科、社会保障审计科、固定资产投资与外资运用审计科、计算机审计管理科、社会审计核查与内部审计监督科。

审计成果 酒泉市审计局完成审计项目72个，审计和延伸审计单位140个，查出违纪违规和管理不规范金额11943万元，应上缴财政9468.75万元（非税收入7509万元、漏缴税金1946万元、罚没收入13.75万元），可促进财政增收节支17419.75万元（追缴非税收入7509万元、补缴税金1946万元、追缴罚没收入13.75万元、核减工程造价7951万元）。向税务部门移送案件3起，涉案金额124.08万元。在公开媒体上发表审计论文、信息141篇。

财政审计 开展对市本级财政预算执行情况的审计。重点检查财政预算执行的有效性，优化支出结构，盘活存量资金，提高财政资金的使用效益，并延伸审计市检察院、市文广新局等11个预算执行单位。重点关注经费管理，国内差旅费和出国（境）费用，公务接待、公务用车、会议活动，办公用房和资源节约等7个方面。分别向市人大和市政府提交“两个报告”，受市政府委托，在市三届人大第16次常委会上做《市本级2013年财政预算执行和其他财政收支审计的工作报告》，得到市人大常委会委员的肯定。

专项资金审计 加强对扶贫、医保、住房保障等民生社保专项资金的审计监督。2014年安排全市扶贫资金专项审计、全市保障性安居工程跟踪审计、市本级廉租房、经济适用房工程竣工决算审计、全市“天眼百卡”工程绩效审计等20余项涉及民生项目和民生资金审计项目，突出各项惠民政策落实，资金分配、拨付和管理使用情况审计。根据审计署和省审计厅统一部署，组织全市审计力量开展保障性住房建设情况跟踪审计和全市扶贫资金审计。围绕酒泉市委“切实保障和改善民生，着力建设幸福酒泉”要求，对涉及民生及社会发展专项资金的全市医疗工伤保险资金、全市农村环境连片整治项目资金进行审计。针对民生社保领域审计出的问题，酒泉市审计局已责成相关县市和部门进行整改，确保国家的惠民政策落到实处。

经济责任审计 以促进领导干部守法守纪守规尽责为目标，突出权力运行和责任落实两个重点。前移监督关口，进一步加大任中经济责任审计的比例，市审计局对27名县处级领导干部履行经济责任及机构编制管理进行审计，其中任中审计16人、离任审计11人。起草出台《酒泉市党政领导干部经济责任和机构编制“双责联审”办法》，在全市全面开展“双责联审”。修订《酒泉市领导干部离任交接办法》，督促转任、离任、接任的领导干部办理交接手续，全年共督促14人办理交接手续。

固定资产投资审计 围绕市委、市政府华夏文明传承创新区建设、汉唐文化新区建设和城市建设，加大对投资政策、土地政策、拆迁补偿政策的跟踪监督。对汉唐文化新区建设项目、新城区二期征地拆迁补偿项目、北大河生态环境综合治理项目、市本级2012年保障性住房建设项目、2013年市政工程建设项目等26个政府投资项目开展竣工决算和跟踪审计，审计投资金额9.74亿元，核减工程造价7951万元，审计核减率达8%。

交办任务 全力完成党委、政府交办的市委办公室财政收支、全市住房公积金机构调整、酒泉市公安局交通警察支队财政收支、酒泉飞天影院资产负债损益、酒泉市中医院上划以及审定核实专项支出等十几项审计事项，为政府决策和有关部门加强管理提供可靠的信息和依据。根据市委的安排部署，做好党风廉政建设责任制专项检查工作，会同市纪委（市监察局）、市财政局对市直150个部门单位党风廉政建设责任制落实情况进行检查，重点对2013年7月至2014年2月土地出让金、城市基础设施配套费、人防易地建设费、新型墙体材料建设费四项非税收入征缴管理进行审计。8月下旬，根据市委的安排，与市纪委（市监察局）、市财政局组成检查组，对肃州区、酒泉市财政局、发改委等14个部门单位及下属25个单位执行财经纪律、落实中央八项规定、市委安排的“5+1”专项检查整改落实情况进行专项检查。与市纪委联合制定印发《建立协调办案机制的实施办法》，抽调骨干力量协助市纪委查证案件8项，有效发挥审计在推动党风廉政建设中的作用。

质量管理 市审计局对3家社会审计完成的市疾控中心结核病控制项目财务状况和经费收支审计项目、肃州区特教学校建设工程竣工决算审计项目、酒泉职业技术学院高职院校项目资金收支审计项目开展核查，从执业原则、工作程序、审计结论及审计意见是否公允等方面，发表核查结论及评价，促进社会审计机构依法、诚信、规范执业。 （撰稿人：魏 韡）

【庆阳市审计局】 2014年，庆阳市审计局人员编制38人，在编36人。局长刘俊峰，副局长李崇峰、汪彦锋。设有人事秘书科、纪检监察室、综合法制科、社会审计核查科、财政金融审计科、行政事业审计科、基建外资审计科、经贸社保审计科、农业环保审计科，下设经济责任审计办公室、经济责任审计联席会议办公室和政府投资项目审计中心。

审计成果 庆阳市审计机关共完成审计项目457个，查出主要问题金额158953万元，其中违规金额21243万元、管理不规范金额137710万元；审计处理处罚金额31467.46万元，其中应上缴财政5304.82万元、应减少财政拨款或补贴2382万元、应归还原渠道资金9095.33万元、应调账处理金额14685.31万元；审计促进整改落实有关问题资金33931万元，促进拨付资金到位328万元，核减投资额2699万元。移送处理事项12件。出具审计报告457篇。审计提出建议841条，被采纳775条。向市级以上媒体刊物报送信息494篇，被采用481篇。

财政审计 对123个部门和单位的预算执行、转移支付、专项资金、税收征管等进行审计。市、县区审计机关向同级人大常委会做预算执行情况的审计工作报告，引起被审计单位的高度重视和社会各界的广泛关注。加强对“三公”经费、会议费和楼堂馆所清理情况的专项审计，督促整章建制，抓好整改落实。

经济责任审计 加强对权力集中部门，资金、资产、资源密集领域领导干部的监督审计。对领导干部执行国家政策、推动事业发展、科学决策、经济管理、依法行政、资源环境保护、机构编制管理、廉洁自律等方面的责任进行全方位考量评价，为干部监督管理提供重要依据。全市完成经济责任审计项目 143 个。

专项资金审计 完成专项资金审计项目 65 个。加大对扶贫资金、灾后重建、教育经费和住房公积金等事关群众利益、事关社会稳定、事关和谐发展的民生项目审计力度，依法查处挤占挪用、滞留截留、损失浪费等问题，切实关心群众切身利益，切实回应社会反映诉求，促进民生资金进一步规范管理、高效使用，真正惠及民生。

固定资产投资审计 坚持把投资项目审计作为节约政府投资、减少损失浪费的重要手段，及时对政府重大投资项目实行竣工决算审计，依据立项批复、招标文书、施工合同和补充协议等资料，加强对工程造价、合同外增减工程、隐蔽工程和现场施工签证的审查审核，重点核实工程造价的真实性、建设资金使用的合规性、建设程序的合法性，提出合理化意见建议，促进建设单位加强项目管理，提高项目管理水平。全市完成重点投资审计项目 73 个，审计资金总额 112430 万元，核减投资额 2699 万元。 （撰稿人：常 东）

【定西市审计局】 2014 年，定西市审计局人员编制 39 人，在编 37 人。局长岳余之，副局长张晓伟、潘欣、谢晓妍、李宏军，总审计师张华荣，纪检组长张新，经责办主任郑晓炜。设有办公室、法规监核科、财政金融审计科、行政事业企业审计科、农业与资源环保审计科、固定资产投资审计科、社会保障审计科、经济责任审计办公室（下设经济责任审计一科、经济责任审计二科）、定西市计算机审计中心。

审计成果 定西市审计局完成审计和审计调查项目 73 个，查出各类问题金额 388015 万元，其中违规金额 50174 万元、管理不规范金额 337841 万元；损益（收支）不实金额 501 万元；审计处理处罚金额 282131 万元，其中应上缴财政 20403 万元、应减少财政拨款或补贴 5845 万元、应归还原渠道资金 163059 万元、应缴纳其他资金 67 万元、应调账处理金额 92755 万元；审计发现非金额计量问题 25 个；审计促进整改落实有关问题资金 270320 万元，其中增收节支 177761 万元、已缴纳其他资金 5 万元、已调账处理金额 92553 万元、核减投资额 5845 万元。移送司法机关、纪检监察机关和有关部门处理事项 3 件。出具审计报告和专项审计调查报告 86 篇，被批示 15 篇。提出审计建议 113 条，被采纳 106 条。提交审计信息 120 篇，被采用 106 篇。向社会公告审计结果 1 篇。

财政审计 在全面摸清财政收支总体规模、结构和财政状况的基础上，揭露财权缺乏制约、管理不规范、履行职责不到位以及挤占挪用专项资金、财政债务包袱重、税收征管不严等问题，从体制、机制和制度等方面分析原因，提出建议。对财政局、地税局、市委办公室、市政府接待办公室、发展和改革委员会、农业局、教育局、公安局、交通运输局、人力资源和社会保障局、住房和城乡建设局等 11 个单位进行预算执行审计，对岷县和漳县 2013 年度的财政决算进行审计，查出未按规定缴纳财政收入、改变项目资金用途、资金滞留闲置等问题金额 1.01 亿元。

经济责任审计 对人力资源和社会保障局、住房和城乡建设局、经济开发区管委会等 12 个党政部门和事业单位领导干部进行经济责任审计，查出资金滞留闲置、未按规定缴纳财政收入等问题金额 4.04 亿元，为党委、政府加强干部监管、促进党风廉政建设发挥重要作用。

固定资产投资审计 依据《定西市国家建设项目审计监督办法》，完成 36 个项目的竣工决算审计，审计工程总投资 5.34 亿元，核减投资额（工程款）5845 万元。根据省审计厅的统一安排部署，对“7·22”地震灾后恢复重建项目进行跟踪审计，发现和指出项目建设程序不规范、灾民建房资金拨付滞后等问题，督促有关部门和建设单位进行整改，在推动项目建设、促进项目管理、规范资金管理使用等方面发挥积极作用。

专项资金审计 根据审计署和省审计厅的统一安排部署，对全市 2013 年度的城镇保障性安居工程进行跟踪审计，查出资金闲置、违规享受住房保障待遇等问题金额 1607.29 万元。根据省审计厅统一部署，组织市县区审计机关，对全市 2012—2013 年度财政扶贫资金的管理使用情况进行审计，查出配套资金不到位、滞留资金、虚列支出、损失浪费等问题金额5.27亿元。审计结果引起市委、市政府主要领导的高度重视，市委书记做出批示，市政府出台《关于进一步加强财政扶贫资金管理的意见》。根据市政府安排，对2005年至2013年全市农村饮水安全项目实施管理、资金筹集使用、建设进度和建后运行管理等情况进行审计，查出配套资金不到位、滞留项目资金、挤占挪用等问题金额2.08亿元。从市县区审计机关抽调24名审计人员，配合审计署开展土地出让收支和耕地保护情况审计。

（撰稿人：姚洁琼）

【陇南市审计局】 2014年，陇南市审计局人员编制49人，在编40人。局长曹代成，副局长秦汝宁、王东红、李晖，总审计师张俭，纪检组长段秀福。设有经济责任审计办公室、办公室、法制科、监察室、社会和内部审计监督核查科、财政审计科、外资经贸审计科、政府投资审计科、行政事业审计科、农业与资源环保审计科、经济责任审计一科、经济责任审计二科、社会保障审计科和信息中心。

审计成果 陇南市审计局完成审计项目51个，查出主要问题金额79707万元，其中违规金额4175万元、管理不规范金额75532万元；审计处理处罚金额23458万元，其中应上缴财政3016万元、应减少财政拨款3385万元、应归还原渠道资金5026万元、应调账处理金额15415万元；审计发现非金额计量问题28个；审计促进整改落实有关问题资金6724万元，其中增收节支1613万元、已调账处理金额5010万元；审计促进拨付资金到位2201万元；审计后避免损失3385万元。出具审计报告和专项审计调查报告51篇，被批示、采用33篇。提出审计建议49条，提交审计信息165篇，被批示、采用115篇。

财政审计 陇南市审计局完成市本级2014年度财政预算执行情况审计，延伸审计5个预算执行单位，查出管理不规范金额49707.06万元。对宕昌县2013年度县级财政决算进行审计，查出管理不规范金额18010.42万元。查出的问题基本得到整改，通过审计进一步促进财政支出的公共服务均等化水平，提高财政资金的使用效益。

经济责任审计 完成23名领导干部的任期经济责任审计，查出违规金额2万元、管理不规范金额1371万元。审计结果受到市委组织部的重视，被审计单位和领导对审计查出的问题进行认真整改。

固定资产投资审计 陇南市审计局完成19个固定资产投资项目的竣工决算审计。审计核减工程造价3385万元，促进加强项目管理，降低建设成本，提高投资效益。

社会保障审计 陇南市审计局组织市县审计机关完成全市2013年城镇保障性安居工程跟踪审计，查出管理不规范金额207.15万元。对审计发现的问题，移送市县纪检监察部门进行严肃处理，相关责任部门进行扎实整改，确保项目建设管理规范运行和资金使用安全有效。

专项资金审计 陇南市审计局与市财政局、市扶贫办组成联合审计检查组，对全市2010年至2012年财政扶贫项目资金开展专项审计检查，查出管理不规范金额26.18万元。

信息化建设 陇南市审计局着力加强计算机审计队伍建设，全员通过AO（现场审计实施系统）培训考试，项目利用AO实施审计。2014年开始建设金审工程项目，计划完成投资190多万元。

（撰稿人：赵贵林）

【临夏回族自治州审计局】 2014年，临夏回族自治州审计局人员编制82人，在编87人。局长金存智，副局长崔永奎、罗宏志、马黎明，总审计师何临平，纪检组长马理荣，经责办主任宗淑芳。设有人事秘书科、财政金融审计科、行政事业审计科、农业与资源环保审计科、社会保障审计科、固定资产投资审计科、计算机审计科及审计执法监督检查室、经济责任审计办公室（下设经济责任审计一科、经济责任审计二科）。

审计成果 临夏回族自治州审计局完成审计项目149个，查处主要问题金额68677万元，其中违规金额6787万元、管理不规范金额61890万元；审计处理处罚金额10921万元，其中应上缴财政5211万元、应减少财政拨款或补贴29万元、应归还原渠道资金4676万元、应调账处理金额751万元；审计发现非金额计量问题40个；审计整改金额6649万元；审计促进整改落实有关问题资金 9849 万元，其中已上缴财政 5211 万元、已归还原渠道资金 3578 万元、已调账处理金额 751 万元、已减少财政拨款或补贴 29 万元；审计促进拨付资金到位 4571 万元。提交审计工作报告 44 篇、信息 35 篇，被采用 54 篇。

财政审计 组织人员对州级 2013 年度一般预算执行及其他财政收支情况进行审计，延伸审计州人大办公室等 18 个州直部门一级预算执行单位 2013 年度预算执行及其部分二级预算单位财政财务收支情况。对康乐县、永靖县、临夏市 2012—2013 年度财政决算的真实性、合法性进行审计。

经济责任审计 根据州委组织部的委托，对 43 个单位领导干部开展经济责任审计，其中离任审计 28 个、任中审计 15 个。抽调业务骨干参加甘肃省审计厅组织开展的永靖县、康乐县、华亭县党政主要领导经济责任和机构编制情况审计。协调召开临夏州第七次经济责任审计工作联席会议，总结、研究和部署全州经济责任审计工作，促进经济责任审计工作的健康运行。

固定资产投资审计 完成临夏州第二中学建设项目等 9 个重点投资项目和州医院迁建在建项目审计任务。组织人员对东乡县城灾后恢复重建项目进行 4 次跟踪督查，完成灾后恢复重建项目竣工决算现场审计 15 个，通过公开招标确定 8 家中介机构参与固定资产投资项目审计。全年核减工程价款 1159 万元，促进重点投资项目和灾后重建资金的安全和规范运行，促进审计工作质量和效率。

社会保障审计 组织抽调 53 人组成 8 个审计组，对全州 6 个县及甘南州合作市、卓尼县城镇保障性安居工程进行审计；完成临夏州本级及七县（市）2012 年至 2013 年城乡居民最低生活保障资金管理使用情况审计，按时向省审计厅上报审计报告和相关数据。

专项资金审计 对临夏州本级及七县（市）扶贫资金进行审计；对临夏州本级及七县（市）2013 年度全州粮食直补资金、农机具购置补贴专项资金、退耕还林专项资金（含巩固退耕还林成果资金）使用情况进行审计；完成临夏州本级及七县（市）2012 年至 2013 年全州城镇医疗保险基金及新型农村合作医疗保险基金审计，并向州政府上报各类专项资金审计报告，促进各项惠民政策资金的落实。

全国土地出让收支和耕地保护情况审计 根据省审计厅统一安排，抽调 15 名骨干历时 2 个月，参与审计署对天水市、秦州区和麦积区土地出让收支和耕地保护情况审计。

稳增长等政策措施落实情况跟踪审计 根据省审计厅统一组织，抽调 10 名骨干参加省审计厅对甘南州和临潭县 6 月份和 12 月份稳增长促改革调结构惠民生政策落实情况的审计，按时向省审计厅上报审计报告。 （撰稿人：李　婧）

【甘南藏族自治州审计局】 2014 年，甘南藏族自治州审计局人员编制 52 人，在编 52 人。局长宫永祯，副局长安玉荣、牛勇、陈克明，总审计师贺荣华，经济责任审计局局长吕保平，调研员范元龙，副调研员行燕。设有经济责任审计局（经济责任审计一科、二科、三科）和办公室、法规和内部审计监督科、行政事业审计科、企业审计科、社会保障审计科、农业与资源环保审计科、固定资产投资审计科、财政金融审计科、计算机信息审计科、社会审计核查科。

审计成果 甘南藏族自治州审计机关共完成审计和审计调查项目 470 个，查出违纪违规金额 4161 万元、管理不规范金额 142264 万元、应归还原渠道资金 2057 万元、应调账处理资金 6088 万元，核减工程款 6002.84 万元。出具审计（调查）报告 486 篇，提出建议 628 条，被采纳 594 条。提交审计专题、综合性报告和信息简报 206 篇，被批示、采用 80 余篇次。其中州本级完成审计和审计调查项目 97 个，审计查出违纪违规金额 1285 万元、管理不规范金额 122272 万元、应归还原渠道资金 235 万元、应调账处理金额 4827 万元，核减工程款 3471.32 万元。出具审计（调查）报告 82 篇，提出建议 206 条，被采纳 198 条。提交审计专题、综合性报告和信息简报 46 篇，被批示、采用 30 多篇次。

预算执行审计 全州共对 32 个部门和单位的预算执行情况进行审计。州审计局重点对迭部县政府和州发改委、州住建局、州农牧局等 14 个单位的预算执行和财务收支情况进行审计，同时延伸审计 16 个二级单位的财务收支情况。

经济责任审计 全州对132名领导干部进行经济责任审计。州审计局主要对州民政局、甘南日报社、州交警支队等26个部门主要负责人开展经济责任审计。从审计情况来看，各县市党委、政府和州直有关部门主要领导对认真履行经济责任工作的认识明显提高，自觉接受审计的意识逐步增强，违规违纪问题逐年减少，依法理财的能力和水平明显提高。

固定资产投资审计 全州完成投资审计项目60个，送审项目投资总额95285.24万元，审定投资总额89282.4万元，审计核减投资6002.84万元。州审计局重点抽审全州2013年度城镇保障性安居工程、夏河县河道治理、迭部县公路建设、卓尼县教育投入等32个政府重大投资项目，送审投资额89283.24万元，审定金额85811.92万元，核减工程造价3471.32万元。

专项资金审计 全州完成专项资金审计和审计调查项目64个，审计涉及专项资金总额167795万元。州审计局重点对全州2012年至2013年度财政扶贫资金进行审计，涉及七县（市）53个乡镇199自然村，审计金额88774.58万元。对全州2012年至2013年度黄河重要水源补给生态功能区生态保护与建设项目进行审计，涉及资金14178.03万元。对全州2012至2013年农村饮水安全工程项目进行审计，涉及资金13123万元。对合作市水资源管理费征收等专项资金进行审计。对“心连心”艺术团赴甘南慰问演出活动专项经费进行审计。

授权和配合项目审计 按照审计署、省审计厅的统一安排部署，抽调5人组成审计组，完成对兰州市土地出让收支和耕地保护情况的审计；抽调10人组成审计组，完成对临夏州州本级和永靖县稳增长促改革调结构惠民生政策措施落实情况的跟踪审计。积极配合省审计厅派出的审计组，开展对甘南州本级和临潭县稳增长促改革调结构惠民生政策措施落实情况的跟踪审计；合作市、卓尼县和夏河县审计部门全力配合省审计厅开展对三县市党委、政府主要领导干部经济责任“双审”工作。

交办任务 完成州委、州政府交办以及有关部门临时委托的其他项目的审计和检查验收等46项。主要开展全州中央八项规定、省委“双十条规定”和州委实施细则贯彻落实情况的督促检查；对全州各项惠农强农政策落实情况的检查验收以及政府投资项目招投标和政府采购等工作的监督；对全州行政事业单位财务管理进行专项整治；配合州纪委完成对全州教育系统的执法检查。工作得到党委、政府以及其他部门的充分肯定，审计核实的结果得到有效利用。

信息化建设 州县市审计机关始终把加强信息化建设作为审计工作技术手段和转型发展的突破口，集中精力在规划、投入、人才、措施等方面认真谋划、综合推进，加快全州审计信息化建设步伐。先后派出40余名业务骨干参加审计署、省审计厅组织的各类培训班；有62人获得审计署组织的AO（现场审计实施系统）认证资格证；有10人获得审计署、省审计厅计算机审计中级资格证书。通过多种途径和措施，为局机关和各县市培养计算机骨干力量。高度重视信息化平台建设，通过反复论证，已完成计算机信息中心机房、县市网络和门户网站的初设等前期工作。

（撰稿人：侯志鹏）

【甘肃矿区审计局】 2014年，甘肃矿区审计局人员编制9人，在编9人。局长薛继峰。设有综合科、企业审计科。

审计成果 矿区审计局全年完成审计项目6个，审计资金量59709.47万元，审计发现非金额计量问题10个，提交审计工作报告6篇，提出审计建议7条。在矿区政府领导的高度重视下，被审计单位按照审计意见进行整改，取得较好审计效果。

预算执行审计 对矿区国土资源局、农林局、环保局2013年度预算执行和财政收支情况进行审计，重点关注各专项资金管理和使用情况以及政策落实情况等，提出审计建议5条，被采纳5条。

固定资产投资审计 对嘉峪关生活基地文体中心建设项目进行审计，重点对项目的建设程序、组织管理、“三大控制”等情况进行审核，为项目的验收提供依据，提出审计建议1条，被采纳1条。

社会保障审计 对矿区住房公积金管理中心2013年度住房公积金归集、管理及使用情况进行审计，出具审计报告。针对矿区住房公积金管理不规范的地方，提出审计建议。

专项资金审计 对城市维护费用专项资金进行审查。重点检查各项政策的落实执行情况、政策目标实现情况以及内部控制制度的执行情况，揭示专项资金管理和使用中存在的问题，提出审计建议1条，被采纳1条。

（撰稿人：魏小萍）

2014年甘肃省所辖区、县（市）级审计工作统计表

金额单位：万元

审计机关	完成审计项目（个）	审计查出主要问题金额	审计处理情况					出具审计报告和审计调查报告（篇）	提出审计建议（条）	提交审计信息（篇）
			审计处理处罚				移送处理事项（件）			
			应上缴财政	应减少财政拨款或补贴	应归还原渠道资金	应调账处理金额				
兰州市										
兰州市本级	118	423105	91985	24799	63662	10072	20	128	348	210
城关区审计局	76	6286	571	1230	428	592	1	16	120	43
七里河区审计局	27	10237	158		46	1221		27	70	25
西固区审计局	16	3822	180		3128	23		16	34	37
安宁区审计局	6	57673	11100		2492	41307		6	9	21
红古区审计局	31	15698	366		41	88		31	50	23
永登县审计局	44	44442	5264	48	55	19311		44	67	33
皋兰县审计局	37	13794	490	80	5925	2875		37	57	39
榆中县审计局	43	35				35		43	4	16
嘉峪关市										
嘉峪关市本级	27	74814	63838			4273	2		29	37
金昌市										
金昌市本级	42	8862	1898		684	133	1	55	96	33
金川区审计局	47	16396			631			47	168	50
永昌县审计局	36	9099	4141	779	72	4088		47	55	5
白银市										
白银市本级	72	78902	349	1333	3878	6832		61	130	94
白银区审计局	39	4868	861		158	3850		39	38	17
平川区审计局	27	28433	2120	5	62	19223		27	52	26
靖远县审计局	33	69066	10417	520	23949	18456		33	86	10
会宁县审计局	73	8244	570	3334	94	213		73	255	45
景泰县审计局	40	59642	4314	1981	529	4		40	53	48
天水市										
天水市本级	93	31167	3463	4449	2862	13924	9	93	219	356

续表

审计机关	完成审计项目（个）	审计查出主要问题金额	审计处理情况					出具审计报告和审计调查报告（篇）	提出审计建议（条）	提交审计信息（篇）
			审计处理处罚				移送处理事项（件）			
			应上缴财政	应减少财政拨款或补贴	应归还原渠道资金	应调账处理金额				
秦州区审计局	90	14502	269	5202	602	4675	4	90	196	93
麦积区审计局	31	56704	1018	1396	4690	5240		31	78	59
清水县审计局	27	287	1		31	238		27	50	60
秦安县审计局	61	2289	1024	4	250	1006		61	105	69
甘谷县审计局	71	10842	72	530	277	7641		71	112	50
武山县审计局	107	11231	9141	187	153	86	3	107	236	146
张家川回族自治县审计局	29	1733	45		499	880		29	112	27
武威市										
武威市本级	72	38764	2501		183	2069	1	72	145	161
凉州区审计局	95	28333	8198		1128	457	26	95	144	62
民勤县审计局	82	38765	565	369	177	1930	37	82	41	13
古浪县审计局	109	60783	353		250		7	109	193	54
天祝藏族自治县审计局	197	8253	2	382	5076	413		197	79	75
张掖市										
张掖市本级	42	68305	1171		2580	3341	8	42	62	396
甘州区审计局	33	13827	13		643	162		33	55	2
民乐县审计局	22	75313	383		1685	69536		22	59	369
临泽县审计局	45	11570	3683		549	25	5	45	31	11
高台县审计局	42	23987	8		72	10		42	18	2
山丹县审计局	35	21954	35					35	86	21
肃南裕固族自治县审计局	30	30531	30		1310	17620		30	26	125
平凉市										
平凉市本级	93	42088	3322		6589	1808		134	190	68
崆峒区审计局	47	62100	3774		30			61	97	10
泾川县审计局	45	56418	53		219	354		55	33	8
灵台县审计局	36	86832	783		256	23581		43	58	10
崇信县审计局	31	9905	8			1177		31	97	7
华亭县审计局	63	46776	20		14	366		63	127	8
庄浪县审计局	31	25804	3966		9514	697		46	37	8
静宁县审计局	37	17563	153		1285	15102		35	50	9

续表

审计机关	完成审计项目（个）	审计查出主要问题金额	审计处理情况					出具审计报告和审计调查报告（篇）	提出审计建议（条）	提交审计信息（篇）
			审计处理处罚				移送处理事项（件）			
			应上缴财政	应减少财政拨款或补贴	应归还原渠道资金	应调账处理金额				
酒泉市										
酒泉市本级	73	42651	7509	7591	712	18824	3	119	256	136
肃州区审计局	48	43473	5016	371	2892	255		61	60	430
玉门市审计局	28	1185	1	1035				29	26	17
敦煌市审计局	33	59771	6879		18248	596		46	82	99
金塔县审计局	73	21636	2102					73	107	350
瓜州县审计局	71	49027	8835	3159	3	145	2	138	168	392
阿克塞县审计局	29	631	84			24		29	26	93
肃北县审计局	35	28527	197	711	2097	653	2	39	59	10
庆阳市										
庆阳市本级	58	41794	11	152	3669	3259	5	58	101	149
西峰区审计局	67	5234	11	711	7	7		67	91	40
庆城县审计局	66	37880	21		1540	220	3	66	171	45
环县审计局	42	8933		1519	22	6571		42	90	2
华池县审计局	47	13366	90		1113		4	47	39	42
合水县审计局	39	19340	10		2206	215		38	99	60
正宁县审计局	48	13153	48		201	35		48	49	48
宁县审计局	54	12327	5092		337	2770		54	125	70
镇原县审计局	36	6926	22			1608		36	76	38
定西市										
定西市本级	73	388015	20403	5845	163059	92755	3	86	113	110
安定区审计局	64	97263	11	83080	379	5143		64	119	69
通渭县审计局	129	92861	2032	1187	29710	33529		129	216	
陇西县审计局	345	109189	1359	1969	3657	102113		363	248	10
渭源县审计局	170	25353	13		10190	405		170	54	
临洮县审计局	58	45829	231	916	22319	19916		58	9	1
漳县审计局	270	8529	11	3063	148	49	1	270	413	
岷县审计局	179	17353	3	2309	12091	51		204	21	
陇南市										
陇南市本级	51	79707	3016		5026	15415		51	49	86
武都区审计局	78	77526	4922		942	22	1	78	108	13
成县审计局	39	52608	2					39	64	14

续表

审计机关	完成审计项目（个）	审计查出主要问题金额	审计处理情况					出具审计报告和审计调查报告（篇）	提出审计建议（条）	提交审计信息（篇）
			审计处理处罚				移送处理事项（件）			
			应上缴财政	应减少财政拨款或补贴	应归还原渠道资金	应调账处理金额				
文县审计局	169	11847	2795		34			169	345	15
西和县审计局	27	8135	307		1059	618		27	21	21
宕昌县审计局	178	1113		1113				178	73	11
康县审计局	48	5211	119		484	1744		48	10	58
礼县审计局	75	18527	48					75	111	18
徽县审计局	197	2843		2310	16			197	305	28
两当县审计局	20							20	6	10
临夏回族自治州										
临夏回族自治州本级	149	68677	5211	29	4676	751		149	373	79
临夏市审计局	103	54261	379			41		103	164	42
临夏县审计局	125	10582	502	715	4808	262		125	340	45
康乐县审计局	52	507	37					52	73	29
永靖县审计局	92	3574	1537	1	1814	64		92	41	44
广河县审计局	70	2199	4		345	1513		70	44	21
和政县审计局	88	2139	290		195	32		88	28	38
东乡族自治县审计局	86	25360	452					86	203	37
积石山保安族东乡族撒拉族自治县审计局	62	28553	233		8031			62	44	30
甘南藏族自治州										
甘南藏族自治州本级	45	109351	234		2931	3921		45	104	45
合作市审计局	37	5	2					37	36	8
临潭县审计局	27	1490	584		267	3		27	15	19
卓尼县审计局	97	175	85		73			97	116	15
舟曲县审计局	65	5019	139					65	109	12
迭部县审计局	59	17298	645		2092	4069		59	72	10
玛曲县审计局	31	752	35		7			31	73	10
碌曲县审计局	18							18	33	5
夏河县审计局	52	1354	138		580			52	83	25
甘肃矿区审计局	6							6	7	

青海省

【青海省审计厅】 2014 年，青海省审计厅人员编制 147 人，在编 131 人。设有办公室、政策法规处、财政审计处、行政事业与社会保障审计处、农业与资源环保审计处、固定资产投资审计处、经贸与外资运用审计处、计算机审计处、人事处、机关党委、派出审计一局、派出审计二局、派出审计三局、派出审计四局，下设经济责任审计局（内设经济责任审计一处、经济责任审计二处）、审计信息中心、后勤服务中心。

领导成员

厅　　长：王继卿

副 厅 长：朱　清（9 月—）　卫　强

张得庆　竺向东

总审计师：何世海（5 月—）

纪检组长：朱惠民（—10 月）

曹国宁（12 月—）

审计成果 青海省各级审计机关共审计项目 1354 个，审计查出主要问题金额 144.28 亿元，其中违规金额 7.11 亿元、管理不规范金额 137.16 亿元；审计处理处罚 30.24 亿元，其中应上缴财政 5.6 亿元、应归还原渠道资金 1.65 亿元。审计促进增收节支金额 1.68 亿元；提出审计建议 2032 条，其中建议制定修改部门规定 82 条、建议制定修改法律法规 6 条。省审计厅完成审计项目 37 个，查出主要问题金额 93.65 亿元，其中违规金额 2.54 亿元，应上缴财政 1.55 亿元，已上缴财政 6138 万元，促进增收节支 6685 万元。移送处理事项 7 个，涉及金额 1385 万元。向社会公告审计结果 18 篇。

稳增长等政策措施落实情况跟踪审计 把推进重大决策部署贯彻落实作为重要职责，重点对全省稳增长促改革调结构惠民生防风险政策措施落实、奢华浪费建设及党政机关、事业单位“三公”经费、会议费和办公用房管理使用等情况进行审计或审计调查，与相关单位共同开展严肃财经纪律和“小金库”专项治理、存量债务清理甄别、财政资金使用管理突出问题专项调研等工作。评估政策效果，发现执行缺陷，提出健全完善财政资金管理机制、高度关注个别行业和部分地区债务增长过快和债务负担较重等一系列建议。省审计厅与省纪律检查委员会、省财政厅共同印发《关于进一步加强财政资金使用管理严肃财经纪律的意见》，有力地促进宏观调控体系完善、政策落实和改革深化。

财政审计 把预算执行审计作为主题，重点抓好本级预算执行和其他财政收支、部门预算执行、财政存量资金等三个方面的审计，针对审计发现的一般公共预算与国有资本经营预算不衔接、部分行政事业单位经营性资产出租出借规避“公物仓”统一招租及基本支出挤占项目支出、自行调整和挪用项目资金等问题提出审计整改建议。特别是预算体系不完善的问题引起省人大的高度重视，促进政府预算体系建设、规范财政资金管理。针对财政存量资金管理中存在的问题，省审计厅与相关部门共同报请省政府批转《关于加强财政管理盘活存量资金的意见》，按照分级负责盘活各级、区分情况分类处理和盘活当下规范长远的原则，共盘活存量资金 358.6 亿元，解决了投入不足与资金滞留、效益不高等问题，对全省经济社会总体布局发挥了重要的作用。各地审计机关延伸审计触角，拓展审计领域，取得了较好成效，如海北州审计局指导刚察县审计局对 6 个村集中开展村级财务审计，为村级财务审计积累经验。

民生和资源环境审计 重点对全省城镇保障性安居工程、少数民族发展、就业补助、教育、医疗卫生等民生项目资金，以及三江源生态保护建设一期工程、东部城市群建设大气污染防治等生态建设项目进行审计或审计调查，促进重点民生项目和生态建设工程实施。各地审计机关结合实际加大民生项目审计力度，如开展西宁市新型农村社会养老保险基金、海东市东部城市群建设征地拆迁补偿资金、海南州农牧局生态畜牧业可持续发展试验区建设项目资金、海北州住房公积金财务收支、黄南州财政扶贫资金、果洛州卫生及扶贫专项资金等审计或审计调查，促进惠民政策的落实。特别是 2014 年下半年，集全省之力，配合审计署郑州特派办开展的全省土地出让收支和耕地保护情况审计，审计范围广、涉及部门多、时间跨度长、参审人员多，各级审计机关牢固树立“一盘棋”思想，紧密配合，团结协作，确保土地审计项目的顺利实施。

经济责任审计　围绕权力运行和责任落实，先后对海北州政府、省建设厅、乐都区政府、贵南县塔秀乡等四级政府和部门及盐湖工业股份有限公司等企业的303名领导干部进行经济责任审计，重点关注领导干部贯彻执行法律法规、方针政策和决策部署以及个人廉洁从政等情况，针对审计发现的问题，提出加强制度建设、规范权力运行、强化问责追责等建议，促进健全有权必有责、用权受监督、失职要问责、违法要追究的监督机制。为适应形势发展需要，促进新修订的经济责任审计实施细则的贯彻落实，省审计厅与省纪律检查委员会、省委组织部、省财政厅等七部门联合下发《关于贯彻落实〈党政主要领导干部和国有企业领导人员经济责任审计规定实施细则〉的意见》，就进一步加强经济责任审计工作提出明确要求；在省反腐败工作协调小组经济责任审计会议上，通报近两年来30名领导干部经济责任审计情况；黄南州经济责任审计工作联席会议成员单位联合制定《黄南州党政主要领导干部和国有企业领导人员经济责任审计工作办法》；果洛州审计局、班玛县审计局协调成立班玛县经济责任审计中心；玉树州审计局积极探索经济责任审计和财政决算审计整合实施的方式；海晏县审计局制定《海晏县领导干部任中经济责任审计暂行办法》等。

固定资产投资审计　重点对玉树州外围5个县和玉树市上拉秀乡、巴塘乡429个重建项目进行竣工决算审计，核定投资55.68亿元，审减投资2.08亿元，保障重建项目资金清算，促进实现重建目标。各地审计机关围绕战略性、基础性、公益性基础设施建设项目，加强重点投资项目审计，关注项目的经济效益、社会效益和环境效益，促进资金高效使用。2014年，西宁市审计局核减投资额3.44亿元，海西州审计局核减投资额0.28亿元，格尔木市审计局核减投资额0.39亿元。

企业和外资运用审计　对胜利宾馆、青海日报社等企业的经营状况和财务收支情况进行审计，开展全省中小企业发展资金审计调查，针对审计发现的内控制度不健全、资金管理不规范等问题，提出审计整改意见。各地审计机关也结合实际加大国有企业审计力度，如海东市审计局开展的海东城市投资公司资产负债和投资管理情况审计，促进核心区建设资金安全有效使用。对世界银行贷款西宁防洪及流域管理、中德财政合作青海海东贫困地区农村可持续发展等外资运用项目进行审计，提出审计建议，促进加强外资项目管理。

党风廉政建设　把查处重大案件线索作为审计机关在反腐倡廉建设中的重要责任，重视加强对腐败现象易发多发的重点领域、重点部位和重点环节的审计监督，对发现的案件线索，及时移送相关部门追究责任，有效发挥审计在惩治和预防腐败方面的作用；全面深化全省检察和审计机关协作机制，健全完善联席会议、信息交流和情况通报、案件线索移送、移送案件备查审查等制度，初步实现审计监督和法律监督的有效衔接。2014年，各级审计机关共向司法和纪检机关移送案件线索12件，处理人员19人。

基础建设　一是加强机关效能和“三基”建设。以提高办事效率和服务质量为出发点，通过优化个别党支部设置、推广党支部工作法、开展党组织结对共建、规范工作流程、细化岗位职责、修订限时办结制等制度、监督检查工作纪律等举措，逐步建立职责明确、办事高效、运转协调、行为规范的审计机关管理体系，基层组织有新加强、基础工作有新进步、基本能力有新提升。二是加强法治化建设。在严格执行审计法、审计法实施条例和国家审计准则的同时，结合党的群众路线教育实践活动，加强建章立制工作，有计划、有步骤地健全完善相关审计工作制度，加强方案制订、现场实施、复核审理、定性处理、审计报告、审计信息、审计整改等环节的规范化管理，严格工作程序和标准，依法行使审计权力，落实各环节责任，有效增强审计机关依法审计、综合分析、查错纠弊、准确定性的能力。西宁市审计局编制《西宁市审计局业务流程图》，推行审计组长资格确认制度；海东市、海南州、海北州审计局注重建章立制，修改和新建20多项制度；格尔木市审计局向全市100多个预算单位编发《审计法律法规汇编》。三是加强审计质量建设。牢固树立“审计质量是审计工作生命线”的理念，狠抓重点环节质量控制，如实揭示存在问题，实事求是地做出评价，较好地发挥审计的建设性作用。

全年共向被审计单位提出审计建议 2032 条，被采纳 1106 条。全面跟踪审计查出问题的整改情况，确保审计整改到位。玉树州审计局加强与纪检监察、组织部门的沟通衔接，将审计整改落实情况纳入政府年度目标责任考核范围，实行一票否决制。四是加强审计信息化建设。积极推广运用审计管理系统和现场审计实施系统，推进审计管理系统国产化改造升级项目，加大审计业务系统应用培训力度，在经济责任审计、省直机关“三公”经费管理使用及办公用房情况审计调查等多个项目中开展计算机辅助审计，较好地实现机关公文和审计项目管理数字化。省审计厅加大网站建设力度，改版升级审计内外网站，完善栏目设置和功能，较好地发挥门户网站的在线服务和宣传阵地作用。五是加强审计理论研究。在全面总结审计机关成立 30 周年工作经验的基础上，坚持以审计理论研究带动机关文化建设，认真开展审计基础理论、应用理论和技术方法等方面的研究。完成《青海省志·审计志（1995—2010）》的编撰工作。安排部署 2014 至 2015 年审计研究课题，为推动审计事业发展提供了理论支撑和智力支持。西宁市、海南州、湟中县、乌兰县等审计机关相继编修纪念审计机关成立 30 周年画册、文集或专刊。

机关建设 领导班子建设按照“五好”班子标准，以思想理论武装为重点，坚持和完善中心组理论学习制度和调查研究制度，坚持科学民主决策，围绕经济社会发展大局谋划工作、把好方向、带好队伍，各级班子领导审计事业科学发展的能力不断提高。队伍建设严格按照《党政领导干部选拔任用工作条例》积极选拔审计事业发展需要的各类人才，采取双向交流锻炼、“走出去、请进来”等多种形式，有计划、多渠道开展教育培训，不断优化干部队伍知识结构，审计实战能力不断提高。省审计厅在抓好整改和巩固成果的基础上，坚持上下联动，加强对州县审计机关教育实践活动的指导，并积极听取意见建议，进一步完善相关举措。州县审计机关从加强党的建设、改进工作作风、贯彻党的群众路线、解决突出问题、建立长效机制等方面扎实推进教育实践活动，取得预期效果。党建工作和精神文明建设坚持加强党的思想、组织和作风建设，不断完善精神文明创建机制，扎实推进服务基层联系群众工作，大力推进审计文化书屋建设，认真践行社会主义核心价值观，调动干部职工干事创业的积极性和主动性。黄南州审计局获得省级文明单位和民主评议党风政风行风执法监管类第一名等荣誉。各级审计机关结合实际制定落实党风廉政建设主体责任的具体措施，强化廉政教育，建立健全审计纪律双向承诺、廉政责任“一责双追”等制度，严守各项纪律，认真开展廉政风险防控工作，打造具有审计特色的惩治和预防腐败体系。作风建设以转变作风为主线，加大调查研究力度，改进学风、文风和会风，严肃整治工作纪律，严格控制“三公”经费，认真清理超标办公用房，深入开展拒收送礼金红包承诺活动，广大审计人员作风明显转变。

（撰稿人：张　霆）

【西宁市审计局】 2014 年，西宁市审计局人员编制 72 人，在编 69 人。局长于勇，副局长汪志功、顾焕平、苟让德（—3 月）、刘建红（3 月—）。设有办公室、政策法规处、财政金融审计处、行政事业审计处、经贸与外资运用审计处、农业资源与环保审计处、固定资产投资审计处、社会保障审计处、计算机审计处、经济责任审计局办公室。

审计成果 西宁市审计机关共完成审计项目 200 个，查出违规金额 3.16 亿元、管理不规范金额 12.74 亿元，核减工程投资 3.44 亿元。提出审计建议 308 条，提交审计专题、综合性报告、信息和简报 479 篇。市审计局完成审计项目 44 个，审计查出主要问题金额 7.65 亿元，应上缴财政 1.02 亿元。提出审计建议 51 条，提交审计信息 57 篇。

财政审计 开展市林业局、市环境保护局、市发展和改革委员会及市卫生和计划生育委员会等部门的预算执行审计。对市林业局审计中发现的部分财政专项资金结余未充分发挥使用效益、市发改委存在固定资产账实不符等问题提出针对性的意见和建议；市环境保护局针对部分科目未按会计制度核算的问题已进行整改。开展市本级 2013 年度财政预算执行审计，分别向市人大常委会和市政府提交“同级审”工作报告及审计结果报告。

经济责任审计　全市完成领导干部经济责任审计项目35个，其中县级领导干部5个，科级领导干部30个，查出管理不规范、违规金额5.52亿元，其中违规金额3665.18万元，管理不规范金额5.15亿元。

固定资产投资审计　重点对海湖体育中心工程项目、海湖新区湟水北路道路工程、海湖新区湟水河景观工程等工程实施结算审计；对后营街南延段道路新建工程、市山洪灾害防治县级非工程措施项目等工程实施竣工决算审计，核减工程投资3.18亿元。

专项资金审计　重点围绕全市2013年度城镇保障性安居工程、市属三县2011年至2013年天然林资源保护工程、西宁市2011—2013年度新型农村社会养老保险基金等项目开展专项审计和调查。对审计中发现的资金使用和筹集管理不严格、部分保障性住房资金未进行专项管理、部分项目未严格执行基本建设程序等问题，提出针对性的意见和建议；针对公共租赁住房公司632.42万元保障性住房租金收入未实行“收支两条线”管理的问题，市房产局已督促相关部门将租金111.18万元上缴财政。对市属三县2011年至2013年天然林资源保护工程审计时发现的部分项目未履行招投标程序、结余资金使用效益不高、未执行政府采购程序等问题，提出审计意见和建议。

（撰稿人：陈道祥）

【海东市审计局】　2014年，海东市审计局人员编制16人，在编14人。局长赵晓静，副局长张建华、熊成芳。设有办公室、财政金融审计科、行政事业审计科、农业资金审计科、经济责任审计科和经济责任审计中心。

审计成果　海东市审计机关共完成审计项目276个，审计查出主要问题金额4.67亿元，应上缴财政717万元；出具审计报告和审计调查报告343篇，提出审计建议155条。其中市本级完成审计（调查）项目15个，查出主要问题金额4965万元，审计处理处罚金额3237万元，应上缴财政148万元；出具审计报告和专项审计调查报告15篇，被批示、采用2篇；提出审计建议36条，提交审计信息24篇，被批示、采用8篇；向社会公告审计结果2篇。

财政审计　完成市本级2013年度财政预算执行和其他财政收支情况审计，延伸审计市民政局、市城乡规划建设局等6个预算执行单位。通过审计，重点揭露和纠正预算编报不真实不完整321万元、未按规定纳入预算管理913万元、其他142万元等违规问题共计1600多万元，提出加强和改进财政管理，严格执行预算法和有关财经法规等审计建议。对乐都区人民政府2013年度财政决算进行审计，并延伸审计10个预算执行单位，对虚列支出等问题按照相关法律法规进行处理，提出加强管理和改进工作的建议。

社会保障审计　以促进落实城镇保障性安居工程政策，管好用好建设资金，促进保障性住房分配公开、公平、公正，推动保障性住房持续运行为主要目标，海东市审计局对海东工业园区城镇保障性安居工程的投资、建设、分配、运营等情况进行跟踪审计。审计结果表明，海东市认真贯彻落实中央各项政策要求，积极推进棚户区改造和各项保障性安居工程建设，在改善困难群众居住条件、推进新型城镇化建设等方面发挥了积极作用。

专项资金审计　组织市县（区）审计机关完成稳增长促改革调结构惠民生政策措施落实情况跟踪审计和奢华建设项目专项审计。各县（区）级审计机关结合当地实际，对农牧业专业合作社扶持资金、养殖业生产基地建设项目资金、就业技能培训经费、“菜篮子”标准园建设项目资金、现代农业示范园区建设项目资金、退耕还林成果后续产业发展项目资金、旱作农业示范基地建设项目资金、农业综合开发产业化经营项目补助资金、水源改造项目资金、道路工程项目资金、草原生态保护补助及奖励资金、农作物贮藏建设项目资金、计划生育专项资金等32个专项资金进行审计，审计专项资金总额22.46亿元。

经济责任审计　受当地组织部门的委托，完成平安县检察院、平安县法院、乐都区人民政府、乐都区检察院等4个单位（部门）领导干部的任期经济责任审计，查处和纠正违规金额68万元、管理不规范金额158万元，并对领导干部任期经济责任做出客观公正的评价。

企业审计　对海东城市建设有限公司2013年度资产负债和工程管理（工程招投标）情况进行

审计，对审计发现的工程管理中个别项目手续不全等问题，提出审计建议。

行政事业审计 对民和县教育局2010年至2014年6月底的财务收支（包括行政事业经费使用管理、各类专项资金及基建项目）情况进行审计，并对审计事项中涉及的基层会计单位和二级会计单位经费使用管理情况进行随机抽查和调查。对审计发现的基建项目配套资金到位率低，工程欠款量大；建设项目财务核算不及时，造成固定资产账实不符；往来账户清理不及时，造成资金安全隐患；挤占建设资金等问题提出审计建议。对省委巡视组有疑问的18个事项进行核实，并将结果进行反馈。

财政存量资金审计 根据省政府要求，组织市县（区）审计机关对2013年底财政存量资金进行全面审计，摸清全市财政存量资金规模和构成。针对财政存量资金较多的问题，市财政和审计部门提出盘活财政存量资金的意见，市政府批转各县（区）和各单位要求进一步盘活财政存量资金。

行政事业审计 以规范财务管理，确保各项收支真实、合法、提高预算资金使用效益为目标，全市审计机关对102个单位的财务收支情况进行审计，查处违规金额362万元。重点揭露和纠正未按规定征收缴纳收入、未落实“收支两条线”和专户管理规定、违规使用发票、虚列支出、扩大开支范围、违规采购等问题。

（撰稿人：李伶业）

【海北藏族自治州审计局】 2014年，海北藏族自治州审计局人员编制12人，在编11人。局长李刚，副局长黄金刚、宏选。设有办公室、财政审计科、经贸投资审计科、行政事业审计科、经济责任审计局。

审计成果 海北藏族自治州审计机关共完成审计项目62个，查处管理不规范金额3.17亿元、违规金额18万元；审计发现非金额计量问题20个，对相关单位及个人累计处理处罚金额97万元；出具审计报告和专项审计调查报告69篇；提出审计建议93条，被采纳55条。其中州本级完成审计项目（调查）12个，查处管理不规范金额209万元，促进整改落实有关问题资金83万元；提出审计建议30条，被采纳30条；编发审计简讯69篇，被采用39篇；被《青海审计》采用调研文章9篇，被《海北工作》采用调研文章2篇。6月验收为海北州民族团结创建工作达标单位；被中国时代经济出版社评为2014年度全国审计通联宣传工作先进集体；被青海省审计厅、青海省审计学会、青海省内审协会评为2014年度全省审计通联宣传工作先进单位。

财政审计 完成2013年度州本级财政预算执行和其他财政财务收支情况的审计，主要问题是固定资产账实不符；完成州住房和城乡建设局所属单位财务收支审计；完成州水利局2011年至2013年财政财务收支情况审计；完成州祁连山报社2012至2014年9月末财务收支审计。

行政事业审计 完成全州党政机关和事业单位“三公”经费和会议费办公用房管理使用专项审计调查，抽调审计人员参加全国土地出让收支和耕地保护情况审计，开展全州严肃财经纪律专项检查工作。3月至5月，全州各审计机关配合当地纪委、监察局、财政等部门联合开展专项检查工作，州审计局组成检查组，检查15个单位，对部分单位存在的违纪、违规问题，及时进行整改纠正，并通过州纪检委在全州范围内进行通报，对今后工作提出7条意见和建议，督促州级各单位加强财务管理，维护财经纪律的严肃性。

经济责任审计 完成州委组织部委托的门源县人民法院原院长经济责任审计、海北州委党校原副校长经济责任审计，授权海晏县审计局开展县工商局原局长经济责任审计。州审计局抽调专人配合省审计厅完成原州长的经济责任审计。

社会保障审计 完成州辖门源、祁连、刚察、海晏四县财政存量资金审计；对2013年城镇保障性安居工程进行跟踪审计；完成稳增长促改革调结构惠民生政策措施落实情况跟踪审计；完成全州奢华浪费建设情况审计。

专项资金审计 完成海北州旅游局2011年至2013年全州旅游发展基金审计，于9月18日在海北藏族自治州第十三届人民代表大会常委会第十八次会议上做专题报告。（撰稿人：王雪梅）

【黄南藏族自治州审计局】 2014年，黄南藏族自治州审计局人员编制20人，在编18人。局长雷延鹏，副局长哈进芬。设有综合科、行政事业与社会保障审计科、农牧与资源环保审计科、财政经贸审计科、经济责任审计科和黄南州投资审计中心。

审计成果 黄南藏族自治州审计机关完成审计和审计调查99个，查出主要问题金额3.08亿元，其中违规金额4870万元、管理不规范金额2.59亿元；损益（收支）不实金额894万元；审计处理处罚金额1.17亿元，其中应上缴财政2242万元、应归还原渠道资金5441万元、应调账处理金额4046万元；审计发现非金额计量问题23个；审计促进整改落实有关问题资金7903万元，其中增收节支4389万元、已调账处理金额3510万元。出具审计报告和专题审计调查报告114篇，被批示、采用3篇。州审计局完成审计项目28个，审计查出主要问题金额1.71亿元，应上缴财政1478万元，提出审计建议74条。

财政审计 完成2013年度州本级预算执行和其他财政收支审计。重点对州本级财政预算调整、预算执行及决算，对所属州庆工作领导小组办公室、州基本建设资金管理办公室、州政府采购中心、州财政局单位财务收支情况进行审计。加大对“三公”经费支出的审计力度。对州民族中学、州第二民族中学、州职业技术学校三所学校助学金和基本建设资金等专项资金的管理使用情况进行延伸审计，查出违规金额400.3万元、管理不规范金额1451.14万元，收缴财政119.77万元，追缴挤占挪用资金588.54万元。完成同仁、泽库两县2012—2013年度财政预算执行和决算审计，按照资金流向，延伸审计同仁县麻巴中学、泽库县第二民族中学等7所中小学校的助学金、营养餐计划改善资金、三江源教育补偿资金、学前教育等专项补助资金。对同仁县三北防护林、森林抚育、油价补贴、公益林天然林保护工程项目等专项资金进行审计，查出违规金额2700.46万元、管理不规范金额7051.39万元，收缴财政721.91万元，追缴被挤占挪用资金1616.78万元。

经济责任审计 牢牢把握“权力运行”和“责任落实”两个重点，将经济责任审计与财务收支审计、预算执行审计、专项资金审计相结合，以经济责任为切入点，通过财务、业务看绩效，丰富经济责任审计的内容，客观、公正地评价经济责任人。关注领导干部落实中央八项规定、省委17条措施和州委21项规定的情况，促进领导干部依法行政和规范权力运行。全州完成经济责任审计18个，查出违规金额2398万元、管理不规范金额1.31亿元，收缴财政723万元。

固定资产投资审计 完成扎毛水库建设资金跟踪审计和同仁县格拉滩旱作节水灌溉示范项目资金审计，对审计查出的应缴未缴专项结余资金9.09万元、财务核算不实64.56万元等问题依法进行处理。

专项资金审计 根据省政府要求，对全州财政存量资金和稳增长促改革调结构惠民生政策落实情况进行审计。根据省审计厅的统一部署，对三江源项目资金拨付、到位、管理、使用情况和对全州2012年度廉租住房、公共租赁住房、各类棚户区改造的投资、建设、分配、运营等情况进行跟踪审计。对全州2013—2014年度259项建设项目进行审计，特别是对挪用扶贫、救灾等财政专项资金，举借政府性债务资金，违规修建楼堂馆所和地标性建筑等奢华浪费建设情况，进行重点审计。按照州委、州政府的要求，对全州2010年至2013年3.58亿元的财政扶贫资金使用、管理和效益情况进行审计，查出违规金额443.91万元、管理不规范金额1945.32万元、挤占挪用扶贫资金72.76万元。根据审计情况，撰写《审计看扶贫——对财政扶贫专项审计工作的几点思考》专题报告提交州委、州政府，引起领导重视，以调研报告的形式转发各部门。（撰稿人：刘丽青）

【海南藏族自治州审计局】 2014年，海南藏族自治州审计局人员编制23人，在编22人。局长李建琪，副局长胡忠民、多杰才旦。设有行政事业审计科、经济责任审计科、财政税务审计科、外资运用审计科、法规科、农牧环保审计科、办公室、固定资产投资审计中心。

审计成果 海南藏族自治州审计机关共完成审计项目144个，审计查出主要问题金额778万元，应上缴财政980万元，已上缴980万元。其中州本级完成审计项目28个，查出违规金额582万元，应上缴财政146万元，已上缴146万元；提出审计建议35条。4月，海南州审计局被省人力资源和社会保障厅、省审计厅评为2010—2014年度全省审计机关先进集体。

财政审计 对2013年度州本级预算执行和其他财政收支情况进行全程跟踪审计。州县审计局根据政府和人大要求，提交审计结果报告和审计工作报告。审计结果表明，2013年度海南州财政局提供的会计资料基本真实地反映州本级财政预算执行和其他财政收支情况，预算执行及其他财政收支基本符合有关财经法规的规定，对审计发现的2012年度以前形成的结存资金61.91万元未上缴国库问题，依法出具审计报告、下达审计决定书，结存资金已于6月全额上缴州级国库。

民生和资源环境审计 开展政策落实审计、促进稳增长促改革调结构惠民生政策措施落地生根。在促进稳增长等政策落实跟踪审计中，采取直接审计与单位内部自查及审计机关抽查相结合的方式，对州县相关部门落实稳增长促改革调结构惠民生政策情况进行重点抽查审计，重点对简政放权、重点项目建设、城镇化建设、消除贫困人口等政策落实情况进行抽查审计。审计表明，海南州相关部门贯彻落实中央和省委、省政府各项宏观调控政策，坚持稳中求进、好中求快、改革创新，攻坚克难调结构、转方式、保增长，集中精力扩内需、增活力、提效益，加大力度惠民生、促和谐、保稳定，保持经济增长、转型加快、民生改善、生态良好、社会稳定的发展态势。

经济责任审计 全州完成领导干部经济责任审计项目31个，其中县处级领导干部5人，乡科级领导干部24人，其他人员2人，共查出被审计对象任职期间单位违纪违规金额1315万元，其中违规金额676万元、损失浪费金额47万元、管理不规范金额591万元。根据被审计对象应承担责任，对其做出客观公正实事求是的评价，针对被审计单位财政财务收支及资产管理方面存在的问题和薄弱环节提出整改意见和建议。

固定资产投资审计 全州审计机关对全州2013年城镇保障性安居工程的投资、建设、分配、运营等情况进行审计，重点对棚户区改造安置、保障性住房分配和管理情况进行审计。审计结果表明，海南州认真贯彻落实中央关于城镇保障性安居工程各项政策要求，积极主动推进棚户区改造和各项保障性安居工程建设，在努力改善困难群众居住条件、推进新型城镇化建设、拉动投资和消费需求、促进经济增长和社会和谐等方面均取得明显成效；但在保障性安居工程资金使用和筹集管理、保障性住房分配和使用管理以及项目建设管理等方面仍存在问题亟须解决。州各级政府和相关部门高度重视审计整改工作，采取措施积极整改审计发现的问题，根据审计建议出台和完善保障性安居工程及住房保障有关政策、制度文件3个，促进规范资金管理65.81万元。

专项资金审计 对海南州职业技术学校2010年“3+1”技能培训项目资金管理及使用情况进行审计。审计结果表明，海南州职业技术学校提供的会计资料基本真实地反映2010年“3+1”技能培训项目资金管理及财务收支情况，存在学生中途流失、未完成学业，超拨资金15.23万元的问题。对州农牧局2011—2012年度生态畜牧业可持续发展试验区建设项目的资金筹措、管理、使用及项目建设实施情况进行审计。审计结果表明，州农牧局2011年至2012年生态畜牧业可持续发展实验区建设项目会计资料基本真实地反映财政收支情况，部分项目建设未能按照批复的实施方案时间及时组织实施。（撰稿人：纳玉宏）

【果洛藏族自治州审计局】 2014年，果洛藏族自治州审计局人员编制10人，在编10人。局长党周吉，副局长管全军、陈启福。设有综合科、综合审计科、财政审计科、企业与投资审计科。

审计成果 果洛藏族自治州审计机关共完成审计和审计调查项目136个，查出主要问题金额1.39亿元，其中违规金额640万元、管理不规范金额1.09亿元；提出审计建议164条，编撰审计信息127条。州审计局完成审计和审计调查项目34个，查出违规金额39万元、管理不规范金额3486万元；向被审计单位提出审计建议82条，编撰审计信息32条。

财政审计 坚持“评价总体、揭露问题、规范管理、促进改革、提高绩效、维护安全”的总体思路，进一步把握规律，改进方式，有效提升财政预算体系的完整性和科学性。完成州本级2013年度预算执行审计，重点关注预算编制的统一性、完整性和预算执行的规范性、有效性，揭示存在的问题，提出改进和完善的建议，促进财政资金管理水平和使用效益。完成玛沁、久治两县

2013年度的财政决算和其他财政财务收支情况审计，摸清财政财务收支的管理状况，促进县级政府财政决算的执行，提高决算单位的财务管理水平。

专项审计 对玛沁、玛多、班玛、甘德、达日、久治6个县学校财务收支的真实性、合法性、效益性进行审计，针对存在问题提出整改意见，加强学校财务管理，促进学校规范财务收支行为。完成上述6个县财政存量资金审计，摸清各县财政存量资金规模和结构，掌握存量资金管理情况，激活闲置和沉淀财政资金，财政资金使用效益得到提高。开展2013年全州城镇保障性安居工程项目跟踪审计，重点对工程任务分解、资金筹集、管理和使用、工程质量和保障性住房分配运行及取得的成效进行摸底调查。开展稳增长促改革调结构惠民生政策措施落实情况跟踪审计。对涉及果洛州的17个方面、57项政策措施进行全面审计，摸清相关政策措施执行情况，客观评价取得的成效，提出积极的改进建议。开展奢华浪费建设项目审计，重点对州县建设项目备案审批、资金来源、项目用地及党政机关办公楼建设控制标准、项目管理进行审计。开展州县党政机关和事业单位2012年至2013年“三公”经费和会议费、办公用房管理使用情况审计，摸清并如实反映州县行政事业单位执行中央八项规定、省委省政府21条措施和州委州政府九条措施，贯彻落实《党政机关厉行节约反对浪费条例》，促进节约政府、廉洁政府建设情况。

专项资金审计 完成卫生、扶贫系统专项资金审计，重点对资金的管理、使用情况，制度建立及政策执行效果进行审计，通过审计，促进建立健全内控制度，完善监督运行机制，规范资金管理和使用，提高专项资金在促进社会经济发展、解决群众生产、生活中的困难等方面的使用效益。开展上海援建项目审计，通过对项目资金的到位、管理、分配使用等情况的审计，重点审计有无挤占挪用资金和严重损失浪费、效益低下等问题，针对存在问题提出加强和改进管理的建议。

经济责任审计 全州审计机关完成经济责任项目审计16个，其中审计县级干部6人，科级干部10人，查出有问题金额4211万元。针对被审计单位财政财务收支及资产管理方面存在的问题和薄弱环节提出整改意见和建议，对被审计人的经济责任履行情况做出实事求是、客观公正的评价，在强化对领导干部权力运用的制约和监督，推进依法治州、依法行政等方面起到积极作用。

（撰稿人：吕　剑）

【玉树藏族自治州审计局】 2014年，玉树藏族自治州审计局人员编制15人，在编12人。局长赵玉良，副局长王秀红。设有办公室、经济责任审计科、固定资产投资审计科、农牧与资源环保审计科、行政社保审计科、财税金融审计科。

审计成果 玉树藏族自治州审计机关完成审计项目126个，查出主要问题金额2.31亿元，其中违规金额3169万元、管理不规范金额1.99亿元；处理处罚2652万元，其中应上缴财政794万元、应缴纳其他资金342万元、应调账处理金额1431万元、应归还原渠道资金85万元，对7家单位和2名负责人处以23万元罚款；提交审计报告和专项审计调查报告153篇；提出审计建议167条，提交审计信息148篇，被批示、采用20篇；向社会公告审计结果1篇。州审计局完成审计项目27个，查出主要问题金额9171万元，提出审计建议41条，提交审计信息38篇。

财政审计 完成2013年度州本级预算执行、囊谦县政府2013年财政决算和州公安局、州建设局、州委办公室、州政府办公室财务收支审计等审计项目。针对审计发现的预算编制内容不够精细、预算编制方式有待进一步完善、相关制度建设有待进一步建立健全、部分单位将上年的财政结余资金未纳入下一年的财政预算中、上级专项资金和本年地方超收安排支出未履行向人大的报批程序和备案手续、预算的约束力和权威性亟待进一步提高等问题，提出加强预算管理、推进政府预算体系建设等方面的审计建议。

固定资产投资审计 围绕“保证灾后恢复重建不出重大问题，促进灾后恢复重建工作顺利进行”的总目标，完成灾后重建宗教设施项目竣工决算及后续工作的审计，核定灾后重建宗教设施90座寺院房建和四通项目共计334个单项，累计完成投资额9.19亿元，向省玉树地震灾后重建后续工作协调领导小组办公室上报审计结果。

社会保障审计 完成2013年玉树州城镇保障性安居工程的跟踪审计，揭示全州保障性安居工程部分地区开工任务未完成、资金筹集不到位、拨付管理不规范、部分保障性住房长期闲置等问题。审计发现的问题经各级政府督办，大部分已在10月底前完成整改。

经济责任审计 完成对玉树县、囊谦县、杂多县、曲麻莱县、州财政局、州计划生育局、州委接待办、州农牧局等10位主要领导任期履行经济责任情况审计，完成州交警支队队长任中经济责任审计，查出部分县级财政管理不规范，预算调整幅度大，变更、调整预算不合理，多数县政府没有编制预算调整方案或预算调整方案未经人大批准；个别县财政决算失真、账表不符、虚列支出，规避监管；有的单位将有关专项资金及收入70万元未纳入单位账目中核算，形成账外资金；超出国家规定的取费标准多支付项目可研编制费46.37万元；挪用项目管理费151.47万元用于购置车辆等；个别单位的经济业务多年不记账；建设项目完工后不办理竣工财务决算和资产移交、完工项目结余资金数额大、资金长期闲置；暂付款内控制度不健全、往来款长期不清理、累计数额较大、时间较长；固定资产采购程序及日常管理不规范，部分资产购置后未及时计入固定资产，导致账实不符等问题，提出规范整改的审计建议，追回多支付的重建资金46.37万元，对相关责任单位和责任人依法进行处理处罚，审计结果也为组织部门考察干部提供了参考依据。

专项资金审计 完成灾后重建期间灾民补助、征地拆迁、拆危清墟等补助资金发放及管理使用情况审计。对审计查出的个别单位多支付拆危清墟费用336.41万元、多支付征地补偿资金286.93万元、1380.1万元建筑垃圾处置费未充分发挥效益等问题提出审计建议，并责成有关单位限期追回资金。完成省审计厅统一安排的财政存量资金审计，摸清六市（县）的财政存量资金情况，查出有些部门通过收入挂账或直接冲减支出等方式，隐瞒转移收入；一些部门通过虚列支出方式将专项资金结余转入往来科目，规避财政监管；预算资金拨入财政专户和预算单位后，由于项目准备不充分，致使有些项目无法实施或延期实施，资金大量沉淀在财政专户或预算单位；基层大部分地区预算单位会计基础极为薄弱，普遍存在财务人员无会计从业资格证、岗位更换频繁；部分单位领导依法理财意识淡漠，财务工作管理严重缺位等问题，为政府研究完善进一步加强地方财政存量管理的相关制度和措施提供参考。

审计整改 经州委、州政府同意，从2014年起将审计发现问题的整改纳入地区部门年度目标责任考核，实行一票否决。经审计回访，2014年审计发现的问题基本得到整改，全年收缴各类资金及罚款等共计768.91万元。（撰稿人：柴文福）

【海西蒙古族藏族自治州审计局】 2014年，海西蒙古族藏族自治州审计局人员编制25人，在编24人。局长张建雄，副局长黄洪波、才让卓玛。设有办公室、财金行政事业审计科、固定资产投资企业审计科、农林牧水审计科、经济责任审计科、政府投资审计中心。

审计成果 海西蒙古族藏族自治州审计机关共完成审计项目341个，查出主要问题金额17.33亿元，审计处理处罚金额4.5亿元，其中应上缴财政2625万元；移送处理事项2件；提出审计建议636条；提交审计信息26篇。州审计局完成审计项目47个，查出主要问题金额3.61亿元，其中管理不规范金额3.61亿元；损益（收支）不实金额5901万元；审计处理处罚金额1.17亿元；审计发现非金额计量问题26个；审计促进整改落实有关问题资金8582万元，其中增收节支12万元、已调账处理金额8569万元；出具审计报告和专项审计调查报告53篇；提出审计建议64条，提交审计信息2篇；向社会公告审计结果2篇。

财政审计 完成州本级2013年度财政预算执行情况和其他财政收支情况审计（延伸审计州经济发展和改革委员会、州食品药品监督管理局、原州卫生局、原州计生委）、乌兰县2013年度财政决算审计以及州编制委员会办公室、州环保局、州扶贫局等3个部门的财务收支审计。

经济责任审计 完成县级领导干部经济责任审计7个，其中任中经济责任审计4个，提出审计建议16条。任中经济责任审计比重较往年有较大提高，由“先离后审”逐步向“常态化监督”转变。在《柴达木日报》、海西州审计局网站公告审计结果1篇。

固定资产投资审计 完成政府投资审计项目19个，审计投资金额4.65亿元，核减投资额

（工程款）2835万元，核减率为6.1%。

专项资金审计 完成州住房公积金管理中心2013年度公积金归集使用情况审计、州民族博物馆2013年中央补助地方免费开放博物馆专项补助资金审计、海西州节水规划项目资金使用情况审计和都兰县种粮农民补贴资金审计调查。州住房公积金管理中心2013年度公积金归集使用情况审计结果在《柴达木日报》、海西州审计局网站公告。

（撰稿人：鲁关亚）

2014年青海省所辖区、县(市)级审计工作统计表

金额单位:万元

审计机关	完成审计项目(个)	审计查出主要问题金额	审计处理情况					出具审计报告和审计调查报告(篇)	提出审计建议(条)	提交审计信息(篇)
			审计处理处罚				移送处理事项(件)			
			应上缴财政	应减少财政拨款或补贴	应归还原渠道资金	应调账处理金额				
西宁市										
西宁市本级	44	76455	10248		2000	43454		44	51	57
城中区审计局	9	11790				93		9	43	45
城东区审计局	8	27346	21061	21		1532		8	19	68
城西区审计局	11	25950						11	43	34
城北区审计局	22	4669				6		22	8	6
湟中县审计局	38	10115	1209		11			38	52	2
湟源县审计局	28	917	79		622			28	47	40
大通回族土族自治县审计局	40	702	131		32	538		40	45	27
海东市										
海东市本级	15	4965	148	822	67	300		15	36	24
乐都区审计局	52	17167	173			16993		79	6	47
平安县审计局	24	18923	20		1689			31	2	40
民和回族土族自治县审计局	77	3051	133		1986	1065		77	35	13
互助土族自治县审计局	71	243	243					104	44	30
化隆回族自治县审计局	21	1428			1112	318		21	16	18
循化撒拉族自治县审计局	16	966			41	925		16	16	12
海北藏族自治州										
海北藏族自治州本级	12	214			23	54		12	30	6
海晏县审计局	16							18	17	48
祁连县审计局	9	1078						14	9	
刚察县审计局	16							16	16	
门源回族自治县审计局	9	29034						9	18	45

续表

审计机关	完成审计项目（个）	审计查出主要问题金额	审计处理情况					出具审计报告和审计调查报告（篇）	提出审计建议（条）	提交审计信息（篇）
			审计处理处罚				移送处理事项（件）			
			应上缴财政	应减少财政拨款或补贴	应归还原渠道资金	应调账处理金额				
黄南藏族自治州										
黄南藏族自治州本级	28	17063	1478		2338	358		35	74	29
同仁县审计局	21	1252	4		120	938		23	26	46
尖扎县审计局	17	3436	27		2983	44		17	63	
泽库县审计局	23	6317	402			303		31	75	
河南蒙古族自治县审计局	10	2740	331			2403		8	50	15
海南藏族自治州										
海南藏族自治州本级	28	582	146		99			36	35	67
共和县审计局	28	792						35	12	22
同德县审计局	32	2696				109		39	16	
贵德县审计局	22	3979	421			3381		25	31	17
兴海县审计局	21							39		
贵南县审计局	13	729	413			262		16	6	13
果洛藏族自治州										
果洛藏族自治州本级	34	3525	42			565		34	82	32
玛沁县审计局	22	10336	69	21	93	342		22	20	23
班玛县审计局	8							8	11	12
甘德县审计局	19	70	13		7	25		19	14	16
达日县审计局	21							21	11	17
久治县审计局	18							18	12	12
玛多县审计局	14							14	14	14
玉树藏族自治州										
玉树藏族自治州本级	27	9171	562		68	1001		38	41	38
玉树市审计局	7	570	110		17	345		8	20	27
杂多县审计局	17	3359	2			85	1	17		35
称多县审计局	12							15		19
治多县审计局	35	77	21					38	64	16
囊谦县审计局	14	9052	98					18	12	3
曲麻莱县审计局	14	850	1					19	30	10

续表

审计机关	完成审计项目（个）	审计查出主要问题金额	审计处理情况					出具审计报告和审计调查报告（篇）	提出审计建议（条）	提交审计信息（篇）
			审计处理处罚				移送处理事项（件）			
			应上缴财政	应减少财政拨款或补贴	应归还原渠道资金	应调账处理金额				
海西蒙古族藏族自治州										
海西蒙古族藏族自治州本级	47	36142			13	10800		53	64	2
德令哈市审计局	56	615	1		81	498		66	70	
格尔木市审计局	121	71915	2103		206	950	1	132	277	2
乌兰县审计局	42	2218	130		22	2		50	117	
都兰县审计局	22	62041	363		1170	28394	1	24	60	22
天峻县审计局	20	207	17			94		25	38	
大柴旦行委审计局	11	123	11			111		9	10	
冷湖行委审计局	12							17		
茫崖行委审计局	10							15		

宁夏回族自治区

【宁夏回族自治区审计厅】 2014 年，宁夏回族自治区审计厅行政编制 99 人，在编 97 人，事业单位定编 52 人，在编 44 人。厅机关设有财政金融审计处、行政事业审计处、企业审计处、农业与资源环保审计处、社会保障审计处、重大项目投资审计处、外资运用审计处、经济责任审计局、计算机与公共投资审计处和办公室、社会审计管理监督与法规审理处、机关党委、纪检监察室，下设有科研培训中心、信息中心。

领导成员

厅　　长：尹全洲

副 厅 长：陈霭琛（—4 月）　马　健
　　　　　胡仲秋　刘　佳（6 月—）
　　　　　宋卫中（9 月—）

总审计师：王金平（—9 月）
　　　　　张　龙（9 月—）

纪检组长：安　武

经济责任审计局局长：宋卫中（—9 月）
　　　　　　　　　　宋晋钧（12 月—）

巡 视 员：陈霭琛（4 月—）

副巡视员：徐嘉云　马　其
　　　　　曹斌贞（—6 月）

审计成果　全区审计机关全年审计（调查）657 个单位，查出各类违纪违规、损失浪费及管理不规范金额 289 亿元，移送事项 26 件，提交审计报告及专项审计调查报告 892 篇，提出审计意见、建议 1390 条。自治区审计厅共审计 32 个项目，审计查出主要问题金额 1144560 万元，其中违规金额 182104 万元、损失浪费金额 464 万元、管理不规范金额 961990 万元。

交办任务　抽调全区审计机关 200 名审计人员，与审计署共同完成全区土地出让收支和耕地保护情况审计。开展稳增长促改革调结构惠民生政策措施落实情况跟踪审计，自 8 月开始，组织对全区相关政策措施落实情况进行跟踪审计，揭示存在的主要问题，提出确保政策措施落实到位、发挥积极作用的审计建议。开展城镇保障性安居工程跟踪审计，印发《关于全区2014—2017年棚户区（危旧房）改造工程跟踪审计及监督检查工作的意见》，查处棚户区改造拆迁、保障房分配管理方面的突出问题。完成国外贷援款项目审计，完成世界银行贷款宁夏高速公路建设项目等9个国外贷援款项目审计，发现和查处虚假招投标、套取资金等问题，促进贷援款发挥积极效益。

财政审计 全区审计各级政府本级财政及181个部门预算执行情况，把揭露问题与规范管理、促进财政改革结合起来，进一步提升监督效能，促进提高财政管理水平。自治区本级财政预算执行审计单位6个，查出主要问题金额67635万元，其中未按规定征收缴纳收入24213万元、资金滞留闲置7082万元、会计核算不实9681万元。财政决算执行审计3个单位，审计查出主要问题金额236538万元，其中未按规定征收缴纳收入31767万元、资金滞留闲置6174万元、虚列支出29036万元、违规采购82503万元、违规出让土地12416亩。

专项资金审计 全区开展民生和专项资金审计及专项审计调查36项，揭示和纠正挪用专项资金、侵占群众利益、损失浪费等突出问题，促进惠民政策落实。其中，全区政府债券资金专项审计，抽查债券资金125亿元，对484个项目进行现场检查，审计结果得到自治区党委、人大、政府主要领导的充分肯定。审计厅专项资金审计3个单位，审计查出主要问题金额441796万元，其中资金滞留闲置277700万元、违规采购45289万元、超规模超标准项目52954万元。

经济责任审计 加大同步审计、任中审计力度，全区审计280名领导干部，其中任中审计173人，包括厅级5人、县处级17人、企业领导2人，揭示领导干部用权履职方面的不规范行为。

固定资产投资审计 全区加大政府投资项目决算审计和跟踪审计力度，共审查158个工程建设项目，审核投资额25.5亿元，查出违规改变项目计划和资金用途等问题金额4.6亿元，为政府节约建设资金。

行政事业审计 审计厅开展5个单位的行政事业类财务收支审计，审计查出主要问题金额315092万元，其中违规出借财政资金44357万元、账外资产2696万元、会计核算不实金额6604万元。

企业审计 对国资委监督管理职能履行情况进行监督检查，反映国有资产流失等问题，促进国有企业加强监管，抵御风险。对宁夏商务投资开发有限公司等10户企业进行审计，促进国有企业规范管理。

外资运用审计 审计厅对国外贷援款项目审计8个单位，审计查出主要问题金额7410万元，其中工程结算款不实2093万元、超项目范围支出562万元、因决策失误造成损失浪费258万元。

相关审计 贯彻《国务院关于加强审计工作的意见》，结合宁夏实际情况，调研起草《进一步加强审计工作的实施意见》，提请自治区政府出台，为进一步强化审计监督，保障地方经济社会健康发展奠定坚实基础。落实国务院《党政主要领导干部和国有企业领导人员经济责任审计规定实施细则》，起草《宁夏领导干部经济责任审计实施办法》等制度，主动适应审计工作发展需要。对审计厅1997年以来129项制度（办法、规定和意见等）进行清理，形成《宁夏审计厅规章制度汇编》，强化业务管理。加强市县审计机关领导班子建设，通过业务培训、以审代培等途径，全年培训、锻炼干部700余人次。落实党风廉政责任制，将反腐倡廉与审计业务同部署、同落实、同考核，严格执行“八不准”审计纪律，落实审计进点公告、审计回访、廉政跟踪等规定，全年未发生违纪违规问题。全面落实精神文明创建要求，坚持文明审计。审计厅机关党委加强对厅机关精神文明创建措施的落实，加大对各市县文明建设的指导协调。12月，自治区文明委发布拟推荐的第四届全国文明单位名单公示，自治区审计厅、石嘴山市审计局、中卫市审计局、同心县审计局榜上有名。

（撰稿人：金　荣）

【银川市审计局】 2014年，银川市审计局人员编制55人，在编51人。局长刘虹，副局长赵玲、蔡树仁、张国华，纪检组长李金鹏，经责局长朱利忠。设有财政金融审计处、固定资产投资审计处、经济责任审计处、综合处。

审计成果 银川市审计局共完成审计项目39个，查出主要问题金额201480万元；审计处理处罚金额173263万元，其中应上缴财政7097万元、应归还原渠道资金11528万元、应调账处理金额41650万元、应减少财政拨款或补贴7万元。移送纪检监察机关和有关部门处理事项2件。出具审计报告和专项审计调查报告42篇。提出审计建议69条，提交专题或综合性报告、信息简报149篇。

预算执行审计 完成11个预算执行审计项目，其中包括市财政局、市地税局具体组织2013年市本级预算执行情况审计和市民防局、市水务局等9个一级部门预算执行情况审计，查出违纪违规及管理不规范金额64497万元，未按规定纳入预算管理11697万元，未按规定征收缴纳收入9169万元，未落实“收支两条线”和专户管理规定资金96万元，隐瞒转移截留资金845万元，滞留闲置资金7726万元，违规改变项目计划和资金用途1138万元。对银川职业技术学院单位财务管理混乱、公款私存问题按照规定程序移交市纪检委处理。银川市审计局对审计揭示和反映的突出问题，注意从体制、机制上分析原因、提出建议，促进制度的规范和完善，把揭露问题与规范管理、促进财政改革结合起来，使财政预算执行审计更具广度和深度，得到人大和政府的充分肯定。

经济责任审计 对7名领导干部进行经济责任审计，审计查出单位违规金额579万元、管理不规范金额59039万元，领导干部任中审计比例进一步提高，通过对领导干部任职期间完成经济指标、重大决策、执行财经纪律和廉洁自律等方面的情况进行审计评价，为组织部门考察任用干部提供参考依据。

固定资产投资审计 加大对重点建设项目跟踪审计、竣工决算审计力度，实施银川市贺兰山体育场等3个竣工决算审计，审计查出主要问题金额11400万元，发现项目建设管理方面存在的漏洞和突出问题，提出加强资金管理、完善制度和机制建设方面的意见和建议，促进政府投资项目的规范管理。

专项资金审计 重点实施住房公积金、社保基金、保障性安居工程等专项审计和审计调查，关注各项惠民政策和相关领域改革政策措施的落实和执行情况，关注资金使用效益，维护群众利益。揭示978人超月最高缴费限额缴纳住房公积金，社保基金欠缴28627万元，基金活期和短期存款过大导致增值能力不足，个别县（市）未严格执行市政府市级统筹规定擅自设立财政专户37292万元，停保及欠费单位享受医保待遇54万元，公岗在岗人员领取失业金7万余元，909户不符合享受保障房条件违规领取货币补贴110万元、获得廉租住房453套、购买经适房和限价商品房13套，741套建成的保障房长期闲置等问题，引起各级政府和相关部门的高度重视，针对存在问题，及时提出审计建议，市领导明确指示相关部门抓紧采取措施，尽快整改到位。

交办任务 积极配合审计署哈尔滨特派办和自治区审计厅，派出30名业务骨干参加土地出让收支和耕地保护情况的审计工作，达到“以审代培”的目的，提高干部的业务能力。

（撰稿人：章　志）

【石嘴山市审计局】 2014年，石嘴山市审计局人员编制48人，在编48人。局长梁涛，副局长王立山、徐大伟、杨珍、张惠勇（12月—）。设有办公室、社会审计管理监督与法规审理科、经济责任审计局、财政金融审计科、行政事业审计科、社会保障审计科、重大项目投资审计科、企业审计科、计算机与公共投资审计科。

审计成果 石嘴山市审计局完成审计项目72个，查出主要问题金额26.97亿元，其中违规金额1.42亿元、管理不规范金额25.55亿元；损益（收支）不实金额4344万元；审计处理处罚金额3.41亿元，其中应上缴财政296万元、应归还原渠道资金1.34亿元、应调账处理金额1.99亿元；审计发现非金额计量问题118个；审计促进整改落实有问题金额1.74亿元，其中增收节支1237万元、已调账处理金额685万元；审计促进拨付资金到位16万元；审计后挽回（避免）损失3588万元。移送纪检监察机关处理事项1件。出具审计报告和专项审计调查报告75篇，被批示、采用3篇。提出审计建议95条，提交审计信息141篇，被批示、采用54篇。向社会公告审计结果3篇。12月25日，石嘴山市审计局被人力资源和社会保障部、审计署评为全国审计机关先进集体。2014年对全国地方政府性债务审计，获得审计署地方政府性债务审计先进公务员集体嘉奖。

财政审计 完成市本级财政预算执行情况审计、市地方税务局税收征管情况审计、7个部门预算执行情况审计；对大武口区政府财政决算进行审计。

经济责任审计 对31名领导干部进行任中和离任经济责任，审计查出违纪违规金额2164万元，其中负直接领导责任2062万元；管理不规范金额6.09亿元，其中负直接领导经济责任4053万元。

固定资产投资审计 完成政府投资建设项目竣工决算审计22个，送审投资额7.85亿元，审定投资额7.37亿元，核减4793.9万元。对重点建设项目关键环节进行跟踪问效，实施项目跟踪公示制。

企业和事业单位审计 对润泽供排水公司、星泽燃气公司、矿业集团、皓泰热力公司以及市众安房地产公司、市产权产籍交易所、市委党校实施财务收支进行审计。

专项资金审计 参加由审计署统一组织实施的吴忠市和中卫市土地出让收支和耕地保护情况审计。对"营改增"(营业税改增值税)和财政存量资金进行专项审计调查。参加审计署统一组织实施的稳增长调结构促改革惠民生政策措施落实情况跟踪审计调查。对全市移民资金、社会管理创新、农业产业化、环境整治政策落实等实施专项资金审计。 (撰稿人：马维清)

【吴忠市审计局】 2014年，吴忠市审计局人员编制32人，在编31人。局长陈佳元(—2月)、拜萍(2月—)，副局长马克林、李鹏(9月—)、梁吉鸿、吴风芳。设有办公室、财政金融审计科、经济责任审计室、行政农业审计科、经贸投资审计科及利通区特派办、红寺堡区特派办。

审计成果 吴忠市审计局完成审计项目72个，查出主要问题金额48311万元，其中违规金额22617万元、管理不规范金额25694万元；审计处理处罚金额23246万元，其中应上缴财政12919万元、应归还原渠道资金4324万元、应调账处理金额6003万元。出具审计报告62份、审计专报1份、审计决定19份、移送处理书5份。提出审计建议67条，提交信息86篇。

预算执行审计 组织开展吴忠市、利通区、红寺堡区2013年度本级财政预算执行审计，对市、区两级10个部门、单位的预算执行情况进行审计。突出"民生"和"绩效"主题，查出财政暂付款数额巨大造成财政支出进度缓慢、基金预算收入未及时上缴、滞留社保基金、重点建设项目未按期按要求实施、应缴未缴代征收入等问题，并依法依规进行处理。在《2013年度吴忠市本级预算执行和其他财政收支情况的审计工作报告》中如实进行披露，得到市人大委员的充分肯定。

经济责任审计 受吴忠市委组织部委托，对吴忠市32名部门领导干部履行经济责任情况进行审计，重点对各部门压缩"三公"经费、降低行政成本的政策执行情况进行检查，促进领导干部"健康执政"。

固定资产投资审计 实施保障性安居工程跟踪审计、阳光骄子公租房决算审计、利通区金积镇丁家湾蔬菜园区喷灌供水项目等工程项目的投资审计。送审工程造价总额37841.61万元，审定总数34289.56万元，审减3552.05万元。在保障性安居工程跟踪审计中，促进红寺堡区、同心县建立健全保障性住房相关制度，退回不符合廉租住房保障条件的租赁补贴资金18.27万元，退回已分配的廉租房47套。

专项资金审计 以促进改善民生为落脚点，连续3年对全市生态移民工程进行审计，揭示各县(市、区)挤占挪用生态移民资金、部分项目未按批复实施、个别项目建设缓慢、个别移民房存在质量不达标等问题，并依据法律法规进行处理，切实促进生态移民工程的顺利实施。在对金积镇、古城镇、高闸镇三所中心卫生院财务收支进行审计过程中，发现财务管理及内控薄弱、财务制度不健全、财务核算不规范等问题，向吴忠市卫生局、吴忠市财政局制发审计建议书。吴忠市卫生局从6个方面入手要求各乡镇卫生院进行全面整改并规范各乡镇卫生院财务管理；古城镇卫生院及时更换财务人员，除将漏记的固定资产全部补记入账外，还建立健全药品管理、固定资产管理等相关制度，起到"审计一个单位、规范一个行业"的作用。开展吴忠市慈善基金审计、利通区巩固退耕还林成果补植补造专项资金审计、红寺堡区、盐池县2011—2013年度财政扶贫专项资金审计、"小金库"专项治理等专项审计(调

查）。（撰稿人：马骏杰）

【固原市审计局】 2014年，固原市审计局人员编制20人，在编19人。局长王成明，副局长李国安、魏长军、蒙卫斌（12月—），总审计师蒙卫斌（—12月）。设有办公室、经济责任局、法规科、行政事业科、企业基建科、财政科。

审计成果 固原市审计局全年安排审计项目106个，实际完成166个，查处各类问题金额74838.75万元，其中违规金额2100万元、损失浪费金额150万元、管理不规范金额72588.75万元；审计处理应上缴财政资金7129万元、应归还原渠道资金7333万元、应调账处理金额527万元。移送有关部门处理事项6件18项，涉及资金3592.3万元。提出审计建议84条。

预算执行审计 组织对市本级预算执行和市财政局、市司法局、市水务局等8个部门预算执行情况进行审计，共查出问题金额19770.19万元，提出审计建议10条。对市医院、中医院、妇幼保健院2011年至2013年财务收支进行审计，查出问题金额13.29万元，提出审计建议2条。

经济责任审计 受市委组织部的委托，完成四县两区公安局、市农牧局、交警支队等16个单位领导干部经济责任审计，共查出问题金额2927.84万元，提出审计建议19条。

固定资产投资审计 完成古雁西街道路改造工程、试验区中小企业创业园建设项目等竣工决算审计43个，送审造价80850万元，核减造价3761万元，审减率4.7%；完成安康花苑安置房工程、西南新区道路工程等招标控制价审计74个，送审造价166944万元，核减造价6628万元，审减率为4%。节约建设资金10389万元。

专项资金审计 完成对社会养老保险基金、医疗保险基金、住房公积金的管理使用和效益情况的审计，查出问题金额1113.5万元，提出审计建议2条。完成对市本级和四县2013年城镇保障性安居工程的跟踪审计，查出损失浪费资金103万元、管理不规范金额7588.81万元，提出审计建议12条；移送有关部门处理3起8项、涉及资金1136.3万元；纪检监察部门给予3名责任人行政警告，有关县根据审计建议修订完善相关制度办法5项。完成隆德县、泾源县、彭阳县2011年至2013年财政扶贫资金审计，查出问题金额18803.55万元，提出审计建议13条；移送有关部门处理事项1起5项，涉及资金406万元；有关部门对10名责任人分别给予行政警告或通报批评。完成对长城梁农业生态环境建设、长城梁农业生态土地整治、旧城土地综合治理3个项目审计调查，查出主要问题16个，涉及资金5555.19万元，提出审计建议10条。完成四县一区生态移民工程专项审计调查，查出问题金额18963.38万元，提出审计建议16条，移送有关部门处理事项2件5项，涉及资金2350万元。完成对宋家巷拆迁改造项目资金投入、社会和经济效益的整体评估，为政府宏观决策提供依据。

"三公"经费审计调查 对市农牧局、林业局等5个单位2011—2013年度"三公"经费专项审计调查，调查结果表明："三公"经费的支出逐年下降，2013年比2012年"三公"经费支出下降12%。

（撰稿人：李秋艳）

【中卫市审计局】 2014年，中卫市审计局人员编制21人，在编19人。局长魏列忠，副局长鲍成文、拓兆成（—7月）、张军、李书东（12月—）。设有办公室、法规科、经济责任审计科、农水环保审计科、固定资产投资科、财贸审计科、行政事业审计科。

审计成果 中卫市审计局完成各类审计项目48个，查出问题金额18335万元，管理不规范金额35464万元，核减工程造价2134万元。印发各类信息稿件和研讨文章97篇，71条信息和综合材料被新闻媒体采用，向市委、市政府主要领导报送审计专报2期。

预算执行审计 以预算执行审计为主线，强化审计跟进、问效民生资金，全年审计财政及预算执行单位12个，查处各类违规金额50231万元。

经济责任审计 对14名领导干部进行任中或离任经济责任审计，围绕领导干部科学决策、政策执行、经济管理、廉洁从政，资金使用绩效等内容进行审计评价，揭示领导干部用权履责方面的一些不规范行为，查处违规金额4万元，管理不规范金额3564万元。

固定资产投资审计 创新投资审计方法，扩大中介机构参与面，重点对城市建设、园林绿化等重点工程进行决算审计。全年审结项目 14 个，送审资金 9869 万元，审减工程造价 2143 万元，审减率为 21.7%。

专项资金审计 围绕社会保障资金和关系群众切身利益的问题，开展重点资金和重点项目审计（审计调查），参加由审计署统一组织的全国土地出让收支和耕地保护情况审计，抽调市县审计干部对市本级生态移民专项资金、沙坡头区保障性住房情况、全市住房公积金等 9 项资金实施专项审计或审计调查，针对审计发现的问题，提出审计整改意见。

质量管理 制定《中卫市审计局审计联动机制工作办法》《中卫市审计局审计现场管理办法（试行）》《中卫市审计局聘用专业技术人员管理办法》等规范性文件，严格标准，统一规范，对审计项目质量实行全方位控制。（撰稿人：陈淑兰）

2014 年宁夏回族自治区所辖区、县(市)级审计工作统计表

金额单位：万元

审计机关	完成审计项目（个）	审计查出主要问题金额	审计处理情况					出具审计报告和审计调查报告(篇)	提出审计建议(条)	提交审计信息（篇）
			审计处理处罚				移送处理事项（件）			
			应上缴财政	应减少财政拨款或补贴	应归还原渠道资金	应调账处理金额				
银川市										
银川市本级	39	201480	7097	7	11528	41650	2	39	69	144
金凤区审计局	10	9296	2		6680	20		19	27	86
兴庆区审计局	9	110985	1			930		8	60	2
西夏区审计局	5	2962	501		1158	574		9	26	
灵武市审计局	25	66870	2139		7	12833	1	34	47	35
永宁县审计局	10	65125			51	1612		18	21	33
贺兰县审计局	7	36117			10			9	22	
石嘴山市										
石嘴山市本级	64	269680	296		13445	19893	1	75	94	141
大武口区审计局	8	24846	517			1008		13	6	
惠农区审计局	11	12353	1768			12		17		33
平罗县审计局	94	50564	2890	7109		2490		101	33	256
吴忠市										
吴忠市本级	72	48311	12919		4324	6003	5	62	67	86
红寺堡区审计局	32	53967	1522		982		22	31	95	6
青铜峡市审计局	26	66471	22			49	1	47	73	53
盐池县审计局	51	31848	9436					51	123	31
同心县审计局	24	17324	3137		1172	3631		37	67	17

续表

审计机关	完成审计项目（个）	审计查出主要问题金额	审计处理情况					出具审计报告和审计调查报告（篇）	提出审计建议（条）	提交审计信息（篇）
			审计处理处罚				移送处理事项（件）			
			应上缴财政	应减少财政拨款或补贴	应归还原渠道资金	应调账处理金额				
固原市										
固原市本级	51	74839	7129		7333	527	18	48	84	67
原州区审计局	41	16480	31	5520	550	159	2	41	86	12
西吉县审计局	20	7608	2672		950			24	35	51
隆德县审计局	28	28511	1187		445	438	7	47	54	4
泾源县审计局	22	7311	72		857	1789		49	53	49
彭阳县审计局	10	3984	993		16	62	1	10	46	11
中卫市										
中卫市本级	48	53799	16191	2134	154	2299		48	135	97
中宁县审计局	15	172749	1582		329	712	1	15	52	24
海原县审计局	30	110603	7		2557			30	15	13

新疆维吾尔自治区

【新疆维吾尔自治区审计厅】 2014年，新疆维吾尔自治区审计厅人员编制281人，在编258人。设有办公室、法制处、督察处、财政审计处、行政事业审计处、农业与资源环保审计处、金融审计处、企业审计处、社会保障审计处、外资运用审计处、经济责任审计一处、经济责任审计二处、经济责任审计三处、计划财务处、人事处、内部审计管理处、机关党委、监察室（与驻厅纪检组合署办公）、离退休干部工作处、派出审计一处、派出审计二处、派出审计三处、派出审计四处、派出审计五处、派出审计六处、固定资产投资审计局、计算机技术中心、机关服务中心、审计干部培训中心、审计科研所。

领导成员

厅　　长：李　成

副 厅 长：沙拉买提·买买提明　维力功　宣国苗　薛　江　杨任杰

总审计师：张　明

纪检组长：袁　成

自治区经济责任审计联席会议办公室主任：刘卫国

巡 视 员：王占武（11月—）

副巡视员：王兴武　张　万（—8月）

审计成果　全区审计机关完成审计项目3817个，查出主要问题金额1512.76亿元，其中违规金额100.10亿元、损失浪费金额6106万元、管理不规范金额1412.05亿元；损益（收支）不实金额65.25亿元；审计处理处罚金额129.13亿元，其中应上缴财政28.75亿元、应减少财政拨款或补贴34.04亿元、应归还原渠道资金20.12亿元、应调账处理金额34.24亿元；审计发现非金额计量问题10191个；审计促进整改落实有关问题资金40.80亿元，其中增收节支24.50亿元、已调账处理金额10.39亿元；审计促进拨付资金到位573万元；审计后挽回（避免）损失13.84亿元。移送司法机关、纪检监察机关和有关部门处理事项138件。出具审计报告和专项审计调查报告4235篇，被批示、采用237篇。提出审计建议8294条，提交审计信息5333篇，被批示、采用3209篇。向社会公告审计结果70篇。

财政审计 做好稳增长促改革调结构惠民生防风险政策措施贯彻落实情况跟踪审计，推动各项政策措施落实到位。围绕深化财政改革、政府预算体系和结构以及财政管理绩效等问题，将自治区本级政府投资项目组织管理、国有资本收益及国企改革、自治区本级融资平台政府信用贷款举借及管理等情况纳入预算执行审计范围。关注财政资金使用绩效，盘活存量资金并分析原因，优化增量，促进资金安全高效使用，研究出台《关于加强公务支出和公款消费审计监督的意见》。会同财政部门完成全区“小金库”治理重点检查工作，移送司法机关、处理处罚责任人等63人次，通报、公告案件50起。明确审计目标，密切关注影响科学发展的体制机制障碍、制度缺陷和管理漏洞，推动有关方面建立健全规章制度、完善政策措施等161项，不断提高审计监督的层次和水平。注重揭露重大违法违纪、重大损失浪费、重大风险隐患、重大履职尽责不到位等问题，加大审计移送力度，向有关部门移送事项138件，涉及人员43人，涉及金额8.61亿元，有效提升审计促进反腐倡廉建设的作用。

经济责任审计 贯彻落实中办、国办经济责任审计规定及其实施细则，加强宣传和培训，坚持离任审计和任中审计相结合，强化对权力集中部门和资金、资产、资源密集领域领导干部的审计监督。全区各级审计机关共开展经济责任审计项目605个，涉及被审计领导干部834人，查出领导干部负直接责任问题金额2.79亿元，已上缴财政8362万元，归还原渠道资金1413万元。研究制定《自治区经济责任审计对象分类管理办法(试行)》，探索自然资源资产离任审计，加强与自治区党委组织部、国土厅、环保厅等单位的沟通协调，制定土地、矿产等6个自然资源资产领域的经济责任审计实施方案，并组织开展审计试点工作。进一步强化经济责任审计结果运用，不断拓展经济责任审计结果利用途径；坚持审计结果实名通报制度，扩大经济责任审计影响力。

金融审计 对地方金融机构信贷规模及新增贷款投放情况进行审计调查，注重揭示苗头性、倾向性问题，及时提出防范和化解风险的建议，维护金融安全，防范经济风险。

农业与资源环保审计 完成自治区本级、乌鲁木齐市等12个县（市）土地出让收支和耕地保护情况审计，促进加强管理和储备土地高效利用，提高资金使用效益和土地节约集约利用水平。

固定资产投资审计 围绕自治区总体发展布局，全区重点开展交通、水利等重大政府投资项目审计2023个，核减投资额20.63亿元，突出查处奢华浪费建设等各类严重违规违纪问题，全面推进政府投资绩效审计，提高政府投资效益。开展于田“2·12”地震灾后重建资金跟踪审计；推动完善援疆资金和项目审计机制，明确各方职责，统筹审计力量，提高审计质量。完善信息通报制度，保证信息畅通。加强对接，建立健全“省—地”“市—县”两地两级工作机制，促进援疆项目、资金全过程跟踪审计和竣工决算审计全覆盖。积极建设援疆项目审计管理平台；健全委托审计管理机制，扩大委托审计项目数量和规模，加强对社会中介机构引导和规范，进一步拓宽政府投资审计覆盖面。

社会保障审计 完成2013年城镇保障性安居工程跟踪审计，促进全区保障房规范建设、合理分配。

外资运用审计 对13个外资项目进行公证审计，促进积极、合理、有效利用外资。

企业审计 对85个国有企业进行审计，促进国有企业深化改革，完善现代企业制度。

专项资金审计 开展社会福利、职业教育、就业、扶贫等专项审计，推动完善相关制度机制。结合民生领域改革和发展情况，做好定居兴牧、安居富民等民生项目审计，关注损害和影响群众利益的问题，通过强化整改，切实维护和保障民生。组织力量开展乡村惠民政策落实情况审计调查，着力揭露和查处严重损害群众利益的问题，确保相关惠民政策取得实实在在的效果。对全区2006年至2014年5月成品油价格补助专项资金进行审计，深入研究体制机制制度性问题，提出完善成品油价格补助制度的建议，有力推动此项政策落实。

信息化建设 抓好基础建设，提升信息化支撑能力，编制《2014至2018年全疆审计信息化发展规划》，完成西北首家审计数据中心（新疆中心）的开发部署，打造数字化审计资源平台。抓好技术应用，强化对审计业务、审计管理和审计质量控制的信息支撑，积极推动审计项目应用AO（现场审计实施系统）全覆盖。启动援疆项目审计管理平台建设，初步完成《援疆投资项目审计管理平台建设设计方案》。完善审计信息化相关制度，注重骨干人才培养，加大州、县审计人员计算机审计培训指导力度，以“送教上门”方式培训地州、县市人员300余人次。成立审计厅机关审计数据分析团队，充分利用数据中心资源，深入开展数据分析工作，切实推动审计模式的转变。

（撰稿人：徐　怡）

【乌鲁木齐市审计局】 2014年，乌鲁木齐市审计局人员编制140人，在编122人。局长黎忠，副局长成兴中、樊伟，总审计师李里，纪检组长杨明，经济责任审计室主任许建平。设有办公室、政治处、纪检监察室、政策法规处、财政审计处、固定资产投资审计处、行政事业审计处、经济责任审计室、农牧与资源环保审计处、外资运用与金融审计处、社会保障审计处、科教文卫审计处、企业审计处、政法审计处、督察处、综合计划处、审计信息中心、政府投资审计中心。

审计成果 乌鲁木齐市审计机关共完成审计项目91个，查出主要问题金额673378万元，其中违规金额117712万元、损失浪费金额1444万元、管理不规范金额554221万元；损益（收支）不实金额24609万元；审计处理处罚金额136326万元，其中应上缴财政35633万元、应减少财政拨款或补贴8323万元、应归还原渠道资金45089万元、应调账处理金额47267万元；审计发现非金额计量问题161个；审计促进整改落实有关问题资金80430万元，其中增收节支32906万元、已调账处理金额29900万元；审计促进拨付资金到位4万元；审计后挽回（避免）损失31406万元。向被审计单位提出建议362条，被采纳266条。提交审计报告和信息236篇，被批示、采用58篇。被审计署记公务员集体三等功一次。

财政审计 开展乌鲁木齐市本级预算执行情况审计以及贯彻落实稳增长促改革调结构惠民生防风险政策措施落实情况的跟踪审计；对全市25个行政事业单位财务收支情况开展审计监督，共查出主要问题金额42332万元。

固定资产投资审计 开展保障性住房、米东大道延伸段及米东高新产业园区道路及技工学校新校区教学楼、体艺楼、教学配套工程等20个政府投资项目的审计和调查，核减投资额38436万元。

经济责任审计 审计领导干部30人，其中任中审计15人，审计查出违规金额77820万元、损失浪费15万元。

专项资金审计 审计专项资金总额102521万元，将民生专项资金的使用效益作为审计重点，着力反映专项资金在拨付和管理使用及效益、政策措施执行效果等方面的情况。

企业审计 对乌鲁木齐市公交企业成本规制及财政补贴测算等项目进行审计和审计调查，提出审计建议5条。通过审计，为促进公交集团加强和改善经营管理，建立健全内部控制制度，实现国有资产保值增值发挥积极作用。

金融审计 完成市委、市政府交办的小额投资审计项目50个，查出主要问题金额21677万元，其中违规金额5683万元、管理不规范金额15994万元，核减投资额5265万元。

（撰稿人：肖　杨）

【克拉玛依市审计局】 2014年，克拉玛依市审计局人员编制33人，在编28人。局长蒋德平，副局长张毅、何剑刚（援疆干部）、房文祖，总审计师房文祖（兼）。设有办公室、法制监察科、财政审计科、行政事业与社会保障审计科、经贸与金融审计科、农业资源环保审计科、固定资产投资审计科、经济责任审计科、经济责任审计室。

审计成果 克拉玛依市审计机关完成审计项目51个，查出主要问题金额244512万元，其中违规金额60996万元、损失浪费金额25万元、管理不规范金额183490万元；损益（收支）不实金额31080万元；审计处理处罚金额13229万元，其中应上缴财政2001万元、应减少财政拨款或补贴6521万元、应归还原渠道资金704万元、应调账处理金额3952万元；审计发现非金额计量问题150个；审计促进整改落实有关问题资金8310万元，其中增收节支7714万元、已调账处理金额562万元；审计后挽回（避免）损失106万元。移送司法机关、纪检监察机关和有关部门处理事项4件。出具审计报告和专项审计调查报告63篇，被批示、采用26篇。提出审计建议并被采纳101条，提交审计信息6篇，被批示、采用6篇。

财政审计 对5个执收单位非税收入、19个非税项目、35个行政事业单位的预算执行及“三公”经费管理使用情况进行审计。

经济责任审计 对6个单位开展领导干部经济责任审计。市委对2013年的党政主要领导经济责任审计结果及整改情况在全市进行通报。提请市、油田经济责任审计联席会议印发《市党政主要领导干部和国有企业领导人员经济责任审计规定》。

固定资产投资审计 完成投资审计项目6个，审计投资额10000万元，核减投资额66万元。

企业审计 完成市城投公司及其所属分公司、子公司、控股公司的资产负债损益情况审计。独山子区审计局完成城建开发公司、粮贸公司、商贸公司资产负债损益审计。白碱滩区审计局完成广盛小额贷款公司运行及贷款审计。

专项资金审计 根据自治区审计厅统一安排，完成全市城镇保障性安居工程跟踪审计；完成会展专项资金计划执行、项目管理情况审计及建设项目招标控制价管理情况专项审计。

信息化建设 加强审计管理系统与现场审计实施系统的应用；加大计算机审计培训力度，全市审计干部40余人获得审计署AO（现场审计实施系统）认证考试合格证，全市审计机关取得全国审计系统计算机中级证书共13人。做好计算机成果转化工作，在自治区审计系统考核中，2项计算机审计成果获得优秀奖，4项成果获得其他奖励。

（撰稿人：张修江）

【吐鲁番地区审计局】 2014年，吐鲁番地区审计局人员编制28人，在编25人。局长郭红兵，副局长戴万成、田桂林、马晖（援疆干部），纪检组长艾尔肯·艾木都拉。设有办公室、法规科、经济责任审计科、固定资产投资审计科、财政金融审计科、农业社会保障审计科、行政事业审计科、经贸审计科。

审计成果 吐鲁番地区审计机关完成审计项目146个，查出主要问题金额173143万元，其中违规金额21156万元、管理不规范金额151987万元；损益（收支）不实金额11408万元；审计处理处罚金额25237万元，其中应上缴财政246万元、应减少财政拨款或补贴7691万元、应归还原渠道资金13164万元、应调账处理金额3377万元；审计发现非金额计量问题133个；审计促进整改落实有关问题资金8780万元，其中增收节支8704万元；审计后挽回（避免）损失7701万元。移送司法机关、纪检监察机关和有关部门处理事项4件。出具审计报告和专项审计调查报告216篇，被批示、采用1篇。提出审计建议276条，提交审计信息132篇，被批示、采用14篇。

财政审计 开展2013年度地区本级财政预算执行和其他财政收支情况审计，延伸审计预算单位16个；完成稳增长促改革调结构惠民生防风险政策措施落实情况跟踪审计。

经济责任审计 完成的经济责任审计项目中任中审计占到全部任务的50%。着力监督检查各部门各单位领导干部守法守规守纪尽责情况，特别是领导干部贯彻落实中央政策措施情况，促进领导干部结合本地区实际，落实中央关于改革、发展和稳定的各项任务要求，切实履职尽责。

固定资产投资审计 开展湖南对口援疆资金和项目跟踪审计，地区审计机关与湖南省审计厅组成联合审计组，对14个项目进行跟踪审计；开展保障性安居工程、安居富民工程、定居兴牧等专项审计。吐鲁番市安居富民项目审计报告引起地委领导重视，地委书记做出批示，要求吐鲁番市认真整改。

金融审计 完成吐鲁番市农村信用联社2014年1—9月新增贷款及投向结构情况的审计调查项目。

专项资金审计 开展财政扶贫专项资金审计，共审计调查地区本级及所属两县一市16个乡43个村负责管理的扶贫资金和负责承建的扶贫项目，延伸审计调查走访98个扶贫项目。

（撰稿人：黄利君）

【哈密地区审计局】 2014年，哈密地区审计局人员编制41人，在编35人。局长骆东鹏，副局长艾合买提·买买提、李生华、时常胜（援疆干部，4月—），总审计师谢云飞。设有办公室、督察科、法制科、财政金融审计科、固定资产投资审计科、经济责任审计科、行政事业审计科、农牧与资源环保审计科、企业审计科，下设哈密地区经济责任审计办公室、哈密地区固定资产投资审计中心、哈密地区审计信息技术室。

审计成果 哈密地区审计机关完成审计及审计调查项目202个，查出主要问题金额222115万元，其中违规金额877万元、管理不规范金额221237万元；损益（收支）不实金额11877万元；审计处理处罚金额55431万元，其中应上缴财政31351万元、应减少财政拨款或补贴15876万元、应归还原渠道资金1531万元、应调账处理金额5433万元；审计发现非金额计量问题144个；审计促进整改落实有关问题资金45307万元，其中增收节支44820万元、已调账处理金额454万元；审计促进拨付资金到位161万元；审计后挽回（避免）损失18527万元。移送司法机关、纪检监察机关和有关部门处理事项1件。提交审计报告和专项审计调查报告208篇，被批示、采用1篇。提出审计建议412条，提交审计信息88篇，被批示、采用25篇。获得审计署全国政府性债务审计公务员集体三等功；巴里坤县审计局徐艳清获得2014年全国审计系统先进个人荣誉称号。

财政审计 按照构建“财政审计大格局”的工作机制，开展预算执行审计，完成审计项目20个，延伸审计单位22个。坚持以真实性审计为基础，促使行政事业单位规范财政财务管理，完成审计项目21个。

经济责任审计 深化经济责任审计，把握“权力运行”和“责任落实”两个重点，把守法守规守纪尽责放到更加突出的位置，完成审计项目26个，审计领导干部34人，其中县（处）级领导8人、科级领导21人。

固定资产投资审计 结合工程建设领域突出问题专项治理工作，深化对在建和续建政府投资项目的跟踪审计，完成审计项目145个，核减投资额15897万元，核减率为9.8%。

企业审计 完成审计项目6个，推进法人治理结构的完善。

专项资金审计 进一步加大对“三农”、教育、卫生、社保等民生资金审计，促进发挥资金效用，保证党和政府的各项安民、惠民、利民政策落到实处，完成审计项目10个。

援疆审计 强化组织协调，统筹审计力量，配合河南省审计厅做好援疆项目审计及审计整改工作，促进援疆项目科学管理，提高资金使用效益，完成跟踪审计项目34个。（撰稿人：翟 刚）

【阿克苏地区审计局】 2014年，阿克苏地区审计局人员编制52人，在编52人。党组书记罗合曼·托乎提，局长刘艳，副局长黄疆萍。设有财政金融审计科、行政事业审计科、农林水牧外资审计科、经贸审计科、法制科、人事教育科、办公室、督查科，下设地区经济责任审计中心和地区政府投资审计中心。

审计成果 阿克苏地区审计机关完成审计及审计调查项目360个，查出主要问题金额482449万元，其中违规金额41046万元、损失浪费金额1060万元、管理不规范金额440342万元；损益（收支）不实金额56495万元；审计处理处罚金额58113万元，其中应上缴财政6940万元、应减少财政拨款或补贴6208万元、应归还原渠道资金1655万元、应调账处理金额33810万元；审计发现非金额计量问题850个；审计促进整改落实有关问题资金38626万元，其中增收节支10437万元、已调账处理金额21265万元；审计后挽回（避免）损失6570万元。移送司法机关、纪检监察机关和有关部门处理事项31件。提交审计报告和专项审计调查报告391篇，被批示、采用42篇。提出审计建议995条，提交审计信息397篇，被批示、采用421篇。向社会公告审计结果6篇。

财政审计 地区审计局始终以规范预算管理、提高财政资金使用绩效、推进深化改革为主要目标，组织审计人员开展2013年地区本级预算执行审计、税收征收管理情况审计。按照自治区审计厅的安排，组织八县一市审计局开展稳增长促改革调结构惠民生防风险政策措施落实情况跟踪审计。完成对地区体育运动学校、行署接待办、地区老年保健协会、地区启明学校等行政事业党委的财务收支审计。

固定资产投资审计 完成地区第一人民医院南院基础设施建设竣工决算、药库及锅炉房改扩、零星维修工程结算审计，阿克苏地区公安局特警队及车棚工程，阿瓦提县饮水安全改扩建工程竣工决算审计，新疆科学技术学院（阿克苏）筹建跟踪审计。

经济责任审计 完成审计项目72个，为加强干部监督管理，维护经济秩序，促进党风廉政建设和组织部门加强干部管理提供参考依据。

专项资金审计 完成地区本级、阿克苏市、乌什县城镇保障性安居工程跟踪审计，温宿县安居富民工程和游牧民定居项目审计，沙雅县基本医疗保险基金专项审计调查，地区本级5所学校职业教育专项资金审计，地区住房公积金管理中心住房公积金归集使用管理和效益情况审计和地区蚕种场等部门单位一事一议财政奖补资金管理使用审计调查项目。

援疆审计 与浙江省援阿指挥部沟通、交流、协商，共同寻求加强援阿项目和资金审计工作的方法。2014年，浙江省援建地区建设项目共有141个，项目计划总投资36.81亿元（其中浙江援建资金9.73亿元）。 （撰稿人：张松龄）

【喀什地区审计局】 2014年，喀什地区审计局人员编制53人，在编43人。局长郭建升（—2月）、尚军（11月—），副局长古康拜尔·吾不力、热夏提·阿不拉、赵东岳，总审计师史建中。设有行政办公室、法制科、财政审计科、金融外资审计科、行政事业审计科、农林水牧审计科、固定资产投资审计科、经济责任审计一科、经济责任审计二科、人事教育科、审计督察科、社会保障与经贸审计科。

审计成果 喀什地区审计机关完成审计项目952个，查出主要问题金额357214万元，其中违规金额18995万元、管理不规范金额338219万元；损益（收支）不实金额10229万元；审计处理处罚金额47520万元，其中应上缴财政2617万元、应减少财政拨款或补贴15229万元、应归还原渠道资金10465万元、应调账处理金额18286万元；审计发现非金额计量问题711个；审计促进整改落实有关问题资金18191万元，其中增收节支13584万元、已调账处理金额2611万元；审计促进拨付资金到位190万元；审计后挽回（避免）损失28620万元。移送处理事项9件。出具审计报告和专项审计调查报告1003篇，被批示、采用2篇。提出审计建议1769条，提交审计信息361篇，被批示、采用24篇。

财政审计 组织各级审计机关对同级财政部门预算执行及地方税收征管情况进行审计，对叶城县人民政府2013年度财政决算和其他财政收支情况进行审计。全地区共对71个预算执行单位进行延伸审计和审计调查，组织全地区13个审计机关对35个部门（系统）、12个县市深入开展稳增长促改革调结构惠民生政策落实情况跟踪审计工作。

经济责任审计 全地区审计机关共接受经济责任审计任务63个，审计经济责任人114人。地区本级完成对地区教育局等部门的审计，并对15个乡镇党政正职任期履行经济责任情况进行审计，查出违规金额5692万元。

金融审计 对喀什市、疏勒县、英吉沙县、巴楚县、泽普县、岳普湖县等6个农村信用联社进行审计调查，查出违规出借资金、财务收支核算不实等问题。

固定资产投资审计 全地区各级审计机关累计完成投资审计项目781个，审计核减投资额38016万元，查出工程结算款不实多计价款、超规模超标准项目等问题。

社会保障审计 对地区本级2011年至2013年住房公积金进行审计调查，查出主要问题金额543万元。

专项资金审计 围绕城镇保障性安居工程跟踪审计、定居兴牧项目审计以及安居富民、对口援疆等各类民生工程和民生资金，共开展专项资金审计项目36个。

信息化建设 全面完成金审二期工程，实现审计会商系统视频三级联调；邀请自治区审计厅在喀什地区举办南疆四地州为期7天的计算机审计专题培训班，先后选派地县两级2批10名计算机骨干参加自治区审计厅计算机培训。

（撰稿人：刘　军）

【和田地区审计局】 2014年，和田地区审计局人员编制35人，在编30人。局长艾热提·热介甫，副局长刘新英、毛建新、艾力·艾沙、雷凤霞（—12月），纪检组长毛建新（兼），经济责任审计联席会议办公室专职副主任雷凤霞（—12月，兼），副调研员周民（12月—）。设有办公室、财政审计科、经济责任审计科、行政事业审计科、农牧审计科、社保审计科、固定资产投资审计中心。

审计成果 和田地区审计机关完成审计项目117个，查出主要问题金额148448万元，其中违规金额45100万元、损失浪费金额95万元、管理不规范金额103253万元；损益（收支）不实金额27946万元；审计处理处罚金额5475万元，其中应上缴财政2692万元、应减少财政拨款或补贴49万元、应归还原渠道资金996万元、应调账处理金额1423万元，应缴纳其他资产314万元；审计发现非金额计量问题152个；审计促进整改落实有关问题资金1337万元，其中增收节支987万元、已调账处理金额248万元；审计促进拨付资金到位23万元；审计后挽回（避免）损失26万元。移送司法机关、纪检监察机关和有关部门处理事项6件。出具审计报告和专项审计调查报告134篇，被批示、采用2篇。提出审计建议332条，提交审计信息204篇，被批示、采用59篇。

财政审计 对和田地区财政局、文物局、档案局等单位预算执行情况进行审计。组织本级及七县一市审计局，对和田地区稳增长促改革调结构惠民生政策措施落实情况进行审计。

经济责任审计 对22个单位28名领导干部进行经济责任审计，查出负直接责任问题金额1558万元。

固定资产投资审计 对和田县朗如乡定居兴牧建设项目、皮山县固玛镇安居富民建设项目、和田地区人民医院传染科病房楼工程进行审计，完成投资审计项目28个，审减工程款244万元；派出投资中心专业人员，配合和田地区安居办、发改委等部门对全地区固定资产投资、重点建设项目、民生工程建设等专项内容进行督查。

专项资金审计 对全地区2013年保障性安居工程进行跟踪审计。通过跟踪审计，检查中央、自治区和地区各项惠民政策措施落实情况，揭示和反映政策落实不到位、政策目标未实现以及资金分配、管理、使用方面存在的问题，确保和田地区2013年保障性安居工程取得实在的效果。

（撰稿人：刘志东）

【昌吉回族自治州审计局】 2014年，昌吉回族自治州审计局人员编制53人，在编49人。局长黄建新，副局长马志中、肖莉，总审计师张民杰，纪检组长张永信，经济责任审计联席会议办公室专职主任吴辉。设有办公室、法制科、财政审计科、行政事业审计科、经济责任审计科、农业资源环保与社会保障审计科、经贸与金融审计科、督察科，下设政府投资审计中心。

审计成果 昌吉回族自治州审计机关完成审计及审计调查项目342个，查出主要问题金额455207万元，其中违规金额61475万元、管理不规范金额393731万元；损益（收支）不实金额14873万元；审计处理处罚金额123589万元，其中应上缴财政2768万元、应减少财政拨款或补贴35715万元、应归还原渠道资金17839万元、应调账处理金额31401万元；审计发现非金额计量问题353个；审计促进整改落实有关问题资金99845万元，其中增收节支51684万元、已调账处理金额27673万元；审计后挽回（避免）损失30908万元。移送司法机关、纪检监察机关和有关部门处理事项7件。提交审计报告和专项审计调查报告408篇，被批示、采用30篇。提出审计建议720条，提交审计信息839篇，被批示、采用809篇。

财政审计 州本级和各县市开展公务支出和公款消费审计监督工作，将相关内容贯穿到经济责任审计、预算执行审计、财务收支审计等各个审计项目当中，发现各单位在公务支出和公款消费方面的违纪违规问题，并督促加以整改。

固定资产投资审计 对昌吉州2013年城镇保障性安居工程进行跟踪审计，发现保障性安居工程在资金筹集和管理、工程建设管理、保障性住房分配和使用管理等方面存在的问题。实施的8个重点跟踪审计项目取得较为明显的审计效果，提出审计建议36条，均被建设单位采纳，核减工程造价近1.5亿元，追回被挪用资金3000多万元，协助建设单位解决工程技术难题30余项。

农业与资源环保审计 2013年度新型农牧区合作医疗资金审计，发现在基金管理、政策执行、定点医疗机构医疗行为等方面存在的问题，有针对性地提出审计建议，得到州人民政府的高度重视，州长亲自批示，主管部门积极整改。开展定居兴牧和富民安居工程项目审计，发现项目中存在未按工程投标价上缴劳保统筹费、未按要求办理工程质量监督手续、未经批准擅自变更建设地点等问题。

经济责任审计 对全州七县市检察院检察长履行经济责任进行审计，结果反映整体情况较好，但县市检察院在涉案款物管理、资产处置等方面还存在管理不规范的问题。

金融审计 开展地方金融机构2014年度新增贷款及投放结构情况审计调查工作，发现各县市农信社存在贷前审查不严、违规担保等7个方面的问题。（撰稿人：李 良）

【博尔塔拉蒙古自治州审计局】 2014年，博尔塔拉蒙古自治州审计局人员编制40人，在编32人。党组书记马克斯加甫，局长刘玉玲，副局长郭丽艳，总审计师周娟，纪检组长郭丽艳（兼），州政府投资审计中心主任王京辉。设有州政府投资审计中心、办公室、法制科、经济责任审计科、财政审计科、行政事业审计科、经贸审计科、计算机审计科。

审计成果 博尔塔拉蒙古自治州审计机关完成审计项目81个，查出主要问题金额174603万元，其中违规金额3310万元、管理不规范金额90936万元；损益（收支）不实金额1508万元；审计处理处罚金额16758万元，其中应上缴财政8108万元、应减少财政拨款或补贴1271万元、应归还原渠道资金1500万元、应缴纳其他资金4402万元、应调账处理金额1476万元；审计发现非金额计量问题430个；审计促进整改落实有关问题资金1211万元，其中增收节支457万元、已调账处理金额571万元；审计后挽回（避免）损失7403万元。移送司法机关、纪检监察机关和有关部门处理事项2件。提交审计报告和专项审计调查报告134篇，被批示、采用3篇。提出审计建议228条，提交审计信息191篇，被批示、采用67篇。

财政审计 围绕提高财政资金绩效这条主线，将财政预算管理、非税收入管理、地方政府性债务风险及土地出让金管理情况作为审计重点，完成本级预算执行审计。州审计局在完成财、税、库审计的基础上，延伸审计州直11个预算执行单位及温泉县财政决算审计。博乐市审计局与纪检、监察、财政等部门联合下发《关于进一步加强财务管理的通知》，对市直部门开展重点检查。精河县审计局与财政部门开展县直15个部门预防性财务收支审计。组织开展稳增长促改革调结构惠民生防风险等政策措施落实情况的跟踪审计，重点关注政策制度执行、配套措施衔接、政策目标实现等问题。

固定资产投资审计 完成竣工结算审计项目110个，送审造价113515万元，核减投资额11422万元，审减率为10.06%。温泉县审计局探索开展招标控制价审核19个，涉及投资8093.02万元。按照审计厅统一安排，组织全州审计机关对2014年度湖北省援疆资金和项目进行跟踪审计，项目涉及投资额18643万元。

经济责任审计 全州审计机关完成经济责任审计项目25个，被审计领导干部39人（县处级领导干部7人，乡科级领导干部32人），其中任中审计19人、离任审计20人。审计移送处理事项3件。加强制度创新，制定《博州经济责任审计评价办法》，代拟《自治州经济责任审计结果整改督查工作实施办法》。

社会保障审计 完成2013年度城镇保障性安居工程跟踪审计，延伸调查33个单位和企业。

专项资金审计 对2013年度财政扶贫专项资金政策落实、资金分配及管理使用情况进行审计；通过“上审下”对博乐市2013年安居富民、定居兴牧工程进行审计。精河县审计局开展新型农牧区合作医疗基金专项审计。

金融审计 对博乐市农商行和精河县农信社进行审计调查，查出违规放贷、贷后检查不严、信贷资金被挪用等问题。博乐市开展市城投公司资产负债所有者权益审计。（撰稿人：马斌妍）

【巴音郭楞蒙古自治州审计局】 2014年，巴音郭楞蒙古自治州审计局人员编制56人，在编50人。党组书记年卫东，局长那永刚，副局长韩贵兵、丁伟雄（援疆干部），总审计师陈志军，纪检组长何谠。设有办公室、法制科、财政审计科、行政事业与社保审计科、经贸审计科、金融与外资审计科、农业资源与环保审计科、纪检监察室、自治州经济责任审计处、自治州固定资产投资审计处、计算机审计中心。

审计成果 巴音郭楞蒙古自治州审计机关完成审计项目299个，查出主要问题金额757664万元，其中违规金额32789万元、损失浪费金额378万元、管理不规范金额724495万元；损益（收支）不实金额46564万元；审计处理处罚金额54905万元，其中应上缴财政15990万元、应减少财政拨款或补贴11734万元、应归还原渠道资金21307万元、应调账处理金额2967万元、应缴纳其他资金2905万元；审计发现非金额计量问题430个；审计促进整改落实有关问题资金30365万元，其中增收节支27694万元、已调账处理金额1029万元、已缴纳其他资金1349万元。移送司法机关、纪检监察机关和有关部门处理事项19件。提交审计报告和专项审计调查报告320篇，被批示、采用57篇。提出审计建议525条，提交审计信息1174篇，被批示、采用694篇。

财政审计 围绕构建财政审计大格局，将自治州本级政府投资项目组织管理、国有资本收益及国企改革、自治州本级融资平台政府信用贷款举借及管理等情况纳入预算执行审计范围。围绕促进经济平稳健康运行，组织对稳增长促改革调结构惠民生防风险政策贯彻落实情况进行跟踪审计。加强对公务支出、公款消费、奢华浪费建设等审计力度，促进厉行节约和规范管理。

金融审计 对地方金融机构信贷规模及新增贷款投放情况进行审计调查，提出防范和化解风险的建议。

固定资产投资审计 推进政府投资和援疆项目审计。全州完成投资审计项目150个，核减投资额11734万元，平均核减率10.07%。创新政府投资项目委托中介审计管理，制定实施《中介机构管理使用办法》和《中介机构考核与核查办法》。

企业审计 全州对5个国有企业进行审计，进一步促进国有企业深化改革，完善现代企业制度。

经济责任审计 全州各级审计机关开展经济责任审计单位39个，审计经济责任人45人，查出领导干部负直接责任问题金额159万元，已上缴财政45万元，归还原渠道资金85万元。制定出台《巴州乡镇党政正职任期经济责任审计实施办法》，将乡镇领导干部的审计统一归口纳入州级进行管理，规范乡镇领导干部任期经济责任审计工作。

专项资金审计 开展社会福利、职业教育、就业、扶贫、农资综合补贴等专项审计，做好定居兴牧、安居富民等民生项目审计，揭露和查处严重损害群众利益的问题，确保相关惠民政策取得效果。

信息化建设 构建贯通审计局内网、审计政务外网及审计专网三套网络，形成内联自治区审计厅、州审计局、县审计局，外联互联网、公共信息服务网网络体系。 （撰稿人：陈 蕾）

【克孜勒苏柯尔克孜自治州审计局】 2014年，克孜勒苏柯尔克孜自治州审计局人员编制41人，在编37人。局长唐志荣，副局长吐尔洪·依热力、黄林勇、亚生江·艾力，纪检组长黄林勇（兼），副调研员张永先。设有办公室、纪检监察室、法制科、财政金融审计科、固定资产投资审计科、行政事业审计科、农业与资源环保审计科、经济责任审计科、经贸审计科、社会保障审计科、计算机中心、经济责任审计中心、固定资产投资审计中心。

审计成果 克孜勒苏柯尔克孜自治州审计机关完成审计及审计调查项目242个，查出主要问题金额150819万元，其中违规金额23036万元、损失浪费金额28万元、管理不规范金额127754万元；损益（收支）不实金额39885万元；审计处理处罚金额19893万元，其中应上缴财政6423万元、应归还原渠道资金1037万元、应调账处理金额12431万元；审计发现非金额计量问题118个。移送司法机关、纪检监察机关和有关部门处理事项10件。提交审计报告和专项审计调查报告252篇。提出审计建议364条，提交审计信息181篇，被批示、采用11篇。

财政审计 完成财政审计项目34个，查出主要问题金额61731万元；完成行政事业审计项目18个，查出主要问题金额40426万元。

固定资产投资审计 完成审计项目167个，审计核减投资额3892万元，查出主要问题金额8176万元。

经济责任审计 对17个单位27名领导干部的经济责任履行情况进行审计，查出主要问题金额 48484 万元，其中违规金额 20777 万元、损失浪费金额 9 万元、管理不规范金额 27698 万元。

专项资金审计 完成审计项目 19 个，审计资金总额 7148 万元。 （撰稿人：李均均）

【伊犁哈萨克自治州审计局】 2014 年，伊犁哈萨克自治州审计局人员编制 63 人，在编 55 人。党组书记陈洁，局长胡尔曼哈力，副局长马兴慧、王全胜，纪检组长王军强。设有办公室、法制处、财政金融审计处、文教行政事业审计处、经济责任审计处、农业与资源环保审计处、社会保障审计处、固定资产投资审计处、经贸审计处、老干处、固定资产投资审计中心、计算机技术中心。

审计成果 伊犁哈萨克自治州审计机关完成审计及审计调查项目 435 个，查出主要问题金额 1080586 万元，其中违规金额 278511 万元、损失浪费金额 122 万元、管理不规范金额 801953 万元；损益（收支）不实金额 117965 万元；审计处理处罚金额 36797 万元，其中应上缴财政 8163 万元、应减少财政拨款或补贴 4424 万元、应归还原渠道资金 13967 万元、应调账处理金额 5250 万元；审计发现非金额计量问题 360 个；审计促进整改落实有关问题资金 38433 万元，其中增收节支 26253 万元、已调账处理金额 9691 万元；审计促进拨付资金到位 195 万元；审计后挽回（避免）损失 5016 万元。移送司法机关、纪检监察机关和有关部门处理事项 2 件。提交审计报告和专项审计调查报告 477 篇，被批示、采用 43 篇。提出审计建议 1107 条，提交审计信息 711 篇，被批示、采用 344 篇。向社会公告审计结果 43 篇。

财政审计 全州审计机关审计（调查）财政、税务、国库及预算执行单位 112 个，查出预算编制批复不规范、未按规定纳入预算管理、资金滞留闲置、虚列支出、违规出借财政资金等问题。审计财政决算单位 37 个，查出的主要问题有违规改变项目计划和资金用途、未按规定征提基金等。

经济责任审计 全州审计机关对 142 名党政领导干部及企业负责人进行经济责任审计。

金融审计 全州审计机关完成金融审计项目 5 个，发现违规经营、违规出借资金等问题。

固定资产投资审计 完成固定资产投资审计项目 96 个。

社会保障审计 完成社会保障审计项目 1 个。

企业审计 审计企业单位 27 个，查出的主要问题有资产质量不实、少计少缴税费、少计成本费用、账外资产等问题。

专项资金审计 组织开展专项资金审计项目 60 个，审计调查项目 7 个。 （撰稿人：李震海）

【塔城地区审计局】 2014 年，塔城地区审计局人员编制 33 人，在编 30 人。党组书记叶尔肯·赛达合买提，局长丁正全，副局长程和新，总审计师廖军，纪检组长陈学芳，经济责任联席会议办公室主任王志红，调研员古丽娜·库力拜。设有办公室、法制科、财政金融审计科、文教行政事业审计科、经贸审计科、固定资产投资审计科、经济责任审计科、督察审理科，下设固定资产投资审计中心。

审计成果 塔城地区审计机关完成审计项目 238 个，查出主要问题金额 258509 万元，其中违规金额 63785 万元、损失浪费金额 15 万元、管理不规范金额 194708 万元；损益（收支）不实金额 64098 万元；审计处理处罚金额 82202 万元，其中应上缴财政 4978 万元、应减少财政拨款或补贴 633 万元、应归还原渠道资金 15184 万元、应调账处理金额 59800 万元；审计发现非金额计量问题 187 个；审计促进整改落实有关问题资金 17765 万元，其中增收节支 15287 万元、已调账处理金额 2325 万元；审计后挽回（避免）损失 1290 万元。移送处理事项 11 项。出具审计报告和专项审计调查报告 245 篇，被批示、采用 13 篇。提出审计建议 356 条，提交审计信息 144 篇，被批示、采用 51 篇。

财政审计 全年完成审计项目 35 个，重点对接待费、会议费、培训费、车辆运行费等经费预算以及使用的真实性、报表数据的真实性进行审计。

经济责任审计 全地区完成 42 个单位 52 名领导干部经济责任审计，重点审计领导干部任期内做出的重大经济事项决策和实施情况，同时关注会议费、培训费、招待费及车辆运行费管理使用情况。通过审计，全地区查出违规金额 7304 万元，其中应负主管责任金额 902 万元、负领导责任金额6401万元，客观公正地反映领导干部任期经济实绩和经济责任，促进领导干部依法行政。

金融审计 对额敏县、塔城市、乌苏市农村信用合作联社及沙湾农村商业银行股份有限公司进行审计调查，共审计调查资金85.68亿元。提出加强金融机构信贷管理，落实信贷资金贷前调查、贷时审查、贷后检查的“三查制度”等建议。

固定资产投资审计 完成固定资产投资审计项目133个，审计投资额7.88亿元，核减工程款9977万元。促进加强投资决策和投资管理，提高建设资金使用效益。

援疆审计 辽塔两地审计机关组成8个联合审计组，对75个援疆项目和资金进行跟踪审计或竣工决算审计。其中对2014年58个援建项目、2011年至2013年17个未竣工建设项目实施跟踪审计。对具备竣工决算审计条件的11个援建项目进行竣工决算审计，送审金额3.57亿元，审减额4544.3万元，平均审减率为12.74%。

（撰稿人：乔　超）

【阿勒泰地区审计局】 2014年，阿勒泰地区审计局人员编制39人，在编31人。局长许玲，副局长刘洛阳、塔斯肯·哈孜泰、张跃平，总审计师姜淑英，纪检组长塔斯肯·哈孜泰（兼），经济责任联席会议办公室主任肖焱。设有办公室、监察综合室、法制科、督察和内部审计管理科、财政金融审计科、行政事业和社会保障审计科、农业与资源环保审计科、固定资产投资、外资和企业审计科、经济责任审计中心。

审计成果 阿勒泰地区审计机关完成审计项目125个，查出主要问题金额273977万元，其中违规金额24096万元、损失浪费金额1万元、管理不规范金额249 879万元；损益（收支）不实金额11803万元；审计处理处罚金额40109万元，其中应上缴财政5043万元、应归还原渠道资金10194万元、应调账处理金额5680万元；审计发现非金额计量问题637个；审计促进整改落实有关问题资金10676万元，其中增收节支2845万元、已调账处理金额4751万元；审计后挽回（避免）损失4036万元。出具审计报告和专项审计调查报告156篇，被批示、采用2篇。提出审计建议384条，被采纳审计建议255条。提交审计信息779篇，被批示、采用审计信息609篇。向社会公告审计结果16篇。

财政审计 审计单位26个，查出未按规定纳入预算管理、未按规定征收缴纳收入、未按规定征提基金、资金滞留闲置、违规出借财政资金等问题。

经济责任审计 全地区开展24个单位39名领导干部的经济责任审计，其中党委政府12人、党政部门20人、事业单位7人，查出违规问题金额3413万元，其中应负直接责任金额63万元、应负主管责任金额2480万元、应负领导责任金额869万元。

金融审计 审计单位5个。

企业审计 审计单位2个，查出财务收支核实不实等问题。

固定资产投资审计 审计单位45个，查出违规改变项目计划和资金用途、工程结算款不实、超规模超标准项目等问题，核减投资额（工程款）4780万元。

专项资金审计 审计（调查）单位19个，查出未按规定征收缴纳收入、虚列支出、工程结算款不实、会计核算不实等问题。

信息化建设 地县审计机关大力推进审计管理及现场审计两大系统的应用，计算机审计成果明显。共向审计厅上报计算机审计实例、方法25篇，获优秀、应用奖16篇。（撰稿人：张　丽）

【石河子市审计局】 2014年，石河子市审计局人员编制68人，在编61人。局长杨全义（3月—），副局长刘文、方玉凤（10月—）、罗新平（10月—）。设有综合科（办公室）、法制科、财金审计科、行政事业审计科、企业审计科、固定资产投资审计科、经济责任审计科；下设四个派出审计中心，分别设一科、二科、综合科。

审计成果 石河子市审计局完成审计及审计调查项目34个，查出主要问题金额16689万元，其中违规金额11278万元、损失浪费金额25万元、管理不规范金额5385万元；损益（收支）不实金额727万元；侵害人民群众利益金额3万元；审计期间整改金额6078万元，审计处理处罚金额10307万元，其中应上缴财政77万元、应归还原渠道资金46万元、应调账处理金额2930万元；

审计发现非金额计量问题 26 个；审计促进整改落实有关问题资金 6941 万元，其中增收节支 106 万元、已调账处理金额 2866 万元；审计后挽回（避免）损失 16 万元。移送司法机关、纪检监察机关和有关部门处理事项 2 件。提交审计报告和专项审计调查报告 51 篇。提出审计建议 57 条，提交审计信息 3 篇。

财政审计 以促进规范部门预算管理为目标，加强对资金使用量大的部门和政府引导支持项目资金的审计；以应收尽收各项收入及时入库为目的，加大对石河子地方税务局的税收征管审计；以控制举债风险为重点，进行政府债务审计。

金融审计 对石河子市信用融资担保有限公司资产负债损益情况审计，查出担保公司货币资金管理内控制度执行不到位、财务印鉴保管不严、网上交易业务管理失控等问题，将有关人员挪用公款案件线索移送相关部门。

固定资产投资审计 开展工程项目标前控制价审计，前移审计关口，采取“事前介入、事中跟进、事后监督”的方法，对石河子机场迁建工程等政府重点投资项目实施全过程跟踪审计。加强对中介机构的管理，优选建立中介机构资料库。深入开展工程建设领域突出问题专项治理工作。

企业审计 受市国资委的委托，对 15 家国有及国有控股企业 2013 年度经营业绩进行考核审计。

经济责任审计 注重经济责任审计与预算执行、财务收支、专项资金审计相结合，重点落实审计整改，突出经济责任审计成果利用。组织召开经济责任审计联席会议，会议决定对团处级党政主要领导实施任中和同步审计。争取党委支持，增加 1 名副局长职数，专职经济责任联席会议办公室主任。

（撰稿人：张建超）

2014 年新疆维吾尔自治区所辖地(州、市)级审计工作统计表

金额单位：万元

审计机关	完成审计项目(个)	审计查出主要问题金额	审计处理情况					出具审计报告和审计调查报告(篇)	提出审计建议(条)	提交审计信息(篇)
			审计处理处罚				移送处理事项(件)			
			应上缴财政	应减少财政拨款或补贴	应归还原渠道资金	应调账处理金额				
乌鲁木齐市审计局	91	673378	35633	8323	45089	47267	7	107	362	123
克拉玛依市审计局	51	244512	2001	6521	704	3952	4	63	101	6
吐鲁番地区审计局	146	173143	246	7691	13164	3377	4	216	276	132
哈密地区审计局	202	222115	31351	15876	1531	5433	1	208	412	88
阿克苏地区审计局	360	482449	6940	6208	1655	33810	31	391	995	397
喀什地区审计局	952	357214	2617	15229	10465	18286	9	1003	1769	361
和田地区审计局	117	148448	2692	49	996	1423	6	134	332	204
昌吉回族自治州审计局	342	455207	2768	35715	17839	31401	7	408	720	839
博尔塔拉蒙古自治州审计局	81	174603	8108	1271	1500	1476	2	134	228	191
巴音郭楞蒙古自治州审计局	299	757664	15990	11734	21307	2967	19	320	525	1174

续表

审计机关	完成审计项目（个）	审计查出主要问题金额	审计处理情况					出具审计报告和审计调查报告（篇）	提出审计建议（条）	提交审计信息（篇）
			审计处理处罚				移送处理事项（件）			
			应上缴财政	应减少财政拨款或补贴	应归还原渠道资金	应调账处理金额				
克孜勒苏柯尔克孜自治州审计局	242	150819	6423		1037	12431	10	252	364	181
伊犁哈萨克自治州审计局	435	1080582	8163	4424	13967	5250	2	477	1107	711
塔城地区审计局	238	258509	4978	633	15184	59800	11	245	356	144
阿勒泰地区审计局	125	273977	5043		10194	5680		156	384	779
石河子市审计局	34	16689	77		46	2930	2	51	57	3

新疆生产建设兵团

【新疆生产建设兵团审计局】 2014年，新疆生产建设兵团审计局人员编制28人，在编26人。设有办公室、法制处、财金审计处、社会保障暨专项资金审计处、企业审计处、固定资产投资审计处、经济责任审计处。

领导成员

局　　长：梅新顺

副 局 长：向春华　丁　峰

代　斌（援疆干部，8月—）

审计成果 新疆生产建设兵团（以下简称兵团）审计局和14个师审计机关共完成审计（调查）单位754个，查出损失浪费金额11462万元，审计期间整改金额1709万元，审计促进增收节支和挽回损失18.63亿元。移送有关部门处理事项30件，移送处理人员47人，涉及金额9012万元。审计建议被采纳540条。协助有关部门查处一批重大腐败案件。

政策措施贯彻落实情况跟踪审计 按照国务院的部署，围绕促进经济平稳健康运行，兵团审计局对各师、各部门在推进简政放权、加快棚户区改造、加快城市基础设施建设、促进节能环保产业发展、夯实农业基础和推进现代农业发展、经济结构优化升级等22个方面政策措施的执行及工作进展等情况持续开展跟踪审计，每季度向兵团和审计署报告跟踪审计情况，推进国家稳增长促改革调结构惠民生防风险政策贯彻落实。

财政审计 组织兵师两级15个审计机关，对兵师团三级财政及预算单位截至2013年末财政存量资金进行专项审计调查，在摸清兵团财政存量资金的规模和结构的基础上，从加强部门预算管理、细化项目支出预算、切实加快预算执行进度、加强对各类应付款项清理检查、对“跨年度安排支出”等资金加强跟踪检查、监督财政资金专款专用、减少或杜绝部门结余结转资金规模、如期发挥财政效益等方面提出多项审计建议，为促进盘活财政存量资金、加强财政预算管理、提高财政资金使用效益提供决策依据。按照审计署的部署，兵团审计局对兵团本级、第六师、第八师、第十二师及其所属部门单位2008年至2013年土地出让收支和耕地保护情况进行审计，抽查319件批地文件、1713宗土地和30个土地整治项目，对有关情况追溯到相关年度，从探索适合兵团经济社会发展的土地利用、供应政策，进一步规范土地出让收支管理，加强土地集约节约利用，严格落实耕地保护制度，加强完善土地监管和执法等方面提出多项建议。重点对兵师两级党政机关及参照公务员管理的事业单位在公务用车、公务接待费用及停止新建楼堂馆所和清理办公用房等情况进行审计检查，审计情况表明，兵团各级贯彻落实中央八项规定、国务院“约法三章”、《党政机关厉行节约反对浪费条例》和兵团有关规定的总体情况良好，但个别师、部门、单位还存在超编、超标配置公务用车，换用、借用、占用下属单位或其他单位车辆；超预算列支车辆运行费、公务接待费，在会议费等项目经费中列支公务用车运行费、公务接待费；人为调节财务决算，少报公务接待费等问题。审计从加强预算编制，预算执行，依法行政等方面提出审计建议。按照兵团要求，兵团审计局对审计结果在全兵团进行通报。

专项资金审计　组织兵师两级审计机关对兵团本级和 14 个师 2013 年城镇保障性安居工程（廉租住房、公共租赁住房和各类棚户区改造）投资、建设、分配、运营等情况进行跟踪审计，发现的主要问题包括：兵团直属单位和部分师保障性安居工程资金存在滞拨和闲置现象；部分师未完成保障性住房开工、竣工任务；部分师保障性住房建成后长期空置等。针对发现的问题，审计提出加强城镇保障性安居工程项目资金管理使用和后续监督，统筹安排项目资金，减少资金闲置，进一步加大检查、监督力度，使国家和兵团的相关政策制度及责任追究落实到实处等建议。按照兵团的部署，兵团审计局重点对 946 个部门单位开展“小金库”清理检查工作，共查出“小金库”65 个，其中货币资金 830.94 万元，实物原值 320.84 万元。兵团审计局对相关责任人做出通报批评、处罚或移交纪委等处理。组织兵师两级审计机关对兵团本级和 13 个师 2005 年至 2012 年“万村千乡”市场工程项目投资建设和资金的拨付、管理、使用及相关政策执行情况进行绩效审计，发现的主要问题包括：部分师在资金管理方面存在挪用和违规调剂使用及个别项目资金被闲置的现象；部分师未完成投资项目计划任务；部分师财务核算不规范、项目申报验收不认真、项目资料不完整等。对第四师和第八师及 4 个团场 2013 年经济社会发展“争先进位”活动指标完成情况进行审计调查，揭示个别单位利润核算不实，争先进位部分指标的计算缺少基础数据或计算依据等问题。按照兵团主要领导批示精神，兵团审计局将审计调查结果在兵团范围进行通报。

企业审计　围绕国有资产安全和国有企业经营风险等问题，兵师两级审计机关总计对 219 户国有及国有控股企业进行审计（调查），查出违规经营金额 82419 万元、损失浪费金额 11379 万元。兵团审计局重点对兵团国资公司、兵团投资公司资产、负债、损益情况进行审计，并对兵团企业分类划级考核结果开展审计调查，揭示个别企业违规融资、违规担保，长期股权投资不实、不良投资数额较高、对外投资中违规操作等风险隐患问题。

经济责任审计　兵师两级审计机关共对 45 名党政领导干部和 85 名国有及国有控股企业领导干部进行经济责任审计，查出领导干部负有领导责任的问题金额 1595 万元，损失浪费金额 9384 万元。根据兵团党委组织部的委托，兵团审计局对第三师、第十师、第十二师 3 名主要领导干部进行离任经济责任审计，对第九师、第十二师 3 名主要领导干部进行任中经济责任审计，揭示个别师违规拆借资金、违规放贷、违反基本建设程序实施“三边工程”、设置“小金库”、政府性债务率处于高风险警戒区域等问题，将个别师所属企业领导违法案件线索移送纪检监察部门处理。

基础建设　加大业务学习培训工作力度，兵团审计局通过制订全系统审计干部年度学习培训计划，抓好重点审计项目进点前审前培训班，利用审计署“智力援疆、送教上门”项目邀请专家来兵团讲授审计专题，利用审计专网、审计会商系统组织学习培训等方式，进一步加强审计人员能力建设。1 月至 12 月，兵团审计系统共有 452 人次参加由审计署和兵团审计局组织的各类业务培训。开展优秀审计（调查）项目评选暨审计机关“双先”评选活动，在审计署开展的全国审计机关“双先”评选活动中，第十师审计局获得全国审计机关先进集体称号；在审计署开展的全国审计机关优秀审计项目评选活动中，第九师、第十师审计局实施的 2 个审计项目被评为全国审计机关表彰审计项目。在兵团审计局开展的全兵团审计机关“双先”评选活动中，第二师、第三师、第七师、第八师、第九师、第十三师审计局获得兵团审计机关先进集体称号；在兵团审计局开展的兵团审计机关优秀审计项目评选活动中，第四师、第六师、第八师、第九师、第十师审计机关实施的 8 个审计项目被评为兵团审计机关优秀审计项目；第一师、第二师、第七师、第八师、第十三师实施的 12 个审计项目被评为兵团审计机关表彰审计项目。

（撰稿人：焦　平）

【第一师阿拉尔市审计局】 2014年，第一师阿拉尔市审计局人员编制36人，在编25人。局长孔兵，副局长万丛书、邹桂霞。设有财经暨固定资产投资审计科、综合科。

审计成果 全年完成审计项目66个，查出问题金额181700万元，其中资产不实10300万元、管理不规范金额31900万元；应调账金额164600万元。

援疆审计 完成9个对口援建项目审计（调查），其中2011年项目1个、2013年项目2个、2014年项目6个。

财政审计 重点对阿拉尔市本级财政、阿拉尔市地税局及驻京办事处实施审计，查出问题金额811.23万元，提出审计建议8条。

专项资金审计 对师市开发办及10个单位农业综合开发资金和工程结算情况进行全面审计；对第一师2013年度城镇保障性住房安居工程进行跟踪审计调查；对“家电下乡”资金的使用、“2013年团场生产连队公益事业一事一议”计划、塔里木灌区水利管理处和沙井子灌区水利管理处水费征收情况进行专项审计和调查。审计查出管理不规范金额46万元，提出意见及建议17条。

固定资产投资审计 完成政府投资建设审计项目16个，审计后核减投资额1100万元，查出管理不规范金额25800万元，提出审计意见及建议70条。

企业审计 重点对16个农牧团场和7个企业进行审计，查出主要问题金额140200万元，占审计总金额3.5%。 （撰稿人：杜金凤）

【第二师铁门关市审计局】 2014年，第二师铁门关市审计局人员编制28人，在编18人。局长黄燕，副局长金银花。设有财经审计科、企业审计科。

审计成果 全年完成审计（调查）项目31个，涉及单位176个，查出违规金额13000万元、管理不规范金额246600万元，审计处理处罚违规金额13000万元。提出审计建议120条，被采纳103条。

财政审计 重点对师本级预算执行情况、铁门关市本级预算执行情况及师财政存量资金进行审计（调查），查出违规金额668.17万元、管理不规范金额10575万元，审计处理处罚668.17万元。

专项资金审计 重点对2013年城镇保障性安居工程进行跟踪审计，查出违规金额12200万元，对项目管理中建筑面积超标、工程进度缓慢、廉租住房销售不畅、空置率高、虚报建设任务、滞留拆迁补偿资金等问题提出整改意见。

援疆审计 重点对河北省援建的利华绿原公司天然气入户等8个项目进行跟踪审计，揭示项目在工程招投标、合同签订、建设程序、工程结算等方面存在的问题，会同河北援疆“前指”，师援疆办及相关部门召开协调会，提出整改意见。

企业审计 重点对师直属万源农业机械有限公司、永兴供销公司上年度效益情况实施审计，查出管理不规范金额2008万元，对查出的挪用财政资金、建设项目资料不齐全等问题进行审计处理。

经济责任审计 按照师市党委组织部统一安排，完成师直单位领导干部经济责任审计18个，其中团场12个、企业6个，离任审计16个、任中审计2个。审计查出管理不规范金额234100万元，对违规挪用财政资金、违规担保、费用不合理摊销、隐瞒收入等问题进行审计处理。

（撰稿人：段国华）

【第三师图木舒克市审计局】 2014年，第三师图木舒克市审计局人员编制30人，在编21人。局长何小强，副局长周淑梅、王进、朱媛。

审计成果 全年完成审计项目32个，查出管理不规范金额199556万元、其中应调账处理金额2252万元、损益（收支）不实金额67962万元。挽回损失2252万元。

财政审计 重点对师财务局上年度预算执行情况进行审计。

固定资产投资审计 完成基本建设审计及其他调查项目20个，其中防洪工程水利项目14个，农村安全饮水项目3个，保障性住房竣工决算项目3个。对东莞市对口支援第三师资金管理使用和项目建设情况进行跟踪审计。

专项资金审计 对2013年保障性住房建设项目、兵团2012年度万村千乡市场工程绩效情况进行审计（调查）。

企业审计 对 15 个农牧团场、14 家师市企业上年度财务收支、资产、负债及经营成果进行审计。

经济责任审计 根据兵团党委组织部及师市党委组织部的委托及领导干部任期情况，对 6 名党政领导干部进行任期经济责任审计。

（撰稿人：王 峰）

【第四师审计局】 2014 年，第四师审计局人员编制 31 人，在编 27 人。局长孟新伟，副局长张荣华。

审计成果 全年完成审计项目 140 个，审计查出违规违纪金额 11469 万元，其中违规金额 6987 万元、损失浪费金额 1942 万元、管理不规范金额 2540 万元。向纪检监察机关移送违纪案件线索 2 起，涉案金额 253 万元。审计处罚 90 万元。提出各类管理建议 30 条，向师党委递交审计要情 2 篇，综合性报告 1 篇。

财政审计 审计项目 5 个，出具审计报告 5 篇。

固定资产投资审计 审计项目 73 个，核减工程款 13423.73 万元。

专项资金审计 审计项目 3 个，出具审计报告 3 篇。

企业审计 审计项目 34 个，出具审计报告 34 篇，提交审计要情 1 篇。

经济责任审计 审计项目 22 个，出具审计报告 22 篇。

（撰稿人：孟新伟）

【第五师审计局】 2014 年，第五师审计局人员编制 25 人，在编 20 人。局长李发州（—5 月）、余平安（5 月—），副局长李菊萍、罗红梅。

审计成果 全年完成审计项目 79 个，查出违规金额 362 万元、管理不规范金额 870 万元，应调账处理金额 5031 万元，审计决定应上缴财政 202 万元。提交审计报告和专项审计调查报告 92 篇，信息 1 篇，被批示 2 篇。提出审计建议 60 条，被采纳 57 条。

援疆审计 重点对 2014 年度对口援疆项目资金进行审计，截至年底，项目总投资 19677 万元，累计完成投资 15025 万元，完成计划的 76%。

专项资金审计 重点对 6 个农牧团场农业综合开发资金和扶贫以工代赈项目资金的筹集、管理、使用情况进行审计。对第五师 2013 年城镇保障性安居工程进行跟踪审计，重点关注保障性安居工程的投资、建设、分配、运营，以及资金筹集、管理和使用情况，反映存在的问题和保障性安居工程取得的成效。

固定资产投资审计 全年完成政府投资项目审计 37 个，审计总金额 97200 万元，核减投资额 245.5 万元。

企业审计 重点对师直属企业、农牧团场财务决算及资产负债损益进行审计，审计查出管理不规范金额 870 万元。

经济责任审计 对 13 名党政领导干部开展任期经济责任审计，查出违规金额 202 万元。

（撰稿人：刘 红）

【第六师五家渠市审计局】 2014 年，第六师五家渠市审计局人员编制 36 人，在编 30 人。党组书记马新中，局长李宏图，副局长秦万德（—5 月）、杨再谋（11 月—），纪检组长秦万德（兼，—5 月），杨再谋（兼，11 月—）。设有办公室、法制科、财金审计科、固定资产投资审计科、企业（经济责任）审计科、行政事业审计科。

审计成果 全年完成审计项目 97 个，查出问题金额 234500 万元，其中违规金额 17700 万元、管理不规范金额 2168 万元；非金额计量问题 224 个。移送事项 5 件，移送处理金额 94 万元。提出审计建议 153 条，被采纳 121 条。

援疆审计 重点对山西省 18 个对口援建项目进行审计，揭示援建项目在招投标、建设程序、竣工决算等方面存在的问题。

财政审计 对五家渠市财政局具体组织的 2013 年市本级预算执行及其他财政财务收支进行审计，抽审城建处等 6 个单位，并对市机关部局存量资金、"三公"经费、"小金库"清理进行审计和检查。8 月 28 日，市第三届人民代表大会常务委员会审议通过《五家渠市关于 2013 年度本级预算执行和其他财政收支的审计工作报告》。

企业审计 对 14 个农牧团场 2013 年度利润完成情况进行考核；对 8 个国有监管企业 2013 年资产负债损益及经营业绩目标情况进行审计。

专项资金审计 按照兵团审计局统一要求，对14个农牧团场保障性住房及棚户区改造、公共租赁补助资金管理使用情况进行审计；受师财务局委托，对新湖农场、芳草湖农场、奇台农场等7个农牧团场农业综合开发资金进行审计。

固定资产投资审计 完成32个项目。其中，山西省对口援疆项目5个、城镇基础设施建设项目8个、教育系统工程项目2个、农网改造项目3个、客运站工程项目2个、公路项目1个、水利工程建设项目2个、其他项目9个。核减工程投资额8550万元，查出违规事项135个。为提高社会审计组织参与政府投资审计的质量，审计局对政府投资项目进行规范。

经济责任审计 对4个团场政委、团长开展任期经济责任审计。师市成立经济责任审计领导小组，下发《关于印发六师五家渠市经济责任审计工作联席会议的通知》，明确各有关部局的职责。

审计整改 师市审计局采取多项措施建立审计整改督办机制。由局领导带队，组成联合落实审计决定检查组到被审计单位现场督导检查，对已报送执行完毕的问题进行现场核实；加强对相关人员问责，将不属于审计职责范围问题及时移交税务、建设、发改等部门处理，将审计发现需追究个人责任的问题移交纪检监察等相关部门依法进行问责；针对被审计单位暴露出的问题进行深入剖析，查找原因，协助被审计单位完善制度、及时整改；建立局长办公会整改例会制度，每季度听取各审计组的整改进度，以审计建议函等形式督促整改。 （撰稿人：丁梅华）

【第七师审计局】 2014年，第七师审计局人员编制28人，在编26人。局长张明炜，副局长奚玉龙。

审计成果 全年完成审计项目69个，查出违规、损失浪费、管理不规范等问题金额64628万元，归还原渠道资金101万元，收回违规发放资金58万元，审计处罚金额4.1万元。移送案件线索5起。报送审计要情3篇。

财政审计 对各团场2013年度预算执行情况、师本级2013年度预算执行情况进行全面审计，围绕农林水事务专项资金使用情况对各团场团连运转经费补助、农业综合开发资金进行审计（调查），揭示本级财政资金结余数额较大等问题，通过上报综合报告促进问题整改。

援疆审计 与江苏省淮安市审计局协作，对对口援建资金和项目进行跟踪审计。

固定资产投资审计 审计工程造价项目93个，开展固定资产投资竣工决算审计项目39个，审减工程造价15100万元。

企业审计 重点对师锦龙电力公司、北方建设集团、供销合作总公司等9个企业开展专项审计调查，揭示并通报师机关部分部门在企业报销餐费、车辆运行费用等问题，对部分事项移送相关部门处理。

专项资金审计 重点对师医疗卫生专项资金、师劳动就业专项资金及师扶贫资金使用情况开展审计（调查），查处部分单位挤占挪用2013年职业培训补贴资金购置固定资产及其他支出等问题。

经济责任审计 开展经济责任审计项目7个。对师属锦龙电力公司主要领导干部违规问题移送相关部门处理。制定《第七师审计局经济责任审计实施办法（试行）》。 （撰稿人：杨建芳）

【第八师石河子市审计局】 2014年，第八师石河子市审计局人员编制68人，在编61人。局长杨全义，副局长刘文、方玉凤（10月—）、罗新平（10月—）。设有综合科（办公室）、法制科、财金审计科、行政事业审计科、企业审计科、固定资产投资审计科、经济责任审计科。

审计成果 全年完成审计项目55个，查出违规金额1459万元、损失浪费金额9384万元、管理不规范金额22338万元；审计发现非金额计量问题37个；损益不实金额10563万元；侵害人民群众利益153万元；审计期间整改金额713万元，应上缴财政8万元，已上缴财政8万元；审计后挽回（避免）损失117万元。移送纪委处理事项12件，涉及人员20人、金额8214万元。出具审计（调查）报告66篇，专题和综合审计报告3篇，审计要情3篇均被师市领导批示。全年共向被审计单位提出建议78条，被采纳审计建议47条。

财政审计 以促进规范部门预算管理为目标，重点加强对资金使用量大的部门和政府引导支持的项目资金进行审计；以应收尽收各项收入及时入库为目的，加大对石河子地方税务局的税收征管审计；以控制举债风险为重点，进行政府债务审计。审计结果表明，政府预算执行总体情况较好，保运转、保民生、调结构、促进建章立制、提高财政管理水平。政府对审计提交的市本级预算执行审计结果报告给予充分肯定，市人大常委会对审计工作报告给予高度评价。加强预算执行审计对规范预算分配行为、提高财政资金使用效益、推动健全统一完整的政府预算体系发挥重要作用。

金融审计 重点对石河子市信用融资担保有限公司资产负债损益情况进行审计，查处担保公司货币资金管理内控制度执行不到位、财务印鉴保管不严、网上交易业务管理失控，导致单位业务员利用担任单位出纳职务之便，采取私盖单位印鉴、伪造银行单据等手段，频繁挪用公款等问题。

固定资产投资审计 开展工程项目标前控制价审计，从源头上治理招投标过程中招标控制价不真实的突出问题；对第八师2013年城镇保障性住房安居工程、辽宁省对口支援第八师援建项目、石河子机场迁建工程等政府重点投资项目实施全过程跟踪审计，揭示部分项目施工现场管理不规范、部分建设项目未按规定办理开工报告、援建资金核算不规范等问题；通过政府采购的形式，加强对中介机构的管理，采取资格审查、专家评定等方式，优选建立中介机构资料库，为提高政府投资审计质量提供保证；深入开展工程建设领域突出问题专项治理工作，实行专项治理与加强日常审计相结合，为师市经济发展提供良好的投资环境。

企业审计 对14个团场2013年度财务收支进行审计，查出挪用公款、违规设立“小金库”等问题，揭示团场对外参股投资效益不高、为招商引资企业垫付和出借资金数额增加等问题，对涉案单位及责任人进行经济处罚，涉案人员移交纪检部门，12名责任人员受到党纪政纪处分。受市国资委的委托，对市15家国有及国有控股企业2013年度经营业绩进行考核审计。

经济责任审计 全年对31名团（处）级主要领导干部进行任期经济责任审计。

（撰稿人：张建超）

【第九师审计局】 2014年，第九师审计局人员编制25人，在编23人。局长吴新国，副局长张艳丽、涂海滨。

审计成果 全年完成审计项目56个，查出违规金额658万元、管理不规范金额19350万元、责令归还原渠道资金30万元、调账处理金额13130万元。移送纪检监察机关或有关部门处理违纪案件7起，涉及20人、涉案金额204.95万元。

援疆审计 与辽宁省审计厅组成联合审计组，对16个援建项目进行跟踪审计，对7个项目实施竣工决算审计，审计后核减工程造价1644.89万元。

财政审计 对师预算执行单位预算管理及执行情况进行审计，查出隐瞒截留收入、公款私存私放、虚假发票入账、账外管理固定资产等问题。

固定资产投资审计 完成19个投资建设项目，审计后核减工程造价680万元，查出超规模、超概算，不按规定支付工程款，未按规定办理项目前期审批手续等问题。

专项资金审计 对第九师本级、团场及相关预算单位截至2013年末财政存量资金进行专项审计调查，提出建立定期清理机制，压缩结转结余资金规模，优化支出结构等审计建议；对“三公”经费管理使用情况开展专项审计，促进各部门各单位厉行节约；通过“万村千乡”市场工程项目审计，促使滞留的项目资金投入项目建设，完善相关制度和管理方式；对城镇保障性安居工程进行跟踪审计，查处并纠正个别不符合条件的家庭获得住房保障、少数保障性住房建成后空置以及工程建设管理不规范等问题。

企业审计 重点对师直4家国有企业和全师11个农牧团场的资产、负债和损益情况进行审计，查出个别工作人员为谋取私利，利用职务便利侵占公款、挪用公款、私分公款、骗取农作物保险费、公款私存私放、挪用财政专项资金、截留收入等问题。

经济责任审计 尝试开展党政主要领导干部经济责任同步审计。对团场、师直国有企业和事业单位7个单位的主要领导干部任期经济责任进行审计（离任审计4个，任中审计3个），查出问题金额1253万元。（撰稿人：程　鹏）

【第十师北屯市审计局】　2014年，第十师北屯市审计局人员编制25人，在编20人。局长韩光俊，调研员兼审计中心主任蒋红（3月—）。

审计成果　全年完成审计项目30个，查出违规金额1067万元、管理不规范金额20600万元，调账处理5829万元，归还原渠道资金504万元；查出非金额计量问题52个。审计意见和建议被采纳63条。

援疆审计　审计对口援建项目2个，核减金额56.47万元，查出问题金额120万元，揭示项目多计前期费用、补助资金补贴不到位、部分项目先开工建设后补办招投标手续、未经相关部门验收等问题。

财政审计　对2个预算执行单位财政资金管理使用情况进行审计，进一步规范财务收支行为。

专项资金审计　按照兵团审计局项目计划安排，重点对保障性安居工程进行跟踪审计，对“三公”经费管理使用情况、财政存量资金等开展专项审计。

固定资产投资审计　完成项目8个，核减工程投资22500万元，查出不规范金额2423.55万元，财务核算不规范金额1389.84万元，提高建设资金的投资绩效。

企业审计　重点对8个团场2013年度资产负债损益情况进行审计，发现管理不规范金额16500万元，损益不实金额7738万元，调账处理4874万元，促进和规范财务管理活动。

经济责任审计　完成任期经济责任审计项目5个，查出管理不规范金额3955万元，揭示财务监管不到位、招商引资和资产管理不规范等问题。

（撰稿人：刘　云）

【第十二师审计局】　2014年，第十二师审计局人员编制16人，在编14人。局长林海英（4月—），副局长徐建军（5月—）。

审计成果　全年完成审计任务49个，查出违规问题金额77175.29万元。提交审计（调查）报告、信息49篇，提出审计建议99条。

专项资金审计　重点对第十二师保障性住房安居工程、“万村千乡”市场工程项目资金绩效、农业综合开发资金等5个项目进行审计（调查）。

经济责任审计　对第十二师乌鲁木齐垦区检察院原检察长等5位团处级领导干部进行任期经济责任审计。（撰稿人：林海英）

【第十三师审计局】　2014年，第十三师审计局人员编制23人，在编19人。局长黄玉华，副局长海东青。

审计成果　全年完成审计项目59个，查出违规金额6146万元、管理不规范金额88900万元；查出非金额计量问题97个；责令调整账务处理金额6748万元，应归还原渠道资金484万元。向纪检监察机关移送审计事项2件，涉及金额237万元；向师有关主管部门移送审计事项3件，涉及金额54.68万元。提出加强和改进财务管理、提高经济效益方面的建议和意见138条。

财政审计　对师环境监察支队等10家行政事业单位预算执行情况进行审计，揭示部分单位账外资产、国有资产流失，固定资产核算不规范等问题，查出违规金额876.89万元、管理不规范金额38.25万元，提出审计建议17条。

固定资产投资审计　完成投资审计项目9个，累计核减建筑安装工程及设备投资额1567.51万元，规范项目待摊投资管理，调整未计多计的待摊投资681.2万元，提出审计建议25条。

企业审计　对红星一场等8个农牧团场财务收支进行审计，查出违反财经法规和管理不规范金额35200万元，责令调整账务处理金额3182万元，责令归还原渠道资金363万元，责令自行纠正处理金额31400万元。向纪检监察机关移送审计事项2件，向师有关主管部门移送审计事项1起。提出审计建议33条。对师工程监理公司、设计院等10个国有及国有控股企业资产负债损益情况进行审计，查出各类违纪违规金额11300万元，责令调整账务处理金额2353.81万元，责令自行纠正处理金额5878.31万元。向师有关主管部门移送审计事项1件，涉及金额40.67万元。提出审计建议31条。

经济责任审计　受师党委组织部的委托，对

9 位团处级领导干部任期经济责任进行审计。

（撰稿人：李杉杉）

【第十四师审计局】 2014 年，第十四师审计局人员编制 4 人，在编 4 人。局长孙静（—5 月）、庞开洪（5 月—），副局长郭建盛（5 月—）。

审计成果 全年完成审计及调查项目 40 个。提交审计报告 29 篇、调查报告 8 篇，提出审计意见及建议 78 条。查出管理不规范金额 14758 万元、挤占专项资金 239.95 万元。

稳增长等政策措施落实情况跟踪审计 对师 19 个部门贯彻国务院稳增长促改革调结构惠民生政策措施落实情况进行跟踪审计，上报综合报告 2 篇。按照兵团的部署，开展"小金库"专项治理检查工作，重点抽查 32 个部门、单位。

固定资产投资审计 对 4 个团场 2008 年至 2012 年实施的 262 个建设项目进行工程造价审核和竣工财务决算审计。对北京市对口援建的 43 个项目（交支票项目 23 个）进行竣工财务决算审计和跟踪审计，出具财务决算审计报告 14 篇，审计结果报告 1 篇。

专项资金审计 对第十四师 2013 年保障性安居工程开工、建成情况进行跟踪审计，重点审计师建设局、财务局等部门，延伸抽查师本级 2 个单位、4 个团场。对十四师 2005 年至 2012 年"万村千乡"市场工程项目资金管理使用和实施效果进行审计，查出挤占专项资金 239.95 万元。对第十四师红枣产业发展情况开展审计调查，重点了解师红枣产业现有发展，调查分析存在的利益分配机制不完善、加工技术较落后、产业发展后劲不足、整体效益不高等问题，提出规范财务核算、加强存货管理、健全风险防范机制等 6 条建议，出具审计调查报告 1 篇。

行政事业审计 重点对 7 家师直事业单位 2011 年至 2013 年预算收支情况进行审计。

企业审计 重点对 4 个农牧团场、9 个师国资公司及所属国有企业进行审计，查出管理不规范金额 14758 万元，出具审计报告 9 篇。

经济责任审计 对师检察分院原检察长和师机关部门、国有企业 7 名领导干部任期经济责任进行审计，揭示资产未按规定管理、专项补助资金使用预算不够细化、"三公"经费未得到严格控制等问题。

（撰稿人：郭建盛）

【建工师审计局】 2014 年，建工师审计局人员编制 7 人，在编 5 人。局长曹建辉，副局长陈建文。

审计成果 全年完成审计项目 7 个，查出违规金额 7100 万元，提出审计建议 54 条。

企业审计 重点对 4 个国有及国有控股企业资产、负债和损益真实性情况进行审计，揭示部分企业报表利润不实，违规发放福利费、奖金，货币资金管理存在漏洞，白条抵库，大额支付现金，应收款项未及时收回，账户管理混乱等问题。

专项资金审计 重点对全师保障性住房建设、管理情况进行审计，揭示未及时拨付资金、部分项目建设管理不规范等问题。

固定资产投资审计 完成审计项目 1 个，揭示建设单位未按项目单独核算，先施工后办手续等问题。

（撰稿人：王光灿）

科研、培训、出版、学术团体

【计算机技术中心、信息化建设办公室】 2014年，计算机技术中心、信息化建设办公室实有人员22人。设有办公室、网络管理处、系统运行处、信息系统审计处、数据管理处、安全保密处、国家审计仿真实验室。

领导成员

副主任兼总工程师：杨蕴毅

副 主 任：杨　莉（9月—）

办公厅巡视员：于广军（9月—）

办公厅副巡视员：薛　亮

信息化工作的协调和指导　与国家相关信息化建设部门的联系与沟通。参与国办《电子政务发展五年规划》数据共享相关内容的编写工作。2月按照署领导的指示及国办安排，成立由副主任杨蕴毅为责任人的《电子政务发展五年规划》数据共享专题工作组，组织开展相关编写工作。借鉴审计署近年来依法获取各部门数据、推动数据共享的经验，在吸取国内外相关经验的基础上，梳理审计署10个业务司履职所需的国务院下属79个部门数据的情况，在摸清数据情况的基础上工作组针对当前的数据共享难题提出“政府部门之间、依法履职所需、梳理共享目录、明确责任主体、按需逐层推进、监督考核通报”的解决思路，在《电子政务发展五年规划》的阶段性成果《关于加强电子政务协调发展有效服务政府履职的指导意见》中得到体现。该意见已经于10月颁布。

指导、支持地方审计机关信息化建设。依据《金审工程系统运行维护服务管理办法》，指导促进和检查地方服务队伍建设。在信息化方面给予西部地区审计机关技术支持指导。贯彻落实《审计署关于进一步推进审计信息化建设的指导意见》，全面总结各级审计机关近3年审计信息化工作规划和措施落实情况。为贯彻落实第二次中央新疆工作座谈会精神，开展送教上门。为自治区、生产建设兵团各级审计机关计算机审计业务骨干开展为期8天的计算机审计培训，促进新疆审计干部更好地了解金审工程三期、审计信息化理念，掌握现场审计实施系统和数据库应用及信息系统审计等技能，提升计算机审计能力。积极配合投资司，帮助新疆审计厅启动援疆投资项目审计管理平台建设，重点对平台建设的程序、标准、环境、对外联络、以后的运行等提出具体要求，为平台建设提供强有力的支持。支持地方审计机关部署OA（审计管理系统）地方版和1拖N版。截至12月底，共有32个省级审计厅局、5个计划单列市审计局、322个地市审计局、2621个区县审计局（含直辖市所属区县审计局和开发区审计局）、21个开发区、14个农垦师审计局成完OA部署。

制发计算机审计实务公告，提供技术指导。制发ERP环境下的财务收支审计指南等2个计算机审计实务公告，计算机审计实务公告总数已达51个。

金审工程三期的论证和申报　金审工程三期工程论证工作进一步明确现阶段审计信息化建设需求，组织编制项目建议书和可行性研究报告等材料，与国家发改委及时沟通，全面启动金审工程三期建设。1月，完成金审工程三期项目建议书的编写，向国家发改委报送《审计署关于报送金审工程三期项目建议书的函》；7月，国家发改委委托中国国际咨询公司对金审工程三期项目建议书进行评估，提出21条修改意见；组织人员对项目建议书进行修改完善，与国家发改委、中国国际咨询公司和评审专家进行12次沟通，同时先期启动可行性研究报告的编写；12月20日，中国国际咨询公司向国家发改委报送评估报告。

支持和参与审计业务 在2014年全国土地出让收支和耕地保护情况审计项目组织实施过程中，通过统一组织项目管理平台为省级审计组建立30多个子项目，为全国各级审计机关制作800个、更换21个迷彩U锁。全年通过现场服务、电话和RTX等方式为全国土地项目审计人员提供技术支持，共解决技术问题542个。根据国土审计办公室的需求制作审计报表模板，编写将千余条SQL校验语句对上报数据进行校验审核和验收，应用“联网审计分析系统”汇总分析全国31个省、自治区、直辖市和新疆生产建设兵团省市县三级近千个抽审地区的报表，编写SQL分析语句建立分析模型300多个，为顺利完成本次审计任务提供可靠保障。

为保障房审计项目全程提供技术帮助。根据社会保障审计司需求，建立“2013年城镇保障性安居工程跟踪审计（地方）”和“2013年城镇保障性安居工程跟踪审计（特派办）”两个统一组织管理的大项目，下含53个子项目，设立106名项目联络人，进行审计报表的封表、校验审核，进行数据验收入库、汇总分析以及软硬件配备等，审核验收全国31个省、自治区、直辖市和新疆生产建设兵团省市县三级近万张审计报表，应用“审计分析系统”建立分析模型500多个。

对12家央企开展联网和数据采集工作。配合企业司调研12家央企的信息系统，确定此次联网和数据采集的范围，明确采集的电子数据格式、频率、责任人及相关要求，于5月31日前顺利将数据采集至央企前置服务器，并初步开展数据分析工作。

配合审计署数据分析团队初步搭建支撑全国各领域数据采集、整合与分析的审计大数据分析环境，建立国产并行数据库分析环境并在物理独立的网络中运行，支持数据的存储和分析，审计大数据分析环境已经支撑数据分析团队对地方财政收支、地税、工商、重点央企、银行相关数据等数据的采集工作。根据《审计数据库建设规范》，继续整理、入库各行业审计数据。

信息化系统的运行和维护 保障“三网”的持续运行，为机关提供信息化管理和办公环境。保证审计署因特网、审计专网和审计内网的正常运转，保障审计署与中办、国办和财政部等署外单位的网络通信畅通，全年无重大断网事故。按照巡检制度定期进行检查，及时发现问题；采取及时升级反垃圾邮件、升级反病毒墙、使用流量控制管理工具、扫描漏洞和防护加固等措施，保障审计署官方网站、亚审环境网站、金审服务网站、联合国审计网站、审信标委网站和邮件系统的安全运行；管理审计内网和审计专网瑞星反病毒中心，及时升级瑞星防病毒软件、更新病毒特征库和补丁。严格执行审计管理系统《OA运行维护管理制度》，保障系统安全、稳定运行。利用总体监控系统等保障机房环境处于正常状态，及时处理发生的事件，排除故障。

对审计专网资讯类软件进行维护。及时加载财经审计法规，有效库的法规数量为47398篇；管理各单位内部网站，为各单位进行数据加载、升级改版提供技术支持；监视宏观经济信息、新华社部委综合服务项目库等自动更新软件的正常运行，及时协调相关单位，为中国知识资源总库等资讯软件批量更新加载数据。

提供经济适用的计算机设备，以有限的资金，向署机关提供经济适用的计算机设备，保障审计和办公的需要。保障署机关在用计算机设备的正常运行，为审计组和流动人员提供服务器、计算机等周转设备。按照预算，添置或者更新信息化资产设备。

执行安全保密管理规定，进一步加强信息安全防护、检查工作。成立安全保密处，负责履行审计署安全管理规定，落实信息安全责任制，进一步加强信息安全防护、检查，做好计算机信息安全相关工作，保证署机关正常工作秩序。2月至5月，按照审计署分级保护工作安排，组织特派办进行分级保护整改并汇总整改结果后由保密办上报国家保密局。按照国办要求，对国办政府专网在审计署的终端机进行安全加固，并提交测评材料、接受测评、提交测评整改报告。6月至10月，按中央网信办通知要求，组织开展全署范围的网络安全检查工作，形成工作总结报告上报中央网信办。按国家保密局通知，配合保密办组织开展全署非涉密信息系统保密管理检查工作。配合署保密办进行涉密审计信息系统管理制度和使用常识的宣传、培训，对涉密内网、业务专网、因特网门户网站及终端计算机、独立运行的绝密级计算机及其存储介质等进行全面检查。组织中国信息安全测评中心对审计专网进行安全评估。组织国家信息技术安全研究中心对审计署因特网进行安全评估，出具《安全检查报告》，协调网站厂商进行整改。按照国家密码管理局的要求，开展审计署重点领域网与信息安全商用密码检查工作。根据国家网络与信息安全信息通报中心下发的《网络与信息安全情况通报》，对审计署的终端操作系统、数据库软件等进行补丁安装和系统升级。

计算机培训 开展AO（现场审计实施系统）培训认证考试工作。2014年全国各省区市和署机关、特派办共5506人参加考试，通过5322人。全国共有59471人获得AO培训认证考试合格证书。

开展中级培训工作。2014年度共组织中级培训班3期，培训学员296人；组织中级培训师资班1期，培训学员47人；组织计算机审计中级水平考试6次，1775人参加考试，截至年底，全国通过中级考试的审计人员为6337人。

开展中级后续培训工作。12月举办国产神通数据库管理系统入门培训班。来自署机关、派出局、特派办和地方审计机关的40名学员参加本次培训。

开展高级培训工作。5月至7月举办第二期审计数据分析师高级培训班，培训学员43人，共有78人获得审计数据分析师考试合格证书。

举办2014年信息系统审计教学师资培训班。对培训内容进行调整完善，选择近年来比较成功的信息系统审计实践案例进行讲解，满足学员的实际工作需求，共计培训学员30人。

审计标准 联合审信标委继续开展审计标准制定与宣贯工作。4月初完成ERP六个标准的报批稿；12月下旬国家标准委完成批复。

推进审计数据标准国际化工作。5月初参加ISO亚太标准化组织大会，在会上积极宣传推介中国的提案；7月底向国家标准委提交在ISO成立“审计数据服务”项目委员会的提案；9月初，国家标准委正式向ISO提交提案；10月下旬，向47个重点国家的审计长邮寄审计长刘家义亲笔信函；11月4日，ISO正式发起对中国提交的国标项目申报提案投票，投票期为2014年11月4日至2015年2月4日，截至2014年底已收到加拿大、蒙古等8个国家的正式回函，表示支持中国的提案。

信息化科研 根据金审工程三期论证开展预研，在批复前启动审计指挥系统、电子审计技术、应用云计算、智能分析等新技术，应用取得突破性进展。

审计指挥系统建设工作。组织调研组陪同副审计长石爱中赴武汉特派办、国家电网和国家开发银行的现场审计组进行3次现场调研。以调研情况为基础，组织开展审计指挥中心的建设工作。指挥中心通过审计数据的智能感知与汇聚功能，实现审计业务数据、审计管理数据以及其他辅助性数据的统计分析，为审计决策指挥提供数据支撑；通过感知审计组或审计人员的位置，了解审计组所在的审计现场，并利用视频会商、电子白板等技术初步实现现场指挥功能，从而有助于实现审计指挥的扁平化管理，提高审计指挥效率。

企业投资关系可视化分析工具。以全国各省市工商管理数据为基础，组织开发企业投资关系可视化分析工具，实现全国1亿余家市场主体和9048万个自然人间关系的可视化交互分析。该工具利用云服务模式，安全、便捷地向各地一线审计人员提供全国性数据资源的分析服务。企业投资关系可视化分析工具已在2014年国土及彩票审计项目中被各部门一线审计人员使用5000余次，取得较好的效果。

依托移动互联技术的审计项目管理系统。为了提高审计项目实施过程中各级审计人员的互联互通，组织开发审计项目现场管理系统。该系统基于云计算技术实现审计大项目管理中的上下联动和横向互动，使得审计管理人员能够及时有效地把握审计工作进度和效果，提高审计大项目管理的时效性，帮助一线审计人员交流审计经验体会、获得审计专家指导。

开展前沿技术论证与测试工作。结合审计需求，开展审计科研工作，与神舟通用等厂商合作，开展前沿技术论证和测试工作，针对审计应用，国产并行数据库测试完成，国产数据挖掘工具已在中粮、国网审计中得到试用，推动审计信息化建设的国产化进程。与中科院、清华、哈工大等国内知名院校开展学术交流和科研合作，探索前沿信息技术与审计工作结合的方式，合作申报国家自然科学基金5项、发表SCI论文3篇、CSSCI论文1篇。

构建大数据数据中心建设方案。8月，编写《国家审计大数据数据中心规划方案》并组织电子政务专家对方案进行论证；9月，中心与神舟通用合作开展国家审计大数据数据中心建设方案编写工作；建设方案对技术路线、总体架构、建设内容、安全防护、基础设施、实施计划和投资估算等几个方面进行充分描述。

外事交流 2月，以副主任杨蕴毅为团长的中国审计署代表团前往科威特，参加INTOSAI（世界审计组织——最高审计机关国际组织）IT审计工作组第23次年会。审计署汇报"会计核算软件数据接口标准（Data Interface Standard of Accounting Software）"项目进展情况。在会议期间，代表团还与其他与会代表进行广泛接触，介绍中国审计和中国审计信息化成果，并就拟在国际标准化组织（International Organization for Standardization）下成立"审计数据接口"项目委员会（Project Committee）一事与部分ISO成员国的本次会议参会代表进行沟通。

应澳门审计署邀请，杨蕴毅一行于3月赴澳门审计署参加AO（现场审计实施系统）澳门版操作使用进阶培训班，并就下一步合作事宜及内地会计软件数据接口标准化情况进行交流。2014年度第41期计算机审计中级培训班为澳门审计署培养人才2人。（撰稿人：阎 靖）

【审计署审计科研所】 2014年，审计署审计科研所人员编制43人，在编31人。设有办公室、审计基础理论研究处、审计技术方法研究处、审计管理研究处和审计法制研究处。

领导成员

所　长：崔振龙

副所长：刘力云　沈立强（9月—）

工作综述 全年开展13个重点研究课题的研究工作，并与有关单位合作开展4个课题的研究。博士后工作站进行3个科研课题的研究。撰写34期《审计研究报告》，编译44期《国外审计动态》。牵头组织《中国特色社会主义审计制度研究》书稿的修改，完成《中国共产党审计工作史》第三稿的编写，编写出版《审计技术创新发展报告及案例选编（2013）》《全面深化改革背景下的审计策略研究》《世界主要国家及国际组织审计概况》。组织召开全国审计科研协作会议。组织完成审计署优秀博士学位论文的评选活动。组织博士后工作站4名博士后的研究答辩及出站工作，招收3名博士后进站工作。与审计学会共同组织完成2013—2014年度审计署重点科研课题研究的中期检查和结题评审工作，以及2014—2015年度审计署重点科研课题的招标立项工作。参加全国土地出让收支和耕地保护情况审计以及联合国审计项目。

审计署重点课题研究 在原有书稿的基础上，根据署领导指示和修改意见，牵头组织完成《中国特色社会主义审计制度研究》书稿的修改。组织《中国共产党审计工作史》的编写协调和修改工作，完成第三稿，报署领导审阅并送有关部门征求意见。牵头组织完成《审计知识问答》宣传册的编写、定稿和印制。按照审计署的安排，牵头组织编写《审计方法技巧》系列丛书，完成第二稿并报署领导审阅。

审计科研所课题研究 围绕审计科研所确立的"全面深化改革背景下的审计策略研究""领导干部自然资源资产离任审计研究""土地资源审计相关问题研究""地理信息技术在审计中的应用研究""商业银行资产业务数据分析研究""可视化技术在审计数据分析中的应用研究""审计机关发挥宏观调控作用研究"等13个重点课题进行研究，完成相关研究报告。博士后工作站开展"自然资源会计核算的体系构建及审计监督""文本挖掘技术在审计领域的应用展望及案例实验""中国内部审计信息化发展报告"等3个科研课题的研究并完成相关研究报告。与有关特派办、省审计厅及科研所、高等院校合作开展"土地资源审计问题研究""地方审计机关审计能力建设研究""棚户区改造审计监督研究""国际公共部门会计与预算改革对我国的启示研究"等4个课题的研究并完成相关研究报告。

撰写《审计研究报告》 完成34期《审计研究报告》。"国家审计在全面深化改革中的作用及其自身变革"以全面深化改革为背景，论述国家审计作为国家治理体系重要组成部分在改革中的独特作用，阐明国家审计推动改革的作用机理，提出审计面临的问题，以及国家审计的应对措施与变革策略。“领导干部自然资源资产离任审计研究”强调领导干部自然资源资产离任审计的意义，明确自然资源资产的相关概念及其范围，论述自然资源资产的管理体系与改革方向，阐明自然资源资产离任审计的目标、对象、组织方式、内容、评价指标体系、方法，以及自然资源资产离任审计报告与结果运用，提出自然资源资产离任审计的制度构建与工作要求。“审计机关审计技术创新发展报告（2013年）”以审计技术创新能力为主线，在专题调研的基础上，评价审计机关的审计技术创新能力，分析审计机关审计技术创新活动的特点，指出审计技术创新活动方面存在的突出问题，对进一步提高审计技术创新能力提出建议。“土地资源审计中的技术创新案例”选择和整理了8个地理信息技术方面的审计技术创新案例，展示地理信息技术在审计围湖、填海、占用农田、绿化造林、越界采矿、变更土地用途等方面的具体应用，为土地资源审计提供参考借鉴。“土地审计中常见问题及审计内容与方法”归纳整理审计中发现的一些与土地相关的问题，分析土地领域发生问题的原因，阐述土地审计的主要内容与方法。“开创国家审计推动国家治理现代化的新局面”论述《国务院关于加强审计工作的意见》的重要意义，阐明新的历史条件下国家审计保障国家治理现代化的作用机制，提出推进国家审计工作创新发展的举措。“在全面推进依法治国中发挥审计推动国家治理现代化的基石和保障作用”明晰国家审计在国家治理体系中的定位，探讨国家审计服务国家治理的途径，提出新形势下国家审计推动实现国家治理现代化的政策举措，从审计本质、审计目标、审计作用和审计内容等方面提出发展完善中国特色社会主义审计理论体系。“国有企业改革有关问题探讨”对比国有企业与私营企业、外资企业的绩效，厘清当前国有企业运营管理中存在的各种问题，强调深化国有企业改革的必要性，分析制约国有企业改革深化的因素，提出促进国有企业改革的政策建议。“土地资源管理领域存在的问题、改革目标与审计对策”，归纳当前我国土地资源管理领域存在的问题，分析土地资源领域改革的目标，提出新形势下土地资源的审计对策。“大力推进抽样审计努力实现全覆盖”介绍抽样审计方法研究和应用概况，论证审计全覆盖目标下抽样审计方法结合使用的必要性，提出审计机关推动实施抽样审计的建议。“预算法修订的主要内容及其对审计的影响和对策”总结新预算法修订的主要内容，分析修订内容对审计的影响，探讨适应新预算法要求的审计对策。“可视化技术在审计中的应用研究”介绍可视化技术的基本概念、发展背景及其分类特点和应用，重点列示可视化技术在审计中的应用，分析可视化技术在审计中的应用条件，并通过实例强化对可视化技术在审计中应用的认识。“土地增值税征管审计研究”介绍土地增值税征收的背景、征收模式，分析土地增值税征管中存在的问题及原因，讨论土地增值税审计目标和审计方法，并提出相关审计建议。

编译《国外审计动态》　对国外政府审计及其相关内容进行分析研究，并从中提炼有启示和借鉴价值的资料，以期为我国审计工作提供参考。2014年编译44期《国外审计动态》，重点关注欧盟审计院和美国、英国、加拿大、南非、印度、澳大利亚等国家审计机关的审计活动，主要编译“美国审计署审计报告要览”“美国审计署涉华审计的特征及启示”“美国审计署对中国政府履行经贸承诺情况的审计及其借鉴”“美国审计署持续系统地关注联邦政府财政风险”“美国政府财务报告与财务审计的协调发展过程及特点分析”“英国审计署开展对环境保护效果的绩效审计”“英国审计署开展中央政府债权管理审计”“加拿大审计署2013年秋季绩效报告要览”“南非审计署2012—2015年战略规划及其启示”“印度政府会计改革的分析与借鉴”“美英澳三国审计署绩效报告的内容架构与比较”“欧盟审计院开展对农村发展资金的审计”等。

编写出版专著　编写出版《审计技术创新发展报告及案例选编（2013）》。在2013年审计机关审计技术创新情况专题调研基础上进行编写，分上、下两篇，上篇是审计技术创新发展报告，分析审计机关审计技术创新工作的发展变化情况，包括创新能力评价、创新特点分析、创新现存问题和创新相关建议等方面的内容；下篇是审计技术创新发展典型案例选编，即审计技术创新工作的成果，选取各级审计机关155篇有代表性、应用效果明显的审计技术创新成果。撰写出版《全面深化改革背景下的审计策略研究》。组织全国9个省级审计机关和3个驻地方特派员办事处的百位成员参加编写，为全面深化改革提出前瞻性、战略性审计策略，初步构建一个全面深化改革目标与审计工作密切结合、审计理论与实践密切结合的审计策略框架，全书分上、下两篇，上篇是全面深化改革目标与审计策略，下篇是审计工作自身变革与创新发展。编译出版《世界主要国家及国际组织审计概况》。以重要性、时效性、准确性、规范性为原则，重点介绍美国、俄罗斯、英国、德国、法国、加拿大、日本、印度、南非等9个国家最高审计机关的审计体制、发展历程、法律地位、职责与权限、组织架构、人员管理机制、审计计划、审计类别与实施、审计报告制度与质量控制、与地方审计机关的关系等方面；欧盟审计院的审计体制、组织结构和人员、审计实施、审计报告制度和质量控制；联合国审计委员会的职权、相关机构设立、审计规范、审计内容、审计活动管理等方面；世界审计组织的基本情况、机构设置和职责、章程和战略以及审计准则等内容。

全国审计科研协作会议　3月份，组织召开全国审计科研所所长参加的全国审计科研协作会议，明确理论研究的目标方向和形势任务，介绍审计科研所2014年度课题研究情况和协作研究的意向，并围绕审计科研工作方向与任务、课题协作研究方式和内容、本单位科研方法和成果，进行交流讨论。

审计署优秀博士学位论文评选　根据《审计署优秀博士学位论文评选办法》的要求，组织完成2014年度审计署优秀博士学位论文的评选活动，从16篇参评论文中评选出8篇优秀论文，印刷出版。

博士后工作站管理　组织科研所博士后工作站4名博士后的研究答辩及出站工作。7月招收3名博士后进站工作。研究制定《审计署审计科研所博士后科研工作站管理规定》，明确工作站的各项工作流程环节及目标方向，促进内部管理和科研工作的提高。

审计实践　按照审计署的统一部署和要求，抽调12人参加由广州特派办牵头组织的广东省土地出让收支和耕地保护情况审计。按照广州特派办安排的任务分工开展工作，揭露和查处一些重大违法违规问题，编发多项审计信息，完成所承担的审计任务。1人参加联合国（伊拉克）代管账户期终审计及审计报告编写。2人参加交通银行股份有限公司原法定代表人任职期间经济责任履行情况审计。

（撰稿人：陆晓晖）

【中国审计报社】　2014年，中国审计报社（以下简称报社）在编23人，外聘26人。设有办公室、总编室、新闻部、专刊部、财务部、发行部、广告部、信息技术部。

领导成员

社长兼总编辑：洪承旭（—9月）

副　社　长：黄　峥（主持工作，9月—）

孔凡青

副社长兼副总编辑：赵晓强（11月—）

纪检组长：黄　峥（—9月）

武晓晨（9月—）

工作综述　在署党组的正确领导下，认真学习宣传贯彻党的十八大，十八届三中、四中全会和中央经济工作会议精神，以及《国务院关于加强审计工作的意见》和李克强总理的重要指示，扎实抓好群众路线教育实践活动整改和成果巩固工作，科学认识和把握审计宣传规律，宣传中国特色社会主义和民族复兴中国梦，宣传科学审计理念，宣传审计在推进法治、维护民生、打击腐败、防范风险、推动改革、促进发展等方面的新进展、新成效和好典型、好经验，讲好审计故事，弘扬审计文化，积极进取，开拓创新，各项工作取得新的进展。

新闻宣传工作　抓好重大事件的报道工作，充分发挥好“喉舌”作用。围绕中央和审计署工作重点和工作部署，精心组织全国审计工作会议、审计长向全国人大常委会做关于2013年度中央预算执行和其他财政收支的审计工作报告、《国务院关于加强审计工作的意见》和《党政主要领导干部和国有企业领导人员经济责任审计规定实施细则》出台等等的宣传，开设“学习贯彻全国审计工作会议精神”“履行审计职责，践行群众路线”“实现审计监督全覆盖探析”“专家谈《国务院关于加强审计工作的意见》”等10余个新栏目，进行系列专题和主题报道。深入报道党中央、国务院对审计工作的重要指示精神及署党组的重大工作部署和重大决策，深入持久地宣传科学审计理念，努力使之成为做好审计工作的强大思想武器和精神动力。

大力宣传审计工作成果，充分发挥好“窗口”作用。为了更好地贯彻落实刘家义审计长提出的“六个一”要求，报纸开展“立足审计、面向基层”好新闻竞赛活动，组织采编部门和采编人员积极策划并深入审计一线认真采写组稿，全方位、多角度地报道审计工作在推动完善国家治理中发挥的不可替代的重要作用。采编大量的审计新闻，向社会各界反映审计发挥的积极作用和取得的重大成效；挖掘许多鲜活的审计案例和审计故事，宣传解读审计的法律地位、职能职责。

积极推动审计工作交流，充分发挥好交流“平台”作用。审计报开设大量的新栏目、新专题，宣传报道各级审计机关加强业务建设、创新工作方法，加强队伍建设、提高审计能力，加强文化建设、规范机关管理的好典型和好经验；宣传报道地方政要、机关领导和审计人员在不断适应新形势、新变化过程中的新思路、新认识、新观点；介绍先进的审计理论与方法，刊载优秀论文和审计经验等等。

发行工作　1月，《中国审计报》发行数量实现审计长提出的突破10万份的第一个目标。在此基础上，进一步创新发行思路和方法，扩大现有宣传阵地，拓宽发行渠道和范围，力争用4年到5年的时间，达到发行量突破15万份的目标。通过一年的努力，截至年底，报纸发行量与上年同期相比增长12.3%。

积极稳妥地做好系统内的发行工作。大力推进省、地（市）、县三级联动机制，不断改进报纸征订工作的管理与服务，力争在有条件的审计机关实现人手一份报纸；加大对发行薄弱地区的指导力度，尝试在发行薄弱地区设立专职发行员，加强宣传发行工作经验交流，进一步调动积极性，培育新的增长点。

加强在重点领域、重点行业的发行工作。在央管企业、国有金融机构等单位的内部审计机构开拓发行新局面，根据实际情况，逐年扩大联系范围，加大宣传订阅力度，完善集订分送的发行机制。

不断扩大《中国审计报》在社会各领域、各阶层的覆盖面，加大对审计系统外关心审计或与审计相关单位和人员的宣传推广力度。

队伍建设　强化班子建设，提高用理论指导实践、推动工作发展的能力。班子坚持集体学习制度化，通过自学、集体学、座谈交流等方式重点学习中国特色社会主义理论和习近平总书记系列讲话，学习党章，学习科学审计理念，提升用科学审计理念指导审计宣传工作的能力。制定《中国审计报社工作规则》，建立科学规范的工作制度，提高工作水平和效能。实行科学民主决策，凡涉及“三重一大”事项，均由社务会集体研究决策。

加强中层干部队伍培养，强化责任意识和作风建设。坚持以品德为核心、作风为基础、能力为关键、业绩为导向的干部队伍建设思路和要求，弘扬“实、高、新、严、细”的工作作风，牢固树立党员意识。同时积极与人教司沟通，做好中层干部的选拔和聘用的准备工作，补充中层管理人员。

加强培训，努力培养一支高素质的新闻采编队伍。坚持实践是培训的第一跑道，成立了“六个一”策划采编工作小组，围绕审计工作中心，定期分析重大新闻事件、重大新闻专题、重要新闻线索，制订策划选题方案，精心组稿，深入一线挖掘新闻亮点，做到责任到人。全年举办3期200余人参加的“以提高审计新闻采写和新闻摄影水平”为主题的通讯员培训班，着力提高通讯员的业务能力。

党风廉政建设　报社领导班子坚持群众路线，带头做团结的表率、学习的表率、勤政的表率和廉洁的表率。努力营造报社清正廉洁、民主公开、风清气正的文化氛围，倡导开短会、讲短话、写短文、办实事；厉行勤俭节约，减少各种不必要的会议，规范业务接待行为，报社的会议费、车辆运行费、业务接待费同比有较大幅度下降。

在工作中，报社主要负责同志能认真履行廉政第一责任人的职责，加强教育、制度、监督三位一体的防范体系建设。大力组织宣传反腐倡廉工作的重要意义和审计在促进反腐倡廉建设中发挥的重要作用。报社未发生违反廉政规定和审计、新闻纪律的问题。

报社领导班子坚持正面教育为主，充分发挥典型激励引导作用。结合年终民主测评，大力宣传大家公认的、爱岗敬业的优秀员工的先进事迹；对每月评选出来的优秀版面进行展示，积极引导员工树立正确的价值导向。

内部管理 进一步完善民主集中制和重大事项的工作责任制。制定工作规则，把研究重大事项的社长办公会改为社务会，强调充分发扬民主，实行贯彻落实社务会决策重大事项的分工责任制，增强执行力，提高领导班子引领审计报社科学发展的能力。

健全完善制度，不断提高规范化水平。2014年制定、修订《社聘工作人员基本工资核定实施办法》《版面质量考评管理办法》《绩效工资分配管理办法》等12项内部管理制度。至此，既符合国家和审计署的规定又遵从报社发展实际的制度体系已基本建立。

创新人事管理和工作激励机制。落实审计长关于报社实行“三制”的指示精神，建立适应事业单位改革发展的工作人员公开招聘制度和中层管理人员聘任制度；实行以业绩考核为基础的绩效工资制度，在业绩提升的基础上，职工收入有了适当的增长；执行与劳动法要求相一致的同工同酬管理办法，社聘的近30名职工在工资待遇、职务晋升、个人发展等方面与事业编制职工基本一致。（撰稿人：王志红）

【中国时代经济出版社】 2014年，中国时代经济出版社员工人数为63人。设有办公室、总编室、财务部、《中国审计》编辑部、审计图书编辑部、经管图书编辑部、教育图书编辑部、外版图书编辑部、发行部。

领导成员

社长兼总编辑：王鸿津（—4月）

副 社 长：庄军（主持工作，4月—）

乔晚根

纪检组长：陈遥征（—9月）

郑云龙（9月—）

工作综述 在署党组的正确领导下，出版社紧紧围绕审计署中心工作以及署党组对审计宣传工作的指示和要求，积极创新审计宣传形式、努力提升审计宣传的质量和效果，以审计为重点内容的各项书刊出版业务均取得较好的社会效益和经济效益。积极应对转企改制后新闻出版业发展的新形势，在巩固已有成绩的基础上，大力推进以数字出版为核心的书刊出版业务转型升级，进一步完善以经营管理目标责任制为基础的管理机制，为出版社实现“做大做强”目标奠定良好基础。

审计宣传与期刊出版 紧跟审计工作发展形势，积极运用现有媒体和资源，努力提升审计宣传工作的质量与效果。以《中国审计》出版500期为契机，通过开展专家研讨、有奖征文等一系列活动，进一步明确提高采编质量、提升办刊水平的思路。研究制订《中国审计》栏目调整和优化方案，及时宣传报道党和国家重大方针政策以及审计署中心工作、深入挖掘优秀审计工作者的典型事迹、发现和采编优秀审计案例，提高杂志的思想性、指导性和可读性，使其更加贴近审计工作和审计人员。积极主动开展期刊发行工作，坚持让发行工作深入各地、走进基层，拓展《中国审计》的发行覆盖范围，使《中国审计》发行量保持在10万份以上。

审计文化建设与图书出版 出版社积极拓展以审计为重点内容的图书出版业务，满足审计机关和审计人员的文化需求，积极传播审计理论的研究成果。坚持以审计图书为重点安排和实施图书出版业务，全年出版审计图书近百种，初步形成“审计课题研究报告”“专业审计指南”“审计法律法规”“计算机审计应用”“高校审计系列教材”等具有鲜明审计特色的图书系列。进一步加强审计文化书屋建设与发展工作，积极开展为书屋选书、配书等服务活动，在出版社数字出版平台项目中开发书屋管理系统，帮助地方审计机关提高使用与管理书屋的水平。积极推动中国审计图书“走出去”，扩大中国审计的国际影响，完成《中国特色社会主义审计理论研究》一书的修订、翻译工作，并与国际著名出版机构——美国威立公司签署《中国特色社会主义审计理论研究》（修订版）英文版的版权输出协议，使我国审计理论专著首次以版权贸易方式走向世界。

信息化建设与出版业务转型升级 为实现可

持续发展，出版社积极推进信息化建设和书刊出版数字化转型升级工作。引进数字电话系统，增加服务功能、提升工作效率，改善对内、对外通话条件，使与客户的联络更加方便、快捷。建成出版社官方网站并开始上线测试，为进一步加强对外形象宣传、推广书刊产品，让社会公众了解和认可出版社提供更好的条件。积极推进以数字出版为基础的业务转型升级，先后完成中国审计数字出版平台项目一期招投标、软硬件采购、机房改造、部分系统的开发集成和部分数据加载等工作，主体网站已开始测试，项目一期的主要功能具备上线条件。

内部管理与队伍建设 为实现持续健康发展的目标，出版社进一步规范管理、夯实基础，努力打造高水平的员工队伍。在总结经验教训的基础上，进一步调整和完善以经营管理目标责任制为核心的管理机制和规章制度，为依法依规实施经营管理奠定良好的基础。针对员工队伍在审计知识、专业素质和工作作风等方面存在的不足，开展多方位多层次的教育培训工作，包括举办审计和出版专业理论问题专题讲座，组织员工学习“审计法制宣传月”推出的审计知识并对学习情况进行摸底考试，采用分层、分批方式安排员工参加专业培训机构举办的脱产专业培训，安排所有具有责任编辑资格的人员参加继续教育网上培训和面授培训等。为培养团队的协作精神，上半年组织一次户外拓展训练，下半年组织一次CS真人集体对抗活动，员工在活动中进一步增进相互了解、增强团队协作精神和集体荣誉感。

党建与思想政治工作 出版社党委认真贯彻落实署党组以及署机关党委、纪委的指示精神和工作部署，积极推进思想建设、组织建设和廉洁从业工作，较好地发挥对全社中心工作的保障作用。组织全体党员认真学习党的十八大及十八届三中、四中全会和习近平总书记系列重要讲话精神等，在党员群众中开展讨论和交流活动，引导员工将学习成果运用在具体工作中。进一步加强廉洁从业和作风建设工作，将反对“四风”作为重要工作长抓不懈，在管理和业务活动中消除奢侈、浪费等容易滋生腐败的现象，在年度重大业务活动中积极倡导、有效推行节俭、务实的理念和做法。结合工作实际，加强党的组织建设，根据人员变化情况，及时对党委成员和支部成员进行增选，保证党委和支部的工作能够持续有效地开展；根据党员发展程序和要求，对4名预备党员进行认真的培养和考查，在此基础上顺利转正；根据党建工作的要求，认真落实“三会一课”制度，进一步加强对党员意识的教育与培养，使党员同志都能够执行党的组织决议、遵守党的纪律、自觉交纳党费。（撰稿人：蔡　萌）

【审计署审计干部培训中心】 2014年，审计署审计干部培训中心（以下简称培训中心）人员编制40人，在编35人。设有办公室、培训一处、培训二处、培训三处、职业发展处、考试处（考试中心）、电教处以及怀柔基地管理处。

领导成员

副 主 任：杜光宇（主持工作，—8月）
班东启（主持工作，11月—）
曹志勇　刘　瑛

工作综述 培训中心在审计署党组正确领导下，围绕审计中心工作，全面落实《审计干部教育培训改革规划（2011—2020年）》和年度培训项目计划，不断提高培训质量，提升培训效果，推进全年各项任务的顺利完成，获得审计署2012—2014年度司局级文明单位、2011—2014年度先进基层党组织等荣誉称号。

培训体系建设 针对培训需求、培训计划、课程设置、组织实施等认真开展调研，科学制订年度培训项目计划，开展审计署和省、市级审计机关三级教育培训格局研究，形成课题研究报告。全年共举办各类培训班73期，培训6538人次（不含网络视频培训班次及人次）。其中，初任和任职培训2期，培训319人次；领导能力培训6期，培训914人次；审计业务培训39期，培训3676人次；知识补充和更新培训14期，培训969人次；管理培训7期，培训520人次；对外合作培训5期，培训140人次。

领导能力培训围绕深入贯彻落实党的十八届三中、四中全会精神和《国务院关于加强审计工作的意见》，举办司局级副职领导干部专题研究班、地县级审计局长培训班，促使各级审计机关领导能够运用科学审计理念指导审计工作实践，依法履职尽责，更好地发挥审计在推动完善国家治理和实现可持续发展中的积极作用。

初任培训突出组织需求和岗位需求，重新梳理新录用公务员初任培训课程体系，加大法治观念教育的比重，进一步深化课程设计，广泛采用小组讨论、范例体验、情景模拟教学，并辅以具有针对性的培训教材，促进学员顺利实现角色转换、明确岗位职责、适应岗位要求。

知识技能补充更新和提高培训重点围绕补充和提高参训审计人员的专业知识、业务技能和实务操作能力，综合运用多种教学手段，不断提升培训效果。青年审计干部培训班、建设项目审计培训班、新录用人员会计和财务基础知识与实务技能培训班注重基础性与实战性相结合，加大实务模拟及实战训练比重，有效锻炼和提高学员的实际操作能力和应用水平。

审计业务培训通过专业培训、案例培训、项目审前培训、送教上门等多种方式，着力提高参训学员的业务能力，特别是实务操作能力。继续加大对地方审计机关审计干部的培训力度，积极开展基层送教业务培训；推广案例教学，大力开展审计案例培训，举办 20 期提升查办案件能力案例研讨班等案例教学培训班；提升服务意识，协助相关司局实施全国土地出让收支及耕地保护情况审计培训班等审计项目培训。

对外合作培训以学习借鉴为目标、以严格规范为要求、以强化服务为宗旨，促进审计干部加强国际审计理论与实践的学习和借鉴。赴澳大利亚联邦政府决算审计中长期培训班等 4 个境外培训项目以学习借鉴为目标、以严格规范为要求，有效地促进审计干部加强国际审计理论与实践的学习；协助国际司组织举办南太平洋地区国家最高审计机关高级审计研讨班。

案例教学与案例库建设　截至年底，案例库审计教学案例已有 388 个，其中进行过实践教学的有 96 个；案例教学师资库师资已有 369 人，其中进行过教学实践的有 107 人。起草修改案例库及案例师资库管理办法，使案例教学培训工作在总结已有经验的基础上进一步规范化、制度化。全面推广案例教学送教上门。通过送教上门等形式为济南办、重庆办、武汉办和浙江省厅等特派办和地方审计机关实施案例教学。举办 20 期分行业提升查办案件能力案例研讨班，案例教学方式得到充分的实践检验。

审计模拟实验室建设　开展技术创新，探索实验室教学资源加密技术，利用云桌面技术改进实验室硬件环境。加快推进实验室开发，开展信息化环境下的财政审计模拟实验室项目开发工作，探索以实务范例为核心的地方经济责任审计模拟实验室的开发。在实验室的开发立项、教学产品设计和审核等各个环节形成规范管理。加大成果应用，根据实验室教学形式和教学产品的特点，将审计模拟实验室的教学产品运用到各类培训班中。

网络培训平台建设　全国审计干部互联网网上学习平台已初步建成，已经在河南省和浙江省（包括省审计厅、地市审计局和区县审计局）先行试运行，运行期间对发现的问题进行修改完善，将在 2015 年向全国审计机关推广。平台的建成，将进一步扩大培训覆盖面，提高资源利用效率，实现集中与分散相结合、上下左右贯通的灵活学习和培训方式。

考试体系建设　在前期多次调研的基础上，提出“安全实效、分步开发、逐步应用”的建设思路，在软件开发、模拟测试、宣传培训等方面反复论证，精心安排，稳扎稳打，1 月份启动平台建设，4 月份试运行，5 月 5 日网上报名平台正式上线。2014 年全国共有 43874 人报名参加考试，网上报名平台的开发应用，大大简化考务工作程序，提高工作效率。明确考试服务于社会化审计人才评价的定位，制订初、中级资格考试大纲调整工作方案，组织专家拟订大纲初稿，召开大纲分设专家研讨会。在“审计理论与审计案例分析”考试科目，增加内部审计案例选答题，使考试兼顾国家审计与内部审计，试题编制更加突出实践性，实务导向，体现实际业务能力。按照年度工作计划，完成考试报名组织、数据采集处理、试卷印制运送、成绩公布等各项考务工作。利用考试题库、网上评卷系统，完成命题和阅卷工作，保证试卷科学性和保密性，考试成绩客观性和公正性。贴紧政策和法规变化，组织修订 4 本考试教材，确保教材的时效性和准确性，充分发挥引导考生学习的效果。

多媒体宣传与电教服务　培训中心围绕审计署工作重点，完成多个重要会议、全国土地出让收支和耕地保护情况审计培训等视频培训班的现场转播工作；围绕审计重点，紧贴审计项目，勤下基层一线，赴广西、陕西、辽宁多地跟踪拍摄全国土地审计，赴杭州拍摄基层审计机关工作场景和一线审计人员风采；拍摄编辑各类领导讲话、会议活动、审计现场、培训讲座等音像资料共计330小时；制作播出11期《审计播报》节目；为机关党委拍摄制作《建功立业展才华，青春铸就中国梦五四特别活动》宣传短片、《我身边的先进典型》事迹报告会暨“两优一先”文明单位表彰大会人物宣传短片等电视宣传片；为境外司拍摄制作联合国审计宣传片《中国审计署联合国审计六年》；与党风廉政建设领导小组联合制作《反腐倡廉警示录》电视专题片；拍摄《股权转让的背后》等审计案例教学电视片。

怀柔基地管理 为迎接APEC会议的召开，怀柔基地实施环境整治改造项目，借助此次改造契机，促使怀柔基地进一步加强内部的经营管理，落实各项安全措施，完善内部的制度建设，提升服务水平。（撰稿人：韩 磊）

【中国内部审计协会】 2014年，中国内部审计协会（以下简称协会）秘书处共有人员28人，下设综合业务部、准则与学术部、职业教育部、公共宣传部、书刊服务部和国际事务部。

领导成员

名誉会长：李金华
会　　长：余效明
副 会 长：鲍国明　佟吉禄　刘志远
　　　　　郝志远　高　林　沈　莹
　　　　　贾文勤　赵　宏
秘 书 长：鲍国明（兼）
副秘书长：鹿云飞（—9月）
　　　　　沈立强（10月—）
准则委员会主　任：贾文勤
　　　　　副主任：秦荣生　刘力云
　　　　　　　　　冯均科
学术委员会主　任：郝志远
　　　　　副主任：王光远　刘　实
　　　　　　　　　翟亚林
质量评估委员会主　任：刘志远
　　　　　　　副主任：薛蓓儿　王小龙
　　　　　　　　　　　席　晟
培训委员会主　任：沈　莹
　　　　　副主任：赵　宏　胡利民
　　　　　　　　　陈　华

工作综述 2014年，内部审计加快发展的脚步，不断探索和创新管理体制，明确工作思路，突出审计重点，提升审计质量，服务组织管理、运营和发展的成效更加显著，呈现出良好的发展态势。全国建立内部审计机构6.93万余个，配备内部审计人员25.39万余人，较上年分别增长5%和4%；全年完成各类审计项目153.84万个，促进增收节支11860.45亿元；提出建议意见被采纳2383.10万条；建议给予行政处分6008人，实际给予行政处分4706人；向司法机关移送经济案件287起，移送处理的有关责任人员537人。

全国内部审计先进集体和先进工作者评选表彰 2月，协会启动该项工作，得到各地方内部审计（师）协会、中央有关单位和内部审计机构的大力支持，各地区、各单位按照程序自下而上地进行评选和推荐。评选过程中，领导小组及其办公室对申报先进的集体和个人认真审核、严格把关，保证评选工作公平公正。7月，协会通过官方网站对拟表彰名单进行公示。9月，正式做出《关于表彰全国内部审计先进集体和先进工作者的决定》。10月16日，协会在京召开全国内部审计“双先”表彰大会，对北京市大兴区教育委员会审计科等292个全国内部审计先进集体和田宗国等298名全国内部审计先进工作者进行表彰，为内部审计事业更好发展树立起标杆。

内部审计规范化建设 组织编写《中国内部审计准则释义》，对新修订的内部审计基本准则、内部审计人员职业道德规范和20个具体准则的主要条文进行解释说明，为内部审计人员了解新旧准则的差异及掌握新准则的内容起到重要作用。6月至8月，在全国范围组织审计法和内部审计准则知识竞赛活动，共有11万余人参与答题。基层单位以竞赛活动为契机，组织审计人员学习准则、理解准则，把准则的学习、贯彻落到实处。

推进内部审计质量评估。结合近几年质量评估项目的开展情况和有关准则的修订情况，对《内部审计质量评估办法（试行）》和《中国内部审计质量评估手册（试行）》进行修订。1月、6

月和11月，协会与具有资质的有关机构按照质量评估办法和手册，对北京公交集团公司、广州地铁公司、中国移动通信集团广东有限公司和中国太平保险集团公司4家公司的内部审计质量进行外部评估。7月，举办内部审计质量评估培训班，提高大家对内部审计质量评估的认识，为开展质量评估工作储备人才。

分类指导内部审计事业 加大调查研究力度，先后派出调研组赴四川、安徽、浙江和江苏，就各省内部审计工作及协会工作情况进行调研；赴中国联合网络通信集团有限公司和国家开发银行等单位，对中央企业和金融机构的内部审计发展状况进行调研。采取多项措施，加大对全国内部审计工作的指导力度。

积极推进内部审计信息化建设。3月，协会发布《中国内部审计信息化发展报告》，归纳总结我国内部审计信息化应用平台的现状及动态，提炼其典型应用框架，并梳理出内部审计信息化的发展脉络及未来发展方向，为开阔内部审计人员视野、指导其实践提供参考。

发布《中国内部审计蓝皮书（2013版）》。该书记载协会从1987年成立至2013年底的主要发展过程以及开展的主要工作，记录了同时期中国内部审计的发展情况，是一次系统性的梳理和总结。今后，蓝皮书作为记录我国内部审计发展进程、记载内部审计工作成果的重要文献资料，其编写将成为协会的一项常态性工作，这也是推动内部审计事业发展的一个重要抓手和举措。

开展不同行业、领域的内部审计交流活动。一是民营企业内部审计座谈会。7月，协会在宁波举办民营企业座谈会，邀请了60多家民营企业代表参加。会议总结2013年至2014年民营企业内部审计工作的开展情况，天津天士力集团等5家企业以及两家省级协会分别发言，和与会代表共同交流工作中新经验和好做法。二是举办以“内部审计的创新与发展”为主题的金融行业会员单位交流活动。9月，36家金融机构的代表齐聚北京，就审计业务中遇到的新问题、提出的新思路、采取的新办法进行交流。借活动之机，协会发布《金融机构内部审计发展报告》，从法律环境、基础建设、业务活动、作用发挥以及制约因素等方面梳理总结金融机构内部审计现状，提出进一步发展的意见建议。三是举办行政事业单位、企业和金融机构交流会。为加强内部审计人员的沟通交流，提供先进经验的共享平台，协会在召开“双先”表彰大会过程中，借鉴国际会议模式，分设行政事业单位、企业和金融机构3个分会场，遴选沈阳市总工会经审办、山东晨曦集团有限公司、北京汽车集团有限公司审计部、中国工商银行内部审计局上海分局等25家“双先”代表，介绍所在单位、先进工作者开展内部审计工作的经验和体会。

科研活动 完成4项在审计署立项的内部审计科研课题研究。1月，组织召开中期检查汇报会，对2013年立项的内部审计质量控制体系研究、内部审计人员职业资格认证制度研究、大数据时代的信息化审计研究、信息化环境下计算机审计模式和方法、上市公司内部审计运行机制及效果研究等5个课题进行中期检查；7月，对5个课题进行结项评审。12月，报经审计署正式批准，除上市公司内部审计运行机制及效果研究课题还需要进一步研究外，其余4个课题顺利结项。

以“内部审计增加组织价值”为主题，组织开展群众性理论研讨活动。在2月至6月申报论文阶段，各地区、各中央单位共报送论文300多篇，近60家会员单位申报组织奖。11月，协会组织召开学术委员会会议对论文进行评选，评选出一等奖10篇，二等奖39篇，三等奖115篇，6家地方内部审计协会、5家中央单位获得优秀论文组织奖。

培训宣传和考试组织 进一步丰富培训内容，完善内部审计人员后续教育机制，全年共举办面授培训班68期，培训约6153人次；网络培训共开设24门课程，培训约3607人次。为更好地宣传内部审计，《中国内部审计》杂志增加人物采访量和对先进单位的宣传；增大理论版块的用稿量，提升期刊学术性和理论性；杂志发行量继续上升，达到5.35万份。协会门户信息量不断加大，投稿量持续增加，指导力逐步增强，成为宣传内部审计和内部审计人员沟通交流的重要平台。

国际注册内部审计师（CIA）考试进行较大调整，考试科目由原有的4科变为3科，并由纸笔考试变更为纸笔考试和机考试点并行，收费标准也按照国际内部审计师协会（IIA）的要求进行调整。为确保考试顺利开展，协会完成一系列考务管理工作，根据各项变化配合技术公司对考试管理系统进行升级。11月，CIA考试顺利组织完成，全国共有21656人报名参加笔考，344人报名参加分别在北京、上海和西安3个试点的机考。

海峡两岸和国际交流活动　举办第十四届海峡两岸内部审计研讨会。9月，研讨会在上海召开，来自海峡两岸的90余位内部审计专家和学者代表围绕“内部审计如何为组织增加价值”主题进行交流和研讨。与会代表走访上海电气临港重型装备制造基地、上海自贸区临港新城、中国东方航空集团公司和上海证券交易所，考察企业发展与内部审计工作开展情况，深化对研讨主题的认识和理解。

开展国际交流与合作。1月和11月，分别举办美国反虚假财务报告委员会下属的发起组织委员会（COSO）内部控制新框架和“审计生涯的经验教训”专题报告会，邀请COSO委员会主席何逸夫先生以及IIA秘书长兼总裁钱伯斯先生做报告，为广大内部审计人员提供国际内部审计最新资讯。同时，组团参加IIA全球论坛、IIA年会、IIA年中秘书长会议、2014亚洲首席审计执行官论坛和亚洲内部审计大会，加强与国际内部审计组织和各国内部审计人员的沟通和交流，分享内部审计的先进理念和实务经验。

协会建设　积极开展调研，进一步明确发展方向和思路。为应对社会组织管理体制与政府监管机制的改革与变化，更好地履行内部审计业务指导与监督职责，2月至3月，协会走访、调研中国注册会计师协会和中国工程咨询协会等5家社会团体，为协会加强自身建设，完善职业自律机制，理清指导和监督内部审计工作的思路提供重要借鉴。

完善协会治理机制。一是加强与地方内部审计（师）协会的上下联动，共同推进各地区、各行业内部审计工作的开展。特别是针对新成立的西藏内部审计协会工作，协会不仅提供经费支持，还在培训、协会发展等各方面给予指导，帮助西藏内部审计协会有效开展工作，促进各地区内部审计均衡发展。二是加强分会工作。6月，协会召开分会负责人会议，通报民政部关于社会团体分支机构的文件精神，对《中国内部审计协会分会管理办法（修订稿）》进行讨论修改，交流分会工作，研究加强分会管理、有效开展分会工作的思路与方法。

加强干部队伍作风建设。继续深入开展党的群众路线教育实践活动，结合在实践活动中查找的不足，制定整改措施并将其落实到位，促进业务工作和内部管理水平的提升。坚持以学习促工作，构建学习型协会组织，先后组织召开学习习近平总书记系列重要讲话精神座谈会、法律知识经验交流会等。　　（撰稿人：王蕙娜）

【中国审计学会】　2014年，中国审计学会（以下简称学会）共有单位会员170个、个人会员1805人。12月27日学会召开第七届会员代表大会，选举产生学会第七届理事会。学会第六届理事会有理事212人、常务理事62人，第七届理事会有理事181人、常务理事61人。学会设有计算机审计分会、审计教育分会、环境审计专业委员会、学术委员会、编辑委员会、培训委员会等分支机构。学会办事机构为秘书处，主办《审计研究》杂志，设《审计研究》编辑部。

领导成员

会　　长：翟熙贵（—12月）
　　　　　董大胜（12月—）
副 会 长：石爱中（—12月）　李清和
　　　　　张立民（—12月）
　　　　　秦荣生（—12月）
　　　　　怀进鹏（12月—）
　　　　　高培勇（12月—）
　　　　　谢　平（12月—）　王家新
　　　　　刘达朱（—12月）
　　　　　王秀明（—12月）
　　　　　马怀德（12月—）
　　　　　耿建新（12月—）
　　　　　蔡　春（12月—）
　　　　　张继勋（12月—）　崔振龙
秘 书 长：刘达朱（兼，—12月）
　　　　　崔振龙（兼，12月—）
副秘书长：周德铭（—12月）
　　　　　周维培（12月—）　刘力云
　　　　　尹　平　章　轲（—12月）
　　　　　王本强（—12月）

尚　锐（12月—）
丁　雁（12月—）
张广春（12月—）
杨　莉（12月—）

工作综述　全面贯彻党的十八大，十八届三中、四中全会，习近平总书记系列重要讲话精神和全国审计工作会议对审计工作的总体部署及要求，围绕中国特色社会主义审计理论体系构建、国家审计与国家治理体系和国家治理能力现代化等重大理论问题，组织课题研究和学术交流，进一步增强学会的凝聚力和影响力，为促进审计事业科学发展做出贡献。

课题研究　组织对审计署重点科研课题进行公开招标、立项评审和结项评审。审计署2014—2015年度重点科研课题的3个公开招标课题是“国家审计如何推进国家治理体系和治理能力现代化”“审计报告改革”“经济责任审计”；2个定向委托课题是“1949年以来重要审计文献研究”“国家审计与现代财政制度”。4月，学会和审计署审计科研所组织专家对3个公开招标课题的52份立项申请进行评审。根据评审意见，经审计署批准，确定10个中标课题组和2个定向委托课题组为审计署2014—2015年度重点科研课题立项课题组。7月，学会和审计署审计科研所对11个（其中公开招标课题8个，定向委托课题3个）审计署2013—2014年度重点科研课题以及重新申请结项评审的3个审计署2012—2013年度重点科研课题进行结项评审。根据专家评审意见，报经审计署领导同意，上述14个课题中，13个“修改后结项”或“结项”，1个“不结项”。

与部分省级审计学会和特派办理论研究会合作开展课题研究。分别与浙江、安徽、湖北等13个省级审计学会和审计署特派办合作，开展“审计组织方式创新”课题研究；分别与北京、内蒙古、上海等16个省级审计学会和审计署特派办合作，开展“深化国有企业审计”课题研究。

专题研讨　4月，在云南昆明召开公共资金绩效审计研讨会，与会同志围绕现阶段开展公共资金绩效审计中如何确定审计目标，突出哪些审计重点，如何做到“全覆盖”，如何提高公共资金管理及使用绩效、解决突出问题，如何提高绩效审计结果的利用效果等问题进行探讨，为进一步深化公共资金绩效审计工作拓展了思路。6月，与北京工商大学联合召开自然资源资产离任审计研讨会，这次研讨会是学会为贯彻落实《中共中央关于全面深化改革若干问题的决定》提出的“探索编制自然资源资产负债表，对领导干部实行自然资源资产离任审计”的要求而召开的，与会同志重点围绕自然资源资产离任审计的基础理论、审计目标与内容、审计主体与对象、审计方法与技术、审计结果及运用、审计评价指标构建及实施、自然资源资产确认与计量、自然资源资产负债表编制等问题进行交流，对探索和开展自然资源资产离任审计起到积极推动作用。

学术交流和理论研究骨干培训　5月，以“审计技术方法创新”为主题在山东泰安召开2014海峡两岸暨港澳地区审计理论与实务研讨会。审计长刘家义出席会议并讲话，他指出，不断深化海峡两岸暨港澳地区审计理论与实务研讨，不仅要实现审计技术方法的交流和审计理论及实践的总结，更要促使两岸审计人员相互之间产生共鸣，在文化根源上找到共同的自身价值，增强对中华文化的自信。会上，副审计长石爱中以“加强审计信息化建设，推动审计技术方法创新”为题做专题报告。中国审计学会会长翟熙贵在开幕式上致辞。来自大陆及港澳台地区近40名专家和学者围绕研讨会主题进行深入研讨。通过研讨和交流，加深大陆和港澳台审计同仁间的了解，融洽同胞感情，增强民族认同，对于促进海峡两岸暨港澳地区审计工作共同发展起到推动作用。

分别于3月在南京审计学院、7月在北京市审计干部培训中心举办四期审计理论研究骨干培训班，来自全国审计系统内外的350余名审计理论研究骨干参加培训。培训内容主要包括深入学习领会党的十八届三中全会精神、国家审计与国家治理、财政审计工作现状及需要研究的问题、经济责任审计工作现状及需要研究的问题、资源环境审计工作现状及需要研究的问题、当前审计理论研究的形势和任务要求、审计理论研究方法、学术论文写作和学术道德规范。7月份的两期培训班纳入审计署年度培训计划，其中一期是学会首次专门为高等院校骨干举办的。

编辑出版《审计研究》　全年编辑出版6期《审计研究》杂志，刊登论文100篇左右，总计

155 万余字。坚持理论联系实际的办刊方针和为审计理论创新服务、为审计事业科学发展服务的办刊宗旨，坚持使国家审计研究方向论文的版面占有率达到 60%以上。坚持匿名评审制度及学术不端检测制度，对刊登论文严格把关。召开部分专家、学者、作者与发行人员共同参加的提高学术质量和办刊水平研讨会，征求意见和建议，增进沟通和联系，形成共同提高刊物质量的合力。利用学会举办审计理论研究骨干培训班的时机，向研究骨干宣讲如何深入开展国家审计理论研究和遵循科学道德与学术规范，积极培育和扩大作者群。

学会换届工作 4 月初，学会启动理事会换届筹备工作，制订换届筹备工作方案。方案确定换届工作的指导思想、主要任务、组织领导和进度安排等。根据方案，成立由时任分管学会工作的审计署领导负责的学会换届筹备工作领导小组，在领导小组之下，组成学会工作报告起草小组和理事会理事候选人推荐小组。组织起草总结第六届理事会工作和关于今后学会工作意见的第六届理事会报告稿，多方面听取意见、多次修改完善。此外，研究、撰写关于修改学会章程和调整学会会费标准等议案。在署领导直接领导和审计署人教司牵头下，根据经审计署批准的《关于中国审计学会第七届理事会理事、常务理事候选人人选分配的建议》，最终确定学会第七届理事会理事候选人 181 人、常务理事候选人 61 人。召开中国审计学会第七届会员代表大会暨第七届理事会第一次（扩大）会议，刘家义等署领导、学会第七届理事会理事候选人、第六届理事会部分常务理事、特约代表共 200 余名会员代表参加会议。会上，刘家义发表《立足于实践　服务好实践　努力开创中国特色社会主义审计理论研究新局面》的重要讲话，对“为什么要加强审计理论研究”“当前审计理论要研究什么”和“怎么开展审计理论研究”做深刻阐述。会议审议通过学会第六届理事会工作报告、学会换届筹备工作情况的报告、学会 2010 年至 2014 年财务收支情况的报告、修改学会章程的议案、调整会费标准的议案以及学会 2015 年工作要点，选举产生学会第七届理事会理事、常务理事、会长、副会长、秘书长人选，决定副秘书长人选。

基础建设 按照审计署深入开展党的群众路线教育实践活动实施方案中“整改落实、建章立制”的要求，在对以往学会会议规程、会员管理与服务、理论研讨和学术交流、课题管理、杂志编辑出版发行等制度做全面梳理的基础上形成《中国审计学会制度汇编》。制度汇编为今后优化学会工作管理机制，推进学会工作制度化、规范化、科学化打下坚实基础。以纪念中国审计学会成立 30 周年为契机，经过整理、反复修改，编写《中国审计学会 30 年大事记》（以下简称《大事记》）。《大事记》共 290 条、6 万字，集中反映中国审计学会成立 30 年来的发展历程、主要工作和取得的成绩。12 月，会长会议决定将《大事记》作为内部资料印发。学会为充分发挥网站宣传和服务会员的功能，对学会网站进行改版、上线，设立“文献数据库”，为会员和广大理论研究工作者提供研究资料服务。学会网站已经成为学会宣传审计理论研究动态、推介理论研究成果的重要平台，广大会员了解学会活动、参与学会建设和进行信息交流的重要媒介。结合落实《审计署办公厅关于做好调查研究工作的通知》要求，学会主要领导和秘书处同志以“更好发挥审计学会组织作用”为主题分别到青海、甘肃、湖北、湖南、山东、江苏等地方省级学会和驻地特派办进行调研，听取各方关于增强和改进学会组织作用的意见和建议，向办公厅提交《关于更好发挥审计学会组织作用的调研报告》。

分支机构活动 审计教育分会在 11 月以“国家治理与国家审计：路径研究”为主题组织召开 2014 学术年会，重点探讨审计基础理论创新、审计与国家治理、审计教育改革等问题，从事审计理论研究的教育工作者与审计实务工作者约 170 人参加。创刊发行《中国审计评论》，刊物致力于为研究审计学及相关问题的学者提供自由、平等、严肃地进行学术交流的平台。

计算机审计分会组织编写《信息系统审计教程》；组织征集构建计算机审计知识库，含部门预算执行审计、税收征管审计、地方党政领导干部经济责任审计等 11 个专题，每个专题有 400 个知识点（词条方式）；组织编写《国家电子政务信息系统审计实务指南》。

环境审计专业委员会完成审计署 2013—2014

年度重点科研课题定向委托立项课题“资源环境审计理论研究”工作；结合领导干部自然资源资产离任审计工作实践，召开自然资源资产离任审计研讨会，组织地方审计机关、相关专家学者进行专题研讨；完成《资源环境审计案例》编辑出版，收录案例55篇。（撰稿人：王大强）

【审计署国外贷援款项目审计服务中心】 审计署国外贷援款项目审计服务中心（以下简称外资中心）原有人员编制35人，7月重新核定为20人。截至年底，在编13人，聘用10人。设有综合管理部、审计一部、审计二部、审计三部。

领导成员

主　　任：李凤雏

副 主 任：李　丹（—10月）

　　　　　辛　风（10月—）

工作综述 在署党组的正确领导下，外资中心深入学习贯彻党的十八大及十八届三中、四中全会和习近平总书记系列重要讲话精神，按照全国审计工作会议部署，进一步加大“审深审透、防范风险、提升成果”力度，切实巩固党的群众路线教育实践活动成果，强化依法办事，严格内部管理，加强队伍建设，努力发挥审计在国家治理中的基石和重要保障作用。把握外资审计工作规律，找准审计着力点，努力实现外资公证审计“有深度、有重点、有步骤、有成效”的审计监督全覆盖。

国外贷援款项目公证审计 外资中心坚持依法、独立、客观、公正的审计工作原则，按照世界银行、亚洲开发银行、全球环境基金等国际组织要求，依据中国国家审计准则和国际审计准则，积极探索依法审计与报表鉴证、对内监督与对外公证的有机结合，全面履行审计监督、公证和评价职能。出具国外贷援款项目审计报告51份，其中自审项目审计报告36份，署外资司和特派办完成后交外资中心复核的审计报告15份；拒绝表示意见审计报告1份，无保留意见审计报告50份。自审项目审计发现隐瞒转移截留资金、违规改变项目计划和资金用途、资金滞留闲置等问题29个，涉及金额19595.38万元；项目进度缓慢、违规招投标签订合同、内部控制有重大缺陷等非金额计量问题18个。向署报送重要审计情况1篇，被署办公厅采纳编发审计要情，实现外资中心审计要情“零”的突破；编发审计简报6篇；以转送（移送）等方式转有关部门、单位处理违规违纪问题8起，有效促进提高国外贷援款项目财务报告和会计记录的真实性、可靠性，既为项目管理部门和机构提供可靠、有用的财务信息和决策依据，又有效地维护我国利用国外贷援款的国际信誉和财经法规严肃性。

信息化建设 充分利用审计信息化建设成果推动审计业务发展，将信息系统开发融入审计业务工作和日常管理，边应用边完善。充分发挥审计项目管理系统和审计指挥中心两个平台作用，通过信息化资源共享、经验交流、工作报告和在线业务指导，做到上下统筹、整体推进。深化审计报告阶段的信息化建设，将审计报告公告工作和审计底稿的审核与归档工作纳入信息系统，逐步实现以审计报告阶段管理为基础、以质量控制为核心的数字化、规范化管理。

配合署相关部门的工作 外资中心全年安排多人次参加署外资司、境外司等单位组织的各类审计项目。

8月至11月，外资中心按照审计署统一部署，安排22人参加西安特派办牵头的陕西省土地出让收支和耕地保护情况审计工作。审计发现问题80个，违规问题金额228.71亿元，涉及土地出让收入、支出、预算管理、土地审批、征收、储备、供应、使用、抵押融资等多个方面。

11月至12月，派出19人的审计组赴浙江省温州市开展彩票资金审计，2人在京参加全国福彩资金审计。审计发现公职人员开设投注站、资金长期账外存放、公益金用于职工福利、公益金项目资金长期闲置和改变资金规定用途等诸多问题。

派出3人参加署外资司组织的外商直接投资专项审计调查、农林水专项资金审计、TCC5子项目——外资项目信息和审计成果资源共享平台项目。派出1人参加联合国儿基会纽约总部审计。与署外资司共同组织完成TCC5子项目外资案例教学培训班项目。

质量管理 探索审计项目质量管理的新方法、新手段，加强审计现场管理，严格审计质量控制，防范审计风险，筑牢审计工作“生命线”。在审计准备阶段加强项目分析，对审计风险进行全面评估，根据风险评估结果合理配置审计资源，做到高风险项目投入较多的审计资源，为审深审透提供保障。深入贯彻落实审计现场管理办法和审计质量责任追究制度，进一步明确审计现场相关人员职责和权限。把握重点环节，加强过程控制，狠抓审前培训、现场复核和报告审核，严格把好质量关。（撰稿人：马　雯）

【审计博物馆】 2014年，审计博物馆人员编制10人，在编3人。设有综合管理部、展陈部。

领导成员

馆　　长：姚汝杰（—8月）

副 馆 长：鹿云飞（9月—）　华海峰

工作综述 审计博物馆（以下简称博物馆）在审计署党组正确领导下，紧密围绕审计工作中心起草制订中长期发展规划，抓好审计史料抢救性专项工作，稳步开启数字化建设，科学规范藏品登记、保管业务，热情做好参观接待工作，较好发挥博物馆功能与作用。

确定博物馆发展的思路和定位 根据审计署领导关于“进一步加强博物馆管理、更好地发挥博物馆作用”的指示精神，领导班子总结回顾开馆以来的工作情况，实地考察中央部委所属的财税、海关、水利等博物馆，思考博物馆今后发展方向以及功能定位，确定博物馆发展的总体思路是以促进审计干部能力建设和营造良好审计环境为切入点，以服务审计中心工作、弘扬优秀审计文化、促进审计队伍建设为出发点和落脚点，发展目标定位为：管理科学、运转有序、业界认可、公众欢迎的现代化行业博物馆。

审计藏品征集工作 一是完成署机关各单位文献和实物征集工作。按照署机关各单位文献和实物征集工作专题会议精神，在参会的26个单位大力支持下，博物馆征集到实物和文献近千件，其中一些具有较高历史价值。如办公厅捐赠了审计长刘家义给参加联合国审计青年干部回信原件（附青年干部写给刘家义审计长的一封信）等。二是完成第一批重要审计专家资料梳理及征集工作。4月2日，审计文献史料搜集专家会议在南通召开，在初步梳理出专家名录基础上，4月29日，分管副审计长组织相关单位深入研讨，共列出第一批56位审计学方面元老级、学术泰斗级专家名录以及亟待抢救征集的相关文献共208本（篇），形成《重要审计学专家及其代表作目录（一）》。三是主动跟进、征集审计藏品。根据发展规划及工作重点，博物馆主动跟进，先后前往北京、上海、江西、云南等地，征集到1983年姚依林接见澳大利亚审计代表团合影，朱镕基为国家会计学院题写的“不做假账”复制品等。截至年底，博物馆共有馆藏4760件，包括藏品2582件、参考品2178件，其中新增藏品1072件、参考品514件，比往年有大幅增加。

为做好全国地方各级审计机关成立至2014年4月的机构沿革情况及领导人员信息搜集工作，通过查阅各地审计志梳理地方三级审计机关领导人员职务种类，有针对性地调查机构沿革的不同情况，初步设计统计表格、填表说明和参考式样。根据4月全国审计文物联络员会议讨论结果，修改完善后最终形成《全国地方各级审计机关机构沿革及领导人员统计表》。4月17日，《审计署办公厅关于印发全国地方各级审计机关领导人员信息搜集工作方案的通知》正式下发。地方审计机关高度重视信息搜集工作，各省级审计厅（局）迅速报送联络员及联络方式，有些单位还专门成立由办公室、人事处、科研所、计算中心等部门同志组成的工作小组，协调配合完成此项工作。针对各单位信息搜集、填表过程中遇到的具体问题，博物馆利用互联网建立交流群，持续跟进，及时沟通、解决，并编制表格填报参考样式，第一时间发送各单位参考，确保各单位表格填报格式、填列式样和填列方法一致。为节省后期审核校验时间，博物馆提前介入，要求各单位按地市依次报送审核，共多次审核各单位数据近30万条。博物馆根据各单位正式报送的数据，历时两个多月，将相关信息按省、自治区、直辖市单独整理并汇编成37册，为今后开展征集工作厘清线索，为审计历史研究留存珍贵史料。

数字化建设 通过考察国家博物馆、中国美术馆、上海博物馆、南京博物院、财税博物馆、烟草博物馆等国内数字化建设比较先进的博物馆，并咨询国家文物局信息咨询中心及有关博物馆的数字化建设专家，起草《2015年至2020年数字化建设方案》，并报分管署领导批准。审计专网博物馆网页于 1 月正式开通，设置藏品欣赏、慧眼鉴宝、文史集萃、天下文博、馆藏视频等 8 个栏目，全年更新各类信息 151 条，共计 8 万余字，图片上百张，上传 29 个视频，为加强博物馆宣传，传播审计文化发挥重要作用。已完成《中国审计史》编撰资料、《审计专业技术资格考试辅导教材》（1992—2013 年）等共 598 本（盒）纸质文卷的扫描建档工作，为全面启动数字化工作进行有益探索。

基础管理 坚持做好参观接待工作。根据预约参观接待情况，针对不同人群参观需求，有针对性地提供讲解服务，热情做好迎送，我国悠久深远的审计历史文化及博物馆良好的服务给观众们留下深刻印象，博物馆形象不断提升。全年接待参观游客 10925 人次，拍摄各级领导来馆视察、参观及廉政教育、爱国主义教育、未成年人思想道德教育等各项活动共 65 场次。

规范开展藏品登记、保管等工作。博物馆按照国家《博物馆藏品保管办法》的要求，对接收到的物品分门别类进行清洁、消毒，按照规范的登记流程及时分类、整理、登记入册并录入电子账册，辅以恒温恒湿的保存环境，以妥善保管审计藏品，最大限度保持藏品原有品质，延长藏品寿命。按照规定要求，博物馆对所有入库藏品进行全面的清库盘点，确保账实相符。

重视保密工作。加强保密纪律建设，及时传达审计署关于保密工作的相关部署，开展手机连接专网计算机、专网计算机使用情况专项检查，及时排除隐患，不断提高干部的保密意识。

日常财务管理。建立“三公”经费预警机制，实行月度专项报表制，将预算执行进度与工作进展、管理目标等结合起来，按月分析预算执行情况，不断强化预算执行管理。按月以列表形式梳理工作事项，明确工作任务及对外沟通协调的单位，每月需处理工作一目了然，有效提高管理透明度和工作效率。

重视安全工作。博物馆开展独立消防系统改造工作，在地下层设立消防池，更换老化、坏损或不能达到消防标准的消防应急电源，重新联网所有报警、喷淋装置，确保符合消防要求。及时更换自动门控制器、通信模板、电梯电频器，保证设施设备的正常运转。

完善相关设施及功能。按照基本功能具备、简单实用节俭的原则，启动地下层装修整理，为今后留有临时展览、举办讲座和研讨交流场地做好先期准备。对一楼“都江堰岁修工程”幻影成像进行改造，画面立体感更强，更清晰、生动，有效提高参观人员的视觉享受。

党风廉政建设 加强学习宣传，统一思想认识。博物馆按照要求及时组织全体干部职工学习习近平总书记系列讲话、党的十八届四中全会精神以及《国务院关于加强审计工作的意见》，每月组织干部职工集中开展学习，及时传达学习中央及审计署重要会议精神，把干部职工思想统一到中央精神及审计署工作部署上来。在首个国家宪法日，以宣传展板形式，展示宪法、党的十八届四中全会关于审计的规定和《国务院关于加强审计工作的意见》的主要内容，较好地发挥宣传作用。

加强纪律建设，提高执行能力。按照“严格遵守党的纪律、抓好班子带好队伍”的总体要求，博物馆强调全体干部职工要严明政治纪律、努力做到“三个合格”；严格遵守组织纪律、牢固树立组织观念，在外出实施文物寻访和征集工作时要严格遵守廉政纪律，坚决做到“底线不能破、红线不能碰”；严格遵守财经纪律，按照国家和署有关规定，重大开支做到集体决策，严格履行规范程序。进一步改进工作组织方式，督促干部在遵守工作纪律的前提下，不断提高工作效率，提升工作质量。

抓好整改落实，改进工作作风。按照中央和审计署的统一部署，根据《审计博物馆群众路线教育实践活动整改方案》，博物馆在 2014 年工作计划中将整改方案细化，明确责任人和责任部门，在每月例行的部门工作汇报中加以督促实施，基本完成各项整改事项。通过整改，领导班子和干部职工精神面貌为之一新，立足本职抓落实、求实效、促发展的作风更加务实，干部职工的组织纪律增强，规章制度落实执行到位，工作秩序正规，办事效率提高，攻坚克难、改革创新的能力素质进一步提高，基本实现求真务实、真抓实干、尽责担当的作风建设目标。 （撰稿人：汤 菁）

【南京审计学院】 2014年，南京审计学院现有全日制普通本科在校生15200人，研究生243人，留学生53人。专任教师910人，正高职称136人，博士（含在读）455人。拥有浦口、莫愁两个校区，占地2100余亩，审计署审计干部教育学院建于浦口校区。设有审计与会计学院、金融学院、经济与贸易学院、工商管理学院、公共经济学院、管理科学与工程学院、法学院、文学院、理学院、工学院、国际商学院、马克思主义学院、国际文化交流学院等13个二级学院；金审学院1个独立学院，1个继续教育学院；大学外语教学部、体育教学部、艺术教育部3个教学部；润园书院、泽园书院、澄园书院、沁园书院四大书院；教务委员会、学务委员会、总务委员会3个委员会；审计科学研究院、信息系统审计实验中心（审计信息工程重点实验室）、审计信息工程与技术协同创新中心、公共工程审计重点实验室、金融工程研究中心、公共政策研究与分析中心、中匈学术文化研究中心、中国审计情报中心、货币研究所、国民经济研究所等10个科研机构；图书馆、博物馆、档案馆、期刊编辑部、经济管理实验中心5个直属机构；工会、团委2个群团机构。

学校设有29个本科专业。“审计高等教育理论探索与实践创新”获江苏省高等教育教学成果特等奖和国家级优秀教学成果二等奖。2014年连续第三年被评为“江苏省优秀研究生招生单位”。2014年学校获批为会计、金融硕士专业学位研究生培养单位。

领导成员

党委书记：王家新

校　　长：晏维龙

党委副书记：晏维龙　吴朝国　张建红

副 校 长：尹　平　郭宏之　王会金　张金城　张建红　时　现　裴　育

纪委书记：吴朝国

机构调整 2月20日，校党委书记王家新代表班子在全体中层干部会议上明确提出“第三次创业”的奋斗目标：要用5～10年的时间，完成第三次创业的目标，建成一所国内外有重要影响的特色名校。学校2014年的年度工作要点明确为三项主要任务：经过3～5年的努力，完成大学更名；获得审计等专业博士学位授权点；建立创新性、多样化、立交式人才培养模式。3月4日，学校下发《南京审计学院机构调整方案》，进行建校以来最大规模的机构调整。本次机构调整设立18个二级学院、学部；设立泽园、润园、澄园、沁园四大书院；新成立教务委员会和学务委员会；科研机构、直属机构及二级党组织也分别做出调整。

教务改革 拟定新的人才培养方案修订原则。经过充分讨论，原则通过《关于修订本科人才培养方案（2015版）的实施意见》：大学英语证书和全国计算机等级考试二级证书或江苏省高等学校计算机考试二级证书不作为毕业生获得学士学位的必要条件和硬性要求；学生成立课程设置与认证委员会；各专业总学分控制在160个学分，课程体系分成全校通识教育课、学科专业课教育、学生自选课三大板块等。

探索校长微课。推进通识教育，更好地引导新生“学会做人，学会做事，学会学习”，成长为丰富自由的人；10位校领导，开设《大学与人生》公选课，10个专题的具体话题，浓缩校领导的人生精华，传道、授业，解惑，每位校领导都以自己精彩的“大学与人生”，给同学一堂与众不同的通识课。

教学改革。设立教务大厅，自觉适应书院制教育模式新要求、新期待，面向基层、直接服务师生。学校职称评审增加公开课环节，由职称评审专家和督导专家组成的考核组和来自不同专业的学生参加评审。首期两门慕课课程《固定资产投资审计》《高级财务会计》已通过验收。平时成绩考核改革、考教分离等人才培养一系列改革举措出台，新一轮人才培养方案正在紧锣密鼓地进行着。

加大案例库建设力度，首批审计教学案例获得阶段性建设成果。

教学成果获奖。获得优秀毕业论文一等奖和优秀团队论文指导奖。

学生管理新模式 班级管理制度创新。学务委员会组织牵头和书院共同商讨书院班级的编制方案，采用番号班的形式，按照楼栋、楼层物理空间进行班级重建。

辅导员工作机制和管理制度创新。学务委员

会先后修订、制定《南京审计学院辅导员日常工作规范》《南京审计学院辅导员工作条例》（2014年修订），规范、指导书院制模式下的辅导员工作。

适应书院学生管理，修订系列学生管理制度。主要修订《南京审计学院本科生综合素质测评实施指导意见》《南京审计学院本科生奖励条例（2014年制订）》《南京审计学院本科生奖励评定办法（2014年修订）》《南京审计学院学生管理规定》《南京审计学院违纪学生处分条例》等。为配合书院制改革，加强学务自组织的建设，学务制定系类内务制度，先后出台《学务委员会内务管理办法》《学务委员会财政预算资金使用办法》《学务委员会工作人员出差管理办法》《南京审计学院学务委员会教职工外出进修、考察、参加会议管理办法》《南京审计学院学务委员会会议制度》等文件。

正式推出书院导师制，首批258名书院导师进入书院，积极探索书院导师工作模式。

开展学生帮扶工作，累计帮扶人数达1000人。本年度校学习支持中心及分中心开展各项帮扶活动共计206场，有9800多学子从中受益。全年心理中心（包括书院工作室）共接待学生咨询1465人次，处理严重个案45起，有效避免问题的进一步发展。经过多轮讨论修正，制定《书院绩效考核办法》。

硕士专业学位授权点 6月，经国务院学位委员会批准，会计、金融获批为2014年增列的硕士专业学位授权点。至此，南京审计学院已有审计、会计、金融3个硕士专业学位授权点，工商管理、应用经济学、理论经济学3个授权一级学科17个二级学科学术学位硕士权点。

合作交流 学校与韩国监查院监查教育院、江西省审计厅、广西审计厅、安徽财经大学、泰州市审计局、浦口区政府等单位签署战略合作协议；完成“IT环境下的财务审计”培训班、首届中美金融监管政策绩效审计与评估联合研讨会、第三届南太平洋地区最高审计机关高级审计研讨班等国际合作交流培训研讨活动；完成审计署审计干部教育学院财务会计培训班、审计署审计干部教育学院金融审计和企业审计培训班和中国审计学会2014年第一、二期审计理论研究骨干培训班等审计干部培训任务。

11月5日，韩国监查院监查教育院院长金尚允率团访问南京审计学院，校长晏维龙与代表团进行双边会谈，双方续签合作协议。

6月9日至21日，为期12天的亚洲审计组织“IT环境下的财务审计”培训班在南京审计学院举行，副审计长董大胜出席开幕仪式并致辞。来自韩国、日本、尼泊尔、不丹等33个亚洲国家的42名审计人参加培训。

10月27日至28日，首届中美金融监管政策绩效审计与评估联合研讨会在南京审计学院举行，审计长刘家义出席并做题为“后金融危机时代的国家金融审计”主旨演讲，美国联邦审计署审计长基恩·多达罗的代表奥瑞丝·威廉姆斯致辞。来自中、美、英、德、韩、澳等国的高级官员和专家参会。

10月12日至15日，第三届南太平洋地区最高审计机关高级审计研讨班在南京审计学院新落成的审计署审计干部教育学院举行。刘家义出席开班典礼并做题为“国家审计与国家治理”的主旨演讲，来自南太地区九国的19名审计官员就国家审计与国家治理、审计人员职业化、绩效审计等主题开展研修。

10月24日至25日，第12届东北亚经济与管理合作论坛在南京审计学院召开，来自中、韩、日三国的专家学者70余人围绕会议主题“治理、合作、创新”进行研讨交流。研讨会第二日，四个平行分会场分别围绕治理与审计、TPP东北亚经贸合作、现代企业组织与管理审计、互联网金融与金融创新等话题继续进行研讨。

11月24日，22个国家的70位审计官员与专家来到南京审计学院，参加由审计署和世界审计组织发展培训委员会主办的世界审计组织“公共债务审计”全球培训项目计划会议。此次培训中，9名专家围绕“国家债务战略和政策”“公共债务管理审计元素”“审计的法律框架”“3 Es绩效审计的概念”“绩效审计 v/s 合规性审计”“审计矩阵”等主题做报告。

6月20日，刘家义专程出席“国家审计与国家治理”座谈会。江苏省省长李学勇到校会见刘家义，共同视察已落户南京审计学院的审计署审计干部教育学院建设情况。同日，第二届审计长奖学金颁奖仪式举行。刘家义出席仪式，并为20名获奖学生颁奖，寄语获奖学生“坚韧、认真、知行合一”。

5月15日，南京审计学院审计科学研究院研究基地暨西部审计干部教育培训基地揭牌仪式在甘肃省平凉市举行，甘肃省审计厅厅长武毅、南京审计学院校长晏维龙、平凉市副市长陶勇以及审计署兰州特派办，甘肃省审计系统的培训人员等一行参加基地揭牌仪式。仪式上，晏维龙为武毅颁发客座教授证书，并为基地第一期审计干部培训班做了题为“审计改革只有进行时，没有完成时”的开课讲座。该基地的成立是南京审计学院向西部拓展，服务西部的重要举措，对促进学校与西部审计系统合作开展科学研究、案例教学、人员培训等具有重要意义。

11月8日，由中国社科院经济所、《经济研究》编辑部和南京审计学院联合举办的“国家审计与国家治理体系和治理能力现代化”论坛在南京审计学院举行，来自北京大学、复旦大学、江苏省社科院等院校、科研机构的50余名学者，从多学科视角对国家治理体系与国家治理能力现代化建设背景下的国家审计理论研究进行交流与研讨。

5月8日，南京审计学院·中国工商银行“大学生金融实践中心”揭牌。南京审计学院“大学生金融实践中心”是继南京大学之后，中国工商银行江苏省分行在江苏省高校中建立的第二家高校金融实践中心。中心的成立是双方人才培养合作的优势互补，是探索产、学、研有机结合的具体实践，也是双方共青团组织帮助青年学生进行有效社会实践的一项有益尝试。

10月13日，南京先锋书店与南京审计学院联合打造的润泽书局在南京审计学院浦口校区浚园正式开业，这是南京首家入驻校园的书局。

学生荣誉 南京审计学院获第四届世界华语辩论锦标赛季军；获第四届全国大学生电子商务“创新、创意及创业”挑战赛全国总决赛特等奖、最佳创新奖和最佳创业奖；获全国大学生创业大赛移动互联网创业专项赛终审决赛全国银奖一项、铜奖二项；获第九届道琼斯全国高校财经英语竞赛决赛一等奖和三等奖；获全国大学生税收辩论赛总决赛八强，国际商学院2011级ACCA 3班徐天任同学以90分的高分获P4《高级财务管理》科目的全球第一。

（撰稿人：王丽琳　唐　明　曹兴华）

审计理论与科研

科研成果综述

2014年，审计科研工作以党的十八大和十八届三中、四中全会精神为指导，在署党组的领导下，充分关注社会经济发展动态和重大热点问题，围绕审计工作中心，依照审计署对审计科研的要求，结合审计工作实际，积极开展审计科研工作。重点研究国家审计在全面深化改革中的作用及其自身变革、国家审计推动国家治理现代化、在全面推进依法治国中发挥审计的作用、全面深化改革背景下的审计策略、国家审计促进经济发展、领导干部自然资源资产离任审计、国有企业改革与国家审计、土地资源审计、审计机关审计技术创新、信息技术与审计、审计全覆盖、政府会计改革与国家审计等专题，同时继续开展国外政府审计跟踪研究工作，形成审计研究报告、国外审计动态和出版书籍等科研成果。

一、全面深化改革背景下的审计策略研究课题

该研究以十八届三中全会做出的全面深化改革的决定为背景，提出前瞻性、战略性的审计策略，初步构建一个全面深化改革目标与审计工作密切结合、审计理论与实践密切结合的审计策略框架。

（一）全面深化改革对国家审计的影响

提出全面深化改革的总目标和主要内容是推进国家治理体系和治理能力现代化，发挥市场在资源配置中的决定性作用，把权力关进制度的笼子里，把保障和改善民生放在突出位置，形成人与自然和谐发展新格局，总结全面深化改革的时代特点。提出全面深化改革背景下的国家审计定位：服务国家治理，推动实现良治；捍卫国家利益，保障人民权益；守护公共资金，维护财政可持续性；评估经济政策，推动公共部门有效履责；监督公共权力运行，预防惩治腐败；国家审计是推动全面深化改革的重要、有力的保障，是国家治理体系的重要制度安排，国家审计要积极适应全面深化改革。

（二）财税体制改革与审计策略

论述预算法修改与财税体制改革的主要内容及其对财政审计的影响，财政审计推动财税体制改革的着力点；论述推进预算公开的目标及其审计策略；全口径预算改革的目标，以权责发生制为基础的全口径预算及其审计策略；事权和支出责任相适应的改革目标、改革路径及其审计策略；论述新预算法对政府性债务监管的要求，政府性债务现状及主要特点，政府性债务的审计策略等。

（三）金融改革与审计策略

论述推进金融组织体系改革、金融产品市场体系改革、金融要素价格体系改革、金融监管体系改革等改革目标，防范流动性风险、影子银行风险，促进互联网金融健康发展，预防和惩治金融腐败。论述利率市场化改革的渐进式路径，从多方面为利率市场化做好准备，防范和化解金融创新的风险。论述公司治理有效性不足的缺陷，规范和强化公司治理的主要途径，加强对宏观系统风险的分析评估，关注监管政策和宏观经济政策的协同作用，综合分析、促进修补和完善制度漏洞缺陷。分析论述股票发行注册制改革的目标、关键问题及其审计策略，现代保险业的发展目标，突出体现服务经济社会的历史责任，农业保险的历史责任；大数据技术带来的金融发展变革，大数据技术与互联网金融、物联网金融的融合，给金融业发展带来的主要变革，以及审计迎接大数据技术带来的机遇与挑战。研究分析地方金融发展的现状、目标定位，以及审计推动地方金融发展改革的路径。

（四）国有资本、国有企业改革与审计策略

分析国有资本、国有企业改革的目标，改革的逻辑分析和创新要求及其审计策略，提出国有资产监管理念的变革，国有资产授权经营体制的改革及其审计策略；推行国有企业分类监管模式，准确界定不同国有企业功能和科学分类，不同国有企业差异化监管要求及其审计策略；推进国有企业公司制股份制改革，优化国有企业股权比例结构，加快开放性市场化联合重组，实施股权激励和员工持股，以及对这些改革的审计策略。分析健全协调运转、有效制衡的公司法人治理结构，优化董事会、监事会建设，高级管理人员任职途径和薪酬管理及其审计策略。分析国有资本预算管理体制改革、经营收益上缴和投向及其审计策略。

（五）社会保障改革与审计策略

首先明确中国特色的社会保障制度的概念、基本内涵和主要功能，社会保障改革的主要举措，对于审计监督的客观需求。其次分析社会保障预算制度改革的具体目标、改革压力及其审计策略；分析养老保障制度改革的目标和主要压力及其审计策略，健全全民医疗保障体系改革的目标和突出困难及其审计策略，住房保障体系改革的目标、主要压力及其审计策略，就业创业体制机制改革的目标、压力与挑战及其审计策略，城乡最低生活保障制度改革的目标、主要压力及其审计策略。最后提出社会保障审计的工作定位、审计监督的具体目标和审计的方式方法。

（六）深化投资体制改革与审计策略

分析深化投资体制改革的目标，投资管理职能转变的改革目标、对主管部门的影响及其审计策略，投资主体多元化改革的目标、对审计工作的影响及其审计策略，政府性债务投资改革的目标、原则及其审计策略。分析民生领域投资改革的目标、主要特点、对审计的影响。特别指出，揭示重大违法违纪问题是保障投资体制改革的审计重点之一，要运用科学方法发现重大违法违纪案件，重点分析应当关注的五大敏感区域：招标投标敏感区、工程造价与合同结算敏感区、工程质量控制敏感区、材料设备物资采购监管敏感区、征地拆迁工作敏感区等。

（七）深化生态文明建设与资源环境审计

分析十八大和十八届三中全会关于生态文明建设的目标和战略部署，研究生态文明建设对我国资源环境审计的影响和挑战，科学确定资源环境审计的目标、拓展审计范围与内容、创新审计方式方法、健全审计配套措施。探索自然资源资产离任审计，研究自然资源资产负债表的编制与审计、领导干部自然资源资产离任审计及其内容。

（八）强化权力运行制约和监督与经济责任审计

分析强化权力运行制约监督的目标与路径，研究强化权力制约监督体系的主要成就和问题，以及对经济责任审计目标定位的影响、对审计工作要求的影响、对审计制度体系的影响、对审计内容及结果利用的影响。提出强化制约和监督的经济责任审计策略，要突出审计重点、规范审计评价、改进方式方法、促进成果运用。

（九）审计法制与管理机制的创新发展

提出审计法制创新与完善的总体思路：进一步完善审计法制体系，使审计整改制度化。提出审计监督全覆盖的工作新机制，大数据分析的全覆盖工作机制、重点审计对象的全覆盖工作机制、纵向垂直的全覆盖工作机制、整体威慑性的全覆盖工作机制。提出审计复合管辖机制创新，分析审计复合管辖的内涵、现实作用和协调机制。提出审计组织机制创新与完善，财政审计与经济责任审计双轮驱动，行政建制管理和审计项目组管理双轨运行，重点审计跟踪与分类审计跟踪共同推进，现场管理与现场审理双线质量控制，“省直管县”体制下的审计内容与管理机制。提出审计报告机制创新，报告形式的简化和优化，报告内容的调整；审计结果的公告与应用，监督资源的共享与联动。

（十）国家审计组织和国家审计报告变革

分析国家审计组织变革的动因和目标、现状、原则，提升国家审计组织能力，调整组织内部架构，探索新的审计项目组织模式等。分析审计报告变革的动因和现状、目标，审计报告变革的主要内容、着力点；审计报告变革的实现路径，修订完善相关法律法规，转变报告理念，重塑审计业务管理流程，强化审计机关的报告责任。

（十一）国家审计惩治和预防腐败的路径

研究国家审计在惩防腐败中的地位和作用，提出国家审计是惩防腐败体系的重要组成部分，是反腐倡廉的“尖兵”和“利剑”。全面深化改革对国家审计惩防腐败提出新的要求，国家审计要促进权力合理配置、规范权力运行、形成反腐败震慑力。国家审计惩防腐败的路径是推动把权力“关进制度的笼子里”，促进公共权力和社会等联动反腐，推进作风改进和廉政建设。

（十二）国家审计职业化建设

分析审计职业化建设的基本要求和意义，是促进国家治理现代化的重要保障，分析职业化建设的主要特征、基本原则和切入点，推行分类管理，合理界定职业权责，强化职业保障和监督机制。分析国内外审计职业道德体系的比较与启示，提出完善审计职业道德体系的基本要求；提出注重提升审计人员职业胜任能力的新要求，提高审计组织和审计人员的执行力；提出强化职业激励与约束，增强审计职业发展的正能量，推动项目管理与现场管理的规范化，加强审计人员职业行为的职业化管理。

（十三）联网实时审计

论述联网实时审计的必要性、基本概念、作用、实现动力，联网实时审计架构，总体架构、技术架构、管理架构，提出基于大数据的立项审计案例、无项目批量审计案例。总结联网实时审计存在的问题及解决对策，例如电子档案的法律地位问题、信息系统作为重要审计内容的问题、信息化发展不平衡的问题、审计人员专业胜任能力的问题、地方互联网实时审计不平衡的问题等。

（十四）信息化审计技术的创新探索

介绍若干信息化审计技术的应用探索情况。审计数据获取、传递与分析处理技术；审计数据存储和系统安全测试技术，包括编码技术、数据存储和检索技术、存储数据库、系统安全测试；数字化平台——云审计技术，包括审计管理平台“1拖N云”技术、联网审计云、移动审计执法云、审计数据分析云、审计数据存储云、审计数据灾难备份云、审计应用开发云，等等。在实践中，审计机关探索基于信息化环境的审计组织模式，例如系统流程组织模式、矩阵结构组织模式、联网实时组织模式、远程移动组织模式等。展望审计信息化技术的应用前景，积极构建审计信息数据库，广泛运用数据挖掘和联网审计技术等。

二、领导干部自然资源资产离任审计研究

按照党中央关于对领导干部实行自然资源资产离任审计的总体要求，统筹规划、突出重点，逐步建立以生态文明建设目标实现为导向、以责任评价为手段的中国特色领导干部自然资源资产离任审计体系。

（一）领导干部自然资源资产离任审计的意义

开展领导干部自然资源资产离任审计，是审计机关落实党的十八大和十八届三中全会精神、促进生态文明建设的重要举措，是推动改革发展、树立正确政绩观、监督制约权力和完善国家治理的现实需要。领导干部自然资源资产离任审计的意义在于，一是促进生态文明建设；二是强化领导干部生态责任意识，有利于形成正确的政绩观；三是为实行生态环境损害责任追究制提供依据，有利于把生态环境损害责任终身追究制落到实处。

（二）自然资源资产的相关概念及其范围界定

自然资源资产是指所有权已经界定，所有者能够有效控制并能够在目前或可预见的将来产生预期经济收益的自然资源。森林资源资产、矿产资源资产、土地资源资产、水资源资产、海洋资源资产和草原资源资产等，构成自然资源资产的主要类别。

森林资源资产是指产权明晰、能够带来预期收益的森林资源。矿产资源资产包括矿产资源实物资产、矿业权、地质勘查成果专有权、单项固定资产等。国土资源的资产化，是指将国土资源作为资产，按照市场经济规律的要求，建立健全国土资源开发利用的核算、规划、补偿和监督制度。水资源资产是指由某一组织所拥有或控制的、能够以货币加以计量的、能够作为生产要素被投入到生产经营和管理活动中去的水资源。海洋资源资产是指由特定主体所控制或拥有的，在一定的认识和经济技术水平条件下，能够进行开发利用，并能给其所有者主体带来一定效益的稀缺海洋资源。草原资源资产是指能够给人类带来收益和财富的草原资源，对该草原资源的开发能够带来一定经济价值的自然物质和能量。

根据自然资源的不同分类和功能，应当采用不同的计量方法：可以直接产生收益的自然资源，应当根据自然资源能够提供的未来现金流入的现值，作为计量基础；对于无法估计收益或不直接产生收益，而是作为生态环境存在的自然资源，可以用其估计的资源成本作为计量基础；对于稀缺的资源，不仅要考虑其未来收入的贴现值或资源成本，还要再根据稀缺的程度提高其使用成本。自然资源资产的计量过程，应当以货币计量为主、实物计量为辅，必要时运用文字予以说明。

自然资源实物量核算表，自然资源资产负债表，构成自然资源资产负债报告体系。自然资源资产负债表是评价领导干部责任履行情况的直接依据。

（三）自然资源资产的管理体系与改革方向

森林资源资产的管理，主要由林业主管部门负责，各级林业主管部门依照规定，对森林资源的保护、利用、更新实行管理和监督，负责组织森林资源清查，建立资源档案制度，掌握资源变化情况。国务院地质矿产主管部门主管全国矿产资源勘查、开采的监督管理工作，国务院有关主管部门协助国务院地质矿产主管部门进行矿产资源勘查、开采的监督管理工作。国土资源部负责管理全国的国土资源，主要职责包括制定有关土地的方针、政策和法规并组织贯彻执行和实施监督检查，加快土地信息建设、研究制定土地管理事业发展战略，预测中长期各类用地需求，统一管理全国土地和城乡地籍、地政工作等。国家对水资源实行流域管理与行政区域管理相结合的管理体制，国务院水行政主管部门负责全国水资源的统一管理和监督工作，国务院有关部门按照职责分工，负责水资源开发、利用、节约和保护的有关工作。国家海洋局是国土资源部管理的监督管理海域使用和海洋环境保护、依法维护海洋权益、组织海洋科技研究的行政机构。国务院草原行政主管部门主管全国草原监督管理工作，会同国务院有关部门编制全国草原保护、建设、利用规划。当前，我国自然资源资产的管理体系还有待完善。宏观上，缺乏生态文明建设的顶层设计和决策部门，生态、环境、资源管理权限分散在多个部门中，既阻碍相关资源资产的科学有效配置，也不利于开展统一协调和监督管理。微观上，许多自然生态空间和资源没有完成产权确定，更谈不上对这些资源资产进行合理定价，导致滥用和过度开采资源。

在自然资源公共产权主导的产权结构下，建立健全自然资源利用权制度，是提高自然资源利用效率的现实的、可行的选择，是自然资源资产管理的改革方向。自然资源的国家所有，不影响自然资源利用权的私权性质及其配置资源的功能，可以从占有权、使用权角度去完善自然资源产权制度。

（四）自然资源资产离任审计的目标、对象与组织方式

自然资源资产离任审计的目标，一要摸清有关地区自然资源资产权属、规模、质量、价值等基本情况，检查自然资源资产负债表编制的真实性和完整性，掌握自然资源资产的总体情况和可持续发展状况，准确反映领导干部任期内各自然资源资产的变化趋势。二要揭露和查处自然资源资产管理和利用中存在的突出问题，深入分析问题产生的主要原因，揭示存在的风险隐患，提出促进提高自然资源资产管理水平和利用绩效的建议。三要客观评价领导干部的相关责任，主要反映领导干部贯彻落实生态文明建设有关政策与决策部署情况，发现在落实相关政策中存在的重大问题，提出处理意见和建议；关注领导干部任期内自然资源资产管理情况，评价领导干部管理责任。

领导干部自然资源资产离任审计的对象包括以单位为主体的地方政府和以人为主体的地方政府行政首长。审计对象同时涵盖相关省市本级及相关地、县级城市的林业、国土、地质、海洋、测绘、财政、发展改革、规划、农业等主管部门，重点自然资源使用单位和有关项目单位等。审计时间范围主要围绕地方政府行政首长任期年度进行，一般以近三年为主，个别重大事项可以延伸以前年度。

自然资源资产离任审计的组织方式可以有三种形式，第一，开展以重点资源资产管理使用为内容的大项目审计，为界定离任领导干部的有关责任提供更加全面、翔实的审计结果，促进整个地区和整个行业规范自然资源的开发、使用和管理；第二，与经济责任审计相结合，领导干部自然资源资产离任审计既是一个相对独立的审计项目，也是省长经济责任审计的一个组成部分；第

三，与资源环境审计结合，应当不断总结资源环境审计的经验，探索开展集多种资源于一身的领导干部自然资源资产离任审计。

（五）自然资源资产离任审计的内容

总体审计内容包括检查国家资源战略的实施情况，评估国家环境资源政策的贯彻落实情况，评价自然资源管理的有效性。分析重大的开发利用和保护活动（项目）的合规性和有效性。关注重要资源存量及变化情况，评价自然资源相关信息的可靠性。

具体来看，森林资源资产审计内容包括领导干部任职期间履行森林资源资产有关责任情况及取得的主要成绩，森林资源资产状况，森林资源资产相关重大决策情况，贯彻落实政策、制度和措施情况，森林资源专项资金管理使用情况。矿产资源资产审计内容包括相关部门和单位贯彻落实促进矿产资源有序开发、合理利用政策措施情况，矿产资源资产状况，矿产权出让、使用情况，矿产资源专项资金的征收管理使用情况，矿山地质生态环境恢复治理情况。国土资源资产审计内容包括国土资源资产状况，国土资源资产有关政策的贯彻落实情况，领导干部任职期间履行土地资源资产有关目标责任情况，土地供应相关的决策制定、执行和效果情况，土地使用相关政策、制度和措施的监督管理情况，土地使用权出让金收支管理及绩效情况。水资源资产审计内容包括水资源资产有关政策措施落实情况，水资源资产状况，水资源资产利用和保护情况，水资源费征收管理使用及水资源保护、治理等方面投入情况。海洋资源资产审计内容包括贯彻执行国家相关法律法规和政策与决策部署情况，海洋自然资源资产的开发利用情况，海洋自然资源资产的保护和修复情况。草原资源资产审计内容包括领导干部任职期间履行草原资源资产有关责任取得的主要成绩，贯彻执行草原相关法律法规和政策与决策部署情况，草原资源资产状况，草原保护与监督检查情况，项目工程管理和资金使用情况。

（六）自然资源资产离任审计的评价指标体系与审计方法

领导干部自然资源资产离任审计的评价标准比较分散、种类繁多，而且专业性强。主要包括：法律层面，国家下达的规划、年度利用计划，地方政府或主管部门管理制度，财政财务收支管理规定，审计准则及指南，自然资源开发使用评价标准。应当从自然资源政策及执行、资金、资源开发保护、资源利用、资源收益分配、政府履责等方面，构建综合性的评价指标体系。

审计方法主要有召开座谈会、检查重大决策制度、查阅相关记录、分析电子数据、抽查详审和重点延伸。

（七）自然资源资产离任审计报告与结果运用

自然资源资产离任审计报告的结构包括标题、文号、被审计人员所在单位名称、被审计人员姓名及所担任职务、审计项目名称、内容和审计机关名称（审计组名称及审计组组长签名）、签发日期。

审计报告的内容主要包括：审计依据，即实施审计所依据的法律法规规定；实施审计的基本情况，一般包括审计范围、内容、方式等；被审计单位基本情况，以及被审计人员履行自然资源资产有关责任的基本情况；审计评价意见，即结合当地自然资源禀赋的特点，根据审计目标，以适当、充分的审计证据为基础发表的评价意见，从定性和定量两个方面，对主要审计领域给出审计评价；审计发现的主要问题，包括事实、定性、处理处罚意见、依据的法律法规和标准，以及有关领导人员对审计发现问题承担的责任；审计发现的移送处理事项的事实和移送处理意见；提出的改进建议。

自然资源资产离任审计结果运用的方式有：根据自然资源资产审计结果进行奖惩评价，加强对自然资源资产审计结果的运用，逐步建立领导干部自然资源资产审计结果公告制度。

（八）自然资源资产离任审计的制度构建与工作要求

自然资源资产离任审计的制度内容，应当涵盖审计对象的确定、审计方式、审计内容、评价方法与结论的形成、审计结论的表达与传递（审计报告制度）、审计成果的利用等方面。

全面开展领导干部自然资源资产离任审计，需要认识到：第一，自然资源资产离任审计刚刚起步，要坚持试点先行，在总结试点经验的基础上，不断创新审计内容和方法，提高审计质量和水平。第二，要尽快完善制度规范和工作机制。

第三，聘请专家作为顾问或参与审计。第四，要加强对现有审计人员知识的培训。

三、审计机关审计技术创新发展报告（2013年）

该研究以审计技术创新能力为主线，在专题调研的基础上，首先对审计机关的审计技术创新能力进行评价；其次分析审计机关审计技术创新活动的特点；再次指出审计技术创新活动方面存在的突出问题；最后对进一步提高审计机关的审计技术创新能力提出建议。

（一）审计技术创新能力评价

在技术创新意识、技术创新投入、技术创新管理、技术创新产出、技术创新绩效和技术创新环境等六个方面，我国审计机关的审计技术创新能力的总体评价为：一是在思想认识上，各级审计机关普遍认识到审计技术创新是审计工作适应经济社会发展和科学技术进步的客观要求，但仍有一些审计机关的创新意识比较薄弱；二是在审计技术创新投入方面，以审计信息化建设为依托的技术设备的投入有所增加，但用于技术创新的人力投入和资金投入仍然不足；三是重视对审计技术创新的组织管理，成立各种创新小组，出台一些创新考核办法、激励措施等；四是近两年来审计技术创新产出的数量持续增加；五是审计技术创新的成效显著，在节约资源、提高效率、改善管理、激发活力、提高监督能力等多个方面发挥了积极作用；六是审计技术创新的环境不断改善，但环境因素仍是制约基层审计机关技术创新活动的重要因素之一。

（二）审计技术创新活动的特点

审计机关的审计技术创新活动具有如下特点：一是审计署特派办和省级及计划单列市审计机关仍然是创新的主力军，创新主体的行政级别越高创新能力越强；二是从技术创新类型看，虽然原创性技术的比例有所提高，但组合性技术的数量仍然占多数；三是用于审计管理的新技术占比相对提高，用于审计实施过程的业务类新技术占比超过80%；四是从审计业务领域看，除通用技术外，最活跃的技术创新领域仍然是固定资产投资审计和社保审计。

（三）审计技术创新活动面临的困难与问题

审计技术创新活动面临的最为突出的困难和问题有：一是缺乏技术创新人才，审计机关没有引进专业人才的自主权，在现有人才使用方面日常审计任务安排过多，通过调整知识结构培养的人才还不能满足技术创新的需要；二是审计成果考核机制需要进一步完善，要制定不同于一般审计项目的成果考核机制；三是审计技术创新带来一系列的审计证据问题，在取证、认定、归档保存等方面还没有制定统一的规范，在一定程度上阻碍技术创新活动的进一步开展；四是缺乏专门的审计技术创新的交流平台和定期交流机制，出现一些重复开发问题，也反映缺乏统筹规划方面的问题。

（四）进一步提升审计技术创新能力的建议

为进一步提升审计机关的审计技术创新能力，结合调研发现的各种情况和问题，提出如下建议：一是营造创新环境，进一步强化创新意识，把技术创新理念融入工作审计的各个方面、各个环节，营造有利于技术创新的文化氛围和制度环境；二是加强技术创新管理，建立和完善各种创新机制，包括创新人才队伍建设机制、创新投入机制、激励机制、合作创新机制、推广应用机制、创新成果评价机制等；三是整合资源，统一调配人员和资源，统一组织技术攻关，取得成果后在审计系统内推广；四是注重需求导向，密切联系审计实践，在审计业务中寻找对新技术的需求。

四、土地资源审计中的技术创新案例

该研究针对土地资源审计，选择和整理审计围湖造田问题，审计围填海问题，审计耕地保护政策落实情况，审计占用或荒芜农田问题，审计违规采矿、虚报新增耕地问题，审计铁路项目变更土地用途问题，审计绿化造林情况和林业项目实施情况等8个地理信息技术方面的审计技术创新案例，展示地理信息技术的具体应用，推广优秀的技术创新成果，为审计实践提供借鉴。

（一）利用地理信息系统软件审计围湖造田问题

将地方政府耕地保护责任履行情况作为重点内容，从动态和静态两个角度重点检查补充耕地的合规性及基本农田保护面积的真实性。审计人员创新应用地理信息系统（GIS）技术，充分利用国土部门地籍数据、遥感影像等多种地理信息，引入外部测绘地形图、Google Earth 地图等开展审计，着力探索违法用地难以查找、土地区域难以界定、面积无法丈量等难题，提高审计效率、拓宽审计思路，取得较好的成效。

（二）“三位一体”定位测量审计围填海问题

将海域管理使用情况作为重点审计内容，并派出专人对沿海的围填海情况进行专项审计。综合利用海洋动态监测系统、GPS 全球定位技术和 Google Earth 地图软件等“三位一体”的定位测量技术，借力被审计单位的设备仪器，审计结果更有说服力，审计效率较高，特别适合工作量较大、点多面广、审计人员少的情况。“三位一体”的审计方法具有较大的推广价值，开创海域审计技术方法的先河。可以广泛应用在国土、海洋的审计领域。

（三）图层叠加技术与 GPS 相结合审计耕地保护政策落实情况

属于组合性创新技术，着重解决土地领域违法违规占地的面积和地类，以及海域审计中违法违规填海的面积测算。应用领域可以涉及资源环保审计、经济责任审计、专项审计等。技术创新点是将不同信息的图片进行叠加，查找可疑地块；将 GPS 信息和图片信息相结合准确确定土地面积和地类。需要的设备为 GPS，需要的软件为地理信息系统（GIS）。可以提高审计效率和效果，有效监督国土部门在土地管理领域的责任落实情况。

（四）国土部门 ArcGis 与 GPS 相结合审计占用或荒芜农田问题

主要运用国土部门开发使用的 ArcGis 软件和 GPS 定位设备。利用 ArcGis 软件将土地利用现状图、基本农田分布图和土地矿产卫片执法检查变化图斑等各类数据进行叠加比对，查询疑点，列明坐标，之后通过 GPS 定位设备进行现场踏查，核实问题。具有技术新、用途多、上手易和效果好的特点，核实的准确性较高，在土地、林业等资源环保审计中具备一定的推广应用价值。

（五）地理信息辅助软件与 GPS 相结合审计违规采矿、虚报新增耕地等问题

在审计项目中创新使用 GIS 相关技术以及地理信息辅助审计软件，将地理位置信息以图层的形式直观显示在电脑上，并对这些图层的区域位置、面积、距离等内容进行查看分析，帮助审计人员解决相关问题。首次应用到矿产资源审计领域是一种组合创新。主要解决对审计对象的位置、面积等地理信息的审计分析，快速定位问题线索，提高分析的效率，实现全面审计，为审计查出问题提供新途径。

（六）图形叠加分析与 GPS 相结合审计铁路项目变更土地用途问题

在审计中借鉴国土部门的卫星遥感影像技术、图形叠加分析技术和 GPS 技术，解决大范围土地利用审计中如何快速确定违法占用土地或擅自变更土地性质疑点并逐一核实的难题，易于操作，节省人力，便于发现审计疑点和审计线索。可以广泛用于征地拆迁、森林保护、退耕还林、环境污染评估等项目审计。

（七）运用地理信息公共平台系统、ArcGis 和 ERDAS 审计绿化造林

通过利用地理信息公共平台系统、ArcGis 和 ERDAS 等系统，收集整理卫星遥感地理信息影像数据和天地图成果数据，经整理、计算和与实际现状对比，提供科学、直观、实用的数据，有助于核实审计事项的真实性。可用于固定资产投资审计、资源环保审计、外资运用审计、经济责任审计等多个领域。

（八）GPS 与 AO 相结合审计林业项目实施情况

利用 GPS 和 AO 的结合技术，能够快速、高效、准确地提供点、线、面要素的精确三维坐标，即使地表景观和标志物改变了，也能找到过去的标本采集地点，并不需要借助地图。开拓审计思路，创新审计手段，有效地解决审计中遇到的位置不清、面积难以计算等实际问题。不仅适用于林业、农业、水利建设等固定资产投资审计领域，还适用于资源环保、预算执行、金融审计等领域，应用范围广泛。

五、可视化技术在审计中的应用研究

可视化技术应用到审计数据分析中，可以实现良好的人机交互功能，而且其丰富的图形展示能力和分析能力，有助于缩小审计范围，节约审计资源，减少对海量数据处理的工作量，把握审计工作的整体情况。

（一）可视化技术概述

可视化技术指的是运用计算机图形学、图像处理技术和人机交互技术等，将数据转换为图形、

图像、视频或动画在屏幕上显示出来，对数据进行直观的可视表达以增强认知，并允许用户对数据进行交互处理，以便于人们接受、理解原始数据或信息的理论、方法和技术，是解释图像数据和根据复杂多维数据集合生成图像的一种工具。可视化技术发展史与人类现代文明的启蒙以及测量、绘画和科技的发展一脉相承，在地图、科学与工程制图、统计图表中，可视化理念已经应用和发展了数百年。

根据信息传递方式的不同，可视化技术可以分为两大类，即探索性可视化和解释性可视化。根据处理对象以及目的不同，可视化技术可以分为四类：科学计算可视化、数据可视化、信息可视化和知识可视化。可视化技术的特点主要表现在如下三个方面：交互性、多维性和可视性。

（二）可视化技术的应用

可视化技术已经在多个领域得到应用，在医学研究、交通运输、城市规划、气象信息、水利水电建设、矿业、农林业、军方、政府等各行各业都发挥了巨大的价值，给人们的生活方式、业务活动、指挥决策等带来了便利。

（三）可视化技术在审计中的应用

可视化技术在审计中的应用主要包括审计管理和审计业务两方面。审计管理方面包括构建可视化审计数据中心管控平台和在审计指挥中心应用可视化技术；审计业务方面包括数据分析的可视化研究和构建大数据的可视化数据挖掘平台，前者具体包括地理信息数据可视化、基建工程审核可视化、其他审计业务和财务数据可视化、可视化智能分析。

（四）可视化技术在审计中的应用条件

要在审计中应用好可视化技术，须具备如下条件：数据中心信息的整合、可视化软件的开发、可视化条件下数据分析流程和可视化人才的培养。

（五）可视化技术在审计中的应用实例

包括应用可视化软件分析地理信息和应用可视化技术进行智能分析。

六、国有企业改革有关问题探讨

改革开放以来，国有企业走出一条中国特色的成功之路。国有企业的改革是一个实践的过程，也是一个理论探索的过程。当前，国有企业改革任务还未完成。持续推进国有企业改革，成为全面深化改革、完善社会主义市场经济体制的重要突破口。

（一）国有企业与私营企业、外资企业的绩效对比

国有企业在保持我国经济稳定增长、提高经济国际竞争力方面发挥重要作用，同时也要看到，过去几年中，国有企业的绩效表现不如私营企业和外资企业。近年来外资企业和私营企业的营业收入和利润总额的增长速度远快于国有企业，其中私营企业发展得最快。

（二）国有企业运营管理存在的问题

在国家政策执行、重大经济决策、内部管理和会计核算等方面，国有企业仍存在不够规范、执行不够到位的问题，已经成为深化国有企业改革的制约因素。第一，政策执行不到位，政策效果不明显。第二，重大经济决策程序违规，未能实现预期目标。第三，投资管理不科学，风险控制机制不健全。第四，招标管理制度不完善，招标过程不规范。第五，金融业务管理不受重视，资金使用效率不高。第六，薪酬福利管理不严格，支付条件过于宽松。第七，会计核算不真实，账户管理不透明。第八，财务管理水平不高，制约整体竞争力。第九，所属企业管控难度大，难以实现协同效应。第十，信息系统建设迟缓，功能不完善。

（三）深化国有企业改革的必要性

从传统农业大国向现代工业强国的转型过程尚未根本完成的前提下，国有企业改革是全面深化改革进程中亟须解决的瓶颈。第一，国有企业在我国经济社会持续健康发展中发挥保障作用，国有企业是政府应对经济危机的重要手段。第二，国有企业对提升民族产业的竞争力发挥推动作用。国有竞争性大企业与效率很高、竞争力很强的民营企业同心协力，有利于在与国外跨国公司的竞争中获取优势。第三，国有企业改革是要素市场和要素价格体系改革的先导。必须首要推进国有企业改革，这关系到整个国民经济能否持续健康发展。

（四）制约国有企业改革深化的因素分析

当前，国有经济的改革步伐明显减慢，许多重大的改革难题至今仍未真正破题。制约国有企业发展的一些深层次矛盾仍然存在，如国有控股

的必要性、混合所有制背景下不同股权代理人代理效率、国有经济退出方式与途径等，都亟待深入研究和探讨。第一，国有资产管理中政企不分的问题仍然存在，企业常常受到政府部门大量的不当干预，产权主体抽象，导致责任主体不具体。第二，国有企业在全面深化改革中应对不足，随着全面深化改革的持续推进，来自于非国有企业的竞争将日益激烈，国有资本的主导地位将面临挑战。第三，国有企业创新能力不足。第四，国有企业经营决策和内部管理难以适应市场竞争的需要。总体上看，国有企业的人事、用工、收入分配及决策、淘汰、资本流动等机制尚不能很好适应市场竞争的要求，在国家政策执行、经营决策、内部管理和会计核算等方面，仍存在不够规范、执行不够到位的问题。

（五）促进国有企业改革的政策建议

需按照不同国有企业的功能进行分类改革，适当收缩国企的分布范围和战线，将有限的资本投向真正关系国家安全和国民经济命脉的行业和领域。第一，推进组建国有资本运营公司，重在成本控制和服务质量方面对其提出要求，并在总结实践经验的基础上不断完善。第二，继续深化国有企业股份制改革，应当以产权结构的多元化为前提，通过多种形式引进非公资本，在国有企业改革中积极发展混合所有制经济。第三，进一步规范公司治理结构，应当按照现代企业制度的要求，建立有效的国有企业高层管理人员的激励与约束制度，规范和完善董事会制度，强化监事会职能和作用，推行监事会的职工代表制。第四，深化垄断行业国有企业的改革与产业组织调整，针对不同重要性类型行业分别确定国有企业的控制程度，深化产权改革与重组。第五，构建国有大企业核心竞争力培育机制，在投入机制、创新机制、协作机制、政府引导和扶持机制、法律法规支持机制上多下功夫。第六，以管资本为主加强国有资产监管，实施差别化的监管方式和引导措施，加快健全国有资本经营预算制度。第七，加强审计监督，将审计监督工作与企业改革发展同步推进。关注各级发展改革部门的职责履行情况，关注国有资产保值增值情况，关注重点领域和重点环节的交易和事项，持续关注国有企业改革领域政策措施的实施效果，适时开展公司治理等特定事项的专项审计调查。

七、国家审计在全面深化改革中的作用及其自身变革

随着改革的深化，经济社会的各个方面必将发生深刻的变化，审计监督的对象和审计环境也将发生改变。国家审计必须对自身的制度安排和组织行为做出调整和变革，以更好地服务经济社会的健康发展。

（一）审计价值定位与改革总体目标的一致性决定了审计在改革中的独特作用

将审计的价值定位确定为有效服务国家治理，是与审计立法精神相符合的。秩序与绩效是审计立法的根本目标，而秩序与绩效也是国家治理的根本要求，可以说审计天然就是国家治理的重要组成部分。全面深化改革的总体目标是完善和发展中国特色社会主义制度，推进国家治理体系和治理能力的现代化。审计的价值定位与全面深化改革的总体目标是高度一致的，这就决定了国家审计在依法履行职责，开展审计监督的过程中，能够推动改革的深化，有效服务国家治理体系和治理能力的现代化建设。

审计机关始终把促进改革作为审计工作的一个重要目标，持续关注体制机制、制度方面存在的问题，为国家方针政策的制定提供依据和参考。

（二）国家审计推动改革的作用机理

审计推动改革是从发现问题作为起点的，然后提出改进的审计建议并督促整改落实，促进改革和制度的完善。国家审计在问题导向、社会推动、顶层设计、基层探索和政策落实这五个推进改革的途径和动力方面，通过有效履行法定职责，发挥推动改革作用。

第一是问题导向。以问题倒逼改革，通过改革来完善体制机制，解决经济社会中存在的问题，是我国改革开放过程中形成的一个有效的路径。审计揭露被审计单位（项目、人员）在履行职责中存在的不合规、损失浪费等问题和不足，进而反映经济社会运行中存在的问题，对问题产生的原因及其影响进行分析，发现相关政策、法规、制度方面存在的不足，并向有关部门提出改进建议，推动相关领域的改革。

第二是社会推动。社会公众的参与是改革能否成功的一个重要因素。审计机关作为公共利益代表的监督者，通过开展对公共责任履行情况的审计监督，提出改革的建议并将审计结果向社会公告，一方面可以维护公众利益，另一方面可以调动公众推动和参与相关领域的改革，并监督改革措施的落实。

第三是顶层设计。政府主导和加强党对改革工作的领导是我国改革的一个基本要求。审计机关可以收集整理过去审计中发现的问题，并对问题进行深入的分析研究，提出完善体制机制制度的改革建议，为决策机构做好顶层设计提供参考。

第四是基层探索。有些方面的改革需要各地结合当地实际进行试点探索，在积累经验的基础上不断完善并进行推广。审计机关可以在微观审计中总结各地有效的做法和经验，提出改革制度设计和良好治理的建议。

第五是政策落实。改革政策的有效贯彻落实是改革落到实处的必要条件，审计机关可以通过具体的审计来监督有关部门单位是否有效执行相关改革政策，促进政策落实，为改革保驾护航。同时还可以开展宏观政策审计，评估政策效果，发现政策缺陷，促进政策完善。

（三）全面深化改革对国家审计的影响及审计面临的问题

现代国家治理体系的建设，将在很大程度上改变审计所处的宏观环境。首先是政府与市场界限的划分，对审计的职责范围和行为方式会产生直接的影响。政府作用范围的调整将直接影响到审计的职责范围。其次是法治政府的建设，将使审计监督更加有效，一方面使得审计监督有法可依，另一方面也可以保障审计发现问题能够得到有效的整改。最后是国家治理体系的完善，为审计在宏观层面发挥作用创造条件。审计工作将重视对宏观经济活动和经济政策的审计评估，为宏观经济调控和国家治理提供服务。

全面深化改革包括了政治、经济、社会、文化、生态等各个方面，其中一些与审计工作紧密关联的具体领域的改革，会对国家审计产生直接的影响。第一，财政体制改革要求审计的内容更加完整、深入，能够进行总体把握，并关注财政资金使用绩效。第二，金融体制改革将改变金融监管模式，金融审计必须重新进行定位，要开展宏观金融形势和金融运行中的宏观系统风险的分析评价。第三，国有资产经营管理方式改革，要求审计机关改变直接对国有企业的审计，而更多的是对管理国有资本的投资机构进行审计，在审计目标上也要服务于国家战略目标。第四，投融资体制改革将调整审计机关对投资项目审计的范围和内容。第五，生态文明建设强化了环境审计的定位，拓展了审计领域。

当前国家审计发展中需要解决的重点问题有以下几个方面：一是审计覆盖面小而要得出的审计结论涉及范围广，审计结论的准确性不够，审计风险较高。二是同质化的审计过多，减少了审计所涉及的领域，不利于多方面揭示经济社会运行中的风险。三是审计技术和管理体系相对落后，影响了审计的工作效率，不利于审计作用的发挥。

（四）国家审计的应对措施与变革策略

为适应改革的要求，审计机关必须在审计理念、审计立法、审计行为方式和审计制度等多个方面采取应对措施，制定并实施新的变革策略。

第一，进一步完善审计立法。一是适当调整审计监督的范围，将公共责任作为国家审计的监督对象，使监督的范围更加全面、合理。二是对信息化条件下审计的调查取证权还应作进一步的明确，以确保审计机关能获取必要的电子信息资料。三是对审计公告权力作进一步的强化和约束，允许审计机关更充分地行使公告权，同时强化审计机关的公告责任。四是授予审计对被审计单位拒不落实审计决定和审计建议的制裁权，以促进对审计发现问题的整改落实。

第二，变革审计理念。要主动适应形势发展，践行科学审计理念，将有效服务国家治理作为审计的价值追求，对审计工作的目标和重点进行调整，探索服务国家治理的路径和方法。

第三，变革审计行为方式和有关审计工作制度。要做好以下几个方面的转变：从监督资金到监督权力和责任，从发现问题到促进完善制度（查处单项错弊到查处系统性错误），从微观单位或活动到行业、系统的宏观活动，从对具体经济行为的审查到抽象经济政策的评估，从单一的事后审计到事后与跟踪审计并重，从治标到治本等方面的转变。国家审计的制度体系也应进行相应的调整，主要包括：对审计业务类型要重新进行划分，并明确相关要求；对审计报告制度进行调整；对审计的组织管理制度进行变革。

第四，制定国家审计发展的策略。要按照改革的总体布局制定科学的审计发展战略，合理确定审计工作的重点领域，提高审计工作的宏观性、整体性、前瞻性，提高审计工作的效率和效果，不断创新审计技术，提升审计能力。

八、土地资源管理领域存在的问题、改革目标与审计对策

该研究归纳了当前我国土地资源管理领域存在的问题，对土地资源领域改革目标进行了分析，从六个方面系统性地提出了新形势下土地资源的审计对策。

（一）土地资源概述

土地资源不仅具有自然属性，还具有经济社会属性。从自然生态角度来看，土地资源自成系统，从经济社会角度来看，土地是人类劳动的对象和成果，不同用途土地的经济社会功能各有不同。鉴于土地资源的经济稀缺性、价值特殊性、利用方式多样性、短期内用途唯一性，土地制度成为国家发展的重要基础性制度。现代化过程中，随着经济发展、政治变化、生态治理、民生保障等方面的政策革新或转变，土地的管理制度、管理方式、管理内容、管理技术等方面会发生重大调整，土地的资源、资产、资金形态也会不同于传统社会，以服务国家治理新需要。

（二）当前我国土地资源管理领域存在的问题

现行土地资源运行模式存在大量问题，不能为未来健康发展提供持久动力，不适应国家现代化建设新形势，难以长期维持。

第一，国家土地资源管理战略有待完善。首先，长期以来土地资源管理战略与国家整体发展战略目标不相适应，土地资源管理战略不健全，宏观性、长期可持续性欠佳，中央政府未及时制定国土安全的长期总体战略。其次，国家土地资源管理战略与新形势的要求不相适应，缺乏详细的实施标准，相关领域的战略实施框架也不完善，没有构成有效的约束机制。相关领域法律长期未得到修订，彼此之间存在衔接不到位问题。另外，各种类型土地资源管理战略目标定位不清晰，缺乏对国土空间的统筹管理框架。

第二，土地资源管理制度和体系有待健全。首先，土地规划管理粗放低效，各层级政府的土地规划重点不突出，没有与城乡规划、国民发展规划等有效衔接，也缺乏区域间的有效协调。同时，土地用途管制制度存在管制范围过窄、管制方式滞后等问题。其次，土地资源相关职能部门履责不到位，严重影响土地资源管理制度和体系的有效性。一是尚未摆正土地资源领域政府与市场的关系；二是中央与地方在土地资源管理方面的职责定位不清晰；三是政府各部门之间、部门内部的职责缺乏合理分工，未形成相对完备的土地资源监管体制；四是各地土地储备机构设置、职能定位等较为混乱。最后，长期以来国家未建立在全国行之有效的统一土地政策体系。

第三，关联领域存在诸多问题，不利于土地资源高效集约永续利用。首先，现行城乡建设模式是导致土地资源粗放管理利用的重要因素。一是城乡生产、生活、生态结构缺乏统一规划和严格管控；二是城镇化缺乏对土地集约节约利用的整体管控；三是国家未对农村集体范围进行更明确定位。其次，当前行政管理制度不利于形成运行高效、责任明确的土地管理机制。一是现行土地行政管理体系有待进一步理顺；二是GDP政绩导向机制导致各地缺乏土地利用的整体长远考虑；三是现行政府绩效考评和管理体系缺乏长期问责机制。最后，财政制度存在大量问题。一是中央与地方的国有土地出让收益分配机制不合理；二是现代财税绩效管控体系建设滞后，土地出让金、收费、土地融资等管理不规范。

第四，当前土地资源收入与支出存在不少问题。首先，土地资源税制设置不合理。其次，土地资源收费、出让金等收支管理不规范。最后，现行土地增值收益分配机制不利于形成公平公正的收入分配格局。一方面，目前土地出让金形成的增值收益主要归当地政府当期支配，尚未建立兼顾国家、集体、个人的分配机制，没有恰当考虑“三农”、生态环境、社会保障等方面的长期性支出要求；另一方面，现行土地税制对土地和房产的升值部分没有进行合理调节。

（三）土地资源领域改革目标分析

党的十八届三中全会从多角度制定土地资源领域改革措施，具体而言，这些改革措施包括土地资源收入支出、土地资源管理使用、土地资源关联领域等方面。

第一，全面规范土地资源收入与支出管理，形成公平公正的土地增值收益分配机制。以房地产税、土地增值收益分配、用地价格等改革为重点，推动土地资源收入与支出方面的改革，保障被征地群体的长期生计来源。

第二，明确土地资源领域政府与市场的关系，健全政府职责体系。以建设用地市场体系、国家自然资源资产产权制度和用途管制制度等改革为重点，明确土地资源领域政府与市场的责任。一方面，推动建立统一的建设用地市场体系；另一方面，推动构建归属清晰、权责明确、监管有效的土地资源资产产权制度和用途管制制度，坚持和完善最严格的耕地保护制度。

第三，与土地资源关联领域改革相呼应，推动国家治理现代化。首先，在构建现代财政制度框架下，全面规范土地资源收入，推动土地资源支出的预算细化、公开透明，整合土地资源领域财政支出项目。其次，构建城乡统一的土地资源管理体制。再次，推动理清各部门土地资源职责，形成土地资源管理的大部制，并明确土地资源管理、监管、参与土地市场运营等方面的职责关系。最后，以系统完整的生态文明制度体系为框架，构建以土地为纽带的国土空间开发管制制度，确保土地资源永续利用。

（四）新形势下土地资源审计对策

及时全面开展土地资源审计，构建土地资源审计全覆盖框架，与其他审计项目相结合，多角度认识土地资源关联领域，与其他管理部门形成无缝对接的监管框架，有助于提高国家审计服务国家治理现代化的有效性。

第一，构建土地资源、资产、资金的全面监督框架。首先，对与土地有关的公共资金收支进行重点审计，摸清不同类型的土地资源收入，形成总体认识，评估各类收费项目合理性，摸清各地土地租税费总体状况。其次，对国家土地资源整体状况、管理使用、制度建设等进行审计。最后，关注各领域土地资源形成的国家资产。

第二，加强对土地相关部门公共活动绩效及履责情况的监督。审计机关应对各级政府及各部门土地资源管理责任不到位、缺位、越位问题开展独立调查，评价土地资源市场规则、监管机制等建设进展情况，推动理顺土地领域政府与市场的关系，明确中央和各级地方政府的土地管理职责。

第三，关注并推动土地相关领域改革进展。土地资源审计应围绕全面深化改革重点，设计土地资源领域审计范围、重点内容，并为改革的顺利推进建言献策。围绕摸清土地租税费总体状况，开展房地产税方面的专项审计调查。围绕土地确权、不动产登记、土地流转等改革措施的财政资金使用情况，了解改革试点进展，分析存在的突出问题。通过调查各地土地优惠政策，加强土地集约节约利用。

第四，开展土地规划、土地管理、土地质量等各类专项审计。各级审计机关根据自身区域内发展突出问题、土地资源现状，灵活设计土地审计项目，对“山水林田湖”进行整体性、区域性或单独性审计，分次审计耕地、林地、山地、建设用地等不同用途土地，设计土地闲置空置、土壤污染治理、村庄建设等多个土地资源审计项目。

第五，在各专业审计中深化对土地资源领域的监督。首先，围绕加大各项目、各预算之间的统筹协调力度，审计全口径预算中不同类、项的土地资源领域支出。其次，借助对土地资源关联领域的审计，从其他角度更全面分析土地资源。最后，将土地作为党政领导干部经济责任审计的重要内容，关注领导干部在土地资源管理使用、处置等决策方面的突出问题。

第六，创新土地审计项目设计和管理方式。要设计多个不同的审计项目，不仅摸清底数，更要分析突出问题。这需要对土地资源领域整体性、全局性、系统性的全面审计，也需要针对国家制定的每一子项目的有效性进行全面审计，需要调整审计项目设计思路，确保全覆盖监督。

九、大力推进抽样审计，努力实现全覆盖

审计机关面临实现审计监督全覆盖的挑战，审计工作与全覆盖目标还有一定差距，还存在审计力量不足与审计任务重的突出矛盾。抽样审计方法在国内外研究和应用已久，对于新时期审计工作要求适应性较强，高效合理地加以科学化运用，能够使审计工作事半功倍，加速实现审计全覆盖目标的进程。

（一）抽样审计方法研究和应用的概况

从国际上来看，很多国家都非常重视审计抽

样问题，还有些国外研究者比较关注审计抽样所采用的抽样技术和审计目标之间的平衡问题。英国审计署采用两阶段抽样方法。国际上一些大型审计事务公司更偏好采用非统计抽样方法。抽样不仅用于审计财务报表，也广泛应用于科学分析、市场分析和调查。采用抽样方法可以节省审计团队的时间和工作量。审计人员必须采用专业的判断来评估审计风险，为交易和账目测试制定合适的程序。

在审计全覆盖的要求下，审计机关面对极大的挑战，必须大力提升审计人员技术能力，充分有效利用先进审计方法和技术经验，将软技术和硬技术结合使用，方可逐步缩短与全覆盖目标之间的距离。

（二）统计抽样与非统计抽样审计方法在审计全覆盖目标下相结合使用的必要性

审计监督全覆盖是有深度、有重点、有步骤、有成效的全覆盖，要求做到全面性、重要性、协同性、动态性。提高审计效率，扫除审计盲区，是审计机关面临的现实问题，采用抽样审计是解决当前问题以逐步满足审计监督全覆盖工作要求的重要途径。统计抽样能够依托先进的信息化工具和计算机辅助进行，科学客观，提高效率。非统计抽样审计的样本往往是那些重要的、容易发生差错的经济业务，且在数据信息不完整、不规范时也常利用此方法。

在审计过程中，充分利用统计抽样与非统计抽样两种审计方法的优势，做到定性分析与定量分析结合，能够最大限度地满足审计监督全覆盖的要求。统计抽样对实现审计全覆盖目标中的全面性要求非常有效，结论客观，风险可量化，也能够很好地实现协同性。非统计抽样审计可以把握审计重点，实现审计全覆盖目标的重点性和系统性，可以对重要项目重点延伸，分析关联，实现全覆盖要求的动态性。

（三）审计机关推动实施抽样审计的几点建议

第一，合理设计审计抽样方案，确定抽样审计方法和工作步骤，并写入审计实施方案中，以保证审计质量。第二，加强审计技术方法培训，提升审计人员工作技能。第三，建立审计业务专家库，为统计抽样审计、非统计抽样审计、计算机辅助审计等技术方法提供指导，并进行审计技术创新。第四，进行数据联网，逐步实现统计抽样审计的异地操作。

十、国家审计促进经济发展方式转变研究

党的十八大明确提出了要加快转变经济发展方式，2012 年中央经济工作会议也对于转变经济发展方式做出了总部署。国家审计需要关注经济发展方式的转变，要通过推动经济发展方式的转变完善国家治理。

（一）国家审计促进经济发展方式转变概述

国外尚无有关审计促进经济发展方式转变的专门文献，部分学者有关资源环境审计、绩效审计的文献隐含着审计可以促进经济发展方式的转变，而国内审计促进经济发展方式转变的文献较多、论述较为详细，有关审计促进经济发展方式转变的研究都是定性研究。

经济发展方式主要是指经济发展的方法和形式，一般表现为技术升级、结构优化和经济运行的质量和效益的提高。经济发展方式的内容主要包括：经济增长水平、经济结构、经济质量和效益、自主创新能力、资源消耗、环境保护和居民的消费倾向。发展方式转变指数用来定量描述发展动态变化过程，以经济发展方式转变的内涵为根本依据，用状态比较方法来描述经济发展方式转变。经济发展方式转变指数模型是在利用经济增长水平指数、经济结构优化指数、经济质量和效益指数、自主创新能力指数、资源和环境支持指数进行综合加权而成的评价指数体系。

（二）国家审计促进经济发展方式转变的必要性和作用机制

转变经济发展方式既是我国国情要求，也是经济发展规律的体现，还是实现科学发展的必然要求。

中国特色社会主义审计制度的性质、内容和作用机制决定了国家审计将在经济发展方式转变过程中扮演重要角色。第一，国家审计具有权威性、强制性、宏观性、战略性、独立性等特性，使得国家审计可以促进经济发展方式的转变。第二，从审计内容来看，我国国家审计已经形成了财政审计、企业审计和金融审计，经济责任审计，资源环境审计和外资审计的“3＋1＋2”的审计模式，是一个有机的整体，是完善国家治理、促进经济发展方式改变的重要载体。

（三）国家审计促进经济发展方式转变的实现路径

国家审计紧紧围绕经济社会发展大局，及时把审计的重点转到转变经济发展方式、优化经济结构、提高质量和效益上来。国家审计的内容规定了国家审计发挥促进经济发展方式转变作用的路径。在宏观方面，促进转变经济发展方式战略、政策措施的完善。在审计工作中，核实被审计对象在贯彻落实党中央、国务院有关转变经济增长方式政策的情况，提出完善政策制度的建议，督促落实好中央和国家的政策措施。在微观方面，主要通过企业审计和金融审计，纠正偏离经济社会发展方式转变的行为，保证经济发展方式转变的方向。

（四）国家审计促进经济发展方式转变的实证研究

以经济发展方式转变综合指数为计量经济模型的被解释变量，解释变量有审计人员的数量、审计经费数量、审计查出的违规金额数量、提交的审计信息数量、移交纪委司法的人数。在样本设计时，选取审计署和地方审计机关的数据作为样本，选取的计量模型为线性模型。贝叶斯估计结果表明国家审计可以有效促进经济发展方式的转变，解释变量审计人员数量、违规金额、审计报告（信息）和移送人员的数量都对促进经济发展方式的转变有积极作用。

十一、完善政府决算审计制度，发挥其在政府会计改革中的建设性作用

探析我国政府决算（草案）审计受到政府会计制度的约束、面临的挑战，以及政府决算审计制度在政府会计改革中的建设性作用，有助于推动政府决算审计与政府会计的动态协调和整合发展，促进政府综合问责和国家良治目标的实现。

（一）我国政府决算（草案）审计的现状及受到的制度约束

由于受到政府会计制度不健全的约束，我国政府决算（草案）审计的作用环节、问责范围和治理效果还受到一定限制。

第一，现行政府会计制度以预算控制为焦点的问责范围和对于预算收支信息的单一财务问责维度，严重制约了决算（草案）审计的目标、审计问责广度和深度及治理效果。政府决算（草案）审计侧重于决算草案编报的不规范、不合理和不完整问题，约束了其在推进预算管理制度和政府财务报告制度、促进政府全面问责和政府绩效管理等方面的作用。

第二，现行以收付实现制为基础、“重过程控制，轻结果管理”的预算会计报表，决定了当前决算（草案）审计主要是真实合法性审计。决算（草案）审计主要是对预算执行收支流量信息合规性、真实性、全面性的监督，缺乏对于问责链条中政府整体财务状况和财政资金使用效益、效果等的监督，无法全面、清晰反映审计的过程性问责和结果性问责。

第三，现行政府会计体系的组成制度之间缺乏衔接，影响了决算（草案）审计内容的完整性和审计建议的深化。决算（草案）审计的主要目标局限于促进决算编报信息的完善和对相关制度的遵循，导致审计建议侧重于信息漏报和核算不当等问题，弱化了其在预算管理、国家治理中深层次价值的实现。

（二）建立健全政府综合财务报告制度对政府决算（草案）审计的影响

政府决算（草案）审计的目标将会随着国家治理需求和制度环境的变化而改变，审计内容和问责范围将进一步拓展和延伸，审计效能还有很大的提升空间。

第一，政府综合财务报告制度的特点分析：一是以信息需求为中心，强调满足政府决策、管理、监督、评价和问责等不同信息使用者多层次需求。二是综合反映政府财务状况、运行成本和结果。三是向核算范围、作用价值更为广泛和综合的“管理取向”制度转变。四是权责发生制确认基础的采用将推动向“绩效问责”拓展和深化。五是清晰地将财政资源、政府行为、绩效问责等联系起来，将单一的财务问责转变为多维度的综合问责。

第二，政府决算（草案）审计制度面临的挑战和改进要求。一是审计目标从单一的财务问责转向多维度、综合的管理问责。二是审计内容从收支结果审计到系统的、整合的审计。三是审计报告从作为预算执行审计报告的一部分到独立的审计报告。四是审计质量控制准则亟须根据审计环境的变更而不断完善。五是建立健全对政府综合财务报告的审计鉴证，充分发挥审计的建设性作用。

（三）审计机关在政府会计改革过程中的能动作用

决算审计是推动政府会计改革在政府财务管理改革轨道上顺利运行的重要力量，要发挥审计机关在推动制度完善、增强政府财务报告质量、提升制度效果等方面的重大作用。

第一，提升审计参与权，促进审计机关实现由外部监督者向政府会计制度的联合制定者转变。提升审计机关在政府会计制度制定和完善过程中的参与权，有助于促进审计机关从事后监督拓展到对政府会计制度制定、执行、监督和评价的全过程，更好地将审计建议转化为制度成果。

第二，发挥审计机关的专业优势，促进政府财务报告制度完善和制度执行的有力、有效，增强政府财务报告的可信性。审计机关能够促进制度完善和保证制度改进的效果。审计的权威性、独立性和专业性有助于增强政府财务报告的可信性，传递全面、真实的财政绩效和财政问责等方面的信息，推动政府会计改革和宏观政策目标的落地。

第三，促进财政透明、财政绩效与财政问责，推动国家良治目标的实现。审计机关的职能和地位决定了其是从政府会计制度之外以专业的眼光和技术优势去发现体系内、制度间和机制中的不协调、不合理和低效率的地方，能够推进政府会计制度与财政管理体制的协调，推动国家良治目标的实现。

十二、国家审计促进完善地方政府性债务管理的思考

近年来，国家高度重视地方政府性债务风险，并采取了地方政府性债务审计、融资平台清理、颁布管理制度等措施加以管控。审计部门应依法加强对地方政府性债务管理政策落实情况的审计监督，促进完善债务管理制度，防范风险，提高资金使用效益。

（一）地方政府性债务管理体制改革的新举措

一是地方政府举债融资制度改革。规定只有经国务院批准的省、自治区、直辖市才可以适度举债，政府举债只能通过政府及其部门举借。同时剥离融资平台公司的政府融资职能，加强对政府或有债务监管，将政府新增或有债务严格限定在依法担保的范围内。

二是地方政府性债务规模控制和预算管理制度改革。规定地方政府要把一般债务收支纳入一般公共预算管理，将专项债务收支纳入政府性基金预算管理，将政府与社会资本合作项目中的财政补贴等支出按性质纳入相应政府预算管理。

三是建立和完善地方政府性债务风险的预警和应急处置机制，切实落实地方政府的举债主体责任。财政部评估各地区债务风险状况，对债务高风险地区进行风险预警。地方政府出现偿债困难时，要通过控制项目规模、压缩公用经费、处置存量资产等方式，多渠道筹集资金偿还债务。

四是建立和完善地方政府性债务管理相关配套制度。完善地方政府性债务统计报告制度，加快建立权责发生制的政府综合财务报告制度。建立地方政府性债务公开制度，加强政府信用体系建设。

（二）国家审计促进完善地方政府性债务管理的作用机制

第一，紧紧围绕责任追究，强化对地方政府举债主体责任的监督。审计机关应加大对地方政府债务主体资格的审查，加大对融资平台的审计，关注各地区债务风险状况，加大对违法违规融资的责任追究，注重将责任落实到人。

第二，紧紧围绕预算审查，发挥预算在地方政府性债务管理中的基础性作用。审计机关应加大对地方政府债务预算的审查力度，关注地方政府债务的完整的预算体系是否建立。关注地方政府在国务院批准的分地区限额内举借的债务，是否报本级人大或其常委会批准。

第三，紧紧围绕风险防范，促进地方政府性债务风险管控制度的完善和有效执行。审计机关应加强对地方政府性债务风险管控机制的审计，关注各地区的债务情况，评估各地区的债务风险状况。关注债务高风险的地区是否采取相应的措施。

第四，紧紧围绕完善制度，开展对地方政府性债务配套制度和措施的审计。关注地方政府性债务统计报告制度设计是否科学、合理，重点关注财政、统计、审计等部门的债务统计口径是否协调一致。关注地方政府性债务公开制度和政府信用体系建设情况。

（三）创新地方政府性债务审计监督机制，推动建立常规性的地方政府性债务审计制度

第一，找准地方政府性债务审计的目标定位，发挥国家审计促进地方政府性债务管理体制改革的作用。将审计重点放在地方政府性债务制度的完善和有效执行方面，将审计目标更多地定位于地方政府性债务的安全性和绩效性。

第二，明确地方政府性债务的审计主体，形成常规性的债务审计制度。地方各级审计机关的审计主体地位是与其政府举债融资主体地位相适应的，将常规性债务审计权限交给地方审计机关后，审计署应切实承担地方政府性债务审计指导、监督和检查的职责。

第三，创新地方政府性债务审计的组织方式，提高地方政府性债务审计的效率。地方政府性债务审计可以单独进行，也可以结合预算执行审计进行。在重大的举债活动之前，地方政府也可以安排进行债务审计，提交相应的审计报告。

十三、国家审计机关知识管理系统的内容与建设研究

知识管理不仅是对知识识别、获取、分类、存储等的管理，还包括与知识有关的各种审计资源的管理，涉及审计机关的知识设施和资产、知识组织、知识活动、知识管理绩效评估等。

（一）审计机关实施知识管理的意义

第一，提高审计机关绩效。知识管理提供了对审计工作创新发展有利的知识和信息，能够促进审计机关着眼长远谋划发展规划。第二，提升审计人员业务能力。借助知识管理，审计人员才能在不断学习新知识的基础上，适应日益变化的审计需求。第三，促进审计领域的隐性知识向显性知识转化。知识管理既着眼于显性知识，更着眼于隐性知识。要通过加强知识管理建设，将隐性知识向显性知识转化。

（二）审计机关知识管理建设的内容

第一，知识人才管理。以人才管理为基础实施知识管理，加大审计人才培养力度，逐步完善考核和培养机制，创新审计人员培训方法。第二，知识获取和共享管理。分析知识需求，调查知识资源，研究知识结构，加速知识由隐性知识向显性知识的转化。第三，知识应用和创新管理。积极跟踪国内外知识管理领域的新进展、新动态，探索在审计实践中应用知识管理的途径。第四，知识网络环境管理。应当注重审计知识管理的技术与系统的开发、维护，注重包括文件管理系统、信息管理系统软件、搜索和索引系统、通信和协作系统、专家系统和无形资产评估系统等的运作。

（三）审计机关知识管理系统建设的重点环节

第一，加强知识库建设。审计机关的知识库应当包括与审计领域相关的理论知识、事实数据，以及由专家经验得到的启发式知识，为审计人员开展审计实践提供便捷的工具和主要知识资源。

第二，重视对隐性知识的发掘、传播和利用。建议审计机关提供平台，建立专门数据库，用以储备在审计中积累起来的各种信息资源，并委派专职的信息管理技术人员维护、更新。

第三，重视知识管理对开展大型审计项目的即时支持力度。为了共享与大项目有关的知识和经验，有必要举办论坛，开展讲座。完善知识支援小组的功能。

第四，强化知识管理在国家审计领域运用的基础工作。制定着眼于长远的知识管理战略，明确审计机关最需要的知识及其获取途径，建立基于知识管理的审计知识管理系统。

第五，建立健全适应知识管理需求的组织机构。建立具有扁平化、弹性化、虚拟化、网络化和柔性化特点的知识型审计组织结构，鼓励审计人员间进行知识的交流与共享，成立专门的知识管理委员会，负责知识管理的实施。

十四、国家审计在推进依法治国中的地位与作用

国家审计在维护国家财政经济秩序的同时，必然会推进依法治国的全面进程，从理论和实践上对全面推进依法治国，加快社会主义法治国家的建设具有重大而深远的影响。

（一）国家审计推进依法治国需把握的重要方面

第一，全面推进依法治国重点突出了“全面”二字，涵盖了党、国家、社会生活以及军队建设等各个领域，实现了法治的“全覆盖”。第二，全面推进依法治国的总目标是建设中国特色社会主义法治体系，建设社会主义法治国家。这一总目标包含了四重含义：一是道路、制度、理论的融

合性，二是体系的完备性，三是推进的一体性，四是努力方向的现代性。第三，全面推进依法治国强调了“宪法”这一核心。《中共中央关于全面推进依法治国若干重大问题的决定》强调完善以宪法为核心的中国特色社会主义法律体系，加强宪法实施。第四，全面推进依法治国提出了深入推进“依法行政”。明确了法治政府的六个特征：职能科学、权责法定、执法严明、公开公正、廉洁高效、守法诚信。

（二）国家审计在全面推进依法治国进程中的地位与作用

第一，国家审计为全面推进依法治国提供重要保障。国家审计对象的广泛性与依法治国的全面性高度统一。国家审计通过持续组织各个领域的合规性审计和政策落实情况的跟踪审计，促进秩序的规范和完善，保障依法治国政策的全面推进。

第二，国家审计与全面推进依法治国共同落脚于促进国家治理体系和治理能力的现代化。良好的国家治理要基于四个维度的考量，即有效维护国家安全、有效制约权力运行和建立起问责机制、有效维护法律和社会秩序以及有效促进科学发展，这四个维度的内容与新时期国家审计和依法治国的目标高度一致。

第三，国家审计与全面推进依法治国共同以宪法为依据，体现了国家审计在国家治理体系中的基石地位。我国确立了国家审计在国家基本政治制度中的宪法地位，也就是从体制层面确立了其在整个国家治理体系中的基石作用。

第四，国家审计有助于深入推进依法行政，促进法治政府的建设。国家审计（尤其是合规性审计）通过定期对政府及其官员对法律法规的遵守执行情况和财政财务收支情况进行监督和评价，规范其行为，促进其依法行政。

第五，国家审计在全面推进依法治国过程中发挥重要的监督作用。要全面正确地履行审计监督职责，实现审计执法程序化、透明化，审计结果公开化、公示化，审计责任明确化、落实化。

第六，国家审计对全面推进依法治国的作用呈常态化趋势。审计监督具有主动性和灵活性特征。通过综合考虑国家经济社会发展情况、政府工作中心、公众关注程度等因素，在全面调查审计需求、合理评估审计资源的基础上，科学编制年度审计项目计划等，实现审计监督的常态化。

（三）国家审计服务依法治国的作用机制

第一，国家审计的渗透特性，在全面推进依法治国进程中发挥宣传教育作用。国家审计在审计过程中，会有意或者无意地进行法治宣传教育与渗透，能够有效地促进被审计单位和个人增强法律意识、遵守法律规定，从而为全社会营造良好的法治氛围。

第二，国家审计的监督特性，在全面推进依法治国进程中起到反映作用。要不断创新审计方式方法，推进审计信息化建设，合理地优化配置审计资源，必要时向社会购买审计服务。

第三，国家审计的专业化特性，在全面推进依法治国进程中具有评价作用。在单个领域，能够客观、公正、科学地评价该领域法律法规的质量、效果及效率；在多个领域，能够增强各领域法律法规之间的系统性和协调性，为整体推进法治国家建设提供合理的顶层设计和决策支持。

第四，国家审计的实践特性，在全面推进依法治国进程中起到反馈作用。国家审计能够在实际工作中了解相关方面已制定法律法规的贯彻执行情况与效果，能够及时准确地发现存在的问题和弊端，进而能够合理地提出需要进一步用法律法规来调整和规范的各种实际问题。

十五、美国审计署涉华审计的特征及启示

美国审计署比较重视中国相关事项的审计，在重大政治、经济、社会和国家安全等方面，评价对华政策的有效性，开展前瞻性政策分析，并提出立法建议。

（一）紧紧围绕国家重大战略和政策的执行开展审计，涉及领域广泛

美国审计署发布的审计报告涵盖的领域较为广泛，包括对华军售禁令、国际关系、中美贸易、文化科技等方面，既有经济政治文化，也涉及内政外交国防，每项业务都紧紧围绕美国重大战略和政策的执行开展审计。

（二）突出强调美中贸易中的政策和管理有效性

美国审计署关注的中美有关问题，多数在贸易领域体现出来。美国审计署以“美中贸易”为主题，10年内先后发布6份审计报告，内容涉及

国有企业补贴、贸易壁垒、贸易政策审查机制、纺织品配额等，尤其关注中国的贸易合规性，是否履行了各项承诺。

（三）及时关注影响美国国家利益和国家安全的事项

只要对国家利益和国家安全存有威胁，美国审计署都有动机投入审计力量予以关注和跟踪。美国审计署的涉华审计，以及所提的咨询意见和立法建议，完全服务于美国的国家利益和国家安全。近年来美国围绕网络安全发布了多份审计报告。

（四）重视意识形态输出，审计中持双重标准

中美文化艺术交流日益广泛，为美国对华意识形态输出打开了通道。无论是 1946 年开展的对华租借援助情况审计，还是近年来开展的一些涉华审计，美国审计署都关注了美国意识形态输出的成效。但是所形成的观点，有的未免偏颇，甚至持双重标准。

（五）创新审计方式方法，形成多元多样的审计证据

美国审计署开展涉华审计时，取证过程面临主权、语言等多种制约，由于综合运用了多种取证方式方法，因此在一定程度上缓解了矛盾。媒体观点、专题研究、座谈会、利益相关方访谈等形式，都可以作为拓宽审计取证渠道的有效方式方法。

（六）对我国审计机关的启示

第一，加快制定系统的涉外审计战略。明确目标与职责，确定工作重点和方式，以有效开展相关审计工作。审计机关各专业部门和派出机构应从各自的职责范围出发，研究需要关注的事项，并将之纳入各自审计业务之中。

第二，重视对影响国家战略的外部风险进行评估。审计机关应当立足整个国家的安全开展审计工作，及时评估影响国家战略的各种风险因素，高度重视外部各种因素对我国国家利益和国家安全的潜在威胁。

第三，积极开展涉外重大事项的审计。在外交、贸易等涉外活动中，很多方面都攸关国家利益，迫切需要审计机关予以关注。

十六、美国审计署持续系统地关注联邦政府财政风险

识别并控制财政风险，是应对财政风险、维持财政可持续性和良好运行的途径。美国审计署十分关注财政风险，相关的一些做法值得肯定和借鉴。

（一）美国审计署关注财政风险的做法

美国审计署对财政风险进行准确的识别、具体的确认和深入的分析，并提出有针对性的建议，提示政府和有关各方加强监测和改进管理，确保财政安全性。

第一，持续地关注财政风险。美国审计署对财政风险的关注是持续的。以若干审计报告为例，2003 年 1 月发布了《改进预算，关注长期费用和不确定事项》的审计报告。2006 年 5 月发布了《更好的透明度、控制、启动和债务拖欠处理机制，将帮助应对巨大和增加的长期财政挑战》的审计报告。2013 年 10 月，在《财政揭示：在联邦预算中改进费用确认》的报告中再次强调了联邦政府的长期财政失衡。

第二，以多种形式揭示财政风险。一是发布常规审计报告。对于审计中发现的财政运行整体上的系统性风险，以及具体部门运营中局部问题可能对财政状况产生的影响，在审计报告中予以揭示。二是发布高风险目录，向社会和政府揭示风险发出警示。三是发表综合性论述报告，对联邦政府（有时也包括地方政府）的财政状况及其面临的风险和挑战进行比较全面深入的综览和分析，提出审计建议。四是与有关机构开展信息交流，表达审计署的观念导向。

第三，对财政风险进行系统性的整体表达。美国审计署注重所发表信息之间的相互关联，形成系统性的整体表达。其一，注重不同审计报告之间总体和具体财政风险的对应关系。其二，注重各种不同形式审计报告之间对财政风险的强化反映。其三，注重在审计报告中动态反映财政风险及其应对结果。

（二）对美国审计署关注财政风险的评价

美国审计署对财政风险长期而动态的关注，是美国审计署贯彻实施审计发展战略的成果，也体现了审计人员高度的专业能力。

第一，是积极实施审计发展战略的成果。美国审计署的战略规划充分反映了对财政安全问题持续的关注，并通过实施众多的审计项目来实现战略目标，长期关注财政风险，为国会和政府提

供及时高效的服务。

第二，体现了审计人员高度的专业能力。美国政府审计准则规定了审计人员应具备的胜任能力，而审计战略规划明确了任务。审计署在加强内部管理提高审计人员能力方面也做出了大量的工作。

第三，美国审计署独特的组织地位与法律授权使之成为财政风险的观察者。审计署审计范围广泛，获得了大量微观和宏观的信息，为进行财政风险分析提供了基础。无偏的立场使得审计报告能够进行比较理性的思考和判断，机构水平和人员素质，使之能够持续深入关注财政风险。

（三）美国审计署关注财政风险对我国国家审计的借鉴

国家审计要进一步加大对经济运行中风险隐患的揭示力度，要更加深入关注财政风险，以更加富有成效的工作和更长远的视野维护经济安全。

第一，审计机关对财政风险应进行持续而系统的关注。国家审计可以利用微观入手宏观着眼的优势，充分运用审计信息，进行财政风险分析，建立动态评估机制，对财政风险进行综合性的研究。

第二，提高审计人员的专业能力是做好这项工作的重要前提。一方面，要进一步提高审计人员的财政风险识别能力和分析判断能力；另一方面，要在审计战略的制定和审计任务的安排中引领审计人员关注可能导致财政风险的局部因素和整体上的风险。

第三，改进审计报告的形式和内容，增加公开力度。一是考虑审计报告的不同需求。二是增加审计报告的深度，可以综合不同审计项目所反映出来的风险点和风险程度，进行国家层面财政风险的综合性分析。三是进一步加大审计报告的公开力度。

十七、美英澳三国审计署绩效报告的内容架构与比较

国家审计在关注其他公共部门绩效时，也需要回应社会公众和其他公共部门对审计绩效的关注。为此，越来越多的最高审计机关开始编制审计机关绩效报告。

（一）美国审计署绩效报告

主要由引言、管理层讨论与分析、绩效信息、财务信息、监察长视角下审计署面临的挑战、附录等构成。绩效信息是核心内容，详细介绍组织实际绩效、下一年度绩效计划、项目绩效等内容。财务信息部分详细阐述审计署的经费来源和运用情况。

审计署使用一套量化绩效指标进行绩效评价，这些绩效指标涉及审计结果指标、顾客满意度指标、人力资源管理指标和内部管理指标四个重要方面。审计结果指标包括财务收益、非财务收益、以前建议采纳情况和有建议的报告比例。顾客满意度指标度量美国审计署对国会的服务质量。人力资源管理指标评价审计署为吸引和留住优秀员工以及培养、使用和引导做出的努力。内部管理指标包括信息管理、房屋管理、知识服务、人力资本以及财务管理服务。

（二）英国审计署绩效报告

主要由引言、审计长致辞、审计署简介、审计工作的五种类型、审计绩效、人力资源管理、组织治理与风险管理、资源报告、可持续性报告、财务影响等构成。审计绩效着重阐述审计工作对节约公共资金和改善公共服务质量产生的积极影响、国会对审计鉴证报告的信任度、被审计单位对审计工作的认可程度等。

审计署制定的绩效指标体系涵盖了审计工作的六个方面：公共资金的节约金额，审计工作产生的积极变化反映审计工作产生的积极影响，议会对审计署鉴证报告的信任度，被审计单位对审计工作的认可程度，审计署在专业领域的权威性反映国会和被审计单位对审计工作的信任度，审计署资源耗费的成本效益反映资金使用的成本效益。

（三）澳大利亚审计署绩效报告

包括前言、审计署简介、绩效报告（报告澳大利亚审计署两类审计项目的绩效：鉴证审计服务和绩效审计服务）、管理与受托责任、财务报表、附录。

审计署的绩效指标主要分为三类。一是产出指标：出具的财务报表审计报告数量、其他类型鉴证报告数量等；编制的绩效审计报告数量、出具的国防物资重大工程项目审阅报告数量等；参与促进公共部门审计和支持发展中国家审计事业发展的次数。二是关键绩效指标：议会采用财务

审计建议占全部财务审计建议的百分比、公共部门中认为审计署的产品和服务有价值的百分比等。三是成本效益指标：财务审计的成本效益比、绩效审计的成本效益比。

（四）评价和启示

第一，绩效报告以审计活动的结果为核心内容。审计机关绩效报告更加重视审计活动的结果，是绩效回归本质的体现，也是公共部门绩效管理发展的必然结果。

第二，绩效报告与战略规划和目标紧密相关。组织使命引领着组织目标的制定，是评价审计机关绩效的总纲，绩效报告的编制者和使用者应当了解组织使命。

第三，绩效指标体系是绩效报告的骨架。绩效指标体系是绩效测量内容的明确化和具体化，美英澳三国审计署的绩效报告均将绩效指标作为绩效报告的重要内容。

第四，完备的绩效数据收集方式是绩效报告的关键。收集绩效数据是一项复杂、系统的工程。英国和澳大利亚在报告中说明了部分数据的获取方式是通过对被审计单位或其他利益相关者的调查。美国审计署在附录中，对每一绩效指标数据进行了详细的说明。

第五，综合绩效报告是解除审计机关公共受托责任的重要文件。财务信息重在解除审计组织当期活动遵守了有关公共资金收入和支出的公共决策责任，以及未来运营的可持续性。绩效信息意在解除审计组织对其所用可得资源、有效和高效率地实现组织目标的程度，以及是否能够在可预见的将来继续实现目标进行报告的责任。

（撰稿人：陆晓辉）

论文选登

【土地审计中常见问题及审计内容与方法】

土地作为重要的资源，在国民经济发展中发挥着重要的作用。有效管理土地资源，规范行使土地管理权，合理分配和使用土地出让金，是各级政府的一项重要职责。近年来，随着经济的快速发展，建设用地的规模快速增长，一些地方在土地的征收、出让、管理和相关资金的使用中产生了不少问题，甚至还有腐败案件的发生。为此，各级审计机关在过去的几年中开展一些与土地管理相关的审计项目，发现了一些问题。2014 年李克强总理的政府工作报告中提出要在全国范围内开展一次土地出让金和耕地保护审计。为了充分利用已有的审计经验，更好地做好这项工作，现将过去审计中发现的一些与土地相关的问题进行归纳整理，供广大审计人员参考。

一、土地审计中常见的问题

地方政府在土地管理和使用中存在的问题，按照不同业务环节来进行划分，可以做如下归纳：

（一）土地审批环节存在的问题

主要包括：一是擅自突破土地利用规划、超越权限、扩大范围违法违规批地，这类问题主要表现在园区、电力、公路建设方面。二是绕开《中华人民共和国土地法》关于土地数量审批权限的规定，采用“化整为零、分次报批”的方式批地。三是为方便“以地招商”，将本属于本级政府和土地管理部门的开发区土地管理权限下放给园区管委会。四是违规批准建设用地用于房地产开发等商业用途，并利用“土地置换”等手段滚动式违规批地。

（二）土地征用环节存在的问题

主要包括：一是土地征用程序不规范，其中表现形式主要有未批先占、未批先建、边批边建、少批多占、预征集体土地等。二是征地补偿法定标准偏低，有些建设项目实际补偿标准远低于法定标准，同一地块补偿标准不统一。三是拖欠、挤占、挪用征地补偿费，包括土地补偿费、安置补助费、地上附着物和青苗补偿费等。四是采取“以租代征”“以地入股”的方式占用农村集体土地。

（三）土地出让环节存在的问题

主要包括两个方面：一是土地出让方式和程序不规范：土地主管部门未经政府批准越权自行划拨出让土地；批准不在划拨目录中或不符合划拨条件的土地按划拨方式出让；批准本应按“招、拍、挂”方式出让的土地按协议方式出让；在“招、拍、挂”出让土地时合谋做假；政府违规以土地使用权出资（入股）且不办理国有资产登记手续。二是违规低价出让土地：直接违规低价出让土地［低于省（市）政府规定的最低出让价、低于基准地价的70%、低于征地费用和相关税费之和]；通过财政返还变相低价出让土地（直接或以补贴名义返还土地出让金、空转土地出让金）；违规批准以实物、债务等抵顶出让金；采取“以租代售”方式变相低价出让土地。

（四）土地出让金征、管、用方面存在问题

主要包括：开发区管委会、国土局等非财政部门违规设立过渡户收取出让金，甚至坐收坐支出让金；上缴财政的出让金不纳入基金预算管理，土地补偿、开发成本直接在出让金财政专户列支，将结余转入国库纳入基金预算，或是将出让金收入全部作为预算外资金核算；用地单位拖欠土地出让金、土地有偿使用费；挤占挪用土地收益用于修建办公楼、宿舍、对企业投资、出借资金、对外担保；财政部门用土地收益调节预算收入；一些土地收购储备机构挤占挪用收购储备资金和“招拍挂”业务费；违规从土地出让金中提取目标奖励；未按规定将一定比例（15%以上）的土地出让金用于农业土地开发。

（五）土地使用环节存在的问题

主要包括：一是部分企业圈占、囤积、闲置土地，国土部门不按规定及时收回，造成资源浪费。二是企业将低价取得的土地经评估增值后，以土地出资入股、抵押贷款或是炒卖土地，扰乱资本市场和土地市场。

（六）土地登记、办证、转让过程中存在的问题

主要包括两个方面：一是国土部门违规为不符合条件的单位（欠缴出让金、土地权属证来源证明缺失、不符合土地利用规划等）办理国有土地使用权证。二是国土部门违规为不符合条件的项目办理土地转让手续并办理国有土地使用权划拨登记。

（七）开发区的土地作用管理中常见的问题

主要包括：开发区扩大面积；部分开发区住宅和党政机关办公用房占地比重过大；在履行土地申报手续的同时边报边建等。

（八）其他方面的问题

主要包括：违规挪用罚没收入，违规少征土地出让、转让契税，违规减免、欠征耕地占用税，违规减免省级新增建设用地有偿使用费，市县政府拖欠开垦费、复垦费等。

二、土地领域发生问题的原因

上述问题产生的原因是多方面的，既有地方政府管理部门履行职责不到位的原因，也有国家土地管理政策方面存在的不足，还有一些管理人员个人的原因。

（一）地方政府方面的原因

一是出于发展地方经济的需要，在短期利益的驱动下，盲目为一些地方性重点项目大开绿灯，采取违规调整规划、分拆立项、越权环评审批等方式为一些“两高”项目进驻打开方便之门。二是出于打造城市名片等形象工程的目的，违规划拨土地用于建设具有经营性质的商业性建筑。三是在迫切需要开发与地方财政相对困难的矛盾下，采取变通的方式违规解决开发中出现的资金紧缺难题。四是个别地方政府对土地政策执行不力，没有从根本上扭转被动执行、应付了事的行政办事作风。

（二）土地管理政策制定方面的原因

一是一些政策不明确、不细化。比如，国家有禁止向别墅项目供地的政策，但国土部门、建设规划部门都未曾对别墅做出科学精确的定义，造成别墅项目用地禁而不止。二是相关领域的政策本身不合理、不完善。比如基准地价政策，大部分城市也相应建立本地区的基准地价制度。但审计调查发现，各地的基准地价要么是长期未变，要么是基准地价制定过低，与市场价格相差较大，导致基准地价不仅难以有效指导市场价格，在界定违规低价出让土地的犯罪行为时，也难以发挥其标杆作用。

（三）个人行为方面的原因

这方面主要是一些管理人员不能严格控制执行国家政策，不能认真履行职责，甚至存在滥用权力和寻租等腐败问题。

三、土地审计的主要内容与方法

（一）土地使用权出让政策执行情况审计的内容与方法

土地使用权出让政策执行情况审计的内容主要包括：一是土地征用方面，重点审查地方政府及有关部门是否严格依照土地利用总体规划、年度计划和有关审批制度批准征地及农用地转用；有无违规调整土地利用总体规划、年度计划扩大建设用地范围以及化整为零越权批地。二是土地

供应方面，重点审查地方政府是否按照国家产业政策供地，有无违反产业政策、超出控制标准供地；有无先行立项、先行选址定点和先行确定地价以及假招标、假拍卖、假挂牌或陪标、串标等弄虚作假问题；是否存在领导干部违反规定干预和插手工业用地和经营性土地使用权出让等问题。

土地使用权出让政策执行情况审计的方法主要包括：一是对照国家及省（市）政府批复的土地利用总体规划和土地利用年度计划指标文件，审核国土部门上报的国土资源综合统计报表及建设用地统计台账，重点关注有无违规调整土地利用总体规划、年度计划扩大建设用地范围，以及超范围、超规模和化整为零越权批地问题。二是审查土地档案资料，重点审查土地档案中审批依据、用地性质、面积、土地出让金标准、土地估价报告、政府会议纪要、领导批示等资料，重点关注地方政府及有关部门在审批土地中存在的重大违法违规问题。

（二）国有土地使用权出让收支情况审计的内容与方法

国有土地使用权出让收支情况审计的内容主要包括：一是土地出让金征收方面，重点审查有关部门是否及时足额征收土地出让金。有无违规减免、缓征、先征后返、补贴等变相减免以及以项目抵顶土地出让金的问题。二是土地出让金管理使用方面，重点审查土地出让金收入是否直接缴入财政专户，并按规定将土地出让收入全额缴入国库，纳入预算管理；土地出让金支出是否符合规定用途。有无违规设立过渡户存放土地出让金和定金；有无挤占、挪用、贪污、私分土地出让金等严重违法违规问题。三是土地储备贷款方面，重点审查土地收储中心、政府性融资公司等单位通过质押土地收益权、抵押土地使用权等方式大量贷款用于城市建设；关注贷款规模和管理、使用情况以及可能存在的风险。

国有土地使用权出让收支情况审计的方法主要包括：一是将国土部门实际征收土地出让金与土地档案反映的应征数据相核对，重点审查违规减征、免征、欠征土地出让金的问题。二是将国土部门实际征收土地出让金与缴入财政专户和国库设立的专账数据相核对，重点审查有无截留、挪用土地出让金或"体外循环"的问题。三是将国土部门审批的建设项目土地用途、建筑密度、容积率与规划部门审批的控制性详细规划指标相核对，审查是否存在私自改变土地用途、容积率而未补缴土地出让金的问题。四是审查土地储备贷款合同、土地使用证抵押档案，重点关注是否存在土地储备贷款抵押物不实，挤占挪用土地储备贷款等问题。

（三）征地补偿安置政策的落实情况审计的内容与方法

征地补偿安置政策的落实情况审计的重点内容有：一是征用土地是否经过合法审批，是否严格执行"两公告一登记"制度，有无非法、强行征地。二是征地补偿安置标准是否符合国家法律法规和政策规定。三是对地方政府建立被征地农民社会保障制度情况和失地农民的生产、生活状况进行调查和分析，提出完善被征地农民社会保障政策措施的建议。

征地补偿安置政策的落实情况审计的方法主要包括：一是对照国家或省政府批复的征地审批文件、国土部门执法监察机构的违法案件统计台账、土地执法检查工作报告，审查征用土地是否经过合法审批。二是对照国家补偿安置标准，审查征地合同和补偿安置协议及征地补偿费支出明细账，关注有无降低标准补偿，截留、挪用、拖欠征地补偿费和安置措施不落实等问题。三是通过座谈、走访等方式调查被征地农民社会保障制度情况和失地农民的生产、生活状况，重点关注严重侵害被征地农民合法利益以及征地农民社会保障制度落实不到位等问题。

（四）土地审计中涉及的主要资料

土地审计中涉及的主要资料包括：被审计单位收发文登记簿；归档文件目录；国土部门各职能处室的业务资料和统计台账；与土地利用相关联的发改委、规划、房管、城建等部门和单位与用地审批相关的信息资料；建设用地审批档案、工作台账、统计报表、合同、证书、会议纪要等非财务资料；领导批示资料；媒体、广告、网络等信息平台，多方收集了解有关土地利用方面的外部信息等。

四、土地审计中需要重点研究的问题

在土地审计中，还需要对一些与土地相关的问题进行研究，以提出有针对性的审计建议，为完善我国的土地政策和国家的长远规划提供有价值的基础资料和参考意见。

这些问题包括：一是高速工业化、城市化对土地的需求是否可持续，这些需求与土地国有化政策之间是否协调；二是政府垄断土地一级市场全流程是否为最有效的管理模式；三是以土地收入为主的地方财政存在的风险如何量化分析；四是城市建设与土地的抵押融资存在的风险；五是城市化进程中的农民土地权利如何保护；六是工业发展不足、城市外延扩张与农地非农化问题的现状是什么；七是如何培育或发展我国的土地市场；八是依赖金融和负债支撑的城市化对土地的政策变化的承受能力；九是经济落后地区农民的失地状况等。（撰稿人：崔振龙）

【开创国家审计推动国家治理现代化的新局面】 《国务院关于加强审计工作的意见》（国发〔2014〕48号文，以下简称《意见》）全面总结了一段时期以来国家审计服务国家治理的有效经验，深刻阐述了新的历史条件下国家审计保障国家治理现代化的战略举措，是进一步探索中国特色社会主义审计道路的重要成果，是做好新形势下国家审计工作的基本依据。结合党的十八大和十八届三中、四中全会以及总书记系列重要讲话精神，深入学习和贯彻落实《意见》，对于加深对国家审计本质的理解和认识，推动国家审计事业科学发展，促进国家治理现代化和国民经济健康发展，具有十分重要的意义。

一、《意见》指明了新形势下国家审计推动国家治理现代化的总体方向

《意见》是在审计事业承前启后、继往开来的关键阶段出台的历史性文件，为审计事业发展提供了战略指引。国家审计机关成立30多年以来，审计事业取得了长足进步，但也面临着困难和挑战，处在历史发展的关键阶段。《意见》根据审计所面临的新形势、新任务，明确规定了新形势下加强国家审计工作的指导思想、基本原则和重大措施，是推动国家审计理论创新、实践创新、制度创新，推进国家审计事业发展的重要纲领性文献。总体来说，《意见》的出台进一步明确了审计重点，扩大了审计职权，扫除了发展障碍，提高了审计影响力和地位，是未来一段时期全面提升国家审计职能作用的战略性、指导性文件。

《意见》是在全面深化改革和推进依法治国方略背景下出台的重要文件，为在新形势下国家审计服务改革发展和依法治国提出了新要求。党中央、国务院历来高度重视审计工作。李克强总理强调，审计要做国家利益的捍卫者、公共资金的守护者、反腐败的“利剑”、权力运行的“紧箍咒”和深化改革的“催化剂”，并提出要以审计“倒逼”各项制度的完善，释放改革红利。在新的历史背景下加强审计工作，就是要通过审计促进公共资金的安全和绩效，推动国家重大决策部署的贯彻落实，更好地服务改革发展、民生改善和社会进步，更好地服务于社会主义法治国家建设。《意见》要求围绕国家中心工作，服务改革发展，服务改善民生，促进社会公正，持续组织对国家重大政策措施和宏观调控部署落实情况的跟踪审计，深化领导干部经济责任审计，为建设廉洁政府、俭朴政府、法治政府提供有力支持。

《意见》总结提升了长期以来国家审计的实践经验，深化了对国家审计推动国家治理现代化本质的重要认识。如果说国家治理体系体现为法规政策制度构建，那么通过审计推动法规政策制度落实，则是国家审计促进国家治理现代化的重要方式。《意见》指出，要以审计促进依法行政、依法办事，推进廉政建设和履职尽责，要实现审计监督全覆盖，促进国家治理现代化和国民经济健康发展。在国家治理观下，凡涉及管理、分配、使用公共资金、国有资产、国有资源的部门、单位和个人，都属于审计监督的对象，打破了国家审计仅是对财政资金、国有单位进行监督的思想误区，形成了只要涉及公共利益和政府责任，就是国家审计监督范围的边界的新认识，从而深化了对国家审计推动国家治理现代化本质的理解。

二、新的历史条件下国家审计保障国家治理现代化的作用机制

（一）紧紧围绕国家中心工作，保障国家治理现代化顺利推进

习近平总书记指出，要更好发挥中国特色社会主义制度的优越性，必须从各个领域推进国家治理体系和治理能力现代化。国家治理的需求决定了国家审计的产生，国家治理的目标决定了国家审计的方向，国家治理的模式决定了国家审计

的制度形态。国家审计作为治国理政的一项政治制度安排，是国家治理的一个重要组成部分，是依法用权力监督制约权力的重要方式，是推动国家治理现代化的基石和保障。《意见》要求，对稳增长促改革调结构惠民生防风险等政策措施落实情况，以及公共资金、国有资产、国有资源、领导干部经济责任履行情况进行审计，实现审计监督全覆盖，促进国家治理现代化和国民经济健康发展。

（二）紧紧围绕履职尽责，强化对公共权力运行的监督制约

习近平总书记强调，为政清廉才能取信于民，秉公用权才能赢得人心；要加强对权力运行的制约和监督，把权力关进制度的笼子里，形成不敢腐的惩戒机制、不能腐的防范机制、不易腐的保障机制。国家审计是强化公共权力制约和监督的重要力量。《意见》要求，国家审计要看好公共资金，严防贪污、浪费等违法违规行为；加大对依法行政的审计力度，注意发现有法不依、执法不严等问题；重点关注财政资金分配、重大投资决策和项目审批、重大物资采购和招标投标、贷款发放和证券交易、国有资产和股权转让、土地和矿产资源交易等重点领域和关键环节，揭露以权谋私、失职渎职、贪污受贿、内幕交易等腐败行为；深化领导干部经济责任审计，依法依纪反映不作为、慢作为、乱作为等问题，促进各级领导干部主动作为、有效作为，切实履行职责。

（三）紧紧围绕改革发展，促进国民经济健康发展

当前国内外环境都在发生极为广泛而深刻的变化，我国发展还面临一系列突出矛盾和挑战，解决这些问题，关键在于深化改革。习近平总书记指出，国家审计工作既要敢于和善于发现问题，更要积极推动解决问题。《意见》要求国家审计推动政策措施贯彻落实，反映好的做法、经验和新情况、新问题，促进政策落地生根和不断完善；促进公共资金安全高效实使用，推动俭朴政府建设；维护国家经济安全，注意发现和反映苗头性、倾向性问题，积极提出解决问题和化解风险的建议；促进改善民生和生态文明建设，推动惠民和资源、环保政策落实到位；促进增强改革的系统性、整体性和协调性，及时反映不合时宜、制约发展、阻碍改革的制度规定，推动深化改革。

三、积极适应国家治理发展趋势，推进国家审计工作创新发展

（一）准确把握国家审计功能定位，着力实现审计监督全覆盖

国家审计在推动国家治理现代化保障机制中所处的基础性地位，主要是通过保障国家公共利益来体现，突出表现为捍卫国家整体利益和维护普通人民大众的切身利益。国家审计发挥作用的机理是通过检查公共部门在公共资金、国有资源、国有资产等方面的经济行为，以监督公共部门、领导干部的权力履行情况。所以，无论什么性质的单位，无论谁在管理使用公共资金、国有资源、国有资产，只要涉及公共利益和政府责任，都要依法接受审计监督。《意见》指出，凡是涉及管理、分配、使用公共资金、国有资源、国有资产的部门、单位和个人，都要自觉接受审计、配合审计，不得设置障碍。

宪法规定审计机关对国家财政收支、国家财政金融机构和企业事业组织的财务收支进行审计监督，这表明国家审计作为政府专门经济监督机构的定位。随着党和国家以及社会对审计工作的要求越来越高，审计机关对审计本质的理解也越来越深刻。审计作为国家治理体系的重要组成部分，在国家政治生活中发挥越来越大的作用。这就要求国家审计应进一步明确从国家公共利益和责任出发的经济监督定位，依法对所有涉及公共利益的公共资金、国有资源和国有资产进行审计，着力实施审计监督全覆盖，并着力提高审计监督全覆盖的深度、广度和水平，更好地服务于国家发展的中心工作。

（二）适应新环境新形势新任务，适时调整国家审计任务和重点

纵观国外现代国家审计发展历程，现代国家审计目标内容大体经历了以合法合规性审计为主——侧重于合法合规性审计或合法合规性与全面真实性并重——合法合规性审计与全面真实性和效率效果性审计并重——以全面真实性和效率效果性审计为主等阶段。习近平总书记指出，当前一些领域消极腐败现象仍然易发多发，一些重大违纪违法案件影响恶劣，反腐败斗争形势依然严峻。基于这样的国家发展环境，目前我国国家

审计正处于第二阶段向第三阶段过渡的时期，未来随着国家治理环境的根本性好转，全面真实性和效率效果性审计将成为审计主要内容。

新的历史条件下，通过全面深化改革推动国家治理体系和治理能力现代化，国家发展环境正发生根本性、长久性变化，这意味着国家审计的任务、重点也将出现较大调整，如围绕当前党风廉政建设和反腐败斗争形势，加大对各领域公共权力、腐败行为的审计力度，并从体制机制层面揭示原因和提出建议，促进国家政治良性生态制度体系的建设。因此，国家审计既要反映好的做法、经验和新情况，又要发现和反映苗头性倾向性问题、风险隐患、薄弱环节；既要狠抓重大违法违规、损失浪费和贪污腐败问题，又要通过审计促进改革发展、法制完善和民生建设。要促进各级领导干部主动作为、有效作为，依法依纪反映不作为、慢作为、乱作为问题。随着国家政治生态环境的逐渐好转，国家审计反映公共权力履职尽责的全面真实性情况、评价其效率效果性的任务将更为突出。所以，《意见》提出要促进公共资金安全高效使用，把绩效理念贯穿审计工作始终，推动俭朴政府建设。

（三）创新审计管理机制、方式方法和技术手段，全面提升国家审计能力

为全面提升审计能力，要求审计机关不断创新审计管理机制、方式方法和技术手段。首先，要加强对审计计划的统筹规划，避免辖区内出现重复监督，也防止出现监督盲区、空白，这要求上级审计机关加强辖区内审计项目计划的统筹安排，及时与下级审计机关沟通审计计划情况，提高审计计划制订的科学性和针对性。其次，各级审计机关和人员应加快探索期中审计与期末审计相结合的分阶段实施审计办法，明确期中审计和期末审计的侧重点，分析如何衔接期中审计和期末审计。再次，尽快明确审计机关购买社会审计服务的具体办法，明确社会审计机构应如何与审计机关和人员执行同样的法律法规、国家审计准则，审计机关如何对该类事项进行管理。复次，各级审计机关和人员要及时将现代技术引入审计手段和方法中，加强新技术的研发和推广，提高审计现代化水平。最后，审计机关要在审计结果公告、审计整改公告等方面进行规范，加大审计公开力度，提高审计监督的权威性和公信力。

根据《意见》的要求，审计管理机制将发生重大变化，突出表现为工作领导机制和人力资源管理制度需要进一步创新。在工作领导机制方面，上级审计机关要加强对下级审计机关的领导，与党委政府一道，在保证审计力量和经费、项目计划安排、重大事项报告、审计整改督促落实等方面相互协作配合。要积极探索省以下地方审计机关人财物统一管理，推动建立适应审计科学发展的管理体制。在审计人力资源管理制度方面，积极推进审计职业化建设。严格实行专业技术资格制度，强化人员准入，确保审计机关负责人和审计人员具备相应的胜任能力。建立职业保障制度，强化职业吸引力，提高队伍稳定性。完善审计职业教育培训体系，确保审计人员及时跟上业务发展变化的需要，保持职业胜任能力。

（四）加强与政府及有关部门、单位的沟通协调，改善审计外部环境

随着国家治理现代化的不断推进，国家审计监督的外部环境在逐步改善，审计机关与外部利益相关者的关系需要进一步整合，以更好地适应环境变化的需要。各级政府主要领导人要依法直接负责审计机关，定时听取审计工作汇报，及时解决审计面临的困难。被审计单位要从大局出发，大力支持、配合审计工作，及时提供全面完整、详细准确、真实可靠的各类资料，努力为审计工作开展创造良好的条件。被审计单位主要负责人要充分认识到审计发现的问题和提出的建议是对其履职不到位的问责，不重视审计整改和落实审计建议，就是没有切实履行职责。各级政府要把审计结果及其整改情况纳入考核奖惩机制，作为干部晋升考核、奖惩的重要依据。审计机关要与同级政府或主管部门共同推动创新审计结果和整改公开机制。

党的十八届四中全会决定要求，要推动审计监督与党内监督、人大监督、行政监督、司法监督、社会监督等的协调配合，努力形成科学有效的权力运行制约和监督体系，增强监督合力和实效。从协调配合的机制来看，要实现与纪检监察、公安、检察以及其他有关主管单位协调机制的常规化、制度化，各级审计机关要建立专门内设机构或指定专人负责与上述单位的协调，及时将违

法违纪问题线索移交，及时跟踪反馈查处结果，适时向社会公告。同时，要加强对政府内部权力的制约，完善政府内部层级监督和专门监督，建立常态化监督制度。这就要求各级政府、部门、单位建立健全内部治理机制，形成决策、执行、监督既相互协调又相互制约的有效机制。这意味着要充分发挥内部审计等内设监管机构在公共部门内部的监督作用，与审计机关实现监督检查结果信息的适时共享，推动实现国家审计、内部审计遵守一致的审计法律法规、准则指南，提高内部审计机构和人员执业标准化、规范化、制度化水平，保障内部审计的独立性、专业化，以避免重复监督，也便于更好地利用内部审计结果。

（撰稿人：崔振龙　李　俊　李厚喜）

【在全面推进依法治国中发挥审计推动国家治理现代化的基石和重要保障作用】　十八届四中全会《关于全面推进依法治国若干重大问题的决定》明确要求，完善审计制度，保障依法独立行使审计监督权。这从国家治理顶层设计的高度为加强审计工作营造了良好外部环境。《国务院关于加强审计工作的意见》（以下简称《意见》）对如何加强审计工作提出了具体要求。国家治理的需求决定了国家审计的产生，国家治理的目标决定了国家审计的方向，国家治理的模式决定了国家审计的制度形态。今后一段时间是国家审计实现跨越式发展的重要战略机遇期，审计机关和审计人员依法履行审计职责，持续推动国家治理体系和治理能力现代化，这是全面推进依法治国形势下国家审计的自觉担当，对今后做好审计工作意义重大。

一、准确把握国家审计在国家治理体系中的定位

明确国家审计的定位，有利于厘清审计推动完善国家治理的路径，为发挥审计的保障和监督作用提供基本遵循。

国家审计是国家政治制度的重要组成部分。国家审计作为国家政治制度的一种具体制度安排，作为上层建筑的一部分，通过促进国家重大决策部署落实和推动深化改革等举措，为经济基础服务，保护和促进经济基础的巩固和发展。国家审计与一国政治制度关系，一般都以宪法的形式予以确定。从国际经验看，世界上多数国家都在宪法中明确了国家审计的功能作用，确立了其在国家基本政治制度中的宪法地位。在我国，“八二宪法”确立了党的领导与审计监督的关系，规定了审计长的法律地位和任免事宜，明确了审计署与地方审计机关的关系，界定了审计机关的职责范围。30多年来，审计监督实践符合宪法精神，并在宪法框架下开展和深化。

国家审计是权力运行制约监督体系中一个独立的重要组成部分。构建科学有效的权力运行制约和监督体系，是强化对行政权力的制约和监督的前提。党和国家的监督体系具体包括党内监督、人大监督、民主监督、行政监督、司法监督、审计监督、社会监督、舆论监督等八个方面。审计监督不但是监督体系的组成部分，而且与其他七种监督形式保持密切的沟通和合作，充分发挥着监督合力。此外，审计监督的独立性是其发挥监督作用的特色和优势，与其他监督形式比较，审计机关依法审计、依法查处问题、依法向社会公告审计结果，不受其他行政机关、社会团体和个人的干涉。这种特色和优势在全面推进依法治国新形势下将更加明显，审计监督在整个监督体系的作用也将更加显著。

国家审计是国家治理体系中的重要基石。体系是指在一定范围内或者同类的事务按照一定的秩序和内部联系组成的、有特定功能的有机整体。任何体系或者系统都必须有控制功能。没有控制功能或者控制功能无法有效发挥作用时，体系在短期内会因发生紊乱而无法有序运行，在长期内则不能存在。国家治理体系是在党领导下管理国家的制度体系，包括经济、政治、文化、社会、生态文明和党的建设等各领域体制机制、法律法规安排，也是一套紧密相连、互相协调的国家制度。这一制度化的治理结构，不仅要有完整和科学的制度安排，而且要建立起协调有效的组织体系，形成保证制度和组织体系灵活运行的机制。国家治理体系与国家审计的关系，就如同体系与控制的关系。国家审计有效发挥经济社会运行中的预防、揭露、抵御的免疫系统功能，及时揭示国家发展中面临的现实矛盾和问题，从体制机制层面提出审计建议，因而以实际行动彰显其在整个国家治理体系中的基石作用。

国家审计是国家治理现代化的重要保障。国家审计以服务国家治理为目标，所有审计项目都围绕完善和发展中国特色社会主义制度、推进国家治理体系和治理能力现代化而展开。国家审计是捍卫人民利益和国家安全、促进政令畅通和廉洁高效、推动民主法治和公开透明、促进深化改革和科学发展的制度保障。以对权力运行的制约监督为例，国家审计是规范权力运行、保障国家治理现代化重要制度安排。这是由于，在现代化的国家治理中，权力必须按照既定的规范运行，不允许任何组织和个人有超越法律的权力。这一过程中，审计通过促进权力制衡，推动治理机制制度的改革和完善。再以全面深化改革为例，国家审计密切关注各项改革措施的协调配合情况，促进增强改革的系统性、整体性和协调性。通过推动国家治理顶层设计的优化调整，保障国家治理现代化按最优路径持续推进。

二、积极探索国家审计服务国家治理的途径

在全面推进依法治国中发挥好审计推动国家治理现代化的基石和保障作用，应当明确审计推动完善国家治理现代化的机制，发挥审计对国家治理的保障作用，重视对全面深化改革重大举措的跟踪审计，结合已有审计经验大力开展绩效审计，切实维护国家安全。

明确审计推动完善国家治理现代化的机制。国家审计通过有效履行法定职责，推动完善国家治理现代化的机制主要包括以下方面。一是发现问题。发现问题是审计的重要功能之一，通过发现问题，分析问题产生的原因和影响，揭示相关政策、法规、制度方面存在的不足，推动各项制度完善。二是调动社会公众推动和参与国家治理。在国家治理现代化进程中，社会公众不但提出改革的需求，还积极参与改革和监督改革措施的落实。审计机关向社会公告审计结果，让公众了解政府管理和使用公共资源的情况，有利于增强社会公众的知情权、参与权和监督权。三是积极参与国家治理的顶层设计。由于被审计对象覆盖经济社会的各项领域，他们在发布各项政策措施前，往往会找审计机关针对征求意见稿提出修改建议。此外，国家审计不但为决策机构做好顶层设计提供参考，有时还会直接参与国家重大政策措施的制定过程。这些都为审计推动完善国家治理提供了清晰的路径。

发挥审计对国家治理的保障作用。为了实现全面深化改革的总目标和全面推进依法治国的总目标，国家审计服务国家治理的过程中，既要发挥监督作用，更要发挥保障作用。要发挥好保障作用，必须从推动政策措施贯彻落实、促进公共资金安全高效使用、维护国家经济安全、促进改善民生和生态文明建设和推动深化改革等五个方面开展审计。比如，应当持续组织对国家重大政策措施和宏观调控部署落实情况的跟踪审计，着力监督检查各地区、各部门落实政策措施的具体部署、执行进度、实际效果等情况，促进政策措施落地生根和不断完善；还应加强对重点民生资金和项目的审计，加强对重点自然资源、污染治理和环境保护情况的审计，探索实行自然资源资产离任审计等。

重视对全面深化改革重大举措的跟踪审计。加强监督和责任追究是全面深化改革的前提和基础。全面深化改革的顶层设计、整体谋划和重大举措，最终体现为国家重大政策措施和宏观调控部署。发挥审计促进国家重大决策部署落实的保障作用，对当前推动解决我国发展面临的一系列突出矛盾和问题具有现实针对性。应当密切关注各项改革措施的协调配合情况，促进增强改革的系统性、整体性和协调性；正确把握改革和发展中出现的新情况，对不合时宜、制约发展、阻碍改革的制度规定，及时予以反映，推动改进和完善。

大力开展绩效审计。绩效审计可以监督进公共资源和公共服务的有效利用，促进建设更加高效、廉洁的政府，有利于推动经济和社会可持续发展。因此，应当把绩效理念贯穿于审计工作全过程，既关注被审计事项的合法合规性，又关注被审计事项的绩效，关注被审计事项本身的目标是否合理、是否实现、是否形成了重大的损失浪费。通过揭露和查处违背国家产业政策和结构调整方针、严重铺张浪费、财政资金损失、国有资产流失、重大资源毁损及效益低下等问题，评价资金使用、资源利用、行政运行、企业经营等方面的绩效情况，促进减少财政资金沉淀，盘活存量资金，推动财政资金合理配置、高效使用。

切实维护国家经济安全。国家经济安全是国

家治理现代化的物质基础和重要前提。加大对经济运行中风险隐患的审计力度，着力揭示反映经济社会发展中的突出矛盾和潜在风险，推动转变经济发展方式和维护国家经济安全，这是国家审计服务国家治理的重要着力点。应当密切关注财政、金融、民生、国有资产、能源、资源和环境保护等方面存在的薄弱环节，特别是地方政府性债务、区域性金融稳定等情况，注意发现和反映苗头性、倾向性问题，积极提出解决问题和化解风险的建议。此外，国家审计还应在维护国家经济安全基础上，从战略高度密切关注影响国家安全的事项。

三、新形势下国家审计推动实现国家治理现代化的政策举措

国家治理与国家审计之间是决定与被决定的关系，同时国家审计也可以能动作用于国家治理。新形势下，国家审计应当从以下领域进行自我完善，积极推动国家治理体系和治理能力现代化。

完善中国特色社会主义审计制度。不断完善中国特色社会主义审计制度是一个重大课题，有许多东西还需要深入探索。从审计体制来说，为了强化上级审计机关对下级审计机关的领导，不但要探索省以下地方审计机关人财物统一管理，而且要建立健全工作报告等制度，地方各级审计机关将审计结果和重大案件线索向同级政府报告的同时，必须向上一级审计机关报告。从审计职责权限来说，为了实现对公共资金、国有资产、国有资源和领导干部履行经济责任情况实行审计全覆盖，审计职责有待拓展，审计权限有待加强；从运行制度来说，以往一些制度有的已经不再适用全面推进依法治国的新形势，必须自我扬弃，不断完善。无论是健全审计体制，还是优化职权配置，或是完善部际工作机制和组织管理模式，都是为了完善中国特色社会主义审计制度。

重新梳理审计工作的运行模式。在全面深化改革、全面推进依法治国的新形势下，国家治理对国家审计的需要和要求都有了新变化。近年来，在地方政府性债务审计、全国社会保障资金审计、财政存量资金审计、土地出让金收支和耕地保护审计、稳增长促改革调结构惠民生政策措施落实情况跟踪审计等审计项目探索基础上，已经总结了一些规律。这些审计项目正呈现宏观性、抽象性、高层级、大规模、重制度建设等新特点。比如，通过实施审计项目促进国家重大决策部署落实，具有宏观性；密切关注各项改革措施的协调配合情况，具有抽象性；通过省长经济责任审计检查领导干部守法守纪守规尽责情况，具有层级高的特点；2.4 万人共同参与到土地出让金收支和耕地保护审计，呈现规模大的特点；无论哪一审计项目，均需从体制机制着眼，力促制度完善，呈现重视制度建设的特点。由此，审计工作计划、实施、报告、整改和公告等的整个流程，都必须因应新变化而做出调整。具体来说，上级审计机关要加强对下级审计机关的领导，积极探索省以下地方审计机关人财物统一管理，明确审计机关购买社会审计服务的具体办法，积极推进审计职业化建设，加大审计公告力度等。

进一步更新审计理念。随着国家治理环境的变化，随着各国最高审计机关的经验探索和国际交流，特别是随着我国审计机关立足国情实际进行的创新性审计探索，近年来对审计理念的认识已经有了更加深刻的认识。从宏观上来说，审计是国家治理的基石和保障，审计是国家治理体系中具有预防、揭示和抵御功能的“免疫系统”。这一理念在国际上也已经取得一定共识，下一步需要结合审计实践不断进行深化和升华。从微观上来说，国家审计正经历从账户到责任的角色转换，对凭证、账簿等的审查环节不可缺失，但还应格外重视评价责任履行情况，围绕责任实施有关审计。这里的责任主要包括依法行政、依法履职和廉政自律等方面。

继续加强审计能力建设。审计能力是国家审计发挥基石和保障作用的前提。在我国，国家审计是一个整体的概念，审计署和各级地方审计机关在推进国家治理现代化过程中共同发挥作用。根据木桶原理，只有基层审计机关的能力建设加强了，中西部地区地方审计机关的能力提高了，才表明国家审计的能力建设迈上了新台阶。提升审计能力，要贯彻《意见》要求，强化审计队伍建设，推动审计方式创新，加快推进审计信息化，保证履行审计职责必需的力量和经费等；更要正视我国审计发展区域不均衡、基层力量薄弱等现实，做出提升整体审计能力的应对措施。以上过程其实就是找到国家审计发展过程中关键薄弱环节的过程。唯有找到薄弱环节并加以克服，国家审计才能更好地推动国家治理现代化。

重视公共关系管理和协调。在国家审计领域，公共关系管理和协调是指，为了争取被审计单位、其他部门和社会公众等方面的理解和支持，更好发挥审计基石和保障作用，审计机关与其建立和保持有效沟通，准确、及时向其传播审计相关信息的相关活动。加强公共关系管理和协调，应当重视与其他部门的协调，建立健全审计与纪检监察、公安、检察以及其他有关主管单位的工作协调机制，并加强政府监督检查机关间的沟通交流，充分利用已有的检查结果等信息，避免重复检查；应当向被审计单位讲清楚相关政策，取得其协助和支持，并推动被审计单位配合和整改；还应当重视新闻宣传，通过互联网、微博等平台扩大审计的影响面，为开展审计工作营造良好的舆论环境，赢得社会公众的理解和支持。

四、发展完善中国特色社会主义审计理论体系

国家审计近年来的实践创新以及建立在其上的理论升华和经验总结，在审计本质、审计目标、审计作用和审计内容等方面均有所体现，中国特色社会主义审计理论体系由此更加健全完善。

从审计本质看，原有审计定义不能涵盖现有近年审计业务开展的最新成果，也无法达到全面推进依法治国对国家审计的各项新要求。审计法实施条例指出，审计是指审计机关依法独立检查被审计单位的会计凭证、会计账簿、财务会计报告以及其他与财政收支、财务收支有关的资料和资产，监督财政收支、财务收支真实、合法和效益的行为。显然，全面推进依法治国和国务院《意见》的新要求已经突破了以往审计本质的理解，这就需要审计界专家学者重新审视审计的内涵和外延，重新探索商讨审计定义等基础性、理论性问题。

从审计目标看，要求审计机关推动国家重大决策部署和有关政策措施的贯彻落实，更好地服务改革发展，维护经济秩序，促进经济社会持续健康发展。审计机关在贯彻落实审计法“维护国家财政经济秩序，提高财政资金使用效益，促进廉政建设，保障国民经济和社会健康发展”的基础上，应当更加注重强调推动政策措施贯彻落实，维护国家经济安全，促进民生和生态文明建设，推进深化改革，促进依法行政、依法办事等。

从审计作用看，明确提出发挥审计促进国家重大决策部署落实的保障作用。从“八二宪法”第九十一条“国务院设立审计机关，对国务院各部门和地方各级政府的财政收支，对国家的财政金融机构和企业事业组织的财务收支，进行审计监督”，到审计法第一条，都在强调审计的监督作用。在此基础上，全面推进依法治国新形势下更加突出审计保障作用的重要性。

从审计内容看，《意见》集中体现了审计发展的历史潮流，符合各国最高审计机关任务转型的变迁规律。如《意见》明确提出审计要完成推动履职尽责重任。具体来说，要深化领导干部经济责任审计，着力检查领导干部守法守纪守规尽责情况，促进各级领导干部主动作为、有效作为，依法依纪反映不作为、慢作为、乱作为问题，促进健全责任追究和问责机制。这种从账户到责任的角色转换，既与澳大利亚审计署业务重点转换的百年经验相符，也与美国审计署更名强调关注政府责任的变化一致。更重要的，《意见》的提法，既肯定了审计机关30年来的经验探索，也对审计业务提出了发展方向。

综上，应当积极面对审计理论研究中创新不够，高度不够，实践结合不够，对被审计对象的研究不够等问题，采取多种措施加强审计科研队伍建设，提升研究成果的含金量和影响力，增强审计理论研究对审计政策的辅助决策功能。特别是应当提高审计科研工作者的责任感、使命感、自豪感和“本领恐慌”的危机感，一方面，培养审计科研工作者对审计的事业心和忠诚度，建设一支稳定的审计理论研究队伍；另一方面，通过积极参加审计实践培养发现问题、解决问题的能力，通过国际交流培训培养战略思维和宽阔视野，通过大型课题研究锻炼学术研究能力，提高审计科研服务审计工作全局的能力和水平。

（撰稿人：崔振龙　刘西友）

【预算法修订的主要内容及其对审计的影响和对策】　2014年8月31日，第十二届全国人民代表大会（以下简称人大）常委会第十次会议通过了《全国人民代表大会常务委员会关于修改〈中华人民共和国预算法〉的决定》，并决定于 2015 年 1 月 1 日起施行。预算法修订经过 10 年漫长过程和人大 4 次审议才最终完成。新修订的预算法（以下简称新预算法）吸收了近 20 年财税领域改革的成功经验，对国家的财政经济运行具有重大影响。预算法修订标志着我国向建立全面规范、公开透明的现代财政预算制度迈出重要一步，对相关领域的审计也必然产生重大影响。

一、新预算法修订的主要内容

新预算法在原来 79 条的基础上进行了扩充，并修改、完善了很多方面的内容，体现了迄今为止财税改革的诸多成果。

1. 新预算法实行了全口径的预算管理。新预算法要求“政府的全部收入和支出都应当纳入预算”，表明了预算的范围为全口径的政府收入和支出。与之相适应的，新预算法明确了“预算包括一般公共预算、政府性基金预算、国有资本经营预算、社会保险基金预算”，构建了现代预算的完整的体系结构。新预算法还规定：“经国务院批准的省、自治区、直辖市的预算中必需的建设投资的部分资金，可以在国务院确定的限额内，通过发行地方政府债券举借债务的方式筹措。举借债务的规模，由国务院报全国人民代表大会或者全国人民代表大会常务委员会批准。省、自治区、直辖市依照国务院下达的限额举借的债务，列入本级预算调整方案，报本级人民代表大会常务委员会批准”，标志着政府举借债务正式纳入预算管理。

2. 新预算法明确了预决算编制、审查、批准、执行等环节人大的作用，强化了人大对预算管理的监督职责。新预算法要求各级人大财政经济委员会或相关专业委员会对预算草案初步方案及上一年预算执行情况、中央预算调整初步方案和中央决算草案进行初步审查，提出初步审查意见。在此基础上向各级人大主席团提出预算草案及上年度预算执行情况的审查结果报告，并明确了审查结果报告应包括的内容。新预算法还对报送各级人大审查和批准的预算草案细化程度进行了规定。另外，新预算法对人大对预算草案和预算执行情况报告的审查内容做出了具体规定，其中包括对下级政府的转移性支出预算是否规范、适当，以及预算安排举借的债务是否合法、合理，是否有偿还计划和稳定的偿还资金来源等内容。此外，新预算法对决算的编制、审计、审查和批复都做出了具体规定，需要特别注意的是，新预算法规定，各级政府决算草案，须经本级政府审计部门审计后，报本级政府审定，才能提交本级人大常务委员会审查和批准。各级人大常务委员会应当结合本级政府提出的上一年度预算执行和其他财政收支的审计工作报告，对本级决算草案进行审查。新预算法还增加了各级政府预算和预算执行审计报告公开的内容。

3. 新预算法进一步突出了对预算资金绩效的重视。新预算法规定：“各级预算应当遵循统筹兼顾、勤俭节约、量力而行、讲求绩效和收支平衡的原则。”在收支平衡等原预算法的原则之外，突出了讲求绩效的预算原则。为体现这一原则，新预算法规定：“各级政府、各部门、各单位应当对预算支出情况开展绩效评价。”新预算法还规定：“各级预算应当根据年度经济社会发展目标、国家宏观调控总体要求和跨年度预算平衡的需要，参考上一年预算执行情况、有关支出绩效评价结果和本年度收支预测，按照规定程序征求各方面意见后，进行编制。”在预算编制依据中加入了支出绩效评价结果的内容。在国库现金管理方面，提出“各级政府应当加强对本级国库的管理和监督，按照国务院的规定完善国库现金管理，合理调节国库资金余额”。

4. 新预算法加强了对转移支付资金的规范管理。新预算法规范了转移支付制度，提出国家转移支付应该规范、公平、公开，以推进地区间基本公共服务均等化为主要目标。转移支付应当以均衡地区间基本财力、由下级政府统筹安排使用的一般性转移支付为主体，建立健全专项转移支付定期评估和退出机制，要求市场竞争机制能够有效调节的事项不得设立专项转移支付。上级政府在安排专项转移支付时，不得要求下级政府承担配套资金。一般性转移支付应当按照国务院规定的基本标准和计算方法编制。专项转移支付应当分地区、分项目编制。县级以上各级政府应当将对下级政府的转移支付预计数提前下达下级政府。地方各级政府应当将上级政府提前下达的转移支付预计数编入本级预算。

5. 新预算法还建立了预算资金的跨年度平衡

机制。各级政府一般公共预算按照国务院规定可以设置预算稳定调节基金，用于弥补以后年度预算资金的不足。省、自治区、直辖市一般公共预算年度执行中出现短收，通过调入预算稳定调节基金、减少支出等方式仍不能实现收支平衡的，省、自治区、直辖市政府报本级人民代表大会或者其常务委员会批准，可以增列赤字，报国务院财政部门备案，并应当在下一年度预算中予以弥补。新预算法加强了对预算结余资金和超收收入的管理，要求连续两年未用完的结余资金，应当用于补充预算稳定调节基金，超收收入只能用于冲减赤字或者补充预算稳定调节基金。

二、对预算法修订内容对审计影响的分析

预算法是财经领域的基础性法律，是审计机关实施审计的重要依据。作为国家财政经济运行的重要监督部门，新预算法的实施必然对审计产生深远而重要的影响。

1. 新预算法建立了全口径的预算体系，将全部政府性收支纳入预算管理，为实行审计监督全覆盖提供了依据。新预算法开宗明义，确立制定预算法的宗旨，强调强化预算约束以及建立全面规范、公开透明的预算制度。近年来，我国逐步取消了预算外资金，并探索建立包括一般公共预算、政府性基金预算、国有资本经营预算和社会保险基金预算（以下简称四本预算）在内的全口径预算体系。实行全口径的预算管理，并将预算纳入各级人大的监管和面向社会公众公开，是实现该宗旨的重要途径。通过预算统筹各方面的收入，不仅包括税收、收费，而且包括国有资本经营收入和政府性基金收入，并将全部支出纳入预算管理和人大监管，将有利于扫除预算监管的盲区。实现预决算和审计结果公开，可以进一步倒逼财政运行的规范，进一步提高社会公众对审计工作的规范性要求。通过实行预决算公开和预算执行审计工作报告公开，让预算在阳光下运行，接受社会公众的监督，有利于从根本上破除腐败滋生的土壤。新预算法进一步明确了四本预算的功能定位、编制原则及相互关系的规范，为各级政府审计部门实行审计监督全覆盖提供了重要依据。

2. 新预算法明确了审计部门在人大预算审查过程中的作用，使得审计和人大工作衔接更加顺畅，有利于形成预算监管合力。政府审计部门隶属于各级政府，依法独立实施审计活动，并根据政府委托向人大报告审计工作情况。新预算法进一步明确了预决算各环节人大作用发挥的具体途径，充实和完善了人大对预算监督管理的职责，加强了人大对预算监督管理的主体作用。同时还对各级人大常委会和财政经济委员会在进行决算审查、审批时如何利用审计成果进行了规定，突出了政府审计在人大预算监督中的作用和工作衔接。新预算法明确了各级人大及其财政经济委员会预算审查的重点内容，如预算安排是否贯彻国民经济和社会发展的方针政策、对下级政府的转移性支出预算是否规范、预算安排举借的债务是否合法、合理等内容，这些都将成为政府审计应关注的重点内容。

3. 新预算法绩效管理目标的设置，要求政府审计目标更加关注效益性，以满足政府和人大对预算绩效管理和审查的需求。在财政审计领域，政府审计的目标受政府预算管理目标的影响。新预算法在预算的编制、执行和审批全过程中体现了绩效管理的目标和原则，并制定了具体举措。其中之一就是提出各政府部门和单位要对预算支出开展绩效评价。另外，新预算法加强了对国库现金的管理，提出通过合理调节国库资金余额，将闲置的国库资金使用起来，有利于提高国库闲置资金的绩效。作为政府的审计部门，政府预算管理目标的方向也影响了审计目标的取向。政府审计部门应在关注政府经济活动真实、合法性的同时，更加关注政府经济活动的绩效，特别是要对预算资金的绩效进行评价，以满足各级人大和政府对绩效目标管理和审查的需求。

4. 新预算法要求政府审计将政府债务、转移支付以及政府综合财务报告等方面的内容纳入审计重点。近年来政府债务负担问题得到社会各界的高度重视。为摸清债务底数，国务院要求审计部门对全国政府性债务进行审计，为政府债务管理提供重要依据。为规范政府债务管理，按照“开前门、堵后门、筑围墙”的改革思路，新预算法增加了允许地方政府举借债务的规定，并同时对政府债务管理做出了规范性要求。政府举借债务的常规化和规范化，要求审计部门开展常规性的政府债务审计。另外在财政转移支付方面，新

预算法提出了原则性的目标和要求，要求审计部门对与之相关的财政活动进行审计，使得审计的职能得到不断扩充。新预算法还规定，各级政府财政部门应当按年度编制以权责发生制为基础的政府综合财务报告，将要求审计部门进一步关注政府整体财务状况、运行情况和财政中长期可持续性。

三、预算法修订的审计对策

为适应新预算法的要求，审计部门应通过完善审计业务体系和工作规范，提高审计工作质量和水平，发挥审计对保障国家财政经济运行的作用。

1. 努力实现审计监督的“全覆盖”。财政审计是国家审计永恒的主题。作为国家审计重要审计业务类型，财政审计一直得到中央和社会的广泛关注。2014 年，李克强总理在听取审计署年度工作汇报时指出，要实现审计全覆盖，凡使用财政资金的单位和项目，都要接受审计监督。社会公众也对审计在保障国家财政资金，特别是民生、社保资金的安全、绩效方面抱有高度期望。新预算法按照建立“全面规范、公开透明”的预算制度的目标，实行全口径的预算管理制度。在全口径预算管理制度下，政府性资金既包括一般性的税收和政府性收费，也包括国有企业、国有资源和资产的运营、出租、转让收入等，甚至还包括被视为公共资金的社会保险收入。在全口径预算体系下的全部政府性资金都应成为审计部门关注的审计内容。当前国家审计努力实现全覆盖，可以全口径的预算体系为龙头和抓手，通过预算组织和管理的审计，带动部门预算执行审计、国有企业审计、金融审计、农业和资源环境审计、经济责任审计，并按照“目标统一、内容衔接、层次清晰、上下联动”的要求，实施财政审计大格局，逐步实现全部政府性资金审计监督全覆盖。

2. 积极探索与政府绩效管理相适应的绩效审计方式。新预算法突出了讲求绩效的预算管理原则，在预算编制依据和预算支出的绩效评价等方面做出了具体规定。呼应新预算法讲求绩效的预算管理原则的变化，积极探索绩效预算的审计方式成为必然。近年来，审计部门将绩效审计纳入审计发展的重点，在理论研究方面做出了一些探索，其中包括绩效审计主体客体、审计内容、绩效评价指标体系、质量控制等方面，在审计实践方面也进行了有益探索，但是绩效审计在中国的发展仍然滞后于美国等西方发达国家。从财政管理的角度来说，绩效管理的发展依赖于完整、可靠和公开的政府预算和决算报告制度，以及以权责发生制为代表的政府会计制度的完善。按照新预算法的要求，政府正在着力完善完整、公开、透明的财政预决算制度，并在适应政府综合财务管理需求的权责发生制的政府会计制度方面进行有益探索，使得政府绩效预算管理和审计的条件逐步成熟。

3. 重点实施包括结余资金、政府债务和转移支付在内的重点领域的审计。新预算法在审计关注的一些重点领域进行了细化和完善。其中对于财政结余资金，强调要通过定期清理和完善管理，压缩结余结转资金规模，提高财政资金使用效益；对于地方政府债务，在债务余额、资金使用、偿债计划以及预警、处置、责任追究等方面，都做出了具体规定；对于转移支付制度，明确了转移支付制度完善的目标、方向和具体规定。对于以上新预算法重点规范的领域，审计部门应加大审计力度进行重点审计。在财政结余资金的审计方面，重点关注财政结余结转资金的结转、使用和定期清理情况，通过审计发现造成大量财政资金闲置的原因，并提出完善财政结余资金的管理建议；在政府债务审计方面，着重关注地方政府自主发债资金的筹集、使用、管理和风险防控的情况，严控债务系统性风险；在转移支付方面，重点关注转移支付制度的完善情况，特别是专项转移支付的定期评估、退出和规范情况，帮助建立规范、公平、公开的转移支付制度。

4. 进一步完善审计工作向人大报告制度。新预算法夯实了人大在预算监督方面的主体责任，同时也对审计报告在人大预算审查过程中的工作衔接进行了具体规定。当前困扰审计部门的一个重要问题是一些部门和单位对整改工作不重视，审计提出的意见建议得不到采纳。要解决这个问题，除了要依靠各级政府的督促检查之外，还需要通过完善审计工作向人大报告制度，发挥人大的监督作用。在这一方面，地方各级审计部门作用的发挥不够，尤其要引起重视。针对审计发现问题的整改，审计部门应积极向人大报告审计整改情况，并通过分析问题产生的原因，在财政管理的体制、机制和制度建设方面提出可行的意见建议。另外在与人大的工作衔接方面，审计应重点进行预算资金调整、重点预算支出绩效情况和预算稳定调节基金等的审计，通过审计满足人大对重点内容审查的需求，发挥审计工作报告在人大预算审查中的参考作用。（撰稿人：李　俊）

【美国审计署对中国政府履行经贸承诺情况的审计及其借鉴】　中美是世界上两个最大的经济体，他们之间的经贸关系是世界最重要的经贸关系，同时中国还是美国在北美以外地区最大的出口国，也是美国最大的双边贸易逆差来源国。良好的中美经贸关系是实现两国经济社会发展目标的重要外部保证。为了加强贸易往来、减少或消除贸易和投资壁垒，中美两国政府之间建立了高层次的对话机制。美国审计署秉持“责任、正直、可靠”的价值理念，着力维护国家安全和国家利益，高度关注中国政府在双边对话中做出的承诺、承诺履行情况等内容。为此，美国审计署于2012年5月至2014年2月按照公认政府审计准则实施了该项绩效审计，并于2014年2月发布了该份审计报告。报告内容涉及2004—2013年中国政府在双边对话中做出的承诺及履行情况、美国联邦机构跟踪中国政府履行承诺的情况、中国政府履行承诺对美国经济社会发展的影响等。本文在介绍美国审计署对中国政府履行经贸承诺情况审计的基础上，提出了我国审计机关开展此类审计的建议。

一、基本背景

中国自1979年与美国签署双边贸易协定以来，经济呈现了前所未有的快速增长，并且在2010年取代日本成为世界第二大经济体。美国审计署认为，中国经济的快速增长得益于中美双方良好的经济合作。中美两国贸易额由1979年的20亿美元攀升至2012年的5360亿美元。目前，中国是美国的第二大贸易伙伴、第三大出口国以及最大进口来源国。为了减少或消除中美贸易和投资壁垒、加强经贸合作，两国政府建立了中美商贸联合委员会（JCCT）、中美战略与经济对话（S&ED）两个重要的高层次双边对话机制。此外，中美两国还通过中美峰会的正式和非正式对话、世界贸易组织、亚太经济合作组织等方式商讨双边贸易和投资问题。

本次审计的目标有三：一是梳理中国政府在双边对话中做出的承诺，二是分析联邦机构对中国政府履行承诺的跟踪情况，三是评价联邦机构有关中国政府履行承诺情况报告的完整性。为了实现上述审计目标，美国审计署访谈了商务部、美国贸易代表办公室、财政部、州、农业部以及科技政策局的官员，访谈了贸易协会和研究机构的代表，并查阅了相关资料。

二、中国政府2004年以来在贸易和投资领域做出了298项承诺

2004年以来，中国政府在中美商贸联合委员会、中美战略与经济对话中，共做出了298项关于贸易与投资领域的承诺，其中通过中美商贸联合委员会做出的承诺有184项，通过中美战略与经济对话机制做出的承诺有114项。

（一）两个对话做出承诺的总体情况

美国审计署审查了中国政府做出的298项承诺，目的在于对这些承诺关注的领域及其特征有一个总体的把握。总体上看，这些承诺具有以下特征：其一，一项承诺往往涉及多个领域。中国政府在中美商贸联合委员会、中美战略与经济对话上做出的承诺涉及两个或三个领域的占比分别为54%和46%。其二，中美商贸联合委员会中做出的承诺中有62项与知识产权有关，45项与减少贸易壁垒有关，并且中国政府每年均会就知识产权、贸易壁垒做出新的承诺；占中美商贸联合委员会全部承诺60%的110项承诺与特定领域有关，如28项有关医药和医疗设备、19项有关农业、18项有关计算机软件应用。其三，中美战略与经济对话中做出的承诺中有70%与以下三个问题中至少一个有关：投资（30项承诺，占比26%）、多边问题（26项承诺，占比23%）以及透明度（24项承诺，占比21%）。

由于两个对话的侧重点不同，中国政府在这两个对话中就特定领域问题做出承诺的数量存在显著差异。按照美国官方文件的说法，中美商贸联合委员会更多关注双边贸易问题，而中美战略与经济对话侧重于贸易和投资问题。审计也发现，与中美商贸联合委员会相比，在中美战略与经济对话中做出需要中美双方采取联合行动的承诺（占比75%）更为普遍，而在中美商贸联合委员会中做出的大部分承诺（占比 76%）仅需要中国政府单方面采取行动。

（二）承诺履行的预计时间

根据美国官方的观点，虽然许多承诺在对话中没有明确履行的具体时间，但是一般认为应在下一次年度会议召开前履行完毕或正在履行。例如，美国商务部给出了中国政府履行公平对待外国投资者的承诺的例证。同时，美国财政部官员也透露，除非特别说明，中美双方均认为在中美战略与经济对话中做出的承诺，应在下一次年度会议召开前履行。在两个对话中做出的部分承诺也确定了履行的时间。中国政府在中美商贸联合委员会中做出的 184 项承诺中有 17%、在中美战略与经济对话中做出的 114 项承诺中有 18%确定了履行时间。例如，2011 年中美商贸联合委员会会议上，中国政府同意在 2011 年年底前公布通信网络准入许可和无线电类型核准程序；在 2013 年中美战略与经济对话会议上，中国政府承诺在 2013 年年底前，向世界贸易组织提交加入《政府采购协议》的最新修改申请。

（三）承诺内容的连续情况

审计发现，两个对话在 2004—2013 年间讨论的议题和拟实现的目标具有连续性，有些是重申以前承诺，有些是在以前承诺的基础上向前推进。

在每年举行的中美战略与经济对话中，中美双方都会就投资协议进行谈判，并且投资领域做出的承诺占该对话中贸易与投资全部承诺的 25%。例如，中国政府在 2013 年重申其遵循主权财富基金的公认原则和实务的立场；重申将给予所有投资者包括市场机会均等在内的国民待遇。

两个对话中做出的部分承诺是在以前承诺的基础上进一步具体化。以中国政府申请加入世界贸易组织《政府采购协议》的承诺为例，最初仅仅要求中国政府对申请进行修改做出承诺，发展到后来要求中国政府对申请中细节的完善做出承诺。此外，中国政府在计算机软件应用方面的承诺也随着时间的推移而不断得到深化。审计发现，在中美商贸联合委员会上，中国政府做出的与软件相关的承诺有 22 项，其中 2004 年做出了 18 项；中美战略与经济对话于 2011 年做出的与软件相关的承诺有 4 项。中国政府承诺 2004 年中央政府和地方政府不再使用盗版软件，国有企业将于 2006 年不再使用盗版软件，随后该项承诺得到履行。2010 年，中国政府承诺建立政府机构软件资产管理系统，确定软件采购、升级和更换等预算资金。2012 年，中国政府证实了要求国有企业使用正版软件。中国政府承诺 2011 年加强对政府软件合法化检查，2012 年拓展到对国有企业软件进行试点检查。

三、联邦机构跟踪中国政府承诺履行情况的主要方式

美国联邦机构通过与中国同行以及行业组织进行沟通等多种方式，跟踪中国政府的承诺履行情况。美国联邦机构跟踪中国政府承诺履行情况主要通过以下几种方式。

与中国同行接洽获取信息。中美商贸联合委员会下属 16 个工作组，每个工作组都由中美两国的政府官员组成，他们是联邦机构获取信息的重要来源。根据联邦机构官员的观点和相关资料显示，中美商贸联合委员会作为对贸易关系变化的回应，于 2005 年成立了贸易和投资工作组。联邦机构在该工作组会议上从中国同行处获取了中国政府承诺履行情况的最新信息。商务部和美国贸易代表办公室官员从工作组会议上获取了关于中国政府采取措施关闭假药销售网站的信息。知识产权工作组官员认为，该工作组已经成为跟踪中国政府机构和国有企业降低使用盗版软件承诺的重要机制。

美国政府官员在编制下一年度中美战略与经济对话全体会议联合情况说明时，分析中国政府承诺履行情况。具体流程是财政部要求几个相关的联邦机构编制战略重点，然后与联邦机构就联合情况说明进行协商。这一过程能够判断中国政府过去承诺的履行情况，并确立需要中国政府将要做出的承诺事项。

承诺履行情况检查是获取承诺履行情况的重要途径。2010 年，中美两国确立了对中美商贸联合委员会上做出的承诺履行情况进行检查。

中国同行参与各种会议的资料也是获取承诺履行情况的重要来源。财政部官员认为，他们通过获取中国同行参加的各种会议资料，如中国提交的世界贸易组织常设委员会和亚太经合组织论坛材料等，跟踪中国政府履行中美战略与经济对话中承诺的情况。

联邦机构还通过美国行业协会和驻海外官员获取中国政府承诺履行情况的信息。美国联邦机构官员透露，他们与美国行业协会一道获取中国政府承诺履行情况的信息。例如，美国贸易代表办公室要求利益相关方提交书面陈述。美国派驻中国的官员在向总部提交年度报告时应包含中国政府承诺的履行情况。

文书也是跟踪中国政府承诺履行情况的重要方式。美国联邦机构官员指出，他们使用各种文书跟踪中国政府承诺履行情况，但是没有一套综合性的文书能够提供承诺履行情况的全部信息。美国贸易代表办公室官员声称，在正式会议前给高级官员提供的简报等文书是跟踪承诺履行情况的重要来源。中美商贸联合委员会知识产权工作组代表也认为，简报等文书是了解承诺履行情况的有用资料。

此外，一些政策制定者和私人部门代表也要求使用商业指标（如出口和销售）跟踪中国政府承诺履行情况。根据联邦机构高级官员的观点，尽管商业指标能够直接反映美国增加出口的目标实现与否，但是并不能消除贸易和投资壁垒。

四、联邦机构跟踪中国政府承诺履行的情况

审计发现，美国贸易代表办公室在9份报告中涉及贸易壁垒和相应对策的信息，但没有向国会和社会公众提供中国政府承诺履行情况的信息，承诺履行情况信息不完整。承诺履行情况信息不完整的根源在于跟踪报告不清晰或不完整。这将导致政策制定者难以掌握中国政府承诺履行情况并及时做出决策。

（一）承诺履行情况的信息分散在多个报告中

美国贸易代表办公室在商务部、财政部以及其他机构的帮助下，编制了9份中国政府履行消除贸易壁垒和市场进入许可承诺情况的报告。这9份报告均属于法定要求，每份报告有自己的侧重点和结构。中国WTO合规性报告是唯一一份关注中国贸易问题的报告，主要审查中国在加入WTO时承诺的履行情况。美国商贸代表办公室认为，中国WTO合规性报告是关于承诺履行情况的基本报告，其他8份报告包含一些承诺履行情况的补充信息。

（二）承诺履行情况的信息不完整

审计发现，获取清晰且综合的承诺履行情况信息面临着挑战。报告中对一些承诺履行情况的信息可能不足或是不明确。同时报告格式上的差异也会使信息使用者难以获取有用的信息。这会影响到国会和其他利益相关者了解美国政府在减少或消除贸易壁垒方面取得的进展。审计发现了几例与降低市场进入壁垒相关的承诺履行情况报告不完整甚至是没有披露。

1. 与软件正版化相关的中国政府承诺履行情况报告不完整。中国政府履行中美商贸联合委员会在2008—2011年做出的9项承诺、中美战略与经济对话在2011年做出的1项承诺的报告不完整。审计认为，根据对上述9份报告的分析，无法确切地了解中国政府履行这些承诺的情况。美国商贸代表办公室没有报告中国政府是否为实施软件正版化而增加资金投入，是否检查了中央和地方政府软件正版化情况。

2. 与软件正版化相关的中国政府承诺履行情况报告缺乏一致性。在2011年中美商贸联合委员会上，中国政府承诺到2012年年中在省级政府层面实现软件正版化，并公告软件正版化审计结果。2013年的《外国贸易壁垒评估报告》表明因为信息不足，美国商贸代表办公室无法核实中国政府是否履行了该承诺。但是随后一个月发布的2013年301特别报告指出，中国已经完成了该项承诺。除了不同报告关于软件正版化完成情况的差异外，仍然无法判断中国政府是否履行了承诺。

3. 没有报告与中国特定产业政策有关承诺的履行情况。中国政府在2011年中美商贸联合委员会上承诺修订医疗器械安全标准，宣称该标准将与美国标准更为接近。然而该项承诺的履行情况在2012年和2013年的报告中均没有提及。

4. 中国国有企业改革的承诺履行情况报告不完整。在2010年中美战略与经济对话上，中国政府承诺继续改革国有企业，允许私人投资者和外国投资者持股；在2010年中美商贸联合委员会上，承诺包括国有企业在内的所有企业的采购和销售业务均基于商业考虑，公平对待国有企业和私人企业。但是美国商贸代表办公室没有报告这些承诺的履行情况。

五、启示

为适应经济全球化形势要求，为我国参与全球竞争提供公平的国际环境，我国参与了中俄、中新等一系列多双边经贸合作，签署了大量经贸合作协议，外国政府在贸易谈判中也对我国做出了大量承诺。这些协议或承诺的履行关乎国家利益，我国审计机关可以借鉴美国审计署的做法，从以下几个方面关注外国政府承诺履行的相关信息。

（一）外国政府对我国做出承诺的总体情况

审计机关可以根据多双边经贸合作的重要性水平或贸易额的波动幅度，重点关注进口额和出口额较大的贸易伙伴国、双边贸易额波动较大的贸易伙伴国承诺的履行情况，连续分析若干年来该国政府对我国做出承诺的数量、承诺分布的领域等方面的信息。

（二）外国政府承诺的履行时效

承诺具有时效性。延期履行或不履行承诺都是一种违约行为，我国有关部门应当督促对方履行承诺或追究违约责任。审计机关应在了解外国政府做出承诺总体情况的基础上，逐项核实每项承诺是否有明确的履行时效以及有明确履行时效的比重；核实承诺的履行开始日和完毕日；分析承诺履行完毕日尚未履行或正在履行承诺的比重。

（三）我国政府管理外国政府承诺的机制

管理外国政府承诺的良好机制是实现国家利益的重要保证。按照承诺流程来看，审计机关应首先了解与外国政府谈判并要求其做出承诺的我国政府机构或组织；其次了解跟踪外国政府承诺履行情况的我国政府机构或组织；再次掌握并评价我国政府机构或组织跟踪外国政府履行承诺的方式方法；最后评价我国政府机构或组织跟踪外国政府履行承诺情况的报告及其适当性。

（四）外国政府承诺对我国经济社会发展的影响

我国的对外开放实现了从“引进来”向“引进来和走出去并重”的转变。外国政府做出并履行承诺对我国实施“引进来和走出去并重”战略的实施具有重要影响。审计机关应重点评价外国政府履行承诺对我国引进先进技术、扩大出口贸易、实施走出去战略、公平的国际贸易规则和投资标准制定等方面的影响，并进一步确定未来需要在多双边经贸谈判中商谈的议题以及需要外国政府进一步做出的承诺，维护国家利益和国家安全。（撰稿人：王长友　邹小平）

【南非审计署 2012—2015 年战略规划及其启示】　当前，我国国家审计工作面临在服务加快经济转型，完善国家治理体系，以改革促发展的新时期新形势下的新要求。审计机关要进一步提高审计工作成效，需把握工作重点，明确目标方向，加强组织管理。战略规划是组织团队成员前进的方向和标尺。这里将详细介绍南非审计署 2012—2015 年战略规划的制定背景、工作侧重点和内部管理的内容，以期为我国审计工作制订计划和相关政策提供有意义的参考。

一、规划制定的背景和发展方向

南非审计署在制定规划的前两年，计划目标主要侧重于如何满足被审计单位的需要以及保障政府部门的廉洁性，在新的计划中仍坚持以往政策，不断提高自身的技能，优化组织结构，并通过向公众提供审计报告的形式对于公共部门和组织的财务状况进行披露。现阶段，南非审计署已经逐渐成为加强公众对政府的信心以及支持新生民主主义的中坚力量。南非审计署自 1910 年成立以来，逐渐拥有了强大的审计工具、优秀的审计队伍以及累积了丰富的经验和工作实力，成为管理公共部门资金以及提供可操作性指导意见的审计权威组织。近年来，随着五年计划目标的调整，南非审计署已经取得了一系列重要进展。其中，包括用于分析审计结果的工具的改进，及基于此对于核心问题的分析引起三个类别的政府部门在业务执行和监督中重点关注。南非审计署的领导者对于如何更好地扮演自身角色从而取得具有前瞻性的审计工作进展有了深刻的认识。这些重要进展的取得使得南非审计署与 2014 年内达到完全准确的审计数据目标又贴近了一步。南非审计署成为支持宪法民主性的最忠实力量。其将来的发展方向仍旧侧重于强化审计基础功能，以巩固和强化上述成就。同时，南非审计署意识到了社会经济环境的变化意味着审计工作目标也需要进行不断地调整。其中，南非审计署面对的重大挑战就是如何加强利益相关者对于审计结果的公信力，并为社会带来持续的收益。

从国际来看，最高审计机关对自身工作有更高的要求，即不再满足于揭露财政责任，而要求提供对于公共服务交付状态的反馈。南非审计署

2012—2015年度的战略规划和预算的情况也体现出同样的要求，并且要求加强自身的审计技能从而满足这一目标。南非审计署的审计结论对于被审计单位财务的稳定性和效益性造成了一定程度的冲击和鞭策。南非审计署希望通过审计工作实践来提高利益相关者们的期望程度。南非审计署非常重视利益相关者们对他们的信任，并希望通过计划和行动来减小信任流失的风险，以提前排除员工可能对审计署名誉产生影响的一切危险因素，并通过拓展和强化制度等方式来加强内部管理，从而对风险进行监控。在上述背景下，南非审计署制定规划在大方向上维持以往计划目标，并希望创造出更利于审计结果反馈、更好地反映财政状况以及保证数据准确性的审计环境。

二、审计工作侧重点

南非审计署的战略目标中高度重视政府公共部门的资金使用和管理效率，并要求深入分析对被审计单位的审计结果产生的根本原因，以此制定切实有效的整改措施促进公共部门提高资金的使用效率；同时，南非审计署强调助力完善会计制度，提高政府部门的财务管理效率。南非审计署要求其对于公共部门的责任和良好治理的贡献不仅仅依赖审计和报告的质量，而且在一定程度上依赖成功地将自身的见解分享给那些掌控公共资源的部门，以促进他们采取必要的纠正措施。南非审计署保证定期与利益相关者沟通，继续跟进以往承诺的进展情况，对于城市机构上门访问调查，并加强与立法监督部门的沟通。在国际层面上，南非审计署积极参与最高审计机关的活动，与国际社会分享经验和见解。

目前，南非政府的绩效管理改革日益深化，对公共部门的绩效考评在政府财务报告审计中扮演着越来越重要的角色。根据《公共财政管理法案》《地方财政管理法案》等相关法律，公共部门财务官员有义务提交《年初既定绩效目标实现情况报告》并接受南非审计署的审查。近几年，政府财务报告审计的重点内容有四个方面：一是重点审查《年初既定绩效目标实现情况报告》所含绩效信息的可靠性和有效性，并对照《公共服务分解计划》中规定的目标对公共部门进行绩效考评。二是重点审查政府采购行为对《政府采购法》的遵从程度，包括采购竞争的公开性和有效性、交易的公平性与合理性，以及政府采购宏观目标的实现情况。三是重点审查公共部门的人力资源管理，高度关注其人员机构的配置情况及组织绩效。四是审查公共部门的信息系统管理，高度关注数据的完整性、系统的安全性与内控的有效性。

三、审计结果利用和审计宣传

审计报告是审计成果的最高表现形式，是提高财政透明度、塑造责任政府和推进财政民主的重要工具。除涉及保密、国防内容的审计报告外，南非审计署的审计报告都要以公报形式公开发布，接受公众的监督。南非审计署在规划目标中明确将会使用包括可视化讲解、书面总结等各种方式来加强利益相关者对于审计信息的理解。并同时将媒体作为信息共享的重要途径，南非审计署已经开始对于社会媒体进行调查，希望能以此拓宽审计信息的传播深度与广度。并期望在该计划的中期时，会吸引更多的目标客户，加强公众对于审计署发布的审计报告的关注度。效益审计是南非审计署的重要业务之一，目前，技术缺乏，审计材料和报告写作技巧不足是开展效益审计面临的主要挑战，因此，在其战略规划中，对审计报告写作比较重视。南非审计署力求审计报告通俗化，以解决目前各部门反映的审计报告难懂的问题。

四、审计工作信息化

近年来，电子信息技术飞速发展，南非审计署在其2012—2015年战略规划中要求，公共部门信息技术的广泛使用需要不断加强信息技术环境中的风险控制审计，采用必要或适当的手段，使被调查单位提供欺诈舞弊风险评估报告，以识别较高的风险控制缺陷。影响审计过程的信息的复杂性和数量以指数方式增加，南非审计署保证充分利用其研究能力、信息网络和数据库，获得或者更加深刻地理解被审计单位的环境，以此来加强审计信息的传递，并对于可能发生的审计风险进行提前预防工作。并且，开展信息系统审计是南非审计署的主要业务之一，南非审计署信息系统审计部门主要提供计算机辅助审计技术支持，并开展总体控制审计、用户账户管理审计、应用控制（过程控制）审计、网络审计、企业资源管理系统审计、IT管理审计、系统开发生命周期审计等，已专门设立了若干中心，有专业的注册信息系统审计师和员工。因此，在其战略规划中未对审计的电子信息化措施做具体阐述。

五、审计机构内部管理

1. 人力资源管理。南非审计署组织关系的重点一直放在与利益相关者的交流方面，为了更好地达到这一目标，其对于组织内部的管理与交流也非常关注。通过交流要求组织内部对于审计署的计划策略方向有更加深刻的体会与认识，促进组织内部各单元的独立发展，从而达到组织的最终目标，即提高国民的生活质量。南非审计署将人力作为其最主要的财产，工作人员是组织最重要的事项。南非审计署领导通过采用整体能力发展的方式来加强员工的必要技能，提升员工的工作表现从而达到发展人力资源的目的。随着环境的发展，审计人员需要通过更多的训练项目培养自身知识与技能运用的综合能力。南非审计署设立一个新的学习与发展部门帮助其工作人员（包括审计和非审计人员）提高理论知识水平与实际技能。绩效管理作为人力资源管理的重中之重，要求设定出自动化的管理进程来进行奖惩，从而使得人力资源管理更加具有效率性。现阶段，审计环境的不断变化不仅要求审计人员自身发展提高，对于领导层也需要更加具有灵活性。在此计划时间内，南非审计署将会着重于执行发展人力的项目，设定领导层规则并以此来达到员工工作效率有所提升。南非审计署要求打造高绩效以及多样化的劳动力，并以人力资源作为审计署的重要工具提高自身的综合实力。

南非审计署对从业资格进行严格管理，注册审计师的申请难度较大，必须先取得特许会计师资格，而要取得特许会计师资格，不仅对学历、工作经验有严格要求，还必须通过两次考试。成为注册审计师后，每年要参加一定课时的后续教育并接受年审。另外，南非审计署还重视抓好审计业务培训，审计署总部和全国九省 1600 多名审计人员都要经过严格的专业培训，才有资格从事审计工作。由于其对从业资格的严格管理是其常规惯行的制度，因此，在战略规划中南非审计署对于人才培养和考核未做具体要求。

2. 财务管理。南非审计署向社会承诺，将会通过控制稳定的现金流以及最佳化经济边际的方式来保证其自身财务状况的稳定性。南非审计署将致力于为利益相关者提供相应服务的同时，努力保证自身运营的经济性、效率性以及影响性。南非审计署要持续使用科学的方式压缩预算，并且通过提升基础审计功能的方式来对公共部门的财务环境产生正面影响。负债作为现阶段最大的挑战，南非审计署将通过各种不同的方式来确定合适的制度，规定对被审计单位的审计费用收费标准。同时，南非审计署将持续观察现有收费制度对于被审计单位产生的影响，以确保所有的公共部门对于基本的公共融资管理以及城市融资管理审计工作普遍具有可支付能力。

南非审计署的战略规划对自身财务管理和风险控制具有明确的要求，这是基于其自身审计项目实行收费制度，这一背景与我国审计现行制度完全不同。南非审计署决定审计收费的计费基础，被审计单位须在收到发票 30 日内支付审计费用，否则南非审计署将立即采取法律手段进行追收，对于延期支付的费用，审计署可按有关规定定期收取利息等。自觉接受审计监督，加强自身财务管理。南非审计机关也严格置于审计监督之中。按照《公共审计法》第三十九条的规定，南非审计署每年必须任命一位独立的外部审计师对其账户、财务报告和财务管理及绩效情况进行审计。所任命的外部审计师不能是审计署的行政管理人员，必须是按照《公共会计师与审计师法》规定注册的执业会计师或审计师，并且执业的外部审计师自身不能与审计署审计有利益冲突。南非审计署通过外部审计师和审计委员会的监督，促进了自身财务管理，保证了资源使用做到有效、高效、经济和透明。

此外，南非审计署还要求通过预先设定客观目标的方式鼓励相关公共部门提升资金使用效率；通过对于审计工作的一体化调整，使得审计工作的价值更加明确。并且，南非审计署认为，从一定程度上来说，利益相关者的表现依赖于审计署本身是否起到了很好的示范性作用。南非审计署将通过自身会计活动的透明化、加强道德法规强度、提升服务质量以及交流效率等方式来确保自身的示范性地位。审计报告的公开性与透明性是其起到示范作用的关键，南非审计署将会通过定期进行内部以及外部审计工作的方式持续加强对于内部日常活动的控制。南非审计署在此规划中承诺：包括日常审计报告、合作审计报告以及年度审计报告等在内的所有审计报告都会在规定时间内公布，并保证报告具有较高的质量水平，以起到审计署应有的带头作用。

六、南非审计署战略规划对于制定我国审计工作规划的几点启示

南非审计署在其100年的发展历程中，摸索出一条适合自身发展的道路，其战略规划方向明确，具有明显“客户”导向的服务特点。“十二五”时期，国际国内社会和经济发展日新月异，南非审计署的战略规划与我国审计工作发展规划中均强调在社会经济环境变化的背景下，努力调整自身的工作方向和重点，与时俱进，承担新任务，满足新要求。从南非审计署2012—2015年战略规划的细处着眼，可得到其对于我国审计工作规划的几点启示。具体如下：

1. 突出工作重点，注重具体措施。“十二五”时期，我国国家审计工作着重于检查各项宏观经济政策的落实情况，尤其对于教育、社保、住房和“三农”等专项资金方面，严格检查并促进惠民政策落实到位的情况；通过跟踪政府投资项目管理、资金使用效益，确保国有资产运行安全、工程质量安全。揭露破坏资源、危害环境安全等问题，以促进加快经济发展方式的转变。科学合理评价领导干部在履行经济责任中的重大经济活动、决策程序、基建投资、土地出让等，促进领导干部依法履责、规范用权。我国“十二五”审计工作战略规划中的审计工作任务适应我国社会发展的特点、当前时期国情和社会经济政策制定和实施的基本情况，涉及面较广，目标较为宏观。从南非审计署的规划特点及经验来看，我们在制定规划时可以更有针对性地关注审计工作的突出重点，每一个时期的审计工作都有每一个时期的重点任务，重点任务要围绕该时期国务院中心工作，并且规划要在审计工作的重点环节进行微观设计，着重阐述具体措施和手段，以使得规划易于落实到位，实现目标。

2. 选择合适的社会媒体，主动宣传审计成果。“十二五”时期，我国审计机关更加重视审计结果公告制度，逐步规范公告的形式、内容和程序，把对审计发现问题的整改情况作为审计结果公告的重要内容。继续推进审计工作信息和审计事务公开。并加强审计成果的综合分析和开发利用，拓宽审计成果利用渠道，实现信息资源共享。此外，加强对重大审计新闻事项或事件的宣传策划，增强新闻报道的主动性。进一步改革对审计出版单位的管理，提高审计报刊和出版物质量，拓宽发行渠道，不断扩大审计工作的影响。南非审计署在规划中也将扩大审计信息公开范围，加强媒体宣传和结果利用作为审计工作服务于社会和经济发展的重要手段，借此推进审计事业发展。从其规划细节来看，南非审计署更加重视与新闻单位的密切联系，我国审计机关宣传部门也应将与媒体的主动接触作为主要工作，调查当前社会不同宣传和信息传播渠道的优劣势，选择具有高度的公信力及权威性的媒体，与之合作，进一步缩短公众与审计的距离，将审计监督与新闻舆论监督协调起来。

3. 加强审计工作电子信息化的风险防范。我国审计工作在“十二五”时期要求建立健全电子审计体系，完善以审计业务信息化和审计管理数字化为主要内容的审计信息化系统。从我国“十二五”时期审计工作战略规划中的阐述内容可以看出，审计规划是强调对信息和网络通信技术的积极方面，对其进行充分利用以促进审计工作的发展。南非审计署在规划中对于信息化环境更强调其负面影响及风险防范，把风险管理放在重要位置，不仅在审计项目实施过程中采用风险基础审计方法，而且在内部管理中广泛采用风险管理方法，在其年度工作报告中，一般使用较大篇幅阐述风险管理状况，对影响长远战略目标的重要风险要求进行确认和评估，并纳入年度计划中。从事物的两面性角度考虑，我国应在大力加强审计工作电子信息化的同时注重对其风险的防范和控制，除了对自身审计电子系统的风险进行控制外，还应对于被审计单位的信息操作系统和管理系统进行检查和监督。

4. 制定严格标准，进一步规范审计基本资源管理。人力和资金是审计基本资源，我国审计规划中在机构内部管理方面，注重人才队伍建设。主要包括三个方面：一是要求完善干部选拔任用机制以及对领导班子和领导干部的考核评价体系。在人才结构和人力资源配置方面，逐步提高法律、工程、环境保护和计算机应用等相关专业人员比例；利用和外聘外部人才资源，建立专家库和专家咨询制度，推进人才工作体制机制创新。二是重视高层次审计专业人才的培养，整合教育培训资源，大规模培训审计干部，创新教育培训模式，逐步健全以面授培训体系与网络培训体系相结合，以师资体系、教材体系和考试评价体系相配套，具有审计系统特色的干部职业教育培训体系。举办审计专业培训班和专题研讨班，促进提升业务能力。三是加强机关党建、思想政治工作和反腐倡廉的建设。可见，我国审计机关高度重视人力资源发展，在“十二五”时期规划中明确了五年内审计人才培养、任用和考核的方式与制度。在聘用和考核中应进一步明确标准，而且要根据当前科学技术和理论知识的发展，适当提高标准，例如需要通过何种等级认证才允许进行相关审计工作等，并严格按照制定的标准要求执行聘任制度。

在财务管理方面，由于我国国情和审计体制与南非具有明显区别，我国审计机构自身的财务管理与南非审计署不同，但加强资金使用透明度，防范自身财务风险，为政府公共部门财务管理做出表率非常必要。此外，在当前审计“全覆盖”的要求和背景下，应完善财务管理体制机制，加大使用社会审计力量，逐步建立审计项目费用支付制度，以及优秀项目薪酬奖赏制度，推动审计“全覆盖”尽快展开。（撰稿人：孙　颖）

重要财经审计法规文件

中华人民共和国主席令

第十二号

《全国人民代表大会常务委员会关于修改〈中华人民共和国预算法〉的决定》已由中华人民共和国第十二届全国人民代表大会常务委员会第十次会议于2014年8月31日通过，现予公布，自2015年1月1日起施行。

中华人民共和国主席　**习近平**
2014年8月31日

全国人民代表大会常务委员会关于修改《中华人民共和国预算法》的决定

（2014年8月31日第十二届全国人民代表大会常务委员会第十次会议通过）

第十二届全国人民代表大会常务委员会第十次会议决定对《中华人民共和国预算法》做如下修改：

一、将第一条修改为："为了规范政府收支行为，强化预算约束，加强对预算的管理和监督，建立健全全面规范、公开透明的预算制度，保障经济社会的健康发展，根据宪法，制定本法。"

二、增加一条，作为第二条："预算、决算的编制、审查、批准、监督，以及预算的执行和调整，依照本法规定执行。"

三、将第二条改为第三条，删去第二款。

将第五条第一款、第二款改为第三条第二款、第三款，修改为："全国预算由中央预算和地方预算组成。地方预算由各省、自治区、直辖市总预算组成。

"地方各级总预算由本级预算和汇总的下一级总预算组成；下一级只有本级预算的，下一级总预算即指下一级的本级预算。没有下一级预算的，总预算即指本级预算。"

四、将第三条改为第十二条，修改为："各级预算应当遵循统筹兼顾、勤俭节约、量力而行、讲求绩效和收支平衡的原则。

"各级政府应当建立跨年度预算平衡机制。"

五、增加一条，作为第四条："预算由预算收入和预算支出组成。

"政府的全部收入和支出都应当纳入预算。"

六、增加一条，作为第五条："预算包括一般公共预算、政府性基金预算、国有资本经营预算、社会保险基金预算。

"一般公共预算、政府性基金预算、国有资本经营预算、社会保险基金预算应当保持完整、独立。政府性基金预算、国有资本经营预算、社会保险基金预算应当与一般公共预算相衔接。"

七、将第四条改为第六条，修改为："一般公共预算是对以税收为主体的财政收入，安排用于保障和改善民生、推动经济社会发展、维护国家安全、维持国家机构正常运转等方面的收支预算。

"中央一般公共预算包括中央各部门（含直属单位，下同）的预算和中央对地方的税收返还、转移支付预算。

"中央一般公共预算收入包括中央本级收入和地方向中央的上解收入。中央一般公共预算支出包括中央本级支出、中央对地方的税收返还和转移支付。"

八、将第五条第三款、第四款改为第七条，修改为："地方各级一般公共预算包括本级各部门

（含直属单位，下同）的预算和税收返还、转移支付预算。

“地方各级一般公共预算收入包括地方本级收入、上级政府对本级政府的税收返还和转移支付、下级政府的上解收入。地方各级一般公共预算支出包括地方本级支出、对上级政府的上解支出、对下级政府的税收返还和转移支付。”

九、将第六条改为第八条，修改为“各部门预算由本部门及其所属各单位预算组成”，相应删去第七条。

十、增加一条，作为第九条：“政府性基金预算是对依照法律、行政法规的规定在一定期限内向特定对象征收、收取或者以其他方式筹集的资金，专项用于特定公共事业发展的收支预算。

“政府性基金预算应当根据基金项目收入情况和实际支出需要，按基金项目编制，做到以收定支。”

十一、增加一条，作为第十条：“国有资本经营预算是对国有资本收益做出支出安排的收支预算。

“国有资本经营预算应当按照收支平衡的原则编制，不列赤字，并安排资金调入一般公共预算。”

十二、增加一条，作为第十一条：“社会保险基金预算是对社会保险缴款、一般公共预算安排和其他方式筹集的资金，专项用于社会保险的收支预算。

“社会保险基金预算应当按照统筹层次和社会保险项目分别编制，做到收支平衡。”

十三、将第九条改为第十三条，修改为：“经人民代表大会批准的预算，非经法定程序，不得调整。各级政府、各部门、各单位的支出必须以经批准的预算为依据，未列入预算的不得支出。”

十四、增加一条，作为第十四条：“经本级人民代表大会或者本级人民代表大会常务委员会批准的预算、预算调整、决算、预算执行情况的报告及报表，应当在批准后20日内由本级政府财政部门向社会公开，并对本级政府财政转移支付安排、执行的情况以及举借债务的情况等重要事项做出说明。

“经本级政府财政部门批复的部门预算、决算及报表，应当在批复后20日内由各部门向社会公开，并对部门预算、决算中机关运行经费的安排、使用情况等重要事项做出说明。

“各级政府、各部门、各单位应当将政府采购的情况及时向社会公开。

“本条前三款规定的公开事项，涉及国家秘密的除外。”

十五、增加一条，作为第十六条：“国家实行财政转移支付制度。财政转移支付应当规范、公平、公开，以推进地区间基本公共服务均等化为主要目标。

“财政转移支付包括中央对地方的转移支付和地方上级政府对下级政府的转移支付，以为均衡地区间基本财力、由下级政府统筹安排使用的一般性转移支付为主体。

“按照法律、行政法规和国务院的规定可以设立专项转移支付，用于办理特定事项。建立健全专项转移支付定期评估和退出机制。市场竞争机制能够有效调节的事项不得设立专项转移支付。

“上级政府在安排专项转移支付时，不得要求下级政府承担配套资金。但是，按照国务院的规定应当由上下级政府共同承担的事项除外。”

十六、增加一条，作为第十七条：“各级预算的编制、执行应当建立健全相互制约、相互协调的机制。”

十七、将第十三条改为第二十一条，第二款、第三款修改为：“县级以上地方各级人民代表大会常务委员会监督本级总预算的执行；审查和批准本级预算的调整方案；审查和批准本级决算；撤销本级政府和下一级人民代表大会及其常务委员会关于预算、决算的不适当的决定、命令和决议。

“乡、民族乡、镇的人民代表大会审查和批准本级预算和本级预算执行情况的报告；监督本级预算的执行；审查和批准本级预算的调整方案；审查和批准本级决算；撤销本级政府关于预算、决算的不适当的决定和命令。”

十八、增加一条，作为第二十二条：“全国人民代表大会财政经济委员会对中央预算草案初步方案及上一年预算执行情况、中央预算调整初步方案和中央决算草案进行初步审查，提出初步审查意见。

“省、自治区、直辖市人民代表大会有关专门委员会对本级预算草案初步方案及上一年预算执行情况、本级预算调整初步方案和本级决算草案进行初步审查，提出初步审查意见。

“设区的市、自治州人民代表大会有关专门委员会对本级预算草案初步方案及上一年预算执行情况、本级预算调整初步方案和本级决算草案进行初步审查，提出初步审查意见，未设立专门委员会的，由本级人民代表大会常务委员会有关工作机构研究提出意见。

“县、自治县、不设区的市、市辖区人民代表大会常务委员会对本级预算草案初步方案及上一年预算执行情况进行初步审查，提出初步审查意见。县、自治县、不设区的市、市辖区人民代表大会常务委员会有关工作机构对本级预算调整初步方案和本级决算草案研究提出意见。

“设区的市、自治州以上各级人民代表大会有关专门委员会进行初步审查、常务委员会有关工作机构研究提出意见时，应当邀请本级人民代表大会代表参加。

“对依照本条第一款至第四款规定提出的意见，本级政府财政部门应当将处理情况及时反馈。

“依照本条第一款至第四款规定提出的意见以及本级政府财政部门反馈的处理情况报告，应当印发本级人民代表大会代表。

“全国人民代表大会常务委员会和省、自治区、直辖市、设区的市、自治州人民代表大会常务委员会有关工作机构，依照本级人民代表大会常务委员会的决定，协助本级人民代表大会财政经济委员会或者有关专门委员会承担审查预算草案、预算调整方案、决算草案和监督预算执行等方面的具体工作。”

十九、将第十五条改为第二十四条，增加一款，作为第三款：“经省、自治区、直辖市政府批准，乡、民族乡、镇本级预算草案、预算调整方案、决算草案，可以由上一级政府代编，并依照本法第二十一条的规定报乡、民族乡、镇的人民代表大会审查和批准。”

二十、将第十七条、第十八条合并，作为第二十六条第一款、第二款。

二十一、将第十九条改为第二十七条，修改为：“一般公共预算收入包括各项税收收入、行政事业性收费收入、国有资源（资产）有偿使用收入、转移性收入和其他收入。

“一般公共预算支出按照其功能分类，包括一般公共服务支出，外交、公共安全、国防支出，农业、环境保护支出，教育、科技、文化、卫生、体育支出，社会保障及就业支出和其他支出。

“一般公共预算支出按照其经济性质分类，包括工资福利支出、商品和服务支出、资本性支出和其他支出。”

二十二、增加一条，作为第二十八条：“政府性基金预算、国有资本经营预算和社会保险基金预算的收支范围，按照法律、行政法规和国务院的规定执行。”

二十三、删去第二十条。

二十四、将第二十一条改为第二十九条，修改为：“中央预算与地方预算有关收入和支出项目的划分、地方向中央上解收入、中央对地方税收返还或者转移支付的具体办法，由国务院规定，报全国人民代表大会常务委员会备案。”

二十五、删去第二十二条。

二十六、将第二十四条改为第三十一条第二款。

将第三十五条改为第三十一条第一款，修改为：“国务院应当及时下达关于编制下一年预算草案的通知。编制预算草案的具体事项由国务院财政部门部署。”

二十七、将第二十五条改为第三十二条，修改为：“各级预算应当根据年度经济社会发展目标、国家宏观调控总体要求和跨年度预算平衡的需要，参考上一年预算执行情况、有关支出绩效评价结果和本年度收支预测，按照规定程序征求各方面意见后，进行编制。

“各级政府依据法定权限做出决定或者制定行政措施，凡涉及增加或者减少财政收入或者支出的，应当在预算批准前提出并在预算草案中做出相应安排。

“各部门、各单位应当按照国务院财政部门制定的政府收支分类科目、预算支出标准和要求，以及绩效目标管理等预算编制规定，根据其依法履行职能和事业发展的需要以及存量资产情况，编制本部门、本单位预算草案。

“前款所称政府收支分类科目，收入分为类、款、项、目；支出按其功能分类分为类、款、项，按其经济性质分类分为类、款。”

二十八、删去第二十六条。

二十九、将第二十七条改为第三十四条，修改为："中央一般公共预算中必需的部分资金，可以通过举借国内和国外债务等方式筹措，举借债务应当控制适当的规模，保持合理的结构。

"对中央一般公共预算中举借的债务实行余额管理，余额的规模不得超过全国人民代表大会批准的限额。

"国务院财政部门具体负责对中央政府债务的统一管理。"

三十、将第二十八条改为第三十五条，修改为："地方各级预算按照量入为出、收支平衡的原则编制，除本法另有规定外，不列赤字。

"经国务院批准的省、自治区、直辖市的预算中必需的建设投资的部分资金，可以在国务院确定的限额内，通过发行地方政府债券举借债务的方式筹措。举借债务的规模，由国务院报全国人民代表大会或者全国人民代表大会常务委员会批准。省、自治区、直辖市依照国务院下达的限额举借的债务，列入本级预算调整方案，报本级人民代表大会常务委员会批准。举借的债务应当有偿还计划和稳定的偿还资金来源，只能用于公益性资本支出，不得用于经常性支出。

"除前款规定外，地方政府及其所属部门不得以任何方式举借债务。

"除法律另有规定外，地方政府及其所属部门不得为任何单位和个人的债务以任何方式提供担保。

"国务院建立地方政府债务风险评估和预警机制、应急处置机制以及责任追究制度。国务院财政部门对地方政府债务实施监督。"

三十一、将第二十九条改为第三十六条，修改为："各级预算收入的编制，应当与经济社会发展水平相适应，与财政政策相衔接。

"各级政府、各部门、各单位应当依照本法规定，将所有政府收入全部列入预算，不得隐瞒、少列。"

三十二、将第三十条改为第三十七条，修改为："各级预算支出应当依照本法规定，按其功能和经济性质分类编制。

"各级预算支出的编制，应当贯彻勤俭节约的原则，严格控制各部门、各单位的机关运行经费和楼堂馆所等基本建设支出。

"各级一般公共预算支出的编制，应当统筹兼顾，在保证基本公共服务合理需要的前提下，优先安排国家确定的重点支出。"

三十三、增加一条，作为第三十八条："一般性转移支付应当按照国务院规定的基本标准和计算方法编制。专项转移支付应当分地区、分项目编制。

"县级以上各级政府应当将对下级政府的转移支付预计数提前下达下级政府。

"地方各级政府应当将上级政府提前下达的转移支付预计数编入本级预算。"

三十四、将第三十一条改为第三十九条，修改为："中央预算和有关地方预算中应当安排必要的资金，用于扶助革命老区、民族地区、边疆地区、贫困地区发展经济社会建设事业。"

三十五、将第三十二条改为第四十条，修改为："各级一般公共预算应当按照本级一般公共预算支出额的1%至3%设置预备费，用于当年预算执行中的自然灾害等突发事件处理增加的支出及其他难以预见的开支。"

三十六、将第三十三条改为第四十一条，修改为："各级一般公共预算按照国务院的规定可以设置预算周转金，用于本级政府调剂预算年度内季节性收支差额。

"各级一般公共预算按照国务院的规定可以设置预算稳定调节基金，用于弥补以后年度预算资金的不足。"

三十七、将第三十四条改为第四十二条，修改为："各级政府上一年预算的结转资金，应当在下一年用于结转项目的支出；连续两年未用完的结转资金，应当作为结余资金管理。

"各部门、各单位上一年预算的结转、结余资金按照国务院财政部门的规定办理。"

三十八、将第三十六条改为第三十三条。

三十九、将第三十七条改为第四十四条，修改为："国务院财政部门应当在每年全国人民代表大会会议举行的45日前，将中央预算草案的初步方案提交全国人民代表大会财政经济委员会进行初步审查。

"省、自治区、直辖市政府财政部门应当在本级人民代表大会会议举行的30日前，将本级预算草案的初步方案提交本级人民代表大会有关专门委员会进行初步审查。

“设区的市、自治州政府财政部门应当在本级人民代表大会会议举行的30日前，将本级预算草案的初步方案提交本级人民代表大会有关专门委员会进行初步审查，或者送交本级人民代表大会常务委员会有关工作机构征求意见。

“县、自治县、不设区的市、市辖区政府应当在本级人民代表大会会议举行的30日前，将本级预算草案的初步方案提交本级人民代表大会常务委员会进行初步审查。”

四十、增加一条，作为第四十五条：“县、自治县、不设区的市、市辖区、乡、民族乡、镇的人民代表大会举行会议审查预算草案前，应当采用多种形式，组织本级人民代表大会代表，听取选民和社会各界的意见。”

四十一、增加一条，作为第四十六条：“报送各级人民代表大会审查和批准的预算草案应当细化。本级一般公共预算支出，按其功能分类应当编列到项；按其经济性质分类，基本支出应当编列到款。本级政府性基金预算、国有资本经营预算、社会保险基金预算支出，按其功能分类应当编列到项。”

四十二、将第三十八条改为第四十七条，修改为：“国务院在全国人民代表大会举行会议时，向大会做关于中央和地方预算草案以及中央和地方预算执行情况的报告。

“地方各级政府在本级人民代表大会举行会议时，向大会做关于总预算草案和总预算执行情况的报告。”

四十三、将第三十九条改为第四十三条，将第二款中的“政府预算”修改为“预算”。

四十四、增加一条，作为第四十八条：“全国人民代表大会和地方各级人民代表大会对预算草案及其报告、预算执行情况的报告重点审查下列内容：

“（一）上一年预算执行情况是否符合本级人民代表大会预算决议的要求；

“（二）预算安排是否符合本法的规定；

“（三）预算安排是否贯彻国民经济和社会发展的方针政策，收支政策是否切实可行；

“（四）重点支出和重大投资项目的预算安排是否适当；

“（五）预算的编制是否完整，是否符合本法第四十六条的规定；

“（六）对下级政府的转移性支出预算是否规范、适当；

“（七）预算安排举借的债务是否合法、合理，是否有偿还计划和稳定的偿还资金来源；

“（八）与预算有关重要事项的说明是否清晰。”

四十五、增加一条，作为第四十九条：“全国人民代表大会财政经济委员会向全国人民代表大会主席团提出关于中央和地方预算草案及中央和地方预算执行情况的审查结果报告。

“省、自治区、直辖市、设区的市、自治州人民代表大会有关专门委员会，县、自治县、不设区的市、市辖区人民代表大会常务委员会，向本级人民代表大会主席团提出关于总预算草案及上一年总预算执行情况的审查结果报告。

“审查结果报告应当包括下列内容：

“（一）对上一年预算执行和落实本级人民代表大会预算决议的情况做出评价；

“（二）对本年度预算草案是否符合本法的规定，是否可行做出评价；

“（三）对本级人民代表大会批准预算草案和预算报告提出建议；

“（四）对执行年度预算、改进预算管理、提高预算绩效、加强预算监督等提出意见和建议。”

四十六、将第四十二条改为第五十二条，修改为：“各级预算经本级人民代表大会批准后，本级政府财政部门应当在20日内向本级各部门批复预算。各部门应当在接到本级政府财政部门批复的本部门预算后15日内向所属各单位批复预算。

“中央对地方的一般性转移支付应当在全国人民代表大会批准预算后30日内正式下达。中央对地方的专项转移支付应当在全国人民代表大会批准预算后90日内正式下达。

“省、自治区、直辖市政府接到中央一般性转移支付和专项转移支付后，应当在30日内正式下达到本行政区域县级以上各级政府。

“县级以上地方各级预算安排对下级政府的一般性转移支付和专项转移支付，应当分别在本级人民代表大会批准预算后的30日和60日内正式下达。

"对自然灾害等突发事件处理的转移支付，应当及时下达预算；对据实结算等特殊项目的转移支付，可以分期下达预算，或者先预付后结算。

"县级以上各级政府财政部门应当将批复本级各部门的预算和批复下级政府的转移支付预算，抄送本级人民代表大会财政经济委员会、有关专门委员会和常务委员会有关工作机构。"

四十七、将第四十三条改为第五十三条，增加一款，作为第二款："各部门、各单位是本部门、本单位的预算执行主体，负责本部门、本单位的预算执行，并对执行结果负责。"

四十八、将第四十四条改为第五十四条，修改为："预算年度开始后，各级预算草案在本级人民代表大会批准前，可以安排下列支出：

"（一）上一年度结转的支出；

"（二）参照上一年同期的预算支出数额安排必须支付的本年度部门基本支出、项目支出，以及对下级政府的转移性支出；

"（三）法律规定必须履行支付义务的支出，以及用于自然灾害等突发事件处理的支出。

"根据前款规定安排支出的情况，应当在预算草案的报告中做出说明。

"预算经本级人民代表大会批准后，按照批准的预算执行。"

四十九、将第四十五条改为第五十五条，修改为："预算收入征收部门和单位，必须依照法律、行政法规的规定，及时、足额征收应征的预算收入。不得违反法律、行政法规规定，多征、提前征收或者减征、免征、缓征应征的预算收入，不得截留、占用或者挪用预算收入。

"各级政府不得向预算收入征收部门和单位下达收入指标。"

五十、将第四十六条改为第五十六条，修改为："政府的全部收入应当上缴国家金库（以下简称国库），任何部门、单位和个人不得截留、占用、挪用或者拖欠。

"对于法律有明确规定或者经国务院批准的特定专用资金，可以依照国务院的规定设立财政专户。"

五十一、将第四十七条改为第五十七条，第二款修改为："各级政府、各部门、各单位的支出必须按照预算执行，不得虚假列支。"

增加一款，作为第三款："各级政府、各部门、各单位应当对预算支出情况开展绩效评价。"

五十二、增加一条，作为第五十八条："各级预算的收入和支出实行收付实现制。

"特定事项按照国务院的规定实行权责发生制的有关情况，应当向本级人民代表大会常务委员会报告。"

五十三、将第四十八条改为第五十九条，第三款至第五款修改为："各级国库应当按照国家有关规定，及时准确地办理预算收入的收纳、划分、留解、退付和预算支出的拨付。

"各级国库库款的支配权属于本级政府财政部门。除法律、行政法规另有规定外，未经本级政府财政部门同意，任何部门、单位和个人都无权冻结、动用国库库款或者以其他方式支配已入国库的库款。

"各级政府应当加强对本级国库的管理和监督，按照国务院的规定完善国库现金管理，合理调节国库资金余额。"

五十四、增加一条，作为第六十条："已经缴入国库的资金，依照法律、行政法规的规定或者国务院的决定需要退付的，各级政府财政部门或者其授权的机构应当及时办理退付。按照规定应当由财政支出安排的事项，不得用退库处理。"

五十五、增加一条，作为第六十一条："国家实行国库集中收缴和集中支付制度，对政府全部收入和支出实行国库集中收付管理。"

五十六、将第五十条改为第六十三条，修改为："各部门、各单位应当加强对预算收入和支出的管理，不得截留或者动用应当上缴的预算收入，不得擅自改变预算支出的用途。"

五十七、将第五十二条改为第六十五条，修改为："各级预算周转金由本级政府财政部门管理，不得挪作他用。"

五十八、增加一条，作为第六十六条："各级一般公共预算年度执行中有超收收入的，只能用于冲减赤字或者补充预算稳定调节基金。

"各级一般公共预算的结余资金，应当补充预算稳定调节基金。

"省、自治区、直辖市一般公共预算年度执行中出现短收，通过调入预算稳定调节基金、减少支出等方式仍不能实现收支平衡的，省、自治区、直辖市政府报本级人民代表大会或者其常务委员会批准，可以增列赤字，报国务院财政部门备案，并应当在下一年度预算中予以弥补。”

五十九、将第五十三条改为第六十七条，修改为：“经全国人民代表大会批准的中央预算和经地方各级人民代表大会批准的地方各级预算，在执行中出现下列情况之一的，应当进行预算调整：

“（一）需要增加或者减少预算总支出的；

“（二）需要调入预算稳定调节基金的；

“（三）需要调减预算安排的重点支出数额的；

“（四）需要增加举借债务数额的。”

六十、增加一条，作为第六十八条：“在预算执行中，各级政府一般不制定新的增加财政收入或者支出的政策和措施，也不制定减少财政收入的政策和措施；必须做出并需要进行预算调整的，应当在预算调整方案中做出安排。”

六十一、将第五十四条改为第六十九条，修改为：“在预算执行中，各级政府对于必须进行的预算调整，应当编制预算调整方案。预算调整方案应当说明预算调整的理由、项目和数额。

“在预算执行中，由于发生自然灾害等突发事件，必须及时增加预算支出的，应当先动支预备费；预备费不足支出的，各级政府可以先安排支出，属于预算调整的，列入预算调整方案。

“国务院财政部门应当在全国人民代表大会常务委员会举行会议审查和批准预算调整方案的30日前，将预算调整初步方案送交全国人民代表大会财政经济委员会进行初步审查。

“省、自治区、直辖市政府财政部门应当在本级人民代表大会常务委员会举行会议审查和批准预算调整方案的30日前，将预算调整初步方案送交本级人民代表大会有关专门委员会进行初步审查。

“设区的市、自治州政府财政部门应当在本级人民代表大会常务委员会举行会议审查和批准预算调整方案的30日前，将预算调整初步方案送交本级人民代表大会有关专门委员会进行初步审查，或者送交本级人民代表大会常务委员会有关工作机构征求意见。

“县、自治县、不设区的市、市辖区政府财政部门应当在本级人民代表大会常务委员会举行会议审查和批准预算调整方案的30日前，将预算调整初步方案送交本级人民代表大会常务委员会有关工作机构征求意见。

“中央预算的调整方案应当提请全国人民代表大会常务委员会审查和批准。县级以上地方各级预算的调整方案应当提请本级人民代表大会常务委员会审查和批准；乡、民族乡、镇预算的调整方案应当提请本级人民代表大会审查和批准。未经批准，不得调整预算。”

六十二、将第五十五条改为第七十条，第一款修改为：“经批准的预算调整方案，各级政府应当严格执行。未经本法第六十九条规定的程序，各级政府不得做出预算调整的决定。”

六十三、将第五十六条改为第七十一条，修改为：“在预算执行中，地方各级政府因上级政府增加不需要本级政府提供配套资金的专项转移支付而引起的预算支出变化，不属于预算调整。

“接受增加专项转移支付的县级以上地方各级政府应当向本级人民代表大会常务委员会报告有关情况；接受增加专项转移支付的乡、民族乡、镇政府应当向本级人民代表大会报告有关情况。”

六十四、将第五十七条改为第七十二条，修改为：“各部门、各单位的预算支出应当按照预算科目执行。严格控制不同预算科目、预算级次或者项目间的预算资金的调剂，确需调剂使用的，按照国务院财政部门的规定办理。”

六十五、将第六十条改为第七十五条，修改为：“编制决算草案，必须符合法律、行政法规，做到收支真实、数额准确、内容完整、报送及时。

“决算草案应当与预算相对应，按预算数、调整预算数、决算数分别列出。一般公共预算支出应当按其功能分类编列到项，按其经济性质分类编列到款。”

六十六、将第六十二条改为第七十七条，第一款、第二款修改为：“国务院财政部门编制中央决算草案，经国务院审计部门审计后，报国务院审定，由国务院提请全国人民代表大会常务委员会审查和批准。

“县级以上地方各级政府财政部门编制本级决算草案，经本级政府审计部门审计后，报本级政府审定，由本级政府提请本级人民代表大会常务委员会审查和批准。”

六十七、增加一条，作为第七十八条：“国务院财政部门应当在全国人民代表大会常务委员会举行会议审查和批准中央决算草案的30日前，将上一年度中央决算草案提交全国人民代表大会财政经济委员会进行初步审查。

“省、自治区、直辖市政府财政部门应当在本级人民代表大会常务委员会举行会议审查和批准本级决算草案的30日前，将上一年度本级决算草案提交本级人民代表大会有关专门委员会进行初步审查。

“设区的市、自治州政府财政部门应当在本级人民代表大会常务委员会举行会议审查和批准本级决算草案的30日前，将上一年度本级决算草案提交本级人民代表大会有关专门委员会进行初步审查，或者送交本级人民代表大会常务委员会有关工作机构征求意见。

“县、自治县、不设区的市、市辖区政府财政部门应当在本级人民代表大会常务委员会举行会议审查和批准本级决算草案的30日前，将上一年度本级决算草案送交本级人民代表大会常务委员会有关工作机构征求意见。

“全国人民代表大会财政经济委员会和省、自治区、直辖市、设区的市、自治州人民代表大会有关专门委员会，向本级人民代表大会常务委员会提出关于本级决算草案的审查结果报告。”

六十八、增加一条，作为第七十九条：“县级以上各级人民代表大会常务委员会和乡、民族乡、镇人民代表大会对本级决算草案，重点审查下列内容：

“（一）预算收入情况；

“（二）支出政策实施情况和重点支出、重大投资项目资金的使用及绩效情况；

“（三）结转资金的使用情况；

“（四）资金结余情况；

“（五）本级预算调整及执行情况；

“（六）财政转移支付安排执行情况；

“（七）经批准举借债务的规模、结构、使用、偿还等情况；

“（八）本级预算周转金规模和使用情况；

“（九）本级预备费使用情况；

“（十）超收收入安排情况，预算稳定调节基金的规模和使用情况；

“（十一）本级人民代表大会批准的预算决议落实情况；

“（十二）其他与决算有关的重要情况。

“县级以上各级人民代表大会常务委员会应当结合本级政府提出的上一年度预算执行和其他财政收支的审计工作报告，对本级决算草案进行审查。”

六十九、将第六十三条改为第八十条，修改为：“各级决算经批准后，财政部门应当在20日内向本级各部门批复决算。各部门应当在接到本级政府财政部门批复的本部门决算后15日内向所属单位批复决算。”

七十、将第六十四条改为第八十一条，修改为：“地方各级政府应当将经批准的决算及下一级政府上报备案的决算汇总，报上一级政府备案。

“县级以上各级政府应当将下一级政府报送备案的决算汇总后，报本级人民代表大会常务委员会备案。”

七十一、将第六十九条改为第八十六条，修改为：“国务院和县级以上地方各级政府应当在每年6月至9月期间向本级人民代表大会常务委员会报告预算执行情况。”

七十二、将第七十一条改为第八十八条，修改为：“各级政府财政部门负责监督检查本级各部门及其所属各单位预算的编制、执行，并向本级政府和上一级政府财政部门报告预算执行情况。”

七十三、将第七十二条改为第八十九条，修改为：“县级以上政府审计部门依法对预算执行、决算实行审计监督。

“对预算执行和其他财政收支的审计工作报告应当向社会公开。”

七十四、增加一条，作为第九十条：“政府各部门负责监督检查所属各单位的预算执行，及时向本级政府财政部门反映本部门预算执行情况，依法纠正违反预算的行为。”

七十五、增加一条，作为第九十一条：“公民、法人或者其他组织发现有违反本法的行为，可以依法向有关国家机关进行检举、控告。

“接受检举、控告的国家机关应当依法进行处理，并为检举人、控告人保密。任何单位或者个人不得压制和打击报复检举人、控告人。”

七十六、将第七十三条至第七十五条改为第九十二条至第九十五条，修改为：“第九十二条各级政府及有关部门有下列行为之一的，责令改正，对负有直接责任的主管人员和其他直接责任人员追究行政责任：

“（一）未依照本法规定，编制、报送预算草案、预算调整方案、决算草案和部门预算、决算以及批复预算、决算的；

“（二）违反本法规定，进行预算调整的；

“（三）未依照本法规定对有关预算事项进行公开和说明的；

“（四）违反规定设立政府性基金项目和其他财政收入项目的；

“（五）违反法律、法规规定使用预算预备费、预算周转金、预算稳定调节基金、超收收入的；

“（六）违反本法规定开设财政专户的。

“第九十三条　各级政府及有关部门、单位有下列行为之一的，责令改正，对负有直接责任的主管人员和其他直接责任人员依法给予降级、撤职、开除的处分：

“（一）未将所有政府收入和支出列入预算或者虚列收入和支出的；

“（二）违反法律、行政法规的规定，多征、提前征收或者减征、免征、缓征应征预算收入的；

“（三）截留、占用、挪用或者拖欠应当上缴国库的预算收入的；

“（四）违反本法规定，改变预算支出用途的；

“（五）擅自改变上级政府专项转移支付资金用途的；

“（六）违反本法规定拨付预算支出资金，办理预算收入收纳、划分、留解、退付，或者违反本法规定冻结、动用国库库款或者以其他方式支配已入国库库款的。

“第九十四条　各级政府、各部门、各单位违反本法规定举借债务或者为他人债务提供担保，或者挪用重点支出资金，或者在预算之外及超预算标准建设楼堂馆所的，责令改正，对负有直接责任的主管人员和其他直接责任人员给予撤职、开除的处分。

“第九十五条　各级政府有关部门、单位及其工作人员有下列行为之一的，责令改正，追回骗取、使用的资金，有违法所得的没收违法所得，对单位给予警告或者通报批评；对负有直接责任的主管人员和其他直接责任人员依法给予处分：

“（一）违反法律、法规的规定，改变预算收入上缴方式的；

“（二）以虚报、冒领等手段骗取预算资金的；

“（三）违反规定扩大开支范围、提高开支标准的；

“（四）其他违反财政管理规定的行为。”

七十七、增加一条，作为第九十六条：“本法第九十二条、第九十三条、第九十四条、第九十五条所列违法行为，其他法律对其处理、处罚另有规定的，依照其规定。

“违反本法规定，构成犯罪的，依法追究刑事责任。”

七十八、删去第七十六条。

七十九、增加一条，作为第九十七条：“各级政府财政部门应当按年度编制以权责发生制为基础的政府综合财务报告，报告政府整体财务状况、运行情况和财政中长期可持续性，报本级人民代表大会常务委员会备案。”

八十、将第七十八条改为第九十八条，将第七十七条改为第九十九条。

八十一、增加一条，作为第一百条：“省、自治区、直辖市人民代表大会或者其常务委员会根据本法，可以制定有关预算审查监督的决定或者地方性法规。”

八十二、将第五十一条、第五十八条、第六十六条中的“政府预算”修改为“预算”。

本决定自2015年1月1日起施行。

《中华人民共和国预算法》根据本决定做相应修改，重新公布。

国务院关于改进加强中央财政科研项目和资金管理的若干意见

国发〔2014〕11号

各省、自治区、直辖市人民政府，国务院各部委、各直属机构：

《国家中长期科学和技术发展规划纲要（2006—2020年）》实施以来，我国财政科技投入快速增长，科研项目和资金管理不断改进，为科技事业发展提供了有力支撑。但也存在项目安排分散重复、管理不够科学透明、资金使用效益亟待提高等突出问题，必须切实加以解决。为深入贯彻党的十八大和十八届二中、三中全会精神，落实创新驱动发展战略，促进科技与经济紧密结合，按照《中共中央　国务院关于深化科技体制改革加快国家创新体系建设的意见》（中发〔2012〕6号）的要求，现就改进加强中央财政民口科研项目和资金管理提出如下意见。

一、改进加强科研项目和资金管理的总体要求

（一）总体目标

通过深化改革，加快建立适应科技创新规律、统筹协调、职责清晰、科学规范、公开透明、监管有力的科研项目和资金管理机制，使科研项目和资金配置更加聚焦国家经济社会发展重大需求，基础前沿研究、战略高技术研究、社会公益研究和重大共性关键技术研究显著加强，财政资金使用效益明显提升，科研人员的积极性和创造性充分发挥，科技对经济社会发展的支撑引领作用不断增强，为实施创新驱动发展战略提供有力保障。

（二）基本原则

——坚持遵循规律。把握全球科技和产业变革趋势，立足我国经济社会发展和科技创新实际，遵循科学研究、技术创新和成果转化规律，实行分类管理，提高科研项目和资金管理水平，健全鼓励原始创新、集成创新和引进消化吸收再创新的机制。

——坚持改革创新。推进政府职能转变，发挥好财政科技投入的引导激励作用和市场配置各类创新要素的导向作用。加强管理创新和统筹协调，对科研项目和资金管理各环节进行系统化改革，以改革释放创新活力。

——坚持公正公开。强化科研项目和资金管理信息公开，加强科研诚信建设和信用管理，着力营造以人为本、公平竞争、充分激发科研人员创新热情的良好环境。

——坚持规范高效。明确科研项目、资金管理和执行各方的职责，优化管理流程，建立健全决策、执行、评价相对分开、互相监督的运行机制，提高管理的科学化、规范化、精细化水平。

二、加强科研项目和资金配置的统筹协调

（三）优化整合各类科技计划（专项、基金等）。科技计划（专项、基金等）的设立，应当根据国家战略需求和科技发展需要，按照政府职能转变和中央与地方合理划分事权的要求，明确各自功能定位、目标和时限。建立各类科技计划（专项、基金等）的绩效评估、动态调整和终止机制。优化整合中央各部门管理的科技计划（专项、基金等），对定位不清、重复交叉、实施效果不好的，要通过撤、并、转等方式进行必要调整和优化。项目主管部门要按照各自职责，围绕科技计划（专项、基金等）功能定位，科学组织安排科研项目，提升项目层次和质量，合理控制项目数量。

（四）建立健全统筹协调与决策机制。科技行政主管部门会同有关部门要充分发挥科技工作重大问题会商与沟通机制的作用，按照国民经济和社会发展规划的部署，加强科技发展优先领域、重点任务、重大项目等的统筹协调，形成年度科技计划（专项、基金等）重点工作安排和部门分工，经国家科技体制改革和创新体系建设领导小组审议通过后，分工落实、协同推进。财政部门要加强科技预算安排的统筹，做好各类科技计划（专项、基金等）年度预算方案的综合平衡。涉及国民经济、社会发展和国家安全的重大科技事项，按程序报国务院决策。

（五）建设国家科技管理信息系统。科技行政主管部门、财政部门会同有关部门和地方在现有各类科技计划（专项、基金等）科研项目数据库基础上，按照统一的数据结构、接口标准和信息安全规范，在2014年底前基本建成中央财政科研项目数据库；2015年底前基本实现与地方科研项目数据资源的互联互通，建成统一的国家科技管理信息系统，并向社会开放服务。

三、实行科研项目分类管理

（六）基础前沿科研项目突出创新导向。基础、前沿类科研项目要立足原始创新，充分尊重专家意见，通过同行评议、公开择优的方式确定研究任务和承担者，激发科研人员的积极性和创造性。引导支持企业增加基础研究投入，与科研院所、高等学校联合开展基础研究，推动基础研究与应用研究的紧密结合。对优秀人才和团队给予持续支持，加大对青年科研人员的支持力度。项目主管部门要减少项目执行中的检查评价，发挥好学术咨询机构、协会、学会的咨询作用，营造“鼓励探索、宽容失败”的实施环境。

（七）公益性科研项目聚焦重大需求。公益性科研项目要重点解决制约公益性行业发展的重大科技问题，强化需求导向和应用导向。行业主管部门应当充分发挥组织协调作用，提高项目的系统性、针对性和实用性，及时协调解决项目实施中存在的问题，保证项目成果服务社会公益事业发展。加强对基础数据、基础标准、种质资源等工作的稳定支持，为科研提供基础性支撑。

（八）市场导向类项目突出企业主体。明晰政府与市场的边界，充分发挥市场对技术研发方向、路线选择、要素价格、各类创新要素配置的导向作用，政府主要通过制定政策、营造环境，引导企业成为技术创新决策、投入、组织和成果转化的主体。对于政府支持企业开展的产业重大共性关键技术研究等公共科技活动，在立项时要加强对企业资质、研发能力的审核，鼓励产学研协同攻关。对于政府引导企业开展的科研项目，主要由企业提出需求、先行投入和组织研发，政府采用“后补助”及间接投入等方式给予支持，形成主要由市场决定技术创新项目和资金分配、评价成果的机制以及企业主导项目组织实施的机制。

（九）重大项目突出国家目标导向。对于事关国家战略需求和长远发展的重大科研项目，应当集中力量办大事，聚焦攻关重点，设定明确的项目目标和关键节点目标，并在任务书中明确考核指标。项目主管部门主要采取定向择优方式遴选优势单位承担项目，鼓励产学研协同创新，加强项目实施全过程的管理和节点目标考核，探索实行项目专员制和监理制；项目承担单位上级主管部门要切实履行在项目推荐、组织实施和验收等环节的相应职责；项目承担单位要强化主体责任，组织有关单位协同创新，保证项目目标的实现。

四、改进科研项目管理流程

（十）改革项目指南制定和发布机制。项目主管部门要结合科技计划（专项、基金等）的特点，针对不同项目类别和要求编制项目指南，市场导向类项目指南要充分体现产业需求。扩大项目指南编制工作的参与范围，项目指南发布前要充分征求科研单位、企业、相关部门、地方、协会、学会等有关方面意见，并建立由各方参与的项目指南论证机制。项目主管部门每年固定时间发布项目指南，并通过多种方式扩大项目指南知晓范围，鼓励符合条件的科研人员申报项目。自指南发布日到项目申报受理截止日，原则上不少于50天，以保证科研人员有充足时间申报项目。

（十一）规范项目立项。项目申请单位应当认真组织项目申报，根据科研工作实际需要选择项目合作单位。项目主管部门要完善公平竞争的项目遴选机制，通过公开择优、定向择优等方式确定项目承担者；要规范立项审查行为，健全立项管理的内部控制制度，对项目申请者及其合作方的资质、科研能力等进行重点审核，加强项目查重，避免一题多报或重复资助，杜绝项目打包和“拉郎配”；要规范评审专家行为，提高项目评审质量，推行网络评审和视频答辩评审，合理安排会议答辩评审，视频与会议答辩评审应当录音录像，评审意见应当及时反馈项目申请者。从受理项目申请到反馈立项结果原则上不超过120个工作日。要明示项目审批流程，使项目申请者能够及时查询立项工作进展，实现立项过程“可申诉、可查询、可追溯”。

（十二）明确项目过程管理职责。项目承担单位负责项目实施的具体管理。项目主管部门要健全服务机制，积极协调解决项目实施中出现的新情况新问题，针对不同科研项目管理特点组织开展巡视检查或抽查，对项目实施不力的要加强督导，对存在违规行为的要责成项目承担单位限期整改，对问题严重的要暂停项目实施。

（十三）加强项目验收和结题审查。项目完成后，项目承担单位应当及时做好总结，编制项目决算，按时提交验收或结题申请，无特殊原因未按时提出验收申请的，按不通过验收处理。项目主管部门应当及时组织开展验收或结题审查，并严把验收和审查质量。根据不同类型项目，可以采取同行评议、第三方评估、用户测评等方式，依据项目任务书组织验收，将项目验收结果纳入国家科技报告。探索开展重大项目决策、实施、成果转化的后评价。

五、改进科研项目资金管理

（十四）规范项目预算编制。项目申请单位应当按规定科学合理、实事求是地编制项目预算，并对仪器设备购置、合作单位资质及拟外拨资金进行重点说明。相关部门要改进预算编制方法，完善预算编制指南和评估评审工作细则，健全预算评估评审的沟通反馈机制。评估评审工作的重点是项目预算的目标相关性、政策相符性、经济合理性，在评估评审中不得简单按比例核减预算。除以定额补助方式资助的项目外，应当依据科研任务实际需要和财力可能核定项目预算，不得在预算申请前先行设定预算控制额度。劳务费预算应当结合当地实际以及相关人员参与项目的全时工作时间等因素合理编制。

（十五）及时拨付项目资金。项目主管部门要合理控制项目和预算评估评审时间，加强项目立项和预算下达的衔接，及时批复项目和预算。相关部门和单位要按照财政国库管理制度相关规定，结合项目实施和资金使用进度，及时合规办理资金支付。实行部门预算批复前项目资金预拨制度，保证科研任务顺利实施。对于有明确目标的重大项目，按照关键节点任务完成情况进行拨款。

（十六）规范直接费用支出管理。科学界定与项目研究直接相关的支出范围，各类科技计划（专项、基金等）的支出科目和标准原则上应保持一致。调整劳务费开支范围，将项目临时聘用人员的社会保险补助纳入劳务费科目中列支。进一步下放预算调整审批权限，同时严格控制会议费、差旅费、国际合作与交流费，项目实施中发生的三项支出之间可以调剂使用，但不得突破三项支出预算总额。

（十七）完善间接费用和管理费用管理。对实行间接费用管理的项目，间接费用的核定与项目承担单位信用等级挂钩，由项目主管部门直接拨付到项目承担单位。间接费用用于补偿项目承担单位为项目实施所发生的间接成本和绩效支出，项目承担单位应当建立健全间接费用的内部管理办法，合规合理使用间接费用，结合一线科研人员实际贡献公开公正安排绩效支出，体现科研人员价值，充分发挥绩效支出的激励作用。项目承担单位不得在核定的间接费用或管理费用以外再以任何名义在项目资金中重复提取、列支相关费用。

（十八）改进项目结转结余资金管理办法。项目在研期间，年度剩余资金可以结转下一年度继续使用。项目完成任务目标并通过验收，且承担单位信用评价好的，项目结余资金按规定在一定期限内由单位统筹安排用于科研活动的直接支出，并将使用情况报项目主管部门；未通过验收和整改后通过验收的项目，或承担单位信用评价差的，结余资金按原渠道收回。

（十九）完善单位预算管理办法。财政部门按照核定收支、定额或者定项补助、超支不补、结转和结余按规定使用的原则，合理安排科研院所和高等学校等事业单位预算。科研院所和高等学校等事业单位要按照国家规定合理安排人员经费和公用经费，保障单位正常运转。

六、加强科研项目和资金监管

（二十）规范科研项目资金使用行为。科研人员和项目承担单位要依法依规使用项目资金，不得擅自调整外拨资金，不得利用虚假票据套取资金，不得通过编造虚假合同、虚构人员名单等方式虚报冒领劳务费和专家咨询费，不得通过虚构测试化验内容、提高测试化验支出标准等方式违规开支测试化验加工费，不得随意调账变动支出、随意修改记账凭证、以表代账应付财务审计和检查。项目承担单位要建立健全科研和财务管理等相结合的内部控制制度，规范项目资金管理，在职责范围内及时审批项目预算调整事项。对于从中央财政以外渠道获得的项目资金，按照国家有关财务会计制度规定以及相关资金提供方的具体要求管理和使用。

（二十一）改进科研项目资金结算方式。科研院所、高等学校等事业单位承担项目所发生的会议费、差旅费、小额材料费和测试化验加工费等，要按规定实行“公务卡”结算；企业承担的项目，上述支出也应当采用非现金方式结算。项目承担单位对设备费、大宗材料费和测试化验加工费、劳务费、专家咨询费等支出，原则上应当通过银行转账方式结算。

（二十二）完善科研信用管理。建立覆盖指南编制、项目申请、评估评审、立项、执行、验收全过程的科研信用记录制度，由项目主管部门委托专业机构对项目承担单位和科研人员、评估评审专家、中介机构等参与主体进行信用评级，并按信用评级实行分类管理。各项目主管部门应共享信用评价信息。建立“黑名单”制度，将严重不良信用记录者记入“黑名单”，阶段性或永久取消其申请中央财政资助项目或参与项目管理的资格。

（二十三）加大对违规行为的惩处力度。建立完善覆盖项目决策、管理、实施主体的逐级考核问责机制。有关部门要加强科研项目和资金监管工作，严肃处理违规行为，按规定采取通报批评、暂停项目拨款、终止项目执行、追回已拨项目资金、取消项目承担者一定期限内项目申报资格等措施，涉及违法的移交司法机关处理，并将有关结果向社会公开。建立责任倒查制度，针对出现的问题倒查项目主管部门相关人员的履职尽责和廉洁自律情况，经查实存在问题的依法依规严肃处理。

七、加强相关制度建设

（二十四）建立健全信息公开制度。除涉密及法律法规另有规定外，项目主管部门应当按规定向社会公开科研项目的立项信息、验收结果和资金安排情况等，接受社会监督。项目承担单位应当在单位内部公开项目立项、主要研究人员、资金使用、大型仪器设备购置以及项目研究成果等情况，接受内部监督。

（二十五）建立国家科技报告制度。科技行政主管部门要会同有关部门制定科技报告的标准和规范，建立国家科技报告共享服务平台，实现国家科技资源持续积累、完整保存和开放共享。对中央财政资金支持的科研项目，项目承担者必须按规定提交科技报告，科技报告提交和共享情况作为对其后续支持的重要依据。

（二十六）改进专家遴选制度。充分发挥专家咨询作用，项目评估评审应当以同行专家为主，吸收海外高水平专家参与，评估评审专家中一线科研人员的比例应当达到75%左右。扩大企业专家参与市场导向类项目评估评审的比重。推动学术咨询机构、协会、学会等更多参与项目评估评审工作。建立专家数据库，实行评估评审专家轮换、调整机制和回避制度。对采用视频或会议方式评审的，公布专家名单，强化专家自律，接受同行质询和社会监督；对采用通信方式评审的，评审前专家名单严格保密，保证评审公正性。

（二十七）完善激发创新创造活力的相关制度和政策。完善科研人员收入分配政策，健全与岗位职责、工作业绩、实际贡献紧密联系的分配激励机制。健全科技人才流动机制，鼓励科研院所、高等学校与企业创新人才双向交流，完善兼职兼薪管理政策。加快推进事业单位科技成果使用、处置和收益管理改革，完善和落实促进科研人员成果转化的收益分配政策。加强知识产权运用和保护，落实激励科技创新的税收政策，推进科技评价和奖励制度改革，制定导向明确、激励约束并重的评价标准，充分调动项目承担单位和科研人员的积极性创造性。

八、明确和落实各方管理责任

（二十八）项目承担单位要强化法人责任。项目承担单位是科研项目实施和资金管理使用的责任主体，要切实履行在项目申请、组织实施、验收和资金使用等方面的管理职责，加强支撑服务条件建设，提高对科研人员的服务水平，建立常态化的自查自纠机制，严肃处理本单位出现的违规行为。科研人员要弘扬科学精神，恪守科研诚信，强化责任意识，严格遵守科研项目和资金管理的各项规定，自觉接受有关方面的监督。

（二十九）有关部门要落实管理和服务责任。科技行政主管部门要会同有关部门根据本意见精神制定科技工作重大问题会商与沟通的工作规则；项目主管部门和财政部门要制定或修订各类科技计划（专项、基金等）管理制度。各有关部门要建立健全本部门内部控制和监管体系，加强对所属单位科研项目和资金管理内部制度的审查；督促指导项目承担单位和科研人员依法合规开展科研活动，做好经常性的政策宣传、培训和科研项目实施中的服务工作。

各地区要参照本意见，制定加强本地财政科研项目和资金管理的办法。

国务院
2014年3月3日

（此件有删减）

国务院关于加强地方政府性债务管理的意见

国发〔2014〕43号

各省、自治区、直辖市人民政府，国务院各部委、各直属机构：

为加强地方政府性债务管理，促进国民经济持续健康发展，根据党的十八大、十八届三中全会精神，现提出以下意见：

一、总体要求

（一）指导思想。以邓小平理论、“三个代表”重要思想、科学发展观为指导，全面贯彻落实党的十八大、十八届三中全会精神，按照党中央、国务院决策部署，建立“借、用、还”相统一的地方政府性债务管理机制，有效发挥地方政府规范举债的积极作用，切实防范化解财政金融风险，促进国民经济持续健康发展。

（二）基本原则

疏堵结合。修明渠、堵暗道，赋予地方政府依法适度举债融资权限，加快建立规范的地方政府举债融资机制。同时，坚决制止地方政府违法违规举债。

分清责任。明确政府和企业的责任，政府债务不得通过企业举借，企业债务不得推给政府偿还，切实做到谁借谁还、风险自担。政府与社会资本合作的，按约定规则依法承担相关责任。

规范管理。对地方政府债务实行规模控制，严格限定政府举债程序和资金用途，把地方政府债务分门别类纳入全口径预算管理，实现“借、用、还”相统一。

防范风险。牢牢守住不发生区域性和系统性风险的底线，切实防范和化解财政金融风险。

稳步推进。加强债务管理，既要积极推进，又要谨慎稳健。在规范管理的同时，要妥善处理存量债务，确保在建项目有序推进。

二、加快建立规范的地方政府举债融资机制

（一）赋予地方政府依法适度举债权限。经国务院批准，省、自治区、直辖市政府可以适度举借债务，市县级政府确需举借债务的由省、自治区、直辖市政府代为举借。明确划清政府与企业界限，政府债务只能通过政府及其部门举借，不得通过企事业单位等举借。

（二）建立规范的地方政府举债融资机制。地方政府举债采取政府债券方式。没有收益的公益性事业发展确需政府举借一般债务的，由地方政府发行一般债券融资，主要以一般公共预算收入偿还。有一定收益的公益性事业发展确需政府举借专项债务的，由地方政府通过发行专项债券融资，以对应的政府性基金或专项收入偿还。

（三）推广使用政府与社会资本合作模式。鼓励社会资本通过特许经营等方式，参与城市基础设施等有一定收益的公益性事业投资和运营。政府通过特许经营权、合理定价、财政补贴等事先公开的收益约定规则，使投资者有长期稳定收益。投资者按照市场化原则出资，按约定规则独自或与政府共同成立特别目的公司建设和运营合作项目。投资者或特别目的公司可以通过银行贷款、企业债、项目收益债券、资产证券化等市场化方式举债并承担偿债责任。政府对投资者或特别目的公司按约定规则依法承担特许经营权、合理定价、财政补贴等相关责任，不承担投资者或特别目的公司的偿债责任。

（四）加强政府或有债务监管。剥离融资平台公司政府融资职能，融资平台公司不得新增政府债务。地方政府新发生或有债务，要严格限定在依法担保的范围内，并根据担保合同依法承担相关责任。地方政府要加强对或有债务的统计分析和风险防控，做好相关监管工作。

三、对地方政府债务实行规模控制和预算管理

（一）对地方政府债务实行规模控制。地方政府债务规模实行限额管理，地方政府举债不得突破批准的限额。地方政府一般债务和专项债务规模纳入限额管理，由国务院确定并报全国人大或其常委会批准，分地区限额由财政部在全国人大或其常委会批准的地方政府债务规模内根据各地区债务风险、财力状况等因素测算并报国务院批准。

（二）严格限定地方政府举债程序和资金用

途。地方政府在国务院批准的分地区限额内举借债务，必须报本级人大或其常委会批准。地方政府不得通过企事业单位等举借债务。地方政府举借债务要遵循市场化原则。建立地方政府信用评级制度，逐步完善地方政府债券市场。地方政府举借的债务，只能用于公益性资本支出和适度归还存量债务，不得用于经常性支出。

（三）把地方政府债务分门别类纳入全口径预算管理。地方政府要将一般债务收支纳入一般公共预算管理，将专项债务收支纳入政府性基金预算管理，将政府与社会资本合作项目中的财政补贴等支出按性质纳入相应政府预算管理。地方政府各部门、各单位要将债务收支纳入部门和单位预算管理。或有债务确需地方政府或其部门、单位依法承担偿债责任的，偿债资金要纳入相应预算管理。

四、控制和化解地方政府性债务风险

（一）建立地方政府性债务风险预警机制。财政部根据各地区一般债务、专项债务、或有债务等情况，测算债务率、新增债务率、偿债率、逾期债务率等指标，评估各地区债务风险状况，对债务高风险地区进行风险预警。列入风险预警范围的债务高风险地区，要积极采取措施，逐步降低风险。债务风险相对较低的地区，要合理控制债务余额的规模和增长速度。

（二）建立债务风险应急处置机制。要硬化预算约束，防范道德风险，地方政府对其举借的债务负有偿还责任，中央政府实行不救助原则。各级政府要制定应急处置预案，建立责任追究机制。地方政府出现偿债困难时，要通过控制项目规模、压缩公用经费、处置存量资产等方式，多渠道筹集资金偿还债务。地方政府难以自行偿还债务时，要及时上报，本级和上级政府要启动债务风险应急处置预案和责任追究机制，切实化解债务风险，并追究相关人员责任。

（三）严肃财经纪律。建立对违法违规融资和违规使用政府性债务资金的惩罚机制，加大对地方政府性债务管理的监督检查力度。地方政府及其所属部门不得在预算之外违法违规举借债务，不得以支持公益性事业发展名义举借债务用于经常性支出或楼堂馆所建设，不得挪用债务资金或改变既定资金用途；对企业的注资、财政补贴等行为必须依法合规，不得违法为任何单位和个人的债务以任何方式提供担保；不得违规干预金融机构等正常经营活动，不得强制金融机构等提供政府性融资。地方政府要进一步规范土地出让管理，坚决制止违法违规出让土地及融资行为。

五、完善配套制度

（一）完善债务报告和公开制度。完善地方政府性债务统计报告制度，加快建立权责发生制的政府综合财务报告制度，全面反映政府的资产负债情况。对于中央出台的重大政策措施如棚户区改造等形成的政府性债务，应当单独统计、单独核算、单独检查、单独考核。建立地方政府性债务公开制度，加强政府信用体系建设。各地区要定期向社会公开政府性债务及其项目建设情况，自觉接受社会监督。

（二）建立考核问责机制。把政府性债务作为一个硬指标纳入政绩考核。明确责任落实，各省、自治区、直辖市政府要对本地区地方政府性债务负责任。强化教育和考核，纠正不正确的政绩导向。对脱离实际过度举债、违法违规举债或担保、违规使用债务资金、恶意逃废债务等行为，要追究相关责任人责任。

（三）强化债权人约束。金融机构等不得违法违规向地方政府提供融资，不得要求地方政府违法违规提供担保。金融机构等购买地方政府债券要符合监管规定，向属于政府或有债务举借主体的企业法人等提供融资要严格规范信贷管理，切实加强风险识别和风险管理。金融机构等违法违规提供政府性融资的，应自行承担相应损失，并按照商业银行法、银行业监督管理法等法律法规追究相关机构和人员的责任。

六、妥善处理存量债务和在建项目后续融资

（一）抓紧将存量债务纳入预算管理。以2013年政府性债务审计结果为基础，结合审计后债务增减变化情况，经债权人与债务人共同协商确认，对地方政府性债务存量进行甄别。对地方政府及其部门举借的债务，相应纳入一般债务和专项债务。对企事业单位举借的债务，凡属于政府应当偿还的债务，相应纳入一般债务和专项债务。地方政府将甄别后的政府存量债务逐级汇总上报国务院批准后，分类纳入预算管理。纳入预算管理的债务原有债权债务关系不变，偿债资金要按照预算管理要求规范管理。

（二）积极降低存量债务利息负担。对甄别后纳入预算管理的地方政府存量债务，各地区可申请发行地方政府债券置换，以降低利息负担，优化期限结构，腾出更多资金用于重点项目建设。

（三）妥善偿还存量债务。处置到期存量债务要遵循市场规则，减少行政干预。对项目自身运营收入能够按时还本付息的债务，应继续通过项目收入偿还。对项目自身运营收入不足以还本付息的债务，可以通过依法注入优质资产、加强经营管理、加大改革力度等措施，提高项目盈利能力，增强偿债能力。地方政府应指导和督促有关债务举借单位加强财务管理、拓宽偿债资金渠道、统筹安排偿债资金。对确需地方政府偿还的债务，地方政府要切实履行偿债责任，必要时可以处置政府资产偿还债务。对确需地方政府履行担保或救助责任的债务，地方政府要切实依法履行协议约定，做出妥善安排。有关债务举借单位和连带责任人要按照协议认真落实偿债责任，明确偿债时限，按时还本付息，不得单方面改变原有债权债务关系，不得转嫁偿债责任和逃废债务。对确已形成损失的存量债务，债权人应按照商业化原则承担相应责任和损失。

（四）确保在建项目后续融资。地方政府要统筹各类资金，优先保障在建项目续建和收尾。对使用债务资金的在建项目，原贷款银行等要重新进行审核，凡符合国家有关规定的项目，要继续按协议提供贷款，推进项目建设；对在建项目确实没有其他建设资金来源的，应主要通过政府与社会资本合作模式和地方政府债券解决后续融资。

七、加强组织领导

各地区、各部门要高度重视，把思想和行动统一到党中央、国务院决策部署上来。地方政府要切实担负起加强地方政府性债务管理、防范化解财政金融风险的责任，结合实际制订具体方案，政府主要负责人要作为第一责任人，认真抓好政策落实。要建立地方政府性债务协调机制，统筹加强地方政府性债务管理。财政部门作为地方政府性债务归口管理部门，要完善债务管理制度，充实债务管理力量，做好债务规模控制、债券发行、预算管理、统计分析和风险监控等工作；发展改革部门要加强政府投资计划管理和项目审批，从严审批债务风险较高地区的新开工项目；金融监管部门要加强监管、正确引导，制止金融机构等违法违规提供融资；审计部门要依法加强对地方政府性债务的审计监督，促进完善债务管理制度，防范风险，规范管理，提高资金使用效益。各地区、各部门要切实履行职责，加强协调配合，全面做好加强地方政府性债务管理各项工作，确保政策贯彻落实到位。

国务院
2014 年 9 月 21 日

中华人民共和国国务院令

第 656 号

现公布《不动产登记暂行条例》，自 2015 年 3 月 1 日起施行。

总　理　**李克强**
2014 年 11 月 24 日

不动产登记暂行条例

第一章　总　　则

第一条　为整合不动产登记职责，规范登记行为，方便群众申请登记，保护权利人合法权益，根据《中华人民共和国物权法》等法律，制定本条例。

第二条　本条例所称不动产登记，是指不动产登记机构依法将不动产权利归属和其他法定事项记载于不动产登记簿的行为。

本条例所称不动产，是指土地、海域以及房屋、林木等定着物。

第三条　不动产首次登记、变更登记、转移登记、注销登记、更正登记、异议登记、预告登记、查封登记等，适用本条例。

第四条 国家实行不动产统一登记制度。

不动产登记遵循严格管理、稳定连续、方便群众的原则。

不动产权利人已经依法享有的不动产权利，不因登记机构和登记程序的改变而受到影响。

第五条 下列不动产权利，依照本条例的规定办理登记：

（一）集体土地所有权；

（二）房屋等建筑物、构筑物所有权；

（三）森林、林木所有权；

（四）耕地、林地、草地等土地承包经营权；

（五）建设用地使用权；

（六）宅基地使用权；

（七）海域使用权；

（八）地役权；

（九）抵押权；

（十）法律规定需要登记的其他不动产权利。

第六条 国务院国土资源主管部门负责指导、监督全国不动产登记工作。

县级以上地方人民政府应当确定一个部门为本行政区域的不动产登记机构，负责不动产登记工作，并接受上级人民政府不动产登记主管部门的指导、监督。

第七条 不动产登记由不动产所在地的县级人民政府不动产登记机构办理；直辖市、设区的市人民政府可以确定本级不动产登记机构统一办理所属各区的不动产登记。

跨县级行政区域的不动产登记，由所跨县级行政区域的不动产登记机构分别办理。不能分别办理的，由所跨县级行政区域的不动产登记机构协商办理；协商不成的，由共同的上一级人民政府不动产登记主管部门指定办理。

国务院确定的重点国有林区的森林、林木和林地，国务院批准项目用海、用岛，中央国家机关使用的国有土地等不动产登记，由国务院国土资源主管部门会同有关部门规定。

第二章　不动产登记簿

第八条 不动产以不动产单元为基本单位进行登记。不动产单元具有唯一编码。

不动产登记机构应当按照国务院国土资源主管部门的规定设立统一的不动产登记簿。

不动产登记簿应当记载以下事项：

（一）不动产的坐落、界址、空间界限、面积、用途等自然状况；

（二）不动产权利的主体、类型、内容、来源、期限、权利变化等权属状况；

（三）涉及不动产权利限制、提示的事项；

（四）其他相关事项。

第九条 不动产登记簿应当采用电子介质，暂不具备条件的，可以采用纸质介质。不动产登记机构应当明确不动产登记簿唯一、合法的介质形式。

不动产登记簿采用电子介质的，应当定期进行异地备份，并具有唯一、确定的纸质转化形式。

第十条 不动产登记机构应当依法将各类登记事项准确、完整、清晰地记载于不动产登记簿。任何人不得损毁不动产登记簿，除依法予以更正外不得修改登记事项。

第十一条 不动产登记工作人员应当具备与不动产登记工作相适应的专业知识和业务能力。

不动产登记机构应当加强对不动产登记工作人员的管理和专业技术培训。

第十二条 不动产登记机构应当指定专人负责不动产登记簿的保管，并建立健全相应的安全责任制度。

采用纸质介质不动产登记簿的，应当配备必要的防盗、防火、防渍、防有害生物等安全保护设施。

采用电子介质不动产登记簿的，应当配备专门的存储设施，并采取信息网络安全防护措施。

第十三条 不动产登记簿由不动产登记机构永久保存。不动产登记簿损毁、灭失的，不动产登记机构应当依据原有登记资料予以重建。

行政区域变更或者不动产登记机构职能调整的，应当及时将不动产登记簿移交相应的不动产登记机构。

第三章　登记程序

第十四条 因买卖、设定抵押权等申请不动产登记的，应当由当事人双方共同申请。

属于下列情形之一的，可以由当事人单方申请：

（一）尚未登记的不动产首次申请登记的；

（二）继承、接受遗赠取得不动产权利的；

（三）人民法院、仲裁委员会生效的法律文书或者人民政府生效的决定等设立、变更、转让、消灭不动产权利的；

（四）权利人姓名、名称或者自然状况发生变化，申请变更登记的；

（五）不动产灭失或者权利人放弃不动产权利，申请注销登记的；

（六）申请更正登记或者异议登记的；

（七）法律、行政法规规定可以由当事人单方申请的其他情形。

第十五条 当事人或者其代理人应当到不动产登记机构办公场所申请不动产登记。

不动产登记机构将申请登记事项记载于不动产登记簿前，申请人可以撤回登记申请。

第十六条 申请人应当提交下列材料，并对申请材料的真实性负责：

（一）登记申请书；

（二）申请人、代理人身份证明材料、授权委托书；

（三）相关的不动产权属来源证明材料、登记原因证明文件、不动产权属证书；

（四）不动产界址、空间界限、面积等材料；

（五）与他人利害关系的说明材料；

（六）法律、行政法规以及本条例实施细则规定的其他材料。

不动产登记机构应当在办公场所和门户网站公开申请登记所需材料目录和示范文本等信息。

第十七条 不动产登记机构收到不动产登记申请材料，应当分别按照下列情况办理：

（一）属于登记职责范围，申请材料齐全、符合法定形式，或者申请人按照要求提交全部补正申请材料的，应当受理并书面告知申请人；

（二）申请材料存在可以当场更正的错误的，应当告知申请人当场更正，申请人当场更正后，应当受理并书面告知申请人；

（三）申请材料不齐全或者不符合法定形式的，应当当场书面告知申请人不予受理并一次性告知需要补正的全部内容；

（四）申请登记的不动产不属于本机构登记范围的，应当当场书面告知申请人不予受理并告知申请人向有登记权的机构申请。

不动产登记机构未当场书面告知申请人不予受理的，视为受理。

第十八条 不动产登记机构受理不动产登记申请的，应当按照下列要求进行查验：

（一）不动产界址、空间界限、面积等材料与申请登记的不动产状况是否一致；

（二）有关证明材料、文件与申请登记的内容是否一致；

（三）登记申请是否违反法律、行政法规规定。

第十九条 属于下列情形之一的，不动产登记机构可以对申请登记的不动产进行实地查看：

（一）房屋等建筑物、构筑物所有权首次登记；

（二）在建建筑物抵押权登记；

（三）因不动产灭失导致的注销登记；

（四）不动产登记机构认为需要实地查看的其他情形。

对可能存在权属争议，或者可能涉及他人利害关系的登记申请，不动产登记机构可以向申请人、利害关系人或者有关单位进行调查。

不动产登记机构进行实地查看或者调查时，申请人、被调查人应当予以配合。

第二十条 不动产登记机构应当自受理登记申请之日起 30 个工作日内办结不动产登记手续，法律另有规定的除外。

第二十一条 登记事项自记载于不动产登记簿时完成登记。

不动产登记机构完成登记，应当依法向申请人核发不动产权属证书或者登记证明。

第二十二条 登记申请有下列情形之一的，不动产登记机构应当不予登记，并书面告知申请人：

（一）违反法律、行政法规规定的；

（二）存在尚未解决的权属争议的；

（三）申请登记的不动产权利超过规定期限的；

（四）法律、行政法规规定不予登记的其他情形。

第四章　登记信息共享与保护

第二十三条　国务院国土资源主管部门应当会同有关部门建立统一的不动产登记信息管理基础平台。

各级不动产登记机构登记的信息应当纳入统一的不动产登记信息管理基础平台，确保国家、省、市、县四级登记信息的实时共享。

第二十四条　不动产登记有关信息与住房城乡建设、农业、林业、海洋等部门审批信息、交易信息等应当实时互通共享。

不动产登记机构能够通过实时互通共享取得的信息，不得要求不动产登记申请人重复提交。

第二十五条　国土资源、公安、民政、财政、税务、工商、金融、审计、统计等部门应当加强不动产登记有关信息互通共享。

第二十六条　不动产登记机构、不动产登记信息共享单位及其工作人员应当对不动产登记信息保密；涉及国家秘密的不动产登记信息，应当依法采取必要的安全保密措施。

第二十七条　权利人、利害关系人可以依法查询、复制不动产登记资料，不动产登记机构应当提供。

有关国家机关可以依照法律、行政法规的规定查询、复制与调查处理事项有关的不动产登记资料。

第二十八条　查询不动产登记资料的单位、个人应当向不动产登记机构说明查询目的，不得将查询获得的不动产登记资料用于其他目的；未经权利人同意，不得泄露查询获得的不动产登记资料。

第五章　法律责任

第二十九条　不动产登记机构登记错误给他人造成损害，或者当事人提供虚假材料申请登记给他人造成损害的，依照《中华人民共和国物权法》的规定承担赔偿责任。

第三十条　不动产登记机构工作人员进行虚假登记，损毁、伪造不动产登记簿，擅自修改登记事项，或者有其他滥用职权、玩忽职守行为的，依法给予处分；给他人造成损害的，依法承担赔偿责任；构成犯罪的，依法追究刑事责任。

第三十一条　伪造、变造不动产权属证书、不动产登记证明，或者买卖、使用伪造、变造的不动产权属证书、不动产登记证明的，由不动产登记机构或者公安机关依法予以收缴；有违法所得的，没收违法所得；给他人造成损害的，依法承担赔偿责任；构成违反治安管理行为的，依法给予治安管理处罚；构成犯罪的，依法追究刑事责任。

第三十二条　不动产登记机构、不动产登记信息共享单位及其工作人员，查询不动产登记资料的单位或者个人违反国家规定，泄露不动产登记资料、登记信息，或者利用不动产登记资料、登记信息进行不正当活动，给他人造成损害的，依法承担赔偿责任；对有关责任人员依法给予处分；有关责任人员构成犯罪的，依法追究刑事责任。

第六章　附　　则

第三十三条　本条例施行前依法颁发的各类不动产权属证书和制作的不动产登记簿继续有效。

不动产统一登记过渡期内，农村土地承包经营权的登记按照国家有关规定执行。

第三十四条　本条例实施细则由国务院国土资源主管部门会同有关部门制定。

第三十五条　本条例自2015年3月1日起施行。本条例施行前公布的行政法规有关不动产登记的规定与本条例规定不一致的，以本条例规定为准。

国务院关于清理规范税收等优惠政策的通知

国发〔2014〕62号

各省、自治区、直辖市人民政府，国务院各部委、各直属机构：

根据党的十八届三中全会精神和《国务院关

于深化预算管理制度改革的决定》（国发〔2014〕45号）要求，为严肃财经纪律，加快建设统一开放、竞争有序的市场体系，现就清理规范税收等优惠政策有关问题通知如下：

一、充分认识清理规范税收等优惠政策的重大意义

近年来，为推动区域经济发展，一些地区和部门对特定企业及其投资者（或管理者）等，在税收、非税等收入和财政支出等方面实施了优惠政策（以下统称税收等优惠政策），一定程度上促进了投资增长和产业集聚。但是，一些税收等优惠政策扰乱了市场秩序，影响国家宏观调控政策效果，甚至可能违反我国对外承诺，引发国际贸易摩擦。

全面规范税收等优惠政策，有利于维护公平的市场竞争环境，促进形成全国统一的市场体系，发挥市场在资源配置中的决定性作用；有利于落实国家宏观经济政策，打破地方保护和行业垄断，推动经济转型升级；有利于严肃财经纪律，预防和惩治腐败，维护正常的收入分配秩序；有利于深化财税体制改革，推进依法行政，科学理财，建立全面规范、公开透明的预算制度。

二、总体要求

（一）指导思想

以邓小平理论、"三个代表"重要思想、科学发展观为指导，全面贯彻党的十八大和十八届三中、四中全会精神，落实党中央、国务院决策部署，以加快建设统一开放、竞争有序的市场体系，促进社会主义市场经济健康发展为目标，通过清理规范税收等优惠政策，反对地方保护和不正当竞争，着力清除影响商品和要素自由流动的市场壁垒，推动完善社会主义市场经济体制，使市场在资源配置中起决定性作用，促进经济转型升级。

（二）主要原则

1. 上下联动，全面规范。各有关部门要按照法律法规和国务院统一要求，清理规范本部门出台的税收等优惠政策，各地区要同步开展清理规范工作。凡违法违规或影响公平竞争的政策都要纳入清理规范的范围，既要规范税收、非税等收入优惠政策，又要规范与企业缴纳税收或非税收入挂钩的财政支出优惠政策。

2. 统筹规划，稳步推进。既要立足当前，分清主次，坚决取消违反法律法规的优惠政策，做到符合世界贸易组织规则和我国对外承诺，逐步规范其他优惠政策；又要着眼长远，以开展清理规范工作为契机，建立健全长效管理机制。

3. 公开信息，接受监督。要按照政府信息公开的要求，全面推进税收等优惠政策相关信息公开，增强透明度，提高公信力；建立举报制度，动员各方力量，加强监督制衡。

三、切实规范各类税收等优惠政策

（一）统一税收政策制定权限。坚持税收法定原则，除依据专门税收法律法规和《中华人民共和国民族区域自治法》规定的税政管理权限外，各地区一律不得自行制定税收优惠政策；未经国务院批准，各部门起草其他法律、法规、规章、发展规划和区域政策都不得规定具体税收优惠政策。

（二）规范非税等收入管理。严格执行现有行政事业性收费、政府性基金、社会保险管理制度。严禁对企业违规减免或缓征行政事业性收费和政府性基金、以优惠价格或零地价出让土地；严禁低价转让国有资产、国有企业股权以及矿产等国有资源；严禁违反法律法规和国务院规定减免或缓征企业应当承担的社会保险缴费，未经国务院批准不得允许企业低于统一规定费率缴费。

（三）严格财政支出管理。未经国务院批准，各地区、各部门不得对企业规定财政优惠政策。对违法违规制定与企业及其投资者（或管理者）缴纳税收或非税收入挂钩的财政支出优惠政策，包括先征后返、列收列支、财政奖励或补贴，以代缴或给予补贴等形式减免土地出让收入等，坚决予以取消。其他优惠政策，如代企业承担社会保险缴费等经营成本、给予电价水价优惠、通过财政奖励或补贴等形式吸引其他地区企业落户本地或在本地缴纳税费，对部分区域实施的地方级财政收入全留或增量返还等，要逐步加以规范。

四、全面清理已有的各类税收等优惠政策

各地区、各有关部门要开展一次专项清理，认真排查本地区、本部门制定出台的税收等优惠政策，特别要对与企业签订的合同、协议、备忘录、会议或会谈纪要以及"一事一议"形式的请示、报告和批复等进行全面梳理，摸清底数，确保没有遗漏。

通过专项清理，违反国家法律法规的优惠政策一律停止执行，并发布文件予以废止；没有法律法规障碍，确需保留的优惠政策，由省级人民政府或有关部门报财政部审核汇总后专题请示国务院。

各省级人民政府和有关部门应于2015年3月底前，向财政部报送本省（区、市）和本部门对税收等优惠政策的专项清理情况，由财政部汇总报国务院。

五、建立健全长效机制

（一）建立评估和退出机制。对法律法规规定的税收优惠政策和经国务院批准实施的非税收入及财政支出优惠政策，财政部要牵头定期评估。没有法律法规障碍且具有推广价值的政策，要尽快在全国范围内实施；有明确执行时限的政策，原则上一律到期停止执行；未明确执行时限的政策，要设定政策实施时限。对不符合经济发展需要、效果不明显的政策，财政部要牵头会同有关部门提出调整或取消的意见，报国务院审定。

（二）健全考评监督机制。明确地方各级人民政府主要负责人为本地区税收等优惠政策管理的第一责任人，将税收等优惠政策管理情况作为领导班子和领导干部综合考核评价体系的重要内容，作为提拔任用、管理监督的重要依据。

（三）建立信息公开和举报制度。建立目录清单制度，除涉及国家秘密和安全的事项外，税收等优惠政策的制定、调整或取消等信息，要形成目录清单，并以适当形式及时、完整地向社会公开。建立举报制度，鼓励和引导各方力量对违法违规制定实施税收等优惠政策行为进行监督。

（四）强化责任追究机制。建立定期检查和问责制度，监察部、财政部、审计署、税务总局等部门要按照职责分工，及时查处并纠正各类违法违规制定税收等优惠政策行为。自本通知印发之日起，对违反规定出台或继续实施税收等优惠政策的地区和部门，要依法依规追究政府和部门主要负责人和政策制定部门、政策执行部门主要负责人的责任，并给予相应纪律处分；中央财政按照税收等优惠额度的一定比例扣减对该地区的税收返还或转移支付。

六、健全保障措施

（一）加强组织领导。建立由财政部牵头的清理税收等优惠政策部际联席会议制度，具体负责政策指导和统筹协调，加强监督检查和跟踪落实，研究解决重大问题，重大事项及时报告国务院。省、市、县级人民政府要建立由财政部门牵头、相关部门配合的清理税收等优惠政策工作机制，组织实施本地区的清理规范工作。

（二）完善相关政策。在扎实开展清理规范工作的同时，各地区、各部门要按照党中央、国务院的统一部署，认真落实国家统一制定的税收等优惠政策，大力培育新兴产业，积极支持小微企业加快发展，进一步完善社会保险、社会救助和社会福利制度，加大对城乡低收入群体的保障力度，努力促进就业和基本公共服务均等化。

（三）加强舆论引导。各地区、各部门和有关新闻单位要通过政府或部门网站、广播电视、平面媒体等渠道，加强政策宣传解读，及时发布信息，统一思想、凝聚共识，营造良好的舆论氛围。

规范税收等优惠政策工作事关全局，政策性强，涉及面广。各地区、各部门要高度重视，牢固树立大局意识，加强领导、周密部署、及时督查，切实将规范税收等优惠政策工作抓实、抓好、抓出成效。

国务院

2014年11月27日

国务院印发关于深化中央财政科技计划（专项、基金等）管理改革方案的通知

国发〔2014〕64号

各省、自治区、直辖市人民政府，国务院各部委、各直属机构：

《关于深化中央财政科技计划（专项、基金等）管理改革的方案》已经党中央、国务院同意，现印发给你们，请认真贯彻执行。

国务院

2014年12月3日

关于深化中央财政科技计划（专项、基金等）管理改革的方案

科技计划（专项、基金等）是政府支持科技创新活动的重要方式。改革开放以来，我国先后设立了一批科技计划（专项、基金等），为增强国家科技实力、提高综合竞争力、支撑引领经济社会发展发挥了重要作用。但是，由于顶层设计、统筹协调、分类资助方式不够完善，现有各类科技计划（专项、基金等）存在着重复、分散、封闭、低效等现象，多头申报项目、资源配置“碎片化”等问题突出，不能完全适应实施创新驱动发展战略的要求。当前，全球科技革命和产业变革日益兴起，世界各主要国家都在调整完善科技创新战略和政策，我们必须立足国情，借鉴发达国家经验，通过深化改革着力解决存在的突出问题，推动以科技创新为核心的全面创新，尽快缩小我国与发达国家之间的差距。

为深入贯彻党的十八大和十八届二中、三中、四中全会精神，落实党中央、国务院决策部署，加快实施创新驱动发展战略，按照深化科技体制改革、财税体制改革的总体要求和《中共中央 国务院关于深化科技体制改革加快国家创新体系建设的意见》《国务院关于改进加强中央财政科研项目和资金管理的若干意见》（国发〔2014〕11号）精神，制订本方案。

一、总体目标和基本原则

（一）总体目标

强化顶层设计，打破条块分割，改革管理体制，统筹科技资源，加强部门功能性分工，建立公开统一的国家科技管理平台，构建总体布局合理、功能定位清晰、具有中国特色的科技计划（专项、基金等）体系，建立目标明确和绩效导向的管理制度，形成职责规范、科学高效、公开透明的组织管理机制，更加聚焦国家目标，更加符合科技创新规律，更加高效配置科技资源，更加强化科技与经济紧密结合，最大限度激发科研人员创新热情，充分发挥科技计划（专项、基金等）在提高社会生产力、增强综合国力、提升国际竞争力和保障国家安全中的战略支撑作用。

（二）基本原则

转变政府科技管理职能。政府各部门要简政放权，主要负责科技发展战略、规划、政策、布局、评估、监管，对中央财政各类科技计划（专项、基金等）实行统一管理，建立统一的评估监管体系，加强事中、事后的监督检查和责任倒查。政府各部门不再直接管理具体项目，充分发挥专家和专业机构在科技计划（专项、基金等）具体项目管理中的作用。

聚焦国家重大战略任务。面向世界科技前沿、面向国家重大需求、面向国民经济主战场，科学布局中央财政科技计划（专项、基金等），完善项目形成机制，优化资源配置，需求导向，分类指导，超前部署，瞄准突破口和主攻方向，加大财政投入，建立围绕重大任务推动科技创新的新机制。

促进科技与经济深度融合。加强科技与经济在规划、政策等方面的相互衔接。科技计划（专项、基金等）要围绕产业链部署创新链，围绕创新链完善资金链，统筹衔接基础研究、应用开发、成果转化、产业发展等各环节工作，更加主动有效地服务于经济结构调整和提质增效升级，建设具有核心竞争力的创新型经济。

明晰政府与市场的关系。政府重点支持市场不能有效配置资源的基础前沿、社会公益、重大共性关键技术研究等公共科技活动，积极营造激励创新的环境，解决好“越位”和“缺位”问题。发挥好市场配置技术创新资源的决定性作用和企业技术创新主体作用，突出成果导向，以税收优惠、政府采购等普惠性政策和引导性为主的方式支持企业技术创新和科技成果转化活动。

坚持公开透明和社会监督。科技计划（专项、基金等）项目全部纳入统一的国家科技管理信息系统和国家科技报告系统，加强项目实施全过程的信息公开和痕迹管理。除涉密项目外，所有信息向社会公开，接受社会监督。营造遵循科学规律、鼓励探索、宽容失败的氛围。

二、建立公开统一的国家科技管理平台

（一）建立部际联席会议制度

建立由科技部牵头，财政部、发展改革委等相关部门参加的科技计划（专项、基金等）管理部际联席会议（以下简称联席会议）制度，制定

议事规则，负责审议科技发展战略规划、科技计划（专项、基金等）的布局与设置、重点任务和指南、战略咨询与综合评审委员会的组成、专业机构的遴选择优等事项。在此基础上，财政部按照预算管理的有关规定统筹配置科技计划（专项、基金等）预算。各相关部门做好产业和行业政策、规划、标准与科研工作的衔接，充分发挥在提出基础前沿、社会公益、重大共性关键技术需求，以及任务组织实施和科技成果转化推广应用中的积极作用。科技发展战略规划、科技计划（专项、基金等）布局和重点专项设置等重大事项，经国家科技体制改革和创新体系建设领导小组审议后，按程序报国务院，特别重大事项报党中央。

（二）依托专业机构管理项目

将现有具备条件的科研管理类事业单位等改造成规范化的项目管理专业机构，由专业机构通过统一的国家科技管理信息系统受理各方面提出的项目申请，组织项目评审、立项、过程管理和结题验收等，对实现任务目标负责。加快制定专业机构管理制度和标准，明确规定专业机构应当具备相关科技领域的项目管理能力，建立完善的法人治理结构，设立理事会、监事会，制定章程，按照联席会议确定的任务，接受委托，开展工作。加强对专业机构的监督、评价和动态调整，确保其按照委托协议的要求和相关制度的规定进行项目管理工作。项目评审专家应当从国家科技项目评审专家库中选取。鼓励具备条件的社会化科技服务机构参与竞争，推进专业机构的市场化和社会化。

（三）发挥战略咨询与综合评审委员会的作用

战略咨询与综合评审委员会由科技界、产业界和经济界的高层次专家组成，对科技发展战略规划、科技计划（专项、基金等）布局、重点专项设置和任务分解等提出咨询意见，为联席会议提供决策参考；对制定统一的项目评审规则、建设国家科技项目评审专家库、规范专业机构的项目评审等工作，提出意见和建议；接受联席会议委托，对特别重大的科技项目组织开展评审。战略咨询与综合评审委员会要与学术咨询机构、协会、学会等开展有效合作，不断提高咨询意见的质量。

（四）建立统一的评估和监管机制

科技部、财政部要对科技计划（专项、基金等）的实施绩效、战略咨询与综合评审委员会和专业机构的履职尽责情况等统一组织评估评价和监督检查，进一步完善科研信用体系建设，实行“黑名单”制度和责任倒查机制。对科技计划（专项、基金等）的绩效评估通过公开竞争等方式择优委托第三方机构开展，评估结果作为中央财政予以支持的重要依据。各有关部门要加强对所属单位承担科技计划（专项、基金等）任务和资金使用情况的日常管理和监督。建立科研成果评价监督制度，强化责任；加强对财政科技资金管理使用的审计监督，对发现的违法违规行为要坚决予以查处，查处结果向社会公开，发挥警示教育作用。

（五）建立动态调整机制

科技部、财政部要根据绩效评估和监督检查结果以及相关部门的建议，提出科技计划（专项、基金等）动态调整意见。完成预期目标或达到设定时限的，应当自动终止；确有必要延续实施的，或新设立科技计划（专项、基金等）以及重点专项的，由科技部、财政部会同有关部门组织论证，提出建议。上述意见和建议经联席会议审议后，按程序报批。

（六）完善国家科技管理信息系统

要通过统一的信息系统，对科技计划（专项、基金等）的需求征集、指南发布、项目申报、立项和预算安排、监督检查、结题验收等全过程进行信息管理，并主动向社会公开非涉密信息，接受公众监督。分散在各相关部门、尚未纳入国家科技管理信息系统的项目信息要尽快纳入，已结题的项目要及时纳入统一的国家科技报告系统。未按规定提交并纳入的，不得申请中央财政资助的科技计划（专项、基金等）项目。

三、优化科技计划（专项、基金等）布局

根据国家战略需求、政府科技管理职能和科技创新规律，将中央各部门管理的科技计划（专项、基金等）整合形成五类科技计划（专项、基金等）。

（一）国家自然科学基金

资助基础研究和科学前沿探索，支持人才和团队建设，增强源头创新能力。

（二）国家科技重大专项

聚焦国家重大战略产品和重大产业化目标，

发挥举国体制的优势，在设定时限内进行集成式协同攻关。

（三）国家重点研发计划

针对事关国计民生的农业、能源资源、生态环境、健康等领域中需要长期演进的重大社会公益性研究，以及事关产业核心竞争力、整体自主创新能力和国家安全的战略性、基础性、前瞻性重大科学问题、重大共性关键技术和产品、重大国际科技合作，按照重点专项组织实施，加强跨部门、跨行业、跨区域研发布局和协同创新，为国民经济和社会发展主要领域提供持续性的支撑和引领。

（四）技术创新引导专项（基金）

通过风险补偿、后补助、创投引导等方式发挥财政资金的杠杆作用，运用市场机制引导和支持技术创新活动，促进科技成果转移转化和资本化、产业化。

（五）基地和人才专项

优化布局，支持科技创新基地建设和能力提升，促进科技资源开放共享，支持创新人才和优秀团队的科研工作，提高我国科技创新的条件保障能力。

上述五类科技计划（专项、基金等）要全部纳入统一的国家科技管理平台管理，加强项目查重，避免重复申报和重复资助。中央财政要加大对科技计划（专项、基金等）的支持力度，加强对中央级科研机构和高校自主开展科研活动的稳定支持。

四、整合现有科技计划（专项、基金等）

本次优化整合工作针对所有实行公开竞争方式的科技计划（专项、基金等），不包括对中央级科研机构和高校实行稳定支持的专项资金。通过撤、并、转等方式按照新的五个类别对现有科技计划（专项、基金等）进行整合，大幅减少科技计划（专项、基金等）数量。

（一）整合形成国家重点研发计划

聚焦国家重大战略任务，遵循研发和创新活动的规律和特点，将科技部管理的国家重点基础研究发展计划、国家高技术研究发展计划、国家科技支撑计划、国际科技合作与交流专项，发展改革委、工业和信息化部管理的产业技术研究与开发资金，有关部门管理的公益性行业科研专项等，进行整合归并，形成一个国家重点研发计划。该计划根据国民经济和社会发展重大需求及科技发展优先领域，凝练形成若干目标明确、边界清晰的重点专项，从基础前沿、重大共性关键技术到应用示范进行全链条创新设计，一体化组织实施。

（二）分类整合技术创新引导专项（基金）

按照企业技术创新活动不同阶段的需求，对发展改革委、财政部管理的新兴产业创投基金，科技部管理的政策引导类计划、科技成果转化引导基金，财政部、科技部、工业和信息化部、商务部共同管理的中小企业发展专项资金中支持科技创新的部分，以及其他引导支持企业技术创新的专项资金（基金），进一步明确功能定位并进行分类整合，避免交叉重复，并切实发挥杠杆作用，通过市场机制引导社会资金和金融资本进入技术创新领域，形成天使投资、创业投资、风险补偿等政府引导的支持方式。政府要通过间接措施加大支持力度，落实和完善税收优惠、政府采购等支持科技创新的普惠性政策，激励企业加大自身的科技投入，真正发展成为技术创新的主体。

（三）调整优化基地和人才专项

对科技部管理的国家（重点）实验室、国家工程技术研究中心、科技基础条件平台，发展改革委管理的国家工程实验室、国家工程研究中心等合理归并，进一步优化布局，按功能定位分类整合，完善评价机制，加强与国家重大科技基础设施的相互衔接。提高高校、科研院所科研设施开放共享程度，盘活存量资源，鼓励国家科技基础条件平台对外开放共享和提供技术服务，促进国家重大科研基础设施和大型科研仪器向社会开放，实现跨机构、跨地区的开放运行和共享。相关人才计划要加强顶层设计和相互之间的衔接。在此基础上调整相关财政专项资金。

（四）国家科技重大专项

要坚持有所为有所不为，加大聚焦调整力度，准确把握技术路线和方向，更加聚焦产品目标和产业化目标，进一步改进和强化组织推进机制，控制专项数量，集中力量办大事。更加注重与其他科技计划（专项、基金等）的分工与衔接，避免重复部署、重复投入。

（五）国家自然科学基金

要聚焦基础研究和科学前沿，注重交叉学科，培育优秀科研人才和团队，加大资助力度，向国家重点研究领域输送创新知识和人才团队。

（六）支持某一产业或领域发展的专项资金

要进一步聚焦产业和领域发展，其中有关支持技术研发的内容，要纳入优化整合后的国家科技计划（专项、基金等）体系，根据产业和领域发展需求，由中央财政科技预算统筹支持。

通过国有资本经营预算、政府性基金预算安排的支持科技创新的资金，要逐步纳入中央公共财政预算统筹安排，支持科技创新。

五、方案实施进度和工作要求

（一）明确时间节点，积极稳妥推进实施

优化整合工作按照整体设计、试点先行、逐步推进的原则开展。

2014年，启动国家科技管理平台建设，初步建成中央财政科研项目数据库，基本建成国家科技报告系统，在完善跨部门查重机制的基础上，选择若干具备条件的科技计划（专项、基金等）按照新的五个类别进行优化整合，并在关系国计民生和未来发展的重点领域先行组织5～10个重点专项进行试点，在2015年财政预算中体现。

2015—2016年，按照创新驱动发展战略顶层设计的要求和“十三五”科技发展的重点任务，推进各类科技计划（专项、基金等）的优化整合，对原由国务院批准设立的科技计划（专项、资金等），报经国务院批准后实施，基本完成科技计划（专项、基金等）按照新的五个类别进行优化整合的工作，改革形成新的管理机制和组织实施方式；基本建成公开统一的国家科技管理平台，实现科技计划（专项、基金等）安排和预算配置的统筹协调，建成统一的国家科技管理信息系统，向社会开放。

2017年，经过三年的改革过渡期，全面按照优化整合后的五类科技计划（专项、基金等）运行，不再保留优化整合之前的科技计划（专项、基金等）经费渠道，并在实践中不断深化改革，修订或制定科技计划（专项、基金等）和资金管理制度，营造良好的创新环境。各项目承担单位和专业机构建立健全内控制度，依法合规开展科研活动和管理业务。

（二）统一思想，狠抓落实，确保改革取得实效

科技计划（专项、基金等）管理改革工作是实施创新驱动发展战略、深化科技体制改革的突破口，任务重，难度大。科技部、财政部要发挥好统筹协调作用，率先改革，做出表率，加强与有关部门的沟通协商。各有关部门要统一思想，强化大局意识、责任意识，积极配合，主动改革，以“钉钉子”的精神共同做好本方案的落实工作。

（三）协同推进相关工作

加快事业单位科技成果使用、处置和收益管理改革，推进促进科技成果转化法修订，完善科技成果转化激励机制；加强科技政策与财税、金融、经济、政府采购、考核等政策的相互衔接，落实好研发费用加计扣除等激励创新的普惠性税收政策；加快推进科研事业单位分类改革和收入分配制度改革，完善科研人员评价制度，创造鼓励潜心科研的环境条件；促进科技和金融结合，推动符合科技创新特点的金融产品创新；将技术标准纳入产业和经济政策中，对产业结构调整和经济转型升级形成创新的倒逼机制；将科技创新活动政府采购纳入科技计划，积极利用首购、订购等政府采购政策扶持科技创新产品的推广应用；积极推动军工和民口科技资源的互动共享，促进军民融合式发展。

各省（区、市）要按照本方案精神，统筹考虑国家科技发展战略和本地实际，深化地方科技计划（专项、基金等）管理改革，优化整合资源，提高资金使用效益，为地方经济和社会发展提供强大的科技支撑。

国务院关于改革和完善中央对地方转移支付制度的意见

国发〔2014〕71号

各省、自治区、直辖市人民政府，国务院各部委、各直属机构：

财政转移支付制度是现代财政制度的重要内容，是政府管理的重要手段。根据党的十八届三

中全会精神和《国务院关于深化预算管理制度改革的决定》（国发〔2014〕45号）要求，现就改革和完善中央对地方转移支付制度提出如下意见：

一、改革和完善中央对地方转移支付制度的必要性

1994年实行分税制财政管理体制以来，我国逐步建立了符合社会主义市场经济体制基本要求的财政转移支付制度。中央财政集中的财力主要用于增加对地方特别是中西部地区的转移支付，转移支付规模不断扩大，有力促进了地区间基本公共服务的均等化，推动了国家宏观调控政策目标的贯彻落实，保障和改善了民生，支持了经济社会持续健康发展。但与建立现代财政制度的要求相比，现行中央对地方转移支付制度存在的问题和不足也日益凸显，突出表现在：受中央和地方事权和支出责任划分不清晰的影响，转移支付结构不够合理；一般性转移支付项目种类多、目标多元，均等化功能弱化；专项转移支付涉及领域过宽，分配使用不够科学；一些项目行政审批色彩较重，与简政放权改革的要求不符；地方配套压力较大，财政统筹能力较弱；转移支付管理漏洞较多、信息不够公开透明等。对上述问题，有必要通过深化改革和完善制度，尽快加以解决。

二、总体要求

（一）指导思想

全面贯彻落实党的十八大和十八届二中、三中、四中全会精神，按照党中央、国务院的决策部署和新修订的预算法有关规定，围绕建立现代财政制度，以推进地区间基本公共服务均等化为主要目标，以一般性转移支付为主体，完善一般性转移支付增长机制，清理、整合、规范专项转移支付，严肃财经纪律，加强转移支付管理，充分发挥中央和地方两个积极性，促进经济社会持续健康发展。

（二）基本原则

加强顶层设计，做好分步实施。坚持问题导向，借鉴国际经验，注重顶层设计，使转移支付制度与事权和支出责任划分相衔接，增强改革的整体性和系统性；同时充分考虑实际情况，逐步推进转移支付制度改革，先行解决紧迫问题和有关方面认识比较一致的问题。

合理划分事权，明确支出责任。合理划分中央事权、中央地方共同事权和地方事权，强化中央在国防、外交、国家安全、全国统一市场等领域的职责，强化省级政府统筹推进区域内基本公共服务均等化的职责，建立事权与支出责任相适应的制度。

清理整合规范，增强统筹能力。在完善一般性转移支付制度的同时，着力清理、整合、规范专项转移支付，严格控制专项转移支付项目和资金规模，增强地方财政的统筹能力。

市场调节为主，促进公平竞争。妥善处理政府与市场的关系，使市场在资源配置中起决定性作用，逐步减少竞争性领域投入专项，市场竞争机制能够有效调节的事项原则上不得新设专项转移支付，维护公平竞争的市场环境。

规范资金管理，提高资金效率。既要严格转移支付资金管理，规范分配使用，加强指导和监督，做到公平、公开、公正；又要加快资金拨付，避免大量结转结余，注重提高资金使用效率。

三、优化转移支付结构

合理划分中央和地方事权与支出责任，逐步推进转移支付制度改革，形成以均衡地区间基本财力、由地方政府统筹安排使用的一般性转移支付为主体，一般性转移支付和专项转移支付相结合的转移支付制度。属于中央事权的，由中央全额承担支出责任，原则上应通过中央本级支出安排，由中央直接实施；随着中央委托事权和支出责任的上收，应提高中央直接履行事权安排支出的比重，相应减少委托地方实施的专项转移支付。属于中央地方共同事权的，由中央和地方共同分担支出责任，中央分担部分通过专项转移支付委托地方实施。属于地方事权的，由地方承担支出责任，中央主要通过一般性转移支付给予支持，少量的引导类、救济类、应急类事务通过专项转移支付予以支持，以实现特定政策目标。

四、完善一般性转移支付制度

（一）清理整合一般性转移支付。逐步将一般性转移支付中属于中央委托事权或中央地方共同事权的项目转列专项转移支付，属于地方事权的项目归并到均衡性转移支付，建立以均衡性转移支付为主体、以老少边穷地区转移支付为补充并辅以少量体制结算补助的一般性转移支付体系。

（二）建立一般性转移支付稳定增长机制。增加一般性转移支付规模和比例，逐步将一般性转移支付占比提高到60%以上。改变均衡性转移支付与所得税增量挂钩的方式，确保均衡性转移支付增幅高于转移支付的总体增幅。大幅度增加对老少边穷地区的转移支付。中央出台增支政策形成的地方财力缺口，原则上通过一般性转移支付调节。

（三）加强一般性转移支付管理。一般性转移支付按照国务院规定的基本标准和计算方法编制。科学设置均衡性转移支付测算因素、权重，充分考虑老少边穷地区底子薄、发展慢的特殊情况，真实反映各地的支出成本差异，建立财政转移支付同农业转移人口市民化挂钩机制，促进地区间基本公共服务均等化。规范老少边穷地区转移支付分配，促进区域协调发展。建立激励约束机制，采取适当奖惩等方式，引导地方将一般性转移支付资金投入到民生等中央确定的重点领域。

五、从严控制专项转移支付

（一）清理整合专项转移支付。清理整合要充分考虑公共服务提供的有效性、受益范围的外部性、信息获取的及时性和便利性，以及地方自主性、积极性等因素。取消专项转移支付中政策到期、政策调整、绩效低下等已无必要继续实施的项目。属于中央委托事权的项目，可由中央直接实施的，原则上调整列入中央本级支出。属于地方事权的项目，划入一般性转移支付。确需保留的中央地方共同事权项目，以及少量的中央委托事权项目及引导类、救济类、应急类项目，要建立健全定期评估和退出机制，对其中目标接近、资金投入方向类同、资金管理方式相近的项目予以整合，严格控制同一方向或领域的专项数量。

（二）逐步改变以收定支专项管理办法。结合税费制度改革，完善相关法律法规，逐步取消城市维护建设税、排污费、探矿权和采矿权价款、矿产资源补偿费等专款专用的规定，统筹安排这些领域的经费。

（三）严格控制新设专项。专项转移支付项目应当依据法律、行政法规和国务院的规定设立。新设立的专项应有明确的政策依据、政策目标、资金需求、资金用途、主管部门和职责分工。

（四）规范专项资金管理办法。做到每一个专项转移支付都有且只有一个资金管理办法。对一个专项有多个资金管理办法的，要进行整合归并，不得变相增设专项。资金管理办法要明确政策目标、部门职责分工、资金补助对象、资金使用范围、资金分配办法等内容，逐步达到分配主体统一、分配办法一致、申报审批程序唯一等要求。需要发布项目申报指南的，应在资金管理办法中进行明确。补助对象应按照政策目标设定，并按政府机构、事业单位、个人、企业等进行分类，便于监督检查和绩效评价。

六、规范专项转移支付分配和使用

（一）规范资金分配。专项转移支付应当分地区、分项目编制。严格资金分配主体，明确部门职责，社会团体、行业协会、企事业单位等非行政机关不得负责资金分配。专项转移支付可以采取项目法或因素法进行分配。对用于国家重大工程、跨地区跨流域的投资项目以及外部性强的重点项目，主要采取项目法分配，实施项目库管理，明确项目申报主体、申报范围和申报条件，规范项目申报流程，发挥专业组织和专家的作用，完善监督制衡机制。对具有地域管理信息优势的项目，主要采取因素法分配，选取客观因素，确定合理权重，按照科学规范的分配公式切块下达省级财政，并指导其制定资金管理办法实施细则，按规定层层分解下达到补助对象，做到既要调动地方积极性，又要保证项目顺利实施。对关系群众切身利益的专项，可改变行政性分配方式，逐步推动建立政府引导、社会组织评价、群众参与的分配机制。

（二）取消地方资金配套要求。除按照国务院规定应当由中央和地方共同承担的事项外，中央在安排专项转移支付时，不得要求地方政府承担配套资金。由中央和地方共同承担的事项，要依据公益性、外部性等因素明确分担标准或比例。在此基础上，根据各地财政状况，同一专项对不同地区可采取有区别的分担比例，但不同专项对同一地区的分担比例应逐步统一规范。

（三）严格资金使用。除中央委托事项外，专项转移支付一律不得用于财政补助单位人员经费和运转经费，以及楼堂馆所等国务院明令禁止的相关项目建设。加强对专项资金分配使用的全过程监控和检查力度，建立健全信息反馈、责任追究和奖惩机制，重点解决资金管理“最后一公里”问题。

七、逐步取消竞争性领域专项转移支付

（一）取消部分竞争性领域专项。凡属“小、散、乱”，效用不明显以及市场竞争机制能够有效调节的专项应坚决取消；对因价格改革、宏观调控等而配套出台的竞争性领域专项，应明确执行期限，并在后期逐步退出，到期取消。

（二）研究用税收优惠政策替代部分竞争性领域专项。加强竞争性领域专项与税收优惠政策的协调，可以通过税收优惠政策取得类似或更好政策效果的，应尽量采用税收优惠政策，相应取消竞争性领域专项。税收优惠政策应由专门税收法律法规或国务院规定。

（三）探索实行基金管理等市场化运作模式。对保留的具有一定外部性的竞争性领域专项，应控制资金规模，突出保障重点，逐步改变行政性分配方式，主要采取基金管理等市场化运作模式，逐步与金融资本相结合，发挥撬动社会资本的杠杆作用。基金可以采取中央直接设立的方式，也可以采取中央安排专项转移支付支持地方设立的方式；可以新设基金，也可以扶持已有的对市场有重大影响的基金。基金主要采取创业投资引导基金、产业投资基金等模式。基金设立应报经同级人民政府批准，应有章程、目标、期限及指定投资领域，委托市场化运作的专业团队管理，重在引导、培育和发展市场，鼓励创新创业。基金应设定规模上限，达到上限时，根据政策评估决定是否进一步增资。少数不适合实行基金管理模式的，也应在事前明确补助机制的前提下，事中或事后采取贴息、先建后补、以奖代补、保险保费补贴、担保补贴等补助方式，防止出现补助机制模糊、难以落实或套取补助资金等问题。

八、强化转移支付预算管理

（一）及时下达预算。加强与地方预算管理的衔接，中央应当将对地方的转移支付预计数提前下达地方，地方应当将其编入本级预算。除据实结算等特殊项目可以分期下达预算或者先预付后结算外，中央对地方一般性转移支付在全国人大批准预算后30日内下达，专项转移支付在90日内下达。省级政府接到中央转移支付后，应在30日内正式下达到本行政区域县级以上各级政府。中央下达的财政转移支付必须纳入地方政府预算管理，按规定向同级人大或其常委会报告。

（二）推进信息公开。中央对地方转移支付预算安排及执行情况在全国人大批准后20日内由财政部向社会公开，并对重要事项做出说明。主动向社会公开一般性转移支付和专项转移支付的具体项目、规模、管理办法和分配结果等。

（三）做好绩效评价。完善转移支付绩效评价制度，科学设置绩效评价机制，合理确定绩效目标，有效开展绩效评价，提高绩效评价结果的可信度，并将绩效评价结果同预算安排有机结合。逐步创造条件向社会公开绩效评价结果。

（四）加强政府性基金预算和一般公共预算的统筹力度。政府性基金预算安排支出的项目，一般公共预算可不再安排或减少安排。政府性基金预算和一般公共预算同时安排的专项转移支付，在具体管理中应作为一个专项，制定统一的资金管理办法，实行统一的资金分配方式。

（五）将一般性转移支付纳入重点支出统计范围。大幅度增加一般性转移支付后，中央财政对相关重点领域的直接投入相应减少。由于中央对地方税收返还和转移支付最终形成地方财政支出，为满足统计需要，可将其按地方财政支出情况分解为对相关重点领域的投入。

九、调整优化中央基建投资专项

在保持中央基建投资合理规模的基础上，划清中央基建投资专项和其他财政专项转移支付的边界，合理划定主管部门职责权限，优化中央基建投资专项支出结构。逐步退出竞争性领域投入，对确需保留的投资专项，调整优化安排方向，探索采取基金管理等市场化运作模式，规范投资安排管理；规范安排对地方基本公共服务领域的投资补助，逐步减少对地方的小、散投资补助；逐步加大属于中央事权的项目投资，主要用于国家重大工程、跨地区跨流域的投资项目以及外部性强的重点项目。

十、完善省以下转移支付制度

省以下各级政府要比照中央对地方转移支付制度，改革和完善省以下转移支付制度。与省以下各级政府事权和支出责任划分相适应，优化各级政府转移支付结构。对上级政府下达的一般性转移支付，下级政府应采取有效措施，确保统筹用于相关重点支出；对上级政府下达的专项转移支付，下级政府可在不改变资金用途的基础上，发挥贴近基层的优势，结合本级安排的相关专项情况，加大整合力度，将支持方向相同、扶持领域相关的专项转移支付整合使用。

十一、加快转移支付立法和制度建设

为增强转移支付制度的规范性和权威性，为改革提供法律保障，需要加快转移支付立法，尽快研究制定转移支付条例，条件成熟时推动上升为法律。相关文件中涉及转移支付的规定，应当按照本意见进行修改完善。

十二、加强组织领导

改革和完善中央对地方转移支付制度是财税体制改革的重要组成部分，涉及面广、政策性强，利益调整大。各地区、各部门要高度重视，加强组织领导，确保相关改革工作顺利推进。要提高认识，把思想和行动统一到党中央、国务院决策部署上来。要加强沟通，凝聚各方共识，形成改革合力。要周密部署，加强督查，抓好落实，对违反预算法等法律法规规定的，严肃追究责任。

各地区、各部门要根据本意见要求，结合本地区、本部门实际调整完善管理体制，健全相关管理机构，制定完善配套措施，主动作为、勇于担当，积极研究解决工作中遇到的新情况、新问题。财政部要会同有关部门和地区及时总结经验，加强宣传引导，推动本意见确定的各项政策措施贯彻落实，重大事项及时向国务院报告。

国务院
2014 年 12 月 27 日

国家发展和改革委员会令

第 7 号

《中央预算内直接投资项目管理办法》业经国家发展和改革委员会主任办公会讨论通过，现予以发布，自 2014 年 3 月 1 日起施行。

主　任　**徐绍史**
2014 年 1 月 29 日

中央预算内直接投资项目管理办法

第一章　总　　则

第一条　为切实加强和进一步规范中央预算内直接投资项目管理，健全科学、民主的投资决策机制，提高投资效益，依据《国务院关于投资体制改革的决定》和有关法律法规，制定本办法。

第二条　本办法所称中央预算内直接投资项目（以下简称直接投资项目或者项目），是指国家发展改革委安排中央预算内投资建设的中央本级（包括中央部门及其派出机构、垂直管理单位、所属事业单位）非经营性固定资产投资项目。

党政机关办公楼建设项目按照党中央、国务院规定严格管理。

第三条　直接投资项目实行审批制，包括审批项目建议书、可行性研究报告、初步设计。情况特殊、影响重大的项目，需要审批开工报告。

国务院、国家发展改革委批准的专项规划中已经明确、前期工作深度达到项目建议书要求、建设内容简单、投资规模较小的项目，可以直接编报可行性研究报告，或者合并编报项目建议书。

第四条　申请安排中央预算内投资 3000 万元及以上的项目，以及需要跨地区、跨部门、跨领域统筹的项目，由国家发展改革委审批或者由国家发展改革委委托中央有关部门审批，其中特别重大项目由国家发展改革委核报国务院批准；其余项目按照隶属关系，由中央有关部门审批后抄送国家发展改革委。

按照规定权限和程序批准的项目，国家发展改革委在编制年度计划时统筹安排中央预算内投资。

第五条　审批直接投资项目时，一般应当委托具备相应资质的工程咨询机构对项目建议书、可行性研究报告进行评估。特别重大的项目实行专家评议制度。

第六条　直接投资项目在可行性研究报告、

初步设计及投资概算的编制、审批以及建设过程中，应当符合国家有关建设标准和规范。

第七条 发展改革委与财政、城乡规划、国土资源、环境保护、金融监管、行业管理等部门建立联动机制，实现信息共享。

凡不涉及国家安全和国家秘密、法律法规未禁止公开的直接投资项目，审批部门应当按照政府信息公开的有关规定，将项目审批情况向社会公开。

第二章 项目决策

第八条 适宜编制规划的领域，国家发展改革委和中央有关部门应当编制专项规划。按照规定权限和程序批准的专项规划，是项目决策的重要依据。

第九条 国家发展改革委会同有关部门建立项目储备库，作为项目决策和年度计划安排的重要依据。

第十条 项目建议书要对项目建设的必要性、主要建设内容、拟建地点、拟建规模、投资匡算、资金筹措以及社会效益和经济效益等进行初步分析，并附相关文件资料。项目建议书的编制格式、内容和深度应当达到规定要求。

由国家发展改革委负责审批的项目，其项目建议书应当由具备相应资质的甲级工程咨询机构编制。

第十一条 项目建议书编制完成后，由项目单位按照规定程序报送项目审批部门审批。项目审批部门对符合有关规定、确有必要建设的项目，批准项目建议书，并将批复文件抄送城乡规划、国土资源、环境保护等部门。

项目审批部门可以在项目建议书批复文件中规定批复文件的有效期。

第十二条 项目单位依据项目建议书批复文件，组织开展可行性研究，并按照规定向城乡规划、国土资源、环境保护等部门申请办理规划选址、用地预审、环境影响评价等审批手续。

第十三条 项目审批部门在批准项目建议书之后，应当按照有关规定进行公示。公示期间征集到的主要意见和建议，作为编制和审批项目可行性研究报告的重要参考。

第十四条 项目建议书批准后，项目单位应当委托工程咨询机构编制可行性研究报告，对项目在技术和经济上的可行性以及社会效益、节能、资源综合利用、生态环境影响、社会稳定风险等进行全面分析论证，落实各项建设和运行保障条件，并按照有关规定取得相关许可、审查意见。可行性研究报告的编制格式、内容和深度应当达到规定要求。

由国家发展改革委负责审批的项目，其可行性研究报告应当由具备相应资质的甲级工程咨询机构编制。

第十五条 项目可行性研究报告应当包含以下招标内容：

（一）项目的勘察、设计、施工、监理以及重要设备、材料等采购活动的具体招标范围（全部或者部分招标）。

（二）项目的勘察、设计、施工、监理以及重要设备、材料等采购活动拟采用的招标组织形式（委托招标或者自行招标）。按照有关规定拟自行招标的，应当按照国家有关规定提交书面材料。

（三）项目的勘察、设计、施工、监理以及重要设备、材料等采购活动拟采用的招标方式（公开招标或者邀请招标）。按照有关规定拟邀请招标的，应当按照国家有关规定提交书面材料。

第十六条 可行性研究报告编制完成后，由项目单位按照规定程序报送项目审批部门审批，并应当附以下文件：

（一）城乡规划行政主管部门出具的选址意见书；

（二）国土资源行政主管部门出具的用地预审意见；

（三）环境保护行政主管部门出具的环境影响评价审批文件；

（四）项目的节能评估报告书、节能评估报告表或者节能登记表（由中央有关部门审批的项目，须附国家发展改革委出具的节能审查意见）；

（五）根据有关规定应当提交的其他文件。

第十七条 项目审批部门对符合有关规定、具备建设条件的项目，批准可行性研究报告，并将批复文件抄送城乡规划、国土资源、环境保护等部门。

项目审批部门可以在可行性研究报告批复文

件中规定批复文件的有效期。

对于情况特殊、影响重大的项目，需要审批开工报告的，应当在可行性研究报告批复文件中予以明确。

第十八条 经批准的可行性研究报告是确定建设项目的依据。项目单位可以依据可行性研究报告批复文件，按照规定向城乡规划、国土资源等部门申请办理规划许可、正式用地手续等，并委托具有相应资质的设计单位进行初步设计。

第十九条 初步设计应当符合国家有关规定和可行性研究报告批复文件的有关要求，明确各单项工程或者单位工程的建设内容、建设规模、建设标准、用地规模、主要材料、设备规格和技术参数等设计方案，并据此编制投资概算。投资概算应当包括国家规定的项目建设所需的全部费用。

由国家发展改革委负责审批的项目，其初步设计应当由具备相应资质的甲级设计单位编制。

第二十条 投资概算超过可行性研究报告批准的投资估算百分之十的，或者项目单位、建设性质、建设地点、建设规模、技术方案等发生重大变更的，项目单位应当报告项目审批部门。项目审批部门可以要求项目单位重新组织编制和报批可行性研究报告。

第二十一条 初步设计编制完成后，由项目单位按照规定程序报送项目审批部门审批。法律法规对直接投资项目的初步设计审批权限另有规定的，从其规定。

对于由国家发展改革委审批项目建议书、可行性研究报告的项目，其初步设计经中央有关部门审核后，由国家发展改革委审批或者经国家发展改革委核定投资概算后由中央有关部门审批。

经批准的初步设计及投资概算应当作为项目建设实施和控制投资的依据。

第二十二条 直接投资项目应当符合规划、产业政策、环境保护、土地使用、节约能源、资源利用等方面的有关规定。

第三章 建设管理

第二十三条 对于项目单位缺乏相关专业技术人员和建设管理经验的直接投资项目，项目审批部门应当在批复可行性研究报告时要求实行代理建设制度（“代建制”），通过招标等方式选择具备工程项目管理资质的工程咨询机构，作为项目管理单位负责组织项目的建设实施。项目管理单位按照与项目单位签订的合同，承担项目建设实施的相关权利义务，严格执行项目的投资概算、质量标准和建设工期等要求，在项目竣工验收后将项目交付项目单位。

第二十四条 直接投资项目应当依法办理相关手续，在具备国家规定的各项开工条件后，方可开工建设。

对于按照可行性研究报告批复文件的规定需要审批开工报告的项目，应当在开工报告批准后方可开工建设。

第二十五条 直接投资项目的招标采购，按照招标投标法等有关法律法规规定办理。从事直接投资项目招标代理业务的招标代理机构，应当具备中央投资项目招标代理资格。

第二十六条 建立项目建设情况报告制度。项目单位应当按照规定向项目审批部门定期报告项目建设进展情况。

第二十七条 项目由于政策调整、价格上涨、地质条件发生重大变化等原因确需调整投资概算的，由项目单位提出调整方案，按照规定程序报原概算核定部门核定。概算调增幅度超过原批复概算百分之十的，概算核定部门原则上先商请审计机关进行审计，并依据审计结论进行概算调整。

第二十八条 建立健全直接投资项目的工程保险和工程担保制度，加强直接投资项目的风险管理。

第二十九条 直接投资项目应当遵守国家档案管理的有关规定，做好项目档案管理工作。项目档案验收不合格的，应当限期整改，经复查合格后，方可进行竣工验收。

第三十条 直接投资项目竣工后，应当按照规定编制竣工决算。项目竣工决算具体审查和审批办法，按照国家有关规定执行。

第三十一条 直接投资项目建成后，项目单位应当按照国家有关规定报请项目可行性研究报告审批部门组织竣工验收。

第三十二条 直接投资项目建成运行后，项目审批部门可以依据有关规定，组织具备相应资质的工程咨询机构，对照项目可行性研究报告批复文件及批准的可行性研究报告的主要内容开展项目后评价，必要时应当参照初步设计文件的相关内容进行对比分析，进一步加强和改进项目管理，不断提高决策水平和投资效益。

第四章 监督检查和法律责任

第三十三条 发展改革、财政、审计、监察和其他有关部门，依据职能分工，对直接投资项目进行监督检查。

第三十四条 国家发展改革委和有关部门应当依法接受单位、个人对直接投资项目在审批、建设过程中违法违规行为的投诉和举报，并按照有关规定进行查处。

第三十五条 项目审批部门和其他有关部门有下列行为之一的，责令限期改正，并对直接负责的主管人员和其他直接责任人员依法给予处分。

（一）违反本办法规定批准项目建议书、可行性研究报告、初步设计及核定投资概算的；

（二）强令或者授意项目单位违反本办法规定的；

（三）因故意或者重大过失造成重大损失或者严重损害公民、法人和其他组织合法权益的；

（四）其他违反本办法规定的行为。

第三十六条 国家机关及有关单位的工作人员在项目建设过程中滥用职权、玩忽职守、徇私舞弊、索贿受贿的，依法追究行政或者法律责任。

第三十七条 项目单位和项目管理单位有下列行为之一的，国家发展改革委和有关部门将其纳入不良信用记录，责令其限期整改、暂停项目建设或者暂停投资安排；对直接负责的主管人员和其他直接责任人员，依法追究行政或者法律责任。

（一）提供虚假情况骗取项目审批和中央预算内投资的；

（二）违反国家有关规定擅自开工建设的；

（三）未经批准擅自调整建设标准或者投资规模、改变建设地点或者建设内容的；

（四）转移、侵占或者挪用建设资金的；

（五）未及时办理竣工验收手续、未经竣工验收或者验收不合格即交付使用的；

（六）已经批准的项目，无正当理由未及时实施或者完成的；

（七）不按国家规定履行招标程序的；

（八）其他违反本办法规定的行为。

第三十八条 有关工程咨询机构或者设计单位在编制项目建议书、可行性研究报告、初步设计及投资概算以及开展咨询评估或者项目后评价时，弄虚作假或者咨询评估意见严重失实的，国家发展改革委和有关部门将其纳入不良信用记录，根据其情节轻重，依法给予警告、停业整顿、降低资质等级或者撤销资质等处罚；造成损失的，依法承担赔偿责任。相关责任人员涉嫌犯罪的，依法移送司法机关处理。

第三十九条 直接投资项目发生重大质量安全事故的，按照国家有关规定，由有关部门依法追究项目单位、项目管理单位和勘察设计、施工、监理、招标代理等单位以及相关人员的法律责任。

第五章 附　　则

第四十条 中央有关部门可以根据本办法的规定及职能分工，制定本部门的具体管理办法。省级发展改革部门可以参照本办法制定本地区的管理办法。

第四十一条 本办法由国家发展改革委负责解释。

第四十二条 本办法自 2014 年 3 月 1 日起施行。

财政部关于进一步加强财政支出预算执行管理的通知

财预〔2014〕85 号

党中央有关部门，国务院各部委、各直属机构，总后勤部、武警总部，全国人大常委会办公厅，全国政协办公厅，高法院，高检院，有关人民团体，各中央管理企业，各省、自治区、直辖市、计划单列市财政厅（局），新疆生产建设兵团财务局：

今年以来，我国经济开局平稳，经济运行继

续保持在合理区间。各地区、各部门认真贯彻政府工作报告和预算报告确定的政策措施，加强预算执行管理，取得了较好效果。但同时也应看到，当前国内外经济形势仍然错综复杂，经济增长下行压力依然存在，一些困难不容低估。预算执行中还存在部分支出进度较慢、预算资金大量结转、国库存款沉淀较多等问题。为了更好地促进经济结构调整，保障和改善民生，发挥财政对经济增长的拉动作用，现就进一步加强财政支出预算执行管理的有关事项通知如下：

一、加强支出预算管理

（一）加快下达年初预算。各级财政部门要按照规定时间及时下达转移支付预算。对上级财政提前下达的转移支付，本级财政要列入年初预算，并分解到本级有关部门和下级财政。除公共财政预算外，政府性基金预算、国有资本经营预算也要加快下达，社会保险基金预算要按有关规定执行。对于以收定支的支出项目，可采取提前下达、次年清算的方式，并及早开展项目准备，确保预算尽快执行。

（二）细化落实未分配到部门和下级财政的预算。对于年初没有落实到具体单位的本级代编预算、执行中上级下达的转移支付等财政资金，各级财政部门要会同有关部门结合经济和社会事业发展情况，抓紧落实到具体单位。本级代编预算要尽量在6月30日前分配下达；超过9月30日仍未落实到部门和单位且无正当理由的，除据实结算项目外，全部收回总预算。上级转移支付要在收到后30日内分解下达到本级有关部门和下级财政。对于执行中情况发生变化而无法执行的项目，以及无须再支出的据实结算项目，要及时收回总预算，重新安排用于经济社会发展亟须资金支持的领域。各地区、各部门要在依法合规、确保工程质量安全的前提下，加快基建工程及其支出进度，尽早形成实物工作量。

（三）用好以前年度结转资金。各地区、各部门在加快当年预算执行的同时，要加快以前年度结转资金执行进度。结转项目确需继续保留的，要及时下达至本级有关部门和下级财政。各级财政部门要定期对结转资金进行全面清理，将不再使用的结转资金及时收回总预算。建立健全预算编制与结转资金管理相衔接的约束机制，对结转资金常年居高不下、使用不力的部门，相应减少安排其预算。

二、加快资金支付进度

（一）做好支付前期准备。各部门和单位应根据工作和事业发展计划，做好预算执行的前期准备，特别是重大项目的准备工作。要根据年度预算安排和项目实施进度等情况，认真编制分月用款计划，及时提出支付申请。地方各级财政部门要会同有关部门做好转移支付资金拨付的前期准备，力争做到资金一旦下达，及时分配使用。

（二）加快资金审核支付。各级财政部门要加快资金审核和支付，内设相关机构要各司其职，各负其责。要认真审核各部门和单位的用款申请，对重点和大额支出项目，审核后要跟踪后续进展；要及时下达用款额度并办理资金支付，对基本支出按照年度均衡性原则支付，对项目支出按照项目实施进度和合同约定支付，对据实结算项目根据实际需要引入预拨和清算制度。

（三）规范财政专户管理。对于按有关规定从国库拨付到专项支出财政专户的资金，要采取措施加快形成实际支出，防止资金滞留专户。严禁违规将国库资金转入财政专户等“以拨代支”行为，确保国库资金安全。从2014年6月1日起，一律不再新设专项支出财政专户；目前已设立的专项支出财政专户要逐步取消，确需保留的经财政部审核后报国务院批准。

（四）加强暂付款和权责发生制核算管理。规范会计核算，全面清理已发生的财政借垫款。对符合制度规定的临时性借垫款，应及时收回核销；对符合制度规定应当在支出预算中安排的款项，按规定列入预算支出；对不符合制度规定的财政借垫款要限期收回。严格权责发生制核算范围，地方各级财政应按规定使用权责发生制，不得超范围列支。

三、做好支出预算执行分析评价

（一）加强预算执行分析。各部门要建立本部门预算执行分析制度，研究分析预算执行中存在的问题，对财政拨款规模较大的重点单位、重点项目要重点分析，加强对垂直管理下级单位的指导。各级财政部门要及时掌握预算执行动态，深入分析预算执行中反映出的各类问题，特别是要加强对预算收支执行、国库存款、结转结余、暂付暂存款和财政专户资金的分析，研究采取切实可行的操作管理办法，并要结合各地区、各部门预算执行和排名情况，提出具体工作目标和改进措施。

（二）健全考核机制。各部门要建立健全预算支出责任制度，明确考核指标。同一部门通过不同预算分别安排的支出，都要纳入执行进度考核范围。对于所属单位当年预算执行进度低于平均进度且无正当理由的，核减下一年该单位项目经费；对某一预算年度安排的项目支出连续两年未使用，或者连续三年仍未使用完形成的剩余资金，视同结余资金管理。各级财政部门要建立预算执行与预算编制挂钩制度，对本级部门和下一级地区的预算执行进度进行考核，建立以减少存量资金、提高资金使用效率为核心的预算执行考核评价体系，对于支出进度较低、存量资金数额较大的部门或地区，在安排下年预算和分配转移支付资金时，也要予以适当核减。

（三）加大问责力度。各级财政部门对于预算执行不力的本级部门和下一级地区，应采取通报、调研或约谈等方式，提出加快预算执行的建议，推动有关部门或地区查找原因并改进工作。上级财政部门要继续完善地方支出进度月度通报机制，对排名靠后的下一级财政部门，将支出进度情况通报同级政府分管财政工作的领导，下一级财政部门要撰写情况说明报送上级财政部门。

各地区、各部门要充分认识加强预算执行管理的重大意义，加强组织领导，坚持依法理财，提高财政资金使用效益，把预算执行工作抓紧抓实抓好。各级财政部门要协调把握财政支出及时性与均衡性的关系，避免月度间支出水平大起大落，有效发挥财政资金在稳增长、调结构、惠民生等方面的重要作用，确保完成全年经济社会发展预期目标。

财政部
2014 年 5 月 21 日

财政部关于完善政府预算体系有关问题的通知

财预〔2014〕368 号

党中央有关部门，国务院各部委、各直属机构，总后勤部、武警总部，全国人大常委会办公厅，全国政协办公厅，高法院，高检院，有关人民团体，各中央管理企业，各省、自治区、直辖市、计划单列市财政厅（局），新疆生产建设兵团财务局，中国人民银行上海总部、各分行、营业管理部、省会（首府）城市中心支行、大连、青岛、宁波、厦门、深圳市中心支行：

为贯彻落实新预算法和《国务院关于深化预算管理制度改革的决定》（国发〔2014〕45 号，以下简称《决定》），经国务院批准，现就完善政府预算体系有关问题通知如下：

一、充分认识完善政府预算体系的必要性

20 世纪 90 年代以来，我国政府预算体系不断拓展和完善，在一般公共预算基础上，先后建立了政府性基金预算、国有资本经营预算和社会保险基金预算，初步形成了由一般公共预算、政府性基金预算、国有资本经营预算和社会保险基金预算组成的政府预算体系。政府预算体系的建立健全，提高了政府预算编制的完整性，对加强政府预算管理、提高财政资金效益、增强财政预算透明度起到了积极作用。但与建立现代财政制度的要求相比，上述政府预算体系还存在定位不够清晰、分工不够明确，没有形成制度性的统筹协调机制等问题。为解决上述问题，《中华人民共和国预算法》规定：“一般公共预算、政府性基金预算、国有资本经营预算、社会保险基金预算应当保持完整、独立。政府性基金预算、国有资本经营预算、社会保险基金预算应当与一般公共预算相衔接”。《决定》进一步做出规定：“完善政府预算体系。明确一般公共预算、政府性基金预算、国有资本经营预算、社会保险基金预算的收支范围，建立定位清晰、分工明确的政府预算体系，政府的收入和支出全部纳入预算管理。

加大政府性基金预算、国有资本经营预算与一般公共预算的统筹力度，建立将政府性基金预算中应统筹使用的资金列入一般公共预算的机制，加大国有资本经营预算资金调入一般公共预算的力度。”各地区、各部门要充分认识完善政府预算体系的必要性和紧迫性，按照《中华人民共和国预算法》和《决定》的规定，加快完善政府预算体系。

二、完善政府预算体系的具体要求

（一）加大政府性基金预算与一般公共预算的统筹力度

1. 从2015年1月1日起，将政府性基金预算中用于提供基本公共服务以及主要用于人员和机构运转等方面的项目收支转列一般公共预算，具体包括地方教育附加、文化事业建设费、残疾人就业保障金、从地方土地出让收益计提的农田水利建设和教育资金、转让政府还贷道路收费权收入、育林基金、森林植被恢复费、水利建设基金、船舶港务费、长江口航道维护收入等11项基金。

2. 上述基金转列后，相应修订《2015年政府收支分类科目》，原政府性基金收支科目相应删除，在一般公共预算中单设相应收入科目，不再单设相应支出科目。调整情况详见附件。

3. 上述基金转列后，收入按照新的收入科目缴入国库，支出仍主要用于或专项用于安排相关支出，且收入规模增加的，支出规模原则上相应增加，有条件的地区要进一步加大对残疾人事业等领域的支持力度。上述基金以前年度结转结余资金2015年相应转列一般公共预算。

4. 对继续纳入政府性基金预算管理的支出，加大与一般公共预算支出的统筹安排使用。结合政府性基金预算安排情况，统筹安排一般公共预算相关支出项目。政府性基金预算安排支出的项目，一般公共预算可不再安排或减少安排。对一些一般公共预算和政府性基金预算都安排支出的项目，应制定统一的资金管理办法，实行统一的资金分配方式，避免交叉重复。盘活存量资金，将政府性基金项目中结转较多的资金，调入一般公共预算。

（二）加大国有资本经营预算与一般公共预算的统筹力度

1. 完善国有资本经营预算制度，提高国有资本收益上缴公共财政的比例。2020年提高到30%，更多用于保障和改善民生。

2. 加强国有资本经营预算支出与一般公共预算支出的统筹使用。国有资本经营预算支出范围除调入一般公共预算和补充社保基金外，限定用于解决国有企业历史遗留问题及相关改革成本支出、对国有企业的资本金注入及国有企业政策性补贴等方面。一般公共预算安排的用于这方面的资金逐步退出。

3. 进一步完善国有资本经营预算支出编制。细化预算编制，国有资本经营预算支出应编列到具体项目。中央国有企业需要通过国有资本经营预算安排的支出，由一级预算单位审核后报财政部，财政部审核后统筹提出资金安排使用方案，报国务院审批。以后结合国有资产管理体制改革，进一步完善国有资本经营预算编制程序。

（三）加强一般公共预算各项资金的统筹使用

结合税费制度改革，完善相关法律法规，逐步取消城市维护建设税、排污费、探矿权和采矿权价款、矿产资源补偿费等专款专用的规定，统筹安排这些领域的经费。

三、工作要求

完善政府预算体系是《中华人民共和国预算法》和《决定》的明确要求。各地区、各部门要统一思想、提高认识，以高度的责任感、使命感和改革创新精神，切实履行职责，加强协调配合，共同推进完善政府预算体系工作。要根据改革要求，抓紧修改相关财务预算管理制度，并做好与年度预算编制的衔接工作，确保改革措施落到实处。

财政部

2014年11月21日

附件：

政府收支分类科目修订前后对照表

一、收入分类科目

修订前					修订情况	修订后					
类	款	项	目	科目名称		类	款	项	目	科目名称	科目说明
103	01	14		转让政府还贷道路收费权收入	删除						
103	01	26		文化事业建设费收入	删除						
103	01	27		地方教育附加收入	删除						
103	01	35		育林基金收入	删除						
103	01	36		森林植被恢复费	删除						
103	01	37		中央水利建设基金收入	删除						
103	01	38		地方水利建设基金收入	删除						
103	01	42		残疾人就业保障金收入	删除						
103	01	48	04	教育资金收入	删除						
103	01	48	05	农田水利建设资金收入	删除						
103	01	60		船舶港务费	删除						
103	01	70		长江口航道维护收入	删除						
					新增	103	02	16		地方教育附加收入	地方收入科目。反映各省按规定征收的地方教育附加收入
					新增	103	02	17		文化事业建设费收入	中央与地方共用收入科目。反映按《文化事业建设费征收管理暂行办法》征收的文化事业建设费
					新增	103	02	18		残疾人就业保障金收入	地方收入科目。反映地方按照《残疾人就业保障金管理暂行规定》征收的残疾人就业保障金

续表

修订前					修订情况	修订后					
类	款	项	目	科目名称		类	款	项	目	科目名称	科目说明
					新增	103	02	20		农田水利建设资金收入	中央与地方共用收入科目。反映从土地出让收益中计提的农田水利建设资金
					新增	103	02	21		育林基金收入	中央与地方共用收入科目。反映林业部门从木材、竹材销售收入中按规定收取的育林专项资金
					新增	103	02	22		森林植被恢复费	中央与地方共用收入科目。反映林业部门按《森林植被恢复费征收使用管理暂行办法》征收的森林植被恢复费
					新增	103	02	23		水利建设专项收入	中央与地方共用收入科目。反映按《水利建设基金筹集和使用管理办法》等有关文件规定缴入国库的水利建设基金收入
					新增	103	04	42	19	船舶港务费	中央与地方共用收入科目。反映按《长江干线船舶港务费征收办法》规定收取的船舶港务费收入
					新增	103	04	42	20	长江口航道维护费	中央收入科目。反映交通运输部集中的航道维护收入
					新增	103	07	09		转让政府还贷道路收费权收入	地方收入科目。反映转让政府还贷公路和城市道路收费权收入

二、支出功能分类科目

修订前				修订情况	修订后
类	款	项	科目名称		
205	10		地方教育附加安排的支出	删除	
207	06		文化事业建设费安排的支出		
208	60		残疾人就业保障金支出		
212	08	08	反映从土地出让收益中计提的教育资金安排的支出		
212	08	12	农田水利建设资金安排的支出		
214	61		转让政府还贷道路收费权收入安排的支出		
213	61		育林基金支出		
213	62		森林植被恢复费安排的支出		
213	63		中央水利建设基金支出		
213	64		地方水利建设基金支出		
214	01	90	船舶港务费安排的支出		
214	01	91	长江口航道维护支出		

财政部关于印发《政府和社会资本合作项目政府采购管理办法》的通知

财库〔2014〕215号

党中央有关部门，国务院各部委、各直属机构，全国人大常委会办公厅，全国政协办公厅，高法院，高检院，有关人民团体，各省、自治区、直辖市、计划单列市财政厅（局），新疆生产建设兵团财务局，各集中采购机构：

为了贯彻落实《国务院关于创新重点领域投融资机制鼓励社会投资的指导意见》（国发〔2014〕60号），推广政府和社会资本合作（PPP）模式，规范PPP项目政府采购行为，根据《中华人民共和国政府采购法》和有关法律法规，财政部制定了《政府和社会资本合作项目政府采购管理办法》。现印发给你们，请遵照执行。

附件：政府和社会资本合作项目政府采购管理办法

财政部

2014年12月31日

附件：

政府和社会资本合作项目政府采购管理办法

第一章　总　　则

第一条　为了规范政府和社会资本合作项目政府采购（以下简称PPP项目采购）行为，维护国家利益、社会公共利益和政府采购当事人的合法权益，依据《中华人民共和国政府采购法》（以下简称政府采购法）和有关法律、行政法规、部门规章，制定本办法。

第二条 本办法所称PPP项目采购，是指政府为达成权利义务平衡、物有所值的PPP项目合同，遵循公开、公平、公正和诚实信用原则，按照相关法规要求完成PPP项目识别和准备等前期工作后，依法选择社会资本合作者的过程。PPP项目实施机构（采购人）在项目实施过程中选择合作社会资本（供应商），适用本办法。

第三条 PPP项目实施机构可以委托政府采购代理机构办理PPP项目采购事宜。PPP项目咨询服务机构从事PPP项目采购业务的，应当按照政府采购代理机构管理的有关要求及时进行网上登记。

第二章 采购程序

第四条 PPP项目采购方式包括公开招标、邀请招标、竞争性谈判、竞争性磋商和单一来源采购。项目实施机构应当根据PPP项目的采购需求特点，依法选择适当的采购方式。公开招标主要适用于采购需求中核心边界条件和技术经济参数明确、完整、符合国家法律法规及政府采购政策，且采购过程中不作更改的项目。

第五条 PPP项目采购应当实行资格预审。项目实施机构应当根据项目需要准备资格预审文件，发布资格预审公告，邀请社会资本和与其合作的金融机构参与资格预审，验证项目能否获得社会资本响应和实现充分竞争。

第六条 资格预审公告应当在省级以上人民政府财政部门指定的政府采购信息发布媒体上发布。资格预审合格的社会资本在签订PPP项目合同前资格发生变化的，应当通知项目实施机构。

资格预审公告应当包括项目授权主体、项目实施机构和项目名称、采购需求、对社会资本的资格要求、是否允许联合体参与采购活动、是否限定参与竞争的合格社会资本的数量及限定的方法和标准，以及社会资本提交资格预审申请文件的时间和地点。提交资格预审申请文件的时间自公告发布之日起不得少于15个工作日。

第七条 项目实施机构、采购代理机构应当成立评审小组，负责PPP项目采购的资格预审和评审工作。评审小组由项目实施机构代表和评审专家共5人以上单数组成，其中评审专家人数不得少于评审小组成员总数的2/3。评审专家可以由项目实施机构自行选定，但评审专家中至少应当包含1名财务专家和1名法律专家。项目实施机构代表不得以评审专家身份参加项目的评审。

第八条 项目有3家以上社会资本通过资格预审的，项目实施机构可以继续开展采购文件准备工作；项目通过资格预审的社会资本不足3家的，项目实施机构应当在调整资格预审公告内容后重新组织资格预审；项目经重新资格预审后合格社会资本仍不够3家的，可以依法变更采购方式。

资格预审结果应当告知所有参与资格预审的社会资本，并将资格预审的评审报告提交财政部门（政府和社会资本合作中心）备案。

第九条 项目采购文件应当包括采购邀请、竞争者须知（包括密封、签署、盖章要求等）、竞争者应当提供的资格、资信及业绩证明文件、采购方式、政府对项目实施机构的授权、实施方案的批复和项目相关审批文件、采购程序、响应文件编制要求、提交响应文件截止时间、开启时间及地点、保证金缴纳数额和形式、评审方法、评审标准、政府采购政策要求、PPP项目合同草案及其他法律文本、采购结果确认谈判中项目合同可变的细节，以及是否允许未参加资格预审的供应商参与竞争并进行资格后审等内容。项目采购文件中还应当明确项目合同必须报请本级人民政府审核同意，在获得同意前项目合同不得生效。

采用竞争性谈判或者竞争性磋商采购方式的，项目采购文件除上款规定的内容外，还应当明确评审小组根据与社会资本谈判情况可能实质性变动的内容，包括采购需求中的技术、服务要求以及项目合同草案条款。

第十条 项目实施机构应当在资格预审公告、采购公告、采购文件、项目合同中列明采购本国货物和服务、技术引进和转让等政策要求，以及对社会资本参与采购活动和履约保证的担保要求。

第十一条 项目实施机构应当组织社会资本进行现场考察或者召开采购前答疑会，但不得单独或者分别组织只有一个社会资本参加的现场考察和答疑会。项目实施机构可以视项目的具体情况，组织对符合条件的社会资本的资格条件进行考察核实。

第十二条 评审小组成员应当按照客观、公正、审慎的原则，根据资格预审公告和采购文件规定的程序、方法和标准进行资格预审和独立评审。已进行资格预审的，评审小组在评审阶段可以不再对社会资本进行资格审查。允许进行资格后审的，由评审小组在响应文件评审环节对社会资本进行资格审查。

评审小组成员应当在资格预审报告和评审报告上签字，对自己的评审意见承担法律责任。对资格预审报告或者评审报告有异议的，应当在报告上签署不同意见，并说明理由，否则视为同意资格预审报告和评审报告。

评审小组发现采购文件内容违反国家有关强制性规定的，应当停止评审并向项目实施机构说明情况。

第十三条 评审专家应当遵守评审工作纪律，不得泄露评审情况和评审中获悉的国家秘密、商业秘密。

评审小组在评审过程中发现社会资本有行贿、提供虚假材料或者串通等违法行为的，应当及时向财政部门报告。

评审专家在评审过程中受到非法干涉的，应当及时向财政、监察等部门举报。

第十四条 PPP 项目采购评审结束后，项目实施机构应当成立专门的采购结果确认谈判工作组，负责采购结果确认前的谈判和最终的采购结果确认工作。

采购结果确认谈判工作组成员及数量由项目实施机构确定，但应当至少包括财政预算管理部门、行业主管部门代表，以及财务、法律等方面的专家。涉及价格管理、环境保护的 PPP 项目，谈判工作组还应当包括价格管理、环境保护行政执法机关代表。评审小组成员可以作为采购结果确认谈判工作组成员参与采购结果确认谈判。

第十五条 采购结果确认谈判工作组应当按照评审报告推荐的候选社会资本排名，依次与候选社会资本及与其合作的金融机构就项目合同中可变的细节问题进行项目合同签署前的确认谈判，率先达成一致的候选社会资本即为预中标、成交社会资本。

第十六条 确认谈判不得涉及项目合同中不可谈判的核心条款，不得与排序在前但已终止谈判的社会资本进行重复谈判。

第十七条 项目实施机构应当在预中标、成交社会资本确定后 10 个工作日内，与预中标、成交社会资本签署确认谈判备忘录，并将预中标、成交结果和根据采购文件、响应文件及有关补遗文件和确认谈判备忘录拟定的项目合同文本在省级以上人民政府财政部门指定的政府采购信息发布媒体上进行公示，公示期不得少于 5 个工作日。项目合同文本应当将预中标、成交社会资本响应文件中的重要承诺和技术文件等作为附件。项目合同文本涉及国家秘密、商业秘密的内容可以不公示。

第十八条 项目实施机构应当在公示期满无异议后 2 个工作日内，将中标、成交结果在省级以上人民政府财政部门指定的政府采购信息发布媒体上进行公告，同时发出中标、成交通知书。

中标、成交结果公告内容应当包括：项目实施机构和采购代理机构的名称、地址和联系方式；项目名称和项目编号；中标或者成交社会资本的名称、地址、法人代表；中标或者成交标的名称、主要中标或者成交条件（包括但不限于合作期限、服务要求、项目概算、回报机制）等；评审小组和采购结果确认谈判工作组成员名单。

第十九条 项目实施机构应当在中标、成交通知书发出后 30 日内，与中标、成交社会资本签订经本级人民政府审核同意的 PPP 项目合同。

需要为 PPP 项目设立专门项目公司的，待项目公司成立后，由项目公司与项目实施机构重新签署 PPP 项目合同，或者签署关于继承 PPP 项目合同的补充合同。

第二十条 项目实施机构应当在 PPP 项目合同签订之日起 2 个工作日内，将 PPP 项目合同在省级以上人民政府财政部门指定的政府采购信息发布媒体上公告，但 PPP 项目合同中涉及国家秘密、商业秘密的内容除外。

第二十一条 项目实施机构应当在采购文件中要求社会资本缴纳参加采购活动的保证金和履约保证金。社会资本应当以支票、汇票、本票或者金融机构、担保机构出具的保函等非现金形式交纳保证金。参加采购活动的保证金数额不得超过项目预算金额的2%。履约保证金的数额不得超过PPP项目初始投资总额或者资产评估值的10%，无固定资产投资或者投资额不大的服务型PPP项目，履约保证金的数额不得超过平均6个月服务收入额。

第三章　争议处理和监督检查

第二十二条　参加PPP项目采购活动的社会资本对采购活动的询问、质疑和投诉，依照有关政府采购法律制度规定执行。

项目实施机构和中标、成交社会资本在PPP项目合同履行中发生争议且无法协商一致的，可以依法申请仲裁或者提起民事诉讼。

第二十三条　各级人民政府财政部门应当加强对PPP项目采购活动的监督检查，依法处理采购活动中的违法违规行为。

第二十四条　PPP项目采购有关单位和人员在采购活动中出现违法违规行为的，依照政府采购法及有关法律法规追究法律责任。

第四章　附　　则

第二十五条　本办法自发布之日起施行。

国家税务总局公告

2014年第67号

现将《股权转让所得个人所得税管理办法（试行）》予以发布，自2015年1月1日起施行。

特此公告。

国家税务总局
2014年12月7日

股权转让所得个人所得税管理办法（试行）

第一章　总　　则

第一条　为加强股权转让所得个人所得税征收管理，规范税务机关、纳税人和扣缴义务人征纳行为，维护纳税人合法权益，根据《中华人民共和国个人所得税法》及其实施条例、《中华人民共和国税收征收管理法》及其实施细则，制定本办法。

第二条　本办法所称股权是指自然人股东（以下简称个人）投资于在中国境内成立的企业或组织（以下统称被投资企业，不包括个人独资企业和合伙企业）的股权或股份。

第三条　本办法所称股权转让是指个人将股权转让给其他个人或法人的行为，包括以下情形：

（一）出售股权；

（二）公司回购股权；

（三）发行人首次公开发行新股时，被投资企业股东将其持有的股份以公开发行方式一并向投资者发售；

（四）股权被司法或行政机关强制过户；

（五）以股权对外投资或进行其他非货币性交易；

（六）以股权抵偿债务；

（七）其他股权转移行为。

第四条　个人转让股权，以股权转让收入减除股权原值和合理费用后的余额为应纳税所得额，按“财产转让所得”缴纳个人所得税。

合理费用是指股权转让时按照规定支付的有关税费。

第五条　个人股权转让所得个人所得税，以股权转让方为纳税人，以受让方为扣缴义务人。

第六条　扣缴义务人应于股权转让相关协议签订后5个工作日内，将股权转让的有关情况报告主管税务机关。

被投资企业应当详细记录股东持有本企业股权的相关成本，如实向税务机关提供与股权转让有关的信息，协助税务机关依法执行公务。

第二章　股权转让收入的确认

第七条　股权转让收入是指转让方因股权转让而获得的现金、实物、有价证券和其他形式的经济利益。

第八条　转让方取得与股权转让相关的各种款项，包括违约金、补偿金以及其他名目的款项、资产、权益等，均应当并入股权转让收入。

第九条　纳税人按照合同约定，在满足约定条件后取得的后续收入，应当作为股权转让收入。

第十条　股权转让收入应当按照公平交易原则确定。

第十一条　符合下列情形之一的，主管税务机关可以核定股权转让收入：

（一）申报的股权转让收入明显偏低且无正当理由的；

（二）未按照规定期限办理纳税申报，经税务机关责令限期申报，逾期仍不申报的；

（三）转让方无法提供或拒不提供股权转让收入的有关资料；

（四）其他应核定股权转让收入的情形。

第十二条　符合下列情形之一，视为股权转让收入明显偏低：

（一）申报的股权转让收入低于股权对应的净资产份额的。其中，被投资企业拥有土地使用权、房屋、房地产企业未销售房产、知识产权、探矿权、采矿权、股权等资产的，申报的股权转让收入低于股权对应的净资产公允价值份额的。

（二）申报的股权转让收入低于初始投资成本或低于取得该股权所支付的价款及相关税费的。

（三）申报的股权转让收入低于相同或类似条件下同一企业同一股东或其他股东股权转让收入的。

（四）申报的股权转让收入低于相同或类似条件下同类行业的企业股权转让收入的。

（五）不具合理性的无偿让渡股权或股份。

（六）主管税务机关认定的其他情形。

第十三条　符合下列条件之一的股权转让收入明显偏低，视为有正当理由：

（一）能出具有效文件，证明被投资企业因国家政策调整，生产经营受到重大影响，导致低价转让股权；

（二）继承或将股权转让给其能提供具有法律效力身份关系证明的配偶、父母、子女、祖父母、外祖父母、孙子女、外孙子女、兄弟姐妹以及对转让人承担直接抚养或者赡养义务的抚养人或者赡养人；

（三）相关法律、政府文件或企业章程规定，并有相关资料充分证明转让价格合理且真实的本企业员工持有的不能对外转让股权的内部转让；

（四）股权转让双方能够提供有效证据证明其合理性的其他合理情形。

第十四条　主管税务机关应依次按照下列方法核定股权转让收入：

（一）净资产核定法

股权转让收入按照每股净资产或股权对应的净资产份额核定。

被投资企业的土地使用权、房屋、房地产企业未销售房产、知识产权、探矿权、采矿权、股权等资产占企业总资产比例超过20%的，主管税务机关可参照纳税人提供的具有法定资质的中介机构出具的资产评估报告核定股权转让收入。

6个月内再次发生股权转让且被投资企业净资产未发生重大变化的，主管税务机关可参照上一次股权转让时被投资企业的资产评估报告核定此次股权转让收入。

（二）类比法

1. 参照相同或类似条件下同一企业同一股东或其他股东股权转让收入核定；

2. 参照相同或类似条件下同类行业企业股权转让收入核定。

（三）其他合理方法

主管税务机关采用以上方法核定股权转让收入存在困难的，可以采取其他合理方法核定。

第三章　股权原值的确认

第十五条　个人转让股权的原值依照以下方法确认：

（一）以现金出资方式取得的股权，按照实际支付的价款与取得股权直接相关的合理税费之和确认股权原值；

（二）以非货币性资产出资方式取得的股权，按照税务机关认可或核定的投资入股时非货币性资产价格与取得股权直接相关的合理税费之和确认股权原值；

（三）通过无偿让渡方式取得股权，具备本办法第十三条第二项所列情形的，按取得股权发生的合理税费与原持有人的股权原值之和确认股权原值；

（四）被投资企业以资本公积、盈余公积、未分配利润转增股本，个人股东已依法缴纳个人所得税的，以转增额和相关税费之和确认其新转增股本的股权原值；

（五）除以上情形外，由主管税务机关按照避免重复征收个人所得税的原则合理确认股权原值。

第十六条 股权转让人已被主管税务机关核定股权转让收入并依法征收个人所得税的，该股权受让人的股权原值以取得股权时发生的合理税费与股权转让人被主管税务机关核定的股权转让收入之和确认。

第十七条 个人转让股权未提供完整、准确的股权原值凭证，不能正确计算股权原值的，由主管税务机关核定其股权原值。

第十八条 对个人多次取得同一被投资企业股权的，转让部分股权时，采用“加权平均法”确定其股权原值。

第四章 纳税申报

第十九条 个人股权转让所得个人所得税以被投资企业所在地地税机关为主管税务机关。

第二十条 具有下列情形之一的，扣缴义务人、纳税人应当依法在次月15日内向主管税务机关申报纳税：

（一）受让方已支付或部分支付股权转让价款的；

（二）股权转让协议已签订生效的；

（三）受让方已经实际履行股东职责或者享受股东权益的；

（四）国家有关部门判决、登记或公告生效的；

（五）本办法第三条第四至第七项行为已完成的；

（六）税务机关认定的其他有证据表明股权已发生转移的情形。

第二十一条 纳税人、扣缴义务人向主管税务机关办理股权转让纳税（扣缴）申报时，还应当报送以下资料：

（一）股权转让合同（协议）；

（二）股权转让双方身份证明；

（三）按规定需要进行资产评估的，需提供具有法定资质的中介机构出具的净资产或土地房产等资产价值评估报告；

（四）计税依据明显偏低但有正当理由的证明材料；

（五）主管税务机关要求报送的其他材料。

第二十二条 被投资企业应当在董事会或股东会结束后5个工作日内，向主管税务机关报送与股权变动事项相关的董事会或股东会决议、会议纪要等资料。

被投资企业发生个人股东变动或者个人股东所持股权变动的，应当在次月15日内向主管税务机关报送含有股东变动信息的《个人所得税基础信息表（A表）》及股东变更情况说明。

主管税务机关应当及时向被投资企业核实其股权变动情况，并确认相关转让所得，及时督促扣缴义务人和纳税人履行法定义务。

第二十三条 转让的股权以人民币以外的货币结算的，按照结算当日人民币汇率中间价，折算成人民币计算应纳税所得额。

第五章 征收管理

第二十四条 税务机关应加强与工商部门合作，落实和完善股权信息交换制度，积极开展股权转让信息共享工作。

第二十五条 税务机关应当建立股权转让个人所得税电子台账，将个人股东的相关信息录入征管信息系统，强化对每次股权转让间股权转让收入和股权原值的逻辑审核，对股权转让实施链条式动态管理。

第二十六条 税务机关应当落实好国税部门、地税部门之间的信息交换与共享制度，不断提升股权登记信息应用能力。

第二十七条 税务机关应当加强对股权转让

所得个人所得税的日常管理和税务检查，积极推进股权转让各税种协同管理。

第二十八条 纳税人、扣缴义务人及被投资企业未按照规定期限办理纳税（扣缴）申报和报送相关资料的，依照《中华人民共和国税收征收管理法》及其实施细则有关规定处理。

第二十九条 各地可通过政府购买服务的方式，引入中介机构参与股权转让过程中相关资产的评估工作。

第六章 附 则

第三十条 个人在上海证券交易所、深圳证券交易所转让从上市公司公开发行和转让市场取得的上市公司股票，转让限售股，以及其他有特别规定的股权转让，不适用本办法。

第三十一条 各省、自治区、直辖市和计划单列市地方税务局可以根据本办法，结合本地实际，制定具体实施办法。

第三十二条 本办法自 2015 年 1 月 1 日起施行。《国家税务总局关于加强股权转让所得征收个人所得税管理的通知》（国税函〔2009〕285 号）、《国家税务总局关于股权转让个人所得税计税依据核定问题的公告》（国家税务总局公告 2010 年第 27 号）同时废止。

中国人民银行令

〔2014〕第 2 号

根据《中华人民共和国中国人民银行法》《中华人民共和国外汇管理条例》，中国人民银行制定了《银行办理结售汇业务管理办法》，经 2014 年 3 月 26 日第 4 次行长办公会议通过，现予发布，自 2014 年 8 月 1 日起施行。

行 长 **周小川**
2014 年 6 月 22 日

银行办理结售汇业务管理办法

第一章 总 则

第一条 为了规范银行办理结售汇业务，保障外汇市场平稳运行，根据《中华人民共和国中国人民银行法》《中华人民共和国外汇管理条例》（以下简称《外汇管理条例》），制定本办法。

第二条 中国人民银行及其分支机构、国家外汇管理局及其分支局（以下简称外汇局）是银行结售汇业务的监督管理机关。

第三条 本办法下列用语的含义：

（一）银行是指在中华人民共和国境内依法设立的商业银行、城市信用合作社、农村信用合作社等吸收公众存款的金融机构以及政策性银行；

（二）结售汇业务是指银行为客户或因自身经营活动需求办理的人民币与外汇之间兑换的业务，包括即期结售汇业务和人民币与外汇衍生产品业务；

（三）即期结售汇业务是指在交易订立日之后两个工作日内完成清算，且清算价格为交易订立日当日汇价的结售汇交易；

（四）人民币与外汇衍生产品业务是指远期结售汇、人民币与外汇期货、人民币与外汇掉期、人民币与外汇期权等业务及其组合；

（五）结售汇综合头寸是指银行持有的，因银行办理对客和自身结售汇业务、参与银行间外汇市场交易等人民币与外汇间交易而形成的外汇头寸。

第四条 银行办理结售汇业务，应当经外汇局批准。

第五条 银行办理结售汇业务，应当遵守本办法和其他有关结售汇业务的管理规定。

第二章 市场准入与退出

第六条 银行申请办理即期结售汇业务，应当具备下列条件：

（一）具有金融业务资格；

（二）具备完善的业务管理制度；

（三）具备办理业务所必需的软硬件设备；

（四）拥有具备相应业务工作经验的高级管理人员和业务人员。

第七条 银行申请办理人民币与外汇衍生产品业务，应当具备下列条件：

（一）具有即期结售汇业务资格；

（二）具备完善的业务管理制度；

（三）拥有具备相应业务工作经验的高级管理人员和业务人员；

（四）符合银行业监督管理机构对从事金融衍生产品交易的有关规定。

第八条 银行可以根据经营需要一并申请即期结售汇业务和人民币与外汇衍生产品业务资格。

第九条 银行申请即期结售汇业务或人民币与外汇衍生产品业务资格，应当由其总行统一提出申请，外国银行分行除外。

政策性银行、全国性商业银行申请即期结售汇业务或人民币与外汇衍生产品业务资格，由国家外汇管理局审批；其他银行由所在地国家外汇管理局分局、外汇管理部审批。

第十条 银行分支机构办理即期结售汇业务或人民币与外汇衍生产品业务，应当取得已具备相应业务资格的上级机构授权，并报所在地国家外汇管理局分支局备案。

第十一条 银行办理结售汇业务期间，发生合并或者分立的，新设立的银行应当向外汇局重新申请结售汇业务资格；发生变更名称、变更营业地址、经营结售汇业务的分支机构合并或者分立等情况的，应当自变更之日起 30 日内报外汇局备案。

第十二条 银行停止办理即期结售汇业务或人民币与外汇衍生产品业务的，应当自停办业务之日起 30 日内报外汇局备案。

第十三条 银行被依法撤销或者宣告破产的，其结售汇业务资格自动丧失。

第三章 监督管理

第十四条 银行应当建立、健全本行结售汇业务风险管理制度，并建立结售汇业务经营和风险管理定期评估机制。

外汇局对银行办理结售汇业务中执行外汇管理规定的情况实行定期评估。

第十五条 银行应当指定专门部门作为结售汇业务的牵头管理部门，负责督导、协调本行及其分支机构的外汇管理规定执行工作。

第十六条 银行应当加强对结售汇业务管理人员、经办人员、销售人员、交易员以及其他相关业务人员的外汇管理政策培训，确保其具备必要的政策法规知识。

第十七条 银行应当建立结售汇会计科目，区分即期结售汇和人民币与外汇衍生产品，分别核算对客结售汇、自身结售汇和银行间市场交易业务。

第十八条 银行办理结售汇业务时，应当按照“了解业务、了解客户、尽职审查”的原则对相关凭证或商业单据进行审核。国家外汇管理局有明确规定的，从其规定。

第十九条 银行办理人民币与外汇衍生产品业务时，应当与有真实需求背景的客户进行与其风险能力相适应的衍生产品交易，并遵守国家外汇管理局关于客户、产品、交易头寸等方面的规定。

第二十条 银行应当遵守结售汇综合头寸管理规定，在规定时限内将结售汇综合头寸保持在核定限额以内。

银行结售汇综合头寸限额根据国际收支状况、银行外汇业务经营情况以及宏观审慎管理等因素，按照法人监管原则统一核定，外国银行分行视同法人管理。

第二十一条 尚未取得人民币业务资格的外资银行，在取得即期结售汇业务资格以后，应当向中国人民银行当地分支机构申请开立结售汇人民币专用账户，专门用于结售汇业务的人民币往来，不适用本办法第二十条结售汇综合头寸管理规定。

第二十二条 银行办理结售汇业务时，可以根据经营需要自行决定挂牌货币，并应当执行中国人民银行和国家外汇管理局关于银行汇价管理的相关规定。

第二十三条 银行应当及时、准确、完整地向外汇局报送结售汇、综合头寸等数据以及国家外汇管理局规定的其他相关报表和资料，并按要求定期核对和及时纠错。

第二十四条 银行应当建立结售汇单证保存制度，区分业务类型分别保存有关单证，保存期限不得少于5年。

第二十五条 银行应当配合外汇局的监督检查，如实说明有关情况，提供有关文件、资料，不得拒绝、阻碍和隐瞒。

第二十六条 外汇局通过非现场监管和现场检查等方式，加强对银行结售汇业务的监督管理，建立健全银行结售汇业务监管信息档案。

第四章 罚 则

第二十七条 银行未经批准擅自办理结售汇业务的，由外汇局或者有关主管部门依照《外汇管理条例》第四十六条第一款予以处罚。

第二十八条 银行有下列情形之一的，由外汇局依照《外汇管理条例》第四十七条予以处罚：

（一）办理结售汇业务，未按规定审核相关凭证或商业单据的；

（二）未按规定将结售汇综合头寸保持在核定限额内的；

（三）未按规定执行中国人民银行和国家外汇管理局汇价管理规定的。

第二十九条 银行未按规定向外汇局报送结售汇、综合头寸等数据以及国家外汇管理局规定的其他相关报表和资料的，由外汇局依照《外汇管理条例》第四十八条予以处罚。

第五章 附 则

第三十条 未取得结售汇业务资格的银行因自身需要进行结售汇的，应当通过具有结售汇业务资格的银行办理。

第三十一条 非银行金融机构办理结售汇业务，参照本办法执行，国家外汇管理局另有规定的除外。

第三十二条 本办法由中国人民银行负责解释。

第三十三条 本办法自2014年8月1日起施行。此前规定与本办法不一致的，以本办法为准。《外汇指定银行办理结汇、售汇业务管理暂行办法》（中国人民银行令〔2002〕4号）、《中国人民银行关于结售汇业务管理工作的通知》（银发〔2004〕62号）同时废止。

审计署关于进一步加强管理厉行节约的通知

审办发〔2014〕15号

署机关各单位、各特派员办事处、各派出审计局：

为深入贯彻落实中央八项规定精神和《党政机关厉行节约反对浪费条例》等相关文件要求，促进审计机关进一步加强内部管理，保持勤俭节约、艰苦奋斗、清正廉洁的良好风气，建设“廉洁署、俭朴署、法治署”，现做出以下“二十不准”规定：

一、不准在各种场合和活动中讲排场、比阔气，搞铺张浪费。

二、不准用公款支付送礼、印制购买贺卡等中央明令禁止的任何费用。

三、不准违规新建楼堂馆所及出租出借、超标准配置办公用房。

四、不准超规格、超标准公务接待或扩大接待范围。

五、不准超编制、超标准配备公务用车。

六、不准违反规定滥发钱物。

七、不准超预算、无预算安排支出和突击花钱。

八、不准违反规定安排建设、维修项目以及采购物资设备。

九、不准超范围、超标准报销差旅费等公务费用和外勤经费。

十、不准以任何名义、任何形式虚开发票，甚至用假发票报销。

十一、不准未经批准安排各种会议和培训。

十二、不准用公款组织旅游以及与工作无关的参观活动。

十三、不准举办未经批准的各类节庆、论坛、展览及其他纪念活动。

十四、不准滥发无实质内容的文件、简报。

十五、不准浪费各类办公用能源和资源。

十六、不准违反规定以任何方式换用、借用、占用下属单位或者其他单位和个人的车辆。

十七、不准违反规定收送各种形式的礼品、土特产、礼金、有价证券、支付凭证和商业预付卡。

十八、不准用公款参与高消费娱乐、健身活动和获取各种形式的俱乐部会员资格。

十九、不准未经批准在其他单位兼职和领取报酬。

二十、不准把出国作为个人待遇、安排轮流出国，或者以各种名义变相公款出国旅游。

对上述规定，各单位应认真组织学习、严格贯彻执行，对违反有关规定的责任人员将依法依纪予以严肃处理。

审计署
2014年2月11日

审计署关于加强公务支出和公款消费审计的若干意见

审行发〔2014〕22号

各省、自治区、直辖市和计划单列市、新疆生产建设兵团审计厅（局），署机关各单位、各特派员办事处、各派出审计局：

为深入贯彻落实中央八项规定精神，加强党风廉政建设，促进厉行勤俭节约，反对铺张浪费，根据《党政机关厉行节约反对浪费条例》及有关法律法规，现就进一步加强公务支出和公款消费审计提出以下意见：

一、增强厉行节约反对浪费的责任感和使命感

艰苦奋斗、勤俭节约，是党的优良传统和作风。党中央、国务院历来强调，各级党政机关要大兴艰苦奋斗之风，带头厉行勤俭节约、反对铺张浪费。但近年来，讲排场、比阔气、挥霍公款等奢侈浪费现象时有发生，人民群众反映强烈。党的十八大以来，以习近平同志为总书记的党中央着力加强作风建设，采取有力措施，坚决整治公务支出和公款消费中的违纪违规违法现象，得到人民群众的支持和拥护。各级审计机关和全体审计人员要深刻领会中央八项规定和习近平总书记重要批示精神，充分认识加强公务支出和公款消费审计的重要性和必要性，带头贯彻落实中央规定，坚决反对铺张浪费，切实履行审计监督职责，不断加大对各级党政机关及国有企事业单位公务支出和公款消费的审计力度，为推动党风廉政建设发挥积极作用。

二、加强重点领域和重点环节的审计监督

（一）公务支出预算管理情况。全面检查“三公”经费、会议费、培训费和楼堂馆所建设维护经费等公务支出预算编制、审核报批、执行和决算，以及按规定压缩经费支出规模，及时、全面公开预决算信息等情况，揭示和反映预决算编制不规范，有关公务支出的政府采购预算编报不完整，未经批准通过追加预算等方式突破预算控制规模，超预算、无预算安排支出或实施采购；虚列支出、转移或套取预算资金，超范围、超标准列支公务支出，向下级单位、企业、个人以及驻外机构等转嫁公务支出费用；纳入公务卡强制结算目录的支出未按规定使用公务卡结算，以及违规购置商业预付卡、虚假票据报销、财务管理不规范、决算数据不真实等问题，促进增强预算执行的严肃性，规范预决算编制和财务管理。

（二）会议和培训管理情况。全面检查会议、培训计划编报、审批管理和组织实施等情况，揭示和反映违反规定在五星级宾馆、风景名胜区开会、培训；以培训名义召开会议，组织会餐、安排宴请、公款旅游及其他与会议、培训无关的参观活动，借举办会议、培训及其他各类活动发放纪念品；使用财政性资金举办营业性文艺晚会，未经批准举办节会、庆典、论坛、研讨会、博览会、展会、运动会、赛会活动以及开展评比达标表彰活动等问题，促进落实节俭办会要求，切实精简各类会议活动。

（三）公务接待管理情况。全面检查公务接待审批控制制度、国内公务接待清单制度执行等情况，揭示和反映违反规定将休假、探亲等活动纳入公务接待范围，接待无公函的公务活动和来访人员，组织异地部门间没有特别需要的一般性学习交流、考察调研，以及以招商引资为名变相安排公务接待；超规格组织迎送活动和安排陪同陪餐，增加接待项目，安排超标准接待、高消费娱乐专场文艺演出或参观旅游景点，赠送礼品、礼金、有价证券、纪念品和土特产品等问题，促进简化和规范各类公务接待活动。

（四）公务用车配置和管理使用情况。全面检查执行公务用车（含执法执勤用车）配置和使用管理规定，加强车辆日常运行维护管理等情况，揭示和反映违反规定超编制、超标准配备公务用车，擅自扩大专车配备范围或变相配备专车；换用、借用、占用下属单位或其他单位和个人的车辆，接受企事业单位和个人赠送的车辆，挪用或者固定给个人使用执法执勤、机要通信等公务用车，因私使用公务用车；为公务用车增加高档配置、豪华内饰，提前更新车辆；实行公车改革后超标准发放公务交通补贴，发放公车补贴后仍通过其他形式变相保留公车等问题，促进加强公务用车管理和深化公务用车制度改革。

（五）因公出国（境）管理情况。全面检查年度因公出国（境）计划编制和审批情况，揭示和反映违反规定安排考察性出访和照顾性、无实质内容的一般性出访和出境调研、会议、培训等活动，违规组织跨部门、跨地区团组；私自通过旅行社等组织出国（境）活动，乘坐民航包机和私人、企业及外国航空公司包机，安排超标准住房和用车，擅自增加出访国家或地区、绕道旅行、延长在国外停留时间，以及变相公款出国（境）旅游，出国（境）期间用公款相互宴请或接受礼金、贵重礼品、有价证券等问题，促进从严控制和规范各类因公出国（境）活动。

（六）办公楼等楼堂馆所建设管理情况。全面检查国务院有关本届政府任期内一律不得新建政府性楼堂馆所要求落实情况，揭示和反映违反规定建设办公楼和配套建设大型广场、公园等设施，新建、改建、扩建所属宾馆、招待所等具有接待功能的设施或场所，以建设技术业务用房名义变相建设楼堂馆所，规避审批置换办公用房；超规定面积占有、使用办公用房，违规出租出借、租用办公用房，领导干部长期租用宾馆、酒店房间作为办公用房；超标准装修办公用房、配置办公家具，擅自改变办公用房使用功能等问题，促进严禁违规修建楼堂馆所规定的落实。

（七）机构编制管理情况。认真贯彻国务院领导关于将编制管理情况纳入审计内容的指示精神，全面检查本届政府财政供养人员只减不增目标的落实情况，重点检查超编进人、编外用人等情况；未按编制数和实有人数分别编制申报公用经费和人员经费，为经费自理和企业化管理的事业单位申请基本支出预算，虚报冒领财政资金问题；在编不在岗人员、已调离人员不办理核减编制手续，被判刑或者受到降级、撤职等处分人员仍在原单位、按原职级领取工资和津贴补贴等“吃空饷”问题；在项目经费中安排超编人员和自行设立机构经费等问题，促进控编减编，切实降低行政成本。

（八）国有企业领导人员职务消费情况。全面检查国有企业和国有金融机构领导人员职务消费和业务消费情况，重点关注领导人员职务消费和业务消费制度建立健全情况，以及有关业务招待、考察培训、车辆配备和使用等消费项目和标准的规定执行情况，揭示和反映违反规定借业务接待、商务公关等名义违规列支会所、俱乐部、高尔夫消费等高消费娱乐支出，挥霍浪费甚至贪污侵占国有资产，以及消费支出不公开、不透明等问题，促进规范国有企业和国有金融机构领导人员职务消费和业务消费。

三、推动构建厉行节约反对浪费长效机制

各级审计机关要结合公务支出和公款消费审计，着力检查各地区、各部门、各单位按照中央八项规定精神和中央要求制定厉行节约反对浪费制度规定等情况，揭示和反映公务支出、公款消费和机构编制管理制度规定及相关开支范围和支出标准不健全、不完善，支出审批程序不明确、不规范，内部控制、监督检查和责任追究制度不健全、不落实等制度缺陷和管理漏洞，深入分析问题产生的原因，提出完善政策制度的意见和建议，促进建立健全加强公务支出和公款消费管理监督的制度体系和政策规定，构建厉行节约反对浪费长效机制，保障中央各项政策措施贯彻落实。

四、强化审计结果运用和公开

各级审计机关要严格依法审计，加大对违法违规问题和典型案例的查处力度，依法处理、督促整改违规问题，对违反党纪政纪或涉嫌违法犯罪问题要按规定及时移送纪检监察机关、司法机关和编制管理机关等有关主管部门查处。加大审计结果公开力度，适时向社会公告一批公款吃喝、公车私用、公款旅游、超标办会、违规建设楼堂馆所、“吃空饷”等典型案件，狠刹铺张浪费之风。对外公告的审计结果涉及上市公司的，应在公告发布5日前将拟公布的内容告知上市公司；对领导干部经济责任审计中发现的相关问题，可以被审计领导干部所在单位财政或财务收支审计结果形式予以公告。

五、切实加强审计工作组织领导

审计署要加强对公务支出和公款消费审计工作的指导和调研，及时了解和掌握工作情况，推动建立健全经常性审计监督制度。地方审计机关要切实加强组织领导，统筹调配资源，每年在各项审计工作中都要认真落实公务支出和公款消费审计要求，上级审计机关要加强对下级审计机关的工作指导和质量检查。审计机关应加强与机构编制管理机关的沟通，在相关审计中，根据需要可商机构编制管理机关派员参加，机构编制管理机关在专项督查和机构、人员编制核查时，需审计机关协助查证的，审计机关应予以协助办理。审计人员要严格遵守审计纪律，规范审计程序，保证审计质量，对审计人员违反审计纪律等行为，要按照规定追究责任。各省、自治区、直辖市和新疆生产建设兵团审计厅（局）要及时汇总本地区审计结果，每年2月底前向审计署报送上年审计情况。

地方审计机关要结合实际，及时制定贯彻实施本意见的具体措施和办法，确保本意见各项部署和要求落到实处。

审计署
2014年3月17日

审计结果公告

中华人民共和国审计署审计结果公告（2014年第1号）

关于2012年度中央预算执行和其他财政收支审计查出问题的整改情况

（2014年1月10日公告）

十二届全国人大常委会第三次会议审议了审计署审计长刘家义受国务院委托所做的《关于2012年度中央预算执行和其他财政收支的审计工作报告》，要求国务院责成有关部门对审计反映的问题认真整改、严格问责，并在2013年年底前将整改和处理情况向全国人大常委会报告。国务院高度重视这项工作，李克强总理于2013年7月3日主持召开国务院第15次常务会议，要求有关地方、部门和单位逐项整改，并及时、全面、准确公开整改情况，接受群众监督；要把整改作为推进改革的“催化剂”，倒逼改革和创新。各有关部门、单位和各地区按照全国人大常委会和国务院的要求及审计署依法下达的审计决定，认真进行了整改。据统计，截至2013年10月底，各被审计单位通过上缴国库、归还原资金渠道、补征税款、收回贷（借）款、调整账目等方式整改问题金额3578.52亿元，通过补办手续、清退土地等方式整改违规征地用地51.97万亩，挽回和避免损失389.64亿元；根据审计建议，制定完善规章制度1998项。审计发现的175起案件线索及其他问题移送有关部门查处后，已有1204人被依法依纪处理。现将审计查出问题的整改情况公告如下：

一、财政管理方面审计查出问题的整改情况

（一）关于公共财政预算管理问题。

1. 有些事项列报不规范问题。对于财政部未向全国人大报告中国清洁发展机制基金运营收入等5.95亿元问题，财政部在向全国人大常委会报告2012年中央财政决算时已单独做了反映；对于在执行全国人大批准的预算中下划本级支出129.08亿元、上划转移支付177.83亿元问题，财政部正在研究从体制机制层面进一步完善预算管理方式，规范预算级次调整，逐步减少预算执行中的上划下划问题。

2. 年初部分预算仍未落实到项目和单位问题。对于科技重大专项预算146.46亿元仅列示了总数问题，财政部表示今后将把已有具体实施方案、资金分配方案的科技重大专项支出资金列入部门预算，减少科技重大专项列入据实结算项目的金额；对于部门预算中有118.92亿元是14个部门的43个“打捆”项目预算问题，财政部将继续督促中央部门做好项目支出预算细化编制工作，将年初预算落实到具体基层单位和项目，提高年初预算到位率；对于在部门申报预算之外还批复暂列发展改革委和能源局部门预算的项目支出2.5亿元问题，财政部在2013年初已将上述资金分别列入发展改革委和能源局部门预算，严格按照部门预算程序进行审核。

3. 部分投资安排给不符合条件的单位和项目问题。对于向不属于特定范围的14个项目下达投资5200万元问题，发展改革委对其中5个项目实施了更加严格的项目评审程序，适当增加复核环节，坚决淘汰不符合条件的项目，杜绝超范围安排投资的情况再次发生；对其中的9个粮食现代物流项目统一制订了专项工作方案，将严格相关管理。对于向虚构申报材料或不符合条件的6个项目下达投资2420万元问题，发展改革委对其中虚报资料骗取资金的2个项目下发了处理通知，取消批复的2012年中央预算内投资计划，收回已下达资金，并要求申报单位查明情况，追究相关企业和人员责任；对其中向非工业中小企业下达工业中小企业技术改造专项资金的4个项目，已会同工业和信息化部修改完善了项目申报的具体规定，今后将严格遵照产业政策审慎把握资金投向，同时还将督导地方相关部门严格项目审查，杜绝此类问题再次发生。对于超出年度计划或补助申请向58个项目下达投资9.77亿元问题，发展改革委对其中未按项目建设进度拨付资金的54个项目已要求相关地方进一步督促项目单位加快建设进度，同时要求国家电网公司向财政部门及时申请办理资金拨付，抓紧安排使用资金，确保项目按期建成发挥效益；对其中超出补助申请调整追加投资的3个项目，发展改革委将会同有关部门认真落实《煤矿安全改造项目管理暂行办法》，进一步加强项目审查和投资安排工作，对确需调整投资计划的项目，严格按照有关规定和程序办理；对其中未按申报及评审结果多下达投资的1个项目，发展改革委在查明原因后通报批评了有关责任人，并专门梳理和细化项目审批内部流程，在项目批复前增加复核环节，严防类似情况再次发生。

4. 有的项目多头安排投资、资金分配过于分散问题。对于在4个专项中对12个锂离子正极材料项目都安排投资、补助标准不一致问题，发展改革委进一步明确规范了相关专项补助标准，同时将加大相关专项整合力度，力争做到同类项目补助标准统一，发挥好中央投资的引导作用；对于12亿元国家服务业发展引导专项投资补助差异较大且呈小、散状态问题，发展改革委按照政府机构改革和职能转变要求，已于2013年6月将31类点多、面广、量大、单项投资少的投资补助项目交由地方具体安排，2014年还将继续下放一批，届时将统一研究有关专项下放问题。同时，发展改革委还将修改完善相关管理办法，解决补助比例不均衡和区域之间差异较大等问题。

5. 未按程序下达投资计划159.64亿元问题。对于14个专项发展规划、具体补助范围或工作方案尚未确定问题，发展改革委已报请国务院印发了《全国资源型城市可持续发展规划（2013—2020年）》，明确了1个专项的实施范围、支持方向、目标和期限等；将督促农业部尽快修改完善3个专项规划，按程序报批后组织实施；将督促有关部门抓紧退耕还林1个专项规划编制工作，尽快按程序报批；已分别通过并入其他专项、督促地方抓紧整改和落实试点项目，以及明确资金重点支持投向等方式对3个专项进行了纠正，并将会同有关部门督促检查；已分别制订了3个专项项目安排方案或具体工作方案；就目前已基本完成建设任务的3个项目，将于2014年起不再安排投资。对于33个项目的可行性研究报告、初步设计、用地手续、概算调整或资金申请等尚未批复问题，发展改革委就其中未按规定审批可行性研究报告的20个项目，已于2013年6月发布了新的《中央预算内投资补助和贴息项目管理办法》，今后不再审批这类项目可行性研究报告，并明确了相应责任主体；就未批复初步设计的5个项目，已责成相关地方发展改革部门进一步加快对污水处理厂项目的初步设计批复工作，今后将严格按照相关规定下达投资计划；就土地手续不完备的4个项目，已通过办理项目撤销手续、要求地方跟踪落实项目用地和厂房建设、补办项目用地预审意见等方式进行了整改，个别项目已按规定收回项目补助并处理了责任人；就超概算的2个铁路项目，将遵照有关文件规定，加强概算调整审核，严格履行有关程序，避免类似情况再次发生；就未批复资金申请报告的2个项目，已按要求补办立项手续。

6. 部分预算和投资计划下达滞后问题。对于在追加的部门预算中有739.02亿元（占51%）、投资计划中有112.37亿元（占2%）未按要求于9月30日前下达问题，财政部今后将严格控制追加规模，规范追加程序，按规定时限下达代编预算，督促有关部门加快执行预算进度；发展改革委将进一步加强与有关地方和部门的协调配合，督促做好项目前期工作，加快投资计划下达进度，对中央新交办和救灾应急等事项，也将尽可能加快下达进度，确保及时发挥效益。对于转移支付预算中有10900.7亿元（占27%）未按要求在全国人大批准后90日内下达问题，财政部将督促有关部门及早准备、开展转移支付有关项目准备工作，并完善资金管理办法，加快转移支付下达进度。对于上述情况导致12个项目建设进展缓慢问题，发展改革委已会同有关地方和部门，通过收回项目资金、督促资金拨付到位和项目开工建设、通知中止项目并调整项目资金用途等方式予以整改。

7. 区域性税收优惠政策较多问题。财政部已将清理规范区域税收优惠政策作为深化税制改革的重要内容，严格控制税收减免事项，要求除专门的税收法律法规外，起草其他法律法规时不得具体规定税收减免事项。同时明确将区域发展规划与税收优惠政策脱钩，今后各类区域发展规划均执行国家统一财税政策，不得突破现行制度规定出台具体财税优惠政策。

（二）关于政府性基金预算管理问题。

1. 基金支出预算部分年初预算与实际支出存在差异问题。对于8项基金代编预算112.97亿元全部未执行问题，财政部正在研究设立政府性基金预算调节基金的可行性，拟将政府性基金超收收入和结余结转资金转入调节基金，解决政府性基金代编预算执行率偏低问题；对于执行中项目调增调减较多问题，财政部拟研究建立基金支出项目库，规范基金支出项目管理，提高预算编制准确性，对已批复部门预算的支出项目，除无法预见的临时性或特殊事项外，一般情况下不做调整，政府性基金超收收入原则上当年不安排支出；对于基金预算下达不及时、年底追加追减中央本级基金预算问题，财政部拟提前开展政府性基金预算的项目论证审核，提高年初预算到位率，对政府性基金预算中政策明确的据实结算项目，原则上全部列入年初预算，执行中进行清算，对政府性基金中的地方转移支付，将按规定时间及时下达地方，增强地方政府性基金年初预算的完整性。

2. 未向全国人大细化报告部分基金超收收入安排支出、预算级次上划下划以及各项基金结转情况问题。财政部拟在编制2013年预算执行情况相关报告时，反映基金预算的调整变动情况，并分项反映各项基金的结转情况。

3. 国家电影事业发展专项资金有待清理规范问题。目前，财政部正会同新闻出版广电总局修订《国家电影事业发展专项资金管理办法》，进一步规范资金管理，调整专项资金支持范围，重点支持影院建设和国产影片发行放映等。

（三）关于国有资本经营预算管理问题。

1. 4000户中央部门所属企业未纳入国有资本经营预算问题。财政部正在对未纳入中央国有资本经营预算实施范围的国有企业开展清理摸底，拟结合正在推进的国有企业和事业单位改革，分类分批逐步扩大中央国有资本经营预算实施范围。

2. 预算编报和执行不规范问题。对于国有资本经营预算年初有804.97亿元（占92%）没有细化落实到具体企业和项目问题，财政部正在研究制定中央国有资本经营预算管理、项目库管理、国有资本收益收取、支出绩效评价等4项管理办法，以进一步细化预算编制；对于批复的56.6亿元预算的项目类型与用途不匹配问题，财政部于2013年取消了新兴产业发展支出，并将预算支出方向由9类整合为6类，使国有资本经营预算列报项目类型与实际用途一致，准确反映国有资本经营预算执行情况；对于国有资本经营预算执行进度较慢问题，财政部2013年改变了以往年度国有资本经营预算按企业年报利润确定上缴收入再安排支出的做法，通过预收部分企业国有资本经营收益的办法解决。

3. 部分预算分配分散或投入非关键领域，未能充分体现政策要求问题。财政部已取消了节能减排和科技创新2个专项资金。

（四）关于财政管理绩效问题。

1. 中央本级财政资金闲置较多问题。对于部分公共财政预算收入不能统筹使用，车辆购置税收入累计结余较大问题，财政部正按照国务院要求，结合财税体制改革进展，研究改进车辆购置税管理。截至2013年10月31日，车辆购置税收入累计结余已安排支出。对于中央部门本级和项目支出结余结转资金较大问题，财政部已明确要求，对于结余资金，扣除2013年部门预算中已批准安排动用资金后，应按有关规定全部在2014年统筹安排动用；对于结转资金，要求部门充分预计截至2013年底结转资金数额，并全部在2014年部门预算中反映，做到当年预算安排与以前年度结转结余资金有机结合。对于彩票公益金等3类政府性基金连年结转、累计余额较大问题，财政部拟采取以下措施：一是从新增建设用地有偿使用费中分别安排资金300亿元和100亿元，支持地方建设高标准基本农田和实施土地整治重大工程；二是根据国务院有关要求和现行彩票管理制度规定，统筹研究中央彩票公益金支持贵州等地社会公益事业发展项目计划，待上报国务院批准后实施；三是结合今后建设工作进展，适时安排使用核电站乏燃料处理处置资金。

2. 绩效评价覆盖面较低问题。2013 年，财政部纳入中央部门绩效评价的项目和金额分别比上年增长 28.6％和 153.6％，同时要求中央部门在编制 2014 年部门预算时，进一步提高纳入绩效评价试点范围的项目资金规模和比例。

（五）关于转移支付管理问题。

1. 转移支付结构不够合理问题。财政部将根据政府机构改革和职能转变的要求，进一步加大规范中央对地方转移支付工作力度，优化转移支付结构，大幅度减少、合并中央对地方专项转移支付项目，增加一般性转移支付规模和比例，逐步形成统一规范透明的财政转移支付体系。

2. 转移支付管理不够完善问题。对于 31 项专项转移支付尚未制定管理办法问题，财政部已会同有关部门，抓紧制定和完善相关专项转移支付管理办法。目前，有 2 项已出台，14 项正在抓紧研究或制定，8 项被取消或合并，其余 7 项也将尽快制定。对于 25 项专项转移支付因投入市场竞争领域、投向交叉重复等需要清理整合问题，财政部正积极研究清理整合工作，目前已取消 1 项，拟将投向市场竞争领域的 4 项改为投向市场配置资源失灵领域，正会同相关部门对分配交叉重复的 20 项进行清理整合。

3. 部分专项转移支付存在多头分配和使用分散问题。对于质量技术监督补助等 3 个专项由部门切块后分别分配且分配方法和标准不同问题，2013 年在分配时已分别由相关部门统一提出经费分配方案，由财政部审核后下达；对于 2290.31 亿元专项转移支付分配给 18 个省的 3.7 万多个项目，财政部正在全面清理整合专项转移支付，完善专项转移支付分配管理方式。

4. 拨付地方的部分专项转移支付层层结存问题。对于 18 个省中央财政能源节约利用类三款科目资金结存在地方财政和相关主管部门共计 177.45 亿元问题，地方各级政府、财政和其他相关主管部门加快了资金下拨的进度，截至 2013 年 10 月底共下拨 108.05 亿元；对于项目单位虚报冒领、挤占挪用能源节约利用类三款科目资金 7.73 亿元问题，截至 2013 年 10 月底，已收回虚报冒领资金 6.48 亿元中的 2.61 亿元，挪用的 1.25 亿元资金已全部归还原资金渠道；对于能源节约利用类 443 个项目实施进度慢或建成后未实现目标问题，有 183 个建设缓慢的项目加快了建设进度或已完成项目建设，有 15 个原未发挥效益的已完工项目实现了预期目标，其余项目正在整改中。

（六）关于预算收支基础管理问题。

1. 公共财政预算、政府性基金预算和国有资本经营预算功能界定尚不清晰问题。对于公共财政预算和政府性基金预算分别安排防汛度汛、扶贫和医疗救助等支出问题，财政部从 2013 年起，公共财政预算特大防汛补助费中不再安排已由政府性基金预算安排的汛前应急度汛支出，同时考虑到“十二五”时期中央专项彩票公益金支持扶贫和医疗救助项目安排的延续性，拟于“十二五”结束后认真研究彩票公益金安排扶贫和医疗救助方面支出等问题；对于在多类预算中安排补助支持对象相同、项目内容基本类同的专项问题，财政部正在研究制定《中央国有资本经营预算管理办法》等相关制度，进一步明晰国有资本经营预算的功能定位，逐步解决国有资本经营预算、公共财政预算、政府性基金预算支出安排交叉重复问题。

2. 账户管理不规范问题。对于中央本级的 3 个金融机构共管基金专用账户未按规定归口财政部国库司管理问题，财政部已将共管基金账户实行归口管理。对于 5 个部门使用过渡账户收缴 30 项非税收入问题，财政部已督促 5 个部门基本完成整改。其中，船舶港务费等 27 项已按非税收入收缴管理制度改革确定的方式实现收入；海关监管手续费、货物行李物品保管费已按规定取消；对按照原规定清缴的以前年度港口建设费，拟根据非税收入收缴管理制度改革确定的方式进行管理。

3. 将应通过财政直接支付方式支付到收款人或用款单位的财政资金采用授权支付方式问题。财政部正在研究财政直接支付和授权支付的最佳结合点，会同有关部门继续调整完善支付范围划分的相关规定。同时，选择教育部等部门组织开展全年用款计划编报工作，将预算指标对用款计划的控制机制由“部门＋科目”细化为“基层预算单位＋科目”，防止发生资金转入部门实有资金账户的问题。

4. 金财工程应用支撑平台方面问题。财政部正在启动构建以金财工程应用支撑平台为中间支撑层的财政信息一体化管理系统，力争消除“信息孤岛”，解决金财工程应用支撑平台因未全面应用导致的业务管理不衔接、系统运行不协同、数据标准不统一、信息交换不通畅等问题。

（七）关于决算草案编制问题。

1. 决算草案编制的程序、时限、方法以及调整事项等不够完善问题。财政部认为，已在《财政总预算会计制度》等有关文件中做了明确规定，今后将进一步明确决算草案编制方法，提出改进编制程序、时限等具体措施，提高编制的规范性和及时性。

2. 决算草案未分科目、分级次列报预算变更情况问题。财政部认为，目前的中央决算草案中的“决算数为预算数的％”栏目以相对数形式列示了当年预算的调整或变更情况，并在决算草案的文字说明中对预算调整或变更情况做了说明。下一步将继续按照全国人大批准的预算所列科目编制中央决算草案，并在决算草案文字说明中详细反映执行中的公共财政预算变动情况。

3. 决算草案未上报资产负债表，未反映国有股权、固定资产等资产及负债情况问题。财政部将进一步完善中央决算草案编制内容，研究设置专门账簿，对中央财政直接持有的国有股权等资产负债进行管理，在决算草案中逐步反映相关资产和负债情况。

（八）关于对地方财政监管方面问题。

1. 政府职能范围不够清晰问题。财政部今后将进一步严格落实中央有关深化经济体制改革的要求，同时加强对地方财政监管，督促相关地区认真整改。有关地方已清理了487项违规出台的招商引资优惠政策，并取消了不符合规定的税收返还政策。有关地方表示，在今后的招商引资工作中将切实转变观念，采用科学、有效的工作方式和手段，注重改善企业综合投资环境，提高政府服务质量；把有限的财政资金重点向“三农”、社保、医疗等领域倾斜，切实保障民生支出。

2. 各级政府间事权划分不够明确、财权划分不够合理问题。财政部正抓紧研究深化财税体制改革方案，在合理界定政府与市场边界的基础上，力争明确划分各级政府的事权与支出责任，并结合税制改革等，进一步理顺中央和地方收入划分，完善地方税体系。

3. 一些地方财政管理不够规范问题。财政部组织开展了地方财政对外借款和财政专户检查，要求各地认真落实有关规定，全面清理财政对外借款，进一步精简压缩专户数量，严格控制专户设置。同时，正在研究起草财政对外借款管理办法，规范对外借款的范围和程序，健全还款保障和责任追究机制。

二、部门预算执行审计查出问题的整改情况

本次审计的58个中央部门高度重视2012年预算执行审计整改工作，及时采取措施，落实整改责任。43个部门的主要负责同志和分管领导对整改做出批（指）示，要求切实采取措施进行审计整改；32个部门专门召开会议研究部署整改工作，制订整改方案和具体措施。截至2013年10月底，本次审计发现的58个中央部门及其所属单位违反财经制度规定169.85亿元，已整改154.87亿元（占91.18％），其中上缴中央财政0.78亿元，归还原资金渠道1.96亿元。各部门在认真整改审计查出问题的同时，注重从源头上、体制机制上分析查找问题原因，建立规范的内部管理和监督长效机制，34个部门及部分所属单位制定、修订了139项内部规章制度，涉及财务预算、政府采购、资金资产和内部监督等多个方面。

（一）关于预算执行未完全到位，部分单位虚列支出、以拨作支问题。对于结转结余资金356.34亿元问题，财政部将对当年结转结余资金比上年增加较多或多年累计结转结余资金规模较大的中央部门，适当压缩2014年财政拨款预算总额；有关中央部门也将加强工作计划与预算的衔接，进一步细化预算，切实盘活用好结转结余资金，发挥资金效益。对于11个部门本级和2个所属单位虚列支出、以拨作支问题，相关部门已通过加快预算执行进度，加强预算支出管理，调整有关账目等方式进行了整改。

（二）关于一些单位仍存在违反财经制度规定等问题。对于8个部门本级和11个所属单位多申领财政资金 1.87 亿元问题，已通过加强预算编制管理、收回资金上缴中央财政、调整有关账目和决算报表等方式整改 1.84 亿元，其余 270 万元正在商财政部解决；对于 10 个部门本级和 1 个所属单位为非所属预算单位申报预算 1.81 亿元问题，已通过加强预算编制管理、相关支出列入转移支付资金等方式整改 1.75 亿元，其余 600 万元正在积极整改；对于 10 个部门本级和 21 个所属单位套取挪用 1.15 亿元资金发放津补贴和修建办公楼问题，已通过加强预算支出审核、归还原资金渠道等方式整改 1.13 亿元，其余 131 万元已立案调查；对于 11 个部门本级和 17 个所属单位自定项目收费或摊派 3.29 亿元问题，已通过停止收费、向有关主管部门报批等方式整改 1.93 亿元，其余 1.36 亿元正在积极整改；对于 57.79 亿元非税收入收缴、资产管理和会计核算不规范等问题，已通过加强财务管理、严格出租出借审批程序、调整账目或决算报表等方式整改 43.83 亿元，其余 13.96 亿元正在积极整改。

（三）关于相关预算管理制度与实际不适应，难以有效发挥约束作用问题。对于在预算科目和支出项目间调剂使用资金 13.72 亿元问题，已通过加强预算支出管理、严格预算执行、调整有关账目和决算报表、归还原资金渠道等方式整改 13.4 亿元，其余 3232.83 万元正在整改；对于 4.26 亿元基本支出在项目预算中列支问题，已通过加强预算编制和执行管理、调整有关账目和决算报表等方式进行了整改；对于有的支出标准不完善问题，有关部门表示今后将认真贯彻落实中央有关规定，严格执行有关标准，并研究提出完善有关公务接待标准的意见建议。

（四）关于政府采购和招投标制度执行不够严格问题。对于 20 个部门本级和 11 个所属单位无预算、超预算采购 7.12 亿元问题，已通过加强政府采购预算编制管理、补报政府采购预算等方式进行了整改；对于 23 个部门本级和 28 个所属单位未经批准采购进口产品或超标准采购等 5.17 亿元问题，已通过加强政府采购管理、严格执行政府采购制度规定等方式整改 5.14 亿元，其余 304.61 万元正在积极整改；对于 12 个部门本级和 28 个所属单位未按规定集中采购或公开招标采购 7.46 亿元问题，已通过严格部门集中采购制度执行、加强招标管理等方式整改 7.42 亿元，其余 342.15 万元正在积极整改。

（五）关于一些部门计划外召开会议，甚至超标准、超范围支出会议费问题。相关部门结合贯彻中央八项规定以及习近平总书记、李克强总理的重要批示精神，提出了完善会议管理、严格计划控制、细化会议预算和加强监督检查等具体整改措施。对于计划外召开三类及以上会议问题，已通过严格会议计划控制、做好会议计划的编制和审批、修订完善部门会议活动管理办法等方式整改；对于在非定点场所召开会议问题，已通过严格执行定点会议场所有关规定、鼓励使用单位内部培训场所等方式整改；对于超标准列支会议费问题，已通过强化财务审核把关、严格执行会议费支出标准、控制会议数量和规模等方式整改；对于向其他单位转嫁或挤占其他支出列支会议费问题，已通过强化财务审核把关、加强会议费支出控制、规范会议费报销流程等方式整改。

（六）关于因公出国（境）计划管理不严格，部分团组行程及经费使用不符合规定问题。相关部门提出了严格因公出国（境）计划审批、完善团组管理、强化预算约束力、规范经费使用和健全部门因公出国（境）活动监管机制的具体措施，进一步加强出国（境）计划、审批、经费管理。对于出国（境）团组未纳入年初计划问题，已通过严格出国（境）团组计划编制、严格执行计划报批审核制度等方式整改；对于出访人数、天数、地点超规定问题，已通过从严审核出国（境）人数、天数和地点，加强出国（境）团组量化管控等方式整改；对于无预算、超预算或超标准、超范围列支出国（境）费问题，已通过加强出国（境）费预算编制管理、强化出国（境）费预算定额控制、严格执行出国（境）费标准、规范出国（境）费报销流程等方式整改；对于出国（境）费用转嫁给其他单位问题，已通过强化财务审核把关、加强出国（境）费支出控制、规范出国（境）费报销渠道等方式整改。

（七）关于部门决算草案部分内容编报不准确问题。相关部门已通过调整账目和报表等方式整改 11.67 亿元，其余 29.07 亿元已报请财政部拟通过调整 2013 年决算年初数方式进行整改。

此外，对中央预算单位是否实行部门预算管

理还缺乏具体标准问题，财政部将结合国务院机构改革、全国人大加强部门预算审查监督的要求以及推进预算公开的需要，进一步规范中央预算单位部门预算管理。

三、地方政府性债务审计查出问题的整改情况

（一）关于一些地方通过信托、BT（建设—移交）和违规集资等方式变相融资现象突出问题。财政部、发展改革委、人民银行、银监会联合下发了《关于制止地方政府违法违规融资行为的通知》。针对部分地方违规集资30.59亿元问题，财政部下发了督促有关地区核查整改违规集资问题的通知，目前各地已整改到位9.05亿元。此外，财政部还通过收集网络舆情、公开市场信息，以及设立“地方政府违法违规举债融资举报信箱”等方式，全面监控地方政府机关、事业单位、融资平台公司等举借政府性债务中的违法违规行为。

（二）关于部分地区债务增长较快问题。财政部进行了债权债务对账，进一步夯实债务数据基础，强化债务监管。有7个省、市级政府已制定和完善了政府性债务管理制度，4个省级政府正在研究出台相关制度，加强和规范政府性债务的管理。

（三）关于地方债务管理不规范，融资平台公司清理不到位问题。对于违规为817.67亿元债务提供担保以及以虚假或不合规抵押融资262.38亿元问题，有关地方和部门正在通过协商解除担保协议、撤销承诺函、被担保单位筹集自有资金归还等方式积极整改；对于378.16亿元债务资金被挪作他用问题，部分地方已归还原资金渠道135.33亿元；对于271.71亿元债务资金闲置2年以上问题，有关地方和部门已通过加快拨款进度、调整资金用途等方式整改267.73亿元；对于55家“退出类”融资平台公司未完全剥离政府性债务或公益性融资任务问题，有关地方政府和财政部门已采取措施剥离政府性债务，或将融资平台公司政府性债务纳入债务统计范围。此外，各地还通过调整账目、追加财政拨款、核销不良资产、补足资本金等方式整改问题金额34.91亿元。

四、民生及资源环境审计查出问题整改情况

（一）关于我国城镇保障性安居工程跟踪审计方面问题。住房城乡建设部和地方政府分工协作、强化问责，采取多种措施进行整改：一是及时归还原资金渠道或上缴国库、清理收回或者补缴土地出让金、补缴房屋差价款；二是逐一核实清理周转出租保障性住房情况，视不同情况腾退住房、收回自住、补建或加收租金；三是切实加强审核，取消不符合条件的住房保障资格、停发追回租赁补贴、清退住房或按市场价格收取租金。对于57.99亿元专项资金被建设单位等挪作他用问题，已通过归还原资金渠道、收回贷款、上缴国库调整账目等方式整改51.21亿元；对于1.83万套住房被代建企业等违规出售问题，已通过清理收回违规出售的保障性住房、补缴土地出让金和房屋差价款等方式整改1.44万套。对于5333套保障性住房被用于周转或出租问题，已通过腾退住房、收回自住、补建或加收租金等方式整改4931套；对于11.97万户保障对象的收入财产等超标或重复享受保障问题，已有91988户不符合条件的保障对象被取消资格或停止享受待遇，追回33325户租赁补贴7029.69万元，并通过腾退收回或以提高租金、补缴差价等方式予以整改，涉及保障性住房35431套。

（二）关于农村中小学校布局调整方面问题。针对审计反映的就学距离增加、校舍和宿舍配备不到位、低龄学生寄宿人数多、辍学人数有所增长等问题，教育部已于2012年底下发了相关通知，要求由各省级政府相关部门指导，县级政府教育部门科学制订县域内农村义务教育学校布局调整专项规划，保障低年级学生就近走读上学。涉及的27个省和有关县根据文件要求，并结合自身实际，完善和出台布局调整相关政策措施40余项，江西、湖北等省的158个县陆续将1235个已撤并的农村教学点恢复办学。各地还采取安排交通补助、加大治理非法运营车辆力度、加快校车牌照发放等措施，努力解决农村学生交通困难等问题。

（三）关于节能减排政策执行方面问题。对于9个省的543个项目未按规定进行环境影响评价的问题，已有410个通过环评审批，另有129个项目环评手续正在办理当中；对于95个建设项目未经节能评估审查问题，相关地方政府已陆续出台规定，要求今后建设项目开工前必须开展节能评估审查；对于44个节能减排项目未达预期目标

问题，目前已有35个项目发挥了预期效益，另有9个项目正在积极整改；对于2.7亿元节能减排专项资金被违规使用问题，目前已有2.52亿元归还原资金渠道、由财政追回或责令完成相关项目建设。

五、重大政府投资项目建设管理审计查出问题整改情况

（一）关于三峡工程竣工财务决算审计发现问题。三峡办就整改工作做出总体部署，湖北、重庆两省市政府和中国长江三峡集团公司、国家电网公司均成立整改工作领导小组，部署逐项纠正违规问题，目前问题已全部得到整改。对于多结算价款和多分摊建设成本7.55亿元问题，已追回资金3.57亿元、调整财务决算3.98亿元；对少计建设成本1.58亿元问题，已调整财务决算1.58亿元；对挪用移民资金2.79亿元问题，已全部归还原资金渠道；对工程建设中招投标管理、合同管理、资产管理不到位问题，有关单位进一步加强了内部管理，修订完善了《招标采购监督管理办法》《大型水电项目工程价款结算办法》等57项制度。

（二）关于高速公路建设审计发现问题。有关部门、地方和项目建设单位积极组织整改，已逐项纠正违规问题。对于缺乏充分统筹协调，高速公路省级衔接路段建设滞后，影响路网干线如期贯通问题，发展改革委会同交通运输部组织相关省市研究落实建设任务，将高速公路省级衔接路段建设列入年度重点建设计划加快实施；对于8.32万亩高速公路用地指标受限未办理审批问题，相关单位已将未报批用地指标逐级报有关部门审批；对于投资超概算47.33亿元问题，相关单位已启动概算调整工作，并报有关部门审批；对于合同金额56.1亿元的工程存在违规招标、转分包问题，相关建设单位已对违规转分包单位罚款287万元，处理相关责任人员21名，并公开通报处理处罚情况，同时还建立健全2项招投标制度；对于挪用建设资金6601万元问题，已全部追回。

（三）关于区域综合交通运输体系建设审计调查发现问题。交通运输、铁路、民航等相关部门和单位以及广东省、珠江三角洲地区相关地方政府，就审计反映的问题进行了积极沟通和交流，认真听取和采纳有关意见建议。关于规划衔接不到位问题，有关地方政府建立和完善了项目与规划的衔接机制，以及交通运输基础设施建设、运营的统筹协调机制；关于运营结构不合理问题，有关地方政府正在积极协商交通运输、铁路、民航等部门和单位，研究进一步优化交通运输结构、促进各种运输方式的优势互补和分工协作的措施和办法；关于筹资困难、社会投资不足问题，已根据审计建议，认真研究和探索吸引社会资本参与交通建设等事项。

六、国有金融机构审计查出问题的整改情况

（一）关于部分信贷政策落实不到位问题。对于9家银行分支机构在小企业贷款及出口卖方信贷中额外收费4.21亿元问题，相关银行已下发了收费标准的管理办法，加强了对经营单位收费业务的检查、指导和监督；对于通过中间人以“统借统还”形式放贷问题，相关银行提前收回了贷款，处理了相关责任人，完善了有关规章制度；对于27家银行分支机构向手续不全或担保不合规等项目放贷284.43亿元问题，涉及的6家银行通过提前收回贷款、完善项目手续、充实项目资本金、补充抵（质）押担保和加强贷款管理等措施进行了整改，并对相关责任人进行了处理，涉及的61个问题已有49个完成整改，整改金额229.41亿元；对于183.91亿元贷款被客户挪用问题，涉及的6家银行采取了提前收回贷款、督促挪用资金归位、落实还款计划、改进资金监控手段和提起诉讼等整改措施，并对相关责任人进行了处理，涉及的155个问题已有132个问题完成整改，整改金额189.39亿元；对于22亿多元资金用于高利转贷或归还民间借款问题，其中涉及的案件线索已经移送司法机关立案查处，相关监管部门和银行正在全力追回资金，并对相关责任人进行了处理处罚。

（二）关于一些银行分支机构人为调节存款和信贷资产质量指标问题。对于4家银行分支机构虚增存款11.63亿元问题，涉及的银行采取了加强代发工资业务管理、将违规转入个人账户的存款资金转回单位账户、加强存款业务的指导考核和结清有关承兑业务等整改措施，并对相关责任人进行了处理，6个问题已全部整改；对于将同业机构存款作为一般对公存款核算问题，涉及的银行采取了完善制度、加强管理和调整相关账目等整改措施，并对相关责任人进行了处理，整改金额2399亿元；对于18家银行分支机构用新增贷款或通过第三方企业承接债务等方式置换逾期贷款76.36亿元，有的未按实际及时调整资产质量分类，以掩盖资产质量问题，涉及的银行采取了加强贷款管理、监控借款人风险和经营情况等整改措施，问题已全部整改。

（三）关于银行间债券市场关联交易输送利益问题较为突出问题。审计发现的11起案件线索已经移送司法机关立案查处，相关监管部门和金融机构已对相关人员进行了处理处罚，人民银行会同财政部、银监会等部门组织了对银行间债券市场的专项治理。

在整改过程中，相关监管部门和金融机构通过收回贷（借）款、终止合同、补充担保等方式整改2910亿元，制定完善制度100多项，处理734人次。

七、国有企业审计查出问题的整改情况

（一）关于部分企业投资管理不规范，创新机制尚不完善问题。对于45个建设项目未经国家有关部门核准就先行建设问题，目前已对其中25个项目补办了核准手续，归还原资金渠道14.47亿元，纠正违规征地5868.12亩，制定完善规章制度15项，并处理了相关责任人；对于53户企业科技投入增长总体滞后于生产经营规模发展问题，相关企业已制定完善规章制度6项，切实增加科技投入，严格落实对重大技术攻关和推广应用的激励机制。

（二）关于法人治理结构尚不健全，一些企业会计核算不准确问题。对于1784项重大经济决策不合规，形成损失及潜在损失45.57亿元问题，目前已补征（缴）税款3.92亿元，挽回和避免损失4.77亿元，制定完善规章制度125项，处理相关责任人员15名；对于10户企业2011年收入不实46.65亿元、利润不实36.37亿元问题，目前已通过调整账目、归还原资金渠道和补征（缴）税款等方式整改80.45亿元，制定完善规章制度14项，处理相关责任人员37名；对于违规发放补贴、购买商业保险等5.57亿元问题，目前已通过补征（缴）税款、调整账目方式整改1.26亿元，挽回和避免损失4.33亿元，制定完善规章制度2项。

在整改过程中，相关企业调整账目、归还原资金渠道和补缴税款127.07亿元，避免和挽回损失17.74亿元，并建立健全规章制度706项，处理了73名责任人员。

八、审计发现的重大违法违规案件的查处情况

审计署共向有关部门移送175起重大违法违规案件线索，有关部门已立案查处103起，其他事项正在进一步调查处理。审计署将及时向社会公告查处结果。

九、加强财政管理意见的落实情况

（一）关于加快推进改革，健全财权与事权相匹配的财政体制落实情况。财政部将深入研究深化财税体制改革总体思路，完善政府间转移支付制度，进一步健全中央和地方财力与事权相匹配的财政体制。一是在转变政府职能、合理界定政府与市场边界的基础上，研究划分中央和地方以及各级地方政府之间的事权和支出责任；二是深化税收制度改革，完善地方税体系，建设有利于结构优化、社会公平的政府收入体系，在保持现有中央和地方财力格局总体稳定的前提下，逐步理顺中央政府和地方政府间收入划分；三是继续加大清理整合专项转移支付力度，增加一般性转移支付规模和比例，严格专项转移支付设立的审批权限和程序。

（二）关于加强制度建设，完善政府预算体系和会计制度落实情况。财政部将进一步完善财政管理制度，健全各类预算有机衔接的政府预算体系，建立权责发生制的政府综合财务报告制度，全面反映政府的财务状况和运行情况。一是加强部门收入预算管理，切实将政府收支全面纳入预算管理，明确各类预算的支出范围和重点，避免资金安排交叉重复；二是继续组织地方试编权责发生制的政府综合财务报告，推进相关制度建设工作；三是结合规范津贴补贴政策、绩效工资制度、经济社会发展等因素，进一步调整完善基本支出定员定额和项目支出标准，要求各部门结合工作职责、项目支出特点大力开展项目支出标准建设工作；四是进一步细化政府预决算和部门预决算公开内容，加大中央部门“三公”经费公开力度，推动各省级政府全面公开“三公”经费，争取 2015 年之前实现全国市县级政府全面公开“三公”经费。

（三）关于优化收支结构，增强财政的宏观调控和公共服务能力落实情况。财政部将增强财税政策的针对性和有效性，切实落实各项民生保障政策，进一步提高政府基本公共服务保障能力。一是要求中央各部门 2013 年一般性支出统一按 5%比例压减，重点压减办公楼和业务用房建设等经费，严格控制一般性支出，继续按“零增长”的原则编制 2014 年“三公”经费预算，切实降低行政成本；二是按照《关于深化收入分配制度改革的若干意见》有关要求，加大税收调节力度，减轻小微企业税费负担，调整财政支出结构，集中更多财力用于保障和改善民生；三是逐步建立地方财政运行和管理评价体系，动态反映地方财政收支情况，督促地方及时解决财政管理中存在的问题，逐步清理地方政府超越权限出台的各类税收优惠政策；四是继续加大国家重点生态功能区转移支付力度，加强地方主体税种建设，充分发挥税收政策对主体功能区建设的支持作用，引导地方转变经济发展方式。

（四）关于提高财政资金使用绩效，防范财政风险落实情况。财政部将围绕提高发展质量和效益，保持财政政策的连续性、稳定性，切实加强财政资金监督和政府性债务管理，防范财政风险。一是将按照宏观政策要稳、微观政策要活、社会政策要托底的要求，稳妥实施积极的财政政策，研究实施有利于扩大内需、调整结构、保障民生的长效机制和政策；二是科学拟订国债发行计划，合理安排国债发行品种和期限，统筹国债发行策略的稳定性和灵活性，均衡国债发行节奏；三是督促地方严格执行国家有关规定，继续清理规范地方政府融资平台公司，进一步规范融资行为，完善地方政府性债务风险预警机制，加强高风险地区债务管理，严格控制地方政府新增债务，逐步将地方政府性债务分类纳入财政预算管理。

中华人民共和国审计署审计结果公告（2014 年第 2 号）

审计署移送至 2013 年底已办结 19 起违法违纪案件和事项处理情况

（2014 年 1 月 10 日公告）

审计署对移送有关部门和单位处理的案件和事项，定期跟踪了解其办理情况。现将近期收集到的已办结 19 起案件和事项相关情况整理公告如下：

一、财政部企业司综合处原处长陈柱兵受贿案

审计署在审计中发现，2003 年至 2011 年，部分矿山企业在中介机构协助下套取专项财政补贴，有关部门工作人员涉嫌利用职务便利收受钱款。2011 年 12 月，审计署将此案件线索移送中央纪委查处。2013 年 12 月，北京市第一中级人民法院一审以受贿罪判处陈柱兵无期徒刑，剥夺政治权利终身；判处同案其他 5 名责任人有期徒刑 10 年至 14 年 6 个月。

二、原环保总局机关服务中心副主任、中晟环保科技开发投资有限公司法定代表人刘以革贪污公款案

审计署在审计中发现，1998 年至 2005 年，环保总局机关服务中心下属中晟环保科技开发投资有限公司对外拆借资金所获部分收益去向不明。2007 年 1 月，审计署将此案件线索移送中央纪委驻环保总局纪检组查处。2012 年 12 月，北京市第一中级人民法院以贪污罪判处刘以革有期徒刑 7 年，没收个人财产 10 万元。

三、中国移动通信集团广西有限公司原董事长吴唯宁受贿案

审计署在审计中发现，2007 年至 2010 年，吴唯宁违规干预，帮助福建新大陆软件工程有限公司中标通信采购相关业务，并接受对方为其支付购房款等。2011年9月，审计署将此案件线索移送最高人民检察院查处。2012年12月，吉林省通化市中级人民法院以受贿罪分别判处吴唯宁及其妻王永红有期徒刑11年、5年；吉林省通化县人民法院以单位行贿罪判处福建新大陆软件工程有限公司总经理梁键有期徒刑3年，缓刑5年，并追缴全部违法所得。

四、上海远洋船舶管理有限公司原总经理李德水、副总经理孙飞滥用职权案

审计署在审计中发现，2003年至2005年，李德水、孙飞在集装箱境外租赁业务管理中违规决策，造成国有资产损失。2011年1月，审计署将此案件线索移送公安部查处。2013年3月，上海市第二中级人民法院以国有公司人员滥用职权罪、受贿罪判处孙飞有期徒刑12年，剥夺政治权利3年，并处没收财产30万元；以国有公司人员滥用职权罪判处李德水有期徒刑3年，缓刑3年。

五、东方摩能国际科技发展（北京）有限公司虚开增值税专用发票案

审计署在审计中发现，2007年至2009年，该公司在无真实贸易背景的情况下，采取虚开增值税专用发票等方式，偷逃税款1.47亿元。2011年3月，审计署将此案件线索移送公安部查处。2013年5月，北京市第一中级人民法院以虚开增值税专用发票罪判处公司实际控制人蒋小勇有期徒刑11年，并处罚金40万元。

六、阳信圣泰贸易公司等61家企业虚开增值税专用发票案

审计署在审计中发现，2007年至2010年，阳信圣泰贸易公司等61家企业非法获取增值税专用发票2.34亿元、为他人代开增值税专用发票2.13亿元。2011年8月，审计署将此案件线索移送山东省国家税务局查处。2013年9月，山东省阳信县人民法院以虚开增值税专用发票罪分别判处公司实际控制人张银春等3人有期徒刑3年6个月至7年，并分处罚金10.5万至21万元。

七、保定广龙生物肥料科技开发有限公司法定代表人于龙挪用资金案

审计署在审计中发现，2011年至2012年，该公司涉嫌骗取中央循环经济和资源节约重大示范项目补助资金600万元，部分资金被于龙等人挪用。2013年2月，审计署将此案件线索移送河北省人民政府查处。2013年6月，定兴县人民法院以挪用资金罪判处于龙有期徒刑3年、追缴汽车1辆。定兴县纪委给予县财政局等单位3名责任人党内严重警告、行政免职等处分。目前，被骗资金已全部追回。

八、中国人民财产保险股份有限公司铁岭分公司原总经理赵洪波等人套取保险资金案

审计署在审计中发现，2007年至2009年，赵洪波授意铁岭分公司及所属6个支公司编造114起理赔案件套取赔偿金等2138万元，大量资金去向不明。2010年7月，审计署将此案件线索移送公安部查处。2013年10月，葫芦岛市连山区人民法院以吸收客户资金不入账罪、伪造国家机关公文罪判处赵洪波有期徒刑1年6个月，缓刑2年，并处罚金20万元；判处同案其他5名责任人犯吸收客户资金不入账罪、伪造国家机关公文罪，免予刑事处罚。套取的保险资金已全额收缴。

九、湖南省郴州天湖绿色食品有限公司骗取财政资金及贷款案

审计署在审计中发现，2004年至2007年，该公司以虚假会计报表、存款证明等材料，从郴州市农业综合开发办公室和农业发展银行郴州市苏仙区支行骗取农业综合开发资金1005万元、贷款500万元。2010年6月，审计署将此案件线索移送湖南省人民政府查处。2010年11月，郴州市纪委给予市农业综合开发办公室原副主任刘承虎开除党籍处分；2011年4月，苏仙区人民法院以骗取贷款罪判处该公司总经理张晓平、副总经理周铁桥罚金各5万元。

十、企业主袁正安、韩小兵等虚报注册资本案

审计署在审计中发现，2009年至2012年，袁正安、韩小兵等人利用其控制的7家关联企业及银行账户，为其他企业或个人提供资金虚假注册累计1亿多元。2012年10月，审计署将此案件线索移送公安部查处。2013年5月，北京市朝阳区人民法院以虚报注册资本罪分别判处袁正安、韩小兵等5人有期徒刑10个月至1年，并处罚金15万至101万元。

十一、中国出版集团下属北京中新联科技股份有限公司原副总经理王瑞明贪污公款案

审计署在审计中发现，2003年2月，王瑞明利用职务便利，将公司资金理财所获 9 万元收益转入个人股票账户。2012 年 9 月，审计署将此案件线索移送北京市人民检察院查处。2013 年 8 月，北京市石景山区人民法院以贪污罪判处王瑞明有期徒刑 6 年，并将在案扣押的理财收益返还企业。

十二、重庆市彭水县保家镇村建办原主任李洪锦贪污公款案

审计署在审计中发现，2006 年 3 月，李洪锦通过虚列用地手续费用等支出，从村建办套取征地拆迁资金 6.6 万元，具体用途不明。2012 年 11 月，审计署将此案件线索移送彭水县监察局查处。2013 年 10 月，彭水县人民法院以贪污罪判处李洪锦有期徒刑 1 年 6 个月，并追缴违法所得 4.78 万元。

十三、吉林省农安县新农乡初级中学原副校长王益国挪用公款案

审计署在审计中发现，2007 年至 2008 年，王益国利用保管学校粮食直补款的职务便利，分 5 次支取公款 3.8 万元用于个人消费。2009 年 3 月，审计署将此案件线索移送农安县纪委查处。2009 年 9 月，农安县人民法院判处王益国犯挪用公款罪，免予刑事处罚，并追回被挪用资金。

十四、江西省上饶德兴市人民检察院 6 名干部在企业报销费用的问题

审计署在审计中发现，2012 年 7 月，德兴市人民检察院副检察长、党组副书记程曙宏，副检察长虞汉卿、俞爱武，党组副书记邵庆洪和纪检组长叶德春等人带家属外出考察、旅游，费用 7.79 万元由中国黄金集团江西金山矿业有限公司承担。2013 年 8 月，审计署将此问题线索移送江西省纪委查处。2013 年 9 月，上饶市纪委分别给予程曙宏等 6 名责任人党内严重警告、党内警告处分；6 人将上述费用全部上缴德兴市廉政账户。

十五、沈阳市和平区城市房屋拆迁管理局违规购买购物卡的问题

审计署在审计中发现，2011 年 12 月，该局从商场购买 20 万元购物卡，赠送给有关部门工作人员。2013 年 3 月，审计署将此问题线索移送沈阳市纪委查处。2013 年 10 月，和平区纪委、监察局分别给予该局局长田力、区拆迁服务中心主任刘辉党内警告处分、行政警告处分，并全额追回违规支出。

十六、河南省鄢陵县廉租房工程质量不合格的问题

审计署在审计中发现，2010 年至 2011 年，鄢陵县政府部门把廉租房交给不具备相关资质的企业建设，建成的工程质量不合格，存在安全隐患。2013 年 5 月，审计署将此问题线索移送河南省监察厅查处。2013 年 12 月，许昌市纪委、鄢陵县纪委、县监察局分别给予鄢陵县副县长郑永辉、原副县长邢书志、住房和城乡建设局局长刘东营等 9 名责任人党内警告、行政记大过等处分，收缴相关企业和个人违法所得 72.51 万元。

十七、江苏省泗阳县两所中学校舍质量不合格的问题

审计署在审计中发现，江苏省泗阳县里仁中学和南刘集中学 2009 年投资建设的校舍和宿舍楼建筑质量不合格，存在安全隐患。2012 年 1 月，审计署将此问题线索移送泗阳县人民政府查处。2012 年 1 月至 2 月，泗阳县纪委、监察局、教育局先后给予里仁中学原校长王昌太、南刘集中学原校长何苏祥等 15 名责任人行政撤职、党内严重警告等处分。

十八、重庆市黔江区扶贫开发办公室违规使用扶贫资金的问题

审计署在审计中发现，2010 年至 2013 年，重庆市黔江区扶贫开发办公室把 183.25 万元扶贫资金用于宴请、送礼等。2013 年 5 月，审计署将此问题线索移送重庆市人民政府查处。2013 年 9 月，黔江区纪委分别给予该办主任曾毅、副主任刘正军党内严重警告、党内警告处分，给予区农委副主任杜勇党内严重警告处分。

十九、山东省聊城市国家税务局油田分局违规套取费用的问题

审计署在审计中发现，2002 年至 2010 年，该局违规委托当地金融机构代征税款、以手续费名义列支 104.7 万元用于单位日常开支，并在金融机构报销各类费用 157.81 万元。2011 年 6 月，审计署将此问题线索移送山东省国家税务局查处。2011 年 9 月，聊城市国家税务局给予油田分局局长孙来玉行政降级处分并免去其局长职务。

中华人民共和国审计署审计结果公告（2014年第3号）

审计署关于36个县2012年机构运转支出情况的审计调查结果

（2014年1月29日公告）

审计署关于北京市密云县2012年机构运转支出情况的审计调查结果

根据《中华人民共和国审计法》规定，2013年8月至9月，审计署对北京市密云县2012年机构运转支出①情况进行了审计调查。现将审计调查结果公告如下：

一、基本情况

2012年底，该县设有行政机关和事业单位共计655个（县级512个，乡镇级143个），其中行政机关106个、全额拨款事业单位518个、差额拨款事业单位11个、自收自支事业单位20个。上述机构人员编制共计20836人，其中行政编制3883人、事业编制16598人（包括财政补助事业编制16024人）、工勤编制355人。

审计调查表明，该县上述机构2012年底财政实际供养人员共计29028人，其中行政人员3826人、事业人员14493人、工勤人员304人、12类项目生②626人、合同聘用人员2896人、离退休人员6883人。当年实际发生机构运转支出368360.43万元，其中人员经费支出237133.93万元、公用经费支出131226.5万元。

二、审计调查发现的主要问题

（一）人员经费和公用经费超预算支出。2012年，该县财政供养人员经费实际支出超出预算17133.26万元，主要用事业收入安排；公用经费实际支出超出预算83235.54万元，主要是县直差额预算单位通过事业收入等安排支出74080.80万元和部分县直机构通过挤列项目经费等方式安排支出9154.74万元；合同聘用人员经费实际支出超出预算1217.83万元，均通过挤列项目经费等支出安排。

（二）部分机构存在超编人员。2012年底，该县人大常务委员会办公室、政协委员会办公室、公安局等20个机构行政人员超编87人，市政市容管理委员会、文化委员会和穆家峪镇人民政府等29个机构事业人员超编278人。

（三）公务用车存在编制外长期租用和借用情况。2012年底，该县实际配备及使用车辆2180辆，包括长期租用车辆17辆、借用其他单位车辆88辆。

（四）向非本级预算单位拨付运转经费。2012年，该县财政局向国税局、质量技术监督局、公安消防支队等非本级预算单位拨付日常运转经费1879.21万元。

三、审计调查发现问题的整改情况

对以上审计调查发现的问题，密云县政府高度重视，积极采取措施进行整改。

一是健全机构和人员编制及经费管理，进一步健全机构编制与组织、人事和财政预算管理相互制约的管理机制，建立县编制办、财政局、人保局等部门共同合作机制，严禁预算单位超标准、超范围发放人员工资福利；合同聘用人员严格按照相关规定公开招录，预算单位其他自行雇用、聘用人员的经费财政一律不予负担。

二是严格公务用车配备和使用，组织清退编制外长期借用的车辆，规范租车审批流程和手续，并重新核定全县有关处级单位的公务用车编制，完善车辆管理数据库，实现车辆与编制相统一，杜绝超标准购车、租车、借用车辆的现象；严格控制公务用车成本，规范车辆运行费管理。

三是强化预算资金监管，不再向非本级预算单位拨付经费，正在制定相关管理办法。

---

① 本次调查的机构运转支出，是指由财政预算提供财力保障的各部门、单位保持正常运转、完成日常工作所需支出，包括人员经费和公用经费。

② 12类项目生，是指安置引导到农村基层服务和就业的高校毕业生，按招录形式分为三支一扶、进村进社、特岗教师、农村中小学教师、乡镇卫生院、大学生村官、西部志愿者、基层兽医站、纯农户就业、基层涉农岗位、基层社保、基层旅游等人员。

审计署关于山西省清徐县2012年机构运转支出情况的审计调查结果

根据《中华人民共和国审计法》规定，2013年8月至9月，审计署对山西省清徐县2012年机构运转支出情况进行了审计调查。现将审计调查结果公告如下：

一、基本情况

2012年底，该县设有行政机关和事业单位共计419个（县级391个，乡镇级28个），其中行政机关75个、全额拨款事业单位244个、差额拨款事业单位21个、自收自支事业单位79个。上述机构人员编制共计9006人，其中行政编制1111人、事业编制7863人（包括财政补助事业编制6629人）、工勤编制32人。

审计调查表明，该县上述机构2012年底财政实际供养人员共计14250人，其中行政人员1090人、事业人员6732人、工勤人员48人、12类项目生92人、合同聘用人员3553人、离退休人员2735人。当年实际发生机构运转支出81454.63万元，其中人员经费支出58996.46万元、公用经费支出22458.17万元。

二、审计调查发现的主要问题

（一）人员经费和公用经费超预算支出。2012年，该县财政供养人员经费实际支出超预算830.38万元，主要通过挤占公用经费、坐支非税收入等途径安排；公用经费实际支出超预算518.73万元，主要通过挤占项目支出、坐支非税收入等途径安排。

（二）工资及津补贴发放不规范。

1.2012年，该县安监局、信访局、法院、国土局等10个部门超范围、超标准发放津贴补贴共计191.39万元。

2.2012年，该县10个乡镇街道办领取2011年新农保经办人员工作补贴10.52万元现金后，未按规定纳入乡镇财务账册核算，而是直接发放给经办人员。

3.自2007年以来，该县县城初级中学等5所学校有7人长期不上班，仍领取工资35.77万元。

（三）部分机构设置和管理不严格。

1.截至2012年底，该县客运管理中心、投资促进局等事业单位仍未按照机构编制主管部门的要求进行撤销、合并。

2.该县宏乐幼儿园和东湖街道办事处分别于1997年和2004年被列入县级机构管理，但至2012年底仍未得到上级机构编制部门批复认可。

（四）部分机构超编配备人员。截至2012年底，该县人大、政法委、物价局等超职数配备领导人员5名，全县19个机构行政人员超编93人，64个机构事业人员超编1056人。

（五）公务用车配备超编制。该县80个单位核定的公务用车编制为344辆，截至2012年底实际使用车辆761辆，其中单位账面反映645辆、账外购置9辆、长期租借107辆。

（六）向非本级预算单位拨款。2012年，该县财政向县劳务市场、客运管理中心等33个非本级预算单位拨款6023.49万元。

（七）其他方面问题。

1.2005年该县政府办公大楼未经山西省发展改革委批准即先行建设，2007年按国家有关禁令停工，累计投入财政资金5015.95万元，工程至今尚未完工。

2.2011年该县发展和改革局越权批复县检察院预防职务犯罪教育培训中心、县公安局业务技术用房、人武部办公楼等3个建设项目，涉及总投资共计5100万元。

三、审计调查发现问题的整改情况

对审计调查发现的问题，清徐县委、县政府高度重视，专门召开会议部署，制定了整改措施。

一是县纪检委、组织部、编制办、财政局、人力资源和社会保障局等部门联合开展了“严肃组织人事纪律加强工资管理”的全面整治工作，把违规发放津贴补贴作为专项治理的重要内容；县财政局出台了关于规范县直机关公务员津贴补贴实施方案，相关部门已经停发不规范的津补贴。县教育局对5所学校执行人事纪律不严格的相关人员，视具体情节分别做出了辞退或追缴、扣除相应多领取工资的处理意见，并对这些学校作了通报批评。

二是县编办制订了关于进一步清理规范事业单位的实施方案（草案），开始对事业单位进行全面清理。

三是进一步规范对公务用车管理，出台了公务车辆维修管理办法、公务车辆定点供油管理办法等规定。

审计署关于山西省文水县2012年机构运转支出情况的审计调查结果

根据《中华人民共和国审计法》规定，2013年8月至9月，审计署对山西省文水县2012年机构运转支出情况进行了审计调查。现将审计调查结果公告如下：

一、基本情况

2012年底，该县设有行政机关和事业单位共计345个（县级308个，乡镇级37个），其中行政机关59个、全额拨款事业单位249个、差额拨款事业单位10个、自收自支事业单位27个。上述机构人员编制共计11249人，其中行政编制1330人、事业编制9919人（包括财政补助事业编制9357人）。

审计调查表明，该县上述机构2012年底财政实际供养人员共计16435人，其中行政人员1314人、事业人员9913人、工勤人员154人、12类项目生132人、合同聘用人员1461人、离退休人员3461人。当年实际发生机构运转支出67088.01万元，其中人员经费支出50255.90万元、公用经费支出16832.11万元。

二、审计调查发现的主要问题

（一）人员经费和公用经费超预算支出。2012年，该县财政供养人员经费实际支出超出预算933.52万元，主要通过挤占公用经费安排；公用经费实际支出超出预算1071.71万元，主要通过挤占项目支出安排。

（二）机构设置和管理不规范。

1. 截至2012年底，该县8家行政机关仍未按照2009年有关机构改革文件规定进行合并。

2. 该县青少年业余体育运动学校等4家财政全额拨款事业单位长期未正常运转仍未按规定清理合并，2012年财政安排其人员经费共计271.23万元。

3. 2010年，该县未报经山西省政府批准，设立具体管理苍儿会辖区的县苍儿会办事处。

（三）部分机构人员超编。截至2012年底，该县37个机构行政人员超编61人；37个机构事业人员超编1507人。

（四）公务用车中存在长期租借车辆。2012年，该县57家政府机关单位借（租）用单位员工、亲属和朋友车辆151辆，占全县实际使用公务车辆总数的24%；7家政府机关借用下属单位、监管单位和项目单位车辆7辆。

（五）财政收支管理不严格。

1. 截至2012年底，该县存在财政预算缺口15895.81万元、因财力不足形成的人员经费历史欠账31427万元。

2. 截至2012年底，该县财政局及其他2家单位未及时将罚没收入等非税收入1736.39万元缴入国库。

3. 2012年，该县所属3家单位坐支非税收入87.04万元。

4. 2009年至2012年，该县财政局坐支探矿权、采矿权价款共计3014.86万元。

（六）其他方面问题。

1. 该县人民医院1999年向全院职工集资180.8万元，使用医院土地修建临街商铺。2000年至2012年11月，收取租金收入674.22万元，其中向职工分红607.75万元。2012年11月，医院已将集资款清退。

2. 文水县中学1999年向全校教职工集资50.6万元，利用学校土地建设门面房500平方米。1999年至2012年，累计收取租赁费收入326.43万元，其中上缴学校15.69万元、向职工分红303.06万元。

三、审计调查发现问题的整改情况

对审计调查发现的问题，文水县委、县政府高度重视，积极采取措施进行整改。

一是县委、县政府出台了关于党政机关公务用车配备使用管理实施办法（试行）、加强县直机关单位财务管理的意见等，强化了各项管理。

二是审计调查涉及的15个单位制订了整改方案，逐项加以落实。截至2013年11月底，相关单位已将坐支的非税收入45.03万元上缴国库，将应缴未缴非税收入1736.39万元全部缴入国库。

审计署关于辽宁省法库县 2012 年机构运转支出情况的审计调查结果

根据《中华人民共和国审计法》规定，2013 年 8 月至 9 月，审计署对辽宁省法库县 2012 年机构运转支出情况进行了审计调查。现将审计调查结果公告如下：

一、基本情况

2012 年底，该县设有行政机关和事业单位共计 472 个（县级 338 个，乡镇级 134 个），其中行政机关 65 个、全额拨款事业单位 309 个、差额拨款事业单位 27 个、自收自支事业单位 71 个。上述机构人员编制共计 10923 人，其中行政编制 1649 人、事业编制 9252 人（包括财政补助事业编制 7568 人）、工勤编制 22 人。

审计调查表明，该县上述机构 2012 年底财政实际供养人员共计 16142 人，其中行政人员 1531 人、事业人员 7212 人、工勤人员 27 人，12 类项目生 95 人，合同聘用人员 2225 人，离退休人员 5052 人。当年实际发生机构运转支出 100586.99 万元，其中人员经费支出 64745.26 万元、公用经费支出 35841.73 万元。

二、审计调查发现的主要问题

（一）人员经费和公用经费超预算支出。2012 年，该县财政供养人员经费实际支出超出预算 2299.83 万元，主要通过公用经费、坐支非税收入安排；公用经费实际支出超出预算 838.03 万元，主要通过其他来源、坐支非税收入安排。此外，该县财政局 2012 年未在预算中安排 2 家县级机关和 4 家县直全额拨款事业单位的运行经费，通过基础设施建设费等安排经费支出 2169.53 万元。

（二）机构设置不规范。2010 年 3 月，该县未经辽宁省沈阳市政府批准，设立正科级事业单位法库县东湖新城管理委员会。

（三）部分机构人员超编。截至 2012 年底，该县 92 家行政事业单位行政和事业人员共超编 861 人。

（四）公务用车配备、使用超编制。截至 2012 年底，该县 65 个行政单位核定车辆编制 367 辆，实有车辆 410 辆。

（五）向非本级预算单位拨款。2012 年，该县财政局向 9 家县直自收自支事业单位和 1 家企业拨付资金 4410.21 万元。

（六）其他方面的问题。

1. 该县所属 19 个乡镇 2012 年公务接待费支出总计 1314.87 万元，各单位此项支出均超过规定的公务接待费上限标准。

2. 该县经济开发区管理委员会截至 2013 年 6 月底累计向多家企业出借财政资金余额 13 548.21 万元，其中 279.65 万元借款由于企业停产等原因面临损失风险。

三、审计调查发现问题的整改情况

对审计调查发现的问题，法库县委、县政府高度重视，积极采取措施进行整改。

一是对人员经费挤占公用经费的问题，已责成县编办理顺人员隶属关系，落实人员编制并将供养人员经费纳入预算。对公用经费挤占项目经费的问题，已收缴 3 个单位挤占的项目资金 62.20 万元。对坐支非税收入问题，已出台《法库县非税收入管理办法》，加强非税收入的管理。

二是对未经上级人民政府批准设立事业单位的问题，法库县机构编制委员会办公室已向市编委上报《关于组建法库县东湖新城管理委员会的请示》。

三是将 43 辆超编车辆调剂使用 28 辆，报废 14 辆，拍卖 1 辆。

四是对公务接待费支出超预算问题，已出台《法库县“三公”经费管理制度》，进一步加强管理。

审计署关于辽宁省灯塔市 2012 年机构运转支出情况的审计调查结果

根据《中华人民共和国审计法》规定，2013 年 8 月至 9 月，审计署对辽宁省灯塔市 2012 年机构运转支出情况进行了审计调查。现将审计调查结果公告如下：

一、基本情况

2012 年底，该市设有行政机关和事业单位共计 229 个（县级 179 个，乡镇级 50 个），其中行政机关66个、全额拨款事业单位112个、差额拨款事业单位23个、自收自支事业单位28个。上述机构人员编制共计11247人，其中行政编制1832人、事业编制9229人（包括财政补助事业编制7352人）、工勤编制186人。

审计调查表明，该市上述机构2012年底财政实际供养人员共计14630人，其中行政人员1732人、事业人员6525人、工勤人员180人、12类项目生43人、合同聘用人员1798人、离退休人员4352人。当年该市实际发生机构运转支出81250.60万元，其中人员经费支出52157.06万元、公用经费支出29093.54万元。

二、审计调查发现的主要问题

（一）人员经费和公用经费超预算支出。2012年，该市财政供养人员经费实际支出超出预算11.79万元，主要通过挤占公用经费和项目支出安排；公用经费实际支出超出预算43.32万元，主要通过挤占项目支出和坐支非税收入安排。

（二）工资及津补贴发放不规范。2012年，该市在统一的工资政策之外，向行政和事业单位人员发放奖金补贴852.91万元；向各乡镇自收自支事业编制人员拨付经费326.51万元；向灯塔宾馆（1995年停业至今）在编不在岗的40人累计发放工资等99.91万元。

（三）财政收支管理不规范。2012年，该市财政局向29家单位违规返还罚没收入3686.10万元用于办案经费等支出；向40家单位返还手续费1244.15万元用于补充办公经费；向7个非本级预算单位安排机构运转经费969.22万元；该市1家单位在公用经费中支出运动服装等费用32.07万元；5家单位以白条等不合规发票报销支出97.31万元。

（四）部分机构人员超编。截至2012年底，该市11个机构行政人员超编55人，25个机构事业人员超编256人，8个机构工勤人员超编63人。

（五）公务用车配备超编制。截至2012年底，该市24个党政机关超编制配备公务用车150辆，10个党政机关超标准配备公务用车14辆。2012年，该市2家医院未经政府采购程序购置3辆轿车等，其中2辆是以个人名义购置的。

（六）其他方面问题。

1.该市2012年批复本级预算单位的年初预算中，对基本支出中的公用经费未细化到类别，项目支出中的公用经费未细化到项目。

2.该市本级预算单位公务接待费实际支出4070.28万元，超出规定的公务接待费上限标准3965.99万元。

三、审计调查发现问题的整改情况

对审计调查发现的问题，灯塔市委、市政府高度重视，积极采取措施进行整改。

一是对人员经费支出不合规问题，责成相关单位调整会计账目；对超范围发放奖励补贴问题，责成相关单位进一步清理规范；对返还罚没收入等用于补充办公经费问题，要求相关单位严格执行“收支两条线”，将全部收支纳入预算管理；对坐支非税收入问题，责成相关单位收缴入库；对会计核算不规范问题，责成相关单位进一步加强财务管理；对向非本级预算单位安排运转经费问题，责成财政部门今后严格按预算法规定的开支范围执行。

二是对超编制超标准配置公务用车问题，责成相关部门结合公务用车改革进行清理整顿；对人员超编问题，责成相关部门进一步加强人员编制管理。

三是对部门预算安排不细化问题，责成财政部门在安排预算时进行改进；对公务接待费超出规定标准问题，将制定相关政策和标准，并在下一个预算年度按上年基数压缩5%。

审计署关于吉林省农安县2012年机构运转支出情况的审计调查结果

根据《中华人民共和国审计法》规定，2013年8月至9月，审计署对吉林省农安县2012年机构运转支出情况进行了审计调查。现将审计调查结果公告如下：

一、基本情况

2012年底，该县设有行政机关和事业单位共计595个（县级280个，乡镇级315个），其中行政机关72个、全额拨款事业单位484个、差额拨款事业单位9个、自收自支事业单位30个。上述机构人员编制共计22612人，其中行政编制2374人、事业编制17523人（包括财政补助事业编制

16478 人)、工勤编制 2715 人。

审计调查表明，该县上述机构 2012 年底财政实际供养人员共计 36523 人，其中行政人员 2275 人、事业人员 18403 人、工勤人员 2702 人、12 类项目生 410 人、合同聘用人员 3074 人、离退休人员 9659 人。当年实际发生机构运转支出 187600.76 万元，其中人员经费支出 124927.58 万元、公用经费支出 62673.18 万元。

二、审计调查发现的主要问题

(一) 人员经费和公用经费超预算支出。2012 年，该县财政供养人员经费实际支出超出预算 6478.04 万元，主要通过挤占公用经费和项目支出安排；公用经费实际支出超出预算 2001.88 万元，主要通过挤占项目支出和坐支非税收入安排。

(二) 部分机构超编配备领导和人员。2012 年，该县 52 个机构行政人员超编 114 人，21 个机构事业人员超编 3095 人，合隆镇政府等 7 家单位超编配置领导共 7 人。

(三) 公务用车配备超编制。2012 年，该县各部门公务用车编制 516 辆，实际使用车辆 893 辆。

三、审计调查发现问题的整改情况

对审计调查发现的问题，农安县政府高度重视，积极采取措施进行整改。

一是对人员经费占用项目经费的单位，要求立即清理归还原渠道；要求财政部门在合理安排年度财政资金的同时考虑适当提高各单位公用经费标准，并对非税收入执收执罚单位领用收费、罚没票据严格管理，确保“收支两条线”。

二是要求各部门、单位要逐步清理在岗不在编人员，据实分期分批减员，部分历史遗留的本单位无法解决的事业岗位在岗不在编人员随着事业单位改革自然减员；要求各相关单位对合同聘用人员重新评估，对不必要的人员聘用期结束即行清退，确有必要聘用的专业人员应报请组织人事部门备案；要求各行政单位对混岗使用人员进行清理；建议由县委责成县委组织部对合隆镇人民政府等 7 家单位超编领导人员进行调剂。

三是要求各单位自行核查公务用车问题，将自查结果上报国有资产管理部门，将借用车辆返还原单位，超编车辆重新评估后统一拍卖。

审计署关于吉林省敦化市 2012 年机构运转支出情况的审计调查结果

根据《中华人民共和国审计法》规定，2013 年 8 月至 9 月，审计署对吉林省敦化市 2012 年机构运转支出情况进行了审计调查。现将审计调查结果公告如下：

一、基本情况

2012 年底，该市设有行政机关和事业单位共计 333 个（县级 251 个，乡镇级 82 个），其中行政机关 76 个、全额拨款事业单位 216 个、差额拨款事业单位 29 个、自收自支事业单位 12 个。上述机构人员编制共计 14179 人，其中行政编制 2191 人、事业编制 11803 人（包括财政补助事业编制 11643 人）、工勤编制 185 人。

审计调查表明，该市上述机构 2012 年底财政实际供养人员共计 19731 人，其中行政人员 2158 人、事业人员 10201 人、工勤人员 98 人、12 类项目生 6 人、合同聘用人员 1783 人、离退休人员 5485 人。当年实际发生机构运转支出 113814 万元，其中人员经费支出 87521 万元、公用经费支出 26293 万元。

二、审计调查发现的主要问题

(一) 人员经费和公用经费超预算支出。2012 年，该市财政供养人员经费实际支出超出预算 12133 万元，主要通过单位自筹、挤占项目经费等解决；公用经费实际支出超出预算 13971 万元，主要通过上级主管部门拨付资金等解决。

(二) 部分机构超编制配备领导和人员。2012 年底，该市 26 个机构行政人员超编 117 人，15 个机构事业人员超编 138 人；83 个行政单位科级以上领导职数应配备 69 人，实际配备 75 人，其中有 6 家单位超职数配备领导成员 6 人。

(三) 公务用车存在超标准配备和长期租借用车问题。截至 2012 年底，该市 45 家部门和单位共有 69 辆车超标准，31 家部门和单位长期租用或借用车辆 97 辆。

(四) 其他方面问题。

1. 2012 年，该市财政总决算虚列支出 1982.46 万元；土地出让金 4520.4 万元未按规定纳入预算管理，直接用于拆迁和土地整理支出。

2. 该市林业局挪用贷款1亿元，出借给敦化经济开发区管理委员会用于开发区建设。

三、审计调查发现问题的整改情况

对审计调查发现的问题，敦化市政府高度重视，积极采取措施进行整改。

一是将根据地方财力情况，逐步提高人员经费和公用经费预算保障水平，杜绝超预算支出现象。

二是将在今后的编制管理工作上，严格依照《地方各级人民政府机构设置和编制管理条例》，在空编单位需要用人时，首先从超编单位进行调剂。

三是开展公务用车清理检查工作，超标准配车均已封存，待吉林省制订具体实施方案后依据执行；将长期借用、租用车辆一律退回。

四是对财政总决算结余不真实问题，该市已将由预算外专户暂存的393.06万元调入国库；对土地出让金坐支问题，该市已从2013年7月份起对土地出让金实行总价款全额缴库；对挪用贷款问题，该市将由开发区管委会依照协议及合同履行还本付息义务。

审计署关于黑龙江省木兰县2012年机构运转支出情况的审计调查结果

根据《中华人民共和国审计法》规定，2013年8月至9月，审计署对黑龙江省木兰县2012年机构运转支出情况进行了审计调查。现将审计调查结果公告如下：

一、基本情况

2012年底，该县设有行政机关和事业单位共计325个（县级276个，乡镇级49个），其中行政机关82个、全额拨款事业单位174个、差额拨款事业单位21个、自收自支事业单位48个。上述机构人员编制共计7621人，其中行政编制1176人、事业编制6358人（包括财政补助事业编制5243人）、工勤编制87人。

审计调查表明，该县上述机构2012年底财政实际供养人员共计12214人，其中行政人员1248人、事业人员6012人、工勤人员44人、12类项目生37人、合同聘用人员1454人、离退休人员3419人。当年实际发生机构运转支出49077.37万元，其中人员经费支出34336.09万元、公用经费支出14741.28万元。

二、审计调查发现的主要问题

（一）人员经费和公用经费支出不规范。2012年，该县财政供养人员经费实际支出超出预算3700.45万元，主要通过项目经费支出和其他来源安排；公用经费实际支出超出预算2729.47万元，主要通过其他来源和坐支非税收入安排。

（二）部分机构人员超编。截至2012年底，该县23个机构行政人员超编162人，30个机构事业人员超编1564人。

（三）公务用车配备超编制、超标准。截至2012年底，该县实际使用公务用车324辆，其中长期借用、租用和未经省级车辆编制部门审批购置公务用车等编制外车辆128辆。该县购置的18辆公务用车未入账，涉及资金229.65万元。该县18个部门的28辆公务用车超过公务用车配备标准，超标金额合计194.47万元，购车单价最高64万元。

（四）其他方面问题。2012年，该县69个部门业务招待费支出超过规定的公务接待费上限标准649.74万元，其中12个部门超标10倍以上。

三、审计调查发现问题的整改情况

对审计调查发现的问题，木兰县政府高度重视，积极采取措施进行整改。

一是责成相关部门对通过其他渠道解决机构运转经费问题限期整改，出台《木兰县专项资金管理办法（试行）》，进一步细化预算管理和加强专项资金管理。

二是对全县党政机关和事业单位强化人事管理，严格控制增加人员，截至2013年底，通过清退、调剂等方式，超编问题已全部解决。

三是组织成立县清理超编、超标车辆领导小组，对问题单位的超编、超标车辆进行清理，截至2013年底，已清理收缴拍卖超编、超标车辆23辆，长期借用、租用的78辆车辆已全部归还。

四是要求今后严格控制“三公”经费支出，对全县行政、事业单位预算进行公开，杜绝业务招待费超标准现象。

审计署关于黑龙江省兰西县2012年机构运转支出情况的审计调查结果

根据《中华人民共和国审计法》规定，2013年8月至9月，审计署对黑龙江省兰西县2012年机构运转支出情况进行了审计调查。现将审计调查结果公告如下：

一、基本情况

2012年底，该县设有行政机关和事业单位共计338个（县级292个，乡镇级46个），其中行政机关102个、全额拨款事业单位181个、差额拨款事业单位21个、自收自支事业单位34个。上述机构人员编制共计10124人，其中行政编制1501人、事业编制8548人（包括财政补助事业编制7499人）、工勤编制75人。

审计调查表明，该县上述机构2012年底财政实际供养人员共计15654人，其中行政人员1747人、事业人员6853人、工勤人员74人、12类项目生458人、合同聘用人员1730人、离退休人员4792人。当年实际发生机构运转支出65417.7万元，其中人员经费支出44368.94万元、公用经费支出21048.76万元。

二、审计调查发现的主要问题

（一）人员经费和公用经费超预算支出。2012年，该县财政供养人员经费实际支出超出预算4262.43万元，主要通过项目经费支出和其他来源安排；公用经费实际支出超出预算3098.55万元，主要通过单位自筹资金安排。

（二）部分机构人员超编。截至2012年底，该县32个机构行政人员超编347人，57个机构事业人员超编814人。

（三）公务用车配备超编制、超标准。截至2012年底，该县实际使用公务用车377辆，其中长期借用、租用和未经省级车辆编制部门审批购置公务用车等编制外车辆155辆。该县24个部门38辆公务用车超过公务用车配置标准，超标金额合计62.08万元，购车单价最高49万元。

（四）其他方面问题。2012年，该县31个部门业务招待费支出超过规定的公务接待费上限标准715.79万元，其中6个部门超标在10倍以上。

三、审计调查发现问题的整改情况

对审计调查发现的问题，兰西县政府高度重视，积极采取措施进行整改。

一是要求存在通过其他来源安排超预算支出问题的部门进行认真整改，清退超编制自行聘用人员，对确有工作需要应予保留人员及确属财政供养人员纳入预算管理。

二是在部分人员超编单位和人员缺编单位之间进行余缺调剂，对长期离岗人员进行清退，鼓励符合相关规定的党政机关干部提前退休等措施积极消化超编人员，部分人员超编制问题已解决。

三是责成县清理公务用车领导小组进行核实整改，截至2013年底，超标准配备的38辆公务用车已经拍卖，长期借用租用的60辆车辆已全部退还，对未经省级车辆编制部门审批的公务用车，申请补办编控手续。

四是今后将通过严格控制接待标准和接待规格，压缩公务接待费用支出，规范公务接待管理，解决公务费用过高问题。

审计署关于江苏省东海县2012年机构运转支出情况的审计调查结果

根据《中华人民共和国审计法》规定，2013年8月至9月，审计署对江苏省东海县2012年机构运转支出情况进行了审计调查。现将审计调查结果公告如下：

一、基本情况

2012年底，该县设有行政机关和事业单位共计585个（县级304个，乡镇级281个），其中行政机关73个、全额拨款事业单位318个、差额拨款事业单位85个、自收自支事业单位109个。上述机构人员编制共计21103人，其中行政编制2388人、事业编制18508人（包括财政补助事业编制15274人）、工勤编制207人。

审计调查表明，该县上述机构2012年底财政实际供养人员共计26340人，其中行政人员2692人、事业人员14285人、工勤人员105人、12类项目生367人、合同聘用人员4682人、离退休人员4209人。当年实际发生机构运转支出219187.25万元，其中人员经费支出126516.61万元、公用经费支出 92670.64 万元。

二、审计调查发现的主要问题

（一）人员经费和公用经费超预算支出。2012 年，该县财政供养人员经费实际支出超出预算 28504.56 万元，主要通过挤占项目支出和其他来源安排；公用经费实际支出超出预算 69898.15 万元，主要通过挤占项目支出和其他来源安排。

（二）部分机构超编制配备领导和人员。2012 年底，该县 44 个机构行政人员超编 506 人，94 个机构事业人员超编 1524 人；该县核定县管领导职数 185 名，实际配备 250 名，超职数配备 65 名。

（三）公务用车配备超编制。截至 2012 年底，该县核定编制车辆 718 辆，实际使用公务用车 912 辆，其中长期借用、租用等编制外车辆 139 辆。

（四）该县 82 家单位未按账面实际发生数编报部门决算，而是根据部门预算和财政局下达的控制数编制部门决算，导致单位决算报表数与账面实际发生数不符。

三、审计调查发现问题的整改情况

对审计调查发现的问题，东海县政府高度重视，积极采取措施进行整改。

一是县政府下发有关文件，要求加强预算管理，在预算追加的原则、程序、执行等方面做出了详细规定。

二是对公务用车超编、人员超编和超职数配备领导干部等问题，提出今后严格按照相关制度执行。

三是对于决算报表数与账面实际发生数不符的问题，要求对预算单位加强监督管理，明确责任，完整、真实、准确地编制决算报表。

审计署关于江苏省泰兴市 2012 年机构运转支出情况的审计调查结果

根据《中华人民共和国审计法》规定，2013 年 8 月至 9 月，审计署对江苏省泰兴市 2012 年机构运转支出情况进行了审计调查。现将审计调查结果公告如下：

一、基本情况

2012 年底，该市设有行政机关和事业单位共计 595 个（县级 488 个，乡镇级 107 个），其中行政机关 78 个、全额拨款事业单位 381 个、差额拨款事业单位 53 个、自收自支事业单位 83 个。上述机构人员编制共计 20264 人，其中行政编制 2992 人、事业编制 17051 人（包括财政补助事业编制 16077 人）、工勤编制 221 人。

审计调查表明，该市上述机构 2012 年底财政实际供养人员共计 34408 人，其中行政人员 2834 人、事业人员 16333 人、工勤人员 117 人、12 类项目生 311 人、合同聘用人员 4581 人、离退休人员 10232 人。当年实际发生机构运转支出 256613.01 万元，其中人员经费支出 181109.01 万元、公用经费支出 75504 万元。

二、审计调查发现的主要问题

（一）人员经费和公用经费超预算支出。2012 年，该市财政供养人员经费和公用经费实际支出分别超出预算 44009.1 万元、54947.49 万元，主要是通过挤列项目经费或用事业收入等自筹经费安排。

（二）部分机构人员超编。2012 年底，该市 11 个机构行政人员超编 70 人，8 个机构实有领导人数共超核定编制数 8 人。

（三）公务用车配备超编制。2012 年底，该市核定车辆编制 722 辆，实际配备使用 859 辆，其中长期租借 39 辆。

（四）其他方面问题。

1. 2012 年，该市环境保护局安排下属单位承担局机关职工体检费用 5.8 万元；为完成年度指标，民防局向企业和个人借款缴纳人防费后归还，造成虚增财政收支各 1000 万元。

2. 至 2013 年 7 月底，该市财政局有 25 个财政专户未及时清理；非税资金财政专户 43445.96 万元应收款长期挂账。

三、审计调查发现问题的整改情况

对审计调查发现的问题，泰兴市政府高度重视，采取措施积极整改。

一是进一步细化部门预算编制，深化国库集中收付制度改革，加强部门预算执行过程中的监督检查，确保按照预算规定用途使用资金。

二是健全人员编制和经费管理，由市纪委牵头，对全市机关事业单位超编人员进行专项清理，责成有关部门根据实际情况合理调配领导干部，及时消化超编人员。

三是严格公务用车配备和使用，要求纪检、监察等部门进一步加强公务用车治理，强化对编制外车辆使用情况的监督检查。

四是加强财政收支管理，如实反映财政收支情况，及时清理财政专户，对长期挂账的应收款尽快结算清收。

审计署关于浙江省桐庐县2012年机构运转支出情况的审计调查结果

根据《中华人民共和国审计法》规定，2013年8月至9月，审计署对浙江省桐庐县2012年机构运转支出情况进行了审计调查。现将审计调查结果公告如下：

一、基本情况

2012年底，该县设有行政机关和事业单位共计309个（县级289个，乡镇级20个），其中行政机关82个、全额拨款事业单位201个、差额拨款事业单位23个、自收自支事业单位3个。上述机构人员编制共计9760人，其中行政编制2088人、事业编制7577人（全部为财政补助事业编制）、工勤编制95人。

审计调查表明，该县上述机构2012年底财政实际供养人员共计17557人，其中行政人员2034人、事业人员6552人、工勤人员160人、12类项目生123人、合同聘用人员3817人、离退休人员4871人。当年实际发生机构运转支出183237.14万元，其中人员经费支出141970.60万元、公用经费支出41266.54万元。

二、审计调查发现的主要问题

（一）人员经费和公用经费超预算支出。2012年，该县全额拨款一级预算单位人员经费和公用经费实际支出分别超出预算6664.94万元、8789.29万元，各乡镇（街道）机构运转实际支出超出预算3937.03万元。上述超预算支出主要是通过挤列项目经费和用其他收入等安排。

（二）部分机构人员超编。2012年底，该县8个机构行政人员超编16人，5个机构事业人员超编18人。

（三）公务用车配备超编制。2012年底，该县51个部门实际配备和使用车辆超编163辆，另65家无核定车辆编制的预算单位实际使用车辆193辆。

（四）其他方面问题。2012年，该县“三公”经费支出比2011年上升6.9%，其中公务接待费增长19.82%；部分单位未在规定科目中核算招待费，不能如实反映公务接待费规模。

三、审计调查发现问题的整改情况

对审计调查发现的问题，桐庐县政府高度重视，采取措施积极整改。

一是加强和完善会议费、出国费、培训费、差旅费等管理制度和审批控制，强化出国经费预算约束，2013年前11个月该县“三公”经费同比下降11.94%。制定乡镇财政国库集中支付改革意见，进一步规范乡镇财政资金支出行为。

二是研究制定机关事业单位、乡镇（街道）等编外用工和临时聘用人员的相关管理办法，逐步清理编外用工人员，全部核销各单位原编外用工指标，重新核定指标控制数。

三是实施公务用车制度改革，已完成县公车服务公司组建、车贴发放、涉改车辆上缴拍卖、驾驶员安置、非参公事业单位车辆核编等工作，开展了公务用车统一标识，GPS卫星定位系统安装和县属国有企业车辆核编等工作。

四是开展全县行政事业单位会计培训，进一步规范全县各级行政事业单位财会工作。

审计署关于福建省闽侯县2012年机构运转支出情况的审计调查结果

根据《中华人民共和国审计法》规定，2013年8月至9月，审计署对福建省闽侯县2012年机构运转支出情况进行了审计调查。现将审计调查结果公告如下：

一、基本情况

2012年底，该县设有行政机关和事业单位共计306个（县级190个，乡镇级116个），其中行政机关89个、全额拨款事业单位157个、差额拨款事业单位23个、自收自支事业单位37个。上述机构人员编制共计11286人，其中行政编制1690人、事业编制9447人（含财政补助事业编制9085人）、工勤编制149人。

审计调查表明，该县上述机构2012年底财政实际供养人员共计18598人，其中行政人员1563人、事业人员7630人、工勤人员141人、12类项目生22人、合同聘用人员4275人、离退休人员4967人。当年实际发生机构运转支出156398.3万元，其中人员经费支出111622万元、公用经费支出44776.04万元。

二、审计调查发现的主要问题

（一）人员经费和公用经费超预算支出。2012年，该县财政供养人员经费和公用经费实际支出分别超出预算8132.51万元、6143.95万元，主要是通过挤占项目经费和用自筹经费等安排。

（二）部分机构人员超编。2012年底，该县16个机构行政人员超编40人，14个机构事业人员超编75人。

（三）公务用车配备超编制。2012年底，该县核定车辆编制共471辆，实际配备使用747辆，其中长期租借车辆54辆。

（四）向非本级预算单位拨付运转经费。2012年，该县向27个自收自支或企业化管理的事业单位安排人员经费1046.53万元、公用经费1253.55万元。

（五）其他方面问题。2012年，该县国有资产处置收入滞留在预算外财政专户，造成少计收入1.57亿元；县机关事务管理中心财务管理和核算不规范，无法确定各单位2012年末滚存结余2982.79万元来自于公用经费还是项目经费。

三、审计调查发现问题的整改情况

对审计调查发现的问题，闽侯县政府高度重视，采取措施积极整改。

一是对部分机构运转支出超预算和资金来源、投向不规范等问题，将严格执行预算管理制度，加强预算单位支出管理，不再安排非财政保障机构的运转经费。

二是对人员超编和超编制配备公务用车问题，将进一步加强人员编制和车辆编制管理，及时清理在岗不在编人员，以及长期租用和借用的车辆。

三是对少计收入和财务管理不规范等问题，已分批将款项全部缴入国库，相关部门建立了独立的账套核算财政财务收支，现已清理完毕相关账务。

审计署关于福建省霞浦县2012年机构运转支出情况的审计调查结果

根据《中华人民共和国审计法》规定，2013年8月至9月，审计署对福建省霞浦县2012年机构运转支出情况进行了审计调查。现将审计调查结果公告如下：

一、基本情况

2012年底，该县设有行政机关和事业单位共计191个（县级177个，乡镇级14个），其中行政机关76个、全额拨款事业单位84个、差额拨款事业单位22个、自收自支事业单位9个。上述机构人员编制共计8996人，其中行政编制1481人、事业编制7401人（包括财政补助事业编制7282人）、工勤编制114人。

审计调查表明，该县上述机构2012年底财政实际供养人员共计19686人，其中行政人员1366人、事业人员7516人、工勤人员178人、12类项目生20人、合同聘用人员7719人、离退休人员2887人。当年实际发生机构运转支出90277.77万元，其中人员经费支出60074.73万元、公用经费支出30203.04万元。

二、审计调查发现的主要问题

（一）人员经费和公用经费超预算支出。2012年，该县财政供养人员经费和公用经费实际支出分别超出预算7192.78万元、10776.05万元，主要通过挤占项目经费、坐支非税收入以及用其他收入等安排。

（二）部分机构人员超编。2012年底，该县37个机构行政人员超编104人，59个机构事业人员超编1096人，21个机构工勤人员超编72人。此外，该县还超职数配备科级干部6人。

（三）公务用车配备超编制。截至2012年底，该县核定车辆编制289辆，实际使用327辆。

（四）向非本级预算单位拨付运转经费。2012年，该县向9个自收自支或企业化管理的事业单位安排人员经费1076.28万元、公用经费386.47万元。

（五）其他方面问题。2012年，该县人为调节收入进度，少计非税收入1.22亿元；未及时将以前年度财政专户净结余 0.61 亿元上缴国库。

三、审计调查发现问题的整改情况

对审计调查发现的问题，霞浦县政府高度重视，采取措施积极整改。

一是对机构运转经费超预算的问题，将进一步细化部门预算编制，加强部门预算执行过程中的监督检查，确保按规定用途使用资金。

二是对超职数配备干部的问题，已免去 6 名科级领导职务。

三是对超编制配备公务用车的问题，上级政府根据工作需要，将该县一般公务用车和执法车编制数重新核定为 505 辆。

四是对以前年度净结余未上缴国库的问题，已将净结余 0.61 亿元调入公共财政预算。

审计署关于江西省安义县 2012 年机构运转支出情况的审计调查结果

根据《中华人民共和国审计法》规定，2013 年 8 月至 9 月，审计署对江西省安义县 2012 年机构运转支出情况进行了审计调查。现将审计调查结果公告如下：

一、基本情况

2012 年底，该县设有行政机关和事业单位共计 348 个（县级 278 个，乡镇级 70 个），其中行政机关 64 个、全额拨款事业单位 241 个、差额拨款事业单位 2 个、自收自支事业单位 41 个。上述机构人员编制共计 6899 人，其中行政编制 1038 人、事业编制 5712 人（包括财政补助事业编制 4858 人)、工勤编制 149 人。

审计调查表明，该县上述机构 2012 年底财政实际供养人员共计 8466 人，其中行政人员 939 人、事业人员 4032 人、工勤人员 195 人、12 类项目生 47 人、合同聘用人员 1229 人、离退休人员 2024 人。当年实际发生机构运转支出 41777.03 万元，其中人员经费支出 27133.76 万元、公用经费支出 14643.27 万元。

二、审计调查发现的主要问题

（一）人员经费和公用经费超预算支出。2012 年，该县财政供养人员经费和公用经费实际支出分别超出预算 3945.47 万元、4308.28 万元，主要是通过挤占项目经费、坐支非税收入等安排。

（二）部分机构人员超编，有的行政编制与事业编制混用。2012 年底，该县 16 个机构行政人员超编 53 人，11 个机构事业人员超编 59 人，5 个行政单位核定事业编制 16 个。

（三）公务用车配备超编制。2012 年底，该县 21 个部门实际配备和使用车辆超编 82 辆，16 个部门长期租借车辆 27 辆，另有 5 个部门 14 辆公务用车未在账面反映。

（四）其他方面问题。2012 年，该县预算编制未制定定额标准，也未建立预算项目库；县财政局未经本级人大审批，追加部门预算 3.84 亿元；将行政事业性收费收入 1.23 亿元返还给相关执收部门。

三、审计调查发现问题的整改情况

对审计调查发现的问题，安义县政府高度重视，召开专题会议部署整改。

一是完善部门预算编制体系，适当扩大部门预算编制范围，将非税收入、上年结转结余等足额编入部门预算。

二是责成各单位严格执行公车管理规定，开展公车专项治理，对超编车辆尽快处置、收缴，并及时退还借用、租用的车辆。

三是研究出台了县本级行政事业单位预算定额管理标准，开展各预算单位财务人员培训工作，全面清理往来资金。

审计署关于江西省都昌县 2012 年机构运转支出情况的审计调查结果

根据《中华人民共和国审计法》规定，2013 年 8 月至 9 月，审计署对江西省都昌县 2012 年机构运转支出情况进行了审计调查。现将审计调查结果公告如下：

一、基本情况

2012 年底，该县设有行政机关和事业单位共计 673 个（县级 364 个，乡镇级 309 个），其中行政机关 75 个、全额拨款事业单位 521 个、差额拨款事业单位 14 个、自收自支事业单位 63 个。上述机构人员编制共计 12661 人，其中行政编制 1809 人、事业编制 10793 人（包括财政补助事业编制 10556 人)、工勤编制 59 人。

审计调查表明，该县上述机构 2012 年底财政实际供养人员共计 19356 人，其中行政人员 1926 人、事业人员 10649 人、工勤人员 106 人、12 类项目生 101 人、合同聘用人员 2995 人、离退休人员 3579 人。当年实际发生机构运转支出 91245.02 万元，其中人员经费支出 62224.63 万元、公用经费支出 29020.39 万元。

二、审计调查发现的主要问题

(一) 人员经费和公用经费超预算支出。2012 年，该县财政供养人员经费实际支出超出预算 10406.69 万元，超出部分在公用经费中列支 3390.8 万元，在项目支出中列支 555.53 万元，坐支非税收入 6460.36 万元；公用经费实际支出超出预算 7210.06 万元，超出部分在项目支出中列支 2371.79 万元，坐支非税收入 4838.27 万元。

(二) 部分机构人员超编。2012 年底，该县 35 个机构行政人员超编 365 人，97 个机构事业人员超编 1386 人。

(三) 超编制配备公务用车。2012 年底，该县 42 个部门超编制配备和使用车辆 71 辆，6 个单位长期借租车辆 8 辆，还有 8 个部门的 10 辆公务用车未在账面反映。

此外，2012 年，该县财政局少计非税收入 5245.14 万元；违反规定向执收部门和有关单位返还非税收入 13619.11 万元。

三、审计调查发现问题的整改情况

对审计调查发现的问题，都昌县政府高度重视，积极采取措施进行整改。

一是成立由人事、监察、编制、财政等部门组成的清理财政供养人员工作组，对全县所有预算单位进行清查。

二是召开专门会议，要求各单位编制综合预算，将各项收入纳入部门预算管理，组织各单位财务人员学习预算及非税收入管理相关法规制度。

三是制定《关于进一步规范“三公”经费管理的实施细则》，严格落实中央八项规定，坚持勤俭办事业，对公务用车从购置、使用、维修、处置做出明确规定，坚决杜绝违规用车。

审计署关于山东省平阴县 2012 年机构运转支出情况的审计调查结果

根据《中华人民共和国审计法》规定，2013 年 8 月至 9 月，审计署对山东省平阴县 2012 年机构运转支出情况进行了审计调查。现将审计调查结果公告如下：

一、基本情况

2012 年底，该县设有行政机关和事业单位共计 331 个（县级 281 个，乡镇级 50 个），其中行政机关 50 个、全额拨款事业单位 210 个、差额拨款事业单位 22 个、自收自支事业单位 49 个。上述机构人员编制共计 8151 人，其中行政编制 1371 人、事业编制 6664 人（包括财政补助事业编制 5842 人)、工勤编制 116 人。

审计调查表明，该县上述机构 2012 年底财政实际供养人员共计 13622 人，其中行政人员 1238 人、事业人员 7955 人、工勤人员 99 人、12 类项目生 36 人、合同聘用人员 1176 人、离退休人员 3118 人。当年实际发生机构运转支出 87557.76 万元，其中人员经费支出 57460.71 万元、公用经费支出 30097.05 万元。

二、审计调查发现的主要问题

(一) 人员经费和公用经费超预算支出。2012 年，该县财政供养人员经费实际支出超出预算 164.14 万元，超出部分在公用经费中列支；公用经费实际支出超出预算 790.49 万元，超出部分在项目经费中列支 770.49 万元，坐支应上缴的非税收入 20 万元。

(二) 部分机构领导和人员超编。2012 年底，该县 5 个机构行政人员超编 58 人；13 个机构工勤人员超编 31 人；2 个单位超职数配备领导干部 4 人。

(三) 公务用车配备超编制。2012 年底，该县核定车辆编制共 648 辆，实际使用 675 辆，包括长期租借或出借车辆 23 辆、未在账面反映 5 辆。超标准配备 30 辆。

(四) 向非预算单位拨付运转经费。2012 年，该县财政局为 2 家自收自支事业或企业化管理单位安排机构运转经费 611.75 万元。

(五) 其他方面问题。

1. 该县4个部门单位人员经费和公用经费预算追加比例高达年初预算的52.17%。

2. 全县机关事业单位基本养老保险费中，应由个人承担的2%部分养老保险金由所在单位缴纳。

三、审计调查发现问题的整改情况

对审计调查发现的问题，平阴县政府高度重视，积极采取措施进行整改。

一是对相关账目进行调整，坐支的20万元非税收入已上缴财政，县政府决定自2014年起停止对自收自支、企业化管理单位安排机构运转经费。

二是已分流46名行政岗位编外人员。

三是对超编车辆由县公务用车治理领导小组办公室集中调剂到需要更换车辆的单位使用；对长期借用、租用或出借其他单位的公务用车已全部清退或收回；账外购置的车辆已入账。

审计署关于山东省荣成市2012年机构运转支出情况的审计调查结果

根据《中华人民共和国审计法》规定，2013年8月至9月，审计署对山东省荣成市2012年机构运转支出情况进行了审计调查。现将审计调查结果公告如下：

一、基本情况

2012年底，该市设有行政机关和事业单位共计690个（县级558个，乡镇级132个），其中行政机关125个、全额拨款事业单位469个、差额拨款事业单位70个、自收自支事业单位26个。上述机构人员编制共计15980人，其中行政编制2239人、事业编制13610人（包括财政补助事业编制12652人）、工勤编制131人。

审计调查表明，该市上述机构2012年底财政实际供养人员共计26897人，其中行政人员2318人、事业人员12305人、工勤人员85人、12类项目生83人、合同聘用人员4206人、离退休人员7900人。当年实际发生机构运转支出183431.86万元，其中人员经费支出124760.3万元、公用经费支出58671.56万元。

二、审计调查发现的主要问题

（一）人员经费和公用经费超预算支出，部分资金列支渠道不规范。2012年，该市财政供养人员经费实际支出超出预算1853.07万元，超出部分在公用经费中列支1283.44万元，在项目经费中列支569.63万元；公用经费实际支出超出预算5898.22万元，超出部分在项目经费中列支5827.84万元，坐支非税收入70.38万元。

（二）部分机构人员超编。2012年底，该市28个机构行政人员超编337人，还为3个履行行政职能的市政府派出机构核定事业编制279人，存在行政人员挤占事业编制的现象。

（三）公务用车配备超编制、超标准。2012年底，该市各预算单位核定车辆编制共1537辆，实际使用1750辆，包括长期租借车辆85辆。超标配备5辆。

（四）向非预算单位拨付运转经费。2012年，该市财政为两家自收自支事业单位安排日常运转经费426.2万元。

（五）其他方面的问题。

1. 该市2012年财政决算多计财政收入63962万元、支出133166万元，少计年末结余119834万元。

2. 该市公安局等单位2008年至2012年违规向当地企业或下属单位收取费用1135.74万元用于运转支出。

3. 该市交通运输局2012年挪用专项资金38万元用于职工福利支出。

三、审计调查发现问题的整改情况

对审计调查发现的问题，荣成市政府高度重视，积极采取措施进行整改。

一是进一步细化部门预算编制，严格界定各项支出范围，并按规定的开支标准加强预算执行工作。市政府制定《关于加强镇区财政非税收入管理的通知》，从2014年起取消镇区预算外账户，将各项收入全额纳入预算。

二是对有编制外在岗人员问题，明确今后除中央及省级机构另有规定外，该市不再实行干部到龄离岗待休政策，超编单位“只出不进”，每年自然减员空出的编制主要用于消化超编人员，使人员总数逐年回归到编制之内。

三是责令相关单位将租借车辆退回车辆所有人，将超标公务用车原地封存，并按照国有资产管理和使用的相关规定进行处置。

四是纠正违规收支行为，责令相关单位将违规收取的资金全额返还，限期收回挪用的专项资金，并按规定拨付项目单位。

审计署关于河南省中牟县 2012 年机构运转支出情况的审计调查结果

根据《中华人民共和国审计法》规定，2013 年 8 月至 9 月，审计署对河南省中牟县 2012 年机构运转支出情况进行了审计调查。现将审计调查结果公告如下：

一、基本情况

2012 年底，该县设有行政机关和事业单位共计 585 个（县级 470 个，乡镇级 115 个），其中行政机关 68 个、全额拨款事业单位 409 个、差额拨款事业单位 41 个、自收自支事业单位 67 个。上述机构人员编制共计 16849 人，其中行政编制 1883 人、事业编制 14821 人（包括财政补助事业编制 13277 人）、工勤编制 145 人。

审计调查表明，该县上述机构 2012 年底财政实际供养人员共计 22882 人，其中行政人员 2385 人、事业人员 14528 人、工勤人员 212 人、12 类项目生 678 人、合同聘用人员 1906 人、离退休人员 3173 人。当年实际发生机构运转支出 153025.21 万元，其中人员经费支出 93697.94 万元、公用经费支出 59327.28 万元。

二、审计调查发现的主要问题

（一）人员经费和公用经费超预算支出，部分资金列支渠道不规范。2012 年，该县财政供养人员经费实际支出超出预算 1496.3 万元，公用经费实际支出超出预算 6853.34 万元，超出部分主要用事业收入、经营收入等弥补，还在项目经费中列支公用经费 286.39 万元。

（二）部分机构领导和人员超编。2012 年底，该县政府各部门和乡镇政府超职数配备领导干部 34 人。教育体育局和国土资源局还抽调 166 名下属事业单位人员到机关工作，分别占两部门实有在岗人数的 81.58%和 83.91%。

（三）公务用车配备超编制。2012 年底，该县核定车辆编制共 850 辆，实际使用 935 辆。

（四）向非本级预算单位拨付运转经费。2012 年，该县财政局、九龙镇政府等单位向县国家税务局等 10 家非本级预算单位拨付运转经费 1955.5 万元。

（五）其他方面问题。

1. 县委办公室等 3 家单位 2012 年在“办公费”“差旅费”中列支企业奖励资金等 858.54 万元。

2. 县国土资源局 2012 年以召开职工运动会名义，在职工福利费和工会经费中列支 45.58 万元给职工购置服装。

三、审计调查发现问题的整改情况

对审计调查发现的问题，中牟县政府高度重视，积极采取措施进行整改。

一是结合事业单位改革，将行政机关中混用的事业人员全部退回原单位工作，督促到龄人员办理退休手续，严格控制机关事业单位进人数量，根据实际需求对编制进行科学调整，逐步消化超编人员。

二是召开专题会议，对部分单位违规收取费用的问题提出严肃批评，责令相关单位责任人做出深刻检查，杜绝此类问题发生，要求今后不再向非本级预算单位拨款。

三是责令有关单位调整账务，确保经费列支渠道规范、合规；县国土资源局职工补交全部服装款 45.58 万元。

审计署关于河南省息县 2012 年机构运转支出情况的审计调查结果

根据《中华人民共和国审计法》规定，2013 年 8 月至 9 月，审计署对河南省息县 2012 年机构运转支出情况进行了审计调查。现将审计调查结果公告如下：

一、基本情况

2012 年底，该县设有行政机关和事业单位共计 539 个（县级 421 个，乡镇级 118 个），其中行政机关 68 个、全额拨款事业单位 386 个、差额拨款事业单位 42 个、自收自支事业单位 43 个。上述机构人员编制共计 15636 人，其中行政编制 1910 人、事业编制 13577 人（包括财政补助事业编制 12927 人）、工勤编制 149 人。

审计调查表明，该县上述机构2012年底财政实际供养人员共计22417人，其中行政人员1920人、事业人员14366人、工勤人员138人、12类项目生426人、合同聘用人员1771人、离退休人员3796人。当年实际发生机构运转支出102406.02万元，其中人员经费支出57139.53万元、公用经费支出45266.49万元。

二、审计调查发现的主要问题

（一）人员经费和公用经费超预算支出，部分资金列支渠道不规范。2012年，该县财政供养人员经费实际支出超出预算6366.54万元，超出部分在公用经费中列支328.99万元，在项目经费中列支144.61万元，通过其他渠道列支5892.94万元；公用经费实际支出超出预算14017.37万元，超出部分在项目经费中列支1369.25万元，坐支非税收入46.38万元，通过其他渠道列支12601.74万元。

（二）部分机构领导和人员超编。截至2012年底，该县超职数配备县处级领导干部1人、乡科级领导干部16人。县教育体育局行政编制和事业编制混用，行政岗位人员挤占事业编制37人。

（三）公务用车配备超编制。2012年底，该县各预算单位核定车辆编制共418辆，实际使用487辆，其中长期租借用车辆52辆。

（四）向非本级预算单位拨付运转经费。2012年，该县向县地方税务局等4家不应由本级财政保障的单位安排经费1325.66万元。

（五）其他方面的问题。

1. 该县临河乡政府2012年为完成考核任务，虚增财政收入41万元。

2. 该县未经上级部门批准，自行撤销事业单位县外贸总公司，并将人员编制并入县商务局。

三、审计调查发现问题的整改情况

对审计调查发现的问题，息县政府高度重视，积极采取措施进行整改。

一是从2013年第三季度起，对县公安局等单位人员、公用经费预算进行调整，加大公用经费保障，并责成公用经费来源不规范的单位及时整改。

二是对各部门和单位机构、编制、人员进行核查，确保人员与编制相对应，对超编单位一律不准新增人员。

三是完善公务用车编制管理，2013年在全县实有公务用车数量的基础上，压缩10%作为编制数；对超编车辆一律收缴，公开拍卖，已处置6辆；制定《关于进一步规范公务车辆审批和备案程序的通知》，明确公务用车审批备案程序。

审计署关于湖南省长沙县2012年机构运转支出情况的审计调查结果

根据《中华人民共和国审计法》规定，2013年8月至9月，审计署对湖南省长沙县2012年机构运转支出情况进行了审计调查。现将审计调查结果公告如下：

一、基本情况

2012年底，该县设有行政机关和事业单位共计721个（县级565个，乡镇级156个），其中行政机关74个、全额拨款事业单位603个、差额拨款事业单位31个、自收自支事业单位13个。上述机构人员编制共计12806人，其中行政编制2243人、事业编制10409人（包括财政补助事业编制10309人）、工勤编制154人。

审计调查表明，该县上述机构2012年底财政实际供养人员共计22683人，其中行政人员2368人、事业人员8968人、工勤人员571人、12类项目生407人、合同聘用人员4198人、离退休人员6171人。当年实际发生机构运转支出232422.91万元，其中人员经费支出163025.54万元、公用经费支出69397.37万元。

二、审计调查发现的主要问题

（一）人员经费和公用经费超预算支出。2012年，该县人员经费实际支出超出预算26891.45万元，其中违规发放津补贴2122.56万元，主要用事业收入和挤列其他经费支出安排；公用经费实际支出超出预算28392.06万元，主要用事业收入和挤列其他经费支出安排。

（二）部分机构超编制配备领导和人员。2012年底，该县超职数配备正科级干部34名、副科级干部74名；60个机构事业人员超编954人。

（三）公务用车配备超编制。2012年，该县24个部门和单位实际配备及使用车辆超出编制数共计64辆，包括长期租赁和借用车辆51辆、账外购置8辆、账面超编5辆。

（四）其他方面问题。

1. 该县共有119名人员未按规定通过相关考试或未进行公务员登记直接进入机关工作，占用行政编制。

2. 该县县委组织部在当年未安排出国费用预算的情况下，通过挤占其他经费列支出国费用326.79万元。

3. 该县未经上级审核，自行批准设立5个正科级事业单位。

三、审计调查发现问题的整改情况

对审计调查发现的问题，长沙县政府高度重视，积极采取措施进行整改。

一是着手完善优化预算编制，按政策规定和实际需求科学合理安排人员经费和公用经费，停发并取消了违规津补贴项目。

二是进一步明确编制工作纪律，要求人员超编单位在无空余编制之前一律不再进人，空编单位优先从超编单位选调符合条件的人员，清理规范各单位自行聘用编外工作人员，并开始建立该县机构编制实名制管理系统数据库；整合未经批准自行设立的事业单位，并按规定履行报批程序。

三是重新下达各单位公务用车编制数，对超编车辆逐步进行上交处理。

四是从严规范公务接待和出国工作，进一步加强费用支出监督管理，取消了2013年新加坡培训班和其他培训班，要求今后干部教育培训不再举办出国培训班。

审计署关于湖南省衡南县2012年机构运转支出情况的审计调查结果

根据《中华人民共和国审计法》规定，2013年8月至9月，审计署对湖南省衡南县2012年机构运转支出情况进行了审计调查。现将审计调查结果公告如下：

一、基本情况

2012年底，该县设有行政机关和事业单位共计725个（县级416个，乡镇级309个），其中行政机关85个、全额拨款事业单位446个、差额拨款事业单位118个、自收自支事业单位76个。上述机构人员编制共计18658人，其中行政编制2378人、事业编制15825人（包括财政补助事业编制15821人）、工勤编制455人。

审计调查表明，该县上述机构2012年底财政实际供养人员共计30232人，其中行政人员2485人、事业人员18144人、工勤人员846人、12类项目生237人、合同聘用人员1420人、离退休人员7100人。当年实际发生机构运转支出121901.91万元，其中人员经费支出81166.62万元、公用经费支出40735.29万元。

二、审计调查发现的主要问题

（一）人员经费和公用经费超预算支出。2012年，该县财政供养人员经费实际支出超出预算17134.81万元，合同聘用人员经费实际支出超出预算1783.32万元，公用经费实际支出超出预算14080.36万元，均主要用事业收入和挤列其他经费支出安排。

（二）部分机构超编制配备领导和人员。2013年8月底，该县16家机构超职数配备领导干部24名；2012年底，该县94个机构事业人员超编2323人，31个机构工勤人员超编391人。此外，至2012年底，该县各单位在编不在岗领取薪酬人员共计230人（教师162人、行政事业单位68人），涉及金额199.69万元。

（三）公务用车配备超编制。2012年底，该县一级预算单位核定车辆编制共404辆，实际配备及使用车辆469辆，包括长期租赁和借用的车辆46辆。

（四）其他方面问题。

1. 该县2012年虚增财政收入21585.28万元，少计财政支出8000万元。

2. 该县部分乡镇为完成新增税源指标，违规向企业支付协税支出1649.20万元。

3. 该县未经上级批准，自行将县计生服务站、文化馆和退耕还林办公室升格为副科级单位。

三、审计调查发现问题的整改情况

对审计调查发现的问题，衡南县政府高度重视，积极采取措施进行整改。

一是截至2013年12月，衡南县人民政府制定出台了《关于进一步加强规范机构编制管理的通知》《关于进一步加强全县机关事业单位人员工资管理的相关规定》《衡南县关于调整在职教职工工资发放办法（试行）》《衡南县财政供养人员“吃空饷”问题处理意见》等一系列文件制度，已对相关在编不在岗人员进行处理，并追缴向其发放的薪酬 199.69 万元。

二是已消化减少国土资源管理局等 6 个单位的超职数领导干部 6 名，对于剩余超职数问题将在下一轮领导干部调整中解决。

审计署关于广东省增城市 2012 年机构运转支出情况的审计调查结果

根据《中华人民共和国审计法》规定，2013 年 8 月至 9 月，审计署对广东省增城市 2012 年机构运转支出情况进行了审计调查。现将审计调查结果公告如下：

一、基本情况

2012 年底，该市设有行政机关和事业单位共计 285 个（县级 262 个，乡镇级 23 个），其中行政机关 65 个、全额拨款事业单位 181 个、差额拨款事业单位 13 个、自收自支事业单位 26 个。上述机构人员编制共计 19147 人，其中行政编制 3482 人、事业编制 15393 人、工勤编制 272 人。

审计调查表明，该市上述机构 2012 年底财政实际供养人员共计 31444 人，其中行政人员 3555 人、事业人员 12796 人、工勤人员 216 人、12 类项目生 346 人、合同聘用人员 8578 人、离退休人员 5953 人。当年实际发生机构运转支出 312831.80 万元，其中人员经费支出 257853.84 万元、公用经费支出 54977.96 万元。

二、审计调查发现的主要问题

（一）人员经费和公用经费超预算支出。2012 年，该市财政供养人员经费实际支出超出预算 8344.50 万元，合同聘用人员经费实际支出超出预算 8408.10 万元，主要通过挤列公用经费和项目经费安排；公用经费实际支出超出预算 6010.93 万元，主要通过挤列项目经费安排。

（二）部分机构人员超编制。2012 年底，全市 12 个机构事业人员超编 87 人。

（三）部分单位公务用车配备超编制。2012 年底，有 9 家机构实际配备及使用公务用车超编制 43 辆，包括长期租借车辆 18 辆。

三、审计调查发现问题的整改情况

对审计调查发现的问题，增城市政府高度重视，积极采取措施进行整改。

一是制定办法规范经费预算管理，结合实际合理修订公用经费定额标准，以逐步满足实际支出需求，提升财政保障能力。

二是加强对超编制人员的清理整顿，对财政补助事业人员超编制的机构，执行“挂账管理，只出不进”的用人制度，逐步消化。

三是严格公务用车配备和使用，清理核查超编车辆，提请省政府小汽车定编办重新调整车辆编制，严禁违规购置编外车辆；逐步推行改革公务用车制度，取消一般公务用车，降低行政运行成本。

审计署关于广东省五华县 2012 年机构运转支出情况的审计调查结果

根据《中华人民共和国审计法》规定，2013 年 8 月至 9 月，审计署对广东省五华县 2012 年机构运转支出情况进行了审计调查。现将审计调查结果公告如下：

一、基本情况

2012 年底，该县设有行政机关和事业单位共计 552 个（县级 520 个，乡镇级 32 个），其中行政机关 64 个、全额拨款事业单位 358 个、差额拨款事业单位 62 个、自收自支事业单位 68 个。上述机构人员编制共 24216 人，其中行政编制 2466 人、事业编制 21492 人（包括财政补助事业编制 20827 人）、工勤编制 258 人。

审计调查表明，该县上述机构 2012 年底财政实际供养人员共计 31844 人，其中行政人员 2424 人、事业人员 19260 人、工勤人员 297 人、12 类项目生 50 人、合同聘用人员 1120 人、离退休人员 8693 人。当年实际发生机构运转支出 169828.78 万元，其中人员经费支出 107387.20 万元、公用经费支出 62441.58 万元。

二、审计调查发现的主要问题

（一）人员经费和公用经费超预算支出。2012 年，该县人员经费实际支出超出预算 18664.23 万元，公用经费实际支出超出预算 33975.96 万元，均通过使用事业收入、坐支非税收入和挤列其他经费安排。

（二）人员编制管理不规范，部分机构超编制配备领导和人员。2012 年底，该县未经上级批准，自行增加行政编制 87 名、核定事业编制 49 名；未及时撤销 2 家已实际停止运行的单位，导致其长期占用 15 名事业编制；超职数配备副职领导干部 23 名；17 家机构行政人员超编 141 人，19 家机构事业人员超编 755 人。此外，该县 22 所小学还缺编共计 2446 名。

（三）公务用车管理不规范。2012 年底，该县 58 个机构实际使用公务用车 502 辆，其中包括账外购置车辆 1 辆、长期租借车辆 9 辆、以个人名义购买 2 辆。

三、审计调查发现问题的整改情况

对以上审计调查发现的问题，五华县政府高度重视，积极采取措施进行整改。

一是对于机构编制所存在的问题，已根据相关部门文件，重新进行了“三定”，清理混用、挤占编制，违规使用编制等问题。

二是对于机构运转支出方面所存在的问题，已责成财政部门加强对各单位预算资金使用情况的监督检查，确保规范使用，尤其对公车违规使用的问题，专门发文，对全县党政机关、企事业单位车辆使用情况进行了全面核实、清查，明确责任，严格执行。

审计署关于重庆市璧山县 2012 年机构运转支出情况的审计调查结果

根据《中华人民共和国审计法》规定，2013 年 8 月至 9 月，审计署对重庆市璧山县 2012 年机构运转支出情况进行了审计调查。现将审计调查结果公告如下：

一、基本情况

2012 年底，该县设有行政机关和事业单位共计 259 个（县级 244 个，乡镇级 15 个），其中行政机关 71 个、全额拨款事业单位 148 个、差额拨款事业单位 32 个、自收自支事业单位 8 个。上述机构人员编制共计 12241 人，其中行政编制 2180 人、事业编制 9912 人（包括财政补助事业编制 9759 人）、工勤编制 149 人。

审计调查表明，该县上述机构 2012 年底财政实际供养人员共计 19933 人，其中行政人员 2049 人、事业人员 8893 人、工勤人员 139 人、12 类项目生 136 人、合同聘用人员 3100 人、离退休人员 5616 人。当年实际发生机构运转支出 144916.47 万元，其中人员经费支出 93810.33 万元、公用经费支出 51106.14 万元。

二、审计调查发现的主要问题

（一）人员经费和公用经费超预算支出。2012 年，该县人员经费实际支出超出预算 15150.83 万元，其中县国土资源和房屋管理局等 7 家机关事业单位以差旅费等名义变相发放津贴补贴 390.25 万元，主要用事业收入和挤列公用经费、项目经费等安排；公用经费实际支出超出预算 25120.41 万元，主要用事业收入和挤列项目经费安排。

（二）部分机构超编制配备领导和人员。2013 年 8 月底，该县 27 个机构超职数配备领导干部 46 名；2012 年底，该县 34 家机构行政人员超编 151 人，44 家机构事业人员超编 279 人。

（三）部分单位公务用车配备超编制。2012 年底，该县 10 家机构实际配备及使用车辆共 22 辆，超出核定车辆编制 14 辆。另有 14 家机构长期借用车辆 26 辆。

（四）其他方面问题。2012 年，该县通过将超预算拨付资金 53989.70 万元转为预拨经费的方式，人为减少当年预算支出，以实现收支平衡。

三、审计调查发现问题的整改情况

对审计调查发现的问题，璧山县政府高度重视，积极采取措施进行整改。

一是将在以后年度严格按照基本支出和项目支出编制预算，提高年初预算到位率，确保预算分配的公开、公平、公正。

二是制定《璧山县部分行政事业单位人员超编进行消化的建议意见》，严格执行机构编制政策规定，严禁行政事业单位超编进人，单位有余编的优先用于消化县内超编单位人员；严格用编管理，严把进人关口；在编制总量范围内，根据工作需要，对超编单位确需增加编制的，将重庆市编委核定给璧山县的预留编制适量分配到这些单位。

三是县委常委会专题研究制定了《超职数配

备领导干部班子调整的工作方案》，根据空缺职位情况、人岗相适和班子配备的相关要求，已完成对超职数配备领导干部班子的“减员瘦身”工作。

四是县机关事务管理局已督促各超编单位将超编车辆进行了处置、各借用单位将借用车辆退还车辆产权单位。

审计署关于重庆市垫江县 2012 年机构运转支出情况的审计调查结果

根据《中华人民共和国审计法》规定，2013 年 8 月至 9 月，审计署对重庆市垫江县 2012 年机构运转支出情况进行了审计调查。现将审计调查结果公告如下：

一、基本情况

2012 年底，该县设有行政机关和事业单位共计 477 个（县级 352 个，乡镇级 125 个），其中行政机关 79 个、全额拨款事业单位 393 个、差额拨款事业单位 4 个、自收自支事业单位 1 个。上述机构人员编制共计 13975 人，其中行政编制 2322 人、事业编制 11488 人、工勤编制 165 人。

审计调查表明，该县上述机构 2012 年底财政实际供养人员共计 20972 人，其中行政人员 2414 人、事业人员 10466 人、工勤人员 140 人、12 类项目生 140 人、合同聘用人员 2445 人、离退休人员 5367 人。当年实际发生机构运转支出 147823.21 万元，其中人员经费支出 99281.14 万元、公用经费支出 48542.07 万元。

二、审计调查发现的主要问题

（一）人员经费和公用经费超预算支出。2012 年，该县人员经费实际支出超出预算 13057.15 万元，公用经费实际支出超出预算 26467.84 万元，均通过使用事业收入、非税收入和挤列其他经费安排。

（二）部分机构超编制配备领导和人员。2013 年 8 月底，该县 23 家单位超职数配置领导 23 人；2012 年底，该县 42 家机构行政人员超编 188 人，16 家单位事业人员超编 51 人。

（三）部分单位公务用车配备超编制、超标准。2012 年，该县 9 家单位公务用车超出核定编制 11 辆，5 家单位超标准购买公务用车；25 家单位长期借用其他单位车辆 36 辆；10 家单位在无购车资金预算安排的情况下挤占各类资金 230.72 万元购买公务用车。

（四）其他方面问题。

1.2012 年，该县违规免征重庆长安汽车股份有限公司耕地占用税 4599.72 万元，向招商引资引入的企业返还土地出让收入及土地交易相关税费等 18786.03 万元。

2. 截至 2013 年 8 月底，该县 5 个乡镇未经审批，自行设立了 20 个内设机构。

三、审计调查发现问题的整改情况

对审计调查发现的问题，垫江县政府高度重视，积极采取措施进行整改。

一是制定有关办法加强预算支出管理，进一步规范支出来源渠道，要求将非税收入等及时足额上缴财政。

二是加强机构和人员编制管理，严格按照编制进人和配备领导职数，逐步消化超编人员和现有超职数领导干部；撤销自行设立的机构，确需成立的已按规定程序报批。

三是严格公务用车配备和使用，组织清理各单位车辆编制和实有车辆情况，责成超编制配备公务用车的 9 家单位采取措施消化，严禁借用其他单位车辆，从严控制部门预算申请购车资金，进一步加强对各单位公务用车采购的监督。

四是清理整顿自定财税扶持政策，今后新政策出台前要求充分论证可行性，细化量化政策目标，严格按照规定程序报批，禁止各部门、单位及乡镇擅自出台财税优惠政策。

审计署关于四川省双流县 2012 年机构运转支出情况的审计调查结果

根据《中华人民共和国审计法》规定，2013 年 8 月至 9 月，审计署对四川省双流县 2012 年机构运转支出情况进行了审计调查。现将审计调查结果公告如下：

一、基本情况

2012 年底，该县设有行政机关和事业单位共计 422 个（县级 374 个，乡镇级 48 个），其中行政机关 109 个、全额拨款事业单位 238 个、差额拨款事业单位43个、自收自支事业单位32个。上述机构人员编制共计18030人，其中行政编制2805人、事业编制15010人、工勤编制215人。

审计调查表明，该县上述机构2012年底财政实际供养人员共计38614人，其中行政人员3285人、事业人员13691人、工勤人员468人、12类项目生4809人、合同聘用人员10216人、离退休人员6145人。当年实际发生机构运转支出363146.87万元，其中人员经费支出216582.21万元、公用经费支出146564.66万元。

二、审计调查发现的主要问题

（一）人员经费和公用经费超预算支出。2012年，该县财政供养人员实际经费支出超出预算8910万元，合同聘用人员实际经费支出超出预算5846.33万元，均通过挤列公用经费和项目经费安排；公用经费实际支出超出预算82444.03万元，主要通过事业收入和挤列项目经费安排。

（二）部分机构超编配备领导和人员。2012年底，该县相关单位超职数配置实职领导干部37名；49个机构行政人员超编599人，29个机构事业人员超编189人，26个机构工勤人员超编287人。

（三）公务用车配备超编制。2012年底，该县核定车辆编制为2185辆，实际配备及使用公务用车超编制756辆。此外，该县各单位还累计租借车辆199辆。

（四）其他方面问题。该县财政局未及时按照在职人员和车辆情况调整下达预算；部分预算单位在财政专项资金中列支不符合规定用途的支出152.67万元。

三、审计调查发现问题的整改情况

对以上审计调查发现的问题，双流县政府高度重视，积极采取措施进行整改。

一是对预算编制管理中存在的问题，制定了《双流县财政预算管理办法》以及《双流县财政支出绩效考核考评办法》规范财政预算管理，全面提升预算管理科学化、精细化水平。

二是针对在项目经费中列支人员和公用支出以及专项资金列支不合规的问题，制定了《县本级基本支出预算管理办法》《县本级项目支出管理办法》以及《机关事业单位临时聘用人员管理试行办法》，进一步明确了基本支出和项目支出的核算、使用管理以及规范了全县临时聘用人员的管理。

三是对车辆管理的问题，从强化制度、严格标准、加强监督检查等方面加强公务用车管理，推动公务用车改革。

审计署关于四川省安县2012年机构运转支出情况的审计调查结果

根据《中华人民共和国审计法》规定，2013年8月至9月，审计署对四川省安县2012年机构运转支出情况进行了审计调查。现将审计调查结果公告如下：

一、基本情况

2012年底，该县设有行政机关和事业单位共计399个（县级345个，乡镇级54个），其中行政机关66个、全额拨款事业单位313个、差额拨款事业单位7个、自收自支事业单位13个。上述机构人员编制共计6985人，其中行政编制1457人、事业编制5416人（包括财政补助事业编制5370人）、工勤编制112人。

审计调查表明，该县上述机构2012年底财政实际供养人员共计11724人，其中行政人员1432人、事业人员5773人、工勤人员145人、12类项目生181人、合同聘用人员1442人、离退休人员2751人。当年实际发生机构运转支出77361.89万元，其中人员经费支出56765.73万元、公用经费支出20596.16万元。

二、审计调查发现的主要问题

（一）人员经费和公用经费超预算支出。2012年，该县财政供养人员经费实际支出超出预算5256.78万元，合同聘用人员经费实际支出超出预算1540.2万元，主要通过挤列其他经费安排；公用经费实际支出超出预算9115.70万元，主要通过坐支非税收入和挤列其他经费安排。

（二）部分机构超编制配备领导和人员。2012年底，该县相关单位超职数配备副科级领导5人；26个机构行政人员超编87人，32个机构事业人员超编624人，12个机构工勤人员超编42人。

（三）公务用车配备超编制。2012年底，该县核定车辆编制共562辆，实际配备及使用642辆，包括长期租借71辆。

（四）向非预算单位拨付运转经费。2012 年，该县财政局向 7 个自收自支事业单位安排人员经费和公用经费共 350.52 万元，占上述单位实际相关支出 418.82 万元的 83.69%。

（五）其他方面问题。2012 年，该县沸水镇政府将专项资金 46 万元用于不符合规定用途的支出，并在会议费中列支公务接待费 10.12 万元。

三、审计调查发现问题的整改情况

对审计调查发现的问题，安县政府高度重视，积极采取措施进行整改。

一是对于超职数配备领导干部的问题，已免去 4 人职务。

二是对于坐支非税收入的问题，制定了《安县政府非税收入征收管理办法》，进一步完善了相关制度，相关乡镇已将非税收入缴入财政专户。

三是对于将专项资金用于不符合规定用途的问题，在审计期间已将专项资金归还原渠道。

四是对于在会议费中列支公务接待费的问题，已进行调账处理。

审计署关于四川省蓬安县 2012 年机构运转支出情况的审计调查结果

根据《中华人民共和国审计法》规定，2013 年 8 月至 9 月，审计署对四川省蓬安县 2012 年机构运转支出情况进行了审计调查。现将审计调查结果公告如下：

一、基本情况

2012 年底，该县设有行政机关和事业单位共计 527 个（县级 409 个，乡镇级 118 个），其中行政机关 89 个、全额拨款事业单位 387 个、差额拨款事业单位 46 个、自收自支事业单位 5 个。上述机构人员编制共计 11156 人，其中行政编制 1845 人、事业编制 9133 人（包括财政补助事业编制 9068 人）、工勤编制 178 人。

审计调查表明，该县上述机构 2012 年底财政实际供养人员共计 17628 人，其中行政人员 1724 人、事业人员 7886 人、工勤人员 465 人、12 类项目生 233 人、合同聘用人员 1776 人、离退休人员 5544 人。当年实际发生机构运转支出 86052.48 万元，其中人员经费支出 60973.32 万元、公用经费支出 25079.16 万元。

二、审计调查发现的主要问题

（一）人员经费和公用经费超预算支出。2012 年，该县财政供养人员经费实际支出超出预算 5274.61 万元，主要用事业收入安排；公用经费实际支出超出预算 8753.71 万元，主要通过挤占项目经费等安排。

（二）部分机构超编制配备领导和人员。截至 2012 年底，该县行政人员超编 22 人，事业人员超编 106 人，工勤人员超编 303 人；有 3 家单位超职数配置实职领导 16 名。

（三）公务用车配备超编制。截至 2012 年底，该县核定的公务用车编制为 263 辆，实际配备及使用 377 辆，包括长期租借 24 辆。

三、审计调查发现问题的整改情况

对审计调查发现的问题，蓬安县政府高度重视，积极采取措施进行整改。

一是规范人员经费和公用经费预算管理，组织对来源不合规的资金进行全面清理，加强对部门预算执行情况的监督检查。

二是着手清理、调整和规范机构编制，对领导职数超配的单位按“一正二副”重新进行了核定，县人力资源和社会保障局领导干部已减少 2 名。

三是严格公务用车配备和使用，组织清退编制外长期借用的车辆，采取鼓励使用公共交通工具和规范车辆修理、加油管理程序等措施，加强公务用车运行费用控制。

审计署关于贵州省玉屏侗族自治县 2012 年机构运转支出情况的审计调查结果

根据《中华人民共和国审计法》规定，2013 年 8 月至 9 月，审计署对贵州省玉屏侗族自治县 2012 年机构运转支出情况进行了审计调查。现将审计调查结果公告如下：

一、基本情况

2012 年底，该县设有行政机关和事业单位共计 368 个（县级 295 个，乡镇级 73 个），其中行政机关 59 个、全额拨款事业单位 299 个、差额拨款事业单位8个、自收自支事业单位2个。上述机构人员编制共计5927人，其中行政编制767人、事业编制4832人（包括财政补助事业编制4800人）、工勤编制328人。

审计调查表明，该县上述机构2012年底财政实际供养人员共计7652人，其中行政人员1098人、事业人员3639人、工勤人员258人、12类项目生117人、合同聘用人员1213人、离退休人员1327人。当年实际发生机构运转支出45006万元，其中人员经费支出29606万元、公用经费支出15400万元。

二、审计调查发现的主要问题

（一）人员经费和公用经费超预算支出。2012年，该县财政供养人员经费实际支出超出预算464.86万元，主要通过挤占公用经费等支出安排；公用经费实际支出超出预算3179.04万元，主要通过挤占项目支出及单位自筹等渠道安排。

（二）向非预算单位拨款。2012年，该县共向税务、工商等9家非本级预算单位拨付人员经费和业务经费等1577.38万元。

（三）部分机构人员超编。2012年底，该县有36家单位行政人员共计超编373人，有11家单位事业人员共计超编224人，有16家单位工勤人员共计超编60人。

（四）公务用车配备超编制。截至2012年底，该县核定车辆编制共306辆，实际配备及使用车辆384辆，包括长期借用的车辆4辆。

（五）其他方面问题。

1. 该县财政局2012年以挂“暂存款”的方式虚列环境保护等支出28809万元。

2. 该县各预算单位2012年公务接待费支出4323.22万元、公务用车运行费支出1437.68万元，分别较上年度增长41.18%、17.4%，增长较快。

三、审计调查发现问题的整改情况

对审计调查发现的问题，玉屏侗族自治县政府高度重视，积极采取措施进行整改。

一是纠正支出不合规问题，规范人员经费预算管理，将挂“暂存款”的资金根据项目进度拨付27712万元。

二是规范人员编制和公务用车配备管理，严格控制财政供养人员数量，组织对公务用车配备和使用情况进行了认真清理，暂停新购公务用车。

三是加强公务接待及公务用车运行经费管理，健全了相关制度规定，压缩“三公”经费支出。

审计署关于云南省嵩明县2012年机构运转支出情况的审计调查结果

根据《中华人民共和国审计法》规定，2013年8月至9月，审计署对云南省嵩明县2012年机构运转支出情况进行了审计调查。现将审计调查结果公告如下：

一、基本情况

2012年底，该县设有行政机关和事业单位共计236个（县级198个，乡镇级38个），其中行政机关46个、全额拨款事业单位171个、差额拨款事业单位6个、自收自支事业单位13个。上述机构人员编制共计6458人，其中行政编制1186人、事业编制5086人（包括财政补助事业编制4896人）、工勤编制186人。

审计调查表明，该县上述机构2012年底财政实际供养人员共计9567人，其中行政人员1210人、事业人员4374人、工勤人员295人、12类项目生395人、合同聘用人员1499人、离退休人员1794人。当年实际发生机构运转支出85369万元，其中人员经费支出58255万元、公用经费支出27114万元。

二、审计调查发现的主要问题

（一）部分机构运转支出超预算。2012年，该县保障机构运转实际支出超出预算21578.8万元，主要通过挤占项目经费等渠道安排。

（二）向非预算单位拨款。2012年，该县共向税务、质量技术监督等非本级预算单位补助基本支出825.8万元，另有6个乡镇（园区）以“完成税收任务奖”的名义拨付税务部门经费737.4万元。

（三）部分机构超编配备领导和人员。截至2012年底，该县部分机构行政人员共计超编104人、事业人员共计超编743人，工勤人员共计超编109人；未按上级要求将农业局、林业局、畜牧兽医局和扶贫办合并组建农林局，上述单位有9名正副职领导人员，超出核定职数4名。

（四）公务用车配备超编制。截至 2012 年底，该县核定车辆编制共 458 辆，实际配备和使用车辆 514 辆，包括长期租借车辆 25 辆。

（五）其他方面问题。

1. 该县 2012 年部门决算报表少反映各预算单位机构运转支出 15340.96 万元。

2. 该县 2 家单位自行改变项目资金支出用途 72.07 万元。

三、审计调查发现问题的整改情况

对审计调查发现的问题，嵩明县政府高度重视，积极采取措施进行整改。

一是完善预算保障标准，细化项目支出预算，规范经费管理，相关单位已将挤占的项目经费归还原资金渠道。

二是加强人员编制和公务用车配备管理，相关单位已退还租用车辆。

此外，该县还通过加强对各预算单位预决算编制人员的业务培训，加大指导、监督和审核力度，进一步提高预算编制水平，确保决算数据真实、准确。

审计署关于云南省富民县 2012 年机构运转支出情况的审计调查结果

根据《中华人民共和国审计法》规定，2013 年 8 月至 9 月，审计署对云南省富民县 2012 年机构运转支出情况进行了审计调查。现将审计调查结果公告如下：

一、基本情况

2012 年底，该县设有行政机关和事业单位共计 227 个（县级 181 个，乡镇级 46 个），其中行政机关 59 个、全额拨款事业单位 161 个、差额拨款事业单位 2 个、自收自支事业单位 5 个。上述机构人员编制共计 3759 人，其中行政编制 941 人、事业编制 2698 人（包括财政补助事业编制 2686 人）、工勤编制 120 人。

审计调查表明，该县上述机构 2012 年底财政实际供养人员共计 6749 人，其中行政人员 920 人、事业人员 2872 人、工勤人员 169 人、12 类项目生 27 人、合同聘用人员 1349 人、离退休人员 1412 人。当年实际发生机构运转支出 51705.86 万元，其中人员经费支出 38750.04 万元、公用经费支出 12955.82 万元。

二、审计调查发现的主要问题

（一）人员经费和公用经费超预算支出。2012 年，该县财政供养人员经费实际支出超出预算 2664.77 万元，主要用事业收入安排；公用经费实际支出超出预算 3295.36 万元，主要通过上级补助等渠道安排。

（二）向非预算单位拨款。2012 年，该县共向税务、工商等 7 家非本级预算单位安排公用经费和人员经费 1358.39 万元。

（三）部分机构人员超编。截至 2012 年底，该县部分机构行政人员超编 95 人，事业人员超编 415 人、工勤人员超编 49 人。

（四）部分单位公务用车配备超编制。截至 2012 年底，该县核定车辆编制共 209 辆，实际配备和使用公务车辆 180 辆，总量虽未超编，但有部分单位公务用车超编 36 辆，包括长期租借 15 辆。

（五）其他方面问题。

1. 该县财政国库支付中心未将“县级行政事业单位银行账户”存款利息收入纳入预算管理，而是直接拨入县财政局机关账户用于弥补业务经费，截至 2013 年 8 月底累计结余 84.69 万元。

2. 该县赤鹫镇财政所办公用房人均建筑面积达 58.72 平方米、超标 40.72 平方米。

三、审计调查发现问题的整改情况

对以上审计调查发现的问题，富民县政府高度重视，积极采取措施进行整改。

一是加强预算管理，对符合规定的工勤人员经费给予预算保障，进一步严格控制财政供养人员数量，规范公务用车管理，按照“控制总量、盘活存量、优化结构、有减有增”的要求，对现有人员和车辆编制进行动态调整。

二是将财政存款利息收入结余全部缴入国库，严格按照相关规定执行。

三是将赤鹫镇农业服务中心并入赤鹫镇财政所统一办公，办公用房人均面积已符合规定标准。

审计署关于陕西省高陵县2012年机构运转支出情况的审计调查结果

根据《中华人民共和国审计法》规定，2013年8月至9月，审计署对陕西省高陵县2012年机构运转支出情况进行了审计调查。现将审计调查结果公告如下：

一、基本情况

2012年底，该县设有行政机关和事业单位共计374个（县级326个，乡镇级48个），其中行政机关58个、全额拨款事业单位308个、自收自支事业单位8个。上述机构人员编制共计7666人，其中行政编制899人、事业编制6655人（包括财政补助事业编制6221人）、工勤编制112人。

审计调查表明，该县上述机构2012年底财政实际供养人员共计13661人，其中行政人员1235人、事业人员7090人、工勤人员112人、12类项目生29人、合同聘用人员2841人、离退休人员2354人。当年实际发生机构运转支出75755.19万元，其中人员经费支出55438.98万元、公用经费支出20316.21万元。

二、审计调查发现的主要问题

（一）人员经费和公用经费超预算支出。2012年，该县财政供养人员经费支出超出预算5018.62万元、公用经费实际支出超出预算9511.68万元，均主要通过挤占项目经费等安排。

（二）向非预算单位拨款。2008年，该县财政局拨付县规划建设和住房保障局所属自收自支事业单位房屋管理所人员经费和公用经费126.63万元。

（三）未经上级批准自行设置机构。2006年和2010年，该县未经西安市编办审批，自行成立高陵县西安泾河工业园姬家管理委员会等3家正科级全额拨款事业单位。

（四）部分机构超编制配备领导和人员。2012年底，该县部分机构行政人员共计超编381人、事业人员共计超编836人，有7个单位超职数配备领导干部共10人。

（五）部分单位公务用车超编制。截至2012年底，该县榆楚镇等5个乡镇（街道办）实有车辆24辆，超编制9辆。

三、审计调查发现问题的整改情况

对审计调查发现的问题，高陵县政府高度重视，积极采取措施进行整改。

一是规范机构运行经费预算管理，责成财政部门牵头对各单位工作经费实际需要进行调研测算，完善经费支出标准，同时严格按照单位性质拨付运行经费，杜绝向非预算单位拨款。

二是健全机构和人员编制管理，积极与上级机构编制部门沟通协调，完善新设立的事业单位有关审批手续；重新核定全县各级事业单位编制，加大超编人员分流力度，严格控制财政供养人员。

三是严格公务用车配备和使用，完善公务用车配备使用管理办法，开展车辆资产清理，对超编、超标车辆采取重新调剂和公开拍卖等方式进行处理，规范相关财务管理；实行公务用车集中统一车辆保险、维修厂招标和加油集中定点管理，严格租赁和借用车辆审批程序，降低运行成本。

审计署关于陕西省旬阳县2012年机构运转支出情况的审计调查结果

根据《中华人民共和国审计法》规定，2013年8月至9月，审计署对陕西省旬阳县2012年机构运转支出情况进行了审计调查。现将审计调查结果公告如下：

一、基本情况

2012年底，该县设有行政机关和事业单位共计400个（县级267个，乡镇级133个），其中行政机关73个、全额拨款事业单位307个、差额拨款事业单位13个、自收自支事业单位7个。上述机构人员编制共计9694人，其中行政编制1886人、事业编制7695人、工勤编制113人。

审计调查表明，该县上述机构2012年底财政实际供养人员共计15671人，其中行政人员2347人、事业人员8265人、工勤人员146人、12类项目生232人、合同聘用人员1877人、离退休人员2804人。当年实际发生机构运转支出103566.25万元，其中人员经费支出70724.13万元、公用经费支出32842.12万元。

二、审计调查发现的主要问题

（一）公用经费和人员经费超预算支出。2012年，该县财政供养人员经费实际支出超出预算6484.03万元，主要通过挤占公用经费和其他来源安排；公用经费实际支出超出预算16892.03万元，主要通过挤占项目支出和其他来源安排。

（二）部分机构人员超编。截至2012年底，该县部分机构行政人员超编502人、事业人员超编724人、工勤人员超编34人。

（三）长期租借公务用车。截至2012年底，该县实际使用公务车404辆，其中长期租借车辆15辆。

（四）向非本级预算单位拨付经费。2012年，该县向非本级预算单位县人民武装部安排人员经费和公用经费170.62万元。

（五）其他方面问题。

1. 截至2012年底，该县财政局未及时将671.42万元非税收入上缴国库。

2. 2012年，该县土地统征储备中心为完成任务，将收缴的行政事业性收费等收入808.9万元作为土地出让金上缴财政。

三、审计调查发现问题的整改情况

对审计调查发现的问题，旬阳县政府高度重视，积极采取措施进行整改。

一是对部分机构超预算支出来源不规范问题，将进一步细化部门预算编制，严格预算管理，规范会计核算，加强财政监督。

二是对部分部门（机构）和单位人员超编问题，将严格人员编制管理，对超编人员开展清理，逐步消化超编人员。

三是对长期借用、租用编制外车辆问题，已经全部清退，对未及时上缴的财政收入已全部解缴国库。

审计署关于甘肃省榆中县2012年机构运转支出情况的审计调查结果

根据《中华人民共和国审计法》规定，2013年8月至9月，审计署对甘肃省榆中县2012年机构运转支出情况进行了审计调查。现将审计调查结果公告如下：

一、基本情况

2012年底，该县设有行政机关和事业单位共计356个（县级236个，乡镇级120个），其中行政机关75个、全额拨款事业单位214个、差额拨款事业单位35个、自收自支事业单位32个。上述机构人员编制共计9857人，其中行政编制1232人、事业编制8475人（包括财政补助事业编制7370人）、工勤编制150人。

审计调查表明，该县上述机构2012年底财政实际供养人员共计13046人，其中行政人员1153人、事业人员6179人、工勤人员107人、12类项目生1200人、合同聘用人员1749人、离退休人员2658人。当年实际发生机构运转支出79471.16万元，其中人员经费支出59823.24万元、公用经费支出19647.92万元。

二、审计调查发现的主要问题

（一）公用经费和人员经费超预算支出。2012年该县财政供养人员经费实际支出超出预算7056.68万元、公用经费实际支出超出预算10797.81万元，主要通过挤占项目资金和坐支非税收入等来源安排。

（二）向非本级预算单位拨付运转经费。2012年，该县向应撤未撤的3个乡镇和自行设置的1个机构拨付机构运转经费合计950.33万元；向4个县直自收自支事业单位拨付机构运转经费763.91万元。

（三）津补贴发放不规范。2012年，该县违规向全县党政机关事业单位职工发放综合目标奖202.56万元。

（四）部分机构超职数配备领导、未经批准调配编制。截至2012年底，该县18个行政机构超职数配备领导干部19名，20个行政机构混用事业编制97名；未经上级审批，于2008年将23名乡镇行政编制调配到县直属的乡镇司法所使用。

（五）部分单位公务用车超编制。截至2012年底，该县31个机构使用的公务用车超出核定编制100辆，包括长期租借车辆55辆；19个机构未经审批自行购买24辆公务用车；2家单位向下属单位或企业摊派购买公务用车2辆。

（六）其他方面问题。该县2008年未经上级审批，成立正科级事业单位榆中县交通运政执法大队；县财政局2012年采取将国库资金拨入财政专户的方式虚列支出25214.69万元。

三、审计调查发现问题的整改情况

对审计调查发现的问题，榆中县政府高度重视，积极采取措施进行整改。

一是对未按规定撤销及自行设置机构的问题，该县有关单位正在积极协调省市有关部门研究解决。

二是该县已核减了3个单位的9名行政编制和县水电综合经营服务站、县水利局机井队、县百合服务工作站、县穆斯林公墓管理所4个单位的31名事业编制。

三是该县已收回并正在拍卖各单位违规自行购买的24辆公务用车，清退了预算单位长期借用租用的公务用车55辆，没收、清退了预算单位摊派购买的公务用车2辆。

审计署关于甘肃省泾川县2012年机构运转支出情况的审计调查结果

根据《中华人民共和国审计法》规定，2013年8月至9月，审计署对甘肃省泾川县2012年机构运转支出情况进行了审计调查。现将审计调查结果公告如下：

一、基本情况

2012年底，该县设有行政机关和事业单位共计398个（县级309个，乡镇级89个），其中行政机关62个、全额拨款事业单位295个、差额拨款事业单位15个、自收自支事业单位26个。上述机构人员编制共8168人，其中行政编制988人、事业编制7057人（包括财政补助事业编制6539人）、工勤编制123人。

审计调查表明，该县上述机构2012年底财政实际供养人员共计11621人，其中行政人员1014人、事业人员6540人、工勤人员220人、12类项目生995人、合同聘用人员818人、离退休人员2034人。当年实际发生机构运转支出61853.64万元，其中人员经费支出46834.7万元、公用经费支出15018.94万元。

二、审计调查发现的主要问题

（一）公用经费和人员经费超预算支出。2012年，该县财政供养人员经费实际支出超出预算3693.96万元、公用经费实际支出超出预算6931.51万元，均主要通过其他来源安排。

（二）向非本级预算单位拨付经费。2012年，该县向未经上级批准而自行设立的温泉开发区管委会和县街道办事处等2家正科级单位拨付机构运转经费277.2万元，向县直自收自支事业单位拨付工作经费232.44万元。

（三）部分机构人员超编。截至2012年底，该县部分机构行政人员超编140人、事业人员超编747人、工勤人员超编97人。该县于2010年未经上级审批自行将23名乡镇行政编制调配到县直属机构国土资源所使用，还在行政和事业编制之外设立和下达当地自定的编制；县地方税务局自1997年起长期借用县财政局6名事业人员编制，人员经费由县财政保障。

（四）部分单位公务用车超编制。该县32个单位公务用车超编共计100辆，包括长期租借车辆11辆。同时，县司法局的14辆执法执勤用车未纳入公务用车编制管理、未申领牌照即投入使用；县食品药品监督管理局和石油勘探开发协调管理工作办公室近年未经批准，分别以个人或其他单位名义购买车辆2辆。

（五）其他方面问题。2012年，县财政局以空白拨款单作为抵押物向县信用联社借款2000万元，年利率为11.04%，主要用于基本支出。截至2013年8月，财政局归还本金1600万元、利息9.33万元。

三、审计调查发现问题的整改情况

对审计调查发现的问题，泾川县政府高度重视，积极采取措施进行整改。

一是核销下达的自定编制，收回地税局借用的6名人员编制，核销并收回乡镇基层国土所23名行政编制，归还乡镇行政机关使用，给乡镇国土所按照实有人员核定下达20名参公事业编制。对离开艰苦边远地区乡镇服务岗位人员空出的5名行政编制报请市编办予以审查核销。

二是对县食品药品监督管理局、县司法局的公务用车全部纳入编制管理，石油勘探开发协调管理工作办公室等单位已将长期租借车辆归还；制定了《公务用车运行费用定额标准（征求意见稿）》和《泾川县领导干部工作用车清理通知》，对领导干部工作用车进行清理，违规车辆将按规定处理。

三是责成县财政局全额归还了县信用联社的借款。

中华人民共和国审计署审计结果公告（2014年第4号）

西电东送21个输变电项目审计结果

（2014年6月16日公告）

根据《中华人民共和国审计法》的规定，2013年4月至7月，审计署对西电东送工程宁东至山东±660千伏直流输电示范工程等21个输变电项目（详见附件1）的投资建设、运营管理等情况进行了审计。现将审计结果公告如下：

一、基本情况

西电东送是实施西部大开发战略的重要标志性工程，于1993年8月启动，经过多年建设，初步构建了北、中、南3条送电通道。至2013年6月，西电东送工程核准并开工建设输变电项目48个，概算总投资2825亿元，计划增加送电能力1.33亿千瓦。有43个项目已建成投产，完成投资1793亿元，形成送电能力1.01亿千瓦，累计输送电量2.41万亿千瓦时；另外5个在建项目计划送电能力3140万千瓦。本次审计的21个项目，为近年来投资建成，占已开工输变电项目数的44%。从审计情况看，在西电东送工程建设中，发展改革委、国家能源局等部门注重加强对电源与电网建设的指导协调，四川、贵州、甘肃、陕西等地方政府积极落实建设用地等配套条件，国家电网公司和中国南方电网有限责任公司（以下简称南方电网公司）逐步健全项目法人责任制、合同管理制和监理制，及时筹措建设资金，规范财务收支管理，有力保障了工程的顺利实施。

二、西电东送工程取得的成效

西电东送工程建设运营20年来，在优化资源配置、协调东西部地区经济社会发展、完善电力骨干网架等方面发挥了重要作用。

一是缓解了能源资源分布不均衡矛盾。我国水能、煤炭等资源主要集中在西部地区，东部地区用电负荷相对集中但能源资源比较匮乏。西电东送工程的实施，加速了西部地区能源资源开发利用，新能源和可再生能源取得快速发展。截至2012年，西电东送工程送电能力已达1.01亿千瓦，缓解了煤炭运输压力，推动了国家能源战略的顺利实施。

二是促进了东西部地区经济社会发展。西电东送工程不仅带动了西部地区能源、建筑、运输等行业的发展，而且经济、清洁、高效的电力源源不断地向东部地区输送，有力地支撑了东部地区经济发展，改善了东部地区环境，形成了东西优势互补、共赢发展的局面。广东省2012年用电量的24.4%来源于西电东送，京津唐地区2010年至2012年用电量的22.5%来源于内蒙古地区。

三是提升了电网运营安全保障水平。依托西电东送工程建成的输电线路现已成为全国电网的骨干网架，为全国范围内调峰错峰、水火互济、跨区域调节、互为备用等发挥了重要作用，电网抗风险能力得到提高。同时，西电东送工程在抵御自然灾害、保障重大活动等方面发挥了积极作用，成功保障了2008年北京奥运会、2010年上海世界博览会等重要活动的电力供应。

四是推动了电力工业技术进步。为了实现安全、稳定远距离送电，我国电力工业在西电东送等工程带动下，实现创新发展，直流输电技术从无到有，具备了自主设计、制造等能力，走在世界直流输电水平的前列，国产化水平不断提高。目前，我国交、直流最高电压分别达到1000千伏、±800千伏，500千伏、750（330）千伏电网已成为各区域和省级电网的骨干网架。

三、审计发现的主要问题

（一）工程建设中存在违反招投标规定的问题。主要是电网公司未经招标将部分电网工程直接发包给关联企业，招标中存在大幅压缩招投标时间、评标不合规等问题，涉及金额34.39亿元，占审计抽查金额的16%（详见附件2）。

（二）设备材料采购、招标代理等业务中存在未按规定招标问题。主要是电网公司直接指定关联企业承担部分设备材料采购、招标代理等业务，并借机多支付相关费用，由此向关联企业输送利益8.19亿元（详见附件3）。

（三）工程投资控制不严。主要是电网公司工程初步设计概算偏高，约束力不强，存在多支付工程价款、挤占工程建设成本等问题，导致多计投资10.44亿元（详见附件4）。

（四）套取建设资金私设“小金库”问题。主要是电网公司所属部分施工单位编造虚假合同、使用虚假发票等套取电网工程建设资金13.81亿元，用于私设巨额“小金库”，主要用于发放奖金、列支各种费用（详见附件5）。

此次审计发现的涉及工程招投标、设备材料采购、建设资金使用等方面的违法违纪案件线索，已依法移送有关部门查处。

审计署已向国家电网公司和南方电网公司分别出具了审计报告。这两家公司正在对审计指出的有关问题进行整改，具体整改情况由其分别通过相关媒体对外公告。

附件：1. 本次审计的西电东送21个输变电项目
2. 工程建设中违反招投标规定问题情况表
3. 设备材料采购和招标代理未按规定招标问题情况表
4. 工程投资控制不严问题情况表
5. 套取建设资金私设“小金库”问题情况表

附件1：

本次审计的西电东送21个输变电项目

1. 宁东至山东±660千伏直流输电示范工程
2. 托克托电厂送出500千伏输变电工程
3. 上都电厂送出500千伏输变电工程
4. 汗海至沽源至平安城500千伏输变电工程
5. 陕西神木电厂一期送出500千伏输变电工程
6. 神木电厂二期送出500千伏输变电工程
7. 府谷电厂送出500千伏输变电工程
8. 西北与华中灵宝背靠背扩建输变电工程
9. 兰州东至平凉至乾县750千伏输变电工程
10. 西北联网750千伏第一通道工程
11. 西北联网750千伏第二通道工程
12. 西北至华中（四川）±500千伏直流工程
13. 王曲电厂送出500千伏输变电工程
14. 河曲电厂至神头电厂500千伏输电线路工程
15. 大同电厂至房山Ⅲ回500千伏线路工程
16. 葛沪直流综合改造工程
17. 500千伏皖电东送工程
18. 渝鄂第二通道及鄂西水电送出500千伏输变电工程
19. 溪洛渡右岸电站送电广东双回±500千伏直流输电工程
20. 贵州至广东±500千伏第二回直流输电工程
21. 贵州施秉至广东贤令山500千伏输变电工程

附件 2：

工程建设中违反招投标规定问题情况表

单位：万元

序	项目名称	主要事实	金额
1	西北联网 750 千伏第一通道工程	该工程有 15 份合同未公开招标，项目法人西北电网有限公司等单位采取竞争性谈判、单一来源等方式与有关单位直接签订了合同，合同金额 13151 万元。其中：设计合同 1 份，合同金额 5268 万元；施工合同 2 份，合同金额 1895 万元；设备材料采购合同 2 份，合同金额 4762 万元；技术服务等其他合同 10 份，合同金额 1226 万元	13151
		在该工程 12 个施工标段投标过程中，施工单位青海送变电工程公司涉嫌串通投标，合同金额 13912 万元	13912
		哈密至安西等标段招标过程中，项目法人西北电网有限公司等单位未与评标获第一名的投标单位签订合同，而是违规与非第一名签订合同，实质属变相指定勘察设计、施工和设备材料供应单位，合同金额 14946 万元	14946
2	西北联网 750 千伏第二通道工程	在青海段招标中，项目法人青海省电力公司等单位未与评标获第一名的投标单位签订合同，而是违规与非第一名签订合同，实质属违规变相指定实施单位，合同金额 5293 万元	5293
3	500 千伏皖电东送工程	项目法人安徽省电力公司未经公开招标，违规将滁州变扩建间隔等 3 个施工合同直接发包给安徽省送变电工程公司，合同金额共计 1865 万元	1865
		2006 年 3 月，项目法人华东电网有限公司发布 500 千伏皖电东送工程宣城至富阳线路（浙江段）的施工招标公告，同年 6 月开标并确定中标单位。实际上，中标单位之一的浙江省送变电工程公司于 2006 年 1 月开始施工，中标单位之一的华东送变电工程公司于 2006 年 3 月开始施工，2 家单位的合同金额共 10048 万元。上述招标实质为虚假招标	10048
		2006 年 6 月，项目法人华东电网有限公司对该工程宣城至富阳线路（安徽段）的施工招标。实际上，中标单位安徽省送变电工程公司于 2006 年 1 月开始施工，并于当月与华东电网有限公司签订了合同，合同金额 8171 万元。上述招标实质为虚假招标	8171
		2006 年 7 月，项目法人安徽省电力公司发布该工程平圩电厂至肥西变Ⅱ回线路工程的招标公告。实际上，中标单位安徽省送变电工程公司于 2006 年 4 月开始施工，合同金额 5385 万元。上述招标实质为虚假招标	5385
		该工程宣城至富阳线路（安徽段）、马鞍山至西锡南线路（安徽段）的勘察设计招标中，项目法人华东电网有限公司、安徽省电力公司分别于 2006 年 5 月、2007 年 10 月完成招标工作并发出中标通知书。实际上，中标单位华东电力设计院均已在 3 个月前开始相关工作并出版施工图，合同金额共 4280 万元。上述招标实质为虚假招标	4280

续表

序	项目名称	主要事实	金额
4	托克托电厂送出500千伏输变电工程	2001年，在托克托电厂至安定变电所（双回）线路工程建设中，项目法人华北电力集团公司未经批准，违规邀请内蒙古送变电工程公司等7家施工企业分别参加7个标段施工投标，合同金额52344万元；违规邀请河北电力建设监理有限责任公司等3家监理公司分别参加3个标段监理投标，合同金额1549万元。合同金额共计53893万元	53893
		2003年，在托克托电厂至浑源开闭站线路工程建设中，项目法人华北电力集团公司未经批准，违规邀请内蒙古送变电有限责任公司等4家施工企业分别参加4个标段施工投标，合同金额10770万元；违规邀请河北电力建设监理有限责任公司和北京华联电力工程监理公司分别参加2个标段监理投标，合同金额340万元。上述2个合同金额共计11110万元	11110
		项目法人华北电网有限公司未经公开招标，违规将托克托电厂至浑源开闭所第三回线路工程的工程勘测设计任务直接发包给有关单位，合同金额1809万元	1809
5	汗海至沽源至平安城500千伏输变电工程	项目法人华北电网有限公司未经公开招标，违规将该工程的装材代理服务合同、汗海变电站扩建沽源出线间隔工程的设备监造合同、安定变电所二站工程的成套设备服务合同直接发包给有关单位，合同金额1666万元	1666
6	上都电厂送出500千伏输变电工程	项目法人华北电网有限公司未经公开招标，违规将该工程的装材代理服务合同直接发包给有关单位，合同金额710万元	
7	兰州东至平凉至乾县750千伏输变电工程	该工程有11份合同未公开招标，项目法人西北电网有限公司和陕西省电力公司违规直接发包给有关单位，合同金额6202万元。其中，设备材料采购合同7份，金额5522万元；设计评审合同2份，金额250万元；水土保持监测合同2份，金额430万元	6202
		2008年5月，项目法人西北电网有限公司将该工程宝鸡变电站“四通一平”项目的施工对外招标，同年7月东北电业管理局送变电工程公司收到中标通知书，合同金额2497万元。实际上，在施工招标前，西北电网有限公司已违规将该项目直接发包给了东北电业管理局送变电工程公司施工，且已在2008年4月完工。上述招标实质为虚假招标	2497
8	渝鄂第二通道及鄂西水电送出500千伏输变电工程	该工程有27份合同未经公开招标，项目法人华中电网公司违规直接发包给有关单位，合同金额15094万元。其中，设计合同6份，合同金额4033万元；施工合同4份，合同金额2942万元；监理合同1份，合同金额54万元；咨询检测合同7份，合同金额1718万元；设备材料采购合同9份，合同金额6347万元	15094710

续表

序	项目名称	主要事实	金额
9	宁东至山东±660千伏直流输电示范工程	该工程安稳系统未经公开招标，项目法人山东省电力公司未经批准，违规与山东三力信通科技有限公司、青岛高科通信股份有限公司等4家公司进行单一来源谈判，违规与南京南瑞集团公司和南京南瑞继保工程技术有限公司进行竞争性谈判，并与上述公司签订安稳系统采购合同，合同金额共1994万元	1994
		该工程的青岛换流站接地极工程和接地极线路工程施工未经公开招标，项目法人山东省电力公司未经批准，违规邀请施工单位山东送变电工程公司投标，合同金额分别为1599万元和1039万元，共2638万元。此后，山东省送变电工程公司违背投标承诺，将部分工程违规分包给14个分包商，分包合同金额1033万元	2638
		2009年6月，项目法人宁夏电力公司对该工程银川东换流站接地极线路及接地极工程进行招标，并决定宁夏送变电工程公司中标，合同金额2617万元。实际上在招标之前，宁夏电力公司已经指定宁夏送变电工程公司作为工程施工方。上述招标实质为虚假招标。进一步审计发现，2008年至2012年，宁夏送变电工程公司将其承接的银川东换流站接地极线路及接地极工程等151项电网工程，违规分包给无资质的宁夏送变电技协技术服务部（宁夏送变电工程公司所属集体企业），合同金额7237万元	2617
10	河曲电厂至神头二电厂500千伏输电线路工程	该工程有7份合同未公开招标，项目法人山西省电力公司违规直接发包给有关单位，合同金额12474万元。其中，设计合同1份，合同金额3149万元；监理合同1份，合同金额439万元；施工合同3份，合同金额2370万元；材料采购合同2份，合同金额6516万元	12474
11	西北至华中（四川）直流联网工程	该工程光纤通信安装等10份合同未公开招标，项目法人国家电网公司所属信息通信有限公司等单位违规直接发包给有关单位，合同金额954万元	954
		项目法人西北电网有限公司于2008年3月24日对德阳换流站场地平整及水源工程进行开标，但施工单位四川电力送变电建设公司于2008年3月14日就开始进场工作；项目法人四川电力公司于2008年6月19日对宝鸡换流站“四通一平”工程施工进行招标，而施工单位东北电业管理局送变电工程公司于2008年3月18日开始进场工作。上述招标实质均为虚假招标，合同金额共2849万元	2849
12	西北与华中灵宝背靠背扩建输变电工程	项目法人国家电网公司直流分公司未经公开招标，违规将该工程的2份设计合同直接发包给有关单位，合同金额3273万元	3273
13	陕西神木电厂一期送出500千伏输变电工程	项目法人陕西省电力公司未经公开招标，违规将该工程1份施工合同直接发包给有关单位，合同金额656万元	656

续表

序	项目名称	主要事实	金额
14	贵州至广东第二回直流输电工程	该工程有40份施工、设计、物资采购等合同未公开招标，项目法人南方电网超高压输电公司违规采用竞争性谈判、单一来源等方式，将施工、设计、物资采购等直接发包给有关单位，合同金额14.21亿元	142100
15	贵州施秉至广东贤令山500千伏交流双回输电工程	该工程有10份咨询服务合同未公开招标，项目法人南方电网超高压输电公司违规直接发包给有关单位，合同金额4265万元	4265
合计			343852

附件3：

设备材料采购和招标代理未按规定招标问题情况表

单位：万元

序	项目名称	主要事实	金额
1	渝鄂第二通道及鄂西水电送出500千伏输变电等工程	在渝鄂第二通道及鄂西水电送出500千伏输变电等工程建设中，项目法人华中电网公司指定该公司职工持股企业湖北丰华科技发展有限公司等4家公司负责设备材料采购，并按一定比例收取采购代理费用；同时，湖北丰华科技发展有限公司等4家公司还向材料供应商乱收费等，共收取16536万元。上述资金以分红等形式发放给华中电网公司职工	16536
2	托克托电厂送出500千伏输变电工程	浑源开闭所加装串补工程的主要设备由国家电网公司所属中国电力科学院负责供应，该院及其所属中电普瑞科技有限公司从有关企业以6619万元购入电容器及备件，然后加价3697万元转售给项目法人华北电网有限公司，加价幅度56％	3697
3	汗海至沽源至平安城500千伏输变电工程	沽源500千伏开闭所加装串补工程的主要设备由国家电网公司所属中国电力科学院负责供应，该院及其所属中电普瑞科技有限公司从有关企业以3417万元购入电力电容器及备件，然后加价472万元转售给项目法人华北电网有限公司，加价幅度14％	472
4	上都电厂送出500千伏输变电工程	该工程加装串补的主要设备由国家电网公司所属中国电力科学院负责供应，该院及其所属中电普瑞科技有限公司从有关企业以3048万元购入电力电容器、金属氧化物限压器和断路器等，然后加价780万元转售给项目法人华北电网有限公司，加价幅度26％	780
5	托克托电厂送出500千伏输变电工程、上都电厂送出500千伏输变电工程、汗海至沽源至平安城500千伏输变电工程	2005年6月至2008年3月，在托克托电厂送出500千伏输变电工程、上都电厂送出500千伏输变电工程、汗海至沽源至平安城500千伏输变电工程建设中，项目法人华北电网有限公司与其所属华北电力物资总公司签订了11份设备、装材类代理服务合同，在没有收费依据的情况下，确定华北电力物资总公司按照装材、设备采购总价1.1％至1.8％的标准，收取代理服务费4208万元	4208
6	西北联网750千伏第一通道工程	项目法人直接指定该公司所属新能物资集团有限公司代办设备、材料采购，并自行确定设备（材料）代办费率为2.0％，新能物资集团有限公司共收取设备、材料代办费3617万元	3617

续表

序	项目名称	主要事实	金额
7	西北联网 750 千伏第二通道工程	甘肃科源工程技术咨询有限公司等 3 家招标代理单位，超出标准多收取标书费 1868 万元，同时甘肃科源工程技术咨询有限公司还以专家咨询费名义，给未参与评标工作的甘肃省电力公司领导及职工发放补贴 314 万元	1868
8	兰州东至平凉至乾县 750 千伏输变电工程	项目法人西北电网有限公司将兰州东至平凉至乾县 750 千伏输变电工程等电网工程的招标代理服务，委托给该公司职工持股企业陕西利科电力咨询策划有限公司经营。2007 年至 2009 年，陕西利科电力咨询策划有限公司取得收入 4089 万元	4089
9	溪洛渡右岸电站送电广东双回±500 千伏直流输电工程	在溪洛渡右岸电站送电广东双回±500 千伏直流输电工程等 3 个西电东送项目建设中，项目法人南方电网公司指定该公司所属技术研究中心和科学研究院（2 个单位是一套人马两块牌子），承担 3 个项目的系统研究和成套设计任务，并在没有收费依据的情况下，确定合同金额为 4.66 亿元。实际上，2 家单位既无设计资质，也没有取费依据，且人员力量不足。此后，2 家单位将承揽的任务大量对外转包，从中获取巨额差价	46600
合计			81867

附件 4：

工程投资控制不严问题情况表

单位：万元

序	项目名称	主要事实	金额
1	汗海至沽源至平安城 500 千伏输变电工程	项目法人华北电网有限公司违反招标文件和合同约定，通过调增建筑安装工程费用、冬季施工措施费以及重复计费等方式，多结算工程款 2070 万元	2070
		项目法人华北电网公司将下属企业的日常运行经费 30 万元、职工周转住房装修支出 115 万元，以及工程部分概算外支出 415 万元，共计 595 万元计入工程成本	595
2	托克托电厂送出 500 千伏输变电工程	项目法人华北电网有限公司违反招标文件和合同约定，通过调增建筑安装工程费用、重复计费等方式，多结算工程款 349 万元	349
		项目法人华北电网有限公司将奖金支出 619 万元，超概算购置车辆支出 488 万元，下属企业的培训费、职工补助和单身公寓建设费用等 251 万元，共计 1358 万元计入工程成本	1358
3	上都电厂送出 500 千伏输变电工程	项目法人华北电网公司将工程竣工后的绿化费、修缮费等 1095 万元，承德变电站因提高建设标准造成的增加支出 428 万元，超概算购置车辆支出 39 万元，共计 1562 万元计入工程成本	1562
		在该工程第 7、8 标段建设中，施工单位北京送变电公司虚列建设场地及清理费 1938 万元、虚列基面开方费 513 万元，共计多获取工程价款 2451 万元	2451

续表

序	项目名称	主要事实	金额
4	西北联网750千伏第一通道工程	该工程初步设计概算中，项目法人西北电网公司等单位多列铁塔基础费用3318万元、多列价差和项目法人管理费等43978万元、多列征地拆迁补偿费等6953万元，共54249万元	54249
		项目法人西北电网有限公司、甘肃省电力公司、青海省电力公司等单位违反合同约定，通过多结算工程款、无依据多计算工程造价、重复计算工程量等方式，多结算工程款4661万元	4661
		项目法人西北电网有限公司、酒泉超高压输变电公司等单位将概算外建设运检中心楼、运行检修试验中心等项目的建设支出，挤入该工程建设成本，金额3497万元；虚列材料采购成本3792万元，共计7289万元	7289
5	西北联网750千伏第二通道工程	项目法人西北电网有限公司等单位违反合同约定，通过多结算工程款、无依据多计算工程造价和重复计算工程量等方式，多结算工程款971万元	971
		项目法人西北电网有限公司在工程初步设计概算中多列生产准备费和特殊地区施工增加费等，共693万元	693
6	兰州东至平凉至乾县750千伏输变电工程	2008年至2010年，项目法人西北电网有限公司在兰州东至平凉至乾县750千伏输变电等多条电网线路工程财务核算中，将与电网工程建设无关的兰州输变电运行公司办公楼（总投资4994万元），以建设“巡线检修站”名义，挤占工程建设成本3151万元	3151
		2008年，项目法人西北电网有限公司在750千伏西宁至官亭输变电工程财务核算中，将该公司购置的汇金广场办公楼（总投资15339万元），以建设“维护检修中心”名义，挤占工程建设成本2000万元	2000
		项目法人西北电网有限公司违规提高取费标准、违反合同约定违规调增不予增加的费用、多计算竣工图编制费，以及审核把关不严等，造成多结算工程款1034万元	1034
		该工程竣工决算中，项目法人西北电网有限公司将宝鸡变电站、乾县变电站等4个项目作为尾工工程暂估费用1654万元。截至审计时，上述尾工工程已无须实施，上述费用应予核减	1654
7	宁东至山东±660千伏直流输电示范工程	2010年9月，河北省送变电公司经营部与河北省送变电一分公司及其有关部门在承建该工程时，共同编制虚假的建设场地征用与清理补偿协议109份，多获取工程款2908万元	2908
		2012年5月，项目法人山东电力公司将青岛换流站的征地及迁移补偿费用，按预估金额3143万元编入竣工决算。2013年5月，青岛换流站完成征地拆迁，实际发生费用2689万元，竣工决算与实际支出相比，多列征地补偿款454万元	454

续表

序	项目名称	主要事实	金额
8	大同电厂至房山Ⅲ回500千伏线路工程	2009年，项目法人华北电网有限公司电网建设分公司，与山西省电力公司送变电工程公司、北京电力工程公司、北京送变电公司3家施工单位签订施工承包合同，约定建设场地征用与清理费用为一次性包干固定不变价。但之后，华北电网有限公司电网建设分公司又与上述3家施工单位签订协议，违规调增建设场地征用与清理费用，共2713万元	2713
		项目法人山西省电力公司和华北电网有限公司电网建设分公司违反招投标文件和合同约定，违规增加设计、施工、监理单位合同外奖励资金648万元，违规调增房屋拆迁补偿费用和因工程量计算错误多支付工程价款等496万元，共1144万元	1144
9	河曲电厂至神头二电厂500千伏输电线路工程	该工程对外招标并签订合同的工程量均是依据工程初步设计计算的，审计抽查该线路3个标段发现，因合同工程量高于实际工程量，造成工程建设成本增加989万元。其中，山西省送变电公司多获取工程款299万元，山西省电力公司供电工程承装公司多获取工程款690万元	989
10	王曲电厂送出500千伏输变电工程	项目法人华北电网有限公司电网建设分公司违反招标文件和合同关于“建设场地征用与清理费用包干使用超支不补”的约定，违规调增建设场地征用与清理费用，多支付施工单位北京送变电公司1747万元	1747
11	渝鄂第二通道及鄂西水电送出500千伏输变电工程	项目法人华中电网有限公司违反合同约定、重复计算工程量、多计算相关费用等，多支付工程价款1308万元，并多计建设成本613万元，共1921万元	1921
		项目法人华中电网有限公司超概算列支建设单位管理费1754万元	1754
12	西北与华中灵宝背靠背扩建输变电工程	该工程征地拆迁批复概算高于实际补偿标准，相关政府部门和当地电力公司将其中的1472万元结余资金以各种名义侵占。其中，灵宝市电业局通过签订虚假工程合同，将597万元拨付给三门峡供电公司、灵宝市电业局下属集体企业、灵宝市土地局下属事业单位以及用于招待费支出等（审计发现该问题后，灵宝市电业局已收回397万元）；焦村镇政府将875万元转入预算外专户用于平衡财政预算、其他项目建设、借给其他公司和个人	1472
13	500千伏皖电东送工程	该工程（安徽段）建设中，项目法人安徽省电力公司违反合同约定，违规调增青苗补偿费、窝工赶工费，以及无依据多支付费用等，给施工单位安徽送变电工程公司等单位多支付工程款共909万元	909
14	葛沪直流综合改造工程	葛沪改造接地极工程价款结算中，上海泰宁公司借上海欣浦公司资质承揽绿化配套工程并虚列绿化赔（补）偿费361万元，实际并未支付市容绿化主管部门，应予以核减	361
15	贵州至广东第二回直流输电工程	项目法人南方电网公司超高压公司使用工程建设资金购置了总价值2858万元的仿真研究设备供南方电网技术研究中心免费使用，并违规计入该工程建设成本	2858

续表

序	项目名称	主要事实	金额
16	贵州施秉至广东贤令山500千伏交流双回输电工程	项目法人南方电网超高压公司在计算项目可行性研究取费时，人为将整体项目进行分解，违规按多个子项目投资额计取费用，造成多支付中国电力工程顾问集团中南电力设计院和广东省电力设计研究院2家单位可行性研究技术咨询服务费1039万元	1039
合计			104356

附件5：

套取建设资金私设“小金库”问题情况表

单位：万元

序	涉及单位	主要事实	金额
1	湖南省送变电工程公司和湖南省电网工程公司	2008年以来，湖南省电力公司下属2家施工单位湖南省送变电工程公司和湖南省电网工程公司在西电东送、抗冰抢险、农网改造等多个电网建设项目中，通过虚构材料采购、土地征用等方式，将10.83亿元电网工程建设资金账外存放，私设“小金库”	108300
2	陕西送变电工程公司	2006年以来，陕西送变电工程公司及所属单位在承建宝鸡至乾县750千伏输变电工程、宁东至山东±660千伏直流输电示范工程等项目时，通过签订虚假合同、开具虚假发票、编制虚假工程结算书等方式，套取电网工程建设资金15125万元。其中3193万元用于发放职工奖金、列支招待费、转移到陕西万达房地产有限公司等，还有11932万元因审计手段有限无法查清去向	15125
3	湖北省送变电工程公司送电三分公司	2006年至2010年，湖北省送变电工程公司送电三分公司通过虚列施工成本等方式，套取电网工程建设资金约9000万元并账外存放，且财务管理混乱，并多次分批销毁“小金库”会计资料	9000
4	甘肃省电力公司酒泉超高压输变电公司	2008年7月以来，甘肃省电力公司酒泉超高压输变电公司在承建西北联网750千伏第一通道（甘肃段）等工程时，通过虚列支出和向设计、监理、施工及物资供应方收取回扣、向发电企业收取费用等方式，将3357万元资金账外存放	3357
5	宁夏送变电工程公司和宁夏银光钢构件制造有限公司	2008年至2011年，在宁东至山东±660千伏直流输电示范工程银川东换流站接地极工程及线路施工中，宁夏送变电工程公司通过其所属西吉县吉能送变电人力资源有限公司编造虚假人员名单和虚列工资支出等方式，套取资金967万元；宁夏电力公司所属集体企业宁夏银光钢构件制造有限公司通过废渣废料销售收入不入账等方式，套取资金589万元。以上共计1556万元	1556
6	北京送变电公司	2009年10月，北京送变电公司在承建大同至房山Ⅲ回线及串补工程时，通过签订虚假协议、虚列工程建设成本等方式，套取电网工程建设资金723万元	723
合计			138061

中华人民共和国审计署审计结果公告（2014年第5号）

中国投资有限责任公司 2012年度资产负债损益审计结果

（2014年6月18日公告）

按照《中华人民共和国审计法》规定，审计署2013年5月至9月对中国投资有限责任公司（以下简称中投公司）2012年度资产负债损益情况进行了审计。重点审计了其境外投资业务、所属中央汇金投资有限责任公司及其控（参）股的中国建银投资有限责任公司、中投发展有限责任公司、中国银河金融控股有限责任公司、国泰君安证券股份有限公司、中国银河证券股份有限公司、中投信托有限责任公司、国泰基金管理有限公司等7家企业（以下分别简称汇金公司、建银投资、中投发展、银河金控、国泰君安、银河证券、中投信托、国泰基金），并对审计范围内的重大事项做了必要延伸。

一、基本情况及审计评价意见

中投公司成立于2007年9月，是国有独资公司。据中投公司合并财务报表反映，至2012年底，中投公司资产总额5751.78亿美元，负债总额792.61亿美元，所有者权益4959.17亿美元；当年实现投资收益830.52亿美元，净利润773.99亿美元。

审计结果表明，中投公司成立以来，不断建立健全投资制度，积极拓展外汇储备运用渠道和方式，多元化投资局面初步形成；在境内主要发挥汇金公司的出资人代表职责，积极推动国有金融机构改制。但审计也发现，中投公司境外投资管理和风险控制、境内所属企业及财务管理等方面存在一些不规范问题。

二、审计发现的主要问题

（一）境外投资管理不规范，有的形成损失或面临损失风险。2008年至2013年，中投公司境外投资中，6个损失项目、4个浮亏项目和2个面临损失风险项目存在管理人员失职、尽职调查不深入和投后管理不到位等问题；其他部分项目存在选聘外部管理人不够规范、未及时委派管理人员等问题。

（二）对境内机构管控不到位，一些机构存在违规操作问题。

1. 汇金公司2011年未按规定进行资产评估，直接按成本价转让所持国泰君安股权，少获应得收益12.62亿元。

2. 中投发展作为中投公司城镇化投资平台，经营定位以土地一级开发为主，但实际运转中大量进行二级开发，至2013年3月底累计投入82.82亿元用于房地产开发。

3. 国务院要求建银投资向实业转型，但2009年至2012年，建银投资仍将大量资金投入房地产业和金融业，用于实业方面的投资仅占33%。而且，该公司2011年未按规定进行资产评估，买入上海银行股份有限公司股份2.96亿股。

4. 银河金控2012年未按规定进行资产评估，出让银河证券股份6.29亿股。

5. 中投信托2011年以来，为“四证”不全房地产项目发行信托计划融资9.49亿元，其中2012年发生3.49亿元。

（三）财务管理比较薄弱，部分收支及账户管理不合规。

1. 中投公司部分私募基金投资收回的资金未纳入法定账簿核算，至2012年末形成账外资金1004万美元。

2. 中投公司2011年至2013年5月间，在已为员工缴纳基本医疗保险和购买补充医疗保险的基础上，又为职工个人实名购买重大疾病商业保险并代缴个人所得税共计3689.73万元，其中2012年发生1350.68万元。

3. 中投公司2012年违反内部规定程序或在无相关业务依据的情况下，支付中介费用877.31万美元。

4. 中投公司至2012年底，有66个休眠银行账户未及时清理。

5. 汇金公司至2011年底，有24.92亿元应收股权转让收入未纳入账内核算，仅在财务报表附注中披露。

6. 国泰基金2010年以来，使用假发票套取资金4330.04万元，用于账外支付销售人员奖励，其中2012年发生1793.25万元。

此外，中投公司还存在人事管理与责任追究制度执行不严格、信息系统管理薄弱、境外投资会计政策不够审慎以及职工薪酬机制不完善等问题。

三、审计处理及整改情况

对审计发现的问题，中投公司正在组织进行整改，目前已制定、修订工作制度和业务流程29项，完善工作机制7项，并对相关责任人进行了处理。具体整改结果由中投公司向社会公告。审计发现相关涉嫌违法违纪事项，已移送有关部门进一步调查处理。

中华人民共和国审计署 审计结果公告 (2014年第6号)

中国农业发展银行 2012年度资产负债损益审计结果

(2014年6月18日公告)

按照《中华人民共和国审计法》规定，审计署2013年5月至8月对中国农业发展银行（以下简称农发行）2012年度资产负债损益情况进行审计，重点审计了总行及北京、山东、安徽、四川、河南、湖北和湖南7家分行，涉及资产总额7396.17亿元，占全行资产总额的32%。对审计范围内的重大事项做了必要延伸。

一、基本情况及审计评价意见

农发行成立于1994年，是直属国务院的政策性银行，设有31家省级分行。据合并财务报表反映，其2012年底资产总额为22930.79亿元，负债总额为22432.83亿元，所有者权益为497.96亿元；当年实现营业收入717.99亿元，净利润142.92亿元。

审计结果表明，农发行积极贯彻落实中央经济金融政策，加大“三农”发展信贷支持，促进粮棉油市场稳定；不断完善内控和风险管理制度，创新管理手段，推进精细化管理；深化内部综合改革，努力提升经营绩效，可持续发展能力进一步增强。但审计也发现，该行在存贷款及财务收支管理等方面存在一些不规范问题。

二、审计发现的主要问题

（一）违规发放贷款。2006年以来，总行和山东、安徽、河南、四川、湖北、湖南、河北、浙江、辽宁及吉林10家分行违规放宽贷款条件或未严格对贷款申请资料进行审核等发放贷款共计67.96亿元，其中2012年发生14.33亿元。

（二）违规处置不良贷款。2008年以来，安徽、河南、湖北、湖南和陕西5家分行通过向其他单位提供优惠信贷条件、协调代为偿债等方式，违规处置178户企业的不良贷款14.83亿元，其中2012年发生4.33亿元。

（三）违规吸收存款。至2013年3月底，山东分行下属5家分支机构超过规定辖区范围吸收企业存款2.84亿元，其中2012年发生1.34亿元。

（四）违规动用企业保证金。2011年至2012年，山东省陵县支行动用贷款企业缴存的银行承兑汇票、信用证或贷款风险保证金4586.8万元，用于兑付其他已到期银行承兑汇票等，导致收取保证金的银行承兑汇票到期后形成垫款，其中2012年发生4486.8万元。

（五）财务管理和会计核算不规范。具体情况是：

1. 2008年至2013年，总行及北京、四川等2家分行虚列支出、公款私存4043.35万元。

2. 2009年至2012年，山东、河南、四川等3家分行少计收入或递延收益1164.41万元，其中2012年832.35万元。

3. 总行和安徽、河南、四川等3家分行违规列支职工福利性支出2321.88万元，其中2012年2175.55万元。

4. 2010年至2012年，总行及北京、山东、四川、湖北等4家分行使用虚假发票报销费用184.69万元，其中2012年157.78万元。

5. 2012年，总行在会议费、电子设备运转费中列支旅游、招待等支出207.37万元；2012年至 2013 年，总行超标准开支会议费 115.77 万元。

此外，农发行还存在参加与由本行有业务往来的企业组织付费的海外培训和考察活动、违反财务审批程序列支费用等问题。

三、审计处理及整改情况

对审计发现的问题，农发行正在组织进行整改，目前已制定完善规章制度 15 项，并对相关责任人进行了处理。具体整改结果由农发行向社会公告。审计发现相关涉嫌违法违纪事项，已移送有关部门进一步调查处理。

中华人民共和国审计署审计结果公告（2014 年第 7 号）

中国银行股份有限公司 2012 年度资产负债损益审计结果

（2014 年 6 月 18 日公告）

按照《中华人民共和国审计法》规定，审计署 2013 年 5 月至 8 月对中国银行股份有限公司（以下简称中国银行）2012 年度资产负债损益情况进行审计，重点审计了总行和北京、辽宁、江苏、河北、浙江、广东、深圳等 7 家分行和两家直属公司，涉及资产总额 71125.57 亿元，占全行资产总额的 56.09%。对审计范围内的重大事项做了必要延伸。

一、基本情况及审计评价意见

中国银行 2004 年改制为股份有限公司，2006 年先后在香港证券交易所、上海证券交易所上市。据合并财务报表反映，其 2012 年底资产总额为 126806.15 亿元，负债总额为 118190.73 亿元，所有者权益为 8615.42 亿元；当年实现营业收入 3660.91 亿元，净利润 1455.22 亿元。

审计结果表明，中国银行积极贯彻执行中央经济金融政策，控制信贷投放规模，优化信贷投向及资产结构，进一步巩固海外业务品牌和国际结算等竞争优势，改进内部控制和风险管理，强化综合金融服务能力，经营业绩和整体实力持续提高。但审计也发现，该行信贷资金及财务收支管理等方面存在一些不规范问题。

二、审计发现的主要问题

（一）违规发放贷款。2004 年以来，北京、辽宁、河北、江苏、浙江和广东 6 家分行违规发放贷款共计 64.29 亿元，其中 2012 年发生 15.19 亿元。具体情况：一是违规向不符合贷款条件的企业和项目发放贷款 23.11 亿元；二是违反程序发放贷款 39.87 亿元；三是违反国家差别化住房信贷政策办理个人住房贷款等 1.31 亿元。

（二）违规办理票据业务。2009 年以来，河北、浙江和广东 3 家分行违规办理无真实贸易背景的银行承兑汇票及开立信用证等共计 32.49 亿元，其中 2012 年发生 31.49 亿元。

（三）违规办理存款业务。2011 年至 2012 年，江苏分行为完成存款考核指标，要求 4 户企业将公司资金 4845 万元转至其法定代表人及银行员工开设的个人账户，在存款考核过后再将资金退还。此外，河北分行还存在财政性资金未在代理国库存款科目核算的问题。

（四）收入确认和计列不准确。一是 2009 年至 2012 年，中银保险有限公司和北京分行少计或延期确认收入 2121.16 万元，其中 2012 年发生 351.43 万元。二是 2010 年至 2012 年，北京和河北分行将同业资产转让等取得的利息收入记作中间业务收入，金额共计 5.26 亿元，其中 2012 年发生 1.2 亿元。

（五）费用开支不规范。2010 年以来，中国银行总行和北京、江苏、河北、浙江、广东及深圳 6 家分行存在审批招待和宣传费不严格、在其他费用中额外列支奖金福利以及账外收支地方政府奖励等问题，涉及金额 2.33 亿元。

三、审计处理及整改情况

对审计发现的问题，中国银行正在组织进行整改，目前已制定完善相关制度、流程 165 项，并对相关责任人进行了处理。具体整改结果由中国银行向社会公告。审计发现相关涉嫌违法违纪事项，已移送有关部门进一步调查处理。

中华人民共和国审计署
审计结果公告
（2014 年第 8 号）

审计署移送至 2014 年 5 月
已办结 35 起经济案件和事项处理情况

（2014 年 6 月 18 日公告）

审计署对移送有关部门和单位处理的经济案件和事项，定期跟踪了解其办理情况。现将近期收集到的已办结 35 起案件和事项相关情况公告如下：

1. 深圳航空有限责任公司原高级顾问、实际控制人李泽源等人挪用资金案

审计署在审计中发现，2005 年至 2006 年，李泽源伙同深圳航空有限责任公司原董事长赵祥等公司高管涉嫌挪用公司资金用于偿还其个人控制的其他企业债务。2010 年 1 月，审计署将此案件线索移送中央纪委查处。2014 年 1 月，北京市第二中级人民法院以挪用资金罪判处李泽源有期徒刑 14 年，剥夺政治权利 2 年，判处赵祥等 4 人有期徒刑 6 年至 3 年不等，追回被挪用资金 12 亿元。

2. 陕西省交通厅原副巡视员杜必栋等人受贿案

审计署在审计中发现，2008 年至 2012 年，杜必栋等人在省交通厅职工住宅建设管理中涉嫌索取和收受贿赂。2012 年 12 月，审计署将此案件线索移送中央纪委查处。2013 年，西安市中级人民法院以受贿罪判处杜必栋有期徒刑 15 年，并处没收财产 80 万元，收缴赃款 315 万元；陕西省纪委给予交通厅原厅长曹森党内严重警告处分。

3. 广东省惠州市发展改革局原副局长廖庆华等人受贿案

审计署在审计中发现，2010 年至 2011 年，廖庆华等人在西气东输二线工程广东惠州市境内的征地拆迁中，涉嫌收受施工企业贿赂。2011 年 10 月，审计署将此案件线索移送公安部查处。2012 年 12 月，广东省汕尾市中级人民法院以受贿罪判处廖庆华有期徒刑 10 年，没收个人财产 30 万元，收缴全部赃款；以行贿罪判处深圳市华宇工程建设有限公司原法人代表林小光有期徒刑 2 年、缓刑 3 年。

4. 甘肃省西和县姜席镇原党委书记符海兵、镇长吕宇飞贪污案

审计署在审计中发现，2010 年至 2011 年，吕宇飞等人以虚开发票、编造假名册等方式套取扶贫资金 25 万元。2013 年 6 月，审计署将此案件线索移送甘肃省委、省政府查处。2013 年 10 月，甘肃省徽县人民法院以贪污罪、滥用职权罪分别判处符海兵、吕宇飞有期徒刑 10 年和 8 年，收缴赃款 33 万元。

5. 重庆市黔江区石会镇原党委书记向玲华、镇长杨军受贿案

审计署在审计中发现，2009 年至 2013 年，杨军等人弄虚作假帮助承揽中央以工代赈扶贫示范工程。2013 年 8 月，审计署将此案件线索移送重庆市人民政府查处。2013 年 12 月，黔江区人民法院以受贿罪分别判处向玲华、杨军有期徒刑 11 年和 10 年 6 个月，收缴赃款 80.69 万元。

6. 云南省彝良县洛泽河镇扶贫办主任段贵隆贪污受贿案

审计署在审计中发现，2008 年以来，段贵隆在其个人账户中存放扶贫专项资金累计 731.29 万元，并涉嫌贪污其中部分款项。2013 年 4 月，审计署将此案件移送云南省纪委查处。2013 年 12 月，彝良县人民法院以贪污罪、受贿罪判处段贵隆有期徒刑 10 年，收缴赃款 34.59 万元，并追回其私存的扶贫资金。

7. 安徽省环境科学研究院水研究所原所长陈云峰贪污受贿案

审计署在审计中发现，2009 年至 2012 年，陈云峰利用担任水专项课题及成果示范工程负责人之便，涉嫌收受施工企业贿赂，并用虚假票据套取专项资金合计 400 多万元。2012 年 6 月，审计署将此案件线索移送最高人民检察院查处。2014 年 1 月，安徽省池州市中级人民法院以贪污罪、受贿罪判处陈云峰有期徒刑 14 年，追缴非法所得。

8. 北京邮电大学软件学院原执行院长宋茂强

贪污案

审计署在审计中发现，2010 年至 2011 年，宋茂强在负责科研课题期间，编造劳务人员名单冒领“劳务费”，涉嫌贪污。2012 年 4 月，审计署将此案件线索移送教育部查处。2013 年 12 月，北京市海淀区人民法院以贪污罪判处宋茂强有期徒刑 10 年 6 个月，剥夺政治权利 1 年。其赃款在此之前已全部退回。

9. **广州远洋运输公司原总经理徐惠兴、总会计师胡锦沛等人受贿案**

审计署在审计中发现，2005 年 12 月至 2009 年 12 月，广州远洋运输公司经徐惠兴、胡锦沛提议和批准，以“咨询费”名义向两家民营企业支付 1954 万元。2010 年 10 月，审计署将此案件线索移送中央纪委查处。2012 年 12 月，广州市中级人民法院以受贿罪分别判处徐惠兴、胡锦沛有期徒刑 7 年和 5 年 6 个月，没收个人财产共 40 万元。

10. **辽宁济康医药有限公司虚开增值税专用发票案**

审计署在审计中发现，2010 年至 2011 年，辽宁济康医药有限公司在未采购药品的情况下，从数百家药品经销商非法虚开增值税专用发票价税合计 2.3 亿元，用于抵扣增值税进项税额等。2012 年，审计署将此案件线索移送公安部等查处。2013 年 11 月，辽宁省丹东市中级人民法院以虚开增值税专用发票罪判处辽宁济康医药有限公司董事长王晶明等 13 人有期徒刑 12 年至 1 年不等，以虚开增值税专用发票罪判处该公司及同案另 5 家企业罚金 20 万元至 70 万元不等，追回非法所得 237 万余元。

11. **河南绿佳牧业有限公司法定代表人赵梅均等人骗取贷款案**

审计署在审计中发现，2006 年至 2011 年，赵梅均等人涉嫌弄虚作假骗取信贷资金 1 亿多元，河南淇县农村信用合作联社原主任高代文等人涉嫌违法发放贷款。2012 年 2 月，审计署将该案件线索移送公安部查处。2014 年 1 月，河南省鹤壁市山城区人民法院判处赵梅均犯骗取贷款罪、虚假出资罪、抽逃出资罪，数罪并罚执行有期徒刑 5 年 6 个月，处罚金 80 万元；判处高代文犯违法发放贷款罪、吸收客户资金不入账罪，数罪并罚执行有期徒刑 8 年 6 个月，处罚金 15 万元；以骗取贷款罪判处同案的另两名责任人有期徒刑 2 年和 2 年 6 个月，处罚金共 25 万元。

12. **广西柳州立宇集团有限公司高管人员骗取贷款案**

审计署在审计中发现，2007 年至 2008 年，广西柳州立宇集团有限公司实际控制人徐灵祥（案发后外逃）伙同代总经理曾勇、资金计划部经理彭莉等人，通过伪造经济合同、财务资料等从中国农业发展银行广西柳州市分行骗取贷款 2 亿多元并挪用侵占。2009 年 7 月，审计署将此案件线索移送公安部查处。2013 年 3 月，广西柳州市柳北区人民法院以骗取贷款罪判处曾勇有期徒刑 6 年，并处罚金 30 万元；判处彭莉有期徒刑 3 年 6 个月，并处罚金 15 万元；追回被骗取的银行贷款近 2 亿元。

13. **北京伟业汽车集团有限公司原法定代表人周银宝、许朝阳等人骗取贷款案**

审计署在审计中发现，2007 年至 2008 年，周银宝、许朝阳与其他企业联手，涉嫌通过伪造财务资料、经济合同等方式骗取信贷资金。2010 年 6 月，审计署将此案件线索移送公安部查处。2013 年 7 月，北京市第一中级人民法院以骗取贷款罪、票据承兑罪分别判处周银宝、许朝阳有期徒刑 3 年和 3 年 6 个月，判处另两名责任人有期徒刑 3 年和 4 年，共处罚金 13.5 万元；以骗取贷款罪、票据承兑罪判处北京伟业汽车集团有限公司等 3 家企业罚金共 600 万元。

14. **辽宁葫芦岛希瑞航运集团有限公司原法定代表人徐雪松等人骗取贷款案**

审计署在审计中发现，2007 年至 2011 年，徐雪松等人涉嫌通过私刻印章、伪造合同等手段骗取信贷资金 6 亿多元挪作他用。2012 年 8 月，审计署将此案件线索移送公安部查处。2014 年 1 月，辽宁省葫芦岛市龙港区人民法院以骗取贷款罪判处徐雪松有期徒刑 1 年 3 个月，分别判处另两名责任人有期徒刑 1 年 1 个月，共处罚金 75 万元；判处葫芦岛渤海航运有限公司等 3 家企业罚金共 3.32 亿元。

15. **天煜建设有限公司原法定代表人胡代红等人骗取贷款案**

审计署在审计中发现，2011 年，胡代红等人涉嫌利用虚假会计报表、贸易背景资料等骗取信贷资金1亿多元，大部分资金挪用于非法民间借贷，中国建设银行杭州秋涛支行客户经理叶敏涉嫌违规出具金融票据。2012年7月，审计署将此案件线索移送公安部查处。2014年1月，浙江省杭州市江干区人民法院以骗取贷款罪、票据承兑罪判处胡代红等3人有期徒刑2至3年，处罚金共20万元；判处天煜建设有限公司罚金100万元；以违法发放贷款罪、违法票据承兑罪判处叶敏有期徒刑6年，并处罚金2万元。

16. **湖北省经济和信息化委员会干部万国勇受贿案**

审计署在审计中发现，2011年，湖北省宜都市军业染织有限公司涉嫌利用虚假资料骗取淘汰落后产能中央财政奖励资金。2012年3月，审计署将此案件线索移送湖北省人民检察院查处。2013年9月，湖北省潜江市人民法院判处万国勇犯受贿罪、滥用职权罪，两罪并罚执行有期徒刑7年6个月，没收个人财产30万元，没收受贿所得125.5万元；2013年1月，湖北省当阳市人民法院以单位行贿罪判处宜都市军业染织有限公司罚金20万元。

17. **辽宁省沈阳市苏家屯区农林局干部曹恩东贪污案**

审计署在审计中发现，2006年至2012年，曹恩东涉嫌利用职务便利受贿、贪污拆迁补偿费共10万元。2013年1月，审计署将此案件线索移送沈阳市人民检察院查处。2013年12月，沈阳市苏家屯区人民法院以贪污罪、受贿罪判处曹恩东有期徒刑8年，追缴违法所得10万元。

18. **湖北省荆门市发展改革委干部郭炜受贿案**

审计署在审计中发现，2010年至2011年，郭炜审核把关不严，导致中央预算内资源节约和环境保护资金被企业骗取。2013年2月，审计署将此案件线索移送湖北省人民检察院查处。2013年9月，荆门市东宝区人民法院以受贿罪判处郭炜有期徒刑3年、缓刑5年，没收个人财产3万元，并追缴被骗取资金及受贿所得。

19. **湖北省鄂州市鄂城区泽林镇企业管理委员会原主任王金洪等人受贿案**

审计署在审计中发现，2010年，鄂城区经济贸易局工作人员审核把关不严，导致淘汰落后产能中央财政奖励资金被企业骗取。2013年3月，审计署将此案件移送给湖北省人民检察院查处。2013年9月，鄂州市梁子湖区人民法院以受贿罪判处王金洪有期徒刑1年3个月，缓刑1年6个月；同案判处泽林镇统计站干部周金波犯受贿罪，免予刑事处罚。个人赃款全部追回。

20. **湖北省麻城市经济和信息化局原副局长汪亚声等人玩忽职守案**

审计署在审计中发现，2011年，汪亚声和麻城市中小企业科技信息服务中心主任郑学良审核把关不严，导致淘汰落后产能中央财政奖励资金被企业骗取。2013年1月，审计署将此案件线索移送湖北省人民检察院查处。2013年12月，麻城市人民法院判决汪亚声、郑学良犯玩忽职守罪，免于刑事处罚。被骗取资金已全部追回。

21. **湖北省黄冈市发展改革委干部蔡刚等人玩忽职守案**

审计署在审计中发现，2011年，黄冈市发展改革委和财政局审核把关不严，导致节能技术改造中央财政奖励资金被企业骗取。2013年1月，审计署将此案件线索移送湖北省人民检察院查处。2013年6月，黄冈市黄州区人民法院判决蔡刚犯玩忽职守罪，免予刑事处罚。被骗取资金已经追回。

22. **天津市南开区残疾人劳动服务所会计王麒贪污案**

审计署在审计中发现，2006年至2012年，王麒涉嫌利用职务之便从单位账户提取现金，并通过涂改发票、伪造银行进账单等方式贪污残疾人就业保障金500余万元。2012年3月，审计署将此案件线索移送天津市人民检察院查处。2012年12月，天津市第一中级人民法院以贪污罪判处王麒无期徒刑，没收个人全部财产，并追回赃款赃物。

23. **个体工商户韩明骗取停产停业综合补助资金案**

审计署在审计中发现，2009年至2011年，韩明在北京市蒲黄榆快速路市政工程拆迁过程中，涉嫌弄虚作假骗取停产停业综合补助资金。2011年9月，审计署将此案件线索移送给北京市委市政府查处。2013年6月，北京市高级人民法院以诈骗罪判处韩明有期徒刑14年，剥夺政治权利3年，并处罚金20万元，责令退赔违法所得533.71万元。

24. 天津市博摇劳务服务有限公司负责人王文生诈骗案

审计署在审计中发现，2006 年至 2010 年，该公司涉嫌以挂名方式虚报雇佣失业人员，骗取公益性岗位工资补贴。2012 年 7 月，审计署将此案件线索移送天津市人民检察院查处。2014 年 3 月，天津市第一中级人民法院以诈骗罪判处王文生有期徒刑 13 年，并处罚金 300 万元，追缴违法所得 213.7 万元。

25. 重庆市彭水县诚信建材供应站原站长邓佳荣逃税案

审计署在审计中发现，2006 年至 2008 年，该供应站在向黔彭高速供应钢材过程中，开具虚假发票金额 1943 万元，涉嫌偷逃税。2013 年 8 月，审计署将此案件线索移送彭水县公安局查处。2013 年 12 月，彭水县人民法院以逃税罪判处邓佳荣有期徒刑 3 年、缓刑 4 年，并处罚金 20 万元。邓佳荣已向税务机关缴纳税款及滞纳金 17.61 万元。

26. 内蒙古和林格尔县民政局会计李贞文挪用公款案

审计署在审计中发现，2010 年，李贞文利用职务便利，挪用青海玉树地震救灾捐款 2 万元。2012 年 4 月，审计署将此线索移送呼和浩特市人民检察院查处。2012 年 10 月，和林格尔县人民法院判处李贞文犯挪用公款罪，免予刑事处罚。挪用资金在案发前全额退回。

27. 河北省国土资源厅原厅长周明等人在耕地管理中失职问题

审计署在审计中发现，2006 年，周明违规批准省国土资源厅原所属河北省永兴房地产开发公司延续企业改制前的支持政策，致使该企业不当获利。2011 年，审计署将此案件线索移送中央纪委查处。2013 年 11 月，河北省纪委认定周明和张家口市人大常委会副主任明才（原张家口市国土资源局局长）失职，分别给予党内严重警告和警告处分。

28. 中国城市规划设计研究院用公款安排家属随团出国问题

审计署在审计中发现，2009 年至 2010 年，该研究院院长李晓江批准所属规划所等 8 个单位委托旅行社安排 175 人次出国考察，并支付所有费用，其中包括随团 9 名家属的费用。2011 年 12 月，审计署将此问题移送其主管部门住房城乡建设部处理。2012 年 3 月，住房城乡建设部责令李晓江作深刻检查，收回家属开支 13.95 万元，对规划所原所长尹强予以免职处理。

29. 住房城乡建设部执业资格注册中心账外发放报酬问题

审计署在审计中发现，2005 年至 2012 年，住房城乡建设部执业资格注册中心将部分业务收入账外核算，从中以劳务费、稿酬名义向工作人员发放。2013 年 5 月，审计署将此问题移送中央纪委驻住房城乡建设部纪检组查处。2014 年 1 月，住房城乡建设部纪检组对执业资格注册中心主任赵春山进行了诫勉谈话，住房城乡建设部党组对执业资格注册中心进行通报批评，已收回账外资金 219.17 万元。

30. 云南省彝良县洛泽河镇政府套取挪用农村危改等工程资金问题

审计署在审计中发现，2010 年至 2012 年，洛泽河镇政府套取和挪用农村危房改造、地震安居工程和茅草房改造资金，用于弥补集镇风貌改造、亮化等建设资金缺口。2013 年 7 月，审计署将此问题移送云南省委省政府查处。2013 年 8 月，云南省纪委监察厅对洛泽河镇原党委书记高正坤、副书记高发忠等 6 人分别给予党内严重警告、党内警告、行政记大过等处分，对其他 3 名责任人员做了诫勉谈话、并责令书面检查，尚未支出的 85 万元专款已追还。

31. 四川科伦药业股份有限公司信息披露不实问题

审计署在审计中发现，2011 年，该公司在组织资产收购过程中，未按规定披露交易对方的情况及交易双方之间的关联关系。2013 年 2 月，审计署将该问题移送证监会处理。2014 年 5 月，证监会对该公司给予警告，罚款 30 万元；对刘革新和另 4 名高管给予警告，分别处以罚款 5 万元至 3 万元。

32. 成都工业投资集团有限公司原董事长戴晓明、总经理茆俊强等人违规对外投资造成损失问题

审计署在审计中发现，戴晓明、茆俊强及公司投资银行部经理吕茂刚等人未按规定履行职责，将投资基金委托给不具备资质的机构管理，并违规决策造成国有资产面临损失。2013年3月，审计署将此问题移送四川省委省政府查处。2013年7月，成都市纪委决定对茆俊强予以免职处分，对吕茂刚解除劳动合同。戴晓明相关问题与之前正在调查的其他问题并案查处。

33. 上海光明食品（集团）有限公司串通工程监理等4家机构骗取财政资金问题

审计署在审计中发现，2012年，上海光明食品（集团）有限公司在新海农场水产养殖场建设项目中，与4家工程监理和审价机构串通，利用虚假的监理报告和审价报告骗取财政资金1262万元。2013年3月，审计署将此问题移送上海市城乡建设和交通委员会查处。2014年3月，上海市城乡建设和交通委员会对上海安正建设咨询有限公司罚款7.5万元，责令上海第一测量师事务所有限公司整改审价报告质量问题，对上海方京建筑咨询有限公司未取得工程监理资质问题移送有关部门处理。被骗取资金已全部追回。

34. 厦门大学教授何孝星、林伯强负责的课题组使用与课题无关的票据报销科研经费问题

审计署在审计中发现，2008年至2012年，何孝星、林伯强负责的课题组使用与课题无关的票据报销科研经费。2012年11月，审计署将此问题移送教育部查处。2013年12月，厦门大学给予何孝星党内严重警告处分，降低岗位等级，给予林伯强行政警告处分。林伯强退回违规报销资金12万元。

35. 厦门大学所属厦门南强建筑工程有限公司总经理洪良途违规担保造成国有资产损失问题

审计署在审计中发现，2009年至2010年，洪良途未经集体研究，违规决定为个人借贷提供担保，涉讼后承担连带担保责任并放弃追偿权。2012年8月，审计署将此问题移送教育部处理。2013年12月，厦门大学给予洪良途党内严重警告处分，责成主管单位撤销其担任的厦门南强建筑工程有限公司法人代表资格，并要求其个人承担损失21.56万元。

中华人民共和国审计署审计结果公告

（2014年第9号）

中国烟草总公司 2012年度财务收支审计结果

（2014年6月20日公告）

根据《中华人民共和国审计法》的规定，审计署2013年对中国烟草总公司2012年度财务收支进行了审计，重点审计了中国烟草总公司总部及所属上海烟草集团有限责任公司、云南中烟工业有限责任公司、湖南中烟工业有限责任公司、广东中烟工业有限责任公司和红塔烟草（集团）有限责任公司（以下分别简称上海烟草、云南中烟、湖南中烟、广东中烟和红塔烟草）等7个企业，并对有关事项进行了延伸审计。

一、基本情况及审计评价意见

中国烟草总公司成立于1982年1月，注册资本570亿元，拥有全资和控股二级子公司61家，主要从事卷烟、烟叶、烟机、烟叶复烤加工及其他烟草制品制造等业务。

据中国烟草总公司合并财务报表反映，2012年底资产总额为12580.10亿元，负债总额为1881.42亿元，所有者权益为10698.68亿元；当年实现营业收入10547.42亿元，净利润1650.03亿元，资产负债率14.96%，净资产收益率16.49%。

北京国嘉瑞联合会计师事务所审计了该集团2012年度合并财务报表，并出具了标准无保留意见的审计报告。

审计署审计结果表明，中国烟草总公司能够较好贯彻执行国家宏观经济政策，重大经济决策事项较为规范，2012年度财务报表总体上比较真实地反映了企业财务状况和经营成果。审计也发现，该公司存在会计核算不规范、对下属单位管控不到位等问题。

二、审计发现的主要问题

（一）会计核算和财务管理存在的问题。

1.2012年，中国烟草总公司编制报表不准确，所属云南中烟工业有限责任公司等6家单位存在未按规定核算销售收入及成本、少计固定资产维修费用等问题，多计收入共4.53亿元，多计成本费用共0.17亿元，导致利润多计4.36亿元。

2.2012年，中国烟草总公司编制合并报表不完整导致当年少计资产5579.07万元，少计负债1843.17万元，少计所有者权益3735.9万元。

3. 至2012年底，所属广东中烟等3家企业有6.32亿元投资收益长期未收回，也未收取资金占用利息895.70万元。

4.2012年，所属广东中烟烟草展销有限公司在批发销售卷烟时累计漏缴消费税32.56万元。

（二）执行国家经济政策和企业重大经济决策中存在的问题。

1. 至2012年底，所属红塔烟草和云南红河投资有限公司2008年至2010年投资6.81亿元建成的高尔夫球场仍未按规定清理处置，上述高尔夫球场共占地1728.45亩。

2.2005年至2013年，所属中国烟草总公司云南省公司等9家企业存在未经中国烟草总公司审批即投资建设项目或调整建设规模、超概算投资等问题，涉及金额61.06亿元。

3.2012年至2013年4月，所属湖南中烟、红塔烟草等6家企业向有关政府部门和非公益单位捐赠2300万元。

（三）内部管理存在的问题。

1.2012年至2013年，所属湖南中烟等6家企业在工程建设、物资采购等方面，存在未按规定公开招标、对投标单位资质审查不严，或监管不严导致一些项目被转包、违规分包等问题，涉及金额3.81亿元。

2.2012年，所属湖南中烟等38家企业存在超缴住房公积金和在工资总额之外列支工资性支出等问题，涉及金额2.56亿元。

3. 至2013年5月，所属湖南中烟2008年为职工团购房项目垫付的资金尚有1.02亿元未收回。

4.2012年至2013年，所属红塔烟草、中国烟草总公司山西省公司等9家单位存在会议费开支不规范、违规购置超标车辆以及部分干部违规投资关联企业且未按规定退缴分红所得等问题，涉及金额4097万元。

5.2012年，所属红塔烟草、红云红河烟草（集团）有限责任公司违反卷烟生产规定，无码段生产评吸烟5.76万条。

6. 中国烟草总公司行业核心业务信息系统存在对卷烟生产环节部分节点控制无效、系统时间可随意修改及系统数据不准确等问题。

三、审计处理及整改情况

对审计发现的问题，审计署已依法出具了审计报告、下达了审计决定书。中国烟草总公司具体整改情况由其向社会公告。审计发现的有关人员涉嫌经济违法违纪线索，移送有关部门进一步调查处理。

中华人民共和国审计署
审计结果公告
（2014年第10号）

中国核工业建设集团公司
2012年度财务收支审计结果

（2014年6月20日公告）

根据《中华人民共和国审计法》的规定，审计署2013年对中国核工业建设集团公司（以下简称中核建设集团）2012年度财务收支进行了审计，重点审计了中核建设集团总部及所属中国核工业第二二建设有限公司、中国核工业二三建设有限公司、中国核工业中原建设有限公司、中国核工业华兴建设有限公司和中核投资有限公司（以下分别简称中核二二、中核二三、中核中原、中核华兴和中核投资）等7家企业，对有关事项进行了延伸审计。

一、基本情况及审计评价意见

中核建设集团成立于1999年7月，注册资本23.41亿元，拥有全资和控股二级子公司9家，主要从事军工工程建设、核电工程建设、核能利用，核工程技术研究、服务，民用工程建设等。

据中核建设集团合并财务报表反映，其2012年底资产总额为358.72亿元，负债总额为302.36

亿元，所有者权益为56.36亿元；当年实现营业收入306.95亿元，净利润5.63亿元，资产负债率84.29%，净资产收益率10.94%。

立信会计师事务所审计了该集团2012年度合并财务报表，并出具了标准无保留意见的审计报告。

审计署审计结果表明，中核建设集团能够认真贯彻执行国家宏观经济政策和决策部署，2012年度财务报表总体上比较真实地反映了企业财务状况和经营成果。审计也发现，该集团存在对下属单位管控较弱，财务管理不规范、制度执行不到位等问题。

二、审计发现的主要问题

（一）会计核算和财务管理存在的问题。

1.2012年，中核建设集团及所属中核二二、中核二三、中核华兴、中核中原等4家所属单位存在未及时确认收入、少计提安全生产费用等问题，合计少计收入3.73亿元、少计成本3.40亿元，导致少计利润0.33亿元。

2.2012年，中核建设集团及所属中核二二、中核投资等2家所属单位存在资产未及时入账、合并会计报表编制不规范等问题，合计少计资产3.40亿元、少计负债2.20亿元。

3.2012年至2013年6月，中核中原部分项目未纳入公司法定账簿核算，涉及金额1.15亿元。

4.2012年，中核建设集团总部及所属20家公司在工资总额之外发放职工补贴奖金等4261.16万元。

5.2011年至2012年，中核华兴江苏分公司通过虚增工程量等方式套取资金175.38万元，主要用于支付中介费和招待支出。

6.2008年3月至2013年5月，所属中核华兴红沿河项目部违规以现金等形式支付劳务款和工程款5628.33万元。

（二）执行国家经济政策和企业重大经济决策中存在的问题。

1.2009年至2012年，所属中核二二在执行“走出去”战略中，有两个境外项目存在未经集体研究决策、未评估海外分公司损益和债权债务情况下支付海外分公司承包人补偿费用等管理不规范问题，涉及金额5131.18万元。

2.2008年至2013年，所属中核二二、中核二三和中核中原等3家公司在项目建设、重大物资采购过程中，存在未按规定进行公开招标、未经批准变更招标方式、招标不规范等问题，涉及金额8.36亿元。

3.2010年至2012年，所属中核投资未经集团批准对外投资、出借资金共8.56亿元；两项非主业投资未按规定报国资委审核，涉及金额3000万元。

（三）内部管理存在的问题。

1.中核建设集团在筹资管理、无形资产管理等方面，部分制度规定关键要素和必要控制环节不够健全完善；所属中核二三采购管理制度不完善，采购管理中存在供应商评审不严格、合同管理不规范等现象。

2.2012年，所属中核华兴、中核二二、中核二三、中核华泰市政路桥工程公司等4家公司的37个民用工程项目存在以包代管现象，涉及合同金额26.13亿元。

3.2012年，所属中核房地产开发有限公司收到19套抵债房屋后，未经评估即以此抵销债权3310万元。

4.中核建设集团在信息化建设和运行方面存在信息系统孤立分散、软件资产管理不规范及部分系统不完善等问题。

三、审计处理及整改情况

对审计发现的问题，审计署已依法出具了审计报告、下达了审计决定书。中核建设集团具体整改情况由其向社会公告。审计发现的相关人员涉嫌经济违法违纪线索，移送有关部门进一步调查处理。

中华人民共和国审计署
审计结果公告
（2014年第11号）

中国航天科技集团公司
2012年度财务收支审计结果

（2014年6月20日公告）

根据《中华人民共和国审计法》的规定，审

计署 2013 年对中国航天科技集团公司（以下简称航天科技集团）2012 年度财务收支进行了审计，重点审计了航天科技集团总部及所属中国运载火箭技术研究院等 14 家企业，并对相关事项进行了延伸审计。

一、基本情况及审计评价意见

航天科技集团成立于 1999 年 7 月，注册资本 148 亿元，拥有全资和控股二级子公司 35 家，主要从事宇航系统及导弹武器系统的研制生产、航天技术应用产业和航天服务业。

据航天科技集团合并财务报表反映，其 2012 年底资产总额 2580.16 亿元，负债总额 1531.08 亿元，所有者权益 1049.08 亿元；当年实现营业收入 1233.35 亿元，净利润 90.14 亿元，资产负债率 59.3%，净资产收益率 10.6%。

大华会计师事务所审计了该集团 2012 年度合并财务报表，并出具了带强调事项段的无保留意见的审计报告。

审计署审计结果表明，航天科技集团认真完成国家重大航天科研任务，重大决策和内部管理总体较为规范，2012 年度财务报表总体上基本比较真实地反映了企业财务状况和经营成果。但审计也发现，该公司存在部分事项会计核算不够规范、部分内部管理事项不规范等问题。

二、审计发现的主要问题

（一）会计核算和财务管理存在的问题。

1. 2012 年，航天科技集团所属公司未及时确认个别收入成本事项，少计收入 1.45 亿元，多计收入 1200 万元，少计成本 1.31 亿元，导致少计利润 200 万元。

2. 2012 年，航天科技集团及所属单位在编制合并会计报表时内部往来抵销不充分，导致多计资产 17.13 亿元、多计负债 12.83 亿元；内部关联交易抵销不充分，导致多计利润 0.59 亿元。

3. 2012 年，所属航天动力技术研究院和航天推进技术研究院所属部分企业为做大规模，在未发生实际购销业务的情况下，签订购销合同，并相互开具或连环开具增值税专用发票价税合计 4517.46 万元。

4. 2012 年，航天动力技术研究院所属企业陕西宇航科技工业公司向该院内部提供的后勤服务收入 11754 万元未按规定计提应交税金，导致少缴税 1221.86 万元。

5. 2012 年，航天科技集团部分所属单位在工资总额外向职工发放补贴 434.2 万元。

6. 2012 年，所属中国长城工业公司在未实际发生租赁的情况下，与下属北京大观园酒店有限责任公司签订租赁合同，以租赁费方式向后者支付资金 560 万元，助其完成收入计划。

7. 2012 年，所属四川航天技术研究院所属单位未按规定使用安全生产费 226.47 万元。

8. 2012 年，所属事业单位航天动力技术研究院多编报基本预算支出 4712.12 万元。

（二）内部管理存在的问题。

1. 航天科技集团境外投资及财务管理制度不健全，至 2012 年底所属部分境外企业共亏损 1.42 亿元，且目前仍有两家企业的股权由单位委托个人代持。

2. 2012 年，所属中国航天标准化研究所下属认证中心实际发生的业务成本和市场开发费用列支渠道不规范，涉及 1125.83 万元。

3. 2010 年至 2013 年 6 月，所属中国火箭技术研究院物流中心、中国空间技术研究院所属北京卫星制造厂等单位未按公司规定直接从生产厂家采购铝材，而是通过 4 家代理商企业采购，增加采购代理成本 2729.2 万元。

4. 2011 年至 2012 年，所属中国空间技术研究院下属总体部等 9 家二、三级单位违规给职工发放福利 140.49 万元；所属中国航天标准化研究所部分职工违规持有下属单位股权，至 2012 年累计获分红 26.34 万元。

5. 各所属单位物资采购系统建设水平不平衡、技术实现方式差异大，物资采购系统与各自的项目管理系统、财务管理系统等管理信息系统之间没有数据交互接口，系统输入控制和外部接口功能不完善，不能对选择供应商的采购行为有效控制等，不利于内部管理信息资源的有效整合和高效运用。

6. 所属中国运载火箭技术研究院本部有 7730.8 万元内部应收款长期挂账，至 2012 年底尚未清理收回。

（三）其他方面的问题。

1. 2011 年，所属长征火箭工业有限公司将 2.95 亿元流动资金贷款，违反约定用于对其他单位和投资。

2.2011年4月，所属四川航天技术研究院下属成都航天模塑股份有限公司未按规定报经集团总部批准即与自然人签订资产重组框架协议，产生或有负债5000万元。

三、审计处理及整改情况

对审计发现的问题，审计署已依法出具了审计报告、下达了审计决定书。航天科技集团具体整改情况由其向社会公告。审计发现的相关人员涉嫌经济违法违纪线索，移送有关部门进一步调查处理。

中华人民共和国审计署审计结果公告（2014年第12号）

中国航天科工集团公司2012年度财务收支审计结果

（2014年6月20日公告）

根据《中华人民共和国审计法》的规定，审计署2013年对中国航天科工集团公司（以下简称航天科工集团）2012年度财务收支进行了审计，重点审计了航天科工集团总部及所属中国航天科工防御技术研究院、中国航天科工飞航技术研究院、贵州航天工业有限责任公司（以下分别简称防御技术研究院、飞航技术研究院、贵州航天公司）等6家单位，对相关事项进行了延伸审计。

一、基本情况及审计评价意见

航天科工集团成立于1999年7月，注册资本72.03亿元，拥有全资和控股二级子公司11家、事业单位10家，主要从事导弹、航天器及其他防务装备研制生产，以及通信及电子设备、专用汽车及零部件制造等。

据航天科工集团合并财务报表反映，其2012年底资产总额1614.74亿元，负债总额928.03亿元，所有者权益总额686.71亿元；当年实现营业收入1337.68亿元，净利润75.99亿元，资产负债率57.47%，净资产收益率10.79%。

中瑞岳华会计师事务所审计了该集团2012年度合并财务报表，并出具了标准无保留意见的审计报告。

审计署审计结果表明，航天科工集团能够贯彻国家宏观经济政策，积极推进改革重组和产品结构调整，2012年度财务报表总体上比较真实地反映了企业财务状况和经营成果。审计也发现，航天科工集团存在部分收入和成本费用核算不准确、合并报表抵销不充分、内控制度执行不到位等问题。

二、审计发现的主要问题

（一）会计核算和财务管理存在的问题。

1.2012年，所属防御技术研究院、湖南航天管理局、飞航技术研究院等28家单位存在虚构购销业务、科研收入和利息收入核算不完善、重复计提保证金等问题，多计收入0.24亿元，多计成本费用2.81亿元，导致少计利润2.57亿元。

2.航天科工集团编制2012年合并财务报表时未充分抵销内部交易事项，导致收入和成本费用同时多计4.41亿元。

3.2012年，航天科工集团未按规定报经国资委审核，批复同意所属单位对贵州航天房地产开发有限公司增资3000万元。

4.2012年，所属河南航天工业总公司利用虚假发票套取资金300万元账外存放，其中141.10万元用于向中层领导和部分干部发放“重点工作完成考核奖”；2012年1月至2013年4月，北京动力机械研究所以虚假合同套取资金269.25万元，账外存放；2012年年初至2013年5月，防御技术研究院所属单位和飞航技术研究院接受外购外协单位提供的虚假发票列支7729.09万元。

5.截至2013年6月，所属航天信息股份有限公司（以下简称航天信息公司）未及时清理商业养老保险494.06万元。此外，2012年，航天信息公司下属浙江爱信诺航天信息有限公司少代扣代缴个人所得税41.77万元。

（二）内部管理存在的问题。

1.航天科工集团2003年制定实施的“有关质量保证金核算管理办法”，未对保证金计提的基数、范围、保留期限做出统一规定，导致所属单位执行中存在较大随意性。

2.集团对所属企业管控方面。

（1）截至2013年7月末，所属航天信息公司下属华迪计算机集团有限公司政府事业部总经理违规持有所属单位41%的股份。

（2）2008年至2012年，航天科工集团所属企业借给贵州航天红光机械制造有限公司1.26亿元，因对方经营亏损严重存在损失风险。

（3）2010年8月，所属贵州航天公司下属贵州航天天马机电科技有限公司违规以贸易的名义对外出借资金，形成或有损失2145.48万元。

（4）截至2012年末，所属防御技术研究院下属南京长峰航天电子科技有限公司违规以项目合作名义对外出借资金2.50亿元。

3. 信息系统建设管理制度不完善，按现有体制，集团公司仅负责组织集团信息系统的建设，其他大部分信息系统建设不属于集团公司审批范围，截至2012年末，航天科工集团各类信息系统有606个，较为分散，不利于信息系统统筹建设和数据共享；所属单位使用的6个财务软件数据接口不符合国家标准或者行业标准。

三、审计处理及整改情况

对审计发现的问题，审计署已依法出具了审计报告。航天科工集团在审计期间已经对有关财务收支问题进行了整改，具体整改情况由其向社会公告。审计发现的相关人员涉嫌经济违法违纪线索，移送有关部门进一步调查处理。

中华人民共和国审计署审计结果公告（2014年第13号）

中国船舶工业集团公司 2012年度财务收支审计结果

（2014年6月20日公告）

根据《中华人民共和国审计法》的规定，审计署2013年对中国船舶工业集团公司（以下简称中船集团）2012年度财务收支进行了审计，重点审计了中船集团总部及所属6家单位。对有关事项进行了延伸审计。

一、基本情况及审计评价意见

中船集团成立于1999年7月，注册资本63.74亿元，拥有全资和控股二级子公司55家，主营业务为修造船。

据中船集团合并财务报表反映，其2012年底资产总额为1993.13亿元，负债总额为1367.01亿元，所有者权益为626.12亿元，当年实现营业收入866.55亿元，净利润-21.34亿元，资产负债率68.59%，净资产收益率-3.42%。

天职国际会计师事务所审计了该集团2012年度合并财务报表，并出具了标准无保留意见的审计报告。

审计署审计结果表明，中船集团突出造船主业，产品结构持续优化升级，2012年度财务报表总体上比较真实反映了企业财务状况和经营成果。审计也发现，中船集团存在重大经济决策事项和内部管理不够规范，对所属单位管控能力不足等问题。

二、审计发现的主要问题

（一）会计核算和财务管理存在的问题。

1. 2011年至2012年，中船集团少计收入0.94亿元，少计成本费用1.19亿元，导致多计利润0.25亿元，其中2011年多计利润9.76亿元，2012年少计利润9.51亿元。

2. 2012年，中船集团合并报表编制改变以往年度做法，采用上期毛利率来计算未实现内部交易收益，导致2012年多计未实现内部交易收益4814.29万元，抵销收益后当年少计利润4814.29万元。

3. 2012年，中船集团在编制合并报表过程中未将其实际管辖的华联船舶有限公司的“其他应收款”余额1.54亿元作为内部往来抵销，导致合并会计报表虚增债权、债务各1.54亿元。

4. 2012年，中船集团未将其间接持股80%的上海汇海船舶设备有限公司纳入合并报表范围。

5. 2012年至2013年，所属中国船舶系统工程研究院通过虚列会议费、现场补助费的方式套取资金421.54万元，用于购买消费卡、接待费、会议费等支出。

（二）执行国家经济政策和企业重大经济决策中存在的问题。

1. 中船集团结构调整未达到其“十一五”规划的目标。2011年其造船、配套、修船、非船业务收入分别占主营业务收入比重为86.23%、8.82%、1.94%、3%，而规划要求至2010年应调整为分别占比72.22%、10%、6.67%、11.11%。

2. 所属中船集团物资部船用物资集中采购过程中，均采用公开性和竞争性不强的询价等非公开招标方式。审计抽查2012年的23类1201份询价全部采用定向询价，涉及金额60.48亿元，占总采购额的87.81%。

3. 2009年至2011年，所属上海船厂船舶有限公司共接受订单39艘，由于缺乏充分论证，导致船舶建造计划严重拖期。截至2012年底36艘船出现亏损金额共计10.18亿元。

（三）内部管理存在的问题。

1. 中船集团信托理财、劳务采购、对外借款等重要管理制度不健全、不完善，未建立全面风险管理体系；所属中船财务有限责任公司和中船投资发展有限公司资本运作和资金理财程序不规范，存在未严格执行止损制度的问题。

2. 2012年至2013年，中船集团本部及上海船厂有714.93万元用于购买礼品、购物卡和办公用品支出，无出入库登记和相关审批、领用手续；本部2012年公车费用超过规定限额88.50万元。

3. 所属企业管控方面。

（1）所属上海船厂管理混乱，存在违规采购、废旧物资管理不规范、劳务用工混乱等问题。

（2）所属广州中船龙穴造船有限公司2011年至2012年大量使用存在质量缺陷的库存钢板，导致49个船舶分段制造产品报废，造成损失4286.20万元。

（3）所属中船工业成套物流有限公司2012年至2013年以融资性贸易方式对外出借资金40亿元。

（4）所属中船澄西船舶修造有限公司未按规定全面清退管理人员所持下属企业股权，至2013年7月底93名中层管理人员仍持有总值208.86万元的江阴市华澄实业有限公司股份。

（5）所属中船工业贸易有限公司未按规定报经中船集团批准和国资委备案，即于2008年开始实行职工年金制度并追溯缴费至2005年，2012年底年金净资产为2169万元。

（6）所属中国船舶系统工程研究院2012年招待费支出超标925万元。

4. 中船集团信息化建设统筹不充分，信息系统未有效集成、上下级财务系统间未建立纵向贯通数据界面；信息化建设计划及执行管理不到位，存在信息系统建设不均衡、投入不足等问题；非涉密信息系统的等级测评、定级备案不到位。

三、审计处理及整改情况

对审计发现的问题，审计署已依法出具了审计报告、下达了审计决定书。中船集团具体整改情况由其向社会公告。审计发现的有关人员涉嫌经济违法违纪线索，移送有关部门进一步调查处理。

中华人民共和国审计署
审计结果公告
（2014年第14号）

中国兵器装备集团公司
2012年度财务收支审计结果

（2014年6月20日公告）

根据《中华人民共和国审计法》的规定，审计署2013年对中国兵器装备集团公司（以下简称兵装集团）2012年度财务收支进行了审计，重点审计了兵装集团总部及所属保定天威集团有限公司、重庆长安汽车股份有限公司（以下简称天威集团、重庆长安）等6家企业，对有关事项进行了延伸审计。

一、基本情况及审计评价意见

兵装集团成立于1999年7月，注册资本148亿元，拥有全资和控股二级子公司56家，主要从事军工生产、光电仪器、化工产品、车辆制造、兵器工程及技术研究服务等。

据兵装集团合并财务报表反映，其2012年底资产总额2787.28亿元，负债总额1975.89亿元，所有者权益811.39亿元，当年实现营业收入3026.40亿元，净利润63.57亿元，资产负债率

70.89%，净资产收益率 8.40%。

大信会计师事务所审计了该集团 2012 年度合并财务报表，并出具了标准无保留意见的审计报告。

审计署审计结果表明，兵装集团能够认真贯彻国家宏观经济政策和决策部署，2012 年度财务报表总体上比较真实地反映了企业财务状况和经营成果。审计也发现，兵装集团存在会计核算、经营决策不够规范，项目投资及风险管控不到位等问题。

二、审计发现的主要问题

（一）会计核算和财务管理存在的问题。

1.2012 年，兵装集团及重庆长安等 2 家所属单位存在未按照规定确认收入和成本等问题，合计少计收入 2.83 亿元，多计成本 1.15 亿元，导致少计利润 3.98 亿元。重庆长安合并会计报表编制不规范，多计收入 3.88 亿元，多计成本 3.88 亿元，其所属江铃控股有限公司多计资产 1.89 亿元，多计负债 1.89 亿元。

2.2012 年，兵装集团少缴纳营业税 387.07 万元、城建税及教育费附加 46.45 万元。

3. 至 2012 年底，所属哈尔滨哈飞汽车工业集团有限公司会计核算中账表不符，涉及金额合计 9.21 亿元。

（二）执行国家经济政策和企业重大经济决策中存在的问题。

1. 所属天威集团新能源等投资存在决策不规范、效益不佳甚至严重亏损等问题。

（1）2008 年至 2012 年，天威集团 21 个新能源固定资产投资项目中，有 20 个未经董事会审议等法定程序，涉及投资额 152.75 亿元。

（2）2010 年至 2012 年，天威集团未经发展改革委批准擅自上调投资计划，实施的境外新能源投资项目因设计缺陷等原因被迫停工、破产清算。

（3）至 2012 年底，天威集团有 3 个投资项目超计划投资 2.85 亿元，未按规定报经主管部门审批；11 个项目未经兵装集团审批即开工建设，涉及投资额 24.85 亿元。

（4）天威集团新能源投资造成负债规模和经营风险快速增长，至 2013 年 5 月外部融资规模达 234.42 亿元，2011 年和 2012 年亏损分别高达 11.90 亿元和 33.28 亿元。

（5）2009 年至 2012 年，天威集团下属天威保变（合肥）变压器有限公司向关联方拆借资金，累计借款 5.06 亿元。

2. 兵装集团境外投资总体效益不佳，在境外投资成立的 17 家海外公司中，至 2012 年末有 5 家已停业、7 家累计亏损 1.38 亿美元。

（三）内部管理存在的问题。

1. 至 2012 年底，兵装集团所属全资和控股子公司合计 456 家，其中 45 家二、三级公司尚未实施公司制改革和设立董事会。

2.2010 年至 2012 年，所属重庆长安及其所属 5 家合资企业部分项目未按规定公开招标，涉及金额 10.26 亿元；重庆青山工业有限责任公司（以下简称青山工业）技术中心建设项目部分工程未按规定公开招标，涉及金额 144.50 万元。

3.2010 年至 2012 年，所属重庆长安两个建设项目未取得土地使用证、规划许可证和施工许可证即开工建设，涉及投资额 29.05 亿元。

4. 所属重庆长安采取提前付款、信用销售等形式为经销商提供变相借贷，涉及金额 125.06 亿元，累计收取利息 1.34 亿元。

5.2012 年，兵装集团所属重庆大江工业有限责任公司、青山工业超过国家标准购置公车 4 辆，涉及金额 188.15 万元。

6. 信息化建设管理方面。

（1）至 2013 年 6 月，兵装集团总部及 59 户子公司的 287 个应用信息系统中有 137 个未经过信息安全等级保护定级，58 个会计核算软件中有 52 个接口不符合国家标准。

（2）兵装集团总部及 43 户子公司的 220 个财务、业务管理信息系统中有 73 个没有建设灾备。

（3）兵装集团“十一五”信息化发展规划拟建立的 13 个管理信息资源功能系统仍有 6 个未启动建设，法律事务管理信息系统部分功能闲置。

（4）重庆长安 ERP 及相关内部控制制度不健全，存在数据修改和外泄风险，人力资源管理、采购管理功能长期闲置。

此外，审计署 2010 年审计指出的 3 项问题未整改落实。一是兵装集团对 2.92 亿元投资收益未确认；二是兵装集团所属南方工业科技贸易有限公司违规出借进出口经营权；三是兵装集团所属中国北方设备工程公司、中国燕兴总公司等两家商贸企业未进行清理整合。

三、审计处理及整改情况

对审计发现的问题，审计署已依法出具了审计报告、下达了审计决定书。兵装集团具体整改情况由其向社会公告。审计发现的有关人员涉嫌经济违法违纪线索，移送有关部门进一步调查处理。

中华人民共和国审计署审计结果公告

（2014年第15号）

中国石油天然气集团公司
2012年度财务收支审计结果

（2014年6月20日公告）

根据《中华人民共和国审计法》的规定，审计署2013年对中国石油天然气集团公司（以下简称中石油集团）2012年度财务收支进行了审计，重点审计了中石油集团总部及西南油气田分公司、抚顺石化分公司、东北销售分公司、中油资产管理有限公司等20个所属企业，并对有关事项进行了延伸审计。

一、基本情况及审计评价意见

中石油集团成立于1998年7月，注册资本3799亿元，拥有二级全资和控股子公司72家、事业单位8家、社会团体1家，主要从事原油、天然气勘探开发、开采；石油炼制、石油化工及其他化工产品的生产、储运及贸易，石油、天然气管道运输及贸易；相关工程技术研究与服务等。

据中石油集团合并财务报表反映，其2012年底资产总额34094.2亿元、负债总额15453.1亿元、所有者权益总额18641.1亿元；当年实现营业收入26692.53亿元，净利润1391.75亿元，资产负债率45.32%、净资产收益率7.29%。

立信会计师事务所审计了该集团2012年度合并财务报表并出具了标准无保留意见的审计报告。

审计署审计结果表明，中石油集团基本能贯彻执行国家宏观经济政策，2012年度财务报表总体上比较真实地反映了企业财务状况和经营成果。审计也发现，中石油集团在生产经营、内部管理等方面存在一些问题，有的管理人员还涉嫌严重违法违纪。

二、审计发现的主要问题

（一）会计核算和财务管理存在的问题。

1.2012年，中石油集团所属10家单位存在当期天然气销售收入计入次年、盘盈成品油未冲减管理费用等问题，由此造成收入少计0.32亿元，成本费用多计5.91亿元、少计0.2亿元，导致2012年少计利润6.03亿元。

2.2012年，所属辽河油田设备安装工程公司等5家公司未按规定纳入合并报表范围，导致少计资产5.13亿元、负债2.2亿元、所有者权益2.93亿元。

3.至2012年底，中石油集团未按规定将3.52亿元国拨资本性财政资金，转为对中国石油天然气股份有限公司（以下简称中石油股份公司）的委托贷款。

（二）执行国家经济政策和企业重大经济决策中存在的问题。

1.2012年4月至12月，所属西南油气田分公司违反国家关于禁止以大、中型气田所产天然气为原料建设LNG（液化天然气）项目的规定，向华油天然气广安有限公司LNG项目供应天然气。

2.至2012年底，所属四川销售分公司2006年以来收购的55座加油站、吉林销售分公司2011年9月租入的8座加油站证照不齐全。

3.2012年至2013年4月底，所属烟台等130家销售分公司超过发展改革委最高限价销售成品油18.38万吨，价差总计0.36亿元。

4.2010年至2012年，所属抚顺石化分公司投资22.35亿元的热电厂扩建项目未经核准，且使用工艺不成熟导致8751万元国有资产面临损失。

5.截至2013年5月，辽河油田分公司未经核准于2011年10月开工建设的“双6地下储气库”项目完成投资21.3亿元。该项目2013年11月才获得核准。

6.所属西南油气田分公司龙岗天然气试采工

程未按规定程序实施，并在无法达到预期目标的情况下继续追加投资，该项目2006年至2013年6月间产气量持续下降。

7. 中石油股份公司于2007年12月与外方合作开发的川东北高含硫天然气项目至2013年6月仍未完工投产，一直未能实现2009年天然气首次投产的预期目标。

（三）内部管理存在的问题。

1. 工程项目管理方面。

（1）2011年6月，所属中石油北燃（锦州）燃气有限公司未按规定报经上级公司批准，即开工建设龙栖湾燃气工程，至2013年6月已完成投资686.42万元。

（2）至2012年底，所属四川销售分公司有9座由外单位代建的加油站，未按照中石油股份公司规定解除代建协议。

（3）2006年11月至2013年7月，所属抚顺石化分公司等9家单位部分工程建设和物资采购未按规定公开招标，涉及合同金额260.35亿元，其中工程建设238.51亿元、物资采购21.84亿元。

（4）2009年至2012年，所属辽河油田分公司和吉林油田分公司有1.34万亩新增建设用地未取得正式用地手续。

（5）2009年至2012年，所属吉林油田分公司下属新木采油厂和松原采气厂对施工监管不到位，其安全生产科与民营施工方套用较高标准的土方工程定额，多支付工程款155.25万元。

（6）2009年至2012年11月，所属抚顺石化房地产综合开发股份有限公司超资质开发房地产项目，并用已被政府收回的土地使用权作抵押违规融资2.5亿元。

（7）至2013年6月，所属抚顺石化分公司已建成的石油二厂天然气利用改造和洗化厂天然气利用改造项目，由于配套管道建设进度慢等无法投用，涉及投资1.38亿元；西北销售分公司2011年接管的11个储油罐（容量26万立方米）一直闲置。

2. 资金和金融业务管理方面。

（1）1999年至2011年，所属吉化集团公司未经中石油集团批准向其控股公司出借资金，2012年5月形成损失1.52亿元。

（2）所属昆仑银行股份有限公司克拉玛依分行因贷前审核不严、贷后管理不到位，发放给新疆天盛实业有限公司的贷款本息5.7亿元，至2013年7月全部面临损失风险。

3. 资产、产权、股权管理方面。

（1）2010年至2013年，所属昆仑信托有限责任公司对其与有关自然人和企业共同设立的合伙企业的财务支出监管不到位，致使合伙企业的执行合伙人虚列咨询费支出2700万元。

（2）2011年和2012年，所属昆仑信托有限责任公司和中油资产管理有限公司在信托计划所投资企业持续亏损的情况下，按原值受让了其中由15个自然人认购的信托计划，代为承担了784.83万元投资损失风险。

（3）2009年11月，所属中石油昆仑燃气有限公司未报经批准与沈阳德源新能源科技有限公司设立的合资企业，至2013年6月累计亏损1164万元。

（4）2012年10月，所属长春销售分公司在其所收购加油站的出让方未按合同约定变更加油站用地性质、将土地使用权变更至本公司名下的情况下，支付收购尾款2400万元，至2013年7月该土地仍在租赁经营。

（5）至2012年底，所属西南油气田分公司未按规定清退职工持股企业的个人股份，涉及金额1418.34万元。

4. 油气销售方面。

（1）2007年至2012年，所属兰州石化分公司违反中石油股份公司油品统销管理规定，销售油浆和重油等46.47万吨；计划外销售成品油4.05万吨。

（2）2010年至2013年4月，所属北京销售分公司等企业低于成本价或向无成品油批发资格的企业销售成品油125.73万吨，吉林油田分公司所属吉港天然气公司将工业用气按民用气低价销售天然气541.62万立方米。

（3）2012年，因产销管理脱节，所属大连海运分公司装载油品的船舶滞港336航次、总运量240.96万吨，为此支付船舶滞期费1408.54万元。

5. 油田对外合作及职工持股企业方面。

（1）2008年至2013年5月，所属吉林油田分公司在油田区块合作开发主体性质已变化的情况下未及时相应变更油田区块合作项目分成方式、辽河油田分公司油田区块合作项目未按合同约定向合作方收取未到位出资利息等，造成国有收益流失 3761.07 万元、面临流失 698.91 万元。

（2）2010 年至 2013 年 3 月，所属吉林石化分公司动力二厂和辽河油田分公司欢喜岭采油厂将粉煤灰、凝析油等，无偿交由职工持股的集体企业或多种经营企业回收销售，涉及金额 5013.3 万元。

（3）至 2013 年 6 月，所属辽河石油勘探局有 2 万亩农用地由辽海集团泰兴农业公司等 8 家职工持股的多种经营企业无偿使用，用于种植水稻、养鱼等。

（4）2012 年至 2013 年 5 月，所属兰州润滑油研究开发中心和东北销售抚顺分公司的职工持股企业或关联单位，将所获利润 3032.73 万元以奖金、集体福利等名义发放给上述 2 家单位的职工或相关人员。

6. 信息化建设管理方面。

（1）至 2012 年，所属吉林销售分公司使用的销售 ERP 系统和加油站管理系统共有 33 个系统用户权限不符合职责分离要求。

（2）由于加油站管理系统允许为个人记名加油卡的油品消费开具增值税专用发票，至 2012 年 8 月中石油股份公司九台经营处共为员工记名加油卡开具 433.55 万元的增值税专用发票，最终去向不明。

（3）2011 年至 2012 年，对两个个体工商户短期内以现金进行加油卡充值 3.67 亿元的异常行为，中石油集团加油站管理系统未实现有效监控。

7. 2012 年，所属吉林销售分公司和吉林石化分公司以租赁方式超标准配置 23 辆公务用车。

三、审计处理及整改情况

对审计发现的问题，审计署已依法出具了审计报告、下达了审计决定书。中石油集团具体整改情况由其向社会公告。审计发现的相关人员涉嫌经济违法违纪线索，移送有关部门进一步调查处理。

中华人民共和国审计署审计结果公告（2014 年第 16 号）

中国大唐集团公司 2012 年度财务收支审计结果

（2014 年 6 月 20 日公告）

根据《中华人民共和国审计法》的规定，审计署 2013 年对中国大唐集团公司（以下简称大唐集团）2012 年度财务收支进行了审计，重点审计了大唐集团总部及所属大唐国际发电股份有限公司（以下简称大唐国际）等 10 家企业，对有关事项进行了延伸审计。

一、基本情况及审计评价意见

大唐集团成立于 2002 年 12 月，注册资本 180 亿元，拥有二级全资和控股子公司、分公司 29 家，主要从事电力能源的开发、投资、建设、经营和管理，组织电力（热力）生产和销售及新能源开发等。

据大唐集团合并财务报表反映，其 2012 年底资产总额 6559.36 亿元、负债总额 5729.28 亿元、所有者权益总额 830.08 亿元；当年实现营业收入 1917.98 亿元，净利润 37.02 亿元，资产负债率 87.35%，净资产收益率 4.83%。

天职国际会计师事务所审计了该集团 2012 年度合并财务报表，并出具了标准无保留意见的审计报告。

审计署审计结果表明，大唐集团能够认真贯彻执行国家宏观经济政策和决策部署，积极推进节能减排，加强内部管理，2012 年度财务报表总体上比较真实反映了企业财务状况和经营成果。审计也发现，大唐集团会计核算、经营决策、内部管理等方面还存在一些不规范问题。

二、审计发现的主要问题

（一）会计核算和财务管理存在的问题。

1. 2012 年，大唐集团所属中国大唐集团科技工程有限公司等 5 家单位存在将应计入递延收益的财政补贴资金一次性计入营业外收入、未及时对已投产的固定资产计提折旧等问题，合计多计收入 0.75 亿元，少计成本费用 1.15 亿元，导致多计利润 1.9 亿元。

2.2012 年，大唐集团合并会计报表编制不规范，多计收入 25.98 亿元、多计成本 26.04 亿元，导致少计利润 0.06 亿元。

3.2011 年到 2012 年，所属大唐湘潭发电有限责任公司等 3 家单位存在工程建设剩余物资未及时入账，合并会计报表编制不规范等问题，多计资产 0.34 亿元，多计负债 0.48 亿元。

4.2011 年至 2012 年，所属大唐同舟科技有限公司和大唐国际燃料公司通过虚列派遣劳务人员费用套取 211.40 万元现金设立"小金库"，全部用于向领导班子成员及中层管理人员发放奖金。

5.2012 年，大唐集团及所属中国大唐集团科技工程有限公司在工资总额之外，为职工发放通讯费和交通费补贴 788.62 万元。

（二）执行国家经济政策和企业重大经济决策中存在的问题。

1.2011 年 6 月至 2012 年 7 月，所属四川川汇水电投资有限责任公司违规向高耗能企业低价供电，使其获得电费优惠 3016.18 万元。

2. 至 2012 年底，大唐集团 7 个煤化工等非主业投资项目未上报国资委审核批准，累计完成投资 304.04 亿元。

3.2011 年 12 月以来，所属大唐国际违规扩大非主业商业性房地产投资项目，至 2013 年 7 月未有实质进展。

4.2010 年，所属大唐国际计划总投资 14.23 亿元的河北丰宁万胜永风电场在发展改革委核准前即开工建设，2011 年 7 月才获核准。

5.2012 年，所属大唐国际先以信托方式为民营企业购买煤矿提供资金 20 亿元，2013 年又与民营企业合作发行 40 亿元矿产投资基金拟高价回购其所购煤矿。对此事项，大唐国际未按规定向大唐集团报告。

6.2010 年，所属大唐国际在收购内蒙古宝利煤炭有限公司过程中，未认真审核中介机构提供的评估报告等资料，多支付 1.3 亿元。

7.2012 年，所属大唐国际擅自改变 52.5 亿元债权投资资金用途，存在资金被提前收回及承担违约金等风险。

8.2012 年至 2013 年，所属大唐国际燃料公司通过签发无真实贸易背景的银行承兑汇票套取信贷资金 7.85 亿元。

9. 至 2012 年底，所属大唐吉林发电有限责任公司长山热电厂 1 号机组建成后才获核准，且由于未配套建设发电送出工程造成资产闲置，增加财务费用约 4.79 亿元。

10.2012 年，所属顺兴煤矿实际生产煤炭 165.24 万吨，超主管部门核准产能 105.24 万吨。

（三）内部管理存在的问题。

1. 至 2012 年底，所属四川分公司未报经大唐集团同意，超出合同约定，增加收购 12 个小水电项目投资 3.86 亿元；收购的 15 个水电项目实际投资额超设计概算 9.99 亿元，已投产的 14 个项目中仅 3 个实现盈利。

2. 至 2012 年底，所属大唐国际的铝硅钛示范项目一期工程、大唐煤业公司的刘园子煤矿和大唐四川分公司的干溪坡水电站 3 个项目，已完成投资额合计超概算 9 亿元，未按规定报发展改革部门备案或核准。

3. 至 2012 年底，所属大唐国际投资的多伦煤化工项目实际投资额超概算 61.79 亿元，未按规定报发展改革部门备案和大唐集团审批，项目延期投产后未达预期指标；该项目火炬因设计缺陷不能满足生产要求且存在安全隐患，重新设计建造增加投资 1899.86 万元；该项目所占 3962.7 亩土地未取得建设用地审批手续，其中耕地 1736.4 亩。该项目 2012 年有 81 份合同未按规定进行公开招标，涉及合同金额 4.32 亿元。

4. 至 2013 年 7 月，所属大唐国际为多伦煤化工项目采购的 2735.22 万元催化剂一直未用，已超过保质期两年；内蒙古大唐国际锡林郭勒盟煤化工项目筹备处为该项目采购的 1.7 亿元催化剂闲置 3 年多，增加资金成本 2903.03 万元。

5.2012 年 1 月至 2013 年 6 月，所属大唐国际违规让职工持股企业参股同业优质发电资产，使其获利 1.6 亿元。

6.2012 年，所属中国大唐集团财务有限公司和大唐国际燃料公司 5 辆公务用车超出大唐集团规定标准。

7. 大唐集团在信息化建设和运行方面缺乏统

一规划和管控机制，信息系统建设分散，部分建成后即闲置。其中中国水利电力物资有限公司5个信息系统由于建成后不能有效发挥作用，使用不满3年即关停。

8. 大唐集团纳入合并范围的子公司有641户，管理层级达六级；所属各发电公司、上市公司和专业公司之间区域划分、功能定位和专业分工不够清晰合理，部分业务交叉重复。

三、审计处理及整改情况

对审计发现的问题，审计署已依法出具了审计报告、下达了审计决定书。大唐集团具体整改情况由其向社会公告。审计发现的有关人员涉嫌经济违法违纪线索，移送有关部门进一步调查处理。

中华人民共和国审计署审计结果公告（2014年第17号）

中国海运（集团）总公司 2012年度财务收支审计结果

（2014年6月20日公告）

根据《中华人民共和国审计法》的规定，审计署2013年对中国海运（集团）总公司（以下简称中海集团）2012年度财务收支进行了审计，重点审计了中海集团总部及所属中海集装箱运输股份有限公司、中海发展股份有限公司、中海（海南）海盛船务股份有限公司（以下分别简称中海集运、中海发展、中海海盛）等8家所属单位，对有关事项进行了延伸审计。

一、基本情况及审计评价意见

中海集团成立于1997年7月，注册资本69.20亿元，拥有全资和控股二级子公司26家，主要从事沿海、远洋、国内江海直达货物运输、集装箱运输以及相应的配套业务等。

据中海集团合并财务报表反映，2012年底资产总额为1758.14亿元，负债总额为931.23亿元，所有者权益为826.91亿元；当年实现营业收入663.42亿元，净利润11.92亿元，资产负债率52.97%，净资产收益率1.47%。

天职国际会计师事务所上海分所审计了该集团2012年度合并财务报表，并出具了标准无保留意见的审计报告。

审计署审计结果表明，中海集团较好地贯彻执行国家宏观经济政策，2012年度财务报表总体上比较真实地反映了企业财务状况和经营成果。审计也发现，中海集团在会计核算、内部管理等方面存在一些不规范问题。

二、审计发现的主要问题

（一）会计核算和财务管理存在的问题。

1. 2012年，所属中海工业有限公司等2家单位未将土地动迁补偿款确认为收入，深圳市中海海盛沥青有限公司少提资产减值准备等，由此造成收入少计7亿元，费用少计1.67亿元，当年少计利润5.33亿元。

2. 2012年，中海集团合并会计报表内部交易抵销不充分，多计利润4.26亿元。

3. 2012年，中海集团及所属中海集团投资有限公司存在信托资产未按市值入账等问题，合计少计资产0.19亿元，少计负债0.23亿元。

4. 2012年，中海集团将35亿元中期票据、短期融资券转贷给下属企业，后改变资金用途未按规定及时披露。

5. 2012年，中海集团及所属中海集团投资有限公司在工资总额之外，以劳防用品费、健身费等名义发放或报销职工个人支出459.29万元；中海集运和中海集团所属上海船舶运输科学研究所（以下简称船研所）承担职工个人所得税257.90万元。

6. 2012年，所属船研所差旅费和会议费等4项费用超标准使用137.98万元；上海海运（集团）公司将商务楼低价出租给关联上市公司使用，与周边同类房产相比当年少收租金466万元。

此外，2012年，中海集团及所属船研所等3家单位还存在未将中央财政拨付的国有资本经营预算资金及时下拨至项目单位、对外出租房产未在规定科目核算等问题，涉及金额8.41亿元。

（二）执行国家经济政策和企业重大经济决策中存在的问题。

1. 2012年，所属中海工业有限公司江苏公司造船基地2个建设项目审批手续不全即开工建设，涉及概算金额1946.15万元；至年底，收购和征用的3713.81亩土地未及时办理国有土地使用权证；9个项目未严格执行招投标规定，涉及金额3844.15万元。

2.2012年，中海集团未经总经理办公会讨论或资产评估等规定程序处置船舶20艘，涉及资产原值60361.01万元。

3.2013年，所属中海工业有限公司原总经理超出授权额度2.04亿元，竞拍商业地块。

（三）内部管理存在的问题。

1.所属中海集运口岸公司航线销售价格低于中海集运给予的内部结算价，严重价格倒挂；部分口岸公司给不需要货运代理的直接签约客户指定代理公司，2012年支付操作费0.78万美元；集装箱箱管费用减免缺乏制度规范，滞期费减免比例、减免期限随意性较大。

2.2012年，所属中海集运和中海发展在部分燃油、润滑油采购中未经过招标、询价和供应商考察等程序，而是由下属部门自行选择供应商；中海工业有限公司在未签订购销合同情况下支付供应商1.59亿元货款，后又以无造船订单为由收回。

3.所属中海发展未在油运内贸租船合同中列明中间经纪人名称和佣金费率，经纪业务不明晰；中海集运航次船舶租赁业务未公开招标，也未经总经理办公会集体研究，其中2012年涉及租赁船舶15艘、租金2.03亿元。

4.所属中海发展和中海海盛业务范围重叠，存在同业竞争现象。

5.2012年，中海集团有1起发生伤亡的安全生产事故，未按规定方式上报；8起事故少报直接经济损失1074.42万元。同时，中海集团还违规决定将上报交通运输部直接经济损失的起始金额从50万元提高到300万元。

6.中海集团106个信息系统中，有79个（占75%）未进行安全保护定级；所属航运企业和陆岸企业分别使用不同的财务信息系统，资源未有效整合；信息化建设总体规划缺乏阶段性目标和量化指标。

三、审计处理及整改情况

对审计发现的问题，审计署已依法出具了审计报告、下达了审计决定书。中海集团具体整改情况由其向社会公告。审计发现的有关人员涉嫌经济违法违纪线索，移送有关部门进一步调查处理。

中华人民共和国审计署
审计结果公告
（2014年第18号）

华润（集团）有限公司
2012年度财务收支审计结果

（2014年6月20日公告）

根据《中华人民共和国审计法》的规定，审计署2013年对华润（集团）有限公司（以下简称华润集团）2012年度财务收支进行了审计，重点审计了华润集团总部及华润电力控股有限公司、华润金融控股有限公司、华润医药集团有限公司和华润水泥控股有限公司（以下简称华润电力、华润金融、华润医药、华润水泥）等18个企业，并对有关事项进行了延伸审计。

一、基本情况及审计评价意见

华润集团成立于1983年，注册资本122.37亿元，拥有全资和控股子公司1522家，主要从事消费品（含零售和啤酒、食品、饮料）、电力、地产、医药、水泥、燃气、金融等业务。

据华润集团合并财务报表反映，其2012年底资产总额7305.21亿元、负债总额5181.05亿元、所有者权益2124.16亿元，当年实现营业收入3290.79亿元，净利润236.9亿元，资产负债率70.92%，净资产收益率11.7%。

普华永道中天会计师事务所有限公司审计了该集团2012年度合并财务报表，并出具了标准无保留意见的审计报告。

审计署审计结果表明，华润集团基本能贯彻执行国家宏观经济政策，财务报表基本真实地反映了其财务状况和经营成果。审计也发现，华润集团会计核算、重大经济决策和内部管理等存在一些不规范问题，有的管理人员还涉嫌重大违法违纪。

二、审计发现的主要问题

（一）会计核算和财务管理存在的问题。

1.2012年，所属华润深国投信托有限公司（以下简称华润信托）收取的房租收入、咸阳华润纺织有限公司收到的政府补贴均未按规定计作收入，华润怡宝食品饮料（深圳）有限公司华南分公司销售收入未按规定扣除销售折扣等，由此造成当年收入少计0.15亿元、多计1.27亿元，成本费用多计1.57亿元，导致2012年少计利润0.45亿元。

2.2012年末，所属华润电力控股子公司山西华润大宁能源有限公司、华润燃气（集团）有限公司控股子公司华润（南京）市政设计有限公司未按规定纳入合并报表范围，合计总资产60.62亿元、总负债11.26亿元、所有者权益49.36亿元；华润电力合并报表时，由于未对所属6家关联企业间的内部交易进行抵销，造成收入及成本各虚增2069.17万元。

3.2012年，所属江苏南热发电有限责任公司等2家公司通过虚列原材料费用等套取资金854万元，主要用于购买超市购物卡发放给职工等。

（二）执行国家经济政策和企业重大经济决策中存在的问题。

1.2012年，所属华润电力4个电站机组未按规定报经核准即开工建设，涉及装机容量10.11万千瓦；1个电站机组未按规定报经核准即投入运行，涉及发电量7.55亿千瓦时、售电收入2.83亿元。

2.2012年，所属华润医药在收购北京医药股份有限公司（以下简称北医股份）股份过程中，依据不具备资产评估资质的财务顾问对北医股份净资产的估值116.9亿元（比其另行聘请具备资质中介机构所作评估值高66.36%），出资10.54亿元收购了其9.02%的股权。

3.2012年，所属华润水泥实施的一项水泥生产企业并购，未按规定报经国资委审批和进行资产评估，合同总价款1.75亿元。

4.2012年，所属华润电力下属单位未按规定公开招标，而是采取邀请招标、议标等方式确定工程承包方、物资及服务商，涉及586个项目、金额117.15亿元。

5.所属华润电力和华润医药商业集团部分重大决策只有会议纪要，未保留完整会议记录，其中华润医药商业集团的会议纪要未严格实行连续编号管理。

（三）内部管理存在的问题。

1.华润集团制定的下属企业公务用车标准比国资委制定的企业领导人员用车标准高。2012年70家下属企业超国资委标准购买汽车（5座及以下）90辆，平均单价约52万元，最高单价超过200万元。

2.所属企业管控方面。

（1）华润集团推行以战略业务单元为主的管理模式，将同类业务公司划归同一战略业务单元管理，管理团队主要对经营业绩负责，但部分战略业务单元管理的公司与股权架构不相一致，导致管理报表口径与合并报表口径出现差异，不利于明确权责和加强内部管理。

（2）2012年，华润集团及部分所属单位公款列支高尔夫球消费支出211万元。

（3）2010年7月至2011年，所属华润医药在重组过渡期内，有8个投资收购项目未经过渡期管委会批复即对外签订合作或股权转让协议，收购价款共计29.8亿元，其中6个项目收购价高于资产评估值约57%。过渡期管委会在部分收购项目审核中，也存在未充分研究论证各职能部门不同意见的现象。

（4）2012年，所属华润水泥采购金额共计64.5亿元的862万吨煤炭未按规定公开招标。

3.金融业务管理方面。

（1）2011年3月，所属珠海华润银行股份有限公司（以下简称华润银行）发放的一笔5年期流动资金贷款5000万元，存在贷后监管不力问题，其中1450万元未按合同约定用途使用。至2013年6月底，以上贷款拖欠利息和本金5332万元。

（2）所属华润信托存在违规经营问题，具体是：

一是华润信托违规以员工名义设立深圳市众易实业公司，且未将其纳入合并报表。2012年末，该公司资产共2.6亿元。

二是2012年，华润信托两个信托项目募集资金共计15亿元用于流动资金贷款，存在监管不严问题，其中13亿元被借款人挪用于土地一级开发、房地产开发等。一个信托项目募集资金10亿元违规用于向地方政府融资平台公司贷款。

三是华润信托对财务顾问费、投资顾问费等未制定相关规范，无统一标准，随意性较大。2012年，有4个项目未按规定在合同中明确财务顾问费由信托财产承担，最终以自有资金负担财务顾问费511.06万元。

四是2012年7月至2013年4月，华润信托设立23个信托项目募集资金投资银行间债券市场，在交易中涉嫌违规变相开展债券正回购和逆回购业务，涉及资金40.98亿元。

4. 截至2013年7月，华润集团财务核算系统仅覆盖集团1006家核算实体（占37.26%），未完成规划提出的全面覆盖任务；华润集团有12个信息系统未接受公安机关信息系统安全等级测评，其中11个既未采取同城又未采取异地灾备措施；集团下属利润中心核心系统除华润银行外，也均未采取同城或异地灾备措施。同时，华润集团及所属企业的信息化建设项目普遍未执行招投标制度、监理制度。

三、审计处理及整改情况

对审计发现的问题，审计署已依法出具了审计报告、下达了审计决定书。华润集团具体整改情况由其向社会公告。审计发现的有关人员涉嫌经济违法违纪线索，移送有关部门进一步调查处理。

中华人民共和国审计署审计结果公告（2014年第19号）

中国冶金科工集团有限公司2012年度财务收支审计结果

（2014年6月20日公告）

根据《中华人民共和国审计法》的规定，审计署2013年对中国冶金科工集团有限公司（以下简称中冶集团）2012年度财务收支进行了审计，重点审计了中冶集团总部及所属中国冶金科工股份有限公司、中国二十二冶集团有限公司（以下分别简称中冶股份、二十二冶）等15家企业，并对相关事项进行了延伸审计。

一、基本情况及审计评价意见

中冶集团成立于1994年7月，注册资本84.6亿元，拥有全资和控股子公司545家，主要从事工程承包、装备制造、资源开发、房地产开发等业务。

据中冶集团合并财务报表反映，其2012年底资产总额3365.1亿元，负债总额2876.9亿元，所有者权益488.2亿元；当年实现营业收入2319.1亿元，净利润-98.4亿元，资产负债率85.5%，净资产收益率-18%。

北京兴华会计师事务所有限责任公司审计了该集团2012年度合并财务报表，并出具了标准无保留意见的审计报告。

审计署审计结果表明，中冶集团基本能贯彻执行国家宏观经济政策，2012年度财务报表总体上比较真实地反映了企业财务状况和经营成果。审计也发现，中冶集团会计核算、重大经济决策和内部管理还存在一些不规范问题。

二、审计发现的主要问题

（一）会计核算和财务管理存在的问题。

1. 2012年，中冶集团及二十二冶等7家所属单位少确认工程收入2.58亿元，少提工程成本（费用）1.36亿元，导致少计当年利润1.22亿元。

2. 至2012年底，中冶集团未按照规定对相关项目债务进行会计处理，导致虚增资产3.73亿元、负债3.39亿元、所有者权益0.34亿元。

3. 2012年至2013年6月，所属二十二冶及其下属12家单位采取虚开劳务费发票或直接以劳务分包预结算单入账等方式套取资金8666.84万元，主要用于发放职工工资性津贴及奖金。

4. 2012年，所属中冶建筑研究总院有限公司（以下简称中冶建研院）等3家单位以办公费等名义购买消费卡187.09万元，主要用于发放职工福利和对外赠送等。

5. 2012年，所属中国二十冶集团有限公司（以下简称二十冶）等3家单位在应付职工薪酬之外，又在其他科目中列支职工交通费补贴和节日福利支出1486.66万元。

6.2012年至2013年6月，所属二十二冶的3家下属单位违规设立“小金库”55.69万元。

（二）执行国家经济政策和企业重大经济决策中存在的问题。

1.2007年12月至2012年12月，所属二十二冶下属唐海金熊置业有限公司投资5.76亿元、租地1640亩违规建设锦标级18洞高尔夫球场及配套设施。

2.2007年12月至2011年7月，所属中冶建研院下属中冶置业（福建）有限公司（以下简称中冶福建置业）投资8488万元、占用农业用地860亩建设高尔夫球场。

3.2008年12月至2012年12月，所属二十二冶实施的唐山市曹妃甸论坛永久会址配套设施建设项目、中冶福建置业实施的厦门市海西国际城项目中，有违规建设的别墅类房产。

4.2007年8月至11月，在未经董事会批准、未按规定对民营企业联合体唐山恒通集团进行资产评估的情况下，中冶集团与唐山恒通集团以及1个自然人共同成立中冶恒通冷轧技术有限公司（以下简称中冶恒通），此后中冶集团累计投入资金77.83亿元。至2012年3月国资委批复将中冶恒通全部国有产权无偿划转给中国港中旅集团公司时，该企业净资产仅5.62亿元，形成损失72.21亿元。

5.2003年11月、2006年7月至8月和2008年2月，在未按规定进行可行性研究、未经集团董事会研究、未报发展改革委核准的情况下，中冶集团分别与巴基斯坦矿业开发有限公司、美国晓业贸易公司和澳大利亚兰伯特角公司合作开发3个境外矿山，截至2012年底，累计投入分别为7.7亿元、14.4亿元和33.56亿元，形成亏损分别为5.2亿元、2.73亿元和23亿元。

6.2007年11月，中冶集团并购葫芦岛有色金属集团有限公司后继续推进对方于当年6月开工建设的“铜改”项目，于2010年3月建成时累计投入8.92亿元（94%的投资发生在并购后），但至2012年底，该项目仍未投入生产。

7.2013年2月至3月，所属国际经济贸易有限公司在镍矿市场最低参考价格为每吨220元情况下，未委托第三方机构检测或者自检，将其2008年出资5534.69万元购买的4.8万吨镍矿以每吨55元或58元的价格全部出售，取得收入232.26万元，形成损失5302.43万元。

8.2012年，中冶集团的“万元产值综合能耗（现价）”比2009年上升2.33%，未完成国资委下达的下降7.82%的目标。中冶集团2010年至2012年“国有资本保值增值率”实际完成值仅为79.86%，没有达到国资委下达的126.03%的目标值。

（三）内部管理存在的问题。

1.所属企业管控方面。

（1）2012年至2013年6月，所属二十二冶部分下属施工企业串通其他企业陪标，并中标工程22.92亿元。

（2）2008年至2012年，所属中冶置业集团有限公司（以下简称中冶置业）下属的北京欣安房地产开发有限公司和北京华园饭店有限公司有合同金额1.91亿元的工程未按规定公开招标；南京临江老城改造建设投资有限公司签订虚假节能方案咨询服务合同支付筹集购地资金补偿费814.98万元。同时，中冶置业境外子公司新悦投资有限责任公司2007年6月以来一直未纳入合并财务报表范围。

（3）截至2012年底，所属中冶股份3.39亿元资产被二十冶长期无偿使用；二十二冶有60台车辆登记在个人名下，资产原值共1092.87万元。

2.信息化建设管理方面。

（1）截至2012年底，审计抽查的中冶集团总部及其所属60家二级、三级子公司中，有45家使用的6种财务软件数据输出接口不符合《财经信息技术会计核算软件数据接口》（GB/T 24589—2010）标准要求；跨省使用的财务核算系统未按规定到公安部进行信息系统安全等级备案。

（2）所属中冶股份2009年投资1581万元为所属4家子公司购买的ERP系统至今未投入使用。

（3）中冶集团未按规定建立软件资产管理制度、信息系统安全等级保护制度以及信息化绩效考核制度，其财务公司也未按规定对其使用的资金网络运营系统、财务系统开展信息系统审计。

三、审计处理及整改情况

对审计发现的问题，审计署已依法出具了审

计报告、下达了审计决定书。中冶集团具体整改情况由其向社会公告。审计发现的有关人员涉嫌经济违法违纪线索，移送有关部门进一步调查处理。

中华人民共和国审计署审计结果公告（2014年第20号）

中央部门2013年度预算执行情况和其他财政收支情况审计结果

（2014年6月25日公告）

外交部2013年度预算执行情况和其他财政收支情况审计结果

根据《中华人民共和国审计法》的规定，2013年11月至2014年3月，审计署对外交部2013年度预算执行情况和其他财政收支情况进行了审计，重点审计了部本级和所属外交学院等6个单位，并对有关事项进行了延伸审计。

一、基本情况

外交部为中央财政一级预算单位，部门预算由部本级和267个二级预算单位的预算组成。审计结果表明，外交部本级和本次审计的所属单位2013年度预算收支基本符合预算法及相关法律法规规定，财务管理和会计核算比较规范，进一步建立健全了内部控制制度，并能遵照执行，对以前年度审计发现的问题积极进行了整改。

二、审计发现的主要问题

（一）预算执行中存在的主要问题。

1.2013年，部本级及所属外交学院有6个项目因前期准备不充分导致财政资金闲置，涉及金额2325.10万元。

2.2013年，部本级和所属外交学院在项目支出和驻外机构基本支出中，扩大支出范围列支其他无关支出627.50万元。

3.2013年，部本级自行设立奖项，为部内单位发放奖金71.30万元。

4.2013年，部本级和所属外交学院部分项目未按规定执行政府采购，涉及金额5215.67万元。

（1）部本级未按规定进行公开招标，直接委托有关单位实施信息化基础运维工作服务，合同金额178万元。

（2）1个项目未执行政府集中采购程序，选择定点施工企业名单外的3家单位作为邀请招标对象，涉及金额191.61万元。

（3）7个项目50万元以下的工程监理服务未按规定执行定点采购，自行委托3家单位实施，涉及金额107.72万元。

（4）1个项目未经批准采用邀请招标方式确定施工单位，合同金额659.71万元。

（5）1个项目违规签订补充合同，涉及金额242.93万元。

（6）所属外交学院在补充申报的政府采购预算批复前，自行实施20个项目的采购工作，涉及金额3835.70万元。

5.2013年，部本级10个三类会议超标准列支会议费20.08万元；13个会议未在定点饭店召开；36个会议人数、会期超过规定标准；5个三类以上会议未纳入会议计划。

（二）其他财政收支中存在的主要问题。

1.2013年，部本级在2个项目未取得发票情况下报销资料费39.70万元。

2.至2014年2月，所属外交学院于2012年9月建成并投入使用的新校区一期项目仍未按规定办理竣工财务决算。

3.2013年，所属外交学院13.2万元工程结余材料未纳入账内核算和管理。

三、审计处理情况和建议

对上述问题，审计署已依法出具了审计报告、下达了审计决定书。对项目前期准备不充分导致财政资金闲置问题，要求加强项目管理，科学合理地编制项目预算；对扩大支出范围列支问题，要求严格按照规定范围使用预算资金；对自行设立奖项为部内单位发放奖金问题，要求严格执行国家有关奖励办法；对部分项目未按规定执行政府采购问题，要求严格执行政府采购程序，加强采购环节管理；对部分会议管理及经费使用不符合规定问题，要求严格执行会议管理有关标准；对支付资料费未取得发票问题，要求进一步加强财务报销管理；对未按规定编制竣工财务决算问题，要求尽快办理；对结余材料未入账管理问题，要求尽快纳入法定账簿核算，加强结余材料管理。

针对审计发现的问题，审计署建议：外交部应进一步规范预算执行，加强政府采购和会议费管理，并强化对所属单位的财务监督。

四、审计发现问题的整改情况

对审计发现的问题，外交部高度重视，在审计过程中及时采取措施整改。对所属外交学院未按规定执行政府采购的问题，外交学院已对有关人员提出严厉批评，并将4个项目的涉事公司列入黑名单。具体整改结果由外交部向社会公告。

发展改革委2013年度预算执行情况和其他财政收支情况审计结果

根据《中华人民共和国审计法》的规定，2013年11月至2014年3月，审计署对发展改革委2013年度预算执行情况和其他财政收支情况进行了审计。重点审计了委本级和所属宏观经济研究院等16个单位，并对有关事项进行了延伸审计。

一、基本情况

发展改革委为中央财政一级预算单位，部门预算由委本级和19个二级预算单位的预算组成。财政部批复发展改革委2013年度部门财政拨款支出为112124.79万元（含政府性基金预算，下同），发展改革委决算（草案）反映的当年财政拨款支出92740.52万元，其部门预算与执行结果的差异总额为19384.27万元，差异的具体情况及产生原因见附表1。

本次审计发展改革委本级及所属单位2013年度财政拨款支出共计93599.49万元，占部门财政拨款支出总额的83.48%。审计查出预算执行中不符合财经制度规定的问题金额9775.38万元，其中2013年9356.72万元；其他财政收支方面不符合财经制度规定的问题金额3992.61万元。上述问题对发展改革委2013年度预算执行结果的影响见附表2。

审计结果表明，发展改革委及本次审计的所属单位2013年度预算收支基本符合预算法和其他财经法规的规定，财务管理和会计核算基本符合会计法及有关财会制度规定，对以前年度审计发现的问题积极进行了整改。

二、审计发现的主要问题

（一）预算执行中存在的主要问题。

1.2013年，所属中国交通运输协会下属培训中心收支未纳入部门预算编报范围。

2.2013年，所属宏观经济研究院本级、经济研究所等6家单位多列报人员24名，多申领人员经费预算。

3.2013年，所属国家节能中心和中国经济体制改革研究会项目经费超预算支出163.09万元，未履行备案手续；国防动员研究发展中心和药品价格评审中心将日常公用经费68.93万元、33.66万元，自行调剂用于人员经费；国家节能中心、国际合作中心等3家单位取得的事业收入超预算3585.63万元。

4.2013年，所属城市和小城镇改革发展中心（以下简称小城镇中心）在往来科目核算部分收支，涉及金额3575.75万元，造成决算（草案）少计收支。

5.至2013年底，委本级拨付宏观经济研究院、国际合作中心等12家所属单位的委托课题费和培训费，已全部列支出，但实际结存1432.89万元，其中2013年1014.23万元。

6.2012年11月，所属国防动员研究发展中心支付课题经费45万元，并全部列支出，但至2013年底，实际结存36.33万元。

7.2013年，所属国防动员研究发展中心使用虚假发票套取现金16.7万元，向职工发放移动电话通信费等；能源研究所下属《中国能源》杂志社、投资研究所下属《中国投资》杂志社和产业研究所使用虚假票据等分别套取现金55.71万元、16.11万元和3.65万元，用于发放工资、劳务费等。

8.2013年，委本级接受24家单位资助33人次出国（境）费用共计157.03万元；4个出国（境）团组存在未经批准延长境外停留时间、超标准列支住宿费6.12万元、违规拆分报批等问题；还有43个团组未按规定提交出访报告。

9. 至2013年底，委本级和所属离退休干部局超编制配备公务用车21辆；至2014年2月底，委本级尚未完成核定的9辆超编车辆的处置工作，7辆已上交的公务用车未核销固定资产。

10.2013年，所属市场与价格研究所、经济研究所等3家单位非财政拨款的因公出国（境）费和公车运维费超预算支出40.54万元，均未履行备案手续。

11.2013年，所属经济体制与管理研究所超预算支出公务接待费93.13万元。

12.2013年，委本级1个国际会议超标准支出会议费163.9万元；5个会议向地方发展改革部门和企业转嫁费用52.02万元；7个国际会议违规列支管理费4.13万元；所属中国经济体制改革研究会1个会议人数超标准。

（二）其他财政收支中存在的主要问题。

1.2012年至2013年，所属价格认证中心以办培训班的形式，违规开展价格评估专业人员资格认证，收取培训费183.52万元，其中2013年138.16万元。

2.2013年，所属中国设备管理协会自定项目，收取制冷空调维修资质认证评审费和煤矿设备维修资质认证评审费、审验费53万元。

3. 所属中国交通运输协会将部分考试项目委托与协会负责人有直接利益关系的单位实施，2013年收取考务费等741.9万元，且未纳入协会预决算。

4. 所属对外开放咨询中心违规改变厦门综合服务楼建设项目的土地使用用途，与企业合作建设酒店式公寓，2012年该中心将上述相关权益转让，收取费用211.86万元。

5.2012年7月，所属宏观经济研究院未经批准，同意所属北京国宏物业管理有限公司转让下属公司部分股权，转让价格1215万元。

6.2013年，所属小城镇中心未经批准，以自有资金570万元在张家口市购买酒店式商品房8套。

7.2002至2004年，所属价格监测中心使用自有资金17.49万元以个人名义购置3套房屋作为职工宿舍，中国开发区协会使用自有资金74.9万元以个人名义购置3套房屋作为职工宿舍，相关房屋产权均登记在个人名下，未记入单位固定资产。

8.2013年，委本级少计固定资产693.94万元；所属中国经济体制改革研究会、投资研究所和中国设备管理协会少计对外投资231万元。

9. 截至2013年底，所属宏观经济研究院下属经济研究所等9个基层预算单位尚未申请开设财政零余额账户；该院2012年3月未报财政部备案开立定期存款账户，转入资金5000万元，存款本息已于2013年1月归还至单位基本账户。

三、审计处理情况和建议

对上述问题，审计署已依法出具了审计报告、下达了审计决定书。对预算编报不完整、多申请人员经费预算、超预算收支未履行备案手续、在往来科目核算部分收支问题，要求完整、准确编报部门预算，严格履行备案手续、调整会计账目和决算（草案）；对调剂使用预算资金和决算支出不实问题，要求严格按照预算执行，调整会计账目和决算（草案）；对以虚假发票套取现金问题，要求取得真实凭证，调整会计账目，并依法缴纳税款；对因公出国（境）方面存在的问题，要求今后严格执行有关规定；对超编配备公务用车、公务用车清理不到位问题，要求按照有关规定纠正处理，加快资产核销工作，加强公务用车管理；对超预算、超标准列支公务接待和会议费问题，要求严格按照有关规定纠正处理；对违规收费问题，要求清理收费行为，取消自定收费项目；对项目建设和处置不合规问题，要求尽快清理，严格按照国家有关规定执行；对资产购置不合规问题，要求按规定补办报批手续和妥善解决房屋产权问题，调整会计账目和决算（草案）；对少记资产、对外投资问题，要求调整会计账目和决算（草案）；对银行账户管理不规范问题，要求按规定设立财政零余额账户。

针对审计发现的问题，审计署建议：发展改革委应进一步改进预算编报和管理工作，严格“三公”经费和会议费管理，加强资产管理，规范对外投资等经济活动，加强会计核算基础工作。

四、审计发现问题的整改情况

对审计发现的问题，发展改革委正在组织进行整改。对43个团组未按规定提交出访报告问题，已有37个团组补交了出访报告；对中国设备协会违规收费问题，已研究明确取消收费项目，对少计对外投资30万元问题，已进行了账务调整；产业研究所对以虚假票据报销问题，对相关责任人进行了严肃批评，调整了会计账目，依法补缴了个人所得税；对违规开设定期存款账户的问题，宏观经济研究院已纠正。具体整改结果由发展改革委向社会公告。

附表： 1. 发展改革委2013年度财政拨款预算执行总体情况（略）

2. 发展改革委2013年度重点审计单位财政拨款预算执行情况（略）

教育部2013年度预算执行情况和其他财政收支情况审计结果

根据《中华人民共和国审计法》的规定，2013年11月至2014年3月，审计署对教育部2013年度预算执行情况和其他财政收支情况进行了审计，重点审计了部本级和所属国家汉语国际推广领导小组办公室、全国学生资助管理中心、国际交流协会、中国石油大学（北京），并对有关事项进行了延伸审计。

一、基本情况

教育部为中央财政一级预算单位，部门预算由部本级和106个二级预算单位的预算组成。财政部批复教育部2013年度部门财政拨款预算支出为10700552.92万元（含政府性基金预算，下同），教育部决算（草案）反映的当年财政拨款支出9903227.59万元，其部门预算与执行结果的差异总额为797325.33万元，差异的具体情况及产生原因见附表1。

本次审计教育部本级及所属单位2013年度财政拨款支出共计1759160.59万元，占部门财政拨款支出总额的16.44%。审计查出预算执行中不符合财经制度规定的问题金额45385.84万元，均为当年问题金额；其他财政收支方面不符合财经制度规定的问题金额28346.33万元。上述问题对教育部2013年度预算执行结果的影响见附表2。

审计结果表明，教育部本级和本次审计的所属单位预算收支基本符合预算法和其他财经法规的规定，财务管理和会计核算基本符合会计法及有关财会制度规定，对以前年度审计查出的问题认真进行了整改。

二、审计发现的主要问题

（一）预算执行中存在的主要问题。

1. 2013年，所属中央电化教育馆（以下简称电教馆）未经充分可行性论证，申报项目预算3020万元，至年底实际支出8.6万元，结转3011.4万元；1个项目申报预算440万元，项目完成实际支出13.75万元，多申报426.25万元。

2. 2013年，部本级和所属国家汉语国际推广领导小组办公室、中国传媒大学、北京科技大学、国际交流协会等4家单位扩大范围列支与项目无关支出，涉及金额共计23817.02万元。

3. 2013年，所属清华大学、北京师范大学、北京交通大学等6家单位采取以拨作支等方式多计列支出共计8366.30万元。

4. 2013年，所属国际交流协会通过编制虚假会议费决算表套取财政资金46.80万元，其中用于其他会议等19.06万元、转为协会事业收入27.74万元。

5. 2013年，所属中国石油大学（北京）和国际交流协会的3个团组未办理出国审批手续，团组人员持因私护照出国。

6. 2013年，部本级有15个会议在非定点饭店召开，涉及金额111.54万元，其中2个会议在五星级酒店召开，涉及金额31.81万元；4个三类会议未纳入计划；2个会议人数超出标准；1个会议向办会单位转嫁会议费10万元。

7. 2013年，部本级未编报政府采购预算采购电脑等办公设备389.22万元；电教馆等3个单位未经公开招标采购3861.59万元；北京林业大学自行采购应执行集中采购的计算机等315.36万元；北京化工大学未报经财政部批准采购进口设备5030.36万元。

（二）其他财政收支中存在的主要问题。

1. 至2013年底，部本级历年财政资金滚存利息6490万元未上缴国库。

2. 至2013年底，所属全国学生资助管理中心少计财政结转资金125.57万元；中国石油大学（北京）将应确认为结余的21730.76万元在往来账核算。

三、审计处理情况和建议

对上述问题，审计署已依法出具了审计报告、下达了审计决定书。对未经充分可行性论证申报预算问题，要求今后严格申报项目预算；对多报项目预算问题，要求退还原资金渠道；对扩大开支范围列支项目经费问题，要求归还原资金渠道，调整有关会计账目和决算（草案）；对虚列支出问题，要求调整有关会计账目和决算（草案）；对套取财政拨款问题，要求退还原资金渠道，调整有关会计账目和决算（草案）；对出国（境）团组违规问题，要求追究相关单位及人员责任；对转嫁会议费及部分会议不规范问题，要求按照有关规定纠正处理，退回转嫁的费用；对政府采购不规范问题，要求今后严格执行政府采购相关规定；对应缴未缴非税收入问题，要求及时缴入国库并调整账目；对少计财政结转结余资金问题，要求调整有关会计账目和决算（草案）。

针对审计发现的问题，审计署建议：教育部应进一步规范部门预算管理，严格按财政部批复的支出用途使用财政资金，严格执行“三公”经费管理规定，进一步提高资金使用效率。

四、审计发现问题的整改情况

教育部在审计前开展了自查，并纠正了部分自查出的问题。对审计发现的问题，教育部正在组织进行整改，向办会单位转嫁的会议费正在办理退还手续；对部属各高等学校和直属单位政府采购部门负责人进行了培训，制发了关于进一步做好政府采购工作的通知；资助中心对少计财政结转资金问题已进行调账处理；交流协会已将套取的财政拨款归还原资金渠道；中国石油大学（北京）已着手清理往来款项。具体整改结果由教育部向社会公告。

附表： 1. 教育部 2013 年度财政拨款预算执行总体情况（略）

2. 教育部 2013 年度重点审计单位财政拨款预算执行情况（略）

科技部 2013 年度预算执行情况和其他财政收支情况审计结果

根据《中华人民共和国审计法》的规定，2013 年 11 月至 2014 年 3 月，审计署对科技部 2013 年度预算执行情况和其他财政收支情况进行了审计，重点审计了部本级和所属中国科学技术信息研究所、高技术研究发展中心（以下简称高技术中心）、机关服务中心、中国生物技术发展中心，并对有关事项进行了延伸审计。

一、基本情况

科技部为中央财政一级预算单位，部门预算由部本级和 19 个二级预算单位的预算组成。财政部批复科技部 2013 年度部门财政拨款预算支出 2918634.03 万元，科技部决算（草案）反映的当年财政拨款支出 2888798.49 万元，其部门预算与执行结果的差异总额为 29835.54 万元，差异的具体情况及产生原因见附表 1。

本次审计科技部本级及所属单位 2013 年度财政拨款支出共计 2384860.97 万元，占部门财政拨款支出总额的 81.71%。审计查出预算执行中不符合财经制度规定的问题金额 26058.54 万元，其中 2013 年 24463.54 万元；其他财政收支方面不符合财经制度规定的问题金额 3568.08 万元。上述问题对科技部 2013 年度预算执行结果的影响见附表 2。

审计结果表明，科技部本级和本次审计的所属单位 2013 年度预算执行基本遵守了预算法及相关法律法规，财务管理制度比较健全，会计核算基本符合会计法和相关财会制度的规定，对以前年度审计查出的问题认真进行了整改。

二、审计发现的主要问题

（一）预算执行中存在的主要问题。

1. 在编制 2013 年预算时，所属中国科学技术信息研究所多报 188 人，多申领财政资金 711.69 万元。

2. 2013 年，部本级未经财政部批准，自行将 3 个项目预算共计 2.2 亿元细化并下达给所属单位。

3. 至 2013 年底，部本级“转制科研院所经费”项目 2007 年至 2011 年形成的结转资金 1562.81 万元，仍未统筹安排使用。

4. 2013 年，部本级将“科技计划管理费”等 4 个委托项目经费 479.7 万元全部列作支出后，拨付 8 个所属事业单位，但至年底有 391.92 万元实际并未支出，导致决算中多计列支出。

5. 2013 年，所属中国农村技术开发中心（以下简称农村中心）、科技人才交流开发服务中心分别预付并列支以后年度费用132.17万元、19万元，导致决算中多计列支出。

6.2013年，所属中国国际科学技术合作协会（以下简称合作协会）虚报“国际科技合作专项成果绩效的归纳整理”项目支出，套取财政资金6.17万元。

7.2012年和2013年，所属中国科学技术信息研究所和农村中心扩大课题经费和专项经费开支范围，列支基本支出和长期聘用人员工资25.45万元，其中2013年6.86万元。

8.因公出国（境）管理和经费使用方面存在的问题。

（1）2013年，部本级违规组织“双跨”（跨地区、跨部门）出国（境）团组1个，且超出规定人数26人；5个出国（境）团组在境外时间超过规定天数共计12天；2个团组未按规定提交出访报告；7个团组超标准列支住宿费共计12.32万元；4个团组使用不合规票据报销城市间交通费共计9.04万元；还为外单位11人承担出国（境）费用共计17.84万元。

（2）2012年，部本级2人次（共42天）出国（境）费用13.6万元由所属农村中心承担；2013年，部本级7人次（共68天）出国（境）费用由部外单位承担。

9.截至2013年底，部本级超出国管局核定的编制配备公务用车11辆；2013年1月至2014年2月，部本级先后包租社会车辆15辆，并在外事接待费中列支相关费用164.72万元；所属高技术中心未建立公务用车使用记录。

10.2013年，部本级9个会议未在定点饭店召开，其中3个会议在五星级饭店召开；2个会议超过规定人数；1个会议超预算支出24.51万元；1个会议违规支出餐费2.21万元；所属高技术中心18个会议超标准列支会议费29.86万元。

11.2013年，部本级超标准列支外宾接待费7.23万元；有12人赴外地调研共41天的住宿费由外单位承担。

12.2013年，机关服务中心未经公开招标，直接委托所属公司承办3个单项合同金额均大于120万元的展览会，共计支出928万元。

此外，审计还发现部本级2013年年初预算中有3.5亿元未细化到具体项目和实施单位。

（二）其他财政收支中存在的主要问题。

1.截至2013年底，部本级挂账8年以上的往来款共计2813.08万元，未及时清理。

2.2012年至2013年，部本级未按规定将机关服务中心上缴的非税收入646万元上缴中央国库，其中2013年190万元。

3.2009年至2014年，部本级未经批准将房产无偿提供给所属合作协会使用，收取的综合服务费109万元由机关服务中心核算，其中2013年22万元。

三、审计处理情况和建议

对上述问题，审计署已依法出具了审计报告、下达了审计决定书。对虚报人员多领财政资金、未经批准细化项目预算问题，要求严格按规定执行；对多年连续结转的项目资金，要求报财政部审批后统筹安排使用；对决算不实问题，要求调整有关会计账目和决算（草案），并退回多领财政资金；对扩大开支范围问题，要求归还原资金渠道并调整有关会计账目和决算（草案）；对未经审批购置设备问题，要求补报相关审批手续；对因公出国（境）、公务用车、会议费管理不规范、超标准列支外宾接待费以及由外单位承担出差住宿费等问题，要求按照有关规定执行；对未按规定开展政府采购问题，要求严格执行政府采购有关规定；对往来款长期挂账问题，要求及时清理；对非税收入未按规定上缴中央国库问题，要求对相关收支进行清理，将结余资金上缴中央国库；对未经批准将本级房产无偿提供给合作协会使用问题，要求按规定予以纠正。

针对审计发现的问题，审计署建议：科技部应加强对“三公”经费和会议费的管理，完善预算编制工作，严格预算执行，并加强对所属单位的监管。

四、审计发现问题的整改情况

对审计发现的问题，科技部正在组织进行整改，合作协会已将多申领的财政资金交回科技部，部本级和高技术中心建立健全了会议、出差和公务用车管理办法。具体整改结果由科技部向社会公告。

附表：1.科技部2013年度财政拨款预算执行总体情况（略）

2.科技部2013年度重点审计单位财

政拨款预算执行情况（略）

工业和信息化部2013年度预算执行情况和其他财政收支情况审计结果

根据《中华人民共和国审计法》的规定，2013年11月至2014年3月，审计署对工业和信息化部2013年度预算执行情况和其他财政收支情况进行了审计，重点审计了部本级和所属国家互联网应急中心（以下简称应急中心）、机关服务中心和信息中心，并对有关事项进行了延伸审计。

一、基本情况

工业和信息化部为中央财政一级预算单位，部门预算由部本级和67个二级预算单位的预算组成。财政部批复工业和信息化部2013年度部门财政拨款预算支出为2399083.80万元（含政府性基金预算，下同），工业和信息化部决算（草案）反映的当年财政拨款支出2075336.87万元，其部门预算与执行结果的差异总额为323746.93万元，差异的具体情况及产生原因见附表1。

本次审计工业和信息化部本级及所属单位2013年度财政拨款支出共计971761.72万元，占部门财政拨款支出总额的40.51%。审计查出预算执行中不符合财经制度规定的问题金额58606.57万元，全部为当年问题；其他财政收支方面不符合财经制度规定的问题金额7945.15万元。上述问题对工业和信息化部2013年度预算执行结果的影响见附表2。

审计结果表明，工业和信息化部本级和本次审计的所属单位预算收支基本遵守预算法及相关法律法规，财务管理和会计核算基本符合会计法及有关财会制度规定，对以前年度审计查出的问题进行了整改。

二、审计发现的主要问题

（一）预算执行中存在的主要问题。

1.2013年，部本级将原信息产业部时期对电子信息产业发展研究院的借款1500万元转为拨款，但未按规定编报支出预算。

2.2013年，部本级在“工业和信息化行业管理”项目中列支与项目无关的课题经费100万元、扩大开支范围向所属信息中心等支付其他项目资金1281.20万元；所属应急中心未经批准，自行调整项目支出预算803.87万元。

3.2013年，部本级2个因公出国（境）团组未纳入年初计划，也未按规定报批调整；11个出国（境）团组住宿费超标准列支30.19万元；在2个出国（境）团组中为其他单位人员支付费用8.05万元。

4.2013年，部本级和所属应急中心计划外召开会议8个；部本级和所属应急中心7个会议在非定点饭店召开，涉及金额92.9万元；部本级1个会议在召开前一天取消，前期支出32.60万元形成损失；部本级4个会议超标准列支13.95万元。

5.2013年，所属应急中心未编报政府采购预算实施采购23620.14万元。

6.2013年，所属应急中心工程采购支出27725.75万元未按规定采取财政直接支付方式，而是采用财政授权支付方式。

7.2013年，部本级少计财政拨款收入3342万元、利息收入55.92万元、支出3339.54万元。

此外，部本级编报2013年所属单位项目支出预算420.79万元，2013年6月才细化到所属单位。

（二）其他财政收支存在的主要问题。

1.2013年，所属应急中心未经批准举办评比活动，收取评审费49.51万元。

2.2011年至2013年，所属应急中心、机关服务中心和电子科学技术情报研究所等单位未经批准对外出租房屋，收取租金6862.80万元，其中2013年3443.56万元。

3.2013年，所属机关服务中心出售公有住房收入1032.84万元未及时上缴住房基金专户。

三、审计处理情况和建议

对上述问题，审计署已依法出具了审计报告、下达了审计决定书。对年初预算编报不完整和未经批准自行调整预算问题，要求规范预算编报和批复管理；对自行改变项目支出内容问题，要求按照规定用途使用资金；对出国（境）团组无计划、超标准列支费用问题，要求加强出国计划及出国费管理；对无计划召开会议、未在非定点饭店开会、超标准支出会议费等问题，要求按照有关规定纠正处理，加强会议管理；对未按规定编报政府采购预算问题，要求规范政府采购预算编报；对少计当年财政拨款收支、决算（草案）少计利息收入问题，要求调整有关会计账目和决算（草案）；对未按规定采取财政直接支付方式问题，要求严格执行国库集中支付制度；对出租未履行报批手续问题，要求补办相关手续；对未经批准举办评比活动问题，要求不得举办此类活动；对出售公有住房收入未及时上缴问题，要求尽快上缴。

针对审计发现的问题，审计署建议：工业和信息化部应进一步加强预算管理，严格预算执行，强化“三公”经费和会议费管理，认真执行政府采购等相关制度，并加强内部控制和对所属单位的监督检查，提高财政资金的使用效益。

四、审计发现问题的整改情况

对审计发现的问题，工业和信息化部正在组织进行整改，对少计其他收入问题已调整决算（草案）。具体整改结果由工业和信息化部向社会公告。

附表： 1. 工业和信息化部 2013 年度财政拨款预算执行总体情况（略）

2. 工业和信息化部 2013 年度重点审计单位财政拨款预算执行情况（略）

公安部 2013 年度预算执行情况和其他财政收支情况审计结果

根据《中华人民共和国审计法》的规定，2013 年 11 月至 2014 年 3 月，审计署对公安部 2013 年度预算执行情况和其他财政收支情况进行了审计，重点审计了公安部本级和所属道路交通安全研究中心（以下简称道研中心）、证券犯罪侦查局北京分局等 3 个单位，并对有关事项进行了延伸审计。

一、基本情况

公安部为中央财政一级预算单位，部门预算由部本级和 40 个二级预算单位的预算组成。审计结果表明，公安部本级和本次审计的所属单位 2013 年度预算收支基本遵守预算法及相关法律法规规定，财务管理、会计核算基本符合会计法及有关财会制度的要求，财务管理水平有所提高。

二、审计发现的主要问题

（一）预算执行中存在的主要问题。

1.2013 年，部本级支付承办单位的培训费超出实际支出 334.68 万元。

2.2013 年，所属物证鉴定中心（以下简称物证中心）将防洪工程项目资金 643 万元挪用于其他工程项目。

3.2013 年，所属道研中心违规在基本科研业务费中向所属企业支付软件开发费 42 万元，该企业还违规将开发任务以 15 万元的合同价格对外转包。

4.2013 年，所属证券犯罪侦查局北京分局将项目经费 142.47 万元调剂用于日常公用支出；所属道研中心将人员经费 31.98 万元调剂用于日常公用支出。

5.2013 年，所属证券犯罪侦查局北京分局未编制政府采购预算实施采购 146.39 万元。

6.2013 年，部本级赴德国的 1 个团组邀请函与出访申请的事由不一致；1 个所属单位超预算支出公务接待费 35.4 万元；部本级及所属道研中心占用本系统或其他单位车辆 18 辆。

7.2013 年，部本级召开的 1 个三类会议参加人数超过标准 25 人，2 个三类会议天数超出标准共计 7 天。

（二）其他财政收支中存在的主要问题。

1.2013 年，部本级及所属物证中心使用不合规票据报销费用 350.91 万元。

2. 至 2013 年底，部本级 2008 年前出借给所属单位的款项有 918.95 万元仍未收回，长期在往来科目挂账。

3. 至 2013 年底，1 个所属单位未将下设非独立核算机构的房产纳入账内统一核算，涉及金额 58.8 万元。

4.2012 年，所属物证中心在未事先报财政部备案的情况下，通过实有资金账户垫付项目工程款 804.97 万元，2013 年从单位零余额账户归垫上述资金。

三、审计处理情况和建议

对上述问题，审计署已依法出具了审计报告、下达了审计决定书。审计发现相关涉嫌违法违纪事项，已移送有关部门进一步调查处理。对虚列支出多付培训费、挪用基建项目预算资金问题，要求追回资金，调整会计账目；对违规使用基本科研业务费、调剂使用预算资金问题，要求今后加强管理；对超预算实施政府采购问题，要求今后完整编报政府采购预算，严格执行预算；对出国团组邀请函与出访申请不符、违规占用车辆及公务接待费、会议费使用不规范问题，要求予以纠正，今后严格执行有关规定；对使用不合规发票报销问题，要求换取合规发票，今后严格执行相关规定；对应收款项长期挂账问题，要求予以清理；对房屋资产未纳入法定账簿核算问题，要求尽快清理资产权属并登记入账，调整会计账目；对未报财政部备案垫付资金问题，要求今后杜绝此类问题。

针对审计发现的问题，审计署建议：公安部应进一步加强预算管理，严格预算执行，规范“三公”经费和会议费管理使用，促进降低行政运行成本，提高财政资金使用效益。

四、审计发现问题的整改情况

对审计发现的问题，公安部正在组织进行整改，具体整改结果由公安部向社会公告。

民政部2013年度预算执行情况和其他财政收支情况审计结果

根据《中华人民共和国审计法》的规定，2013年11月至2014年3月，审计署对民政部2013年度预算执行情况和其他财政收支情况进行了审计，重点审计了部本级和所属民间组织服务中心、职业技能鉴定指导中心、中国康复器具协会（以下分别简称技能鉴定中心、康复协会）等7个单位，并对有关事项进行了延伸审计。

一、基本情况

民政部为中央财政一级预算单位，部门预算由部本级和14个二级预算单位的预算组成。财政部批复民政部2013年度部门财政拨款预算支出为156091.88万元（含政府性基金预算，下同），民政部决算（草案）反映的当年财政拨款支出137429.09万元，其部门预算与执行结果的差异总额为18662.79万元，差异的具体情况及产生原因见附表1。

本次审计民政部本级及所属单位2013年度财政拨款支出共计112400.13万元，占部门财政拨款支出总额的72.01%。审计查出预算执行中不符合财经制度规定的问题金额2839.41万元，其中2013年2823.93万元；其他财政收支方面不符合财经制度规定的问题金额1323.17万元。上述问题对民政部2013年度预算执行结果的影响见附表2。

审计结果表明，民政部重视加强预算和财务管理工作，完善相关内部控制制度，预算和财务管理水平不断提高。部本级和本次审计的所属单位基本遵守预算法及相关法律法规，财务管理和会计核算基本符合会计法和会计制度的规定，对以前年度审计查出的问题积极进行了整改。

二、审计发现的主要问题

（一）预算执行中存在的主要问题。

1.2013年，部本级未经批准在39个项目中列支基本支出374.24万元，在公用经费中列支人员经费274.53万元；2012年和2013年，部本级和3家所属单位列支非预算单位基本支出等2068.66万元，其中2013年2053.18万元。

2.2013年11月，所属技能鉴定中心以虚假劳务费套取财政资金9.25万元。

3.2013年，部本级4个会议超出规定人数标准列支18.32万元；10个会议超会期标准列支7.7万元；15个会议未在定点饭店召开，涉及金额86.71万元，其中6个会议在四星级以上（含四星级）非定点饭店召开，涉及金额27.51万元。

（二）其他财政收支中存在的主要问题。

1.2013年10月，所属紧急救援促进中心未按规定程序报批，自行核销资产847.64万元。

2.2013年，所属康复协会、技能鉴定中心在未取得收费许可证、未经批准的情况下，违规收取考试、考务费55.27万元。

3.2012年至2013年，所属康复协会将两届博览会收支委托承办企业核算，未纳入协会法定账册，涉及收入合计420.26万元，其中2013年241.71万元。

三、审计处理情况和建议

对上述问题，审计署已依法出具了审计报告、下达了审计决定书。对未经批准在不同项目间调剂使用预算资金、扩大开支范围、会议管理和会议费使用不规范问题，要求严格按照规定执行；

对套取财政资金问题，要求收回资金，调整会计账目和决算（草案），并追究相关单位和人员责任；对违规核销资产问题，要求严格遵守相关规定；对违规收费问题，要求相关单位尽快办理相关手续，严格按规定执行；对收入未纳入法定账册核算问题，要求对两届博览会收支情况进行全面清理，并纳入协会法定账册核算。

针对审计发现的问题，审计署建议：民政部应严格执行预算，加强会议和会议费使用管理，并强化对所属单位和社会组织的监管，确保各项经济业务依法合规开展。

四、审计发现问题的整改情况

对审计发现的问题，民政部正在组织进行整改，已追回被套取资金，并调整相关会计账目和决算（草案）。具体整改结果由民政部向社会公告。

附表： 1. 民政部2013年度财政拨款预算执行总体情况（略）

2. 民政部2013年度重点审计单位财政拨款预算执行情况（略）

财政部2013年度预算执行情况和其他财政收支情况审计结果

根据《中华人民共和国审计法》的规定，2013年12月至2014年3月，审计署对财政部2013年度预算执行情况和其他财政收支情况进行了审计，重点审计了部本级和所属机关服务中心等11个单位，并对有关事项进行了延伸审计。

一、基本情况

财政部为中央财政一级预算单位，部门预算由部本级和58个二级预算单位的预算组成。财政部批复本部门2013年度部门财政拨款预算支出为512982.93万元，财政部决算（草案）反映的当年财政拨款支出465436.45万元，其部门预算与执行结果的差异总额为47546.48万元，差异的具体情况及产生原因见附表1。

本次审计财政部本级及所属单位2013年度财政拨款支出共计419176.77万元，占部门财政拨款支出总额的81.71%。审计查出预算执行中不符合财经制度规定的问题金额5166.74万元，其中2013年18.42万元；其他财政收支方面不符合财经制度规定的问题金额1199.74万元。上述问题对财政部2013年度预算执行结果的影响见附表2。

审计结果表明，财政部本级和本次审计的所属单位预算执行基本遵守预算法及相关法律规定，会计核算基本符合会计法和相关会计制度，内部管理和控制不断强化，对以前年度审计发现的问题积极进行了整改。

二、审计发现的主要问题

（一）预算执行中存在的主要问题。

1.2013年，部本级3个出国（境）团组超标准列支18.42万元，其中超标准列支机票款10.68万元、住宿费7.74万元。

2.2013年，部本级超标准将3个国外来访团组安排在五星级酒店。

3. 截至2013年底，部本级公务用车超出核定编制数3辆。

4. 所属机关服务中心"太平桥煤改气"等2个项目已无法实施，但未及时调减项目预算，至2013年底，财政拨款结转累计5148.32万元。

5. 所属机关服务中心3个基建项目完工多年未办理竣工财务决算，至2013年底，财政拨款结转累计654.28万元。

（二）其他财政收支中存在的主要问题。

1.2013年，所属机关服务中心违规将部本级5辆公务用车对外出租，收入64.80万元未上缴财政。

2.2013年，所属机关服务中心未经财政部同意，委托下属公司将本中心部分房产对外出租，收入466.46万元未纳入单位法定账簿核算。

3.2013年，所属中国注册会计师协会购置11.75万元硒鼓墨盒、所属中国资产评估协会维修公务用车支出2.45万元均未按规定实行集中采购。

4.2013年，所属中国会计学会举办各类培训班并自行定价收取培训费550.56万元。

三、审计处理情况和建议

对上述问题，审计署已依法出具了审计报告、下达了审计决定书。对超标准开支因公出国（境）经费、外事公务接待住宿超标准问题，要求严格执行有关规定，加强出国费和外事公务接待支出管理；对超编制配备公务用车问题，要求严格执行有关规定，加强公务用车编制管理；对项目已无法实施、已完工项目未及时办理竣工决算形成财政拨款结转问题，要求尽快调整项目预算、完成财务竣工决算，统筹安排项目结余资金；对违规对外出租公务用车且收入未上缴问题，要求停止出租公务用车并上缴出租收入，调整有关会计账目和决算（草案）；对未经批准出租房产少计收入的问题，要求严格落实国有资产出租审批手续，调整有关会计账目和决算（草案）；对未按规定集中采购商品和服务问题，要求严格按规定实行集中采购；对自定标准收取培训费问题，要求合理确定培训收费价格。

针对审计发现的问题，审计署建议：财政部应进一步加强“三公”经费管理，严格执行预算和相关标准；落实国有资产出租出借相关规定，规范资产管理。

四、审计发现问题的整改情况

对审计发现的问题，财政部正在组织进行整改。具体整改结果由财政部向社会公告。

附表： 1. 财政部 2013 年度财政拨款预算执行总体情况（略）

2. 财政部 2013 年度重点审计单位财政拨款预算执行情况（略）

人力资源和社会保障部预算执行情况和其他财政收支情况审计结果

根据《中华人民共和国审计法》的规定，2013 年 5 月至 7 月，审计署对人力资源和社会保障部预算执行情况和其他财政收支情况进行了审计，重点审计了部本级和所属国务院军转办转业军官培训和接待中心（以下简称军转中心）、人事考试中心，并对有关事项进行了延伸审计。

一、基本情况

人力资源和社会保障部为中央财政一级预算单位，部门预算由部本级和 27 个二级预算单位的预算组成。审计结果表明，人力资源和社会保障部本级和此次审计的所属预算单位预算收支基本遵守了预算法及相关法律法规，财务管理和会计核算基本符合会计法和相关会计制度的规定，对以前年度审计查出的问题积极进行了整改。

二、审计发现的主要问题

（一）预算执行中存在的主要问题。

1. 2008 年至 2012 年，所属军转中心在财政资金安排的“国家统编核心及辅助教材研讨论证”等项目中列支 132.12 万元，用于本单位会议费、设备购置费等与项目无关的支出。

2. 2009 年至 2012 年，人事考试中心未经批准，在不同项目之间调剂使用预算资金 3958.15 万元，涉及 141 个项目。

（二）其他财政收支中存在的主要问题。

至 2012 年底，部本级实物账反映固定资产总额为 79252.04 万元，但财务账仅反映 75841.84 万元。

三、审计处理情况和建议

对上述问题，审计署已依法出具了审计报告。对扩大支出范围问题，要求调整相关会计账目；对未经批准，在不同项目间调剂使用预算资金问题，要求据实核算项目支出；对固定资产账账不符问题，要求清查盘点，加强基础工作规范，确保账账相符。审计发现相关涉嫌违法违纪事项，已移送有关部门进一步调查处理。

针对审计发现的问题，审计署建议：人力资源和社会保障部应加强预算管理，切实做到严格执行预算、依法调整预算，规范财政资金管理。

四、审计发现问题的整改情况

对审计发现的问题，人力资源和社会保障部正在组织进行整改。对扩大支出范围问题，已按要求调整了相关会计账目；对固定资产账账不符问题，正在对固定资产进行清查盘点。具体整改结果由人力资源和社会保障部向社会公告。

国土资源部 2013 年度预算执行情况和其他财政收支情况审计结果

根据《中华人民共和国审计法》的规定，2013 年 12 月至 2014 年 3 月，审计署对国土资源部 2013 年度预算执行情况和其他财政收支情况进行了审计，重点审计了部本级及所属油气资源战略研究中心（以下简称油气中心）等 12 个单位，并对有关事项进行了延伸审计。

一、基本情况

国土资源部为中央财政一级预算单位，部门预算由部本级和67个二级预算单位的预算组成。财政部批复国土资源部2013年度部门财政拨款预算支出为1123072.61万元（含政府性基金预算，下同），国土资源部决算（草案）反映的当年财政拨款支出928363.45万元，其部门预算与执行结果的差异总额为194709.16万元，差异的具体情况及产生原因见附表1。

本次审计国土资源部本级及所属单位2013年度财政拨款支出共计556813.18万元，占部门财政拨款支出总额的49.58%。审计查出预算执行中不符合财经制度规定的问题金额16875.36万元，其中2013年8594.85万元；其他财政收支方面不符合财经制度规定的问题金额15761.51万元。上述问题对国土资源部2013年度预算执行结果的影响见附表2。

审计结果表明，国土资源部本级及本次审计的所属单位2013年度预算收支基本符合预算法和其他财经法规的规定，财务管理、会计核算基本符合会计法和其他财会制度的规定，对以前年度审计查出的问题进行了积极整改。

二、审计发现的主要问题

（一）预算执行中存在的主要问题。

1.2013年，所属中国地质调查局发展研究中心（以下简称发展研究中心）、中国地质科学院力学所（以下简称力学所）、中国地质科学院地质研究所（以下简称地质所）、中国地质调查局本级、中国地质环境监测院（以下简称环境监测院）等5家单位虚报实有人数，多申领人员经费114.43万元。

2.2012年至2013年，部本级未按项目进度拨付资金660万元，实际仅支出0.69万元，其余659.31万元沉淀在所属单位，其中2013年320万元。

3.2013年，部本级和所属油气中心等8家单位未经批准，自行调整项目预算、扩大项目支出开支范围等2662.51万元，用于人员经费、培训中心修缮等支出。

4.2012年至2013年，所属中国地质调查局未经批准自行变更项目执行单位，涉及金额7630万元，其中2013年1980万元。

5.2012年至2013年，所属中国地质科学院矿产资源研究所（以下简称资源所）违规从零余额账户向实有资金账户划转资金，涉及金额4114.91万元，其中2013年2018.11万元。

6.2013年，所属油气中心、力学所、北京探矿工程研究所（以下简称北京探工所）未经公开招标，直接采购数据平台建设服务、数控机床等，涉及金额1192.08万元。

7.因公出国（境）管理中存在的问题。

（1）2013年，所属中国地质调查局赴美国和加拿大页岩气技术考察团擅自改变在美行程，前往拉斯维加斯停留3天，回国后报称同一时间在加拿大考察。

（2）2013年，所属中国地质科学院（以下简称地科院）和下属地质研究所5个团组擅自延长境外停留时间，涉及金额35.69万元。

（3）2013年，所属北京探工所将2个出国团组委托不具备资质的中介服务机构承办，支出29.61万元；中国国土资源航空物探遥感中心（以下简称航遥中心）超预算列支出国费25.46万元；地科院向下属地质研究所转嫁出国费1.76万元。

8.2012年，所属地科院无预算购置公务用车2辆，支出120.57万元；截至2013年底，中国地质调查局等14家单位以租赁形式配置公务用车44辆，超编26辆。

9.2012年至2013年，所属地科院向下属单位转嫁公务接待费18.51万元，其中2013年12.29万元。

10.会议费管理中存在的问题。

（1）2013年，所属中国地质调查局等8家单位的25个会议在非定点饭店召开，支出124.48万元。

（2）2012年至2013年，部本级向所属或其他单位转嫁会议费74.61万元，其中2013年57.88万元。

（3）2012年，所属资源所在会议费中列支拉杆箱等礼品合计50.88万元。

（4）2013年，所属航遥中心虚列会议费20.55万元，用于餐饮及娱乐活动等。

（二）其他财政收支中存在的主要问题。

1.2012年至2013年，所属中国地质调查局、力学所、地质所等7家单位自定项目和标准，违规发放津补贴和实物等 12522.27 万元，其中 2013 年 5401.27 万元。

2. 2012 年至 2013 年，所属资源所和力学所组织职工和家属公款旅游，涉及金额 60.22 万元；沈阳地质矿产研究所在建所 50 周年活动中向嘉宾发放礼品支出 18.7 万元。

3. 2013 年，部本级和所属中国地质调查局自行设定项目和标准，违规收取评审服务费、培训费等 235 万元。

4. 2011 年至 2013 年，所属资源所以下属公司的名义签订合同，将部分横向课题收入 817.3 万元转移至该公司，其中 2013 年 209.3 万元；通过该公司租用公务用车 1 辆，向该所职工发放购物卡等 56.43 万元。

5. 2006 年以来，所属北京探工所未经批准对外出租价值 330.87 万元的房产，租金收入合计 151 万元；未经批准向下属企业无偿出借资金 280 万元；未经批准和评估转让无形资产，取得的转让收入 587 万元未执行“收支两条线”的规定；将货物销售收入和房租收入 107.75 万元，虚开为技术服务费和技术转让费发票，以此少缴税金。

6. 2011 年至 2013 年，所属中国地质博物馆未经批准对外出租房产，取得收入 195 万元，其中 2013 年 65 万元。

7. 2012 年至 2013 年，所属地科院采购的 525 万元设备，未纳入固定资产核算。

8. 2012 年至 2013 年，所属地科院、资源所、中国地质学会收取会议注册费 262.27 万元，其中 125.02 万元由会议酒店代收，直接冲抵会议支出，未纳入本单位法定账簿核算。

三、审计处理情况和建议

对上述问题，审计署已依法出具了审计报告、下达了审计决定书。审计发现相关涉嫌违法违纪事项，已移送有关部门进一步调查处理。对虚报人员套取财政资金问题，要求将虚报多得资金上缴中央财政并相应调整有关会计账目和决算（草案）；对未经批准调整项目预算执行单位问题，要求今后严格执行项目支出预算；对未按项目进度拨款问题，要求加强财政资金支付管理，严格按照工作需要和进度拨款；对未经批准调剂使用预算资金、扩大项目开支范围等问题，要求归还原资金渠道，调整有关会计账目和决算（草案）；对违反零余额账户规定问题，要求今后严格执行规定；对违反政府采购管理规定方面的问题，要求今后严格执行政府采购规定；对出国费存在的问题，要求今后严格执行因公出国（境）管理规定；对公务用车存在的问题，要求对以租赁形式配置的公务用车进行清理、清退，对公务用车配置合理需求按规定程序报批；对转嫁招待费问题，要求全面清理并追究有关人员责任；对会议费存在的问题，要求今后严格执行会议费管理规定；对滥发津补贴和实物福利问题，要求相关单位进行清理和规范，切实纠正此类行为；对公款旅游、发放庆典纪念品等问题，要求追回违规资金，追究有关责任人员责任；对违规收费问题，要求停止违规收费，收回结存资金，必须开展的培训班确需收费的商财政部解决；对向所属公司转移收入问题，要求对转移到公司核算的业务收支进行清理后收回；对资产管理存在的问题，要求按规定补办有关手续，补记固定资产；对违反税收管理规定方面的问题，要求补缴税金，今后严格执行税收管理规定。

针对审计发现的问题，审计署建议：国土资源部应进一步规范预算管理，加强项目支出预算的统筹和审核，切实规范“三公”经费和会议费管理，并强化对所属单位的监管。

四、审计发现问题的整改情况

对审计发现的问题，国土资源部正在组织进行整改。截至现场审计结束，所属航遥中心等 3 家单位已将调剂使用的项目资金 981.73 万元归还原资金渠道；所属发展研究中心等单位已将 241.94 万元归还原资金渠道，相应调整了会计账目和决算（草案）；所属中国地质调查局已对擅自改变行程赴拉斯维加斯的相关责任人进行了处分，团组成员退还相关费用 1.46 万元；所属资源所等 4 家单位对违规发放津补贴、公款旅游、虚列会议费支出等问题，已追回违规资金 544.59 万元，有关责任人员受到党政纪处分；所属北京探工所已补缴税金 17.57 万元，并已补办房产出租审批手续。具体整改结果由国土资源部向社会公告。

附表： 1. 国土资源部 2013 年度财政拨款预算执行总体情况（略）

2. 国土资源部 2013 年度重点审计单位财政拨款预算执行情况（略）

住房城乡建设部2013年度预算执行情况和其他财政收支情况审计结果

根据《中华人民共和国审计法》的规定，2013年11月至2014年3月，审计署对住房城乡建设部2013年度预算执行情况和其他财政收支情况进行了审计，重点审计了部本级和所属中国城市科学研究会、中国土木工程学会（以下分别简称城科会、土木学会）等9个单位，并对有关事项进行了延伸审计。

一、基本情况

住房城乡建设部为中央财政一级预算单位，部门预算由部本级和18个二级预算单位的预算组成。财政部批复住房城乡建设部2013年度部门财政拨款预算支出为106596.01万元，住房城乡建设部决算（草案）反映的当年财政拨款支出95476.71万元，其部门预算与执行结果的差异总额为11119.30万元，差异的具体情况及产生原因见附表1。

本次审计住房城乡建设部本级及所属单位2013年度财政拨款支出共计96958.20万元，占部门财政拨款支出总额的90.96%。审计查出预算执行中不符合财经制度规定的问题金额895.10万元，其中2013年599.79万元；其他财政收支方面不符合财经制度规定的问题金额17678.06万元。上述问题对住房城乡建设部2013年度预算执行结果的影响见附表2。

审计结果表明，住房城乡建设部本级和本次审计的所属单位2013年预算执行基本符合预算法及其他法律法规的规定，部本级财务管理较为规范，注重加强预算、财务以及固定资产等方面的制度建设，提高预算执行及财务核算管理水平。

二、审计发现的主要问题

（一）预算执行中存在的主要问题。

1.2012年12月，所属信息中心规避政府采购程序，将合同总额230.4万元的部分信息系统项目服务工作直接委托一家企业的15名员工承担，至2013年底实际支付226.4万元。

2.因公出国（境）经费管理中存在的问题。

（1）2013年，部本级3个出国团组4人次出国费用13.35万元，由所属单位和外单位承担。

（2）2013年，所属土木学会未按规定程序报批组织52人赴香港，由其所属基金会支付费用共计11.95万元；2010年至2013年，土木学会城市公共交通分会未按规定程序报批组织6个“双跨”（跨地区、跨部门）团组共计93人次赴国外参加会议和考察。

（3）2013年，所属中国建筑文化中心（以下简称建文中心）组织的1个“双跨”团组多收取团费6.14万元，其中5.04万元用于支付本单位人员出访费用。

3.2010年至2013年，所属机关服务中心和离退休干部局上交或报废公务用车9辆，但至2013年底，均未按规定核销固定资产，账面价值合计295.31万元。

4.2013年，部本级扩大项目支出范围列支会议费19.64万元；部本级将会议设备租金等支出21.43万元转嫁给机关服务中心承担；所属执业资格注册中心从23个会议经费支出中套取现金共计300.88万元用于发放劳务费，其中251.38万元未代扣代缴个人所得税。

（二）其他财政收支中存在的主要问题。

1.2011年至2013年，所属城科会、土木学会咨询工作委员会等4家单位违规收费2168.96万元，其中2013年2067.62万元；2013年，所属幼儿园以捐赠款和共建费等名义，违规向入园幼儿家长及有关单位收取捐资助学款288.3万元。

2.2008年至2013年，所属建文中心、机关服务中心、城科会等单位收取的展会收入、停车费、培训费等共计1428.35万元，未纳入单位法定账簿核算。

3.2000年以来，所属信息中心的13名党员领导干部在企业投资入股、兼职或兼职取酬，领取股东分红和劳务费共计73.28万元，其中2013年2.08万元；2013年1月，所属全国城市雕塑建设指导委员会办公室的14名正式员工在企业报销个人费用22.15万元；所属建文中心有1名党员领导干部违规兼任企业董事。

4.截至2013年底，部本级在1999年至2012年期间完工并投入使用的14个基建项目仍未办理竣工财务决算，涉及投资8651.62万元。

5.2013年，所属建文中心及其培训中心违规购买不保证本金和收益的银行短期理财产品 2700 万元。

6. 2012 年至 2013 年，所属幼儿园等 3 家单位未经批准对外出借出租部分房产，取得收入 164.08 万元，其中 2013 年 142.58 万元。

7. 所属城科会 2012 年 12 月以“借款”名义对外进行股权投资 750 万元，城科会下属杂志社 2013 年 3 月出资 100 万元成立公司，但至 2013 年底，上述投资均未按规定在城科会和杂志社的账簿、报表上反映。

8. 2013 年，所属科技发展促进中心、住宅产业化促进中心超出核定的工资总额发放工资共计 555.22 万元。

9. 2013 年，所属城科会举办的公司将 2011 年和 2012 年虚列成本的 737 万元调入未分配利润，但未计缴企业所得税。

10. 2013 年，所属住宅产业化促进中心虚开发票多报销会议费 6.3 万元，违规为职工发放购物卡 32.8 万元。

三、审计处理情况和建议

对上述问题，审计署已依法出具了审计报告、下达了审计决定书。审计发现相关涉嫌违法违纪事项，已移送有关部门进一步调查处理。对违反政府采购规定购买服务问题，要求今后严格执行政府采购有关规定；对转嫁出国费、会议费问题，要求归还相关费用，调整有关会计账目和决算（草案）；对违规组织出国（境）团组问题，要求按规定对责任人进行处理，今后严格执行出国（境）管理的规定；对多收取出国费问题，要求退回多收取的费用，调整有关会计账目和决算（草案）；对未及时核销车辆固定资产问题，要求及时办理相关手续；对未经批准自行调整会议费支出问题，要求调整有关会计账目和决算（草案）；对套取会议费作为劳务费，且未代扣代缴个人所得税问题，要求予以纠正；对违规收费问题，要求停止违规收费行为，按规定解决工作经费或办理相关手续；对部分党员领导干部在企业投资入股、兼职或兼职取酬问题，要求相关人员退出股份、清退分红及报酬，并按规定进行清理；对未在本单位账簿核算收入问题，要求进行清理，收回结余款项，有关单位调整会计账目和决算（草案）；对资产和财务管理中的问题，要求相关单位予以纠正，严格按照相关会计规定处理；对虚列成本、未计缴企业所得税问题，要求调整账目，补缴企业所得税；对虚开发票报销和为职工发放购物卡问题，要求收回虚开发票多报销的资金，调整有关会计账目和决算（草案），今后不得发放购物卡。

针对审计发现的问题，审计署建议：住房城乡建设部应进一步加大对部本级出国（境）、会议及其经费支出的管理力度，加强对直属单位和部管社团业务监管和财务监督，对突出问题集中清理和整治，强化内部监督。

四、审计发现问题的整改情况

对审计发现的问题，住房城乡建设部正在组织进行整改，部本级已对所属服务中心上交的公务用车办理了固定资产核销手续；城科会已将培训班的收费结余纳入账簿核算；信息中心要求在企业拥有股份的党员领导干部一律清退股份，有关人员已停止在公司领取劳务费，退出公司股份，并办理了相关工商变更手续；建文中心已将购买理财产品的 2700 万元资金全部收回；住宅产业化促进中心有关人员已将虚开发票套取资金 1.63 万元上交单位。具体整改结果由住房城乡建设部向社会公告。

附表： 1. 住房城乡建设部 2013 年度财政拨款预算执行总体情况（略）

2. 住房城乡建设部 2013 年度重点审计单位财政拨款预算执行情况（略）

交通运输部 2013 年度预算执行情况和其他财政收支情况审计结果

根据《中华人民共和国审计法》的规定，2013 年 11 月至 2014 年 3 月，审计署对交通运输部 2013 年度预算执行情况和其他财政收支情况进行了审计，重点审计了部本级和所属水运科学研究所、科学研究院、公路科学研究所（以下分别简称水运所、交科院、公路所）等 11 个单位，并对有关事项进行了延伸审计。

一、基本情况

交通运输部为中央财政一级预算单位，部门预算由部本级和 27 个二级预算单位的预算组成。财政部批复交通运输部 2013 年度部门财政拨款预算支出为2682396.63万元（含政府性基金预算，下同），交通运输部决算（草案）反映的当年财政拨款支出2525730.28万元，其部门预算与执行结果的差异总额为156666.35万元，差异的具体情况及产生原因见附表1。

本次审计交通运输部本级及所属单位2013年度财政拨款支出共计477960.01万元，占部门财政拨款支出总额的17.82%。审计查出预算执行中不符合财经制度规定的问题金额4776万元，其中2013年4223.07万元；其他财政收支方面不符合财经制度规定的问题金额8703.15万元。上述问题对交通运输部2013年度预算执行结果的影响见附表2。

审计结果表明，交通运输部本级及本次审计的所属单位2013年度预算收支基本遵守预算法及相关法律法规，财务管理、会计核算基本符合会计法及相关制度规定，对以前年度审计发现的问题进行了积极整改。

二、审计发现的主要问题

（一）预算执行中存在的主要问题。

1.2007年和2013年，部本级和所属交科院、海事局扩大支出范围使用财政资金3556.31万元，其中2013年3510万元。

2.2013年，部本级向所属规划研究院（以下简称规划院）转嫁因公出国（境）费3.38万元；2012年至2013年，规划院和公路所超预算列支因公出国（境）费209.96万元，其中2013年106.41万元。

3.截至2013年底，部本级和所属海事局超编制配备公务用车41辆，使用产权属于机关服务中心的公务用车1辆，以前年度购置的车辆资产43.87万元未纳入财务账统一核算；所属救助打捞局借用其他单位公务用车4辆。

4.2013年，所属海事局5批次外宾接待宴请均在准5星级以上酒店举行，人均超标准173.35元。

5.2012年至2013年，所属规划院超预算支出公务接待费205.76万元，其中2013年61.56万元。

6.2013年，部本级13个三类会议未列入计划；114个会议在非定点饭店召开，涉及金额259.80万元；10个会议超标准列支132.15万元；向所属单位或其他单位转嫁、摊派会议费46.22万元。

7.所属公路所在设备采购中，未督促中标公司按约定期限履行合同，在已支付设备款223.71万元（90%的合同金额）的情况下，至2013年底仅收到价值120.16万元的设备（已超过合同期限近4年），使103.55万元设备款面临损失风险。

8.2010年，所属交科院以改善科研用房条件为由申领房屋修缮项目预算215万元，修缮完工后将部分房屋对外出租。

此外，部本级2013年初向财政部申报并获批复的564个项目预算3.55亿元，未细化到项目具体承担单位。

（二）其他财政收支中存在的主要问题。

1.2013年，所属交通国际合作事务中心自定标准收取护照、签证代办费合计25.30万元。

2.截至2013年底，部本级及所属水运所、中国交通通信信息中心、管理干部学院的26个已完工投入使用项目未及时办理竣工验收或财务决算。

3.截至2013年底，所属交科院承担的36个科研项目应结题未结题，涉及专项资金2909.72万元。

4.2013年，所属机关服务中心未经批准出租部分部机关办公楼，收取租金1470.72万元；2012年，所属水运所未经批准将部分科研楼对外出租，截至2013年底收取租金192万元。

5.2007年至2013年，所属海事局未经批准将总造价2150.69万元的53艘海事巡逻船无偿调拨给无隶属关系的各地方海事局及其下属企业使用。

6.2009年至2013年，所属密云交通绿化基地将取得的收入277.30万元直接冲抵有关费用，收支均未在本单位法定账簿核算，其中2013年70.52万元。

7.2013年，部本级会计决算报表与资产明细账反映的房屋资产价值一致但面积相差36136.52平方米；所有权属于部本级的2处房屋资产价值未入账核算。

8.2013年，所属机关服务中心在“事业其他收入”等账户中用支出直接冲抵收入，造成少计收支，涉及金额1598.92万元。

9.2013 年，所属交科院独立承担 2 个由财政资金支持的科研项目，形成的 2 项计算机软件著作权成果登记在院属公司。

10.2012 年至 2013 年，所属公路所下属公司购买 78.5 万元的购物卡发放给公路所部分职工，其中 2013 年 49.9 万元。

三、审计处理情况和建议

对上述问题，审计署已依法出具了审计报告、下达了审计决定书。对超范围支出问题，要求今后严格按照规定用途使用资金；对超预算、超标准列支因公出国（境）费用和公务接待费问题，要求按规定纠正，今后严格执行有关规定；对转嫁出国费问题，要求自行承担并支付费用；对公务用车超编、使用所属或其他单位车辆问题，要求按规定清理；对车辆资产未纳入财务账内统一核算问题，要求对车辆进行清查盘点，及时调整相应会计账目及决算（草案）；对部分会议管理不规范问题，要求自行承担并支付会议费用；对虚报项目申请财政资金问题，要求将出租收入上缴财政；对政府采购项目合同执行不力问题，要求追回资金，并追究有关人员责任；对预算资金年初未细化问题，要求今后编制预算细化到具体承担单位；对违规收费问题，要求予以纠正；对竣工验收或财务决算不及时问题，要求及时办理；对科研项目未按期结题问题，要求进行清理；对未经批准出租、处置国有资产问题，要求补办报批手续，按规定收回出租的房产，租金收入严格按照“收支两条线”规定管理；对账外核算收支、财务核算不真实问题，要求将所有收支纳入账内核算，调整决算（草案）；对将科研成果登记在所属企业问题，要求收回著作权，今后严格按照权责一致原则处理；对购买购物卡发放职工问题，要求今后严格执行国家有关规定。

针对审计发现的问题，审计署建议：交通运输部应加强预算管理，科学编制预算，按照预算开支范围使用财政资金，严格遵守基本建设项目程序，加大对所属单位财务工作的监管力度，按照规定管理使用各类资产，严格执行政府采购制度。

四、审计发现问题的整改情况

对审计发现的问题，交通运输部正在组织进行整改。对部本级和所属救助打捞局占用其他单位车辆问题，相关单位已清退占用车辆；对所属公路所设备采购款面临损失风险问题，已追回全部资金。具体整改结果由交通运输部向社会公告。

附表：1. 交通运输部 2013 年度财政拨款预算执行总体情况（略）

2. 交通运输部 2013 年度重点审计单位财政拨款预算执行情况（略）

水利部 2013 年度预算执行情况和其他财政收支情况审计结果

根据《中华人民共和国审计法》的规定，2013 年 11 月至 2014 年 3 月，审计署对水利部 2013 年度预算执行情况和其他财政收支情况进行了审计，重点审计了部本级和所属综合事业局、中国灌溉排水发展中心、中国水利水电科学研究院（以下分别简称灌排中心、水科院）等 10 个单位，并对有关事项进行了延伸审计。

一、基本情况

水利部为中央财政一级预算单位，部门预算由部本级和 30 个二级预算单位的预算组成。财政部批复水利部 2013 年度部门财政拨款预算支出为 1000166.63 万元，水利部 2013 年度决算（草案）反映的财政拨款支出 866945.21 万元，其部门预算与执行结果的差异总额为 133221.42 万元，差异的具体情况及产生原因见附表 1。

本次审计水利部本级及所属单位 2013 年度财政拨款支出共计 182562.98 万元，占部门财政拨款支出总额的 18.25%。审计查出预算执行中不符合财经制度规定的问题金额 17551.18 万元，其中 2013 年 17096.07 万元；其他财政收支方面不符合财经制度规定的问题金额 7572.34 万元。上述问题对水利部 2013 年度预算执行结果的影响见附表 2。

审计结果表明，水利部本级和本次审计的所属单位 2013 年度预算收支基本遵守预算法及相关法律法规，财务管理和会计核算基本符合会计法及相关制度规定，对以前年度审计发现的问题积极进行了整改。

二、审计发现的主要问题

（一）预算执行中存在的主要问题。

1.2013年，所属综合事业局超范围编报应由地方政府承担的风景区规划编制费项目支出预算195万元；灌排中心用已完工项目申报并获得财政资金87.19万元。

2.2013年，所属综合事业局通过签订虚假合同方式虚列支出套取节水产品检测费64万元；2012年至2013年，该局在项目支出中虚列会议费3.86万元用于餐饮等消费，其中2013年1.65万元。

3.2008年以来，所属水科院、水利部水利水电规划设计总院（以下简称水规总院）等8家单位未经批准，自行调剂使用财政资金、扩大项目支出开支范围列支与项目无关的支出，涉及金额995.39万元，其中2013年598.36万元。

4.2013年，部本级及所属水科院等4家单位未按规定履行政府采购程序实施采购，涉及金额1767.89万元，其中直接委托所属单位或社团组织提供技术评审服务1477.89万元；水科院和水规总院9960.89万元政府采购预算实际未执行；发展研究中心8个项目实际采购金额超预算29.90万元。

5.2011年至2013年，所属水科院将中央投资项目委托无资质公司代理招标，中标公司投标时涉嫌弄虚作假，涉及金额2572.89万元。

6.2013年，所属水科院、海河流域委员会漳河上游管理局等4家单位在项目实施中，超合同约定进度付款、未按规定预留质量保证金，涉及金额1520.85万元。

7.因公出国（境）管理中存在的问题。

（1）2013年，部本级对4个因公出国（境）团组进行了调整，未相应调整年度计划；所属机关服务局违规使用旅行社提供的外方邀请函组织出访。

（2）2013年，部本级和所属水规总院、发展研究中心等5家单位向下属单位转嫁16人次出国费用61.52万元；综合事业局使用不合规发票报销出国费14.38万元。

8.公务用车管理中存在的问题。

（1）2013年，所属综合事业局5辆公务用车未统一调度管理，未登记行车记录；水利部综合开发管理中心向非定点维修单位支付车辆修理费1.95万元；长江水利委员会驻北京联络处和水科院占用企事业单位车辆13辆。

（2）2003年和2004年，所属综合事业局将购置的价值55.87万元的2辆公务用车，交由中国水利经济研究会和中国水利职工思想政治工作研究会无偿使用至今。

9.会议费管理中存在的问题。

（1）2013年，部本级对8个三类会议进行了调整，未相应调整年度会议计划，涉及金额40.38万元；部本级和所属水利部人才资源开发中心、水规总院的7个会议未在定点饭店召开、支出58.01万元，其中3个会议在五星级饭店召开、支出17.53万元。

（2）2013年，所属水规总院在京外召开6个没有现场观摩内容的会议，涉及金额33.73万元，其中1个会议在风景名胜区召开、支出7.19万元。

（3）2013年，所属水科院等4家单位超标准列支、宴请与会人员及安排在京人员住宿等支出65.16万元；所属水规总院向其他单位转嫁会议费22.32万元。

（二）其他财政收支中存在的主要问题。

1.2013年，所属科技推广中心、人才资源中心、国际经济技术合作交流中心违规收费895.35万元，其中352.84万元是在已安排预算的情况下另行收取的。

2.2011年以来，所属灌排中心违规收费258.03万元（2013年54.56万元），其中162.83万元未纳入该单位法定账簿核算。

3.2013年，所属水科院将2203.04万元房屋出租收入，交由下属企业以物业费名义收取，作为业务收入。

4.2005年，所属水利部水库移民开发局将应由其作为出资人的3710万元资产转为下属单位的对外投资，该下属单位2013年从中取得利润分红款52.02万元。

5.2013年，所属水科院等4家单位未经批准出租房产，取得收入4024.37万元。

6.2013年，所属灌排中心和水利部水土保持监测中心的2家下属企业使用虚假票据报销，套取资金43.91万元。

7.2013年，所属水规总院7名副处级以上干部在所属企业兼职取酬95.62万元。

三、审计处理情况和建议

对上述问题，审计署已依法出具了审计报告、下达了审计决定书。对预算编报问题，要求今后严格项目评审；对套取财政资金、扩大支出范围等问题，要求追回违规资金，归还原渠道；对未严格执行政府采购制度问题，要求今后严格执行相关规定，对委托无资质公司代理招标项目进行清查；对“三公”经费和会议费方面问题，要求严格贯彻中央关于厉行勤俭节约等要求，杜绝转嫁摊派现象；对事业单位违规收费问题，要求分类清理，严格履行报批手续，追回未纳入法定账簿核算的资金；对使用虚假票据报销问题，要求追回违规资金并加强监管；对兼职取酬问题，要求退回违规所得。

针对审计发现的问题，审计署建议：水利部应进一步加强预算管理，严格项目申报评审，加强经营性收费管理，切实理顺事企关系，强化内部管理。

四、审计发现问题的整改情况

水利部在审计前开展了自查，并纠正了部分自查出的问题。对审计发现的问题积极整改，灌排中心等4家单位已将套取的198.96万元资金归还原资金渠道或收回入账；水利部长江水利委员会将项目建设资金237.22万元归还原资金渠道，并调整用于水文局基层单位水利血防项目；水科院对不同项目间调剂使用的预算资金27.90万元进行了调账；水科院等单位已对占用车辆进行清理；水规总院向企业摊派的出国费用45.39万元已归还，7名领导干部兼职取酬95.62万元已全额退回。具体整改结果由水利部向社会公告。

附表： 1. 水利部2013年度财政拨款预算执行总体情况（略）

2. 水利部2013年度重点审计单位财政拨款预算执行情况（略）

农业部2013年度预算执行情况和其他财政收支情况审计结果

根据《中华人民共和国审计法》的规定，2013年11月至2014年3月，审计署对农业部2013年度预算执行情况和其他财政收支情况进行了审计，重点审计了部本级和所属中国兽医药品监察所（以下简称中监所）等21个单位，并对有关事项进行了延伸审计。

一、基本情况

农业部为中央财政一级预算单位，部门预算由部本级和50个二级预算单位的预算组成。财政部批复农业部2013年度部门财政拨款预算支出为2820762.36万元（含政府性基金预算，下同），农业部决算（草案）反映的当年财政拨款支出2389785.49万元，其部门预算与执行结果的差异总额为430976.87万元，差异的具体情况及产生原因见附表1。

本次审计农业部本级及所属单位2013年度财政拨款支出共计523672.64万元，占部门财政拨款支出总额的18.56%。审计查出预算执行中不符合财经制度规定的问题金额7990.65万元，其中2013年1467.7万元；其他财政收支方面不符合财经制度规定的问题金额24266.86万元。上述问题对农业部2013年度预算执行结果的影响见附表2。

审计结果表明，农业部及本次审计的所属单位2013年度预算收支基本符合预算法和其他财经法规的规定，财务管理、会计核算基本符合会计法及有关财会制度规定，不断完善内部控制制度，对以前年度审计发现问题积极进行了整改。

二、审计发现的主要问题

（一）预算执行中存在的主要问题。

1.2010至2012年，所属黑龙江省农垦总局闫家岗农场、八五九农场以重复申报方式，多申领中央财政资金1555万元。

2.2008年至2010年，所属黑龙江省农垦总局北大荒集团友谊分公司（以下简称友谊公司）采取虚报水稻种植面积的方式，套取中央良种补贴专项资金71.6万元。

3.2012年至2013年，所属农村经济研究中心（以下简称农研中心）用虚假劳务费、稿费套取专项资金23.91万元发放给职工，其中2013年18.41万元。

4.2013年，所属中国农机安全报社（以下简称农机报社）在财政专项中支付北京市报刊发行局报刊分送费75.76万元，由该局按月返还部分款项。截至 2013 年底，农机报社收到返还款 28.49 万元，用于日常开支。

5.2008 年以来，所属全国农业技术推广服务中心（以下简称农技中心）和全国水产技术推广总站（以下简称水推总站）申报的 3 个项目预算 1105 万元，因前期工作准备不充分等原因，截至 2014 年 3 月仅支出 2 万元，剩余 1103 万元长期闲置。

6.2010 年至 2013 年，所属中央农业广播电视学校等 12 家单位扩大开支范围列支公用经费和人员经费等费用共计 3993.28 万元，其中 2013 年 1172.03 万元。

7.2013 年，所属水推总站未执行政府采购程序采购 209 万元试验用饲料；中国水产科学研究院（以下简称水科院）的 1 个项目邀请参与投标的 3 家公司中，有 1 家不属于中央国家机关限额内工程项目定点施工企业。

8.2011 年和 2012 年，14 个省（区、市、垦区）未完成培训任务，农业部下达的农村劳动力培训阳光工程专项资金 966.6 万元未发挥效益。

9.2013 年，所属水科院组织出国（境）团组进行一般性考察活动，支出 3.06 万元；中国优质农产品开发服务协会 1 个团组的部分组员未按照任务批件规定执行出国任务；优质农产品开发服务中心（以下简称优农中心）向其他单位摊派出国费用 4.16 万元。

10.2013 年，部本级超编制配备公务用车 33 辆。

11. 会议费管理中存在的问题。

（1）2013 年，所属农技中心在五星级饭店召开会议支出 6.88 万元，向参会企业摊派会议费 13.5 万元；中国农民体育协会超标准列支会议费 12.17 万元。

（2）2013 年，部本级的二类会议计划未报财政部审核，支出 41.99 万元；部本级全年召开 240 个会议，其中电视电话会议 18 个，仅占全部会议个数的 7.5%。

（3）2013 年，部本级及所属单位召开的 53 个会议中，有 7 个会议的会议代表人数超过规定人数，11 个会议的会议工作人员人数超过规定人数，35 个会议的会期超过规定天数。

此外，部本级和所属农村合作经济经营管理总站还代编代报预算 936.05 万元。

（二）其他财政收支中存在的主要问题。

1.2011 年以来，所属水推总站和全国农业展览馆（以下简称农展馆）在下属企业核算收入 595.62 万元，未纳入本单位法定账簿核算，其中 2013 年 205.67 万元。

2.2013 年，所属中国农业科学院兰州畜牧与兽药研究所未经批准，将价值 842 万元的生产车间对外出租，取得租金收入 67 万元；2012 年，中国绿色食品发展中心未经评估将 4 个商标无偿转让给中国绿色食品协会。

3.2013 年，所属中国农业科学院北京畜牧兽医研究所在往来科目核算收入 1112.94 万元；绿色食品发展中心虚列补助地方绿色食品管理机构工作经费 1750.04 万元，实际未支付。

4.2011 年至 2013 年，所属中国农业科学院北京畜牧兽医研究所使用不合规发票报销购买饲料款 147.26 万元。

5.2011 年，所属黑龙江省农垦总局违规超标准批复黑龙江垦区公安局公安综合业务用房项目，涉及资金 8431 万元；2009 年和 2011 年，黑龙江省农垦总局红兴隆管理局违规建设具有住宿、餐饮功能的接待中心和农业科研中心项目，涉及资金 12163 万元。

三、审计处理情况和建议

对上述问题，审计署已依法出具了审计报告、下达了审计决定书。审计发现相关涉嫌违法违纪事项，已移送有关部门进一步调查处理。对套取财政资金问题，要求收回套取的资金，调整有关会计账目和决算（草案）；对虚列项目支出问题，要求将资金归还原资金渠道，并调整有关会计账目和决算（草案）；对基建项目预算执行缓慢造成资金闲置问题，要求加快推进项目执行，对确实不能执行的项目，应尽快商有关调整投资计划和预算；对扩大开支范围使用预算资金问题，要求严格按照批复的预算执行；对未按规定执行政府采购问题，要求今后严格履行政府采购程序；对出国费和公务用车管理问题，要求加强对出国（境）团组的审批和人员行程的管理，退回由其他单位支付的费用，加强公务用车的管理；对会议费存在的问题，要求加强对会议费的管理，尽量多采用电视电话会议形式召开会议；对未将收入纳入本单位账册核算问题，要求收回资金，并调整有关账目和决算（草案）；对资产管理方面存在的问题，要求按规定履行出租资产审批程序，加强对无形资产的管理；对会计核算方面的问题，要求调整有关账目和决算（草案）；对使用不合规发票报销的问题，要求取得合规发票。

针对审计发现的问题，审计署建议：农业部应加强预算管理，从严控制项目开支范围，杜绝挤占、套取财政资金行为，加快预算执行进度，加强“三公”经费和会议费管理，并强化对所属单位的监管。

四、审计发现问题的整改情况

农业部在审计前开展了自查，纠正了部分自查出的问题。对审计发现的问题，农业部正在组织进行整改，并对现有的财务管理制度进行了梳理，结合中央有关新规定，完善了相关财务管理制度；所属友谊公司和农研中心已退回套取的财政资金 95.51 万元；农机报社将其虚列的财政资金 28.49 万元按执行进度逐步归还原资金渠道；督促 14 个省（区、市、垦区）完成数据补充和核实工作，对照培训台账和数据库核查，均已完成培训任务；优农中心已将由其他单位负担的出国费用 4.16 万元退回；农展馆已将存放在下属企业的展览收入 209.5 万元收回，纳入本单位法定账册核算；绿色食品发展中心已将计提的补助地方工作经费 1750.04 万元中的 1668.24 万元拨付地方。具体整改结果由农业部向社会公告。

附表：1. 农业部 2013 年度财政拨款预算执行总体情况（略）

2. 农业部 2013 年度重点审计单位财政拨款预算执行情况（略）

商务部 2013 年度预算执行情况和其他财政收支情况审计结果

根据《中华人民共和国审计法》的规定，2013 年 11 月至 2014 年 3 月，审计署对商务部 2013 年度预算执行情况和其他财政收支情况进行了审计，重点审计了部本级和所属经济合作局、国际经济技术交流中心（以下简称交流中心）等 4 个单位，并对有关事项进行了延伸审计。

一、基本情况

商务部为中央财政一级预算单位，部门预算由部本级和 151 个二级预算单位的预算组成。财政部批复商务部 2013 年度部门财政拨款预算支出为 2680839.99 万元（含政府性基金预算，下同），商务部决算（草案）反映的当年财政拨款支出 2072055.28 万元，其部门预算与执行结果的差异总额为 608784.71 万元，差异的具体情况及产生原因见附表 1。

本次审计商务部本级及所属单位 2013 年度财政拨款支出共计 2559544.25 万元，占部门财政拨款支出总额的 95.48%。审计查出预算执行中不符合财经制度规定的问题金额 8200.29 万元，其中 2013 年 8039.78 万元；其他财政收支方面不符合财经制度规定的问题金额 1364.89 万元。上述问题对商务部 2013 年度预算执行结果的影响见附表 2。

审计结果表明，商务部本级及本次审计的所属单位预算收支基本符合预算法及其他相关规定，会计核算基本符合会计法和相关财会制度的规定，能够积极组织 2013 年度预算执行工作，加强“三公”经费支出管理，加大财务信息公开力度。

二、审计发现的主要问题

（一）预算执行中存在的主要问题。

1.2013 年，部本级的 12 个项目未编制项目申报文本和预算支出明细表等相关材料，申领财政资金 3273.5 万元。

2.2013 年，部本级未按规定执行政府采购，直接指定所属单位承担储备肉出入库公证检验工作，支付工作经费 2083 万元。

3.2012 年和 2013 年，部本级采取以拨作支方式计列 2 个项目支出 418 万元，实际支出 167.89 万元，至 2013 年底剩余资金 250.11 万元结存在所属单位。

4. 因公出国（境）管理中存在的问题。

（1）2013 年，部本级为非本部门人员支付出国（境）费用 4.58 万元，有 6 个团组超标准列支出国（境）费用 12.16 万元，其中 4 个未按规定搭乘国内航空公司班机。2011 年，部本级 2 人参加国际会议费用由企业承担。

（2）2013 年，所属投资促进事务局组织的 11 个出国（境）团组部分报销票据不合规；交流中心承办的出国（境）参展团组擅自增加考察国家，增加支出共计93.40万元。

5. 至2013年底，部本级报废或上交国管局的74辆公务用车未及时进行账务处理，涉及金额2393.32万元；4辆公务用车未及时登记入账，形成账外资产90.22万元。

6. 2013年，部本级二类会议计划未按规定报批，有3个会议在非定点饭店召开。

（二）其他财政收支中存在的主要问题。

2013年，所属交流中心和中国服务贸易协会将有关收支在往来科目核算，造成少计收入1364.89万元、少计支出2883.19万元。

三、审计处理情况和建议

对上述问题，审计署已依法出具了审计报告、下达了审计决定书。对未编报项目文本等问题，要求加强预算编制基础工作；对未执行政府采购问题，要求严格执行政府采购程序；对多列支出问题，要求收回沉淀在所属单位的资金，限期调整相关会计账目和决算（草案）；对出国费和会议费存在的问题，要求按照有关规定纠正处理，严格执行出国费和会议费管理相关规定；对擅自更改出国行程问题，要求对展会组织单位进行责任追究，严格出国团组的管理；对公务用车账务处理问题，要求组织资产清查工作，保证账账、账实相符；对少计收入和支出问题，要求清理往来科目，并调整决算（草案）。

针对审计发现的问题，审计署建议：商务部应进一步严格预算管理，细化“三公”经费预算，完善资产的登记、记账手续及管理程序，规范政府采购行为。

四、审计发现问题的整改情况

商务部在审计前开展了自查，并纠正了部分自查出的问题。对本次审计发现的问题，商务部高度重视，积极制定整改措施，研究落实专项资金管理等方面的整改工作，对部本级多列支出并结存在所属单位的资金已收回大部分，并调整了账务。具体整改结果由商务部向社会公告。

附表： 1. 商务部2013年度财政拨款预算执行总体情况（略）

2. 商务部2013年度重点审计单位财政拨款预算执行情况（略）

文化部2013年度预算执行情况和其他财政收支情况审计结果

根据《中华人民共和国审计法》的规定，2013年11月至2014年3月，审计署对文化部2013年度预算执行情况和其他财政收支情况进行了审计，重点审计了文化部本级和所属全国公共文化发展中心（以下简称文化发展中心）、国家图书馆、中国国家话剧院等10个单位，并对有关事项进行了延伸审计。

一、基本情况

文化部为中央财政一级预算单位，部门预算由部本级和29个二级预算单位的预算组成。财政部批复文化部2013年度部门财政拨款预算支出为575861.58万元（含政府性基金预算，下同），文化部决算（草案）反映的当年预算执行数为427974.94万元；其部门预算与执行结果的差异总额为147886.64万元，差异的具体情况及产生原因见附表1。

本次审计文化部本级及所属单位2013年度财政拨款支出共计349118.91万元，占部门财政拨款支出总额的60.63%。审计查出预算执行中不符合财经制度规定的问题金额11400.83万元，其中2013年11297.20万元；其他财政收支方面不符合财经制度规定的问题金额1779.87万元。上述问题对文化部2013年度预算执行结果的影响见附表2。

审计结果表明，文化部和本次审计的所属单位2013年度预算收支基本符合预算法及相关法律法规规定，财务处理基本符合相关法律和财务制度的规定，建立了较完善的内部控制制度并基本得到执行，对以前年度审计查出的问题积极进行了整改。

二、审计发现的主要问题

（一）预算执行中存在的主要问题。

1. 2013年，部本级将日常公用经费513.7万元调剂用于人员经费支出；在2个专项中列支基本支出和其他与项目无关支出682.63万元；2012年至2013年，所属离退休人员服务中心、信息中心调剂使用人员经费和日常公用经费228.13万元，其中2013年124.5万元。

2.2013年，部本级未按实施进度而是一次性将专项资金5970万元全额拨付至项目单位，至年底全部未支出。

3.2013年，所属国家图书馆违规从单位零余额账户向基本存款账户转移资金838.64万元。

4.2013年，部本级及所属文化发展中心、梅兰芳纪念馆、国家清史纂修领导小组办公室（以下简称清史纂修办）未按规定履行政府采购程序，直接将数据采集、出版等业务委托相关公司承办，涉及金额2843.37万元。

5.2013年，部本级58个因公出国（境）团组未纳入年初计划，4个团组超标准列支出国（境）经费7.86万元；梅兰芳纪念馆2个因公出国（境）团组未纳入年初计划。

6.至2013年底，部本级超编制配备公车8辆，还有22辆公车由各司局管理使用，未纳入部门统一调度管理。

7.2013年，部本级未经批准在项目支出中列支公务接待费26.91万元；部本级及所属中外文化交流中心超标准列支外宾接待费10.4万元。

8.2013年，部本级及所属文化发展中心在非定点饭店召开3个会议，涉及金额31.22万元；部本级16个会议超标准列支会议费197.77万元；部本级向下属单位和地方转嫁、摊派会议费31.7万元；所属国家图书馆等4家单位超标准列支会议费13.06万元；所属清史纂修办扩大会议费开支范围支出5.44万元，用于发放纪念品。

（二）其他财政收支中存在的主要问题。

1.2013年，部本级以购买体育活动用品、图书等名义购买礼品卡、图书卡等共计10.33万元，直接发放或用于购买平板电脑后发放给职工。

2.2013年，所属中国国家话剧院未将部分联合办学收支纳入单位法定账册统一核算，涉及收入共计149.49万元，截至2013年底结余17.59万元。

3.2013年，所属机关服务中心未经批准，将部本级委托其管理的部分房产对外出租，收入610.26万元未按规定上缴国库；国家图书馆未经批准对外出租房屋，取得收入896.9万元。

4.2013年，国家图书馆对中标单位监督不到位，公开招标确定的2家中标单位将项目全部转让给其他4家单位，从中获利112.89万元。

三、审计处理情况和建议

对上述问题，审计署已依法出具了审计报告、下达了审计决定书。对未经批准调剂使用预算资金问题，要求今后按照规定履行预算调整报批手续；对未按进度拨付项目资金问题，要求调整有关会计账目和决算（草案）；对从零余额账户向本单位基本存款账户转移资金问题和未严格执行政府采购程序问题，要求今后严格执行相关规定；对因公出国（境）计划编制不完整问题，要求今后按照有关规定编制出国（境）计划；对无计划和超标准列支出国（境）经费问题，要求纠正处理，今后严格执行有关规定，加强管理；对超编制配备公车问题，要求逐步清理超编车辆；对公务用车未纳入部门统一调度管理问题，要求加强公车集中管理，统一调度；对调剂项目支出列支公务接待费问题，要求严格执行预算，确需调整的按规定程序报批；对超标准列支外宾接待费问题，要求纠正处理，今后严格执行有关规定；对未在定点饭店召开会议、超标准列支和转嫁摊派会议费问题，要求纠正处理，今后严格执行相关规定；对核算不规范问题，要求今后按实际业务进行会计核算；对收支未纳入单位统一核算问题，要求收回资金，调整有关会计账目；对未经批准出租房产、收入未按规定上缴问题，要求履行出租报批程序并将收入上缴中央财政；对监督不到位、中标单位将项目转让获利问题，要求加强政府采购监督管理。

针对审计发现的问题，审计署建议：文化部应进一步严格预算执行，加强结转结余资金、“三公”经费和会议费管理，做到专款专用；强化政府采购和资产管理，提高财政管理水平。

四、审计发现问题的整改情况

对审计发现的问题，文化部正在组织进行整改。具体整改结果由文化部向社会公告。

附表： 1. 文化部2013年度财政拨款预算执行总体情况（略）

2. 文化部2013年度重点审计单位财政拨款预算执行情况（略）

卫生计生委2013年度预算执行情况和其他财政收支情况审计结果

根据《中华人民共和国审计法》的规定，2013年11月至2014年3月，审计署对卫生计生委2013年度预算执行情况和其他财政收支情况进行了审计，重点审计了委本级和所属卫生部国际交流合作中心、卫生部医院管理研究所、中国人口宣传教育中心、国家人口计生委人口文化发展中心（以下分别简称国际交流中心、医管所、宣教中心、文化中心）等25个单位，以及主管的中华医学会等67个社会组织，并对有关事项进行了延伸审计。

一、基本情况

卫生计生委①为中央财政一级预算单位，部门预算由委本级和70个二级预算单位的预算组成。财政部批复卫生计生委2013年度部门财政拨款预算支出为1392429.97万元（含政府性基金预算，下同），卫生计生委决算（草案）反映的当年财政拨款支出1267956.19万元，其部门预算与执行结果的差异总额为124473.78万元，差异的具体情况及产生原因见附表1。

本次审计卫生计生委本级及所属单位2013年度财政拨款支出共计608432.71万元，占部门财政拨款支出总额的43.69%。本次审计查出预算执行中不符合财经制度规定的问题金额47305.5万元，其中2013年24738.19万元；其他财政收支方面不符合财经制度规定的问题金额193225.75万元。上述问题对卫生计生委2013年度预算执行结果的影响见附表2。

审计结果表明，卫生计生委本级和本次审计的所属单位2013年度预算执行基本遵守预算法及相关法律法规，财务管理和会计核算基本符合会计法及相关制度规定，对以前年度审计发现的问题积极进行了整改。

二、审计发现的主要问题

（一）预算执行中存在的主要问题。

1.2013年，原卫生部、原人口计生委、卫生计生委扩大开支范围使用项目经费1118.54万元，将公用经费389.52万元用于弥补工资福利等支出。

2.2010年至2013年，所属国际交流中心等9家单位扩大开支范围，将项目经费1797.37万元用于房租、装修改造等支出，其中2013年614.72万元。

3.因公出国（境）管理中存在的问题。

（1）2011年至2013年，原卫生部出国费413.35万元由所属单位承担，其中367.2万元挪用其他项目资金。

（2）2013年，原卫生部、卫生计生委有2人次分别延长在国外考察访问时间5天和2天；卫生计生委出访团组费用支出中有36.08万元报销凭证不符合规定；所属国家食品安全风险评估中心出国费超支123.81万元。

（3）2011年至2013年，所属医管所接受企业赞助451.14万元，其中423.67万元用于组织本所及原卫生部工作人员、部分国内医院院长等出国。

（4）2011年至2013年，所属国家医学考试中心等6家单位通过旅行社组织团组出国（境）、未编制出国（境）计划等，涉及金额85.43万元。

4.公务用车管理中存在的问题。

（1）2013年，卫生计生委公务用车超编制9辆；所属国家食品安全风险评估中心使用外单位汽车2辆。原卫生部国际合作司2006年以来长期占用下属单位汽车1辆；所属卫生部人才交流服务中心2010年以来无偿使用下属单位汽车3辆。

（2）2013年，原人口计生委19.69万元公车运行维护费由其机关服务中心负担；2007年至2013年，原卫生部在所属单位报销公车费用33.67万元。

（3）2012年至2013年，所属宣教中心未经批准，用应收未收下属公司管理费等102.05万元购买汽车2辆，资产登记在下属公司账上，形成账外资产。

5.会议费管理中存在的问题。

---

① 2013年3月，卫生计生委由卫生部、人口和计划生育委员会合并组建而成。本公告对合并前发生的问题将责任主体区别表述为“原卫生部”或“原人口计生委”，合并后发生的问题责任主体表述为“卫生计生委”。

（1）2010 年至 2013 年，原卫生部、卫生计生委主办或与国家中医药管理局等单位共同主办的会议，通过相关所属单位接受医药企业赞助或转嫁会议费共计 1578.11 万元，如卫生计生委有关司局 2012 年和 2013 年有 3 次会议由其所属医管所具体承办，会议费 99.85 万元均由医药企业赞助。2012 年，所属医管所召开研讨会支出 28.46 万元全部由医药企业赞助。

（2）2011 年至 2013 年，原卫生部、原人口计生委和卫生计生委及所属单位有 12 个会议超标准列支 118.94 万元，部分司局的 11 次会议宴请消费高档烟酒等 15.25 万元；虚列会议费等套取资金 34.06 万元，结存在宾馆等；有 22 个会议在非定点饭店或在风景名胜区等召开、支出 263.75 万元；会议支出 7.54 万元在所属单位列支。

（3）2013 年，所属国家食品安全风险评估中心和国家人口计生委科学技术研究所用横向课题经费等 515.54 万元弥补会议费超支。

6. 至 2013 年底，所属卫生部人才交流服务中心应收未收各地应上缴中央财政的专业技术资格考试考务费 18500 万元；所属国际交流中心收取的 3344.89 万元未按规定及时上缴国库。此外，2011 年至 2013 年，所属北京协和医学院收取的高校学费、住宿费等未按规定逐月上缴，而是按年集中上缴。

7.2013 年，所属国家人口计生委机关服务中心和国际交流中心未按规定执行政府集中采购，将物业等服务直接指定给 3 家公司，合同金额 351.79 万元。

8.2012 年，所属中华医学会证书印刷项目的评标入围单位数量未达到法定要求，中标金额 74.61 万元。

9.2011 年至 2012 年，所属中国医学科学院医药生物技术研究所为提高预算执行率，未按合同约定按工程进度付款，而是在合同签订后即拨付工程款 803.99 万元，占总价款的 52.57%。

10. 截至 2013 年底，所属中国疾病预防控制中心等 7 家单位的受托业务经费结余 439.34 万元未按规定退回卫生计生委；卫生部统计信息中心 2 个项目资金 538.65 万元结存 3 年以上，未按规定清理；国家人口计生委科学技术研究所等 3 个单位的 7 个项目执行缓慢，形成结存 977.61 万元。

11.2013 年，原人口计生委将应实行直接支付的项目经费 12181 万元，申请采取授权支付方式并得到财政部批准；原人口计生委未经批准，将应实行直接支付的电子政务传输骨干网线路租费 246 万元，转为授权支付。

12.2012 年至 2013 年，所属宣教中心和文化中心将财政专项资金 1631.32 万元，通过零余额账户拨付 2 家公司，再转回该中心基本存款账户，其中 2013 年 560 万元。

此外，2013 年，原人口计生委本级 17 个项目预算 1084 万元未细化到具体支出内容。

（二）其他财政收支中存在的主要问题。

1.2013 年，所属中国医学科学院、国家人口计生委机关服务中心等 3 家单位违反规定发放津贴补贴和职工节日福利 579.47 万元。

2.2011 年至 2013 年，所属宣教中心、医管所等 5 家单位采用虚假合同、虚假发票报销等方式套取资金设立“小金库”665.15 万元。

3. 至 2013 年底，所属医管所、中国健康教育中心等 6 家单位 2011 年以来取得的收入有 3234.03 万元未纳入本单位法定账簿核算；所属文化中心 2007 年与外单位合作开发综合楼和住宅楼项目取得的收益 5000 万元仍未纳入本单位法定账簿核算。

4.2011 年至 2013 年，原卫生部委托物业公司出租房屋的租金收入 582.5 万元未按规定上缴国库，由该公司直接留用；所属国际交流中心等 4 家单位对外出租或处置房屋收入 1424.03 万元未按规定上缴国库。

5.2011 年，所属文化中心将违规购置的房产对外出售，收入 3700 万元存放在下属公司，其中 1375.82 万元于 2012 年转回用于工资奖金、水电等支出。

6.2011 年至 2013 年，所属国际交流中心未经批准，自定项目收取签证、签注服务费等，合计 111.87 万元。

7.2010 年至 2013 年，所属卫生部人才交流服务中心杂志社在没有培训资质的情况下，自行开展应由北京卫生人才培训中心举办的继续医学教育项目，收取培训费 35.16 万元。

8. 卫生计生委主管的中华医学会等 33 个社

会组织和医管所等9个所属事业单位，利用所在部门影响力，采取违规收费、未经批准开展评比表彰、有偿提供信息等方式取得收入共计177893.54万元。如2012年至2013年，中华医学会在召开的160个学术会议中，用广告展位、医生通讯录和注册信息等作为回报，以20万元至100万元价格公开标注不同等级的赞助商资格，收取医药企业赞助8.2亿元；2012年12月至2013年12月，中华医学会未经批准违规收取资格考试复训费1965.04万元；2011年至2013年，中华医学会未将其继续医学教育部、网络信息部、所属86个专科分会申报并获批主办618个继续教育培训项目的收入11474.84万元纳入该会法定账簿核算。2011年至2013年，所属医管所将受原卫生部、卫生计生委委托收集的医院用药数据，出售给医药市场调研公司，违规取得收入3527.1万元。

三、审计处理情况和建议

对上述问题，审计署已依法出具了审计报告、下达了审计决定书。审计发现相关涉嫌违法违纪事项，已移送有关部门进一步调查处理。对扩大开支范围问题，要求追回资金归还原渠道，调整会计账目和决算（草案）；对“三公”经费和会议费存在的问题，要求加强计划和经费预算管理，退还相关费用，清理违规使用的车辆，追究有关人员责任；对未按规定收缴行政事业性收费等问题，要求责成相关单位将收入足额上缴财政；对人为提高预算执行率和未退回受托业务经费结余问题，要求据实核算，收回结余资金；对违规发放津贴补贴和职工节日福利问题，要求责成相关单位停止违规行为，严格执行相关规定；对收入未纳入法定账簿核算、私设“小金库”问题，要求收回资金，调整会计账目和决算（草案），追究有关人员责任；对房产出租处置收益未按规定上缴问题，要求责成相关单位将收益上缴国库；对违规收费问题，要求责成相关单位停止违规收费行为。此外，对在审计中发现的卫生计生委主管的社会组织接受医药企业赞助、开展相关活动等问题，审计署已要求卫生计生委研究改进。

针对审计发现的问题，审计署建议：卫生计生委应提高预算编制的科学性和精细化水平，严格按照预算开支范围使用财政资金，加强“三公”经费管理，坚决制止违规收费和转嫁行为，加大对所属单位财务工作的监管力度，规范对所属单位和社会组织的行政职能委托。

四、审计发现问题的整改情况

卫生计生委在审计前开展了自查，并纠正了部分自查出的问题。具体整改结果由卫生计生委向社会公告。

附表：1. 卫生计生委2013年度财政拨款预算执行总体情况（略）

2. 卫生计生委2013年度重点审计单位财政拨款预算执行情况（略）

人民银行2013年度预算执行情况和其他财务收支情况审计结果

根据《中华人民共和国审计法》的规定，2013年11月至2014年3月，审计署对人民银行2013年度财务收支情况进行了审计，重点审计了人民银行总行本级及所属太原中心支行等15家分支机构和7家企事业单位，并对有关事项进行了延伸审计。

一、基本情况

人民银行为中央财政一级预算单位，部门预算由人民银行本级和45个二级预算单位的预算组成。审计结果表明，人民银行本级及此次审计的所属单位重视加强资产负债管理，改进预算执行工作，2013年度预算执行基本能够遵守预算法及相关法律法规，财务管理和会计核算基本符合会计法及有关财会制度规定，以前年度审计发现的问题已基本整改到位。

二、审计发现的主要问题

（一）预算执行中存在的主要问题。

1. 2013年，所属广州分行等15家分支机构未经批准，在公用经费和项目支出中列支人员经费14855.98万元；所属深圳中心支行等13家单位未经批准，在公用经费、项目支出之间相互调剂使用资金1220.37万元。

2. 扩大支出范围或提高开支标准。

（1）2013年，总行机关使用预算资金弥补事业单位经费缺口1340.71万元。

（2）2013 年，所属武汉分行等 10 家分支机构扩大范围列支专项经费 7770.65 万元。

（3）2012 年至 2013 年，总行机关等单位在公用经费中超比例列支工会补贴共 271.2 万元，其中 2013 年 121.2 万元。

（4）2013 年，太原中心支行和总行机关事务管理局在公用经费或项目支出中列支应由职工个人或其他单位承担的费用共 747.18 万元。

（5）2013 年，武汉分行、总行机关和广州分行超范围超标准列支会议费、招待费等共 79.2 万元。

3.2013 年，兰州中心支行和武汉分行无依据发放奖金补贴或违规购买商业医疗保险等共计 129.31 万元。

4. 总行机关等 6 家单位存在以拨代支等问题 1702.71 万元，其中 2013 年 1637.05 万元；成都分行等单位为完成预算执行进度虚列支出共计 6789.45 万元，其中 2013 年 415.3 万元。

此外，还存在预算编报不准确、公务用车管理不到位、未按规定执行政府采购程序等问题。

（二）其他财务收支中存在的主要问题。

1.2011 年至 2013 年，所属南京分行等 15 家单位将地方政府以经费补助或奖励等名义拨付的资金在往来科目核算，少计收入 15832.5 万元，其中 2013 年 13228.32 万元。

2.2009 年至 2013 年，所属成都分行等 11 家单位将房屋出租、固定资产处置等其他收入在往来科目核算或直接冲减当期费用，少计其他收入 3436.18 万元，其中 2013 年 1620.19 万元。

此外，还存在财务管理不合规、固定资产购建和使用管理不到位等问题。

（三）直属企业中国金币总公司和中国印钞造币总公司（以下分别简称金币总公司、中钞总公司）及下属子公司存在的主要问题。

1. 部分单位资产负债损益不实。

（1）2009 年至 2013 年，上海印钞有限公司和上海造币有限公司将地方财政补贴等各类补助 981.75 万元计入往来科目核算，造成少计收入，其中 2013 年 448.66 万元。

（2）2012 年至 2013 年，西安印钞有限公司、沈阳造币有限公司及中钞总公司多计费用 301.22 万元，其中 2013 年 241.22 万元。

（3）2013 年末，金币总公司等 5 家单位少计资产 10.61 亿元。

2. 部分单位财务管理不合规。

（1）2013 年，北京开元中国金币经销中心 1.08 亿元增值税应税销售额未按规定开具发票。

（2）2013 年，北京印钞有限公司、石家庄印钞有限公司和中钞特种防伪科技有限公司使用不合规发票报销费用共 142.92 万元。

（3）2013 年中钞光华印制有限公司等 7 家单位会计科目使用不规范，涉及金额 465.05 万元。

（4）2013 年末，金币总公司和中钞总公司存在应收款长期挂账等其他财务问题 5129.09 万元。

3. 部分单位薪酬管理存在问题。

（1）2012 年至 2013 年，北京新文时代金币文化传播有限公司等 13 家单位在工资总额之外发放奖金补贴等 2591.3 万元，其中 2013 年 2533.69 万元。

（2）2006 年至 2013 年，中钞总公司等 6 家单位超标准缴纳“五险一金”等 18318.45 万元，其中 2013 年 18110.12 万元。

（3）2010 年至 2013 年，金币总公司存在聘用退休干部或高管在下属公司任职领取薪酬问题。

4. 其他支出不规范问题。

（1）2013 年，成都印钞有限公司等 10 家单位在宣传费、招待费中列支购买礼品款等，涉及金额 662.52 万元。

（2）2013 年，保定钞票纸业有限公司等 5 家单位超标准配置公务用车，涉及金额 500.28 万元。

此外，中钞国鼎投资有限公司等 5 家单位存在固定资产闲置等问题；中钞总公司等 7 家单位存在报废设备和报废物资管理不规范等问题；南京造币有限公司、金币总公司等 13 家单位存在对所属多元经济实体或特许零售商管理不到位问题。

三、审计处理情况和建议

对上述问题，审计署已依法出具了审计报告、下达了审计决定书。对未经批准调剂使用预算资金、扩大支出范围、无依据发放津补贴、支出不实、少计收入、资产负债损益不实、薪酬管理不合规等问题，要求调整会计账目和会计决算报表，并严格执行有关规定，杜绝此类问题再次发生；对预算编报不准确、公务用车管理不到位、未按规定执行政府采购程序、财务管理不合规、固定资产购建和使用管理不到位等其他管理不合规问题，要求其纠正违规做法，加强管理并严格执行有关规定，杜绝此类问题再次发生。审计发现相关涉嫌违法违纪事项，已移送有关部门进一步调查处理。

针对审计发现的问题，审计署建议：人民银行应进一步加强预算管理，规范会计核算，加强对分支机构和所属企事业单位预算执行和财务管理的监督检查工作。

四、审计发现问题的整改情况

人民银行在审计前开展自查，并纠正了部分自查出的问题。对审计发现的问题，人民银行正在组织进行整改，目前部分分支机构已调整有关会计账目。具体整改结果由人民银行向社会公告。

国资委2013年度预算执行情况和其他财政收支情况审计结果

根据《中华人民共和国审计法》的规定，2013年12月至2014年3月，审计署对国资委2013年度预算执行情况和其他财政收支情况进行了审计，重点审计了委本级和所属中国质量协会、中国制冷学会，并对有关事项进行了延伸审计。

一、基本情况

国资委为中央财政一级预算单位，部门预算由委本级和46个二级预算单位的预算组成。财政部批复国资委2013年度部门财政拨款预算支出为249743.08万元，国资委决算（草案）反映的当年财政拨款支出179054.34万元，其部门预算与执行结果的差异总额为70688.74万元，差异的具体情况及产生原因见附表1。

本次审计国资委本级及所属单位2013年度财政拨款支出共计62309.45万元，占部门财政拨款支出总额的24.95%。审计查出预算执行中不符合财经制度规定的问题金额2680.52万元，全部为当年问题；其他财政收支方面不符合财经制度规定的问题金额668.52万元。上述问题对国资委2013年度预算执行结果的影响见附表2。

审计结果表明，国资委本级和本次审计的所属单位2013年预算执行基本遵守预算法及相关法律法规，财务管理和会计核算基本符合会计法等相关法律和财务制度的规定。

二、审计发现的主要问题

（一）预算执行中存在的主要问题。

1.2013年，委本级19个出国团组由中央企业等其他单位承担费用434.02万元，其中17个培训团组超标准列支出国费152.37万元；30个所属单位无预算或超预算列支出国费766.30万元。

2.2013年，委本级公车运行费超预算支出26.50万元；57个所属单位无预算或超预算列支公车运行费545.90万元，其中财政拨款23.14万元；所属中国石油和化工勘察设计协会等2个单位无预算列支车辆购置费46.94万元。

3.2013年，43个所属单位无预算或超预算列支公务接待费637.01万元，其中财政拨款3.35万元。

4.2013年，国资委未按规定将三类会议计划向国管局履行报备程序；2个会议由企业和地方国资委承担会议费7.64万元；9个会议超标准列支会议费39.04万元；2个会议会期超规定，多列支会议费6.47万元；4个会议未在定点饭店召开，涉及金额33.60万元；18个会议人数超出标准共计2574人；在京外召开会议18个，涉及金额137.10万元。

（二）其他财政收支中存在的主要问题。

1.2013年，所属纺织离退休干部局和冶金离退休干部局决算编报不准确，未将交通费68.52万元列入“基本支出——其他交通费”。

2.2010年至2012年，所属中国制冷学会未将展会收入600万元纳入本单位法定账簿核算。

三、审计处理情况和建议

对上述问题，审计署已依法出具了审计报告、下达了审计决定书。对因公出国（境）费管理存在的问题，要求加强预算管理，严格控制支出标准，退还由其他单位承担的因公出国（境）费用；对公车运行及购置费、公务接待费管理存在的问题，要求加强预算管理，严格控制经费支出；对会议管理及会议费支出存在的问题，要求严格执行会议费管理的相关规定，退还由企业和地方承担的会议费支出；对决算报表编报不准确、会计核算不真实的问题，要求调整决算报表，据实进行会计核算。

针对审计发现的问题，审计署建议：国资委应严格预算执行，加强“三公”经费和会议费管理，加强所属单位会计核算工作，进一步提高会计信息的准确性。

四、审计发现问题的整改情况

国资委在审计前开展了自查，并纠正了部分自查出的问题。对审计发现的所属单位决算报表编报不准确的问题，国资委已责成相关单位进行了整改，调整了决算和相关账目。具体整改结果由国资委向社会公告。

附表： 1. 国资委 2013 年度财政拨款预算执行总体情况（略）

2. 国资委 2013 年度重点审计单位财政拨款预算执行情况（略）

税务总局 2013 年度预算执行情况和其他财政收支情况审计结果

根据《中华人民共和国审计法》的规定，2013 年 12 月至 2014 年 3 月，审计署对税务总局 2013 年度预算执行情况和其他财政收支情况进行了审计，重点审计了局本级和所属机关服务局、税收科学研究所等 5 个单位，并对有关事项进行了延伸审计。

一、基本情况

税务总局为中央财政一级预算单位，部门预算由局本级和 42 个二级预算单位的预算组成。财政部批复税务总局 2013 年度部门财政拨款预算支出为 6149105.75 万元（含政府性基金预算，下同），税务总局决算（草案）反映的当年财政拨款支出 5478388.99 万元，其部门预算与执行结果的差异总额为 670716.76 万元，差异的具体情况及产生原因见附表 1。

本次审计税务总局本级及所属单位 2013 年度财政拨款支出共计 378639.20 万元，占部门财政拨款支出总额的 6.16%。审计查出预算执行中不符合财经制度规定的问题金额 11638.52 万元，其中 2013 年 11524.81 万元；其他财政收支方面不符合财经制度规定的问题金额 140.57 万元。上述问题对税务总局 2013 年度预算执行结果的影响见附表 2。

审计结果表明，税务总局和本次审计的所属单位 2013 年度预算执行基本遵守预算法及相关法律规定，按照会计法及有关规定的要求进行会计处理，加强财务管理和内部审计监督，进一步完善了国税系统经费管理相关制度。

二、审计发现的主要问题

（一）预算执行中存在的主要问题。

1. 截至 2013 年底，局本级超编制配备公务用车 20 辆，超标准配备公务用车 30 辆。

2. 2012 年至 2013 年，所属税收科学研究所未经批准在项目经费中列支人员经费 153.42 万元，其中 2013 年 39.71 万元。

3. 2013 年，所属机关服务局未经政府集中采购，直接与一公司签订设备运行维修合同，涉及金额 109.81 万元；截至 2013 年底，河北、山西、黑龙江三省国税局普通发票印制未按规定实行公开招标，2013 年印制发票 100373.8 万份、支出 11025.29 万元。

4. 2013 年，安徽省国税局在其组织培训的相关费用已由各市县区国税局支付的情况下，虚开培训费票据，向税务总局申领培训费 350 万元，存放于所属的 3 家培训机构。

5. 局本级从 2006 年起开始建设“财产和行为税税源监控管理平台”项目，共取得财政专项资金 5230 万元，但至 2013 年底尚未建立起相关数据库，资金结转 1102.47 万元。

（二）其他财政收支中存在的主要问题。

2013 年，局本级使用不合规票据报销 140.57 万元。

三、审计处理情况和建议

对上述问题，审计署已依法出具了审计报告、下达了审计决定书。审计发现相关涉嫌违法违纪事项，已移送有关部门进一步调查处理。对超编制、超标准配备公务用车问题，要求按规定进行处理；对未经批准调剂使用财政资金问题，要求今后严格按照规定执行；对未严格执行政府采购制度问题，要求严格执行相关规定；对虚开票据申领培训费问题，要求据实拨付培训费到基层税务部门；对税源监控管理平台建设缓慢问题，要求加快推进监控平台建设；对使用不合规发票报销问题，要求今后严格执行相关规定。

针对审计发现的问题，审计署建议：税务总局应进一步提高预算编报的科学性和准确性，严格国税系统“三公”经费管理，并加强对各级国税机关的财务管理和监督。

四、审计发现问题的整改情况

对审计发现的问题，税务总局正在组织进行整改。具体整改结果由税务总局向社会公告。

附表： 1. 税务总局2013年度财政拨款预算执行总体情况（略）

2. 税务总局2013年度重点审计单位财政拨款预算执行情况（略）

质检总局2013年度预算执行情况和其他财政收支情况审计结果

根据《中华人民共和国审计法》的规定，2013年12月至2014年3月，审计署对质检总局2013年度预算执行情况和其他财政收支情况进行了审计，重点审计了局本级和所属中国检验检疫科学研究院、中国标准化研究院（以下分别简称检科院、标研院）等5个单位，并对有关事项进行了延伸审计。

一、基本情况

质检总局为中央财政一级预算单位，部门预算由局本级和48个二级预算单位的预算组成。财政部批复质检总局2013年度财政拨款预算支出为1287772.26万元，质检总局决算（草案）反映的当年财政拨款支出1121756.96万元，其部门预算与执行结果的差异总额为166015.30万元，差异的具体情况及产生原因见附表1。

本次审计质检总局本级及所属单位2013年度财政拨款支出共计173131.72万元，占部门财政拨款支出总额的13.44%。审计查出预算执行中不符合财经制度规定的问题金额1008.52万元，其中2013年755.09万元；其他财政收支方面不符合财经制度规定的问题金额4633.71万元。上述问题对质检总局2013年度预算执行结果的影响见附表2。

审计结果表明，质检总局本级及本次审计的所属单位2013年度预算收支基本遵守了预算法及相关法律法规，会计核算基本符合会计法和有关财会制度的规定；及时制定有关财务管理制度，组织各单位开展了自查和整改工作，基本落实了以前年度的审计决定和审计建议。

二、审计发现的主要问题

（一）预算执行中存在的主要问题。

1.2013年，局本级和所属检科院、标研院超预算支出因公出国（境）费、公务接待费和会议费共计160.09万元。

2.2013年，局本级的4个会议超标准支出6.38万元；局本级和所属标研院、国家标准化管理委员会的16个会议未在定点饭店召开，涉及会议费支出80.7万元。

3.2011年以来，局本级和所属标研院未经公开招标，直接与相关单位签订宣传、技术服务合同，涉及金额537.43万元，其中2013年284万元；2013年，局本级未按规定执行政府采购，直接采购技术和印刷服务，涉及金额223.92万元。

（二）其他财政收支中存在的主要问题。

1. 截至2013年底，局本级价值94.96万元的3辆公务用车未计入财务账簿和固定资产账；局本级财务账簿比固定资产实物台账多记公务用车17辆、价值129.61万元；所属标研院于2006年拨给事业单位的6辆公务用车一直未办理划转手续，导致财务账簿多记公务用车账面价值171.39万元。

2.2010年4月，所属检科院自行决定下属自收自支的事业单位综合检测中心执行企业会计制度。截至2013年底，该中心资产3151.72万元、负债438.05万元、所有者权益2713.67万元，均未纳入检科院决算编制范围，也未编制企业决算。

3.2013年，所属检科院的7个研究所将取得的技术服务收入等共计1013.28万元在该院下属单位核算，未纳入该院法定账簿核算。

4.2013年，所属标研院在项目经费中超范围列支劳务费72.75万元，主要用于长期聘用人员工资和社保等费用。

三、审计处理情况和建议

对上述问题，审计署已依法出具了审计报告、下达了审计决定书。审计发现相关涉嫌违法违纪事项，已移送有关部门进一步调查处理。对超预算、超标准支出“三公”经费或会议费、未在定点饭店召开会议问题，要求严格执行预算和会议费管理规定，杜绝此类问题再次发生；对未严格执行政府采购问题，要求严格执行相关规定；对固定资产账实不符问题，要求对资产进行清理，按规定调整账目，并及时办理划转手续；对决算编制范围不完整、未在法定账簿核算资金问题，要求调整决算（草案）；对超范围支付劳务费问题，要求归还原资金渠道，并调整相关会计账目。

针对审计发现的问题，审计署建议：质检总局应提高预算编制的科学性和准确性，严格执行会议费开支标准，进一步完善资产登记、记账手续及管理程序，加强政府采购管理，并督促所属单位规范财务管理。

四、审计发现问题的整改情况

对审计发现的问题，质检总局正在组织进行整改，已开始进行固定资产全面清查盘点，并将3辆公务用车补记固定资产财务账。具体整改结果由质检总局向社会公告。

附表： 1. 质检总局2013年度财政拨款预算执行总体情况（略）

2. 质检总局2013年度重点审计单位财政拨款预算执行情况（略）

新闻出版广电总局2013年度预算执行情况和其他财政收支情况审计结果

根据《中华人民共和国审计法》的规定，2013年11月至2014年3月，审计署对新闻出版广电总局2013年度预算执行情况和其他财政收支情况进行了审计，重点审计了局本级和所属国家广播电影电视总局监管中心、国家广播电影电视总局无线电台管理局、国家电影事业发展专项资金管理委员会办公室（以下分别简称监管中心、无线局、电影资金办）等8个单位，并对有关事项进行了延伸审计。

一、基本情况

新闻出版广电总局为中央财政一级预算单位，部门预算由局本级和34个二级预算单位的预算组成。财政部批复新闻出版广电总局2013年度部门财政拨款预算支出为894596.54万元（含政府性基金预算，下同），新闻出版广电总局决算（草案）反映的当年财政拨款支出745798.81万元，其部门预算与执行结果的差异总额为148797.73万元，差异的具体情况及产生原因见附表1。

本次审计新闻出版广电总局本级及所属单位2013年度财政拨款支出共计295784.09万元，占部门财政拨款支出总额的33.06%。审计查出预算执行中不符合财经制度规定的问题金额53660.33万元，其中2013年28341.28万元；其他财政收支方面不符合财经制度规定的问题金额4607.43万元。上述问题对新闻出版广电总局2013年度预算执行结果的影响见附表2。

审计结果表明，新闻出版广电总局本级和本次审计的所属单位2013年度预算收支基本遵守预算法及相关法律法规，财务管理和会计核算基本符合有关财务制度规定，对以前年度审计发现的问题积极进行了整改。

二、审计发现的主要问题

（一）预算执行中存在的主要问题。

1. 局本级和所属人民出版社等4个单位在前期论证不充分、实施条件不具备等情况下编制6个项目预算，涉及金额6877.25万元，其中2013年6581.07万元。

2. 2013年，局本级将所属中国版权保护中心职责范围内的著作权合同登记等项目预算135万元纳入本级编报。

3. 2012年至2013年，局本级及所属监管中心等4个单位未经批准，自行调剂使用基本支出或项目支出11142万元，其中2013年11134.5万元。

4. 2013年，局本级及所属无线局无预算、超预算、超标准列支“三公”经费和会议费共计152.96万元。

5. 2010年至2013年，局本级及所属监管中心（含原国家广播电影电视总局监测中心）、无线局向其他单位转嫁出国费、公车运行费、会议费等430.12万元，其中2013年73.77万元。

6. 因公出国（境）管理中存在的问题。

（1）2013年，局本级有6个团组、41人次未纳入出国（境）计划；2个团组拆分出国；2个团组中有2名退休干部；6个团组未按规定提交出访报告；

（2）2013年，局本级有6个团组超过规定人数、时间出国（境）；所属中国广播电视协会（以下简称中广协会）有1个团组违规持普通护照因公出国；所属无线局有47.37万元的出国费用报销票据不合规。

7. 公务用车管理中存在的问题。

（1）至2013年底，局本级及所属广播电影电视总局机关服务中心等2个单位公务用车超编制53辆；局本级及所属电影资金办、无线局的18辆公务用车超标准。

（2）至2013年底，局本级及所属新闻出版总署机关服务中心等4个单位借用本系统或其他单位车辆25辆；局本级的6辆公务用车未纳入统一调度管理。

8.2013年，局本级及所属电影资金办、无线局计划外召开会议11个；局本级及所属监管中心、无线局在非定点饭店召开会议6个。

9.2013年，局本级及所属无线局、中广电广播电影电视设计研究院（以下简称广电设计院）违规扩大基本支出和项目支出范围，列支礼品、加油卡、房屋装修款等32.81万元。

10.2013年，所属国家广播电影电视总局广播电视卫星直播管理中心（以下简称卫星中心）、监管中心未经价格主管部门批准收取技术服务费、信息安全测评费等1082.83万元；所属中广协会的各专业委员会未经会员大会讨论收取会费1037.87万元。

11. 至2013年底，局本级及所属卫星中心等3个单位部分资产未登入账表，涉及金额27 838.48万元；所属无线局使用160套未经授权软件。

12.2011年至2013年，局本级及所属无线局、《中华大典》办公室未按规定实施政府采购或公开招标购买货物和服务，涉及金额3938.7万元，其中2013年2634.96万元。

13.2012年至2013年，所属监管中心的下属数据中心将应直接支付的货款944.94万元采用授权支付方式支付，其中2013年765.54万元。

（二）其他财政收支中存在的主要问题。

1.2012年至2013年，所属广电设计院及下属监理公司使用虚假发票报销发放职工奖金、支付职工赴国内外休息疗养费用等共计3034.04万元，其中2013年1662.90万元。

2.2013年，所属广电设计院虚列支出989.65万元，以虚假票据套取资金85.19万元，以前年度对外合作收入498.55万元未纳入账内核算。

三、审计处理情况和建议

对上述问题，审计署已依法出具了审计报告、下达了审计决定书。对预算编制调整不规范及超预算超标准支出等问题，要求严格按规定执行；对违规收费问题，要求按相应程序报批；对“三公”经费、会议费和政府采购等问题，要求加强管理，据实支付费用，杜绝类似问题发生；对资产管理使用不规范问题，要求清理并及时登入账表；对虚假票据、账外资金等问题，要求加强票据审核，将账外资金收支余纳入会计账簿统一核算和管理。

针对审计发现的问题，审计署建议：新闻出版广电总局应进一步提高预算编制的科学性，严格预算执行，强化资产管理，并加强对所属单位预算执行和财务管理的检查监督，督促所属单位建立健全内部控制制度，规范预算和财务管理。

四、审计发现问题的整改情况

对审计发现的问题，新闻出版广电总局正在组织进行整改。局本级已退回借用的2辆车；所属卫星中心已归还使用外单位的1辆车；所属广电设计院已将账外资金余额496.68万元并入财务账，调整了不符合规定用途的支出24.24万元；所属监管中心下属单位已补记资产4662万元。具体整改结果由新闻出版广电总局向社会公告。

附表：1. 新闻出版广电总局2013年度财政拨款预算执行总体情况（略）

2. 新闻出版广电总局2013年度重点审计单位财政拨款预算执行情况（略）

体育总局预算执行情况和其他财政收支情况审计结果

根据《中华人民共和国审计法》的规定，2013年5月至7月，审计署对体育总局预算执行情况和其他财政收支情况进行了审计，重点审计了局本级和所属体育基金中心等7个单位，并对有关事项进行了延伸审计。

一、基本情况

体育总局为中央财政一级预算单位，部门预

算由局本级和42个二级预算单位的预算组成。审计结果表明，体育总局和所属单位能够较好地遵守预算法及其他财经法规，会计处理基本符合会计法和相关会计制度的规定，对以前年度审计发现的问题积极进行了整改。

二、审计发现的主要问题

2013年5月，体育总局办公厅、群众体育司、宣传司将未纳入年度会议计划且可以在京内组织召开的全国体育系统相关工作会议，分别安排在浙江省温州市、宁波市和福建省福州市召开，参会人员分别为111人、154人、149人，其中业务司和所属单位等京内人员分别占参会总人数的59%、53%、48%，涉及往返交通费、住宿费共计83.25万元。这一做法，不符合国家机关事务管理局关于“除现场观摩会等确需在京外召开的会议外，其他会议应当在京内召开”的规定。

三、审计处理情况和建议

对上述问题，审计署已依法出具了审计报告，建议体育总局严格贯彻中央有关厉行节约反对浪费的精神，加强会议管理，完善有关规章制度。审计发现相关涉嫌违法违纪事项，已移送有关部门进一步调查处理。

四、审计发现问题的整改情况

体育总局在审计前开展了自查，并纠正了部分自查出的问题。针对此次审计发现的问题，体育总局印发了《体育总局办公厅关于加强会议管理严格执行会议计划有关事宜的通知》和《体育总局会议费管理办法》，修订了《体育总局工作规则》，进一步规范会议管理的程序，加强体育总局本级会议管理。具体整改结果由体育总局向社会公告。

食品药品监管总局2013年度预算执行情况和其他财政收支情况审计结果

根据《中华人民共和国审计法》的规定，2013年11月至2014年3月，审计署对食品药品监管总局2013年度预算执行情况和其他财政收支情况进行了审计，重点审计了局本级和所属国家食品药品监督管理总局药品审评中心（以下简称药审中心）等5个单位，并对有关事项进行了延伸审计。

一、基本情况

食品药品监管总局为中央财政一级预算单位，部门预算由局本级和14个二级预算单位的预算组成。财政部批复食品药品监管总局2013年度部门财政拨款预算支出为141254.19万元，食品药品监管总局决算（草案）反映的当年财政拨款支出78584.56万元，其部门预算与执行结果的差异总额为62669.63万元，差异的具体情况及产生原因见附表1。

本次审计食品药品监管总局本级及所属单位2013年度财政拨款支出共计53209.62万元，占部门财政拨款支出总额的37.67%。审计查出预算执行中不符合财经制度规定的问题金额44317.68万元，均为当年问题金额；其他财政收支方面不符合财经制度规定的问题金额1380万元。上述问题对食品药品监管总局2013年度预算执行结果的影响见附表2。

审计结果表明，食品药品监管总局本级及本次审计的所属单位2013年度预算收支基本符合预算法和其他财经法规的规定，财务管理、会计核算基本符合会计法和其他财会制度的规定，对以前年度审计查出的问题进行了认真整改。

二、审计发现的主要问题

（一）预算执行中存在的主要问题。

1.2013年，所属药审中心和药品评价中心预算编报不完整，未将事业收入和经营收入等1859.14万元编入当年预算。

2.2013年，所属中国食品药品检定研究院在上年建设项目结转13885.23万元的情况下，又申请预算46000万元，实际支出20208.72万元，年底累计结转39676.51万元。

3.2013年，局本级和所属药审中心等3家单位未经批准，自行扩大项目支出范围列支2239.88万元，用于机关办公楼物业管理费、新办公地址租赁费和人员经费等支出。

4.2013年，局本级未执行公开招标，直接委托1家单位开展“餐饮服务食品安全宣传周”活动，涉及金额86.37万元。

5.2013年，局本级和所属医疗器械技术审评中心超预算列支因公出国（境）费用218.71万元；局本级的12个团组超标准列支住宿费13.19

万元；局本级安排8人次出国培训，接受企业资助62.27万元。

6.2013年，局本级向外交部报备的因公出国（境）计划中，部分出国（境）计划未列明邀请方和经费来源；未建立团组活动评估核查机制；组织的41个团组中，仅10个团组的出访报告上传到内部网接受公开监督，9个出国团组出国天数超过国家规定。

7.截至2013年底，局本级未经批准，将103.89万元公务用车购置费用于公车运行费及司勤人员支出；局本级超编制配备公务用车3辆。

8.2013年，局本级未按规定报国管局备案三类会议年度计划；局本级的4个会议在非定点饭店召开，涉及金额16.39万元；2个会议的与会人数超过规定标准，多列支会议费14.84万元；22个会议超标准列支会议费15.11万元。

（二）其他财政收支中存在的主要问题。

1.截至2013年底，局本级应收所属机关服务中心和信息中心款项共计1332万元长期挂账，未及时清理。

2.截至2013年底，局本级未按规定将开发的价值48万元的系统软件计入固定资产。

三、审计处理情况和建议

对上述问题，审计署已依法出具了审计报告、下达了审计决定书。对预算编报不完整的问题，要求完整编报预算；对申请建设项目预算未充分考虑分年度实施计划的问题，要求申报项目预算时充分考虑项目进度；对未经批准调剂使用项目资金问题，要求严格按照财政部批复的预算使用资金；对扩大项目支出开支范围问题，要求严格按照预算批复的支出用途使用资金；对未严格执行政府采购规定问题，要求严格执行政府采购有关规定；对因公出国（境）存在的问题，要求严格执行有关规定，停止接受企业资助出国培训；对扩大公务用车购置费使用范围问题，要求严格按照预算使用资金；对超编制配备公务用车问题，要求对超编车辆进行处理；对三类会议未按规定备案问题，要求将三类会议计划报国管局备案；对未在定点饭店召开会议、超标准列支会议费问题，要求严格执行相关规定；对未及时清理应收款项问题，要求对往来款进行清理；对开发软件未计入固定资产问题，要求将上述软件纳入单位资产管理，调整有关会计账目和决算（草案）。

针对审计发现的问题，审计署建议：食品药品监管总局应加强项目支出管理，切实按项目预算用途使用项目经费，严格“三公”经费和会议费的使用和管理，并强化对所属单位的财务指导和监督。

四、审计发现问题的整改情况

食品药品监管总局在审计前开展了自查，并纠正了部分自查出的问题。对审计发现的问题，食品药品监管总局正在组织进行整改，已清理了长期挂账的暂付款。具体整改结果由食品药品监管总局向社会公告。

附表：1.食品药品监管总局2013年度财政拨款预算执行总体情况（略）

2.食品药品监管总局2013年度重点审计单位财政拨款预算执行情况（略）

统计局预算执行情况和其他财政收支情况审计结果

根据《中华人民共和国审计法》的规定，2013年5月至8月，审计署对统计局预算执行情况和其他财政收支情况进行了审计，重点审计了局本级和所属普查中心等13个单位，并对有关事项进行了延伸审计。

一、基本情况

统计局为中央财政一级预算单位，部门预算由局本级和77个二级预算单位的预算组成。审计结果表明，统计局本级及此次审计的所属单位预算收支基本遵守预算法及相关法律法规，财务管理和会计核算基本符合会计法及相关财务会计制度规定，还采取重大事项报告、执行结果与预算安排及年度考核挂钩等措施，努力提高了预算执行效果。

二、审计发现的主要问题

（一）预算执行中存在的主要问题。

1.2009年至2012年，局本级将不属于财政供养范围的8081名工勤人员经费列入基本支出预算，并取得财政拨款23938.53万元。

2.至2012年底，所属北京调查总队和北京市统计局分别有项目结余资金 133.39 万元、423.66 万元在往来款科目挂账，未纳入部门预算统筹安排。

3.2009 年至 2012 年，局本级未按规定在财政部批复本部门预算之日起 15 日内批复所属各单位预算，分别超出 8 天、6 天、14 天、21 天。

4.2009 年至 2012 年，局本级、北京调查总队扩大开支范围分别在项目支出中列支基本支出 1194.76 万元、289.41 万元，所属离退休干部局在人员经费中列支公用经费 71.28 万元。

5.2011 年至 2012 年，北京调查总队及区县调查队超预算支出“三公”经费 93.56 万元，所属服务业调查中心和内蒙古调查总队超预算支出会议费 499.84 万元。

6.2011 年至 2012 年，北京调查总队在未取得发票的情况下，仅凭银行结算票据支付会议费、培训费及餐费 584.64 万元。

7.2008 年至 2009 年，北京调查总队虚列住房改革支出 103.76 万元，资金实际转入北京市统计局，至 2012 年底仍在该局往来款挂账。

8.2009 年至 2012 年，局本级及所属山西调查总队等 4 家单位未按规定执行政府采购 1855.84 万元，其中局本级 1240 万元，所属单位 615.84 万元。

（二）其他财政收支中存在的主要问题。

1. 截至 2012 年底，局本级公务用车超出编制 7 辆。

2.2008 年至 2009 年，局本级未按规定将房产出租事项报财政部门备案，取得出租收入 917.77 万元；2010 年至 2012 年，房产出租收入 1205.49 万元未按规定上缴财政。

3. 至 2012 年底，北京调查总队相关资产购置支出 3683.22 万元未记入固定资产账，且产权登记在北京市统计局名下；局本级三里河办公区热力站改造项目 2011 年已完工并正式投入使用，截至 2012 年底仍未办理竣工财务决算。

三、审计处理情况和建议

对上述问题，审计署已依法出具了审计报告、下达了审计决定书。对多列工勤人员经费预算、未将项目结余资金纳入部门预算统筹安排问题，要求按规定编制预算；对未及时批复所属各单位预算、扩大开支范围、超预算支出“三公”经费和会议费、未按规定执行政府采购、公务用车超编制等问题，要求相关单位加强管理，杜绝类似问题发生；对无发票列支费用问题，要求取得符合国家规定的发票；对虚列住房改革支出并少计财政结转资金问题，要求收回并相应调整账务；对出租房产未按规定报备和房产出租收入未上缴问题，要求将有关收入上缴财政；对相关资产购置支出未记入固定资产账且未办理产权登记问题，要求妥善处置产权登记事宜并记入固定资产账；对未及时编制竣工财务决算问题，要求尽快编制。审计发现相关涉嫌违法违纪事项，已移送有关部门进一步调查处理。

针对审计发现的问题，审计署建议：统计局应进一步严格预算编报和批复程序，加强预算执行和“三公”经费、会议费管理，清理公务用车、强化对所属单位财务监管。

四、审计发现问题的整改情况

对审计发现的问题，统计局正组织进行整改。对项目结余未纳入部门预算统筹安排问题，已将余额 356.22 万元纳入预算安排；对虚列住房改革支出并少计财政结转问题，已按要求整改；对房产出租收入未上缴问题，已按要求整改；对相关资产购置支出核算及产权登记问题，已通过有关协议明确了产权。具体整改结果由统计局向社会公告。

林业局 2013 年度预算执行情况和其他财政收支情况审计结果

根据《中华人民共和国审计法》的规定，2013 年 11 月至 2014 年 3 月，审计署对林业局 2013 年度预算执行情况和其他财政收支情况进行了审计，重点审计了局本级和所属调查规划设计院（以下简称规划院）等 56 个单位，并对有关事项进行了延伸审计。

一、基本情况

林业局为中央财政一级预算单位，部门预算由局本级和 65 个二级预算单位的预算组成。财政部批复林业局 2013 年度部门财政拨款预算支出为 705075.05 万元（含政府性基金预算，下同），林业局决算（草案）反映的当年财政拨款支出

648900.02万元，其部门预算与执行结果的差异总额为56175.03万元，差异的具体情况及产生原因见附表1。

本次审计林业局本级及所属单位2013年度财政拨款支出共计635439.95万元，占部门财政拨款支出总额的90.12%。审计查出预算执行中不符合财经制度规定的问题金额55667.25万元，其中2013年43779.87万元；其他财政收支方面不符合财经制度规定的问题金额239152.40万元。上述问题对林业局2013年度预算执行结果的影响见附表2。

审计结果表明，林业局本级和本次审计的所属单位2013年度预算收支基本符合预算法和其他财经法规的规定，财务管理、会计核算基本符合会计法和其他财会制度的规定，对以前年度审计查出的问题进行了积极整改。

二、审计发现的主要问题

（一）预算执行中存在的主要问题。

1.2012年至2013年，局本级和所属规划院等18家单位未经批准在不同项目间自行调剂使用预算资金9229.15万元，其中2013年5241.91万元。

2.2012年，所属经济发展研究中心挪用财政专项资金16万元用于出版与项目无关的纪念文集等；2012年至2013年，所属中国林业科学研究院（以下简称林科院）采取采购与项目无关的实验设备和耗材并再次出售的方式，套取资金27.07万元，其中2013年11.95万元。

3.2012年至2013年，局本级和所属林科院向下属单位转嫁房租、人员经费等120.88万元，其中2013年98.62万元。

4.2012年至2013年，所属北方航空护林总站等7家单位提前拨付项目资金3377.36万元，其中2013年1917.73万元。

5.2013年，所属大兴安岭林业集团公司违反规定从零余额账户向实有资金账户划转财政专项资金7608万元。

6. 截至2013年底，局本级和所属管理干部学院等7家单位因项目前期论证不充分等，形成结转结余资金12100.80万元。

7.2008年至2013年，所属规划院等11家单位的13个项目未按规定执行政府集中采购或公开招标，涉及金额17686.51万元，其中2013年13866.58万元。

8.2012年至2013年，所属林科院部分收支未纳入年度决算，涉及金额4558.99万元，其中2013年2386.05万元。

9. 因公出国（境）管理中存在的问题。

（1）2013年，局本级计划外组织出国（境）团组73个、134人次。

（2）2012年至2013年，局本级和所属机关服务中心向下属单位转嫁出国费22.2万元，其中2013年20.93万元；将局本级出国经费预算49.5万元安排在所属科技发展中心。

（3）2013年，所属经济发展研究中心和世界银行贷款项目管理中心无预算列支出国费4.10万元，所属濒危物种进出口管理中心超标准列支出国费1.32万元。

10. 公务用车管理中存在的问题。

（1）截至2013年底，局本级超编制配备公务用车和执法执勤用车6辆；所属规划院和机关服务中心无偿占用所属6家单位车辆24辆，价值987.95万元。

（2）2012年，局本级超预算列支公务用车运行维护费33.84万元；2013年，所属中国林业出版社等3家单位在非定点维修单位维修车辆支出3.82万元。

（3）2012年至2013年，所属机关服务中心向下属单位转嫁公务用车运行维护费34.29万元，其中2013年26.52万元。

11. 公务接待管理中存在的问题。

（1）2012年至2013年，所属规划院无预算列支招待费132.05万元，其中2013年55.6万元。

（2）2011年至2013年，所属林产工业规划设计院（以下简称设计院）使用房租收入冲抵招待费支出88.36万元，收支均未在本单位法定账簿核算，其中2013年38.07万元。

12. 会议费管理中存在的问题。

（1）2013年，局本级15个三类会议未列入年度会议计划；局本级和所属湿地管理中心等3家单位超标准列支会议费20.3万元。

（2）2012年至2013年，所属防治荒漠化中心等10家单位在非定点饭店召开会议48个，支出500.41万元，其中2013年320.77万元；所属国有林场和林木种苗工作总站（以下简称工作总站）和信息中心2个会议天数超过规定；局本级和所属工作总站向下属单位转嫁会议费52.3万元，其中2013年7.3万元。

13.2013年，所属大兴安岭林业集团公司投资1.45亿元建设三亚接待处等楼堂管所项目。

（二）其他财政收支中存在的主要问题。

1.截至2013年底，局本级有14757.28万元暂付款科目长期挂账，其中10992.85万元是2000年前形成的，一直未清理。

2.所属设计院等14家单位通过收入不入账等方式违规设立“小金库”，涉及金额3624.84万元，主要用于发放职工奖金等，其中2013年1758.87万元，截至2013年底结存654.78万元。

3.2012年至2013年，林业局14名处级以上党员干部兼职取酬、用公款报销个人费用等，涉及金额84.51万元，其中2013年49.73万元。

4.2012年至2013年，所属设计院等8家单位以虚假票据报销套取资金570.83万元，用于会议费、招待费和发放职工奖金等，其中2013年145万元。

5.截至2013年底，所属林科院等4家单位少计对外投资和固定资产等1490.94万元。

6.2012年至2013年，所属设计院违规使用自有资金累计购买短期理财产品7600万元，其中2013年3800万元。

7.2012年至2013年，所属设计院等4家单位未经报批将单位所属房产对外出租，取得租金收入2025万元，其中2013年916万元。

8.2012年至2013年，所属大兴安岭林业集团公司未按规定用途使用棚户区改造专项资金和流动资金贷款共计208999万元，而是将其用于机场、公路、三亚接待处等基础设施建设，其中2013年116302万元。

9.所属国家林业局招待所的1处宾馆已于2004年建成并投入使用，但至今未办理竣工财务决算。

三、审计处理情况和建议

对上述问题，审计署已依法出具了审计报告、下达了审计决定书。对未经批准自行调剂使用预算资金、提前拨付资金问题，要求严格执行预算，未经批准不得自行改变项目支出内容和提前拨付资金；对挪用套取专项资金问题，要求归还原资金渠道；对向下属单位转嫁费用问题，要求退还转嫁的费用；对违规从零余额账户向实有资金账户划转资金问题，要求今后杜绝此类问题发生；对项目论证不充分形成结转结余资金问题，要求加强项目论证和审核，严格预算执行；对政府采购不规范问题，要求今后严格执行政府采购相关规定；对部分收支未纳入单位决算的问题，要求调整有关账目，今后将全部收支纳入部门决算管理；对公务用车管理存在的问题，要求加强公务用车配置和运行管理，清退无偿使用的车辆；对“三公”经费和会议费等问题，要求切实加强“三公”经费和会议费等支出管理，杜绝此类问题再次发生；对往来款长期挂账问题，要求加强对往来款的清理；对违规设立“小金库”问题，要求全面清理，归还有关资金，处分相关责任人；对兼职取酬、用公款报销个人费用等问题，要求清退违规兼职取酬等资金，并追究有关人员责任；对虚假发票报销问题，要求换取真实发票入账，并加强票据管理；对账外资产问题，要求及时办理固定资产和对外投资入账手续，调整有关会计账目；对违规进行短期投资问题，要求加以规范；对未经报批出租房产问题，要求补办相关手续；对改变债券和贷款资金用途问题，要求归还挪用的资金；对未办理竣工财务决算和申报登记手续问题，要求抓紧办理工程竣工财务决算。

针对审计发现的问题，审计署建议：林业局应进一步规范部门预算管理，严格按预算批准的用途使用财政资金，加大对所属单位的管理和监督力度，督促有关单位健全和完善财务管理、资产管理、报销审批等制度。

四、审计发现问题的整改情况

林业局在审计前开展了自查，并纠正了部分自查出的问题。对审计发现的问题，林业局正在组织进行整改，所属设计院、规划院、工作总站、北京林业机械研究所分别追回部分“小金库”资金387.86万元、68.84万元、12.02万元、5.99万元，经济发展研究中心归还了挪用的专项资金16万元，并调整了相关账目。具体整改结果由林业局向社会公告。

附表：1.林业局2013年度财政拨款预算执

行总体情况（略）

2. 林业局 2013 年度重点审计单位财政拨款预算执行情况（略）

宗教局预算执行情况和其他财政收支情况审计结果

根据《中华人民共和国审计法》的规定，2013 年 5 月至 7 月，审计署对宗教局预算执行情况和其他财政收支情况进行了审计，重点审计了局本级和所属服务中心、宗教研究中心、培训中心，并对有关事项进行了延伸审计。

一、基本情况

宗教局为中央财政一级预算单位，部门预算由局本级和二级预算单位的预算组成。审计结果表明，宗教局本级和此次审计的所属单位预算收支基本符合国家有关预算和财经法规的规定，财务会计处理基本符合会计法、相关会计准则和会计制度的规定，内部管理制度比较健全，对以前年度审计发现的问题积极进行了整改。

二、审计发现的主要问题

1.2012 年，局本级 29 个项目预算未细化支出内容，也未明确测算依据。

2.2012 年底，局本级在地方宗教工作部门未提交申请的情况下，向其拨付工作补助 850 万元。

3.2012 年，局本级在课题及政策研究经费等项目中列支与项目无关的支出 383 万元。

4.2012 年，局本级超标准支出会议费 81 万元。

5.2012 年 12 月至 2013 年 1 月，局本级有 8 次公务接待用餐超标准或超批准人数，餐费合计 3 万元。

6.2012 年，局本级政府采购预算编制不完整，实际执行中超预算采购 292 万元。

三、审计处理情况和建议

对上述问题，审计署已依法出具了审计报告、下达了审计决定书。对预算编制不细化、不完整问题，要求进一步加强财政预算管理，细化预算编制；对人为调节预算执行率问题，要求严格按照规定执行预算；对扩大支出范围问题，要求归还原资金渠道，并调整有关会计账目和决算（草案）；对会议费和公务接待超标准问题，要求严格按照有关规定执行，加强管理、厉行节约。审计发现相关涉嫌违法违纪事项，已移送有关部门进一步调查处理。

针对审计发现的问题，审计署建议：宗教局应进一步加强预算管理，加强对预算项目实施及财政资金使用情况的追踪问效，提高资金使用效益。

四、审计发现问题的整改情况

对审计发现的问题，宗教局正在组织进行整改。已将扩大开支范围列支的 383 万元归还原资金渠道，严格审批会议和公务接待。具体整改结果由宗教局向社会公告。

新华社 2013 年度预算执行情况和其他财政收支情况审计结果

根据《中华人民共和国审计法》的规定，2013 年 11 月至 2014 年 3 月，审计署对新华社 2013 年度预算执行情况和其他财政收支情况进行了审计，重点审计了社本级和所属机关管理服务中心、新闻信息中心，并对有关事项进行了延伸审计。

一、基本情况

新华社为中央财政一级预算单位，部门预算由社本级和 39 个二级预算单位的预算组成。财政部批复新华社 2013 年度部门财政拨款预算支出为 221694.14 万元，新华社 2013 年度决算（草案）反映的财政拨款支出 191294.84 万元，其部门预算与执行结果的差异总额为 30399.3 万元，差异的具体情况及产生原因见附表 1。

本次审计新华社本级及所属单位 2013 年度财政拨款支出共计 195121.06 万元，占部门财政拨款支出总额的 88.01%。审计查出预算执行中不符合财经制度规定的问题金额 3252 万元，均为当年问题。上述问题对新华社 2013 年度预算执行结果的影响见附表 2。

审计结果表明，新华社本级及本次审计的所属单位 2013 年度预算收支基本符合预算法和其他财经法规的规定，财务管理和会计核算基本符合会计法及有关财会制度规定，对以前年度审计发现的问题积极进行了整改。

二、审计发现的主要问题

（一）2013年，社本级组织的5个因公出国（境）团组未编入年度计划。

（二）2013年，社本级公务用车15辆、价值137.73万元，未纳入财务账和实物账核算。

（三）2013年，所属机关管理服务中心维修项目预算4120万元，但由于前期论证不够充分、预算执行进度慢，至年底支出1005.73万元，结存3114.27万元。

三、审计处理情况和建议

对上述问题，审计署已依法出具了审计报告、下达了审计决定书。对部分因公出国团组未编入年度计划的问题，要求今后按要求编制因公出国（境）计划；对公务用车未纳入账内核算的问题，要求将资产补记入账；对项目前期准备不充分，导致财政资金闲置问题，要求今后加强申报项目的前期论证工作。同时，建议新华社进一步加强预算编制及因公出国（境）团组计划管理，规范资产会计核算和财务管理。

四、审计发现问题的整改情况

对审计发现的问题，新华社正在组织进行整改，已将未纳入账内核算的公务用车补记入账。具体整改结果由新华社向社会公告。

附表：1. 新华社2013年度财政拨款预算执行总体情况（略）
2. 新华社2013年度重点审计单位财政拨款预算执行情况（略）

中科院2013年度预算执行情况和其他财政收支情况审计结果

根据《中华人民共和国审计法》的规定，2013年12月至2014年3月，审计署对中科院2013年度预算执行情况和其他财政收支情况进行了审计，重点审计了院本级和所属物理研究所、生态环境研究中心、大气物理研究所（以下简称物理所、生态中心、大气所）等6个单位，并对有关事项进行了延伸审计。

一、基本情况

中科院为中央财政一级预算单位，部门预算由院本级和127个二级预算单位的预算组成。财政部批复中科院2013年度部门财政拨款预算支出为3303697.40万元，中科院决算（草案）反映的当年财政拨款支出2466472.06万元，其部门预算与执行结果的差异总额为837225.34万元，差异的具体情况及产生原因见附表1。

本次审计中科院本级及所属单位2013年度财政拨款支出共计156832.31万元，占部门财政拨款支出总额的4.75%。审计查出预算执行中不符合财经制度规定的问题金额35969.87万元，其中2013年24255.88万元；其他财政收支方面不符合财经制度规定的问题金额6056.94万元。上述问题对中科院2013年度预算执行结果的影响见附表2。

审计结果表明，中科院本级和本次审计的所属单位2013年度预算执行基本遵守预算法及相关法律法规，财务管理和会计核算基本符合会计法及相关制度规定，对以前年度审计发现的问题积极进行了整改。

二、审计发现的主要问题

（一）预算执行中存在的主要问题。

1. 所属国家纳米科学中心（以下简称纳米中心）2012年用已完工项目申报预算，套取财政资金912万元；物理所2009年重复申报项目，套取财政资金606万元。

2. 2008年以来，所属纳米中心、半导体研究所（以下简称半导体所）、大气所、物理所、生态中心扩大经费开支范围，在基本支出、课题和项目经费中列支无关支出等15826.84万元，其中2013年5757.59万元。

3. 2013年，所属物理所未严格履行协议，提前从零余额账户向其控股公司支付设备款935.15万元。

4. 截至2013年底，所属大气所和物理所有667个项目应结题未结题，涉及金额3190.05万元；纳米中心和大气所有209个已结题项目未及时结账，涉及金额6668.99万元。

5. 2013年，所属物理所未执行政府集中采购，自行采购物业管理服务和办公家具，涉及金额1115.92万元。

6. 2013年底，所属生态中心决算报表中劳务费、委托业务费支出不实，涉及金额5618.98

万元。

7. 因公出国（境）管理中存在的问题。

（1）2013年，所属物理所和大气所有102人在无出国任务批件的情况下持因私护照执行出国任务；物理所、大气所、生态中心超预算列支出国费884.47万元；院本级和所属生态中心7个出国（境）团组在非定点购票点购买机票。

（2）2012年和2013年，所属生态中心的3个出国（境）团组中，2人擅自增加出访国家，9人擅自增加出访城市，21人擅自延长境外停留时间共计79天；未经批准组织双跨团组，邀请自然科学基金会1名工作人员持因私护照分别出访美国、加拿大，承担其出国费用4.12万元，其中2013年2.46万元；2个团组超标准列支出国费8.68万元，其中2013年2.46万元；将2013年出国费6.10万元转嫁给挂靠单位中国生态学学会承担。

8. 截至2013年底，院本级超编制配备公务用车17辆；所属半导体所2011年以来违规占用参股公司公务用车2辆，其中1辆超标准；物理所2012年无预算购置价值76.20万元的3辆公务用车，且未执行政府集中采购。

9. 会议费管理中存在的问题。

（1）2013年，院本级未经批准召开4个二类会议；所属物理所在非定点饭店召开4个会议、支出26.35万元，其中2个会议在五星级酒店召开。

（2）2013年，所属大气所将1个研讨会的后半程议程安排在游船上召开，26.02万元费用由收取的会议费和企业赞助费承担。

（3）2013年，所属生态中心委托旅行社组织28名职工赴江苏宜兴考察4天、北京游览1天，支出14.92万元，其中10万元以会议费名义列支。

（4）2013年，所属物理所收取的会议注册费6.42万元未纳入其法定账簿核算。

（5）截至2013年底，所属半导体所将在往来款挂账的2010年举办国际会议收取的注册费及广告费42.66万元，全部用于所内职工劳务费、办公用品等支出。

此外，中科院2013年年初预算中有22.43亿元未细化到具体项目和实施单位。

（二）其他财政收支中存在的主要问题。

1.2013年，所属物理所、半导体所、生态中心等9家单位部分领导办公用房面积超过国家规定标准50%，其中物理所和生态中心主要负责人办公用房实际使用面积共计242平方米，但向中科院上报为49平方米。

2.2012年，未经财政部批准，院本级自行批复所属大气所拆除价值1095.51万元建筑物；所属物理所未经批准将该所一栋应拆除的平房加层扩建，支出297万元；地质与地球物理研究所为变更科研办公楼用地性质，在项目概算外支付给民营企业“规划立项程序审批服务费”466万元。

3.2011年至2013年，所属物理所和大气所购置的294.04万元软件未纳入固定资产管理，其中2013年18.04万元。

4. 截至2013年底，所属物理所2012年已投入使用基建项目未办理竣工财务决算，实际支出超概算2131.24万元，在该项目中编造虚假接待业务，使用不合规发票报销15.40万元。

5.2011年以来，所属物理所未经公开招标或化整为零规避公开招标采购货物、服务和工程等，涉及金额1222.81万元；2013年在没有工程计量结果的情况下报销工程款300万元。

6.2012年，所属半导体所收取的房屋租金128.04万元未缴纳房产税、营业税及附加。

7.2009年至2013年，未经院党组批准，院本级、北京分院、沈阳分院个别领导干部在中科院所属企业兼职，领取津贴共计106.90万元，其中2013年25.20万元。

三、审计处理情况和建议

对上述问题，审计署已依法出具了审计报告、下达了审计决定书。对套取财政资金问题，要求追回资金，纳入以后年度预算；对提前支付设备款问题，要求按照协议支付款项；对违规扩大开支范围问题，要求有关单位调整会计账目和决算（草案），规范费用管理，及时处理经费结余；对科研项目管理不规范问题，要求及时办理结题结账；对未按规定执行政府采购问题，要求严格执行有关规定；对决算报表不实问题，要求调整会计账目和决算（草案）；对因公出国（境）费和公务用车存在的问题，要求纠正处理，加强因公出国（境）和公务用车管理；对会议费存在的问题，要求纠正处理，追究有关人员责任；对领导办公用房超标问题，要求对办公用房进行清理；对越权批准拆除建筑物问题，要求补办审批手续；对软件未纳入固定资产管理问题，要求按规定处理，调整会计账目和决算（草案）；对基建项目存在的问题，要求尽快办理工程结算和竣工财务决算，尽快履行或补办审批手续，严格基建报销程序和招标管理，据实支付工程款，追回违规报销资金；对房租收入未纳税问题，要求补缴税金；对部分领导兼职取酬问题，要求停止此类行为。

针对审计发现的问题，审计署建议：中科院应加强预算执行和零余额账户管理，规范科研课题支出，严格基本建设项目、“三公”经费和会议费管理，提高科研资金使用效益。

四、审计发现问题的整改情况

中科院在审计前开展了自查，并纠正了部分自查出的问题。对审计发现的问题，部分已经进行整改，其中半导体所已将资金归还原渠道并调整了相关会计账目；生态中心已将多计提的科研用房费用归还课题组；半导体所等 6 家单位已完成超标办公用房的整改工作。具体整改结果由中科院向社会公告。

附表：1. 中科院 2013 年度财政拨款预算执行总体情况（略）

2. 中科院 2013 年度重点审计单位财政拨款预算执行情况（略）

银监会 2013 年度预算执行情况和其他财政收支情况审计结果

根据《中华人民共和国审计法》的规定，2013 年 11 月至 2014 年 3 月，审计署对银监会 2013 年度预算执行情况和其他财政收支情况进行了审计，重点审计了银监会本级和所属陕西、重庆、上海、黑龙江、辽宁银监局，并对有关事项进行了延伸审计。

一、基本情况

银监会为中央一级预算单位，部门预算由银监会本级和 36 个二级预算单位的预算组成。财政部批复银监会 2013 年度部门财政拨款预算支出 483600.66 万元，银监会 2013 年度决算（草案）反映财政拨款支出 478740.97 万元，其部门预算与执行结果的差异总额为 4859.69 万元，差异的具体情况及产生原因见附表 1。

本次审计银监会本级及所属单位 2013 年度财政拨款支出共计 80820.06 万元，占部门财政拨款支出总额的 16.7%。审计查出预算执行中不符合财经制度规定的问题金额 703.15 万元，其中 2013 年 697.9 万元；其他财政收支方面不符合财经制度规定的问题金额 1988.59 万元。上述问题对银监会 2013 年度预算执行结果的影响见附表 2。

审计结果表明，银监会本级及此次审计的所属单位 2013 年度预算收支基本遵守预算法及其他法律法规的规定，会计处理基本符合会计法及有关会计制度规定，对以前年度审计发现的问题积极进行了整改。

二、审计发现的主要问题

（一）预算执行中存在的主要问题。

1. 2013 年，银监会本级和重庆、上海、陕西、黑龙江、辽宁银监局等 5 家所属单位在人员经费与公用经费、基本支出与项目支出间调剂使用预算资金共计 431.6 万元。

2. 2013 年，银监会本级和上海、陕西银监局提高人员经费标准、扩大支出范围使用预算资金 242.76 万元。

3. 2011 年至 2013 年，银监会本级和重庆银监局由企事业单位承担现场检查住宿费、出国考察等费用 22.59 万元，其中 2013 年 17.34 万元。

4. 至 2013 年底，所属黑龙江银监局存在超标准配备的公务用车 14 台，均为 2011 年以前购置。

5. 2013 年，所属辽宁银监局未按规定实行集中采购，采用询价方式采购台式计算机等办公设备，涉及金额 6.2 万元。

（二）其他财政收支中存在的主要问题。

1. 所属陕西、黑龙江银监局未按估价将办公楼、周转房或办公设备等纳入固定资产核算和管理，涉及资产价值 1988.59 万元。

2. 所属上海银监局后勤服务中心 2013 年购置的办公用品等没有出入库登记台账和使用管理制度。

此外，银监会本级 2013 年上收上海、山西银监局的事业基金未纳入预算管理；陕西银监局两名在职人员 2013 年在银行业协会兼职并领取报酬 10.53 万元，有 18 名会计从业人员未取得会计从业资格证书或未定期年检。

三、审计处理情况和建议

对上述问题，审计署已依法出具了审计报告、下达了审计决定书。对项目间调剂使用资金问题，要求严格按照预算规定的支出用途、范围使用；对扩大支出范围、固定资产未入账核算等问题，要求调整会计账目和决算（草案）；对由其他单位承担费用和兼职取酬问题，要求退还相关资金，并调整有关会计账目和决算（草案）；对超标准配备公务用车问题，要求严格落实国家有关“三公”经费等相关规定；对未按规定集中采购问题，要求严格遵守有关政府采购的规定。

针对审计发现的问题，审计署建议：银监会应加强和规范预算管理，提高预算编制的完整性和预算执行质量，加强对所属单位财务工作的监督和管理，完善对固定资产的核算和管理制度，提高资产使用效率。

四、审计发现问题的整改情况

对审计发现的问题，银监会正在组织进行整改，目前已对固定资产未入账核算、财务管理不规范以及由银行业协会承担费用等问题进行了纠正。具体整改结果由银监会向社会公告。

附表：1. 银监会2013年度财政拨款预算执行总体情况（略）

2. 银监会2013年度重点审计单位财政拨款预算执行情况（略）

证监会2013年度预算执行情况和其他财政收支情况审计结果

根据《中华人民共和国审计法》的规定，2013年11月至2014年3月，审计署对证监会2013年度预算执行情况和其他财政收支情况进行了审计，重点审计了证监会本级和所属甘肃、湖南、山西、山东、四川证监局，并对有关事项进行了延伸审计。

一、基本情况

证监会为中央财政一级预算单位，部门预算由证监会本级和36个二级预算单位的预算组成。财政部批复证监会2013年度部门财政拨款预算支出145974.3万元，证监会2013年度决算（草案）反映的当年财政拨款支出100557.33万元，其部门预算与执行结果的差异总额为45416.97万元，差异的具体情况及产生原因见附表1。

本次审计证监会本级及所属单位2013年度财政拨款支出共计69352.31万元，占部门财政拨款支出总额145974.3万元的47.51%。审计查出预算执行中不符合财经制度规定的问题金额166.41万元，全部为当年问题。上述问题对证监会2013年度预算执行结果的影响见附表2。

审计结果表明，证监会本级及此次审计的所属单位2013年度预算收支基本遵守预算法及其他法律法规的规定，财务管理和会计核算基本符合会计法及有关会计制度规定，对以前年度审计发现的问题积极进行了整改。

二、审计发现的主要问题

（一）预算执行中存在的主要问题。

1. 2013年，证监会本级和所属甘肃、湖南证监局存在扩大支出范围的问题，涉及金额36.81万元。

2. 2013年，证监会本级为部分外聘在京工作人员报销的房租费中，有129.6万元报销凭证为不合规发票。

（二）其他财政收支中存在的主要问题。

2013年，证监会本级将应在交通费科目中核算的报销市内出租车等费用在差旅费科目中核算。

三、审计处理情况和建议

对上述问题，审计署已依法出具了审计报告、下达了审计决定书。对扩大支出范围问题，要求调整有关会计账目和决算（草案）；对使用不合规发票报销问题，要求追回用不合规发票申领的款项；对核算科目使用不当问题，要求规范会计科目使用。

针对审计发现的问题，审计署建议：证监会应加强和规范预算管理，严格划清经费列支渠道；加强财务管理，严格费用审核；强化会计核算管理，规范会计科目使用。

四、审计发现问题的整改情况

对审计发现的问题，证监会正在组织进行整改。目前，对涉及22.45万元扩大支出范围问题调整了有关账目和决算（草案）。具体整改结果由证监会向社会公告。

附表：1. 证监会2013年度财政拨款预算执

行总体情况（略）

2. 证监会 2013 年度重点审计单位财政拨款预算执行情况（略）

保监会 2013 年度预算执行情况和其他财政收支情况审计结果

根据《中华人民共和国审计法》的规定，2013 年 11 月至 2014 年 3 月，审计署对保监会 2013 年度预算执行情况和其他财政收支情况进行了审计，重点审计了保监会本级和所属广东、云南、深圳保监局等 5 个单位，并对有关事项进行了延伸审计。

一、基本情况

保监会为中央财政一级预算单位，部门预算由保监会本级和 37 个二级预算单位的预算组成。财政部批复保监会公共预算 104424.37 万元，其中财政拨款 99518.7 万元；保监会 2013 年度决算（草案）反映财政拨款支出 85392.94 万元，其部门预算与执行结果的差异总额为 14125.76 万元，差异的具体情况及产生原因见附表 1。

本次审计保监会本级及所属单位 2013 年度财政拨款支出共计 39799.62 万元，占部门财政拨款支出总额 99518.7 万元的 39.99%。本次审计发现预算执行中不符合财经制度规定的问题金额 963.06 万元，其中 2013 年 744.71 万元。上述问题对保监会 2013 年度预算执行结果的影响见附表 2。

审计结果表明，保监会本级及此次审计的所属单位 2013 年度预算执行基本符合预算法和其他财经法规的规定，财务处理基本符合会计法和有关会计制度的规定，能够认真整改以前年度审计发现的问题。

二、审计发现的主要问题

（一）预算执行中存在的主要问题。

1. 2009 年至 2013 年，所属云南、深圳、广东等 5 家保监局将考试费、住房补贴等项目经费及部分公用经费 702.59 万元用于弥补人员经费，其中 2013 年 484.24 万元。

2. 2013 年，保监会本级及所属广东保监局、湖北保监局未经批准在不同科目间调剂使用预算资金 260.47 万元。

3. 2013 年，保监会本级安排部分工作人员出国参加培训班和研讨会，存在仅支付公杂和个人零用费用，境外食宿费等费用由保险公司等邀请方承担的情况。

4. 2013 年，保监会本级及广东保监局在年度部门会议计划之外召开 12 个会议，其中 5 个会议租用的宾馆不属于党政机关定点饭店。

（二）其他财政收支存在的主要问题。

2013 年，保监会将应收取保险行业协会、保险保障基金公司等 4 家单位的租赁费直接充抵办公楼物业管理费用。

三、审计处理情况和建议

对上述问题，审计署已依法出具了审计报告、下达了审计决定书。对挤占项目经费和公用经费以及未经批准在不同科目间调剂使用预算资金问题，要求调整会计账目和决算（草案）；对出国团组和会议管理不规范问题，要求今后严格执行相关规定；对未经批准出租办公楼的问题，要求规范办公楼的租赁管理。

针对审计发现的问题，审计署建议：保监会应严格执行财政部批复的部门预算，进一步规范出国团组管理和会议管理，按照规定统筹安排编报出国计划、会议计划，并加强内部管理和监督。

四、审计发现问题的整改情况

对审计发现的问题，保监会正在组织进行整改。具体整改结果由保监会向社会公告。

附表： 1. 保监会 2013 年度财政拨款预算执行总体情况（略）

2. 保监会 2013 年度重点审计单位财政拨款预算执行情况（略）

社保基金会基金管理及 2013 年度预算执行情况和其他财政收支情况审计结果

根据《中华人民共和国审计法》的规定，2013 年 12 月至 2014 年 3 月，审计署对全国社会保障基金理事会（以下简称社保基金会）基金管理及 2013 年度预算执行和其他财政收支情况进行了审计，并对有关事项进行了延伸审计。

一、基本情况

（一）全国社保基金管理运营的基本情况。

截至2013年末，社保基金会管理的基金总资产12415.64亿元，负债488.19亿元，权益11927.45亿元。基金权益中，社保基金权益9911.02亿元，占83.09%；个人账户基金权益921.93亿元，广东委托资金权益1094.50亿元，分别占7.73%和9.18%。2013年，基金投资收益685.87亿元，收益率6.20%。

全国社保基金权益9911.02亿元中，中央财政性净拨入6000.26亿元，占比60.54%，投资增值3910.76亿元，占比39.46%。

（二）社保基金会部门预算执行基本情况。

社保基金会为中央财政一级预算单位，部门预算由社保基金会本级预算组成。财政部批复社保基金会2013年度部门财政拨款预算支出为12804.62万元，社保基金会决算（草案）反映的当年财政拨款支出12066.55万元，其部门预算与执行结果的差异总额为738.07万元，差异的具体情况及产生原因见附表1。

本次审计社保基金会2013年度财政拨款支出共计12804.62万元，占部门财政拨款支出总额的100%。审计查出预算执行中不符合财经制度规定的问题金额301.19万元，全部为当年问题。上述问题对社保基金会2013年度预算执行结果的影响见附表2。

审计结果表明，社保基金会不断加强内部制度建设，规范投资管理，基金相对安全，总体实现保值增值；2013年度预算收支基本符合预算法及其他财经法规，财务管理和会计核算基本符合会计法和有关财会制度规定，对以前年度审计查出的问题认真进行了整改。

二、审计发现的主要问题

（一）基金管理运营方面。

1.社保基金信托投资业务管理中存在的主要问题。

（1）审计抽查15个使用信托贷款的项目发现，有6个项目的用款单位未按指定用途使用信托资金，涉及金额14.20亿元（占贷款总额的24%），主要是用于信托贷款合同之外的项目或归还银行贷款、市政基础设施建设、土地整理、对外出借等。

（2）2013年，六安城市建设投资有限公司获得10亿元社保基金信托贷款，用于建设的3个项目中，有2个项目的建筑面积超过了该公司资质的承建范围，社保基金会在开展尽职调查和贷款审批中未指出。

2.社保基金定期类存款业务中存在的主要问题。

（1）部分协议存款办理不够规范。2011年3月底，社保基金会与中行、浦发、交行、兴业四家银行达成固定利率存款协议，在央行加息后社保基金存款协议仍维持原商定利率；2012年3至4月间，社保基金会与中行、农行、民生三家银行达成固定利率存款协议，在央行6月降息后三家银行提出降息要求，社保基金会调低了中行60亿元、农行25亿元的5年期协议存款利率，致使利息收入减少1.65亿元。

（2）2013年，社保基金会对减持H股收入获得的港币资金未及时安排使用或结汇，因港币汇率下降导致港币存款汇兑损失9287.97万元。

（3）2013年，社保基金会基金财务部在研究拟定协议存款方案时，由于决策不当，造成少收利息380万元。

3.社保基金自营指数化投资的标的指数范围较窄，近年投资收益欠佳。近年来，A股市场结构日趋多元化，标的指数个数及开放式股票指数型公募基金产品市场规模均与社保基金会初始投资指数化产品时有较大差异，同时，社保基金会已具备通过购买市场上的指数化基金或通过委托投资等方式投资指数化产品的条件，但其仍以自营方式进行指数化投资。2010年到2013年，社保基金会自营指数化投资组合亏损共计69.53亿元，其中2013年亏损14.7亿元。此外，2013年底，社保基金会未按规定对6只禁售期满的转持股票计提准备，少确认减值损失103.02亿元。

（二）预算执行和其他财政收支方面。

1.2013年，通过多报单位实有人数，多申领2013年度人员经费和2012年度绩效奖金共计124.42万元。

2.2013年，车辆运行费超预算支出24.70万元，占当年预算50.41%。

3.2013年，以职工福利费的名义，违规发放实物津贴补贴152.07万元。

三、审计处理情况和建议

对上述问题，审计署已依法出具了审计报告。审计发现相关涉嫌违法违纪事项，已移送有关部门进一步调查处理。对多申报人员经费和绩效奖金问题，要求加强预算编制管理，据实申报预算；对车辆运行费超预算支出问题，要求加强管理，严格在预算规模内使用资金；对违规发放实物津贴补贴问题，要求严格执行相关规定，规范津贴补贴管理。

针对审计发现的问题，审计署建议：社保基金会应研究构建面向市场、公开透明的信托贷款项目选择程序，提高投后管理水平，明确利率调整的权限、责任和流程，探索建立存款招标制度，逐步采取委托投资的方式进行指数化投资，并建立监管分离制度，设立统一的投资信息管理平台。

四、审计发现问题的整改情况

对审计发现的问题，社保基金会正在组织进行整改，具体整改结果由社保基金会向社会公告。

附表：1. 社保基金会 2013 年度财政拨款预算执行总体情况（略）

2. 社保基金会 2013 年度重点审计单位财政拨款预算执行情况（略）

海洋局 2013 年度预算执行情况和其他财政收支情况审计结果

根据《中华人民共和国审计法》的规定，2013 年 12 月至 2014 年 3 月，审计署对海洋局 2013 年度预算执行和其他财政收支情况进行了审计，重点审计了局本级及所属国家海洋环境预报中心、国家卫星海洋应用中心、国家海洋局极地考察办公室、中国极地研究中心（以下分别简称预报中心、卫星中心、极地办、极地中心）等 16 个单位，并对有关事项进行了延伸审计。

一、基本情况

海洋局为中央财政一级预算单位，部门预算由局本级和 29 个二级预算单位的预算组成。财政部批复海洋局 2013 年度部门财政拨款预算支出为 891855.78 万元，海洋局决算（草案）反映的当年财政拨款支出 628985.60 万元，其部门预算与执行结果的差异总额为 262870.18 万元，差异的具体情况及产生原因见附表 1。

本次审计海洋局本级及所属单位 2013 年度财政拨款支出共计 431671.30 万元，占部门财政拨款支出总额的 48.40%。审计查出预算执行中不符合财经制度规定的问题金额 17315.01 万元，其中 2013 年 13560.73 万元；其他财政收支方面不符合财经制度规定的问题金额 7713.59 万元。上述问题对海洋局 2013 年度预算执行结果的影响见附表 2。

审计结果表明，海洋局本级及本次审计的所属单位 2013 年度预算收支基本符合预算法和其他财经法规的规定，财务管理、会计核算基本符合会计法和其他财会制度的规定，对以前年度审计发现的问题进行了积极整改。

二、审计发现的主要问题

（一）预算执行中存在的主要问题。

1. 2011 年至 2013 年，局本级为非预算单位中国海洋发展研究中心申报课题研究预算 1500 万元，其中 2013 年 600 万元。

2. 2013 年，局本级和所属海洋减灾中心、卫星中心等 9 家单位未经批准调剂使用预算资金 1911.79 万元；所属中国海监总队、海洋减灾中心等 4 家单位超预算列支燃油费和飞行业务费等费用 5606.66 万元。

3. 2011 年至 2013 年，局本级及所属海洋减灾中心等 11 家所属单位未经批准动用结余资金 1771.82 万元，用于其他工作和弥补基本支出等，其中 2013 年 128.10 万元；所属海洋出版社、卫星中心、预报中心在项目支出中列支与项目无关支出 1751.86 万元，其中 2013 年 717.31 万元。

4. 2013 年，所属卫星中心未编制政府采购预算实施采购 143.27 万元；未经批准采取邀请招标方式实施采购，涉及金额 3030 万元。

5. 出国（境）费用管理中存在的问题。

（1）2012 年，局本级组织的跨部门“赴南极长城站考察慰问司长团”批复出境时间为 11 天，实际行程 13 天，其中 6 天在法国和智利（含 2 天转机时间）。

（2）2013 年，局本级和所属极地办超预算列支出国（境）费用 365.17 万元，并向所属极地中心摊派 9.01 万元；局本级和所属卫星中心超标准列支出国（境）费12.09万元。

6. 公务用车管理中存在的问题。

（1）2013年，局本级和所属极地中心、第二海洋研究所等4家单位超预算支出公车运行费163.25万元。

（2）2002年至2013年，局本级和所属东海分局、国家深海基地管理中心长期无偿占用其他单位汽车16辆，局本级向所属单位及下属企业摊派公车运行费82.24万元，其中2013年10.68万元。

（3）2012年至2013年，所属机关服务中心、卫星中心、宣传教育中心以长期租车的形式配备一般公务用车4辆，共计发生租车费49.35万元，其中卫星中心租用车辆超过规定标准。

（4）2013年，所属机关服务中心向局本级虚报多领车辆维修费及管理费50.92万元。

7. 会议费管理中存在的问题。

（1）2013年，局本级超预算列支会议费149.49万元、超标准列支会议费139.83万元，向3家所属单位摊派会议费118.65万元。

（2）2013年，所属信息中心和极地中心有48个会议（涉及金额236.46万元）未在定点饭店召开，其中20个会议（涉及金额50.59万元）是在五星级宾馆召开的。

（3）2013年，局本级和部分所属单位向机关服务中心支付会议室使用费和服务费276.48万元，其中197.63万元被用于弥补机关服务中心经费等支出；

（4）2012年至2013年，局本级和所属卫星中心使用虚假票据，在会议费中报销无关餐费、房费和公务接待等支出共计25.52万元，其中2013年21.34万元。

（二）其他财政收支中存在的主要问题。

1.2011年至2013年，所属预报中心账外存放广告收入510.61万元，其中2013年175.61万元；支出456.92万元，其中发放津补贴392.19万元。

2.2010年至2013年，海洋局主管的中国太平洋学会在海洋出版社财务账中核算其收入200万元、支出121.5万元，其中2013年55万元和20万元。

3.2013年，所属北海分局以其下属青岛环海海洋工程勘察研究院名义对外签订横向项目合同，将项目收入400万元转移至该研究院。

4.2011年至2013年，所属预报中心向其下属公司转移事业收入3064.46万元（其中2013年910万元），并在该公司为中心员工发放津补贴1572.33万元（其中2013年560.34万元）。

5.2012年12月至2013年，所属中国大洋矿产资源研究开发协会办公室自行提高标准发放津补贴24.67万元，其中2013年22.77万元。

6.2013年，所属中国海洋工程咨询协会和机关服务中心违规收取咨询、服务费479.12万元。

7. 至2013年底，所属中国海监总队、预报中心、中国海洋报社等6家单位未按规定及时登记固定资产、无形资产和对外投资2960.07万元；所属中国海监总队和北海分局未及时办理2个基本建设项目的竣工财务决算。

8.2008年至2013年，所属极地办1名员工在兼任极地办所属公司业务员和出纳期间，以其本人签字代全体员工领取工资的方式，从公司财务套取现金74.66万元。

此外，2013年，局本级和3家所属单位使用财政资金291.58万元租用的办公用房闲置9个月。

三、审计处理情况和建议

对上述问题，审计署已依法出具了审计报告、下达了审计决定书。审计发现相关涉嫌违法违纪事项，已移送有关部门进一步调查处理。对为非预算单位安排预算问题，要求对已安排至非预算单位的财政资金加强监管，严格考核科研成果，今后严格编制预算；对调剂使用资金和未按规定上报结余资金问题，要求加强预算监管，严格执行预算，加强结余资金管理；对扩大开支范围问题，要求归还原资金渠道；对虚报费用问题，要求退回多收取费用；对政府采购管理不规范问题，要求严格按规定实施招标，加强政府采购预算编报管理；对超预算、超标准列支“三公”经费问题，要求厉行节约，严格执行预算和标准，控制支出规模；对摊派出国费、会议费和公车运行费问题，要求今后不得再以任何形式摊派费用；对长期无偿借用或占用车辆问题，要求立即清退；对未在定点饭店召开会议、以会议费名义弥补机关食堂经费不足和虚列会议费支出问题，要求今后加强会议费支出管理，按照实际服务成本结算会议室管理服务费用；对账外资金问题，要求清理账外资金并收回余额；对向所属公司转移收入、发放津补贴问题，要求将转移的收入进行清理并收回余额，规范津补贴发放渠道；对自行提高标准发放津补贴问题，要求清理并停止发放；对违规收费问题，要求停止收费；对资产未及时登记和反映问题，要求登记相应资产；对基本建设项目未及时办理竣工财务决算问题，要求尽快开展决算；对涉嫌冒领工资问题，要求进一步调查，对存在违法违纪行为的，追究有关人员责任；对资金闲置浪费问题，要求提高资金使用效益。

针对审计发现的问题，审计署建议：海洋局应进一步加强预算编制和执行管理，强化预算约束力和财务监管，完善“三公”经费和会议费管理，切实提高预算和财务管理水平。

四、审计发现问题的整改情况

对审计发现的问题，海洋局积极采取措施进行整改，目前已采取措施对扩大开支范围、虚报车辆维修费和管理费、超预算开支出国（境）费等问题积极进行整改。具体整改结果由海洋局向社会公告。

附表：1. 海洋局 2013 年度财政拨款预算执行总体情况（略）

2. 海洋局 2013 年度重点审计单位财政拨款预算执行情况（略）

民航局 2013 年度预算执行情况和其他财政收支情况审计结果

根据《中华人民共和国审计法》的规定，2013 年 11 月至 2014 年 3 月，审计署对民航局 2013 年度预算执行情况和其他财政收支情况进行了审计，重点审计了局本级和所属空中交通管理局、民航科学技术研究院、民用航空医学中心（以下分别简称空管局、航科院、医学中心）等 8 个单位，并对有关事项进行了延伸审计。

一、基本情况

民航局为中央财政一级预算单位，部门预算由局本级和 27 个二级预算单位的预算组成。财政部批复民航局 2013 年度部门财政拨款预算支出为 2322017.32 万元（含政府性基金预算，下同），民航局决算（草案）反映的当年财政拨款支出 1205484.14 万元，其部门预算与执行结果的差异总额为 1116533.18 万元，差异的具体情况及产生原因见附表 1。

本次审计民航局本级及所属单位 2013 年度财政拨款支出共计 1645730.75 万元，占部门财政拨款支出总额的 70.88%。审计查出预算执行中不符合财经制度规定的问题金额 92407.21 万元，其中 2013 年 68122.04 万元；其他财政收支方面不符合财经制度规定的问题金额 13768.40 万元。上述问题对民航局 2013 年度预算执行结果的影响见附表 2。

审计结果表明，民航局本级和本次审计的所属单位 2013 年度预算执行基本遵守预算法及相关法律法规，财务管理和会计核算基本符合会计法及相关制度规定，对以前年度审计发现的问题积极进行了整改。

二、审计发现的主要问题

（一）预算执行中存在的主要问题。

1. 2013 年，民航局未经财政部批准调整预算，少批复空管系统基本支出预算 31213 万元。

2. 2009 年至 2013 年，所属航科院、空管局、民航总医院、机关服务局未经批准自行调剂预算、扩大开支范围 3360.19 万元，其中 2013 年 1150.9 万元。

3. 2012 年至 2013 年，所属中国民航报社和机关服务局未按规定公开招标或邀标，采购货物、服务或工程，涉及金额 2029.6 万元，其中 2013 年 1800.62 万元。

4. 2013 年，所属清算中心旅游发展基金手续费收入 149.44 万元未编入预算。

5. 2009 年和 2013 年，局本级和所属空管局 5 个基建项目在初步设计未获得批复的情况下，向财政部申领政府性基金预算 34440 万元，其中 2013 年 12600 万元。

6. 2013 年，所属空管局以拨作支财政资金 35491.51 万元，截至 2013 年底，实际支出 16312.91 万元，其余结存在下属地区空管局等单位的实有资金账户。

7. 出国（境）管理中存在的问题。

（1）2013 年，局本级和所属空管局的 18 个出国（境）团组超出规定人数；113 个出国（境）

团组境外停留时间超过规定标准。

（2）2013年，所属医学中心和航科院超预算列支因公出国（境）费119.78万元。

（3）2013年，将办理出国护照、签证等工作委托给所属机关服务局下属的民航局国际合作服务中心，该中心自定标准违规收取代办费166.24万元。

8. 公务用车管理中存在的问题。

（1）2013年，局本级占用所属单位公务用车13辆、执法执勤用车3辆、客车2辆；所属空管局超编制配备公务用车34辆，其中2辆为当年未执行政府采购的超标车辆。

（2）2013年，局本级和所属医学中心超预算列支公务用车运行费63.70万元。

（3）截至2013年底，局本级50辆公务用车未在本级固定资产账上反映，而是计列在下属单位固定资产账上，涉及金额1427.74万元；另有1辆执法执勤用车未在固定资产账上反映；3辆已报废执法执勤用车未做销账处理，涉及金额118.69万元。

9. 会议费管理中存在的问题。

（1）2012年，局本级1个二类会议超出规定人数100人；2013年，所属航科院超预算列支会议费91.03万元，1个三类会议的会期超出规定2天。

（2）2012年和2013年，局本级向下属单位或其他单位转嫁摊派会议费9.65万元，其中2013年3.85万元。

（3）2011年和2013年，局本级和所属空管局的5个会议虚列支出套取资金12.57万元存放在酒店，其中2013年11.47万元。

此外，局本级2013年年初预算中有53.12亿元未细化到具体项目和实施单位，4个项目未编制项目申报文本。

（二）其他财政收支中存在的主要问题。

1.2013年，所属空管局以职工疗养名义，通过旅行社安排178名在职职工旅游，支出142.4万元；空管局、中国民航报社、东北空中交通管理局、信息中心、机关服务局、航科院、医学中心发放中秋、国庆过节费和物品等支出共计845.5万元。

2.2013年，所属航科院以材料采购名义支付合作企业科研费用867万元。

3.2011年至2013年，所属机关服务局、民航东北地区管理局等3家单位未经批准对外出租房屋，取得房租收入10582.64万元，其中2013年4601.23万元。

4.2011年，所属民航数据公司和深圳空管实业公司未经资产评估，将持有的股权50万元转让给个人。

5.2013年，民航局违规批复哈尔滨太平国际机场空管工程6250平方米的综合业务楼初步设计，涉及投资3094万元，其中5111平方米是“搭车”建设的办公楼；所属民航局四川监管局违规开工建设办公用房3250平方米，涉及投资1563万元。以上两个项目和南京吴圩国际机场空管工程初步设计中，均存在领导干部办公用房面积超标准问题。

6. 截至2014年3月，所属空管局1处办公楼由于长期未办理产权过户手续，闲置19个月，2012年至2013年已支付物业管理费和供暖蒸汽费175.57万元，其中2013年42.66万元。

7. 至2013年底，所属空管局未及时将基本建设项目结余589.48万元上缴国库；民航东北地区管理局未将资产出租和处置收入331.31万元上缴国库。

三、审计处理情况和建议

对上述问题，审计署已依法出具了审计报告、下达了审计决定书。审计发现相关涉嫌违法违纪事项，已移送有关部门进一步调查处理。对违规调减所属单位预算、未经批准调剂使用预算资金以及扩大支出开支范围等问题，要求严格按财政部批复下达预算，并按预算规定用途使用资金；对未按规定执行政府采购问题，要求严格执行相关规定；对少编收入预算问题，要求增强预算编制完整性，将取得的各项收入纳入预算管理；对初步设计未获批复即申报项目预算问题，要求严格执行有关规定；对以拨作支问题，要求严格管理，禁止通过零余额账户向实体资金账户拨款；对“三公”经费和会议费存在的问题，要求加强管理，严格按预算支出，对车辆进行清查盘点；对违规组织公款旅游、发放过节费等问题，要求严格遵守中央规定，并追究相关人员责任；对以材料采购名义支付科研合作经费问题，要求按照真实的经济业务进行会计核算；对未经批准出租房屋问题，要求补办手续；对资金损失浪费、未经评估转让国有股份、违规审批办公用房初步设计和资产闲置等问题，要求加强基建项目管理，严格执行中央规定；对应缴未缴基本建设项目结余和资产出租处置收入问题，要求上缴国库。

针对审计发现的问题，审计署建议：民航局应进一步加强预算管理，严格按批复的预算执行，切实规范“三公”经费和会议费管理，并强化对所属单位的财务管理和监督。

四、审计发现问题的整改情况

民航局在审计前认真开展自查，并纠正了部分自查出的问题。对审计发现的问题，民航局高度重视，认真进行了整改。民航东北地区管理局已将资产出租和处置收入 331.31 万元收入上缴国库；中国民航报社已经将发放的购物卡折价 45.7 万元清退；局本级及相关所属单位已经将在酒店挂账资金 12.57 万元全部收回；四川监管局已出具书面承诺，将严格按照规定进行整改，腾出的办公用房作为高原藏区紧急运输、维稳处理突发事件的技术业务用房。具体整改结果由民航局向社会公告。

附表： 1. 民航局 2013 年度财政拨款预算执行总体情况（略）

2. 民航局 2013 年度重点审计单位财政拨款预算执行情况（略）

邮政局预算执行情况和其他财政收支情况审计结果

根据《中华人民共和国审计法》的规定，2013 年 5 月至 7 月，审计署对邮政局预算执行情况和其他财政收支情况进行了审计，重点审计了局本级和所属发展研究中心、机关服务中心，并对有关事项进行了延伸审计。

一、基本情况

邮政局为中央财政一级预算单位，部门预算由局本级和 32 个二级预算单位的预算组成。审计结果表明，邮政局本级和此次审计的所属单位预算收支基本符合国家有关预算和财经法规的规定，财务会计处理基本符合会计法、相关会计准则和会计制度的规定，能够不断健全相关内部管理规定，对以前年度审计发现的问题积极进行了整改。

二、审计发现的主要问题

（一）预算执行中存在的主要问题。

1. 邮政局 2007 年与中国邮政集团公司实行政企分开时，局本级及所属 31 个邮政管理局收到邮政集团划转的人员经费、开办费、建设资金和监管费等补贴合计 4.48 亿元，至 2012 年底，从中安排支出共计 3.74 亿元，未纳入部门预算。

2. 2012 年，局本级以“普遍服务监督和特殊服务监督”等 15 个项目名义“打捆”申报预算 8075.36 万元，未细化到具体项目。执行中，实际细化安排用于 236 个项目支出 7899.26 万元。

3. 至 2012 年底，邮政局一直未将所属事业单位中华全国集邮联合会和机关服务中心纳入部门预算编报范围。

4. 2010 年，局本级未经批准将本级办公楼空调系统改造和屋顶防水翻修项目结余资金 81.82 万元，用于所属发展研究中心办公楼空调建设。

5. 2012 年，局本级未经批准在局办公楼配电室及地下室改造项目中列支不属于项目内容的会议室装修支出 53.20 万元。

6. 2010 年至 2012 年，局本级将预算共计 1758.60 万元的 24 个课题研究和信息化工程项目，委托给无独立研发能力的发展研究中心及其下属公司承担，其中合同额 809 万元的项目被再次委托给外部单位。

7. 2007 年至 2012 年，局本级未按规定公开招标，将财政资金安排的 17 个项目委托给北京国邮科讯科技发展有限公司等 5 家单位承担，合同额共计 3738.75 万元。

8. 2010 年至 2012 年，局本级安排发展研究中心及其下属公司课题研究和工程项目预算 4082.04 万元，由于预算安排不合理，实际支出 3118.92 万元，结余 963.12 万元（占预算的 24%）。

（二）其他财政收支中存在的主要问题。

1. 2010 年至 2012 年，发展研究中心将办公用房购房款及装修工程款等应计入事业支出的费用 1493.55 万元，列作了经营支出。

2. 2011 年，发展研究中心未经批准将 464.04 平方米办公用房出租，截至 2012 年底，收取租金共计124万元。

三、审计处理情况和建议

对上述问题，审计署已依法出具了审计报告、下达了审计决定书。对预算编制不完整、不细化，执行中扩大支出范围等不规范问题，要求按照规定将各项收支纳入预算，并严格按规定编制和执行预算；对委托无独立研发能力的所属单位承担项目问题，要求加强对承担单位的审核监督；对未按规定公开招标问题，要求认真执行政府采购规定；对预算安排不合理形成大量资金结余问题，要求进一步加强预算测算和申报管理工作；对将购买办公用房和装修费用列作经营支出问题，要求严格执行有关制度规定；对未经批准出租办公用房问题，要求按程序报批。

针对审计发现的问题，审计署建议：邮政局应进一步规范预算编报工作，细化预算编制，严格预算执行，加强对外委托项目管理，严格执行政府采购活动，强化预算实施全过程监管，提高预算资金的管理和使用效益。

四、审计发现问题的整改情况

邮政局在审计前开展了自查，并纠正了部分自查出的问题。对此次审计发现的问题，邮政局正在组织进行整改。对部门预算编制不完整问题，邮政局2014年已将补贴资金全部收支纳入预算管理，并将中华全国集邮联合会和机关服务中心纳入预算编报范围；对未经批准出租办公用房问题，责成发展研究中心2014年6月底前予以收回。其他问题分别责成相关部门今后严格执行规定。具体整改结果由邮政局向社会公告。

人民日报社2013年度预算执行情况和其他财政收支情况审计结果

根据《中华人民共和国审计法》的规定，2013年12月至2014年3月，审计署对人民日报社2013年度预算执行情况和其他财政财务收支情况进行了审计，重点审计了社本级和所属环球时报社、中国汽车报社，并对有关事项进行了延伸审计。

一、基本情况

人民日报社为中央财政一级预算单位，部门预算即本级预算。财政部批复人民日报社2013年度部门财政拨款预算支出为111598.4万元，人民日报社决算（草案）反映的当年财政拨款支出111598.4万元，其部门预算与执行结果没有差异，具体情况见附表1。

本次审计人民日报社本级及所属单位2013年度财政拨款支出共计97200万元，占部门财政拨款支出总额的87.1%。审计查出预算执行中不符合财经制度规定的问题金额5339.46万元，其中2013年3711.86万元；其他财务收支方面不符合财经制度规定的问题金额1189.15万元。上述问题对人民日报社2013年度预算执行结果的影响见附表2。

审计结果表明，人民日报社本级及本次审计的所属单位预算执行基本符合预算法及相关法律法规，财务处理基本符合会计法和财务制度规定，逐步建立和完善了相关内部控制制度，对以前年度审计发现的问题积极进行了整改。

二、审计发现的主要问题

（一）预算执行中存在的主要问题。

1. 截至2013年底，社本级超编制配备公务用车12辆，超标准配备公务用车49辆。

2. 2013年，社本级1次会议安排在五星级酒店住宿，超标准支出住宿费6.88万元；4次接待外宾安排在五星级宾馆住宿，支出住宿费共计10.79万元；12次宴请外宾超标准支出6.47万元；8次因公出国（境）活动中超标准支出住宿费15.95万元。

3. 2013年，社本级有34个会议未在定点饭店召开，支出费用共计27.24万元；2个会议列支与会议无关的支出23.78万元。此外，2012年，有2个会议虚列会议费10万元。

4. 2010年以来，所属环球时报社和中国汽车报社未经批准自行扩大或改变3个项目的支出范围，涉及金额1907.22万元，其中2013年958.4万元。

5. 2013年，社本级未按规定编制政府采购预算，当年政府采购实际支出2350.85万元。

6. 2009年以来，社本级和所属环球时报社未按规定执行政府采购，自行购置价值659.89万元的电子设备，其中2013年41.11万元。

7. 2012年和2013年，社本级和所属中国汽车报社未按规定公开招标，直接采购电子设备或服务涉及金额 320.39 万元，其中 2013 年 270.39 万元。

（二）其他财务收支中存在的主要问题。

1.2010 年以来，社本级在报刊综合业务楼建设项目新增部分的规划许可和建筑施工许可尚未办理的情况下，即开工建设；为通过银行贷款审查，要求设计单位编制虚假的初步设计概算。

2.2010 年，社本级在管理费用中列支预提的大中修费用 757.73 万元，但至 2013 年底，该款项一直在“其他应付款”科目挂账，造成多计支出。

3.所属环球人物杂志社将自身部分业务收支在下属公司核算，造成收支不实，如 2010 年，该社将取得的宣传收入 260 万元作为下属公司收入；2012 年，该社为下属公司承担会议费 171.42 万元。

三、审计处理情况和建议

对上述问题，审计署已依法出具了审计报告、下达了审计决定书。审计发现相关涉嫌违法违纪事项，已移送有关部门进一步调查处理。对超编制和超标准配备公务用车问题，要求尽快商有关部门妥善解决；对虚列会议支出问题，要求收回资金，并调整会计账目；对基本建设项目存在的问题，要求完善相关手续；对将部分业务收支在下属公司核算问题，要求尽快清理；对其他问题，要求严格按照规定执行。

针对审计发现的问题，审计署建议：人民日报社应加强预算编报和管理工作，严格遵守“三公”经费规定，健全出国费、会议费等内部管理制度，加强基本建设项目管理，严格履行基本建设程序。

四、审计发现问题的整改情况

对审计发现的问题，人民日报社正在组织进行整改。对政府采购不规范问题，已制定完善了采购管理办法；对虚列会议支出问题，已全部收回资金；对多计支出问题，已调整有关会计账目；中国汽车报社列支与项目无关费用问题，已调整有关会计账目；环球人物杂志社将业务收支在下属公司核算的问题，已与下属公司补充签订协议，约定了代理方式、代理费率和结算办法。具体整改结果由人民日报社向社会公告。

附表：1. 人民日报社 2013 年度财政拨款预算执行总体情况（略）

2. 人民日报社 2013 年度重点审计单位财政拨款预算执行情况（略）

中华人民共和国审计署
审计结果公告
（2014 年第 21 号）

审计署 2013 年度预算执行情况和其他财政收支情况检查结果

（2014 年 6 月 25 日公告）

为健全审计署预算执行和其他财政收支情况的外部监督机制，2014 年 3 月至 4 月，由审计署聘任的特约审计员和专业人员组成检查组，对审计署 2013 年度预算执行情况和其他财政收支情况进行检查，重点检查了署本级和所属计算机技术中心、审计干部培训中心（以下分别简称计算中心、培训中心）、兰州特派办，并对有关事项进行了延伸检查。

一、基本情况

审计署为中央财政一级预算单位，部门预算由署本级和 28 个二级预算单位的预算组成。财政部批复 2013 年度部门财政拨款预算支出为 132759.38 万元，审计署决算（草案）反映的当年财政拨款支出为 109048.37 万元，其部门预算与执行结果的差异总额为 23711.01 万元，差异的具体情况及产生原因见附表 1。

本次检查审计署本级及所属单位 2013 年度财政拨款支出共计 66099.15 万元，占部门财政拨款支出总额的 49.79%。检查出不符合财经制度规定的问题金额 138.89 万元。上述问题对审计署 2013 年度预算执行结果的影响见附表 2。

检查结果表明，审计署重视预算及财务管理工作，严格控制“三公”经费支出，本次检查的署本级和3个所属单位预算执行基本遵守预算法及相关法律法规，财务管理和会计核算基本符合会计法和相关财务会计制度规定，对以前年度检查出的问题认真进行了整改。

二、检查发现的主要问题

（一）2013年，所属计算中心在日常公用经费和项目支出中分别列支人员经费支出19.82万元、14.69万元；培训中心在项目支出中列支日常公用经费支出62.76万元，用于弥补人员经费和日常公用经费不足。

（二）所属计算中心2012年5月购买的价值共计15.62万元的170台传感器，未及时登记入账，于2014年2月才补记固定资产账。

（三）所属培训中心2013年6月购入的价值26万元的工程造价软件，至年底已全额支付并投入使用，但未及时登记入账。此次检查指出后，培训中心记入了无形资产账。

三、检查处理情况和建议

对上述问题，检查组已按规定出具检查报告。对用项目经费等弥补人员经费和日常公用经费缺口问题，要求积极商有关部门解决基本支出经费缺口；对于购置资产未及时入账问题，要求今后按照相关会计制度的规定，严格加强资产管理。

针对检查发现的问题，建议加强对固定资产与无形资产的管理，规范资产购置流程，新购置资产及时登记入账；细化财务管理制度要求，强化内部控制，提高资金使用效益。

四、检查发现问题的整改情况

审计署办公厅在检查前开展了自查，并纠正了部分自查出的问题。对于用项目经费等弥补基本支出经费缺口问题，已按要求整改，并与有关部门协商，争取在事业单位改革中统筹解决。针对上述问题，审计署还下发了《关于进一步加强财务和预算管理的通知》，从加快预算执行进度、规范业务经费使用、严格政府采购、加强资产管理、强化内部控制等7个方面，要求所属各单位进一步严格遵守财经法规和纪律，夯实财务预算工作基础。

附表：1. 审计署2013年度财政拨款预算执行总体情况（略）

2. 审计署2013年度重点检查单位财政拨款预算执行情况（略）

中华人民共和国审计署审计结果公告（2014年第22号）

2013年城镇保障性安居工程跟踪审计结果

（2014年7月18日公告）

根据《中华人民共和国审计法》的规定，2013年12月至2014年3月，审计署组织各级审计机关对2013年全国城镇保障性安居工程（包括廉租住房、公共租赁住房、经济适用住房、限价商品住房和各类棚户区改造等，以下简称安居工程）的投资、建设、分配、后续管理及相关政策执行情况进行了跟踪审计，延伸调查了3.35万个相关单位和27.25万户家庭。现将审计结果公告如下：

一、安居工程实施的基本情况

审计核查表明，2013年，全国各级财政筹集安居工程资金共4722.92亿元（其中中央财政1749亿元），通过银行贷款、发行企业债券等渠道筹集资金5646.86亿元。安居工程实际新开工673.74万套、基本建成589.33万套，分别完成目标任务的105.43％、124.86％。

从保障情况看，2013年，地方各级政府积极贯彻落实党中央和国务院各项政策要求，采取有效措施，加快推进棚户区改造等安居工程建设，取得明显成效。

（一）扩大了保障覆盖范围。2013年，安居工程保障住房困难人群3158.10万人，同比增加18.38％。其中：公共租赁住房保障城镇中低收入住房困难家庭、新就业无房职工和外来务工人员599.78万人，棚户区改造保障棚户区居民874.81万人。住房保障覆盖范围的不断扩大，促进了社会和谐稳定。

（二）改善了困难群众住房条件。2013年，通过住房实物安置使棚户区居民人均住房面积比改造前提高29.46％；廉租住房、公共租赁住房租赁补贴水平分别达到每户每月平均 188 元、336 元；多数市县经济适用住房销售均价比商品房优惠 30%以上，限价商品住房销售均价优惠 20%以上，困难群众的住房负担切实减轻。

（三）增加了保障性住房有效供应。2013 年，城镇保障性住房和棚户区改造安置住房竣工面积 29579.45 万平方米，占城镇住宅竣工面积的 27.71%；经济适用住房、限价商品住房和棚户区改造安置住房配售面积 17210.4 万平方米，廉租住房和公共租赁住房出租面积 14743.24 万平方米，在增加保障性住房有效供应的同时，推动了多层次住房供应体系的形成。

（四）拉动了相关领域的投资和就业。2013 年，安居工程建设完成投资额 10914.74 亿元，占城镇住宅投资总额的 16.17%；中央财政投入 473.17 亿元配套基础设施建设资金，带动和引导地方加大了相关方面投入。同时，对拉动内需、扩大就业也有一定作用，据有关部门统计，安居工程建设年均提供就业岗位超过 900 万个。

二、审计发现的主要问题

从审计情况看，地方各级政府、相关部门和项目建设管理单位能够较好地执行国家政策法规，安居工程资金管理和建设运营不断规范，总体情况较好。但审计也发现，一些地方和单位还存在违反规定或管理不规范等问题。具体情况：

一是 237 个项目或单位挪用安居工程财政补助、银行贷款、企业债券等专项资金 78.29 亿元，主要用于市政基础设施建设、工业园区开发、还贷出借、投资经营、弥补工作经费等非安居工程支出。

二是 38 个单位和部分个人通过虚报资料、重复申报等方式，套取骗取棚户区改造资金 15.41 亿元；55 个棚户区改造项目拆迁安置实施不规范，违规分配安置住房 933 套、发放改造安置资金 1291.84 万元。

三是一些地区由于资格审核把关不严、纠错清退等基础工作薄弱，有 4.75 万户不符合条件家庭违规享受保障性住房实物配租（售）1.93 万套、住房货币补贴 5035.99 万元。

四是 2.65 万套保障性住房被代建企业等单位违规销售，或被用于经营、办公、转借、出租、拆迁周转等其他用途。

五是 72 个项目或单位存在未办理转用审批手续占用农用地、违规获取或处置安居工程用地的问题，共涉及土地 2033.34 亩。

三、审计处理和整改情况

对上述问题，各级审计机关已依法出具审计报告、下达审计决定。审计发现的相关涉嫌违法违纪事项，已依法移送有关部门进一步调查处理。各有关地方高度重视，正在组织进行整改。至 2014 年 5 月底，有关地方和单位已追回被骗取、挪用资金 41.67 亿元，取消不符合条件保障对象资格 2.9 万户，追回违规领取补贴 1712.81 万元，收回或清理被违规分配使用的保障性住房 1.65 万套，补办了 22 个项目 482 亩用地批准等手续，完善相关管理制度和规范 724 项。具体整改情况将由各省分别组织向社会公告。

附件：审计发现的主要问题及初步整改情况

附件：

审计发现的主要问题及初步整改情况

序号	问题类型	单位/项目/保障对象	主要问题	初步整改情况
1	挪用安居工程资金	石家庄市地产集团有限公司	将专项用于棚户区改造的企业债券资金19.21亿元，用于支付土地整治费用、增加集团注册资本金等支出	资金已归还
2		烟台市宏丰置业发展有限责任公司	将安居工程项目贷款6亿元对外出借，截至2013年底尚有3.5亿元未收回	正在整改中
3		大兴安岭林业集团公司	将专项用于林业棚户区改造的企业债券资金4.34亿元，用于机场、公路等其他项目建设支出	资金已归还
4		丹东城市开发建设投资有限责任公司	将专项用于棚户区改造的企业债券资金3.77亿元，用于偿还债务、铁路建设项目支出等	已归还1亿元，其他正在整改中
5		蚌埠市城市投资控股有限公司	将专项用于安居工程的企业债券资金2.21亿元，用于偿还该公司其他建设项目银行贷款	资金已归还
6		丹东市城乡建设房地产开发有限公司	将棚户区改造贷款1.7亿元对外出借，用于资金周转、支付城建项目欠款等	正在整改中
7		合肥市瑶海区城中村危旧房棚户区改造总指挥部	将拆迁安置专项资金3808.94万元对外出借，用于缴纳土地出让金	资金已归还
8		哈尔滨市平房区棚户区改造工作领导小组	将城市棚户区改造专项资金2306.46万元，用于购买办公用房	资金已归还
9		合肥市包河区城市建设投资有限公司	将公共租赁住房建设项目贷款1345.77万元，用于工业区基础设施建设支出	资金已归还
10		哈尔滨尚志市房屋征收办公室	将城市棚户区改造专项资金839.83万元，用于非安居工程项目拆迁安置支出	资金已归还
11		合肥市蜀山区五里墩街道办事处、蜀山区井岗镇政府、瑶海区住房城乡建设局	分别将棚户区改造专项资金400万元、17.55万元、12.1万元，用于工作经费等支出	资金已归还
12		黑龙江省格球山农场	将安居工程项目配套基础设施建设中央补助资金302万元，用于公路工程等非安居工程项目支出	资金已归还
13		哈尔滨市五常市市政工程管理处	将城市棚户区改造中央补助资金262.17万元，用于与安居工程无关的市政基础设施建设等项目支出	资金已归还
14		新乡市封丘县房地产管理所	将廉租住房租金228.76万元用于发放人员工资、补贴，购置办公用品和固定资产等	正在整改中

续表

序号	问题类型	单位/项目/保障对象	主要问题	初步整改情况
15	挪用安居工程资金	南充市顺庆城市建设投资有限责任公司五里店项目部	将城市棚户区改造资金 214.19 万元，用于发放补助、招待费等支出	资金已归还
16		黑龙江省八五九农场	将垦区危房改造中央补助资金 200 万元，用于发放工资	资金已归还
17	套取骗取棚户区改造资金和违规分配安置住房	河南新乡投资集团有限公司	通过编造虚假棚户区改造规划、虚估投资额等，以城市棚户区改造名义发行债券 9 亿元，其中 7.77 亿元实际用于旅游开发、对外出借和投资等	已归还 5000 万元，其他正在整改中
18		南充发展投资（控股）有限责任公司、高坪区住房保障中心	将非安居工程项目定为城市棚户区改造项目，发行棚户区改造企业债券 2 亿元、取得住房公积金贷款 2 亿元	已归还 1 亿元，其他正在整改中
19		黑龙江省农垦总局下属引龙河农场、七星农场、军川农场、江川农场、绥棱农场、大兴农场	通过虚报或重复申报项目等方式分别套取垦区危房改造配套基础设施建设中央补助资金 1500 万元、1289 万元、865.76 万元、740 万元、54.42 万元、692.5 万元	已追回全部被套取资金，对部分责任人进行了处理
20		河南省豫资城乡投资发展有限公司	以安居工程的名义为不属于安居工程的项目贷款 5000 万元	正在整改中
21		新乡市原阳林场	虚报棚户区（危旧房）改造项目资料，套取中央补助资金 596.75 万元、省级补助资金 318 万元	正在整改中
22		哈尔滨建工房地产开发有限责任公司	通过编造虚假房屋征收补偿协议、搬迁验收单等方式，虚增征收房屋面积 1720.9 平方米，骗取征收补偿资金 602.32 万元	正在整改中
23		丹东市东港市下属五四农场、兴隆农场、黄土坎农场	通过将不在垦区的职工纳入申报范围、放宽保障条件等方式分别套取农垦危房改造中央和省补助资金 16.59 万元、2.37 万元、39.27 万元	已追回资金 18.96 万元，其他正在整改中
24		丹东市住房城乡建设委员会	相关工作人员弄虚作假、滥用职权，帮助 4 户家庭违规获取 8 套棚户区改造回迁安置住房	正在整改中
25	违规享受住房保障待遇	大兴安岭地区部分保障对象	个人申报材料不实，相关部门审核把关不严，812 户不符合保障条件违规享受廉租住房保障待遇	已重新审核并取消 812 户保障资格，追回廉租住房租赁补贴 20.41 万元，收回保障性住房 542 套

续表

序号	问题类型	单位/项目/保障对象	主要问题	初步整改情况
26	违规享受住房保障待遇	银川市部分保障对象	个人申报材料不实，相关部门审核把关不严，798户不符合保障条件违规享受住房保障待遇。其中：373户领取货币补贴93.04万元，412户获得廉租住房实物配租（售）412套，7户购买了经济适用住房7套，6户购买了限价商品住房6套	已重新审核并取消798户保障资格，追回租赁补贴6.74万元，收回保障性住房13套，其他正在整改中
27		鹤岗市部分保障对象	个人申报材料不实，相关部门审核把关不严，657户不符合保障条件违规享受住房保障待遇。其中：563户领取廉租住房租赁补贴81.07万元，94户获得廉租住房实物配租（售）94套。此外，191户重复享受住房保障待遇，违规领取住房货币补贴27.5万元	已重新审核并取消297户保障资格，追回货币补贴43万元，收回保障性住房94套，其他正在整改中
28		郑州市部分保障对象	个人申报材料不实，相关部门审核把关不严，655户不再符合保障条件未及时退出，仍违规领取廉租住房租赁补贴159.63万元	已重新审核并取消654户保障资格，追回租赁补贴41.95万元，其他正在整改中
29		邵阳市部分保障对象	个人申报材料不实，相关部门审核把关不严，624户不符合保障条件违规领取廉租住房租赁补贴65万元、享受廉租住房实物配售5套	已重新审核并取消577户保障资格，追回货币补贴13.33万元，收回保障性住房5套，其他正在整改中
30		上饶市部分保障对象	个人申报材料不实，相关部门审核把关不严，507户不符合保障条件违规获得保障性住房购买资格，106户不符合保障条件违规领取租赁补贴12.45万元	已重新审核并取消106户保障资格，其他正在整改中
31		吕梁市部分保障对象	个人申报材料不实，相关部门审核把关不严，451户不符合保障条件违规享受廉租住房租赁补贴87.69万元，43户不符合保障条件违规享受廉租住房实物配租，7户不符合保障条件违规享受公共租赁住房配租，104户不符合保障条件违规购买经济适用住房	已重新审核并取消95户保障资格，追回租赁补贴8.47万元，收回保障房16套，其他正在整改中

续表

序号	问题类型	单位/项目/保障对象	主要问题	初步整改情况
32	违规享受住房保障待遇	淮北市部分保障对象	个人申报材料不实，相关部门审核把关不严，597户不再符合保障条件未及时退出，仍违规享受保障性住房597套	正在整改中
33		南充市阆中市部分保障对象	个人申报材料不实，相关部门审核把关不严，574户不符合保障条件违规享受保障性住房6套、领取租赁补贴85.82万元	已重新审核并取消574户保障资格，追回租赁补贴85.82万元，收回保障性住房6套
34		大理白族自治州大理市部分保障对象	个人申报材料不实，相关部门审核把关不严，571户不符合保障条件违规享受住房保障待遇。其中93户获得廉租住房实物配租，441户获得公共租赁住房实物配租，37户领取住房货币补贴7.11万元	已重新审核并取消105户保障资格，通过提高租金等方式整改246套，其他正在整改中
35		长春市南关区部分保障对象	个人申报材料不实，相关部门审核把关不严，454户不符合保障条件违规领取廉租住房租赁补贴，1户不符合保障条件违规享受廉租住房实物配租待遇，另有5户重复享受廉租住房保障待遇	已重新审核并取消455户保障资格，追回货币补贴4.04万元，对5户停发住房补贴
36		烟台市部分保障对象	个人申报材料不实，相关部门审核把关不严，147户不符合保障条件违规领取廉租住房租赁补贴，312户不符合保障条件违规享受经济适用住房待遇	已重新审核并取消459户保障资格，其他正在整改中
37		白城市部分保障对象	个人申报材料不实，相关部门审核把关不严，419户不符合保障条件违规领取租赁补贴45.17万元	已重新审核并取消419户保障资格，追回租赁补贴8.72万元，其他正在整改中
38		资阳市部分保障对象	个人申报材料不实，相关部门审核把关不严，401户不再符合条件未及时退出，仍违规享受廉租住房保障待遇	已重新审核并取消401户保障资格，追回租赁补贴1.05万元，通过提高租金等方式整改23套，其他正在整改中

续表

序号	问题类型	单位/项目/保障对象	主要问题	初步整改情况
39	违规享受住房保障待遇	白山市江源区部分保障对象	个人申报材料不实，相关部门审核把关不严，31户不符合保障条件违规享受廉租住房实物配售待遇，365户不符合保障条件违规领取廉租住房补贴资金48.18万元	已重新审核并取消396户保障资格，其他正在整改中
40		六盘水市盘县部分保障对象	个人申报材料不实，相关部门审核把关不严，333户不符合保障条件违规领取廉租住房租赁补贴45.54万元，11户不符合保障条件违规享受廉租住房实物配售	正在整改中
41		南京市部分保障对象	个人申报材料不实，相关部门审核把关不严，340户不符合保障条件违规享受住房保障，其中333户家庭享受廉租住房租赁补贴，7户享受保障性住房实物分配	已重新审核并取消336户保障资格，收回保障性住房6套，其他正在整改中
42		衡阳市部分保障对象	个人申报材料不实，相关部门审核把关不严，331户不符合保障条件违规领取廉租住房租赁补贴54.75万元	已重新审核并取消331户保障资格，追回租赁补贴54.75万元
43		濮阳市华龙区部分保障对象	个人申报材料不实，相关部门审核把关不严，17户不符合保障条件违规领取廉租住房租赁补贴4.15万元；295户重复享受廉租住房保障待遇	已重新审核并取消17户保障资格，追回租赁补贴2.38万元，其他正在整改中
44		周口市太康县部分保障对象	个人申报材料不实，相关部门审核把关不严，73户不符合保障条件违规享受廉租住房补贴13.88万元；117户重复享受住房保障待遇，重复享受住房货币补贴22.09万元、重复享受经济适用住房7套；114户不再符合条件未及时退出，仍违规享受保障性住房114套	正在整改中
45		铜仁市碧江区部分保障对象	个人申报材料不实，相关部门审核把关不严，86户不符合保障条件违规享受住房保障待遇，获得廉租住房配租（售）42套、领取租赁补贴5.4万元；216户保障对象重复享受廉租住房保障待遇	已重新审核并取消86户保障资格，追回租赁补贴12.41万元，收回保障性住房41套，其他正在整改中

续表

序号	问题类型	单位/项目/保障对象	主要问题	初步整改情况
46	违规享受住房保障待遇	新乡市延津县部分保障对象	个人申报材料不实，相关部门审核把关不严，302户不符合保障条件违规享受廉租住房实物配租	已重新审核并取消302户保障资格，采取提高租金等方式进行整改302套
47		娄底市涟源市部分保障对象	个人申报材料不实，相关部门审核把关不严，285户不符合保障条件违规享受廉租住房保障待遇	已重新审核并取消235户保障资格，其他正在整改中
48		九江市彭泽县部分保障对象	个人申报材料不实，相关部门审核把关不严，280户重复享受廉租住房保障待遇	已停发并追回280户重复享受的廉租住房租赁补贴
49		固原市西吉县部分保障对象	个人申报材料不实，相关部门审核把关不严，280户不符合保障条件违规领取廉租住房补贴20.52万元、享受廉租住房实物配租199套	正在整改中
50		牡丹江市部分保障对象	个人申报材料不实，相关部门审核把关不严，249户不符合保障条件违规领取住房货币补贴73.6万元	已重新审核并取消249户保障资格，追回补贴24.14万元，其他正在整改中
51		湘西土家族苗族自治州花垣县部分保障对象	个人申报材料不实，相关部门审核把关不严，195户不符合保障条件违规享受住房保障待遇，获得廉租住房租赁补贴7.95万元、获得保障性住房实物配租142套；52户不再符合保障待遇享受条件，仍违规享受保障性住房52套	已重新审核并取消3户保障资格，腾退保障性住房72套，其他正在整改中
52		随州市部分保障对象	个人申报材料不实，相关部门审核把关不严，174户不符合保障条件违规领取租赁补贴21.29万元、获得保障性住房实物配租38套	已重新审核并取消136户保障资格，追回货币补贴10.86万元，其他正在整改中

续表

序号	问题类型	单位/项目/保障对象	主要问题	初步整改情况
53	违规享受住房保障待遇	白银市平川区部分保障对象	个人申报材料不实，相关部门审核把关不严，163户不符合保障条件违规领取廉租住房租赁补贴31.83万元、享受廉租住房实物分配15套	已重新审核并取消163户保障资格，追回货币补贴31.83万元，收回保障性住房15套
54		德州市部分保障对象	个人申报材料不实，相关部门审核把关不严，163户不再符合条件未及时退出，仍违规领取住房补贴28.44万元，享受实物配租58套	已重新审核并取消133户保障资格，追回货币补贴2.49万元，收回保障性住房10套，其他正在整改中
55		重庆市黔江区部分保障对象	个人申报材料不实，相关部门审核把关不严，161户不符合保障条件领取廉租住房租赁补贴23.86万元，191户不符合保障条件享受廉租住房实物配租	已重新审核并取消352户保障资格，通过提高租金、补缴差价等方式整改191套，其他正在整改中
56		吴忠市青铜峡市部分保障对象	个人申报材料不实，相关部门审核把关不严，158户不再符合条件未及时退出，违规领取住房补贴5.02万元，享受保障性住房实物分配108套	已重新审核并取消156户保障资格，追回租赁补贴2.25万元，收回保障性住房1套，其他正在整改中
57		廊坊市部分保障对象	个人申报材料不实，相关部门审核把关不严，138户不再符合条件未及时退出，违规领取廉租住房租赁补贴34.33万元、享受廉租住房实物配租5套	已重新审核并取消138户保障资格，追回租赁补贴34.33万元，收回保障性住房5套
58		襄阳市襄州区部分保障对象	个人申报材料不实，相关部门审核把关不严，138户不符合保障条件违规领取廉租住房租赁补贴25.68万元	已重新审核并取消138户保障资格，追回租赁补贴25.68万元

续表

序号	问题类型	单位/项目/保障对象	主要问题	初步整改情况
59	违规享受住房保障待遇	黄石市部分保障对象	个人申报材料不实，相关部门审核把关不严，128 户不符合保障条件违规领取廉租住房租赁补贴 22.64 万元、获得廉租住房实物配租 7 套	已重新审核并收回保障性住房 7 套，其他正在整改中
60		钦州市部分保障对象	个人申报材料不实，相关部门审核把关不严，117 户不符合保障条件违规享受廉租住房租赁补贴 31.9 万元、获得廉租住房实物配租 42 套	已重新审核并取消 117 户保障资格，追回租赁补贴 31.9 万元，收回保障性住房 42 套
61		北京市门头沟区部分保障对象	个人申报材料不实，相关部门审核把关不严，114 户不再符合保障条件未及时退出，仍违规享受廉租住房实物配租	正在整改中
62		秦皇岛市山海关区部分保障对象	个人申报材料不实，相关部门审核把关不严，112 户不符合保障条件违规领取廉租住房货币补贴 29.37 万元	已重新审核并取消 74 户保障资格，追回租赁补贴 14.85 万元，其他正在整改中
63		张掖市甘州区部分保障对象	个人申报材料不实，相关部门审核把关不严，109 户不符合保障条件违规领取廉租住房租赁补贴 8.86 万元、获得保障性住房实物配租（售）62 套	已重新审核并取消 109 户保障资格，收回保障性住房 11 套，其他正在整改中
64		德阳市绵竹市部分保障对象	个人申报材料不实，相关部门审核把关不严，109 户不再符合条件未及时退出，仍违规享受保障性住房实物配租 111 套	正在整改中
65		昭通市永善县部分保障对象	个人申报材料不实，相关部门审核把关不严，109 户不再符合条件未及时退出，仍违规享受保障性住房 26 套、领取廉租住房补贴 19.48 万元	正在整改中
66		嘉兴市海盐县部分保障对象	个人申报材料不实，相关部门审核把关不严，107 户不再符合条件未及时退出，仍违规享受保障性住房 107 套	正在整改中
67		铜陵市铜官山区部分保障对象	个人申报材料不实，相关部门审核把关不严，105 户不符合保障条件违规领取货币补贴 14.26 万元	已重新审核并取消 105 户保障资格，追回补贴 14.26 万元

续表

序号	问题类型	单位/项目/保障对象	主要问题	初步整改情况
68	违规享受住房保障待遇	邢台市威县部分保障对象	个人申报材料不实，相关部门审核把关不严，105户不符合保障条件违规享受廉租住房保障待遇	已重新审核并取消105户保障资格
69		大连市部分保障对象	个人申报材料不实，相关部门审核把关不严，102户不再符合保障条件未及时退出，仍违规享受廉租住房102套	102户已整改，其中收回7套保障性住房，通过提高租金等方式整改95套
70		阳泉市城区部分保障对象	个人申报材料不实，相关部门审核把关不严，90户不符合保障条件违规领取廉租住房租赁补贴23.13万元、享受廉租住房实物分配12套	正在整改中
71		丹东市部分保障对象	个人申报材料不实，相关部门审核把关不严，71户不符合保障条件违规领取廉租住房租赁补贴14.65万元，4户不符合保障条件违规享受廉租住房实物配租（售）4套，2户不符合保障条件违规购买限价商品房11套	已重新审核并取消58户保障资格，其他正在整改中
72		南平市政和县部分保障对象	个人申报材料不实，相关部门审核把关不严，76户不符合保障条件违规享受住房保障待遇，其中2户领取租赁补贴2160元，74户购买限价商品住房74套	已重新审核并取消2户保障资格，追回租赁补贴2160元，其他正在整改中
73		鹰潭市部分保障对象	个人申报材料不实，相关部门审核把关不严，76户不符合保障条件违规享受廉租住房实物配租61套，购买经济适用住房15套	已重新审核并取消76户保障资格，收回保障性住房22套，通过提高租金、补缴差价等方式整改54套
74		陇南市徽县部分保障对象	个人申报材料不实，相关部门审核把关不严，70户不再符合条件未及时退出，仍违规领取廉租住房租赁补贴6.16万元，享受廉租住房实物配租8套	已重新审核并取消70户保障资格，追回货币补贴6.07万元，收回保障性住房8套

续表

序号	问题类型	单位/项目/保障对象	主要问题	初步整改情况
75	违规享受住房保障待遇	泉州市丰泽区部分保障对象	个人申报材料不实，相关部门审核把关不严，64户不符合保障条件违规获得公共租赁住房实物配租1套，购买经济适用房24套、限价商品房39套	已重新审核并取消64户保障资格，收回保障性住房64套
76		兴安盟阿尔山市部分保障对象	个人申报材料不实，相关部门审核把关不严，62户不符合保障条件违规购买廉租房62套	正在整改中
77		重庆市奉节县部分保障对象	个人申报材料不实，相关部门审核把关不严，62户不再符合条件未及时退出，仍享受保障性住房62套	已重新审核并取消10户保障资格，通过提高租金等方式整改3套，其他正在整改中
78		河池市罗城仫佬族自治县部分保障对象	个人申报材料不实，相关部门审核把关不严，58户不符合保障条件违规领取廉租住房租赁补贴17.8万元、享受廉租住房实物配租1套	已重新审核并取消58户保障资格，追回租赁补贴7.37万元，其他正在整改中
79		河源市连平县部分保障对象	个人申报材料不实，相关部门审核把关不严，57户不再符合保障条件，仍违规享受保障性住房39套，领取廉租住房租赁补贴2.38万元	正在整改中
80		重庆市铜梁县部分保障对象	个人申报材料不实，相关部门审核把关不严，57户不再符合条件未及时退出，其中53户仍领取货币补贴2.94万元，4户仍享受廉租住房实物配租	已重新审核并取消57户保障资格，通过提高租金等方式整改4套，其他正在整改中
81		鞍山市部分保障对象	个人申报材料不实，相关部门审核把关不严，52户不再符合条件家庭未及时退出，仍违规享受住房保障待遇	已重新审核并通过提高租金、补缴差价等方式整改30户，其他正在整改中
82		太原市部分保障对象	个人申报材料不实，相关部门审核把关不严，47户不符合保障条件违规领取廉租住房租赁补贴19.53万元	已重新审核并取消24户保障资格，追回补贴8.8万元，其他正在整改中

续表

序号	问题类型	单位/项目/保障对象	主要问题	初步整改情况
83	违规享受住房保障待遇	临沂市部分保障对象	个人申报材料不实，相关部门审核把关不严，6户不符合保障条件享受廉租住房实物配租6套，35户不符合保障条件领取廉租住房租赁补贴4.82万元	已重新审核并取消41户保障资格，收回保障性住房5套，其他正在整改中
84		海南省昌江黎族自治县部分保障对象	个人申报材料不实，相关部门审核把关不严，41户不符合保障条件违规享受保障性住房实物分配	已重新审核并收回保障性住房6套，其他正在整改中
85	违规销售使用保障性住房	蚌埠市淮上区桂花园、槐花园、大板楼危房改造、果园新村、吴小街商贸园区安置房、荷花园、桃花园等7个项目配建廉租住房	2390套廉租住房被用于棚户区拆迁周转、临时过渡	已对住户进行审核清理，并收回307套廉租住房，其他正在整改中
86		保定市锦绣鑫城、保运鑫苑、保运嘉苑和丽都风景保障性住房项目	分别有1115套、144套、159套和63套共计1481套单位集资建设经济适用住房被违规对外销售	已对购房户进行审核清理，并计划重新安排保障房建设任务
87		太原市万柏林区西华苑四期公共租赁住房项目	518套公共租赁住房被用于道路拆迁安置或临时周转	正在整改中
88		烟台市宏丰置业发展有限责任公司	将232套经济适用住房销售给9家施工企业，用于抵顶工程款8184.13万元	正在整改中
89		安徽水安建设集团公租房项目	将企业自建的229套公共租赁住房违规出售给员工	已清退职工缴纳的购房款，并恢复为公共租赁住房管理
90		吕梁市离石区前马家村小区经济适用房项目	188套经济适用住房被违规出售用于拆迁户安置	正在整改中
91	违规占用农用地和处置安居工程用地	河南省辉县市常村镇常东、常北、逢春、固春、凝春社区和冀屯镇冀祥社区、百泉镇金河社区、孟庄镇夏峰社区8个公租房建设项目	未办理农用地转用审批手续，违法占用耕地24.26万平方米	正在整改中

续表

序号	问题类型	单位/项目/保障对象	主要问题	初步整改情况
92	违规占用农用地和处置安居工程用地	吕梁市临县城南后寨则保障房项目、交口县惠民苑小区廉租房项目和北部新区公租房项目	未办理农用地转用审批手续，违法占用农用地6.56万平方米、耕地4782平方米	正在整改中
93		保定华建木业有限公司生活区棚户区改建项目	未经国土资源部门批准，将5.4万平方米工业用地及附着物转让给房地产公司用于房地产开发	正在整改中
94		吕梁市文水县私评、章多、岳村、土堂北区4个棚户区改造项目	未办理农用地转用审批手续，违法占用农用地5.2万平方米，其中3个项目违法占用耕地3.37万平方米	正在整改中
95		黑龙江省二龙山农场龙祥小区、尾山农场人和小区危房改造项目	用虚假资料向国土部门申请建设用地，违规获取划拨用地3.89万平方米	正在整改中
96		大兴安岭地区呼玛县18个城市棚户区改造项目	利用无偿划拨的建设用地，违规进行车库等商业服务设施建设，在未缴纳土地出让金的情况下对外出售，涉及用地面积3.69万平方米	正在整改中
97		蚌埠市喜迎门保障房项目	将2.1万平方米划拨土地用于酒店建设	正在整改中
98		安徽省农机公司拆迁改造项目	在未缴清土地出让金、未取得土地使用权证书、对项目无其他资金投入的情况下，违规转让1.40万平方米土地使用权	正在整改中
99		哈尔滨众邦房地产开发有限公司	在未取得经营性用地审批手续的情况下，将棚户区改造项目中的166套住房对外公开销售，涉及用地面积4000平方米	正在整改中
100		蚌埠市马场湖棚户区改造项目	未经土地管理部门批准，将1069.74平方米划拨土地转让	已收回被违规转让土地

中华人民共和国审计署审计结果公告
（2014 年第 23 号）

审计署移送至 2014 年 11 月已办结 40 起经济案件和事项处理情况

（2014 年 12 月 24 日公告）

审计署对移送有关部门和单位处理的经济案件和事项，定期跟踪了解其办理情况。现将近期收集到的已办结 40 起案件和事项相关情况公告如下：

1. **天津市卓远天泽股权投资基金有限公司非法集资案**

审计发现，2009 年至 2011 年，卓远天泽股权投资基金有限公司以私募股权投资的名义吸收公众资金 15 亿多元，涉嫌非法集资。2011 年 11 月，审计署将此案件线索移送处置非法集资部际联席会议办公室组织查处。2014 年 8 月，天津市南开区人民法院一审以非法吸收公众存款罪判处该公司法定代表人任毅等 3 名被告有期徒刑 9 年 6 个月至 10 年不等，共处罚金 150 万元。该案已追缴资金 4600 多万元，查封 44 处房产土地、多部车辆、工艺品等。

2. **天津市滨海新区泰诺润发股权投资基金管理有限公司非法集资案**

审计发现，2010 年至 2011 年，泰诺润发股权投资基金管理有限公司以私募股权投资的名义吸收公众资金 5 亿多元，涉嫌非法集资。2011 年 11 月，审计署将此案件线索移送处置非法集资部际联席会议办公室组织查处。2013 年 7 月，滨海新区塘沽人民法院一审以非法吸收公众存款罪判处该公司法定代表人李伟有期徒刑 9 年 6 个月、并处罚金 45 万元，判处其他 7 名同案人员有期徒刑 1 年 3 个月至 7 年 6 个月及罚金。该案扣押、冻结资金 4192.4 万元，扣押 7 处房产、5 部车辆。

3. **湖北省畜牧兽医局重大动物疾病防控处原处长施秋艳受贿案**

审计发现，2008 年至 2010 年，施秋艳涉嫌利用职务之便，使中牧实业股份有限公司等供应商中标湖北省重大动物疾病疫苗政府采购，从中以“技术服务费”名义收受贿赂 1480 多万元。2012 年 12 月，审计署将此案件线索移送最高人民检察院组织查处。2014 年 5 月，湖北省孝感市中级人民法院一审以受贿罪判处施秋艳无期徒刑，剥夺政治权利终身，并处没收个人全部财产；以行贿罪判处姜昭炎有期徒刑 5 年。对受贿赃款 1485.46 万元予以追缴。

4. **大连港集团有限公司原董事长邢良忠滥用职权受贿案**

审计发现，2008 年至 2010 年，邢良忠涉嫌滥用职权，使大连泰华投资有限公司不当获利 1800 多万元，并收受贿赂。2013 年 7 月，审计署将此案件线索移送中央纪委组织查处。2014 年 8 月，辽宁省营口市中级人民法院判处邢良忠犯受贿罪和滥用职权罪，数罪并罚执行有期徒刑 12 年，收缴犯罪所得 874.41 万元。

5. **云南省昆明交通产业股份有限公司原财务总监邱学荣受贿案**

审计发现，2012 年至 2013 年，邱学荣涉嫌在昆明交通产业股份有限公司向华能贵诚信托有限公司融资过程中，协助资金掮客冒充该信托公司西南地区总经理，骗取昆明交通产业股份有限公司融资顾问费 2650 万元，并收受贿赂。2013 年 9 月，审计署将此案件线索移送中央纪委组织查处。2014 年 9 月，云南省宜良县人民法院以受贿罪判处邱学荣有期徒刑 12 年，并处没收财产 50 万元。

6. **贵州省遵义供电局下属遵义光明电力设计咨询有限公司原总经理张林受贿案**

审计发现，2013 年，张林涉嫌违规将有关业务转包给其他单位或个人，并索贿受贿 90 多万元。2014 年 2 月，审计署将此案件线索移送遵义市人民检察院组织查处。2014 年 6 月，遵义市中级人民法院以受贿罪判处张林有期徒刑 10 年 6 个月，对受贿赃款 96.4 万元予以追缴。

7. **中国移动通信集团公司包头分公司原总经理李孟繁受贿案**

审计发现，2012 年，李孟繁涉嫌协助臧某获取包头分公司供应商资格，并在招标采购中非法牟利，造成国有权益重大损失。2013 年 1 月，审计署将此案件线索移送内蒙古自治区人民检察院组织查处。2014 年 11 月，呼和浩特铁路运输中级人民法院以受贿罪判处李孟繁有期徒刑 13 年。

8. 安徽省淮北市经信委原经济运行处主任刘敏杰等人串通企业骗取财政专项资金案

审计发现，2010 年至 2011 年，刘敏杰等人涉嫌与企业串通造假，骗取中央淘汰落后产能奖励资金 4000 多万元。2013 年 3 月，审计署将此案件线索移送中央纪委组织查处。2014 年 1 月至 7 月，淮北市中级人民法院等以受贿罪分别判处刘敏杰等 7 人有期徒刑 3 年 6 个月至 14 年不等，并处没收财产共 65 万元；以诈骗罪判处武鹏等 4 人有期徒刑 7 年 6 个月至 13 年 4 个月不等，并处罚金共 210 万元。安徽省高级人民法院等以诈骗罪和行贿罪，判处涉案人周为光无期徒刑，剥夺政治权利终身，并处没收个人全部财产；以诈骗罪和行贿罪分别判处张广臣、况欣有期徒刑 15 年和 18 年，并处罚金共 400 万元。被骗取的财政专项资金目前已追缴 2809 万元。

9. 河北省武安市华冶水泥有限责任公司骗取财政专项资金案

审计发现，2011 年，华冶水泥有限责任公司涉嫌利用虚假资料骗取侵占淘汰落后产能中央财政奖励资金 140 多万元。2013 年 2 月，审计署将此案件线索移送河北省人民政府组织查处。2014 年 4 月，河北省邯郸市丛台区人民法院以挪用资金罪判处该公司总经理吴锦禹夫妇有期徒刑 3 年，缓刑 4 年。邯郸市工业和信息化局给予该局节能与综合利用处处长董魁英行政记过处分，邯郸市监察局驻市财政局监察室给予该局经济建设处王亚伟行政警告处分；华冶水泥有限责任公司时任法定代表人任宝亭被上级公司给予党内严重警告。被骗取的财政专项资金已全部追缴。

10. 何金良、李世军等人骗取合同能源管理财政奖励资金案

审计发现，2012 年，大庆丰锐科技有限公司总经理李世军、无业人员何金良等人涉嫌利用虚假合同，骗取合同能源管理财政奖励资金 400 多万元。2012 年 12 月，审计署将此案件线索移送大庆市公安局组织查处。2014 年 6 月，黑龙江省大庆市中级人民法院以诈骗罪判处何金良有期徒刑 4 年，并处罚金 10 万元。大庆市肇源县人民法院以伪造公司印章罪判处李世军等 2 人有期徒刑 2 年，缓刑 2 年。

11. 浙江大学水环境研究院原院长陈英旭贪污案

审计发现，2008 年至 2010 年，陈英旭在负责科研课题期间，通过开具虚假发票、编造虚假合同等手段骗取中央财政专项资金，涉嫌贪污 1000 多万元。2012 年 5 月，审计署将此案件线索移送教育部组织查处。2014 年 1 月，浙江省杭州市中级人民法院以贪污罪判处陈英旭有期徒刑 10 年，并处没收财产 20 万元。其赃款在此之前已全部退回。

12. 长沙农村信用联社原资金运用部总经理罗仕林操纵债券交易为亲属牟利案

审计发现，2009 年，罗仕林涉嫌利用职务便利操纵债券交易价格，向其亲属输送利益 4400 多万元。2012 年 5 月，审计署将此案件线索移送公安机关组织查处。2014 年 11 月，长沙市天心区人民法院一审以挪用资金罪、非国家工作人员受贿罪判处罗仕林有期徒刑 13 年，并处没收财产 20 万元；以掩饰、隐瞒犯罪所得、犯罪所得收益罪判处同案罗序文、陈金生有期徒刑 2 年至 3 年，缓刑 3 年至 5 年，共处罚金 20 万元。其赃款 8134 万元已依法予以追缴。

13. 山西民营企业主刘龙祥骗取贷款案

审计发现，2001 年至 2007 年，太原市华龙工矿设备有限公司实际控制人刘龙祥涉嫌通过编造虚假购销合同、会计报表等手段，骗取中国银行信贷资金 6900 多万元。2011 年 1 月，审计署将此案件线索移送公安机关组织查处。2014 年 8 月，太原市迎泽区人民法院以骗取贷款罪判处刘龙祥有期徒刑 1 年 6 个月，缓刑 2 年，并处罚金 15 万元。此前刘龙祥已退缴赃款 3927.55 万元。

14. 大连市中山房地产经营有限公司解放管修所原副经理李建民骗取拆迁补偿款案

审计发现，2010 年，李建民在大连市中山区解放路不朽巷拆迁改造过程中，涉嫌伪造他人房屋租赁证，骗取拆迁补偿款 55 万多元。2014 年 3 月，审计署将此案件线索移送大连市公安局组织查处。2014 年 11 月，大连市中山区人民法院一审以诈骗罪分别判处李建民有期徒刑7年，并处罚金10万元；以诈骗罪判处姜晓菊有期徒刑3年，缓刑3年，并处罚金5000元。其赃款在此之前已全部退回。

15. **海南省安宁医院骗取医保资金案**

审计发现，2011年，安宁医院涉嫌通过虚开检查项目、挂床住院等方式骗取医保资金990多万元。2012年7月，审计署将此案件线索移送海南省人民政府组织查处。2014年7月，海南省海口市中级人民法院判决安宁医院犯合同诈骗罪，判处罚金300万元；判决安宁医院原院长符永健犯合同诈骗罪和受贿罪，判处有期徒刑17年，剥夺政治权利5年，并处罚金10万元、没收个人财产10万元。

16. **海口市美兰区民政局原副局长罗治平等玩忽职守案**

审计发现，2011年至2012年，海口市美兰区民政局高价向云龙粮库大米加工厂采购救灾大米，罗治平在尚未到货的情况下就出具货物验收单，使该厂商掺杂弄假牟利。2012年7月，审计署将此案件线索移送海南省人民政府组织查处。2013年12月，海口市美兰区人民法院以玩忽职守罪判处罗治平有期徒刑6个月，缓刑1年；判决美兰区人民政府采购办公室主任苏发华犯玩忽职守罪，免予刑事处罚。

17. **甘肃省古浪县泗水镇原副镇长魏永进挪用扶贫款案**

审计发现，2011年至2012年，魏永进涉嫌在任县扶贫办会计期间，先后4次挪用扶贫专项资金共计60多万元，用于个人公司经营及个人消费等。2013年6月，审计署将此案件线索移送甘肃省委、省政府组织查处。2014年9月，古浪县人民法院一审以挪用公款罪判处魏永进有期徒刑3年，缓刑4年。

18. **甘肃省劳动教养管理局原出纳阎红挪用公款案**

审计发现，2011年至2013年，阎红涉嫌利用职务之便，在未经审批和授权的情况下，通过偷盖财务主管印章等手段，挪用公款80多万元。2013年12月，审计署将此案件线索移送甘肃省人民检察院组织查处。2014年6月，甘肃省兰州市城关区人民法院以挪用公款罪判处阎红有期徒刑5年6个月。

19. **辽宁省阜新蒙古族自治县就业服务局干部朱明德套取挪用劳动力转移扶贫资金问题**

审计发现，2013年，朱明德涉嫌用虚假发票和编造的培训人员花名册，套取挪用劳动力转移扶贫培训补助资金5万元，用于阜蒙县摄影协会和蒙古贞摄影职业培训学校的日常支出等。2013年，审计署将此问题移送阜新市监察局组织查处。2014年10月，阜新市监察局给予阜蒙县扶贫局培训股股长赵显昌行政记过处分，给予县财政局农财股专管员张旭行政警告处分，收缴朱明德全部违法所得。

20. **黑龙江省19名国家机关、事业单位工作人员弄虚作假，骗取经济适用住房购买资格问题**

审计发现，2010年至2012年，黑龙江省19名国家机关、事业单位工作人员涉嫌利用职务之便，通过申报虚假的工作、户籍和家庭收入等信息，骗取经济适用住房购买资格，其中9人实际购买经济适用住房。2013年3月，审计署将此问题移送哈尔滨市人民政府组织查处。2013年9月，哈尔滨市有关部门取消了上述19人所在家庭的经济适用住房购房资格，收回被骗购的9套经济适用住房，并对62名责任人进行了处理处分，其中对44人给予党内严重警告、警告、行政记过、行政警告等处分，对18人给予诫勉谈话、通报批评、调离工作岗位等处分。

21. **大连市西岗区人大常委会信访办主任孙开强等9名国家机关工作人员骗取经济适用住房货币补贴和骗购经济适用住房问题**

审计发现，2009年，孙开强等9人通过隐瞒本人真实收入，违规取得经济适用住房保障资格，骗取货币补贴70多万元、骗购经济适用住房3套。2014年5月，审计署将此问题移送大连市纪委组织查处。2014年12月，大连市纪委给予孙开强党内警告处分，给予其他8名责任人党内严重警告和行政降级、撤职等处分。被骗取的货币补贴目前已追回65万元。

22. **烟台市住房城乡建设局工作人员原松波骗取拆迁安置房和安置补偿费问题**

审计发现，2011年8月，原松波在其承租的公管房被列入征收范围后，隐瞒已拥有自有房产等情况，虚假陈述骗取住房困难户资格，骗取1

套拆迁安置房和 4 万多元安置补偿费。2014 年 4 月，审计署将此问题移送烟台市监察局组织查处。2014 年 10 月，中共烟台市委住房和城乡建设工作委员会给予原松波党内严重警告处分。上述房产和补偿费在此之前已全部退回。

23. 黑龙江省农垦绥化管理局所属铁力农场等 10 个单位虚报保障性安居工程竣工量并挪用专项资金问题

审计发现，2010 年至 2012 年，铁力农场等 10 个单位通过私刻公章、编造工程资料等方式，虚报保障性安居工程竣工量 2 万多套，并挪用专项资金 1 亿多元。2013 年 5 月，审计署将此问题移送黑龙江省人民政府组织查处。2013 年 12 月，黑龙江省绥化农垦公安局对私刻公章责任人铁力农场副场长刘晓峰、会计陈秉权等 2 人行政拘留 5 日；黑龙江省农垦绥化管理局监察局给予其他 17 名责任人行政降级、行政记大过和行政警告等处分。

24. 河北省石家庄市长城物资储运经营公司（以下简称长城公司）违规占地与其他企业合作开发房地产问题

审计发现，2002 年至 2003 年，长城公司在未办理用地和立项审批手续的情况下占用国有仓储用地，与石家庄裕兴物业管理有限公司联建办公经营用房及住宅楼，裕兴物业管理有限公司还伪造国有土地使用证等文件骗取办理了房屋所有权证。2014 年 6 月，审计署将此问题移送河北省国土资源厅组织查处。2014 年 9 月至 11 月，石家庄市国土资源局对长城公司处以 14.63 万元罚款，上级主管部门河北省国防科技工业局给予长城公司负责人张彦军行政警告处分。

25. 天津市无线电管理委员会办公室私设“小金库”问题

审计发现，2010 年至 2012 年，天津市无线电管理委员会办公室将应收房租 500 多万元存放账外，用于餐饮消费等。2013 年 3 月，审计署将此问题移送天津市监察局组织查处。2014 年 3 月，天津市纪委、监察局分别给予该管理委员会办公室主任席怀军党内严重警告处分、行政记过处分，给予其他 3 名责任人行政记过、记大过处分。

26. 天津市和平区原经贸委（现商务委）私设“小金库”问题

审计发现，2007 年至 2013 年，和平区原经贸委（现商务委）将应收土地出让金、房屋租金等共计 1600 多万元存放账外，用于对外拆借及报销各类费用等。2013 年 11 月，审计署将此问题移送天津市监察局组织查处。2014 年 8 月，天津市和平区纪委、监察局分别给予商务委主任王克文党内严重警告处分和行政记过处分。

27. 黑龙江省山河屯林业局挪用廉租住房补贴资金私设“小金库”问题

审计发现，2012 年，经该局局长金贵成、分管财务副局长庞柏青批准，财务科长朴祥文将廉租住房补贴资金和木材销售收入共 900 多万元，存入出纳及其亲属个人账户，并提现 100 万元用于招待费支出。2013 年 3 月，审计署将此问题移送黑龙江省森林工业总局纪委组织查处。2013 年 7 月，黑龙江省森林工业总局纪委分别给予金贵成、朴祥文、庞柏青及山河屯林业局原局长王礼堂党内严重警告和党内警告等处分。

28. 四川省简阳市市委宣传部网络舆情中心私设“小金库”问题

审计发现，2012 年至 2013 年，简阳市市委宣传部网络舆情中心截留专版宣传等现金收入 80 多万元，私设“小金库”，用于该中心相关费用开支。2014 年 5 月，审计署将此问题移送简阳市人民政府组织查处。2014 年 6 月，简阳市纪委给予时任该网络舆情中心主任王春华党内警告处分，对市委宣传部及网络舆情中心有关人员进行批评教育。

29. 广东省佛山市顺德区勒流街道办事处私设“小金库”问题

审计发现，2001 年至 2009 年，广东省佛山市顺德区勒流街道办事处违规设立咨询服务公司，公司收入用于旅游费用、奖金、慰问金等支出。2013 年 4 月，审计署将此问题移送广东省纪委组织查处。2014 年 3 月，广东省纪委给予勒流街道综治信访维稳办公室副主任麦剑开（原勒流建设事务咨询服务公司负责人）党内严重警告处分、给予勒流街道国土城建和水利局副主任黄锦雄（原勒流城建办副主任）党内警告处分。

30. 天津市体育局原局长刘凤山等人违规操作为本人及亲友非法牟利问题

审计发现，2011 年至 2012 年，刘凤山、天津市静海县体育局局长陈洪文、副局长马天众等通过虚假招投标和高价采购等方式，为其本人或亲友持股企业谋取非法利益。2013 年 4 月，审计署将此问题移送天津市委、市政府组织查处。2013 年 10 月，天津市给予刘凤山和陈洪文免职、党内严重警告和行政记大过处分，给予马天众免职、行政记过处分，给予其他 2 名责任人党内严重警告、行政记大过处分。

31. **广州供电局职工持股企业广州科腾信息技术有限公司违规套取资金问题**

审计发现，2008 年至 2013 年，广州科腾信息技术有限公司在承接南方电网有限责任公司信息化项目后，通过无资质的其他企业以虚假合同、虚假劳务和虚假票据等方式套取资金 1800 多万元，部分用于国内外旅游和购买购物卡等。2013 年 7 月，审计署将此问题移送南方电网有限责任公司组织查处。2014 年 4 月，南方电网有限责任公司给予科腾公司总经理苏俊杰等 4 人撤职等处分，对其他 6 名责任人诫勉谈话。广东电网公司共追回违规套取资金等 6374.73 万元，相关单位和个人已退回违纪款 21.82 万元。

32. **南方电网有限责任公司 3 家下属公司职工违规套取资金问题**

审计发现，2009 年至 2013 年，南方电网有限责任公司下属调峰调频发电公司等 3 家企业员工以举办虚假会议、培训等方式违规套取资金等 950 多万元。2014 年 2 月，审计署将此问题移送南方电网有限责任公司组织查处。2014 年 4 月，南方电网有限责任公司对 12 名责任人给予开除、撤职、降级和诫勉谈话等处分。相关单位和个人已退回违纪款 236.79 万元。

33. **河北中烟工业有限责任公司职工史凯等人利用虚假合同套取公款问题**

审计发现，2011 年至 2012 年，史凯等人涉嫌签订虚假合同套取公款 160 多万元。2014 年 6 月，审计署将此问题移送国家烟草专卖局驻河北中烟工业有限责任公司纪检组和监察局组织查处。2014 年 11 月，河北中烟工业有限责任公司纪检组对史凯等 4 人给予行政记过和行政警告等处分。

34. **中国烟草总公司山西省公司职工李建民等 7 人收受业务单位赠送购物卡等问题**

审计发现，2010 年至 2012 年，李建民等 7 人收受业务单位赠送的购物卡等 7 万多元。2014 年 6 月，审计署将此问题移送中国烟草总公司山西省公司组织查处。2014 年 8 月，中共山西省烟草专卖局党组给予李建民等 2 人党内严重警告处分，给予任守军等 5 人党内警告处分。购物卡已全部退回。

35. **湖南中烟工业有限责任公司职工郑俊勇向业务单位索取招待经费问题**

审计发现，2012 年，湖南中烟工业有限责任公司职工郑俊勇向业务单位索取招待经费 4 万多元。2014 年 4 月，审计署将此问题移送国家烟草专卖局纪检组、监察局组织查处。2014 年 5 月，湖南中烟工业有限责任公司纪检组给予郑俊勇党内警告处分。违纪资金已全额退回。

36. **黑龙江省五九七农场和农垦红兴隆管理局违规建设别墅问题**

审计发现，2012 年，五九七农场和农垦红兴隆管理局以危房改造名义申请建设项目，其中五九七农场还通过篡改审批资料骗取划拨用地，违规建设别墅 280 多套。2013 年 4 月，审计署将此问题移送黑龙江省监察厅驻农垦总局监察局组织查处。2013 年 12 月，黑龙江省监察厅驻农垦总局监察局给予五九七农场场长王振海行政警告处分、主管基建副场长杜增福行政降级处分、建设科长张洪生行政警告处分，对其他相关责任人员进行诫勉谈话，责令书面检查。

37. **广东省佛山市 12 家行政事业单位违规列支国内外差旅费问题**

审计发现，2013 年至 2014 年，佛山市委组织部等 12 家行政事业单位，违规通过委托旅行社办理旅行团组等方式列支国内外差旅费。2014 年 9 月，审计署将此问题移送广东省委、省政府组织查处。2014 年 11 月，广东省已对 7 名直接责任人给予党内警告或严重警告处分，对其他 8 名相关责任人诫勉谈话。有关单位和个人已退回违纪款 166.54 万元。

38. **中国银行北京市分行所属北京商务区支行等分支机构 4 名员工套取个人消费贷款问题**

审计发现，2012 年至 2013 年，中国银行北京市分行所属北京商务区支行等分支机构 4 名员工与一些空壳企业和个体工商户内外勾结，通过编造虚假个人消费合同等手段，套取个人消费贷款 2 亿多元。2013 年 9 月，审计署将此问题移送银监会和公安机关组织查处。2014 年 3 月，中国银行北京市分行对 4 名员工给予辞退，对 7 名管理人员给予免职、通报批评和年度考核降级等处分。

39. 中国邮政储蓄银行长沙市分行违规办理承兑汇票贴现业务问题

审计发现，2012 年至 2013 年，中国邮政储蓄银行长沙市分行部分职工违规办理银行承兑汇票业务，致使长沙作威金属材料有限公司等 3 户企业利用伪造资料办理银行承兑汇票贴现 15 亿多元并从中牟利。2014 年 7 月，审计署将此问题移送银监会组织查处。2014 年 11 月，银监会责成中国邮政储蓄银行对 18 名员工给予了撤职、记过、严重警告、警告和通报批评等处分。

40. 国华人寿保险公司违规运用保险资金问题

审计发现，2009 年至 2010 年，国华人寿保险公司以“委托理财”名义，违规将 54 亿多元保险资金转入上海金保利投资有限公司等民营企业投资股票等。2011 年 11 月，审计署将此问题移送保监会组织查处。2012 年 8 月，保监会对国华人寿保险公司罚款 30 万元，并限制其股权和不动产投资业务 6 个月；对时任总经理付永进等 4 名管理人员给予警告、撤销任职资格等处分，并处罚款共计 15 万元。

审计署领导重要活动大事记

1月

2日上午 副审计长石爱中在双榆树事业单位办公楼主持召开会议，就审计干部教育学院2014年企业审计和金融审计培训事项进行研究，金融司、企业司、计算中心和培训中心负责同志参加会议。

3日上午 副审计长董大胜在京出席全国宣传工作会议。办公厅负责同志参加会议。

3日上午 副审计长石爱中在双榆树事业单位办公楼主持召开会议，就审计署重点科研课题立项有关事项进行研究。法规司、财政司、经责司、科研所和审计学会负责同志参加会议。

4日 总审计师孙宝厚赴杭州市出席《浙江省审计条例》论证会。

5日上午 审计长刘家义出席中央党的群众路线教育实践活动领导小组第六次会议。

5日 总审计师孙宝厚赴南京审计干部教育学院出席工程投资管理与审计培训班并做专题讲座。

6日上午 党组书记刘家义在署机关主持召开党组会议，研究有关人事事项和《审计署驻地方特派员办事处年度考核办法（送审稿）》。党组副书记董大胜，党组成员余效明、孙宝厚、陈蔷、李勇库和陈尘肇出席。副审计长石爱中，办公厅、法规司、人教司、机关党委和驻署监察局负责同志列席相关内容的研究。

6日上午 审计长刘家义在署机关主持召开审计长会议，研究《审计署审计信息管理办法》《审计署政府信息公开相关管理规定》《审计署政府信息公开指南》《审计署新闻发布工作管理暂行规定》《审计署关于进一步加强和改进审计项目计划管理的措施》等，听取关于2014年会议计划安排等有关事项的汇报。副审计长董大胜、余效明、石爱中，总审计师孙宝厚，纪检组长陈蔷，中央经济责任审计工作联席会议办公室主任李勇库和署党组成员、办公厅主任陈尘肇出席。办公厅、法规司、各业务司、人教司、机关党委、驻署监察局、服务局、计算中心、科研所和培训中心负责同志列席相关内容的研究。

7日上午 副审计长余效明在署机关会见中国石油天然气集团公司总会计师刘跃珍一行，就有关审计事项交换意见。企业司主要负责同志及有关人员参加会议。

7日上午 副审计长石爱中在署机关听取关于财政审计数据分析工作的汇报。财政司、金融司、计算中心和培训中心负责同志及有关人员参加汇报。

7日下午 中央经济责任审计工作联席会议办公室主任李勇库在署机关主持召开会议，就怀柔审计干部培训基地改造初步方案进行研究。培训中心负责同志及有关人员参加会议。

7日至8日上午 中央政法工作会议在京召开。审计长刘家义出席7日上午的全体会议。副审计长董大胜参加会议。

8日上午 审计长刘家义列席国务院第35次常务会议。

8日至11日 审计长刘家义赴江西省会昌县就对口支援有关工作进行调研。机关党委主要负责同志参加调研。

10日 副审计长石爱中赴西宁市出席玉树地震灾后恢复重建总结表彰大会。

10日上午 副审计长石爱中赴青海省审计厅就信息化和干部培训工作开展情况进行调研。

10日下午和11日上午 副审计长石爱中先

后赴兰州特派办和甘肃省审计厅，就信息化和干部培训工作开展情况进行调研。

13 日下午 审计长刘家义在署机关主持召开审计署党的群众路线教育实践活动民主评议大会。副审计长董大胜、余效明、石爱中，总审计师孙宝厚，纪检组长陈蔷，中央经济责任审计工作联席会议办公室主任李勇库，署党组成员、办公厅主任陈尘肇，署老领导安国出席。署机关各单位、各派出审计局全体人员，各直属事业单位主要负责同志参加会议。中央第三十二督导组有关同志应邀参加会议。

13 日下午 副审计长余效明在署机关主持召开会议，就有关事项进行研究。中央经济责任审计工作联席会议办公室主任李勇库和署党组成员、办公厅主任陈尘肇出席。法规司、人教司、离退休办、驻署监察局和服务局主要负责同志参加会议。

13 日至 15 日上午 第十八届中央纪委第三次全体会议在京召开。审计长刘家义出席 14 日上午的会议。纪检组长陈蔷及驻署监察局主要负责同志全程参加会议。

14 日下午 党组书记刘家义在署机关主持召开党组会议，传达中央文件，研究有关人事事项和《审计署党的群众路线教育实践活动总结》《审计署 2014 年工作要点》等文稿。党组副书记董大胜，党组成员余效明、李勇库和陈尘肇出席。副审计长石爱中，署教育实践活动领导小组办公室各组组长，办公厅、法规司和驻署监察局负责同志列席相关内容的研究。

15 日上午 受审计长刘家义委托，副审计长余效明列席国务院第 36 次常务会议。

15 日上午 署党组成员、办公厅主任陈尘肇赴国务院新闻办，就审计公告有关情况进行沟通。办公厅和财政司负责同志及有关人员参加情况沟通。

15 日下午 纪检组长陈蔷在署机关主持召开驻署监察局全体党员干部会议，传达第十八届中央纪委第三次全体会议精神。

16 日 副审计长董大胜在京出席十二届全国政协经济委员会主任会议及全体会议。

16 日下午 总审计师孙宝厚在双榆树事业单位办公楼出席国外援助赠款项目审计指南大纲论证会。外资司和外资中心主要负责同志及有关人员参加会议。

16 日下午 署党组成员、办公厅主任陈尘肇赴中央宣传部，就审计公告有关情况进行沟通。办公厅和财政司有关同志参加情况沟通。

16 日至 17 日 中央经济责任审计工作联席会议办公室主任李勇库在怀柔审计干部培训基地出席中央经济责任审计工作联席会议办公室第三次全体会议。中央经济责任审计工作联席会议办公室成员参加会议。

17 日下午 审计署在署机关举行 2014 年新春团拜会。审计长刘家义，副审计长董大胜、余效明、石爱中，总审计师孙宝厚，纪检组长陈蔷和署党组成员、办公厅主任陈尘肇出席。署机关各单位和各派出审计局全体干部职工参加团拜会。

19 日至 20 日 副审计长石爱中赴南京审计干部教育学院出席 2013 年工程投资管理与审计培训班毕业典礼。投资司、人教司、培训中心和审计干部教育学院负责同志参加毕业典礼。

20 日上午 副审计长董大胜在署机关主持召开会议，就审计公告有关工作进行部署。署党组成员、办公厅主任陈尘肇出席。各省、自治区、直辖市和计划单列市审计厅（局）主要负责同志，办公厅和财政司负责同志及有关人员参加会议。

20 日至 21 日 审计长刘家义在京出席党的群众路线教育实践活动第一批总结暨第二批部署会议。

21 日至 22 日 副审计长董大胜先后到中国时代经济出版社和中国审计报社看望慰问干部职工。

21 日下午 副审计长董大胜在京出席全国组织部长会议。人教司主要负责同志参加会议。

22 日上午 审计长刘家义列席国务院第 37 次常务会议。

22 日上午 副审计长石爱中在署机关出席重要审计文献和实物征集整理会议。署机关各单位主要负责同志参加会议。

22 日下午 党组书记刘家义在署机关主持召开审计署党的群众路线教育实践活动总结大会，传达习近平总书记在党的群众路线教育实践活动第一批总结暨第二批部署会议上的讲话精神，对审计署教育实践活动开展情况进行总结。党组成员余效明、陈蔷、李勇库、陈尘肇，中央第三十二督导组组长柳斌杰、副组长雷加富等全体成员出席。副审计长石爱中，署机关各单位、各派出审计局全体人员在署机关主会场，各特派员办事处全体人员通过视频在分会场参加会议。

22日下午 受审计长刘家义委托，总审计师孙宝厚在京出席中央编办召开的有关工作座谈会。办公厅有关同志参加会议。

23日上午 审计长刘家义在署机关主持召开审计署党风廉政建设领导小组会议，审议《审计署2013年党风廉政建设工作总结》和《2014年党风廉政建设工作要点》等文稿。副审计长董大胜、余效明，纪检组长陈蔷和署党组成员、办公厅主任陈尘肇出席。办公厅、法规司、人教司、机关党委和驻署监察局负责同志参加会议。

23日下午 审计长刘家义在署机关主持召开审计署党的群众路线教育实践活动领导小组总结会。副审计长董大胜、余效明和纪检组长陈蔷出席。署教育实践活动领导小组办公室全体人员参加会议。

23日下午 审计长刘家义出席国务院第2次全体会议。

23日下午 副审计长董大胜先后赴农业部和国家林业局审计现场看望慰问审计人员。

23日 受署党组委托，总审计师孙宝厚前往审计署定点扶贫的河北省顺平县走访慰问。人教司、机关党委和服务局负责同志参加走访慰问。

24日上午 中央经济责任审计工作联席会议办公室主任李勇库赴北京市人民政府出席审计署怀柔基地改造项目协调会。培训中心负责同志及有关人员参加会议。

24日下午 党组书记刘家义在署机关主持召开党组会议，讨论中央文件，研究有关人事事项和《审计署2013年大事记（送审稿）》。党组副书记董大胜，党组成员余效明、孙宝厚、陈蔷、李勇库和陈尘肇出席。副审计长石爱中，办公厅、法规司、人教司、机关党委、驻署监察局和计算中心负责同志列席相关内容的研究。

24日下午 审计长刘家义在署机关主持召开审计长会议，研究《审计署关于加强公务支出和公款消费审计的若干意见（送审稿）》，听取怀柔审计干部培训基地改造和2014—2015年度审计署重点科研课题选题有关事项的汇报。副审计长董大胜、余效明、石爱中，总审计师孙宝厚，纪检组长陈蔷，中央经济责任审计工作联席会议办公室主任李勇库和署党组成员、办公厅主任陈尘肇出席。办公厅、法规司、财政司、行事司、金融司、企业司、经责司、机关党委、驻署监察局、服务局、科研所、培训中心和审计学会负责同志列席会议。

24日下午 审计长刘家义在署机关主持召开审计业务会议，研究有关审计报告。副审计长董大胜、余效明、石爱中，总审计师孙宝厚，纪检组长陈蔷，中央经济责任审计工作联席会议办公室主任李勇库和署党组成员、办公厅主任陈尘肇出席。办公厅、法规司、金融司、经责司和科研所负责同志列席相关内容的研究。

24日上午 署离退休干部情况通报会在怀柔审计干部培训基地召开，审计长刘家义主持会议并讲话，副审计长董大胜通报2013年审计署工作开展情况及2014年工作安排，副审计长余效明传达李克强总理在听取审计署工作情况汇报时的讲话精神。总审计师孙宝厚，纪检组长陈蔷，中央经济责任审计工作联席会议办公室主任李勇库和署党组成员、办公厅主任陈尘肇出席。署离退休干部工作领导小组成员单位主要负责同志及100多位离退休干部参加通报会。

24日上午 署离退休干部2014年新春团拜会在怀柔审计干部培训基地举办。审计长刘家义，副审计长董大胜、余效明，总审计师孙宝厚，纪检组长陈蔷，中央经济责任审计工作联席会议办公室主任李勇库和署党组成员、办公厅主任陈尘肇出席。署离退休干部工作领导小组成员单位主要负责同志及100多位离退休干部参加团拜会。

26日上午 纪检组长陈蔷在署机关审看《警钟长鸣——审计干部反腐倡廉教育警示录》。

26日下午 审计长刘家义，副审计长石爱中和总审计师孙宝厚到双榆树事业单位办公楼看望慰问科研所、培训中心、内审协会、审计学会和外资中心全体同志。

26日下午 署保密委员会主任、副审计长董大胜在署机关主持召开署保密委员会全体会议，就审计署保密工作提出要求、做出部署。署党组成员、办公厅主任陈尘肇出席。署保密委员会全体委员及保密办有关人员参加会议。

26日下午　总审计师孙宝厚在署机关会见英国特许公共财政与会计协会主席伊恩·鲍尔一行。法规司和国际司负责同志参加会见。

27日上午　审计长刘家义先后赴中国时代经济出版社和中国审计报社看望慰问干部职工。署党组成员、办公厅主任陈尘肇参加慰问。

27日下午　副审计长董大胜赴新闻出版广电总局出席软件正版化联席会议。行事司主要负责同志参加会议。

28日上午　总审计师孙宝厚在署机关主持会议，专题研究有关文件的起草工作。署党组成员、办公厅主任陈尘肇出席。办公厅、法规司、人教司负责同志及有关人员参加会议。

28日下午　审计长刘家义赴北京市审计局看望慰问北京市审计局干部职工。署党组成员、办公厅主任陈尘肇参加慰问。

29日上午　审计长刘家义在人民大会堂出席中共中央、国务院举行的2014年新春团拜会。

29日上午　中央经济责任审计工作联席会议办公室主任李勇库和署党组成员、办公厅主任陈尘肇在署机关会见中央办公厅督查室主任蒋建平和国务院办公厅督查室副主任李晓东一行，就有关督查配合工作进行座谈。办公厅和行事司负责同志及有关人员参加会见。

春节前夕　受署党组委托，署领导分别到家中走访慰问全体署老领导和离休干部。署离退休干部工作领导小组成员单位和相关司局负责同志参加走访慰问。

2月

7日上午　审计长刘家义列席国务院第38次常务会议。

7日下午　党组书记刘家义在署机关主持召开党组扩大会议，传达中央文件精神。党组副书记董大胜，党组成员余效明、孙宝厚、陈蕾、李勇库和陈尘肇出席。副审计长石爱中，署机关各单位、各派出审计局主要负责同志列席会议。

8日下午　副审计长董大胜在署机关会见国家开发银行党委副书记、监事长刘梅生一行，就有关审计事项进行沟通。金融司主要负责同志参加会见。

10日至14日　审计署组织开展学习贯彻习近平总书记系列重要讲话精神集中培训。审计长刘家义做开班动员和总结讲话，副审计长董大胜、余效明，总审计师孙宝厚、纪检组长陈蕾和中央经济责任审计工作联席会议办公室主任李勇库分别从全面深化改革开放的战略任务、做好新时期党建工作、推进社会主义法治国家建设、强化对权力运行的制约和监督、坚持和发展中国特色的社会主义5个方面进行专题辅导。副审计长石爱中和署党组成员、办公厅主任陈尘肇出席。署机关各单位、各派出审计局全体人员在署机关主会场，各特派员办事处和部分地方审计机关全体人员通过视频在分会场参加培训。

10日下午　李克强总理在京主持召开座谈会，听取各民主党派中央、全国工商联负责人和无党派人士代表对《政府工作报告（征求意见稿）》的意见建议。审计长刘家义出席座谈会。

10日下午　总审计师孙宝厚在署机关主持召开会议，专题研究关于加强和改进审计工作等文稿。署党组成员、办公厅主任陈尘肇出席。办公厅、法规司和人教司负责同志及有关人员参加会议。

11日上午　审计长刘家义出席国务院第二次廉政工作会议。

11日下午　党组书记刘家义在署机关主持召开党组会议，传达国务院第二次廉政工作会议精神。党组副书记董大胜，党组成员余效明、孙宝厚、陈蕾、李勇库和陈尘肇出席。副审计长石爱中，办公厅、法规司、各业务司、人教司、机关党委、驻署监察局和服务局负责同志列席会议。

12日上午　审计长刘家义列席国务院第39次常务会议。

12日上午　纪检组长陈蕾在署机关审看《警钟长鸣——审计干部反腐倡廉教育警示录》。

12日下午　副审计长石爱中在双榆树事业单位办公楼主持召开会议，就自然资源资产离任审计课题有关事项进行研究。办公厅、财政司、农业司、经责司和科研所有关人员参加会议。

13日下午　审计长刘家义在署机关主持召开审计长会议，研究《审计署督查工作规定（试行）》《审计署督查工作流程（试行）》等文稿。副审计长董大胜、余效明、石爱中，总审计师孙宝厚，中央经济责任审计工作联席会议办公室主任李勇库和署党组成员、办公厅主任陈尘肇出席。办公厅、法规司、财政司、行事司、金融司、企业司、经责司、人教司、机关党委和驻署监察局负责同志列席相关内容的研究。

14 日下午 审计署召开全国审计机关党风廉政建设工作视频会议，传达国务院第二次廉政工作会议精神，总结 2013 年党风廉政建设工作，部署 2014 年工作任务。审计长刘家义主持会议并讲话，纪检组长陈蔷受署党组委托做工作报告。副审计长董大胜、余效明、石爱中，总审计师孙宝厚，中央经济责任审计工作联席会议办公室主任李勇库和署党组成员、办公厅主任陈尘肇出席。署机关各单位、各派出审计局全体人员在署机关主会场，各省、自治区、直辖市和计划单列市、新疆生产建设兵团审计厅（局）、各特派员办事处全体人员通过视频在分会场参加会议。

17 日上午 副审计长余效明在署机关会见中国铁建股份有限公司董事长孟凤朝一行，就审计工作有关事宜进行会谈。企业司负责同志参加会见。

17 日上午 中央经济责任审计工作联席会议办公室主任李勇库在署机关主持召开基建办主任办公会，总结 2013 年度基建办工作，听取基建办各组近期工作情况汇报，对下一阶段工作做出安排。服务局主要负责同志和基建办有关人员参加会议。

17 日下午 副审计长余效明在署机关主持召开会议，就有关事项进行研究。中央经济责任审计工作联席会议办公室主任李勇库和署党组成员、办公厅主任陈尘肇出席。办公厅、法规司、人教司、驻署监察局、离退休办和服务局负责同志参加会议。

17 日下午 总审计师孙宝厚在署机关主持召开会议，专题研究加强和改进审计工作有关文稿。署党组成员、办公厅主任陈尘肇出席。办公厅、法规司和人教司负责同志及有关人员参加会议。

18 日上午 副审计长石爱中和署党组成员、办公厅主任陈尘肇在京出席中国审计学会第六届常务理事会第七次会议。

18 日上午 纪检组长陈蔷在署机关出席驻署监察局处以下党员干部教育实践活动对照检查和民主测评会。

18 日上午 中央经济责任审计工作联席会议办公室主任李勇库在署机关出席经责司 2013 年度工作总结会议。经责司全体人员参加会议。

18 日下午 副审计长董大胜赴水利部审计现场看望慰问审计人员。

19 日上午 受审计长刘家义委托，副审计长董大胜在署机关主持召开审计长会议，就财政部有关文件征求意见稿进行研究。副审计长余效明、石爱中，总审计师孙宝厚，纪检组长陈蔷和署党组成员、办公厅主任陈尘肇出席。办公厅、法规司、各业务司和科研所负责同志列席会议。

19 日上午 副审计长董大胜在署机关主持召开全国政府性债务审计先进集体和个人评选小组会议。署党组成员、办公厅主任陈尘肇出席。办公厅、法规司、财政司、行事司、人教司、机关党委和计算中心负责同志参加会议。

19 日至 20 日 中央经济责任审计工作联席会议办公室主任李勇库赴中国建筑工程总公司对该公司内部经济责任审计工作开展情况进行调研。企业司和经责司负责同志及有关人员参加调研。

21 日上午 总审计师孙宝厚在署机关出席法规司 2013 年度工作总结会，对法规司工作提出“突出重点、提高效率、改进方法、守住底线”四点要求。法规司全体人员参加会议。

21 日上午 署党组成员、办公厅主任陈尘肇在京出席国务院有关部门负责人及各部门办公厅（室）主任会议。

17 日至 21 日 审计长刘家义在京参加省部级主要领导干部专题研讨班。

22 日上午 审计长刘家义在京出席党的群众路线教育实践活动中央督导组总结暨中央巡回督导组培训会议。

24 日上午 副审计长余效明在署机关会见中国华电集团公司纪检组长蒋亮平一行，就审计工作有关事宜进行会谈。企业司负责同志及有关人员参加会见。

24 日下午 审计长刘家义列席中央政治局第 13 次集体学习。

24 日下午 受审计长刘家义委托，副审计长董大胜在署机关主持召开会议，研究对第十二届全国人大财经委关于2013年中央和地方预算执行情况、2014年中央和地方预算草案审查结果报告的反馈意见。署党组成员、办公厅主任陈尘肇出席。法规司、财政司和行事司负责同志及有关人员参加会议。

25日下午 审计长刘家义出席办公厅2013年工作总结会，并对办公厅工作提出要求。署党组成员、办公厅主任陈尘肇和办公厅全体人员参加会议。

26日 世界审计组织所属财务与管理委员会召开电话会议，审计长刘家义出席会议并就相关问题发表了意见。

26日上午 纪检组长陈蕾在署机关主持召开驻署纪检组监察局办公会，就署机关各单位和各特派办考核评分等有关事项进行研究。驻署监察局主要负责同志及有关人员参加会议。

26日下午 审计长刘家义列席国务院第40次常务会议。

27日上午 审计署2014年矿产资源审计总结研讨暨工作部署会在署机关召开，副审计长董大胜出席会议并讲话。农业司、各特派办负责同志及有关人员参加会议。

27日上午 中央经济责任审计工作联席会议办公室主任李勇库在署机关会见中国国电集团公司董事长乔保平一行，就审计工作有关事宜交换意见。企业司和经责司负责同志参加会见。

27日下午 审计长刘家义在署机关主持召开会议，就有关工作进行研究。总审计师孙宝厚和署党组成员、办公厅主任陈尘肇出席。办公厅和法规司负责同志及有关人员参加会议。

27日下午 总审计师孙宝厚在署机关主持会议，专题研究关于加强和改进审计工作、审计基本知识问答等文稿。署党组成员、办公厅主任陈尘肇出席。办公厅、法规司和人教司负责同志及有关人员参加相关内容的研究。

28日上午 党组书记刘家义在署机关主持召开党组会议，研究有关人事事项和《2014年审计署机关党建工作要点》《2014年审计机关精神文明建设工作指导意见》等文稿，听取关于全国政府性债务审计先进集体和先进个人评选结果的汇报。党组副书记董大胜，党组成员余效明、孙宝厚、陈蕾、李勇库和陈尘肇出席。办公厅、法规司、财政司、行事司、人教司、机关党委、驻署监察局、服务局、计算中心、报社和出版社负责同志列席相关内容的研究。

28日上午 审计长刘家义在署机关主持召开审计长会议，研究《审计署关于进一步加强和改进对地方审计机关审计工作指导的意见》和《审计署2014年度培训项目计划（草案）》等文稿。副审计长董大胜、余效明，总审计师孙宝厚，纪检组长陈蕾，中央经济责任审计工作联席会议办公室主任李勇库和署党组成员、办公厅主任陈尘肇出席。办公厅、法规司、各业务司、国际司、人教司、机关党委、驻署监察局、服务局、计算中心、科研所、培训中心和审计学会负责同志列席相关内容的研究。

26日至28日上午 副审计长石爱中在京出席政协第十二届全国委员会常务委员会第四次会议。

28日下午 中央经济责任审计工作联席会议办公室主任李勇库在署机关主持召开基建办主任办公会，就署机关自管宿舍节能改造和小区综合整治工作进行研究。服务局主要负责同志和基建办有关人员参加会议。

3月

3日上午 审计长刘家义在署机关主持召开署干部大会。副审计长董大胜、余效明、石爱中，总审计师孙宝厚，纪检组长陈蕾，中央经济责任审计工作联席会议办公室主任李勇库，署党组成员、办公厅主任陈尘肇，署老领导安国出席。署机关各单位、各派出审计局副司局级以上干部和正处长，各直属事业单位、各特派员办事处主要负责同志参加会议。

3日至12日 副审计长董大胜、余效明、石爱中和中央经济责任审计工作联席会议办公室主任李勇库出席全国政协十二届二次会议。

3日上午 中央经济责任审计工作联席会议办公室主任李勇库在署机关会见北京市住房和城乡建设委员会副主任郑志勇，就怀柔审计干部培训基地改造事宜进行协商。培训中心负责同志参加会见。

4日中午 党组书记刘家义在署机关主持召

开党组会议，研究有关人事事项。党组副书记董大胜，党组成员余效明、孙宝厚、陈蔷、李勇库和陈尘肇出席。副审计长石爱中，人教司和驻署监察局主要负责同志列席会议。

5日至13日 审计长刘家义列席第十二届全国人民代表大会第二次会议开幕会，第二次、第三次全体会议和闭幕会。

5日中午 党组书记刘家义在署机关主持召开党组会议，研究有关人事事项。党组副书记董大胜，党组成员余效明、孙宝厚、陈蔷、李勇库和陈尘肇出席。副审计长石爱中，人教司、机关党委和驻署监察局主要负责同志列席会议。

6日下午 副审计长余效明在人民大会堂出席中华全国妇女联合会举办的纪念“三八”国际妇女节中外妇女招待会。

7日和9日上午 总审计师孙宝厚列席全国政协十二届二次会议特邀57、58（综合）界别联组会议、第二次和第四次全体会议。

7日下午 署党组成员、办公厅主任陈尘肇出席全国社会救助部际联席会议第一次会议。社保司负责同志参加会议。

7日上午 审计长刘家义在署机关主持召开专题会议，研究有关审计工作。署党组成员、办公厅主任陈尘肇出席。办公厅、法规司、财政司、行事司、农业司、计算中心和科研所负责同志参加会议。

9日晚 副审计长石爱中在京出席中国民主促进会第十三届中央常务委员会第六次会议。

13日上午 副审计长石爱中和总审计师孙宝厚在署机关召集会议，就2014年度审计署培训项目案例准备有关工作进行研究。法规司和培训中心负责同志参加会议。

13日下午 审计署纪念“三八”国际妇女节暨第三届巾帼建功先进个人、五好家庭、妇女之友表彰大会在署机关召开。审计长刘家义做重要讲话，副审计长余效明主持会议并讲话。副审计长董大胜、石爱中，总审计师孙宝厚，中央经济责任审计工作联席会议办公室主任李勇库和署党组成员、办公厅主任陈尘肇出席。署机关各单位和各派出审计局主要负责同志及有关人员300余人参加会议。

14日上午 党组书记刘家义在署机关主持召开党组会议，研究有关人事事项和关于加强审计工作的规定，听取关于基本建设以及老旧小区综合整治工作有关情况的汇报。党组副书记董大胜，党组成员余效明、孙宝厚、李勇库和陈尘肇出席。副审计长石爱中，办公厅、法规司、人教司、机关党委、驻署监察局和服务局负责同志列席相关内容的研究。

14日上午 审计长刘家义在署机关主持召开审计业务会议，研究有关审计工作。副审计长董大胜、余效明、石爱中，总审计师孙宝厚，中央经济责任审计工作联席会议办公室主任李勇库和署党组成员、办公厅主任陈尘肇出席。办公厅、法规司、财政司、行事司、经责司和科研所负责同志列席会议。

14日下午 审计长刘家义在署机关主持召开中央经济责任审计工作部际联席会议第四次全体会议。中央经济责任审计工作联席会议办公室主任李勇库和各联席会议成员单位负责同志出席。经责司主要负责同志及有关人员参加会议。

17日至20日 审计署党组2014年第一季度中心组学习（扩大）会在署机关召开。会议以“加强干部队伍建设”为主题，党组书记刘家义就审计系统领导干部怎样带好队伍提出具体要求，党组副书记董大胜总结近年来审计署干部队伍建设总体情况，党组成员余效明做学习会总结讲话，各位署领导参加分组讨论，就审计干部队伍建设有关问题进行交流座谈。党组成员孙宝厚、李勇库和陈尘肇出席。副审计长石爱中，署机关各单位、各特派员办事处、各派出审计局主要负责同志及各特派员办事处分管人事工作的办领导、人事教育处负责同志参加学习会。

18日 中国内部审计协会第六届理事会第四次会议在京召开。内审协会会长、副审计长余效明出席会议并做工作报告，回顾2013年工作情况，明确2014年工作重点。中国内部审计协会常务理事、理事及地方内部审计协会负责人共230余人参加会议。

18日下午 副审计长董大胜在署机关会见证监会副主席刘新华和首席会计师贾文琴一行，就有关审计事项进行沟通。金融司主要负责同志及有关人员参加会见。

19日上午 审计长刘家义列席国务院第41

次常务会议。

20 日上午 审计长刘家义在署机关与中央政策研究室调研组一行进行座谈。副审计长余效明，总审计师孙宝厚，署党组成员、办公厅主任陈尘肇，人教司、机关党委和驻署监察局主要负责同志参加座谈。

21 日下午 审计长刘家义出席国务院节能减排及应对气候变化工作会议。

21 日下午 副审计长董大胜在署机关会见中央机构编制委员会办公室副主任何建中一行，就在审计工作中加强编制情况审计等有关事项进行沟通。行事司主要负责同志及有关人员参加会见。

21 日下午 副审计长石爱中和总审计师孙宝厚在署机关召集会议，专题研究 2014 年度审计署培训项目案例准备有关事项。法规司、财政司、行事司、农业司、投资司、金融司、企业司、社保司、外资司、经责司、人教司、计算中心和培训中心负责同志参加会议。

22 日上午 审计长刘家义出席中央党的群众路线教育实践活动领导小组第十次会议。

22 日下午 总审计师孙宝厚在钓鱼台国宾馆出席中国发展高层论坛 2014 年会，并担任"透视政府债务风险"单元主持嘉宾。境外司负责同志参加会议。

23 日至 27 日 总审计师孙宝厚在京出席地方审计机关外资审计师资骨干培训班开班式并讲话。外资司和外资中心主要负责同志参加开班式。

23 日下午 署党组成员、办公厅主任陈尘肇在京出席中央办公厅组织召开的研究贯彻执行中央八项规定有关工作会议。行事司主要负责同志参加会议。

24 日至 25 日 中共中央政治局常委、中央纪委书记王岐山赴山东省临沂市蒙阴县调研指导党的群众路线教育实践活动。审计长刘家义作为中央党的群众路线教育实践活动领导小组成员陪同前往。

24 日上午 受署党组委托，副审计长董大胜赴深圳特派办召开干部大会，宣布该办主要负责同志的职务任免决定。人教司负责同志陪同前往。

24 日至 26 日 受署党组委托，副审计长余效明先后赴京津冀特派办和郑州特派办召开干部大会，宣布两个特派办主要负责同志的职务任免决定。人教司负责同志陪同前往。

24 日下午 署党组成员、办公厅主任陈尘肇在京出席国务院有关专题会议。财政司有关同志参加会议。

25 日上午 受审计长刘家义委托，副审计长董大胜列席国务院第 42 次常务会议。

25 日上午 总审计师孙宝厚在署机关会见韩国审计监查院代表团。国际司主要负责同志参加会见。

25 日上午 按照审计长刘家义的指示，受副审计长董大胜委托，署党组成员、办公厅主任陈尘肇出席全国人大预算工作委员会召开的国家财政水利资金投入和使用座谈会。财政司和投资司负责同志参加会议。

25 日下午 副审计长董大胜赴财政部出席财政部 2013 年具体组织预算执行和中央决算报表审签进点会。财政部副部长张少春及有关司局负责同志，财政司、发展统计局、科学技术局和财税海关局主要负责同志及有关人员参加会议。

25 日下午 总审计师孙宝厚在京出席审计署老领导书画展览专场活动。离退休办主要负责同志参加活动。

26 日上午 副审计长石爱中和总审计师孙宝厚在署机关召集会议，专题研究审计署联网审计管理办法。办公厅、法规司和计算中心负责同志及有关人员参加会议。

28 日上午 受审计长刘家义委托，副审计长董大胜在京出席中国社会科学院研究生院马克思主义理论专业 2014 级博士生开学典礼。

28 日上午 副审计长余效明在署机关主持召开特派办考核领导小组会议，研究 2013 年度考核有关事项。办公厅、法规司、各业务司、人教司、机关党委、离退休办、驻署监察局和服务局负责同志参加会议。

28 日下午 党组书记刘家义在署机关主持召开党组会议，研究有关人事事项。党组副书记董大胜，党组成员余效明、孙宝厚、陈蔷、李勇库、陈尘肇、张通和袁野出席。副审计长石爱中，人教司、驻署监察局和服务局主要负责同志列席会议。

28 日下午 党组书记刘家义在署机关主持召开党组会议，研究专项工作。党组副书记董大胜，党组成员余效明、孙宝厚、陈蔷、陈尘肇、张通和袁野出席。副审计长石爱中，办公厅、法规司、经责司、人教司、机关党委和驻署监察局负责同志列席相关内容的研究。

28日下午 审计长刘家义在署机关主持召开审计业务会议，研究《财政部具体组织2013年中央预算执行情况和2013年中央决算草案审计工作方案》等文稿。副审计长董大胜、余效明、石爱中、孙宝厚，纪检组长陈蔷，总审计师陈尘肇，中央经济责任审计工作联席会议办公室主任张通和署党组成员、财政司司长袁野出席。办公厅、法规司、行事司、农业司、投资司、金融司、企业司、境外司、经责司、科研所、昆明特派办和深圳特派办负责同志参加相关内容的研究。

29日上午 审计长刘家义参加共和国部长植树活动。

4月

1日上午 审计长刘家义和副审计长余效明在京出席中央国家机关第二十八次党的工作会议暨第二十六次纪检工作会议。机关党委负责同志参加会议。

1日上午 中央部门2013年度预算执行审计项目集中审理工作动员会在署机关召开。副审计长董大胜、孙宝厚和党组成员、财政司司长袁野出席，并对做好审理工作提出要求。法规司和行事司主要负责同志及全体审理人员参加会议。

2日上午 审计长刘家义列席国务院第43次常务会议。

2日上午 《财政部门具体组织本级预算执行情况审计指南》审定会在署机关召开。副审计长董大胜、孙宝厚，总审计师陈尘肇和党组成员、财政司司长袁野出席。法规司、财政司和科研所负责同志及相关人员参加会议。

2日上午 副审计长石爱中在南通出席审计博物馆召开的地方审计机关文物联络员会议。

2日下午 副审计长石爱中在南通主持召开审计专家座谈会，听取审计博物馆发展的有关建议。

3日上午 副审计长董大胜和党组成员、财政司司长袁野在京出席国务院研究加强地方政府性债务管理专题会议。

4日上午 党组书记刘家义在署机关主持召开党组会议，研究有关人事事项，听取关于派出审计局2013年度考核情况和2014年全国审计机关先进集体先进工作者表彰有关工作的汇报。党组副书记董大胜，党组成员余效明、孙宝厚、陈蔷、陈尘肇、张通和袁野出席。副审计长石爱中，办公厅、法规司、行事司、经责司、人教司、机关党委、驻署监察局和服务局负责同志列席相关内容的研究。

4日上午 审计长刘家义在署机关主持召开审计长会议，听取关于修订和完善离退休干部相关工作等有关情况的汇报，研究《审计署办公厅关于进一步规范审计结果文书和审计案件线索复核审理审核工作的通知》和《中华人民共和国审计法实施条例（修订稿）》等文稿。副审计长董大胜、余效明、石爱中、孙宝厚，纪检组长陈蔷，总审计师陈尘肇，中央经济责任审计工作联席会议办公室主任张通和党组成员、财政司司长袁野出席。办公厅、法规司、人教司、机关党委、离退休办和服务局负责同志列席相关内容的研究。

4日上午 审计长刘家义在署机关主持召开审计业务会议，研究有关审计工作方案。副审计长董大胜、余效明、石爱中、孙宝厚，纪检组长陈蔷，总审计师陈尘肇，中央经济责任审计工作联席会议办公室主任张通和党组成员、财政司司长袁野出席。办公厅、法规司、金融司、境外司、经责司和科研所负责同志参加相关内容的研究。

8日下午 副审计长石爱中在署机关主持召开行业审计读本编写工作会议。投资司、金融司、企业司、社保司和培训中心负责同志参加会议。

9日上午 副审计长石爱中在署机关主持召开《中国特色社会主义审计制度》修改工作会议。课题组部分成员参加会议。

9日下午 副审计长石爱中赴北京市审计局调研审计文物收集保存工作。博物馆主要负责同志参加调研。

9日下午 总审计师陈尘肇在署机关会见解放军审计署副审计长刘允喜一行，就审计相关情况进行座谈。办公厅和人教司负责同志参加座谈。

10日 2014年企业审计工作视频培训班在署机关召开。审计长刘家义、副审计长余效明和总审计师陈尘肇出席，并对做好 2014 年企业审计工作做出指示。投资司、企业司、境外司和经责司主要负责同志及有关人员在主会场，各特派员办事处分管企业审计的负责同志及有关人员通过视频在分会场参加培训。

10 日上午 副审计长董大胜在署机关会见中国投资有限责任公司监事长李晓鹏一行，就审计整改情况进行沟通。金融司主要负责同志参加会见。

10 日上午 副审计长石爱中和党组成员、财政司司长袁野在京出席中国审计学会组织召开的审计学会重点课题开题评审会。

11 日 2014 年全国金融审计视频培训班在署机关召开。副审计长董大胜出席，并对 2013 年金融审计工作进行回顾总结，对 2014 年金融审计工作提出要求。署机关各单位、各特派员办事处，各省、自治区、直辖市和计划单列市审计厅（局）共 800 余人参加视频培训。

11 日上午 2014 年企业审计提升查办案件能力案例研讨班在署机关召开。副审计长余效明和总审计师陈尘肇出席并讲话。投资司、企业司和境外司主要负责同志及有关参审人员参加研讨。

11 日上午 副审计长石爱中、孙宝厚和党组成员、财政司司长袁野在双榆树事业单位办公楼出席科研所博士后进站开题报告会。科研所主要负责同志参加报告会。

11 日下午 副审计长石爱中、孙宝厚在双榆树事业单位办公楼出席 2014 年审计专业技术初、中级资格考试大纲修订研讨会。

15 日下午 副审计长余效明在署机关主持召开党委委员会议，就推荐“创建文明机关，争做人民满意公务员”活动先进集体以及党员发展等事宜进行研究。全体党委委员参加会议。

16 日上午 审计长刘家义列席国务院第 44 次常务会议。

18 日上午 审计长刘家义在京出席中央党的群众路线教育实践活动领导小组召开的部委、企业、高校深化整改工作座谈会。人教司负责同志参加座谈会。

18 日上午 副审计长石爱中在署机关主持召开会议，研究《投资审计知识读本》撰写工作。投资司主要负责同志和课题组成员参加会议。

18 日下午 审计长刘家义在京出席国家能源委员会第一次会议。

18 日下午 副审计长余效明在署机关出席机关党委召开的建设和谐家庭座谈会。机关党委主要负责同志及有关人员参加座谈。

13 日至 18 日 副审计长董大胜率中国审计代表团赴越南出席亚洲审计组织环境审计委员会第五次研讨会暨第四次工作会议。农业司和国际司负责同志参加会议。

14 日至 18 日 总审计师陈尘肇在中央党校参加省部级领导干部学习贯彻习近平总书记系列讲话精神集中轮训第 7 期培训班。

21 日上午 党组书记刘家义在署机关主持召开党组会议，研究有关人事事项和《审计署关于落实党中央、国务院重点工作任务责任分工的通知》等文稿，听取 2013 年度审计署系统综合检查情况和特派办 2013 年度综合考核情况的汇报。党组副书记董大胜，党组成员余效明、孙宝厚、陈蔷、陈尘肇、张通和袁野出席。副审计长石爱中，办公厅、法规司、行事司、经责司、人教司、机关党委、驻署监察局和服务局负责同志列席相关内容的研究。

21 日上午 审计长刘家义在署机关主持召开审计长会议，研究《审计机关行政公文处理办法（修订稿）》，听取关于 2014—2015 年度审计署重点科研课题招标立项评审情况的汇报。副审计长董大胜、余效明、石爱中、孙宝厚，纪检组长陈蔷，总审计师陈尘肇，中央经济责任审计工作联席会议办公室主任张通和党组成员、财政司司长袁野出席。办公厅、法规司、科研所和审计学会负责同志列席相关内容的研究。

21 日上午 审计长刘家义在署机关主持召开审计署优秀博士学位论文评审小组会议，审定审计署 2014 年优秀博士学位论文入选名单。副审计长董大胜、石爱中、孙宝厚和总审计师陈尘肇出席。科研所、出版社主要负责同志及有关人员列席会议。

21 日下午 副审计长董大胜赴国家开发银行，出席该行 2013 年度资产负债损益审计进点会。办公厅、金融司、境外司、太原和兰州特派办负责同志及有关人员参加进点会。

21 日下午 副审计长石爱中在京出席审计数

据管理办法研讨班。计算中心负责同志及相关人员参加研讨班。

22日下午 审计长刘家义列席中央有关会议。

22日下午 副审计长董大胜和党组成员、财政司司长袁野在署机关会见国家税务总局纪检组长冯慧敏一行，就有关审计事项交换意见。行事司和财税海关局主要负责同志及有关人员参加会见。

22日下午 副审计长董大胜在署机关会见招商银行行长田慧宇一行，就有关审计事项交换意见。金融司主要负责同志参加会见。

23日上午 审计长刘家义列席国务院第45次常务会议。

23日上午 党组成员、财政司司长袁野出席第十二届全国人大常委会第八次会议预算法修正案草案分组审议会议。办公厅、法规司、财政司和行事司负责同志参加会议。

24日上午 总审计师陈尘肇在署机关出席有关审计情况汇报会。农业司负责同志参加会议。

24日上午 总审计师陈尘肇和党组成员、财政司司长袁野在署机关召集会议，就审计署统一组织大项目实施工作进行研究。办公厅、社保司、计算中心和外交外事局负责同志参加会议。

23日下午至25日 审计长刘家义赴天津市审计局调研指导工作。人教司主要负责同志参加调研。

25日下午 审计长刘家义列席中央政治局第14次集体学习。

25日下午 副审计长孙宝厚赴国务院法制办，与该办副主任甘藏春就《中华人民共和国审计法实施条例》的修订工作进行会谈。法规司主要负责同志及有关人员参加会谈。

27日上午 审计长刘家义在京出席中央党的群众路线教育实践活动领导小组第十一次会议。

28日下午 副审计长石爱中在双榆树事业单位办公楼参加科研所2014年工作人员招录面试工作。

29日上午 副审计长石爱中在京主持召开会议，研究审计领域重要专家名录。科研所和博物馆主要负责同志参加会议。

29日上午 总审计师陈尘肇赴重庆市审计局，就审计署统一组织大项目实施的经验、问题和对策进行调研。重庆特派办和重庆市审计局主要负责同志及有关人员参加调研。

30日上午 审计长刘家义列席国务院第46次常务会议。

28日下午和30日上午 副审计长孙宝厚在京参加《中华人民共和国审计法实施条例》的修订工作。法规司主要负责同志及有关人员参加修订工作。

30日下午 副审计长董大胜、石爱中、孙宝厚，总审计师陈尘肇和党组成员、财政司司长袁野在署机关出席审计硕士专业学位基本要求研讨会。境外司、人教司和科研所主要负责同志及有关人员参加研讨会。

5月

4日上午 中央经济责任审计工作联席会议办公室主任张通赴中央组织部会见副部长王尔乘，听取中央组织部对经济责任审计工作的意见和建议，并与干部监督局负责同志进行座谈。经责司主要负责同志及有关人员参加会见和座谈。

4日下午 审计署在署机关举办了以“建功立业展才华·青春铸就中国梦”为主题的“五四”青年节纪念大会。审计长刘家义做重要讲话。副审计长董大胜、余效明、石爱中、孙宝厚，总审计师陈尘肇，中央经济责任审计工作联席会议办公室主任张通和党组成员、财政司司长袁野出席。署机关各单位、各派出审计局负责同志及全体青年审计干部参加大会。

5日上午 审计长刘家义和副审计长余效明在署机关召集会议，就有关审计报告有关情况进行研究。社保司主要负责同志参加会议。

5日上午 副审计长董大胜和党组成员、财政司司长袁野在署机关会见民政部副部长宫蒲光一行，就有关审计事项交换意见。行事司和民政社保局主要负责同志参加会见。

5日上午 中央经济责任审计工作联席会议办公室主任张通赴中央纪委会见副书记张军，听取中央纪委对经济责任审计工作的意见和建议，并与案件监督管理室负责同志进行座谈。经责司主要负责同志及有关人员参加会见和座谈。

5 日下午 总审计师陈尘肇在署机关会见涉密中央文件保密管理专项检查组一行，就涉密中央文件保密管理工作进行介绍。计算中心负责同志及有关人员参加会见。

6 日上午 受署党组委托，副审计长董大胜赴上海特派办主持召开干部大会，宣布关于该办主要负责同志的职务任免决定。人教司负责同志及上海特派办全体干部参加会议。

6 日下午 副审计长石爱中和孙宝厚在双榆树事业单位办公楼参加科研所 2014 年博士后招录面试工作。

6 日下午 受署党组委托，副审计长董大胜在署机关主持召开办公厅干部会议，宣布关于办公厅主要负责同志的职务任免决定。总审计师陈尘肇出席。人教司主要负责同志及办公厅全体同志参加会议。

8 日上午 副审计长石爱中在京出席中国民主促进会中央财务工作咨询座谈会。行事司和外交外事局主要负责同志参加座谈会。

6 日至 9 日 审计长刘家义赴河北、河南就审计工作进行调研。人教司主要负责同志参加调研。

6 日至 9 日 副审计长余效明赴昆明和成都特派办就思想政治工作进行调研。机关党委主要负责同志及有关人员参加调研。

12 日 副审计长石爱中赴审计干部教育学院为财务会计培训班授课。人教司和培训中心负责同志陪同前往。

14 日上午 受审计长刘家义委托，副审计长董大胜列席国务院第 47 次常务会议。

13 日至 14 日 审计长刘家义陪同中央政治局常委、中央纪委书记王岐山赴山东蒙阴县指导县委常委民主生活会，并赴临沂市调研。

13 日至 14 日 2014 海峡两岸暨港澳地区审计理论与实务研讨会在山东省泰安市召开。审计长刘家义出席会议并讲话。副审计长石爱中做题为《加强审计信息化建设推动审计技术方法创新》的专题报告。来自大陆及港澳台地区近 40 名专家和学者参加研讨会。

13 日至 14 日 副审计长余效明赴重庆特派办就思想政治工作进行调研。机关党委主要负责同志及有关人员参加调研。

15 日上午 总审计师陈尘肇赴财政部会见副部长张少春，就有关审计事项进行沟通。办公厅主要负责同志及有关人员参加会见。

14 日至 16 日 审计长刘家义赴山东就审计工作进行调研。人教司主要负责同志参加调研。

16 日上午 副审计长石爱中和总审计师陈尘肇在署机关召集会议，就审计计划统计软件修改完善工作进行研究。办公厅、财政司、金融司、企业司和计算中心负责同志参加会议。

16 日上午 副审计长孙宝厚赴审计干部教育学院为 2014 年度财务会计培训班学员做专题讲座。

16 日下午 副审计长石爱中在京主持召开会议，研究审计专业技术资格考试专业设置事项。

19 日上午 审计长刘家义和副审计长余效明在京出席中央国家机关部门党组（党委）落实党风廉政建设主体责任交流会。机关党委和机关纪委负责同志参加会议。

19 日上午 副审计长董大胜和党组成员、财政司司长袁野在署机关会见卫生计生委副主任陈啸宏一行，就有关审计事项进行沟通。行事司和卫生药品局主要负责同志及有关人员参加会见。

19 日上午 副审计长石爱中在京主持召开会议，组织研究审计技巧审稿工作，听取计算机审计方法可视化技术汇报。科研所主要负责同志参加会议。

19 日下午 党组书记刘家义在署机关主持召开党组会议，研究有关人事事项和《中共审计署党组关于加强学习型审计机关建设的意见（修订稿）》等文稿。党组副书记董大胜，党组成员余效明、孙宝厚、陈尘肇、张通和袁野出席。副审计长石爱中，办公厅、人教司、机关党委、驻署监察局、服务局、培训中心和科研所负责同志列席会议。

19 日下午 审计长刘家义在署机关主持召开审计长会议，研究《审计署关于 2013 年度中央预算执行和其他财政收支的审计结果报告（送审稿）》。副审计长董大胜、余效明、石爱中、孙宝厚，总审计师陈尘肇，中央经济责任审计工作联席会议办公室主任张通和党组成员、财政司司长袁野出席。办公厅、法规司、财政司、行事司和科研所负责同志列席相关内容的研究。

19 日下午 党组书记刘家义在署机关召开会议，传达学习有关中央文件精神。党组副书记董大胜，党组成员余效明、孙宝厚、陈尘肇、张通和袁野出席，副审计长石爱中，办公厅、人教司和机关党委主要负责同志列席会议。

20 日上午 审计署与新疆、西藏审计机关干部双向交流工作总结暨培训动员会在署机关召开。副审计长董大胜出席会议并讲话。人教司主要负责同志及部分交流干部参加会议。

20 日下午 审计长刘家义和副审计长余效明在署机关会见中国电力投资集团公司总经理陆启洲一行，就有关审计事项进行沟通。企业司主要负责同志参加会见。

20 日下午 副审计长董大胜在京出席中国时代经济出版社召开的纪念《中国审计》出版 500 期研讨会。

21 日上午 审计长刘家义列席国务院第 48 次常务会议。

21 日上午 党组成员、财政司司长袁野在署机关会见山西省人民政府秘书长廉毅敏一行，就有关审计事项进行沟通。财政司有关人员参加会见。

21 日下午 副审计长董大胜和党组成员、财政司司长袁野在署机关会见财政部副部长张少春一行，就有关审计事项进行沟通。财政司有关人员参加会见。

23 日上午 副审计长董大胜和党组成员、财政司司长袁野在署机关出席赴澳大利亚中长期培训班出国前培训会。人教司、国际司和培训中心有关人员及培训班全体学员参加会议。

23 日上午 副审计长石爱中在京出席审计学会会长会议。审计学会会长翟熙贵和副会长出席会议。

23 日下午 副审计长董大胜在署机关会见水利部副部长矫勇和李国英一行，就有关审计事项进行沟通。行事司和宣传审计局主要负责同志及有关人员参加会见。

23 日下午 党组成员、财政司司长袁野在署机关会见交通运输部党组成员、运输司司长刘小明一行，就有关审计事项进行沟通。交通运输局主要负责同志及有关人员参加会见。

25 日下午 副审计长余效明赴审计干部教育学院为 2014 年度财务会计培训班学员做专题讲座。

26 日上午 审计长刘家义和总审计师陈尘肇在署机关会见来访的澳门特区审计署审计长何永安一行。国际司、计算中心和培训中心主要负责同志参加会见。

26 日上午 副审计长孙宝厚在署机关出席世亚行贷款铁路项目审计中期协调会。外资司和外资中心负责同志及有关特派办参审审计组同志参加会议。

26 日下午 审计长刘家义列席中央政治局第 15 次集体学习。

20 日上午和 26 日下午 副审计长石爱中、孙宝厚和总审计师陈尘肇在署机关召集会议，研究审计署有关保密工作规定的起草工作。办公厅、法规司和计算中心负责同志及有关人员参加会议。

27 日上午 党组书记刘家义在署机关主持召开党组会议，研究有关人事事项，传达中央有关会议精神。党组副书记董大胜，党组成员余效明、孙宝厚、陈蔷、陈尘肇和张通出席。副审计长石爱中，人教司、机关党委和驻署监察局主要负责同志列席会议。

27 日上午 审计长刘家义在署机关主持召开审计长会议，研究《审计署关于切实发挥审计监督作用促进经济平稳健康运行的若干意见（送审稿）》。副审计长董大胜、余效明、石爱中、孙宝厚，纪检组长陈蔷，总审计师陈尘肇和中央经济责任审计工作联席会议办公室主任张通出席。办公厅和法规司主要负责同志列席相关内容的研究。

27 日上午 党组成员、财政司司长袁野在京出席国务院研究推进软件正版化工作会议。行事司有关人员参加会议。

27 日下午 副审计长董大胜在京为审计理论研究骨干培训班学员做专题讲座。

27 日下午 副审计长孙宝厚和党组成员、财政司司长袁野在署机关会见香港华人会计师公会访京团一行。办公厅和国际司负责同志及有关人员参加会见。

28 日上午 副审计长余效明和总审计师陈尘肇在署机关会见国家电网公司副总经理陈月明一行，就有关审计事项进行沟通。企业司主要负责同志参加会见。

28 日至 29 日 第二次中央新疆工作座谈会在京召开。审计长刘家义出席 28 日的第一次、第二次全体会议，副审计长董大胜全程参加会议。

29 日上午 审计长刘家义，副审计长余效明和孙宝厚在署机关会见中央国家机关工委调研组一行，就署党组中心组学习情况进行座谈。企业司、境外司和机关党委负责同志参加座谈。

29 日上午 总审计师陈尘肇和党组成员、财政司司长袁野向全国人大预算工作委员会通报 2013 年度中央预算执行和其他财政收支审计工作有关情况，以及十二届全国人大二次会议有关预算决议的落实情况。办公厅、财政司和行事司负责同志及有关人员参加会议。

30 日上午 审计长刘家义列席国务院第 49 次常务会议。

30 日上午 副审计长董大胜和党组成员、财政司司长袁野在署机关会见国家林业局副局长陈凤学和中国绿化基金会会长王志宝一行，就有关审计事项进行沟通。行事司和农林水利局主要负责同志及有关人员参加会见。

30 日下午 副审计长董大胜在京出席中央党的群众路线教育实践活动专项推进会。

6 月

3 日下午 党组书记刘家义在署机关主持召开党组会议，研究《中共审计署党组关于落实党风廉政建设主体责任的意见（送审稿）》和有关人事事项。党组副书记董大胜，党组成员余效明、孙宝厚、陈尘肇和张通出席。副审计长石爱中，办公厅、法规司、人教司、机关党委和驻署监察局主要负责同志列席会议。

4 日上午 审计长刘家义列席国务院第 50 次常务会议。

4 日上午 副审计长董大胜向第十二届全国人大财经委第十五次全体会议汇报了 2013 年度中央预算执行和其他财政收支审计工作报告有关情况。总审计师陈尘肇，党组成员、财政司司长袁野，办公厅、经责司和行事司主要负责同志及有关人员参加会议。

4 日下午 副审计长董大胜、石爱中和孙宝厚在署机关出席《自然资源资产离任审计》课题研究工作会议。办公厅、财政司、农业司、经责司、科研所、外资中心和内蒙古、江苏、湖北、贵州、山东等省、区审计厅负责同志参加会议。

5 日上午 副审计长余效明在双榆树事业单位办公楼向离退休干部通报审计署 2014 年上半年主要工作情况。离退休办主要负责同志及有关人员参加会议。

5 日下午 副审计长石爱中在署机关出席提高计算机培训效果和促进边疆地区审计信息化建设工作座谈会，与在京参加计算机审计中级培训班和审计数据分析师高级培训班的新疆、西藏、青海审计机关学员进行座谈。计算中心负责同志参加座谈。

6 日下午 审计长刘家义在京出席国务院有关会议。

9 日上午 审计长刘家义在人民大会堂出席 2014 年两院院士大会开幕式。

9 日下午 审计长刘家义在京出席稳增长促改革调结构惠民生政策措施落实情况督查动员电视电话会议。金融司和社保司负责同志作为督查组成员参加会议。

10 日上午 党组书记刘家义在署机关主持召开党组会议，传达学习中央有关文件精神。党组成员余效明、孙宝厚、陈蔷和袁野出席。副审计长石爱中，办公厅、人教司、机关党委和驻署监察局主要负责同志列席会议。

10 日上午 副审计长余效明在署机关主持召开党委委员会议，研究“两优一先”和司局级文明单位评选等事宜。全体机关党委委员参加会议。

10 日下午 副审计长余效明在京出席全国人大召开的统筹推进城乡社会保障体系建设工程情况座谈会。社保司负责同志参加会议。

11 日上午 副审计长董大胜和党组成员、财政司司长袁野在署机关会见国家发展改革委副主任胡祖才一行，就有关审计事项进行沟通。财政司有关人员参加会见。

11 日下午 党组书记刘家义在署机关主持召开党组会议，研究有关专项工作。党组副书记董大胜，党组成员余效明、孙宝厚、陈蔷、张通和袁野出席。副审计长石爱中，办公厅和人教司主要负责同志列席会议。

5 日至 11 日 中央经济责任审计工作联席会

议办公室主任张通赴海南省就经济责任审计工作进行调研。经责司负责同志及有关人员参加调研。

12日上午 副审计长董大胜和党组成员、财政司司长袁野在署机关会见商务部副部长李金早一行，就有关审计事项进行沟通。行事司和贸易审计局主要负责同志及有关人员参加会见。

12日上午 纪检组长陈蔷在署机关主持召开驻署纪检组监察局办公会，听取上半年工作汇报，研究部署下半年重点工作。

12日下午 副审计长孙宝厚和纪检组长陈蔷在署机关召集会议，研究加强审计机关廉政风险防控机制建设调研有关事宜。法规司主要负责同志和驻署监察局有关人员参加会议。

12日晚 副审计长石爱中在武汉就数字化指挥系统进行调研。计算中心和上海、南京、郑州、长沙特派办，湖北、江苏、浙江、内蒙古审计厅负责同志及有关人员参加调研。

3日至12日 副审计长余效明和总审计师陈尘肇先后赴各审计现场听取2014年度中央企业审计开展情况的中期汇报。企业司主要负责同志和各审计组有关人员参加汇报。

8日至12日 总审计师陈尘肇率中国审计代表团赴莫斯科出席俄中审计研讨会。

13日上午 党组书记刘家义在署机关主持召开党组会议，研究有关人事事项。党组副书记董大胜，党组成员余效明、孙宝厚、陈蔷、陈尘肇、张通和袁野出席。人教司、机关党委和驻署监察局主要负责同志列席会议。

13日上午 审计长刘家义在署机关主持召开审计长会议，听取关于部分特派办有关资产处置情况的汇报。副审计长董大胜、余效明、孙宝厚，纪检组长陈蔷，总审计师陈尘肇，中央经济责任审计工作联席会议办公室主任张通和党组成员、财政司司长袁野出席。办公厅、驻署监察局和服务局主要负责同志列席相关内容的研究。

11日至13日 副审计长石爱中在武汉出席中国民主促进会中央常委会。

16日 副审计长余效明、石爱中和总审计师陈尘肇在署机关召集会议，听取国家电网审计组中期进展情况汇报。企业司主要负责同志及各审计组有关人员参加会议。

16日下午 总审计师陈尘肇在署机关主持召开会议，研究预算法修正案草案（第三次审议稿）相关修改工作。办公厅、法规司、财政司、行事司和金融司负责同志参加会议。

17日上午 副审计长石爱中在京出席中国经济社会理事会四届一次会议。

17日上午 总审计师陈尘肇在署机关主持召开会议，研究有关专题报告等事宜。办公厅和企业司主要负责同志及有关人员参加会议。

17日上午 中央经济责任审计工作联席会议办公室主任张通在署机关主持召开部长经济责任审计工作座谈会。行事司、经责司、工业审计局、民族宗教局、民政社保局、建设审计局、交通运输局、贸易审计局、国资监管局和广电通讯局主要负责同志及有关人员参加座谈会。

17日下午 石爱中和副审计长孙宝厚在署机关召集会议，研究修改《政府投资审计条例》等相关事宜。法规司、投资司和外资司主要负责同志参加。

17日下午 审计长刘家义在署机关主持召开稳增长促改革调结构惠民生政策措施落实情况第八督查组工作会议。住房城乡建设部副部长齐骥出席。第八督查组成员参加会议。

18日上午 党组书记刘家义在署机关主持召开党组会议，听取关于先进基层党组织、优秀共产党员、优秀党务工作者和文明司局单位拟表彰名单及有关情况的汇报。党组成员余效明、孙宝厚、陈蔷、陈尘肇、张通和袁野出席。副审计长石爱中，人教司、机关党委和驻署监察局主要负责同志列席会议。

18日上午 审计长刘家义在署机关主持召开审计长会议，听取关于第二届审计长奖学金评选结果及有关情况的汇报。副审计长余效明、石爱中、孙宝厚，纪检组长陈蔷，总审计师陈尘肇，中央经济责任审计工作联席会议办公室主任张通和党组成员、财政司司长袁野出席。办公厅、人教司和培训中心主要负责同志列席相关内容的研究。

18日下午 副审计长余效明和石爱中在京听取中国长江三峡集团公司审计组中期审计进展情况的汇报。

18日下午 总审计师陈尘肇赴住房城乡建设部与副部长齐骥就审计工作有关事项进行沟通。

企业司主要负责同志参加会见。

19 日 审计长刘家义和党组成员、财政司司长袁野赴南京就审计干部教育学院有关工作进行调研。人教司、培训中心和科研所主要负责同志参加调研。

19 日上午 副审计长石爱中在京赴企业审计现场就数字化指挥系统进行调研。

16 日至 19 日 副审计长董大胜赴贵州省部分市县就自然资源资产离任审计试点、地方审计机关干部队伍建设、经济责任审计和审计机关党风廉政建设等方面的情况进行调研。贵州省审计厅主要负责同志及农业司有关人员参加调研。

19 日至 20 日 副审计长董大胜赴贵阳出席全国通联宣传暨审计文化书屋建设工作座谈会。审计报社、出版社主要负责同志，南方 15 省（自治区、直辖市）和深圳、宁波、厦门等计划单列市审计机关及部分地市审计机关分管审计宣传工作的负责同志参加会议。

9 日至 20 日 亚洲审计组织“IT 环境下的财务审计”培训班在南京审计学院举行，副审计长董大胜出席开幕式并致辞。国际司和南京审计学院主要负责同志及有关人员参加开幕式。来自亚洲 33 个国家最高审计机关的 42 名代表参加培训。

23 日下午 中央经济责任审计工作联席会议办公室主任张通在署机关参加经责司党支部“理想与信念”学习讨论活动。经责司主要负责同志及全体党员干部参加讨论活动。

24 日上午 党组书记刘家义在署机关主持召开党组会议，研究有关人事事项。党组副书记董大胜，党组成员余效明、陈蕾、陈尘肇、张通和袁野出席。人教司、机关党委和驻署监察局主要负责同志列席会议。

24 日上午 审计长刘家义在署机关主持召开审计长会议，听取关于细化分配 2014 年初暂列署本级预算等情况的汇报。副审计长董大胜、余效明，纪检组长陈蕾，总审计师陈尘肇，中央经济责任审计工作联席会议办公室主任张通和党组成员、财政司司长袁野出席。办公厅、人教司、机关党委、离退休办、驻署监察局和服务局主要负责同志列席相关内容的研究。

24 日上午 受副审计长石爱中委托，副审计长孙宝厚在京出席国务院长江三峡工程整体竣工验收委员会第一次全体会议。

24 日下午 受国务院委托，审计长刘家义在第十二届全国人民代表大会常务委员会第九次会议上做《关于 2013 年度中央预算执行和其他财政收支审计情况的工作报告》。总审计师陈尘肇列席会议。

25 日上午 审计长刘家义列席国务院第 52 次常务会议。

25 日上午 副审计长董大胜和党组成员、财政司司长袁野出席第十二届全国人大常委会第九次会议关于 2013 年度中央预算执行和其他财政收支的审计工作报告分组审议。办公厅、财政司和行事司负责同志参加分组审议。

25 日 受世界审计组织主席、审计长刘家义委托，副审计长董大胜在京出席世界审计组织财务与管理委员会电视电话会议。

23 日至 25 日 副审计长石爱中在京出席全国政协十二届全国委员会常务委员会第六次会议。

26 日上午 副审计长董大胜在京出席第十二届全国政协经济委员会主任会议。

26 日下午 副审计长石爱中赴南京出席审计干部教育学院 2014 年财务会计培训班毕业典礼。人教司和培训中心负责同志参加毕业典礼。

26 日下午 总审计师陈尘肇在署机关会见河南省委常委、洛阳市委书记陈雪枫一行。农业司负责同志及有关人员参加会见。

30 日上午 副审计长石爱中在京主持召开会议，听取审计文物收集和抢救重要文物工作中期汇报。审计博物馆主要负责同志参加会议。

30 日下午 受审计长刘家义委托，副审计长董大胜在京列席中央政治局第十六次集体学习。

30 日下午 审计署“我身边的先进典型”事迹报告会暨审计署机关先进基层党组织、优秀共产党员、优秀党务工作者和司局级文明单位表彰大会在署机关召开。副审计长余效明、孙宝厚，纪检组长陈蕾，总审计师陈尘肇，中央经济责任审计工作联席会议办公室主任张通和党组成员、财政司司长袁野出席会议并为获奖单位和个人颁奖。

7 月

1 日上午 审计长刘家义列席中央政治局常

委会议。

2日上午 国务院第53次常务会议听取审计工作情况的汇报并研究部署2013年度中央预算执行和其他财政收支审计查出问题的整改工作。审计长刘家义列席会议并就审计工作相关情况进行汇报。总审计师陈尘肇参加会议。

2日上午 受署党组委托，副审计长董大胜赴卫生药品局主持召开干部大会，宣布署党组对该局主要负责同志的职务任免决定。人教司负责同志参加会议。

2日下午 党组书记刘家义在署机关主持召开党组会议，传达中央领导同志重要批示精神，部署审计工作。党组副书记董大胜，党组成员孙宝厚、陈蕾、陈尘肇、张通和袁野出席。副审计长石爱中，办公厅、法规司、各业务司、国际司、人教司、机关党委、驻署监察局、服务局和计算中心负责同志列席会议。

2日 副审计长石爱中在京出席新一轮次地县级审计局长培训班论证会。办公厅、法规司、财政司、经责司、培训中心和北京、天津、辽宁、河南、广东、陕西省（市）审计厅（局）负责同志参加论证会。

3日上午 纪检组长陈蕾赴中央纪委参加落实中央八项规定精神、纠正“四风”工作座谈会。

3日下午 副审计长董大胜、石爱中、孙宝厚和党组成员、财政司司长袁野在署机关出席行政事业审计2013年度课题结题暨2014年度课题安排论证会。

4日上午 纪检组长陈蕾在署机关主持召开会议，传达落实中央八项规定精神、纠正“四风”工作座谈会精神，研究部署下一步工作。驻署监察局主要负责同志及相关人员参加会议。

4日下午 副审计长董大胜在京出席赣南等原中央苏区振兴发展工作座谈会。

6月25日至7月4日 审计长刘家义作为国务院第八督查组组长率队赴广东、广西、重庆和四川4省（区、市）就贯彻落实国务院稳增长促改革调结构惠民生政策措施落实情况进行督查。金融司主要负责同志作为督查组成员参加督查工作。

1日至4日 副审计长余效明赴宁夏出席定点联系点同心县审计局领导班子党的群众路线教育实践活动专题民主生活会。

2日至6日 中央经济责任审计工作联席会议办公室主任张通赴山东就经济责任审计工作进行调研。经责司负责同志及有关人员参加调研。

7日下午 副审计长余效明在署机关会见中国远洋运输（集团）公司董事长马泽华，并就有关审计事项进行沟通。企业司和济南特派办主要负责同志参加会见。

9日上午 审计长刘家义列席国务院第54次常务会议。

7日至9日 审计署党组2014年第二季度中心组学习（扩大）会暨党支部书记培训班在署机关召开。会议以加强思想政治工作为主题，就党中央有关思想政治工作的重要精神和中央领导同志关于加强思想政治工作的系列讲话进行学习和讨论。党组书记刘家义，党组副书记董大胜，党组成员余效明、孙宝厚、陈蕾、陈尘肇、张通和袁野出席。副审计长石爱中，署机关各单位、各特派员办事处、各派出审计局主要负责同志和各特派办机关党委专职副书记参加学习会。

10日下午 副审计长余效明在署机关先后会见中国华电集团公司总经理程念高和中国南方电网公司董事长赵建国，就有关审计事项分别进行沟通。企业司主要负责同志参加会见。

10日至11日 审计长刘家义，副审计长董大胜、石爱中、孙宝厚，总审计师陈尘肇和党组成员、财政司司长袁野在京参加2014年度高级审计师资格评审会。评审委员会委员参加评审会。

14日下午 审计长刘家义出席国务院经济形势企业负责人座谈会。

14日上午 副审计长董大胜在京出席全国培养选拔年轻干部工作座谈会。人教司主要负责同志参加会议。

15日下午 审计长刘家义出席国务院经济形势专家座谈会。

15日上午 受审计长刘家义委托，副审计长董大胜主持召开专题会议，研究对国家宏观经济政策和重大调控措施进行审计和专项审计调查，促进经济平稳健康运行等事项。副审计长孙宝厚、总审计师陈尘肇和党组成员、财政司司长袁野出席。办公厅、法规司和各业务司负责同志参加会议。

15 日下午 副审计长董大胜在京出席全国干部监督工作会议。人教司主要负责同志参加会议。

15 日下午 副审计长孙宝厚在署机关会见民政部副部长宫蒲光，并就有关审计事项进行沟通。行事司和民政社保局主要负责同志及有关人员参加会见。

15 日下午 总审计师陈尘肇在署机关会见国家电网公司副总经理陈月明，并就有关审计事项进行沟通。

16 日上午 审计长刘家义列席国务院第 55 次常务会议。

16 日下午 审计长刘家义列席国务院第 56 次常务会议。

16 日下午 副审计长董大胜在京参加政协十二届全国委员会经济委员会上半年宏观经济形势分析会。

14 日至 16 日 受署党组委托，副审计长余效明先后赴济南和昆明特派办主持召开干部大会，宣布两个特派办主要负责同志的职务任免决定。人教司负责同志和有关人员参加会议。

17 日 审计长刘家义赴江西省会昌县调研指导群众路线教育实践活动和对口支援工作。机关党委主要负责同志参加调研活动。

17 日上午 副审计长董大胜和党组成员、财政司司长袁野在署机关会见国家林业局局长赵树丛、副局长张建龙一行，就有关审计事项进行沟通。行事司和农林水利局负责同志参加会见。

17 日上午 副审计长石爱中赴国家开发银行审计现场就数字化指挥系统进行调研。金融司和计算中心主要负责同志参加调研活动。

17 日下午 党组成员、财政司司长袁野在京为 2014 年第二期审计理论研究骨干培训班授课。

14 日至 17 日 中央经济责任审计工作联席会议办公室主任张通赴海南出席定点联系点陵水县审计局领导班子党的群众路线教育实践活动专题民主生活会。长沙特派办主要负责同志参加有关活动。

18 日上午 审计署在署机关召开干部大会。审计长刘家义，副审计长董大胜、余效明、石爱中、孙宝厚，纪检组长陈蕃，总审计师陈尘肇，中央经济责任审计工作联席会议办公室主任张通，党组成员、财政司司长袁野，署老领导安国、李勇库同志出席。署机关各单位、各派出审计局副司局级（含）以上干部和正处长，各特派员办事处、各直属单位主要负责同志参加会议。

18 日下午 党组书记刘家义在署机关主持召开党组会议，研究有关人事事项。党组成员余效明、孙宝厚、陈尘肇、袁野出席。副审计长石爱中和人教司主要负责同志列席会议。

18 日至 19 日 副审计长董大胜赴大连出席全国通联宣传暨审计文化书屋建设工作座谈会北片会议。报社、出版社主要负责同志，北方 16 个省、自治区、直辖市、新疆生产建设兵团、2 个计划单列市以及部分特邀市县审计机关分管审计宣传工作的负责同志参加会议。

21 日上午 总审计师陈尘肇在京出席中央办公厅法规局组织召开的会议，研究确定了中长期改革实施规划有关改革举措任务分工等事宜。办公厅有关同志参加会议。

23 日上午 受审计长刘家义委托，副审计长董大胜列席国务院第 57 次常务会议。

23 日至 24 日 联合国审计委员会在纽约联合国总部召开会议。审计长刘家义率代表团出席，并与印度审计长进行工作交接。境外司和国际司主要负责同志参加会议。

23 日至 24 日 总审计师陈尘肇赴重庆市出席定点联系点大渡口区审计局领导班子党的群众路线教育实践活动专题民主生活会，并在重庆市审计局开展专题调研。

22 日至 25 日 纪检组长陈蕃赴湖北出席定点联系点钟祥市审计局领导班子党的群众路线教育实践活动专题民主生活会，并在湖北省审计厅、荆门市审计局和钟祥市审计局开展专题调研。驻署监察局有关同志参加调研。

27 日下午 副审计长孙宝厚在京出席 2014 年青年审计干部培训班，并与全体学员进行座谈。

28 日 全国经济责任审计工作电视电话会议在京召开。会议总结近年经济责任审计工作情况，就深入贯彻落实《党政主要领导干部和国有企业领导人员经济责任审计规定》及其实施细则，推动经济责任审计工作不断发展做出部署和安排。中央经济责任审计工作联席会议召集人审计署审计长刘家义、中央纪委副书记张军、中央组织部副部长王尔乘、中央编办副主任何建中、人力资源和社会保障部副部长国家公务员局党组书记杨士秋、国务院国资委副主任孟建民出席并讲话，中央经济责任审计工作联席会议办公室主任张通主持会议。中央经济责任审计工作部际联席会议办公室成员和联络员，联席会议成员单位相关司局负责同志，部分中央部门、金融机构和中央企业内部审计机构主要负责同志和署机关各单位、各特派员办事处、各派出审计局主要负责同志在主会场参加会议。各省、自治区、直辖市和计划单列市、新疆生产建设兵团经济责任审计工作联席会议（领导小组）办公室及各成员单位各有关负责同志通过视频在分会场参加会议。

28 日下午　副审计长石爱中在京参加中国内部审计协会课题结题评审。

28 日上午和 29 日上午　总审计师陈尘肇和党组成员、财政司司长袁野在京先后为司局级副职领导干部专题研究班授课。

29 日上午　总审计师陈尘肇在京参加中央党的群众路线教育实践活动领导小组组织召开的清理整治奢华浪费建设工作座谈会。行事司负责同志参加会议。

29 日上午　审计机关落实党风廉政建设“两个责任”座谈会在署机关召开。审计长刘家义出席并讲话，纪检组长陈蔷主持会议。办公厅、法规司、人教司、机关党委、机关纪委、驻署监察局、成都特派办和湖北、山东省审计厅主要负责同志，各省、自治区、直辖市及新疆生产建设兵团审计厅（局）纪检组长或分管同志，署党组派驻各特派员办事处和中国审计报社、中国时代经济出版社纪检组长参加座谈会。中央纪委有关同志和部分署特约审计员应邀参加会议。

18 日至 29 日　审计署 2014 年度新录用公务员初任培训班在京举办。培训期间，审计长刘家义与学员进行座谈，副审计长董大胜、余效明、孙宝厚，纪检组长陈蔷，总审计师陈尘肇和党组成员、财政司司长袁野先后为学员做专题讲座。

24 日和 29 日　中央经济责任审计工作联席会议办公室主任张通就《党政主要领导干部和国有企业领导人员经济责任审计规定实施细则》颁布事项，先后接受中央电视台采访和中国政府网在线访谈。

30 日上午　审计长刘家义列席国务院第 58 次常务会议。

30 日上午　副审计长石爱中和孙宝厚在双榆树事业单位办公楼出席审计科研所 2012 级博士后出站报告答辩会。

30 日下午　审计长刘家义出席中央党的群众路线教育实践活动领导小组第十四次会议。

30 日下午　副审计长石爱中在京先后出席社保审计数据规划科研课题和中央部门预算执行审计数据规划科研课题验收评审会。

31 日上午　审计长刘家义列席国务院振兴东北地区等老工业基地领导小组第一次会议。

31 日下午　党组书记刘家义在署机关主持召开党组会议，听取关于 2014 年享受政府特殊津贴人员推荐人选和署机关各部门 2013 年度综合考核结果有关情况的汇报，研究有关人事事项。党组副书记董大胜，党组成员余效明、孙宝厚、陈蔷、陈尘肇、张通和袁野出席。副审计长石爱中，办公厅、法规司、人教司、机关党委和计算中心负责同志列席相关议题的研究。

31 日上午　副审计长孙宝厚在双榆树事业单位办公楼出席《编制自然资源资产负债表与生态环境损害责任终身追究制》课题组第一次全体会议。外资中心和科研所主要负责同志及课题组全体成员参加会议。

8 月

5 日至 6 日　党组成员、财政司司长袁野赴浙江出席定点联系点义乌市审计局领导班子党的群众路线教育实践活动专题民主生活会。

9 日　副审计长孙宝厚在京现场指导《中华人民共和国审计法实施条例》的修订工作。法规司主要负责同志及有关人员参加修订工作。

11 日下午　总审计师陈尘肇在署机关出席加强中央文件管理工作会议并讲话。署机关各单位、各派出审计局文书管理员和署保密办有关人员参加会议。

10 日至 11 日　受署党组委托，副审计长余效明赴南京特派办召开干部大会，宣布该办主要负责同志的职务任免决定。人教司负责同志参加会议。

10 日至 11 日　受署党组委托，副审计长孙宝厚赴沈阳特派办召开干部大会，宣布该办主要负责同志的职务任免决定。人教司主要负责同志参加会议。

13 日下午 审计长刘家义在京主持召开保密工作会议。副审计长余效明、石爱中、孙宝厚，纪检组长陈蕾，总审计师陈尘肇，中央经济责任审计工作联席会议办公室主任张通和党组成员、财政司司长袁野出席。署机关各单位、各派出审计局和各特派员办事处负责同志及署保密办相关人员参加会议。

13 日下午 副审计长孙宝厚和总审计师陈尘肇在署机关召集会议，研究保密工作有关事项。办公厅、法规司、服务局、计算中心主要负责同志及有关人员参加会议。

11 日至 13 日 副审计长董大胜赴四川出席定点联系点昭觉县审计局领导班子党的群众路线教育实践活动专题民主生活会。

14 日上午 党组书记刘家义在署机关主持召开党组会议，讨论和传达有关中央文件。党组副书记董大胜，党组成员余效明、孙宝厚、陈蕾、陈尘肇、张通和袁野出席。副审计长石爱中，办公厅、人教司、机关党委和驻署监察局主要负责同志列席相关内容的学习讨论。

14 日下午 总审计师陈尘肇在署机关会见中国国际广播电台台长王庚年一行。行事司主要负责同志及有关人员参加会见。

15 日上午 副审计长余效明在署机关会见中国长江三峡集团公司原董事长曹广晶一行。企业司负责同志参加会见。

15 日上午 总审计师陈尘肇赴国务院新闻办就有关情况进行沟通。办公厅负责同志及有关人员参加情况沟通。

14 日至 15 日 副审计长孙宝厚赴陕西出席定点联系点定边县审计局领导班子党的群众路线教育实践活动专题民主生活会。

18 日下午 纪检组长陈蕾在署机关主持召开会议，传达中央纪委文件，研究驻署监察局工作安排。驻署监察局全体同志参加会议。

19 日上午 审计长刘家义列席国务院第 59 次常务会议。

20 日上午 审计长刘家义在人民大会堂出席纪念邓小平同志诞辰 110 周年座谈会。

16 日至 20 日 副审计长孙宝厚赴陕西省就加强审计机关廉政风险防控机制建设进行调研。法规司主要负责同志及有关人员参加调研。

21 日下午 党组书记刘家义在署机关主持召开党组会议，研究有关人事事项和《审计署关于培养审计业务骨干人才和审计专业领军人才的实施意见》《中共审计署党组关于进一步加强和改进思想政治工作的意见》《中共审计署机关委员会关于加强基层服务型党组织建设的意见》等文稿。党组成员余效明、孙宝厚、陈蕾、陈尘肇、张通和袁野出席。副审计长石爱中，办公厅、人教司、机关党委和驻署监察局主要负责同志列席相关议题的研究。

21 日下午和 22 日上午 审计长刘家义在署机关主持召开审计长会议，研究《审计署审计现场保密管理试行办法》和《审计署审计现场突发事件处置办法》等文稿，听取关于修订完善地方审计机关优秀审计项目评分标准等事项的情况汇报。副审计长余效明、石爱中、孙宝厚，纪检组长陈蕾，总审计师陈尘肇，中央经济责任审计工作联席会议办公室主任张通和党组成员、财政司司长袁野出席。办公厅、法规司、行事司、人教司、机关党委、离退休办、驻署监察局、服务局、计算中心、培训中心和科研所负责同志列席相关议题的研究。

18 日至 24 日 副审计长董大胜赴黑龙江省参加全国政协经济委员会有关大型国有林场体制转型的专题调研活动。

25 日上午 副审计长董大胜在人民大会堂出席对口支援西藏工作 20 周年电视电话会议。人教司主要负责同志参加会议。

25 日下午至 27 日 副审计长石爱中在京出席全国政协第十二届全国委员会常务委员会第七次会议。副审计长孙宝厚作为署代表列席会议。

26 日上午 审计署在署机关举办稳增长促改革调结构惠民生政策措施落实情况跟踪审计培训班。副审计长董大胜做动员讲话，总审计师陈尘肇做培训班总结，党组成员、财政司司长袁野就审计工作方案进行讲解。办公厅、财政司、行事司、金融司、社保司相关同志和派出审计局参审人员在主会场，各特派员办事处主要负责同志及参审人员通过视频在分会场参加培训。

26日上午 副审计长余效明在京出席中央公务用车制度改革领导小组第一次会议。行事司负责同志及有关人员参加会议。

26日下午 审计长刘家义和党组成员、财政司司长袁野在署机关会见中国社会科学院院长王伟光一行。办公厅、行事司和经责司主要负责同志参加会见。

27日上午 审计长刘家义列席国务院第60次常务会议。

27日上午 中央经济责任审计工作联席会议办公室主任张通和党组成员、财政司司长袁野在署机关先后会见海南省政府秘书长胡光辉一行，就审计工作有关事项进行沟通。

27日下午 党组成员、财政司司长袁野出席国务院研究改进涉农资金管理有关问题的会议。财政司负责同志参加会议。

28日上午 党组书记刘家义在署机关主持召开党组会议，研究有关人事事项和审计工作相关文稿。党组副书记董大胜，党组成员余效明、孙宝厚、陈蕾、陈尘肇、张通和袁野出席。副审计长石爱中，办公厅、法规司、人教司、机关党委和驻署监察局主要负责同志列席相关议题的研究。

28日上午 审计长刘家义在署机关主持召开审计长会议，听取有关文稿征求审计署意见相关情况的汇报。副审计长董大胜、余效明、石爱中、孙宝厚，纪检组长陈蕾，总审计师陈尘肇，中央经济责任审计工作联席会议办公室主任张通和党组成员、财政司司长袁野出席。办公厅、法规司、人教司、机关党委和驻署监察局主要负责同志列席会议。

28日下午 审计长刘家义和总审计师陈尘肇在署机关与中央全面深化改革领导小组办公室副主任穆虹一行就审计署牵头和配合改革事项的推进情况进行座谈。办公厅、农业司和经责司负责同志参加座谈会。

29日下午 审计长刘家义参加中央政治局第17次集体学习。

28日下午和29日下午 副审计长董大胜、余效明，纪检组长陈蕾，总审计师陈尘肇，中央经济责任审计工作联席会议办公室主任张通和党组成员、财政司司长袁野赴国家博物馆参观新疆生产建设兵团成立60周年历史文物展。署机关全体干部参观了展览。

29日下午 受副审计长石爱中委托，总审计师陈尘肇和党组成员、财政司司长袁野在署机关召集会议，就新办公楼信息化建设工作有关事项进行研究。办公厅、法规司、服务局和计算中心主要负责同志及有关人员参加会议。

9月

1日上午 中共中央政治局常委、中央纪委书记王岐山在京听取蒙阴县委和山东省委教育实践活动情况汇报。审计长刘家义陪同王岐山同志听取情况汇报。

1日下午 审计长刘家义和党组成员、财政司司长袁野在京出席全国公务用车制度改革电视电话会议。行事司主要负责同志及有关人员参加会议。

1日 副审计长孙宝厚在京参加中国特色社会主义审计制度研究审稿相关工作。

2日上午 审计长刘家义列席国务院第61次常务会议。

2日上午 受党组书记刘家义委托，党组副书记董大胜在署机关主持召开党组会议，研究有关人事事项。党组成员余效明、孙宝厚、陈蕾、陈尘肇、张通和袁野出席。人教司、机关党委和驻署监察局主要负责同志列席会议。

2日下午 审计长刘家义出席国务院研究部署“十三五”规划编制专题会议。

3日上午 纪检组长陈蕾在署机关主持召开驻署纪检组监察局全体干部会议，部署下一阶段工作。

5日上午 审计长刘家义在人民大会堂出席庆祝全国人民代表大会成立60周年大会。

5日下午 党组书记刘家义在署机关主持召开党组会议，宣布党中央、国务院关于署领导班子有关成员职务任免的通知。党组成员孙宝厚、陈蕾、陈尘肇、张通、袁野和李晓钟出席。副审计长石爱中，董大胜、余效明、李勇库，办公厅、法规司、人教司、机关党委、驻署监察局和服务局主要负责同志列席会议。

9日 党组书记刘家义在署机关主持召开党组会议，就进一步加强审计署领导班子建设进行专题讨论，研究署领导分工调整等事项。党组成员孙宝厚、陈蔷、陈尘肇、张通、袁野和李晓钟出席。副审计长石爱中，总经济师、机关服务局局长张力，办公厅，法规司，人教司和驻署监察局负责同志列席会议。

11 日上午 副审计长陈尘肇在署机关会见中国远洋运输（集团）总公司董事长马泽华一行，就有关审计事项进行沟通。企业司有关人员参加会见。

11 日下午 党组书记刘家义在署机关主持召开党组会议，传达中央有关文件精神。党组成员孙宝厚、陈蔷、陈尘肇、张通、袁野和李晓钟出席。人教司主要负责同志列席会议。

12 日上午 副审计长孙宝厚在京出席军队某部高层次人才遴选评审会。

12 日下午 审计长刘家义在署机关接见了第五届中印青年审计论坛的全体代表。国际司主要负责同志参加有关活动。

14 日上午 总审计师李晓钟在署机关出席审计署电子文件管理系统项目竣工验收会。计算中心主要负责同志参加会议。

15 日下午 审计长刘家义在人民大会堂出席首届中国质量（北京）大会。

15 日下午 审计长刘家义和副审计长陈尘肇在京出席党的群众路线教育实践活动理论研讨会全体会议。

16 日下午 审计长刘家义出席国务院组织召开的推进新型城镇化建设座谈会。

17 日上午 审计长刘家义出席国务院第三次全体会议。

17 日上午 审计长刘家义列席国务院第 62 次常务会议。

17 日上午 副审计长袁野在署机关会见中国出口信用保险公司董事长王毅一行，就有关审计事项进行沟通。金融司主要负责同志及有关人员参加会见。

18 日上午 副审计长孙宝厚在双榆树事业单位办公楼出席离退休干部第三季度例会，通报离退休办主要负责同志的职务任免和署领导班子职务调整等情况。人教司和离退休办主要负责同志及有关人员参加会议。

18 日上午 总审计师李晓钟在署机关出席中央企业领导人员经济责任审计项目集中审理动员会。法规司、企业司主要负责同志及有关人员参加动员会。

19 日上午 党组书记刘家义在署机关主持召开党组会议，研究有关人事事项。党组成员孙宝厚、陈蔷、陈尘肇、张通、袁野和李晓钟出席。总经济师、机关服务局局长张力，人教司、机关党委和驻署监察局主要负责同志列席会议。

19 日下午 纪检组长陈蔷在京出席中央纪委副书记、监察部部长黄树贤主持召开的中央纪委一室、三室、四室联系单位纪检组（纪委）主要负责人会议。会议传达学习王岐山近期有关讲话精神。

19 日下午 中央经济责任审计工作联席会议办公室主任张通在署机关会见海南省人民政府秘书长胡光辉一行，就有关审计事项进行沟通。

20 日下午 副审计长孙宝厚、袁野在署机关会见江西省省长鹿心社一行，就有关审计事项进行沟通。财政司和南京特派办负责同志参加会见。

21 日上午 审计长刘家义出席庆祝中国人民政治协商会议成立 65 周年大会。

22 日下午 副审计长陈尘肇赴工业和信息化部出席国务院减轻企业负担部际联席会议。企业司主要负责同志参加会议。

24 日上午 审计长刘家义列席国务院第 63 次常务会议。

25 日 中央经济责任审计工作联席会议办公室主任张通赴海南省与省委书记罗保铭、省长蒋定之就有关审计事项分别进行沟通。长沙特派办主要负责同志及有关人员参加沟通。

28 日晚 副审计长袁野在人民大会堂出席庆祝中华人民共和国成立 65 周年外国专家招待会。

28 日至 29 日 中央民族工作会议在京召开。审计长刘家义出席 28 日的开幕会和第二次全体会议，副审计长袁野全程出席会议。

29 日上午 审计长刘家义列席国务院第 64 次常务会议。

29 日下午 党组书记刘家义在署机关主持召开党组会议，研究有关人事事项。党组成员孙宝厚、陈蔷、陈尘肇、张通和李晓钟出席。总经济师、机关服务局局长张力，人教司、机关党委和驻署监察局主要负责同志列席会议。

29日下午 审计长刘家义在署机关主持召开审计长会议，听取关于制定审计署公务用车改革实施方案有关情况的汇报。副审计长孙宝厚，纪检组长陈蕾，副审计长陈尘肇，中央经济责任审计工作联席会议办公室主任张通和总审计师李晓钟出席。总经济师、机关服务局局长张力，办公厅，行事司，人教司，机关党委和驻署监察局负责同志列席会议。

29日晚 审计长刘家义出席中央宣传部、文化部等5部门在人民大会堂举办的庆祝中华人民共和国成立65周年音乐会。

22日至29日 副审计长孙宝厚率中国审计代表团赴俄罗斯出席亚洲审计组织第47次理事会及第二届亚洲审计组织和欧洲审计组织联合会议，访问匈牙利审计署。

30日上午 审计长刘家义在署机关主持召开《中国特色社会主义审计制度研究》课题研讨会。副审计长孙宝厚、陈尘肇、袁野和总审计师李晓钟出席，课题组全体成员参加会议。

30日上午 中央经济责任审计工作联席会议办公室主任张通在京出席国务院鲁甸地震灾后恢复重建工作指导协调小组第一次全体会议。投资司负责同志参加会议。

30日晚 审计长刘家义和副审计长孙宝厚在人民大会堂出席国务院举行的庆祝中华人民共和国成立65周年招待会。

国庆节前夕 受署党组委托，署领导分别走访慰问新中国成立前参加革命工作的老领导、老同志。署离退休干部工作领导小组成员单位和相关司局负责同志参加走访慰问。

10月

8日上午 审计长刘家义在京出席中央党的群众路线教育实践活动总结大会。人教司主要负责同志参加大会。

8日上午 副审计长孙宝厚在署机关出席署机关处级干部选拔任用工作部署会议。署机关各司局和各派出审计局主要负责同志参加会议。

8日下午 审计长刘家义出席国务院部门负责同志会议。

8日下午 审计长刘家义列席国务院第65次常务会议。

8日下午 副审计长孙宝厚和陈尘肇在京出席《中国特色社会主义审计制度研究》课题研讨会。课题组全体成员参加研讨会。

9日上午 党组书记刘家义在署机关主持召开党组会议，传达中央有关会议精神，研究审计署党的群众路线教育实践活动总结有关事项。党组成员孙宝厚、陈蕾、陈尘肇、袁野和李晓钟出席。总经济师、机关服务局局长张力，办公厅，人教司，机关党委，驻署监察局和计算中心负责同志列席会议。

10日上午 纪检组长陈蕾在署机关主持召开驻署监察局处以上干部会议。

11日下午 副审计长孙宝厚和袁野在署机关出席审计署赴澳大利亚联邦政府决算审计中长期培训班汇报会。财政司、国际司、人教司、机关党委和培训中心负责同志及有关人员参加汇报会。

11日下午 副审计长孙宝厚和陈尘肇在署机关与中央编办调研组进行座谈。办公厅、法规司、农业司、人教司和京津冀特派办负责同志及有关人员参加座谈。

9日至11日 总审计师李晓钟在京出席全国党委秘书长会议。

9日至11日 审计长刘家义先后赴上海市和江苏省南京市对上海特派办、南京特派办、上海市审计局和江苏省审计厅进行工作调研。人教司主要负责同志参加调研。

12日 审计长刘家义和副审计长孙宝厚赴南京出席在审计干部教育学院举行的第三届南太平洋地区国家最高审计机关审计长研讨班开幕式和欢迎晚宴。国际司、人教司、培训中心和教育学院负责同志参加相关活动。

6日至12日 中央经济责任审计工作联席会议办公室主任张通率中国审计代表团赴美国参加世界审计组织反腐败反洗钱工作组第8次会议，访问加拿大审计署。

13日下午 审计长刘家义列席中央政治局第18次集体学习。

13日下午 受署党组委托，副审计长孙宝厚赴江苏省南通市宣布审计博物馆负责同志的职务任命。人教司主要负责同志陪同参加。

14日上午 中央经济责任审计工作联席会议

办公室主任张通在署机关会见肯尼亚国民议会代表团一行，并与代表团团长、肯尼亚国民议会公共投资委员会副委员长弗朗西斯·彦泽先生进行工作交流。投资司主要负责同志及有关人员参加会见。

14 日下午　副审计长陈尘肇在署机关会见国家电网公司总经理舒印彪一行。企业司有关人员参加会见。

13 日上午和 14 日　副审计长孙宝厚、袁野和总审计师李晓钟先后赴南京为在审计干部教育学院举办的第三届南太平洋地区国家最高审计机关审计长研讨班做专题报告。

15 日上午　副审计长袁野在京出席国务院召开的关于中央编委第一次会议有关议定事项落实情况会议。行事司有关人员参加会议。

15 日下午　党组书记刘家义在署机关主持召开党组会议，研究部署贯彻落实《国务院关于加强审计工作的意见》的措施。党组成员孙宝厚、陈蔷、陈尘肇、张通、袁野和李晓钟出席。总经济师、机关服务局局长张力，办公厅、法规司、各业务司、人教司、机关党委、驻署监察局、计算中心负责同志和部分特派办主要负责同志列席会议。

16 日上午　副审计长陈尘肇和中国内部审计协会会长余效明在京出席全国内部审计先进集体和先进工作者表彰大会。

16 日下午　副审计长孙宝厚在署机关听取人教司工作情况汇报，并对人教司全体干部提出以人为本、按章办事、严谨细致、淡泊名利、钻研业务和保守秘密 6 点要求。人教司全体干部参加会议。

17 日上午　副审计长袁野在人民大会堂出席全国社会扶贫工作电视电话会议。行事司主要负责同志列席会议。

17 日下午　副审计长袁野在署机关会见中华全国供销合作总社副主任李春生一行。行事司主要负责同志参加会见。

20 日上午　副审计长孙宝厚在署机关主持召开会议，研究部署贯彻落实《国务院关于加强审计工作的意见》的具体措施。副审计长袁野出席。办公厅、法规司、各业务司、国际司、人教司、机关党委、离退休办、驻署监察局、服务局、计算中心、培训中心、科研所、审计报社、时代经济出版社和数据分析团队主要负责同志参加会议。

20 日下午　副审计长孙宝厚到怀柔审计干部培训基地就基本建设情况进行检查指导。总经济师、机关服务局局长张力和培训中心负责同志参加检查指导。

21 日下午　副审计长孙宝厚在署机关出席第三届南太平洋地区最高审计机关高级审计研讨班闭幕式。国际司主要负责同志参加闭幕式。

23 日下午　受审计长刘家义委托，副审计长孙宝厚在署机关主持召开全国审计机关先进集体和先进工作者评选表彰初审会。副审计长陈尘肇、袁野和总审计师李晓钟出席。法规司、人教司、机关党委、驻署监察局和计算中心负责同志及有关人员参加会议。

20 日至 23 日　审计长刘家义出席党的十八届四中全会。

20 日至 23 日　中央经济责任审计工作联席会议办公室主任张通赴吉林省就经济责任审计工作进行调研。经责司有关同志参加调研。

24 日上午　审计长刘家义列席国务院第 66 次常务会议。

24 日上午　受党组书记刘家义委托，党组成员、副审计长孙宝厚在署机关主持召开党组会议，传达学习党的十八届四中全会精神。党组成员陈蔷、陈尘肇、张通、袁野和李晓钟出席。

24 日下午　党组书记刘家义在署机关主持召开党组会议，学习贯彻党的十八届四中全会精神，研究有关人事事项和审计报告。党组成员孙宝厚、陈蔷、陈尘肇、张通、袁野和李晓钟出席。总经济师、机关服务局局长张力，办公厅、法规司、人教司、机关党委、驻署监察局和科研所负责同志列席相关内容研究。

26 日下午　副审计长孙宝厚在署机关主持召开会议，专题研究审计署贯彻落实《国务院关于加强审计工作的意见》的实施意见。总审计师李晓钟出席。办公厅、法规司、人教司、计算中心和数据分析团队主要负责同志参加会议。

27 日　审计长刘家义在南京出席中美金融监管政策绩效审计与评估联合研讨会开幕式，并发表题为《后金融危机时代国家金融审计发展展望》的主旨演讲，副审计长袁野主持开幕式。中、美、英、德、韩、澳6国高级官员和专家参加此次研讨会。

28日上午 党组书记刘家义在署机关主持召开党组会议，研究有关人事事项，《审计署关于深入学习贯彻党的十八届四中全会精神和〈国务院关于加强审计工作的意见〉的意见》等文稿。党组成员孙宝厚、陈蕾、陈尘肇、张通和李晓钟出席。总经济师、机关服务局局长张力，办公厅、法规司、财政司、行事司、农业司、投资司、社保司、经责司、人教司、机关党委、驻署监察局、计算中心、科研所和数据分析团队负责同志列席会议。

28日下午 副审计长孙宝厚在署机关主持召开会议，专题研究部署有关涉外事项。境外司、国际司、培训中心、内审协会和审计学会负责同志参加会议。

28日下午 纪检组长陈蕾在署机关主持召开驻署纪检组监察局全体干部会议，专题传达学习中央纪委四次全会精神和《国务院关于加强审计工作的意见》。驻署监察局全体干部参加会议。

28日下午 总审计师李晓钟在京出席中央国家机关学习宣传贯彻党的十八届四中全会精神动员部署会暨首场辅导报告会。机关党委主要负责同志列席报告会。

28日下午 审计长刘家义在署机关主持召开座谈会，就贯彻落实《国务院关于加强审计工作的意见》进行研究。副审计长孙宝厚和陈尘肇出席。办公厅、人教司及浙江、云南、贵州、重庆审计厅（局）负责同志参加座谈会。

29日中午 中央经济责任审计工作联席会议办公室主任张通主持召开审计署经济责任审计协调领导小组会议。办公厅、财政司、行事司、金融司、企业司和经责司负责同志参加会议。

30日下午 审计署在署机关召开各单位主要负责同志会议。副审计长孙宝厚宣布机构调整工作有关事项，对调整工作进行部署并提出工作要求，副审计长陈尘肇主持会议。纪检组长陈蕾，中央经济责任审计工作联席会议办公室主任张通，副审计长袁野和总审计师李晓钟出席。署机关各单位、各特派员办事处、各派出审计局主要负责同志及有关人员参加会议。

30日下午 副审计长孙宝厚主持召开不再保留的5个派出审计局主要负责同志座谈会，听取5位主要负责同志意见，对各局的清理和交接工作做出进一步要求。副审计长袁野出席。监察人事局、财税海关局、新闻报刊局、科学工程局和宣传审计局主要负责同志及办公厅、财政司、行事司、人教司、机关党委、服务局和计算中心负责同志参加座谈会。

31日下午 审计署在署机关召开全体干部大会。审计长刘家义，副审计长石爱中、孙宝厚，中央经济责任审计工作联席会议办公室主任张通和总审计师李晓钟出席并讲话，副审计长孙宝厚宣布机构调整工作有关事项，对调整工作进行部署并提出工作要求，副审计长陈尘肇主持会议。署机关各单位、各派出审计局全体干部以及拟到署机关、派出局任职的特派办同志参加大会。

29日至31日 审计署党组2014年第三季度中心组学习会在署机关召开。会议以学习贯彻党的十八届四中全会精神，进一步增强依法审计能力，促进全面推进依法治国为主题，就党的十八届四中全会精神、习近平总书记在党的群众路线教育实践活动总结大会上的讲话和国务院关于加强审计工作的意见进行学习和讨论。党组书记刘家义，党组成员孙宝厚、陈蕾、陈尘肇、张通、袁野和李晓钟出席。副审计长石爱中，署机关各单位、各特派员办事处和各派出审计局主要负责同志参加中心组学习会。

11月

2日上午 副审计长孙宝厚在京出席2014年高级审计师资格考试阅卷工作预备会和2014年高级审计师资格考试阅卷会议。培训中心负责同志参加有关会议。

3日 受署党组委托，副审计长陈尘肇赴长沙特派办召开干部大会，宣布关于该办主要负责同志的职务任免决定。人教司有关同志参加会议。

5日上午 副审计长陈尘肇在署机关出席对领导干部实行自然资源资产离任审计改革举措落实工作参与部委协调会并讲话，资环司主要负责同志主持会议。中央全面深化改革领导小组办公室协调局有关同志及环境保护部、国家统计局等8个改革工作相关部委有关同志参加会议。

5日上午 副审计长袁野在署机关召集会议，专题研究部署电子数据采集有关事项。数据司、财政司、税收司、社保司、资环司、金融司、企业司和计算中心负责同志参加会议。

5日下午 副审计长孙宝厚和袁野在署机关会见江西省人民政府秘书长谭晓林一行，就有关审计事项交换意见。财政司和南京特派办负责同志参加会见。

5日下午 总审计师李晓钟在署机关主持召开专业审计指南工作推进会。法规司、财政司、投资司和经责司主要负责同志及有关人员参加会议。

1日至5日 副审计长石爱中赴中央党校参加第56期省部级干部进修班，就经济建设与经济体制改革专题进行学习。

5日上午 受审计长刘家义委托，副审计长孙宝厚列席国务院第68次常务会议。

6日至7日 世界审计组织第66次理事会在奥地利维也纳召开，审计长刘家义作为世界审计组织主席主持会议。世界审计组织理事会成员及各目标委员会主席、各工作组主席的29个国家的86名代表出席会议。

11日上午 副审计长孙宝厚和陈尘肇在署机关召集会议，专题研究有关事项。政研室和法规司主要负责同志及有关人员参加会议。

11日上午 副审计长孙宝厚和袁野在署机关召集会议，专题研究有关审计事项。社保司和民政社保局主要负责同志及有关人员参加会议。

13日下午 副审计长孙宝厚先后赴外专局和海关总署等单位走访，就派出审计局机构调整情况进行通报。原监察人事局、原财税海关局主要负责同志和税收司、民政社保局主要负责同志参加走访。

14日 审计长刘家义在署机关主持召开审计业务会议，研究有关审计报告和审计工作方案等文稿。副审计长石爱中、孙宝厚、陈尘肇，中央经济责任审计工作联席会议办公室主任张通，副审计长袁野和总审计师李晓钟出席。总经济师、机关服务局局长张力，办公厅、政研室、法规司、数据司、财政司、社保司、金融司、企业司、经责司、科研所和有关特派办主要负责同志列席相关内容的研究。

15日下午 受审计长刘家义委托，副审计长孙宝厚列席国务院第69次常务会议。

15日 副审计长袁野先后赴新闻出版广电总局和中科院走访，就派出审计局机构调整情况进行通报。原新闻报刊局、原科学工程局、原宣传审计局主要负责同志和人教司、广电通讯局负责同志参加走访。

15日下午 受署党组委托，总审计师李晓钟在署机关召开机关党委全体干部会议，宣布机关党委常务副书记的职务任免决定。行政司、人教司和机关党委主要负责同志参加会议。

15日下午 总审计师李晓钟在署机关主持召开会议，专题研究《中共审计署党组关于进一步加强和改进思想政治工作的意见（送审稿）》修改事宜。政研室、法规司、财政司、行政司、农业司、投资司、社保司、资环司、金融司、企业司、人教司、机关党委、离退休办和科研所负责同志参加会议。

3日至16日 纪检组长陈蔷在中国浦东干部学院参加省部级干部拓宽国际视野、深化改革开放专题研讨班（第2期）学习。

17日上午 审计长刘家义在京出席国务院有关专题会议。金融司主要负责同志列席会议。

17日 审计长刘家义和副审计长陈尘肇在署机关会见来访的泰国国家审计委员会新任主席猜习一行，双方就有关交流与合作事项进行会谈。办公厅和国际司主要负责同志及有关人员参加会见。

17日上午 副审计长孙宝厚赴南京在审计干部教育学院出席2014年金融审计和企业审计培训班开班典礼。人教司、培训中心和教育学院负责同志参加开班典礼。

17日 受署党组委托，副审计长袁野在署机关先后主持召开数据司、财政司、税收司、行政司、教科司和农业司全体干部会议，宣布有关单位主要负责同志的职务任免决定。人教司有关同志参加会议。

17日下午 受署党组委托，中央经济责任审计工作联席会议办公室主任张通在署机关先后主持召开投资司和经责司全体干部会议，宣布关于2个单位主要负责同志的职务任免决定。人教司负责同志参加会议。

17日下午 受署党组委托，中央经济责任审计工作联席会议办公室主任张通赴中国审计报社主持召开全体干部会议，宣布关于该社主要负责同志的职务任免决定。人教司负责同志参加会议。

18日上午 审计署在署机关举办了2014年度彩票资金审计视频培训会。审计长刘家义做动员讲话，副审计长孙宝厚对审计工作方案进行讲解，副审计长袁野主持会议。署机关各业务司和各派出审计局参审人员在主会场，各特派员办事处参审人员通过视频在分会场参加培训。

18日上午 受署党组委托，副审计长袁野在署机关主持召开外交外事局、发展统计局和教育审计局等13个派出审计局处以上干部大会，宣布关于13个派出审计局主要负责同志的职务任免决定。人教司有关同志参加会议。

18日下午 受署党组委托，副审计长陈尘肇在署机关主持召开办公厅和政研室全体干部大会，宣布关于办公厅和政研室主要负责同志的职务任免决定。人教司主要负责同志参加会议。

19日上午 受署党组委托，副审计长陈尘肇在署机关主持召开资环司全体干部会议，宣布关于资环司主要负责同志的职务任免决定。人教司主要负责同志参加会议。

19日上午 副审计长袁野在署机关主持召开2014年度派出审计局考核工作领导小组会议。办公厅、法规司、财政司、人教司、机关党委、驻署监察局和信息办负责同志参加会议。

20日上午 审计长刘家义在署机关主持召开审计业务会议，研究有关审计报告。副审计长石爱中、孙宝厚，纪检组长陈蔷，副审计长陈尘肇，中央经济责任审计工作联席会议办公室主任张通，副审计长袁野和总审计师李晓钟出席。总经济师、机关服务局局长张力，办公厅、法规司、财政司、税收司和资环司主要负责同志列席相关内容的研究。

20日上午 审计长刘家义在署机关主持召开审计长会议，研究有关文稿，听取关于联合国审计经费有关情况的汇报。副审计长石爱中、孙宝厚，纪检组长陈蔷，副审计长陈尘肇，中央经济责任审计工作联席会议办公室主任张通，副审计长袁野和总审计师李晓钟出席。总经济师、机关服务局局长张力，办公厅、法规司、资环司、境外司、国际司、人教司和科研所主要负责同志列席相关内容的研究。

22日上午 纪检组长陈蔷在中央纪委机关出席部分派驻机构纪检组长座谈会。

16日至22日 2014年第1期地县级审计局长培训班在怀柔审计干部培训基地举办。其间，副审计长孙宝厚、纪检组长陈蔷、中央经济责任审计工作联席会议办公室主任张通、副审计长袁野和总审计师李晓钟先后为培训班学员授课。

24日下午 副审计长袁野在署机关会见河南省委常委、统战部部长史济春一行，就有关审计事项进行沟通。财政司和金融司主要负责同志参加会见。

24日下午 副审计长袁野在署机关主持召开2014年四季度稳增长促改革调结构惠民生防风险政策措施落实情况跟踪审计视频培训会。财政司有关人员及参加跟踪审计项目的各特派办审计人员参加培训。

25日 副审计长袁野出席国务院有关专题会议。财政司负责同志参加会议。

26日上午 受审计长刘家义委托，副审计长陈尘肇列席国务院第71次常务会议。

26日上午 副审计长孙宝厚在人民大会堂出席全国离退休干部先进集体和先进个人表彰大会。离退休办主要负责同志参加表彰大会。

26日下午 副审计长陈尘肇和总审计师李晓钟在署机关召集会议，研究培训计划、审计项目计划和会议计划之间衔接的有关事项。办公厅、政研室、法规司、人教司、机关党委和培训中心负责同志参加会议。

25日至27日 中央经济责任审计工作联席会议办公室主任张通赴河北省就经济责任审计工作进行调研。经责司主要负责同志参加调研。

27日下午 党组书记刘家义在署机关主持召开党组会议，研究有关人事事项和文稿，听取关于审计署2015年“一下”预算有关情况的汇报。党组成员孙宝厚、陈蔷、陈尘肇、张通和李晓钟出席。副审计长石爱中，总经济师、机关服务局局长张力，办公厅、政研室、人教司、机关党委和驻署监察局主要负责同志列席相关内容的研究。

27日下午 审计长刘家义在署机关主持召开审计长会议，听取关于署机关2015年度二、三类会议计划编制有关情况的汇报。副审计长石爱中、孙宝厚，纪检组长陈蔷，副审计长陈尘肇，中央经济责任审计工作联席会议办公室主任张通和总审计师李晓钟出席。总经济师、机关服务局局长张力，办公厅、投资司、人教司、机关党委和驻署监察局负责同志列席会议。

25日至28日　审计署2014年度新任司局级干部任职培训班在署机关举办。审计长刘家义做培训动员并进行集体任职谈话，副审计长孙宝厚做培训总结。培训期间，孙宝厚与新任职司局级干部分别进行任职前谈话，纪检组长陈蔷、副审计长陈尘肇和副审计长袁野围绕“如何当好司局级干部”的主题，为新任职司局级干部先后做“落实党风廉政建设两个责任，做严于律己的表率”“司局级干部应具备的能力和素质”和“新形势下如何做好审计项目组织管理”专题讲座。署机关各单位、各特派员办事处和各派出审计局2014年以来提任的司局级干部以及直属单位副职共60人参加培训。

28日至29日　审计长刘家义在京出席中央外事工作会议。

30日上午　副审计长陈尘肇在京出席中央公务用车制度改革领导小组第二次会议。财政司负责同志及有关人员参加会议。

12月

11月25日至12月1日　2014年第2期地县级审计局长培训班在怀柔审计干部培训基地举办。其间，副审计长石爱中、孙宝厚，纪检组长陈蔷，副审计长陈尘肇，中央经济责任审计工作联席会议办公室主任张通和总审计师李晓钟先后为培训班学员授课。

1日至3日　审计署基层党组织书记落实党风廉政建设主体责任专题培训班在署机关召开。审计长刘家义出席开班式并讲话，总审计师李晓钟做培训班总结发言，副审计长石爱中、孙宝厚，纪检组长陈蔷，副审计长陈尘肇，中央经济责任审计工作联席会议办公室主任张通，副审计长袁野出席培训班开班式。署机关各单位、各派出审计局基层党组织负责人，各特派员办事处机关党委负责人共86人参加培训班。

2日下午　副审计长孙宝厚赴中央财经工作领导小组办公室与副主任杨伟民进行工作会谈。法规司主要负责同志和有关人员参加会谈。

2日至4日　中央经济责任审计工作联席会议办公室主任张通赴辽宁省沈阳市主持召开北方9省区经济责任审计工作座谈会。经责司主要负责同志参加座谈会。

3日上午　审计长刘家义列席国务院第72次常务会议。

3日下午　副审计长孙宝厚在人民大会堂出席“深入开展宪法宣传教育　大力弘扬宪法精神”座谈会。

4日上午　副审计长袁野在署机关主持召开会议，研究部署审计数据采集有关工作。数据司、财政司、税收司、企业司、金融司、社保司、资环司和计算中心负责同志参加会议。

4日上午　副审计长袁野在署机关会见财政部副部长刘昆一行，就审计工作相关事宜进行沟通。财政司主要负责同志及相关人员参加会见。

4日下午　副审计长石爱中在京出席中国审计学会第9次学会会长会议。

4日下午　副审计长孙宝厚在双榆树事业单位办公楼向署老领导通报党的十八届四中全会精神和《国务院关于加强审计工作的意见》有关情况。署老领导吕培俭、任景德、罗进新、郑力、王道成和安国出席通报会。离退休办主要负责同志参加会议。

5日上午　副审计长孙宝厚赴中央全面深化改革领导小组办公室，与专职副主任穆虹进行工作会谈。法规司主要负责同志参加会谈。

5日下午　审计长刘家义列席中央政治局第19次集体学习。

5日下午　党组书记刘家义在署机关主持召开党组会议，传达中央有关文件精神。党组成员孙宝厚、陈蔷、陈尘肇、张通、袁野和李晓钟出席。署老领导吕培俭、任景德、罗进新、郑力、翟熙贵、王道成、安国和余效明列席会议。

5日下午　副审计长孙宝厚赴国务院研究室与副主任田学斌进行工作会谈。法规司主要负责同志参加会谈。

5日下午　副审计长袁野赴中国航天科技集团就审计信息化有关事项进行调研。数据司和计算中心主要负责同志及相关人员参加调研。

5日下午 总审计师李晓钟赴中央纪委，与副书记张军就中央纪委与审计署有关协调机制进行会商。办公厅负责同志和有关人员参加会商。

7日下午 副审计长石爱中在京出席中国民主促进会第十三届中央常务委员会第九次会议。

8日 审计署在署机关组织召开彩票资金审计中期情况汇报会。审计长刘家义，副审计长孙宝厚、袁野到会听取各特派员办事处负责同志关于彩票资金审计情况的汇报，并分别讲话。彩票资金审计办公室负责同志和有关人员参加会议。

8日上午至10日上午 副审计长石爱中在京出席中国民主促进会第十三届中央委员会第三次全体会议。

8日下午 党组书记刘家义在署机关主持召开党组会议，研究有关人事事项。党组成员孙宝厚、陈蔷、陈尘肇、张通、袁野和李晓钟出席。人教司、机关党委和驻署监察局主要负责同志列席会议。

4日至10日 2014年第3期地县级审计局长培训班在怀柔审计干部培训基地举办。其间，审计长刘家义，副审计长石爱中、孙宝厚，纪检组长陈蔷，副审计长陈尘肇，中央经济责任审计工作联席会议办公室主任张通和总审计师李晓钟先后为培训班学员授课。

10日上午 总审计师李晓钟在署机关主持召开优秀审计项目评选领导小组会议。办公厅、政研室、财政司、投资司、社保司、资环司、金融司、企业司、外资司、境外司、经责司、人教司、机关党委、驻署监察局、计算中心和科研所主要负责同志参加会议。

10日晚 党组书记刘家义在署机关主持召开党组会议，研究《中共审计署党组对照检查材料》和《审计署党的群众路线教育实践活动整改任务落实情况的报告》等文稿，听取关于2014年全国审计机关先进集体和先进工作者表彰有关事项的汇报。党组成员孙宝厚、陈蔷、陈尘肇、张通、袁野和李晓钟出席。副审计长石爱中，总经济师、机关服务局局长张力，办公厅、政研室、人教司、机关党委和驻署监察局主要负责同志列席会议。

9日至11日 审计长刘家义出席中央经济工作会议。

11日下午 党组书记刘家义在署机关主持召开党组会议，研究有关人事事项，审议《审计署2015年度外事工作计划（草案）》等文稿，听取关于2014年优秀审计项目评选有关情况的汇报。党组成员孙宝厚、陈蔷、陈尘肇、张通、袁野和李晓钟出席。副审计长石爱中，总经济师、机关服务局局长张力，办公厅、政研室、法规司、境外司、国际司、人教司、机关党委、驻署监察局和审计学会秘书处主要负责同志列席会议。

12日上午 审计长刘家义列席国务院第73次常务会议。

12日上午 副审计长孙宝厚在双榆树事业单位办公楼出席审计科研所2014级博士后开题及2013级博士后中期考核会议。

12日下午 中央经济责任审计工作联席会议办公室主任张通赴中央组织部就经济责任有关审计事项进行沟通。经责司主要负责同志参加有关活动。

13日上午 纪检组长陈蔷在署机关会见中央纪委组织部副部长刘春雷一行。驻署监察局主要负责同志参加会见。

15日下午和16日下午 2014年第四季度党组中心组集中学习讨论在署机关举行。党组书记刘家义，党组成员孙宝厚、陈蔷、陈尘肇、张通、袁野和李晓钟出席。孙宝厚、陈尘肇、袁野和李晓钟分别就“如何进一步严肃党内政治生活”“如何进一步严明各项纪律”“如何进一步加强审计队伍作风建设”和“如何进一步严格依法履职尽责”4个主题做学习发言。副审计长石爱中，总经济师、机关服务局局长张力，办公厅、政研室、法规司、人教司，机关党委和驻署监察局主要负责同志列席学习讨论。

16日上午 审计署党组征求青年干部意见座谈会在署机关召开。党组书记刘家义，党组成员孙宝厚、陈蔷、陈尘肇、张通、袁野和李晓钟出席。副审计长石爱中，总经济师、机关服务局局长张力，办公厅、政研室、法规司、人教司、机关党委和驻署监察局主要负责同志列席会议。15名署机关各单位和派出审计局的青年干部代表参加座谈。

16日下午 副审计长石爱中赴国务院参事室与主任陈进玉进行工作会谈。

17 日上午 副审计长石爱中在署机关主持召开分管单位主要负责同志座谈会。金融司、外资司和境外司主要负责同志参加座谈。

17 日上午 副审计长孙宝厚在署机关主持召开分管单位干部座谈会。社保司、国际司、人教司、离退休办和培训中心等单位的 10 名同志参加座谈会。

17 日上午 总审计师李晓钟在署机关主持召开分管单位干部座谈会。法规司和机关党委的 16 名同志参加座谈会。

17 日下午 审计署党组征求司局级干部意见座谈会在署机关召开。党组书记刘家义，党组成员孙宝厚、陈蔷、陈尘肇、张通、袁野和李晓钟出席。副审计长石爱中，总经济师、机关服务局局长张力，办公厅、法规司、人教司和机关党委主要负责同志列席会议。13 名署机关和派出审计局的司局级干部代表参加座谈。

18 日上午 党组书记刘家义在署机关主持召开党组会议，传达中央有关文件精神，研究有关人事事项。党组成员孙宝厚、陈蔷、陈尘肇、张通、袁野和李晓钟出席。副审计长石爱中，总经济师、机关服务局局长张力，办公厅、政研室、法规司、人教司和机关党委主要负责同志列席相关内容的研究。

18 日上午 审计长刘家义在署机关主持召开审计长会议，研究《审计署 2015 年度统一组织审计项目计划（草案）》和《审计署关于 2015 年地方审计机关开展审计业务工作的指导意见（送审稿）》等文稿。副审计长石爱中、孙宝厚、陈尘肇，纪检组长陈蔷，中央经济责任审计工作联席会议办公室主任张通，副审计长袁野，总审计师李晓钟出席。总经济师、机关服务局局长张力，办公厅、政研室、法规司、各业务司、人教司和计算中心负责同志列席相关内容的研究。

18 日下午 审计长刘家义在署机关主持召开干部职工座谈会，10 名署机关和派出审计局的干部职工代表参加座谈。总经济师、机关服务局局长张力，办公厅、政研室、法规司、人教司和机关党委负责同志列席座谈会。

18 日下午 副审计长孙宝厚赴全国社会保障基金理事会，与理事长谢旭人进行工作会谈。法规司和社保司主要负责同志参加会谈。

18 日下午 副审计长袁野在署机关主持召开派出审计局局长座谈会。科学技术局、工业审计局、资源环保局、农林水利局、文化体育局、经济执法局、广电通讯局和旅游侨务局主要负责同志参加座谈。财政司主要负责同志和机关党委有关人员列席座谈会。

19 日上午 副审计长孙宝厚在京出席全国组织部长会议。人教司主要负责同志参加会议。

19 日上午 副审计长陈尘肇在署机关主持召开会议，就审计署公务用车制度改革有关事宜进行部署。总经济师、机关服务局局长张力和财政司主要负责同志及办公厅、人教司、离退休办有关同志参加会议。

19 日 副审计长陈尘肇在署机关主持召开分管单位青年干部座谈会。办公厅、政研室、资环司、企业司、科研所和服务局等单位的 18 名青年干部参加座谈会。

19 日上午 副审计长袁野出席国务院召开的全国机关事业单位“吃空饷”问题治理工作电视电话会议。财政司负责同志参加会议。

19 日下午 纪检组长陈蔷在署机关主持召开驻署监察局青年干部座谈会。

19 日下午 副审计长袁野在京出席国务院教育督导委员会第二次全体会议。教科司主要负责同志参加会议。

13 日至 19 日 2014 年第 4 期地县级审计局长培训班在怀柔审计干部培训基地举办。其间，副审计长石爱中、孙宝厚，纪检组长陈蔷和中央经济责任审计工作联席会议办公室主任张通先后为培训班学员授课。

22 日下午 副审计长孙宝厚在怀柔审计干部培训基地会见参加中蒙审计研讨培训班的外国代表。企业司、外资司和国际司主要负责同志参加会见。

22 日下午 中央经济责任审计工作联席会议办公室主任张通在署机关出席《中国特色社会主义审计理论研究》（修订版）版权输出签约仪式。办公厅、政研室、国际司和出版社主要负责同志参加签约仪式。

23 日上午 总理李克强听取审计署 2014 年度审计工作情况汇报。审计长刘家义，副审计长石爱中、孙宝厚，纪检组长陈蔷，副审计长陈尘肇，中央经济责任审计工作联席会议办公室主任张通，副审计长袁野，总审计师李晓钟和党组成员、法规司司长刘正均参加汇报。政研室主要负责同志参加有关活动。

23日下午 副审计长孙宝厚赴北京市体育彩票管理中心审计现场检查指导审计工作。社保司主要负责同志参加工作指导。

23日下午 副审计长陈尘肇出席中央宣传部召开的《国家人权行动计划2012—2015年》中期评估总结会议。办公厅负责同志参加会议。

23日晚 总审计师李晓钟赴怀柔审计干部培训基地为法规司举办的审理和犯罪主题研讨班学员授课。党组成员、法规司司长刘正均参加。

22日至23日 副审计长袁野在京出席中央农村工作会议。

24日下午 总审计师李晓钟和党组成员、法规司司长刘正均在署机关会见第32中央督导组成员，就审计署党组民主生活会有关准备情况进行介绍。总经济师、机关服务局局长张力，办公厅、政研室、人教司、机关党委和驻署监察局主要负责同志参加会见。

25日下午 副审计长陈尘肇在全国审计工作会议期间主持召开会议，通报审计署公务用车制度改革有关事宜。总经济师、机关服务局局长张力，署机关各单位、各派出审计局及在京各直属单位主要负责同志参加会议。

26日晚 副审计长石爱中在京出席中国审计学会第六届理事会常务理事会第九次会议。

25日至26日 2014年全国审计工作会议暨全国审计机关先进集体和先进工作者表彰大会在京举行。会议围绕深入学习贯彻党的十八大、十八届三中、四中全会和中央经济工作会议精神，贯彻落实《国务院关于加强审计工作的意见》和李克强总理的重要指示，总结2014年审计工作，表彰全国审计机关先进集体、先进工作者和优秀审计项目，部署下一步审计工作。审计长刘家义做工作报告；人力资源和社会保障部负责同志宣读人力资源和社会保障部、审计署关于表彰全国审计机关先进集体和先进工作者的决定；副审计长孙宝厚传达国务院领导同志听取审计工作汇报后所做的指示，宣读审计署关于表彰2014年优秀审计项目的决定，对会议进行总结。副审计长石爱中，纪检组长陈蔷，副审计长陈尘肇，中央经济责任审计工作联席会议办公室主任张通，副审计长袁野，总审计师李晓钟和党组成员、法规司司长刘正均出席会议。解放军审计署审计长李清和出席会议。各省、自治区、直辖市，各计划单列市、副省级省会城市、新疆生产建设兵团审计机关，南京审计学院，署机关各单位、各特派员办事处和各派出审计局主要负责同志，署部分特约审计员和中央有关受邀单位代表近300人参加会议。

27日上午 中国审计学会第七届会员代表大会暨第七届理事会一次会议在京举行。审计长刘家义出席会议并以《立足于实践　服务好实践　努力开创中国特色社会主义审计理论研究新局面》为题做讲话。副审计长石爱中、孙宝厚，纪检组长陈蔷，副审计长陈尘肇，中央经济责任审计工作联席会议办公室主任张通，副审计长袁野，总审计师李晓钟和党组成员、法规司司长刘正均出席。

28日上午 审计长刘家义和副审计长袁野在京出席中国社会科学院财经战略研究院举行的2014财经战略年会开幕式，审计长刘家义在开幕式上做题为《新时代　新使命》的主旨演讲。财政司有关人员参加本次年会。

29日 副审计长陈尘肇在署机关主持召开专题研讨会，就领导干部实行自然资源资产离任审计进行研讨。政研室、资环司、经责司、科研所和内蒙古、江苏、福建等12个省（区）审计厅（局）有关同志，以及国务院发展研究中心、北京大学、中国林业科学研究院等单位的专家学者29人参加交流研讨。

30日 审计署在署机关举办学习贯彻党的十八届四中全会精神辅导报告会，十八届四中全会文件起草组成员、第十二届全国人民代表大会法律委员会主任乔晓阳委员到会做辅导报告。审计长刘家义主持报告会并做总结讲话，副审计长石爱中、孙宝厚，纪检组长陈蔷，副审计长陈尘肇，中央经济责任审计工作联席会议办公室主任张通，副审计长袁野，总审计师李晓钟和党组成员、法规司司长刘正均出席报告会。署机关各单位、各特派员办事处、各派出审计局全体干部职工分别在审计署主会场和各视频转播分会场参加报告会。

30日下午 党组书记刘家义在署机关主持召开党组会议，研究《审计署关于深入贯彻落实〈领导班子建设规划纲要〉的意见（送审稿）》。党组成员孙宝厚、陈蕾、陈尘肇、张通、袁野、李晓钟和刘正均出席。副审计长石爱中，总经济师、机关服务局局长张力，办公厅、政研室、人教司、机关党委和驻署监察局主要负责同志列席会议。

30日下午 审计长刘家义在署机关主持召开审计长会议，研究《2015年春节前几项工作的安排》《审计署机关档案资料借阅管理办法》《关于2015至2016年度审计署重点科研课题选题》等文稿。副审计长石爱中、孙宝厚，纪检组长陈蕾，副审计长陈尘肇，中央经济责任审计工作联席会议办公室主任张通，副审计长袁野，总审计师李晓钟和党组成员、法规司司长刘正均出席。总经济师、机关服务局局长张力，办公厅、人教司、机关党委、离退休办、服务局和科研所负责同志列席相关内容的研究。

31日 2014年度审计署党组民主生活会在署机关召开。会议以“严格党内生活，严守党的纪律，深化作风建设”为主题，以认真贯彻中央八项规定精神、坚决反对“四风”、持续抓好整改落实为重点。党组书记刘家义代表署党组通报审计署党的群众路线教育实践活动整改方案落实情况，并代表署党组进行对照检查。署党组成员个人逐一进行对照检查，并开展相互批评。中央组织部副部长王尔乘和第32中央督导组组长柳斌杰出席会议，并对审计署党组民主生活会进行点评。副审计长石爱中，总经济师、机关服务局局长张力，办公厅、政研室、人教司、机关党委和驻署监察局主要负责同志列席会议。

31日下午 受审计长刘家义委托，副审计长石爱中列席国务院第75次常务会议。

审计工作统计

审计工作综合情况统计表——全国审计机关

指标名称	计量单位	合计	审计署本级汇总	审计署派出局汇总	审计署特派办汇总	地方审计机关汇总
一、审计单位	个	131971	43	60	198	131670
审计	个	127457	43	60	198	127156
专项审计调查	个	4514				4514
二、审计查出主要问题金额	万元	1111742428	108503466	6845495	283236424	713157043
违规金额	万元	140491386	67952	713566	67951865	71758003
损失浪费金额	万元	5925980	119299	34588	2388617	3383476
管理不规范金额	万元	965325062	108316214	6097342	212895942	638015564
三、审计发现非金额计量问题	个	2187326	71	242	5863	2181150
四、损益(收支)不实	万元	73334123	1030205	80186	7649626	64574107
五、审计发现侵害人民群众利益	万元	648813		978	86349	561485
六、审计期间整改金额	万元	33494346		37249	16758290	16698807
七、审计报告和专项审计调查报告	篇	153622	100	55	187	153280
被批示、采用审计报告和专项审计调查报告	篇·次	7850		17	9	7824
八、审计处理情况	—	—	—	—	—	—
审计处理处罚	万元	178155979		629557	61225710	116300712
其中:应上缴财政	万元	38106646		202862	14481786	23421998
其中:罚没	万元	209803			14	209788
应减少财政拨款或补贴	万元	5959329		1563	92746	5865020
应归还原渠道资金	万元	26855571		326121	4929644	21599806
应缴纳其他资金	万元	16337050		2831	1378772	14955448
应调账处理金额	万元	90895847		96180	40342762	50456906
移送处理事项	件	6842	1	10	200	6631
司法机关	件	705		4	60	641

续表

指标名称	计量单位	合计	审计署本级汇总	审计署派出局汇总	审计署特派办汇总	地方审计机关汇总
纪检监察机关	件	2880	1	1	103	2775
有关部门	件	3257		5	37	3215
移送处理人员	人	9385	2	8	1299	8076
司法机关	人	1394		6	104	1284
其中:地厅级及以上	人	6		1	1	4
县处级	人	39			10	29
乡科级及以下	人	1349		5	93	1251
纪检监察机关	人	4746	2		1112	3632
其中:地厅级及以上	人	41	1		9	31
县处级	人	606			342	264
乡科级及以下	人	4099	1		761	3337
有关部门	人	3245		2	83	3160
其中:地厅级及以上	人	8		1	1	6
县处级	人	45		1	11	33
乡科级及以下	人	3192			71	3121
移送处理金额	万元	19723151	39	254794	609785	18858533
司法机关	万元	1253254		5657	44263	1203334
纪检监察机关	万元	3680962	39	157	313972	3366794
有关部门	万元	14788935		248980	251550	14288405
九、审计处理结果落实情况	—	—	—	—	—	—
审计促进整改落实有关问题资金	万元	89184295	329499	172441	10449713	78232642
其中:增收节支	万元	33123976	142000	61322	3747487	29173168
已上缴财政	万元	14853484		30449	1224314	13598722
已减少财政拨款或补贴	万元	4671582			824	4670758
已归还原渠道资金	万元	13598909	142000	30873	2522349	10903687
已缴纳其他资金	万元	7012318		808	2249	7009261
已调账处理金额	万元	29775339		72490	2581961	27120888
审计促进拨付资金到位	万元	4066117			1132890	2933227
审计后挽回(避免)损失	万元	7649111		1709	10444	7636957
核减投资额	万元	12856027				12856027
移送处理落实事项	件	2088		2	37	2049
司法机关已处理	件	223			15	208
纪检监察机关已处理	件	802			8	794

续表

指标名称	计量单位	合计	审计署本级汇总	审计署派出局汇总	审计署特派办汇总	地方审计机关汇总
有关部门已处理	件	1063		2	14	1047
移送处理落实人员	人	3134		1	59	3074
已追究刑事责任	人	308			21	287
已给予党纪政纪处分	人	1263			26	1237
有关部门已处理人员	人	1563		1	12	1550
十、审计成果利用情况	—	—	—	—	—	—
审计提出建议	条	278644	857	105	511	277171
其中：建议制定修改部门规定	条	3604	6	2	22	3574
建议制定修改法律法规	条	231			3	228
被采纳审计建议	条	204679	659	87	363	203570
被审计单位制定整改措施	项	20985	1479	131	416	18959
被审计单位建立健全规章制度	项	4866	1412	29	424	3001
促进修改法律法规	条	3	1		1	1
提交审计信息	篇	101514	165	87	1034	100228
审计专题、综合性报告	篇	12310		26	15	12269
信息简报	篇	72280	15	40	1005	71220
其中：重要审计信息	篇	7736	13	9	414	7300
被批示、采用审计信息	篇·次	56522	9	47	1495	54971
审计专题、综合性报告	篇·次	6144	1	25	8	6110
信息简报	篇·次	42081	8	22	1483	40568
其中：重要审计信息	篇·次	5502	8	5	1308	4181
审计信息移送案件事项	项	296	197	2	13	84
涉案人员	人	857	673	1	78	105
涉案金额	万元	32920661	32711701	899	151669	56392
十一、向社会公告审计结果	篇	10910	23			10887
十二、被审计领导干部	人	31063	5	4	19	31035
其中：负直接责任问题金额	万元	21422206			14828498	6593708
涉嫌个人经济问题人数	人	43				43
金额	万元	4508				4508
十三、交办、配合事项	件	20937		8		20929
十四、审计机关	个	3254	1	25	18	3210

续表

指标名称	计量单位	合计	审计署本级汇总	审计署派出局汇总	审计署特派办汇总	地方审计机关汇总
审计署及其派出机构	个	44	1	25	18	
省级审计机关	个	32				32
地级审计机关	个	431				431
县级审计机关	个	2746				2746
十五、审计人员	人	97289	680	233	2419	93957
审计署及其派出机构	人	3332	680	233	2419	
省级审计机关	人	7167				7167
地级审计机关	人	24037				24037
县级审计机关	人	62735				62735
十六、行政复议案件	件	11				11
行政应诉案件	件	3				3
政府裁决案件	件					
审计处罚听证	件					

审计工作综合情况统计表——派出审计局

指标名称	单位	审计署派出局汇总	外交外事审计局	发展统计审计局	教育审计局	工业审计局	民族宗教审计局
一、审计单位	个	60	3	5	2	1	1
审计	个	60	3	5	2	1	1
专项审计调查	个						
二、审计查出主要问题金额	万元	6845495	12024.77	157279.84	88656.06	67316.03	188987.55
违规金额	万元	713566	5974.25	120823.02	76039.53		17162.94
损失浪费金额	万元	34588		7.93			
管理不规范金额	万元	6097342	6050.52	36448.89	12616.53	67316.03	171824.61
三、审计发现非金额计量问题	个	242	15	19	3	4	19
四、损益(收支)不实	万元	80186	26.4	996.76	23393.13	3342	
五、审计发现侵害人民群众利益	万元	978		978.42			
六、审计期间整改金额	万元	37249		5041.58	15199.2		
七、审计报告和专项审计调查报告	篇	55	3	3	1	1	1
被批示、采用审计报告和专项审计调查报告	篇·次	17	3				
八、审计处理情况	—	—	—	—	—	—	—
审计处理处罚	万元	629557		117130.52	76007.55	4430.76	
其中:应上缴财政	万元	202862		110889	6490		
其中:罚没	万元						
应减少财政拨款或补贴	万元	1563					
应归还原渠道资金	万元	326121		157.03	24258.09		
应缴纳其他资金	万元	2831				1032.84	
应调账处理金额	万元	96180		6084.49	45259.46	3397.92	
移送处理事项	件	10					
司法机关	件	4					
纪检监察机关	件	1					
有关部门	件	5					
移送处理人员	人	8					
司法机关	人	6					
其中:地厅级及以上	人	1					
县处级	人						
乡科级及以下	人	5					
纪检监察机关	人						

续表

指标名称	单位	审计署派出局汇总	外交外事审计局	发展统计审计局	教育审计局	工业审计局	民族宗教审计局
其中:地厅级及以上	人						
县处级	人						
乡科级及以下	人						
有关部门	人	2					
其中:地厅级及以上	人	1					
县处级	人	1					
乡科级及以下	人						
移送处理金额	万元	254794					
司法机关	万元	5657					
纪检监察机关	万元	157					
有关部门	万元	248980					
九、审计处理结果落实情况	—	—	—	—	—	—	—
审计促进整改落实有关问题资金	万元	172441		6080.34	58862.05	4087.7	
其中:增收节支	万元	61322		160.06	28754.99		
已上缴财政	万元	30449		3.03	6490		
已减少财政拨款或补贴	万元						
已归还原渠道资金	万元	30873		157.03	22264.99		
已缴纳其他资金	万元	808				689.78	
已调账处理金额	万元	72490		5920.28	30107.06	3397.92	
审计促进拨付资金到位	万元						
审计后挽回(避免)损失	万元	1709					
核减投资额	万元						
移送处理落实事项	件	2					
司法机关已处理	件						
纪检监察机关已处理	件						
有关部门已处理	件	2					
移送处理落实人员	人	1					
已追究刑事责任	人						
已给予党纪政纪处分	人						
有关部门已处理人员	人	1					
十、审计成果利用情况	—	—	—	—	—	—	—
审计提出建议	条	105	8	6	3	3	

续表

指标名称	单位	审计署派出局汇总	外交外事审计局	发展统计审计局	教育审计局	工业审计局	民族宗教审计局
其中：建议制定修改部门规定	条	2					
建议制定修改法律法规	条						
被采纳审计建议	条	87	8	3		3	
被审计单位制定整改措施	项	131	22	40		2	
被审计单位建立健全规章制度	项	29		1			
促进修改法律法规	条						
提交审计信息	篇	87		26	1		
审计专题、综合性报告	篇	26					
信息简报	篇	40		5	1		
其中：重要审计信息	篇	9			1		
被批示、采用审计信息	篇·次	47		1			
审计专题、综合性报告	篇·次	25					
信息简报	篇·次	22		1			
其中：重要审计信息	篇·次	5					
审计信息移送案件事项	项	2					
涉案人员	人	1					
涉案金额	万元	899					
十一、交办，配合事项	件	8					

指标名称	单位	政法审计局	民政社保审计局	资源环保审计局	建设审计局	交通运输审计局	农林水利审计局
一、审计单位	个	4	2	4	3	1	3
审计	个	4	2	4	3	1	3
专项审计调查	个						
二、审计查出主要问题金额	万元	25984.88	17487.35	58299.59	18952.07	44888.16	1994391.56
违规金额	万元	7256.67	9.25	1508.45	376.2		226683.89
损失浪费金额	万元						
管理不规范金额	万元	18728.21	17478.1	56791.14	18575.87	44888.16	1767707.67
三、审计发现非金额计量问题	个	7	1		1	13	17
四、损益(收支)不实	万元	8145.79	9.25	5684.54	1688.35	28.25	6289.98
五、审计发现侵害人民群众利益	万元						
六、审计期间整改金额	万元		9.25	1676.73	311.83	103.55	721.13
七、审计报告和专项审计调查报告	篇	4	1	2	7	1	2
被批示、采用审计报告和专项审计调查报告	篇·次		1				

续表

指标名称	单位	政法审计局	民政社保审计局	资源环保审计局	建设审计局	交通运输审计局	农林水利审计局
八、审计处理情况	—	—	—	—	—	—	—
审计处理处罚	万元	717.48	9.25	1781.73	1478.65	624.1	224775.17
其中:应上缴财政	万元					215	
其中:罚没	万元						
应减少财政拨款或补贴	万元						
应归还原渠道资金	万元	643	9.25	1499.02	344.16	103.55	224775.17
应缴纳其他资金	万元			60.22	75.28		
应调账处理金额	万元	74.48		222.49	1059.21	305.55	
移送处理事项	件			1	1		
司法机关	件			1	1		
纪检监察机关	件						
有关部门	件						
移送处理人员	人			1	1		
司法机关	人			1	1		
其中:地厅级及以上	人						
县处级	人						
乡科级及以下	人			1	1		
纪检监察机关	人						
其中:地厅级及以上	人						
县处级	人						
乡科级及以下	人						
有关部门	人						
其中:地厅级及以上	人						
县处级	人						
乡科级及以下	人						
移送处理金额	万元			237	5		
司法机关	万元			237	5		
纪检监察机关	万元						
有关部门	万元						
九、审计处理结果落实情况	—	—	—	—	—	—	—
审计促进整改落实有关问题资金	万元		9.25	105	848.75	103.55	801.13
其中:增收节支	万元		9.25	105	40.92	103.55	801.13

续表

指标名称	单位	政法审计局	民政社保审计局	资源环保审计局	建设审计局	交通运输审计局	农林水利审计局
已上缴财政	万元						
已减少财政拨款或补贴	万元						
已归还原渠道资金	万元		9.25	105	40.92	103.55	801.13
已缴纳其他资金	万元				74.2		
已调账处理金额	万元				733.63		
审计促进拨付资金到位	万元						
审计后挽回(避免)损失	万元		9.25			103.55	801.13
核减投资额	万元						
移送处理落实事项	件						
司法机关已处理	件						
纪检监察机关已处理	件						
有关部门已处理	件						
移送处理落实人员	人						
已追究刑事责任	人						
已给予党纪政纪处分	人						
有关部门已处理人员	人						
十、审计成果利用情况	—	—	—	—	—	—	—
审计提出建议	条	9	3	5			9
其中:建议制定修改部门规定	条						
建议制定修改法律法规	条						
被采纳审计建议	条	9	3	5			9
被审计单位制定整改措施	项		10	5			
被审计单位建立健全规章制度	项						
促进修改法律法规	条						
提交审计信息	篇	2	3		2		3
审计专题、综合性报告	篇		2				
信息简报	篇	2	1		2		3
其中:重要审计信息	篇				2		3
被批示、采用审计信息	篇·次	2			1		3
审计专题、综合性报告	篇·次	2					
信息简报	篇·次				1		3
其中:重要审计信息	篇·次				1		3

续表

指标名称	单位	政法 审计局	民政社保 审计局	资源环保 审计局	建设 审计局	交通运输 审计局	农林水利 审计局
审计信息移送案件事项	项						1
涉案人员	人						
涉案金额	万元						899
十一、交办、配合事项	篇						

指标名称	单位	贸易 审计局	文化体育 审计局	卫生药品 审计局	国资监管 审计局	经济执法 审计局	广电通讯 审计局
一、审计单位	个	2	3	3	3	1	1
审计	个	2	3	3	3	1	1
专项审计调查	个						
二、审计查出主要问题金额	万元	300908.78	76337.2	70360	5719.86	2606.9	256579.41
违规金额	万元	107375.38		11560.11	450.26		76890.16
损失浪费金额	万元	1614.11		102.09			32851.25
管理不规范金额	万元	191919.29	76337.2	58697.8	5269.6	2606.9	146838
三、审计发现非金额计量问题	个	2	6	27	3		36
四、损益(收支)不实	万元	3133.3		5933.87	600	979.12	18942.84
五、审计发现侵害人民群众利益	万元						
六、审计期间整改金额	万元		7342.55		68.52		4.5
七、审计报告和专项审计调查报告	篇	5	1	3	1	1	1
被批示、采用审计报告和专项审计调查报告	篇·次					1	3
八、审计处理情况	—	—	—	—	—	—	—
审计处理处罚	万元	66072.46			577.3	655.91	60804.45
其中:应上缴财政	万元	50989					
其中:罚没	万元						
应减少财政拨款或补贴	万元						
应归还原渠道资金	万元	14282.26			450.26	72.75	55889.05
应缴纳其他资金	万元	801.2					
应调账处理金额	万元				127.04	583.16	4915.4
移送处理事项	件	2				1	
司法机关	件	1					
纪检监察机关	件						
有关部门	件	1				1	
移送处理人员	人	3				1	
司法机关	人	3					

续表

指标名称	单位	贸易审计局	文化体育审计局	卫生药品审计局	国资监管审计局	经济执法审计局	广电通讯审计局
其中:地厅级及以上	人						
县处级	人						
乡科级及以下	人	3					
纪检监察机关	人						
其中:地厅级及以上	人						
县处级	人						
乡科级及以下	人						
有关部门	人					1	
其中:地厅级及以上	人					1	
县处级	人						
乡科级及以下	人						
移送处理金额	万元	1234.98				191.27	
司法机关	万元	164.7					
纪检监察机关	万元						
有关部门	万元	1070.28				191.27	
九、审计处理结果落实情况	—	—	—	—	—	—	
审计促进整改落实有关问题资金	万元	27938.16				655.91	16336.14
其中:增收节支	万元	24204.35					6615.38
已上缴财政	万元	23956					
已减少财政拨款或补贴	万元						
已归还原渠道资金	万元	248.35					6615.38
已缴纳其他资金	万元						
已调账处理金额	万元	3733.81				583.16	9720.76
审计促进拨付资金到位	万元						
审计后挽回(避免)损失	万元					655.91	
核减投资额	万元						
移送处理落实事项	件	1				1	
司法机关已处理	件						
纪检监察机关已处理	件						
有关部门已处理	件	1				1	
移送处理落实人员	人					1	
已追究刑事责任	人						

续表

指标名称	单位	贸易审计局	文化体育审计局	卫生药品审计局	国资监管审计局	经济执法审计局	广电通讯审计局
已给予党纪政纪处分	人						
有关部门已处理人员	人					1	
十、审计成果利用情况	—	—	—	—	—	—	
审计提出建议	条	3	3	6		3	3
其中：建议制定修改部门规定	条		2				
建议制定修改法律法规	条						
被采纳审计建议	条	3	3	6		3	
被审计单位制定整改措施	项		5	6		2	
被审计单位建立健全规章制度	项	9					1
促进修改法律法规	条						
提交审计信息	篇	24	1	1		5	
审计专题、综合性报告	篇	15				3	
信息简报	篇	9	1	1		2	
其中：重要审计信息	篇						
被批示、采用审计信息	篇·次	22				4	
审计专题、综合性报告	篇·次	15				3	
信息简报	篇·次	7				1	
其中：重要审计信息	篇·次						
审计信息移送案件事项	项						
涉案人员	人						
涉案金额	万元						
十一、交办、配合事项	件	8					

指标名称	单位	旅游侨务审计局	地震气象审计局	科学技术审计局	宣传审计局	监察人事审计局	财税海关审计局
一、审计单位	个	2	3	1	2	3	2
审计	个	2	3	1	2	3	2
专项审计调查	个						
二、审计查出主要问题金额	万元	3034662.06	16082.48	36953.26	10637.46	14444.49	18145.57
违规金额	万元	31922.18	5142.19	677.62	2773.99		64.8
损失浪费金额	万元			12.32			
管理不规范金额	万元	3002739.88	10940.29	36263.32	7863.47	14444.49	18080.77
三、审计发现非金额计量问题	个			16	23	8	5
四、损益(收支)不实	万元	12.57		6.17	67.86	0.02	

续表

指标名称	单位	旅游侨务审计局	地震气象审计局	科学技术审计局	宣传审计局	监察人事审计局	财税海关审计局
五、审计发现侵害人民群众利益	万元						
六、审计期间整改金额	万元		109.74		605.09	4672.5	
七、审计报告和专项审计调查报告	篇	2	2	1	1	4	2
被批示、采用审计报告和专项审计调查报告	篇·次	4					
八、审计处理情况	—	—	—	—	—	—	—
审计处理处罚	万元	34609.88	525.44	2892.52	3757.51	6827.05	881.26
其中:应上缴财政	万元	33131				1082.83	64.8
其中:罚没	万元						
应减少财政拨款或补贴	万元			1562.81			
应归还原渠道资金	万元	22.4	525.44	677.62	518.93		350
应缴纳其他资金	万元	589.48				271.56	
应调账处理金额	万元	867		652.09	3238.58	5472.66	466.46
移送处理事项	件	2					2
司法机关	件	1					
纪检监察机关	件						
有关部门	件	1					2
移送处理人员	人	1					1
司法机关	人	1					
其中:地厅级及以上	人	1					
县处级	人						
乡科级及以下	人						
纪检监察机关	人						
其中:地厅级及以上	人						
县处级	人						
乡科级及以下	人						
有关部门	人						1
其中:地厅级及以上	人						
县处级	人						1
乡科级及以下	人						
移送处理金额	万元	6018.2					246950.05
司法机关	万元	5250					
纪检监察机关	万元						
有关部门	万元	768.2					246950.05

续表

指标名称	单位	旅游侨务审计局	地震气象审计局	科学技术审计局	宣传审计局	监察人事审计局	财税海关审计局
九、审计处理结果落实情况	—	—	—	—	—	—	—
审计促进整改落实有关问题资金	万元			36953.26	3757.51		
其中:增收节支	万元			36.58	475.02		
已上缴财政	万元						
已减少财政拨款或补贴	万元						
已归还原渠道资金	万元			36.58	475.02		
已缴纳其他资金	万元				43.91		
已调账处理金额	万元			543.09	3238.58		
审计促进拨付资金到位	万元						
审计后挽回(避免)损失	万元				139.53		
核减投资额	万元						
移送处理落实事项	件						
司法机关已处理	件						
纪检监察机关已处理	件						
有关部门已处理	件						
移送处理落实人员	人						
已追究刑事责任	人						
已给予党纪政纪处分	人						
有关部门已处理人员	人						
十、审计成果利用情况	—	—	—	—	—	—	—
审计提出建议	条	6	6	3	4		5
其中:建议制定修改部门规定	条						
建议制定修改法律法规	条						
被采纳审计建议	条		6	3	4		5
被审计单位制定整改措施	项			4			2
被审计单位建立健全规章制度	项			4			
促进修改法律法规	条						
提交审计信息	篇		2		2		9
审计专题、综合性报告	篇		2				4
信息简报	篇				2		5
其中:重要审计信息	篇				2		

续表

指标名称	单位	旅游侨务审计局	地震气象审计局	科学技术审计局	宣传审计局	监察人事审计局	财税海关审计局
被批示、采用审计信息	篇·次				2		9
审计专题、综合性报告	篇·次				2		3
信息简报	篇·次						6
其中:重要审计信息	篇·次						
审计信息移送案件事项	项						
涉案人员	人						
涉案金额	万元						
十一、交办、配合事项	件						

指标名称	单位	新闻报刊审计局	科学工程审计局				
一、审计单位	个	3	2				
审计	个	3	2				
专项审计调查	个						
二、审计查出主要问题金额	万元	61226.59	266562.99				
违规金额	万元	19213.26	1661.44				
损失浪费金额	万元						
管理不规范金额	万元	42013.33	264901.55				
三、审计发现非金额计量问题	个	10	7				
四、损益(收支)不实	万元	905.46					
五、审计发现侵害人民群众利益	万元						
六、审计期间整改金额	万元	905.46	476.96				
七、审计报告和专项审计调查报告	篇	3	2				
被批示、采用审计报告和专项审计调查报告	篇·次	3	2				
八、审计处理情况	—	—	—				
审计处理处罚	万元	1724.36	23273.26				
其中:应上缴财政	万元						
其中:罚没	万元						
应减少财政拨款或补贴	万元						
应归还原渠道资金	万元	10	1533.4				
应缴纳其他资金	万元						
应调账处理金额	万元	1714.36	21739.86				
移送处理事项	件	1					
司法机关	件						

续表

指标名称	单位	新闻报刊审计局	科学工程审计局				
纪检监察机关	件	1					
有关部门	件						
移送处理人员	人						
司法机关	人						
其中:地厅级及以上	人						
县处级	人						
乡科级及以下	人						
纪检监察机关	人						
其中:地厅级及以上	人						
县处级	人						
乡科级及以下	人						
有关部门	人						
其中:地厅级及以上	人						
县处级	人						
乡科级及以下	人						
移送处理金额	万元	157.29					
司法机关	万元						
纪检监察机关	万元	157.29					
有关部门	万元						
九、审计处理结果落实情况	—	—	—				
审计促进整改落实有关问题资金	万元		15902.21				
其中:增收节支	万元		15.4				
已上缴财政	万元						
已减少财政拨款或补贴	万元						
已归还原渠道资金	万元		15.4				
已缴纳其他资金	万元						
已调账处理金额	万元		14511.81				
审计促进拨付资金到位	万元						
审计后挽回(避免)损失	万元						
核减投资额	万元						
移送处理落实事项	件						
司法机关已处理	件						

续表

指标名称	单位	新闻报刊审计局	科学工程审计局				
纪检监察机关已处理	件						
有关部门已处理	件						
移送处理落实人员	人						
已追究刑事责任	人						
已给予党纪政纪处分	人						
有关部门已处理人员	人						
十、审计成果利用情况	—	—	—				
审计提出建议	条	8	9				
其中:建议制定修改部门规定	条						
建议制定修改法律法规	条						
被采纳审计建议	条	8	6				
被审计单位制定整改措施	项	5	28				
被审计单位建立健全规章制度	项	7	7				
促进修改法律法规	条						
提交审计信息	篇	6					
审计专题、综合性报告	篇						
信息简报	篇	6					
其中:重要审计信息	篇	1					
被批示、采用审计信息	篇·次	3					
审计专题、综合性报告	篇·次						
信息简报	篇·次	3					
其中:重要审计信息	篇·次	1					
审计信息移送案件事项	项	1					
涉案人员	人	1					
涉案金额	万元						
十一、交办、配合事项	件						

审计工作综合情况统计表——特派员办事处

指标名称	单位	审计署特派办汇总	京津冀特派办	太原特派办	沈阳特派办	哈尔滨特派办
一、审计单位	个	198	13	14	10	11
审计	个	198	13	14	10	11
专项审计调查	个					
二、审计查出主要问题金额	万元	283236424	17207828.13	25286114.21	14138124.09	19785757.62
违规金额	万元	67951865	791561.18	320086.4	68089.18	1653301.7
损失浪费金额	万元	2388617	17889.51	66277.96		421713
管理不规范金额	万元	212895942	16398377.43	24899749.84	14070034.9	17710742.92
三、审计发现非金额计量问题	个	5863	897	178	170	1158
四、损益(收支)不实	万元	7649626	479600	246450.18	47997.87	152373.61
五、审计发现侵害人民群众利益	万元	86349	6924		738.19	11600
六、审计期间整改金额	万元	16758290	1763003.95	52462.4	13505.24	18170.8
七、审计报告和专项审计调查报告	篇	187	10	14	10	11
被批示、采用审计报告和专项审计调查报告	篇·次	9				
八、审计处理情况	—	—	—	—	—	—
审计处理处罚	万元	61225710	788905.93	7025979.54	425432.78	97827.13
其中:应上缴财政	万元	14481786	79776.45	6445017.39	11317.67	4476.27
其中:罚没	万元	14				
应减少财政拨款或补贴	万元	92746	152.94			119.45
应归还原渠道资金	万元	4929644	180738.83	576596.33	76894.79	11950.57
应缴纳其他资金	万元	1378772	285412.5		181213.89	
应调账处理金额	万元	40342762	242825.2	4365.82	156006.43	81280.84
移送处理事项	件	200	17	10	24	21
司法机关	件	60	7	1	7	4
纪检监察机关	件	103	5	8	16	14
有关部门	件	37	5	1	1	3
移送处理人员	人	1299	16	282	50	19
司法机关	人	104	9	1	9	4
其中:地厅级及以上	人	1				
县处级	人	10	1			1
乡科级及以下	人	93	8	1	9	3
纪检监察机关	人	1112	4	280	41	15

续表

指标名称	单位	审计署特派办汇总	京津冀特派办	太原特派办	沈阳特派办	哈尔滨特派办
其中:地厅级及以上	人	9		3	1	
县处级	人	342	1	4	21	9
乡科级及以下	人	761	3	273	19	6
有关部门	人	83	3	1		
其中:地厅级及以上	人	1		1		
县处级	人	11	1			
乡科级及以下	人	71	2			
移送处理金额	万元	609785	65950.22	8793.24	2940.86	36347.05
司法机关	万元	44263	14292.15	883.81	1708.8	1984.51
纪检监察机关	万元	313972	36372.87	7909.43	1139.99	26541.92
有关部门	万元	251550	15285.2		92.06	7820.62
九、审计处理结果落实情况	—	—	—	—	—	—
审计促进整改落实有关问题资金	万元	10449713	741729.41	4826.64	2172.59	1005070.52
其中:增收节支	万元	3747487	33597.67	3248.69		842572.94
已上缴财政	万元	1224314	30783.83			44896.37
已减少财政拨款或补贴	万元	824	368.4			284.36
已归还原渠道资金	万元	2522349	2445.44	3248.69		797392.21
已缴纳其他资金	万元	2249	11.94			
已调账处理金额	万元	2581961	15962.13	1577.95		136589.25
审计促进拨付资金到位	万元	1132890	79192.26		2172.59	581875.42
审计后挽回(避免)损失	万元	10444	224.13			
核减投资额	万元					
移送处理落实事项	件	37	2		1	
司法机关已处理	件	15	1			
纪检监察机关已处理	件	8	1		1	
有关部门已处理	件	14				
移送处理落实人员	人	59	14			
已追究刑事责任	人	21	9			
已给予党纪政纪处分	人	26	5			
有关部门已处理人员	人	12				
十、审计成果利用情况	—	—	—	—	—	—
审计提出建议	条	511	30	29	30	25

续表

指标名称	单位	审计署特派办汇总	京津冀特派办	太原特派办	沈阳特派办	哈尔滨特派办
其中:建议制定修改部门规定	条	22			3	
建议制定修改法律法规	条	3		1		
被采纳审计建议	条	363	12	22	12	5
被审计单位制定整改措施	项	416	20	8	20	73
被审计单位建立健全规章制度	项	424	16	7	13	17
促进修改法律法规	条	1				
提交审计信息	篇	1034	31	75	36	94
审计专题、综合性报告	篇	15	1	3		
信息简报	篇	1005	30	72	36	86
其中:重要审计信息	篇	414	2	72	13	18
被批示、采用审计信息	篇·次	1495	8	109	18	165
审计专题、综合性报告	篇·次	8	1		1	
信息简报	篇·次	1483	7	109	17	165
其中:重要审计信息	篇·次	1308	6	109	16	131
审计信息移送案件事项	项	13	2			
涉案人员	人	78	58			
涉案金额	万元	151669	18235.72			
十一、交办、配合事项	件					

指标名称	单位	上海特派办	南京特派办	武汉特派办	广州特派办	郑州特派办
一、审计单位	个	9	7	13	8	12
审计	个	9	7	13	8	12
专项审计调查	个					
二、审计查出主要问题金额	万元	75561323.65	919409.83	14898821.68	10490068.86	10846807.08
违规金额	万元	47335198.98	305302.22	3416421.58	6863.87	1720340.07
损失浪费金额	万元		3161.11	134720.14		59761.1
管理不规范金额	万元	28226124.66	610946.5	11347679.95	10483204.99	9066705.9
三、审计发现非金额计量问题	个	92	288	186	92	206
四、损益(收支)不实	万元	1124195.79	141257.04	185560.48	876595.01	1086534.21
五、审计发现侵害人民群众利益	万元		852.72	6615.57		
六、审计期间整改金额	万元	815.37	233108.84	3868.03	379.62	79163.33
七、审计报告和专项审计调查报告	篇	8	6	13	8	12
被批示、采用审计报告和专项审计调查报告	篇·次	1				

续表

指标名称	单位	上海特派办	南京特派办	武汉特派办	广州特派办	郑州特派办
八、审计处理情况	—	—	—	—	—	—
审计处理处罚	万元	36173391.64	336552.52	6435130.01	695565.23	3876255.02
其中:应上缴财政	万元	4205.21	253949.46	6150570.88	5826.08	2607.58
其中:罚没	万元		14.46			
应减少财政拨款或补贴	万元	92474				
应归还原渠道资金	万元	328076.2	77824.69	36025.39	6446.2	1741012.84
应缴纳其他资金	万元				667517.16	132615.51
应调账处理金额	万元	35748636.22	4778.37	248533.74	15775.79	2000019.09
移送处理事项	件	4	8	9		10
司法机关	件	2	2	2		
纪检监察机关	件	2	4	3		8
有关部门	件		2	4		2
移送处理人员	人	17	16	17		29
司法机关	人	14	4	4		
其中:地厅级及以上	人					
县处级	人		2	1		
乡科级及以下	人	14	2	3		
纪检监察机关	人	3	12	4		28
其中:地厅级及以上	人	1		2		
县处级	人	1		1		7
乡科级及以下	人	1	12	1		21
有关部门	人			9		1
其中:地厅级及以上	人					
县处级	人			1		
乡科级及以下	人			8		1
移送处理金额	万元	14858.14	2205.42	89429.07		3409.81
司法机关	万元	12787	326.07	100.85		
纪检监察机关	万元	2071.14	275.43	86805.61		1942.13
有关部门	万元		1603.92	2522.61		1467.68
九、审计处理结果落实情况	—	—	—	—	—	—
审计促进整改落实有关问题资金	万元	794.82	209114.77	495189.29	31600	1225179.7
其中:增收节支	万元		208951.2	354890.8	31600	940607.02

续表

指标名称	单位	上海特派办	南京特派办	武汉特派办	广州特派办	郑州特派办
已上缴财政	万元		204951.2	152677.86		41170.81
已减少财政拨款或补贴	万元					
已归还原渠道资金	万元		4000	202212.94	31600	899436.21
已缴纳其他资金	万元		163.57			
已调账处理金额	万元	794.82		140298.49		6067.24
审计促进拨付资金到位	万元	20.54		6300		209512.14
审计后挽回(避免)损失	万元					659.14
核减投资额	万元					
移送处理落实事项	件					
司法机关已处理	件					
纪检监察机关已处理	件					
有关部门已处理	件					
移送处理落实人员	人					
已追究刑事责任	人					
已给予党纪政纪处分	人					
有关部门已处理人员	人					
十、审计成果利用情况	—	—	—	—	—	—
审计提出建议	条	8	22	42	25	29
其中:建议制定修改部门规定	条					2
建议制定修改法律法规	条					
被采纳审计建议	条	5	22	10	6	29
被审计单位制定整改措施	项			10		4
被审计单位建立健全规章制度	项			29	3	24
促进修改法律法规	条					
提交审计信息	篇	33	23	110	21	49
审计专题、综合性报告	篇	2		1		
信息简报	篇	31	23	109	21	49
其中:重要审计信息	篇	25	15	42	2	19
被批示、采用审计信息	篇·次	9	8	106	5	29
审计专题、综合性报告	篇·次	1				1
信息简报	篇·次	8	7	106	5	28
其中:重要审计信息	篇·次	6	7	90		17

续表

指标名称	单位	上海特派办	南京特派办	武汉特派办	广州特派办	郑州特派办
审计信息移送案件事项	项					
涉案人员	人					
涉案金额	万元					
十一、交办、配合事项	件					

指标名称	单位	济南特派办	西安特派办	兰州特派办	昆明特派办	成都特派办
一、审计单位	个	11	11	14	12	12
审计	个	11	11	14	12	12
专项审计调查	个					
二、审计查出主要问题金额	万元	16798435.44	15845223.88	24066198.44	2403775.7	7376954.45
违规金额	万元	1381631.71	5643820.67	1835576.94	132177.83	627790.39
损失浪费金额	万元	65303.58	497057.96	282648.01		70844.18
管理不规范金额	万元	15351500.14	9704345.24	21947973.48	2271597.86	6678319.88
三、审计发现非金额计量问题	个	326	1230	477	88	163
四、损益(收支)不实	万元	91423	853625.06	486844.74	9983	78535.25
五、审计发现侵害人民群众利益	万元	5155.79		1820.4		
六、审计期间整改金额	万元	844512.11	794032.8	10900284.04	14.8	1032627.99
七、审计报告和专项审计调查报告	篇	12	11	12	9	14
被批示、采用审计报告和专项审计调查报告	篇·次					
八、审计处理情况	—	—	—	—	—	—
审计处理处罚	万元	500270.79	507675.76	1040359.81	986918.7	670065.16
其中:应上缴财政	万元	351.08	574.82	212312.84	771345.78	200563.07
其中:罚没	万元					
应减少财政拨款或补贴	万元					
应归还原渠道资金	万元	381197.47	218572.41	94072.64	214396.28	263197.14
应缴纳其他资金	万元		51818.35	5164.14		
应调账处理金额	万元	118722.24	236710.17	728810.18	1176.64	206304.95
移送处理事项	件	18	10	16	9	10
司法机关	件	2	3	10	7	2
纪检监察机关	件	11	7	4	1	7
有关部门	件	5		2	1	1
移送处理人员	人	40	16	445	45	30
司法机关	人	2	5	25	13	2

续表

指标名称	单位	济南特派办	西安特派办	兰州特派办	昆明特派办	成都特派办
其中:地厅级及以上	人		1			
县处级	人		1	2		1
乡科级及以下	人	2	3	23	13	1
纪检监察机关	人	22	11	420	2	28
其中:地厅级及以上	人			2		
县处级	人	5	1	86	2	
乡科级及以下	人	17	10	332		28
有关部门	人	16			30	
其中:地厅级及以上	人					
县处级	人				8	
乡科级及以下	人	16			22	
移送处理金额	万元	40567.8	21903.35	11135.85	1266.63	84258.66
司法机关	万元	188.22	2339.45	2611.75	1104.85	1043.88
纪检监察机关	万元	23367.29	19563.9	6784.2	161.78	83127.39
有关部门	万元	17012.29		1739.9		87.39
九、审计处理结果落实情况	—	—	—	—	—	—
审计促进整改落实有关问题资金	万元	1723814.05	2084005.3	253408.51		239826.86
其中:增收节支	万元	559419.69	275207.61	4142.86		18210.01
已上缴财政	万元	445758.96	267011.15			
已减少财政拨款或补贴	万元	171.23				
已归还原渠道资金	万元	113489.5	8196.46	4142.86		18210.01
已缴纳其他资金	万元					
已调账处理金额	万元	157633.7	8.71	249222.65		150121.45
审计促进拨付资金到位	万元	60302.6		17485.22		
审计后挽回(避免)损失	万元					
核减投资额	万元					
移送处理落实事项	件	7		14	1	1
司法机关已处理	件			10	1	
纪检监察机关已处理	件	4		1		1
有关部门已处理	件	3		3		
移送处理落实人员	人	18		12		2
已追究刑事责任	人			12		

续表

指标名称	单位	济南特派办	西安特派办	兰州特派办	昆明特派办	成都特派办
已给予党纪政纪处分	人	7				1
有关部门已处理人员	人	11				1
十、审计成果利用情况	—	—	—	—	—	—
审计提出建议	条	32	37	31	23	48
其中：建议制定修改部门规定	条		3	7		
建议制定修改法律法规	条			2		
被采纳审计建议	条	38	37	5	16	48
被审计单位制定整改措施	项	57	36		7	
被审计单位建立健全规章制度	项	156	83	27	2	
促进修改法律法规	条			1		
提交审计信息	篇	77	68	73	65	89
审计专题、综合性报告	篇	3			1	2
信息简报	篇	74	68	73	64	87
其中：重要审计信息	篇	18	37	13		42
被批示、采用审计信息	篇·次	129	110	208	240	132
审计专题、综合性报告	篇·次				1	2
信息简报	篇·次	129	110	208	239	130
其中：重要审计信息	篇·次	108	110	197	211	118
审计信息移送案件事项	项			11		
涉案人员	人			20		
涉案金额	万元			133433		
十一、交办、配合事项	件					

指标名称	单位	长沙特派办	深圳特派办	长春特派办	重庆特派办	
一、审计单位	个	8	13	13	7	
审计	个	8	13	13	7	
专项审计调查	个					
二、审计查出主要问题金额	万元	5015143.62	8805903.63	12496332.35	1294201.48	
违规金额	万元	114275.82	47886.41	2322095.64	229444.39	
损失浪费金额	万元	62606.32	25730.24	679481.39	1422.09	
管理不规范金额	万元	4838261.48	8732286.97	9494755.32	1063334.99	
三、审计发现非金额计量问题	个	73	110	95	34	
四、损益(收支)不实	万元	828971.18	261105.17	451710.53	246863.71	

续表

指标名称	单位	长沙特派办	深圳特派办	长春特派办	重庆特派办	
五、审计发现侵害人民群众利益	万元	47142.8		5489.15	10.85	
六、审计期间整改金额	万元	209208.85	72996.79	726430.33	13704.51	
七、审计报告和专项审计调查报告	篇	9	11	11	6	
被批示、采用审计报告和专项审计调查报告	篇·次	1	7			
八、审计处理情况	—	—	—	—	—	
审计处理处罚	万元	897837.45	49291.54	500948.06	217303.1	
其中:应上缴财政	万元	229277.28	46400	25906.08	37308.39	
其中:罚没	万元					
应减少财政拨款或补贴	万元					
应归还原渠道资金	万元	472515.9		71690.15	178436	
应缴纳其他资金	万元	55030.17			0.29	
应调账处理金额	万元	141014.1	2891.54	403351.83	1558.42	
移送处理事项	件	8	5	20	1	
司法机关	件	1	2	8		
纪检监察机关	件	2	2	9		
有关部门	件	5	1	3	1	
移送处理人员	人	26	232	18	1	
司法机关	人	1	1	10		
其中:地厅级及以上	人					
县处级	人			1		
乡科级及以下	人	1	1	9		
纪检监察机关	人	4	231	7		
其中:地厅级及以上	人					
县处级	人	4	200			
乡科级及以下	人		31	7		
有关部门	人	21		1	1	
其中:地厅级及以上	人					
县处级	人				1	
乡科级及以下	人	21		1		
移送处理金额	万元	6997.98	8291.01	211430.38		
司法机关	万元	1200	1343.21	2348.57		
纪检监察机关	万元	4575.12	5903	7430.76		

续表

指标名称	单位	长沙特派办	深圳特派办	长春特派办	重庆特派办	
有关部门	万元	1222.86	1044.8	201651.05		
九、审计处理结果落实情况	—	—	—	—	—	
审计促进整改落实有关问题资金	万元	54638.73		134532.95	2243808.57	
其中:增收节支	万元	9509.06		102002.43	363526.52	
已上缴财政	万元	216.1		1537.22	35310.03	
已减少财政拨款或补贴	万元					
已归还原渠道资金	万元	9292.96		100465.21	328216.49	
已缴纳其他资金	万元	2073.27			0.34	
已调账处理金额	万元	32479.32		5530.52	1685675.18	
审计促进拨付资金到位	万元	30290.21		138000	7739	
审计后挽回(避免)损失	万元	6040.6		3520.49		
核减投资额	万元					
移送处理落实事项	件	4		6	1	
司法机关已处理	件			3		
纪检监察机关已处理	件					
有关部门已处理	件	4		3	1	
移送处理落实人员	人	12			1	
已追究刑事责任	人					
已给予党纪政纪处分	人	12			1	
有关部门已处理人员	人					
十、审计成果利用情况	—	—	—	—	—	
审计提出建议	条	33	31	33	3	
其中:建议制定修改部门规定	条	1	6			
建议制定修改法律法规	条					
被采纳审计建议	条	30	26	33	7	
被审计单位制定整改措施	项	65	4	109	3	
被审计单位建立健全规章制度	项	10	15	12	10	
促进修改法律法规	条					
提交审计信息	篇	33	34	74	49	
审计专题、综合性报告	篇	1	1			
信息简报	篇	26	33	74	49	

续表

指标名称	单位	长沙特派办	深圳特派办	长春特派办	重庆特派办	
其中:重要审计信息	篇	26	8	35	27	
被批示、采用审计信息	篇·次	15	16	80	108	
审计专题、综合性报告	篇·次		1			
信息简报	篇·次	12	15	80	108	
其中:重要审计信息	篇·次	12	3	70	97	
审计信息移送案件事项	项					
涉案人员	人					
涉案金额	万元					
十一、交办、配合事项	件					

审计工作综合情况统计表——地方审计机关

指标名称	单位	地方审计机关汇总	北京市	天津市	河北省	山西省
一、审计单位	个	131670	784	421	2775	4584
审计	个	127156	756	390	2750	4510
专项审计调查	个	4514	28	31	25	74
二、审计查出主要问题金额	万元	713157043	38478977.1	9827902.54	23629911.44	44395553.24
违规金额	万元	71758003	130345.51	223731.29	1685319.13	12950907.49
损失浪费金额	万元	3383476	62182.04		11779.89	88389.48
管理不规范金额	万元	638015564	38286449.54	9604171.25	21932812.4	31356256.25
三、审计发现非金额计量问题	个	2181150	8481	826	2882	4928
四、损益(收支)不实	万元	64574107	2344088.94	512127.86	2306379.27	1994385.31
五、审计发现侵害人民群众利益	万元	561485			22333.93	20280.13
六、审计期间整改金额	万元	16698807	822658.5	162788.23	244581.6	1198099.87
七、审计报告和专项审计调查报告	篇	153280	1037	485	3162	4680
被批示、采用审计报告和专项审计调查报告	篇·次	7824	61	36	96	108
八、审计处理情况	—	—	—	—	—	—
审计处理处罚	万元	116300712	285439.09	1090995.29	6041875.79	17496175.32
其中:应上缴财政	万元	23421998	81866.69	81028.91	672535.13	1765724.4
其中:罚没	万元	209788	2	85.77	10177.1	4204.14
应减少财政拨款或补贴	万元	5865020	94956.58	596.3	100324.09	283199.01
应归还原渠道资金	万元	21599806	10026.92	278813.86	1011315.52	2533869.77
应缴纳其他资金	万元	14955448	423.84	6458.93	24583.81	7961450.2
应调账处理金额	万元	50456906	98165.04	724097.28	4233117.22	4951931.93
移送处理事项	件	6631	11	19	185	702
司法机关	件	641	1	2	6	13
纪检监察机关	件	2775	4	1	65	166
有关部门	件	3215	6	16	114	523
移送处理人员	人	8076		6	30	967
司法机关	人	1284		3	6	313
其中:地厅级及以上	人	4				
县处级	人	29				
乡科级及以下	人	1251		3	6	313

续表

指标名称	单位	地方审计机关汇总	北京市	天津市	河北省	山西省
纪检监察机关	人	3632		1	12	560
其中:地厅级及以上	人	31		1		7
县处级	人	264			4	14
乡科级及以下	人	3337			8	539
有关部门	人	3160		2	12	94
其中:地厅级及以上	人	6				5
县处级	人	33				10
乡科级及以下	人	3121		2	12	79
移送处理金额	万元	18858533	37427.53	86088.08	107763.82	242340.08
司法机关	万元	1203334	4434.84	11794.21	434.33	6173.17
纪检监察机关	万元	3366794	424.67	10	60194.08	19921.06
有关部门	万元	14288405	32568.02	74283.87	47135.4	216245.84
九、审计处理结果落实情况	—	—	—	—	—	—
审计促进整改落实有关问题资金	万元	78232642	708541.93	1000612.14	3518963.33	6621052.03
其中:增收节支	万元	29173168	201712.65	177185.24	890589.9	1090433.44
已上缴财政	万元	13598722	107994.1	68496.68	363453.72	646025.44
已减少财政拨款或补贴	万元	4670758	89036.58	1225.62	43884.95	11784.64
已归还原渠道资金	万元	10903687	4681.96	107462.94	483251.22	432623.34
已缴纳其他资金	万元	7009261	963.33	6545.52	3750.28	4519047.49
已调账处理金额	万元	27120888	92254.97	339073.14	2620043.2	964651.4
审计促进拨付资金到位	万元	2933227	94210.69	1505.41	181214.87	27140.73
审计后挽回(避免)损失	万元	7636957	124461.61	248.88	169379.41	6196.91
核减投资额	万元	12856027	204636.45	882.16	152871.34	430997.49
移送处理落实事项	件	2049	3	8	103	112
司法机关已处理	件	208	2	1	3	1
纪检监察机关已处理	件	794			39	32
有关部门已处理	件	1047	1	7	61	79
移送处理落实人员	人	3074	1	2	43	89
已追究刑事责任	人	287	1		13	3
已给予党纪政纪处分	人	1237			24	53
有关部门已处理人员	人	1550		2	6	33
十、审计成果利用情况	—	—	—	—	—	—
审计提出建议	条	277171	2695	822	5766	9482

续表

指标名称	单位	地方审计机关汇总	北京市	天津市	河北省	山西省
其中:建议制定修改部门规定	条	3574	11	9	33	150
建议制定修改法律法规	条	228	2			
被采纳审计建议	条	203570	1914	469	3588	5014
被审计单位制定整改措施	项	18959	645	96	145	355
被审计单位建立健全规章制度	项	3001	99	9	7	47
促进修改法律法规	条	1				
提交审计信息	篇	100228	1379	527	2452	2533
审计专题、综合性报告	篇	12269	94	13	212	127
信息简报	篇	71220	1032	353	1751	1915
其中:重要审计信息	篇	7300	257	44	231	20
被批示、采用审计信息	篇·次	54971	1069	257	1257	1221
审计专题、综合性报告	篇·次	6110	57	12	281	38
信息简报	篇·次	40568	875	195	779	663
其中:重要审计信息	篇·次	4181	122	32	99	11
审计信息移送案件事项	项	84				1
涉案人员	人	105				1
涉案金额	万元	56392				
十一、向社会公告审计结果	篇	10887	73	1		
十二、被审计领导干部	人	31035	265	175	629	737
其中:负直接责任问题金额	万元	6593708	570566.18	186.77	132305.71	67789.03
涉嫌个人经济问题人数	人	43				
金额	万元	4508				
十三、交办、配合事项	件	20929	41	23	7	13
十四、审计机关	个	3210	18	17	189	131
审计署及其派出机构	个	1				
省级审计机关	个	33	1	1	1	1
地级审计机关	个	430	15	16	11	11
县级审计机关	个	2746	2		177	119
十五、审计人员	人	93957	1483	876	5528	3858
审计署及其派出机构	人	18				
省级审计机关	人	7167	538	261	211	182
地级审计机关	人	24037	833	615	926	932
县级审计机关	人	62735	112		4391	2744

续表

指标名称	单位	地方审计机关汇总	北京市	天津市	河北省	山西省
十六、行政复议案件	件	11				
行政应诉案件	件	3				
政府裁决案件	件					
审计处罚听证	件					

指标名称	单位	内蒙古自治区	辽宁省	吉林省	黑龙江省	上海市
一、审计单位	个	3694	3935	2177	2855	813
审计	个	3656	3795	2037	2816	761
专项审计调查	个	38	140	140	39	52
二、审计查出主要问题金额	万元	8754223.31	26676887.86	6059530.66	7021611.07	15267456.53
违规金额	万元	1983832.68	3916407.23	2406695.75	539985.59	205398.5
损失浪费金额	万元	120023.86	266063.15	24014.15	3252.13	82172.05
管理不规范金额	万元	6650366.76	22494417.47	3628820.75	6478373.35	14979885.97
三、审计发现非金额计量问题	个	1750	3326	327465	7240	2200
四、损益(收支)不实	万元	213004.43	1840120.56	542950.79	548775.69	647451.59
五、审计发现侵害人民群众利益	万元		14.6	8831.93	370.62	243.55
六、审计期间整改金额	万元	117367.76	551127.73	194122.96	65186.68	438952.02
七、审计报告和专项审计调查报告	篇	3712	4652	2522	4033	1025
被批示、采用审计报告和专项审计调查报告	篇·次	62	377	151	165	99
八、审计处理情况	—	—	—	—	—	—
审计处理处罚	万元	2180646.72	3181352.2	2111258.95	1182392.1	725440.55
其中:应上缴财政	万元	358750.65	1011983.18	403006.07	286191.76	145184.67
其中:罚没	万元	3512.25	6483.96	12321.02	5572.68	
应减少财政拨款或补贴	万元	179289.85	112489.32	39830.49	111828.46	89432.58
应归还原渠道资金	万元	769872.93	551663.31	495004.64	212808.84	23497.7
应缴纳其他资金	万元	102875.64	284454.49	229613.21	46423.36	8324.74
应调账处理金额	万元	769857.63	1220761.88	943804.52	525139.67	459000.85
移送处理事项	件	263	83	45	119	23
司法机关	件	14	5	1	3	10
纪检监察机关	件	23	32	14	9	6
有关部门	件	226	46	30	107	7

续表

指标名称	单位	内蒙古自治区	辽宁省	吉林省	黑龙江省	上海市
移送处理人员	人	69	70	15	3	1
司法机关	人	12	6	1		1
其中:地厅级及以上	人	1				
县处级	人		1			
乡科级及以下	人	11	5	1		1
纪检监察机关	人	51	30	10	3	
其中:地厅级及以上	人		1			
县处级	人		9	3		
乡科级及以下	人	51	20	7	3	
有关部门	人	6	34	4		
其中:地厅级及以上	人					
县处级	人			3		
乡科级及以下	人	6	34	1		
移送处理金额	万元	714530.64	46853.38	210113.91	427439.59	4478.51
司法机关	万元	34603.46	407.19	42.68	71.88	788.72
纪检监察机关	万元	17660.61	26187.09	830.52	1437.46	1885.55
有关部门	万元	662266.57	20259.09	209240.7	425930.24	1804.24
九、审计处理结果落实情况	—	—	—	—	—	—
审计促进整改落实有关问题资金	万元	1572692.28	1496439.94	287708.38	669031.48	7222427.73
其中:增收节支	万元	989950.09	901282.09	60990.33	344468.52	356054.98
已上缴财政	万元	287116.34	779717.89	12912.41	167583.87	210624.7
已减少财政拨款或补贴	万元	174432.23	33011.18	3519.56	82373.96	90059.88
已归还原渠道资金	万元	528401.51	88553.01	44558.35	94510.67	55370.39
已缴纳其他资金	万元	37620.23	5041.87	869.52	16299.69	7589.28
已调账处理金额	万元	531563.81	443315.01	141269.37	307362.01	688940.69
审计促进拨付资金到位	万元	10670.36	19996.2	7125.76	16016.09	2494.96
审计后挽回(避免)损失	万元	72269.92	49598.71	11752.02	78714.02	86944.77
核减投资额	万元	336967.12	154778.7	43912.62	86777.79	186014.93
移送处理落实事项	件	128	41	6	14	3
司法机关已处理	件	2	2	1		2
纪检监察机关已处理	件	1	9	3	2	
有关部门已处理	件	125	30	2	12	1
移送处理落实人员	人	5	16	2	5	

续表

指标名称	单位	内蒙古自治区	辽宁省	吉林省	黑龙江省	上海市
已追究刑事责任	人	1	3	1		
已给予党纪政纪处分	人	1	13	1	3	
有关部门已处理人员	人	3			2	
十、审计成果利用情况	—	—	—	—	—	—
审计提出建议	条	3897	6320	2813	5176	1773
其中:建议制定修改部门规定	条	92	112	81	12	74
建议制定修改法律法规	条	2	8	12		
被采纳审计建议	条	2391	5140	1611	4172	1511
被审计单位制定整改措施	项	88	1142	181	174	1014
被审计单位建立健全规章制度	项	17	90	17	8	310
促进修改法律法规	条					
提交审计信息	篇	3765	2493	1157	1288	1055
审计专题、综合性报告	篇	587	565	305	286	90
信息简报	篇	2994	1474	828	803	763
其中:重要审计信息	篇	225	83	70	30	200
被批示、采用审计信息	篇·次	2504	1225	297	485	684
审计专题、综合性报告	篇·次	248	253	43	46	45
信息简报	篇·次	2105	849	211	291	470
其中:重要审计信息	篇·次	302	24	14	3	71
审计信息移送案件事项	项			4		
涉案人员	人					
涉案金额	万元			28432.06		
十一、向社会公告审计结果	篇	35	31		69	268
十二、被审计领导干部	人	992	1427	956	1281	307
其中:负直接责任问题金额	万元	41151.91	16117.1	132306.43	42757.75	217.18
涉嫌个人经济问题人数	人					
金额	万元					
十三、交办、配合事项	件	223	95	48	181	5
十四、审计机关	个	117	139	68	128	18
审计署及其派出机构	个					
省级审计机关	个	1	1	1	1	1
地级审计机关	个	12	13	9	13	17
县级审计机关	个	104	125	58	114	
十五、审计人员	人	3321	3936	2088	2869	1042

续表

指标名称	单位	内蒙古自治区	辽宁省	吉林省	黑龙江省	上海市
审计署及其派出机构	人					
省级审计机关	人	188	172	207	363	374
地级审计机关	人	731	1318	480	779	668
县级审计机关	人	2402	2446	1401	1727	
十六、行政复议案件	件					6
行政应诉案件	件					2
政府裁决案件	件					
审计处罚听证	件					

指标名称	单位	江苏省	浙江省	安徽省	福建省	江西省
一、审计单位	个	4416	2664	5736	2693	6847
审计	个	4180	2364	5517	2523	6606
专项审计调查	个	236	300	219	170	241
二、审计查出主要问题金额	万元	58891237.92	15607237.87	19646940.2	27811118.14	8929348.47
违规金额	万元	1186637.13	446118.6	1547583.47	516412.92	448002.87
损失浪费金额	万元	202921.24	7815.31	151482.62	14209.17	3857.69
管理不规范金额	万元	57501679.53	15153303.95	17947874.1	27280496.04	8477487.9
三、审计发现非金额计量问题	个	10220	9279	3386	7809	6776
四、损益(收支)不实	万元	6016903.51	689906.16	944726.26	1106465.94	890092.21
五、审计发现侵害人民群众利益	万元	9431.55	1200.52	7295.58	7901.61	1081.8
六、审计期间整改金额	万元	905548.28	219236.29	395214.35	339648.09	181266.39
七、审计报告和专项审计调查报告	篇	5546	3273	6219	3445	7424
被批示、采用审计报告和专项审计调查报告	篇·次	425	196	264	125	148
八、审计处理情况	—	—	—	—	—	—
审计处理处罚	万元	10081622.61	2534026.41	3055001.29	2362157.61	1112027.28
其中:应上缴财政	万元	1099568.47	371798.07	507681.31	262459.29	101171.6
其中:罚没	万元	3811.24	1784.4	4823.2	796.57	9865.58
应减少财政拨款或补贴	万元	649426.01	161376.55	203036.3	43098.04	54586.36
应归还原渠道资金	万元	1578011.53	265563.65	672419.6	328232.58	280565.99
应缴纳其他资金	万元	230292.2	26530.97	888691.69	39690.92	290552.18
应调账处理金额	万元	6524324.38	1708757.14	783138.38	1688676.76	385151.13

续表

指标名称	单位	江苏省	浙江省	安徽省	福建省	江西省
移送处理事项	件	302	438	97	131	127
司法机关	件	39	121	19	13	5
纪检监察机关	件	115	135	41	56	104
有关部门	件	148	182	37	62	18
移送处理人员	人	243	443	292	81	92
司法机关	人	52	137	9	15	12
其中:地厅级及以上	人			1		
县处级	人		3	2		
乡科级及以下	人	52	134	6	15	12
纪检监察机关	人	143	190	49	55	75
其中:地厅级及以上	人		1			
县处级	人	8	32	2	6	
乡科级及以下	人	135	157	47	49	75
有关部门	人	48	116	234	11	5
其中:地厅级及以上	人					
县处级	人		3	2	2	2
乡科级及以下	人	48	113	232	9	3
移送处理金额	万元	554365.63	151966.63	579657.82	93651.24	39128.53
司法机关	万元	167025.79	22088.13	550845	15040.48	582.38
纪检监察机关	万元	43270.38	20101.32	10927.04	12037.62	15081.54
有关部门	万元	344069.45	109777.17	17885.78	66573.13	23464.61
九、审计处理结果落实情况	—	—	—	—	—	—
审计促进整改落实有关问题资金	万元	8403479.21	1630345.47	2081960.13	1786494.87	820368.89
其中:增收节支	万元	2605858.06	624976.47	759954.1	378533.71	209104.37
已上缴财政	万元	833313.06	137980.4	375588.47	194305.57	89849.07
已减少财政拨款或补贴	万元	646319.11	150548.33	185958.74	44291	36475.31
已归还原渠道资金	万元	1126225.88	336447.73	198406.88	139937.13	82779.98
已缴纳其他资金	万元	163588.01	55418.92	172829.42	21171.07	5624.91
已调账处理金额	万元	4666072.77	920076.94	466483.89	1374010.99	158425.71
审计促进拨付资金到位	万元	27879.39	9598.67	229397.93	13319.33	69341.31
审计后挽回(避免)损失	万元	711968.44	259451.19	265207.62	91201.79	134075.76
核减投资额	万元	1329766.65	1478734.68	542769.63	96838.83	263555.54
移送处理落实事项	件	76	125	26	32	42

续表

指标名称	单位	江苏省	浙江省	安徽省	福建省	江西省
司法机关已处理	件	13	40	3	6	5
纪检监察机关已处理	件	24	32	19	19	27
有关部门已处理	件	39	53	4	7	10
移送处理落实人员	人	94	211	26	31	63
已追究刑事责任	人	15	52	9	8	13
已给予党纪政纪处分	人	37	107	11	23	38
有关部门已处理人员	人	42	52	6		12
十、审计成果利用情况	—	—	—	—	—	—
审计提出建议	条	11338	6968	12570	6831	11716
其中:建议制定修改部门规定	条	9	234	132	34	67
建议制定修改法律法规	条		8	44	3	22
被采纳审计建议	条	7999	5235	10333	3653	7450
被审计单位制定整改措施	项	1102	697	1183	202	251
被审计单位建立健全规章制度	项	246	275	194	37	24
促进修改法律法规	条				1	
提交审计信息	篇	3755	6753	5803	4756	2388
审计专题、综合性报告	篇	451	511	522	484	168
信息简报	篇	2990	5184	3586	3726	1627
其中:重要审计信息	篇	656	74	161	324	103
被批示、采用审计信息	篇·次	2901	4333	3226	3611	1217
审计专题、综合性报告	篇·次	243	326	193	141	99
信息简报	篇·次	2449	3695	2418	3154	846
其中:重要审计信息	篇·次	491	61	77	98	48
审计信息移送案件事项	项	1	1	2		3
涉案人员	人	1	4	2		4
涉案金额	万元	70.42	160.56	50		1.96
十一、向社会公告审计结果	篇	325	615	415	25	79
十二、被审计领导干部	人	1342	983	952	860	1179
其中:负直接责任问题金额	万元	56811.6	39293.38	90153.57	27007.03	11021.99
涉嫌个人经济问题人数	人	1				1
金额	万元	11				
十三、交办、配合事项	件	7254	6	864	197	277
十四、审计机关	个	117	102	123	95	114

续表

指标名称	单位	江苏省	浙江省	安徽省	福建省	江西省
审计署及其派出机构	个					
省级审计机关	个	1	1	1	2	1
地级审计机关	个	13	11	16	9	11
县级审计机关	个	103	90	106	84	102
十五、审计人员	人	4087	3269	3038	2468	3163
审计署及其派出机构	人					
省级审计机关	人	184	199	196	245	188
地级审计机关	人	1097	673	894	535	613
县级审计机关	人	2806	2397	1948	1688	2362
十六、行政复议案件	件	3	2			
行政应诉案件	件	1				
政府裁决案件	件					
审计处罚听证	件					

指标名称	单位	山东省	河南省	湖北省	湖南省	广西壮族自治区
一、审计单位	个	9837	6531	5156	6137	5085
审计	个	9467	6174	5091	5990	4917
专项审计调查	个	370	357	65	147	168
二、审计查出主要问题金额	万元	90488024.01	26912228.39	29593495.33	37917942.68	16209711.28
违规金额	万元	14413681.78	3488060.2	3626285.63	3926171.28	1025021.17
损失浪费金额	万元	1014155.53	52959.95	124051.95	279493.54	4123.84
管理不规范金额	万元	75060186.69	23371208.24	25843157.74	33712277.86	15180566.26
三、审计发现非金额计量问题	个	11106	6579	777891	10774	5007
四、损益(收支)不实	万元	13692503.49	929933.93	2282928.04	1540468.79	623509.39
五、审计发现侵害人民群众利益	万元	253080.5	3174.83	50090.75	138692.98	63.2
六、审计期间整改金额	万元	1066330.66	431544.23	1152232.11	3040959.7	665395.67
七、审计报告和专项审计调查报告	篇	12642	6586	5174	7449	6276
被批示、采用审计报告和专项审计调查报告	篇·次	382	514	533	423	604
八、审计处理情况	—	—	—	—	—	—
审计处理处罚	万元	12384532.65	3895811.73	7180218.12	7307762.34	2346244.35
其中:应上缴财政	万元	5004766.14	1055141.21	1830559.44	1108364.18	194480.53

续表

指标名称	单位	山东省	河南省	湖北省	湖南省	广西壮族自治区
其中：罚没	万元	12449.22	24431.02	15067.8	15373.34	2390.49
应减少财政拨款或补贴	万元	903811.08	111879.82	177036.46	424289.34	167596.45
应归还原渠道资金	万元	1672846.17	755917.64	1820606	2379874.81	413403.27
应缴纳其他资金	万元	323801.88	205559.35	530745.63	625339.21	579549.43
应调账处理金额	万元	4477807.37	1767313.68	2821270.57	2769894.77	991214.64
移送处理事项	件	640	515	662	234	64
司法机关	件	73	20	111	30	6
纪检监察机关	件	221	152	497	132	34
有关部门	件	346	343	54	72	24
移送处理人员	人	587	2555	1109	261	57
司法机关	人	68	43	342	42	4
其中：地厅级及以上	人	1				
县处级	人	5	1	7	1	
乡科级及以下	人	62	42	335	41	4
纪检监察机关	人	203	468	727	145	49
其中：地厅级及以上	人	10	2	3		
县处级	人	14	15	69	6	6
乡科级及以下	人	179	451	655	139	43
有关部门	人	316	2044	40	74	4
其中：地厅级及以上	人					
县处级	人	2		2	2	
乡科级及以下	人	314	2044	38	72	4
移送处理金额	万元	4383289.42	388288.66	385999.8	154765.77	29156.07
司法机关	万元	289656.71	9526.08	16035.54	14283.3	139.97
纪检监察机关	万元	1703574.8	248653.34	344920.48	90468.31	8310.66
有关部门	万元	2390057.9	130109.23	25043.77	50014.15	20705.43
九、审计处理结果落实情况	—	—	—	—	—	—
审计促进整改落实有关问题资金	万元	8167288.06	2331905.99	5440841.68	5325599.14	989875.57
其中：增收节支	万元	4296718.77	846062.76	2649435.1	2933278.1	387566.44
已上缴财政	万元	2903760.59	313301.51	1485671.54	862429.24	210520.17
已减少财政拨款或补贴	万元	894014.48	49521.2	97817.87	302221.55	129752.7
已归还原渠道资金	万元	498943.7	483240.03	1065945.69	1768627.31	47293.56
已缴纳其他资金	万元	72887.33	87004.76	239865.02	193362.14	6932.1

续表

指标名称	单位	山东省	河南省	湖北省	湖南省	广西壮族自治区
已调账处理金额	万元	1155412.31	1212636.51	2109537.19	1804996.23	186952.41
审计促进拨付资金到位	万元	196257.27	49402.95	499996.4	927226.87	21153.52
审计后挽回(避免)损失	万元	899026	27728.13	339965.51	870062.47	135053.52
核减投资额	万元	1050902.04	193443.67	670727.89	1119957.46	428285.54
移送处理落实事项	件	171	176	320	100	6
司法机关已处理	件	11	4	58	16	1
纪检监察机关已处理	件	64	42	221	46	3
有关部门已处理	件	96	130	41	38	2
移送处理落实人员	人	367	812	521	155	48
已追究刑事责任	人	8	4	74	16	4
已给予党纪政纪处分	人	94	87	333	73	3
有关部门已处理人员	人	265	721	114	66	41
十、审计成果利用情况	—	—	—	—	—	—
审计提出建议	条	19244	16155	14062	12816	7702
其中:建议制定修改部门规定	条	411	553	279		112
建议制定修改法律法规	条	13	13			11
被采纳审计建议	条	11834	11968	10524	11357	4785
被审计单位制定整改措施	项	889	978	2206	796	226
被审计单位建立健全规章制度	项	143	22	254	244	42
促进修改法律法规	条					
提交审计信息	篇	8873	3298	9812	4560	472
审计专题、综合性报告	篇	591	403	2040	759	127
信息简报	篇	6463	2137	5878	3179	239
其中:重要审计信息	篇	717	254	930	494	64
被批示、采用审计信息	篇·次	4083	2083	5417	2472	175
审计专题、综合性报告	篇·次	364	324	970	402	52
信息简报	篇·次	2900	1490	3345	1699	96
其中:重要审计信息	篇·次	328	108	509	279	37
审计信息移送案件事项	项	5	7	4	2	
涉案人员	人	2	13	2	3	
涉案金额	万元	1275.68	11571.76	1576.93	627	
十一、向社会公告审计结果	篇	55	159	268	534	26
十二、被审计领导干部	人	3420	1465	1234	1904	655
其中:负直接责任问题金额	万元	1806416.03	175624.38	76335.49	71256.51	39285.58

续表

指标名称	单位	山东省	河南省	湖北省	湖南省	广西壮族自治区
涉嫌个人经济问题人数	人	23		5	6	1
金额	万元	29.29		962.1	601.57	68.55
十三、交办、配合事项	件	367	38	2151	570	479
十四、审计机关	个	165	177	119	141	122
审计署及其派出机构	个					
省级审计机关	个	1	1	1	1	1
地级审计机关	个	17	18	13	14	13
县级审计机关	个	147	158	105	126	108
十五、审计人员	人	5699	7991	4123	4513	2564
审计署及其派出机构	人					
省级审计机关	人	272	313	223	267	204
地级审计机关	人	1290	1347	944	969	682
县级审计机关	人	4137	6331	2956	3277	1678
十六、行政复议案件	件					
行政应诉案件	件					
政府裁决案件	件					
审计处罚听证	件					

指标名称	单位	广东省	云南省	海南省	重庆市	四川省
一、审计单位	个	4273	10838	925	3653	9491
审计	个	4069	10712	869	3472	9186
专项审计调查	个	204	126	56	181	305
二、审计查出主要问题金额	万元	26898491.53	28693274.73	3070627.29	32864827.85	29268955.53
违规金额	万元	812945.35	1709993.18	300546.57	2142911.87	2103614.65
损失浪费金额	万元	29336.36	5249.78	11126.42	654490.95	20912.94
管理不规范金额	万元	26056209.8	26978031.76	2758954.28	30067425.02	27144427.92
三、审计发现非金额计量问题	个	57284	3237	1553	3844	4165
四、损益(收支)不实	万元	2480168.86	15975539.86	248577.35	994031.71	1670035.44
五、审计发现侵害人民群众利益	万元	21206.84	1493.66	1462.24	6064.5	2387.56
六、审计期间整改金额	万元	628871.56	393294.28	311403.17	992062.59	770054.92

续表

指标名称	单位	广东省	云南省	海南省	重庆市	四川省
七、审计报告和专项审计调查报告	篇	9346	12724.64	1064	3668	9793
被批示、采用审计报告和专项审计调查报告	篇·次	381	183	16	773	302
八、审计处理情况	—	—	—	—	—	—
审计处理处罚	万元	3710040.11	3021134.22	977150.4	5188512.34	5923526.59
其中：应上缴财政	万元	645564.13	925690.03	255156.1	1346172.18	1222146.1
其中：罚没	万元	2831.19	49021.49	938.99	845.09	2142.84
应减少财政拨款或补贴	万元	382481.38	124710.63	70889.42	145611.59	445651.85
应归还原渠道资金	万元	317946.14	701757.7	31171.66	956579.58	1348636.27
应缴纳其他资金	万元	1645.42	235776.87	3760.61	455573.66	642992.29
应调账处理金额	万元	2362403.02	1033198.98	616172.6	2284575.31	2264100.07
移送处理事项	件	141	321	46	383	244
司法机关	件	6	53	6	38	11
纪检监察机关	件	43	163	37	102	125
有关部门	件	92	105	3	243	108
移送处理人员	人	22	257	103	233	196
司法机关	人	2	61	13	46	41
其中：地厅级及以上	人				1	
县处级	人		2		3	
乡科级及以下	人	2	59	13	42	41
纪检监察机关	人	17	179	90	119	150
其中：地厅级及以上	人		2	4		
县处级	人	1	17	2	30	2
乡科级及以下	人	16	160	84	89	148
有关部门	人	3	17		68	5
其中：地厅级及以上	人		1			
县处级	人		2		2	
乡科级及以下	人	3	14		66	5
移送处理金额	万元	3662124.91	244130.2	40294.62	116482.54	597626.72
司法机关	万元	2670.89	14218.39	11900.41	19682.47	3493.12
纪检监察机关	万元	76628.49	132142.37	23717.29	31811.1	70726.64
有关部门	万元	3582825.51	97769.43	4676.91	64988.96	523406.95
九、审计处理结果落实情况	—	—	—	—	—	—
审计促进整改落实有关问题资金	万元	1776984.05	1879960.64	423904.67	4227454.88	4846967.22

续表

指标名称	单位	广东省	云南省	海南省	重庆市	四川省
其中:增收节支	万元	742723.74	793443.79	261856.93	1964190.49	2444207.39
已上缴财政	万元	311405.34	434738.04	183813.17	1089715.95	932385.67
已减少财政拨款或补贴	万元	367610.02	107920.57	74170.07	145271.16	428644.85
已归还原渠道资金	万元	63708.37	250785.17	3873.69	729203.37	1083176.86
已缴纳其他资金	万元	36.91	156394.32		439761.5	299654.68
已调账处理金额	万元	658461.13	860843.65	34903.81	1812956.75	1836065.74
审计促进拨付资金到位	万元	121648.37	54692.97	7397.92	88418.05	14374.09
审计后挽回(避免)损失	万元	379266.86	611795.07	15519.18	769609.86	1001811.16
核减投资额	万元	409431.89	559789.66	73604.98	674410.09	736816.94
移送处理落实事项	件	17	127	28	166	94
司法机关已处理	件	1	8	4	20	3
纪检监察机关已处理	件	3	56	24	32	41
有关部门已处理	件	13	63		114	50
移送处理落实人员	人	9	141	69	144	106
已追究刑事责任	人	1	14	2	31	6
已给予党纪政纪处分	人	7	98	63	41	57
有关部门已处理人员	人	1	29	4	72	43
十、审计成果利用情况	—	—	—	—	—	—
审计提出建议	条	12925	26058	2159	8908	20660
其中:建议制定修改部门规定	条	141	99	21	78	169
建议制定修改法律法规	条		4	9	15	12
被采纳审计建议	条	9004	23561	1321	8070	16901
被审计单位制定整改措施	项	1068	1039	113	1461	596
被审计单位建立健全规章制度	项	88	257	18	202	189
促进修改法律法规	条					
提交审计信息	篇	1844	5157	169	3103	5068
审计专题、综合性报告	篇	495	536	98	635	484
信息简报	篇	1152	4137	53	2267	3969
其中:重要审计信息	篇	133	154	1	428	666
被批示、采用审计信息	篇·次	679	1821	55	1472	2604
审计专题、综合性报告	篇·次	182	100	36	454	339
信息简报	篇·次	456	1412	19	894	1882
其中:重要审计信息	篇·次	90	133		203	350

续表

指标名称	单位	广东省	云南省	海南省	重庆市	四川省
审计信息移送案件事项	项	6	25	1	2	15
涉案人员	人	2	62	1	2	3
涉案金额	万元	1152.85	7410.41	20	2446	1192.75
十一、向社会公告审计结果	篇	972	4988	1	6	879
十二、被审计领导干部	人	1950	992	137	590	1012
其中：负直接责任问题金额	万元	784371.01	67922.32	81077.43	14066.45	16174.42
涉嫌个人经济问题人数	人		2		2	1
金额	万元		0.63		2832.61	1.99
十三、交办、配合事项	件	642	1616	204	127	1270
十四、审计机关	个	152	146	23	40	207
审计署及其派出机构	个		1			
省级审计机关	个	1	2	1	1	1
地级审计机关	个	21	16	2	39	21
县级审计机关	个	130	127	20		185
十五、审计人员	人	3934	3650	564	1422	5115
审计署及其派出机构	人		18			
省级审计机关	人	285	275	130	280	211
地级审计机关	人	1225	762	102	1142	1174
县级审计机关	人	2424	2595	332		3730
十六、行政复议案件	件					
行政应诉案件	件					
政府裁决案件	件					
审计处罚听证	件					

指标名称	单位	贵州省	西藏自治区	陕西省	甘肃省	青海省
一、审计单位	个	3272	71	8444	6869	1351
审计	个	3196	65	8127	6711	1311
专项审计调查	个	76	6	317	158	40
二、审计查出主要问题金额	万元	10441551.75	574771.46	20442686.65	27708147.26	1442829.97
违规金额	万元	3060825.9	164867.93	3555749.1	1596642.8	71093.72
损失浪费金额	万元	49348.93	40759.68	27796.78	11361.63	134.72
管理不规范金额	万元	7331376.91	369143.84	16859140.77	26100142.82	1371601.51

续表

指标名称	单位	贵州省	西藏自治区	陕西省	甘肃省	青海省
三、审计发现非金额计量问题	个	3332	62	4558	2111	692
四、损益(收支)不实	万元	506942.82	58158.93	1019559.81	880545.42	148250.39
五、审计发现侵害人民群众利益	万元	317.22		4307.91		
六、审计期间整改金额	万元	115884.09	3040.4	542196.21	404692.93	43357.85
七、审计报告和专项审计调查报告	篇	3301	90	8867	7390	1625
被批示、采用审计报告和专项审计调查报告	篇·次	109	8	464	486	11
八、审计处理情况	—	—	—	—	—	—
审计处理处罚	万元	1684477.61	244270.73	3244696.47	3286707.79	302384.3
其中:应上缴财政	万元	497943.47	37889.66	1029129.5	670326.17	55964.72
其中:罚没	万元	6542.56	103.63	6766.98	3846.26	1362.26
应减少财政拨款或补贴	万元	179274.87	413.53	73619.91	175361.68	21.98
应归还原渠道资金	万元	406529.52	23048.91	800988.05	662722.86	16484.79
应缴纳其他资金	万元	91580.95	2478.02	492212.49	352472.51	8552.93
应调账处理金额	万元	509148.77	180440.6	848746.5	1425824.55	221359.87
移送处理事项	件	317	6	173	126	9
司法机关	件	21		1	2	
纪检监察机关	件	230		132	39	5
有关部门	件	66	6	40	85	4
移送处理人员	人	218		48	21	2
司法机关	人	22			6	
其中:地厅级及以上	人					
县处级	人					
乡科级及以下	人	22			6	
纪检监察机关	人	185		46	13	2
其中:地厅级及以上	人					
县处级	人	7		11	2	
乡科级及以下	人	178		35	11	2
有关部门	人	11		2	2	
其中:地厅级及以上	人					
县处级	人	1				
乡科级及以下	人	10		2	2	
移送处理金额	万元	2253647.24	13972.32	34688.44	3069740.81	1432.23
司法机关	万元	2791.43			51.05	

续表

指标名称	单位	贵州省	西藏自治区	陕西省	甘肃省	青海省
纪检监察机关	万元	199199.73		32155.47	118068.14	988.02
有关部门	万元	2051656.07	13972.32	2532.96	2951621.6	444.21
九、审计处理结果落实情况	—	—	—	—	—	—
审计促进整改落实有关问题资金	万元	726086.23	7747.75	1700367.13	1808206.91	57748.29
其中：增收节支	万元	491787.4	7683.71	610650.2	816212.98	11004.29
已上缴财政	万元	130441.5	7670.62	72640.26	253753.04	6059.66
已减少财政拨款或补贴	万元	166614.06		64514.94	142499.43	
已归还原渠道资金	万元	194731.84	13.09	473495	419960.49	4944.63
已缴纳其他资金	万元	43961.63		232661.07	189801.17	531.45
已调账处理金额	万元	143095.01	64.04	491889.16	756403.08	45803.31
审计促进拨付资金到位	万元	18705.29	190.82	188311.76	28675.19	138.22
审计后挽回(避免)损失	万元	182919.49	4881.29	116253.7	57846.19	142.67
核减投资额	万元	613894.02	574.39	579022.78	135706.09	41292.47
移送处理落实事项	件	15		53	38	
司法机关已处理	件	1				
纪检监察机关已处理	件	8		31	8	
有关部门已处理	件	6		22	30	
移送处理落实人员	人	15		61	7	1
已追究刑事责任	人	2			2	
已给予党纪政纪处分	人	9		49	2	
有关部门已处理人员	人	4		12	3	1
十、审计成果利用情况	—	—	—	—	—	—
审计提出建议	条	8640	187	15568	10520	2024
其中：建议制定修改部门规定	条	86	2	292	28	82
建议制定修改法律法规	条			30		6
被采纳审计建议	条	6585	56	11541	8204	1091
被审计单位制定整改措施	项	151		1717	234	9
被审计单位建立健全规章制度	项	48		62	15	5
促进修改法律法规	条					
提交审计信息	篇	4298	102	2284	4569	595
审计专题、综合性报告	篇	124		805	441	42
信息简报	篇	3934	24	1355	2114	519
其中：重要审计信息	篇	167		250	281	4

续表

指标名称	单位	贵州省	西藏自治区	陕西省	甘肃省	青海省
被批示、采用审计信息	篇·次	2741	25	1406	2249	31
审计专题、综合性报告	篇·次	83		492	167	8
信息简报	篇·次	2463	4	910	1448	23
其中:重要审计信息	篇·次	104		226	184	
审计信息移送案件事项	项	1				
涉案人员	人	2				
涉案金额	万元	13.39				
十一、向社会公告审计结果	篇	22		945	10	4
十二、被审计领导干部	人	378	27	1616	1942	303
其中:负直接责任问题金额	万元	2016888.46	0.2	67579.36	4511.39	4220.32
涉嫌个人经济问题人数	人	1				
金额	万元					
十三、交办、配合事项	件	3139	14	469	244	14
十四、审计机关	个	100	3	119	102	55
审计署及其派出机构	个					
省级审计机关	个	1		1	1	1
地级审计机关	个	9	3	11	15	8
县级审计机关	个	90		107	86	46
十五、审计人员	人	2392	111	3847	2783	724
审计署及其派出机构	人					
省级审计机关	人	169		262	222	132
地级审计机关	人	458	111	677	713	181
县级审计机关	人	1765		2908	1848	411
十六、行政复议案件	件					
行政应诉案件	件					
政府裁决案件	件					
审计处罚听证	件					

指标名称	单位	宁夏回族自治区	新疆维吾尔自治区	新疆生产建设兵团	大连市	青岛市
一、审计单位	个	657	3987	699	358	1363
审计	个	636	3827	675	318	1307
专项审计调查	个	21	160	24	40	56

续表

指标名称	单位	宁夏回族自治区	新疆维吾尔自治区	新疆生产建设兵团	大连市	青岛市
二、审计查出主要问题金额	万元	2885968.26	15655367.61	1090205.48	3842707.64	15130478.63
违规金额	万元	374903.83	1164292.41	33017.45	441788.89	1037439.02
损失浪费金额	万元	2367.32	6180.58	11462.55	2429.54	407.04
管理不规范金额	万元	2508697.1	14484894.61	1045725.47	3398489.21	14092632.56
三、审计发现非金额计量问题	个	826	890441	1120	403	926
四、损益(收支)不实	万元	118534.93	683101.53	123937.32	148027.36	679092.21
五、审计发现侵害人民群众利益	万元		3.35	153.6	14.6	3678.72
六、审计期间整改金额	万元	49072.07	250906.58	1709.62	254989.2	209121.68
七、审计报告和专项审计调查报告	篇	892	4428	749	521	1598
被批示、采用审计报告和专项审计调查报告	篇·次	17	272	33	83	27
八、审计处理情况	—	—	—	—	—	—
审计处理处罚	万元	586642.63	1306297.34	269891.13	253393.37	1817720.46
其中:应上缴财政	万元	81819.14	309001.01	2934.46	165924.87	880433.1
其中:罚没	万元	476.13	1176.99	582.04	242.61	
应减少财政拨款或补贴	万元	17350.55	341549.08			299585.14
应归还原渠道资金	万元	68651.69	201861.53	9112.76	16363.81	95982.78
应缴纳其他资金	万元	141830.53	120537.72	672.03	993.49	77126.17
应调账处理金额	万元	276990.71	333347.97	257171.86	70111.19	464593.23
移送处理事项	件	26	149	30	48	67
司法机关	件		10	1	3	6
纪检监察机关	件	7	65	20	18	5
有关部门	件	19	74	9	27	56
移送处理人员	人	3	45	47	41	11
司法机关	人		26	1	5	
其中:地厅级及以上	人					
县处级	人		4			
乡科级及以下	人		22	1	5	
纪检监察机关	人	3	19	38	22	5
其中:地厅级及以上	人					
县处级	人		2	2	7	
乡科级及以下	人	3	17	36	15	5
有关部门	人			8	14	6
其中:地厅级及以上	人					

续表

指标名称	单位	宁夏回族自治区	新疆维吾尔自治区	新疆生产建设兵团	大连市	青岛市
县处级	人					
乡科级及以下	人			8	14	6
移送处理金额	万元	90903.81	87171.62	9012.12	17515.99	1815839.53
司法机关	万元		4545.4	6.96	351.42	32149.85
纪检监察机关	万元	472.99	46095.59	8891.42	7172.25	545805.01
有关部门	万元	90430.82	36530.63	113.73	9992.32	1237884.65
九、审计处理结果落实情况	—	—	—	—	—	—
审计促进整改落实有关问题资金	万元	56967.5	428711.14	215907.36	249681.57	851461.31
其中:增收节支	万元	20997.06	265509.7	38744.99	182073.1	774480
已上缴财政	万元	13892.96	110043.55	1517.2	165796.77	452737.17
已减少财政拨款或补贴	万元	2682.64	104581.77			299365.52
已归还原渠道资金	万元	4421.45	50884.38	37227.79	16276.32	22377.31
已缴纳其他资金	万元	1783.95	28247.4	15.54	676.86	23.59
已调账处理金额	万元	16283.49	103900.24	177139.95	66931.6	32598.31
审计促进拨付资金到位	万元	80.52	1489.26	5155.4		3679.48
审计后挽回(避免)损失	万元	22333.34	139284.08	1987.44	17691.4	299365.52
核减投资额	万元	23023.27	195247.63	40391.89	43588.95	299352.4
移送处理落实事项	件		13	6	33	7
司法机关已处理	件				2	
纪检监察机关已处理	件		4	4	7	
有关部门已处理	件		9	2	24	7
移送处理落实人员	人		8	22	13	
已追究刑事责任	人		1	3	1	
已给予党纪政纪处分	人		4	6	12	
有关部门已处理人员	人		3	13		
十、审计成果利用情况	—	—	—	—	—	—
审计提出建议	条	1390	8698	1288	950	1772
其中:建议制定修改部门规定	条	34	118	19	22	
建议制定修改法律法规	条		14			
被采纳审计建议	条	415	5333	540	952	1379
被审计单位制定整改措施	项	38	135	28	785	111
被审计单位建立健全规章制度	项	2	28	2	47	21
促进修改法律法规	条					

续表

指标名称	单位	宁夏回族自治区	新疆维吾尔自治区	新疆生产建设兵团	大连市	青岛市
提交审计信息	篇	521	5377	22	779	538
审计专题、综合性报告	篇	58	199	17	185	61
信息简报	篇	308	4461	5	487	472
其中:重要审计信息	篇	53	222	4	1	
被批示、采用审计信息	篇·次	133	3227	11	572	240
审计专题、综合性报告	篇·次	37	68	7	108	37
信息简报	篇·次	96	2427	4	462	201
其中:重要审计信息	篇·次	40	133	4		
审计信息移送案件事项	项	3	1			
涉案人员	人		1			
涉案金额	万元	390.62				
十一、向社会公告审计结果	篇	12	70			2
十二、被审计领导干部	人	280	915	130	152	277
其中:负直接责任问题金额	万元	108985.48	30814.16	493.12	2617.31	46146.24
涉嫌个人经济问题人数	人					
金额	万元					
十三、交办、配合事项	件		337	14	1	3
十四、审计机关	个	25	123	15	11	12
审计署及其派出机构	个					
省级审计机关	个	1	1	1		
地级审计机关	个	4	15	14	1	1
县级审计机关	个	20	107		10	11
十五、审计人员	人	624	2534	341	350	595
审计署及其派出机构	人					
省级审计机关	人	140	248	26		
地级审计机关	人	168	683	315	160	176
县级审计机关	人	316	1603		190	419
十六、行政复议案件	件					
行政应诉案件	件					
政府裁决案件	件					
审计处罚听证	件					

续表

指标名称	单位	厦门市	宁波市	深圳市
一、审计单位	个	171	369	534
审计	个	145	347	525
专项审计调查	个	26	22	9
二、审计查出主要问题金额	万元	750519.21	2451020.09	2703571.74
违规金额	万元	40475.14	18998.86	70722.03
损失浪费金额	万元	4238.95	1620.26	3469.92
管理不规范金额	万元	705805.11	2430400.97	2629379.78
三、审计发现非金额计量问题	个	547	1456	2184
四、损益(收支)不实	万元	116132.89	28932.94	354479.26
五、审计发现侵害人民群众利益	万元			
六、审计期间整改金额	万元	36531.97	10794.32	44996.77
七、审计报告和专项审计调查报告	篇	242	398	4167
被批示、采用审计报告和专项审计调查报告	篇·次	1	9	2
八、审计处理情况	—	—	—	—
审计处理处罚	万元	186500.2	94775.76	743734.63
其中:应上缴财政	万元	37449.04	17599.44	51556.78
其中:罚没	万元		10	
应减少财政拨款或补贴	万元	5954.7	12103.39	358302
应归还原渠道资金	万元	80719.19	7626.63	185572.3
应缴纳其他资金	万元	4740.57	6311.92	
应调账处理金额	万元	57636.69	51134.35	148303.53
移送处理事项	件	29	17	30
司法机关	件	2		1
纪检监察机关	件	16	5	1
有关部门	件	11	12	28
移送处理人员	人	21	7	
司法机关	人			
其中:地厅级及以上	人			
县处级	人			
乡科级及以下	人			
纪检监察机关	人	17	5	
其中:地厅级及以上	人			
县处级	人	5	1	

续表

指标名称	单位	厦门市	宁波市	深圳市
乡科级及以下	人	12	4	
有关部门	人	4	2	
其中:地厅级及以上	人			
县处级	人	2		
乡科级及以下	人	2	2	
移送处理金额	万元	34918.91	2064.32	54560.31
司法机关	万元	14577.11		90
纪检监察机关	万元	6754.1	954.42	4287
有关部门	万元	13587.69	1109.89	50183.31
九、审计处理结果落实情况	—	—	—	—
审计促进整改落实有关问题资金	万元	171672.95	47052.16	515808.09
其中:增收节支	万元	114742.95	24529.88	416921.58
已上缴财政	万元	32303.58	12884.45	41116.87
已减少财政拨款或补贴	万元	15562.47	6722.89	353582.35
已归还原渠道资金	万元	66876.89	4922.53	22222.35
已缴纳其他资金	万元	4740.57	46.99	
已调账处理金额	万元	51981.56	17727.15	50487.42
审计促进拨付资金到位	万元		9.87	
审计后挽回(避免)损失	万元	5895.71	26046.07	338488.2
核减投资额	万元	5856.09	26774.2	334760.7
移送处理落实事项	件	1	4	4
司法机关已处理	件		1	
纪检监察机关已处理	件		1	
有关部门已处理	件	1	2	4
移送处理落实人员	人		5	
已追究刑事责任	人		3	
已给予党纪政纪处分	人			
有关部门已处理人员	人		2	
十、审计成果利用情况	—	—	—	—
审计提出建议	条	668	1012	3421
其中:建议制定修改部门规定	条	10	18	17
建议制定修改法律法规	条			
被采纳审计建议	条	455	794	2719
被审计单位制定整改措施	项	9	79	144

续表

指标名称	单位	厦门市	宁波市	深圳市
被审计单位建立健全规章制度	项	1	42	24
促进修改法律法规	条			
提交审计信息	篇	714	928	81
审计专题、综合性报告	篇	145	72	15
信息简报	篇	466	755	57
其中:重要审计信息	篇	97	10	39
被批示、采用审计信息	篇·次	183	723	54
审计专题、综合性报告	篇·次	19	72	13
信息简报	篇·次	141	645	35
其中:重要审计信息	篇·次	13	12	26
审计信息移送案件事项	项			4
涉案人员	人			
涉案金额	万元			192.85
十一、向社会公告审计结果	篇		68	873
十二、被审计领导干部	人	76	108	108
其中:负直接责任问题金额	万元	473.61	125.87	10821.72
涉嫌个人经济问题人数	人			
金额	万元			
十三、交办、配合事项	件	11		13
十四、审计机关	个	7	12	11
审计署及其派出机构	个			
省级审计机关	个			
地级审计机关	个	1	1	1
县级审计机关	个	6	11	10
十五、审计人员	人	159	424	485
审计署及其派出机构	人			
省级审计机关	人			
地级审计机关	人	83	100	181
县级审计机关	人	76	324	304
十六、行政复议案件	件		2	
行政应诉案件	件			
政府裁决案件	件			
审计处罚听证	件			

附　录

全国审计机关先进集体和先进工作者

全国审计机关先进集体名单

（共 78 个）

北京市

北京市审计局经济责任审计办公室
北京市审计局财政审计处
朝阳区审计局

天津市

天津市审计局财政审计处
滨海新区审计局

河北省

河北省审计厅行政事业审计处
邯郸市武安市审计局
廊坊市审计局

山西省

山西省审计厅法规处
太原市审计局
运城市临猗县审计局

内蒙古自治区

包头市审计局
兴安盟审计局

辽宁省

本溪市审计局
鞍山市海城市审计局
大连市审计局固定资产投资审计二处

吉林省

吉林市审计局
白山市江源区审计局

黑龙江省

牡丹江市审计局
哈尔滨市审计局财政审计处

上海市

上海市审计局综合计划处（政策研究室）
崇明县审计局

江苏省

苏州市审计局
南通市审计局
盐城市建湖县审计局

浙江省

义乌市审计局
宁波市余姚市审计局
绍兴市上虞区审计局

安徽省

安庆市审计局
宣城市绩溪县审计局

福建省

宁德市霞浦县审计局
三明市沙县审计局

江西省

吉安市吉安县审计局

山东省

烟台市审计局
淄博市审计局
青岛市城阳区审计局

河南省

河南省审计厅投资审计二处
信阳市审计局
濮阳市审计局

湖北省

十堰市审计局
荆门市审计局
武汉市江夏区审计局

湖南省

常德市审计局
娄底市冷水江市审计局

广东省

惠州市审计局
梅州市审计局
韶关市审计局

广西壮族自治区

桂林市审计局
崇左市扶绥县审计局

海南省

海南省审计厅政府投资审计处

重庆市

重庆市审计局财政审计处
巴南区审计局

四川省

宜宾市审计局
成都市温江区审计局
凉山彝族自治州西昌市审计局

贵州省

铜仁市审计局
遵义市审计局

云南省

大理白族自治州审计局
曲靖市审计局

西藏自治区

拉萨市审计局

陕西省

陕西省审计厅财政审计处
宝鸡市审计局
商洛市洛南县审计局

甘肃省

酒泉市审计局
张掖市审计局

青海省

青海省审计厅固定资产投资审计处
西宁市湟中县审计局

宁夏回族自治区

石嘴山市审计局

新疆维吾尔自治区

巴音郭楞蒙古自治州审计局

新疆生产建设兵团

新疆生产建设兵团第十师审计局

审计署

法规司法律事务处
金融审计司一处
农林水利审计局二处
审计署驻南京特派员办事处计算机审计处
审计署驻郑州特派员办事处固定资产投资审计处
审计署驻昆明特派员办事处企业审计处
审计署驻长沙特派员办事处金融审计处
审计署驻重庆特派员办事处企业审计处

全国审计机关先进工作者名单

（共 32 名）

北京市

高松涛　北京市审计局农业资源环保审计处科长

天津市

刘建春　蓟县审计局法制综合科科长

山西省

黄慧文　阳泉市审计局固定资产投资审计科科长

内蒙古自治区

张洪甫　内蒙古审计厅财政审计处处长

辽宁省

边克吉　辽阳市审计局投资审计科科长

吉林省

李红祺　磐石市审计局党组书记、局长

黑龙江省

孙炜航　齐齐哈尔市审计局党组书记、局长

上海市

程秦豫　上海市审计局经济责任审计处主任科员

江苏省

任慧莉　南京市审计局法规处处长

浙江省

彭雪君　台州市审计局办公室主任、纪检组副组长兼监察室主任

安徽省

严　挺　安徽省审计厅外资运用审计处主任科员

福建省

林良云　福州市审计局党组书记、局长

江西省

刘　星　宜春市审计局经贸审计科科长

山东省

宫　智　潍坊市审计局党组书记、局长

河南省

陈利民　漯河市舞阳县审计局党组书记、局长

湖北省

王小昧　鄂州市审计局纪检组副组长、监察室主任

湖南省

朱国芬　岳阳市审计局经贸外资审计科科长

广东省

陈文闻　广东省审计厅办公室主任科员

广西壮族自治区

晏海霞　百色市审计局法规科科长

海南省

郑有刚　琼海市审计局总审计师

重庆市

唐春林　重庆市审计局农业处主任科员

四川省

王颂贤　甘孜藏族自治州新龙县审计局副局长

贵州省

李　菊　贵州省审计厅行政事业审计处主任科员

云南省

吴自云　红河哈尼族彝族自治州审计局党组书记、局长

西藏自治区

孟祥华　西藏自治区审计厅经贸外资审计处主任科员

陕西省

李发树　榆林市定边县审计局局长

甘肃省

冯天成　天水市秦州区审计局局长

青海省

唐爱军　青海省审计厅派出审计三局主任科员

宁夏回族自治区

郭　宏　宁夏回族自治区审计厅办公室调研员

新疆维吾尔自治区

徐艳清　哈密地区巴里坤县审计局局长

审计署

颜　涛　审计署境外审计司一处主任科员

徐景浙　审计署驻上海特派员办事处金融审计二处处长

优秀审计项目

2014年审计署优秀审计项目和表彰审计项目名单

一、审计署优秀审计项目（10个）

1. 企业审计司、昆明特派办、兰州特派办、武汉特派办、经济责任审计司联合实施的中国石油天然气集团公司原法定代表人任期经济责任审计

2. 固定资产投资审计司、京津冀特派办、郑州特派办、兰州特派办、武汉特派办、济南特派办、上海特派办、南京特派办、广州特派办、重庆特派办联合实施的西电东送工程建设运营管理情况审计（国家电网公司）

3. 财政审计司实施的财政部具体组织2012年中央预算执行和编制2012年中央决算草案情况审计

4. 沈阳特派办、经济责任审计司联合实施的中共沈阳市委书记、沈阳市市长任期经济责任审计

5. 深圳特派办、太原特派办、长沙特派办联合实施的华润（集团）有限公司法定代表人任期经济责任审计

6. 济南特派办、郑州特派办、沈阳特派办联合实施的内蒙古自治区2011年至2012年矿产资源开发利用保护及相关资金征管情况审计

7. 长春特派办、上海特派办联合实施的中国冶金科工集团有限公司原法定代表人任期经济责任审计

8. 金融审计司、哈尔滨特派办、兰州特派办联合实施的中国投资有限责任公司原法定代表人任期经济责任审计

9. 上海特派办实施的中国海运（集团）总公司法定代表人任期经济责任审计

10. 重庆特派办、成都特派办、西安特派办、工业审计局联合实施的国家烟草专卖局（中国烟草总公司）局长任期经济责任审计

二、审计署表彰审计项目（20个）

1. 金融审计司、京津冀特派办联合实施的中国人民银行2012年度财务收支以及国家金库系统办理2012年预算资金收纳拨付情况审计

2. 金融审计司、上海特派办联合实施的中国银行股份有限公司原法定代表人任期经济责任审计（总行）

3. 京津冀特派办实施的天津市2012年财政收支审计

4. 沈阳特派办实施的中国农业发展银行法定代表人任期经济责任审计（北京市分行）

5. 济南特派办实施的中国航天科技集团公司原法定代表人任期经济责任审计

6. 成都特派办、昆明特派办联合实施的云南省2011年至2012年矿产资源开发利用保护及相关资金征管情况审计

7. 固定资产投资审计司、昆明特派办、成都特派办、深圳特派办、广州特派办联合实施的西电东送工程建设运营管理情况审计（南方电网公司）

8. 长春特派办实施的吉林省2012年城镇保障性安居工程跟踪审计

9. 哈尔滨特派办实施的黑龙江省2012年城镇保障性安居工程跟踪审计

10. 成都特派办实施的四川省2012年财政收支审计

11. 哈尔滨特派办、广州特派办联合实施的江西省2011年至2012年矿产资源开发利用保护及相关资金征管情况审计

12. 武汉特派办实施的湖北省2011年至2012年资源能源节约利用类支出科目资金审计

13. 长春特派办实施的吉林省2012年财政收支审计

14. 农林水利审计局实施的农业部2012年度预算执行和其他财政收支情况以及决算（草案）审计

15. 长沙特派办实施的中国银行股份有限公司原法定代表人任期经济责任审计（广东省分行）

16. 哈尔滨特派办实施的中国兵器装备集团公司原法定代表人任期经济责任审计

17. 西安特派办实施的中国银行股份有限公司原法定代表人任期经济责任审计（河北省分行）

18. 企业审计司实施的53户中央企业利润分配和投资情况专项审计调查

19. 长沙特派办、深圳特派办联合实施的湖南省2011年至2012年矿产资源开发利用保护及相关资金征管情况审计

20. 广州特派办实施的中国农业银行股份有限公司原法定代表人任期经济责任审计（广东省分行）

2014年地方优秀审计项目和表彰审计项目名单

一、地方优秀审计项目（15个）

1. 南京市审计局实施的南京市8个镇街财政运行情况专项审计调查

2. 新疆维吾尔自治区审计厅实施的自治区机关事务管理局管理的天山大厦、幸福路9号公务员小区和聚天大厦资金与项目管理情况审计

3. 安徽省审计厅实施的安徽省煤田地质局原局长任期经济责任审计

4. 内蒙古自治区审计厅实施的内蒙古银行股份有限公司原董事长、党委书记离任经济责任审计

5. 湖南省审计厅实施的湖南科技学院2010年12月至2012年5月财务收支及有关经济活动情况审计

6. 辽宁省审计厅实施的辽宁广播电视台原台长任期经济责任审计

7. 云南省审计厅实施的云南广电网络集团有限公司2010年至2012年资产负债及损益情况审计

8. 安徽省铜陵市审计局实施的铜陵市2011年度土地出让金审计调查

9. 湖北省荆门市审计局实施的屈家岭管理区管委会主任任中经济责任审计

10. 浙江省丽水市审计局实施的丽水市直属机关2010年至2012年科技三项费用管理使用绩效专项审计调查

11. 重庆市大足区审计局实施的大足区2012年本级财政预算执行及其他财政收支审计

12. 湖南省长沙市审计局实施的长沙经济技术开发集团有限公司2012年度资产负债损益审计

13. 甘肃省武威市审计局实施的古浪县15个乡镇2010年至2012年财政扶贫资金使用管理情况审计

14. 杭州市江干区审计局实施的江干区部门所属经费自理事业单位财务收支及资产管理情况专项审计调查

15. 济南市长清区审计局实施的张夏镇党委书记、镇长任期经济责任审计

二、地方表彰审计项目（30个）

1. 武汉市审计局实施的武汉市水务局2012年度预算执行及其他财政收支审计

2. 浙江省审计厅实施的杭长高速公路杭州至安城段预算执行情况审计

3. 江西省审计厅实施的江西省国土资源厅

2010 年至 2011 年矿产资源资金专项审计

4. 四川省审计厅实施的四川省成都—阿坝工业集中发展区 2012 年至 2013 年 6 月投资绩效及财政运行管理情况审计

5. 河南省审计厅实施的河南省农村信用社联合社驻马店市办公室及其所辖六家县级联社 2012 年度资产负债损益情况审计

6. 江苏省审计厅实施的江苏省惠隆资产管理有限公司法定代表人任期经济责任审计

7. 贵州省审计厅实施的贵州赤天化集团有限责任公司原董事长、党委书记任期经济责任审计

8. 山东省审计厅实施的山东省财政厅具体组织 2012 年度省级预算执行和专项资金审计

9. 长春市审计局实施的长春市国土资源局 2011 年至 2012 年预算执行及其他财政收支审计

10. 陕西省审计厅实施的陕西省委老干部工作局原局长任期经济责任审计

11. 厦门市审计局实施的厦门市海沧投资集团有限公司原党委书记、董事长任期经济责任审计

12. 青岛市审计局实施的青岛市 2011 年度非税收入收缴管理情况专项审计调查

13. 广西壮族自治区审计厅实施的广西有色金属集团有限公司原董事长任期经济责任审计

14. 广东省审计厅实施的广东省丝绸纺织集团原董事长任期经济责任和 2011 年度财务收支情况审计

15. 湖北省十堰市审计局实施的武当山旅游经济特区 2008 年至 2012 年财政财务收支审计

16. 河南省商丘市审计局实施的商丘市公路管理局局长任期经济责任审计

17. 西藏自治区昌都地区审计局实施的江达县 2009 年至 2013 年 9 月民生资金管理使用情况专项审计

18. 山西省太原市审计局实施的迎泽区人民政府 2011 年至 2012 年财政决算审计

19. 四川省泸州市审计局实施的泸州市人民医院院长任期经济责任审计

20. 北京市丰台区审计局实施的丰台区民政局 2012 年度预算执行及决算（草案）审计

21. 广西壮族自治区钦州市审计局实施的钦州市开发投资集团有限公司 2010 年 1 月至 2012 年 12 月财务收支情况审计

22. 云南省楚雄彝族自治州审计局实施的禄丰县原县长任期经济责任审计

23. 甘肃省兰州市审计局实施的兰州新区管理委员会 2012 年度财政收支情况审计

24. 贵州省黔南布依族苗族自治州审计局实施的三都水族自治县县长任期经济责任审计

25. 新疆生产建设兵团第十师审计局实施的旅客运输总公司及液化气公司原党总支书记、经理任期经济责任审计

26. 新疆生产建设兵团第九师审计局实施的第九师一六七团辽宁援建居住小区建设项目竣工决算审计

27. 吉林省洮南市审计局实施的洮南市教育局局长任中经济责任审计

28. 南京市鼓楼区审计局实施的清江村电台地块和向阳渔港地块征地拆迁补偿资金审计

29. 新疆维吾尔自治区哈巴河县审计局实施的哈巴河县 2012 年度本级财政预算执行及其他财政收支情况审计

30. 江西省万载县审计局实施的罗城镇原党委书记任期经济责任审计

全国政府性债务审计先进公务员集体和先进公务员

全国政府性债务审计公务员集体二等功名单

（共 2 个）

审计署全国政府性债务审计工作领导小组办公室

河北省审计厅廊坊市本级政府性债务审计组

全国政府性债务审计公务员二等功名单

（共 10 名）

孙继先　江苏省连云港市审计局财政金融审计处处长
周善涛　安徽省审计厅财政审计处副处长
孟文军　江西省审计厅财政与金融审计处处长
龚彦宾　湖南省审计厅财政审计一处副处长
牛　静　审计署驻太原特派员办事处行政事业审计处主任科员
夏军峰　审计署驻昆明特派员办事处计算机审计处副处长
王　征　审计署驻深圳特派员办事处企业审计处处长
高怀荣　审计署全国政府性债务审计工作领导小组办公室（审计署驻昆明特派员办事处行政事业审计处副处长）
汪智刚　审计署全国政府性债务审计工作领导小组办公室（审计署驻太原特派员办事处财政审计处主任科员）
宋秀辉　审计署全国政府性债务审计工作领导小组办公室（审计署驻成都特派员办事处社会保障审计处主任科员）

全国政府性债务审计公务员集体三等功名单

（共 92 个）

北京市

北京市审计局政府性债务审计工作领导小组办公室

全国政府性债务审计北京市审计局丰台审计组

天津市

天津市审计局赴东丽区全国政府性债务审计组

天津市审计局赴静海县全国政府性债务审计组

河北省

河北省审计厅辛集市政府性债务审计组

廊坊市审计局

河北省审计厅邢台市本级政府性债务审计组

山西省

山西省审计厅财政审计处

运城市审计局

内蒙古自治区

内蒙古自治区审计厅财政审计处

巴彦淖尔市审计局

辽宁省

辽宁省审计厅财政审计处

沈阳市审计局

吉林省

吉林省审计厅社会保障审计处

吉林市审计局

黑龙江省

黑龙江省审计系统政府性债务审计工作领导小组办公室

牡丹江市审计局

上海市

上海市审计局财政审计处

上海市审计局综合计划处（政策研究室）

江苏省

盐城市审计局

苏州市审计局

浙江省

温州市审计局

浙江省审计厅财政审计处

安徽省

淮南市审计局

马鞍山市审计局

福建省

福建省审计厅政府性债务审计工作领导小组办公室

南平市审计局

江西省

江西省审计厅政府性债务审计工作领导小组办公室

江西省审计厅财政与金融审计处

山东省

山东省审计厅政府性债务审计领导小组办公室

济南市审计局

淄博市审计局

河南省

河南省审计厅财政审计二处

商丘市审计局

信阳市审计局

湖北省

湖北省审计厅政府性债务审计领导小组办公室

宜昌市审计局

湖南省

湖南省审计厅政府性债务审计工作领导小组办公室

湖南省审计厅经济责任审计一处

广东省

广东省审计厅政府性债务审计工作领导小组办公室

广州市审计局政府性债务审计工作领导小组办公室

广西壮族自治区

广西壮族自治区审计厅政府性债务审计领导小组办公室

桂林市审计局

海南省

海南省审计厅赴乐东县政府性债务审计组

海南省审计厅赴白沙县政府性债务审计组

重庆市

重庆市审计局政府性债务审计工作领导小组办公室

九龙坡区政府性债务审计组

四川省

四川省审计厅赴德阳市本级政府性债务审计组

德阳市审计局

眉山市审计局

贵州省

贵州省审计厅赴遵义市本级和红花岗区审计组

铜仁市审计局

云南省

云南省审计厅政府性债务审计工作领导小组办公室

文山壮族苗族自治州审计局

西藏自治区

西藏自治区审计厅财政金融审计处

拉萨市审计局地方政府性债务审计工作组

陕西省

宝鸡市审计局

汉中市审计局

甘肃省

甘肃省审计厅经济责任审计三处

平凉市审计局

青海省

青海省审计厅财政审计处

青海省审计厅政策法规处

宁夏回族自治区

宁夏回族自治区审计厅政府性债务审计工作领导小组办公室

宁夏回族自治区审计厅财政金融审计处

新疆维吾尔自治区

乌鲁木齐市审计局
哈密地区审计局

新疆生产建设兵团

新疆生产建设兵团审计局政府性债务审计办公室

大连市

大连市审计局金融审计处

深圳市

深圳市政府性债务审计工作领导小组办公室

宁波市

宁波市审计局财政审计处

青岛市

青岛市审计局政府性债务审计工作领导小组

厦门市

厦门市审计局政府性债务审计领导小组办公室

审计署

审计署京津冀特派员办事处天津市滨海新区政府性债务审计组

审计署驻太原特派员办事处石家庄市本级政府性债务审计组

审计署驻沈阳特派员办事处大连市本级政府性债务审计组

审计署驻哈尔滨特派员办事处南宁市本级政府性债务审计组

审计署驻上海特派员办事处、科学技术审计局上海市本级政府性债务审计组

审计署驻上海特派员办事处浙江省本级政府性债务审计组

审计署驻南京特派员办事处南京市本级政府性债务审计组

审计署驻武汉特派员办事处南昌市本级政府性债务审计组

审计署驻广州特派员办事处海南省本级政府性债务审计组

审计署驻郑州特派员办事处河南省本级政府性债务审计组

审计署驻济南特派员办事处山东省本级政府性债务审计组

审计署驻西安特派员办事处银川市本级政府性债务审计组

审计署驻兰州特派员办事处青海省本级政府性债务审计组

审计署驻昆明特派员办事处贵阳市本级政府性债务审计组

审计署驻成都特派员办事处成都市本级政府性债务审计组

审计署驻长沙特派员办事处、文化体育审计局呼和浩特市本级政府性债务审计组

审计署驻深圳特派员办事处厦门市本级政府性债务审计组

审计署驻深圳特派员办事处福建省本级政府性债务审计组

审计署驻长春特派员办事处长春市本级政府性债务审计组

审计署驻重庆特派员办事处重庆市本级政府性债务审计组

全国政府性债务审计公务员集体嘉奖名单

（共 219 个）

北京市

全国政府性债务审计北京市审计局通州审计组

全国政府性债务审计北京市审计局顺义审计组

全国政府性债务审计北京市审计局门头沟审计组

全国政府性债务审计北京市审计局石景山审计组

天津市

天津市审计局赴武清区全国政府性债务审计组

天津市审计局赴西青区全国政府性债务审计组

天津市审计局赴宝坻区全国政府性债务审计组
天津市审计局赴宁河县全国政府性债务审计组

河北省

河北省审计厅唐山市本级政府性债务审计组
河北省审计厅张家口市本级政府性债务审计组
河北省审计厅保定市本级政府性债务审计组
石家庄市审计局
邯郸市审计局
河北省审计厅承德市本级政府性债务审计组
唐山市审计局

山西省

山西省审计厅经济责任审计处赴大同市本级债务审计组
忻州市审计局
长治市审计局
晋中市审计局赴榆社县债务审计组
吕梁市柳林县审计局
阳泉市盂县审计局

内蒙古自治区

内蒙古自治区审计厅党政领导干部经济责任审计处
内蒙古自治区审计厅派出审计二处
内蒙古自治区审计厅派出鄂尔多斯市审计组
内蒙古自治区审计厅社会保障审计处
包头市审计局
赤峰市审计局

辽宁省

辽宁省审计厅固定资产投资审计二处
辽宁省审计厅经贸审计处
辽宁省审计厅法制处
锦州市审计局
抚顺市审计局
辽阳市审计局

吉林省

吉林省审计厅农业资源环境审计处
四平市审计局
白城市审计局
辽源市审计局
通化市审计局
松原市审计局

黑龙江省

黑龙江省审计厅齐齐哈尔市本级政府性债务审计组
黑龙江省审计厅密山市政府性债务审计组
哈尔滨市审计局
齐齐哈尔市审计局
佳木斯市审计局
鸡西市审计局

上海市

上海市审计局赴浦东新区政府性债务审计组
上海市审计局赴金山区政府性债务审计组
上海市审计局赴嘉定区政府性债务审计组
上海市审计局赴松江区政府性债务审计组

江苏省

南通市审计局
扬州市审计局赴南通市全国政府性债务审计组
常州市审计局
南京市审计局全国政府性债务审计工作领导小组办公室
宿迁市审计局赴盐城市全国政府性债务审计组
无锡市审计局
镇江市审计局

浙江省

金华市审计局
舟山市审计局
台州市审计局
丽水市审计局
杭州市西湖区审计局
海宁市审计局

安徽省

合肥市审计局
淮北市审计局
亳州市审计局

滁州市审计局
铜陵市审计局
安庆市审计局

福建省

福州市审计局
宁德市审计局
莆田市审计局
泉州市审计局
三明市审计局
漳州市审计局

江西省

江西省审计厅固定资产投资审计一处
江西省审计厅外资运用审计处
江西省审计厅政法审计处
萍乡市审计局
抚州市审计局
赣州市审计局

山东省

烟台市审计局
潍坊市审计局
聊城市审计局
滨州市审计局
临沂市本级政府性债务审计组
德州市本级政府性债务审计组

河南省

许昌市审计局
南阳市审计局
洛阳市审计局
开封市审计局
濮阳市审计局
安阳市审计局
叶县审计局

湖北省

黄石市审计局
襄阳市审计局
荆州市审计局
恩施土家族苗族自治州审计局
枝江市审计局
蕲春县审计局

湖南省

湖南省审计厅资源环保审计处
湖南省审计厅经贸审计二处
湖南省审计厅行政事业审计一处
长沙市审计局
常德市审计局
株洲市审计局
岳阳市审计局

广东省

广东省审计厅中山市本级政府性债务审计组
汕头市审计局潮阳区政府性债务审计组
佛山市审计局
韶关市审计局
梅州市审计局
东莞市审计局镇级政府性债务审计组

广西壮族自治区

柳州市审计局
广西壮族自治区审计厅赴柳州市本级政府性债务审计组
广西壮族自治区审计厅赴来宾市本级政府性债务审计组
南宁市审计局
河池市审计局
北海市审计局

海南省

海南省审计厅赴文昌市政府性债务审计组
海南省审计厅赴万宁市政府性债务审计组
海南省审计厅赴澄迈县政府性债务审计组
海南省审计厅赴儋州市政府性债务审计组
海南省审计厅赴三亚市政府性债务审计组

重庆市

大足区政府性债务审计组
江津区政府性债务审计组
长寿区政府性债务审计组
万州区政府性债务审计组

大渡口区政府性债务审计组

四川省

四川省政府性债务审计工作领导小组办公室
宜宾市审计局
南充市审计局赴西充县债务审计组
泸州市审计局
乐山市审计局赴峨眉山市债务审计组
资阳市审计局赴乐至县债务审计组
绵阳市审计局
巴中市审计局

贵州省

遵义市审计局
贵阳市审计局
黔南布依族苗族自治州审计局
毕节市审计局赴黔西县审计组
贵州省审计厅赴黔南布依族苗族自治州本级和都匀市审计组
贵州省审计厅赴黔西南布依族苗族自治州本级和兴义市审计组

云南省

云南省审计厅昭通市本级政府性债务审计组
楚雄彝族自治州审计局
云南省审计厅临沧市本级政府性债务审计组
昆明市审计局
丽江市审计局玉龙县政府性债务审计组
迪庆藏族自治州审计局德钦县政府性债务审计组

西藏自治区

日喀则地区审计局
山南地区审计局
阿里地区审计局
林芝地区审计局
昌都地区审计局
那曲地区审计局

陕西省

陕西省审计厅政府性债务审计工作领导小组办公室
咸阳市审计局
渭南市审计局
榆林市审计局
安康市审计局
商洛市审计局

甘肃省

甘肃省审计厅财政审计处
甘肃省审计厅经济责任审计办公室
甘肃省审计厅内部审计监督处
甘肃省审计厅社会审计核查处
兰州市审计局
陇南市审计局

青海省

海西蒙古族藏族自治州本级债务审计组
玉树藏族自治州本级债务审计组
海西蒙古族藏族自治州审计局
果洛藏族自治州本级债务审计组
西宁市审计局

宁夏回族自治区

银川市审计局
石嘴山市审计局
宁夏回族自治区审计厅赴平罗县地方政府性债务审计组
宁夏回族自治区审计厅赴固原市地方政府性债务审计组
宁夏回族自治区审计厅赴中宁县地方政府性债务审计组

新疆维吾尔自治区

新疆维吾尔自治区审计厅派出审计五处交通运输厅政府性债务审计组
阿勒泰地区审计局
柯孜勒苏柯尔克孜自治州审计局
塔城地区额敏县审计局
克拉玛依市审计局
昌吉回族自治州奇台县审计局

新疆生产建设兵团

新疆生产建设兵团第三师审计局
新疆生产建设兵团第十师审计局

大连市

大连市审计局赴瓦房店市政府性债务审计组
大连市审计局赴金州区政府性债务审计组

深圳市

深圳市审计局赴宝安区政府性债务审计组
深圳市审计局赴盐田区政府性债务审计组

宁波市

慈溪市审计局
宁海县审计局

青岛市

青岛市审计局财政审计处
即墨市审计局

厦门市

厦门市审计局赴同安区政府性债务审计组
厦门市审计局赴集美区政府性债务审计组

审计署

审计署京津冀特派员办事处北京市本级政府性债务审计组

审计署驻太原特派员办事处太原市本级政府性债务审计组

审计署驻沈阳特派员办事处沈阳市本级政府性债务审计组

审计署驻哈尔滨特派员办事处哈尔滨市本级政府性债务审计组

审计署驻上海特派员办事处宁波市本级政府性债务审计组

审计署驻南京特派员办事处高淳区政府性债务审计组

审计署驻武汉特派员办事处武汉市本级政府性债务审计组

审计署驻广州特派员办事处广州市本级政府性债务审计组

审计署驻郑州特派员办事处安徽省本级政府性债务审计组

审计署驻济南特派员办事处青岛市本级政府性债务审计组

审计署驻西安特派员办事处西安市本级政府性债务审计组

审计署驻兰州特派员办事处兰州市本级政府性债务审计组

审计署驻昆明特派员办事处昆明市本级政府性债务审计组

审计署驻成都特派员办事处郫县政府性债务审计组

审计署驻长沙特派员办事处湖南省本级政府性债务审计组

审计署驻深圳特派员办事处福州市本级政府性债务审计组

审计署驻长春特派员办事处吉林省本级政府性债务审计组

审计署驻重庆特派员办事处、工业审计局重庆市合川区政府性债务审计组

外交外事审计局政府性债务审计组

农林水利审计局国务院南水北调办和国务院三峡办政府性债务审计组

贸易审计局政府性债务审计组

经济执法审计局成都市温江区政府性债务审计组

广电通讯审计局政府性债务审计组

旅游侨务审计局政府性债务审计组

审计署全国政府性债务审计中央部门综合组

全国政府性债务审计个人三等功名单

（共66名）

北京市

刘子佩　北京市审计局财政审计处主任科员

天津市

朱建华　天津市审计局滨海分局副处长

河北省

李曙光　河北省审计厅农业审计处副处长

山西省

张晓明　山西省审计厅行政事业审计处副处长

内蒙古自治区

崔　荣　通辽市审计局财税审计科科长

辽宁省

刘　畅　辽宁省审计厅农业与资源环保审计处副主任科员

吉林省

杨春雨　吉林省审计厅财政审计二处主任科员

刘艳梅　长春市审计局财政金融审计处副处长

黑龙江省

王　皎　黑龙江省审计厅派出教育审计处处长

舒沫南　黑龙江省审计厅派出公检法审计处处长

上海市

徐　伟　上海市审计局财政审计处处长

江苏省

吴艳山　徐州市审计局财政金融审计处副处长

浙江省

冯旭道　浙江省审计厅财政审计处主任科员

安徽省

穆成利　宿州市审计局企业与外资审计科科长

福建省

叶德明　诏安县审计局固定资产投资审计股股长

陈江明　福建省审计厅财政审计处科员

江西省

付志辉　江西省审计厅财政与金融审计处副处长

山东省

李伟光　山东省审计厅行政事业审计六处主任科员

河南省

庄云鹏　河南省审计厅财政审计一处主任科员

湖北省

彭峰云　湖北省审计厅财政审计处主任科员

湖南省

黄永健　长沙市审计局副局长

广东省

王　婷　广东省审计厅财政金融审计处主任科员

黄燕芳　河源市审计局行政事业审计科科长

广西壮族自治区

桂忠才　广西壮族自治区审计厅财政审计处处长

海南省

韦　萃　海南省审计厅财政审计处主任科员

重庆市

梁晓宇　重庆市审计局财政审计处主任科员

四川省

毛培耕　达州市宣汉县审计局副局长

李　勇　四川省审计厅社会保障审计处主任科员

贵州省

胡晓青　黔东南苗族侗族自治州榕江县审计局副局长

王小月　六盘水市审计局财政审计科科长

云南省

王志刚　云南省审计厅财政审计处主任科员

西藏自治区

雷应轩　西藏自治区审计厅财政金融审计处副处长（成都特派办挂职干部）

陕西省

周玉霞　陕西省审计厅派出市县财政审计处处长

牟军利　陕西省审计厅法规处处长

甘肃省

张丽燕　甘肃省审计厅财政审计处副处长

叶全春　甘肃省审计厅社会审计核查处主任科员

青海省

叶宏年　青海省审计厅财政审计处调研员（副处长）

宁夏回族自治区

杨国枫　宁夏回族自治区审计厅财政金融审计处副处长

新疆维吾尔自治区

白　雪　新疆维吾尔自治区审计厅社会保障审计处科员

新疆生产建设兵团

王谦明　新疆生产建设兵团审计局财政金融审计处主任科员

大连市

葛立军　大连市审计局金融审计处处长

深圳市

柴九宁　深圳市审计局财政审计处主任科员

宁波市

张佩良　宁波市审计局财政审计处副处长

青岛市

王　强　青岛市审计局财政审计处副处长

厦门市

许希嘉　厦门市审计局财政审计处处长

审计署

张　磊　审计署京津冀特派员办事处财政审计一处主任科员

陈　峰　审计署京津冀特派员办事处金融审计二处处长

杨彩萍　审计署驻太原特派员办事处财政审计处主任科员

董德新　审计署驻沈阳特派员办事处社会保障审计处副处长

刘永韬　审计署驻沈阳特派员办事处金融审计处主任科员

陈　欣　审计署驻哈尔滨特派员办事处财政审计处主任科员

丁伏圣　审计署驻上海特派员办事处财政审计处处长

解迎春　审计署驻南京特派员办事处企业审计处主任科员

夏　影　审计署驻武汉特派员办事处社会保障审计处科员

詹　谦　审计署驻广州特派员办事处财政审计处主任科员

陶　程　审计署驻郑州特派员办事处财政审计处主任科员

王　路　审计署驻济南特派员办事处财政审计处副处长

赵希明　审计署驻西安特派员办事处财政审计处副处长

吴　岳　审计署驻兰州特派员办事处行政事业审计处副处长

杨子敬　审计署驻昆明特派员办事处行政事业审计处主任科员

张永春　审计署驻成都特派员办事处财政审计处副主任科员

赵友贵　审计署驻成都特派员办事处社会保障审计处主任科员

黄　凯　审计署驻长沙特派员办事处农业审计处主任科员

孙荣明　审计署驻深圳特派员办事处境外审计处处长
毕名远　审计署驻长春特派员办事处财政审计处主任科员
余　林　审计署驻重庆特派员办事处财政审计处处长

全国政府性债务审计个人嘉奖名单

（共 144 名）

北京市

马雪彬　北京市审计局投资审计二处副处长
王　蔚　北京市海淀区审计局办公室副主任

天津市

李　毅　天津市审计局商贸审计处副处长
沈海兰　天津市审计局机关审计分局副处长

河北省

丁伟雄　河北省审计厅财政审计处主任科员
刘文平　廊坊市审计局财政审计科副科长
潘　辉　石家庄市审计局财政审计处副处长

山西省

贾占生　山西省审计厅金融审计处副调研员
张临萍　临汾市审计局财政审计科科长
王继荣　晋城市审计局财政预决算审计科科长
果玉芬　太原市审计局开发区审计分局局长

内蒙古自治区

乌　仁　内蒙古自治区审计厅驻海拉尔审计处财税审计科科长
刘凤英　呼和浩特市审计局法制科科长
韩志刚　乌兰察布市审计局财政金融审计科科长
李文君　内蒙古自治区审计厅企事业单位领导经济责任审计处副处长

辽宁省

赵岩松　辽宁省审计厅社会保障审计处副处长
王建华　朝阳市审计局财政审计科科长
田　伟　本溪市审计局总审计师
郭相雨　辽宁省审计厅办公室副主任

吉林省

朴龙哲　延边朝鲜族自治州审计局法制处处长
马贤荣　白山市审计局政法科副主任科员
许　博　吉林省审计厅财政审计三处主任科员

黑龙江省

王志刚　黑龙江省审计厅企业审计处处长
赵士颖　黑龙江省审计厅固定资产投资审计局调研员
曹　迪　黑龙江省审计厅财政审计一处副调研员

上海市

张　婷　上海市审计局法规处主任科员
张向民　上海市审计局计算机审计与信息技术处主任科员

江苏省

曹　成　淮安市审计局财政金融审计处处长
孙宏伟　泰州市审计局财政金融审计处处长
李　萍　江苏省审计厅财政审计处主任科员

浙江省

王仕州　温州市审计局财政审计处副处长
章晓燕　浙江省审计厅督查处副处长
洪飞云　浙江省审计厅财政审计处主任科员
王志红　浙江省审计厅财政审计处主任科员

安徽省

张达胜　芜湖市审计局财政审计科副科长
李诗银　宣城市审计局办公室主任
黄　炎　安徽省审计厅社会保障审计处主任科员

福建省

官尔洋　龙岩市审计局财政金融审计科科长

周巧云　宁德市审计局财政金融审计科科长
杨晓珠　南平市审计局财政金融审计科副科长
胡建端　福建省审计厅建设审计处主任科员

江西省

张增良　萍乡市审计局副局长
龚峻峰　抚州市审计局办公室副主任
谌　莉　江西省审计厅法规审理处主任科员

山东省

王丹丹　东营市审计局社会保障审计科科员
张　全　济宁市审计局行政事业审计一科科长
侯志勇　威海市审计局财政金融审计科科长
安百宁　日照市审计局财政金融审计科科长

河南省

徐　聪　驻马店市审计局财政金融审计科科员
冯颖灿　登封市审计局局长
孙耀军　舞阳县审计局财政金融审计股股长

湖北省

杨　华　湖北省审计厅财政审计处副处长
马艳荣　荆门市审计局财政审计科科员
程张鹏　孝感市审计局财政审计科副科长
景福艳　随州市审计局经济责任审计局科长

湖南省

周南洋　株洲市审计局局长
刘宏军　常德市审计局查证二科副主任科员
黎　维　汨罗市审计局法制股股长

广东省

王启彛　惠州市审计局财税审计科科长
冯守秀　茂名市审计局固定资产投资审计科科长
梁炳彪　湛江市审计局调研员

广西壮族自治区

李雪琼　崇左市审计局财政金融审计科副科长
吉莉莉　广西壮族自治区审计厅外资审计处主任科员
黄　冰　百色市审计局财政金融审计科科长
李　蔚　贵港市审计局财政金融审计科科长

海南省

张天柱　海南省审计厅财政审计处副处长
符　畅　海南省审计厅经济责任审计处副处长
周小龙　海南省审计厅调研员
邝必清　海南省审计厅资源环境审计处处长

重庆市

吴洪伟　重庆市审计局商贸审计处主任科员
王　谊　北碚区审计局财政审计科科长
邬昌盛　梁平县审计局行政事业审计科科长

四川省

谢灵敏　广安市武胜县审计局纪检组长
毕世红　雅安市审计局财政审计科科长

贵州省

张明飚　安顺市审计局财政金融审计科科长
孔　霞　黔西南布依族苗族自治州审计局办公室副主任
张　燕　贵州省审计厅农业与资源环保审计处副处长

云南省

黄太武　玉溪市审计局副局长
马贤丽　云南省审计厅政法审计处主任科员
薛　燕　云南省审计厅行政事业审计处主任科员
胡文萍　德宏傣族景颇族自治州审计局财政金融审计科科长

西藏自治区

次仁旺堆　西藏自治区审计厅财政金融审计处主任科员
邓　丽　拉萨市审计局财政金融审计科科长
次　仁　日喀则地区审计局局长
丁传栋　西藏自治区政府投资审计中心主任助理（南京特派办挂职干部）

陈小林　福建省长乐市审计局经济责任审计科副科长（事业编制）
陈天佑　江西省审计厅信息中心工程师
原黎刚　山东省审计厅机关服务中心副主任
崔瑞瑞　河南省审计厅计算机审计中心副科长
周　刚　湖北省审计厅计算机中心主任科员
周　琛　湖南省审计厅国外贷援款项目审计服务中心主任科员
邹峰毅　广东省审计厅计算机审计中心审计师
李四才　重庆市审计局审计中心主任科员
尹永刚　四川省眉山市审计局财金审计科副科长（事业编制）
吴　颖　贵州省审计厅信息中心主任科员
汪小松　云南省审计厅计算机技术中心工程师
刘　勇　西藏自治区审计厅信息中心副主任科员
王　铭　陕西省审计厅计算机信息中心七级职员
窦雯洁　甘肃省审计厅计算机信息中心审计师
牟海滨　青海省审计厅计算机审计处副处长
官生军　宁夏回族自治区审计厅财政金融审计处科长（事业编制）
王　强　新疆维吾尔自治区审计厅计算机技术中心工程师
李　烨　大连市审计局信息中心工程师
钱婷婷　宁波市审计局经济责任审计服务中心（事业编制）
岳兴平　青岛市审计局计算机信息中心工程师
张荣华　新疆生产建设兵团第四师审计中心第一审计中心主任
刘丽华　审计署机关服务局文印室七级职员
王　鹏　审计署计算机技术中心网络管理处工程师
隋学深　审计署审计科研所副研究员
刘　筠　审计署审计干部培训中心职业发展处主任科员
董建达　中国审计学会秘书处主任科员
赵刘中　审计署国外贷援款项目审计服务中心审计四处主任科员
杨　莉　审计署全国政府性债务审计工作领导小组办公室（审计署计算机技术中心应用技术推广处处长）
陈　剑　审计署全国政府性债务审计工作领导小组办公室（审计署计算机技术中心系统运行处副处长）
张　龙　审计署全国政府性债务审计工作领导小组办公室（审计署审计干部培训中心培训二处主任科员）